Vinaya Pitaka

or

The Basket of Guidance

Pāli Study Edition

Theravada Tipitaka Press

Visit our website at *books.nibbanam.com*

Or contact the editor via nibbanam@gmail.com

Printed in the United States of America

First Printing: January 2010

ISBN- 978-1477608197

Namo tassa
Bhagavato Arahato Sammāsambuddhassa

Tipiṭake

Vinayapiṭako

CONTENT

Namo tassa bhagavato arahato sammāsambuddhassa

Vinaya Pitaka

Pārājikapāḷi
Verañjakaṇḍaṃ

1. Tena samayena buddho Bhagavā verañjāyaṃ viharati naḷerupucimandamūle mahatā bhikkhusaṅghena saddhiṃ pañcamattehi bhikkhusatehi. Assosi kho verañjo brāhmaṇo – ''samaṇo khalu, bho, Gotamo sakyaputto sakyakulā pabbajito verañjāyaṃ viharati naḷerupucimandamūle mahatā bhikkhusaṅghena saddhiṃ pañcamattehi bhikkhusatehi. Taṃ kho pana bhavantaṃ Gotamaṃ evaṃ kalyāṇo kittisaddo abbhuggato – 'itipi so Bhagavā arahaṃ sammāsambuddho vijjācaraṇasampanno sugato lokavidū anuttaro purisadammasārathi satthā devamanussānaṃ buddho Bhagavā [Bhagavāti (syā.), dī. ni. 1.157, abbhuggatākārena pana sameti]. So imaṃ lokaṃ sadevakaṃ samārakaṃ sabrahmakaṃ sassamaṇabrāhmaṇiṃ pajaṃ sadevamanussaṃ sayaṃ abhiññā sacchikatvā pavedeti. So dhammaṃ deseti ādikalyāṇaṃ majjhekalyāṇaṃ pariyosānakalyāṇaṃ sātthaṃ sabyañjanaṃ; kevalaparipuṇṇaṃ parisuddhaṃ brahmacariyaṃ pakāseti; sādhu kho pana tathārūpānaṃ arahataṃ dassanaṃ hotī''ti.

2.[ito paraṃ yāva pārā. 15-16 padakkhiṇaṃ katvā pakkāmīti pāṭho a. ni. 8.11] Atha kho verañjo brāhmaṇo yena Bhagavā tenupasaṅkami; upasaṅkamitvā bhagavatā saddhiṃ sammodi. Sammodanīyaṃ kathaṃ sāraṇīyaṃ vītisāretvā ekamantaṃ nisīdi. Ekamantaṃ nisinno kho verañjo brāhmaṇo bhagavantaṃ etadavoca – ''sutaṃ metaṃ, bho Gotama – 'na samaṇo Gotamo brāhmaṇe jiṇṇe vuḍḍhe mahallake addhagate vayoanuppatte abhivādeti vā paccuṭṭheti vā āsanena vā nimantetī'ti. Tayidaṃ, bho Gotama, tatheva? Na hi bhavaṃ Gotamo brāhmaṇe jiṇṇe vuḍḍhe mahallake addhagate vayoanuppatte abhivādeti vā paccuṭṭheti vā āsanena vā nimanteti? Tayidaṃ, bho Gotama, na sampannamevā''ti.

''Nāhaṃ taṃ, brāhmaṇa, passāmi sadevake loke samārake sabrahmake sassamaṇabrāhmaṇiyā pajāya sadevamanussāya yamahaṃ abhivādeyyaṃ vā paccuṭṭheyyaṃ vā āsanena vā nimanteyyaṃ. Yañhi, brāhmaṇa, tathāgato abhivādeyya vā paccuṭṭheyya vā āsanena vā nimanteyya, muddhāpi tassa vipateyyā''ti.

3. ''Arasarūpo bhavaṃ Gotamo''ti? ''Atthi khvesa, brāhmaṇa, pariyāyo yena maṃ pariyāyena sammā vadamāno vadeyya – 'arasarūpo samaṇo Gotamo'ti. Ye te, brāhmaṇa, rūparasā saddarasā gandharasā rasarasā phoṭṭhabbarasā te tathāgatassa pahīnā ucchinnamūlā tālāvatthukatā anabhāvaṃkatā [anabhāvakatā (sī.) anabhāvaṃgatā (syā.)] āyatiṃ anuppādadhammā. Ayaṃ kho, brāhmaṇa, pariyāyo yena maṃ pariyāyena sammā vadamāno vadeyya – 'arasarūpo samaṇo Gotamo'ti, no ca kho yaṃ tvaṃ sandhāya vadesī''ti.

4. ''Nibbhogo bhavaṃ Gotamo''ti? ''Atthi khvesa, brāhmaṇa, pariyāyo yena maṃ pariyāyena sammā vadamāno vadeyya – 'nibbhogo samaṇo Gotamo'ti. Ye te, brāhmaṇa, rūpabhogā saddabhogā gandhabhogā rasabhogā phoṭṭhabbabhogā te tathāgatassa pahīnā ucchinnamūlā tālāvatthukatā anabhāvaṃkatā āyatiṃ anuppādadhammā. Ayaṃ kho, brāhmaṇa, pariyāyo yena maṃ pariyāyena sammā vadamāno vadeyya – 'nibbhogo samaṇo Gotamo'ti, no ca kho yaṃ tvaṃ sandhāya vadesī''ti.

5. ''Akiriyavādo bhavaṃ Gotamo''ti? ''Atthi khvesa, brāhmaṇa, pariyāyo yena maṃ pariyāyena sammā vadamāno vadeyya – 'akiriyavādo samaṇo Gotamo'ti. Ahañhi, brāhmaṇa, akiriyaṃ vadāmi kāyaduccaritassa vacīduccaritassa manoduccaritassa. Anekavihitānaṃ pāpakānaṃ akusalānaṃ dhammānaṃ akiriyaṃ vadāmi. Ayaṃ kho, brāhmaṇa, pariyāyo yena maṃ pariyāyena sammā vadamāno vadeyya – 'akiriyavādo samaṇo Gotamo'ti, no ca kho yaṃ tvaṃ sandhāya vadesī''ti.

6. ''Ucchedavādo bhavaṃ Gotamo''ti? ''Atthi khvesa, brāhmaṇa, pariyāyo yena maṃ pariyāyena sammā vadamāno vadeyya – 'ucchedavādo samaṇo Gotamo'ti. Ahañhi, brāhmaṇa, ucchedaṃ vadāmi rāgassa dosassa mohassa. Anekavihitānaṃ pāpakānaṃ akusalānaṃ dhammānaṃ ucchedaṃ vadāmi. Ayaṃ kho, brāhmaṇa, pariyāyo yena maṃ pariyāyena sammā vadamāno vadeyya – 'ucchedavādo samaṇo Gotamo'ti, no ca kho yaṃ tvaṃ sandhāya vadesī''ti.

7. ''Jegucchī bhavaṃ Gotamo''ti? ''Atthi khvesa, brāhmaṇa, pariyāyo yena maṃ pariyāyena sammā vadamāno vadeyya – 'jegucchī samaṇo Gotamo'ti. Ahañhi, brāhmaṇa, jigucchāmi kāyaduccaritena vacīduccaritena manoduccaritena. Anekavihitānaṃ pāpakānaṃ akusalānaṃ dhammānaṃ samāpattiyā

jigucchāmi. Ayaṃ kho, brāhmaṇa, pariyāyo yena maṃ pariyāyena sammā vadamāno vadeyya – 'jegucchī samaṇo Gotamo'ti, no ca kho yaṃ tvaṃ sandhāya vadesī''ti.
8. ''Venayiko bhavaṃ Gotamo''ti? ''Atthi khvesa, brāhmaṇa, pariyāyo yena maṃ pariyāyena sammā vadamāno vadeyya – 'venayiko samaṇo Gotamo'ti. Ahañhi, brāhmaṇa, vinayāya dhammaṃ desemi rāgassa dosassa mohassa. Anekavihitānaṃ pāpakānaṃ akusalānaṃ dhammānaṃ vinayāya dhammaṃ desemi. Ayaṃ kho, brāhmaṇa, pariyāyo yena maṃ pariyāyena sammā vadamāno vadeyya – 'venayiko samaṇo Gotamo'ti, no ca kho yaṃ tvaṃ sandhāya vadesī''ti.
9. ''Tapassī bhavaṃ Gotamo''ti? ''Atthi khvesa, brāhmaṇa, pariyāyo yena maṃ pariyāyena sammā vadamāno vadeyya – 'tapassī samaṇo Gotamo'ti . Tapanīyāhaṃ, brāhmaṇa, pāpake akusale dhamme vadāmi, kāyaduccaritaṃ vacīduccaritaṃ manoduccaritaṃ. Yassa kho, brāhmaṇa, tapanīyā pāpakā akusalā dhammā pahīnā ucchinnamūlā tālāvatthukatā anabhāvaṃkatā āyatiṃ anuppādadhammā tamahaṃ tapassīti vadāmi. Tathāgatassa kho, brāhmaṇa, tapanīyā pāpakā akusalā dhammā pahīnā ucchinnamūlā tālāvatthukatā anabhāvaṃkatā āyatiṃ anuppādadhammā. Ayaṃ kho, brāhmaṇa, pariyāyo yena maṃ pariyāyena sammā vadamāno vadeyya – 'tapassī samaṇo Gotamo'ti, no ca kho yaṃ tvaṃ sandhāya vadesī''ti.
10. ''Apagabbho bhavaṃ Gotamo''ti? ''Atthi khvesa, brāhmaṇa, pariyāyo yena maṃ pariyāyena sammā vadamāno vadeyya – 'apagabbho samaṇo Gotamo'ti. Yassa kho, brāhmaṇa, āyatiṃ gabbhaseyyā punabbhavābhinibbatti pahīnā ucchinnamūlā tālāvatthukatā anabhāvaṃkatā āyatiṃ anuppādadhammā tamahaṃ apagabbhoti vadāmi. Tathāgatassa kho, brāhmaṇa, āyatiṃ gabbhaseyyā punabbhavābhinibbatti pahīnā ucchinnamūlā tālāvatthukatā anabhāvaṃkatā āyatiṃ anuppādadhammā. Ayaṃ kho, brāhmaṇa, pariyāyo yena maṃ pariyāyena sammā vadamāno vadeyya – 'apagabbho samaṇo Gotamo'ti, no ca kho yaṃ tvaṃ sandhāya vadesi''.
11. ''Seyyathāpi, brāhmaṇa, kukkuṭiyā aṇḍāni aṭṭha vā dasa vā dvādasa vā. Tānassu kukkuṭiyā sammā adhisayitāni sammā pariseditāni sammā paribhāvitāni. Yo nu kho tesaṃ kukkuṭacchāpakānaṃ paṭhamataraṃ pādanakhasikhāya vā mukhatuṇḍakena vā aṇḍakosaṃ padāletvā sotthinā abhinibbhijjeyya, kinti svāssa vacanīyo – ''jeṭṭho vā kaniṭṭho vā''ti? ''Jeṭṭhotissa, bho Gotama, vacanīyo. So hi nesaṃ jeṭṭho hotī''ti. ''Evameva kho ahaṃ, brāhmaṇa, avijjāgatāya pajāya aṇḍabhūtāya pariyonaddhāya avijjaṇḍakosaṃ padāletvā ekova loke anuttaraṃ sammāsambodhiṃ abhisambuddho. Svāhaṃ, brāhmaṇa, jeṭṭho seṭṭho lokassa''.
''Āraddhaṃ kho pana me, brāhmaṇa, vīriyaṃ [viriyaṃ (sī. syā.)] ahosi asallīnaṃ, upaṭṭhitā sati asammuṭṭhā [appamuṭṭhā (sī. syā.)], passaddho kāyo asāraddho, samāhitaṃ cittaṃ ekaggaṃ. So kho ahaṃ, brāhmaṇa, vivicceva kāmehi vivicca akusalehi dhammehi savitakkaṃ savicāraṃ vivekajaṃ pītisukhaṃ paṭhamaṃ jhānaṃ upasampajja vihāsiṃ. Vitakkavicārānaṃ vūpasamā ajjhattaṃ sampasādanaṃ cetaso ekodibhāvaṃ avitakkaṃ avicāraṃ samādhijaṃ pītisukhaṃ dutiyaṃ jhānaṃ upasampajja vihāsiṃ. Pītiyā ca virāgā upekkhako ca vihāsiṃ sato ca sampajāno, sukhañca kāyena paṭisaṃvedesiṃ , yaṃ taṃ ariyā ācikkhanti – 'upekkhako satimā sukhavihārī'ti tatiyaṃ jhānaṃ upasampajja vihāsiṃ. Sukhassa ca pahānā dukkhassa ca pahānā pubbeva somanassadomanassānaṃ atthaṅgamā adukkhamasukhaṃ upekkhāsatipārisuddhiṃ catutthaṃ jhānaṃ upasampajja vihāsiṃ.
12. ''So evaṃ samāhite citte parisuddhe pariyodāte anaṅgaṇe vigatūpakkilese mudubhūte kammaniye ṭhite āneñjappatte pubbenivāsānussatiñāṇāya cittaṃ abhininnāmesiṃ. So anekavihitaṃ pubbenivāsaṃ anussarāmi , seyyathidaṃ – ekampi jātiṃ dvepi jātiyo tissopi jātiyo catassopi jātiyo pañcapi jātiyo dasapi jātiyo vīsampi jātiyo tiṃsampi jātiyo cattālīsampi jātiyo paññāsampi jātiyo jātisatampi, jātisahassampi jātisatasahassampi, anekepi saṃvaṭṭakappe anekepi vivaṭṭakappe anekepi saṃvaṭṭavivaṭṭakappe – 'amutrāsiṃ evaṃnāmo evaṃgotto evaṃvaṇṇo evamāhāro evaṃsukhadukkhappaṭisaṃvedī evamāyupariyanto; so tato cuto amutra udapādiṃ; tatrāpāsiṃ evaṃnāmo evaṃgotto evaṃvaṇṇo evamāhāro evaṃsukhadukkhappaṭisaṃvedī evamāyupariyanto; so tato cuto idhūpapannoti. Iti sākāraṃ sauddesaṃ anekavihitaṃ pubbenivāsaṃ anussarāmi. Ayaṃ kho me, brāhmaṇa, rattiyā paṭhame yāme paṭhamā vijjā adhigatā, avijjā vihatā, vijjā uppannā, tamo vihato, āloko uppanno – yathā taṃ appamattassa ātāpino pahitattassa viharato. Ayaṃ kho me, brāhmaṇa, paṭhamābhinibbhidā ahosi kukkuṭacchāpakasseva aṇḍakosamhā.
13. ''So evaṃ samāhite citte parisuddhe pariyodāte anaṅgaṇe vigatūpakkilese mudubhūte kammaniye ṭhite āneñjappatte sattānaṃ cutūpapātañāṇāya cittaṃ abhininnāmesiṃ . So dibbena cakkhunā visuddhena atikkantamānusakena [atikkantamānussakena (ka.)] satte passāmi cavamāne upapajjamāne hīne paṇīte suvaṇṇe dubbaṇṇe. Sugate duggate yathākammūpage satte pajānāmi – 'ime vata bhonto sattā kāyaduccaritena samannāgatā vacīduccaritena samannāgatā manoduccaritena samannāgatā ariyānaṃ upavādakā micchādiṭṭhikā micchādiṭṭhikammasamādānā; te kāyassa bhedā paraṃ maraṇā apāyaṃ duggatiṃ vinipātaṃ nirayaṃ upapannā. Ime vā pana bhonto sattā kāyasucaritena samannāgatā vacīsucaritena samannāgatā manosucaritena samannāgatā ariyānaṃ anupavādakā sammādiṭṭhikā sammādiṭṭhikammasamādānā; te kāyassa bhedā paraṃ maraṇā sugatiṃ saggaṃ lokaṃ upapannā'ti. Iti dibbena cakkhunā visuddhena atikkantamānusakena satte passāmi cavamāne upapajjamāne hīne paṇīte

suvaṇṇe dubbaṇṇe. Sugate duggate yathākammūpage satte pajānāmi. Ayaṃ kho me, brāhmaṇa, rattiyā majjhime yāme dutiyā vijjā adhigatā, avijjā vihatā, vijjā uppannā, tamo vihato, āloko uppanno – yathā taṃ appamattassa ātāpino pahitattassa viharato. Ayaṃ kho me, brāhmaṇa, dutiyābhinibbhidā ahosi kukkuṭacchāpakasseva aṇḍakosamhā.

14. ''So evaṃ samāhite citte parisuddhe pariyodāte anaṅgaṇe vigatūpakkilese mudubhūte kammaniye ṭhite āneñjappatte āsavānaṃ khayañāṇāya cittaṃ abhininnāmesiṃ. So 'idaṃ dukkha'nti yathābhūtaṃ abbhaññāsiṃ, 'ayaṃ dukkhasamudayo'ti yathābhūtaṃ abbhaññāsiṃ, 'ayaṃ dukkhanirodho'ti yathābhūtaṃ abbhaññāsiṃ, 'ayaṃ dukkhanirodhagāminī paṭipadā'ti yathābhūtaṃ abbhaññāsiṃ; 'ime āsavā'ti yathābhūtaṃ abbhaññāsiṃ, 'ayaṃ āsavasamudayo'ti yathābhūtaṃ abbhaññāsiṃ, 'ayaṃ āsavanirodho'ti yathābhūtaṃ abbhaññāsiṃ, 'ayaṃ āsavanirodhagāminī paṭipadā'ti yathābhūtaṃ abbhaññāsiṃ. Tassa me evaṃ jānato evaṃ passato kāmāsavāpi cittaṃ vimuccittha bhavāsavāpi cittaṃ vimuccittha avijjāsavāpi cittaṃ vimuccittha. Vimuttasmiṃ vimuttamiti ñāṇaṃ ahosi. 'Khīṇā jāti, vusitaṃ brahmacariyaṃ, kataṃ karaṇīyaṃ, nāparaṃ itthattāyā'ti abbhaññāsiṃ. Ayaṃ kho me, brāhmaṇa, rattiyā pacchime yāme tatiyā vijjā adhigatā, avijjā vihatā, vijjā uppannā, tamo vihato, āloko uppanno – yathā taṃ appamattassa ātāpino pahitattassa viharato. Ayaṃ kho me, brāhmaṇa, tatiyābhinibbhidā ahosi – kukkuṭacchāpakasseva aṇḍakosamhā''ti.

15. Evaṃ vutte, verañjo brāhmaṇo bhagavantaṃ etadavoca – ''jeṭṭho bhavaṃ Gotamo, seṭṭho bhavaṃ Gotamo! Abhikkantaṃ, bho Gotama, abhikkantaṃ, bho Gotama!! Seyyathāpi, bho Gotama, nikkujjitaṃ vā ukkujjeyya, paṭicchannaṃ vā vivareyya, mūḷhassa vā maggaṃ ācikkheyya, andhakāre vā telapajjotaṃ dhāreyya – cakkhumanto rūpāni dakkhantīti, evamevaṃ bhotā Gotamena anekapariyāyena dhammo pakāsito . Esāhaṃ bhavantaṃ Gotamaṃ saraṇaṃ gacchāmi dhammañca bhikkhusaṅghañca. Upāsakaṃ maṃ bhavaṃ Gotamo dhāretu ajjatagge pāṇupetaṃ saraṇaṃ gataṃ. Adhivāsetu ca me bhavaṃ Gotamo verañjāyaṃ vassāvāsaṃ saddhiṃ bhikkhusaṅghenā''ti. Adhivāsesi Bhagavā tuṇhībhāvena. Atha kho verañjo brāhmaṇo bhagavato adhivāsanaṃ viditvā uṭṭhāyāsanā bhagavantaṃ abhivādetvā padakkhiṇaṃ katvā pakkāmi.

16. Tena kho pana samayena verañjā dubbhikkhā hoti dvīhitikā setaṭṭhikā salākāvuttā na sukarā uñchena paggahena yāpetuṃ. Tena kho pana samayena uttarāpathakā [uttarāhakā (sī.)] assavāṇijā [assavaṇijā (ka.)] pañcamattehi assasatehi verañjaṃ vassāvāsaṃ upagatā honti. Tehi assamaṇḍalikāsu bhikkhūnaṃ patthapatthapulakaṃ [patthapatthamūlakaṃ (ka.)] paññattaṃ hoti. Bhikkhū pubbaṇhasamayaṃ nivāsetvā pattacīvaramādāya verañjaṃ piṇḍāya pavisitvā piṇḍaṃ alabhamānā assamaṇḍalikāsu piṇḍāya caritvā patthapatthapulakaṃ ārāmaṃ āharitvā udukkhale koṭṭetvā koṭṭetvā paribhuñjanti. Āyasmā panānando patthapulakaṃ silāyaṃ pisitvā bhagavato upanāmeti. Taṃ Bhagavā paribhuñjati.

Assosi kho Bhagavā udukkhalasaddaṃ. Jānantāpi tathāgatā pucchanti, jānantāpi na pucchanti; kālaṃ viditvā pucchanti, kālaṃ viditvā na pucchanti; atthasaṃhitaṃ tathāgatā pucchanti, no anatthasaṃhitaṃ. Anatthasaṃhite setughāto tathāgatānaṃ. Dvīhi ākārehi buddhā bhagavanto bhikkhū paṭipucchanti – dhammaṃ vā desessāma, sāvakānaṃ vā sikkhāpadaṃ paññapessāmāti [paññāpessāmāti (sī. syā.)]. Atha kho Bhagavā āyasmantaṃ ānandaṃ āmantesi – ''kiṃ nu kho so, ānanda, udukkhalasaddo''ti? Atha kho āyasmā ānando bhagavato etamatthaṃ ārocesi . ''Sādhu sādhu, ānanda! Tumhehi, ānanda sappurisehi vijitaṃ. Pacchimā janatā sālimaṃsodanaṃ atimaññissatī''ti.

17. Atha kho āyasmā mahāmoggallāno [mahāmoggalāno (ka.)] yena Bhagavā tenupasaṅkami; upasaṅkamitvā bhagavantaṃ abhivādetvā ekamantaṃ nisīdi. Ekamantaṃ nisinno kho āyasmā mahāmoggallāno bhagavantaṃ etadavoca – ''etarahi, bhante, verañjā dubbhikkhā dvīhitikā setaṭṭhikā salākāvuttā. Na sukarā uñchena paggahena yāpetuṃ. Imissā, bhante, mahāpathaviyā heṭṭhimatalaṃ sampannaṃ – seyyathāpi khuddamadhuṃ anīlakaṃ evamassādaṃ. Sādhāhaṃ, bhante, pathaviṃ parivatteyyaṃ. Bhikkhū pappaṭakojaṃ paribhuñjissantī''ti. ''Ye pana te, moggallāna, pathavinissitā pāṇā te kathaṃ karissasī''ti? ''Ekāhaṃ, bhante, pāṇiṃ abhinimminissāmi – seyyathāpi mahāpathavī. Ye pathavinissitā pāṇā te tattha saṅkāmessāmi. Ekena hatthena pathaviṃ parivattessāmī''ti. ''Alaṃ, moggallāna, mā te rucci pathaviṃ parivattetuṃ. Vipallāsampi sattā paṭilabheyyu''nti. ''Sādhu, bhante, sabbo bhikkhusaṅgho uttarakuruṃ piṇḍāya gaccheyyā''ti. ''Alaṃ, moggallāna, mā te rucci sabbassa bhikkhusaṅghassa uttarakuruṃ piṇḍāya gamana''nti.

18. Atha kho āyasmato sāriputtassa rahogatassa paṭisallīnassa evaṃ cetaso parivitakko udapādi – ''katamesānaṃ kho buddhānaṃ bhagavantānaṃ brahmacariyaṃ na ciraṭṭhitikaṃ ahosi; katamesānaṃ buddhānaṃ bhagavantānaṃ brahmacariyaṃ ciraṭṭhitikaṃ ahosī''ti? Atha kho āyasmā sāriputto sāyanhasamayaṃ [sāyaṇhasamayaṃ (sī.)] paṭisallānā vuṭṭhito yena Bhagavā tenupasaṅkami; upasaṅkamitvā bhagavantaṃ abhivādetvā ekamantaṃ nisīdi. Ekamantaṃ nisinno kho āyasmā sāriputto bhagavantaṃ etadavoca – ''idha mayhaṃ, bhante, rahogatassa paṭisallīnassa evaṃ cetaso parivitakko udapādi – 'katamesānaṃ kho buddhānaṃ bhagavantānaṃ brahmacariyaṃ na ciraṭṭhitikaṃ ahosi, katamesānaṃ buddhānaṃ bhagavantānaṃ brahmacariyaṃ ciraṭṭhitikaṃ ahosī'ti. 'Katamesānaṃ nu kho, bhante, buddhānaṃ bhagavantānaṃ brahmacariyaṃ na ciraṭṭhitikaṃ ahosi, katamesānaṃ buddhānaṃ bhagavantānaṃ brahmacariyaṃ ciraṭṭhitikaṃ ahosī''ti?

‘‘Bhagavato ca, sāriputta, vipassissa bhagavato ca sikhissa bhagavato ca vessabhussa brahmacariyaṃ na ciraṭṭhitikaṃ ahosi. Bhagavato ca, sāriputta, kakusandhassa bhagavato ca koṇāgamanassa bhagavato ca kassapassa brahmacariyaṃ ciraṭṭhitikaṃ ahosī’’ti.

19. ‘‘Ko nu kho , bhante, hetu ko paccayo, yena bhagavato ca vipassissa bhagavato ca sikhissa bhagavato ca vessabhussa brahmacariyaṃ na ciraṭṭhitikaṃ ahosī’’ti? ‘‘Bhagavā ca, sāriputta, vipassī Bhagavā ca sikhī Bhagavā ca vessabhū kilāsuno ahesuṃ sāvakānaṃ vitthārena dhammaṃ desetuṃ. Appakañca nesaṃ ahosi suttaṃ geyyaṃ veyyākaraṇaṃ gāthā udānaṃ itivuttakaṃ jātakaṃ abbhutadhammaṃ vedallaṃ. Apaññattaṃ sāvakānaṃ sikkhāpadaṃ. Anuddiṭṭhaṃ pātimokkhaṃ. Tesaṃ buddhānaṃ bhagavantānaṃ antaradhānena buddhānubuddhānaṃ sāvakānaṃ antaradhānena ye te pacchimā sāvakā nānānāmā nānāgottā nānājaccā nānākulā pabbajitā te taṃ brahmacariyaṃ khippaññeva antaradhāpesuṃ. Seyyathāpi, sāriputta, nānāpupphāni phalake nikkhittāni suttena asaṅgahitāni tāni vāto vikirati vidhamati viddhaṃseti. Taṃ kissa hetu? Yathā taṃ suttena asaṅgahitattā. Evameva kho, sāriputta, tesaṃ buddhānaṃ bhagavantānaṃ antaradhānena buddhānubuddhānaṃ sāvakānaṃ antaradhānena ye te pacchimā sāvakā nānānāmā nānāgottā nānājaccā nānākulā pabbajitā te taṃ brahmacariyaṃ khippaññeva antaradhāpesuṃ.

‘‘Akilāsuno ca te bhagavanto ahesuṃ sāvake cetasā ceto paricca ovadituṃ. Bhūtapubbaṃ, sāriputta, vessabhū Bhagavā arahaṃ sammāsambuddho aññatarasmiṃ bhiṃsanake [bhīsanake (ka.)] vanasaṇḍe sahassaṃ bhikkhusaṅghaṃ cetasā ceto paricca ovadati anusāsati – ‘evaṃ vitakketha, mā evaṃ vitakkayittha; evaṃ manasikarotha, mā evaṃ manasākattha [manasākarittha (ka.)]; idaṃ pajahatha, idaṃ upasampajja viharathā’ti. Atha kho, sāriputta, tassa bhikkhusahassassa vessabhunā bhagavatā arahatā sammāsambuddhena evaṃ ovadiyamānānaṃ evaṃ anusāsiyamānānaṃ anupādāya āsavehi cittāni vimucciṃsu. Tatra sudaṃ, sāriputta, bhiṃsanakassa vanasaṇḍassa bhiṃsanakatasmiṃ hoti – yo koci avītarāgo taṃ vanasaṇḍaṃ pavisati, yebhuyyena lomāni haṃsanti. Ayaṃ kho, sāriputta, hetu ayaṃ paccayo yena bhagavato ca vipassissa bhagavato ca sikhissa bhagavato ca vessabhussa brahmacariyaṃ na ciraṭṭhitikaṃ ahosī’’ti.

20. ‘‘Ko pana, bhante, hetu ko paccayo yena bhagavato ca kakusandhassa bhagavato ca koṇāgamanassa bhagavato ca kassapassa brahmacariyaṃ ciraṭṭhitikaṃ ahosī’’ti? ‘‘Bhagavā ca, sāriputta, kakusandho Bhagavā ca koṇāgamano Bhagavā ca kassapo akilāsuno ahesuṃ sāvakānaṃ vitthārena dhammaṃ desetuṃ. Bahuñca nesaṃ ahosi suttaṃ geyyaṃ veyyākaraṇaṃ gāthā udānaṃ itivuttakaṃ jātakaṃ abbhutadhammaṃ vedallaṃ, paññattaṃ sāvakānaṃ sikkhāpadaṃ, uddiṭṭhaṃ pātimokkhaṃ. Tesaṃ buddhānaṃ bhagavantānaṃ antaradhānena buddhānubuddhānaṃ sāvakānaṃ antaradhānena ye te pacchimā sāvakā nānānāmā nānāgottā nānājaccā nānākulā pabbajitā te taṃ brahmacariyaṃ ciraṃ dīghamaddhānaṃ ṭhapesuṃ. Seyyathāpi, sāriputta, nānāpupphāni phalake nikkhittāni suttena susaṅgahitāni tāni vāto na vikirati na vidhamati na viddhaṃseti. Taṃ kissa hetu? Yathā taṃ suttena susaṅgahitattā. Evameva kho, sāriputta, tesaṃ buddhānaṃ bhagavantānaṃ antaradhānena buddhānubuddhānaṃ sāvakānaṃ antaradhānena ye te pacchimā sāvakā nānānāmā nānāgottā nānājaccā nānākulā pabbajitā te taṃ brahmacariyaṃ ciraṃ dīghamaddhānaṃ ṭhapesuṃ. Ayaṃ kho, sāriputta, hetu ayaṃ paccayo yena bhagavato ca kakusandhassa bhagavato ca koṇāgamanassa bhagavato ca kassapassa brahmacariyaṃ ciraṭṭhitikaṃ ahosī’’ti.

21. Atha kho āyasmā sāriputto uṭṭhāyāsanā ekaṃsaṃ uttarāsaṅgaṃ karitvā yena Bhagavā tenañjaliṃ paṇāmetvā bhagavantaṃ etadavoca – ‘‘etassa, Bhagavā, kālo! Etassa, sugata, kālo! Yaṃ Bhagavā sāvakānaṃ sikkhāpadaṃ paññapeyya [paññāpeyya (sī. syā.)], uddiseyya pātimokkhaṃ, yathayidaṃ brahmacariyaṃ addhaniyaṃ assa ciraṭṭhitika’’nti. ‘‘Āgamehi tvaṃ, sāriputta ! Āgamehi tvaṃ, sāriputta! Tathāgatova tattha kālaṃ jānissati. Na tāva, sāriputta, satthā sāvakānaṃ sikkhāpadaṃ paññapeti uddisati [na uddisati (sī.)] pātimokkhaṃ yāva na idhekacce āsavaṭṭhānīyā dhammā saṅghe pātubhavanti. Yato ca kho, sāriputta, idhekacce āsavaṭṭhānīyā dhammā saṅghe pātubhavanti, atha satthā sāvakānaṃ sikkhāpadaṃ paññapeti uddissati pātimokkhaṃ tesaṃyeva āsavaṭṭhānīyānaṃ dhammānaṃ paṭighātāya. Na tāva, sāriputta, idhekacce āsavaṭṭhānīyā dhammā saṅghe pātubhavanti yāva na saṅgho rattaññumahattaṃ patto hoti. Yato ca kho, sāriputta, saṅgho rattaññumahattaṃ patto hoti atha idhekacce āsavaṭṭhānīyā dhammā saṅghe pātubhavanti, atha, satthā sāvakānaṃ sikkhāpadaṃ paññapeti uddisati pātimokkhaṃ tesaṃyeva āsavaṭṭhānīyānaṃ dhammānaṃ paṭighātāya. Na tāva, sāriputta, idhekacce āsavaṭṭhānīyā dhammā saṅghe pātubhavanti, yāva na saṅgho vepullamahattaṃ patto hoti. Yato ca kho, sāriputta, saṅgho vepullamahattaṃ patto hoti, atha idhekacce āsavaṭṭhānīyā dhammā saṅghe pātubhavanti, atha satthā sāvakānaṃ sikkhāpadaṃ paññapeti uddisati pātimokkhaṃ tesaṃyeva āsavaṭṭhānīyānaṃ dhammānaṃ paṭighātāya. Na tāva, sāriputta, idhekacce āsavaṭṭhānīyā dhammā saṅghe pātubhavanti, yāva na saṅgho lābhaggamahattaṃ patto hoti. Yato ca kho, sāriputta, saṅgho lābhaggamahattaṃ patto hoti, atha idhekacce āsavaṭṭhānīyā dhammā saṅghe pātubhavanti, atha satthā sāvakānaṃ sikkhāpadaṃ paññapeti uddisati pātimokkhaṃ tesaṃyeva āsavaṭṭhānīyānaṃ dhammānaṃ paṭighātāya. Na tāva, sāriputta, idhekacce āsavaṭṭhānīyā dhammā saṅghe pātubhavanti, yāva na saṅgho bāhusaccamahattaṃ patto hoti. Yato ca kho, sāriputta, saṅgho bāhusaccamahattaṃ patto hoti, atha

idhekacce āsavaṭṭhānīyā dhammā saṅghe pātubhavanti, atha satthā sāvakānaṃ sikkhāpadaṃ paññapeti uddisati pātimokkhaṃ tesaṃyeva āsavaṭṭhānīyānaṃ dhammānaṃ paṭighātāya. Nirabbudo hi, sāriputta, bhikkhusaṅgho nirādīnavo apagatakāḷako suddho sāre patiṭṭhito. Imesañhi, sāriputta, pañcannaṃ bhikkhusatānaṃ yo pacchimako bhikkhu so sotāpanno avinipātadhammo niyato sambodhiparāyaṇo''ti.

22. Atha kho Bhagavā āyasmantaṃ ānandaṃ āmantesi – ''āciṇṇaṃ kho panetaṃ, ānanda, tathāgatānaṃ yehi nimantitā vassaṃ vasanti, na te anapaloketvā janapadacārikaṃ pakkamanti. Āyāmānanda, verañjaṃ brāhmaṇaṃ apalokessāmā''ti. ''Evaṃ bhante''ti kho āyasmā ānando bhagavato paccassosi. Atha kho Bhagavā nivāsetvā pattacīvaramādāya āyasmatā ānandena pacchāsamaṇena yena verañjassa brāhmaṇassa nivesanaṃ tenupasaṅkami; upasaṅkamitvā paññatte āsane nisīdi. Atha kho verañjo brāhmaṇo yena Bhagavā tenupasaṅkami ; upasaṅkamitvā bhagavantaṃ abhivādetvā ekamantaṃ nisīdi. Ekamantaṃ nisinnaṃ kho verañjaṃ brāhmaṇaṃ Bhagavā etadavoca – ''nimantitamha tayā, brāhmaṇa, vassaṃvuṭṭhā [vassaṃvutthā (sī. syā. ka.)], apalokema taṃ, icchāma mayaṃ janapadacārikaṃ pakkamitu''nti. ''Saccaṃ, bho Gotama, nimantitattha mayā vassaṃvuṭṭhā; api ca, yo deyyadhammo so na dinno. Tañca kho no asantaṃ, nopi adātukamyatā, taṃ kutettha labbhā bahukiccā gharāvāsā bahukaraṇīyā. Adhivāsetu me bhavaṃ Gotamo svātanāya bhattaṃ saddhiṃ bhikkhusaṅghenā''ti. Adhivāsesi Bhagavā tuṇhībhāvena. Atha kho Bhagavā verañjaṃ brāhmaṇaṃ dhammiyā kathāya sandassetvā samādapetvā samuttejetvā sampahaṃsetvā uṭṭhāyāsanā pakkāmi. Atha kho verañjo brāhmaṇo tassā rattiyā accayena sake nivesane paṇītaṃ khādanīyaṃ bhojanīyaṃ paṭiyādāpetvā bhagavato kālaṃ ārocāpesi – ''kālo, bho Gotama, niṭṭhitaṃ bhatta''nti.

23. Atha kho Bhagavā pubbaṇhasamayaṃ nivāsetvā pattacīvaramādāya yena verañjassa brāhmaṇassa nivesanaṃ tenupasaṅkami; upasaṅkamitvā paññatte āsane nisīdi saddhiṃ bhikkhusaṅghena. Atha kho verañjo brāhmaṇo buddhappamukhaṃ bhikkhusaṅghaṃ paṇītena khādanīyena bhojanīyena sahatthā santappetvā sampavāretvā bhagavantaṃ bhuttāviṃ onītapattapāṇiṃ [oṇītapattapāṇiṃ (ka.)] ticīvarena acchādesi, ekamekañca bhikkhuṃ ekamekena dussayugena acchādesi. Atha kho Bhagavā verañjaṃ brāhmaṇaṃ dhammiyā kathāya sandassetvā samādapetvā samuttejetvā sampahaṃsetvā uṭṭhāyāsanā pakkāmi. Atha kho Bhagavā verañjāyaṃ yathābhirantaṃ viharitvā anupagamma soreyyaṃ saṅkassaṃ kaṇṇakujjaṃ yena payāgapatiṭṭhānaṃ tenupasaṅkami; upasaṅkamitvā payāgapatiṭṭhāne gaṅgaṃ nadiṃ uttaritvā yena bārāṇasī tadavasari. Atha kho Bhagavā bārāṇasiyaṃ yathābhirantaṃ viharitvā yena vesālī tena cārikaṃ pakkāmi. Anupubbena cārikaṃ caramāno yena vesālī tadavasari. Tatra sudaṃ Bhagavā vesāliyaṃ viharati mahāvane kūṭāgārasālāyanti.

Verañjabhāṇavāro niṭṭhito.

1. Pārājikakaṇḍaṃ

1. Paṭhamapārājikaṃ

Sudinnabhāṇavāro

24. Tena kho pana samayena vesāliyā avidūre kalandagāmo nāma atthi [kalandagāmo nāma hoti (sī.), kalandagāmo hoti (syā.)]. Tattha sudinno nāma kalandaputto seṭṭhiputto hoti. Atha kho sudinno kalandaputto sambahulehi [sampahūlehi (sī.)] sahāyakehi saddhiṃ vesāliṃ agamāsi kenacideva karaṇīyena . Tena kho pana samayena Bhagavā mahatiyā parisāya parivuto dhammaṃ desento nisinno hoti. Addasa kho sudinno kalandaputto bhagavantaṃ mahatiyā parisāya parivutaṃ dhammaṃ desentaṃ nisinnaṃ. Disvānassa etadahosi – ''yaṃnūnāhampi dhammaṃ suṇeyya''nti. Atha kho sudinno kalandaputto yena sā parisā tenupasaṅkami; upasaṅkamitvā ekamantaṃ nisīdi. Ekamantaṃ nisinnassa kho sudinnassa kalandaputtassa etadahosi – ''yathā yathā kho ahaṃ bhagavatā dhammaṃ desitaṃ ājānāmi, nayidaṃ sukaraṃ agāraṃ ajjhāvasatā ekantaparipuṇṇaṃ ekantaparisuddhaṃ saṅkhalikhitaṃ brahmacariyaṃ carituṃ; yaṃnūnāhaṃ kesamassuṃ ohāretvā kāsāyāni vatthāni acchādetvā agārasmā anagāriyaṃ pabbajeyya''nti. Atha kho sā parisā bhagavatā dhammiyā kathāya sandassitā samādapitā samuttejitā sampahaṃsitā uṭṭhāyāsanā bhagavantaṃ abhivādetvā padakkhiṇaṃ katvā pakkāmi.

25. Atha kho sudinno kalandaputto aciravuṭṭhitāya parisāya yena Bhagavā tenupasaṅkami; upasaṅkamitvā bhagavantaṃ abhivādetvā ekamantaṃ nisīdi. Ekamantaṃ nisinno kho sudinno kalandaputto bhagavantaṃ etadavoca – ''yathā yathāhaṃ, bhante, bhagavatā dhammaṃ desitaṃ ājānāmi , nayidaṃ sukaraṃ agāraṃ ajjhāvasatā ekantaparipuṇṇaṃ ekantaparisuddhaṃ saṅkhalikhitaṃ brahmacariyaṃ carituṃ; icchāmahaṃ, bhante, kesamassuṃ ohāretvā kāsāyāni vatthāni acchādetvā agārasmā anagāriyaṃ pabbajituṃ. Pabbājetu maṃ Bhagavā''ti. ''Anuññātosi pana tvaṃ, suddinna, mātāpitūhi agārasmā anagāriyaṃ pabbajjāyā''ti? ''Na kho ahaṃ, bhante, anuññāto mātāpitūhi agārasmā anagāriyaṃ pabbajjāyā''ti. ''Na kho, sudinna, tathāgatā ananuññātaṃ mātāpitūhi puttaṃ pabbājentī''ti. ''Sohaṃ, bhante, tathā karissāmi yathā maṃ mātāpitaro anujānissanti agārasmā anagāriyaṃ pabbajjāyā''ti.

26. Atha kho sudinno kalandaputto vesāliyaṃ taṃ karaṇīyaṃ tīretvā yena kalandagāmo yena mātāpitaro tenupasaṅkami; upasaṅkamitvā mātāpitaro etadavoca – ''ammatātā, yathā yathāhaṃ bhagavatā dhammaṃ desitaṃ ājānāmi, nayidaṃ sukaraṃ agāraṃ ajjhāvasatā ekantaparipuṇṇaṃ ekantaparisuddhaṃ saṅkhalikhitaṃ brahmacariyaṃ carituṃ; icchāmahaṃ kesamassuṃ ohāretvā kāsāyāni vatthāni acchādetvā agārasmā anagāriyaṃ pabbajituṃ. Anujānātha maṃ agārasmā anagāriyaṃ pabbajjāyā''ti. Evaṃ vutte sudinnassa kalandaputtassa mātāpitaro sudinnaṃ kalandaputtaṃ etadavocuṃ – ''tvaṃ khosi, tāta sudinna, amhākaṃ ekaputtako piyo manāpo sukhedhito sukhaparihato. Na tvaṃ, tāta sudinna, kiñci dukkhassa jānāsi. Maraṇenapi mayaṃ te akāmakā vinā bhavissāma, kiṃ pana mayaṃ taṃ jīvantaṃ anujānissāma agārasmā anagāriyaṃ pabbajjāyā''ti. Dutiyampi kho sudinno kalandaputto mātāpitaro etadavoca – ''ammatātā, yathā yathāhaṃ bhagavatā dhammaṃ desitaṃ ājānāmi, nayidaṃ sukaraṃ agāraṃ ajjhāvasatā ekantaparipuṇṇaṃ ekantaparisuddhaṃ saṅkhalikhitaṃ brahmacariyaṃ carituṃ; icchāmahaṃ kesamassuṃ ohāretvā kāsāyāni vatthāni acchādetvā agārasmā anagāriyaṃ pabbajituṃ. Anujānātha maṃ agārasmā anagāriyaṃ pabbajjāyā''ti. Dutiyampi kho sudinnassa kalandaputtassa mātāpitaro sudinnaṃ kalandaputtaṃ etadavocuṃ – ''tvaṃ khosi, tāta sudinna, amhākaṃ ekaputtako piyo manāpo sukhedhito sukhaparihato. Na tvaṃ, tāta sudinna, kiñci dukkhassa jānāsi. Maraṇenapi mayaṃ te akāmakā vinā bhavissāma, kiṃ pana mayaṃ taṃ jīvantaṃ anujānissāma agārasmā anagāriyaṃ pabbajjāyā''ti! Tatiyampi kho sudinno kalandaputto mātāpitaro etadavoca – ''ammatātā, yathā yathāhaṃ bhagavatā dhammaṃ desitaṃ ājānāmi, nayidaṃ sukaraṃ agāraṃ ajjhāvasatā ekantaparipuṇṇaṃ ekantaparisuddhaṃ saṅkhalikhitaṃ brahmacariyaṃ carituṃ; icchāmahaṃ kesamassuṃ ohāretvā kāsāyāni vatthāni acchādetvā agārasmā anagāriyaṃ pabbajituṃ . Anujānātha maṃ agārasmā anagāriyaṃ pabbajjāyā''ti. Tatiyampi kho sudinnassa kalandaputtassa mātāpitaro sudinnaṃ kalandaputtaṃ etadavocuṃ – ''tvaṃ khosi, tāta sudinna, amhākaṃ ekaputtako piyo manāpo sukhedhito sukhaparihato. Na tvaṃ, tāta sudinna, kiñci dukkhassa jānāsi. Maraṇenapi mayaṃ te akāmakā vinā bhavissāma, kiṃ pana mayaṃ taṃ jīvantaṃ anujānissāma agārasmā anagāriyaṃ pabbajjāyā''ti!

27. Atha kho sudinno kalandaputto – ''na maṃ mātāpitaro anujānanti agārasmā anagāriyaṃ pabbajjāyā''ti, tattheva anantarahitāya bhūmiyā nipajji – idheva me maraṇaṃ bhavissati pabbajjā vāti. Atha kho sudinno kalandaputto ekampi bhattaṃ na bhuñji, dvepi bhattāni na bhuñji, tīṇipi bhattāni na bhuñji, cattāripi bhattāni na bhuñji, pañcapi bhattāni na bhuñji, chapi bhattāni na bhuñji, sattapi bhattāni na bhuñji.

28. Atha kho sudinnassa kalandaputtassa mātāpitaro sudinnaṃ kalandaputtaṃ etadavocuṃ – ''tvaṃ khosi, tāta sudinna, amhākaṃ ekaputtako piyo manāpo sukhedhito sukhaparihato. Na tvaṃ, tāta sudinna, kiñci dukkhassa jānāsi. Maraṇenapi mayaṃ te akāmakā vinā bhavissāma, kiṃ pana mayaṃ taṃ jīvantaṃ anujānissāma agārasmā anagāriyaṃ pabbajjāya? Uṭṭhehi, tāta sudinna, bhuñja ca piva ca paricārehi ca, bhuñjanto pivanto paricārento kāme paribhuñjanto puññāni karonto abhiramassu. Na taṃ mayaṃ anujānāma agārasmā anagāriyaṃ pabbajjāyā''ti. Evaṃ vutte sudinno kalandaputto tuṇhī ahosi. Dutiyampi kho...pe... tatiyampi kho sudinnassa kalandaputtassa mātāpitaro sudinnaṃ kalandaputtaṃ etadavocuṃ – ''tvaṃ khosi, tāta sudinna, amhākaṃ ekaputtako piyo manāpo sukhedhito sukhaparihato. Na tvaṃ, tāta sudinna, kiñci dukkhassa jānāsi. Maraṇenapi mayaṃ te akāmakā vinā bhavissāma, kiṃ pana mayaṃ taṃ jīvantaṃ anujānissāma agārasmā anagāriyaṃ pabbajjāya! Uṭṭhehi, tāta sudinna, bhuñja ca piva ca paricārehi ca, bhuñjanto pivanto paricārento kāme paribhuñjanto puññāni karonto abhiramassu. Na taṃ mayaṃ anujānāma agārasmā anagāriyaṃ pabbajjāyā''ti. Tatiyampi kho sudinno kalandaputto tuṇhī ahosi.

Atha kho sudinnassa kalandaputtassa sahāyakā yena sudinno kalandaputto tenupasaṅkamiṃsu; upasaṅkamitvā sudinnaṃ kalandaputtaṃ etadavocuṃ – ''tvaṃ khosi, samma sudinna, mātāpitūnaṃekaputtako piyo manāpo sukhedhito sukhaparihato. Na tvaṃ, samma sudinna, kiñci dukkhassa jānāsi. Maraṇenapi te mātāpitaro akāmakā vinā bhavissanti, kiṃ pana taṃ jīvantaṃ anujānissanti agārasmā anagāriyaṃ pabbajāya! Uṭṭhehi, samma sudinna, bhuñja ca piva ca paricārehi ca, bhuñjanto pivanto paricārento kāme paribhuñjanto puññāni karonto abhiramassu, na taṃ mātāpitaro anujānissanti agārasmā anagāriyaṃ pabbajjāyā''ti. Evaṃ vutte, sudinno kalandaputto tuṇhī ahosi. Dutiyampi kho...pe... tatiyampi kho sudinnassa kalandaputtassa sahāyakā sudinnaṃ kalandaputtaṃ etadavocuṃ – ''tvaṃ khosi, samma sudinna...pe... tatiyampi kho sudinno kalandaputto tuṇhī ahosi.

29. Atha kho sudinnassa kalandaputtassa sahāyakā yena sudinnassa kalandaputtassa mātāpitaro tenupasaṅkamiṃsu; upasaṅkamitvā sudinnassa kalandaputtassa mātāpitaro etadavocuṃ – ''ammatātā, eso sudinno anantarahitāya bhūmiyā nipanno – 'idheva me maraṇaṃ bhavissati pabbajjā vā'ti. Sace tumhe sudinnaṃ nānujānissatha agārasmā anagāriyaṃ pabbajjāya, tattheva maraṇaṃ āgamissati. Sace pana tumhe sudinnaṃ anujānissatha agārasmā anagāriyaṃ pabbajjāya, pabbajitampi naṃ dakkhissatha. Sace sudinno nābhiramissati agārasmā anagāriyaṃ pabbajjāya, kā tassa aññā gati bhavissati, idheva paccāgamissati. Anujānātha sudinnaṃ agārasmā anagāriyaṃ pabbajjāyā''ti. ''Anujānāma , tātā, sudinnaṃ agārasmā anagāriyaṃ pabbajjāyā''ti. Atha kho sudinnassa kalandaputtassa sahāyakā yena

sudinno kalandaputto tenupasaṅkamiṃsu; upasaṅkamitvā sudinnaṃ kalandaputtaṃ etadavocuṃ – ''uṭṭhehi, samma sudinna, anuññātosi mātāpitūhi agārasmā anagāriyaṃ pabbajjāyā''ti.

30. Atha kho sudinno kalandaputto – ''anuññātomhi kira mātāpitūhi agārasmā anagāriyaṃ pabbajjāyā''ti, haṭṭho udaggo pāṇinā gattāni paripuñchanto vuṭṭhāsi. Atha kho sudinno kalandaputto katipāhaṃ balaṃ gāhetvā yena Bhagavā tenupasaṅkami; upasaṅkamitvā bhagavantaṃ abhivādetvā ekamantaṃ nisīdi. Ekamantaṃ nisanno kho sudinno kalandaputto bhagavantaṃ etadavoca – ''anuññāto [anuññātomhi (sī. syā.)] ahaṃ, bhante, mātāpitūhi agārasmā anagāriyaṃ pabbajjāya. Pabbājetu maṃ Bhagavā''ti. Alattha kho sudinno kalandaputto bhagavato santike pabbajjaṃ, alattha upasampadaṃ. Acirūpasampanno ca panāyasmā sudinno evarūpe dhutaguṇe samādāya vattati, āraññiko hoti piṇḍapātiko paṃsukūliko sapadānacāriko, aññataraṃ vajjigāmaṃ upanissāya viharati.

Tena kho pana samayena vajjī dubbhikkhā hoti dvīhitikā setaṭṭhikā salākāvuttā, na sukarā uñchena paggahena yāpetuṃ. Atha kho āyasmato sudinnassa etadahosi – ''etarahi kho vajjī dubbhikkhā dvīhitikā setaṭṭhikā salākāvuttā, na sukarā uñchena paggahena yāpetuṃ. Bahū kho pana me vesāliyaṃ ñātī aḍḍhā mahaddhanā mahābhogā pahūtajātarūparajatā pahūtavittūpakaraṇā pahūtadhanadhaññā. Yaṃnūnāhaṃ ñātī upanissāya vihareyyaṃ! Ñātī maṃ [ñātakāpi maṃ (syā.)] nissāya dānāni dassanti puññāni karissanti, bhikkhū ca lābhaṃ lacchanti, ahañca piṇḍakena na kilamissāmī''ti. Atha kho āyasmā sudinno senāsanaṃ saṃsāmetvā pattacīvaramādāya yena vesālī tena pakkāmi. Anupubbena yena vesālī tadavasari. Tatra sudaṃ āyasmā sudinno vesāliyaṃ viharati mahāvane kūṭāgārasālāyaṃ. Assosuṃ kho āyasmato sudinnassa ñātakā – ''sudinno kira kalandaputto vesāliṃ anuppatto''ti. Te āyasmato sudinnassa saṭṭhimatte thālipāke bhattābhihāraṃ abhihariṃsu. Atha kho āyasmā sudinno te saṭṭhimatte thālipāke bhikkhūnaṃ vissajjetvā pubbaṇhasamayaṃ nivāsetvā pattacīvaramādāya kalandagāmaṃ piṇḍāya pāvisi. Kalandagāme sapadānaṃ piṇḍāya caramāno yena sakapitu nivesanaṃ tenupasaṅkami.

31. Tena kho pana samayena āyasmato sudinnassa ñātidāsī ābhidosikaṃ kummāsaṃ chaḍḍetukāmā [chaṭṭetukāmā (ka.)] hoti. Atha kho āyasmā sudinno taṃ ñātidāsiṃ etadavoca – ''sace taṃ, bhagini, chaḍḍanīyadhammaṃ, idha me patte ākirā''ti. Atha kho āyasmato sudinnassa ñātidāsī taṃ ābhidosikaṃ kummāsaṃ āyasmato sudinnassa patte ākirantī hatthānañca pādānañca sarassa ca nimittaṃ aggahesi. Atha kho āyasmato sudinnassa ñātidāsī yenāyasmato sudinnassa mātā tenupasaṅkami; upasaṅkamitvā āyasmato sudinnassa mātaraṃ etadavoca – ''yaggheyye, jāneyyāsi, ayyaputto sudinno anuppatto''ti. ''Sace, je, tvaṃ saccaṃ bhaṇasi, adāsiṃ taṃ karomī''ti.

32. Tena kho pana samayena āyasmā sudinno taṃ ābhidosikaṃ kummāsaṃ aññataraṃ kuṭṭamūlaṃ [kuḍḍamūlaṃ (sī. syā.)] nissāya paribhuñjati. Pitāpi kho āyasmato sudinnassa kammantā āgacchanto addasa āyasmantaṃ sudinnaṃ taṃ ābhidosikaṃ kummāsaṃ aññataraṃ kuṭṭamūlaṃ nissāya paribhuñjantaṃ. Disvāna yenāyasmā sudinno tenupasaṅkami; upasaṅkamitvā āyasmantaṃ sudinnaṃ etadavoca – ''atthi nāma, tāta sudinna, ābhidosikaṃ kummāsaṃ paribhuñjissasi! Nanu nāma, tāta sudinna, sakaṃ gehaṃ gantabba''nti? ''Agamimha [agamamhā (ka.)] kho te gahapati, gehaṃ. Tatoyaṃ ābhidosiko kummāso''ti. Atha kho āyasmato sudinnassa pitā āyasmato sudinnassa bāhāyaṃ gahetvā āyasmantaṃ sudinnaṃ etadavoca – ''ehi, tāta sudinna, gharaṃ gamissāmā''ti. Atha kho āyasmā sudinno yena sakapitu nivesanaṃ tenupasaṅkami; upasaṅkamitvā paññatte āsane nisīdi. Atha kho āyasmato sudinnassa pitā āyasmantaṃ sudinnaṃ etadavoca – ''bhuñja, tāta sudinnā''ti. ''Alaṃ, gahapati, kataṃ me ajja bhattakicca''nti. ''Adhivāsehi, tāta sudinna, svātanāya bhatta''nti. Adhivāsesi kho āyasmā sudinno tuṇhībhāvena. Atha kho āyasmā sudinno uṭṭhāyāsanā pakkāmi.

33. Atha kho āyasmato sudinnassa mātā tassā rattiyā accayena haritena gomayena pathaviṃ opuñjāpetvā [opucchāpetvā (sī. syā.)] dve puñje kārāpesi – ekaṃ hiraññassa, ekaṃ suvaṇṇassa. Tāva mahantā puñjā ahesuṃ, orato ṭhito puriso pārato ṭhitaṃ purisaṃ na passati; pārato ṭhito puriso orato ṭhitaṃ purisaṃ na passati. Te puñje kilañjehi paṭicchādāpetvā majjhe āsanaṃ paññāpetvā tirokaraṇīyaṃ parikkhipitvā āyasmato sudinnassa purāṇadutiyikaṃ āmantesi – ''tena hi, vadhu, yena alaṅkārena alaṅkatā puttassa me sudinnassa piyā ahosi manāpā tena alaṅkārena alaṅkarā''ti. ''Evaṃ, ayye''ti, kho āyasmato sudinnassa purāṇadutiyikā āyasmato sudinnassa mātuyā paccassosi.

34. Atha kho āyasmā sudinno pubbaṇhasamayaṃ nivāsetvā pattacīvaramādāya yena sakapitu nivesanaṃ tenupasaṅkami; upasaṅkamitvā paññatte āsane nisīdi. Atha kho āyasmato sudinnassa pitā yenāyasmā sudinno tenupasaṅkami; upasaṅkamitvā te puñje vivarāpetvā āyasmantaṃ sudinnaṃ etadavoca – ''idaṃ te, tāta sudinna, mātu mattikaṃ itthikāya itthidhanaṃ, aññaṃ pettikaṃ aññaṃ pitāmahaṃ. Labbhā, tāta sudinna, hīnāyāvattitvā bhogā ca bhuñjituṃ puññāni ca kātuṃ. Ehi tvaṃ, tāta sudinna, hīnāyāvattitvā bhoge ca bhuñjassu puññāni ca karohī''ti. ''Tāta, na ussahāmi na visahāmi, abhirato ahaṃ brahmacariyaṃ carāmī''ti. Dutiyampi kho...pe... tatiyampi kho āyasmato sudinnassa pitā āyasmantaṃ sudinnaṃ etadavoca – ''idaṃ te, tāta sudinna, mātu mattikaṃ, itthikāya itthidhanaṃ, aññaṃ pettikaṃ, aññaṃ pitāmahaṃ. Labbhā, tāta sudinna, hīnāyāvattitvā bhogā ca bhuñjituṃ puññāni ca kātuṃ. Ehi tvaṃ, tāta sudinna, hīnāyāvattitvā bhoge ca bhuñjassu puññāni ca karohī''ti. ''Vadeyyāma kho taṃ, gahapati, sace tvaṃ nātikaḍḍheyyāsī''ti. ''Vadehi, tāta sudinnā''ti. Tena hi tvaṃ, gahapati, mahante mahante sāṇipasibbake kārāpetvā hiraññasuvaṇṇassa pūrāpetvā sakaṭehi nibbāhāpetvā majjhe gaṅgāya sote

opātehi [osādehi (sī. syā.)]. Taṃ kissa hetu? Yañhi te, gahapati, bhavissati tatonidānaṃ bhayaṃ vā chambhitattaṃ vā lomahaṃso vā ārakkho vā so te na bhavissatī''ti. Evaṃ vutte, āyasmato sudinnassa pitā anattamano ahosi – ''kathañhi nāma putto sudinno evaṃ vakkhatī''ti!

35. Atha kho āyasmato sudinnassa pitā āyasmato sudinnassa purāṇadutiyikaṃ āmantesi – ''tena hi, vadhu, tvaṃ piyā ca manāpā ca [tvampi yāca (sī.)]. Appeva nāma putto sudinno tuyhampi vacanaṃ kareyyā''ti! Atha kho āyasmato sudinnassa purāṇadutiyikā āyasmato sudinnassa pādesu gahetvā āyasmantaṃ sudinnaṃ etadavoca – ''kīdisā nāma tā, ayyaputta, accharāyo yāsaṃ tvaṃ hetu brahmacariyaṃ carasī''ti? ''Na kho ahaṃ, bhagini, accharānaṃ hetu brahmacariyaṃ carāmī''ti. Atha kho āyasmato sudinnassa purāṇadutiyikā – ''ajjatagge maṃ ayyaputto sudinno bhaginivādena samudācaratī''ti, tattheva mucchitā papatā.

Atha kho āyasmā sudinno pitaraṃ etadavoca – ''sace, gahapati, bhojanaṃ dātabbaṃ detha, mā no viheṭhayitthā''ti. ''Bhuñja, tāta sudinnā''ti. Atha kho āyasmato sudinnassa mātā ca pitā ca āyasmantaṃ sudinnaṃ paṇītena khādanīyena bhojanīyena sahatthā santappesuṃ sampavāresuṃ. Atha kho āyasmato sudinnassa mātā āyasmantaṃ sudinnaṃ bhuttāviṃ onītapattapāṇiṃ etadavoca – ''idaṃ, tāta sudinna, kulaṃ aḍḍhaṃ mahaddhanaṃ mahābhogaṃ pahūtajātarūparajataṃ pahūtavittūpakaraṇaṃ pahūtadhanadhaññaṃ. Labbhā, tāta sudinna, hīnāyāvattitvā bhogā ca bhuñjituṃ puññāni ca kātuṃ. Ehi tvaṃ, tāta sudinna, hīnāyāvattitvā bhoge ca bhuñjassu puññāni ca karohī''ti. ''Amma, na ussahāmi na visahāmi, abhirato ahaṃ brahmacariyaṃ carāmī''ti. Dutiyampi kho...pe... tatiyampi kho āyasmato sudinnassa mātā āyasmantaṃ sudinnaṃ etadavoca – ''idaṃ, tāta sudinna, kulaṃ aḍḍhaṃ mahaddhanaṃ mahābhogaṃ pahūtajātarūparajataṃ pahūtavittūpakaraṇaṃ pahūtadhanadhaññaṃ[pahūtadhanadhaññaṃ (pa. carāmīti) itipāṭho sabbattha natthi, ūno maññe]. Tena hi, tāta sudinna, bījakampi dehi – mā no aputtakaṃ sāpateyyaṃ licchavayo atiharāpesu''nti. ''Etaṃ kho me, amma, sakkākātu''nti. ''Kahaṃ pana, tāta sudinna, etarahi viharasī''ti? ''Mahāvane, ammā''ti. Atha kho āyasmā sudinno uṭṭhāyāsanā pakkāmi.

36. Atha kho āyasmato sudinnassa mātā āyasmato sudinnassa purāṇadutiyikaṃ āmantesi – ''tena hi, vadhu, yadā utunī hosi, pupphaṃ te uppannaṃ hoti, atha me āroceyyāsī''ti. ''Evaṃ ayye''ti kho āyasmato sudinnassa purāṇadutiyikā āyasmato sudinnassa mātuyā paccassosi. Atha kho āyasmato sudinnassa purāṇadutiyikā nacirasseva utunī ahosi, pupphaṃsā uppajji. Atha kho āyasmato sudinnassa purāṇadutiyikā āyasmato sudinnassa mātaraṃ etadavoca – ''utunīmhi, ayye, pupphaṃ me uppanna''nti. ''Tena hi, vadhu, yena alaṅkārena alaṅkatā puttassa sudinnassa piyā ahosi manāpā tena alaṅkārena alaṅkarā''ti. ''Evaṃ ayye''ti kho āyasmato sudinnassa purāṇadutiyikā āyasmato sudinnassa mātuyā paccassosi. Atha kho āyasmato sudinnassa mātā āyasmato sudinnassa purāṇadutiyikaṃ ādāya yena mahāvanaṃ yenāyasmā sudinno tenupasaṅkami; upasaṅkamitvā āyasmantaṃ sudinnaṃ etadavoca – ''idaṃ, tāta sudinna, kulaṃ aḍḍhaṃ mahaddhanaṃ mahābhogaṃ pahūtajātarūparajataṃ pahūtavittūpakaraṇaṃ pahūtadhanadhaññaṃ. Labbhā, tāta sudinna, hīnāyāvattitvā bhogā ca bhuñjituṃ puññāni ca kātuṃ. Ehi tvaṃ, tāta sudinna, hīnāyāvattitvā bhoge ca bhuñjassu puññāni ca karohī''ti. ''Amma, na ussahāmi na visahāmi, abhirato ahaṃ brahmacariyaṃ carāmī''ti. Dutiyampi kho...pe... tatiyampi kho āyasmato sudinnassa mātā āyasmantaṃ sudinnaṃ etadavoca – ''idaṃ, tāta sudinna, kulaṃ aḍḍhaṃ mahaddhanaṃ mahābhogaṃ pahūtajātarūparajataṃ pahūtavittūpakaraṇaṃ pahūtadhanadhaññaṃ. Tena hi, tāta sudinna, bījakampi dehi – mā no aputtakaṃ sāpateyyaṃ licchavayo atiharāpesu''nti. ''Etaṃ kho me, amma, sakkā kātu''nti, purāṇadutiyikāya bāhāyaṃ gahetvā mahāvanaṃ ajjhogāhetvā apaññatte sikkhāpade anādīnavadasso purāṇadutiyikāya tikkhattuṃ methunaṃ dhammaṃ abhiviññāpesi. Sā tena gabbhaṃ gaṇhi. Bhummā devā saddamanussāvesuṃ – ''nirabbudo vata, bho, bhikkhusaṅgho nirādīnavo; sudinnena kalandaputtena abbudaṃ uppāditaṃ, ādīnavo uppādito''ti. Bhummānaṃ devānaṃ saddaṃ sutvā cātumahārājikā [cātummahārājikā (sī. syā.)] devā saddamanussāvesuṃ...pe... tāvatiṃsā devā... yāmā devā ... tusitā devā... nimmānaratī devā... paranimmitavasavattī devā... brahmakāyikā devā saddamanussāvesuṃ – ''nirabbudo vata, bho, bhikkhusaṅgho nirādīnavo; sudinnena kalandaputtena abbudaṃ uppāditaṃ, ādīnavo uppādito''ti. Itiha tena khaṇena tena muhuttena yāva brahmalokā saddo abbhuggacchi.

Atha kho āyasmato sudinnassa purāṇadutiyikā tassa gabbhassa paripākamanvāya puttaṃ vijāyi. Atha kho āyasmato sudinnassa sahāyakā tassa dārakassa 'bījako'ti nāmaṃ akaṃsu. Āyasmato sudinnassa purāṇadutiyikāya bījakamātāti nāmaṃ akaṃsu. Āyasmato sudinnassa bījakapitāti nāmaṃ akaṃsu. Te aparena samayena ubho agārasmā anagāriyaṃ pabbajitvā arahattaṃ sacchākaṃsu.

37. Atha kho āyasmato sudinnassa ahudeva kukkuccaṃ, ahu vippaṭisāro – ''alābhā vata me, na vata me lābhā! Dulladdhaṃ vata me, na vata me suladdhaṃ! Yohaṃ evaṃ svākkhāte dhammavinaye pabbajitvā nāsakkhiṃ yāvajīvaṃ paripuṇṇaṃ parisuddhaṃ brahmacariyaṃ caritu''nti. So teneva kukkuccena tena vippaṭisārena kiso ahosi lūkho dubbaṇṇo uppaṇḍuppaṇḍukajāto dhamanisanthatagatto antomano līnamano dukkhī dummano vippaṭisārī pajjhāyi.

38. Atha kho āyasmato sudinnassa sahāyakā bhikkhū āyasmantaṃ sudinnaṃ etadavocuṃ – ''pubbe kho tvaṃ, āvuso sudinna, vaṇṇavā ahosi pīṇindriyo pasannamukhavaṇṇo vippasannachavivaṇṇo; so dāni

tvaṃ etarahi kiso lūkho dubbaṇṇo uppaṇḍuppaṇḍukajāto dhamanisanthatagatto antomano līnamano dukkhī dummano vippaṭisārī pajjhāyasi. Kacci no tvaṃ, āvuso sudinna, anabhirato brahmacariyaṃ carasī''ti? ''Na kho ahaṃ, āvuso, anabhirato brahmacariyaṃ carāmi. Atthi me pāpakammaṃ kataṃ; purāṇadutiyikāya methuno dhammo paṭisevito; tassa mayhaṃ, āvuso, ahudeva kukkuccaṃ ahu vippaṭisāro – 'alābhā vata me, na vata me lābhā; dulladdhaṃ vata me, na vata me suladdhaṃ; yohaṃ evaṃ svākkhāte dhammavinaye pabbajitvā nāsakkhiṃ yāvajīvaṃ paripuṇṇaṃ parisuddhaṃ brahmacariyaṃ caritu''nti. ''Alañhi te, āvuso sudinna, kukkuccāya alaṃ vippaṭisārāya yaṃ tvaṃ evaṃ svākkhāte dhammavinaye pabbajitvā na sakkhissasi yāvajīvaṃ paripuṇṇaṃ parisuddhaṃ brahmacariyaṃ carituṃ. Nanu, āvuso, bhagavatā anekapariyāyena virāgāya dhammo desito, no sarāgāya; visaṃyogāya dhammo desito, no saṃyogāya; anupādānāya dhammo desito, no saupādānāya. Tattha nāma tvaṃ, āvuso, bhagavatā virāgāya dhamme desite sarāgāya cetessasi, visaṃyogāya dhamme desite saṃyogāya cetessasi, anupādānāya dhamme desite saupādānāya cetessasi! Nanu, āvuso, bhagavatā anekapariyāyena rāgavirāgāya dhammo desito, madanimmadanāya pipāsavinayāya ālayasamugghātāya vaṭṭupacchedāya taṇhākkhayāya virāgāya nirodhāya nibbānāya dhammo desito! Nanu, āvuso, bhagavatā anekapariyāyena kāmānaṃ pahānaṃ akkhātaṃ, kāmasaññānaṃ pariññā akkhātā, kāmapipāsānaṃ paṭivinayo akkhāto, kāmavitakkānaṃ samugghāto akkhāto, kāmapariḷāhānaṃ vūpasamo akkhāto! Netaṃ, āvuso, appasannānaṃ vā pasādāya, pasannānaṃ vā bhiyyobhāvāya. Atha khvetaṃ, āvuso, appasannānañceva appasādāya pasannānañca ekaccānaṃ aññathattāyā''ti.

39. Atha kho te bhikkhū āyasmantaṃ sudinnaṃ anekapariyāyena vigarahitvā bhagavato etamatthaṃ ārocesuṃ. Atha kho Bhagavā etasmiṃ nidāne etasmiṃ pakaraṇe bhikkhusaṅghaṃ sannipātāpetvā āyasmantaṃ sudinnaṃ paṭipucchi – ''saccaṃ kira tvaṃ, sudinna, purāṇadutiyikāya methunaṃ dhammaṃ paṭisevī''ti? ''Saccaṃ, Bhagavā''ti. Vigarahi buddho Bhagavā – ''ananucchavikaṃ[ananucchaviyaṃ (sī.)], moghapurisa, ananulomikaṃ appaṭirūpaṃ assāmaṇakaṃ akappiyaṃ akaraṇīyaṃ. Kathañhi nāma tvaṃ, moghapurisa, evaṃ svākkhāte dhammavinaye pabbajitvā na sakkhissasi yāvajīvaṃ paripuṇṇaṃ parisuddhaṃ brahmacariyaṃ carituṃ! Nanu mayā, moghapurisa, anekapariyāyena virāgāya dhammo desito, no sarāgāya; visaṃyogāya dhammo desito, no saṃyogāya; anupādānāya dhammo desito, no saupādānāya! Tattha nāma tvaṃ, moghapurisa, mayā virāgāya dhamme desite sarāgāya cetessasi, visaṃyogāya dhamme desite saṃyogāya cetessasi, anupādānāya dhamme desite saupādānāya cetessasi! Nanu mayā, moghapurisa, anekapariyāyena rāgavirāgāya dhammo desito! Madanimmadanāya pipāsavinayāya ālayasamugghātāya vaṭṭupacchedāya taṇhākkhayāya virāgāya nirodhāya nibbānāya dhammo desito! Nanu mayā, moghapurisa, anekapariyāyena kāmānaṃ pahānaṃ akkhātaṃ, kāmasaññānaṃ pariññā akkhātā, kāmapipāsānaṃ paṭivinayo akkhāto, kāmavitakkānaṃ samugghāto akkhāto, kāmapariḷāhānaṃ vūpasamo akkhāto! Varaṃ te, moghapurisa, āsivisassa [āsīvisassa (sī. syā.)] ghoravisassa mukhe aṅgajātaṃ pakkhittaṃ, na tveva mātugāmassa aṅgajāte aṅgajātaṃ pakkhittaṃ. Varaṃ te, moghapurisa, kaṇhasappassa mukhe aṅgajātaṃ pakkhittaṃ, na tveva mātugāmassa aṅgajāte aṅgajātaṃ pakkhittaṃ. Varaṃ te, moghapurisa, aṅgārakāsuyā ādittāya sampajjalitāya sajotibhūtāya aṅgajātaṃ pakkhittaṃ, na tveva mātugāmassa aṅgajāte aṅgajātaṃ pakkhittaṃ. Taṃ kissa hetu? Tatonidānañhi, moghapurisa, maraṇaṃ vā nigaccheyya maraṇamattaṃ vā dukkhaṃ, na tveva tappaccayā kāyassa bhedā paraṃ maraṇā apāyaṃ duggatiṃ vinipātaṃ nirayaṃ upapajjeyya. Itonidānañca kho, moghapurisa, kāyassa bhedā paraṃ maraṇā apāyaṃ duggatiṃ vinipātaṃ nirayaṃ upapajjeyya. Tattha nāma tvaṃ, moghapurisa, yaṃ tvaṃ asaddhammaṃ gāmadhammaṃ vasaladhammaṃ duṭṭhullaṃ odakantikaṃ rahassaṃ dvayaṃdvayasamāpattiṃ samāpajjissasi, bahūnaṃ kho tvaṃ, moghapurisa, akusalānaṃ dhammānaṃ ādikattā pubbaṅgamo. Netaṃ, moghapurisa, appasannānaṃ vā pasādāya, pasannānaṃ vā bhiyyobhāvāya; atha khvetaṃ, moghapurisa, appasannānañceva appasādāya, pasannānañca ekaccānaṃ aññathattāyā''ti.

Atha kho Bhagavā āyasmantaṃ sudinnaṃ anekapariyāyena vigarahitvā dubbharatāya dupposatāya mahicchatāya asantuṭṭhitāya [asantuṭṭhatāya (syā.)] saṅgaṇikāya kosajjassa avaṇṇaṃ bhāsitvā anekapariyāyena subharatāya suposatāya appicchassa santuṭṭhassa sallekhassa dhutassa pāsādikassa apacayassa vīriyārambhassa [vīriyārabbhassa (ka.)] vaṇṇaṃ bhāsitvā bhikkhūnaṃ tadanucchavikaṃ tadanulomikaṃ dhammiṃ kathaṃ katvā bhikkhū āmantesi – ''tena hi, bhikkhave, bhikkhūnaṃ sikkhāpadaṃ paññapessāmi [paññāpessāmi (sī. syā.)] dasa atthavase paṭicca – saṅghasuṭṭhutāya, saṅghaphāsutāya, dummaṅkūnaṃ puggalānaṃ niggahāya, pesalānaṃ bhikkhūnaṃ phāsuvihārāya, diṭṭhadhammikānaṃ āsavānaṃ saṃvarāya, samparāyikānaṃ āsavānaṃ paṭighātāya, appasannānaṃ pasādāya, pasannānaṃ bhiyyobhāvāya, saddhammaṭṭhitiyā, vinayānuggahāya. Evañca pana, bhikkhave, imaṃ sikkhāpadaṃ uddiseyyātha –

''Yopana bhikkhu methunaṃ dhammaṃ paṭiseveyya, pārājiko hoti asaṃvāso''ti.

Evañcidaṃ bhagavatā bhikkhūnaṃ sikkhāpadaṃ paññattaṃ hoti.

Sudinnabhāṇavāro niṭṭhito.

Makkaṭīvatthu

40. Tena kho pana samayena aññataro bhikkhu vesāliyaṃ mahāvane makkaṭiṃ āmisena upalāpetvā tassā methunaṃ dhammaṃ paṭisevati. Atha kho so bhikkhu pubbaṇhasamayaṃ nivāsetvā pattacīvaraṃādāya vesāliṃ piṇḍāya pāvisi. Tena kho pana samayena sambahulā bhikkhū senāsanacārikaṃ āhiṇḍantā yena tassa bhikkhuno vihāro tenupasaṅkamiṃsu. Addasa kho sā makkaṭī te bhikkhū dūratova āgacchante. Disvāna yena te bhikkhū tenupasaṅkami; upasaṅkamitvā tesaṃ bhikkhūnaṃ purato kaṭimpi cālesi cheppampi cālesi, kaṭimpi oḍḍi, nimittampi akāsi. Atha kho tesaṃ bhikkhūnaṃ etadahosi – ''nissaṃsayaṃ kho so bhikkhu imissā makkaṭiyā methunaṃ dhammaṃ paṭisevatī''ti. Ekamantaṃ nilīyiṃsu. Atha kho so bhikkhu vesāliyaṃ piṇḍāya caritvā piṇḍapātaṃ ādāya paṭikkami.
41. Atha kho sā makkaṭī yena so bhikkhu tenupasaṅkami. Atha kho so bhikkhu taṃ piṇḍapātaṃ ekadesaṃ bhuñjitvā ekadesaṃ tassā makkaṭiyā adāsi. Atha kho sā makkaṭī taṃ piṇḍapātaṃ bhuñjitvā tassa bhikkhuno kaṭiṃ oḍḍi. Atha kho so bhikkhu tassā makkaṭiyā methunaṃ dhammaṃ paṭisevati. Atha kho te bhikkhū taṃ bhikkhuṃ etadavocuṃ – ''nanu, āvuso, bhagavatā sikkhāpadaṃ paññattaṃ; kissa tvaṃ, āvuso, makkaṭiyā methunaṃ dhammaṃ paṭisevasī''ti? ''Saccaṃ, āvuso, bhagavatā sikkhāpadaṃ paññattaṃ; tañca kho manussitthiyā , no tiracchānagatāyā''ti. ''Nanu, āvuso, tatheva taṃ hoti. Ananucchavikaṃ, āvuso, ananulomikaṃ appaṭirūpaṃ assāmaṇakaṃ akappiyaṃ akaraṇīyaṃ. Kathañhi nāma tvaṃ, āvuso, evaṃ svākkhāte dhammavinaye pabbajitvā na sakkhissasi yāvajīvaṃ paripuṇṇaṃ parisuddhaṃ brahmacariyaṃ carituṃ! Nanu, āvuso, bhagavatā anekapariyāyena virāgāya dhammo desito, no sarāgāya...pe... kāmapariḷāhānaṃ vūpasamo akkhāto! Netaṃ, āvuso, appasannānaṃ vā pasādāya pasannānaṃ vā bhiyyobhāvāya. Atha khvetaṃ, āvuso, appasannānañceva appasādāya, pasannānañca ekaccānaṃ aññathattāyā''ti. Atha kho te bhikkhū taṃ bhikkhuṃ anekapariyāyena vigarahitvā bhagavato etamatthaṃ arocesuṃ.
42. Atha kho Bhagavā etasmiṃ nidāne etasmiṃ pakaraṇe bhikkhusaṅghaṃ sannipātāpetvā taṃ bhikkhuṃ paṭipucchi – ''saccaṃ kira tvaṃ, bhikkhu, makkaṭiyā methunaṃ dhammaṃ paṭisevī''ti? ''Saccaṃ, Bhagavā''ti. Vigarahi buddho Bhagavā – ''ananucchavikaṃ, moghapurisa, ananulomikaṃ appatirūpaṃ assāmaṇakaṃ akappiyaṃ akaraṇīyaṃ. Kathañhi nāma tvaṃ, moghapurisa, evaṃ svākkhāte dhammavinaye pabbajitvā na sakkhissasi yāvajīvaṃ paripuṇṇaṃ parisuddhaṃ brahmacariyaṃ carituṃ! Nanu mayā, moghapurisa, anekapariyāyena virāgāya dhammo desito, no sarāgāya...pe... kāmapariḷāhānaṃ vūpasamo akkhāto! Varaṃ te, moghapurisa, āsīvisassa ghoravisassa mukhe aṅgajātaṃ pakkhittaṃ, na tveva makkaṭiyā aṅgajāte aṅgajātaṃ pakkhittaṃ. Varaṃ te, moghapurisa, kaṇhasappassa mukhe aṅgajātaṃ pakkhittaṃ, na tveva makkaṭiyā aṅgajāte aṅgajātaṃ pakkhittaṃ. Varaṃ te, moghapurisa, aṅgārakāsuyā ādittāya sampajjalitāya sajotibhūtāya aṅgajātaṃ pakkhittaṃ, na tveva makkaṭiyā aṅgajāte aṅgajātaṃ pakkhittaṃ. Taṃ kissa hetu? Tatonidānañhi, moghapurisa, maraṇaṃ vā nigaccheyya maraṇamattaṃ vā dukkhaṃ; na tveva tappaccayā kāyassa bhedā paraṃ maraṇā apāyaṃ duggatiṃ vinipātaṃ nirayaṃ upapajjeyya. Itonidānañca kho, moghapurisa, kāyassa bhedā paraṃ maraṇā apāyaṃ duggatiṃ vinipātaṃ nirayaṃ upapajjeyya. Tattha nāma tvaṃ, moghapurisa, yaṃ tvaṃ asaddhammaṃ gāmadhammaṃ vasaladhammaṃ duṭṭhullaṃ odakantikaṃ rahassaṃ dvayaṃdvayasamāpattiṃ samāpajjissasi! Netaṃ, moghapurisa, appasannānaṃ vā pasādāya...pe... evañca pana, bhikkhave, imaṃ sikkhāpadaṃ uddiseyyātha –
''Yopana bhikkhu methunaṃ dhammaṃ paṭiseveyya antamaso tiracchānagatāyapi, pārājiko hoti asaṃvāso''ti.
Evañcidaṃ bhagavatā bhikkhūnaṃ sikkhāpadaṃ paññattaṃ hoti.
Makkaṭīvatthu niṭṭhitaṃ.
Santhatabhāṇavāro
43. Tena kho pana samayena sambahulā vesālikā vajjiputtakā bhikkhū yāvadatthaṃ bhuñjiṃsu, yāvadatthaṃ supiṃsu, yāvadatthaṃ nhāyiṃsu. Yāvadatthaṃ bhuñjitvā yāvadatthaṃ supitvā yāvadatthaṃ nhāyitvā ayoniso manasi karitvā sikkhaṃ apaccakkhāya dubbalyaṃ anāvikatvā methunaṃ dhammaṃ paṭiseviṃsu. Te aparena samayena ñātibyasanenapi phuṭṭhā bhogabyasanenapi phuṭṭhā rogabyasanenapi phuṭṭhā āyasmantaṃ ānandaṃ upasaṅkamitvā evaṃ vadanti – ''na mayaṃ, bhante ānanda, buddhagarahino na dhammagarahino na saṅghagarahino; attagarahino mayaṃ, bhante ānanda, anaññagarahino. Mayamevamhā alakkhikā mayaṃ appapuññā, ye mayaṃ evaṃ svākkhāte dhammavinaye pabbajitvā nāsakkhimhā yāvajīvaṃ paripuṇṇaṃ parisuddhaṃ brahmacariyaṃ carituṃ. Idāni cepi[idānipi ce (syā.)] mayaṃ, bhante ānanda, labheyyāma bhagavato santike pabbajjaṃ labheyyāma upasampadaṃ, idānipi mayaṃ vipassakā kusalānaṃ dhammānaṃ pubbarattāpararattaṃ bodhipakkhikānaṃ dhammānaṃ bhāvanānuyogamanuyuttā vihareyyāma. Sādhu, bhante ānanda, bhagavato etamatthaṃ ārocehī''ti. ''Evamāvuso''ti kho āyasmā ānando vesālikānaṃ vajjiputtakānaṃ paṭissuṇitvā yena Bhagavā tenupasaṅkami; upasaṅkamitvā bhagavato etamatthaṃ ārocesi.
''Aṭṭhānametaṃ, ānanda, anavakāso yaṃ tathāgato vajjīnaṃ vā vajjiputtakānaṃ vā kāraṇā sāvakānaṃ pārājikaṃ sikkhāpadaṃ paññattaṃ samūhaneyyā''ti.
Atha kho Bhagavā etasmiṃ nidāne etasmiṃ pakaraṇe dhammiṃ kathaṃ katvā bhikkhū āmantesi – ''yo, bhikkhave [yo pana bhikkhave bhikkhu (sī.) yo kho bhikkhave bhikkhu (syā.)], sikkhaṃ apaccakkhāya

dubbalyaṃ anāvikatvā methunaṃ dhammaṃ paṭisevati so āgato na upasampādetabbo ; yo ca kho, bhikkhave [yo ca kho bhikkhave bhikkhu (sī. syā.)], sikkhaṃ paccakkhāya dubbalyaṃ āvikatvā methunaṃ dhammaṃ paṭisevati so āgato upasampādetabbo. Evañca pana, bhikkhave, imaṃ sikkhāpadaṃ uddiseyyātha –

44.''Yo pana bhikkhu bhikkhūnaṃ sikkhāsājīvasamāpanno sikkhaṃ apaccakkhāya dubbalyaṃ anāvikatvā methunaṃ dhammaṃ paṭiseveyya antamaso tiracchānagatāyapi, pārājiko hoti asaṃvāso''ti.

45.Yo panāti yo yādiso yathāyutto yathājacco yathānāmo yathāgotto yathāsīlo yathāvihārī yathāgocaro thero vā navo vā majjhimo vā. Eso vuccati 'yo panā'ti.

[vibha. 510, jhānavibhaṅgepi]Bhikkhūti bhikkhakoti bhikkhu, bhikkhācariyaṃ ajjhupagatoti bhikkhu, bhinnapaṭadharoti bhikkhu, samaññāya bhikkhu, paṭiññāya bhikkhu, ehi bhikkhūti bhikkhu, tīhi saraṇagamanehi upasampannoti bhikkhu, bhadro bhikkhu, sāro bhikkhu, sekho bhikkhu, asekho bhikkhu, samaggena saṅghena ñatticatutthena kammena akuppena ṭhānārahena upasampannoti bhikkhu. Tatra yvāyaṃ bhikkhu samaggena saṅghena ñatticatutthena kammena akuppena ṭhānārahena upasampanno, ayaṃ imasmiṃ atthe adhippeto bhikkhūti.

[dī. ni. 3.305]Sikkhāti tisso sikkhā – adhisīlasikkhā, adhicittasikkhā, adhipaññāsikkhā. Tatra yāyaṃ adhisīlasikkhā, ayaṃ imasmiṃ atthe adhippetā sikkhāti.

Sājīvaṃ nāma yaṃ bhagavatā paññattaṃ sikkhāpadaṃ, etaṃ sājīvaṃ nāma. Tasmiṃ sikkhati, tena vuccati sājīvasamāpannoti.

Sikkhaṃapaccakkhāya dubbalyaṃ anāvikatvāti atthi, bhikkhave, dubbalyāvikammañceva hoti sikkhā ca apaccakkhātā; atthi, bhikkhave, dubbalyāvikammañceva hoti sikkhā ca paccakkhātā.

''Kathañca, bhikkhave, dubbalyāvikammañceva hoti sikkhā ca apaccakkhātā. Idha, bhikkhave, bhikkhu ukkaṇṭhito anabhirato sāmaññā cavitukāmo bhikkhubhāvaṃ aṭṭīyamāno harāyamāno jigucchamāno gihibhāvaṃ patthayamāno upāsakabhāvaṃ patthayamāno ārāmikabhāvaṃ patthayamāno sāmaṇerabhāvaṃ patthayamāno titthiyabhāvaṃ patthayamāno titthiyasāvakabhāvaṃ patthayamāno assamaṇabhāvaṃ patthayamāno asakyaputtiyabhāvaṃ patthayamāno – 'yaṃnūnāhaṃ buddhaṃ paccakkheyya'nti vadati viññāpeti. Evampi, bhikkhave, dubbalyāvikammañceva hoti sikkhā ca apaccakkhātā.

''Atha vā pana ukkaṇṭhito anabhirato sāmaññā cavitukāmo bhikkhubhāvaṃ aṭṭīyamāno harāyamāno jigucchamāno gihibhāvaṃ patthayamāno...pe... asakyaputtiyabhāvaṃ patthayamāno – 'yaṃnūnāhaṃ dhammaṃ paccakkheyya'nti vadati viññāpeti...pe... yaṃnūnāhaṃ saṅghaṃ... yaṃnūnāhaṃ sikkhaṃ... yaṃnūnāhaṃ vinayaṃ... yaṃnūnāhaṃ pātimokkhaṃ... yaṃnūnāhaṃ uddesaṃ... yaṃnūnāhaṃ upajjhāyaṃ... yaṃnūnāhaṃ ācariyaṃ... yaṃnūnāhaṃ saddhivihārikaṃ... yaṃnūnāhaṃ antevāsikaṃ... yaṃnūnāhaṃ samānupajjhāyakaṃ... yaṃnūnāhaṃ samānācariyakaṃ yaṃnūnāhaṃ sabrahmacāriṃ paccakkheyya'nti vadati viññāpeti. 'Yaṃnūnāhaṃ gihī assa'nti vadati viññāpeti. 'Yaṃnūnāhaṃ upāsako assa'nti... 'yaṃnūnāhaṃ ārāmiko assa'nti... 'yaṃnūnāhaṃ sāmaṇero assa'nti... 'yaṃnūnāhaṃ titthiyo assa'nti... 'yaṃnūnāhaṃ titthiyasāvako assa'nti... 'yaṃnūnāhaṃ assamaṇo assa'nti... 'yaṃnūnāhaṃ asakyaputtiyo assa'nti vadati viññāpeti. Evampi, bhikkhave, dubbalyāvikammañceva hoti sikkhā ca apaccakkhātā.

46. ''Atha vā pana ukkaṇṭhito anabhirato sāmaññā cavitukāmo bhikkhubhāvaṃ aṭṭīyamāno harāyamāno jigucchamāno gihibhāvaṃ patthayamāno...pe... asakyaputtiyabhāvaṃ patthayamāno – 'yadi panāhaṃ buddhaṃ paccakkheyya'nti vadati viññāpeti...pe... 'yadi panāhaṃ asakyaputtiyo assa'nti vadati viññāpeti...pe... 'apāhaṃ buddhaṃ paccakkheyya'nti vadati viññāpeti...pe... 'apāhaṃ asakyaputtiyo assa'nti vadati viññāpeti...pe... 'handāhaṃ buddhaṃ paccakkheyya'nti vadati viññāpeti...pe... 'handāhaṃ asakyaputtiyo assa'nti vadati viññāpeti...pe... 'hoti me buddhaṃ paccakkheyya'nti vadati viññāpeti...pe... 'hoti me asakyaputtiyo assa'nti vadati viññāpeti. Evampi, bhikkhave, dubbalyāvikammañceva hoti sikkhā ca apaccakkhātā.

47. ''Atha vā pana ukkaṇṭhito anabhirato sāmaññā cavitukāmo bhikkhubhāvaṃ aṭṭīyamāno harāyamāno jigucchamāno gihibhāvaṃ patthayamāno...pe... asakyaputtiyabhāvaṃ patthayamāno 'mātaraṃ sarāmī'ti vadati viññāpeti... 'pitaraṃ sarāmī'ti vadati viññāpeti... 'bhātaraṃ sarāmī'ti vadati viññāpeti... 'bhaginiṃ sarāmī'ti vadati viññāpeti... 'puttaṃ sarāmī'ti vadati viññāpeti... 'dhītaraṃ sarāmī'ti vadati viññāpeti... 'pajāpatiṃ sarāmī'ti vadati viññāpeti... 'ñātake sarāmī'ti vadati viññāpeti... 'mitte sarāmī'ti vadati viññāpeti... 'gāmaṃ sarāmī'ti vadati viññāpeti... 'nigamaṃ sarāmī'ti vadati viññāpeti... 'khettaṃ sarāmī'ti vadati viññāpeti... 'vatthuṃ sarāmi'ti vadati viññāpeti... 'hiraññaṃ sarāmī'ti vadati viññāpeti... 'suvaṇṇaṃ sarāmī'ti vadati viññāpeti... 'sippaṃ sarāmī'ti vadati viññāpeti... 'pubbe hasitaṃ lapitaṃ kīḷitaṃ samanussarāmī'ti vadati viññāpeti. Evampi, bhikkhave, dubbalyāvikammañceva hoti sikkhā ca apaccakkhātā.

48. ''Atha vā pana ukkaṇṭhito anabhirato sāmaññā cavitukāmo bhikkhubhāvaṃ aṭṭīyamāno harāyamāno jigucchamāno gihibhāvaṃ patthayamāno...pe... asakyaputtiyabhāvaṃ patthayamāno – 'mātā me atthi, sā mayā posetabbā'ti vadati viññāpeti... 'pitā me atthi, so mayā posetabbo'ti vadati viññāpeti... 'bhātā me atthi, so mayā posetabbo'ti vadati viññāpeti... 'bhaginī me atthi, sā mayā posetabbā'ti vadati viññāpeti...

'putto me atthi, so mayā posetabbo'ti vadati viññāpeti... 'dhītā me atthi, sā mayā posetabbā'ti vadati viññāpeti... 'pajāpati me atthi, sā mayā posetabbā'ti vadati viññāpeti... 'ñātakā me atthi, te mayā posetabbā'ti vadati viññāpeti... 'mittā me atthi, te mayā posetabbā'ti vadati viññāpeti. Evampi, bhikkhave, dubbalyāvikammañceva hoti sikkhā ca apaccakkhātā.

49. "Atha vā pana ukkaṇṭhito anabhirato sāmaññā cavitukāmo bhikkhubhāvaṃ aṭṭīyamāno harāyamāno jigucchamāno gihibhāvaṃ patthayamāno...pe... asakyaputtiyabhāvaṃ patthayamāno – 'mātā me atthi, sā maṃ posessatī'ti vadati viññāpeti... 'pitā me atthi, so maṃ posessatī'ti vadati viññāpeti... 'bhātā me atthi, so maṃ posessatī'ti vadati viññāpeti... 'bhaginī me atthi, sā maṃ posessatī'ti vadati viññāpeti... 'putto me atthi, so maṃ posessatī'ti vadati viññāpeti... 'dhītā me atthi, sā maṃ posessatī'ti vadati viññāpeti... 'pajāpati me atthi, sā maṃ posessatī'ti vadati viññāpeti... 'ñātakā me atthi, te maṃ posessantī'ti vadati viññāpeti... 'mittā me atthi, te maṃ posessantī'ti vadati viññāpeti... 'gāmo me atthi, tenāhaṃ jīvissāmī'ti vadati viññāpeti... 'nigamo me atthi, tenāhaṃ jīvissāmī'ti vadati viññāpeti... 'khettaṃ me atthi, tenāhaṃ jīvissāmī'ti vadati viññāpeti... 'vatthu me atthi, tenāhaṃ jīvissāmī'ti vadati viññāpeti... 'hiraññaṃ me atthi, tenāhaṃ jīvissāmī'ti vadati viññāpeti... 'suvaṇṇaṃ me atthi, tenāhaṃ jīvissāmī'ti vadati viññāpeti... 'sippaṃ me atthi, tenāhaṃ jīvissāmī'ti vadati viññāpeti. Evampi, bhikkhave, dubbalyāvikammañceva hoti sikkhā ca apaccakkhātā.

50. "Atha vā pana ukkaṇṭhito anabhirato sāmaññā cavitukāmo bhikkhubhāvaṃ aṭṭīyamāno harāyamāno jigucchamāno gihibhāvaṃ patthayamāno...pe... asakyaputtiyabhāvaṃ patthayamāno 'dukkara'nti vadati viññāpeti... 'na sukara'nti vadati viññāpeti... 'duccara'nti vadati viññāpeti... 'na sucara'nti vadati viññāpeti... 'na ussahāmī'ti vadati viññāpeti... 'na visahāmī'ti vadati viññāpeti... 'na ramāmī'ti vadativiññāpeti... 'nābhiramāmī'ti vadati viññāpeti. Evampi kho, bhikkhave, dubbalyāvikammañceva hoti sikkhā ca apaccakkhātā.

51. "Kathañca, bhikkhave, dubbalyāvikammañceva hoti sikkhā ca paccakkhātā? Idha, bhikkhave, bhikkhu ukkaṇṭhito anabhirato sāmaññā cavitukāmo bhikkhubhāvaṃ aṭṭīyamāno harāyamāno jigucchamāno gihibhāvaṃ patthayamāno...pe... asakyaputtiyabhāvaṃ patthayamāno – 'buddhaṃ paccakkhāmī'ti vadati viññāpeti. Evampi, bhikkhave, dubbalyāvikammañceva hoti sikkhā ca paccakkhātā.

"Atha vā pana ukkaṇṭhito anabhirato sāmaññā cavitukāmo bhikkhubhāvaṃ aṭṭīyamāno harāyamāno jigucchamāno gihibhāvaṃ patthayamāno...pe... asakyaputtiyabhāvaṃ patthayamāno – 'dhammaṃ paccakkhāmī'ti vadati viññāpeti... 'saṅghaṃ paccakkhāmī'ti vadati viññāpeti... 'sikkhaṃ paccakkhāmī'ti vadati viññāpeti... 'vinayaṃ paccakkhāmī'ti vadati viññāpeti... 'pātimokkhaṃ paccakkhāmī'ti vadati viññāpeti... 'uddesaṃ paccakkhāmī'ti vadati viññāpeti... 'upajjhāyaṃ paccakkhāmī'ti vadati viññāpeti... 'ācariyaṃ paccakkhāmī'ti vadati viññāpeti... 'saddhivihārikaṃ paccakkhāmī'ti vadati viññāpeti... 'antevāsikaṃ paccakkhāmī'ti vadati viññāpeti... 'samānupajjhāyakaṃ paccakkhāmī'ti vadati viññāpeti... 'samānācariyakaṃ paccakkhāmī'ti vadati viññāpeti... 'sabrahmacāriṃ paccakkhāmī'ti vadati viññāpeti... 'gihīti maṃ dhārehī'ti vadati viññāpeti... 'upāsakoti maṃ dhārehī'ti vadati viññāpeti... 'ārāmikoti maṃ dhārehī'ti vadati viññāpeti... 'sāmaṇeroti maṃ dhārehī'ti vadati viññāpeti... 'titthiyoti maṃ dhārehī'ti vadati viññāpeti... 'titthiyasāvakoti maṃ dhārehī'ti vadati viññāpeti... 'assamaṇoti maṃ dhārehī'ti vadati viññāpeti... 'asakyaputtiyoti maṃ dhārehī'ti vadati viññāpeti. Evampi, bhikkhave, dubbalyāvikammañceva hoti sikkhā ca paccakkhātā.

52. "Atha vā pana ukkaṇṭhito anabhirato sāmaññā cavitukāmo bhikkhubhāvaṃ aṭṭīyamāno harāyamāno jigucchamāno gihibhāvaṃ patthayamāno...pe... asakyaputtiyabhāvaṃ patthayamāno – 'alaṃ me buddhenā'ti vadati viññāpeti...pe... 'alaṃ me sabrahmacārīhī'ti vadati viññāpeti. Evampi...pe... atha vā pana...pe... 'kiṃ nu me buddhenā'ti vadati viññāpeti...pe... 'kiṃ nu me sabrahmacārīhī'ti vadati viññāpeti... 'na mamattho buddhenā'ti vadati viññāpeti...pe... 'na mamattho sabrahmacārīhī'ti vadati viññāpeti... 'sumuttāhaṃ buddhenā'ti vadati viññāpeti...pe... 'sumuttāhaṃ sabrahmacārīhī'ti vadati viññāpeti. Evampi, bhikkhave, dubbalyāvikammañceva hoti sikkhā ca paccakkhātā.

53. "Yāni vā panaññānipi atthi buddhavevacanāni vā dhammavevacanāni vā saṅghavevacanāni vā sikkhāvevacanāni vā vinayavevacanāni vā pātimokkhavevacanāni vā uddesavevacanāni vā upajjhāyavevacanāni vā ācariyavevacanāni vā saddhivihārikavevacanāni vā antevāsikavevacanāni vā samānupajjhāyakavevacanāni vā samānācariyakavevacanāni vā sabrahmacārivevacanāni vā gihivevacanāni vā upāsakavevacanāni vā ārāmikavevacanāni vā sāmaṇeravevacanāni vā titthiyavevacanāni vā titthiyasāvakavevacanāni vā assamaṇavevacanāni vā asakyaputtiyavevacanāni vā, tehi ākārehi tehi liṅgehi tehi nimittehi vadati viññāpeti. Evaṃ kho, bhikkhave, dubbalyāvikammañceva hoti sikkhā ca paccakkhātā.

54. "Kathañca, bhikkhave, apaccakkhātā hoti sikkhā? Idha, bhikkhave, yehi ākārehi yehi liṅgehi yehi nimittehi sikkhā paccakkhātā hoti tehi ākārehi tehi liṅgehi tehi nimittehi ummattako sikkhaṃ paccakkhāti, apaccakkhātā hoti sikkhā. Ummattakassa santike sikkhaṃ paccakkhāti, apaccakkhātā hoti sikkhā. Khittacitto sikkhaṃ paccakkhāti, apaccakkhātā hoti sikkhā. Khittacittassa santike sikkhaṃ paccakkhāti, apaccakkhātā hoti sikkhā. Vedanāṭṭo sikkhaṃ paccakkhāti, apaccakkhātā hoti sikkhā.

Vedanāṭṭassa santike sikkhaṃ paccakkhāti, apaccakkhātā hoti sikkhā. Devatāya santike sikkhaṃ paccakkhāti, apaccakkhātā hoti sikkhā. Tiracchānagatassa santike sikkhaṃ paccakkhāti, apaccakkhātā hoti sikkhā. Ariyakena milakkhassa [milakkhakassa (sī. syā.) milakkhussa (ka.)] santike sikkhaṃ paccakkhāti, so ca na paṭivijānāti, apaccakkhātā hoti sikkhā. Milakkhakena ariyakassa santike sikkhaṃ paccakkhāti, so ca na paṭivijānāti, apaccakkhātā hoti sikkhā. Ariyakena ariyassa santike sikkhaṃ paccakkhāti, so ca na paṭivijānāti , apaccakkhātā hoti sikkhā. Milakkhakena milakkhassa santike sikkhaṃ paccakkhāti, so ca na paṭivijānāti, apaccakkhātā hoti sikkhā. Davāya sikkhaṃ paccakkhāti, apaccakkhātā hoti sikkhā. Ravāya sikkhaṃ paccakkhāti, apaccakkhātā hoti sikkhā. Asāvetukāmo sāveti, apaccakkhātā hoti sikkhā. Sāvetukāmo na sāveti, apaccakkhātā hoti sikkhā. Aviññussa sāveti, apaccakkhātā hoti sikkhā. Viññussa na sāveti, apaccakkhātā hoti sikkhā. Sabbaso vā pana na sāveti, apaccakkhātā hoti sikkhā. Evaṃ kho, bhikkhave, apaccakkhātā hoti sikkhā''.

55.[mahāni. 49, 50, 51]Methunadhammo nāma yo so asaddhammo gāmadhammo vasaladhammo duṭṭhullaṃ odakantikaṃ rahassaṃ dvayaṃdvayasamāpatti, eso methunadhammo nāma.

Paṭisevati nāma yo nimittena nimittaṃ aṅgajātena aṅgajātaṃ antamaso tilaphalamattampi paveseti, eso paṭisevati nāma.

Antamasotiracchānagatāyapīti tiracchānagatitthiyāpi methunaṃ dhammaṃ paṭisevitvā assamaṇo hoti asakyaputtiyo, pageva manussitthiyā. Tena vuccati – 'antamaso tiracchānagatāyapī'ti.

Pārājiko hotīti seyyathāpi nāma puriso sīsacchinno abhabbo tena sarīrabandhanena jīvituṃ, evameva bhikkhu methunaṃ dhammaṃ paṭisevitvā assamaṇo hoti asakyaputtiyo. Tena vuccati – 'pārājiko hotī'ti.

Asaṃvāsoti saṃvāso nāma ekakammaṃ ekuddeso samasikkhatā – eso saṃvāso nāma. So tena saddhiṃ natthi. Tena vuccati – 'asaṃvāso'ti.

56. Tisso itthiyo – manussitthī, amanussitthī, tiracchānagatitthī. Tayo ubhatobyañjanakā – manussubhatobyañjanako, amanussubhatobyañjanako, tiracchānagatubhatobyañjanako. Tayo paṇḍakā – manussapaṇḍako, amanussapaṇḍako , tiracchānagatapaṇḍako. Tayo purisā – manussapuriso, amanussapuriso, tiracchānagatapuriso.

Manussitthiyā tayo magge methunaṃ dhammaṃ paṭisevantassa āpatti pārājikassa – vaccamagge, passāvamagge, mukhe. Amanussitthiyā...pe... tiracchānagatitthiyā tayo magge methunaṃ dhammaṃ paṭisevantassa āpatti pārājikassa – vaccamagge, passāvamagge, mukhe. Manussubhatobyañjanakassa... amanussubhatobyañjanakassa... tiracchānagatubhatobyañjanakassa tayo magge methunaṃ dhammaṃ paṭisevantassa āpatti pārājikassa – vaccamagge, passāvamagge, mukhe. Manussapaṇḍakassa dve magge methunaṃ dhammaṃ paṭisevantassa āpatti pārājikassa – vaccamagge, mukhe. Amanussapaṇḍakassa... tiracchānagatapaṇḍakassa... manussapurisassa... amanussapurisassa... tiracchānagatapurisassa dve magge methunaṃ dhammaṃ paṭisevantassa āpatti pārājikassa – vaccamagge, mukhe.

57. Bhikkhussa sevanacittaṃ upaṭṭhite manussitthiyā vaccamaggaṃ aṅgajātaṃ pavesentassa āpatti pārājikassa. Bhikkhussa sevanacittaṃ upaṭṭhite manussitthiyā passāvamaggaṃ... mukhaṃ aṅgajātaṃ pavesentassa āpatti pārājikassa. Bhikkhussa sevanacittaṃ upaṭṭhite amanussitthiyā... tiracchānagatitthiyā... manussubhatobyañjanakassa... amanussubhatobyañjanakassa... tiracchānagatubhatobyañjanakassa... vaccamaggaṃ passāvamaggaṃ mukhaṃ aṅgajātaṃ pavesentassa āpatti pārājikassa. Bhikkhussa sevanacittaṃ upaṭṭhite manussapaṇḍakassa vaccamaggaṃ mukhaṃ aṅgajātaṃ pavesentassa āpatti pārājikassa. Bhikkhussa sevanacittaṃ upaṭṭhite amanussapaṇḍakassa... tiracchānagatapaṇḍakassa... manussapurisassa... amanussapurisassa... tiracchānagatapurisassa vaccamaggaṃ mukhaṃ aṅgajātaṃ pavesentassa āpatti pārājikassa.

58. Bhikkhupaccatthikā manussitthiṃ bhikkhussa santike ānetvā vaccamaggena aṅgajātaṃ abhinisīdenti. So ce pavesanaṃ sādiyati [pavisanaṃ sādayati (ka.)], paviṭṭhaṃ sādiyati, ṭhitaṃ sādiyati, uddharaṇaṃ sādiyati, āpatti pārājikassa. Bhikkhupaccatthikā manussitthiṃ bhikkhussa santike ānetvā vaccamaggena aṅgajātaṃ abhinisīdenti. So ce pavesanaṃ na sādiyati, paviṭṭhaṃ sādiyati, ṭhitaṃ sādiyati, uddharaṇaṃ sādiyati, āpatti pārājikassa. Bhikkhupaccatthikā manussitthiṃ bhikkhussa santike ānetvā vaccamaggena aṅgajātaṃ abhinisīdenti. So ce pavesanaṃ na sādiyati, paviṭṭhaṃ na sādiyati, ṭhitaṃ sādiyati, uddharaṇaṃ sādiyati, āpatti pārājikassa. Bhikkhupaccatthikā manussitthiṃ bhikkhussa santike ānetvā vaccamaggena aṅgajātaṃ abhinisīdenti. So ce pavesanaṃ na sādiyati, paviṭṭhaṃ na sādiyati, ṭhitaṃ na sādiyati, uddharaṇaṃ sādiyati āpatti pārājikassa. Bhikkhupaccatthikā manussitthiṃ bhikkhussa santike ānetvā vaccamaggena aṅgajātaṃ abhinisīdenti. So ce pavesanaṃ na sādiyati, paviṭṭhaṃ na sādiyati, ṭhitaṃ na sādiyati, uddharaṇaṃ na sādiyati, anāpatti.

Bhikkhupaccatthikā manussitthiṃ bhikkhussa santike ānetvā passāvamaggena... mukhena aṅgajātaṃ abhinisīdenti. So ce pavesanaṃ sādiyati, paviṭṭhaṃ sādiyati, ṭhitaṃ sādiyati, uddharaṇaṃ sādiyati, āpatti pārājikassa...pe... na sādiyati, anāpatti.

59. Bhikkhupaccatthikā manussitthiṃ jāgarantiṃ... suttaṃ... mattaṃ... ummattaṃ... pamattaṃ... mataṃ akkhāyitaṃ... mataṃ yebhuyyena akkhāyitaṃ...pe... āpatti pārājikassa. Mataṃ yebhuyyena khāyitaṃ bhikkhussa santike ānetvā vaccamaggena... passāvamaggena... mukhena aṅgajātaṃ

abhinisīdenti. So ce pavesanaṃ sādiyati, paviṭṭhaṃ sādiyati, ṭhitaṃ sādiyati, uddharaṇaṃ sādiyati, āpatti thullaccayassa...pe... na sādiyati, anāpatti.
Bhikkhupaccatthikā amanussitthiṃ... tiracchānagatitthiṃ... manussubhatobyañjanakaṃ... amanussubhatobyañjanakaṃ... tiracchānagatubhatobyañjanakaṃ bhikkhussa santike ānetvā vaccamaggena... passāvamaggena... mukhena aṅgajātaṃ abhinisīdenti. So ce pavesanaṃ sādiyati, paviṭṭhaṃ sādiyati, ṭhitaṃ sādiyati, uddharaṇaṃ sādiyati, āpatti pārājikassa...pe... na sādiyati, anāpatti.
Bhikkhupaccatthikā tiracchānagatubhatobyañjanakaṃ jāgarantaṃ... suttaṃ... mattaṃ... ummattaṃ... pamattaṃ... mataṃ akkhāyitaṃ... mataṃ yebhuyyena akkhāyitaṃ...pe... āpatti pārājikassa. Mataṃ yebhuyyena khāyitaṃ bhikkhussa santike ānetvā vaccamaggena... passāvamaggena... mukhena aṅgajātaṃ abhinisīdenti. So ce pavesanaṃ sādiyati , paviṭṭhaṃ sādiyati, ṭhitaṃ sādiyati, uddharaṇaṃ sādiyati, āpatti thullaccayassa...pe... na sādiyati, anāpatti.
Bhikkhupaccatthikā manussapaṇḍakaṃ... amanussapaṇḍakaṃ... tiracchānagatapaṇḍakaṃ bhikkhussa santike ānetvā vaccamaggena... mukhena aṅgajātaṃ abhinisīdenti. So ce pavesanaṃ sādiyati, paviṭṭhaṃ sādiyati, ṭhitaṃ sādiyati, uddharaṇaṃ sādiyati, āpatti pārājikassa...pe... na sadiyati, anāpatti.
Bhikkhupaccatthikā tiracchānagatapaṇḍakaṃ jāgarantaṃ... suttaṃ... mattaṃ... ummattaṃ... pamattaṃ... mataṃ akkhāyitaṃ ... mataṃ yebhuyyena akkhāyitaṃ...pe... āpatti pārājikassa. Mataṃ yebhuyyena khāyitaṃ bhikkhussa santike ānetvā vaccamaggena... mukhena aṅgajātaṃ abhinisīdenti. So ce pavesanaṃ sādiyati, paviṭṭhaṃ sādiyati, ṭhitaṃ sādiyati, uddharaṇaṃ sādiyati, āpatti thullaccayassa...pe... na sādiyati, anāpatti.
60. Bhikkhupaccatthikā manussapurisaṃ... amanussapurisaṃ... tiracchānagatapurisaṃ bhikkhussa santike ānetvā vaccamaggena... mukhena aṅgajātaṃ abhinisīdenti. So ce pavesanaṃ sādiyati, paviṭṭhaṃ sādiyati, ṭhitaṃ sādiyati, uddharaṇaṃ sādiyati, āpatti pārājikassa...pe... na sādiyati, anāpatti.
Bhikkhupaccatthikā tiracchānagatapurisaṃ jāgarantaṃ... suttaṃ... mattaṃ... ummattaṃ... pamattaṃ... mataṃ akkhāyitaṃ... mataṃ yebhuyyena akkhāyitaṃ...pe... āpatti pārājikassa. Mataṃ yebhuyyena khāyitaṃ bhikkhussa santike ānetvā vaccamaggena... mukhena aṅgajātaṃ abhinisīdenti. So ce pavesanaṃ sādiyati, paviṭṭhaṃ sādiyati, ṭhitaṃ sādiyati, uddharaṇaṃ sādiyati, āpatti thullaccayassa...pe... na sādiyati, anāpatti.
61. Bhikkhupaccatthikā manussitthiṃ bhikkhussa santike ānetvā vaccamaggena... passāvamaggena... mukhena aṅgajātaṃ abhinisīdenti santhatāya asanthatassa, asanthatāya santhatassa, santhatāya santhatassa, asanthatāya asanthatassa. So ce pavesanaṃ sādiyati, paviṭṭhaṃ sādiyati, ṭhitaṃ sādiyati, uddharaṇaṃ sādiyati, āpatti pārājikassa...pe... na sādiyati, anāpatti .
Bhikkhupaccatthikā manussitthiṃ jāgarantiṃ... suttaṃ... mattaṃ... ummattaṃ... pamattaṃ... mataṃ akkhāyitaṃ... mataṃ yebhuyyena akkhāyitaṃ...pe... āpatti pārājikassa. Mataṃ yebhuyyena khāyitaṃ bhikkhussa santike ānetvā vaccamaggena... passāvamaggena... mukhena aṅgajātaṃ abhinisīdenti, santhatāya asanthatassa, asanthatāya santhatassa, santhatāya santhatassa, asanthatāya asanthatassa. So ce pavesanaṃ sādiyati, paviṭṭhaṃ sādiyati, ṭhitaṃ sādiyati, uddharaṇaṃ sādiyati, āpatti thullaccayassa...pe... na sādiyati, anāpatti.
Bhikkhupaccatthikā amanussitthiṃ... tiracchānagatitthiṃ... manussubhatobyañjanakaṃ... amanassubhatobyañjanakaṃ ... tiracchānagatubhatobyañjanakaṃ bhikkhussa santike ānetvā vaccamaggena... passāvamaggena... mukhena aṅgajātaṃ abhinisīdenti santhatassa asanthatassa, asanthatassa santhatassa, santhatassa santhatassa, asanthatassa asanthatassa. So ce pavesanaṃ sādiyati, paviṭṭhaṃ sādiyati, ṭhitaṃ sādiyati, uddharaṇaṃ sādiyati, āpatti pārājikassa...pe... na sādiyati, anāpatti.
Bhikkhupaccatthikā tiracchānagatubhatobyañjanakaṃ jāgarantaṃ... suttaṃ... mattaṃ... ummattaṃ... pamattaṃ... mataṃ akkhāyitaṃ... mataṃ yebhuyyena akkhāyitaṃ...pe... āpatti pārājikassa. Mataṃ yebhuyyena khāyitaṃ bhikkhussa santike ānetvā vaccamaggena... passāvamaggena... mukhena aṅgajātaṃ abhinisīdenti, santhatassa asanthatassa, asanthatassa santhatassa, santhatassa santhatassa, asanthatassa asanthatassa. So ce pavesanaṃ sādiyati, paviṭṭhaṃ sādiyati, ṭhitaṃ sādiyati , uddharaṇaṃ sādiyati, āpatti thullaccayassa...pe... na sādiyati, anāpatti.
62. Bhikkhupaccatthikā manussapaṇḍakaṃ... amanussapaṇḍakaṃ... tiracchānagatapaṇḍakaṃ... manussapurisaṃ... amanussapurisaṃ... tiracchānagatapurisaṃ bhikkhussa santike ānetvā vaccamaggena... mukhena aṅgajātaṃ abhinisīdenti santhatassa asanthatassa, asanthatassa santhatassa, santhatassa santhatassa, asanthatassa asanthatassa. So ce pavesanaṃ sādiyati, paviṭṭhaṃ sādiyati, ṭhitaṃ sādiyati, uddharaṇaṃ sādiyati, āpatti pārājikassa...pe... na sādiyati, anāpatti.
Bhikkhupaccatthikā tiracchānagatapurisaṃ jāgarantaṃ... suttaṃ... mattaṃ... ummattaṃ... pamattaṃ... mataṃ akkhāyitaṃ... mataṃ yebhuyyena akkhāyitaṃ...pe... āpatti pārājikassa. Mataṃ yebhuyyena khāyitaṃ bhikkhussa santike ānetvā vaccamaggena... mukhena aṅgajātaṃ abhinisīdenti, santhatassa asanthatassa, asanthatassa santhatassa, santhatassa santhatassa, asanthatassa asanthatassa. So ca pavesanaṃ sādiyati, paviṭṭhaṃ sādiyati, ṭhitaṃ sādiyati, uddharaṇaṃ sādiyati , āpatti thullaccayassa...pe... na sādiyati, anāpatti.

63. Bhikkhupaccatthikā bhikkhuṃ manussitthiyā santike ānetvā aṅgajātena vaccamaggaṃ... passāvamaggaṃ... mukhaṃ abhinisīdenti. So ce pavesanaṃ sādiyati, paviṭṭhaṃ sādiyati , ṭhitaṃ sādiyati, uddharaṇaṃ sādiyati, āpatti pārājikassa...pe... na sādiyati, anāpatti.
Bhikkhupaccatthikā bhikkhuṃ manussitthiyā jāgarantiyā... suttāya... mattāya... ummattāya... pamattāya ... matāya akkhāyitāya... matāya yebhuyyena akkhāyitāya...pe... āpatti pārājikassa. Matāya yebhuyyena khāyitāya santike ānetvā aṅgajātena vaccamaggaṃ... passāvamaggaṃ... mukhaṃ abhinisīdenti. So ce pavesanaṃ sādiyati, paviṭṭhaṃ sādiyati, ṭhitaṃ sādiyati, uddharaṇaṃ sādiyati, āpatti thullaccayassa...pe... na sādiyati, anāpatti.
Bhikkhupaccatthikā bhikkhuṃ amanussitthiyā... tiracchānagatitthiyā... manussubhatobyañjanakassa... amanussubhatobyañjanakassa... tiracchānagatubhatobyañjanakassa... manussapaṇḍakassa... amanussapaṇḍakassa... tiracchānagatapaṇḍakassa... manussapurisassa... amanussapurisassa... tiracchānagatapurisassa santike ānetvā aṅgajātena vaccamaggaṃ... mukhaṃ abhinisīdenti. So ce pavesanaṃ sādiyati, paviṭṭhaṃ sādiyati, ṭhitaṃ sādiyati, uddharaṇaṃ sādiyati, āpatti pārājikassa...pe... na sādiyati, anāpatti.
Bhikkhupaccatthikā bhikkhuṃ tiracchānagatapurisassa jāgarantassa... suttassa... mattassa... ummattassa... pamattassa... matassa akkhāyitassa... matassa yebhuyyena akkhāyitassa...pe... āpatti pārājikassa. Matassa yebhuyyena khāyitassa santike ānetvā aṅgajātena vaccamaggaṃ... mukhaṃ abhinisīdenti. So ce pavesanaṃ sādiyati, paviṭṭhaṃ sādiyati, ṭhitaṃ sādiyati, uddharaṇaṃ sādiyati, āpatti thullaccayassa...pe... na sādiyati, anāpatti.
64. Bhikkhupaccatthikā bhikkhuṃ manussitthiyā santike ānetvā aṅgajātena vaccamaggaṃ... passāvamaggaṃ... mukhaṃ abhinisīdenti santhatassa asanthatāya, asanthatassa santhatāya, santhatassa santhatāya, asanthatassa asanthatāya. So ce pavesanaṃ sādiyati, paviṭṭhaṃ sādiyati, ṭhitaṃ sādiyati, uddharaṇaṃ sādiyati, āpatti pārājikassa...pe... na sādiyati, anāpatti.
Bhikkhupaccatthikā bhikkhuṃ manussitthiyā jāgarantiyā... suttāya... mattāya... ummattāya... pamattāya... matāya akkhāyitāya... matāya yebhuyyena akkhāyitāya...pe... āpatti pārājikassa. Matāya yebhuyyena khāyitāya santike ānetvā aṅgajātena vaccamaggaṃ... passāvamaggaṃ... mukhaṃ abhinisīdenti santhatassa asanthatāya, asanthatassa santhatāya, santhatassa santhatāya, asanthatassa asanthatāya. So ce pavesanaṃ sādiyati, paviṭṭhaṃ sādiyati, ṭhitaṃ sādiyati, uddharaṇaṃ sādiyati, āpatti thullaccayassa...pe... na sādiyati, anāpatti.
Bhikkhupaccatthikā bhikkhuṃ amanussitthiyā... tiracchānagatitthiyā... manussubhatobyañjanakassa... amanussubhatobyañjanakassa... tiracchānagatubhatobyañjanakassa... manussapaṇḍakassa... amanussapaṇḍakassa... tiracchānagatapaṇḍakassa... manussapurisassa... amanussapurisassa... tiracchānagatapurisassa santike ānetvā aṅgajātena vaccamaggaṃ... mukhaṃ abhinisīdenti santhatassa asanthatassa, asanthatassa santhatassa, santhatassa santhatassa, asanthatassa asanthatassa. So ce pavesanaṃ sādiyati, paviṭṭhaṃ sādiyati, ṭhitaṃ sādiyati, uddharaṇaṃ sādiyati, āpatti pārājikassa...pe... na sādiyati, anāpatti.
65. Bhikkhupaccatthikā bhikkhuṃ tiracchānagatapurisassa jāgarantassa... suttassa... mattassa... ummattassa... pamattassa... matassa akkhāyitassa... matassa yebhuyyena akkhāyitassa...pe... āpatti pārājikassa. Matassa yebhuyyena khāyitassa santike ānetvā aṅgajātena vaccamaggaṃ... mukhaṃ abhinisīdenti santhatassa asanthatassa, asanthatassa santhatassa, santhatassa santhatassa, asanthatassa asanthatassa. So ce pavesanaṃ sādiyati, paviṭṭhaṃ sādiyati, ṭhitaṃ sādiyati, uddharaṇaṃ sādiyati, āpatti thullaccayassa...pe... na sādiyati, anāpatti.
Yathā bhikkhupaccatthikā vitthāritā, evaṃ vitthāretabbā.
Rājapaccatthikā... corapaccatthikā... dhuttapaccatthikā... uppaḷagandhapaccatthikā. Saṃkhittaṃ.
66. Maggena maggaṃ paveseti, āpatti pārājikassa. Maggena amaggaṃ paveseti, āpatti pārājikassa. Amaggena maggaṃ paveseti, āpatti pārājikassa. Amaggena amaggaṃ paveseti, āpatti thullaccayassa.
Bhikkhu suttabhikkhumhi vippaṭipajjati; paṭibuddho sādiyati, ubho nāsetabbā. Paṭibuddho na sādiyati, dūsako nāsetabbo. Bhikkhu suttasāmaṇeramhi vippaṭipajjati; paṭibuddho sādiyati, ubho nāsetabbā. Paṭibuddho na sādiyati, dūsako nāsetabbo. Sāmaṇero suttabhikkhumhi vippaṭipajjati; paṭibuddho sādiyati, ubho nāsetabbā. Paṭibuddho na sādiyati, dūsako nāsetabbo. Sāmaṇero suttasāmaṇeramhi vippaṭipajjati; paṭibuddho sādiyati, ubho nāsetabbā . Paṭibuddho na sādiyati, dūsako nāsetabbo.
Anāpatti ajānantassa, asādiyantassa, ummattakassa, khittacittassa, vedanāṭṭassa, ādikammikassāti.
Santhatabhāṇavāro niṭṭhito.
Vinītavatthuuddānagāthā
Makkaṭī vajjiputtā ca, gihī naggo ca titthiyā;
Dārikuppalavaṇṇā ca, byañjanehipare duve.
Mātā dhītā bhaginī ca, jāyā ca mudu lambinā;
Dve vaṇā lepacittañca, dārudhītalikāya ca.
Sundarena saha pañca, pañca sivathikaṭṭhikā;
Nāgī yakkhī ca petī ca, paṇḍakopahato chupe.

Bhaddiye arahaṃ sutto, sāvatthiyā caturo pare;
Vesāliyā tayo mālā, supine bhārukacchako.
Supabbā saddhā bhikkhunī, sikkhamānā sāmaṇerī ca;
Vesiyā paṇḍako gihī, aññamaññaṃ vuḍḍhapabbajito migoti.
Vinītavatthu

67. Tena kho pana samayena aññataro bhikkhu makkaṭiyā methunaṃ dhammaṃ paṭisevi. Tassa kukkuccaṃ ahosi – ''bhagavatā sikkhāpadaṃ paññattaṃ, kacci nu kho ahaṃ pārājikaṃ āpattiṃ āpanno''ti? Bhagavato etamatthaṃ ārocesi. ''Āpattiṃ tvaṃ, bhikkhu, āpanno pārājika''nti.

Tena kho pana samayena sambahulā vesālikā vajjiputtakā bhikkhū sikkhaṃ apaccakkhāya dubbalyaṃ anāvikatvā methunaṃ dhammaṃ paṭiseviṃsu. Tesaṃ kukkuccaṃ ahosi – ''bhagavatā sikkhāpadaṃ paññattaṃ, kacci nu kho mayaṃ pārājikaṃ āpattiṃ āpannā''ti? Bhagavato etamatthaṃ ārocesuṃ. ''Āpattiṃ tumhe, bhikkhave, āpannā pārājika''nti.

Tena kho pana samayena aññataro bhikkhu – 'evaṃ me anāpatti bhavissatī'ti, gihiliṅgena methunaṃ dhammaṃ paṭisevi. Tassa kukkuccaṃ ahosi ''bhagavatā sikkhāpadaṃ paññattaṃ, kacci nu kho ahaṃ pārājikaṃ āpattiṃ āpanno''ti? Bhagavato etamatthaṃ ārocesi. ''Āpattiṃ tvaṃ, bhikkhu, āpanno pārājika''nti.

Tena kho pana samayena aññataro bhikkhu – 'evaṃ me anāpatti bhavissatī'ti, naggo hutvā methunaṃ dhammaṃ paṭisevi. Tassa kukkuccaṃ ahosi...pe... ''āpattiṃ tvaṃ, bhikkhu, āpanno pārājika''nti.

Tena kho pana samayena aññataro bhikkhu – 'evaṃ me anāpatti bhavissatī'ti, kusacīraṃ nivāsetvā... vākacīraṃ nivāsetvā... phalakacīraṃ nivāsetvā... kesakambalaṃ nivāsetvā... vālakambalaṃ nivāsetvā... ulūkapakkhikaṃ nivāsetvā... ajinakkhipaṃ nivāsetvā methunaṃ dhammaṃ paṭisevi. Tassa kukkuccaṃ ahosi...pe... ''āpattiṃ tvaṃ, bhikkhu, āpanno pārājika''nti.

Tena kho pana samayena aññataro piṇḍacāriko bhikkhu pīṭhake nipannaṃ dārikaṃ passitvā sāratto aṅguṭṭhaṃ aṅgajātaṃ pavesesi. Sā kālamakāsi. Tassa kukkuccaṃ ahosi...pe... ''anāpatti , bhikkhu, pārājikassa. Āpatti saṅghādisesassā''ti.

68. Tena kho pana samayena aññataro māṇavako uppalavaṇṇāya bhikkhuniyā paṭibaddhacitto hoti. Atha kho so māṇavako uppalavaṇṇāya bhikkhuniyā gāmaṃ piṇḍāya paviṭṭhāya kuṭikaṃ pavisitvā nilīno acchi. Uppalavaṇṇā bhikkhunī pacchābhattaṃ piṇḍapātapaṭikkantā pāde pakkhāletvā kuṭikaṃ pavisitvā mañcake nisīdi. Atha kho so māṇavako uppalavaṇṇaṃ bhikkhuniṃ uggahetvā dūsesi. Uppalavaṇṇā bhikkhunī bhikkhunīnaṃ etamatthaṃ ārocesi. Bhikkhuniyo bhikkhūnaṃ etamatthaṃ ārocesuṃ. Bhikkhū bhagavato etamatthaṃ ārocesuṃ. ''Anāpatti, bhikkhave, asādiyantiyā''ti.

69. Tena kho pana samayena aññatarassa bhikkhuno itthiliṅgaṃ pātubhūtaṃ hoti. Bhagavato etamatthaṃ ārocesuṃ. ''Anujānāmi, bhikkhave, taṃyeva upajjhaṃ tameva upasampadaṃ tāniyeva [tāni (sī. syā.)] vassāni bhikkhunīhi saṅgamituṃ [saṅkamituṃ (sī. syā.)]. Yā āpattiyo bhikkhūnaṃ bhikkhunīhi sādhāraṇā tā āpattiyo bhikkhunīnaṃ santike vuṭṭhātuṃ. Yā āpattiyo bhikkhūnaṃ bhikkhunīhi asādhāraṇā tāhi āpattīhi anāpattī''ti.

Tena kho pana samayena aññatarissā bhikkhuniyā purisaliṅgaṃ pātubhūtaṃ hoti. Bhagavato etamatthaṃ ārocesuṃ. ''Anujānāmi, bhikkhave, taṃyeva upajjhaṃ tameva upasampadaṃ tāniyeva [tāni (sī. syā.)] vassāni bhikkhūhi saṅgamituṃ [saṅkamituṃ (sī. syā.)]. Yā āpattiyo bhikkhunīnaṃ bhikkhūhi sādhāraṇā tā āpattiyo bhikkhūnaṃ santike vuṭṭhātuṃ. Yā āpattiyo bhikkhunīnaṃ bhikkhūhi asādhāraṇātāhi āpattīhi anāpattī''ti.

70. Tena kho pana samayena aññataro bhikkhu – 'evaṃ me anāpatti bhavissatī'ti, mātuyā methunaṃ dhammaṃ paṭisevi... dhītuyā methunaṃ dhammaṃ paṭisevi... bhaginiyā methunaṃ dhammaṃ paṭisevi... tassa kukkuccaṃ ahosi...pe... ''āpattiṃ tvaṃ, bhikkhu, āpanno pārājika''nti.

Tena kho pana samayena aññataro bhikkhu purāṇadutiyikāya methunaṃ dhammaṃ paṭisevi. Tassa kukkuccaṃ ahosi...pe... ''āpattiṃ tvaṃ, bhikkhu, āpanno pārājika''nti.

71. Tena kho pana samayena aññataro bhikkhu mudupiṭṭhiko hoti. So anabhiratiyā pīḷito attano aṅgajātaṃ mukhena aggahesi. Tassa kukkuccaṃ ahosi...pe... ''āpattiṃ tvaṃ, bhikkhu, āpanno parājika''nti.

Tena kho pana samayena aññataro bhikkhu lambī hoti. So anabhiratiyā pīḷito attano aṅgajātaṃ attano vaccamaggaṃ pavesesi. Tassa kukkuccaṃ ahosi...pe... ''āpattiṃ tvaṃ, bhikkhu, āpanno pārājika''nti.

Tena kho pana samayena aññataro bhikkhu matasarīraṃ passi. Tasmiñca sarīre aṅgajātasāmantā vaṇo hoti. So – 'evaṃ me anāpatti bhavissatī'ti, aṅgajāte aṅgajātaṃ pavesetvā vaṇena nīhari. Tassa kukkuccaṃ ahosi...pe... ''āpattiṃ tvaṃ, bhikkhu, āpanno pārājika''nti.

Tena kho pana samayena aññataro bhikkhu matasarīraṃ passi. Tasmiñca sarīre aṅgajātasāmantā vaṇo hoti. So – 'evaṃ me anāpatti bhavissatī'ti, vaṇe aṅgajātaṃ pavesetvā aṅgajātena nīhari. Tassa kukkuccaṃ ahosi...pe... ''āpattiṃ tvaṃ, bhikkhu, āpanno pārājika''nti.

Tena kho pana samayena aññataro bhikkhu sāratto lepacittassa nimittaṃ aṅgajātena chupi. Tassa kukkuccaṃ ahosi...pe... ''anāpatti, bhikkhu, pārājikassa. Āpatti dukkaṭassā''ti.

Tena kho pana samayena aññataro bhikkhu sāratto dārudhītalikāya nimittaṃ aṅgajātena chupi. Tassa kukkuccaṃ ahosi...pe... "anāpatti, bhikkhu, pārājikassa. Āpatti dukkaṭassā"ti.

72. Tena kho pana samayena sundaro nāma bhikkhu rājagahā pabbajito rathikāya [rathiyāya (ka.)] gacchati. Aññatarā itthī – 'muhuttaṃ [itthī taṃ passitvā etadavoca muhuttaṃ (syā.)], bhante, āgamehi, vandissāmī'ti sā vandantī antaravāsakaṃ ukkhipitvā mukhena aṅgajātaṃ aggahesi. Tassa kukkuccaṃ ahosi...pe... "sādiyi tvaṃ, bhikkhū"ti? "Nāhaṃ, Bhagavā, sādiyi"nti. "Anāpatti, bhikkhu, asādiyantassā"ti.

Tena kho pana samayena aññatarā itthī bhikkhuṃ passitvā etadavoca – "ehi, bhante, methunaṃ dhammaṃ paṭisevā"ti. "Alaṃ, bhagini, netaṃ kappatī"ti. "Ehi, bhante, ahaṃ vāyamissāmi, tvaṃ mā vāyami, evaṃ te anāpatti bhavissatī"ti. So bhikkhu tathā akāsi. Tassa kukkuccaṃ ahosi...pe... "āpattiṃ tvaṃ, bhikkhu, āpanno pārājika"nti.

Tena kho pana samayena aññatarā itthī bhikkhuṃ passitvā etadavoca – "ehi, bhante, methunaṃ dhammaṃ paṭisevā"ti. "Alaṃ, bhagini, netaṃ kappatī"ti. "Ehi bhante, tvaṃ vāyama, ahaṃ na vāyamissāmi, evaṃ te anāpatti bhavissatī"ti. So bhikkhu tathā akāsi. Tassa kukkuccaṃ ahosi...pe... "āpattiṃ tvaṃ, bhikkhu, āpanno pārājika"nti.

Tena kho pana samayena aññatarā itthī bhikkhuṃ passitvā etadavoca – "ehi, bhante, methunaṃ dhammaṃ paṭisevā"ti. "Alaṃ, bhagini, netaṃ kappatī"ti. "Ehi, bhante, abbhantaraṃ ghaṭṭetvā bahi mocehi...pe... bahi ghaṭṭetvā abbhantaraṃ mocehi, evaṃ te anāpatti bhavissatī"ti. So bhikkhu tathā akāsi. Tassa kukkuccaṃ ahosi...pe... "āpattiṃ tvaṃ, bhikkhu, āpanno pārājika"nti.

73. Tena kho pana samayena aññataro bhikkhu sivathikaṃ gantvā akkhāyitaṃ sarīraṃ passitvā tasmiṃ methunaṃ dhammaṃ paṭisevi. Tassa kukkuccaṃ ahosi...pe... "āpattiṃ tvaṃ, bhikkhu, āpanno pārājika"nti.

Tena kho pana samayena aññataro bhikkhu sivathikaṃ gantvā yebhuyyena akkhāyitaṃ sarīraṃ passitvā tasmiṃ methunaṃ dhammaṃ paṭisevi. Tassa kukkuccaṃ ahosi...pe... "āpattiṃ tvaṃ, bhikkhu, āpanno pārājika"nti.

Tena kho pana samayena aññataro bhikkhu sivathikaṃ gantvā yebhuyyena khāyitaṃ sarīraṃ passitvā tasmiṃ methunaṃ dhammaṃ paṭisevi. Tassa kukkuccaṃ ahosi...pe... "anāpatti, bhikkhu, pārājikassa. Āpatti thullaccayassā"ti.

Tena kho pana samayena aññataro bhikkhu sivathikaṃ gantvā chinnasīsaṃ passitvā vaṭṭakate mukhe chupantaṃ aṅgajātaṃ pavesesi. Tassa kukkuccaṃ ahosi...pe... "āpattiṃ tvaṃ, bhikkhu, āpanno pārājika"nti.

Tena kho pana samayena aññataro bhikkhu sivathikaṃ gantvā chinnasīsaṃ passitvā vaṭṭakate mukhe acchupantaṃ aṅgajātaṃ pavesesi. Tassa kukkuccaṃ ahosi...pe... "anāpatti, bhikkhu, pārājikassa. Āpatti dukkaṭassā"ti.

Tena kho pana samayena aññataro bhikkhu aññatarissā itthiyā paṭibaddhacitto hoti. Sā kālaṅkatā [kālakatā (sī. syā.)] susāne chaḍḍitā. Aṭṭhikāni vippakiṇṇāni honti. Atha kho so bhikkhu sivathikaṃ gantvā aṭṭhikāni saṅkaḍḍhitvā nimitte aṅgajātaṃ paṭipādesi. Tassa kukkuccaṃ ahosi...pe... "anāpatti, bhikkhu, pārājikassa. Āpatti dukkaṭassā"ti.

Tena kho pana samayena aññataro bhikkhu nāgiyā methunaṃ dhammaṃ paṭisevi... yakkhiniyā methunaṃ dhammaṃ paṭisevi... petiyā methunaṃ dhammaṃ paṭisevi ... paṇḍakassa methunaṃ dhammaṃ paṭisevi. Tassa kukkuccaṃ ahosi...pe... "āpattiṃ tvaṃ, bhikkhu, āpanno pārājika"nti.

Tena kho pana samayena aññataro bhikkhu upahatindriyo hoti. So – 'nāhaṃ vediyāmi [vedayāmi (ka.)] sukhaṃ vā dukkhaṃ vā, anāpatti me bhavissatī'ti, methunaṃ dhammaṃ paṭisevi. Bhagavato etamatthaṃ ārocesuṃ. "Vedayi vā so, bhikkhave, moghapuriso na vā vedayi, āpatti pārājikassā"ti.

Tena kho pana samayena aññataro bhikkhu – 'itthiyā methunaṃ dhammaṃ paṭisevissāmī'ti, chupitamatte vippaṭisārī ahosi. Tassa kukkuccaṃ ahosi...pe... "anāpatti, bhikkhu, pārājikassa. Āpatti saṅghādisesassā"ti.

74. Tena kho pana samayena aññataro bhikkhu bhaddiye jātiyāvane divāvihāragato nipanno hoti. Tassa aṅgamaṅgāni vātūpatthaddhāni honti. Aññatarā itthī passitvā aṅgajāte abhinisīditvā yāvadatthaṃ katvā pakkāmi. Bhikkhū kilinnaṃ passitvā bhagavato etamatthaṃ ārocesuṃ. "Pañcahi , bhikkhave, ākārehi aṅgajātaṃ kammaniyaṃ hoti – rāgena, vaccena, passāvena, vātena, uccāliṅgapāṇakadaṭṭhena. Imehi kho, bhikkhave, pañcahākārehi aṅgajātaṃ kammaniyaṃ hoti . Aṭṭhānametaṃ, bhikkhave, anavakāso yaṃ tassa bhikkhuno rāgena aṅgajātaṃ kammaniyaṃ assa. Arahaṃ so, bhikkhave, bhikkhu. Anāpatti, bhikkhave, tassa bhikkhuno"ti.

Tena kho pana samayena aññataro bhikkhu sāvatthiyā andhavane divāvihāragato nipanno hoti. Aññatarā gopālikā passitvā aṅgajāte abhinisīdi. So bhikkhu pavesanaṃ sādiyi, paviṭṭhaṃ sādiyi, ṭhitaṃ sādiyi, uddharaṇaṃ sādiyi. Tassa kukkuccaṃ ahosi...pe... "āpattiṃ tvaṃ, bhikkhu, āpanno pārājika"nti.

Tena kho pana samayena aññataro bhikkhu sāvatthiyā andhavane divāvihāragato nipanno hoti. Aññatarā ajapālikā passitvā... aññatarā kaṭṭhahārikā passitvā... aññatarā gomayahārikā passitvā aṅgajāte abhinisīdi. So bhikkhu pavesanaṃ sādiyi, paviṭṭhaṃ sādiyi, ṭhitaṃ sādiyi, uddharaṇaṃ sādiyi. Tassa kukkuccaṃ ahosi...pe... ''āpattiṃ tvaṃ, bhikkhu, āpanno pārājika''nti.

75. Tena kho pana samayena aññataro bhikkhu vesāliyaṃ mahāvane divāvihāragato nipanno hoti. Aññatarā itthī passitvā aṅgajāte abhinisīditvā yāvadatthaṃ katvā sāmantā hasamānā ṭhitā hoti. So bhikkhu paṭibujjhitvā taṃ itthiṃ etadavoca – ''tuyhidaṃ kamma''nti? ''Āma, mayhaṃ kamma''nti. Tassa kukkuccaṃ ahosi...pe... ''sādiyi tvaṃ, bhikkhū''ti? ''Nāhaṃ, Bhagavā, jānāmī''ti. ''Anāpatti, bhikkhu, ajānantassā''ti.

76. Tena kho pana samayena aññataro bhikkhu vesāliyaṃ mahāvane divāvihāragato rukkhaṃ apassāya nipanno hoti. Aññatarā itthī passitvā aṅgajāte abhinisīdi. So bhikkhu sahasā vuṭṭhāsi. Tassa kukkuccaṃ ahosi...pe... ''sādiyi tvaṃ, bhikkhū''ti? ''Nāhaṃ, Bhagavā, sādiyi''nti. ''Anāpatti, bhikkhu, asādiyantassā''ti.

Tena kho pana samayena aññataro bhikkhu vesāliyaṃ mahāvane divāvihāragato rukkhaṃ apassāya nipanno hoti. Aññatarā itthī passitvā aṅgajāte abhinisīdi. So bhikkhu akkamitvā pavattesi [pavaṭṭesi (sī. syā.)]. Tassa kukkuccaṃ ahosi...pe... ''sādiyi tvaṃ, bhikkhū''ti? ''Nāhaṃ, Bhagavā, sādiyi''nti. ''Anāpatti, bhikkhu, asādiyantassā''ti.

77. Tena kho pana samayena aññataro bhikkhu vesāliyaṃ mahāvane kūṭāgārasālāyaṃ divāvihāragato dvāraṃ vivaritvā nipanno hoti. Tassa aṅgamaṅgāni vātūpatthaddhāni honti. Tena kho pana samayena sambahulā itthiyo gandhañca mālañca ādāya ārāmaṃ āgamaṃsu vihārapekkhikāyo. Atha kho tā itthiyo taṃ bhikkhuṃ passitvā aṅgajāte abhinisīditvā yāvadatthaṃ katvā, purisūsabho vatāyanti vatvā gandhañca mālañca āropetvā pakkamiṃsu. Bhikkhū kilinnaṃ passitvā bhagavato etamatthaṃ ārocesuṃ. ''Pañcahi, bhikkhave, ākārehi aṅgajātaṃ kammaniyaṃ hoti – rāgena, vaccena, passāvena, vātena, uccāliṅgapāṇakadaṭṭhena. Imehi kho, bhikkhave, pañcahākārehi aṅgajātaṃ kammaniyaṃ hoti. Aṭṭhānametaṃ, bhikkhave, anavakāso, yaṃ tassa bhikkhuno rāgena aṅgajātaṃ kammaniyaṃ assa. Arahaṃ so, bhikkhave, bhikkhu. Anāpatti, bhikkhave, tassa bhikkhuno. Anujānāmi, bhikkhave, divā paṭisallīyantena dvāraṃ saṃvaritvā paṭisallīyitu''nti.

78. Tena kho pana samayena aññataro bhārukacchako bhikkhu supinante [supinantena (sī. syā.)] purāṇadutiyikāya methunaṃ dhammaṃ paṭisevitvā – 'assamaṇo ahaṃ, vibbhamissāmī'ti, bhārukacchaṃ gacchanto antarāmagge āyasmantaṃ upāliṃ passitvā etamatthaṃ ārocesi. Āyasmā upāli evamāha – ''anāpatti, āvuso, supinantenā''ti.

Tena kho pana samayena rājagahe supabbā nāma upāsikā mudhappasannā [muddhappasannā (sī.)] hoti. Sā evaṃdiṭṭhikā hoti – ''yā methunaṃ dhammaṃ deti sā aggadānaṃ detī''ti. Sā bhikkhuṃ passitvā etadavoca – ''ehi, bhante, methunaṃ dhammaṃ paṭisevā''ti. ''Alaṃ, bhagini, netaṃ kappatī''ti. ''Ehi, bhante, ūruntarikāya [ūrantarikāya (sī.)] ghaṭṭehi, evaṃ te anāpatti bhavissatī''ti...pe... ehi, bhante, nābhiyaṃ ghaṭṭehi... ehi, bhante, udaravaṭṭiyaṃ ghaṭṭehi... ehi, bhante, upakacchake ghaṭṭehi... ehi, bhante, gīvāyaṃ ghaṭṭehi... ehi, bhante, kaṇṇacchidde ghaṭṭehi... ehi, bhante, kesavaṭṭiyaṃ ghaṭṭehi... ehi, bhante, aṅgulantarikāya ghaṭṭehi... ''ehi, bhante, hatthena upakkamitvā mocessāmi, evaṃ te anāpatti bhavissatī''ti. So bhikkhu tathā akāsi. Tassa kukkuccaṃ ahosi...pe... ''anāpatti, bhikkhu, pārājikassa. Āpatti saṅghādisesassā''ti.

79. Tena kho pana samayena sāvatthiyaṃ saddhā nāma upāsikā mudhappasannā hoti. Sā evaṃdiṭṭhikā hoti – ''yā methunaṃ dhammaṃ deti sā aggadānaṃ detī''ti. Sā bhikkhuṃ passitvā etadavoca – ''ehi, bhante, methunaṃ dhammaṃ paṭisevā''ti. ''Alaṃ, bhagini, netaṃ kappatī''ti. ''Ehi, bhante, ūruntarikāya ghaṭṭehi...pe... ehi, bhante, hatthena upakkamitvā mocessāmi, evaṃ te anāpatti bhavissatī''ti. So bhikkhu tathā akāsi. Tassa kukkuccaṃ ahosi...pe... ''anāpatti, bhikkhu, pārājikassa. Āpatti saṅghādisesassā''ti.

80. Tena kho pana samayena vesāliyaṃ licchavikumārakā bhikkhuṃ gahetvā bhikkhuniyā vippaṭipādesuṃ... sikkhamānāya vippaṭipādesuṃ... sāmaṇeriyā vippaṭipādesuṃ. Ubho sādiyiṃsu. Ubho nāsetabbā. Ubho na sādiyiṃsu. Ubhinnaṃ anāpatti.

81. Tena kho pana samayena vesāliyaṃ licchavikumārakā bhikkhuṃ gahetvā vesiyā vippaṭipādesuṃ... paṇḍake vippaṭipādesuṃ... gihiniyā vippaṭipādesuṃ. Bhikkhu sādiyi. Bhikkhu nāsetabbo. Bhikkhu na sādiyi. Bhikkhussa anāpatti.

Tena kho pana samayena vesāliyaṃ licchavikumārakā bhikkhū gahetvā aññamaññaṃ vippaṭipādesuṃ. Ubho sādiyiṃsu. Ubho nāsetabbā. Ubho na sādiyiṃsu. Ubhinnaṃ anāpatti.

82. Tena kho pana samayena aññataro vuḍḍhapabbajito bhikkhu purāṇadutiyikāya dassanaṃ agamāsi. Sā – 'ehi, bhante, vibbhamā'ti aggahesi. So bhikkhu paṭikkamanto uttāno paripati. Sā ubbhajitvā[ubbhujitvā (sī. syā.)] aṅgajāte [aṅgajātena (sī.)] abhinisīdi. Tassa kukkuccaṃ ahosi ...pe... ''sādiyi tvaṃ, bhikkhū''ti? ''Nāhaṃ, Bhagavā, sādiyi''nti. ''Anāpatti, bhikkhu, asādiyantassā''ti.

83. Tena kho pana samayena aññataro bhikkhu araññe viharati. Migapotako tassa passāvaṭṭhānaṃ āgantvā passāvaṃ pivanto mukhena aṅgajātaṃ aggahesi. So bhikkhu sādiyi. Tassa kukkuccaṃ ahosi...pe... ''āpattiṃ tvaṃ, bhikkhu, āpanno pārājika''nti.

Paṭhamapārājikaṃ samattaṃ.

2. Dutiyapārājikaṃ

84. Tena samayena buddho Bhagavā rājagahe viharati gijjhakūṭe pabbate. Tena kho pana samayena sambahulā sandiṭṭhā sambhattā bhikkhū isigilipasse tiṇakuṭiyo karitvā vassaṃ upagacchiṃsu. Āyasmāpi dhaniyo kumbhakāraputto tiṇakuṭikaṃ karitvā vassaṃ upagacchi. Atha kho te bhikkhū vassaṃvuṭṭhā temāsaccayena tiṇakuṭiyo bhinditvā tiṇañca kaṭṭhañca paṭisāmetvā janapadacārikaṃ pakkamiṃsu. Āyasmā pana dhaniyo kumbhakāraputto tattheva vassaṃ vasi, tattha hemantaṃ, tattha gimhaṃ. Atha kho āyasmato dhaniyassa kumbhakāraputtassa gāmaṃ piṇḍāya paviṭṭhassa tiṇahāriyo kaṭṭhahāriyo tiṇakuṭikaṃ bhinditvā tiṇañca kaṭṭhañca ādāya agamaṃsu. Dutiyampi kho āyasmā dhaniyo kumbhakāraputto tiṇañca kaṭṭhañca saṃkaḍḍhitvā tiṇakuṭikaṃ akāsi. Dutiyampi kho āyasmato dhaniyassa kumbhakāraputtassa gāmaṃ piṇḍāya paviṭṭhassa tiṇahāriyo kaṭṭhahāriyo tiṇakuṭikaṃ bhinditvā tiṇañca kaṭṭhañca ādāya agamaṃsu. Tatiyampi kho āyasmā dhaniyo kumbhakāraputto tiṇañca kaṭṭhañca saṃkaḍḍhitvā tiṇakuṭikaṃ akāsi. Tatiyampi kho āyasmato dhaniyassa kumbhakāraputtassa gāmaṃ piṇḍāya paviṭṭhassa tiṇahāriyo kaṭṭhahāriyo tiṇakuṭikaṃ bhinditvā tiṇañca kaṭṭhañca ādāya agamaṃsu.

Atha kho āyasmato dhaniyassa kumbhakāraputtassa etadahosi – ''yāvatatiyakaṃ kho me gāmaṃ piṇḍāya paviṭṭhassa tiṇahāriyo kaṭṭhahāriyo tiṇakuṭikaṃ bhinditvā tiṇañca kaṭṭhañca ādāya agamaṃsu. Ahaṃ kho pana susikkhito anavayo sake ācariyake kumbhakārakamme pariyodātasippo. Yaṃnūnāhaṃ sāmaṃ cikkhallaṃ madditvā sabbamattikāmayaṃ kuṭikaṃ kareyya''nti! Atha kho āyasmā dhaniyo kumbhakāraputto sāmaṃ cikkhallaṃ madditvā sabbamattikāmayaṃ kuṭikaṃ karitvā tiṇañca kaṭṭhañca gomayañca saṃkaḍḍhitvā taṃ kuṭikaṃ paci. Sā ahosi kuṭikā abhirūpā dassanīyā pāsādikā lohitikā[lohitakā (syā.)], seyyathāpi indagopako. Seyyathāpi nāma kiṅkaṇikasaddo [kiṅkiṇikasaddo (sī. syā.)] evamevaṃ tassā kuṭikāya saddo ahosi.

85. Atha kho Bhagavā sambahulehi bhikkhūhi saddhiṃ gijjhakūṭā pabbatā orohanto addasa taṃ kuṭikaṃ abhirūpaṃ dassanīyaṃ pāsādikaṃ lohitikaṃ. Disvāna bhikkhū āmantesi – ''kiṃ etaṃ, bhikkhave, abhirūpaṃ dassanīyaṃ pāsādikaṃ lohitikaṃ, seyyathāpi indagopako''ti? Atha kho te bhikkhū bhagavato etamatthaṃ ārocesuṃ. Vigarahi buddho Bhagavā – ''ananucchavikaṃ, bhikkhave, tassa moghapurisassa ananulomikaṃ appatirūpaṃ assāmaṇakaṃ akappiyaṃ akaraṇīyaṃ. Kathañhi nāma so, bhikkhave, moghapuriso sabbamattikāmayaṃ kuṭikaṃ karissati! Na hi nāma, bhikkhave, tassa moghapurisassa pāṇesu anuddayā anukampā avihesā bhavissati! Gacchathetaṃ, bhikkhave, kuṭikaṃ bhindatha. Mā pacchimā janatā pāṇesu pātabyataṃ āpajji. Na ca, bhikkhave, sabbamattikāmayā kuṭikā kātabbā. Yo kareyya, āpatti dukkaṭassā''ti. ''Evaṃ, bhante''ti, kho te bhikkhū bhagavato paṭissuṇitvā yena sā kuṭikā tenupasaṅkamiṃsu; upasaṅkamitvā taṃ kuṭikaṃ bhindiṃsu. Atha kho āyasmā dhaniyo kumbhakāraputto te bhikkhū etadavoca – ''kissa me tumhe, āvuso, kuṭikaṃ bhindathā''ti? ''Bhagavā, āvuso, bhedāpetī''ti. ''Bhindathāvuso, sace dhammassāmī bhedāpetī''ti.

86. Atha kho āyasmato dhaniyassa kumbhakāraputtassa etadahosi – ''yāvatatiyakaṃ kho me gāmaṃ piṇḍāya paviṭṭhassa tiṇahāriyo kaṭṭhahāriyo tiṇakuṭikaṃ bhinditvā tiṇañca kaṭṭhañca ādāya agamaṃsu. Yāpi mayā sabbamattikāmayā kuṭikā katā sāpi bhagavatā bhedāpitā. Atthi ca me dārugahe gaṇako sandiṭṭho. Yaṃnūnāhaṃ dārugahe gaṇakaṃ dārūni yācitvā dārukuṭikaṃ kareyya''nti. Atha kho āyasmā dhaniyo kumbhakāraputto yena dārugahe gaṇako tenupasaṅkami; upasaṅkamitvā dārugahe gaṇakaṃ etadavoca – ''yāvatatiyakaṃ kho me, āvuso, gāmaṃ piṇḍāya paviṭṭhassa tiṇahāriyo kaṭṭhahāriyo tiṇakuṭikaṃ bhinditvā tiṇañca kaṭṭhañca ādāya agamaṃsu. Yāpi mayā sabbamattikāmayā kuṭikā katā sāpi bhagavatā bhedāpitā. Dehi me, āvuso, dārūni. Icchāmi dārukuṭikaṃ [dārukuḍḍikaṃ kuṭikaṃ (sī.)] kātu''nti. ''Natthi, bhante, tādisāni dārūni yānāhaṃ ayyassa dadeyyaṃ. Atthi, bhante, devagahadārūni nagarapaṭisaṅkhārikāni āpadatthāya nikkhittāni. Sace tāni dārūni rājā dāpeti harāpetha, bhante''ti. ''Dinnāni, āvuso, raññā''ti. Atha kho dārugahe gaṇakassa etadahosi – ''ime kho samaṇā sakyaputtiyā dhammacārino samacārino [sammacārino (ka.)] brahmacārino saccavādino sīlavanto kalyāṇadhammā. Rājāpimesaṃ abhippasanno. Nārahati adinnaṃ dinnanti vattu''nti. Atha kho dārugahe gaṇako āyasmantaṃ dhaniyaṃ kumbhakāraputtaṃ etadavoca – ''harāpetha, bhante''ti. Atha kho āyasmā dhaniyo kumbhakāraputto tāni dārūni khaṇḍākhaṇḍikaṃ chedāpetvā sakaṭehi nibbāhāpetvā dārukuṭikaṃ akāsi.

87. Atha kho vassakāro brāhmaṇo magadhamahāmatto rājagahe kammante anusaññāyamāno yena dārugahe gaṇako tenupasaṅkami; upasaṅkamitvā dārugahe gaṇakaṃ etadavoca – ''yāni tāni, bhaṇe, devagahadārūni nagarapaṭisaṅkhārikāni āpadatthāya nikkhittāni kahaṃ tāni dārūnī''ti? ''Tāni, sāmi, dārūni devena ayyassa dhaniyassa kumbhakāraputtassa dinnānī''ti. Atha kho vassakāro brāhmaṇo magadhamahāmatto anattamano ahosi – ''kathañhi nāma devo devagahadārūni nagarapaṭisaṅkhārikāni āpadatthāya nikkhittāni dhaniyassa kumbhakāraputtassa dassatī''ti! Atha kho vassakāro brāhmaṇo magadhamahāmatto yena rājā māgadho seniyo bimbisāro tenupasaṅkami; upasaṅkamitvā rājānaṃ māgadhaṃ seniyaṃ bimbisāraṃ etadavoca – ''saccaṃ kira, devena [saccaṃ kira deva devena (sī.)]devagahadārūni nagarapaṭisaṅkhārikāni āpadatthāya nikkhittāni dhaniyassa kumbhakāraputtassa dinnānī''ti? ''Ko evamāhā''ti? ''Dārugahe gaṇako, devā''ti. ''Tena hi, brāhmaṇa, dārugahe gaṇakaṃ

āṇāpehī''ti. Atha kho vassakāro brāhmaṇo magadhamahāmatto dārugahe gaṇakaṃ bandhaṃ [baddhaṃ (sī.)] āṇāpesi. Addasa kho āyasmā dhaniyo kumbhakāraputto dārugahe gaṇakaṃ bandhaṃ niyyamānaṃ. Disvāna dārugahe gaṇakaṃ etadavoca – ''kissa tvaṃ, āvuso, bandho niyyāsī''ti? ''Tesaṃ, bhante, dārūnaṃ kiccā''ti. ''Gacchāvuso, ahampi āgacchāmī''ti. ''Eyyāsi, bhante, purāhaṃ haññāmī''ti.

88. Atha kho āyasmā dhaniyo kumbhakāraputto yena rañño māgadhassa seniyassa bimbisārassa nivesanaṃ tenupasaṅkami; upasaṅkamitvā paññatte āsane nisīdi. Atha kho rājā māgadho seniyo bimbisāro yenāyasmā dhaniyo kumbhakāraputto tenupasaṅkami; upasaṅkamitvā āyasmantaṃ dhaniyaṃ kumbhakāraputtaṃ abhivādetvā ekamantaṃ nisīdi. Ekamantaṃ nisinno kho rājā māgadho seniyo bimbisāro āyasmantaṃ dhaniyaṃ kumbhakāraputtaṃ etadavoca – ''saccaṃ kira mayā, bhante, devagahadārūni nagarapaṭisaṅkhārikāni āpadatthāya nikkhittāni ayyassa dinnānī''ti? ''Evaṃ, mahārājā''ti. ''Mayaṃ kho, bhante, rājāno nāma bahukiccā bahukaraṇīyā, datvāpi na sareyyāma; iṅgha, bhante, sarāpehī''ti. ''Sarasi tvaṃ, mahārāja, paṭhamābhisitto evarūpiṃ vācaṃ bhāsitā – ''dinnaññeva samaṇabrāhmaṇānaṃ tiṇakaṭṭhodakaṃ paribhuñjantū''ti. ''Sarāmahaṃ, bhante. Santi, bhante, samaṇabrāhmaṇā lajjino kukkuccakā sikkhākāmā. Tesaṃ appamattakepi kukkuccaṃ uppajjati. Tesaṃ mayā sandhāya bhāsitaṃ, tañca kho araññe apariggahitaṃ. So tvaṃ, bhante, tena lesena dārūni adinnaṃ harituṃ maññasi! Kathañhi nāma mādiso samaṇaṃ vā brāhmaṇaṃ vā vijite vasantaṃ haneyya vā bandheyya vā pabbājeyya vā! Gaccha, bhante, lomena tvaṃ muttosi. Māssu punapi evarūpaṃ akāsī''ti. Manussā ujjhāyanti khiyyanti vipācenti – ''alajjino ime samaṇā sakyaputtiyā dussīlā musāvādino. Ime hi nāma dhammacārino samacārino brāhmacārino saccavādino sīlavanto kalyāṇadhammā paṭijānissanti! Natthi imesaṃ sāmaññaṃ, natthi imesaṃ brahmaññaṃ. Naṭṭhaṃ imesaṃ sāmaññaṃ, naṭṭhaṃ imesaṃ brahmaññaṃ. Kuto imesaṃ sāmaññaṃ, kuto imesaṃ brahmaññaṃ! Apagatā ime sāmaññā, apagatā ime brahmaññā. Rājānampi ime vañcenti, kiṃ panaññe manusse''ti! Assosuṃ kho bhikkhū tesaṃ manussānaṃ ujjhāyantānaṃ khiyyantānaṃ vipācentānaṃ. Ye te bhikkhū appicchā santuṭṭhā lajjino kukkuccakā sikkhākāmā te ujjhāyanti khiyyanti vipācenti – ''kathañhi nāma āyasmā dhaniyo kumbhakāraputto rañño dārūni adinnaṃ ādiyissatī''ti! Atha kho te bhikkhū āyasmantaṃ dhaniyaṃ kumbhakāraputtaṃ anekapariyāyena vigarahitvā bhagavato etamatthaṃ ārocesuṃ. Atha kho Bhagavā etasmiṃ nidāne etasmiṃ pakaraṇe bhikkhusaṅghaṃ sannipātāpetvā āyasmantaṃ dhaniyaṃ kumbhakāraputtaṃ paṭipucchi – ''saccaṃ kira tvaṃ, dhaniya, rañño dārūni adinnaṃ ādiyī''ti? ''Saccaṃ, Bhagavā''ti. Vigarahi buddho Bhagavā – ''ananucchavikaṃ, moghapurisa, ananulomikaṃ appatirūpaṃ assāmaṇakaṃ akappiyaṃ akaraṇīyaṃ. Kathañhi nāma tvaṃ, moghapurisa, rañño dārūni adinnaṃ ādiyissasi! Netaṃ, moghapurisa, appasannānaṃ vā pasādāya pasannānaṃ vā bhiyyobhāvāya; athakhvetaṃ, moghapurisa, appasannānañceva appasādāya pasannānañca ekaccānaṃ aññathattāyā''ti.

Tena kho pana samayena aññataro purāṇavohāriko mahāmatto bhikkhūsu pabbajito bhagavato avidūre nisinno hoti. Atha kho Bhagavā taṃ bhikkhuṃ etadavoca – ''kittakena kho bhikkhu rājā māgadho seniyo bimbisāro coraṃ gahetvā hanati vā bandhati vā pabbājeti vā''ti? ''Pādena vā, Bhagavā, pādārahena vā''ti [pādārahenavā atirekapādenavāti (syā.)]. Tena kho pana samayena rājagahe pañcamāsako pādo hoti. Atha kho Bhagavā āyasmantaṃ dhaniyaṃ kumbhakāraputtaṃ anekapariyāyena vigarahitvā dubbharatāya...pe... evañca pana, bhikkhave, imaṃ sikkhāpadaṃ uddiseyyātha –

89.''Yo pana bhikkhu adinnaṃ theyyasaṅkhātaṃ ādiyeyya, yathārūpe adinnādāne rājāno coraṃ gahetvā haneyyuṃ vā bandheyyuṃ vā pabbājeyyuṃ vā – 'corosi bālosi mūḷhosi thenosī'ti, tathārūpaṃ bhikkhu adinnaṃ ādiyamāno ayampi pārājiko hoti asaṃvāso''ti.

Evañcidaṃ bhagavatā bhikkhūnaṃ sikkhāpadaṃ paññattaṃ hoti.

90. Tena kho pana samayena chabbaggiyā bhikkhū rajakattharaṇaṃ gantvā rajakabhaṇḍikaṃ avaharitvā ārāmaṃ haritvā bhājesuṃ. Bhikkhū evamāhaṃsu – ''mahāpuññattha tumhe, āvuso. Bahuṃ tumhākaṃ cīvaraṃ uppanna''nti. ''Kuto āvuso, amhākaṃ puññaṃ, idāni mayaṃ rajakattharaṇaṃ gantvā rajakabhaṇḍikaṃ avaharimhā''ti. ''Nanu, āvuso, bhagavatā sikkhāpadaṃ paññattaṃ. Kissa tumhe, āvuso, rajakabhaṇḍikaṃ avaharitthā''ti ? ''Saccaṃ, āvuso, bhagavatā sikkhāpadaṃ paññattaṃ. Tañca kho gāme, no araññe''ti. ''Nanu, āvuso, tathevetaṃ hoti. Ananucchavikaṃ, āvuso, ananulomikaṃ appatirūpaṃ assāmaṇakaṃ akappiyaṃ akaraṇīyaṃ. Kathañhi nāma tumhe, āvuso, rajakabhaṇḍikaṃ avaharissatha! Netaṃ, āvuso, appasannānaṃ vā pasādāya pasannānaṃ vā bhiyyobhāvāya; athakhvetaṃ, āvuso, appasannānañceva appasādāya pasannānañca ekaccānaṃ aññathattāyā''ti. Atha kho te bhikkhū chabbaggiye bhikkhū anekapariyāyena vigarahitvā bhagavato etamatthaṃ ārocesuṃ. Atha kho Bhagavā etasmiṃ nidāne etasmiṃ pakaraṇe bhikkhusaṅghaṃ sannipātāpetvā chabbaggiye bhikkhū paṭipucchi – ''saccaṃ kira tumhe, bhikkhave, rajakattharaṇaṃ gantvā rajakabhaṇḍikaṃ avaharitthā''ti? ''Saccaṃ, Bhagavā''ti. Vigarahi buddho Bhagavā – ''ananucchavikaṃ, moghapurisā, ananulomikaṃ appaṭirūpaṃ assāmaṇakaṃ akappiyaṃ akaraṇīyaṃ. Kathañhi nāma tumhe, moghapurisā, rajakabhaṇḍikaṃ avaharissatha! Netaṃ, moghapurisā, appasannānaṃ vā pasādāya pasannānaṃ vā bhiyyobhāvāya; atha khvetaṃ, moghapurisā, appasannānañceva appasādāya pasannānañca ekaccānaṃ aññathattāyā''ti. Atha kho Bhagavā chabbaggiye bhikkhū anekapariyāyena vigarahitvā dubbharatāya...pe... vīriyārambhassa vaṇṇaṃ bhāsitvā bhikkhūnaṃ tadanucchavikaṃ tadanulomikaṃ

dhammiṃ kathaṃ katvā bhikkhū āmantesi...pe... "evañca pana, bhikkhave, imaṃ sikkhāpadaṃ uddiseyyātha –

91."Yo pana bhikkhu gāmā vā araññā vā adinnaṃ theyyasaṅkhātaṃ ādiyeyya, yathārūpe adinnādāne rājāno coraṃ gahetvā haneyyuṃ vā bandheyyuṃ vā pabbājeyyuṃ vā – 'corosi bālosi mūḷhosi thenosī'ti, tathārūpaṃ bhikkhu adinnaṃ ādiyamāno ayampi pārājiko hoti asaṃvāso"ti.

92.Yo panāti yo yādiso...pe... bhikkhūti...pe... ayaṃ imasmiṃ atthe adhippeto bhikkhūti.

Gāmo nāma ekakuṭikopi gāmo, dvikuṭikopi gāmo, tikuṭikopi gāmo, catukuṭikopi gāmo, samanussopi gāmo, amanussopi gāmo, parikkhittopi gāmo, aparikkhittopi gāmo, gonisādiniviṭṭhopi gāmo, yopi sattho atirekacatumāsaniviṭṭho sopi vuccati gāmo.

Gāmūpacāro nāma parikkhittassa gāmassa indakhīle [indakhile (ka.)] ṭhitassa majjhimassa purisassa leḍḍupāto, aparikkhittassa gāmassa gharūpacāre ṭhitassa majjhimassa purisassa leḍḍupāto.

Araññaṃ nāma ṭhapetvā gāmañca gāmūpacārañca avasesaṃ araññaṃ nāma.

Adinnaṃ nāmaṃ yaṃ adinnaṃ anissaṭṭhaṃ apariccattaṃ rakkhitaṃ gopitaṃ mamāyitaṃ parapariggahitaṃ. Etaṃ adinnaṃ nāma.

Theyyasaṅkhātanti theyyacitto avaharaṇacitto.

Ādiyeyyāti ādiyeyya hareyya avahareyya iriyāpathaṃ vikopeyya ṭhānā cāveyya saṅketaṃ vītināmeyya.

Yathārūpaṃ nāma pādaṃ vā pādārahaṃ vā atirekapādaṃ vā.

Rājāno nāma pathabyārājā padesarājā maṇḍalikā antarabhogikā akkhadassā mahāmattā, ye vā pana chejjabhejjaṃ karontā anusāsanti. Ete rājāno nāma.

Coro nāma yo pañcamāsakaṃ vā atirekapañcamāsakaṃ vā agghanakaṃ adinnaṃ theyyasaṅkhātaṃ ādiyati. Eso coro nāma.

Haneyyuṃ vāti hatthena vā pādena vā kasāya vā vettena vā aḍḍhadaṇḍakena vā chejjāya vā haneyyuṃ.

Bandheyyuṃ vāti rajjubandhanena vā andubandhanena vā saṅkhalikabandhanena vā gharabandhanena vā nagarabandhanena vā gāmabandhanena vā nigamabandhanena vā bandheyyuṃ, purisaguttiṃ vā kareyyuṃ.

Pabbājeyyuṃ vāti gāmā vā nigamā vā nagarā vā janapadā vā janapadapadesā vā pabbājeyyuṃ.

Corosi bālosi mūḷhosi thenosīti paribhāso eso.

Tathārūpaṃ nāma pādaṃ vā pādārahaṃ vā atirekapādaṃ vā.

Ādiyamānoti ādiyamāno haramāno avaharamāno iriyāpathaṃ vikopayamāno ṭhānā cāvayamāno saṅketaṃ vītināmayamāno.

Ayampīti purimaṃ upādāya vuccati.

Pārājikohotīti seyyathāpi nāma paṇḍupalāso bandhanā pavutto [haritattāya (sī. syā.)] abhabbo haritatthāya [haritattāya (sī. syā.)], evameva bhikkhu pādaṃ vā pādārahaṃ vā atirekapādaṃ vā adinnaṃ theyyasaṅkhātaṃ ādiyitvā assamaṇo hoti asakyaputtiyo. Tena vuccati – 'pārājiko hotī'ti.

Asaṃvāsoti saṃvāso nāma ekakammaṃ ekuddeso samasikkhatā. Eso saṃvāso nāma. So tena saddhiṃ natthi. Tena vuccati – 'asaṃvāso'ti.

93. Bhūmaṭṭhaṃ thalaṭṭhaṃ ākāsaṭṭhaṃ vehāsaṭṭhaṃ udakaṭṭhaṃ nāvaṭṭhaṃ yānaṭṭhaṃ bhāraṭṭhaṃ ārāmaṭṭhaṃ vihāraṭṭhaṃ khettaṭṭhaṃ vatthuṭṭhaṃ gāmaṭṭhaṃ araññaṭṭhaṃ udakaṃ dantapoṇaṃ[dantaponaṃ (sī. ka.)] vanappati haraṇakaṃ upanidhi suṅkaghātaṃ pāṇo apadaṃ dvipadaṃ catuppadaṃ bahuppadaṃ ocarako oṇirakkho saṃvidāvahāro saṅketakammaṃ nimittakammanti.

94.Bhūmaṭṭhaṃ nāma bhaṇḍaṃ bhūmiyaṃ nikkhittaṃ hoti nikhātaṃ paṭicchannaṃ. Bhūmaṭṭhaṃ bhaṇḍaṃ avaharissāmīti theyyacitto dutiyaṃ vā pariyesati kudālaṃ vā piṭakaṃ vā pariyesati gacchati vā, āpatti dukkaṭassa. Tattha jātakaṃ kaṭṭhaṃ vā lataṃ vā chindati, āpatti dukkaṭassa. Tattha paṃsuṃ khaṇati vā byūhati [viyūhati (syā.)] vā uddharati vā, āpatti dukkaṭassa. Kumbhiṃ āmasati, āpatti dukkaṭassa. Phandāpeti, āpatti thullaccayassa. Ṭhānā cāveti, āpatti pārājikassa. Attano bhājanaṃ pavesetvā pañcamāsakaṃ vā atirekapañcamāsakaṃ vā agghanakaṃ theyyacitto āmasati, āpatti dukkaṭassa. Phandāpeti, āpatti thullaccayassa. Attano bhājanagataṃ vā karoti muṭṭhiṃ vā chindati, āpatti pārājikassa. Suttāruḷhaṃ bhaṇḍaṃ pāmaṅgaṃ vā kaṇṭhasuttakaṃ vā kaṭisuttakaṃ vā sāṭakaṃ vā veṭhanaṃ vā theyyacitto āmasati, āpatti dukkaṭassa. Phandāpeti, āpatti thullaccayassa. Koṭiyaṃ gahetvā uccāreti, āpatti thullaccayassa. Ghaṃsanto nīharati, āpatti thullaccayassa. Antamaso kesaggamattampi kumbhimukhā moceti, āpatti pārājikassa. Sappiṃ vā telaṃ vā madhuṃ vā phāṇitaṃ vā pañcamāsakaṃ vā atirekapañcamāsakaṃ vā agghanakaṃ theyyacitto ekena payogena pivati, āpatti pārājikassa. Tattheva bhindati vā chaḍḍeti vā jhāpeti vā aparibhogaṃ vā karoti, āpatti dukkaṭassa.

95.Thalaṭṭhaṃ nāma bhaṇḍaṃ thale nikkhittaṃ hoti. Thalaṭṭhaṃ bhaṇḍaṃ avaharissāmīti theyyacitto dutiyaṃ vā pariyesati gacchati vā, āpatti dukkaṭassa. Āmasati, āpatti dukkaṭassa. Phandāpeti, āpatti thullaccayassa. Ṭhānā cāveti, āpatti pārājikassa.

96.Ākāsaṭṭhaṃ nāma bhaṇḍaṃ ākāsagataṃ hoti. Moro vā kapiñjaro vā tittiro vā vaṭṭako vā, sāṭakaṃ vā veṭhanaṃ vā hiraññaṃ vā suvaṇṇaṃ vā chijjamānaṃ patati. Ākāsaṭṭhaṃ bhaṇḍaṃ avaharissāmīti theyyacitto dutiyaṃ vā pariyesati gacchati vā, āpatti dukkaṭassa. Gamanaṃ upacchindati, āpatti dukkaṭassa. Āmasati, āpatti dukkaṭassa. Phandāpeti, āpatti thullaccayassa. Ṭhānā cāveti, āpatti pārājikassa.

97.Vehāsaṭṭhaṃ nāma bhaṇḍaṃ vehāsagataṃ hoti. Mañce vā pīṭhe vā cīvaravaṃse vā cīvararajjuyā vā bhittikhile vā nāgadante vā rukkhe vā laggitaṃ hoti, antamaso pattādhārakepi. Vehāsaṭṭhaṃ bhaṇḍaṃ avaharissāmīti theyyacitto dutiyaṃ vā pariyesati gacchati vā, āpatti dukkaṭassa. Āmasati, āpatti dukkaṭassa. Phandāpeti, āpatti thullaccayassa. Ṭhānā cāveti, āpatti pārājikassa.

98.Udakaṭṭhaṃ nāma bhaṇḍaṃ udake nikkhittaṃ hoti. Udakaṭṭhaṃ bhaṇḍaṃ avaharissāmīti theyyacitto dutiyaṃ vā pariyesati gacchati vā, āpatti dukkaṭassa. Nimujjati vā ummujjati vā, āpatti dukkaṭassa. Āmasati, āpatti dukkaṭassa. Phandāpeti, āpatti thullaccayassa. Ṭhānā cāveti, āpatti pārājikassa. Tattha jātakaṃ uppalaṃ vā padumaṃ vā puṇḍarīkaṃ vā bhisaṃ vā macchaṃ vā kacchapaṃ vā pañcamāsakaṃ vā atirekapañcamāsakaṃ vā agghanakaṃ theyyacitto āmasati, āpatti dukkaṭassa. Phandāpeti, āpatti thullaccayassa. Ṭhānā cāveti, āpatti pārājikassa.

99.Nāvā nāma yāya tarati. Nāvaṭṭhaṃ nāma bhaṇḍaṃ nāvāya nikkhittaṃ hoti. ''Nāvaṭṭhaṃ bhaṇḍaṃ avaharissāmī''ti theyyacitto dutiyaṃ vā pariyesati gacchati vā, āpatti dukkaṭassa. Āmasati, āpatti dukkaṭassa. Phandāpeti, āpatti thullaccayassa. Ṭhānā cāveti, āpatti pārājikassa. Nāvaṃ avaharissāmīti theyyacitto dutiyaṃ vā pariyesati gacchati vā, āpatti dukkaṭassa. Āmasati, āpatti dukkaṭassa. Phandāpeti, āpatti thullaccayassa. Bandhanaṃ moceti, āpatti dukkaṭassa. Bandhanaṃ mocetvā āmasati, āpatti dukkaṭassa. Phandāpeti, āpatti thullaccayassa. Uddhaṃ vā adho vā tiriyaṃ vā antamaso kesaggamattampi saṅkāmeti, āpatti pārājikassa.

100.Yānaṃ nāma vayhaṃ ratho sakaṭaṃ sandamānikā. Yānaṭṭhaṃ nāma bhaṇḍaṃ yāne nikkhittaṃ hoti. Yānaṭṭhaṃ bhaṇḍaṃ avaharissāmīti theyyacitto dutiyaṃ vā pariyesati gacchati vā, āpatti dukkaṭassa. Āmasati, āpatti dukkaṭassa. Phandāpeti, āpatti thullaccayassa. Ṭhānā cāveti, āpatti pārājikassa. Yānaṃ avaharissāmīti theyyacitto dutiyaṃ vā pariyesati gacchati vā, āpatti dukkaṭassa. Āmasati, āpatti dukkaṭassa. Phandāpeti, āpatti thullaccayassa. Ṭhānā cāveti, āpatti pārājikassa.

101.Bhāro nāma sīsabhāro khandhabhāro kaṭibhāro olambako. Sīse bhāraṃ theyyacitto āmasati, āpatti dukkaṭassa. Phandāpeti, āpatti thullaccayassa. Khandhaṃ oropeti, āpatti pārājikassa. Khandhebhāraṃ theyyacitto āmasati, āpatti dukkaṭassa. Phandāpeti, āpatti thullaccayassa. Kaṭiṃ oropeti, āpatti pārājikassa. Kaṭiyā bhāraṃ theyyacitto āmasati, āpatti dukkaṭassa. Phandāpeti, āpatti thullaccayassa. Hatthena gaṇhāti, āpatti pārājikassa. Hatthe bhāraṃ theyyacitto bhūmiyaṃ nikkhipati, āpatti pārājikassa. Theyyacitto bhūmito gaṇhāti, āpatti pārājikassa.

102.Ārāmo nāma pupphārāmo phalārāmo. Ārāmaṭṭhaṃ nāma bhaṇḍaṃ ārāme catūhi ṭhānehi nikkhittaṃ hoti – bhūmaṭṭhaṃ thalaṭṭhaṃ, ākāsaṭṭhaṃ, vehāsaṭṭhaṃ. Ārāmaṭṭhaṃ bhaṇḍaṃ avaharissāmītitheyyacitto dutiyaṃ vā pariyesati gacchati vā, āpatti dukkaṭassa. Āmasati, āpatti dukkaṭassa. Phandāpeti, āpatti thullaccayassa. Ṭhānā cāveti, āpatti pārājikassa. Tattha jātakaṃ mūlaṃ vā tacaṃ vā pattaṃ vā pupphaṃ vā phalaṃ vā pañcamāsakaṃ vā atirekapañcamāsakaṃ vā agghanakaṃ theyyacitto āmasati, āpatti dukkaṭassa. Phandāpeti, āpatti thullaccayassa. Ṭhānā cāveti, āpatti pārājikassa. Ārāmaṃ abhiyuñjati, āpatti dukkaṭassa. Sāmikassa vimatiṃ uppādeti, āpatti thullaccayassa. Sāmiko na mayhaṃ bhavissatīti dhuraṃ nikkhipati, āpatti pārājikassa. Dhammaṃ caranto sāmikaṃ parājeti, āpatti pārājikassa. Dhammaṃ caranto parajjati, āpatti thullaccayassa.

103.Vihāraṭṭhaṃ nāma bhaṇḍaṃ vihāre catūhi ṭhānehi nikkhittaṃ hoti – bhūmaṭṭhaṃ, thalaṭṭhaṃ, ākāsaṭṭhaṃ, vehāsaṭṭhaṃ. Vihāraṭṭhaṃ bhaṇḍaṃ avaharissāmīti theyyacitto dutiyaṃ vā pariyesati gacchati vā, āpatti dukkaṭassa. Āmasati, āpatti dukkaṭassa. Phandāpeti, āpatti thullaccayassa. Ṭhānā cāveti, āpatti pārājikassa. Vihāraṃ abhiyuñjati, āpatti dukkaṭassa. Sāmikassa vimatiṃ uppādeti, āpatti thullaccayassa. Sāmiko na mayhaṃ bhavissatīti dhuraṃ nikkhipati, āpatti pārājikassa. Dhammaṃ caranto sāmikaṃ parājeti, āpatti pārājikassa. Dhammaṃ caranto parajjati, āpatti thullaccayassa.

104.Khettaṃ nāma yattha pubbaṇṇaṃ vā aparaṇṇaṃ vā jāyati. Khettaṭṭhaṃ nāma bhaṇḍaṃ khette catūhi ṭhānehi nikkhittaṃ hoti – bhūmaṭṭhaṃ, thalaṭṭhaṃ, ākāsaṭṭhaṃ, vehāsaṭṭhaṃ. Khettaṭṭhaṃ bhaṇḍaṃ avaharissāmīti theyyacitto dutiyaṃ vā pariyesati gacchati vā, āpatti, dukkaṭassa. Āmasati, āpatti dukkaṭassa. Phandāpeti, āpatti thullaccayassa. Ṭhānā cāveti, āpatti pārājikassa. Tattha jātakaṃ pubbaṇṇaṃ vā aparaṇṇaṃ vā pañcamāsakaṃ vā atirekapañcamāsakaṃ vā agghanakaṃ theyyacitto āmasati, āpatti dukkaṭassa. Phandāpeti, āpatti thullaccayassa. Ṭhānā cāveti, āpatti pārājikassa. Khettaṃ abhiyuñjati, āpatti dukkaṭassa. Sāmikassa vimatiṃ uppādeti, āpatti thullaccayassa. Sāmiko na mayhaṃ bhavissatīti dhuraṃ nikkhipati, āpatti pārājikassa. Dhammaṃ caranto sāmikaṃ parājeti, āpatti pārājikassa. Dhammaṃ caranto parajjati, āpatti thullaccayassa. Khilaṃ vā rajjuṃ vā vatiṃ vā mariyādaṃ vā saṅkāmeti, āpatti dukkaṭassa. Ekaṃ payogaṃ anāgate, āpatti thullaccayassa. Tasmiṃ payoge āgate, āpatti pārājikassa.

105.Vatthu nāma ārāmavatthu vihāravatthu. Vatthuṭṭhaṃ nāma bhaṇḍaṃ vatthusmiṃ catūhi ṭhānehi nikkhittaṃ hoti – bhūmaṭṭhaṃ, thalaṭṭhaṃ, ākāsaṭṭhaṃ, vehāsaṭṭhaṃ. Vatthuṭṭhaṃ bhaṇḍaṃ avaharissāmīti theyyacitto dutiyaṃ vā pariyesati gacchati vā, āpatti dukkaṭassa. Āmasati, āpatti dukkaṭassa. Phandāpeti, āpatti thullaccayassa. Ṭhānā cāveti, āpatti pārājikassa. Vatthuṃ abhiyuñjati, āpatti dukkaṭassa. Sāmikassa vimatiṃ uppādeti, āpatti thullaccayassa. Sāmiko na mayhaṃ bhavissatīti dhuraṃ nikkhipati, āpatti pārājikassa. Dhammaṃ caranto sāmikaṃ parājeti, āpatti pārājikassa. Dhammaṃ caranto parajjati, āpatti thullaccayassa. Khīlaṃ vā rajjuṃ vā vatiṃ vā pākāraṃ vā saṅkāmeti, āpatti dukkaṭassa. Ekaṃ payogaṃ anāgate āpatti thullaccayassa. Tasmiṃ payoge āgate āpatti pārājikassa.

106.Gāmaṭṭhaṃ nāma bhaṇḍaṃ gāme catūhi ṭhānehi nikkhittaṃ hoti – bhūmaṭṭhaṃ, thalaṭṭhaṃ, ākāsaṭṭhaṃ, vehāsaṭṭhaṃ. Gāmaṭṭhaṃ bhaṇḍaṃ avaharissāmīti theyyacitto dutiyaṃ vā pariyesati gacchati vā, āpatti dukkaṭassa. Āmasati, āpatti dukkaṭassa. Phandāpeti, āpatti thullaccayassa. Ṭhānā cāveti, āpatti pārājikassa.

107.Araññaṃ nāma yaṃ manussānaṃ pariggahitaṃ hoti, taṃ araññaṃ. Araññaṭṭhaṃ nāma bhaṇḍaṃ araññe catūhi ṭhānehi nikkhittaṃ hoti – bhūmaṭṭhaṃ, thalaṭṭhaṃ, ākāsaṭṭhaṃ, vehāsaṭṭhaṃ. Araññaṭṭhaṃ bhaṇḍaṃ avaharissāmīti theyyacitto dutiyaṃ vā pariyesati gacchati vā, āpatti dukkaṭassa. Āmasati, āpatti dukkaṭassa. Phandāpeti, āpatti thullaccayassa. Ṭhānā cāveti, āpatti pārājikassa. Tattha jātakaṃ kaṭṭhaṃ vā lataṃ vā tiṇaṃ vā pañcamāsakaṃ vā atirekapañcamāsakaṃ vā agghanakaṃ theyyacitto āmasati, āpatti dukkaṭassa. Phandāpeti, āpatti thullaccayassa. Ṭhānā cāveti, āpatti pārājikassa.

108.Udakaṃ nāma bhājanagataṃ vā hoti pokkharaṇiyā vā taḷāke vā. Theyyacitto āmasati, āpatti dukkaṭassa. Phandāpeti, āpatti thullaccayassa. Ṭhānā cāveti, āpatti pārājikassa. Attano bhājanaṃ pavesetvā pañcamāsakaṃ vā atirekapañcamāsakaṃ vā agghanakaṃ udakaṃ theyyacitto āmasati, āpatti dukkaṭassa. Phandāpeti, āpatti thullaccayassa. Attano bhājanagataṃ karoti, āpatti pārājikassa. Mariyādaṃ bhindati, āpatti dukkaṭassa. Mariyādaṃ bhinditvā pañcamāsakaṃ vā atirekapañcamāsakaṃ vā agghanakaṃ udakaṃ nikkhāmeti, āpatti pārājikassa. Atirekamāsakaṃ vā ūnapañcamāsakaṃ vā agghanakaṃ udakaṃ nikkhāmeti, āpatti thullaccayassa. Māsakaṃ vā ūnamāsakaṃ vā agghanakaṃ udakaṃ nikkhāmeti, āpatti dukkaṭassa.

109.Dantapoṇaṃ nāma chinnaṃ vā acchinnaṃ vā. Pañcamāsakaṃ vā atirekapañcamāsakaṃ vā agghanakaṃ theyyacitto āmasati, āpatti dukkaṭassa. Phandāpeti, āpatti thullaccayassa. Ṭhānā cāveti, āpatti pārājikassa.

110.Vanappati nāma yo manussānaṃ pariggahito hoti rukkho paribhogo. Theyyacitto chindati, pahāre pahāre āpatti dukkaṭassa. Ekaṃ pahāraṃ anāgate, āpatti thullaccayassa. Tasmiṃ pahāre āgate, āpatti pārājikassa.

111.Haraṇakaṃ nāma aññassa haraṇakaṃ bhaṇḍaṃ. Theyyacitto āmasati, āpatti dukkaṭassa. Phandāpeti, āpatti thullaccayassa. Ṭhānā cāveti, āpatti pārājikassa. Sahabhaṇḍahārakaṃ padasā nessāmītipaṭhamaṃ pādaṃ saṅkāmeti, āpatti thullaccayassa. Dutiyaṃ pādaṃ saṅkāmeti, āpatti pārājikassa. Patitaṃ bhaṇḍaṃ gahessāmīti pātāpeti, āpatti dukkaṭassa. Patitaṃ bhaṇḍaṃ pañcamāsakaṃ vā atirekapañcamāsakaṃ vā agghanakaṃ theyyacitto āmasati, āpatti dukkaṭassa. Phandāpeti, āpatti thullaccayassa. Ṭhānā cāveti, āpatti pārājikassa.

112.Upanidhi nāma upanikkhittaṃ bhaṇḍaṃ. Dehi me bhaṇḍanti vuccamāno nāhaṃ gaṇhāmīti bhaṇati, āpatti dukkaṭassa. Sāmikassa vimatiṃ uppādeti, āpatti thullaccayassa. Sāmiko na mayhaṃ dassatīti dhuraṃ nikkhipati, āpatti pārājikassa. Dhammaṃ caranto sāmikaṃ parājeti, āpatti pārājikassa. Dhammaṃ caranto parajjati, āpatti thullaccayassa.

113.Suṅkaghātaṃ nāma raññā ṭhapitaṃ hoti pabbatakhaṇḍe vā nadītitthe vā gāmadvāre vā – 'atra paviṭṭhassa suṅkaṃ gaṇhantū'ti. Tatra pavisitvā rājaggaṃ [rājagghaṃ (sī. syā.)] bhaṇḍaṃ pañcamāsakaṃ vā atirekapañcamāsakaṃ vā agghanakaṃ theyyacitto āmasati, āpatti dukkaṭassa. Phandāpeti, āpatti thullaccayassa. Paṭhamaṃ pādaṃ suṅkaghātaṃ atikkāmeti, āpatti thullaccayassa. Dutiyaṃ pādaṃ atikkāmeti, āpatti pārājikassa. Antosuṅkaghāte ṭhito bahisuṅkaghātaṃ pāteti, āpatti pārājikassa. Suṅkaṃ pariharati, āpatti dukkaṭassa.

114.Pāṇo nāma manussapāṇo vuccati. Theyyacitto āmasati, āpatti dukkaṭassa. Phandāpeti, āpatti thullaccayassa. Ṭhānā cāveti, āpatti pārājikassa. Padasā nessāmīti paṭhamaṃ pādaṃ saṅkāmeti, āpatti thullaccayassa. Dutiyaṃ pādaṃ saṅkāmeti, āpatti pārājikassa.

Apadaṃ nāma ahi macchā. Pañcamāsakaṃ vā atirekapañcamāsakaṃ vā agghanakaṃ theyyacitto āmasati, āpatti dukkaṭassa. Phandāpeti, āpatti thullaccayassa. Ṭhānā cāveti, āpatti pārājikassa.

115.Dvipadaṃ nāma manussā, pakkhajātā. Theyyacitto āmasati, āpatti dukkaṭassa. Phandāpeti, āpatti thullaccayassa. Ṭhānā cāveti, āpatti pārājikassa. Padasā nessāmīti paṭhamaṃ pādaṃ saṅkāmeti, āpatti thullaccayassa. Dutiyaṃ pādaṃ saṅkāmeti, āpatti pārājikassa.

116.Catuppadaṃ nāma – hatthī assā oṭṭhā goṇā gadrabhā pasukā. Theyyacitto āmasati, āpatti dukkaṭassa. Phandāpeti, āpatti thullaccayassa. Ṭhānā cāveti, āpatti pārājikassa. Padasā nessāmīti paṭhamaṃ pādaṃ saṅkāmeti, āpatti thullaccayassa. Dutiyaṃ pādaṃ saṅkāmeti, āpatti thullaccayassa. Tatiyaṃ pādaṃ saṅkāmeti, āpatti thullaccayassa. Catutthaṃ pādaṃ saṅkāmeti, āpatti pārājikassa.

117.Bahuppadaṃ nāma – vicchikā satapadī uccāliṅgapāṇakā. Pañcamāsakaṃ vā atirekapañcamāsakaṃ vā agghanakaṃ theyyacitto āmasati, āpatti dukkaṭassa. Phandāpeti, āpatti thullaccayassa. Ṭhānā cāveti, āpatti pārājikassa. Padasā nessāmīti saṅkāmeti, pade pade āpatti thullaccayassa. Pacchimaṃ pādaṃ saṅkāmeti, āpatti pārājikassa.

118.Ocarako nāma bhaṇḍaṃ ocaritvā ācikkhati – "itthannāmaṃ bhaṇḍaṃ avaharā"ti, āpatti dukkaṭassa. So taṃ bhaṇḍaṃ avaharati, āpatti ubhinnaṃ pārājikassa.
Oṇirakkho nāma āhaṭaṃ bhaṇḍaṃ gopento pañcamāsakaṃ vā atirekapañcamāsakaṃ vā agghanakaṃ theyyacitto āmasati, āpatti dukkaṭassa. Phandāpeti, āpatti thullaccayassa. Ṭhānā cāveti, āpatti pārājikassa.
Saṃvidāvahāro nāma sambahulā saṃvidahitvā eko bhaṇḍaṃ avaharati, āpatti sabbesaṃ pārājikassa.
119.Saṅketakammaṃ nāma saṅketaṃ karoti – "purebhattaṃ vā pacchābhattaṃ vā rattiṃ vā divā vā tena saṅketena taṃ bhaṇḍaṃ avaharā"ti, āpatti dukkaṭassa. Tena saṅketena taṃ bhaṇḍaṃ avaharati, āpatti ubhinnaṃ pārājikassa. Taṃ saṅketaṃ pure vā pacchā vā taṃ bhaṇḍaṃ avaharati, mūlaṭṭhassa anāpatti. Avahārakassa āpatti pārājikassa.
120.Nimittakammaṃ nāma nimittaṃ karoti. Akkhiṃ vā nikhaṇissāmi bhamukaṃ vā ukkhipissāmi sīsaṃ vā ukkhipissāmi, tena nimittena taṃ bhaṇḍaṃ avaharāti, āpatti dukkaṭassa. Tena nimittena taṃ bhaṇḍaṃ avaharati, āpatti ubhinnaṃ pārājikassa. Taṃ nimittaṃ pure vā pacchā vā taṃ bhaṇḍaṃ avaharati, mūlaṭṭhassa anāpatti. Avahārakassa āpatti pārājikassa.
121. Bhikkhu bhikkhuṃ āṇāpeti – "itthannāmaṃ bhaṇḍaṃ avaharā"ti, āpatti dukkaṭassa. So taṃ maññamāno taṃ avaharati, āpatti ubhinnaṃ pārājikassa.
Bhikkhu bhikkhuṃ āṇāpeti – "itthannāmaṃ bhaṇḍaṃ avaharā"ti, āpatti dukkaṭassa. So taṃ maññamāno aññaṃ avaharati, mūlaṭṭhassa anāpatti. Avahārakassa āpatti pārājikassa.
Bhikkhu bhikkhuṃ āṇāpeti – "itthannāmaṃ bhaṇḍaṃ avaharā"ti, āpatti dukkaṭassa. So aññaṃ maññamāno taṃ avaharati, āpatti ubhinnaṃ pārājikassa.
Bhikkhu bhikkhuṃ āṇāpeti – "itthannāmaṃ bhaṇḍaṃ avaharā"ti, āpatti dukkaṭassa. So aññaṃ maññamāno aññaṃ avaharati, mūlaṭṭhassa anāpatti. Avahārakassa āpatti pārājikassa.
Bhikkhu bhikkhuṃ āṇāpeti – "itthannāmassa pāvada – 'itthannāmo itthannāmassa pāvadatu – itthannāmo itthannāmaṃ bhaṇḍaṃ avaharatū"ti, āpatti dukkaṭassa. So itarassa āroceti, āpatti dukkaṭassa. Avahārako paṭiggaṇhāti, mūlaṭṭhassa āpatti thullaccayassa. So taṃ bhaṇḍaṃ avaharati, āpatti sabbesaṃ pārājikassa.
Bhikkhu bhikkhuṃ āṇāpeti – "itthannāmassa pāvada – 'itthannāmo itthannāmassa pāvadatu – itthannāmo itthannāmaṃ bhaṇḍaṃ avaharatū"ti, āpatti dukkaṭassa. So aññaṃ āṇāpeti, āpatti dukkaṭassa. Avahārako paṭiggaṇhāti, āpatti dukkaṭassa. So taṃ bhaṇḍaṃ avaharati, mūlaṭṭhassa anāpatti. Āṇāpakassa ca avahārakassa ca āpatti pārājikassa.
Bhikkhu bhikkhuṃ āṇāpeti – "itthannāmaṃ bhaṇḍaṃ avaharā"ti, āpatti dukkaṭassa. So gantvā puna paccāgacchati – "nāhaṃ sakkomi taṃ bhaṇḍaṃ avaharitu"nti. So puna āṇāpeti – "yadā sakkosi tadā taṃ bhaṇḍaṃ avaharā"ti, āpatti dukkaṭassa. So taṃ bhaṇḍaṃ avaharati, āpatti ubhinnaṃ pārājikassa.
Bhikkhu bhikkhuṃ āṇāpeti – "itthannāmaṃ bhaṇḍaṃ avaharā"ti, āpatti dukkaṭassa. So āṇāpetvā vippaṭisārī na sāveti – "mā avaharī"ti. So taṃ bhaṇḍaṃ avaharati, āpatti ubhinnaṃ pārājikassa.
Bhikkhu bhikkhuṃ āṇāpeti – "itthannāmaṃ bhaṇḍaṃ avaharā"ti, āpatti dukkaṭassa. So āṇāpetvā vippaṭisārī sāveti – "mā avaharī"ti. So "āṇatto ahaṃ tayā"ti, taṃ bhaṇḍaṃ avaharati, mūlaṭṭhassa anāpatti. Avahārakassa āpatti pārājikassa.
Bhikkhu bhikkhuṃ āṇāpeti – "itthannāmaṃ bhaṇḍaṃ avaharā"ti, āpatti dukkaṭassa. So āṇāpetvā vippaṭisārī sāveti – "mā avaharī"ti. So "sādhū"ti [suṭṭhūti (ka.)]? Oramati, ubhinnaṃ anāpatti.
122. Pañcahi ākārehi adinnaṃ ādiyantassa āpatti pārājikassa – parapariggahitañca hoti, parapariggahitasaññī ca, garuko ca hoti parikkhāro, pañcamāsako vā atirekapañcamāsako vā, theyyacittañca paccupaṭṭhitaṃ hoti. Āmasati, āpatti dukkaṭassa. Phandāpeti, āpatti thullaccayassa. Ṭhānā cāveti, āpatti pārājikassa.
123. Pañcahi ākārehi adinnaṃ ādiyantassa āpatti thullaccayassa – parapariggahitañca hoti, parapariggahitasaññī ca, lahuko ca hoti parikkhāro, atirekamāsako vā ūnapañcamāsako vā, theyyacittañca paccupaṭṭhitaṃ hoti. Āmasati, āpatti dukkaṭassa. Phandāpeti, āpatti dukkaṭassa. Ṭhānā cāveti, āpatti thullaccayassa.
124. Pañcahi ākārehi adinnaṃ ādiyantassa āpatti dukkaṭassa. Parapariggahitañca hoti, parapariggahitasaññī ca, lahuko ca hoti parikkhāro, māsako vā ūnamāsako vā, theyyacittañca paccupaṭṭhitaṃ hoti. Āmasati, āpatti dukkaṭassa. Phandāpeti, āpatti dukkaṭassa. Ṭhānā cāveti, āpatti dukkaṭassa.
125. Chahi ākārehi adinnaṃ ādiyantassa āpatti pārājikassa. Na ca sakasaññī, na ca vissāsaggāhī, na ca tāvakālikaṃ, garuko ca hoti parikkhāro, pañcamāsako vā atirekapañcamāsako vā, theyyacittañca paccupaṭṭhitaṃ hoti. Āmasati, āpatti dukkaṭasa. Phandāpeti, āpatti thullaccayassa. Ṭhānā cāveti, āpatti pārājikassa.
126. Chahi ākārehi adinnaṃ ādiyantassa āpatti thullaccayassa. Na ca sakasaññī, na ca vissāsaggāhī, na ca tāvakālikaṃ, lahuko ca hoti parikkhāro atirekamāsako vā ūnapañcamāsako vā, theyyacittañca paccupaṭṭhitaṃ hoti. Āmasati, āpatti dukkaṭassa. Phandāpeti, āpatti dukkaṭassa. Ṭhānā cāveti, āpatti thullaccayassa.

127. Chahi ākārehi adinnaṃ ādiyantassa āpatti dukkaṭassa. Na ca sakasaññī, na ca vissāsaggāhī, na ca tāvakālikaṃ, lahuko ca hoti parikkhāro, māsako vā ūnamāsako vā, theyyacittañca paccupaṭṭhitaṃ hoti. Āmasati, āpatti dukkaṭassa. Phandāpeti, āpatti dukkaṭassa. Ṭhānā cāveti, āpatti dukkaṭassa.
128. Pañcahi ākārehi adinnaṃ ādiyantassa āpatti dukkaṭassa. Na ca parapariggahitaṃ hoti, parapariggahitasaññī ca, garuko ca hoti parikkhāro, pañcamāsako vā atirekapañcamāsako vā, theyyacittañca paccupaṭṭhitaṃ hoti. Āmasati, āpatti dukkaṭassa. Phandāpeti, āpatti dukkaṭassa. Ṭhānā cāveti, āpatti dukkaṭassa.
129. Pañcahi ākārehi adinnaṃ ādiyantassa āpatti dukkaṭassa. Na ca parapariggahitaṃ hoti, parapariggahitasaññī ca, lahuko ca hoti parikkhāro, atirekamāsako vā ūnapañcamāsako vā, theyyacittañca paccupaṭṭhitaṃ hoti. Āmasati, āpatti dukkaṭassa. Phandāpeti, āpatti dukkaṭassa. Ṭhānā cāveti, āpatti dukkaṭassa.
130. Pañcahi ākārehi adinnaṃ ādiyantassa āpatti dukkaṭassa. Na ca parapariggahitaṃ hoti, parapariggahitasaññī ca, lahuko ca hoti parikkhāro, māsako vā ūnamāsako vā, theyyacittañca paccupaṭṭhitaṃ hoti. Āmasati, āpatti dukkaṭassa. Phandāpeti, āpatti dukkaṭassa. Ṭhānā cāveti, āpatti dukkaṭassa.
131. Anāpatti sasaññissa, vissāsaggāhe, tāvakālike, petapariggahe, tiracchānagatapariggahe, paṃsukūlasaññissa, ummattakassa, (khittacittassa vedanāṭṭassa) [(khittacittassa vedanāṭṭassa) katthaci natthi]ādikammikassāti.
Adinnādānamhi paṭhamabhāṇavāro niṭṭhito.
Vinītavatthuuddānagāthā
Rajakehi pañca akkhātā, caturo attharaṇehi ca;
Andhakārena ve pañca, pañca hāraṇakena ca.
Niruttiyā pañca akkhātā, vātehi apare duve;
Asambhinne kusāpāto, jantaggena [jantāgharena (syā.)] sahā dasa.
Vighāsehi pañca akkhātā, pañca ceva amūlakā;
Dubbhikkhe kuramaṃsañca [kūramaṃsañca (syā.)], pūvasakkhalimodakā.
Chaparikkhārathavikā , bhisivaṃsā na nikkhame;
Khādanīyañca vissāsaṃ, sasaññāyapare duve.
Satta nāvaharāmāti, satta ceva avāharuṃ;
Saṅghassa avaharuṃ satta, pupphehi apare duve.
Tayo ca vuttavādino, maṇi tīṇi atikkame;
Sūkarā ca migā macchā, yānañcāpi pavattayi.
Duve pesī duve dārū, paṃsukūlaṃ duve dakā;
Anupubbavidhānena , tadañño na paripūrayi.
Sāvatthiyā caturo muṭṭhī, dve vighāsā duve tiṇā;
Saṅghassa bhājayuṃ satta, satta ceva assāmikā.
Dārudakā mattikā dve tiṇāni;
Saṅghassa satta avahāsi seyyaṃ;
Sassāmikaṃ na cāpi nīhareyya;
Hareyya sassāmikaṃ tāvakālikaṃ.
Campā rājagahe ceva, vesāliyā ca ajjuko;
Bārāṇasī ca kosambī, sāgalā daḷhikena cāti.
Vinītavatthu
132. Tena kho pana samayena chabbaggiyā bhikkhū rajakattharaṇaṃ gantvā rajakabhaṇḍikaṃ avahariṃsu. Tesaṃ kukkuccaṃ ahosi – ''bhagavatā sikkhāpadaṃ paññattaṃ. Kacci nu kho mayaṃ pārājikaṃ āpattiṃ āpannā''ti . Bhagavato etamatthaṃ ārocesuṃ. ''Āpattiṃ tumhe, bhikkhave, āpannā pārājika''nti.
Tena kho pana samayena aññataro bhikkhu rajakattharaṇaṃ gantvā mahagghaṃ dussaṃ passitvā theyyacittaṃ uppādesi. Tassa kukkuccaṃ ahosi – ''bhagavatā sikkhāpadaṃ paññattaṃ, kacci nu khoahaṃ pārājikaṃ āpattiṃ āpanno''ti? Bhagavato etamatthaṃ ārocesi. ''Anāpatti, bhikkhu, cittuppāde''ti.
Tena kho pana samayena aññataro bhikkhu rajakattharaṇaṃ gantvā mahagghaṃ dussaṃ passitvā theyyacitto āmasi. Tassa kukkuccaṃ ahosi...pe... ''anāpatti, bhikkhu, pārājikassa. Āpatti dukkaṭassā''ti.
Tena kho pana samayena aññataro bhikkhu rajakattharaṇaṃ gantvā mahagghaṃ dussaṃ passitvā theyyacitto phandāpesi. Tassa kukkuccaṃ ahosi...pe... ''anāpatti, bhikkhu, pārājikassa. Āpatti thullaccayassā''ti.
Tena kho pana samayena aññataro bhikkhu rajakattharaṇaṃ gantvā mahagghaṃ dussaṃ passitvā theyyacitto ṭhānā cāvesi. Tassa kukkuccaṃ ahosi...pe... ''āpattiṃ tvaṃ, bhikkhu, āpanno pārājika''nti.

133. Tena kho pana samayena aññataro piṇḍacāriko bhikkhu mahagghaṃ uttarattharaṇaṃ passitvā theyyacittaṃ uppādesi...pe... theyyacitto āmasi...pe... theyyacitto phandāpesi...pe... theyyacitto ṭhānā cāvesi. Tassa kukkuccaṃ ahosi...pe... ''āpattiṃ tvaṃ, bhikkhu, āpanno pārājika''nti.

134. Tena kho pana samayena aññataro bhikkhu divā bhaṇḍaṃ passitvā nimittaṃ akāsi – 'rattiṃ avaharissāmī'ti. So taṃ maññamāno taṃ avahari...pe... taṃ maññamāno aññaṃ avahari...pe... aññaṃ maññamāno taṃ avahari...pe... aññaṃ maññamāno aññaṃ avahari. Tassa kukkuccaṃ ahosi...pe... ''āpattiṃ tvaṃ, bhikkhu, āpanno pārājika''nti .

Tena kho pana samayena aññataro bhikkhu divā bhaṇḍaṃ passitvā nimittaṃ akāsi – ''rattiṃ avaharissāmī''ti. So taṃ maññamāno attano bhaṇḍaṃ avahari. Tassa kukkuccaṃ ahosi...pe... ''anāpatti, bhikkhu, pārājikassa. Āpatti dukkaṭassā''ti.

Tena kho pana samayena aññataro bhikkhu aññassa bhaṇḍaṃ haranto sīse bhāraṃ theyyacitto āmasi...pe... theyyacitto phandāpesi...pe... theyyacitto khandhaṃ oropesi...pe... khandhe bhāraṃ theyyacitto āmasi...pe... theyyacitto phandāpesi...pe... theyyacitto kaṭiṃ oropesi...pe... kaṭiyā bhāraṃ theyyacitto āmasi...pe... theyyacitto phandāpesi...pe... theyyacitto hatthena aggahesi...pe... hatthe bhāraṃ theyyacitto bhūmiyaṃ nikkhipi...pe... theyyacitto bhūmito aggahesi. Tassa kukkuccaṃ ahosi...pe... ''āpattiṃ tvaṃ, bhikkhu, āpanno pārājika''nti.

135. Tena kho pana samayena aññataro bhikkhu ajjhokāse cīvaraṃ pattharitvā vihāraṃ pāvisi. Aññataro bhikkhu – 'māyidaṃ cīvaraṃ nassī'ti, paṭisāmesi. So nikkhamitvā taṃ bhikkhuṃ pucchi – ''āvuso, mayhaṃ cīvaraṃ kena avahaṭa''nti ? So evamāha – ''mayā avahaṭa''nti. ''So taṃ ādiyi, assamaṇosi tva''nti. Tassa kukkuccaṃ ahosi...pe.... Bhagavato etamatthaṃ ārocesi. ''Kiṃcitto tvaṃ, bhikkhū''ti? ''Niruttipatho ahaṃ, Bhagavā''ti. ''Anāpatti, bhikkhu, niruttipathe''ti.

Tena kho pana samayena aññataro bhikkhu pīṭhe cīvaraṃ nikkhipitvā. Pīṭhe nisīdanaṃ nikkhipitvā... heṭṭhāpīṭhe pattaṃ nikkhipitvā vihāraṃ pāvisi. Aññataro bhikkhu – ''māyaṃ patto nassī''ti paṭisāmesi. So nikkhamitvā taṃ bhikkhuṃ pucchi – ''āvuso, mayhaṃ patto kena avahaṭo''ti? So evamāha – ''mayā avahaṭo''ti. ''So taṃ ādiyi, assamaṇosi tva''nti. Tassa kukkuccaṃ ahosi...pe... ''anāpatti, bhikkhu, niruttipathe''ti.

Tena kho pana samayena aññatarā bhikkhunī vatiyā cīvaraṃ pattharitvā vihāraṃ pāvisi. Aññatarā bhikkhunī – 'māyidaṃ cīvaraṃ nassī'ti paṭisāmesi. Sā nikkhamitvā taṃ bhikkhuniṃ pucchi – ''ayye, mayhaṃ cīvaraṃ kena avahaṭa''nti? Sā evamāha – ''mayā avahaṭa''nti. ''Sā taṃ ādiyi, assamaṇīsi tva''nti. Tassā kukkuccaṃ ahosi. Atha kho sā bhikkhunī bhikkhunīnaṃ etamatthaṃ ārocesi. Bhikkhuniyo bhikkhūnaṃ etamatthaṃ ārocesuṃ. Bhikkhū bhagavato etamatthaṃ ārocesuṃ...pe... ''anāpatti, bhikkhave, niruttipathe''ti.

136. Tena kho pana samayena aññataro bhikkhu vātamaṇḍalikāya ukkhittaṃ sāṭakaṃ passitvā sāmikānaṃ dassāmīti, aggahesi. Sāmikā taṃ bhikkhuṃ codesuṃ – ''assamaṇosi tva''nti. Tassa kukkuccaṃ ahosi...pe... ''kiṃcitto tvaṃ bhikkhū''ti? ''Atheyyacitto ahaṃ, Bhagavā''ti. Anāpatti, bhikkhu, atheyyacittassā''ti.

Tena kho pana samayena aññataro bhikkhu vātamaṇḍalikāya ukkhittaṃ veṭhanaṃ passitvā 'pure sāmikā passantī'ti theyyacitto aggahesi. Sāmikā taṃ bhikkhuṃ codesuṃ – ''assamaṇosi tva''nti. Tassa kukkuccaṃ ahosi...pe... ''āpattiṃ tvaṃ, bhikkhu, āpanno pārājika''nti.

137. Tena kho pana samayena aññataro bhikkhu susānaṃ gantvā abhinne sarīre paṃsukūlaṃ aggahesi. Tasmiñca sarīre peto adhivattho hoti . Atha kho so peto taṃ bhikkhuṃ etadavoca – ''mā, bhante, mayhaṃ sāṭakaṃ aggahesī''ti. So bhikkhu anādiyanto agamāsi . Atha kho taṃ sarīraṃ uṭṭhahitvā tassa bhikkhuno piṭṭhito piṭṭhito anubandhi. Atha kho so bhikkhu vihāraṃ pavisitvā dvāraṃ thakesi. Atha kho taṃ sarīraṃ tattheva paripati. Tassa kukkuccaṃ ahosi...pe... ''anāpatti, bhikkhu, pārājikassa. Na ca, bhikkhave, abhinne sarīre paṃsukūlaṃ gahetabbaṃ. So gaṇheyya, āpatti dukkaṭassā''ti.

138. Tena kho pana samayena aññataro bhikkhu saṅghassa cīvare bhājīyamāne theyyacitto kusaṃ saṅkāmetvā cīvaraṃ aggahesi. Tassa kukkuccaṃ ahosi...pe... ''āpattiṃ tvaṃ, bhikkhu, āpanno pārājika''nti.

139. Tena kho pana samayena āyasmā ānando jantāghare aññatarassa bhikkhuno antaravāsakaṃ attano maññamāno nivāsesi. Atha kho so bhikkhu āyasmantaṃ ānandaṃ etadavoca – ''kissa me tvaṃ, āvuso ānanda, antaravāsakaṃ nivāsesī''ti? ''Sakasaññī ahaṃ, āvuso''ti. Bhagavato etamatthaṃ ārocesuṃ. ''Anāpatti, bhikkhave, sakasaññissā''ti.

140. Tena kho pana samayena sambahulā bhikkhū gijjhakūṭā pabbatā orohantā sīhavighāsaṃ passitvā pacāpetvā paribhuñjiṃsu. Tesaṃ kukkuccaṃ ahosi...pe... ''anāpatti, bhikkhave, sīhavighāse''ti.

Tena kho pana samayena sambahulā bhikkhū gijjhakūṭā pabbatā orohantā byagghavighāsaṃ passitvā... dīpivighāsaṃ passitvā... taracchavighāsaṃ passitvā... kokavighāsaṃ passitvā pacāpetvā paribhuñjiṃsu. Tesaṃ kukkuccaṃ ahosi...pe... ''anāpatti, bhikkhave, tiracchānagatapariggahe''ti.

141. Tena kho pana samayena aññataro bhikkhu saṅghassa odane bhājīyamāne – 'aparassa bhāgaṃ dehī'ti amūlakaṃ aggahesi. Tassa kukkuccaṃ ahosi...pe... ''anāpatti, bhikkhu, pārājikassa. Āpatti sampajānamusāvāde pācittiyassā''ti.

Tena kho pana samayena aññataro bhikkhu saṅghassa khādanīye bhājiyamāne... saṅghassa pūve bhājiyamāne... saṅghassa ucchumhi bhājiyamāne... saṅghassa timbarūsake bhājiyamāne – 'aparassa bhāgaṃ dehī'ti amūlakaṃ aggahesi. Tassa kukkuccaṃ ahosi...pe.... ''Anāpatti, bhikkhu, pārājikassa. Āpatti sampajānamusāvāde pācittiyassā''ti.
142. Tena kho pana samayena aññataro bhikkhu dubbhikkhe odanīyagharaṃ pavisitvā pattapūraṃ odanaṃ theyyacitto avahari. Tassa kukkuccaṃ ahosi...pe... ''āpattiṃ tvaṃ, bhikkhu, āpanno pārājika''nti.
Tena kho pana samayena aññataro bhikkhu dubbhikkhe sūnagharaṃ [sūnāgharaṃ (sī. syā)] pavisitvā pattapūraṃ maṃsaṃ theyyacitto avahari. Tassa kukkuccaṃ ahosi...pe... ''āpattiṃ tvaṃ, bhikkhu, āpanno pārājika''nti.
Tena kho pana samayena aññataro bhikkhu dubbhikkhe pūvagharaṃ pavisitvā pattapūraṃ pūvaṃ theyyacitto avahari...pe... pattapūrā sakkhaliyo theyyacitto avahari...pe... pattapūre modake theyyacitto avahari. Tassa kukkuccaṃ ahosi...pe... ''āpattiṃ tvaṃ, bhikkhu, āpanno pārājika''nti.
143. Tena kho pana samayena aññataro bhikkhu divā parikkhāraṃ passitvā nimittaṃ akāsi – ''rattiṃ avaharissāmī''ti. So taṃ maññamāno taṃ avahari...pe... taṃ maññamāno aññaṃ avahari...pe... aññaṃ maññamāno taṃ avahari...pe... aññaṃ maññamāno aññaṃ avahari. Tassa kukkuccaṃ ahosi...pe... ''āpattiṃ tvaṃ, bhikkhu, āpanno pārājika''nti.
Tena kho pana samayena aññataro bhikkhu divā parikkhāraṃ passitvā nimittaṃ akāsi – ''rattiṃ avaharissāmī''ti. So taṃ maññamāno attano parikkhāraṃ avahari. Tassa kukkuccaṃ ahosi...pe... ''anāpatti, bhikkhu, pārājikassa. Āpatti dukkaṭassā''ti.
144. Tena kho pana samayena aññataro bhikkhu pīṭhe thavikaṃ passitvā – ''ito gaṇhanto pārājiko bhavissāmī''ti saha pīṭhakena saṅkāmetvā aggahesi. Tassa kukkuccaṃ ahosi...pe... ''āpattiṃ tvaṃ, bhikkhu, āpanno pārājika''nti.
Tena kho pana samayena aññataro bhikkhu saṅghassa bhisiṃ theyyacitto avahari. Tassa kukkuccaṃ ahosi...pe... ''āpattiṃ tvaṃ, bhikkhu, āpanno pārājika''nti.
145. Tena kho pana samayena aññataro bhikkhu cīvaravaṃse cīvaraṃ theyyacitto avahari. Tassa kukkuccaṃ ahosi...pe... ''āpattiṃ tvaṃ, bhikkhu, āpanno pārājika''nti.
Tena kho pana samayena aññataro bhikkhu vihāre cīvaraṃ avaharitvā – ''ito nikkhamanto pārājiko bhavissāmī''ti vihārā na nikkhami...pe... bhagavato etamatthaṃ ārocesuṃ. ''Nikkhami [nikkhameyya (sī. syā.)] vā so, bhikkhave, moghapuriso na vā nikkhami [nikkhameyya (sī. syā.)], āpatti pārājikassā''ti.
146. Tena kho pana samayena dve bhikkhū sahāyakā honti. Eko bhikkhu gāmaṃ piṇḍāya pāvisi. Dutiyo bhikkhu saṅghassa khādanīye bhājīyamāne sahāyakassa bhāgaṃ gahetvā tassa vissasanto paribhuñji. So jānitvā taṃ codesi – ''assamaṇosi tva''nti. Tassa kukkuccaṃ ahosi...pe... ''kiṃ citto tvaṃ, bhikkhū''ti? ''Vissāsaggāho ahaṃ, Bhagavā''ti. ''Anāpatti, bhikkhu, vissāsaggāhe''ti.
147. Tena kho pana samayena sambahulā bhikkhū cīvarakammaṃ karonti. Saṅghassa khādanīye bhājīyamāne sabbesaṃ paṭivisā āharitvā upanikkhittā honti. Aññataro bhikkhu aññatarassa bhikkhuno paṭivisaṃ attano maññamāno paribhuñji. So jānitvā taṃ codesi – ''assamaṇosi tva''nti. Tassa kukkuccaṃ ahosi...pe... ''kiṃcitto tvaṃ, bhikkhū''ti? ''Sakasaññī ahaṃ, Bhagavā''ti. ''Anāpatti, bhikkhu, sakasaññissā''ti.
Tena kho pana samayena sambahulā bhikkhū cīvarakammaṃ karonti. Saṅghassa khādanīye bhājiyamāne aññatarassa bhikkhuno pattena aññatarassa bhikkhuno paṭiviso āharitvā upanikkhitto hoti. Pattasāmiko bhikkhu attano maññamāno paribhuñji. So jānitvā taṃ codesi – ''assamaṇosi tva''nti. Tassa kukkuccaṃ ahosi...pe... ''anāpatti, bhikkhu, sakasaññissā''ti.
148. Tena kho pana samayena ambacorakā ambaṃ pātetvā bhaṇḍikaṃ ādāya agamaṃsu. Sāmikā te corake anubandhiṃsu. Corakā sāmike passitvā bhaṇḍikaṃ pātetvā palāyiṃsu. Bhikkhū paṃsukūlasaññino paṭiggahāpetvā paribhuñjiṃsu. Sāmikā te bhikkhū codesuṃ – ''assamaṇāttha tumhe''ti. Tesaṃ kukkuccaṃ ahosi...pe... bhagavato etamatthaṃ ārocesuṃ. ''Kiṃcittā tumhe, bhikkhave''ti? ''Paṃsukūlasaññino mayaṃ, Bhagavā''ti. ''Anāpatti, bhikkhave, paṃsukūlasaññissā''ti.
Tena kho pana samayena jambucorakā... labujacorakā... panasacorakā... tālapakkacorakā... ucchucorakā... timbarūsakacorakā timbarūsake uccinitvā bhaṇḍikaṃ ādāya agamaṃsu. Sāmikā te corake anubandhiṃsu. Corakā sāmike passitvā bhaṇḍikaṃ pātetvā palāyiṃsu. Bhikkhū paṃsukūlasaññino paṭiggahāpetvā paribhuñjiṃsu. Sāmikā te bhikkhū codesuṃ – ''assamaṇāttha tumhe''ti. Tesaṃ kukkuccaṃ ahosi...pe... ''anāpatti, bhikkhave, paṃsukūlasaññissā''ti.
Tena kho pana samayena ambacorakā ambaṃ pātetvā bhaṇḍikaṃ ādāya agamaṃsu. Sāmikā te corake anubandhiṃsu. Corakā sāmike passitvā bhaṇḍikaṃ pātetvā palāyiṃsu. Bhikkhū – 'pure sāmikā passantī'ti, theyyacittā paribhuñjiṃsu. Sāmikā te bhikkhū codesuṃ – ''assamaṇāttha tumhe''ti. Tesaṃ kukkuccaṃ ahosi...pe... ''āpattiṃ tumhe, bhikkhave, āpannā pārājika''nti.
Tena kho pana samayena jambucorakā... labujacorakā... panasacorakā... tālapakkacorakā... ucchucorakā... timbarūsakacorakā timbarūsake uccinitvā bhaṇḍikaṃ ādāya agamaṃsu. Sāmikā te corake anubandhiṃsu. Corakā sāmike passitvā bhaṇḍikaṃ pātetvā palāyiṃsu. Bhikkhū – 'pure sāmikā

passantī'ti, theyyacittā paribhuñjiṃsu. Sāmikā te bhikkhū codesuṃ – ''assamaṇāttha tumhe''ti. Tesaṃ kukkuccaṃ ahosi...pe... ''āpattiṃ tumhe, bhikkhave, āpannā pārājika''nti.
Tena kho pana samayena aññataro bhikkhu saṅghassa ambaṃ theyyacitto avahari... saṅghassa jambuṃ... saṅghassa labujaṃ... saṅghassa panasaṃ... saṅghassa tālapakkaṃ... saṅghassa ucchuṃ... saṅghassa timbarūsakaṃ theyyacitto avahari. Tassa kukkuccaṃ ahosi...pe... ''āpattiṃ tvaṃ, bhikkhu, āpanno pārājika''nti.
149. Tena kho pana samayena aññataro bhikkhu pupphārāmaṃ gantvā ocitaṃ pupphaṃ pañcamāsagghanakaṃ theyyacitto avahari. Tassa kukkuccaṃ ahosi...pe... ''āpattiṃ tvaṃ, bhikkhu, āpanno pārājika''nti.
Tena kho pana samayena aññataro bhikkhu pupphārāmaṃ gantvā pupphaṃ ocinitvā pañcamāsagghanakaṃ theyyacitto avahari. Tassa kukkuccaṃ ahosi...pe... ''āpattiṃ tvaṃ, bhikkhu āpanno pārājika''nti.
150. Tena kho pana samayena aññataro bhikkhu gāmakaṃ gacchanto aññataraṃ bhikkhuṃ etadavoca – ''āvuso, tuyhaṃ upaṭṭhākakulaṃ vutto vajjemī''ti. So gantvā ekaṃ sāṭakaṃ āharāpetvā attanā paribhuñji. So jānitvā taṃ codesi – ''assamaṇosi tva''nti. Tassa kukkuccaṃ ahosi...pe... ''anāpatti, bhikkhu, pārājikassa. Na ca, bhikkhave, vutto vajjemīti vattabbo. Yo vadeyya, āpatti dukkaṭassā''ti.
Tena kho pana samayena aññataro bhikkhu gāmakaṃ gacchati. Aññataro bhikkhu taṃ bhikkhuṃ etadavoca – ''āvuso, mayhaṃ upaṭṭhākakulaṃ vutto vajjehī''ti. So gantvā yugasāṭakaṃ āharāpetvā ekaṃ attanā paribhuñji, ekaṃ tassa bhikkhuno adāsi. So jānitvā taṃ codesi – ''assamaṇosi tva''nti. Tassa kukkuccaṃ ahosi...pe... ''anāpatti, bhikkhu, pārājikassa. Na ca, bhikkhave, vutto vajjehīti vattabbo. Yo vadeyya, āpatti dukkaṭassā''ti.
Tena kho pana samayena aññataro bhikkhu gāmakaṃ gacchanto aññataraṃ bhikkhuṃ etadavoca – ''āvuso, tuyhaṃ upaṭṭhākakulaṃ vutto vajjemī''ti. Sopi evamāha – ''vutto vajjehī''ti. So gantvā āḷhakaṃ sappiṃ tulaṃ guḷaṃ doṇaṃ taṇḍulaṃ āharāpetvā attanā paribhuñji. So jānitvā taṃ codesi – ''assamaṇosi tva''nti. Tassa kukkuccaṃ ahosi...pe... ''anāpatti, bhikkhu, pārājikassa. Na ca, bhikkhave, vutto vajjemīti vattabbo, na ca vutto vajjehīti vattabbo. Yo vadeyya, āpatti dukkaṭassā''ti.
151. Tena kho pana samayena aññataro puriso mahagghaṃ maṇiṃ ādāya aññatarena bhikkhunā saddhiṃ addhānamaggappaṭipanno hoti. Atha kho so puriso suṅkaṭṭhānaṃ passitvā tassa bhikkhuno ajānantassa thavikāya maṇiṃ pakkhipitvā suṅkaṭṭhānaṃ atikkamitvā aggahesi. Tassa kukkuccaṃ ahosi...pe... ''kiṃcitto tvaṃ, bhikkhū''ti? ''Nāhaṃ, Bhagavā, jānāmī''ti. ''Anāpatti, bhikkhu, ajānantassā''ti.
Tena kho pana samayena aññataro puriso mahagghaṃ maṇiṃ ādāya aññatarena bhikkhunā saddhiṃ addhānamaggappaṭipanno hoti. Atha kho so puriso suṅkaṭṭhānaṃ passitvā gilānālayaṃ karitvā attano bhaṇḍikaṃ tassa bhikkhuno adāsi. Atha kho so puriso suṅkaṭṭhānaṃ atikkamitvā taṃ bhikkhuṃ etadavoca – ''āhara me, bhante, bhaṇḍikaṃ; nāhaṃ akallako''ti. ''Kissa pana tvaṃ, āvuso, evarūpaṃ akāsī''ti? Atha kho so puriso tassa bhikkhuno etamatthaṃ ārocesi. Tassa kukkuccaṃ ahosi...pe... ''kiṃcitto tvaṃ, bhikkhū''ti? ''Nāhaṃ, Bhagavā, jānāmī''ti. ''Anāpatti, bhikkhu, ajānantassā''ti.
152. Tena kho pana samayena aññataro bhikkhu satthena saddhiṃ addhānamaggappaṭipanno hoti. Aññataro puriso taṃ bhikkhuṃ āmisena upalāpetvā suṅkaṭṭhānaṃ passitvā mahagghaṃ maṇiṃ tassa bhikkhuno adāsi – ''imaṃ, bhante, maṇiṃ suṅkaṭṭhānaṃ atikkāmehī''ti. Atha kho so bhikkhu taṃ maṇiṃ suṅkaṭṭhānaṃ atikkāmesi. Tassa kukkuccaṃ ahosi...pe... ''āpattiṃ tvaṃ, bhikkhu, āpanno pārājika''nti.
153. Tena kho pana samayena aññataro bhikkhu pāse bandhaṃ sūkaraṃ kāruññena muñci. Tassa kukkuccaṃ ahosi...pe... ''kiṃcitto tvaṃ, bhikkhū''ti? ''Kāruññādhippāyo ahaṃ, Bhagavā''ti. ''Anāpatti, bhikkhu, kāruññādhippāyassā''ti.
Tena kho pana samayena aññataro bhikkhu pāse bandhaṃ sūkaraṃ – ''pure sāmikā passantī''ti, theyyacitto muñci. Tassa kukkuccaṃ ahosi...pe... ''āpattiṃ tvaṃ, bhikkhu, āpanno pārājika''nti.
Tena kho pana samayena aññataro bhikkhu pāse bandhaṃ migaṃ kāruññena muñci... pāse bandhaṃ migaṃ – ''pure sāmikā passantī''ti, theyyacitto muñci ... kumine bandhe macche kāruññena muñci... kumine bandhe macche – ''pure sāmikā passantī''ti theyyacitto muñci. Tassa kukkuccaṃ ahosi...pe... ''āpattiṃ tvaṃ, bhikkhu, āpanno pārājika''nti.
Tena kho pana samayena aññataro bhikkhu yāne bhaṇḍaṃ passitvā – ''ito gaṇhanto pārājiko bhavissāmī''ti, atikkamitvā pavaṭṭetvā [pavattetvā (ka.)] aggahesi. Tassa kukkuccaṃ ahosi...pe... ''āpattiṃ tvaṃ , bhikkhu, āpanno pārājika''nti.
Tena kho pana samayena aññataro bhikkhu kulalena ukkhittaṃ maṃsapesiṃ – ''sāmikānaṃ dassāmī''ti aggahesi. Sāmikā taṃ bhikkhuṃ codesuṃ – ''assamaṇosi tva''nti. Tassa kukkuccaṃ ahosi...pe... ''anāpatti, bhikkhu, atheyyacittassā''ti.
Tena kho pana samayena aññataro bhikkhu kulalena ukkhittaṃ maṃsapesiṃ – ''pure sāmikā passantī''ti, theyyacitto aggahesi. Sāmikā taṃ bhikkhuṃ codesuṃ – ''assamaṇosi tva''nti. Tassa kukkuccaṃ ahosi...pe... ''āpattiṃ tvaṃ, bhikkhu, āpanno pārājika''nti.

154. Tena kho pana samayena manussā uḷumpaṃ bandhitvā aciravatiyā nadiyā osārenti. Bandhane chinne kaṭṭhāni vippakiṇṇāni agamaṃsu. Bhikkhū paṃsukūlasaññino uttāresuṃ. Sāmikā te bhikkhū codesuṃ – ''assamaṇāttha tumhe''ti. Tesaṃ kukkuccaṃ ahosi...pe... ''anāpatti, bhikkhave, paṃsukūlasaññissā''ti.

Tena kho pana samayena manussā uḷumpaṃ bandhitvā aciravatiyā nadiyā osārenti. Bandhane chinne kaṭṭhāni vippakiṇṇāni agamaṃsu. Bhikkhū – ''pure sāmikā passantī''ti, theyyacittā uttāresuṃ. Sāmikā te bhikkhū codesuṃ – ''assamaṇāttha tumhe''ti. Tesaṃ kukkuccaṃ ahosi...pe... ''āpattiṃ tumhe, bhikkhave, āpannā pārājika''nti.

Tena kho pana samayena aññataro gopālako rukkhe sāṭakaṃ ālaggetvā uccāraṃ agamāsi. Aññataro bhikkhu paṃsukūlasaññī aggahesi . Atha kho so gopālako taṃ bhikkhuṃ codesi – ''assamaṇosi tva''nti. Tassa kukkuccaṃ ahosi...pe... ''anāpatti, bhikkhu, paṃsukūlasaññissā''ti.

Tena kho pana samayena aññatarassa bhikkhuno nadiṃ tarantassa rajakānaṃ hatthato muttaṃ sāṭakaṃ pāde laggaṃ hoti. So bhikkhu – ''sāmikānaṃ dassāmī''ti aggahesi. Sāmikā taṃ bhikkhuṃ codesuṃ – ''assamaṇosi tva''nti. Tassa kukkuccaṃ ahosi...pe... ''anāpatti, bhikkhu, atheyyacittassā''ti.

Tena kho pana samayena aññatarassa bhikkhuno nadiṃ tarantassa rajakānaṃ hatthato muttaṃ sāṭakaṃ pāde laggaṃ hoti . So bhikkhu – ''pure sāmikā passantī''ti, theyyacitto aggahesi. Sāmikā taṃ bhikkhuṃ codesuṃ – ''assamaṇosi tva''nti. Tassa kukkuccaṃ ahosi...pe... ''āpattiṃ tvaṃ, bhikkhu, āpanno pārājika''nti.

155. Tena kho pana samayena aññataro bhikkhu sappikumbhiṃ passitvā thokaṃ thokaṃ paribhuñji. Tassa kukkuccaṃ ahosi...pe... ''anāpatti, bhikkhu, pārājikassa; āpatti dukkaṭassā''ti.

Tena kho pana samayena sambahulā bhikkhū saṃvidahitvā agamaṃsu – ''bhaṇḍaṃ avaharissāmā''ti. Eko bhaṇḍaṃ avahari. Te evamāhaṃsu – ''na mayaṃ pārājikā. Yo avahaṭo so pārājiko''ti. Bhagavato etamatthaṃ ārocesuṃ... ''āpattiṃ tumhe, bhikkhave, āpannā pārājika''nti.

Tena kho pana samayena sambahulā bhikkhū saṃvidahitvā bhaṇḍaṃ avaharitvā bhājesuṃ. Tehi bhājīyamāne ekamekassa paṭiviso na pañcamāsako pūri. Te evamāhaṃsu – ''na mayaṃ pārājikā''ti. Bhagavato etamatthaṃ ārocesuṃ. ''Āpattiṃ tumhe, bhikkhave, āpannā pārājika''nti.

Tena kho pana samayena aññataro bhikkhu sāvatthiyaṃ dubbhikkhe āpaṇikassa taṇḍulamuṭṭhiṃ theyyacitto avahari. Tassa kukkuccaṃ ahosi...pe... ''āpattiṃ tvaṃ, bhikkhu, āpanno pārājika''nti.

Tena kho pana samayena aññataro bhikkhu sāvatthiyaṃ dubbhikkhe āpaṇikassa muggamuṭṭhiṃ... māsamuṭṭhiṃ... tilamuṭṭhiṃ theyyacitto avahari. Tassa kukkuccaṃ ahosi...pe... ''āpattiṃ tvaṃ, bhikkhu āpanno pārājika''nti.

Tena kho pana samayena sāvatthiyaṃ andhavane corakā gāviṃ hantvā maṃsaṃ khāditvā sesakaṃ paṭisāmetvā agamaṃsu. Bhikkhū paṃsukūlasaññino paṭiggahāpetvā paribhuñjiṃsu. Corakā te bhikkhū codesuṃ – ''assamaṇāttha tumhe''ti. Tesaṃ kukkuccaṃ ahosi...pe... ''anāpatti, bhikkhave, paṃsukūlasaññissā''ti.

Tena kho pana samayena sāvatthiyaṃ andhavane corakā sūkaraṃ hantvā maṃsaṃ khāditvā sesakaṃ paṭisāmetvā agamaṃsu. Bhikkhū paṃsukūlasaññino paṭiggahāpetvā paribhuñjiṃsu. Corakā tebhikkhū codesuṃ – ''assamaṇāttha tumhe''ti. Tesaṃ kukkuccaṃ ahosi...pe... ''anāpatti, bhikkhave, paṃsukūlasaññissā''ti.

Tena kho pana samayena aññataro bhikkhu tiṇakkhettaṃ gantvā lūtaṃ tiṇaṃ pañcamāsagghanakaṃ theyyacitto avahari. Tassa kukkuccaṃ ahosi ...pe... ''āpattiṃ tvaṃ, bhikkhu, āpanno pārājika''nti.

Tena kho pana samayena aññataro bhikkhu tiṇakkhettaṃ gantvā tiṇaṃ lāyitvā pañcamāsagghanakaṃ theyyacitto avahari. Tassa kukkuccaṃ ahosi...pe... ''āpattiṃ tvaṃ, bhikkhu, āpanno pārājika''nti.

156. Tena kho pana samayena āgantukā bhikkhū saṅghassa ambaṃ bhājāpetvā paribhuñjiṃsu. Āvāsikā bhikkhū te bhikkhū codesuṃ – ''assamaṇāttha tumhe''ti. Tesaṃ kukkuccaṃ ahosi...pe... bhagavato etamatthaṃ ārocesuṃ. ''Kiṃcittā tumhe, bhikkhave''ti? ''Paribhogatthāya [paribhogatthā (sī.)] mayaṃ Bhagavā''ti. ''Anāpatti, bhikkhave, paribhogatthāyā''ti.

Tena kho pana samayena āgantukā bhikkhū saṅghassa jambuṃ... saṅghassa labujaṃ... saṅghassa panasaṃ... saṅghassa tālapakkaṃ... saṅghassa ucchuṃ... saṅghassa timbarūsakaṃ bhājāpetvā paribhuñjiṃsu. Āvāsikā bhikkhū te bhikkhū codesuṃ – ''assamaṇāttha, tumhe''ti. Tesaṃ kukkuccaṃ ahosi...pe... ''anāpatti, bhikkhave, paribhogatthāyā''ti.

Tena kho pana samayena ambapālakā bhikkhūnaṃ ambaphalaṃ denti. Bhikkhū – ''gopetuṃ ime issarā, nayime dātu''nti, kukkuccāyantā na paṭiggaṇhanti. Bhagavato etamatthaṃ ārocesuṃ. ''Anāpatti, bhikkhave, gopakassa dāne''ti.

Tena kho pana samayena jambupālakā... labujapālakā... panasapālakā... tālapakkapālakā... ucchupālakā... timbarūsakapālakā bhikkhūnaṃ timbarūsakaṃ denti. Bhikkhū – ''gopetuṃ ime issarā, nayime dātu''nti, kukkuccāyantā na paṭiggaṇhanti. Bhagavato etamatthaṃ ārocesuṃ. ''Anāpatti, bhikkhave, gopakassa dāne''ti.

Tena kho pana samayena aññataro bhikkhu saṅghassa dāruṃ tāvakālikaṃ haritvā attano vihārassa kuṭṭaṃ upatthambhesi. Bhikkhū taṃ bhikkhuṃ codesuṃ – ''assamaṇosi tva''nti. Tassa kukkuccaṃ ahosi.

Bhagavato etamatthaṃ ārocesi. ''Kiṃcitto tvaṃ, bhikkhū''ti? ''Tāvakāliko ahaṃ, Bhagavā''ti. ''Anāpatti, bhikkhu, tāvakālike''ti.
Tena kho pana samayena aññataro bhikkhu saṅghassa udakaṃ theyyacitto avahari... saṅghassa mattikaṃ theyyacitto avahari... saṅghassa puñjakitaṃ tiṇaṃ theyyacitto avahari... tassa kukkuccaṃ ahosi...pe... ''āpattiṃ tvaṃ, bhikkhu, āpanno pārājika''nti.
Tena kho pana samayena aññataro bhikkhu saṅghassa puñjakitaṃ tiṇaṃ theyyacitto jhāpesi. Tassa kukkuccaṃ ahosi...pe... ''anāpatti, bhikkhu, pārājikassa. Āpatti dukkaṭassā''ti.
Tena kho pana samayena aññataro bhikkhu saṅghassa mañcaṃ theyyacitto avahari... tassa kukkuccaṃ ahosi...pe... ''āpattiṃ tvaṃ, bhikkhu, āpanno pārājika''nti.
Tena kho pana samayena aññataro bhikkhu saṅghassa pīṭhaṃ... saṅghassa bhisiṃ... saṅghassa bibbohanaṃ [bimbohanaṃ (sī. syā.)] ... saṅghassa kavāṭaṃ... saṅghassa ālokasandhiṃ... saṅghassa gopānasiṃ theyyacitto avahari... tassa kukkuccaṃ ahosi...pe... ''āpattiṃ tvaṃ, bhikkhu, āpanno pārājika''nti.
157.[cūḷava. 324] Tena kho pana samayena bhikkhū aññatarassa upāsakassa vihāraparibhogaṃ senāsanaṃ aññatra paribhuñjanti. Atha kho so upāsako ujjhāyati khiyyati vipāceti – ''kathañhi nāma bhadantā aññatra paribhogaṃ aññatra paribhuñjissantī''ti! Bhagavato etamatthaṃ ārocesuṃ. ''Na, bhikkhave, aññatra paribhogo aññatra paribhuñjitabbo. Yo paribhuñjeyya, āpatti dukkaṭassā''ti.
[cūḷava. 324] Tena kho pana samayena bhikkhū uposathaggampi sannisajjampi harituṃ kukkuccāyantā chamāyaṃ nisīdanti. Gattānipi cīvarānipi paṃsukitāni honti. Bhagavato etamatthaṃ ārocesuṃ. ''Anujānāmi, bhikkhave, tāvakālikaṃ haritu''nti.
Tena kho pana samayena campāyaṃ thullanandāya bhikkhuniyā antevāsinī bhikkhunī thullanandāya bhikkhuniyā upaṭṭhākakulaṃ gantvā – ''ayyā icchati tekaṭulayāguṃ pātu''nti, pacāpetvā haritvā attanā paribhuñji. Sā jānitvā taṃ codesi – ''assamaṇīsi tva''nti. Tassā kukkuccaṃ ahosi. Atha kho sā bhikkhunī bhikkhunīnaṃ etamatthaṃ ārocesi. Bhikkhuniyo bhikkhūnaṃ etamatthaṃ ārocesuṃ. Bhikkhū bhagavato etamatthaṃ ārocesuṃ. ''Anāpatti, bhikkhave, pārājikassa; āpatti sampajānamusāvāde pācittiyassā''ti.
Tena kho pana samayena rājagahe thullanandāya bhikkhuniyā antevāsinī bhikkhunī thullanandāya bhikkhuniyā upaṭṭhākakulaṃ gantvā – ''ayyā icchati madhugoḷakaṃ khāditu''nti, pacāpetvā haritvā attanā paribhuñji. Sā jānitvā taṃ codesi – ''assamaṇīsi tva''nti. Tassā kukkuccaṃ ahosi...pe... ''anāpatti, bhikkhave, pārājikassa; āpatti sampajānamusāvāde pācittiyassā''ti.
158. Tena kho pana samayena vesāliyaṃ āyasmato ajjukassa upaṭṭhākassa gahapatino dve dārakā honti – putto ca bhāgineyyo ca. Atha kho so gahapati āyasmantaṃ ajjukaṃ etadavoca – ''imaṃ, bhante, okāsaṃ yo imesaṃ dvinnaṃ dārakānaṃ saddho hoti pasanno tassa ācikkheyyāsī''ti [ācikkheyyāsīti so kālamakāsi (syā.)]. Tena kho pana samayena tassa gahapatino bhāgineyyo saddho hoti pasanno. Atha kho āyasmā ajjuko taṃ okāsaṃ tassa dārakassa ācikkhi. So tena sāpateyyena kuṭumbañca saṇṭhapesi dānañca paṭṭhapesi. Atha kho tassa gahapatino putto āyasmantaṃ ānandaṃ etadavoca – ''ko nu kho, bhante ānanda, pituno dāyajjo – putto vā bhāgineyyo vā''ti? ''Putto kho, āvuso, pituno dāyajjo''ti. ''Ayaṃ, bhante, ayyo ajjuko amhākaṃ sāpateyyaṃ amhākaṃ methunakassa ācikkhī''ti. ''Assamaṇo, āvuso, āyasmā ajjuko''ti. Atha kho āyasmā ajjuko āyasmantaṃ ānandaṃ etadavoca – ''dehi me, āvuso ānanda, vinicchaya''nti. Tena kho pana samayena āyasmā upāli āyasmato ajjukassa pakkho hoti. Atha kho āyasmā upāli āyasmantaṃ ānandaṃ etadavoca – ''yo nu kho, āvuso ānanda, sāmikena 'imaṃ okāsaṃ itthannāmassa ācikkheyyāsī'ti vutto tassa ācikkhati, kiṃ so āpajjatī''ti? ''Na, bhante, kiñci āpajjati, antamaso dukkaṭamattampī''ti. ''Ayaṃ, āvuso, āyasmā ajjuko sāmikena – 'imaṃ okāsaṃ itthannāmassa ācikkhā'ti vutto tassa ācikkhati; anāpatti, āvuso, āyasmato ajjukassā''ti.
159. Tena kho pana samayena bārāṇasiyaṃ āyasmato pilindavacchassa upaṭṭhākakulaṃ corehi upaddutaṃ hoti. Dve ca dārakā nītā honti. Atha kho āyasmā pilindavaccho te dārake iddhiyā ānetvā pāsāde ṭhapesi. Manussā te dārake passitvā – ''ayyassāyaṃ pilindavacchassa iddhānubhāvo''ti, āyasmante pilindavacche abhippasīdiṃsu. Bhikkhū ujjhāyanti khiyyanti vipācenti – ''kathañhi nāma āyasmā pilindavaccho corehi nīte dārake ānessatī''ti! Bhagavato etamatthaṃ ārocesuṃ. ''Anāpatti, bhikkhave [iddhimato (sī.), iddhimantassa (syā.)], iddhimassa iddhivisaye''ti.
160. Tena kho pana samayena dve bhikkhū sahāyakā honti – paṇḍuko ca kapilo ca. Eko gāmake viharati, eko kosambiyaṃ. Atha kho tassa bhikkhuno gāmakā kosambiṃ gacchantassa antarāmagge nadiṃ tarantassa sūkarikānaṃ hatthato muttā medavaṭṭi pāde laggā hoti. So bhikkhu – ''sāmikānaṃ dassāmī''ti aggahesi. Sāmikā taṃ bhikkhuṃ codesuṃ – ''assamaṇosi tva''nti. Taṃ uttiṇṇaṃ gopālikā[aññatarā gopālikā (sī. syā.)] passitvā etadavoca – ''ehi, bhante, methunaṃ dhammaṃ paṭisevā''ti. So – ''pakatiyāpāhaṃ assamaṇo''ti tassā methunaṃ dhammaṃ paṭisevitvā kosambiṃ gantvā bhikkhūnaṃ etamatthaṃ ārocesi. Bhikkhū bhagavato etamatthaṃ orocesuṃ. ''Anāpatti, bhikkhave, adinnādāne pārājikassa; āpatti methunadhammasamāyoge pārājikassā''ti.
161. Tena kho pana samayena sāgalāyaṃ āyasmato daḷhikassa saddhivihāriko bhikkhu anabhiratiyā pīḷito āpaṇikassa veṭhanaṃ avaharitvā āyasmantaṃ daḷhikaṃ etadavoca – ''assamaṇo ahaṃ, bhante,

vibbhamissāmī''ti. ''Kiṃ tayā, āvuso, kata''nti? So tamatthaṃ ārocesi. Āharāpetvā agghāpesi. Taṃ agghāpentaṃ na pañcamāsake agghati. ''Anāpatti, āvuso, pārājikassā''ti. Dhammakathaṃ akāsi. So bhikkhu abhiramatīti [abhiramīti (sī. syā.)].

Dutiyapārājikaṃ samattaṃ.

3. Tatiyapārājikaṃ

162.[idaṃ vatthu saṃ. ni. 5.985] Tena samayena buddho Bhagavā vesāliyaṃ viharati mahāvane kūṭāgārasālāyaṃ. Tena kho pana samayena Bhagavā bhikkhūnaṃ anekapariyāyena asubhakathaṃ katheti, asubhāya vaṇṇaṃ bhāsati, asubhabhāvanāya vaṇṇaṃ bhāsati, ādissa ādissa asubhasamāpattiyā vaṇṇaṃ bhāsati. Atha kho Bhagavā bhikkhū āmantesi – ''icchāmahaṃ, bhikkhave, addhamāsaṃ paṭisallīyituṃ. Namhi kenaci upasaṅkamitabbo, aññatra ekena piṇḍapātanīhārakenā''ti. ''Evaṃ, bhante''ti, kho te bhikkhū bhagavato paṭissuṇitvā nāssudha koci bhagavantaṃ upasaṅkamati, aññatra ekena piṇḍapātanīhārakena. Bhikkhū – ''Bhagavā kho anekapariyāyena asubhakathaṃ katheti, asubhāya vaṇṇaṃ bhāsati, asubhabhāvanāya vaṇṇaṃ bhāsati, ādissa ādissa asubhasamāpattiyā vaṇṇaṃ bhāsatī''ti (te) [( ) (?) evamuparipi īdisesu ṭhānesu] anekākāravokāraṃ asubhabhāvanānuyogamanuyuttā viharanti. Te sakena kāyena aṭṭīyanti harāyanti jigucchanti. Seyyathāpi nāma itthī vā puriso vā daharo yuvā maṇḍanakajātiko sīsaṃnhāto ahikuṇapena vā kukkurakuṇapena vā manussakuṇapena vā kaṇṭhe āsattena aṭṭīyeyya harāyeyya jiguccheyya, evameva te bhikkhū sakena kāyena aṭṭīyantā harāyantā jigucchantā attanāpi attānaṃ jīvitā voropenti, aññamaññampi jīvitā voropenti, migalaṇḍikampi samaṇakuttakaṃ upasaṅkamitvā evaṃ vadanti – ''sādhu no, āvuso, jīvitā voropehi. Idaṃ te pattacīvaraṃ bhavissatī''ti. Atha kho migalaṇḍiko samaṇakuttako pattacīvarehi bhaṭo sambahule bhikkhū jīvitā voropetvā lohitakaṃ [lohitagataṃ (ka.)] asiṃ ādāya yena vaggamudā nadī tenupasaṅkami.

163. Atha kho migalaṇḍikassa samaṇakuttakassa lohitakaṃ taṃ asiṃ dhovantassa ahudeva kukkuccaṃ ahu vippaṭisāro – ''alābhā vata me, na vata me lābhā; dulladdhaṃ vata me, na vata me suladdhaṃ. Bahuṃ vata mayā apuññaṃ pasutaṃ, yohaṃ bhikkhū sīlavante kalyāṇadhamme jīvitā voropesi''nti. Atha kho aññatarā mārakāyikā devatā abhijjamāne udake āgantvā migalaṇḍikaṃ samaṇakuttakaṃ etadavoca – ''sādhu sādhu sappurisa, lābhā te sappurisa, suladdhaṃ te sappurisa. Bahuṃ tayā sappurisa puññaṃ pasutaṃ, yaṃ tvaṃ atiṇṇe tāresī''ti. Atha kho migalaṇḍiko samaṇakuttako – ''lābhā kira me, suladdhaṃ kira me, bahuṃ kira mayā puññaṃ pasutaṃ, atiṇṇo kirāhaṃ tāremī''ti tiṇhaṃ asiṃ ādāya vihārena vihāraṃ pariveṇena pariveṇaṃ upasaṅkamitvā evaṃ vadeti – ''ko atiṇṇo, kaṃ tāremī''ti? Tattha ye te bhikkhū avītarāgā tesaṃ tasmiṃ samaye hotiyeva bhayaṃ hoti chambhitattaṃ hoti lomahaṃso. Ye pana te bhikkhū vītarāgā tesaṃ tasmiṃ samaye na hoti bhayaṃ na hoti chambhitattaṃ na hoti lomahaṃso. Atha kho migalaṇḍiko samaṇakuttako ekampi bhikkhuṃ ekāhena jīvitā voropesi, dvepi bhikkhū ekāhena jīvitā voropesi, tayopi bhikkhū ekāhena jīvitā voropesi, cattāropi bhikkhū ekāhena jīvitā voropesi, pañcapi bhikkhū ekāhena jīvitā voropesi, dasapi bhikkhū ekāhena jīvitā voropesi, vīsampi bhikkhū ekāhena jīvitā voropesi, tiṃsampi bhikkhū ekāhena jīvitā voropesi, cattālīsampi bhikkhū ekāhena jīvitā voropesi, paññāsampi bhikkhū ekāhena jīvitā voropesi, saṭṭhimpi bhikkhū ekāhena jīvitā voropesi.

164. Atha kho Bhagavā tassa addhamāsassa accayena paṭisallānā vuṭṭhito āyasmantaṃ ānandaṃ āmantesi – ''kiṃ nu kho, ānanda, tanubhūto viya bhikkhusaṅgho''ti? ''Tathā hi pana, bhante, Bhagavā bhikkhūnaṃ anekapariyāyena asubhakathaṃ katheti, asubhāya vaṇṇaṃ bhāsati, asubhabhāvanāya vaṇṇaṃ bhāsati, ādissa ādissa asubhasamāpattiyā vaṇṇaṃ bhāsati. Te ca, bhante, bhikkhū – 'Bhagavā kho anekapariyāyena asubhakathaṃ katheti, asubhāya vaṇṇaṃ bhāsati, asubhabhāvanāya vaṇṇaṃ bhāsati, ādissa ādissa asubhasamāpattiyā vaṇṇaṃ bhāsatī'ti, te anekākāravokāraṃ asubhabhāvanānuyogamanuyuttā viharanti. Te sakena kāyena aṭṭīyanti harāyanti jigucchanti. Seyyathāpi nāma itthī vā puriso vā daharo yuvā maṇḍanakajātiko sīsaṃnhāto ahikuṇapena vā kukkurakuṇapena vā manussakuṇapena vā kaṇṭhe āsattena aṭṭīyeyya harāyeyya jiguccheyya, evameva te bhikkhū sakena kāyena aṭṭīyantā harāyantā jigucchantā attanāpi attānaṃ jīvitā voropenti, aññamaññampi jīvitā voropenti, migalaṇḍikampi samaṇakuttakaṃ upasaṅkamitvā evaṃ vadanti – 'sādhu no, āvuso, jīvitā voropehi. Idaṃ te pattacīvaraṃ bhavissatī'ti. Atha kho, bhante, migalaṇḍiko samaṇakuttako pattacīvarehi bhaṭo ekampi bhikkhuṃ ekāhena jīvitā voropesi...pe... saṭṭhimpi bhikkhū ekāhena jīvitā voropesi. Sādhu, bhante, Bhagavā aññaṃ pariyāyaṃ ācikkhatu yathāyaṃ bhikkhusaṅgho aññāya saṇṭhaheyyā''ti. ''Tenahānanda, yāvatikā bhikkhū vesāliṃ upanissāya viharanti te sabbe upaṭṭhānasālāyaṃ sannipātehī''ti. ''Evaṃ, bhante''ti, kho āyasmā ānando bhagavato paṭissuṇitvā yāvatikā bhikkhū vesāliṃ upanissāya viharanti te sabbe upaṭṭhānasālāyaṃ sannipātetvā yena Bhagavā tenupasaṅkami; upasaṅkamitvā bhagavantaṃ etadavoca – ''sannipatito, bhante bhikkhusaṅgho; yassa dāni, bhante, Bhagavā kālaṃ maññatī''ti.

165. Atha kho Bhagavā yena upaṭṭhānasālā tenupasaṅkami; upasaṅkamitvā paññatte āsane nisīdi. Nisajja kho Bhagavā bhikkhū āmantesi – ''ayampi kho, bhikkhave, ānāpānassatisamādhi bhāvito bahulīkato santo ceva paṇīto ca asecanako ca sukho ca vihāro uppannuppanne ca pāpake akusale dhamme ṭhānaso antaradhāpeti vūpasameti. Seyyathāpi, bhikkhave, gimhānaṃ pacchime māse uhataṃ [ūhataṃ (ka.)]rajojallaṃ tamenaṃ mahā akālamegho ṭhānaso antaradhāpeti vūpasameti, evameva kho, bhikkhave, ānāpānassatisamādhi bhāvito bahulīkato santo ceva paṇīto ca asecanako ca sukho ca vihāro

uppannuppanne ca pāpake akusale dhamme ṭhānaso antaradhāpeti vūpasameti. Kathaṃ bhāvito ca, bhikkhave, ānāpānassatisamādhi kathaṃ bahulīkato santo ceva paṇīto ca asecanako ca sukho ca vihāro uppannuppanne ca pāpake akusale dhamme ṭhānaso antaradhāpeti vūpasameti? Idha, bhikkhave, bhikkhu araññagato vā rukkhamūlagato vā suññāgāragato vā nisīdati pallaṅkaṃ ābhujitvā ujuṃ kāyaṃ paṇidhāya parimukhaṃ satiṃ upaṭṭhapetvā. So satova assasati sato passasati. Dīghaṃ vā assasanto dīghaṃ assasāmīti pajānāti, dīghaṃ vā passasanto dīghaṃ passasāmīti pajānāti. Rassaṃ vā assasanto rassaṃ assasāmīti pajānāti, rassaṃ vā passasanto rassaṃ passasāmīti pajānāti. Sabbakāyappaṭisaṃvedī assasissāmīti sikkhati. Sabbakāyappaṭisaṃvedī passasissāmīti sikkhati. Passambhayaṃ kāyasaṅkhāraṃ assasissāmīti sikkhati. Passambhayaṃ kāyasaṅkhāraṃ passasissāmīti sikkhati. Pītippaṭisaṃvedī assasissāmīti sikkhati. Pītippaṭisaṃvedī passasissāmīti sikkhati. Sukhappaṭisaṃvedī assasissāmīti sikkhati. Sukhappaṭisaṃvedī passasissāmīti sikkhati. Cittasaṅkhārappaṭisaṃvedī assasissāmīti sikkhati. Cittasaṅkhārappaṭisaṃvedī passasissāmīti sikkhati. Passambhayaṃ cittasaṅkhāraṃ assasissāmīti sikkhati. Passambhayaṃ cittasaṅkhāraṃ passasissāmīti sikkhati. Cittappaṭisaṃvedī assasissāmīti sikkhati. Cittappaṭisaṃvedī passasissāmīti sikkhati. Abhippamodayaṃ cittaṃ...pe... samādahaṃ cittaṃ...pe... vimocayaṃ cittaṃ...pe... aniccānupassī...pe... virāgānupassī...pe... nirodhānupassī...pe... paṭinissaggānupassī assasissāmīti sikkhati. Paṭinissaggānupassī passasissāmīti sikkhati. Evaṃ bhāvito kho, bhikkhave, ānāpānassatisamādhi evaṃ bahulīkato santo ceva paṇīto ca asecanako ca sukho ca vihāro uppannuppanne ca pāpake akusale dhamme ṭhānaso antaradhāpeti vūpasametī''ti.

166. Atha kho Bhagavā etasmiṃ nidāne etasmiṃ pakaraṇe bhikkhusaṅghaṃ sannipātāpetvā bhikkhū paṭipucchi – ''saccaṃ kira, bhikkhave, bhikkhū attanāpi attānaṃ jīvitā voropenti, aññamaññampi jīvitā voropenti migalaṇḍikampi samaṇakuttakaṃ upasaṅkamitvā evaṃ vadanti – 'sādhu no, āvuso, jīvitā voropehi, idaṃ te pattacīvaraṃ bhavissatī'''ti? ''Saccaṃ, Bhagavā''ti. Vigarahi buddho Bhagavā – ''ananucchavikaṃ, bhikkhave, tesaṃ bhikkhūnaṃ ananulomikaṃ appaṭirūpaṃ assāmaṇakaṃ akappiyaṃ akaraṇīyaṃ. Kathañhi nāma te, bhikkhave, bhikkhū attanāpi attānaṃ jīvitā voropessanti, aññamaññampi jīvitā voropessanti, migalaṇḍikampi samaṇakuttakaṃ upasaṅkamitvā evaṃ vakkhanti – 'sādhu no, āvuso, jīvitā voropehi, idaṃ te pattacīvaraṃ bhavissatī'ti. Netaṃ, bhikkhave, appasannānaṃ vā pasādāya...pe... evañca pana, bhikkhave, imaṃ sikkhāpadaṃ uddiseyyātha –

167.''Yo pana bhikkhu sañcicca manussaviggahaṃ jīvitā voropeyya satthahārakaṃ vāssa pariyeseyya, ayampi pārājiko hoti asaṃvāso''ti.

Evañcidaṃ bhagavatā bhikkhūnaṃ sikkhāpadaṃ paññattaṃ hoti.

168. Tena kho pana samayena aññataro upāsako gilāno hoti. Tassa pajāpati abhirūpā hoti dassanīyā pāsādikā. Chabbaggiyā bhikkhū tassā itthiyā paṭibaddhacittā honti. Atha kho chabbaggiyānaṃ bhikkhūnaṃ etadahosi – ''sace kho so, āvuso, upāsako jīvissati na mayaṃ taṃ itthiṃ labhissāma. Handa mayaṃ, āvuso, tassa upāsakassa maraṇavaṇṇaṃ saṃvaṇṇemā''ti. Atha kho chabbaggiyā bhikkhū yena so upāsako tenupasaṅkamiṃsu; upasaṅkamitvā taṃ upāsakaṃ etadavocuṃ – ''tvaṃ khosi, upāsaka, katakalyāṇo katakusalo katabhīruttāṇo akatapāpo akataluddo akatakibbiso. Kataṃ tayā kalyāṇaṃ, akataṃ tayā pāpaṃ. Kiṃ tuyhiminā pāpakena dujjīvitena! Mataṃ te jīvitā seyyo. Ito tvaṃ kālaṅkato kāyassa bhedā paraṃ maraṇā sugatiṃ saggaṃ lokaṃ upapajjissasi. Tattha dibbehi pañcahi kāmaguṇehi samappito samaṅgībhūto paricāressasī''ti.

169. Atha kho so upāsako – ''saccaṃ kho ayyā āhaṃsu. Ahañhi katakalyāṇo katakusalo katabhīruttāṇo akatapāpo akataluddo akatakibbiso. Kataṃ mayā kalyāṇaṃ, akataṃ mayā pāpaṃ. Kiṃ mayhiminā pāpakena dujjīvitena! Mataṃ me jīvitā seyyo. Ito ahaṃ kālaṅkato kāyassa bhedā paraṃ maraṇā sugatiṃ saggaṃ lokaṃ upapajjissāmi. Tattha dibbehi pañcahi kāmaguṇehi samappito samaṅgībhūto paricāressāmī''ti, so asappāyāni ceva bhojanāni bhuñji asappāyāni ca khādanīyāni khādi asappāyāni ca sāyanīyāni sāyi asappāyāni ca pānāni pivi. Tassa asappāyāni ceva bhojanāni bhuñjato asappāyāni ca khādanīyāni khādato asappāyāni ca sāyanīyāni sāyato asappāyāni ca pānāni pivato kharo ābādho uppajji. So teneva ābādhena kālamakāsi. Tassa pajāpati ujjhāyati khiyyati vipāceti – ''alajjino ime samaṇā sakyaputtiyā dussīlā musāvādino. Ime hi nāma dhammacārino samacārino brahmacārino saccavādino sīlavanto kalyāṇadhammā paṭijānissanti! Natthi imesaṃ sāmaññaṃ natthi imesaṃ brahmaññaṃ, naṭṭhaṃ imesaṃ sāmaññaṃ naṭṭhaṃ imesaṃ brahmaññaṃ, kuto imesaṃ sāmaññaṃ kuto imesaṃ brahmaññaṃ, apagatā ime sāmaññā apagatā ime brahmaññā. Ime me sāmikassa maraṇavaṇṇaṃ saṃvaṇṇesuṃ. Imehi me sāmiko mārito''ti. Aññepi manussā ujjhāyanti khiyyanti vipācenti – ''alajjino ime samaṇā sakyaputtiyā dussīlā musāvādino. Ime hi nāma dhammacārino samacārino brahmacārino saccavādino sīlavanto kalyāṇadhammā paṭijānissanti! Natthi imesaṃ sāmaññaṃ natthi imesaṃ brahmaññaṃ, naṭṭhaṃ imesaṃ sāmaññaṃ naṭṭhaṃ imesaṃ brahmaññaṃ, kuto imesaṃ sāmaññaṃ kuto imesaṃ brahmaññaṃ, apagatā ime sāmaññā apagatā ime brahmaññā. Ime upāsakassa maraṇavaṇṇaṃ saṃvaṇṇesuṃ. Imehi upāsako mārito''ti. Assosuṃ kho bhikkhū tesaṃ manussānaṃ ujjhāyantānaṃ khiyyantānaṃ vipācentānaṃ. Ye te bhikkhū appicchā...pe... te ujjhāyanti khiyyanti vipācenti – ''kathañhi nāma chabbaggiyā bhikkhū upāsakassa maraṇavaṇṇaṃ saṃvaṇṇissantī''ti!

170. Atha kho te bhikkhū chabbaggiye bhikkhū anekapariyāyena vigarahitvā bhagavato etamatthaṃ ārocesuṃ...pe... "saccaṃ kira tumhe, bhikkhave, upāsakassa maraṇavaṇṇaṃ saṃvaṇṇethā"ti? "Saccaṃ, Bhagavā"ti. Vigarahi buddho Bhagavā – "ananucchavikaṃ, moghapurisā, ananulomikaṃ appaṭirūpaṃ assāmaṇakaṃ akappiyaṃ akaraṇīyaṃ. Kathañhi nāma tumhe, moghapurisā, upāsakassamaraṇavaṇṇaṃ saṃvaṇṇissatha! Netaṃ, moghapurisā, appasannānaṃ vā pasādāya...pe... evañca pana, bhikkhave, imaṃ sikkhāpadaṃ uddiseyyātha –

171."Yo pana bhikkhu sañcicca manussaviggahaṃ jīvitā voropeyya satthahārakaṃ vāssa pariyeseyya maraṇavaṇṇaṃ vā saṃvaṇṇeyya maraṇāya vā samādapeyya – 'ambho purisa, kiṃ tuyhiminā pāpakena dujjīvitena, mataṃ te jīvitā seyyo'ti, iti cittamano cittasaṅkappo anekapariyāyena maraṇavaṇṇaṃ vā saṃvaṇṇeyya, maraṇāya vā samādapeyya, ayampi pārājiko hoti asaṃvāso"ti.

172.Yo panāti yo yādiso...pe... bhikkhūti...pe... ayaṃ imasmiṃ atthe adhippeto bhikkhūti.

Sañciccāti jānanto sañjānanto cecca abhivitaritvā vītikkamo.

Manussaviggaho nāma yaṃ mātukucchismiṃ paṭhamaṃ cittaṃ uppannaṃ paṭhamaṃ viññāṇaṃ pātubhūtaṃ, yāva maraṇakālā etthantare eso manussaviggaho nāma.

Jīvitā voropeyyāti jīvitindriyaṃ upacchindati uparodheti santatiṃ vikopeti.

Satthahārakaṃ vāssa pariyeseyyāti asiṃ vā sattiṃ vā bheṇḍiṃ vā [bhendiṃ vā (ka.)] laguḷaṃ vā [sūlaṃvā laguḷaṃvā (syā.)] pāsāṇaṃ vā satthaṃ vā visaṃ vā rajjuṃ vā.

Maraṇavaṇṇaṃ vā saṃvaṇṇeyyāti jīvite ādīnavaṃ dasseti, maraṇe vaṇṇaṃ bhaṇati.

Maraṇāya vā samādapeyyāti satthaṃ vā āhara, visaṃ vā khāda, rajjuyā vā ubbandhitvā kālaṅkarohīti.

Ambhopurisāti ālapanādhivacanametaṃ.

Kiṃtuyhiminā pāpakena dujjīvitenāti pāpakaṃ nāma jīvitaṃ aḍḍhānaṃ jīvitaṃ upādāya daliddānaṃ jīvitaṃ pāpakaṃ lāmakaṃ, sadhanānaṃ jīvitaṃ upādāya adhanānaṃ jīvitaṃ pāpakaṃ, devānaṃ jīvitaṃ upādāya manussānaṃ jīvitaṃ pāpakaṃ .

Dujjīvitaṃ nāma hatthacchinnassa pādacchinnassa hatthapādacchinnassa kaṇṇacchinnassa nāsacchinnassa kaṇṇanāsacchinnassa, iminā ca pāpakena iminā ca dujjīvitena mataṃ te jīvitā seyyoti.

Iti cittamanoti yaṃ cittaṃ taṃ mano, yaṃ mano taṃ cittaṃ.

Cittasaṅkappoti maraṇasaññī maraṇacetano maraṇādhippāyo.

Anekapariyāyenāti uccāvacehi ākārehi.

Maraṇavaṇṇaṃ vā saṃvaṇṇeyyāti jīvite ādīnavaṃ dasseti, maraṇe vaṇṇaṃ bhaṇati – "ito tvaṃ kālaṅkato kāyassa bhedā paraṃ maraṇā sugatiṃ saggaṃ lokaṃ upapajjissasi, tattha dibbehi pañcahi kāmaguṇehi samappito samaṅgībhūto paricāressasī"ti.

Maraṇāya vā samādapeyyāti satthaṃ vā āhara, visaṃ vā khāda, rajjuyā vā ubbandhitvā kālaṅkarohi, sobbhe vā narake vā papāte vā papatāti.

Ayampīti purime upādāya vuccati.

Pārājiko hotīti seyyathāpi nāma puthusilā dvidhā bhinnā [dvedhā bhinnā (syā.)] appaṭisandhikā hoti, evameva bhikkhu sañcicca manussaviggahaṃ jīvitā voropetvā assamaṇo hoti asakyaputtiyo. Tena vuccati – 'pārājiko hotī'ti.

Asaṃvāsoti saṃvāso nāma ekakammaṃ ekuddeso samasikkhatā – eso saṃvāso nāma. So tena saddhiṃ natthi, tena vuccati asaṃvāsoti.

173. Sāmaṃ, adhiṭṭhāya, dūtena, dūtaparamparāya, visakkiyena dūtena, gatapaccāgatena dūtena, araho rahosaññī, raho arahosaññī, araho arahosaññī, raho rahosaññī kāyena saṃvaṇṇeti, vācāya saṃvaṇṇeti, kāyena vācāya saṃvaṇṇeti, dūtena saṃvaṇṇeti, lekhāya saṃvaṇṇeti, opātaṃ apassenaṃ, upanikkhipanaṃ, bhesajjaṃ, rūpūpahāro, saddūpahāro, gandhūpahāro, rasūpahāro, phoṭṭhabbūpahāro, dhammūpahāro, ācikkhanā, anusāsanī, saṅketakammaṃ, nimittakammanti.

174.Sāmanti sayaṃ hanati kāyena vā kāyapaṭibaddhena vā nissaggiyena vā.

Adhiṭṭhāyāti adhiṭṭhahitvā āṇāpeti – "evaṃ vijjha, evaṃ pahara, evaṃ ghātehī"ti.

Bhikkhu bhikkhuṃ āṇāpeti – "itthannāmaṃ jīvitā voropehī"ti, āpatti dukkaṭassa. So taṃ maññamāno taṃ jīvitā voropeti, āpatti ubhinnaṃ pārājikassa.

Bhikkhu bhikkhuṃ āṇāpeti – "itthannāmaṃ jīvitā voropehī"ti, āpatti dukkaṭassa. So taṃ maññamāno aññaṃ jīvitā voropetti, mūlaṭṭhassa anāpatti. Vadhakassa āpatti pārājikassa.

Bhikkhu bhikkhuṃ āṇāpeti – "itthannāmaṃ jīvitā voropehī"ti, āpatti dukkaṭassa. So aññaṃ maññamāno taṃ jīvitā voropeti, āpatti ubhinnaṃ pārājikassa.

Bhikkhu bhikkhuṃ āṇāpeti – "itthannāmaṃ jīvitā voropehī"ti, āpatti dukkaṭassa. So aññaṃ maññamāno aññaṃ jīvitā voropeti; mūlaṭṭhassa anāpatti, vadhakassa āpatti pārājikassa.

Bhikkhu bhikkhuṃ āṇāpeti – "itthannāmassa pāvada – 'itthannāmo itthannāmassa pāvadatu – itthannāmo itthannāmaṃ jīvitā voropetū"'ti, āpatti dukkaṭassa. So itarassa āroceti, āpatti dukkaṭassa. Vadhako paṭiggaṇhāti, mūlaṭṭhassa āpatti thullaccayassa. So taṃ jīvitā voropeti, āpatti sabbesaṃ pārājikassa.

Bhikkhu bhikkhuṃ āṇāpeti – "itthannāmassa pāvada – 'itthannāmo itthannāmassa pāvadatu – itthannāmo itthannāmaṃ jīvitā voropetū"'ti, āpatti dukkaṭassa. So aññaṃ āṇāpeti, āpatti dukkaṭassa.

Vadhako paṭiggaṇhāti, āpatti dukkaṭassa. So taṃ jīvitā voropeti, mūlaṭṭhassa anāpatti; āṇāpakassa ca vadhakassa ca āpatti pārājikassa.
Bhikkhu bhikkhuṃ āṇāpeti – ''itthannāmaṃ jīvitā voropehī''ti, āpatti dukkaṭassa. So gantvā puna paccāgacchati – ''nāhaṃ sakkomi taṃ jīvitā voropetu''nti. So puna āṇāpeti – ''yadā sakkosi tadā taṃ jīvitā voropehī''ti, āpatti dukkaṭassa. So taṃ jīvitā voropeti, āpatti ubhinnaṃ pārājikassa.
Bhikkhu bhikkhuṃ āṇāpeti – ''itthannāmaṃ jīvitā voropehī''ti, āpatti dukkaṭassa. So āṇāpetvā vippaṭisārī na sāveti – ''mā ghātehī''ti. So taṃ jīvitā voropeti, āpatti ubhinnaṃ pārājikassa.
Bhikkhu bhikkhuṃ āṇāpeti – ''itthannāmaṃ jīvitā voropehī''ti, āpatti dukkaṭassa. So āṇāpetvā vippaṭisārī sāveti – ''mā ghātehī''ti. So – ''āṇatto ahaṃ tayā''ti taṃ jīvitā voropeti, mūlaṭṭhassa anāpatti. Vadhakassa āpatti pārājikassa.
Bhikkhu bhikkhuṃ āṇāpeti – ''itthannāmaṃ jīvitā voropehī''ti, āpatti dukkaṭassa. So āṇāpetvā vippaṭisārī sāveti – ''mā ghātehī''ti. So sādhūti oramati, ubhinnaṃ anāpatti.
175. Araho rahosaññī ullapati – ''aho itthannāmo hato assā''ti, āpatti dukkaṭassa. Raho arahosaññī ullapati – ''aho itthannāmo hato assā''ti, āpatti dukkaṭassa. Araho arahosaññī ullapati – ''aho itthannāmo hato assā''ti, āpatti dukkaṭassa. Raho rahosaññī ullapati – ''aho itthannāmo hato assā''ti, āpatti dukkaṭassa.
Kāyena saṃvaṇṇeti nāma kāyena vikāraṃ karoti – ''yo evaṃ marati so dhanaṃ vā labhati yasaṃ vā labhati saggaṃ vā gacchatī''ti, āpatti dukkaṭassa. Tāya saṃvaṇṇanāya marissāmīti dukkhaṃ vedanaṃ uppādeti, āpatti thullaccayassa. Marati, āpatti pārājikassa.
Vācāya saṃvaṇṇeti nāma vācāya bhaṇati – ''yo evaṃ marati so dhanaṃ vā labhati yasaṃ vā labhati saggaṃ vā gacchatī''ti, āpatti dukkaṭassa. Tāya saṃvaṇṇanāya marissāmīti dukkhaṃ vedanaṃ uppādeti, āpatti thullaccayassa. Marati, āpatti pārājikassa.
Kāyena vācāya saṃvaṇṇeti nāma kāyena ca vikāraṃ karoti, vācāya ca bhaṇati – ''yo evaṃ marati so dhanaṃ vā labhati yasaṃ vā labhati saggaṃ vā gacchatī''ti, āpatti dukkaṭassa. Tāya saṃvaṇṇanāya marissāmīti dukkhaṃ vedanaṃ uppādeti, āpatti thullaccayassa. Marati, āpatti pārājikassa.
Dūtena saṃvaṇṇeti nāma dūtassa sāsanaṃ āroceti – ''yo evaṃ marati so dhanaṃ vā labhati yasaṃ vā labhati saggaṃ vā gacchatī''ti, āpatti dukkaṭassa. Dūtassa sāsanaṃ sutvā marissāmīti dukkhaṃ vedanaṃ uppādeti, āpatti thullaccayassa. Marati, āpatti pārājikassa.
176.Lekhāya saṃvaṇṇeti nāma lekhaṃ chindati – ''yo evaṃ marati so dhanaṃ vā labhati yasaṃ vā labhati saggaṃ vā gacchatī''ti, akkharakkharāya āpatti dukkaṭassa. Lekhaṃ passitvā marissāmīti dukkhaṃ vedanaṃ uppādeti, āpatti thullaccayassa. Marati, āpatti pārājikassa.
Opātaṃ nāma manussaṃ uddissa opātaṃ khanati – ''papatitvā marissatī''ti, āpatti dukkaṭassa. Papatite dukkhā vedanā uppajjati, āpatti thullaccayassa. Marati, āpatti pārājikassa. Anodissa opātaṃ khanati – ''yo koci papatitvā marissatī''ti, āpatti dukkaṭassa. Manusso tasmiṃ papatati, āpatti dukkaṭassa. Papatite dukkhā vedanā uppajjati, āpatti thullaccayassa. Marati, āpatti pārājikassa. Yakkho vā peto vā tiracchānagatamanussaviggaho vā tasmiṃ papatati, āpatti dukkaṭassa. Papatite dukkhā vedanā uppajjati, āpatti dukkaṭassa. Marati, āpatti thullaccayassa. Tiracchānagato tasmiṃ papatati, āpatti dukkaṭassa. Papatite dukkhā vedanā uppajjati, āpatti dukkaṭassa. Marati, āpatti pācittiyassa.
177.Apassenaṃ nāma apassene satthaṃ vā ṭhapeti visena vā makkheti dubbalaṃ vā karoti sobbhe vā narake vā papāte vā ṭhapeti – ''papatitvā marissatī''ti, āpatti dukkaṭassa. Satthena vā visena vā papatitena vā dukkhā vedanā uppajjati, āpatti thullaccayassa. Marati , āpatti pārājikassa.
Upanikkhipanaṃ nāma asiṃ vā sattiṃ vā bheṇḍiṃ vā laguḷaṃ vā pāsāṇaṃ vā satthaṃ vā visaṃ vā rajjuṃ vā upanikkhipati – ''iminā marissatī''ti, āpatti dukkaṭassa. ''Tena marissāmī''ti dukkhaṃ vedanaṃ uppādeti, āpatti thullaccayassa. Marati, āpatti pārājikassa.
Bhesajjaṃ nāma sappiṃ vā navanītaṃ vā telaṃ vā madhuṃ vā phāṇitaṃ vā deti – ''imaṃ sāyitvā marissatī''ti, āpatti dukkaṭassa. Taṃ sāyite dukkhā vedanā uppajjati, āpatti thullaccayassa. Marati, āpatti pārājikassa.
178.Rūpūpahāro nāma amanāpikaṃ rūpaṃ upasaṃharati bhayānakaṃ bheravaṃ – ''imaṃ passitvā uttasitvā marissatī''ti, āpatti dukkaṭassa. Taṃ passitvā uttasati, āpatti thullaccayassa. Marati, āpatti pārājikassa. Manāpikaṃ rūpaṃ upasaṃharati [upasaṃharati pemanīyaṃ hadayaṅgamaṃ (syā.)] – ''imaṃ passitvā alābhakena sussitvā marissatī''ti, āpatti dukkaṭassa. Taṃ passitvā alābhakena sussati, āpatti thullaccayassa. Marati, āpatti pārājikassa.
Saddūpahāro nāma amanāpikaṃ saddaṃ upasaṃharati bhayānakaṃ bheravaṃ – ''imaṃ sutvā uttasitvā marissatī''ti, āpatti dukkaṭassa. Taṃ sutvā uttasati , āpatti thullaccayassa. Marati, āpatti pārājikassa. Manāpikaṃ saddaṃ upasaṃharati pemanīyaṃ hadayaṅgamaṃ – ''imaṃ sutvā alābhakena sussitvā marissatī''ti, āpatti dukkaṭassa. Taṃ sutvā alābhakena sussati, āpatti thullaccayassa. Marati , āpatti pārājikassa.
Gandhūpahāro nāma amanāpikaṃ gandhaṃ upasaṃharati jegucchaṃ pāṭikulyaṃ [paṭikūlaṃ (?)] – ''imaṃ ghāyitvā jegucchatā pāṭikulyatā marissatī''ti, āpatti dukkaṭassa. Taṃ ghāyite jegucchatā pāṭikulyatā dukkhā vedanā uppajjati, āpatti thullaccayassa. Marati, āpatti pārājikassa. Manāpikaṃ

gandhaṃ upasaṃharati – ''imaṃ ghāyitvā alābhakena sussitvā marissatī''ti, āpatti dukkaṭassa. Taṃ ghāyitvā alābhakena sussati, āpatti thullaccayassa. Marati, āpatti pārājikassa.
Rasūpahāro nāma amanāpikaṃ rasaṃ upasaṃharati jegucchaṃ pāṭikulyaṃ [paṭikūlaṃ (?)] – ''imaṃ sāyitvā jegucchatā pāṭikulyatā marissatī''ti, āpatti dukkaṭassa. Taṃ sāyite jegucchatā pāṭikulyatā dukkhā vedanā uppajjati, āpatti thullaccayassa. Marati, āpatti pārājikassa. Manāpikaṃ rasaṃ upasaṃharati – ''imaṃ sāyitvā alābhakena sussitvā marissatī''ti, āpatti dukkaṭassa. Taṃ sāyitvā alābhakena sussati, āpatti thullaccayassa. Marati, āpatti pārājikassa.
Phoṭṭhabbūpahāro nāma amanāpikaṃ phoṭṭhabbaṃ upasaṃharati dukkhasamphassaṃ kharasamphassaṃ – ''iminā phuṭṭho marissatī''ti, āpatti dukkaṭassa. Tena phuṭṭhassa dukkhā vedanā uppajjati, āpatti thullaccayassa. Marati, āpatti pārājikassa. Manāpikaṃ phoṭṭhabbaṃ upasaṃharati sukhasamphassaṃ mudusamphassaṃ – ''iminā phuṭṭho alābhakena sussitvā marissatī''ti, āpatti dukkaṭassa. Tena phuṭṭhoalābhakena sussati, āpatti thullaccayassa. Marati, āpatti pārājikassa.
Dhammūpahāro nāma nerayikassa nirayakathaṃ katheti – ''imaṃ sutvā uttasitvā marissatī''ti, āpatti dukkaṭassa. Taṃ sutvā uttasati, āpatti thullaccayassa. Marati, āpatti pārājikassa. Kalyāṇakammassa saggakathaṃ katheti – ''imaṃ sutvā adhimutto marissatī''ti, āpatti dukkaṭassa. Taṃ sutvā adhimutto marissāmīti dukkhaṃ vedanaṃ uppādeti, āpatti thullaccayassa. Marati, āpatti pārājikassa.
179.Ācikkhanā nāma puṭṭho bhaṇati – ''evaṃ marassu. Yo evaṃ marati so dhanaṃ vā labhati yasaṃ vā labhati saggaṃ vā gacchatī''ti, āpatti dukkaṭassa. Tāya ācikkhanāya marissāmīti dukkhaṃ vedanaṃ uppādeti, āpatti thullaccayassa. Marati, āpatti pārājikassa.
Anusāsanī nāma apuṭṭho bhaṇati – ''evaṃ marassu. Yo evaṃ marati so dhanaṃ vā labhati yasaṃ vā labhati saggaṃ vā gacchatī''ti, āpatti dukkaṭassa. Tāya anusāsaniyā marissāmīti dukkhaṃ vedanaṃ uppādeti, āpatti thullaccayassa. Marati, āpatti pārājikassa.
Saṅketakammaṃ nāma saṅketaṃ karoti purebhattaṃ vā pacchābhattaṃ vā rattiṃ vā divā vā – ''tena saṅketena taṃ jīvitā voropehī''ti, āpatti dukkaṭassa. Tena saṅketena taṃ jīvitā voropeti, āpatti ubhinnaṃ pārājikassa. Taṃ saṅketaṃ pure vā pacchā vā taṃ jīvitā voropeti, mūlaṭṭhassa anāpatti, vadhakassa āpatti pārājikassa.
Nimittakammaṃ nāma nimittaṃ karoti – ''akkhiṃ vā nikhaṇissāmi bhamukaṃ vā ukkhipissāmi sīsaṃ vā ukkhipissāmi, tena nimittena taṃ jīvitā voropehī''ti, āpatti dukkaṭassa. Tena nimittena taṃ jīvitā voropeti, āpatti ubhinnaṃ pārājikassa. Taṃ nimittaṃ pure vā pacchā vā taṃ jīvitā voropeti, mūlaṭṭhassa anāpatti, vadhakassa āpatti pārājikassa.
Anāpatti asañcicca ajānantassa namaraṇādhippāyassa ummattakassa [ummattakassa khittacittassa vedanāṭṭassa (syā.)] ādikammikassāti.
Manussaviggahapārājikamhi paṭhamabhāṇavāro niṭṭhito.
Vinītavatthuuddānagāthā
Saṃvaṇṇanā nisīdanto, musalodukkhalena ca;
Vuḍḍhapabbajitābhisanno, aggavīmaṃsanāvisaṃ.
Tayo ca vatthukammehi, iṭṭhakāhipare tayo;
Vāsī gopānasī ceva, aṭṭakotaraṇaṃ pati.
Sedaṃ natthuñca sambāho, nhāpanabbhañjanena ca;
Uṭṭhāpento nipātento, annapānena māraṇaṃ.
Jāragabbho sapattī ca, mātā puttaṃ ubho vadhi;
Ubho na miyyare maddā, tāpaṃ vañjhā vijāyinī.
Patodaṃ niggahe yakkho, vāḷayakkhañca pāhiṇi;
Taṃ maññamāno pahari, saggañca nirayaṃ bhaṇe.
Āḷaviyā tayo rukkhā, dāyehi apare tayo;
Mā kilamesi na tuyhaṃ, takkaṃ sovīrakena cāti.
Vinītavatthu
180. Tena kho pana samayena aññataro bhikkhu gilāno hoti. Tassa bhikkhū kāruññena maraṇavaṇṇaṃ saṃvaṇṇesuṃ. So bhikkhu kālamakāsi. Tesaṃ kukkuccaṃ ahosi ''bhagavatā sikkhāpadaṃ paññattaṃ, kacci nu kho mayaṃ pārājikaṃ āpattiṃ āpannā''ti? Bhagavato etamatthaṃ ārocesuṃ. ''Āpattiṃ tumhe, bhikkhave, āpannā pārājika''nti.
Tena kho pana samayena aññataro piṇḍacāriko bhikkhu pīṭhake pilotikāya paṭicchannaṃ dārakaṃ nisīdanto ottharitvā māresi. Tassa kukkuccaṃ ahosi ''bhagavatā sikkhāpadaṃ paññattaṃ, kacci nu kho ahaṃ pārājikaṃ āpattiṃ āpanno''ti? Bhagavato etamatthaṃ ārocesi. ''Anāpatti, bhikkhu, pārājikassa. Na ca, bhikkhave, appaṭivekkhitvā āsane nisīditabbaṃ; yo nisīdeyya, āpatti dukkaṭassā''ti.
Tena kho pana samayena aññataro bhikkhu bhattagge antaraghare āsanaṃ paññapento musale ussite ekaṃ musalaṃ aggahesi. Dutiyo musalo paripatitvā aññatarassa dārakassa matthake avatthāsi. Sokālamakāsi. Tassa kukkuccaṃ ahosi...pe... ''kiṃcitto tvaṃ, bhikkhū''ti? ''Asañcicca ahaṃ, Bhagavā''ti. ''Anāpatti, bhikkhu, asañciccā''ti.

Tena kho pana samayena aññataro bhikkhu bhattagge antaraghare āsanaṃ paññapento udukkhalabhaṇḍikaṃ akkamitvā pavaṭṭesi. Aññataraṃ dārakaṃ ottharitvā māresi. Tassa kukkuccaṃ ahosi...pe... ''anāpatti, bhikkhu, asañciccā''ti.

Tena kho pana samayena pitāputtā bhikkhūsu pabbajitā honti. Kāle ārocite putto pitaraṃ etadavoca – ''gaccha, bhante, saṅgho taṃ patimānetī''ti piṭṭhiyaṃ gahetvā paṇāmesi. So papatitvā kālamakāsi. Tassa kukkuccaṃ ahosi...pe... ''kiṃcitto tvaṃ, bhikkhū''ti? ''Nāhaṃ, Bhagavā, maraṇādhippāyo''ti. ''Anāpatti, bhikkhu, namaraṇādhippāyassā''ti.

Tena kho pana samayena pitāputtā bhikkhūsu pabbajitā honti. Kāle ārocite putto pitaraṃ etadavoca – ''gaccha, bhante, saṅgho taṃ patimānetī''ti maraṇādhippāyo piṭṭhiyaṃ gahetvā paṇāmesi. So papatitvā kālamakāsi. Tassa kukkuccaṃ ahosi...pe... ''āpattiṃ tvaṃ, bhikkhu, āpanno pārājika''nti.

Tena kho pana samayena pitāputtā bhikkhūsu pabbajitā honti. Kāle ārocite putto pitaraṃ etadavoca – ''gaccha, bhante, saṅgho taṃ patimānetī''ti maraṇādhippāyo piṭṭhiyaṃ gahetvā paṇāmesi. So papatitvā na kālamakāsi. Tassa kukkuccaṃ ahosi...pe... ''anāpatti, bhikkhu, pārājikassa ; āpatti thullaccayassā''ti.

181. Tena kho pana samayena aññatarassa bhikkhuno bhuñjantassa maṃsaṃ kaṇṭhe vilaggaṃ hoti. Aññataro bhikkhu tassa bhikkhuno gīvāyaṃ pahāraṃ adāsi. Salohitaṃ maṃsaṃ pati. So bhikkhu kālamakāsi. Tassa kukkuccaṃ ahosi...pe...''anāpatti, bhikkhu, namaraṇādhippāyassā''ti.

Tena kho pana samayena aññatarassa bhikkhuno bhuñjantassa maṃsaṃ kaṇṭhe vilaggaṃ hoti. Aññataro bhikkhu maraṇādhippāyo tassa bhikkhuno gīvāyaṃ pahāraṃ adāsi. Salohitaṃ maṃsaṃ pati. So bhikkhu kālamakāsi . Tassa kukkuccaṃ ahosi...pe... ''āpattiṃ tvaṃ, bhikkhu, āpanno pārājika''nti.

Tena kho pana samayena aññatarassa bhikkhuno bhuñjantassa maṃsaṃ kaṇṭhe vilaggaṃ hoti. Aññataro bhikkhu maraṇādhippāyo tassa bhikkhuno gīvāyaṃ pahāraṃ adāsi. Salohitaṃ maṃsaṃ pati. So bhikkhu na kālamakāsi. Tassa kukkuccaṃ ahosi...pe... ''anāpatti, bhikkhu, pārājikassa; āpatti thullaccayassā''ti.

Tena kho pana samayena aññataro piṇḍacāriko bhikkhu visagataṃ piṇḍapātaṃ labhitvā paṭikkamanaṃ haritvā bhikkhūnaṃ aggakārikaṃ adāsi. Te bhikkhū kālamakaṃsu. Tassa kukkuccaṃ ahosi...pe... ''kiṃcitto tvaṃ, bhikkhū''ti? ''Nāhaṃ, Bhagavā, jānāmī''ti. ''Anāpatti, bhikkhu, ajānantassā''ti.

Tena kho pana samayena aññataro bhikkhu vīmaṃsādhippāyo aññatarassa bhikkhuno visaṃ adāsi. So bhikkhu kālamakāsi. Tassa kukkuccaṃ ahosi...pe... ''kiṃcitto tvaṃ, bhikkhū''ti? ''Vīmaṃsādhippāyo ahaṃ, Bhagavā''ti. ''Anāpatti, bhikkhu, pārājikassa; āpatti thullaccayassā''ti.

182. Tena kho pana samayena āḷavakā [āḷavikā (syā.)] bhikkhū vihāravatthuṃ karonti . Aññataro bhikkhu heṭṭhā hutvā silaṃ uccāresi. Uparimena bhikkhunā duggahitā silā heṭṭhimassa bhikkhuno matthake avatthāsi. So bhikkhu kālamakāsi. Tassa kukkuccaṃ ahosi...pe... ''anāpatti, bhikkhu, asañciccā''ti.

Tena kho pana samayena āḷavakā bhikkhū vihāravatthuṃ karonti. Aññataro bhikkhu heṭṭhā hutvā silaṃ uccāresi. Uparimo bhikkhu maraṇādhippāyo heṭṭhimassa bhikkhuno matthake silaṃ muñci. So bhikkhu kālamakāsi...pe... so bhikkhu na kālamakāsi. Tassa kukkuccaṃ ahosi...pe...''anāpatti, bhikkhu, pārājikassa; āpatti thullaccayassā''ti.

Tena kho pana samayena āḷavakā bhikkhū vihārassa kuṭṭaṃ uṭṭhāpenti. Aññataro bhikkhu heṭṭhā hutvā iṭṭhakaṃ uccāresi. Uparimena bhikkhunā duggahitā iṭṭhakā heṭṭhimassa bhikkhuno matthake avatthāsi. So bhikkhu kālamakāsi. Tassa kukkuccaṃ ahosi...pe... ''anāpati, bhikkhu, asañciccā''ti.

Tena kho pana samayena āḷavakā bhikkhū vihārassa kuṭṭaṃ uṭṭhāpenti. Aññataro bhikkhu heṭṭhā hutvā iṭṭhakaṃ uccāresi. Uparimo bhikkhu maraṇādhippāyo heṭṭhimassa bhikkhuno matthake iṭṭhakaṃ muñci. So bhikkhu kālamakāsi...pe... so bhikkhu na kālamakāsi. Tassa kukkuccaṃ ahosi...pe... ''anāpatti, bhikkhu, pārājikassa; āpatti thullaccayassā''ti.

183. Tena kho pana samayena āḷavakā bhikkhū navakammaṃ karonti. Aññataro bhikkhu heṭṭhā hutvā vāsiṃ uccāresi. Uparimena bhikkhunā duggahitā vāsī heṭṭhimassa bhikkhuno matthake avatthāsi. So bhikkhu kālamakāsi. Tassa kukkuccaṃ ahosi...pe... ''anāpatti, bhikkhu, asañciccā''ti.

Tena kho pana samayena āḷavakā bhikkhū navakammaṃ karonti. Aññataro bhikkhu heṭṭhā hutvā vāsiṃ uccāresi. Uparimo bhikkhu maraṇādhippāyo heṭṭhimassa bhikkhuno matthake vāsiṃ muñci. So bhikkhu kālamakāsi...pe... so bhikkhu na kālamakāsi. Tassa kukkuccaṃ ahosi...pe... ''anāpatti, bhikkhu, pārājikassa; āpatti thullaccayassā''ti.

Tena kho pana samayena āḷavakā bhikkhū navakammaṃ karonti. Aññataro bhikkhu heṭṭhā hutvā gopānasiṃ uccāresi. Uparimena bhikkhunā duggahitā gopānasī heṭṭhimassa bhikkhuno matthake avatthāsi. So bhikkhu kālamakāsi. Tassa kukkuccaṃ ahosi...pe... ''anāpatti, bhikkhu, asañciccā''ti.

Tena kho pana samayena āḷavakā bhikkhū navakammaṃ karonti. Aññataro bhikkhu heṭṭhā hutvā gopānasiṃ uccāresi. Uparimo bhikkhu maraṇādhippāyo heṭṭhimassa bhikkhuno matthake gopānasiṃ muñci. So bhikkhu kālamakāsi...pe... so bhikkhu na kālamakāsi. Tassa kukkuccaṃ ahosi...pe... ''anāpatti, bhikkhu, pārājikassa; āpatti thullaccayassā''ti.

Tena kho pana samayena āḷavakā bhikkhū navakammaṃ karontā aṭṭakaṃ bandhanti. Aññataro bhikkhu aññataraṃ bhikkhuṃ etadavoca – ''āvuso, atraṭṭhito bandhāhī''ti. So tatraṭṭhito bandhanto paripatitvā

kālamakāsi. Tassa kukkuccaṃ ahosi...pe... "kiṃcitto tvaṃ, bhikkhū"ti? "Nāhaṃ, Bhagavā, maraṇādhippāyo"ti. "Anāpatti, bhikkhu, namaraṇādhippāyassā"ti.
Tena kho pana samayena āḷavakā bhikkhū navakammaṃ karontā aṭṭakaṃ bandhanti. Aññataro bhikkhu maraṇādhippāyo aññataraṃ bhikkhuṃ etadavoca – "āvuso, atraṭṭhito bandhāhī"ti. So tatraṭṭhito bandhanto paripatitvā kālamakāsi...pe... paripatitvā na kālamakāsi. Tassa kukkuccaṃ ahosi...pe... "anāpatti, bhikkhu, pārājikassa; āpatti thullaccayassā"ti.
Tena kho pana samayena aññataro bhikkhu vihāraṃ chādetvā otarati. Aññataro bhikkhu taṃ bhikkhuṃ etadavoca – "āvuso, ito otarāhī"ti. So tena otaranto paripatitvā kālamakāsi. Tassa kukkuccaṃ ahosi...pe... "anāpatti, bhikkhu, namaraṇādhippāyassā"ti.
Tena kho pana samayena aññataro bhikkhu vihāraṃ chādetvā otarati. Aññataro bhikkhu maraṇādhippāyo taṃ bhikkhuṃ etadavoca – "āvuso, ito otarāhī"ti. So tena otaranto paripatitvā kālamakāsi...pe... paripatitvā na kālamakāsi. Tassa kukkuccaṃ ahosi...pe... "anāpatti, bhikkhu, pārājikassa; āpatti thullaccayassā"ti.
Tena kho pana samayena aññataro bhikkhu anabhiratiyā pīḷito gijjhakūṭaṃ pabbataṃ abhiruhitvā papāte papatanto aññataraṃ vilīvakāraṃ ottharitvā māresi. Tassa kukkuccaṃ ahosi...pe... "anāpatti, bhikkhu, pārājikassa. Na ca, bhikkhave, attānaṃ pātetabbaṃ. Yo pāteyya, āpatti dukkaṭassā"ti.
Tena kho pana samayena chabbaggiyā bhikkhū gijjhakūṭaṃ pabbataṃ abhiruhitvā davāya silaṃ pavijjhiṃsu. Sā aññataraṃ gopālakaṃ ottharitvā māresi. Tesaṃ kukkuccaṃ ahosi...pe... "anāpatti, bhikkhave, pārājikassa. Na ca, bhikkhave, davāya silā pavijjhitabbā. Yo pavijjheyya, āpatti dukkaṭassā"ti.
184. Tena kho pana samayena aññataro bhikkhu gilāno hoti. Taṃ bhikkhū sedesuṃ. So bhikkhu kālamakāsi. Tesaṃ kukkuccaṃ ahosi...pe... "anāpatti, bhikkhave, namaraṇādhippāyassā"ti.
Tena kho pana samayena aññataro bhikkhu gilāno hoti. Taṃ bhikkhū maraṇādhippāyā sedesuṃ. So bhikkhu kālamakāsi....Pe... so bhikkhu na kālamakāsi. Tesaṃ kukkuccaṃ ahosi...pe... "anāpatti, bhikkhave, pārājikassa; āpatti thullaccayassā"ti.
Tena kho pana samayena aññatarassa bhikkhuno sīsābhitāpo hoti. Tassa bhikkhū natthuṃ adaṃsu. So bhikkhu kālamakāsi. Tesaṃ kukkuccaṃ ahosi...pe... "anāpatti, bhikkhave, namaraṇādhippāyassā"ti.
Tena kho pana samayena aññatarassa bhikkhuno sīsābhitāpo hoti. Tassa bhikkhū maraṇādhippāyā natthuṃ adaṃsu. So bhikkhu kālamakāsi...pe... so bhikkhu na kālamakāsi. Tesaṃ kukkuccaṃ ahosi...pe... "anāpatti, bhikkhave, pārājikassa; āpatti thullaccayassā"ti.
Tena kho pana samayena aññataro bhikkhu gilāno hoti. Taṃ bhikkhū sambāhesuṃ. So bhikkhu kālamakāsi. Tesaṃ kukkuccaṃ ahosi...pe... "anāpatti, bhikkhave, namaraṇādhippāyassā"ti.
Tena kho pana samayena aññataro bhikkhu gilāno hoti. Taṃ bhikkhū maraṇādhippāyā sambāhesuṃ. So bhikkhu kālamakāsi...pe... so bhikkhu na kālamakāsi. Tesaṃ kukkuccaṃ ahosi...pe... "anāpatti, bhikkhave, pārājikassa; āpatti thullaccayassā"ti.
Tena kho pana samayena aññataro bhikkhu gilāno hoti. Taṃ bhikkhu nhāpesuṃ. So bhikkhu kālamakāsi. Tesaṃ kukkuccaṃ ahosi...pe... "anāpatti, bhikkhave, namaraṇādhippāyassā"ti.
Tena kho pana samayena aññataro bhikkhu gilāno hoti. Taṃ bhikkhū maraṇādhippāyā nhāpesuṃ. So bhikkhu kālamakāsi...pe... so bhikkhu na kālamakāsi. Tesaṃ kukkuccaṃ ahosi...pe... "anāpatti, bhikkhave, pārājikassa; āpatti thullaccayassā"ti.
Tena kho pana samayena aññataro bhikkhu gilāno hoti. Taṃ bhikkhū telena abbhañjiṃsu. So bhikkhu kālamakāsi. Tesaṃ kukkuccaṃ ahosi...pe... "anāpatti, bhikkhave, namaraṇādhippāyassā"ti.
Tena kho pana samayena aññataro bhikkhu gilāno hoti. Taṃ bhikkhū maraṇādhippāyā telena abbhañjiṃsu. So bhikkhu kālamakāsi...pe... so bhikkhu na kālamakāsi. Tesaṃ kukkuccaṃ ahosi...pe... "anāpatti, bhikkhave, pārājikassa; āpatti thullaccayassā"ti.
185. Tena kho pana samayena aññataro bhikkhu gilāno hoti. Taṃ bhikkhū uṭṭhāpesuṃ. So bhikkhu kālamakāsi. Tesaṃ kukkuccaṃ ahosi...pe... "anāpatti, bhikkhave, namaraṇādhippāyassā"ti.
Tena kho pana samayena aññataro bhikkhu gilāno hoti. Taṃ bhikkhū maraṇādhippāyā uṭṭhāpesuṃ. So bhikkhu kālamakāsi...pe... so bhikkhu na kālamakāsi. Tesaṃ kukkuccaṃ ahosi...pe... "anāpatti, bhikkhave, pārājikassa; āpatti thullaccayassā"ti .
Tena kho pana samayena aññataro bhikkhu gilāno hoti. Taṃ bhikkhū nipātesuṃ. So bhikkhu kālamakāsi. Tesaṃ kukkuccaṃ ahosi...pe... "anāpatti, bhikkhave, namaraṇādhippāyassā"ti.
Tena kho pana samayena aññataro bhikkhu gilāno hoti. Taṃ bhikkhū maraṇādhippāyā nipātesuṃ. So bhikkhu kālamakāsi...pe... so bhikkhu na kālamakāsi. Tesaṃ kukkuccaṃ ahosi...pe... "anāpatti, bhikkhave, pārājikassa; āpatti thullaccayassā"ti.
Tena kho pana samayena aññataro bhikkhu gilāno hoti. Tassa bhikkhū annaṃ adaṃsu. So bhikkhu kālamakāsi. Tesaṃ kukkuccaṃ ahosi...pe... "anāpatti, bhikkhave, namaraṇādhippāyassā"ti.
Tena kho pana samayena aññataro bhikkhu gilāno hoti. Tassa bhikkhū maraṇādhippāyā annaṃ adaṃsu. So bhikkhu kālamakāsi...pe... so bhikkhu na kālamakāsi. Tesaṃ kukkuccaṃ ahosi...pe... "anāpatti, bhikkhave, pārājikassa; āpatti thullaccayassā"ti.

Tena kho pana samayena aññataro bhikkhu gilāno hoti. Tassa bhikkhu pānaṃ adaṃsu. So bhikkhu kālamakāsi. Tesaṃ kukkuccaṃ ahosi…pe… ''anāpatti, bhikkhave, namaraṇādhippāyassā''ti.

Tena kho pana samayena aññataro bhikkhu gilāno hoti. Tassa bhikkhū maraṇādhippāyā pānaṃ adaṃsu. So bhikkhu kālamakāsi…pe… so bhikkhu na kālamakāsi. Tesaṃ kukkuccaṃ ahosi…pe… ''anāpatti, bhikkhave, pārājikassa; āpatti thullaccayassā''ti.

186. Tena kho pana samayena aññatarā itthī pavutthapatikā jārena gabbhinī hoti. Sā kulūpakaṃ bhikkhuṃ etadavoca – ''iṅghāyya gabbhapātanaṃ jānāhī''ti. ''Suṭṭhu, bhaginī''ti tassā gabbhapātanaṃ adāsi. Dārako kālamakāsi. Tassa kukkuccaṃ ahosi…pe…''āpattiṃ tvaṃ, bhikkhu, āpanno pārājika''nti.

Tena kho pana samayena aññatarassa purisassa dve pajāpatiyo honti – ekā vañjhā, ekā vijāyinī. Vañjhā itthī kulūpakaṃ bhikkhuṃ etadavoca – ''sace sā, bhante, vijāyissati sabbassa kuṭumbassa issarā bhavissati. Iṅghāyya, tassā gabbhapātanaṃ jānāhī''ti.''Suṭṭhu, bhaginī''ti tassā gabbhapātanaṃ adāsi. Dārako kālamakāsi, mātā na kālamakāsi. Tassa kukkuccaṃ ahosi…pe… ''āpattiṃ tvaṃ, bhikkhu, āpanno pārājika''nti.

Tena kho pana samayena aññatarassa purisassa dve pajāpatiyo honti – ekā vañjhā, ekā vijāyinī. Vañjhā itthī kulūpakaṃ bhikkhuṃ etadavoca – ''sace sā, bhante, vijāyissati sabbassa kuṭumbassa issarā bhavissati. Iṅghāyya, tassā gabbhapātanaṃ jānāhī''ti. ''Suṭṭhu, bhaginī''ti tassā gabbhapātanaṃ adāsi. Mātā kālamakāsi, dārako na kālamakāsi. Tassa kukkuccaṃ ahosi…pe…''anāpatti, bhikkhu, pārājikassa ; āpatti thullaccayassā''ti.

Tena kho pana samayena aññatarassa purisassa dve pajāpatiyo honti – ekā vañjhā , ekā vijāyinī. Vañjhā itthī kulūpakaṃ bhikkhuṃ etadavoca – ''sace sā, bhante, vijāyissati sabbassa kuṭumbassa issarā bhavissati. Iṅghāyya, tassā gabbhapātanaṃ jānāhī''ti. ''Suṭṭhu, bhaginī''ti tassā gabbhapātanaṃ adāsi. Ubho kālamakaṃsu…pe… ubho na kālamakaṃsu. Tassa kukkuccaṃ ahosi…pe… ''anāpatti, bhikkhu, pārājikassa; āpatti thullaccayassā''ti.

187. Tena kho pana samayena aññatarā gabbhinī itthī kulūpakaṃ bhikkhuṃ etadavoca – ''iṅghāyya, gabbhapātanaṃ jānāhī''ti. ''Tena hi, bhagini, maddassū''ti. Sā maddāpetvā gabbhaṃ pātesi. Tassa kukkuccaṃ ahosi…pe… ''āpattiṃ tvaṃ, bhikkhu, āpanno pārājika''nti.

Tena kho pana samayena aññatarā gabbhinī itthī kulūpakaṃ bhikkhuṃ etadavoca – ''iṅghāyya, gabbhapātanaṃ jānāhī''ti. ''Tena hi, bhagini, tāpehī''ti. Sā tāpetvā gabbhaṃ pātesi. Tassa kukkuccaṃ ahosi…pe… ''āpattiṃ tvaṃ, bhikkhu, āpanno pārājika''nti.

Tena kho pana samayena aññatarā vañjhā itthī kulūpakaṃ bhikkhuṃ etadavoca – ''iṅghāyya, bhesajjaṃ jānāhi yenāhaṃ vijāyeyya''nti. ''Suṭṭhu, bhaginī''ti tassā bhesajjaṃ adāsi . Sā kālamakāsi. Tassa kukkuccaṃ ahosi…pe… ''anāpatti, bhikkhu, pārājikassa; āpatti dukkaṭassā''ti.

Tena kho pana samayena aññatarā vijāyinī itthī kulūpakaṃ bhikkhuṃ etadavoca – ''iṅghāyya, bhesajjaṃ jānāhi yenāhaṃ na vijāyeyya''nti. ''Suṭṭhu, bhaginī''ti tassā bhesajjaṃ adāsi. Sā kālamakāsi. Tassa kukkuccaṃ ahosi…pe… ''anāpatti , bhikkhu, pārājikassa; āpatti dukkaṭassā''ti.

Tena kho pana samayena chabbaggiyā bhikkhū sattarasavaggiyaṃ bhikkhuṃ aṅgulipatodakena hāsesuṃ. So bhikkhu uttanto anassāsako kālamakāsi. Tesaṃ kukkuccaṃ ahosi…pe… ''anāpatti, bhikkhave, pārājikassā''ti [pārājikassa, āpatti pācittiyassāti (syā.)].

Tena kho pana samayena sattarasavaggiyā bhikkhū chabbaggiyaṃ bhikkhuṃ kammaṃ karissāmāti ottharitvā māresuṃ. Tesaṃ kukkuccaṃ ahosi…pe… ''anāpatti, bhikkhave, pārājikassā''ti.

Tena kho pana samayena aññataro bhūtavejjako bhikkhu yakkhaṃ jīvitā voropesi. Tassa kukkuccaṃ ahosi…pe… ''anāpatti, bhikkhu, pārājikassa; āpatti thullaccayassā''ti.

Tena kho pana samayena aññataro bhikkhu aññataraṃ bhikkhuṃ vāḷayakkhavihāraṃ pāhesi. Taṃ yakkhā jīvitā voropesuṃ. Tassa kukkuccaṃ ahosi…pe… ''anāpatti, bhikkhu, namaraṇādhippāyassā''ti.

Tena kho pana samayena aññataro bhikkhu maraṇādhippāyo aññataraṃ bhikkhuṃ vāḷayakkhavihāraṃ pāhesi. Taṃ yakkhā jīvitā voropesuṃ…pe… taṃ yakkhā jīvitā na voropesuṃ. Tassa kukkuccaṃ ahosi…pe… ''anāpatti, bhikkhu, pārājikassa; āpatti thullaccayassā''ti .

Tena kho pana samayena aññataro bhikkhu aññataraṃ bhikkhuṃ vāḷakantāraṃ pāhesi . Taṃ vāḷā jīvitā voropesuṃ. Tassa kukkuccaṃ ahosi…pe… ''anāpatti, bhikkhu, namaraṇādhippāyassā''ti.

Tena kho pana samayena aññataro bhikkhu maraṇādhippāyo aññataraṃ bhikkhuṃ vāḷakantāraṃ pāhesi. Taṃ vāḷā jīvitā voropesuṃ…pe… taṃ vāḷā jīvitā na voropesuṃ. Tassa kukkuccaṃ ahosi…pe… ''anāpatti, bhikkhu, pārājikassa; āpatti thullaccayassā''ti.

Tena kho pana samayena aññataro bhikkhu aññataraṃ bhikkhuṃ corakantāraṃ pāhesi. Taṃ corā jīvitā voropesuṃ. Tassa kukkuccaṃ ahosi…pe… ''anāpatti, bhikkhu, namaraṇādhippāyassā''ti.

Tena kho pana samayena aññataro bhikkhu maraṇādhippāyo aññataraṃ bhikkhuṃ corakantāraṃ pāhesi. Taṃ corā jīvitā voropesuṃ…pe… taṃ corā jīvitā na voropesuṃ. Tassa kukkuccaṃ ahosi…pe… ''anāpatti, bhikkhu, pārājikassa; āpatti thullaccayassā''ti.

188. Tena kho pana samayena aññataro bhikkhu taṃ maññamāno taṃ jīvitā voropesi…pe… taṃ maññamāno aññaṃ jīvitā voropesi…pe… aññaṃ maññamāno taṃ jīvitā voropesi…pe…

aññaṃmaññamāno aññaṃ jīvitā voropesi. Tassa kukkuccaṃ ahosi...pe... ''āpattiṃ tvaṃ, bhikkhu, āpanno pārājika''nti.
Tena kho pana samayena aññataro bhikkhu amanussena gahito hoti. Aññataro bhikkhu tassa bhikkhuno pahāraṃ adāsi. So bhikkhu kālamakāsi. Tassa kukkuccaṃ ahosi...pe... ''anāpatti, bhikkhu, namaraṇādhippāyassā''ti.
Tena kho pana samayena aññataro bhikkhu amanussena gahito hoti. Aññataro bhikkhu maraṇādhippāyo tassa bhikkhuno pahāraṃ adāsi. So bhikkhu kālamakāsi...pe... so bhikkhu na kālamakāsi. Tassa kukkuccaṃ ahosi...pe... ''anāpatti, bhikkhu, pārājikassa; āpatti thullaccayassā''ti.
Tena kho pana samayena aññataro bhikkhu kalyāṇakammassa saggakathaṃ kathesi. So adhimutto kālamakāsi. Tassa kukkuccaṃ ahosi...pe... ''anāpatti, bhikkhu, namaraṇādhippāyassā''ti.
Tena kho pana samayena aññataro bhikkhu maraṇādhippāyo kalyāṇakammassa saggakathaṃ kathesi. So adhimutto kālamakāsi...pe... so adhimutto na kālamakāsi. Tassa kukkuccaṃ ahosi...pe... ''anāpatti, bhikkhu, pārājikassa; āpatti thullaccayassā''ti.
Tena kho pana samayena aññataro bhikkhu nerayikassa nirayakathaṃ kathesi. So uttasitvā kālamakāsi. Tassa kukkuccaṃ ahosi...pe... ''anāpatti, bhikkhu, namaraṇādhippāyassā''ti.
Tena kho pana samayena aññataro bhikkhu maraṇādhippāyo nerayikassa nirayakathaṃ kathesi. So uttasitvā kālamakāsi...pe... so uttasitvā na kālamakāsi. Tassa kukkuccaṃ ahosi...pe... ''anāpatti, bhikkhu, pārājikassa; āpatti thullaccayassā''ti.
189. Tena kho pana samayena āḷavakā bhikkhū navakammaṃ karontā rukkhaṃ chindanti. Aññataro bhikkhu aññataraṃ bhikkhuṃ etadavoca – ''āvuso, atraṭṭhito chindāhī''ti. Taṃ tatraṭṭhitaṃ chindantaṃ rukkho ottharitvā māresi. Tassa kukkuccaṃ ahosi...pe... ''anāpatti, bhikkhu, namaraṇādhippāyassā''ti.
Tena kho pana samayena āḷavakā bhikkhū navakammaṃ karontā rukkhaṃ chindanti. Aññataro bhikkhu maraṇādhippāyo aññataraṃ bhikkhuṃ etadavoca – ''āvuso, atraṭṭhito chindāhī''ti. Taṃ tatraṭṭhitaṃ chindantaṃ rukkho ottharitvā māresi...pe... rukkho ottharitvā na māresi. Tassa kukkuccaṃ ahosi...pe... ''anāpatti, bhikkhu, pārājikassa; āpatti thullaccayassā''ti.
190. Tena kho pana samayena chabbaggiyā bhikkhū dāyaṃ ālimpesuṃ [āḷimpesuṃ (syā. ka.)]; manussā daḍḍhā kālamakaṃsu. Tesaṃ kukkuccaṃ ahosi...pe... ''anāpatti, bhikkhave, namaraṇādhippāyassā''ti.
Tena kho pana samayena chabbaggiyā bhikkhū maraṇādhippāyā dāyaṃ ālimpesuṃ. Manussā daḍḍhā kālamakaṃsu...pe... manussā daḍḍhā na kālamakaṃsu. Tesaṃ kukkuccaṃ ahosi...pe... ''anāpatti, bhikkhave, pārājikassa; āpatti thullaccayassā''ti.
191. Tena kho pana samayena aññataro bhikkhu āghātanaṃ gantvā coraghātaṃ etadavoca – ''āvuso, māyimaṃ kilamesi. Ekena pahārena jīvitā voropehī''ti. ''Suṭṭhu, bhante''ti ekena pahārena jīvitā voropesi. Tassa kukkuccaṃ ahosi...pe... ''āpattiṃ tvaṃ, bhikkhu, āpanno pārājika''nti.
Tena kho pana samayena aññataro bhikkhu āghātanaṃ gantvā coraghātaṃ etadavoca – ''āvuso, māyimaṃ kilamesi. Ekena pahārena jīvitā voropehī''ti. So – ''nāhaṃ tuyhaṃ vacanaṃ karissāmī''ti taṃ jīvitā voropesi. Tassa kukkuccaṃ ahosi...pe... ''anāpatti, bhikkhu, pārājikassa; āpatti dukkaṭassā''ti.
192. Tena kho pana samayena aññataro puriso ñātighare hatthapādacchinno ñātakehi samparikiṇṇo hoti. Aññataro bhikkhu te manusse etadavoca – ''āvuso, icchatha imassa maraṇa''nti? ''Āma, bhante, icchāmā''ti. ''Tena hi takkaṃ pāyethā''ti. Te taṃ takkaṃ pāyesuṃ. So kālamakāsi. Tassa kukkuccaṃ ahosi...pe... ''āpattiṃ tvaṃ, bhikkhu, āpanno pārājika''nti.
Tena kho pana samayena aññataro puriso kulaghare hatthapādacchinno ñātakehi samparikiṇṇo hoti. Aññatarā bhikkhunī te manusse etadavoca – ''āvuso, icchatha imassa maraṇa''nti? ''Āmayye, icchāmā''ti. ''Tena hi loṇasovīrakaṃ pāyethā''ti. Te taṃ loṇasovīrakaṃ pāyesuṃ. So kālamakāsi. Tassā kukkuccaṃ ahosi. Atha kho sā bhikkhunī bhikkhunīnaṃ etamatthaṃ ārocesi. Bhikkhuniyo bhikkhūnaṃ etamatthaṃ ārocesuṃ. Bhikkhū bhagavato etamatthaṃ ārocesuṃ. ''Āpattiṃ sā, bhikkhave, bhikkhunī āpannā pārājika''nti.
Tatiyapārājikaṃ samattaṃ.
4. Catutthapārājikaṃ
193.[idaṃ vatthu pāci. 67] Tena samayena buddho Bhagavā vesāliyaṃ viharati mahāvane kūṭāgārasālāyaṃ. Tena kho pana samayena sambahulā sandiṭṭhā sambhattā bhikkhū vaggumudāya nadiyā tīre vassaṃ upagacchiṃsu. Tena kho pana samayena vajjī dubbhikkhā hoti dvīhitikā setaṭṭhikā salākāvuttā, na sukarā uñchena paggahena yāpetuṃ. Atha kho tesaṃ bhikkhūnaṃ etadahosi – ''etarahi kho vajjī dubbhikkhā dvīhitikā setaṭṭhikā salākāvuttā, na sukarā uñchena paggahena yāpetuṃ. Kena nu kho mayaṃ upāyena samaggā sammodamānā avivadamānā phāsukaṃ vassaṃ vaseyyāma, na ca piṇḍakena kilameyyāmā''ti? Ekacce evamāhaṃsu – ''handa mayaṃ, āvuso, gihīnaṃ kammantaṃ adhiṭṭhema, evaṃ te amhākaṃ dātuṃ maññissanti. Evaṃ mayaṃ samaggā sammodamānā avivadamānā phāsukaṃ vassaṃ vasissāma, na ca piṇḍakena kilamissāmā''ti. Ekacce evamāhaṃsu – ''alaṃ, āvuso, kiṃ gihīnaṃ kammantaṃ adhiṭṭhitena! Handa mayaṃ, āvuso, gihīnaṃ dūteyyaṃ harāma, evaṃ te amhākaṃ dātuṃ maññissanti. Evaṃ mayaṃ samaggā sammodamānā avivadamānā phāsukaṃ vassaṃ vasissāma, na ca piṇḍakena kilamissāmā''ti. Ekacce evamāhaṃsu – ''alaṃ, āvuso, kiṃ gihīnaṃ

kammantaṃ adhiṭṭhitena! Kiṃ gihīnaṃ dūteyyaṃ haṭena! Handa mayaṃ, āvuso, gihīnaṃ aññamaññassa uttarimanussadhammassa vaṇṇaṃ bhāsissāma – 'asuko bhikkhu paṭhamassa jhānassa lābhī, asuko bhikkhu dutiyassa jhānassa lābhī, asuko bhikkhu tatiyassa jhānassa lābhī, asuko bhikkhu catutthassa jhānassa lābhī, asuko bhikkhu sotāpanno, asuko bhikkhu sakadāgāmī, asuko bhikkhu anāgāmī, asuko bhikkhu arahā, asuko bhikkhu tevijjo, asuko bhikkhu chaḷabhiñño'ti. Evaṃ te amhākaṃ dātuṃ maññissanti. Evaṃ mayaṃ samaggā sammodamānā avivadamānā phāsukaṃ vassaṃ vasissāma, na ca piṇḍakena kilamissāmā''ti. ''Esoyeva kho, āvuso, seyyo yo amhākaṃ gihīnaṃ aññamaññassa uttarimanussadhammassa vaṇṇo bhāsito''ti.

194. Atha kho te bhikkhū gihīnaṃ aññamaññassa uttarimanussadhammassa vaṇṇaṃ bhāsiṃsu – ''asuko bhikkhu paṭhamassa jhānassa lābhī...pe... asuko bhikkhu chaḷabhiñño''ti. Atha kho te manussā – ''lābhā vata no, suladdhaṃ vata no, yesaṃ vata no evarūpā bhikkhū vassaṃ upagatā; na vata no ito pubbe evarūpā bhikkhū vassaṃ upagatā yathayime bhikkhū sīlavanto kalyāṇadhammā''ti, te na tādisāni bhojanāni attanā paribhuñjanti mātāpitūnaṃ denti puttadārassa denti dāsakammakaraporisassa denti mittāmaccānaṃ denti ñātisālohitānaṃ denti, yādisāni bhikkhūnaṃ denti. Te na tādisāni khādanīyāni sāyanīyāni pānāni attanā khādanti sāyanti pivanti mātāpitūnaṃ denti puttadārassa denti dāsakammakaraporisassa denti mittāmaccānaṃ denti ñātisālohitānaṃ denti, yādisāni bhikkhūnaṃ denti. Atha kho te bhikkhū vaṇṇavā ahesuṃ pīṇindriyā pasannamukhavaṇṇā vippasannachavivaṇṇā.

Āciṇṇaṃ kho panetaṃ vassaṃvuṭṭhānaṃ bhikkhūnaṃ bhagavantaṃ dassanāya upasaṅkamituṃ. Atha kho te bhikkhū vassaṃvuṭṭhā temāsaccayena senāsanaṃ saṃsāmetvā pattacīvaraṃ ādāya yena vesālī tena pakkamiṃsu. Anupubbena yena vesālī mahāvanaṃ kūṭāgārasālā yena Bhagavā tenupasaṅkamiṃsu; upasaṅkamitvā bhagavantaṃ abhivādetvā ekamantaṃ nisīdiṃsu.

Tena kho pana samayena disāsu vassaṃvuṭṭhā bhikkhū kisā honti lūkhā dubbaṇṇā uppaṇḍuppaṇḍukajātā dhamanisanthatagattā; vaggumudātīriyā pana bhikkhū vaṇṇavā honti pīṇindriyā pasannamukhavaṇṇā vippasannachavivaṇṇā. Āciṇṇaṃ kho panetaṃ buddhānaṃ bhagavantānaṃ āgantukehi bhikkhūhi saddhiṃ paṭisammodituṃ. Atha kho Bhagavā vaggumudātīriye bhikkhū etadavoca – ''kacci, bhikkhave, khamanīyaṃ kacci yāpanīyaṃ kacci samaggā sammodamānā avivadamānā phāsukaṃ vassaṃ vasittha na ca piṇḍakena kilamitthā''ti? ''Khamanīyaṃ, Bhagavā, yāpanīyaṃ, Bhagavā. Samaggā ca mayaṃ, bhante, sammodamānā avivadamānā phāsukaṃ vassaṃ vasimhā, na ca piṇḍakena kilamimhā''ti. Jānantāpi tathāgatā pucchanti, jānantāpi na pucchanti...pe... dvīhākārehi buddhā bhagavanto bhikkhū paṭipucchanti – dhammaṃ vā desessāma, sāvakānaṃ vā sikkhāpadaṃ paññāpessāmāti. Atha kho Bhagavā vaggumudātīriye bhikkhū etadavoca – ''yathā kathaṃ pana tumhe, bhikkhave, samaggā sammodamānā avivadamānā phāsukaṃ vassaṃ vasittha na ca piṇḍakena kilamitthā''ti? Atha kho te bhikkhū bhagavato etamatthaṃ ārocesuṃ – ''kacci pana vo, bhikkhave, bhūta''nti? ''Abhūtaṃ, Bhagavā''ti. Vigarahi buddho Bhagavā – ''ananucchavikaṃ, moghapurisā, ananulomikaṃ appatirūpaṃ assāmaṇakaṃ akappiyaṃ akaraṇīyaṃ. Kathañhi nāma tumhe, moghapurisā, udarassa kāraṇā gihīnaṃ aññamaññassa uttarimanussadhammassa vaṇṇaṃ bhāsissatha! Varaṃ tumhehi, moghapurisā, tiṇhena govikantanena [govikattanena (sī. ka.)] kucchiṃ parikanto, na tveva udarassa kāraṇā gihīnaṃ aññamaññassa uttarimanussadhammassa vaṇṇo bhāsito! Taṃ kissa hetu? Tato nidānañhi, moghapurisā, maraṇaṃ vā nigaccheyya maraṇamattaṃ vā dukkhaṃ, na tveva tappaccayā kāyassa bhedā paraṃ maraṇā apāyaṃ duggatiṃ vinipātaṃ nirayaṃ upapajjeya. Ito nidānañca kho, moghapurisā, kāyassa bhedā paraṃ maraṇā apāyaṃ duggatiṃ vinipātaṃ nirayaṃ upapajjeyya. Netaṃ, moghapurisā, appasannānaṃ vā pasādāya''...pe... vigarahitvā dhammiṃ kathaṃ katvā bhikkhū āmantesi –

195. ''Pañcime, bhikkhave, mahācorā santo saṃvijjamānā lokasmiṃ. Katame pañca? Idha, bhikkhave, ekaccassa mahācorassa evaṃ hoti – 'kudāssu nāmāhaṃ satena vā sahassena vā parivuto gāmanigamarājadhānīsu āhiṇḍissāmi hananto ghātento chindanto chedāpento pacanto pācento'ti! So aparena samayena satena vā sahassena vā parivuto gāmanigamarājadhānīsu āhiṇḍati hananto ghātento chindanto chedāpento pacanto pācento. Evameva kho, bhikkhave, idhekaccassa pāpabhikkhuno evaṃ hoti – 'kudāssu nāmāhaṃ satena vā sahassena vā parivuto gāmanigamarājadhānīsu cārikaṃ carissāmi sakkato garukato mānito pūjito apacito gahaṭṭhānañceva pabbajitānañca, lābhī cīvarapiṇḍapātasenāsanagilānappaccayabhesajjaparikkhārāna'nti! So aparena samayena satena vā sahassena vā parivuto gāmanigamarājadhānīsu cārikaṃ carati sakkato garukato mānito pūjito apacito gahaṭṭhānañceva pabbajitānañca, lābhī cīvarapiṇḍapātasenāsanagilānappaccayabhesajjaparikkhārānaṃ. Ayaṃ, bhikkhave, paṭhamo mahācoro santo saṃvijjamāno lokasmiṃ.

''Puna caparaṃ, bhikkhave, idhekacco pāpabhikkhu tathāgatappaveditaṃ dhammavinayaṃ pariyāpuṇitvā attano dahati. Ayaṃ, bhikkhave, dutiyo mahācoro santo saṃvijjamāno lokasmiṃ.

''Puna caparaṃ, bhikkhave, idhekacco pāpabhikkhu suddhaṃ brahmacāriṃ parisuddhaṃ brahmacariyaṃ carantaṃ amūlakena abrahmacariyena anuddhaṃseti. Ayaṃ, bhikkhave, tatiyo mahācoro santo saṃvijjamāno lokasmiṃ.

"Puna caparaṃ, bhikkhave, idhekacco pāpabhikkhu yāni tāni saṅghassa garubhaṇḍāni garuparikkhārāni, seyyathidaṃ – ārāmo ārāmavatthu vihāro vihāravatthu mañco pīṭhaṃ bhisi bimbohanaṃ[bimbohanaṃ (sī. syā.)] lohakumbhī lohabhāṇakaṃ lohavārako lohakaṭāhaṃ vāsī parasu [pharasu (sī. syā.)] kuṭhārī kudālo nikhādanaṃ valli veḷu muñjaṃ pabbajaṃ tiṇaṃ mattikā dārubhaṇḍaṃ mattikābhaṇḍaṃ, tehi gihīṃ saṅgaṇhāti upalāpeti. Ayaṃ, bhikkhave, catuttho mahācoro santo saṃvijjamāno lokasmiṃ.
"Sadevake, bhikkhave, loke samārake sabrahmake sassamaṇabrāhmaṇiyā pajāya sadevamanussāya ayaṃ aggo mahācoro yo asantaṃ abhūtaṃ uttarimanussadhammaṃ ullapati. Taṃ kissa hetu? Theyyāya vo, bhikkhave, raṭṭhapiṇḍo bhutto''ti.
[saṃ. ni. 1.35] Aññathā santamattānaṃ, aññathā yo pavedaye;
Nikacca kitavasseva, bhuttaṃ theyyena tassa taṃ.
[dha. pa. 307 dhammapadepi] Kāsāvakaṇṭhā bahavo, pāpadhammā asaññatā;
Pāpā pāpehi kammehi, nirayaṃ te upapajjare.
[dha. pa. 307 dhammapadepi] Seyyo ayoguḷo bhutto, tatto aggisikhūpamo;
Yañce bhuñjeyya dussīlo, raṭṭhapiṇḍaṃ asaññatoti.
Atha kho Bhagavā te vaggumudātīriye bhikkhū anekapariyāyena vigarahitvā dubbharatāya dupposatāya...pe... evañca pana, bhikkhave, imaṃ sikkhāpadaṃ uddiseyyātha –
"Yo pana bhikkhu anabhijānaṃ uttarimanussadhammaṃ attupanāyikaṃ alamariyañāṇadassanaṃ samudācareyya – 'iti jānāmi iti passāmī'ti, tato aparena samayena samanuggāhīyamāno vā asamanuggāhīyamāno vā āpanno visuddhāpekkho evaṃ vadeyya – 'ajānamevaṃ, āvuso, avacaṃ jānāmi, apassaṃ passāmi. Tucchaṃ musā vilapi'nti, ayampi pārājiko hoti asaṃvāso''ti.
Evañcidaṃ bhagavatā bhikkhūnaṃ sikkhāpadaṃ paññattaṃ hoti.
196. Tena kho pana samayena sambahulā bhikkhū adiṭṭhe diṭṭhasaññino apatte pattasaññino anadhigate adhigatasaññino asacchikate sacchikatasaññino adhimānena aññaṃ byākariṃsu. Tesaṃ aparena samayena rāgāyapi cittaṃ namati dosāyapi cittaṃ namati mohāyapi cittaṃ namati. Tesaṃ kukkuccaṃ ahosi – "bhagavatā sikkhāpadaṃ paññattaṃ. Mayañcamha adiṭṭhe diṭṭhasaññino apatte pattasaññino anadhigate adhigatasaññino asacchikate sacchikatasaññino, adhimānena aññaṃ byākarimhā. Kacci nu kho mayaṃ pārājikaṃ āpattiṃ āpannā''ti? Te āyasmato ānandassa etamatthaṃ ārocesuṃ. Āyasmā ānando bhagavato etamatthaṃ ārocesi. "Honti ye te, ānanda [honti yevānanda (syā.), honti te ānanda (sī.)], bhikkhū adiṭṭhe diṭṭhasaññino apatte pattasaññino anadhigate adhigatasaññino asacchikate sacchikatasaññino adhimānena aññaṃ byākaronti. Tañca kho etaṃ abbohārika''nti.
"Evañca pana, bhikkhave, imaṃ sikkhāpadaṃ uddiseyyātha –
197."Yopana bhikkhu anabhijānaṃ uttarimanussadhammaṃ attupanāyikaṃ alamariyañāṇadassanaṃ samudācareyya – 'iti jānāmi iti passāmī'ti, tato aparena samayena samanuggāhīyamāno vā asamanuggāhīyamāno vā āpanno visuddhāpekkho evaṃ vadeyya – 'ajānamevaṃ, āvuso, avacaṃ jānāmi, apassaṃ passāmi. Tucchaṃ musā vilapi'nti, aññatra adhimānā, ayampi pārājiko hoti asaṃvāso''ti.
198.Yo panāti yo yādiso...pe... bhikkhūti...pe... ayaṃ imasmiṃ atthe adhippeto bhikkhūti.
Anabhijānanti asantaṃ abhūtaṃ asaṃvijjamānaṃ ajānanto apassanto attani kusalaṃ dhammaṃ – atthi me kusalo dhammoti.
[pāci. 70]Uttarimanussadhammo nāma jhānaṃ vimokkho [vimokkhaṃ (sī. syā.)] samādhi samāpatti ñāṇadassanaṃ maggabhāvanā phalasacchikiriyā kilesappahānaṃ vinīvaraṇatā cittassa suññāgāre abhirati.
Attupanāyikanti te vā kusale dhamme attani upaneti attānaṃ vā tesu kusalesu dhammesu upaneti.
Ñāṇanti tisso vijjā. Dassananti yaṃ ñāṇaṃ taṃ dassanaṃ. Yaṃ dassanaṃ taṃ ñāṇaṃ.
Samudācareyyāti āroceyya itthiyā vā purisassa vā gahaṭṭhassa vā pabbajitassa vā.
Iti jānāmi iti passāmīti jānāmahaṃ ete dhamme, passāmahaṃ ete dhamme atthi ca ete dhammā mayi, ahañca etesu dhammesu sandissāmīti.
Tato aparena samayenāti yasmiṃ khaṇe samudāciṇṇaṃ hoti taṃ khaṇaṃ taṃ layaṃ taṃ muhuttaṃ vītivatte.
Samanuggāhīyamānoti yaṃ vatthu paṭiññātaṃ hoti tasmiṃ vatthusmiṃ samanuggāhīyamāno – "kinte adhigataṃ, kinti te adhigataṃ, kadā te adhigataṃ, kattha te adhigataṃ, katame te kilesā pahīnā, katamesaṃ tvaṃ dhammānaṃ lābhī''ti.
Asamanuggāhīyamānoti na kenaci vuccamāno.
Āpannoti pāpiccho icchāpakato asantaṃ abhūtaṃ uttarimanussadhammaṃ ullapitvā pārājikaṃ āpattiṃ āpanno hoti.
Visuddhāpekkhoti gihī vā hotukāmo upāsako vā hotukāmo ārāmiko vā hotukāmo sāmaṇero vā hotukāmo.
Ajānamevaṃ , āvuso, avacaṃ – jānāmi, apassaṃ passāmīti nāhaṃ ete dhamme jānāmi, nāhaṃ ete dhamme passāmi, natthi ca ete dhammā mayi, na cāhaṃ etesu dhammesu sandissāmīti.
Tucchaṃ musā vilapinti tucchakaṃ mayā bhaṇitaṃ, musā mayā bhaṇitaṃ, abhūtaṃ mayā bhaṇitaṃ, ajānantena mayā bhaṇitaṃ.
Aññatra adhimānāti ṭhapetvā adhimānaṃ.
Ayampīti purime upādāya vuccati.

Pārājiko hotīti seyyathāpi nāma tālo matthakacchinno abhabbo puna virūḷhiyā, evameva bhikkhu pāpiccho icchāpakato asantaṃ abhūtaṃ uttarimanussadhammaṃ ullapitvā assamaṇo hoti asakyaputtiyo. Tena vuccati – ''pārājiko hotī''ti.

Asaṃvāsoti saṃvāso nāma ekakammaṃ ekuddeso samasikkhatā – eso saṃvāso nāma. So tena saddhiṃ natthi. Tena vuccati – ''asaṃvāso''ti.

199.Uttarimanussadhammo nāma jhānaṃ vimokkho samādhi samāpatti ñāṇadassanaṃ maggabhāvanā phalasacchikiriyā kilesappahānaṃ vinīvaraṇatā cittassa suññāgāre abhirati.

[pāci. 70]Jhānanti paṭhamaṃ jhānaṃ dutiyaṃ jhānaṃ tatiyaṃ jhānaṃ catutthaṃ jhānaṃ.

[pāci. 70]Vimokkhoti suññato vimokkho animitto vimokkho appaṇihito vimokkho.

[pāci. 70]Samādhīti suññato samādhi animitto samādhi appaṇihito samādhi.

[pāci. 70]Samāpattīti suññatā samāpatti animittā samāpatti appaṇihitā samāpatti.

[pāci. 70]Ñāṇadassananti tisso vijjā.

[pāci. 70]Maggabhāvanāti cattāro satipaṭṭhānā, cattāro sammappadhānā, cattāro iddhipādā, pañcindriyāni, pañca balāni, satta bojjhaṅgā, ariyo aṭṭhaṅgiko maggo.

[pāci. 70]Phalasacchikiriyāti sotāpattiphalassa sacchikiriyā, sakadāgāmiphalassa sacchikiriyā, anāgāmiphalassa sacchikiriyā, arahattassa [arahattaphalassa (syā.)] sacchikiriyā.

[pāci. 70]Kilesappahānanti rāgassa pahānaṃ dosassa pahānaṃ mohassa pahānaṃ.

[pāci. 70]Vinīvaraṇatā cittassāti rāgā cittaṃ vinīvaraṇatā, dosā cittaṃ vinīvaraṇatā, mohā cittaṃ vinīvaraṇatā.

[pāci. 70]Suññāgāre abhiratīti paṭhamena jhānena suññāgāre abhirati, dutiyena jhānena suññāgāre abhirati, tatiyena jhānena suññāgāre abhirati, catutthena jhānena suññāgāre abhirati.

200. Tīhākārehi paṭhamaṃ jhānaṃ samāpajjinti sampajānamusā bhaṇantassa āpatti pārājikassa, pubbevassa hoti musā bhaṇissanti, bhaṇantassa hoti musā bhaṇāmīti, bhaṇitassa hoti musā mayā bhaṇitanti.

Catūhākārehi paṭhamaṃ jhānaṃ samāpajjinti sampajānamusā bhaṇantassa āpatti pārājikassa – pubbevassa hoti musā bhaṇissanti, bhaṇantassa hoti musā bhaṇāmīti, bhaṇitassa hoti musā mayā bhaṇitanti, vinidhāya diṭṭhiṃ.

Pañcahākārehi paṭhamaṃ jhānaṃ samāpajjinti sampajānamusā bhaṇantassa āpatti pārājikassa – pubbevassa hoti musā bhaṇissanti, bhaṇantassa hoti musā bhaṇāmīti, bhaṇitassa hoti musā mayā bhaṇitanti, vinidhāya diṭṭhiṃ vinidhāya khantiṃ.

Chahākārehi paṭhamaṃ jhānaṃ samāpajjinti sampajānamusā bhaṇantassa āpatti pārājikassa – pubbevassa hoti musā bhaṇissanti, bhaṇantassa hoti musā bhaṇāmīti, bhaṇitassa hoti musā mayā bhaṇitanti, vinidhāya diṭṭhiṃ, vinidhāya khantiṃ, vinidhāya ruciṃ.

Sattahākārehi paṭhamaṃ jhānaṃ samāpajjinti sampajānamusā bhaṇantassa āpatti pārājikassa – pubbevassa hoti musā bhaṇissanti, bhaṇantassa hoti musā bhaṇāmīti, bhaṇitassa hoti musā mayā bhaṇitanti, vinidhāya diṭṭhiṃ, vinidhāya khantiṃ, vinidhāya ruciṃ, vinidhāya bhāvaṃ.

201. Tīhākārehi paṭhamaṃ jhānaṃ samāpajjāmīti sampajānamusā bhaṇantassa āpatti pārājikassa – pubbevassa hoti musā bhaṇissanti, bhaṇantassa hoti musā bhaṇāmīti, bhaṇitassa hoti musā mayā bhaṇitanti.

Catūhākārehi paṭhamaṃ jhānaṃ samāpajjāmīti sampajānamusā bhaṇantassa āpatti pārājikassa – pubbevassa hoti musā bhaṇissanti, bhaṇantassa hoti musā bhaṇāmīti, bhaṇitassa hoti musā mayā bhaṇitanti, vinidhāya diṭṭhiṃ.

Pañcahākārehi paṭhamaṃ jhānaṃ samāpajjāmīti sampajānamusā bhaṇantassa āpatti pārājikassa – pubbevassa hoti musā bhaṇissanti, bhaṇantassa hoti musā bhaṇāmīti, bhaṇitassa hoti musā mayā bhaṇitanti, vinidhāya diṭṭhiṃ, vinidhāya khantiṃ.

Chahākārehi paṭhamaṃ jhānaṃ samāpajjāmīti sampajānamusā bhaṇantassa āpatti pārājikassa – pubbevassa hoti musā bhaṇissanti, bhaṇantassa hoti musā bhaṇāmīti, bhaṇitassa hoti musā mayā bhaṇitanti, vinidhāya diṭṭhiṃ, vinidhāya khantiṃ, vinidhāya ruciṃ.

Sattahākārehi paṭhamaṃ jhānaṃ samāpajjāmīti sampajānamusā bhaṇantassa āpatti pārājikassa – pubbevassa hoti musā bhaṇissanti, bhaṇantassa hoti musā bhaṇāmīti, bhaṇitassa hoti musā mayā bhaṇitanti, vinidhāya diṭṭhiṃ, vinidhāya khantiṃ, vinidhāya ruciṃ, vinidhāya bhāvaṃ.

202. Tīhākārehi paṭhamaṃ jhānaṃ samāpannoti sampajānamusā bhaṇantassa āpatti pārājikassa – pubbevassa hoti musā bhaṇissanti, bhaṇantassa hoti musā bhaṇāmīti, bhaṇitassa hoti musā mayā bhaṇitanti.

Catūhākārehi paṭhamaṃ jhānaṃ samāpannoti sampajānamusā bhaṇantassa āpatti pārājikassa – pubbevassa hoti musā bhaṇissanti, bhaṇantassa hoti musā bhaṇāmīti, bhaṇitassa hoti musā mayā bhaṇitanti, vinidhāya diṭṭhiṃ.

Pañcahākārehi paṭhamaṃ jhānaṃ samāpannoti sampajānamusā bhaṇantassa āpatti pārājikassa – pubbevassa hoti musā bhaṇissanti, bhaṇantassa hoti musā bhaṇāmīti, bhaṇitassa hoti musā mayā bhaṇitanti, vinidhāya diṭṭhiṃ, vinidhāya khantiṃ.

Chahākārehi paṭhamaṃ jhānaṃ samāpannoti sampajānamusā bhaṇantassa āpatti pārājikassa – pubbevassa hoti musā bhaṇissanti, bhaṇantassa hoti musā bhaṇāmīti, bhaṇitassa hoti musā mayā bhaṇitanti, vinidhāya diṭṭhiṃ, vinidhāya khantiṃ, vinidhāya ruciṃ.

Sattahākārehi paṭhamaṃ jhānaṃ samāpannoti sampajānamusā bhaṇantassa āpatti pārājikassa – pubbevassa hoti musā bhaṇissanti, bhaṇantassa hoti musā bhaṇāmīti, bhaṇitassa hoti musā mayā bhaṇitanti, vinidhāya diṭṭhiṃ, vinidhāya khantiṃ, vinidhāya ruciṃ, vinidhāya bhāvaṃ.

203. Tīhākārehi paṭhamassa jhānassa lābhīmhīti sampajānamusā bhaṇantassa āpatti pārājikassa – pubbevassa hoti musā bhaṇissanti, bhaṇantassa hoti musā bhaṇāmīti, bhaṇitassa hoti musā mayā bhaṇitanti.

Catūhākārehi paṭhamassa jhānassa lābhīmhīti sampajānamusā bhaṇantassa āpatti pārājikassa – pubbevassa hoti musā bhaṇissanti, bhaṇantassa hoti musā bhaṇāmīti, bhaṇitassa hoti musā mayā bhaṇitanti, vinidhāya diṭṭhiṃ.

Pañcahākārehi paṭhamassa jhānassa lābhīmhīti sampajānamusā bhaṇantassa āpatti pārājikassa – pubbevassa hoti musā bhaṇissanti , bhaṇantassa hoti musā bhaṇāmīti, bhaṇitassa hoti musā mayā bhaṇitanti, vinidhāya diṭṭhiṃ, vinidhāya khantiṃ.

Chahākārehi paṭhamassa jhānassa lābhīmhīti sampajānamusā bhaṇantassa āpatti pārājikassa – pubbevassa hoti musā bhaṇissanti, bhaṇantassa hoti musā bhaṇāmīti, bhaṇitassa hoti musā mayā bhaṇitanti, vinidhāya diṭṭhiṃ, vinidhāya khantiṃ, vinidhāya ruciṃ.

Sattahākārehi paṭhamassa jhānassa lābhīmhīti sampajānamusā bhaṇantassa āpatti pārājikassa – pubbevassa hoti musā bhaṇissanti, bhaṇantassa hoti musā bhaṇāmīti, bhaṇitassa hoti musā mayā bhaṇitanti, vinidhāya diṭṭhiṃ, vinidhāya khantiṃ, vinidhāya ruciṃ, vinidhāya bhāvaṃ.

204. Tīhākārehi paṭhamassa jhānassa vasīmhīti sampajānamusā bhaṇantassa āpatti pārājikassa – pubbevassa hoti musā bhaṇissanti, bhaṇantassa hoti musā bhaṇāmīti, bhaṇitassa hoti musā mayā bhaṇitanti.

Catūhākārehi paṭhamassa jhānassa vasīmhīti sampajānamusā bhaṇantassa āpatti pārājikassa – pubbevassa hoti musā bhaṇissanti, bhaṇantassa hoti musā bhaṇāmīti, bhaṇitassa hoti musā mayā bhaṇitanti, vinidhāya diṭṭhiṃ.

Pañcahākārehi paṭhamassa jhānassa vasīmhīti sampajānamusā bhaṇantassa āpatti pārājikassa – pubbevassa hoti musā bhaṇissanti, bhaṇantassa hoti musā bhaṇāmīti, bhaṇitassa hoti musā mayā bhaṇitanti, vinidhāya diṭṭhiṃ, vinidhāya khantiṃ.

Chahākārehi paṭhamassa jhānassa vasīmhīti sampajānamusā bhaṇantassa āpatti pārājikassa – pubbevassa hoti musā bhaṇissanti, bhaṇantassa hoti musā bhaṇāmīti, bhaṇitassa hoti musā mayā bhaṇitanti, vinidhāya diṭṭhiṃ, vinidhāya khantiṃ, vinidhāya ruciṃ.

Sattahākārehi paṭhamassa jhānassa vasīmhīti sampajānamusā bhaṇantassa āpatti pārājikassa – pubbevassa hoti musā bhaṇissanti, bhaṇantassa hoti musā bhaṇāmīti, bhaṇitassa hoti musā mayā bhaṇitanti, vinidhāya diṭṭhiṃ, vinidhāya khantiṃ, vinidhāya ruciṃ, vinidhāya bhāvaṃ.

205. Tīhākārehi paṭhamaṃ jhānaṃ sacchikataṃ mayāti sampajānamusā bhaṇantassa āpatti pārājikassa – pubbevassa hoti musā bhaṇissanti, bhaṇantassa hoti musā bhaṇāmīti, bhaṇitassa hoti musā mayā bhaṇitanti.

Catūhākārehi paṭhamaṃ jhānaṃ sacchikataṃ mayāti sampajānamusā bhaṇantassa āpatti pārājikassa – pubbevassa hoti musā bhaṇissanti, bhaṇantassa hoti musā bhaṇāmīti, bhaṇitassa hoti musā mayā bhaṇitanti, vinidhāya diṭṭhiṃ.

Pañcahākārehi paṭhamaṃ jhānaṃ sacchikataṃ mayāti sampajānamusā bhaṇantassa āpatti pārājikassa – pubbevassa hoti musā bhaṇissanti, bhaṇantassa hoti musā bhaṇāmīti, bhaṇitassa hoti musā mayā bhaṇitanti, vinidhāya diṭṭhiṃ, vinidhāya khantiṃ.

Chahākārehi paṭhamaṃ jhānaṃ sacchikataṃ mayāti sampajānamusā bhaṇantassa āpatti pārājikassa – pubbevassa hoti musā bhaṇissanti, bhaṇantassa hoti musā bhaṇāmīti, bhaṇitassa hoti musā mayā bhaṇitanti, vinidhāya diṭṭhiṃ, vinidhāya khantiṃ, vinidhāya ruciṃ.

Sattahākārehi paṭhamaṃ jhānaṃ sacchikataṃ mayāti sampajānamusā bhaṇantassa āpatti pārājikassa – pubbevassa hoti musā bhaṇissanti, bhaṇantassa hoti musā bhaṇāmīti, bhaṇitassa hoti musā mayā bhaṇitanti, vinidhāya diṭṭhiṃ, vinidhāya khantiṃ, vinidhāya ruciṃ, vinidhāya bhāvaṃ.

Yathā idaṃ paṭhamaṃ jhānaṃ vitthāritaṃ taṃ sabbampi vitthāretabbaṃ.

206. Tīhākārehi...pe... sattahākārehi dutiyaṃ jhānaṃ...pe... tatiyaṃ jhānaṃ...pe... catutthaṃ jhānaṃ samāpajjiṃ... samāpajjāmi... samāpanno... catutthassa jhānassa lābhīmhi... vasīmhi... catutthaṃ jhānaṃ sacchikataṃ mayāti sampajānamusā bhaṇantassa āpatti pārājikassa. Pubbevassa hoti musā bhaṇissanti, bhaṇantassa hoti musā bhaṇāmīti, bhaṇitassa hoti musā mayā bhaṇitanti, vinidhāya diṭṭhiṃ, vinidhāya khantiṃ, vinidhāya ruciṃ, vinidhāya bhāvaṃ.

207. Tīhākārehi suññataṃ vimokkhaṃ... animittaṃ vimokkhaṃ... appaṇihitaṃ vimokkhaṃ... samāpajjiṃ... samāpajjāmi... samāpanno... appaṇihitassa vimokkhassa lābhīmhi... vasīmhi... appaṇihito vimokkho sacchikato mayāti sampajānamusā bhaṇantassa āpatti pārājikassa...pe....

Tīhākārehi suññataṃ samādhiṃ... animittaṃ samādhiṃ... appaṇihitaṃ samādhiṃ samāpajjiṃ... samāpajjāmi... samāpanno... appaṇihitassa samādhissa lābhīmhi... vasīmhi... appaṇihito samādhi sacchikato mayāti sampajānamusā bhaṇantassa āpatti pārājikassa.

Tīhākārehi suññataṃ samāpattiṃ... animittaṃ samāpattiṃ... appaṇihitaṃ samāpattiṃ samāpajjiṃ... samāpajjāmi... samāpanno... appaṇihitāya samāpattiyā lābhīmhi... vasīmhi... appaṇihitā samāpatti sacchikatā mayāti sampajānamusā bhaṇantassa āpatti pārājikassa.

Tīhākārehi tisso vijjā samāpajjiṃ... samāpajjāmi samāpanno... tissannaṃ vijjānaṃ lābhīmhi... vasīmhi... tisso vijjā sacchikatā mayāti sampajānamusā bhaṇantassa āpatti pārājikassa.

Tīhākārehi cattāro satipaṭṭhāne... cattāro sammappadhāne... cattāro iddhipāde samāpajjiṃ... samāpajjāmi... samāpanno... catunnaṃ iddhipādānaṃ lābhīmhi... vasīmhi... cattāro iddhipādā sacchikatā mayāti sampajānamusā bhaṇantassa āpatti pārājikassa.

Tīhākārehi pañcindriyāni... pañca balāni samāpajjiṃ... samāpajjāmi... samāpanno ... pañcannaṃ balānaṃ lābhīmhi... vasīmhi... pañcabalāni sacchikatāni mayāti sampajānamusā bhaṇantassa āpatti pārājikassa.

Tīhākārehi satta bojjhaṅge samāpajjiṃ... samāpajjāmi... samāpanno... sattannaṃ bojjhaṅgānaṃ lābhīmhi... vasīmhi... satta bojjhaṅgā sacchikatā mayāti sampajānamusā bhaṇantassa āpatti pārājikassa.

Tīhākārehi ariyaṃ aṭṭhaṅgikaṃ maggaṃ samāpajjiṃ... samāpajjāmi... samāpanno... ariyassa aṭṭhaṅgikassa maggassa lābhīmhi... vasīmhi... ariyo aṭṭhaṅgiko maggo sacchikato mayāti sampajānamusā bhaṇantassa āpatti pārājikassa.

Tīhākārehi sotāpattiphalaṃ... sakadāgāmiphalaṃ... anāgāmiphalaṃ... arahattaṃ samāpajjiṃ... samāpajjāmi... samāpanno... arahattassa lābhīmhi vasīmhi arahattaṃ sacchikataṃ mayāti sampajānamusā bhaṇantassa āpatti pārājikassa .

Tīhākārehi rāgo me catto vanto mutto pahīno paṭinissaṭṭho ukkheṭito samukkheṭitoti sampajānamusā bhaṇantassa āpatti pārājikassa.

Tīhākārehi doso me catto vanto mutto pahīno paṭinissaṭṭho ukkheṭito samukkheṭitoti sampajānamusā bhaṇantassa āpatti pārājikassa.

Tīhākārehi moho me catto vanto mutto pahīno paṭinissaṭṭho ukkheṭito samukkheṭitoti sampajānamusā bhaṇantassa āpatti pārājikassa.

Tīhākārehi rāgā me cittaṃ vinīvaraṇanti sampajānamusā bhaṇantassa āpatti pārājikassa.

Tīhākārehi dosā me cittaṃ vinīvaraṇanti sampajānamusā bhaṇantassa āpatti pārājikassa.

Tīhākārehi ...pe... sattahākārehi mohā me cittaṃ vinīvaraṇanti sampajānamusā bhaṇantassa āpatti pārājikassa – pubbevassa hoti musā bhaṇissanti, bhaṇantassa hoti musā bhaṇāmīti, bhaṇitassa hoti musā mayā bhaṇitanti, vinidhāya diṭṭhiṃ, vinidhāya khantiṃ, vinidhāya ruciṃ, vinidhāya bhāvaṃ.

Suddhikaṃ niṭṭhitaṃ.

208. Tīhākārehi paṭhamañca jhānaṃ dutiyañca jhānaṃ samāpajjiṃ... samāpajjāmi... samāpanno... paṭhamassa ca jhānassa dutiyassa ca jhānassa lābhīmhi... vasīmhi... paṭhamañca jhānaṃ dutiyañca jhānaṃ sacchikataṃ mayāti sampajānamusā bhaṇantassa āpatti pārājikassa...pe....

Tīhākārehi paṭhamañca jhānaṃ tatiyañca jhānaṃ samāpajjiṃ... samāpajjāmi... samāpanno... paṭhamassa ca jhānassa tatiyassa ca jhānassa lābhīmhi... vasīmhi... paṭhamañca jhānaṃ tatiyañca jhānaṃ sacchikataṃ mayāti sampajānamusā bhaṇantassa āpatti pārājikassa.

Tīhākārehi paṭhamañca jhānaṃ catutthañca jhānaṃ samāpajjiṃ... samāpajjāmi... samāpanno... paṭhamassa ca jhānassa catutthassa ca jhānassa lābhīmhi... vasīmhi... paṭhamañca jhānaṃ catutthañca jhānaṃ sacchikataṃ mayāti sampajānamusā bhaṇantassa āpatti pārājikassa.

Tīhākārehi paṭhamañca jhānaṃ suññatañca vimokkhaṃ... paṭhamañca jhānaṃ animittañca vimokkhaṃ... paṭhamañca jhānaṃ appaṇihitañca vimokkhaṃ samāpajjiṃ... samāpajjāmi... samāpanno... paṭhamassa ca jhānassa appaṇihitassa ca vimokkhassa lābhīmhi... vasīmhi... paṭhamañca jhānaṃ appaṇihito ca vimokkho sacchikato mayāti sampajānamusā bhaṇantassa āpatti pārājikassa.

Tīhākārehi paṭhamañca jhānaṃ suññatañca samādhiṃ... paṭhamañca jhānaṃ animittañca samādhiṃ... paṭhamañca jhānaṃ appaṇihitañca samādhiṃ samāpajjiṃ... samāpajjāmi... samāpanno paṭhamassaca jhānassa appaṇihitassa ca samādhissa lābhīmhi... vasīmhi... paṭhamañca jhānaṃ appaṇihito ca samādhi sacchikato mayāti sampajānamusā bhaṇantassa āpatti pārājikassa.

Tīhākārehi paṭhamañca jhānaṃ suññatañca samāpattiṃ... paṭhamañca jhānaṃ animittañca samāpattiṃ... paṭhamañca jhānaṃ appaṇihitañca samāpattiṃ samāpajjiṃ... samāpajjāmi... samāpanno paṭhamassa ca jhānassa appaṇihitāya ca samāpattiyā lābhīmhi... vasīmhi... paṭhamañca jhānaṃ appaṇihitā ca samāpatti sacchikatā mayāti sampajānamusā bhaṇantassa āpatti pārājikassa.

Tīhākārehi paṭhamañca jhānaṃ tisso ca vijjā samāpajjiṃ... samāpajjāmi... samāpanno... paṭhamassa ca jhānassa tissannañca vijjānaṃ lābhīmhi... vasīmhi... paṭhamañca jhānaṃ tisso ca vijjā sacchikatā mayāti sampajānamusā bhaṇantassa āpatti pārājikassa.

Tīhākārehi paṭhamañca jhānaṃ cattāro ca satipaṭṭhāne... paṭhamañca jhānaṃ cattāro ca sammappadhāne... paṭhamañca jhānaṃ cattāro ca iddhipāde samāpajjiṃ... samāpajjāmi... samāpanno...

paṭhamassa ca jhānassa catunnañca iddhipādānaṃ lābhīmhi... vasīmhi... paṭhamañca jhānaṃ cattāro ca iddhipādā sacchikatā mayāti sampajānamusā bhaṇantassa āpatti pārājikassa.
Tīhākārehi paṭhamañca jhānaṃ pañca ca indriyāni... paṭhamañca jhānaṃ pañca ca balāni samāpajjiṃ... samāpajjāmi... samāpanno... paṭhamassa ca jhānassa pañcannañca balānaṃ lābhīmhi... vasīmhi... paṭhamañca jhānaṃ pañca ca balāni sacchikatāni mayāti sampajānamusā bhaṇantassa āpatti pārājikassa.
209. Tīhākārehi paṭhamañca jhānaṃ satta ca bojjhaṅge samāpajjiṃ... samāpajjāmi... samāpanno... paṭhamassa ca jhānassa sattannañca bojjhaṅgānaṃ lābhīmhi... vasīmhi... paṭhamañca jhānaṃ satta ca bojjhaṅgā sacchikatā mayāti sampajānamusā bhaṇantassa āpatti pārājikassa.
Tīhākārehi paṭhamañca jhānaṃ ariyañca aṭṭhaṅgikaṃ maggaṃ samāpajjiṃ... samāpajjāmi... samāpanno... paṭhamassa ca jhānassa ariyassa ca aṭṭhaṅgikassa maggassa lābhīmhi vasīmhi... paṭhamañca jhānaṃ ariyo ca aṭṭhaṅgiko maggo sacchikato mayāti sampajānamusā bhaṇantassa āpatti pārājikassa.
Tīhākārehi paṭhamañca jhānaṃ sotāpattiphalañca... paṭhamañca jhānaṃ sakadāgāmiphalañca... paṭhamañca jhānaṃ anāgāmiphalañca... paṭhamañca jhānaṃ arahattañca samāpajjiṃ... samāpajjāmi... samāpanno... paṭhamassa ca jhānassa arahattassa ca lābhīmhi... vasīmhi... paṭhamañca jhānaṃ arahattañca sacchikataṃ mayāti sampajānamusā bhaṇantassa āpatti pārājikassa.
Tīhākārehi paṭhamañca jhānaṃ samāpajjiṃ... samāpajjāmi... samāpanno... paṭhamassa ca jhānassa lābhīmhi... vasīmhi... paṭhamañca jhānaṃ sacchikataṃ mayā, rāgo ca me catto... doso ca me catto... moho ca me catto vanto mutto pahīno paṭinissaṭṭho ukkheṭito samukkheṭitoti sampajānamusā bhaṇantassa āpatti pārājikassa.
Tīhākārehi...pe... sattahākārehi paṭhamañca jhānaṃ samāpajjiṃ... samāpajjāmi... samāpanno... paṭhamassa ca jhānassa lābhīmhi... vasīmhi... paṭhamañca jhānaṃ sacchikataṃ mayā, rāgā ca me cittaṃ vinīvaraṇaṃ... dosā ca me cittaṃ vinīvaraṇaṃ... mohā ca me cittaṃ vinīvaraṇanti sampajānamusā bhaṇantassa āpatti pārājikassa. Pubbevassa hoti musā bhaṇissanti, bhaṇantassa hoti musā bhaṇāmīti, bhaṇitassa hoti musā mayā bhaṇitanti, vinidhāya diṭṭhiṃ, vinidhāya khantiṃ, vinidhāya ruciṃ, vinidhāya bhāvaṃ.
Khaṇḍacakkaṃ niṭṭhitaṃ.
210. Tīhākārehi dutiyañca jhānaṃ tatiyañca jhānaṃ samāpajjiṃ... samāpajjāmi... samāpanno... dutiyassa ca jhānassa tatiyassa ca jhānassa lābhīmhi... vasīmhi... dutiyañca jhānaṃ tatiyañca jhānaṃ sacchikataṃ mayāti sampajānamusā bhaṇantassa āpatti pārājikassa.
Tīhākārehi dutiyañca jhānaṃ catutthañca jhānaṃ samāpajjiṃ... samāpajjāmi... samāpanno... dutiyassa ca jhānassa catutthassa ca jhānassa lābhīmhi... vasīmhi... dutiyañca jhānaṃ catutthañca jhānaṃ sacchikataṃ mayāti sampajānamusā bhaṇantassa āpatti pārājikassa.
Tīhākārehi dutiyañca jhānaṃ suññatañca vimokkhaṃ... animittañca vimokkhaṃ... appaṇihitañca vimokkhaṃ... suññatañca samādhiṃ... animittañca samādhiṃ... appaṇihitañca samādhiṃ... suññatañca samāpattiṃ... animittañca samāpattiṃ... appaṇihitañca samāpattiṃ... tisso ca vijjā... cattāro ca satipaṭṭhāne... cattāro ca sammappadhāne... cattāro ca iddhipāde... pañca ca indriyāni... pañca ca balāni... satta ca bojjhaṅge... ariyañca aṭṭhaṅgikaṃ maggaṃ... sotāpattiphalañca... sakadāgāmiphalañca... anāgāmiphalañca... arahattañca samāpajjiṃ... samāpajjāmi... samāpanno... dutiyassa ca jhānassa arahattassa ca lābhīmhi... vasīmhi... dutiyañca jhānaṃ arahattañca sacchikataṃ mayāti sampajānamusā bhaṇantassa āpatti pārājikassa.
Tīhākārehi dutiyañca jhānaṃ samāpajjiṃ... samāpajjāmi... samāpanno... dutiyassa ca jhānassa lābhīmhi... vasīmhi... dutiyañca jhānaṃ sacchikataṃ mayā, rāgo ca me catto... doso ca me catto... moho ca me catto vanto mutto pahīno paṭinissaṭṭho ukkheṭito samukkheṭito. Rāgā ca me cittaṃ vinīvaraṇaṃ... dosā ca me cittaṃ vinīvaraṇaṃ... mohā ca me cittaṃ vinīvaraṇanti sampajānamusā bhaṇantassa āpatti pārājikassa.
Tīhākārehi ...pe... sattahākārehi dutiyañca jhānaṃ paṭhamañca jhānaṃ samāpajjiṃ... samāpajjāmi... samāpanno... dutiyassa ca jhānassa paṭhamassa ca jhānassa lābhīmhi... vasīmhi... dutiyañca jhānaṃ paṭhamañca jhānaṃ sacchikataṃ mayāti sampajānamusā bhaṇantassa āpatti pārājikassa...pe... vinidhāya bhāvaṃ.
Baddhacakkaṃ.
Evaṃ ekekaṃ mūlaṃ kātuna baddhacakkaṃ parivattakaṃ kattabbaṃ.
Idaṃ saṃkhittaṃ.
211. Tīhākārehi tatiyañca jhānaṃ catutthañca jhānaṃ...pe... tatiyañca jhānaṃ arahattañca samāpajjiṃ... samāpajjāmi... samāpanno... tatiyassa ca jhānassa arahattassa ca lābhīmhi... vasīmhi... tatiyañca jhānaṃ arahattañca sacchikataṃ mayāti sampajānamusā bhaṇantassa āpatti pārājikassa.
Tīhākārehi tatiyañca jhānaṃ samāpajjiṃ... samāpajjāmi... samāpanno... tatiyassa ca jhānassa lābhīmhi... vasīmhi... tatiyañca jhānaṃ sacchikataṃ mayā, rāgo ca me catto... doso ca me catto... moho ca me catto vanto mutto pahīno paṭinissaṭṭho ukkheṭito samukkheṭito. Rāgā ca me cittaṃ vinīvaraṇaṃ...

dosā ca me cittaṃ vinīvaraṇaṃ... mohā ca me cittaṃ vinīvaraṇanti sampajānamusā bhaṇantassa āpatti pārājikassa.
Tīhākārehi tatiyañca jhānaṃ paṭhamañca jhānaṃ... tatiyañca jhānaṃ dutiyañca jhānaṃ samāpajjiṃ... samāpajjāmi... samāpanno... tatiyassa ca jhānassa dutiyassa ca jhānassa lābhīmhi... vasīmhi... tatiyañca jhānaṃ dutiyañca jhānaṃ sacchikataṃ mayāti sampajānamusā bhaṇantassa āpatti pārājikassa.
Tīkārehi mohā ca me cittaṃ vinīvaraṇaṃ paṭhamañca jhānaṃ...pe... dutiyañca jhānaṃ... tatiyañca jhānaṃ... catutthañca jhānaṃ samāpajjiṃ samāpajjāmi... samāpanno... mohā ca me cittaṃ vinīvaraṇaṃ catutthassa ca jhānassa lābhīmhi... vasīmhi... mohā ca me cittaṃ vinīvaraṇaṃ catutthañca jhānaṃ sacchikataṃ mayāti sampajānamusā bhaṇantassa āpatti pārājikassa.
212. Tīhākārehi mohā ca me cittaṃ vinīvaraṇaṃ suññatañca vimokkhaṃ... animittañca vimokkhaṃ... appaṇihitañca vimokkhaṃ samāpajjiṃ... samāpajjāmi... samāpanno... mohā ca me cittaṃ vinīvaraṇaṃ appaṇihitassa ca vimokkhassa lābhīmhi... vasīmhi... mohā ca me cittaṃ vinīvaraṇaṃ appaṇihito ca vimokkho sacchikato mayāti sampajānamusā bhaṇantassa āpatti pārājikassa.
Tīhākārehi mohā ca me cittaṃ vinīvaraṇaṃ suññatañca samādhiṃ... animittañca samādhiṃ... appaṇihitañca samādhiṃ samāpajjiṃ... samāpajjāmi... samāpanno... mohā ca me cittaṃ vinīvaraṇaṃ appaṇihitassa ca samādhissa lābhīmhi... vasīmhi... mohā ca me cittaṃ vinīvaraṇaṃ appaṇihito ca samādhi sacchikato mayāti sampajānamusā bhaṇantassa āpatti pārājikassa.
Tīhākārehi mohā ca me cittaṃ vinīvaraṇaṃ suññatañca samāpattiṃ... animittañca samāpattiṃ... appaṇihitañca samāpattiṃ samāpajjiṃ samāpajjāmi... samāpanno... mohā ca me cittaṃ vinīvaraṇaṃ appaṇihitāya ca samāpattiyā lābhīmhi... vasīmhi... mohā ca me cittaṃ vinīvaraṇaṃ appaṇihitā ca samāpatti sacchikatā mayāti sampajānamusā bhaṇantassa āpatti pārājikassa.
Tīhākārehi mohā ca me cittaṃ vinīvaraṇaṃ tisso ca vijjā samāpajjiṃ... samāpajjāmi... samāpanno... 'mohā ca me cittaṃ vinīvaraṇaṃ tissannañca vijjānaṃ lābhīmhi... vasīmhi... mohā ca me cittaṃ vinīvaraṇaṃ tisso ca vijjā sacchikatā mayāti sampajānamusā bhaṇantassa āpatti pārājikassa.
Tīhākārehi mohā ca me cittaṃ vinīvaraṇaṃ cattāro ca satipaṭṭhāne... cattāro ca sammappadhāne... cattāro ca iddhipāde samāpajjiṃ... samāpajjāmi... samāpanno... mohā ca me cittaṃ vinīvaraṇaṃ catunnañca iddhipādānaṃ lābhīmhi... vasīmhi... mohā ca me cittaṃ vinīvaraṇaṃ cattāro ca iddhipādā sacchikatā mayāti sampajānamusā bhaṇantassa āpatti pārājikassa.
213. Tīhākārehi mohā ca me cittaṃ vinīvaraṇaṃ pañca ca indriyāni... pañca ca balāni samāpajjiṃ... samāpajjāmi... samāpanno... mohā ca me cittaṃ vinīvaraṇaṃ pañcannañca balānaṃ lābhīmhi... vasīmhi... mohā ca me cittaṃ vinīvaraṇaṃ pañca ca balāni sacchikatāni mayāti sampajānamusā bhaṇantassa āpatti pārājikassa.
Tīhākārehi mohā ca me cittaṃ vinīvaraṇaṃ satta ca bojjhaṅge samāpajjiṃ... samāpajjāmi... samāpanno... mohā ca me cittaṃ vinīvaraṇaṃ sattannañca bojjhaṅgānaṃ lābhīmhi ... vasīmhi... mohā ca me cittaṃ vinīvaraṇaṃ satta ca bojjhaṅgā sacchikatā mayāti sampajānamusā bhaṇantassa āpatti pārājikassa.
Tīhākārehi mohā ca me cittaṃ vinīvaraṇaṃ ariyañca aṭṭhaṅgikaṃ maggaṃ samāpajjiṃ... samāpajjāmi... samāpanno... mohā ca me cittaṃ vinīvaraṇaṃ ariyassa ca aṭṭhaṅgikassa maggassa lābhīmhi... vasīmhi... mohā ca me cittaṃ vinīvaraṇaṃ ariyo ca aṭṭhaṅgiko maggo sacchikato mayāti sampajānamusā bhaṇantassa āpatti pārājikassa.
Tīhākārehi mohā ca me cittaṃ vinīvaraṇaṃ sotāpattiphalañca... sakadāgāmiphalañca... anāgāmiphalañca... arahattañca samāpajjiṃ... samāpajjāmi... samāpanno... mohā ca me cittaṃ vinīvaraṇaṃ arahattassa ca lābhīmhi... vasīmhi... mohā ca me cittaṃ vinīvaraṇaṃ arahattañca sacchikataṃ mayāti sampajānamusā bhaṇantassa āpatti pārājikassa.
Tīhākārehi mohā ca me cittaṃ vinīvaraṇaṃ, rāgo ca me catto... doso ca me catto... moho ca me catto vanto mutto pahīno paṭinissaṭṭho ukkheṭito samukkheṭitoti sampajānamusā bhaṇantassa āpatti pārājikassa.
Tīhākārehi...pe... sattahākārehi mohā ca me cittaṃ vinīvaraṇaṃ rāgā ca me cittaṃ vinīvaraṇaṃ... dosā ca me cittaṃ vinīvaraṇanti sampajānamusā bhaṇantassa āpatti pārājikassa pubbevassa hoti musā bhaṇissanti, bhaṇantassa hoti musā bhaṇāmīti, bhaṇitassa hoti musā mayā bhaṇitanti, vinidhāya diṭṭhiṃ, vinidhāya khantiṃ, vinidhāyaruciṃ, vinidhāya bhāvaṃ.
Ekamūlakaṃ niṭṭhitaṃ. [ekamūlakaṃ saṅkhittaṃ niṭṭhitaṃ (syā.)]
Yathā ekamūlakaṃ vitthāritaṃ evameva dumūlakādipi vitthāretabbaṃ.
Idaṃ sabbamūlakaṃ
214. Tīhākārehi ...pe... sattahākārehi paṭhamañca jhānaṃ dutiyañca jhānaṃ tatiyañca jhānaṃ catutthañca jhānaṃ suññatañca vimokkhaṃ animittañca vimokkhaṃ appaṇihitañca vimokkhaṃ suññatañca samādhiṃ animittañca samādhiṃ appaṇihitañca samādhiṃ suññatañca samāpattiṃ animittañca samāpattiṃ appaṇihitañca samāpattiṃ tisso ca vijjā cattāro ca satipaṭṭhāne cattāro ca sammappadhāne cattāro ca iddhipāde pañca ca indriyāni pañca ca balāni satta ca bojjhaṅge ariyañca aṭṭhaṅgikaṃ maggaṃ sotāpattiphalañca sakadāgāmiphalañca anāgāmiphalañca arahattañca samāpajjiṃ...

samāpajjāmi... samāpanno...pe... rāgo ca me catto, doso ca me catto, moho ca me catto vanto mutto pahīno paṭinissaṭṭho ukkheṭito samukkheṭito. Rāgā ca me cittaṃ vinīvaraṇaṃ, dosā ca me cittaṃ vinīvaraṇaṃ, mohā ca me cittaṃ vinīvaraṇanti sampajānamusā bhaṇantassa āpatti pārājikassa. Pubbevassa hoti musā bhaṇissanti, bhaṇantassa hoti musā bhaṇāmīti, bhaṇitassa hoti musā mayā bhaṇitanti, vinidhāya diṭṭhiṃ, vinidhāya khantiṃ, vinidhāyaruciṃ, vinidhāya bhāvaṃ.

Sabbamūlakaṃ niṭṭhitaṃ.

Suddhikavārakathā niṭṭhitā.

215. Tīhākārehi paṭhamaṃ jhānaṃ samāpajjinti vattukāmo dutiyaṃ jhānaṃ samāpajjinti sampajānamusā bhaṇantassa paṭivijānantassa āpatti pārājikassa; na paṭivijānantassa āpatti thullaccayassa.

Tīhākārehi paṭhamaṃ jhānaṃ samāpajjinti vattukāmo tatiyaṃ jhānaṃ samāpajjinti sampajānamusā bhaṇantassa paṭivijānantassa āpatti pārājikassa; na paṭivijānantassa āpatti thullaccayassa.

Tīhākārehi paṭhamaṃ jhānaṃ samāpajjinti vattukāmo catutthaṃ jhānaṃ samāpajjinti sampajānamusā bhaṇantassa paṭivijānantassa āpatti pārājikassa; na paṭivijānantassa āpatti thullaccayassa.

Tīhākārehi ...pe... sattahākārehi paṭhamaṃ jhānaṃ samāpajjinti vattukāmo suññataṃ vimokkhaṃ... animittaṃ vimokkhaṃ... appaṇihitaṃ vimokkhaṃ... suññataṃ samādhiṃ... animittaṃ samādhiṃ... appaṇihitaṃ samādhiṃ... suññataṃ samāpattiṃ... animittaṃ samāpattiṃ... appaṇihitaṃ samāpattiṃ... tisso vijjā... cattāro satipaṭṭhāne... cattāro sammappadhāne... cattāro iddhipāde... pañcindriyāni... pañca balāni... satta bojjhaṅge... ariyaṃ aṭṭhaṅgikaṃ maggaṃ... sotāpattiphalaṃ... sakadāgāmiphalaṃ... anāgāmiphalaṃ... arahattaṃ samāpajjiṃ...pe... rāgo me catto... doso me catto... moho me catto vanto mutto pahīno paṭinissaṭṭho ukkheṭito samukkheṭito. Rāgā me cittaṃ vinīvaraṇaṃ... dosā me cittaṃ vinīvaraṇaṃ... mohā me cittaṃ vinīvaraṇanti sampajānamusā bhaṇantassa paṭivijānantassa āpatti pārājikassa; na paṭivijānantassa āpatti thullaccayassa. Pubbevassa hoti musā bhaṇissanti, bhaṇantassa hoti musā bhaṇāmīti, bhaṇitassa hoti musā mayā bhaṇitanti, vinidhāya diṭṭhiṃ, vinidhāya khantiṃ, vinidhāya ruciṃ, vinidhāya bhāvaṃ.

Vatthuvisārakassa ekamūlakassa khaṇḍacakkaṃ niṭṭhitaṃ.

216. Tīhākārehi dutiyaṃ jhānaṃ samāpajjinti vattukāmo tatiyaṃ jhānaṃ samāpajjinti sampajānamusā bhaṇantassa paṭivijānantassa āpatti pārājikassa; na paṭivijānantassa āpatti thullaccayassa.

Tīhākārehi dutiyaṃ jhānaṃ samāpajjinti vattukāmo catutthaṃ jhānaṃ samāpajjinti...pe... mohā ca me cittaṃ vinīvaraṇanti sampajānamusā bhaṇantassa paṭivijānantassa āpatti pārājikassa; na paṭivijānantassa āpatti thullaccayassa.

Tīhākārehi...pe... sattahākārehi dutiyaṃ jhānaṃ samāpajjinti vattukāmo paṭhamaṃ jhānaṃ samāpajjinti sampajānamusā bhaṇantassa paṭivijānantassa āpatti pārājikassa ; na paṭivijānantassa āpatti thullaccayassa...pe... vinidhāya bhāvaṃ.

Vatthuvisārakassa ekamūlakassa baddhacakkaṃ.

Mūlaṃ saṃkhittaṃ.

217. Tīhākārehi mohā me cittaṃ vinīvaraṇanti vattukāmo paṭhamaṃ jhānaṃ samāpajjinti sampajānamusā bhaṇantassa paṭivijānantassa āpatti pārājikassa; na paṭivijānantassa āpatti thullaccayassa.

Tīhākārehi...pe... sattahākārehi mohā me cittaṃ vinīvaraṇanti vattukāmo dosā me cittaṃ vinīvaraṇanti sampajānamusā bhaṇantassa paṭivijānantassa āpatti pārājikassa; na paṭivijānantassa āpatti thullaccayassa...pe... vinidhāya bhāvaṃ.

Vatthuvisārakassa ekamūlakaṃ niṭṭhitaṃ.

Yathā ekamūlakaṃ vitthāritaṃ evameva dumūlakādipi vitthāretabbaṃ.

Idaṃ sabbamūlakaṃ

218. Tīhākārehi...pe... sattahākārehi paṭhamañca jhānaṃ dutiyañca jhānaṃ tatiyañca jhānaṃ catutthañca jhānaṃ suññatañca vimokkhaṃ animittañca vimokkhaṃ appaṇihitañca vimokkhaṃ suññatañca samādhiṃ animittañca samādhiṃ appaṇihitañca samādhiṃ suññatañca samāpattiṃ animittañca samāpattiṃ appaṇihitañca samāpattiṃ tisso ca vijjā cattāro ca satipaṭṭhāne cattāro ca sammappadhāne cattāro ca iddhipāde pañca ca indriyāni pañca ca balāni satta ca bojjhaṅge ariyañca aṭṭhaṅgikaṃ maggaṃ sotāpattiphalañca sakadāgāmiphalañca anāgāmiphalañca arahattañca samāpajjiṃ...pe... rāgo ca me catto... doso ca me catto... moho ca me catto vanto mutto pahīno paṭinissaṭṭho ukkheṭito samukkheṭito. Rāgā ca me cittaṃ vinīvaraṇaṃ... dosā ca me cittaṃ vinīvaraṇanti vattukāmo mohā me cittaṃ vinīvaraṇanti sampajānamusā bhaṇantassa paṭivijānantassa āpatti pārājikassa; na paṭivijānantassa āpatti thullaccayassa. [[ ] etthantare pāṭhā syāmapotthake natthi]

219. Tīhākārehi dutiyañca jhānaṃ tatiyañca jhānaṃ catutthañca jhānaṃ suññatañca vimokkhaṃ animittañca vimokkhaṃ appaṇihitañca vimokkhaṃ suññatañca samādhiṃ animittañca samādhiṃ appaṇihitañca samādhiṃ suññatañca samāpattiṃ animittañca samāpattiṃ appaṇihitañca samāpattiṃ tisso ca vijjā cattāro ca satipaṭṭhāne cattāro ca sammappadhāne cattāro ca iddhipāde pañca ca indriyāni pañca ca balāni satta ca bojjhaṅge ariyañca aṭṭhaṅgikaṃ maggaṃ sotāpattiphalañca sakadāgāmiphalañca anāgāmiphalañca arahattañca samāpajjiṃ...pe... rāgo ca me catto... doso ca me catto... moho ca me catto vanto mutto pahīno paṭinissaṭṭho ukkheṭito samukkheṭito. Rāgā ca me cittaṃ vinīvaraṇaṃ... dosā

ca me cittaṃ vinīvaraṇaṃ... mohā ca me cittaṃ vinīvaraṇanti vattukāmo paṭhamaṃ jhānaṃ samāpajjinti sampajānamusā bhaṇantassa paṭivijānantassa āpatti pārājikassa; na paṭivijānantassa āpatti thullaccayassa.
Tīhākārehi tatiyañca jhānaṃ catutthañca jhānaṃ...pe... mohā ca me cittaṃ vinīvaraṇaṃ paṭhamañca jhānaṃ samāpajjinti vattukāmo dutiyaṃ jhānaṃ samāpajjinti sampajānamusā bhaṇantassa paṭivijānantassa āpatti pārājikassa; na paṭivijānantassa āpatti thullaccayassa.
Tīhākārehi...pe... sattahākārehi mohā ca me cittaṃ vinīvaraṇaṃ paṭhamañca jhānaṃ dutiyañca jhānaṃ tatiyañca jhānaṃ catutthañca jhānaṃ...pe... rāgā ca me cittaṃ vinīvaraṇanti vattukāmo dosā me cittaṃ vinīvaraṇanti sampajānamusā bhaṇantassa paṭivijānantassa āpatti pārājikassa ; na paṭivijānantassa āpatti thullaccayassa. Pubbevassa hoti musā bhaṇissanti, bhaṇantassa hoti musā bhaṇāmīti, bhaṇitassa hoti musā mayā bhaṇitanti, vinidhāya diṭṭhiṃ, vinidhāya khantiṃ, vinidhāya ruciṃ, vinidhāya bhāvaṃ.
Vatthuvisārakassa sabbamūlakaṃ niṭṭhitaṃ.
Vatthuvisārakassa cakkapeyyālaṃ niṭṭhitaṃ.
Vatthukāmavārakathā niṭṭhitā.
220. Tīhākārehi yo te vihāre vasi so bhikkhu paṭhamaṃ jhānaṃ samāpajji... samāpajjati... samāpanno... so bhikkhu paṭhamassa jhānassa lābhī... vasī... tena bhikkhunā paṭhamaṃ jhānaṃ sacchikatanti sampajānamusā bhaṇantassa paṭivijānantassa āpatti thullaccayassa; na paṭivijānantassa āpatti dukkaṭassa.
Catūhākārehi ... pañcahākārehi... chahākārehi... sattahākārehi yo te vihāre vasi so bhikkhu paṭhamaṃ jhānaṃ samāpajji... samāpajjati... samāpanno... so bhikkhu paṭhamassa jhānassa lābhī... vasī... tena bhikkhunā paṭhamaṃ jhānaṃ sacchikatanti sampajānamusā bhaṇantassa paṭivijānantassa āpatti thullaccayassa; na paṭivijānantassa āpatti dukkaṭassa. Pubbevassa hoti musā bhaṇissanti, bhaṇantassa hoti musā bhaṇāmīti, bhaṇitassa hoti musā mayā bhaṇitanti, vinidhāya diṭṭhiṃ, vinidhāya khantiṃ, vinidhāya ruciṃ, vinidhāya bhāvaṃ.
Tīhākārehi yo te vihāre vasi so bhikkhu dutiyaṃ jhānaṃ... tatiyaṃ jhānaṃ... catutthaṃ jhānaṃ... suññataṃ vimokkhaṃ... animittaṃ vimokkhaṃ... appaṇihitaṃ vimokkhaṃ... suññataṃ samādhiṃ... animittaṃ samādhiṃ... appaṇihitaṃ samādhiṃ... suññataṃ samāpattiṃ... animittaṃ samāpattiṃ... appaṇihitaṃ samāpattiṃ... tisso vijjā... cattāro satipaṭṭhāne... cattāro sammappadhāne... cattāro iddhipāde... pañca indriyāni... pañca balāni... satta bojjhaṅge... ariyaṃ aṭṭhaṅgikaṃ maggaṃ... sotāpattiphalaṃ... sakadāgāmiphalaṃ... anāgāmiphalaṃ... arahattaṃ samāpajji... samāpajjati... samāpanno... so bhikkhu arahattassa lābhī... vasī... tena bhikkhunā arahattaṃ sacchikatanti sampajānamusā bhaṇantassa paṭivijānantassa āpatti thullaccayassa; na paṭivijānantassa āpatti dukkaṭassa.
Tīhākārehi yo te vihāre vasi, tassa bhikkhuno rāgo catto... doso catto... moho catto vanto mutto pahīno paṭinissaṭṭho ukkheṭito samukkheṭitoti sampajānamusā bhaṇantassa paṭivijānantassa āpatti thullaccayassa; na paṭivijānantassa āpatti dukkaṭassa.
Tīhākārehi...pe... sattahākārehi yo te vihāre vasi, tassa bhikkhuno rāgā cittaṃ vinīvaraṇaṃ... dosā cittaṃ vinīvaraṇaṃ... mohā cittaṃ vinīvaraṇanti sampajānamusā bhaṇantassa paṭivijānantassa āpatti thullaccayassa; na paṭivijānantassa āpatti dukkaṭassa...pe... pubbevassa hoti musā bhaṇissanti, bhaṇantassa hoti musā bhaṇāmīti, bhaṇitassa hoti musā mayā bhaṇitanti, vinidhāya diṭṭhiṃ, vinidhāya khantiṃ, vinidhāya ruciṃ, vinidhāya bhāvaṃ.
Tīhākārehi...pe... sattahākārehi yo te vihāre vasi so bhikkhu suññāgāre paṭhamaṃ jhānaṃ... dutiyaṃ jhānaṃ... tatiyaṃ jhānaṃ... catutthaṃ jhānaṃ samāpajji ... samāpajjati... samāpanno... so bhikkhu suññāgāre catutthassa jhānassa lābhī... vasī... tena bhikkhunā suññāgāre catutthaṃ jhānaṃ sacchikatanti sampajānamusā bhaṇantassa paṭivijānantassa āpatti thullaccayassa; na paṭivijānantassa āpatti dukkaṭassa. Pubbevassa hoti musā bhaṇissanti, bhaṇantassa hoti musā bhaṇāmīti bhaṇitassa hoti, musā mayā bhaṇitanti, vinidhāya diṭṭhiṃ, vinidhāya khantiṃ, vinidhāya ruciṃ, vinidhāya bhāvaṃ.
Yathā idaṃ vitthāritaṃ evameva sesānipi vitthāretabbāni.
221. Tīhākārehi...pe... sattahākārehi yo te cīvaraṃ paribhuñji... yo te piṇḍapātaṃ paribhuñji... yo te senāsanaṃ paribhuñji... yo te gilānappaccayabhesajjaparikkhāraṃ paribhuñji so bhikkhu suññāgāre catutthaṃ jhānaṃ samāpajji... samāpajjati... samāpanno... so bhikkhu suññāgāre catutthassa jhānassa lābhī... vasī... tena bhikkhunā suññāgāre catutthaṃ jhānaṃ sacchikatanti sampajānamusā bhaṇantassa paṭivijānantassa āpatti thullaccayassa; na paṭivijānantassa āpatti dukkaṭassa...pe... vinidhāya bhāvaṃ.
Tīhākārehi...pe... sattahākārehi yena te vihāro paribhutto... yena te cīvaraṃ paribhuttaṃ... yena te piṇḍapāto paribhutto... yena te senāsanaṃ paribhuttaṃ... yena te gilānappaccayabhesajjaparikkhāro paribhutto... so bhikkhu suññāgāre catutthaṃ jhānaṃ samāpajji... samāpajjati... samāpanno... so bhikkhu suññāgāre catutthassa jhānassa lābhī... vasī... tena bhikkhunā suññāgāre catutthaṃ jhānaṃ sacchikatanti sampajānamusā bhaṇantassa paṭivijānantassa āpatti thullaccayassa; na paṭivijānantassa āpatti dukkaṭassa...pe... vinidhāya bhāvaṃ.
Tīhākārehi ...pe... sattahākārehi yaṃ tvaṃ āgamma vihāraṃ adāsi... cīvaraṃ adāsi... piṇḍapātaṃ adāsi... senāsanaṃ adāsi... gilānappaccayabhesajjaparikkhāraṃ adāsi so bhikkhu suññāgāre catutthaṃ jhānaṃ samāpajji... samāpajjati... samāpanno... so bhikkhu suññāgāre catutthassa jhānassa lābhī... vasī... tena bhikkhunā suññāgāre catutthaṃ jhānaṃ sacchikatanti sampajānamusā bhaṇantassa

paṭivijānantassa āpatti thullaccayassa; na paṭivijānantassa āpatti dukkaṭassa. Pubbevassa hoti musā bhaṇissanti , bhaṇantassa hoti musā bhaṇāmīti, bhaṇitassa hoti musā mayā bhaṇitanti, vinidhāya diṭṭhiṃ, vinidhāya khantiṃ, vinidhāya ruciṃ, vinidhāya bhāvaṃ.

Peyyālapannarasakaṃ niṭṭhitaṃ.

Paccayappaṭisaṃyuttavārakathā niṭṭhitā.

Uttarimanussadhammacakkapeyyālaṃ niṭṭhitaṃ.

222. Anāpatti adhimānena, anullapanādhippāyassa, ummattakassa, khittacittassa, vedanāṭṭassa, ādikammikassāti.

Vinītavatthuuddānagāthā

Adhimāne [adhimānena (pī.)] araññamhi, piṇḍopajjhāriyāpatho;
Saṃyojanā rahodhammā, vihāro paccupaṭṭhito.
Na dukkaraṃ vīriyamathopi maccuno;
Bhāyāvuso vippaṭisāri sammā;
Viriyena yogena ārādhanāya;
Atha vedanāya adhivāsanā duve.
Brāhmaṇe pañca vatthūni, aññaṃ byākaraṇā tayo;
Agārāvaraṇā kāmā, rati cāpi apakkami.
Aṭṭhi pesi ubho gāvaghātakā;
Piṇḍo sākuṇiko nicchavi orabbhi;
Asi ca sūkariko satti māgavi;
Usu ca kāraṇiko sūci sārathi.
Yo ca sibbīyati sūcako hi so;
Aṇḍabhāri ahu gāmakūṭako;
Kūpe nimuggo hi so pāradāriko;
Gūthakhādī ahu duṭṭhabrāhmaṇo.
Nicchavitthī aticārinī ahu;
Maṅgulitthī ahu ikkhaṇitthikā;
Okilinī hi sapattaṅgārokiri;
Sīsacchinno ahu coraghātako.
Bhikkhu bhikkhunī sikkhamānā;
Sāmaṇero atha sāmaṇerikā;
Kassapassa vinayasmiṃ pabbajaṃ;
Pāpakammamakariṃsu tāvade.
Tapodā rājagahe yuddhaṃ, nāgānogāhanena ca;
Sobhito arahaṃ bhikkhu, pañcakappasataṃ sareti.

Vinītavatthu

223. Tena kho pana samayena aññataro bhikkhu adhimānena aññaṃ byākāsi. Tassa kukkuccaṃ ahosi – ''bhagavatā sikkhāpadaṃ paññattaṃ. Kacci nu kho ahaṃ pārājikaṃ āpattiṃ āpanno''ti? Bhagavato etamatthaṃ ārocesi. ''Anāpatti, bhikkhu, adhimānenā''ti.

Tena kho pana samayena aññataro bhikkhu paṇidhāya araññe viharati – ''evaṃ maṃ jano sambhāvessatī''ti. Taṃ jano sambhāvesi. Tassa kukkuccaṃ ahosi...pe... ''anāpatti, bhikkhu, pārājikassa. Na ca, bhikkhave, paṇidhāya araññe vatthabbaṃ. Yo vaseyya, āpatti dukkaṭassā''ti.

Tena kho pana samayena aññataro bhikkhu paṇidhāya piṇḍāya carati – ''evaṃ maṃ jano sambhāvessatī''ti. Taṃ jano sambhāvesi. Tassa kukkuccaṃ ahosi...pe... ''anāpatti, bhikkhu, pārājikassa. Na ca, bhikkhave, paṇidhāya piṇḍāya caritabbaṃ. Yo careyya, āpatti dukkaṭassā''ti.

Tena kho pana samayena aññataro bhikkhu aññataraṃ bhikkhuṃ etadavoca – ''ye, āvuso, amhākaṃ upajjhāyassa saddhivihārikā sabbeva arahanto''ti. Tassa kukkuccaṃ ahosi...pe... ''kiṃcitto tvaṃ, bhikkhū''ti? ''Ullapanādhippāyo ahaṃ, Bhagavā''ti. ''Anāpatti, bhikkhu, pārājikassa; āpatti thullaccayassā''ti.

Tena kho pana samayena aññataro bhikkhu aññataraṃ bhikkhuṃ etadavoca – ''ye, āvuso, amhākaṃ upajjhāyassa antevāsikā sabbeva mahiddhikā mahānubhāvā''ti. Tassa kukkuccaṃ ahosi...pe... ''kiṃcitto tvaṃ, bhikkhū''ti? ''Ullapanādhippāyo ahaṃ, Bhagavā''ti. ''Anāpatti, bhikkhu, pārājikassa; āpatti thullaccayassā''ti.

Tena kho pana samayena aññataro bhikkhu paṇidhāya caṅkamati... paṇidhāya tiṭṭhati... paṇidhāya nisīdati... paṇidhāya seyyaṃ kappeti – ''evaṃ maṃ jano sambhāvessatī''ti. Taṃ jano sambhāvesi. Tassa kukkuccaṃ ahosi...pe... ''anāpatti, bhikkhu, pārājikassa. Na ca, bhikkhave, paṇidhāya seyyā kappetabbā. Yo kappeyya, āpatti dukkaṭassā''ti.

Tena kho pana samayena aññataro bhikkhu aññatarassa bhikkhuno uttarimanussadhammaṃ ullapati. Sopi evamāha – ''mayhampi, āvuso, saṃyojanā pahīnā''ti. Tassa kukkuccaṃ ahosi...pe... ''āpattiṃ tvaṃ, bhikkhu, āpanno pārājika''nti.

224. Tena kho pana samayena aññataro bhikkhu rahogato uttarimanussadhammaṃ ullapati. Paracittavidū bhikkhu taṃ bhikkhuṃ apasādesi – ''mā, āvuso, evarūpaṃ abhaṇi. Nattheso tuyha''nti. Tassa kukkuccaṃ ahosi...pe... ''anāpatti, bhikkhu, pārājikassa; āpatti dukkaṭassā''ti.

Tena kho pana samayena aññataro bhikkhu rahogato uttarimanussadhammaṃ ullapati. Devatā taṃ bhikkhuṃ apasādesi – ''mā, bhante, evarūpaṃ abhaṇi. Nattheso tuyha''nti. Tassa kukkuccaṃ ahosi...pe... ''anāpatti, bhikkhu, pārājikassa; āpatti dukkaṭassā''ti.

Tena kho pana samayena aññataro bhikkhu aññataraṃ upāsakaṃ etadavoca – ''yo, āvuso , tuyhaṃ vihāre vasati so bhikkhu arahā''ti . So ca tassa vihāre vasati. Tassa kukkuccaṃ ahosi...pe... ''kiṃcitto tvaṃ, bhikkhū''ti? ''Ullapanādhippāyo ahaṃ, Bhagavā''ti. ''Anāpatti, bhikkhu, pārājikassa; āpatti thullaccayassā''ti.

Tena kho pana samayena aññataro bhikkhu aññataraṃ upāsakaṃ etadavoca – ''yaṃ tvaṃ, āvuso, upaṭṭhesi cīvarapiṇḍapātasenāsanagilānappaccayabhesajjaparikkhārena so bhikkhu arahā''ti. So ca taṃ upaṭṭheti cīvarapiṇḍapātasenāsanagilānappaccayabhesajjaparikkhārena. Tassa kukkuccaṃ ahosi...pe... ''kiṃcitto tvaṃ, bhikkhū''ti? ''Ullapanādhippāyo ahaṃ, Bhagavā''ti. ''Anāpatti, bhikkhu, pārājikassa; āpatti thullaccayassā''ti.

225. Tena kho pana samayena aññataro bhikkhu gilāno hoti. Taṃ bhikkhū etadavocuṃ – ''atthāyasmato uttarimanussadhammo''ti? ''Nāvuso, dukkaraṃ aññaṃ byākātu''nti. Tassa kukkuccaṃ ahosi – ''ye kho te bhagavato sāvakā te evaṃ vadeyyuṃ. Ahañcamhi na bhagavato sāvako. Kacci nu kho ahaṃ pārājikaṃ āpattiṃ āpanno''ti? Bhagavato etamatthaṃ ārocesi. ''Kiṃcitto tvaṃ, bhikkhū''ti? ''Anullapanādhippāyo ahaṃ, Bhagavā''ti. ''Anāpatti, bhikkhu, anullapanādhippāyassā''ti .

Tena kho pana samayena aññataro bhikkhu gilāno hoti. Taṃ bhikkhū etadavocuṃ – ''atthāyasmato uttarimanussadhammo''ti? ''Ārādhanīyo kho, āvuso, dhammo āraddhavīriyenā''ti. Tassa kukkuccaṃ ahosi...pe... ''anāpatti, bhikkhu, anullapanādhippāyassā''ti.

Tena kho pana samayena aññataro bhikkhu gilāno hoti. Taṃ bhikkhū etadavocuṃ – ''mā kho, āvuso, bhāyī''ti. Nāhaṃ, āvuso, maccuno bhāyāmī''ti. Tassa kukkuccaṃ ahosi...pe... ''anāpatti, bhikkhu, anullapanādhippāyassā''ti.

Tena kho pana samayena aññataro bhikkhu gilāno hoti. Taṃ bhikkhū etadavocuṃ – ''mā kho, āvuso, bhāyī''ti. ''Yo nūnāvuso, vippaṭisārī assa so bhāyeyyā''ti. Tassa kukkuccaṃ ahosi...pe... ''anāpatti, bhikkhu, anullapanādhippāyassā''ti.

Tena kho pana samayena aññataro bhikkhu gilāno hoti. Taṃ bhikkhū etadavocuṃ – ''atthāyasmato uttarimanussadhammo''ti? ''Ārādhanīyo kho, āvuso, dhammo sammāpayuttenā''ti. Tassa kukkuccaṃ ahosi...pe... ''anāpatti, bhikkhu, anullapanādhippāyassā''ti.

Tena kho pana samayena aññataro bhikkhu gilāno hoti. Taṃ bhikkhū etadavocuṃ – ''atthāyasmato uttarimanussadhammo''ti? ''Ārādhanīyo kho, āvuso, dhammo āraddhavīriyenā''ti. Tassa kukkuccaṃ ahosi...pe... ''anāpatti, bhikkhu, anullapanādhippāyassā''ti.

Tena kho pana samayena aññataro bhikkhu gilāno hoti. Taṃ bhikkhū etadavocuṃ – ''atthāyasmato uttarimanussadhammo''ti? ''Ārādhanīyo kho, āvuso, dhammo yuttayogenā''ti. Tassa kukkuccaṃ ahosi...pe... ''anāpatti, bhikkhu, anullapanādhippāyassā''ti.

Tena kho pana samayena aññataro bhikkhu gilāno hoti. Taṃ bhikkhū etadavocuṃ – ''kaccāvuso, khamanīyaṃ, kacci yāpanīya''nti? ''Nāvuso, sakkā yena vā tena vā adhivāsetu''nti. Tassa kukkuccaṃ ahosi...pe... ''anāpatti, bhikkhu, anullapanādhippāyassā''ti.

Tena kho pana samayena aññataro bhikkhu gilāno hoti. Taṃ bhikkhū etadavocuṃ – ''kaccāvuso khamanīyaṃ, kacci yāpanīya''nti? ''Nāvuso, sakkā puthujjanena adhivāsetu''nti. Tassa kukkuccaṃ ahosi...pe... ''kiṃcitto tvaṃ, bhikkhū''ti? ''Ullapanādhippāyo ahaṃ, Bhagavā''ti. ''Anāpatti, bhikkhu, pārājikassa; āpatti thullaccayassā''ti.

226. Tena kho pana samayena aññataro brāhmaṇo bhikkhū nimantetvā etadavoca – ''āyantu, bhonto arahanto''ti. Tesaṃ kukkuccaṃ ahosi – ''mayañcamha na arahanto [anarahanto (sī.)]. Ayañca brāhmaṇo amhe arahantavādena samudācarati. Kathaṃ nu kho amhehi paṭipajjitabba''nti? Bhagavato etamatthaṃ ārocesuṃ. ''Anāpatti, bhikkhave, pasādabhaññe''ti.

Tena kho pana samayena aññataro brāhmaṇo bhikkhū nimantetvā etadavoca – ''nisīdantu, bhonto arahanto''ti... ''bhuñjantu, bhonto arahanto''ti... ''tappentu, bhonto arahanto''ti... ''gacchantu, bhonto arahanto''ti. Tesaṃ kukkuccaṃ ahosi – ''mayañcamha na arahanto. Ayañca brāhmaṇo amhe arahantavādena samudācarati. Kathaṃ nu kho amhehi paṭipajjitabba''nti? Bhagavato etamatthaṃ ārocesuṃ. ''Anāpatti, bhikkhave, pasādabhaññe''ti.

Tena kho pana samayena aññataro bhikkhu aññatarassa bhikkhuno uttarimanussadhammaṃ ullapati. Sopi evamāha – ''mayhampi, āvuso, āsavā pahīnā''ti. Tassa kukkuccaṃ ahosi...pe... ''āpattiṃ tvaṃ, bhikkhu, āpanno pārājika''nti.

Tena kho pana samayena aññataro bhikkhu aññatarassa bhikkhuno uttarimanussadhammaṃ ullapati. Sopi evamāha – ''mayhampi, āvuso, ete dhammā saṃvijjantī''ti. Tassa kukkuccaṃ ahosi...pe... ''āpattiṃ tvaṃ, bhikkhu, āpanno pārājika''nti.

Tena kho pana samayena aññataro bhikkhu aññatarassa bhikkhuno uttarimanussadhammaṃ ullapati. Sopi evamāha – ''ahampāvuso, tesu dhammesu sandissāmī''ti. Tassa kukkuccaṃ ahosi...pe... ''āpattiṃ tvaṃ , bhikkhu, āpanno pārājika''nti.

Tena kho pana samayena aññataraṃ bhikkhuṃ ñātakā etadavocuṃ – ''ehi, bhante, agāraṃ ajjhāvasā''ti. ''Abhabbo kho, āvuso, mādiso agāraṃ ajjhāvasitu''nti. Tassa kukkuccaṃ ahosi...pe... ''anāpatti, bhikkhu, anullapanādhippāyassā''ti.

227. Tena kho pana samayena aññataraṃ bhikkhuṃ ñātakā etadavocuṃ – ''ehi, bhante, kāme paribhuñjā''ti. ''Āvaṭā me, āvuso, kāmā''ti. Tassa kukkuccaṃ ahosi...pe... ''anāpatti, bhikkhu, anullapanādhippāyassā''ti.

Tena kho pana samayena aññataraṃ bhikkhuṃ ñātakā etadavocuṃ – ''abhiramasi, bhante''ti? ''Abhirato ahaṃ, āvuso, paramāya abhiratiyā''ti. Tassa kukkuccaṃ ahosi. ''Ye kho te bhagavato sāvakā te evaṃ vadeyyuṃ! Ahañcamhi na bhagavato sāvako. Kacci nu kho ahaṃ pārājikaṃ āpattiṃ āpanno''ti? Bhagavato etamatthaṃ ārocesi. ''Kiṃcitto tvaṃ, bhikkhū''ti? ''Anullapanādhippāyo ahaṃ, Bhagavā''ti. ''Anāpatti, bhikkhu, anullapanādhippāyassā''ti.

Tena kho pana samayena sambahulā bhikkhū katikaṃ katvā aññatarasmiṃ āvāse vassaṃ upagacchiṃsu – ''yo imamhā āvāsā paṭhamaṃ pakkamissati taṃ mayaṃ arahāti jānissāmā''ti. Aññataro bhikkhu – ''maṃ arahāti jānantū''ti, tamhā āvāsā paṭhamaṃ pakkāmi. Tassa kukkuccaṃ ahosi...pe... ''āpattiṃ tvaṃ, bhikkhu, āpanno pārājika''nti.

228.[imāni vatthuni saṃ. ni. 2.202 āgatāni] Tena samayena buddho Bhagavā rājagahe viharati veḷuvane kalandakanivāpe. Tena kho pana samayena āyasmā ca lakkhaṇo āyasmā ca mahāmoggallāno gijjhakūṭe pabbate viharanti. Atha kho āyasmā mahāmoggallāno pubbaṇhasamayaṃ nivāsetvā pattacīvaraṃ ādāya yenāyasmā lakkhaṇo tenupasaṅkami; upasaṅkamitvā āyasmantaṃ lakkhaṇaṃ etadavoca – ''āyāmāvuso lakkhaṇa, rājagahaṃ piṇḍāya pavisissāmā''ti. ''Evamāvuso''ti kho āyasmā lakkhaṇo āyasmato mahāmoggallānassa paccassosi. Atha kho āyasmā mahāmoggallāno gijjhakūṭā pabbatā orohanto aññatarasmiṃ padese sitaṃ pātvākāsi. Atha kho āyasmā lakkhaṇo āyasmantaṃ mahāmoggallānaṃ etadavoca – ''ko nu kho, āvuso moggallāna, hetu ko paccayo sitassa pātukammāyā''ti? ''Akālo kho, āvuso lakkhaṇa, etassa pañhassa [pañhassa byākaraṇāya (syā.)]. Bhagavato maṃ santike etaṃ pañhaṃ pucchāti. Atha kho āyasmā ca lakkhaṇo āyasmā ca mahāmoggallāno rājagahe piṇḍāya caritvā pacchābhattaṃ piṇḍapātapaṭikkantā yena Bhagavā tenupasaṅkamiṃsu; upasaṅkamitvā bhagavantaṃ abhivādetvā ekamantaṃ nisīdiṃsu. Ekamantaṃ nisinno kho āyasmā lakkhaṇo āyasmantaṃ mahāmoggallānaṃ etadavoca – ''idhāyasmā mahāmoggallāno gijjhakūṭā pabbatā orohanto aññatarasmiṃ padese sitaṃ pātvākāsi. Ko nu kho, āvuso moggallāna, hetu ko paccayo sitassa pātukammāyā''ti? ''Idhāhaṃ, āvuso, gijjhakūṭā pabbatā orohanto addasaṃ aṭṭhikasaṅkhalikaṃ vehāsaṃ gacchantiṃ. Tamenaṃ gijjhāpi kākāpi kulalāpi anupatitvā anupatitvā phāsuḷantarikāhi vituḍenti [vitudenti vitacchenti virājenti (syā.)]. Sā sudaṃ aṭṭassaraṃ karoti. Tassa mayhaṃ, āvuso, etadahosi – 'acchariyaṃ vata bho, abbhutaṃ vata bho, evarūpopi nāma satto bhavissati! Evarūpopi nāma yakkho bhavissati! Evarūpopi nāma attabhāvappaṭilābho bhavissatī'''ti! Bhikkhū ujjhāyanti khiyyanti vipācenti – ''uttarimanussadhammaṃ āyasmā mahāmoggallāno ullapatī''ti. Atha kho Bhagavā bhikkhū āmantesi – ''cakkhubhūtā vata, bhikkhave, sāvakā viharanti. Ñāṇabhūtā vata, bhikkhave, sāvakā viharanti. Yatra hi nāma sāvako evarūpaṃ ñassati vā dakkhati vā sakkhiṃ vā karissati. Pubbeva me so, bhikkhave, satto diṭṭho ahosi. Api cāhaṃ na byākāsiṃ. Ahañcetaṃ byākareyyaṃ pare ca me na saddaheyyuṃ. Ye me na saddaheyyuṃ tesaṃ taṃ assa dīgharattaṃ ahitāya dukkhāya. Eso, bhikkhave, satto imasmiṃyeva rājagahe goghātako ahosi. So tassa kammassa vipākena bahūni vassāni bahūni vassasatāni bahūni vassasahassāni bahūni vassasatasahassāni niraye paccitvā tasseva kammassa vipākāvasesena evarūpaṃ attabhāvappaṭilābhaṃ paṭisaṃvedeti. Saccaṃ, bhikkhave, moggallāno āha. Anāpatti, bhikkhave, moggallānassā''ti.

229. ''Idhāhaṃ, āvuso, gijjhakūṭā pabbatā orohanto addasaṃ maṃsapesiṃ vehāsaṃ gacchantiṃ. Tamenaṃ gijjhāpi kākāpi kulalāpi anupatitvā anupatitvā vitacchenti vibhajjenti [vitudenti vitacchenti virājenti (syā.)]. Sā sudaṃ aṭṭassaraṃ karoti...pe... eso, bhikkhave, satto imasmiṃyeva rājagahe goghātako ahosi...pe....

''Idhāhaṃ, āvuso, gijjhakūṭā pabbatā orohanto addasaṃ maṃsapiṇḍaṃ vehāsaṃ gacchantaṃ. Tamenaṃ gijjhāpi kākāpi kulalāpi anupatitvā anupatitvā vitacchenti vibhajjenti. So sudaṃ aṭṭassaraṃ karoti...pe... eso, bhikkhave, satto imasmiṃyeva rājagahe sākuṇiko ahosi...pe....

''Idhāhaṃ, āvuso, gijjhakūṭā pabbatā orohanto addasaṃ nicchaviṃ purisaṃ vehāsaṃ gacchantaṃ. Tamenaṃ gijjhāpi kākāpi kulalāpi anupatitvā anupatitvā vitacchenti vibhajjenti. So sudaṃ aṭṭassaraṃ karoti...pe... eso, bhikkhave, satto imasmiṃyeva rājagahe orabbhiko ahosi...pe....

''Idhāhaṃ, āvuso, gijjhakūṭā pabbatā orohanto addasaṃ asilomaṃ purisaṃ vehāsaṃ gacchantaṃ . Tassa te asī uppatitvā uppatitvā tasseva kāye nipatanti. So sudaṃ aṭṭassaraṃ karoti...pe... eso, bhikkhave, satto imasmiṃyeva rājagahe sūkariko ahosi...pe....

''Idhāhaṃ, āvuso, gijjhakūṭā pabbatā orohanto addasaṃ sattilomaṃ purisaṃ vehāsaṃ gacchantaṃ. Tassa tā sattiyo uppatitvā uppatitvā tasseva kāye nipatanti. So sudaṃ aṭṭassaraṃ karoti...pe... eso, bhikkhave, satto imasmiṃyeva rājagahe māgaviko ahosi...pe....
''Idhāhaṃ, āvuso, gijjhakūṭā pabbatā orohanto addasaṃ usulomaṃ purisaṃ vehāsaṃ gacchantaṃ. Tassa te usū uppatitvā uppatitvā tasseva kāye nipatanti. So sudaṃ aṭṭassaraṃ karoti...pe... eso, bhikkhave, satto imasmiṃyeva rājagahe kāraṇiko ahosi...pe....
''Idhāhaṃ, āvuso, gijjhakūṭā pabbatā orohanto addasaṃ sūcilomaṃ purisaṃ vehāsaṃ gacchantaṃ. Tassa tā sūciyo uppatitvā uppatitvā tasseva kāye nipatanti. So sudaṃ aṭṭassaraṃ karoti...pe... eso, bhikkhave, satto imasmiṃyeva rājagahe sārathiko ahosi...pe....
''Idhāhaṃ, āvuso, gijjhakūṭā pabbatā orohanto addasaṃ sūcilomaṃ purisaṃ vehāsaṃ gacchantaṃ. Tassa tā sūciyo sīse pavisitvā mukhato nikkhamanti; mukhe pavisitvā urato nikkhamanti; ure pavisitvā udarato nikkhamanti; udare pavisitvā ūrūhi nikkhamanti; ūrūsu pavisitvā jaṅghāhi nikkhamanti; jaṅghāsu pavisitvā pādehi nikkhamanti. So sudaṃ aṭṭassaraṃ karoti...pe... eso, bhikkhave, satto imasmiṃyeva rājagahe sūcako ahosi...pe....
''Idhāhaṃ, āvuso, gijjhakūṭā pabbatā orohanto addasaṃ kumbhaṇḍaṃ purisaṃ vehāsaṃ gacchantaṃ. So gacchantopi teva aṇḍe khandhe āropetvā gacchati, nisīdantopi tesveva aṇḍesu nisīdati. Tamenaṃ gijjhāpi kākāpi kulalāpi anupatitvā anupatitvā vitacchenti vibhajjenti. So sudaṃ aṭṭassaraṃ karoti...pe... eso, bhikkhave, satto imasmiṃyeva rājagahe gāmakūṭo ahosi...pe....
''Idhāhaṃ, āvuso, gijjhakūṭā pabbatā orohanto addasaṃ purisaṃ gūthakūpe sasīsakaṃ nimuggaṃ...pe... eso, bhikkhave, satto imasmiṃyeva rājagahe pāradāriko ahosi...pe....
''Idhāhaṃ, āvuso, gijjhakūṭā pabbatā orohanto addasaṃ purisaṃ gūthakūpe sasīsakaṃ nimuggaṃ ubhohi hatthehi gūthaṃ khādantaṃ...pe... eso, bhikkhave, satto imasmiṃyeva rājagahe duṭṭhabrāhmaṇo ahosi. So kassapassa sammāsambuddhassa pāvacane bhikkhusaṅghaṃ bhattena nimantetvā doṇiyo [doṇiyo (itipi)] gūthassa pūrāpetvā kālaṃ ārocāpetvā etadavoca – 'ato [ito (syā.) aho (itipi)], bhonto, yāvadatthaṃ bhuñjantu ceva harantu cā''ti...pe....
230. ''Idhāhaṃ, āvuso, gijjhakūṭā pabbatā orohanto addasaṃ nicchaviṃ itthiṃ vehāsaṃ gacchantiṃ. Tamenaṃ gijjhāpi kākāpi kulalāpi anupatitvā anupatitvā vitacchenti vibhajjenti. Sā sudaṃ aṭṭassaraṃ karoti...pe... esā, bhikkhave, itthī imasmiṃyeva rājagahe aticārinī ahosi...pe....
''Idhāhaṃ, āvuso, gijjhakūṭā pabbatā orohanto addasaṃ itthiṃ duggandhaṃ maṅguliṃ vehāsaṃ gacchantiṃ. Tamenaṃ gijjhāpi kākāpi kulalāpi anupatitvā anupatitvā vitacchenti vibhajjenti. Sā sudaṃ aṭṭassaraṃ karoti...pe... esā, bhikkhave, itthī imasmiṃyeva rājagahe ikkhaṇikā ahosi...pe....
''Idhāhaṃ, āvuso, gijjhakūṭā pabbatā orohanto addasaṃ itthiṃ uppakkaṃ okiliniṃ okiriniṃ vehāsaṃ gacchantiṃ. Sā sudaṃ aṭṭassaraṃ karoti...pe... esā, bhikkhave , itthī kāliṅgassa rañño aggamahesī ahosi. Sā issāpakatā sapattiṃ aṅgārakaṭāhena okiri...pe....
''Idhāhaṃ, āvuso, gijjhakūṭā pabbatā orohanto addasaṃ asīsakaṃ kabandhaṃ vehāsaṃ gacchantaṃ. Tassa ure akkhīni ceva honti mukhañca. Tamenaṃ gijjhāpi kākāpi kulalāpi anupatitvā anupatitvā vitacchenti vibhajjenti. So sudaṃ aṭṭassaraṃ karoti...pe... eso, bhikkhave, satto imasmiṃyeva rājagahe hāriko nāma coraghātako ahosi...pe....
''Idhāhaṃ, āvuso, gijjhakūṭā pabbatā orohanto addasaṃ bhikkhuṃ vehāsaṃ gacchantaṃ. Tassa saṅghāṭipi ādittā sampajjalitā sajotibhūtā, pattopi āditto sampajjalito sajotibhūto, kāyabandhanampi ādittaṃ sampajjalitaṃ sajotibhūtaṃ, kāyopi āditto sampajjalito sajotibhūto. So sudaṃ aṭṭassaraṃ karoti...pe... eso, bhikkhave, bhikkhu kassapassa sammāsambuddhassa pāvacane pāpabhikkhu ahosi...pe....
''Idhāhaṃ, āvuso, gijjhakūṭā pabbatā orohanto addasaṃ bhikkhuniṃ... addasaṃ sikkhamānaṃ... addasaṃ sāmaṇeraṃ... addasaṃ sāmaṇeriṃ vehāsaṃ gacchantiṃ. Tassā saṅghāṭipi ādittā sampajjalitā sajotibhūtā, pattopi āditto sampajjalito sajotibhūto, kāyabandhanampi ādittaṃ sampajjalitaṃ sajotibhūtaṃ, kāyopi āditto sampajjalito sajotibhūto. Sā sudaṃ aṭṭassaraṃ karoti. Tassa mayhaṃ, āvuso, etadahosi – 'acchariyaṃ vata bho, abbhutaṃ vata bho, evarūpopi nāma satto bhavissati! Evarūpopi nāma yakkho bhavissati! Evarūpopi nāma attabhāvappaṭilābho bhavissatī''ti! Bhikkhū ujjhāyanti khiyyanti vipācenti – ''uttarimanussadhammaṃ āyasmā mahāmoggallāno ullapatī''ti.
Atha kho Bhagavā bhikkhū āmantesi – ''cakkhubhūtā vata, bhikkhave, sāvakā viharanti. Ñāṇabhūtā vata , bhikkhave, sāvakā viharanti. Yatra hi nāma sāvako evarūpaṃ ñassati vā dakkhati vā sakkhiṃ vā karissati! Pubbeva me sā, bhikkhave, sāmaṇerī diṭṭhā ahosi. Api cāhaṃ na byākāsiṃ. Ahañcetaṃ byākareyyaṃ pare ca me na saddaheyyuṃ. Ye me na saddaheyyuṃ tesaṃ taṃ assa dīgharattaṃ ahitāya dukkhāya. Esā, bhikkhave, sāmaṇerī kassapassa sammāsambuddhassa pāvacane pāpasāmaṇerī ahosi. Sā tassa kammassa vipākena bahūni vassāni bahūni vassasatāni bahūni vassasahassāni bahūni vassasatasahassāni niraye paccitvā tasseva kammassa vipākāvasesena evarūpaṃ attabhāvappaṭilābhaṃ paṭisaṃvedeti. Saccaṃ, bhikkhave, moggallāno āha. Anāpatti, bhikkhave, moggallānassā''ti.
231. Atha kho āyasmā mahāmoggallāno bhikkhū āmantesi – ''yatāyaṃ, āvuso, tapodā sandati so daho acchodako sītodako sātodako setako suppatittho ramaṇīyo pahūtamacchakacchapo cakkamattāni ca

padumāni pupphantī''ti. Bhikkhū ujjhāyanti khiyyanti vipācenti – ''kathañhi nāma āyasmā mahāmoggallāno evaṃ vakkhati – 'yatāyaṃ, āvuso, tapodā sandati so daho acchodako sītodako sātodako setako suppatittho ramaṇīyo pahūtamacchakacchapo cakkamattāni ca padumāni pupphantī'ti. Atha ca panāyaṃ tapodā kuthitā sandati. Uttarimanussadhammaṃ āyasmā mahāmoggallāno ullapatī''ti. Bhagavato etamatthaṃ ārocesuṃ. ''Yatāyaṃ, bhikkhave, tapodā sandati so daho acchodako sītodako sātodako setako suppatittho ramaṇīyo pahūtamacchakacchapo cakkamattāni ca padumāni pupphanti. Api cāyaṃ, bhikkhave, tapodā dvinnaṃ mahānirayānaṃ antarikāya āgacchati. Tenāyaṃ tapodā kuthitā sandati. Saccaṃ, bhikkhave, moggallāno āha. Anāpatti, bhikkhave, moggallānassā''ti.

Tena kho pana samayena rājā māgadho seniyo bimbisāro licchavīhi saddhiṃ saṅgāmento pabhaggo ahosi. Atha rājā pacchā senaṃ saṅkaḍḍhitvā licchavayo parājesi. Saṅgāme ca nandi carati – ''raññā licchavī pabhaggā''ti. Atha kho āyasmā mahāmoggallāno bhikkhū āmantesi – ''rājā, āvuso, licchavīhi pabhaggo''ti. Bhikkhū ujjhāyanti khiyyanti vipācenti – ''kathañhi nāma āyasmā mahāmoggallāno evaṃ vakkhati – 'rājā , āvuso, licchavīhi pabhaggo'ti! Saṅgāme ca nandiṃ carati – 'raññā licchavī pabhaggā'ti! Uttarimanussadhammaṃ āyasmā mahāmoggallāno ullapatī''ti. Bhagavato etamatthaṃ ārocesuṃ. ''Paṭhamaṃ, bhikkhave, rājā licchavīhi pabhaggo. Atha rājā pacchā senaṃ saṅkaḍḍhitvā licchavayo parājesi. Saccaṃ, bhikkhave, moggallāno āha. Anāpatti, bhikkhave, moggallānassā''ti.

232. Atha kho āyasmā mahāmoggallāno bhikkhū āmantesi – ''idhāhaṃ, āvuso, sappinikāya nadiyā tīre āneñjaṃ samādhiṃ samāpanno nāgānaṃ ogayha uttarantānaṃ koñcaṃ karontānaṃ saddaṃ assosi''nti. Bhikkhū ujjhāyanti khiyyanti vipācenti – ''kathañhi nāma āyasmā mahāmoggallāno āneñjaṃ samādhiṃ samāpanno saddaṃ sossati! Uttarimanussadhammaṃ āyasmā mahāmoggallāno ullapatī''ti. Bhagavato etamatthaṃ ārocesuṃ. ''Attheso, bhikkhave, samādhi so ca kho aparisuddho. Saccaṃ, bhikkhave, moggallāno āha. Anāpatti, bhikkhave, moggallānassā''ti.

Atha kho āyasmā sobhito bhikkhū āmantesi – ''ahaṃ, āvuso, pañca kappasatāni anussarāmī''ti. Bhikkhū ujjhāyanti khiyyanti vipācenti – ''kathañhi nāma āyasmā sobhito evaṃ vakkhati – 'ahaṃ, āvuso , pañca kappasatāni anussarāmī'ti! Uttarimanussadhammaṃ āyasmā sobhito ullapatī''ti. Bhagavato etamatthaṃ ārocesuṃ. ''Atthesā, bhikkhave, sobhitassa. Sā ca kho ekāyeva jāti. Saccaṃ, bhikkhave, sobhito āha. Anāpatti, bhikkhave, sobhitassāti.

Catutthapārājikaṃ samattaṃ.

233. Uddiṭṭhā kho āyasmanto cattāro pārājikā dhammā, yesaṃ bhikkhu aññataraṃ vā aññataraṃ vā āpajjitvā na labhati bhikkhūhi saddhiṃ saṃvāsaṃ, yathā pure tathā pacchā, pārājiko hoti asaṃvāso. Tatthāyasmante pucchāmi – ''kaccittha parisuddhā''? Dutiyampi pucchāmi – ''kaccittha parisuddhā''? Tatiyampi pucchāmi – ''kaccittha parisuddhā''? Parisuddhetthāyasmanto, tasmā tuṇhī, evametaṃ dhārayāmīti.

Pārājikaṃ niṭṭhitaṃ.

Tassuddānaṃ –

Methunādinnādānañca, manussaviggahuttari;
Pārājikāni cattāri, chejjavatthū asaṃsayāti.

Pārājikakaṇḍaṃ niṭṭhitaṃ.

2. Saṅghādisesakaṇḍaṃ

1. Sukkavissaṭṭhisikkhāpadaṃ

Ime kho panāyasmanto terasa saṅghādisesā
Dhammā uddesaṃ āgacchanti.

234. Tena samayena buddho Bhagavā sāvatthiyaṃ viharati jetavane anāthapiṇḍikassa ārāme. Tena kho pana samayena āyasmā seyyasako anabhirato brahmacariyaṃ carati. So tena kiso hoti lūkho dubbaṇṇo uppaṇḍuppaṇḍukajāto dhamanisanthatagatto. Addasa kho āyasmā udāyī āyasmantaṃ seyyasakaṃ kisaṃ lūkhaṃ dubbaṇṇaṃ uppaṇḍuppaṇḍukajātaṃ dhamanisanthatagattaṃ. Disvāna āyasmantaṃ seyyasakaṃ etadavoca – ''kissa tvaṃ, āvuso seyyasaka, kiso lūkho dubbaṇṇo uppaṇḍuppaṇḍukajāto dhamanisanthatagatto? Kacci no tvaṃ, āvuso seyyasaka, anabhirato brahmacariyaṃ carasī''ti? ''Evamāvuso''ti. ''Tena hi tvaṃ, āvuso seyyasaka, yāvadatthaṃ bhuñja yāvadatthaṃ supa yāvadatthaṃ nhāya. Yāvadatthaṃ bhuñjitvā yāvadatthaṃ supitvā yāvadatthaṃ nhāyitvā yadā te anabhirati uppajjati rāgo cittaṃ anuddhaṃseti tadā hatthena upakkamitvā asuciṃ mocehī''ti. ''Kiṃ nu kho, āvuso, kappati evarūpaṃ kātu''nti? ''Āma, āvuso. Ahampi evaṃ karomī''ti.

Atha kho āyasmā seyyasako yāvadatthaṃ bhuñji yāvadatthaṃ supi yāvadatthaṃ nhāyi. Yāvadatthaṃ bhuñjitvā yāvadatthaṃ supitvā yāvadatthaṃ nhāyitvā yadā anabhirati uppajjati rāgo cittaṃanuddhaṃseti tadā hatthena upakkamitvā asuciṃ mocesi . Atha kho āyasmā seyyasako aparena samayena vaṇṇavā ahosi pīṇindriyo pasannamukhavaṇṇo vippasannachavivaṇṇo. Atha kho āyasmato seyyasakassa sahāyakā bhikkhū āyasmantaṃ seyyasakaṃ etadavocuṃ – ''pubbe kho tvaṃ, āvuso seyyasaka, kiso ahosi lūkho

dubbaṇṇo uppaṇḍuppaṇḍukajāto dhamanisanthatagatto. So dāni tvaṃ etarahi vaṇṇavā pīṇindriyo pasannamukhavaṇṇo vippasannachavivaṇṇo. Kiṃ nu kho tvaṃ, āvuso seyyasaka, bhesajjaṃ karosī''ti? ''Na kho ahaṃ, āvuso, bhesajjaṃ karomi . Apicāhaṃ yāvadatthaṃ bhuñjāmi yāvadatthaṃ supāmi yāvadatthaṃ nhāyāmi. Yāvadatthaṃ bhuñjitvā yāvadatthaṃ supitvā yāvadatthaṃ nhāyitvā yadā me anabhirati uppajjati rāgo cittaṃ anuddhaṃseti tadā hatthena upakkamitvā asuciṃ mocemī''ti. ''Kiṃ pana tvaṃ, āvuso seyyasaka, yeneva hatthena saddhādeyyaṃ bhuñjasi teneva hatthena upakkamitvā asuciṃ mocesī''ti? ''Evamāvuso''ti. Ye te bhikkhū appicchā...pe... te ujjhāyanti khiyyanti vipācenti – ''kathañhi nāma āyasmā seyyasako hatthena upakkamitvā asuciṃ mocessatī''ti!
Atha kho te bhikkhū āyasmantaṃ seyyasakaṃ anekapariyāyena vigarahitvā bhagavato etamatthaṃ ārocesuṃ. Atha kho Bhagavā etasmiṃ nidāne etasmiṃ pakaraṇe bhikkhusaṅghaṃ sannipātāpetvā āyasmantaṃ seyyasakaṃ paṭipucchi – ''saccaṃ kira tvaṃ, seyyasaka, hatthena upakkamitvā asuciṃ mocesī''ti? ''Saccaṃ, Bhagavā''ti . Vigarahi buddho Bhagavā – ''ananucchavikaṃ, moghapurisa, ananulomikaṃ appatirūpaṃ assāmaṇakaṃ akappiyaṃ akaraṇīyaṃ. Kathañhi nāma tvaṃ, moghapurisa, hatthena upakkamitvā asuciṃ mocessasi! Nanu mayā, moghapurisa, anekapariyāyena virāgāya dhammo desito no sarāgāya, visaññogāya dhammo desito no saññogāya, anupādānāya dhammo desito no saupādānāya! Tattha nāma tvaṃ, moghapurisa, mayā virāgāya dhamme desite sarāgāya cetessasi, visaññogāya dhamme desite saññogāya cetessasi, anupādānāya dhamme desite saupādānāya cetessasi! Nanu mayā, moghapurisa, anekapariyāyena rāgavirāgāya dhammo desito, madanimmadanāya pipāsavinayāya ālayasamugghātāya vaṭṭupacchedāya taṇhakkhayāya virāgāya nirodhāya nibbānāya dhammo desito? Nanu mayā, moghapurisa, anekapariyāyena kāmānaṃ pahānaṃ akkhātaṃ, kāmasaññānaṃ pariññā akkhātā, kāmapipāsānaṃ paṭivinayo akkhāto, kāmavitakkānaṃ samugghāto akkhāto, kāmapariḷāhānaṃ vūpasamo akkhāto? Netaṃ, moghapurisa, appasannānaṃ vā pasādāya, pasannānaṃ vā bhiyyobhāvāya. Atha khvetaṃ, moghapurisa, appasannānañceva appasādāya, pasannānañca ekaccānaṃ aññathattāyā''ti. Atha kho Bhagavā āyasmantaṃ seyyasakaṃ anekapariyāyenavigarahitvā dubbharatāya...pe... ''evañca pana, bhikkhave, imaṃ sikkhāpadaṃ uddiseyyātha –
''Sañcetanikā sukkavissaṭṭhi[visaṭṭhi (sī. syā.)]saṅghādiseso''ti.
Evañcidaṃ bhagavatā bhikkhūnaṃ sikkhāpadaṃ paññattaṃ hoti.
235. Tena kho pana samayena bhikkhū paṇītabhojanāni bhuñjitvā muṭṭhassatī asampajānā niddaṃ okkamanti. Tesaṃ muṭṭhassatīnaṃ asampajānānaṃ niddaṃ okkamantānaṃ supinantena asuci muccati. Tesaṃ kukkuccaṃ ahosi – ''bhagavatā sikkhāpadaṃ paññattaṃ – 'sañcetanikā sukkavissaṭṭhi saṅghādiseso'ti. Amhākañca supinantena asuci muccati. Atthi cettha cetanā labbhati. Kacci nu kho mayaṃ saṅghādisesaṃ āpattiṃ āpannā''ti? Bhagavato etamatthaṃ ārocesuṃ. ''Atthesā, bhikkhave, cetanā; sā ca kho abbohārikāti. Evañca pana, bhikkhave, imaṃ sikkhāpadaṃ uddiseyyātha –
236.''Sañcetanikā sukkavissaṭṭhi aññatra supinantā saṅghādiseso''ti.
237.Sañcetanikāti jānanto sañjānanto cecca abhivitaritvā vītikkamo.
Sukkanti dasa sukkāni – nīlaṃ pītakaṃ lohitakaṃ odātaṃ takkavaṇṇaṃ dakavaṇṇaṃ telavaṇṇaṃ khīravaṇṇaṃ dadhivaṇṇaṃ sappivaṇṇaṃ.
Vissaṭṭhīti ṭhānato cāvanā vuccati vissaṭṭhīti.
Aññatra supinantāti ṭhapetvā supinantaṃ.
Saṅghādisesoti saṅghova tassā āpattiyā parivāsaṃ deti, mūlāya paṭikassati, mānattaṃ deti , abbheti; na sambahulā, na ekapuggalo. Tena vuccati – ''saṅghādiseso''ti. Tasseva āpattinikāyassa nāmakammaṃ adhivacanaṃ. Tenapi vuccati – ''saṅghādiseso''ti.
Ajjhattarūpe moceti, bahiddhārūpe moceti, ajjhattabahiddhārūpe moceti, ākāse kaṭiṃ kampento moceti; rāgūpatthambhe moceti, vaccūpatthambhe moceti, passāvūpatthambhe moceti, vātūpatthambhe moceti, uccāliṅgapāṇakadaṭṭhūpatthambhe moceti; ārogyatthāya moceti, sukhatthāya moceti, bhesajjatthāya moceti, dānatthāya moceti, puññatthāya moceti, yaññatthāya moceti, saggatthāya moceti, bījatthāya moceti, vīmaṃsatthāya moceti, davatthāya moceti; nīlaṃ moceti, pītakaṃ moceti, lohitakaṃ moceti, odātaṃ moceti, takkavaṇṇaṃ moceti, dakavaṇṇaṃ moceti, telavaṇṇaṃ moceti, khīravaṇṇaṃ moceti, dadhivaṇṇaṃ moceti, sappivaṇṇaṃ moceti.
238.Ajjhattarūpeti ajjhattaṃ upādinne [upādiṇṇe (sī. ka.)] rūpe.
Bahiddhārūpeti bahiddhā upādinne vā anupādinne vā.
Ajjhattabahiddhārūpeti tadubhaye.
Ākāse kaṭiṃ kampentoti ākāse vāyamantassa aṅgajātaṃ kammaniyaṃ hoti.
Rāgūpatthambheti rāgena pīḷitassa aṅgajātaṃ kammaniyaṃ hoti.
Vaccūpatthambheti vaccena pīḷitassa aṅgajātaṃ kammaniyaṃ hoti.
Passāvūpatthambheti passāvena pīḷitassa aṅgajātaṃ kammaniyaṃ hoti.
Vātūpatthambheti vātena pīḷitassa aṅgajātaṃ kammaniyaṃ hoti.
Uccāliṅgapāṇakadaṭṭhūpatthambheti uccāliṅgapāṇakadaṭṭhena aṅgajātaṃ kammaniyaṃ hoti.
239.Ārogyatthāyāti arogo bhavissāmi.

Sukhatthāyāti sukhaṃ vedanaṃ uppādessāmi.
Bhesajjatthāyāti bhesajjaṃ bhavissati.
Dānatthāyāti dānaṃ dassāmi.
Puññatthāyāti puññaṃ bhavissati.
Yaññatthāyāti yaññaṃ yajissāmi.
Saggatthāyāti saggaṃ gamissāmi.
Bījatthāyāti bījaṃ bhavissati.
Vīmaṃsatthāyāti nīlaṃ bhavissati, pītakaṃ bhavissati, lohitakaṃ bhavissati, odātaṃ bhavissati, takkavaṇṇaṃ bhavissati, dakavaṇṇaṃ bhavissati, telavaṇṇaṃ bhavissati, khīravaṇṇaṃ bhavissati, dadhivaṇṇaṃ bhavissati, sappivaṇṇaṃ bhavissatīti.
Davatthāyāti khiḍḍādhippāyo.
240. Ajjhattarūpe ceteti upakkamati muccati, āpatti saṅghādisesassa.
Bahiddhārūpe ceteti upakkamati muccati, āpatti saṅghādisesassa.
Ajjhattabahiddhārūpe ceteti upakkamati muccati, āpatti saṅghādisesassa.
Ākāse kaṭiṃ kampento ceteti upakkamati muccati, āpatti saṅghādisesassa.
Rāgūpatthambhe ceteti upakkamati muccati, āpatti saṅghādisesassa.
Vaccūpatthambhe ceteti upakkamati muccati, āpatti saṅghādisesassa.
Passāvūpatthambhe ceteti upakkamati muccati, āpatti saṅghādisesassa.
Vātūpatthambhe ceteti upakkamati muccati, āpatti saṅghādisesassa.
Uccāliṅgapāṇakadaṭṭhūpatthambhe ceteti upakkamati muccati, āpatti saṅghādisesassa.
Ārogyatthāya ceteti upakkamati muccati, āpatti saṅghādisesassa.
Sukhatthāya...pe... bhesajjatthāya... dānatthāya... puññatthāya... yaññatthāya... saggatthāya... bījatthāya... vīmaṃsatthāya... davatthāya ceteti upakkamati muccati, āpatti saṅghādisesassa.
Nīlaṃ ceteti upakkamati muccati, āpatti saṅghādisesassa .
Pītakaṃ... lohitakaṃ... odātaṃ... takkavaṇṇaṃ... dakavaṇṇaṃ... telavaṇṇaṃ... khīravaṇṇaṃ... dadhivaṇṇaṃ... sappivaṇṇaṃ ceteti upakkamati muccati, āpatti saṅghādisesassa.
Suddhikaṃ niṭṭhitaṃ.
Ārogyatthañca sukhatthañca ceteti upakkamati muccati, āpatti saṅghādisesassa.
Ārogyatthañca bhesajjatthañca...pe... ārogyatthañca dānatthañca... ārogyatthañca puññatthañca... ārogyatthañca yaññatthañca... ārogyatthañca saggatthañca... ārogyatthañca bījatthañca... ārogyatthañca vīmaṃsatthañca... ārogyatthañca davatthañca ceteti upakkamati muccati, āpatti saṅghādisesassa.
Ekamūlakassa khaṇḍacakkaṃ niṭṭhitaṃ.
241. Sukhatthañca bhesajjatthañca ceteti upakkamati muccati, āpatti saṅghādisesassa.
Sukhatthañca dānatthañca...pe... sukhatthañca puññatthañca... sukhatthañca yaññatthañca... sukhatthañca saggatthañca... sukhatthañca bījatthañca... sukhatthañca vīmaṃsatthañca... sukhatthañca davatthañca ceteti upakkamati muccati, āpatti saṅghādisesassa.
Sukhatthañca ārogyatthañca ceteti upakkamati muccati, āpatti saṅghādisesassa.
242. Bhesajjatthañca dānatthañca...pe... bhesajjatthañca puññatthañca... bhesajjatthañca yaññatthañca... bhesajjatthañca saggatthañca... bhesajjatthañca bījatthañca... bhesajjatthañca vīmaṃsatthañca... bhesajjatthañca davatthañca ceteti upakkamati muccati, āpatti saṅghādisesassa.
Bhesajjatthañca ārogyatthañca...pe... bhesajjatthañca sukhatthañca ceteti upakkamati muccati, āpatti saṅghādisesassa.
Dānatthañca puññatthañca...pe... dānatthañca yaññatthañca... dānatthañca saggatthañca... dānatthañca bījatthañca... dānatthañca vīmaṃsatthañca... dānatthañca davatthañca ceteti upakkamati muccati, āpatti saṅghādisesassa.
Dānatthañca ārogyatthañca...pe... dānatthañca sukhatthañca... dānatthañca bhesajjatthañca ceteti upakkamati muccati, āpatti saṅghādisesassa.
Puññatthañca yaññatthañca...pe... puññatthañca saggatthañca... puññatthañca bījatthañca... puññatthañca vīmaṃsatthañca... puññatthañca davatthañca ceteti upakkamati muccati, āpatti saṅghādisesassa.
Puññatthañca ārogyatthañca...pe... puññatthañca sukhatthañca... puññatthañca bhesajjatthañca... puññatthañca dānatthañca ceteti upakkamati muccati, āpatti saṅghādisesassa.
Yaññatthañca saggatthañca...pe... yaññatthañca bījatthañca... yaññatthañca vīmaṃsatthañca ... yaññatthañca davatthañca ceteti upakkamati muccati, āpatti saṅghādisesassa.
Yaññatthañca ārogyatthañca...pe... yaññatthañca sukhatthañca... yaññatthañca bhesajjatthañca... yaññatthañca dānatthañca... yaññatthañca puññatthañca ceteti upakkamati muccati, āpatti saṅghādisesassa.
Saggatthañca bījatthañca...pe... saggatthañca vīmaṃsatthañca... saggatthañca davatthañca ceteti upakkamati muccati, āpatti saṅghādisesassa.

Saggatthañca ārogyatthañca...pe... saggatthañca sukhatthañca... saggatthañca bhesajjatthañca... saggatthañca dānatthañca... saggatthañca puññatthañca... saggatthañca yaññatthañca ceteti upakkamati muccati, āpatti saṅghādisesassa.

Bījatthañca vīmaṃsatthañca...pe... bījatthañca davatthañca ceteti upakkamati muccati, āpatti saṅghādisesassa.

Bījatthañca ārogyatthañca...pe... bījatthañca sukhatthañca... bījatthañca bhesajjatthañca... bījatthañca dānatthañca... bījatthañca puññatthañca... bījatthañca yaññatthañca... bījatthañca saggatthañca ceteti upakkamati muccati, āpatti saṅghādisesassa.

Vīmaṃsatthañca davatthañca ceteti upakkamati muccati, āpatti saṅghādisesassa.

Vīmaṃsatthañca ārogyatthañca...pe... vīmaṃsatthañca sukhatthañca... vīmaṃsatthañca bhesajjatthañca... vīmaṃsatthañca dānatthañca... vīmaṃsatthañca puññatthañca... vīmaṃsatthañca yaññatthañca... vīmaṃsatthañca saggatthañca... vīmaṃsatthañca bījatthañca ceteti upakkamati muccati, āpatti saṅghādisesassa.

Davatthañca ārogyatthañca...pe... davatthañca sukhatthañca... davatthañca bhesajjatthañca... davatthañca dānatthañca... davatthañca puññatthañca... davatthañca yaññatthañca... davatthañca saggatthañca... davatthañca bījatthañca... davatthañca vīmaṃsatthañca ceteti upakkamati muccati, āpatti saṅghādisesassa.

Ekamūlakassa baddhacakkaṃ niṭṭhitaṃ.

Ārogyatthañca sukhatthañca bhesajjatthañca ceteti upakkamati muccati, āpatti saṅghādisesassa...pe... ārogyatthañca sukhatthañca davatthañca ceteti upakkamati muccati, āpatti saṅghādisesassa.

Dumūlakassa khaṇḍacakkaṃ.

Sukhatthañca bhesajjatthañca dānatthañca ceteti upakkamati muccati, āpatti saṅghādisesassa...pe... sukhatthañca bhesajjatthañca davatthañca...pe... sukhatthañca bhesajjatthañca ārogyatthañca ceteti upakkamati muccati, āpatti saṅghādisesassa.

Dumūlakassa baddhacakkaṃ saṃkhittaṃ.

Vīmaṃsatthañca davatthañca ārogyatthañca ceteti upakkamati muccati, āpatti saṅghādisesassa.
Vīmaṃsatthañca davatthañca bījatthañca ceteti upakkamati muccati, āpatti saṅghādisesassa.

Dumūlakaṃ niṭṭhitaṃ.

Timūlakampi catumūlakampi pañcamūlakampi chamūlakampi sattamūlakampi aṭṭhamūlakampi navamūlakampi evameva vitthāretabbaṃ.

Idaṃ sabbamūlakaṃ.

243. Ārogyatthañca sukhatthañca bhesajjatthañca dānatthañca puññatthañca yaññatthañca saggatthañca bījatthañca vīmaṃsatthañca davatthañca ceteti upakkamati muccati, āpatti saṅghādisesassa.

Sabbamūlakaṃ niṭṭhitaṃ.

244. Nīlañca pītakañca ceteti upakkamati muccati, āpatti saṅghādisesassa.

Nīlañca lohitakañca...pe... nīlañca odātañca... nīlañca takkavaṇṇañca... nīlañca dakavaṇṇañca... nīlañca telavaṇṇañca... nīlañca khīravaṇṇañca... nīlañca dadhivaṇṇañca... nīlañca sappivaṇṇañca ceteti upakkamati muccatti, āpatti saṅghādisesassa.

Ekamūlakassa khaṇḍacakkaṃ niṭṭhitaṃ.

245. Pītakañca lohitakañca ceteti upakkamati muccati, āpatti saṅghādisesassa.

Pītakañca odātañca...pe... pītakañca takkavaṇṇañca... pītakañca dakavaṇṇañca... pītakañca telavaṇṇañca... pītakañca khīravaṇṇañca... pītakañca dadhivaṇṇañca... pītakañca sappivaṇṇañca ceteti upakkamati muccati, āpatti saṅghādisesassa.

Pītakañca nīlañca ceteti upakkamati muccati, āpatti saṅghādisesassa.

Ekamūlakassa baddhacakkaṃ.

246. Lohitakañca odātañca ceteti upakkamati muccati, āpatti saṅghādisesassa.

Lohitakañca takkavaṇṇañca...pe... lohitakañca dakavaṇṇañca... lohitakañca telavaṇṇañca... lohitakañca khīravaṇṇañca... lohitakañca dadhivaṇṇañca... lohitakañca sappivaṇṇañca ceteti upakkamati muccati, āpatti saṅghādisesassa.

Lohitakañca nīlañca...pe... lohitakañca pītakañca ceteti upakkamati muccati, āpatti saṅghādisesassa.

Odātañca takkavaṇṇañca...pe... odātañca dakavaṇṇañca... odātañca telavaṇṇañca... odātañca khīravaṇṇañca... odātañca dadhivaṇṇañca... odātañca sappivaṇṇañca ceteti upakkamati muccati, āpatti saṅghādisesassa.

Odātañca nīlañca...pe... odātañca pītakañca... odātañca lohitakañca ceteti upakkamati muccati, āpatti saṅghādisesassa.

Takkavaṇṇañca dakavaṇṇañca...pe... takkavaṇṇañca telavaṇṇañca... takkavaṇṇañca khīravaṇṇañca... takkavaṇṇañca dadhivaṇṇañca... takkavaṇṇañca sappivaṇṇañca ceteti upakkamati muccati, āpatti saṅghādisesassa.

Takkavaṇṇañca nīlañca...pe... takkavaṇṇañca pītakañca... takkavaṇṇañca lohitakañca... takkavaṇṇañca odātañca ceteti upakkamati muccati, āpatti saṅghādisesassa.

Dakavaṇṇañca telavaṇṇañca...pe... dakavaṇṇañca khīravaṇṇañca... dakavaṇṇañca dadhivaṇṇañca... dakavaṇṇañca sappivaṇṇañca ceteti upakkamati muccati, āpatti saṅghādisesassa.
Dakavaṇṇañca nīlañca...pe... dakavaṇṇañca pītakañca... dakavaṇṇañca lohitakañca... dakavaṇṇañca odātañca... dakavaṇṇañca takkavaṇṇañca ceteti upakkamati muccati , āpatti saṅghādisesassa.
Telavaṇṇañca khīravaṇṇañca...pe... telavaṇṇañca dadhivaṇṇañca... telavaṇṇañca sappivaṇṇañca ceteti upakkamati muccati, āpatti saṅghādisesassa.
Telavaṇṇañca nīlañca...pe... telavaṇṇañca pītakañca... telavaṇṇañca lohitakañca... telavaṇṇañca odātañca... telavaṇṇañca takkavaṇṇañca... telavaṇṇañca dakavaṇṇañca ceteti upakkamati muccati, āpatti saṅghādisesassa.
Khīravaṇṇañca dadhivaṇṇañca...pe... khīravaṇṇañca sappivaṇṇañca ceteti upakkamati muccati, āpatti saṅghādisesassa.
Khīravaṇṇañca nīlañca...pe... khīravaṇṇañca pītakañca... khīravaṇṇañca lohitakañca... khīravaṇṇañca odātañca... khīravaṇṇañca takkavaṇṇañca... khīravaṇṇañca dakavaṇṇañca... khīravaṇṇañca telavaṇṇañca ceteti upakkamati muccati, āpatti saṅghādisesassa.
Dadhivaṇṇañca sappivaṇṇañca ceteti upakkamati muccati, āpatti saṅghādisesassa.
Dadhivaṇṇañca nīlañca...pe... dadhivaṇṇañca pītakañca... dadhivaṇṇañca lohitakañca... dadhivaṇṇañca odātañca... dadhivaṇṇañca takkavaṇṇañca... dadhivaṇṇañca dakavaṇṇañca... dadhivaṇṇañca telavaṇṇañca... dadhivaṇṇañca khīravaṇṇañca ceteti upakkamati muccati, āpatti saṅghādisesassa.
Sappivaṇṇañca nīlañca ceteti upakkamati muccati, āpatti saṅghādisesassa.
Sappivaṇṇañca pītakañca...pe... sappivaṇṇañca lohitakañca... sappivaṇṇañca odātañca... sappivaṇṇañca takkavaṇṇañca... sappivaṇṇañca dakavaṇṇañca... sappivaṇṇañca telavaṇṇañca... sappivaṇṇañca khīravaṇṇañca ... sappivaṇṇañca dadhivaṇṇañca ceteti upakkamati muccati, āpatti saṅghādisesassa.
Ekamūlakassa baddhacakkaṃ niṭṭhitaṃ.
Nīlañca pītakañca lohitakañca ceteti upakkamati muccati, āpatti saṅghādisesassa...pe... nīlañca pītakañca sappivaṇṇañca ceteti upakkamati muccati, āpatti saṅghādisesassa.
Dumūlakassa khaṇḍacakkaṃ.
Pītakañca lohitakañca odātañca ceteti upakkamati muccati, āpatti saṅghādisesassa...pe... pītakañca lohitakañca sappivaṇṇañca...pe... pītakañca lohitakañca nīlañca ceteti upakkamati muccati, āpatti saṅghādisesassa.
Dumūlakassa baddhacakkaṃ saṃkhittaṃ.
Dadhivaṇṇañca sappivaṇṇañca nīlañca ceteti upakkamati muccati, āpatti saṅghādisesassa...pe... dadhivaṇṇañca sappivaṇṇañca khīravaṇṇañca ceteti upakkamati muccati, āpatti saṅghādisesassa.
Dumūlakaṃ niṭṭhitaṃ.
Timūlakampi catumūlakampi pañcamūlakampi chamūlakampi sattamūlakampi aṭṭhamūlakampi navamūlakampi evameva vitthāretabbaṃ.
Idaṃ sabbamūlakaṃ.
247. Nīlañca pītakañca lohitakañca odātañca takkavaṇṇañca dakavaṇṇañca telavaṇṇañca khīravaṇṇañca dadhivaṇṇañca sappivaṇṇañca ceteti upakkamati muccati, āpatti saṅghādisesassa.
Sabbamūlakaṃ niṭṭhitaṃ.
248. Ārogyatthañca nīlañca [ārogyatthaṃ nīlaṃ (?)] ceteti upakkamati muccati, āpatti saṅghādisesassa.
Ārogyatthañca sukhatthañca nīlañca pītakañca ceteti upakkamati muccati, āpatti saṅghādisesassa.
Ārogyatthañca sukhatthañca bhesajjatthañca nīlañca pītakañca lohitakañca ceteti upakkamati muccati, āpatti saṅghādisesassa.
Ubhato vaḍḍhakaṃ evameva vaḍḍhetabbaṃ.
Ārogyatthañca sukhatthañca bhesajjatthañca dānatthañca puññatthañca yaññatthañca saggatthañca bījatthañca vīmaṃsatthañca davatthañca nīlañca pītakañca lohitakañca odātañca takkavaṇṇañca dakavaṇṇañca telavaṇṇañca khīravaṇṇañca dadhivaṇṇañca sappivaṇṇañca ceteti upakkamati muccati, āpatti saṅghādisesassa.
Missakacakkaṃ niṭṭhitaṃ.
249. Nīlaṃ mocessāmīti ceteti upakkamati pītakaṃ muccati, āpatti saṅghādisesassa.
Nīlaṃ mocessāmīti ceteti upakkamati lohitakaṃ...pe... odātaṃ ... takkavaṇṇaṃ... dakavaṇṇaṃ... telavaṇṇaṃ... khīravaṇṇaṃ... dadhivaṇṇaṃ... sappivaṇṇaṃ muccati, āpatti saṅghādisesassa.
Khaṇḍacakkaṃ niṭṭhitaṃ.
250. Pītakaṃ mocessāmīti ceteti upakkamati lohitakaṃ muccati, āpatti saṅghādisesassa.
Pītakaṃ mocessāmīti ceteti upakkamati odātaṃ...pe... takkavaṇṇaṃ... dakavaṇṇaṃ... telavaṇṇaṃ... khīravaṇṇaṃ... dadhivaṇṇaṃ... sappivaṇṇaṃ... nīlaṃ muccati, āpatti saṅghādisesassa.
Baddhacakkamūlaṃ saṃkhittaṃ.
251. Sappivaṇṇaṃ mocessāmīti ceteti upakkamati nīlaṃ muccati, āpatti saṅghādisesassa.
Sappivaṇṇaṃ mocessāmīti ceteti upakkamati pītakaṃ...pe... lohitakaṃ... odātaṃ ... takkavaṇṇaṃ... dakavaṇṇaṃ... telavaṇṇaṃ... khīravaṇṇaṃ... dadhivaṇṇaṃ muccati, āpatti saṅghādisesassa.

Kucchicakkaṃ niṭṭhitaṃ.
252. Pītakaṃ mocessāmīti ceteti upakkamati nīlaṃ muccati, āpatti saṅghādisesassa.
Lohitakaṃ...pe... odātaṃ... takkavaṇṇaṃ... dakavaṇṇaṃ... telavaṇṇaṃ... khīravaṇṇaṃ... dadhivaṇṇaṃ... sappivaṇṇaṃ mocessāmīti ceteti upakkamati nīlaṃ muccati, āpatti saṅghādisesassa.
Piṭṭhicakkassa paṭhamaṃ gamanaṃ niṭṭhitaṃ.
253. Lohitakaṃ mocessāmīti ceteti upakkamati pītakaṃ muccati, āpatti saṅghādisesassa.
Odātaṃ...pe... takkavaṇṇaṃ... dakavaṇṇaṃ... telavaṇṇaṃ... khīravaṇṇaṃ
... Dadhivaṇṇaṃ... sappivaṇṇaṃ... nīlaṃ mocessāmīti ceteti upakkamati pītakaṃ muccati, āpatti saṅghādisesassa.
Piṭṭhicakkassa dutiyaṃ gamanaṃ niṭṭhitaṃ.
254. Odātaṃ mocessāmīti ceteti upakkamati lohitakaṃ muccati, āpatti saṅghādisesassa.
Takkavaṇṇaṃ...pe... dakavaṇṇaṃ... telavaṇṇaṃ... khīravaṇṇaṃ... dadhivaṇṇaṃ...
Sappivaṇṇaṃ... nīlaṃ ... pītakaṃ mocessāmīti ceteti upakkamati lohitakaṃ muccati, āpatti saṅghādisesassa.
Piṭṭhicakkassa tatiyaṃ gamanaṃ niṭṭhitaṃ.
255. Takkavaṇṇaṃ mocessāmīti ceteti upakkamati odātaṃ muccati, āpatti saṅghādisesassa.
Dakavaṇṇaṃ...pe... telavaṇṇaṃ... khīravaṇṇaṃ... dadhivaṇṇaṃ... sappivaṇṇaṃ... nīlaṃ... pītakaṃ... lohitakaṃ mocessāmīti ceteti upakkamati odātaṃ muccati, āpatti saṅghādisesassa.
Piṭṭhicakkassa catutthaṃ gamanaṃ niṭṭhitaṃ.
256. Dakavaṇṇaṃ mocessāmīti ceteti upakkamati takkavaṇṇaṃ muccati, āpatti saṅghādisesassa.
Telavaṇṇaṃ ...pe... khīravaṇṇaṃ... dadhivaṇṇaṃ... sappivaṇṇaṃ... nīla...
Pītakaṃ... lohitakaṃ... odātaṃ mocessāmīti ceteti upakkamati takkavaṇṇaṃ muccati, āpatti saṅghādisesassa.
Piṭṭhicakkassa pañcamaṃ gamanaṃ niṭṭhitaṃ.
257. Telavaṇṇaṃ mocessāmīti ceteti upakkamati dakavaṇṇaṃ muccati, āpatti saṅghādisesassa.
Khīravaṇṇaṃ...pe... dadhivaṇṇaṃ... sappivaṇṇaṃ... nīlaṃ ... pītakaṃ... lohitakaṃ...
Odātaṃ... takkavaṇṇaṃ mocessāmīti ceteti upakkamati dakavaṇṇaṃ muccati, āpatti saṅghādisesassa.
Piṭṭhicakkassa chaṭṭhaṃ gamanaṃ niṭṭhitaṃ.
258. Khīravaṇṇaṃ mocessāmīti ceteti upakkamati telavaṇṇaṃ muccati, āpatti saṅghādisesassa.
Dadhivaṇṇaṃ...pe... sappivaṇṇaṃ... nīlaṃ... pītakaṃ... lohitakaṃ... odātaṃ... takkavaṇṇaṃ... dakavaṇṇaṃ mocessāmīti ceteti upakkamati telavaṇṇaṃ muccati, āpatti saṅghādisesassa.
Piṭṭhicakkassa sattamaṃ gamanaṃ niṭṭhitaṃ.
259. Dadhivaṇṇaṃ mocessāmīti ceteti upakkamati khīravaṇṇaṃ muccati, āpatti saṅghādisesassa.
Sappivaṇṇaṃ...pe... nīlaṃ... pītakaṃ... lohitakaṃ... odātaṃ... takkavaṇṇaṃ... dakavaṇṇaṃ... telavaṇṇaṃ mocessāmīti ceteti upakkamati khīravaṇṇaṃ muccati, āpatti saṅghādisesassa.
Piṭṭhicakkassa aṭṭhamaṃ gamanaṃ niṭṭhitaṃ.
260. Sappivaṇṇaṃ mocessāmīti ceteti upakkamati dadhivaṇṇaṃ muccati, āpatti saṅghādisesassa.
Nīlaṃ...pe... pītakaṃ... lohitakaṃ... odātaṃ... takkavaṇṇaṃ... dakavaṇṇaṃ... telavaṇṇaṃ... khīravaṇṇaṃ mocessāmīti ceteti upakkamati dadhivaṇṇaṃ muccati, āpatti saṅghādisesassa.
Piṭṭhicakkassa navamaṃ gamanaṃ niṭṭhitaṃ.
261. Nīlaṃ mocessāmīti ceteti upakkamati sappivaṇṇaṃ muccati, āpatti saṅghādisesassa.
Pītakaṃ ...pe... lohitakaṃ... odātaṃ... takkavaṇṇaṃ... dakavaṇṇaṃ ... telavaṇṇaṃ... khīravaṇṇaṃ... dadhivaṇṇaṃ mocessāmīti ceteti upakkamati sappivaṇṇaṃ muccati, āpatti saṅghādisesassa.
Piṭṭhicakkassa dasamaṃ gamanaṃ niṭṭhitaṃ.
Piṭṭhicakkaṃ niṭṭhitaṃ.
262. Ceteti upakkamati muccati, āpatti saṅghādisesassa.
Ceteti upakkamati na muccati, āpatti thullaccayassa.
Ceteti na upakkamati muccati, anāpatti.
Ceteti na upakkamati na muccati, anāpatti.
Na ceteti upakkamati muccati, anāpatti.
Na ceteti upakkamati na muccati, anāpatti.
Na ceteti na upakkamati muccati, anāpatti.
Na ceteti na upakkamati na muccati, anāpatti.
Anāpatti supinantena, namocanādhippāyassa, ummattakassa, khittacittassa, vedanāṭṭassa, ādikammikassāti.
Vinītavatthuuddānagāthā
Supinoccārapassāvo , vitakkuṇhodakena ca;
Bhesajjaṃ kaṇḍuvaṃ maggo, vatthi jantāgharupakkamo [jantaggupakkamo (sī.), jantāgharaṃ ūru (syā.)].
Sāmaṇero ca sutto ca, ūru muṭṭhinā pīḷayi;
Ākāse thambhaṃ nijjhāyi, chiddaṃ kaṭṭhena ghaṭṭayi.

Soto udañjalaṃ dhāvaṃ, pupphāvaliyaṃ pokkharaṃ;
Vālikā kaddamusseko [kaddamoseko (?)], sayanaṅguṭṭhakena cāti.
Vinītavatthu
263. Tena kho pana samayena aññatarassa bhikkhuno supinantena asuci mucci. Tassa kukkuccaṃ ahosi – ''bhagavatā sikkhāpadaṃ paññattaṃ, kacci nu kho ahaṃ saṅghādisesaṃ āpattiṃ āpanno''ti? Bhagavato etamatthaṃ ārocesi. ''Anāpatti, bhikkhu, supinantenā''ti.
Tena kho pana samayena aññatarassa bhikkhuno uccāraṃ karontassa asuci mucci. Tassa kukkuccaṃ ahosi...pe... ''kiṃcitto tvaṃ, bhikkhū''ti? ''Nāhaṃ, Bhagavā, mocanādhippāyo''ti. ''Anāpatti, bhikkhu, namocanādhippāyassā''ti.
Tena kho pana samayena aññatarassa bhikkhuno passāvaṃ karontassa asuci mucci. Tassa kukkuccaṃ ahosi...pe... ''anāpatti, bhikkhu, namocanādhippāyassā''ti.
Tena kho pana samayena aññatarassa bhikkhuno kāmavitakkaṃ vitakkentassa asuci mucci. Tassa kukkuccaṃ ahosi...pe... ''anāpatti, bhikkhu, vitakkentassā''ti.
Tena kho pana samayena aññatarassa bhikkhuno uṇhodakena nhāyantassa asuci mucci. Tassa kukkuccaṃ ahosi...pe... ''kiṃcitto tvaṃ, bhikkhū''ti? ''Nāhaṃ, Bhagavā, mocanādhippāyo''ti. ''Anāpatti, bhikkhu, namocanādhippāyassā''ti.
Tena kho pana samayena aññatarassa bhikkhuno mocanādhippāyassa uṇhodakena nhāyantassa asuci mucci. Tassa kukkuccaṃ ahosi...pe... ''āpattiṃ tvaṃ, bhikkhu, āpanno saṅghādisesa''nti.
Tena kho pana samayena aññatarassa bhikkhuno mocanādhippāyassa uṇhodakena nhāyantassa asuci na mucci. Tassa kukkuccaṃ ahosi...pe... ''anāpatti, bhikkhu, saṅghādisesassa; āpatti thullaccayassā''ti.
Tena kho pana samayena aññatarassa bhikkhuno aṅgajāte vaṇo hoti. Bhesajjena [tassa bhesajjena (?)] ālimpentassa asuci mucci. Tassa kukkuccaṃ ahosi...pe... ''anāpatti, bhikkhu, namocanādhippāyassā''ti.
Tena kho pana samayena aññatarassa bhikkhuno aṅgajāte vaṇo hoti. Mocanādhippāyassa [tassa mocanāmippāyassa (syā.)] bhesajjena ālimpentassa asuci mucci...pe... asuci na mucci. Tassa kukkuccaṃ ahosi...pe... ''anāpatti, bhikkhu, saṅghādisesassa; āpatti thullaccayassā''ti.
Tena kho pana samayena aññatarassa bhikkhuno aṇḍaṃ kaṇḍuvantassa asuci mucci. Tassa kukkuccaṃ ahosi...pe... ''anāpatti , bhikkhu, namocanādhippāyassā''ti.
Tena kho pana samayena aññatarassa bhikkhuno mocanādhippāyassa aṇḍaṃ kaṇḍuvantassa [kaṇḍūvantassa (sī.)] asuci mucci...pe... asuci na mucci. Tassa kukkuccaṃ ahosi...pe... ''anāpatti, bhikkhu, saṅghādisesassa; āpatti thullaccayassā''ti.
264. Tena kho pana samayena aññatarassa bhikkhuno maggaṃ gacchantassa asuci mucci. Tassa kukkuccaṃ ahosi...pe... ''anāpatti, bhikkhu, namocanādhippāyassā''ti.
Tena kho pana samayena aññatarassa bhikkhuno mocanādhippāyassa maggaṃ gacchantassa asuci mucci...pe... asuci na mucci. Tassa kukkuccaṃ ahosi...pe... ''anāpatti, bhikkhu, saṅghādisesassa; āpatti thullaccayassā''ti.
Tena kho pana samayena aññatarassa bhikkhuno vatthiṃ gahetvā passāvaṃ karontassa asuci mucci. Tassa kukkuccaṃ ahosi...pe... ''anāpatti, bhikkhu, namocanādhippāyassā''ti.
Tena kho pana samayena aññatarassa bhikkhuno mocanādhippāyassa vatthiṃ gahetvā passāvaṃ karontassa asuci mucci...pe... asuci na mucci. Tassa kukkuccaṃ ahosi...pe... ''anāpatti, bhikkhu, saṅghādisesassa; āpatti thullaccayassā''ti.
Tena kho pana samayena aññatarassa bhikkhuno jantāghare udaravaṭṭiṃ tāpentassa asuci mucci. Tassa kukkuccaṃ ahosi...pe... ''anāpatti, bhikkhu, namocanādhippāyassā''ti.
Tena kho pana samayena aññatarassa bhikkhuno mocanādhippāyassa jantāghare udaravaṭṭiṃ tāpentassa asuci mucci...pe... asuci na mucci. Tassa kukkuccaṃ ahosi...pe... ''anāpatti, bhikkhu, saṅghādisesassa; āpatti thullaccayassā''ti.
Tena kho pana samayena aññatarassa bhikkhuno jantāghare upajjhāyassa piṭṭhiparikammaṃ karontassa asuci mucci. Tassa kukkuccaṃ ahosi...pe... ''anāpatti, bhikkhu, namocanādhippāyassā''ti.
Tena kho pana samayena aññatarassa bhikkhuno mocanādhippāyassa jantāghare upajjhāyassa piṭṭhiparikammaṃ karontassa asuci mucci...pe... asuci na mucci. Tassa kukkuccaṃ ahosi...pe... ''anāpatti, bhikkhu, saṅghādisesassa; āpatti thullaccayassā''ti.
265. Tena kho pana samayena aññatarassa bhikkhuno ūruṃ ghaṭṭāpentassa asuci mucci. Tassa kukkuccaṃ ahosi...pe... ''anāpatti, bhikkhu, namocanādhippāyassā''ti.
Tena kho pana samayena aññatarassa bhikkhuno mocanādhippāyassa ūruṃ ghaṭṭāpentassa asuci mucci...pe... asuci na mucci. Tassa kukkuccaṃ ahosi...pe... ''anāpatti, bhikkhu, saṅghādisesassa; āpatti thullaccayassā''ti.
Tena kho pana samayena aññataro bhikkhu mocanādhippāyo aññataraṃ sāmaṇeraṃ etadavoca – ''ehi me tvaṃ, āvuso sāmaṇera, aṅgajātaṃ gaṇhāhī''ti. So tassa aṅgajātaṃ aggahesi. Tasseva asuci mucci. Tassa kukkuccaṃ ahosi...pe... ''āpattiṃ tvaṃ, bhikkhu, āpanno saṅghādisesa''nti.

Tena kho pana samayena aññataro bhikkhu suttassa sāmaṇerassa aṅgajātaṃ aggahesi. Tasseva asuci mucci. Tassa kukkuccaṃ ahosi ...pe... ''anāpatti, bhikkhu, saṅghādisesassa; āpatti dukkaṭassā''ti.

266. Tena kho pana samayena aññatarassa bhikkhuno mocanādhippāyassa ūrūhi aṅgajātaṃ pīḷentassa asuci mucci...pe... asuci na mucci. Tassa kukkuccaṃ ahosi...pe... ''anāpatti, bhikkhu, saṅghādisesassa; āpatti thullaccayassā''ti.

Tena kho pana samayena aññatarassa bhikkhuno mocanādhippāyassa muṭṭhinā aṅgajātaṃ pīḷentassa asuci mucci...pe... asuci na mucci. Tassa kukkuccaṃ ahosi...pe... ''anāpatti, bhikkhu, saṅghādisesassa; āpatti thullaccayassā''ti.

Tena kho pana samayena aññatarassa bhikkhuno mocanādhippāyassa ākāse kaṭiṃ kampentassa asuci mucci...pe... asuci na mucci. Tassa kukkuccaṃ ahosi...pe... ''anāpatti, bhikkhu, saṅghādisesassa; āpatti thullaccayassā''ti.

Tena kho pana samayena aññatarassa bhikkhuno kāyaṃ thambhentassa asuci mucci. Tassa kukkuccaṃ ahosi...pe... ''anāpatti, bhikkhu, namocanādhippāyassā''ti.

Tena kho pana samayena aññatarassa bhikkhuno mocanādhippāyassa kāyaṃ thambhentassa asuci mucci...pe... asuci na mucci. Tassa kukkuccaṃ ahosi...pe... ''anāpatti, bhikkhu, saṅghādisesassa; āpatti thullaccayassā''ti.

Tena kho pana samayena aññataro bhikkhu sāratto mātugāmassa aṅgajātaṃ upanijjhāyi. Tassa asuci mucci. Tassa kukkuccaṃ ahosi...pe... ''anāpatti, bhikkhu, saṅghādisesassa. Na ca, bhikkhave, sārattena mātugāmassa aṅgajātaṃ upanijjhāyitabbaṃ. Yo upanijjhāyeyya, āpatti dukkaṭassā''ti.

267. Tena kho pana samayena aññatarassa bhikkhuno mocanādhippāyassa tāḷacchiddaṃ aṅgajātaṃ pavesentassa asuci mucci...pe... asuci na mucci. Tassa kukkuccaṃ ahosi...pe... ''anāpatti, bhikkhu, saṅghādisesassa; āpatti thullaccayassā''ti.

Tena kho pana samayena aññatarassa bhikkhuno mocanādhippāyassa kaṭṭhena aṅgajātaṃ ghaṭṭentassa asuci mucci...pe... asuci na mucci. Tassa kukkuccaṃ ahosi...pe... ''anāpatti, bhikkhu, saṅghādisesassa ; āpatti thullaccayassā''ti.

Tena kho pana samayena aññatarassa bhikkhuno paṭisote nhāyantassa asuci mucci. Tassa kukkuccaṃ ahosi...pe... ''anāpatti, bhikkhu, namocanādhippāyassā''ti.

Tena kho pana samayena aññatarassa bhikkhuno mocanādhippāyassa paṭisote nhāyantassa asuci mucci...pe... asuci na mucci. Tassa kukkuccaṃ ahosi...pe... ''anāpatti, bhikkhu, saṅghādisesassa; āpatti thullaccayassā''ti.

Tena kho pana samayena aññatarassa bhikkhuno udañjalaṃ kīḷantassa asuci mucci. Tassa kukkuccaṃ ahosi...pe... ''anāpatti, bhikkhu, namocanādhippāyassā''ti.

Tena kho pana samayena aññatarassa bhikkhuno mocanādhippāyassa udañjalaṃ kīḷantassa asuci mucci...pe... asuci na mucci. Tassa kukkuccaṃ ahosi...pe... ''anāpatti, bhikkhu, saṅghādisesassa; āpatti thullaccayassā''ti.

Tena kho pana samayena aññatarassa bhikkhuno udake dhāvantassa asuci mucci. Tassa kukkuccaṃ ahosi...pe... ''anāpatti, bhikkhu, namocanādhippāyassā''ti.

Tena kho pana samayena aññatarassa bhikkhuno mocanādhippāyassa udake dhāvantassa asuci mucci...pe... asuci na mucci. Tassa kukkuccaṃ ahosi...pe... ''anāpatti, bhikkhu, saṅghādisesassa; āpatti thullaccayassā''ti.

Tena kho pana samayena aññatarassa bhikkhuno pupphāvaliyaṃ [pupphāvaḷiyaṃ (syā. ka.)] kīḷantassa asuci mucci. Tassa kukkuccaṃ ahosi...pe... ''anāpatti, bhikkhu, namocanādhippāyassā''ti.

Tena kho pana samayena aññatarassa bhikkhuno mocanādhippāyassa pupphāvaliyaṃ kīḷantassa asuci mucci...pe... asuci na mucci. Tassa kukkuccaṃ ahosi...pe... ''anāpatti, bhikkhu, saṅghādisesassa; āpatti thullaccayassā''ti.

268. Tena kho pana samayena aññatarassa bhikkhuno pokkharavane dhāvantassa asuci mucci. Tassa kukkuccaṃ ahosi...pe... ''anāpatti, bhikkhu, namocanādhippāyassā''ti.

Tena kho pana samayena aññatarassa bhikkhuno mocanādhippāyassa pokkharavane dhāvantassa asuci mucci...pe... asuci na mucci. Tassa kukkuccaṃ ahosi...pe... ''anāpatti, bhikkhu, saṅghādisesassa; āpatti thullaccayassā''ti.

Tena kho pana samayena aññatarassa bhikkhuno mocanādhippāyassa vālikaṃ aṅgajātaṃ pavesentassa asuci mucci...pe... asuci na mucci. Tassa kukkuccaṃ ahosi...pe... ''anāpatti, bhikkhu, saṅghādisesassa; āpatti thullaccayassā''ti.

Tena kho pana samayena aññatarassa bhikkhuno mocanādhippāyassa kaddamaṃ aṅgajātaṃ pavesentassa asuci mucci...pe... asuci na mucci . Tassa kukkuccaṃ ahosi...pe... ''anāpatti, bhikkhu, saṅghādisesassa; āpatti thullaccayassā''ti.

Tena kho pana samayena aññatarassa bhikkhuno udakena aṅgajātaṃ osiñcantassa asuci mucci. Tassa kukkuccaṃ ahosi...pe... ''anāpatti, bhikkhu, namocanādhippāyassā''ti.

Tena kho pana samayena aññatarassa bhikkhuno mocanādhippāyassa udakena aṅgajātaṃ osiñcantassa asuci mucci...pe... asuci na mucci. Tassa kukkuccaṃ ahosi...pe... ''anāpatti, bhikkhu, saṅghādisesassa; āpatti thullaccayassā''ti.

Tena kho pana samayena aññatarassa bhikkhuno mocanādhippāyassa sayane aṅgajātaṃ ghaṭṭentassa asuci mucci...pe... asuci na mucci. Tassa kukkuccaṃ ahosi...pe... ''anāpatti, bhikkhu, saṅghādisesassa; āpatti thullaccayassā''ti.

Tena kho pana samayena aññatarassa bhikkhuno mocanādhippāyassa aṅguṭṭhena aṅgajātaṃ ghaṭṭentassa asuci mucci...pe... asuci na mucci. Tassa kukkuccaṃ ahosi – ''bhagavatā sikkhāpadaṃ paññattaṃ, kacci nu kho ahaṃ saṅghādisesaṃ āpattiṃ āpanno''ti? Bhagavato etamatthaṃ ārocesi. ''Anāpatti, bhikkhu, saṅghādisesassa; āpatti thullaccayassā''ti.

Sukkavissaṭṭhisikkhāpadaṃ niṭṭhitaṃ paṭhamaṃ.

2. Kāyasaṃsaggasikkhāpadaṃ

269. Tena samayena buddho Bhagavā sāvatthiyaṃ viharati jetavane anāthapiṇḍikassa ārāme. Tena kho pana samayena āyasmā udāyī araññe viharati. Tassāyasmato vihāro abhirūpo hoti dassanīyo pāsādiko, majjhegabbho, samantāpariyāgāro, supaññattaṃ mañcapīṭhaṃ bhisibimbohanaṃ, pānīyaṃ paribhojanīyaṃ supaṭṭhitaṃ, pariveṇaṃ susammaṭṭhaṃ. Bahū manussā āyasmato udāyissa vihārapekkhakā āgacchanti. Aññataropi brāhmaṇo sapajāpatiko yenāyasmā udāyī tenupasaṅkami; upasaṅkamitvā āyasmantaṃ udāyiṃ etadavoca – ''icchāma mayaṃ bhoto udāyissa vihāraṃ pekkhitu''nti. ''Tena hi, brāhmaṇa, pekkhassū''ti, avāpuraṇaṃ [apāpuraṇaṃ (syā.)] ādāya ghaṭikaṃ ugghāṭetvā kavāṭaṃ paṇāmetvā vihāraṃ pāvisi. Sopi kho brāhmaṇo āyasmato udāyissa piṭṭhito pāvisi. Sāpi kho brāhmaṇī tassa brāhmaṇassa piṭṭhito pāvisi. Atha kho āyasmā udāyī ekacce vātapāne vivaranto ekacce vātapāne thakento gabbhaṃ anuparigantvā piṭṭhito āgantvā tassā brāhmaṇiyā aṅgamaṅgāni parāmasi. Atha kho so brāhmaṇo āyasmatā udāyinā saddhiṃ paṭisammoditvā agamāsi. Atha kho so brāhmaṇo attamano attamanavācaṃ nicchāresi – ''uḷārā ime samaṇā sakyaputtiyā ye ime evarūpe araññe viharanti. Bhavampi udāyī uḷāro yo evarūpe araññe viharatī''ti.

Evaṃ vutte sā brāhmaṇī taṃ brāhmaṇaṃ etadavoca – ''kuto tassa uḷārattatā! Yatheva me tvaṃ aṅgamaṅgāni parāmasi evameva me samaṇo udāyī aṅgamaṅgāni parāmasī''ti. Atha kho so brāhmaṇo ujjhāyati khiyyati vipāceti – ''alajjino ime samaṇā sakyaputtiyā dussīlā musāvādino. Ime hi nāma dhammacārino samacārino brahmacārino saccavādino sīlavanto kalyāṇadhammā paṭijānissanti! Natthi imesaṃ sāmaññaṃ natthi imesaṃ brahmaññaṃ, naṭṭhaṃ imesaṃ sāmaññaṃ naṭṭhaṃ imesaṃ brahmaññaṃ, kuto imesaṃ sāmaññaṃ kuto imesaṃ brahmaññaṃ, apagatā ime sāmaññā apagatā ime brahmaññā. Kathañhi nāma samaṇo udāyī mama bhariyāya aṅgamaṅgāni parāmasissati! Na hi sakkā kulitthīhi kuladhītāhi kulakumārīhi kulasuṇhāhi kuladāsīhi ārāmaṃ vā vihāraṃ vā gantuṃ. Sace [sace hi (syā.)]kulitthiyo kuladhītaro [kuladhītāyo (sī. syā.)] kulakumāriyo kulasuṇhāyo kuladāsiyo ārāmaṃ vā vihāraṃ vā gaccheyyuṃ, tāpi samaṇā sakyaputtiyā dūseyyu''nti!

Assosuṃ kho bhikkhu tassa brāhmaṇassa ujjhāyantassa khiyyantassa vipācentassa. Ye te bhikkhū appicchā...pe... te ujjhāyanti khiyyanti vipācenti – ''kathañhi nāma āyasmā udāyī mātugāmena saddhiṃ kāyasaṃsaggaṃ samāpajjissatī''ti! Atha kho te bhikkhū āyasmantaṃ udāyiṃ anekapariyāyena vigarahitvā bhagavato etamatthaṃ ārocesuṃ. Atha kho Bhagavā etasmiṃ nidāne etasmiṃ pakaraṇe bhikkhusaṅghaṃ sannipātāpetvā āyasmantaṃ udāyiṃ paṭipucchi – ''saccaṃ kira tvaṃ, udāyi, mātugāmena saddhiṃ kāyasaṃsaggaṃ samāpajjasī''ti? ''Saccaṃ, Bhagavā''ti. Vigarahi buddho Bhagavā – ''ananucchavikaṃ, moghapurisa, ananulomikaṃ appatirūpaṃ assāmaṇakaṃ akappiyaṃ akaraṇīyaṃ. Kathañhi nāma tvaṃ, moghapurisa, mātugāmena saddhiṃ kāyasaṃsaggaṃ samāpajjissasi! Nanu mayā, moghapurisa, anekapariyāyena virāgāya dhammo desito no sarāgāya...pe... kāmapariḷāhānaṃ vūpasamo akkhāto. Netaṃ, moghapurisa, appasannānaṃ vā pasādāya...pe... evañca pana, bhikkhave, imaṃ sikkhāpadaṃ uddiseyyātha –

270.''Yo pana bhikkhu otiṇṇo vipariṇatena cittena mātugāmena saddhiṃ kāyasaṃsaggaṃ samāpajjeyya hatthaggāhaṃ vā veṇiggāhaṃ vā aññatarassa vā aññatarassa vā aṅgassa parāmasanaṃ, saṅghādiseso''ti.

271.Yo panāti yo yādiso...pe... bhikkhūti...pe... ayaṃ imasmiṃ atthe adhippeto bhikkhūti.

Otiṇṇo nāma sāratto apekkhavā paṭibaddhacitto.

Vipariṇatanti rattampi cittaṃ vipariṇataṃ. Duṭṭhampi cittaṃ vipariṇataṃ. Mūḷhampi cittaṃ vipariṇataṃ. Apica, rattaṃ cittaṃ imasmiṃ atthe adhippetaṃ vipariṇatanti.

Mātugāmo nāma manussitthī, na yakkhī na petī, na tiracchānagatā. Antamaso tadahujātāpi dārikā, pageva mahattarī.

Saddhinti ekato.

Kāyasaṃsaggaṃsamāpajjeyyāti ajjhācāro vuccati.

Hattho nāma kapparaṃ upādāyaṃ yāva agganakhā.

Veṇī nāma suddhakesā vā, suttamissā vā, mālāmissā vā, hiraññamissā vā, suvaṇṇamissā vā, muttāmissā vā, maṇimissā vā.

Aṅgaṃ nāma hatthañca veṇiñca ṭhapetvā avasesaṃ aṅgaṃ nāma.

272. Āmasanā , parāmasanā, omasanā, ummasanā, olaṅghanā, ullaṅghanā, ākaḍḍhanā, patikaḍḍhanā, abhiniggaṇhanā, abhinippīḷanā, gahaṇaṃ, chupanaṃ.
Āmasanā nāma āmaṭṭhamattā.
Parāmasanā nāma itocito ca saṃcopanā.
Omasanā nāma heṭṭhā oropanā.
Ummasanā nāma uddhaṃ uccāraṇā.
Olaṅghanā nāma heṭṭhā onamanā.
Ullaṅghanā nāma uddhaṃ uccāraṇā.
Ākaḍḍhanā nāma āviñchanā [āviñjanā (sī. syā.)].
Patikaḍḍhanā nāma patippaṇāmanā.
Abhiniggaṇhanā nāma aṅgaṃ gahetvā nippīḷanā.
Abhinippīḷanā nāma kenaci saha nippīḷanā.
Gahaṇaṃ nāma gahitamattaṃ.
Chupanaṃ nāma phuṭṭhamattaṃ.
Saṅghādisesoti...pe... tenapi vuccati saṅghādisesoti.
273. Itthī ca hoti itthisaññī sāratto ca bhikkhu ca. Naṃ itthiyā kāyena kāyaṃ āmasati parāmasati omasati ummasati olaṅgheti ullaṅgheti ākaḍḍhati patikaḍḍhati abhiniggaṇhāti abhinippīḷeti gaṇhāti chupati, āpatti saṅghādisesassa.
Itthī ca hoti vematiko sāratto ca. Bhikkhu ca naṃ itthiyā kāyena kāyaṃ āmasati parāmasati...pe... gaṇhāti chupati, āpatti thullaccayassa.
Itthī ca hoti paṇḍakasaññī sāratto ca. Bhikkhu ca naṃ itthiyā kāyena kāyaṃ āmasati parāmasati...pe... gaṇhāti chupati, āpatti thullaccayassa.
Itthī ca hoti purisasaññī sāratto ca. Bhikkhu ca naṃ itthiyā kāyena kāyaṃ āmasati parāmasati...pe... gaṇhāti chupati, āpatti thullaccayassa.
Itthī ca hoti tiracchānagatasaññī sāratto ca. Bhikkhu ca naṃ itthiyā kāyena kāyaṃ āmasati parāmasati...pe... gaṇhāti chupati, āpatti thullaccayassa.
Paṇḍako ca hoti paṇḍakasaññī sāratto ca. Bhikkhu ca naṃ paṇḍakassa kāyena kāyaṃ āmasati parāmasati...pe... gaṇhāti chupati, āpatti thullaccayassa.
Paṇḍako ca hoti vematiko sāratto ca. Bhikkhu ca naṃ paṇḍakassa kāyena kāyaṃ āmasati parāmasati...pe... gaṇhāti chupati, āpatti dukkaṭassa.
Paṇḍako ca hoti purisasaññī sāratto ca. Bhikkhu ca naṃ paṇḍakassa kāyena kāyaṃ āmasati parāmasati...pe... gaṇhāti chupati, āpatti dukkaṭassa.
Paṇḍako ca hoti tiracchānagatasaññī sāratto ca. Bhikkhu ca naṃ paṇḍakassa kāyena kāyaṃ āmasati parāmasati...pe... gaṇhāti chupati , āpatti dukkaṭassa.
Paṇḍako ca hoti itthisaññī sāratto ca. Bhikkhu ca naṃ paṇḍakassa kāyena kāyaṃ āmasati parāmasati...pe... gaṇhāti chupati, āpatti dukkaṭassa.
Puriso ca hoti purisasaññī sāratto ca. Bhikkhu ca naṃ purisassa kāyena kāyaṃ āmasati parāmasati...pe... gaṇhāti chupati, āpatti dukkaṭassa.
Puriso ca hoti vematiko...pe... puriso ca hoti tiracchānagatasaññī... puriso ca hoti itthisaññī... puriso ca hoti paṇḍakasaññī sāratto ca. Bhikkhu ca naṃ purisassa kāyena kāyaṃ āmasati parāmasati...pe... gaṇhāti chupati, āpatti dukkaṭassa.
Tiracchānagato ca hoti tiracchānagatasaññī sāratto ca. Bhikkhu ca naṃ tiracchānagatassa kāyena kāyaṃ āmasati parāmasati...pe... gaṇhāti chupati, āpatti dukkaṭassa.
Tiracchānagato ca hoti vematiko...pe... tiracchānagato ca hoti itthisaññī... tiracchānagato ca hoti paṇḍakasaññī... tiracchānagato ca hoti. Purisasaññī sāratto ca. Bhikkhu ca naṃ tiracchānagatassa kāyena kāyaṃ āmasati parāmasati...pe... gaṇhāti chupati, āpatti dukkaṭassa.
Ekamūlakaṃ niṭṭhitaṃ.
274. Dve itthiyo dvinnaṃ itthīnaṃ itthisaññī sāratto ca. Bhikkhu ca naṃ dvinnaṃ itthīnaṃ kāyena kāyaṃ āmasati parāmasati...pe... gaṇhāti chupati, āpatti dvinnaṃ saṅghādisesānaṃ.
Dve itthiyo dvinnaṃ itthīnaṃ vematiko sāratto ca. Bhikkhu ca naṃ dvinnaṃ itthīnaṃ kāyena kāyaṃ āmasati parāmasati...pe... gaṇhāti chupati, āpatti dvinnaṃ thullaccayānaṃ.
Dve itthiyo dvinnaṃ itthīnaṃ paṇḍakasaññī...pe... purisasaññī... tiracchānagatasaññī sāratto ca. Bhikkhu ca dvinnaṃ itthīnaṃ kāyena kāyaṃ āmasati parāmasati...pe... gaṇhāti chupati, āpatti dvinnaṃ thullaccayānaṃ.
Dve paṇḍakā dvinnaṃ paṇḍakānaṃ paṇḍakasaññī sāratto ca bhikkhu ca naṃ dvinnaṃ paṇḍakānaṃ kāyena kāyaṃ āmasati parāmasati...pe... gaṇhāti chupati, āpatti dvinnaṃ thullaccayānaṃ.
Dve paṇḍakā dvinnaṃ paṇḍakānaṃ vematiko...pe... purisasaññī... tiracchānagatasaññī... itthisaññī sāratto ca. Bhikkhu ca naṃ dvinnaṃ paṇḍakānaṃ kāyena kāyaṃ āmasati parāmasati...pe... gaṇhāti chupati, āpatti dvinnaṃ dukkaṭānaṃ.

Dve purisā dvinnaṃ purisānaṃ purisasaññī sāratto ca bhikkhu ca naṃ dvinnaṃ purisānaṃ kāyena kāyaṃ āmasati parāmasati...pe... gaṇhāti chupati, āpatti dvinnaṃ dukkaṭānaṃ.
Dve purisā dvinnaṃ purisānaṃ vematiko...pe... tiracchānagatasaññī... itthisaññī... paṇḍakasaññī sāratto ca. Bhikkhu ca naṃ dvinnaṃ purisānaṃ kāyena kāyaṃ āmasati parāmasati...pe... gaṇhāti chupati, āpatti dvinnaṃ dukkaṭānaṃ.
Dve tiracchānagatā dvinnaṃ tiracchānagatānaṃ tiracchānagatasaññī sāratto ca. Bhikkhu ca naṃ dvinnaṃ tiracchānagatānaṃ kāyena kāyaṃ āmasati parāmasati...pe... gaṇhāti chupati, āpatti dvinnaṃ dukkaṭānaṃ.
Dve tiracchānagatā dvinnaṃ tiracchānagatānaṃ vematiko...pe... itthisaññī... paṇḍakasaññī... purisasaññī sāratto ca. Bhikkhu ca naṃ dvinnaṃ tiracchānagatānaṃ kāyena kāyaṃ āmasati parāmasati...pe... gaṇhāti chupati, āpatti dvinnaṃ dukkaṭānaṃ.
275. Itthī ca paṇḍako ca ubhinnaṃ itthisaññī sāratto ca. Bhikkhu ca naṃ ubhinnaṃ kāyena kāyaṃ āmasati parāmasati...pe... gaṇhāti chupati, āpatti saṅghādisesena dukkaṭassa.
Itthī ca paṇḍako ca ubhinnaṃ vematiko sāratto ca. Bhikkhu ca naṃ ubhinnaṃ kāyena kāyaṃ āmasati parāmasati...pe... gaṇhāti chupati, āpatti thullaccayena dukkaṭassa.
Itthī ca paṇḍako ca ubhinnaṃ paṇḍakasaññī sāratto ca. Bhikkhu ca naṃ ubhinnaṃ kāyena kāyaṃ āmasati parāmasati...pe... gaṇhāti chupati, āpatti dvinnaṃ thullaccayānaṃ.
Itthī ca paṇḍako ca ubhinnaṃ purisasaññī sāratto ca. Bhikkhu ca naṃ ubhinnaṃ kāyena kāyaṃ āmasati parāmasati...pe... gaṇhāti chupati, āpatti thullaccayena dukkaṭassa.
Itthī ca paṇḍako ca ubhinnaṃ tiracchānagatasaññī sāratto ca. Bhikkhu ca naṃ ubhinnaṃ kāyena kāyaṃ āmasati parāmasati...pe... gaṇhāti chupati, āpatti thullaccayena dukkaṭassa.
Itthī ca puriso ca ubhinnaṃ itthisaññī sāratto ca. Bhikkhu ca naṃ ubhinnaṃ kāyena kāyaṃ āmasati parāmasati...pe... gaṇhāti chupati, āpatti saṅghādisesena dukkaṭassa.
Itthī ca puriso ca ubhinnaṃ vematiko...pe... paṇḍakasaññī... purisasaññī... tiracchānagatasaññī sāratto ca. Bhikkhu ca naṃ ubhinnaṃ kāyena kāyaṃ āmasati parāmasati...pe... gaṇhāti chupati, āpatti thullaccayena dukkaṭassa.
Itthī ca tiracchānagato ca ubhinnaṃ itthisaññī sāratto ca. Bhikkhu ca naṃ ubhinnaṃ kāyena kāyaṃ āmasati parāmasati...pe... gaṇhāti chupati, āpatti saṅghādisesena dukkaṭassa.
Itthī ca tiracchānagato ca ubhinnaṃ vematiko...pe... paṇḍakasaññī... purisasaññī ... tiracchānagatasaññī sāratto ca. Bhikkhu ca naṃ ubhinnaṃ kāyena kāyaṃ āmasati parāmasati...pe... gaṇhāti chupati, āpatti thullaccayena dukkaṭassa.
Paṇḍako ca puriso ca ubhinnaṃ paṇḍakasaññī sāratto ca. Bhikkhu ca naṃ ubhinnaṃ kāyena kāyaṃ āmasati parāmasati...pe... gaṇhāti chupati, āpatti thullaccayena dukkaṭassa.
Paṇḍako ca puriso ca ubhinnaṃ vematiko...pe... purisasaññī... tiracchānagatasaññī... itthisaññī sāratto ca. Bhikkhu ca naṃ ubhinnaṃ kāyena kāyaṃ āmasati parāmasati...pe... gaṇhāti chupati, āpatti dvinnaṃ dukkaṭānaṃ.
Paṇḍako ca tiracchānagato ca ubhinnaṃ paṇḍakasaññī sāratto ca. Bhikkhu ca naṃ ubhinnaṃ kāyena kāyaṃ āmasati parāmasati...pe... gaṇhāti chupati, āpatti thullaccayena dukkaṭassa.
Paṇḍako ca tiracchānagato ca ubhinnaṃ vematiko...pe... purisasaññī... tiracchānagatasaññī... itthisaññī sāratto ca. Bhikkhu ca naṃ ubhinnaṃ kāyena kāyaṃ āmasati parāmasati...pe... gaṇhāti chupati, āpatti dvinnaṃ dukkaṭānaṃ.
Puriso ca tiracchānagato ca ubhinnaṃ purisasaññī sāratto ca. Bhikkhu ca naṃ ubhinnaṃ kāyena kāyaṃ āmasati parāmasati...pe... gaṇhāti chupati, āpatti dvinnaṃ dukkaṭānaṃ.
Puriso ca tiracchānagato ca ubhinnaṃ vematiko...pe... tiracchānagatasaññī... itthisaññī... paṇḍakasaññī sāratto ca. Bhikkhu ca naṃ ubhinnaṃ kāyena kāyaṃ āmasati parāmasati...pe... gaṇhāti chupati, āpatti dvinnaṃ dukkaṭānaṃ.
Dumūlakaṃ niṭṭhitaṃ.
276. Itthī ca hoti itthisaññī sāratto ca. Bhikkhu ca naṃ itthiyā kāyena kāyapaṭibaddhaṃ āmasati parāmasati...pe... gaṇhāti chupati, āpatti thullaccayassa...pe....
Dve itthiyo dvinnaṃ itthīnaṃ itthisaññī sāratto ca. Bhikkhu ca naṃ dvinnaṃ itthīnaṃ kāyena kāyapaṭibaddhaṃ āmasati parāmasati...pe... gaṇhāti chupati, āpatti dvinnaṃ thullaccayānaṃ ...pe....
Itthī ca paṇḍako ca ubhinnaṃ itthisaññī sāratto ca. Bhikkhu ca naṃ ubhinnaṃ kāyena kāyapaṭibaddhaṃ āmasati parāmasati...pe... gaṇhāti chupati, āpatti thullaccayena dukkaṭassa...pe....
Itthī ca hoti itthisaññī sāratto ca. Bhikkhu ca naṃ itthiyā kāyapaṭibaddhena kāyaṃ āmasati parāmasati...pe... gaṇhāti chupati, āpatti thullaccayassa...pe....
Dve itthiyo dvinnaṃ itthīnaṃ itthisaññī sāratto ca. Bhikkhu ca naṃ dvinnaṃ itthīnaṃ kāyapaṭibaddhena kāyaṃ āmasati parāmasati...pe... gaṇhāti chupati, āpatti dvinnaṃ thullaccayānaṃ...pe....
Itthī ca paṇḍako ca ubhinnaṃ itthisaññī sāratto ca. Bhikkhu ca naṃ ubhinnaṃ kāyapaṭibaddhena kāyaṃ āmasati parāmasati...pe... gaṇhāti chupati, āpatti thullaccayena dukkaṭassa...pe....

Itthī ca hoti itthisaññī sāratto ca. Bhikkhu ca naṃ itthiyā kāyapaṭibaddhena kāyapaṭibaddhaṃ āmasati parāmasati...pe... gaṇhāti chupati, āpatti dukkaṭassa...pe....
Dve itthiyo dvinnaṃ itthīnaṃ itthisaññī sāratto ca. Bhikkhu ca naṃ dvinnaṃ itthīnaṃ kāyapaṭibaddhena kāyapaṭibaddhaṃ āmasati parāmasati...pe... gaṇhāti chupati, āpatti dvinnaṃ dukkaṭānaṃ...pe....
Itthī ca paṇḍako ca ubhinnaṃ itthisaññī sāratto ca. Bhikkhu ca naṃ ubhinnaṃ kāyapaṭibaddhena kāyapaṭibaddhaṃ āmasati parāmasati...pe... gaṇhāti chupati, āpatti dvinnaṃ dukkaṭānaṃ...pe....
Itthī ca hoti itthisaññī sāratto ca. Bhikkhu ca naṃ itthiyā nissaggiyena kāyaṃ āmasati āpatti dukkaṭassa...pe....
Dve itthiyo dvinnaṃ itthīnaṃ itthisaññī sāratto ca. Bhikkhu ca naṃ dvinnaṃ itthīnaṃ nissaggiyena kāyaṃ āmasati, āpatti dvinnaṃ dukkaṭānaṃ...pe....
Itthī ca paṇḍako ca ubhinnaṃ itthisaññī sāratto ca. Bhikkhu ca naṃ ubhinnaṃ nissaggiyena kāyaṃ āmasati, āpatti dvinnaṃ dukkaṭānaṃ...pe....
Itthī ca hoti itthisaññī sāratto ca. Bhikkhu ca naṃ itthiyā nissaggiyena kāyapaṭibaddhaṃ āmasati, āpatti dukkaṭassa...pe....
Dve itthiyo dvinnaṃ itthīnaṃ itthisaññī sāratto ca. Bhikkhu ca naṃ dvinnaṃ itthīnaṃ nissaggiyena kāyapaṭibaddhaṃ āmasati, āpatti dvinnaṃ dukkaṭānaṃ...pe....
Itthī ca paṇḍako ca ubhinnaṃ itthisaññī sāratto ca. Bhikkhu ca naṃ ubhinnaṃ nissaggiyena kāyapaṭibaddhaṃ āmasati, āpatti dvinnaṃ dukkaṭānaṃ...pe....
Itthī ca hoti itthisaññī sāratto ca. Bhikkhu ca naṃ itthiyā nissaggiyena nissaggiyaṃ āmasati, āpatti dukkaṭassa...pe....
Dve itthiyo dvinnaṃ itthīnaṃ itthisaññī sāratto ca. Bhikkhu ca naṃ dvinnaṃ itthīnaṃ nissaggiyena nissaggiyaṃ āmasati, āpatti dvinnaṃ dukkaṭānaṃ...pe....
Itthī ca paṇḍako ca ubhinnaṃ itthisaññī sāratto ca. Bhikkhu ca naṃ ubhinnaṃ nissaggiyena nissaggiyaṃ āmasati, āpatti dvinnaṃ dukkaṭānaṃ...pe....
Bhikkhupeyyālo niṭṭhito.
277. Itthī ca hoti itthisaññī sāratto ca. Itthī ca naṃ bhikkhussa kāyena kāyaṃ āmasati parāmasati omasati ummasati olaṅgheti ullaṅgheti ākaḍḍhati patikaḍḍhati abhiniggaṇhāti abhinippīḷeti gaṇhāti chupati, sevanādhippāyo kāyena vāyamati phassaṃ paṭivijānāti, āpatti saṅghādisesassa...pe....
Dve itthiyo dvinnaṃ itthīnaṃ itthisaññī sāratto ca. Itthiyo ca naṃ bhikkhussa kāyena kāyaṃ āmasanti parāmasanti omasanti ummasanti olaṅghenti ullaṅghenti ākaḍḍhanti patikaḍḍhanti abhiniggaṇhanti abhinippīḷenti gaṇhanti chupanti, sevanādhippāyo kāyena vāyamati phassaṃ paṭivijānāti, āpatti dvinnaṃ saṅghādisesānaṃ...pe....
Itthī ca paṇḍako ca ubhinnaṃ itthisaññī sāratto ca. Ubho ca naṃ bhikkhussa kāyena kāyaṃ āmasanti parāmasanti...pe... gaṇhanti chupanti, sevanādhippāyo kāyena vāyamati phassaṃ paṭivijānāti, āpatti saṅghādisesena dukkaṭassa...pe....
Itthī ca hoti itthisaññī sāratto ca. Itthī ca naṃ bhikkhussa kāyena kāyapaṭibaddhaṃ āmasati parāmasati...pe... gaṇhāti chupati, sevanādhippāyo kāyena vāyamati phassaṃ paṭivijānāti, āpatti thullaccayassa...pe....
Dve itthiyo dvinnaṃ itthīnaṃ itthisaññī sāratto ca. Itthiyo ca naṃ bhikkhussa kāyena kāyapaṭibaddhaṃ āmasanti parāmasanti...pe... gaṇhanti chupanti, sevanādhippāyo kāyena vāyamati phassaṃ paṭivijānāti, āpatti dvinnaṃ thullaccayānaṃ...pe....
Itthī ca paṇḍako ca ubhinnaṃ itthisaññī sāratto ca. Ubho ca naṃ bhikkhussa kāyena kāyapaṭibaddhaṃ āmasanti parāmasanti...pe... gaṇhanti chupanti, sevanādhippāyo kāyena vāyamati phassaṃ paṭivijānāti, āpatti thullaccayena dukkaṭassa...pe....
Itthī ca hoti itthisaññī sāratto ca. Itthī ca naṃ bhikkhussa kāyapaṭibaddhena kāyaṃ āmasati parāmasati...pe... gaṇhāti chupati sevanādhippāyo kāyena vāyamati phassaṃ paṭivijānāti, āpatti thullaccayassa...pe....
Dve itthiyo dvinnaṃ itthīnaṃ itthisaññī sāratto ca. Itthiyo ca naṃ bhikkhussa kāyapaṭibaddhena kāyaṃ āmasanti parāmasanti...pe... gaṇhanti chupanti, sevanādhippāyo kāyena vāyamati phassaṃ paṭivijānāti, āpatti dvinnaṃ thullaccayānaṃ...pe....
Itthī ca paṇḍako ca ubhinnaṃ itthisaññī sāratto ca. Ubho ca naṃ bhikkhussa kāyapaṭibaddhena kāyaṃ āmasanti parāmasanti...pe... gaṇhanti chupanti, sevanādhippāyo kāyena vāyamati phassaṃ paṭivijānāti, āpatti thullaccayena dukkaṭassa...pe....
278. Itthī ca hoti itthisaññī sāratto ca. Itthī ca naṃ bhikkhussa kāyapaṭibaddhena kāyapaṭibaddhaṃ āmasati parāmasati...pe... gaṇhāti chupati, sevanādhippāyo kāyena vāyamati phassaṃ paṭivijānāti, āpatti dukkaṭassa...pe....
Dve itthiyo dvinnaṃ itthīnaṃ itthisaññī sāratto ca. Itthiyo ca naṃ bhikkhussa kāyapaṭibaddhena kāyapaṭibaddhaṃ āmasanti parāmasanti...pe... gaṇhanti chupanti, sevanādhippāyo kāyena vāyamati phassaṃ paṭivijānāti, āpatti dvinnaṃ dukkaṭānaṃ...pe....

Itthī ca paṇḍako ca ubhinnaṃ itthisaññī sāratto ca. Ubho ca naṃ bhikkhussa kāyapaṭibaddhena kāyapaṭibaddhaṃ āmasanti parāmasanti...pe... gaṇhanti chupanti, sevanādhippāyo kāyena vāyamati phassaṃ paṭivijānāti, āpatti dvinnaṃ dukkaṭānaṃ...pe....
Itthī ca hoti itthisaññī sāratto ca. Itthī ca naṃ bhikkhussa nissaggiyena kāyaṃ āmasati. Sevanādhippāyo kāyena vāyamati phassaṃ paṭivijānāti, āpatti dukkaṭassa...pe....
Dve itthiyo dvinnaṃ itthīnaṃ itthisaññī sāratto ca. Itthiyo ca naṃ bhikkhussa nissaggiyena kāyaṃ āmasanti. Sevanādhippāyo kāyena vāyamati phassaṃ paṭivijānāti, āpatti dvinnaṃ dukkaṭānaṃ...pe....
Itthī ca paṇḍako ca ubhinnaṃ itthisaññī sāratto ca. Ubho ca naṃ bhikkhussa nissaggiyena kāyaṃ āmasanti. Sevanādhippāyo kāyena vāyamati phassaṃ paṭivijānāti, āpatti dvinnaṃ dukkaṭānaṃ...pe....
Itthī ca hoti itthisaññī sāratto ca. Itthī ca naṃ bhikkhussa nissaggiyena kāyapaṭibaddhaṃ āmasati. Sevanādhippāyo kāyena vāyamati phassaṃ paṭivijānāti, āpatti dukkaṭassa...pe....
Dve itthiyo dvinnaṃ itthīnaṃ itthisaññī sāratto ca. Itthiyo ca naṃ bhikkhussa nissaggiyena kāyapaṭibaddhaṃ āmasanti. Sevanādhippāyo kāyena vāyamati phassaṃ paṭivijānāti, āpatti dvinnaṃ dukkaṭānaṃ...pe....
Itthī ca paṇḍako ca ubhinnaṃ itthisaññī sāratto ca. Ubho ca naṃ bhikkhussa nissaggiyena kāyapaṭibaddhaṃ āmasanti. Sevanādhippāyo kāyena vāyamati phassaṃ paṭivijānāti, āpatti dvinnaṃ dukkaṭānaṃ...pe....
Itthī ca hoti itthisaññī sāratto ca. Itthī ca naṃ bhikkhussa nissaggiyena nissaggiyaṃ āmasati. Sevanādhippāyo kāyena vāyamati, na ca phassaṃ paṭivijānāti, āpatti dukkaṭassa...pe....
Dve itthiyo dvinnaṃ itthīnaṃ itthisaññī sāratto ca. Itthiyo ca naṃ bhikkhussa nissaggiyena nissaggiyaṃ āmasanti. Sevanādhippāyo kāyena vāyamati, na ca phassaṃ paṭivijānāti, āpatti dvinnaṃ dukkaṭānaṃ...pe....
Itthī ca paṇḍako ca ubhinnaṃ itthisaññī sāratto ca. Ubho ca naṃ bhikkhussa nissaggiyena nissaggiyaṃ āmasanti. Sevanādhippāyo kāyena vāyamati, na ca phassaṃ paṭivijānāti, āpatti dvinnaṃ dukkaṭānaṃ...pe....
279. Sevanādhippāyo kāyena vāyamati phassaṃ paṭivijānāti, āpatti saṅghādisesassa.
Sevanādhippāyo kāyena vāyamati, na ca phassaṃ paṭivijānāti, āpatti dukkaṭassa.
Sevanādhippāyo na ca kāyena vāyamati, phassaṃ paṭivijānāti, anāpatti.
Sevanādhippāyo na ca kāyena vāyamati, na ca phassaṃ paṭivijānāti, anāpatti.
Mokkhādhippāyo kāyena vāyamati, phassaṃ paṭivijānāti, anāpatti.
Mokkhādhippāyo kāyena vāyamati, na ca phassaṃ paṭivijānāti , anāpatti.
Mokkhādhippāyo na ca kāyena vāyamati, phassaṃ paṭivijānāti, anāpatti.
Mokkhādhippāyo na ca kāyena vāyamati, na ca phassaṃ paṭivijānāti, anāpatti.
280. Anāpatti asañcicca, asatiyā, ajānantassa, asādiyantassa, ummattakassa, khittacittassa, vedanāṭṭassa, ādikammikassāti.
Vinītavatthuuddānagāthā
Mātā dhītā bhaginī ca, jāyā yakkhī ca paṇḍako;
Suttā matā tiracchānā, dārudhitalikāya ca.
Sampīḷe saṅkamo maggo, rukkho nāvā ca rajju ca;
Daṇḍo pattaṃ paṇāmesi, vande vāyami nacchupeti.
Vinītavatthu
281. Tena kho pana samayena aññataro bhikkhu mātuyā mātupemena āmasi. Tassa kukkuccaṃ ahosi – ''bhagavatā sikkhāpadaṃ paññattaṃ, kacci nu kho ahaṃ saṅghādisesaṃ āpattiṃ āpanno''ti? Bhagavato etamatthaṃ ārocesi. ''Anāpatti, bhikkhu, saṅghādisesassa; āpatti dukkaṭassā''ti.
Tena kho pana samayena aññataro bhikkhu dhītuyā dhītupemena āmasi...pe... bhaginiyā bhaginipemena āmasi. Tassa kukkuccaṃ ahosi...pe... ''anāpatti, bhikkhu, saṅghādisesassa; āpatti dukkaṭassā''ti.
Tena kho pana samayena aññataro bhikkhu purāṇadutiyikāya kāyasaṃsaggaṃ samāpajji. Tassa kukkuccaṃ ahosi...pe... ''āpattiṃ tvaṃ, bhikkhu, āpanno saṅghādisesa''nti.
Tena kho pana samayena aññataro bhikkhu yakkhiniyā kāyasaṃsaggaṃ samāpajji. Tassa kukkuccaṃ ahosi...pe... ''anāpatti, bhikkhu, saṅghādisesassa; āpatti thullaccayassā''ti.
Tena kho pana samayena aññataro bhikkhu paṇḍakassa kāyasaṃsaggaṃ samāpajji. Tassa kukkuccaṃ ahosi...pe... ''anāpatti , bhikkhu, saṅghādisesassa; āpatti thullaccayassā''ti.
Tena kho pana samayena aññataro bhikkhu suttitthiyā kāyasaṃsaggaṃ samāpajji. Tassa kukkuccaṃ ahosi...pe... ''āpattiṃ tvaṃ, bhikkhu, āpanno saṅghādisesa''nti.
Tena kho pana samayena aññataro bhikkhu matitthiyā kāyasaṃsaggaṃ samāpajji. Tassa kukkuccaṃ ahosi...pe... ''anāpatti, bhikkhu, saṅghādisesassa; āpatti thullaccayassā''ti.
Tena kho pana samayena aññataro bhikkhu tiracchānagatitthiyā kāyasaṃsaggaṃ samāpajji. Tassa kukkuccaṃ ahosi...pe... ''anāpatti, bhikkhu, saṅghādisesassa; āpatti dukkaṭassā''ti.
Tena kho pana samayena aññataro bhikkhu dārudhītalikāya kāyasaṃsaggaṃ samāpajji. Tassa kukkuccaṃ ahosi...pe... ''anāpatti, bhikkhu, saṅghādisesassa; āpatti dukkaṭassā''ti.

282. Tena kho pana samayena sambahulā itthiyo aññataraṃ bhikkhuṃ sampīḷetvā bāhāparamparāya ānesuṃ. Tassa kukkuccaṃ ahosi...pe... ''sādiyi tvaṃ, bhikkhū''ti? ''Nāhaṃ, Bhagavā, sādiyi''nti. ''Anāpatti, bhikkhū, asādiyantassā''ti.

Tena kho pana samayena aññataro bhikkhu itthiyā abhirūḷhaṃ saṅkamaṃ sāratto sañcālesi. Tassa kukkuccaṃ ahosi...pe... ''anāpatti, bhikkhu, saṅghādisesassa; āpatti dukkaṭassā''ti.

Tena kho pana samayena aññataro bhikkhu itthiṃ paṭipathe passitvā sāratto aṃsakūṭena pahāraṃ adāsi. Tassa kukkuccaṃ ahosi...pe... ''āpattiṃ tvaṃ, bhikkhu, āpanno saṅghādisesa''nti.

Tena kho pana samayena aññataro bhikkhu itthiyā abhirūḷhaṃ rukkhaṃ sāratto sañcālesi. Tassa kukkuccaṃ ahosi...pe... ''anāpatti, bhikkhu, saṅghādisesassa; āpatti dukkaṭassā''ti.

Tena kho pana samayena aññataro bhikkhu itthiyā abhirūḷhaṃ nāvaṃ sāratto sañcālesi. Tassa kukkuccaṃ ahosi...pe... ''anāpatti, bhikkhu, saṅghādisesassa; āpatti dukkaṭassā''ti.

Tena kho pana samayena aññataro bhikkhu itthiyā gahitaṃ rajjuṃ sāratto āviñchi [āviñji (sī. syā.)]. Tassa kukkuccaṃ ahosi...pe... ''anāpatti, bhikkhu, saṅghādisesassa; āpatti thullaccayassā''ti.

Tena kho pana samayena aññataro bhikkhu itthiyā gahitaṃ daṇḍaṃ sāratto āviñchi. Tassa kukkuccaṃ ahosi...pe... ''anāpatti, bhikkhu, saṅghādisesassa; āpatti thullaccayassā''ti.

Tena kho pana samayena aññataro bhikkhu sāratto itthiṃ pattena paṇāmesi. Tassa kukkuccaṃ ahosi...pe... ''anāpatti, bhikkhu, saṅghādisesassa; āpatti thullaccayassā''ti.

Tena kho pana samayena aññataro bhikkhu itthiyā vandantiyā sāratto pādaṃ uccāresi. Tassa kukkuccaṃ ahosi...pe... ''āpattiṃ tvaṃ, bhikkhu, āpanno saṅghādisesa''nti.

Tena kho pana samayena aññataro bhikkhu itthiṃ gahessāmīti vāyamitvā na chupi.

Tassa kukkuccaṃ ahosi...pe... ''anāpatti, bhikkhu, saṅghādisesassa; āpatti dukkaṭassā''ti.

Kāyasaṃsaggasikkhāpadaṃ niṭṭhitaṃ dutiyaṃ.

3. Duṭṭhullavācāsikkhāpadaṃ

283. Tena samayena buddho Bhagavā sāvatthiyaṃ viharati jetavane anāthapiṇḍikassa ārāme. Tena kho pana samayena āyasmā udāyī araññe viharati. Tassāyasmato vihāro abhirūpo hoti dassanīyo pāsādiko. Tena kho pana samayena sambahulā itthiyo ārāmaṃ āgamaṃsu vihārapekkhikāyo. Atha kho tā itthiyo yenāyasmā udāyī tenupasaṅkamiṃsu; upasaṅkamitvā āyasmantaṃ udāyiṃ etadavocuṃ – ''icchāma mayaṃ, bhante, ayyassa vihāraṃ pekkhitu''nti. Atha kho āyasmā udāyī tā itthiyo vihāraṃ pekkhāpetvā tāsaṃ itthīnaṃ vaccamaggaṃ passāvamaggaṃ ādissa vaṇṇampi bhaṇati avaṇṇampi bhaṇati yācatipi āyācatipi pucchatipi paṭipucchatipi ācikkhatipi anusāsatipi akkosatipi. Yā tā itthiyo chinnikā dhuttikā ahirikāyo tā āyasmatā udāyinā saddhiṃ uhasantipi ullapantipi ujjagghantipi uppaṇḍentipi. Yā pana tā itthiyo hirimanā tā nikkhamitvā bhikkhū ujjhāpenti – ''idaṃ, bhante, nacchannaṃ nappatirūpaṃ. Sāmikenapi mayaṃ evaṃ vuttā na iccheyyāma, kiṃ panāyyena udāyinā''ti. Ye te bhikkhū appicchā...pe... te ujjhāyanti khiyyanti vipācenti – ''kathañhi nāma āyasmā udāyī mātugāmaṃ duṭṭhullāhi vācāhi obhāsissatī''ti! Atha kho te bhikkhū āyasmantaṃ udāyiṃ anekapariyāyena vigarahitvā bhagavato etamatthaṃ ārocesuṃ. Atha kho Bhagavā etasmiṃ nidāne etasmiṃ pakaraṇe bhikkhusaṅghaṃ sannipātāpetvā āyasmantaṃ udāyiṃ paṭipucchi – ''saccaṃ kira tvaṃ, udāyi, mātugāmaṃ duṭṭhullāhi vācāhi obhāsasī''ti? ''Saccaṃ, Bhagavā''ti. Vigarahi buddho Bhagavā – ''ananucchavikaṃ, moghapurisa, ananulomikaṃ appatirūpaṃ assāmaṇakaṃ akappiyaṃ akaraṇīyaṃ. Kathañhi nāma tvaṃ, moghapurisa, mātugāmaṃ duṭṭhullāhi vācāhi obhāsissasi! Nanu mayā, moghapurisa, anekapariyāyena virāgāya dhammo desito no sarāgāya...pe... kāmapariḷāhānaṃ vūpasamo akkhāto. Netaṃ, moghapurisa, appasannānaṃ vā pasādāya...pe... evañca pana, bhikkhave, imaṃ sikkhāpadaṃ uddiseyyātha –

284.''Yo pana bhikkhu otiṇṇo vipariṇatena cittena mātugāmaṃ duṭṭhullāhi vācāhi obhāseyya yathā taṃ yuvā yuvatiṃ methunupasaṃhitāhi, saṅghādiseso''ti.

285. Yo panāti yo yādiso...pe... bhikkhūti...pe... ayaṃ imasmiṃ atthe adhippeto bhikkhūti.

Otiṇṇo nāma sāratto apekkhavā paṭibaddhacitto.

Vipariṇatanti rattampi cittaṃ vipariṇataṃ, duṭṭhampi cittaṃ vipariṇataṃ mūḷhampi cittaṃ vipariṇataṃ. Apica, rattaṃ cittaṃ imasmiṃ atthe adhippetaṃ vipariṇatanti.

Mātugāmo nāma manussitthī, na yakkhī, na petī, na tiracchānagatā. Viññū paṭibalā subhāsitadubbhāsitaṃ duṭṭhullāduṭṭhullaṃ ājānituṃ.

Duṭṭhullā nāma vācā vaccamaggapassāvamaggamethunadhammappaṭisaṃyuttā vācā.

Obhāseyyāti ajjhācāro vuccati.

Yathā taṃ yuvā yuvatinti daharo dahariṃ, taruṇo taruṇiṃ, kāmabhogī kāmabhoginiṃ.

Methunupasaṃhitāhīti methunadhammappaṭisaṃyuttāhi.

Saṅghādisesoti ...pe... tenapi vuccati saṅghādisesoti.

Dve magge ādissa vaṇṇampi bhaṇati, avaṇṇampi bhaṇati, yācatipi, āyācatipi, pucchatipi, paṭipucchatipi, ācikkhatipi, anusāsatipi, akkosatipi.

Vaṇṇaṃ bhaṇati nāma dve magge thometi vaṇṇeti pasaṃsati.

Avaṇṇaṃ bhaṇati nāma dve magge khuṃseti vambheti garahati.

Yācati nāma dehi me, arahasi me dātunti.

Āyācati nāma kadā te mātā pasīdissati, kadā te pitā pasīdissati, kadā te devatāyo pasīdissanti, kadā [kadā te (syā.)] sukhaṇo sulayo sumuhutto bhavissati, kadā te methunaṃ dhammaṃ labhissāmīti.
Pucchati nāma kathaṃ tvaṃ sāmikassa desi, kathaṃ jārassa desīti?
Paṭipucchati nāma evaṃ kira tvaṃ sāmikassa desi, evaṃ jārassa desīti.
Ācikkhati nāma puṭṭho bhaṇati – "evaṃ dehi. Evaṃ dentā sāmikassa piyā bhavissasi manāpā cā"ti.
Anusāsati nāma apuṭṭho bhaṇati – "evaṃ dehi. Evaṃ dentā sāmikassa piyā bhavissati manāpā cā"ti.
Akkosati nāma animittāsi, nimittamattāsi, alohitāsi, dhuvalohitāsi, dhuvacoḷāsi, paggharantīsi, sikharaṇīsi, itthipaṇḍakāsi, vepurisikāsi, sambhinnāsi, ubhatobyañjanāsīti.
286. Itthī ca hoti itthisaññī sāratto ca. Bhikkhu ca naṃ itthiyā vaccamaggaṃ passāvamaggaṃ ādissa vaṇṇampi bhaṇati avaṇṇampi bhaṇati yācatipi āyācatipi pucchatipi paṭipucchatipi ācikkhatipi anusāsatipi akkosatipi, āpatti saṅghādisesassa...pe... .
Dve itthiyo dvinnaṃ itthīnaṃ itthisaññī sāratto ca. Bhikkhu ca naṃ dvinnaṃ itthīnaṃ vaccamaggaṃ passāvamaggaṃ ādissa vaṇṇampi bhaṇati avaṇṇampi bhaṇati...pe... akkosatipi, āpatti dvinnaṃ saṅghādisesānaṃ...pe... .
Itthī ca paṇḍako ca ubhinnaṃ itthisaññī sāratto ca. Bhikkhu ca naṃ ubhinnaṃ vaccamaggaṃ passāvamaggaṃ ādissa vaṇṇampi bhaṇati avaṇṇampi bhaṇati...pe... akkosatipi, āpatti saṅghādisesena dukkaṭassa...pe... .
Itthī ca hoti itthisaññī sāratto ca. Bhikkhu ca naṃ itthiyā vaccamaggaṃ passāvamaggaṃ ṭhapetvā adhakkhakaṃ ubbhajāṇumaṇḍalaṃ ādissa vaṇṇampi bhaṇati avaṇṇampi bhaṇati...pe... akkosatipi, āpatti thullaccayassa...pe....
Dve itthiyo dvinnaṃ itthīnaṃ itthisaññī sāratto ca. Bhikkhu ca naṃ dvinnaṃ itthīnaṃ vaccamaggaṃ passāvamaggaṃ ṭhapetvā adhakkhakaṃ ubbhajāṇumaṇḍalaṃ ādissa vaṇṇampi bhaṇati avaṇṇampi bhaṇati...pe... akkosatipi, āpatti dvinnaṃ thullaccayānaṃ...pe....
Itthī ca paṇḍako ca ubhinnaṃ itthisaññī sāratto ca. Bhikkhu ca naṃ ubhinnaṃ vaccamaggaṃ passāvamaggaṃ ṭhapetvā adhakkhakaṃ ubbhajāṇumaṇḍalaṃ ādissa vaṇṇampi bhaṇati avaṇṇampi bhaṇati...pe... akkosatipi, āpatti thullaccayena dukkaṭassa...pe....
Itthī ca hoti itthisaññī sāratto ca. Bhikkhu ca naṃ itthiyā ubbhakkhakaṃ adhojāṇumaṇḍalaṃ ādissa vaṇṇampi bhaṇati avaṇṇampi bhaṇati...pe... akkosatipi, āpatti dukkaṭassa...pe....
Dve itthiyo dvinnaṃ itthīnaṃ itthisaññī sāratto ca. Bhikkhu ca naṃ dvinnaṃ itthīnaṃ ubbhakkhakaṃ adhojāṇumaṇḍalaṃ ādissa vaṇṇampi bhaṇati avaṇṇampi bhaṇati...pe... akkosatipi, āpatti dvinnaṃ dukkaṭānaṃ...pe....
Itthī ca paṇḍako ca ubhinnaṃ itthisaññī sāratto ca. Bhikkhu ca naṃ ubhinnaṃ ubbhakkhakaṃ adhojāṇumaṇḍalaṃ ādissa vaṇṇampi bhaṇati avaṇṇampi bhaṇati...pe... akkosatipi, āpatti dvinnaṃ dukkaṭānaṃ...pe....
Itthī ca hoti itthisaññī sāratto ca. Bhikkhu ca naṃ itthiyā kāyapaṭibaddhaṃ ādissa vaṇṇampi bhaṇati avaṇṇampi bhaṇati...pe... akkosatipi, āpatti dukkaṭassa...pe....
Dve itthiyo dvinnaṃ itthīnaṃ itthisaññī sāratto ca. Bhikkhu ca naṃ dvinnaṃ itthīnaṃ kāyapaṭibaddhaṃ ādissa vaṇṇampi bhaṇati avaṇṇampi bhaṇati...pe... akkosatipi, āpatti dvinnaṃ dukkaṭānaṃ...pe....
Itthī ca paṇḍako ca ubhinnaṃ itthisaññī sāratto ca. Bhikkhu ca naṃ ubhinnaṃ kāyapaṭibaddhaṃ ādissa vaṇṇampi bhaṇati avaṇṇampi bhaṇati...pe... akkosatipi, āpatti dvinnaṃ dukkaṭānaṃ...pe....
287. Anāpatti atthapurekkhārassa, dhammapurekkhārassa, anusāsanipurekkhārassa, ummattakassa, ādikammikassāti.
Vinītavatthuuddānagāthā
Lohitaṃ kakkasākiṇṇaṃ, kharaṃ dīghañca vāpitaṃ;
Kacci saṃsīdati maggo, saddhā dānena kammunāti.
Vinītavatthu
288. Tena kho pana samayena aññatarā itthī navarattaṃ kambalaṃ pārutā hoti. Aññataro bhikkhu sāratto taṃ itthiṃ etadavoca – "lohitaṃ kho te, bhaginī"ti. Sā na paṭivijāni. "Āmāyya, navaratto kambalo"ti. Tassa kukkuccaṃ ahosi "bhagavatā sikkhāpadaṃ paññattaṃ, kacci nu kho ahaṃ saṅghādisesaṃ āpattiṃ āpanno"ti? Bhagavato etamatthaṃ ārocesi. "Anāpatti, bhikkhu, saṅghādisesassa; āpatti dukkaṭassā"ti.
Tena kho pana samayena aññatarā itthī kharakambalaṃ pārutā hoti. Aññataro bhikkhu sāratto taṃ itthiṃ etadavoca – "kakkasalomaṃ kho te, bhaginī"ti. Sā na paṭivijāni. "Āmāyya, kharakambalako"ti. Tassa kukkuccaṃ ahosi...pe... "anāpatti, bhikkhu, saṅghādisesassa; āpatti dukkaṭassā"ti.
Tena kho pana samayena aññatarā itthī navāvutaṃ kambalaṃ pārutā hoti. Aññataro bhikkhu sāratto taṃ itthiṃ etadavoca – "ākiṇṇalomaṃ kho te, bhaginī"ti. Sā na paṭivijāni. "Āmāyya, navāvuto kambalo"ti. Tassa kukkuccaṃ ahosi...pe... "anāpatti, bhikkhu, saṅghādisesassa; āpatti dukkaṭassā"ti.
Tena kho pana samayena aññatarā itthī kharakambalaṃ pārutā hoti. Aññataro bhikkhu sāratto taṃ itthiṃ etadavoca – "kharalomaṃ kho te, bhaginī"ti. Sā na paṭivijāni. "Āmāyya, kharakambalako"ti. Tassa kukkuccaṃ ahosi...pe... "anāpatti, bhikkhu, saṅghādisesassa; āpatti dukkaṭassā"ti.

Tena kho pana samayena aññatarā itthī pāvāraṃ [dīghapāvāraṃ (syā.)] pārutā hoti. Aññataro bhikkhu sāratto taṃ itthiṃ etadavoca – ''dīghalomaṃ kho te, bhaginī''ti. Sā na paṭivijāni. ''Āmāyya, pāvāro''[dīghapāvāro (syā.)] ti. Tassa kukkuccaṃ ahosi...pe... ''anāpatti, bhikkhu, saṅghādisesassa; āpatti dukkaṭassā''ti.

289. Tena kho pana samayena aññatarā itthī khettaṃ vapāpetvā āgacchati. Aññataro bhikkhu sāratto taṃ itthiṃ etadavoca – ''vāpitaṃ kho te, bhaginī''ti? Sā na paṭivijāni. ''Āmāyya, no ca kho paṭivutta''nti. Tassa kukkuccaṃ ahosi...pe... ''anāpatti, bhikkhu, saṅghādisesassa; āpatti dukkaṭassā''ti.

Tena kho pana samayena aññataro bhikkhu paribbājikaṃ paṭipathe passitvā sāratto taṃ paribbājikaṃ etadavoca – ''kacci, bhagini, maggo saṃsīdatī''ti? Sā na paṭivijāni. ''Āma bhikkhu, paṭipajjissasī''ti. Tassa kukkuccaṃ ahosi...pe... ''anāpatti, bhikkhu, saṅghādisesassa; āpatti thullaccayassā''ti.

Tena kho pana samayena aññataro bhikkhu sāratto aññataraṃ itthiṃ etadavoca – ''saddhāsi tvaṃ, bhagini. Apica, yaṃ sāmikassa desi taṃ nāmhākaṃ desī''ti. ''Kiṃ, bhante''ti? ''Methunadhamma''nti. Tassa kukkuccaṃ ahosi...pe... ''āpattiṃ tvaṃ, bhikkhu, āpanno saṅghādisesa''nti.

Tena kho pana samayena aññataro bhikkhu sāratto aññataraṃ itthiṃ etadavoca – ''saddhāsi tvaṃ, bhagini. Apica, yaṃ aggadānaṃ taṃ nāmhākaṃ desī''ti. ''Kiṃ, bhante, aggadāna''nti? ''Methunadhamma''nti. Tassa kukkuccaṃ ahosi...pe... ''āpattiṃ tvaṃ, bhikkhu, āpanno saṅghādisesa''nti.

Tena kho pana samayena aññatarā itthī kammaṃ karoti. Aññataro bhikkhu sāratto taṃ itthiṃ etadavoca – ''tiṭṭha, bhagini, ahaṃ karissāmīti...pe... nisīda, bhagini, ahaṃ karissāmīti...pe... nipajja, bhagini, ahaṃ karissāmī''ti. Sā na paṭivijāni. Tassa kukkuccaṃ ahosi...pe... ''anāpatti, bhikkhu, saṅghādisesassa; āpatti dukkaṭassā''ti.

Duṭṭhullavācāsikkhāpadaṃ niṭṭhitaṃ tatiyaṃ.

4. Attakāmapāricariyasikkhāpadaṃ

290. Tena samayena buddho Bhagavā sāvatthiyaṃ viharati jetavane anāthapiṇḍikassa ārāme. Tena kho pana samayena āyasmā udāyī sāvatthiyaṃ kulūpako hoti, bahukāni kulāni upasaṅkamati. Tena kho pana samayena aññatarā itthī matapatikā abhirūpā hoti dassanīyā pāsādikā. Atha kho āyasmā udāyī pubbaṇhasamayaṃ nivāsetvā pattacīvaramādāya yena tassā itthiyā nivesanaṃ tenupasaṅkami; upasaṅkamitvā paññatte āsane nisīdi. Atha kho sā itthī yenāyasmā udāyī tenupasaṅkami; upasaṅkamitvā āyasmantaṃ udāyiṃ abhivādetvā ekamantaṃ nisīdi. Ekamantaṃ nisinnaṃ kho taṃ itthiṃ āyasmā udāyī dhammiyā kathāya sandassesi samādapesi samuttejesi sampahaṃsesi. Atha kho sā itthī āyasmatā udāyinā dhammiyā kathāya sandassitā samādapitā samuttejitā sampahaṃsitā āyasmantaṃ udāyiṃ etadavoca – ''vadeyyātha, bhante, yena attho. Paṭibalā mayaṃ ayyassa dātuṃ yadidaṃ cīvarapiṇḍapātasenāsanagilānappaccayabhesajjaparikkhāra''nti.

''Na kho te, bhagini, amhākaṃ dullabhā yadidaṃ cīvarapiṇḍapātasenāsanagilānappaccayabhesajjaparikkhārā. Apica, yo amhākaṃ dullabho taṃ dehī''ti. ''Kiṃ, bhante''ti? ''Methunadhamma''nti. ''Attho, bhante''ti? ''Attho, bhaginī''ti. ''Ehi, bhante''ti, ovarakaṃ pavisitvā sāṭakaṃ nikkhipitvā mañcake uttānā nipajji. Atha kho āyasmā udāyī yena sā itthī tenupasaṅkami; upasaṅkamitvā – ''ko imaṃ vasalaṃ duggandhaṃ āmasissatī''ti, niṭṭhuhitvā pakkāmi. Atha kho sā itthī ujjhāyati khiyyati vipāceti – ''alajjino ime samaṇā sakyaputtiyā dussīlā musāvādino. Ime hi nāma dhammacārino samacārino brahmacārino saccavādino sīlavanto kalyāṇadhammā paṭijānissanti! Natthi imesaṃ sāmaññaṃ natthi imesaṃ brahmaññaṃ, naṭṭhaṃ imesaṃ sāmaññaṃ naṭṭhaṃ imesaṃ brahmaññaṃ, kuto imesaṃ sāmaññaṃ kuto imesaṃ brahmaññaṃ, apagatā ime sāmaññā apagatā ime brahmaññā. Kathañhi nāma samaṇo udāyī maṃ sāmaṃ methunadhammaṃ yācitvā, 'ko imaṃ vasalaṃ duggandhaṃ āmasissatī''ti niṭṭhuhitvā pakkamissati! Kiṃ me pāpakaṃ kiṃ me duggandhaṃ, kassāhaṃ kena hāyāmī''ti? Aññāpi itthiyo ujjhāyanti khiyyanti vipācenti – ''alajjino ime samaṇā sakyaputtiyā dussīlā musāvādino...pe... kathañhi nāma samaṇo udāyī imissā sāmaṃ methunadhammaṃ yācitvā, 'ko imaṃ vasalaṃ duggandhaṃ āmasissatī'ti niṭṭhuhitvā pakkamissati! Kiṃ imissā pāpakaṃ kiṃ imissā duggandhaṃ, kassāyaṃ kena hāyatī''ti? Assosuṃ kho bhikkhū tāsaṃ itthīnaṃ ujjhāyantīnaṃ khiyyantīnaṃ vipācentīnaṃ. Ye te bhikkhū appicchā...pe... te ujjhāyanti khiyyanti vipācenti – ''kathañhi nāma āyasmā udāyī mātugāmassa santike attakāmapāricariyāya vaṇṇaṃ bhāsissatī''ti!

Atha kho te bhikkhū āyasmantaṃ udāyiṃ anekapariyāyena vigarahitvā bhagavato etamatthaṃ ārocesuṃ. Atha kho Bhagavā etasmiṃ nidāne etasmiṃ pakaraṇe bhikkhusaṅghaṃ sannipātāpetvāāyasmantaṃ udāyiṃ paṭipucchi – ''saccaṃ kira tvaṃ, udāyi, mātugāmassa santike attakāmapāricariyāya vaṇṇaṃ bhāsasī''ti? ''Saccaṃ, Bhagavā''ti. Vigarahi buddho Bhagavā – ''ananucchavikaṃ, moghapurisa, ananulomikaṃ appatirūpaṃ assāmaṇakaṃ akappiyaṃ akaraṇīyaṃ. Kathañhi nāma tvaṃ, moghapurisa, mātugāmassa santike attakāmapāricariyāya vaṇṇaṃ bhāsissasi! Nanu mayā, moghapurisa, anekapariyāyena virāgāya dhammo desito no sarāgāya...pe... kāmapariḷāhānaṃ vūpasamo akkhāto? Netaṃ, moghapurisa, appasannānaṃ vā pasādāya...pe... evañca pana, bhikkhave, imaṃ sikkhāpadaṃ uddiseyyātha –

291."Yo pana bhikkhu otiṇṇo vipariṇatena cittena mātugāmassa santike attakāmapāricariyāya vaṇṇaṃ bhāseyya – 'etadaggaṃ, bhagini, pāricariyānaṃ yā mādisaṃ sīlavantaṃ kalyāṇadhammaṃ brahmacāriṃ etena dhammena paricareyyāti methunupasaṃhitena', saṅghādiseso"ti.
292. Yopanāti yo yādiso...pe... bhikkhūti...pe... ayaṃ imasmiṃ atthe adhippeto bhikkhūti.
Otiṇṇo nāma sāratto apekkhavā paṭibaddhacitto.
Vipariṇatanti rattampi cittaṃ vipariṇattaṃ, duṭṭhampi cittaṃ vipariṇataṃ, mūḷhampi cittaṃ vipariṇataṃ. Apica, rattaṃ cittaṃ imasmiṃ atthe adhippetaṃ vipariṇatanti.
Mātugāmo nāma manussitthī, na yakkhī, na petī, na tiracchānagatā. Viññū paṭibalā subhāsitadubbhāsitaṃ dutthallādutthullaṃ ājānituṃ.
Mātugāmassa santiketi mātugāmassa sāmantā, mātugāmassa avidūre.
Attakāmanti attano kāmaṃ attano hetuṃ attano adhippāyaṃ attano pāricariyaṃ.
Etadagganti etaṃ aggaṃ etaṃ seṭṭhaṃ etaṃ mokkhaṃ etaṃ uttamaṃ etaṃ pavaraṃ.
Yāti khattiyī [khattiyā (syā.)] vā brāhmaṇī vā vessī vā suddī vā.
Mādisanti khattiyaṃ vā brāhmaṇaṃ vā vessaṃ vā suddaṃ vā.
Sīlavantanti pāṇātipātā paṭivirataṃ, adinnādānā paṭivirataṃ, musāvādā paṭivirataṃ.
Brahmacārinti methunadhammā paṭivirataṃ.
Kalyāṇadhammo nāma tena ca sīlena tena ca brahmacariyena kalyāṇadhammo hoti.
Etenadhammenāti methunadhammena.
Paricareyyāti abhirameyya.
Methunupasaṃhitenāti methunadhammappaṭisaṃyuttena.
Saṅghādisesoti...pe... tenapi vuccati saṅghādisesoti.
293. Itthī ca hoti itthisaññī sāratto ca. Bhikkhu ca naṃ itthiyā santike attakāmapāricariyāya vaṇṇaṃ bhāsati, āpatti saṅghādisesassa .
Itthī ca hoti vematiko...pe... paṇḍakasaññī... purisasaññī... tiracchānagatasaññī sāratto ca. Bhikkhu ca naṃ itthiyā santike attakāmapāricariyāya vaṇṇaṃ bhāsati, āpatti thullaccayassa.
Paṇḍako ca hoti paṇḍakasaññī sāratto ca. Bhikkhu ca naṃ paṇḍakassa santike attakāmapāricariyāya vaṇṇaṃ bhāsati, āpatti thullaccayassa.
Paṇḍako ca hoti vematiko...pe... purisasaññī... tiracchānagatasaññī... itthisaññī sāratto ca. Bhikkhu ca naṃ paṇḍakassa santike attakāmapāricariyāya vaṇṇaṃ bhāsati, āpatti dukkaṭassa.
Puriso ca hoti...pe... tiracchānagato ca hoti tiracchānagatasaññī...pe... vematiko itthisaññī... paṇḍakasaññī... purisasaññī sāratto ca. Bhikkhu ca naṃ tiracchānagatassa santike attakāmapāricariyāya vaṇṇaṃ bhāsati, āpatti dukkaṭassa.
Dve itthiyo dvinnaṃ itthīnaṃ itthisaññī sāratto ca. Bhikkhu ca naṃ dvinnaṃ itthīnaṃ santike attakāmapāricariyāya vaṇṇaṃ bhāsati, āpatti dvinnaṃ saṅghādisesānaṃ...pe... .
Itthī ca paṇḍako ca ubhinnaṃ itthisaññī sāratto ca. Bhikkhu ca naṃ ubhinnaṃ santike attakāmapāricariyāya vaṇṇaṃ bhāsati, āpatti saṅghādisesena dukkaṭassa...pe... .
294. Anāpatti "cīvarapiṇḍapātasenāsanagilānappaccayabhesajjaparikkhārena upaṭṭhahā"ti bhaṇati, ummattakassa ādikammikassāti.
Vinītavatthuuddānagāthā
Kathaṃ vañjhā labhe puttaṃ, piyā ca subhagā siyaṃ;
Kiṃ dajjaṃ kenupaṭṭheyyaṃ, kathaṃ gaccheyyaṃ suggatinti.
Vinītavatthu
295. Tena kho pana samayena aññatarā vañjhā itthī kulūpakaṃ bhikkhuṃ etadavoca – "kathāhaṃ, bhante, vijāyeyya"nti? "Tena hi, bhagini, aggadānaṃ dehī"ti. "Kiṃ, bhante, aggadāna"nti? "Methunadhamma"nti. Tassa kukkuccaṃ ahosi...pe... "āpattiṃ tvaṃ, bhikkhu, āpanno saṅghādisesa"nti.
Tena kho pana samayena aññatarā vijāyinī itthī kulūpakaṃ bhikkhuṃ etadavoca – "kathāhaṃ, bhante, puttaṃ labheyya"nti? "Tena hi, bhagini, aggadānaṃ dehī"ti. "Kiṃ, bhante, aggadāna"nti? "Methunadhamma"nti. Tassa kukkuccaṃ ahosi...pe... "āpattiṃ tvaṃ, bhikkhu, āpanno saṅghādisesa"nti.
Tena kho pana samayena aññatarā itthī kulūpakaṃ bhikkhuṃ etadavoca – "kathāhaṃ, bhante, sāmikassa piyā assa"nti? "Tena hi, bhagini, aggadānaṃ dehī"ti. "Kiṃ, bhante, aggadāna"nti? "Methunadhamma"nti. Tassa kukkuccaṃ ahosi...pe... "āpattiṃ tvaṃ, bhikkhu, āpanno saṅghādisesa"nti.
Tena kho pana samayena aññatarā itthī kulūpakaṃ bhikkhuṃ etadavoca – "kathāhaṃ, bhante, subhagā assa"nti? "Tena hi , bhagini, aggadānaṃ dehī"ti. "Kiṃ, bhante, aggadāna"nti? "Methunadhamma"nti. Tassa kukkuccaṃ ahosi...pe... "āpattiṃ tvaṃ, bhikkhu, āpanno saṅghādisesa"nti.
Tena kho pana samayena aññatarā itthī kulūpakaṃ bhikkhuṃ etadavoca – "kyāhaṃ, bhante, ayyassa dajjāmī"ti? "Aggadānaṃ, bhaginī"ti. "Kiṃ, bhante, aggadāna"nti? "Methunadhamma"nti. Tassa kukkuccaṃ ahosi...pe... "āpattiṃ tvaṃ, bhikkhu, āpanno saṅghādisesa"nti.

Tena kho pana samayena aññatarā itthī kulūpakaṃ bhikkhuṃ etadavoca – ''kenāhaṃ, bhante, ayyaṃ upaṭṭhemī''ti? ''Aggadānena, bhaginī''ti. ''Kiṃ, bhante, aggadāna''nti? ''Methunadhamma''nti. Tassa kukkuccaṃ ahosi...pe... ''āpattiṃ tvaṃ, bhikkhu, āpanno saṅghādisesa''nti.

Tena kho pana samayena aññatarā itthī kulūpakaṃ bhikkhuṃ etadavoca – ''kathāhaṃ, Bhante, sugatiṃ gaccheyya''nti? ''Tena hi, bhagini, aggadānaṃ dehī''ti. ''Kiṃ, bhante, aggadāna''nti? ''Methunadhamma''nti. Tassa kukkuccaṃ ahosi...pe... ''āpattiṃ tvaṃ, bhikkhu, āpanno saṅghādisesa''nti.

Attakāmapāricariyasikkhāpadaṃ niṭṭhitaṃ catutthaṃ.

5. Sañcarittasikkhāpadaṃ

296. Tena samayena buddho Bhagavā sāvatthiyaṃ viharati jetavane anāthapiṇḍikassa ārāme. Tena kho pana samayena āyasmā udāyī sāvatthiyaṃ kulūpako hoti. Bahukāni kulāni upasaṅkamati. Yattha passati kumārakaṃ vā apajāpatikaṃ, kumārikaṃ vā apatikaṃ, kumārakassa mātāpitūnaṃ santike kumārikāya vaṇṇaṃ bhaṇati – ''amukassa kulassa kumārikā abhirūpā dassanīyā pāsādikā paṇḍitā byattā medhāvinī dakkhā analasā. Channā sā kumārikā imassa kumārakassā''ti. Te evaṃ vadanti – ''ete kho, bhante, amhe na jānanti – 'ke vā ime kassa vā'ti. Sace, bhante, ayyo dāpeyya āneyyāma mayaṃ taṃ kumārikaṃ imassa kumārakassā''ti. Kumārikāya mātāpitūnaṃ santike kumārakassa vaṇṇaṃ bhaṇati – ''amukassa kulassa kumārako abhirūpo dassanīyo pāsādiko paṇḍito byatto medhāvī dakkho analaso. Channāyaṃ kumārikā tassa kumārakassā''ti [channo so kumārako imissā kumārikāyāti (syā.)]. Te evaṃ vadanti – ''ete kho, bhante, amhe na jānanti – 'ke vā ime kassa vā'ti, kismiṃ viya kumārikāya vattuṃ. Sace, bhante, ayyo yācāpeyya dajjeyyāma mayaṃ imaṃ kumārikaṃ tassa kumārakassā''ti. Eteneva upāyena āvāhānipi kārāpeti , vivāhānipi kārāpeti, vāreyyānipi kārāpeti.

297. Tena kho pana samayena aññatarissā purāṇagaṇakiyā dhītā abhirūpā hoti dassanīyā pāsādikā. Tirogāmakā ājīvakasāvakā āgantvā taṃ gaṇakiṃ etadavocuṃ – ''dehāyye, imaṃ kumārikaṃ amhākaṃ kumārakassā''ti. Sā evamāha – ''ahaṃ khvayyo [khvayyā (syā.), khvāyyo (ka.)] tumhe na jānāmi – 'ke vā ime kassa vā'ti. Ayañca me ekadhītikā, tirogāmo ca gantabbo, nāhaṃ dassāmī''ti. Manussā te ājīvakasāvake etadavocuṃ – ''kissa tumhe, ayyo , āgatatthā''ti? ''Idha mayaṃ, ayyo, amukaṃ nāma gaṇakiṃ dhītaraṃ yācimhā amhākaṃ kumārakassa. Sā evamāha – 'ahaṃ, khvayyo tumhe na jānāmi – ke vā ime kassa vā'ti. Ayañca me ekadhītikā, tirogāmo ca gantabbo, nāhaṃ dassāmī''ti. ''Kissa tumhe, ayyo, taṃ gaṇakiṃ dhītaraṃ yācittha? Nanu ayyo udāyī vattabbo. Ayyo udāyī dāpessatī''ti.

Atha kho te ājīvakasāvakā yenāyasmā udāyī tenupasaṅkamiṃsu; upasaṅkamitvā āyasmantaṃ udāyiṃ etadavocuṃ – ''idha mayaṃ, bhante, amukaṃ nāma gaṇakiṃ dhītaraṃ yācimhā amhākaṃ kumārakassa. Sā evamāha – 'ahaṃ khvayyo tumhe na jānāmi – ke vā ime kassa vāti. Ayañca me ekadhītikā, tirogāmo ca gantabbo, nāhaṃ dassāmī'ti. Sādhu, bhante, ayyo taṃ gaṇakiṃ dhītaraṃ dāpetu amhākaṃ kumārakassā''ti. Atha kho āyasmā udāyī yena sā gaṇakī tenupasaṅkami; upasaṅkamitvā taṃ gaṇakiṃ etadavoca – ''kissimesaṃ dhītaraṃ na desī''ti? ''Ahaṃ khvayya, ime na jānāmi – 'ke vā ime kassa vā'ti. Ayañca me ekadhītikā, tirogāmo ca gantabbo, nāhaṃ dassāmī''ti. ''Dehimesaṃ. Ahaṃ ime jānāmī''ti. ''Sace, bhante, ayyo jānāti, dassāmī''ti. Atha kho sā gaṇakī tesaṃ ājīvakasāvakānaṃ dhītaraṃ adāsi. Atha kho te ājīvakasāvakā taṃ kumārikaṃ netvā māsaṃyeva suṇisabhogena bhuñjiṃsu. Tato aparena dāsibhogena bhuñjanti.

Atha kho sā kumārikā mātuyā santike dūtaṃ pāhesi – ''ahamhi duggatā dukkhitā, na sukhaṃ labhāmi. Māsaṃyeva maṃ suṇisabhogena bhuñjiṃsu. Tato aparena dāsibhogena bhuñjanti. Āgacchatu me mātā, maṃ nessatū''ti. Atha kho sā gaṇakī yena te ājīvakasāvakā tenupasaṅkami; upasaṅkamitvā te ājīvakasāvake etadavoca – ''māyyo, imaṃ kumārikaṃ dāsibhogena bhuñjittha. Suṇisabhogena imaṃ kumārikaṃ bhuñjathā''ti. Te evamāhaṃsu – ''natthamhākaṃ tayā saddhiṃ āhārūpahāro, samaṇena saddhiṃ amhākaṃ āhārūpahāro . Gaccha tvaṃ. Na mayaṃ taṃ jānāmā''ti. Atha kho sā gaṇakī tehi ājīvakasāvakehi apasāditā punadeva sāvatthiṃ paccāgañchi. Dutiyampi kho sā kumārikā mātuyā santike dūtaṃ pāhesi – ''ahamhi duggatā dukkhitā, na sukhaṃ labhāmi. Māsaṃyeva maṃ suṇisabhogena bhuñjiṃsu. Tato aparena dāsibhogena bhuñjanti. Āgacchatu me mātā, maṃ nessatū''ti. Atha kho sā gaṇakī yenāyasmā udāyī tenupasaṅkami; upasaṅkamitvā āyasmantaṃ udāyiṃ etadavoca – ''sā kira, bhante, kumārikā duggatā dukkhitā, na sukhaṃ labhati. Māsaṃyeva naṃ suṇisabhogena bhuñjiṃsu. Tato aparena dāsibhogena bhuñjanti. Vadeyyātha, bhante – 'māyyo, imaṃ kumārikaṃ dāsibhogena bhuñjittha. Suṇisabhogena imaṃ kumārikaṃ bhuñjithā'''ti.

Atha kho āyasmā udāyī yena te ājīvakasāvakā tenupasaṅkami; upasaṅkamitvā te ājīvakasāvake etadavoca – ''māyyo, imaṃ kumārikaṃ dāsibhogena bhujjittha. Suṇisabhogena imaṃ kumārikaṃ bhuñjathā''ti. Te evamāhaṃsu – ''natthamhākaṃ tayā saddhiṃ āhārūpahāro, gaṇakiyā saddhiṃ amhākaṃ āhārūpahāro. Samaṇena bhavitabbaṃ abyāvaṭena. Samaṇo assa susamaṇo, gaccha tvaṃ, na mayaṃ taṃ jānāmā''ti. Atha kho āyasmā udāyī tehi ājīvakasāvakehi apasādito punadeva sāvatthiṃ paccāgañchi. Tatiyampi kho sā kumārikā mātuyā santike dūtaṃ pāhesi – ''ahamhi duggatā dukkhitā, na sukhaṃ labhāmi. Māsaṃyeva maṃ suṇisabhogena bhuñjiṃsu. Tato aparena dāsibhogena bhuñjanti. Āgacchatu me mātā, maṃ nessatū''ti. Dutiyampi kho sā gaṇakī yenāyasmā udāyī tenupasaṅkami; upasaṅkamitvā āyasmantaṃ udāyiṃ etadavoca – ''sā kira, bhante, kumārikā duggatā dukkhitā, na sukhaṃ labhati. Māsaṃyeva naṃ suṇisabhogena bhuñjiṃsu. Tato aparena dāsibhogena bhuñjanti. Vadeyyātha, bhante – 'māyyo, imaṃ kumārikaṃ dāsibhogena bhuñjittha, suṇisabhogena imaṃ kumārikaṃ bhuñjathā''ti. ''Paṭhamaṃpāhaṃ tehi ājīvakasāvakehi apasādito. Gaccha tvaṃ. Nāhaṃ gamissāmī''ti.

298. Atha kho sā gaṇakī ujjhāyati khiyyati vipāceti – ''evaṃ duggato hotu ayyo udāyī, evaṃ dukkhito hotu ayyo udāyī, evaṃ mā sukhaṃ labhatu ayyo udāyī, yathā me kumārikā duggatā dukkhitā na sukhaṃ labhati pāpikāya sassuyā pāpakena sasurena pāpakena sāmikenā''ti. Sāpi kho kumārikā ujjhāyati khiyyati vipāceti – ''evaṃ duggato hotu ayyo udāyī, evaṃ dukkhito hotu ayyo udāyī, evaṃ mā sukhaṃ labhatu ayyo udāyī, yathāhaṃ duggatā dukkhitā na sukhaṃ labhāmi pāpikāya sassuyā pāpakena sasurena pāpakena sāmikenā''ti. Aññāpi itthiyo asantuṭṭhā sassūhi vā sasurehi vā sāmikehi vā, tā evaṃ oyācanti – ''evaṃ duggato hotu ayyo udāyī, evaṃ dukkhito hotu ayyo udāyī, evaṃ mā sukhaṃ labhatu ayyo udāyī, yathā mayaṃ duggatā dukkhitā na sukhaṃ labhāma pāpikāhi sassūhi pāpakehi sasurehi pāpakehi sāmikehī''ti. Yā pana tā itthiyo santuṭṭhā sassūhi vā sasurehi vā sāmikehi vā tā evaṃ āyācanti – ''evaṃ sukhito hotu ayyo udāyī, evaṃ sajjito hotu ayyo udāyī, evaṃ sukhamedho[sukhamedhito (sī. ka.)] hotu ayyo udāyī, yathā mayaṃ sukhitā sajjitā sukhamedhā bhaddikāhi sassūhi bhaddakehi sasurehi bhaddakehi sāmikehī''ti.

Assosuṃ kho bhikkhū ekaccānaṃ itthīnaṃ oyācantīnaṃ ekaccānaṃ itthīnaṃ āyācantīnaṃ. Ye te bhikkhū appicchā...pe... te ujjhāyanti khiyyanti vipācenti – ''kathañhi nāma āyasmā udāyī sañcarittaṃ samāpajjissatī''ti! Atha kho te bhikkhū āyasmantaṃ udāyiṃ anekapariyāyena vigarahitvā bhagavato etamatthaṃ ārocesuṃ. Atha kho Bhagavā etasmiṃ nidāne etasmiṃ pakaraṇe bhikkhusaṅghaṃ sannipātāpetvā āyasmantaṃ udāyiṃ paṭipucchi – ''saccaṃ kira tvaṃ, udāyi, sañcarittaṃ samāpajjasī''ti? ''Saccaṃ, Bhagavā''ti. Vigarahi buddho Bhagavā...pe... kathañhi nāma tvaṃ, moghapurisa, sañcarittaṃ samāpajjasi! Netaṃ, moghapurisa, appasannānaṃ vā pasādāya...pe... evañca pana, bhikkhave, imaṃ sikkhāpadaṃ uddiseyyātha –

299.''Yopana bhikkhu sañcarittaṃ samāpajjeyya, itthiyā vā purisamatiṃ purisassa vā itthimatiṃ, jāyattane vā jārattane vā, saṅghādiseso''ti.

Evañcidaṃ bhagavatā bhikkhūnaṃ sikkhāpadaṃ paññattaṃ hoti.

300. Tena kho pana samayena sambahulā dhuttā uyyāne paricārentā aññatarissā vesiyā santike dūtaṃ pāhesuṃ – ''āgacchatu uyyāne, paricāressāmā''ti. Sā evamāha – ''ahaṃ khvayyo tumhe na jānāmi – 'ke vā ime kassa vā'ti. Ahañcamhi bahubhaṇḍā bahuparikkhārā, bahinagarañca gantabbaṃ. Nāhaṃ gamissāmī''ti. Atha kho so dūto tesaṃ dhuttānaṃ etamatthaṃ ārocesi. Evaṃ vutte, aññataro puriso te dhutte etadavoca – ''kissa tumhe ayyo etaṃ vesiṃ yācittha? Nanu ayyo udāyī vattabbo! Ayyo udāyī uyyojessatī''ti. Evaṃ vutte, aññataro upāsako taṃ purisaṃ etadavoca – ''māyyo evaṃ avaca. Na kappati samaṇānaṃ sakyaputtiyānaṃ evarūpaṃ kātuṃ. Nāyyo udāyī evaṃ karissatī''ti. Evaṃ vutte, ''karissati na karissatī''ti abbhutamakaṃsu. Atha kho te dhuttā yenāyasmā udāyī tenupasaṅkamiṃsu; upasaṅkamitvā āyasmantaṃ udāyiṃ etadavocuṃ – ''idha mayaṃ, bhante, uyyāne paricārentā asukāya nāma vesiyā santike dūtaṃ pahiṇimhā – 'āgacchatu uyyāne, paricāressāmā'ti. Sā evamāha – 'ahaṃ khvayyo tumhe na jānāmi – ke vā ime kassa vāti, ahañcamhi bahubhaṇḍā bahuparikkhārā, bahinagarañca gantabbaṃ. Nāhaṃ gamissāmī'ti. Sādhu, bhante, ayyo taṃ vasiṃ uyyojetū''ti.

Atha kho āyasmā udāyī yena sā vesī tenupasaṅkami; upasaṅkamitvā taṃ vesiṃ etadavoca – ''kissimesaṃ na gacchasī''ti? ''Ahaṃ khvayya ime na jānāmi – 'ke vā ime kassa vā'ti. Ahañcamhi bahubhaṇḍā bahuparikkhārā, bahinagarañca gantabbaṃ. Nāhaṃ gamissāmī''ti. ''Gacchimesaṃ. Ahaṃ ime jānāmī''ti. ''Sace, bhante, ayyo jānāti ahaṃ gamissāmī''ti. Atha kho te dhuttā taṃ vesiṃ ādāya uyyānaṃ agamaṃsu. Atha kho so upāsako ujjhāyati khiyyati vipāceti – ''kathañhi nāma ayyo udāyī taṅkhaṇikaṃ sañcarittaṃ samāpajjissatī''ti. Assosuṃ kho bhikkhū tassa upāsakassa ujjhāyantassa khiyyantassavipācentassa. Ye te bhikkhū appicchā...pe... te ujjhāyanti khiyyanti vipācenti – ''kathañhi nāma āyasmā udāyī taṅkhaṇikaṃ sañcarittaṃ samāpajjissatī''ti! Atha kho te bhikkhū āyasmantaṃ udāyiṃ anekapariyāyena vigarahitvā bhagavato etamatthaṃ ārocesuṃ...pe... ''saccaṃ kira tvaṃ, udāyi, taṅkhaṇikaṃ sañcarittaṃ samāpajjasī''ti? ''Saccaṃ, Bhagavā''ti. Vigarahi buddho Bhagavā...pe... ''kathañhi nāma tvaṃ, moghapurisa, taṅkhaṇikaṃ sañcarittaṃ samāpajjissasi? Netaṃ, moghapurisa, appasannānaṃ vā pasādāya...pe... evañca pana, bhikkhave, imaṃ sikkhāpadaṃ uddiseyyātha –

301.''Yo pana bhikkhu sañcarittaṃ samāpajjeyya, itthiyā vā purisamatiṃ purisassa vā itthimatiṃ, jāyattane vā jārattane vā, antamaso taṅkhaṇikāyapi, saṅghādiseso''ti.

302.Yo panāti yo yādiso...pe... bhikkhūti...pe... ayaṃ imasmiṃ atthe adhippeto bhikkhūti.

Sañcarittaṃ samāpajjeyyāti itthiyā vā pahito purisassa santike gacchati, purisena vā pahito itthiyā santike gacchati.

Itthiyāvā purisamatinti purisassa matiṃ itthiyā āroceti.

Purisassa vā itthimatinti itthiyā matiṃ purisassa āroceti.

Jāyattane vāti jāyā bhavissasi.

Jārattane vāti jārī bhavissasi.
Antamaso taṅkhaṇikāyapīti muhuttikā bhavissasi .
Saṅghādisesoti...pe... tenapi vuccati saṅghādisesoti.
303. Dasa itthiyo – māturakkhitā piturakkhitā mātāpiturakkhitā bhāturakkhitā bhaginirakkhitā ñātirakkhitā gottarakkhitā dhammarakkhitā sārakkhā saparidaṇḍā.
Dasa bhariyāyo – dhanakkītā chandavāsinī bhogavāsinī paṭavāsinī odapattakinī obhaṭacumbaṭā dāsī ca bhariyā ca kammakārī ca bhariyā ca dhajāhaṭā muhuttikā.
304.Māturakkhitā nāma mātā rakkhati gopeti issariyaṃ kāreti vasaṃ vatteti.
Piturakkhitā nāma pitā rakkhati gopeti issariyaṃ kāreti vasaṃ vatteti.
Mātāpiturakkhitā nāma mātāpitaro rakkhanti gopenti issariyaṃ kārenti vasaṃ vattenti.
Bhāturakkhitā nāma bhātā rakkhati gopeti issariyaṃ kāreti vasaṃ vatteti.
Bhaginirakkhitā nāma bhaginī rakkhati gopeti issariyaṃ kāreti vasaṃ vatteti.
Ñātirakkhitā nāma ñātakā rakkhanti gopenti issariyaṃ kārenti vasaṃ vattenti.
Gottarakkhitā nāma sagottā rakkhanti gopenti issariyaṃ kārenti vasaṃ vattenti.
Dhammarakkhitā nāma sahadhammikā rakkhanti gopenti issariyaṃ kārenti vasaṃ vattenti.
Sārakkhā nāma gabbhepi pariggahitā hoti – mayhaṃ esāti. Antamaso mālāguḷaparikkhittāpi.
Saparidaṇḍā nāma kehici daṇḍo ṭhapito hoti – yo itthannāmaṃ itthiṃ gacchati ettako daṇḍoti.
Dhanakkītā nāma dhanena kiṇitvā vāseti.
Chandavāsinī nāma piyo piyaṃ vāseti.
Bhogavāsinī nāma bhogaṃ datvā vāseti.
Paṭavāsinī nāma paṭaṃ datvā vāseti.
Odapattakinī nāma udakapattaṃ āmasitvā vāseti.
Obhaṭacumbaṭā nāma cumbaṭaṃ oropetvā vāseti.
Dāsī nāma dāsī ceva hoti bhariyā ca.
Kammakārī nāma kammakārī ceva hoti bhariyā ca.
Dhajāhaṭā nāma karamarānītā vuccati.
Muhuttikā nāma taṅkhaṇikā vuccati.
305. Puriso bhikkhuṃ pahiṇati – "gaccha, bhante, itthannāmaṃ māturakkhitaṃ brūhi – 'hohi kira itthannāmassa bhariyā dhanakkītā'"ti. Paṭiggaṇhāti vīmaṃsati paccāharati, āpatti saṅghādisesassa.
Puriso bhikkhuṃ pahiṇati – "gaccha, bhante, itthannāmaṃ piturakkhitaṃ brūhi...pe... mātāpiturakkhitaṃ brūhi... bhāturakkhitaṃ brūhi... bhaginirakkhitaṃ brūhi... ñātirakkhitaṃ brūhi... gottarakkhitaṃ brūhi... dhammarakkhitaṃ brūhi... sārakkhaṃ brūhi... saparidaṇḍaṃ brūhi – 'hohi kira itthannāmassa bhariyā dhanakkītā'"ti. Paṭiggaṇhāti vīmaṃsati paccāharati, āpatti saṅghādisesassa.
Nikkhepapadāni.
306. Puriso bhikkhuṃ pahiṇati – "gaccha, bhante, itthannāmaṃ māturakkhitañca piturakkhitañca brūhi – 'hotha kira itthannāmassa bhariyāyo dhanakkītā'"ti. Paṭiggaṇhāti vīmaṃsati paccāharati, āpatti saṅghādisesassa.
Puriso bhikkhuṃ pahiṇati – "gaccha, bhante, itthannāmaṃ māturakkhitañca mātāpituraakhatañca...pe... Māturakkhitañca bhāturakkhitañca... māturakkhitañca bhaginirakkhitañca... māturakkhitañca ñātirakkhitañca... māturakkhitañca gottarakkhitañca... māturakkhitañca dhammarakkhitañca... māturakkhitañca sārakkhañca... māturakkhitañca saparidaṇḍañca brūhi – 'hotha kira itthannāmassa bhariyāyo dhanakkītā'"ti. Paṭiggaṇhāti vīmaṃsati paccāharati, āpatti saṅghādisesassa.
Khaṇḍacakkaṃ.
307. Puriso bhikkhuṃ pahiṇati – "gaccha, bhante, itthannāmaṃ piturakkhitañca mātāpiturakkhitañca brūhi – 'hotha kira itthannāmassa bhariyāyo dhanakkītā'"ti. Paṭiggaṇhāti vīmaṃsati paccāharati, āpatti saṅghādisesassa.
Puriso bhikkhuṃ pahiṇati – "gaccha, bhante, itthannāmaṃ piturakkhitañca bhāturakkhitañca...pe... piturakkhitañca bhaginirakkhitañca... piturakkhitañca ñātirakkhitañca... piturakkhitañca gottarakkhitañca... piturakkhitañca dhammarakkhitañca... piturakkhitañca sārakkhañca... piturakkhitañca saparidaṇḍañca brūhi – 'hotha kira itthannāmassa bhariyāyo dhanakkītā'"ti. Paṭiggaṇhāti vīmaṃsati paccāharati, āpatti saṅghādisesassa.
Puriso bhikkhuṃ pahiṇati – "gaccha, bhante, itthannāmaṃ piturakkhitañca māturakkhitañca brūhi – 'hotha kira itthannāmassa bhariyāyo dhanakkītā'"ti. Paṭiggaṇhāti vīmaṃsati paccāharati, āpatti saṅghādisesassa.
Baddhacakkaṃ mūlaṃ saṃkhittaṃ.
308. Puriso bhikkhuṃ pahiṇati – "gaccha, bhante, itthannāmaṃ saparidaṇḍañca māturakkhitañca brūhi – 'hotha kira itthannāmassa bhariyāyo dhanakkītā'"ti. Paṭiggaṇhāti vīmaṃsati paccāharati, āpatti saṅghādisesassa.
Puriso bhikkhuṃ pahiṇati – "gaccha, bhante, itthannāmaṃ saparidaṇḍañca pituraakhatañca...pe...

Saparidaṇḍañca mātāpiturakkhitañca... saparidaṇḍañca bhāturakkhitañca... saparidaṇḍañca bhaginirakkhitañca... saparidaṇḍañca ñātirakkhitañca... saparidaṇḍañca gottarakkhitañca... saparidaṇḍañca dhammarakkhitañca... saparidaṇḍañca sārakkhañca brūhi – 'hotha kira itthannāmassa bhariyāyo dhanakkītā'''ti. Paṭiggaṇhāti vīmaṃsati paccāharati, āpatti saṅghādisesassa.

Ekamūlakaṃ niṭṭhitaṃ.

Evaṃ dumūlakampi timūlakampi yāva navamūlakaṃ kātabbaṃ.

Idaṃ dasamūlakaṃ

309. Puriso bhikkhuṃ pahiṇati – ''gaccha, bhante, itthannāmaṃ māturakkhitañca piturakkhitañca mātāpiturakkhitañca bhāturakkhitañca bhaginirakkhitañca ñātirakkhitañca gottarakkhitañca dhammarakkhitañca sārakkhañca saparidaṇḍañca brūhi – 'hotha kira itthannāmassa bhariyāyo dhanakkītā'''ti. Paṭiggaṇhāti vīmaṃsati paccāharati, āpatti saṅghādisesassa.

Dhanakkītācakkaṃ niṭṭhitaṃ.

310. Puriso bhikkhuṃ pahiṇati – ''gaccha, bhante, itthannāmaṃ māturakkhitaṃ brūhi – 'hohi kira itthannāmassa bhariyā chandavāsinī...pe... bhogavāsinī... paṭavāsinī... odapattakinī... obhaṭacumbaṭā... dāsī ca bhariyā ca... kammakārī ca bhariyā ca... dhajāhaṭā... muhuttikā'''ti. Paṭiggaṇhāti vīmaṃsati paccāharati, āpatti saṅghādisesassa.

Puriso bhikkhuṃ pahiṇati – ''gaccha, bhante, itthannāmaṃ piturakkhitaṃ brūhi...pe... mātāpiturakkhitaṃ brūhi... bhāturakkhitaṃ brūhi... bhaginirakkhitaṃ brūhi... ñātirakkhitaṃ brūhi... gottarakkhitaṃ brūhi... dhammarakkhitaṃ brūhi... sārakkhaṃ brūhi... saparidaṇḍaṃ brūhi – 'hohi kira itthannāmassa bhariyā muhuttikā'''ti. Paṭiggaṇhāti vīmaṃsati paccāharati, āpatti saṅghādisesassa.

Nikkhepapadāni.

311. Puriso bhikkhuṃ pahiṇati – ''gaccha, bhante, itthannāmaṃ māturakkhitañca piturakkhitañca brūhi – 'hotha kira itthannāmassa bhariyāyo muhuttikā'''ti. Paṭiggaṇhāti vīmaṃsati paccāharati, āpatti saṅghādisesassa.

Puriso bhikkhuṃ pahiṇati – ''gaccha, bhante, itthannāmaṃ māturakkhitañca mātāpiturakkhitañca...pe... māturakkhitañca saparidaṇḍañca brūhi – 'hotha kira itthannāmassa bhariyāyo muhuttikā'''ti. Paṭiggaṇhāti vīmaṃsati paccāharati, āpatti saṅghādisesassa.

Khaṇḍacakkaṃ.

312. Puriso bhikkhuṃ pahiṇati – ''gaccha, bhante, itthannāmaṃ piturakkhitañca mātāpiturakkhitañca brūhi – 'hotha kira itthannāmassa bhariyāyo muhuttikā'''ti. Paṭiggaṇhāti vīmaṃsati paccāharati, āpatti saṅghādisesassa.

Puriso bhikkhuṃ pahiṇati – ''gaccha, bhante, itthannāmaṃ piturakkhitañca bhāturakkhitañca...pe... piturakkhitañca saparidaṇḍañca brūhi – 'hotha kira itthannāmassa bhariyāyo muhuttikā'''ti. Paṭiggaṇhāti vīmaṃsati paccāharati, āpatti saṅghādisesassa.

Puriso bhikkhuṃ pahiṇati – ''gaccha, bhante, itthannāmaṃ piturakkhitañca māturakkhitañca brūhi – 'hotha kira itthannāmassa bhariyāyo muhuttikā'''ti. Paṭiggaṇhāti vīmaṃsati paccāharati, āpatti saṅghādisesassa.

Baddhacakkaṃ mūlaṃ saṃkhittaṃ.

313. Puriso bhikkhuṃ pahiṇati – ''gaccha, bhante, itthannāmaṃ saparidaṇḍañca māturakkhitañca brūhi – 'hotha kira itthannāmassa bhariyāyo muhuttikā'''ti . Paṭiggaṇhāti vīmaṃsati paccāharati, āpatti saṅghādisesassa.

Puriso bhikkhuṃ pahiṇati – ''gaccha, bhante, itthannāmaṃ saparidaṇḍañca piturakkhitañca...pe... saparidaṇḍañca sārakkhañca brūhi – 'hotha kira itthannāmassa bhariyāyo muhuttikā'''ti. Paṭiggaṇhāti vīmaṃsati paccāharati, āpatti saṅghādisesassa.

Ekamūlakaṃ niṭṭhitaṃ.

Dumūlakādīnipi evameva kātabbāni.

Idaṃ dasamūlakaṃ

314. Puriso bhikkhuṃ pahiṇati – ''gaccha, bhante, itthannāmaṃ māturakkhitañca piturakkhitañca mātāpiturakkhitañca bhāturakkhitañca bhaginirakkhitañca ñātirakkhitañca gottarakkhitañcadhammarakkhitañca sārakkhañca saparidaṇḍañca brūhi – 'hotha kira itthannāmassa bhariyāyo muhuttikā'''ti. Paṭiggaṇhāti vīmaṃsati paccāharati, āpatti saṅghādisesassa.

Muhuttikācakkaṃ niṭṭhitaṃ.

315. Puriso bhikkhuṃ pahiṇati – ''gaccha, bhante, itthannāmaṃ māturakkhitaṃ brūhi – 'hohi kira itthannāmassa bhariyā dhanakkītā'''ti. Paṭiggaṇhāti vīmaṃsati paccāharati, āpatti saṅghādisesassa.

Puriso bhikkhuṃ pahiṇati – ''gaccha, bhante, itthannāmaṃ māturakkhitaṃ brūhi – 'hohi kira itthannāmassa bhariyā chandavāsinī...pe... bhogavāsinī... paṭavāsinī... odapattakinī... obhaṭacumbaṭā... dāsī ca bhariyā ca... kammakārī ca bhariyā ca... dhajāhaṭā... muhuttikā'''ti. Paṭiggaṇhāti vīmaṃsati paccāharati, āpatti saṅghādisesassa.

Nikkhepapadāni.

316. Puriso bhikkhuṃ pahiṇati – "gaccha, bhante, itthannāmaṃ māturakkhitaṃ brūhi – 'hohi kira itthannāmassa bhariyā dhanakkītā ca chandavāsinī cā'"ti. Paṭiggaṇhāti vīmaṃsati paccāharati, āpatti saṅghādisesassa.

Puriso bhikkhuṃ pahiṇati – "gaccha, bhante, itthannāmaṃ māturakkhitaṃ brūhi – 'hohi kira itthannāmassa bhariyā dhanakkītā ca bhogavāsinī ca...pe... dhanakkītā ca paṭavāsinī ca... dhanakkītā ca odapattakinī ca... dhanakkītā ca obhaṭacumbaṭā ca... dhanakkītā ca dāsī ca bhariyā ca... dhanakkītā ca kammakārī ca bhariyā ca... dhanakkītā ca dhajāhaṭā ca... dhanakkītā ca muhuttikā cā'"ti. Paṭiggaṇhāti vīmaṃsati paccāharati, āpatti saṅghādisesassa.

Khaṇḍacakkaṃ.

317. Puriso bhikkhuṃ pahiṇati – "gaccha, bhante, itthannāmaṃ māturakkhitaṃ brūhi – 'hohi kira itthannāmassa bhariyā chandavāsinī ca bhogavāsinī ca...pe... chandavāsinī ca muhuttikā ca... chandavāsinī ca dhanakkītā cā'"ti. Paṭiggaṇhāti vīmaṃsati paccāharati, āpatti saṅghādisesassa.

Baddhacakkaṃ mūlaṃ saṃkhittaṃ.

318. Puriso bhikkhuṃ pahiṇati – "gaccha, bhante, itthannāmaṃ māturakkhitaṃ brūhi – 'hohi kira itthannāmassa bhariyā muhuttikā ca dhanakkītā ca...pe... muhuttikā ca chandavāsinī ca...pe... muhuttikā ca dhajāhaṭā cā'"ti. Paṭiggaṇhāti vīmaṃsati paccāharati, āpatti saṅghādisesassa.

Ekamūlakaṃ niṭṭhitaṃ.

Dumūlakādīnipi evameva kātabbāni.

Idaṃ dasamūlakaṃ

319. Puriso bhikkhuṃ pahiṇati – "gaccha, bhante, itthannāmaṃ māturakkhitaṃ brūhi – 'hohi kira itthannāmassa bhariyā dhanakkītā ca chandavāsinī ca bhogavāsinī ca paṭavāsinī ca odapattakinī ca obhaṭacumbaṭā ca dāsī ca bhariyā ca kammakārī ca bhariyā ca dhajāhaṭā ca muhuttikā cā'"ti. Paṭiggaṇhāti vīmaṃsati paccāharati, āpatti saṅghādisesassa.

Māturakkhitācakkaṃ niṭṭhitaṃ.

Puriso bhikkhuṃ pahiṇati – "gaccha, bhante, itthannāmaṃ piturakkhitaṃ...pe... mātāpiturakkhitaṃ... bhāturakkhitaṃ... bhaginirakkhitaṃ ... ñātirakkhitaṃ... gottarakkhitaṃ... dhammarakkhitaṃ ... sārakkhaṃ... saparidaṇḍaṃ brūhi – 'hohi kira itthannāmassa bhariyā dhanakkītā'"ti. Paṭiggaṇhāti vīmaṃsati paccāharati, āpatti saṅghādisesassa.

Puriso bhikkhuṃ pahiṇati – "gaccha, bhante, itthannāmaṃ saparidaṇḍaṃ brūhi – 'hohi kira itthannāmassa bhariyā chandavāsinī...pe... bhogavāsinī, paṭavāsinī, odapattakinī, obhaṭacumbaṭā, dāsī ca bhariyā ca, kammakārī ca bhariyā ca, dhajāhaṭā, muhuttikā'"ti. Paṭiggaṇhāti vīmaṃsati paccāharati, āpatti saṅghādisesassa.

Nikkhepapadāni.

320. Puriso bhikkhuṃ pahiṇati – "gaccha, bhante, itthannāmaṃ saparidaṇḍaṃ brūhi – 'hohi kira itthannāmassa bhariyā dhanakkītā ca chandavāsinī cā'"ti. Paṭiggaṇhāti vīmaṃsati paccāharati, āpatti saṅghādisesassa.

Puriso bhikkhuṃ pahiṇati – "gaccha, bhante, itthannāmaṃ saparidaṇḍaṃ brūhi – 'hohi kira itthannāmassa bhariyā dhanakkītā ca bhogavāsinī ca...pe... dhanakkītā ca muhuttikā cā'"ti. Paṭiggaṇhāti vīmaṃsati paccāharati, āpatti saṅghādisesassa.

Khaṇḍacakkaṃ.

Puriso bhikkhuṃ pahiṇati – "gaccha, bhante, itthannāmaṃ saparidaṇḍaṃ brūhi – 'hohi kira itthannāmassa bhariyā chandavāsinī ca bhogavāsinī ca...pe... chandavāsinī ca muhuttikā ca, chandavāsinī ca dhanakkītā cā'"ti. Paṭiggaṇhāti vīmaṃsati paccāharati, āpatti saṅghādisesassa.

Baddhacakkaṃ mūlaṃ saṃkhittaṃ.

Puriso bhikkhuṃ pahiṇati – "gaccha, bhante, itthannāmaṃ saparidaṇḍaṃ brūhi – 'hohi kira itthannāmassa bhariyā muhuttikā ca dhanakkītā ca...pe... muhuttikā ca chandavāsinī ca, muhuttikā ca dhajāhaṭā cā'"ti. Paṭiggaṇhāti vīmaṃsati paccāharati, āpatti saṅghādisesassa.

Ekamūlakaṃ niṭṭhitaṃ.

Dumūlakampi timūlakampi yāva navamūlakaṃ evameva kātabbaṃ.

Idaṃ dasamūlakaṃ.

321. Puriso bhikkhuṃ pahiṇati – "gaccha, bhante, itthannāmaṃ saparidaṇḍaṃ brūhi – 'hohi kira itthannāmassa bhariyā dhanakkītā ca chandavāsinī ca bhogavāsinī ca paṭavāsinī ca odapattakinī ca obhaṭacumbaṭā ca dāsī ca bhariyā ca kammakārī ca bhariyā ca dhajāhaṭā ca muhuttikā cā'"ti. Paṭiggaṇhāti vīmaṃsati paccāharati, āpatti saṅghādisesassa.

Saparidaṇḍācakkaṃ niṭṭhitaṃ.

Puriso bhikkhuṃ pahiṇati – "gaccha, bhante, itthannāmaṃ māturakkhitaṃ brūhi – 'hohi kira itthannāmassa bhariyā dhanakkītā'"ti. Paṭiggaṇhāti vīmaṃsati paccāharati, āpatti saṅghādisesassa.

Puriso bhikkhuṃ pahiṇati – "gaccha, bhante, itthannāmaṃ māturakkhitañca piturakkhitañca brūhi – 'hotha kira itthannāmassa bhariyāyo dhanakkītā ca chandavāsinī cā'"ti. Paṭiggaṇhāti vīmaṃsati paccāharati, āpatti saṅghādisesassa.

Puriso bhikkhuṃ pahiṇati – "gaccha, bhante, itthannāmaṃ māturakkhitañca piturakkhitañca mātāpiturakkhitañca brūhi – 'hotha kira itthannāmassa bhariyāyo dhanakkītā ca chandavāsinī ca bhogavāsinī cā'"ti. Paṭiggaṇhāti vīmaṃsati paccāharati, āpatti saṅghādisesassa.

Evaṃ ubhatovaḍḍhakaṃ kātabbaṃ.

Puriso bhikkhuṃ pahiṇati – "gaccha, bhante, itthannāmaṃ māturakkhitañca piturakkhitañca mātāpiturakkhitañca bhāturakkhitañca bhaginirakkhitañca ñātirakkhitañca gottarakkhitañca dhammarakkhitañca sārakkhañca saparidaṇḍañca brūhi – 'hotha kira itthannāmassa bhariyāyo dhanakkītā ca chandavāsinī ca bhogavāsinī ca paṭavāsinī ca odapattakinī ca obhaṭacumbaṭā ca dāsī ca bhariyā ca kammakārī ca bhariyā ca dhajāhaṭā ca muhuttikā cā'"ti. Paṭiggaṇhāti vīmaṃsati paccāharati, āpatti saṅghādisesassa.

Ubhatovaḍḍhakaṃ niṭṭhitaṃ.

Purisassa mātā bhikkhuṃ pahiṇati...pe... purisassa pitā bhikkhuṃ pahiṇati...pe... purisassa mātāpitaro bhikkhuṃ pahiṇanti...pe... purisassa bhātā bhikkhuṃ pahiṇati...pe... purisassa bhaginī bhikkhuṃ pahiṇati...pe... purisassa ñātakā bhikkhuṃ pahiṇanti...pe... purisassa gottā bhikkhuṃ pahiṇanti...pe... purisassa sahadhammikā bhikkhuṃ pahiṇanti...pe....

Purisassa peyyālo vitthāretabbo.

Ubhatovaḍḍhakaṃ yathā purimanayo tatheva vitthāretabbaṃ.

322. Māturakkhitāya mātā bhikkhuṃ pahiṇati – "gaccha, bhante, itthannāmaṃ brūhi – 'hotu itthannāmassa bhariyā dhanakkītā'"ti. Paṭiggaṇhāti vīmaṃsati paccāharati, āpatti saṅghādisesassa.

Māturakkhitāya mātā bhikkhuṃ pahiṇati – "gaccha, bhante, itthannāmaṃ brūhi – 'hotu itthannāmassa bhariyā chandavāsinī...pe... bhogavāsinī, paṭavāsinī, odapattakinī, obhaṭacumbaṭā, dāsī ca bhariyā ca, kammakārī ca bhariyā ca, dhajāhaṭā, muhuttikā'"ti. Paṭiggaṇhāti vīmaṃsati paccāharati, āpatti saṅghādisesassa.

Nikkhepapadāni.

323. Māturakkhitāya mātā bhikkhuṃ pahiṇati – "gaccha, bhante, itthannāmaṃ brūhi – 'hotu itthannāmassa bhariyā dhanakkītā ca chandavāsinī ca...pe... dhanakkītā ca bhogavāsinī ca, dhanakkītā camuhuttikā cā'"ti. Paṭiggaṇhāti vīmaṃsati paccāharati, āpatti saṅghādisesassa.

Khaṇḍacakkaṃ.

324. Māturakkhitāya mātā bhikkhuṃ pahiṇati – "gaccha, bhante, itthannāmaṃ brūhi – 'hotu itthannāmassa bhariyā chandavāsinī ca bhogavāsinī ca...pe... chandavāsinī ca muhuttikā ca, chandavāsinī ca dhanakkītā cā'"ti. Paṭiggaṇhāti vīmaṃsati paccāharati, āpatti saṅghādisesassa.

Baddhacakkaṃ mūlaṃ saṃkhittaṃ.

325. Māturakkhitāya mātā bhikkhuṃ pahiṇati – "gaccha, bhante, itthannāmaṃ brūhi – 'hotu itthannāmassa bhariyā muhuttikā ca dhanakkītā ca...pe... muhuttikā ca chandavāsinī ca...pe... muhuttikā ca dhajāhaṭā cā'"ti. Paṭiggaṇhāti vīmaṃsati paccāharati, āpatti saṅghādisesassa.

Ekamūlakaṃ niṭṭhitaṃ.

Dumūlakampi timūlakampi yāva navamūlakaṃ evameva kātabbaṃ.

Idaṃ dasamūlakaṃ

326. Māturakkhitāya mātā bhikkhuṃ pahiṇati – "gaccha, bhante, itthannāmaṃ brūhi – 'hotu itthannāmassa bhariyā dhanakkītā ca chandavāsinī ca bhogavāsinī ca paṭavāsinī ca odapattakinī ca obhaṭacumbaṭā ca dāsī ca bhariyā ca kammakārī ca bhariyā ca dhajāhaṭā ca muhuttikā cā'"ti. Paṭiggaṇhāti vīmaṃsati paccāharati, āpatti saṅghādisesassa.

Mātucakkaṃ niṭṭhitaṃ.

Piturakkhitāya pitā bhikkhuṃ pahiṇati...pe... mātāpiturakkhitāya mātāpitaro bhikkhuṃ pahiṇanti... bhāturakkhitāya bhātā bhikkhuṃ pahiṇati... bhaginirakkhitāya bhaginī bhikkhuṃ pahiṇati... ñātirakkhitāya ñātakā bhikkhuṃ pahiṇanti... gottarakkhitāya gottā [sagottā (?)] bhikkhuṃ pahiṇanti... dhammarakkhitāya sahadhammikā bhikkhuṃ pahiṇanti... sārakkhāya yena pariggahitā hoti so bhikkhuṃ pahiṇati... saparidaṇḍāya yena daṇḍo ṭhapito hoti so bhikkhuṃ pahiṇati – "gaccha, bhante, itthannāmaṃ brūhi – 'hotu itthannāmassa bhariyā dhanakkītā'"ti. Paṭiggaṇhāti vīmaṃsati paccāharati, āpatti saṅghādisesassa.

Saparidaṇḍāya yena daṇḍo ṭhapito hoti so bhikkhuṃ pahiṇati – "gaccha, bhante, itthannāmaṃ brūhi – 'hotu itthannāmassa bhariyā chandavāsinī...pe... bhogavāsinī... paṭavāsinī... odapattakinī... obhaṭacumbaṭā... dāsī ca bhariyā ca... kammakārī ca bhariyā ca... dhajāhaṭā... muhuttikā'"ti. Paṭiggaṇhāti vīmaṃsati paccāharati, āpatti saṅghādisesassa.

Nikkhepapadāni.

327. Saparidaṇḍāya yena daṇḍo ṭhapito hoti so bhikkhuṃ pahiṇati – "gaccha, bhante, itthannāmaṃ brūhi – 'hotu itthannāmassa bhariyā dhanakkītā ca chandavāsinī ca...pe... dhanakkītā ca bhogavāsinī ca... dhanakkītā ca muhuttikā cā'"ti. Paṭiggaṇhāti vīmaṃsati paccāharati, āpatti saṅghādisesassa.

Khaṇḍacakkaṃ.

328. Saparidaṇḍāya yena daṇḍo ṭhapito hoti so bhikkhuṃ pahiṇati – ''gaccha, bhante, itthannāmaṃ brūhi – 'hotu itthannāmassa bhariyā chandavāsinī ca bhogavāsinī ca...pe... chandavāsinī ca muhuttikā ca... chandavāsinī ca dhanakkītā cā''' ti. Paṭiggaṇhāti vīmaṃsati paccāharati āpatti saṅghādisesassa.
Baddhacakkaṃ mūlaṃ saṃkhittaṃ.
329. Saparidaṇḍāya yena daṇḍo, ṭhapito hoti so bhikkhuṃ pahiṇati – ''gaccha, bhante, itthannāmaṃ brūhi – 'hotu itthannāmassa bhariyā muhuttikā ca dhanakkītā ca...pe... muhuttikā ca chandavāsinī ca...pe... muhuttikā ca dhajāhaṭā cā'''ti. Paṭiggaṇhāti vīmaṃsati paccāharati, āpatti saṅghādisesassa.
Ekamūlakaṃ niṭṭhitaṃ.
Dumūlakampi timūlakampi yāva navamūlakaṃ evameva kātabbaṃ.
Idaṃ dasamūlakaṃ
330. Saparidaṇḍāya yena daṇḍo ṭhapito hoti so bhikkhuṃ pahiṇati – ''gaccha, bhante, itthannāmaṃ brūhi – 'hotu itthannāmassa bhariyā dhanakkītā ca chandavāsinī ca bhogavāsinī ca paṭavāsinī ca odapattakinī ca obhaṭacumbaṭā ca dāsī ca bhariyā ca kammakārī ca bhariyā ca dhajāhaṭā ca muhuttikā cā'''ti. Paṭiggaṇhāti vīmaṃsati paccāharati, āpatti saṅghādisesassa.
Daṇḍaṭhapitacakkaṃ niṭṭhitaṃ.
Māturakkhitā bhikkhuṃ pahiṇati – ''gaccha, bhante, itthannāmaṃ brūhi – 'homi itthannāmassa bhariyā dhanakkītā'''ti. Paṭiggaṇhāti vīmaṃsati paccāharati, āpatti saṅghādisesassa.
Māturakkhitā bhikkhuṃ pahiṇati – ''gaccha, bhante, itthannāmaṃ brūhi – 'homi itthannāmassa bhariyā chandavāsinī...pe... bhogavāsinī... paṭavāsinī... odapattakinī... obhaṭacumbaṭā... dāsī ca bhariyā ca... kammakārī ca bhariyā ca... dhajāhaṭā... muhuttikā'''ti. Paṭiggaṇhāti vīmaṃsati paccāharati, āpatti saṅghādisesassa.
Nikkhepapadāni.
331. Māturakkhitā bhikkhuṃ pahiṇati – ''gaccha, bhante, itthannāmaṃ brūhi – 'homi itthannāmassa bhariyā dhanakkītā ca chandavāsinī cā'''ti. Paṭiggaṇhāti vīmaṃsati paccāharati, āpatti saṅghādisesassa.
Māturakkhitā bhikkhuṃ pahiṇati – ''gaccha, bhante, itthannāmaṃ brūhi – 'homi itthannāmassa bhariyā dhanakkītā ca bhogavāsinī ca...pe... dhanakkītā ca paṭavāsinī ca...pe... dhanakkītā ca muhuttikā cā'''ti. Paṭiggaṇhāti vīmaṃsati paccāharati, āpatti saṅghādisesassa.
Khaṇḍacakkaṃ.
332. Māturakkhitā bhikkhuṃ pahiṇati – ''gaccha, bhante, itthannāmaṃ brūhi – 'homi itthannāmassa bhariyā chandavāsinī ca bhogavāsinī ca...pe... chandavāsinī ca muhuttikā ca... chandavāsinī ca dhanakkītā cā'''ti. Paṭiggaṇhāti vīmaṃsati paccāharati, āpatti saṅghādisesassa.
Baddhacakkaṃ mūlaṃ saṃkhittaṃ.
Māturakkhitā bhikkhuṃ pahiṇati – ''gaccha, bhante, itthannāmaṃ brūhi – 'homi itthannāmassa bhariyā muhuttikā ca dhanakkītā ca...pe... muhuttikā ca chandavāsinī ca...pe... muhuttikā ca dhajāhaṭā cā'''ti. Paṭiggaṇhāti vīmaṃsati paccāharati, āpatti saṅghādisesassa.
Ekamūlakaṃ niṭṭhitaṃ.
Dumūlakādīnipi evameva kātabbāni.
Idaṃ dasamūlakaṃ
333. Māturakkhitā bhikkhuṃ pahiṇati – ''gaccha, bhante, itthannāmaṃ brūhi – 'homi itthannāmassa bhariyā dhanakkītā ca chandavāsinī ca bhogavāsinī ca paṭavāsinī ca odapattakinī ca obhaṭacumbaṭā ca dāsī ca bhariyā ca kammakārī ca bhariyā ca dhajāhaṭā ca muhuttikā cā'''ti. Paṭiggaṇhāti vīmaṃsati paccāharati, āpatti saṅghādisesassa.
Aparaṃ māturakkhitācakkaṃ niṭṭhitaṃ.
Piturakkhitā bhikkhuṃ pahiṇati...pe... mātāpiturakkhitā bhikkhuṃ pahiṇati... bhāturakkhitā bhikkhuṃ pahiṇati... bhaginirakkhitā bhikkhuṃ pahiṇati... ñātirakkhitā bhikkhuṃ pahiṇati... gottarakkhitā bhikkhuṃ pahiṇati... dhammarakkhitā bhikkhuṃ pahiṇati... sārakkhā bhikkhuṃ pahiṇati... saparidaṇḍā bhikkhuṃ pahiṇati – ''gaccha, bhante, itthannāmaṃ brūhi – 'homi itthannāmassa bhariyā dhanakkītā'''ti. Paṭiggaṇhāti vīmaṃsati paccāharati, āpatti saṅghādisesassa.
Saparidaṇḍā bhikkhuṃ pahiṇati – ''gaccha, bhante, itthannāmaṃ brūhi – 'homi itthannāmassa bhariyā chandavāsinī...pe... bhogavāsinī... paṭavāsinī... odapattakinī... obhaṭacumbaṭā... dāsī ca bhariyā ca... kammakārī ca bhariyā ca... dhajāhaṭā... muhuttikā'''ti. Paṭiggaṇhāti vīmaṃsati paccāharati, āpatti saṅghādisesassa.
Nikkhepapadāni.
334. Saparidaṇḍā bhikkhuṃ pahiṇati – ''gaccha, bhante, itthannāmaṃ brūhi – 'homi itthannāmassa bhariyā dhanakkītā ca chandavāsinī ca...pe... dhanakkītā ca muhuttikā cā'''ti. Paṭiggaṇhāti vīmaṃsati paccāharati, āpatti saṅghādisesassa.
Khaṇḍacakkaṃ.

335. Saparidaṇḍā bhikkhuṃ pahiṇati – "gaccha, bhante, itthannāmaṃ brūhi – 'homi itthannāmassa bhariyā chandavāsinī ca bhogavāsinī ca...pe... chandavāsinī ca muhuttikā ca... chandavāsinī ca dhanakkītā cā'"ti. Paṭiggaṇhāti vīmaṃsati paccāharati, āpatti saṅghādisesassa.
Baddhacakkaṃ mūlaṃ saṃkhittaṃ.
336. Saparidaṇḍā bhikkhuṃ pahiṇati – "gaccha, bhante, itthannāmaṃ brūhi – 'homi itthannāmassa bhariyā muhuttikā ca dhanakkītā ca...pe... muhuttikā ca chandavāsinī ca...pe... muhuttikā ca dhajāhaṭā cā'"ti. Paṭiggaṇhāti vīmaṃsati paccāharati, āpatti saṅghādisesassa.
Ekamūlakaṃ niṭṭhitaṃ.
Dumūlakādīnipi evameva kātabbāni.
Idaṃ dasamūlakaṃ
337. Saparidaṇḍā bhikkhuṃ pahiṇati – "gaccha, bhante, itthannāmaṃ brūhi – 'homi itthannāmassa bhariyā dhanakkītā ca chandavāsinī ca bhogavāsinī ca paṭavāsinī ca odapattakinī ca obhaṭacumbaṭā ca dāsī ca bhariyā ca kammakārī ca bhariyā ca dhajāhaṭā ca muhuttikā cā'"ti. Paṭiggaṇhāti vīmaṃsati paccāharati, āpatti saṅghādisesassa.
Aparaṃ saparidaṇḍācakkaṃ niṭṭhitaṃ.
Sabbaṃ cakkapeyyālaṃ niṭṭhitaṃ.
338. Paṭiggaṇhāti vīmaṃsati paccāharati, āpatti saṅghādisesassa. Paṭiggaṇhāti vīmaṃsati na paccāharati, āpatti thullaccayassa. Paṭiggaṇhāti na vīmaṃsati paccāharati, āpatti thullaccayassa. Paṭiggaṇhāti na vīmaṃsati na paccāharati, āpatti dukkaṭassa. Na paṭiggaṇhāti vīmaṃsati paccāharati, āpatti thullaccayassa. Na paṭiggaṇhāti vīmaṃsati na paccāharati, āpatti dukkaṭassa. Na paṭiggaṇhāti na vīmaṃsati paccāharati, āpatti dukkaṭassa. Na paṭiggaṇhāti na vīmaṃsati na paccāharati, anāpatti.
Puriso sambahule bhikkhū āṇāpeti – "gacchatha, bhante, itthannāmaṃ itthiṃ vīmaṃsathā"ti. Sabbe paṭiggaṇhanti sabbe vīmaṃsanti sabbe paccāharanti, āpatti sabbesaṃ saṅghādisesassa.
Puriso sambahule bhikkhū āṇāpeti – "gacchatha, bhante, itthannāmaṃ itthiṃ vīmaṃsathā"ti. Sabbe paṭiggaṇhanti sabbe vīmaṃsanti ekaṃ paccāharāpenti, āpatti sabbesaṃ saṅghādisesassa.
Puriso sambahule bhikkhū āṇāpeti – "gacchatha, bhante, itthannāmaṃ itthiṃ vīmaṃsathā"ti. Sabbe paṭiggaṇhanti, ekaṃ vīmaṃsāpetvā sabbe paccāharanti, āpatti sabbesaṃ saṅghādisesassa.
Puriso sambahule bhikkhū āṇāpeti – "gacchatha, bhante, itthannāmaṃ itthiṃ vīmaṃsathā"ti. Sabbe paṭiggaṇhanti, ekaṃ vīmaṃsāpetvā ekaṃ paccāharāpenti, āpatti sabbesaṃ saṅghādisesassa.
Puriso bhikkhuṃ āṇāpeti – "gaccha, bhante, itthannāmaṃ itthiṃ vīmaṃsā"ti. Paṭiggaṇhāti vīmaṃsati paccāharati, āpatti saṅghādisesassa.
Puriso bhikkhuṃ āṇāpeti – "gaccha, bhante, itthannāmaṃ itthiṃ vīmaṃsā"ti. Paṭiggaṇhāti vīmaṃsati antevāsiṃ paccāharāpeti, āpatti saṅghādisesassa.
Puriso bhikkhuṃ āṇāpeti – "gaccha, bhante, itthannāmaṃ itthiṃ vīmaṃsā"ti. Paṭiggaṇhāti antevāsiṃ vīmaṃsāpetvā attanā paccāharati āpatti saṅghādisesassa.
Puriso bhikkhuṃ āṇāpeti – "gaccha, bhante, itthannāmaṃ itthi vimaṃsā"ti. Paṭiggaṇhāti antevāsiṃ vīmaṃsāpeti antevāsī vīmaṃsitvā bahiddhā paccāharati, āpatti ubhinnaṃ thullaccayassa.
339. Gacchanto sampādeti, āgacchanto visaṃvādeti, āpatti thullaccayassa.
Gacchanto visaṃvādeti, āgacchanto sampādeti, āpatti thullaccayassa.
Gacchanto sampādeti, āgacchanto sampādeti, āpatti saṅghādisesassa.
Gacchanto visaṃvādeti, āgacchanto visaṃvādeti, anāpatti.
340. Anāpatti saṅghassa vā cetiyassa vā gilānassa vā karaṇīyena gacchati, ummattakassa, ādikammikassāti.
Vinītavatthuuddānagāthā
Suttā matā ca nikkhantā, anitthī itthipaṇḍakā;
Kalahaṃ katvāna sammodi, sañcarittañca paṇḍaketi.
Vinītavatthu
341. Tena kho pana samayena aññataro puriso aññataraṃ bhikkhuṃ āṇāpesi – [āṇāpeti (syā. ka.)] "gaccha, bhante, itthannāmaṃ itthiṃ vīmaṃsā"ti. So gantvā manusse pucchi – "kahaṃ itthannāmā"ti? "Suttā, bhante"ti. Tassa kukkuccaṃ ahosi – "bhagavatā sikkhāpadaṃ paññattaṃ, kacci nu kho ahaṃ saṅghādisesaṃ āpattiṃ āpanno"ti? Bhagavato etamatthaṃ ārocesi. "Anāpatti, bhikkhu, saṅghādisesassa; āpatti dukkaṭassā"ti.
Tena kho pana samayena aññataro puriso aññataraṃ bhikkhuṃ āṇāpesi – "gaccha, bhante, itthannāmaṃ itthiṃ vīmaṃsā"ti. So gantvā manusse pucchi – "kahaṃ itthannāmā"ti? "Matā, bhante"ti...pe... "nikkhantā, bhante"ti... "anitthī, bhante"ti... "itthipaṇḍakā, bhante"ti. Tassa kukkuccaṃ ahosi...pe... "anāpatti, bhikkhu, saṅghādisesassa; āpatti dukkaṭassā"ti.
Tena kho pana samayena aññatarā itthī sāmikena saha bhaṇḍitvā mātugharaṃ agamāsi. Kulūpako bhikkhu sammodanīyaṃ akāsi. Tassa kukkuccaṃ ahosi...pe... "alaṃvacanīyā, bhikkhū"ti? "Nālaṃvacanīyā, Bhagavā"ti. "Anāpatti, bhikkhu, nālaṃvacanīyāyā"ti.

Tena kho pana samayena aññataro bhikkhu paṇḍake sañcarittaṃ samāpajji. Tassa kukkuccaṃ ahosi...pe... "anāpatti, bhikkhu, saṅghādisesassa; āpatti thullaccayassā"ti.

Sañcarittasikkhāpadaṃ niṭṭhitaṃ pañcamaṃ.

6. Kuṭikārasikkhāpadaṃ

342. Tena samayena buddho Bhagavā rājagahe viharati veḷuvane kalandakanivāpe. Tena kho pana samayena āḷavakā bhikkhū saññācikāyo kuṭiyo kārāpenti assāmikāyo attuddesikāyo appamāṇikāyo. Tāyo na niṭṭhānaṃ gacchanti. Te yācanabahulā viññattibahulā viharanti – "purisaṃ detha, purisatthakaraṃ detha, goṇaṃ detha, sakaṭaṃ detha, vāsiṃ detha, parasuṃ detha, kuṭhāriṃ detha, kudālaṃ detha, nikhādanaṃ detha, valliṃ detha, veḷuṃ detha, muñjaṃ detha, pabbajaṃ detha, tiṇaṃ detha, mattikaṃ dethā"ti. Manussā upaddutā yācanāya upaddutā viññattiyā bhikkhū disvā ubbijjantipi uttasantipi palāyantipi aññenapi gacchanti aññenapi mukhaṃ karonti dvārampi thakenti, gāvimpi disvā palāyanti bhikkhūti maññamānā.

Atha kho āyasmā mahākassapo rājagahe vassaṃvuttho yena āḷavī tena pakkāmi. Anupubbena yena āḷavī tadavasari. Tatra sudaṃ āyasmā mahākassapo āḷaviyaṃ viharati aggāḷave cetiye. Atha kho āyasmā mahākassapo pubbaṇhasamayaṃ nivāsetvā pattacīvaramādāya āḷaviṃ piṇḍāya pāvisi. Manussā āyasmantaṃ mahākassapaṃ passitvā ubbijjantipi uttasantipi palāyantipi aññenapi gacchanti aññenapi mukhaṃ karonti dvārampi thakenti. Atha kho āyasmā mahākassapo āḷaviyaṃ piṇḍāya caritvā pacchābhattaṃ piṇḍapātappaṭikkanto bhikkhū āmantesi – "pubbāyaṃ, āvuso, āḷavī subhikkhā ahosi sulabhapiṇḍā sukarā uñchena paggahena yāpetuṃ; etarahi panāyaṃ āḷavī dubbhikkhā dullabhapiṇḍā, na sukarā uñchena paggahena yāpetuṃ. Ko nu kho, āvuso, hetu ko paccayo, yenāyaṃ āḷavī dubbhikkhā dullabhapiṇḍā, na sukarā uñchena paggahena yāpetu"nti? Atha kho te bhikkhū āyasmato mahākassapassa etamatthaṃ ārocesuṃ.

343. Atha kho Bhagavā rājagahe yathābhirantaṃ viharitvā yena āḷavī tena cārikaṃ pakkāmi. Anupubbena cārikaṃ caramāno yena āḷavī tadavasari. Tatra sudaṃ Bhagavā āḷaviyaṃ viharati aggāḷave cetiye. Atha kho āyasmā mahākassapo yena Bhagavā tenupasaṅkami; upasaṅkamitvā bhagavantaṃ abhivādetvā ekamantaṃ nisīdi. Ekamantaṃ nisinno kho āyasmā mahākassapo bhagavato etamatthaṃ ārocesi. Atha kho Bhagavā etasmiṃ nidāne etasmiṃ pakaraṇe bhikkhusaṅghaṃ sannipātāpetvā āḷavake bhikkhū paṭipucchi – "saccaṃ kira tumhe, bhikkhave, saññācikāyo kuṭiyo kārāpetha assāmikāyo attuddesikāyo appamāṇikāyo. Tāyo na niṭṭhānaṃ gacchanti. Te tumhe yācanabahulā viññattibahulā viharatha – 'purisaṃ detha purisatthakaraṃ detha...pe... tiṇaṃ detha mattikaṃ dethā'ti. Manussā upaddutā yācanāya upaddutā viññattiyā bhikkhū disvā ubbijjantipi uttasantipi palāyantipi aññenapi gacchanti aññenapi mukhaṃ karonti dvārampi thakenti, gāvimpi disvā palāyanti bhikkhūti maññamānā"ti? "Saccaṃ, Bhagavā"ti. Vigarahi buddho Bhagavā...pe... "kathañhi nāma tumhe, moghapurisā, saṃyācikāyo kuṭiyo kārāpessatha assāmikāyo attuddesikāyo appamāṇikāyo! Tāyo na niṭṭhānaṃ gacchanti. Te tumhe yācanabahulā viññattibahulā viharissatha – 'purisaṃ detha purisatthakaraṃ detha...pe... tiṇaṃ detha mattikaṃ dethā'ti! Netaṃ moghapurisā, appasannānaṃ vā pasādāya...pe..." vigarahitvā dhammiṃ kathaṃ katvā bhikkhū āmantesi –

344. "Bhūtapubbaṃ, bhikkhave, dve bhātaro isayo gaṅgaṃ nadiṃ upanissāya vihariṃsu. Atha kho, bhikkhave, maṇikaṇṭho nāgarājā gaṅgaṃ nadiṃ uttaritvā yena kaniṭṭho isi tenupasaṅkami; upasaṅkamitvā kaniṭṭhaṃ isiṃ sattakkhattuṃ bhogehi parikkhipitvā uparimuddhani mahantaṃ phaṇaṃ karitvā aṭṭhāsi. Atha kho, bhikkhave, kaniṭṭho isi tassa nāgassa bhayā kiso ahosi lūkho dubbaṇṇo uppaṇḍuppaṇḍukajāto dhamanisanthatagatto. Addasa kho, bhikkhave, jeṭṭho isi kaniṭṭhaṃ isiṃ kisaṃ lūkhaṃ dubbaṇṇaṃ uppaṇḍuppaṇḍukajātaṃ dhamanisanthatagattaṃ. Disvāna kaniṭṭhaṃ isiṃ etadavoca – "kissa tvaṃ, bho, kiso lūkho dubbaṇṇo uppaṇḍuppaṇḍukajāto dhamanisanthatagatto"ti? "Idha, bho, maṇikaṇṭho nāgarājā gaṅgaṃ nadiṃ uttaritvā yenāhaṃ tenupasaṅkami; upasaṅkamitvā maṃ sattakkhattuṃ bhogehi parikkhipitvā uparimuddhani mahantaṃ phaṇaṃ karitvā aṭṭhāsi. Tassāhaṃ, bho, nāgassa bhayā [bhayāmhi (sī.)] kiso lūkho dubbaṇṇo uppaṇḍuppaṇḍukajāto dhamanisanthatagatto"ti. "Icchasi pana tvaṃ, bho, tassa nāgassa anāgamana"nti? "Icchāmahaṃ, bho, tassa nāgassa anāgamana"nti. "Api pana tvaṃ, bho, tassa nāgassa kiñci passasī"ti? "Passāmahaṃ, bho, maṇimassa [maṇissa (sī. ka.)] kaṇṭhe pilandhana"nti. "Tena hi tvaṃ, bho, taṃ nāgaṃ maṇiṃ yāca – 'maṇiṃ me, bho, dehi; maṇinā me attho'"ti.

Atha kho, bhikkhave, maṇikaṇṭho nāgarājā gaṅgaṃ nadiṃ uttaritvā yena kaniṭṭho isi tenupasaṅkami; upasaṅkamitvā ekamantaṃ aṭṭhāsi. Ekamantaṃ ṭhitaṃ kho, bhikkhave, maṇikaṇṭhaṃ nāgarājānaṃ kaniṭṭho isi etadavoca – "maṇiṃ me, bho, dehi; maṇinā me attho"ti. Atha kho, bhikkhave, maṇikaṇṭho nāgarājā – 'bhikkhu maṇiṃ yācati, bhikkhussa maṇinā attho'ti khippaññeva agamāsi. Dutiyampi kho, bhikkhave, maṇikaṇṭho nāgarājā gaṅgaṃ nadiṃ uttaritvā yena kaniṭṭho isi tenupasaṅkami. Addasa kho, bhikkhave, kaniṭṭho isi maṇikaṇṭhaṃ nāgarājānaṃ dūratova āgacchantaṃ. Disvāna maṇikaṇṭhaṃ nāgarājānaṃ etadavoca – "maṇiṃ me, bho, dehi; maṇinā me attho"ti. Atha kho, bhikkhave, maṇikaṇṭho nāgarājā – "bhikkhu maṇiṃ yācati, bhikkhussa maṇinā attho"ti tatova paṭinivatti. Tatiyampi kho, bhikkhave, maṇikaṇṭho nāgarājā gaṅgaṃ nadiṃ uttarati. Addasa kho, bhikkhave, kaniṭṭho isi maṇikaṇṭhaṃ nāgarājānaṃ gaṅgaṃ nadiṃ uttarantaṃ. Disvāna maṇikaṇṭhaṃ nāgarājānaṃ etadavoca – ''maṇiṃ me, bho, dehi; maṇinā me attho''ti. Atha kho, bhikkhave, maṇikaṇṭho nāgarājā kaniṭṭhaṃ isiṃ gāthāhi ajjhabhāsi –

[jā. 1.3.7 maṇikaṇṭhajātakepi] ''Mamannapānaṃ vipulaṃ uḷāraṃ,
Uppajjatīmassa maṇissa hetu;
Taṃ te na dassaṃ atiyācakosi;
Na cāpi te assamamāgamissaṃ.

[jā. 1.3.8 maṇikaṇṭhajātakepi] ''Susū yathā sakkharadhotapāṇī;
Tāsesi maṃ selamāyācamāno;
Taṃ te na dassaṃ atiyācakosi;
Na cāpi te assamamāgamissa''nti.

Atha kho, bhikkhave, maṇikaṇṭho nāgarājā – ''bhikkhu maṇiṃ yācati, bhikkhussa maṇinā attho''ti pakkāmi. Tathā pakkantova [tadāpakkantova (ka.)] ahosi, na puna paccāgañchi. Atha kho, bhikkhave, kaniṭṭho isi tassa nāgassa dassanīyassa adassanena bhiyyosomattāya kiso ahosi lūkho dubbaṇṇo, uppaṇḍuppaṇḍukajāto dhamanisanthatagatto. Addasa kho, bhikkhave, jeṭṭho isi kaniṭṭhaṃ isiṃ bhiyyosomattāya kisaṃ lūkhaṃ dubbaṇṇaṃ uppaṇḍuppaṇḍukajātaṃ dhamanisanthatagattaṃ. Disvāna kaniṭṭhaṃ isiṃ etadavoca – ''kissa tvaṃ, bho, bhiyyosomattāya kiso lūkho dubbaṇṇouppaṇḍuppaṇḍukajāto dhamanisanthatagatto''ti? ''Tassāhaṃ, bho, nāgassa dassanīyassa adassanena bhiyyosomattāya kiso lūkho dubbaṇṇo uppaṇḍuppaṇḍukajāto dhamanisanthatagatto''ti. Atha kho, bhikkhave, jeṭṭho isi kaniṭṭhaṃ isiṃ gāthāya ajjhabhāsi –

[jā. 1.3.9 maṇikaṇṭhajātakepi] ''Na taṃ yāce yassa piyaṃ jigīse,
Videsso [desso (sī.), desso ca (syā.)] hoti atiyācanāya;
Nāgo maṇiṃ yācito brāhmaṇena;
Adassanaññeva tadajjhagamā''ti.

Tesañhi nāma, bhikkhave, tiracchānagatānaṃ pāṇānaṃ amanāpā bhavissati yācanā amanāpā viññatti. Kimaṅgaṃ [kimaṅga (sī.)] pana manussabhūtānaṃ!

345. ''Bhūtapubbaṃ, bhikkhave, aññataro bhikkhu himavantapasse viharati aññatarasmiṃ vanasaṇḍe. Tassa kho, bhikkhave, vanasaṇḍassa avidūre mahantaṃ ninnaṃ pallalaṃ. Atha kho,
Vāsāya upagacchati. Atha kho, bhikkhave, so bhikkhu tassa sakuṇasaṅghassa saddena ubbāḷho yenāhaṃ tenupasaṅkami; upasaṅkamitvā maṃ abhivādetvā ekamantaṃ nisīdi. Ekamantaṃ nisinnaṃ kho ahaṃ, bhikkhave, taṃ bhikkhuṃ etadavoca– 'kacci, bhikkhu, khamanīyaṃ kacci yāpanīyaṃ kaccisi appakilamathena addhānaṃ āgato? Kuto ca tvaṃ, bhikkhu, āgacchasī'ti? 'Khamanīyaṃ, Bhagavā, yāpanīyaṃ, Bhagavā. Appakilamathena cāhaṃ, bhante, addhānaṃ āgato. Atthi, bhante, himavantapasse mahāvanasaṇḍo. Tassa kho pana, bhante, vanasaṇḍassa avidūre mahantaṃ ninnaṃ pallalaṃ. Atha kho, bhante, mahāsakuṇasaṅgho tasmiṃ pallale divasaṃ gocaraṃ caritvā sāyaṃ taṃ vanasaṇḍaṃ vāsāya upagacchati. Tato ahaṃ, Bhagavā, āgacchāmi – tassa sakuṇasaṅghassa saddena ubbāḷho'ti. 'Icchasi pana tvaṃ, bhikkhu, tassa sakuṇasaṅghassa anāgamana'nti ? 'Icchāmahaṃ, Bhagavā, tassa sakuṇasaṅghassa anāgamana'nti. 'Tena hi tvaṃ, bhikkhu, tattha gantvā taṃ vanasaṇḍaṃ ajjhogāhetvā rattiyā paṭhamaṃ yāmaṃ tikkhattuṃ saddamanussāvehi – suṇantu me, bhonto sakuṇā, yāvatikā imasmiṃ vanasaṇḍe vāsaṃ upagatā, pattena me attho. Ekekaṃ me, bhonto, pattaṃ dadantū'ti. Rattiyā majjhimaṃ yāmaṃ... rattiyā pacchimaṃ yāmaṃ tikkhattuṃ saddamanussāvehi – 'suṇantu me, bhonto sakuṇā, yāvatikā imasmiṃ vanasaṇḍe vāsaṃ upagatā, pattena me attho. Ekekaṃ me, bhonto, pattaṃ dadantū'ti.

''Atha kho, bhikkhave, so bhikkhu tattha gantvā taṃ vanasaṇḍaṃ ajjhogāhetvā rattiyā paṭhamaṃ yāmaṃ tikkhattuṃ saddamanussāvesi – 'suṇantu me, bhonto sakuṇā, yāvatikā imasmiṃ vanasaṇḍe vāsaṃ upagatā, pattena me attho. Ekekaṃ me, bhonto, pattaṃ dadantū'ti. Rattiyā majjhima yāmaṃ... rattiyā pacchimaṃ yāmaṃ tikkhattuṃ saddamanussāvesi – 'suṇantu me, bhonto sakuṇā, yāvatikā imasmiṃ vanasaṇḍe vāsaṃ upagatā, pattena me attho. Ekekaṃ me, bhonto, pattaṃ dadantū'ti. Atha kho, bhikkhave, so sakuṇasaṅgho – 'bhikkhu pattaṃ yācati bhikkhussa pattena attho'ti tamhā vanasaṇḍā pakkāmi. Tathā pakkantova ahosi na puna paccāgañchi. Tesañhi nāma, bhikkhave, tiracchānagatānaṃ pāṇānaṃ amanāpā bhavissati yācanā amanāpā viññatti. Kimaṅgaṃ pana manussabhūtānaṃ''!

346. ''Bhūtapubbaṃ, bhikkhave, raṭṭhapālassa kulaputtassa pitā raṭṭhapālaṃ kulaputtaṃ gāthāya ajjhabhāsi –

'Apāhaṃ te na jānāmi, raṭṭhapāla bahū janā;
[jā. 1.7.54] Te maṃ saṅgamma yācanti, kasmā maṃ tvaṃ na yācasī'ti.
[jā. 1.7.55] 'Yācako appiyo hoti, yācaṃ adadamappiyo;
Tasmāhaṃ taṃ na yācāmi, mā me videssanā ahū'ti.

''So hi nāma, bhikkhave, raṭṭhapālo kulaputto sakaṃ pitaraṃ evaṃ vakkhati. Kimaṅgaṃ pana jano janaṃ!

347. ''Gihīnaṃ, bhikkhave, dussaṃharāni bhogāni sambhatānipi durakkhiyāni . Tattha nāma tumhe, moghapurisā, evaṃ dussaṃharesu bhogesu sambhatesupi durakkhiyesu yācanabahulā viññattibahulā

viharissatha – 'purisaṃ detha, purisatthakaraṃ detha, goṇaṃ detha, sakaṭaṃ detha, vāsiṃ detha, parasuṃ detha, kuṭhāriṃ detha, kudālaṃ detha, nikhādanaṃ detha, valliṃ detha, veḷuṃ detha, muñjaṃ detha, pabbajaṃ detha, tiṇaṃ detha, mattikaṃ dethā''ti! Netaṃ, moghapurisā, appasannānaṃ vā pasādāya...pe... evañca pana, bhikkhave, imaṃ sikkhāpadaṃ uddiseyyātha –

348.''Saññācikāya pana bhikkhunā kuṭiṃ kārayamānena assāmikaṃ attuddesaṃ pamāṇikā kāretabbā. Tatridaṃ pamāṇaṃ – dīghaso dvādasavidatthiyo, sugatavidatthiyā; tiriyaṃ sattantarā. Bhikkhū abhinetabbā vatthudesanāya. Tehi bhikkhūhi vatthu desetabbaṃ – anārambhaṃ [anārabbhaṃ (ka.)] saparikkamanaṃ. Sārambhe [sārabbhe (ka.)] ce bhikkhu vatthusmiṃ aparikkamane saññācikāya kuṭiṃ kāreyya, bhikkhū vā anabhineyya vatthudesanāya, pamāṇaṃ vā atikkāmeyya, saṅghādiseso''ti.

349.Saññācikā nāma sayaṃ yācitvā purisampi purisatthakarampi goṇampi sakaṭampi vāsimpi parasumpi kuṭhārimpi kudālampi nikhādanampi vallimpi veḷumpi muñjampi pabbajampi tiṇampi mattikampi.

Kuṭi nāma ullittā vā hoti avalittā vā ullittāvalittā vā.

Kārayamānenāti karonto vā kārāpento vā.

Assāmikanti na añño koci sāmiko hoti, itthī vā puriso vā gahaṭṭho vā pabbajito vā.

Attuddesanti attano atthāya.

Pamāṇikā kāretabbā. Tatridaṃ pamāṇaṃ – dīghaso dvādasa vidatthiyo, sugatavidatthiyāti bāhirimena mānena.

Tiriyaṃ sattantarāti abbhantarimena mānena.

Bhikkhū abhinetabbā vatthudesanāyāti tena kuṭikārakena bhikkhunā kuṭivatthuṃ sodhetvā saṅghaṃ upasaṅkamitvā ekaṃsaṃ uttarāsaṅgaṃ karitvā vuḍḍhānaṃ bhikkhūnaṃ pāde vanditvā ukkuṭikaṃ nisīditvā añjaliṃ paggahetvā evamassa vacanīyo – ''ahaṃ, bhante, saññācikāya kuṭiṃ kattukāmo assāmikaṃ attuddesaṃ. Sohaṃ, bhante, saṅghaṃ kuṭivatthuolokanaṃ yācāmī''ti. Dutiyampi yācitabbā. Tatiyampi yācitabbā. Sace sabbo saṅgho ussahati kuṭivatthuṃ oloketuṃ, sabbena saṅghena oloketabbaṃ. No ce sabbo saṅgho ussahati kuṭivatthuṃ oloketuṃ, ye tattha honti bhikkhū byattā paṭibalā sārambhaṃ anārambhaṃ saparikkamanaṃ aparikkamanaṃ jānituṃ te yācitvā sammannitabbā. Evañca pana, bhikkhave, sammannitabbā. Byattena bhikkhunā paṭibalena saṅgho ñāpetabbo –

350. ''Suṇātu me, bhante, saṅgho. Ayaṃ itthannāmo bhikkhu saññācikāya kuṭiṃ kattukāmo assāmikaṃ attuddesaṃ. So saṅghaṃ kuṭivatthuolokanaṃ yācati. Yadi saṅghassa pattakallaṃ, saṅgho itthannāmañca itthannāmañca bhikkhū sammanneyya itthannāmassa bhikkhuno kuṭivatthuṃ oloketuṃ. Esā ñatti.

''Suṇātu me, bhante, saṅgho. Ayaṃ itthannāmo bhikkhu saññācikāya kuṭiṃ kattukāmo assāmikaṃ attuddesaṃ. So saṅghaṃ kuṭivatthuolokanaṃ yācati. Saṅgho itthannāmañca itthannāmañca bhikkhū sammannati itthannāmassa bhikkhuno kuṭivatthuṃ oloketuṃ. Yassāyasmato khamati itthannāmassa ca itthannāmassa ca bhikkhūnaṃ sammuti [sammati (syā.)] itthannāmassa bhikkhuno kuṭivatthuṃ oloketuṃ, so tuṇhassa; yassa nakkhamati, so bhāseyya.

''Sammatā saṅghena itthannāmo ca itthannāmo ca bhikkhū itthannāmassa bhikkhuno kuṭivatthuṃ oloketuṃ. Khamati saṅghassa, tasmā tuṇhī, evametaṃ dhārayāmī''ti.

351. Tehi sammatehi bhikkhūhi tattha gantvā kuṭivatthu oloketabbaṃ, sārambhaṃ anārambhaṃ saparikkamanaṃ aparikkamanaṃ jānitabbaṃ. Sace sārambhaṃ hoti aparikkamanaṃ, 'mā idha karī'ti vattabbo. Sace anārambhaṃ hoti saparikkamanaṃ, saṅghassa ārocetabbaṃ – 'anārambhaṃ saparikkamana'nti. Tena kuṭikārakena bhikkhunā saṅghaṃ upasaṅkamitvā ekaṃsaṃ uttarāsaṅgaṃ karitvā vuḍḍhānaṃ bhikkhūnaṃ pāde vanditvā ukkuṭikaṃ nisīditvā añjaliṃ paggahetvā evamassa vacanīyo – ''ahaṃ, bhante, saññācikāya kuṭiṃ kattukāmo assāmikaṃ attuddesaṃ. Sohaṃ, bhante, saṅghaṃ kuṭivatthudesanaṃ yācāmī''ti. Dutiyampi yācitabbā. Tatiyampi yācitabbā. Byattena bhikkhunā paṭibalena saṅgho ñāpetabbo –

352. ''Suṇātu me, bhante, saṅgho. Ayaṃ itthannāmo bhikkhu saññācikāya kuṭiṃ kattukāmo assāmikaṃ attuddesaṃ. So saṅghaṃ kuṭivatthudesanaṃ yācati. Yadi saṅghassa pattakallaṃ, saṅgho itthannāmassa bhikkhuno kuṭivatthuṃ deseyya. Esā ñatti.

''Suṇātu me, bhante, saṅgho. Ayaṃ itthannāmo bhikkhu saññācikāya kuṭiṃ kattukāmo assāmikaṃ attuddesaṃ. So saṅghaṃ kuṭivatthudesanaṃ yācati. Saṅgho itthannāmassa bhikkhuno kuṭivatthuṃ deseti. Yassāyasmato khamati itthannāmassa bhikkhuno kuṭivatthussa desanā, so tuṇhassa; yassa nakkhamati, so bhāseyya.

''Desitaṃ saṅghena itthannāmassa bhikkhuno kuṭivatthu. Khamati saṅghassa, tasmā tuṇhī, evametaṃ dhārayāmī''ti.

353.Sārambhaṃ nāma kipillikānaṃ vā āsayo hoti, upacikānaṃ vā āsayo hoti, undurānaṃ vā āsayo hoti, ahīnaṃ vā āsayo hoti, vicchikānaṃ vā āsayo hoti, satapadīnaṃ vā āsayo hoti, hatthīnaṃ vā āsayo hoti, assānaṃ vā āsayo hoti, sīhānaṃ vā āsayo hoti, byagghānaṃ vā āsayo hoti, dīpīnaṃ vā āsayo hoti, acchānaṃ vā āsayo hoti, taracchānaṃ vā āsayo hoti, yesaṃ kesañci tiracchānagatānaṃ pāṇānaṃ āsayo hoti, pubbaṇṇanissitaṃ vā hoti, aparaṇṇanissitaṃ vā hoti, abbhāghātanissitaṃ vā hoti, āghātananissitaṃ vā hoti, susānanissitaṃ vā hoti, uyyānanissitaṃ vā hoti, rājavatthunissitaṃ vā hoti, hatthisālānissitaṃ vā hoti, assasālānissitaṃ vā hoti, bandhanāgāranissitaṃ vā hoti, pānāgāranissitaṃ vā hoti, sūnanissitaṃ vā

hoti, racchānissitaṃ vā hoti, caccaranissitaṃ vā hoti, sabhānissitaṃ vā hoti, saṃsaraṇanissitaṃ vā [sañcaraṇanissitaṃ vā (ka.)] hoti. Etaṃ sārambhaṃ nāma.
Aparikkamanaṃ nāma na sakkā hoti yathāyuttena sakaṭena anuparigantuṃ samantā nisseṇiyā anuparigantuṃ. Etaṃ aparikkamanaṃ nāma.
Anārambhaṃ nāma na kipillikānaṃ vā āsayo hoti, na upacikānaṃ vā āsayo hoti, na undurānaṃ vā āsayo hoti, na ahīnaṃ vā āsayo hoti, na vicchikānaṃ vā āsayo hoti, na satapadīnaṃ vā āsayo hoti...pe... na saṃsaraṇanissitaṃ vā hoti. Etaṃ anārambhaṃ nāma.
Saparikkamanaṃ nāma sakkā hoti yathāyuttena sakaṭena anuparigantuṃ, samantā nisseṇiyā anuparigantuṃ. Etaṃ saparikkamanaṃ nāma.
Saññācikā nāma sayaṃ yācitvā purisampi purisatthakarampi...pe... mattikampi .
Kuṭi nāma ullittā vā hoti vā avalittā vā ullittāvalittā vā.
Kāreyyāti karoti vā kārāpeti vā.
Bhikkhū vā anabhineyya, vatthudesanāya pamāṇaṃ vā atikkāmeyyāti ñattidutiyena kammena kuṭivatthuṃ na desāpetvā, āyāmato vā vitthārato vā antamaso kesaggamattampi atikkāmetvā karoti vā kārāpeti vā, payoge payoge dukkaṭaṃ. Ekaṃ piṇḍaṃ anāgate āpatti thullaccayassa. Tasmiṃ piṇḍe āgate āpatti saṅghādisesassa.
Saṅghādisesoti...pe... tenapi vuccati saṅghādisesoti.
354. Bhikkhu kuṭiṃ karoti adesitavatthukaṃ sārambhaṃ aparikkamanaṃ, āpatti saṅghādisesena dvinnaṃ dukkaṭānaṃ. Bhikkhu kuṭiṃ karoti adesitavatthukaṃ sārambhaṃ saparikkamanaṃ, āpatti saṅghādisesena dukkaṭassa. Bhikkhu kuṭiṃ karoti adesitavatthukaṃ anārambhaṃ aparikkamanaṃ, āpatti saṅghādisesena dukkaṭassa. Bhikkhu kuṭiṃ karoti adesitavatthukaṃ anārambhaṃ saparikkamanaṃ, āpatti saṅghādisesassa.
355. Bhikkhu kuṭiṃ karoti desitavatthukaṃ sārambhaṃ aparikkamanaṃ, āpatti dvinnaṃ dukkaṭānaṃ. Bhikkhu kuṭiṃ karoti desitavatthukaṃ sārambhaṃ saparikkamanaṃ, āpatti dukkaṭassa. Bhikkhukuṭiṃ karoti desitavatthukaṃ anārambhaṃ aparikkamanaṃ, āpatti dukkaṭassa. Bhikkhu kuṭiṃ karoti desitavatthukaṃ anārambhaṃ saparikkamanaṃ, anāpatti.
Bhikkhu kuṭiṃ karoti pamāṇātikkantaṃ sārambhaṃ aparikkamanaṃ, āpatti saṅghādisesena dvinnaṃ dukkaṭānaṃ. Bhikkhu kuṭiṃ karoti pamāṇātikkantaṃ sārambhaṃ saparikkamanaṃ, āpatti saṅghādisesena dukkaṭassa. Bhikkhu kuṭiṃ karoti pamāṇātikkantaṃ anārambhaṃ aparikkamanaṃ, āpatti saṅghādisesena dukkaṭassa. Bhikkhu kuṭiṃ karoti pamāṇātikkantaṃ anārambhaṃ saparikkamanaṃ, āpatti saṅghādisesassa.
Bhikkhu kuṭiṃ karoti pamāṇikaṃ sārambhaṃ aparikkamanaṃ, āpatti dvinnaṃ dukkaṭānaṃ. Bhikkhu kuṭiṃ karoti pamāṇikaṃ sārambhaṃ saparikkamanaṃ, āpatti dukkaṭassa. Bhikkhu kuṭiṃ karoti pamāṇikaṃ anārambhaṃ aparikkamanaṃ, āpatti dukkaṭassa. Bhikkhu kuṭiṃ karoti pamāṇikaṃ anārambhaṃ saparikkamanaṃ, anāpatti.
Bhikkhu kuṭiṃ karoti adesitavatthukaṃ pamāṇātikkantaṃ sārambhaṃ aparikkamanaṃ, āpatti dvinnaṃ saṅghādisesena dvinnaṃ dukkaṭānaṃ. Bhikkhu kuṭiṃ karoti adesitavatthukaṃ pamāṇātikkantaṃ sārambhaṃ saparikkamanaṃ, āpatti dvinnaṃ saṅghādisesena dukkaṭassa. Bhikkhu kuṭiṃ karoti adesitavatthukaṃ pamāṇātikkantaṃ anārambhaṃ aparikkamanaṃ, āpatti dvinnaṃ saṅghādisesena dukkaṭassa. Bhikkhu kuṭiṃ karoti adesitavatthukaṃ pamāṇātikkantaṃ anārambhaṃ saparikkamanaṃ, āpatti dvinnaṃ saṅghādisesānaṃ.
Bhikkhu kuṭiṃ karoti desitavatthukaṃ pamāṇikaṃ sārambhaṃ aparikkamanaṃ, āpatti dvinnaṃ dukkaṭānaṃ. Bhikkhu kuṭiṃ karoti desitavatthukaṃ pamāṇikaṃ sārambhaṃ saparikkamanaṃ, āpatti dukkaṭassa. Bhikkhu kuṭiṃ karoti desitavatthukaṃ pamāṇikaṃ anārambhaṃ aparikkamanaṃ, āpatti dukkaṭassa. Bhikkhu kuṭiṃ karoti desitavatthukaṃ pamāṇikaṃ anārambhaṃ saparikkamanaṃ, anāpatti.
356. Bhikkhu samādisati – ''kuṭiṃ me karothā''ti. Tassa kuṭiṃ karonti adesitavatthukaṃ sārambhaṃ aparikkamanaṃ, āpatti saṅghādisesena dvinnaṃ dukkaṭānaṃ...pe... sārambhaṃ saparikkamanaṃ , āpatti saṅghādisesena dukkaṭassa...pe... anārambhaṃ aparikkamanaṃ, āpatti saṅghādisesena dukkaṭassa...pe... anārambhaṃ saparikkamanaṃ, āpatti saṅghādisesassa.
Bhikkhu samādisati – ''kuṭiṃ me karothā''ti. Tassa kuṭiṃ karonti desitavatthukaṃ sārambhaṃ aparikkamanaṃ, āpatti dvinnaṃ dukkaṭānaṃ...pe... sārambhaṃ saparikkamanaṃ, āpatti dukkaṭassa...pe... anārambhaṃ aparikkamanaṃ, āpatti dukkaṭassa...pe... anārambhaṃ saparikkamanaṃ, anāpatti.
Bhikkhu samādisati – ''kuṭiṃ me karothā''ti. Tassa kuṭiṃ karonti pamāṇātikkantaṃ sārambhaṃ aparikkamanaṃ, āpatti saṅghādisesena dvinnaṃ dukkaṭānaṃ...pe... sārambhaṃ saparikkamanaṃ, āpatti saṅghādisesena dukkaṭassa...pe... anārambhaṃ aparikkamanaṃ, āpatti saṅghādisesena dukkaṭassa...pe... anārambhaṃ saparikkamanaṃ, āpatti saṅghādisesassa.
Bhikkhu samādisati – ''kuṭiṃ me karothā''ti. Tassa kuṭiṃ karonti pamāṇikaṃ sārambhaṃ aparikkamanaṃ, āpatti dvinnaṃ dukkaṭānaṃ...pe... sārambhaṃ saparikkamanaṃ, āpatti

dukkaṭassa...pe... anārambhaṃ aparikkamanaṃ, āpatti dukkaṭassa...pe... anārambhaṃ saparikkamanaṃ, anāpatti.

Bhikkhu samādisati – "kuṭiṃ me karothā"ti. Tassa kuṭiṃ karonti adesitavatthukaṃ pamāṇātikkantaṃ sārambhaṃ aparikkamanaṃ, āpatti dvinnaṃ saṅghādisesena dvinnaṃ dukkaṭānaṃ...pe... sārambhaṃ saparikkamanaṃ, āpatti dvinnaṃ saṅghādisesena dukkaṭassa...pe... anārambhaṃ aparikkamanaṃ, āpatti dvinnaṃ saṅghādisesena dukkaṭassa...pe... anārambhaṃ saparikkamanaṃ, āpatti dvinnaṃ saṅghādisesānaṃ.

Bhikkhu samādisati – "kuṭiṃ me karothā"ti. Tassa kuṭiṃ karonti desitavatthukaṃ pamāṇikaṃ sārambhaṃ aparikkamanaṃ, āpatti dvinnaṃ dukkaṭānaṃ...pe... sārambhaṃ saparikkamanaṃ, āpatti dukkaṭassa...pe... anārambhaṃ aparikkamanaṃ, āpatti dukkaṭassa...pe... anārambhaṃ saparikkamanaṃ, anāpatti.

357. Bhikkhu samādisitvā pakkamati – "kuṭiṃ me karothā"ti. Na ca samādisati – "desitavatthukā ca hotu anārambhā ca saparikkamanā cā"ti. Tassa kuṭiṃ karonti adesitavatthukaṃ sārambhaṃ aparikkamanaṃ, āpatti saṅghādisesena dvinnaṃ dukkaṭānaṃ...pe... sārambhaṃ saparikkamanaṃ, āpatti saṅghādisesena dukkaṭassa...pe... anārambhaṃ aparikkamanaṃ, āpatti saṅghādisesena dukkaṭassa...pe... anārambhaṃ saparikkamanaṃ, āpatti saṅghādisesassa.

Bhikkhu samādisitvā pakkamati – "kuṭiṃ me karothā"ti. Na ca samādisati – "desitavatthukā ca hotu anārambhā ca saparikkamanā cā"ti. Tassa kuṭiṃ karonti desitavatthukaṃ sārambhaṃ aparikkamanaṃ, āpatti dvinnaṃ dukkaṭānaṃ...pe... sārambhaṃ saparikkamanaṃ, āpatti dukkaṭassa...pe... anārambhaṃ aparikkamanaṃ, āpatti dukkaṭassa...pe... anārambhaṃ saparikkamanaṃ, anāpatti.

Bhikkhu samādisitvā pakkamati – "kuṭiṃ me karothā"ti. Na ca samādisati – "pamāṇikā ca hotu anārambhā ca saparikkamanā cā"ti. Tassa kuṭiṃ karonti pamāṇātikkantaṃ sārambhaṃ aparikkamanaṃ, āpatti saṅghādisesena dvinnaṃ dukkaṭānaṃ...pe... sārambhaṃ saparikkamanaṃ, āpatti saṅghādisesena dukkaṭassa...pe... anārambhaṃ aparikkamanaṃ, āpatti saṅghādisesena dukkaṭassa...pe... anārambhaṃ saparikkamanaṃ, āpatti saṅghādisesassa.

Bhikkhu samādisitvā pakkamati – "kuṭiṃ me karothā"ti. Na ca samādisati – "pamāṇikā ca hotu anārambhā ca saparikkamanā cā"ti. Tassa kuṭiṃ karonti pamāṇikaṃ sārambhaṃ aparikkamanaṃ, āpatti dvinnaṃ dukkaṭānaṃ...pe... sārambhaṃ saparikkamanaṃ, āpatti dukkaṭassa...pe... anārambhaṃ aparikkamanaṃ, āpatti dukkaṭassa...pe... anārambhaṃ saparikkamanaṃ, anāpatti.

Bhikkhu samādisitvā pakkamati – "kuṭiṃ me karothā"ti. Na ca samādisati – "desitavatthukā ca hotu pamāṇikā ca anārambhā ca saparikkamanā cā"ti. Tassa kuṭiṃ karonti adesitavatthukaṃ pamāṇātikkantaṃ sārambhaṃ aparikkamanaṃ, āpatti dvinnaṃ saṅghādisesena dvinnaṃ dukkaṭānaṃ...pe... sārambhaṃ saparikkamanaṃ, āpatti dvinnaṃ saṅghādisesena dukkaṭassa...pe... anārambhaṃ aparikkamanaṃ, āpatti dvinnaṃ saṅghādisesena dukkaṭassa ...pe... anārambhaṃ saparikkamanaṃ, āpatti dvinnaṃ saṅghādisesānaṃ.

Bhikkhu samādisitvā pakkamati – "kuṭiṃ me karothā"ti. Na ca samādisati – "desitavatthukā ca hotu pamāṇikā ca anārambhā ca saparikkamanā cā"ti. Tassa kuṭiṃ karonti desitavatthukaṃ pamāṇikaṃ sārambhaṃ aparikkamanaṃ, āpatti dvinnaṃ dukkaṭānaṃ...pe... sārambhaṃ saparikkamanaṃ, āpatti dukkaṭassa...pe... anārambhaṃ aparikkamanaṃ, āpatti dukkaṭassa...pe... anārambhaṃ saparikkamanaṃ, anāpatti.

358. Bhikkhu samādisitvā pakkamati – "kuṭiṃ me karothā"ti. Samādisati ca – "desitavatthukā ca hotu anārambhā ca saparikkamanā cā"ti. Tassa kuṭiṃ karonti adesitavatthukaṃ sārambhaṃ aparikkamanaṃ. So suṇāti – "kuṭi kira me kayirati adesitavatthukā sārambhā aparikkamanā"ti. Tena bhikkhunā sāmaṃ vā gantabbaṃ dūto vā pāhetabbo – "desitavatthukā ca hotu anārambhā ca saparikkamanā cā"ti. No ce sāmaṃ vā gaccheyya dūtaṃ vā pahiṇeyya, āpatti dukkaṭassa.

Bhikkhu samādisitvā pakkamati – "kuṭiṃ me karothā"ti. Samādisati ca – "desitavatthukā ca hotu anārambhā ca saparikkamanā cā"ti. Tassa kuṭiṃ karonti adesitavatthukaṃ sārambhaṃ saparikkamanaṃ. So suṇāti – "kuṭi kira me kayirati adesitavatthukā sārambhā saparikkamanā"ti. Tena bhikkhunā sāmaṃ vā gantabbaṃ dūto vā pāhetabbo – "desitavatthukā ca hotu anārambhā cā"ti. No ce sāmaṃ vā gaccheyya dūtaṃ vā pahiṇeyya, āpatti dukkaṭassa.

Bhikkhu samādisitvā pakkamati – "kuṭiṃ me karothā"ti. Samādisati ca – "desitavatthukā ca hotu anārambhā ca saparikkamanā cā"ti. Tassa kuṭiṃ karonti adesitavatthukaṃ anārambhaṃ aparikkamanaṃ. So suṇāti – "kuṭi kira me kayirati adesitavatthukā anārambhā aparikkamanā"ti. Tena bhikkhunā sāmaṃ vā gantabbaṃ dūto vā pāhetabbo – "desitavatthukā ca hotu saparikkamanā cā"ti. No ce sāmaṃ vā gaccheyya dūtaṃ vā pahiṇeyya, āpatti dukkaṭassa.

Bhikkhu samādisitvā pakkamati – "kuṭiṃ me karothā"ti. Samādisati ca – "desitavatthukā ca hotu anārambhā ca saparikkamanā cā"ti. Tassa kuṭiṃ karonti adesitavatthukaṃ anārambhaṃ saparikkamanaṃ. So suṇāti – "kuṭi kira me kayirati adesitavatthukā anārambhā saparikkamanā"ti. Tena bhikkhunā sāmaṃ vā gantabbaṃ dūto vā pāhetabbo – "desitavatthukā hotū"ti. No ce sāmaṃ vā gaccheyya dūtaṃ vā pahiṇeyya, āpatti dukkaṭassa.

Bhikkhu samādisitvā pakkamati – ''kuṭiṃ me karothā''ti. Samādisati ca – ''desitavatthukā ca hotu anārambhā ca saparikkamanā cā''ti. Tassa kuṭiṃ karonti desitavatthukaṃ sārambhaṃ aparikkamanaṃ. So suṇāti – ''kuṭi kira me kayirati desitavatthukā sārambhā aparikkamanā''ti. Tena bhikkhunā sāmaṃ vā gantabbaṃ dūto vā pāhetabbo – ''anārambhā ca hotu saparikkamanā cā''ti. No ce sāmaṃ vā gaccheyya dūtaṃ vā pahiṇeyya, āpatti dukkaṭassa.

Bhikkhu samādisitvā pakkamati – ''kuṭiṃ me karothā''ti. Samādisati ca – ''desitavatthukā ca hotu anārambhā ca saparikkamanā cā''ti. Tassa kuṭiṃ karonti desitavatthukaṃ sārambhaṃ saparikkamanaṃ. So suṇāti – ''kuṭi kira me kayirati desitavatthukā sārambhā saparikkamanā''ti. Tena bhikkhunā sāmaṃ vā gantabbaṃ dūto vā pāhetabbo – ''anārambhā hotū''ti. No ce sāmaṃ vā gaccheyya dūtaṃ vā pahiṇeyya, āpatti dukkaṭassa.

Bhikkhu samādisitvā pakkamati – ''kuṭiṃ me karothā''ti. Samādisati ca – ''desitavatthukā ca hotu anārambhā ca saparikkamanā cā''ti. Tassa kuṭiṃ karonti desitavatthukaṃ anārambhaṃ aparikkamanaṃ. So suṇāti – ''kuṭi kira me kayirati desitavatthukā anārambhā aparikkamanā''ti. Tena bhikkhunā sāmaṃ vā gantabbaṃ dūto vā pāhetabbo – ''saparikkamanā hotū''ti. No ce sāmaṃ vā gaccheyya dūtaṃ vā pahiṇeyya, āpatti dukkaṭassa.

Bhikkhu samādisitvā pakkamati – ''kuṭiṃ me karothā''ti. Samādisati ca – ''desitavatthukā ca hotu anārambhā ca saparikkamanā cā''ti. Tassa kuṭiṃ karonti desitavatthukaṃ anārambhaṃ saparikkamanaṃ, anāpatti.

359. Bhikkhu samādisitvā pakkamati – ''kuṭiṃ me karothā''ti. Samādisati ca– ''pamāṇikā ca hotu anārambhā ca saparikkamanā cā''ti. Tassa kuṭiṃ karonti pamāṇātikkantaṃ sārambhaṃ aparikkamanaṃ. So suṇāti – ''kuṭi kira me kayirati pamāṇātikkantā sārambhā aparikkamanā''ti. Tena bhikkhunā sāmaṃ vā gantabbaṃ dūto vā pāhetabbo – ''pamāṇikā ca hotu anārambhā ca saparikkamanā cā''ti...pe... ''pamāṇikā ca hotu anārambhā cā''ti...pe... ''pamāṇikā ca hotu saparikkamanā cā''ti...pe... ''pamāṇikā hotū''ti. No ce sāmaṃ vā gaccheyya dūtaṃ vā pahiṇeyya, āpatti dukkaṭassa.

Bhikkhu samādisitvā pakkamati – ''kuṭiṃ me karothā''ti. Samādisati ca – ''pamāṇikā ca hotu anārambhā ca saparikkamanā cā''ti. Tassa kuṭiṃ karonti pamāṇikaṃ sārambhaṃ aparikkamanaṃ. So suṇāti – ''kuṭi kira me kayirati pamāṇikā sārambhā aparikkamanā''ti. Tena bhikkhunā sāmaṃ vā gantabbaṃ dūto vā pāhetabbo – ''anārambhā ca hotu saparikkamanā cā''ti...pe... ''anārambhā hotū''ti...pe... ''saparikkamanā hotū''ti...pe... anāpatti.

360. Bhikkhu samādisitvā pakkamati – ''kuṭiṃ me karothā''ti. Samādisati ca – ''desitavatthukā ca hotu pamāṇikā ca anārambhā ca saparikkamanā cā''ti. Tassa kuṭiṃ karonti adesitavatthukaṃ pamāṇātikkantaṃ sārambhaṃ aparikkamanaṃ. So suṇāti – ''kuṭi kira me kayirati adesitavatthukā pamāṇātikkantā sārambhā aparikkamanā''ti. Tena bhikkhunā sāmaṃ vā gantabbaṃ dūto vā pāhetabbo – ''desitavatthukā ca hotu pamāṇikā ca anārambhā ca saparikkamanā cā''ti...pe... ''desitavatthukā ca hotu pamāṇikā ca anārambhā cā''ti...pe... ''desitavatthukā ca hotu pamāṇikā ca saparikkamanā cā''ti...pe... ''desitavatthukā ca hotu pamāṇikā cā''ti. No ce sāmaṃ vā gaccheyya dūtaṃ vā pahiṇeyya, āpatti dukkaṭassa.

Bhikkhu samādisitvā pakkamati – ''kuṭiṃ me karothā''ti. Samādisati ca – ''desitavatthukā ca hotu pamāṇikā ca anārambhā ca saparikkamanā cā''ti. Tassa kuṭiṃ karonti desitavatthukaṃ pamāṇikaṃ sārambhaṃ aparikkamanaṃ. So suṇāti – ''kuṭi kira me kayirati desitavatthukā pamāṇikā sārambhā aparikkamanā''ti. Tena bhikkhunā sāmaṃ vā gantabbaṃ dūto vā pāhetabbo – ''anārambhā ca hotu saparikkamanā cā''ti...pe... ''anārambhā hotū''ti...pe... ''saparikkamanā hotū''ti...pe... anāpatti.

Bhikkhu samādisitvā pakkamati – ''kuṭiṃ me karothā''ti. Samādisati ca – ''desitavatthukā ca hotu anārambhā ca saparikkamanā cā''ti. Tassa kuṭiṃ karonti adesitavatthukaṃ sārambhaṃ aparikkamanaṃ, āpatti kārukānaṃ tiṇṇaṃ dukkaṭānaṃ...pe... sārambhaṃ saparikkamanaṃ, āpatti kārukānaṃ dvinnaṃ dukkaṭānaṃ...pe... anārambhaṃ aparikkamanaṃ, āpatti kārukānaṃ dvinnaṃ dukkaṭānaṃ...pe... anārambhaṃ saparikkamanaṃ, āpatti kārukānaṃ dukkaṭassa.

Bhikkhu samādisitvā pakkamati – ''kuṭiṃ me karothā''ti. Samādisati ca – ''desitavatthukā ca hotu anārambhā ca saparikkamanā cā''ti. Tassa kuṭiṃ karonti desitavatthukaṃ sārambhaṃ aparikkamanaṃ, āpatti kārukānaṃ dvinnaṃ dukkāṭanaṃ...pe... sārambhaṃ saparikkamanaṃ, āpatti kārukānaṃ dukkaṭassa...pe... anārambhaṃ aparikkamanaṃ, āpatti kārukānaṃ dukkaṭassa...pe... anārambhaṃ saparikkamanaṃ, anāpatti.

Bhikkhu samādisitvā pakkamati – ''kuṭiṃ me karothā''ti. Samādisati ca – ''pamāṇikā ca hotu anārambhā ca saparikkamanā cā''ti. Tassa kuṭiṃ karonti pamāṇātikkantaṃ sārambhaṃ aparikkamanaṃ, āpatti kārukānaṃ tiṇṇaṃ dukkaṭānaṃ...pe... sārambhaṃ saparikkamanaṃ, āpatti kārukānaṃ dvinnaṃ dukkaṭānaṃ...pe... anārambhaṃ aparikkamanaṃ, āpatti kārukānaṃ dvinnaṃ dukkaṭānaṃ...pe... anārambhaṃ saparikkamanaṃ āpatti kārukānaṃ dukkaṭassa.

Bhikkhu samādisitvā pakkamati – ''kuṭiṃ me karothā''ti. Samādisati ca – ''pamāṇikā ca hotu anārambhā ca saparikkamanā cā''ti. Tassa kuṭiṃ karonti pamāṇikaṃ sārambhaṃ aparikkamanaṃ, āpatti kārukānaṃ dvinnaṃ dukkaṭānaṃ...pe... sārambhaṃ saparikkamanaṃ, āpatti kārukānaṃ dukkaṭassa...pe...

anārambhaṃ aparikkamanaṃ, āpatti kārukānaṃ dukkaṭassa...pe... anārambhaṃ saparikkamanaṃ, anāpatti.
Bhikkhu samādisitvā pakkamati – ''kuṭiṃ me karothā''ti. Samādisati ca – ''desitavatthukā ca hotu pamāṇikā ca anārambhā ca saparikkamanā cā''ti. Tassa kuṭiṃ karonti adesitavatthukaṃ pamāṇātikkantaṃ sārambhaṃ aparikkamanaṃ, āpatti kārukānaṃ catunnaṃ dukkaṭānaṃ...pe... sārambhaṃ saparikkamanaṃ, āpatti kārukānaṃ tiṇṇaṃ dukkaṭānaṃ...pe... anārambhaṃ aparikkamanaṃ, āpatti kārukānaṃ tiṇṇaṃ dukkaṭānaṃ...pe... anārambhaṃ saparikkamanaṃ, āpatti kārukānaṃ dvinnaṃ dukkaṭānaṃ.
Bhikkhu samādisitvā pakkamati – ''kuṭiṃ me karothā''ti. Samādisati ca – ''desitavatthukā ca hotu pamāṇikā ca anārambhā ca saparikkamanā cā''ti. Tassa kuṭiṃ karonti desitavatthukaṃ pamāṇikaṃ sārambhaṃ aparikkamanaṃ, āpatti kārukānaṃ dvinnaṃ dukkaṭānaṃ...pe... sārambhaṃ saparikkamanaṃ, āpatti kārukānaṃ dukkaṭassa...pe... anārambhaṃ aparikkamanaṃ, āpatti kārukānaṃ dukkaṭassa...pe... anārambhaṃ saparikkamanaṃ, anāpatti.
361. Bhikkhu samādisitvā pakkamati – ''kuṭiṃ me karothā''ti. Tassa kuṭiṃ karonti adesitavatthukaṃ sārambhaṃ aparikkamanaṃ. So ce vippakate āgacchati, tena bhikkhunā sā kuṭi aññassa vā dātabbā bhinditvā vā puna kātabbā. No ce aññassa vā dadeyya bhinditvā vā puna kāreyya, āpatti saṅghādisesena dvinnaṃ dukkaṭānaṃ.
Bhikkhu samādisitvā pakkamati – ''kuṭiṃ me karothā''ti. Tassa kuṭiṃ karonti adesitavatthukaṃ sārambhaṃ saparikkamanaṃ. So ce vippakate āgacchati, tena bhikkhunā sā kuṭi aññassa vā dātabbā bhinditvā vā puna kātabbā. No ce aññassa vā dadeyya bhinditvā vā puna kāreyya, āpatti saṅghādisesena dukkaṭassa...pe... anārambhaṃ aparikkamanaṃ...pe... āpatti saṅghādisesena dukkaṭassa...pe... anārambhaṃ saparikkamanaṃ...pe... āpatti saṅghādisesassa.
Bhikkhu samādisitvā pakkamati – ''kuṭiṃ me karothā''ti. Tassa kuṭiṃ karonti desitavatthukaṃ sārambhaṃ aparikkamanaṃ. So ce vippakate āgacchati, tena bhikkhunā sā kuṭi aññassa vā dātabbā bhinditvā vā puna kātabbā. No ce aññassa vā dadeyya bhinditvā vā puna kāreyya, āpatti dvinnaṃ dukkaṭānaṃ...pe... sārambhaṃ saparikkamanaṃ, āpatti dukkaṭassa...pe... anārambhaṃ aparikkamanaṃ, āpatti dukkaṭassa...pe... anārambhaṃ saparikkamanaṃ, anāpatti.
362. Bhikkhu samādisitvā pakkamati – ''kuṭiṃ me karothā''ti. Tassa kuṭiṃ karonti pamāṇātikkantaṃ sārambhaṃ aparikkamanaṃ. So ce vippakate āgacchati, tena bhikkhunā sā kuṭi aññassa vā dātabbā bhinditvā vā puna kātabbā. No ce aññassa vā dadeyya bhinditvā vā puna kāreyya, āpatti saṅghādisesena dvinnaṃ dukkaṭānaṃ...pe... sārambhaṃ saparikkamanaṃ, āpatti saṅghādisesena dukkaṭassa...pe... anārambhaṃ aparikkamanaṃ, āpatti saṅghādisesena dukkaṭassa...pe... anārambhaṃ saparikkamanaṃ, āpatti saṅghādisesassa.
Bhikkhu samādisitvā pakkamati – ''kuṭiṃ me karothā''ti. Tassa kuṭiṃ karonti pamāṇikaṃ sārambhaṃ aparikkamanaṃ. So ce vippakate āgacchati, tena bhikkhunā sā kuṭi aññassa vā dātabbā bhinditvā vā puna kātabbā. No ce aññassa vā dadeyya bhinditvā vā puna kāreyya, āpatti dvinnaṃ dukkaṭānaṃ...pe... sārambhaṃ saparikkamanaṃ, āpatti dukkaṭassa...pe... anārambhaṃ aparikkamanaṃ, āpatti dukkaṭassa...pe... anārambhaṃ saparikkamanaṃ, anāpatti.
Bhikkhu samādisitvā pakkamati – ''kuṭiṃ me karothā''ti. Tassa kuṭiṃ karonti adesitavatthukaṃ pamāṇātikkantaṃ sārambhaṃ aparikkamanaṃ. So ce vippakate āgacchati, tena bhikkhunā sā kuṭi aññassa vā dātabbā bhinditvā vā puna kātabbā. No ce aññassa vā dadeyya bhinditvā vā puna kāreyya, āpatti dvinnaṃ saṅghādisesena dvinnaṃ dukkaṭānaṃ...pe... sārambhaṃ saparikkamanaṃ, āpatti dvinnaṃ saṅghādisesena dukkaṭassa...pe... anārambhaṃ aparikkamanaṃ, āpatti dvinnaṃ saṅghādisesena dukkaṭassa...pe... anārambhaṃ saparikkamanaṃ, āpatti dvinnaṃ saṅghādisesānaṃ.
Bhikkhu samādisitvā pakkamati – ''kuṭiṃ me karothā''ti. Tassa kuṭiṃ karonti desitavatthukaṃ pamāṇikaṃ sārambhaṃ aparikkamanaṃ. So ce vippakate āgacchati, tena bhikkhunā sā kuṭi aññassa vā dātabbā bhinditvā vā puna kātabbā. No ce aññassa vā dadeyya bhinditvā vā puna kāreyya, āpatti dvinnaṃ dukkāṭānaṃ...pe... sārambhaṃ saparikkamanaṃ, āpatti dukkaṭassa...pe... anārambhaṃ aparikkamanaṃ, āpatti dukkaṭassa.
Bhikkhu samādisitvā pakkamati – ''kuṭiṃ me karothā''ti. Tassa kuṭiṃ karonti desitavatthukaṃ pamāṇikaṃ anārambhaṃ saparikkamanaṃ, anāpatti.
363. Attanā vippakataṃ attanā pariyosāpeti, āpatti saṅghādisesassa.
Attanā vippakataṃ parehi pariyosāpeti [pariyosāvāpeti (ka.)], āpatti saṅghādisesassa.
Parehi vippakataṃ attanā pariyosāpeti, āpatti saṅghādisesassa.
Parehi vippakataṃ parehi pariyosāpeti [pariyosāvāpeti (ka.)], āpatti saṅghādisesassa.
364. Anāpatti leṇe guhāya tiṇakuṭikāya aññassatthāya vāsāgāraṃ ṭhapetvā sabbattha, anāpatti ummattakassa ādikammikassāti.
Kuṭikārasikkhāpadaṃ niṭṭhitaṃ chaṭṭhaṃ.
7. Vihārakārasikkhāpadaṃ

365. Tena samayena buddho Bhagavā kosambiyaṃ viharati ghositārāme. Tena kho pana samayena āyasmato channassa upaṭṭhāko gahapati āyasmantaṃ channaṃ etadavoca – ''vihāravatthuṃ, bhante, jānāhi ayyassa vihāraṃ kārāpessāmī''ti. Atha kho āyasmā channo vihāravatthuṃ sodhento aññataraṃ cetiyarukkhaṃ chedāpesi gāmapūjitaṃ nigamapūjitaṃ nagarapūjitaṃ janapadapūjitaṃ raṭṭhapūjitaṃ. Manussā ujjhāyanti khiyyanti vipācenti – ''kathañhi nāma samaṇā sakyaputtiyā cetiyarukkhaṃ chedāpessanti gāmapūjitaṃ nigamapūjitaṃ nagarapūjitaṃ janapadapūjitaṃ raṭṭhapūjitaṃ! Ekindriyaṃ samaṇā sakyaputtiyā jīvaṃ viheṭhentī'' [viheṭhessanti (katthaci)] ti. Assosuṃ kho bhikkhū tesaṃ manussānaṃ ujjhāyantānaṃ khiyyantānaṃ vipācentānaṃ. Ye te bhikkhū appicchā...pe... te ujjhāyanti khiyyanti vipācenti – ''kathañhi nāma āyasmā channo cetiyarukkhaṃ chedāpessati gāmapūjitaṃ...pe... raṭṭhapūjita''nti! Atha kho te bhikkhū āyasmantaṃ channaṃ anekapariyāyena vigarahitvā bhagavato etamatthaṃ ārocesuṃ...pe... ''saccaṃ kira tvaṃ, channa, cetiyarukkhaṃ chedāpesi gāmapūjitaṃ...pe... raṭṭhapūjita''nti? ''Saccaṃ, Bhagavā''ti. Vigarahi buddho Bhagavā...pe... ''kathañhi nāma tvaṃ, moghapurisa, cetiyarukkhaṃ chedāpessasi gāmapūjitaṃ nigamapūjitaṃ nagarapūjitaṃ janapadapūjitaṃ raṭṭhapūjitaṃ! Jīvasaññino hi, moghapurisa, manussā rukkhasmiṃ. Netaṃ, moghapurisa, appasannānaṃ vā pasādāya...pe... evañca pana, bhikkhave, imaṃ sikkhāpadaṃ uddiseyyātha –

366.''Mahallakaṃ pana bhikkhunā vihāraṃ kārayamānena sassāmikaṃ attuddesaṃ bhikkhū abhinetabbā vatthudesanāya. Tehi bhikkhūhi vatthu desetabbaṃ anārambhaṃ saparikkamanaṃ. Sārambhe ce bhikkhu vatthusmiṃ aparikkamane mahallakaṃ vihāraṃ kāreyya bhikkhū vā anabhineyya vatthudesanāya, saṅghādiseso''ti.

367.Mahallako nāma vihāro sassāmiko vuccati.

Vihāro nāma ullitto vā hoti avalitto vā ullittāvalitto vā.

Kārayamānenāti karonto vā kārāpento vā.

Sassāmikanti añño koci sāmiko hoti itthī vā puriso vā gahaṭṭho vā pabbajito vā.

Attuddesanti attano atthāya.

Bhikkhū abhinetabbā vatthudesanāyāti tena vihārakārakena bhikkhunā vihāravatthuṃ sodhetvā saṅghaṃ upasaṅkamitvā ekaṃsaṃ uttarāsaṅgaṃ karitvā vuḍḍhānaṃ bhikkhūnaṃ pāde vanditvā ukkuṭikaṃ nisīditvā añjaliṃ paggahetvā evamassa vacanīyo – ''ahaṃ, bhante, mahallakaṃ vihāraṃ kattukāmo sassāmikaṃ attuddesaṃ. Sohaṃ, bhante, saṅghaṃ vihāravatthuolokanaṃ yācāmī''ti. Dutiyampi yācitabbā. Tatiyampi yācitabbā. Sace sabbo saṅgho ussahati vihāravatthuṃ oloketuṃ sabbena saṅghena oloketabbaṃ. No ce sabbo saṅgho ussahati vihāravatthuṃ oloketuṃ, ye tattha honti bhikkhū byattā paṭibalā sārambhaṃ anārambhaṃ saparikkamanaṃ aparikkamanaṃ jānituṃ te yācitvā sammannitabbā. Evañca pana, bhikkhave, sammannitabbā. Byattena bhikkhunā paṭibalena saṅgho ñāpetabbo –

368. ''Suṇātu me, bhante, saṅgho. Ayaṃ itthannāmo bhikkhu mahallakaṃ vihāraṃ kattukāmo sassāmikaṃ attuddesaṃ. So saṅghaṃ vihāravatthuolokanaṃ yācati. Yadi saṅghassa pattakallaṃ, saṅgho itthannāmañca itthannāmañca bhikkhu sammanneyya itthannāmassa bhikkhuno vihāravatthuṃ oloketuṃ. Esā ñatti.

''Suṇātu me, bhante, saṅgho. Ayaṃ itthannāmo bhikkhu mahallakaṃ vihāraṃ kattukāmo sassāmikaṃ attuddesaṃ. So saṅghaṃ vihāravatthuolokanaṃ yācati. Saṅgho itthannāmañca itthannāmañca bhikkhū sammannati itthannāmassa bhikkhuno vihāravatthuṃ oloketuṃ. Yassāyasmato khamati itthannāmassa ca itthannāmassa ca bhikkhūnaṃ sammuti itthannāmassa bhikkhuno vihāravatthuṃ oloketuṃ, so tuṇhassa; yassa nakkhamati, so bhāseyya.

''Sammatā saṅghena itthannāmo ca itthannāmo ca bhikkhū itthannāmassa bhikkhuno vihāravatthuṃ oloketuṃ. Khamati saṅghassa, tasmā tuṇhī, evametaṃ dhārayāmī''ti.

369. Tehi sammatehi bhikkhūhi tattha gantvā vihāravatthu oloketabbaṃ; sārambhaṃ anārambhaṃ saparikkamanaṃ aparikkamanaṃ jānitabbaṃ. Sace sārambhaṃ hoti aparikkamanaṃ, 'māyidha karī'ti vattabbo. Sace anārambhaṃ hoti saparikkamanaṃ, saṅghassa ārocetabbaṃ – 'anārambhaṃ saparikkamana'nti . Tena vihārakārakena bhikkhunā saṅghaṃ upasaṅkamitvā ekaṃsaṃ uttarāsaṅgaṃ karitvā vuḍḍhānaṃ bhikkhūnaṃ pāde vanditvā ukkuṭikaṃ nisīditvā añjaliṃ paggahetvā evamassa vacanīyo – ''ahaṃ, bhante, mahallakaṃ vihāraṃ kattukāmo sassāmikaṃ attuddesaṃ . Sohaṃ, bhante, saṅghaṃ vihāravatthudesanaṃ yācāmī''ti. Dutiyampi yācitabbā. Tatiyampi yācitabbā. Byattena bhikkhunā paṭibalena saṅgho ñāpetabbo –

370. ''Suṇātu me, bhante, saṅgho. Ayaṃ itthannāmo bhikkhu mahallakaṃ vihāraṃ kattukāmo sassāmikaṃ attuddesaṃ. So saṅghaṃ vihāravatthudesanaṃ yācati. Yadi saṅghassa pattakallaṃ, saṅgho itthannāmassa bhikkhuno vihāravatthuṃ deseyya. Esā ñatti.

''Suṇātu me, bhante, saṅgho. Ayaṃ itthannāmo bhikkhu mahallakaṃ vihāraṃ kattukāmo sassāmikaṃ attuddesaṃ. So saṅghaṃ vihāravatthudesanaṃ yācati. Saṅgho itthannāmassa bhikkhuno vihāravatthuṃ deseti. Yassāyasmato khamati itthannāmassa bhikkhuno vihāravatthussa desanā, so tuṇhassa; yassa nakkhamati, so bhāseyya.

"Desitaṃ saṅghena itthannāmassa bhikkhuno vihāravatthuṃ. Khamati saṅghassa, tasmā tuṇhī, evametaṃ dhārayāmī"ti.

371.Sārambhaṃ nāma kipillikānaṃ vā āsayo hoti, upacikānaṃ vā āsayo hoti, undūrānaṃ vā...pe... ahīnaṃ vā vicchikānaṃ vā satapadīnaṃ vā hatthīnaṃ vā assānaṃ vā sīhānaṃ vā byagghānaṃ vā dīpīnaṃ vā acchānaṃ vā taracchānaṃ vā āsayo hoti, yesaṃ kesañci tiracchānagatānaṃ pāṇānaṃ āsayo hoti, pubbaṇṇanissitaṃ vā hoti, aparaṇṇanissitaṃ vā hoti, abbhāghātanissitaṃ vā hoti, āghātananissitaṃ vā hoti, susānanissitaṃ vā hoti, uyyānanissitaṃ vā hoti, rājavatthunissitaṃ vā hoti, hatthisālānissitaṃ vā hoti, assasālānissitaṃ vā hoti, bandhanāgāranissitaṃ vā hoti, pānāgāranissitaṃ vā hoti, sūnanissitaṃ vā hoti, racchānissitaṃ vā hoti, caccaranissitaṃ vā hoti, sabhānissitaṃ vā hoti, saṃsaraṇanissitaṃ vā hoti. Etaṃ sārambhaṃ nāma.

Aparikkamanaṃ nāma na sakkā hoti yathāyuttena sakaṭena anuparigantuṃ, samantā nisseṇiyā anuparigantuṃ. Etaṃ aparikkamanaṃ nāma.

Anārambhaṃ nāma na kipillikānaṃ vā āsayo hoti...pe... na saṃsaraṇanissitaṃ vā hoti. Etaṃ anārambhaṃ nāma.

Saparikkamanaṃ nāma sakkā hoti yathāyuttena sakaṭena anuparigantuṃ, samantā nisseṇiyā anuparigantuṃ. Etaṃ saparikkamanaṃ nāma.

Mahallako nāma vihāro sassāmiko vuccati.

Vihāro nāma ullitto vā hoti avalitto vā ullittāvalitto vā.

Kāreyyāti karoti vā kārāpeti vā.

Bhikkhū vā anabhineyya vatthudesanāyāti ñattidutiyena kammena vihāravatthuṃ na desāpetvā karoti vā kārāpeti vā, payoge dukkaṭaṃ. Ekaṃ piṇḍaṃ anāgate, āpatti thullaccayassa. Tasmiṃ piṇḍe āgate, āpatti saṅghādisesassa.

Saṅghādisesoti...pe... tenapi vuccati – 'saṅghādiseso'ti.

372. Bhikkhu vihāraṃ karoti adesitavatthukaṃ sārambhaṃ aparikkamanaṃ, āpatti saṅghādisesena dvinnaṃ dukkaṭānaṃ. Bhikkhu vihāraṃ karoti adesitavatthukaṃ sārambhaṃ saparikkamanaṃ, āpatti saṅghādisesena dukkaṭassa. Bhikkhu vihāraṃ karoti adesitavatthukaṃ anārambhaṃ aparikkamanaṃ, āpatti saṅghādisesena dukkaṭassa. Bhikkhu vihāraṃ karoti adesitavatthukaṃ anārambhaṃ saparikkamanaṃ, āpatti saṅghādisesassa.

Bhikkhu vihāraṃ karoti desitavatthukaṃ sārambhaṃ aparikkamanaṃ, āpatti dvinnaṃ dukkaṭānaṃ. Bhikkhu vihāraṃ karoti desitavatthukaṃ sārambhaṃ saparikkamanaṃ, āpatti dukkaṭassa. Bhikkhu vihāraṃ karoti desitavatthukaṃ anārambhaṃ aparikkamanaṃ, āpatti dukkaṭassa. Bhikkhu vihāraṃ karoti desitavatthukaṃ anārambhaṃ saparikkamanaṃ, anāpatti.

373. Bhikkhu samādisati – "vihāraṃ me karothā"ti. Tassa vihāraṃ karonti adesitavatthukaṃ sārambhaṃ aparikkamanaṃ, āpatti saṅghādisesena dvinnaṃ dukkaṭānaṃ...pe... sārambhaṃ saparikkamanaṃ, āpatti saṅghādisesena dukkaṭassa...pe... anārambhaṃ aparikkamanaṃ, āpatti saṅghādisesena dukkaṭassa...pe... anārambhaṃ saparikkamanaṃ, āpatti saṅghādisesassa.

Bhikkhu samādisati – "vihāraṃ me karothā"ti. Tassa vihāraṃ karonti desitavatthukaṃ sārambhaṃ aparikkamanaṃ, āpatti dvinnaṃ dukkaṭānaṃ...pe... sārambhaṃ saparikkamanaṃ, āpatti dukkaṭassa...pe... anārambhaṃ aparikkamanaṃ, āpatti dukkaṭassa...pe... anārambhaṃ saparikkamanaṃ, anāpatti.

374. Bhikkhu samādisitvā pakkamati – "vihāraṃ me karothā"ti. Na ca samādisati – "desitavatthuko ca hotu anārambho ca saparikkamano cā"ti. Tassa vihāraṃ karonti adesitavatthukaṃ sārambhaṃ aparikkamanaṃ, āpatti saṅghādisesena dvinnaṃ dukkaṭānaṃ...pe... sārambhaṃ saparikkamanaṃ, āpatti saṅghādisesena dukkaṭassa...pe... anārambhaṃ aparikkamanaṃ, āpatti saṅghādisesena dukkaṭassa...pe... anārambhaṃ saparikkamanaṃ, āpatti saṅghādisesassa.

Bhikkhu samādisitvā pakkamati – "vihāraṃ me karothā"ti. Na ca samādisati – "desitavatthuko ca hotu anārambho ca saparikkamano cā"ti. Tassa vihāraṃ karonti desitavatthukaṃ sārambhaṃ aparikkamanaṃ, āpatti dvinnaṃ dukkaṭānaṃ...pe... sārambhaṃ saparikkamanaṃ, āpatti dukkaṭassa...pe... anārambhaṃ aparikkamanaṃ, āpatti dukkaṭassa...pe... anārambhaṃ saparikkamanaṃ, anāpatti.

375. Bhikkhu samādisitvā pakkamati – "vihāraṃ me karothā"ti. Samādisati ca – "desitavatthuko ca hotu anārambho ca saparikkamano cā"ti. Tassa vihāraṃ karonti adesitavatthukaṃ sārambhaṃ aparikkamanaṃ. So suṇāti – "vihāro kira me kayirati adesitavatthuko sārambho aparikkamano"ti. Tena bhikkhunā sāmaṃ vā gantabbaṃ dūto vā pāhetabbo – "desitavatthuko ca hotu anārambho ca saparikkamano cā"ti ...pe... "desitavatthuko ca hotu anārambho cā"ti...pe... "desitavatthuko ca hotu saparikkamano cā"ti ...pe... "desitavatthuko hotū"ti. No ce sāmaṃ vā gaccheyya dūtaṃ vā pahiṇeyya, āpatti dukkaṭassa.

Bhikkhu samādisitvā pakkamati – "vihāraṃ me karothā"ti. Samādisati ca – "desitavatthuko ca hotu anārambho ca saparikkamano cā"ti. Tassa vihāraṃ karonti desitavatthukaṃ sārambhaṃ aparikkamanaṃ. So suṇāti – "vihāro kira me kayirati desitavatthuko sārambho aparikkamano"ti. Tena bhikkhunā sāmaṃ vā gantabbaṃ dūto vā pāhetabbo – ''anārambho ca hotu saparikkamano cā''ti...pe... ''anārambho hotū''ti ''saparikkamano hotū''ti, anāpatti.

376. Bhikkhu samādisitvā pakkamati – ''vihāraṃ me karothā''ti. Samādisati ca – ''desitavatthuko ca hotu anārambho ca saparikkamano cā''ti. Tassa vihāraṃ karonti adesitavatthukaṃ sārambhaṃ aparikkamanaṃ, āpatti kārukānaṃ tiṇṇaṃ dukkaṭānaṃ...pe... sārambhaṃ saparikkamanaṃ, āpatti kārukānaṃ dvinnaṃ dukkaṭānaṃ...pe... anārambhaṃ aparikkamanaṃ, āpatti kārukānaṃ dvinnaṃ dukkaṭānaṃ...pe... anārambhaṃ saparikkamanaṃ, āpatti kārukānaṃ dukkaṭassa.

Bhikkhu samādisitvā pakkamati – ''vihāraṃ me karothā''ti. Samādisati ca – ''desitavatthuko ca hotu anārambho ca saparikkamano cā''ti. Tassa vihāraṃ karonti desitavatthukaṃ sārambhaṃ aparikkamanaṃ , āpatti kārukānaṃ dvinnaṃ dukkaṭānaṃ...pe... sārambhaṃ saparikkamanaṃ, āpatti kārukānaṃ dukkaṭassa...pe... anārambhaṃ aparikkamanaṃ, āpatti kārukānaṃ dukkaṭassa...pe... anārambhaṃ saparikkamanaṃ, anāpatti.

377. Bhikkhu samādisitvā pakkamati – ''vihāraṃ me karothā''ti. Tassa vihāraṃ karonti adesitavatthukaṃ sārambhaṃ aparikkamanaṃ. So ce vippakate āgacchati, tena bhikkhunā so vihāro aññassa vā dātabbo bhinditvā vā puna kātabbo. No ce aññassa vā dadeyya bhinditvā vā puna kāreyya, āpatti saṅghādisesena dvinnaṃ dukkaṭānaṃ...pe... sārambhaṃ saparikkamanaṃ, āpatti saṅghādisesena dukkaṭassa...pe... anārambhaṃ aparikkamanaṃ, āpatti saṅghādisesena dukkaṭassa...pe... anārambhaṃ saparikkamanaṃ, āpatti saṅghādisesassa.

Bhikkhu samādisitvā pakkamati – ''vihāraṃ me karothā''ti. Tassa vihāraṃ karonti desitavatthukaṃ sārambhaṃ aparikkamanaṃ. So ce vippakate āgacchati, tena bhikkhunā so vihāro aññassa vā dātabbo bhinditvā vā puna kātabbo. No ce aññassa vā dadeyya bhinditvā vā puna kāreyya, āpatti dvinnaṃ dukkaṭānaṃ...pe... sārambhaṃ saparikkamanaṃ, āpatti dukkaṭassa...pe... anārambhaṃ aparikkamanaṃ, āpatti dukkaṭassa...pe... anārambhaṃ saparikkamanaṃ, anāpatti.

378. Attanā vippakataṃ attanā pariyosāpeti, āpatti saṅghādisesassa .

Attanā vippakataṃ parehi pariyosāpeti, āpatti saṅghādisesassa.

Parehi vippakataṃ attanā pariyosāpeti, āpatti saṅghādisesassa.

Parehi vippakataṃ parehi pariyosāpeti, āpatti saṅghādisesassa.

379. Anāpatti leṇe guhāya tiṇakuṭikāya aññassatthāya vāsāgāraṃ ṭhapetvā sabbattha. Anāpatti ummattakassa, ādikammikassāti.

Vihārakārasikkhāpadaṃ niṭṭhitaṃ sattamaṃ.

8. Duṭṭhadosasikkhāpadaṃ

380.[idaṃ vatthu cūḷava. 189] Tena samayena buddho Bhagavā rājagahe viharati veḷuvane kalandakanivāpe. Tena kho pana samayena āyasmatā dabbena mallaputtena jātiyā sattavassena arahattaṃ sacchikataṃ hoti. Yaṃ kiñci [yañca kiñci (sī. ka.)] sāvakena pattabbaṃ sabbaṃ tena anuppattaṃ hoti. Natthi cassa kiñci uttari karaṇīyaṃ, katassa vā paticayo. Atha kho āyasmato dabbassa mallaputtassa rahogatassa paṭisallīnassa evaṃ cetaso parivitakko udapādi – ''mayā kho jātiyā sattavassena arahattaṃ sacchikataṃ. Yaṃ kiñci sāvakena pattabbaṃ sabbaṃ mayā anuppattaṃ. Natthi ca me kiñci uttari karaṇīyaṃ, katassa vā paticayo. Kinnu kho ahaṃ saṅghassa veyyāvaccaṃ kareyya''nti?

Atha kho āyasmato dabbassa mallaputtassa etadahosi – ''yaṃnūnāhaṃ saṅghassa senāsanañca paññapeyyaṃ bhattāni ca uddiseyya''nti. Atha kho āyasmā dabbo mallaputto sāyanhasamayaṃ paṭisallānā vuṭṭhito yena Bhagavā tenupasaṅkami; upasaṅkamitvā bhagavantaṃ abhivādetvā ekamantaṃ nisīdi. Ekamantaṃ nisinno kho āyasmā dabbo mallaputto bhagavantaṃ etadavoca – ''idha mayhaṃ, bhante, rahogatassa paṭisallīnassa evaṃ cetaso parivitakko udapādi mayā kho jātiyā sattavassena arahattaṃ sacchikataṃ, yaṃ kiñci sāvakena pattabbaṃ, sabbaṃ mayā anupattaṃ, natthi ca me kiñci uttari karaṇīyaṃ, katassa vā paticayo, kiṃ nu kho ahaṃ saṅghassa veyyāvaccaṃ kareyya''nti. Tassa mayhaṃ bhante, etadahosi yaṃnūnāhaṃ ''saṅghassa senāsanañca paññapeyyaṃ bhattāni ca uddiseyyanti. Icchāmahaṃ, bhante, saṅghassa senāsanañca paññapetuṃ bhattāni ca uddisitu''nti. ''Sādhu sādhu, dabba. Tena hi tvaṃ, dabba, saṅghassa senāsanañca paññapehi bhattāni ca uddisā''ti. ''Evaṃ, bhante''ti kho āyasmā dabbo mallaputto bhagavato paccassosi. Atha kho Bhagavā etasmiṃ nidāne etasmiṃ pakaraṇe dhammiṃ kathaṃ katvā bhikkhū āmantesi – ''tena hi, bhikkhave, saṅgho dabbaṃ mallaputtaṃ senāsanapaññāpakañca bhattuddesakañca sammannatu. Evañca pana, bhikkhave, sammannitabbo. Paṭhamaṃ dabbo mallaputto yācitabbo. Yācitvā byattena bhikkhunā paṭibalena saṅgho ñāpetabbo –

381. ''Suṇātu me, bhante, saṅgho. Yadi saṅghassa pattakallaṃ saṅgho āyasmantaṃ dabbaṃ mallaputtaṃ senāsanapaññāpakañca bhattuddesakañca sammanneyya. Esā ñatti.

''Suṇātu me, bhante, saṅgho. Saṅgho āyasmantaṃ dabbaṃ mallaputtaṃ senāsanapaññāpakañca bhattuddesakañca sammannati. Yassāyasmato khamati āyasmato dabbassa mallaputtassa senāsanapaññāpakassa ca bhattuddesakassa ca sammuti, so tuṇhassa; yassa nakkhamati, so bhāseyya.

''Sammato saṅghena āyasmā dabbo mallaputto senāsanapaññāpako ca bhattuddesako ca. Khamati saṅghassa, tasmā tuṇhī , evametaṃ dhārayāmī''ti.

382. Sammato ca panāyasmā dabbo mallaputto sabhāgānaṃ bhikkhūnaṃ ekajjhaṃ senāsanaṃ paññapeti. Ye te bhikkhū suttantikā tesaṃ ekajjhaṃ senāsanaṃ paññapeti – ''te aññamaññaṃ suttantaṃ saṅgāyissantī''ti. Ye te bhikkhū vinayadharā tesaṃ ekajjhaṃ senāsanaṃ paññapeti – ''te aññamaññaṃ vinayaṃ vinicchinissantī''ti [vinicchissantīti (ka.)]. Ye te bhikkhū dhammakathikā tesaṃ ekajjhaṃ senāsanaṃ paññapeti – ''te aññamaññaṃ dhammaṃ sākacchissantī''ti. Ye te bhikkhū jhāyino tesaṃ ekajjhaṃ senāsanaṃ paññapeti – ''te aññamaññaṃ na byābādhissantī''ti [na byābāhissantīti (ka.)]. Ye te bhikkhū tiracchānakathikā kāyadaḷhibahulā [kāyadaḍḍhibahulā (sī.)] viharanti tesampi ekajjhaṃ senāsanaṃ paññapeti – ''imāyapime āyasmanto ratiyā acchissantī''ti. Yepi te bhikkhū vikāle āgacchanti tesampi tejodhātuṃ samāpajjitvā teneva ālokena senāsanaṃ paññapeti. Apisu bhikkhū sañcicca vikāle āgacchanti – ''mayaṃ āyasmato dabbassa mallaputtassa iddhipāṭihāriyaṃ passissāmā''ti.

Te āyasmantaṃ dabbaṃ mallaputtaṃ upasaṅkamitvā evaṃ vadanti – ''amhākaṃ, āvuso dabba, senāsanaṃ paññapehī''ti. Te āyasmā dabbo mallaputto evaṃ vadeti – ''katthāyasmantā icchanti, kattha paññapemī''ti? Te sañcicca dūre apadisanti – ''amhākaṃ, āvuso dabba, gijjhakūṭe pabbate senāsanaṃ paññapehi. Amhākaṃ, āvuso, corapapāte senāsanaṃ paññapehi. Amhākaṃ, āvuso, isigilipasse kāḷasilāyaṃ senāsanaṃ paññapehi. Amhākaṃ, āvuso, vebhārapasse sattapaṇṇiguhāyaṃ senāsanaṃ paññapehi. Amhākaṃ, āvuso, sītavane sappasoṇḍikapabbhāre senāsanaṃ paññapehi. Amhākaṃ, āvuso, Gotamakakandarāyaṃ senāsanaṃ paññapehi. Amhākaṃ, āvuso, tindukakandarāyaṃ senāsanaṃ paññapehi. Amhākaṃ, āvuso, tapodakandarāyaṃ senāsanaṃ paññapehi. Amhākaṃ, āvuso, tapodārāme senāsanaṃ paññapehi. Amhākaṃ, āvuso, jīvakambavane senāsanaṃ paññapehi. Amhākaṃ, āvuso, maddakucchismiṃ migadāye senāsanaṃ paññapehī''ti.

Tesaṃ āyasmā dabbo mallaputto tejodhātuṃ samāpajjitvā aṅguliyā jalamānāya purato purato gacchati. Tepi teneva ālokena āyasmato dabbassa mallaputtassa piṭṭhito piṭṭhito gacchanti. Tesaṃ āyasmā dabbo mallaputto evaṃ senāsanaṃ paññapeti – ''ayaṃ mañco, idaṃ pīṭhaṃ, ayaṃ bhisi, idaṃ bimbohanaṃ, idaṃ vaccaṭṭhānaṃ, idaṃ passāvaṭṭhānaṃ, idaṃ pānīyaṃ, idaṃ paribhojanīyaṃ, ayaṃkattaradaṇḍo, idaṃ saṅghassa katikasaṇṭhānaṃ, imaṃ kālaṃ pavisitabbaṃ, imaṃ kālaṃ nikkhamitabba''nti. Tesaṃ āyasmā dabbo mallaputto evaṃ senāsanaṃ paññapetvā punadeva veḷuvanaṃ paccāgacchati.

383. Tena kho pana samayena mettiyabhūmajakā [bhummajakā (sī. syā.)] bhikkhū navakā ceva honti appapuññā ca. Yāni saṅghassa lāmakāni senāsanāni tāni tesaṃ pāpuṇanti lāmakāni ca bhattāni. Tena kho pana samayena rājagahe manussā icchanti therānaṃ bhikkhūnaṃ abhisaṅkhārikaṃ piṇḍapātaṃ dātuṃ sappimpi telampi uttaribhaṅgampi. Mettiyabhūmajakānaṃ pana bhikkhūnaṃ pākatikaṃ denti yathārandhaṃ kaṇājakaṃ bilaṅgadutiyaṃ. Te pacchābhattaṃ piṇḍapātappaṭikkantā there bhikkhū pucchanti – ''tumhākaṃ, āvuso, bhattagge kiṃ ahosi? Tumhākaṃ, āvuso, bhattagge kiṃ ahosī''ti? Ekacce therā evaṃ vadanti – ''amhākaṃ, āvuso, sappi ahosi telaṃ ahosi uttaribhaṅgaṃ ahosī''ti. Mettiyabhūmajakā pana bhikkhū evaṃ vadanti – ''amhākaṃ, āvuso, na kiñci ahosi, pākatikaṃ yathārandhaṃ kaṇājakaṃ bilaṅgadutiya''nti.

Tena kho pana samayena kalyāṇabhattiko gahapati saṅghassa catukkabhattaṃ deti niccabhattaṃ. So bhattagge saputtadāro upatiṭṭhitvā parivisati . Aññe odanena pucchanti, aññe sūpena pucchanti, aññe telena pucchanti, aññe uttaribhaṅgena pucchanti. Tena kho pana samayena kalyāṇabhattikassa gahapatino bhattaṃ svātanāya mettiyabhūmajakānaṃ bhikkhūnaṃ uddiṭṭhaṃ hoti. Atha kho kalyāṇabhattiko gahapati ārāmaṃ agamāsi kenacideva karaṇīyena. So yenāyasmā dabbo mallaputto tenupasaṅkami; upasaṅkamitvā āyasmantaṃ dabbaṃ mallaputtaṃ abhivādetvā ekamantaṃ nisīdi. Ekamantaṃ nisinnaṃ kho kalyāṇabhattikaṃ gahapatiṃ āyasmā dabbo mallaputto dhammiyā kathāya sandassesi samādapesi samuttejesi sampahaṃsesi. Atha kho kalyāṇabhattiko gahapati āyasmatā dabbena mallaputtena dhammiyā kathāya sandassito samādapito samuttejito sampahaṃsito āyasmantaṃ dabbaṃ mallaputtaṃ etadavoca – ''kassa, bhante, amhākaṃ ghare svātanāya bhattaṃ uddiṭṭha''nti? ''Mettiyabhūmajakānaṃ kho, gahapati, bhikkhūnaṃ tumhākaṃ ghare svātanāya bhattaṃ uddiṭṭha''nti. Atha kho kalyāṇabhattiko gahapati anattamano ahosi – ''kathañhi nāma pāpabhikkhū amhākaṃ ghare bhuñjissantī''ti! Gharaṃ gantvā dāsiṃ āṇāpesi – ''ye, je, sve bhattikā āgacchanti te koṭṭhake āsanaṃ paññapetvā kaṇājakena bilaṅgadutiyena parivisā''ti. ''Evaṃ ayyā''ti kho sā dāsī kalyāṇabhattikassa gahapatino paccassosi.

Atha kho mettiyabhūmajakā bhikkhū – ''hiyyo kho, āvuso, amhākaṃ kalyāṇabhattikassa gahapatino ghare bhattaṃ uddiṭṭhaṃ, sve amhe kalyāṇabhattiko gahapati saputtadāro upatiṭṭhitvā parivisissati; aññe odanena pucchissanti, aññe sūpena pucchissanti, aññe telena pucchissanti, aññe uttaribhaṅgena pucchissantī''ti. Te teneva somanassena na cittarūpaṃ rattiyā supiṃsu. Atha kho mettiyabhūmajakā bhikkhū pubbaṇhasamayaṃ nivāsetvā pattacīvaraṃ ādāya yena kalyāṇabhattikassa gahapatino nivesanaṃ tenupasaṅkamiṃsu. Addasā kho sā dāsī mettiyabhūmajake bhikkhū dūratova āgacchante. Disvāna koṭṭhake āsanaṃ paññapetvā mettiyabhūmajake bhikkhū etadavoca – ''nisīdatha, bhante''ti. Atha kho mettiyabhūmajakānaṃ bhikkhūnaṃ etadahosi – ''nissaṃsayaṃ kho na tāva bhattaṃ siddhaṃ bhavissati! Yathā [yāva (sī.)] mayaṃ koṭṭhake nisīdeyyāmā''ti [nisīdāpīyeyyāmāti (sī.), nisīdāpīyāmāti (syā.)]. Atha kho sā dāsī kaṇājakena bilaṅgadutiyena upagacchi – ''bhuñjatha, bhante''ti. ''Mayaṃ kho, bhagini, niccabhattikā''ti. ''Jānāmi ayyā niccabhattikāttha. Apicāhaṃ hiyyova gahapatinā āṇattā – 'ye, je, sve bhattikā āgacchanti te koṭṭhake āsanaṃ paññapetvā kaṇājakena bilaṅgadutiyena parivisā'ti. Bhuñjatha, bhante''ti. Atha kho mettiyabhūmajakā bhikkhū – ''hiyyo kho, āvuso, kalyāṇabhattiko gahapati ārāmaṃ agamāsi dabbassa mallaputtassa santike. Nissaṃsayaṃ kho mayaṃ dabbena mallaputtena gahapatino antare [santike (syā. kaṃ. ka.)] paribhinnā''ti. Te teneva domanassena na cittarūpaṃ bhuñjiṃsu. Atha kho mettiyabhūmajakā bhikkhū pacchābhattaṃ piṇḍapātappaṭikkantā ārāmaṃ gantvā pattacīvaraṃ paṭisāmetvā bahārāmakoṭṭhake saṅghāṭipallatthikāya nisīdiṃsu tuṇhībhūtā maṅkubhūtā pattakkhandhā adhomukhā pajjhāyantā appaṭibhānā.

Atha kho mettiyā bhikkhunī yena mettiyabhūmajakā bhikkhū tenupasaṅkami; upasaṅkamitvā mettiyabhūmajake bhikkhū etadavoca – ''vandāmi, ayyā''ti. Evaṃ vutte mettiyabhūmajakā bhikkhū nālapiṃsu. Dutiyampi kho...pe... tatiyampi kho mettiyā bhikkhunī mettiyabhūmajake bhikkhū etadavoca – ''vandāmi, ayyā''ti. Tatiyampi kho mettiyabhūmajakā bhikkhū nālapiṃsu. ''Kyāhaṃ ayyānaṃ aparajjhāmi? Kissa maṃ ayyā nālapantī''ti? ''Tathā hi pana tvaṃ, bhagini, amhe dabbena mallaputtena viheṭhīyamāne ajjhupekkhasī''ti? ''Kyāhaṃ, ayyā, karomī''ti? ''Sace kho tvaṃ, bhagini, iccheyyāsi ajjeva Bhagavā dabbaṃ mallaputtaṃ nāsāpeyyā''ti. ''Kyāhaṃ, ayyā, karomi, kiṃ mayā sakkā kātu''nti? ''Ehi tvaṃ, bhagini, yena Bhagavā tenupasaṅkama; upasaṅkamitvā bhagavantaṃ evaṃ vadehi – 'idaṃ, bhante, nacchannaṃ nappatirūpaṃ. Yāyaṃ, bhante, disā abhayā anītikā anupaddavā sāyaṃ disā sabhayā saītikā saupaddavā. Yato nivātaṃ tato savātaṃ [pavātaṃ (sī. syā.)]. Udakaṃ maññe ādittaṃ. Ayyenamhi dabbena mallaputtena dūsitā'''ti. ''Evaṃ, ayyā''ti kho mettiyā bhikkhunī mettiyabhūmajakānaṃ bhikkhūnaṃ paṭissutvā yena Bhagavā tenupasaṅkami; upasaṅkamitvā bhagavantaṃ abhivādetvā ekamantaṃ aṭṭhāsi. Ekamantaṃ ṭhitā kho mettiyā bhikkhunī bhagavantaṃ etadavoca – ''idaṃ, bhante, nacchannaṃ nappatirūpaṃ. Yāyaṃ, bhante, disā abhayā anītikā anupaddavā sāyaṃ disā sabhayā saītikā saupaddavā. Yato nivātaṃ tato savātaṃ. Udakaṃ maññe ādittaṃ! Ayyenamhi dabbena mallaputtena dūsitā''ti.

384. Atha kho Bhagavā etasmiṃ nidāne etasmiṃ pakaraṇe bhikkhusaṅghaṃ sannipātāpetvā āyasmantaṃ dabbaṃ mallaputtaṃ paṭipucchi – ''sarasi tvaṃ, dabba, evarūpaṃ kattā yathāyaṃ bhikkhunī āhā''ti? ''Yathā maṃ, bhante, Bhagavā jānātī''ti. Dutiyampi kho Bhagavā...pe... tatiyampi kho Bhagavā āyasmantaṃ dabbaṃ mallaputtaṃ etadavoca – ''sarasi tvaṃ, dabba, evarūpaṃ kattā yathāyaṃ bhikkhunī āhā''ti? ''Yathā maṃ, bhante, Bhagavā jānātī''ti. ''Na kho, dabba, dabbā evaṃ nibbeṭhenti. Sace tayā kataṃ katanti vadehi, sace tayā akataṃ akatanti vadehī''ti. ''Yato ahaṃ, bhante, jāto nābhijānāmi supinantenapi methunaṃ dhammaṃ paṭisevitā, pageva jāgaro''ti! Atha kho Bhagavā bhikkhū āmantesi – ''tena hi, bhikkhave, mettiyaṃ bhikkhuniṃ nāsetha. Ime ca bhikkhū anuyuñjathā''ti. Idaṃ vatvā Bhagavā uṭṭhāyāsanā vihāraṃ pāvisi.

Atha kho te bhikkhū mettiyaṃ bhikkhuniṃ nāsesuṃ. Atha kho mettiyabhūmajakā bhikkhū te bhikkhū etadavocuṃ – ''māvuso, mettiyaṃ bhikkhuniṃ nāsetha. Na sā kiñci aparajjhati. Amhehi sā ussāhitā kupitehi anattamanehi cāvanādhippāyehī''ti. ''Kiṃ pana tumhe, āvuso, āyasmantaṃ dabbaṃ mallaputtaṃ amūlakena pārājikena dhammena anuddhaṃsethā''ti? ''Evamāvuso''ti. Ye te bhikkhū appicchā...pe... te ujjhāyanti khiyyanti vipācenti – ''kathañhi nāma mettiyabhūmajakā bhikkhū āyasmantaṃ dabbaṃ mallaputtaṃ amūlakena pārājikena dhammena anuddhaṃsessantī''ti! Atha kho te bhikkhū mettiyabhūmajake bhikkhū anekapariyāyena vigarahitvā bhagavato etamatthaṃ ārocesuṃ...pe... ''saccaṃ kira tumhe, bhikkhave, dabbaṃ mallaputtaṃ amūlakena pārājikena dhammena anuddhaṃsethā''ti? ''Saccaṃ, Bhagavā''ti. Vigarahi buddho Bhagavā...pe... ''kathañhi nāma tumhe, moghapurisā, dabbaṃ mallaputtaṃ amūlakena pārājikena dhammena anuddhaṃsessatha! Netaṃ, moghapurisā, appasannānaṃ vā pasādāya...pe... evañca pana, bhikkhave, imaṃ sikkhāpadaṃ uddiseyyātha –

385. Yo pana bhikkhu bhikkhuṃ duṭṭho doso appatīto amūlakena pārājikena dhammena anuddhaṃseyya – 'appeva nāma naṃ imamhā brahmacariyā cāveyya'nti, tato aparena samayena samanuggāhīyamāno vā asamanuggāhīyamāno vā amūlakañceva taṃ adhikaraṇaṃ hoti bhikkhu ca dosaṃ patiṭṭhāti, saṅghādiseso''ti.

386. Yo panāti yo yādiso...pe... bhikkhūti...pe... ayaṃ imasmiṃ atthe adhippeto bhikkhūti.

Bhikkhunti aññaṃ bhikkhuṃ.

Duṭṭho dosoti kupito anattamano anabhiraddho āhatacitto khilajāto.

Appatītoti tena ca kopena tena ca dosena tāya ca anattamanatāya tāya ca anabhiraddhiyā appatīto hoti.

Amūlakaṃ nāma adiṭṭhaṃ asutaṃ aparisaṅkitaṃ.

Pārājikena dhammenāti catunnaṃ aññatarena.

Anuddhaṃseyyāti codeti vā codāpeti vā.

Appeva nāma naṃ imamhā brahmacariyā cāveyyanti bhikkhubhāvā cāveyyaṃ, samaṇadhammā cāveyyaṃ, sīlakkhandhā cāveyyaṃ, tapoguṇā cāveyyaṃ.

Tatoaparena samayenāti yasmiṃ khaṇe anuddhaṃsito hoti taṃ khaṇaṃ taṃ layaṃ taṃ muhuttaṃ vītivatte.

Samanuggāhīyamānoti yena vatthunā anuddhaṃsito hoti tasmiṃ vatthusmiṃ samanuggāhīyamāno.

Asamanuggāhīyamānoti na kenaci vuccamāno.
Adhikaraṇaṃ nāma cattāri adhikaraṇāni – vivādādhikaraṇaṃ, anuvādādhikaraṇaṃ, āpattādhikaraṇaṃ, kiccādhikaraṇaṃ.
Bhikkhu ca dosaṃ patiṭṭhātīti tucchakaṃ mayā bhaṇitaṃ, musā mayā bhaṇitaṃ, abhūtaṃ mayā bhaṇitaṃ, ajānantena mayā bhaṇitaṃ.
Saṅghādisesoti...pe... tenapi vuccati saṅghādisesoti.
387. Adiṭṭhassa hoti pārājikaṃ dhammaṃ ajjhāpajjanto. Tañce codeti – ''diṭṭho mayā, pārājikaṃ dhammaṃ ajjhāpannosi, assamaṇosi, asakyaputtiyosi, natthi tayā saddhiṃ uposatho vā pavāraṇā vā saṅghakammaṃ vā''ti, āpatti vācāya, vācāya saṅghādisesassa.
Asutassa hoti – ''pārājikaṃ dhammaṃ ajjhāpanno''ti. Tañce codeti – ''suto mayā, pārājikaṃ dhammaṃ ajjhāpannosi, assamaṇosi, asakyaputtiyosi, natthi tayā saddhiṃ uposatho vā pavāraṇā vā saṅghakammaṃ vā''ti, āpatti vācāya, vācāya saṅghādisesassa.
Aparisaṅkitassa hoti – ''pārājikaṃ dhammaṃ ajjhāpanno''ti. Tañce codeti – ''parisaṅkito mayā, pārājikaṃ dhammaṃ ajjhāpannosi, assamaṇosi, asakyaputtiyosi, natthi tayā saddhiṃ uposatho vā pavāraṇā vā saṅghakammaṃ vā''ti, āpatti vācāya, vācāya saṅghādisesassa.
Adiṭṭhassa hoti pārājikaṃ dhammaṃ ajjhāpajjanto. Tañce codeti – ''diṭṭho mayā suto ca, pārājikaṃ dhammaṃ ajjhāpannosi, assamaṇosi''...pe... āpatti vācāya, vācāya saṅghādisesassa.
Adiṭṭhassa hoti pārājikaṃ dhammaṃ ajjhāpajjanto. Tañce codeti – ''diṭṭho mayā parisaṅkito ca, pārājikaṃ dhammaṃ ajjhāpannosi, assamaṇosi''...pe... āpatti vācāya, vācāya saṅghādisesassa.
Adiṭṭhassa hoti pārājikaṃ dhammaṃ ajjhāpajjanto. Tañce codeti – ''diṭṭho mayā suto ca parisaṅkito ca, pārājikaṃ dhammaṃ ajjhāpannosi, assamaṇosi''...pe... āpatti vācāya, vācāya saṅghādisesassa.
Asutassa hoti – ''pārājikaṃ dhammaṃ ajjhāpanno''ti. Tañce codeti – ''suto mayā parisaṅkito ca...pe... suto mayā diṭṭho ca...pe... suto mayā parisaṅkito ca diṭṭho ca, pārājikaṃ dhammaṃ ajjhāpannosi, assamaṇosi''...pe... āpatti vācāya, vācāya saṅghādisesassa.
Aparisaṅkitassa hoti – ''pārājikaṃ dhammaṃ ajjhāpanno''ti. Tañce codeti – ''parisaṅkito mayā diṭṭho ca...pe... parisaṅkito mayā suto ca...pe... parisaṅkito mayā diṭṭho ca suto ca, pārājikaṃ dhammaṃ ajjhāpannosi, assamaṇosi''...pe... āpatti vācāya, vācāya saṅghādisesassa.
Diṭṭhassa hoti pārājikaṃ dhammaṃ ajjhāpajjanto. Tañce codeti – ''suto mayā pārājikaṃ dhammaṃ ajjhāpannosi, assamaṇosi''...pe... āpatti vācāya, vācāya saṅghādisesassa.
Diṭṭhassa hoti pārājikaṃ dhammaṃ ajjhāpajjanto. Tañce codeti – ''parisaṅkito mayā, pārājikaṃ dhammaṃ ajjhāpannosi''...pe... ''suto mayā parisaṅkito ca, pārājikaṃ dhammaṃ ajjhāpannosi, assamaṇosi''...pe... āpatti vācāya, vācāya saṅghādisesassa.
Sutassa hoti – ''pārājikaṃ dhammaṃ ajjhāpanno''ti. Tañce codeti – ''parisaṅkito mayā, pārājikaṃ dhammaṃ ajjhāpannosi...pe... diṭṭho mayā, pārājikaṃ dhammaṃ ajjhāpannosi...pe... parisaṅkito mayā diṭṭho ca, pārājikaṃ dhammaṃ ajjhāpannosi, assamaṇosi''...pe... āpatti vācāya, vācāya saṅghādisesassa.
Parisaṅkitassa hoti – ''pārājikaṃ dhammaṃ ajjhāpanno''ti. Tañce codeti – ''diṭṭho mayā, pārājikaṃ dhammaṃ ajjhāpannosi...pe... suto mayā, pārājikaṃ dhammaṃ ajjhāpannosi...pe... diṭṭho mayā suto ca, pārājikaṃ dhammaṃ ajjhāpannosi, assamaṇosi, asakyaputtiyosi''...pe... āpatti vācāya, vācāya saṅghādisesassa.
Diṭṭhassa hoti pārājikaṃ dhammaṃ ajjhāpajjanto. Diṭṭhe vematiko diṭṭhaṃ no kappeti diṭṭhaṃ nassarati diṭṭhaṃ pamuṭṭho hoti...pe... sute vematiko sutaṃ no kappeti sutaṃ nassarati sutaṃ pamuṭṭho hoti...pe... parisaṅkite vematiko parisaṅkitaṃ no kappeti parisaṅkitaṃ nassarati parisaṅkitaṃ pamuṭṭho hoti. Tañce codeti – ''parisaṅkito mayā diṭṭho ca...pe... parisaṅkito mayā suto ca...pe... parisaṅkito mayā diṭṭho ca suto ca, pārājikaṃ dhammaṃ ajjhāpannosi, assamaṇosi, asakyaputtiyosi, natthi tayā saddhiṃ uposatho vā pavāraṇā vā saṅghakammaṃ vā''ti, āpatti vācāya, vācāya saṅghādisesassa.
388. Adiṭṭhassa hoti pārājikaṃ dhammaṃ ajjhāpajjanto. Tañce codāpeti – ''diṭṭhosi, pārājikaṃ dhammaṃ ajjhāpannosi, assamaṇosi, asakyaputtiyosi, natthi tayā saddhiṃ uposatho vā pavāraṇā vā saṅghakammaṃ vā''ti, āpatti vācāya, vācāya saṅghādisesassa.
Asutassa hoti – ''pārājikaṃ dhammaṃ ajjhāpanno''ti...pe... aparisaṅkitassa hoti – ''pārājikaṃ dhammaṃ ajjhāpanno''ti. Tañce codāpeti – ''parisaṅkitosi, pārājikaṃ dhammaṃ ajjhāpannosi''...pe... āpatti vācāya, vācāya saṅghādisesassa.
Adiṭṭhassa hoti pārājikaṃ dhammaṃ ajjhāpajjanto. Tañce codāpeti – ''diṭṭhosi sutosi...pe... diṭṭhosi parisaṅkitosi...pe... diṭṭhosi sutosi parisaṅkitosi, pārājikaṃ dhammaṃ ajjhāpannosi''...pe... asutassa hoti – ''pārājikaṃ dhammaṃ ajjhāpanno''ti...pe... aparisaṅkitassa hoti – ''pārājikaṃ dhammaṃ ajjhāpanno''ti. Tañce codāpeti – ''parisaṅkitosi, diṭṭhosi...pe... parisaṅkitosi, sutosi...pe... parisaṅkitosi, diṭṭhosi, sutosi, pārājikaṃ dhammaṃ ajjhāpannosi, assamaṇosi''...pe... āpatti vācāya, vācāya saṅghādisesassa.
Diṭṭhassa hoti pārājikaṃ dhammaṃ ajjhāpajjanto. Tañce codāpeti – ''sutosi''...pe... tañce codāpeti – ''parisaṅkitosi''...pe... tañce codāpeti – ''sutosi, parisaṅkitosi, pārājikaṃ dhammaṃ ajjhāpannosi, assamaṇosi''...pe... āpatti vācāya, vācāya saṅghādisesassa.

Sutassa hoti – ''pārājikaṃ dhammaṃ ajjhāpanno''ti...pe... parisaṅkitassa hoti – ''pārājikaṃ dhammaṃ ajjhāpanno''ti. Tañce ''diṭṭhosi''...pe... tañce codāpeti – ''sutosi''...pe... tañce codāpeti – ''diṭṭhosi, sutosi, pārājikaṃ dhammaṃ ajjhāpannosi, assamaṇosi''...pe... āpatti vācāya, vācāya saṅghādisesassa.

Diṭṭhassa hoti pārājikaṃ dhammaṃ ajjhāpajjanto. Diṭṭhe vematiko diṭṭhaṃ no kappeti diṭṭhaṃ nassarati diṭṭhaṃ pamuṭṭho hoti...pe... sute vematiko sutaṃ no kappeti sutaṃ nassarati sutaṃ pamuṭṭho hoti...pe... parisaṅkite vematiko parisaṅkitaṃ no kappeti parisaṅkitaṃ nassarati parisaṅkitaṃ pamuṭṭho hoti. Tañce codāpeti – ''parisaṅkitosi, diṭṭhosi''...pe... parisaṅkitaṃ pamuṭṭho hoti, tañce codāpeti – ''parisaṅkitosi sutosi''...pe... parisaṅkitaṃ pamuṭṭho hoti, tañce codāpeti – ''parisaṅkitosi, diṭṭhosi, sutosi, pārājikaṃ dhammaṃ ajjhāpannosi, assamaṇosi, asakyaputtiyosi, natthi tayā saddhiṃ uposatho vā pavāraṇā vā saṅghakammaṃ vā''ti, āpatti vācāya, vācāya saṅghādisesassa.

389. Asuddhe suddhadiṭṭhi, suddhe asuddhadiṭṭhi, asuddhe asuddhadiṭṭhi, suddhe suddhadiṭṭhi.

Asuddho hoti puggalo aññataraṃ pārājikaṃ dhammaṃ ajjhāpanno. Tañce suddhadiṭṭhi samāno anokāsaṃ kārāpetvā cāvanādhippāyo vadeti, āpatti saṅghādisesena dukkaṭassa.

Asuddho hoti puggalo aññataraṃ pārājikaṃ dhammaṃ ajjhāpanno. Tañce suddhadiṭṭhi samāno okāsaṃ kārāpetvā cāvanādhippāyo vadeti, āpatti saṅghādisesassa.

Asuddho hoti puggalo aññataraṃ pārājikaṃ dhammaṃ ajjhāpanno. Tañce suddhadiṭṭhi samāno anokāsaṃ kārāpetvā akkosādhippāyo vadeti, āpatti omasavādena dukkaṭassa.

Asuddho hoti puggalo aññataraṃ pārājikaṃ dhammaṃ ajjhāpanno. Tañce suddhadiṭṭhi samāno okāsaṃ kārāpetvā akkosādhippāyo vadeti, āpatti omasavādassa.

Suddho hoti puggalo aññataraṃ pārājikaṃ dhammaṃ anajjhāpanno. Tañce asuddhadiṭṭhi samāno anokāsaṃ kārāpetvā cāvanādhippāyo vadeti, āpatti dukkaṭassa.

Suddho hoti puggalo aññataraṃ pārājikaṃ dhammaṃ anajjhāpanno. Tañce asuddhadiṭṭhi samāno okāsaṃ kārāpetvā cāvanādhippāyo vadeti, anāpatti.

Suddho hoti puggalo aññataraṃ pārājikaṃ dhammaṃ anajjhāpanno. Tañce asuddhadiṭṭhi samāno anokāsaṃ kārāpetvā akkosādhippāyo vadeti, āpatti omasavādena dukkaṭassa.

Suddho hoti puggalo aññataraṃ pārājikaṃ dhammaṃ anajjhāpanno. Tañce asuddhadiṭṭhi samāno okāsaṃ kārāpetvā akkosādhippāyo vadeti, āpatti omasavādassa.

Asuddho hoti puggalo aññataraṃ pārājikaṃ dhammaṃ ajjhāpanno. Tañce asuddhadiṭṭhi samāno anokāsaṃ kārāpetvā cāvanādhippāyo vadeti, āpatti dukkaṭassa.

Asuddho hoti puggalo aññataraṃ pārājikaṃ dhammaṃ ajjhāpanno. Tañce asuddhadiṭṭhi samāno okāsaṃ kārāpetvā cāvanādhippāyo vadeti, anāpatti.

Asuddho hoti puggalo aññataraṃ pārājikaṃ dhammaṃ ajjhāpanno. Tañce asuddhadiṭṭhi samāno anokāsaṃ kārāpetvā akkosādhippāyo vadeti, āpatti omasavādena dukkaṭassa.

Asuddho hoti puggalo aññataraṃ pārājikaṃ dhammaṃ ajjhāpanno. Tañce asuddhadiṭṭhi samāno okāsaṃ kārāpetvā akkosādhippāyo vadeti, āpatti omasavādassa.

Suddho hoti puggalo aññataraṃ pārājikaṃ dhammaṃ anajjhāpanno. Tañce suddhadiṭṭhi samāno anokāsaṃ kārāpetvā cāvanādhippāyo vadeti, āpatti saṅghādisesena dukkaṭassa.

Suddho hoti puggalo aññataraṃ pārājikaṃ dhammaṃ anajjhāpanno. Tañce suddhadiṭṭhi samāno okāsaṃ kārāpetvā cāvanādhippāyo vadeti, āpatti saṅghādisesassa.

Suddho hoti puggalo aññataraṃ pārājikaṃ dhammaṃ anajjhāpanno. Tañce suddhadiṭṭhi samāno anokāsaṃ kārāpetvā akkosādhippāyo vadeti, āpatti omasavādena dukkaṭassa.

Suddho hoti puggalo aññataraṃ pārājikaṃ dhammaṃ anajjhāpanno tañce suddhadiṭṭhi samāno okāsaṃ kārāpetvā akkosādhippāyo vadeti, āpatti omasavādassa.

390. Anāpatti suddhe asuddhadiṭṭhissa, asuddhe asuddhadiṭṭhissa, ummattakassa, ādikammikassāti.

Duṭṭhadosasikkhāpadaṃ niṭṭhitaṃ aṭṭhamaṃ.

9. Dutiyaduṭṭhadosasikkhāpadaṃ

391. Tena samayena buddho Bhagavā rājagahe viharati veḷuvane kalandakanivāpe. Tena kho pana samayena mettiyabhūmajakā bhikkhū gijjhakūṭā pabbatā orohantā addasaṃsu chagalakaṃ [chakalakaṃ (syā.)] ajikāya vippaṭipajjantaṃ. Disvāna evamāhaṃsu – ''handa mayaṃ, āvuso, imaṃ chagalakaṃ dabbaṃ mallaputtaṃ nāma karoma. Imaṃ ajikaṃ mettiyaṃ nāma bhikkhuniṃ karoma. Evaṃ mayaṃ voharissāma. Pubbe mayaṃ, āvuso, dabbaṃ mallaputtaṃ sutena avocumhā. Idāni pana amhehi sāmaṃ diṭṭho mettiyāya bhikkhuniyā vippaṭipajjanto''ti. Te taṃ chagalakaṃ dabbaṃ mallaputtaṃ nāmaakaṃsu. Taṃ ajikaṃ mettiyaṃ nāma bhikkhuniṃ akaṃsu. Te bhikkhūnaṃ ārocesuṃ – ''pubbe mayaṃ, āvuso, dabbaṃ mallaputtaṃ sutena avocumhā. Idāni pana amhehi sāmaṃ diṭṭho mettiyāya bhikkhuniyā vippaṭipajjanto''ti. Bhikkhū evamāhaṃsu – ''māvuso, evaṃ avacuttha. Nāyasmā dabbo mallaputto evaṃ karissatī''ti.

Atha kho te bhikkhū bhagavato etamatthaṃ ārocesuṃ. Atha kho Bhagavā etasmiṃ nidāne etasmiṃ pakaraṇe bhikkhusaṅghaṃ sannipātāpetvā āyasmantaṃ dabbaṃ mallaputtaṃ paṭipucchi – ''sarasi tvaṃ, dabba, evarūpaṃ kattā yathayime bhikkhū āhaṃsū''ti? ''Yathā maṃ, bhante, Bhagavā jānātī''ti. Dutiyampi kho Bhagavā...pe... tatiyampi kho Bhagavā āyasmantaṃ dabbaṃ mallaputtaṃ etadavoca –

''sarasi tvaṃ, dabba, evarūpaṃ kattā yathayime bhikkhū āhaṃsū''ti? ''Yathā maṃ, bhante, Bhagavā jānātī''ti. ''Na kho, dabba, dabbā evaṃ nibbeṭhenti. Sace tayā kataṃ katanti vadehi, sace tayā akataṃ akatanti vadehī''ti. ''Yato ahaṃ, bhante, jāto nābhijānāmi supinantenapi methunadhammaṃ paṭisevitā, pageva jāgaro''ti! Atha kho Bhagavā bhikkhū āmantesi – ''tena hi, bhikkhuve, ime bhikkhū anuyuñjathā''ti. Idaṃ vatvā Bhagavā uṭṭhāyāsanā vihāraṃ pāvisi.

Atha kho te bhikkhū mettiyabhūmajake bhikkhū anuyuñjiṃsu. Te bhikkhūhi anuyuñjīyamānā bhikkhūnaṃ etamatthaṃ ārocesuṃ – ''kiṃ pana tumhe, āvuso, āyasmantaṃ dabbaṃ mallaputtaṃ aññabhāgiyassa adhikaraṇassa kiñcidesaṃ lesamattaṃ upādāya pārājikena dhammena anuddhaṃsethā''ti? ''Evamāvuso''ti. Ye te bhikkhū appicchā...pe... te ujjhāyanti khiyyanti vipācenti – ''kathañhi nāma mettiyabhūmajakā bhikkhū āyasmantaṃ dabbaṃ mallaputtaṃ aññabhāgiyassa adhikaraṇassa kiñci desaṃ lesamattaṃ upādāya pārājikena dhammena anuddhaṃsessantī''ti! Atha kho te bhikkhū mettiyabhūmajake bhikkhū anekapariyāyena vigarahitvā bhagavato etamatthaṃ ārocesuṃ...pe... ''saccaṃ kira tumhe, bhikkhave, dabbaṃ mallaputtaṃ aññabhāgiyassa adhikaraṇassa kiñci desaṃ lesamattaṃ upādāya pārājikena dhammena anuddhaṃsethā''ti? ''Saccaṃ, Bhagavā''ti. Vigarahi buddho Bhagavā...pe... ''kathañhi nāma tumhe, moghapurisā, dabbaṃ mallaputtaṃ aññabhāgiyassa adhikaraṇassa kiñci desaṃ lesamattaṃ upādāya pārājikena dhammena anuddhaṃsessatha! Netaṃ, moghapurisā, appasannānaṃ vā pasādāya...pe... evañca pana, bhikkhave, imaṃ sikkhāpadaṃ uddiseyyātha –

392.''Yopana bhikkhu bhikkhuṃ duṭṭho doso appatīto aññabhāgiyassaadhikaraṇassa kiñcidesaṃ lesamattaṃ upādāya pārājikena dhammena anuddhaṃseyya – 'appeva nāma naṃ imamhā brahmacariyā cāveyya'nti. Tato aparena samayena samanuggāhīyamāno vā asamanuggāhīyamāno vā aññabhāgiyañceva taṃ adhikaraṇaṃ hoti kocideso lesamatto upādinno, bhikkhu ca dosaṃ patiṭṭhāti, saṅghādiseso''ti.

393.Yo panāti yo yādiso...pe... bhikkhūti...pe... ayaṃ imasmiṃ atthe adhippeto bhikkhūti.

Bhikkhunti aññaṃ bhikkhuṃ.

Duṭṭho dosoti kupito anattamano anabhiraddho āhatacitto khilajāto.

Appatītoti tena ca kopena, tena ca dosena, tāya ca anattamanatāya, tāya ca anabhiraddhiyā appatīto hoti.

Aññabhāgiyassa adhikaraṇassāti āpattaññabhāgiyaṃ vā hoti adhikaraṇaññabhāgiyaṃ vā. Kathaṃ adhikaraṇaṃ adhikaraṇassa aññabhāgiyaṃ? Vivādādhikaraṇaṃ anuvādādhikaraṇassa āpattādhikaraṇassa kiccādhikaraṇassa aññabhāgiyaṃ. Anuvādādhikaraṇaṃ āpattādhikaraṇassa kiccādhikaraṇassa vivādādhikaraṇassa aññabhāgiyaṃ. Āpattādhikaraṇaṃ kiccādhikaraṇassa vivādādhikaraṇassa anuvādādhikaraṇassa aññabhāgiyaṃ. Kiccādhikaraṇaṃ vivādādhikaraṇassa anuvādādhikaraṇassa āpattādhikaraṇassa aññabhāgiyaṃ. Evaṃ adhikaraṇaṃ adhikaraṇassa aññabhāgiyaṃ.

Kathaṃ adhikaraṇaṃ adhikaraṇassa tabbhāgiyaṃ? Vivādādhikaraṇaṃ vivādādhikaraṇassa tabbhāgiyaṃ. Anuvādādhikaraṇaṃ anuvādādhikaraṇassa tabbhāgiyaṃ. Āpattādhikaraṇaṃ āpattādhikaraṇassa siyā tabbhāgiyaṃ siyā aññabhāgiyaṃ.

Kathaṃ āpattādhikaraṇaṃ āpattādhikaraṇassa aññabhāgiyaṃ? Methunadhammapārājikāpatti adinnādānapārājikāpattiyā manussaviggahapārājikāpattiyā uttarimanussadhammapārājikāpattiyā aññabhāgiyā. Adinnādānapārājikāpatti manussaviggahapārājikāpattiyā uttarimanussadhammapārājikāpattiyā methunadhammapārājikāpattiyā aññabhāgiyā. Manussaviggahapārājikāpatti uttarimanussadhammapārājikāpattiyā methunadhammapārājikāpattiyā adinnādānapārājikāpattiyā aññabhāgiyā. Uttarimanussadhammapārājikāpatti methunadhammapārājikāpattiyā adinnādānapārājikāpattiyā manussaviggahapārājikāpattiyā aññabhāgiyā. Evaṃ āpattādhikaraṇaṃ āpattādhikaraṇassa aññabhāgiyaṃ.

Kathaṃ āpattādhikaraṇaṃ āpattādhikaraṇassa tabbhāgiyaṃ? Methunadhammapārājikāpatti methunadhammapārājikāpattiyā tabbhāgiyā. Adinnādānapārājikāpatti adinnādānapārājikāpattiyā tabbhāgiyā. Manussaviggahapārājikāpatti manussaviggahapārājikāpattiyā tabbhāgiyā. Uttarimanussadhammapārājikāpatti uttarimanussadhammapārājikāpattiyā tabbhāgiyā. Evaṃ āpattādhikaraṇaṃ āpattādhikaraṇassa tabbhāgiyaṃ.

Kiccādhikaraṇaṃ kiccādhikaraṇassa tabbhāgiyaṃ. Evaṃ adhikaraṇaṃ adhikaraṇassa tabbhāgiyaṃ.

394.Kiñci desaṃ lesamattaṃ upādāyāti leso nāma dasa lesā – jātileso , nāmaleso, gottaleso, liṅgaleso, āpattileso, pattaleso, cīvaraleso, upajjhāyaleso, ācariyaleso, senāsanaleso.

395.Jātileso nāma khattiyo diṭṭho hoti pārājikaṃ dhammaṃ ajjhāpajjanto. Aññaṃ khattiyaṃ passitvā codeti – ''khattiyo mayā diṭṭho [ettha ''pārājikaṃ dhammaṃ ajjhāpajjanto''ti pāṭho ūno maññe, aṭṭhakathāyaṃ hi ''khattiyo mayā diṭṭho pārājikaṃ dhammaṃ ajjhāpajjanto''ti dissati]. Pārājikaṃ dhammaṃ ajjhāpannosi, assamaṇosi, asakyaputtiyosi, natthi tayā saddhiṃ uposatho vā pavāraṇā vā saṅghakammaṃ vā''ti, āpatti vācāya, vācāya saṅghādisesassa.

Brāhmaṇo diṭṭho hoti...pe... vesso diṭṭho hoti...pe... suddo diṭṭho hoti pārājikaṃ dhammaṃ ajjhāpajjanto. Aññaṃ suddaṃ passitvā codeti – ''suddo mayā diṭṭho. Pārājikaṃ dhammaṃ ajjhāpannosi, assamaṇosi, asakyaputtiyosi''...pe... āpatti vācāya, vācāya saṅghādisesassa.

396.Nāmaleso nāma buddharakkhito diṭṭho hoti...pe... dhammarakkhito diṭṭho hoti...pe... saṅgharakkhito diṭṭho hoti pārājikaṃ dhammaṃ ajjhāpajjanto . Aññaṃ saṅgharakkhitaṃ passitvā codeti – ''saṅgharakkhito mayā diṭṭho. Pārājikaṃ dhammaṃ ajjhāpannosi, assamaṇosi, asakyaputtiyosi''...pe... āpatti vācāya, vācāya saṅghādisesassa.

397.Gottaleso nāma Gotamo diṭṭho hoti...pe... moggallāno diṭṭho hoti...pe... kaccāyano diṭṭho hoti...pe... vāsiṭṭho diṭṭho hoti pārājikaṃ dhammaṃ ajjhāpajjanto. Aññaṃ vāsiṭṭhaṃ passitvā codeti – ''vāsiṭṭho mayā diṭṭho. Pārājikaṃ dhammaṃ ajjhāpannosi, assamaṇosi, asakyaputtiyosi''...pe... āpatti vācāya, vācāya saṅghādisesassa.

398.Liṅgaleso nāma dīgho diṭṭho hoti...pe... rasso diṭṭho hoti...pe... kaṇho diṭṭho hoti...pe... odāto diṭṭho hoti pārājikaṃ dhammaṃ ajjhāpajjanto. Aññaṃ odātaṃ passitvā codeti – ''odāto mayā diṭṭho. Pārājikaṃ dhammaṃ ajjhāpannosi, assamaṇosi, asakyaputtiyosi''...pe... āpatti vācāya, vācāya saṅghādisesassa.

399.Āpattileso nāma lahukaṃ āpattiṃ āpajjanto diṭṭho hoti. Tañce pārājikena codeti – ''assamaṇosi, asakyaputtiyosi...pe... āpatti vācāya, vācāya saṅghādisesassa.

400.Pattaleso nāma lohapattadharo diṭṭho hoti...pe... sāṭakapattadharo diṭṭho hoti...pe... sumbhakapattadharo diṭṭho hoti pārājikaṃ dhammaṃ ajjhāpajjanto. Aññaṃ sumbhakapattadharaṃ passitvā codeti – ''sumbhakapattadharo mayā diṭṭho. Pārājikaṃ dhammaṃ ajjhāpannosi, assamaṇosi, asakyaputtiyosi''...pe... āpatti vācāya, vācāya saṅghādisesassa.

401.Cīvaraleso nāma paṃsukūliko diṭṭho hoti...pe... gahapaticīvaradharo diṭṭho hoti pārājikaṃ dhammaṃ ajjhāpajjanto. Aññaṃ gahapaticīvaradharaṃ passitvā codeti – ''gahapaticīvaradharo mayā diṭṭho. Pārājikaṃ dhammaṃ ajjhāpannosi, assamaṇosi, asakyaputtiyosi''...pe... āpatti vācāya, vācāya saṅghādisesassa.

402.Upajjhāyaleso nāma itthannāmassa saddhivihāriko diṭṭho hoti pārājikaṃ dhammaṃ ajjhāpajjanto. Aññaṃ itthannāmassa saddhivihārikaṃ passitvā codeti – ''itthannāmassa saddhivihāriko mayā diṭṭho. Pārājikaṃ dhammaṃ ajjhāpannosi, assamaṇosi, asakyaputtiyosi''...pe... āpatti vācāya, vācāya saṅghādisesassa.

403.Ācariyaleso nāma itthannāmassa antevāsiko diṭṭho hoti pārājikaṃ dhammaṃ ajjhāpajjanto. Aññaṃ itthannāmassa antevāsikaṃ passitvā codeti – ''itthannāmassa antevāsiko mayā diṭṭho. Pārājikaṃ dhammaṃ ajjhāpannosi, assamaṇosi, asakyaputtiyosi''...pe... āpatti vācāya, vācāya saṅghādisesassa.

404.Senāsanaleso nāma itthannāmasenāsanavāsiko diṭṭho hoti pārājikaṃ dhammaṃ ajjhāpajjanto. Aññaṃ itthannāmasenāsanavāsikaṃ passitvā codeti – ''itthannāmasenāsanavāsiko mayā diṭṭho. Pārājikaṃ dhammaṃ ajjhāpannosi, assamaṇosi, asakyaputtiyosi, natthi tayā saddhiṃ uposatho vā pavāraṇā vā saṅghakammaṃ vā''ti, āpatti vācāya, vācāya saṅghādisesassa.

405.Pārājikena dhammenāti catunnaṃ aññatarena.

Anuddhaṃseyyāti codeti vā codāpeti vā.

Appeva nāma naṃ imamhā brahmacariyācāveyyanti bhikkhubhāvā cāveyyaṃ, samaṇadhammā cāveyyaṃ, sīlakkhandhā cāveyyaṃ, tapoguṇā cāveyyaṃ.

Tato aparena samayenāti yasmiṃ khaṇe anuddhaṃsito hoti, taṃ khaṇaṃ taṃ layaṃ taṃ muhuttaṃ vītivatte.

Samanuggāhīyamānoti yena vatthunā anuddhaṃsito hoti tasmiṃ vatthusmiṃ samanuggāhīyamāno.

Asamanuggāhīyamānoti na kenaci vuccamāno.

Adhikaraṇaṃ nāma cattāri adhikaraṇāni – vivādādhikaraṇaṃ, anuvādādhikaraṇaṃ, āpattādhikaraṇaṃ, kiccādhikaraṇaṃ.

Kocideso lesamatto upādinnoti tesaṃ dasannaṃ lesānaṃ aññataro leso upādinno hoti.

Bhikkhu ca dosaṃ patiṭṭhātīti tucchakaṃ mayā bhaṇitaṃ, musā mayā bhaṇitaṃ, abhūtaṃ mayā bhaṇitaṃ, ajānantena mayā bhaṇitaṃ.

Saṅghādisesoti ...pe... tenapi vuccati saṅghādisesoti.

406. Bhikkhu saṅghādisesaṃ ajjhāpajjanto diṭṭho hoti, saṅghādisese saṅghādisesadiṭṭhi hoti. Tañce pārājikena codeti – ''assamaṇosi, asakyaputtiyosi, natthi tayā saddhiṃ uposatho vā pavāraṇā vā saṅghakammaṃ vā''ti, evampi āpattaññabhāgiyaṃ hoti leso ca upādinno, āpatti vācāya, vācāya saṅghādisesassa.

Bhikkhu saṅghādisesaṃ ajjhāpajjanto diṭṭho hoti, saṅghādisese thullaccayadiṭṭhi hoti...pe... pācittiyadiṭṭhi hoti... pāṭidesanīyadiṭṭhi hoti... dukkaṭadiṭṭhi hoti... dubbhāsitadiṭṭhi hoti. Tañce pārājikena codeti – ''assamaṇosi''...pe... evampi āpattaññabhāgiyaṃ hoti leso ca upādinno, āpatti vācāya, vācāya saṅghādisesassa.

Bhikkhu thullaccayaṃ ajjhāpajjanto diṭṭho hoti thullaccaye thullaccayadiṭṭhi hoti...pe... thullaccaye pācittiyadiṭṭhi hoti... pāṭidesanīyadiṭṭhi hoti... dukkaṭadiṭṭhi hoti... dubbhāsitadiṭṭhi hoti...

saṅghādisesadiṭṭhi hoti. Tañce pārājikena codeti – ''assamaṇosi'' ...pe... evampi āpattaññabhāgiyaṃ hoti leso ca upādinno, āpatti vācāya, vācāya saṅghādisesassa.
Bhikkhu pācittiyaṃ...pe... pāṭidesanīyaṃ... dukkaṭaṃ... dubbhāsitaṃ ajjhāpajjanto diṭṭho hoti, dubbhāsite dubbhāsitadiṭṭhi hoti...pe... dubbhāsite saṅghādisesadiṭṭhi hoti... thullaccayadiṭṭhi hoti... pācittiyadiṭṭhi hoti... pāṭidesanīyadiṭṭhi hoti... dukkaṭadiṭṭhi hoti. Tañce pārājikena codeti – ''assamaṇosi, asakyaputtiyosi, natthi tayā saddhiṃ uposatho vā pavāraṇā vā saṅghakammaṃ vā''ti, evampi āpattaññabhāgiyaṃ hoti leso ca upādinno, āpatti vācāya, vācāya saṅghādisesassa.
Ekekaṃ mūlaṃ kātuna cakkaṃ bandhitabbaṃ.
407. Bhikkhu saṅghādisesaṃ ajjhāpajjanto diṭṭho hoti saṅghādisese saṅghādisesadiṭṭhi hoti. Tañce pārājikena codāpeti – ''assamaṇosi''...pe... evampi āpattaññabhāgiyaṃ hoti leso ca upādinno, āpatti vācāya, vācāya saṅghādisesassa.
Bhikkhu saṅghādisesaṃ ajjhāpajjanto diṭṭho hoti, saṅghādisese thullaccayadiṭṭhi hoti...pe... pācittiyadiṭṭhi hoti... pāṭidesanīyadiṭṭhi hoti... dukkaṭadiṭṭhi hoti... dubbhāsitadiṭṭhi hoti. Tañce pārājikena codāpeti – ''assamaṇosi''...pe... evampi āpattaññabhāgiyaṃ hoti leso ca upādinno, āpatti vācāya, vācāya saṅghādisesassa.
Bhikkhu thullaccayaṃ ajjhāpajjanto diṭṭho hoti thullaccaye thullaccayadiṭṭhi hoti...pe... thullaccaye pācittiyadiṭṭhi hoti... pāṭidesanīyadiṭṭhi hoti... dukkaṭadiṭṭhi hoti... dubbhāsitadiṭṭhi hoti... saṅghādisesadiṭṭhi hoti. Tañce pārājikena codāpeti – ''assamaṇosi''...pe... evampi āpattaññabhāgiyaṃ hoti leso ca upādinno, āpatti vācāya, vācāya saṅghādisesassa.
Bhikkhu pācittiyaṃ...pe... pāṭidesanīyaṃ... dukkaṭaṃ... dubbhāsitaṃ ajjhāpajjanto diṭṭho hoti dubbhāsite dubbhāsitadiṭṭhi hoti...pe... dubbhāsite saṅghādisesadiṭṭhi hoti... thullaccayadiṭṭhi hoti... pācittiyadiṭṭhi hoti... pāṭidesanīyadiṭṭhi hoti... dukkaṭadiṭṭhi hoti. Tañce pārājikena codāpeti – ''assamaṇosi, asakyaputtiyosi, natthi tayā saddhiṃ uposatho vā pavāraṇā vā saṅghakammaṃ vā''ti, evampi āpattaññabhāgiyaṃ hoti leso ca upādinno, āpatti vācāya, vācāya saṅghādisesassa.
408. Anāpatti tathāsaññī codeti vā codāpeti vā, ummattakassa, ādikammikassāti.
Dutiyaduṭṭhadosasikkhāpadaṃ niṭṭhitaṃ navamaṃ.
10. Saṅghabhedasikkhāpadaṃ
409.[idaṃ vatthu cūḷava. 343] Tena samayena buddho Bhagavā rājagahe viharati veḷuvane kalandakanivāpe. Atha kho devadatto yena kokāliko kaṭamodakatissako [kaṭamorakatissako (sī. syā.)]khaṇḍadeviyā putto samuddadatto tenupasaṅkami; upasaṅkamitvā kokālikaṃ kaṭamodakatissakaṃ khaṇḍadeviyā puttaṃ samuddadattaṃ etadavoca – ''etha mayaṃ, āvuso, samaṇassa Gotamassa saṅghabhedaṃ karissāma cakkabheda''nti. Evaṃ vutte kokāliko devadattaṃ etadavoca – ''samaṇo kho, āvuso, Gotamo mahiddhiko mahānubhāvo. Kathaṃ mayaṃ samaṇassa Gotamassa saṅghabhedaṃ karissāma cakkabheda''nti? ''Etha mayaṃ, āvuso, samaṇaṃ Gotamaṃ upasaṅkamitvā pañca vatthūni yācissāma – 'Bhagavā, bhante, anekapariyāyena appicchassa santuṭṭhassa sallekhassa dhutassa pāsādikassa apacayassa vīriyārambhassa [vīriyārabbhassa (ka.)] vaṇṇavādī. Imāni, bhante, pañca vatthūni anekapariyāyena appicchatāya santuṭṭhiyā sallekhāya dhutatāya pāsādikatāya apacayāya vīriyārambhāya saṃvattanti. Sādhu, bhante, bhikkhū yāvajīvaṃ āraññikā assu; yo gāmantaṃ osareyya, vajjaṃ naṃ phuseyya. Yāvajīvaṃ piṇḍapātikā assu; yo nimantanaṃ sādiyeyya, vajjaṃ naṃ phuseyya. Yāvajīvaṃ paṃsukūlikā assu; yo gahapaticīvaraṃ sādiyeyya, vajjaṃ naṃ phuseyya. Yāvajīvaṃ rukkhamūlikā assu; yo channaṃ upagaccheyya, vajjaṃ naṃ phuseyya. Yāvajīvaṃ macchamaṃsaṃ na khādeyyuṃ; yo macchamaṃsaṃ khādeyya, vajjaṃ naṃ phuseyyā'ti. Imāni samaṇo Gotamo nānujānissati. Te mayaṃ imehi pañcahi vatthūhi janaṃ saññāpessāmāti. Sakkā kho, āvuso, imehi pañcahi vatthūhi samaṇassa Gotamassa saṅghabhedo kātuṃ cakkabhedo. Lūkhapasannā hi, āvuso, manussā''ti.
Atha kho devadatto sapariso yena Bhagavā tenupasaṅkami; upasaṅkamitvā bhagavantaṃ abhivādetvā ekamantaṃ nisīdi. Ekamantaṃ nisinno kho devadatto bhagavantaṃ etadavoca – ''Bhagavā, bhante, anekapariyāyena appicchassa...pe... vīriyārambhassa vaṇṇavādī. Imāni, bhante, pañca vatthūni anekapariyāyena appicchatāya...pe... vīriyārambhāya saṃvattanti. Sādhu, bhante, bhikkhū yāvajīvaṃ āraññikā assu; yo gāmantaṃ osareyya vajjaṃ naṃ phuseyya...pe... yāvajīvaṃ macchamaṃsaṃ na khādeyyuṃ, yo macchamaṃsaṃ khādeyya vajjaṃ naṃ phuseyyā''ti. ''Alaṃ, devadatta, yo icchati āraññiko hotu, yo icchati gāmante viharatu; yo icchati piṇḍapātiko hotu, yo icchati nimantanaṃ sādiyatu; yo icchati paṃsukūliko hotu, yo icchati gahapaticīvaraṃ sādiyatu. Aṭṭhamāse kho mayā, devadatta, rukkhamūlasenāsanaṃ anuññātaṃ, tikoṭiparisuddhaṃ macchamaṃsaṃ – adiṭṭhaṃ asutaṃ aparisaṅkita''nti. Atha kho devadatto – ''na Bhagavā imāni pañca vatthūni anujānātī''ti haṭṭho udaggo sapariso uṭṭhāyāsanā bhagavantaṃ abhivādetvā padakkhiṇaṃ katvā pakkāmi.
410. Atha kho devadatto sapariso rājagahaṃ pavisitvā pañcahi vatthūhi janaṃ saññāpesi – ''mayaṃ, āvuso, samaṇaṃ Gotamaṃ upasaṅkamitvā pañca vatthūni yācimhā – 'Bhagavā, bhante, anekapariyāyena appicchassa santuṭṭhassa sallekhassa dhutassa pāsādikassa apacayassa vīriyārambhassa vaṇṇavādī. Imāni, bhante, pañca vatthūni anekapariyāyena appicchatāya santuṭṭhiyā sallekhāya dhutatāya pāsādikatāya apacayāya vīriyārambhāya saṃvattanti. Sādhu, bhante, bhikkhū yāvajīvaṃ āraññikā assu; yo gāmantaṃ

osareyya, vajjaṃ naṃ phuseyya. Yāvajīvaṃ piṇḍapātikā assu; yo nimantanaṃ sādiyeyya, vajjaṃ naṃ phuseyya. Yāvajīvaṃ paṃsukūlikā assu; yo gahapaticīvaraṃ sādiyeyya, vajjaṃ naṃ phuseyya. Yāvajīvaṃ rukkhamūlikā assu; yo channaṃ upagaccheyya, vajjaṃ naṃ phuseyya. Yāvajīvaṃ macchamaṃsaṃ na khādeyyuṃ; yo macchamaṃsaṃ khādeyya, vajjaṃ naṃ phuseyyā'ti. Imāni samaṇo Gotamo nānujānāti . Te mayaṃ imehi pañcahi vatthūhi samādāya vattāmā''ti. Tattha ye te manussā assaddhā appasannā dubbuddhino te evamāhaṃsu – ''ime kho samaṇā sakyaputtiyā dhutā sallekhavuttino, samaṇo pana Gotamo bāhulliko bāhullāya cetetī''ti. Ye pana te manussā saddhā pasannā paṇḍitā byattā buddhimanto te ujjhāyanti khiyyanti vipācenti – ''kathañhi nāma devadatto bhagavato saṅghabhedāya parakkamissati cakkabhedāyā''ti! Assosuṃ kho bhikkhū tesaṃ manussānaṃ ujjhāyantānaṃ khiyyantānaṃ vipācentānaṃ. Ye te bhikkhū appicchā...pe... te ujjhāyanti khiyyanti vipācenti – ''kathañhi nāma devadatto saṅghabhedāya parakkamissati cakkabhedāyā''ti! Atha kho te bhikkhū devadattaṃ anekapariyāyena vigarahitvā bhagavato etamatthaṃ ārocesuṃ...pe... ''saccaṃ kira tvaṃ, devadatta, saṅghabhedāya parakkamasi cakkabhedāyā''ti? ''Saccaṃ, Bhagavā''ti. Vigarahi buddho Bhagavā...pe... ''kathañhi nāma tvaṃ, moghapurisa, saṅghabhedāya parakkamissasi cakkabhedāya! Netaṃ, moghapurisa, appasannānaṃ vā pasādāya...pe... evañca pana, bhikkhave, imaṃ sikkhāpadaṃ uddiseyyātha –

411.''Yo pana bhikkhu samaggassa saṅghassa bhedāya parakkameyya, bhedanasaṃvattanikaṃ vā adhikaraṇaṃ samādāya paggayha tiṭṭheyya, so bhikkhu bhikkhūhi evamassa vacanīyo – 'māyasmā samaggassa saṅghassa bhedāya parakkami, bhedanasaṃvattanikaṃ vā adhikaraṇaṃ samādāya paggayha aṭṭhāsi. Sametāyasmā saṅghena. Samaggo hi saṅgho sammodamāno avivadamāno ekuddeso phāsu viharatī'ti. Evañca so bhikkhu bhikkhūhi vuccamāno tatheva paggaṇheyya, so bhikkhu bhikkhūhi yāvatatiyaṃ samanubhāsitabbo tassa paṭinissaggāya. Yāvatatiyañce samanubhāsiyamāno taṃ paṭinissajjeyya, iccetaṃ kusalaṃ; no ce paṭinissajjeyya, saṅghādiseso''ti.

412.Yo panāti yo yādiso...pe... bhikkhūti...pe... ayaṃ imasmiṃ atthe adhippeto bhikkhūti.

Samaggo nāma saṅgho samānasaṃvāsako samānasīmāyaṃ ṭhito.

Bhedāya parakkameyyāti – ''kathaṃ ime nānā assu, vinā assu, vaggā assū''ti pakkhaṃ pariyesati, gaṇaṃ bandhati.

Bhedanasaṃvattanikaṃ vā adhikaraṇanti aṭṭhārasabhedakaravatthūni.

Samādāyāti ādāya.

Paggayhāti dīpeyya.

Tiṭṭheyyāti na paṭinissajjeyya.

So bhikkhūti yo so saṅghabhedako bhikkhu.

Bhikkhūhīti aññehi bhikkhūhi.

Ye passanti, ye suṇanti, tehi vattabbo – ''māyasmā samaggassa saṅghassa bhedāya parakkami, bhedanasaṃvattanikaṃ vā adhikaraṇaṃ samādāya paggayha aṭṭhāsi. Sametāyasmā saṅghena. Samaggo hi saṅgho sammodamāno avivadamāno ekuddeso phāsu viharatī''ti. Dutiyampi vattabbo. Tatiyampi vattabbo. Sace paṭinissajjati, iccetaṃ kusalaṃ; no ce paṭinissajjati, āpatti dukkaṭassa. Sutvā na vadanti , āpatti dukkaṭassa. So bhikkhu saṅghamajjhampi ākaḍḍhitvā vattabbo – ''māyasmā samaggassa saṅghassa bhedāya parakkami, bhedanasaṃvattanikaṃ vā adhikaraṇaṃ samādāya paggayha aṭṭhāsi. Sametāyasmā saṅghena. Samaggo hi saṅgho sammodamāno avivadamāno ekuddeso phāsu viharatī''ti. Dutiyampi vattabbo. Tatiyampi vattabbo. Sace paṭinissajjati, iccetaṃ kusalaṃ; no ce paṭinissajjati, āpatti dukkaṭassa. So bhikkhu samanubhāsitabbo – ''evañca pana, bhikkhave, samanubhāsitabbo. Byattena bhikkhunā paṭibalena saṅgho ñāpetabbo –

413. ''Suṇātu me, bhante, saṅgho. Ayaṃ itthannāmo bhikkhu samaggassa saṅghassa bhedāya parakkamati. So taṃ vatthuṃ na paṭinissajjati. Yadi saṅghassa pattakallaṃ, saṅgho itthannāmaṃ bhikkhuṃ samanubhāseyya tassa vatthussa paṭinissaggāya. Esā ñatti.

''Suṇātu me, bhante, saṅgho. Ayaṃ itthannāmo bhikkhu samaggassa saṅghassa bhedāya parakkamati. So taṃ vatthuṃ na paṭinissajjati. Saṅgho itthannāmaṃ bhikkhuṃ samanubhāsati tassa vatthussapaṭinissaggāya. Yassāyasmato khamati itthannāmassa bhikkhuno samanubhāsanā tassa vatthussa paṭinissaggāya, so tuṇhassa; yassa nakkhamati, so bhāseyya.

''Dutiyampi etamatthaṃ vadāmi...pe... tatiyampi etamatthaṃ vadāmi – suṇātu me, bhante, saṅgho. Ayaṃ itthannāmo bhikkhu samaggassa saṅghassa bhedāya parakkamati. So taṃ vatthuṃ na paṭinissajjati. Saṅgho itthannāmaṃ bhikkhuṃ samanubhāsati tassa vatthussa paṭinissaggāya. Yassāyasmato khamati itthannāmassa bhikkhuno samanubhāsanā tassa vatthussa paṭinissaggāya, so tuṇhassa; yassa nakkhamati, so bhāseyya.

''Samanubhaṭṭho saṅghena itthannāmo bhikkhu tassa vatthussa paṭinissaggāya. Khamati saṅghassa, tasmā tuṇhī, evametaṃ dhārayāmī''ti.

414. Ñattiyā dukkaṭaṃ, dvīhi kammavācāhi thullaccayā, kammavācāpariyosāne āpatti saṅghādisesassa. Saṅghādisesaṃ ajjhāpajjantassa ñattiyā dukkaṭaṃ, dvīhi kammavācāhi thullaccayā paṭippassambhanti. Saṅghādisesoti...pe... tenapi vuccati saṅghādisesoti.

415. Dhammakamme dhammakammasaññī na paṭinissajjati, āpatti saṅghādisesassa.
Dhammakamme vematiko na paṭinissajjati, āpatti saṅghādisesassa.
Dhammakamme adhammakammasaññī na paṭinissajjati, āpatti saṅghādisesassa.
Adhammakamme dhammakammasaññī, āpatti dukkaṭassa.
Adhammakamme vematiko, āpatti dukkaṭassa.
Adhammakamme adhammakammasaññī, āpatti dukkaṭassa.
416. Anāpatti asamanubhāsantassa, paṭinissajjantassa, ummattakassa, khittacittassa, vedanāṭṭassa, ādikammikassāti.
Saṅghabhedasikkhāpadaṃ niṭṭhitaṃ dasamaṃ.
11. Bhedānuvattakasikkhāpadaṃ
417. Tena samayena buddho Bhagavā rājagahe viharati veḷuvane kalandakanivāpe. Tena kho pana samayena devadatto saṅghabhedāya parakkamati cakkabhedāya. Bhikkhū evamāhaṃsu – ''adhammavādī devadatto, avinayavādī devadatto. Kathañhi nāma devadatto saṅghabhedāya parakkamissati cakkabhedāyā''ti! Evaṃ vutte kokāliko kaṭamodakatissako khaṇḍadeviyā putto samuddadatto te bhikkhū etadavocuṃ – ''māyasmanto evaṃ avacuttha. Dhammavādī devadatto, vinayavādī devadatto. Amhākañca devadatto chandañca ruciñca ādāya voharati jānāti no bhāsati amhākampetaṃ khamatī''ti. Ye te bhikkhū appicchā...pe... te ujjhāyanti khiyyanti vipācenti – ''kathañhi nāma bhikkhū devadattassa saṅghabhedāya parakkamantassa anuvattakā bhavissanti vaggavādakā''ti! Atha kho te bhikkhū te anuvattake bhikkhū anekapariyāyena vigarahitvā bhagavato etamatthaṃ ārocesuṃ...pe... ''saccaṃ kira, bhikkhave, bhikkhū devadattassa saṅghabhedāya parakkamantassa anuvattakā honti vaggavādakā''ti? ''Saccaṃ, Bhagavā''ti. Vigarahi buddho Bhagavā...pe... ''kathañhi nāma te, bhikkhave, moghapurisā devadattassa saṅghabhedāya parakkamantassa anuvattakā bhavissanti vaggavādakā ! Netaṃ, bhikkhave, appasannānaṃ vā pasādāya...pe... evañca pana, bhikkhave, imaṃ sikkhāpadaṃ uddiseyyātha –
418.''Tasseva kho pana bhikkhussa bhikkhū honti anuvattakā vaggavādakā eko vā dve vā tayo vā. Te evaṃ vadeyyuṃ – 'māyasmanto etaṃ bhikkhuṃ kiñci avacuttha. Dhammavādī ceso bhikkhu, vinayavādī ceso bhikkhu. Amhākañceso bhikkhu chandañca ruciñca ādāya voharati jānāti no bhāsati amhākampetaṃ khamatī'ti, te bhikkhū bhikkhūhi evamassu vacanīyā – 'māyasmanto evaṃ avacuttha, na ceso bhikkhu dhammavādī, na ceso bhikkhu vinayavādī, māyasmantānampi saṅghabhedo ruccittha, sametāyasmantānaṃ saṅghena, samaggo hi saṅgho sammodamāno avivadamāno ekuddeso phāsu viharatī'ti. Evañca te bhikkhū bhikkhūhi vuccamānā tatheva paggaṇheyyuṃ, te bhikkhū bhikkhūhi yāvatatiyaṃ samanubhāsitabbā tassa paṭinissaggāya. Yāvatatiyañce samanubhāsiyamānā taṃ paṭinissajjeyyuṃ, iccetaṃ kusalaṃ, no ce paṭinissajjeyyuṃ, saṅghādiseso''ti.
419.Tasseva kho panāti tassa saṅghabhedakassa bhikkhuno.
Bhikkhū hontīti aññe bhikkhū honti.
Anuvattakāti yaṃdiṭṭhiko so hoti yaṃkhantiko yaṃruciko tepi taṃdiṭṭhikā honti taṃkhantikā taṃrucikā.
Vaggavādakāti tassa vaṇṇāya pakkhāya ṭhitā honti.
Eko vā dve vā tayo vāti eko vā hoti dve vā tayo vā. Te evaṃ vadeyyuṃ – ''māyasmanto etaṃ bhikkhuṃ kiñci avacuttha, dhammavādī ceso bhikkhu, vinayavādī ceso bhikkhu, amhākañceso bhikkhu chandañca ruciñca ādāya voharati jānāti no bhāsati amhākampetaṃ khamatī'ti.
Te bhikkhūti ye te anuvattakā bhikkhū.
Bhikkhūhīti aññehi bhikkhūhi.
Ye passanti ye suṇanti tehi vattabbā – ''māyasmanto evaṃ avacuttha. Na ceso bhikkhu dhammavādī, na ceso bhikkhu vinayavādī. Māyasmantānampi saṅghabhedo ruccittha. Sametāyasmantānaṃ saṅghena. Samaggo hi saṅgho sammodamāno avivadamāno ekuddeso phāsu viharatī''ti. Dutiyampi vattabbā. Tatiyampi vattabbā. Sace paṭinissajjanti, iccetaṃ kusalaṃ; no ce paṭinissajjanti, āpatti dukkaṭassa. Sutvā na vadanti, āpatti dukkaṭassa. Te bhikkhū saṅghamajjhampi ākaḍḍhitvā vattabbā – ''māyasmanto evaṃ avacuttha. Na ceso bhikkhu dhammavādī, na ceso bhikkhu vinayavādī. Māyasmantānampi saṅghabhedo ruccittha. Sametāyasmantānaṃ saṅghena. Samaggo hi saṅgho sammodamāno avivadamāno ekuddeso phāsu viharatī''ti. Dutiyampi vattabbā. Tatiyampi vattabbā. Sace paṭinissajjanti, iccetaṃ kusalaṃ; no ce paṭinissajjanti, āpatti dukkaṭassa. Te bhikkhū samanubhāsitabbā. Evañca pana, bhikkhave, samanubhāsitabbā. Byattena bhikkhunā paṭibalena saṅgho ñāpetabbo –
420. ''Suṇātu me, bhante, saṅgho. Itthannāmo ca itthanāmo ca bhikkhū itthannāmassa bhikkhuno saṅghabhedāya parakkamantassa anuvattakā vaggavādakā . Te taṃ vatthuṃ na paṭinissajjanti. Yadi saṅghassa pattakallaṃ, saṅgho itthannāmañca itthannāmañca bhikkhū samanubhāseyya tassa vatthussa paṭinissaggāya. Esā ñatti.
''Suṇātu me, bhante, saṅgho. Itthannāmo ca itthannāmo ca bhikkhū itthannāmassa bhikkhuno saṅghabhedāya parakkamantassa anuvattakā vaggavādakā. Te taṃ vatthuṃ na paṭinissajjanti. Saṅgho itthannāmañca itthannāmañca bhikkhū samanubhāsati tassa vatthussa paṭinissaggāya. Yassāyasmato

khamati itthannāmassa ca itthannāmassa ca bhikkhūnaṃ samanubhāsanā tassa vatthussa paṭinissaggāya, so tuṇhassa; yassa nakkhamati, so bhāseyya.
"Dutiyampi etamatthaṃ vadāmi...pe... tatiyampi etamatthaṃ vadāmi – suṇātu me, bhante, saṅgho. Itthannāmo ca itthannāmo ca bhikkhū itthannāmassa bhikkhuno saṅghabhedāya parakkamantassa anuvattakā vaggavādakā. Te taṃ vatthuṃ na paṭinissajjanti. Saṅgho itthannāmañca itthannāmañca bhikkhū samanubhāsati tassa vatthussa paṭinissaggāya. Yassāyasmato khamati itthannāmassa ca itthannāmassa ca bhikkhūnaṃ samanubhāsanā tassa vatthussa paṭinissaggāya, so tuṇhassa; yassa nakkhamati, so bhāseyya.
"Samanubhaṭṭhā saṅghena itthannāmo ca itthannāmo ca bhikkhū tassa vatthussa paṭinissaggāya. Khamati saṅghassa, tasmā tuṇhī, evametaṃ dhārayāmī"ti.
421. Ñattiyā dukkaṭaṃ, dvīhi kammavācāhi thullaccayā, kammavācāpariyosāne āpatti saṅghādisesassa. Saṅghādisesaṃ ajjhāpajjantānaṃ ñattiyā dukkaṭaṃ, dvīhi kammavācāhi thullaccayāpaṭippassambhanti. Dve tayo ekato samanubhāsitabbā, taduttari na samanubhāsitabbā.
Saṅghādisesoti...pe... tenapi vuccati "saṅghādiseso"ti.
422. Dhammakamme dhammakammasaññī na paṭinissajjanti, āpatti saṅghādisesassa.
Dhammakamme vematikā na paṭinissajjanti, āpatti saṅghādisesassa.
Dhammakamme adhammakammasaññī na paṭinissajjanti, āpatti saṅghādisesassa.
Adhammakamme dhammakammasaññī, āpatti dukkaṭassa.
Adhammakamme vematikā, āpatti dukkaṭassa.
Adhammakamme adhammakammasaññī, āpatti dukkaṭassa.
423. Anāpatti asamanubhāsantānaṃ, paṭinissajjantānaṃ, ummattakānaṃ, khittacittānaṃ, vedanāṭṭānaṃ, ādikammikānanti.
Bhedānuvattakasikkhāpadaṃ niṭṭhitaṃ ekādasamaṃ.
12. Dubbacasikkhāpadaṃ
424. Tena samayena buddho Bhagavā kosambiyaṃ viharati ghositārāme. Tena kho pana samayena āyasmā channo anācaraṃ ācarati. Bhikkhū evamāhaṃsu – "māvuso, channa, evarūpaṃ akāsi. Netaṃ kappatī"ti. So evaṃ vadeti – "kiṃ nu kho nāma tumhe, āvuso, maṃ vattabbaṃ maññatha? Ahaṃ kho nāma tumhe vadeyyaṃ. Amhākaṃ buddho amhākaṃ dhammo amhākaṃ ayyaputtena dhammo abhisamito. Seyyathāpi nāma mahāvāto vāyanto tiṇakaṭṭhapaṇṇasaṭaṃ [tiṇakaṭṭhapaṇṇakasaṭaṃ (ka.)] ekato ussāreyya, seyyathā vā pana nadī pabbateyyā saṅkhasevālapaṇakaṃ ekato ussāreyya, evameva tumhe nānānāmā nānāgottā nānājaccā nānākulā pabbajitā ekato ussaritā. Kiṃ nu kho nāma tumhe, āvuso, maṃ vattabbaṃ maññatha? Ahaṃ kho nāma tumhe vadeyyaṃ! Amhākaṃ buddho amhākaṃ dhammo amhākaṃ ayyaputtena dhammo abhisamito"ti. Ye te bhikkhū appicchā...pe... te ujjhāyanti khiyyanti vipācenti – "kathañhi nāma āyasmā channo bhikkhūhi sahadhammikaṃ vuccamāno attānaṃ avacanīyaṃ karissatī"ti! Atha kho te bhikkhū āyasmantaṃ channaṃ anekapariyāyena vigarahitvā bhagavato etamatthaṃ ārocesuṃ...pe... "saccaṃ kira tvaṃ, channa, bhikkhūhi sahadhammikaṃ vuccamāno attānaṃ avacanīyaṃ karosī"ti? "Saccaṃ Bhagavā"ti. Vigarahi buddho Bhagavā...pe... "kathañhi nāma tvaṃ, moghapurisa, bhikkhūhi sahadhammikaṃ vuccamāno attānaṃ avacanīyaṃ karissasi! Netaṃ, moghapurisa , appasannānaṃ vā pasādāya...pe... evañca pana, bhikkhave, imaṃ sikkhāpadaṃ uddiseyyātha –
425."Bhikkhu paneva dubbacajātiko hoti uddesapariyāpannesu sikkhāpadesu bhikkhūhi sahadhammikaṃ vuccamāno attānaṃ avacanīyaṃ karoti – 'mā maṃ āyasmanto kiñci avacuttha kalyāṇaṃ vā pāpakaṃ vā, ahampāyasmante na kiñci vakkhāmi kalyāṇaṃ vā pāpakaṃ vā, viramathāyasmanto mama vacanāyā'ti, so bhikkhu bhikkhūhi evamassa vacanīyo – 'māyasmā attānaṃ avacanīyaṃ akāsi, vacanīyamevāyasmā attānaṃ karotu, āyasmāpi bhikkhū vadetu sahadhammena, bhikkhūpi āyasmantaṃ vakkhanti sahadhammena. Evaṃ saṃvaddhā hi tassa bhagavato parisā yadidaṃ aññamaññavacanenaaññamaññavuṭṭhāpanenāti. Evañca so bhikkhuṃ bhikkhūhi vuccamāno tatheva paggaṇheyya, so bhikkhu bhikkhūhi yāvatatiyaṃ samanubhāsitabbo tassa paṭinissaggāya. Yāvatatiyañce samanubhāsīyamāno taṃ paṭinissajjeyya, iccetaṃ kusalaṃ; no ce paṭinissajjeyya, saṅghādiseso"ti.
426.Bhikkhū paneva dubbacajātiko hotīti dubbaco hoti dovacassakaraṇehi dhammehi samannāgato akkhamo appadakkhiṇaggāhī anusāsaniṃ.
Uddesapariyāpannesu sikkhāpadesūti pātimokkhapariyāpannesu sikkhāpadesu.
Bhikkhūhīti aññehi bhikkhūhi.
Sahadhammikaṃ nāma yaṃ bhagavatā paññattaṃ sikkhāpadaṃ, etaṃ sahadhammikaṃ nāma.
Tena vuccamāno attānaṃ avacanīyaṃ karoti – "mā maṃ āyasmanto kiñci avacuttha kalyāṇaṃ vā pāpakaṃ vā, ahampāyasmante na kiñci vakkhāmi kalyāṇaṃ vā pāpakaṃ vā. Viramathāyasmanto mama vacanāyā"ti.
So bhikkhūti yo so dubbacajātiko bhikkhu.
Bhikkhūhīti aññehi bhikkhūhi. Ye passanti ye suṇanti tehi vattabbo – "māyasmā attānaṃ avacanīyaṃ akāsi. Vacanīyameva āyasmā attānaṃ karotu. Āyasmāpi bhikkhū vadetu sahadhammena, bhikkhūpi

āyasmantaṃ vakkhanti sahadhammena. Evaṃ saṃvaddhā hi tassa bhagavato parisā yadidaṃ aññamaññavacanena aññamaññavuṭṭhāpanenā''ti. Dutiyampi vattabbo. Tatiyampi vattabbo. Sace paṭinissajjati, iccetaṃ kusalaṃ; no ce paṭinissajjati, āpatti dukkaṭassa. Sutvā na vadanti, āpatti dukkaṭassa. So bhikkhu saṅghamajjhampi ākaḍḍhitvā vattabbo – ''māyasmā attānaṃ avacanīyaṃ akāsi...pe...aññamaññavuṭṭhāpanenā''ti. Dutiyampi vattabbo. Tatiyampi vattabbo. Sace paṭinissajjati, iccetaṃ kusalaṃ; no ce paṭinissajjati, āpatti dukkaṭassa. So bhikkhu samanubhāsitabbo. Evañca pana, bhikkhave, samanubhāsitabbo. Byattena bhikkhunā paṭibalena saṅgho ñāpetabbo –

427. ''Suṇātu me, bhante, saṅgho. Ayaṃ itthannāmo bhikkhu bhikkhūhi sahadhammikaṃ vuccamāno attānaṃ avacanīyaṃ karoti. So taṃ vatthuṃ na paṭinissajjati. Yadi saṅghassa pattakallaṃ, saṅgho itthannāmaṃ bhikkhuṃ samanubhāseyya tassa vatthussa paṭinissaggāya. Esā ñatti.

''Suṇātu me, bhante, saṅgho. Ayaṃ itthannāmo bhikkhu bhikkhūhi sahadhammikaṃ vuccamāno attānaṃ avacanīyaṃ karoti. So taṃ vatthuṃ na paṭinissajjati. Saṅgho itthannāmaṃ bhikkhuṃ samanubhāsati tassa vatthussa paṭinissaggāya. Yassāyasmato khamati itthannāmassa bhikkhuno samanubhāsanā tassa vatthussa paṭinissaggāya, so tuṇhassa; yassa nakkhamati, so bhāseyya.

''Dutiyampi etamatthaṃ vadāmi...pe... tatiyampi etamatthaṃ vadāmi – ''suṇātu me, bhante, saṅgho. Ayaṃ itthannāmo bhikkhu bhikkhūhi sahadhammikaṃ vuccamāno attānaṃ avacanīyaṃ karoti. So taṃ vatthuṃ na paṭinissajjati. Saṅgho itthannāmaṃ bhikkhuṃ samanubhāsati tassa vatthussa paṭinissaggāya. Yassāyasmato khamati itthannāmassa bhikkhuno samanubhāsanā tassa vatthussa paṭinissaggāya, sotuṇhassa; yassa nakkhamati, so bhāseyya.

''Samanubhaṭṭho saṅghena itthannāmo bhikkhu tassa vatthussa paṭinissaggāya. Khamati saṅghassa, tasmā tuṇhī, evametaṃ dhārayāmī''ti.

428. Ñattiyā dukkaṭaṃ, dvīhi kammavācāhi thullaccayā, kammavācāpariyosāne āpatti saṅghādisesassa. Saṅghādisesaṃ ajjhāpajjantassa ñattiyā dukkaṭaṃ, dvīhi kammavācāhi thullaccayā paṭippassambhanti. Saṅghādisesoti...pe... tenapi vuccati saṅghādisesoti.

429. Dhammakamme dhammakammasaññī na paṭinissajjati, āpatti saṅghādisesassa.

Dhammakamme vematiko na paṭinissajjati, āpatti saṅghādisesassa.

Dhammakamme adhammakammasaññī na paṭinissajjati, āpatti saṅghādisesassa.

Adhammakamme dhammakammasaññī, āpatti dukkaṭassa.

Adhammakamme vematiko, āpatti dukkaṭassa.

Adhammakamme adhammakammasaññī, āpatti dukkaṭassa.

430. Anāpatti asamanubhāsantassa, paṭinissajjantassa, ummattakassa, ādikammikassāti.

Dubbacasikkhāpadaṃ niṭṭhitaṃ dvādasamaṃ.

13. Kuladūsakasikkhāpadaṃ

431.[idaṃ vatthu cūḷava. 21] Tena samayena buddho Bhagavā sāvatthiyaṃ viharati jetavane anāthapiṇḍikassa ārāme. Tena kho pana samayena assajipunabbasukā nāma [nāma bhikkhū (ka.)] kīṭāgirismiṃ āvāsikā honti alajjino pāpabhikkhū. Te [cūḷava. 293] evarūpaṃ anācāraṃ ācaranti – mālāvacchaṃ ropentipi ropāpentipi, siñcantipi siñcāpentipi, ocinantipi ocināpentipi, ganthentipi ganthāpentipi, ekatovaṇṭikamālaṃ karontipi kārāpentipi, ubhatovaṇṭikamālaṃ karontipi kārāpentipi, mañjarikaṃ karontipi kārāpentipi, vidhūtikaṃ karontipi kārāpentipi, vaṭaṃsakaṃ karontipi kārāpentipi, āveḷaṃ karontipi kārāpentipi, uracchadaṃ karontipi kārāpentipi. Te kulitthīnaṃ kuladhītānaṃ kulakumārīnaṃ kulasuṇhānaṃ kuladāsīnaṃ ekatovaṇṭikamālaṃ harantipi harāpentipi, ubhatovaṇṭikamālaṃ harantipi harāpentipi, mañjarikaṃ harantipi harāpentipi, vidhūtikaṃ harantipi harāpentipi, vaṭaṃsakaṃ harantipi harāpentipi, āveḷaṃ harantipi harāpentipi, uracchadaṃ harantipi harāpentipi. Te kulitthīhi kuladhītāhi kulakumārīhi kulasuṇhāhi kuladāsīhi saddhiṃ ekabhājanepi bhuñjanti, ekathālakepi pivanti, ekāsanepi nisīdanti, ekamañcepi tuvaṭṭenti, ekattharaṇāpi tuvaṭṭenti, ekapāvuraṇāpi tuvaṭṭenti, ekattharaṇapāvuraṇāpi tuvaṭṭenti, vikālepi bhuñjanti, majjampi pivanti, mālāgandhavilepanampi dhārenti, naccantipi gāyantipi vādentipi lāsentipi, naccantiyāpi naccanti, naccantiyāpi gāyanti, naccantiyāpi vādenti, naccantiyāpi lāsenti, gāyantiyāpi naccanti, gāyantiyāpi gāyanti, gāyantiyāpi vādenti, gāyantiyāpi lāsenti, vādentiyāpi naccanti, vādentiyāpi gāyanti, vādentiyāpi vādenti, vādentiyāpi lāsenti, lāsentiyāpi naccanti, lāsentiyāpi gāyanti, lāsentiyāpi vādenti, lāsentiyāpi lāsenti. Aṭṭhapadepi kīḷanti, dasapadepi kīḷanti, ākāsepi kīḷanti, parihārapathepi kīḷanti, santikāyapi kīḷanti, khalikāyapi kīḷanti, ghaṭikāyapi kīḷanti, salākahatthenapi kīḷanti, akkhenapi kīḷanti, paṅgacīrenapi kīḷanti, vaṅkakenapi kīḷanti, mokkhacikāyapi kīḷanti, ciṅgulakenapi kīḷanti, pattāḷhakenapi kīḷanti, rathakenapi kīḷanti, dhanukenapi kīḷanti, akkharikāyapi kīḷanti, manesikāyapi kīḷanti, yathāvajjenapi kīḷanti. Hatthismimpi sikkhanti, assasmimpi sikkhanti, rathasmimpi sikkhanti, dhanusmimpi sikkhanti, tharusmimpi sikkhanti, hatthissapi purato dhāvanti, assassapi purato dhāvanti, rathassapi purato [purato dhāvanti (syā.)] dhāvantipi ādhāvantipi, usseḷentipi, apphoṭentipi, nibbujjhantipi, muṭṭhīhipi yujjhanti, raṅgamajjhepi saṅghāṭiṃ pattharitvā naccakiṃ [naccantiṃ (sī. syā.)] evaṃ vadanti – idha, bhagini, naccassūti, nalāṭikampi denti, vividhampi anācāraṃ ācaranti.

432. Tena kho pana samayena aññataro bhikkhu kāsīsu vassaṃvuṭṭho sāvatthiṃ gacchanto bhagavantaṃ dassanāya, yena kīṭāgiri tadavasari. Atha kho so bhikkhu pubbaṇhasamayaṃ nivāsetvā pattacīvaramādāya kīṭāgiriṃ piṇḍāya pāvisi pāsādikena abhikkantena paṭikkantena ālokitena vilokitena samiñjitena pasāritena okkhittacakkhu iriyāpathasampanno. Manussā taṃ bhikkhuṃ passitvā evamāhaṃsu – ''kvāyaṃ abalabalo viya mandamando viya bhākuṭikabhākuṭiko viya? Ko imassa upagatassa piṇḍakaṃ dassati? Amhākaṃ pana ayyā assajipunabbasukā saṇhā sakhilā sukhasambhāsā mihitapubbaṅgamā ehisvāgatavādino abbhākuṭikā uttānamukhā pubbabhāsino. Tesaṃ kho nāma piṇḍo dātabbo''ti.

Addasā kho aññataro upāsako taṃ bhikkhuṃ kīṭāgirismiṃ piṇḍāya carantaṃ. Disvāna yena so bhikkhu tenupasaṅkami; upasaṅkamitvā taṃ bhikkhuṃ abhivādetvā etadavoca – ''api, bhante, piṇḍo labbhatī''ti? ''Na kho, āvuso, piṇḍo labbhatī''ti. ''Ehi, bhante, gharaṃ gamissāmā''ti. Atha kho so upāsako taṃ bhikkhuṃ gharaṃ netvā bhojetvā etadavoca – ''kahaṃ, bhante, ayyo gamissatī''ti? ''Sāvatthiṃ kho ahaṃ, āvuso, gamissāmi bhagavantaṃ dassanāyā''ti. ''Tena hi, bhante, mama vacanena bhagavato pāde sirasā vanda, evañca vadehi – 'duṭṭho, bhante, kīṭāgirismiṃ āvāso. Assajipunabbasukā nāma kīṭāgirismiṃ āvāsikā alajjino pāpabhikkhū. Te evarūpaṃ anācāraṃ ācaranti – mālāvacchaṃ ropentipi ropāpentipi, siñcantipi siñcāpentipi...pe... vividhampi anācāraṃ ācaranti. Yepi te, bhante, manussā pubbe saddhā ahesuṃ pasannā tepi etarahi assaddhā appasannā. Yānipi tāni saṅghassa pubbe dānapathāni tānipi etarahi upacchinnāni. Riñcanti pesalā bhikkhū, nivasanti pāpabhikkhū. Sādhu, bhante, Bhagavā kīṭāgiriṃ bhikkhū pahiṇeyya yathāyaṃ kīṭāgirismiṃ āvāso saṇṭhaheyyā'''ti.

Evamāvusoti kho so bhikkhu tassa upāsakassa paṭissutvā yena sāvatthi tena pakkāmi. Anupubbena yena sāvatthi jetavanaṃ anāthapiṇḍikassa ārāmo yena Bhagavā tenupasaṅkami; upasaṅkamitvā bhagavantaṃ abhivādetvā ekamantaṃ nisīdi. Āciṇṇaṃ kho panetaṃ buddhānaṃ bhagavantānaṃ āgantukehi bhikkhūhi saddhiṃ paṭisammodituṃ. Atha kho Bhagavā taṃ bhikkhuṃ etadavoca – ''kacci, bhikkhu, khamanīyaṃ kacci yāpanīyaṃ, kaccisi appakilamathena addhānaṃ āgato, kuto ca tvaṃ bhikkhu āgacchasī''ti? ''Khamanīyaṃ, Bhagavā, yāpanīyaṃ, Bhagavā. Appakilamathena cāhaṃ, bhante, addhānaṃ āgato. Idhāhaṃ, bhante, kāsīsu vassaṃvuṭṭho sāvatthiṃ āgacchanto bhagavantaṃ dassanāya yena kīṭāgiri tadavasariṃ. Atha khvāhaṃ, bhante, pubbaṇhasamayaṃ nivāsetvā pattacīvaramādāya kīṭāgiriṃ piṇḍāya pāvisiṃ. Addasā kho maṃ, bhante, aññataro upāsako kīṭāgirismiṃ piṇḍāya carantaṃ. Disvāna yenāhaṃ tenupasaṅkami; upasaṅkamitvā maṃ abhivādetvā etadavoca – 'api, bhante, piṇḍo labbhatī'ti? 'Na kho, āvuso, piṇḍo labbhatī'ti. 'Ehi, bhante, gharaṃ gamissāmā'ti. Atha kho, bhante, so upāsako maṃ gharaṃ netvā bhojetvā etadavoca – 'kahaṃ, bhante, ayyo gamissasī'ti? 'Sāvatthiṃ kho ahaṃ, āvuso, gamissāmi bhagavantaṃ dassanāyā'ti. Tena hi, bhante, mama vacanena bhagavato pāde sirasā vanda, evañca vadehi – 'duṭṭho, bhante, kīṭāgirismiṃ āvāso, assajipunabbasukā nāma kīṭāgirismiṃ āvāsikā alajjino pāpabhikkhū. Te evarūpaṃ anācāraṃ ācaranti – mālāvacchaṃ ropentipi ropāpentipi, siñcantipi siñcāpentipi...pe... vividhampi anācāraṃ ācaranti. Yepi te, bhante, manussā pubbe saddhā ahesuṃ pasannā tepi etarahi assaddhā appasannā, yānipi tāni saṅghassa pubbe dānapathāni tānipi etarahi upacchinnāni, riñcanti pesalā bhikkhū nivasanti pāpabhikkhū. Sādhu, bhante, Bhagavā kīṭāgiriṃ bhikkhū pahiṇeyya yathāyaṃ kīṭāgirismiṃ āvāso saṇṭhaheyyā'ti. Tato ahaṃ, Bhagavā, āgacchāmī''ti.

433. Atha kho Bhagavā etasmiṃ nidāne etasmiṃ pakaraṇe bhikkhusaṅghaṃ sannipātāpetvā bhikkhū paṭipucchi – ''saccaṃ kira, bhikkhave, assajipunabbasukā nāma kīṭāgirismiṃ āvāsikā alajjino pāpabhikkhū te evarūpaṃ anācāraṃ ācaranti – mālāvacchaṃ ropentipi ropāpentipi, siñcantipi siñcāpentipi ...pe... vividhampi anācāraṃ ācaranti, yepi te, bhikkhave, manussā pubbe saddhā ahesuṃ pasannā tepi etarahi assaddhā appasannā; yānipi tāni saṅghassa pubbe dānapathāni tānipi etarahi upacchinnāni; riñcanti pesalā bhikkhū nivasanti pāpabhikkhū''ti? ''Saccaṃ, Bhagavā''ti. Vigarahi buddho Bhagavā...pe... ''kathañhi nāma te, bhikkhave, moghapurisā evarūpaṃ anācāraṃ ācarissanti – mālāvacchaṃ ropessantipi ropāpessantipi, sañcissantipi siñcāpessantipi, ocinissantipi ocināpessantipi, ganthissantipi ganthāpessantipi, ekatovaṇṭikamālaṃ karissantipi kārāpessantipi, ubhatovaṇṭikamālaṃ karissantipi kārāpessantipi, mañjarikaṃ karissantipi kārāpessantipi, vidhūtikaṃ karissantipi kārāpessantipi, vaṭaṃsakaṃ karissantipi kārāpessantipi, āveḷaṃ karissantipi kārāpessantipi, uracchadaṃ karissantipi kārāpessantipi. Te kulitthīnaṃ kuladhītānaṃ kulakumārīnaṃ kulasuṇhānaṃ kuladāsīnaṃ ekatovaṇṭikamālaṃ harissantipi hārāpessantipi, ubhatovaṇṭikamālaṃ harissantipi hārāpessantipi, mañjarikaṃ harissantipi hārāpessantipi , vidhūtikaṃ harissantipi hārāpessantipi, vaṭaṃsakaṃ harissantipi hārāpessantipi, āveḷaṃ harissantipi hārāpessantipi, uracchadaṃ harissantipi hārāpessantipi. Te kulitthīhi kuladhītāhi kulakumārīhi kulasuṇhāhi kuladāsīhi saddhiṃ ekabhājanepi bhuñjissanti, ekathālakepi pivissanti, ekāsanepi nisīdissanti, ekamañcepi tuvaṭṭissanti, ekattharaṇāpi tuvaṭṭissanti, ekapāvuraṇāpi tuvaṭṭissanti, ekattharaṇapāvuraṇāpi tuvaṭṭissanti, vikālepi bhuñjissanti, majjampi pivissanti, mālāgandhavilepanampi dhārissanti, naccissantipi gāyissantipi vādessantipi lāsessantipi, naccantiyāpi naccissanti naccantiyāpi gāyissanti naccantiyāpi vādessanti naccantiyāpi lāsessanti, gāyantiyāpi naccissanti gāyantiyāpi gāyissanti gāyantiyāpi vādessanti gāyantiyāpi lāsessanti, vādentiyāpi naccissanti vādentiyāpi gāyissanti vādentiyāpi vādessanti vādentiyāpi lāsessanti, lāsentiyāpi naccissanti lāsentiyāpi

gāyissanti lāsentiyāpi vādessanti lāsentiyāpi lāsessanti, aṭṭhapadepi kīḷissanti dasapadepi kīḷissanti, akāsepi kīḷissanti, parihārapathepi kīḷissanti, santikāyapi kīḷissanti, khalikāyapi kīḷissanti, ghaṭikāyapi kīḷissanti, salākahatthenapi kīḷissanti, akkhenapi kīḷissanti, paṅgacīrenapi kīḷissanti, vaṅkakenapi kīḷissanti, mokkhacikāyapi kīḷissanti, ciṅgulakenapi kīḷissanti, pattāḷhakenapi kīḷissanti, rathakenapi kīḷissanti, dhanukenapi kīḷissanti, akkharikāyapi kīḷissanti, manesikāyapi kīḷissanti, yathāvajjenapi kīḷissanti, hatthismimpi sikkhissanti, assasmimpi sikkhissanti, rathasmimpi sikkhissanti, dhanusmimpi sikkhissanti, tharusmimpi sikkhissanti, hatthissapi purato dhāvissanti, assassapi purato dhāvissanti, rathassapi purato [purato dhāvissanti (syā.)] dhāvissantipi ādhāvissantipi, usseḷessantipi, apphoṭessantipi, nibbujjhissantipi, muṭṭhīhipi yujjhissanti, raṅgamajjhepi saṅghāṭiṃ pattharitvā naccakiṃ evaṃ vakkhanti ''idha bhagini naccassū''ti nalāṭikampi dassanti, vividhampi anācāraṃ ācarissanti! Netaṃ, bhikkhave, appasannānaṃ vā pasādāya...pe... vigarahitvā dhammiṃ kathaṃ katvā sāriputtamoggallāne āmantesi – ''gacchatha tumhe, sāriputtā, kīṭāgiriṃ gantvā assajipunabbasukānaṃ bhikkhūnaṃ kīṭāgirismā pabbājanīyakammaṃ karotha. Tumhākaṃ ete saddhivihārikā''ti.

''Kathaṃ mayaṃ, bhante, assajipunabbasukānaṃ bhikkhūnaṃ kīṭāgirismā pabbājanīyakammaṃ karoma? Caṇḍā te bhikkhū pharusā''ti. ''Tena hi tumhe, sāriputtā, bahukehi bhikkhūhi saddhiṃ gacchathā''ti. ''Evaṃ, bhante''ti kho sāriputtamoggallānā bhagavato paccassosuṃ. ''Evañca pana, bhikkhave, kātabbaṃ. Paṭhamaṃ assajipunabbasukā bhikkhū codetabbā. Codetvā sāretabbā. Sāretvā āpattiṃ ropetabbā . Āpattiṃ ropetvā byattena bhikkhunā paṭibalena saṅgho ñāpetabbo –

434. ''Suṇātu me, bhante, saṅgho. Ime assajipunabbasukā bhikkhū kuladūsakā pāpasamācārā. Imesaṃ pāpakā samācārā dissanti ceva suyyanti ca. Kulāni ca imehi duṭṭhāni dissanti ceva suyyanti ca. Yadi saṅghassa pattakallaṃ, saṅgho assajipunabbasukānaṃ bhikkhūnaṃ kīṭāgirismā pabbājanīyakammaṃ kareyya – 'na assajipunabbasukehi bhikkhūhi kīṭāgirismiṃ vatthabba'nti. Esā ñatti.

''Suṇātu me, bhante, saṅgho. Ime assajipunabbasukā bhikkhū kuladūsakā pāpasamācārā. Imesaṃ pāpakā samācārā dissanti ceva suyyanti ca. Kulāni ca imehi duṭṭhāni dissanti ceva suyyanti ca. Saṅgho assajipunabbasukānaṃ bhikkhūnaṃ kīṭāgirismā pabbājanīyakammaṃ karoti – 'na assajipunabbasukehi bhikkhūhi kīṭāgirismiṃ vatthabba'nti. Yassāyasmato khamati assajipunabbasukānaṃ bhikkhūnaṃ kīṭāgirismā pabbājanīyakammassa karaṇaṃ – 'na assajipunabbasukehi bhikkhūhi kīṭāgirismiṃ vatthabba'nti, so tuṇhassa; yassa nakkhamati, so bhāseyya.

''Dutiyampi etamatthaṃ vadāmi...pe... tatiyampi etamatthaṃ vadāmi – suṇātu me, bhante, saṅgho...pe... so bhāseyya.

''Kataṃ saṅghena assajipunabbasukānaṃ bhikkhūnaṃ kīṭāgirismā pabbājanīyakammaṃ – 'na assajipunabbasukehi bhikkhūhi kīṭāgirismiṃ vatthabba'nti. Khamati saṅghassa, tasmā tuṇhī, evametaṃ dhārayāmī''ti.

435. Atha kho sāriputtamoggallānappamukho bhikkhusaṅgho kīṭāgiriṃ gantvā assajipunabbasukānaṃ bhikkhūnaṃ kīṭāgirismā pabbājanīyakammaṃ akāsi – 'na assajipunabbasukehi bhikkhūhi kīṭāgirismiṃ vatthabba'nti. Te saṅghena pabbājanīyakammakatā na sammā vattanti, na lomaṃ pātenti, na netthāraṃ vattanti, na bhikkhū khamāpenti, akkosanti paribhāsanti chandagāmitā dosagāmitā mohagāmitā bhayagāmitā pāpenti, pakkamantipi, vibbhamantipi. Ye te bhikkhū appicchā...pe... te ujjhāyanti khiyyanti vipācenti – ''kathañhi nāma assajipunabbasukā bhikkhū saṅghena pabbājanīyakammakatā na sammā vattissanti, na lomaṃ pātessanti, na netthāraṃ vattissanti, na bhikkhū khamāpessanti, akkosissanti paribhāsissanti, chandagāmitā dosagāmitā mohagāmitā bhayagāmitā pāpessanti pakkamissantipi vibbhamissantipī''ti ! Atha kho te bhikkhū assajipunabbasuke bhikkhū anekapariyāyena vigarahitvā bhagavato etamatthaṃ ārocesuṃ...pe... ''saccaṃ kira, bhikkhave, assajipunabbasukā bhikkhū saṅghena pabbājanīyakammakatā na sammā vattanti...pe... vibbhamantipī''ti? ''Saccaṃ, Bhagavā''ti. Vigarahi buddho Bhagavā...pe... evañca pana, bhikkhave, imaṃ sikkhāpadaṃ uddiseyyātha –

436.''Bhikkhu paneva aññataraṃ gāmaṃ vā nigamaṃ vā upanissāya viharati kuladūsako pāpasamācāro. Tassa kho pāpakā samācārā dissanti ceva suyyanti ca, kulāni ca tena duṭṭhāni dissanti ceva suyyanti ca. So bhikkhu bhikkhūhi evamassa vacanīyo – 'āyasmā kho kuladūsako pāpasamācāro, āyasmato kho pāpakā samācārā dissanti ceva suyyanti ca, kulāni cāyasmatā duṭṭhāni dissanti ceva suyyanti ca. Pakkamatāyasmā imamhā āvāsā. Alaṃ te idha vāsenā'ti. Evañca so bhikkhu bhikkhūhi vuccamāno te bhikkhū evaṃ vadeyya – 'chandagāmino ca bhikkhū dosagāmino ca bhikkhū mohagāmino ca bhikkhū bhayagāmino ca bhikkhū tādisikāya āpattiyā ekaccaṃ pabbājenti ekaccaṃ na pabbājentī'ti, so bhikkhu bhikkhūhi evamassa vacanīyo – 'māyasmā evaṃ avaca. Na ca bhikkhū chandagāmino. Na ca bhikkhū dosagāmino. Na ca bhikkhū mohagāmino. Na ca bhikkhū bhayagāmino. Āyasmā kho kuladūsako pāpasamācāro. Āyasmato kho pāpakā samācārā dissanti ceva suyyanti ca. Kulāni cāyasmatā duṭṭhāni dissanti ceva suyyanti ca. Pakkamatāyasmā imamhā āvāsā. Alaṃ te idha vāsenā'ti. Evañca so bhikkhu bhikkhūhi vuccamāno tatheva paggaṇheyya, so bhikkhu bhikkhūhi yāvatatiyaṃ samanubhāsitabbo tassa paṭinissaggāya. Yāvatatiyañce samanubhāsīyamāno taṃ paṭinissajjeyya , iccetaṃ kusalaṃ; no ce paṭinissajjeyya, saṅghādiseso''ti.

437.Bhikkhu paneva aññataraṃ gāmaṃ vā nigamaṃ vāti gāmopi nigamopi nagarampi gāmo ceva nigamo ca.
Upanissāya viharatīti tattha paṭibaddhā honti cīvarapiṇḍapātasenāsanagilānappaccayabhesajjaparikkhārā.
Kulaṃ nāma cattāri kulāni – khattiyakulaṃ, brāhmaṇakulaṃ, vessakulaṃ, suddakulaṃ.
Kuladūsakoti kulāni dūseti pupphena vā phalena vā cuṇṇena vā mattikāya vā dantakaṭṭhena vā veḷuyā vā [veḷunā vā (syā.)] vejjikāya vā jaṅghapesanikena vā.
Pāpasamācāroti mālāvacchaṃ ropetipi ropāpetipi, siñcatipi siñcāpetipi, ocinātipi ocināpetipi, ganthetipi ganthāpetipi.
Dissanti ceva suyyanti cāti ye sammukhā te passanti, ye tirokkhā te suṇanti.
Kulānica tena duṭṭhānīti pubbe saddhā hutvā taṃ āgamma assaddhā honti, pasannā hutvā appasannā honti.
Dissanti ceva suyyanti cāti ye sammukhā te passanti, ye tirokkhā te suṇanti.
So bhikkhūti yo so kuladūsako bhikkhu.
Bhikkhūhīti aññehi bhikkhūhi. Ye passanti ye suṇanti. Tehi vattabbo – "āyasmā kho kuladūsako pāpasamācāro. Āyasmato kho pāpakā samācārā dissanti ceva suyyanti ca. Kulāni cāyasmatā duṭṭhāni dissanticeva suyyanti ca. Pakkamatāyasmā imamhā āvāsā. Alaṃ te idha vāsenā"ti.
Evañca so bhikkhu bhikkhūhi vuccamāno te bhikkhū evaṃ vadeyya – "chandagāmino ca bhikkhū, dosagāmino ca bhikkhū, mohagāmino ca bhikkhū, bhayagāmino ca bhikkhū. Tādisikāya āpattiyā ekaccaṃ pabbājenti ekaccaṃ na pabbājentī"ti.
So bhikkhūti yo so kammakato bhikkhu.
Bhikkhūhīti aññehi bhikkhūhi. Ye passanti ye suṇanti tehi vattabbo – "māyasmā evaṃ avaca. Na ca bhikkhū chandagāmino, na ca bhikkhū dosagāmino, na ca bhikkhū mohagāmino, na ca bhikkhū bhayagāmino. Āyasmā kho kuladūsako pāpasamācāro. Āyasmato kho pāpakā samācārā dissanti ceva suyyanti ca. Kulāni cāyasmatā duṭṭhāni dissanti ceva suyyanti ca. Pakkamatāyasmā imamhā āvāsā. Alaṃ te idha vāsenā"ti. Dutiyampi vattabbo. Tatiyampi vattabbo.
Sace paṭinissajjati, iccetaṃ kusalaṃ. No ce paṭinissajjati, āpatti dukkaṭassa. Sutvā na vadanti, āpatti dukkaṭassa. So bhikkhu saṅghamajjhampi ākaḍḍhitvā vattabbo – "māyasmā evaṃ avaca. Na ca bhikkhū chandagāmino, na ca bhikkhū dosagāmino, na ca bhikkhū mohagāmino, na ca bhikkhū bhayagāmino. Āyasmā kho kuladūsako pāpasamācāro. Āyasmato kho pāpakā samācārā dissanti ceva suyyanti ca. Kulāni cāyasmatā duṭṭhāni dissanti ceva suyyanti ca. Pakkamatāyasmā imamhā āvāsā. Alaṃ te idha vāsenā"ti. Dutiyampi vattabbo. Tatiyampi vattabbo. Sace paṭinissajjati, iccetaṃ kusalaṃ. No ce paṭinissajjati, āpatti dukkaṭassa. So bhikkhu samanubhāsitabbo. Evañca pana, bhikkhave, samanubhāsitabbo. Byattena bhikkhunā paṭibalena saṅgho ñāpetabbo –
438. "Suṇātu me, bhante, saṅgho. Ayaṃ itthannāmo bhikkhu saṅghena pabbājanīyakammakato bhikkhū chandagāmitā dosagāmitā mohagāmitā bhayagāmitā pāpeti. So taṃ vatthuṃ na paṭinissajjati. Yadi saṅghassa pattakallaṃ, saṅgho itthannāmaṃ bhikkhuṃ samanubhāseyya tassa vatthussa paṭinissaggāya. Esā ñatti.
"Suṇātu me, bhante, saṅgho. Ayaṃ itthannāmo bhikkhu saṅghena pabbājanīyakammakato bhikkhū chandagāmitā dosagāmitā mohagāmitā bhayagāmitā pāpeti. So taṃ vatthuṃ na paṭinissajjati. Saṅgho itthannāmaṃ bhikkhuṃ samanubhāsati tassa vatthussa paṭinissaggāya. Yassāyasmato khamati itthannāmassa bhikkhuno samanubhāsanā tassa vatthussa paṭinissaggāya, so tuṇhassa; yassa nakkhamati, so bhāseyya.
"Dutiyampi etamatthaṃ vadāmi...pe... tatiyampi etamatthaṃ vadāmi...pe....
"Samanubhaṭṭho saṅghena itthannāmo bhikkhu tassa vatthussa paṭinissaggāya. Khamati saṅghassa, tasmā tuṇhī, evametaṃ dhārayāmī"ti.
439. Ñattiyā dukkaṭaṃ, dvīhi kammavācāhi thullaccayā, kammavācāpariyosāne āpatti saṅghādisesassa. Saṅghādisesaṃ ajjhāpajjantassa ñattiyā dukkaṭaṃ, dvīhi kammavācāhi thullaccayā paṭippassambhanti.
Saṅghādisesoti saṅghova tassā āpattiyā parivāsaṃ deti, mūlāya paṭikassati, mānattaṃ deti, abbheti; na sambahulā, na ekapuggalo. Tena vuccati – 'saṅghādiseso'ti, tasseva āpattinikāyassa nāmakammaṃ adhivacanaṃ. Tenapi vuccati saṅghādisesoti.
440. Dhammakamme dhammakammasaññī na paṭinissajjati, āpatti saṅghādisesassa.
Dhammakamme vematiko na paṭinissajjati, āpatti saṅghādisesassa.
Dhammakamme adhammakammasaññī na paṭinissajjati, āpatti saṅghādisesassa.
Adhammakamme dhammakammasaññī, āpatti dukkaṭassa.
Adhammakamme vematiko, āpatti dukkaṭassa.
Adhammakamme adhammakammasaññī, āpatti dukkaṭassa.
441. Anāpatti asamanubhāsantassa, paṭinissajjantassa, ummattakassa, ādikammikassāti.
Kuladūsakasikkhāpadaṃ niṭṭhitaṃ terasamaṃ.
442. Uddiṭṭhā kho, āyasmanto, terasa saṅghādisesā dhammā, nava paṭhamāpattikā, cattāro yāvatatiyakā. Yesaṃ bhikkhu aññataraṃ vā aññataraṃ vā āpajjitvā yāvatīhaṃ jānaṃ paṭicchādeti tāvatīhaṃ tena

bhikkhunā akāmā parivatthabbaṃ. Parivutthaparivāsena bhikkhunā uttari chārattaṃ bhikkhumānattāya paṭipajjitabbaṃ. Ciṇṇamānatto bhikkhu yattha siyā vīsatigaṇo bhikkhusaṅgho tattha so bhikkhu abbhetabbo. Ekenapi ce ūno vīsatigaṇo bhikkhusaṅgho taṃ bhikkhuṃ abbheyya, so ca bhikkhu anabbhito, te ca bhikkhū gārayhā, ayaṃ tattha sāmīci. Tatthāyasmante pucchāmi – 'kaccittha parisuddhā'? Dutiyampi pucchāmi – 'kaccittha parisuddhā'? Tatiyampi pucchāmi – 'kaccittha parisuddhā'? Parisuddhetthāyasmanto. Tasmā tuṇhī, evametaṃ dhārayāmīti.

Terasakaṃ niṭṭhitaṃ.

Tassuddānaṃ –

Vissaṭṭhi kāyasaṃsaggaṃ, duṭṭhullaṃ attakāmañca;
Sañcarittaṃ kuṭī ceva, vihāro ca amūlakaṃ.
Kiñcilesañca bhedo ca, tasseva anuvattakā;
Dubbacaṃ kuladūsañca, saṅghādisesā terasāti.

Saṅghādisesakaṇḍaṃ niṭṭhitaṃ.

3. Aniyatakaṇḍaṃ

1. Paṭhamaaniyatasikkhāpadaṃ

Ime kho panāyasmanto dve aniyatā dhammā
Uddesaṃ āgacchanti.

443. Tena samayena buddho Bhagavā sāvatthiyaṃ viharati jetavane anāthapiṇḍikassa ārāme. Tena kho pana samayena āyasmā udāyī sāvatthiyaṃ kulūpako hoti, bahukāni kulāni upasaṅkamati. Tena kho pana samayena āyasmato udāyissa upaṭṭhākakulassa kumārikā aññatarassa kulassa kumārakassa dinnā hoti. Atha kho āyasmā udāyī pubbaṇhasamayaṃ nivāsetvā pattacīvaramādāya yena taṃ kulaṃ tenupasaṅkami; upasaṅkamitvā manusse pucchi – "kahaṃ itthannāmā"ti? Te evamāhaṃsu – "dinnā, bhante, amukassa kulassa kumārakassā"ti. Tampi kho kulaṃ āyasmato udāyissa upaṭṭhākaṃ hoti. Atha kho āyasmā udāyī yena taṃ kulaṃ tenupasaṅkami; upasaṅkamitvā manusse pucchi – "kahaṃ itthannāmā"ti? Te evamāhaṃsu – "esāyya, ovarake nisinnā"ti. Atha kho āyasmā udāyī yena sā kumārikā tenupasaṅkami; upasaṅkamitvā tassā kumārikāya saddhiṃ eko ekāya raho paṭicchanne āsane alaṃkammaniye nisajjaṃ kappesi kālayuttaṃ samullapanto kālayuttaṃ dhammaṃ bhaṇanto.

Tena kho pana samayena visākhā migāramātā bahuputtā hoti bahunattā arogaputtā aroganattā abhimaṅgalasammatā. Manussā yaññesu chaṇesu ussavesu visākhaṃ migāramātaraṃ paṭhamaṃ bhojenti. Atha kho visākhā migāramātā nimantitā taṃ kulaṃ agamāsi. Addasā kho visākhā migāramātā āyasmantaṃ udāyiṃ tassā kumārikāya saddhiṃ ekaṃ ekāya raho paṭicchanne āsane alaṃkammaniye nisinnaṃ. Disvāna āyasmantaṃ udāyiṃ etadavoca – "idaṃ, bhante, nacchannaṃ nappatirūpaṃ yaṃ ayyo mātugāmena saddhiṃ eko ekāya raho paṭicchanne āsane alaṃkammaniye nisajjaṃ kappeti. Kiñcāpi, bhante, ayyo anatthiko tena dhammena, apica dussaddhāpayā appasannā manussā"ti. Evampi kho āyasmā udāyī visākhāya migāramātuyā vuccamāno nādiyi. Atha kho visākhā migāramātā nikkhamitvā bhikkhūnaṃ etamatthaṃ ārocesi. Ye te bhikkhū appicchā...pe... te ujjhāyanti khiyyanti vipācenti – "kathañhi nāma āyasmā udāyī mātugāmena saddhiṃ eko ekāya raho paṭicchanne āsane alaṃkammaniye nisajjaṃ kappessatī"ti! Atha kho te bhikkhū āyasmantaṃ udāyiṃ anekapariyāyena vigarahitvā bhagavato etamatthaṃ ārocesuṃ...pe... "saccaṃ kira tvaṃ, udāyi, mātugāmena saddhiṃ eko ekāya raho paṭicchanne āsane alaṃkammaniye nisajjaṃ kappesī"ti? "Saccaṃ, Bhagavā"ti. Vigarahi buddho Bhagavā...pe... kathañhi nāma tvaṃ, moghapurisa, mātugāmena saddhiṃ eko ekāya raho paṭicchanne āsane alaṃkammaniye nisajjaṃ kappessasi! Netaṃ, moghapurisa, appasannānaṃ vā pasādāya...pe... evañca pana, bhikkhave , imaṃ sikkhāpadaṃ uddiseyyātha –

444."Yo pana bhikkhu mātugāmena saddhiṃ eko ekāya raho paṭicchanne āsane alaṃkammaniye nisajjaṃ kappeyya, tamenaṃ saddheyyavacasā upāsikā disvā tiṇṇaṃ dhammānaṃ aññatarena vadeyya – pārājikena vā saṅghādisesena vā pācittiyena vā, nisajjaṃ bhikkhu paṭijānamāno tiṇṇaṃ dhammānaṃ aññatarena kāretabbo – pārājikena vā saṅghādisesena vā pācittiyena vā yena vā sā saddheyyavacasā upāsikā vadeyya, tena so bhikkhu kāretabbo. Ayaṃ dhammo aniyato"ti.

445.Yo panāti yo yādiso...pe... bhikkhūti...pe... ayaṃ imasmiṃ atthe adhippeto bhikkhūti.

Mātugāmo nāma manussitthī, na yakkhī na petī na tiracchānagatā. Antamaso tadahujātāpi dārikā, pageva mahattarī.

Saddhinti ekato.

Eko ekāyāti bhikkhu ceva hoti mātugāmo ca.

Raho nāma cakkhussa raho, sotassa raho. Cakkhussa rahonāma na sakkā hoti akkhiṃ vā nikhaṇīyamāne bhamukaṃ vā ukkhipīyamāne sīsaṃ vā ukkhipīyamāne passituṃ. Sotassa rahonāma na sakkā hoti pakatikathā sotuṃ.

Paṭicchannaṃ nāma āsanaṃ kuṭṭena vā [kuḍḍena vā (sī. syā.)] kavāṭena vā kilañjena vā sāṇipākārena vā rukkhena vā thambhena vā kotthaḷiyā vā yena kenaci paṭicchannaṃ hoti.
Alaṃkammaniyeti sakkā hoti methunaṃ dhammaṃ paṭisevituṃ.
Nisajjaṃkappeyyāti mātugāme nisinne bhikkhu upanisinno vā hoti upanipanno vā. Bhikkhu nisinne mātugāmo upanisinno vā hoti upanipanno vā. Ubho vā nisinnā honti ubho vā nipannā.
Saddheyyavacasā nāma āgataphalā abhisametāvinī viññātasāsanā.
Upāsikā nāma buddhaṃ saraṇaṃ gatā, dhammaṃ saraṇaṃ gatā, saṅghaṃ saraṇaṃ gatā.
Disvāti passitvā.
Tiṇṇaṃ dhammānaṃ aññatarena vadeyya – pārājikena vā saṅghādisesena vā pācittiyena vā. Nisajjaṃ bhikkhu paṭijānamāno tiṇṇaṃ dhammānaṃ aññatarena kāretabbo – pārājikena vā saṅghādisesena vā pācittiyena vā. Yena vā sā saddheyyavacasā upāsikā vadeyya tena so bhikkhu kāretabbo.
446. Sā ce evaṃ vadeyya – ''ayyo mayā diṭṭho nisinno mātugāmassa methunaṃ dhammaṃ paṭisevanto''ti, so ca taṃ paṭijānāti, āpattiyā kāretabbo. Sā ce evaṃ vadeyya – ''ayyo mayā diṭṭho nisinno mātugāmassa methunaṃ dhammaṃ paṭisevanto''ti, so ce evaṃ vadeyya – ''saccāhaṃ nisinno, no ca kho methunaṃ dhammaṃ paṭisevi''nti, nisajjāya kāretabbo. Sā ce evaṃ vadeyya – ''ayyo mayā diṭṭho nisinno mātugāmassa methunaṃ dhammaṃ paṭisevanto''ti, so ce evaṃ vadeyya – ''nāhaṃ nisinno, apica kho nipanno''ti, nipajjāya kāretabbo . Sā ce evaṃ vadeyya – ''ayyo mayā diṭṭho nisinno mātugāmassa methunaṃ dhammaṃ paṭisevanto''ti, so ce evaṃ vadeyya – ''nāhaṃ nisinno apica kho ṭhito''ti, na kāretabbo.
447. Sā ce evaṃ vadeyya – ''ayyo mayā diṭṭho nipanno mātugāmassa methunaṃ dhammaṃ paṭisevanto''ti, so ca taṃ paṭijānāti, āpattiyā kāretabbo. Sā ce evaṃ vadeyya – ''ayyo mayā diṭṭho nipanno mātugāmassa methunaṃ dhammaṃ paṭisevanto''ti, so ce evaṃ vadeyya – ''saccāhaṃ nipanno, no ca kho methunaṃ dhammaṃ paṭisevi''nti, nipajjāya kāretabbo. Sā ce evaṃ vadeyya – ''ayyo mayā diṭṭho nipanno mātugāmassa methunaṃ dhammaṃ paṭisevanto''ti, so ce evaṃ vadeyya – ''nāhaṃ nipanno, apica kho nisinno''ti, nisajjāya kāretabbo. Sā ce evaṃ vadeyya – ''ayyo mayā diṭṭho nipanno mātugāmassa methunaṃ dhammaṃ paṭisevanto''ti , so ce evaṃ vadeyya – ''nāhaṃ nipanno apica kho ṭhito''ti, na kāretabbo.
448. Sā ce evaṃ vadeyya – ''ayyo mayā diṭṭho nisinno mātugāmena saddhiṃ kāyasaṃsaggaṃ samāpajjanto''ti, so ca taṃ paṭijānāti, āpattiyā kāretabbo...pe... saccāhaṃ nisinno no ca kho kāyasaṃsaggaṃ samāpajjinti, nisajjāya kāretabbo...pe... nāhaṃ nisinno apica kho nipannoti, nipajjāya kāretabbo...pe... nāhaṃ nisinno apica kho ṭhitoti, na kāretabbo.
Sā ce evaṃ vadeyya – ''ayyo mayā diṭṭho nipanno mātugāmena saddhiṃ kāyasaṃsaggaṃ samāpajjanto''ti, so ca taṃ paṭijānāti, āpattiyā kāretabbo...pe... saccāhaṃ nipanno, no ca kho kāyasaṃsaggaṃ samāpajjinti, nipajjāya kāretabbo...pe... nāhaṃ nipanno, apica kho nisinnoti, nisajjāya kāretabbo...pe... nāhaṃ nipanno, apica kho ṭhitoti, na kāretabbo.
449. Sā ce evaṃ vadeyya – ''ayyo mayā diṭṭho mātugāmena saddhiṃ eko ekāya raho paṭicchanne āsane alaṃkammaniye nisinno''ti , so ca taṃ paṭijānāti, nisajjāya kāretabbo...pe... nāhaṃ nisinno apica kho nipannoti, nipajjāya kāretabbo...pe... nāhaṃ nisinno, apica kho ṭhitoti, na kāretabbo.
450. Sā ce evaṃ vadeyya – ''ayyo mayā diṭṭho mātugāmena saddhiṃ eko ekāya raho paṭicchanne āsane alaṃkammaniye nipanno''ti, so ca taṃ paṭijānāti, nipajjāya kāretabbo...pe... nāhaṃ nipanno, apica kho nisinnoti, nisajjāya kāretabbo...pe... nāhaṃ nipanno, apica kho ṭhitoti, na kāretabbo.
Aniyatoti na niyato, pārājikaṃ vā saṅghādiseso vā pācittiyaṃ vā.
451. Gamanaṃ paṭijānāti, nisajjaṃ paṭijānāti, āpattiṃ paṭijānāti, āpattiyā kāretabbo. Gamanaṃ paṭijānāti, nisajjaṃ na paṭijānāti, āpattiṃ paṭijānāti, āpattiyā kāretabbo. Gamanaṃ paṭijānāti, nisajjaṃ paṭijānāti, āpattiṃ na paṭijānāti, nisajjāya kāretabbo. Gamanaṃ paṭijānāti, nisajjaṃ na paṭijānāti, āpattiṃ na paṭijānāti, na kāretabbo.
Gamanaṃ na paṭijānāti, nisajjaṃ paṭijānāti, āpattiṃ paṭijānāti, āpattiyā
Kāretabbo. Gamanaṃ na paṭijānāti, nisajjaṃ na paṭijānāti, āpattiṃ paṭijānāti, āpattiyā kāretabbo. Gamanaṃ na paṭijānāti, nisajjaṃ paṭijānāti, āpattiṃ na paṭijānāti, nisajjāya kāretabbo. Gamanaṃ na paṭijānāti, nisajjaṃ na paṭijānāti, āpattiṃ na paṭijānāti, na kāretabboti.
Paṭhamo aniyato niṭṭhito.
2. Dutiyaaniyatasikkhāpadaṃ
452. Tena samayena buddho Bhagavā sāvatthiyaṃ viharati jetavane anāthapiṇḍikassa ārāme. Tena kho pana samayena āyasmā udāyī – ''bhagavatā paṭikkhittaṃ mātugāmena saddhiṃ eko ekāya raho paṭicchanne āsane alaṃkammaniye nisajjaṃ kappetu''nti tassāyeva kumārikāya saddhiṃ eko ekāya raho nisajjaṃ kappesi kālayuttaṃ samullapanto kālayuttaṃ dhammaṃ bhaṇanto. Dutiyampi kho visākhā migāramātā nimantitā taṃ kulaṃ agamāsi. Addasā kho visākhā migāramātā āyasmantaṃ udāyiṃ tassāyeva kumārikāya saddhiṃ ekaṃ ekāya raho nisinnaṃ. Disvāna āyasmantaṃ udāyiṃ etadavoca – ''idaṃ, bhante, nacchannaṃ nappatirūpaṃ yaṃ ayyo mātugāmena saddhiṃ eko ekāya raho nisajjaṃ kappeti. Kiñcāpi, bhante, ayyo anatthiko tena dhammena, apica dussaddhāpayā appasannā manussā''ti.

Evampi kho āyasmā udāyī visākhāya migāramātuyā vuccamāno nādiyi. Atha kho visākhā migāramātā nikkhamitvā bhikkhūnaṃ etamatthaṃ ārocesi. Ye te bhikkhū appicchā...pe... te ujjhāyanti khiyyanti vipācenti – "kathañhi nāma āyasmā udāyī mātugāmena saddhiṃ eko ekāya raho nisajjaṃ kappessatī"ti! Atha kho te bhikkhū āyasmantaṃ udāyiṃ anekapariyāyena vigarahitvā bhagavato etamatthaṃ ārocesuṃ ...pe... "saccaṃ kira tvaṃ, udāyi, mātugāmena saddhiṃ eko ekāya raho nisajjaṃ kappesī"ti? "Saccaṃ Bhagavā"ti. Vigarahi buddho Bhagavā...pe... kathañhi nāma tvaṃ, moghapurisa, mātugāmena saddhiṃ eko ekāya raho nisajjaṃ kappessasi! Netaṃ, moghapurisa, appasannānaṃ vā pasādāya...pe... evañca pana, bhikkhave, imaṃ sikkhāpadaṃ uddiseyyātha –

453."Na heva kho pana paṭicchannaṃ āsanaṃ hoti nālaṃ kammaniyaṃ, alañca kho hoti mātugāmaṃ duṭṭhullāhi vācāhi obhāsituṃ. Yo pana bhikkhu tathārūpe āsane mātugāmena saddhiṃ eko ekāya raho nisajjaṃ kappeyya, tamenaṃ saddheyyavacasā upāsikā disvā dvinnaṃ dhammānaṃ aññatarena vadeyya – saṅghādisesena vā pācittiyena vā. Nisajjaṃ bhikkhu paṭijānamāno dvinnaṃ dhammānaṃ aññatarena kāretabbo – saṅghādisesena vā pācittiyena vā. Yena vā sāsaddheyyavacasā upāsikā vadeyya tena so bhikkhu kāretabbo. Ayampi dhammo aniyato"ti.

454.Na hevakho pana paṭicchannaṃ āsanaṃ hotīti appaṭicchannaṃ hoti kuṭṭena vā kavāṭena vā kilañjena vā sāṇipākārena vā rukkhena vā thambhena vā kotthaḷiyā vā yena kenaci appaṭicchannaṃ hoti.

Nālaṃkammaniyanti na sakkā hoti methunaṃ dhammaṃ paṭisevituṃ.

Alañca kho hoti mātugāmaṃ duṭṭhullāhi vācāhi obhāsitunti sakkā hoti mātugāmaṃ duṭṭhullāhi vācāhi obhāsituṃ.

Yopanāti yo yādiso...pe... bhikkhūti...pe... ayaṃ imasmiṃ atthe adhippeto bhikkhūti.

Tathārūpe āsaneti evarūpe āsane.

Mātugāmo nāma manussitthī, na yakkhī na petī na tiracchānagatā, viññū paṭibalā subhāsitadubbhāsitaṃ duṭṭhullāduṭṭhullaṃ ājānituṃ.

Saddhinti ekato.

Eko ekāyāti bhikkhu ceva hoti mātugāmo ca.

Raho nāma cakkhussa raho, sotassa raho. Cakkhussa raho nāma na sakkā hoti akkhiṃ vā nikhaṇīyamāne bhamukaṃ vā ukkhipīyamāne sīsaṃ vā ukkhipīyamāne passituṃ. Sotassa raho nāma na sakkā hoti pakatikathā sotuṃ.

Nisajjaṃ kappeyyāti mātugāme nisinne bhikkhu upanisinno vā hoti upanipanno vā. Bhikkhu nisinne mātugāmo upanisinno vā hoti upanipanno vā. Ubho vā nisinnā honti ubho vā nipannā.

Saddheyyavacasā nāma āgataphalā abhisametāvinī viññātasāsanā.

Upāsikā nāma buddhaṃ saraṇaṃ gatā, dhammaṃ saraṇaṃ gatā, saṅghaṃ saraṇaṃ gatā.

Disvāti passitvā.

Dvinnaṃ dhammānaṃ aññatarena vadeyya saṅghādisesena vā pācittiyena vā. Nisajjaṃ bhikkhu paṭijānamāno dvinnaṃ dhammānaṃ aññatarena kāretabbo – saṅghādisesena vā pācittiyena vā. Yena vā sā saddheyyavacasā upāsikā vadeyya, tena so bhikkhu kāretabbo.

455. Sā ce evaṃ vadeyya – "ayyo mayā diṭṭho nisinno mātugāmena saddhiṃ kāyasaṃsaggaṃ samāpajjanto"ti, so ca taṃ paṭijānāti, āpattiyā kāretabbo. Sā ce evaṃ vadeyya – "ayyo mayā diṭṭho nisinno mātugāmena saddhiṃ kāyasaṃsaggaṃ samāpajjanto"ti, so ce evaṃ vadeyya – "saccāhaṃ nisinno, no ca kho kāyasaṃsaggaṃ samāpajji"nti, nisajjāya kāretabbo...pe... nāhaṃ nisinno, apica kho nipannoti, nipajjāya kāretabbo...pe... nāhaṃ nisinno, apica kho ṭhitoti, na kāretabbo.

Sā ce evaṃ vadeyya – "ayyo mayā diṭṭho nipanno mātugāmena saddhiṃ kāyasaṃsaggaṃ samāpajjanto"ti, so ca taṃ paṭijānāti, āpattiyā kāretabbo...pe... saccāhaṃ nipanno, no ca kho kāyasaṃsaggaṃ samāpajjinti, nipajjāya kāretabbo...pe... nāhaṃ nipanno, apica kho nisinnoti, nisajjāya kāretabbo ...pe... nāhaṃ nipanno, apica kho ṭhitoti, na kāretabbo.

Sā ce evaṃ vadeyya – "ayyassa mayā sutaṃ nisinnassa mātugāmaṃ duṭṭhullāhi vācāhi obhāsantassā"ti, so ca taṃ paṭijānāti, āpattiyā kāretabbo. Sā ce evaṃ vadeyya – "ayyassa mayā sutaṃ nisinnassa mātugāmaṃ duṭṭhullāhi vācāhi obhāsantassā"ti, so ce evaṃ vadeyya – "saccāhaṃ nisinno, no ca kho duṭṭhullāhi vācāhi obhāsi"nti, nisajjāya kāretabbo...pe... nāhaṃ nisinno, apica kho nipannoti, nipajjāya kāretabbo...pe... nāhaṃ nisinno, apica kho ṭhitoti, na kāretabbo.

Sā ce evaṃ vadeyya – "ayyassa mayā sutaṃ nipannassa mātugāmaṃ duṭṭhullāhi vācāhi obhāsantassā"ti, so ca taṃ paṭijānāti, āpattiyā kāretabbo...pe... saccāhaṃ nipanno no ca kho duṭṭhullāhi vācāhi obhāsinti, nipajjāya kāretabbo...pe... nāhaṃ nipanno, apica kho nisinnoti, nisajjāya kāretabbo...pe... nāhaṃ nipanno, apica kho ṭhitoti, na kāretabbo.

456. Sā ce evaṃ vadeyya – "ayyo mayā diṭṭho mātugāmena saddhiṃ eko ekāya raho nisinno"ti, so ca taṃ paṭijānāti, nisajjāya kāretabbo...pe... nāhaṃ nisinno,. apica kho nipannoti, nipajjāya kāretabbo...pe... nāhaṃ nisinno, apica kho ṭhitoti, na kāretabbo.

Sā ce evaṃ vadeyya – "ayyo mayā diṭṭho mātugāmena saddhiṃ eko ekāya raho nipanno"ti, so ca taṃ paṭijānāti, nipajjāya kāretabbo...pe... nāhaṃ nipanno, apica kho nisinnoti, nisajjāya kāretabbo...pe... nāhaṃ nipanno, apica kho ṭhitoti, na kāretabbo.

Ayampīti purimaṃ upādāya vuccati.
Aniyatoti na niyato, saṅghādiseso vā pācittiyaṃ vā.
457. Gamanaṃ paṭijānāti nisajjaṃ paṭijānāti āpattiṃ paṭijānāti, āpattiyā kāretabbo. Gamanaṃ paṭijānāti nisajjaṃ na paṭijānāti āpattiṃ paṭijānāti, āpattiyā kāretabbo. Gamanaṃ paṭijānāti nisajjaṃ paṭijānāti āpattiṃ na paṭijānāti, nisajjāya kāretabbo. Gamanaṃ paṭijānāti nisajjaṃ na paṭijānāti āpattiṃ na paṭijānāti, na kāretabbo.
Gamanaṃ na paṭijānāti nisajjaṃ paṭijānāti āpattiṃ paṭijānāti, āpattiyā kāretabbo. Gamanaṃ na paṭijānāti nisajjaṃ na paṭijānāti āpattiṃ paṭijānāti, āpattiyā kāretabbo. Gamanaṃ na paṭijānāti nisajjaṃ paṭijānāti āpattiṃ na paṭijānāti , nisajjāya kāretabbo. Gamanaṃ na paṭijānāti nisajjaṃ na paṭijānāti āpattiṃ na paṭijānāti, na kāretabboti.
Dutiyo aniyato niṭṭhito.
458. Uddiṭṭhā kho āyasmanto dve aniyatā dhammā. Tatthāyasmante pucchāmi – ''kaccittha parisuddhā''? Dutiyampi pucchāmi – ''kaccittha parisuddhā''? Tatiyampi pucchāmi – ''kaccittha parisuddhā''? Parisuddhetthāyasmanto; tasmā tuṇhī, evametaṃ dhārayāmīti.
Tassuddānaṃ –
Alaṃ kammaniyañceva, tatheva ca naheva kho;
Aniyatā supaññattā, buddhaseṭṭhena tādināti.
Aniyatakaṇḍaṃ niṭṭhitaṃ.

4. Nissaggiyakaṇḍaṃ

1. Cīvaravaggo
1. Paṭhamakathinasikkhāpadaṃ
Ime kho panāyasmanto tiṃsa nissaggiyā pācittiyā
Dhammā uddesaṃ āgacchanti.
459. Tene samayena buddho Bhagavā vesāliyaṃ viharati Gotamake cetiye. Tena kho pana samayena bhagavatā bhikkhūnaṃ ticīvaraṃ anuññātaṃ hoti. Chabbaggiyā bhikkhū – ''bhagavatā ticīvaraṃ anuññāta''nti aññeneva ticīvarena gāmaṃ pavisanti, aññena ticīvarena ārāme acchanti, aññena ticīvarena nahānaṃ otaranti. Ye te bhikkhū appicchā...pe... te ujjhāyanti khiyyanti vipācenti – ''kathañhi nāma chabbaggiyā bhikkhū atirekacīvaraṃ dhāressantī''ti! Atha kho te bhikkhū chabbaggiye bhikkhū anekapariyāyena vigarahitvā bhagavato etamatthaṃ ārocesuṃ...pe... ''saccaṃ kira tumhe, bhikkhave, atirekacīvaraṃ dhārethā''ti ? ''Saccaṃ Bhagavā''ti. Vigarahi buddho Bhagavā...pe... kathañhi nāma tumhe, moghapurisā, atirekacīvaraṃ dhāressatha! Netaṃ, moghapurisā, appasannānaṃ vā pasādāya...pe... evañca pana, bhikkhave, imaṃ sikkhāpadaṃ uddiseyyātha –
460.''Yo pana bhikkhu atirekacīvaraṃ dhāreyya, nissaggiyaṃ pācittiya''nti.
Evañcidaṃ bhagavatā bhikkhūnaṃ sikkhāpadaṃ paññattaṃ hoti.
461.[mahāva. 347] Tena kho pana samayena āyasmato ānandassa atirekacīvaraṃ uppannaṃ hoti. Āyasmā ca ānando taṃ cīvaraṃ āyasmato sāriputtassa dātukāmo hoti. Āyasmā ca sāriputto sākete viharati. Atha kho āyasmato ānandassa etadahosi – ''bhagavatā sikkhāpadaṃ paññattaṃ – 'na atirekacīvaraṃ dhāretabba'nti. Idañca me atirekacīvaraṃ uppannaṃ. Ahañcimaṃ cīvaraṃ āyasmato sāriputtassa dātukāmo. Āyasmā ca sāriputto sākete viharati. Kathaṃ nu kho mayā paṭipajjitabba''nti? Atha kho āyasmā ānando bhagavato etamatthaṃ ārocesi. ''Kīvaciraṃ panānanda, sāriputto āgacchissatī''ti? ''Navamaṃ vā, Bhagavā, divasaṃ dasamaṃ vā''ti. Atha kho Bhagavā etasmiṃ nidāne etasmiṃ pakaraṇe dhammiṃ kathaṃ katvā bhikkhū āmantesi – ''anujānāmi, bhikkhave, dasāhaparamaṃ atirekacīvaraṃ dhāretuṃ. Evañca pana, bhikkhave, imaṃ sikkhāpadaṃ uddiseyyātha –
462.''Niṭṭhitacīvarasmiṃ bhikkhunā ubbhatasmiṃ kathine dasāhaparamaṃ atirekacīvaraṃ dhāretabbaṃ. Taṃ atikkāmayato nissaggiyaṃ pācittiya''nti.
463.Niṭṭhitacīvarasminti bhikkhuno cīvaraṃ kataṃ vā hoti naṭṭhaṃ vā vinaṭṭhaṃ vā daḍḍhaṃ vā cīvarāsā vā upacchinnā.
Ubbhatasmiṃ kathineti aṭṭhannaṃ mātikānaṃ aññatarāya mātikāya ubbhataṃ hoti, saṅghena vā antarā ubbhataṃ hoti.
Dasāhaparamanti dasāhaparamatā dhāretabbaṃ.
Atirekacīvaraṃ nāma anadhiṭṭhitaṃ avikappitaṃ.
Cīvaraṃ nāma channaṃ cīvarānaṃ aññataraṃ cīvaraṃ, vikappanupagaṃ pacchimaṃ.
Taṃ atikkāmayato nissaggiyaṃ hotī[hotīti idaṃ padaṃ sabbapotthakesu atthi, sikkhāpade pana natthi, evamuparipi] ti ekādase aruṇuggamane nissaggiyaṃ hoti. Nissajjitabbaṃ saṅghassa vā gaṇassa vā puggalassa vā. Evañca pana, bhikkhave, nissajjitabbaṃ. Tena bhikkhunā saṅghaṃ upasaṅkamitvā ekaṃsaṃ uttarāsaṅgaṃ karitvā vuḍḍhānaṃ bhikkhūnaṃ pāde vanditvā ukkuṭikaṃ nisīditvā añjaliṃ paggahetvā evamassa vacanīyo – ''idaṃ me, bhante, cīvaraṃ dasāhātikkantaṃ nissaggiyaṃ, imāhaṃ

saṅghassa nissajjāmī''ti. Nissajjitvā āpatti desetabbā. Byattena bhikkhunā paṭibalena āpattipaṭiggahetabbā. Nissaṭṭhacīvaraṃ dātabbaṃ.
464. ''Suṇātu me, bhante, saṅgho. Idaṃ cīvaraṃ itthannāmassa bhikkhuno nissaggiyaṃ saṅghassa nissaṭṭhaṃ. Yadi saṅghassa pattakallaṃ, saṅgho imaṃ cīvaraṃ itthannāmassa bhikkhuno dadeyyā''ti.
465. Tena bhikkhunā sambahule bhikkhū upasaṅkamitvā ekaṃsaṃ uttarāsaṅgaṃ karitvā vuḍḍhānaṃ bhikkhūnaṃ pāde vanditvā ukkuṭikaṃ nisīditvā añjaliṃ paggahetvā evamassu vacanīyā – ''idaṃ me, bhante, cīvaraṃ dasāhātikkantaṃ nissaggiyaṃ. Imāhaṃ āyasmantānaṃ nissajjāmī''ti. Nissajjitvā āpatti desetabbā. Byattena bhikkhunā paṭibalena āpatti paṭiggahetabbā. Nissaṭṭhacīvaraṃ dātabbaṃ.
466. ''Suṇantu me āyasmantā. Idaṃ cīvaraṃ itthannāmassa bhikkhuno nissaggiyaṃ āyasmantānaṃ nissaṭṭhaṃ. Yadāyasmantānaṃ pattakallaṃ, āyasmantā imaṃ cīvaraṃ itthannāmassa bhikkhuno dadeyyu''nti.
467. Tena bhikkhunā ekaṃ bhikkhuṃ upasaṅkamitvā ekaṃsaṃ uttarāsaṅgaṃ karitvā ukkuṭikaṃ nisīditvā añjaliṃ paggahetvā evamassa vacanīyo – ''idaṃ me, āvuso, cīvaraṃ dasāhātikkantaṃ nissaggiyaṃ. Imāhaṃ āyasmato nissajjāmī''ti. Nissajjitvā āpatti desetabbā. Tena bhikkhunā āpatti paṭiggahetabbā. Nissaṭṭhacīvaraṃ dātabbaṃ – ''imaṃ cīvaraṃ āyasmato dammī''ti.
468. Dasāhātikkante atikkantasaññī, nissaggiyaṃ pācittiyaṃ. Dasāhātikkante vematiko, nissaggiyaṃ pācittiyaṃ. Dasāhātikkante anatikkantasaññī, nissaggiyaṃ pācittiyaṃ. Anadhiṭṭhite adhiṭṭhitasaññī, nissaggiyaṃ pācittiyaṃ. Avikappite vikappitasaññī, nissaggiyaṃ pācittiyaṃ. Avissajjite vissajjitasaññī, nissaggiyaṃ pācittiyaṃ. Anaṭṭhe naṭṭhasaññī, nissaggiyaṃ pācittiyaṃ. Avinaṭṭhe vinaṭṭhasaññī, nissaggiyaṃ pācittiyaṃ. Adaḍḍhe daḍḍhasaññī, nissaggiyaṃ pācittiyaṃ. Avilutte viluttasaññī, nissaggiyaṃ pācittiyaṃ.
Nissaggiyaṃ cīvaraṃ anissajjitvā paribhuñjati, āpatti dukkaṭassa. Dasāhānatikkante atikkantasaññī, āpatti dukkaṭassa. Dasāhānatikkante vematiko, āpatti dukkaṭassa. Dasāhānatikkante anatikkantasaññī, anāpatti.
469. Anāpatti antodasāhaṃ adhiṭṭheti, vikappeti, vissajjeti, nassati, vinassati, ḍayhati, acchinditvā gaṇhanti, vissāsaṃ gaṇhanti, ummattakassa, ādikammikassāti.
470. Tena kho pana samayena chabbaggiyā bhikkhū nissaṭṭhacīvaraṃ na denti. Bhagavato etamatthaṃ ārocesuṃ. ''Na , bhikkhave, nissaṭṭhacīvaraṃ na dātabbaṃ. Yo na dadeyya, āpatti dukkaṭassā''ti.
Kathinasikkhāpadaṃ niṭṭhitaṃ paṭhamaṃ.
2. Udositasikkhāpadaṃ
471. Tena samayena buddho Bhagavā sāvatthiyaṃ viharati jetavane anāthapiṇḍikassa ārāme. Tena kho pana samayena bhikkhū bhikkhūnaṃ hatthe cīvaraṃ nikkhipitvā santaruttarena janapadacārikaṃ pakkamanti. Tāni cīvarāni ciraṃ nikkhittāni kaṇṇakitāni honti. Tāni bhikkhū otāpenti. Addasā kho āyasmā ānando senāsanacārikaṃ āhiṇḍanto te bhikkhū tāni cīvarāni otāpente. Disvāna yena te bhikkhū tenupasaṅkami; upasaṅkamitvā te bhikkhū etadavoca – ''kassimāni, āvuso, cīvarāni kaṇṇakitānī''ti? Atha kho te bhikkhū āyasmato ānandassa etamatthaṃ ārocesuṃ. Āyasmā ānando ujjhāyati khiyyati vipāceti – ''kathañhi nāma bhikkhū bhikkhūnaṃ hatthe cīvaraṃ nikkhipitvā santaruttarena janapadacārikaṃ pakkamissantī''ti! Atha kho āyasmā ānando te bhikkhū anekapariyāyena vigarahitvā bhagavato etamatthaṃ ārocesi...pe... ''saccaṃ kira, bhikkhave, bhikkhū bhikkhūnaṃ hatthe cīvaraṃ nikkhipitvā santaruttarena janapadacārikaṃ pakkamantī''ti? ''Saccaṃ, Bhagavā''ti. Vigarahi buddho Bhagavā...pe... kathañhi nāma te, bhikkhave, moghapurisā bhikkhūnaṃ hatthe cīvaraṃ nikkhipitvā santaruttarena janapadacārikaṃ pakkamissanti ! Netaṃ, bhikkhave, appasannānaṃ vā pasādāya...pe... evañca pana, bhikkhave, imaṃ sikkhāpadaṃ uddiseyyātha –
472.''Niṭṭhitacīvarasmiṃ bhikkhunā ubbhatasmiṃ kathine ekarattampi ce bhikkhu ticīvarena vippavaseyya, nissaggiyaṃ pācittiya''nti.
Evañcidaṃ bhagavatā bhikkhūnaṃ sikkhāpadaṃ paññattaṃ hoti.
473. Tena kho pana samayena aññataro bhikkhu kosambiyaṃ gilāno hoti. Ñātakā tassa bhikkhuno santike dūtaṃ pāhesuṃ – ''āgacchatu bhadanto, mayaṃ, upaṭṭhahissāmā''ti. Bhikkhūpi evamāhaṃsu – ''gacchāvuso , ñātakā taṃ upaṭṭhahissantī''ti. So evamāha – ''bhagavatāvuso, sikkhāpadaṃ paññattaṃ – 'na ticīvarena vippavasitabba'nti. Ahañcamhi gilāno. Na sakkomi ticīvaraṃ ādāya pakkamituṃ. Nāhaṃ gamissāmī''ti . Bhagavato etamatthaṃ ārocesuṃ. Atha kho Bhagavā etasmiṃ nidāne etasmiṃ pakaraṇe dhammiṃ kathaṃ katvā bhikkhū āmantesi – ''anujānāmi, bhikkhave, gilānassa bhikkhuno ticīvarena avippavāsasammutiṃ dātuṃ. Evañca pana, bhikkhave, dātabbā. Tena gilānena bhikkhunā saṅghaṃ upasaṅkamitvā ekaṃsaṃ uttarāsaṅgaṃ karitvā vuḍḍhānaṃ bhikkhūnaṃ pāde vanditvā ukkuṭikaṃ nisīditvā añjaliṃ paggahetvā evamassa vacanīyo – 'ahaṃ, bhante, gilāno. Na sakkomi ticīvaraṃ ādāya pakkamituṃ. Sohaṃ, bhante, saṅghaṃ ticīvarena avippavāsasammutiṃ yācāmī'ti. Dutiyampi yācitabbā. Tatiyampi yācitabbā. Byattena bhikkhunā paṭibalena saṅgho ñāpetabbo –
474. ''Suṇātu me, bhante, saṅgho. Ayaṃ itthannāmo bhikkhu gilāno. Na sakkoti ticīvaraṃ ādāya pakkamituṃ. So saṅghaṃ ticīvarena avippavāsasammutiṃ yācati. Yadi saṅghassa pattakallaṃ, saṅgho itthannāmassa bhikkhuno ticīvarena avippavāsasammutiṃ dadeyya. Esā ñatti.

"Suṇātu me, bhante, saṅgho. Ayaṃ itthannāmo bhikkhu gilāno. Na sakkoti ticīvaraṃ ādāya pakkamituṃ. So saṅghaṃ ticīvarena avippavāsasammutiṃ yācati. Saṅgho itthannāmassa bhikkhuno ticīvarena avippavāsasammutiṃ deti. Yassāyasmato khamati itthannāmassa bhikkhuno ticīvarena avippavāsasammutiyā dānaṃ, so tuṇhassa; yassa nakkhamati, so bhāseyya.
"Dinnā saṅghena itthannāmassa bhikkhuno ticīvarena avippavāsasammuti. Khamati saṅghassa, tasmā tuṇhī, evametaṃ dhārayāmī"ti.
Evañca pana, bhikkhave, imaṃ sikkhāpadaṃ uddiseyyātha –
475."Niṭṭhitacīvarasmiṃ bhikkhunā ubbhatasmiṃ kathine ekarattampi ce bhikkhu ticīvarena vippavaseyya, aññatra bhikkhusammutiyā, nissaggiyaṃ pācittiya"nti.
476."Niṭṭhitacīvarasminti bhikkhuno cīvaraṃ kataṃ vā hoti naṭṭhaṃ vā vinaṭṭhaṃ vā daḍḍhaṃ vā cīvarāsā vā upacchinnā.
Ubbhatasmiṃkathineti aṭṭhannaṃ mātikānaṃ aññatarāya mātikāya ubbhataṃ hoti, saṅghena vā antarā ubbhataṃ hoti.
Ekarattampi ce bhikkhu ticīvarena vippavaseyyāti saṅghāṭiyā vā uttarāsaṅgena vā antaravāsakena vā.
Aññatra bhikkhusammutiyāti ṭhapetvā bhikkhusammutiṃ.
Nissaggiyaṃ hotīti saha aruṇuggamanā [aruṇuggamanena (sī. syā.)] nissaggiyaṃ hoti. Nissajjitabbaṃ saṅghassa vā gaṇassa vā puggalassa vā. Evañca pana, bhikkhave, nissajjitabbaṃ...pe... idaṃ me, bhante , cīvaraṃ rattivippavutthaṃ [rattiṃ vippavutthaṃ (sī.)] aññatra bhikkhusammutiyā nissaggiyaṃ, imāhaṃ saṅghassa nissajjāmīti...pe... dadeyyāti...pe... dadeyyunti...pe... āyasmato dammīti.
477. Gāmo ekūpacāro nānūpacāro. Nivesanaṃ ekūpacāraṃ nānūpacāraṃ. Udosito ekūpacāro nānūpacāro. Aṭṭo ekūpacāro nānūpacāro. Māḷo ekūpacāro nānūpacāro. Pāsādo ekūpacāro nānūpacāro. Hammiyaṃ ekūpacāraṃ nānūpacāraṃ. Nāvā ekūpacārā nānūpacārā. Sattho ekūpacāro nānūpacāro. Khettaṃ ekūpacāraṃ nānūpacāraṃ. Dhaññakaraṇaṃ ekūpacāraṃ nānūpacāraṃ. Ārāmo ekūpacāro nānūpacāro. Vihāro ekūpacāro nānūpacāro. Rukkhamūlaṃ ekūpacāraṃ nānūpacāraṃ. Ajjhokāso ekūpacāro nānūpacāro.
478.Gāmo ekūpacāro nāma ekakulassa gāmo hoti parikkhitto ca. Antogāme cīvaraṃ nikkhipitvā antogāme vatthabbaṃ. Aparikkhitto hoti, yasmiṃ ghare cīvaraṃ nikkhittaṃ hoti tasmiṃ ghare vatthabbaṃ, hatthapāsā vā na vijahitabbaṃ.
479. Nānākulassa gāmo hoti parikkhitto ca. Yasmiṃ ghare cīvaraṃ nikkhittaṃ hoti tasmiṃ ghare vatthabbaṃ sabhāye vā dvāramūle vā, hatthapāsā vā na vijahitabbaṃ. Sabhāyaṃ gacchantena hatthapāse cīvaraṃ nikkhipitvā sabhāye vā vatthabbaṃ dvāramūle vā, hatthapāsā vā na vijahitabbaṃ. Sabhāye cīvaraṃ nikkhipitvā sabhāye vā vatthabbaṃ dvāramūle vā, hatthapāsā vā na vijahitabbaṃ. Aparikkhitto hoti, yasmiṃ ghare cīvaraṃ nikkhittaṃ hoti tasmiṃ ghare vatthabbaṃ, hatthapāsā vā na vijahitabbaṃ.
480. Ekakulassa nivesanaṃ hoti parikkhittañca, nānāgabbhā nānāovarakā. Antonivesane cīvaraṃ nikkhipitvā antonivesane vatthabbaṃ. Aparikkhittaṃ hoti, yasmiṃ gabbhe cīvaraṃ nikkhittaṃ hoti tasmiṃ gabbhe vatthabbaṃ, hatthapāsā vā na vijahitabbaṃ.
481. Nānākulassa nivesanaṃ hoti parikkhittañca, nānāgabbhā nānāovarakā. Yasmiṃ gabbhe cīvaraṃ nikkhittaṃ hoti tasmiṃ gabbhe vatthabbaṃ dvāramūle vā, hatthapāsā vā na vijahitabbaṃ . Aparikkhittaṃ hoti, yasmiṃ gabbhe cīvaraṃ nikkhittaṃ hoti tasmiṃ gabbhe vatthabbaṃ, hatthapāsā vā na vijahitabbaṃ.
482. Ekakulassa udosito hoti parikkhitto ca, nānāgabbhā nānāovarakā . Antoudosite cīvaraṃ nikkhipitvā antoudosite vatthabbaṃ. Aparikkhitto hoti, yasmiṃ gabbhe cīvaraṃ nikkhittaṃ hoti tasmiṃ gabbhe vatthabbaṃ, hatthapāsā vā na vijahitabbaṃ.
483. Nānākulassa udosito hoti parikkhitto ca, nānāgabbhā nānāovarakā. Yasmiṃ gabbhe cīvaraṃ nikkhittaṃ hoti tasmiṃ gabbhe vatthabbaṃ dvāramūle vā, hatthapāsā vā na vijahitabbaṃ. Aparikkhitto hoti, yasmiṃ gabbhe cīvaraṃ nikkhittaṃ hoti tasmiṃ gabbhe vatthabbaṃ, hatthapāsā vā na vijahitabbaṃ.
484. Ekakulassa aṭṭo hoti, antoaṭṭe cīvaraṃ nikkhipitvā antoaṭṭe vatthabbaṃ. Nānākulassa aṭṭo hoti, nānāgabbhā nānāovarakā. Yasmiṃ gabbhe cīvaraṃ nikkhittaṃ hoti tasmiṃ gabbhe vatthabbaṃ dvāramūle vā, hatthapāsā vā na vijahitabbaṃ.
485. Ekakulassa māḷo hoti, antomāḷe cīvaraṃ nikkhipitvā antomāḷe vatthabbaṃ. Nānākulassa māḷo hoti nānāgabbhā nānāovarakā, yasmiṃ gabbhe cīvaraṃ nikkhittaṃ hoti tasmiṃ gabbhe vatthabbaṃ dvāramūle vā, hatthapāsā vā na vijahitabbaṃ.
486. Ekakulassa pāsādo hoti, antopāsāde cīvaraṃ nikkhipitvā antopāsāde vatthabbaṃ. Nānākulassa pāsādo hoti, nānāgabbhā nānāovarakā. Yasmiṃ gabbhe cīvaraṃ nikkhittaṃ hoti tasmiṃ gabbhe vatthabbaṃ dvāramūle vā, hatthapāsā vā na vijahitabbaṃ.
487. Ekakulassa hammiyaṃ hoti. Antohammiye cīvaraṃ nikkhipitvā antohammiye vatthabbaṃ. Nānākulassa hammiyaṃ hoti, nānāgabbhā nānāovarakā. Yasmiṃ gabbhe cīvaraṃ nikkhittaṃ hoti tasmiṃ gabbhe vatthabbaṃ dvāramūle vā, hatthapāsā vā na vijahitabbaṃ.
488. Ekakulassa nāvā hoti. Antonāvāya cīvaraṃ nikkhipitvā antonāvāya vatthabbaṃ . Nānākulassa nāvā hoti nānāgabbhā nānāovarakā. Yasmiṃ ovarake cīvaraṃ nikkhittaṃ hoti tasmiṃ ovarake vatthabbaṃ, hatthapāsā vā na vijahitabbaṃ.

489. Ekakulassa sattho hoti. Satthe cīvaraṃ nikkhipitvā purato vā pacchato vā sattabbhantarā na vijahitabbā, passato abbhantaraṃ na vijahitabbaṃ. Nānākulassa sattho hoti, satthe cīvaraṃ nikkhipitvā hatthapāsā na vijahitabbaṃ.
490. Ekakulassa khettaṃ hoti parikkhittañca. Antokhette cīvaraṃ nikkhipitvā antokhette vatthabbaṃ. Aparikkhittaṃ hoti, hatthapāsā na vijahitabbaṃ. Nānākulassa khettaṃ hoti parikkhittañca. Antokhette cīvaraṃ nikkhipitvā dvāramūle vā vatthabbaṃ, hatthapāsā vā na vijahitabbaṃ. Aparikkhittaṃ hoti, hatthapāsā na vijahitabbaṃ.
491. Ekakulassa dhaññakaraṇaṃ hoti parikkhittañca. Antodhaññakaraṇe cīvaraṃ nikkhipitvā antodhaññakaraṇe vatthabbaṃ. Aparikkhittaṃ hoti, hatthapāsā na vijahitabbaṃ. Nānākulassa dhaññakaraṇaṃ hoti parikkhittañca. Antodhaññakaraṇe cīvaraṃ nikkhipitvā dvāramūle vā vatthabbaṃ, hatthapāsā vā na vijahitabbaṃ. Aparikkhittaṃ hoti, hatthapāsā na vijahitabbaṃ.
492. Ekakulassa ārāmo hoti parikkhitto ca. Antoārāme cīvaraṃ nikkhipitvā antoārāme vatthabbaṃ. Aparikkhitto hoti, hatthapāsā na vijahitabbaṃ. Nānākulassa ārāmo hoti parikkhitto ca. Antoārāme cīvaraṃ nikkhipitvā dvāramūle vā vatthabbaṃ, hatthapāsā vā na vijahitabbaṃ. Aparikkhitto hoti, hatthapāsā na vijahitabbaṃ.
493. Ekakulassa vihāro hoti parikkhitto ca. Antovihāre cīvaraṃ nikkhipitvā antovihāre vatthabbaṃ. Aparikkhitto hoti, yasmiṃ vihāre cīvaraṃ nikkhittaṃ hoti tasmiṃ vihāre vatthabbaṃ, hatthapāsā vā na vijahitabbaṃ. Nānākulassa vihāro hoti parikkhitto ca. Yasmiṃ vihāre cīvaraṃ nikkhittaṃ hoti tasmiṃ vihāre vatthabbaṃ dvāramūle vā, hatthapāsā vā na vijahitabbaṃ. Aparikkhitto hoti, yasmiṃ vihāre cīvaraṃ nikkhittaṃ hoti tasmiṃ vihāre vatthabbaṃ, hatthapāsā vā na vijahitabbaṃ.
494. Ekakulassa rukkhamūlaṃ hoti, yaṃ majjhanhike kāle samantā chāyā pharati, antochāyāya cīvaraṃ nikkhipitvā antochāyāya vatthabbaṃ. Nānākulassa rukkhamūlaṃ hoti, hatthapāsā na vijahitabbaṃ.
Ajjhokāso ekūpacāro nāma agāmake araññe samantā sattabbhantarā ekūpacāro, tato paraṃ nānūpacāro.
495. Vippavutthe vippavutthasaññī aññatra bhikkhusammutiyā, nissaggiyaṃ pācittiyaṃ. Vippavutthe vematiko, aññatra bhikkhusammutiyā, nissaggiyaṃ pācittiyaṃ. Vippavutthe avippavutthasaññī, aññatra bhikkhusammutiyā, nissaggiyaṃ pācittiyaṃ. Appaccuddhaṭe paccuddhaṭasaññī...pe... avissajjite vissajjitasaññī... anaṭṭhe naṭṭhasaññī... avinaṭṭhe vinaṭṭhasaññī... adaḍḍhe daḍḍhasaññī...pe... avilutte viluttasaññī, aññatra bhikkhusammutiyā, nissaggiyaṃ pācittiyaṃ.
Nissaggiyaṃ cīvaraṃ anissajjitvā paribhuñjati, āpatti dukkaṭassa . Avippavutthe vippavutthasaññī, āpatti dukkaṭassa. Avippavutthe vematiko, āpatti dukkaṭassa. Avippavutthe avippavutthasaññī, anāpatti.
496. Anāpatti antoaruṇe paccuddharati, vissajjeti, nassati, vinassati, ḍayhati, acchinditvā gaṇhanti, vissāsaṃ gaṇhanti, bhikkhusammutiyā, ummattakassa, ādikammikassāti.
Udositasikkhāpadaṃ niṭṭhitaṃ dutiyaṃ.
3. Tatiyakathinasikkhāpadaṃ
497. Tena samayena buddho Bhagavā sāvatthiyaṃ viharati jetavane anāthapiṇḍikassa ārāme. Tena kho pana samayena aññatarassa bhikkhuno akālacīvaraṃ uppannaṃ hoti. Tassa taṃ cīvaraṃ kayiramānaṃ nappahoti. Atha kho so bhikkhu taṃ cīvaraṃ ussāpetvā punappunaṃ vimajjati. Addasā kho Bhagavā senāsanacārikaṃ āhiṇḍanto taṃ bhikkhuṃ taṃ cīvaraṃ ussāpetvā punappunaṃ vimajjantaṃ. Disvāna yena so bhikkhu tenupasaṅkami; upasaṅkamitvā taṃ bhikkhuṃ etadavoca – ''kissa tvaṃ, bhikkhu, imaṃ cīvaraṃ ussāpetvā punappunaṃ vimajjasī''ti? ''Idaṃ me, bhante, akālacīvaraṃ uppannaṃ. Kayiramānaṃ nappahoti. Tenāhaṃ imaṃ cīvaraṃ ussāpetvā punappunaṃ vimajjāmī''ti. ''Atthi pana te, bhikkhu, cīvarapaccāsā''ti? ''Atthi, Bhagavā''ti. Atha kho Bhagavā etasmiṃ nidāne etasmiṃ pakaraṇe dhammiṃ kathaṃ katvā, bhikkhū āmantesi – ''anujānāmi, bhikkhave, akālacīvaraṃ paṭiggahetvā cīvarapaccāsā nikkhipitu''nti.
498. Tena kho pana samayena bhikkhū – ''bhagavatā anuññātaṃ akālacīvaraṃ paṭiggahetvā cīvarapaccāsā nikkhipitu''nti akālacīvarāni paṭiggahetvā atirekamāsaṃ nikkhipanti. Tāni cīvarāni cīvaravaṃse bhaṇḍikābaddhāni tiṭṭhanti. Addasā kho āyasmā ānando senāsanacārikaṃ āhiṇḍanto tāni cīvarāni cīvaravaṃse bhaṇḍikābaddhāni tiṭṭhante. Disvāna bhikkhū āmantesi – ''kassimāni, āvuso, cīvarāni cīvaravaṃse bhaṇḍikābaddhāni tiṭṭhantī''ti? ''Amhākaṃ, āvuso, akālacīvarāni cīvarapaccāsā nikkhittānī''ti. ''Kīvaciraṃ panāvuso, imāni cīvarāni nikkhittānī''ti? ''Atirekamāsaṃ, āvuso''ti. Āyasmā ānando ujjhāyati khiyyati vipāceti – ''kathañhi nāma bhikkhū akālacīvaraṃ paṭiggahetvā atirekamāsaṃ nikkhipissantī''ti! Atha kho āyasmā ānando te bhikkhū anekapariyāyena vigarahitvā bhagavato etamatthaṃ ārocesi...pe... ''saccaṃ kira, bhikkhave, bhikkhū akālacīvaraṃ paṭiggahetvā atirekamāsaṃ nikkhipantī''ti? ''Saccaṃ, Bhagavā''ti. Vigarahi buddho Bhagavā...pe... kathañhi nāma te, bhikkhave, moghapurisā akālacīvaraṃ paṭiggahetvā atirekamāsaṃ nikkhipissanti! Netaṃ, bhikkhave, appasannānaṃ vā pasādāya...pe... evañca pana, bhikkhave, imaṃ sikkhāpadaṃ uddiseyyātha –
499.''Niṭṭhitacīvarasmiṃbhikkhunā ubbhatasmiṃ kathine bhikkhuno paneva akālacīvaraṃ uppajjeyya, ākaṅkhamānena bhikkhunā paṭiggahetabbaṃ. Paṭiggahetvā khippameva kāretabbaṃ. Nocassa pāripūri, māsaparamaṃ tena bhikkhunā taṃ cīvaraṃ nikkhipitabbaṃ ūnassa pāripūriyā satiyā paccāsāya. Tato ce uttari [uttariṃ (sī. syā.)] nikkhipeyya, satiyāpi paccāsāya, nissaggiyaṃ pācittiya''nti.

500.Niṭṭhitacīvarasminti bhikkhuno cīvaraṃ kataṃ vā hoti naṭṭhaṃ vā vinaṭṭhaṃ vā daḍḍhaṃ vā cīvarāsā vā upacchinnā.
Ubbhatasmiṃ kathineti aṭṭhannaṃ mātikānaṃ aññatarāya mātikāya ubbhataṃ hoti, saṅghena vā antarā ubbhataṃ hoti.
Akālacīvaraṃ nāma anatthate kathine ekādasamāse uppannaṃ, atthate kathine sattamāse uppannaṃ, kālepi ādissa dinnaṃ, etaṃ akālacīvaraṃ nāma.
Uppajjeyyāti uppajjeyya saṅghato vā gaṇato vā ñātito vā mittato vā paṃsukūlaṃ vā attano vā dhanena.
Ākaṅkhamānenāti icchamānena paṭiggahetabbaṃ.
Paṭiggahetvā khippameva kāretabbanti dasāhā kāretabbaṃ.
No cassa pāripūrīti kayiramānaṃ nappahoti.
Māsaparamaṃ tena bhikkhunā taṃ cīvaraṃ nikkhipitabbanti māsaparamatā nikkhipitabbaṃ.
Ūnassa pāripūriyāti ūnassa pāripūratthāya.
Satiyā paccāsāyāti paccāsā hoti saṅghato vā gaṇato vā ñātito vā mittato vā paṃsukūlaṃ vā attano vā dhanena.
Tato ce uttari nikkhipeyya satiyāpi paccāsāyāti tadahuppanne mūlacīvare paccāsācīvaraṃ uppajjati, dasāhā kāretabbaṃ. Dvīhuppanne mūlacīvare paccāsācīvaraṃ uppajjati, dasāhā kāretabbaṃ. Tīhuppanne mūlacīvare...pe... catūhuppanne... pañcāhuppanne... chāhuppanne... sattāhuppanne... aṭṭhāhuppanne ... navāhuppanne... dasāhuppanne mūlacīvare paccāsācīvaraṃ uppajjati, dasāhā kāretabbaṃ . Ekādase uppanne...pe... dvādase uppanne... terase uppanne... cuddase uppanne... pannarase uppanne... soḷase uppanne... sattarase uppanne... aṭṭhārase uppanne... ekūnavīse uppanne... vīse uppanne mūlacīvare paccāsācīvaraṃ uppajjati, dasāhā kāretabbaṃ. Ekavīse uppanne mūlacīvare paccāsācīvaraṃ uppajjati, navāhā kāretabbaṃ. Dvāvīse uppanne...pe... tevīse uppanne... catuvīse uppanne... pañcavīse uppanne... chabbīse uppanne... sattavīse uppanne... aṭṭhavīse uppanne... ekūnatiṃse uppanne mūlacīvare paccāsācīvaraṃ uppajjati, ekāhaṃ kāretabbaṃ... tiṃse uppanne mūlacīvare paccāsācīvaraṃ uppajjati , tadaheva adhiṭṭhātabbaṃ vikappetabbaṃ vissajjetabbaṃ. No ce adhiṭṭheyya vā vikappeyya vā vissajjeyya vā, ekatiṃse aruṇuggamane nissaggiyaṃ hoti. Nissajjitabbaṃsaṅghassa vā gaṇassa vā puggalassa vā. Evañca pana, bhikkhave, nissajjitabbaṃ...pe... idaṃ me, bhante, akālacīvaraṃ māsātikkantaṃ nissaggiyaṃ, imāhaṃ saṅghassa nissajjāmīti...pe... dadeyyāti...pe... dadeyyunti...pe... āyasmato dammīti.
Visabhāge uppanne mūlacīvare paccāsācīvaraṃ uppajjati, rattiyo ca sesā honti, na akāmā kāretabbaṃ.
501. Māsātikkante atikkantasaññī, nissaggiyaṃ pācittiyaṃ. Māsātikkante vematiko nissaggiyaṃ pācittiyaṃ. Māsātikkante anatikkantasaññī nissaggiyaṃ pācittiyaṃ. Anadhiṭṭhite adhiṭṭhitasaññī...pe... avikappite vikappitasaññī... avissajjite vissajjitasaññī... anaṭṭhe naṭṭhasaññī... avinaṭṭhe vinaṭṭhasaññī... adaḍḍhe daḍḍhasaññī... avilutte viluttasaññī, nissaggiyaṃ pācittiyaṃ.
Nissaggiyaṃ cīvaraṃ anissajjitvā paribhuñjati, āpatti dukkaṭassa. Māsānatikkante atikkantasaññī, āpatti dukkaṭassa. Māsānatikkante vematiko, āpatti dukkaṭassa. Māsānatikkante anatikkantasaññī, anāpatti.
502. Anāpatti antomāse adhiṭṭheti, vikappeti, vissajjeti, nassati , vinassati, ḍayhati, acchinditvā gaṇhanti, vissāsaṃ gaṇhanti, ummattakassa, ādikammikassāti.
Tatiyakathinasikkhāpadaṃ niṭṭhitaṃ.
4. Purāṇacīvarasikkhāpadaṃ
503. Tena samayena buddho Bhagavā sāvatthiyaṃ viharati jetavane anāthapiṇḍikassa ārāme. Tena kho pana samayena āyasmato udāyissa purāṇadutiyikā bhikkhunīsu pabbajitā hoti. Sā āyasmato udāyissa santike abhikkhaṇaṃ āgacchati. Āyasmāpi udāyī tassā bhikkhuniyā santike abhikkhaṇaṃ gacchati. Tena kho pana samayena āyasmā udāyī tassā bhikkhuniyā santike bhattavissaggaṃ karoti. Atha kho āyasmā udāyī pubbaṇhasamayaṃ nivāsetvā pattacīvaramādāya yena sā bhikkhunī tenupasaṅkami; upasaṅkamitvā tassā bhikkhuniyā purato aṅgajātaṃ vivaritvā āsane nisīdi. Sāpi kho bhikkhunī āyasmato udāyissa purato aṅgajātaṃ vivaritvā āsane nisīdi. Atha kho āyasmā udāyī sāratto tassā bhikkhuniyā aṅgajātaṃ upanijjhāyi. Tassa asuci mucci. Atha kho āyasmā udāyī taṃ bhikkhuniṃ etadavoca – ''gaccha, bhagini, udakaṃ āhara, antaravāsakaṃ dhovissāmī''ti. ''Āharayya , ahameva dhovissāmī''ti taṃ asuciṃ ekadesaṃ mukhena aggahesi ekadesaṃ aṅgajāte pakkhipi. Sā tena gabbhaṃ gaṇhi. Bhikkhuniyoevamāhaṃsu – ''abrahmacārinī ayaṃ bhikkhunī, gabbhinī''ti. ''Nāhaṃ, ayye, abrahmacārinī''ti bhikkhunīnaṃ etamatthaṃ ārocesi. Bhikkhuniyo ujjhāyanti khiyyanti vipācenti – ''kathañhi nāma ayyo udāyī bhikkhuniyā purāṇacīvaraṃ dhovāpessatī''ti! Atha kho tā bhikkhuniyo bhikkhūnaṃ etamatthaṃ ārocesuṃ. Ye te bhikkhū appicchā...pe... te ujjhāyanti khiyyanti vipācenti – ''kathañhi nāma āyasmā udāyī bhikkhuniyā purāṇacīvaraṃ dhovāpessatī''ti! Atha kho te bhikkhū āyasmantaṃ udāyiṃ anekapariyāyena vigarahitvā bhagavato etamatthaṃ ārocesuṃ...pe... ''saccaṃ kira tvaṃ, udāyi, bhikkhuniyā purāṇacīvaraṃ dhovāpesī''ti? ''Saccaṃ, Bhagavā''ti. ''Ñātikā te, udāyi, aññātikā''ti? ''Aññātikā, Bhagavā''ti. ''Aññātako, moghapurisa, aññātikāya na jānāti patirūpaṃ vā appatirūpaṃ vā pāsādikaṃ vā apāsādikaṃ vā. Tattha nāma tvaṃ, moghapurisa, aññātikāya bhikkhuniyā

purāṇacīvaraṃ dhovāpessasi! Netaṃ, moghapurisa, appasannānaṃ vā pasādāya...pe... evañca pana, bhikkhave, imaṃ sikkhāpadaṃ uddiseyyātha –
504.''Yopana bhikkhu aññātikāya bhikkhuniyā purāṇacīvaraṃ dhovāpeyya vā rajāpeyya vā ākoṭāpeyya vā, nissaggiyaṃ pācittiya''nti.
505.Yopanāti yo yādiso...pe... bhikkhūti...pe... ayaṃ imasmiṃ atthe adhippeto bhikkhūti.
Aññātikā nāma mātito vā pitito vā yāva sattamā pitāmahayugā asambaddhā.
Bhikkhunī nāma ubhatosaṅghe upasampannā.
Purāṇacīvaraṃ nāma sakiṃ nivatthampi sakiṃ pārutampi.
Dhovāti āṇāpeti, āpatti dukkaṭassa. Dhotaṃ nissaggiyaṃ hoti. Rajāti āṇāpeti, āpatti dukkaṭassa. Rattaṃ nissaggiyaṃ hoti. Ākoṭehīti āṇāpeti, āpatti dukkaṭassa. Sakiṃ pāṇippahāraṃ vā muggarappahāraṃ vā dinne nissaggiyaṃ hoti. Nissajjitabbaṃ saṅghassa vā gaṇassa vā puggalassa vā. Evañca pana, bhikkhave, nissajjitabbaṃ...pe... idaṃ me, bhante, purāṇacīvaraṃ aññātikāya bhikkhuniyā dhovāpitaṃ nissaggiyaṃ. Imāhaṃ saṅghassa nissajjāmīti...pe... dadeyyāti...pe... dadeyyunti...pe... āyasmato dammīti.
506. Aññātikāya aññātikasaññī purāṇacīvaraṃ dhovāpeti, nissaggiyaṃ pācittiyaṃ. Aññātikāya aññātikasaññī purāṇacīvaraṃ dhovāpeti rajāpeti, nissaggiyena āpatti dukkaṭassa. Aññātikāya aññātikasaññī purāṇacīvaraṃ dhovāpeti ākoṭāpeti, nissaggiyena āpatti dukkaṭassa. Aññātikāya aññātikasaññī purāṇacīvaraṃ dhovāpeti rajāpeti ākoṭāpeti, nissaggiyena āpatti dvinnaṃ dukkaṭānaṃ.
Aññātikāya aññātikasaññī purāṇacīvaraṃ rajāpeti, nissaggiyaṃ pācittiyaṃ. Aññātikāya aññātikasaññī purāṇacīvaraṃ rajāpeti ākoṭāpeti, nissaggiyena āpatti dukkaṭassa. Aññātikāya aññātikasaññī purāṇacīvaraṃ rajāpeti dhovāpeti, nissaggiyena āpatti dukkaṭassa. Aññātikāya aññātikasaññī purāṇacīvaraṃ rajāpeti ākoṭāpeti dhovāpeti, nissaggiyena āpatti dvinnaṃ dukkaṭānaṃ.
Aññātikāya aññātikasaññī purāṇacīvaraṃ ākoṭāpeti, nissaggiyaṃ pācittiyaṃ. Aññātikāya aññātikasaññī purāṇacīvaraṃ ākoṭāpeti dhovāpeti, nissaggiyena āpatti dukkaṭassa. Aññātikāya aññātikasaññī purāṇacīvaraṃ ākoṭāpeti rajāpeti, nissaggiyena āpatti dukkaṭassa. Aññātikāya aññātikasaññī purāṇacīvaraṃ ākoṭāpeti dhovāpeti rajāpeti, nissaggiyena āpatti dvinnaṃ dukkaṭānaṃ.
Aññātikāya vematiko...pe... aññātikāya ñātikasaññī...pe... aññassa purāṇacīvaraṃ dhovāpeti, āpatti dukkaṭassa. Nisīdanapaccattharaṇaṃ dhovāpeti, āpatti dukkaṭassa. Ekatoupasampannāya dhovāpeti, āpatti dukkaṭassa. Ñātikāya aññātikasaññī, āpatti dukkaṭassa. Ñātikāya vematiko, āpatti dukkaṭassa. Ñātikāya ñātikasaññī, anāpatti.
507. Anāpatti ñātikāya dhovantiyā aññātikā dutiyā hoti, avuttā dhovati, aparibhuttaṃ dhovāpeti, cīvaraṃ ṭhapetvā aññaṃ parikkhāraṃ dhovāpeti, sikkhamānāya, sāmaṇeriyā, ummattakassa, ādikammikassāti.
Purāṇacīvarasikkhāpadaṃ niṭṭhitaṃ catutthaṃ.
5. Cīvarapaṭiggahaṇasikkhāpadaṃ
508. Tena samayena buddho Bhagavā rājagahe viharati veḷuvane kalandakanivāpe. Tena kho pana samayena uppalavaṇṇā bhikkhunī sāvatthiyaṃ viharati. Atha kho uppalavaṇṇā bhikkhunī pubbaṇhasamayaṃ nivāsetvā pattacīvaramādāya sāvatthiṃ piṇḍāya pāvisi. Sāvatthiyaṃ piṇḍāya caritvā pacchābhattaṃ piṇḍapātappaṭikkantā yena andhavanaṃ tenupasaṅkami divāvihārāya. Andhavanaṃ ajjhogāhetvā aññatarasmiṃ rukkhamūle divāvihāraṃ nisīdi. Tena kho pana samayena corā katakammā gāviṃ vadhitvā maṃsaṃ gahetvā andhavanaṃ pavisiṃsu. Addasā kho coragāmaṇiko uppalavaṇṇaṃ bhikkhuniṃ aññatarasmiṃ rukkhamūle divāvihāraṃ nisinnaṃ. Disvānassa etadahosi – ''sace me puttabhātukā passissanti viheṭhissanti imaṃ bhikkhuni''nti aññena maggena agamāsi. Atha kho so coragāmaṇiko maṃse pakke varamaṃsāni gahetvā paṇṇapuṭaṃ [paṇṇena puṭaṃ (syā.)] bandhitvā uppalavaṇṇāya bhikkhuniyā avidūre rukkhe ālaggetvā – ''yo passati samaṇo vā brāhmaṇo vā dinnaṃyeva haratū''ti, vatvā pakkāmi. Assosi kho uppalavaṇṇā bhikkhunī samādhimhā vuṭṭhahitvā tassa coragāmaṇikassa imaṃ vācaṃ bhāsamānassa. Atha kho uppalavaṇṇā bhikkhunī taṃ maṃsaṃ gahetvā upassayaṃ agamāsi. Atha kho uppalavaṇṇā bhikkhunī tassā rattiyā accayena taṃ maṃsaṃ sampādetvā uttarāsaṅgena bhaṇḍikaṃ bandhitvā vehāsaṃ abbhuggantvā veḷuvane paccuṭṭhāsi[paccupaṭṭhāsi (?)].
Tena kho pana samayena Bhagavā gāmaṃ piṇḍāya paviṭṭho hoti. Āyasmā udāyī ohiyyako hoti vihārapālo. Atha kho uppalavaṇṇā bhikkhunī yenāyasmā udāyī tenupasaṅkami; upasaṅkamitvā āyasmantaṃ udāyiṃ etadavoca – ''kahaṃ, bhante, Bhagavā''ti? ''Paviṭṭho, bhagini, Bhagavā gāmaṃ piṇḍāyā''ti. ''Imaṃ, bhante, maṃsaṃ bhagavato dehī''ti. ''Santappito tayā, bhagini, Bhagavā maṃsena. Sace me tvaṃ antaravāsakaṃ dadeyyāsi, evaṃ ahampi santappito bhaveyyaṃ antaravāsakenā''ti. ''Mayaṃ kho, bhante, mātugāmā nāma kicchalābhā. Idañca me antimaṃ pañcamaṃ cīvaraṃ. Nāhaṃ dassāmī''ti. ''Seyyathāpi, bhagini, puriso hatthiṃ datvā kacche sajjeyya [vissajjeyya (syā.)] evameva kho tvaṃ bhagini bhagavato maṃsaṃ datvā mayi antaravāsake sajjasī''ti [antaravāsakaṃ na sajjasīti (ka.), mayhaṃ antaravāsakaṃ vissajjehīti (syā.)]. Atha kho uppalavaṇṇā bhikkhunī āyasmatā udāyinā nippīḷiyamānā antaravāsakaṃ datvā upassayaṃ agamāsi. Bhikkhuniyo uppalavaṇṇāya bhikkhuniyā pattacīvaraṃpaṭiggaṇhantiyo uppalavaṇṇaṃ bhikkhuniṃ etadavocuṃ – ''kahaṃ te, ayye,

antaravāsako''ti? Uppalavaṇṇā bhikkhunī bhikkhunīnaṃ etamatthaṃ ārocesi. Bhikkhuniyo ujjhāyanti khiyyanti vipācenti – ''kathañhi nāma ayyo udāyī bhikkhuniyā cīvaraṃ paṭiggahessati kicchalābho mātugāmo''ti. Atha kho tā bhikkhuniyo bhikkhūnaṃ etamatthaṃ ārocesuṃ. Ye te bhikkhū appicchā...pe... te ujjhāyanti khiyyanti vipācenti – ''kathañhi nāma āyasmā udāyī bhikkhuniyā cīvaraṃ paṭiggahessatī''ti! Atha kho te bhikkhū āyasmantaṃ udāyiṃ anekapariyāyena vigarahitvā bhagavato etamatthaṃ ārocesuṃ...pe... ''saccaṃ kira tvaṃ, udāyi, bhikkhuniyā cīvaraṃ paṭiggahesī''ti? ''Saccaṃ, Bhagavā''ti. ''Ñātikā te, udāyi, aññātikā''ti? ''Aññātikā, Bhagavā''ti. ''Aññātako, moghapurisa, aññātikāya na jānāti patirūpaṃ vā appatirūpaṃ vā santaṃ vā asantaṃ vā. Tattha nāma tvaṃ, moghapurisa, aññātikāya bhikkhuniyā hatthato cīvaraṃ paṭiggahessasi! Netaṃ moghapurisa, appasannānaṃ vā pasādāya...pe... evañca pana, bhikkhave, imaṃ sikkhāpadaṃ uddiseyyātha –

509.''Yo pana bhikkhu aññātikāya bhikkhuniyā hatthato cīvaraṃ paṭiggaṇheyya, nissaggiyaṃ pācittiya''nti.

Evañcidaṃ bhagavatā bhikkhūnaṃ sikkhāpadaṃ paññattaṃ hoti.

510. Tena kho pana samayena bhikkhū kukkuccāyantā bhikkhunīnaṃ pārivattakacīvaraṃ na paṭiggaṇhanti. Bhikkhuniyo ujjhāyanti khiyyanti vipācenti – ''kathañhi nāma ayyā amhākaṃ pārivattakacīvaraṃ na paṭiggahessantī''ti! Assosuṃ kho bhikkhū tāsaṃ bhikkhunīnaṃ ujjhāyantīnaṃ khiyyantīnaṃ vipācentīnaṃ. Atha kho te bhikkhū bhagavato etamatthaṃ ārocesu. Atha kho Bhagavā etasmiṃ nidāne etasmiṃ pakaraṇe dhammiṃ kathaṃ katvā bhikkhū āmantesi – ''anujānāmi, bhikkhave, pañcannaṃ pārivattakaṃ paṭiggahetuṃ – bhikkhussa, bhikkhuniyā, sikkhamānāya, sāmaṇerassa, sāmaṇeriyā. Anujānāmi, bhikkhave, imesaṃ pañcannaṃ pārivattakaṃ paṭiggahetuṃ. Evañca pana, bhikkhave, imaṃ sikkhāpadaṃ uddiseyyātha.

511.''Yo pana bhikkhu aññātikāya bhikkhuniyā hatthato cīvaraṃ paṭiggaṇheyya, aññatra pārivattakā, nissaggiyaṃ pācittiya''nti.

512.Yo panāti yo yādiso...pe... bhikkhūti...pe... ayaṃ imasmiṃ atthe adhippeto bhikkhūti.

Aññātikā nāma mātito vā pitito vā yāva sattamā pitāmahayugā asambaddhā.

Bhikkhunī nāma ubhatosaṅghe upasampannā.

Cīvaraṃ nāma channaṃ cīvarānaṃ aññataraṃ cīvaraṃ vikappanupagaṃ pacchimaṃ.

Aññatra pārivattakāti ṭhapetvā pārivattakaṃ.

Paṭiggaṇhāti, payoge dukkaṭaṃ. Paṭilābhena nissaggiyaṃ hoti. Nissajjitabbaṃ saṅghassa vā gaṇassa vā puggalassa vā. Evañca pana, bhikkhave, nissajjitabbaṃ...pe... idaṃ me, bhante, cīvaraṃ aññātikāya bhikkhuniyā hatthato paṭiggahitaṃ, aññatra pārivattakā, nissaggiyaṃ. Imāhaṃ saṅghassa nissajjāmīti...pe... dadeyyāti...pe... dadeyyunti...pe... āyasmato dammīti.

513. Aññātikāya aññātikasaññī cīvaraṃ paṭiggaṇhāti, aññatra pārivattakā, nissaggiyaṃ pācittiyaṃ. Aññātikāya vematiko cīvaraṃ paṭiggaṇhāti, aññatra pārivattakā, nissaggiyaṃ pācittiyaṃ. Aññātikāya ñātikasaññī cīvaraṃ paṭiggaṇhāti, aññatra pārivattakā, nissaggiyaṃ pācittiyaṃ.

Ekatoupasampannāya hatthato cīvaraṃ paṭiggaṇhāti, aññatra pārivattakā, āpatti dukkaṭassa. Ñātikāya aññātikasaññī, āpatti dukkaṭassa. Ñātikāya vematiko, āpatti dukkaṭassa. Ñātikāya ñātikasaññī, anāpatti.

514. Anāpatti ñātikāya, pārivattakaṃ parittena vā vipulaṃ, vipulena vā parittaṃ, bhikkhu vissāsaṃ gaṇhāti, tāvakālikaṃ gaṇhāti , cīvaraṃ ṭhapetvā aññaṃ parikkhāraṃ gaṇhāti, sikkhamānāya, sāmaṇeriyā, ummattakassa, ādikammikassāti.

Cīvarapaṭiggahaṇasikkhāpadaṃ niṭṭhitaṃ pañcamaṃ.

6. Aññātakaviññattisikkhāpadaṃ

515. Tena samayena buddho Bhagavā sāvatthiyaṃ viharati jetavane anāthapiṇḍikassa ārāme . Tena kho pana samayena āyasmā upanando sakyaputto paṭṭo [paṭṭho (syā. ka.)] hoti dhammiṃ kathaṃ kātuṃ. Atha kho aññataro seṭṭhiputto yenāyasmā upanando sakyaputto tenupasaṅkami ; upasaṅkamitvā āyasmantaṃ upanandaṃ sakyaputtaṃ abhivādetvā ekamantaṃ nisīdi. Ekamantaṃ nisinnaṃ kho taṃ seṭṭhiputtaṃ āyasmā upanando sakyaputto dhammiyā kathāya sandassesi samādapesi samuttejesi sampahaṃsesi. Atha kho so seṭṭhiputto āyasmatā upanandena sakyaputtena dhammiyā kathāya sandassito samādapito samuttejito sampahaṃsito āyasmantaṃ upanandaṃ sakyaputtaṃ etadavoca – ''vadeyyātha, bhante, yena attho. Paṭibalā mayaṃ ayyassa dātuṃ yadidaṃ cīvarapiṇḍapātasenāsanagilānappaccayabhesajjaparikkhāra''nti. ''Sace me tvaṃ, āvuso, dātukāmosi, ito ekaṃ sāṭakaṃ dehī''ti. ''Amhākaṃ kho, bhante, kulaputtānaṃ kismiṃ viya ekasāṭakaṃ gantuṃ. Āgamehi, bhante, yāva gharaṃ gacchāmi. Gharaṃ gato ito vā ekaṃ sāṭakaṃ pahiṇissāmi ito vā sundaratara''nti. Dutiyampi kho āyasmā upanando sakyaputto taṃ seṭṭhiputtaṃ etadavoca ''sace me tvaṃ āvuso dātukāmosi ito ekaṃ sāṭakaṃ dehī''ti. Amhākaṃ kho bhante kulaputtānaṃ kismiṃ viya ekasāṭakaṃ gantuṃ, āgamehi bhante yāva gharaṃ gacchāmi, gharaṃ gato ito vā ekaṃ sāṭakaṃ pahiṇissāmi ito vā sundarataranti. Tatiyampi kho āyasmā upanando sakyaputto taṃ seṭṭhiputtaṃ etadavoca ''sace me tvaṃ āvuso dātukāmosi, ito ekaṃ sāṭakaṃ dehī''ti. Amhākaṃ kho bhante kulaputtānaṃ kismiṃ viya ekasāṭakaṃ gantuṃ, āgamehi bhante yāva gharaṃ gacchāmi, gharaṃ gato ito

vā ekaṃ sāṭakaṃ pahiṇissāmi ito vā sundarataranti. "Kiṃ pana tayā, āvuso, adātukāmena pavāritena yaṃ tvaṃ pavāretvā na desī"ti.
Atha kho so seṭṭhiputto āyasmatā upanandena sakyaputtena nippīḷiyamāno ekaṃ sāṭakaṃ datvā agamāsi. Manussā taṃ seṭṭhiputtaṃ etadavocuṃ – "kissa tvaṃ ayyo ekasāṭako āgacchasī"ti? Atha kho so seṭṭhiputto tesaṃ manussānaṃ etamatthaṃ ārocesi. Manussā ujjhāyanti khiyyanti vipācenti – "mahicchā ime samaṇā sakyaputtiyā asantuṭṭhā. Nayimesaṃ sukarā dhammanimantanāpi kātuṃ [nayime sukarā dhammanimantanāyapi kātuṃ (syā.)]. Kathañhi nāma seṭṭhiputtena dhammanimantanāya kayiramānāya sāṭakaṃ gahessantī"ti! Assosuṃ kho bhikkhū tesaṃ manussānaṃ ujjhāyantānaṃ khiyyantānaṃ vipācentānaṃ. Ye te bhikkhū appicchā...pe... te ujjhāyanti khiyyanti vipācenti – "kathañhi nāma āyasmā upanando sakyaputto seṭṭhiputtaṃ cīvaraṃ viññāpessatī"ti! Atha kho te bhikkhū āyasmantaṃ upanandaṃ sakyaputtaṃ anekapariyāyena vigarahitvā bhagavato etamatthaṃ ārocesuṃ...pe... "saccaṃ kira tvaṃ, upananda, seṭṭhiputtaṃ cīvaraṃ viññāpesī"ti? "Saccaṃ, Bhagavā"ti. "Ñātako te, upananda, aññātako"ti? "Aññātako, Bhagavā"ti. "Aññātako, moghapurisa, aññātakassa na jānāti patirūpaṃ vā appatirūpaṃ vā santaṃ vā asantaṃ vā. Tattha nāma tvaṃ, moghapurisa, aññātakaṃ seṭṭhiputtaṃ cīvaraṃ viññāpessasi! Netaṃ, moghapurisa, appasannānaṃ vā pasādāya...pe... evañca pana, bhikkhave, imaṃ sikkhāpadaṃ uddiseyyātha –
516."Yo pana bhikkhu aññātakaṃ gahapatiṃ vā gahapatāniṃ vā cīvaraṃ viññāpeyya, nissaggiyaṃ pācittiya"nti.
Evañcidaṃ bhagavatā bhikkhūnaṃ sikkhāpadaṃ paññattaṃ hoti.
517. Tena kho pana samayena sambahulā bhikkhū sāketā sāvatthiṃ 2 addhānamaggappaṭipannā honti. Antarāmagge corā nikkhamitvā te bhikkhū acchindiṃsu. Atha kho te bhikkhū – "bhagavatā paṭikkhittaṃ aññātakaṃ gahapatiṃ vā gahapatāniṃ vā cīvaraṃ viññāpetu"nti, kukkuccāyantā na viññāpesuṃ. Yathānaggāva sāvatthiṃ gantvā bhikkhū abhivādenti. Bhikkhū evamāhaṃsu – "sundarā kho ime, āvuso, ājīvakā ye ime bhikkhūsu abhivādentī"ti. Te evamāhaṃsu – "na mayaṃ, āvuso, ājīvakā, bhikkhū maya"nti. Bhikkhū āyasmantaṃ upāliṃ etadavocuṃ – "iṅghāvuso upāli, ime anuyuñjāhī"ti. Atha kho āyasmatā upālinā anuyuñjiyamānā te bhikkhū etamatthaṃ ārocesuṃ. Atha kho āyasmā upāli te bhikkhū anuyuñjitvā bhikkhū etadavoca – "bhikkhū ime, āvuso. Detha nesaṃ cīvarānī"ti. Ye te bhikkhū appicchā...pe... te ujjhāyanti khiyyanti vipācenti – "kathañhi nāma bhikkhū naggā āgacchissanti! Nanu nāma tiṇena vā paṇṇena vā paṭicchādetvā āgantabba"nti. Atha kho te bhikkhū te anekapariyāyena vigarahitvā bhagavato etamatthaṃ ārocesuṃ. Atha kho Bhagavā etasmiṃ nidāne etasmiṃ pakaraṇe dhammiṃ kathaṃ katvā bhikkhū āmantesi – "anujānāmi, bhikkhave, acchinnacīvarassa vā naṭṭhacīvarassa vā aññātakaṃ gahapatiṃ vā gahapatāniṃ vā cīvaraṃ viññāpetuṃ. Yaṃ āvāsaṃ paṭhamaṃ upagacchati, sace tattha hoti saṅghassa vihāracīvaraṃ vā uttarattharaṇaṃ vā bhūmattharaṇaṃ vā bhisicchavi vā, taṃ gahetvā pārupituṃ labhitvā odahissāmī"ti . No ce hoti saṅghassa vihāracīvaraṃ vā uttarattharaṇaṃ vā bhumattharaṇaṃ vā bhisicchavi vā tiṇena vā paṇṇena vā paṭicchādetvā āgantabbaṃ; na tveva naggena āgantabbaṃ. Yo āgaccheyya, āpatti dukkaṭassa. Evañca pana, bhikkhave, imaṃ sikkhāpadaṃ uddiseyyātha –
518."Yo pana bhikkhu aññātakaṃ gahapatiṃ vā gahapatāniṃ vā cīvaraṃ viññāpeyya, aññatra samayā, nissaggiyaṃ pācittiyaṃ. Tatthāyaṃ samayo – acchinnacīvaro vā hoti bhikkhu naṭṭhacīvaro vā. Ayaṃ tattha samayo"ti.
519.Yo panāti yo yādiso...pe... bhikkhūti...pe... ayaṃ imasmiṃ atthe adhippeto bhikkhūti.
Aññātako nāma mātito vā pitito vā yāva sattamā pitāmahayugā asambaddho.
Gahapati nāma yo koci agāraṃ ajjhāvasati.
Gahapatānī nāma yā kāci agāraṃ ajjhāvasati.
Cīvaraṃ nāma channaṃ cīvarānaṃ aññataraṃ cīvaraṃ vikappanupagaṃ pacchimaṃ.
Aññatra samayāti ṭhapetvā samayaṃ.
Acchinnacīvaro nāma bhikkhussa cīvaraṃ acchinnaṃ hoti rājūhi vā corehi vā dhuttehi vā, yehi kehici vā acchinnaṃ hoti.
Naṭṭhacīvaro nāma bhikkhussa cīvaraṃ agginā vā daḍḍhaṃ hoti, udakena vā vuḷhaṃ hoti, undūrehi vā upacikāhi vā khāyitaṃ hoti, paribhogajiṇṇaṃ vā hoti.
Aññatra samayā viññāpeti, payoge dukkaṭaṃ. Paṭilābhena nissaggiyaṃ hoti. Nissajjitabbaṃ saṅghassa vā gaṇassa vā puggalassa vā. Evañca pana, bhikkhave , nissajjitabbaṃ...pe... idaṃ me, bhante, cīvaraṃ aññātakaṃ gahapatikaṃ, aññatra samayā viññāpitaṃ, nissaggiyaṃ. Imāhaṃ saṅghassa nissajjāmīti...pe... dadeyyāti...pe... dadeyyunti...pe... āyasmato dammīti.
520. Aññātake aññātakasaññī, aññatra samayā, cīvaraṃ viññāpeti, nissaggiyaṃ pācittiyaṃ. Aññātake vematiko, aññatra samayā, cīvaraṃ viññāpeti, nissaggiyaṃ pācittiyaṃ. Aññātake ñātakasaññī, aññatra samayā, cīvaraṃ viññāpeti, nissaggiyaṃ pācittiyaṃ.
Ñātake aññātakasaññī, āpatti dukkaṭassa. Ñātake vematiko, āpatti dukkaṭassa. Ñātake ñātakasaññī, anāpatti.

521. Anāpatti samaye, ñātakānaṃ, pavāritānaṃ, aññassatthāya, attano dhanena, ummattakassa, ādikammikassāti.

Aññātakaviññattisikkhāpadaṃ niṭṭhitaṃ chaṭṭhaṃ.

7. Tatuttarisikkhāpadaṃ

522. Tena samayena buddho Bhagavā sāvatthiyaṃ viharati jetavane anāthapiṇḍikassa ārāme. Tena kho pana samayena chabbaggiyā bhikkhū acchinnacīvarake bhikkhū upasaṅkamitvā evaṃ vadanti – "bhagavatā, āvuso, anuññātaṃ – 'acchinnacīvarassa vā naṭṭhacīvarassa vā aññātakaṃ gahapatiṃ vā gahapatāniṃ vā cīvaraṃ viññāpetuṃ'; viññāpetha, āvuso, cīvara"nti. "Alaṃ, āvuso, laddhaṃ amhehi cīvara"nti. "Mayaṃ āyasmantānaṃ viññāpemā"ti. "Viññāpetha, āvuso"ti. Atha kho chabbaggiyā bhikkhū gahapatike upasaṅkamitvā etadavocuṃ – "acchinnacīvarakā, āvuso, bhikkhū āgatā. Detha nesaṃ cīvarānī"ti, bahuṃ cīvaraṃ viññāpesuṃ.

Tena kho pana samayena aññataro puriso sabhāyaṃ nisinno aññataraṃ purisaṃ etadavoca – "acchinnacīvarakā ayyo bhikkhū āgatā. Tesaṃ mayā cīvaraṃ dinna"nti. Sopi evamāha – "mayāpi dinna"nti. Aparopi evamāha – "mayāpi dinna"nti. Te ujjhāyanti khiyyanti vipācenti – "kathañhi nāma samaṇā sakyaputtiyā na mattaṃ jānitvā bahuṃ cīvaraṃ viññāpessanti, dussavāṇijjaṃ vā samaṇā sakyaputtiyā karissanti, paggāhikasālaṃ [paṭaggāhikasālaṃ (?)] vā pasāressantī"ti! Assosuṃ kho bhikkhū tesaṃ manussānaṃ ujjhāyantānaṃ khiyyantānaṃ vipācentānaṃ. Ye te bhikkhū appicchā...pe... te ujjhāyanti khiyyanti vipācenti – "kathañhi nāma chabbaggiyā bhikkhū na mattaṃ jānitvā bahuṃ cīvaraṃ viññāpessantī"ti! Atha kho te bhikkhū chabbaggiye bhikkhū anekapariyāyena vigarahitvā bhagavato etamatthaṃ ārocesuṃ...pe... "saccaṃ kira tumhe, bhikkhave, na mattaṃ jānitvā bahuṃ cīvaraṃ viññāpethā"ti? "Saccaṃ, Bhagavā"ti. Vigarahi buddho Bhagavā...pe... kathañhi nāma tumhe, moghapurisā, na mattaṃ jānitvā bahuṃ cīvaraṃ viññāpessatha! Netaṃ, moghapurisā, appasannānaṃ vā pasādāya...pe... evañca pana, bhikkhave, imaṃ sikkhāpadaṃ uddiseyyātha –

523."Tañce aññātako gahapati vā gahapatānī vā bahūhi cīvarehi abhihaṭṭhuṃ pavāreyya santaruttaraparamaṃ tena bhikkhunā tato cīvaraṃ sāditabbaṃ. Tato ce uttari sādiyeyya, nissaggiyaṃ pācittiya"nti.

524.Tañceti acchinnacīvarakaṃ bhikkhuṃ.

Aññātako nāma mātito vā pitito vā yāva sattamā pitāmahayugā asambaddho.

Gahapati nāma yo koci agāraṃ ajjhāvasati.

Gahapatānī nāma yā kāci agāraṃ ajjhāvasati.

Bahūhi cīvarehīti bahukehi cīvarehi.

Abhihaṭṭhuṃ pavāreyyāti yāvatakaṃ icchasi tāvatakaṃ gaṇhāhīti.

Santaruttaraparamaṃtena bhikkhunā tato cīvaraṃ sāditabbanti sace tīṇi naṭṭhāni honti dve sāditabbāni, dve naṭṭhāni ekaṃ sāditabbaṃ, ekaṃ naṭṭhaṃ na kiñci sāditabbaṃ.

Tato ce uttari sādiyeyyāti tatuttari viññāpeti, payoge dukkaṭaṃ. Paṭilābhena nissaggiyaṃ hoti. Nissajjitabbaṃ saṅghassa vā gaṇassa vā puggalassa vā. Evañca pana, bhikkhave, nissajjitabbaṃ...pe... idaṃ me, bhante, cīvaraṃ aññātakaṃ gahapatikaṃ upasaṅkamitvā tatuttari viññāpitaṃ nissaggiyaṃ. Imāhaṃ saṅghassa nissajjāmīti...pe... dadeyyāti...pe... dadeyyunti...pe... āyasmato dammīti.

525. Aññātake aññātakasaññī tatuttari cīvaraṃ viññāpeti, nissaggiyaṃ pācittiyaṃ. Aññātake vematiko tatuttari cīvaraṃ viññāpeti, nissaggiyaṃ pācittiyaṃ. Aññātake ñātakasaññī tatuttari cīvaraṃ viññāpeti, nissaggiyaṃ pācittiyaṃ.

Ñātake aññātakasaññī, āpatti dukkaṭassa. Ñātake vematiko, āpatti dukkaṭassa. Ñātake ñātakasaññī, anāpatti.

526. Anāpatti – "sesakaṃ āharissāmī"ti haranto gacchati, "sesakaṃ tuyheva hotū"ti denti, na acchinnakāraṇā denti, na naṭṭhakāraṇā denti, ñātakānaṃ, pavāritānaṃ, attano dhanena, ummattakassa, ādikammikassāti.

Tatuttarisikkhāpadaṃ niṭṭhitaṃ sattamaṃ.

8. Upakkhaṭasikkhāpadaṃ

527. Tena samayena buddho Bhagavā sāvatthiyaṃ viharati jetavane anāthapiṇḍikassa ārāme. Tena kho pana samayena aññataro puriso pajāpatiṃ etadavoca – "ayyaṃ upanandaṃ cīvarena acchādessāmī"ti. Assosi kho aññataro piṇḍacāriko bhikkhu tassa purisassa imaṃ vācaṃ bhāsamānassa. Atha kho so bhikkhu yenāyasmā upanando sakyaputto tenupasaṅkami; upasaṅkamitvā āyasmantaṃ upanandaṃ sakyaputtaṃ etadavoca – "mahāpuññosi tvaṃ, āvuso upananda, amukasmiṃ okāse aññataro puriso pajāpatiṃ etadavoca – "ayyaṃ upanandaṃ cīvarena acchādessāmī""ti. "Atthāvuso, maṃ so upaṭṭhāko"ti. Atha kho āyasmā upanando sakyaputto yena so puriso tenupasaṅkami; upasaṅkamitvā taṃ purisaṃ etadavoca – "saccaṃ kira maṃ tvaṃ, āvuso, cīvarena acchādetukāmosī"ti? "Api meyya, evaṃ hoti – 'ayyaṃ upanandaṃ cīvarena acchādessāmī'"ti. "Sace kho maṃ tvaṃ, āvuso, cīvarena acchādetukāmosi, evarūpena cīvarena acchādehi. Kyāhaṃ tena acchannopi karissāmi yāhaṃ na paribhuñjissāmī"ti.

Atha kho so puriso ujjhāyati khiyyati vipāceti – ''mahicchā ime samaṇā sakyaputtiyā asantuṭṭhā. Nayime sukarā cīvarena acchādetuṃ. Kathañhi nāma ayyo upanando mayā pubbe appavārito maṃ upasaṅkamitvā cīvare vikappaṃ āpajjissatī''ti! Assosuṃ kho bhikkhū tassa purisassa ujjhāyantassa khiyyantassa vipācentassa. Ye te bhikkhū appicchā...pe... te ujjhāyyanti khiyyanti vipācenti – ''kathañhi nāma āyasmā upanando sakyaputto pubbe appavārito gahapatikaṃ upasaṅkamitvā cīvare vikappaṃ āpajjissatī''ti! Atha kho te bhikkhū āyasmantaṃ upanandaṃ sakyaputtaṃ anekapariyāyena vigarahitvā bhagavato etamatthaṃ ārocesuṃ ...pe... ''saccaṃ kira tvaṃ, upananda, pubbe appavārito gahapatikaṃ upasaṅkamitvā cīvare vikappaṃ āpajjasī''ti? ''Saccaṃ, Bhagavā''ti. ''Ñātako te, upananda, aññātako''ti? ''Aññātako, Bhagavā''ti. ''Aññātako, moghapurisa, aññātakassa na jānāti patirūpaṃ vā appatirūpaṃ vā santaṃ vā asantaṃ vā. Tattha nāma tvaṃ, moghapurisa, pubbe appavārito aññātakaṃ gahapatikaṃ upasaṅkamitvā cīvare vikappaṃ āpajjissasi! Netaṃ, moghapurisa, appasannānaṃ vā pasādāya...pe... evañca pana, bhikkhave, imaṃ sikkhāpadaṃ uddiseyyātha –

528.''Bhikkhuṃ paneva uddissa aññātakassa gahapatissa vā gahapatāniyā vā cīvaracetāpannaṃ [cīvaracetāpanaṃ (syā.)] upakkhaṭaṃ hoti – 'iminā cīvaracetāpannena cīvaraṃ cetāpetvā itthannāmaṃ bhikkhuṃ cīvarena acchādessāmī'ti; tatra ce so bhikkhu pubbe appavārito upasaṅkamitvā cīvare vikappaṃ āpajjeyya – 'sādhu vata maṃ āyasmā iminā cīvaracetāpannena evarūpaṃ vā evarūpaṃ vā cīvaraṃ cetāpetvā acchādehī'ti, kalyāṇakamyataṃ upādāya, nissaggiyaṃ pācittiya''nti.

529.Bhikkhuṃpaneva uddissāti bhikkhussatthāya, bhikkhuṃ ārammaṇaṃ karitvā, bhikkhuṃ acchādetukāmo.

Aññātako nāma mātito vā pitito vā yāva sattamā pitāmahayugā asambaddho.

Gahapati nāma yo koci agāraṃ ajjhāvasati.

Gahapatānī nāma yā kāci agāraṃ ajjhāvasati.

Cīvaracetāpannaṃ nāma hiraññaṃ vā suvaṇṇaṃ vā muttā vā maṇi vā pavāḷo vā phaliko vā paṭako vā suttaṃ vā kappāso vā.

Iminā cīvaracetāpannenāti paccupaṭṭhitena.

Cetāpetvāti parivattetvā.

Acchādessāmīti dassāmi.

Tatra ce so bhikkhūti yaṃ bhikkhuṃ uddissa cīvaracetāpannaṃ upakkhaṭaṃ hoti so bhikkhu.

Pubbe appavāritoti pubbe avutto hoti – ''kīdisena te, bhante, cīvarena attho, kīdisaṃ te cīvaraṃ cetāpemī''ti?

Upasaṅkamitvāti gharaṃ gantvā yattha katthaci upasaṅkamitvā.

Cīvare vikappaṃ āpajjeyyāti āyataṃ vā hotu vitthataṃ vā appitaṃ vā saṇhaṃ vā.

Iminācīvaracetāpannenāti paccupaṭṭhitena.

Evarūpaṃvā evarūpaṃ vāti. Āyataṃ vā vitthataṃ vā appitaṃ vā saṇhaṃ vā.

Cetāpetvāti parivattetvā.

Acchādehīti dajjehi.

Kalyāṇakamyataṃ upādāyāti sādhatthiko [sādhutthiko (syā.)] mahagghatthiko. Tassa vacanena āyataṃ vā vitthataṃ vā appitaṃ vā saṇhaṃ vā cetāpeti, payoge dukkaṭaṃ. Paṭilābhena nissaggiyaṃ hoti. Nissajjitabbaṃ saṅghassa vā gaṇassa vā puggalassa vā. Evañca pana, bhikkhave, nissajjitabbaṃ...pe... idaṃ me, bhante, cīvaraṃ pubbe appavārito aññātakaṃ gahapatikaṃ upasaṅkamitvā cīvare vikappaṃ āpannaṃ nissaggiyaṃ, imāhaṃ saṅghassa nissajjāmīti...pe... dadeyyāti...pe... dadeyyunti...pe... āyasmato dammīti.

530. Aññātake aññātakasaññī pubbe appavārito gahapatikaṃ upasaṅkamitvā cīvare vikappaṃ āpajjati, nissaggiyaṃ pācittiyaṃ. Aññātake vematiko pubbe appavārito gahapatikaṃ upasaṅkamitvā cīvare vikappaṃ āpajjati, nissaggiyaṃ pācittiyaṃ. Aññātake ñātakasaññī pubbe appavārito gahapatikaṃ upasaṅkamitvā cīvare vikappaṃ āpajjati, nissaggiyaṃ pācittiyaṃ.

Ñātake aññātakasaññī, āpatti dukkaṭassa. Ñātake vematiko, āpatti dukkaṭassa. Ñātake ñātakasaññī, anāpatti.

531. Anāpatti ñātakānaṃ, pavāritānaṃ, aññassatthāya, attano dhanena, mahagghaṃ cetāpetukāmassa appagghaṃ cetāpeti, ummattakassa, ādikammikassāti.

Upakkhaṭasikkhāpadaṃ niṭṭhitaṃ aṭṭhamaṃ.

9. Dutiyaupakkhaṭasikkhāpadaṃ

532. Tena samayena buddho Bhagavā sāvatthiyaṃ viharati jetavane anāthapiṇḍikassa ārāme. Tena kho pana samayena aññataro puriso aññataraṃ purisaṃ etadavoca – ''ayyaṃ upanandaṃ cīvarena acchādessāmī''ti. Sopi evamāha – ''ahampi ayyaṃ upanandaṃ cīvarena acchādessāmī''ti. Assosi kho aññataro piṇḍacāriko bhikkhu tesaṃ purisānaṃ imaṃ kathāsallāpaṃ. Atha kho so bhikkhu yenāyasmā upanando sakyaputto tenupasaṅkami; upasaṅkamitvā āyasmantaṃ upanandaṃ sakyaputtaṃ etadavoca – ''mahāpuññosi tvaṃ, āvuso upananda. Amukasmiṃ okāse aññataro puriso aññataraṃ purisaṃ etadavoca

– 'ayyaṃ upanandaṃ cīvarena acchādessāmī'ti. Sopi evamāha – 'ahampi ayyaṃ upanandaṃ cīvarena acchādessāmī''ti. ''Atthāvuso, maṃ te upaṭṭhākā''ti.

Atha kho āyasmā upanando sakyaputto yena te purisā tenupasaṅkami; upasaṅkamitvā te purise etadavoca – ''saccaṃ kira maṃ tumhe, āvuso, cīvarehi acchādetukāmātthā''ti? ''Api nayya, evaṃ hoti – 'ayyaṃ upanandaṃ cīvarehi acchādessāmā''ti. ''Sace kho maṃ tumhe , āvuso, cīvarehi acchādetukāmāttha, evarūpena cīvarena acchādetha, kyāhaṃ tehi acchannopi karissāmi, yānāhaṃ na paribhuñjissāmī''ti . Atha kho te purisā ujjhāyanti khiyyanti vipācenti – ''mahicchā ime samaṇā sakyaputtiyā asantuṭṭhā. Nayime sukarā cīvarehi acchādetuṃ. Kathañhi nāma ayyo upanando amhehi pubbe appavārito upasaṅkamitvā cīvare vikappaṃ āpajjissatī''ti!

Assosuṃ kho bhikkhū tesaṃ purisānaṃ ujjhāyantānaṃ khiyyantānaṃ vipācentānaṃ. Ye te bhikkhū appicchā...pe... te ujjhāyanti khiyyanti vipācenti – ''kathañhi nāma āyasmā upanando sakyaputto pubbe appavārito gahapatike upasaṅkamitvā cīvare vikappaṃ āpajjissatī''ti! Atha kho te bhikkhū āyasmantaṃ upanandaṃ sakyaputtaṃ anekapariyāyena vigarahitvā bhagavato etamatthaṃ ārocesuṃ...pe... ''saccaṃ kira tvaṃ, upananda, pubbe appavārito gahapatike upasaṅkamitvā cīvare vikappaṃ āpajjasī''ti? ''Saccaṃ, Bhagavā''ti. ''Ñātakā te, upananda, aññātakā''ti? ''Aññātakā, Bhagavā''ti. ''Aññātako, moghapurisa, aññātakānaṃ na jānāti patirūpaṃ vā appatirūpaṃ vā santaṃ vā asantaṃ vā. Tattha nāma tvaṃ, moghapurisa, pubbe appavārito aññātake gahapatike upasaṅkamitvā cīvare vikappaṃ āpajjissasi! Netaṃ, moghapurisa, appasannānaṃ vā pasādāya...pe... evañca pana, bhikkhave, imaṃ sikkhāpadaṃ uddiseyyātha –

533.''Bhikkhuṃ paneva uddissa ubhinnaṃ aññātakānaṃ gahapatīnaṃ vā gahapatānīnaṃ vā paccekacīvaracetāpannāni upakkhaṭāni honti – 'imehi mayaṃ paccekacīvaracetāpannehi paccekacīvarāni cetāpetvā itthannāmaṃ bhikkhuṃ cīvarehi acchādessāmā'ti ; tatra ce so bhikkhu pubbe appavārito upasaṅkamitvā cīvare vikappaṃ āpajjeyya – 'sādhu vata maṃ āyasmanto imehi paccekacīvaracetāpannehi evarūpaṃ vā evarūpaṃ vā cīvaraṃ cetāpetvā acchādetha, ubhova santā ekenā'ti, kalyāṇakamyataṃ upādāya, nissaggiyaṃ pācittiya''nti.

534.Bhikkhuṃpaneva uddissāti bhikkhussatthāya, bhikkhuṃ ārammaṇaṃ karitvā, bhikkhuṃ acchādetukāmā.

Ubhinnanti dvinnaṃ.

Aññātakā nāma mātito vā pitito vā yāva sattamā pitāmahayugā asambaddhā.

Gahapatī nāma ye keci agāra ajjhāvasanti.

Gahapatāniyo nāma yā kāci agāraṃ ajjhāvasanti.

Cīvaracetāpannāni nāma hiraññā vā suvaṇṇā vā muttā vā maṇī vā pavāḷā vā phalikā vā paṭakā vā suttā vā kappāsā vā.

Imehi paccekacīvaracetāpannehiti paccupaṭṭhitehi.

Cetāpetvāti parivattetvā.

Acchādessāmāti dassāma.

Tatra ce so bhikkhūti yaṃ bhikkhuṃ uddissa cīvaracetāpannāni upakkhaṭāni honti so bhikkhu.

Pubbe appavāritoti pubbe avutto hoti – ''kīdisena te, bhante, cīvarena attho, kīdisaṃ te cīvaraṃ cetāpemā''ti.

Upasaṅkamitvāti gharaṃ gantvā yattha katthaci upasaṅkamitvā.

Cīvare vikappaṃ āpajjeyyāti āyataṃ vā hotu vitthataṃ vā appitaṃ vā saṇhaṃ vā.

Imehi paccekacīvaracetāpannehīti paccupaṭṭhitehi.

Evarūpaṃ vā evarūpaṃ vāti āyataṃ vā vitthataṃ vā appitaṃ vā saṇhaṃ vā.

Cetāpetvāti parivattetvā.

Acchādethāti dajjetha.

Ubhova santā ekenāti dvepi janā ekena.

Kalyāṇakamyataṃ upādāyāti sādhatthiko mahagghatthiko.

Tassa vacanena āyataṃ vā vitthataṃ vā appitaṃ vā saṇhaṃ vā cetāpenti, payoge dukkaṭaṃ. Paṭilābhena nissaggiyaṃ hoti. Nissajjitabbaṃ saṅghassa vā gaṇassa vā puggalassa vā. Evañca pana, bhikkhave, nissajjitabbaṃ...pe... idaṃ me, bhante, cīvaraṃ pubbe appavārito aññātake gahapatike upasaṅkamitvā cīvare vikappaṃ āpannaṃ nissaggiyaṃ. Imāhaṃ saṅghassa nissajjāmīti...pe... dadeyyāti...pe... dadeyyunti...pe... āyasmato dammīti.

535. Aññātake aññātakasaññī pubbe appavārito gahapatike upasaṅkamitvā cīvare vikappaṃ āpajjati, nissaggiyaṃ pācittiyaṃ. Aññātake vematiko pubbe appavārito gahapatike upasaṅkamitvā cīvare vikappaṃ āpajjati, nissaggiyaṃ pācittiyaṃ. Aññātake ñātakasaññī pubbe appavārito gahapatike upasaṅkamitvā cīvare vikappaṃ āpajjati, nissaggiyaṃ pācittiyaṃ.

Ñātake aññātakasaññī, āpatti dukkaṭassa. Ñātake vematiko, āpatti dukkaṭassa. Ñātake ñātakasaññī, anāpatti.

536. Anāpatti – ñātakānaṃ, pavāritānaṃ, aññassatthāya, attano dhanena, mahagghaṃ cetāpetukāmānaṃ appagghaṃ cetāpeti, ummattakassa, ādikammikassāti.

Dutiyaupakkhaṭasikkhāpadaṃ niṭṭhitaṃ navamaṃ.

10. Rājasikkhāpadaṃ

537. Tena samayena buddho Bhagavā sāvatthiyaṃ viharati jetavane anāthapiṇḍikassa ārāme. Tena kho pana samayena āyasmato upanandassa sakyaputtassa upaṭṭhāko mahāmatto āyasmato upanandassa sakyaputtassa dūtena cīvaracetāpannaṃ pāhesi – ''iminā cīvaracetāpannena cīvaraṃ cetāpetvā ayyaṃ upanandaṃ cīvarena acchādehī''ti. Atha kho so dūto yenāyasmā upanando sakyaputto tenupasaṅkami; upasaṅkamitvā āyasmantaṃ upanandaṃ sakyaputtaṃ etadavoca – ''idaṃ kho, bhante, āyasmantaṃ uddissa cīvaracetāpannaṃ ābhataṃ. Paṭiggaṇhātu āyasmā cīvaracetāpanna''nti. Evaṃ vutte āyasmā upanando sakyaputto taṃ dūtaṃ etadavoca – ''na kho mayaṃ, āvuso, cīvaracetāpannaṃ paṭiggaṇhāma, cīvarañca kho mayaṃ paṭiggaṇhāma kālena kappiya''nti. Evaṃ vutte so dūto āyasmantaṃ upanandaṃ sakyaputtaṃ etadavoca – ''atthi panāyasmato koci veyyāvaccakaro''ti? Tena kho pana samayena aññataro upāsako ārāmaṃ agamāsi kenacideva karaṇīyena. Atha kho āyasmā upanando sakyaputto taṃ dūtaṃ etadavoca – ''eso kho, āvuso, upāsako bhikkhūnaṃ veyyāvaccakaro''ti. Atha kho so dūto taṃ upāsakaṃ saññāpetvā yenāyasmā upanando sakyaputto tenupasaṅkami; upasaṅkamitvā āyasmantaṃ upanandaṃ sakyaputtaṃ etadavoca – ''yaṃ kho, bhante, āyasmā veyyāvaccakaraṃ niddisi saññatto so mayā. Upasaṅkamatu āyasmā kālena, cīvarena taṃ acchādessatī''ti.

Tena kho pana samayena so mahāmatto āyasmato upanandassa sakyaputtassa santike dūtaṃ pāhesi – ''paribhuñjatu ayyo taṃ cīvaraṃ, icchāma mayaṃ ayyena taṃ cīvaraṃ paribhutta''nti. Atha kho āyasmā upanando sakyaputto taṃ upāsakaṃ na kiñci avacāsi. Dutiyampi kho so mahāmatto āyasmato upanandassa sakyaputtassa santike dūtaṃ pāhesi – ''paribhuñjatu ayyo taṃ cīvaraṃ, icchāma mayaṃ ayyena taṃ cīvaraṃ paribhutta''nti. Dutiyampi kho āyasmā upanando sakyaputto taṃ upāsakaṃ na kiñci avacāsi. Tatiyampi kho so mahāmatto āyasmato upanandassa sakyaputtassa santike dūtaṃ pāhesi – ''paribhuñjatu ayyo taṃ cīvaraṃ, icchāma mayaṃ ayyena taṃ cīvaraṃ paribhutta''nti.

Tena kho pana samayena negamassa samayo hoti. Negamena ca katikā katā hoti – ''yo pacchā āgacchati paññāsaṃ baddho''ti. Atha kho āyasmā upanando sakyaputto yena so upāsako tenupasaṅkami; upasaṅkamitvā taṃ upāsakaṃ etadavoca – ''attho me, āvuso, cīvarenā''ti. ''Ajjaṇho, bhante, āgamehi, ajja negamassa samayo. Negamena ca katikā katā hoti – 'yo pacchā āgacchati paññāsaṃ baddho'''ti. ''Ajjeva me, āvuso, cīvaraṃ dehī''ti ovaṭṭikāya parāmasi. Atha kho so upāsako āyasmatā upanandena sakyaputtena nippīḷiyamāno āyasmato upanandassa sakyaputtassa cīvaraṃ cetāpetvā pacchā agamāsi. Manussā taṃ upāsakaṃ etadavocuṃ – ''kissa tvaṃ, ayyo, pacchā āgato, paññāsaṃ jīnosī''ti.

Atha kho so upāsako tesaṃ manussānaṃ etamatthaṃ ārocesi. Manussā ujjhāyanti khiyyanti vipācenti – ''mahicchā ime samaṇā sakyaputtiyā asantuṭṭhā. Nayimesaṃ sukaraṃ veyyāvaccampi kātuṃ. Kathañhi nāma āyasmā upanando upāsakena – 'ajjaṇho, bhante, āgamehī'ti vuccamāno nāgamessatī''ti! Assosuṃ kho bhikkhū tesaṃ manussānaṃ ujjhāyantānaṃ khiyyantānaṃ vipācentānaṃ. Ye te bhikkhū appicchā... te ujjhāyanti khiyyanti vipācenti – ''kathañhi nāma āyasmā upanando sakyaputto upāsakena – 'ajjaṇho, bhante, āgamehī'ti vuccamāno nāgamessatī''ti! Atha kho te bhikkhū āyasmantaṃ upanandaṃ sakyaputtaṃ anekapariyāyena vigarahitvā bhagavato etamatthaṃ ārocesuṃ...pe... ''saccaṃ kira tvaṃ, upananda, upāsakena – 'ajjaṇho, bhante, āgamehī'ti vuccamāno nāgamesī''ti? ''Saccaṃ, Bhagavā''ti. Vigarahi buddho Bhagavā...pe... kathañhi nāma tvaṃ, moghapurisa, upāsakena – 'ajjaṇho, bhante, āgamehī'ti vuccamāno nāgamessasi! Netaṃ, moghapurisa, appasannānaṃ vā pasādāya...pe... evañca pana, bhikkhave, imaṃ sikkhāpadaṃ uddiseyyātha –

538.''Bhikkhuṃ paneva uddissa rājā vā rājabhoggo vā brāhmaṇo vā gahapatiko vā dūtena cīvaracetāpannaṃ pahiṇeyya – 'iminā cīvaracetāpannena cīvaraṃ cetāpetvā itthannāmaṃ bhikkhuṃ cīvarena acchādehī'ti. So ce dūto taṃ bhikkhuṃ upasaṅkamitvā evaṃ vadeyya – 'idaṃ kho, bhante, āyasmantaṃ uddissa cīvaracetāpannaṃ ābhataṃ, paṭiggaṇhātu āyasmā cīvaracetāpanna'nti, tena bhikkhunā so dūto evamassa vacanīyo – 'na kho mayaṃ, āvuso, cīvaracetāpannaṃ paṭiggaṇhāma. Cīvarañca kho mayaṃ paṭiggaṇhāma, kālena kappiya'nti. So ce dūto taṃ bhikkhuṃ evaṃ vadeyya – 'atthi panāyasmato koci veyyāvaccakaro'ti, cīvaratthikena, bhikkhave, bhikkhunā veyyāvaccakaro niddisitabbo ārāmiko vā upāsako vā – 'eso kho, āvuso, bhikkhūnaṃ veyyāvaccakaro'ti. So ce dūto taṃ veyyāvaccakaraṃ saññāpetvā taṃ bhikkhuṃ upasaṅkamitvā evaṃ vadeyya – 'yaṃ kho, bhante, āyasmā veyyāvaccakaraṃ niddisi saññatto so mayā, upasaṅkamatu āyasmā kālena, cīvarena taṃ acchādessatī'ti, cīvaratthikena, bhikkhave, bhikkhunā veyyāvaccakaro upasaṅkamitvā dvattikkhattuṃ codetabbo sāretabbo – 'attho me, āvuso, cīvarenā'ti. Dvattikkhattuṃ codayamāno sārayamāno taṃ cīvaraṃ abhinipphādeyya, iccetaṃ kusalaṃ; no ce abhinipphādeyya, catukkhattuṃpañcakkhattuṃ chakkhattuparamaṃ tuṇhībhūtena uddissa ṭhātabbaṃ. Catukkhattuṃ pañcakkhattuṃ chakkhattuparamaṃ tuṇhībhūto uddissa tiṭṭhamāno taṃ cīvaraṃ abhinipphādeyya, iccetaṃ kusalaṃ; tato ce uttarivāyamamāno taṃ cīvara abhinipphādeyya, nissaggiyaṃ pācittiyaṃ. No ce abhinipphādeyya, yatassa cīvaracetāpannaṃ ābhataṃ, tattha sāmaṃ vā gantabbaṃ dūto vā pāhetabbo – 'yaṃ kho tumhe āyasmanto bhikkhuṃ uddissa cīvaracetāpannaṃ pahiṇittha, na taṃ tassa bhikkhuno kiñci atthaṃ anubhoti, yuñjantāyasmanto sakaṃ, mā vo sakaṃ vinassā'ti, ayaṃ tattha sāmīcī''ti.

539. Bhikkhuṃ paneva uddissāti bhikkhussatthāya, bhikkhuṃ ārammaṇaṃ karitvā, bhikkhuṃ acchādetukāmo.
Rājā nāma yo koci rajjaṃ kāreti.
Rājabhoggo nāma yo koci rañño bhattavetanāhāro.
Brāhmaṇo nāma jātiyā brāhmaṇo.
Gahapatiko nāma ṭhapetvā rājaṃ rājabhoggaṃ brāhmaṇaṃ avaseso gahapatiko nāma.
Cīvaracetāpannaṃ nāma hiraññaṃ vā suvaṇṇaṃ vā muttā vā maṇi vā.
Iminā cīvaracetāpannenāti paccupaṭṭhitena.
Cetāpetvāti parivattetvā.
Acchādehīti dajjehi.
So ce dūto taṃ bhikkhuṃ upasaṅkamitvā evaṃ vadeyya – "idaṃ kho, bhante, āyasmantaṃ uddissa cīvaracetāpannaṃ ābhataṃ. Paṭiggaṇhātu āyasmā cīvaracetāpanna"nti, tena bhikkhunā so dūto evamassa vacanīyo – "na kho mayaṃ, āvuso, cīvaracetāpannaṃ paṭiggaṇhāma. Cīvarañca kho mayaṃ paṭiggaṇhāma, kālena kappiya"nti. So ce dūto taṃ bhikkhuṃ evaṃ vadeyya – "atthi panāyasmato koci veyyāvaccakaro"ti? Cīvaratthikena, bhikkhave, bhikkhunā veyyāvaccakaro niddisitabbo ārāmiko vā upāsako vā – "eso kho, āvuso, bhikkhūnaṃ veyyāvaccakaro"ti. Na vattabbo – "tassa dehīti vā, so vā nikkhipissati, so vā parivattessati, so vā cetāpessatī"ti.
So ce dūto taṃ veyyāvaccakaraṃ saññāpetvā taṃ bhikkhuṃ upasaṅkamitvā evaṃ vadeyya – "yaṃ kho, bhante, āyasmā veyyāvaccakaraṃ niddisi saññatto so mayā. Upasaṅkamatu āyasmā kālena, cīvarena taṃ acchādessatī"ti, cīvaratthikena, bhikkhave, bhikkhunā veyyāvaccakaro upasaṅkamitvā dvattikkhattuṃ codetabbo sāretabbo – "attho me, āvuso, cīvarenā"ti. Na vattabbo – "dehi me cīvaraṃ, āhara me cīvaraṃ, parivattehi me cīvaraṃ, cetāpehi me cīvara"nti. Dutiyampi vattabbo. Tatiyampi vattabbo. Sace abhinipphādeti, iccetaṃ kusalaṃ; no ce abhinipphādeti, tattha gantvā tuṇhībhūtena uddissa ṭhātabbaṃ. Na āsane nisīditabbaṃ. Na āmisaṃ paṭiggahetabbaṃ. Na dhammo bhāsitabbo. "Kiṃ kāraṇā āgatosī"ti pucchiyamāno "jānāhi, āvuso"ti vattabbo. Sace āsane vā nisīdati, āmisaṃ vā paṭiggaṇhāti, dhammaṃ vā bhāsati, ṭhānaṃ bhañjati. Dutiyampi ṭhātabbaṃ. Tatiyampi ṭhātabbaṃ. Catukkhattuṃ codetvā catukkhattuṃ ṭhātabbaṃ. Pañcakkhattuṃ codetvā dvikkhattuṃ ṭhātabbaṃ. Chakkhattuṃ codetvā na ṭhātabbaṃ. Tato ce uttari vāyamamāno taṃ cīvaraṃ abhinipphādeti, payoge dukkaṭaṃ. Paṭilābhena nissaggiyaṃ hoti. Nissajjitabbaṃ saṅghassa vā gaṇassa vā puggalassa vā. Evañca pana, bhikkhave, nissajjitabbaṃ…pe… idaṃ me, bhante, cīvaraṃ atirekatikkhattuṃ codanāya atirekachakkhattuṃ ṭhānena abhinipphāditaṃ nissaggiyaṃ. Imāhaṃ saṅghassa nissajjāmīti…pe… dadeyyāti…pe… dadeyyunti…pe… āyasmato dammīti.
No ce abhinipphādeyya, yatassa cīvaracetāpannaṃ ābhataṃ tattha sāmaṃ vā gantabbaṃ dūto vā pāhetabbo – "yaṃ kho tumhe āyasmanto bhikkhuṃ uddissa cīvaracetāpannaṃ pahiṇittha na taṃ tassa bhikkhuno kiñci atthaṃ anubhoti. Yuñjantāyasmanto sakaṃ, mā vo sakaṃ vinassā"ti.
Ayaṃ tattha sāmīcīti ayaṃ tattha anudhammatā.
540. Atirekatikkhattuṃ codanāya atirekachakkhattuṃ ṭhānena atirekasaññī abhinipphādeti, nissaggiyaṃ pācittiyaṃ. Atirekatikkhattuṃ codanāya atirekachakkhattuṃ ṭhānena vematiko abhinipphādeti, nissaggiyaṃ pācittiyaṃ. Atirekatikkhattuṃ codanāya atirekachakkhattuṃ ṭhānena ūnakasaññī abhinipphādeti, nissaggiyaṃ pācittiyaṃ.
Ūnakatikkhattuṃ codanāya ūnakachakkhattuṃ ṭhānena atirekasaññī, āpatti dukkaṭassa. Ūnakatikkhattuṃ codanāya ūnakachakkhattuṃ ṭhānena vematiko, āpatti dukkaṭassa. Ūnakatikkhattuṃ codanāya ūnakachakkhattuṃ ṭhānena ūnakasaññī anāpatti.
541. Anāpatti – tikkhattuṃ codanāya, chakkhattuṃ ṭhānena, ūnakatikkhattuṃ codanāya, ūnakachakkhattuṃ ṭhānena, acodiyamāno deti, sāmikā codetvā denti, ummattakassa, ādikammikassāti.
Rājasikkhāpadaṃ niṭṭhitaṃ dasamaṃ.
Kathinavaggo paṭhamo.
Tassuddānaṃ –
Ubbhataṃ kathinaṃ tīṇi, dhovanañca paṭiggaho;
Aññātakāni tīṇeva, ubhinnaṃ dūtena cāti.
2. Kosiyavaggo
1. Kosiyasikkhāpadaṃ
542. Tena samayena buddho Bhagavā āḷaviyaṃ viharati aggāḷave cetiye. Tena kho pana samayena chabbaggiyā bhikkhū kosiyakārake upasaṅkamitvā evaṃ vadanti – "bahū, āvuso, kosakārake pacatha, amhākampi dassatha, mayampi icchāma kosiyamissakaṃ santhataṃ kātu"nti. Te ujjhāyanti khiyyanti vipācenti – "kathañhi nāma samaṇā sakyaputtiyā amhe upasaṅkamitvā evaṃ vakkhanti – 'bahū, āvuso, kosakārake pacatha, amhākampi dassatha, mayampi icchāma kosiyamissakaṃ santhataṃ kātu'nti! Amhākampi alābhā, amhākampi dulladdhaṃ, ye mayaṃ ājīvassa hetu puttadārassa kāraṇā bahū khuddake pāṇe saṅghātaṃ āpādemā"ti. Assosuṃ kho bhikkhū tesaṃ manussānaṃ ujjhāyantānaṃ khiyyantānaṃ vipācentānaṃ. Ye te bhikkhū appicchā…pe… te ujjhāyanti khiyyanti vipācenti –

“kathañhi nāma chabbaggiyā bhikkhū kosiyakārake upasaṅkamitvā evaṃ vakkhanti – ‘bahū, āvuso, kosakārake pacatha, amhākampi dassatha, mayampi icchāma kosiyamissakaṃ santhataṃ kātu’’’nti! Atha kho te bhikkhū chabbaggiye bhikkhū anekapariyāyena vigarahitvā bhagavato etamatthaṃ ārocesuṃ...pe... “saccaṃ kira tumhe, bhikkhave, kosiyakārake upasaṅkamitvā evaṃ vadetha – ‘bahū, āvuso, kosakārake pacatha, amhākampi dassatha, mayampi icchāma kosiyamissakaṃ santhataṃ kātu’’’nti? “Saccaṃ, Bhagavā’’ti. Vigarahi buddho Bhagavā...pe... kathañhi nāma tumhe, moghapurisā, kosiyakārake upasaṅkamitvā evaṃ vakkhatha – bahū, āvuso, kosakārake pacatha, amhākampi dassatha, mayampi icchāma kosiyamissakaṃ santhataṃ kātunti. Netaṃ, moghapurisā, appasannānaṃ vā pasādāya...pe... evañca pana, bhikkhave, imaṃ sikkhāpadaṃ uddiseyyātha –

543.“Yo pana bhikkhu kosiyamissakaṃ santhataṃ kārāpeyya, nissaggiyaṃ pācittiya’’nti.

544.Yo panāti yo yādiso...pe... bhikkhūti...pe... ayaṃ imasmiṃ atthe adhippeto bhikkhūti.

Santhataṃ nāma santharitvā kataṃ hoti avāyimaṃ.

Kārāpeyyāti ekenapi kosiyaṃsunā missitvā karoti vā kārāpeti vā, payoge dukkaṭaṃ. Paṭilābhena nissaggiyaṃ hoti. Nissajjitabbaṃ saṅghassa vā gaṇassa vā puggalassa vā. Evañca pana, bhikkhave, nissajjitabba...pe... idaṃ me, bhante, kosiyamissakaṃ santhataṃ kārāpitaṃ nissaggiyaṃ. Imāhaṃ saṅghassa nissajjāmīti...pe... dadeyyāti...pe... dadeyyunti...pe... āyasmato dammīti.

545. Attanā vippakataṃ attanā pariyosāpeti, nissaggiyaṃ pācittiyaṃ. Attanā vippakataṃ parehi pariyosāpeti, nissaggiyaṃ pācittiyaṃ. Parehi vippakataṃ attanā pariyosāpeti, nissaggiyaṃ pācittiyaṃ. Parehi vippakataṃ parehi pariyosāpeti, nissaggiyaṃ pācittiyaṃ.

Aññassatthāya karoti vā kārāpeti vā, āpatti dukkaṭassa . Aññena kataṃ paṭilabhitvā paribhuñjati, āpatti dukkaṭassa.

546. Anāpatti vitānaṃ vā bhūmattharaṇaṃ vā sāṇipākāraṃ vā bhisiṃ vā bibbohanaṃ vā karoti, ummattakassa, ādikammikassāti.

Kosiyasikkhāpadaṃ niṭṭhitaṃ paṭhamaṃ.

2. Suddhakāḷakasikkhāpadaṃ

547. Tena samayena buddho Bhagavā vesāliyaṃ viharati mahāvane kūṭāgārasālāyaṃ. Tena kho pana samayena chabbaggiyā bhikkhū suddhakāḷakānaṃ eḷakalomānaṃ santhataṃ kārāpenti. Manussā vihāracārikaṃ āhiṇḍantā passitvā ujjhāyanti khiyyanti vipācenti – “kathañhi nāma samaṇā sakyaputtiyā suddhakāḷakānaṃ eḷakalomānaṃ santhataṃ kārāpessanti, seyyathāpi gihī kāmabhogino’’ti! Assosuṃ kho bhikkhū tesaṃ manussānaṃ ujjhāyantānaṃ khiyyantānaṃ vipācentānaṃ. Ye te bhikkhū appicchā...pe... te ujjhāyanti khiyyanti vipācenti – “kathañhi nāma chabbaggiyā bhikkhū suddhakāḷakānaṃ eḷakalomānaṃ santhataṃ kārāpessantī’’ti! Atha kho te bhikkhū chabbaggiye bhikkhū anekapariyāyena vigarahitvā bhagavato etamatthaṃ ārocesuṃ...pe... “saccaṃ kira tumhe, bhikkhave, suddhakāḷakānaṃ eḷakalomānaṃ santhataṃ kārāpethā’’ti? “Saccaṃ, Bhagavā’’ti. Vigarahi buddho Bhagavā...pe... kathañhi nāma tumhe, moghapurisā, suddhakāḷakānaṃ eḷakalomānaṃ santhataṃ kārāpessatha! Netaṃ, moghapurisā, appasannānaṃ vā pasādāya...pe... evañca pana, bhikkhave, imaṃ sikkhāpadaṃ uddiseyyātha –

548.“Yo pana bhikkhu suddhakāḷakānaṃ eḷakalomānaṃ santhataṃ kārāpeyya, nissaggiyaṃ pācittiya’’nti.

549.Yo panāti yo yādiso...pe... bhikkhūti...pe... ayaṃ imasmiṃ atthe adhippeto bhikkhūti.

Kāḷakaṃ nāma dve kāḷakāni – jātiyā kāḷakaṃ vā rajanakāḷakaṃ vā.

Santhataṃ nāma santharitvā kataṃ hoti avāyimaṃ.

Kārāpeyyāti karoti vā kārāpeti vā, payoge dukkaṭaṃ. Paṭilābhena nissaggiyaṃ hoti. Nissajjitabbaṃ saṅghassa vā gaṇassa vā puggalassa vā. Evañca pana, bhikkhave, nissajjitabbaṃ ...pe... idaṃ me, bhante, suddhakāḷakānaṃ eḷakalomānaṃ santhataṃ kārāpitaṃ nissaggiyaṃ. Imāhaṃ saṅghassa nissajjāmīti...pe... dadeyyāti...pe... dadeyyunti...pe... āyasmato dammīti.

550. Attanā vippakataṃ attanā pariyosāpeti, nissaggiyaṃ pācittiyaṃ. Attanā vippakataṃ parehi pariyosāpeti, nissaggiyaṃ pācittiyaṃ. Parehi vippakataṃ attanā pariyosāpeti, nissaggiyaṃ pācittiyaṃ. Parehi vippakataṃ parehi pariyosāpeti, nissaggiyaṃ pācittiyaṃ.

Aññassatthāya karoti vā kārāpeti vā, āpatti dukkaṭassa. Aññena kataṃ paṭilabhitvā paribhuñjati, āpatti dukkaṭassa.

551. Anāpatti vitānaṃ vā bhūmattharaṇaṃ vā sāṇipākāraṃ vā bhisiṃ vā bibbohanaṃ vā karoti, ummattakassa, ādikammikassāti.

Suddhakāḷakasikkhāpadaṃ niṭṭhitaṃ dutiyaṃ.

3. Dvebhāgasikkhāpadaṃ

552. Tena samayena buddho Bhagavā sāvatthiyaṃ viharati jetavane anāthapiṇḍikassa ārāme. Tena kho pana samayena chabbaggiyā bhikkhū – “bhagavatā paṭikkhittaṃ suddhakāḷakānaṃ eḷakalomānaṃ santhataṃ kārāpetu’’nti, te thokaṃyeva odātaṃ ante ādiyitvā tatheva suddhakāḷakānaṃ eḷakalomānaṃ santhataṃ kārāpenti. Ye te bhikkhū appicchā... te ujjhāyanti khiyyanti vipācenti – “kathañhi nāma chabbaggiyā bhikkhū thokaṃyeva odātaṃ ante ādiyitvā tatheva suddhakāḷakānaṃ eḷakalomānaṃ

santhataṃ kārāpessantī''ti! Atha kho te bhikkhū chabbaggiye bhikkhū anekapariyāyena vigarahitvā bhagavato etamatthaṃ ārocesuṃ...pe... ''saccaṃ kira tumhe, bhikkhave, thokaṃyeva odātaṃ ante ādiyitvā tatheva suddhakāḷakānaṃ eḷakalomānaṃ santhataṃ kārāpethā''ti? ''Saccaṃ, Bhagavā''ti. Vigarahi buddho Bhagavā...pe... kathañhi nāma tumhe, moghapurisā, thokaṃyeva odātaṃ ante ādiyitvā tatheva suddhakāḷakānaṃ eḷakalomānaṃ santhataṃ kārāpessatha! Netaṃ, moghapurisā, appasannānaṃ vā pasādāya...pe... evañca pana, bhikkhave, imaṃ sikkhāpadaṃ uddiseyyātha –

553.''Navaṃ pana bhikkhunā santhataṃ kārayamānena dve bhāgā suddhakāḷakānaṃ eḷakalomānaṃ ādātabbā tatiyaṃ odātānaṃ catutthaṃ gocariyānaṃ. Anādā ce bhikkhu dve bhāge suddhakāḷakānaṃ eḷakalomānaṃ tatiyaṃ odātānaṃ catutthaṃ gocariyānaṃ navaṃ santhataṃ kārāpeyya, nissaggiyaṃ pācittiya''nti.

554.Navaṃ nāma karaṇaṃ upādāya vuccati.

Santhataṃ nāma santharitvā kataṃ hoti avāyimaṃ.

Kārayamānenāti karonto vā kārāpento vā.

Dve bhāgā suddhakāḷakānaṃ eḷakalomānaṃ ādātabbāti dhārayitvā dve tulā ādātabbā.

Tatiyaṃ odātānanti tulaṃ odātānaṃ.

Catutthaṃ gocariyānanti tulaṃ gocariyānaṃ.

Anādāce bhikkhu dve bhāge suddhakāḷakānaṃ eḷakalomānaṃ tatiyaṃ odātānaṃ catutthaṃ gocariyānanti. Anādiyitvā dve tule suddhakāḷakānaṃ eḷakalomānaṃ tulaṃ odātānaṃ tulaṃ gocariyānaṃ navaṃ santhataṃ karoti vā kārāpeti vā payoge dukkaṭaṃ, paṭilābhena nissaggiyaṃ hoti. Nissajjitabbaṃ saṅghassa vā gaṇassa vā puggalassa vā. Evañca pana, bhikkhave, nissajjitabbaṃ...pe... idaṃ me, bhante, santhataṃ anādiyitvā dve tule suddhakāḷakānaṃ eḷakalomānaṃ tulaṃ odātānaṃ tulaṃ gocariyānaṃ kārāpitaṃ nissaggiyaṃ. Imāhaṃ saṅghassa nissajjāmīti...pe... dadeyyāti...pe... dadeyyunti...pe... āyasmato dammīti.

555. Attanā vippakataṃ attanā pariyosāpeti, nissaggiyaṃ pācittiyaṃ. Attanā vippakataṃ parehi pariyosāpeti, nissaggiyaṃ pācittiyaṃ. Parehi vippakataṃ attanā pariyosāpeti, nissaggiyaṃ pācittiyaṃ. Parehi vippakataṃ parehi pariyosāpeti, nissaggiyaṃ pācittiyaṃ.

Aññassatthāya karoti vā kārāpeti vā, āpatti dukkaṭassa. Aññena kataṃ paṭilabhitvā paribhuñjati, āpatti dukkaṭassa.

556. Anāpatti tulaṃ odātānaṃ tulaṃ gocariyānaṃ ādiyitvā karoti, bahutaraṃ odātānaṃ bahutaraṃ gocariyānaṃ ādiyitvā karoti, suddhaṃ odātānaṃ suddhaṃ gocariyānaṃ ādiyitvā karoti, vitānaṃ vā bhūmattharaṇaṃ vā sāṇipākāraṃ vā bhisiṃ vā bibbohanaṃ vā karoti, ummattakassa, ādikammikassāti.

Dvebhāgasikkhāpadaṃ niṭṭhitaṃ tatiyaṃ.

4. Chabbassasikkhāpadaṃ

557. Tena samayena buddho Bhagavā sāvatthiyaṃ viharati jetavane anāthapiṇḍikassa ārāme. Tena kho pana samayena bhikkhū anuvassaṃ santhataṃ kārāpenti. Te yācanabahulā viññattibahulā viharanti – ''eḷakalomāni detha. Eḷakalomehi attho''ti. Manussā ujjhāyanti khiyyanti vipācenti – ''kathañhi nāma samaṇā sakyaputtiyā anuvassaṃ santhataṃ kārāpessanti, yācanabahulā viññattibahulā viharissanti – 'eḷakalomāni detha, eḷakalomehi attho'''ti! Amhākaṃ pana sakiṃ katāni santhatāni pañcapi chapi vassāni honti, yesaṃ no dārakā uhadantipi ummihantipi undūrehipi khajjanti. Ime pana samaṇā sakyaputtiyā anuvassaṃ santhataṃ kārāpenti, yācanabahulā viññattibahulā viharanti – ''eḷakalomāni detha, eḷakalomehi attho''ti!

Assosuṃ kho bhikkhū tesaṃ manussānaṃ ujjhāyantānaṃ khiyyantānaṃ vipācentānaṃ. Ye te bhikkhū appicchā...pe... te ujjhāyanti khiyyanti vipācenti – ''kathañhi nāma bhikkhū anuvassaṃ santhataṃ kārāpessanti, yācanabahulā viññattibahulā viharissanti – 'eḷakalomāni detha, eḷakalomehi attho'''ti! Atha kho te bhikkhū te anekapariyāyena vigarahitvā bhagavato etamatthaṃ ārocesuṃ...pe... saccaṃ kira, bhikkhave, bhikkhū anuvassaṃ santhataṃ kārāpenti, yācanabahulā viññattibahulā viharanti – 'eḷakalomāni detha, eḷakalomehi attho'ti? ''Saccaṃ, Bhagavā''ti. Vigarahi buddho Bhagavā...pe... kathañhi nāma te, bhikkhave, moghapurisā anuvassaṃ santhataṃ kārāpessanti, yācanabahulā viññattibahulā viharissanti – 'eḷakalomāni detha, eḷakalomehi attho'ti! Netaṃ, bhikkhave, appasannānaṃ vā pasādāya...pe... evañca pana, bhikkhave, imaṃ sikkhāpadaṃ uddiseyyātha –

558.''Navaṃ pana bhikkhunā santhataṃ kārāpetvā chabbassāni dhāretabbaṃ. Orena ce channaṃ vassānaṃ taṃ santhataṃ vissajjetvā vā avissajjetvā vā aññaṃ navaṃ santhataṃ kārāpeyya, nissaggiyaṃ pācittiya''nti.

Evañcidaṃ bhagavatā bhikkhūnaṃ sikkhāpadaṃ paññattaṃ hoti.

559. Tena kho pana samayena aññataro bhikkhu kosambiyaṃ gilāno hoti. Ñātakā tassa bhikkhuno santike dūtaṃ pāhesuṃ – ''āgacchatu, bhadanto mayaṃ upaṭṭhahissāmā''ti. Bhikkhūpi evamāhaṃsu – ''gacchāvuso, ñātakā taṃ upaṭṭhahissantī''ti. So evamāha – ''bhagavatā, āvuso, sikkhāpadaṃ paññattaṃ – 'navaṃ pana bhikkhunā santhataṃ kārāpetvā chabbassāni dhāretabba'nti. Ahañcamhi gilāno, na sakkomi santhataṃ ādāya pakkamituṃ. Mayhañca vinā santhatā na phāsu hoti. Nāhaṃ gamissāmī''ti. Bhagavato etamatthaṃ ārocesuṃ. Atha kho Bhagavā etasmiṃ nidāne etasmiṃ pakaraṇe dhammiṃ

kathaṃ katvā bhikkhū āmantesi – ''anujānāmi, bhikkhave, gilānassa bhikkhuno santhatasammutiṃ dātuṃ. Evañca pana , bhikkhave, dātabbā. Tena gilānena bhikkhunā saṅghaṃ upasaṅkamitvā ekaṃsaṃ uttarāsaṅgaṃ karitvā vuḍḍhānaṃ bhikkhūnaṃ pāde vanditvā ukkuṭikaṃ nisīditvā añjaliṃ paggahetvā evamassa vacanīyo – 'ahaṃ, bhante, gilāno. Na sakkomi santhataṃ ādāya pakkamituṃ. Sohaṃ, bhante, saṅghaṃ santhatasammutiṃ yācāmī'ti. Dutiyampi yācitabbā. Tatiyampi yācitabbā. Byattena bhikkhunā paṭibalena saṅgho ñāpetabbo –

560. ''Suṇātu me, bhante, saṅgho. Ayaṃ itthannāmo bhikkhu gilāno. Na sakkoti santhataṃ ādāya pakkamituṃ. So saṅghaṃ santhatasammutiṃ yācati. Yadi saṅghassa pattakallaṃ, saṅgho itthannāmassa bhikkhuno santhatasammutiṃ dadeyya. Esā ñatti.

''Suṇātu me, bhante, saṅgho . Ayaṃ itthannāmo bhikkhu gilāno. Na sakkoti santhataṃ ādāya pakkamituṃ. So saṅghaṃ santhatasammutiṃ yācati. Saṅgho itthannāmassa bhikkhuno santhatasammutiṃ deti. Yassāyasmato khamati itthannāmassa bhikkhuno santhatasammutiyā dānaṃ, so tuṇhassa; yassa nakkhamati, so bhāseyya.

''Dinnā saṅghena itthannāmassa bhikkhuno santhatasammuti. Khamati saṅghassa, tasmā tuṇhī, evametaṃ dhārayāmī''ti.

Evañca pana, bhikkhave, imaṃ sikkhāpadaṃ uddiseyyātha –

561.''Navaṃ pana bhikkhunā santhataṃ kārāpetvā chabbassāni dhāretabbaṃ. Orena ce channaṃ vassānaṃ taṃ santhataṃ vissajjetvā vā avissajjetvā vā aññaṃ navaṃ santhataṃ kārāpeyya, aññatra bhikkhusammutiyā , nissaggiyaṃ pācittiya''nti.

562.Navaṃ nāma karaṇaṃ upādāya vuccati.

Santhataṃ nāma santharitvā kataṃ hoti avāyimaṃ.

Kārāpetvāti karitvā vā kārāpetvā vā.

Chabbassāni dhāretabbanti chabbassaparamatā dhāretabbaṃ.

Orena ce channaṃ vassānanti ūnakachabbassāni.

Taṃ santhataṃ vissajjetvāti aññesaṃ datvā.

Avissajjetvāti na kassaci datvā.

Aññatra bhikkhusammutiyāti ṭhapetvā bhikkhusammutiṃ aññaṃ navaṃ santhataṃ karoti vā kārāpeti vā, payoge dukkaṭaṃ. Paṭilābhena nissaggiyaṃ hoti. Nissajjitabbaṃ saṅghassa vā gaṇassa vā puggalassa vā. Evañca pana, bhikkhave, nissajjitabbaṃ...pe... idaṃ me, bhante, santhataṃ ūnakachabbassāni kārāpitaṃ, aññatra bhikkhusammutiyā, nissaggiyaṃ. Imāhaṃ saṅghassa nissajjāmīti...pe... dadeyyāti...pe... dadeyyunti...pe... āyasmato dammīti.

563. Attanā vippakataṃ attanā pariyosāpeti, nissaggiyaṃ pācittiyaṃ. Attanā vippakataṃ parehi pariyosāpeti, nissaggiyaṃ pācittiyaṃ . Parehi vippakataṃ attanā pariyosāpeti, nissaggiyaṃ pācittiyaṃ. Parehi vippakataṃ parehi pariyosāpeti, nissaggiyaṃ pācittiyaṃ.

564. Anāpatti chabbassāni karoti, atirekachabbassāni karoti, aññassatthāya karoti vā kārāpeti vā, aññena kataṃ paṭilabhitvā paribhuñjati , vitānaṃ vā bhūmattharaṇaṃ vā sāṇipākāraṃ vā bhisiṃ vā bibbohanaṃ vā karoti, bhikkhusammutiyā, ummattakassa, ādikammikassāti.

Chabbassasikkhāpadaṃ niṭṭhitaṃ catutthaṃ.

5. Nisīdanasanthatasikkhāpadaṃ

565. Tena samayena buddho Bhagavā sāvatthiyaṃ viharati jetavane anāthapiṇḍikassa ārāme. Atha kho Bhagavā bhikkhū āmantesi – ''icchāmahaṃ, bhikkhave, temāsaṃ paṭisallīyituṃ. Namhi kenaci upasaṅkamitabbo, aññatra ekena piṇḍapātanīhārakenā''ti. ''Evaṃ, bhante,''ti kho te bhikkhū bhagavato paṭissuṇitvā nāssudha koci bhagavantaṃ upasaṅkamati, aññatra ekena piṇḍapātanīhārakena. Tena kho pana samayena sāvatthiyā saṅghena katikā katā hoti – ''icchatāvuso, Bhagavā temāsaṃ paṭisallīyituṃ. Na Bhagavā kenaci upasaṅkamitabbo , aññatra ekena piṇḍapātanīhārakena. Yo bhagavantaṃ upasaṅkamati so pācittiyaṃ desāpetabbo''ti. Atha kho āyasmā upaseno vaṅgantaputto, sapariso yena Bhagavā tenupasaṅkami; upasaṅkamitvā bhagavantaṃ abhivādetvā ekamantaṃ nisīdi. Āciṇṇaṃ kho panetaṃ buddhānaṃ bhagavantānaṃ āgantukehi bhikkhūhi saddhiṃ paṭisammodituṃ. Atha kho Bhagavā āyasmantaṃ upasenaṃ vaṅgantaputtaṃ etadavoca – ''kacci vo, upasena, khamanīyaṃ kacci yāpanīyaṃ, kaccittha appakilamathena addhānaṃ āgatā''ti? ''Khamanīyaṃ , Bhagavā, yāpanīyaṃ, Bhagavā. Appakilamathena ca mayaṃ, bhante, addhānaṃ āgatā''ti.

Tena kho pana samayena āyasmato upasenassa vaṅgantaputtassa saddhivihāriko bhikkhu bhagavato avidūre nisinno hoti. Atha kho Bhagavā taṃ bhikkhuṃ etadavoca – ''manāpāni te, bhikkhu, paṃsukūlānī''ti? ''Na kho me, bhante, manāpāni paṃsukūlānī''ti. ''Kissa pana tvaṃ, bhikkhu, paṃsukūliko''ti? ''Upajjhāyo me, bhante, paṃsukūliko. Evaṃ ahampi paṃsukūliko''ti. Atha kho Bhagavā āyasmantaṃ upasenaṃ vaṅgantaputtaṃ etadavoca – ''pāsādikā kho tyāyaṃ, upasena, parisā. Kathaṃ tvaṃ, upasena, parisaṃ vinesī''ti? ''Yo maṃ, bhante, upasampadaṃ yācati tamahaṃ [tāhaṃ (ka.)]evaṃ vadāmi – 'ahaṃ kho, āvuso, āraññiko piṇḍapātiko paṃsukūliko. Sace tvampi āraññiko bhavissasi piṇḍapātiko paṃsukūliko, evāhaṃ taṃ upasampādessāmī'ti. Sace me paṭissuṇāti upasampādemi, no ce me paṭissuṇāti na upasampādemi. Yo maṃ nissayaṃ yācati tamahaṃ [tāhaṃ

(ka.)] evaṃ vadāmi – 'ahaṃ kho, āvuso, āraññiko piṇḍapātiko paṃsukūliko. Sace tvampi āraññiko bhavissasi piṇḍapātiko paṃsukūliko, evāhaṃ te nissayaṃ dassāmī'ti. Sace me paṭissuṇāti nissayaṃ demi, no ce me paṭissuṇāti na nissayaṃ demi. Evaṃ kho ahaṃ, bhante, parisaṃ vinemī''ti.
''Sādhu sādhu, upasena. Sādhu kho tvaṃ, upasena, parisaṃ vinesi . Jānāsi pana tvaṃ, upasena, sāvatthiyā saṅghassa katika''nti? ''Na kho ahaṃ, bhante, jānāmi sāvatthiyā saṅghassa katika''nti. ''Sāvatthiyā kho, upasena, saṅghena katikā katā – 'icchatāvuso, Bhagavā temāsaṃ paṭisallīyituṃ. Na Bhagavā kenaci upasaṅkamitabbo, aññatra ekena piṇḍapātanīhārakena. Yo bhagavantaṃ upasaṅkamati so pācittiyaṃ desāpetabbo'ti. ''Paññāyissati, bhante, sāvatthiyā saṅgho sakāya katikāya, na mayaṃ apaññattaṃ paññapessāma paññattaṃ vā na samucchindissāma, yathāpaññattesu sikkhāpadesu samādāya vattissāmā''ti. ''Sādhu sādhu, upasena, apaññattaṃ na paññapetabbaṃ, paññattaṃ vā na samucchinditabbaṃ, yathāpaññattesu sikkhāpadesu samādāya vattitabbaṃ. Anujānāmi, upasena, ye te bhikkhū āraññikā piṇḍapātikā paṃsukūlikā yathāsukhaṃ maṃ dassanāya upasaṅkamantū''ti.
566. Tena kho pana samayena sambahulā bhikkhū bahidvārakoṭṭhake ṭhitā honti – ''mayaṃ āyasmantaṃ upasenaṃ vaṅgantaputtaṃ pācittiyaṃ desāpessāmā''ti . Atha kho āyasmā upaseno vaṅgantaputto sapariso uṭṭhāyāsanā bhagavantaṃ abhivādetvā padakkhiṇaṃ katvā pakkāmi. Atha kho te bhikkhū āyasmantaṃ upasenaṃ vaṅgantaputtaṃ etadavocuṃ – ''jānāsi tvaṃ, āvuso upasena, sāvatthiyā saṅghassa katika''nti. ''Bhagavāpi maṃ, āvuso, evamāha – 'jānāsi pana tvaṃ, upasena, sāvatthiyā saṅghassa katika'nti? Na kho ahaṃ, bhante, jānāmi sāvatthiyā saṅghassa katika''nti. ''Sāvatthiyā kho, upasena, saṅghena katikā katā – icchatāvuso, Bhagavā temāsaṃ paṭisallīyituṃ. Na Bhagavā kenaci upasaṅkamitabbo, aññatra ekena piṇḍapātanīhārakena. Yo bhagavantaṃ upasaṅkamati so pācittiyaṃ desāpetabbo''ti. ''Paññāyissati, bhante, sāvatthiyā saṅgho sakāya katikāya, na mayaṃ apaññattaṃ paññapessāma paññattaṃ vā na samucchindissāma, yathāpaññattesu sikkhāpadesu samādāya vattissāmāti. Anuññātāvuso, bhagavatā – 'ye te bhikkhū āraññikā piṇḍapātikā paṃsukūlikā yathāsukhaṃ maṃ dassanāya upasaṅkamantū'''ti.
Atha kho te bhikkhū – ''saccaṃ kho āyasmā upaseno āha – 'na apaññattaṃ paññapetabbaṃ, paññattaṃ vā na samucchinditabbaṃ, yathāpaññattesu sikkhāpadesu samādāya vattitabba'''nti. Assosuṃ kho bhikkhū – ''anuññātā kira bhagavatā – 'ye te bhikkhū āraññikā piṇḍapātikā paṃsukūlikā yathāsukhaṃ maṃ dassanāya upasaṅkamantū'''ti. Te bhagavantaṃ dassanaṃ pihentā [dassanāya pihayamānā (syā.)] santhatāni ujjhitvā āraññikaṅgaṃ piṇḍapātikaṅgaṃ paṃsukūlikaṅgaṃ samādiyiṃsu. Atha kho Bhagavā sambahulehi bhikkhūhi saddhiṃ senāsanacārikaṃ āhiṇḍanto addasa santhatāni tahaṃ tahaṃ ujjhitāni. Passitvā bhikkhū āmantesi – ''kassimāni, bhikkhave, santhatāni tahaṃ tahaṃ ujjhitānī''ti? Atha kho te bhikkhū bhagavato etamatthaṃ ārocesuṃ. Atha kho Bhagavā etasmiṃ nidāne etasmiṃ pakaraṇe dhammiṃ kathaṃ katvā bhikkhū āmantesi – ''tena hi, bhikkhave, bhikkhūnaṃ sikkhāpadaṃ paññapessāmi dasa atthavase paṭicca– saṅghasuṭṭhutāya, saṅghaphāsutāya,...pe... evañca pana, bhikkhave, imaṃ sikkhāpadaṃ uddiseyyātha –
567.''Nisīdanasanthataṃpana bhikkhunā kārayamānena purāṇasanthatassa sāmantā sugatavidatthi ādātabbā dubbaṇṇakaraṇāya, anādā ce bhikkhu purāṇasanthatassa sāmantā sugatavidatthiṃ navaṃ nisīdanasanthataṃ kārāpeyya, nissaggiyaṃ pācittiya''nti.
568.Nisīdanaṃ nāma sadasaṃ vuccati.
Santhataṃ nāma santharitvā kataṃ hoti avāyimaṃ.
Kārayamānenāti karonto vā kārāpento vā.
Purāṇasanthataṃ nāma sakiṃ nivatthampi sakiṃ pārutampi.
Sāmantā sugatavidatthi ādātabbā dubbaṇṇakaraṇāyāti thirabhāvāya vaṭṭaṃ vā caturassaṃ vā chinditvā ekadese vā santharitabbaṃ vijaṭetvā vā santharitabbaṃ.
Anādā ce bhikkhu purāṇasanthatassa sāmantā sugatavidatthinti anādiyitvā purāṇasanthatassa sāmantā sugatavidatthiṃ navaṃ nisīdanasanthataṃ karoti vā kārāpeti vā, payoge dukkaṭaṃ, paṭilābhena nissaggiyaṃ hoti. Nissajjitabbaṃ saṅghassa vā gaṇassa vā puggalassa vā. Evañca pana, bhikkhave, nissajjitabbaṃ...pe... idaṃ me, bhante, nisīdanasanthataṃ anādiyitvā purāṇasanthatassa sāmantā sugatavidatthiṃ kārāpitaṃ nissaggiyaṃ. Imāhaṃ saṅghassa nissajjāmīti...pe... dadeyyāti...pe... āyasmato dammīti.
569. Attanā vippakataṃ attanā pariyosāpeti, nissaggiyaṃ pācittiyaṃ. Attanā vippakataṃ parehi pariyosāpeti, nissaggiyaṃ pācittiyaṃ. Parehi vippakataṃ attanā pariyosāpeti, nissaggiyaṃ pācittiyaṃ. Parehi vippakataṃ parehi pariyosāpeti, nissaggiyaṃ pācittiyaṃ.
Aññassatthāya karoti vā kārāpeti vā, āpatti dukkaṭassa.
570. Anāpatti – purāṇasanthatassa sāmantā sugatavidatthiṃ ādiyitvā karoti, alabhanto thokataraṃ ādiyitvā karoti, alabhanto anādiyitvā karoti, aññena kataṃ paṭilabhitvā paribhuñjati, vitānaṃ vā bhūmattharaṇaṃ vā sāṇipākāraṃ vā bhisiṃ vā bibbohanaṃ vā karoti, ummattakassa ādikammikassāti.
Nisīdanasanthatasikkhāpadaṃ niṭṭhitaṃ pañcamaṃ.
6. Eḷakalomasikkhāpadaṃ

571. Tena samayena buddho Bhagavā sāvatthiyaṃ viharati jetavane anāthapiṇḍikassa ārāme. Tena kho pana samayena aññatarassa bhikkhuno kosalesu janapade sāvatthiṃ gacchantassa antarāmagge eḷakalomāni uppajjiṃsu. Atha kho so bhikkhu tāni eḷakalomāni uttarāsaṅgena bhaṇḍikaṃ bandhitvā agamāsi. Manussā taṃ bhikkhuṃ passitvā uppaṇḍesuṃ – ''kittakena te, bhante, kītāni? Kittako udayo bhavissatī''ti? So bhikkhu tehi manussehi uppaṇḍiyamāno maṅku ahosi. Atha kho so bhikkhu sāvatthiṃ gantvā tāni eḷakalomāni ṭhitakova āsumbhi. Bhikkhū taṃ bhikkhuṃ etadavocuṃ – ''kissa tvaṃ, āvuso, imāni eḷakalomāni ṭhitakova āsumbhasī''ti? ''Tathā hi panāhaṃ, āvuso, imesaṃ eḷakalomānaṃ kāraṇā manussehi uppaṇḍito''ti. ''Kīva dūrato pana tvaṃ, āvuso, imāni eḷakalomāni āharī''ti? ''Atirekatiyojanaṃ, āvuso''ti. Ye te bhikkhū appicchā...pe... te ujjhāyanti khiyyanti vipācenti – ''kathañhi nāma bhikkhu atirekatiyojanaṃ eḷakalomāni āharissatī''ti! Atha kho te bhikkhū taṃ bhikkhuṃ anekapariyāyena vigarahitvā bhagavato etamatthaṃ ārocesuṃ...pe... saccaṃ kira tvaṃ, bhikkhu, atirekatiyojanaṃ eḷakalomāni āharīti? ''Saccaṃ, Bhagavā''ti. Vigarahi buddho Bhagavā...pe... kathañhi nāma tvaṃ, moghapurisa, atirekatiyojanaṃ eḷakalomāni āharissasi! Netaṃ moghapurisa, appasannānaṃ vā pasādāya...pe... evañca pana, bhikkhave, imaṃ sikkhāpadaṃ uddiseyyātha –

572.''Bhikkhunopaneva addhānamaggappaṭipannassa eḷakalomāni uppajjayyuṃ. Ākaṅkhamānena bhikkhunā paṭiggahetabbāni. Paṭiggahetvā tiyojanaparamaṃ sahatthā haritabbāni [hāretabbāni (sī. syā. ka.)], asante hārake. Tato ce uttari hareyya, asantepi hārake, nissaggiyaṃ pācittiya''nti.

573.Bhikkhunopaneva addhānamaggappaṭipannassāti panthaṃ gacchantassa.

Eḷakalomāni uppajjeyyunti uppajjeyyuṃ saṅghato vā gaṇato vā ñātito vā mittato vā paṃsukūlaṃ vā attano vā dhanena.

Ākaṅkhamānenāti icchamānena paṭiggahetabbāni.

Paṭiggahetvā tiyojanaparamaṃ sahatthā haritabbānīti tiyojanaparamatā sahatthā haritabbāni.

Asante hāraketi nañño koci hārako hoti itthī vā puriso vā gahaṭṭho vā pabbajito vā.

Tato ce uttari hareyya, asantepi hāraketi paṭhamaṃ pādaṃ tiyojanaṃ atikkāmeti, āpatti dukkaṭassa. Dutiyaṃ pādaṃ atikkāmeti, nissaggiyaṃ pācittiyaṃ [nissaggiyāni honti (syā.)]. Antotiyojane ṭhito bahitiyojanaṃ pāteti, nissaggiyaṃ pācittiyaṃ [nissaggiyāni honti (syā.)]. Aññassa yāne vā bhaṇḍe vā ajānantassa pakkhipitvā tiyojanaṃ atikkāmeti, nissaggiyāni honti. Nissajjitabbāni saṅghassa vā gaṇassa vā puggalassa vā. Evañca pana, bhikkhave, nissajjitabbāni...pe... imāni me, bhante, eḷakalomāni tiyojanaṃ atikkāmitāni nissaggiyāni. Imānāhaṃ saṅghassa nissajjāmīti...pe... dadeyyāti...pe... dadeyyunti...pe... āyasmato dammīti.

574. Atirekatiyojane atirekasaññī atikkāmeti [tiyojanaṃ atikkāmeti (syā.)], nissaggiyaṃ pācittiyaṃ. Atirekatiyojane vematiko atikkāmeti [tiyojanaṃ atikkāmeti (syā.)], nissaggiyaṃ pācittiyaṃ. Atirekatiyojane ūnakasaññī atikkāmeti [tiyojanaṃ atikkāmeti (syā.)], nissaggiyaṃ pācittiyaṃ.

Ūnakatiyojane atirekasaññī, āpatti dukkaṭassa. Ūnakatiyojane vematiko, āpatti dukkaṭassa. Ūnakatiyojane ūnakasaññī, anāpatti.

575. Anāpatti tiyojanaṃ harati, ūnakatiyojanaṃ harati, tiyojanaṃ haratipi, paccāharatipi, tiyojanaṃ vāsādhippāyo gantvā tato paraṃ harati, acchinnaṃ paṭilabhitvā harati, nissaṭṭhaṃ paṭilabhitvā harati, aññaṃ harāpeti katabhaṇḍaṃ, ummattakassa, ādikammikassāti.

Eḷakalomasikkhāpadaṃ niṭṭhitaṃ chaṭṭhaṃ.

7. Eḷakalomadhovāpanasikkhāpadaṃ

576. Tena samayena buddho Bhagavā sakkesu viharati kapilavatthusmiṃ nigrodhārāme. Tena kho pana samayena chabbaggiyā bhikkhū bhikkhunīhi eḷakalomāni dhovāpentipi rajāpentipi vijaṭāpentipi. Bhikkhuniyo eḷakalomāni dhovantiyo rajantiyo vijaṭentiyo riñcanti uddesaṃ paripucchaṃ adhisīlaṃ adhicittaṃ adhipaññaṃ. Atha kho mahāpajāpati Gotamī yena Bhagavā tenupasaṅkami; upasaṅkamitvā bhagavantaṃ abhivādetvā ekamantaṃ aṭṭhāsi. Ekamantaṃ ṭhitaṃ kho mahāpajāpatiṃ Gotamiṃ Bhagavā etadavoca – ''kacci, Gotami, bhikkhuniyo appamattā ātāpiniyo pahitattā viharantī''ti? ''Kuto, bhante, bhikkhunīnaṃ appamādo! Ayyā chabbaggiyā bhikkhunīhi eḷakalomāni dhovāpentipi rajāpentipi vijaṭāpentipi. Bhikkhuniyo eḷakalomāni dhovantiyo rajantiyo vijaṭentiyo riñcanti uddesaṃ paripucchaṃ adhisīlaṃ adhicittaṃ adhipañña''nti.

Atha kho Bhagavā mahāpajāpatiṃ Gotamiṃ dhammiyā kathāya sandassesi samādapesi samuttejesi sampahaṃsesi. Atha kho mahāpajāpati Gotamī bhagavatā dhammiyā kathāya sandassitā samādapitā samuttejitā sampahaṃsitā bhagavantaṃ abhivādetvā padakkhiṇaṃ katvā pakkāmi. Atha kho Bhagavā etasmiṃ nidāne etasmiṃ pakaraṇe bhikkhusaṅghaṃ sannipātāpetvā chabbaggiye bhikkhū paṭipucchi – ''saccaṃ kira tumhe, bhikkhave, bhikkhunīhi eḷakalomāni dhovāpethapi rajāpethapi vijaṭāpethapī''ti ? ''Saccaṃ, Bhagavā''ti. ''Ñātikāyo tumhākaṃ, bhikkhave, aññātikāyo''ti? ''Aññātikāyo, Bhagavā''ti. ''Aññātakā, moghapurisā, aññātikānaṃ na jānanti patirūpaṃ vā appatirūpaṃ vā pāsādikaṃ vā apāsādikaṃ. Tattha nāma tumhe, moghapurisā, aññātikāhi bhikkhunīhi eḷakalomāni dhovāpessathapi rajāpessathapi vijaṭāpessathapi! Netaṃ, moghapurisā, appasannānaṃ vā pasādāya...pe... evañca pana, bhikkhave, imaṃ sikkhāpadaṃ uddiseyyātha –

577.“Yo pana bhikkhu aññātikāya bhikkhuniyā eḷakalomāni dhovāpeyya vā rajāpeyya vā vijaṭāpeyya vā, nissaggiyaṃ pācittiya”nti.
578.Yopanāti yo yādiso...pe... bhikkhūti...pe... ayaṃ imasmiṃ atthe adhippeto bhikkhūti.
Aññātikā nāma mātito vā pitito vā yāva sattamā pitāmahayugā asambaddhā.
Bhikkhunī nāma ubhatosaṅghe upasampannā.
Dhovāti āṇāpeti, āpatti dukkaṭassa. Dhotāni nissaggiyāni honti. Rajāti āṇāpeti, āpatti dukkaṭassa. Rattāni nissaggiyāni honti. Vijaṭehīti āṇāpeti, āpatti dukkaṭassa. Vijaṭitāni nissaggiyāni honti. Nissajjitabbāni saṅghassa vā gaṇassa vā puggalassa vā. Evañca pana, bhikkhave, nissajjitabbāni...pe... imāni me, bhante, eḷakalomāni aññātikāya bhikkhuniyā dhovāpitāni nissaggiyāni. Imānāhaṃ saṅghassa nissajjāmīti...pe... dadeyyāti...pe... dadeyyunti...pe... āyasmato dammīti.
579. Aññātikāya aññātikasaññī eḷakalomāni dhovāpeti, nissaggiyaṃ pācittiyaṃ. Aññātikāya aññātikasaññī eḷakalomāni dhovāpeti rajāpeti, nissaggiyena āpatti dukkaṭassa. Aññātikāya aññātikasaññī eḷakalomāni dhovāpeti vijaṭāpeti, nissaggiyena āpatti dukkaṭassa. Aññātikāya aññātikasaññī eḷakalomāni dhovāpeti rajāpeti vijaṭāpeti, nissaggiyena āpatti dvinnaṃ dukkaṭānaṃ.
Aññātikāya aññātikasaññī eḷakalomāni rajāpeti, nissaggiyaṃ pācittiyaṃ. Aññātikāya aññātikasaññī eḷakalomāni rajāpeti vijaṭāpeti, nissaggiyena āpatti dukkaṭassa. Aññātikāya aññātikasaññī eḷakalomāni rajāpeti dhovāpeti, nissaggiyena āpatti dukkaṭassa. Aññātikāya aññātikasaññī eḷakalomāni rajāpeti vijaṭāpeti dhovāpeti, nissaggiyena āpatti dvinnaṃ dukkaṭānaṃ.
Aññātikāya aññātikasaññī eḷakalomāni vijaṭāpeti, nissaggiyaṃ pācittiyaṃ. Aññātikāya aññātikasaññī eḷakalomāni vijaṭāpeti dhovāpeti, nissaggiyena āpatti dukkaṭassa. Aññātikāya aññātikasaññī eḷakalomāni vijaṭāpeti rajāpeti, nissaggiyena āpatti dukkaṭassa. Aññātikāya aññātikasaññī eḷakalomāni vijaṭāpeti dhovāpeti rajāpeti, nissaggiyena āpatti dvinnaṃ dukkaṭānaṃ.
580. Aññātikāya vematiko...pe... aññātikāya ñātikasaññī...pe... aññassa eḷakalomāni dhovāpeti, āpatti dukkaṭassa. Ekato upasampannāya dhovāpeti, āpatti dukkaṭassa. Ñātikāya aññātikasaññī, āpatti dukkaṭassa. Ñātikāya vematiko, āpatti dukkaṭassa. Ñātikāya ñātikasaññī, anāpatti.
581. Anāpatti ñātikāya dhāvantiyā aññātikā dutiyā hoti, avuttā dhovati, aparibhuttaṃ katabhaṇḍaṃ dhovāpeti, sikkhamānāya sāmaṇeriyā ummattakassa ādikammikassāti.
Eḷakalomadhovāpanasikkhāpadaṃ niṭṭhitaṃ sattamaṃ.
8. Rūpiyasikkhāpadaṃ
582. Tena samayena buddho Bhagavā rājagahe viharati veḷuvane kalandakanivāpe. Tena kho pana samayena āyasmā upanando sakyaputto aññatarassa kulassa kulūpako hoti niccabhattiko. Yaṃ tasmiṃ kule uppajjati khādanīyaṃ vā bhojanīyaṃ vā tato āyasmato upanandassa sakyaputtassa paṭiviso ṭhapiyyati. Tena kho pana samayena sāyaṃ tasmiṃ kule maṃsaṃ uppannaṃ hoti. Tato āyasmato upanandassa sakyaputtassa paṭiviso ṭhapito hoti. Tassa kulassa dārako rattiyā paccūsasamayaṃ paccuṭṭhāya rodati – “maṃsaṃ me dethā”ti. Atha kho so puriso pajāpatiṃ etadavoca – “ayyassa paṭivisaṃ dārakassa dehi. Aññaṃ cetāpetvā ayyassa dassāmā”ti.
Atha kho āyasmā upanando sakyaputto pubbaṇhasamayaṃ nivāsetvā pattacīvaraṃ ādāya yena taṃ kulaṃ tenupasaṅkami; upasaṅkamitvā paññatte āsane nisīdi. Atha kho so puriso yenāyasmā upanando sakyaputto tenupasaṅkami; upasaṅkamitvā āyasmantaṃ upanandaṃ sakyaputtaṃ abhivādetvā ekamantaṃ nisīdi. Ekamantaṃ nisinno kho so puriso āyasmantaṃ upanandaṃ sakyaputtaṃ etadavoca – “hiyyo kho, bhante, sāyaṃ maṃsaṃ uppannaṃ ahosi. Tato ayyassa paṭiviso ṭhapito. Ayaṃ , bhante, dārako rattiyā paccūsasamayaṃ paccuṭṭhāya rodati – ‘maṃsaṃ me dethā’ti. Ayyassa paṭiviso dārakassa dinno. Kahāpaṇena, bhante, kiṃ āhariyyatū”ti? “Pariccatto me, āvuso, kahāpaṇo”ti? “Āma, bhante, pariccatto”ti. “Taññeva me, āvuso, kahāpaṇaṃ dehī”ti.
Atha kho so puriso āyasmato upanandassa sakyaputtassa kahāpaṇaṃ datvā ujjhāyati khiyyati vipāceti – “tatheva mayaṃ rūpiyaṃ paṭiggaṇhāma evamevime samaṇā sakyaputtiyā rūpiyaṃ paṭiggaṇhantī”ti. Assosuṃ kho bhikkhū tassa purisassa ujjhāyantassa khiyyantassa vipācentassa. Ye te bhikkhū appicchā...pe... te ujjhāyanti khiyyanti vipācenti – “kathañhi nāma āyasmā upanando sakyaputto rūpiyaṃ paṭiggahessatī”ti! Atha kho te bhikkhū āyasmantaṃ upanandaṃ sakyaputtaṃ anekapariyāyena vigarahitvā bhagavato etamatthaṃ ārocesuṃ...pe... “saccaṃ kira tvaṃ, upananda, rūpiyaṃ paṭiggahesī”ti[paṭiggaṇhāsīti (syā.)]? “Saccaṃ, Bhagavā”ti. Vigarahi buddho Bhagavā...pe... kathañhi nāma tvaṃ, moghapurisa, rūpiyaṃ paṭiggahessasi! Netaṃ, moghapurisa, appasannānaṃ vā pasādāya...pe... evañca pana, bhikkhave, imaṃ sikkhāpadaṃ uddiseyyātha –
583.“Yo pana bhikkhu jātarūparajataṃ uggaṇheyya vā uggaṇhāpeyya vā upanikkhittaṃ vā sādiyeyya, nissaggiyaṃ pācittiya”nti.
584.Yopanāti yo yādiso...pe... bhikkhūti...pe... ayaṃ imasmiṃ atthe adhippeto bhikkhūti.
Jātarūpaṃ nāma satthuvaṇṇo vuccati .
Rajataṃ nāma kahāpaṇo lohamāsako dārumāsako jatumāsako ye vohāraṃ gacchanti.
Uggaṇheyyāti sayaṃ gaṇhāti nissaggiyaṃ pācittiyaṃ [nissaggiyaṃ hoti (syā.)].
Uggaṇhāpeyyāti aññaṃ gāhāpeti nissaggiyaṃ pācittiyaṃ [nissaggiyaṃ hoti (syā.)].

Upanikkhittaṃvā sādiyeyyāti idaṃ ayyassa hotūti upanikkhittaṃ sādiyati, nissaggiyaṃ hoti. Saṅghamajjhe nissajjitabbaṃ. Evañca pana, bhikkhave, nissajjitabbaṃ – tena bhikkhunā saṅghaṃ upasaṅkamitvā ekaṃsaṃ uttarāsaṅgaṃ karitvā vuḍḍhānaṃ bhikkhūnaṃ pāde vanditvā ukkuṭikaṃ nisīditvā añjaliṃ paggahetvā evamassa vacanīyo – "ahaṃ, bhante, rūpiyaṃ paṭiggahesiṃ. Idaṃ me nissaggiyaṃ. Imāhaṃ saṅghassa nissajjāmī"ti. Nissajjitvā āpatti desetabbā. Byattena bhikkhunā paṭibalena āpatti paṭiggahetabbā. Sace tattha āgacchati ārāmiko vā upāsako vā so vattabbo – "āvuso, imaṃ jānāhī"ti. Sace so bhaṇati – "iminā kiṃ āhariyyatū"ti, na vattabbo – "imaṃ vā imaṃ vā āharā"ti. Kappiyaṃ ācikkhitabbaṃ – sappi vā telaṃ vā madhu vā phāṇitaṃ vā. Sace so tena parivattetvā kappiyaṃ āharati rūpiyappaṭiggāhakaṃ ṭhapetvā sabbeheva paribhuñjitabbaṃ. Evañcetaṃ labhetha, iccetaṃ kusalaṃ; no ce labhetha, so vattabbo – "āvuso, imaṃ chaḍḍehī"ti. Sace so chaḍḍeti, iccetaṃ kusalaṃ; no ce chaḍḍeti, pañcahaṅgehi samannāgato bhikkhu rūpiyachaḍḍako sammannitabbo – yo na chandāgatiṃ gaccheyya, na dosāgatiṃ gaccheyya, na mohāgatiṃ gaccheyya, na bhayāgatiṃ gaccheyya, chaḍḍitāchaḍḍitañca jāneyya. Evañca pana, bhikkhave, sammannitabbo. Paṭhamaṃ bhikkhu yācitabbo. Yācitvā byattena bhikkhunā paṭibalena saṅgho ñāpetabbo –

585. "Suṇātu me, bhante, saṅgho. Yadi saṅghassa pattakallaṃ, saṅgho itthannāmaṃ bhikkhuṃ rūpiyachaḍḍakaṃ sammanneyya. Esā ñatti.

"Suṇātu me, bhante, saṅgho. Saṅgho itthannāmaṃ bhikkhuṃ rūpiyachaḍḍakaṃ sammannati. Yassāyasmato khamati itthannāmassa bhikkhuno rūpiyachaḍḍakassa sammuti, so tuṇhassa; yassa nakkhamati, so bhāseyya.

"Sammato saṅghena itthannāmo bhikkhu rūpiyachaḍḍako. Khamati saṅghassa, tasmā tuṇhī, evametaṃ dhārayāmī"ti.

Tena sammatena bhikkhunā animittaṃ katvā pātetabbaṃ. Sace nimittaṃ katvā pāteti, āpatti dukkaṭassa.

586. Rūpiye rūpiyasaññī rūpiyaṃ paṭiggaṇhāti, nissaggiyaṃ pācittiyaṃ. Rūpiye vematiko rūpiyaṃ paṭiggaṇhāti, nissaggiyaṃ pācittiyaṃ. Rūpiye arūpiyasaññī rūpiyaṃ paṭiggaṇhāti, nissaggiyaṃ pācittiyaṃ.

Arūpiye rūpiyasaññī, āpatti dukkaṭassa. Arūpiye vematiko, āpatti dukkaṭassa. Arūpiye arūpiyasaññī, anāpatti.

Anāpatti ajjhārāme vā ajjhāvasathe vā uggahetvā vā uggahāpetvā vā nikkhipati – yassa bhavissati so harissatīti, ummattakassa, ādikammikassāti.

Rūpiyasikkhāpadaṃ niṭṭhitaṃ aṭṭhamaṃ.

9. Rūpiyasaṃvohārasikkhāpadaṃ

587. Tena samayena buddho Bhagavā sāvatthiyaṃ viharati jetavane anāthapiṇḍikassa ārāme. Tena kho pana samayena chabbaggiyā bhikkhū nānappakārakaṃ rūpiyasaṃvohāraṃ samāpajjanti. Manussā ujjhāyanti khiyyanti vipācenti – "kathañhi nāma samaṇā sakyaputtiyā nānappakārakaṃ rūpiyasaṃvohāraṃ samāpajjissanti, seyyathāpi gihī kāmabhogino"ti ! Assosuṃ kho bhikkhū tesaṃ manussānaṃ ujjhāyantānaṃ khiyyantānaṃ vipācentānaṃ. Ye te bhikkhū appicchā...pe... te ujjhāyanti khiyyanti vipācenti – "kathañhi nāma chabbaggiyā bhikkhū nānappakārakaṃ rūpiyasaṃvohāraṃ samāpajjissantī"ti! Atha kho te bhikkhū chabbaggiye bhikkhū anekapariyāyena vigarahitvā bhagavato etamatthaṃ ārocesuṃ...pe... "saccaṃ kira tumhe, bhikkhave, nānappakārakaṃ rūpiyasaṃvohāraṃ samāpajjathā"ti? "Saccaṃ, Bhagavā"ti. Vigarahi buddho Bhagavā...pe... kathañhi nāma tumhe, moghapurisā, nānappakārakaṃ rūpiyasaṃvohāraṃ samāpajjissatha! Netaṃ, moghapurisā, appasannānaṃ vā pasādāya...pe... evañca pana, bhikkhave, imaṃ sikkhāpadaṃ uddiseyyātha –

588."Yo pana bhikkhu nānappakārakaṃ rūpiyasaṃvohāraṃ samāpajjeyya, nissaggiyaṃ pācittiya"nti.

589.Yo panāti yo yādiso...pe... bhikkhūti...pe... ayaṃ imasmiṃ atthe adhippeto bhikkhūti.

Nānappakārakaṃ nāma katampi akatampi katākatampi. Kataṃ nāma sīsūpagaṃ gīvūpagaṃ hatthūpagaṃ pādūpagaṃ kaṭūpagaṃ. Akataṃ nāma ghanakataṃ vuccati. Katākataṃ nāma tadubhayaṃ.

Rūpiyaṃ nāma satthuvaṇṇo kahāpaṇo, lohamāsako, dārumāsako, jatumāsako ye vohāraṃ gacchanti.

Samāpajjeyyāti katena kataṃ cetāpeti, nissaggiyaṃ pācittiyaṃ [nissaggiyaṃ hoti (syā.)]. Katena akataṃ cetāpeti, nissaggiyaṃ pācittiyaṃ. Katena katākataṃ cetāpeti, nissaggiyaṃ pācittiyaṃ. Akatena kataṃ cetāpeti, nissaggiyaṃ pācittiyaṃ. Akatena akataṃ cetāpeti, nissaggiyaṃ pācittiyaṃ. Akatena katākataṃ cetāpeti, nissaggiyaṃ pācittiyaṃ. Katākatena kataṃ cetāpeti, nissaggiyaṃ pācittiyaṃ. Katākatena akataṃ cetāpeti, nissaggiyaṃ pācittiyaṃ. Katākatena katākataṃ cetāpeti, nissaggiyaṃ pācittiyaṃ. Saṅghamajjhe nissajjitabbaṃ. Evañca pana, bhikkhave, nissajjitabbaṃ. Tena bhikkhunā saṅghaṃ upasaṅkamitvā ekaṃsaṃ uttarāsaṅgaṃ karitvā vuḍḍhānaṃ bhikkhūnaṃ pāde vanditvā ukkuṭikaṃ nisīditvā añjaliṃ paggahetvā evamassa vacanīyo – "ahaṃ, bhante, nānappakārakaṃ rūpiyasaṃvohāraṃ samāpajjiṃ. Idaṃ me nissaggiyaṃ. Imāhaṃ saṅghassa nissajjāmī"ti. Nissajjitvā āpatti desetabbā. Byattena bhikkhunā paṭibalena āpatti paṭiggahetabbā. Sace tattha āgacchati ārāmiko vā upāsako vā so vattabbo – "āvuso, imaṃ jānāhī"ti. Sace so bhaṇati – "iminā kiṃ āhariyyatū"ti, na vattabbo – "imaṃ vā imaṃ vā āharā"ti. Kappiyaṃ ācikkhitabbaṃ – sappi vā telaṃ vā madhu vā phāṇitaṃ vā. Sace so tena parivattetvā kappiyaṃ āharati, rūpiyacetāpakaṃ ṭhapetvā, sabbeheva paribhuñjitabbaṃ. Evañcetaṃ labhetha, iccetaṃ kusalaṃ;

no ce labhetha, so vattabbo – "āvuso, imaṃ chaḍḍehī"ti. Sace so chaḍḍeti, iccetaṃ kusalaṃ; no ce chaḍḍeti, pañcahaṅgehi samannāgato bhikkhu rūpiyachaḍḍako sammannitabbo – yo na chandāgatiṃ gaccheyya, na dosāgatiṃ gaccheyya, na mohāgatiṃ gaccheyya, na bhayāgatiṃ gaccheyya, chaḍḍitāchaḍḍitañca jāneyya. Evañca pana, bhikkhave, sammannitabbo. Paṭhamaṃ bhikkhu yācitabbo. Yācitvā byattena bhikkhunā paṭibalena saṅgho ñāpetabbo –

590. "Suṇātu me, bhante, saṅgho. Yadi saṅghassa pattakallaṃ, saṅgho itthannāmaṃ bhikkhuṃ rūpiyachaḍḍakaṃ sammanneyya. Esā ñatti.

"Suṇātu me, bhante, saṅgho. Saṅgho itthannāmaṃ bhikkhuṃ rūpiyachaḍḍakaṃ sammannati. Yassāyasmato khamati itthannāmassa bhikkhuno rūpiyachaḍḍakassa sammuti, so tuṇhassa; yassa nakkhamati, so bhāseyya.

"Sammato saṅghena itthannāmo bhikkhu rūpiyachaḍḍako. Khamati saṅghassa, tasmā tuṇhī, evametaṃ dhārayāmī"ti.

Tena sammatena bhikkhunā animittaṃ katvā pātetabbaṃ. Sace nimittaṃ katvā pāteti, āpatti dukkaṭassa.

591. Rūpiye rūpiyasaññī rūpiyaṃ cetāpeti, nissaggiyaṃ pācittiyaṃ. Rūpiye vematiko rūpiyaṃ cetāpeti, nissaggiyaṃ pācittiyaṃ. Rūpiye arūpiyasaññī rūpiyaṃ cetāpeti, nissaggiyaṃ pācittiyaṃ. Arūpiye rūpiyasaññī rūpiyaṃ cetāpeti, nissaggiyaṃ pācittiyaṃ . Arūpiye vematiko rūpiyaṃ cetāpeti, nissaggiyaṃ pācittiyaṃ. Arūpiye arūpiyasaññī rūpiyaṃ cetāpeti, nissaggiyaṃ pācittiyaṃ.

Arūpiye rūpiyasaññī, āpatti dukkaṭassa. Arūpiye vematiko, āpatti dukkaṭassa. Arūpiye arūpiyasaññī, anāpatti.

592. Anāpatti ummattakassa, ādikammikassāti.

Rūpiyasaṃvohārasikkhāpadaṃ niṭṭhitaṃ navamaṃ.

10. Kayavikkayasikkhāpadaṃ

593. Tena samayena buddho Bhagavā sāvatthiyaṃ viharati jetavane anāthapiṇḍikassa ārāme. Tena kho pana samayena āyasmā upanando sakyaputto paṭṭo hoti cīvarakammaṃ kātuṃ. So paṭapilotikānaṃ saṅghāṭiṃ karitvā surattaṃ suparikammakataṃ katvā pārupi. Atha kho aññataro paribbājako mahagghaṃ paṭaṃ pārupitvā yenāyasmā upanando sakyaputto tenupasaṅkami; upasaṅkamitvā āyasmantaṃ upanandaṃ sakyaputtaṃ etadavoca – "sundarā kho tyāyaṃ, āvuso, saṅghāṭi; dehi me paṭenā"ti. "Jānāhi, āvuso"ti. "Āmāvuso, jānāmī"ti. "Handāvuso"ti, adāsi. Atha kho so paribbājako taṃ saṅghāṭiṃ pārupitvā paribbājakārāmaṃ agamāsi. Paribbājakā taṃ paribbājakaṃ etadavocuṃ – "sundarā kho tyāyaṃ, āvuso, saṅghāṭi; kuto tayā laddhā"ti? "Tena me, āvuso, paṭena parivattitā"ti. "Katihipi tyāyaṃ, āvuso, saṅghāṭi bhavissati, soyeva te paṭo varo"ti.

Atha kho so paribbājako – "saccaṃ kho paribbājakā āhaṃsu – 'katihipi myāyaṃ saṅghāṭi bhavissati! Soyeva me paṭo varo'"ti yenāyasmā upanando sakyaputto tenupasaṅkami; upasaṅkamitvā āyasmantaṃ upanandaṃ sakyaputtaṃ etadavoca – "handa te, āvuso, saṅghāṭi [saṅghāṭiṃ (syā. ka.)]; dehi me paṭa"nti. "Nanu tvaṃ, āvuso, mayā vutto – 'jānāhi, āvuso'ti ! Nāha dassāmī"ti. Atha kho so paribbājako ujjhāyati khiyyati vipāceti – "gihīpi naṃ gihissa vippaṭisārissa denti, kiṃ pana pabbajito pabbajitassa na dassatī"ti! Assosuṃ kho bhikkhū tassa paribbājakassa ujjhāyantassa khiyyantassa vipācentassa. Ye te bhikkhū appicchā...pe... te ujjhāyanti khiyyanti vipācenti – "kathañhi nāma āyasmā upanando sakyaputto paribbājakena saddhiṃ kayavikkayaṃ samāpajjissatī"ti! Atha kho te bhikkhū āyasmantaṃ upanandaṃ sakyaputtaṃ anekapariyāyena vigarahitvā bhagavato etamatthaṃ ārocesuṃ...pe... "saccaṃ kira tvaṃ, upananda, paribbājakena saddhiṃ kayavikkayaṃ samāpajjasī"ti? "Saccaṃ, Bhagavā"ti. Vigarahi buddho Bhagavā...pe... kathañhi nāma tvaṃ, moghapurisa, paribbājakena saddhiṃ kayavikkayaṃ samāpajjissasi! Netaṃ, moghapurisa, appasannānaṃ vā pasādāya...pe... evañca pana, bhikkhave, imaṃ sikkhāpadaṃ uddiseyyātha –

594."Yo pana bhikkhu nānappakārakaṃ kayavikkayaṃ samāpajjeyya, nissaggiyaṃ pācittiya"nti.

595.Yo panāti yo yādiso...pe... bhikkhūti...pe... ayaṃ imasmiṃ atthe adhippeto bhikkhūti.

Nānappakārakaṃ nāma cīvarapiṇḍapātasenāsanagilānappaccayabhesajjaparikkhārā, antamaso cuṇṇapiṇḍopi dantakaṭṭhampi dasikasuttampi.

Kayavikkayaṃ samāpajjeyyāti iminā imaṃ dehi, iminā imaṃ āhara, iminā imaṃ parivattehi, iminā imaṃ cetāpehīti. Ajjhācarati, āpatti dukkaṭassa. Yato kayitañca hoti vikkayitañca attano bhaṇḍaṃ parahatthagataṃ parabhaṇḍaṃ attano hatthagataṃ, nissaggiyaṃ hoti. Nissajjitabbaṃ saṅghassa vā gaṇassa vā puggalassa vā. Evañca pana, bhikkhave, nissajjitabbaṃ...pe... ahaṃ, bhante, nānappakārakaṃ kayavikkayaṃ samāpajjiṃ. Idaṃ me nissaggiyaṃ. Imāhaṃ saṅghassa nissajjāmīti...pe... dadeyyāti...pe... dadeyyunti...pe... āyasmato dammīti.

596. Kayavikkaye kayavikkayasaññī, nissaggiyaṃ pācittiyaṃ. Kayavikkaye vematiko , nissaggiyaṃ pācittiyaṃ. Kayavikkaye nakayavikkayasaññī, nissaggiyaṃ pācittiyaṃ.

Nakayavikkaye kayavikkayasaññī, āpatti dukkaṭassa. Nakayavikkaye vematiko, āpatti dukkaṭassa. Nakayavikkaye nakayavikkayasaññī, anāpatti.

597. Anāpatti – agghaṃ pucchati, kappiyakārakassa ācikkhati, "idaṃ amhākaṃ atthi, amhākañca iminā ca iminā ca attho"ti bhaṇati, ummattakassa, ādikammikassāti.

Kayavikkayasikkhāpadaṃ niṭṭhitaṃ dasamaṃ.

Kosiyavaggo dutiyo.

Tassuddānaṃ –

Kosiyā suddhadvebhāgā, chabbassāni nisīdanaṃ;
Dve ca lomāni uggaṇhe, ubho nānappakārakāti.

3. Pattavaggo

1. Pattasikkhāpadaṃ

598. Tena samayena buddho Bhagavā sāvatthiyaṃ viharati jetavane anāthapiṇḍikassa ārāme. Tena kho pana samayena chabbaggiyā bhikkhū bahū patte sannicayaṃ karonti. Manussā vihāracārikaṃ āhiṇḍantā passitvā ujjhāyanti khiyyanti vipācenti – ''kathañhi nāma samaṇā sakyaputtiyā bahū patte sannicayaṃ karissanti, pattavāṇijjaṃ vā samaṇā sakyaputtiyā karissanti āmattikāpaṇaṃ vā pasāressantī''ti! Assosuṃ kho bhikkhū tesaṃ manussānaṃ ujjhāyantānaṃ khiyyantānaṃ vipācentānaṃ. Ye te bhikkhū appicchā...pe... te ujjhāyanti khiyyanti vipācenti – ''kathañhi nāma chabbaggiyā bhikkhū atirekapattaṃ dhāressantī''ti! Atha kho te bhikkhū chabbaggiye bhikkhū anekapariyāyena vigarahitvā bhagavato etamatthaṃ ārocesuṃ...pe... ''saccaṃ kira tumhe, bhikkhave, atirekapattaṃ dhārethā''ti? ''Saccaṃ, Bhagavā''ti. Vigarahi buddho Bhagavā...pe... kathañhi nāma tumhe, moghapurisā, atirekapattaṃ dhāressatha! Netaṃ, moghapurisā, appasannānaṃ vā pasādāya ...pe... evañca pana, bhikkhave, imaṃ sikkhāpadaṃ uddiseyyātha –

599.''Yo pana bhikkhu atirekapattaṃ dhāreyya, nissaggiyaṃ pācittiya''nti.

Evañcidaṃ bhagavatā bhikkhūnaṃ sikkhāpadaṃ paññattaṃ hoti.

600. Tena kho pana samayena āyasmato ānandassa atirekapatto uppanno hoti. Āyasmā ca ānando taṃ pattaṃ āyasmato sāriputtassa dātukāmo hoti. Āyasmā ca sāriputto sākete viharati. Atha kho āyasmato ānandassa etadahosi – ''bhagavatā sikkhāpadaṃ paññattaṃ – 'na atirekapatto dhāretabbo'ti. Ayañca me atirekapatto uppanno. Ahañcimaṃ pattaṃ āyasmato sāriputtassa dātukāmo. Āyasmā ca sāriputto sākete viharati. Kathaṃ nu kho mayā paṭipajjitabba''nti? Bhagavato etamatthaṃ ārocesi. ''Kīvaciraṃ panānanda, sāriputto āgacchissatī''ti? ''Navamaṃ vā, Bhagavā, divasaṃ dasamaṃ vā''ti. Atha kho Bhagavā etasmiṃ nidāne etasmiṃ pakaraṇe dhammiṃ kathaṃ katvā bhikkhū āmantesi – ''anujānāmi, bhikkhave, dasāhaparamaṃ atirekapattaṃ dhāretuṃ. Evañca pana, bhikkhave, imaṃ sikkhāpadaṃ uddiseyyātha –

601.''Dasāhaparamaṃ atirekapatto dhāretabbo. Taṃ atikkāmayato nissaggiyaṃ pācittiya''nti.

602.Dasāhaparamanti dasāhaparamatā dhāretabbo.

Atirekapatto nāma anadhiṭṭhito avikappito.

Patto nāma dve pattā ayopatto mattikāpattoti.

Tayo pattassa vaṇṇā ukkaṭṭho patto majjhimo patto omako patto. Ukkaṭṭho nāma patto aḍḍhāḷhakodanaṃ gaṇhāti catubhāgaṃ khādanaṃ tadupiyaṃ byañjanaṃ. Majjhimo nāma patto nāḷikodanaṃ gaṇhāti catubhāgaṃ khādanaṃ tadupiyaṃ byañjanaṃ. Omako nāma patto patthodanaṃ gaṇhāti catubhāgaṃ khādanaṃ tadupiyaṃ byañjanaṃ. Tato ukkaṭṭho apatto, omako apatto.

Taṃ atikkāmayato nissaggiyo hotīti ekādase aruṇuggamane nissaggiyo hoti. Nissajjitabbo saṅghassa vā gaṇassa vā puggalassa vā. Evañca pana, bhikkhave, nissajjitabbo. Tena bhikkhunā saṅghaṃ upasaṅkamitvā ekaṃsaṃ uttarāsaṅgaṃ karitvā vuḍḍhānaṃ bhikkhūnaṃ pāde vanditvā ukkuṭikaṃ nisīditvā añjaliṃ paggahetvā evamassa vacanīyo – ''ayaṃ me, bhante, patto dasāhātikkanto nissaggiyo. Imāhaṃ saṅghassa nissajjāmī''ti. Nissajjitvā āpatti desetabbā. Byattena bhikkhunā paṭibalena āpatti paṭiggahetabbā, nissaṭṭhapatto dātabbo.

603. ''Suṇātu me, bhante, saṅgho. Ayaṃ patto itthannāmassa bhikkhuno nissaggiyo saṅghassa nissaṭṭho. Yadi saṅghassa pattakallaṃ, saṅgho imaṃ pattaṃ itthannāmassa bhikkhuno dadeyyā''ti.

604. Tena bhikkhunā sambahule bhikkhū upasaṅkamitvā ekaṃsaṃ uttarāsaṅgaṃ karitvā vuḍḍhānaṃ bhikkhūnaṃ pāde vanditvā ukkuṭikaṃ nisīditvā añjaliṃ paggahetvā evamassu vacanīyā – ''ayaṃ me, bhante, patto dasāhātikkanto nissaggiyo. Imāhaṃ āyasmantānaṃ nissajjāmī''ti. Nissajjitvā āpatti desetabbā. Byattena bhikkhunā paṭibalena āpatti paṭiggahetabbā, nissaṭṭhapatto dātabbo.

605. ''Suṇantu me āyasmantā. Ayaṃ patto itthannāmassa bhikkhuno nissaggiyo āyasmantānaṃ nissaṭṭho. Yadāyasmantānaṃ pattakallaṃ, āyasmantā imaṃ pattaṃ itthannāmassa bhikkhuno dadeyyu''nti.

606. Tena bhikkhunā ekaṃ bhikkhuṃ upasaṅkamitvā ekaṃsaṃ uttarāsaṅgaṃ karitvā ukkuṭikaṃ nisīditvā añjaliṃ paggahetvā evamassa vacanīyo – ''ayaṃ me, āvuso, patto dasāhātikkanto nissaggiyo. Imāhaṃ āyasmato nissajjāmī''ti. Nissajjitvā āpatti desetabbā. Tena bhikkhunā āpatti paṭiggahetabbā, nissaṭṭhapatto dātabbo – ''imaṃ pattaṃ āyasmato dammī''ti.

607. Dasāhātikkante atikkantasaññī, nissaggiyaṃ pācittiyaṃ. Dasāhātikkante vematiko, nissaggiyaṃ pācittiyaṃ. Dasāhātikkante anatikkantasaññī, nissaggiyaṃ pācittiyaṃ. Anadhiṭṭhite adhiṭṭhitasaññī, nissaggiyaṃ pācittiyaṃ. Avikappite vikappitasaññī, nissaggiyaṃ pācittiyaṃ. Avissajjite vissajjitasaññī, nissaggiyaṃ pācittiyaṃ. Anaṭṭhe naṭṭhasaññī nissaggiyaṃ pācittiyaṃ. Avinaṭṭhe vinaṭṭhasaññī,

nissaggiyaṃ pācittiyaṃ. Abhinne bhinnasaññī, nissaggiyaṃ pācittiyaṃ. Avilutte viluttasaññī, nissaggiyaṃ pācittiyaṃ.

Nissaggiyaṃ pattaṃ anissajjitvā paribhuñjati, āpatti dukkaṭassa. Dasāhānatikkante atikkantasaññī, āpatti dukkaṭassa. Dasāhānatikkante vematiko, āpatti dukkaṭassa. Dasāhānatikkante anatikkantasaññī, anāpatti.

608. Anāpatti antodasāhaṃ adhiṭṭheti, vikappeti, vissajjeti, nassati, vinassati, bhijjati, acchinditvā gaṇhanti, vissāsaṃ gaṇhanti, ummattakassa, ādikammikassāti.

Tena kho pana samayena chabbaggiyā bhikkhū nissaṭṭhapattaṃ na denti. Bhagavato etamatthaṃ ārocesuṃ. ''Na, bhikkhave, nissaṭṭhapatto na dātabbo. Yo na dadeyya, āpatti dukkaṭassā''ti.

Pattasikkhāpadaṃ niṭṭhitaṃ paṭhamaṃ.

2. Ūnapañcabandhanasikkhāpadaṃ

609. Tena samayena buddho Bhagavā sakkesu viharati kapilavatthusmiṃ nigrodhārāme. Tena kho pana samayena aññatarena kumbhakārena bhikkhū pavāritā honti – ''yesaṃ ayyānaṃ pattena attho ahaṃ pattenā''ti. Tena kho pana samayena bhikkhū na mattaṃ jānitvā bahū patte viññāpenti. Yesaṃ khuddakā pattā te mahante patte viññāpenti. Yesaṃ mahantā pattā te khuddake patte viññāpenti. Atha kho so kumbhakāro bhikkhūnaṃ bahū patte karonto na sakkoti aññaṃ vikkāyikaṃ bhaṇḍaṃ kātuṃ, attanāpi na yāpeti, puttadārāpissa kilamanti. Manussā ujjhāyanti khiyyanti vipācenti – ''kathañhi nāma samaṇā sakyaputtiyā na mattaṃ jānitvā bahū patte viññāpessanti! Ayaṃ imesaṃ bahū patte karonto na sakkoti aññaṃ vikkāyikaṃ bhaṇḍaṃ kātuṃ, attanāpi na yāpeti, puttadārāpissa kilamantī''ti.

Assosuṃ kho bhikkhū tesaṃ manussānaṃ ujjhāyantānaṃ khiyyantānaṃ vipācentānaṃ. Ye te bhikkhū appicchā...pe... te ujjhāyanti khiyyanti vipācenti – ''kathañhi nāma bhikkhū na mattaṃ jānitvā bahū patte viññāpessantī''ti! Atha kho te bhikkhū te anekapariyāyena vigarahitvā bhagavato etamatthaṃ ārocesuṃ...pe... saccaṃ kira, bhikkhave, bhikkhū na mattaṃ jānitvā bahū patte viññāpentīti? ''Saccaṃ, Bhagavā''ti. Vigarahi buddho Bhagavā...pe... kathañhi nāma te, bhikkhave, moghapurisā na mattaṃ jānitvā bahū patte viññāpessanti! Netaṃ, bhikkhave, appasannānaṃ vā pasādāya...pe... vigarahitvā dhammiṃ kathaṃ katvā bhikkhū āmantesi – ''na, bhikkhave, patto viññāpetabbo. Yo viññāpeyya, āpatti dukkaṭassā''ti.

610. Tena kho pana samayena aññatarassa bhikkhuno patto bhinno hoti. Atha kho so bhikkhu – ''bhagavatā paṭikkhittaṃ pattaṃ viññāpetu''nti kukkuccāyanto na viññāpeti. Hatthesu piṇḍāya carati. Manussā ujjhāyanti khiyyanti vipācenti – ''kathañhi nāma samaṇā sakyaputtiyā hatthesu piṇḍāya carissanti, seyyathāpi titthiyā''ti! Assosuṃ kho bhikkhū tesaṃ manussānaṃ ujjhāyantānaṃ khiyyantānaṃ vipācentānaṃ. Atha kho te bhikkhū bhagavato etamatthaṃ ārocesuṃ. Atha kho Bhagavā etasmiṃ nidāne etasmiṃ pakaraṇe dhammiṃ kathaṃ katvā bhikkhū āmantesi – ''anujānāmi, bhikkhave, naṭṭhapattassa vā bhinnapattassa vā pattaṃ viññāpetu''nti.

611. Tena kho pana samayena chabbaggiyā bhikkhū – ''bhagavatā anuññātaṃ naṭṭhapattassa vā bhinnapattassa vā pattaṃ viññāpetu''nti appamattakenapi bhinnena appamattakenapi khaṇḍena vilikhitamattenapi bahū patte viññāpenti. Atha kho so kumbhakāro bhikkhūnaṃ tatheva bahū patte karonto na sakkoti aññaṃ vikkāyikaṃ bhaṇḍaṃ kātuṃ, attanāpi na yāpeti, puttadārāpissa kilamanti. Manussā tatheva ujjhāyanti khiyyanti vipācenti – ''kathañhi nāma samaṇā sakyaputtiyā na mattaṃ jānitvā bahū patte viññāpessanti! Ayaṃ imesaṃ bahū patte karonto na sakkoti aññaṃ vikkāyikaṃ bhaṇḍaṃ kātuṃ, attanāpi na yāpeti, puttadārāpissa kilamantī''ti.

Assosuṃ kho bhikkhū tesaṃ manussānaṃ ujjhāyantānaṃ khiyyantānaṃ vipācentānaṃ. Ye te bhikkhū appicchā...pe... te ujjhāyanti khiyyanti vipācenti – ''kathañhi nāma chabbaggiyā bhikkhū appamattakenapi bhinnena appamattakenapi khaṇḍena vilikhitamattenapi bahū patte viññāpessantī''ti! Atha kho te bhikkhū chabbaggiye bhikkhū anekapariyāyena vigarahitvā bhagavato etamatthaṃ ārocesuṃ...pe... ''saccaṃ kira tumhe, bhikkhave, appamattakenapi bhinnena appamattakenapi khaṇḍena vilikhitamattenapi bahū patte viññāpethā''ti? ''Saccaṃ, Bhagavā''ti. Vigarahi buddho Bhagavā...pe... kathañhi nāma tumhe, moghapurisā, appamattakenapi bhinnena appamattakenapi khaṇḍena vilikhitamattenapi bahū patte viññāpessatha! Netaṃ, moghapurisā, appasannānaṃ vā pasādāya...pe... evañca pana, bhikkhave, imaṃ sikkhāpadaṃ uddiseyyātha –

612.''Yo pana bhikkhu ūnapañcabandhanena pattena aññaṃ navaṃ pattaṃ cetāpeyya, nissaggiyaṃ pācittiyaṃ. Tena bhikkhunā so patto bhikkhuparisāya nissajjitabbo. Yo ca tassā bhikkhuparisāya pattapariyanto so tassa bhikkhuno padātabbo – 'ayaṃ te, bhikkhu, patto yāva bhedanāya dhāretabbo'ti. Ayaṃ tattha sāmīcī''ti.

613.Yo panāti yo yādiso...pe... bhikkhūti...pe... ayaṃ imasmiṃ atthe adhippeto bhikkhūti.

Ūnapañcabandhano nāma patto abandhano vā ekabandhano vā dvibandhano vā tibandhano vā catubandhano vā. Abandhanokāso nāma patto yassa dvaṅgulā rāji na hoti. Bandhanokāso nāma patto yassa dvaṅgulā rāji hoti. Navo nāma patto viññattiṃ upādāya vuccati.

Cetāpeyyāti viññāpeti, payoge dukkaṭaṃ. Paṭilābhena nissaggiyo hoti. Saṅghamajjhe nissajjitabbo. Sabbeheva adhiṭṭhitapattaṃ gahetvā sannipatitabbaṃ. Na lāmako patto adhiṭṭhātabbo – ''mahagghaṃ pattaṃ gahessāmī''ti. Sace lāmakaṃ pattaṃ adhiṭṭheti – ''mahagghaṃ pattaṃ gahessāmī''ti, āpatti dukkaṭassa. Evañca pana, bhikkhave, nissajjitabbo. Tena bhikkhunā saṅghaṃ upasaṅkamitvā ekaṃsaṃ uttarāsaṅgaṃ karitvā vuḍḍhānaṃ bhikkhūnaṃ pāde vanditvā ukkuṭikaṃ nisīditvā añjaliṃ paggahetvā evamassa vacanīyo – ''ayaṃ me, bhante, patto ūnapañcabandhanena pattena cetāpito nissaggiyo. Imāhaṃ saṅghassa nissajjāmī''ti. Nissajjitvā āpatti desetabbā. Byattena bhikkhunā paṭibalena āpatti paṭiggahetabbā. Pañcahaṅgehi samannāgato bhikkhu pattaggāhāpako sammannitabbo – yo na chandāgatiṃ gaccheyya, na dosāgatiṃ gaccheyya, na mohāgatiṃ gaccheyya, na bhayāgatiṃ gaccheyya, gāhitāgāhitañca jāneyya . Evañca pana, bhikkhave, sammannitabbo. Paṭhamaṃ bhikkhu yācitabbo. Yācitvā byattena bhikkhunā paṭibalena saṅgho ñāpetabbo –

614. ''Suṇātu me, bhante, saṅgho. Yadi saṅghassa pattakallaṃ, saṅgho itthannāmaṃ bhikkhuṃ pattaggāhāpakaṃ sammanneyya. Esā ñatti.

''Suṇātu me, bhante, saṅgho. Saṅgho itthannāmaṃ bhikkhuṃ pattaggāhāpakaṃ sammannati. Yassāyasmato khamati itthannāmassa bhikkhuno pattaggāhāpakassa sammuti, so tuṇhassa; yassa nakkhamati, so bhāseyya.

''Sammato saṅghena itthannāmo bhikkhu pattaggāhāpako. Khamati saṅghassa, tasmā tuṇhī, evametaṃ dhārayāmī''ti.

615. Tena sammatena bhikkhunā patto gāhetabbo. Thero vattabbo – ''gaṇhātu, bhante, thero patta''nti. Sace thero gaṇhāti, therassa patto dutiyassa gāhetabbo. Na ca tassa anuddayatāya na gahetabbo. Yo na gaṇheyya, āpatti dukkaṭassa. Apattakassa na gāhetabbo. Eteneva upāyena yāva saṅghanavakā gāhetabbā. Yo ca tassā bhikkhuparisāya pattapariyanto, so tassa bhikkhuno padātabbo – ''ayaṃ te, bhikkhu, patto yāva bhedanāya dhāretabbo''ti.

Tena bhikkhunā so patto na adese nikkhipitabbo, na abhogena bhuñjitabbo, na vissajjetabbo – ''kathāyaṃ patto nasseyya vā vinasseyya vā bhijjeyya vā''ti? Sace adese vā nikkhipati abhogena vā bhuñjati vissajjeti vā, āpatti dukkaṭassa.

Ayaṃ tattha sāmīcīti ayaṃ tattha anudhammatā.

616. Abandhanena pattena abandhanaṃ pattaṃ cetāpeti, nissaggiyaṃ pācittiyaṃ. Abandhanena pattena ekabandhanaṃ pattaṃ cetāpeti, nissaggiyaṃ pācittiyaṃ. Abandhanena pattena dvibandhanaṃ pattaṃ cetāpeti, nissaggiyaṃ pācittiyaṃ. Abandhanena pattena tibandhanaṃ pattaṃ cetāpeti, nissaggiyaṃ pācittiyaṃ. Abandhanena pattena catubandhanaṃ pattaṃ cetāpeti, nissaggiyaṃ pācittiyaṃ.

Ekabandhanena pattena abandhanaṃ pattaṃ cetāpeti, nissaggiyaṃ pācittiyaṃ. Ekabandhanena pattena ekabandhanaṃ pattaṃ cetāpeti, nissaggiyaṃ pācittiyaṃ. Ekabandhanena pattena dvibandhanaṃ pattaṃ cetāpeti, nissaggiyaṃ pācittiyaṃ. Ekabandhanena pattena tibandhanaṃ pattaṃ cetāpeti, nissaggiyaṃ pācittiyaṃ. Ekabandhanena pattena catubandhanaṃ pattaṃ cetāpeti, nissaggiyaṃ pācittiyaṃ.

Dvibandhanena pattena abandhanaṃ pattaṃ cetāpeti, nissaggiyaṃ pācittiyaṃ. Dvibandhanena pattena ekabandhanaṃ pattaṃ...pe... dvibandhanaṃ pattaṃ... tibandhanaṃ pattaṃ... catubandhanaṃ pattaṃ cetāpeti, nissaggiyaṃ pācittiyaṃ.

Tibandhanena pattena abandhanaṃ pattaṃ...pe... ekabandhanaṃ pattaṃ...pe... dvibandhanaṃ pattaṃ... tibandhanaṃ pattaṃ... catubandhanaṃ pattaṃ cetāpeti, nissaggiyaṃ pācittiyaṃ.

Catubandhanena pattena abandhanaṃ pattaṃ...pe... ekabandhanaṃ pattaṃ... dvibandhanaṃ pattaṃ... tibandhanaṃ pattaṃ... catubandhanaṃ pattaṃ cetāpeti, nissaggiyaṃ pācittiyaṃ.

Abandhanena pattena abandhanokāsaṃ pattaṃ cetāpeti, nissaggiyaṃ pācittiyaṃ. Abandhanena pattena ekabandhanokāsaṃ pattaṃ...pe... dvibandhanokāsaṃ pattaṃ ... tibandhanokāsaṃ pattaṃ... catubandhanokāsaṃ pattaṃ cetāpeti, nissaggiyaṃ pācittiyaṃ.

Ekabandhanena pattena abandhanokāsaṃ pattaṃ...pe... ekabandhanokāsaṃ pattaṃ... dvibandhanokāsaṃ pattaṃ... tibandhanokāsaṃ pattaṃ... catubandhanokāsaṃ pattaṃ cetāpeti, nissaggiyaṃ pācittiyaṃ.

Dvibandhanena pattena abandhanokāsaṃ pattaṃ...pe... catubandhanokāsaṃ pattaṃ cetāpeti, nissaggiyaṃ pācittiyaṃ.

Tibandhanena pattena abandhanokāsaṃ pattaṃ...pe... catubandhanokāsaṃ pattaṃ cetāpeti, nissaggiyaṃ pācittiyaṃ.

Catubandhanena pattena abandhanokāsaṃ pattaṃ...pe... ekabandhanokāsaṃ pattaṃ... dvibandhanokāsaṃ pattaṃ... tibandhanokāsaṃ pattaṃ... catubandhanokāsaṃ pattaṃ cetāpeti, nissaggiyaṃ pācittiyaṃ.

Abandhanokāsena pattena abandhanaṃ pattaṃ cetāpeti, nissaggiyaṃ pācittiyaṃ. Abandhanokāsena pattena ekabandhanaṃ pattaṃ...pe... dvibandhanaṃ pattaṃ... tibandhanaṃ pattaṃ... catubandhanaṃ pattaṃ cetāpeti, nissaggiyaṃ pācittiyaṃ.

Catubandhanokāsena pattena abandhanaṃ pattaṃ cetāpeti, nissaggiyaṃ pācittiyaṃ. Catubandhanokāsena pattena ekabandhanaṃ pattaṃ...pe... dvibandhanaṃ pattaṃ... tibandhanaṃ pattaṃ... catubandhanaṃ pattaṃ cetāpeti, nissaggiyaṃ pācittiyaṃ.

Abandhanokāsena pattena abandhanokāsaṃ pattaṃ...pe... ekabandhanokāsaṃ pattaṃ... dvibandhanokāsaṃ pattaṃ... tibandhanokāsaṃ pattaṃ... catubandhanokāsaṃ pattaṃ cetāpeti, nissaggiyaṃ pācittiyaṃ.

Catubandhanokāsena pattena abandhanokāsaṃ pattaṃ...pe... ekabandhanokāsaṃ pattaṃ... dvibandhanokāsaṃ pattaṃ... tibandhanokāsaṃ pattaṃ... catubandhanokāsaṃ pattaṃ cetāpeti, nissaggiyaṃ pācittiyaṃ.

617. Anāpatti naṭṭhapattassa, bhinnapattassa, ñātakānaṃ pavāritānaṃ, aññassatthāya, attano dhanena, ummattakassa, ādikammikassāti.

Ūnapañcabandhanasikkhāpadaṃ niṭṭhitaṃ dutiyaṃ.

3. Bhesajjasikkhāpadaṃ

618.[idaṃ vatthu mahāva. 270] Tena samayena buddho Bhagavā sāvatthiyaṃ viharati jetavane anāthapiṇḍikassa ārāme. Tena kho pana samayena āyasmā pilindavaccho rājagahe pabbhāraṃ sodhāpeti leṇaṃ kattukāmo. Atha kho rājā māgadho seniyo bimbisāro yenāyasmā pilindavaccho tenupasaṅkami; upasaṅkamitvā āyasmantaṃ pilindavacchaṃ abhivādetvā ekamantaṃ nisīdi. Ekamantaṃ nisinno kho rājā māgadho seniyo bimbisāro āyasmantaṃ pilindavacchaṃ etadavoca – ''kiṃ, bhante, thero kārāpetī''ti? ''Pabbhāraṃ mahārāja, sodhāpemi leṇaṃ kattukāmo''ti. ''Attho, bhante, ayyassa ārāmikenā''ti? ''Na kho, mahārāja, bhagavatā ārāmiko anuññāto''ti. ''Tena hi, bhante, bhagavantaṃ paṭipucchitvā mama āroceyyāthā''ti. ''Evaṃ mahārājā''ti kho āyasmā pilindavaccho rañño māgadhassa seniyassa bimbisārassa paccassosi. Atha kho āyasmā pilindavaccho rājānaṃ māgadhaṃ seniyaṃ bimbisāraṃ dhammiyā kathāya sandassesi samādapesi samuttejesi sampahaṃsesi. Atha kho rājā māgadho seniyo bimbisāro āyasmatā pilindavacchena dhammiyā kathāya sandassito samādapito samuttejito sampahaṃsito uṭṭhāyāsanā āyasmantaṃ pilindavacchaṃ abhivādetvā padakkhiṇaṃ katvā pakkāmi.

619. Atha kho āyasmā pilindavaccho bhagavato santike dūtaṃ pāhesi – ''rājā, bhante , māgadho seniyo bimbisāro ārāmikaṃ dātukāmo. Kathaṃ nu kho, bhante, mayā paṭipajjitabba''nti? Atha kho Bhagavā etasmiṃ nidāne etasmiṃ pakaraṇe dhammiṃ kathaṃ katvā bhikkhū āmantesi – ''anujānāmi, bhikkhave, ārāmika''nti. Dutiyampi kho rājā māgadho seniyo bimbisāro yenāyasmā pilindivaccho tenupasaṅkami; upasaṅkamitvā āyasmantaṃ pilindavacchaṃ abhivādetvā ekamantaṃ nisīdi. Ekamantaṃ nisinno kho rājā māgadho seniyo bimbisāro āyasmantaṃ pilindavacchaṃ etadavoca – ''anuññāto, bhante, bhagavatā ārāmiko''ti? ''Evaṃ, mahārājā''ti. ''Tena hi, bhante, ayyassa ārāmikaṃ dammī''ti. Atha kho rājā māgadho seniyo bimbisāro āyasmato pilindavacchassa ārāmikaṃ paṭissuṇitvā vissaritvā cirena satiṃ paṭilabhitvā aññataraṃ sabbatthakaṃ mahāmattaṃ āmantesi – ''yo mayā, bhaṇe, ayyassa ārāmiko paṭissuto, dinno so ārāmiko''ti? ''Na kho, deva, ayyassa ārāmiko dinno''ti. ''Kīvaciraṃ nu kho, bhaṇe, ito hi taṃ hotī''ti? Atha kho so mahāmatto rattiyo gaṇetvā [vigaṇetvā (ka.)] rājānaṃ māgadhaṃ seniyaṃ bimbisāraṃ etadavoca – ''pañca, deva, rattisatānī''ti. ''Tena hi, bhaṇe, ayyassa pañca ārāmikasatāni dehī''ti. ''Evaṃ, devā''ti kho so mahāmatto rañño māgadhassa seniyassa bimbisārassa paṭissuṇitvā āyasmato pilindavacchassa pañca ārāmikasatāni pādāsi [adāsi (syā.)], pāṭiyekko gāmo nivisi. Ārāmikagāmakotipi naṃ āhaṃsu, pilindagāmakotipi naṃ āhaṃsu.

620. Tena kho pana samayena āyasmā pilindavaccho tasmiṃ gāmake kulūpako hoti. Atha kho āyasmā pilindavaccho pubbaṇhasamayaṃ nivāsetvā pattacīvaraṃ ādāya pilindagāmakaṃ piṇḍāya pāvisi. Tena kho pana samayena tasmiṃ gāmake ussavo hoti. Dārakā alaṅkatā mālākitā kīḷanti. Atha kho āyasmā pilindavaccho pilindagāmake sapadānaṃ piṇḍāya caramāno yena aññatarassa ārāmikassa nivesanaṃ tenupasaṅkami; upasaṅkamitvā paññatte āsane nisīdi. Tena kho pana samayena tassā ārāmikiniyā dhītā aññe dārake alaṅkate mālākite passitvā rodati – ''mālaṃ me detha, alaṅkāraṃ me dethā''ti. Atha kho āyasmā pilindavaccho taṃ ārāmikiniṃ etadavoca – ''kissāyaṃ dārikā rodatī''ti? ''Ayaṃ, bhante, dārikā aññe dārake alaṅkate mālākite passitvā rodati – 'mālaṃ me detha, alaṅkāraṃ me dethā'ti. Kuto amhākaṃ duggatānaṃ mālā kuto, alaṅkāro''ti? Atha kho āyasmā pilindavaccho aññataraṃ tiṇaṇḍupakaṃ gahetvā taṃ ārāmikiniṃ etadavoca – ''handimaṃ tiṇaṇḍupakaṃ tassā dārikāya sīse paṭimuñcā''ti. Atha kho sā ārāmikinī taṃ tiṇaṇḍupakaṃ gahetvā tassā dārikāya sīse paṭimuñci. Sā ahosi suvaṇṇamālā abhirūpā dassanīyā pāsādikā. Natthi tādisā raññopi antepure suvaṇṇamālā. Manussā rañño māgadhassa seniyassa bimbisārassa ārocesuṃ – ''amukassa, deva, ārāmikassa ghare suvaṇṇamālā abhirūpā dassanīyā pāsādikā. Natthi tādisā devassāpi antepure suvaṇṇamālā. Kuto tassa duggatassa! Nissaṃsayaṃ corikāya ābhatā''ti!! Atha kho rājā māgadho seniyo bimbisāro taṃ ārāmikakulaṃ bandhāpesi. Dutiyampi kho āyasmā pilindavaccho pubbaṇhasamayaṃ nivāsetvā pattacīvaraṃ ādāya pilindagāmakaṃ piṇḍāya pāvisi. Pilindagāmake sapadānaṃ piṇḍāya caramāno yena tassa ārāmikassa nivesanaṃ tenupasaṅkami; upasaṅkamitvā paṭivissake pucchi – ''kahaṃ imaṃ ārāmikakulaṃ gata''nti? ''Etissā, bhante, suvaṇṇamālāya kāraṇā raññā bandhāpita''nti.

621. Atha kho āyasmā pilindavaccho yena rañño māgadhassa seniyassa bimbisārassa nivesanaṃ tenupasaṅkami; upasaṅkamitvā paññatte āsane nisīdi. Atha kho rājā māgadho seniyo bimbisāro yenāyasmā pilindavaccho tenupasaṅkami; upasaṅkamitvā āyasmantaṃ pilindavacchaṃ abhivādetvā ekamantaṃ nisīdi. Ekamantaṃ nisinnaṃ kho rājānaṃ māgadhaṃ seniyaṃ bimbisāraṃ āyasmā

pilindavaccho etadavoca – ''kissa, mahārāja, ārāmikakulaṃ bandhāpita''nti? ''Tassa, bhante, ārāmikassa ghare suvaṇṇamālā abhirūpā dassanīyā pāsādikā. Natthi tādisā amhākampi antepure suvaṇṇamālā. Kuto tassa duggatassa! Nissaṃsayaṃ corikāya ābhatā''ti!! Atha kho āyasmā pilindavaccho rañño māgadhassa seniyassa bimbisārassa pāsādaṃ suvaṇṇanti adhimucci. So ahosi sabbasovaṇṇamayo. ''Idaṃ pana te, mahārāja, tāva bahuṃ suvaṇṇaṃ kuto''ti? ''Aññātaṃ, bhante, ayyasseveso iddhānubhāvo''ti. Taṃ ārāmikakulaṃ muñcāpesi. Manussā – ''ayyena kira pilindavacchena sarājikāya parisāya uttarimanussadhammaṃ iddhipāṭihāriyaṃ dassita''nti, attamanā abhippasannā āyasmato pilindavacchassa pañca bhesajjāni abhihariṃsu, seyyathidaṃ – sappi navanītaṃ telaṃ madhu phāṇitaṃ. Pakatiyāpi ca āyasmā pilindavaccho lābhī hoti pañcannaṃ bhesajjānaṃ. Laddhaṃ laddhaṃ parisāya vissajjeti. Parisā cassa hoti bāhullikā. Laddhaṃ laddhaṃ kolambepi ghaṭepi pūretvā paṭisāmeti, parissāvanānipi thavikāyopi pūretvā vātapānesu laggeti. Tāni olīnavilīnāni tiṭṭhanti. Undūrehipi vihārā okiṇṇavikiṇṇā honti. Manussā vihāracārikaṃ āhiṇḍantā passitvā ujjhāyanti khiyyanti vipācenti – ''antokoṭṭhāgārikā ime samaṇā sakyaputtiyā, seyyathāpi rājā māgadho seniyo bimbisāro''ti ! Assosuṃ kho bhikkhū tesaṃ manussānaṃ ujjhāyantānaṃ khiyyantānaṃ vipācentānaṃ. Ye te bhikkhū appicchā...pe... te ujjhāyanti khiyyanti vipācenti – ''kathañhi nāma bhikkhū evarūpāya bāhullāya cetessantī''ti! Atha kho te bhikkhū te anekapariyāyena vigarahitvā bhagavato etamatthaṃ ārocesuṃ...pe... ''saccaṃ kira, bhikkhave, bhikkhū evarūpāya bāhullāya cetentī''ti? ''Saccaṃ, Bhagavā''ti. Vigarahi buddho Bhagavā...pe... kathañhi nāma te, bhikkhave, moghapurisā evarūpāya bāhullāya cetessanti! Netaṃ, bhikkhave, appasannānaṃ vā pasādāya...pe... evañca pana, bhikkhave, imaṃ sikkhāpadaṃ uddiseyyātha –

622.''Yānikho pana tāni gilānānaṃ bhikkhūnaṃ paṭisāyanīyāni bhesajjāni, seyyathidaṃ – sappi navanītaṃ telaṃ madhu phāṇitaṃ, tāni paṭiggahetvā sattāhaparamaṃ sannidhikārakaṃ paribhuñjitabbāni. Taṃ atikkāmayato nissaggiyaṃ pācittiya''nti.

623.Yāni kho pana tāni gilānānaṃ bhikkhūnaṃ paṭisāyanīyāni bhessajjānīti sappi nāma gosappi vā ajikāsappi vā mahiṃsasappi [mahisasappi (sī. syā.)] vā yesaṃ maṃsaṃ kappati tesaṃ sappi. Navanītaṃnāma tesaṃ yeva navanītaṃ. Telaṃ nāma tilatelaṃ sāsapatelaṃ madhukatelaṃ eraṇḍatelaṃ vasātelaṃ. Madhu nāma makkhikāmadhu. Phāṇitaṃ nāma ucchumhā nibbattaṃ.

Tāni paṭiggahetvā sattāhaparamaṃ sannidhikārakaṃ paribhuñjitabbānīti sattāhaparamatā paribhuñjitabbāni.

Taṃ atikkāmayato nissaggiyaṃhotīti aṭṭhame aruṇuggamane nissaggiyaṃ hoti. Nissajjitabbaṃ saṅghassa vā gaṇassa vā puggalassa vā. Evañca pana, bhikkhave, nissajjitabbaṃ...pe... idaṃ me, bhante, bhesajjaṃ sattāhātikkantaṃ nissaggiyaṃ, imāhaṃ saṅghassa nissajjāmīti...pe... dadeyyāti...pe... dadeyyunti...pe... āyasmato dammīti.

624. Sattāhātikkante atikkantasaññī, nissaggiyaṃ pācittiyaṃ. Sattāhātikkante vematiko, nissaggiyaṃ pācittiyaṃ. Sattāhātikkante anatikkantasaññī, nissaggiyaṃ pācittiyaṃ. Anadhiṭṭhite adhiṭṭhitasaññī, nissaggiyaṃ pācittiyaṃ. Avissajjite vissajjitasaññī, nissaggiyaṃ pācittiyaṃ. Anaṭṭhe naṭṭhasaññī, nissaggiyaṃ pācittiyaṃ. Avinaṭṭhe vinaṭṭhasaññī, nissaggiyaṃ pācittiyaṃ. Adaḍḍhe daḍḍhasaññī, nissaggiyaṃ pācittiyaṃ. Avilutte viluttasaññī, nissaggiyaṃ pācittiyaṃ.

Nissaṭṭhaṃ paṭilabhitvā na kāyikena paribhogena paribhuñjitabbaṃ, na ajjhoharitabbaṃ, padīpe vā kāḷavaṇṇe vā upanetabbaṃ, aññena bhikkhunā kāyikena paribhogena paribhuñjitabbaṃ, na ajjhoharitabbaṃ.

Sattāhānatikkante atikkantasaññī, āpatti dukkaṭassa. Sattāhānatikkante vematiko, āpatti dukkaṭassa. Sattāhānatikkante anatikkantasaññī, anāpatti.

625. Anāpatti antosattāhaṃ adhiṭṭheti, vissajjeti, nassati, vinassati, ḍayhati, acchinditvā gaṇhanti, vissāsaṃ gaṇhanti, anupasampannassa cattena vantena muttena anapekkho datvā paṭilabhitvā paribhuñjati, ummattakassa, ādikammikassāti.

Bhesajjasikkhāpadaṃ niṭṭhitaṃ tatiyaṃ.

4. Vassikasāṭikasikkhāpadaṃ

626. Tena samayena buddho Bhagavā sāvatthiyaṃ viharati jetavane anāthapiṇḍikassa ārāme. Tena kho pana samayena bhagavatā bhikkhūnaṃ vassikasāṭikā anuññātā hoti. Chabbaggiyā bhikkhū – ''bhagavatā vassikasāṭikā anuññātā''ti, paṭikacceva [paṭigacceva (sī.)] vassikasāṭikacīvaraṃ pariyesanti, paṭikacceva katvā nivāsenti, jiṇṇāya vassikasāṭikāya naggā kāyaṃ ovassāpenti. Ye te bhikkhū appicchā... te ujjhāyanti khiyyanti vipācenti – ''kathañhi nāma chabbaggiyā bhikkhū paṭikacceva vassikasāṭikacīvaraṃ pariyesissanti, paṭikacceva katvā nivāsessanti, jiṇṇāya vassikasāṭikāya naggā kāyaṃ ovassāpessantī''ti! Atha kho te bhikkhū chabbaggiye bhikkhū anekapariyāyena vigarahitvā bhagavato etamatthaṃ ārocesuṃ...pe... ''saccaṃ kira tumhe, bhikkhave, paṭikacceva vassikasāṭikacīvaraṃ pariyesatha? Paṭikacceva katvā nivāsetha? Jiṇṇāya vassikasāṭikāya naggā kāyaṃ ovassāpethā''ti? ''Saccaṃ, Bhagavā''ti. Vigarahi buddho Bhagavā...pe... kathañhi nāma tumhe moghapurisā, paṭikacceva vassikasāṭikacīvaraṃ pariyesissatha, paṭikacceva katvā nivāsessatha, jiṇṇāya vassikasāṭikāya naggā

kāyaṃ ovassāpessatha! Netaṃ, moghapurisā, appasannānaṃ vā pasādāya...pe... evañca pana, bhikkhave, imaṃ sikkhāpadaṃ uddiseyyātha –

627.''Māso seso gimhāna'nti bhikkhunā vassikasāṭikacīvaraṃ pariyesitabbaṃ; 'addhamāsoseso gimhāna'nti katvā nivāsetabbaṃ. 'Orena ce māso seso gimhāna'nti vassikasāṭikacīvaraṃ pariyeseyya, 'orenaddhamāso seso gimhāna'nti katvā nivāseyya, nissaggiyaṃ pācittiya''nti.

628.'Māso seso gimhāna'nti bhikkhunā vassikasāṭikacīvaraṃ pariyesitabbanti. Ye manussā pubbepi vassikasāṭikacīvaraṃ denti te upasaṅkamitvā evamassu vacanīyā – ''kālo vassikasāṭikāya, samayo vassikasāṭikāya, aññepi manussā vassikasāṭikacīvaraṃ dentī''ti. Na vattabbā – ''detha me vassikasāṭikacīvaraṃ, āharatha me vassikasāṭikacīvaraṃ, parivattetha me vassikasāṭikacīvaraṃ, cetāpetha me vassikasāṭikacīvara''nti.

'Addhamāso seso gimhāna'nti katvā nivāsetabbanti. Addhamāse sese gimhāne katvā nivāsetabbaṃ.

'Orena ce māso seso gimhāna'nti atirekamāse sesa gimhāne vassikasāṭikacīvaraṃ pariyesati, nissaggiyaṃ pācittiyaṃ.

'Orenaddhamāso seso gimhāna'nti atirekaddhamāse sese gimhāne katvā nivāseti, nissaggiyaṃ hoti. Nissajjitabbaṃ saṅghassa vā gaṇassa vā puggalassa vā. Evañca pana, bhikkhave, nissajjitabbaṃ...pe... idaṃ me, bhante, vassikasāṭikacīvaraṃ atirekamāse sese gimhāne pariyiṭṭhaṃ atirekaddhamāse sese gimhāne katvā paridahitaṃ nissaggiyaṃ. Imāhaṃ saṅghassa nissajjāmīti....Pe... dadeyyāti...pe... dadeyyunti...pe... āyasmato dammīti.

629. Atirekamāse sese gimhāne atirekasaññī vassikasāṭikacīvaraṃ pariyesati, nissaggiyaṃ pācittiyaṃ. Atirekamāse sese gimhāne vematiko vassikasāṭikacīvaraṃ pariyesati, nissaggiyaṃ pācittiyaṃ. Atirekamāse sese gimhāne ūnakasaññī vassikasāṭikacīvaraṃ pariyesati, nissaggiyaṃ pācittiyaṃ.

Atirekaddhamāse sese gimhāne atirekasaññī katvā nivāseti, nissaggiyaṃ pācittiyaṃ. Atirekaddhamāse sese gimhāne vematiko katvā nivāseti, nissaggiyaṃ pācittiyaṃ. Atirekaddhamāse sese gimhāne ūnakasaññī katvā nivāseti, nissaggiyaṃ pācittiyaṃ.

Satiyā vassikasāṭikāya naggo kāyaṃ ovassāpeti, āpatti dukkaṭassa. Ūnakamāse sese gimhāne atirekasaññī, āpatti dukkaṭassa. Ūnakamāse sese gimhāne vematiko, āpatti dukkaṭassa. Ūnakamāse sese gimhāne ūnakasaññī, anāpatti.

Ūnakaddhamāse sese gimhāne atirekasaññī, āpatti dukkaṭassa. Ūnakaddhamāse sese gimhāne vematiko, āpatti dukkaṭassa. Ūnakaddhamāse sese gimhāne ūnakasaññī, anāpatti.

630. Anāpatti 'māso seso gimhāna'nti vassikasāṭikacīvaraṃ pariyesati, 'addhamāso seso gimhāna'nti katvā nivāseti, 'ūnakamāso seso gimhāna'nti vassikasāṭikacīvaraṃ pariyesati, 'ūnakaddhamāso seso gimhāna'nti katvā nivāseti, pariyiṭṭhāya vassikasāṭikāya vassaṃ ukkaḍḍhiyyati, nivatthāya vassikasāṭikāya vassaṃ ukkaḍḍhiyyati, dhovitvā nikkhipitabbaṃ; samaye nivāsetabbaṃ, acchinnacīvarassa, naṭṭhacīvarassa, āpadāsu, ummattakassa, ādikammikassāti.

Vassikasāṭikasikkhāpadaṃ niṭṭhitaṃ catutthaṃ.

5. Cīvaraacchindanasikkhāpadaṃ

631. Tena samayena buddho Bhagavā sāvatthiyaṃ viharati jetavane anāthapiṇḍikassa ārāme. Tena kho pana samayena āyasmā upanando sakyaputto bhātuno saddhivihārikaṃ bhikkhuṃ etadavoca – ''ehāvuso, janapadacārikaṃ pakkamissāmā''ti. ''Nāhaṃ, bhante, gamissāmi; dubbalacīvaromhī''ti. ''Ehāvuso, ahaṃ te cīvaraṃ dassāmī''ti tassa cīvaraṃ adāsi. Assosi kho so bhikkhu – ''Bhagavā kira janapadacārikaṃ pakkamissatī''ti. Atha kho tassa bhikkhuno etadahosi – ''na dānāhaṃ āyasmatā upanandena sakyaputtena saddhiṃ janapadacārikaṃ pakkamissāmi, bhagavatā saddhiṃ janapadacārikaṃ pakkamissāmī''ti. Atha kho āyasmā upanando sakyaputto taṃ bhikkhuṃ etadavoca – ''ehi dāni, āvuso, janapadacārikaṃ pakkamissāmā''ti. ''Nāhaṃ, bhante, tayā saddhiṃ janapadacārikaṃ pakkamissāmi, bhagavatā saddhiṃ janapadacārikaṃ pakkamissāmī''ti. ''Yampi tyāhaṃ, āvuso, cīvaraṃ adāsiṃ, mayā saddhiṃ janapadacārikaṃ pakkamissatī''ti, kupito anattamano acchindi.

Atha kho so bhikkhu bhikkhūnaṃ etamatthaṃ ārocesi. Ye te bhikkhū appicchā...pe... te ujjhāyanti khiyyanti vipācenti – ''kathañhi nāma āyasmā upanando sakyaputto bhikkhussa sāmaṃ cīvaraṃ datvā kupito anattamano acchindissatī''ti! Atha kho te bhikkhū āyasmantaṃ upanandaṃ sakyaputtaṃ anekapariyāyena vigarahitvā bhagavato etamatthaṃ ārocesuṃ...pe... ''saccaṃ kira tvaṃ, upananda, bhikkhussa sāmaṃ cīvaraṃ datvā kupito anattamano acchindī''ti? ''Saccaṃ, Bhagavā''ti. Vigarahi buddho Bhagavā...pe... kathañhi nāma tvaṃ, moghapurisa, bhikkhussa sāmaṃ cīvaraṃ datvā kupito anattamano acchindissasi! Netaṃ, moghapurisa, appasannānaṃ vā pasādāya...pe... evañca pana, bhikkhave, imaṃ sikkhāpadaṃ uddiseyyātha –

632.''Yo pana bhikkhu bhikkhussa sāmaṃ cīvaraṃ datvā kupito anattamano acchindeyya vā acchindāpeyya vā, nissaggiyaṃ pācittiya''nti.

633.Yo panāti yo yādiso...pe... bhikkhūti...pe... ayaṃ imasmiṃ atthe adhippeto bhikkhūti.

Bhikkhussāti aññassa bhikkhussa.

Sāmanti sayaṃ datvā.

Cīvaraṃ nāma channaṃ cīvarānaṃ aññataraṃ cīvaraṃ, vikappanupagaṃ pacchimaṃ.

Kupitoanattamanoti anabhiraddho āhatacitto khilajāto.
Acchindeyyāti sayaṃ acchindati, nissaggiyaṃ pācittiyaṃ [nissaggiyaṃ hoti (syā.)].
Acchindāpeyyāti aññaṃ āṇāpeti, āpatti dukkaṭassa. Sakiṃ āṇatto bahukampi acchindati, nissaggiyaṃ hoti. Nissajjitabbaṃ saṅghassa vā gaṇassa vā puggalassa vā. Evañca pana, bhikkhave, nissajjitabbaṃ...pe... idaṃ me, bhante, cīvaraṃ bhikkhussa sāmaṃ datvā acchinnaṃ nissaggiyaṃ imāhaṃ saṅghassa nissajjāmīti...pe... dadeyyāti ...pe... dadeyyunti...pe... āyasmato dammīti.
634. Upasampanne upasampannasaññī cīvaraṃ datvā kupito anattamano acchindati vā acchindāpeti vā, nissaggiyaṃ pācittiyaṃ. Upasampanne vematiko cīvaraṃ datvā kupito anattamano acchindati vā acchindāpeti vā, nissaggiyaṃ pācittiyaṃ. Upasampanne anupasampannasaññī cīvaraṃ datvā kupito anattamano acchindati vā acchindāpeti vā, nissaggiyaṃ pācittiyaṃ.
Aññaṃ parikkhāraṃ datvā kupito anattamano acchindati vā acchindāpeti vā, āpatti dukkaṭassa. Anupasampannassa cīvaraṃ vā aññaṃ vā parikkhāraṃ datvā kupito anattamano acchindati vā acchindāpeti vā, āpatti dukkaṭassa. Anupasampanne upasampannasaññī, āpatti dukkaṭassa. Anupasampanne vematiko, āpatti dukkaṭassa. Anupasampanne anupasampannasaññī, āpatti dukkaṭassa.
635. Anāpatti – so vā deti, tassa vā vissasanto gaṇhāti, ummattakassa ādikammikassāti.
Cīvaraacchindanasikkhāpadaṃ niṭṭhitaṃ pañcamaṃ.
6. Suttaviññattisikkhāpadaṃ
636. Tena samayena buddho Bhagavā rājagahe viharati veḷuvane kalandakanivāpe. Tena kho pana samayena chabbaggiyā bhikkhū cīvarakārasamaye bahuṃ suttaṃ viññāpesuṃ. Katepi cīvare bahuṃ suttaṃ avasiṭṭhaṃ hoti. Atha kho chabbaggiyānaṃ bhikkhūnaṃ etadahosi – ''handa mayaṃ, āvuso, aññampi suttaṃ viññāpetvā tantavāyehi cīvaraṃ vāyāpemā''ti. Atha kho chabbaggiyā bhikkhū aññampi suttaṃ viññāpetvā tantavāyehi cīvaraṃ vāyāpesuṃ. Vītepi cīvare bahuṃ suttaṃ avasiṭṭhaṃ hoti. Dutiyampi kho chabbaggiyā bhikkhū aññampi suttaṃ viññāpetvā tantavāyehi cīvaraṃ vāyāpesuṃ. Vītepi cīvare bahuṃ suttaṃ avasiṭṭhaṃ hoti. Tatiyampi kho chabbaggiyā bhikkhū aññampi suttaṃ viññāpetvā tantavāyehi cīvaraṃ vāyāpesuṃ. Manussā ujjhāyanti khiyyanti vipācenti – ''kathañhi nāma samaṇā sakyaputtiyā sāmaṃ suttaṃ viññāpetvā tantavāyehi cīvaraṃ vāyāpessantī''ti!
Assosuṃ kho bhikkhū tesaṃ manussānaṃ ujjhāyantānaṃ khiyyantānaṃ vipācentānaṃ. Ye te bhikkhū appicchā... te ujjhāyanti khiyyanti vipācenti – ''kathañhi nāma chabbaggiyā bhikkhū sāmaṃ suttaṃ viññāpetvā tantavāyehi cīvaraṃ vāyāpessantī''ti! Atha kho te bhikkhū chabbaggiye bhikkhū anekapariyāyena vigarahitvā bhagavato etamatthaṃ ārocesuṃ...pe... ''saccaṃ kira tumhe, bhikkhave, sāmaṃ suttaṃ viññāpetvā tantavāyehi cīvaraṃ vāyāpethā''ti? ''Saccaṃ, Bhagavā''ti. Vigarahi buddho Bhagavā...pe... kathañhi nāma tumhe, moghapurisā, sāmaṃ suttaṃ viññāpetvā tantavāyehi cīvaraṃ vāyāpessatha! Netaṃ, moghapurisā, appasannānaṃ vā pasādāya...pe... evañca pana, bhikkhave, imaṃ sikkhāpadaṃ uddiseyyātha –
637.''Yo pana bhikkhu sāmaṃ suttaṃ viññāpetvā tantavāyehi cīvaraṃ vāyāpeyya, nissaggiyaṃ pācittiya''nti.
638.Yo panāti yo yādiso...pe... bhikkhūti...pe... ayaṃ imasmiṃ atthe adhippeto bhikkhūti.
Sāmanti sayaṃ viññāpetvā.
Suttaṃ nāma cha suttāni – khomaṃ kappāsikaṃ koseyyaṃ kambalaṃ sāṇaṃ bhaṅgaṃ.
Tantavāyehīti pesakārehi vāyāpeti, payoge payoge dukkaṭaṃ [vāyāpeti, payoge dukkaṭaṃ (syā.)]. Paṭilābhena nissaggiyaṃ hoti. Nissajjitabbaṃ saṅghassa vā gaṇassa vā puggalassa vā. Evañca pana, bhikkhave, nissajjitabbaṃ...pe... idaṃ me, bhante, cīvaraṃ sāmaṃ suttaṃ viññāpetvā tantavāyehi vāyāpitaṃ nissaggiyaṃ. Imāhaṃ saṅghassa nissajjāmīti...pe... dadeyyāti...pe... dadeyyunti...pe... āyasmato dammīti.
639. Vāyāpite vāyāpitasaññī, nissaggiyaṃ pācittiyaṃ. Vāyāpite vematiko, nissaggiyaṃ pācittiyaṃ. Vāyāpite avāyāpitasaññī, nissaggiyaṃ pācittiyaṃ.
Avāyāpite vāyāpitasaññī, āpatti dukkaṭassa. Avāyāpite vematiko, āpatti dukkaṭassa. Avāyāpite avāyāpitasaññī, anāpatti.
640. Anāpatti – cīvaraṃ sibbetuṃ, āyoge, kāyabandhane, aṃsabandhake [aṃsavaṭṭake (sī.)], pattatthavikāya, parissāvane, ñātakānaṃ, pavāritānaṃ, aññassatthāya, attano dhanena, ummattakassa, ādikammikassāti.
Suttaviññattisikkhāpadaṃ niṭṭhitaṃ chaṭṭhaṃ.
7. Mahāpesakārasikkhāpadaṃ
641. Tena samayena buddho Bhagavā sāvatthiyaṃ viharati jetavane anāthapiṇḍikassa ārāme. Tena kho pana samayena aññataro puriso pavāsaṃ gacchanto pajāpatiṃ etadavoca – ''suttaṃ dhārayitvā amukassa tantavāyassa dehi, cīvaraṃ vāyāpetvā nikkhipa, āgato ayyaṃ upanandaṃ cīvarena acchādessāmī''ti. Assosi kho aññataro piṇḍacāriko bhikkhu tassa purisassa imaṃ vācaṃ bhāsamānassa. Atha kho so bhikkhu yenāyasmā upanando sakyaputto tenupasaṅkami; upasaṅkamitvā āyasmantaṃ upanandaṃ sakyaputtaṃ etadavoca – ''mahāpuññosi tvaṃ, āvuso upananda, amukasmiṃ okāse aññataro puriso pavāsaṃ gacchanto pajāpatiṃ etadavoca – ''suttaṃ dhārayitvā amukassa tantavāyassa dehi, cīvaraṃ

vāyāpetvā nikkhipa, āgato ayyaṃ upanandaṃ cīvarena acchādessāmī''ti. ''Atthāvuso, maṃ so upaṭṭhāko''ti. Sopi kho tantavāyo āyasmato upanandassa sakyaputtassa upaṭṭhāko hoti. Atha kho āyasmā upanando sakyaputto yena so tantavāyo tenupasaṅkami; upasaṅkamitvā taṃ tantavāyaṃ etadavoca – ''idaṃ kho, āvuso, cīvaraṃ maṃ uddissa viyyati; āyatañca karohi vitthatañca. Appitañca suvītañca suppavāyitañca suvilekhitañca suvitacchitañca karohī''ti. ''Ete kho me, bhante, suttaṃ dhārayitvā adaṃsu; iminā suttena cīvaraṃ vināhī''ti. ''Na, bhante, sakkā āyataṃ vā vitthataṃ vā appitaṃ vā kātuṃ. Sakkā ca kho, bhante, suvītañca suppavāyitañca suvilekhitañca suvitacchitañca kātu''nti. ''Iṅgha tvaṃ, āvuso, āyatañca karohi vitthatañca appitañca. Na tena suttena paṭibaddhaṃ bhavissatī''ti.
Atha kho so tantavāyo yathābhataṃ suttaṃ tante upanetvā yena sā itthī tenupasaṅkami; upasaṅkamitvā taṃ itthiṃ etadavoca – ''suttena, ayye, attho''ti. ''Nanu tvaṃ ayyo [ayya (syā.)] mayā vutto – 'iminā suttena cīvaraṃ vināhī'''ti. ''Saccāhaṃ, ayye, tayā vutto – 'iminā suttena cīvaraṃ vināhī'ti. Apica, maṃ ayyo upanando evamāha – 'iṅgha tvaṃ, āvuso, āyatañca karohi vitthatañca appitañca, na tena suttena paṭibaddhaṃ bhavissatī'''ti. Atha kho sā itthī yattakaṃyeva suttaṃ paṭhamaṃ adāsi tattakaṃ pacchā adāsi. Assosi kho āyasmā upanando sakyaputto – ''so kira puriso pavāsato āgato''ti. Atha kho āyasmā upanando sakyaputto yena tassa purisassa nivesanaṃ tenupasaṅkami; upasaṅkamitvā paññatte āsane nisīdi. Atha kho so puriso yenāyasmā upanando sakyaputto tenupasaṅkami; upasaṅkamitvā āyasmantaṃ upanandaṃ sakyaputtaṃ abhivādetvā ekamantaṃ nisīdi. Ekamantaṃ nisinno kho so puriso pajāpatiṃ etadavoca – ''vītaṃ taṃ cīvara''nti? ''Āmāyya, vītaṃ taṃ cīvara''nti. ''Āhara, ayyaṃ upanandaṃ cīvarena acchādessāmī''ti. Atha kho sā itthī taṃ cīvaraṃ nīharitvā sāmikassa datvā etamatthaṃ ārocesi. Atha kho so puriso āyasmato upanandassa sakyaputtassa cīvaraṃ datvā ujjhāyati khiyyati vipāceti – ''mahicchā ime samaṇā sakyaputtiyā asantuṭṭhā. Nayime sukarā cīvarena acchādetuṃ. Kathañhi nāma ayyo upanando mayā pubbe appavārito tantavāye [gahapatikassa tantavāye (ka.)] upasaṅkamitvā cīvare vikappaṃ āpajjissatī''ti.
Assosuṃ kho bhikkhū tassa purisassa ujjhāyantassa khiyyantassa vipācentassa. Ye te bhikkhū appicchā...pe... te ujjhāyanti khiyyanti vipācenti – ''kathañhi nāma āyasmā upanando sakyaputto pubbe appavārito gahapatikassa tantavāye upasaṅkamitvā cīvare vikappaṃ āpajjissatī''ti! Atha kho te bhikkhū āyasmantaṃ upanandaṃ sakyaputtaṃ anekapariyāyena vigarahitvā bhagavato etamatthaṃ ārocesuṃ...pe... ''saccaṃ kira tvaṃ, upananda, pubbe appavārito gahapatikassa tantavāye upasaṅkamitvā cīvare vikappaṃ āpajjī''ti? ''Saccaṃ, Bhagavā''ti. ''Ñātako te, upananda, aññātako''ti? ''Aññātako, Bhagavā''ti. ''Aññātako, moghapurisa, aññātakassa na jānāti patirūpaṃ vā appatirūpaṃ vā santaṃ vā asantaṃ vā. Tattha nāma tvaṃ, moghapurisa, pubbe appavārito aññātakassa gahapatikassatantavāye upasaṅkamitvā cīvare vikappaṃ āpajjissasi! Netaṃ, moghapurisa, appasannānaṃ vā pasādāya...pe... evañca pana, bhikkhave, imaṃ sikkhāpadaṃ uddiseyyātha –
642.''Bhikkhuṃ paneva uddissa aññātako gahapati vā gahapatānī vā tantavāyehi cīvaraṃ vāyāpeyya, tatra ce so bhikkhu pubbe appavārito tantavāye upasaṅkamitvā cīvare vikappaṃ āpajjeyya – 'idaṃ kho, āvuso, cīvaraṃ maṃ uddissa viyyati. Āyatañca karotha vitthatañca. Appitañca suvītañca suppavāyitañca suvilekhitañca suvitacchitañca karotha. Appeva nāma mayampi āyasmantānaṃ kiñcimattaṃ anupadajjeyyāmā'ti. Evañca so bhikkhu vatvā kiñcimattaṃ anupadajjeyya antamaso piṇḍapātamattampi, nissaggiyaṃ pācittiya''nti.
643.Bhikkhuṃ paneva uddissāti bhikkhussatthāya bhikkhuṃ ārammaṇaṃ karitvā bhikkhuṃ acchādetukāmo.
Aññātako nāma mātito vā pitito vā yāva sattamā pitāmahayugā asambaddho.
Gahapati nāma yo koci agāraṃ ajjhāvasati.
Gahapatānī nāma yā kāci agāraṃ ajjhāvasati.
Tantavāyehīti pesakārehi.
Cīvaraṃ nāma channaṃ cīvarānaṃ aññataraṃ cīvaraṃ vikappanupagaṃ pacchimaṃ.
Vāyāpeyyāti vināpeti.
Tatra ce so bhikkhūti yaṃ bhikkhuṃ uddissa cīvaraṃ viyyati so bhikkhu.
Pubbe appavāritoti pubbe avutto hoti – ''kīdisena te, bhante, cīvarena attho, kīdisaṃ te cīvaraṃ vāyāpemī''ti?
Tantavāye upasaṅkamitvāti gharaṃ gantvā yattha katthaci upasaṅkamitvā.
Cīvare vikappaṃ āpajjeyyāti – ''idaṃ kho, āvuso, cīvaraṃ maṃ uddissa viyyati, āyatañca karotha vitthatañca. Appitañca suvītañca suppavāyitañca suvilekhitañca suvitacchitañca karotha. Appeva nāma mayampi āyasmantānaṃ kiñcimattaṃ anupadajjeyyāmā''ti.
Evañca so bhikkhu vatvā kiñcimattaṃ anupadajjeyya antamaso piṇḍapātamattampīti. Piṇḍapāto nāma yāgupi bhattampi khādanīyampi cuṇṇapiṇḍopi dantakaṭṭhampi dasikasuttampi, antamaso dhammampi bhaṇati.
Tassa vacanena āyataṃ vā vitthataṃ vā appitaṃ vā karoti, payoge dukkaṭaṃ. Paṭilābhena nissaggiyaṃ hoti. Nissajjitabbaṃ saṅghassa vā gaṇassa vā puggalassa vā. Evañca pana, bhikkhave, nissajjitabbaṃ...pe... idaṃ me, bhante, cīvaraṃ pubbe appavārito aññātakassa gahapatikassa tantavāye

upasaṅkamitvā cīvare vikappaṃ āpannaṃ nissaggiyaṃ. Imāhaṃ saṅghassa nissajjāmīti...pe... dadeyyāti...pe... dadeyyunti...pe... āyasmato dammīti.

644. Aññātake aññātakasaññī pubbe appavārito gahapatikassa tantavāye upasaṅkamitvā cīvare vikappaṃ āpajjati, nissaggiyaṃ pācittiyaṃ. Aññātake vematiko pubbe appavārito gahapatikassa tantavāyeupasaṅkamitvā cīvare vikappaṃ āpajjati, nissaggiyaṃ pācittiyaṃ. Aññātake ñātakasaññī pubbe appavārito gahapatikassa tantavāye upasaṅkamitvā cīvare vikappaṃ āpajjati, nissaggiyaṃ pācittiyaṃ.

Ñātake aññātakasaññī, āpatti dukkaṭassa. Ñātake vematiko, āpatti dukkaṭassa. Ñātake ñātakasaññī, anāpatti.

645. Anāpatti – ñātakānaṃ, pavāritānaṃ, aññassatthāya, attano dhanena, mahagghaṃ vāyāpetukāmassa appagghaṃ vāyāpeti, ummattakassa, ādikammikassāti.

Mahāpesakārasikkhāpadaṃ niṭṭhitaṃ sattamaṃ.

8. Accekacīvarasikkhāpadaṃ

646. Tena samayena buddho Bhagavā sāvatthiyaṃ viharati jetavane anāthapiṇḍikassa ārāme. Tena kho pana samayena aññataro mahāmatto pavāsaṃ gacchanto bhikkhūnaṃ santike dūtaṃ pāhesi – ‘‘āgacchantu bhadantā vassāvāsikaṃ dassāmī’’ti. Bhikkhū – ‘vassaṃvuṭṭhānaṃ bhagavatā vassāvāsikaṃ anuññāta’nti, kukkuccāyantā nāgamaṃsu. Atha kho so mahāmatto ujjhāyati khiyyati vipāceti – ‘‘kathañhi nāma bhadantā mayā dūte pahite nāgacchissanti! Ahañhi senāya gacchāmi. Dujjānaṃ jīvitaṃ dujjānaṃ maraṇa’’nti. Assosuṃ kho bhikkhū tassa mahāmattassa ujjhāyantassa khiyyantassa vipācentassa. Atha kho te bhikkhū bhagavato etamatthaṃ ārocesuṃ. Atha kho Bhagavā etasmiṃ nidāne etasmiṃ pakaraṇe dhammiṃ kathaṃ katvā bhikkhū āmantesi – ‘‘anujānāmi, bhikkhave, accekacīvaraṃ paṭiggahetvā nikkhipitu’’nti.

647. Tena kho pana samayena bhikkhū – ‘‘bhagavatā anuññātaṃ accekacīvaraṃ paṭiggahetvā nikkhipitu’’nti , accekacīvarāni paṭiggahetvā cīvarakālasamayaṃ atikkāmenti. Tāni cīvarāni cīvaravaṃse bhaṇḍikābaddhāni tiṭṭhanti. Addasa kho āyasmā ānando senāsanacārikaṃ āhiṇḍanto tāni cīvarāni cīvaravaṃse bhaṇḍikābaddhāni. Tiṭṭhante disvā bhikkhū etadavoca – ‘‘kassimāni, āvuso, cīvarāni cīvaravaṃse bhaṇḍikābaddhāni tiṭṭhantī’’ti? ‘‘Amhākaṃ, āvuso, accekacīvarānī’’ti. ‘‘Kīvaciraṃ panāvuso, imāni cīvarāni nikkhittānī’’ti? Atha kho te bhikkhū āyasmato ānandassa yathānikkhittaṃ ārocesuṃ. Āyasmā ānando ujjhāyati khiyyati vipāceti – ‘‘kathañhi nāma bhikkhū accekacīvaraṃ paṭiggahetvā cīvarakālasamayaṃ atikkāmessantī’’ti! Atha kho āyasmā ānando te bhikkhū anekapariyāyena vigarahitvā bhagavato etamatthaṃ ārocesi...pe... – ‘‘saccaṃ kira, bhikkhave, bhikkhū accekacīvaraṃ paṭiggahetvā cīvarakālasamayaṃ atikkāmentī’’ti? ‘‘Saccaṃ, Bhagavā’’ti. Vigarahi buddho Bhagavā...pe... kathañhi nāma te, bhikkhave, moghapurisā accekacīvaraṃ paṭiggahetvā cīvarakālasamayaṃ atikkāmessanti! Netaṃ, bhikkhave, appasannānaṃ vā pasādāya...pe... evañca pana, bhikkhave, imaṃ sikkhāpadaṃ uddiseyyātha –

648.‘‘Dasāhānāgataṃ kattikatemāsikapuṇṇamaṃ bhikkhuno paneva accekacīvaraṃ uppajjeyya, accekaṃ maññamānena bhikkhunā paṭiggahetabbaṃ, paṭiggahetvā yāva cīvarakālasamayaṃ nikkhipitabbaṃ. Tato ce uttari nikkhipeyya, nissaggiyaṃ pācittiya’’nti.

649.Dasāhānāgatanti dasāhānāgatāya pavāraṇāya.

Kattikatemāsikapuṇṇamanti pavāraṇā kattikā vuccati.

Accekacīvaraṃ nāma senāya vā gantukāmo hoti, pavāsaṃ vā gantukāmo hoti, gilāno vā hoti, gabbhinī vā hoti, assaddhassa vā saddhā uppannā hoti, appasannassa vā pasādo uppanno hoti, so ce bhikkhūnaṃ santike dūtaṃ pahiṇeyya – ‘‘āgacchantu bhadantā vassāvāsikaṃ dassāmī’’ti, etaṃ accekacīvaraṃ nāma.

Accekaṃ maññamānena bhikkhunā paṭiggahetabbaṃ paṭiggahetvā yāva cīvarakālasamayaṃ nikkhipitabbanti saññāṇaṃ katvā nikkhipitabbaṃ – ‘‘idaṃ accekacīvara’’nti.

Cīvarakālasamayo nāma anatthate kathine vassānassa pacchimo māso, atthate kathine pañcamāsā.

Tatoce uttari nikkhipeyyāti anatthate kathine vassānassa pacchimaṃ divasaṃ atikkāmeti, nissaggiyaṃ pācittiyaṃ [nissaggiyaṃ hoti (syā.)]. Atthate kathine kathinuddhāradivasaṃ atikkāmeti, nissaggiyaṃ hoti. Nissajjitabbaṃ saṅghassa vā gaṇassa vā puggalassa vā. Evañca pana, bhikkhave, nissajjitabbaṃ...pe... idaṃ me, bhante, accekacīvaraṃ cīvarakālasamayaṃ atikkāmitaṃ nissaggiyaṃ. Imāhaṃ saṅghassa nissajjāmīti...pe... dadeyyāti...pe... dadeyyunti...pe... āyasmato dammīti.

650. Accekacīvare accekacīvarasaññī cīvarakālasamayaṃ atikkāmeti, nissaggiyaṃ pācittiyaṃ. Accekacīvare vematiko cīvarakālasamayaṃ atikkāmeti, nissaggiyaṃ pācittiyaṃ. Accekacīvare anaccekacīvarasaññī cīvarakālasamayaṃ atikkāmeti, nissaggiyaṃ pācittiyaṃ. Anadhiṭṭhite adhiṭṭhitasaññī ...pe... avikappite vikappitasaññī... avissajjite vissajjitasaññī... anaṭṭhe naṭṭhasaññī... avinaṭṭhe vinaṭṭhasaññī... adaḍḍhe daḍḍhasaññī... avilutte viluttasaññī cīvarakālasamayaṃ atikkāmeti, nissaggiyaṃ pācittiyaṃ.

Nissaggiyaṃ cīvaraṃ anissajjitvā paribhuñjati, āpatti dukkaṭassa. Anaccekacīvare accekacīvarasaññī, āpatti dukkaṭassa. Anaccekacīvare vematiko, āpatti dukkaṭassa. Anaccekacīvare anaccekacīvarasaññī, anāpatti.

651. Anāpatti – antosamaye adhiṭṭheti, vikappeti, vissajjeti, nassati, vinassati, ḍayhati, acchinditvā gaṇhanti, vissāsaṃ gaṇhanti, ummattakassa, ādikammikassāti.
Accekacīvarasikkhāpadaṃ niṭṭhitaṃ aṭṭhamaṃ.
9. Sāsaṅkasikkhāpadaṃ
652. Tena samayena buddho Bhagavā sāvatthiyaṃ viharati jetavane anāthapiṇḍikassa ārāme. Tena kho pana samayena bhikkhū vutthavassā āraññakesu senāsanesu viharanti. Kattikacorakā bhikkhū – "laddhalābhā"ti paripātenti. Bhagavato etamatthaṃ ārocesuṃ. Atha kho Bhagavā etasmiṃ nidāne etasmiṃ pakaraṇe dhammiṃ kathaṃ katvā bhikkhū āmantesi – "anujānāmi, bhikkhave, āraññakesu senāsanesu viharantena tiṇṇaṃ cīvarānaṃ aññataraṃ cīvaraṃ antaraghare nikkhipitu"nti.
Tena kho pana samayena bhikkhū – "bhagavatā anuññātaṃ āraññakesu senāsanesu viharantena tiṇṇaṃ cīvarānaṃ aññataraṃ cīvaraṃ antaraghare nikkhipitu"nti tiṇṇaṃ cīvarānaṃ aññataraṃ cīvaraṃ antaraghare nikkhipitvā atirekachārattaṃ vippavasanti. Tāni cīvarāni nassantipi vinassantipi ḍayhantipi undūrehipi khajjanti. Bhikkhū duccoḷā honti lūkhacīvarā. Bhikkhū evamāhaṃsu – "kissa tumhe, āvuso, duccoḷā lūkhacīvarā"ti? Atha kho te bhikkhū bhikkhūnaṃ etamatthaṃ ārocesuṃ. Ye te bhikkhū appicchā... te ujjhāyanti khiyyanti vipācenti – "kathañhi nāma bhikkhū tiṇṇaṃ cīvarānaṃ aññataraṃ cīvaraṃ antaraghare nikkhipitvā atirekachārattaṃ vippavasissantī"ti! Atha kho te bhikkhū te anekapariyāyena vigarahitvā bhagavato etamatthaṃ ārocesuṃ...pe... saccaṃ kira, bhikkhave , bhikkhū tiṇṇaṃ cīvarānaṃ aññataraṃ cīvaraṃ antaraghare nikkhipitvā atirekachārattaṃ vippavasantīti? "Saccaṃ, Bhagavā"ti. Vigarahi buddho Bhagavā...pe... kathañhi nāma te, bhikkhave, moghapurisā tiṇṇaṃ cīvarānaṃ aññataraṃ cīvaraṃ antaraghare nikkhipitvā atirekachārattaṃ vippavasissanti! Netaṃ, bhikkhave, appasannānaṃ vā pasādāya...pe... evañca pana, bhikkhave, imaṃ sikkhāpadaṃ uddiseyyātha –

653."Upavassaṃ kho pana kattikapuṇṇamaṃ yāni kho pana tāni āraññakāni senāsanāni sāsaṅkasammatāni sappaṭibhayāni tathārūpesu bhikkhu senāsanesu viharanto ākaṅkhamāno tiṇṇaṃ cīvarānaṃ aññataraṃ cīvaraṃ antaraghare nikkhipeyya, siyā ca tassa bhikkhuno kocideva paccayo tena cīvarena vippavāsāya. Chārattaparamaṃ tena bhikkhunā tena cīvarena vippavasitabbaṃ. Tato ce uttari vippavaseyya, aññatra bhikkhusammutiyā, nissaggiyaṃ pācittiya"nti.
654.Upavassaṃ kho panāti vuṭṭhavassānaṃ.
Kattikapuṇṇamanti kattikacātumāsinī vuccati.
[pāci. 573]Yāni kho pana tāni āraññakāni senāsanānīti āraññakaṃ nāma senāsanaṃ pañcadhanusatikaṃ pacchimaṃ.
[pāci. 573]Sāsaṅkaṃ nāma ārāme ārāmūpacāre corānaṃ niviṭṭhokāso dissati, bhuttokāso dissati, ṭhitokāso dissati, nisinnokāso dissati, nipannokāso dissati.
[pāci. 573]Sappaṭibhayaṃ nāma ārāme ārāmūpacāre corehi manussā hatā dissanti, viluttā dissanti, ākoṭitā dissanti .
[pāci. 573]Tathārūpesu bhikkhu senāsanesu viharantoti evarūpesu bhikkhu senāsanesu viharanto.
Ākaṅkhamānoti icchamāno.
Tiṇṇaṃ cīvarānaṃ aññataraṃ cīvaranti saṅghāṭiṃ vā uttarāsaṅgaṃ vā antaravāsakaṃ vā.
Antaraghare nikkhipeyyāti samantā gocaragāme nikkhipeyya.
Siyā ca tassa bhikkhuno kocideva paccayo tena cīvarena vippavāsāyāti siyā paccayo siyā karaṇīyaṃ.
Chārattaparamaṃtena bhikkhunā tena cīvarena vippavasitabbanti chārattaparamatā vippavasitabbaṃ.
Aññatra bhikkhusammutiyāti ṭhapetvā bhikkhusammutiṃ.
Tato ce uttari vippavaseyyāti sattame aruṇuggamane nissaggiyaṃ hoti. Nissajjitabbaṃ saṅghassa vā gaṇassa vā puggalassa vā. Evañca pana, bhikkhave, nissajjitabbaṃ. "Idaṃ me, bhante, cīvaraṃ atirekachārattaṃ vippavuṭṭhaṃ, aññatra bhikkhusammutiyā, nissaggiyaṃ. Imāhaṃ saṅghassa nissajjāmī"ti...pe... dadeyyāti...pe... dadeyyunti...pe... āyasmato dammīti.
655. Atirekachāratte atirekasaññī vippavasati, aññatra bhikkhusammutiyā, nissaggiyaṃ pācittiyaṃ. Atirekachāratte vematiko vippavasati, aññatra bhikkhusammutiyā, nissaggiyaṃ pācittiyaṃ. Atirekachāratte ūnakasaññī vippavasati, aññatra bhikkhusammutiyā, nissaggiyaṃ pācittiyaṃ. Appaccuddhaṭe paccuddhaṭasaññī...pe... avissajjite vissajjitasaññī... anaṭṭhe naṭṭhasaññī... avinaṭṭhe vinaṭṭhasaññī... adaḍḍhe daḍḍhasaññī ... avilutte viluttasaññī vippavasati, aññatra bhikkhusammutiyā, nissaggiyaṃ pācittiyaṃ.
Nissaggiyaṃ cīvaraṃ anissajjitvā paribhuñjati, āpatti dukkaṭassa. Ūnakachāratte atirekasaññī, āpatti dukkaṭassa. Ūnakachāratte vematiko, āpatti dukkaṭassa. Ūnakachāratte ūnakasaññī, anāpatti.
656. Anāpatti – chārattaṃ vippavasati, ūnakachārattaṃ vippavasati, chārattaṃ vippavasitvā puna gāmasīmaṃ okkamitvā vasitvā pakkamati, anto chārattaṃ paccuddharati, vissajjeti, nassati, vinassati, ḍayhati, acchinditvā gaṇhanti, vissāsaṃ gaṇhanti, bhikkhusammutiyā, ummattakassa, ādikammikassāti.
Sāsaṅkasikkhāpadaṃ niṭṭhitaṃ navamaṃ.
10. Pariṇatasikkhāpadaṃ

657. Tena samayena buddho Bhagavā sāvatthiyaṃ viharati jetavane anāthapiṇḍikassa ārāme. Tena kho pana samayena sāvatthiyaṃ aññatarassa pūgassa saṅghassa sacīvarabhattaṃ paṭiyattaṃ hoti – ''bhojetvā cīvarena acchādessāmā''ti. Atha kho chabbaggiyā bhikkhū yena so pūgo tenupasaṅkamiṃsu; upasaṅkamitvā taṃ pūgaṃ etadavocuṃ – ''dethāvuso, amhākaṃ imāni cīvarānī''ti. ''Na mayaṃ, bhante, dassāma. Amhākaṃ saṅghassa anuvassaṃ sacīvarabhikkhā paññattā''ti. ''Bahū, āvuso, saṅghassa dāyakā, bahū saṅghassa bhattā [bhaddā (ka.)]. Mayaṃ tumhe nissāya tumhe sampassantā idha viharāma. Tumhe ce amhākaṃ na dassatha, atha ko carahi amhākaṃ dassati? Dethāvuso, amhākaṃ imāni cīvarānī''ti. Atha kho so pūgo chabbaggiyehi bhikkhūhi nippīḷiyamāno yathāpaṭiyattaṃ cīvaraṃ chabbaggiyānaṃ bhikkhūnaṃ datvā saṅghaṃ bhattena parivisi. Ye te bhikkhū jānanti saṅghassa sacīvarabhattaṃ paṭiyattaṃ, na ca jānanti chabbaggiyānaṃ bhikkhūnaṃ dinnanti, te evamāhaṃsu – ''oṇojethāvuso, saṅghassa cīvara''nti. ''Natthi, bhante. Yathāpaṭiyattaṃ cīvaraṃ ayyā chabbaggiyā attano pariṇāmesu''nti. Ye te bhikkhū appicchā... te ujjhāyanti khiyyanti vipācenti – ''kathañhi nāma chabbaggiyā bhikkhū jānaṃ saṅghikaṃ lābhaṃ pariṇataṃ attano pariṇāmessantī''ti ! Atha kho te bhikkhū chabbaggiye bhikkhū anekapariyāyena vigarahitvā bhagavato etamatthaṃ ārocesuṃ...pe... ''saccaṃ kira tumhe, bhikkhave, jānaṃ saṅghikaṃ lābhaṃ pariṇataṃ attano pariṇāmethā''ti? ''Saccaṃ, Bhagavā''ti. Vigarahi buddho Bhagavā...pe... kathañhi nāma tumhe, moghapurisā, jānaṃ saṅghikaṃ lābhaṃ pariṇataṃ attano pariṇāmessatha! Netaṃ, moghapurisā, appasannānaṃ vā pasādāya...pe... evañca pana, bhikkhave, imaṃ sikkhāpadaṃ uddiseyyātha –

658.''Yo pana bhikkhu jānaṃ saṅghikaṃ lābhaṃ pariṇataṃ attano pariṇāmeyya, nissaggiyaṃ pācittiya''nti.

659.Yo panāti yo yādiso...pe... bhikkhūti...pe... aya imasmiṃ atthe adhippeto bhikkhūti.

[pāci. 491]Jānāti nāma sāmaṃ vā jānāti aññe vā tassa ārocenti so vā āroceti.

[pāci. 491]Saṅghikaṃ nāma saṅghassa dinnaṃ hoti pariccattaṃ.

[pāci. 491]Lābho nāma cīvarapiṇḍapātasenāsanagilānappaccayabhesajjaparikkhārā. Antamaso cuṇṇapiṇḍopi, dantakaṭṭhampi, dasikasuttampi.

[pāci. 491]Pariṇataṃ nāma dassāma karissāmāti vācā bhinnā hoti.

Attano pariṇāmeti, payoge dukkaṭaṃ. Paṭilābhena nissaggiyaṃ hoti. Nissajjitabbaṃ saṅghassa vā gaṇassa vā puggalassa vā. Evañca pana, bhikkhave, nissajjitabbaṃ...pe... idaṃ me, bhante, jānaṃ saṅghikaṃ lābhaṃ pariṇataṃ attano pariṇāmitaṃ nissaggiyaṃ. Imāhaṃ saṅghassa nissajjāmīti...pe... dadeyyāti...pe... dadeyyunti...pe... āyasmato dammīti.

660. Pariṇate pariṇatasaññī attano pariṇāmeti, nissaggiyaṃ pācittiyaṃ.

Pariṇate vematiko attano pariṇāmeti, āpatti dukkaṭassa. Pariṇate apariṇatasaññī attano pariṇāmeti, anāpatti. Saṅghassa pariṇataṃ aññasaṅghassa vā cetiyassa vā pariṇāmeti, āpatti dukkaṭassa. Cetiyassa pariṇataṃ aññacetiyassa vā saṅghassa vā puggalassa vā pariṇāmeti, āpatti dukkaṭassa. Puggalassa pariṇataṃ aññapuggalassa vā saṅghassa vā cetiyassa vā pariṇāmeti, āpatti dukkaṭassa. Apariṇate pariṇatasaññī, āpatti dukkaṭassa. Apariṇate vematiko, āpatti dukkaṭassa. Apariṇate apariṇatasaññī, anāpatti.

661. Anāpatti kattha demāti pucchiyamāno yattha tumhākaṃ deyyadhammo paribhogaṃ vā labheyya paṭisaṅkhāraṃ vā labheyya ciraṭṭhitiko vā assa yattha vā pana tumhākaṃ cittaṃ pasīdati tattha dethāti bhaṇati, ummattakassa, ādikammikassāti.

Pariṇatasikkhāpadaṃ niṭṭhitaṃ dasamaṃ.

Pattavaggo tatiyo.

Tassuddānaṃ –

Dve ca pattāni bhesajjaṃ, vassikā dānapañcamaṃ;
Sāmaṃ vāyāpanacceko, sāsaṅkaṃ saṅghikena cāti.

662. Uddiṭṭhā kho, āyasmanto, tiṃsa nissaggiyā pācittiyā dhammā. Tatthāyasmante pucchāmi – 'kaccittha parisuddhā'? Dutiyampi pucchāmi – 'kaccittha parisuddhā'? Tatiyampi pucchāmi – 'kaccittha parisuddhā'? Parisuddhetthāyasmanto, tasmā tuṇhī, evametaṃ dhārayāmīti.

Nissaggiyakaṇḍaṃ niṭṭhitaṃ.

Pārājikapāḷi niṭṭhitā.

Namo tassa bhagavato arahato sammāsambuddhassa
Vinayapiṭake

Pācittiyapāḷi

5. Pācittiyakaṇḍaṃ

1. Musāvādavaggo
1. Musāvādasikkhāpadaṃ
Ime kho panāyasmanto dvenavuti pācittiyā
Dhammā uddesaṃ āgacchanti.
1. Tena samayena buddho Bhagavā sāvatthiyaṃ viharati jetavane anāthapiṇḍikassa ārāme. Tena kho pana samayena hatthako sakyaputto vādakkhitto hoti. So titthiyehi saddhiṃ sallapanto avajānitvā paṭijānāti, paṭijānitvā avajānāti, aññenaññaṃ paṭicarati, sampajānamusā bhāsati, saṅketaṃ katvā visaṃvādeti. Titthiyā ujjhāyanti khiyyanti vipācenti – ''kathañhi nāma hatthako sakyaputto amhehi saddhiṃ sallapanto avajānitvā paṭijānissati, paṭijānitvā avajānissati, aññenaññaṃ paṭicarissati, sampajānamusā bhāsissati, saṅketaṃ katvā visaṃvādessatī''ti!
Assosuṃ kho bhikkhū tesaṃ titthiyānaṃ ujjhāyantānaṃ khiyyantānaṃ vipācentānaṃ. Atha kho te bhikkhū yena hatthako sakyaputto tenupasaṅkamiṃsu; upasaṅkamitvā hatthakaṃ sakyaputtaṃ etadavocuṃ – ''saccaṃ kira tvaṃ, āvuso hatthaka, titthiyehi saddhiṃ sallapanto avajānitvā paṭijānāsi, paṭijānitvā avajānāsi, aññenaññaṃ paṭicarasi, sampajānamusā bhāsasi, saṅketaṃ katvā visaṃvādesī''ti? ''Ete kho, āvuso, titthiyā nāma yena kenaci jetabbā; neva tesaṃ jayo dātabbo''ti. Ye te bhikkhū appicchā...pe... te ujjhāyanti khiyyanti vipācenti – ''kathañhi nāma hatthako sakyaputto titthiyehi saddhiṃ sallapanto avajānitvā paṭijānissati, paṭijānitvā avajānissati, aññenaññaṃ paṭicarissati, sampajānamusā bhāsissati, saṅketaṃ katvā visaṃvādessatī''ti!
Atha kho te bhikkhū hatthakaṃ sakyaputtaṃ anekapariyāyena vigarahitvā bhagavato etamatthaṃ ārocesuṃ. Atha kho Bhagavā etasmiṃ nidāne etasmiṃ pakaraṇe bhikkhusaṅghaṃ sannipātāpetvā hatthakaṃ sakyaputtaṃ paṭipucchi – ''saccaṃ kira tvaṃ, hatthaka, titthiyehi saddhiṃ sallapanto avajānitvā paṭijānāsi, paṭijānitvā avajānāsi, aññenaññaṃ paṭicarasi, sampajānamusā bhāsasi, saṅketaṃ katvā visaṃvādesī''ti? ''Saccaṃ, Bhagavā''ti. Vigarahi buddho Bhagavā...pe... kathañhi nāma tvaṃ, moghapurisa, titthiyehi saddhiṃ sallapanto avajānitvā paṭijānissasi, paṭijānitvā avajānissasi, aññenaññaṃ paṭicarissasi, sampajānamusā bhāsissasi, saṅketaṃ katvā visaṃvādessasi! Netaṃ, moghapurisa, appasannānaṃ vā pasādāya...pe... evañca pana, bhikkhave, imaṃ sikkhāpadaṃ uddiseyyātha –
2.''Sampajānamusāvāde pācittiya''nti.
3.Sampajānamusāvādo nāma visaṃvādanapurekkhārassa vācā, girā, byappatho, vacībhedo, vācasikā viññatti, aṭṭha anariyavohārā – adiṭṭhaṃ diṭṭhaṃ meti, assutaṃ sutaṃ meti, amutaṃ mutaṃ meti, aviññātaṃ viññātaṃ meti, diṭṭhaṃ adiṭṭhaṃ meti, sutaṃ assutaṃ meti , mutaṃ amutaṃ meti, viññātaṃ aviññātaṃ meti.
Adiṭṭhaṃ nāma na cakkhunā diṭṭhaṃ. Assutaṃ nāma na sotena sutaṃ. Amutaṃ nāma na ghānena ghāyitaṃ, na jivhāya sāyitaṃ, na kāyena phuṭṭhaṃ. Aviññātaṃ nāma na manasā viññātaṃ. Diṭṭhaṃ nāma cakkhunā diṭṭhaṃ. Sutaṃ nāma sotena sutaṃ. Mutaṃ nāma ghānena ghāyitaṃ, jivhāya sāyitaṃ, kāyena phuṭṭhaṃ. Viññātaṃ nāma manasā viññātaṃ.
4. Tīhākārehi ''adiṭṭhaṃ diṭṭhaṃ me''ti sampajānamusā bhaṇantassa āpatti pācittiyassa – pubbevassa hoti ''musā bhaṇissa''nti, bhaṇantassa hoti ''musā bhaṇāmī''ti, bhaṇitassa hoti ''musā mayā bhaṇita''nti.
Catūhākārehi ''adiṭṭhaṃ diṭṭhaṃ me''ti sampajānamusā bhaṇantassa āpatti pācittiyassa – pubbevassa hoti ''musā bhaṇissa''nti, bhaṇantassa hoti ''musā bhaṇāmī''ti, bhaṇitassa hoti ''musā mayā bhaṇita''nti, vinidhāya diṭṭhiṃ.
Pañcahākārehi ''adiṭṭhaṃ diṭṭhaṃ me''ti sampajānamusā bhaṇantassa āpatti pācittiyassa – pubbevassa hoti ''musā bhaṇissa''nti, bhaṇantassa hoti ''musā bhaṇāmī''ti, bhaṇitassa hoti ''musā mayā bhaṇita''nti, vinidhāya diṭṭhiṃ, vinidhāya khantiṃ.
Chahākārehi ''adiṭṭhaṃ diṭṭhaṃ me''ti sampajānamusā bhaṇantassa āpatti pācittiyassa – pubbevassa hoti ''musā bhaṇissa''nti, bhaṇantassa hoti ''musā bhaṇāmī''ti, bhaṇitassa hoti ''musā mayā bhaṇita''nti, vinidhāya diṭṭhiṃ, vinidhāya khantiṃ, vinidhāya ruciṃ.
Sattahākārehi ''adiṭṭhaṃ diṭṭhaṃ me''ti sampajānamusā bhaṇantassa āpatti pācittiyassa'' – pubbevassa hoti ''musā bhaṇissa''nti, bhaṇantassa hoti ''musā bhaṇāmī''ti, bhaṇitassa hoti ''musā mayā bhaṇita''nti, vinidhāya diṭṭhiṃ, vinidhāya khantiṃ, vinidhāya ruciṃ, vinidhāya bhāvaṃ.
5. Tīhākārehi ''assutaṃ sutaṃ me''ti...pe... amutaṃ mutaṃ meti...pe... aviññātaṃ viññātaṃ meti sampajānamusā bhaṇantassa āpatti pācittiyassa – pubbevassa hoti ''musā bhaṇissa''nti, bhaṇantassa hoti ''musā bhaṇāmī''ti, bhaṇitassa hoti ''musā mayā bhaṇita''nti.
Catūhākārehi...pe... pañcahākārehi...pe... chahākārehi...pe... sattahākārehi ''aviññātaṃ viññātaṃ me''ti sampajānamusā bhaṇantassa āpatti pācittiyassa – pubbevassa hoti ''musā bhaṇissa''nti, bhaṇantassa hoti ''musā bhaṇāmī''ti, bhaṇitassa hoti ''musā mayā bhaṇitanti, vinidhāya diṭṭhiṃ, vinidhāya khantiṃ, vinidhāya ruciṃ, vinidhāya bhāvaṃ.
6. Tīhākārehi ''adiṭṭhaṃ diṭṭhañca me sutañcā''ti sampajānamusā bhaṇantassa āpatti pācittiyassa...pe... tīhākārehi ''adiṭṭhaṃ diṭṭhañca me mutañcā''ti sampajānamusā bhaṇantassa āpatti pācittiyassa...pe... tīhākārehi ''adiṭṭhaṃ diṭṭhañca me viññātañcā''ti sampajānamusā bhaṇantassa āpatti pācittiyassa ...pe... tīhākārehi adiṭṭhaṃ ''diṭṭhañca me sutañca mutañcā''ti...pe... tīhākārehi adiṭṭhaṃ ''diṭṭhañca me sutañca

viññātañcā''ti...pe... tīhākārehi adiṭṭhaṃ ''diṭṭhañca me sutañca mutañca viññātañcā''ti sampajānamusā bhaṇantassa āpatti pācittiyassa...pe....
Tīhākārehi assutaṃ ''sutañca me mutañcā''ti...pe... tīhākārehi assutaṃ ''sutañca me viññātañcā''ti...pe... tīhākārehi assutaṃ ''sutañca me diṭṭhañcā''ti sampajānamusā bhaṇantassa āpatti pācittiyassa...pe... tīhākārehi assutaṃ ''sutañca me mutañca viññātañcā''ti...pe... tīhākārehi assutaṃ ''sutañca me mutañca diṭṭhañcā''ti...pe... tīhākārehi assutaṃ ''sutañca me mutañca viññātañca diṭṭhañcā''ti sampajānamusā bhaṇantassa āpatti pācittiyassa...pe....
Tīhākārehi amutaṃ ''mutañca me viññātañcā''ti...pe... tīhākārehi amutaṃ ''mutañca me diṭṭhañcā''ti...pe... tīhākārehi amutaṃ ''mutañca me sutañcā''ti sampajānamusā bhaṇantassa āpatti pācittiyassa...pe... tīhākārehi amutaṃ ''mutañca me viññātañca diṭṭhañcā''ti...pe... tīhākārehi amutaṃ ''mutañca me viññātañca sutañcā''ti...pe... tīhākārehi amutaṃ ''mutañca me viññātañca diṭṭhañca sutañcā''ti sampajānamusā bhaṇantassa āpatti pācittiyassa...pe....
Tīhākārehi aviññātaṃ ''viññātañca me diṭṭhañcā''ti...pe... tīhākārehi aviññātaṃ ''viññātañca me sutañcā''ti...pe... tīhākārehi aviññātaṃ ''viññātañca me mutañcā''ti sampajānamusā bhaṇantassa āpatti pācittiyassa...pe... tīhākārehi aviññātaṃ ''viññātañca me diṭṭhañca sutañcā''ti...pe... tīhākārehi aviññātaṃ ''viññātañca me diṭṭhañca mutañcā''ti...pe... tīhākārehi aviññātaṃ ''viññātañca me diṭṭhañca sutañca mutañcā''ti sampajānamusā bhaṇantassa āpatti pācittiyassa...pe....
7. Tīhākārehi diṭṭhaṃ ''adiṭṭhaṃ me''ti...pe... sutaṃ ''assutaṃ me''ti...pe... mutaṃ ''amutaṃ me''ti...pe... viññātaṃ ''aviññātaṃ me''ti sampajānamusā bhaṇantassa āpatti pācittiyassa...pe....
8. Tīhākārehi diṭṭhaṃ ''sutaṃ me''ti...pe... tīhākārehi diṭṭhaṃ ''mutaṃ me''ti...pe... tīhākārehi diṭṭhaṃ ''viññātaṃ me''ti sampajānamusā bhaṇantassa āpatti pācittiyassa...pe... tīhākārehi diṭṭhaṃ ''sutañca me mutañcā''ti...pe... tīhākārehi diṭṭhaṃ ''sutañca me viññātañcā''ti...pe... tīhākārehi diṭṭhaṃ ''sutañca me mutañca viññātañcā''ti sampajānamusā bhaṇantassa āpatti pācittiyassa...pe....
Tīhākārehi sutaṃ ''mutaṃ me''ti...pe... tīhākārehi sutaṃ ''viññātaṃ me''ti...pe... tīhākārehi sutaṃ ''diṭṭhaṃ me''ti sampajānamusā bhaṇantassa āpatti pācittiyassa...pe... tīhākārehi sutaṃ ''mutañca me viññātañcā''ti...pe... tīhākārehi sutaṃ ''mutañca me diṭṭhañcā''ti...pe... tīhākārehi sutaṃ ''mutañca me viññātañca diṭṭhañcā''ti sampajānamusā bhaṇantassa āpatti pācittiyassa...pe....
Tīhākārehi mutaṃ ''viññātaṃ me''ti...pe... tīhākārehi mutaṃ ''diṭṭhaṃ me''ti...pe... tīhākārehi mutaṃ ''sutaṃ me''ti sampajānamusā bhaṇantassa āpatti pācittiyassa...pe... tīhākārehi mutaṃ ''viññātañca me diṭṭhañcā''ti...pe... tīhākārehi mutaṃ ''viññātañca me sutañcā''ti...pe... tīhākārehi mutaṃ ''viññātañca me diṭṭhañca sutañcā''ti sampajānamusā bhaṇantassa āpatti pācittiyassa...pe....
Tīhākārehi viññātaṃ ''diṭṭhaṃ me''ti...pe... tīhākārehi viññātaṃ ''sutaṃ me''ti ...pe... tīhākārehi viññātaṃ ''mutaṃ me''ti sampajānamusā bhaṇantassa āpatti pācittiyassa...pe... tīhākārehi viññātaṃ ''diṭṭhañca me sutañcā''ti...pe... tīhākārehi viññātaṃ ''diṭṭhañca me mutañcā''ti...pe... tīhākārehi viññātaṃ ''diṭṭhañca me sutañca mutañcā''ti sampajānamusā bhaṇantassa āpatti pācittiyassa...pe....
9. Tīhākārehi diṭṭhe vematiko diṭṭhaṃ nokappeti, diṭṭhaṃ nassarati , diṭṭhaṃ pamuṭṭho hoti...pe... sute vematiko sutaṃ nokappeti, sutaṃ nassarati, sutaṃ pamuṭṭho hoti...pe... mute vematiko mutaṃ nokappeti, mutaṃ nassarati, mutaṃ pamuṭṭho hoti...pe... viññāte vematiko viññātaṃ nokappeti, viññātaṃ nassarati, viññātaṃ pamuṭṭho hoti... viññātañca me diṭṭhañcāti...pe... viññātaṃ pamuṭṭho hoti viññātañca me sutañcāti...pe... viññātaṃ pamuṭṭho hoti; viññātañca me mutañcāti...pe... viññātaṃ pamuṭṭho hoti; viññātañca me diṭṭhañca sutañcāti...pe... viññātaṃ pamuṭṭho hoti; viññātañca me diṭṭhañca mutañcāti...pe... viññātaṃ pamuṭṭho hoti; viññātañca me diṭṭhañca sutañca mutañcāti sampajānamusā bhaṇantassa āpatti pācittiyassa.
10. Catūhākārehi...pe... pañcahākārehi...pe... chahākārehi...pe... sattahākārehi...pe... viññātaṃ pamuṭṭho hoti, viññātañca me diṭṭhañca sutañca mutañcāti sampajānamusā bhaṇantassa āpatti pācittiyassa – pubbevassa hoti ''musā bhaṇissa''nti, bhaṇantassa hoti ''musā bhaṇāmī''ti, bhaṇitassa hoti ''musā mayā bhaṇita''nti, vinidhāya diṭṭhiṃ, vinidhāya khantiṃ, vinidhāya ruciṃ, vinidhāya bhāvaṃ.
11. Anāpatti davā bhaṇati, ravā bhaṇati [davāya bhaṇati, ravāya bhaṇati (syā.)]. ''Davā bhaṇati nāma sahasā bhaṇati. Ravā bhaṇati nāma 'aññaṃ bhaṇissāmī'ti aññaṃ bhaṇati''. Ummattakassa, ādikammikassāti.
Musāvādasikkhāpadaṃ niṭṭhitaṃ paṭhamaṃ.
2. Omasavādasikkhāpadaṃ
12. Tena samayena buddho Bhagavā sāvatthiyaṃ viharati jetavane anāthapiṇḍikassa ārāme . Tena kho pana samayena chabbaggiyā bhikkhū pesalehi bhikkhūhi saddhiṃ bhaṇḍantā [bhaṇḍentā (itipi)] pesale bhikkhū omasanti – jātiyāpi, nāmenapi, gottenapi, kammenapi, sippenapi, ābādhenapi, liṅgenapi, kilesenapi, āpattiyāpi; hīnenapi akkosena khuṃsenti vambhenti. Ye te bhikkhū appicchā...pe... te ujjhāyanti khiyyanti vipācenti – ''kathañhi nāma chabbaggiyā bhikkhū pesalehi bhikkhūhi saddhiṃ bhaṇḍantā pesale bhikkhū omasissanti – jātiyāpi, nāmenapi, gottenapi, kammenapi, sippenapi, ābādhenapi, liṅgenapi, kilesenapi, āpattiyāpi; hīnenapi akkosena khuṃsessanti vambhessantī''ti!

Atha kho te bhikkhū chabbaggiye bhikkhū anekapariyāyena vigarahitvā bhagavato etamatthaṃ ārocesuṃ...pe... saccaṃ kira tumhe, bhikkhave, pesalehi bhikkhūhi saddhiṃ bhaṇḍantā pesale bhikkhū omasatha – jātiyāpi...pe... hīnenapi akkosena khuṃsetha vambhethāti? ''Saccaṃ, Bhagavā''ti. Vigarahi buddho Bhagavā...pe... kathañhi nāma tumhe, moghapurisā, pesalehi bhikkhūhi saddhiṃ bhaṇḍantā pesale bhikkhū omasissatha – jātiyāpi...pe... hīnenapi akkosena khuṃsessatha vambhessatha ! Netaṃ, moghapurisā, appasannānaṃ vā pasādāya...pe... vigarahitvā...pe... dhammiṃ kathaṃ katvā bhikkhū āmantesi –

13. ''Bhūtapubbaṃ, bhikkhave, takkasilāyaṃ [takkasīlāyaṃ (ka.)] aññatarassa brāhmaṇassa nandivisālo nāma balībaddo [balivaddo (sī.), balibaddo (syā.)] ahosi. Atha kho, bhikkhave, nandivisālo balībaddo taṃ brāhmaṇaṃ etadavoca – ''gaccha tvaṃ, brāhmaṇa, seṭṭhinā saddhiṃ sahassena abbhutaṃ karohi – mayhaṃ balībaddo sakaṭasataṃ atibaddhaṃ pavaṭṭessatī''ti. Atha kho, bhikkhave, so brāhmaṇo seṭṭhinā saddhiṃ sahassena abbhutaṃ akāsi – mayhaṃ balībaddo sakaṭasataṃ atibaddhaṃ pavaṭṭessatīti. Atha kho, bhikkhave, so brāhmaṇo sakaṭasataṃ atibandhitvā nandivisālaṃ balībaddaṃ yuñjitvā etadavoca – ''gaccha, kūṭa [añcha kūṭa (sī. syā.)], vahassu, kūṭā'ti. Atha kho, bhikkhave, nandivisālo balībaddo tattheva aṭṭhāsi. Atha kho, bhikkhave, so brāhmaṇo sahassena parājito pajjhāyi. Atha kho, bhikkhave, nandivisālo balībaddo taṃ brāhmaṇaṃ etadavoca – ''kissa tvaṃ, brāhmaṇa, pajjhāyasī''ti? 'Tathā hi panāhaṃ, bho, tayā sahassena parājito''ti. 'Kissa pana maṃ tvaṃ, brāhmaṇa, akūṭaṃ kūṭavādena pāpesi? Gaccha tvaṃ, brāhmaṇa, seṭṭhinā saddhiṃ dvīhi sahassehi abbhutaṃ karohi – ''mayhaṃ balībaddo sakaṭasataṃ atibaddhaṃ pavaṭṭessatī''ti. ''Mā ca maṃ akūṭaṃ kūṭavādena pāpesī''ti. Atha kho, bhikkhave, so brāhmaṇo seṭṭhinā saddhiṃ dvīhi sahassehi abbhutaṃ akāsi – ''mayhaṃ balībaddo sakaṭasataṃ atibaddhaṃ pavaṭṭessatī''ti. Atha kho, bhikkhave, so brāhmaṇo sakaṭasataṃ atibandhitvā nandivisālaṃ balībaddaṃ yuñjitvā etadavoca – ''accha, bhadra, vahassu, bhadrā''ti. Atha kho, bhikkhave, nandivisālo balībaddo sakaṭasataṃ atibaddhaṃ pavaṭṭesi.

[jā. 1.1.28 nandivisālajātakepi, tattha pana manuññasaddo dissati] ''Manāpameva bhāseyya, nā, manāpaṃ kudācanaṃ;
Manāpaṃ bhāsamānassa, garuṃ bhāraṃ udabbahi;
Dhanañca naṃ alābhesi, tena ca, ttamano ahūti.

''Tadāpi me, bhikkhave, amanāpā khuṃsanā vambhanā. Kimaṅgaṃ pana etarahi manāpā bhavissati khuṃsanā vambhanā? Netaṃ, bhikkhave, appasannānaṃ vā pasādāya...pe.... ''Evañca pana, bhikkhave, imaṃ sikkhāpadaṃ uddiseyyātha –

14.''Omasavāde pācittiya''nti.

15.Omasavādo nāma dasahi ākārehi omasati – jātiyāpi, nāmenapi, gottenapi, kammenapi, sippenapi, ābādhenapi, liṅgenapi, kilesenapi, āpattiyāpi, akkosenapi.

Jāti nāma dve jātiyo – hīnā ca jāti ukkaṭṭhā ca jāti. Hīnā nāma jāti – caṇḍālajāti, venajāti, nesādajāti, rathakārajāti, pukkusajāti. Esā hīnā nāma jāti. Ukkaṭṭhā nāma jāti – khattiyajāti, brāhmaṇajāti. Esā ukkaṭṭhā nāma jāti.

Nāmaṃ nāma dve nāmāni – hīnañca nāmaṃ ukkaṭṭhañca nāmaṃ . Hīnaṃ nāma nāmaṃ – avakaṇṇakaṃ, javakaṇṇakaṃ, dhaniṭṭhakaṃ, saviṭṭhakaṃ, kulavaḍḍhakaṃ, tesu tesu vā pana janapadesu oññātaṃ avaññātaṃ hīḷitaṃ paribhūtaṃ acittīkataṃ, etaṃ hīnaṃ nāma nāmaṃ. Ukkaṭṭhaṃ nāma nāmaṃ – buddhappaṭisaṃyuttaṃ, dhammappaṭisaṃyuttaṃ, saṅghappaṭisaṃyuttaṃ, tesu tesu vā pana janapadesu anoññātaṃ anavaññātaṃ ahīḷitaṃ aparibhūtaṃ cittīkataṃ, etaṃ ukkaṭṭhaṃ nāma nāmaṃ.

Gottaṃ nāma dve gottāni – hīnañca gottaṃ ukkaṭṭhañca gottaṃ. Hīnaṃ nāma gottaṃ – kosiyagottaṃ, bhāradvājagottaṃ, tesu tesu vā pana janapadesu oññātaṃ avaññātaṃ hīḷitaṃ paribhūtaṃacittīkataṃ, etaṃ hīnaṃ nāma gottaṃ. Ukkaṭṭhaṃ nāma gottaṃ – Gotamagottaṃ, moggallānagottaṃ, kaccānagottaṃ, vāsiṭṭhagottaṃ, tesu tesu vā pana janapadesu anoññātaṃ anavaññātaṃ ahīḷitaṃ aparibhūtaṃ cittīkataṃ, etaṃ ukkaṭṭhaṃ nāma gottaṃ.

Kammaṃ nāma dve kammāni – hīnañca kammaṃ ukkaṭṭhañca kammaṃ. Hīnaṃ nāma kammaṃ – koṭṭhakakammaṃ, pupphachaḍḍakakammaṃ, tesu tesu vā pana janapadesu oññātaṃ avaññātaṃ hīḷitaṃ paribhūtaṃ acittīkataṃ, etaṃ hīnaṃ nāma kammaṃ. Ukkaṭṭhaṃ nāma kammaṃ – kasi, vaṇijjā, gorakkhā, tesu tesu vā pana janapadesu anoññātaṃ anavaññātaṃ ahīḷitaṃ aparibhūtaṃ cittīkataṃ. Etaṃ ukkaṭṭhaṃ nāma kammaṃ.

Sippaṃ nāma dve sippāni – hīnañca sippaṃ ukkaṭṭhañca sippaṃ . Hīnaṃ nāma sippaṃ – naḷakārasippaṃ, kumbhakārasippaṃ, pesakārasippaṃ, cammakārasippaṃ, nahāpitasippaṃ, tesu tesu vā pana janapadesu oññātaṃ avaññātaṃ hīḷitaṃ paribhūtaṃ acittīkataṃ. Etaṃ hīnaṃ nāma sippaṃ. Ukkaṭṭhaṃ nāma sippaṃ – muddā, gaṇanā, lekhā, tesu tesu vā pana janapadesu anoññātaṃ anavaññātaṃ ahīḷitaṃ aparibhūtaṃ cittīkataṃ, etaṃ ukkaṭṭhaṃ nāma sippaṃ.

Sabbepi ābādhā hīnā, apica madhumeho ābādho ukkaṭṭho.

Liṅgaṃ nāma dve liṅgāni – hīnañca liṅgaṃ ukkaṭṭhañca liṅgaṃ. Hīnaṃ nāma liṅgaṃ – atidīghaṃ, atirassaṃ, atikaṇhaṃ, accodātaṃ, etaṃ hīnaṃ nāma liṅgaṃ. Ukkaṭṭhaṃ nāma liṅgaṃ – nātidīghaṃ, nātirassaṃ, nātikaṇhaṃ, nāccodātaṃ. Etaṃ ukkaṭṭhaṃ nāma liṅgaṃ.

Sabbepi kilesā hīnā.
Sabbāpi āpattiyo hīnā. Apica, sotāpattisamāpatti ukkaṭṭhā.
Akkoso nāma dve akkosā – hīno ca akkoso ukkaṭṭho ca akkoso. Hīno nāma akkoso – oṭṭhosi, meṇḍosi, goṇosi, gadrabhosi, tiracchānagatosi, nerayikosi; natthi tuyhaṃ sugati, duggati yeva tuyhaṃ pāṭikaṅkhāti, yakārena vā bhakārena vā, kāṭakoṭacikāya vā, eso hīno nāma akkoso. Ukkaṭṭho nāma akkoso – paṇḍitosi, byattosi, medhāvīsi, bahussutosi, dhammakathikosi, natthi tuyhaṃ duggati, sugatiyeva tuyhaṃ pāṭikaṅkhāti, eso ukkaṭṭho nāma akkoso.
16. Upasampanno upasampannaṃ khuṃsetukāmo vambhetukāmo maṅkukattukāmo hīnena hīnaṃ vadeti, caṇḍālaṃ venaṃ nesādaṃ rathakāraṃ pukkusaṃ – ''caṇḍālosi, venosi, nesādosi, rathakārosi, pukkusosī''ti bhaṇati [vadetīti uddeso. bhaṇatīti vitthāro (vajirabuddhi)], āpatti vācāya, vācāya pācittiyassa.
Upasampanno upasampannaṃ khuṃsetukāmo vambhetukāmo maṅkukattukāmo hīnena ukkaṭṭhaṃ vadeti, khattiyaṃ brāhmaṇaṃ – ''caṇḍālosi, venosi, nesādosi, rathakārosi, pukkusosī''ti bhaṇati, āpatti vācāya, vācāya pācittiyassa.
Upasampanno upasampannaṃ khuṃsetukāmo vambhetukāmo maṅkukattukāmo ukkaṭṭhena hīnaṃ vadeti, caṇḍālaṃ venaṃ nesādaṃ rathakāraṃ pukkusaṃ – ''khattiyosi, brāhmaṇosī''ti bhaṇati, āpatti vācāya, vācāya pācittiyassa.
Upasampanno upasampannaṃ khuṃsetukāmo vambhetukāmo maṅkukattukāmo ukkaṭṭhena ukkaṭṭhaṃ vadeti, khattiyaṃ brāhmaṇaṃ – ''khattiyosi, brāhmaṇosī''ti bhaṇati, āpatti vācāya, vācāya pācittiyassa.
17. Upasampanno upasampannaṃ khuṃsetukāmo vambhetukāmo maṅkukattukāmo hīnena hīnaṃ vadeti, avakaṇṇakaṃ javakaṇṇakaṃ dhaniṭṭhakaṃ saviṭṭhakaṃ kulavaḍḍhakaṃ – ''avakaṇṇakosi, javakaṇṇakosi, dhaniṭṭhakosi, saviṭṭhakosi, kulavaḍḍhakosī''ti bhaṇati, āpatti vācāya, vācāya pācittiyassa.
Upasampanno upasampannaṃ khuṃsetukāmo vambhetukāmo maṅkukattukāmo hīnena ukkaṭṭhaṃ vadeti, buddharakkhitaṃ dhammarakkhitaṃ saṅgharakkhitaṃ – ''avakaṇṇakosi, javakaṇṇakosi, dhaniṭṭhakosi, saviṭṭhakosi, kulavaḍḍhakosī''ti bhaṇati, āpatti vācāya, vācāya pācittiyassa.
Upasampanno upasampannaṃ khuṃsetukāmo vambhetukāmo maṅkukattukāmo ukkaṭṭhena hīnaṃ vadeti, avakaṇṇakaṃ javakaṇṇakaṃ dhaniṭṭhakaṃ saviṭṭhakaṃ kulavaḍḍhakaṃ – ''buddharakkhitosi, dhammarakkhitosi, saṅgharakkhitosī''ti bhaṇati, āpatti vācāya, vācāya pācittiyassa.
Upasampanno upasampannaṃ khuṃsetukāmo vambhetukāmo maṅkukattukāmo ukkaṭṭhena ukaṭṭhaṃ vadeti, buddharakkhitaṃ dhammarakkhitaṃ saṅgharakkhitaṃ – ''buddharakkhitosi, dhammarakkhitosi, saṅgharakkhitosī''ti bhaṇati, āpatti vācāya, vācāya pācittiyassa.
18. Upasampanno upasampannaṃ khuṃsetukāmo vambhetukāmo maṅkukattukāmo hīnena hīnaṃ vadeti, kosiyaṃ bhāradvājaṃ – ''kosiyosi, bhāradvājosī''ti bhaṇati, āpatti vācāya, vācāya pācittiyassa.
Upasampanno upasampannaṃ khuṃsetukāmo vambhetukāmo maṅkukattukāmo hīnena ukkaṭṭhaṃ vadeti, Gotamaṃ moggallānaṃ kaccānaṃ vāsiṭṭhaṃ – ''kosiyosi, bhāradvājosī''ti bhaṇati, āpatti vācāya, vācāya pācittiyassa.
Upasampanno upasampannaṃ khuṃsetukāmo vambhetukāmo maṅkukattukāmo ukkaṭṭhena hīnaṃ vadeti, kosiyaṃ bhāradvājaṃ – ''Gotamosi, moggallānosi, kaccānosi, vāsiṭṭhosī''ti bhaṇati, āpatti vācāya, vācāya pācittiyassa.
Upasampanno upasampannaṃ khuṃsetukāmo vambhetukāmo maṅkukattukāmo ukkaṭṭhena ukkaṭṭhaṃ vadeti, Gotamaṃ moggallānaṃ kaccānaṃ vāsiṭṭhaṃ – ''Gotamosi, moggallānosi, kaccānosi, vāsiṭṭhosī''ti bhaṇati, āpatti vācāya, vācāya pācittiyassa.
19. Upasampanno upasampannaṃ khuṃsetukāmo vambhetukāmo maṅkukattukāmo hīnena hīnaṃ vadeti, koṭṭhakaṃ pupphachaḍḍakaṃ – ''koṭṭhakosi, pupphachaḍḍakosī''ti bhaṇati, āpatti vācāya, vācāya pācittiyassa.
Upasampanno upasampannaṃ khuṃsetukāmo vambhetukāmo maṅkukattukāmo hīnena ukkaṭṭhaṃ vadeti, kassakaṃ vāṇijaṃ gorakkhaṃ – ''koṭṭhakosi, pupphachaḍḍakosī''ti bhaṇati, āpatti vācāya, vācāya pācittiyassa.
Upasampanno upasampannaṃ khuṃsetukāmo vambhetukāmo maṅkukattukāmo ukkaṭṭhena hīnaṃ vadeti, koṭṭhakaṃ pupphachaḍḍakaṃ – ''kassakosi, vāṇijosi, gorakkhosī''ti bhaṇati, āpatti vācāya, vācāya pācittiyassa.
Upasampanno upasampannaṃ khuṃsetukāmo vambhetukāmo maṅkukattukāmo ukkaṭṭhena ukkaṭṭhaṃ vadeti, kassakaṃ vāṇijaṃ gorakkhaṃ – ''kassakosi, vāṇijosi, gorakkhosī''ti bhaṇati, āpatti vācāya, vācāya pācittiyassa.
20. Upasampanno upasampannaṃ khuṃsetukāmo vambhetukāmo maṅkukattukāmo hīnena hīnaṃ vadeti, naḷakāraṃ kumbhakāraṃ pesakāraṃ cammakāraṃ nahāpitaṃ – ''naḷakārosi, kumbhakārosi, pesakārosi, cammakārosi, nahāpitosī''ti bhaṇati, āpatti vācāya, vācāya pācittiyassa.
Upasampanno upasampannaṃ khuṃsetukāmo vambhetukāmo maṅkukattukāmo hīnena ukkaṭṭhaṃ vadeti, muddikaṃ gaṇakaṃ lekhakaṃ – ''naḷakārosi, kumbhakārosi, pesakārosi, cammakārosi, nahāpitosī''ti bhaṇati, āpatti vācāya, vācāya pācittiyassa.

Upasampanno upasampannaṃ khuṃsetukāmo vambhetukāmo maṅkukattukāmo ukkaṭṭhena hīnaṃ vadeti, naḷakāraṃ kumbhakāraṃ pesakāraṃ cammakāraṃ nahāpitaṃ – ''muddikosi, gaṇakosi, lekhakosī''ti bhaṇati, āpatti vācāya, vācāya pācittiyassa.

Upasampanno upasampannaṃ khuṃsetukāmo vambhetukāmo maṅkukattukāmo ukkaṭṭhena ukkaṭṭhaṃ vadeti, muddikaṃ gaṇakaṃ lekhakaṃ – ''muddikosi, gaṇakosi, lekhakosī''ti bhaṇati, āpatti vācāya, vācāya pācittiyassa.

21. Upasampanno upasampannaṃ khuṃsetukāmo vambhetukāmo maṅkukattukāmo hīnena hīnaṃ vadeti, kuṭṭhikaṃ gaṇḍikaṃ kilāsikaṃ sosikaṃ apamārikaṃ – ''kuṭṭhikosi, gaṇḍikosi, kilāsikosi, sosikosi, apamārikosī''ti bhaṇati, āpatti vācāya, vācāya pācittiyassa.

Upasampanno upasampannaṃ khuṃsetukāmo vambhetukāmo maṅkukattukāmo hīnena ukkaṭṭhaṃ vadeti, madhumehikaṃ – ''kuṭṭhikosi, gaṇḍikosi, kilāsikosi, sosikosi, apamārikosī''ti bhaṇati, āpatti vācāya, vācāya pācittiyassa.

Upasampanno upasampannaṃ khuṃsetukāmo vambhetukāmo maṅkukattukāmo ukkaṭṭhena hīnaṃ vadeti, kuṭṭhikaṃ gaṇḍikaṃ kilāsikaṃ sosikaṃ apamārikaṃ – ''madhumehikosī''ti bhaṇati, āpatti vācāya, vācāya pācittiyassa.

Upasampanno upasampannaṃ khuṃsetukāmo vambhetukāmo maṅkukattukāmo ukkaṭṭhena ukkaṭṭhaṃ vadeti, madhumehikaṃ – ''madhumehikosī''ti bhaṇati, āpatti vācāya, vācāya pācittiyassa.

22. Upasampanno upasampannaṃ khuṃsetukāmo vambhetukāmo maṅkukattukāmo hīnena hīnaṃ vadeti, atidīghaṃ atirassaṃ atikaṇhaṃ accodātaṃ – ''atidīghosi, atirassosi, atikaṇhosi, accodātosī''ti bhaṇati, āpatti vācāya, vācāya pācittiyassa.

Upasampanno upasampannaṃ khuṃsetukāmo vambhetukāmo maṅkukattukāmo hīnena ukkaṭṭhaṃ vadeti, nātidīghaṃ nātirassaṃ nātikaṇhaṃ nāccodātaṃ – ''atidīghosi, atirassosi, atikaṇhosi, accodātosī''ti bhaṇati, āpatti vācāya, vācāya pācittiyassa.

Upasampanno upasampannaṃ khuṃsetukāmo vambhetukāmo maṅkukattukāmo ukkaṭṭhena hīnaṃ vadeti, atidīghaṃ atirassaṃ atikaṇhaṃ accodātaṃ – ''nātidīghosi, nātirassosi, nātikaṇhosi, nāccodātosī''ti bhaṇati, āpatti vācāya, vācāya pācittiyassa.

Upasampanno upasampannaṃ khuṃsetukāmo vambhetukāmo maṅkukattukāmo ukkaṭṭhena ukkaṭṭhaṃ vadeti, nātidīghaṃ nātirassaṃ nātikaṇhaṃ nāccodātaṃ – ''nātidīghosi, nātirassosi, nātikaṇhosi, nāccodātosī''ti bhaṇati, āpatti vācāya, vācāya pācittiyassa.

23. Upasampanno upasampannaṃ khuṃsetukāmo vambhetukāmo maṅkukattukāmo hīnena hīnaṃ vadeti, rāgapariyuṭṭhitaṃ dosapariyuṭṭhitaṃ mohapariyuṭṭhitaṃ – ''rāgapariyuṭṭhitosi, dosapariyuṭṭhitosi, mohapariyuṭṭhitosī''ti bhaṇati, āpatti vācāya, vācāya pācittiyassa.

Upasampanno upasampannaṃ khuṃsetukāmo vambhetukāmo maṅkukattukāmo hīnena ukkaṭṭhaṃ vadeti, vītarāgaṃ vītadosaṃ vītamohaṃ – ''rāgapariyuṭṭhitosi , dosapariyuṭṭhitosi, mohapariyuṭṭhitosī''ti bhaṇati, āpatti vācāya, vācāya pācittiyassa.

Upasampanno upasampannaṃ khuṃsetukāmo vambhetukāmo maṅkukattukāmo ukkaṭṭhena hīnaṃ vadeti, rāgapariyuṭṭhitaṃ dosapariyuṭṭhitaṃ mohapariyuṭṭhitaṃ – ''vītarāgosi, vītadososi, vītamohosī''ti bhaṇati, āpatti vācāya, vācāya pācittiyassa.

Upasampanno upasampannaṃ khuṃsetukāmo vambhetukāmo maṅkukattukāmo ukkaṭṭhena ukkaṭṭhaṃ vadeti, vītarāgaṃ vītadosaṃ vītamohaṃ – ''vītarāgosi, vītadososi, vītamohosī''ti bhaṇati, āpatti vācāya, vācāya pācittiyassa.

24. Upasampanno upasampannaṃ khuṃsetukāmo vambhetukāmo maṅkukattukāmo hīnena hīnaṃ vadeti, pārājikaṃ ajjhāpannaṃ saṅghādisesaṃ ajjhāpannaṃ thullaccayaṃ ajjhāpannaṃ pācittiyaṃ ajjhāpannaṃ pāṭidesanīyaṃ ajjhāpannaṃ dukkaṭaṃ ajjhāpannaṃ dubbhāsitaṃ ajjhāpannaṃ – ''pārājikaṃ ajjhāpannosi, saṅghādisesaṃ ajjhāpannosi, thullaccayaṃ ajjhāpannosi, pācittiyaṃ ajjhāpannosi, pāṭidesanīyaṃ ajjhāpannosi, dukkaṭaṃ ajjhāpannosi, dubbhāsitaṃ ajjhāpannosī''ti bhaṇati, āpatti vācāya, vācāya pācittiyassa.

Upasampanno upasampannaṃ khuṃsetukāmo vambhetukāmo maṅkukattukāmo hīnena ukkaṭṭhaṃ vadeti, sotāpannaṃ – ''pārājikaṃ ajjhāpannosi...pe... dubbhāsitaṃ ajjhāpannosī''ti bhaṇati, āpatti vācāya, vācāya pācittiyassa.

Upasampanno upasampannaṃ khuṃsetukāmo vambhetukāmo maṅkukattukāmo ukkaṭṭhena hīnaṃ vadeti, pārājikaṃ ajjhāpannaṃ...pe... dubbhāsitaṃ ajjhāpannaṃ – ''sotāpannosī''ti bhaṇati, āpatti vācāya, vācāya pācittiyassa.

Upasampanno upasampannaṃ khuṃsetukāmo vambhetukāmo maṅkukattukāmo ukkaṭṭhena ukkaṭṭhaṃ vadeti, sotāpannaṃ – ''sotāpannosī''ti bhaṇati, āpatti vācāya, vācāya pācittiyassa.

25. Upasampanno upasampannaṃ khuṃsetukāmo vambhetukāmo maṅkukattukāmo hīnena hīnaṃ vadeti, oṭṭhaṃ meṇḍaṃ goṇaṃ gadrabhaṃ tiracchānagataṃ nerayikaṃ – ''oṭṭhosi, meṇḍosi, goṇosi, gadrabhosi, tiracchānagatosi, nerayikosi, natthi tuyhaṃ sugati, duggati yeva tuyhaṃ pāṭikaṅkhā''ti bhaṇati, āpatti vācāya, vācāya pācittiyassa.

Upasampanno upasampannaṃ khuṃsetukāmo vambhetukāmo maṅkukattukāmo hīnena ukkaṭṭhaṃ vadeti, paṇḍitaṃ byattaṃ medhāvi bahussutaṃ dhammakathikaṃ – ''oṭṭhosi, meṇḍosi, goṇosi, gadrabhosi, tiracchānagatosi, nerayikosi; natthi tuyhaṃ sugati, duggati yeva tuyhaṃ pāṭikaṅkhā''ti bhaṇati, āpatti vācāya, vācāya pācittiyassa.

Upasampanno upasampannaṃ khuṃsetukāmo vambhetukāmo maṅkukattukāmo ukkaṭṭhena hīnaṃ vadeti, oṭṭhaṃ meṇḍaṃ goṇaṃ gadrabhaṃ tiracchānagataṃ nerayikaṃ – ''paṇḍitosi, byattosi, medhāvīsi, bahussutosi, dhammakathikosi, natthi tuyhaṃ duggati, sugati yeva tuyhaṃ pāṭikaṅkhā''ti bhaṇati, āpatti vācāya, vācāya pācittiyassa.

Upasampanno upasampannaṃ khuṃsetukāmo vambhetukāmo maṅkukattukāmo ukkaṭṭhena ukkaṭṭhaṃ vadeti, paṇḍitaṃ byattaṃ medhāviṃ bahussutaṃ dhammakathikaṃ – ''paṇḍitosi, byattosi, medhāvīsi, bahussutosi, dhammakathikosi, natthi tuyhaṃ duggati, sugati yeva tuyhaṃ pāṭikaṅkhā''ti bhaṇati, āpatti vācāya, vācāya pācittiyassa.

26. Upasampanno upasampannaṃ khuṃsetukāmo vambhetukāmo maṅkukattukāmo evaṃ vadeti, ''santi idhekacce caṇḍālā venā nesādā rathakārā pukkusā''ti bhaṇati, āpatti vācāya, vācāya dukkaṭassa.

Upasampanno upasampannaṃ khuṃsetukāmo vambhetukāmo maṅkukattukāmo evaṃ vadeti, ''santi idhekacce khattiyā, brāhmaṇā''ti bhaṇati, āpatti vācāya, vācāya dukkaṭassa.

27. Upasampanno upasampannaṃ khuṃsetukāmo vambhetukāmo maṅkukattukāmo evaṃ vadeti, ''santi idhekacce avakaṇṇakā javakaṇṇakā dhaniṭṭhakā saviṭṭhakā kulavaḍḍhakā''ti bhaṇati...pe.... ''Santi idhekacce buddharakkhitā dhammarakkhitā saṅgharakkhitā''ti bhaṇati ...pe.... ''Santi idhekacce kosiyā bhāradvājā''ti bhaṇati...pe.... ''Santi idhekacce Gotamā moggallānā kaccānā vāsiṭṭhā''ti bhaṇati...pe.... ''Santi idhekacce koṭṭhakā pupphachaḍḍakā''ti bhaṇati...pe.... ''Santi idhekacce kassakā vāṇijā gorakkhā''ti bhaṇati...pe.... ''Santi idhekacce naḷakārā kumbhakārā pesakārā cammakārā nahāpitā''ti bhaṇati...pe.... ''Santi idhekacce muddikā gaṇakā lekhakā''ti bhaṇati...pe.... ''Santi idhekacce kuṭṭhikā gaṇḍikā kilāsikā sosikā apamārikā''ti bhaṇati...pe.... ''Santi idhekacce madhumehikā''ti bhaṇati...pe.... ''Santi idhekacce atidīghā atirassā atikaṇhā accodātā''ti bhaṇati...pe.... ''Santi idhekacce nātidīghā nātirassā nātikaṇhā nāccodātā''ti bhaṇati...pe.... ''Santi idhekacce rāgapariyuṭṭhitā dosapariyuṭṭhitā mohapariyuṭṭhitā''ti bhaṇati...pe.... ''Santi idhekacce vītarāgā vītadosā vītamohā''ti bhaṇati...pe.... ''Santi idhekacce pārājikaṃ ajjhāpannā...pe... dubbhāsitaṃ ajjhāpannā''ti bhaṇati...pe.... ''Santi idhekacce sotāpannā''ti bhaṇati...pe.... ''Santi idhekacce oṭṭhā meṇḍā goṇā gadrabhā tiracchānagatā nerayikā, natthi tesaṃ sugati, duggatiyeva tesaṃ pāṭikaṅkhā''ti bhaṇati, āpatti vācāya, vācāya dukkaṭassa.

28. Upasampanno upasampannaṃ khuṃsetukāmo vambhetukāmo maṅkukattukāmo evaṃ vadeti, ''santi idhekacce paṇḍitā byattā, medhāvī bahussutā dhammakathikā, natthi tesaṃ duggati, sugatiyeva tesaṃ pāṭikaṅkhā''ti bhaṇati, āpatti vācāya, vācāya dukkaṭassa.

29. Upasampanno upasampannaṃ khuṃsetukāmo vambhetukāmo maṅkukattukāmo evaṃ vadeti, ''ye nūna caṇḍālā venā nesādā rathakārā pukkusā''ti bhaṇati, āpatti vācāya, vācāya dukkaṭassa...pe....

Upasampanno upasampannaṃ khuṃsetukāmo vambhetukāmo maṅkukattukāmo evaṃ vadeti, ''ye nūna paṇḍitā byattā medhāvī bahussutā dhammakathikā''ti bhaṇati, āpatti vācāya, vācāya dukkaṭassa.

30. Upasampanno upasampannaṃ khuṃsetukāmo vambhetukāmo maṅkukattukāmo evaṃ vadeti, ''na mayaṃ caṇḍālā venā nesādā rathakārā pukkusā''ti bhaṇati...pe.... ''Na mayaṃ paṇḍitā byattāmedhāvī bahussutā dhammakathikā, natthamhākaṃ duggati, sugatiyeva amhākaṃ pāṭikaṅkhā''ti bhaṇati. Āpatti vācāya, vācāya dukkaṭassa.

31. Upasampanno anupasampannaṃ khuṃsetukāmo vambhetukāmo maṅkukattukāmo hīnena hīnaṃ vadeti,...pe... hīnena ukkaṭṭhaṃ vadeti...pe... ukkaṭṭhena hīnaṃ vadeti...pe... ukkaṭṭhena ukkaṭṭhaṃ vadeti, paṇḍitaṃ byattaṃ medhāviṃ bahussutaṃ dhammakathikaṃ – ''paṇḍitosi, byattosi, medhāvīsi, bahussutosi, dhammakathikosi, natthi tuyhaṃ duggati, sugatiyeva tuyhaṃ pāṭikaṅkhā''tibhaṇati, āpatti vācāya, vācāya dukkaṭassa.

Upasampanno anupasampannaṃ khuṃsetukāmo vambhetukāmo maṅkukattukāmo evaṃ vadeti, ''santi idhekacce caṇḍālā venā nesādā rathakārā pukkusā''ti bhaṇati...pe.... ''Santi idhekacce paṇḍitā byattā medhāvī bahussutā dhammakathikā, natthi tesaṃ duggati, sugatiyeva tesaṃ pāṭikaṅkhā''ti bhaṇati, āpatti vācāya, vācāya dukkaṭassa.

Upasampanno anupasampannaṃ khuṃsetukāmo vambhetukāmo maṅkukattukāmo evaṃ vadeti, ''ye nūna caṇḍālā venā nesādā rathakārā pukkusā''ti bhaṇati...pe.... ''Ye nūna paṇḍitā byattā medhāvī bahussutā dhammakathikā''ti bhaṇati, āpatti vācāya, vācāya dukkaṭassa.

Upasampanno anupasampannaṃ khuṃsetukāmo vambhetukāmo maṅkukattukāmo evaṃ vadeti, ''na mayaṃ caṇḍālā venā nesādā rathakārā pukkusā''ti bhaṇati...pe.... ''Na mayaṃ paṇḍitā byattā medhāvī bahussutā dhammakathikā, natthamhākaṃ duggati, sugatiyeva amhākaṃ pāṭikaṅkhā''ti bhaṇati. Āpatti vācāya, vācāya dukkaṭassa.

32. Upasampanno upasampannaṃ na khuṃsetukāmo na vambhetukāmo na maṅkukattukāmo, davakamyatā hīnena hīnaṃ vadeti, caṇḍālaṃ venaṃ nesādaṃ rathakāraṃ pukkusaṃ – ''caṇḍālosi, venosi, nesādosi, rathakārosi , pukkusosī''ti bhaṇati, āpatti vācāya, vācāya dubbhāsitassa.
Upasampanno upasampannaṃ na khuṃsetukāmo na vambhetukāmo na maṅkukattukāmo, davakamyatā hīnena ukkaṭṭhaṃ vadeti, khattiyaṃ brāhmaṇaṃ – ''caṇḍālosi, venosi, nesādosi, rathakārosi, pukkusosī''ti bhaṇati, āpatti vācāya, vācāya dubbhāsitassa.
Upasampanno upasampannaṃ na khuṃsetukāmo na vambhetukāmo na maṅkukattukāmo, davakamyatā ukkaṭṭhena hīnaṃ vadeti, caṇḍālaṃ venaṃ nesādaṃ rathakāraṃ pukkusaṃ – ''khattiyosi, brāhmaṇosī''ti bhaṇati, āpatti vācāya, vācāya dubbhāsitassa.
Upasampanno upasampannaṃ na khuṃsetukāmo na vambhetukāmo na maṅkukattukāmo, davakamyatā ukkaṭṭhena ukkaṭṭhaṃ vadeti, khattiyaṃ brāhmaṇaṃ – ''khattiyosi, brāhmaṇosī''ti bhaṇati, āpatti vācāya, vācāya dubbhāsitassa.
Upasampanno upasampannaṃ na khuṃsetukāmo na vambhetukāmo na maṅkukattukāmo, davakamyatā hīnena hīnaṃ vadeti...pe... hīnena ukkaṭṭhaṃ vadeti...pe... ukkaṭṭhena hīnaṃ vadeti...pe... ukkaṭṭhena ukkaṭṭhaṃ vadeti, paṇḍitaṃ byattaṃ medhāviṃ bahussutaṃ dhammakathikaṃ – ''paṇḍitosi, byattosi, medhāvīsi, bahussutosi, dhammakathikosi, natthi tuyhaṃ duggati, sugati yeva tuyhaṃ pāṭikaṅkhā''ti bhaṇati, āpatti vācāya, vācāya dubbhāsitassa.
33. Upasampanno upasampannaṃ na khuṃsetukāmo na vambhetukāmo na maṅkukattukāmo, davakamyatā evaṃ vadeti, ''santi idhekacce caṇḍālā venā nesādā rathakārā pukkusā''ti bhaṇati...pe.... ''Santi idhekacce paṇḍitā byattā medhāvī bahussutā dhammakathikā, natthi tesaṃ duggati, sugati yeva tesaṃ pāṭikaṅkhā''ti bhaṇati, āpatti vācāya, vācāya dubbhāsitassa.
Upasampanno upasampannaṃ na khuṃsetukāmo na vambhetukāmo na maṅkukattukāmo, davakamyatā evaṃ vadeti, ''ye nūna caṇḍālā venā nesādā rathakārā pukkusā''ti bhaṇati...pe.... ''Ye nūna paṇḍitā byattā medhāvī bahussutā dhammakathikā''ti bhaṇati, āpatti vācāya, vācāya dubbhāsitassa.
Upasampanno upasampannaṃ na khuṃsetukāmo na vambhetukāmo na maṅkukattukāmo, davakamyatā evaṃ vadeti, ''na mayaṃ caṇḍālā venā nesādā rathakārā pukkusā''ti bhaṇati...pe.... ''Na mayaṃ paṇḍitā byattā medhāvī bahussutā dhammakathikā, natthamhākaṃ duggati, sugatiyeva amhākaṃ pāṭikaṅkhā''ti bhaṇati. Āpatti vācāya, vācāya dubbhāsitassa.
34. Upasampanno anupasampannaṃ na khuṃsetukāmo na vambhetukāmo na maṅkukattukāmo, davakamyatā hīnena hīnaṃ vadeti...pe... hīnena ukkaṭṭhaṃ vadeti...pe... ukkaṭṭhena hīnaṃ vadeti...pe... ukkaṭṭhena ukkaṭṭhaṃ vadeti, paṇḍitaṃ byattaṃ medhāviṃ bahussutaṃ dhammakathikaṃ – ''paṇḍitosi , byattosi, medhāvīsi, bahussutosi dhammakathikosi, natthi tuyhaṃ duggati; sugati yeva tuyhaṃ pāṭikaṅkhā''ti bhaṇati, āpatti vācāya, vācāya dubbhāsitassa.
Upasampanno anupasampannaṃ na khuṃsetukāmo na vambhetukāmo na maṅkukattukāmo, davakamyatā evaṃ vadeti, ''santi idhekacce caṇḍālā venā nesādā rathakārā pukkusā''ti bhaṇati...pe.... ''Santi idhekacce paṇḍitā byattā medhāvī bahussutā dhammakathikā, natthi tesaṃ duggati, sugati yeva tesaṃ pāṭikaṅkhā''ti bhaṇati, āpatti vācāya, vācāya dubbhāsitassa.
Upasampanno anupasampannaṃ na khuṃsetukāmo na vambhetukāmo na maṅkukattukāmo, davakamyatā evaṃ vadeti, ''ye nūna caṇḍālā venā nesādā rathakārā pukkusā''ti bhaṇati...pe.... ''Ye nūna paṇḍitā byattā medhāvī bahussutā dhammakathikā''ti bhaṇati, āpatti vācāya, vācāya dubbhāsitassa.
Upasampanno anupasampannaṃ na khuṃsetukāmo na vambhetukāmo na maṅkukattukāmo, davakamyatā evaṃ vadeti, ''na mayaṃ caṇḍālā venā nesādā rathakārā pukkusā''ti bhaṇati...pe.... ''Na mayaṃ paṇḍitā byattā medhāvī bahussutā dhammakathikā, natthamhākaṃ duggati, sugati yeva amhākaṃ pāṭikaṅkhā''ti bhaṇati, āpatti vācāya, vācāya dubbhāsitassa.
35. Anāpatti atthapurekkhārassa, dhammapurekkhārassa, anusāsanipurekkhārassa, ummattakassa, khittacittassa, vedanāṭṭassa, ādikammikassāti.
Omasavādasikkhāpadaṃ niṭṭhitaṃ dutiyaṃ.
3. Pesuññasikkhāpadaṃ
36. Tena samayena buddho Bhagavā sāvatthiyaṃ viharati jetavane anāthapiṇḍikassa ārāme. Tena kho pana samayena chabbaggiyā bhikkhū bhikkhūnaṃ bhaṇḍanajātānaṃ kalahajātānaṃ vivādāpannānaṃ pesuññaṃ upasaṃharanti; imassa sutvā amussa akkhāyanti, imassa bhedāya; amussa sutvā imassa akkhāyanti, amussa bhedāya. Tena anuppannāni ceva bhaṇḍanāni uppajjanti, uppannāni ca bhaṇḍanāni bhiyyobhāvāya vepullāya saṃvattanti. Ye te bhikkhū appicchā...pe... te ujjhāyanti khiyyanti vipācenti – ''kathañhi nāma chabbaggiyā bhikkhū bhikkhūnaṃ bhaṇḍanajātānaṃ kalahajātānaṃ vivādāpannānaṃ pesuññaṃ upasaṃharissanti, imassa sutvā amussa akkhāyissanti, imassa bhedāya; amussa sutvā imassa akkhāyissanti, amussa bhedāya! Tena anuppannāni ceva bhaṇḍanāni uppajjanti, uppannāni ca bhaṇḍanāni bhiyyobhāvāya vepullāya saṃvattantī''ti. Atha kho te bhikkhū chabbaggiye bhikkhū anekapariyāyena vigarahitvā bhagavato etamatthaṃ ārocesuṃ...pe... ''saccaṃ kira tumhe, bhikkhave, bhikkhūnaṃ bhaṇḍanajātānaṃ kalahajātānaṃ vivādāpannānaṃ pesuññaṃ upasaṃharatha, imassa sutvā amussa akkhāyatha, imassa bhedāya, amussa sutvā imassa akkhāyatha, amussa bhedāya? Tena anuppannāni ceva

bhaṇḍanāni uppajjanti, uppannāni ca bhaṇḍanāni bhiyyobhāvāya vepullāya saṃvattantī''ti? ''Saccaṃ, Bhagavā''ti. Vigarahi buddho Bhagavā...pe... kathañhi nāma tumhe, moghapurisā, bhikkhūnaṃ bhaṇḍanajātānaṃ kalahajātānaṃ vivādāpannānaṃ pesuññaṃ upasaṃharissatha! Imassa sutvā amussa akkhāyissatha, imassa bhedāya! Amussa sutvā imassa akkhāyissatha, amussa bhedāya! Tena anuppannāni ceva bhaṇḍanāni uppajjanti, uppannāni ca bhaṇḍanāni bhiyyobhāvāya vepullāya saṃvattanti. Netaṃ, moghapurisā, appasannānaṃ vā pasādāya. Pasannānaṃ vā bhiyyobhāvāya...pe... evañca pana, bhikkhave, imaṃ sikkhāpadaṃ uddiseyyātha –

37.''Bhikkhupesuññe pācittiya''nti.

38.Pesuññaṃ nāma dvīhākārehi pesuññaṃ hoti – piyakamyassa vā bhedādhippāyassa vā. Dasahākārehi pesuññaṃ upasaṃharati – jātitopi, nāmatopi, gottatopi, kammatopi, sippatopi, ābādhatopi, liṅgatopi, kilesatopi, āpattitopi, akkosatopi.

Jāti nāma dve jātiyo – hīnā ca jāti ukkaṭṭhā ca jāti. Hīnā nāma jāti – caṇḍālajāti venajāti nesādajāti rathakārajāti pukkusajāti. Esā hīnā nāma jāti. Ukkaṭṭhā nāma jāti – khattiyajāti brāhmaṇajāti. Esā ukkaṭṭhā nāma jāti...pe....

Akkoso nāma dve akkosā – hīno ca akkoso ukkaṭṭho ca akkoso. Hīno nāma akkoso – oṭṭhosi, meṇḍosi, goṇosi, gadrabhosi, tiracchānagatosi, nerayikosi; natthi tuyhaṃ sugati; duggati yeva tuyhaṃ pāṭikaṅkhāti, yakārena vā bhakārena vā kāṭakoṭacikāya vā. Eso hīno nāma akkoso. Ukkaṭṭho nāma akkoso – paṇḍitosi, byattosi, medhāvīsi, bahussutosi, dhammakathikosi; natthi tuyhaṃ duggati; sugati yeva tuyhaṃ pāṭikaṅkhāti. Eso ukkaṭṭho nāma akkoso.

39. Upasampanno upasampannassa sutvā upasampannassa pesuññaṃ upasaṃharati – ''itthannāmo taṃ 'caṇḍālo veno nesādo rathakāro pukkuso'ti bhaṇatī''ti. Āpatti vācāya, vācāya pācittiyassa.

Upasampanno upasampannassa sutvā upasampannassa pesuññaṃ upasaṃharati – ''itthannāmo taṃ 'khattiyo brāhmaṇo'ti bhaṇatī''ti. Āpatti vācāya, vācāya pācittiyassa.

Upasampanno upasampannassa sutvā upasampannassa pesuññaṃ upasaṃharati – ''itthannāmo taṃ 'avakaṇṇako javakaṇṇako dhaniṭṭhako saviṭṭhako kulavaḍḍhako'ti bhaṇatī''ti. Āpatti vācāya, vācāya pācittiyassa.

Upasampanno upasampannassa sutvā upasampannassa pesuññaṃ upasaṃharati – ''itthannāmo taṃ 'buddharakkhito dhammarakkhito saṅgharakkhito'ti bhaṇatī''ti. Āpatti vācāya, vācāya pācittiyassa.

Upasampanno upasampannassa sutvā upasampannassa pesuññaṃ upasaṃharati – ''itthannāmo taṃ 'kosiyo bhāradvājo'ti bhaṇatī''ti. Āpatti vācāya, vācāya pācittiyassa.

Upasampanno upasampannassa sutvā upasampannassa pesuññaṃ upasaṃharati – ''itthannāmo taṃ 'Gotamo moggallāno kaccāno vāsiṭṭho'ti bhaṇatī''ti. Āpatti vācāya, vācāya pācittiyassa.

Upasampanno upasampannassa sutvā upasampannassa pesuññaṃ upasaṃharati – ''itthannāmo taṃ 'koṭṭhako pupphachaḍḍako'ti bhaṇatī''ti. Āpatti vācāya, vācāya pācittiyassa.

Upasampanno upasampannassa sutvā upasampannassa pesuññaṃ upasaṃharati – ''itthannāmo taṃ 'kassako vāṇijo gorakkho'ti bhaṇatī''ti. Āpatti vācāya, vācāya pācittiyassa.

Upasampanno upasampannassa sutvā upasampannassa pesuññaṃ upasaṃharati – ''itthannāmo taṃ 'naḷakāro kumbhakāro pesakāro cammakāro nahāpito'ti bhaṇatī''ti. Āpatti vācāya, vācāya pācittiyassa.

Upasampanno upasampannassa sutvā upasampannassa pesuññaṃ upasaṃharati – ''itthannāmo taṃ 'muddiko gaṇako lekhako'ti bhaṇatī''ti. Āpatti vācāya, vācāya pācittiyassa.

40. Upasampanno upasampannassa sutvā upasampannassa pesuññaṃ upasaṃharati – ''itthannāmo taṃ 'kuṭṭhiko gaṇḍiko kilāsiko sosiko apamāriko'ti bhaṇatī''ti. Āpatti vācāya, vācāya pācittiyassa.

Upasampanno upasampannassa sutvā upasampannassa pesuññaṃ upasaṃharati – ''itthannāmo taṃ 'madhumehiko'ti bhaṇatī''ti. Āpatti vācāya, vācāya pācittiyassa.

Upasampanno upasampannassa sutvā upasampannassa pesuññaṃ upasaṃharati – ''itthannāmo taṃ 'atidīgho atirasso atikaṇho accodāto'ti bhaṇatī''ti. Āpatti vācāya, vācāya pācittiyassa.

Upasampanno upasampannassa sutvā upasampannassa pesuññaṃ upasaṃharati – ''itthannāmo taṃ 'nātidīgho nātirasso nātikaṇho nāccodāto'ti bhaṇatī''ti. Āpatti vācāya, vācāya pācittiyassa.

Upasampanno upasampannassa sutvā upasampannassa pesuññaṃ upasaṃharati – ''itthannāmo taṃ 'rāgapariyuṭṭhito dosapariyuṭṭhito mohapariyuṭṭhito'ti bhaṇatī''ti. Āpatti vācāya, vācāya pācittiyassa.

Upasampanno upasampannassa sutvā upasampannassa pesuññaṃ upasaṃharati – ''itthannāmo taṃ 'vītarāgo vītadoso vītamoho'ti bhaṇatī''ti. Āpatti vācāya, vācāya pācittiyassa.

Upasampanno upasampannassa sutvā upasampannassa pesuññaṃ upasaṃharati – ''itthannāmo taṃ 'pārājikaṃ ajjhāpanno, saṅghādisesaṃ ajjhāpanno, thullaccayaṃ ajjhāpanno, pācittiyaṃ ajjhāpanno, pāṭidesanīyaṃ ajjhāpanno, dukkaṭaṃ ajjhāpanno, dubbhāsitaṃ ajjhāpanno'ti bhaṇatī''ti. Āpatti vācāya, vācāya pācittiyassa.

Upasampanno upasampannassa sutvā upasampannassa pesuññaṃ upasaṃharati – ''itthannāmo taṃ 'sotāpanno'ti bhaṇatī''ti. Āpatti vācāya, vācāya pācittiyassa.

Upasampanno upasampannassa sutvā upasampannassa pesuññaṃ upasaṃharati – ''itthannāmo taṃ 'oṭṭho meṇḍo goṇo gadrabho tiracchānagato nerayiko, natthi tassa sugati, duggatiyeva tassa pāṭikaṅkhā'ti bhaṇatī''ti. Āpatti vācāya, vācāya pācittiyassa.
Upasampanno upasampannassa sutvā upasampannassa pesuññaṃ upasaṃharati – ''itthannāmo taṃ 'paṇḍito byatto medhāvī bahussuto dhammakathiko, natthi tassa duggati, sugati yeva tassa pāṭikaṅkhā'ti bhaṇatī''ti. Āpatti vācāya, vācāya pācittiyassa.
41. Upasampanno upasampannassa sutvā upasampannassa pesuññaṃ upasaṃharati – ''itthannāmo 'santi idhekacce caṇḍālā venā nesādā rathakārā, pukkusā'ti bhaṇati, na so aññaṃ bhaṇati, taññeva bhaṇatī''ti. Āpatti vācāya, vācāya dukkaṭassa.
Upasampanno upasampannassa sutvā upasampannassa pesuññaṃ upasaṃharati – ''itthannāmo 'santi idhekacce khattiyā brāhmaṇā'ti bhaṇati, na so aññaṃ bhaṇati, taññeva bhaṇatī'ti. Āpatti vācāya, vācāya dukkaṭassa...pe....
Upasampanno upasampannassa sutvā upasampannassa pesuññaṃ upasaṃharati – ''itthannāmo 'santi idhekacce paṇḍitā byattā medhāvī bahussutā dhammakathikā, natthi tesaṃ duggati, sugati yeva tesaṃ pāṭikaṅkhā'ti bhaṇati, na so aññaṃ bhaṇati, taññeva bhaṇatī''ti. Āpatti vācāya, vācāya dukkaṭassa.
Upasampanno upasampannassa sutvā upasampannassa pesuññaṃ upasaṃharati – ''itthannāmo 'ye nūna caṇḍālā venā nesādā rathakārā pukkusā'ti bhaṇati, na so aññaṃ bhaṇati, taññeva bhaṇatī''ti. Āpatti vācāya, vācāya dukkaṭassa.
Upasampanno upasampannassa sutvā upasampannassa pesuññaṃ upasaṃharati – ''itthannāmo 'ye nūna paṇḍitā byattā medhāvī bahussutā dhammakathikā'ti bhaṇati, na so aññaṃ bhaṇati, taññeva bhaṇatī''ti. Āpatti vācāya, vācāya dukkaṭassa.
Upasampanno upasampannassa sutvā upasampannassa pesuññaṃ upasaṃharati – ''itthannāmo 'na mayaṃ caṇḍālā venā nesādā rathakārā pukkusā'ti bhaṇati, na so aññaṃ bhaṇati, taññeva bhaṇatī''ti. Āpatti vācāya, vācāya dukkaṭassa.
Upasampanno upasampannassa sutvā upasampannassa pesuññaṃ upasaṃharati– ''itthannāmo 'na mayaṃ paṇḍitā byattā medhāvī bahussutā dhammakathikā, natthamhākaṃ duggati, sugati yeva amhākaṃ pāṭikaṅkhā'ti bhaṇati, na so aññaṃ bhaṇati, taññeva bhaṇatī''ti. Āpatti vācāya, vācāya dukkaṭassa.
42. Upasampanno upasampannassa sutvā upasampannassa pesuññaṃ upasaṃharati; āpatti vācāya, vācāya pācittiyassa.
Upasampanno upasampannassa sutvā anupasampannassa pesuññaṃ upasaṃharati, āpatti dukkaṭassa.
Upasampanno anupasampannassa sutvā upasampannassa pesuññaṃ upasaṃharati, āpatti dukkaṭassa.
Upasampanno anupasampannassa sutvā anupasampannassa pesuññaṃ upasaṃharati, āpatti dukkaṭassa.
43. Anāpatti napiyakamyassa, nabhedādhippāyassa, ummattakassa, ādikammikassāti.
Pesuññasikkhāpadaṃ niṭṭhitaṃ tatiyaṃ.
4. Padasodhammasikkhāpadaṃ
44. Tena samayena buddho Bhagavā sāvatthiyaṃ viharati jetavane anāthapiṇḍikassa ārāme. Tena kho pana samayena chabbaggiyā bhikkhū upāsake padaso dhammaṃ vācenti. Upāsakā bhikkhūsu agāravā appatissā asabhāgavuttikā viharanti. Ye te bhikkhū appicchā...pe... te ujjhāyanti khiyyanti vipācenti – ''kathañhi nāma chabbaggiyā bhikkhū upāsake padaso dhammaṃ vācessanti! Upāsakā bhikkhūsu agāravā appatissā asabhāgavuttikā viharantī''ti. Atha kho te bhikkhū chabbaggiye bhikkhū anekapariyāyena vigarahitvā bhagavato etamatthaṃ ārocesuṃ...pe... ''saccaṃ kira tumhe, bhikkhave, upāsake padaso dhammaṃ vācetha; upāsakā bhikkhūsu agāravā appatissā asabhāgavuttikā viharantī''ti? ''Saccaṃ, Bhagavā''ti. Vigarahi buddho Bhagavā...pe... kathañhi nāma tumhe, moghapurisā, upāsake padaso dhammaṃ vācessatha! Upāsakā bhikkhūsu agāravā appatissā asabhāgavuttikā viharanti! Netaṃ, moghapurisā, appasannānaṃ vā pasādāya pasannānaṃ vā bhiyyobhāvāya...pe... evañca pana, bhikkhave, imaṃ sikkhāpadaṃ uddiseyyātha –
45.''Yo pana bhikkhu anupasampannaṃ padaso dhammaṃ vāceyya pācittiya''nti.
46.Yopanāti yo yādiso...pe... bhikkhūti...pe... ayaṃ imasmiṃ atthe adhippeto bhikkhūti.
Anupasampanno nāma bhikkhuñca bhikkhuniñca ṭhapetvā avaseso anupasampanno nāma.
Padaso nāma padaṃ, anupadaṃ, anvakkharaṃ, anubyañjanaṃ.
Padaṃ nāma ekato paṭṭhapetvā ekato osāpenti. Anupadaṃ nāma pāṭekkaṃ paṭṭhapetvā ekato osāpenti. Anvakkharaṃ nāma ''rūpaṃ anicca''nti vuccamāno, ''ru''nti opāteti. Anubyañjanaṃ nāma ''rūpaṃ anicca''nti vuccamāno, ''vedanā aniccā''ti saddaṃ nicchāreti.
Yañca padaṃ, yañca anupadaṃ, yañca anvakkharaṃ, yañca anubyañjanaṃ – sabbametaṃ padaso [padaso dhammo (itipi)] nāma.
Dhammo nāma buddhabhāsito, sāvakabhāsito, isibhāsito, devatābhāsito, atthūpasañhito, dhammūpasañhito.
Vāceyyāti padena vāceti, pade pade āpatti pācittiyassa. Akkharāya vāceti, akkharakkharāya āpatti pācittiyassa.

47. Anupasampanne anupasampannasaññī padaso dhammaṃ vāceti, āpatti pācittiyassa. Anupasampanne vematiko padaso dhammaṃ vāceti, āpatti pācittiyassa. Anupasampanne upasampannasaññī padaso dhammaṃ vāceti, āpatti pācittiyassa.
Upasampanne anupasampannasaññī, āpatti dukkaṭassa. Upasampanne vematiko, āpatti dukkaṭassa. Upasampanne upasampannasaññī, anāpatti.
48. Anāpatti ekato uddisāpento, ekato sajjhāyaṃ karonto, yebhuyyena paguṇaṃ ganthaṃ bhaṇantaṃ opāteti, osārentaṃ opāteti, ummattakassa, ādikammikassāti.
Padasodhammasikkhāpadaṃ niṭṭhitaṃ catutthaṃ.
5. Sahaseyyasikkhāpadaṃ
49. Tena samayena buddho Bhagavā āḷaviyaṃ viharati aggāḷave cetiye. Tena kho pana samayena upāsakā ārāmaṃ āgacchanti dhammassavanāya. Dhamme bhāsite therā bhikkhū yathāvihāraṃ gacchanti. Navakā bhikkhū tattheva upaṭṭhānasālāyaṃ upāsakehi saddhiṃ muṭṭhassatī, asampajānā, naggā, vikūjamānā, kākacchamānā seyyaṃ kappenti. Upāsakā ujjhāyanti khiyyanti vipācenti – ''kathañhi nāma bhadantā muṭṭhassatī asampajānā naggā vikūjamānā kākacchamānā seyyaṃ kappessantī''ti! Assosuṃ kho bhikkhū tesaṃ upāsakānaṃ ujjhāyantānaṃ khiyyantānaṃ vipācentānaṃ. Ye te bhikkhū appicchā...pe... te ujjhāyanti khiyyanti vipācenti – ''kathañhi nāma bhikkhū anupasampannena sahaseyyaṃ kappessantī''ti! Atha kho te bhikkhū te navake bhikkhū anekapariyāyena vigarahitvā bhagavato etamatthaṃ ārocesuṃ...pe... ''saccaṃ kira, bhikkhave, bhikkhū anupasampannena sahaseyyaṃ kappentī''ti? ''Saccaṃ, Bhagavā''ti. Vigarahi buddho Bhagavā...pe... kathañhi nāma te, bhikkhave, moghapurisā anupasampannena sahaseyyaṃ kappessanti! Netaṃ, bhikkhave, appasannānaṃ vā pasādāya...pe... evañca pana, bhikkhave, imaṃ sikkhāpadaṃ uddiseyyātha –
''Yo pana bhikkhu anupasampannena sahaseyyaṃ kappeyya pācittiya''nti.
Evañcidaṃ bhagavatā bhikkhūnaṃ sikkhāpadaṃ paññattaṃ hoti.
50. Atha kho Bhagavā āḷaviyaṃ yathābhirantaṃ viharitvā yena kosambī tena cārikaṃ pakkāmi. Anupubbena cārikaṃ caramāno yena kosambī tadavasari. Tatra sudaṃ Bhagavā kosambiyaṃ viharati badarikārāme. Bhikkhū āyasmantaṃ rāhulaṃ etadavocuṃ – ''bhagavatā, āvuso rāhula, sikkhāpadaṃ paññattaṃ – 'na anupasampannena sahaseyyā kappetabbā'ti. Seyyaṃ, āvuso rāhula, jānāhī''ti. Atha kho āyasmā rāhulo seyyaṃ alabhamāno vaccakuṭiyā seyyaṃ kappesi. Atha kho Bhagavā rattiyā paccūsasamayaṃ paccuṭṭhāya yena vaccakuṭi tenupasaṅkami; upasaṅkamitvā ukkāsi. Āyasmāpi rāhulo ukkāsi. ''Ko etthā''ti? ''Ahaṃ, Bhagavā, rāhulo''ti. ''Kissa tvaṃ, rāhula, idha nisinnosī''ti? Atha kho āyasmā rāhulo bhagavato etamatthaṃ ārocesi. Atha kho Bhagavā etasmiṃ nidāne etasmiṃ pakaraṇe dhammiṃ kathaṃ katvā bhikkhū āmantesi – ''anujānāmi, bhikkhave, anupasampannena dirattatirattaṃ sahaseyyaṃ kappetuṃ. Evañca pana, bhikkhave, imaṃ sikkhāpadaṃ uddiseyyātha –
51.''Yo pana bhikkhu anupasampannena uttaridirattatirattaṃ sahaseyyaṃ kappeyya, pācittiya''nti.
52.Yo panāti yo yādiso...pe... bhikkhūti...pe... ayaṃ imasmiṃ atthe adhippeto bhikkhūti.
Anupasampanno nāma bhikkhuṃ ṭhapetvā avaseso anupasampanno nāma.
Uttaridirattatirattanti atirekadirattatirattaṃ.
Sahāti ekato.
Seyyā nāma sabbacchannā, sabbaparicchannā, yebhuyyenacchannā, yebhuyyena paricchannā.
Seyyaṃ kappeyyāti catutthe divase atthaṅgate sūriye, anupasampanne nipanne, bhikkhu nipajjati, āpatti pācittiyassa. Bhikkhu nipanne, anupasampanno nipajjati, āpatti pācittiyassa. Ubho vā nipajjanti, āpatti pācittiyassa. Uṭṭhahitvā punappunaṃ nipajjanti, āpatti pācittiyassa.
53. Anupasampanne anupasampannasaññī uttaridirattatirattaṃ sahaseyyaṃ kappeti, āpatti pācittiyassa. Anupasampanne vematiko uttaridirattatirattaṃ sahaseyyaṃ kappeti, āpatti pācittiyassa. Anupasampanne upasampannasaññī uttaridirattatirattaṃ sahaseyyaṃ kappeti, āpatti pācittiyassa.
Upaḍḍhacchanne upaḍḍhaparicchanne, āpatti dukkaṭassa. Upasampanne anupasampannasaññī, āpatti dukkaṭassa. Upasampanne vematiko, āpatti dukkaṭassa. Upasampanne upasampannasaññī, anāpatti.
54. Anāpatti dvetisso rattiyo vasati, ūnakadvetisso rattiyo vasati, dve rattiyo vasitvā tatiyāya rattiyā purāruṇā nikkhamitvā puna vasati, sabbacchanne, sabbaaparicchanne, sabbaparicchanne sabbaacchanne[vasati, sabbaacchanne sabbaaparicchanne, (sī.)], yebhuyyena acchanne, yebhuyyena aparicchanne, anupasampanne nipanne bhikkhu nisīdati, bhikkhu nipanne anupasampanno nisīdati, ubho vā nisīdanti, ummattakassa, ādikammikassāti.
Sahaseyyasikkhāpadaṃ niṭṭhitaṃ pañcamaṃ.
6. Dutiyasahaseyyasikkhāpadaṃ
55. Tena samayena buddho Bhagavā sāvatthiyaṃ viharati jetavane anāthapiṇḍikassa ārāme. Tena kho pana samayena āyasmā anuruddho kosalesu janapade [ettha ambaṭṭhasuttādiṭīkā oloketabbā] sāvatthiṃ gacchanto sāyaṃ aññataraṃ gāmaṃ upagacchi. Tena kho pana samayena tasmiṃ gāme aññatarissā itthiyā āvasathāgāraṃ paññattaṃ hoti. Atha kho āyasmā anuruddho yena sā itthī tenupasaṅkami; upasaṅkamitvā taṃ itthiṃ etadavoca – ''sace te, bhagini, agaru, vaseyyāma ekarattaṃ āvasathāgāre''ti.

''Vaseyyātha, bhante''ti. Aññepi addhikā yena sā itthī tenupasaṅkamiṃsu; upasaṅkamitvā taṃ itthiṃ etadavocuṃ – ''sace te, ayye, agaru vaseyyāma ekarattaṃ āvasathāgāre''ti . ''Eso kho ayyo samaṇo paṭhamaṃ upagato; sace so anujānāti, vaseyyāthā''ti. Atha kho te addhikā yenāyasmā anuruddho tenupasaṅkamiṃsu; upasaṅkamitvā āyasmantaṃ anuruddhaṃ etadavocuṃ – ''sace te, bhante, agaru, vaseyyāma ekarattaṃ āvasathāgāre''ti. ''Vaseyyātha, āvuso''ti. Atha kho sā itthī āyasmante anuruddhe saha dassanena paṭibaddhacittā ahosi. Atha kho sā itthī yenāyasmā anuruddho tenupasaṅkami; upasaṅkamitvā āyasmantaṃ anuruddhaṃ etadavoca – ''ayyo, bhante, imehi manussehi ākiṇṇo na phāsu viharissati. Sādhāhaṃ, bhante, ayyassa mañcakaṃ abbhantaraṃ paññapeyya''nti. Adhivāsesi kho āyasmā anuruddho tuṇhībhāvena. Atha kho sā itthī āyasmato anuruddhassa mañcakaṃ abbhantaraṃ paññapetvā alaṅkatappaṭiyattā gandhagandhinī yenāyasmā anuruddho tenupasaṅkami; upasaṅkamitvā āyasmantaṃ anuruddhaṃ etadavoca – ''ayyo, bhante, abhirūpo dassanīyo pāsādiko, ahaṃ camhi abhirūpā dassanīyā pāsādikā. Sādhāhaṃ, bhante, ayyassa pajāpati bhaveyya''nti. Evaṃ vutte āyasmā anuruddho tuṇhī ahosi. Dutiyampi kho...pe... tatiyampi kho sā itthī āyasmantaṃ anuruddhaṃ etadavoca – ''ayyo, bhante, abhirūpo dassanīyo pāsādiko, ahañcamhi abhirūpā dassanīyā pāsādikā. Sādhu, bhante, ayyo mañceva paṭicchatu [sampaṭicchatu (syā.)] sabbañca sāpateyya''nti. Tatiyampi kho āyasmā anuruddho tuṇhī ahosi. Atha kho sā itthī sāṭakaṃ nikkhipitvā āyasmato anuruddhassa purato caṅkamatipi tiṭṭhatipi nisīdatipi seyyampi kappeti. Atha kho āyasmā anuruddho indriyāni okkhipitvā taṃ itthiṃ neva olokesi napi ālapi. Atha kho sā itthī – ''acchariyaṃ vata bho, abbhutaṃ vata bho! Bahū me manussā satenapi sahassenapi pahiṇanti. Ayaṃ pana samaṇo – mayā sāmaṃ yāciyamāno – na icchati mañceva paṭicchituṃ sabbañca sāpateyya''nti sāṭakaṃ nivāsetvā āyasmato anuruddhassa pādesu sirasā nipatitvā āyasmantaṃ anuruddhaṃ etadavoca – ''accayo maṃ, bhante, accagamā yathābālaṃ yathāmūḷhaṃ yathāakusalaṃ yāhaṃ evamakāsiṃ. Tassā me, bhante, ayyo accayaṃ accayato paṭiggaṇhātu āyatiṃ saṃvarāyā''ti. ''Taggha tvaṃ, bhagini, accayo accagamā yathābālaṃ yathāmūḷhaṃ yathāakusalaṃ yā tvaṃ evamakāsi. Yato ca kho tvaṃ, bhagini, accayaṃ accayato disvā yathādhammaṃ paṭikarosi, taṃ te mayaṃ paṭiggaṇhāma. Vuddhi hesā, bhagini, ariyassa vinaye yo accayaṃ accayato disvā yathādhammaṃ paṭikaroti āyatiñca saṃvaraṃ āpajjatī''ti.

Atha kho sā itthī tassā rattiyā accayena āyasmantaṃ anuruddhaṃ paṇītena khādanīyena bhojanīyena sahatthā santappetvā sampavāretvā, āyasmantaṃ anuruddhaṃ bhuttāviṃ onītapattapāṇiṃ abhivādetvā ekamantaṃ nisīdi. Ekamantaṃ nisinnaṃ kho taṃ itthiṃ āyasmā anuruddho dhammiyā kathāya sandassesi samādapesi samuttejesi sampahaṃsesi. Atha kho sā itthī – āyasmatā anuruddhena dhammiyā kathāya sandassitā samādapitā samuttejitā sampahaṃsitā – āyasmantaṃ anuruddhaṃ etadavoca – ''abhikkantaṃ, bhante, abhikkantaṃ, bhante! Seyyathāpi, bhante, nikkujjitaṃ vā ukkujjeyya, paṭicchannaṃ vā vivareyya, mūḷhassa vā maggaṃ ācikkheyya, andhakāre vā telapajjotaṃ dhāreyya – cakkhumanto rūpāni dakkhantīti, evamevaṃ ayyena anuruddhena anekapariyāyena dhammo pakāsito. Esāhaṃ, bhante, taṃ bhagavantaṃ saraṇaṃ gacchāmi dhammañca bhikkhusaṅghañca. Upāsikaṃ maṃ ayyo dhāretu ajjatagge pāṇupetaṃ saraṇaṃ gata''nti.

Atha kho āyasmā anuruddho sāvatthiyaṃ gantvā bhikkhūnaṃ etamatthaṃ ārocesi. Ye te bhikkhū appicchā...pe... te ujjhāyanti khiyyanti vipācenti – ''kathañhi nāma āyasmā anuruddho mātugāmena sahaseyyaṃ kappessatī''ti! Atha kho te bhikkhū āyasmantaṃ anuruddhaṃ anekapariyāyena vigarahitvā bhagavato etamatthaṃ ārocesuṃ...pe... ''saccaṃ kira tvaṃ, anuruddha, mātugāmena sahaseyyaṃ kappesī''ti? ''Saccaṃ, Bhagavā''ti . Vigarahi buddho Bhagavā...pe... kathañhi nāma tvaṃ, anuruddha, mātugāmena sahaseyyaṃ kappessasi! Netaṃ, anuruddha, appasannānaṃ vā pasādāya...pe... evañca pana, bhikkhave, imaṃ sikkhāpadaṃ uddiseyyātha –

56.''Yo pana bhikkhu mātugāmena sahaseyyaṃ kappeyya pācittiya''nti.

57.Yo panāti yo yādiso...pe... bhikkhūti...pe... ayaṃ imasmiṃ atthe adhippeto bhikkhūti.

Mātugāmo nāma manussitthī, na yakkhī [yakkhinī (ka.)], na petī, na tiracchānagatā; antamaso tadahujātāpi dārikā, pageva mahattarī.

Sahāti ekato.

Seyyā nāma sabbacchannā, sabbaparicchannā, yebhuyyenacchannā, yebhuyyena paricchannā.

Seyyaṃ kappeyyāti atthaṅgate sūriye, mātugāme nipanne bhikkhu nipajjati, āpatti pācittiyassa. Bhikkhu nipanne mātugāmo nipajjati, āpatti pācittiyassa. Ubho vā nipajjanti, āpatti pācittiyassa. Uṭṭhahitvā punappunaṃ nipajjanti, āpatti pācittiyassa.

58. Mātugāme mātugāmasaññī sahaseyyaṃ kappeti, āpatti pācittiyassa. Mātugāme vematiko sahaseyyaṃ kappeti, āpatti pācittiyassa. Mātugāme amātugāmasaññī sahaseyyaṃ kappeti, āpatti pācittiyassa.

Upaḍḍhacchanne upaḍḍhaparicchanne, āpatti dukkaṭassa. Yakkhiyā vā petiyā vā paṇḍakena vā tiracchānagatitthiyā vā sahaseyyaṃ kappeti, āpatti dukkaṭassa. Amātugāme mātugāmasaññī, āpatti dukkaṭassa. Amātugāme vematiko, āpatti dukkaṭassa. Amātugāme amātugāmasaññī, anāpatti.

59. Anāpatti sabbacchanne sabbaaparicchanne, sabbaparicchanne sabbaacchanne [anāpatti sabbaacchanne sabbaaparicchanne, (sī.)], yebhuyyena acchanne, yebhuyyena aparicchanne, mātugāme

nipanne bhikkhu nisīdati, bhikkhu nipanne mātugāmo nisīdati, ubho vā nisīdanti, ummattakassa, ādikammikassāti.
Dutiyasahaseyyasikkhāpadaṃ niṭṭhitaṃ chaṭṭhaṃ.
7. Dhammadesanāsikkhāpadaṃ
60. Tena samayena buddho Bhagavā sāvatthiyaṃ viharati jetavane anāthapiṇḍikassa ārāme. Tena kho pana samayena āyasmā udāyī sāvatthiyaṃ kulūpako hoti, bahukāni kulāni upasaṅkamati. Atha kho āyasmā udāyī pubbaṇhasamayaṃ nivāsetvā pattacīvaramādāya yena aññataraṃ kulaṃ tenupasaṅkami. Tena kho pana samayena gharaṇī nivesanadvāre nisinnā hoti, gharasuṇhā āvasathadvāre nisinnā hoti. Atha kho āyasmā udāyī yena gharaṇī tenupasaṅkami; upasaṅkamitvā gharaṇiyā upakaṇṇake dhammaṃ desesi. Atha kho gharasuṇhāya etadahosi – ''ki nu kho so samaṇo sassuyā jāro udāhu obhāsatī''ti?
Atha kho āyasmā udāyī gharaṇiyā upakaṇṇake dhammaṃ desetvā yena gharasuṇhā tenupasaṅkami; upasaṅkamitvā gharasuṇhāya upakaṇṇake dhammaṃ desesi. Atha kho gharaṇiyā etadahosi – ''kiṃ nu kho so samaṇo gharasuṇhāya jāro udāhu obhāsatī''ti ? Atha kho āyasmā udāyī gharasuṇhāya upakaṇṇake dhammaṃ desetvā pakkāmi. Atha kho gharaṇī gharasuṇhaṃ etadavoca – ''he je, kiṃ te eso samaṇo avocā''ti? ''Dhammaṃ me, ayye, desesi''. ''Ayyāya pana kiṃ avocā''ti? ''Mayhampi dhammaṃ desesī''ti. Tā ujjhāyanti khiyyanti vipācenti – ''kathañhi nāma ayyo udāyī mātugāmassa upakaṇṇake dhammaṃ desessati! Nanu nāma vissaṭṭhena vivaṭena dhammo desetabbo''ti?
Assosuṃ kho bhikkhū tāsaṃ itthīnaṃ ujjhāyantīnaṃ khiyyantīnaṃ vipācentīnaṃ. Ye te bhikkhū appicchā...pe... te ujjhāyanti khiyyanti vipācenti – ''kathañhi nāma āyasmā udāyī mātugāmassa dhammaṃ desessatī''ti! Atha kho te bhikkhū āyasmantaṃ udāyiṃ anekapariyāyena vigarahitvā bhagavato etamatthaṃ ārocesuṃ...pe... ''saccaṃ kira tvaṃ, udāyi, mātugāmassa dhammaṃ desesī''ti? ''Saccaṃ, Bhagavā''ti. Vigarahi buddho Bhagavā...pe... kathañhi nāma tvaṃ, moghapurisa, mātugāmassa dhammaṃ desessasi. Netaṃ moghapurisa, appasannānaṃ vā pasādāya...pe... evañca pana, bhikkhave, imaṃ sikkhāpadaṃ uddiseyyātha –
''Yo pana bhikkhu mātugāmassa dhammaṃ deseyya pācittiya''nti.
Evañcidaṃ bhagavatā bhikkhūnaṃ sikkhāpadaṃ paññattaṃ hoti.
61. Tena kho pana samayena upāsikā bhikkhū passitvā etadavocuṃ – ''iṅghāyyā dhammaṃ desethā''ti. ''Na, bhaginī, kappati mātugāmassa dhammaṃ desetu''nti. ''Iṅghāyyā chappañcavācāhi dhammaṃ desetha, sakkā ettakenapi dhammo aññātu''nti. ''Na, bhaginī, kappati mātugāmassa dhammaṃ desetu''nti. Kukkuccāyantā na desesuṃ. Upāsikā ujjhāyanti khiyyanti vipācenti – ''kathañhi nāma ayyā amhehi yāciyamānā dhammaṃ na desessantī''ti! Assosuṃ kho bhikkhū tāsaṃ upāsikānaṃ ujjhāyantīnaṃ khiyyantīnaṃ vipācentīnaṃ. Atha kho te bhikkhū bhagavato etamatthaṃ ārocesuṃ. Atha kho Bhagavā etasmiṃ nidāne etasmiṃ pakaraṇe dhammiṃ kathaṃ katvā bhikkhū āmantesi – ''anujānāmi, bhikkhave, mātugāmassa chappañcavācāhi dhammaṃ desetuṃ. Evañca pana, bhikkhave, imaṃ sikkhāpadaṃ uddiseyyātha –
''Yo pana bhikkhū mātugāmassa uttarichappañcavācāhi dhammaṃ deseyya, pācittiya''nti.
Evañcidaṃ bhagavatā bhikkhūnaṃ sikkhāpadaṃ paññattaṃ hoti.
62. Tena kho pana samayena chabbaggiyā bhikkhū – ''bhagavatā anuññātaṃ mātugāmassa chappañcavācāhi dhammaṃ desetu''nti te aviññuṃ purisaviggahaṃ upanisīdāpetvā mātugāmassa uttarichappañcavācāhi dhammaṃ desenti. Ye te bhikkhū appicchā...pe... te ujjhāyanti khiyyanti vipācenti – ''kathañhi nāma chabbaggiyā bhikkhū aviññuṃ purisaviggahaṃ upanisīdāpetvā mātugāmassa uttarichappañcavācāhi dhammaṃ desessantī''ti!
Atha kho te bhikkhū chabbaggiye bhikkhū anekapariyāyena vigarahitvā bhagavato etamatthaṃ ārocesuṃ...pe... ''saccaṃ kira tumhe, bhikkhave, aviññuṃ purisaviggahaṃ upanisīdāpetvā mātugāmassa uttarichappañcavācāhi dhammaṃ desethā''ti? ''Saccaṃ, Bhagavā''ti. Vigarahi buddho Bhagavā...pe... kathañhi nāma tumhe, moghapurisā, aviññuṃ purisaviggahaṃ upanisīdāpetvā mātugāmassa uttarichappañcavācāhi dhammaṃ desessatha! Netaṃ, moghapurisā, appasannānaṃ vā pasādāya...pe... evañca pana, bhikkhave, imaṃ sikkhāpadaṃ uddiseyyātha –
63.''Yo pana bhikkhu mātugāmassa uttarichappañcavācāhi dhammaṃ deseyya, aññatra viññunā purisaviggahena, pācittiya''nti.
64.Yo panāti yo yādiso...pe... bhikkhūti...pe... ayaṃ imasmiṃ atthe adhippeto bhikkhūti.
Mātugāmo nāma manussitthī; na yakkhī na petī na tiracchānagatā; viññū, paṭibalā subhāsitadubbhāsitaṃ duṭṭhullāduṭṭhullaṃ ājānituṃ.
Uttarichappañcavācāhīti atirekachappañcavācāhi.
Dhammo nāma buddhabhāsito, sāvakabhāsito, isibhāsito, devatābhāsito, atthūpasañhito, dhammūpasañhito.
Deseyyāti padena deseti, pade pade āpatti pācittiyassa. Akkharāya deseti, akkharakkharāya āpatti pācittiyassa.
Aññatra viññunā purisaviggahenāti ṭhapetvā viññuṃ purisaviggahaṃ. Viññū nāma purisaviggaho, paṭibalo hoti subhāsitadubbhāsitaṃ duṭṭhullāduṭṭhullaṃ ājānituṃ.

65. Mātugāme mātugāmasaññī uttarichappañcavācāhi dhammaṃ deseti, aññatra viññunā purisaviggahena, āpatti pācittiyassa. Mātugāme vematiko uttarichappañcavācāhi dhammaṃ deseti, aññatra viññunā purisaviggahena, āpatti pācittiyassa. Mātugāme amātugāmasaññī uttarichappañcavācāhi dhammaṃ deseti, aññatra viññunā purisaviggahena, āpatti pācittiyassa.
Yakkhiyā vā petiyā vā paṇḍakassa vā tiracchānagatamanussaviggahitthiyā vā uttarichappañcavācāhi dhammaṃ deseti, aññatra viññunā purisaviggahena, āpatti dukkaṭassa. Amātugāme mātugāmasaññī, āpatti dukkaṭassa. Amātugāme vematiko, āpatti dukkaṭassa. Amātugāme amātugāmasaññī, anāpatti.
66. Anāpatti viññunā purisaviggahena, chappañcavācāhi dhammaṃ deseti, ūnakachappañcavācāhi dhammaṃ deseti, uṭṭhahitvā puna nisīditvā deseti, mātugāmo uṭṭhahitvā puna nisīdati tasmiṃ deseti, aññassa mātugāmassa deseti, pañhaṃ pucchati, pañhaṃ puṭṭho katheti, aññassatthāya bhaṇantaṃ mātugāmo suṇāti, ummattakassa, ādikammikassāti.
Dhammadesanāsikkhāpadaṃ niṭṭhitaṃ sattamaṃ.
8. Bhūtārocanasikkhāpadaṃ
67.[pārā. 193] Tena samayena buddho Bhagavā vesāliyaṃ viharati mahāvane kūṭāgārasālāyaṃ. Tena kho pana samayena sambahulā sandiṭṭhā sambhattā bhikkhū vaggumudāya nadiyā tīre vassaṃ upagacchiṃsu. Tena kho pana samayena vajjī dubbhikkhā hoti – dvīhitikā setaṭṭhikā salākāvuttā, na sukarā uñchena paggahena yāpetuṃ. Atha kho tesaṃ bhikkhūnaṃ etadahosi – "etarahi kho vajjī dubbhikkhā – dvīhitikā setaṭṭhikā salākāvuttā, na sukarā uñchena paggahena yāpetuṃ. Kena nu kho mayaṃ upāyena samaggā sammodamānā avivadamānā phāsukaṃ vassaṃ vaseyyāma, na ca piṇḍakena kilameyyāmā''ti? Ekacce evamāhaṃsu – "handa mayaṃ, āvuso, gihīnaṃ kammantaṃ adhiṭṭhema. Evaṃ te amhākaṃ dātuṃ maññissanti. Evaṃ mayaṃ samaggā sammodamānā avivadamānā phāsukaṃ vassaṃ vasissāma, na ca piṇḍakena kilamissāmā''ti. Ekacce evamāhaṃsu – "alaṃ, āvuso, kiṃ gihīnaṃ kammantaṃ adhiṭṭhitena? Handa mayaṃ, āvuso, gihīnaṃ dūteyyaṃ harāma. Evaṃ te amhākaṃ dātuṃ maññissanti. Evaṃ mayaṃ samaggā sammodamānā avivadamānā phāsukaṃ vassaṃ vasissāma, na ca piṇḍakena kilamissāmā''ti. Ekacce evamāhaṃsu – "alaṃ, āvuso; kiṃ gihīnaṃ kammantaṃ adhiṭṭhitena! Kiṃ gihīnaṃ dūteyyaṃ haṭena! Handa mayaṃ, āvuso, gihīnaṃ aññamaññassa uttarimanussadhammassa vaṇṇaṃ bhāsissāma – 'asuko bhikkhu paṭhamassa jhānassa lābhī, asuko bhikkhu dutiyassa jhānassa lābhī, asuko bhikkhu tatiyassa jhānassa lābhī, asuko bhikkhu catutthassa jhānassa lābhī, asuko bhikkhu sotāpanno, asuko bhikkhu sakadāgāmī, asuko bhikkhu anāgāmī, asuko bhikkhu arahā, asuko bhikkhu tevijjo, asuko bhikkhu chaḷabhiññoti. Evaṃ te amhākaṃ dātuṃ maññissanti. Evaṃ mayaṃ samaggā sammodamānā avivadamānā phāsukaṃ vassaṃ vasissāma, na ca piṇḍakena kilamissāmā''ti. Eso yeva kho, āvuso, seyyo, yo amhākaṃ gihīnaṃ aññamaññassa uttarimanussadhammassa vaṇṇo bhāsito''ti.
Atha kho te bhikkhū gihīnaṃ aññamaññassa uttarimanussadhammassa vaṇṇaṃ bhāsiṃsu – "asuko bhikkhu paṭhamassa jhānassa lābhī...pe... asuko bhikkhu chaḷabhiñño''ti. Atha kho te manussā – "lābhā vata no, suladdhaṃ vata no, yesaṃ no evarūpā bhikkhū vassaṃ upagatā, na vata no ito pubbe evarūpā bhikkhū vassaṃ upagatā, yathayime bhikkhū sīlavanto kalyāṇadhammā''ti. Te na tādisāni bhojanāni attanā bhuñjanti, mātāpitūnaṃ denti puttadārassa denti dāsakammakaraporisassa denti mittāmaccānaṃ denti ñātisālohitānaṃ denti yādisāni bhikkhūnaṃ denti. Na tādisāni khādanīyāni sāyanīyāni pānāni attanā khādanti sāyanti pivanti [attanā pivanti (syā. ka.)] mātāpitūnaṃ denti puttadārassa denti dāsakammakaraporisassa denti mittāmaccānaṃ denti ñātisālohitānaṃ denti , yādisāni bhikkhūnaṃ denti. Atha kho te bhikkhū vaṇṇavā ahesuṃ pīṇindriyā pasannamukhavaṇṇā vippasannachavivaṇṇā.
68. Āciṇṇaṃ kho panetaṃ vassaṃvuṭṭhānaṃ bhikkhūnaṃ bhagavantaṃ dassanāya upasaṅkamituṃ. Atha kho te bhikkhū vassaṃvuṭṭhā temāsaccayena senāsanaṃ saṃsāmetvā pattacīvaramādāya yena vesālī tena pakkamiṃsu. Anupubbena yena vesālī mahāvanaṃ kūṭāgārasālā yena Bhagavā tenupasaṅkamiṃsu; upasaṅkamitvā bhagavantaṃ abhivādetvā ekamantaṃ nisīdiṃsu. Tena kho pana samayena disāsu vassaṃvuṭṭhā bhikkhū kisā honti lūkhā dubbaṇṇā uppaṇḍuppaṇḍukajātā dhamanisanthatagattā. Vaggumudātīriyā pana bhikkhū vaṇṇavā honti pīṇindriyā pasannamukhavaṇṇā vippasannachavivaṇṇā. Āciṇṇaṃ kho panetaṃ buddhānaṃ bhagavantānaṃ āgantukehi bhikkhūhi saddhiṃ paṭisammodituṃ. Atha kho Bhagavā vaggumudātīriye bhikkhū etadavoca – "kacci, bhikkhave, khamanīyaṃ, kacci yāpanīyaṃ, kacci samaggā sammodamānā avivadamānā phāsukaṃ vassaṃ vasittha, na ca piṇḍakena kilamitthā''ti? "Khamanīyaṃ Bhagavā, yāpanīyaṃ Bhagavā. Samaggā ca mayaṃ, bhante, sammodamānā avivadamānā phāsukaṃ vassaṃ vasimhā, na ca piṇḍakena kilamimhā''ti. Jānantāpi tathāgatā pucchanti, jānantāpi na pucchanti. Kālaṃ viditvā pucchanti , kālaṃ viditvā na pucchanti. Atthasañhitaṃ tathāgatā pucchanti, no anatthasañhitaṃ. Anatthasañhite setughāto tathāgatānaṃ. Dvīhākārehi buddhā bhagavanto bhikkhū paṭipucchanti – dhammaṃ vā desessāma, sāvakānaṃ vā sikkhāpadaṃ paññapessāmāti.
Atha kho Bhagavā vaggumudātīriye bhikkhū etadavoca – "yathā kathaṃ pana tumhe, bhikkhave, samaggā sammodamānā avivadamānā phāsukaṃ vassaṃ vasittha, na ca piṇḍakena kilamitthā''ti? Atha kho te bhikkhū bhagavato etamatthaṃ ārocesuṃ. "Kacci pana vo, bhikkhave, bhūta''nti? "Bhūtaṃ,

Bhagavā''ti. Vigarahi buddho Bhagavā...pe... kathañhi nāma tumhe, bhikkhave, udarassa kāraṇā gihīnaṃ aññamaññassa uttarimanussadhammassa vaṇṇaṃ bhāsissatha! Netaṃ, bhikkhave, appasannānaṃ vā pasādāya...pe... evañca pana, bhikkhave, imaṃ sikkhāpadaṃ uddiseyyātha –

69.''Yo pana bhikkhu anupasampannassa uttarimanussadhammaṃ āroceyya bhūtasmiṃ, pācittiya''nti.

70.Yo panāti yo yādiso...pe... bhikkhūti...pe... ayaṃ imasmiṃ atthe adhippeto bhikkhūti.

Anupasampanno nāma bhikkhuñca bhikkhuniñca ṭhapetvā, avaseso anupasampanno nāma.

[pārā. 198]Uttarimanussadhammo nāma jhānaṃ, vimokkho, samādhi, samāpatti, ñāṇadassanaṃ, maggabhāvanā, phalasacchikiriyā, kilesappahānaṃ, vinīvaraṇatā cittassa, suññāgāre abhirati.

[pārā. 199]Jhānanti paṭhamaṃ jhānaṃ, dutiyaṃ jhānaṃ, tatiyaṃ jhānaṃ, catutthaṃ jhānaṃ.

[pārā. 199]Vimokkhoti suññato vimokkho, animitto vimokkho, appaṇihito vimokkho.

[pārā. 199]Samādhīti suññato samādhi, animitto samādhi, appaṇihito samādhi.

[pārā. 199]Samāpattīti suññatā samāpatti, animittā samāpatti, appaṇihitā samāpatti.

[pārā. 199]Ñāṇadassananti tisso vijjā.

[pārā. 199]Maggabhāvanāti cattāro satipaṭṭhānā, cattāro sammappadhānā, cattāro iddhipādā, pañcindriyāni, pañca balāni, satta bojjhaṅgā, ariyo aṭṭhaṅgiko maggo.

[pārā. 199]Phalasacchikiriyāti sotāpattiphalassa sacchikiriyā, sakadāgāmiphalassa sacchikiriyā, anāgāmiphalassa sacchikiriyā, arahattassa [arahattaphalassa (syā.)] sacchikiriyā.

[pārā. 199]Kilesappahānanti rāgassa pahānaṃ, dosassa pahānaṃ, mohassa pahānaṃ.

[pārā. 199]Vinīvaraṇatā cittassāti rāgā cittaṃ vinīvaraṇatā, dosā cittaṃ vinīvaraṇatā, mohā cittaṃ vinīvaraṇatā.

[pārā. 199]Suññāgāre abhiratīti paṭhamena jhānena suññāgāre abhirati, dutiyena jhānena suññāgāre abhirati, tatiyena jhānena suññāgāre abhirati, catutthena jhānena suññāgāre abhirati.

71.Āroceyyāti anupasampannassa – ''paṭhamaṃ jhānaṃ samāpajji''nti bhaṇantassa āpatti pācittiyassa.

Āroceyyāti anupasampannassa – ''paṭhamaṃ jhānaṃ samāpajjāmī''ti bhaṇantassa āpatti pācittiyassa.

Āroceyyāti anupasampannassa – ''paṭhamaṃ jhānaṃ samāpanno''ti bhaṇantassa āpatti pācittiyassa.

Āroceyyāti anupasampannassa – ''paṭhamassa jhānassa lābhimhī''ti bhaṇantassa āpatti pācittiyassa.

Āroceyyāti anupasampannassa – ''paṭhamassa jhānassa vasimhī''ti bhaṇantassa āpatti pācittiyassa.

Āroceyyāti anupasampannassa – ''paṭhamaṃ jhānaṃ sacchikataṃ mayā''ti bhaṇantassa āpatti pācittiyassa.

Āroceyyāti anupasampannassa – ''dutiyaṃ jhānaṃ... tatiyaṃ jhānaṃ... catutthaṃ jhānaṃ samāpajjiṃ, samāpajjāmi, samāpanno; catutthassa jhānassa lābhimhi, vasimhi; catutthaṃ jhānaṃ sacchikataṃ mayā''ti bhaṇantassa āpatti pācittiyassa.

Āroceyyāti anupasampannassa – ''suññataṃ vimokkhaṃ... animittaṃ vimokkhaṃ... appaṇihitaṃ vimokkhaṃ... suññataṃ samādhiṃ... animittaṃ samādhiṃ... appaṇihitaṃ samādhiṃ samāpajjiṃ, samāpajjāmi, samāpanno; appaṇihitassa samādhissa lābhimhi, vasimhi; appaṇihito samādhi sacchikato mayā''ti bhaṇantassa āpatti pācittiyassa.

Āroceyyāti anupasampannassa – ''suññataṃ samāpattiṃ... animittaṃ samāpattiṃ... appaṇihitaṃ samāpattiṃ samāpajjiṃ, samāpajjāmi, samāpanno; appaṇihitāya samāpattiyā lābhimhi, vasimhi; appaṇihitā samāpatti sacchikatā mayā''ti bhaṇantassa āpatti pācittiyassa.

Āroceyyāti anupasampannassa – ''tisso vijjā samāpajjiṃ, samāpajjāmi, samāpanno; tissannaṃ vijjānaṃ lābhimhi, vasimhi; tisso vijjā sacchikatā mayā''ti bhaṇantassa āpatti pācittiyassa.

Āroceyyāti anupasampannassa – ''cattāro satipaṭṭhāne... cattāro sammappadhāne... cattāro iddhipāde samāpajjiṃ, samāpajjāmi, samāpanno; catunnaṃ iddhipādānaṃ lābhimhi, vasimhi; cattāro iddhipādāsacchikatā mayā''ti bhaṇantassa āpatti pācittiyassa.

Āroceyyāti anupasampannassa – ''pañcindriyāni... pañca balāni samāpajjiṃ, samāpajjāmi , samāpanno; pañcannaṃ balānaṃ lābhimhi, vasimhi; pañca balāni sacchikatāni mayā''ti bhaṇantassa āpatti pācittiyassa.

Āroceyyāti anupasampannassa – ''satta bojjhaṅge samāpajjiṃ, samāpajjāmi, samāpanno; sattannaṃ bojjhaṅgānaṃ lābhimhi, vasimhi; satta bojjhaṅgā sacchikatā mayā''ti bhaṇantassa āpatti pācittiyassa.

Āroceyyāti anupasampannassa – ''ariyaṃ aṭṭhaṅgikaṃ maggaṃ samāpajjiṃ, samāpajjāmi, samāpanno; ariyassa aṭṭhaṅgikassa maggassa lābhimhi, vasimhi; ariyo aṭṭhaṅgiko maggo sacchikato mayā''ti bhaṇantassa āpatti pācittiyassa.

Āroceyyāti anupasampannassa – ''sotāpattiphalaṃ... sakadāgāmiphalaṃ... anāgāmiphalaṃ... arahattaṃ samāpajjiṃ, samāpajjāmi, samāpanno; arahattassa lābhimhi, vasimhi; arahattaṃ [arahattaphalaṃ (syā.)] sacchikataṃ mayā''ti bhaṇantassa āpatti pācittiyassa.

Āroceyyāti anupasampannassa – ''rāgo me catto... doso me catto... moho me catto, vanto, mutto, pahīno, paṭinissaṭṭho, ukkheṭito , samukkheṭito''ti bhaṇantassa āpatti pācittiyassa.

Āroceyyāti anupasampannassa – ''rāgā me cittaṃ vinīvaraṇaṃ... dosā me citta vinīvaraṇaṃ... mohā me cittaṃ vinīvaraṇa''nti bhaṇantassa āpatti pācittiyassa.

Āroceyyāti anupasampannassa – ''suññāgāre paṭhamaṃ jhānaṃ... dutiyaṃ jhānaṃ... tatiyaṃ jhānaṃ... catutthaṃ jhānaṃ samāpajjiṃ, samāpajjāmi, samāpanno; suññāgāre catutthassa jhānassa lābhimhi, vasimhi; suññāgāre catutthaṃ jhānaṃ sacchikataṃ mayā''ti bhaṇantassa āpatti pācittiyassa.

72.Āroceyyāti anupasampannassa – ''paṭhamañca jhānaṃ dutiyañca jhānaṃ samāpajjiṃ, samāpajjāmi, samāpanno; paṭhamassa ca jhānassa dutiyassa ca jhānassa lābhimhi, vasimhi; paṭhamañca jhānaṃ dutiyañca jhānaṃ sacchikataṃ mayā''ti bhaṇantassa āpatti pācittiyassa.

Āroceyyāti anupasampannassa – ''paṭhamañca jhānaṃ tatiyañca jhānaṃ... paṭhamañca jhānaṃ catutthañca jhānaṃ samāpajjiṃ, samāpajjāmi, samāpanno; paṭhamassa ca jhānassa catutthassa ca jhānassa lābhimhi, vasimhi; paṭhamañca jhānaṃ catutthañca jhānaṃ sacchikataṃ mayā''ti bhaṇantassa āpatti pācittiyassa.

Āroceyyāti anupasampannassa – ''paṭhamañca jhānaṃ suññatañca vimokkhaṃ... animittañca vimokkhaṃ... appaṇihitañca vimokkhaṃ... suññatañca samādhiṃ... animittañca samādhiṃ... appaṇihitañca samādhiṃ samāpajjiṃ, samāpajjāmi, samāpanno; paṭhamassa ca jhānassa appaṇihitassa ca samādhissa lābhimhi, vasimhi; paṭhamañca jhānaṃ appaṇihito ca samādhi sacchikato mayā''ti bhaṇantassa āpatti pācittiyassa.

Āroceyyāti anupasampannassa – ''paṭhamañca jhānaṃ suññatañca samāpattiṃ... animittañca samāpattiṃ... appaṇihitañca samāpattiṃ samāpajjiṃ, samāpajjāmi, samāpanno; paṭhamassa ca jhānassa appaṇihitāya ca samāpattiyā lābhimhi, vasimhi; paṭhamañca jhānaṃ appaṇihitā ca samāpatti sacchikatā mayā''ti bhaṇantassa āpatti pācittiyassa.

Āroceyyāti anupasampannassa – ''paṭhamañca jhānaṃ tisso ca vijjā samāpajjiṃ, samāpajjāmi, samāpanno; paṭhamassa ca jhānassa tissannañca vijjānaṃ lābhimhi, vasimhi; paṭhamañca jhānaṃ tisso ca vijjā sacchikatā mayā''ti bhaṇantassa āpatti pācittiyassa.

Āroceyyāti anupasampannassa – ''paṭhamañca jhānaṃ cattāro ca satipaṭṭhāne...pe... cattāro ca sammappadhāne... cattāro ca iddhipāde samāpajjiṃ, samāpajjāmi, samāpanno; paṭhamassa ca jhānassa catunnañca iddhipādānaṃ lābhimhi, vasimhi; paṭhamañca jhānaṃ cattāro ca iddhipādā sacchikatā mayā''ti bhaṇantassa āpatti pācittiyassa.

Āroceyyāti anupasampannassa – ''paṭhamañca jhānaṃ, pañca ca indriyāni... pañca ca balāni samāpajjiṃ, samāpajjāmi, samāpanno; paṭhamassa ca jhānassa pañcannañca balānaṃ lābhimhi, vasimhi; paṭhamañca jhānaṃ pañca ca balāni sacchikatāni mayā''ti bhaṇantassa āpatti pācittiyassa.

Āroceyyāti anupasampannassa – ''paṭhamañca jhānaṃ satta ca bojjhaṅge samāpajjiṃ, samāpajjāmi, samāpanno; paṭhamassa ca jhānassa sattannañca bojjhaṅgānaṃ lābhimhi, vasimhi; paṭhamañca jhānaṃ satta ca bojjhaṅgā sacchikatā mayā''ti bhaṇantassa āpatti pācittiyassa.

Āroceyyāti anupasampannassa – ''paṭhamañca jhānaṃ ariyañca aṭṭhaṅgikaṃ maggaṃ samāpajjiṃ, samāpajjāmi, samāpanno; paṭhamassa ca jhānassa ariyassa ca aṭṭhaṅgikassa maggassa lābhimhi, vasimhi; paṭhamañca jhānaṃ ariyo ca aṭṭhaṅgiko maggo sacchikato mayā''ti bhaṇantassa āpatti pācittiyassa.

Āroceyyāti anupasampannassa – ''paṭhamañca jhānaṃ sotāpattiphalañca... sakadāgāmiphalañca... anāgāmiphalañca... arahattañca [arahattaphalañca (syā.)] samāpajjiṃ, samāpajjāmi, samāpanno; paṭhamassa ca jhānassa arahattassa [arahattaphalassa (syā.)] ca lābhimhi, vasimhi; paṭhamañca jhānaṃ arahattañca sacchikataṃ mayā''ti bhaṇantassa āpatti pācittiyassa.

Āroceyyāti anupasampannassa – ''paṭhamañca jhānaṃ samāpajjiṃ, samāpajjāmi, samāpanno... rāgo ca me catto... doso ca me catto... moho ca me catto, vanto, mutto, pahīno, paṭinissaṭṭho, ukkheṭito, samukkheṭito''ti bhaṇantassa āpatti pācittiyassa.

Āroceyyāti anupasampannassa – ''paṭhamañca jhānaṃ samāpajjiṃ, samāpajjāmi, samāpanno... rāgā ca me cittaṃ vinīvaraṇaṃ... dosā ca me cittaṃ vinīvaraṇaṃ... mohā ca me cittaṃ vinīvaraṇa''nti bhaṇantassa āpatti pācittiyassa.

73.Āroceyyāti anupasampannassa – ''dutiyañca jhānaṃ tatiyañca jhānaṃ... dutiyañca jhānaṃ catutthañca jhānaṃ samāpajjiṃ, samāpajjāmi, samāpanno; dutiyassa ca jhānassa catutthassa ca jhānassa lābhimhi, vasimhi; dutiyañca jhānaṃ catutthañca jhānaṃ sacchikataṃ mayā''ti bhaṇantassa āpatti pācittiyassa.

Āroceyyāti anupasampannassa – ''dutiyañca jhānaṃ suññatañca vimokkhaṃ...pe... mohā ca me cittaṃ vinīvaraṇa''nti bhaṇantassa āpatti pācittiyassa.

Āroceyyāti anupasampannassa – ''dutiyañca jhānaṃ paṭhamañca jhānaṃ samāpajjiṃ, samāpajjāmi, samāpanno; dutiyassa ca jhānassa paṭhamassa ca jhānassa lābhimhi, vasimhi; dutiyañca jhānaṃ paṭhamañca jhānaṃ sacchikataṃ mayā''ti bhaṇantassa āpatti pācittiyassa...pe....

Mūlaṃ saṃkhittaṃ.

Āroceyyāti anupasampannassa – ''mohā ca me cittaṃ vinīvaraṇaṃ, paṭhamañca jhānaṃ samāpajjiṃ, samāpajjāmi, samāpanno; mohā ca me cittaṃ vinīvaraṇaṃ, paṭhamassa ca jhānassa lābhimhi, vasimhi; mohā ca me cittaṃ vinīvaraṇaṃ, paṭhamañca jhānaṃ sacchikataṃ mayā''ti bhaṇantassa āpatti pācittiyassa...pe....

Āroceyyāti anupasampannassa – ''mohā ca me cittaṃ vinīvaraṇaṃ, dosā ca me cittaṃ vinīvaraṇa''nti bhaṇantassa āpatti pācittiyassa...pe....

Āroceyyāti anupasampannassa – ''paṭhamañca jhānaṃ dutiyañca jhānaṃ tatiyañca jhānaṃ catutthañca jhānaṃ suññatañca vimokkhaṃ animittañca vimokkhaṃ appaṇihitañca vimokkhaṃ suññatañca samādhiṃ animittañca samādhiṃ appaṇihitañca samādhiṃ suññatañca samāpattiṃ animittañca samāpattiṃ appaṇihitañca samāpattiṃ tisso ca vijjā cattāro ca satipaṭṭhāne cattāro ca sammappadhāne cattāro ca iddhipāde pañca ca indriyāni pañca ca balāni satta ca bojjhaṅge ariyañca aṭṭhaṅgikaṃ maggaṃ sotāpattiphalañca sakadāgāmiphalañca anāgāmiphalañca arahattañca [arahattaphalañca (syā.)]samāpajjiṃ...pe... rāgo ca me catto, doso ca me catto, moho ca me catto, vanto, mutto, pahīno, paṭinissaṭṭho, ukkheṭito samukkheṭito, rāgā ca me cittaṃ vinīvaraṇaṃ, dosā ca me cittaṃ vinīvaraṇaṃ, mohā ca me cittaṃ vinīvaraṇa''nti bhaṇantassa āpatti pācittiyassa.

74.Āroceyyāti anupasampannassa – ''paṭhamaṃ jhānaṃ samāpajji''nti vattukāmo ''dutiyaṃ jhānaṃ samāpajji''nti bhaṇantassa paṭivijānantassa āpatti pācittiyassa, na paṭivijānantassa āpatti dukkaṭassa.

Āroceyyāti anupasampannassa – ''paṭhamaṃ jhānaṃ samāpajji''nti vattukāmo ''tatiyaṃ jhānaṃ...pe... catutthaṃ jhānaṃ, suññataṃ vimokkhaṃ, animittaṃ vimokkhaṃ, appaṇihitaṃ vimokkhaṃ, suññataṃ samādhiṃ, animittaṃ samādhiṃ, appaṇihitaṃ samādhiṃ, suññataṃ samāpattiṃ, animittaṃ samāpattiṃ, appaṇihitaṃ samāpattiṃ, tisso vijjā, cattāro satipaṭṭhāne, cattāro sammappadhāne, cattāro iddhipāde, pañcindriyāni, pañca balāni, satta bojjhaṅge, ariyaṃ aṭṭhaṅgikaṃ maggaṃ, sotāpattiphalaṃ, sakadāgāmiphalaṃ, anāgāmiphalaṃ, arahattaṃ [arahattaphalaṃ (syā.)] samāpajjiṃ...pe... rāgo me catto, doso me catto, moho me catto, vanto, mutto, pahīno; paṭinissaṭṭho, ukkheṭito, samukkheṭito; rāgā me cittaṃ vinīvaraṇaṃ, dosā me cittaṃ vinīvaraṇaṃ, mohā me cittaṃ vinīvaraṇa''nti bhaṇantassa paṭivijānantassa āpatti pācittiyassa, na paṭivijānantassa āpatti dukkaṭassa.

Āroceyyāti anupasampannassa – ''dutiyaṃ jhānaṃ samāpajji''nti vattukāmo...pe... ''mohā me cittaṃ vinīvaraṇa''nti bhaṇantassa paṭivijānantassa āpatti pācittiyassa, na paṭivijānantassa āpatti dukkaṭassa...pe....

Āroceyyāti anupasampannassa – ''dutiyaṃ jhānaṃ samāpajji''nti vattukāmo – ''paṭhamaṃ jhānaṃ samāpajji''nti bhaṇantassa paṭivijānantassa āpatti pācittiyassa, na paṭivijānantassa āpatti dukkaṭassa...pe....

Mūlaṃ saṃkhittaṃ.

Āroceyyāti anupasampannassa – ''mohā me cittaṃ vinīvaraṇa''nti vattukāmo – ''paṭhamaṃ jhānaṃ samāpajji''nti bhaṇantassa paṭivijānantassa āpatti pācittiyassa, na paṭivijānantassa āpatti dukkaṭassa...pe....

Āroceyyāti anupasampannassa – ''mohā me cittaṃ vinīvaraṇa''nti vattukāmo – ''dosā me cittaṃ vinīvaraṇa''nti bhaṇantassa paṭivijānantassa āpatti pācittiyassa, na paṭivijānantassa āpatti dukkaṭassa...pe....

Āroceyyāti anupasampannassa – ''paṭhamañca jhānaṃ dutiyañca jhānaṃ tatiyañca jhānaṃ catutthañca jhānaṃ ...pe... dosā ca me cittaṃ vinīvaraṇa''nti vattukāmo – ''mohā me cittaṃ vinīvaraṇa''nti bhaṇantassa paṭivijānantassa āpatti pācittiyassa, na paṭivijānantassa āpatti dukkaṭassa.

Āroceyyāti anupasampannassa – ''dutiyañca jhānaṃ tatiyañca jhānaṃ catutthañca jhānaṃ...pe... mohā ca me cittaṃ vinīvaraṇa''nti vattukāmo – ''paṭhamaṃ jhānaṃ samāpajji''nti bhaṇantassa paṭivijānantassa āpatti pācittiyassa, na paṭivijānantassa āpatti dukkaṭassa...pe....

75.Āroceyyāti anupasampannassa – ''yo te vihāre vasi so bhikkhu paṭhamaṃ jhānaṃ samāpajji, samāpajjati, samāpanno; so bhikkhu paṭhamassa jhānassa lābhī, vasī; tena bhikkhunā paṭhamaṃ jhānaṃ sacchikata''nti bhaṇantassa āpatti dukkaṭassa.

Āroceyyāti anupasampannassa – ''yo te vihāre vasi so bhikkhu dutiyaṃ jhānaṃ...pe... tatiyaṃ jhānaṃ catutthaṃ jhānaṃ samāpajji, samāpajjati, samāpanno; so bhikkhu catutthassa jhānassa lābhī, vasī; tena bhikkhunā catutthaṃ jhānaṃ sacchikata''nti bhaṇantassa āpatti dukkaṭassa.

Āroceyyāti anupasampannassa – ''yo te vihāre vasi so bhikkhu suññataṃ vimokkhaṃ...pe... animittaṃ vimokkhaṃ appaṇihitaṃ vimokkhaṃ suññataṃ samādhiṃ animittaṃ samādhiṃ appaṇihitaṃ samādhiṃ samāpajji, samāpajjati, samāpanno; so bhikkhu appaṇihitassa samādhissa lābhī, vasī; tena bhikkhunā appaṇihito samādhi sacchikato''ti bhaṇantassa āpatti dukkaṭassa.

Āroceyyāti anupasampannassa – ''yo te vihāre vasi so bhikkhu suññataṃ samāpattiṃ...pe... animittaṃ samāpattiṃ appaṇihitaṃ samāpattiṃ samāpajji, samāpajjati, samāpanno; appaṇihitāya samāpattiyā lābhī, vasī; tena bhikkhunā appaṇihitā samāpatti sacchikatā''ti bhaṇantassa āpatti dukkaṭassa.

Āroceyyāti anupasampannassa – ''yo te vihāre vasi so bhikkhu tisso vijjā ...pe... cattāro satipaṭṭhāne, cattāro sammappadhāne, cattāro iddhipāde, pañcindriyāni, pañca balāni, satta bojjhaṅge, ariyaṃ aṭṭhaṅgikaṃ maggaṃ, sotāpattiphalaṃ, sakadāgāmiphalaṃ, anāgāmiphalaṃ, arahattaṃ [arahattaphalaṃ (syā.)] samāpajji...pe... samāpajjati, samāpanno...pe... tassa bhikkhuno rāgo catto, doso catto, moho catto, vanto, mutto, pahīno, paṭinissaṭṭho, ukkheṭito, samukkheṭito; tassa bhikkhuno rāgā cittaṃ vinīvaraṇaṃ, dosā cittaṃ vinīvaraṇaṃ, mohā cittaṃ vinīvaraṇa''nti bhaṇantassa āpatti dukkaṭassa.

Āroceyyāti anupasampannassa – "yo te vihāre vasi so bhikkhu suññāgāre paṭhamaṃ jhānaṃ...pe... dutiyaṃ jhānaṃ tatiyaṃ jhānaṃ catutthaṃ jhānaṃ samāpajji, samāpajjati, samāpanno; so bhikkhu suññāgāre catutthassa jhānassa lābhī, vasī; tena bhikkhunā suññāgāre catutthaṃ jhānaṃ sacchikata''nti bhaṇantassa āpatti dukkaṭassa.

Āroceyyāti anupasampannassa – "yo te cīvaraṃ paribhuñji, yo te piṇḍapātaṃ paribhuñji, yo te senāsanaṃ paribhuñji, yo te gilānappaccayabhesajjaparikkhāraṃ paribhuñji so bhikkhu suññāgāre catutthaṃ jhānaṃ samāpajji, samāpajjati, samāpanno; so bhikkhu suññāgāre catutthassa jhānassa lābhī, vasī; tena bhikkhunā suññāgāre catutthaṃ jhānaṃ sacchikata''nti bhaṇantassa āpatti dukkaṭassa.

76.Āroceyyāti anupasampannassa – "yena te vihāro paribhutto...pe... yena te cīvaraṃ paribhuttaṃ, yena te piṇḍapāto paribhutto, yena te senāsanaṃ paribhuttaṃ, yena te gilānappaccayabhesajjaparikkhāro paribhutto so bhikkhu suññāgāre catutthaṃ jhānaṃ samāpajji, samāpajjati, samāpanno; so bhikkhu suññāgāre catutthassa jhānassa lābhī, vasī; tena bhikkhunā suññāgāre catutthaṃ jhānaṃ sacchikata''nti bhaṇantassa āpatti dukkaṭassa.

Āroceyyāti anupasampannassa – "yaṃ tvaṃ āgamma vihāraṃ adāsi...pe... cīvaraṃ adāsi, piṇḍapātaṃ adāsi, senāsanaṃ adāsi, gilānappaccayabhesajjaparikkhāraṃ adāsi so bhikkhu suññāgāre catutthaṃ jhānaṃ samāpajji, samāpajjati, samāpanno; so bhikkhu suññāgāre catutthassa jhānassa lābhī, vasī; tena bhikkhunā suññāgāre catutthaṃ jhānaṃ sacchikata''nti bhaṇantassa āpatti dukkaṭassa.

77. Anāpatti upasampannassa, bhūtaṃ āroceti, ādikammikassāti.

Bhūtārocanasikkhāpadaṃ niṭṭhitaṃ aṭṭhamaṃ.

9. Duṭṭhullārocanasikkhāpadaṃ

78. Tena samayena buddho Bhagavā sāvatthiyaṃ viharati jetavane anāthapiṇḍikassa ārāme. Tena kho pana samayena āyasmā upanando sakyaputto chabbaggiyehi bhikkhūhi saddhiṃ bhaṇḍanakato hoti. So sañcetanikaṃ sukkavissaṭṭhiṃ āpattiṃ āpajjitvā saṅghaṃ tassā āpattiyā parivāsaṃ yāci. Tassa saṅgho tassā āpattiyā parivāsaṃ adāsi. Tena kho pana samayena sāvatthiyaṃ aññatarassa pūgassa saṅghabhattaṃ hoti. So parivasanto bhattagge āsanapariyante nisīdi. Chabbaggiyā bhikkhū te upāsake etadavocuṃ – "eso, āvuso, āyasmā upanando sakyaputto tumhākaṃ sambhāvito kulūpako; yeneva hatthena saddhādeyyaṃ bhuñjati teneva hatthena upakkamitvā asuciṃ mocesi. So sañcetanikaṃ sukkavissaṭṭhiṃ āpattiṃ āpajjitvā saṅghaṃ tassā āpattiyā parivāsaṃ yāci. Tassa saṅgho tassā āpattiyā parivāsaṃ adāsi . So parivasanto āsanapariyante nisinno''ti. Ye te bhikkhū appicchā...pe... te ujjhāyanti khiyyanti vipācenti – "kathañhi nāma chabbaggiyā bhikkhū bhikkhussa duṭṭhullaṃ āpattiṃ anupasampannassa ārocessantī''ti...pe... "saccaṃ kira tumhe, bhikkhave, bhikkhussa duṭṭhullaṃ āpattiṃ anupasampannassa ārocethā''ti? "Saccaṃ , Bhagavā''ti. Vigarahi buddho Bhagavā...pe... kathañhi nāma tumhe, moghapurisā, bhikkhussa duṭṭhullaṃ āpattiṃ anupasampannassa ārocessatha! Netaṃ, moghapurisā, appasannānaṃ vā pasādāya...pe... evañca pana, bhikkhave, imaṃ sikkhāpadaṃ uddiseyyātha –

79."Yo pana bhikkhu bhikkhussa duṭṭhullaṃ āpattiṃ anupasampannassa āroceyya, aññatra bhikkhusammutiyā [bhikkhusammatiyā (syā.)], pācittiya''nti.

80.Yo panāti yo yādiso...pe... bhikkhūti...pe... ayaṃ imasmiṃ atthe adhippeto bhikkhūti.

Bhikkhussāti aññassa bhikkhussa.

Duṭṭhullā nāma āpatti – cattāri ca pārājikāni, terasa ca saṅghādisesā.

Anupasampanno nāma bhikkhuñca bhikkhuniñca ṭhapetvā avaseso anupasampanno nāma.

Āroceyyāti āroceyya itthiyā vā purisassa vā gahaṭṭhassa vā pabbajitassa vā.

Aññatra bhikkhusammutiyāti ṭhapetvā bhikkhusammutiṃ.

Atthi bhikkhusammuti āpattipariyantā, na kulapariyantā. Atthi bhikkhusammuti kulapariyantā, na āpattipariyantā, atthi bhikkhusammuti āpattipariyantā ca kulapariyantā ca, atthi bhikkhusammuti neva āpattipariyantā na kulapariyantā.

Āpattipariyantā nāma āpattiyo pariggahitāyo honti – "ettakāhi āpattīhi ārocetabbo''ti.

Kulapariyantā nāma kulāni pariggahitāni honti – "ettakesu kulesu ārocetabbo''ti. Āpattipariyantā ca kulapariyantā ca nāma āpattiyo ca pariggahitāyo honti, kulāni ca pariggahitāni honti – "ettakāhi āpattīhi ettakesu kulesu ārocetabbo''ti. Neva āpattipariyantā na kulapariyantā nāma āpattiyo ca apariggahitāyo honti, kulāni ca apariggahitāni honti – "ettakāhi āpattīhi ettakesu kulesu ārocetabbo''ti.

81. Āpattipariyante yā āpattiyo pariggahitāyo honti, tā āpattiyo ṭhapetvā aññāhi āpattīhi āroceti, āpatti pācittiyassa.

Kulapariyante yāni kulāni pariggahitāni honti, tāni kulāni ṭhapetvā aññesu kulesu āroceti, āpatti pācittiyassa.

Āpattipariyante ca kulapariyante ca yā āpattiyo pariggahitāyo honti, tā āpattiyo ṭhapetvā yāni kulāni pariggahitāni honti, tāni kulāni ṭhapetvā aññāhi āpattīhi aññesu kulesu āroceti, āpatti pācittiyassa.

Neva āpattipariyante na kulapariyante, anāpatti.

82. Duṭṭhullāya āpattiyā duṭṭhullāpattisaññī anupasampannassa āroceti, aññatra bhikkhusammutiyā, āpatti pācittiyassa.

Duṭṭhullāya āpattiyā vematiko anupasampannassa āroceti, aññatra bhikkhusammutiyā, āpatti pācittiyassa.
Duṭṭhullāya āpattiyā aduṭṭhullāpattisaññī anupasampannassa āroceti, aññatra bhikkhusammutiyā, āpatti pācittiyassa.
Aduṭṭhullaṃ āpattiṃ āroceti, āpatti dukkaṭassa.
Anupasampannassa duṭṭhullaṃ vā aduṭṭhullaṃ vā ajjhācāraṃ āroceti, āpatti dukkaṭassa.
Aduṭṭhullāya āpattiyā duṭṭhullāpattisaññī, āpatti dukkaṭassa.
Aduṭṭhullāya āpattiyā vematiko, āpatti dukkaṭassa.
Aduṭṭhullāya āpattiyā aduṭṭhullāpattisaññī, āpatti dukkaṭassa.
83. Anāpatti vatthuṃ āroceti no āpattiṃ, āpattiṃ āroceti no vatthuṃ, bhikkhusammutiyā, ummattakassa, ādikammikassāti.
Duṭṭhullārocanasikkhāpadaṃ niṭṭhitaṃ navamaṃ.
10. Pathavīkhaṇanasikkhāpadaṃ
84. Tena samayena buddho Bhagavā āḷaviyaṃ viharati aggāḷave cetiye. Tena kho pana samayena āḷavakā [āḷavikā (syā.)] bhikkhū navakammaṃ karontā pathaviṃ khaṇantipi khaṇāpentipi. Manussā ujjhāyanti khiyyanti vipācenti – ''kathañhi nāma samaṇā sakyaputtiyā pathaviṃ khaṇissantipi khaṇāpessantipi! Ekindriyaṃ samaṇā sakyaputtiyā jīvaṃ viheṭhentī''ti! Assosuṃ kho bhikkhū tesaṃ manussānaṃ ujjhāyantānaṃ khiyyantānaṃ vipācentānaṃ. Ye te bhikkhū appicchā...pe... te ujjhāyanti khiyyanti vipācenti – ''kathañhi nāma āḷavakā bhikkhū pathaviṃ khaṇissantipi khaṇāpessantipī''ti...pe... ''saccaṃ kira tumhe, bhikkhave, pathaviṃ khaṇathapi khaṇāpethapī''ti? ''Saccaṃ, Bhagavā''ti. Vigarahi buddho Bhagavā...pe... kathañhi nāma tumhe, moghapurisā, pathaviṃ khaṇissathapi khaṇāpessathapi! Jīvasaññino hi, moghapurisā, manussā pathaviyā. Netaṃ, moghapurisā, appasannānaṃ vā pasādāya...pe... evañca pana, bhikkhave, imaṃ sikkhāpadaṃ uddiseyyātha –
85.''Yo pana bhikkhu pathaviṃ khaṇeyya vā khaṇāpeyya vā, pācittiya''nti.
86.Yo panāti yo yādiso...pe... bhikkhūti...pe... ayaṃ imasmiṃ atthe adhippeto bhikkhūti.
Pathavī nāma dve pathaviyo – jātā ca pathavī ajātā ca pathavī.
Jātā nāma pathavī – suddhapaṃsu suddhamattikā appapāsāṇā appasakkharā appakaṭhalā appamarumbā appavālikā, yebhuyyenapaṃsukā, yebhuyyenamattikā. Adaḍḍhāpi vuccati jātā pathavī. Yopi paṃsupuñjo vā mattikāpuñjo vā atirekacātumāsaṃ ovaṭṭho, ayampi vuccati jātā pathavī.
Ajātā nāma pathavī – suddhapāsāṇā suddhasakkharā suddhakaṭhalā suddhamarumbā suddhavālikā appapaṃsukā appamattikā, yebhuyyenapāsāṇā, yebhuyyenasakkharā, yebhuyyenakaṭhalā, yebhuyyenamarumbā, yebhuyyenavālikā. Daḍḍhāpi vuccati ajātā pathavī. Yopi paṃsupuñjo vā mattikāpuñjo vā omakacātumāsaṃ ovaṭṭho, ayampi vuccati ajātā pathavī.
Khaṇeyyāti sayaṃ khaṇati, āpatti pācittiyassa.
Khaṇāpeyyāti aññaṃ āṇāpeti, āpatti pācittiyassa. Sakiṃ āṇatto bahukampi khaṇati, āpatti pācittiyassa.
87. Pathaviyā pathavisaññī khaṇati vā khaṇāpeti vā, bhindati vā bhedāpeti vā, dahati vā dahāpeti vā, āpatti pācittiyassa.
Pathaviyā vematiko khaṇati vā khaṇāpeti vā, bhindati vā bhedāpeti vā, dahati vā dahāpeti vā, āpatti dukkaṭassa.
Pathaviyā apathavisaññī khaṇati vā khaṇāpeti vā, bhindati vā bhedāpeti vā, dahati vā dahāpeti vā, anāpatti.
Apathaviyā pathavisaññī, āpatti dukkaṭassa. Apathaviyā vematiko, āpatti dukkaṭassa. Apathaviyā apathavisaññī, anāpatti.
88. Anāpatti – ''imaṃ jāna, imaṃ dehi, imaṃ āhara, iminā attho, imaṃ kappiyaṃ karohī''ti bhaṇati, asañcicca, asatiyā, ajānantassa, ummattakassa, ādikammikassāti.
Pathavīkhaṇanasikkhāpadaṃ niṭṭhitaṃ dasamaṃ.
Musāvādavaggo paṭhamo.
Tassuddānaṃ –
Musā omasapesuññaṃ, padaseyyāya ve duve;
Aññatra viññunā bhūtā, duṭṭhullāpatti khaṇanāti.
2. Bhūtagāmavaggo
1. Bhūtagāmasikkhāpadaṃ
89. Tena samayena buddho Bhagavā āḷaviyaṃ viharati aggāḷave cetiye. Tena kho pana samayena āḷavakā bhikkhū navakammaṃ karontā rukkhaṃ chindantipi chedāpentipi. Aññataropi āḷavako bhikkhu rukkhaṃ chindati. Tasmiṃ rukkhe adhivatthā devatā taṃ bhikkhuṃ etadavoca – ''mā, bhante, attano bhavanaṃ kattukāmo mayhaṃ bhavanaṃ chindī''ti. So bhikkhu anādiyanto chindi yeva, tassā ca devatāya dārakassa bāhuṃ ākoṭesi. Atha kho tassā devatāya etadahosi – ''yaṃnnūnāhaṃ imaṃ bhikkhuṃ idheva jīvitā voropeyya''nti. Atha kho tassā devatāya etadahosi – ''na kho metaṃ patirūpaṃ yāhaṃ imaṃ bhikkhuṃ idheva jīvitā voropeyyaṃ. Yannūnāhaṃ bhagavato etamatthaṃ āroceyya''nti. Atha kho sā devatā yena Bhagavā tenupasaṅkami; upasaṅkamitvā bhagavato etamatthaṃ ārocesi. ''Sādhu sādhu devate! Sādhu kho tvaṃ, devate, taṃ bhikkhuṃ jīvitā na voropesi. Sacajja tvaṃ, devate, taṃ bhikkhuṃ

jīvitā voropeyyāsi, bahuñca tvaṃ, devate, apuññaṃ pasaveyyāsi. Gaccha tvaṃ, devate, amukasmiṃ okāse rukkho vivitto tasmiṃ upagacchā''ti. Manussā ujjhāyanti khiyyanti vipācenti – ''kathañhi nāma samaṇā sakyaputtiyā rukkhaṃ chindissantipi chedāpessantipi ekindriyaṃ samaṇā sakyaputtiyā jīvaṃ viheṭhessantī''ti!

Assosuṃ kho bhikkhū tesaṃ manussānaṃ ujjhāyantānaṃ khiyyantānaṃ vipācentānaṃ. Ye te bhikkhū appicchā...pe... te ujjhāyanti khiyyanti vipācenti – ''kathañhi nāma āḷavakā bhikkhū rukkhaṃ chindissantipi chedāpessantipī''ti...pe... ''saccaṃ kira tumhe, bhikkhave, rukkhaṃ chindathāpi chedāpethāpī''ti? ''Saccaṃ, Bhagavā''ti. Vigarahi buddho Bhagavā...pe... kathañhi nāma tumhe, moghapurisā, rukkhaṃ chindissathāpi, chedāpessathāpi! Jīvasaññino hi, moghapurisā, manussā rukkhasmiṃ, netaṃ moghapurisā appasannānaṃ vā pasādāya...pe... evañca pana, bhikkhave, imaṃ sikkhāpadaṃ uddiseyyātha –

90.''Bhūtagāmapātabyatāya pācittiya''nti.

91.Bhūtagāmo nāma pañca bījajātāni – mūlabījaṃ, khandhabījaṃ, phaḷubījaṃ, aggabījaṃ, bījabījameva [bījabījañceva (itipi)] pañcamaṃ.

Mūlabījaṃ nāma – haliddi, siṅgiveraṃ, vacā, vacattaṃ, ativisā, kaṭukarohiṇī, usīraṃ, bhaddamūttakaṃ, yāni vā panaññānipi atthi mūle jāyanti, mūle sañjāyanti, etaṃ mūlabījaṃ nāma.

Khandhabījaṃ nāma – assattho, nigrodho, pilakkho, udumbaro, kacchako, kapitthano, yāni vā panaññānipi atthi khandhe jāyanti, khandhe sañjāyanti, etaṃ khandhabījaṃ nāma.

Phaḷubījaṃ nāma – ucchu, veḷu, naḷo, yāni vā panaññānipi atthi pabbe jāyanti, pabbe sañjāyanti, etaṃ phaḷubījaṃ nāma.

Aggabījaṃ nāma – ajjukaṃ, phaṇijjakaṃ, hiriveraṃ, yāni vā panaññānipi atthi agge jāyanti, agge sañjāyanti, etaṃ aggabījaṃ nāma.

Bījabījaṃ nāma – pubbaṇṇaṃ, aparaṇṇaṃ, yāni vā panaññānipi atthi bīje jāyanti, bīje sañjāyanti, etaṃ bījabījaṃ nāma.

92. Bīje bījasaññī chindati vā chedāpeti vā, bhindati vā bhedāpeti vā, pacati vā pacāpeti vā, āpatti pācittiyassa. Bīje vematiko chindati vā chedāpeti vā, bhindati vā bhedāpeti vā, pacati vā pacāpeti vā, āpatti dukkaṭassa. Bīje abījasaññī chindati vā chedāpeti vā, bhindati vā bhedāpeti vā, pacati vā pacāpeti vā, anāpatti. Abīje bījasaññī āpatti dukkaṭassa. Abīje vematiko, āpatti dukkaṭassa. Abīje abījasaññī, anāpatti.

93. Anāpatti – ''imaṃ jāna, imaṃ dehi, imaṃ āhara, iminā attho, imaṃ kappiyaṃ karohī''ti bhaṇati, asañcicca, assatiyā, ajānantassa, ummattakassa, ādikammikassāti.

Bhūtagāmasikkhāpadaṃ niṭṭhitaṃ paṭhamaṃ.

2. Aññavādakasikkhāpadaṃ

94. Tena samayena buddho Bhagavā kosambiyaṃ viharati ghositārāme. Tena kho pana samayena āyasmā channo anācāraṃ ācaritvā saṅghamajjhe āpattiyā anuyuñjīyamāno aññenaññaṃ paṭicarati – ''ko āpanno, kiṃ āpanno, kismiṃ āpanno, kathaṃ āpanno, kaṃ bhaṇatha, kiṃ bhaṇathā''ti? Ye te bhikkhū appicchā...pe... te ujjhāyanti khiyyanti vipācenti – ''kathañhi nāma āyasmā channo saṅghamajjhe āpattiyā anuyuñjīyamāno aññenaññaṃ paṭicarissati – ko āpanno, kiṃ āpanno, kismiṃ āpanno, kathaṃ āpanno, kaṃ bhaṇatha, kiṃ bhaṇathā''ti...pe... saccaṃ kira tvaṃ, channa, saṅghamajjhe āpattiyā anuyuñjīyamāno aññenaññaṃ paṭicarasi – ko āpanno, kiṃ āpanno, kismiṃ āpanno, kathaṃ āpanno, kaṃ bhaṇatha, kiṃ bhaṇathāti? ''Saccaṃ, Bhagavā''ti. Vigarahi buddho Bhagavā...pe... kathañhi nāma tvaṃ, moghapurisa, saṅghamajjhe āpattiyā anuyuñjīyamāno aññenaññaṃ paṭicarissasi – ko āpanno, kiṃ āpanno, kismiṃ āpanno, kathaṃ āpanno, kaṃ bhaṇatha, kiṃ bhaṇathāti! Netaṃ, moghapurisa, appasannānaṃ vā pasādāya...pe... vigarahitvā...pe... dhammiṃ kathaṃ katvā bhikkhū āmantesi – ''tena hi, bhikkhave, saṅgho channassa bhikkhuno aññavādakaṃ ropetu. Evañca pana, bhikkhave , ropetabbaṃ. Byattena bhikkhunā paṭibalena saṅgho ñāpetabbo –

95. ''Suṇātu me, bhante, saṅgho. Ayaṃ channo bhikkhu saṅghamajjhe āpattiyā anuyuñjīyamāno aññenaññaṃ paṭicarati. Yadi saṅghassa pattakallaṃ, saṅgho channassa bhikkhuno aññavādakaṃ ropeyya. Esā ñatti.

''Suṇātu me, bhante, saṅgho. Ayaṃ channo bhikkhu saṅghamajjhe āpattiyā anuyuñjīyamāno aññenaññaṃ paṭicarati. Saṅgho channassa bhikkhuno aññavādakaṃ ropeti. Yassāyasmato khamati channassa bhikkhuno aññavādakassa ropanā, so tuṇhassa; yassa nakkhamati, so bhāseyya.

''Ropitaṃ saṅghena channassa bhikkhuno aññavādakaṃ. Khamati saṅghassa, tasmā tuṇhī, evametaṃ dhārayāmī''ti.

Atha kho Bhagavā āyasmantaṃ channaṃ anekapariyāyena vigarahitvā dubbharatāya...pe... evañca pana, bhikkhave, imaṃ sikkhāpadaṃ uddiseyyātha –

''Aññavādake pācittiya''nti.

Evañcidaṃ bhagavatā bhikkhūnaṃ sikkhāpadaṃ paññattaṃ hoti.

96. Tena kho pana samayena āyasmā channo saṅghamajjhe āpattiyā anuyuñjīyamāno ''aññenaññaṃ paṭicaranto – ''āpattiṃ āpajjissāmī''ti tuṇhībhūto saṅghaṃ viheseti. Ye te bhikkhū appicchā...pe... te

ujjhāyanti khiyyanti vipācenti – "kathañhi nāma āyasmā channo saṅghamajjhe āpattiyā anuyuñjīyamāno tuṇhībhūto saṅghaṃ vihesessatī"ti...pe... saccaṃ kira tvaṃ, channa, saṅghamajjhe āpattiyā anuyuñjīyamāno tuṇhībhūto saṅghaṃ vihesesīti? "Saccaṃ, Bhagavā"ti. Vigarahi buddho Bhagavā...pe... kathañhi nāma tvaṃ, moghapurisa, saṅghamajjhe āpattiyā anuyuñjīyamāno tuṇhībhūto saṅghaṃ vihesessasi! Netaṃ, moghapurisa, appasannānaṃ vā pasādāya...pe... vigarahitvā...pe... dhammiṃ kathaṃ katvā bhikkhū āmantesi – "tena hi, bhikkhave, saṅgho channassa bhikkhuno vihesakaṃ ropetu. Evañca pana, bhikkhave, ropetabbaṃ. Byattena bhikkhunā paṭibalena saṅgho ñāpetabbo –

97. "Suṇātu me, bhante, saṅgho. Ayaṃ channo bhikkhu saṅghamajjhe āpattiyā anuyuñjīyamāno tuṇhībhūto saṅghaṃ viheseti. Yadi saṅghassa pattakallaṃ, saṅgho channassa bhikkhuno vihesakaṃ ropeyya. Esā ñatti.

"Suṇātu me, bhante, saṅgho. Ayaṃ channo bhikkhu saṅghamajjhe āpattiyā anuyuñjīyamāno tuṇhībhūto saṅghaṃ viheseti. Saṅgho channassa bhikkhuno vihesakaṃ ropeti. Yassāyasmato khamati channassa bhikkhuno vihesakassa ropanā, so tuṇhassa; yassa nakkhamati, so bhāseyya.

"Ropitaṃ saṅghena channassa bhikkhuno vihesakaṃ. Khamati saṅghassa, tasmā tuṇhī, evametaṃ dhārayāmī"ti.

Atha kho Bhagavā āyasmantaṃ channaṃ anekapariyāyena vigarahitvā dubbharatāya...pe... evañca pana, bhikkhave, imaṃ sikkhāpadaṃ uddiseyyātha –

98."Aññavādake vihesake pācittiya"nti.

99.Aññavādako nāma saṅghamajjhe vatthusmiṃ vā āpattiyā vā anuyuñjīyamāno taṃ na kathetukāmo taṃ na ugghāṭetukāmo aññenaññaṃ paṭicarati – "ko āpanno, kiṃ āpanno, kismiṃ āpanno, kathaṃ āpanno, kaṃ bhaṇatha, kiṃ bhaṇathā"ti. Eso aññavādako nāma.

Vihesako nāma saṅghamajjhe vatthusmiṃ vā āpattiyā vā anuyuñjīyamāno taṃ na kathetukāmo taṃ na ugghāṭetukāmo tuṇhībhūto saṅghaṃ viheseti. Eso vihesako nāma.

100. Āropite aññavādake saṅghamajjhe vatthusmiṃ vā āpattiyā vā anuyuñjīyamāno taṃ na kathetukāmo taṃ na ugghāṭetukāmo aññenaññaṃ paṭicarati – "ko āpanno, kiṃ āpanno, kismiṃ āpanno, kathaṃ āpanno, kaṃ bhaṇatha, kiṃ bhaṇathā"ti, āpatti dukkaṭassa. Āropite vihesake saṅghamajjhe vatthusmiṃ vā āpattiyā vā anuyuñjīyamāno taṃ na kathetukāmo taṃ na ugghāṭetukāmo tuṇhībhūto saṅghaṃ viheseti, āpatti dukkaṭassa. Ropite aññavādake saṅghamajjhe vatthusmiṃ vā āpattiyā vā anuyuñjīyamāno taṃ na kathetukāmo taṃ na ugghāṭetukāmo aññenaññaṃ paṭicarati – "ko āpanno, kiṃ āpanno, kismiṃ āpanno, kathaṃ āpanno, kaṃ bhaṇatha, kiṃ bhaṇathā"ti, āpatti pācittiyassa. Ropite vihesake saṅghamajjhe vatthusmiṃ vā āpattiyā vā anuyuñjīyamāno taṃ na kathetukāmo taṃ na ugghāṭetukāmo tuṇhībhūto saṅghaṃ viheseti, āpatti pācittiyassa.

101. Dhammakamme dhammakammasaññī aññavādake vihesake, āpatti pācittiyassa. Dhammakamme vematiko aññavādake vihesake, āpatti pācittiyassa. Dhammakamme adhammakammasaññī aññavādake vihesake, āpatti pācittiyassa. Adhammakamme dhammakammasaññī, āpatti dukkaṭassa. Adhammakamme vematiko, āpatti dukkaṭassa. Adhammakamme adhammakammasaññī, āpatti dukkaṭassa.

102. Anāpatti ajānanto pucchati, gilāno vā na katheti; "saṅghassa bhaṇḍanaṃ vā kalaho vā viggaho vā vivādo vā bhavissatī"ti na katheti; "saṅghabhedo vā saṅgharāji vā bhavissatī"ti na katheti; "adhammena vā vaggena vā nakammārahassa vā kammaṃ karissatī"ti na katheti; ummattakassa, ādikammikassāti.

Aññavādakasikkhāpadaṃ niṭṭhitaṃ dutiyaṃ.

3. Ujjhāpanakasikkhāpadaṃ

103. Tena samayena buddho Bhagavā rājagahe viharati veḷuvane kalandakanivāpe. Tena kho pana samayena āyasmā dabbo mallaputto saṅghassa senāsanañca paññapeti bhattāni ca uddisati. Tena kho pana samayena mettiyabhūmajakā [mettiyabhūmmajakā (sī. syā.)] bhikkhū navakā ceva honti appapuññā ca . Yāni saṅghassa lāmakāni senāsanāni tāni tesaṃ pāpuṇanti lāmakāni ca bhattāni. Te āyasmantaṃ dabbaṃ mallaputtaṃ bhikkhū ujjhāpenti – "chandāya dabbo mallaputto senāsanaṃ paññapeti, chandāya ca bhattāni uddisatī"ti. Ye te bhikkhū appicchā...pe... te ujjhāyanti khiyyanti vipācenti – "kathañhi nāma mettiyabhūmajakā bhikkhū āyasmantaṃ dabbaṃ mallaputtaṃ bhikkhū ujjhāpessantī"ti...pe... "saccaṃ kira tumhe, bhikkhave, dabbaṃ mallaputtaṃ bhikkhū ujjhāpethā"ti? "Saccaṃ, Bhagavā"ti. Vigarahi buddho Bhagavā...pe... kathañhi nāma tumhe, moghapurisā, dabbaṃ mallaputtaṃ bhikkhū ujjhāpessatha! Netaṃ, moghapurisā, appasannānaṃ vā pasādāya...pe... evañca pana, bhikkhave, imaṃ sikkhāpadaṃ uddiseyyātha –

"Ujjhāpanake pācittiya"nti.

Evañcidaṃ bhagavatā bhikkhūnaṃ sikkhāpadaṃ paññattaṃ hoti.

104. Tena kho pana samayena mettiyabhūmajakā bhikkhū – "bhagavatā ujjhāpanakaṃ paṭikkhitta"nti, "ettāvatā bhikkhū sossantī"ti [vihesissantīti (itipi)] bhikkhūnaṃ sāmantā āyasmantaṃ dabbaṃ mallaputtaṃ khiyyanti – "chandāya dabbo mallaputto senāsanaṃ paññapeti, chandāya ca bhattāni

uddisatī''ti. Ye te bhikkhū appicchā...pe... te ujjhāyanti khiyyanti vipācenti – ''kathañhi nāma mettiyabhūmajakā bhikkhū āyasmantaṃ dabbaṃ mallaputtaṃ khiyyissantī''ti...pe... ''saccaṃ kira tumhe, bhikkhave, dabbaṃ mallaputtaṃ khiyyathā''ti? ''Saccaṃ, Bhagavā''ti. Vigarahi buddho Bhagavā...pe... kathañhi nāma tumhe, moghapurisā, dabbaṃ mallaputtaṃ khiyyissatha! Netaṃ, moghapurisā, appasannānaṃ vā pasādāya...pe... evañca pana, bhikkhave, imaṃ sikkhāpadaṃ uddiseyyātha –

105.''Ujjhāpanake khiyyanake pācittiya''nti.

106.Ujjhāpanakaṃ nāma upasampannaṃ saṅghena sammataṃ senāsanapaññāpakaṃ vā bhattuddesakaṃ vā yāgubhājakaṃ vā phalabhājakaṃ vā khajjabhājakaṃ vā appamattakavissajjakaṃ vā avaṇṇaṃ kattukāmo, ayasaṃ kattukāmo, maṅkukattukāmo, upasampannaṃ ujjhāpeti vā khiyyati vā, āpatti pācittiyassa. Dhammakamme dhammakammasaññī ujjhāpanake khiyyanake āpatti pācittiyassa. Dhammakamme vematiko ujjhāpanake khiyyanake āpatti pācittiyassa. Dhammakamme adhammakammasaññī ujjhāpanake khiyyanake āpatti pācittiyassa.

Anupasampannaṃ ujjhāpeti vā khiyyati vā, āpatti dukkaṭassa. Upasampannaṃ saṅghena asammataṃ senāsanapaññāpakaṃ vā bhattuddesakaṃ vā yāgubhājakaṃ vā phalabhājakaṃ vā khajjabhājakaṃ vā appamattakavissajjakaṃ vā avaṇṇaṃ kattukāmo, ayasaṃ kattukāmo, maṅkukattukāmo, upasampannaṃ vā anupasampannaṃ vā ujjhāpeti vā khiyyati vā, āpatti dukkaṭassa. Anupasampannaṃ saṅghena sammataṃ vā asammataṃ vā senāsanapaññāpakaṃ vā bhattuddesakaṃ vā yāgubhājakaṃ vā phalabhājakaṃ vā khajjabhājakaṃ vā appamattakavissajjakaṃ vā avaṇṇaṃ kattukāmo, ayasaṃ kattukāmo, maṅkukattukāmo, upasampannaṃ vā anupasampannaṃ vā ujjhāpeti vā khiyyati vā, āpatti dukkaṭassa. Adhammakamme dhammakammasaññī, āpatti dukkaṭassa. Adhammakamme vematiko, āpatti dukkaṭassa. Adhammakamme adhammakammasaññī āpatti dukkaṭassa.

107. Anāpatti pakatiyā chandā dosā mohā bhayā karontaṃ ujjhāpeti vā khiyyati vā, ummattakassa, ādikammikassāti.

Ujjhāpanakasikkhāpadaṃ niṭṭhitaṃ tatiyaṃ.

4. Paṭhamasenāsanasikkhāpadaṃ

108. Tena samayena buddho Bhagavā sāvatthiyaṃ viharati jetavane anāthapiṇḍikassa ārāme. Tena kho pana samayena bhikkhū hemantike kāle ajjhokāse senāsanaṃ paññapetvā kāyaṃ otāpentā kāle ārocite taṃ pakkamantā neva uddhariṃsu na uddharāpesuṃ, anāpucchā pakkamiṃsu. Senāsanaṃ ovaṭṭhaṃ hoti. Ye te bhikkhū appicchā...pe... te ujjhāyanti khiyyanti vipācenti – ''kathaṃ hi nāma bhikkhū ajjhokāse senāsanaṃ paññapetvā taṃ pakkamantā neva uddharissanti na uddharāpessanti, anāpucchā pakkamissanti, senāsanaṃ ovaṭṭha''nti! Atha kho te bhikkhū te anekapariyāyena vigarahitvā bhagavato etamatthaṃ ārocesuṃ...pe... saccaṃ kira, bhikkhave, bhikkhū ajjhokāse...pe... evañca pana, bhikkhave, imaṃ sikkhāpadaṃ uddiseyyātha –

109.''Yo pana bhikkhu saṅghikaṃ mañcaṃ vā pīṭhaṃ vā bhisiṃ vā kocchaṃ vā ajjhokāse santharitvā vā santharāpetvā vā taṃ pakkamanto neva uddhareyya na uddharāpeyya, anāpucchaṃ vā gaccheyya, pācittiya''nti.

Evañcidaṃ bhagavatā bhikkhūnaṃ sikkhāpadaṃ paññattaṃ hoti.

110. Tena kho pana samayena bhikkhū ajjhokāse vasitvā kālasseva senāsanaṃ abhiharanti. Addasā kho Bhagavā te bhikkhū kālasseva senāsanaṃ abhiharante. Disvāna etasmiṃ nidāne etasmiṃ pakaraṇe dhammiṃ kathaṃ katvā bhikkhū āmantesi – ''anujānāmi, bhikkhave, aṭṭha māse avassikasaṅkete [vasituṃ avassikasaṃkete (itipi)] maṇḍape vā rukkhamūle vā yattha kākā vā kulalā vā na ūhadanti tattha senāsanaṃ nikkhipitu''nti.

111.Yo panāti yo yādiso...pe... bhikkhūti...pe... ayaṃ imasmiṃ atthe adhippeto bhikkhūti.

Saṅghikaṃ nāma saṅghassa dinnaṃ hoti pariccattaṃ.

Mañco nāma cattāro mañcā – masārako, bundikābaddho, kuḷīrapādako, āhaccapādako.

Pīṭhaṃ nāma cattāri pīṭhāni – masārakaṃ, bundikābaddhaṃ, kuḷīrapādakaṃ, āhaccapādakaṃ.

Bhisi nāma pañca bhisiyo – uṇṇabhisi, coḷabhiti, vākabhisi, tiṇabhisi, paṇṇabhisi.

Kocchaṃ nāma – vākamayaṃ vā usīramayaṃ vā muñjamayaṃ vā pabbajamayaṃ [babbajamayaṃ (sī.)] vā anto saṃveṭhetvā baddhaṃ hoti.

Santharitvāti sayaṃ santharitvā.

Santharāpetvāti aññaṃ santharāpetvā. Anupasampannaṃ santharāpeti, tassa palibodho. Upasampannaṃ santharāpeti, santhārakassa [santhatassa (itipi)] palibodho.

Taṃ pakkamanto neva uddhareyyāti na sayaṃ uddhareyya.

Na uddharāpeyyāti na aññaṃ uddharāpeyya.

Anāpucchaṃ vā gaccheyyāti bhikkhuṃ vā sāmaṇeraṃ vā ārāmikaṃ vā anāpucchā majjhimassa purisassa leḍḍupātaṃ atikkamantassa āpatti pācittiyassa.

112. Saṅghike saṅghikasaññī ajjhokāse santharitvā vā santharāpetvā vā taṃ pakkamanto neva uddhareyya na uddharāpeyya anāpucchaṃ vā gaccheyya, āpatti pācittiyassa. Saṅghike vematiko...pe...

saṅghike puggalikasaññī ajjhokāse santharitvā vā santharāpetvā vā taṃ pakkamanto neva uddhareyya na uddharāpeyya, anāpucchaṃ vā gaccheyya, āpatti pācittiyassa.
Cimilikaṃ vā uttarattharaṇaṃ vā bhūmattharaṇaṃ vā taṭṭikaṃ vā cammakhaṇḍaṃ vā pādapuñchaniṃ vā phalakapīṭhaṃ vā ajjhokāse santharitvā vā santharāpetvā vā taṃ pakkamanto neva uddhareyya na uddharāpeyya, anāpucchaṃ vā gaccheyya, āpatti dukkaṭassa. Puggalike saṅghikasaññī, āpatti dukkaṭassa. Puggalike vematiko, āpatti dukkaṭassa. Puggalike puggalikasaññī aññassa puggalike, āpatti dukkaṭassa. Attano puggalike anāpatti.
113. Anāpatti uddharitvā gacchati, uddharāpetvā gacchati, āpucchaṃ gacchati, otāpento gacchati, kenaci palibuddhaṃ hoti, āpadāsu, ummattakassa, ādikammikassāti.
Paṭhamasenāsanasikkhāpadaṃ niṭṭhitaṃ catutthaṃ.
5. Dutiyasenāsanasikkhāpadaṃ
114. Tena samayena buddho Bhagavā sāvatthiyaṃ viharati jetavane anāthapiṇḍikassa ārāme. Tena kho pana samayena sattarasavaggiyā bhikkhū sahāyakā honti. Te vasantāpi ekatova vasanti, pakkamantāpi ekatova pakkamanti. Te aññatarasmiṃ saṅghike vihāre seyyaṃ santharitvā taṃ pakkamantā neva uddhariṃsu na uddharāpesuṃ, anāpucchā pakkamiṃsu. Senāsanaṃ upacikāhi khāyitaṃ hoti. Ye te bhikkhū appicchā...pe... te ujjhāyanti khiyyanti vipācenti – ''kathañhi nāma sattarasavaggiyā bhikkhū saṅghike vihāre seyyaṃ santharitvā taṃ pakkamantā neva uddharissanti na uddharāpessanti, anāpucchā pakkamissanti, senāsanaṃ upacikāhi khāyita''nti! Atha kho te bhikkhū sattarasavaggiye bhikkhū anekapariyāyena vigarahitvā bhagavato etamatthaṃ ārocesuṃ...pe... ''saccaṃ kira, bhikkhave, sattarasavaggiyā bhikkhū saṅghike vihāre seyyaṃ santharitvā taṃ pakkamantā neva uddhariṃsu na uddharāpesuṃ, anāpucchā pakkamiṃsu, senāsanaṃ upacikāhi khāyita''nti? ''Saccaṃ, Bhagavā''ti. Vigarahi buddho Bhagavā...pe... kathañhi nāma te, bhikkhave, moghapurisā saṅghike vihāre seyyaṃ santharitvā taṃ pakkamantā neva uddharissanti na uddharāpessanti, anāpucchā pakkamissanti, senāsanaṃ upacikāhi khāyitaṃ! Netaṃ, bhikkhave, appasannānaṃ vā pasādāya...pe... evañca pana, bhikkhave, imaṃ sikkhāpadaṃ uddiseyyātha –
115.''Yo pana bhikkhu saṅghike vihāre seyyaṃ santharitvā vā santharāpetvā vā taṃ pakkamanto neva uddhareyya na uddharāpeyya, anāpucchaṃ vā gaccheyya, pācittiya''nti.
116.Yo panāti yo yādiso...pe... bhikkhūti...pe... ayaṃ imasmiṃ atthe adhippeto bhikkhūti.
Saṅghiko nāma vihāro saṅghassa dinno hoti pariccatto.
Seyyaṃ nāma bhisi, cimilikā uttarattharaṇaṃ, bhūmattharaṇaṃ, taṭṭikā, cammakhaṇḍo, nisīdanaṃ, paccattharaṇaṃ, tiṇasanthāro, paṇṇasanthāro.
Santharitvāti sayaṃ santharitvā.
Santharāpetvāti aññaṃ santharāpetvā.
Taṃ pakkamanto neva uddhareyyāti na sayaṃ uddhareyya.
Na uddharāpeyyāti na aññaṃ uddharāpeyya.
Anāpucchaṃ vā gaccheyyāti bhikkhuṃ vā sāmaṇeraṃ vā ārāmikaṃ vā anāpucchā parikkhittassa ārāmassa parikkhepaṃ atikkamantassa āpatti pācittiyassa. Aparikkhittassa ārāmassa upacāraṃ atikkamantassa āpatti pācittiyassa. Saṅghike saṅghikasaññī seyyaṃ santharitvā vā santharāpetvā vā taṃ pakkamanto neva uddhareyya na uddharāpeyya, anāpucchaṃ vā gaccheyya, āpatti pācittiyassa. Saṅghike vematiko seyyaṃ santharitvā vā santharāpetvā vā taṃ pakkamanto neva uddhareyya na uddharāpeyya, anāpucchaṃ vā gaccheyya, āpatti pācittiyassa. Saṅghike puggalikasaññī seyyaṃ santharitvā vā santharāpetvā vā taṃ pakkamanto neva uddhareyya na uddharāpeyya, anāpucchaṃ vā gaccheyya, āpatti pācittiyassa.
117. Vihārassa upacāre vā upaṭṭhānasālāyaṃ vā maṇḍape vā rukkhamūle vā seyyaṃ santharitvā vā santharāpetvā vā taṃ pakkamanto neva uddhareyya na uddharāpeyya, anāpucchaṃ vā gaccheyya, āpatti dukkaṭassa. Mañcaṃ vā pīṭhaṃ vā vihāre vā vihārassūpacāre vā upaṭṭhānasālāyaṃ vā maṇḍape vā rukkhamūle vā santharitvā vā santharāpetvā vā taṃ pakkamanto neva uddhareyya na uddharāpeyya, anāpucchaṃ vā gaccheyya, āpatti dukkaṭassa.
Puggalike saṅghikasaññī, āpatti dukkaṭassa. Puggalike vematiko, āpatti dukkaṭassa. Puggalike puggalikasaññī aññassa puggalike āpatti dukkaṭassa. Attano puggalike anāpatti.
118. Anāpatti uddharitvā gacchati, uddharāpetvā gacchati, āpucchaṃ gacchati, kenaci palibuddhaṃ hoti, sāpekkho gantvā tattha ṭhito āpucchati, kenaci palibuddho hoti, āpadāsu, ummattakassa, ādikammikassāti.
Dutiyasenāsanasikkhāpadaṃ niṭṭhitaṃ pañcamaṃ.
6. Anupakhajjasikkhāpadaṃ
119. Tena samayena buddho Bhagavā sāvatthiyaṃ viharati jetavane anāthapiṇḍikassa ārāme. Tena kho pana samayena chabbaggiyā bhikkhū varaseyyāyo palibundhenti, therā bhikkhū vuṭṭhāpenti [ettha te iti kammapadaṃ ūnaṃ viya dissati]. Atha kho chabbaggiyānaṃ bhikkhūnaṃ etadahosi – ''kena nu kho mayaṃ upāyena idheva vassaṃ vaseyyāmā''ti? Atha kho chabbaggiyā bhikkhū there bhikkhū anupakhajja seyyaṃ kappenti – yassa sambādho bhavissati so pakkamissatīti. Ye te bhikkhū

appicchā...pe... te ujjhāyanti khiyyanti vipācenti – ''kathañhi nāma chabbaggiyā bhikkhū there bhikkhū anupakhajja seyyaṃ kappessantī''ti! Atha kho te bhikkhū chabbaggiye bhikkhū anekapariyāyena vigarahitvā bhagavato etamatthaṃ ārocesuṃ ...pe... ''saccaṃ kira tumhe, bhikkhave, there bhikkhū anupakhajja seyyaṃ kappethā''ti? ''Saccaṃ, Bhagavā''ti. Vigarahi buddho Bhagavā...pe... kathañhi nāma tumhe, moghapurisā, there bhikkhū anupakhajja seyyaṃ kappessatha! Netaṃ, moghapurisā, appasannānaṃ vā pasādāya...pe... evañca pana, bhikkhave, imaṃ sikkhāpadaṃ uddiseyyātha –

120.''Yo pana bhikkhu saṅghike vihāre jānaṃ pubbupagataṃ bhikkhuṃ anupakhajja seyyaṃ kappeyya – yassa sambādho bhavissati so pakkamissatī'ti, etadeva paccayaṃ karitvā anaññaṃ, pācittiya''nti.

121.Yo panāti yo yādiso...pe... bhikkhūti...pe... ayaṃ imasmiṃ 2.0251 atthe adhippeto bhikkhūti.

Saṅghiko nāma vihāro saṅghassa dinno hoti pariccatto.

Jānāti nāma vuḍḍhoti jānāti, gilānoti jānāti, saṅghena dinnoti jānāti.

Anupakhajjāti anupavisitvā.

Seyyaṃ kappeyyāti mañcassa vā pīṭhassa vā pavisantassa vā nikkhamantassa vā upacāre seyyaṃ santharati vā santharāpeti vā, āpatti dukkaṭassa. Abhinisīdati vā abhinipajjati vā, āpatti pācittiyassa.

Etadeva paccayaṃ karitvā anaññanti na añño koci paccayo hoti anupakhajja seyyaṃ kappetuṃ.

122. Saṅghike saṅghikasaññī anupakhajja seyyaṃ kappeti, āpatti pācittiyassa. Saṅghike vematiko anupakhajja seyyaṃ kappeti, āpatti pācittiyassa. Saṅghike puggalikasaññī anupakhajja seyyaṃ kappeti, āpatti pācittiyassa.

Mañcassa vā pīṭhassa vā pavisantassa vā nikkhamantassa vā upacāraṃ ṭhapetvā seyyaṃ santharati vā santharāpeti vā, āpatti dukkaṭassa. Abhinisīdati vā abhinipajjati vā, āpatti dukkaṭassa. Vihārassa upacāre vā upaṭṭhānasālāyaṃ vā maṇḍape vā rukkhamūle vā ajjhokāse vā seyyaṃ santharati vā santharāpeti vā, āpatti dukkaṭassa. Abhinisīdati vā abhinippajjati vā, āpatti dukkaṭassa. Puggalike saṅghikasaññī, āpatti dukkaṭassa. Puggalike vematiko, āpatti dukkaṭassa. Puggalike puggalikasaññī aññassa puggalike āpatti dukkaṭassa . Attano puggalike anāpatti.

123. Anāpatti gilāno pavisati, sītena vā uṇhena vā pīḷito pavisati, āpadāsu, ummattakassa, ādikammikassāti.

Anupakhajjasikkhāpadaṃ niṭṭhitaṃ chaṭṭhaṃ.

7. Nikkaḍḍhanasikkhāpadaṃ

124. Tena samayena buddho Bhagavā sāvatthiyaṃ viharati jetavane anāthapiṇḍikassa ārāme. Tena kho pana samayena sattarasavaggiyā bhikkhū aññataraṃ paccantimaṃ mahāvihāraṃ paṭisaṅkharonti – ''idha mayaṃ vassaṃ vasissāmā''ti . Addasaṃsu kho chabbaggiyā bhikkhū sattarasavaggiye bhikkhū vihāraṃ paṭisaṅkharonte. Disvāna evamāhaṃsu – ''ime, āvuso, sattarasavaggiyā bhikkhū vihāraṃ paṭisaṅkharonti. Handa ne vuṭṭhāpessāmā''ti! Ekacce evamāhaṃsu – ''āgamethāvuso, yāva paṭisaṅkharonti; paṭisaṅkhate vuṭṭhāpessāmā''ti.

Atha kho chabbaggiyā bhikkhū sattarasavaggiye bhikkhū etadavocuṃ – ''uṭṭhethāvuso, amhākaṃ vihāro pāpuṇātī''ti. ''Nanu, āvuso, paṭikacceva [paṭigacceva (sī.)] ācikkhitabbaṃ, mayañcaññaṃ paṭisaṅkhareyyāmā''ti. ''Nanu, āvuso, saṅghiko vihāro''ti? ''Āmāvuso, saṅghiko vihāro''ti. ''Uṭṭhethāvuso, amhākaṃ vihāro pāpuṇātī''ti. ''Mahallako, āvuso, vihāro. Tumhepi vasatha, mayampi vasissāmā''ti. ''Uṭṭhethāvuso, amhākaṃ vihāro pāpuṇātī''ti kupitā anattamanā gīvāyaṃ gahetvā nikkaḍḍhanti. Te nikkaḍḍhīyamānā rodanti. Bhikkhū evamāhaṃsu – ''kissa tumhe, āvuso, rodathā''ti? ''Ime, āvuso, chabbaggiyā bhikkhū kupitā anattamanā amhe saṅghikā vihārā nikkaḍḍhantī''ti. Ye te bhikkhū appicchā...pe... te ujjhāyanti khiyyanti vipācenti – ''kathañhi nāma chabbaggiyā bhikkhū kupitā anattamanā bhikkhū saṅghikā vihārā nikkaḍḍhissantī''ti! Atha kho te bhikkhū chabbaggiye bhikkhū anekapariyāyena vigarahitvā bhagavato etamatthaṃ ārocesuṃ...pe... ''saccaṃ kira tumhe, bhikkhave, kupitā anattamanā bhikkhū saṅghikā vihārā nikkaḍḍhathā''ti? ''Saccaṃ, Bhagavā''ti. Vigarahi buddho Bhagavā...pe... kathañhi nāma tumhe, moghapurisā, kupitā anattamanā bhikkhū saṅghikā vihārā nikkaḍḍhissatha? Netaṃ, moghapurisā, appasannānaṃ vā pasādāya...pe... evañca pana, bhikkhave, imaṃ sikkhāpadaṃ uddiseyyātha –

125.''Yo pana bhikkhu bhikkhuṃ kupito anattamano saṅghikā vihārā nikkaḍḍheyya vā nikkaḍḍhāpeyya vā, pācittiya''nti.

126.Yo panāti yo yādiso...pe... bhikkhūti...pe... ayaṃ imasmiṃ atthe adhippeto bhikkhūti.

Bhikkhunti aññaṃ bhikkhuṃ.

Kupito anattamanoti anabhiraddho āhatacitto khilajāto.

Saṅghiko nāma vihāro saṅghassa dinno hoti pariccatto.

Nikkaḍḍheyyāti gabbhe gahetvā pamukhaṃ nikkaḍḍhati, āpatti pācittiyassa. Pamukhe gahetvā bahi nikkaḍḍhati, āpatti pācittiyassa. Ekena payogena bahukepi dvāre atikkāmeti, āpatti pācittiyassa.

Nikkaḍḍhāpeyyāti aññaṃ āṇāpeti, āpatti pācittiyassa [dukkaṭassa (katthaci)]. Sakiṃ āṇatto bahukepi dvāre atikkāmeti, āpatti pācittiyassa.

127. Saṅghike saṅghikasaññī kupito anattamano nikkaḍḍhati vā nikkaḍḍhāpeti vā, āpatti pācittiyassa. Saṅghike vematiko kupito anattamano nikkaḍḍhati vā nikkaḍḍhāpeti vā, āpatti pācittiyassa. Saṅghike puggalikasaññī kupito anattamano nikkaḍḍhati vā nikkaḍḍhāpeti vā, āpatti pācittiyassa.
Tassa parikkhāraṃ nikkaḍḍhati vā nikkaḍḍhāpeti vā, āpatti dukkaṭassa. Vihārassa upacārā vā upaṭṭhānasālāya vā maṇḍapā vā rukkhamūlā vā ajjhokāsā vā nikkaḍḍhati vā nikkaḍḍhāpeti vā, āpatti dukkaṭassa. Tassa parikkhāraṃ nikkaḍḍhati vā nikkaḍḍhāpeti vā, āpatti dukkaṭassa. Anupasampannaṃ vihārā vā vihārassa upacārā vā upaṭṭhānasālāya vā maṇḍapā vā rukkhamūlā vā ajjhokāsā vā nikkaḍḍhati vā nikkaḍḍhāpeti vā, āpatti dukkaṭassa. Tassa parikkhāraṃ nikkaḍḍhati vā nikkaḍḍhāpeti vā, āpatti dukkaṭassa.
Puggalike saṅghikasaññī, āpatti dukkaṭassa. Puggalike vematiko, āpatti dukkaṭassa. Puggalike puggalikasaññī aññassa puggalike āpatti dukkaṭassa. Attano puggalike anāpatti.
128. Anāpatti alajjiṃ nikkaḍḍhati vā nikkaḍḍhāpeti vā, tassa parikkhāraṃ nikkaḍḍhati vā nikkaḍḍhāpeti vā, ummattakaṃ nikkaḍḍhati vā nikkaḍḍhāpeti vā, tassa parikkhāraṃ nikkaḍḍhati vānikkaḍḍhāpeti vā, bhaṇḍanakārakaṃ kalahakārakaṃ vivādakārakaṃ bhassakārakaṃ saṅghe adhikaraṇakārakaṃ nikkaḍḍhati vā nikkaḍḍhāpeti vā, tassa parikkhāraṃ nikkaḍḍhati vā nikkaḍḍhāpeti vā, antevāsikaṃ vā saddhivihārikaṃ vā na sammā vattantaṃ nikkaḍḍhati vā nikkaḍḍhāpeti vā, tassa parikkhāraṃ nikkaḍḍhati vā nikkaḍḍhāpeti vā, ummattakassa, ādikammikassāti.
Nikkaḍḍhanasikkhāpadaṃ niṭṭhitaṃ sattamaṃ.
8. Vehāsakuṭisikkhāpadaṃ
129. Tena samayena buddho Bhagavā sāvatthiyaṃ viharati jetavane anāthapiṇḍikassa ārāme. Tena kho pana samayena dve bhikkhū saṅghike vihāre uparivehāsakuṭiyā viharanti?. Eko heṭṭhā viharati[viharanti, eko heṭṭhā (?)], eko upari. Uparimo bhikkhu āhaccapādakaṃ mañcaṃ sahasā abhinisīdi. Mañcapādo nippatitvā [patitvā (syā.)] heṭṭhimassa bhikkhuno matthake avatthāsi. So bhikkhu vissaramakāsi. Bhikkhū upadhāvitvā taṃ bhikkhuṃ etadavocuṃ – "kissa tvaṃ, āvuso, vissaramakāsī"ti? Atha kho so bhikkhu bhikkhūnaṃ etamatthaṃ ārocesi. Ye te bhikkhū appicchā...pe... te ujjhāyanti khiyyanti vipācenti – "kathañhi nāma bhikkhu saṅghike vihāre uparivehāsakuṭiyā āhaccapādakaṃ mañcaṃ sahasā abhinisīdissatī"ti! Atha kho te bhikkhū taṃ bhikkhuṃ anekapariyāyena vigarahitvā bhagavato etamatthaṃ ārocesuṃ...pe... "saccaṃ kira tvaṃ, bhikkhu, saṅghike vihāre uparivehāsakuṭiyā āhaccapādakaṃ mañcaṃ sahasā abhinisīdasī"ti? "Saccaṃ, Bhagavā"ti. Vigarahi buddho Bhagavā...pe... kathañhi nāma tvaṃ, moghapurisa, saṅghike vihāre uparivehāsakuṭiyā āhaccapādakaṃ mañcaṃ sahasā abhinisīdissasi! Netaṃ, moghapurisa, appasannānaṃ vā pasādāya...pe... evañca pana, bhikkhave, imaṃ sikkhāpadaṃ uddiseyyātha –
130."Yo pana bhikkhu saṅghike vihāre uparivehāsakuṭiyā āhaccapādakaṃ mañcaṃ vā pīṭhaṃvā abhinisīdeyya vā abhinipajjeyya vā, pācittiya"nti.
131.Yo panāti yo yādiso...pe... bhikkhūti...pe... ayaṃ imasmiṃ atthe adhippeto bhikkhūti.
Saṅghiko nāma vihāro saṅghassa dinno hoti pariccatto.
Vehāsakuṭi nāma majjhimassa purisassa asīsaghaṭṭā.
Āhaccapādako nāma mañco aṅge vijjhitvā ṭhito hoti. Āhaccapādakaṃ nāma pīṭhaṃ aṅge vijjhitvā ṭhitaṃ hoti.
Abhinisīdeyyāti tasmiṃ abhinisīdati, āpatti pācittiyassa.
Abhinipajjeyyāti tasmiṃ abhinipajjati, āpatti pācittiyassa.
132. Saṅghike saṅghikasaññī uparivehāsakuṭiyā āhaccapādakaṃ mañcaṃ vā pīṭhaṃ vā abhinisīdati vā abhinipajjati vā, āpatti pācittiyassa. Saṅghike vematiko...pe... saṅghike puggalikasaññī uparivehāsakuṭiyā āhaccapādakaṃ mañcaṃ vā pīṭhaṃ vā abhinisīdati vā abhinipajjati vā, āpatti pācittiyassa.
Puggalike saṅghikasaññī, āpatti dukkaṭassa. Puggalike vematiko, āpatti dukkaṭassa. Puggalike puggalikasaññī aññassa puggalike, āpatti dukkaṭassa. Attano puggalike, anāpatti.
133. Anāpatti – avehāsakuṭiyā sīsaghaṭṭāya heṭṭhā aparibhogaṃ hoti, padarasañcitaṃ hoti, paṭāṇi dinnā hoti, tasmiṃ ṭhito gaṇhati vā laggeti vā, ummattakassa, ādikammikassāti.
Vehāsakuṭisikkhāpadaṃ niṭṭhitaṃ aṭṭhamaṃ.
9. Mahallakavihārasikkhāpadaṃ
134. Tena samayena buddho Bhagavā kosambiyaṃ viharati ghositārāme. Tena kho pana samayena āyasmato channassa upaṭṭhāko mahāmatto āyasmato channassa vihāraṃ kārāpeti. Atha kho āyasmā channo katapariyositaṃ vihāraṃ punappunaṃ chādāpeti, punappunaṃ lepāpeti. Atibhārito vihāro paripati. Atha kho āyasmā channo tiṇañca kaṭṭhañca saṃkaḍḍhanto aññatarassa brāhmaṇassa yavakhettaṃ dūsesi. Atha kho so brāhmaṇo ujjhāyati khiyyati vipāceti – "kathañhi nāma bhadantā amhākaṃ yavakhettaṃ dūsessantī"ti! Assosuṃ kho bhikkhū tassa brāhmaṇassa ujjhāyantassa khiyyantassa vipācentassa. Ye te bhikkhū appicchā...pe... te ujjhāyanti khiyyanti vipācenti – "kathañhi nāma āyasmā channo kataparioyositaṃ vihāraṃ punappunaṃ chādāpessati, punappunaṃ lepāpessati, atibhārito vihāro paripatī"ti! Atha kho te bhikkhū āyasmantaṃ channaṃ anekapariyāyena vigarahitvā

bhagavato etamatthaṃ ārocesuṃ...pe... ''saccaṃ kira tvaṃ, channa, katapariyositaṃ vihāraṃ punappunaṃ chādāpesi, punappunaṃ lepāpesi, atibhārito vihāro paripatī''ti? ''Saccaṃ, Bhagavā''ti. Vigarahi buddho Bhagavā...pe... kathañhi nāma tvaṃ, moghapurisa, katapariyositaṃ vihāraṃ punappunaṃ chādāpessasi, punappunaṃ lepāpessasi , atibhārito vihāro paripati! Netaṃ, moghapurisa, appasannānaṃ vā pasādāya...pe... evañca pana, bhikkhave, imaṃ sikkhāpadaṃ uddiseyyātha –
135.''Mahallakaṃ pana bhikkhunā vihāraṃ kārayamānena yāvadvārakosā aggaḷaṭṭhapanāya ālokasandhiparikammāya dvatticchadanassa pariyāya appaharite ṭhitena adhiṭṭhātabbaṃ. Tato ce uttariṃ appaharitepi ṭhito adhiṭṭhaheyya pācittiya''nti.
136.Mahallako nāma vihāro sassāmiko vuccati.
Vihāro nāma ullitto vā hoti avalitto vā ullittāvalitto vā.
Kārayamānenāti karonto vā kārāpento vā.
Yāva dvārakosāti piṭṭhasaṅghāṭassa [pīṭhasaṃghāṭassa (itipi), piṭṭhisaṅghāṭassa (syā.)] samantā hatthapāsā.
Aggaḷaṭṭhapanāyāti dvāraṭṭhapanāya.
Ālokasandhiparikammāyāti vātapānaparikammāya setavaṇṇaṃ kāḷavaṇṇaṃ gerukaparikammaṃ mālākammaṃ latākammaṃ makaradantakaṃ pañcapaṭikaṃ.
Dvatticchadanassa pariyāyaṃ appaharite ṭhitena adhiṭṭhātabbanti – haritaṃ nāma pubbaṇṇaṃ aparaṇṇaṃ. Sace harite ṭhito adhiṭṭhāti, āpatti dukkaṭassa. Maggena chādentassa dve magge adhiṭṭhahitvā tatiyaṃ maggaṃ āṇāpetvā pakkamitabbaṃ. Pariyāyena chādentassa dve pariyāye adhiṭṭhahitvā tatiyaṃ pariyāyaṃ āṇāpetvā pakkamitabbaṃ.
137.Tato ce uttari appaharitepi ṭhito adhiṭṭhaheyyāti iṭṭhakāya 2.0262 chādentassa iṭṭhakiṭṭhakāya āpatti pācittiyassa. Silāya chādentassa silāya silāya āpatti pācittiyassa. Sudhāya chādentassa piṇḍe piṇḍe āpatti pācittiyassa. Tiṇena chādentassa karaḷe karaḷe āpatti pācittiyassa. Paṇṇena chādentassa paṇṇe paṇṇe āpatti pācittiyassa.
Atirekadvattipariyāye atirekasaññī adhiṭṭhāti, āpatti pācittiyassa. Atirekadvattipariyāye vematiko adhiṭṭhāti, āpatti pācittiyassa. Atirekadvattipariyāye ūnakasaññī adhiṭṭhāti, āpatti pācittiyassa.
Ūnakadvattipariyāye atirekasaññī, āpatti dukkaṭassa. Ūnakadvattipariyāye vematiko, āpatti dukkaṭassa. Ūnakadvattipariyāye ūnakasaññī, anāpatti.
138. Anāpatti dvattipariyāye, ūnakadvattipariyāye, leṇe, guhāya, tiṇakuṭikāya, aññassatthāya, attano dhanena, vāsāgāraṃ ṭhapetvā sabbattha anāpatti, ummattakassa, ādikammikassāti.
Mahallakavihārasikkhāpadaṃ niṭṭhitaṃ navamaṃ.
10. Sappāṇakasikkhāpadaṃ
139. Tena samayena buddho Bhagavā āḷaviyaṃ viharati aggāḷave cetiye. Tena kho pana samayena āḷavakā bhikkhū navakammaṃ karontā jānaṃ sappāṇakaṃ udakaṃ tiṇampi mattikampi siñcantipi siñcāpentipi. Ye te bhikkhū appicchā...pe... te ujjhāyanti khiyyanti vipācenti – ''kathañhi nāma āḷavakā bhikkhū jānaṃ sappāṇakaṃ udakaṃ tiṇampi mattikampi siñcissantipi siñcāpessantipī''ti! Atha kho te bhikkhū āḷavake bhikkhū anekapariyāyena vigarahitvā bhagavato etamatthaṃ ārocesuṃ...pe... ''saccaṃ kira tumhe, bhikkhave, jānaṃ sappāṇakaṃ udakaṃ tiṇampi mattikampi siñcathapi siñcāpethapī''ti? ''Saccaṃ, Bhagavā''ti. Vigarahi buddho Bhagavā...pe... kathañhi nāma tumhe, moghapurisā, jānaṃ sappāṇakaṃ udakaṃ tiṇampi mattikampi siñcissathapi siñcāpessathapi! Netaṃ,moghapurisā, appasannānaṃ vā pasādāya...pe... evañca pana, bhikkhave, imaṃ sikkhāpadaṃ uddiseyyātha –
140.''Yo pana bhikkhu jānaṃ sappāṇakaṃ udakaṃ tiṇaṃ vā mattikaṃ vā siñceyya vā siñcāpeyya vā, pācittiya''nti.
141.Yo panāti yo yādiso...pe... bhikkhūti...pe... ayaṃ imasmiṃ atthe adhippeto bhikkhūti.
Jānāti nāma [jānaṃ nāma (syā.)] sāmaṃ vā jānāti aññe vā tassa ārocenti.
Siñceyyāti sayaṃ siñcati, āpatti pācittiyassa.
Siñcāpeyyāti aññaṃ āṇāpeti, āpatti pācittiyassa [āpatti dukkaṭassa (katthaci)]. Sakiṃ āṇatto bahukampi siñcati, āpatti pācittiyassa.
142. Sappāṇake sappāṇakasaññī tiṇaṃ vā mattikaṃ vā siñcati vā siñcāpeti vā, āpatti pācittiyassa. Sappāṇake vematiko tiṇaṃ vā mattikaṃ vā siñcati vā siñcāpeti vā, āpatti dukkaṭassa. Sappāṇake appāṇakasaññī tiṇaṃ vā mattikaṃ vā siñcati vā siñcāpeti vā, anāpatti. Appāṇake sappāṇakasaññī, āpatti dukkaṭassa. Appāṇake vematiko, āpatti dukkaṭassa. Appāṇake appāṇakasaññī, anāpatti.
143. Anāpatti asañcicca, assatiyā, ajānantassa, ummattakassa, ādikammikassāti.
Sappāṇakasikkhāpadaṃ niṭṭhitaṃ dasamaṃ.
Bhūtagāmavaggo dutiyo.
Tassuddānaṃ –
Bhūtaṃ aññāya ujjhāyaṃ, pakkamantena te duve;
Pubbe nikkaḍḍhanāhacca, dvāraṃ sappāṇakena cāti.
3. Ovādavaggo

1. Ovādasikkhāpadaṃ

144. Tena samayena buddho Bhagavā sāvatthiyaṃ viharati jetavane anāthapiṇḍikassa ārāme. Tena kho pana samayena therā bhikkhū bhikkhuniyo ovadantā lābhino honti cīvarapiṇḍapātasenāsanagilānappaccayabhesajjaparikkhārānaṃ. Atha kho chabbaggiyānaṃ bhikkhūnaṃ etadahosi – ''etarahi kho, āvuso, therā bhikkhū bhikkhuniyo ovadantā lābhino honti cīvarapiṇḍapātasenāsanagilānappaccayabhesajjaparikkhārānaṃ. Handāvuso, mayampi bhikkhuniyo ovadāmā''ti. Atha kho chabbaggiyā bhikkhū bhikkhuniyo upasaṅkamitvā etadavocuṃ – ''amhepi,bhaginiyo, upasaṅkamatha; mayampi ovadissāmā''ti.

Atha kho tā bhikkhuniyo yena chabbaggiyā bhikkhū tenupasaṅkamiṃsu; upasaṅkamitvā chabbaggiye bhikkhū abhivādetvā ekamantaṃ nisīdiṃsu. Atha kho chabbaggiyā bhikkhū bhikkhunīnaṃ parittaññeva dhammiṃ kathaṃ katvā divasaṃ tiracchānakathāya vītināmetvā uyyojesuṃ – ''gacchatha, bhaginiyo''ti. Atha kho tā bhikkhuniyo yena Bhagavā tenupasaṅkamiṃsu; upasaṅkamitvā bhagavantaṃ abhivādetvā ekamantaṃ aṭṭhaṃsu. Ekamantaṃ ṭhitā kho tā bhikkhuniyo Bhagavā etadavoca – ''kacci, bhikkhuniyo, ovādo iddho ahosī''ti? ''Kuto, bhante, ovādo iddho bhavissati! Ayyā chabbaggiyā parittaññeva dhammiṃ kathaṃ katvā divasaṃ tiracchānakathāya vītināmetvā uyyojesu''nti. Atha kho Bhagavā tā bhikkhuniyo dhammiyā kathāya sandassesi samādapesi samuttejesi sampahaṃsesi. Atha kho tā bhikkhuniyo bhagavatā dhammiyā kathāya sandassitā samādapitā samuttejitā sampahaṃsitā bhagavantaṃ abhivādetvā padakkhiṇaṃ katvā pakkamiṃsu.

Atha kho Bhagavā etasmiṃ nidāne etasmiṃ pakaraṇe bhikkhusaṅghaṃ sannipātāpetvā chabbaggiye bhikkhū paṭipucchi – ''saccaṃ kira tumhe, bhikkhave, bhikkhunīnaṃ parittaññeva dhammiṃ kathaṃ katvā divasaṃ tiracchānakathāya vītināmetvā uyyojethā''ti? ''Saccaṃ, Bhagavā''ti. Vigarahi buddho Bhagavā...pe... kathañhi nāma tumhe, moghapurisā, bhikkhunīnaṃ parittaññeva dhammiṃ kathaṃ katvā divasaṃ tiracchānakathāya vītināmetvā uyyojessatha! Netaṃ, moghapurisā, appasannānaṃ vā pasādāya...pe... vigarahitvā...pe... dhammiṃ kathaṃ katvā bhikkhū āmantesi – ''anujānāmi, bhikkhave, bhikkhunovādakaṃ sammannituṃ. Evañca pana, bhikkhave, sammannitabbo. Paṭhamaṃ bhikkhu yācitabbo. Yācitvā byattena bhikkhunā paṭibalena saṅgho ñāpetabbo –

145. ''Suṇātu me, bhante, saṅgho. Yadi saṅghassa pattakallaṃ, saṅgho itthannāmaṃ bhikkhuṃ bhikkhunovādakaṃ sammanneyya. Esā ñatti.

''Suṇātu me, bhante, saṅgho. Saṅgho itthannāmaṃ bhikkhuṃ bhikkhunovādakaṃ sammannati. Yassāyasmato khamati itthannāmassa bhikkhuno bhikkhunovādakassa sammuti, so tuṇhassa; yassa nakkhamati, so bhāseyya.

''Dutiyampi etamatthaṃ vadāmi...pe... tatiyampi etamatthaṃ vadāmi – suṇātu me, bhante, saṅgho. Saṅgho itthannāmaṃ bhikkhuṃ bhikkhunovādakaṃ sammannati. Yassāyasmato khamati itthannāmassa bhikkhuno bhikkhunovādakassa sammuti, so tuṇhassa; yassa nakkhamati, so bhāseyya.

''Sammato saṅghena itthannāmo bhikkhu bhikkhunovādako. Khamati saṅghassa, tasmā tuṇhī, evametaṃ dhārayāmī''ti.

Atha kho Bhagavā chabbaggiye bhikkhū anekapariyāyena vigarahitvā dubbharatāya...pe... evañca pana, bhikkhave, imaṃ sikkhāpadaṃ uddiseyyātha –

146.''Yo pana bhikkhu asammato bhikkhuniyo ovadeyya pācittiya''nti.

Evañcidaṃ bhagavatā bhikkhūnaṃ sikkhāpadaṃ paññattaṃ hoti.

147. Tena kho pana samayena therā bhikkhū sammatā bhikkhuniyo ovadantā tatheva lābhino honti cīvarapiṇḍapātasenāsanagilānappaccayabhesajjaparikkhārānaṃ. Atha kho chabbaggiyānaṃ bhikkhūnaṃ etadahosi – ''etarahi kho, āvuso, therā bhikkhū sammatā bhikkhuniyo ovadantā tatheva lābhino honti cīvarapiṇḍapātasenāsanagilānappaccayabhesajjaparikkhārānaṃ. Handāvuso, mayampi nissīmaṃ gantvā aññamaññaṃ bhikkhunovādakaṃ sammannitvā bhikkhuniyo ovadāmā''ti. Atha kho chabbaggiyā bhikkhū nissīmaṃ gantvā aññamaññaṃ bhikkhunovādakaṃ sammannitvā bhikkhuniyo upasaṅkamitvā etadavocuṃ – ''mayampi, bhaginiyo, sammatā. Amhepi upasaṅkamatha. Mayampi ovadissāmā''ti.

Atha kho tā bhikkhuniyo yena chabbaggiyā bhikkhū tenupasaṅkamiṃsu; upasaṅkamitvā chabbaggiye bhikkhū abhivādetvā ekamantaṃ nisīdiṃsu. Atha kho chabbaggiyā bhikkhū bhikkhunīnaṃ parittaññeva dhammiṃ kathaṃ katvā divasaṃ tiracchānakathāya vītināmetvā uyyojesuṃ – ''gacchatha bhaginiyo''ti. Atha kho tā bhikkhuniyo yena Bhagavā tenupasaṅkamiṃsu; upasaṅkamitvā bhagavantaṃ abhivādetvā ekamantaṃ aṭṭhaṃsu. Ekamantaṃ ṭhitā kho tā bhikkhuniyo Bhagavā etadavoca – ''kacci, bhikkhuniyo, ovādo iddho ahosī''ti? ''Kuto, bhante, ovādo iddho bhavissati! Ayyā chabbaggiyā parittaññeva dhammiṃ kathaṃ katvā divasaṃ tiracchānakathāya vītināmetvā uyyojesu''nti.

Atha kho Bhagavā tā bhikkhuniyo dhammiyā kathāya sandassesi...pe... atha kho tā bhikkhuniyo bhagavatā dhammiyā kathāya sandassitā samādapitā samuttejitā sampahaṃsitā bhagavantaṃ abhivādetvāpadakkhiṇaṃ katvā pakkamiṃsu. Atha kho Bhagavā etasmiṃ nidāne etasmiṃ pakaraṇe bhikkhusaṅghaṃ sannipātāpetvā chabbaggiye bhikkhū paṭipucchi – ''saccaṃ kira tumhe, bhikkhave, bhikkhunīnaṃ parittaññeva dhammiṃ kathaṃ katvā divasaṃ tiracchānakathāya vītināmetvā uyyojethā''ti? ''Saccaṃ, Bhagavā''ti. Vigarahi buddho Bhagavā...pe... kathañhi nāma tumhe, moghapurisā, bhikkhunīnaṃ parittaññeva dhammiṃ kathaṃ katvā divasaṃ tiracchānakathāya vītināmetvā uyyojessatha! Netaṃ, moghapurisā, appasannānaṃ vā pasādāya...pe... vigarahitvā...pe... dhammiṃ kathaṃ katvā bhikkhū āmantesi – ''anujānāmi, bhikkhave, aṭṭhahaṅgehi samannāgataṃ bhikkhuṃ bhikkhunovādakaṃ sammannituṃ. Sīlavā hoti, pātimokkhasaṃvarasaṃvuto viharati ācāragocarasampanno aṇumattesu vajjesu bhayadassāvī, samādāya sikkhati sikkhāpadesu; bahussuto hoti sutadharo sutasannicayo, ye te dhammā ādikalyāṇā majjhekalyāṇā pariyosānakalyāṇā sātthaṃ sabyañjanaṃ kevalaparipuṇṇaṃ parisuddhaṃ brahmacariyaṃ abhivadanti tathārūpāssa dhammā bahussutā honti dhātā vacasā paricitā manasā anupekkhitā diṭṭhiyā suppaṭividdhā; ubhayāni kho panassa pātimokkhāni vitthārena svāgatāni honti suvibhattāni suppavattīni suvinicchitāni suttaso anubyañjanaso; kalyāṇavāco hoti kalyāṇavākkaraṇo; yebhuyyena bhikkhunīnaṃ piyo hoti manāpo; paṭibalo hoti bhikkhuniyo ovadituṃ; na kho panetaṃ [pana taṃ (?)]bhagavantaṃ uddissa pabbajitāya kāsāyavatthavasanāya garudhammaṃ ajjhāpannapubbo hoti; vīsativasso vā hoti atirekavīsativasso vā – anujānāmi, bhikkhave, imehi aṭṭhahaṅgehi samannāgataṃ bhikkhuṃ bhikkhunovādakaṃ sammannitu''nti.

148. Yo panāti yo yādiso...pe... bhikkhūti...pe... ayaṃ imasmiṃ atthe adhippeto bhikkhūti.

Asammato nāma ñatticatutthena kammena asammato.

Bhikkhuniyo nāma ubhatosaṅghe upasampannā.

Ovadeyyāti aṭṭhahi garudhammehi ovadati, āpatti pācittiyassa. Aññena dhammena ovadati, āpatti dukkaṭassa. Ekatoupasampannaṃ ovadati, āpatti dukkaṭassa.

149. Tena sammatena bhikkhunā pariveṇaṃ sammajjitvā pānīyaṃ paribhojanīyaṃ upaṭṭhāpetvā āsanaṃ paññapetvā dutiyaṃ gahetvā nisīditabbaṃ. Bhikkhunīhi tattha gantvā taṃ bhikkhuṃ abhivādetvā ekamantaṃ nisīditabbaṃ. Tena bhikkhunā pucchitabbā – ''samaggāttha, bhaginiyo''ti? Sace ''samaggāmhāyyā''ti bhaṇanti, ''vattanti, bhaginiyo, aṭṭha garudhammā''ti? Sace ''vattantāyyā''ti bhaṇanti, ''eso, bhaginiyo, ovādo''ti niyyādetabbo [niyyātetabbo (itipi)]. Sace ''na vattantāyyā''ti bhaṇanti, osāretabbā. ''Vassasatūpasampannāya bhikkhuniyā tadahupasampannassa bhikkhuno abhivādanaṃ paccuṭṭhānaṃ añjalikammaṃ sāmīcikammaṃ kātabbaṃ; ayampi dhammo sakkatvā garukatvā mānetvā pūjetvā yāvajīvaṃ anatikkamanīyo. Na bhikkhuniyā abhikkhuke āvāse vassaṃ vasitabbaṃ; ayampi dhammo sakkatvā garukatvā mānetvā pūjetvā yāvajīvaṃ anatikkamanīyo. Anvaddhamāsaṃ bhikkhuniyā bhikkhusaṅghato dve dhammā paccāsīsitabbā [paccāsiṃsitabbā (itipi)] uposathapucchakañca ovādupasaṅkamanañca, ayampi dhammo...pe... vassaṃ vuṭṭhāya bhikkhuniyā ubhatosaṅghe tīhi ṭhānehi pavāretabbaṃ diṭṭhena vā sutena vā parisaṅkāya vā; ayampi dhammo...pe... garudhammaṃ ajjhāpannāya bhikkhuniyā ubhatosaṅghe pakkhamānattaṃ caritabbaṃ; ayampi dhammo...pe... dve vassāni chasu dhammesu sikkhitasikkhāya sikkhamānāya ubhatosaṅghe upasampadā pariyesitabbā; ayampi dhammo...pe... na bhikkhuniyā kena ci pariyāyena bhikkhu akkositabbo paribhāsitabbo; ayampi dhammo...pe... ajjatagge ovaṭo bhikkhunīnaṃ bhikkhūsu vacanapatho, anovaṭo bhikkhūnaṃ bhikkhunīsu vacanapatho; ayampi dhammo sakkatvā garukatvā mānetvā pūjetvā yāvajīvaṃ anatikkamanīyo''ti.

Sace ''samaggāmhāyyā''ti bhaṇantaṃ aññaṃ dhammaṃ bhaṇati, āpatti dukkaṭassa. Sace ''vaggāmhāyyā''ti bhaṇantaṃ aṭṭha garudhamme bhaṇati, āpatti dukkaṭassa. Ovādaṃ aniyyādetvā aññaṃ dhammaṃ bhaṇati, āpatti dukkaṭassa.

150. Adhammakamme adhammakammasaññī vaggaṃ bhikkhunisaṅghaṃ vaggasaññī ovadati, āpatti pācittiyassa. Adhammakamme adhammakammasaññī vaggaṃ bhikkhunīsaṅghaṃ vematiko ovadati, āpatti pācittiyassa. Adhammakamme adhammakammasaññī vaggaṃ bhikkhunisaṅghaṃ samaggasaññī ovadati, āpatti pācittiyassa.

Adhammakamme vematiko vaggaṃ bhikkhunisaṅghaṃ vaggasaññī ovadati, āpatti pācittiyassa. Adhammakamme vematiko vaggaṃ bhikkhunisaṅghaṃ vematiko ovadati, āpatti pācittiyassa. Adhammakamme vematiko vaggaṃ bhikkhunisaṅghaṃ samaggasaññī ovadati, āpatti pācittiyassa.

Adhammakamme dhammakammasaññī vaggaṃ bhikkhunisaṅghaṃ vaggasaññī ovadati, āpatti pācittiyassa. Adhammakamme dhammakammasaññī vaggaṃ bhikkhunisaṅghaṃ vematiko ovadati, āpatti pācittiyassa. Adhammakamme dhammakammasaññī vaggaṃ bhikkhunisaṅghaṃ samaggasaññī ovadati, āpatti pācittiyassa.

Adhammakamme adhammakammasaññī samaggaṃ bhikkhunisaṅghaṃ vaggasaññī ovadati, āpatti pācittiyassa. Adhammakamme adhammakammasaññī samaggaṃ bhikkhunisaṅghaṃ vematiko ovadati, āpatti pācittiyassa. Adhammakamme adhammakammasaññī samaggaṃ bhikkhunisaṅghaṃ samaggasaññī ovadati, āpatti pācittiyassa.

Adhammakamme vematiko samaggaṃ bhikkhunisaṅghaṃ vaggasaññī ovadati...pe... vematiko ovadati...pe... samaggasaññī ovadati, āpatti pācittiyassa.

Adhammakamme dhammakammasaññī samaggaṃ bhikkhunisaṅghaṃ vaggasaññī ovadati...pe... vematiko ovadati...pe... samaggasaññī ovadati, āpatti pācittiyassa.

151. Dhammakamme adhammakammasaññī vaggaṃ bhikkhunisaṅghaṃ vaggasaññī ovadati, āpatti dukkaṭassa. Dhammakamme adhammakammasaññī vaggaṃ bhikkhunisaṅghaṃ vematiko ovadati...pe... samaggasaññī ovadati, āpatti dukkaṭassa.

Dhammakamme vematiko vaggaṃ bhikkhunisaṅghaṃ vaggasaññī ovadati...pe... vematiko ovadati...pe... samaggasaññī ovadati, āpatti dukkaṭassa.

Dhammakamme dhammakammasaññī vaggaṃ bhikkhunisaṅghaṃ vaggasaññī ovadati...pe... vematiko ovadati...pe... samaggasaññī ovadati, āpatti dukkaṭassa.

Dhammakamme adhammakammasaññī samaggaṃ bhikkhunisaṅghaṃ vaggasaññī ovadati...pe... vematiko ovadati...pe... samaggasaññī ovadati, āpatti dukkaṭassa.

Dhammakamme vematiko samaggaṃ bhikkhunisaṅghaṃ vaggasaññī ovadati...pe... vematiko ovadati...pe... samaggasaññī ovadati, āpatti dukkaṭassa.

Dhammakamme dhammakammasaññī samaggaṃ bhikkhunisaṅghaṃ vaggasaññī ovadati, āpatti dukkaṭassa. Dhammakamme dhammakammasaññī samaggaṃ bhikkhunisaṅghaṃ vematiko ovadati, āpatti dukkaṭassa. Dhammakamme dhammakammasaññī samaggaṃ bhikkhunisaṅghaṃ samaggasaññī ovadati, anāpatti.

152. Anāpatti uddesaṃ dento, paripucchaṃ dento, ''osārehi ayyā''ti vuccamāno, osāreti, pañhaṃ pucchati, pañhaṃ puṭṭho katheti, aññassatthāya bhaṇantaṃ bhikkhuniyo suṇanti, sikkhamānāya, sāmaṇeriyā, ummattakassa, ādikammikassāti.

Ovādasikkhāpadaṃ niṭṭhitaṃ paṭhamaṃ.

2. Atthaṅgatasikkhāpadaṃ

153. Tena samayena buddho Bhagavā sāvatthiyaṃ viharati jetavane anāthapiṇḍikassa ārāme. Tena kho pana samayena therā bhikkhū bhikkhuniyo ovadanti pariyāyena. Tena kho pana samayena āyasmato cūḷapanthakassa pariyāyo hoti bhikkhuniyo ovadituṃ. Bhikkhuniyo evamāhaṃsu – ''na dāni ajja ovādo iddho bhavissati, taññeva dāni udānaṃ ayyo cūḷapanthako punappunaṃ bhaṇissatī''ti. Atha kho tā bhikkhuniyo yenāyasmā cūḷapanthako tenupasaṅkamiṃsu; upasaṅkamitvā āyasmantaṃ cūḷapanthakaṃ abhivādetvā ekamantaṃ nisīdiṃsu. Ekamantaṃ nisinnā kho tā bhikkhuniyo āyasmā cūḷapanthako etadavoca – ''samaggāttha, bhaginiyo''ti? ''Samaggāmhāyyā''ti. ''Vattanti, bhaginiyo, aṭṭha garudhammā''ti? ''Vattantāyyā''ti. ''Eso, bhaginiyo, ovādo''ti niyyādetvā imaṃ udānaṃ punappunaṃ abhāsi –

[udā. 37] ''Adhicetaso appamajjato, munino monapathesu sikkhato;

Sokā na bhavanti tādino, upasantassa sadā satīmato''ti.

Bhikkhuniyo evamāhaṃsu – ''nanu avocumhā – na dāni ajja ovādo iddho bhavissati, taññeva dāni udānaṃ ayyo cūḷapanthako punappunaṃ bhaṇissatī''ti! Assosi kho āyasmā cūḷapanthako tāsaṃ bhikkhunīnaṃ imaṃ kathāsallāpaṃ. Atha kho āyasmā cūḷapanthako vehāsaṃ abbhuggantvā ākāse antalikkhe caṅkamatipi tiṭṭhatipi nisīdatipi seyyampi kappeti dhūmāyatipi pajjalatipi antaradhāyatipi, tañceva [taññeva (itipi)] udānaṃ bhaṇati aññañca bahuṃ buddhavacanaṃ. Bhikkhuniyo evamāhaṃsu – ''acchariyaṃ vata bho, abbhutaṃ vata bho, na vata no ito pubbe ovādo evaṃ iddho bhūtapubbo yathā ayyassa cūḷapanthakassā''ti. Atha kho āyasmā cūḷapanthako tā bhikkhuniyo yāva samandhakārā ovaditvā uyyojesi – gacchatha bhaginiyoti.

Atha kho tā bhikkhuniyo nagaradvāre thakite bahinagare vasitvā kālasseva nagaraṃ pavisanti. Manussā ujjhāyanti khiyyanti vipācenti – ''abrahmacāriniyo imā bhikkhuniyo; ārāme bhikkhūhi saddhiṃ vasitvā idāni nagaraṃ pavisantī''ti. Assosuṃ kho bhikkhū tesaṃ manussānaṃ ujjhāyantānaṃ khiyyantānaṃ vipācentānaṃ. Ye te bhikkhū appicchā...pe... te ujjhāyanti khiyyanti vipācenti – ''kathañhi nāma āyasmā cūḷapanthako atthaṅgate sūriye bhikkhuniyo ovadissatī''ti...pe... ''saccaṃ kira tvaṃ, cūḷapanthaka, atthaṅgate sūriye bhikkhuniyo ovadasī''ti? ''Saccaṃ, Bhagavā''ti. Vigarahi buddho Bhagavā...pe... kathañhi nāma tvaṃ, cūḷapanthaka, atthaṅgate sūriye bhikkhuniyo ovadissasi! Netaṃ, cūḷapanthaka, appasannānaṃ vā pasādāya...pe... evañca pana, bhikkhave, imaṃ sikkhāpadaṃ uddiseyyātha –

154.''Sammatopi ce bhikkhu atthaṅgate sūriye bhikkhuniyo ovadeyya, pācittiya''nti.

155.Sammato nāma ñatticatutthena kammena sammato.

Atthaṅgate sūriyeti oggate sūriye.

Bhikkhunī nāma ubhatosaṅghe upasampannā.

Ovadeyyāti aṭṭhahi vā garudhammehi aññena vā dhammena ovadati, āpatti pācittiyassa.

156. Atthaṅgate atthaṅgatasaññī ovadati, āpatti pācittiyassa. Atthaṅgate vematiko ovadati, āpatti pācittiyassa. Atthaṅgate anatthaṅgatasaññī ovadati, āpatti pācittiyassa.

Ekatoupasampannāya ovadati, āpatti dukkaṭassa. Anatthaṅgate atthaṅgatasaññī, āpatti dukkaṭassa. Anatthaṅgate vematiko, āpatti dukkaṭassa. Anatthaṅgate anatthaṅgatasaññī, anāpatti.

157. Anāpatti uddesaṃ dento, paripucchaṃ dento, ''osārehi ayyā''ti vuccamāno, osāreti, pañhaṃ pucchati, pañhaṃ puṭṭho katheti, aññassatthāya bhaṇantaṃ bhikkhuniyo suṇanti, sikkhamānāya sāmaṇeriyā, ummattakassa, ādikammikassāti.

Atthaṅgatasikkhāpadaṃ niṭṭhitaṃ dutiyaṃ.

3. Bhikkhunupassayasikkhāpadaṃ

158. Tena samayena buddho Bhagavā sakkesu viharati kapilavatthusmiṃ nigrodhārāme. Tena kho pana samayena chabbaggiyā bhikkhū bhikkhunupassayaṃ upasaṅkamitvā chabbaggiyā bhikkhuniyo ovadanti. Bhikkhuniyo chabbaggiyā bhikkhuniyo etadavocuṃ – ''ethāyye, ovādaṃ gamissāmā''ti. ''Yampi [yaṃ hi (ka.)] mayaṃ, ayye, gaccheyyāma ovādassa kāraṇā, ayyā chabbaggiyā idheva āgantvā amhe ovadantī''ti. Bhikkhuniyo ujjhāyanti khiyyanti vipācenti – ''kathañhi nāma chabbaggiyā bhikkhū bhikkhunupassayaṃ upasaṅkamitvā bhikkhuniyo ovadissantī''ti [chabbaggiyā bhikkhuniyo ovādaṃ na gacchissantīti (sī.)]! Atha kho tā bhikkhuniyo bhikkhūnaṃ etamatthaṃ ārocesuṃ. Ye te bhikkhū appicchā...pe... te ujjhāyanti khiyyanti vipācenti – ''kathañhi nāma chabbaggiyā bhikkhū bhikkhunupassayaṃ upasaṅkamitvā bhikkhuniyo ovadissantī''ti...pe... ''saccaṃ kira tumhe, bhikkhave, bhikkhunupassayaṃ upasaṅkamitvā bhikkhuniyo ovadathā''ti? ''Saccaṃ, Bhagavā''ti. Vigarahi buddho Bhagavā...pe... kathañhi nāma tumhe, moghapurisā, bhikkhunupassayaṃ upasaṅkamitvā bhikkhuniyo ovadissatha! Netaṃ, moghapurisā, appasannānaṃ vā pasādāya...pe... evañca pana, bhikkhave, imaṃ sikkhāpadaṃ uddiseyyātha –

''Yo pana bhikkhu bhikkhunupassayaṃ upasaṅkamitvā bhikkhuniyo ovadeyya, pācittiya''nti.

Evañcidaṃ bhagavatā bhikkhūnaṃ sikkhāpadaṃ paññattaṃ hoti.

159. Tena kho pana samayena mahāpajāpati Gotamī gilānā hoti. Therā bhikkhū yena mahāpajāpati Gotamī tenupasaṅkamiṃsu; upasaṅkamitvā mahāpajāpatiṃ Gotamiṃ etadavocuṃ – ''kacci te, Gotami, khamanīyaṃ kacci yāpanīya''nti? ''Na me, ayyā, khamanīyaṃ na yāpanīyaṃ''. ''Iṅghayyā, dhammaṃ desethā''ti. ''Na, bhagini, kappati bhikkhunupassayaṃ upasaṅkamitvā bhikkhuniyo dhammaṃ desetu''nti kukkuccāyantā na desesuṃ. Atha kho Bhagavā pubbaṇhasamayaṃ nivāsetvā pattacīvaramādāya yena mahāpajāpati Gotamī tenupasaṅkami; upasaṅkamitvā paññatte āsane nisīdi. Nisajja kho Bhagavā mahāpajāpatiṃ Gotamiṃ etadavoca – ''kacci te, Gotami, khamanīyaṃ kacci yāpanīya''nti ? ''Pubbe me, bhante, therā bhikkhū āgantvā dhammaṃ desenti. Tena me phāsu hoti. Idāni pana – ''bhagavatā paṭikkhitta''nti, kukkuccāyantā na desenti. Tena me na phāsu hotī''ti. Atha kho Bhagavā mahāpajāpatiṃ Gotamiṃ dhammiyā kathāya sandassetvā samādapetvā samuttejetvā sampahaṃsetvā uṭṭhāyāsanā pakkāmi. Atha kho Bhagavā etasmiṃ nidāne etasmiṃ pakaraṇe dhammiṃ kathaṃ katvā bhikkhū āmantesi – ''anujānāmi, bhikkhave, bhikkhunupassayaṃ upasaṅkamitvā gilānaṃ bhikkhuniṃ ovadituṃ. Evañca pana, bhikkhave, imaṃ sikkhāpadaṃ uddiseyyātha –

160.''Yo pana bhikkhu bhikkhunupassayaṃ upasaṅkamitvā bhikkhuniyo ovadeyya, aññatra samayā, pācittiyaṃ . Tatthāyaṃ samayo. Gilānā hoti bhikkhunī – ayaṃ tattha samayo''ti.

161.Yo panāti yo yādiso...pe... bhikkhūti...pe... ayaṃ imasmiṃ atthe adhippeto bhikkhūti.

Bhikkhunupassayo nāma yattha bhikkhuniyo ekarattampi vasanti.

Upasaṅkamitvāti tattha gantvā.

Bhikkhunī nāma ubhatosaṅghe upasampannā.

Ovadeyyāti aṭṭhahi garudhammehi ovadati, āpatti pācittiyassa.

Aññatra samayāti ṭhapetvā samayaṃ.

Gilānā nāma bhikkhunī na sakkoti ovādāya vā saṃvāsāya vā gantuṃ.

162. Upasampannāya upasampannasaññī bhikkhunupassayaṃ upasaṅkamitvā aññatra samayā ovadati, āpatti pācittiyassa. Upasampannāya vematiko bhikkhunupassayaṃ upasaṅkamitvā aññatra samayā ovadati, āpatti pācittiyassa. Upasampannāya anupasampannasaññī bhikkhunupassayaṃ upasaṅkamitvā aññatra samayā ovadati, āpatti pācittiyassa.

Aññena dhammena ovadati, āpatti dukkaṭassa. Ekatoupasampannāya ovadati, āpatti dukkaṭassa. Anupasampannāya upasampannasaññī, āpatti dukkaṭassa . Anupasampannāya vematiko, āpatti dukkaṭassa. Anupasampannāya anupasampannasaññī, anāpatti.

163. Anāpatti samaye, uddesaṃ dento, paripucchaṃ dento, ''osārehi ayyā''ti vuccamāno osāreti, pañhaṃ pucchati, pañhaṃ puṭṭho katheti, aññassatthāya bhaṇantaṃ bhikkhuniyo suṇanti, sikkhamānāya sāmaṇeriyā, ummattakassa, ādikammikassāti.

Bhikkhunupassayasikkhāpadaṃ niṭṭhitaṃ tatiyaṃ.

4. Āmisasikkhāpadaṃ

164. Tena samayena buddho Bhagavā sāvatthiyaṃ viharati jetavane anāthapiṇḍikassa ārāme . Tena kho pana samayena therā bhikkhū bhikkhuniyo ovadantā lābhino honti cīvarapiṇḍapātasenāsanagilānappaccayabhesajjaparikkhārānaṃ. Chabbaggiyā bhikkhū evaṃ vadanti – ''na bahukatā therā bhikkhū bhikkhuniyo ovadituṃ; āmisahetu therā bhikkhū bhikkhuniyo ovadantī''ti. Ye te bhikkhū appicchā...pe... te ujjhāyanti khiyyanti vipācenti – ''kathañhi nāma chabbaggiyā bhikkhū evaṃ vakkhanti – 'na bahukatā therā bhikkhū bhikkhuniyo ovadituṃ; āmisahetu therā bhikkhū bhikkhuniyo ovadantī'''ti...pe... ''saccaṃ kira tumhe, bhikkhave, evaṃ vadetha – 'na bahukatā therā bhikkhū bhikkhuniyo ovadituṃ; āmisahetu therā bhikkhū bhikkhuniyo ovadantī'''ti? ''Saccaṃ, Bhagavā''ti. Vigarahi buddho Bhagavā...pe... kathañhi nāma tumhe, moghapurisā, evaṃ vakkhatha – na

bahukatā therā bhikkhū bhikkhuniyo ovadituṃ; āmisahetu therā bhikkhū bhikkhuniyo ovadantīti! Netaṃ, moghapurisā, appasannānaṃ vā pasādāya...pe... evañca pana, bhikkhave, imaṃ sikkhāpadaṃ uddiseyyātha –

165.''Yo pana bhikkhu evaṃ vadeyya – 'āmisahetu therā bhikkhū bhikkhuniyo ovandatī'ti, pācittiya''nti.

166.Yo panāti yo yādiso...pe... bhikkhūti...pe... ayaṃ imasmiṃ atthe adhippeto bhikkhūti.

Āmisahetūti cīvarahetu piṇḍapātahetu senāsanahetu gilānappaccayabhesajjaparikkhārahetu sakkārahetu garukārahetu mānanahetu vandanahetu pūjanahetu.

Evaṃ vadeyyāti upasampannaṃ saṅghena sammataṃ bhikkhunovādakaṃ avaṇṇaṃ kattukāmo ayasaṃ kattukāmo maṅkukattukāmo evaṃ vadeti – ''cīvarahetu piṇḍapātahetu senāsanahetu gilānappaccayabhesajjaparikkhārahetu sakkārahetu garukārahetu mānanahetu vandanahetu pūjanahetu ovadatī''ti bhaṇati, āpatti pācittiyassa.

167. Dhammakamme dhammakammasaññī evaṃ vadeti, āpatti pācittiyassa. Dhammakamme vematiko evaṃ vadeti, āpatti pācittiyassa. Dhammakamme adhammakammasaññī evaṃ vadeti, āpatti pācittiyassa.

Upasampannaṃ saṅghena asammataṃ bhikkhunovādakaṃ avaṇṇaṃ kattukāmo ayasaṃ kattukāmo maṅkukattukāmo evaṃ vadeti – ''cīvarahetu...pe... pūjanahetu ovadatī''ti bhaṇati, āpatti dukkaṭassa. Anupasampannaṃ saṅghena sammataṃ vā asammataṃ vā bhikkhunovādakaṃ avaṇṇaṃ kattukāmo ayasaṃ kattukāmo maṅkukattukāmo evaṃ vadeti – ''cīvarahetu piṇḍapātahetu senāsanahetu gilānappaccayabhesajjaparikkhārahetu sakkārahetu garukārahetu mānanahetu vandanahetu pūjanahetu ovadatī''ti bhaṇati, āpatti dukkaṭassa. Adhammakamme dhammakammasaññī, āpatti dukkaṭassa. Adhammakamme vematiko, āpatti dukkaṭassa. Adhammakamme adhammakammasaññī, āpatti dukkaṭassa.

168. Anāpatti pakatiyā cīvarahetu piṇḍapātahetu senāsanahetu gilānappaccayabhesajjaparikkhārahetu sakkārahetu garukārahetu mānanahetu vandanahetu pūjanahetu ovadantaṃ bhaṇati, ummattakassa, ādikammikassāti.

Āmisasikkhāpadaṃ niṭṭhitaṃ catutthaṃ.

5. Cīvaradānasikkhāpadaṃ

169. Tena samayena buddho Bhagavā sāvatthiyaṃ viharati jetavane anāthapiṇḍikassa ārāme. Tena kho pana samayena aññataro bhikkhu sāvatthiyaṃ aññatarissā visikhāya piṇḍāya carati. Aññatarāpi bhikkhunī tassā visikhāya piṇḍāya carati. Atha kho so bhikkhu taṃ bhikkhuniṃ etadavoca – ''gaccha, bhagini, amukasmiṃ okāse bhikkhā diyyatī''ti. Sāpi kho evamāha – ''gacchāyya, amukasmiṃ okāse bhikkhā diyyatī''ti. Te abhiṇhadassanena sandiṭṭhā ahesuṃ. Tena kho pana samayena saṅghassa cīvaraṃ bhājīyati. Atha kho sā bhikkhunī ovādaṃ gantvā yena so bhikkhu tenupasaṅkami; upasaṅkamitvā taṃ bhikkhuṃ abhivādetvā ekamantaṃ aṭṭhāsi. Ekamantaṃ ṭhitaṃ kho taṃ bhikkhuniṃ so bhikkhu etadavoca – ''ayaṃ me, bhagini, cīvarapaṭivīso [paṭiviṃso (sī.), paṭiviso (itipi)]; sādiyissasī''ti? ''Āmāyya, dubbalacīvarāmhī''ti.

Atha kho so bhikkhu tassā bhikkhuniyā cīvaraṃ adāsi. Sopi kho bhikkhu dubbalacīvaro hoti. Bhikkhū taṃ bhikkhuṃ etadavocuṃ – ''karohi dāni te, āvuso, cīvara''nti . Atha kho so bhikkhu bhikkhūnaṃ etamatthaṃ ārocesi. Ye te bhikkhū appicchā...pe... te ujjhāyanti khiyyanti vipācenti – ''kathañhi nāma bhikkhu bhikkhuniyā cīvaraṃ dassatī''ti...pe... ''saccaṃ kira tvaṃ, bhikkhu, bhikkhuniyā cīvaraṃ adāsī''ti? ''Saccaṃ, Bhagavā''ti. ''Ñātikā te , bhikkhu, aññātikā''ti? ''Aññātikā, Bhagavā''ti. ''Aññātako, moghapurisa, aññātikāya na jānāti patirūpaṃ vā appatirūpaṃ vā santaṃ vā asantaṃ vā. Kathañhi nāma tvaṃ, moghapurisa, aññātikāya bhikkhuniyā cīvaraṃ dassasi! Netaṃ, moghapurisa, appasannānaṃ vā pasādāya...pe... evañca pana, bhikkhave, imaṃ sikkhāpadaṃ uddiseyyātha –

''Yo pana bhikkhu aññātikāya bhikkhuniyā cīvaraṃ dadeyya, pācittiya''nti.

Evañcidaṃ bhagavatā bhikkhūnaṃ sikkhāpadaṃ paññattaṃ hoti.

170. Tena kho pana samayena bhikkhū kukkuccāyantā bhikkhunīnaṃ pārivattakaṃ [pārivaṭṭakaṃ (itipi)] cīvaraṃ na denti. Bhikkhuniyo ujjhāyanti khiyyanti vipācenti – ''kathañhi nāma ayyā amhākaṃ pārivattakaṃ cīvaraṃ na dassantī''ti! Assosuṃ kho bhikkhū tāsaṃ bhikkhunīnaṃ ujjhāyantīnaṃ khiyyantīnaṃ vipācentīnaṃ. Atha kho te bhikkhū bhagavato etamatthaṃ ārocesuṃ. Atha kho Bhagavā etasmiṃ nidāne etasmiṃ pakaraṇe dhammiṃ kathaṃ katvā bhikkhū āmantesi – ''anujānāmi, bhikkhave, pañcannaṃ pārivattakaṃ dātuṃ. Bhikkhussa, bhikkhuniyā, sikkhamānāya, sāmaṇerassa, sāmaṇeriyā – anujānāmi, bhikkhave, imesaṃ pañcannaṃ pārivattakaṃ dātuṃ. Evañca pana, bhikkhave, imaṃ sikkhāpadaṃ uddiseyyātha –

171.''Yo pana bhikkhu aññātikāya bhikkhuniyā cīvaraṃ dadeyya, aññatra pārivattakā, pācittiya''nti.

172.Yo panāti yo yādiso...pe... bhikkhūti...pe... ayaṃ imasmiṃ atthe adhippeto bhikkhūti.

Aññātikā nāma mātito vā pitito vā yāva sattamā pitāmahayugā asambaddhā.

Bhikkhunī nāma ubhatosaṅghe upasampannā.

Cīvaraṃ nāma channaṃ cīvarānaṃ aññataraṃ cīvaraṃ vikappanupagaṃ pacchimaṃ [vikappanupagapacchimaṃ (sī.)].

Aññatra pārivattakāti ṭhapetvā pārivattakaṃ deti, āpatti pācittiyassa.

173. Aññātikāya aññātikasaññī cīvaraṃ deti, aññatra pārivattakā, āpatti pācittiyassa. Aññātikāya vematiko cīvaraṃ deti, aññatra pārivattakā, āpatti pācittiyassa. Aññātikāya ñātikasaññī cīvaraṃ deti, aññatra pārivattakā, āpatti pācittiyassa.

Ekato upasampannāya cīvaraṃ deti, aññatra pārivattakā, āpatti dukkaṭassa. Ñātikāya aññātikasaññī, āpatti dukkaṭassa. Ñātikāya vematiko, āpatti dukkaṭassa. Ñātikāya ñātikasaññī, anāpatti.

174. Anāpatti ñātikāya, pārivattakaṃ parittena vā vipulaṃ, vipulena vā parittaṃ, bhikkhunī vissāsaṃ gaṇhāti, tāvakālikaṃ gaṇhāti, cīvaraṃ ṭhapetvā aññaṃ parikkhāraṃ deti, sikkhamānāya, sāmaṇeriyā, ummattakassa, ādikammikassāti.

Cīvaradānasikkhāpadaṃ niṭṭhitaṃ pañcamaṃ.

6. Cīvarasibbanasikkhāpadaṃ

175. Tena samayena buddho Bhagavā sāvatthiyaṃ viharati jetavane anāthapiṇḍikassa ārāme. Tena kho pana samayena āyasmā udāyī paṭṭo [paṭṭho (sī. syā.)] hoti cīvarakammaṃ kātuṃ. Aññatarā bhikkhunī yenāyasmā udāyī tenupasaṅkami; upasaṅkamitvā āyasmantaṃ udāyiṃ etadavoca – ''sādhu me, bhante, ayyo cīvaraṃ sibbatū''ti. Atha kho āyasmā udāyī tassā bhikkhuniyā cīvaraṃ sibbitvā surattaṃ suparikammakataṃ katvā majjhe paṭibhānacittaṃ vuṭṭhāpetvā saṃharitvā nikkhipi. Atha kho sā bhikkhunī yenāyasmā udāyī tenupasaṅkami; upasaṅkamitvā āyasmantaṃ udāyiṃ etadavoca – ''kahaṃ taṃ, bhante, cīvara''nti? ''Handa, bhagini , imaṃ cīvaraṃ yathāsaṃhaṭaṃ haritvā nikkhipitvā yadā bhikkhunisaṅgho ovādaṃ āgacchati tadā imaṃ cīvaraṃ pārupitvā bhikkhunisaṅghassa piṭṭhito piṭṭhito āgacchā''ti. Atha kho sā bhikkhunī taṃ cīvaraṃ yathāsaṃhaṭaṃ haritvā nikkhipitvā yadā bhikkhunisaṅgho ovādaṃ āgacchati tadā taṃ cīvaraṃ pārupitvā bhikkhunisaṅghassa piṭṭhito piṭṭhito āgacchati. Manussā ujjhāyanti khiyyanti vipācenti – ''yāva chinnikā imā bhikkhuniyo dhuttikā ahirikāyo, yatra hi nāma cīvare paṭibhānacittaṃ vuṭṭhāpessantī''ti!

Bhikkhuniyo evamāhaṃsu – ''kassidaṃ kamma''nti? ''Ayyassa udāyissā''ti. ''Yepi te chinnakā dhuttakā ahirikā tesampi evarūpaṃ na sobheyya, kiṃ pana ayyassa udāyissā''ti! Atha kho tā bhikkhuniyo bhikkhūnaṃ etamatthaṃ ārocesuṃ. Ye te bhikkhū appicchā...pe... te ujjhāyanti khiyyanti vipācenti – ''kathañhi nāma āyasmā udāyī bhikkhuniyā cīvaraṃ sibbissatī''ti...pe... saccaṃ kira tvaṃ, udāyi, bhikkhuniyā cīvaraṃ sibbasī''ti? ''Saccaṃ, Bhagavā''ti. ''Ñātikā te, udāyi, aññātikā''ti? ''Aññātikā, Bhagavā''ti. ''Aññātako, moghapurisa, aññātikāya na jānāti patirūpaṃ vā appatirūpaṃ vā pāsādikaṃ vā apāsādikaṃ vā. Kathañhi nāma tvaṃ, moghapurisa, aññātikāya bhikkhuniyā cīvaraṃ sibbissasi! Netaṃ, moghapurisa, appasannānaṃ vā pasādāya...pe... evañca pana, bhikkhave, imaṃ sikkhāpadaṃ uddiseyyātha –

176.''Yo pana bhikkhu aññātikāya bhikkhuniyā cīvaraṃ sibbeyya vā sibbāpeyya vā, pācittiya''nti.

177.Yo panāti yo yādiso...pe... bhikkhūti...pe... ayaṃ imasmiṃ atthe adhippeto bhikkhūti.

Aññātikā nāma mātito vā pitito vā yāva sattamā pitāmahayugā asambaddhā.

Bhikkhunī nāma ubhatosaṅghe upasampannā.

Cīvaraṃ nāma channaṃ cīvarānaṃ aññataraṃ cīvaraṃ.

Sibbeyyāti sayaṃ sibbati ārāpathe ārāpathe āpatti pācittiyassa.

Sibbāpeyyāti aññaṃ āṇāpeti, āpatti pācittiyassa. Sakiṃ āṇatto bahukampi sibbati, āpatti pācittiyassa.

178. Aññātikāya aññātikasaññī cīvaraṃ sibbati vā sibbāpeti vā, āpatti pācittiyassa. Aññātikāya vematiko cīvaraṃ sibbati vā sibbāpeti vā, āpatti pācittiyassa. Aññātikāya ñātikasaññī cīvaraṃ sibbati vā sibbāpeti vā, āpatti pācittiyassa.

Ekatoupasampannāya cīvaraṃ sibbati vā sibbāpeti vā, āpatti dukkaṭassa. Ñātikāya aññātikasaññī, āpatti dukkaṭassa. Ñātikāya vematiko, āpatti dukkaṭassa. Ñātikāya ñātikasaññī, anāpatti.

179. Anāpatti ñātikāya, cīvaraṃ ṭhapetvā aññaṃ parikkhāraṃ sibbati vā sibbāpeti vā, sikkhamānāya, sāmaṇeriyā, ummattakassa, ādikammikassāti.

Cīvarasibbanasikkhāpadaṃ niṭṭhitaṃ chaṭṭhaṃ.

7. Saṃvidhānasikkhāpadaṃ

180. Tena samayena buddho Bhagavā sāvatthiyaṃ viharati jetavane anāthapiṇḍikassa ārāme. Tena kho pana samayena chabbaggiyā bhikkhū bhikkhunīhi saddhiṃ saṃvidhāya ekaddhānamaggaṃ paṭipajjanti. Manussā ujjhāyanti khiyyanti vipācenti – ''yatheva mayaṃ sapajāpatikā āhiṇḍāma, evamevime samaṇā sakyaputtiyā bhikkhunīhi saddhiṃ saṃvidhāya āhiṇḍantī''ti! Assosuṃ kho bhikkhū tesaṃ manussānaṃ ujjhāyantānaṃ khiyyantānaṃ vipācentānaṃ. Ye te bhikkhū appicchā...pe... te ujjhāyanti khiyyanti vipācenti – ''kathañhi nāma chabbaggiyā bhikkhū bhikkhunīhi saddhiṃ saṃvidhāya ekaddhānamaggaṃ paṭipajjissantī''ti...pe... ''saccaṃ kira tumhe, bhikkhave, bhikkhunīhi saddhiṃ saṃvidhāya ekaddhānamaggaṃ paṭipajjathā''ti? ''Saccaṃ, Bhagavā''ti. Vigarahi buddho Bhagavā...pe... kathañhi nāma tumhe, moghapurisā, bhikkhunīhi saddhiṃ saṃvidhāya ekaddhānamaggaṃ paṭipajjissatha! Netaṃ, moghapurisā, appasannānaṃ vā pasādāya...pe... evañca pana, bhikkhave, imaṃ sikkhāpadaṃ uddiseyyātha.

''Yo pana bhikkhu bhikkhuniyā saddhiṃ saṃvidhāya ekaddhānamaggaṃ paṭipajjeyya, antamaso gāmantarampi, pācittiya''nti.

Evañcidaṃ bhagavatā bhikkhūnaṃ sikkhāpadaṃ paññattaṃ hoti.
181. Tena kho pana samayena sambahulā bhikkhū ca bhikkhuniyo ca sāketā sāvatthiṃ addhānamaggappaṭipannā honti. Atha kho tā bhikkhuniyo te bhikkhū etadavocuṃ – "mayampi ayyehi saddhiṃ gamissāmā"ti. "Na, bhaginī, kappati bhikkhuniyā saddhiṃ saṃvidhāya ekaddhānamaggaṃ paṭipajjituṃ. Tumhe vā paṭhamaṃ gacchatha mayaṃ vā gamissāmā"ti. "Ayyā, bhante, aggapurisā. Ayyāva paṭhamaṃ gacchantū"ti. Atha kho tāsaṃ bhikkhunīnaṃ pacchā gacchantīnaṃ antarāmagge corā acchindiṃsu ca dūsesuñca. Atha kho tā bhikkhuniyo sāvatthiṃ gantvā bhikkhunīnaṃ etamatthaṃ ārocesuṃ. Bhikkhuniyo bhikkhūnaṃ etamatthaṃ ārocesuṃ. Bhikkhū bhagavato etamatthaṃ ārocesuṃ. Atha kho Bhagavā etasmiṃ nidāne etasmiṃ pakaraṇe dhammiṃ kathaṃ katvā bhikkhū āmantesi – "anujānāmi, bhikkhave, satthagamanīye magge sāsaṅkasammate sappaṭibhaye bhikkhuniyā saddhiṃ saṃvidhāya ekaddhānamaggaṃ paṭipajjituṃ. Evañca pana, bhikkhave, imaṃ sikkhāpadaṃ uddiseyyātha –
182."Yo pana bhikkhu bhikkhuniyā saddhiṃ saṃvidhāya ekaddhānamaggaṃ paṭipajjeyya, antamaso gāmantarampi, aññatra samayā, pācittiyaṃ. Tatthāyaṃ samayo. Satthagamanīyo hoti maggo sāsaṅkasammato sappaṭibhayo – ayaṃ tattha samayo"ti.
183.Yo panāti yo yādiso...pe... bhikkhūti...pe... ayaṃ imasmiṃ atthe adhippeto bhikkhūti.
Bhikkhunī nāma ubhatosaṅghe upasampannā.
Saddhinti ekato.
Saṃvidhāyāti – "gacchāma, bhagini, gacchāmāyya; gacchāmāyya, gacchāma, bhagini; ajja vā hiyyo vā pare vā gacchāmā"ti saṃvidahati, āpatti dukkaṭassa.
Antamaso gāmantarampīti kukkuṭasampāte gāme, gāmantare gāmantare āpatti pācittiyassa. Agāmake araññe, addhayojane addhayojane āpatti pācittiyassa.
Aññatra samayāti ṭhapetvā samayaṃ.
Satthagamanīyo nāma maggo na sakkā hoti vinā satthena gantuṃ.
Sāsaṅkaṃ nāma tasmiṃ magge [yasmiṃ magge (?)] corānaṃ niviṭṭhokāso dissati, bhuttokāso dissati, ṭhitokāso dissati, nisinnokāso dissati, nipannokāso dissati.
Sappaṭibhayaṃ nāma tasmiṃ magge corehi manussā hatā dissanti, viluttā dissanti, ākoṭitā dissanti, sappaṭibhayaṃ gantvā appaṭibhayaṃ dassetvā uyyojetabbā – "gacchatha bhaginiyo"ti.
184. Saṃvidahite saṃvidahitasaññī ekaddhānamaggaṃ paṭipajjati, antamaso gāmantarampi, aññatra samayā, āpatti pācittiyassa. Saṃvidahite vematiko ekaddhānamaggaṃ paṭipajjati, antamaso gāmantarampi, aññatra samayā, āpatti pācittiyassa. Saṃvidahite, asaṃvidahitasaññī ekaddhānamaggaṃ paṭipajjati, antamaso gāmantarampi, aññatra samayā, āpatti pācittiyassa.
Bhikkhu saṃvidahati bhikkhunī na saṃvidahati, āpatti dukkaṭassa. Asaṃvidahite saṃvidahitasaññī, āpatti dukkaṭassa. Asaṃvidahite vematiko, āpatti dukkaṭassa. Asaṃvidahite asaṃvidahitasaññī, anāpatti.
185. Anāpatti samaye, asaṃvidahitvā gacchati, bhikkhunī saṃvidahati, bhikkhu na saṃvidahati, visaṅketena gacchanti, āpadāsu, ummattakassa, ādikammikassāti.
Saṃvidhānasikkhāpadaṃ niṭṭhitaṃ sattamaṃ.
8. Nāvābhiruhanasikkhāpadaṃ
186. Tena samayena buddho Bhagavā sāvatthiyaṃ viharati jetavane anāthapiṇḍikassa ārāme. Tena kho pana samayena chabbaggiyā bhikkhū bhikkhunīhi saddhiṃ saṃvidhāya ekaṃ nāvaṃ [ekanāvaṃ (syā.)] abhiruhanti. Manussā ujjhāyanti khiyyanti vipācenti – "yatheva mayaṃ sapajāpatikā nāvāya [ekanāvāya (syā.)] kīḷāma, evamevime samaṇā sakyaputtiyā bhikkhunīhi saddhiṃ saṃvidhāya nāvāya kīḷantī"ti! Assosuṃ kho bhikkhū tesaṃ manussānaṃ ujjhāyantānaṃ khiyyantānaṃ vipācentānaṃ. Ye te bhikkhū appicchā...pe... te ujjhāyanti khiyyanti vipācenti – "kathañhi nāma chabbaggiyā bhikkhū bhikkhunīhi saddhiṃ saṃvidhāya ekaṃ nāvaṃ abhiruhissantī"ti...pe... "saccaṃ kira tumhe, bhikkhave, bhikkhunīhi saddhiṃ saṃvidhāya ekaṃ nāvaṃ abhiruhathā"ti? "Saccaṃ, Bhagavā"ti. Vigarahi buddho Bhagavā...pe... kathañhi nāma tumhe, moghapurisā, bhikkhunīhi saddhiṃ saṃvidhāya ekaṃ nāvaṃ abhiruhissatha! Netaṃ, moghapurisā, appasannānaṃ vā pasādāya...pe... evañca pana, bhikkhave, imaṃ sikkhāpadaṃ uddiseyyātha –
"Yo pana bhikkhu bhikkhuniyā saddhiṃ saṃvidhāya ekaṃ nāvaṃ[ekanāvaṃ (syā.)]abhiruheyya, uddhaṃgāminiṃ vā adhogāminiṃvā, pācittiya"nti.
Evañcidaṃ bhagavatā bhikkhūnaṃ sikkhāpadaṃ paññattaṃ hoti.
187. Tena kho pana samayena sambahulā bhikkhū ca bhikkhuniyo ca sāketā sāvatthiṃ addhānamaggappaṭipannā honti. Antarāmagge nadī taritabbā [uttaritabbā (syā.)] hoti. Atha kho tā bhikkhuniyo te bhikkhū etadavocuṃ – "mayampi ayyehi saddhiṃ uttarissāmā"ti. "Na, bhaginī, kappati bhikkhuniyā saddhiṃ saṃvidhāya ekaṃ nāvaṃ abhiruhituṃ; tumhe vā paṭhamaṃ uttaratha mayaṃ vā uttarissāmā"ti. "Ayyā, bhante, aggapurisā. Ayyāva paṭhamaṃ uttarantū"ti. Atha kho tāsaṃ bhikkhunīnaṃ pacchā uttarantīnaṃ corā acchindiṃsu ca dūsesuñca . Atha kho tā bhikkhuniyo sāvatthiṃ gantvā bhikkhunīnaṃ etamatthaṃ ārocesuṃ. Bhikkhuniyo bhikkhūnaṃ etamatthaṃ ārocesuṃ. Bhikkhū bhagavato etamatthaṃ ārocesuṃ. Atha kho Bhagavā etasmiṃ nidāne etasmiṃ pakaraṇe dhammiṃ

kathaṃ katvā bhikkhū āmantesi – "anujānāmi, bhikkhave, tiriyaṃ taraṇāya bhikkhuniyā saddhiṃ saṃvidhāya ekaṃ nāvaṃ abhiruhituṃ. Evañca pana, bhikkhave, imaṃ sikkhāpadaṃ uddiseyyātha –

188."Yo pana bhikkhu bhikkhuniyā saddhiṃ saṃvidhāya ekaṃ nāvaṃ abhiruheyya uddhaṃgāminiṃ vā adhogāminiṃ vā, aññatra tiriyaṃ taraṇāya, pācittiya"nti.

189.Yo panāti yo yādiso...pe... bhikkhūti...pe... ayaṃ imasmiṃ atthe adhippeto bhikkhūti.

Bhikkhunī nāma ubhatosaṅghe upasampannā .

Saddhinti ekato.

Saṃvidhāyāti "abhiruhāma, bhagini, abhiruhāmāyya; abhiruhāmāyya, abhiruhāma, bhagini; ajja vā hiyyo vā pare vā abhiruhāmā"ti saṃvidahati āpatti dukkaṭassa.

Bhikkhuniyā abhiruḷhe bhikkhu abhiruhati, āpatti pācittiyassa. Bhikkhumhi abhiruḷhe bhikkhunī abhiruhati, āpatti pācittiyassa. Ubho vā abhiruhanti, āpatti pācittiyassa.

Uddhaṃgāmininti ujjavanikāya.

Adhogāmininti ojavanikāya.

Aññatra tiriyaṃ taraṇāyāti ṭhapetvā tiriyaṃ taraṇaṃ.

Kukkuṭasampāte gāme, gāmantare gāmantare āpatti pācittiyassa. Agāmake araññe, aḍḍhayojane aḍḍhayojane āpatti pācittiyassa.

190. Saṃvidahite saṃvidahitasaññī ekaṃ nāvaṃ abhiruhati uddhaṃgāminiṃ vā adhogāminiṃ vā, aññatra tiriyaṃ taraṇāya , āpatti pācittiyassa. Saṃvidahite vematiko ekaṃ nāvaṃ abhiruhati uddhaṃgāminiṃ vā adhogāminiṃ vā, aññatra tiriyaṃ taraṇāya, āpatti pācittiyassa. Saṃvidahite asaṃvidahitasaññī ekaṃ nāvaṃ abhiruhati uddhaṃgāminiṃ vā adhogāminiṃ vā, aññatra tiriyaṃ taraṇāya, āpatti pācittiyassa.

Bhikkhu saṃvidahati, bhikkhunī na saṃvidahati, āpatti dukkaṭassa. Asaṃvidahite saṃvidahitasaññī, āpatti dukkaṭassa. Asaṃvidahite vematiko, āpatti dukkaṭassa. Asaṃvidahite, asaṃvidahitasaññī, anāpatti.

191. Anāpatti tiriyaṃ taraṇāya, asaṃvidahitvā abhiruhanti, bhikkhunī saṃvidahati, bhikkhu na saṃvidahati, visaṅketena abhiruhanti, āpadāsu ummattakassa, ādikammissāti.

Nāvābhiruhanasikkhāpadaṃ niṭṭhitaṃ aṭṭhamaṃ.

9. Paripācitasikkhāpadaṃ

192. Tena samayena buddho Bhagavā rājagahe viharati veḷuvane kalandakanivāpe. Tena kho pana samayena thullanandā bhikkhunī aññatarassa kulassa kulūpikā hoti niccabhattikā. Tena ca gahapatinā therā bhikkhū nimantitā honti. Atha kho thullanandā bhikkhunī pubbaṇhasamayaṃ nivāsetvā pattacīvaramādāya yena taṃ kulaṃ tenupasaṅkami; upasaṅkamitvā taṃ gahapatiṃ etadavoca – "kimidaṃ, gahapati, pahūtaṃ khādanīyaṃ bhojanīyaṃ paṭiyatta"nti? "Therā mayā, ayye, nimantitā"ti. "Ke pana te, gahapati, therā"ti? "Ayyo sāriputto ayyo mahāmoggallāno ayyo mahākaccāno ayyo mahākoṭṭhiko ayyo mahākappino ayyo mahācundo ayyo anuruddho ayyo revato ayyo upāli ayyo ānando ayyo rāhulo"ti. "Kiṃ pana tvaṃ, gahapati, mahānāge tiṭṭhamāne ceṭake nimantesī"ti?

"Ke pana te, ayye, mahānāgā"ti? "Ayyo devadatto ayyo kokāliko ayyo kaṭamodakatissako [kaṭamorakatissako (sī.) katamorakatissako (syā.)] ayyo khaṇḍadeviyā putto ayyo samuddadatto"ti. Ayaṃ carahi thullanandāya bhikkhuniyā antarā kathā vippakatā, atha te therā bhikkhū pavisiṃsu. "Saccaṃ mahānāgā kho tayā, gahapati, nimantitā"ti. "Idāneva kho tvaṃ, ayye, ceṭake akāsi; idāni mahānāge"ti. Gharato ca nikkaḍḍhi, niccabhattañca pacchindi. Ye te bhikkhū appicchā...pe... te ujjhāyanti khiyyanti vipācenti – "kathañhi nāma devadatto jānaṃ bhikkhuniparipācitaṃ piṇḍapātaṃ bhuñjissatī"ti...pe... "saccaṃ kira tvaṃ, devadatta, jānaṃ bhikkhuniparipācitaṃ piṇḍapātaṃ bhuñjasī"ti? "Saccaṃ, Bhagavā"ti. Vigarahi buddho Bhagavā...pe... kathañhi nāma tvaṃ, moghapurisa, jānaṃ bhikkhuniparipācitaṃ piṇḍapātaṃ bhuñjissasi. Netaṃ, moghapurisa, appasannānaṃ vā pasādāya...pe... evañca pana, bhikkhave, imaṃ sikkhāpadaṃ uddiseyyātha –

"Yopana bhikkhu jānaṃ bhikkhuniparipācitaṃ piṇḍapātaṃ bhuñjeyya, pācittiya"nti.

Evañcidaṃ bhagavatā bhikkhūnaṃ sikkhāpadaṃ paññattaṃ hoti.

193. Tena kho pana samayena aññataro bhikkhu rājagahā pabbajito ñātikulaṃ agamāsi. Manussā – "cirassampi bhadanto āgato"ti sakkaccaṃ bhattaṃ akaṃsu. Tassa kulassa kulūpikā bhikkhunī te manusse etadavoca – "dethayyassa, āvuso, bhatta"nti. Atha kho so bhikkhu – "bhagavatā paṭikkhittaṃ jānaṃ bhikkhuniparipācitaṃ piṇḍapātaṃ bhuñjitu"nti kukkuccāyanto na paṭiggahesi. Nāsakkhi piṇḍāya carituṃ, chinnabhatto ahosi. Atha kho so bhikkhu ārāmaṃ gantvā bhikkhūnaṃ etamatthaṃ ārocesi. Bhikkhū bhagavato etamatthaṃ ārocesuṃ. Atha kho Bhagavā etasmiṃ nidāne etasmiṃ pakaraṇe dhammiṃ kathaṃ katvā bhikkhū āmantesi – "anujānāmi, bhikkhave, pubbe gihisamārambhe jānaṃ bhikkhuniparipācitaṃ piṇḍapātaṃ bhuñjituṃ. Evañca pana, bhikkhave, imaṃ sikkhāpadaṃ uddiseyyātha –

194."Yo pana bhikkhu jānaṃ bhikkhuniparipācitaṃ piṇḍapātaṃ bhuñjeyya, aññatra pubbe gihisamārambhā, pācittiya"nti.

195.Yo panāti yo yādiso...pe... bhikkhūti...pe... ayaṃ imasmiṃ atthe adhippeto bhikkhūti.

Jānāti nāma sāmaṃ vā jānāti aññe vā tassa ārocenti sā vā āroceti.

Bhikkhunī nāma ubhatosaṅghe upasampannā.
Paripāceti nāma pubbe adātukāmānaṃ akattukāmānaṃ – "ayyo bhāṇako, ayyo bahussuto, ayyo suttantiko, ayyo vinayadharo, ayyo dhammakathiko, detha ayyassa, karotha ayyassā"ti esā paripāceti nāma.
Piṇḍapāto nāma pañcannaṃ bhojanānaṃ aññataraṃ bhojanaṃ.
Aññatra pubbe gihisamārambhāti ṭhapetvā gihisamārambhaṃ.
Gihisamārambho nāma ñātakā vā honti pavāritā vā pakatipaṭiyattaṃ vā.
Aññatra pubbe gihisamārambhā bhuñjissāmīti paṭiggaṇhāti, āpatti dukkaṭassa. Ajjhohāre ajjhohāre, āpatti pācittiyassa.
196. Paripācite paripācitasaññī bhuñjati, aññatra pubbe gihisamārambhā, āpatti pācittiyassa. Paripācite vematiko bhuñjati, aññatra pubbe gihisamārambhā, āpatti dukkaṭassa. Paripācite aparipācitasaññī bhuñjati, aññatra pubbe gihisamārambhā, anāpatti. Ekatoupasampannāya paripācitaṃ bhuñjati, aññatra pubbe gihisamārambhā, āpatti dukkaṭassa. Aparipācite paripācitasaññī, āpatti dukkaṭassa. Aparipācitte vematiko, āpatti dukkaṭassa. Aparipācite aparipācitasaññī, anāpatti.
197. Anāpatti pubbe gihisamārambhe, sikkhamānā paripāceti, sāmaṇerī paripāceti, pañca bhojanāni ṭhapetvā sabbattha anāpatti, ummattakassa, ādikammikassāti.
Paripācitasikkhāpadaṃ niṭṭhitaṃ navamaṃ.
10. Rahonisajjasikkhāpadaṃ
198. Tena samayena buddho Bhagavā sāvatthiyaṃ viharati jetavane anāthapiṇḍikassa ārāme. Tena kho pana samayena āyasmato udāyissa purāṇadutiyikā bhikkhunīsu pabbajitā hoti. Sā āyasmato udāyissa santike abhikkhaṇaṃ āgacchati, āyasmāpi udāyī tassā bhikkhuniyā santike abhikkhaṇaṃ gacchati. Tena kho pana samayena āyasmā udāyī tassā bhikkhuniyā saddhiṃ eko ekāya raho nisajjaṃ kappesi. Ye te bhikkhū appicchā…pe… te ujjhāyanti khiyyanti vipācenti – "kathañhi nāma āyasmā udāyī bhikkhuniyā saddhiṃ eko ekāya raho nisajjaṃ kappessatī"ti…pe… saccaṃ kira tvaṃ, udāyi, bhikkhuniyā saddhiṃ eko ekāya raho nisajjaṃ kappesīti? "Saccaṃ, Bhagavā"ti. Vigarahi buddho Bhagavā…pe… kathañhi nāma tvaṃ, moghapurisa, bhikkhuniyā saddhiṃ eko ekāya raho nisajjaṃ kappessasi! Netaṃ, moghapurisa appasannānaṃ vā pasādāya…pe… evañca pana, bhikkhave, imaṃ sikkhāpadaṃ uddiseyyātha –
199."Yo pana bhikkhu bhikkhuniyā saddhiṃ eko ekāya raho nisajjaṃ kappeyya, pācittiya"nti.
200.Yo panāti yo yādiso…pe… bhikkhūti…pe… ayaṃ imasmiṃ atthe adhippeto bhikkhūti.
Bhikkhunī nāma ubhatosaṅghe upasampannā .
Saddhinti ekato.
Eko ekāyāti bhikkhu ceva hoti bhikkhunī ca.
[pāci. 286, 291; pārā. 445,454]Raho nāma cakkhussa raho sotassa raho. Cakkhussa raho nāma na sakkā hoti akkhiṃ vā nikhaṇīyamāne bhamukaṃ vā ukkhipīyamāne sīsaṃ vā ukkhipīyamāne passituṃ. Sotassa raho nāma na sakkā hoti pakatikathā sotuṃ.
Nisajjaṃkappeyyāti bhikkhuniyā nisinnāya bhikkhu upanisinno vā hoti upanipanno vā, āpatti pācittiyassa.
Bhikkhu nisinne bhikkhunī upanisinnā vā hoti upanipannā vā, āpatti pācittiyassa. Ubho vā nisinnā honti ubho vā nipannā, āpatti pācittiyassa.
201. Raho rahosaññī eko ekāya nisajjaṃ kappeti, āpatti pācittiyassa. Raho vematiko eko ekāya nisajjaṃ kappeti, āpatti pācittiyassa. Raho arahosaññī eko ekāya nisajjaṃ kappeti, āpatti pācittiyassa.
Araho rahosaññī, āpatti dukkaṭassa. Araho vematiko, āpatti dukkaṭassa. Araho arahosaññī, anāpatti.
202. Anāpatti yo koci viññū dutiyo hoti, tiṭṭhati na nisīdati, arahopekkho, aññavihito nisīdati, ummattakassa, ādikammikassāti.
Rahonisajjasikkhāpadaṃ niṭṭhitaṃ dasamaṃ.
Ovādavaggo tatiyo.
Tassuddānaṃ –
Asammataatthaṅgatū , passayāmisadānena;
Sibbati addhānaṃ nāvaṃ bhuñjeyya, eko ekāya te dasāti.
4. Bhojanavaggo
1. Āvasathapiṇḍasikkhāpadaṃ
203. Tena samayena buddho Bhagavā sāvatthiyaṃ viharati jetavane anāthapiṇḍikassa ārāme. Tena kho pana samayena sāvatthiyā avidūre aññatarassa pūgassa āvasathapiṇḍo paññatto hoti. Chabbaggiyā bhikkhū pubbaṇhasamayaṃ nivāsetvā pattacīvaramādāya sāvatthiṃ piṇḍāya pavisitvā piṇḍaṃ alabhamānā āvasathaṃ agamaṃsu. Manussā – "cirassampi bhadantā āgatā"ti te sakkaccaṃ parivisiṃsu. Atha kho chabbaggiyā bhikkhū dutiyampi divasaṃ…pe… tatiyampi divasaṃ pubbaṇhasamayaṃ nivāsetvā pattacīvaramādāya sāvatthiṃ piṇḍāya pavisitvā piṇḍaṃ alabhamānā āvasathaṃ gantvā bhuñjiṃsu. Atha kho chabbaggiyānaṃ bhikkhūnaṃ etadahosi – "kiṃ mayaṃ karissāma ārāmaṃ gantvā! Hiyyopi idheva āgantabbaṃ bhavissatī"ti, tattheva anuvasitvā anuvasitvā āvasathapiṇḍaṃ bhuñjanti.

Titthiyā apasakkanti. Manussā ujjhāyanti khiyyanti vipācenti – ''kathañhi nāma samaṇā sakyaputtiyā anuvasitvā anuvasitvā āvasathapiṇḍaṃ bhuñjissanti! Nayimesaññeva āvasathapiṇḍo paññatto; sabbesaññeva āvasathapiṇḍo paññatto''ti.

Assosuṃ kho bhikkhū tesaṃ manussānaṃ ujjhāyantānaṃ khiyyantānaṃ vipācentānaṃ. Ye te bhikkhū appicchā...pe... te ujjhāyanti khiyyanti vipācenti – kathañhi nāma chabbaggiyā bhikkhū anuvasitvā anuvasitvā āvasathapiṇḍaṃ bhuñjissantīti...pe... saccaṃ kira tumhe, bhikkhave, anuvasitvā anuvasitvā āvasathapiṇḍaṃ bhuñjathāti? ''Saccaṃ, Bhagavā''ti. Vigarahi buddho Bhagavā...pe... kathañhi nāma tumhe, moghapurisā, anuvasitvā anuvasitvā āvasathapiṇḍaṃ bhuñjissatha! Netaṃ, moghapurisā, appasannānaṃ vā pasādāya...pe... evañca pana, bhikkhave, imaṃ sikkhāpadaṃ uddiseyyātha –

''Eko āvasathapiṇḍo bhuñjitabbo. Tato ce uttariṃ bhuñjeyya, pācittiya''nti.

Evañcidaṃ bhagavatā bhikkhūnaṃ sikkhāpadaṃ paññattaṃ hoti.

204. Tena kho pana samayena āyasmā sāriputto kosalesu janapade sāvatthiṃ gacchanto yena aññataro āvasatho tenupasaṅkami. Manussā – ''cirassampi thero āgato''ti sakkaccaṃ parivisiṃsu. Atha kho āyasmato sāriputtassa bhuttāvissa kharo ābādho uppajji, nāsakkhi tamhā āvasathā pakkamituṃ. Atha kho te manussā dutiyampi divasaṃ āyasmantaṃ sāriputtaṃ etadavocuṃ – ''bhuñjatha, bhante''ti. Atha kho āyasmā sāriputto – ''bhagavatā paṭikkhittaṃ anuvasitvā anuvasitvā āvasathapiṇḍaṃ bhuñjitu''nti kukkuccāyanto na paṭiggahesi; chinnabhatto ahosi. Atha kho āyasmā sāriputto sāvatthiṃ gantvā bhikkhūnaṃ etamatthaṃ ārocesi. Bhikkhū bhagavato etamatthaṃ ārocesuṃ. Atha kho Bhagavā etasmiṃ nidāne etasmiṃ pakaraṇe dhammiṃ kathaṃ katvā bhikkhū āmantesi – ''anujānāmi, bhikkhave, gilānena bhikkhunā anuvasitvā anuvasitvā āvasathapiṇḍaṃ bhuñjituṃ. Evañca pana, bhikkhave, imaṃ sikkhāpadaṃ uddiseyyātha –

205.''Agilānena bhikkhunā eko āvasathapiṇḍo bhuñjitabbo. Tato ce uttari bhuñjeyya, pācittiya''nti.

206.Agilāno nāma sakkoti tamhā āvasathā pakkamituṃ.

Gilāno nāma na sakkoti tamhā āvasathā pakkamituṃ.

Āvasathapiṇḍo nāma pañcannaṃ bhojanānaṃ aññataraṃ bhojanaṃ – sālāya vā maṇḍape vā rukkhamūle vā ajjhokāse vā anodissa yāvadattho paññatto hoti. Agilānena bhikkhunā sakiṃ bhuñjitabbo. Tato ce uttari 'bhuñjissāmī'ti paṭiggaṇhāti, āpatti dukkaṭassa. Ajjhohāre ajjhohāre āpatti pācittiyassa.

207. Agilāno agilānasaññī tatuttari āvasathapiṇḍaṃ bhuñjati, āpatti pācittiyassa. Agilāno vematiko tatuttari āvasathapiṇḍaṃ bhuñjati, āpatti pācittiyassa. Agilāno gilānasaññī tatuttariṃ āvasathapiṇḍaṃ bhuñjati, āpatti pācittiyassa.

Gilāno agilānasaññī, āpatti dukkaṭassa. Gilāno vematiko āpatti dukkaṭassa. Gilāno gilānasaññī, anāpatti.

208. Anāpatti gilānassa, agilāno sakiṃ bhuñjati, gacchanto, vā āgacchanto vā bhuñjati, sāmikā nimantetvā bhojenti, odissa paññatto hoti, na yāvadattho paññatto hoti, pañca bhojanāni ṭhapetvā sabbattha anāpatti, ummattakassa, ādikammikassāti.

Āvasathapiṇḍasikkhāpadaṃ niṭṭhitaṃ paṭhamaṃ.

2. Gaṇabhojanasikkhāpadaṃ

209. Tena samayena buddho Bhagavā rājagahe viharati veḷuvane kalandakanivāpe. Tena kho pana samayena devadatto parihīnalābhasakkāro sapariso kulesu viññāpetvā viññāpetvā bhuñjati. Manussā ujjhāyanti khiyyanti vipācenti – ''kathañhi nāma samaṇā sakyaputtiyā kulesu viññāpetvā viññāpetvā bhuñjissanti! Kassa sampannaṃ na manāpaṃ, kassa sāduṃ na ruccatī''ti! Assosuṃ kho bhikkhū tesaṃ manussānaṃ ujjhāyantānaṃ khiyyantānaṃ vipācentānaṃ. Ye te bhikkhū appicchā...pe... te ujjhāyanti khiyyanti vipācenti – ''kathañhi nāma devadatto sapariso kulesu viññāpetvā viññāpetvā bhuñjissatī''ti...pe... saccaṃ kira tvaṃ, devadatta, sapariso kulesu viññāpetvā viññāpetvā bhuñjasīti? ''Saccaṃ, Bhagavā''ti. Vigarahi buddho Bhagavā...pe... kathañhi nāma tvaṃ, moghapurisa, sapariso kulesu viññāpetvā viññāpetvā bhuñjissasi! Netaṃ, moghapurisa, appasannānaṃ vā pasādāya...pe... evañca pana, bhikkhave, imaṃ sikkhāpadaṃ uddiseyyātha –

''Gaṇabhojane pācittiya''nti.

Evañcidaṃ bhagavatā bhikkhūnaṃ sikkhāpadaṃ paññattaṃ hoti.

210. Tena kho pana samayena manussā gilāne bhikkhū bhattena nimantenti. Bhikkhū kukkuccāyantā nādhivāsenti – ''paṭikkhittaṃ bhagavatā gaṇabhojana''nti. Bhagavato etamatthaṃ ārocesuṃ. Atha kho Bhagavā etasmiṃ nidāne etasmiṃ pakaraṇe dhammiṃ kathaṃ katvā bhikkhū āmantesi – ''anujānāmi, bhikkhave, gilānena bhikkhunā gaṇabhojanaṃ bhuñjituṃ. Evañca pana, bhikkhave, imaṃ sikkhāpadaṃ uddiseyyātha –

''Gaṇabhojane, aññatra samayā, pācittiyaṃ. Tatthāyaṃ samayo. Gilānasamayo – ayaṃ tattha samayo''ti.

Evañcidaṃ bhagavatā bhikkhūnaṃ sikkhāpadaṃ paññattaṃ hoti.

211. Tena kho pana samayena manussā cīvaradānasamaye sacīvarabhattaṃ paṭiyādetvā bhikkhū nimantenti – ''bhojetvā cīvarena acchādessāmā''ti. Bhikkhū kukkuccāyantā nādhivāsenti – ''paṭikkhittaṃ bhagavatā gaṇabhojana''nti. Cīvaraṃ parittaṃ uppajjati. Bhikkhū bhagavato etamatthaṃ ārocesuṃ...pe... anujānāmi, bhikkhave, cīvaradānasamaye gaṇabhojanaṃ bhuñjituṃ. Evañca pana, bhikkhave, imaṃ sikkhāpadaṃ uddiseyyātha –

"Gaṇabhojane, aññatra samayā, pācittiyaṃ. Tatthāyaṃ samayo. Gilānasamayo, cīvaradānasamayo – ayaṃ tattha samayo"ti.
Evañcidaṃ bhagavatā bhikkhūnaṃ sikkhāpadaṃ paññattaṃ hoti.
212. Tena kho pana samayena manussā cīvarakārake bhikkhū bhattena nimantenti. Bhikkhū kukkuccāyantā nādhivāsenti – "paṭikkhittaṃ bhagavatā gaṇabhojana"nti . Bhagavato etamatthaṃ ārocesuṃ...pe... anujānāmi, bhikkhave, cīvarakārasamaye gaṇabhojanaṃ bhuñjituṃ. Evañca pana, bhikkhave, imaṃ sikkhāpadaṃ uddiseyyātha –
"Gaṇabhojane, aññatra samayā, pācittiyaṃ. Tatthāyaṃ samayo. Gilānasamayo, cīvaradānasamayo, cīvarakārasamayo – ayaṃ tattha samayo"ti.
Evañcidaṃ bhagavatā bhikkhūnaṃ sikkhāpadaṃ paññattaṃ hoti.
213. Tena kho pana samayena bhikkhū manussehi saddhiṃ addhānaṃ gacchanti. Atha kho te bhikkhū te manusse etadavocuṃ – "muhuttaṃ, āvuso, āgametha; piṇḍāya carissāmā"ti. Te evamāhaṃsu – "idheva, bhante, bhuñjathā"ti. Bhikkhū kukkuccāyantā na paṭiggaṇhanti – "paṭikkhittaṃ bhagavatā gaṇabhojana"nti. Bhagavato etamatthaṃ ārocesuṃ...pe... anujānāmi, bhikkhave, addhānagamanasamaye gaṇabhojanaṃ bhuñjituṃ. Evañca pana, bhikkhave, imaṃ sikkhāpadaṃ uddiseyyātha –
"Gaṇabhojane, aññatra samayā, pācittiyaṃ. Tatthāyaṃ samayo. Gilānasamayo, cīvaradānasamayo, cīvarakārasamayo, addhānagamanasamayo – ayaṃ tattha samayo"ti.
Evañcidaṃ bhagavatā bhikkhūnaṃ sikkhāpadaṃ paññattaṃ hoti.
214. Tena kho pana samayena bhikkhū manussehi saddhiṃ nāvāya gacchanti. Atha kho te bhikkhū te manusse etadavocuṃ – "muhuttaṃ, āvuso, tīraṃ upanetha; piṇḍāya carissāmā"ti. Te evamāhaṃsu – "idheva, bhante, bhuñjathā"ti. Bhikkhū kukkuccāyantā na paṭiggaṇhanti – "paṭikkhittaṃ bhagavatā gaṇabhojana"nti. Bhagavato etamatthaṃ ārocesuṃ...pe... anujānāmi, bhikkhave, nāvābhiruhanasamaye gaṇabhojanaṃ bhuñjituṃ. Evañca pana, bhikkhave, imaṃ sikkhāpadaṃ uddiseyyātha –
"Gaṇabhojane, aññatra samayā, pācittiyaṃ. Tatthāyaṃ samayo. Gilānasamayo, cīvaradānasamayo, cīvarakārasamayo, addhānagamanasamayo, nāvābhiruhanasamayo – ayaṃ tattha samayo"ti.
Evañcidaṃ bhagavatā bhikkhūnaṃ sikkhāpadaṃ paññattaṃ hoti.
215. Tena 0 kho pana samayena disāsu vassaṃvuṭṭhā bhikkhū rājagahaṃ āgacchanti bhagavantaṃ dassanāya. Manussā nānāverajjake bhikkhū passitvā bhattena nimantenti. Bhikkhū kukkuccāyantā nādhivāsenti – "paṭikkhittaṃ bhagavatā gaṇabhojana"nti. Bhagavato etamatthaṃ ārocesuṃ...pe... anujānāmi, bhikkhave, mahāsamaye gaṇabhojanaṃ bhuñjituṃ. Evañca pana, bhikkhave, imaṃ sikkhāpadaṃ uddiseyyātha –
"Gaṇabhojane , aññatra samayā, pācittiyaṃ. Tatthāyaṃ samayo. Gilānasamayo, cīvaradānasamayo, cīvarakārasamayo, addhānagamanasamayo, nāvābhiruhanasamayo, mahāsamayo – ayaṃ tattha samayo"ti.
Evañcidaṃ bhagavatā bhikkhūnaṃ sikkhāpadaṃ paññattaṃ hoti.
216. Tena kho pana samayena rañño māgadhassa seniyassa bimbisārassa ñātisālohito ājīvakesu pabbajito hoti. Atha kho so ājīvako yena rājā māgadho seniyo bimbisāro tenupasaṅkami; upasaṅkamitvā rājānaṃ māgadhaṃ seniyaṃ bimbisāraṃ etadavoca – "icchāmahaṃ, mahārāja, sabbapāsaṇḍikabhattaṃ kātu"nti. "Sace tvaṃ, bhante, buddhappamukhaṃ bhikkhusaṅghaṃ paṭhamaṃ bhojeyyāsi". "Evaṃ kareyyāmī"ti. Atha kho so ājīvako bhikkhūnaṃ santike dūtaṃ pāhesi – "adhivāsentu me bhikkhū svātanāya bhatta"nti. Bhikkhū kukkuccāyantā nādhivāsenti – "paṭikkhittaṃ bhagavatā gaṇabhojana"nti. Atha kho so ājīvako yena Bhagavā tenupasaṅkami; upasaṅkamitvā bhagavatā saddhiṃ sammodi, sammodanīyaṃ kathaṃ sāraṇīyaṃ vītisāretvā ekamantaṃ aṭṭhāsi. Ekamantaṃ ṭhito kho so ājīvako bhagavantaṃ etadavoca – "bhavampi Gotamo pabbajito, ahampi pabbajito; arahati pabbajito pabbajitassa piṇḍaṃ paṭiggahetuṃ. Adhivāsetu me bhavaṃ Gotamo svātanāya bhattaṃ saddhiṃ bhikkhusaṅghenā"ti. Adhivāsesi Bhagavā tuṇhībhāvena. Atha kho so ājīvako bhagavato adhivāsanaṃ viditvā pakkāmi. Atha kho Bhagavā etasmiṃ nidāne etasmiṃ pakaraṇe dhammiṃ kathaṃ katvā bhikkhū āmantesi – "anujānāmi, bhikkhave, samaṇabhattasamaye gaṇabhojanaṃ bhuñjituṃ. Evañca pana, bhikkhave, imaṃ sikkhāpadaṃ uddiseyyātha –
217.Gaṇabhojane, aññatra samayā, pācittiyaṃ. Tatthāyaṃ samayo. Gilānasamayo, cīvaradānasamayo, cīvarakārasamayo, addhānagamanasamayo, nāvābhiruhanasamayo, mahāsamayo, samaṇabhattasamayo – ayaṃ tattha samayo"ti.
218.Gaṇabhojanaṃ nāma yattha cattāro bhikkhū pañcannaṃ bhojanānaṃ aññatarena bhojanena nimantitā bhuñjanti. Etaṃ gaṇabhojanaṃ nāma.
Aññatra samayāti ṭhapetvā samayaṃ.
Gilānasamayo nāma antamaso pādāpi phalitā [phālitā (syā. ka.)] honti. "Gilānasamayo"ti bhuñjitabbaṃ.
Cīvaradānasamayo nāma anatthate kathine vassānassa pacchimo māso, atthate kathine pañcamāsā. "Cīvaradānasamayo"ti bhuñjitabbaṃ.
Cīvarakārasamayo nāma cīvare kayiramāne. "Cīvarakārasamayo"ti bhuñjitabbaṃ.

Addhānagamanasamayo nāma "addhayojanaṃ gacchissāmī"ti bhuñjitabbaṃ, gacchantena bhuñjitabbaṃ, gatena bhuñjitabbaṃ.
Nāvābhiruhanasamayo nāma "nāvaṃ abhiruhissāmī"ti bhuñjitabbaṃ, āruḷhena bhuñjitabbaṃ, oruḷhena bhuñjitabbaṃ.
Mahāsamayo nāma yattha dve tayo bhikkhū piṇḍāya caritvā yāpenti, catutthe āgate na yāpenti. "Mahāsamayo"ti bhuñjitabbaṃ.
Samaṇabhattasamayo nāma yo koci paribbājakasamāpanno bhattaṃ karoti. "Samaṇabhattasamayo"ti bhuñjitabbaṃ.
"Aññatra samayā bhuñjissāmī"ti paṭiggaṇhāti, āpatti dukkaṭassa. Ajjhohāre ajjhohāre āpatti pācittiyassa.
219. Gaṇabhojane gaṇabhojanasaññī, aññatra samayā, bhuñjati, āpatti pācittiyassa. Gaṇabhojane vematiko, aññatra samayā, bhuñjati, āpatti pācittiyassa. Gaṇabhojane nagaṇabhojanasaññī, aññatra samayā, bhuñjati, āpatti pācittiyassa.
Nagaṇabhojane gaṇabhojanasaññī, āpatti dukkaṭassa. Nagaṇabhojane vematiko, āpatti dukkaṭassa. Nagaṇabhojane nagaṇabhojanasaññī, anāpatti.
220. Anāpatti samaye, dve tayo ekato bhuñjanti, piṇḍāya caritvā ekato sannipatitvā bhuñjanti, niccabhattaṃ, salākabhattaṃ, pakkhikaṃ, uposathikaṃ, pāṭipadikaṃ, pañca bhojanāni ṭhapetvā sabbattha anāpatti, ummattakassa, ādikammikassāti.
Gaṇabhojanasikkhāpadaṃ niṭṭhitaṃ dutiyaṃ.
3. Paramparabhojanasikkhāpadaṃ
221. Tena samayena buddho Bhagavā vesāliyaṃ viharati mahāvane kūṭāgārasālāyaṃ. Tena kho pana samayena vesāliyaṃ paṇītānaṃ bhattānaṃ bhattapaṭipāṭi adhiṭṭhitā hoti. Atha kho aññatarassa daliddassa kammakārassa [kammakarassa (sī.)] etadahosi – "na kho idaṃ orakaṃ bhavissati yathayime manussā sakkaccaṃ bhattaṃ karonti; yaṃnūnāhampi bhattaṃ kareyya"nti. Atha kho so daliddo kammakāro yena kirapatiko tenupasaṅkami; upasaṅkamitvā taṃ kirapatikaṃ etadavoca – "icchāmahaṃ, ayyaputta, buddhappamukhassa bhikkhusaṅghassa bhattaṃ kātuṃ. Dehi me vetana"nti. Sopi kho kirapatiko saddho hoti pasanno. Atha kho so kirapatiko tassa daliddassa kammakārassa abbhātirekaṃ [atirekaṃ (syā.)] vetanaṃ adāsi. Atha kho so daliddo kammakāro yena Bhagavā tenupasaṅkami; upasaṅkamitvā bhagavantaṃ abhivādetvā ekamantaṃ nisīdi. Ekamantaṃ nisinno kho so daliddo kammakāro bhagavantaṃ etadavoca – "adhivāsetu me, bhante, Bhagavā svātanāya bhattaṃ saddhiṃ bhikkhusaṅghenā"ti. "Mahā kho, āvuso, bhikkhusaṅgho. Jānāhī"ti. "Hotu [hotu me (ka.)] bhante, mahā bhikkhusaṅgho. Bahū me badarā paṭiyattā badaramissena peyyā paripūrissantī"ti. Adhivāsesi Bhagavā tuṇhībhāvena.
Atha kho so daliddo kammakāro bhagavato adhivāsanaṃ viditvā uṭṭhāyāsanā bhagavantaṃ abhivādetvā padakkhiṇaṃ katvā pakkāmi. Assosuṃ kho bhikkhū – "daliddena kira kammakārena svātanāya buddhappamukho bhikkhusaṅgho nimantito, badaramissena peyyā paripūrissantī"ti. Te kālasseva piṇḍāya caritvā bhuñjiṃsu. Assosuṃ kho manussā – "daliddena kira kammakārena buddhappamukho bhikkhusaṅgho nimantito"ti. Te daliddassa kammakārassa pahūtaṃ khādanīyaṃ bhojanīyaṃ abhihariṃsu. Atha kho so daliddo kammakāro tassā rattiyā accayena paṇītaṃ khādanīyaṃ bhojanīyaṃ paṭiyādāpetvā bhagavato kālaṃ ārocāpesi – "kālo, bhante, niṭṭhitaṃ bhatta"nti.
Atha kho Bhagavā pubbaṇhasamayaṃ nivāsetvā pattacīvaramādāya yena tassa daliddassa kammakārassa nivesanaṃ tenupasaṅkami; upasaṅkamitvā paññatte āsane nisīdi saddhiṃ bhikkhusaṅghena. Atha kho so daliddo kammakāro bhattagge bhikkhū parivisati. Bhikkhū evamāhaṃsu – "thokaṃ, āvuso, dehi. Thokaṃ, āvuso, dehī"ti. "Mā kho tumhe, bhante, 'ayaṃ daliddo kammakāro'ti thokaṃ thokaṃ paṭiggaṇhittha. Pahūtaṃ me khādanīyaṃ bhojanīyaṃ paṭiyattaṃ.
Paṭiggaṇhatha, bhante, yāvadattha"nti. "Na kho mayaṃ, āvuso, etaṃkāraṇā thokaṃ thokaṃ paṭiggaṇhāma. Apica, mayaṃ kālasseva piṇḍāya caritvā bhuñjimhā; tena mayaṃ thokaṃ thokaṃ paṭiggaṇhāmā"ti.
Atha kho so daliddo kammakāro ujjhāyati khiyyati vipāceti – "kathañhi nāma bhadantā mayā nimantitā aññatra bhuñjissanti! Na cāhaṃ paṭibalo yāvadatthaṃ dātu"nti? Assosuṃ kho bhikkhū tassa daliddassa kammakārassa ujjhāyantassa khiyyantassa vipācentassa. Ye te bhikkhū appicchā...pe... te ujjhāyanti khiyyanti vipācenti – "kathañhi nāma bhikkhū aññatra nimantitā aññatra bhuñjissantī"ti...pe... saccaṃ kira, bhikkhave, bhikkhū aññatra nimantitā aññatra bhuñjantīti? "Saccaṃ, Bhagavā"ti. Vigarahi buddho Bhagavā...pe... kathañhi nāma te, bhikkhave, moghapurisā aññatra nimantitā aññatra bhuñjissanti! Netaṃ, bhikkhave, appasannānaṃ vā pasādāya...pe... evañca pana, bhikkhave, imaṃ sikkhāpadaṃ uddiseyyātha –
"Paramparabhojanepācittiya"nti.
Evañcidaṃ bhagavatā bhikkhūnaṃ sikkhāpadaṃ paññattaṃ hoti.
222. Tena kho pana samayena aññataro bhikkhu gilāno hoti. Aññataro bhikkhu piṇḍapātaṃ ādāya yena so bhikkhu tenupasaṅkami; upasaṅkamitvā taṃ bhikkhuṃ etadavoca – "bhuñjāhi, āvuso"ti. "Alaṃ, āvuso, atthi me bhattapaccāsā"ti. Tassa bhikkhuno piṇḍapāto ussūre [ussūrena (ka.)] āharīyittha. So

bhikkhu na cittarūpaṃ bhuñji. Bhagavato etamatthaṃ ārocesuṃ. Atha kho Bhagavā etasmiṃ nidāne etasmiṃ pakaraṇe dhammiṃ kathaṃ katvā bhikkhū āmantesi – ''anujānāmi, bhikkhave, gilānena bhikkhunā paramparabhojanaṃ bhuñjituṃ. Evañca pana , bhikkhave, imaṃ sikkhāpadaṃ uddiseyyātha – ''Paramparabhojane,aññatra samayā, pācittiyaṃ. Tatthāyaṃ samayo. Gilānasamayo – ayaṃ tattha samayo''ti.

Evañcidaṃ bhagavatā bhikkhūnaṃ sikkhāpadaṃ paññattaṃ hoti.

223. Tena kho pana samayena manussā cīvaradānasamaye sacīvarabhattaṃ paṭiyādetvā [paṭiyādāpetvā (itipi)] bhikkhū nimantenti – ''bhojetvā cīvarena acchādessāmā''ti. Bhikkhū kukkuccāyantā nādhivāsenti – ''paṭikkhittaṃ bhagavatā paramparabhojana''nti. Cīvaraṃ parittaṃ uppajjati. Bhagavato etamatthaṃ ārocesuṃ...pe... anujānāmi, bhikkhave, cīvaradānasamaye paramparabhojanaṃ bhuñjituṃ. Evañca pana, bhikkhave, imaṃ sikkhāpadaṃ uddiseyyātha –

''Paramparabhojane, aññatra samayā, pācittiyaṃ. Tatthāyaṃ samayo. Gilānasamayo, cīvaradānasamayo – ayaṃ tattha samayo''ti.

Evañcidaṃ bhagavatā bhikkhūnaṃ sikkhāpadaṃ paññattaṃ hoti.

224. Tena kho pana samayena manussā cīvarakārake bhikkhū bhattena nimantenti. Bhikkhū kukkuccāyantā nādhivāsenti – ''paṭikkhittaṃ bhagavatā paramparabhojana''nti. Bhagavato etamatthaṃ ārocesuṃ...pe... anujānāmi, bhikkhave, cīvarakārasamaye paramparabhojanaṃ bhuñjituṃ. Evañca pana, bhikkhave, imaṃ sikkhāpadaṃ uddiseyyātha –

225.''Paramparabhojane, aññatra samayā, pācittiyaṃ. Tatthāyaṃ samayo. Gilānasamayo, cīvaradānasamayo, cīvarakārasamayo – ayaṃ tattha samayo''ti.

Evañcidaṃ bhagavatā bhikkhūnaṃ sikkhāpadaṃ paññattaṃ hoti.

226. Atha kho Bhagavā pubbaṇhasamayaṃ nivāsetvā pattacīvaramādāya āyasmatā ānandena pacchāsamaṇena yena aññataraṃ kulaṃ tenupasaṅkami; upasaṅkamitvā paññatte āsane nisīdi. Atha kho te manussā bhagavato ca āyasmato ca ānandassa bhojanaṃ adaṃsu. Āyasmā ānando kukkuccāyanto na paṭiggaṇhāti. ''Gaṇhāhi [patigaṇhāhi (sī.)], ānandā''ti. ''Alaṃ, Bhagavā , atthi me bhattapaccāsā''ti. ''Tenahānanda, vikappetvā gaṇhāhī''ti. Atha kho Bhagavā etasmiṃ nidāne etasmiṃ pakaraṇe dhammiṃ kathaṃ katvā bhikkhū āmantesi – ''anujānāmi, bhikkhave, vikappetvā [bhattapaccāsaṃ vikappetvā (syā.)] paramparabhojanaṃ bhuñjituṃ. Evañca pana, bhikkhave, vikappetabbaṃ – 'mayhaṃ bhattapaccāsaṃ itthannāmassa dammī''ti.

227.Paramparabhojanaṃ nāma pañcannaṃ bhojanānaṃ aññatarena bhojanena nimantito, taṃ ṭhapetvā aññaṃ pañcannaṃ bhojanānaṃ aññataraṃ bhojanaṃ bhuñjati, etaṃ paramparabhojanaṃ nāma.

Aññatra samayāti ṭhapetvā samayaṃ.

Gilānasamayo nāma na sakkoti ekāsane nisinno yāvadatthaṃ bhuñjituṃ. ''Gilānasamayo''ti bhuñjitabbaṃ.

Cīvaradānasamayo nāma anatthate kathine vassānassa pacchimo māso, atthate kathine pañca māsā. ''Cīvaradānasamayo''ti bhuñjitabbaṃ.

Cīvarakārasamayo nāma cīvare kayiramāne. ''Cīvarakārasamayo''ti bhuñjitabbaṃ.

''Aññatra samayā bhuñjissāmī''ti paṭiggaṇhāti, āpatti dukkaṭassa. Ajjhohāre ajjhohāre āpatti pācittiyassa.

228. Paramparabhojane paramparabhojanasaññī, aññatra samayā, bhuñjati, āpatti pācittiyassa. Paramparabhojane vematiko, aññatra samayā, bhuñjati, āpatti pācittiyassa. Paramparabhojane naparamparabhojanasaññī, aññatra samayā, bhuñjati, āpatti pācittiyassa.

Naparamparabhojane paramparabhojanasaññī, āpatti dukkaṭassa. Naparamparabhojane vematiko, āpatti dukkaṭassa. Naparamparabhojane naparamparabhojanasaññī, anāpatti.

229. Anāpatti samaye, vikappetvā bhuñjati, dve tayo nimantane ekato bhuñjati, nimantanapaṭipāṭiyā bhuñjati, sakalena gāmena nimantito tasmiṃ gāme yattha katthaci bhuñjati , sakalena pūgena nimantito tasmiṃ pūge yattha katthaci bhuñjati, nimantiyamāno bhikkhaṃ gahessāmīti bhaṇati, niccabhatte, salākabhatte, pakkhike, uposathike, pāṭipadike, pañca bhojanāni ṭhapetvā sabbattha anāpatti, ummattakassa, ādikammikassāti.

Paramparabhojanasikkhāpadaṃ niṭṭhitaṃ tatiyaṃ.

4. Kāṇamātusikkhāpadaṃ

230. Tena samayena buddho Bhagavā sāvatthiyaṃ viharati jetavane anāthapiṇḍikassa ārāme. Tena kho pana samayena kāṇamātā upāsikā saddhā hoti pasannā. Kāṇā gāmake aññatarassa purisassa dinnā hoti. Atha kho kāṇā mātugharaṃ agamāsi kenacideva karaṇīyena. Atha kho kāṇāya sāmiko kāṇāya santike dūtaṃ pāhesi – ''āgacchatu kāṇā, icchāmi kāṇāya āgata''nti. Atha kho kāṇamātā upāsikā ''kismiṃ viya rittahatthaṃ gantu''nti pūvaṃ [pūpaṃ (ṇvādimoggallāne)] paci. Pakke pūve aññataro piṇḍacāriko bhikkhu kāṇamātāya upāsikāya nivesanaṃ pāvisi. Atha kho kāṇamātā upāsikā tassa bhikkhuno pūvaṃ dāpesi. So nikkhamitvā aññassa ācikkhi. Tassapi pūvaṃ dāpesi. Sopi nikkhamitvā aññassa ācikkhi. Tassapi pūvaṃ dāpesi. Yathāpaṭiyattaṃ pūvaṃ parikkhayaṃ agamāsi. Dutiyampi kho kāṇāya sāmiko kāṇāya santike dūtaṃ pāhesi – ''āgacchatu kāṇā, icchāmi kāṇāya āgata''nti. Dutiyampi kho kāṇamātā upāsikā ''kismiṃ viya rittahattaṃ gantu''nti pūvaṃ paci. Pakke pūve aññataro piṇḍacāriko bhikkhu

kāṇamātāya upāsikāya nivesanaṃ pāvisi. Atha kho kāṇamātā upāsikā tassa bhikkhuno pūvaṃ dāpesi. So nikkhamitvā aññassa ācikkhi. Tassapi pūvaṃ dāpesi. Sopi nikkhamitvā aññassa ācikkhi. Tassapi pūvaṃ dāpesi. Yathāpaṭiyattaṃ pūvaṃ parikkhayaṃ agamāsi. Tatiyampi kho kāṇāya sāmiko kāṇāya santike dūtaṃ pāhesi – "āgacchatu kāṇā, icchāmi kāṇāya āgataṃ. Sace kāṇā nāgacchissati, ahaṃ aññaṃ pajāpatiṃ ānessāmī"ti. Tatiyampi kho kāṇamātā upāsikā kismiṃ viya rittahatthaṃ gantunti pūvaṃ paci. Pakke pūve aññataro piṇḍacāriko bhikkhu kāṇamātāya upāsikāya nivesanaṃ pāvisi. Atha kho kāṇamātā upāsikā tassa bhikkhuno pūvaṃ dāpesi. So nikkhamitvā aññassa ācikkhi. Tassapi pūvaṃ dāpesi. Sopi nikkhamitvā aññassa ācikkhi. Tassapi pūvaṃ dāpesi. Yathāpaṭiyattaṃ pūvaṃ parikkhayaṃ agamāsi. Atha kho kāṇāya sāmiko aññaṃ pajāpatiṃ ānesi.

Assosi kho kāṇā – "tena kira purisena aññā pajāpati ānītā"ti. Sā rodantī aṭṭhāsi. Atha kho Bhagavā pubbaṇhasamayaṃ nivāsetvā pattacīvaramādāya yena kāṇamātāya upāsikāya nivesanaṃ tenupasaṅkami; upasaṅkamitvā paññatte āsane nisīdi. Atha kho kāṇamātā upāsikā yena Bhagavā tenupasaṅkami; upasaṅkamitvā bhagavantaṃ abhivādetvā ekamantaṃ nisīdi. Ekamantaṃ nisinnaṃ kho kāṇamātaraṃ upāsikaṃ Bhagavā etadavoca – "kissāyaṃ kāṇā rodatī"ti? Atha kho kāṇamātā upāsikā bhagavato etamatthaṃ ārocesi. Atha kho Bhagavā kāṇamātaraṃ upāsikaṃ dhammiyā kathāya sandassetvā samādapetvā samuttejetvā sampahaṃsetvā uṭṭhāyāsanā pakkāmi.

231. Tena kho pana samayena aññataro sattho rājagahā paṭiyālokaṃ gantukāmo hoti. Aññataro piṇḍacāriko bhikkhu taṃ satthaṃ piṇḍāya pāvisi. Aññataro upāsako tassa bhikkhuno sattuṃ dāpesi. So nikkhamitvā aññassa ācikkhi. Tassapi sattuṃ dāpesi. So nikkhamitvā aññassa ācikkhi. Tassapi sattuṃ dāpesi. Yathāpaṭiyattaṃ pātheyyaṃ parikkhayaṃ agamāsi . Atha kho so upāsako te manusse etadavoca – "ajjaṇho, ayyā, āgametha, yathāpaṭiyattaṃ pātheyyaṃ ayyānaṃ dinnaṃ. Pātheyyaṃ paṭiyādessāmī"ti. "Nāyyo [nāyya (syā.)] sakkā āgametuṃ, payāto sattho"ti agamaṃsu. Atha kho tassa upāsakassa pātheyyaṃ paṭiyādetvā pacchā gacchantassa corā acchindiṃsu. Manussā ujjhāyanti khiyyanti vipācenti – "kathañhi nāma samaṇā sakyaputtiyā na mattaṃ jānitvā paṭiggahessanti! Ayaṃ imesaṃ datvā pacchā gacchanto corehi acchinno"ti. Assosuṃ kho bhikkhū tesaṃ manussānaṃ ujjhāyantānaṃ khiyyantānaṃ vipācentānaṃ. Atha kho te bhikkhū bhagavato etamatthaṃ ārocesuṃ. Atha kho Bhagavā etasmiṃ nidāne etasmiṃ pakaraṇe dhammiṃ kathaṃ katvā bhikkhū āmantesi – "tena hi, bhikkhave, bhikkhūnaṃ sikkhāpadaṃ paññapessāmi dasa atthavase paṭicca – saṅghasuṭṭhutāya, saṅghaphāsutāya...pe... vinayānuggahāya. Evañca pana, bhikkhave, imaṃ sikkhāpadaṃ uddiseyyātha –

232."Bhikkhuṃ paneva kulaṃ upagataṃ pūvehi vā manthehi vā abhihaṭṭhuṃ pavāreyya, ākaṅkhamānena bhikkhunā dvattipattapūrā paṭiggahetabbā tato ce uttari paṭiggaṇheyya pācittiyaṃ. Dvattipattapūrepaṭiggahetvā tato nīharitvā bhikkhūhi saddhiṃ saṃvibhajitabbaṃ. Ayaṃ tattha sāmīcī"ti.

233.Bhikkhuṃ paneva kulaṃ upagatanti kulaṃ nāma cattāri kulāni – khattiyakulaṃ, brāhmaṇakulaṃ, vessakulaṃ, suddakulaṃ.

Upagatanti tattha gataṃ.

Pūvaṃ nāma yaṃkiñci paheṇakatthāya paṭiyattaṃ.

Manthaṃ nāma yaṃkiñci pātheyyatthāya paṭiyattaṃ.

Abhihaṭṭhuṃ pavāreyyāti yāvatakaṃ icchasi tāvatakaṃ gaṇhāhīti.

Ākaṅkhamānenāti icchamānena.

Dvattipattapūrā paṭiggahetabbāti dvetayo pattapūrā paṭiggahetabbā.

Tatoce uttari paṭigaṇheyyāti tatuttari paṭiggaṇhāti, āpatti pācittiyassa.

Dvattipattapūre paṭiggahetvā tato nikkhamantena bhikkhuṃ passitvā ācikkhitabbaṃ – "amutra mayā dvattipattapūrā paṭiggahitā, mā kho tattha paṭiggaṇhī"ti. Sace passitvā na ācikkhati, āpatti dukkaṭassa. Sace ācikkhite paṭiggaṇhāti, āpatti dukkaṭassa.

Tatonīharitvā bhikkhūhi saddhiṃ saṃvibhajitabbanti paṭikkamanaṃ nīharitvā saṃvibhajitabbaṃ.

Ayaṃ tattha sāmīcīti ayaṃ tattha anudhammatā.

234. Atirekadvattipattapūre atirekasaññī paṭiggaṇhāti, āpatti pācittiyassa. Atirekadvattipattapūre vematiko paṭiggaṇhāti, āpatti pācittiyassa. Atirekadvattipattapūre ūnakasaññī paṭiggaṇhāti, āpatti pācittiyassa.

Ūnakadvattipattapūre atirekasaññī, āpatti dukkaṭassa. Ūnakadvattipattapūre vematiko, āpatti dukkaṭassa. Ūnakadvattipattapūre ūnakasaññī, anāpatti.

235. Anāpatti dvattipattapūre paṭiggaṇhāti, ūnakadvattipattapūre paṭiggaṇhāti, na paheṇakatthāya na pātheyyatthāya paṭiyattaṃ denti, paheṇakatthāya vā pātheyyatthāya vā paṭiyattasesakaṃ denti, gamane paṭippassaddhe denti, ñātakānaṃ pavāritānaṃ, aññassatthāya, attano dhanena, ummattakassa, ādikammikassāti.

Kāṇamātusikkhāpadaṃ niṭṭhitaṃ catutthaṃ.

5. Paṭhamapavāraṇāsikkhāpadaṃ

236. Tena samayena buddho Bhagavā sāvatthiyaṃ viharati jetavane anāthapiṇḍikassa ārāme. Tena kho pana samayena aññataro brāhmaṇo bhikkhū nimantetvā bhojesi. Bhikkhū bhuttāvī pavāritā ñātikulānigantvā ekacce bhuñjiṃsu ekacce piṇḍapātaṃ ādāya agamaṃsu. Atha kho so brāhmaṇo

paṭivissake [paṭivisake (yojanā)] etadavoca – "bhikkhū mayā ayyā santappitā. Etha, tumhepi santappessāmī"ti. Te evamāhaṃsu – "kiṃ tvaṃ, ayyo [ayya (syā.)], amhe santappessasi? Yepi tayā nimantitā tepi amhākaṃ gharāni āgantvā ekacce bhuñjiṃsu ekacce piṇḍapātaṃ ādāya agamaṃsū"ti! Atha kho so brāhmaṇo ujjhāyati khiyyati vipāceti – "kathañhi nāma bhadantā amhākaṃ ghare bhuñjitvā aññatra bhuñjissanti! Na cāhaṃ paṭibalo yāvadatthaṃ dātu"nti! Assosuṃ kho bhikkhū tassa brāhmaṇassa ujjhāyantassa khiyyantassa vipācentassa. Ye te bhikkhū appicchā...pe... te ujjhāyanti khiyyanti vipācenti – "kathañhi nāma bhikkhū bhuttāvī pavāritā aññatra bhuñjissantī"ti...pe... saccaṃ kira, bhikkhave, bhikkhū bhuttāvī pavāritā aññatra bhuñjantīti? "Saccaṃ, Bhagavā"ti. Vigarahi buddho Bhagavā...pe... kathañhi nāma te, bhikkhave, moghapurisā bhuttāvī pavāritā aññatra bhuñjissanti ! Netaṃ, bhikkhave, appasannānaṃ vā pasādāya...pe... evañca pana, bhikkhave, imaṃ sikkhāpadaṃ uddiseyyātha –

"Yo pana bhikkhu bhuttāvī pavārito khādanīyaṃ vā bhojanīyaṃ vā khādeyya vā bhuñjeyya vā, pācittiya"nti.

Evañcidaṃ bhagavatā bhikkhūnaṃ sikkhāpadaṃ paññattaṃ hoti.

237. Tena kho pana samayena bhikkhū gilānānaṃ bhikkhūnaṃ paṇīte piṇḍapāte nīharanti. Gilānā na cittarūpaṃ bhuñjanti. Tāni bhikkhū chaṭṭenti. Assosi kho Bhagavā uccāsaddaṃ mahāsaddaṃ kākoravasaddaṃ. Sutvāna āyasmantaṃ ānandaṃ āmantesi – "kiṃ nu kho so, ānanda, uccāsaddo mahāsaddo kākoravasaddo"ti? Atha kho āyasmā ānando bhagavato etamatthaṃ ārocesi. "Bhuñjeyyuṃ panānanda, bhikkhū gilānātiritta"nti. "Na bhuñjeyyuṃ, Bhagavā"ti. Atha kho Bhagavā etasmiṃ nidāne etasmiṃ pakaraṇe dhammiṃ kathaṃ katvā bhikkhū āmantesi – "anujānāmi bhikkhave, gilānassa ca agilānassa ca atirittaṃ bhuñjituṃ. Evañca pana, bhikkhave, atirittaṃ kātabbaṃ – "alametaṃ sabba"nti. Evañca pana, bhikkhave, imaṃ sikkhāpadaṃ uddiseyyātha –

238."Yopana bhikkhu bhuttāvī pavārito anatirittaṃ khādanīyaṃ vā bhojanīyaṃ vā khādeyya vā bhuñjeyya vā, pācittiya"nti.

239.Yo panāti yo yādiso...pe... bhikkhūti...pe... ayaṃ imasmiṃ atthe adhippeto bhikkhūti.

Bhuttāvī nāma pañcannaṃ bhojanānaṃ aññataraṃ bhojanaṃ antamaso kusaggenapi bhuttaṃ hoti.

Pavārito nāma asanaṃ paññāyati, bhojanaṃ paññāyati, hatthapāse ṭhito abhiharati, paṭikkhepo paññāyati.

Anatirittaṃ nāma akappiyakataṃ hoti, appaṭiggahitakataṃ hoti, anuccāritakataṃ hoti , ahatthapāse kataṃ hoti, abhuttāvinā kataṃ hoti, bhuttāvinā pavāritena āsanā vuṭṭhitena kataṃ hoti, "alametaṃ sabbanti avuttaṃ hoti, na gilānātirittaṃ hoti" – etaṃ anatirittaṃ nāma.

Atirittaṃ nāma kappiyakataṃ hoti, paṭiggahitakataṃ hoti, uccāritakataṃ hoti, hatthapāse kataṃ hoti, bhuttāvinā kataṃ hoti, bhuttāvinā pavāritena āsanā avuṭṭhitena kataṃ hoti, "alametaṃ sabba"nti vuttaṃ hoti, gilānātirittaṃ hoti – etaṃ atirittaṃ nāma.

Khādanīyaṃ nāma pañca bhojanāni – yāmakālikaṃ sattāhakālikaṃ yāvajīvikaṃ ṭhapetvā avasesaṃ khādanīyaṃ nāma.

Bhojanīyaṃ nāma pañca bhojanāni – odano, kummāso, sattu, maccho, maṃsaṃ.

"Khādissāmi bhuñjissāmī"ti paṭiggaṇhāti, āpatti dukkaṭassa ajjhohāre ajjhohāre āpatti pācittiyassa.

240. Anatiritte anatirittasaññī khādanīyaṃ vā bhojanīyaṃ vā khādati vā bhuñjati vā, āpatti pācittiyassa. Anatiritte vematiko khādanīyaṃ vā bhojanīyaṃ vā khādati vā bhuñjati vā, āpatti pācittiyassa. Anatiritte atirittasaññī khādanīyaṃ vā bhojanīyaṃ vā khādati vā bhuñjati vā, āpatti pācittiyassa.

Yāmakālikaṃ sattāhakālikaṃ yāvajīvikaṃ āhāratthāya paṭiggaṇhāti, āpatti dukkaṭassa. Ajjhohāre ajjhohāre āpatti dukkaṭassa. Atiritte anatirittasaññī, āpatti dukkaṭassa. Atiritte vematiko, āpatti dukkaṭassa. Atiritte atirittasaññī, anāpatti.

241. Anāpatti atirittaṃ kārāpetvā bhuñjati, "atirittaṃ kārāpetvā bhuñjissāmī"ti paṭiggaṇhāti, aññassatthāya haranto gacchati, gilānassa sesakaṃ bhuñjati, yāmakālikaṃ sattāhakālikaṃ yāvajīvikaṃ sati paccaye paribhuñjati, ummattakassa, ādikammikassāti.

Paṭhamapavāraṇāsikkhāpadaṃ niṭṭhitaṃ pañcamaṃ.

6. Dutiyapavāraṇāsikkhāpadaṃ

242. Tena samayena buddho Bhagavā sāvatthiyaṃ viharati jetavane anāthapiṇḍikassa ārāme. Tena kho pana samayena dve bhikkhū kosalesu janapade sāvatthiṃ addhānamaggappaṭipannā honti. Eko bhikkhu anācāraṃ ācarati. Dutiyo bhikkhu taṃ bhikkhuṃ etadavoca – "māvuso, evarūpamakāsi, netaṃ kappatī"ti. So tasmiṃ upanandhi. Atha kho te bhikkhū sāvatthiṃ agamaṃsu. Tena kho pana samayena sāvatthiyaṃ aññatarassa pūgassa saṅghabhattaṃ hoti. Dutiyo bhikkhu bhuttāvī pavārito hoti. Upanaddho [upanandho (ka.)] bhikkhu ñātikulaṃ gantvā piṇḍapātaṃ ādāya yena so bhikkhu tenupasaṅkami; upasaṅkamitvā taṃ bhikkhuṃ etadavoca – "bhuñjāhi, āvuso"ti. "Alaṃ, āvuso, paripuṇṇomhī"ti. "Sundaro, āvuso, piṇḍapāto, bhuñjāhī"ti. Atha kho so bhikkhu tena bhikkhunā nippīḷiyamāno taṃ piṇḍapātaṃ bhuñji. Upanaddho bhikkhu taṃ bhikkhuṃ etadavoca – "tvampi [tvaṃ hi (syā.)] nāma, āvuso, maṃ vattabbaṃ maññasi yaṃ tvaṃ bhuttāvī pavārito anatirittaṃ bhojanaṃ bhuñjasī"ti. "Nanu, āvuso, ācikkhitabba"nti. "Nanu, āvuso, pucchitabba"nti.

Atha kho so bhikkhu bhikkhūnaṃ etamatthaṃ ārocesi. Ye te bhikkhū appicchā...pe... te ujjhāyanti khiyyanti vipācenti – "kathañhi nāma bhikkhu bhikkhuṃ bhuttāviṃ pavāritaṃ anatirittena bhojanena abhihaṭṭhuṃ pavāressatī'' ti...pe... saccaṃ kira tvaṃ, bhikkhu, bhikkhuṃ bhuttāviṃ pavāritaṃ anatirittena bhojanena abhihaṭṭhuṃ pavāresīti? ''Saccaṃ, Bhagavā''ti. Vigarahi buddho Bhagavā...pe... kathañhi nāma tvaṃ, moghapurisa, bhikkhuṃ bhuttāviṃ pavāritaṃ anatirittena bhojanena abhihaṭṭhuṃ pavāressasi! Netaṃ, moghapurisa, appasannānaṃ vā pasādāya...pe... evañca pana bhikkhave imaṃ sikkhāpadaṃ uddiseyyātha –

243.''Yo pana bhikkhu bhikkhuṃ bhuttāviṃ pavāritaṃ anatirittena khādanīyena vā bhojanīyena vā abhihaṭṭhuṃ pavāreyya – 'handa, bhikkhu, khāda vā bhuñja vā'ti, jānaṃ āsādanāpekkho, bhuttasmiṃ, pācittiya''nti.

244.Yo panāti yo yādiso...pe... bhikkhūti...pe... ayaṃ imasmiṃ atthe adhippeto bhikkhūti.

Bhikkhunti aññaṃ bhikkhuṃ.

Bhuttāvī nāma pañcannaṃ bhojanānaṃ aññataraṃ bhojanaṃ, antamaso kusaggenapi bhuttaṃ hoti.

Pavārito nāma asanaṃ paññāyati, bhojanaṃ paññāyati, hatthapāse ṭhito abhiharati, paṭikkhepo paññāyati.

Anatirittaṃ nāma akappiyakataṃ hoti, appaṭiggahitakataṃ hoti, anuccāritakataṃ hoti, ahatthapāse kataṃ hoti, abhuttāvinā kataṃ hoti, bhuttāvinā pavāritena āsanā vuṭṭhitena kataṃ hoti, ''alametaṃ sabba''nti avuttaṃ hoti, na gilānātirittaṃ hoti – etaṃ anatirittaṃ nāma.

Khādanīyaṃ nāma pañca bhojanāni – yāmakālikaṃ sattāhakālikaṃ yāvajīvikaṃ ṭhapetvā avasesaṃ khādanīyaṃ nāma.

Bhojanīyaṃ nāma pañca bhojanāni – odano, kummāso, sattu, maccho, maṃsaṃ.

Abhihaṭṭhuṃ pavāreyyāti yāvatakaṃ icchasi tāvatakaṃ gaṇhāhīti.

Jānāti nāma sāmaṃ vā jānāti, aññe vā tassa ārocenti, so vā āroceti.

Āsādanāpekkhoti ''iminā imaṃ codessāmi sāressāmi paṭicodessāmi paṭisāressāmi maṅku karissāmī''ti abhiharati, āpatti dukkaṭassa. Tassa vacanena ''khādissāmi bhuñjissāmī''ti paṭiggaṇhāti, āpatti dukkaṭassa. Ajjhohāre ajjhohāre āpatti dukkaṭassa. Bhojanapariyosāne āpatti pācittiyassa.

245. Pavārite pavāritasaññī anatirittena khādanīyena vā bhojanīyena vā abhihaṭṭhuṃ pavāreti, āpatti pācittiyassa. Pavārite vematiko anatirittena khādanīyena vā bhojanīyena vā abhihaṭṭhuṃ pavāreti, āpatti dukkaṭassa. Pavārite appavāritasaññī anatirittena khādanīyena vā bhojanīyena vā abhihaṭṭhuṃ pavāreti, anāpatti. Yāmakālikaṃ sattāhakālikaṃ yāvajīvikaṃ āhāratthāya abhiharati, āpatti dukkaṭassa. Tassa vacanena ''khādissāmi bhuñjissāmī''ti paṭiggaṇhāti, āpatti dukkaṭassa. Ajjhohāre ajjhohāre āpatti dukkaṭassa. Appavārite pavāritasaññī, āpatti dukkaṭassa. Appavārite vematiko, āpatti dukkaṭassa. Appavārite appavāritasaññī, anāpatti.

246. Anāpatti atirittaṃ kārāpetvā deti, ''atirittaṃ kārāpetvā bhuñjāhī''ti deti, aññassatthāya haranto gacchāhīti deti, gilānassa sesakaṃ deti, ''yāmakālikaṃ sattāhakālikaṃ yāvajīvikaṃ sati paccaye paribhuñjā''ti deti, ummattakassa, ādikammikassāti.

Dutiyapavāraṇāsikkhāpadaṃ niṭṭhitaṃ chaṭṭhaṃ.

7. Vikālabhojanasikkhāpadaṃ

247. Tena samayena buddho Bhagavā rājagahe viharati veḷuvane kalandakanivāpe. Tena kho pana samayena rājagahe giraggasamajjo hoti. Sattarasavaggiyā bhikkhū giraggasamajjaṃ dassanāya agamaṃsu. Manussā sattarasavaggiye bhikkhū passitvā nahāpetvā vilimpetvā bhojetvā khādanīyaṃ adaṃsu. Sattarasavaggiyā bhikkhū khādanīyaṃ ādāya ārāmaṃ gantvā chabbaggiye bhikkhū etadavocuṃ – ''gaṇhāthāvuso, khādanīyaṃ khādathā''ti. ''Kuto tumhehi, āvuso, khādanīyaṃ laddha''nti? Sattarasavaggiyā bhikkhū chabbaggiyānaṃ bhikkhūnaṃ etamatthaṃ ārocesuṃ. ''Kiṃ pana tumhe, āvuso, vikāle bhojanaṃ bhuñjathā''ti? ''Evamāvuso''ti. Chabbaggiyā bhikkhū ujjhāyanti khiyyanti vipācenti – ''kathañhi nāma sattarasavaggiyā bhikkhū vikāle bhojanaṃ bhuñjissantī''ti! Atha kho chabbaggiyā bhikkhū bhikkhūnaṃ etamatthaṃ ārocesuṃ. Ye te bhikkhū appicchā...pe... te ujjhāyanti khiyyanti vipācenti – ''kathañhi nāma sattarasavaggiyā bhikkhū vikāle bhojanaṃ bhuñjissantī''ti...pe... saccaṃ kira tumhe, bhikkhave, vikāle bhojanaṃ bhuñjathāti? ''Saccaṃ, Bhagavā''ti. Vigarahi buddho Bhagavā...pe... kathañhi nāma tumhe, moghapurisā, vikāle bhojanaṃ bhuñjissatha! Netaṃ, moghapurisā, appasannānaṃ vā pasādāya...pe... evañca pana, bhikkhave, imaṃ sikkhāpadaṃ uddiseyyātha –

248.Yopana bhikkhu vikāle khādanīyaṃvā bhojanīyaṃ vā khādeyya vā bhuñjeyya vā, pācittiya''nti.

249.Yopanāti yo yādiso...pe... bhikkhūti...pe... ayaṃ imasmiṃ atthe adhippeto bhikkhūti.

Vikālo nāma majjhanhike vītivatte yāva aruṇuggamanā.

Khādanīyaṃ nāma pañca bhojanāni – yāmakālikaṃ sattāhakālikaṃ yāvajīvikaṃ ṭhapetvā avasesaṃ khādanīyaṃ nāma.

Bhojanīyaṃ nāma pañca bhojanāni – odano, kummāso, sattu, maccho, maṃsaṃ.

''Khādissāmi bhuñjissāmī''ti paṭiggaṇhāti, āpatti dukkaṭassa. Ajjhohāre ajjhohāre āpatti pācittiyassa.

250. Vikāle vikālasaññī khādanīyaṃ vā bhojanīyaṃ vā khādati vā bhuñjati vā, āpatti pācittiyassa. Vikāle vematiko khādanīyaṃ vā bhojanīyaṃ vā khādati vā bhuñjati vā, āpatti pācittiyassa. Vikāle kālasaññī khādanīyaṃ vā bhojanīyaṃ vā khādati vā bhuñjati vā, āpatti pācittiyassa.

Yāmakālikaṃ sattāhakālikaṃ yāvajīvikaṃ āhāratthāya paṭiggaṇhāti, āpatti dukkaṭassa. Ajjhohāre ajjhohāre āpatti dukkaṭassa. Kāle vikālasaññī, āpatti dukkaṭassa. Kāle vematiko, āpatti dukkaṭassa. Kāle kālasaññī, anāpatti.

251. Anāpatti yāmakālikaṃ sattāhakālikaṃ yāvajīvikaṃ sati paccaye paribhuñjati, ummattakassa, ādikammikassāti.

Vikālabhojanasikkhāpadaṃ niṭṭhitaṃ sattamaṃ.

8. Sannidhikārakasikkhāpadaṃ

252. Tena samayena buddho Bhagavā sāvatthiyaṃ viharati jetavane anāthapiṇḍikassa ārāme. Tena kho pana samayena āyasmato ānandassa upajjhāyo āyasmā belaṭṭhasīso [belaṭṭhisīso (sī.) veḷaṭṭhasīso (syā.)] araññe viharati. So piṇḍāya caritvā sukkhakuraṃ ārāmaṃ haritvā sukkhāpetvā nikkhipati. Yadā āhārena attho hoti, tadā udakena temetvā temetvā bhuñjati, cirena gāmaṃ piṇḍāya pavisati. Bhikkhū āyasmantaṃ belaṭṭhasīsaṃ etadavocuṃ – ''kissa tvaṃ, āvuso, cirena gāmaṃ piṇḍāya pavisasī''ti? Atha kho āyasmā belaṭṭhasīso bhikkhūnaṃ etamatthaṃ ārocesi. ''Kiṃ pana tvaṃ, āvuso, sannidhikārakaṃ bhojanaṃ bhuñjasī''ti? ''Evamāvuso''ti. Ye te bhikkhū appicchā...pe... te ujjhāyanti khiyyanti vipācenti – ''kathañhi nāma āyasmā belaṭṭhasīso sannidhikārakaṃ bhojanaṃ bhuñjissatī''ti...pe... saccaṃ kira tvaṃ, belaṭṭhasīsa, sannidhikārakaṃ bhojanaṃ bhuñjasīti? ''Saccaṃ, Bhagavā''ti. Vigarahi buddho Bhagavā...pe... kathañhi nāma tvaṃ, belaṭṭhasīsa, sannidhikārakaṃ bhojanaṃ bhuñjissasi! Netaṃ, belaṭṭhasīsa, appasannānaṃ vā pasādāya...pe... evañca pana, bhikkhave, imaṃ sikkhāpadaṃ uddiseyyātha –

253.''Yopana bhikkhu sannidhikārakaṃ khādanīyaṃ vā bhojanīyaṃ vākhādeyya vā bhuñjeyya vā, pācittiya''nti.

254.Yopanāti yo yādiso...pe... bhikkhūti...pe... ayaṃ imasmiṃ atthe adhippeto bhikkhūti.

Sannidhikārakaṃ nāma ajja paṭiggahitaṃ aparajju khāditaṃ hoti.

Khādanīyaṃ nāma pañca bhojanāni – yāmakālikaṃ sattāhakālikaṃ yāvajīvikaṃ ṭhapetvā avasesaṃ khādanīyaṃ nāma.

Bhojanīyaṃ nāma pañca bhojanāni – odano, kummāso, sattu, maccho, maṃsaṃ.

''Khādissāmi bhuñjissāmī''ti paṭiggaṇhāti, āpatti dukkaṭassa. Ajjhohāre ajjhohāre āpatti pācittiyassa.

255. Sannidhikārake sannidhikārakasaññī khādanīyaṃ vā bhojanīyaṃ vā khādati vā bhuñjati vā, āpatti pācittiyassa. Sannidhikārake vematiko khādanīyaṃ vā bhojanīyaṃ vā khādati vā bhuñjati vā, āpatti pācittiyassa. Sannidhikārake asannidhikārakasaññī khādanīyaṃ vā bhojanīyaṃ vā khādati vā bhuñjati vā, āpatti pācittiyassa.

Yāmakālikaṃ sattāhakālikaṃ yāvajīvikaṃ āhāratthāya paṭiggaṇhāti, āpatti dukkaṭassa. Ajjhohāre ajjhohāre āpatti dukkaṭassa. Asannidhikārake sannidhikārakasaññī, āpatti dukkaṭassa. Asannidhikārake vematiko, āpatti dukkaṭassa. Asannidhikārake asannidhikārakasaññī, anāpatti.

256. Anāpatti yāvakālikaṃ yāvakāle nidahitvā bhuñjati, yāmakālikaṃ yāme nidahitvā bhuñjati, sattāhakālikaṃ sattāhaṃ nidahitvā bhuñjati, yāvajīvikaṃ sati paccaye paribhuñjati, ummattakassa, ādikammikassāti.

Sannidhikārakasikkhāpadaṃ niṭṭhitaṃ aṭṭhamaṃ.

9. Paṇītabhojanasikkhāpadaṃ

257. Tena samayena buddho Bhagavā sāvatthiyaṃ viharati jetavane anāthapiṇḍikassa ārāme. Tena kho pana samayena chabbaggiyā bhikkhū paṇītabhojanāni attano atthāya viññāpetvā bhuñjanti. Manussā ujjhāyanti khiyyanti vipācenti – ''kathañhi nāma samaṇā sakyaputtiyā paṇītabhojanāni attano atthāya viññāpetvā bhuñjissanti! Kassa sampannaṃ na manāpaṃ, kassa sāduṃ na ruccatī''ti!! Assosuṃ kho bhikkhū tesaṃ manussānaṃ ujjhāyantānaṃ khiyyantānaṃ vipācentānaṃ. Ye te bhikkhū appicchā...pe... te ujjhāyanti khiyyanti vipācenti – ''kathañhi nāma chabbaggiyā bhikkhū paṇītabhojanāni attano atthāya viññāpetvā bhuñjissantī''ti ...pe... saccaṃ kira tumhe, bhikkhave, paṇītabhojanāni attano atthāya viññāpetvā bhuñjathāti? ''Saccaṃ, Bhagavā''ti. Vigarahi buddho Bhagavā ...pe... kathañhi nāma tumhe, moghapurisā, paṇītabhojanāni attano atthāya viññāpetvā bhuñjissatha! Netaṃ, moghapurisā, appasannānaṃ vā pasādāya...pe... evañca pana, bhikkhave, imaṃ sikkhāpadaṃ uddiseyyātha –

''Yāni kho pana tāni paṇītabhojanāni, seyyathidaṃ – sappi navanītaṃ telaṃ madhu phāṇitaṃ maccho maṃsaṃ khīraṃ dadhi. Yo pana bhikkhu evarūpāni paṇītabhojanāni attano atthāya viññāpetvābhuñjeyya, pācittiya''nti.

Evañcidaṃ bhagavatā bhikkhūnaṃ sikkhāpadaṃ paññattaṃ hoti.

258. Tena kho pana samayena bhikkhū gilānā honti. Gilānapucchakā bhikkhū gilāne bhikkhū etadavocuṃ – ''kaccāvuso khamanīyaṃ, kacci yāpanīya''nti? ''Pubbe mayaṃ, āvuso, paṇītabhojanāni attano atthāya viññāpetvā bhuñjāma, tena no phāsu hoti; idāni pana ''bhagavatā paṭikkhitta''nti kukkuccāyantā na viññāpema, tena no na phāsu hotī''ti. Bhagavato etamatthaṃ ārocesuṃ. Atha kho Bhagavā etasmiṃ nidāne etasmiṃ pakaraṇe dhammiṃ kathaṃ katvā bhikkhū āmantesi – ''anujānāmi, bhikkhave, gilānena bhikkhunā paṇītabhojanāni attano atthāya viññāpetvā bhuñjituṃ. Evañca pana, bhikkhave, imaṃ sikkhāpadaṃ uddiseyyātha –

259.“Yānikho pana tāni paṇītabhojanāni, seyyathidaṃ – sappi navanītaṃ telaṃ madhu phāṇitaṃ maccho maṃsaṃ khīraṃ dadhi. Yo pana bhikkhu evarūpāni paṇītabhojanāni agilāno attano atthāya viññāpetvā bhuñjeyya, pācittiya”nti.
260.Yāni kho pana tāni paṇītabhojanānīti sappi nāma gosappi vā ajikāsappi vā mahiṃsasappi vā, yesaṃ maṃsaṃ kappati tesaṃ sappi.
Navanītaṃ nāma tesaññeva navanītaṃ.
Telaṃ nāma tilatelaṃ sāsapatelaṃ madhukatelaṃ eraṇḍatelaṃ vasātelaṃ.
Madhu nāma makkhikāmadhu .
Phāṇitaṃ nāma ucchumhā nibbattaṃ.
Maccho nāma udako [udakacaro (syā. ka.)] vuccati.
Maṃsaṃ nāma yesaṃ maṃsaṃ kappati, tesaṃ maṃsaṃ.
Khīraṃ nāma gokhīraṃ vā ajikākhīraṃ vā mahiṃsakhīraṃ vā, yesaṃ maṃsaṃ kappati, tesaṃ khīraṃ.
Dadhi nāma tesaññeva dadhi.
Yopanāti yo yādiso...pe... bhikkhūti...pe... ayaṃ imasmiṃ atthe adhippeto bhikkhūti.
Evarūpāni paṇītabhojanānīti tathārūpāni paṇītabhojanāni.
Agilāno nāma yassa vinā paṇītabhojanāni phāsu hoti.
Gilāno nāma yassa vinā paṇītabhojanāni na phāsu hoti.
Agilāno attano atthāya viññāpeti, payoge [payoge payoge (ka.)] dukkaṭaṃ. Paṭilābhena “bhuñjissāmī”ti paṭiggaṇhāti, āpatti dukkaṭassa. Ajjhohāre ajjhohāre āpatti pācittiyassa.
261. Agilāno agilānasaññī paṇītabhojanāni attano atthāya viññāpetvā bhuñjati, āpatti pācittiyassa. Agilāno vematiko paṇītabhojanāni attano atthāya viññāpetvā bhuñjati, āpatti pācittiyassa. Agilāno gilānasaññī paṇītabhojanāni attano atthāya viññāpetvā bhuñjati, āpatti pācittiyassa.
Gilāno agilānasaññī, āpatti dukkaṭassa. Gilāno vematiko, āpatti dukkaṭassa. Gilāno gilānasaññī anāpatti.
262. Anāpatti gilānassa, gilāno hutvā viññāpetvā agilāno bhuñjati, gilānassa sesakaṃ bhuñjati, ñātakānaṃ pavāritānaṃ aññassatthāya attano dhanena, ummattakassa, ādikammikassāti.
Paṇītabhojanasikkhāpadaṃ niṭṭhitaṃ navamaṃ.
10. Dantaponasikkhāpadaṃ
263. Tena samayena buddho Bhagavā vesāliyaṃ viharati mahāvane kūṭāgārasālāyaṃ. Tena kho pana samayena aññataro bhikkhu sabbapaṃsukūliko susāne viharati. So manussehi diyyamānaṃ na icchati paṭiggahetuṃ, susānepi rukkhamūlepi ummārepi ayyavosāṭitakāni sāmaṃ gahetvā paribhuñjati [bhuñjati (syā.)]. Manussā ujjhāyanti khiyyanti vipācenti – “kathañhi nāma ayaṃ bhikkhu amhākaṃ ayyavosāṭitakāni sāmaṃ gahetvā paribhuñjissati! Theroyaṃ bhikkhu vaṭharo manussamaṃsaṃ maññe khādatī”ti! Assosuṃ kho bhikkhū tesaṃ manussānaṃ ujjhāyantānaṃ khiyyantānaṃ vipācentānaṃ. Ye te bhikkhū appicchā...pe... te ujjhāyanti khiyyanti vipācenti – “kathañhi nāma bhikkhu adinnaṃ mukhadvāraṃ āhāraṃ āharissatī”ti...pe... saccaṃ kira tvaṃ, bhikkhu, adinnaṃ mukhadvāraṃ āhāraṃ āharasīti? “Saccaṃ, Bhagavā”ti. Vigarahi buddho Bhagavā...pe... kathañhi nāma tvaṃ, moghapurisa, adinnaṃ mukhadvāraṃ āhāraṃ āharissasi! Netaṃ, moghapurisa, appasannānaṃ vā pasādāya...pe... evañca pana, bhikkhave, imaṃ sikkhāpadaṃ uddiseyyātha –
“Yopana bhikkhu adinnaṃ mukhadvāraṃ āhāraṃ āhareyya, pācittiya”nti.
Evañcidaṃ bhagavatā bhikkhūnaṃ sikkhāpadaṃ paññattaṃ hoti.
264. Tena kho pana samayena bhikkhū udakadantapone [udakadantapoṇe (syā. ka.)] kukkuccāyanti . Bhagavato etamatthaṃ ārocesuṃ...pe... “anujānāmi, bhikkhave, udakadantaponaṃ sāmaṃ gahetvā paribhuñjituṃ. Evañca pana, bhikkhave, imaṃ sikkhāpadaṃ uddiseyyātha –
265.“Yo pana bhikkhu adinnaṃ mukhadvāraṃ āhāraṃ āhareyya, aññatra udakadantaponā, pācittiya”nti.
266.Yo panāti yo yādiso...pe... bhikkhūti...pe... ayaṃ imasmiṃ atthe adhippeto bhikkhūti.
Adinnaṃ nāma appaṭiggahitakaṃ vuccati.
Dinnaṃ nāma kāyena vā kāyapaṭibaddhena vā nissaggiyena vā dente hatthapāse ṭhito kāyena vā kāyapaṭibaddhena vā paṭiggaṇhāti, etaṃ dinnaṃ nāma.
Āhāro nāma udakadantaponaṃ ṭhapetvā yaṃkiñci ajjhoharaṇīyaṃ, eso āhāro nāma.
Aññatra udakadantaponāti ṭhapetvā udakadantaponaṃ.
“Khādissāmi bhuñjissāmī”ti gaṇhāti, āpatti dukkaṭassa. Ajjhohāre ajjhohāre āpatti pācittiyassa.
267. Appaṭiggahitake appaṭiggahitakasaññī adinnaṃ mukhadvāraṃ āhāraṃ āhāreti, aññatra udakadantaponā, āpatti pācittiyassa. Appaṭiggahitake vematiko adinnaṃ mukhadvāraṃ āhāraṃ āhāreti, aññatra udakadantaponā, āpatti pācittiyassa. Appaṭiggahitake paṭiggahitakasaññī adinnaṃ mukhadvāraṃ āhāraṃ āhāreti, aññatra udakadantaponā, āpatti pācittiyassa.
Paṭiggahitake appaṭiggahitakasaññī, āpatti dukkaṭassa. Paṭiggahitake vematiko, āpatti dukkaṭassa. Paṭiggahitake paṭiggahitakasaññī, anāpatti.
268. Anāpatti udakadantapone, cattāri mahāvikatāni sati paccaye asati kappiyakārake sāmaṃ gahetvā paribhuñjati, ummattakassa, ādikammikassāti.
Dantaponasikkhāpadaṃ niṭṭhitaṃ dasamaṃ.

Bhojanavaggo catuttho.
Tassuddānaṃ –
Piṇḍo gaṇaṃ paraṃ pūvaṃ, dve ca vuttā pavāraṇā;
Vikāle sannidhī khīraṃ, dantaponena te dasāti.
5. Acelakavaggo
1. Acelakasikkhāpadaṃ
269. Tena samayena buddho Bhagavā vesāliyaṃ viharati mahāvane kūṭāgārasālāyaṃ. Tena kho pana samayena saṅghassa khādanīyaṃ ussannaṃ hoti. Atha kho āyasmā ānando bhagavato etamatthaṃ ārocesi. "Tenahānanda, vighāsādānaṃ pūvaṃ dehī"ti. "Evaṃ bhante"ti kho āyasmā ānando bhagavato paṭissuṇitvā vighāsāde paṭipāṭiyā nisīdāpetvā ekekaṃ pūvaṃ dento aññatarissā paribbājikāya ekaṃ maññamāno dve pūve adāsi. Sāmantā paribbājikāyo taṃ paribbājikaṃ etadavocuṃ – "jāro te eso samaṇo"ti. "Na me so samaṇo jāro, ekaṃ maññamāno dve pūve adāsī"ti. Dutiyampi kho...pe... tatiyampi kho āyasmā ānando ekekaṃ pūvaṃ dento tassāyeva paribbājikāya ekaṃ maññamāno dve pūve adāsi. Sāmantā paribbājikāyo taṃ paribbājikaṃ etadavocuṃ – "jāro te eso samaṇo"ti. "Na me so samaṇo jāro, ekaṃ maññamāno dve pūve adāsī"ti. "Jāro na jāro"ti bhaṇḍiṃsu. Aññataropi ājīvako parivesanaṃ agamāsi. Aññataro bhikkhu pahūtena sappinā odanaṃ madditvā tassa ājīvakassamahantaṃ piṇḍaṃ adāsi. Atha kho so ājīvako taṃ piṇḍaṃ ādāya agamāsi. Aññataro ājīvako taṃ ājīvakaṃ etadavoca – "kuto tayā, āvuso, piṇḍo laddho"ti? "Tassāvuso, samaṇassa Gotamassa muṇḍagahapatikassa parivesanāya laddho"ti.
Assosuṃ kho upāsakā tesaṃ ājīvakānaṃ imaṃ kathāsallāpaṃ. Atha kho te upāsakā yena Bhagavā tenupasaṅkamiṃsu; upasaṅkamitvā bhagavantaṃ abhivādetvā ekamantaṃ nisīdiṃsu. Ekamantaṃ nisinnā kho te upāsakā bhagavantaṃ etadavocuṃ – "ime, bhante, titthiyā avaṇṇakāmā buddhassa avaṇṇakāmā dhammassa avaṇṇakāmā saṅghassa. Sādhu, bhante, ayyā titthiyānaṃ sahatthā na dadeyyu"nti. Atha kho Bhagavā te upāsake dhammiyā kathāya sandassesi samādapesi samuttejesi sampahaṃsesi. Atha kho te upāsakā bhagavatā dhammiyā kathāya sandassitā samādapitā samuttejitā sampahaṃsitā uṭṭhāyāsanā bhagavantaṃ abhivādetvā padakkhiṇaṃ katvā pakkamiṃsu. Atha kho Bhagavā etasmiṃ nidāne etasmiṃ pakaraṇe dhammiṃ kathaṃ katvā bhikkhū āmantesi – "tena hi, bhikkhave, bhikkhūnaṃ sikkhāpadaṃ paññapessāmi dasa atthavase paṭicca – saṅghasuṭṭhutāya, saṅghaphāsutāya ...pe... saddhammaṭṭhitiyā, vinayānuggahāya. Evañca pana, bhikkhave, imaṃ sikkhāpadaṃ uddiseyyātha –
270."Yo pana bhikkhu acelakassa vā paribbājakassa vā paribbājikāya vā sahatthā khādanīyaṃ vā bhojanīyaṃ vā dadeyya, pācittiya"nti.
271.Yo panāti yo yādiso...pe... bhikkhūti...pe... ayaṃ imasmiṃ atthe adhippeto bhikkhūti.
Acelako nāma yo koci paribbājakasamāpanno naggo.
Paribbājako nāma bhikkhuñca sāmaṇerañca ṭhapetvā yo koci paribbājakasamāpanno.
Paribbājikā nāma bhikkhuniñca sikkhamānañca sāmaṇeriñca ṭhapetvā yā kāci paribbājikasamāpannā.
Khādanīyaṃ nāma pañca bhojanāni – udakadantaponaṃ ṭhapetvā avasesaṃ khādanīyaṃ nāma.
Bhojanīyaṃ nāma pañca bhojanāni – odano, kummāso, sattu, maccho, maṃsaṃ.
Dadeyyāti kāyena vā kāyapaṭibaddhena vā nissaggiyena vā deti, āpatti pācittiyassa.
272. Titthiye titthiyasaññī sahatthā khādanīyaṃ vā bhojanīyaṃ vā deti, āpatti pācittiyassa. Titthiye vematiko sahatthā khādanīyaṃ vā bhojanīyaṃ vā deti, āpatti pācittiyassa. Titthiye atitthiyasaññī sahatthā khādanīyaṃ vā bhojanīyaṃ vā deti, āpatti pācittiyassa.
Udakadantaponaṃ deti, āpatti dukkaṭassa. Atitthiye titthiyasaññī, āpatti dukkaṭassa. Atitthiye vematiko, āpatti dukkaṭassa. Atitthiye atitthiyasaññī, anāpatti.
273. Anāpatti dāpeti na deti, upanikkhipitvā deti, bāhirālepaṃ deti, ummattakassa, ādikammikassāti.
Acelakasikkhāpadaṃ niṭṭhitaṃ paṭhamaṃ.
2. Uyyojanasikkhāpadaṃ
274. Tena samayena buddho Bhagavā sāvatthiyaṃ viharati jetavane anāthapiṇḍikassa ārāme. Tena kho pana samayena āyasmā upanando sakyaputto bhātuno saddhivihārikaṃ bhikkhuṃ etadavoca – "ehāvuso, gāmaṃ piṇḍāya pavisissāmā"ti. Tassa adāpetvā uyyojesi – "gacchāvuso, na me tayā saddhiṃ kathā vā nisajjā vā phāsu hoti, ekakassa me kathā vā nisajjā vā phāsu hotī"ti. Atha kho so bhikkhu upakaṭṭhe kāle nāsakkhi piṇḍāya carituṃ, paṭikkamanepi bhattavissaggaṃ na sambhāvesi, chinnabhatto ahosi. Atha kho so bhikkhu ārāmaṃ gantvā bhikkhūnaṃ etamatthaṃ ārocesi. Ye te bhikkhū appicchā...pe... te ujjhāyanti khiyyanti vipācenti – "kathañhi nāma āyasmā upanando sakyaputto bhikkhuṃ – 'ehāvuso, gāmaṃ piṇḍāya pavisissāmā'ti tassa adāpetvā uyyojessatī"ti ...pe... saccaṃ kira tvaṃ, upananda, bhikkhuṃ – "ehāvuso, gāmaṃ piṇḍāya pavisissāmā"ti tassa adāpetvā uyyojesīti? "Saccaṃ, Bhagavā"ti. Vigarahi buddho Bhagavā...pe... kathañhi nāma tvaṃ, moghapurisa, bhikkhuṃ – "ehāvuso, gāmaṃ piṇḍāya pavisissāmā"ti tassa adāpetvā uyyojessasi! Netaṃ, moghapurisa, appasannānaṃ vā pasādāya...pe... evañca pana, bhikkhave , imaṃ sikkhāpadaṃ uddiseyyātha –

275."Yo pana bhikkhu bhikkhuṃ – "ehāvuso, gāmaṃ vā nigamaṃ vā piṇḍāya pavisissāmā'ti tassa dāpetvā vā adāpetvā vā uyyojeyya – 'gacchāvuso, na me tayā saddhiṃ kathā vā nisajjā vā phāsu hoti, ekakassa me kathā vā nisajjā vā phāsu hotī'ti, etadeva paccayaṃ karitvā anaññaṃ, pācittiya''nti.
276.Yo panāti yo, yādiso...pe... bhikkhūti...pe... ayaṃ imasmiṃ atthe adhippeto bhikkhūti.
Bhikkhunti aññaṃ bhikkhuṃ.
Ehāvuso, gāmaṃ vā nigamaṃ vāti gāmopi nigamopi nagarampi, gāmo ceva nigamo ca.
Tassa dāpetvāti yāguṃ vā bhattaṃ vā khādanīyaṃ vā bhojanīyaṃ vā dāpetvā.
Adāpetvāti na kiñci dāpetvā.
Uyyojeyyāti mātugāmena saddhiṃ hasitukāmo kīḷitukāmo raho nisīditukāmo anācāraṃ ācaritukāmo evaṃ vadeti – "gacchāvuso, na me tayā saddhiṃ kathā vā nisajjā vā phāsu hoti, ekakassa me kathā vā nisajjā vā phāsu hotī"ti uyyojeti, āpatti dukkaṭassa. Dassanūpacāraṃ vā savanūpacāraṃ vā vijahantassa āpatti dukkaṭassa. Vijahite, āpatti pācittiyassa.
Etadeva paccayaṃ karitvā anaññanti na añño koci paccayo hoti uyyojetuṃ.
277. Upasampanne upasampannasaññī uyyojeti, āpatti pācittiyassa. Upasampanne vematiko uyyojeti, āpatti pācittiyassa. Upasampanne anupasampannasaññī uyyojeti, āpatti pācittiyassa.
Kalisāsanaṃ āropeti, āpatti dukkaṭassa. Anupasampannaṃ uyyojeti, āpatti dukkaṭassa. Kalisāsanaṃ āropeti, āpatti dukkaṭassa. Anupasampanne upasampannasaññī, āpatti dukkaṭassa. Anupasampanne vematiko, āpatti dukkaṭassa. Anupasampanne anupasampannasaññī, āpatti dukkaṭassa.
278. Anāpatti "ubho ekato na yāpessāmā"ti uyyojeti, "mahagghaṃ bhaṇḍaṃ passitvā lobhadhammaṃ uppādessatī"ti uyyojeti, "mātugāmaṃ passitvā anabhiratiṃ uppādessatī"ti uyyojeti, "gilānassa vā ohiyyakassa vā vihārapālassa vā yāguṃ vā bhattaṃ vā khādanīyaṃ vā bhojanīyaṃ vā nīharā"ti uyyojeti, na anācāraṃ ācaritukāmo, sati karaṇīye uyyojeti, ummattakassa, ādikammikassāti.
Uyyojanasikkhāpadaṃ niṭṭhitaṃ dutiyaṃ.
3. Sabhojanasikkhāpadaṃ
279. Tena samayena buddho Bhagavā sāvatthiyaṃ viharati jetavane anāthapiṇḍikassa ārāme. Tena kho pana samayena āyasmā upanando sakyaputto sahāyakassa gharaṃ gantvā tassa pajāpatiyā saddhiṃ sayanighare [sayanīghare (syā.)] nisajjaṃ kappesi. Atha kho so puriso yenāyasmā upanando sakyaputto tenupasaṅkami; upasaṅkamitvā āyasmantaṃ upanandaṃ sakyaputtaṃ abhivādetvā ekamantaṃ nisīdi. Ekamantaṃ nisinno kho so puriso pajāpatiṃ etadavoca – "dadehāyyassa bhikkha"nti. Atha kho sā itthī āyasmato upanandassa sakyaputtassa bhikkhaṃ adāsi. Atha kho so puriso āyasmantaṃ upanandaṃ sakyaputtaṃ etadavoca – "gacchatha, bhante, yato ayyassa bhikkhā dinnā"ti. Atha kho sā itthī sallakkhetvā – "pariyuṭṭhito ayaṃ puriso"ti, āyasmantaṃ upanandaṃ sakyaputtaṃ etadavoca – "nisīdatha, bhante, mā agamitthā"ti. Dutiyampi kho so puriso...pe... tatiyampi kho so puriso āyasmantaṃ upanandaṃ sakyaputtaṃ etadavoca – "gacchatha, bhante, yato ayyassa bhikkhā dinnā"ti. Tatiyampi kho sā itthī āyasmantaṃ upanandaṃ sakyaputtaṃ etadavoca – "nisīdatha, bhante, mā agamitthā"ti.
Atha kho so puriso nikkhamitvā bhikkhū ujjhāpesi – "ayaṃ, bhante, ayyo upanando mayhaṃ pajāpatiyā saddhiṃ sayanighare nisinno. So mayā uyyojīyamāno na icchati gantuṃ. Bahukiccā mayaṃ bahukaraṇīyā"ti. Ye te bhikkhū appicchā...pe... te ujjhāyanti khiyyanti vipācenti – "kathañhi nāma āyasmā upanando sakyaputto sabhojane kule anupakhajja nisajjaṃ kappessatī"ti...pe... saccaṃ kira tvaṃ, upananda, sabhojane kule anupakhajja nisajjaṃ kappesīti? "Saccaṃ, Bhagavā"ti. Vigarahi buddho Bhagavā...pe... kathañhi nāma tvaṃ, moghapurisa, sabhojane kule anupakhajja nisajjaṃ kappessasi! Netaṃ, moghapurisa, appasannānaṃ vā pasādāya...pe... evañca pana, bhikkhave, imaṃ sikkhāpadaṃ uddiseyyātha –
280."Yo pana bhikkhu sabhojane kule anupakhajja nisajjaṃ kappeyya, pācittiya"nti.
281.Yo panāti yo yādiso...pe... bhikkhūti...pe... ayaṃ imasmiṃ atthe adhippeto bhikkhūti.
Sabhojanaṃ nāma kulaṃ itthī ceva hoti puriso ca, itthī ca puriso ca ubho anikkhantā honti, ubho avītarāgā.
Anupakhajjāti anupavisitvā.
Nisajjaṃ kappeyyāti mahallake ghare piṭṭhasaṅghāṭassa [piṭṭhisaṅghāṭassa (syā.)] hatthapāsaṃ vijahitvā nisīdati, āpatti pācittiyassa. Khuddake ghare piṭṭhivaṃsaṃ atikkamitvā nisīdati, āpatti pācittiyassa.
282. Sayanighare sayanigharasaññī sabhojane kule anupakhajja nisajjaṃ kappeti, āpatti pācittiyassa. Sayanighare vematiko sabhojane kule anupakhajja nisajjaṃ kappeti, āpatti pācittiyassa. Sayanighare nasayanigharasaññī sabhojane kule anupakhajja nisajjaṃ kappeti, āpatti pācittiyassa.
Nasayanighare sayanigharasaññī, āpatti dukkaṭassa. Nasayanighare vematiko, āpatti dukkaṭassa. Nasayanighare nasayanigharasaññī, anāpatti.
283. Anāpatti mahallake ghare piṭṭhasaṅghāṭassa hatthapāsaṃ avijahitvā nisīdati, khuddake ghare piṭṭhivaṃsaṃ anatikkamitvā nisīdati, bhikkhu dutiyo hoti, ubho nikkhantā honti, ubho vītarāgā, nasayanighare, ummattakassa, ādikammikassāti.
Sabhojanasikkhāpadaṃ niṭṭhitaṃ tatiyaṃ.

4. Rahopaṭicchannasikkhāpadaṃ

284. Tena samayena buddho Bhagavā sāvatthiyaṃ viharati jetavane anāthapiṇḍikassa ārāme. Tena kho pana samayena āyasmā upanando sakyaputto sahāyakassa gharaṃ gantvā tassa pajāpatiyā saddhiṃ raho paṭicchanne āsane nisajjaṃ kappesi. Atha kho so puriso ujjhāyati khiyyati vipāceti – ''kathañhi nāma ayyo upanando mayhaṃ pajāpatiyā saddhiṃ raho paṭicchanne āsane nisajjaṃ kappessatī''ti! Assosuṃ kho bhikkhū tassa purisassa ujjhāyantassa khiyyantassa vipācentassa. Ye te bhikkhū appicchā...pe... te ujjhāyanti khiyyanti vipācenti – kathañhi nāma āyasmā upanando sakyaputto mātugāmena saddhiṃ raho paṭicchanne āsane nisajjaṃ kappessatīti...pe... saccaṃ kira tvaṃ, upananda, mātugāmena saddhiṃ raho paṭicchanne āsane nisajjaṃ kappesīti? ''Saccaṃ, Bhagavā''ti. Vigarahi buddho Bhagavā...pe... kathañhi nāma tvaṃ, moghapurisa, mātugāmena saddhiṃ raho paṭicchanne āsane nisajjaṃ kappessasi! Netaṃ, moghapurisa, appasannānaṃ vā pasādāya...pe... evañca pana, bhikkhave, imaṃ sikkhāpadaṃ uddiseyyātha –

285.''Yopana bhikkhu mātugāmena saddhiṃ raho paṭicchanne āsane nisajjaṃ kappeyya, pācittiya''nti.

286.Yopanāti yo yādiso...pe... bhikkhūti...pe... ayaṃ imasmiṃ atthe adhippeto bhikkhūti.

Mātugāmo nāma manussitthī, na yakkhī na petī na tiracchānagatā, antamaso tadahujātāpi dārikā, pageva mahattarī.

Saddhinti ekato.

[pāci. 200,291; pārā. 445,454]Raho nāma cakkhussa raho sotassa raho. Cakkhussa raho nāma na sakkā hoti akkhiṃ vā nikhaṇīyamāne bhamukaṃ vā ukkhipīyamāne sīsaṃ vā ukkhipīyamāne passituṃ. Sotassa raho nāma na sakkā hoti pakatikathā sotuṃ.

[pārā. 445]Paṭicchannaṃ nāma āsanaṃ kuṭṭena [kuḍḍena (sī. syā.)] vā kavāṭena vā kilañjena vā sāṇipākārena vā rukkhena vā thambhena vā kotthaḷiyā [koṭṭhaḷiyā (sī. syā.) kotthaḷikāya (ka.)] vā, yena kenaci paṭicchannaṃ hoti.

Nisajjaṃ kappeyyāti mātugāme nisinne bhikkhu upanisinno vā hoti upanipanno vā, āpatti pācittiyassa. Bhikkhu nisinne mātugāmo upanisinno vā hoti upanipanno vā, āpatti pācittiyassa. Ubho vā nisinnā honti ubho vā nipannā, āpatti pācittiyassa.

287. Mātugāme mātugāmasaññī raho paṭicchanne āsane nisajjaṃ kappeti, āpatti pācittiyassa. Mātugāme vematiko raho paṭicchanne āsane nisajjaṃ kappeti, āpatti pācittiyassa. Mātugāme amātugāmasaññī raho paṭicchanne āsane nisajjaṃ kappeti, āpatti pācittiyassa.

Yakkhiyā vā petiyā vā paṇḍakena vā tiracchānagatāya vā manussaviggahitthiyā vā saddhiṃ raho paṭicchanne āsane nisajjaṃ kappeti, āpatti dukkaṭassa. Amātugāme mātugāmasaññī, āpatti dukkaṭassa. Amātugāme vematiko, āpatti dukkaṭassa. Amātugāme amātugāmasaññī, anāpatti.

288. Anāpatti yo koci viññū puriso dutiyo hoti, tiṭṭhati na nisīdati, arahopekkho, aññavihito nisīdati, ummattakassa, ādikammikassāti.

Rahopaṭicchannasikkhāpadaṃ niṭṭhitaṃ catutthaṃ.

5. Rahonisajjasikkhāpadaṃ

289. Tena samayena buddho Bhagavā sāvatthiyaṃ viharati jetavane anāthapiṇḍikassa ārāme. Tena kho pana samayena āyasmā upanando sakyaputto sahāyakassa gharaṃ gantvā tassa pajāpatiyā saddhiṃ eko ekāya raho nisajjaṃ kappesi. Atha kho so puriso ujjhāyati khiyyati vipāceti – ''kathañhi nāma ayyo upanando mayhaṃ pajāpatiyā saddhiṃ eko ekāya raho nisajjaṃ kappessatī''ti! Assosuṃ kho bhikkhū tassa purisassa ujjhāyantassa khiyyantassa vipācentassa. Ye te bhikkhū appicchā...pe... te ujjhāyanti khiyyanti vipācenti – ''kathañhi nāma āyasmā upanando sakyaputto mātugāmena saddhiṃ eko ekāya raho nisajjaṃ kappessatī''ti...pe... saccaṃ kira tvaṃ, upananda, mātugāmena saddhiṃ eko ekāya raho nisajjaṃ kappesīti? ''Saccaṃ, Bhagavā''ti. Vigarahi buddho Bhagavā...pe... kathañhi nāma tvaṃ, moghapurisa, mātugāmena saddhiṃ eko ekāya raho nisajjaṃ kappessasi! Netaṃ, moghapurisa, appasannānaṃ vā pāsādāya...pe... evañca pana, bhikkhave, imaṃ sikkhāpadaṃ uddiseyyātha –

290.''Yo pana bhikkhu mātugāmena saddhiṃ eko ekāya raho nisajjaṃ kappeyya, pācittiya''nti.

291.Yo panāti yo yādiso...pe... bhikkhūti...pe... ayaṃ imasmiṃ atthe adhippeto bhikkhūti.

Mātugāmo nāma manussitthī, na yakkhī na petī na tiracchānagatā, viññū paṭibalā subhāsitadubbhāsitaṃ duṭṭhullāduṭṭhullaṃ ājānituṃ.

Saddhinti ekato.

Ekoekāyāti bhikkhu ceva hoti mātugāmo ca.

[pāci. 200,286; pārā. 445,454]Raho nāma cakkhussa raho, sotassa raho. Cakkhussa raho nāma na sakkā hoti akkhiṃ vā nikhaṇīyamāne bhamukaṃ vā ukkhipīyamāne sīsaṃ vā ukkhipīyamāne passituṃ.Sotassa raho nāma na sakkā hoti pakatikathā sotuṃ.

Nisajjaṃ kappeyyāti mātugāme nisinne bhikkhu upanisinno vā hoti upanipanno vā, āpatti pācittiyassa. Bhikkhu nisinne mātugāmo upanisinno vā hoti upanipanno vā, āpatti pācittiyassa. Ubho vā nisinnā honti ubho vā nipannā, āpatti pācittiyassa.

292. Mātugāme mātugāmasaññī eko ekāya raho nisajjaṃ kappeti, āpatti pācittiyassa. Mātugāme vematiko eko ekāya raho nisajjaṃ kappeti, āpatti pācittiyassa. Mātugāme amātugāmasaññī eko ekāya raho nisajjaṃ kappeti, āpatti pācittiyassa.

Yakkhiyā vā petiyā vā paṇḍakena vā tiracchānagatamanussaviggahitthiyā vā [tiracchānagatāya vā manussaviggahitthiyā vā (ka.)] saddhiṃ eko ekāya raho nisajjaṃ kappeti, āpatti dukkaṭassa. Amātugāme mātugāmasaññī, āpatti dukkaṭassa. Amātugāme vematiko, āpatti dukkaṭassa. Amātugāme amātugāmasaññī, anāpatti.

293. Anāpatti yo koci viññū puriso dutiyo hoti, tiṭṭhati na nisīdati, arahopekkho aññavihito nisīdati, ummattakassa, ādikammikassāti.

Rahonisajjasikkhāpadaṃ niṭṭhitaṃ pañcamaṃ.

6. Cārittasikkhāpadaṃ

294. Tena samayena buddho Bhagavā rājagahe viharati veḷuvane kalandakanivāpe. Tena kho pana samayena āyasmato upanandassa sakyaputtassa upaṭṭhākakulaṃ āyasmantaṃ upanandaṃ sakyaputtaṃ bhattena nimantesi. Aññepi bhikkhū bhattena nimantesi. Tena kho pana samayena āyasmā upanando sakyaputto purebhattaṃ, kulāni payirupāsati. Atha kho te bhikkhū te manusse etadavocuṃ – ''dethāvuso bhatta''nti. ''Āgametha, bhante, yāvāyyo upanando āgacchatī''ti. Dutiyampi kho te bhikkhū...pe... tatiyampi kho te bhikkhū te manusse etadavocuṃ – ''dethāvuso, bhattaṃ; pure kālo atikkamatī''ti. ''Yampi mayaṃ, bhante, bhattaṃ karimhā ayyassa upanandassa kāraṇā. Āgametha, bhante, yāvāyyo upanando āgacchatī''ti.

Atha kho āyasmā upanando sakyaputto purebhattaṃ kulāni payirupāsitvā divā āgacchati. Bhikkhū na cittarūpaṃ bhuñjiṃsu. Ye te bhikkhū appicchā...pe... te ujjhāyanti khiyyanti vipācenti – ''kathañhi nāma āyasmā upanando sakyaputto nimantito sabhatto samāno purebhattaṃ kulesu cārittaṃ āpajjissatī''ti...pe... saccaṃ kira tvaṃ, upananda, nimantito sabhatto samāno purebhattaṃ kulesu cārittaṃ āpajjasīti? ''Saccaṃ, Bhagavā''ti. Vigarahi buddho Bhagavā...pe... kathañhi nāma tvaṃ, moghapurisa, nimantito sabhatto samāno purebhattaṃ kulesu cārittaṃ āpajjissasi! Netaṃ, moghapurisa, appasannānaṃ vā pasādāya...pe... evañca pana, bhikkhave, imaṃ sikkhāpadaṃ uddiseyyātha –

''Yo pana bhikkhu nimantito sabhatto samāno purebhattaṃ kulesu cārittaṃ āpajjeyya, pācittiya''nti.

Evañcidaṃ bhagavatā bhikkhūnaṃ sikkhāpadaṃ paññattaṃ hoti.

295.[mahāva. 277] Tena kho pana samayena āyasmato upanandassa sakyaputtassa upaṭṭhākakulaṃ saṅghassatthāya khādanīyaṃ pāhesi – ''ayyassa upanandassa dassetvā saṅghassa dātabba''nti. Tena kho pana samayena āyasmā upanando sakyaputto gāmaṃ piṇḍāya paviṭṭho hoti. Atha kho te manussā ārāmaṃ gantvā bhikkhū pucchiṃsu – ''kahaṃ, bhante, ayyo upanando''ti ? ''Esāvuso, āyasmā upanando sakyaputto gāmaṃ piṇḍāya paviṭṭho''ti. ''Idaṃ, bhante, khādanīyaṃ ayyassa upanandassa dassetvā saṅghassa dātabba''nti. Bhagavato etamatthaṃ ārocesuṃ. Atha kho Bhagavā etasmiṃ nidāne etasmiṃ pakaraṇe dhammiṃ kathaṃ katvā bhikkhū āmantesi – ''tena hi, bhikkhave, paṭiggahetvā nikkhipatha yāva upanando āgacchatī''ti.

Atha kho āyasmā upanando sakyaputto – ''bhagavatā paṭikkhittaṃ purebhattaṃ kulesu cārittaṃ āpajjitu''nti pacchābhattaṃ kulāni payirupāsitvā divā paṭikkami, khādanīyaṃ ussāriyittha. Ye te bhikkhū appicchā...pe... te ujjhāyanti khiyyanti vipācenti – ''kathañhi nāma āyasmā upanando sakyaputto pacchābhattaṃ kulesu cārittaṃ āpajjissatī''ti...pe... saccaṃ kira tvaṃ, upananda, pacchābhattaṃ kulesu cārittaṃ āpajjasīti? ''Saccaṃ, Bhagavā''ti. Vigarahi buddho Bhagavā...pe... kathañhi nāma tvaṃ, moghapurisa, pacchābhattaṃ kulesu cārittaṃ āpajjissasi! Netaṃ, moghapurisa, appasannānaṃ vā pasādāya...pe... evañca pana bhikkhave imaṃ sikkhāpadaṃ uddiseyyātha –

''Yo pana bhikkhu nimantito sabhatto samāno purebhattaṃ vā pacchābhattaṃ vā kulesu cārittaṃ āpajjeyya, pācittiya''nti.

Evañcidaṃ bhagavatā bhikkhūnaṃ sikkhāpadaṃ paññattaṃ hoti.

296. Tena kho pana samayena bhikkhū cīvaradānasamaye kukkuccāyantā kulāni na payirupāsanti. Cīvaraṃ parittaṃ uppajjati. Bhagavato etamatthaṃ ārocesuṃ...pe... anujānāmi, bhikkhave, cīvaradānasamaye kulāni payirupāsituṃ. Evañca pana, bhikkhave, imaṃ sikkhāpadaṃ uddiseyyātha –

''Yo pana bhikkhu nimantito sabhatto samāno purebhattaṃ vā pacchābhattaṃ vā kulesu cārittaṃ āpajjeyya, aññatra samayā, pācittiyaṃ. Tatthāyaṃ samayo. Cīvaradānasamayo – ayaṃ tattha samayo''ti.

Evañcidaṃ bhagavatā bhikkhūnaṃ sikkhāpadaṃ paññattaṃ hoti.

297. Tena kho pana samayena bhikkhū cīvarakammaṃ karonti, attho ca hoti sūciyāpi suttenapi satthakenapi. Bhikkhū kukkuccāyantā kulāni na payirupāsanti. Bhagavato etamatthaṃ ārocesuṃ...pe... anujānāmi, bhikkhave, cīvarakārasamaye kulāni payirupāsituṃ. Evañca pana, bhikkhave, imaṃ sikkhāpadaṃ uddiseyyātha –

''Yopana bhikkhu nimantito sabhatto samāno purebhattaṃ vā pacchābhattaṃ vā kulesu cārittaṃ āpajjeyya , aññatra samayā, pācittiyaṃ. Tatthāyaṃ samayo. Cīvaradānasamayo, cīvarakārasamayo – ayaṃ tattha samayo''ti.

Evañcidaṃ bhagavatā bhikkhūnaṃ sikkhāpadaṃ paññattaṃ hoti.

298. Tena kho pana samayena bhikkhū gilānā honti, attho ca hoti bhesajjehi. Bhikkhū kukkuccāyantā kulāni na payirupāsanti. Bhagavato etamatthaṃ ārocesuṃ...pe... anujānāmi, bhikkhave, santaṃ bhikkhuṃ āpucchā kulāni payirupāsituṃ. Evañca pana, bhikkhave, imaṃ sikkhāpadaṃ uddiseyyātha –
299.''Yo pana bhikkhu nimantito sabhatto samāno santaṃ bhikkhuṃ anāpucchā purebhattaṃ vā pacchābhattaṃ vā kulesu cārittaṃ āpajjeyya, aññatra samayā, pācittiyaṃ. Tatthāyaṃ samayo. Cīvaradānasamayo, cīvarakārasamayo – ayaṃ tattha samayo''ti.
300.Yo panāti yo yādiso...pe... bhikkhūti...pe... ayaṃ imasmiṃ atthe adhippeto bhikkhūti.
Nimantito nāma pañcannaṃ bhojanānaṃ aññatarena bhojanena nimantito.
Sabhatto nāma yena nimantito tena sabhatto.
Santaṃ nāma bhikkhuṃ sakkā hoti āpucchā pavisituṃ.
Asantaṃ nāma bhikkhuṃ na sakkā hoti āpucchā pavisituṃ.
Purebhattaṃ nāma yena nimantito taṃ abhuttāvī.
Pacchābhattaṃ nāma yena nimantito taṃ antamaso kusaggenapi [aruṇuggamanepi (sī.)] bhuttaṃ hoti.
Kulaṃ nāma cattāri kulāni – khattiyakulaṃ, brāhmaṇakulaṃ, vessakulaṃ, suddakulaṃ.
Kulesucārittaṃ āpajjeyyāti aññassa gharūpacāraṃ okkamantassa āpatti dukkaṭassa. Paṭhamaṃ pādaṃ ummāraṃ atikkāmeti, āpatti dukkaṭassa. Dutiyaṃ pādaṃ atikkāmeti, āpatti pācittiyassa.
Aññatrasamayāti ṭhapetvā samayaṃ.
Cīvaradānasamayo nāma anatthate kathine vassānassa pacchimo māso, atthate kathine pañca māsā.
Cīvarakārasamayo nāma cīvare kayiramāne.
301. Nimantite nimantitasaññī santaṃ bhikkhuṃ anāpucchā purebhattaṃ vā pacchābhattaṃ vā kulesu cārittaṃ āpajjati, aññatra samayā, āpatti pācittiyassa. Nimantite vematiko santaṃ bhikkhuṃ anāpucchā purebhattaṃ vā pacchābhattaṃ vā kulesu cārittaṃ āpajjati, aññatra samayā, āpatti pācittiyassa. Nimantite animantitasaññī santaṃ bhikkhuṃ anāpucchā purebhattaṃ vā pacchābhattaṃ vā kulesu cārittaṃ āpajjati, aññatra samayā, āpatti pācittiyassa.
Animantite nimantitasaññī, āpatti dukkaṭassa. Animantite vematiko, āpatti dukkaṭassa. Animantite animantitasaññī, anāpatti.
302. Anāpatti samaye, santaṃ bhikkhuṃ āpucchā pavisati, asantaṃ bhikkhuṃ anāpucchā pavisati, aññassa gharena maggo hoti, gharūpacārena maggo hoti, antarārāmaṃ gacchati, bhikkhunupassayaṃ gacchati, titthiyaseyyaṃ gacchati, paṭikkamanaṃ gacchati, bhattiyagharaṃ gacchati, āpadāsu, ummattakassa, ādikammikassāti.
Cārittasikkhāpadaṃ niṭṭhitaṃ chaṭṭhaṃ.
7. Mahānāmasikkhāpadaṃ
303. Tena samayena buddho Bhagavā sakkesu viharati kapilavatthusmiṃ nigrodhārāme. Tena kho pana samayena mahānāmassa sakkassa bhesajjaṃ ussannaṃ hoti. Atha kho mahānāmo sakko yena Bhagavā tenupasaṅkami; upasaṅkamitvā bhagavantaṃ abhivādetvā ekamantaṃ nisīdi. Ekamantaṃ nisinno kho mahānāmo sakko bhagavantaṃ etadavoca – ''icchāmahaṃ, bhante, saṅghaṃ catumāsaṃ[catummāsaṃ (sī.) cātumāsaṃ (syā.)] bhesajjena pavāretu''nti. ''Sādhu sādhu, mahānāma! Tena hi tvaṃ, mahānāma, saṅghaṃ catumāsaṃ bhesajjena pavārehī''ti. Bhikkhū kukkuccāyantā nādhivāsenti. Bhagavato etamatthaṃ ārocesuṃ...pe... anujānāmi, bhikkhave, catumāsaṃ bhesajjappaccayapavāraṇaṃ sādituntі.
304. Tena kho pana samayena bhikkhū mahānāmaṃ sakkaṃ parittaṃ bhesajjaṃ viññāpenti. Tatheva mahānāmassa sakkassa bhesajjaṃ ussannaṃ hoti. Dutiyampi kho mahānāmo sakko yena Bhagavā tenupasaṅkami; upasaṅkamitvā bhagavantaṃ abhivādetvā ekamantaṃ nisīdi. Ekamantaṃ nisinno kho mahānāmo sakko bhagavantaṃ etadavoca – ''icchāmahaṃ, bhante, saṅghaṃ aparampi catumāsaṃ bhesajjena pavāretu''nti. ''Sādhu sādhu, mahānāma! Tena hi tvaṃ, mahānāma, saṅghaṃ aparampi catumāsaṃ bhesajjena pavārehī''ti. Bhikkhū kukkuccāyantā nādhivāsenti. Bhagavato etamatthaṃ ārocesuṃ...pe... anujānāmi, bhikkhave, puna pavāraṇampi sādituntі.
305. Tena kho pana samayena bhikkhū mahānāmaṃ sakkaṃ parittaṃyeva bhesajjaṃ viññāpenti. Tatheva mahānāmassa sakkassa bhesajjaṃ ussannaṃ hoti. Tatiyampi kho mahānāmo sakko yena Bhagavā tenupasaṅkami; upasaṅkamitvā bhagavantaṃ abhivādetvā ekamantaṃ nisīdi. Ekamantaṃ nisinno kho mahānāmo sakko bhagavantaṃ etadavoca – ''icchāmahaṃ, bhante, saṅghaṃ yāvajīvaṃ bhesajjena pavāretu''nti. ''Sādhu sādhu, mahānāma! Tena hi tvaṃ, mahānāma, saṅghaṃ yāvajīvaṃ bhesajjena pavārehī''ti. Bhikkhū kukkuccāyantā nādhivāsenti. Bhagavato etamatthaṃ ārocesuṃ...pe... anujānāmi, bhikkhave, niccapavāraṇampi sādituntі.
Tena kho pana samayena chabbaggiyā bhikkhū dunnivatthā honti duppārutā anākappasampannā. Mahānāmo sakko vattā hoti – ''kissa tumhe, bhante, dunnivatthā duppārutā anākappasampannā? Nanu nāma pabbajitena sunivatthena bhavitabbaṃ supārutena ākappasampannenā''ti? Chabbaggiyā bhikkhū mahānāme sakke upanandhiṃsu. Atha kho chabbaggiyānaṃ bhikkhūnaṃ etadahosi – ''kena nu kho mayaṃ upāyena mahānāmaṃ sakkaṃ maṅku kareyyāmā''ti? Atha kho chabbaggiyānaṃ bhikkhūnaṃ etadahosi – ''mahānāmena kho, āvuso, sakkena saṅgho bhesajjena pavārito. Handa mayaṃ, āvuso, mahānāmaṃ sakkaṃ sappiṃ viññāpemā''ti. Atha kho chabbaggiyā bhikkhū yena mahānāmo sakko

tenupasaṅkamiṃsu; upasaṅkamitvā mahānāmaṃ sakkaṃ etadavocuṃ – "doṇena, āvuso, sappinā attho"ti. "Ajjaṇho, bhante, āgametha. Manussā vajaṃ gatā sappiṃ āharituṃ. Kālaṃ āharissathā"ti [kāle harissathāti (syā.)].
Dutiyampi kho...pe... tatiyampi kho chabbaggiyā bhikkhū mahānāmaṃ sakkaṃ etadavocuṃ – "doṇena, āvuso, sappinā attho"ti. "Ajjaṇho, bhante, āgametha. Manussā vajaṃ gatā sappiṃ āharituṃ. Kālaṃ āharissathā"ti. "Kiṃ pana tayā, āvuso, adātukāmena pavāritena, yaṃ tvaṃ pavāretvā na desī"ti! Atha kho mahānāmo sakko ujjhāyati khiyyati vipāceti – "kathañhi nāma bhadantā – 'ajjaṇho, bhante, āgamethā'ti vuccamānā nāgamessantī"ti! Assosuṃ kho bhikkhū mahānāmassa sakkassa ujjhāyantassa khiyyantassa vipācentassa. Ye te bhikkhū appicchā...pe... te ujjhāyanti khiyyanti vipācenti – "kathañhi nāma chabbaggiyā bhikkhū mahānāmena sakkena – 'ajjaṇho, bhante, āgamethā'ti vuccamānā nāgamessantī"ti...pe... saccaṃ kira tumhe, bhikkhave, mahānāmena sakkena – "ajjaṇho, bhante, āgamethā"ti vuccamānā nāgamethāti? "Saccaṃ, Bhagavā"ti. Vigarahi buddho Bhagavā...pe... kathañhi nāma tumhe, moghapurisā, mahānāmena sakkena – "ajjaṇho, bhante āgamethā"ti vuccamānā nāgamessatha! Netaṃ, moghapurisā, appasannānaṃ vā pasādāya...pe... evañca pana, bhikkhave imaṃ sikkhāpadaṃ uddiseyyātha –
306."Agilānena bhikkhunā catumāsappaccayapavāraṇā sāditabbā, aññatra punapavāraṇāya, aññatra niccapavāraṇāya; tato ce uttari sādiyeyya, pācittiya"nti.
307.Agilānena bhikkhunā catumāsappaccayapavāraṇā sāditabbāti gilānappaccayapavāraṇā sāditabbā.
Punapavāraṇāpi sāditabbāti yadā gilāno bhavissāmi tadā viññāpessāmīti.
Niccapavāraṇāpi sāditabbāti yadā gilāno bhavissāmi tadā viññāpessāmīti.
Tatoce uttari sādiyeyyāti atthi pavāraṇā bhesajjapariyantā na rattipariyantā, atthi pavāraṇā rattipariyantā na bhesajjapariyantā, atthi pavāraṇā bhesajjapariyantā ca rattipariyantā ca, atthi pavāraṇā neva bhesajjapariyantā na rattipariyantā.
Bhesajjapariyantā nāma bhesajjāni pariggahitāni honti – "ettakehi bhesajjehi pavāremī"ti. Rattipariyantā nāma rattiyo pariggahitāyo honti – "ettakāsu rattīsu pavāremī"ti. Bhesajjapariyantā ca rattipariyantā canāma bhesajjāni ca pariggahitāni honti rattiyo ca pariggahitāyo honti – "ettakehi bhesajjehi ettakāsu rattīsu pavāremī"ti. Neva bhesajjapariyantā na rattipariyantā nāma bhesajjāni ca apariggahitāni honti rattiyo ca apariggahitāyo honti.
308. Bhesajjapariyante– yehi bhesajjehi pavārito hoti tāni bhesajjāni ṭhapetvā aññāni bhesajjāni viññāpeti, āpatti pācittiyassa. Rattipariyante – yāsu rattīsu pavārito hoti, tā rattiyo ṭhapetvā aññāsu rattīsu viññāpeti, āpatti pācittiyassa. Bhesajjapariyante ca rattipariyante ca – yehi bhesajjehi pavārito hoti, tāni bhesajjāni ṭhapetvā yāsu rattīsu pavārito hoti, tā rattiyo ṭhapetvā aññāni bhesajjāni aññāsu rattīsu viññāpeti, āpatti pācittiyassa. Neva bhesajjapariyante na rattipariyante, anāpatti.
309. Na bhesajjena karaṇīyena [karaṇīye (sī. syā.)] bhesajjaṃ viññāpeti, āpatti pācittiyassa. Aññena bhesajjena karaṇīyena aññaṃ bhesajjaṃ viññāpeti, āpatti pācittiyassa. Tatuttari tatuttarisaññī bhesajjaṃ viññāpeti, āpatti pācittiyassa. Tatuttari vematiko bhesajjaṃ viññāpeti, āpatti pācittiyassa. Tatuttari natatuttarisaññī bhesajjaṃ viññāpeti, āpatti pācittiyassa.
Natatuttari tatuttarisaññī, āpatti dukkaṭassa. Natatuttari vematiko, āpatti dukkaṭassa. Natatuttari natatuttarisaññī, anāpatti.
310. Anāpatti yehi bhesajjehi pavārito hoti tāni bhesajjāni viññāpeti, yāsu rattīsu pavārito hoti tāsu rattīsu viññāpeti, "imehi tayā bhesajjehi pavāritāmha, amhākañca iminā ca iminā ca bhesajjena attho"ti ācikkhitvā viññāpeti, "yāsu tayā rattīsu pavāritāmha tāyo ca rattiyo vītivattā amhākañca bhesajjena attho"ti ācikkhitvā viññāpeti, ñātakānaṃ pavāritānaṃ, aññassatthāya, attano dhanena, ummattakassa, ādikammikassāti.
Mahānāmasikkhāpadaṃ niṭṭhitaṃ sattamaṃ.
8. Uyyuttasenāsikkhāpadaṃ
311. Tena samayena buddho Bhagavā sāvatthiyaṃ viharati jetavane anāthapiṇḍikassa ārāme. Tena kho pana samayena rājā pasenadi kosalo senāya abbhuyyāto hoti. Chabbaggiyā bhikkhū uyyuttaṃ senaṃ dassanāya agamaṃsu. Addasā kho rājā pasenadi kosalo chabbaggiye bhikkhū dūratova āgacchante. Disvāna pakkosāpetvā etadavoca – "kissa tumhe, bhante, āgatatthā"ti? "Mahārājānaṃ mayaṃ daṭṭhukāmā" [mahārāja mahārājānaṃ mayaṃ daṭṭhukāmā (ka.)] ti. "Kiṃ, bhante, maṃ diṭṭhena yuddhābhinandinaṃ [yuddhābhinandinā (ka.)]; nanu Bhagavā passitabbo"ti? Manussā ujjhāyanti khiyyanti vipācenti – "kathañhi nāma samaṇā sakyaputtiyā uyyuttaṃ senaṃ dassanāya āgacchissanti! Amhākampi alābhā, amhākampi dulladdhaṃ, ye mayaṃ ājīvassa hetu puttadārassa kāraṇā senāya āgacchāmā"ti! Assosuṃ kho bhikkhū tesaṃ manussānaṃ ujjhāyantānaṃ khiyyantānaṃ vipācentānaṃ. Ye te bhikkhū appicchā...pe... te ujjhāyanti khiyyanti vipācenti – "kathañhi nāma chabbaggiyā bhikkhū uyyuttaṃ senaṃ dassanāya gacchissantī"ti...pe... saccaṃ kira tumhe, bhikkhave, uyyuttaṃ senaṃ dassanāya gacchathāti? "Saccaṃ, Bhagavā"ti. Vigarahi buddho Bhagavā...pe... kathañhi nāma tumhe, moghapurisā, uyyuttaṃ senaṃ dassanāya gacchissatha! Netaṃ, moghapurisā, appasannānaṃ vā pasādāya...pe... evañca pana, bhikkhave, imaṃ sikkhāpadaṃ uddiseyyātha –

"Yopana bhikkhu uyyuttaṃ senaṃ dassanāya gaccheyya, pācittiya"nti.
Evañcidaṃ bhagavatā bhikkhūnaṃ sikkhāpadaṃ paññattaṃ hoti.
312. Tena kho pana samayena aññatarassa bhikkhuno mātulo senāya gilāno hoti . So tassa bhikkhuno santike dūtaṃ pāhesi – "ahañhi senāya gilāno. Āgacchatu bhadanto. Icchāmi bhadantassa āgata"nti. Atha kho tassa bhikkhuno etadahosi – "bhagavatā sikkhāpadaṃ paññattaṃ – 'na uyyuttaṃ senaṃ dassanāya gantabba'nti. Ayañca me mātulo senāya gilāno. Kathaṃ nu kho mayā paṭipajjitabba"nti? Bhagavato etamatthaṃ ārocesi. Atha kho Bhagavā etasmiṃ nidāne etasmiṃ pakaraṇe dhammiṃ kathaṃ katvā bhikkhū āmantesi – "anujānāmi, bhikkhave, tathārūpappaccayā senāya gantuṃ. Evañca pana, bhikkhave, imaṃ sikkhāpadaṃ uddiseyyātha –
313."Yo pana bhikkhu uyyuttaṃ senaṃ dassanāya gaccheyya, aññatra tathārūpappaccayā, pācittiya"nti.
314.Yo panāti yo yādiso...pe... bhikkhūti...pe... ayaṃ imasmiṃ atthe adhippeto bhikkhūti.
Uyyuttā nāma senā gāmato nikkhamitvā niviṭṭhā vā hoti payātā vā.
Senā nāma hatthī assā rathā pattī. Dvādasapuriso hatthī, tipuriso asso, catupuriso ratho, cattāro purisā sarahatthā patti. Dassanāya gacchati, āpatti dukkaṭassa. Yattha ṭhito passati, āpatti pācittiyassa. Dassanūpacāraṃ vijahitvā punappunaṃ passati, āpatti pācittiyassa.
Aññatra tathārūpappaccayāti ṭhapetvā tathārūpappaccayaṃ.
315. Uyyutte uyyuttasaññī dassanāya gacchati, aññatra tathārūpappaccayā, āpatti pācittiyassa. Uyyutte vematiko dassanāya gacchati, aññatra tathārūpappaccayā, āpatti pācittiyassa. Uyyutte anuyyuttasaññī dassanāya gacchati, aññatra tathārūpappaccayā, āpatti pācittiyassa.
Ekamekaṃ dassanāya gacchati, āpatti dukkaṭassa. Yattha ṭhito passati, āpatti dukkaṭassa. Dassanūpacāraṃ vijahitvā punappunaṃ passati, āpatti dukkaṭassa. Anuyyutte uyyuttasaññī, āpatti dukkaṭassa. Anuyyutte vematiko, āpatti dukkaṭassa. Anuyyutte anuyyuttasaññī, anāpatti.
316. Anāpatti ārāme ṭhito passati, bhikkhussa ṭhitokāsaṃ vā nisinnokāsaṃ vā nipannokāsaṃ vā āgacchati, paṭipathaṃ gacchanto passati, tathārūpappaccayā, āpadāsu, ummattakassa, ādikammikassāti.
Uyyuttasenāsikkhāpadaṃ niṭṭhitaṃ aṭṭhamaṃ.
9. Senāvāsasikkhāpadaṃ
317. Tena samayena buddho Bhagavā sāvatthiyaṃ viharati jetavane anāthapiṇḍikassa ārāme. Tena kho pana samayena chabbaggiyā bhikkhū sati karaṇīye senaṃ gantvā atirekatirattaṃ senāya vasanti. Manussā ujjhāyanti khiyyanti vipācenti – "kathañhi nāma samaṇā sakyaputtiyā senāya vasissanti! Amhākampi alābhā, amhākampi dulladdhaṃ, ye mayaṃ ājīvassa hetu puttadārassa kāraṇā senāya paṭivasāmā"ti. Assosuṃ kho bhikkhū tesaṃ manussānaṃ ujjhāyantānaṃ khiyyantānaṃ vipācentānaṃ. Ye te bhikkhū appicchā...pe... te ujjhāyanti khiyyanti vipācenti – "kathañhi nāma chabbaggiyā bhikkhū atirekatirattaṃ senāya vasissantī"ti...pe... saccaṃ kira tumhe, bhikkhave, atirekatirattaṃ senāya vasathāti? "Saccaṃ, Bhagavā"ti. Vigarahi buddho Bhagavā...pe... kathañhi nāma tumhe, moghapurisā, atirekatirattaṃ senāya vasissatha! Netaṃ, moghapurisā, appasannānaṃ vā pasādāya...pe... evañca pana, bhikkhave, imaṃ sikkhāpadaṃ uddiseyyātha –
318."Siyā ca tassa bhikkhuno kocideva paccayo senaṃ gamanāya, dirattatirattaṃ tena bhikkhunā senāya vasitabbaṃ. Tato ce uttariṃ vaseyya, pācittiya"nti.
319.Siyā ca tassa bhikkhuno kocideva paccayo senaṃ gamanāyāti siyā paccayo siyā karaṇīyaṃ.
Dirattatirattaṃtena bhikkhunā senāya vasitabbanti dvetisso rattiyo vasitabbaṃ.
Tato ce uttari vaseyyāti catutthe divase atthaṅgate sūriye senāya vasati, āpatti pācittiyassa.
320. Atirekatiratte atirekasaññī senāya vasati, āpatti pācittiyassa. Atirekatiratte vematiko senāya vasati, āpatti pācittiyassa. Atirekatiratte ūnakasaññī senāya vasati, āpatti pācittiyassa.
Ūnakatiratte atirekasaññī, āpatti dukkaṭassa. Ūnakatiratte vematiko, āpatti dukkaṭassa. Ūnakatiratte ūnakasaññī, anāpatti.
321. Anāpatti dvetisso rattiyo vasati, ūnakadvetisso rattiyo vasati, dve rattiyo vasitvā tatiyāya rattiyā purāruṇā nikkhamitvā puna vasati, gilāno vasati, gilānassa karaṇīyena vasati, senā vā paṭisenāya ruddhā hoti, kenaci palibuddho hoti, āpadāsu, ummattakassa, ādikammikassāti.
Senāvāsasikkhāpadaṃ niṭṭhitaṃ navamaṃ.
10. Uyyodhikasikkhāpadaṃ
322. Tena samayena buddho Bhagavā sāvatthiyaṃ viharati jetavane anāthapiṇḍikassa ārāme. Tena kho pana samayena chabbaggiyā bhikkhū dirattatirattaṃ senāya vasamānā uyyodhikampi balaggampi senābyūhampi anīkadassanampi gacchanti. Aññataropi chabbaggiyo bhikkhu uyyodhikaṃ gantvā kaṇḍena paṭividdho hoti. Manussā taṃ bhikkhuṃ uppaṇḍesuṃ – "kacci, bhante, suyuddhaṃ ahosi, kati te lakkhāni laddhānī"ti? So bhikkhu tehi manussehi uppaṇḍīyamāno maṅku ahosi. Manussā ujjhāyanti khiyyanti vipācenti – "kathañhi nāma samaṇā sakyaputtiyā uyyodhikaṃ dassanāya āgacchissanti! Amhākampi alābhā, amhākampi dulladdhaṃ, ye mayaṃ ājīvassa hetu puttadārassa kāraṇā uyyodhikaṃ āgacchāmā"ti. Assosuṃ kho bhikkhū tesaṃ manussānaṃ ujjhāyantānaṃ khiyyantānaṃ vipācentānaṃ . Ye te bhikkhū appicchā...pe... te ujjhāyanti khiyyanti vipācenti – "kathañhi nāma chabbaggiyā bhikkhū uyyodhikaṃ dassanāya gacchissantī"ti...pe... saccaṃ kira tumhe, bhikkhave, uyyodhikaṃ dassanāya

gacchathāti? "Saccaṃ, Bhagavā"ti. Vigarahi buddho Bhagavā...pe... kathañhi nāma tumhe, moghapurisā, uyyodhikaṃ dassanāya gacchissatha! Netaṃ, moghapurisā, appasannānaṃ vā pasādāya...pe... evañca pana, bhikkhave , imaṃ sikkhāpadaṃ uddiseyyātha –
323."Dirattatirattaṃ ce bhikkhu senāya vasamāno uyyodhikaṃ vā balaggaṃ vā senābyūhaṃ vā anīkadassanaṃ vā gaccheyya, pācittiya"nti.
324.Dirattatirattaṃ ce bhikkhu senāya vasamānoti dvetisso rattiyo vasamāno.
Uyyodhikaṃ nāma yattha sampahāro dissati.
Balaggaṃ nāma ettakā hatthī, ettakā assā, ettakā rathā, ettakā pattī.
Senābyūhaṃ nāma ito hatthī hontu, ito assā hontu, ito rathā hontu, ito pattikā hontu.
Anīkaṃ nāma hatthānīkaṃ, assānīkaṃ , rathānīkaṃ, pattānīkaṃ. Tayo hatthī pacchimaṃ hatthānīkaṃ, tayo assā pacchimaṃ assānīkaṃ, tayo rathā pacchimaṃ rathānīkaṃ, cattāro purisā sarahatthā pattī pacchimaṃ pattānīkaṃ. Dassanāya gacchati, āpatti dukkaṭassa. Yattha ṭhito passati, āpatti pācittiyassa. Dassanūpacāraṃ vijahitvā punappunaṃ passati, āpatti pācittiyassa.
Ekamekaṃ dassanāya gacchati, āpatti dukkaṭassa. Yattha ṭhito passati, āpatti dukkaṭassa. Dassanūpacāraṃ vijahitvā punappunaṃ passati, āpatti dukkaṭassa.
325. Anāpatti ārāme ṭhito passati, bhikkhussa ṭhitokāsaṃ vā nisinnokāsaṃ vā nipannokāsaṃ vā āgantvā sampahāro dissati, paṭipathaṃ gacchanto passati, sati karaṇīye gantvā passati , āpadāsu, ummattakassa, ādikammikassāti.
Uyyodhikasikkhāpadaṃ niṭṭhitaṃ dasamaṃ.
Acelakavaggo pañcamo.
Tassuddānaṃ –
Pūvaṃ kathopanandassa, tayaṃpaṭṭhākameva ca;
Mahānāmo pasenadi, senāviddho ime dasāti [acelakaṃ uyyojañca, sabhojanaṃ duve raho; sabhattakañca bhesajjaṃ, uyyuttaṃ senuyyodhikaṃ].
6. Surāpānavaggo
1. Surāpānasikkhāpadaṃ
326. Tena samayena buddho Bhagavā cetiyesu cārikaṃ caramāno yena bhaddavatikā tena pāyāsi. Addasaṃsu kho gopālakā pasupālakā kassakā pathāvino bhagavantaṃ dūratova āgacchantaṃ. Disvāna bhagavantaṃ etadavocuṃ – "mā kho, bhante, Bhagavā ambatitthaṃ agamāsi. Ambatitthe, bhante, jaṭilassa assame nāgo paṭivasati iddhimā āsiviso [āsīviso (sī. syā.)] ghoraviso. So bhagavantaṃ mā viheṭhesī"ti. Evaṃ vutte Bhagavā tuṇhī ahosi. Dutiyampi kho...pe... tatiyampi kho gopālakā pasupālakā kassakā pathāvino bhagavantaṃ etadavocuṃ – "mā kho, bhante, Bhagavā ambatitthaṃ agamāsi. Ambatitthe, bhante, jaṭilassa assame nāgo paṭivasati iddhimā āsiviso ghoraviso. So bhagavantaṃ mā viheṭhesī"ti. Tatiyampi kho Bhagavā tuṇhī ahosi.
Atha kho Bhagavā anupubbena cārikaṃ caramāno yena bhaddavatikā tadavasari. Tatra sudaṃ Bhagavā bhaddavatikāyaṃ viharati. Atha kho āyasmā sāgato yena ambatitthassa [ambatitthakassa (sī.), ambatitthaṃ (syā.)] jaṭilassa assamo tenupasaṅkami ; upasaṅkamitvā agyāgāraṃ pavisitvā tiṇasanthārakaṃ paññapetvā nisīdi pallaṅkaṃ ābhujitvā ujuṃ kāyaṃ paṇidhāya parimukhaṃ satiṃ upaṭṭhapetvā. Addasā kho so nāgo āyasmantaṃ sāgataṃ paviṭṭhaṃ. Disvāna dummano [dukkhī dummano (sī. syā.)] padhūpāyi [padhūpāsi (syā. ka.)]. Āyasmāpi sāgato padhūpāyi [padhūpāsi (syā. ka.)]. Atha kho so nāgo makkhaṃ asahamāno pajjali. Āyasmāpi sāgato tejodhātuṃ samāpajjitvā pajjali. Atha kho āyasmā sāgato tassa nāgassa tejasā tejaṃ pariyādiyitvā yena bhaddavatikā tenupasaṅkami. Atha kho Bhagavā bhaddavatikāyaṃ yathābhirantaṃ viharitvā yena kosambī tena cārikaṃ pakkāmi. Assosuṃ kho kosambikā upāsakā – "ayyo kira sāgato ambatitthikena nāgena saddhiṃ saṅgāmesī"ti.
Atha kho Bhagavā anupubbena cārikaṃ caramāno yena kosambī tadavasari. Atha kho kosambikā upāsakā bhagavato paccuggamanaṃ karitvā yenāyasmā sāgato tenupasaṅkamiṃsu; upasaṅkamitvā āyasmantaṃ sāgataṃ abhivādetvā ekamantaṃ aṭṭhaṃsu. Ekamantaṃ ṭhitā kho kosambikā upāsakā āyasmantaṃ sāgataṃ etadavocuṃ – "kiṃ, bhante, ayyānaṃ dullabhañca manāpañca, kiṃ paṭiyādemā"ti? Evaṃ vutte chabbaggiyā bhikkhū kosambike upāsake etadavocuṃ – "atthāvuso, kāpotikā nāma pasannā bhikkhūnaṃ dullabhā ca manāpā ca, taṃ paṭiyādethā"ti. Atha kho kosambikā upāsakā ghare ghare kāpotikaṃ pasannaṃ paṭiyādetvā āyasmantaṃ sāgataṃ piṇḍāya paviṭṭhaṃ disvāna āyasmantaṃ sāgataṃ etadavocuṃ – "pivatu, bhante, ayyo sāgato kāpotikaṃ pasannaṃ, pivatu , bhante, ayyo sāgato kāpotikaṃ pasanna"nti. Atha kho āyasmā sāgato ghare ghare kāpotikaṃ pasannaṃ pivitvā nagaramhā nikkhamanto nagaradvāre paripati.
Atha kho Bhagavā sambahulehi bhikkhūhi saddhiṃ nagaramhā nikkhamanto addasa āyasmantaṃ sāgataṃ nagaradvāre paripatantaṃ. Disvāna bhikkhū āmantesi – "gaṇhatha, bhikkhave, sāgata"nti. "Evaṃ, bhante"ti kho te bhikkhū bhagavato paṭissuṇitvā āyasmantaṃ sāgataṃ ārāmaṃ netvā yena Bhagavā tena sīsaṃ katvā nipātesuṃ. Atha kho āyasmā sāgato parivattitvā yena Bhagavā tena pāde karitvā seyyaṃ kappesi. Atha kho Bhagavā bhikkhū āmantesi – "nanu, bhikkhave, pubbe sāgato tathāgate sagāravo ahosi sappatisso"ti ? "Evaṃ, bhante". "Api nu kho, bhikkhave, sāgato etarahi

tathāgate sagāravo sappatisso''ti? ''No hetaṃ, bhante''. ''Nanu, bhikkhave, sāgato ambatitthikena nāgena [ḍeḍḍubhenāpi (sī. syā.)] saddhiṃ saṅgāmesī''ti? ''Evaṃ, bhante''. ''Api nu kho, bhikkhave, sāgato etarahi pahoti nāgena saddhiṃ saṅgāmetu''nti? ''No hetaṃ, bhante''. ''Api nu kho, bhikkhave, taṃ pātabbaṃ yaṃ pivitvā visaññī assā''ti? ''No hetaṃ, bhante''. ''Ananucchavikaṃ, bhikkhave, sāgatassa ananulomikaṃ appatirūpaṃ assāmaṇakaṃ akappiyaṃ akaraṇīyaṃ. Kathañhi nāma, bhikkhave, sāgato majjaṃ pivissati! Netaṃ, bhikkhave, appasannānaṃ vā pasādāya...pe... evañca pana, bhikkhave, imaṃ sikkhāpadaṃ uddiseyyātha –

327.''Surāmerayapāne pācittiya''nti.

328.Surā nāma piṭṭhasurā pūvasurā odanasurā kiṇṇapakkhittā sambhārasaṃyuttā.

Merayo nāma pupphāsavo phalāsavo madhvāsavo guḷāsavo sambhārasaṃyutto.

Piveyyāti antamaso kusaggenapi pivati, āpatti pācittiyassa.

Majje majjasaññī pivati, āpatti pācittiyassa. Majje vematiko pivati, āpatti pācittiyassa. Majje amajjasaññī pivati, āpatti pācittiyassa.

Amajje majjasaññī, āpatti dukkaṭassa. Amajje vematiko, āpatti dukkaṭassa. Amajje amajjasaññī, anāpatti.

329. Anāpatti amajjañca hoti majjavaṇṇaṃ majjagandhaṃ majjarasaṃ taṃ pivati, sūpasampāke, maṃsasampāke, telasampāke, āmalakaphāṇite, amajjaṃ ariṭṭhaṃ pivati, ummattakassa, ādikammikassāti.

Surāpānasikkhāpadaṃ niṭṭhitaṃ paṭhamaṃ.

2. Aṅgulipatodakasikkhāpadaṃ

330. Tena samayena buddho Bhagavā sāvatthiyaṃ viharati jetavane anāthapiṇḍikassa ārāme. Tena kho pana samayena chabbaggiyā bhikkhū sattarasavaggiyaṃ bhikkhuṃ aṅgulipatodakena hāsesuṃ. So bhikkhu uttanto anassāsako kālamakāsi. Ye te bhikkhū appicchā...pe... te ujjhāyanti khiyyanti vipācenti – ''kathañhi nāma chabbaggiyā bhikkhū bhikkhuṃ aṅgulipatodakena hāsessantī''ti...pe... saccaṃ kira tumhe, bhikkhave, bhikkhuṃ aṅgulipatodakena hāsethāti? ''Saccaṃ, Bhagavā''ti. Vigarahi buddho Bhagavā...pe... kathañhi nāma tumhe, moghapurisā, bhikkhuṃ aṅgulipatodakena hāsessatha! Netaṃ, moghapurisā, appasannānaṃ vā pasādāya...pe... evañca pana, bhikkhave, imaṃ sikkhāpadaṃ uddiseyyātha –

331.''Aṅgulipatodake pācittiya''nti.

332.Aṅgulipatodako nāma [aṅgulipatodako nāma aṅguliyāpi tudanti (syā.)] upasampanno upasampannaṃ hasādhippāyo [hassādhippāyo (sī. syā.)] kāyena kāyaṃ āmasati, āpatti pācittiyassa. Upasampanne upasampannasaññī aṅgulipatodakena hāseti, āpatti pācittiyassa. Upasampanne vematiko aṅgulipatodakena hāseti, āpatti pācittiyassa. Upasampanne anupasampannasaññī aṅgulipatodakena hāseti, āpatti pācittiyassa.

Kāyena kāyapaṭibaddhaṃ āmasati, āpatti dukkaṭassa. Kāyapaṭibaddhena kāyaṃ āmasati, āpatti dukkaṭassa. Kāyapaṭibaddhena kāyapaṭibaddhaṃ āmasati, āpatti dukkaṭassa. Nissaggiyena kāyaṃ āmasati, āpatti dukkaṭassa. Nissaggiyena kāyapaṭibaddhaṃ āmasati, āpatti dukkaṭassa. Nissaggiyena nissaggiyaṃ āmasati, āpatti dukkaṭassa.

333. Anupasampannaṃ kāyena kāyaṃ āmasati, āpatti dukkaṭassa. Kāyena kāyapaṭibaddhaṃ āmasati, āpatti dukkaṭassa. Kāyapaṭibaddhena kāyaṃ āmasati, āpatti dukkaṭassa. Kāyapaṭibaddhena kāyapaṭibaddhaṃ āmasati, āpatti dukkaṭassa. Nissaggiyena kāyaṃ āmasati, āpatti dukkaṭassa. Nissaggiyena kāyapaṭibaddhaṃ āmasati, āpatti dukkaṭassa. Nissaggiyena nissaggiyaṃ āmasati, āpatti dukkaṭassa. Anupasampanne upasampannasaññī, āpatti dukkaṭassa. Anupasampanne vematiko, āpatti dukkaṭassa. Anupasampanne anupasampannasaññī, āpatti dukkaṭassa.

334. Anāpatti na hasādhippāyo, sati karaṇīye āmasati, ummattakassa, ādikammikassāti.

Aṅgulipatodakasikkhāpadaṃ niṭṭhitaṃ dutiyaṃ.

3. Hasadhammasikkhāpadaṃ

335. Tena samayena buddho Bhagavā sāvatthiyaṃ viharati jetavane anāthapiṇḍikassa ārāme. Tena kho pana samayena sattarasavaggiyā bhikkhū aciravatiyā nadiyā udake kīḷanti. Tena kho pana samayena rājā pasenadi kosalo mallikāya deviyā saddhiṃ uparipāsādavaragato hoti. Addasā kho rājā pasenadi kosalo sattarasavaggiye bhikkhū aciravatiyā nadiyā udake kīḷante. Disvāna mallikaṃ deviṃ etadavoca – ''ete te, mallike, arahanto udake kīḷantī''ti. ''Nissaṃsayaṃ kho, mahārāja, bhagavatā sikkhāpadaṃ apaññattaṃ. Te vā bhikkhū appakataññuno''ti. Atha kho rañño pasenadissa kosalassa etadahosi – ''kena nu kho ahaṃ upāyena bhagavato ca na āroceyyaṃ, Bhagavā ca jāneyya ime bhikkhū udake kīḷitā''ti? Atha kho rājā pasenadi kosalo sattarasavaggiye bhikkhū pakkosāpetvā mahantaṃ guḷapiṇḍaṃ adāsi – ''imaṃ, bhante, guḷapiṇḍaṃ bhagavato dethā''ti. Sattarasavaggiyā bhikkhū taṃ guḷapiṇḍaṃ ādāya yena Bhagavā tenupasaṅkamiṃsu; upasaṅkamitvā bhagavantaṃ etadavocuṃ – ''imaṃ, bhante, guḷapiṇḍaṃ rājā pasenadi kosalo bhagavato detī''ti. ''Kahaṃ pana tumhe, bhikkhave, rājā addasā''ti. ''Aciravatiyā nadiyā, Bhagavā, udake kīḷante''ti. Vigarahi buddho Bhagavā...pe... kathañhi nāma tumhe, moghapurisā, udake kīḷissatha! Netaṃ , moghapurisā, appasannānaṃ vā pasādāya...pe... evañca pana, bhikkhave, imaṃ sikkhāpadaṃ uddiseyyātha –

336.''Udakehasadhamme[hassadhamme (sī. syā.)]pācittiya''nti.

337.Udake hasadhammo nāma uparigopphake udake hasādhippāyo nimujjati vā ummujjati vā palavati vā, āpatti pācittiyassa.
338. Udake hasadhamme hasadhammasaññī, āpatti pācittiyassa. Udake hasadhamme vematiko, āpatti pācittiyassa. Udake hasadhamme ahasadhammasaññī, āpatti pācittiyassa.
Heṭṭhāgopphake udake kīḷati, āpatti dukkaṭassa. Udake nāvāya kīḷati, āpatti dukkaṭassa. Hatthena vā pādena vā kaṭṭhena vā kaṭhalāya vā udakaṃ paharati, āpatti dukkaṭassa. Bhājanagataṃ udakaṃ vā kañjikaṃ vā khīraṃ vā takkaṃ vā rajanaṃ vā passāvaṃ vā cikkhallaṃ vā kīḷati, āpatti dukkaṭassa.
Udake ahasadhamme hasadhammasaññī, āpatti dukkaṭassa. Udake ahasadhamme vematiko, āpatti dukkaṭassa. Udake ahasadhamme ahasadhammasaññī, anāpatti.
339. Anāpatti na hasādhippāyo, sati karaṇīye udakaṃ otaritvā nimujjati vā ummujjati vā palavati vā, pāraṃ gacchanto nimujjati vā ummujjati vā palavati vā, āpadāsu, ummattakassa, ādikammikassāti.
Hasadhammasikkhāpadaṃ niṭṭhitaṃ tatiyaṃ.
4. Anādariyasikkhāpadaṃ
340. Tena samayena buddho Bhagavā kosambiyaṃ viharati ghositārāme. Tena kho pana samayena āyasmā channo anācāraṃ ācarati. Bhikkhū evamāhaṃsu – "māvuso channa, evarūpaṃ akāsi. Netaṃ kappatī"ti. So anādariyaṃ paṭicca karotiyeva. Ye te bhikkhū appicchā...pe... te ujjhāyanti khiyyanti vipācenti – "kathañhi nāma āyasmā channo anādariyaṃ karissatī"ti...pe... saccaṃ kira tvaṃ, channa, anādariyaṃ karosīti ? "Saccaṃ, Bhagavā"ti. Vigarahi buddho Bhagavā...pe... kathañhi nāma tvaṃ, moghapurisa, anādariyaṃ karissasi! Netaṃ, moghapurisa, appasannānaṃ vā pasādāya...pe... evañca pana, bhikkhave, imaṃ sikkhāpadaṃ uddiseyyātha –
341."Anādariye pācittiya"nti.
342.Anādariyaṃ nāma dve anādariyāni – puggalānādariyañca dhammānādariyañca.
Puggalānādariyaṃ nāma upasampannena paññattena vuccamāno – "ayaṃ ukkhittako vā vambhito vā garahito vā, imassa vacanaṃ akataṃ bhavissatī"ti anādariyaṃ karoti, āpatti pācittiyassa.
Dhammānādariyaṃ nāma upasampannena paññattena vuccamāno "kathāyaṃ nasseyya vā vinasseyya vā antaradhāyeyya vā", taṃ vā na sikkhitukāmo anādariyaṃ karoti, āpatti pācittiyassa.
343. Upasampanne upasampannasaññī anādariyaṃ karoti, āpatti pācittiyassa. Upasampanne vematiko anādariyaṃ karoti, āpatti pācittiyassa. Upasampanne anupasampannasaññī anādariyaṃ karoti, āpatti pācittiyassa.
Apaññattena vuccamāno – "idaṃ na sallekhāya na dhutatthāya na pāsādikatāya na apacayāya na vīriyārambhāya saṃvattatī"ti anādariyaṃ karoti, āpatti dukkaṭassa. Anupasampannena paññattena vā apaññattena vā vuccamāno – "idaṃ na sallekhāya na dhutatthāya na pāsādikatāya na apacayāya na vīriyārambhāya saṃvattatī"ti anādariyaṃ karoti, āpatti dukkaṭassa.
Anupasampanne upasampannasaññī āpatti dukkaṭassa. Anupasampanne vematiko, āpatti dukkaṭassa. Anupasampanne anupasampannasaññī, āpatti dukkaṭassa.
344. Anāpatti – "evaṃ amhākaṃ ācariyānaṃ uggaho paripucchā"ti bhaṇati, ummattakassa, ādikammikassāti.
Anādariyasikkhāpadaṃ niṭṭhitaṃ catutthaṃ.
5. Bhiṃsāpanasikkhāpadaṃ
345. Tena samayena buddho Bhagavā sāvatthiyaṃ viharati jetavane anāthapiṇḍikassa ārāme. Tena kho pana samayena chabbaggiyā bhikkhū sattarasavaggiye bhikkhū bhiṃsāpenti. Te bhiṃsāpīyamānā rodanti. Bhikkhū evamāhaṃsu – "kissa tumhe, āvuso, rodathā"ti? "Ime, āvuso, chabbaggiyā bhikkhū amhe bhiṃsāpentī"ti. Ye te bhikkhū appicchā...pe... te ujjhāyanti khiyyanti vipācenti – "kathañhi nāma chabbaggiyā bhikkhū bhikkhuṃ bhiṃsāpessantī"ti...pe... saccaṃ kira tumhe, bhikkhave, bhikkhuṃ bhiṃsāpethāti? "Saccaṃ, Bhagavā"ti. Vigarahi buddho Bhagavā...pe... kathañhi nāma tumhe, moghapurisā, bhikkhuṃ bhiṃsāpessatha! Netaṃ, moghapurisā, appasannānaṃ vā pasādāya...pe... evañca pana, bhikkhave, imaṃ sikkhāpadaṃ uddiseyyātha –
346."Yo pana bhikkhu bhikkhuṃ bhiṃsāpeyya, pācittiya"nti.
347.Yo panāti yo yādiso...pe... bhikkhūti...pe... ayaṃ imasmiṃ atthe adhippeto bhikkhūti.
Bhikkhunti aññaṃ bhikkhuṃ.
Bhiṃsāpeyyāti upasampanno upasampannaṃ bhiṃsāpetukāmo rūpaṃ vā saddaṃ vā gandhaṃ vā rasaṃ vā phoṭṭhabbaṃ vā upasaṃharati. Bhāyeyya vā so na vā bhāyeyya, āpatti pācittiyassa. Corakantāraṃ vā vāḷakantāraṃ vā pisācakantāraṃ vā ācikkhati. Bhāyeyya vā so na vā bhāyeyya, āpatti pācittiyassa.
348. Upasampanne upasampannasaññī bhiṃsāpeti, āpatti pācittiyassa. Upasampanne vematiko bhiṃsāpeti, āpatti pācittiyassa. 'Upasampanne anupasampannasaññī bhiṃsāpeti, āpatti pācittiyassa.
Anupasampannaṃ bhiṃsāpetukāmo rūpaṃ vā saddaṃ vā gandhaṃ vā rasaṃ vā phoṭṭhabbaṃ vā upasaṃharati. Bhāyeyya vā so na vā bhāyeyya, āpatti dukkaṭassa. Corakantāraṃ vā vāḷakantāraṃ vā pisācakantāraṃ vā ācikkhati. Bhāyeyya vā so na vā bhāyeyya, āpatti dukkaṭassa . Anupasampanne upasampannasaññī, āpatti dukkaṭassa. Anupasampanne vematiko, āpatti dukkaṭassa. Anupasampanne anupasampannasaññī, āpatti dukkaṭassa.

349. Anāpatti na bhiṃsāpetukāmo rūpaṃ vā saddaṃ vā gandhaṃ vā rasaṃ vā phoṭṭhabbaṃ vā upasaṃharati, corakantāraṃ vā vāḷakantāraṃ vā pisācakantāraṃ vā ācikkhati, ummattakassa, ādikammikassāti.
Bhiṃsāpanasikkhāpadaṃ niṭṭhitaṃ pañcamaṃ.
6. Jotikasikkhāpadaṃ
350. Tena samayena buddho Bhagavā bhaggesu viharati suṃsumāragire [suṃsumāragire (sī. syā.) saṃsumāragire (ka.)] bhesakaḷāvane migadāye. Tena kho pana samayena bhikkhū hemantike kāle aññataraṃ mahantaṃ susirakaṭṭhaṃ jotiṃ samādahitvā visibbesuṃ. Tasmiñca susire kaṇhasappo agginā santatto nikkhamitvā bhikkhū paripātesi. Bhikkhū tahaṃ tahaṃ upadhāviṃsu. Ye te bhikkhū appicchā...pe... te ujjhāyanti khiyyanti vipācenti – ''kathañhi nāma bhikkhū jotiṃ samādahitvā visibbessantī''ti...pe... saccaṃ kira, bhikkhave, bhikkhū jotiṃ samādahitvā visibbentīti? ''Saccaṃ, Bhagavā''ti. Vigarahi buddho Bhagavā...pe... kathañhi nāma te, bhikkhave, moghapurisā jotiṃ samādahitvā visibbessanti! Netaṃ, bhikkhave, appasannānaṃ vā pasādāya...pe... evañca pana, bhikkhave, imaṃ sikkhāpadaṃ uddiseyyātha –
''Yo pana bhikkhu visibbanāpekkho jotiṃ samādaheyya vā samādahāpeyya vā, pācittiya''nti.
Evañcidaṃ bhagavatā bhikkhūnaṃ sikkhāpadaṃ paññattaṃ hoti.
351. Tena kho pana samayena bhikkhū gilānā honti. Gilānapucchakā bhikkhū gilāne bhikkhū etadavocuṃ – ''kaccāvuso, khamanīyaṃ, kacci yāpanīya''nti? ''Pubbe mayaṃ, āvuso, jotiṃ samādahitvā visibbema; tena no phāsu hoti. Idāni pana ''bhagavatā paṭikkhitta''nti kukkuccāyantā na visibbema, tena no na phāsu hotī''ti. Bhagavato etamatthaṃ ārocesuṃ...pe... anujānāmi, bhikkhave, gilānena bhikkhunā jotiṃ samādahitvā vā samādahāpetvā vā visibbetuṃ. Evañca pana, bhikkhave, imaṃ sikkhāpadaṃ uddiseyyātha –
''Yo pana bhikkhu agilāno visibbanāpekkho jotiṃ samādaheyyavā samādahāpeyya vā, pācittiya''nti.
Evañcidaṃ bhagavatā bhikkhūnaṃ sikkhāpadaṃ paññattaṃ hoti.
352. Tena kho pana samayena bhikkhū padīpepi jotikepi jantāgharepi kukkuccāyanti. Bhagavato etamatthaṃ ārocesuṃ...pe... anujānāmi, bhikkhave, tathārūpappaccayā jotiṃ samādahituṃ samādahāpetuṃ. Evañca pana, bhikkhave, imaṃ sikkhāpadaṃ uddiseyyātha –
353.''Yo pana bhikkhu agilāno visibbanāpekkho jotiṃ samādaheyya vā samādahāpeyya vā, aññatra tathārūpappaccayā, pācittiya''nti.
354.Yo panāti yo yādiso...pe... bhikkhūti...pe... ayaṃ imasmiṃ atthe adhippeto bhikkhūti.
Agilāno nāma yassa vinā agginā phāsu hoti.
Gilāno nāma yassa vinā agginā na phāsu hoti.
Visibbanāpekkhoti tappitukāmo.
Joti nāma aggi vuccati.
Samādaheyyāti sayaṃ samādahati, āpatti pācittiyassa.
Samādahāpeyyāti aññaṃ āṇāpeti, āpatti pācittiyassa. Sakiṃ āṇatto bahukampi samādahati, āpatti pācittiyassa.
Aññatra tathā rūpappaccayāti ṭhapetvā tathārūpappaccayaṃ.
355. Agilāno agilānasaññī visibbanāpekkho jotiṃ samādahati vā samādahāpeti vā, aññatra tathārūpappaccayā, āpatti pācittiyassa. Agilāno vematiko visibbanāpekkho jotiṃ samādahati vā samādahāpeti vā, aññatra tathārūpappaccayā, āpatti pācittiyassa. Agilāno gilānasaññī visibbanāpekkho jotiṃ samādahati vā samādahāpeti vā, aññatra tathārūpappaccayā, āpatti pācittiyassa.
Paṭilātaṃ ukkhipati, āpatti dukkaṭassa. Gilāno agilānasaññī, āpatti dukkaṭassa. Gilāno vematiko, āpatti dukkaṭassa. Gilāno gilānasaññī, anāpatti.
356. Anāpatti gilānassa, aññena kataṃ visibbeti, vītaccitaṅgāraṃ visibbeti, padīpe jotike jantāghare tathārūpappaccayā, āpadāsu, ummattakassa, ādikammikassāti.
Jotikasikkhāpadaṃ niṭṭhitaṃ chaṭṭhaṃ.
7. Nahānasikkhāpadaṃ
357. Tena samayena buddho Bhagavā rājagahe viharati veḷuvane kalandakanivāpe. Tena kho pana samayena bhikkhū tapode nahāyanti. Tena kho pana samayena [atha kho (sī. syā.)] rājā māgadho seniyo bimbisāro ''sīsaṃ nahāyissāmī''ti tapodaṃ gantvā – ''yāvāyyā nahāyantī''ti ekamantaṃ paṭimānesi. Bhikkhū yāva samandhakārā nahāyiṃsu. Atha kho rājā māgadho seniyo bimbisāro vikāle sīsaṃ nahāyitvā, nagaradvāre thakite bahinagare vasitvā, kālasseva asambhinnena vilepanena yena Bhagavā tenupasaṅkami; upasaṅkamitvā bhagavantaṃ abhivādetvā ekamantaṃ nisīdi. Ekamantaṃ nisinnaṃ kho rājānaṃ māgadhaṃ seniyaṃ bimbisāraṃ Bhagavā etadavoca – ''kissa tvaṃ, mahārāja, kālasseva āgato asambhinnena vilepanenā''ti? Atha kho rājā māgadho seniyo bimbisāro bhagavato etamatthaṃ ārocesi. Atha kho Bhagavā rājānaṃ māgadhaṃ seniyaṃ bimbisāraṃ dhammiyā kathāya sandassesi samādapesi samuttejesi sampahaṃsesi. Atha kho rājā māgadho seniyo bimbisāro bhagavatā dhammiyā kathāya sandassito samādapito samuttejito sampahaṃsito uṭṭhāyāsanā bhagavantaṃ abhivādetvā padakkhiṇaṃ katvā pakkāmi. Atha kho Bhagavā etasmiṃ nidāne etasmiṃ pakaraṇe bhikkhusaṅghaṃ sannipātāpetvā

bhikkhū paṭipucchi – ''saccaṃ kira, bhikkhave, bhikkhū rājānampi passitvā na mattaṃ jānitvā nahāyantī''ti? ''Saccaṃ, Bhagavā''ti. Vigarahi buddho Bhagavā...pe... kathañhi nāma te, bhikkhave, moghapurisā rājānampi passitvā na mattaṃ jānitvā nahāyissanti! Netaṃ, bhikkhave, appasannānaṃ vā pasādāya...pe... evañca pana, bhikkhave, imaṃ sikkhāpadaṃ uddiseyyātha –
''Yo pana bhikkhu orenaddhamāsaṃ nahāyeyya, pācittiya''nti.
Evañcidaṃ bhagavatā bhikkhūnaṃ sikkhāpadaṃ paññattaṃ hoti.
358. Tena kho pana samayena bhikkhū uṇhasamaye pariḷāhasamaye kukkuccāyantā na nahāyanti, sedagatena gattena sayanti. Cīvarampi senāsanampi dussati. Bhagavato etamatthaṃ ārocesuṃ...pe... anujānāmi, bhikkhave, uṇhasamaye pariḷāhasamaye orenaddhamāsaṃ nahāyituṃ. Evañca pana, bhikkhave, imaṃ sikkhāpadaṃ uddiseyyātha –
''Yopana bhikkhu orenaddhamāsaṃ nahāyeyya, aññatra samayā, pācittiyaṃ. Tatthāyaṃ samayo. Diyaḍḍho māso seso gimhānanti[gimhānaṃ (itipi)]vassānassa paṭhamo māso iccete aḍḍhateyyamāsā uṇhasamayo pariḷāhasamayo – ayaṃ tattha samayo''ti.
Evañcidaṃ bhagavatā bhikkhūnaṃ sikkhāpadaṃ paññattaṃ hoti.
359. Tena kho pana samayena bhikkhū gilānā honti. Gilānapucchakā bhikkhū gilāne bhikkhū etadavocuṃ – ''kaccāvuso, khamanīyaṃ, kacci yāpanīya''nti? ''Pubbe mayaṃ, āvuso, orenaddhamāsaṃ nahāyāma, tena no phāsu hoti; idāni pana ''bhagavatā paṭikkhitta''nti kukkuccāyantā na nahāyāma, tena no na phāsu hotī''ti. Bhagavato etamatthaṃ ārocesuṃ...pe... anujānāmi, bhikkhave, gilānena bhikkhunā orenaddhamāsaṃ nahāyituṃ. Evañca pana, bhikkhave, imaṃ sikkhāpadaṃ uddiseyyātha –
''Yo pana bhikkhu orenaddhamāsaṃ nahāyeyya, aññatra samayā, pācittiyaṃ. Tatthāyaṃ samayo. Diyaḍḍho māso seso gimhānanti[gimhānaṃ (itipi)]vassānassapaṭhamo māso iccete aḍḍhateyyamāsā uṇhasamayo, pariḷāhasamayo, gilānasamayo – ayaṃ tattha samayo''ti.
Evañcidaṃ bhagavatā bhikkhūnaṃ sikkhāpadaṃ paññattaṃ hoti.
360. Tena kho pana samayena bhikkhū navakammaṃ katvā kukkuccāyantā na nahāyanti. Te sedagatena gattena sayanti. Cīvarampi senāsanampi dussati. Bhagavato etamatthaṃ ārocesuṃ...pe... anujānāmi, bhikkhave, kammasamaye orenaddhamāsaṃ nahāyituṃ. Evañca pana, bhikkhave, imaṃ sikkhāpadaṃ uddiseyyātha –
''Yo pana bhikkhu orenaddhamāsaṃ nahāyeyya, aññatra samayā, pācittiyaṃ. Tatthāyaṃ samayo. Diyaḍḍho māso seso gimhānanti vassānassa paṭhamo māso iccete aḍḍhateyyamāsā uṇhasamayo, pariḷāhasamayo, gilānasamayo, kammasamayo – ayaṃ tattha samayo''ti.
Evañcidaṃ bhagavatā bhikkhūnaṃ sikkhāpadaṃ paññattaṃ hoti.
361. Tena kho pana samayena bhikkhū addhānaṃ gantvā kukkuccāyantā na nahāyanti. Te sedagatena gattena sayanti. Cīvarampi senāsanampi dussati. Bhagavato etamatthaṃ ārocesuṃ...pe... anujānāmi, bhikkhave, addhānagamanasamaye orenaddhamāsaṃ nahāyituṃ. Evañca pana, bhikkhave, imaṃ sikkhāpadaṃ uddiseyyātha –
''Yo pana bhikkhu orenaddhamāsaṃ nahāyeyya, aññatra samayā, pācittiyaṃ. Tatthāyaṃ samayo. Diyaḍḍho māso seso gimhānanti vassānassa paṭhamo māso iccete aḍḍhateyyamāsā uṇhasamayo, pariḷāhasamayo, gilānasamayo, kammasamayo, addhānagamanasamayo – ayaṃ tattha samayo''ti.
Evañcidaṃ bhagavatā bhikkhūnaṃ sikkhāpadaṃ paññattaṃ hoti.
362. Tena kho pana samayena sambahulā bhikkhū ajjhokāse cīvarakammaṃ karontā sarajena vātena okiṇṇā honti. Devo ca thokaṃ thokaṃ phusāyati. Bhikkhū kukkuccāyantā na nahāyanti, kilinnenagattena sayanti. Cīvarampi senāsanampi dussati. Bhagavato etamatthaṃ ārocesuṃ...pe... anujānāmi, bhikkhave, vātavuṭṭhisamaye orenaddhamāsaṃ nahāyituṃ. Evañca pana, bhikkhave, imaṃ sikkhāpadaṃ uddiseyyātha –
363.''Yo pana bhikkhu orenaddhamāsaṃ nahāyeyya, aññatra samayā, pācittiyaṃ. Tatthāyaṃ samayo. Diyaḍḍho māso seso gimhānanti vassānassa paṭhamo māso iccete aḍḍhateyyamāsā uṇhasamayo, pariḷāhasamayo, gilānasamayo, kammasamayo, addhānagamanasamayo, vātavuṭṭhisamayo– ayaṃ tattha samayo''ti.
364.Yo panāti yo yādiso...pe... bhikkhūti...pe... ayaṃ imasmiṃ atthe adhippeto bhikkhūti.
Orenaddhamāsanti ūnakaddhamāsaṃ.
Nahāyeyyāti cuṇṇena vā mattikāya vā nahāyati, payoge payoge dukkaṭaṃ. Nahānapariyosāne, āpatti pācittiyassa.
Aññatrasamayāti ṭhapetvā samayaṃ.
Uṇhasamayo nāma diyaḍḍho māso seso gimhānaṃ. Pariḷāhasamayo nāma vassānassa paṭhamo māso ''iccete aḍḍhateyyamāsā uṇhasamayo pariḷāhasamayo''ti nahāyitabbaṃ.
Gilānasamayo nāma yassa vinā nahānena na phāsu hoti. Gilānasamayoti nahāyitabbaṃ.
Kammasamayo nāma antamaso pariveṇampi sammaṭṭhaṃ hoti. ''Kammasamayo''ti nahāyitabbaṃ.
Addhānagamanasamayo nāma ''addhayojanaṃ gacchissāmī''ti nahāyitabbaṃ, gacchantena nahāyitabbaṃ, gatena nahāyitabbaṃ.

Vātavuṭṭhisamayo nāma bhikkhū sarajena vātena okiṇṇā honti, dve vā tīṇi vā udakaphusitāni kāye patitāni honti. ''Vātavuṭṭhisamayo''ti nahāyitabbaṃ.
365. Ūnakaddhamāse ūnakasaññī, aññatra samayā, nahāyati, āpatti pācittiyassa. Ūnakaddhamāse vematiko, aññatra samayā, nahāyati, āpatti pācittiyassa. Ūnakaddhamāse atirekasaññī, aññatra samayā, nahāyati, āpatti pācittiyassa.
Atirekaddhamāse ūnakasaññī, āpatti dukkaṭassa. Atirekaddhamāse vematiko, āpatti dukkaṭassa. Atirekaddhamāse atirekasaññī, anāpatti.
366. Anāpatti samaye, addhamāsaṃ nahāyati, atirekaddhamāsaṃ nahāyati, pāraṃ gacchanto nahāyati, sabbapaccantimesu janapadesu, āpadāsu, ummattakassa, ādikammikassāti.
Nahānasikkhāpadaṃ niṭṭhitaṃ sattamaṃ.
8. Dubbaṇṇakaraṇasikkhāpadaṃ
367. Tena samayena buddho Bhagavā sāvatthiyaṃ viharati jetavane anāthapiṇḍikassa ārāme. Tena kho pana samayena sambahulā bhikkhū ca paribbājakā ca sāketā sāvatthiṃ addhānamaggappaṭipannā honti. Antarāmagge corā nikkhamitvā te acchindiṃsu. Sāvatthiyā rājabhaṭā nikkhamitvā te core sabhaṇḍe gahetvā bhikkhūnaṃ santike dūtaṃ pāhesuṃ – ''āgacchantu, bhadantā, sakaṃ sakaṃ cīvaraṃ sañjānitvā gaṇhantū''ti. Bhikkhū na sañjānanti. Te ujjhāyanti khiyyanti vipācenti – ''kathañhi nāma bhadantā attano attano cīvaraṃ na sañjānissantī''ti! Assosuṃ kho bhikkhū tesaṃ manussānaṃ ujjhāyantānaṃ khiyyantānaṃ vipācentānaṃ. Atha kho te bhikkhū bhagavato etamatthaṃ ārocesuṃ. Atha kho Bhagavā etasmiṃ nidāne etasmiṃ pakaraṇe bhikkhusaṅghaṃ sannipātāpetvā bhikkhūnaṃ tadanucchavikaṃ tadanulomikaṃ dhammiṃ kathaṃ katvā bhikkhū āmantesi – ''tena hi, bhikkhave, bhikkhūnaṃ sikkhāpadaṃ paññapessāmi dasa atthavase paṭicca – saṅghasuṭṭhutāya, saṅghaphāsutāya...pe... saddhammaṭṭhitiyā, vinayānuggahāya. Evañca pana, bhikkhave, imaṃ sikkhāpadaṃ uddiseyyātha –
368.''Navaṃ pana bhikkhunā cīvaralābhena tiṇṇaṃ dubbaṇṇakaraṇānaṃ aññataraṃ dubbaṇṇakaraṇaṃ ādātabbaṃ – nīlaṃ vā kaddamaṃ vā kāḷasāmaṃ vā. Anādāce bhikkhu tiṇṇaṃ dubbaṇṇakaraṇānaṃ aññataraṃ dubbaṇṇakaraṇaṃnavaṃ cīvaraṃ paribhuñjeyya, pācittiya''nti.
369.Navaṃ nāma akatakappaṃ vuccati.
Cīvaraṃ nāma channaṃ cīvarānaṃ aññataraṃ cīvaraṃ.
Tiṇṇaṃ dubbaṇṇakaraṇānaṃ aññataraṃ dubbaṇṇakaraṇaṃ ādātabbanti antamaso kusaggenapi ādātabbaṃ.
Nīlaṃ nāma dve nīlāni – kaṃsanīlaṃ, palāsanīlaṃ.
Kaddamo nāma odako vuccati.
Kāḷasāmaṃ nāma yaṃkiñci kāḷasāmakaṃ [kāḷakaṃ (sī. syā.)].
Anādā ce bhikkhu tiṇṇaṃ dubbaṇṇakaraṇānaṃ aññataraṃ dubbaṇṇakaraṇanti antamaso kusaggenapi anādiyitvā tiṇṇaṃ dubbaṇṇakaraṇānaṃ aññataraṃ dubbaṇṇakaraṇaṃ navaṃ cīvaraṃ paribhuñjati, āpatti pācittiyassa.
370. Anādinne anādinnasaññī paribhuñjati, āpatti pācittiyassa. Anādinne vematiko paribhuñjati, āpatti pācittiyassa. Anādinne ādinnasaññī paribhuñjati, āpatti pācittiyassa.
Ādinne anādinnasaññī, āpatti dukkaṭassa. Ādinne vematiko, āpatti dukkaṭassa. Ādinne ādinnasaññī, anāpatti.
371. Anāpattiādiyitvā paribhuñjati, kappo naṭṭho hoti, kappakatokāso jiṇṇo hoti, kappakatena akappakataṃ saṃsibbitaṃ hoti, aggaḷe anuvāte paribhaṇḍe, ummattakassa, ādikammikassāti.
Dubbaṇṇakaraṇasikkhāpadaṃ niṭṭhitaṃ aṭṭhamaṃ.
9. Vikappanasikkhāpadaṃ
372. Tena samayena buddho Bhagavā sāvatthiyaṃ viharati jetavane anāthapiṇḍikassa ārāme. Tena kho pana samayena āyasmā upanando sakyaputto bhātuno saddhivihārikassa bhikkhuno sāmaṃ cīvaraṃ vikappetvā appaccuddhāraṇaṃ [apaccuddhārakaṃ (sī. syā.)] paribhuñjati. Atha kho so bhikkhu bhikkhūnaṃ etamatthaṃ ārocesi – ''ayaṃ, āvuso, āyasmā upanando sakyaputto mayhaṃ cīvaraṃ sāmaṃ vikappetvā appaccuddhāraṇaṃ paribhuñjatī''ti. Ye te bhikkhū appicchā...pe... te ujjhāyanti khiyyanti vipācenti – ''kathañhi nāma āyasmā upanando sakyaputto bhikkhussa sāmaṃ cīvaraṃ vikappetvā appaccuddhāraṇaṃ paribhuñjissatī''ti...pe... saccaṃ kira tvaṃ, upananda, bhikkhussa sāmaṃ cīvaraṃ vikappetvā appaccuddhāraṇaṃ paribhuñjasīti? ''Saccaṃ, Bhagavā''ti. Vigarahi buddho Bhagavā...pe... kathañhi nāma tvaṃ, moghapurisa, bhikkhussa sāmaṃ cīvaraṃ vikappetvā appaccuddhāraṇaṃ paribhuñjissasi! Netaṃ, moghapurisa, appasannānaṃ vā pasādāya...pe... evañca pana, bhikkhave, imaṃ sikkhāpadaṃ uddiseyyātha –
373.''Yo pana bhikkhu bhikkhussa vā bhikkhuniyā vā sikkhamānāya vā sāmaṇerassa vā sāmaṇeriyā vā sāmaṃ cīvaraṃ vikappetvā appaccuddhāraṇaṃ[apaccuddhārakaṃ (sī. syā.)]paribhuñjeyya, pācittiya''nti.
374.Yo panāti yo yādiso...pe... bhikkhūti...pe... ayaṃ imasmiṃ atthe adhippeto bhikkhūti.
Bhikkhussāti aññassa bhikkhussa.
Bhikkhunī nāma ubhatosaṅghe upasampannā.
Sikkhamānā nāma dve vassāni chasu dhammesu sikkhitasikkhā.

Sāmaṇero nāma dasasikkhāpadiko.
Sāmaṇerī nāma dasasikkhāpadikā.
Sāmanti sayaṃ vikappetvā.
Cīvaraṃ nāma channaṃ cīvarānaṃ aññataraṃ cīvaraṃ vikappanupagaṃ pacchimaṃ.
Vikappanā nāma dve vikappanā – sammukhāvikappanā ca parammukhāvikappanā ca.
Sammukhāvikappanā nāma ''imaṃ cīvaraṃ tuyhaṃ vikappemi itthannāmassa vā''ti.
Parammukhāvikappanā nāma ''imaṃ cīvaraṃ vikappanatthāya tuyhaṃ dammī''ti. Tena vattabbo – ''ko te mitto vā sandiṭṭho vā''ti? ''Itthannāmo ca itthannāmo cā''ti. Tena vattabbo – ''ahaṃ tesaṃ dammi, tesaṃ santakaṃ paribhuñja vā vissajjehi vā yathāpaccayaṃ vā karohī''ti.
Appaccuddhāraṇaṃ nāma tassa vā adinnaṃ, tassa vā avissasanto paribhuñjati, āpatti pācittiyassa.
375. Appaccuddhāraṇe appaccuddhāraṇasaññī paribhuñjati, āpatti pācittiyassa. Appaccuddhāraṇe vematiko paribhuñjati, āpatti pācittiyassa. Appaccuddhāraṇe appaccuddhāraṇasaññī paribhuñjati, āpatti pācittiyassa.
Adhiṭṭheti vā vissajjeti vā, āpatti dukkaṭassa. Paccuddhāraṇe appaccuddhāraṇasaññī, āpatti dukkaṭassa. Paccuddhāraṇe vematiko, āpatti dukkaṭassa. Paccuddhāraṇe paccuddhāraṇasaññī, anāpatti.
376. Anāpatti so vā deti, tassa vā vissasanto paribhuñjati, ummattakassa, ādikammikassāti.
Vikappanasikkhāpadaṃ niṭṭhitaṃ navamaṃ.
10. Cīvaraapanidhānasikkhāpadaṃ
377. Tena samayena buddho Bhagavā sāvatthiyaṃ viharati jetavane anāthapiṇḍikassa ārāme. Tena kho pana samayena sattarasavaggiyā bhikkhū asannihitaparikkhārā honti. Chabbaggiyā bhikkhū sattarasavaggiyānaṃ bhikkhūnaṃ pattampi cīvarampi apanidhenti. Sattarasavaggiyā bhikkhū chabbaggiye bhikkhū etadavocuṃ – ''dethāvuso, amhākaṃ pattampi cīvarampī''ti. Chabbaggiyā bhikkhū hasanti, te rodanti. Bhikkhū evamāhaṃsu – ''kissa tumhe, āvuso, rodathā''ti? ''Ime, āvuso, chabbaggiyā bhikkhū amhākaṃ pattampi cīvarampi apanidhentī''ti. Ye te bhikkhū appicchā...pe... te ujjhāyanti khiyyanti vipācenti – ''kathañhi nāma chabbaggiyā bhikkhū bhikkhūnaṃ pattampi cīvarampi apanidhessantī''ti...pe... saccaṃ kira tumhe, bhikkhave, bhikkhūnaṃ pattampi cīvarampi apanidhethāti? ''Saccaṃ, Bhagavā''ti. Vigarahi buddho Bhagavā...pe... kathañhi nāma tumhe, moghapurisā, bhikkhūnaṃ pattampi cīvarampi apanidhessatha! Netaṃ, moghapurisā, appasannānaṃ vā pasādāya...pe... evañca pana, bhikkhave, imaṃ sikkhāpadaṃ uddiseyyātha –
378.''Yopana bhikkhu bhikkhussa pattaṃ vā cīvaraṃ vā nisīdanaṃ vā sūcigharaṃ vā kāyabandhanaṃ vā apanidheyya vā apanidhāpeyya vā, antamaso hasāpekkhopi, pācittiya''nti.
379.Yopanāti yo yādiso...pe... bhikkhūti...pe... ayaṃ imasmiṃ atthe adhippeto bhikkhūti.
Bhikkhussāti aññassa bhikkhussa.
Patto nāma dve pattā – ayopatto, mattikāpatto.
Cīvaraṃ nāma channaṃ cīvarānaṃ aññataraṃ cīvaraṃ, vikappanupagaṃ pacchimaṃ.
Nisīdanaṃ nāma sadasaṃ vuccati.
Sūcigharaṃ nāma sasūcikaṃ vā asūcikaṃ vā.
Kāyabandhanaṃ nāma dve kāyabandhanāni – paṭṭikā, sūkarantakaṃ.
Apanidheyya vāti sayaṃ apanidheti, āpatti pācittiyassa.
Apanidhāpeyya vāti aññaṃ āṇāpesi, āpatti pācittiyassa. Apanidhāpeyya vā ti ayyaṃ āṇāpeti, āpatti pācittiyassa. Sakiṃ āṇatto bahukampi apanidheti, āpatti pācittiyassa.
Antamaso hasāpekkhopīti kīḷādhippāyo.
380. Upasampanne upasampannasaññī pattaṃ vā cīvaraṃ vā nisīdanaṃ vā sūcigharaṃ vā kāyabandhanaṃ vā apanidheti vā apanidhāpeti vā, antamaso hasāpekkhopi, āpatti pācittiyassa. Upasampanne vematiko...pe... upasampanne anupasampannasaññī pattaṃ vā cīvaraṃ vā nisīdanaṃ vā sūcigharaṃ vā kāyabandhanaṃ vā apanidheti vā apanidhāpeti vā, antamaso hasāpekkhopi, āpatti pācittiyassa.
Aññaṃ parikkhāraṃ apanidheti vā apanidhāpeti vā, antamaso hasāpekkhopi, āpatti dukkaṭassa. Anupasampannassa pattaṃ vā cīvaraṃ vā aññaṃ vā parikkhāraṃ apanidheti vā apanidhāpeti vā, antamaso hasāpekkhopi, āpatti dukkaṭassa. Anupasampanne upasampannasaññī, āpatti dukkaṭassa. Anupasampanne vematiko, āpatti dukkaṭassa. Anupasampanne anupasampannasaññī, āpatti dukkaṭassa.
381. Anāpatti nahasādhippāyo, dunnikkhittaṃ paṭisāmeti, ''dhammiṃ kathaṃ katvā dassāmī''ti paṭisāmeti, ummattakassa, ādikammikassāti.
Cīvaraapanidhānasikkhāpadaṃ niṭṭhitaṃ dasamaṃ.
Surāpānavaggo chaṭṭho.
Tassuddānaṃ –
Surā aṅguli hāso ca [toyañca (itipi)], anādariyañca bhiṃsanaṃ;
Jotinahānadubbaṇṇaṃ, sāmaṃ apanidhena cāti.
7. Sappāṇakavaggo
1. Sañciccasikkhāpadaṃ

382. Tena samayena buddho Bhagavā sāvatthiyaṃ viharati jetavane anāthapiṇḍikassa ārāme. Tena kho pana samayena āyasmā udāyī issāso hoti, kākā cassa amanāpā honti. So kāke vijjhitvā vijjhitvā sīsaṃ chinditvā sūle paṭipāṭiyā ṭhapesi. Bhikkhū evamāhaṃsu – ''kenime, āvuso, kākā jīvitā voropitā''ti? ''Mayā, āvuso. Amanāpā me kākā''ti. Ye te bhikkhū appicchā...pe... te ujjhāyanti khiyyanti vipācenti – ''kathañhi nāma āyasmā udāyī sañcicca pāṇaṃ jīvitā voropessatī''ti...pe... saccaṃ kira tvaṃ, udāyi, sañcicca pāṇaṃ jīvitā voropesīti? ''Saccaṃ, Bhagavā''ti. Vigarahi buddho Bhagavā...pe... kathañhi nāma tvaṃ, moghapurisa, sañcicca pāṇaṃ jīvitā voropessasi! Netaṃ, moghapurisa, appasannānaṃ vā pasādāya...pe... evañca pana, bhikkhave, imaṃ sikkhāpadaṃ uddiseyyātha –

383.''Yopana bhikkhu sañcicca pāṇaṃ jīvitā voropeyya, pācittiya''nti.

384.Yo panāti yo yādiso...pe... bhikkhūti...pe... ayaṃ imasmiṃ atthe adhippeto bhikkhūti.

Sañciccāti jānanto sañjānanto cecca abhivitaritvā vītikkamo.

Pāṇo nāma tiracchānagatapāṇo vuccati.

Jīvitā voropeyyāti jīvitindriyaṃ upacchindati uparodheti santatiṃ vikopeti, āpatti pācittiyassa.

385. Pāṇe pāṇasaññī jīvitā voropeti, āpatti pācittiyassa. Pāṇe vematiko jīvitā voropeti, āpatti dukkaṭassa. Pāṇe appāṇasaññī jīvitā voropeti, anāpatti. Appāṇe pāṇasaññī, āpatti dukkaṭassa. Appāṇe vemitako, āpatti dukkaṭassa. Appāṇe appāṇasaññī, anāpatti.

386. Anāpatti asañcicca, assatiyā, ajānantassa, namaraṇādhippāyassa, ummattakassa, ādikammikassāti.

Sañciccasikkhāpadaṃ niṭṭhitaṃ paṭhamaṃ.

2. Sappāṇakasikkhāpadaṃ

387. Tena samayena buddho Bhagavā sāvatthiyaṃ viharati jetavane anāthapiṇḍikassa ārāme. Tena kho pana samayena chabbaggiyā bhikkhū jānaṃ sappāṇakaṃ udakaṃ paribhuñjanti. Ye te bhikkhū appicchā...pe... te ujjhāyanti khiyyanti vipācenti – ''kathañhi nāma chabbaggiyā bhikkhū jānaṃ sappāṇakaṃ udakaṃ paribhuñjissantī''ti...pe... saccaṃ kira tumhe, bhikkhave, jānaṃ sappāṇakaṃ udakaṃ paribhuñjathāti? ''Saccaṃ, Bhagavā''ti. Vigarahi buddho Bhagavā...pe... kathañhi nāma tumhe, moghapurisā, jānaṃ sappāṇakaṃ udakaṃ paribhuñjissatha! Netaṃ, moghapurisā, appasannānaṃ vā pasādāya...pe... evañca pana, bhikkhave, imaṃ sikkhāpadaṃ uddiseyyātha –

388.''Yo pana bhikkhu jānaṃ sappāṇakaṃ udakaṃ paribhuñjeyya, pācittiya''nti.

389.Yo panāti yo yādiso...pe... bhikkhūti...pe... ayaṃ imasmiṃ atthe adhippeto bhikkhūti.

Jānāti nāma sāmaṃ vā jānāti, aññe vā tassa ārocenti. ''Sappāṇaka''nti jānanto, ''paribhogena marissantī''ti jānanto paribhuñjati, āpatti pācittiyassa.

390. Sappāṇake sappāṇakasaññī paribhuñjati, āpatti pācittiyassa. Sappāṇake vematiko paribhuñjati, āpatti dukkaṭassa. Sappāṇake appāṇakasaññī paribhuñjati, anāpatti. Appāṇake sappāṇakasaññī, āpatti dukkaṭassa. Appāṇake vematiko, āpatti dukkaṭassa. Appāṇake appāṇakasaññī, anāpatti.

391. Anāpatti ''sappāṇaka''nti ajānanto, ''appāṇaka''nti jānanto, ''paribhogena na marissantī''ti jānanto paribhuñjati, ummattakassa, ādikammikassāti.

Sappāṇakasikkhāpadaṃ niṭṭhitaṃ dutiyaṃ.

3. Ukkoṭanasikkhāpadaṃ

392. Tena samayena buddho Bhagavā sāvatthiyaṃ viharati jetavane anāthapiṇḍikassa ārāme. Tena kho pana samayena chabbaggiyā bhikkhū jānaṃ yathādhammaṃ nihatādhikaraṇaṃ punakammāya ukkoṭenti – ''akataṃ kammaṃ dukkaṭaṃ kammaṃ puna kātabbaṃ kammaṃ anihataṃ dunnihataṃ puna nihanitabba''nti. Ye te bhikkhū appicchā...pe... te ujjhāyanti khiyyanti vipācenti – ''kathañhi nāma chabbaggiyā bhikkhū jānaṃ yathādhammaṃ nihatādhikaraṇaṃ punakammāya ukkoṭessantī''ti ...pe... saccaṃ kira tumhe, bhikkhave, jānaṃ yathādhammaṃ nihatādhikaraṇaṃ punakammāya ukkoṭethā''ti? ''Saccaṃ, Bhagavā''ti. Vigarahi buddho Bhagavā...pe... kathañhi nāma tumhe, moghapurisā, jānaṃ yathādhammaṃ nihatādhikaraṇaṃ punakammāya ukkoṭessatha! Netaṃ, moghapurisā, appasannānaṃ vā pasādāya...pe... evañca pana, bhikkhave, imaṃ sikkhāpadaṃ uddiseyyātha –

393.''Yo pana bhikkhu jānaṃ yathādhammaṃ nihatādhikaraṇaṃ punakammāya ukkoṭeyya, pācittiya''nti.

394.Yo panāti yo yādiso...pe... bhikkhūti...pe... ayaṃ imasmiṃ atthe adhippeto bhikkhūti.

Jānāti nāma sāmaṃ vā jānāti, aññe vā tassa ārocenti, so vā āroceti.

Yathādhammaṃ nāma dhammena vinayena satthusāsanena kataṃ, etaṃ yathādhammaṃ nāma.

Adhikaraṇaṃ nāma cattāri adhikaraṇāni – vivādādhikaraṇaṃ, anuvādādhikaraṇaṃ, āpattādhikaraṇaṃ, kiccādhikaraṇaṃ.

Punakammāya ukkoṭeyyāti ''akataṃ kammaṃ dukkaṭaṃ kammaṃ punakātabbaṃ kammaṃ anihataṃ dunnihataṃ puna nihanitabbaṃ''ti ukkoṭeti, āpatti pācittiyassa.

395. Dhammakamme dhammakammasaññī ukkoṭeti, āpatti pācittiyassa. Dhammakamme vematiko ukkoṭeti, āpatti dukkaṭassa. Dhammakamme adhammakammasaññī ukkoṭeti, anāpatti. Adhammakamme dhammakammasaññī, āpatti dukkaṭassa. Adhammakamme vematiko, āpatti dukkaṭassa. Adhammakamme adhammakammasaññī, anāpatti.

396. Anāpatti ''adhammena vā vaggena vā na kammārahassa vā kammaṃ kata''nti jānanto ukkoṭeti, ummattakassa, ādikammikassāti.
Ukkoṭanasikkhāpadaṃ niṭṭhitaṃ tatiyaṃ.
4. Duṭṭhullasikkhāpadaṃ
397. Tena samayena buddho Bhagavā sāvatthiyaṃ viharati jetavane anāthapiṇḍikassa ārāme. Tena kho pana samayena āyasmā upanando sakyaputto sañcetanikaṃ sukkavissaṭṭhiṃ āpattiṃ āpajjitvā bhātuno saddhivihārikassa bhikkhuno ārocesi – ''ahaṃ, āvuso, sañcetanikaṃ sukkavissaṭṭhiṃ āpattiṃ āpanno. Mā kassaci ārocehī''ti. Tena kho pana samayena aññataro bhikkhu sañcetanikaṃ sukkavissaṭṭhiṃ āpattiṃ āpajjitvā saṅghaṃ tassā āpattiyā parivāsaṃ yāci. Tassa saṅgho tassā āpattiyā parivāsaṃ adāsi. So parivasanto taṃ bhikkhuṃ passitvā etadavoca – ''ahaṃ, āvuso, sañcetanikaṃ sukkavissaṭṭhiṃ āpattiṃ āpajjitvā saṅghaṃ tassā āpattiyā parivāsaṃ yāciṃ, tassa me saṅgho tassā āpattiyā parivāsaṃ adāsi, sohaṃ parivasāmi, vediyāmahaṃ [vedayāmahaṃ (syā.)], āvuso, vediyatī''ti maṃ āyasmā dhāretū''ti.
''Kiṃ nu kho, āvuso, yo aññopi imaṃ āpattiṃ āpajjati sopi evaṃ karotī''ti? ''Evamāvuso''ti. ''Ayaṃ, āvuso, āyasmā upanando sakyaputto sañcetanikaṃ sukkavissaṭṭhiṃ āpattiṃ āpajjitvā [āpajji (?)] so me āroceti mā kassaci ārocehī''ti. ''Kiṃ pana tvaṃ, āvuso, paṭicchādesī''ti? ''Evamāvuso''ti. Atha kho so bhikkhu bhikkhūnaṃ etamatthaṃ ārocesi. Ye te bhikkhū appicchā...pe... te ujjhāyanti khiyyanti vipācenti – ''kathañhi nāma bhikkhu bhikkhussa jānaṃ duṭṭhullaṃ āpattiṃ paṭicchādessatī''ti...pe... saccaṃ kira tvaṃ, bhikkhu, bhikkhussa jānaṃ duṭṭhullaṃ āpattiṃ paṭicchādesīti. ''Saccaṃ, Bhagavā''ti. Vigarahi buddho Bhagavā...pe... kathañhi nāma tvaṃ, moghapurisa, bhikkhussa jānaṃ duṭṭhullaṃ āpattiṃ paṭicchādessasi! Netaṃ, moghapurisa, appasannānaṃ vā pasādāya...pe... evañca pana, bhikkhave, imaṃ sikkhāpadaṃ uddiseyyātha –
398.''Yopana bhikkhu bhikkhussa jānaṃ duṭṭhullaṃ āpattiṃ paṭicchādeyya, pācittiya''nti.
399.Yopanāti yo yādiso...pe... bhikkhūti...pe... ayaṃ imasmiṃ atthe adhippeto bhikkhūti.
Bhikkhussāti aññassa bhikkhussa.
Jānāti nāma sāmaṃ vā jānāti aññe vā tassa ārocenti, so vā āroceti.
Duṭṭhullā nāma āpatti cattāri ca pārājikāni terasa ca saṅghādisesā.
Paṭicchādeyyāti ''imaṃ jānitvā codessanti, sāressanti khuṃsessanti, vambhessanti, maṅkuṃ karissanti nārocessāmī''ti dhuraṃ nikkhittamatte, āpatti pācittiyassa.
400. Duṭṭhullāya āpattiyā duṭṭhullāpattisaññī paṭicchādeti, āpatti pācittiyassa. Duṭṭhullāya āpattiyā vematiko paṭicchādeti , āpatti dukkaṭassa. Duṭṭhullāya āpattiyā aduṭṭhullāpattisaññī paṭicchādeti, āpatti dukkaṭassa. Aduṭṭhullaṃ āpattiṃ paṭicchādeti, āpatti dukkaṭassa. Anupasampannassa duṭṭhullaṃ vā aduṭṭhullaṃ vā ajjhācāraṃ paṭicchādeti, āpatti dukkaṭassa. Aduṭṭhullāya āpattiyā duṭṭhullāpattisaññī, āpatti dukkaṭassa. Aduṭṭhullāya āpattiyā vematiko, āpatti dukkaṭassa. Aduṭṭhullāya āpattiyā aduṭṭhullāpattisaññī, āpatti dukkaṭassa.
401. Anāpatti – ''saṅghassa bhaṇḍanaṃ vā kalaho vā viggaho vā vivādo vā bhavissatī''ti nāroceti, ''saṅghabhedo vā saṅgharāji vā bhavissatī''ti nāroceti, ''ayaṃ kakkhaḷo pharuso jīvitantarāyaṃ vā brahmacariyantarāyaṃ vā karissatī''ti nāroceti, aññe patirūpe bhikkhū apassanto nāroceti, nachādetukāmo nāroceti, ''paññāyissati sakena kammenā''ti nāroceti, ummattakassa, ādikammikassāti.
Duṭṭhullasikkhāpadaṃ niṭṭhitaṃ catutthaṃ.
5. Ūnavīsativassasikkhāpadaṃ
402. Tena samayena buddho Bhagavā rājagahe viharati veḷuvane kalandakanivāpe. [idaṃ vatthu mahāva. 99] Tena kho pana samayena rājagahe sattarasavaggiyā dārakā sahāyakā honti. Upālidārako tesaṃ pāmokkho hoti. Atha kho upālissa mātāpitūnaṃ etadahosi – ''kena nu kho upāyena upāli amhākaṃ accayena sukhañca jīveyya na ca kilameyyā''ti? Atha kho upālissa mātāpitūnaṃ etadahosi – ''sace kho upāli lekhaṃ sikkheyya, evaṃ kho upāli amhākaṃ accayena sukhañca jīveyya, na ca kilameyyā''ti. Atha kho upālissa mātāpitūnaṃ etadahosi – ''sace kho upāli lekhaṃ sikkhissati, aṅguliyo dukkhā bhavissanti. Sace kho upāli gaṇanaṃ sikkheyya, evaṃ kho upāli amhākaṃ accayena sukhañca jīveyya na ca kilameyyā''ti. Atha kho upālissa mātāpitūnaṃ etadahosi – ''sace kho upāli gaṇanaṃ sikkhissati, urassa dukkho bhavissati. Sace kho upāli rūpaṃ sikkheyya, evaṃ kho upāli amhākaṃ accayena sukhañca jīveyya na ca kilameyyā''ti. Atha kho upālissa mātāpitūnaṃ etadahosi – ''sace kho upāli rūpaṃ sikkhissati, akkhīni dukkhā bhavissanti. Ime kho samaṇā sakyaputtiyā sukhasīlā sukhasamācārā subhojanāni bhuñjitvā nivātesu sayanesu sayanti. Sace kho upāli samaṇesu sakyaputtiyesu pabbajeyya, evaṃ kho upāli amhākaṃ accayena sukhañca jīveyya, na ca kilameyyā''ti.
Assosi kho upālidārako mātāpitūnaṃ imaṃ kathāsallāpaṃ. Atha kho upālidārako yena te dārakā tenupasaṅkami; upasaṅkamitvā te dārake etadavoca – ''etha mayaṃ, ayyā, samaṇesu sakyaputtiyesu pabbajissāmā''ti. ''Sace kho tvaṃ, ayya, pabbajissasi, evaṃ mayampi pabbajissāmā''ti. Atha kho te dārakā ekamekassa mātāpitaro upasaṅkamitvā etadavocuṃ – ''anujānātha maṃ agārasmā anagāriyaṃ pabbajjāyā''ti. Atha kho tesaṃ dārakānaṃ mātāpitaro – ''sabbepime dārakā samānacchandā kalyāṇādhippāyā''ti anujāniṃsu. Te bhikkhū upasaṅkamitvā pabbajjaṃ yāciṃsu. Te bhikkhū pabbājesuṃ upasampādesuṃ. Te rattiyā paccūsasamayaṃ paccuṭṭhāya rodanti – ''yāguṃ detha , bhattaṃ detha,

khādanīyaṃ dethā''ti. Bhikkhū evamāhaṃsu – ''āgametha, āvuso, yāva ratti vibhāyati. Sace yāgu bhavissati, pivissatha. Sace bhattaṃ bhavissati, bhuñjissatha. Sace khādanīyaṃ bhavissati, khādissatha. No ce bhavissati yāgu vā bhattaṃ vā khādanīyaṃ vā, piṇḍāya caritvā bhuñjissathā''ti. Evampi kho te bhikkhū bhikkhūhi vuccamānā rodantiyeva – ''yāguṃ detha, bhattaṃ detha, khādanīyaṃ dethā''ti. Senāsanaṃ ūhadantipi ummihantipi.

Assosi kho Bhagavā rattiyā paccūsasamayaṃ paccuṭṭhāya dārakasaddaṃ. Sutvāna āyasmantaṃ ānandaṃ āmantesi – ''kiṃ nu kho so, ānanda, dārakasaddo''ti? Atha kho āyasmā ānando bhagavato etamatthaṃ ārocesi. Atha kho Bhagavā etasmiṃ nidāne etasmiṃ pakaraṇe bhikkhusaṅghaṃ sannipātāpetvā bhikkhū paṭipucchi – ''saccaṃ kira, bhikkhave, bhikkhū jānaṃ ūnavīsativassaṃ puggalaṃ upasampādentī''ti? ''Saccaṃ, Bhagavā''ti. Vigarahi buddho Bhagavā...pe... kathañhi nāma te, bhikkhave, moghapurisā jānaṃ ūnavīsativassaṃ puggalaṃ upasampādessanti! Ūnakavīsativasso, bhikkhave, puggalo akkhamo hoti sītassa uṇhassa jighacchāya pipāsāya ḍaṃsamakasavātātapasarīsapasamphassānaṃ duruttānaṃ durāgatānaṃ vacanapathānaṃ uppannānaṃ sārīrikānaṃ vedanānaṃ dukkhānaṃ tibbānaṃ kharānaṃ kaṭukānaṃ asātānaṃ amanāpānaṃ pāṇaharānaṃ anadhivāsakajātiko hoti. Vīsativassova kho, bhikkhave, puggalo khamo hoti sītassa uṇhassa...pe... pāṇaharānaṃ adhivāsakajātiko hoti. Netaṃ, bhikkhave, appasannānaṃ vā pasādāya...pe... evañca pana, bhikkhave, imaṃ sikkhāpadaṃ uddiseyyātha –

403.''Yo pana bhikkhu jānaṃ ūnavīsativassaṃ puggalaṃ upasampādeyya, so ca puggalo anupasampanno, te ca bhikkhū gārayhā, idaṃ tasmiṃ pācittiya''nti.

404.Yo panāti yo yādiso...pe... bhikkhūti...pe... ayaṃ imasmiṃ atthe adhippeto bhikkhūti.

Jānāti nāma sāmaṃ vā jānāti, aññe vā tassa ārocenti, so vā āroceti.

Ūnavīsativasso nāma appattavīsativasso.

''Upasampādessāmī''ti gaṇaṃ vā ācariyaṃ vā pattaṃ vā cīvaraṃ vā pariyesati, sīmaṃ vā sammannati [sammanati (ka.)], āpatti dukkaṭassa. Ñattiyā dukkaṭaṃ. Dvīhi kammavācāhi dukkaṭā. Kammavācāpariyosāne upajjhāyassa āpatti pācittiyassa. Gaṇassa ca ācariyassa ca āpatti dukkaṭassa.

405. Ūnavīsativasse ūnavīsativassasaññī upasampādeti, āpatti pācittiyassa. Ūnavīsativasse vematiko upasampādeti, āpatti dukkaṭassa. Ūnavīsativasse paripuṇṇavīsativassasaññī upasampādeti, anāpatti. Paripuṇṇavīsativasse ūnavīsativassasaññī, āpatti dukkaṭassa. Paripuṇṇavīsativasse vematiko, āpatti dukkaṭassa. Paripuṇṇavīsativasse paripuṇṇavīsativassasaññī, anāpatti.

406. Anāpatti ūnavīsativassaṃ paripuṇṇavīsativassasaññī upasampādeti, paripuṇṇavīsativassaṃ paripuṇṇavīsativassasaññī upasampādeti, ummattakassa, ādikammikassāti.

Ūnavīsativassasikkhāpadaṃ niṭṭhitaṃ pañcamaṃ.

6. Theyyasatthasikkhāpadaṃ

407. Tena samayena buddho Bhagavā sāvatthiyaṃ viharati jetavane anāthapiṇḍikassa ārāme. Tena kho pana samayena aññataro sattho rājagahā paṭiyālokaṃ gantukāmo hoti. Aññataro bhikkhu te manusse etadavoca – ''ahampāyasmantehi saddhiṃ gamissāmī''ti. ''Mayaṃ kho, bhante, suṅkaṃ pariharissāmā''ti. ''Pajānāthāvuso''ti. Assosuṃ kho kammiyā [kammikā (sī. syā.)] – ''sattho kira suṅkaṃ pariharissatī''ti. Te magge pariyuṭṭhiṃsu. Atha kho te kammikā taṃ satthaṃ gahetvā acchinditvā taṃ bhikkhuṃ etadavocuṃ – ''kissa tvaṃ, bhante, jānaṃ theyyasatthena saddhiṃ gacchasī''ti? Palibundhetvā muñciṃsu. Atha kho so bhikkhu sāvatthiṃ gantvā bhikkhūnaṃ etamatthaṃ ārocesi. Ye te bhikkhū appicchā...pe... te ujjhāyanti khiyyanti vipācenti – ''kathañhi nāma bhikkhu jānaṃ theyyasatthena saddhiṃ saṃvidhāya ekaddhānamaggaṃ paṭipajjissatī''ti...pe... saccaṃ kira tvaṃ, bhikkhu, jānaṃ theyyasatthena saddhiṃ saṃvidhāya ekaddhānamaggaṃ paṭipajjasīti? ''Saccaṃ, Bhagavā''ti. Vigarahi buddho Bhagavā...pe... kathañhi nāma tvaṃ, moghapurisa, jānaṃ theyyasatthena saddhiṃ saṃvidhāya ekaddhānamaggaṃ paṭipajjissasi! Netaṃ, moghapurisa, appasannānaṃ vā pasādāya...pe... evañca pana, bhikkhave, imaṃ sikkhāpadaṃ uddiseyyātha –

408.''Yopana bhikkhu jānaṃ theyyasatthenasaddhiṃ saṃvidhāya ekaddhānamaggaṃ paṭipajjeyya, antamaso gāmantarampi, pācittiya''nti.

409.Yo panāti yo yādiso...pe... bhikkhūti...pe... ayaṃ imasmiṃ atthe adhippeto bhikkhūti.

Jānāti nāma sāmaṃ vā jānāti, aññe vā tassa ārocenti, so vā āroceti.

Theyyasattho nāma corā katakammā vā honti akatakammā vā, rājānaṃ vā theyyaṃ gacchanti suṅkaṃ vā pariharanti.

Saddhinti ekato.

Saṃvidhāyāti – ''gacchāmāvuso, gacchāma bhante; gacchāma bhante, gacchāmāvuso, ajja vā hiyyo vā pare vā gacchāmā''ti saṃvidahati, āpatti dukkaṭassa.

Antamaso gāmantarampīti kukkuṭasampāte gāme gāmantare gāmantare āpatti pācittiyassa. Agāmake araññe addhayojane addhayojane āpatti pācittiyassa.

410. Theyyasatthe theyyasatthasaññī saṃvidhāya ekaddhānamaggaṃ paṭipajjati, antamaso gāmantarampi, āpatti pācittiyassa. Theyyasatthe vematiko saṃvidhāya ekaddhānamaggaṃ paṭipajjati, antamaso gāmantarampi, āpatti dukkaṭassa. Theyyasatthe atheyyasatthasaññī saṃvidhāya ekaddhānamaggaṃ paṭipajjati, antamaso gāmantarampi, anāpatti. Bhikkhu saṃvidahati, manussā na

saṃvidahanti, āpattidukkaṭassa. Atheyyasatthe theyyasatthasaññī, āpatti dukkaṭassa. Atheyyasatthe vematiko, āpatti dukkaṭassa. Atheyyasatthe atheyyasatthasaññī anāpatti.
411. Anāpatti asaṃvidahitvā gacchati, manussā saṃvidahanti bhikkhu na saṃvidahati, visaṅketena gacchati, āpadāsu, ummattakassa, ādikammikassāti.
Theyyasatthasikkhāpadaṃ niṭṭhitaṃ chaṭṭhaṃ.
7. Saṃvidhānasikkhāpadaṃ
412. Tena samayena buddho Bhagavā sāvatthiyaṃ viharati jetavane anāthapiṇḍikassa ārāme. Tena kho pana samayena aññataro bhikkhu kosalesu janapade sāvatthiṃ gacchanto aññatarena gāmadvārena atikkamati. Aññatarā itthī sāmikena saha bhaṇḍitvā gāmato nikkhamitvā taṃ bhikkhuṃ passitvā etadavoca – "kahaṃ, bhante, ayyo gamissatī"ti? "Sāvatthiṃ kho ahaṃ, bhagini, gamissāmī"ti. "Ahaṃ ayyena saddhiṃ gamissāmī"ti. "Eyyāsi, bhaginī"ti. Atha kho tassā itthiyā sāmiko gāmato nikkhamitvā manusse pucchi – "apāyyo [apayyā (sī. syā.)] evarūpiṃ itthiṃ passeyyāthā"ti? "Esāyyo, pabbajitena saha gacchatī"ti. Atha kho so puriso anubandhitvā taṃ bhikkhuṃ gahetvā ākoṭetvā muñci. Atha kho so bhikkhu aññatarasmiṃ rukkhamūle padhūpento nisīdi. Atha kho sā itthī taṃ purisaṃ etadavoca – "nāyyo so bhikkhu maṃ nippātesi; apica, ahameva tena bhikkhunā saddhiṃ gacchāmi; akārako so bhikkhu; gaccha, naṃ khamāpehī"ti. Atha kho so puriso taṃ bhikkhuṃ khamāpesi. Atha kho so bhikkhu sāvatthiṃ gantvā bhikkhūnaṃ etamatthaṃ ārocesi. Ye te bhikkhū appicchā...pe... te ujjhāyanti khiyyanti vipācenti – "kathañhi nāma bhikkhu mātugāmena saddhiṃ saṃvidhāya ekaddhānamaggaṃ paṭipajjissatī"ti...pe... saccaṃ kira tvaṃ, bhikkhu, mātugāmena saddhiṃ saṃvidhāya ekaddhānamaggaṃ paṭipajjasīti? "Saccaṃ, Bhagavā"ti. Vigarahi buddho Bhagavā...pe... kathañhi nāma tvaṃ, moghapurisa, mātugāmena saddhiṃ saṃvidhāya ekaddhānamaggaṃ paṭipajjissasi! Netaṃ, moghapurisa, appasannānaṃ vā pasādāya...pe... evañca pana, bhikkhave, imaṃ sikkhāpadaṃ, uddiseyyātha –
413."Yo pana bhikkhu mātugāmena saddhiṃ saṃvidhāya ekaddhānamaggaṃ paṭipajjeyya, antamaso gāmantarampi, pācittiya"nti.
414.Yo panāti yo yādiso...pe... bhikkhūti...pe... ayaṃ imasmiṃ atthe adhippeto bhikkhūti.
Mātugāmo nāma manussitthī, na yakkhī na petī na tiracchānagatā viññū paṭibalā subhāsitadubbhāsitaṃ duṭṭhullāduṭṭhullaṃ ājānituṃ.
Saddhinti ekato.
Saṃvidhāyāti – "gacchāma bhagini, gacchāmāyya, gacchāmāyya, gacchāma bhagini, ajja vā hiyyo vā pare vā gacchāmā"ti saṃvidahati, āpatti dukkaṭassa.
Antamaso gāmantarampīti kukkuṭasampāte gāme gāmantare gāmantare āpatti pācittiyassa. Agāmake araññe addhayojane addhayojane āpatti pācittiyassa.
415. Mātugāme mātugāmasaññī saṃvidhāya ekaddhānamaggaṃ paṭipajjati, antamaso gāmantarampi, āpatti pācittiyassa. Mātugāme vematiko saṃvidhāya ekaddhānamaggaṃ paṭipajjati, antamaso gāmantarampi, āpatti pācittiyassa. Mātugāme amātugāmasaññī saṃvidhāya ekaddhānamaggaṃ paṭipajjati, antamaso gāmantarampi, āpatti pācittiyassa.
Bhikkhu saṃvidahati mātugāmo na saṃvidahati, āpatti dukkaṭassa. Yakkhiyā vā petiyā paṇḍakena vā tiracchānagatamanussaviggahitthiyā vā saddhiṃ saṃvidhāya ekaddhānamaggaṃ paṭipajjati, antamaso gāmantarampi, āpatti dukkaṭassa. Amātugāme mātugāmasaññī, āpatti dukkaṭassa. Amātugāme vematiko, āpatti dukkaṭassa. Amātugāme amātugāmasaññī, anāpatti.
416. Anāpatti asaṃvidahitvā gacchati, mātugāmo saṃvidahati bhikkhu na saṃvidahati, visaṅketena gacchati, āpadāsu, ummattakassa, ādikammikassāti.
Saṃvidhānasikkhāpadaṃ niṭṭhitaṃ sattamaṃ.
8. Ariṭṭhasikkhāpadaṃ
417.[idaṃ vatthu cūḷava. 65; ma. ni. 1.234] Tena samayena buddho Bhagavā sāvatthiyaṃ viharati jetavane anāthapiṇḍikassa ārāme. Tena kho pana samayena ariṭṭhassa nāma bhikkhuno gaddhabādhipubbassa [gandhabādhipubbassa (syā. ka.)] evarūpaṃ pāpakaṃ diṭṭhigataṃ uppannaṃ hoti – "tathāhaṃ bhagavatā dhammaṃ desitaṃ ājānāmi yathā yeme antarāyikā dhammā vuttā bhagavatā te paṭisevato nālaṃ antarāyāyā"ti. Assosuṃ kho sambahulā bhikkhū – "ariṭṭhassa kira nāma bhikkhuno gaddhabādhipubbassa evarūpaṃ pāpakaṃ diṭṭhigataṃ uppannaṃ – 'tathāhaṃ bhagavatā dhammaṃ desitaṃ ājānāmi, yathā yeme antarāyikā dhammā vuttā bhagavatā, te paṭisevato nālaṃ antarāyāyā'"ti. Atha kho te bhikkhū yena ariṭṭho bhikkhu gaddhabādhipubbo tenupasaṅkamiṃsu; upasaṅkamitvā ariṭṭhaṃ bhikkhuṃ gaddhabādhipubbaṃ etadavocuṃ – "saccaṃ kira te, āvuso ariṭṭha, evarūpaṃ pāpakaṃ diṭṭhigataṃ uppannaṃ – 'tathāhaṃ bhagavatā dhammaṃ desitaṃ ājānāmi, yathā yeme antarāyikā dhammā vuttā bhagavatā, te paṭisevato nālaṃ antarāyāyā'"ti? "Evaṃbyākho ahaṃ, āvuso, bhagavatā dhammaṃ desitaṃ ājānāmi – 'yathā yeme antarāyikā dhammā vuttā bhagavatā te paṭisevato nālaṃ antarāyāyā'"ti.
"Mā, āvuso ariṭṭha, evaṃ avaca. Mā bhagavantaṃ abbhācikkhi. Na hi sādhu bhagavato abbhakkhānaṃ [abbhācikkhanaṃ (itipi)]. Na hi Bhagavā evaṃ vadeyya . Anekapariyāyenāvuso ariṭṭha,

antarāyikā dhammā antarāyikā vuttā bhagavatā. Alañca pana te paṭisevato antarāyāya. Appassādā kāmā vuttā bhagavatā bahudukkhā bahupāyāsā, ādīnavo ettha bhiyyo. Aṭṭhikaṅkalūpamā kāmā vuttā bhagavatā bahudukkhā bahupāyāsā, ādīnavo ettha bhiyyo. Maṃsapesūpamā kāmā vuttā bhagavatā...pe... tiṇukkūpamā kāmā vuttā bhagavatā... aṅgārakāsūpamā kāmā vuttā bhagavatā... supinakūpamā kāmā vuttā bhagavatā... yācitakūpamā kāmā vuttā bhagavatā... rukkhaphalūpamā kāmā vuttā bhagavatā... asisūnūpamā kāmā vuttā bhagavatā... sattisūlūpamā kāmā vuttā bhagavatā... sappasirūpamā kāmā vuttā bhagavatā bahudukkhā bahupāyāsā, ādīnavo ettha bhiyyo''ti.

Evampi kho ariṭṭho bhikkhu gaddhabādhipubbo tehi bhikkhūhi vuccamāno tatheva taṃ pāpakaṃ diṭṭhigataṃ thāmasā parāmāsā abhinivissa voharati – ''evaṃbyākho ahaṃ, āvuso, bhagavatā dhammaṃ desitaṃ ājānāmi, – 'yathā yeme antarāyikā dhammā vuttā bhagavatā, te paṭisevato nālaṃ antarāyāyā'''ti. Yato ca kho te bhikkhū nāsakkhiṃsu ariṭṭhaṃ bhikkhuṃ gaddhabādhipubbaṃ etasmā pāpakā diṭṭhigatā vivecetuṃ, atha kho te bhikkhū yena Bhagavā tenupasaṅkamiṃsu; upasaṅkamitvā bhagavato etamatthaṃ ārocesuṃ. Atha kho Bhagavā etasmiṃ nidāne etasmiṃ pakaraṇe bhikkhusaṅghaṃ sannipātāpetvā ariṭṭhaṃ bhikkhuṃ gaddhabādhipubbaṃ paṭipucchi – ''saccaṃ kira te, ariṭṭha, evarūpaṃ pāpakaṃ diṭṭhigataṃ uppannaṃ – 'tathāhaṃ bhagavatā dhammaṃ desitaṃ ājānāmi yathā yeme antarāyikā dhammā vuttā bhagavatā te paṭisevato nālaṃ antarāyāyā'''ti ? ''Evaṃbyākho ahaṃ, bhante, bhagavatā dhammaṃ desitaṃ ājānāmi – 'yathā yeme antarāyikā dhammā vuttā bhagavatā te paṭisevato nālaṃ antarāyāyā'''ti.

Kassa nu kho nāma tvaṃ, moghapurisa, mayā evaṃ dhammaṃ desitaṃ ājānāsi? Nanu mayā, moghapurisa, anekapariyāyena antarāyikā dhammā antarāyikā vuttā. Alañca pana te paṭisevato antarāyāya. Appassādā kāmā vuttā mayā bahudukkhā bahupāyāsā, ādīnavo ettha bhiyyo. Aṭṭhikaṅkalūpamā kāmā vuttā mayā...pe... maṃsapesūpamā kāmā vuttā mayā... tiṇukkūpamā kāmā vuttā mayā... aṅgārakāsūpamā kāmā vuttā mayā... supinakūpamā kāmā vuttā mayā... yācitakūpamā kāmā vuttā mayā... rukkhaphalūpamā kāmā vuttā mayā... asisūnūpamā kāmā vuttā mayā... sattisūlūpamā kāmā vuttā mayā... sappasirūpamā kāmā vuttā mayā bahudukkhā bahupāyāsā, ādīnavo ettha bhiyyo. Atha ca pana tvaṃ, moghapurisa, attanā duggahitena amhe ceva abbhācikkhasi, attānañca khaṇasi, bahuñca apuññaṃ pasavasi. Tañhi te, moghapurisa, bhavissati dīgharattaṃ ahitāya dukkhāya. Netaṃ, moghapurisa, appasannānaṃ vā pasādāya...pe.... Evañca pana, bhikkhave, imaṃ sikkhāpadaṃ uddiseyyātha –

418.''Yo pana bhikkhu evaṃ vadeyya – 'tathāhaṃ bhagavatā dhammaṃ desitaṃ ājānāmi, yathā yeme antarāyikā dhammā vuttā bhagavatā, te paṭisevato nālaṃ antarāyāyā'ti so bhikkhu bhikkhūhi evamassa vacanīyo – 'māyasmā evaṃ avaca, mā bhagavantaṃ abbhācikkhi, na hi sādhu bhagavato abbhakkhānaṃ, na hi Bhagavā evaṃ vadeyya, anekapariyāyenāvuso, antarāyikā dhammā antarāyikā vuttā bhagavatā, alañca pana te paṭisevato antarāyāyā'ti. Evañca [evañca pana (ka.)] so bhikkhu bhikkhūhi vuccamāno tatheva paggaṇheyya, so bhikkhu bhikkhūhi yāvatatiyaṃ samanubhāsitabbo tassa paṭinissaggāya. Yāvatatiyañce samanubhāsiyamāno taṃ paṭinissajjeyya, iccetaṃ kusalaṃ, no ce paṭinissajjeyya, pācittiya''nti.

419.Yo panāti yo yādiso...pe... bhikkhūti...pe... ayaṃ imasmiṃ atthe adhippeto bhikkhūti.

Evaṃ vadeyyāti – ''tathāhaṃ bhagavatā dhammaṃ desitaṃ ājānāmi, yathā yeme antarāyikā dhammā vuttā bhagavatā te paṭisevato nālaṃ antarāyāyā''ti.

Sobhikkhūti yo so evaṃvādī bhikkhu.

Bhikkhūhīti aññehi bhikkhūhi. Ye passanti ye suṇanti tehi vattabbo – ''māyasmā evaṃ avaca, mā bhagavantaṃ abbhācikkhi, na hi sādhu bhagavato abbhakkhānaṃ, na hi Bhagavā evaṃ vadeyya, anekapariyāyenāvuso antarāyikā dhammā antarāyikā vuttā bhagavatā. Alañca pana te paṭisevato antarāyāyā''ti. Dutiyampi vattabbo. Tatiyampi vattabbo. Sace paṭinissajjati , iccetaṃ kusalaṃ; no ce paṭinissajjati, āpatti dukkaṭassa. Sutvā na vadanti, āpatti dukkaṭassa. So bhikkhu saṅghamajjhampi ākaḍḍhitvā vattabbo – ''māyasmā evaṃ avaca, mā bhagavantaṃ abbhācikkhi, na hi sādhu bhagavato abbhakkhānaṃ, na hi Bhagavā evaṃ vadeyya, anekapariyāyenāvuso antarāyikā dhammā antarāyikā vuttā bhagavatā. Alañca pana te paṭisevato antarāyāyā''ti. Dutiyampi vattabbo. Tatiyampi vattabbo. Sace paṭinissajjati, iccetaṃ kusalaṃ. No ce paṭinissajjati, āpatti dukkaṭassa. So bhikkhu samanubhāsitabbo. Evañca pana, bhikkhave, samanubhāsitabbo. Byattena bhikkhunā paṭibalena saṅgho ñāpetabbo –

420. ''Suṇātu me, bhante, saṅgho. Itthannāmassa bhikkhuno evarūpaṃ pāpakaṃ diṭṭhigataṃ uppannaṃ – 'tathāhaṃ bhagavatā dhammaṃ desitaṃ ājānāmi, yathā yeme antarāyikā dhammā vuttā bhagavatā, te paṭisevato nālaṃ antarāyāyā'ti. So taṃ diṭṭhiṃ na paṭinissajjati. Yadi saṅghassa pattakallaṃ, saṅgho itthannāmaṃ bhikkhuṃ samanubhāseyya – tassā diṭṭhiyā paṭinissaggāya. Esā ñatti.

''Suṇātu me, bhante, saṅgho. Itthannāmassa bhikkhuno evarūpaṃ pāpakaṃ diṭṭhigataṃ uppannaṃ – 'tathāhaṃ bhagavatā dhammaṃ desitaṃ ājānāmi, yathā yeme antarāyikā dhammā vuttā bhagavatā, te paṭisevato nālaṃ antarāyāyā'ti. So taṃ diṭṭhiṃ na paṭinissajjati. Saṅgho itthannāmaṃ bhikkhuṃ

samanubhāsati tassā diṭṭhiyā paṭinissaggāya. Yassāyasmato khamati itthannāmassa bhikkhuno samanubhāsanā, tassā diṭṭhiyā paṭinissaggāya, so tuṇhassa; yassa nakkhamati, so bhāseyya.
"Dutiyampi etamatthaṃ vadāmi...pe... tatiyampi etamatthaṃ vadāmi – "suṇātu me, bhante, saṅgho. Itthannāmassa bhikkhuno evarūpaṃ pāpakaṃ diṭṭhigataṃ uppannaṃ – 'tathāhaṃ bhagavatā dhammaṃ desitaṃ ājānāmi yathā yeme antarāyikā dhammā vuttā bhagavatā te paṭisevato nālaṃ antarāyāyā'ti . So taṃ diṭṭhiṃ na paṭinissajjati. Saṅgho itthannāmaṃ bhikkhuṃ samanubhāsati tassā diṭṭhiyā paṭinissaggāya. Yassāyasmato khamati itthannāmassa bhikkhuno samanubhāsanā, tassā diṭṭhiyā paṭinissaggāya, so tuṇhassa; yassa nakkhamati, so bhāseyya.
"Samanubhaṭṭho saṅghena itthannāmo bhikkhu, tassā diṭṭhiyā paṭinissaggāya. Khamati saṅghassa, tasmā tuṇhī, evametaṃ dhārayāmī''ti.
Ñattiyā dukkaṭaṃ. Dvīhi kammavācāhi dukkaṭā. Kammavācāpariyosāne āpatti pācittiyassa.
421. Dhammakamme dhammakammasaññī na paṭinissajjati, āpatti pācittiyassa. Dhammakamme vematiko na paṭinissajjati, āpatti pācittiyassa dhammakamme adhammakammasaññī na paṭinissajjati, āpatti pācittiyassa.
Adhammakamme dhammakammasaññī, āpatti dukkaṭassa. Adhammakamme vematiko, āpatti dukkaṭassa. Adhammakamme adhammakammasaññī, āpatti dukkaṭassa.
422. Anāpatti asamanubhāsantassa, paṭinissajjantassa, ummattakassāti.
Ariṭṭhasikkhāpadaṃ niṭṭhitaṃ aṭṭhamaṃ.
9. Ukkhittasambhogasikkhāpadaṃ
423. Tena samayena buddho Bhagavā sāvatthiyaṃ viharati jetavane anāthapiṇḍikassa ārāme. Tena kho pana samayena chabbaggiyā bhikkhū jānaṃ tathāvādinā ariṭṭhena bhikkhunā [bhikkhunā gaddhabādhipubbena (?)] akaṭānudhammena taṃ diṭṭhiṃ appaṭinissaṭṭhena saddhiṃ sambhuñjantipi saṃvasantipi sahāpi seyyaṃ kappenti. Ye te bhikkhū appicchā...pe... te ujjhāyanti khiyyanti vipācenti – kathañhi nāma chabbaggiyā bhikkhū jānaṃ tathāvādinā ariṭṭhena bhikkhunā [bhikkhunā gaddhabādhipubbena (?)] akaṭānudhammena taṃ diṭṭhiṃ appaṭinissaṭṭhena saddhiṃ sambhuñjissantipi saṃvasissantipi sahāpi seyyaṃ kappessantīti...pe... saccaṃ kira tumhe, bhikkhave, jānaṃ tathāvādinā ariṭṭhena bhikkhunā [bhikkhunā gaddhabādhipubbena (?)] akaṭānudhammena taṃ diṭṭhiṃ appaṭinissaṭṭhena saddhiṃ sambhuñjathāpi saṃvasathāpi sahāpi seyyaṃ kappethāti? "Saccaṃ, Bhagavā''ti. Vigarahi buddho Bhagavā...pe... kathañhi nāma tumhe, moghapurisā, jānaṃ tathāvādinā ariṭṭhena bhikkhunā [bhikkhunā gaddhabādhipubbane (?)] akaṭānudhammena taṃ diṭṭhiṃ appaṭinissaṭṭhena saddhiṃ sambhuñjissathāpi saṃvasissathāpi sahāpi seyyaṃ kappessatha! Netaṃ, moghapurisā, appasannānaṃ vā pasādāya...pe... evañca pana, bhikkhave, imaṃ sikkhāpadaṃ uddiseyyātha –
424."Yopana bhikkhu jānaṃ tathāvādinā bhikkhunā akaṭānudhammena taṃ diṭṭhiṃ appaṭinissaṭṭhena saddhiṃ sambhuñjeyya vā saṃvaseyya vā saha vā seyyaṃkappeyya, pācittiya''nti.
425.Yo panāti yo yādiso...pe... bhikkhūti...pe... ayaṃ imasmiṃ atthe adhippeto bhikkhūti.
Jānāti nāma sāmaṃ vā jānāti, aññe vā tassa ārocenti, so vā āroceti.
Tathāvādināti – "tathāhaṃ bhagavatā dhammaṃ desitaṃ ājānāmi, yathā yeme antarāyikā dhammā vuttā bhagavatā, te paṭisevato nālaṃ antarāyāyā''ti evaṃ vādinā.
Akaṭānudhammo nāma ukkhitto anosārito.
Taṃ diṭṭhiṃ appaṭinissaṭṭhena saddhinti etaṃ diṭṭhiṃ appaṭinissaṭṭhena saddhiṃ.
Sambhuñjeyya vāti sambhogo nāma dve sambhogā – āmisasambhogo ca dhammasambhogo ca. Āmisasambhogo nāma āmisaṃ deti vā paṭiggaṇhāti vā, āpatti pācittiyassa. Dhammasambhogo nāma uddisati vā uddisāpeti vā, padena uddisati vā uddisāpeti vā, pade pade āpatti pācittiyassa. Akkharāya uddisati vā uddisāpeti vā, akkharakkharāya āpatti pācittiyassa.
Saṃvaseyyavāti ukkhittakena saddhiṃ uposathaṃ vā pavāraṇaṃ vā saṅghakammaṃ vā karoti, āpatti pācittiyassa.
Sahavā seyyaṃ kappeyyāti ekacchanne ukkhittake nipanne bhikkhu nipajjati, āpatti pācittiyassa. Bhikkhu nipanne ukkhittako nipajjati, āpatti pācittiyassa. Ubho vā nipajjanti, āpatti pācittiyassa. Uṭṭhahitvā punappunaṃ nipajjanti, āpatti pācittiyassa.
426. Ukkhittake ukkhittakasaññī sambhuñjati vā saṃvasati vā saha vā seyyaṃ kappeti, āpatti pācittiyassa. Ukkhittake vematiko sambhuñjati vā saṃvasati vā saha vā seyyaṃ kappeti, āpatti dukkaṭassa. Ukkhittake anukkhittakasaññī sambhuñjati vā saṃvasati vā saha vā seyyaṃ kappeti, anāpatti . Anukkhittake ukkhittakasaññī, āpatti dukkaṭassa. Anukkhittake vematiko, āpatti dukkaṭassa. Anukkhittake anukkhittakasaññī, anāpatti.
427. Anāpatti anukkhittoti jānāti, ukkhitto osāritoti jānāti, ukkhitto taṃ diṭṭhiṃ paṭinissaṭṭhoti jānāti, ummattakassa, ādikammikassāti.
Ukkhittasambhogasikkhāpadaṃ niṭṭhitaṃ navamaṃ.
10. Kaṇṭakasikkhāpadaṃ

428. Tena samayena buddho Bhagavā sāvatthiyaṃ viharati jetavane anāthapiṇḍikassa ārāme. Tena kho pana samayena kaṇṭakassa [kaṇḍakassa (syā. ka.)] nāma samaṇuddesassa evarūpaṃ pāpakaṃ diṭṭhigataṃ uppannaṃ hoti – ''tathāhaṃ bhagavatā dhammaṃ desitaṃ ājānāmi, yathā yeme antarāyikā dhammā vuttā bhagavatā te paṭisevato nālaṃ antarāyāyā''ti. Assosuṃ kho sambahulā bhikkhū kaṇṭakassa nāma kira samaṇuddesassa evarūpaṃ pāpakaṃ diṭṭhigataṃ uppannaṃ – ''tathāhaṃ bhagavatā dhammaṃ desitaṃ ājānāmi, yathā yeme antarāyikā dhammā vuttā bhagavatā, te paṭisevato nālaṃ antarāyāyā''ti. Atha kho te bhikkhū yena kaṇṭako samaṇuddeso tenupasaṅkamiṃsu; upasaṅkamitvā kaṇṭakaṃ samaṇuddesaṃ etadavocuṃ – ''saccaṃ kira te, āvuso kaṇṭaka, evarūpaṃ pāpakaṃ diṭṭhigataṃ uppannaṃ – 'tathāhaṃ bhagavatā dhammaṃ desitaṃ ājānāmi, yathā ye'me antarāyikā dhammā vuttā bhagavatā te paṭisevato nālaṃ antarāyāyā'''ti? ''Evaṃbyākho ahaṃ, bhante, bhagavatā dhammaṃ desitaṃ ājānāmi – 'yathā yeme antarāyikā dhammā vuttā bhagavatā te paṭisevato nālaṃ antarāyāyā'''ti.

Mā , āvuso kaṇṭaka, evaṃ avaca. Mā bhagavantaṃ abbhācikkhi. Na hi sādhu bhagavato abbhakkhānaṃ. Na hi Bhagavā evaṃ vadeyya. Anekapariyāyena, āvuso kaṇṭaka, antarāyikā dhammā antarāyikā vuttā bhagavatā. Alañca pana te paṭisevato antarāyāya. Appassādā kāmā vuttā bhagavatā bahudukkhā bahupāyāsā, ādīnavo ettha bhiyyo...pe... evampi kho kaṇṭako samaṇuddeso tehi bhikkhūhi vuccamāno tatheva taṃ pāpakaṃ diṭṭhigataṃ thāmasā parāmāsā abhinivissa voharati – ''evaṃbyākho ahaṃ, bhante, bhagavatā dhammaṃ desitaṃ ājānāmi – 'yathā yeme antarāyikā dhammā vuttā bhagavatā te paṭisevato nālaṃ antarāyāyā'''ti.

Yato ca kho te bhikkhū nāsakkhiṃsu kaṇṭakaṃ samaṇuddesaṃ etasmā pāpakā diṭṭhigatā vivecetuṃ, atha kho te bhikkhū yena Bhagavā tenupasaṅkamiṃsu; upasaṅkamitvā bhagavato etamatthaṃ ārocesuṃ. Atha kho Bhagavā etasmiṃ nidāne etasmiṃ pakaraṇe bhikkhusaṅghaṃ sannipātāpetvā kaṇṭakaṃ samaṇuddesaṃ paṭipucchi – ''saccaṃ kira te, kaṇṭaka, evarūpaṃ pāpakaṃ diṭṭhigataṃ uppannaṃ – 'tathāhaṃ bhagavatā dhammaṃ desitaṃ ājānāmi, yathā yeme antarāyikā dhammā vuttā bhagavatā te paṭisevato nālaṃ antarāyāyā'''ti? ''Evaṃbyākho ahaṃ, bhante, bhagavatā dhammaṃ desitaṃ ājānāmi – 'yathā yeme antarāyikā dhammā vuttā bhagavatā te paṭisevato nālaṃ antarāyāyā'''ti.

''Kassa nu kho nāma tvaṃ, moghapurisa, mayā evaṃ dhammaṃ desitaṃ ājānāsi? Nanu mayā, moghapurisa, anekapariyāyena antarāyikā dhammā antarāyikā vuttā, alañca pana te paṭisevato antarāyāya? Appassādā kāmā vuttā mayā bahudukkhā bahupāyāsā, ādīnavo ettha bhiyyo. Aṭṭhikaṅkalūpamā kāmā vuttā mayā...pe... sappasirūpamā kāmā vuttā mayā bahudukkhā bahupāyāsā, ādīnavo ettha bhiyyo. Atha ca pana tvaṃ, moghapurisa, attanā duggahitena amhe ceva abbhācikkhasi attānañca khaṇasi bahuñca apuññaṃ pasavasi. Tañhi te, moghapurisa, bhavissati dīgharattaṃ ahitāya dukkhāya. Netaṃ, moghapurisa, appasannānaṃ vā pasādāya...pe... pasannānañca ekaccānaṃ aññathattāyā''ti. Vigarahitvā...pe... dhammiṃ kathaṃ katvā bhikkhū āmantesi – ''tena hi, bhikkhave, saṅgho kaṇṭakaṃ samaṇuddesaṃ nāsetu. Evañca pana, bhikkhave, nāsetabbo – ajjatagge te, āvuso kaṇṭaka, na ceva so Bhagavā satthā apadisitabbo. Yampi caññe samaṇuddesā labhanti bhikkhūhi saddhiṃ dirattatirattaṃ sahaseyyaṃ sāpi te natthi. Cara pire vinassā''ti. Atha kho saṅgho kaṇṭakaṃ samaṇuddesaṃ nāsesi.

Tena kho pana samayena chabbaggiyā bhikkhū jānaṃ tathānāsitaṃ kaṇṭakaṃ samaṇuddesaṃ upalāpentipi upaṭṭhāpentipi sambhuñjantipi sahāpi seyyaṃ kappenti. Ye te bhikkhū appicchā...pe... te ujjhāyanti khiyyanti vipācenti – ''kathañhi nāma chabbaggiyā bhikkhū jānaṃ tathānāsitaṃ kaṇṭakaṃ samaṇuddesaṃ upalāpessantipi upaṭṭhāpessantipi sambhuñjissantipi sahāpi seyyaṃ kappessantī''ti...pe... saccaṃ kira tumhe, bhikkhave, jānaṃ tathānāsitaṃ kaṇṭakaṃ samaṇuddesaṃ upalāpethāpi upaṭṭhāpethāpi sambhuñjathāpi sahāpi seyyaṃ kappethāti? ''Saccaṃ, Bhagavā''ti. Vigarahi buddho Bhagavā...pe... kathañhi nāma tumhe, moghapurisā, jānaṃ tathānāsitaṃ kaṇṭakaṃ samaṇuddesaṃ upalāpessathāpi upaṭṭhāpessathāpi sambhuñjissathāpi sahāpi seyyaṃ kappessatha ! Netaṃ, moghapurisā, appasannānaṃ vā pasādāya...pe... evañca pana, bhikkhave, imaṃ sikkhāpadaṃ uddiseyyātha –

429.''Samaṇuddesopi ce evaṃ vadeyya – 'tathāhaṃ bhagavatā dhammaṃ desitaṃ ājānāmi, yathā yeme antarāyikā dhammā vuttā bhagavatā te paṭisevato nālaṃ antarāyāyā'ti, so samaṇuddeso bhikkhūhi evamassa vacanīyo – 'māvuso samaṇuddesa, evaṃ avaca, mā bhagavantaṃ abbhācikkhi, na hi sādhu bhagavato abbhakkhānaṃ, na hi Bhagavā evaṃ vadeyya. Anekapariyāyenāvuso samaṇuddesa, antarāyikā dhammā antarāyikā vuttā bhagavatā. Alañca pana te paṭisevato antarāyāyā'ti. Evañca [evañca pana (ka.)] so samaṇuddeso bhikkhūhi vuccamāno tatheva paggaṇheyya, so samaṇuddeso bhikkhūhi evamassa vacanīyo – 'ajjatagge te, āvuso samaṇuddesa, na ceva so Bhagavā satthā apadisitabbo. Yampi caññe samaṇuddesā labhanti bhikkhūhi saddhiṃ dirattatirattaṃ sahaseyyaṃ sāpi te natthi. Cara pire vinassā'ti. Yo pana bhikkhu jānaṃ tathānāsitaṃ samaṇuddesaṃ upalāpeyya vā upaṭṭhāpeyya vā sambhuñjeyya vā saha vā seyyaṃ kappeyya, pācittiya''nti.

430.Samaṇuddeso nāma sāmaṇero vuccati.

Evaṃvadeyyāti – ''tathāhaṃ bhagavatā dhammaṃ desitaṃ ājānāmi, yathāyeme antarāyikā dhammā vuttā bhagavatā, te paṭisevato nālaṃ antarāyāyā''ti.

Sosamaṇuddesoti yo so evaṃvādī samaṇuddeso.
Bhikkhūhīti aññehi bhikkhūhi, ye passanti ye suṇanti tehi vattabbo – ''mā, āvuso samaṇuddesa, evaṃ avaca. Mā bhagavantaṃ abbhācikkhi. Na hi sādhu bhagavato abbhakkhānaṃ. Na hi Bhagavā evaṃ vadeyya. Anekapariyāyenāvuso samaṇuddesa, antarāyikā dhammā antarāyikā vuttā bhagavatā. Alañca pana te paṭisevato antarāyāyā''ti. Dutiyampi vattabbo... tatiyampi vattabbo...pe... sace paṭinissajjati iccetaṃ kusalaṃ, no ce paṭinissajjati so samaṇuddeso bhikkhūhi evamassa vacanīyo – ''ajjatagge te, āvuso samaṇuddesa, na ceva so Bhagavā satthā apadisitabbo. Yampi caññe samaṇuddesā labhanti bhikkhūhi saddhiṃ dirattatirattaṃ sahaseyyaṃ sāpi te natthi. Cara pire vinassā''ti.
Yo panāti yo yādiso...pe... bhikkhūti...pe... ayaṃ imasmiṃ atthe adhippeto bhikkhūti.
Jānāti nāma sāmaṃ vā jānāti, aññe vā tassa ārocenti, so vā āroceti.
Tathānāsitanti evaṃ nāsitaṃ.
Samaṇuddeso nāma sāmaṇero vuccati.
Upalāpeyya vāti tassa pattaṃ vā cīvaraṃ vā uddesaṃ vā paripucchaṃ vā dassāmīti upalāpeti, āpatti pācittiyassa.
Upaṭṭhāpeyya vāti tassa cuṇṇaṃ vā mattikaṃ vā dantakaṭṭhaṃ vā mukhodakaṃ vā sādiyati, āpatti pācittiyassa.
Sambhuñjeyya vāti sambhogo nāma dve sambhogā – āmisasambhogo ca dhammasambhogo ca. Āmisasambhogo nāma āmisaṃ deti vā paṭiggaṇhāti vā, āpatti pācittiyassa. Dhammasambhogo nāma uddisati vā uddisāpeti vā, padena uddisati vā uddisāpeti vā, pade pade āpatti pācittiyassa. Akkharāya uddisati vā uddisāpeti vā, akkharakkharāya āpatti pācittiyassa.
Sahavā seyyaṃ kappeyyāti ekacchanne nāsitake samaṇuddese nipanne bhikkhu nipajjati, āpatti pācittiyassa. Bhikkhu nipanne nāsitako samaṇuddeso nipajjati, āpatti pācittiyassa. Ubho vā nipajjanti, āpatti pācittiyassa. Uṭṭhahitvā punappunaṃ nipajjanti, āpatti pācittiyassa.
431. Nāsitake nāsitakasaññī upalāpeti vā upaṭṭhāpeti vā sambhuñjati vā saha vā seyyaṃ kappeti, āpatti pācittiyassa. Nāsitake vematiko upalāpeti vā upaṭṭhāpeti vā sambhuñjati vā saha vā seyyaṃ kappeti, āpatti dukkaṭassa. Nāsitake anāsitakasaññī upalāpeti vā upaṭṭhāpeti vā sambhuñjati vā saha vā seyyaṃ kappeti, anāpatti. Anāsitake nāsitakasaññī, āpatti dukkaṭassa. Anāsitake vematiko, āpatti dukkaṭassa. Anāsitake anāsitakasaññī, anāpatti.
432. Anāpatti anāsitakoti jānāti, taṃ diṭṭhiṃ paṭinissaṭṭhoti jānāti, ummattakassa, ādikammikassāti.
Kaṇṭakasikkhāpadaṃ niṭṭhitaṃ dasamaṃ.
Sappāṇakavaggo sattamo.
Tassuddānaṃ –
Sañciccavadhasappāṇaṃ, ukkoṭaṃ duṭṭhullachādanaṃ;
Ūnavīsati satthañca, saṃvidhānaṃ ariṭṭhakaṃ;
Ukkhittaṃ kaṇṭakañceva, dasa sikkhāpadā imeti.
8. Sahadhammikavaggo
1. Sahadhammikasikkhāpadaṃ
433. Tena samayena buddho Bhagavā kosambiyaṃ viharati ghositārāme. Tena kho pana samayena āyasmā channo anācāraṃ ācarati. Bhikkhū evamāhaṃsu – ''māvuso channa, evarūpaṃ akāsi. Netaṃ kappatī''ti. So evaṃ vadeti – ''na tāvāhaṃ, āvuso, etasmiṃ sikkhāpade sikkhissāmi yāva na aññaṃ bhikkhuṃ byattaṃ vinayadharaṃ paripucchāmī''ti. Ye te bhikkhū appicchā...pe... te ujjhāyanti khiyyanti vipācenti – ''kathañhi nāma āyasmā channo bhikkhūhi sahadhammikaṃ vuccamāno evaṃ vakkhati – na tāvāhaṃ, āvuso, etasmiṃ sikkhāpade sikkhissāmi yāva na aññaṃ bhikkhuṃ byattaṃ vinayadharaṃ paripucchāmī''ti...pe... saccaṃ kira tvaṃ, channa, bhikkhūhi sahadhammikaṃ vuccamāno evaṃ vadesi – ''na tāvāhaṃ, āvuso, etasmiṃ sikkhāpade sikkhissāmi yāva na aññaṃ bhikkhuṃ byattaṃ vinayadharaṃ paripucchāmī''ti? ''Saccaṃ, Bhagavā''ti. Vigarahi buddho Bhagavā...pe... kathañhi nāma tvaṃ, moghapurisa, bhikkhūhi sahadhammikaṃ vuccamāno evaṃ vakkhasi – ''na tāvāhaṃ, āvuso, etasmiṃ sikkhāpade sikkhissāmi yāva na aññaṃ bhikkhuṃ byattaṃ vinayadharaṃ paripucchāmī''ti. Netaṃ, moghapurisa, appasannānaṃ vā pasādāya...pe... evañca pana, bhikkhave, imaṃ sikkhāpadaṃ uddiseyyātha –
434.''Yo pana bhikkhu bhikkhūhi sahadhammikaṃ vuccamāno evaṃ vadeyya – 'na tāvāhaṃ, āvuso, etasmiṃ sikkhāpade sikkhissāmi yāva na aññaṃ bhikkhuṃ byattaṃ vinayadharaṃ paripucchāmī'ti, pācittiyaṃ. Sikkhamānena, bhikkhave, bhikkhunā aññātabbaṃ paripucchitabbaṃ paripañhitabbaṃ. Ayaṃ tattha sāmīcī''ti.
435.Yo panāti yo yādiso...pe... bhikkhūti...pe... ayaṃ imasmiṃ atthe adhippeto bhikkhūti.
Bhikkhūhīti aññehi bhikkhūhi.
Sahadhammikaṃ nāma yaṃ bhagavatā paññattaṃ sikkhāpadaṃ etaṃ sahadhammikaṃ nāma. Tena vuccamāno evaṃ vadeti [vadeyya (ka.)] – ''na tāvāhaṃ, āvuso, etasmiṃ sikkhāpade sikkhissāmi yāva na aññaṃ bhikkhuṃ byattaṃ vinayadharaṃ paripucchāmī''ti [imāni padāni syā. potthake na dissanti].

Paṇḍitaṃ byattaṃ [imāni padāni syā. potthake na dissanti] medhāviṃ bahussutaṃ dhammakathikaṃ paripucchāmīti bhaṇati, āpatti pācittiyassa.

436. Upasampanne upasampannasaññī evaṃ vadeti, āpatti pācittiyassa. Upasampanne vematiko evaṃ vadeti, āpatti pācittiyassa. Upasampanne anupasampannasaññī evaṃ vadeti, āpatti pācittiyassa.

Apaññattena vuccamāno – ''idaṃ na sallekhāya na dhutatthāya na pāsādikatāya na apacayāya na vīriyārambhāya saṃvattatī''ti evaṃ vadeti, ''na tāvāhaṃ, āvuso, etasmiṃ sikkhāpade sikkhissāmi yāva na aññaṃ bhikkhuṃ byattaṃ vinayadharaṃ paṇḍitaṃ medhāviṃ bahussutaṃ dhammakathikaṃ paripucchāmī''ti bhaṇati, āpatti dukkaṭassa.

Anupasampannena paññattena vā apaññattena vā vuccamāno – ''idaṃ na sallekhāya na dhutatthāya na pāsādikatāya na apacayāya na vīriyārambhāya saṃvattatī''ti evaṃ vadeti, ''na tāvāhaṃ, āvuso, etasmiṃ sikkhāpade sikkhissāmi yāva na aññaṃ bhikkhuṃ byattaṃ vinayadharaṃ paṇḍitaṃ medhāviṃ bahussutaṃ dhammakathikaṃ paripucchāmī''ti bhaṇati, āpatti dukkaṭassa. Anupasampanne upasampannasaññī, āpatti dukkaṭassa. Anupasampanne vematiko, āpatti dukkaṭassa. Anupasampanne anupasampannasaññī, āpatti dukkaṭassa.

Sikkhamānenāti sikkhitukāmena.

Aññātabbanti jānitabbaṃ.

Paripucchitabbanti ''idaṃ, bhante, kathaṃ; imassa vā kvattho''ti?

Paripañhitabbanti cintetabbaṃ tulayitabbaṃ.

Ayaṃ tattha sāmīcīti ayaṃ tattha anudhammatā.

437. Anāpatti ''jānissāmi sikkhissāmī''ti bhaṇati, ummattakassa, ādikammikassāti.

Sahadhammikasikkhāpadaṃ niṭṭhitaṃ paṭhamaṃ.

2. Vilekhanasikkhāpadaṃ

438. Tena samayena buddho Bhagavā sāvatthiyaṃ viharati jetavane anāthapiṇḍikassa ārāme. [idaṃ vatthu cūḷava. 320] Tena kho pana samayena Bhagavā bhikkhūnaṃ anekapariyāyena vinayakathaṃ katheti, vinayassa vaṇṇaṃ bhāsati, vinayapariyattiyā vaṇṇaṃ bhāsati, ādissa ādissa āyasmato upālissa vaṇṇaṃ bhāsati. Bhikkhūnaṃ etadahosi [bhikkhū Bhagavā (syā. ka.)] – ''Bhagavā kho anekapariyāyena vinayakathaṃ katheti, vinayassa vaṇṇaṃ bhāsati, vinayapariyattiyā vaṇṇaṃ bhāsati, ādissa ādissa āyasmato upālissa vaṇṇaṃ bhāsati. Handa mayaṃ, āvuso, āyasmato upālissa santike vinayaṃ pariyāpuṇāmā''ti, te ca bahū bhikkhū therā ca navā ca majjhimā ca āyasmato upālissa santike vinayaṃ pariyāpuṇanti.

Atha kho chabbaggiyānaṃ bhikkhūnaṃ etadahosi – ''etarahi kho, āvuso, bahū bhikkhū therā ca navā ca majjhimā ca āyasmato upālissa santike vinayaṃ pariyāpuṇanti. Sace ime vinaye pakataññuno bhavissanti amhe yenicchakaṃ yadicchakaṃ yāvadicchakaṃ ākaḍḍhissanti parikaḍḍhissanti. Handa mayaṃ, āvuso, vinayaṃ vivaṇṇemā''ti. Atha kho chabbaggiyā bhikkhū bhikkhū upasaṅkamitvā evaṃ vadanti – ''kiṃ panimehi khuddānukhuddakehi sikkhāpadehi uddiṭṭhehi, yāvadeva kukkuccāya vihesāya vilekhāya saṃvattantī''ti! Ye te bhikkhū appicchā...pe... te ujjhāyanti khiyyanti vipācenti – kathañhināma chabbaggiyā bhikkhū vinayaṃ vivaṇṇessantīti...pe... saccaṃ kira tumhe, bhikkhave, vinayaṃ vivaṇṇethāti? ''Saccaṃ, Bhagavā''ti. Vigarahi buddho Bhagavā...pe... kathañhi nāma tumhe, moghapurisā, vinayaṃ vivaṇṇessatha! Netaṃ, moghapurisā, appasannānaṃ vā pasādāya...pe... evañca pana, bhikkhave, imaṃ sikkhāpadaṃ uddiseyyātha –

439.''Yo pana bhikkhu pātimokkhe uddissamāne evaṃ vadeyya – 'kiṃ panimehi khuddānukhuddakehi sikkhāpadehi uddiṭṭhehi, yāvadeva kukkuccāya vihesāya vilekhāya saṃvattantī'ti, sikkhāpadavivaṇṇake pācittiya''nti.

440.Yo panāti yo yādiso...pe... bhikkhūti...pe... ayaṃ imasmiṃ atthe adhippeto bhikkhūti.

Pātimokkhe uddissamāneti uddisante vā uddisāpente vā sajjhāyaṃ vā karonte.

Evaṃvadeyyāti – ''kiṃ panimehi khuddānukhuddakehi sikkhāpadehi uddiṭṭhehi, yāvadeva kukkuccāya vihesāya vilekhāya saṃvattantīti. ''Ye imaṃ pariyāpuṇanti tesaṃ kukkuccaṃ hoti, vihesā hoti, vilekhā hoti, ye imaṃ na pariyāpuṇanti tesaṃ kukkuccaṃ na hoti vihesā na hoti vilekhā na hoti. Anuddiṭṭhaṃ idaṃ varaṃ, anuggahitaṃ idaṃ varaṃ, apariyāpuṭaṃ idaṃ varaṃ, adhāritaṃ idaṃ varaṃ, vinayo vā antaradhāyatu, ime vā bhikkhū apakataññuno hontū''ti upasampannassa vinayaṃ vivaṇṇeti, āpatti pācittiyassa.

441. Upasampanne upasampannasaññī vinayaṃ vivaṇṇeti, āpatti pācittiyassa. Upasampanne vematiko vinayaṃ vivaṇṇeti, āpatti pācittiyassa. Upasampanne anupasampannasaññī vinayaṃ vivaṇṇeti, āpatti pācittiyassa.

Aññaṃ dhammaṃ vivaṇṇeti, āpatti dukkaṭassa. Anupasampannassa vinayaṃ vā aññaṃ vā dhammaṃ vivaṇṇeti, āpatti dukkaṭassa. Anupasampanne upasampannasaññī, āpatti dukkaṭassa. Anupasampannevematiko, āpatti dukkaṭassa. Anupasampanne anupasampannasaññī, āpatti dukkaṭassa.

442. Anāpatti na vivaṇṇetukāmo, ''iṅgha tvaṃ suttante vā gāthāyo vā abhidhammaṃ vā pariyāpuṇassu, pacchā vinayaṃ pariyāpuṇissasī''ti bhaṇati, ummattakassa, ādikammikassāti.

Vilekhanasikkhāpadaṃ niṭṭhitaṃ dutiyaṃ.

3. Mohanasikkhāpadaṃ

443. Tena samayena buddho Bhagavā sāvatthiyaṃ viharati jetavane anāthapiṇḍikassa ārāme. Tena kho pana samayena chabbaggiyā bhikkhū anācāraṃ ācaritvā "aññāṇakena āpannāti jānantū"ti pātimokkhe uddissamāne evaṃ vadanti – "idāneva kho mayaṃ jānāma, ayampi kira dhammo suttāgato suttapariyāpanno anvaddhamāsaṃ uddesaṃ āgacchatī"ti. Ye te bhikkhū appicchā...pe... te ujjhāyanti khiyyanti vipācenti – "kathañhi nāma chabbaggiyā bhikkhū pātimokkhe uddissamāne evaṃ vakkhanti – idāneva kho mayaṃ jānāma , ayampi kira dhammo suttāgato suttapariyāpanno anvaddhamāsaṃ uddesaṃ āgacchatī"ti...pe... saccaṃ kira tumhe, bhikkhave, pātimokkhe uddissamāne evaṃ vadetha – "idāneva kho mayaṃ jānāma, ayampi kira dhammo suttāgato suttapariyāpanno anvaddhamāsaṃ uddesaṃ āgacchatī"ti? "Saccaṃ, Bhagavā"ti. Vigarahi buddho Bhagavā...pe... kathañhi nāma tumhe, moghapurisā, pātimokkhe uddissamāne evaṃ vakkhatha – "idāneva kho mayaṃ jānāma, ayampi kira dhammo suttāgato suttapariyāpanno anvaddhamāsaṃ uddesaṃ āgacchatī"ti! Netaṃ, moghapurisā, appasannānaṃ vā pasādāya...pe... evañca pana, bhikkhave, imaṃ sikkhāpadaṃ uddiseyyātha –

444."Yo pana bhikkhu anvaddhamāsaṃpātimokkhe uddissamāne evaṃ vadeyya – 'idāneva kho ahaṃ jānāmi, ayampi kira dhammo suttāgato suttapariyāpanno anvaddhamāsaṃ uddesaṃ āgacchatī'ti. Tañce bhikkhuṃ aññe bhikkhū jāneyyuṃ nisinnapubbaṃ iminā bhikkhunā dvattikkhattuṃ pātimokkhe uddissamāne, ko pana vādo bhiyyo [bhiyyoti (syā.)], na ca tassa bhikkhuno aññāṇakena mutti atthi, yañca tattha āpattiṃ āpanno tañca yathādhammo kāretabbo, uttari cassa moho āropetabbo – 'tassa te, āvuso, alābhā, tassa te dulladdhaṃ, yaṃ tvaṃ pātimokkhe uddissamāne na sādhukaṃ aṭṭhiṃ katvā[aṭṭhikatvā (syā. ka.)] manasi karosī'ti. Idaṃ tasmiṃ mohanake pācittiya"nti.

445.Yopanāti yo yādiso...pe... bhikkhūti...pe... ayaṃ imasmiṃ atthe adhippeto bhikkhūti.

Anvaddhamāsanti anuposathikaṃ.

Pātimokkhe uddissamāneti uddisante.

Evaṃvadeyyāti anācāraṃ ācaritvā – "aññāṇakena āpannoti jānantū"ti pātimokkhe uddissamāne evaṃ vadeti – "idāneva kho ahaṃ jānāmi, ayampi kira dhammo suttāgato suttapariyāpanno anvaddhamāsaṃ uddesaṃ āgacchatī"ti, āpatti dukkaṭassa.

Tañce mohetukāmaṃ bhikkhuṃ aññe bhikkhū jāneyyuṃ nisinnapubbaṃ iminā bhikkhunā dvattikkhattuṃ pātimokkhe uddissamāne, ko pana vādo bhiyyo, na ca tassa bhikkhuno aññāṇakena mutti atthi, yañca tattha āpattiṃ āpanno, tañca yathādhammo kāretabbo, uttari cassa moho āropetabbo. Evañca pana, bhikkhave, āropetabbo. Byattena bhikkhunā paṭibalena saṅgho ñāpetabbo –

446. "Suṇātu me, bhante, saṅgho. Ayaṃ itthannāmo bhikkhu pātimokkhe uddissamāne na sādhukaṃ aṭṭhiṃ katvā manasi karoti. Yadi saṅghassa pattakallaṃ, saṅgho itthannāmassa bhikkhuno mohaṃ āropeyya. Esā ñatti.

"Suṇātu me, bhante, saṅgho. Ayaṃ itthannāmo bhikkhu pātimokkhe uddissamāne na sādhukaṃ aṭṭhiṃ katvā manasi karoti. Saṅgho itthannāmassa bhikkhuno mohaṃ āropeti. Yassāyasmato khamati itthannāmassa bhikkhuno mohassa āropanā, so tuṇhassa; yassa nakkhamati, so bhāseyya.

"Āropito saṅghena itthannāmassa bhikkhuno moho. Khamati saṅghassa, tasmā tuṇhī, evametaṃ dhārayāmī"ti.

Anāropite mohe moheti, āpatti dukkaṭassa. Āropite mohe moheti, āpatti pācittiyassa.

447. Dhammakamme dhammakammasaññī, āpatti pācittiyassa. Dhammakamme vematiko, āpatti pācittiyassa. Dhammakamme adhammakammasaññī moheti, āpatti pācittiyassa.

Adhammakamme dhammakammasaññī, āpatti dukkaṭassa. Adhammakamme vematiko, āpatti dukkaṭassa. Adhammakamme adhammakammasaññī, āpatti dukkaṭassa.

448. Anāpatti na vitthārena sutaṃ hoti, ūnakadvattikkhattuṃ vitthārena sutaṃ hoti, na mohetukāmassa, ummattakassa, ādikammikassāti.

Mohanasikkhāpadaṃ niṭṭhitaṃ tatiyaṃ.

4. Pahārasikkhāpadaṃ

449. Tena samayena buddho Bhagavā sāvatthiyaṃ viharati jetavane anāthapiṇḍikassa ārāme. Tena kho pana samayena chabbaggiyā bhikkhū kupitā anattamanā sattarasavaggiyānaṃ bhikkhūnaṃ pahāraṃ denti. Te rodanti. Bhikkhū evamāhaṃsu – "kissa tumhe, āvuso, rodathā"ti? "Ime, āvuso, chabbaggiyā bhikkhū kupitā anattamanā amhākaṃ pahāraṃ dentī"ti. Ye te bhikkhū appicchā...pe... te ujjhāyanti khiyyanti vipācenti – "kathañhi nāma chabbaggiyā bhikkhū kupitā anattamanā bhikkhūnaṃ pahāraṃ dassantī"ti...pe... saccaṃ kira tumhe, bhikkhave, kupitā anattamanā bhikkhūnaṃ pahāraṃ dethāti? "Saccaṃ, Bhagavā"ti. Vigarahi buddho Bhagavā...pe... kathañhi nāma tumhe, moghapurisā, kupitā anattamanā bhikkhūnaṃ pahāraṃ dassatha! Netaṃ, moghapurisā, appasannānaṃ vā pasādāya...pe... evañca pana, bhikkhave, imaṃ sikkhāpadaṃ uddiseyyātha –

450."Yo pana bhikkhu bhikkhussa kupito anattamano pahāraṃ dadeyya, pācittiya"nti.

451.Yo panāti yo yādiso...pe... bhikkhūti...pe... ayaṃ imasmiṃ atthe adhippeto bhikkhūti.

Bhikkhussāti aññassa bhikkhussa.

Kupito anattamanoti anabhiraddho āhatacitto khilajāto.

Pahāraṃ dadeyyāti kāyena vā kāyapaṭibaddhena vā nissaggiyena vā antamaso uppalapattenapi pahāraṃ deti, āpatti pācittiyassa.

452. Upasampanne upasampannasaññī kupito anattamano pahāraṃ deti, āpatti pācittiyassa. Upasampanne vematiko kupito anattamano pahāraṃ deti, āpatti pācittiyassa. Upasampanne anupasampannasaññī kupito anattamano pahāraṃ deti, āpatti pācittiyassa.

Anupasampannassa kupito anattamano pahāraṃ deti, āpatti dukkaṭassa. Anupasampanne upasampannasaññī, āpatti dukkaṭassa. Anupasampanne vematiko , āpatti dukkaṭassa. Anupasampanne anupasampannasaññī, āpatti dukkaṭassa.

453. Anāpatti kenaci viheṭhīyamāno mokkhādhippāyo pahāraṃ deti, ummattakassa, ādikammikassāti.

Pahārasikkhāpadaṃ niṭṭhitaṃ catutthaṃ.

5. Talasattikasikkhāpadaṃ

454. Tena samayena buddho Bhagavā sāvatthiyaṃ viharati jetavane anāthapiṇḍikassa ārāme. Tena kho pana samayena chabbaggiyā bhikkhū kupitā anattamanā sattarasavaggiyānaṃ bhikkhūnaṃ talasattikaṃ uggiranti. Te pahārasamuccitā rodanti. Bhikkhū evamāhaṃsu – "kissa tumhe, āvuso, rodathā"ti? "Ime, āvuso, chabbaggiyā bhikkhū kupitā anattamanā amhākaṃ talasattikaṃ uggirantī"ti. Ye te bhikkhū appicchā...pe... te ujjhāyanti khiyyanti vipācenti – "kathañhi nāma chabbaggiyā bhikkhū kupitā anattamanā sattarasavaggiyānaṃ bhikkhūnaṃ talasattikaṃ uggirissantī"ti...pe... saccaṃ kira tumhe, bhikkhave, kupitā anattamanā sattarasavaggiyānaṃ bhikkhūnaṃ talasattikaṃ uggirathāti? "Saccaṃ, Bhagavā"ti. Vigarahi buddho Bhagavā...pe... kathañhi nāma tumhe, moghapurisā, kupitā anattamanā sattarasavaggiyānaṃ bhikkhūnaṃ talasattikaṃ uggirissatha! Netaṃ, moghapurisā, appasannānaṃ vā pasādāya...pe... evañca pana, bhikkhave, imaṃ sikkhāpadaṃ uddiseyyātha –

455."Yo pana bhikkhu bhikkhussa kupito anattamano talasattikaṃ uggireyya, pācittiya"nti.

456.Yopanāti yo yādiso...pe... bhikkhūti...pe... ayaṃ imasmiṃ atthe adhippeto bhikkhūti.

Bhikkhussāti aññassa bhikkhussa.

Kupito anattamanoti anabhiraddho āhatacitto khilajāto.

Talasattikaṃuggireyyāti kāyaṃ vā kāyapaṭibaddhaṃ vā antamaso uppalapattampi uccāreti, āpatti pācittiyassa.

457. Upasampanne upasampannasaññī kupito anattamano talasattikaṃ uggirati, āpatti pācittiyassa. Upasampanne vematiko kupito anattamano talasattikaṃ uggirati, āpatti pācittiyassa. Upasampanne anupasampannasaññī kupito anattamano talasattikaṃ uggirati, āpatti pācittiyassa.

Anupasampannassa kupito anattamano talasattikaṃ uggirati, āpatti dukkaṭassa. Anupasampanne upasampannasaññī, āpatti dukkaṭassa. Anupasampanne vematiko, āpatti dukkaṭassa. Anupasampanne anupasampannasaññī, āpatti dukkaṭassa.

458. Anāpatti kenaci viheṭhīyamāno mokkhādhippāyo talasattikaṃ uggirati, ummattakassa, ādikammikassāti.

Talasattikasikkhāpadaṃ niṭṭhitaṃ pañcamaṃ.

6. Amūlakasikkhāpadaṃ

459. Tena samayena buddho Bhagavā sāvatthiyaṃ viharati jetavane anāthapiṇḍikassa ārāme. Tena kho pana samayena chabbaggiyā bhikkhū bhikkhuṃ amūlakena saṅghādisesena anuddhaṃsenti. Ye te bhikkhū appicchā...pe... te ujjhāyanti khiyyanti vipācenti – "kathañhi nāma chabbaggiyā bhikkhū bhikkhuṃ amūlakena saṅghādisesena anuddhaṃsessantī"ti...pe... saccaṃ kira tumhe, bhikkhave, bhikkhuṃ amūlakena saṅghādisesena anuddhaṃsethāti ? "Saccaṃ, Bhagavā"ti. Vigarahi buddho Bhagavā...pe... kathañhi nāma tumhe, moghapurisā, bhikkhuṃ amūlakena saṅghādisesena anuddhaṃsessatha! Netaṃ, moghapurisā, appasannānaṃ vā pasādāya...pe... evañca pana, bhikkhave, imaṃ sikkhāpadaṃ uddiseyyātha –

460."Yo pana bhikkhu bhikkhuṃ amūlakena saṅghādisesena anuddhaṃseyya, pācittiya"nti.

461.Yopanāti yo yādiso...pe... bhikkhūti...pe... ayaṃ imasmiṃ atthe adhippeto bhikkhūti.

Bhikkhunti aññaṃ bhikkhuṃ.

Amūlakaṃ nāma adiṭṭhaṃ assutaṃ aparisaṅkitaṃ.

Saṅghādisesenāti terasannaṃ aññatarena.

Anuddhaṃseyyāti codeti vā codāpeti vā, āpatti pācittiyassa.

462. Upasampanne upasampannasaññī amūlakena saṅghādisesena anuddhaṃseti , āpatti pācittiyassa. Upasampanne vematiko amūlakena saṅghādisesena anuddhaṃseti, āpatti pācittiyassa. Upasampanne anupasampannasaññī amūlakena saṅghādisesena anuddhaṃseti, āpatti pācittiyassa.

Ācāravipattiyā vā diṭṭhivipattiyā vā anuddhaṃseti, āpatti dukkaṭassa. Anupasampannaṃ anuddhaṃseti, āpatti dukkaṭassa. Anupasampanne upasampannasaññī, āpatti dukkaṭassa. Anupasampanne vematiko, āpatti dukkaṭassa. Anupasampanne anupasampannasaññī, āpatti dukkaṭassa.

463. Anāpatti tathāsaññī codeti, vā codāpeti vā, ummattakassa, ādikammikassāti.

Amūlakasikkhāpadaṃ niṭṭhitaṃ chaṭṭhaṃ.

7. Sañciccasikkhāpadaṃ

464. Tena samayena buddho Bhagavā sāvatthiyaṃ viharati jetavane anāthapiṇḍikassa ārāme. Tena kho pana samayena chabbaggiyā bhikkhū sattarasavaggiyānaṃ bhikkhūnaṃ sañcicca kukkuccaṃ upadahanti – ''bhagavatā, āvuso, sikkhāpadaṃ paññattaṃ – 'na ūnavīsativasso puggalo upasampādetabbo'ti. Tumhe ca ūnavīsativassā upasampannā. Kacci no tumhe anupasampannā''ti? Te rodanti. Bhikkhū evamāhaṃsu – ''kissa tumhe, āvuso, rodathā''ti? ''Ime , āvuso, chabbaggiyā bhikkhū amhākaṃ sañcicca kukkuccaṃ upadahantī''ti . Ye te bhikkhū appicchā...pe... te ujjhāyanti khiyyanti vipācenti – ''kathañhi nāma chabbaggiyā bhikkhū bhikkhūnaṃ sañcicca kukkuccaṃ upadahissantī''ti...pe... saccaṃ kira tumhe, bhikkhave, bhikkhūnaṃ sañcicca kukkuccaṃ upadahathāti? ''Saccaṃ, Bhagavā''ti. Vigarahi buddho Bhagavā...pe... kathañhi nāma tumhe, moghapurisā, bhikkhūnaṃ sañcicca kukkuccaṃ upadahissatha! Netaṃ, moghapurisā appasannānaṃ vā pasādāya...pe... evañca pana, bhikkhave, imaṃ sikkhāpadaṃ uddiseyyātha –

465.''Yo pana bhikkhu bhikkhussa sañcicca kukkuccaṃ upadaheyya [uppādeyya (itipi)] – 'itissa muhuttampi aphāsu bhavissatī'ti etadeva paccayaṃ karitvā anaññaṃ, pācittiya''nti.

466.Yo panāti yo yādiso...pe... bhikkhūti...pe... ayaṃ imasmiṃ atthe adhippeto bhikkhūti.

Bhikkhussāti aññassa bhikkhussa.

Sañciccāti jānanto sañjānanto cecca abhivitaritvā vītikkamo.

Kukkuccaṃ upadaheyyāti ''ūnavīsativasso maññe tvaṃ upasampanno, vikāle maññe tayā bhuttaṃ, majjaṃ maññe tayā pītaṃ, mātugāmena saddhiṃ raho maññe tayā nisinna''nti kukkuccaṃ upadahati, āpatti pācittiyassa.

Etadevapaccayaṃ karitvā, anaññanti na añño koci paccayo hoti kukkuccaṃ upadahituṃ.

467. Upasampanne upasampannasaññī sañcicca kukkuccaṃ upadahati, āpatti pācittiyassa. Upasampanne vematiko sañcicca kukkuccaṃ upadahati, āpatti pācittiyassa. Upasampanne anupasampannasaññī sañcicca kukkuccaṃ upadahati, āpatti pācittiyassa.

Anupasampannassa sañcicca kukkuccaṃ upadahati, āpatti dukkaṭassa. Anupasampanne upasampannasaññī, āpatti dukkaṭassa. Anupasampanne vematiko, āpatti dukkaṭassa. Anupasampanne anupasampannasaññī, āpatti dukkaṭassa.

468. Anāpatti na kukkuccaṃ upadahitukāmo ''ūnavīsativasso maññe tvaṃ upasampanno, vikāle maññe tayā bhuttaṃ, majjaṃ maññe tayā pītaṃ, mātugāmena saddhiṃ raho maññe tayā nisinnaṃ, iṅgha jānāhi, mā te pacchā kukkuccaṃ ahosī''ti bhaṇati, ummattakassa, ādikammikassāti.

Sañciccasikkhāpadaṃ niṭṭhitaṃ sattamaṃ.

8. Upassutisikkhāpadaṃ

469. Tena samayena buddho Bhagavā sāvatthiyaṃ viharati jetavane anāthapiṇḍikassa ārāme. Tena kho pana samayena chabbaggiyā bhikkhū pesalehi bhikkhūhi saddhiṃ bhaṇḍanti. Pesalā bhikkhū evaṃ vadanti – ''alajjino ime, āvuso, chabbaggiyā bhikkhū. Na sakkā imehi saha bhaṇḍitu''nti. Chabbaggiyā bhikkhū evaṃ vadanti – ''kissa tumhe, āvuso, amhe alajjivādena pāpethā''ti? ''Kahaṃ pana tumhe, āvuso, assutthā''ti? ''Mayaṃ āyasmantānaṃ upassutiṃ [upassuti (?)] tiṭṭhamhā''ti. Ye te bhikkhū appicchā...pe... te ujjhāyanti khiyyanti vipācenti – ''kathañhi nāma chabbaggiyā bhikkhū bhikkhūnaṃ bhaṇḍanajātānaṃ kalahajātānaṃ vivādāpannānaṃ upassutiṃ [upassuti (?)] tiṭṭhissantī''ti...pe... saccaṃ kira tumhe, bhikkhave, bhikkhūnaṃ bhaṇḍanajātānaṃ kalahajātānaṃ vivādāpannānaṃ upassutiṃ[upassuti (?)] tiṭṭhathāti? ''Sacca, Bhagavā''ti. Vigarahi buddho Bhagavā...pe... kathañhi nāma tumhe, moghapurisā, bhikkhūnaṃ bhaṇḍanajātānaṃ kalahajātānaṃ vivādāpannānaṃ upassutiṃ [upassuti (?)]tiṭṭhissatha! Netaṃ, moghapurisā, appasannānaṃ vā pasādāya...pe... evañca pana, bhikkhave, imaṃ sikkhāpadaṃ uddiseyyātha –

470.''Yo pana bhikkhu bhikkhūnaṃ bhaṇḍanajātānaṃ kalahajātānaṃ vivādāpannānaṃ upassutiṃ tiṭṭheyya – 'yaṃ ime bhaṇissanti taṃ sossāmī'ti etadeva paccayaṃ karitvā anaññaṃ, pācittiya''nti.

471.Yopanāti yo yādiso...pe... bhikkhūti...pe... ayaṃ imasmiṃ atthe adhippeto bhikkhūti.

Bhikkhūnanti aññesaṃ bhikkhūnaṃ.

Bhaṇḍanajātānaṃ kalahajātānaṃ vivādāpannānanti adhikaraṇajātānaṃ.

Upassutiṃ tiṭṭheyyāti ''imesaṃ sutvā codessāmi sāressāmi paṭicodessāmi paṭisāressāmi maṅkū karissāmī''ti gacchati, āpatti dukkaṭassa. Yattha ṭhito suṇāti, āpatti pācittiyassa. Pacchato gacchanto turito gacchati sossāmīti, āpatti dukkaṭassa. Yattha ṭhito suṇāti, āpatti pācittiyassa. Purato gacchanto ohiyyati sossāmīti, āpatti dukkaṭassa. Yattha ṭhito suṇāti, āpatti pācittiyassa. Bhikkhussa ṭhitokāsaṃ vā nisinnokāsaṃ vā nipannokāsaṃ vā āgantvā mantentaṃ ukkāsitabbaṃ , vijānāpetabbaṃ, no ce ukkāseyya vā vijānāpeyya vā, āpatti pācittiyassa.

Etadeva paccayaṃ karitvā anaññanti na añño koci paccayo hoti upassutiṃ tiṭṭhituṃ.

472. Upasampanne upasampannasaññī upassutiṃ tiṭṭhati, āpatti pācittiyassa. Upasampanne vematiko upassutiṃ tiṭṭhati, āpatti pācittiyassa. Upasampanne anupasampannasaññī upassutiṃ tiṭṭhati, āpatti pācittiyassa.

Anupasampannassa upassutiṃ tiṭṭhati, āpatti dukkaṭassa. Anupasampanne upasampannasaññī, āpatti dukkaṭassa. Anupasampanne vematiko, āpatti dukkaṭassa. Anupasampanne anupasampannasaññī, āpatti dukkaṭassa.

473. Anāpatti – ''imesaṃ sutvā oramissāmi viramissāmi vūpasamissāmi [vūpasamessāmi (sī.)] attānaṃ parimocessāmī''ti gacchati, ummattakassa, ādikammikassāti.

Upassutisikkhāpadaṃ niṭṭhitaṃ aṭṭhamaṃ.

9. Kammapaṭibāhanasikkhāpadaṃ

474. Tena samayena buddho Bhagavā sāvatthiyaṃ viharati jetavane anāthapiṇḍikassa ārāme. Tena kho pana samayena chabbaggiyā bhikkhū anācāraṃ ācaritvā ekamekassa kamme kayiramāne paṭikkosanti. Tena kho pana samayena saṅgho sannipatito hoti kenacideva karaṇīyena. Chabbaggiyā bhikkhū cīvarakammaṃ karontā ekassa chandaṃ adaṃsu. Atha kho saṅgho – ''ayaṃ, āvuso, chabbaggiyo bhikkhu ekako āgato, handassa mayaṃ kammaṃ karomā''ti tassa kammaṃ akāsi. Atha kho so bhikkhu yena chabbaggiyā bhikkhū tenupasaṅkami. Chabbaggiyā bhikkhū taṃ bhikkhuṃ etadavocuṃ – ''kiṃ, āvuso, saṅgho akāsī''ti? ''Saṅgho me, āvuso, kammaṃ akāsī''ti. ''Na mayaṃ, āvuso, etadatthāya chandaṃ adamhā – ''tuyhaṃ kammaṃ karissatī''ti. Sace ca mayaṃ jāneyyāma ''tuyhaṃ kammaṃ karissatī''ti, na mayaṃ chandaṃ dadeyyāmā''ti. Ye te bhikkhū appicchā...pe... te ujjhāyanti khiyyanti vipācenti – ''kathañhi nāma chabbaggiyā bhikkhū dhammikānaṃ kammānaṃ chandaṃ datvā pacchā khīyanadhammaṃ [khiyyadhammaṃ (itipi)] āpajjissantī''ti...pe... saccaṃ kira tumhe, bhikkhave, dhammikānaṃ kammānaṃ chandaṃ datvā pacchā khīyanadhammaṃ [khiyyadhammaṃ (itipi)] āpajjathāti? ''Saccaṃ, Bhagavā''ti. Vigarahi buddho Bhagavā...pe... kathañhi nāma tumhe, moghapurisā, dhammikānaṃ kammānaṃ chandaṃ datvā pacchā khīyanadhammaṃ [khiyyadhammaṃ (itipi)] āpajjissatha! Netaṃ, moghapurisā, appasannānaṃ vā pasādāya...pe... evañca pana, bhikkhave, imaṃ sikkhāpadaṃ uddiseyyātha –

475.''Yo pana bhikkhu dhammikānaṃ kammānaṃ chandaṃ datvā pacchā khīyanadhammaṃ āpajjeyya, pācittiya''nti.

476.Yopanāti yo yādiso...pe... bhikkhūti...pe... ayaṃ imasmiṃ atthe adhippeto bhikkhūti.

Dhammikaṃ nāma kammaṃ apalokanakammaṃ ñattikammaṃ ñattidutiyakammaṃ ñatticatutthakammaṃ dhammena vinayena satthusāsanena kataṃ, etaṃ dhammikaṃ nāma kammaṃ. Chandaṃ datvā khiyyati āpatti pācittiyassa.

477. Dhammakamme dhammakammasaññī chandaṃ datvā khiyyati, āpatti pācittiyassa. Dhammakamme vematiko chandaṃ datvā khiyyati, āpatti dukkaṭassa. Dhammakamme adhammakammasaññī chandaṃ datvā khiyyati, anāpatti. Adhammakamme dhammakammasaññī, āpatti dukkaṭassa. Adhammakamme vematiko, āpatti dukkaṭassa. Adhammakamme adhammakammasaññī, anāpatti.

478. Anāpatti – ''adhammena vā vaggena vā na kammārahassa vā kammaṃ kata''nti jānanto khiyyati, ummattakassa, ādikammikassāti.

Kammapaṭibāhanasikkhāpadaṃ niṭṭhitaṃ navamaṃ.

10. Chandaṃadatvāgamanasikkhāpadaṃ

479. Tena samayena buddho Bhagavā sāvatthiyaṃ viharati jetavane anāthapiṇḍikassa ārāme. Tena kho pana samayena saṅgho sannipatito hoti kenacideva karaṇīyena. Chabbaggiyā bhikkhū cīvarakammaṃ karontā ekassa chandaṃ adaṃsu. Atha kho saṅgho ''yassatthāya sannipatito taṃ kammaṃ karissāmī''ti ñattiṃ ṭhapesi. Atha kho so bhikkhu – ''evamevime ekamekassa kammaṃ karonti, kassa tumhe kammaṃ karissathā''ti chandaṃ adatvā uṭṭhāyāsanā pakkāmi. Ye te bhikkhū appicchā...pe... te ujjhāyanti khiyyanti vipācenti – ''kathañhi nāma bhikkhu saṅghe vinicchayakathāya vattamānāya chandaṃ adatvā uṭṭhāyāsanā pakkamissatī''ti...pe... saccaṃ kira tvaṃ, bhikkhu, saṅghe vinicchayakathāya vattamānāya chandaṃ adatvā uṭṭhāyāsanā pakkamasīti? ''Saccaṃ, Bhagavā''ti. Vigarahi buddho Bhagavā...pe... kathañhi nāma tvaṃ, moghapurisa, saṅghe vinicchayakathāya vattamānāya chandaṃ adatvā uṭṭhāyāsanā pakkamissasi ! Netaṃ, moghapurisa, appasannānaṃ vā pasādāya...pe... evañca pana, bhikkhave, imaṃ sikkhāpadaṃ uddiseyyātha –

480.''Yo pana bhikkhu saṅghe vinicchayakathāya vattamānāya chandaṃ adatvā uṭṭhāyāsanā pakkameyya, pācittiya''nti.

481.Yopanāti yo yādiso...pe... bhikkhūti...pe... ayaṃ imasmiṃ atthe adhippeto bhikkhūti.

Saṅghe vinicchayakathā nāma vatthu vā ārocitaṃ hoti avinicchitaṃ, ñatti vā ṭhapitā hoti, kammavācā vā vippakatā hoti.

Chandaṃ adatvā uṭṭhāyāsanā pakkameyyāti – ''kathaṃ idaṃ kammaṃ kuppaṃ assa vaggaṃ assa na kareyyā''ti gacchati, āpatti dukkaṭassa. Parisāya hatthapāsaṃ vijahantassa āpatti dukkaṭassa. Vijahite āpatti pācittiyassa.

482. Dhammakamme dhammakammasaññī chandaṃ adatvā uṭṭhāyāsanā pakkamati, āpatti pācittiyassa. Dhammakamme vematiko chandaṃ adatvā uṭṭhāyāsanā pakkamati, āpatti dukkaṭassa. Dhammakamme adhammakammasaññī chandaṃ adatvā uṭṭhāyāsanā pakkamati, anāpatti. Adhammakamme

dhammakammasaññī, āpatti dukkaṭassa. Adhammakamme vematiko, āpatti dukkaṭassa. Adhammakamme adhammakammasaññī, anāpatti.

483. Anāpatti – ''saṅghassa bhaṇḍanaṃ vā kalaho vā viggaho vā vivādo vā bhavissatī''ti gacchati, ''saṅghabhedo vā saṅgharāji vā bhavissatī''ti gacchati, ''adhammena vā vaggena vā na kammārahassa vā kammaṃ karissatī''ti gacchati, gilāno gacchati, gilānassa karaṇīyena gacchati, uccārena vā passāvena vā pīḷito gacchati, ''na kammaṃ kopetukāmo puna paccāgamissāmī''ti gacchati, ummattakassa, ādikammikassāti.

Chandaṃ adatvā gamanasikkhāpadaṃ niṭṭhitaṃ dasamaṃ.

11. Dubbalasikkhāpadaṃ

484. Tena samayena buddho Bhagavā rājagahe viharati veḷuvane kalandakanivāpe. Tena kho pana samayena āyasmā dabbo mallaputto saṅghassa senāsanañca paññapeti bhattāni ca uddisati. So cāyasmā dubbalacīvaro hoti. Tena kho pana samayena saṅghassa ekaṃ cīvaraṃ uppannaṃ hoti. Atha kho saṅgho taṃ cīvaraṃ āyasmato dabbassa mallaputtassa adāsi. Chabbaggiyā bhikkhū ujjhāyanti khiyyanti vipācenti – ''yathāsanthutaṃ bhikkhū saṅghikaṃ lābhaṃ pariṇāmentī''ti. Ye te bhikkhū appicchā...pe... te ujjhāyanti khiyyanti vipācenti – ''kathañhi nāma chabbaggiyā bhikkhū samaggena saṅghena cīvaraṃ datvā pacchā khīyanadhammaṃ āpajjissantī''ti...pe... saccaṃ kira tumhe, bhikkhave, samaggena saṅghena cīvaraṃ datvā pacchā khīyanadhammaṃ āpajjathāti? ''Saccaṃ, Bhagavā''ti. Vigarahi buddho Bhagavā...pe... kathañhi nāma tumhe, moghapurisā, samaggena saṅghena cīvaraṃ datvā pacchā khīyanadhammaṃ āpajjissatha! Netaṃ, moghapurisā, appasannānaṃ, vā pasādāya...pe... evañca pana, bhikkhave, imaṃ sikkhāpadaṃ uddiseyyātha –

485.''Yo pana bhikkhu samaggena saṅghena cīvaraṃ datvā pacchā khīyanadhammaṃ āpajjeyya 'yathāsanthutaṃ bhikkhū saṅghikaṃ lābhaṃ pariṇāmentī'ti, pācittiya''nti.

486.Yopanāti yo yādiso...pe... bhikkhūti...pe... ayaṃ imasmiṃ atthe adhippeto bhikkhūti.

Samaggo nāma saṅgho samānasaṃvāsako samānasīmāyaṃ ṭhito.

Cīvaraṃ nāma channaṃ cīvarānaṃ aññataraṃ cīvaraṃ vikappanupagaṃ pacchimaṃ.

Datvāti sayaṃ datvā.

Yathāsanthutaṃ nāma yathāmittatā yathāsandiṭṭhatā yathāsambhattatā yathāsamānupajjhāyakatā yathāsamānācariyakatā.

Saṅghikaṃ nāma saṅghassa dinnaṃ hoti pariccattaṃ.

Lābho nāma cīvarapiṇḍapātasenāsanagilānappaccayabhesajjaparikkhārā, antamaso cuṇṇapiṇḍopi, dantakaṭṭhampi, dasikasuttampi.

Pacchākhīyanadhammaṃ āpajjeyyāti upasampannassa saṅghena sammatassa senāsanapaññāpakassa vā bhattuddesakassa vā yāgubhājakassa vā phalabhājakassa vā khajjabhājakassa vā appamattakavissajjakassa vā cīvaraṃ dinne khiyyati, āpatti pācittiyassa.

487. Dhammakamme dhammakammasaññī cīvaraṃ dinne khiyyati, āpatti pācittiyassa. Dhammakamme vematiko cīvaraṃ dinne khiyyati, āpatti pācittiyassa. Dhammakamme adhammakammasaññī cīvaraṃ dinne khiyyati, āpatti pācittiyassa.

Aññaṃ parikkhāraṃ dinne khiyyati, āpatti dukkaṭassa. Upasampannassa saṅghena asammatassa senāsanapaññāpakassa vā bhattuddesakassa vā yāgubhājakassa vā phalabhājakassa vā khajjabhājakassa vā appamattakavissajjakassa vā cīvaraṃ vā aññaṃ vā parikkhāraṃ dinne khiyyati, āpatti dukkaṭassa. Anupasampannassa saṅghena sammatassa vā asammatassa vā senāsanapaññāpakassa vā bhattuddesakassa vā yāgubhājakassa vā phalabhājakassa vā khajjabhājakassa vā appamattakavissajjakassa vā cīvaraṃ vā aññaṃ vā parikkhāraṃ dinne khiyyati, āpatti dukkaṭassa. Adhammakamme dhammakammasaññī, āpatti dukkaṭassa. Adhammakamme vematiko, āpatti dukkaṭassa. Adhammakamme adhammakammasaññī, anāpatti.

488. Anāpatti – pakatiyā chandā dosā mohā bhayā karontaṃ ''kvattho tassa dinnena laddhāpi vinipātessati na sammā upanessatī''ti khiyyati, ummattakassa, ādikammikassāti.

Dubbalasikkhāpadaṃ niṭṭhitaṃ ekādasamaṃ.

12. Pariṇāmanasikkhāpadaṃ

489.[idaṃ vatthu pārā. 657] Tena samayena buddho Bhagavā sāvatthiyaṃ viharati jetavane anāthapiṇḍikassa ārāme. Tena kho pana samayena sāvatthiyaṃ aññatarassa pūgassa saṅghassa sacīvarabhattaṃ paṭiyattaṃ hoti – ''bhojetvā cīvarena acchādessāmā''ti. Atha kho chabbaggiyā bhikkhū yena so pūgo tenupasaṅkamiṃsu; upasaṅkamitvā taṃ pūgaṃ etadavocuṃ – ''dethāvuso, imāni cīvarāni imesaṃ bhikkhūna''nti. ''Na mayaṃ, bhante, dassāma. Amhākaṃ saṅghassa anuvassaṃ sacīvarabhikkhā paññattā''ti. ''Bahū, āvuso, saṅghassa dāyakā, bahū saṅghassa bhattā [bhaddā (ka.)]. Ime tumhe nissāya tumhe sampassantā idha viharanti. Tumhe ce imesaṃ na dassatha, atha ko carahi imesaṃ dassati? Dethāvuso, imāni cīvarāni imesaṃ bhikkhūna''nti. Atha kho so pūgo chabbaggiyehi bhikkhūhi nippīḷiyamāno yathāpaṭiyattaṃ cīvaraṃ chabbaggiyānaṃ bhikkhūnaṃ datvā saṅghaṃ bhattena parivisi. Ye te bhikkhū jānanti saṅghassa sacīvarabhattaṃ paṭiyattaṃ ''na ca jānanti chabbaggiyānaṃ bhikkhūnaṃ dinna''nti te evamāhaṃsu – ''oṇojethāvuso, saṅghassa cīvara''nti. ''Natthi, bhante.

Yathāpaṭiyattaṃ cīvaraṃ ayyā chabbaggiyā ayyānaṃ chabbaggiyānaṃ pariṇāmesu''nti. Ye te bhikkhū appicchā...pe... te ujjhāyanti khiyyanti vipācenti – ''kathañhi nāma chabbaggiyā bhikkhū jānaṃ saṅghikaṃ lābhaṃ pariṇataṃ puggalassa pariṇāmessantī''ti...pe... saccaṃ kira tumhe, bhikkhave, jānaṃ saṅghikaṃ lābhaṃ pariṇataṃ puggalassa pariṇāmethāti? ''Saccaṃ, Bhagavā''ti. Vigarahi buddho Bhagavā...pe... kathañhi nāma tumhe, moghapurisā, jānaṃ saṅghikaṃ lābhaṃ pariṇataṃ puggalassa pariṇāmessatha! Netaṃ, moghapurisā, appasannānaṃ vā pasādāya...pe... evañca pana, bhikkhave, imaṃ sikkhāpadaṃ uddiseyyātha –

490.''Yo pana bhikkhu jānaṃ saṅghikaṃ lābhaṃ pariṇataṃ puggalassa pariṇāmeyya, pācittiya''nti.

491.Yo panāti yo yādiso...pe... bhikkhūti...pe... ayaṃ imasmiṃ atthe adhippeto bhikkhūti.

Jānāti nāma sāmaṃ vā jānāti, aññe vā tassa ārocenti, so vā āroceti.

Saṅghikaṃ nāma saṅghassa dinnaṃ hoti pariccattaṃ.

Lābho nāma cīvarapiṇḍapātasenāsanagilānappaccayabhesajjaparikkhārā, antamaso cuṇṇapiṇḍopi, dantakaṭṭhampi, dasikasuttampi.

Pariṇataṃ nāma ''dassāma karissāmā''ti vācā bhinnā hoti, taṃ puggalassa pariṇāmeti, āpatti pācittiyassa.

492. Pariṇate pariṇatasaññī puggalassa pariṇāmeti, āpatti pācittiyassa. Pariṇate vematiko puggalassa pariṇāmeti, āpatti dukkaṭassa. Pariṇate apariṇatasaññī puggalassa pariṇāmeti, anāpatti. Saṅghassa pariṇataṃ aññasaṅghassa vā cetiyassa vā pariṇāmeti, āpatti dukkaṭassa. Cetiyassa pariṇataṃ aññacetiyassa vā saṅghassa vā puggalassa vā pariṇāmeti, āpatti dukkaṭassa. Puggalassa pariṇataṃ aññapuggalassa vā saṅghassa vā cetiyassa vā pariṇāmeti, āpatti dukkaṭassa . Apariṇate pariṇatasaññī, āpatti dukkaṭassa. Apariṇate vematiko , āpatti dukkaṭassa. Apariṇate apariṇatasaññī, anāpatti.

493. Anāpatti – ''kattha demā''ti pucchīyamāno – ''yattha tumhākaṃ deyyadhammo paribhogaṃ vā labheyya paṭisaṅkhāraṃ vā labheyya ciraṭṭhitiko vā assa yattha vā pana tumhākaṃ cittaṃ pasīdati tattha dethā''ti bhaṇati, ummattakassa, ādikammikassāti.

Pariṇāmanasikkhāpadaṃ niṭṭhitaṃ dvādasamaṃ.

Sahadhammikavaggo aṭṭhamo.

Tassuddānaṃ –

Sahadhamma-vivaṇṇañca, mohāpanaṃ pahārakaṃ;
Talasatti amūlañca, sañcicca ca upassuti;
Paṭibāhanachandañca, dabbañca pariṇāmananti.

9. Ratanavaggo

1. Antepurasikkhāpadaṃ

494. Tena samayena buddho Bhagavā sāvatthiyaṃ viharati jetavane anāthapiṇḍikassa ārāme. Tena kho pana samayena rājā pasenadi kosalo uyyānapālaṃ āṇāpesi – ''gaccha, bhaṇe, uyyānaṃ sodhehi. Uyyānaṃ gamissāmā''ti. ''Evaṃ, devā''ti kho so uyyānapālo rañño pasenadissa kosalassa paṭissutvā uyyānaṃ sodhento addasa bhagavantaṃ aññatarasmiṃ rukkhamūle nisinnaṃ. Disvāna yena rājā pasenadi kosalo tenupasaṅkami; upasaṅkamitvā rājānaṃ pasenadiṃ kosalaṃ etadavoca – ''suddhaṃ, deva, uyyānaṃ. Apica, Bhagavā tattha nisinno''ti. ''Hotu, bhaṇe! Mayaṃ bhagavantaṃ payirupāsissāmā''ti. Atha kho rājā pasenadi kosalo uyyānaṃ gantvā yena Bhagavā tenupasaṅkami. Tena kho pana samayena aññataro upāsako bhagavantaṃ payirupāsanto nisinno hoti. Addasā kho rājā pasenadi kosalo taṃ upāsakaṃ bhagavantaṃ payirupāsantaṃ nisinnaṃ. Disvāna bhīto aṭṭhāsi. Atha kho rañño pasenadissa kosalassa etadahosi – ''nārahatāyaṃ puriso pāpo hotuṃ , yathā bhagavantaṃ payirupāsatī''ti. Yena Bhagavā tenupasaṅkami; upasaṅkamitvā bhagavantaṃ abhivādetvā ekamantaṃ nisīdi. Atha kho so upāsako bhagavato gāravena rājānaṃ pasenadiṃ kosalaṃ neva abhivādesi na paccuṭṭhāsi. Atha kho rājā pasenadi kosalo anattamano ahosi – ''kathañhi nāmāyaṃ puriso mayi āgate neva abhivādessati na paccuṭṭhessatī''ti! Atha kho Bhagavā rājānaṃ pasenadiṃ kosalaṃ anattamanaṃ viditvā rājānaṃ pasenadiṃ kosalaṃ etadavoca – ''eso kho, mahārāja, upāsako bahussuto āgatāgamo kāmesu vītarāgo''ti. Atha kho rañño pasenadissa kosalassa etadahosi – ''nārahatāyaṃ upāsako orako hotuṃ, Bhagavāpi imassa vaṇṇaṃ bhāsatī''ti. Taṃ upāsakaṃ etadavoca – ''vadeyyāsi, upāsaka, yena attho''ti. ''Suṭṭhu, devā''ti. Atha kho Bhagavā rājānaṃ pasenadiṃ kosalaṃ dhammiyā kathāya sandassesi samādapesi samuttejesi sampahaṃsesi. Atha kho rājā pasenadi kosalo bhagavatā dhammiyā kathāya sandassito samādapito samuttejito sampahaṃsito uṭṭhāyāsanā bhagavantaṃ abhivādetvā padakkhiṇaṃ katvā pakkāmi.

495. Tena kho pana samayena rājā pasenadi kosalo uparipāsādavaragato hoti. Addasā kho rājā pasenadi kosalo taṃ upāsakaṃ rathikāya [rathiyāya (itipi)] chattapāṇiṃ gacchantaṃ. Disvāna pakkosāpetvā etadavoca – ''tvaṃ kira, upāsaka, bahussuto āgatāgamo. Sādhu, upāsaka, amhākaṃ itthāgāraṃ dhammaṃ vācehī''ti. ''Yamahaṃ [yampāhaṃ (sī.)], deva, jānāmi ayyānaṃ vāhasā, ayyāva devassa itthāgāraṃ dhammaṃ vācessantī''ti. Atha kho rājā pasenadi kosalo – ''saccaṃ kho upāsako āhā''ti yena Bhagavā tenupasaṅkami; upasaṅkamitvā bhagavantaṃ abhivādetvā ekamantaṃ nisīdi. Ekamantaṃ nisinno kho rājā pasenadi kosalo bhagavantaṃ etadavoca – ''sādhu, bhante, Bhagavā ekaṃ bhikkhuṃ āṇāpetu yo amhākaṃ itthāgāraṃ dhammaṃ vācessatī''ti. Atha kho Bhagavā rājānaṃ pasenadiṃ kosalaṃ

dhammiyā kathāya sandassesi...pe... padakkhiṇaṃ katvā pakkāmi. Atha kho Bhagavā āyasmantaṃ ānandaṃ āmantesi – ''tenahānanda, rañño itthāgāraṃ dhammaṃ vācehī''ti. ''Evaṃ, bhante''ti kho āyasmā ānando bhagavato paṭissutvā kālena kālaṃ pavisitvā rañño itthāgāraṃ dhammaṃ vāceti. Atha kho āyasmā ānando pubbaṇhasamayaṃ nivāsetvā pattacīvaramādāya yena rañño pasenadissa kosalassa nivesanaṃ tenupasaṅkami.

496. Tena kho pana samayena rājā pasenadi kosalo mallikāya deviyā saddhiṃ sayanagato hoti. Addasā kho mallikā devī āyasmantaṃ ānandaṃ dūratova āgacchantaṃ. Disvāna sahasā vuṭṭhāsi; pītakamaṭṭhaṃ dussaṃ pabhassittha. Atha kho āyasmā ānando tatova paṭinivattitvā ārāmaṃ gantvā bhikkhūnaṃ etamatthaṃ ārocesi. Ye te bhikkhū appicchā...pe... te ujjhāyanti khiyyanti vipācenti – ''kathañhi nāma āyasmā ānando pubbe appaṭisaṃvidito rañño antepuraṃ pavisissatī''ti...pe... saccaṃ kira tvaṃ, ānanda, pubbe appaṭisaṃvidito rañño antepuraṃ pavisasīti? ''Saccaṃ, Bhagavā''ti. Vigarahi buddho Bhagavā...pe... kathañhi nāma tvaṃ, ānanda, pubbe appaṭisaṃvidito rañño antepuraṃ pavisissasi! Netaṃ, ānanda, appasannānaṃ vā pasādāya...pe... vigarahitvā...pe... dhammiṃ kathaṃ katvā bhikkhū āmantesi –

497.[a. ni. 10.45] ''Dasayime, bhikkhave, ādīnavā rājantepurappavesane. Katame dasa? Idha, bhikkhave, rājā mahesiyā saddhiṃ nisinno hoti, tattha bhikkhu pavisati. Mahesī vā bhikkhuṃ disvā sitaṃ pātukaroti. Bhikkhu vā mahesiṃ disvā sitaṃ pātukaroti. Tattha rañño evaṃ hoti – ''addhā imesaṃ kataṃ vā karissanti vā''ti. Ayaṃ, bhikkhave, paṭhamo ādīnavo rājantepurappavesane.

''Puna caparaṃ, bhikkhave, rājā bahukicco bahukaraṇīyo. Aññataraṃ itthiṃ gantvā nassarati. Sā tena gabbhaṃ gaṇhi. Tattha rañño evaṃ hoti – ''na kho idha añño koci pavisati aññatra pabbajitena. Siyā nu kho pabbajitassa kamma''nti. Ayaṃ, bhikkhave, dutiyo ādīnavo rājantepurappavesane.

''Puna caparaṃ, bhikkhave, rañño antepure aññataraṃ ratanaṃ nassati. Tattha rañño evaṃ hoti – ''na kho idha añño koci pavisati aññatra pabbajitena. Siyā nu kho pabbajitassa kamma''nti. Ayaṃ, bhikkhave, tatiyo ādīnavo rājantepurappavesane.

''Puna caparaṃ, bhikkhave, rañño antepure abbhantarā guyhamantā bahiddhā sambhedaṃ gacchanti. Tattha rañño evaṃ hoti – ''na kho idha añño koci pavisati aññatra pabbajitena. Siyā nu kho pabbajitassa kamma''nti. Ayaṃ, bhikkhave, catuttho ādīnavo rājantepurappavesane.

''Puna caparaṃ, bhikkhave, rañño antepure putto vā pitaraṃ pattheti pitā vā puttaṃ pattheti. Tesaṃ evaṃ hoti – ''na kho idha añño koci pavisati aññatra pabbajitena. Siyā nu kho pabbajitassa kamma''nti. Ayaṃ, bhikkhave, pañcamo ādīnavo rājantepurappavesane.

''Puna caparaṃ, bhikkhave, rājā nīcaṭṭhāniyaṃ ucce ṭhāne ṭhapeti. Yesaṃ taṃ amanāpaṃ tesaṃ evaṃ hoti – ''rājā kho pabbajitena saṃsaṭṭho. Siyā nu kho pabbajitassa kamma''nti. Ayaṃ, bhikkhave, chaṭṭho ādīnavo, rājantepurappavesane.

''Puna caparaṃ, bhikkhave, rājā uccaṭṭhāniyaṃ nīce ṭhāne ṭhapeti. Yesaṃ taṃ amanāpaṃ tesaṃ evaṃ hoti – ''rājā kho pabbajitena saṃsaṭṭho. Siyā nu kho pabbajitassa kamma''nti. Ayaṃ , bhikkhave, sattamo ādīnavo rājantepurappavesane.

''Puna caparaṃ, bhikkhave, rājā akāle senaṃ uyyojeti. Yesaṃ taṃ amanāpaṃ tesaṃ evaṃ hoti – ''rājā kho pabbajitena saṃsaṭṭho. Siyā nu kho pabbajitassa kamma''nti. Ayaṃ, bhikkhave, aṭṭhamo ādīnavo rājantepurappavesane.

''Puna caparaṃ, bhikkhave, rājā kāle senaṃ uyyojetvā antarāmaggato nivattāpeti. Yesaṃ taṃ amanāpaṃ tesaṃ evaṃ hoti – '''rājā kho pabbajitena saṃsaṭṭho. Siyā nu kho pabbajitassa kamma''nti. Ayaṃ, bhikkhave, navamo ādīnavo rājantepurappavesane.

''Puna caparaṃ, bhikkhave, rañño rājantepuraṃ hatthisammaddaṃ assasammaddaṃ rathasammaddaṃ rajjanīyāni [rajjanīyāni (ka.)] rūpasaddagandharasaphoṭṭhabbāni, yāni na pabbajitassa sāruppāni. Ayaṃ, bhikkhave, dasamo ādīnavo rājantepurappavesane. Ime kho, bhikkhave, dasa ādīnavā rājantepurappavesane''ti. Atha kho Bhagavā āyasmantaṃ ānandaṃ anekapariyāyena vigarahitvā dubbharatāya...pe... evañca pana, bhikkhave, imaṃ sikkhāpadaṃ uddiseyyātha –

498.''Yo pana bhikkhu rañño khattiyassa muddhāvasittassa [muddhābhisittassa (syā.)] anikkhantarājake aniggataratanake pubbe appaṭisaṃvidito indakhīlaṃ atikkāmeyya, pācittiya''nti.

499.Yo panāti yo yādiso...pe... bhikkhūti...pe... ayaṃ imasmiṃ atthe adhippeto bhikkhūti.

Khattiyo nāma ubhato sujāto hoti, mātito ca pitito ca saṃsuddhagahaṇiko, yāva sattamā pitāmahayugā akkhitto anupakuṭṭho jātivādena.

Muddhāvasitto nāma khattiyābhisekena abhisitto hoti.

Anikkhantarājaketi rājā sayanigharā anikkhanto hoti.

Aniggataratanaketi mahesī sayanigharā anikkhantā hoti, ubho vā anikkhantā honti.

Pubbe appaṭisaṃviditoti pubbe anāmantetvā.

Indakhīlo nāma sayanigharassa ummāro vuccati.

Sayanigharaṃ nāma yattha katthaci rañño sayanaṃ paññattaṃ hoti, antamaso sāṇipākāraparikkhittampi.

Indakhīlaṃ atikkāmeyyāti paṭhamaṃ pādaṃ ummāraṃ atikkāmeti, āpatti dukkaṭassa. Dutiyaṃ pādaṃ atikkāmeti, āpatti pācittiyassa.

500. Appaṭisaṃvidite appaṭisaṃviditasaññī indakhīlaṃ atikkāmeti, āpatti pācittiyassa. Appaṭisaṃvidite vematiko indakhīlaṃ atikkāmeti, āpatti pācittiyassa. Appaṭisaṃvidite paṭisaṃviditasaññī indakhīlaṃ atikkāmeti, āpatti pācittiyassa.

Paṭisaṃvidite appaṭisaṃviditasaññī, āpatti dukkaṭassa. Paṭisaṃvidite vematiko, āpatti dukkaṭassa. Paṭisaṃvidite paṭisaṃviditasaññī, anāpatti.

501. Anāpatti paṭisaṃvidite, na khattiyo hoti, na khattiyābhisekena abhisitto hoti, rājā sayanigharā nikkhanto hoti, mahesī sayanigharā nikkhantā hoti, ubho vā nikkhantā honti, na sayanighare, ummattakassa, ādikammikassāti.

Antepurasikkhāpadaṃ niṭṭhitaṃ paṭhamaṃ.

2. Ratanasikkhāpadaṃ

502. Tena samayena buddho Bhagavā sāvatthiyaṃ viharati jetavane anāthapiṇḍikassa ārāme. Tena kho pana samayena aññataro bhikkhu aciravatiyā nadiyā nahāyati. Aññataropi brāhmaṇo pañcasatānaṃ thavikaṃ thale nikkhipitvā aciravatiyā nadiyā nahāyanto vissaritvā agamāsi. Atha kho so bhikkhu – ''tassāyaṃ brāhmaṇassa thavikā, mā idha nassī''ti aggahesi. Atha kho so brāhmaṇo saritvā turito ādhāvitvā taṃ bhikkhuṃ etadavoca – ''api me, bho, thavikaṃ passeyyāsī''ti? ''Handa, brāhmaṇā''ti adāsi. Atha kho tassa brāhmaṇassa etadahosi – ''kena nu kho ahaṃ upāyena imassa bhikkhuno puṇṇapattaṃ na dadeyya''nti! ''Na me, bho, pañcasatāni, sahassaṃ me''ti palibundhetvā muñci. Atha kho so bhikkhu ārāmaṃ gantvā bhikkhūnaṃ etamatthaṃ ārocesi. Ye te bhikkhū appicchā...pe... te ujjhāyanti khiyyanti vipācenti – ''kathañhi nāma bhikkhu ratanaṃ uggahessatī''ti...pe... saccaṃ kira tvaṃ, bhikkhu, ratanaṃ uggahesīti? ''Saccaṃ, Bhagavā''ti. Vigarahi buddho Bhagavā...pe... kathañhi nāma tvaṃ, moghapurisa, ratanaṃ uggahessasi! Netaṃ, moghapurisa, appasannānaṃ vā pasādāya...pe... evañca pana, bhikkhave, imaṃ sikkhāpadaṃ uddiseyyātha –

''Yo pana bhikkhu ratanaṃ vā ratanasammataṃ vā uggaṇheyya vā uggaṇhāpeyya vā, pācittiya''nti.

Evañcidaṃ bhagavatā bhikkhūnaṃ sikkhāpadaṃ paññattaṃ hoti.

503. Tena kho pana samayena sāvatthiyā ussavo hoti. Manussā alaṅkatappaṭiyattā uyyānaṃ gacchanti. Visākhāpi migāramātā alaṅkatappaṭiyattā ''uyyānaṃ gamissāmī''ti gāmato nikkhamitvā – ''kyāhaṃ karissāmi uyyānaṃ gantvā, yaṃnūnāhaṃ bhagavantaṃ payirupāseyya''nti ābharaṇaṃ omuñcitvā uttarāsaṅgena bhaṇḍikaṃ bandhitvā dāsiyā adāsi – ''handa, je, imaṃ bhaṇḍikaṃ gaṇhāhī''ti. Atha kho visākhā migāramātā yena Bhagavā tenupasaṅkami; upasaṅkamitvā bhagavantaṃ abhivādetvā ekamantaṃ nisīdi. Ekamantaṃ nisinnaṃ kho visākhaṃ migāramātaraṃ Bhagavā dhammiyā kathāya sandassesi samādapesi samuttejesi sampahaṃsesi. Atha kho visākhā migāramātā bhagavatā dhammiyā kathāya sandassitā samādapitā samuttejitā sampahaṃsitā uṭṭhāyāsanā bhagavantaṃ abhivādetvā padakkhiṇaṃ katvā pakkāmi. Atha kho sā dāsī taṃ bhaṇḍikaṃ vissaritvā agamāsi. Bhikkhū passitvā bhagavato etamatthaṃ ārocesuṃ. ''Tena hi, bhikkhave, uggahetvā nikkhipathā''ti. Atha kho Bhagavā etasmiṃ nidāne etasmiṃ pakaraṇe dhammiṃ kathaṃ katvā bhikkhū āmantesi – ''anujānāmi, bhikkhave, ratanaṃ vā ratanasammataṃ vā ajjhārāme uggahetvā vā uggahāpetvā vā nikkhipituṃ – ''yassa bhavissati so harissatī''ti. Evañca pana, bhikkhave, imaṃ sikkhāpadaṃ uddiseyyātha –

''Yo pana bhikkhu ratanaṃ vā ratanasammataṃ vā, aññatra ajjhārāmā, uggaṇheyya vā uggaṇhāpeyya vā, pācittiya''nti.

Evañcidaṃ bhagavatā bhikkhūnaṃ sikkhāpadaṃ paññattaṃ hoti.

504. Tena kho pana samayena kāsīsu janapade anāthapiṇḍikassa gahapatissa kammantagāmo hoti. Tena ca gahapatinā antevāsī āṇatto hoti – ''sace bhadantā āgacchanti bhattaṃ kareyyāsī''ti. Tena kho pana samayena sambahulā bhikkhū kāsīsu janapade cārikaṃ caramānā yena anāthapiṇḍikassa gahapatissa kammantagāmo tenupasaṅkamiṃsu. Addasā kho so puriso te bhikkhū dūratova āgacchante. Disvāna yena te bhikkhū tenupasaṅkami; upasaṅkamitvā te bhikkhū abhivādetvā etadavoca – ''adhivāsentu, bhante, ayyā svātanāya gahapatino bhatta''nti. Adhivāsesuṃ kho te bhikkhū tuṇhībhāvena. Atha kho so puriso tassā rattiyā accayena paṇītaṃ khādanīyaṃ bhojanīyaṃ paṭiyādāpetvā kālaṃ ārocāpetvā aṅgulimuddikaṃ omuñcitvā te bhikkhū bhattena parivisitvā – ''ayyā bhuñjitvā gacchantu, ahampi kammantaṃ gamissāmī''ti aṅgulimuddikaṃ vissaritvā agamāsi. Bhikkhū passitvā – ''sace mayaṃ gamissāma nassissatāyaṃ aṅgulimuddikā''ti tattheva acchiṃsu. Atha kho so puriso kammantā āgacchanto te bhikkhū passitvā etadavoca – ''kissa, bhante, ayyā idheva acchantī''ti? Atha kho te bhikkhū tassa purisassa etamatthaṃ ārocetvā sāvatthiṃ gantvā bhikkhūnaṃ etamatthaṃ ārocesuṃ. Bhikkhū bhagavato etamatthaṃ ārocesuṃ. Atha kho Bhagavā etasmiṃ nidāne etasmiṃ pakaraṇe dhammiṃ kathaṃ katvā bhikkhū āmantesi – ''anujānāmi, bhikkhave, ratanaṃ vā ratanasammataṃ vā ajjhārāme vā ajjhāvasathe vā uggahetvā vā uggahāpetvā vā nikkhipituṃ – yassa bhavissati so harissatī''ti. Evañca pana, bhikkhave, imaṃ sikkhāpadaṃ uddiseyyātha –

505.''Yo pana bhikkhu ratanaṃ vā ratanasammataṃ vā, aññatra ajjhārāmā vā ajjhāvasathā vā, uggaṇheyya vā uggaṇhāpeyya vā, pācittiyaṃ. Ratanaṃ vā pana bhikkhunā ratanasammataṃ vā ajjhārāme vā ajjhāvasathe vā uggahetvā vā uggahāpetvā vā nikkhipitabbaṃ – 'yassa bhavissati so harissatī'ti. Ayaṃ tattha sāmīcī''ti.

506.Yo panāti yo yādiso...pe... bhikkhūti...pe... ayaṃ imasmiṃ atthe adhippeto bhikkhūti.
Ratanaṃ nāma muttā maṇi veḷuriyo saṅkho silā pavālaṃ rajataṃ jātarūpaṃ lohitaṅko [lohitako (?)] masāragallaṃ.
Ratanasammataṃ nāma yaṃ manussānaṃ upabhogaparibhogaṃ, etaṃ ratanasammataṃ nāma.
Aññatra ajjhārāmā vā ajjhāvasathā vāti ṭhapetvā ajjhārāmaṃ ajjhāvasathaṃ.
Ajjhārāmo nāma parikkhittassa ārāmassa anto ārāmo, aparikkhittassa upacāro.
Ajjhāvasatho nāma parikkhittassa āvasathassa anto āvasatho, aparikkhittassa upacāro.
Uggaṇheyyāti sayaṃ gaṇhāti, āpatti pācittiyassa.
Uggaṇhāpeyyāti aññaṃ gāhāpeti, āpatti pācittiyassa.
Ratanaṃ vā pana bhikkhunā ratanasammataṃ vā ajjhārāme vā ajjhāvasathe vā uggahetvā vā uggahāpetvā vā nikkhipitabbanti rūpena vā nimittena vā saññāṇaṃ katvā nikkhipitvā ācikkhitabbaṃ – ''yassa bhaṇḍaṃ naṭṭhaṃ so āgacchatū''ti. Sace tattha āgacchati so vattabbo – ''āvuso, kīdisaṃ te bhaṇḍa''nti? Sace rūpena vā nimittena vā sampādeti dātabbaṃ, no ce sampādeti ''vicināhi āvuso''ti vattabbo. Tamhā āvāsā pakkamantena ye tattha honti bhikkhū patirūpā, tesaṃ hatthe nikkhipitvā pakkamitabbaṃ. No ce honti bhikkhū patirūpā, ye tattha honti gahapatikā patirūpā, tesaṃ hatthe nikkhipitvā pakkamitabbaṃ.
Ayaṃ tattha sāmīcīti ayaṃ tattha anudhammatā.
507. Anāpatti ratanaṃ vā ratanasammataṃ vā ajjhārāme vā ajjhāvasathe vā uggahetvā vā uggahāpetvā vā nikkhipati – ''yassa bhavissati so harissatī''ti, ratanasammataṃ vissāsaṃ gaṇhāti, tāvakālikaṃ gaṇhāti, paṃsukūlasaññissa, ummattakassa, ādikammikassāti.
Ratanasikkhāpadaṃ niṭṭhitaṃ dutiyaṃ.
3. Vikālagāmappavisanasikkhāpadaṃ
508. Tena samayena buddho Bhagavā sāvatthiyaṃ viharati jetavane anāthapiṇḍikassa ārāme. Tena kho pana samayena chabbaggiyā bhikkhū vikāle gāmaṃ pavisitvā sabhāyaṃ nisīditvā anekavihitaṃ tiracchānakathaṃ kathenti, seyyathidaṃ – [imā tiracchānakathāyo dī. 1.17; ma. ni. 2.223; saṃ. ni. ; a. ni. 10.69] rājakathaṃ corakathaṃ mahāmattakathaṃ senākathaṃ bhayakathaṃ yuddhakathaṃ annakathaṃ pānakathaṃ vatthakathaṃ sayanakathaṃ mālākathaṃ gandhakathaṃ ñātikathaṃ yānakathaṃ gāmakathaṃ nigamakathaṃ nagarakathaṃ janapadakathaṃ itthikathaṃ [itthikathaṃ purisakathaṃ (ka.) majjhimapaṇṇāsaṭṭhakathā 156 piṭṭhe oloketabbā] sūrakathaṃ visikhākathaṃ kumbhaṭṭhānakathaṃ pubbapetakathaṃ nānattakathaṃ lokakkhāyikaṃ samuddakkhāyikaṃ itibhavābhavakathaṃ iti vā. Manussā ujjhāyanti khiyyanti vipācenti – ''kathañhi nāma samaṇā sakyaputtiyā vikāle gāmaṃ pavisitvā sabhāyaṃ nisīditvā anekavihitaṃ tiracchānakathaṃ kathessanti, seyyathidaṃ – rājakathaṃ corakathaṃ...pe... itibhavābhavakathaṃ iti vā, seyyathāpi gihī kāmabhogino''ti!
Assosuṃ kho bhikkhū tesaṃ manussānaṃ ujjhāyantānaṃ khiyyantānaṃ vipācentānaṃ. Ye te bhikkhū appicchā...pe... te ujjhāyanti khiyyanti vipācenti – ''kathañhi nāma chabbaggiyā bhikkhū vikālegāmaṃ pavisitvā sabhāyaṃ nisīditvā anekavihitaṃ tiracchānakathaṃ kathessanti, seyyathidaṃ – rājakathaṃ corakathaṃ...pe... itibhavābhavakathaṃ iti vā''ti...pe... saccaṃ kira tumhe, bhikkhave, vikāle gāmaṃ pavisitvā sabhāyaṃ nisīditvā anekavihitaṃ tiracchānakathaṃ kathetha, seyyathidaṃ – rājakathaṃ corakathaṃ...pe... itibhavābhavakathaṃ iti vāti? ''Saccaṃ, Bhagavā''ti. Vigarahi buddho Bhagavā...pe... kathañhi nāma tumhe, moghapurisā, vikāle gāmaṃ pavisitvā sabhāyaṃ nisīditvā anekavihitaṃ tiracchānakathaṃ kathessatha, seyyathidaṃ – rājakathaṃ corakathaṃ...pe... itibhavābhavakathaṃ iti vā! Netaṃ, moghapurisā, appasannānaṃ vā pasādāya...pe... evañca pana, bhikkhave, imaṃ sikkhāpadaṃ uddiseyyātha –
''Yopana bhikkhu vikāle gāmaṃ paviseyya, pācittiya''nti.
Evañcidaṃ bhagavatā bhikkhūnaṃ sikkhāpadaṃ paññattaṃ hoti.
509. Tena kho pana samayena sambahulā bhikkhū kosalesu janapade sāvatthiṃ gacchantā sāyaṃ aññataraṃ gāmaṃ upagacchiṃsu. Manussā te bhikkhū passitvā etadavocuṃ – ''pavisatha, bhante''ti. Atha kho te bhikkhū – ''bhagavatā paṭikkhittaṃ vikāle gāmaṃ pavisitu''nti kukkuccāyantā na pavisiṃsu. Corā te bhikkhū acchindiṃsu. Atha kho te bhikkhū sāvatthiṃ gantvā bhikkhūnaṃ etamatthaṃ ārocesuṃ. Bhikkhū bhagavato etamatthaṃ ārocesuṃ. Atha kho Bhagavā etasmiṃ nidāne etasmiṃ pakaraṇe dhammiṃ kathaṃ katvā bhikkhū āmantesi – ''anujānāmi, bhikkhave, āpucchā vikāle gāmaṃ pavisituṃ. Evañca pana, bhikkhave, imaṃ sikkhāpadaṃ uddiseyyātha –
''Yopana bhikkhu anāpucchā vikāle gāmaṃ paviseyya, pācittiya''nti.
Evañcidaṃ bhagavatā bhikkhūnaṃ sikkhāpadaṃ paññattaṃ hoti.
510. Tena kho pana samayena aññataro bhikkhu kosalesu janapade sāvatthiṃ gacchanto sāyaṃ aññataraṃ gāmaṃ upagacchi. Manussā taṃ bhikkhuṃ passitvā etadavocuṃ – ''pavisatha, bhante''ti. Atha kho so bhikkhu – ''bhagavatā paṭikkhittaṃ anāpucchā vikāle gāmaṃ pavisitu''nti kukkuccāyanto na pāvisi. Corā taṃ bhikkhuṃ acchindiṃsu. Atha kho so bhikkhu sāvatthiṃ gantvā bhikkhūnaṃ etamatthaṃ ārocesi. Bhikkhū bhagavato etamatthaṃ ārocesuṃ. Atha kho Bhagavā etasmiṃ nidāne etasmiṃ pakaraṇe dhammiṃ kathaṃ katvā bhikkhū āmantesi – ''anujānāmi, bhikkhave, santaṃ

bhikkhuṃ āpucchā vikāle gāmaṃ pavisituṃ. Evañca pana, bhikkhave, imaṃ sikkhāpadaṃ uddiseyyātha –
"Yo pana bhikkhu santaṃ bhikkhuṃ anāpucchā vikāle gāmaṃ paviseyya, pācittiya"nti.
Evañcidaṃ bhagavatā bhikkhūnaṃ sikkhāpadaṃ paññattaṃ hoti.
511. Tena kho pana samayena aññataro bhikkhu ahinā daṭṭho hoti. Aññataro bhikkhu "aggiṃ āharissāmī"ti gāmaṃ gacchati. Atha kho so bhikkhu – "bhagavatā paṭikkhittaṃ santaṃ bhikkhuṃ anāpucchā vikāle gāmaṃ pavisitu"nti kukkuccāyanto na pāvisi...pe... bhagavato etamatthaṃ ārocesuṃ. Atha kho Bhagavā etasmiṃ nidāne etasmiṃ pakaraṇe dhammiṃ kathaṃ katvā bhikkhū āmantesi – "anujānāmi, bhikkhave, tathārūpe accāyike karaṇīye santaṃ bhikkhuṃ anāpucchā vikāle gāmaṃ pavisituṃ. Evañca pana, bhikkhave, imaṃ sikkhāpadaṃ uddiseyyātha –
512."Yo pana bhikkhu santaṃ bhikkhuṃ anāpucchā vikāle gāmaṃ paviseyya, aññatra tathārūpā accāyikā karaṇīyā, pācittiya"nti.
513.Yo panāti yo yādiso...pe... bhikkhūti...pe... ayaṃ imasmiṃ atthe adhippeto bhikkhūti.
Santo nāma bhikkhu sakkā hoti āpucchā pavisituṃ.
Asanto nāma bhikkhu na sakkā hoti āpucchā pavisituṃ.
Vikālo nāma majjhanhike vītivatte yāva aruṇuggamanā.
Gāmaṃ paviseyyāti parikkhittassa gāmassa parikkhepaṃ atikkamantassa āpatti pācittiyassa. Aparikkhittassa gāmassa upacāraṃ okkamantassa āpatti pācittiyassa.
Aññatra tathārūpā accāyikā karaṇīyāti ṭhapetvā tathārūpaṃ accāyikaṃ karaṇīyaṃ.
514. Vikāle vikālasaññī santaṃ bhikkhuṃ anāpucchā gāmaṃ pavisati, aññatra tathārūpā accāyikā karaṇīyā, āpatti pācittiyassa. Vikāle vematiko santaṃ bhikkhuṃ anāpucchā gāmaṃ pavisati, aññatra tathārūpā accāyikā karaṇīyā, āpatti pācittiyassa. Vikāle kālasaññī santaṃ bhikkhuṃ anāpucchā gāmaṃ pavisati, aññatra tathārūpā accāyikā karaṇīyā, āpatti pācittiyassa.
Kāle vikālasaññī, āpatti dukkaṭassa. Kāle vematiko, āpatti dukkaṭassa. Kāle kālasaññī, anāpatti.
515. Anāpatti tathārūpe accāyike karaṇīye, santaṃ bhikkhuṃ āpucchā pavisati, asantaṃ bhikkhuṃ anāpucchā pavisati, antarārāmaṃ gacchati, bhikkhunupassayaṃ gacchati, titthiyaseyyaṃ gacchati, paṭikkamanaṃ gacchati, gāmena maggo hoti, āpadāsu, ummattakassa, ādikammikassāti.
Vikālagāmappavisanasikkhāpadaṃ niṭṭhitaṃ tatiyaṃ.
4. Sūcigharasikkhāpadaṃ
516. Tena samayena buddho Bhagavā sakkesu viharati kapilavatthusmiṃ nigrodhārāme. Tena kho pana samayena aññatarena dantakārena bhikkhū pavāritā honti – "yesaṃ ayyānaṃ sūcigharena attho ahaṃ sūcigharenā"ti. Tena kho pana samayena bhikkhū bahū sūcighare viññāpenti. Yesaṃ khuddakā sūcigharā te mahante sūcighare viññāpenti. Yesaṃ mahantā sūcigharā te khuddake sūcighare viññāpenti. Atha kho so dantakāro bhikkhūnaṃ bahū sūcighare karonto na sakkoti aññaṃ vikkāyikaṃ bhaṇḍaṃ kātuṃ, attanāpi na yāpeti, puttadāropissa kilamati. Manussā ujjhāyanti khiyyanti vipācenti – "kathañhi nāma samaṇā sakyaputtiyā na mattaṃ jānitvā bahū sūcighare viññāpessanti! Ayaṃ imesaṃ bahū sūcighare karonto na sakkoti aññaṃ vikkāyikaṃ bhaṇḍaṃ kātuṃ, attanāpi na yāpeti, puttadāropissa kilamatī"ti. Assosuṃ kho bhikkhū tesaṃ manussānaṃ ujjhāyantānaṃ khiyyantānaṃ vipācentānaṃ. Ye te bhikkhū appicchā...pe... te ujjhāyanti khiyyanti vipācenti – "kathañhi nāma bhikkhū na mattaṃ jānitvā bahū sūcighare viññāpessantī"ti...pe... saccaṃ kira, bhikkhave, bhikkhū na mattaṃ jānitvā bahū sūcighare viññāpentīti? "Saccaṃ, Bhagavā"ti. Vigarahi buddho Bhagavā...pe... kathañhi nāma te, bhikkhave, moghapurisā na mattaṃ jānitvā bahū sūcighare viññāpessanti! Netaṃ, bhikkhave, appasannānaṃ vā pasādāya...pe... evañca pana, bhikkhave, imaṃ sikkhāpadaṃ uddiseyyātha –
517."Yo pana bhikkhu aṭṭhimayaṃ vā dantamayaṃ vā visāṇamayaṃ vā sūcigharaṃ kārāpeyya bhedanakaṃ, pācittiya"nti.
518.Yo panāti yo yādiso...pe... bhikkhūti...pe... ayaṃ imasmiṃ atthe adhippeto bhikkhūti.
Aṭṭhi nāma yaṃ kiñci aṭṭhi.
Danto nāma hatthidanto vuccati.
Visāṇaṃ nāma yaṃ kiñci visāṇaṃ.
Kārāpeyyāti karoti vā kārāpeti vā, payoge dukkaṭaṃ. Paṭilābhena bhinditvā pācittiyaṃ desetabbaṃ.
519. Attanā vippakataṃ attanā pariyosāpeti, āpatti pācittiyassa. Attanā vippakataṃ parehi pariyosāpeti [pariyosāvāpeti (ka.)], āpatti pācittiyassa. Parehi vippakataṃ attanā pariyosāpeti, āpatti pācittiyassa. Parehi vippakataṃ parehi pariyosāpeti [pariyosāvāpeti (ka.)], āpatti pācittiyassa.
Aññassatthāya karoti vā kārāpeti vā, āpatti dukkaṭassa. Aññena kataṃ paṭilabhitvā paribhuñjati, āpatti dukkaṭassa.
520. Anāpatti gaṇṭhikāya [gaṇḍikāya (syā.)], araṇike, vidhe [vīṭhe (sī.), vīthe (syā.)], añjaniyā, añjanisalākāya, vāsijaṭe, udakapuñchaniyā, ummattakassa, ādikammikassāti.
Sūcigharasikkhāpadaṃ niṭṭhitaṃ catutthaṃ.
5. Mañcapīṭhasikkhāpadaṃ

521. Tena samayena buddho Bhagavā sāvatthiyaṃ viharati jetavane anāthapiṇḍikassa ārāme. Tena kho pana samayena āyasmā upanando sakyaputto ucce mañce sayati. Atha kho Bhagavā sambahulehi bhikkhūhi saddhiṃ senāsanacārikaṃ āhiṇḍanto yenāyasmato upanandassa sakyaputtassa vihāro tenupasaṅkami. Addasā kho āyasmā upanando sakyaputto bhagavantaṃ dūratova āgacchantaṃ. Disvāna bhagavantaṃ etadavoca – ''āgacchatu me, bhante, Bhagavā sayanaṃ passatū''ti. Atha kho Bhagavā tatova paṭinivattitvā bhikkhū āmantesi – ''āsayato, bhikkhave, moghapuriso veditabbo''ti. Atha kho Bhagavā āyasmantaṃ upanandaṃ sakyaputtaṃ anekapariyāyena vigarahitvā dubbharatāya...pe... evañca pana, bhikkhave, imaṃ sikkhāpadaṃ uddiseyyātha –

522.''Navaṃ pana bhikkhunā mañcaṃ vā pīṭhaṃ vā kārayamānena aṭṭhaṅgulapādakaṃ kāretabbaṃ sugataṅgulena, aññatra heṭṭhimāya aṭaniyā; taṃ atikkāmayato chedanakaṃ pācittiya''nti.

523.Navaṃ nāma karaṇaṃ upādāya vuccati.

Mañco nāma cattāro mañcā – masārako, bundikābaddho, kuḷīrapādako, āhaccapādako.

Pīṭhaṃ nāma cattāri pīṭhāni – masārakaṃ, bundikābaddhaṃ, kuḷīrapādakaṃ, āhaccapādakaṃ.

Kārayamānenāti karonto vā kārāpento vā.

Aṭṭhaṅgulapādakaṃkāretabbaṃ sugataṅgulena, aññatra heṭṭhimāyaaṭaniyāti ṭhapetvā heṭṭhimaṃ aṭaniṃ; taṃ atikkāmetvā karoti vā kārāpeti vā, payoge dukkaṭaṃ, paṭilābhena chinditvā pācittiyaṃ desetabbaṃ.

524. Attanā vippakataṃ attanā pariyosāpeti, āpatti pācittiyassa. Attanā vippakataṃ parehi pariyosāpeti, āpatti pācittiyassa. Parehi vippakataṃ attanā pariyosāpeti, āpatti pācittiyassa. Parehi vippakataṃ parehi pariyosāpeti, āpatti pācittiyassa.

Aññassatthāya karoti vā kārāpeti vā, āpatti dukkaṭassa. Aññena kataṃ paṭilabhitvā paribhuñjati, āpatti dukkaṭassa.

525. Anāpatti pamāṇikaṃ karoti, ūnakaṃ karoti, aññena kataṃ pamāṇātikkantaṃ paṭilabhitvā chinditvā paribhuñjati, ummattakassa, ādikammikassāti.

Mañcapīṭhasikkhāpadaṃ niṭṭhitaṃ pañcamaṃ.

6. Tūlonaddhasikkhāpadaṃ

526. Tena samayena buddho Bhagavā sāvatthiyaṃ viharati jetavane anāthapiṇḍikassa ārāme. Tena kho pana samayena chabbaggiyā bhikkhū mañcampi pīṭhampi tūlonaddhaṃ kārāpenti. Manussā vihāracārikaṃ āhiṇḍantā passitvā ujjhāyanti khiyyanti vipācenti – ''kathañhi nāma samaṇā sakyaputtiyā mañcampi pīṭhampi tūlonaddhaṃ kārāpessanti, seyyathāpi gihī kāmabhogino''ti ! Assosuṃ kho bhikkhū tesaṃ manussānaṃ ujjhāyantānaṃ khiyyantānaṃ vipācentānaṃ. Ye te bhikkhū appicchā...pe... te ujjhāyanti khiyyanti vipācenti – ''kathañhi nāma chabbaggiyā bhikkhū mañcampi pīṭhampi tūlonaddhaṃ kārāpessantī''ti...pe... saccaṃ kira tumhe, bhikkhave, mañcampi pīṭhampi tūlonaddhaṃ kārāpethāti? ''Saccaṃ, Bhagavā''ti. Vigarahi buddho Bhagavā...pe... kathañhi nāma tumhe, moghapurisā, mañcampi pīṭhampi tūlonaddhaṃ kārāpessatha! Netaṃ, moghapurisā, appasannānaṃ vā pasādāya...pe... evañca pana, bhikkhave, imaṃ sikkhāpadaṃ uddiseyyātha –

527.''Yo pana bhikkhu mañcaṃ vā pīṭhaṃ vā tūlonaddhaṃ kārāpeyya, uddālanakaṃ pācittiya''nti.

528.Yo panāti yo yādiso...pe... bhikkhūti...pe... ayaṃ imasmiṃ atthe adhippeto bhikkhūti.

Mañco nāma cattāro mañcā – masārako, bundikābaddho, kuḷīrapādako, āhaccapādako.

Pīṭhaṃ nāma cattāri pīṭhāni – masārakaṃ, bundikābaddhaṃ, kuḷīrapādakaṃ, āhaccapādakaṃ.

Tūlaṃ nāma tīṇi tūlāni – rukkhatūlaṃ, latātūlaṃ, poṭakitūlaṃ.

Kārāpeyyāti karoti vā kārāpeti vā, payoge dukkaṭaṃ. Paṭilābhena uddāletvā pācittiyaṃ desetabbaṃ.

529. Attanā vippakataṃ attanā pariyosāpeti, āpatti pācittiyassa. Attanā vippakataṃ parehi pariyosāpeti, āpatti pācittiyassa. Parehi vippakataṃ attanā pariyosāpeti, āpatti pācittiyassa. Parehi vippakataṃ parehi pariyosāpeti, āpatti pācittiyassa.

Aññassatthāya karoti vā kārāpeti vā, āpatti dukkaṭassa. Aññena kataṃ paṭilabhitvā paribhuñjati, āpatti dukkaṭassa.

530. Anāpatti āyoge, kāyabandhane, aṃsabaddhake, pattathavikāya, parissāvane, bibbohanaṃ karoti, aññena kataṃ paṭilabhitvā uddāletvā paribhuñjati, ummattakassa, ādikammikassāti.

Tūlonaddhasikkhāpadaṃ niṭṭhitaṃ chaṭṭhaṃ.

7. Nisīdanasikkhāpadaṃ

531. Tena samayena buddho Bhagavā sāvatthiyaṃ viharati jetavane anāthapiṇḍikassa ārāme. Tena kho pana samayena bhagavatā bhikkhūnaṃ nisīdanaṃ anuññātaṃ hoti. Chabbaggiyā bhikkhū – ''bhagavatā nisīdanaṃ anuññāta''nti appamāṇikāni nisīdanāni dhārenti. Mañcassapi pīṭhassapi puratopi pacchatopi olambenti. Ye te bhikkhū appicchā...pe... te ujjhāyanti khiyyanti vipācenti – ''kathañhi nāma chabbaggiyā bhikkhū appamāṇikāni nisīdanāni dhāressantī''ti...pe... saccaṃ kira tumhe, bhikkhave, appamāṇikāni nisīdanāni dhārethāti? ''Saccaṃ, Bhagavā''ti. Vigarahi buddho Bhagavā...pe... kathañhi nāma tumhe, moghapurisā, appamāṇikāni nisīdanāni dhāressatha! Netaṃ, moghapurisā, appasannānaṃ vā pasādāya...pe... evañca pana, bhikkhave, imaṃ sikkhāpadaṃ uddiseyyātha –

''Nisīdanaṃ pana bhikkhunā kārayamānena pamāṇikaṃ kāretabbaṃ. Tatridaṃ pamāṇaṃ – dīghaso dve vidatthiyo, sugatavidatthiyā; tiriyaṃ diyaḍḍhaṃ. Taṃ atikkāmayato chedanakaṃ pācittiya''nti.

Evañcidaṃ bhagavatā bhikkhūnaṃ sikkhāpadaṃ paññattaṃ hoti.
532. Tena kho pana samayena āyasmā udāyī mahākāyo hoti. So bhagavato purato nisīdanaṃ paññapetvā samantato samañchamāno nisīdati. Atha kho Bhagavā āyasmantaṃ udāyiṃ etadavoca – ''kissatvaṃ, udāyi, nisīdanaṃ samantato samañchasi; seyyathāpi purāṇāsikoṭṭho''ti? ''Tathā hi pana, bhante, bhagavatā bhikkhūnaṃ atikhuddakaṃ nisīdanaṃ anuññāta''nti. Atha kho Bhagavā etasmiṃ nidāne etasmiṃ pakaraṇe dhammiṃ kathaṃ katvā bhikkhū āmantesi – ''anujānāmi, bhikkhave, nisīdanassa dasaṃ vidatthiṃ. Evañca pana, bhikkhave, imaṃ sikkhāpadaṃ uddiseyyātha –
533.''Nisīdanaṃ pana bhikkhunā kārayamānena pamāṇikaṃ kāretabbaṃ. Tatridaṃ pamāṇaṃ – dīghaso dve vidatthiyo, sugatavidatthiyā; tiriyaṃ diyaḍḍhaṃ. Dasā vidatthi. Taṃ atikkāmayato chedanakaṃ pācittiya''nti.
534.Nisīdanaṃ nāma sadasaṃ vuccati.
Kārayamānenāti karonto vā kārāpento vā pamāṇikaṃ kāretabbaṃ. Tatridaṃ pamāṇaṃ – dīghaso dve vidatthiyo, sugatavidatthiyā; tiriyaṃ diyaḍḍhaṃ. Dasā vidatthi. Taṃ atikkāmetvā karoti vā kārāpeti vā, payoge dukkaṭaṃ. Paṭilābhena chinditvā pācittiyaṃ desetabbaṃ.
535. Attanā vippakataṃ attanā pariyosāpeti, āpatti pācittiyassa. Attanā vippakataṃ parehi pariyosāpeti, āpatti pācittiyassa. Parehi vippakataṃ attanā pariyosāpeti, āpatti pācittiyassa. Parehi vippakataṃ parehi pariyosāpeti, āpatti pācittiyassa.
Aññassatthāya karoti vā kārāpeti vā, āpatti dukkaṭassa. Aññena kataṃ paṭilabhitvā paribhuñjati, āpatti dukkaṭassa.
536. Anāpatti pamāṇikaṃ karoti, ūnakaṃ karoti, aññena kataṃ pamāṇātikkantaṃ paṭilabhitvā chinditvā paribhuñjati, vitānaṃ vā bhūmattharaṇaṃ vā sāṇipākāraṃ vā bhisiṃ vā bibbohanaṃ vā karoti, ummattakassa, ādikammikassāti.
Nisīdanasikkhāpadaṃ niṭṭhitaṃ sattamaṃ.
8. Kaṇḍuppaṭicchādisikkhāpadaṃ
537. Tena samayena buddho Bhagavā sāvatthiyaṃ viharati jetavane anāthapiṇḍikassa ārāme. Tena kho pana samayena bhagavatā bhikkhūnaṃ kaṇḍuppaṭicchādi anuññātā hoti. Chabbaggiyā bhikkhū – ''bhagavatā kaṇḍuppaṭicchādi anuññātā''ti appamāṇikāyo kaṇḍuppaṭicchādiyo dhārenti; puratopi pacchatopi ākaḍḍhantā āhiṇḍanti. Ye te bhikkhū appicchā...pe... te ujjhāyanti khiyyanti vipācenti – ''kathañhi nāma chabbaggiyā bhikkhū appamāṇikāyo kaṇḍuppaṭicchādiyo dhāressantī''ti...pe... saccaṃ kira tumhe, bhikkhave, appamāṇikāyo kaṇḍuppaṭicchādiyo dhārethāti? ''Saccaṃ, Bhagavā''ti. Vigarahi buddho Bhagavā...pe... kathañhi nāma tumhe, moghapurisā, appamāṇikāyo kaṇḍuppaṭicchādiyo dhāressatha! Netaṃ, moghapurisā, appasannānaṃ vā pasādāya...pe... evañca pana, bhikkhave, imaṃ sikkhāpadaṃ uddiseyyātha –
538.''Kaṇḍuppaṭicchādiṃ pana bhikkhunā kārayamānena pamāṇikā kāretabbā. Tatridaṃ pamāṇaṃ – dīghaso catasso vidatthiyo, sugatavidatthiyā; tiriyaṃ dve vidatthiyo. Taṃ atikkāmayato chedanakaṃ pācittiya''nti.
539.Kaṇḍuppaṭicchādi nāma yassa adhonābhi ubbhajāṇumaṇḍalaṃ kaṇḍu vā pīḷakā vā assāvo vā thullakacchu vā ābādho, tassa paṭicchādanatthāya.
Kārayamānenāti karonto vā kārāpento vā. Pamāṇikā kāretabbā. Tatridaṃ pamāṇaṃ – dīghaso catasso vidatthiyo, sugatavidatthiyā; tiriyaṃ dve vidatthiyo. Taṃ atikkāmetvā karoti vā kārāpeti vā, payoge dukkaṭaṃ. Paṭilābhena chinditvā pācittiyaṃ desetabbaṃ.
540. Attanā vippakataṃ attanā pariyosāpeti, āpatti pācittiyassa. Attanā vippakataṃ parehi pariyosāpeti, āpatti pācittiyassa. Parehi vippakataṃ attanā pariyosāpeti, āpatti pācittiyassa. Parehi vippakataṃ parehi pariyosāpeti, āpatti pācittiyassa.
Aññassatthāya karoti vā kārāpeti vā, āpatti dukkaṭassa. Aññena kataṃ paṭilabhitvā paribhuñjati, āpatti dukkaṭassa.
541. Anāpatti pamāṇikaṃ karoti, ūnakaṃ karoti, aññena kataṃ pamāṇātikkantaṃ paṭilabhitvā chinditvā paribhuñjati, vitānaṃ vā bhūmattharaṇaṃ vā sāṇipākāraṃ vā bhisiṃ vā bibbohanaṃ vā karoti, ummattakassa, ādikammikassāti.
Kaṇḍuppaṭicchādisikkhāpadaṃ niṭṭhitaṃ aṭṭhamaṃ.
9. Vassikasāṭikāsikkhāpadaṃ
542. Tena samayena buddho Bhagavā sāvatthiyaṃ viharati jetavane anāthapiṇḍikassa ārāme. Tena kho pana samayena bhagavatā bhikkhūnaṃ vassikasāṭikā anuññātā hoti. Chabbaggiyā bhikkhū – ''bhagavatā vassikasāṭikā anuññātā''ti appamāṇikāyo vassikasāṭikāyo dhārenti. Puratopi pacchatopi ākaḍḍhantā āhiṇḍanti. Ye te bhikkhū appicchā...pe... te ujjhāyanti khiyyanti vipācenti – ''kathañhi nāma chabbaggiyā bhikkhū appamāṇikāyo vassikasāṭikāyo dhāressantī''ti...pe... saccaṃ kira tumhe, bhikkhave, appamāṇikāyo vassikasāṭikāyo dhārethāti? ''Saccaṃ, Bhagavā''ti. Vigarahi buddho Bhagavā...pe... kathañhi nāma tumhe, moghapurisā, appamāṇikāyo vassikasāṭikāyo dhāressatha! Netaṃ, moghapurisā, appasannānaṃ vā pasādāya...pe... evañca pana, bhikkhave, imaṃ sikkhāpadaṃ uddiseyyātha –

543.“Vassikasāṭikaṃ pana bhikkhunā kārayamānena pamāṇikā kāretabbā. Tatridaṃ pamāṇaṃ – dīghaso cha vidatthiyo, sugatavidatthiyā; tiriyaṃ aḍḍhateyyā. Taṃ atikkāmayato chedanakaṃ pācittiya’’nti.
544.Vassikasāṭikā nāma vassānassa catumāsatthāya.
Kārayamānenāti karonto vā kārāpento vā. Pamāṇikā kāretabbā. Tatridaṃ pamāṇaṃ – dīghaso cha vidatthiyo, sugatavidatthiyā; tiriyaṃ aḍḍhateyyā. Taṃ atikkāmetvā karoti vā kārāpeti vā, payoge dukkaṭaṃ. Paṭilābhena chinditvā pācittiyaṃ desetabbaṃ.
545. Attanā vippakataṃ attanā pariyosāpeti, āpatti pācittiyassa. Attanā vippakataṃ parehi pariyosāpeti, āpatti pācittiyassa. Parehi vippakataṃ attanā pariyosāpeti, āpatti pācittiyassa. Parehi vippakataṃ parehi pariyosāpeti, āpatti pācittiyassa.
Aññassatthāya karoti vā kārāpeti vā, āpatti dukkaṭassa. Aññena kataṃ paṭilabhitvā paribhuñjati, āpatti dukkaṭassa.
546. Anāpatti pamāṇikaṃ karoti, ūnakaṃ karoti, aññena kataṃ pamāṇātikkantaṃ paṭilabhitvā chinditvā paribhuñjati, vitānaṃ vā bhūmattharaṇaṃ vā sāṇipākāraṃ vā bhisiṃ vā bibbohanaṃ vā karoti, ummattakassa, ādikammikassāti.
Vassikasāṭikāsikkhāpadaṃ niṭṭhitaṃ navamaṃ.
10. Nandasikkhāpadaṃ
547. Tena samayena buddho Bhagavā sāvatthiyaṃ viharati jetavane anāthapiṇḍikassa ārāme. Tena kho pana samayena āyasmā nando bhagavato mātucchāputto abhirūpo hoti dassanīyo pāsādiko caturaṅgulomako bhagavatā [bhagavato (ka.)]. So sugatacīvarappamāṇaṃ cīvaraṃ dhāreti. Addasaṃsu kho therā bhikkhū āyasmantaṃ nandaṃ dūratova āgacchantaṃ. Disvāna – “Bhagavā āgacchatī’’ti āsanā vuṭṭhahanti. Te upagate jānitvā [upagataṃ sañjānitvā (syā.), upagate sañjānitvā (sī.)] ujjhāyanti khiyyanti vipācenti – “kathañhi nāma āyasmā nando sugatacīvarappamāṇaṃ cīvaraṃ dhāressatī’’ti...pe... saccaṃ kira tvaṃ, nanda, sugatacīvarappamāṇaṃ cīvaraṃ dhāresīti? “Saccaṃ, Bhagavā’’ti. Vigarahi buddho Bhagavā...pe... kathañhi nāma tvaṃ, nanda, sugatacīvarappamāṇaṃ cīvaraṃ dhāressasi! Netaṃ, nanda, appasannānaṃ vā pasādāya...pe... evañca pana, bhikkhave, imaṃ sikkhāpadaṃ uddiseyyātha –
548.“Yo pana bhikkhu sugatacīvarappamāṇaṃ cīvaraṃ kārāpeyya atirekaṃ vā, chedanakaṃ pācittiyaṃ. Tatridaṃ sugatassa sugatacīvarappamāṇaṃ – dīghaso nava vidatthiyo, sugatavidatthiyā; tiriyaṃ cha vidatthiyo. Idaṃ sugatassa sugatacīvarappamāṇa’’nti.
549.Yo panāti yo yādiso...pe... bhikkhūti...pe... ayaṃ imasmiṃ atthe adhippeto bhikkhūti.
Sugatacīvarappamāṇaṃ[sugatacīvaraṃ (ka.)] nāma dīghaso nava vidatthiyo, sugatavidatthiyā; tiriyaṃ cha vidatthiyo.
Kārāpeyyāti karoti vā kārāpeti vā, payoge dukkaṭaṃ. Paṭilābhena chinditvā pācittiyaṃ desetabbaṃ.
550. Attanā vippakataṃ attanā pariyosāpeti, āpatti pācittiyassa. Attanā vippakataṃ parehi pariyosāpeti, āpatti pācittiyassa. Parehi vippakataṃ attanā pariyosāpeti, āpatti pācittiyassa. Parehi vippakataṃ parehi pariyosāpeti, āpatti pācittiyassa.
Aññassatthāya karoti vā kārāpeti vā, āpatti dukkaṭassa. Aññena kataṃ paṭilabhitvā paribhuñjati, āpatti dukkaṭassa.
551. Anāpatti ūnakaṃ karoti, aññena kataṃ paṭilabhitvā chinditvā paribhuñjati, vitānaṃ vā bhūmattharaṇaṃ vā sāṇipākāraṃ vā bhisiṃ vā bibbohanaṃ vā karoti, ummattakassa, ādikammikassāti.
Nandasikkhāpadaṃ niṭṭhitaṃ dasamaṃ.
Ratanavaggo [rājavaggo (sī.)] navamo.
Tassuddānaṃ –
Rañño ca ratanaṃ santaṃ, sūci mañcañca tūlikaṃ;
Nisīdanañca kaṇḍuñca, vassikā sugatena cāti.
Uddiṭṭhā kho, āyasmanto, dvenavuti pācittiyā dhammā. Tatthāyasmante pucchāmi – “kaccittha parisuddhā’’? Dutiyampi pucchāmi – “kaccittha parisuddhā’’? Tatiyampi pucchāmi – “kaccittha parisuddhā’’? Parisuddhetthāyasmanto, tasmā tuṇhī, evametaṃ dhārayāmīti.
Khuddakaṃ samattaṃ.
Pācittiyakaṇḍaṃ niṭṭhitaṃ.

6. Pāṭidesanīyakaṇḍaṃ

1. Paṭhamapāṭidesanīyasikkhāpadaṃ
Ime kho panāyasmanto cattāro pāṭidesanīyā
Dhammā uddesaṃ āgacchanti.
552. Tena samayena buddho Bhagavā sāvatthiyaṃ viharati jetavane anāthapiṇḍikassa ārāme. Tena kho pana samayena aññatarā bhikkhunī sāvatthiyaṃ piṇḍāya caritvā paṭikkamanakāle aññataraṃ bhikkhuṃ passitvā etadavoca – “handāyya, bhikkhaṃ paṭiggaṇhā’’ti. “Suṭṭhu, bhaginī’’ti sabbeva aggahesi. Sā upakaṭṭhe kāle nāsakkhi piṇḍāya carituṃ, chinnabhattā ahosi. Atha kho sā bhikkhunī dutiyampi

divasaṃ…pe… tatiyampi divasaṃ sāvatthiyaṃ piṇḍāya caritvā paṭikkamanakāle taṃ bhikkhuṃ passitvā etadavoca – "handāyya, bhikkhaṃ paṭiggaṇhā"ti. "Suṭṭhu, bhaginī"ti sabbeva aggahesi. Sā upakaṭṭhe kāle nāsakkhi piṇḍāya carituṃ, chinnabhattā ahosi. Atha kho sā bhikkhunī catutthe divase rathikāya pavedhentī gacchati. Seṭṭhi gahapati rathena paṭipathaṃ āgacchanto taṃ bhikkhuniṃ etadavoca – "apehāyye"ti. Sā vokkamantī tattheva paripati. Seṭṭhi gahapati taṃ bhikkhuniṃ khamāpesi – "khamāhāyye, mayāsi pātitā"ti. "Nāhaṃ, gahapati, tayā pātitā. Apica, ahameva dubbalā"ti. "Kissa pana tvaṃ, ayye, dubbalā"ti? Atha kho sā bhikkhunī seṭṭhissa gahapatissa etamatthaṃ ārocesi. Seṭṭhi gahapati taṃ bhikkhuniṃ gharaṃ netvā bhojetvā ujjhāyati khiyyati vipāceti – "kathañhi nāma bhadantā bhikkhuniyā hatthato āmisaṃ paṭiggahessanti! Kicchalābho mātugāmo"ti!

Assosuṃ kho bhikkhū tassa seṭṭhissa gahapatissa ujjhāyantassa khiyyantassa vipācentassa. Ye te bhikkhū appicchā…pe… te ujjhāyanti khiyyanti vipācenti – "kathañhi nāma bhikkhu bhikkhuniyā hatthato āmisaṃ paṭiggahessatī"ti…pe… saccaṃ kira tvaṃ, bhikkhu, bhikkhuniyā hatthato āmisaṃ paṭiggahesīti ? "Saccaṃ, Bhagavā"ti. "Ñātikā te, bhikkhu, aññātikā"ti? "Aññātikā, Bhagavā"ti. "Aññātako, moghapurisa, aññātikāya na jānāti patirūpaṃ vā appatirūpaṃ vā santaṃ vā asantaṃ vā. Kathañhi nāma tvaṃ, moghapurisa, aññātikāya bhikkhuniyā hatthato āmisaṃ paṭiggahessasi! Netaṃ, moghapurisa, appasannānaṃ vā pasādāya…pe… evañca pana, bhikkhave, imaṃ sikkhāpadaṃ uddiseyyātha –

553."Yo pana bhikkhu aññātikāya bhikkhuniyā antaragharaṃ paviṭṭhāya hatthato khādanīyaṃ vā bhojanīyaṃ vā sahatthā paṭiggahetvā khādeyya vā bhuñjeyya vā, paṭidesetabbaṃ tena bhikkhunā – 'gārayhaṃ, āvuso, dhammaṃ āpajjiṃ asappāyaṃ pāṭidesanīyaṃ, taṃ paṭidesemī'"ti.

554.Yo panāti yo yādiso…pe… bhikkhūti…pe… ayaṃ imasmiṃ atthe adhippeto bhikkhūti.

Aññātikā nāma mātito vā . Pitito vā yāva sattamā pitāmahayugā asambaddhā.

Bhikkhunī nāma ubhatosaṅghe upasampannā.

Antaragharaṃ nāma rathikā byūhaṃ siṅghāṭakaṃ gharaṃ.

Khādanīyaṃ nāma pañca bhojanāni – yāmakālikaṃ sattāhakālikaṃ yāvajīvikaṃ ṭhapetvā avasesaṃ khādanīyaṃ nāma.

Bhojanīyaṃ nāma pañca bhojanāni – odano, kummāso, sattu, maccho, maṃsaṃ. "Khādissāmi bhuñjissāmī"ti paṭiggaṇhāti, āpatti dukkaṭassa. Ajjhohāre ajjhohāre āpatti pāṭidesanīyassa.

555. Aññātikāya aññātikasaññī antaragharaṃ paviṭṭhāya hatthato khādanīyaṃ vā bhojanīyaṃ vā sahatthā paṭiggahetvā khādati vā bhuñjati vā, āpatti pāṭidesanīyassa. Aññātikāya vematiko antaragharaṃ paviṭṭhāya hatthato khādanīyaṃ vā bhojanīyaṃ vā sahatthā paṭiggahetvā khādati vā bhuñjati vā, āpatti pāṭidesanīyassa. Aññātikāya ñātikasaññī antaragharaṃ paviṭṭhāya hatthato khādanīyaṃ vā bhojanīyaṃ vā sahatthā paṭiggahetvā khādati vā bhuñjati vā, āpatti pāṭidesanīyassa.

Yāmakālikaṃ sattāhakālikaṃ yāvajīvikaṃ āhāratthāya paṭiggaṇhāti, āpatti dukkaṭassa. Ajjhohāre ajjhohāre āpatti dukkaṭassa. Ekatoupasampannāya hatthato khādanīyaṃ vā bhojanīyaṃ vā – "khādissāmi bhuñjissāmī"ti paṭiggaṇhāti, āpatti dukkaṭassa. Ajjhohāre ajjhohāre āpatti dukkaṭassa. Ñātikāya aññātikasaññī, āpatti dukkaṭassa. Ñātikāya vematiko, āpatti dukkaṭassa. Ñātikāya ñātikasaññī, anāpatti.

556. Anāpatti ñātikāya, dāpeti na deti, upanikkhipitvā deti antarārāme, bhikkhunupassaye, titthiyaseyyāya, paṭikkamane , gāmato nīharitvā deti, yāmakālikaṃ sattāhakālikaṃ yāvajīvikaṃ "sati paccaye paribhuñjā"ti deti, sikkhamānāya, sāmaṇeriyā, ummattakassa, ādikammikassāti.

Paṭhamapāṭidesanīyasikkhāpadaṃ niṭṭhitaṃ.

2. Dutiyapāṭidesanīyasikkhāpadaṃ

557. Tena samayena buddho Bhagavā rājagahe viharati veḷuvane kalandakanivāpe. Tena kho pana samayena bhikkhū kulesu nimantitā bhuñjanti. Chabbaggiyā bhikkhuniyo chabbaggiyānaṃ bhikkhūnaṃ vosāsantiyo ṭhitā honti – "idha sūpaṃ detha, idha odanaṃ dethā"ti. Chabbaggiyā bhikkhū yāvadatthaṃ bhuñjanti. Aññe bhikkhū na cittarūpaṃ bhuñjanti. Ye te bhikkhū appicchā…pe… te ujjhāyanti khiyyanti vipācenti – "kathañhi nāma chabbaggiyā bhikkhū bhikkhuniyo vosāsantiyo na nivāressantī"ti…pe… saccaṃ kira tumhe, bhikkhave, bhikkhuniyo vosāsantiyo na nivārethāti? "Saccaṃ, Bhagavā"ti. Vigarahi buddho Bhagavā …pe… kathañhi nāma tumhe, moghapurisā, bhikkhuniyo vosāsantiyo na nivāressatha ! Netaṃ, moghapurisā, appasannānaṃ vā pasādāya…pe… evañca pana, bhikkhave, imaṃ sikkhāpadaṃ uddiseyyātha –

558."Bhikkhūpaneva kulesu nimantitā bhuñjanti, tatra ce sā [tatra ce (syā.)] bhikkhunī vosāsamānarūpā ṭhitā hoti – 'idha sūpaṃ detha, idha odanaṃ dethā'ti, tehi bhikkhūhi sā bhikkhunī apasādetabbā – 'apasakka tāva, bhagini, yāva bhikkhū bhuñjantī'ti. Ekassa cepi [ekassapi ce (sī. syā.)] bhikkhuno na paṭibhāseyya taṃ bhikkhuniṃ apasādetuṃ – 'apasakka tāva, bhagini, yāva bhikkhū bhuñjantī'ti paṭidesetabbaṃ tehi bhikkhūhi – 'gārayhaṃ, āvuso, dhammaṃ āpajjimhā asappāyaṃ pāṭidesanīyaṃ, taṃ paṭidesemā'"ti.

559.Bhikkhū paneva kulesu nimantitā bhuñjantīti kulaṃ nāma cattāri kulāni – khattiyakulaṃ, brāhmaṇakulaṃ, vessakulaṃ, suddakulaṃ.

Nimantitā bhuñjantīti pañcannaṃ bhojanānaṃ aññatarena bhojanena nimantitā bhuñjanti.

Bhikkhunī nāma ubhatosaṅghe upasampannā.
Vosāsantī nāma yathāmittatā yathāsandiṭṭhatā yathāsambhattatā yathāsamānupajjhāyakatā yathāsamānācariyakatā – ''idha sūpaṃ detha, idha odanaṃ dethā''ti. Esā vosāsantī nāma.
Tehi bhikkhūhīti bhuñjamānehi bhikkhūhi.
Sā bhikkhunīti yā sā vosāsantī bhikkhunī.
Tehi bhikkhūhi sā bhikkhunī apasādetabbā – ''apasakka tāva, bhagini, yāva bhikkhū bhuñjantī''ti. Ekassa cepi [ekassapi ce (sī. syā.)] bhikkhuno anapasādito [anapasādite (sī. syā.)] – ''khādissāmi bhuñjissāmī''ti paṭiggaṇhāti, āpatti dukkaṭassa. Ajjhohāre ajjhohāre āpatti pāṭidesanīyassa.
560. Upasampannāya upasampannasaññī vosāsantiyā na nivāreti, āpatti pāṭidesanīyassa. Upasampannāya vematiko vosāsantiyā na nivāreti, āpatti pāṭidesanīyassa. Upasampannāya anupasampannasaññī vosāsantiyā na nivāreti, āpatti pāṭidesanīyassa.
Ekatoupasampannāya vosāsantiyā na nivāreti, āpatti dukkaṭassa. Anupasampannāya upasampannasaññī, āpatti dukkaṭassa. Anupasampannāya vematiko, āpatti dukkaṭassa. Anupasampannāya anupasampannasaññī, anāpatti.
561. Anāpatti attano bhattaṃ dāpeti na deti, aññesaṃ bhattaṃ deti na dāpeti, yaṃ na dinnaṃ taṃ dāpeti, yattha na dinnaṃ tattha dāpeti, sabbesaṃ samakaṃ dāpeti, sikkhamānā vosāsati, sāmaṇerī vosāsati, pañca bhojanāni ṭhapetvā sabbattha, anāpatti, ummattakassa, ādikammikassāti.
Dutiyapāṭidesanīyasikkhāpadaṃ niṭṭhitaṃ.
3. Tatiyapāṭidesanīyasikkhāpadaṃ
562. Tena samayena buddho Bhagavā sāvatthiyaṃ viharati jetavane anāthapiṇḍikassa ārāme. Tena kho pana samayena sāvatthiyaṃ aññataraṃ kulaṃ ubhatopasannaṃ hoti. Saddhāya vaḍḍhati, bhogena hāyati, yaṃ tasmiṃ kule uppajjati purebhattaṃ khādanīyaṃ vā bhojanīyaṃ vā taṃ sabbaṃ bhikkhūnaṃ vissajjetvā appekadā anasitā acchanti. Manussā ujjhāyanti khiyyanti vipācenti – ''kathañhi nāma samaṇā sakyaputtiyā na mattaṃ jānitvā paṭiggahessanti! Ime imesaṃ datvā appekadā anasitā acchantī''ti!! Assosuṃ kho bhikkhū tesaṃ manussānaṃ ujjhāyantānaṃ khiyyantānaṃ vipācentānaṃ. Atha kho te bhikkhū bhagavato etamatthaṃ ārocesuṃ. Atha kho Bhagavā etasmiṃ nidāne etasmiṃ pakaraṇe dhammiṃ kathaṃ katvā bhikkhū āmantesi – ''anujānāmi, bhikkhave, yaṃ kulaṃ saddhāya vaḍḍhati, bhogena hāyati evarūpassa kulassa ñattidutiyena kammena sekkhasammutiṃ dātuṃ. Evañca pana, bhikkhave, dātabbā. Byattena bhikkhunā paṭibalena saṅgho ñāpetabbo –
563. ''Suṇātu me, bhante, saṅgho. Itthannāmaṃ kulaṃ saddhāya vaḍḍhati, bhogena hāyati. Yadi saṅghassa pattakallaṃ, saṅgho itthannāmassa kulassa sekkhasammutiṃ dadeyya. Esā ñatti.
''Suṇātu me, bhante, saṅgho. Itthannāmaṃ kulaṃ saddhāya vaḍḍhati, bhogena hāyati. Saṅgho itthannāmassa kulassa sekkhasammutiṃ deti. Yassāyasmato khamati itthannāmassa kulassa sekkhasammutiyā dānaṃ, so tuṇhassa; yassa nakkhamati, so bhāseyya.
''Dinnā saṅghena itthannāmassa kulassa sekkhasammuti. Khamati saṅghassa, tasmā tuṇhī, evametaṃ dhārayāmī''ti.
Evañca pana, bhikkhave, imaṃ sikkhāpadaṃ uddiseyyātha –
''Yāni kho pana tāni sekkhasammatāni kulāni, yo pana bhikkhu tathārūpesu sekkhasammatesu kulesu khādanīyaṃ vā bhojanīyaṃ vā sahatthā paṭiggahetvā khādeyya vā bhuñjeyya vā, paṭidesetabbaṃ tena bhikkhunā – 'gārayhaṃ, āvuso, dhammaṃ āpajjiṃ asappāyaṃ pāṭidesanīyaṃ taṃ paṭidesemī'''ti.
Evañcidaṃ bhagavatā bhikkhūnaṃ sikkhāpadaṃ paññattaṃ hoti.
564. Tena kho pana samayena sāvatthiyaṃ ussavo hoti. Manussā bhikkhū nimantetvā bhojenti. Tampi kho kulaṃ bhikkhū nimantesi. Bhikkhū kukkuccāyantā nādhivāsenti – ''paṭikkhittaṃ bhagavatā sekkhasammatesu kulesu khādanīyaṃ vā bhojanīyaṃ vā sahatthā paṭiggahetvā khādituṃ bhuñjitu''nti. Te ujjhāyanti khiyyanti vipācenti – ''kiṃ nu kho nāma amhākaṃ jīvitena yaṃ ayyā amhākaṃ na paṭiggaṇhantī''ti! Assosuṃ kho bhikkhū tesaṃ manussānaṃ ujjhāyantānaṃ khiyyantānaṃ vipācentānaṃ. Atha kho te bhikkhū bhagavato etamatthaṃ ārocesuṃ. Atha kho Bhagavā etasmiṃ nidāne etasmiṃ pakaraṇe dhammiṃ kathaṃ katvā bhikkhū āmantesi – ''anujānāmi, bhikkhave, nimantitena sekkhasammatesu kulesu khādanīyaṃ vā bhojanīyaṃ vā sahatthā paṭiggahetvā khādituṃ bhuñjituṃ. Evañca pana, bhikkhave, imaṃ sikkhāpadaṃ uddiseyyātha –
''Yāni kho pana tāni sekkhasammatāni kulāni, yo pana bhikkhu tathārūpesu sekkhasammatesu kulesu pubbe animantitokhādanīyaṃ vā bhojanīyaṃ vā sahatthā paṭiggahetvā khādeyyavā bhuñjeyya vā,paṭidesetabbaṃ tena bhikkhunā – 'gārayhaṃ, āvuso, dhammaṃ āpajjiṃ asappāyaṃ pāṭidesanīyaṃ, taṃ paṭidesemī'''ti.
Evañcidaṃ bhagavatā bhikkhūnaṃ sikkhāpadaṃ paññattaṃ hoti.
565. Tena kho pana samayena aññataro bhikkhu tassa kulassa kulūpako hoti. Atha kho so bhikkhu pubbaṇhasamayaṃ nivāsetvā pattacīvaramādāya yena taṃ kulaṃ tenupasaṅkami; upasaṅkamitvā paññatte āsane nisīdi. Tena kho pana samayena so bhikkhu gilāno hoti. Atha kho te manussā taṃ bhikkhuṃ etadavocuṃ – ''bhuñjatha, bhante''ti. Atha kho so bhikkhu – ''bhagavatā paṭikkhittaṃ animantitena sekkhasammatesu kulesu khādanīyaṃ vā bhojanīyaṃ vā sahatthā paṭiggahetvā khādituṃ

bhuñjitu''nti kukkuccāyanto na paṭiggahesi; nāsakkhi piṇḍāya carituṃ; chinnabhatto ahosi. Atha kho so bhikkhu ārāmaṃ gantvā bhikkhūnaṃ etamatthaṃ ārocesi. Bhikkhū bhagavato etamatthaṃ ārocesuṃ. Atha kho Bhagavā etasmiṃ nidāne etasmiṃ pakaraṇe dhammiṃ kathaṃ katvā bhikkhū āmantesi – ''anujānāmi, bhikkhave, gilānena bhikkhunā sekkhasammatesu kulesu khādanīyaṃ vā bhojanīyaṃ vā sahatthā paṭiggahetvā khādituṃ bhuñjituṃ. Evañca pana, bhikkhave, imaṃ sikkhāpadaṃ uddiseyyātha –

566.''Yāni kho pana tāni sekkhasammatāni kulāni, yo pana bhikkhu tathārūpesu sekkhasammatesu kulesu pubbe animantito agilāno khādanīyaṃ vā bhojanīyaṃ vā sahatthā paṭiggahetvā khādeyya vā bhuñjeyya vā, paṭidesetabbaṃ tena bhikkhunā – 'gārayhaṃ, āvuso, dhammaṃ āpajjiṃ asappāyaṃ pāṭidesanīyaṃ, taṃ paṭidesemī''ti.

567.Yāni kho pana tāni sekkhasammatāni kulānīti sekkhasammataṃ nāma kulaṃ yaṃ kulaṃ saddhāya vaḍḍhati, bhogena hāyati. Evarūpassa kulassa ñattidutiyena kammena sekkhasammuti dinnā hoti.

Yo panāti yo yādiso...pe... bhikkhūti...pe... ayaṃ imasmiṃ atthe adhippeto bhikkhūti.

Tathārūpesu sekkhasammatesu kulesūti evarūpesu sekkhasammatesu kulesu.

Animantito nāma ajjatanāya vā svātanāya vā animantito, gharūpacāraṃ okkamante nimanteti, eso animantito nāma.

Nimantito nāma ajjatanāya vā svātanāya vā nimantito, gharūpacāraṃ anokkamante nimanteti, eso nimantito nāma.

Agilāno nāma sakkoti piṇḍāya carituṃ.

Gilāno nāma na sakkoti piṇḍāya carituṃ.

Khādanīyaṃ nāma pañca bhojanāni – yāmakālikaṃ sattāhakālikaṃ yāvajīvikaṃ ṭhapetvā avasesaṃ khādanīyaṃ nāma.

Bhojanīyaṃ nāma pañca bhojanāni – odano, kummāso, sattu, maccho, maṃsaṃ.

Animantito agilāno ''khādissāmi bhuñjissāmī''ti paṭiggaṇhāti, āpatti dukkaṭassa. Ajjhohāre ajjhohāre āpatti pāṭidesanīyassa.

568. Sekkhasammate sekkhasammatasaññī animantito agilāno khādanīyaṃ vā bhojanīyaṃva sahatthā paṭiggahetvā khādati vā bhuñjati vā, āpatti pāṭidesanīyassa. Sekkhasammate vematiko...pe... sekkhasammate asekkhasammatasaññī animantito agilāno khādanīyaṃ vā bhojanīyaṃ vā sahatthā paṭiggahetvā khādati vā bhuñjati vā, āpatti pāṭidesanīyassa.

Yāmakālikaṃ sattāhakālikaṃ yāvajīvikaṃ āhāratthāya paṭiggaṇhāti, āpatti dukkaṭassa. Ajjhohāre ajjhohāre āpatti dukkaṭassa. Asekkhasammate sekkhasammatasaññī, āpatti dukkaṭassa. Asekkhasammate vematiko, āpatti dukkaṭassa. Asekkhasammate asekkhasammatasaññī, anāpatti.

569. Anāpatti nimantitassa, gilānassa, nimantitassa vā gilānassa vā sesakaṃ bhuñjati, aññesaṃ bhikkhā tattha paññattā hoti, gharato nīharitvā denti, niccabhatte, salākabhatte, pakkhike, uposathike, pāṭipadike, yāmakālikaṃ sattāhakālikaṃ yāvajīvikaṃ – ''sati paccaye paribhuñjā''ti deti, ummattakassa, ādikammikassāti.

Tatiyapāṭidesanīyasikkhāpadaṃ niṭṭhitaṃ.

4. Catutthapāṭidesanīyasikkhāpadaṃ

570. Tena samayena buddho Bhagavā sakkesu viharati kapilavatthusmiṃ nigrodhārāme. Tena kho pana samayena sākiyadāsakā avaruddhā honti. Sākiyāniyo icchanti āraññakesu senāsanesu bhattaṃ kātuṃ. Assosuṃ kho sākiyadāsakā – ''sākiyāniyo kira āraññakesu senāsanesu bhattaṃ kattukāmā''ti. Te magge pariyuṭṭhiṃsu. Sākiyāniyo paṇītaṃ khādanīyaṃ bhojanīyaṃ ādāya āraññakaṃ senāsanaṃ agamaṃsu. Sākiyadāsakā nikkhamitvā sākiyāniyo acchindiṃsu ca dūsesuñca. Sākiyā nikkhamitvā te core sabhaṇḍe [saha bhaṇḍena (ka.)] gahetvā ujjhāyanti khiyyanti vipācenti – ''kathañhi nāma bhadantā ārāme core paṭivasante nārocessantī''ti! Assosuṃ kho bhikkhū sākiyānaṃ ujjhāyantānaṃ khiyyantānaṃ vipācentānaṃ. Atha kho te bhikkhū bhagavato etamatthaṃ ārocesuṃ. Atha kho Bhagavā etasmiṃ nidāne etasmiṃ pakaraṇe dhammiṃ kathaṃ katvā bhikkhū āmantesi – ''tena hi, bhikkhave, bhikkhūnaṃ sikkhāpadaṃ paññapessāmi dasa atthavase paṭicca – saṅghasuṭṭhutāya...pe... evañca pana, bhikkhave, imaṃ sikkhāpadaṃ uddiseyyātha –

''Yāni kho pana tāni āraññakāni senāsanāni sāsaṅkasammatāni sappaṭibhayāni, yo pana bhikkhu tathārūpesu senāsanesu[senāsanesu viharanto (sī. syā.)]pubbe appaṭisaṃviditaṃ khādanīyaṃvā bhojanīyaṃ vā ajjhārāme sahatthā paṭiggahetvā khādeyya vā bhuñjeyya vā, paṭidesetabbaṃ tena bhikkhunā – 'gārayhaṃ, āvuso, dhammaṃ āpajjiṃ asappāyaṃ pāṭidesanīyaṃ taṃ paṭidesemī'''ti.

Evañcidaṃ bhagavatā bhikkhūnaṃ sikkhāpadaṃ paññattaṃ hoti.

571. Tena kho pana samayena aññataro bhikkhu āraññakesu senāsanesu gilāno hoti. Manussā khādanīyaṃ vā bhojanīyaṃ vā ādāya āraññakaṃ senāsanaṃ agamaṃsu. Atha kho te manussā taṃ bhikkhuṃ etadavocuṃ – ''bhuñjatha, bhante''ti. Atha kho so bhikkhu – ''bhagavatā paṭikkhittaṃ āraññakesu senāsanesu khādanīyaṃ vā bhojanīyaṃ vā sahatthā paṭiggahetvā khādituṃ bhuñjitu''nti kukkuccāyanto na paṭiggahesi, nāsakkhi piṇḍāya carituṃ [pavisituṃ (ka.)], chinnabhatto ahosi. Atha kho so bhikkhu bhikkhūnaṃ etamatthaṃ ārocesi. Bhikkhū bhagavato etamatthaṃ ārocesuṃ. Atha kho Bhagavā etasmiṃ nidāne etasmiṃ pakaraṇe dhammiṃ kathaṃ katvā bhikkhū āmantesi – ''anujānāmi,

bhikkhave, gilānena bhikkhunā āraññakesu senāsanesu pubbe appaṭisaṃviditaṃ khādanīyaṃ vā bhojanīyaṃ vā sahatthā paṭiggahetvā khādituṃ bhuñjituṃ. Evañca pana, bhikkhave, imaṃ sikkhāpadaṃ uddiseyyātha –

572."Yāni kho pana tāni āraññakāni senāsanāni sāsaṅkasammatāni sappaṭibhayāni, yo pana bhikkhu tathārūpesu senāsanesu pubbe appaṭisaṃviditaṃ khādanīyaṃ vā bhojanīyaṃ vā ajjhārāme sahatthā paṭiggahetvā agilāno khādeyya vā bhuñjeyya vā, paṭidesetabbaṃ tena bhikkhunā – 'gārayhaṃ, āvuso, dhammaṃāpajjiṃ asappāyaṃ pāṭidesanīyaṃ, taṃ paṭidesemī''ti.

573.Yāni kho pana tāni āraññakāni senāsanānīti āraññakaṃ nāma senāsanaṃ pañcadhanusatikaṃ pacchimaṃ.

Sāsaṅkaṃ nāma ārāme ārāmūpacāre corānaṃ niviṭṭhokāso dissati, bhuttokāso dissati, ṭhitokāso dissati, nisinnokāso dissati, nipannokāso dissati.

Sappaṭibhayaṃ nāma ārāme ārāmūpacāre corehi manussā hatā dissanti, viluttā dissanti, ākoṭitā dissanti.

Yo panāti yo yādiso...pe... bhikkhūti...pe... ayaṃ imasmiṃ atthe adhippeto bhikkhūti.

Tathārūpesu senāsanesūti evarūpesu senāsanesu.

Appaṭisaṃviditaṃ nāma pañcannaṃ paṭisaṃviditaṃ, etaṃ appaṭisaṃviditaṃ nāma. Ārāmaṃ ārāmūpacāraṃ ṭhapetvā paṭisaṃviditaṃ, etaṃ [etampi (sī.)] appaṭisaṃviditaṃ nāma.

Paṭisaṃviditaṃ nāma yo koci itthī vā puriso vā ārāmaṃ ārāmūpacāraṃ āgantvā āroceti – "itthannāmassa, bhante, khādanīyaṃ vā bhojanīyaṃ vā āharissantī''ti. Sace sāsaṅkaṃ hoti, sāsaṅkanti ācikkhitabbaṃ; sace sappaṭibhayaṃ hoti, sappaṭibhayanti ācikkhitabbaṃ; sace – "hotu, bhante, āhariyissatī''ti bhaṇati, corā vattabbā – "manussā idhūpacaranti apasakkathā''ti. Yāguyā paṭisaṃvidite tassā parivāro āhariyyati, etaṃ paṭisaṃviditaṃ nāma. Bhattena paṭisaṃvidite tassa parivāro āhariyyati, etaṃ paṭisaṃviditaṃ nāma . Khādanīyena paṭisaṃvidite tassa parivāro āhariyyati, etaṃ paṭisaṃviditaṃ nāma. Kulena paṭisaṃvidite yo tasmiṃ kule manusso khādanīyaṃ vā bhojanīyaṃ vā āharati, etaṃ paṭisaṃviditaṃ nāma. Gāmena paṭisaṃvidite yo tasmiṃ gāme manusso khādanīyaṃ vā bhojanīyaṃ vā āharati, etaṃ paṭisaṃviditaṃ nāma. Pūgena paṭisaṃvidite yo tasmiṃ pūge manusso khādanīyaṃ vā bhojanīyaṃ vā āharati, etaṃ paṭisaṃviditaṃ nāma.

Khādanīyaṃ nāma pañca bhojanāni – yāmakālikaṃ sattāhakālikaṃ yāvajīvikaṃ ṭhapetvā avasesaṃ khādanīyaṃ nāma.

Bhojanīyaṃ nāma pañca bhojanāni – odano, kummāso, sattu, maccho, maṃsaṃ.

Ajjhārāmo nāma parikkhittassa ārāmassa antoārāmo. Aparikkhittassa upacāro.

Agilāno nāma sakkoti piṇḍāya carituṃ [gantuṃ (ka.)].

Gilāno nāma na sakkoti piṇḍāya carituṃ [gantuṃ (ka.)].

Appaṭisaṃviditaṃ agilāno "khādissāmi bhuñjissāmī''ti paṭiggaṇhāti, āpatti dukkaṭassa. Ajjhohāre ajjhohāre āpatti pāṭidesanīyassa.

574. Appaṭisaṃvidite appaṭisaṃviditasaññī khādanīyaṃ vā bhojanīyaṃ vā ajjhārāme sahatthā paṭiggahetvā agilāno khādati vā bhuñjati vā, āpatti pāṭidesanīyassa. Appaṭisaṃvidite vematiko khādanīyaṃ vā bhojanīyaṃ vā ajjhārāme sahatthā paṭiggahetvā agilāno khādati vā bhuñjati vā, āpatti pāṭidesanīyassa. Appaṭisaṃvidite paṭisaṃviditasaññī khādanīyaṃ vā bhojanīyaṃ vā ajjhārāme sahatthā paṭiggahetvā agilāno khādati vā bhuñjati vā, āpatti pāṭidesanīyassa.

Yāmakālikaṃ sattāhakālikaṃ yāvajīvikaṃ āhāratthāya paṭiggaṇhāti, āpatti dukkaṭassa. Ajjhohāre ajjhohāre āpatti dukkaṭassa. Paṭisaṃvidite appaṭisaṃviditasaññī, āpatti dukkaṭassa. Paṭisaṃvidite vematiko, āpatti dukkaṭassa. Paṭisaṃvidite paṭisaṃviditasaññī, anāpatti.

575. Anāpatti paṭisaṃvidite, gilānassa, paṭisaṃvidite vā gilānassa vā sesakaṃ bhuñjati, bahārāme paṭiggahetvā antoārāme bhuñjati, tattha jātakaṃ mūlaṃ vā tacaṃ vā pattaṃ vā pupphaṃ vā phalaṃ vā bhuñjati, yāmakālikaṃ sattāhakālikaṃ yāvajīvikaṃ sati paccaye paribhuñjati, ummattakassa, ādikammikassāti.

Catutthapāṭidesanīyasikkhāpadaṃ niṭṭhitaṃ.

Uddiṭṭhā kho, āyasmanto, cattāro pāṭidesanīyā dhammā. Tatthāyasmante pucchāmi – "kaccittha parisuddhā''? Dutiyampi pucchāmi – "kaccittha parisuddhā''? Tatiyampi pucchāmi – "kaccittha parisuddhā''? Parisuddhetthāyasmanto, tasmā tuṇhī, evametaṃ dhārayāmīti.

Pāṭidesanīyakaṇḍaṃ niṭṭhitaṃ.

7. Sekhiyakaṇḍaṃ

1. Parimaṇḍalavaggo

Ime kho panāyasmanto sekhiyā
Dhammā uddesaṃ āgacchanti.

576. Tena samayena buddho Bhagavā sāvatthiyaṃ viharati jetavane anāthapiṇḍikassa ārāme. Tena kho pana samayena chabbaggiyā bhikkhū puratopi pacchatopi olambentā nivāsenti. Manussā ujjhāyanti

khiyyanti vipācenti – "kathañhi nāma samaṇā sakyaputtiyā puratopi pacchatopi olambentā nivāsessanti, seyyathāpi gihī kāmabhogino"ti. Assosuṃ kho bhikkhū tesaṃ manussānaṃ ujjhāyantānaṃ khiyyantānaṃ vipācentānaṃ. Ye te bhikkhū appicchā...pe... te ujjhāyanti khiyyanti vipācenti – "kathañhi nāma chabbaggiyā bhikkhū puratopi pacchatopi olambentā nivāsessantī"ti! Atha kho te bhikkhū chabbaggiye bhikkhū anekapariyāyena vigarahitvā bhagavato etamatthaṃ ārocesuṃ. Atha kho Bhagavā etasmiṃ nidāne etasmiṃ pakaraṇe bhikkhusaṅghaṃ sannipātāpetvā chabbaggiye bhikkhū paṭipucchi – "saccaṃ kira tumhe, bhikkhave, puratopi pacchatopi olambentā nivāsethā"ti? "Saccaṃ, Bhagavā"ti. Vigarahi buddho Bhagavā...pe... kathañhi nāma tumhe, moghapurisā, puratopi pacchatopi olambentā nivāsessatha! Netaṃ, moghapurisā, appasannānaṃ vā pasādāya...pe... evañca pana, bhikkhave, imaṃ sikkhāpadaṃ uddiseyyātha –

"Parimaṇḍalaṃ nivāsessāmīti sikkhā karaṇīyā"ti.

Parimaṇḍalaṃ nivāsetabbaṃ nābhimaṇḍalaṃ jāṇumaṇḍalaṃ paṭicchādentena. Yo anādariyaṃ paṭicca purato vā pacchato vā olambento nivāseti, āpatti dukkaṭassa.

Anāpatti asañcicca, assatiyā, ajānantassa, gilānassa, āpadāsu, ummattakassa,
Ādikammikassāti.

Paṭhamasikkhāpadaṃ niṭṭhitaṃ.

577. Tena samayena buddho Bhagavā sāvatthiyaṃ viharati jetavane anāthapiṇḍikassa ārāme. Tena kho pana samayena chabbaggiyā bhikkhū puratopi pacchatopi olambentā pārupanti...pe....

"Parimaṇḍalaṃ pārupissāmīti sikkhā karaṇīyā"ti.

Parimaṇḍalaṃ pārupitabbaṃ ubho kaṇṇe samaṃ katvā. Yo anādariyaṃ paṭicca purato vā pacchato vā olambento pārupati, āpatti dukkaṭassa.

Anāpatti asañcicca, assatiyā, ajānantassa, gilānassa, āpadāsu, ummattakassa,
Ādikammikassāti.

Dutiyasikkhāpadaṃ niṭṭhitaṃ.

578. Tena samayena buddho Bhagavā sāvatthiyaṃ viharati jetavane anāthapiṇḍikassa ārāme. Tena kho pana samayena chabbaggiyā bhikkhū kāyaṃ vivaritvā antaraghare gacchanti...pe....

"Suppaṭicchanno antaragharegamissāmīti sikkhā karaṇīyā"ti.

Suppaṭicchannena antaraghare gantabbaṃ. Yo anādariyaṃ paṭicca kāyaṃ vivaritvā antaraghare gacchati, āpatti dukkaṭassa.

Anāpatti asañcicca, assatiyā, ajānantassa, gilānassa, āpadāsu, ummattakassa,
Ādikammikassāti.

Tatiyasikkhāpadaṃ niṭṭhitaṃ.

579. Tena samayena buddho Bhagavā sāvatthiyaṃ viharati jetavane anāthapiṇḍikassa ārāme. Tena kho pana samayena chabbaggiyā bhikkhū kāyaṃ vivaritvā antaraghare nisīdanti...pe....

"Suppaṭicchanno antaraghare nisīdissāmīti sikkhā karaṇīyā"ti.

Suppaṭicchannena antaraghare nisīditabbaṃ. Yo anādariyaṃ paṭicca kāyaṃ vivaritvā antaraghare nisīdati, āpatti dukkaṭassa.

Anāpatti asañcicca, assatiyā, ajānantassa, gilānassa, vāsūpagatassa, āpadāsu, ummattakassa, ādikammikassāti.

Catutthasikkhāpadaṃ niṭṭhitaṃ.

580. Tena samayena buddho Bhagavā sāvatthiyaṃ viharati jetavane anāthapiṇḍikassa ārāme. Tena kho pana samayena chabbaggiyā bhikkhū hatthampi pādampi kīḷāpentā antaraghare gacchanti...pe....

"Susaṃvuto antaraghare gamissāmīti sikkhā karaṇīyā"ti.

Susaṃvutena antaraghare gantabbaṃ. Yo anādariyaṃ paṭicca hatthaṃ vā pādaṃ vā kīḷāpento antaraghare gacchati, āpatti dukkaṭassa.

Anāpatti asañcicca, assatiyā, ajānantassa, gilānassa, ummattakassa, ādikammikassāti.

Pañcamasikkhāpadaṃ niṭṭhitaṃ.

581. Tena samayena buddho Bhagavā sāvatthiyaṃ viharati jetavane anāthapiṇḍikassa ārāme. Tena kho pana samayena chabbaggiyā bhikkhū hatthampi pādampi kīḷāpentā antaraghare nisīdanti...pe....

"Susaṃvuto antaraghare nisīdissāmīti sikkhā karaṇīyā"ti.

Susaṃvutena antaraghare nisīditabbaṃ. Yo anādariyaṃ paṭicca hatthaṃ vā pādaṃ vā kīḷāpento antaraghare nisīdati, āpatti dukkaṭassa.

Anāpatti asañcicca, assatiyā, ajānantassa, gilānassa, ummattakassa, ādikammikassāti.

Chaṭṭhasikkhāpadaṃ niṭṭhitaṃ.

582. Tena samayena buddho Bhagavā sāvatthiyaṃ viharati jetavane anāthapiṇḍikassa ārāme. Tena kho pana samayena chabbaggiyā bhikkhū tahaṃ tahaṃ olokentā antaraghare gacchanti...pe....

"Okkhittacakkhu antaraghare gamissāmīti sikkhā karaṇīyā"ti.

Okkhittacakkhunā antaraghare gantabbaṃ yugamattaṃ pekkhantena. Yo anādariyaṃ paṭicca tahaṃ tahaṃ olokento antaraghare gacchati, āpatti dukkaṭassa.

Anāpatti asañcicca, assatiyā, ajānantassa, gilānassa, āpadāsu, ummattakassa,

Ādikammikassāti.
Sattamasikkhāpadaṃ niṭṭhitaṃ.
583. Tena samayena buddho Bhagavā sāvatthiyaṃ viharati jetavane anāthapiṇḍikassa ārāme. Tena kho pana samayena chabbaggiyā bhikkhū tahaṃ tahaṃ olokentā antaraghare nisīdanti...pe....
"Okkhittacakkhuantaraghare nisīdissāmīti sikkhā karaṇīyā"ti.
Okkhittacakkhunā antaraghare nisīditabbaṃ yugamattaṃ pekkhantena. Yo anādariyaṃ paṭicca tahaṃ tahaṃ olokento antaraghare nisīdati, āpatti dukkaṭassa.
Anāpatti asañcicca, assatiyā, ajānantassa, gilānassa, āpadāsu, ummattakassa,
Ādikammikassāti.
Aṭṭhamasikkhāpadaṃ niṭṭhitaṃ.
584. Tena samayena buddho Bhagavā sāvatthiyaṃ viharati jetavane anāthapiṇḍikassa ārāme. Tena kho pana samayena chabbaggiyā bhikkhū ukkhittakāya antaraghare gacchanti...pe....
"Na ukkhittakāya antaraghare gamissāmīti sikkhā karaṇīyā"ti.
Na ukkhittakāya antaraghare gantabbaṃ. Yo anādariyaṃ paṭicca ekato vā ubhato vā ukkhipitvā antaraghare gacchati, āpatti dukkaṭassa.
Anāpatti asañcicca, assatiyā, ajānantassa, gilānassa, āpadāsu, ummattakassa,
Ādikammikassāti.
Navamasikkhāpadaṃ niṭṭhitaṃ.
585. Tena samayena buddho Bhagavā sāvatthiyaṃ viharati jetavane anāthapiṇḍikassa ārāme. Tena kho pana samayena chabbaggiyā bhikkhū ukkhittakāya antaraghare nisīdanti...pe....
"Na ukkhittakāya antaraghare nisīdissāmīti sikkhā karaṇīyā"ti.
Na ukkhittakāya antaraghare nisīditabbaṃ. Yo anādariyaṃ paṭicca ekato vā ubhato vā ukkhipitvā antaraghare nisīdati, āpatti dukkaṭassa.
Anāpatti asañcicca, assatiyā, ajānantassa, gilānassa, vāsūpagatassa, āpadāsu, ummattakassa, ādikammikassāti.
Dasamasikkhāpadaṃ niṭṭhitaṃ.
Parimaṇḍalavaggo paṭhamo.
2. Ujjagghikavaggo
586. Tena samayena buddho Bhagavā sāvatthiyaṃ viharati jetavane anāthapiṇḍikassa ārāme. Tena kho pana samayena chabbaggiyā bhikkhū mahāhasitaṃ hasantā antaraghare gacchanti...pe....
"Na ujjagghikāya antaraghare gamissāmīti sikkhā karaṇīyā"ti.
Na ujjagghikāya antaraghare gantabbaṃ. Yo anādariyaṃ paṭicca mahāhasitaṃ hasanto antaraghare gacchati, āpatti dukkaṭassa.
Anāpatti asañcicca, assatiyā, ajānantassa, gilānassa, hasanīyasmiṃ vatthusmiṃ mihitamattaṃ karoti, āpadāsu, ummattakassa, ādikammikassāti.
Paṭhamasikkhāpadaṃ niṭṭhitaṃ.
587. Tena samayena buddho Bhagavā sāvatthiyaṃ viharati jetavane anāthapiṇḍikassa ārāme. Tena kho pana samayena chabbaggiyā bhikkhū mahāhasitaṃ hasantā antaraghare nisīdanti...pe....
"Na ujjagghikāya antaraghare nisīdissāmīti sikkhā karaṇīyā"ti.
Na ujjagghikāya antaraghare nisīditabbaṃ. Yo anādariyaṃ paṭicca mahāhasitaṃ hasanto antaraghare nisīdati, āpatti dukkaṭassa.
Anāpatti asañcicca, assatiyā, ajānantassa, gilānassa, hasanīyasmiṃ vatthusmiṃ mihitamattaṃ karoti, āpadāsu, ummattakassa, ādikammikassāti.
Dutiyasikkhāpadaṃ niṭṭhitaṃ.
588. Tena samayena buddho Bhagavā sāvatthiyaṃ viharati jetavane anāthapiṇḍikassa ārāme. Tena kho pana samayena chabbaggiyā bhikkhū uccāsaddaṃ mahāsaddaṃ karontā antaraghare gacchanti...pe....
"Appasaddo antaraghare gamissāmīti sikkhā karaṇīyā"ti.
Appasaddena antaraghare gantabbaṃ. Yo anādariyaṃ paṭicca uccāsaddaṃ mahāsaddaṃ karonto antaraghare gacchati, āpatti dukkaṭassa.
Anāpatti asañcicca, assatiyā, ajānantassa, gilānassa, āpadāsu, ummattakassa, ādikammikassāti.
Tatiyasikkhāpadaṃ niṭṭhitaṃ.
589. Tena samayena buddho Bhagavā sāvatthiyaṃ viharati jetavane anāthapiṇḍikassa ārāme. Tena kho pana samayena chabbaggiyā bhikkhū uccāsaddaṃ mahāsaddaṃ karontā antaraghare nisīdanti...pe....
"Appasaddo antaraghare nisīdissāmīti sikkhā karaṇīyā"ti.
Appasaddena antaraghare nisīditabbaṃ. Yo anādariyaṃ paṭicca uccāsaddaṃ mahāsaddaṃ karonto antaraghare nisīdati, āpatti dukkaṭassa.
Anāpatti asañcicca...pe... ādikammikassāti.
Catutthasikkhāpadaṃ niṭṭhitaṃ.

590. Tena samayena buddho Bhagavā sāvatthiyaṃ viharati jetavane anāthapiṇḍikassa ārāme. Tena kho pana samayena chabbaggiyā bhikkhū kāyappacālakaṃ antaraghare gacchanti kāyaṃ olambentā...pe....
"Na kāyappacālakaṃ antaraghare gamissāmīti sikkhā karaṇīyā"ti.
Na kāyappacālakaṃ antaraghare gantabbaṃ. Kāyaṃ paggahetvā gantabbaṃ. Yo anādariyaṃ paṭicca kāyappacālakaṃ antaraghare gacchati kāyaṃ olambento, āpatti dukkaṭassa.
Anāpatti asañcicca...pe... ādikammikassāti.
Pañcamasikkhāpadaṃ niṭṭhitaṃ.
591. Tena samayena buddho Bhagavā sāvatthiyaṃ viharati jetavane anāthapiṇḍikassa ārāme. Tena kho pana samayena chabbaggiyā bhikkhū kāyappacālakaṃ antaraghare nisīdanti, kāyaṃ olambentā...pe....
"Na kāyappacālakaṃ antaraghare nisīdissāmīti sikkhā karaṇīyā"ti.
Na kāyappacālakaṃ antaraghare nisīditabbaṃ. Kāyaṃ paggahetvā nisīditabbaṃ. Yo anādariyaṃ paṭicca kāyappacālakaṃ antaraghare nisīdati kāyaṃ olambento, āpatti dukkaṭassa.
Anāpatti asañcicca, assatiyā, ajānantassa, gilānassa, vāsūpagatassa, āpadāsu, ummattakassa, ādikammikassāti.
Chaṭṭhasikkhāpadaṃ niṭṭhitaṃ.
592. Tena samayena buddho Bhagavā sāvatthiyaṃ viharati jetavane anāthapiṇḍikassa ārāme. Tena kho pana samayena chabbaggiyā bhikkhū bāhuppacālakaṃ antaraghare gacchanti bāhuṃ olambentā...pe....
"Na bāhuppacālakaṃ antaraghare gamissāmīti sikkhā karaṇīyā"ti.
Na bāhuppacālakaṃ antaraghare gantabbaṃ. Bāhuṃ paggahetvā gantabbaṃ. Yo anādariyaṃ paṭicca bāhuppacālakaṃ antaraghare gacchati bāhuṃ olambento, āpatti dukkaṭassa.
Anāpatti asañcicca...pe... ādikammikassāti.
Sattamasikkhāpadaṃ niṭṭhitaṃ.
593. Tena samayena buddho Bhagavā sāvatthiyaṃ viharati jetavane anāthapiṇḍikassa ārāme. Tena kho pana samayena chabbaggiyā bhikkhū bāhuppacālakaṃ antaraghare nisīdanti bāhuṃ olambentā...pe....
"Na bāhuppacālakaṃ antaraghare nisīdissāmīti sikkhā karaṇīyā"ti.
Na bāhuppacālakaṃ antaraghare nisīditabbaṃ. Bāhuṃ paggahetvā nisīditabbaṃ. Yo anādariyaṃ paṭicca bāhuppacālakaṃ antaraghare nisīdati bāhuṃ olambento, āpatti dukkaṭassa.
Anāpatti asañcicca, assatiyā, ajānantassa, gilānassa, vāsūpagatassa, āpadāsu, ummattakassa, ādikammikassāti.
Aṭṭhamasikkhāpadaṃ niṭṭhitaṃ.
594. Tena samayena buddho Bhagavā sāvatthiyaṃ viharati jetavane anāthapiṇḍakassa ārāme. Tena kho pana samayena chabbaggiyā bhikkhū sīsappacālakaṃ antaraghare gacchanti sīsaṃ olambentā...pe....
"Na sīsappacālakaṃ antaraghare gamissāmīti sikkhā karaṇīyā"ti.
Na sīsappacālakaṃ antaraghare gantabbaṃ. Sīsaṃ paggahetvā gantabbaṃ. Yo anādariyaṃ paṭicca sīsappacālakaṃ antaraghare gacchati sīsaṃ olambento, āpatti dukkaṭassa.
Anāpatti asañcicca...pe... ādikammikassāti.
Navamasikkhāpadaṃ niṭṭhitaṃ.
595. Tena samayena buddho Bhagavā sāvatthiyaṃ viharati jetavane anāthapiṇḍikassa ārāme. Tena kho pana samayena chabbaggiyā bhikkhū sīsappacālakaṃ antaraghare nisīdanti sīsaṃ olambentā...pe....
"Na sīsappacālakaṃ antaraghare nisīdissāmīti sikkhā karaṇīyā"ti.
Na sīsappacālakaṃ antaraghare nisīditabbaṃ. Sīsaṃ paggahetvā nisīditabbaṃ. Yo anādariyaṃ paṭicca sīsappacālakaṃ antaraghare nisīdati sīsaṃ olambento, āpatti dukkaṭassa.
Anāpatti asañcicca, assatiyā, ajānantassa, gilānassa, vāsūpagatassa, āpadāsu, ummattakassa, ādikammikassāti.
Dasamasikkhāpadaṃ niṭṭhitaṃ.
Ujjagghikavaggo dutiyo.
3. Khambhakatavaggo
596. Tena samayena buddho Bhagavā sāvatthiyaṃ viharati jetavane anāthapiṇḍikassa ārāme. Tena kho pana samayena chabbaggiyā bhikkhū khambhakatā antaraghare gacchanti...pe....
"Na khambhakato antaraghare gamissāmīti sikkhā karaṇīyā"ti.
Na khambhakatena antaraghare gantabbaṃ. Yo anādariyaṃ paṭicca ekato vā ubhato vā khambhaṃ katvā antaraghare gacchati, āpatti dukkaṭassa.
Anāpatti asañcicca...pe... ādikammikassāti.
Paṭhamasikkhāpadaṃ niṭṭhitaṃ.
597. Tena samayena buddho Bhagavā sāvatthiyaṃ viharati jetavane anāthapiṇḍikassa ārāme. Tena kho pana samayena chabbaggiyā bhikkhū khambhakatā antaraghare nisīdanti...pe....
"Na khambhakato antaraghare nisīdissāmīti sikkhā karaṇīyā"ti.
Na khambhakatena antaraghare nisīditabbaṃ. Yo anādariyaṃ paṭicca ekato vā ubhato vā khambhaṃ katvā antaraghare nisīdati, āpatti dukkaṭassa.

Anāpatti asañcicca, assatiyā, ajānantassa, gilānassa, vāsūpagatassa, āpadāsu, ummattakassa, ādikammikassāti.
Dutiyasikkhāpadaṃ niṭṭhitaṃ.
598. Tena samayena buddho Bhagavā sāvatthiyaṃ viharati jetavane anāthapiṇḍikassa ārāme. Tena kho pana samayena chabbaggiyā bhikkhū sasīsaṃ pārupitvā antaraghare gacchanti...pe....
"Na oguṇṭhito antaraghare gamissāmīti sikkhā karaṇīyā''ti.
Na oguṇṭhitena antaraghare gantabbaṃ. Yo anādariyaṃ paṭicca sasīsaṃ pārupitvā antaraghare gacchati, āpatti dukkaṭassa.
Anāpatti asañcicca...pe... ādikammikassāti.
Tatiyasikkhāpadaṃ niṭṭhitaṃ.
599. Tena samayena buddho Bhagavā sāvatthiyaṃ viharati jetavane anāthapiṇḍikassa ārāme. Tena kho pana samayena chabbaggiyā bhikkhū sasīsaṃ pārupitvā antaraghare nisīdanti...pe....
"Na oguṇṭhito antaraghare nisīdissāmīti sikkhā karaṇīyā''ti.
Na oguṇṭhitena antaraghare nisīditabbaṃ. Yo anādariyaṃ paṭicca sasīsaṃ pārupitvā antaraghare nisīdati, āpatti dukkaṭassa.
Anāpatti asañcicca, assatiyā, ajānantassa, gilānassa, vāsūpagatassa, āpadāsu, ummattakassa, ādikammikassāti.
Catutthasikkhāpadaṃ niṭṭhitaṃ.
600. Tena samayena buddho Bhagavā sāvatthiyaṃ viharati jetavane anāthapiṇḍikassa ārāme. Tena kho pana samayena chabbaggiyā bhikkhū ukkuṭikāya antaraghare gacchanti...pe....
"Naukkuṭikāya antaraghare gamissāmīti sikkhā karaṇīyā''ti.
Na ukkuṭikāya antaraghare gantabbaṃ. Yo anādariyaṃ paṭicca ukkuṭikāya antaraghare gacchati, āpatti dukkaṭassa.
Anāpatti asañcicca...pe... ādikammikassāti.
Pañcamasikkhāpadaṃ niṭṭhitaṃ.
601. Tena samayena buddho Bhagavā sāvatthiyaṃ viharati jetavane anāthapiṇḍikassa ārāme. Tena kho pana samayena chabbaggiyā bhikkhū pallatthikāya [pallattikāya (ka.)] antaraghare nisīdanti...pe....
"Na pallatthikāya antaraghare nisīdissāmīti sikkhā karaṇīyā''ti.
Na pallatthikāya antaraghare nisīditabbaṃ. Yo anādariyaṃ paṭicca hatthapallatthikāya vā dussapallatthikāya vā antaraghare nisīdati, āpatti dukkaṭassa.
Anāpatti asañcicca, assatiyā, ajānantassa, gilānassa, vāsūpagatassa, āpadāsu,
Ummattakassa, ādikammikassāti.
Chaṭṭhasikkhāpadaṃ niṭṭhitaṃ.
602. Tena samayena buddho Bhagavā sāvatthiyaṃ viharati jetavane anāthapiṇḍikassa ārāme. Tena kho pana samayena chabbaggiyā bhikkhū asakkaccaṃ piṇḍapātaṃ paṭiggaṇhanti chaḍḍetukāmā viya...pe....
"Sakkaccaṃ piṇḍapātaṃ paṭiggahessāmīti sikkhā karaṇīyā''ti.
Sakkaccaṃ piṇḍapāto paṭiggahetabbo. Yo anādariyaṃ paṭicca asakkaccaṃ piṇḍapātaṃ paṭiggaṇhāti chaḍḍetukāmo viya, āpatti dukkaṭassa.
Anāpatti asañcicca...pe... ādikammikassāti.
Sattamasikkhāpadaṃ niṭṭhitaṃ.
603. Tena samayena buddho Bhagavā sāvatthiyaṃ viharati jetavane anāthapiṇḍikassa ārāme. Tena kho pana samayena chabbaggiyā bhikkhū tahaṃ tahaṃ olokentā piṇḍapātaṃ paṭiggaṇhanti, ākirantepi atikkantepi [atikkamantepi (sī.)] na jānanti...pe....
"Pattasaññī piṇḍapātaṃ paṭiggahessāmīti sikkhā karaṇīyā''ti.
Pattasaññinā piṇḍapāto paṭiggahetabbo. Yo anādariyaṃ paṭicca tahaṃ tahaṃ olokento piṇḍapātaṃ paṭiggaṇhāti, āpatti dukkaṭassa.
Anāpatti asañcicca...pe... ādikammikassāti.
Aṭṭhamasikkhāpadaṃ niṭṭhitaṃ.
604. Tena samayena buddho Bhagavā sāvatthiyaṃ viharati jetavane anāthapiṇḍikassa ārāme. Tena kho pana samayena chabbaggiyā bhikkhū piṇḍapātaṃ paṭiggaṇhantā sūpaññeva bahuṃ paṭiggaṇhanti...pe....
"Samasūpakaṃ piṇḍapātaṃ paṭiggahessāmīti sikkhā karaṇīyā''ti.
Sūpo nāma dve sūpā – muggasūpo, māsasūpo. Hatthahāriyo samasūpako piṇḍapāto paṭiggahetabbo. Yo anādariyaṃ paṭicca sūpaññeva bahuṃ paṭiggaṇhāti, āpatti dukkaṭassa.
Anāpatti asañcicca, assatiyā, ajānantassa, gilānassa, rasarase, ñātakānaṃ pavāritānaṃ, aññassatthāya, attano dhanena, āpadāsu, ummattakassa, ādikammikassāti.
Navamasikkhāpadaṃ niṭṭhitaṃ.
605. Tena samayena buddho Bhagavā sāvatthiyaṃ viharati jetavane anāthapiṇḍikassa ārāme. Tena kho pana samayena chabbaggiyā bhikkhū thūpīkataṃ piṇḍapātaṃ paṭiggaṇhanti...pe....
"Samatittikaṃ[samatitthikaṃ (ka.)]piṇḍapātaṃ paṭiggahessāmīti sikkhā karaṇīyā''ti.

Samatittiko [samatitthikaṃ (ka.)] piṇḍapāto paṭiggahetabbo. Yo anādariyaṃ paṭicca thūpīkataṃ piṇḍapātaṃ paṭigganhāti, āpatti dukkaṭassa.
Anāpatti asañcicca, assatiyā, ajānantassa, āpadāsu, ummattakassa, ādikammikassāti.
Dasamasikkhāpadaṃ niṭṭhitaṃ.
Khambhakatavaggo tatiyo.
4. Sakkaccavaggo
606. Tena samayena buddho Bhagavā sāvatthiyaṃ viharati jetavane anāthapiṇḍikassa ārāme. Tena kho pana samayena chabbaggiyā bhikkhū asakkaccaṃ piṇḍapātaṃ bhuñjanti abhuñjitukāmā viya...pe....
''Sakkaccaṃ piṇḍapātaṃ bhuñjissāmīti sikkhā karaṇīyā''ti.
Sakkaccaṃ piṇḍapāto bhuñjitabbo. Yo anādariyaṃ paṭicca asakkaccaṃ piṇḍapātaṃ bhuñjati, āpatti dukkaṭassa.
Anāpatti asañcicca, assatiyā, ajānantassa, gilānassa, āpadāsu, ummattakassa, Ādikammikassāti.
Paṭhamasikkhāpadaṃ niṭṭhitaṃ.
607. Tena samayena buddho Bhagavā sāvatthiyaṃ viharati jetavane anāthapiṇḍikassa ārāme. Tena kho pana samayena chabbaggiyā bhikkhū tahaṃ tahaṃ olokentā piṇḍapātaṃ bhuñjanti, ākirantepi atikkantepi na jānanti...pe...
''Pattasaññīpiṇḍapātaṃ bhuñjissāmīti sikkhā karaṇīyā''ti.
Pattasaññinā piṇḍapāto bhuñjitabbo. Yo anādariyaṃ paṭicca tahaṃ tahaṃ olokento piṇḍapātaṃ bhuñjati, āpatti dukkaṭassa.
Anāpatti asañcicca...pe... ādikammikassāti.
Dutiyasikkhāpadaṃ niṭṭhitaṃ.
608. Tena samayena buddho Bhagavā sāvatthiyaṃ viharati jetavane anāthapiṇḍikassa ārāme. Tena kho pana samayena chabbaggiyā bhikkhū tahaṃ tahaṃ omasitvā [omadditvā (ka.)] piṇḍapātaṃ bhuñjanti...pe....
''Sapadānaṃ piṇḍapātaṃ bhuñjissāmīti sikkhā karaṇīyā''ti.
Sapadānaṃ piṇḍapāto bhuñjitabbo. Yo anādariyaṃ paṭicca tahaṃ tahaṃ omasitvā [omadditvā (ka.)] piṇḍapātaṃ bhuñjati, āpatti dukkaṭassa.
Anāpatti asañcicca, assatiyā, ajānantassa, gilānassa, aññesaṃ dento omasati, aññassa bhājane ākiranto omasati, uttaribhaṅge, āpadāsu, ummattakassa, ādikammikassāti.
Tatiyasikkhāpadaṃ niṭṭhitaṃ.
609. Tena samayena buddho Bhagavā sāvatthiyaṃ viharati jetavane anāthapiṇḍikassa ārāme . Tena kho pana samayena chabbaggiyā bhikkhū piṇḍapātaṃ bhuñjantā sūpaññeva bahuṃ bhuñjanti...pe....
''Samasūpakaṃ piṇḍapātaṃ bhuñjissāmīti sikkhā karaṇīyā''ti.
Sūpo nāma dve sūpā – muggasūpo, māsasūpo hatthahāriyo. Samasūpako piṇḍapāto bhuñjitabbo. Yo anādariyaṃ paṭicca sūpaññeva bahuṃ bhuñjati, āpatti dukkaṭassa.
Anāpatti asañcicca, assatiyā, ajānantassa, gilānassa, rasarase , ñātakānaṃ pavāritānaṃ, attano dhanena, āpadāsu, ummattakassa, ādikammikassāti.
Catutthasikkhāpadaṃ niṭṭhitaṃ.
610. Tena samayena buddho Bhagavā sāvatthiyaṃ viharati jetavane anāthapiṇḍikassa ārāme. Tena kho pana samayena chabbaggiyā bhikkhū thūpakato omadditvā piṇḍapātaṃ bhuñjanti...pe....
''Na thūpakato omadditvā piṇḍapātaṃ bhuñjissāmīti sikkhā karaṇīyā''ti.
Na thūpakato omadditvā piṇḍapāto bhuñjitabbo. Yo anādariyaṃ paṭicca thūpakato omadditvā piṇḍapātaṃ bhuñjati āpatti dukkaṭassa.
Anāpatti asañcicca, assatiyā, ajānantassa, gilānassa, parittake sese ekato saṃkaḍḍhitvā omadditvā bhuñjati, āpadāsu, ummattakassa, ādikammikassāti.
Pañcamasikkhāpadaṃ niṭṭhitaṃ.
611. Tena samayena buddho Bhagavā sāvatthiyaṃ viharati jetavane anāthapiṇḍikassa ārāme. Tena kho pana samayena chabbaggiyā bhikkhū sūpampi byañjanampi odanena paṭicchādenti bhiyyokamyataṃ upādāya...pe....
''Nasūpaṃ vā byañjanaṃ vā odanena paṭicchādessāmi bhiyyokamyataṃ upādāyāti sikkhā karaṇīyā''ti.
Na sūpaṃ vā byañjanaṃ vā odanena paṭicchādetabbaṃ bhiyyokamyataṃ upādāya. Yo anādariyaṃ paṭicca sūpaṃ vā byañjanaṃ vā odanena paṭicchādeti bhiyyokamyataṃ upādāya, āpatti dukkaṭassa.
Anāpatti asañcicca, assatiyā, ajānantassa, sāmikā paṭicchādetvā denti, na bhiyyokamyataṃ upādāya, āpadāsu, ummattakassa , ādikammikassāti.
Chaṭṭhasikkhāpadaṃ niṭṭhitaṃ.
612. Tena samayena buddho Bhagavā sāvatthiyaṃ viharati jetavane anāthapiṇḍikassa ārāme. Tena kho pana samayena chabbaggiyā bhikkhū sūpampi odanampi attano atthāya viññāpetvā bhuñjanti. Manussā ujjhāyanti khiyyanti vipācenti – ''kathañhi nāma samaṇā sakyaputtiyā sūpampi odanampi attano atthāya viññāpetvā bhuñjissanti! Kassa sampannaṃ na manāpaṃ ! Kassa sāduṃ na ruccatī''ti! Assosuṃ kho

bhikkhū tesaṃ manussānaṃ ujjhāyantānaṃ khiyyantānaṃ vipācentānaṃ. Ye te bhikkhū appicchā...pe... te ujjhāyanti khiyyanti vipācenti – ''kathañhi nāma chabbaggiyā bhikkhū sūpampi odanampi attano atthāya viññāpetvā bhuñjissantī''ti...pe... saccaṃ kira tumhe, bhikkhave, sūpampi odanampi attano atthāya viññāpetvā bhuñjathāti? ''Saccaṃ, Bhagavā''ti. Vigarahi buddho Bhagavā...pe... kathañhi nāma tumhe, moghapurisā, sūpampi odanampi attano atthāya viññāpetvā bhuñjissatha! Netaṃ, moghapurisā, appasannānaṃ vā pasādāya...pe... evañca pana, bhikkhave, imaṃ sikkhāpadaṃ uddiseyyātha –

''Na sūpaṃ vā odanaṃ vā attano atthāya viññāpetvā bhuñjissāmīti sikkhā karaṇīyā''ti.

Evañcidaṃ bhagavatā bhikkhūnaṃ sikkhāpadaṃ paññattaṃ hoti.

613. Tena kho pana samayena bhikkhū gilānā honti. Gilānapucchakā bhikkhū gilāne bhikkhū etadavocuṃ – ''kaccāvuso, khamanīyaṃ, kacci yāpanīya''nti? ''Pubbe mayaṃ, āvuso, sūpampi odanampi attano atthāya viññāpetvā bhuñjāma, tena no phāsu hoti. Idāni pana – ''bhagavatā paṭikkhitta''nti kukkuccāyantā na viññāpema, tena no na phāsu hotī''ti. Bhagavato etamatthaṃ ārocesuṃ...pe... anujānāmi, bhikkhave, gilānena bhikkhunā sūpampi odanampi attano atthāya viññāpetvā bhuñjituṃ. Evañca pana, bhikkhave, imaṃ sikkhāpadaṃ uddiseyyātha –

''Na sūpaṃ vā odanaṃ vā agilāno attano atthāya viññāpetvā bhuñjissāmīti sikkhā karaṇīyā''ti.

Na sūpaṃ vā odanaṃ vā agilānena attano atthāya viññāpetvā bhuñjitabbaṃ. Yo anādariyaṃ paṭicca sūpaṃ vā odanaṃ vā agilāno attano atthāya viññāpetvā bhuñjati, āpatti dukkaṭassa.

Anāpatti asañcicca, assatiyā, ajānantassa, gilānassa, ñātakānaṃ pavāritānaṃ, aññassatthāya, attano dhanena, āpadāsu, ummattakassa, ādikammikassāti.

Sattamasikkhāpadaṃ niṭṭhitaṃ.

614. Tena samayena buddho Bhagavā sāvatthiyaṃ viharati jetavane anāthapiṇḍikassa ārāme. Tena kho pana samayena chabbaggiyā bhikkhū ujjhānasaññī paresaṃ pattaṃ olokenti...pe....

''Na ujjhānasaññī paresaṃ pattaṃ olokessāmīti sikkhā karaṇīyā''ti.

Na ujjhānasaññinā paresaṃ patto oloketabbo. Yo anādariyaṃ paṭicca ujjhānasaññī paresaṃ pattaṃ oloketi, āpatti dukkaṭassa.

Anāpatti asañcicca, assatiyā, ajānantassa, ''dassāmī''ti vā ''dāpessāmī''ti vā oloketi, na ujjhānasaññissa, āpadāsu, ummattakassa, ādikammikassāti.

Aṭṭhamasikkhāpadaṃ niṭṭhitaṃ.

615. Tena samayena buddho Bhagavā sāvatthiyaṃ viharati jetavane anāthapiṇḍikassa ārāme. Tena kho pana samayena chabbaggiyā bhikkhū mahantaṃ kabaḷaṃ karonti...pe....

''Nātimahantaṃ kabaḷaṃ karissāmīti sikkhā karaṇīyā''ti.

Nātimahanto kabaḷo kātabbo. Yo anādariyaṃ paṭicca mahantaṃ kabaḷaṃ karoti, āpatti dukkaṭassa.

Anāpatti asañcicca, assatiyā, ajānantassa, gilānassa, khajjake, phalāphale, uttaribhaṅge, āpadāsu, ummattakassa, ādikammikassāti.

Navamasikkhāpadaṃ niṭṭhitaṃ.

616. Tena samayena buddho Bhagavā sāvatthiyaṃ viharati jetavane anāthapiṇḍikassa ārāme. Tena kho pana samayena chabbaggiyā bhikkhū dīghaṃ ālopaṃ karonti...pe....

''Parimaṇḍalaṃ ālopaṃ karissāmīti sikkhā karaṇīyā''ti.

Parimaṇḍalo ālopo kātabbo. Yo anādariyaṃ paṭicca dīghaṃ ālopaṃ karoti, āpatti dukkaṭassa.

Anāpatti asañcicca, assatiyā, ajānantassa, gilānassa, khajjake, phalāphale, uttaribhaṅge, āpadāsu, ummattakassa, ādikammikassāti.

Dasamasikkhāpadaṃ niṭṭhitaṃ.

Sakkaccavaggo catuttho.

5. Kabaḷavaggo

617. Tena samayena buddho Bhagavā sāvatthiyaṃ viharati jetavane anāthapiṇḍikassa ārāme. Tena kho pana samayena chabbaggiyā bhikkhū anāhaṭe kabaḷe mukhadvāraṃ vivaranti...pe....

''Naanāhaṭe kabaḷe mukhadvāraṃ vivarissāmīti sikkhā karaṇīyā''ti.

Na anāhaṭe kabaḷe mukhadvāraṃ vivaritabbaṃ. Yo anādariyaṃ paṭicca anāhaṭe kabaḷe mukhadvāraṃ vivarati, āpatti dukkaṭassa.

Anāpatti asañcicca...pe... ādikammikassāti.

Paṭhamasikkhāpadaṃ niṭṭhitaṃ.

618. Tena samayena buddho Bhagavā sāvatthiyaṃ viharati jetavane anāthapiṇḍikassa ārāme. Tena kho pana samayena chabbaggiyā bhikkhū bhuñjamānā sabbaṃ hatthaṃ mukhe pakkhipanti...pe....

''Na bhuñjamāno sabbaṃ hatthaṃ mukhe pakkhipissāmīti sikkhākaraṇīyā''ti.

Na bhuñjamānena sabbo hattho mukhe pakkhipitabbo. Yo anādariyaṃ paṭicca bhuñjamāno sabbaṃ hatthaṃ mukhe pakkhipati, āpatti dukkaṭassa.

Anāpatti asañcicca...pe... ādikammikassāti.

Dutiyasikkhāpadaṃ niṭṭhitaṃ.

619. Tena samayena buddho Bhagavā sāvatthiyaṃ viharati jetavane anāthapiṇḍikassa ārāme. Tena kho pana samayena chabbaggiyā bhikkhū sakabaḷena mukhena byāharanti...pe....

"Nasakabaḷena mukhena byāharissāmīti sikkhā karaṇīyā"ti.
Na sakabaḷena mukhena byāharitabbaṃ. Yo anādariyaṃ paṭicca sakabaḷena mukhena byāharati, āpatti dukkaṭassa.
Anāpatti asañcicca...pe... ādikammikassāti.
Tatiyasikkhāpadaṃ niṭṭhitaṃ.
620. Tena samayena buddho Bhagavā sāvatthiyaṃ viharati jetavane anāthapiṇḍikassa ārāme. Tena kho pana samayena chabbaggiyā bhikkhū piṇḍukkhepakaṃ bhuñjanti...pe....
"Na piṇḍukkhepakaṃ bhuñjissāmīti sikkhā karaṇīyā"ti.
Na piṇḍukkhepakaṃ bhuñjitabbaṃ. Yo anādariyaṃ paṭicca piṇḍukkhepakaṃ bhuñjati, āpatti dukkaṭassa.
Anāpatti asañcicca, assatiyā, ajānantassa, gilānassa, khajjake, phalāphale, āpadāsu, ummattakassa, ādikammikassāti.
Catutthasikkhāpadaṃ niṭṭhitaṃ.
621. Tena samayena buddho Bhagavā sāvatthiyaṃ viharati jetavane anāthapiṇḍikassa ārāme. Tena kho pana samayena chabbaggiyā bhikkhū kabaḷāvacchedakaṃ bhuñjanti...pe....
"Nakabaḷāvacchedakaṃ bhuñjissāmīti sikkhā karaṇīyā"ti.
Na kabaḷāvacchedakaṃ bhuñjitabbaṃ. Yo anādariyaṃ paṭicca kabaḷāvacchedakaṃ bhuñjati, āpatti dukkaṭassa.
Anāpatti asañcicca, assatiyā, ajānantassa, gilānassa, khajjake phalāphale, uttaribhaṅge, āpadāsu, ummattakassa, ādikammikassāti.
Pañcamasikkhāpadaṃ niṭṭhitaṃ.
622. Tena samayena buddho Bhagavā sāvatthiyaṃ viharati jetavane anāthapiṇḍikassa ārāme. Tena kho pana samayena chabbaggiyā bhikkhū avagaṇḍakārakaṃ bhuñjanti...pe....
"Naavagaṇḍakārakaṃ bhuñjissāmīti sikkhākaraṇīyā"ti.
Na avagaṇḍakārakaṃ bhuñjitabbaṃ. Yo anādariyaṃ paṭicca ekato vā ubhato vā gaṇḍaṃ katvā bhuñjati, āpatti dukkaṭassa.
Anāpatti asañcicca, assatiyā, ajānantassa, gilānassa, phalāphale, āpadāsu, ummattakassa, ādikammikassāti.
Chaṭṭhasikkhāpadaṃ niṭṭhitaṃ.
623. Tena samayena buddho Bhagavā sāvatthiyaṃ viharati jetavane anāthapiṇḍikassa ārāme. Tena kho pana samayena chabbaggiyā bhikkhū hatthaniddhunakaṃ bhuñjanti...pe....
"Na hatthaniddhunakaṃ bhuñjissāmīti sikkhā karaṇīyā"ti.
Na hatthaniddhunakaṃ bhuñjitabbaṃ. Yo anādariyaṃ paṭicca hatthaniddhunakaṃ bhuñjati, āpatti dukkaṭassa.
Anāpatti asañcicca, assatiyā, ajānantassa, gilānassa, kacavaraṃ chaḍḍento hatthaṃ niddhunāti, āpadāsu, ummattakassa, ādikammikassāti.
Sattamasikkhāpadaṃ niṭṭhitaṃ.
624. Tena samayena buddho Bhagavā sāvatthiyaṃ viharati jetavane anāthapiṇḍikassa ārāme. Tena kho pana samayena chabbaggiyā bhikkhū sitthāvakārakaṃ bhuñjanti...pe....
"Na sitthāvakārakaṃ bhuñjissāmīti sikkhā karaṇīyā"ti.
Na sitthāvakārakaṃ bhuñjitabbaṃ. Yo anādariyaṃ paṭicca sitthāvakārakaṃ bhuñjati, āpatti dukkaṭassa.
Anāpatti asañcicca, assatiyā, ajānantassa, gilānassa, kacavaraṃ chaḍḍento sitthaṃ chaḍḍayati, āpadāsu, ummattakassa, ādikammikassāti .
Aṭṭhamasikkhāpadaṃ niṭṭhitaṃ.
625. Tena samayena buddho Bhagavā sāvatthiyaṃ viharati jetavane anāthapiṇḍikassa ārāme. Tena kho pana samayena chabbaggiyā bhikkhū jivhānicchārakaṃ bhuñjanti...pe....
"Najivhānicchārakaṃ bhuñjissāmīti sikkhā karaṇīyā"ti.
Na jivhānicchārakaṃ bhuñjitabbaṃ. Yo anādariyaṃ paṭicca jivhānicchārakaṃ bhuñjati, āpatti dukkaṭassa.
Anāpatti asañcicca...pe... ādikammikassāti.
Navamasikkhāpadaṃ niṭṭhitaṃ.
626. Tena samayena buddho Bhagavā sāvatthiyaṃ viharati jetavane anāthapiṇḍikassa ārāme. Tena kho pana samayena chabbaggiyā bhikkhū capucapukārakaṃ bhuñjanti...pe....
"Na capucapukārakaṃ bhuñjissāmīti sikkhā karaṇīyā"ti.
Na capucapukārakaṃ bhuñjitabbaṃ. Yo anādariyaṃ paṭicca capucapukārakaṃ bhuñjati, āpatti dukkaṭassa.
Anāpatti asañcicca...pe... ādikammikassāti.
Dasamasikkhāpadaṃ niṭṭhitaṃ.
Kabaḷavaggo pañcamo.
6. Surusuruvaggo

627. Tena samayena buddho Bhagavā kosambiyaṃ viharati ghositārāme. Tena kho pana samayena aññatarena brāhmaṇena saṅghassa payopānaṃ paṭiyattaṃ hoti. Bhikkhū surusurukārakaṃ khīraṃ pivanti. Aññataro naṭapubbako bhikkhu evamāha – ''sabboyaṃ maññe saṅgho sītīkato''ti. Ye te bhikkhū appicchā...pe... te ujjhāyanti khiyyanti vipācenti – ''kathañhi nāma bhikkhu saṅghaṃ ārabbha davaṃ karissatī''ti...pe... saccaṃ kira tvaṃ, bhikkhu, saṅghaṃ ārabbha davaṃ akāsīti? ''Saccaṃ, Bhagavā''ti. Vigarahi buddho Bhagavā...pe... kathañhi nāma tvaṃ, moghapurisa, saṅghaṃ ārabbha davaṃ karissasi! Netaṃ, moghapurisa, appasannānaṃ vā pasādāya...pe... vigarahitvā...pe... dhammiṃ kathaṃ katvā bhikkhū āmantesi – ''na, bhikkhave, buddhaṃ vā dhammaṃ vā saṅghaṃ vā ārabbha davo kātabbo. Yo kareyya, āpatti dukkaṭassā''ti. Atha kho Bhagavā taṃ bhikkhuṃ anekapariyāyena vigarahitvā dubbharatāya...pe... evañca pana, bhikkhave, imaṃ sikkhāpadaṃ uddiseyyātha –

''Nasurusurukārakaṃ bhuñjissāmīti sikkhā karaṇīyā''ti.

Na surusurukārakaṃ bhuñjitabbaṃ. Yo anādariyaṃ paṭicca surusurukārakaṃ bhuñjati, āpatti dukkaṭassa.

Anāpatti asañcicca...pe... ādikammikassāti.

Paṭhamasikkhāpadaṃ niṭṭhitaṃ.

628. Tena samayena buddho Bhagavā sāvatthiyaṃ viharati jetavane anāthapiṇḍikassa ārāme. Tena kho pana samayena chabbaggiyā bhikkhū hatthanillehakaṃ bhuñjanti...pe....

''Na hatthanillehakaṃ bhuñjissāmīti sikkhā karaṇīyā''ti.

Na hatthanillehakaṃ bhuñjitabbaṃ. Yo anādariyaṃ paṭicca hatthanillehakaṃ bhuñjati, āpatti dukkaṭassa.

Anāpatti asañcicca...pe... ādikammikassāti.

Dutiyasikkhāpadaṃ niṭṭhitaṃ.

629. Tena samayena buddho Bhagavā sāvatthiyaṃ viharati jetavane anāthapiṇḍikassa ārāme. Tena kho pana samayena chabbaggiyā bhikkhū pattanillehakaṃ bhuñjanti...pe....

''Na pattanillehakaṃ bhuñjissāmīti sikkhā karaṇīyā''ti.

Na pattanillehakaṃ bhuñjitabbaṃ. Yo anādariyaṃ paṭicca pattanillehakaṃ bhuñjati, āpatti dukkaṭassa.

Anāpatti asañcicca, assatiyā, ajānantassa, gilānassa, parittake sese ekato saṅkaḍḍhitvā nillehitvā bhuñjati, āpadāsu, ummattakassa, ādikammikassāti.

Tatiyasikkhāpadaṃ niṭṭhitaṃ.

630. Tena samayena buddho Bhagavā sāvatthiyaṃ viharati jetavane anāthapiṇḍikassa ārāme. Tena kho pana samayena chabbaggiyā bhikkhū oṭṭhanillehakaṃ bhuñjanti...pe....

''Na oṭṭhanillehakaṃ bhuñjissāmīti sikkhā karaṇīyā''ti.

Na oṭṭhanillehakaṃ bhuñjitabbaṃ. Yo anādariyaṃ paṭicca oṭṭhanillehakaṃ bhuñjati, āpatti dukkaṭassa.

Anāpatti asañcicca...pe... ādikammikassāti.

Catutthasikkhāpadaṃ niṭṭhitaṃ.

631. Tena samayena buddho Bhagavā bhaggesu viharati susumāragire [suṃsumāragire (sī. syā.), saṃsumāragire (ka.)] bhesakaḷāvane migadāye. Tena kho pana samayena bhikkhū kokanade [kokanude (ka.)] pāsāde sāmisena hatthena pānīyathālakaṃ paṭiggaṇhanti. Manussā ujjhāyanti khiyyanti vipācenti – ''kathañhi nāma samaṇā sakyaputtiyā sāmisena hatthena pānīyathālakaṃ paṭiggahessanti, seyyathāpi gihī kāmabhogino''ti! Assosuṃ kho bhikkhū tesaṃ manussānaṃ ujjhāyantānaṃ khiyyantānaṃ vipācentānaṃ. Ye te bhikkhū appicchā...pe... te ujjhāyanti khiyyanti vipācenti – ''kathañhi nāma bhikkhū sāmisena hatthena pānīyathālakaṃ paṭiggahessantī''ti...pe... saccaṃ kira, bhikkhave, bhikkhū sāmisena hatthena pānīyathālakaṃ paṭiggaṇhantīti? ''Saccaṃ, Bhagavā''ti. Vigarahi buddho Bhagavā...pe... kathañhi nāma te, bhikkhave, moghapurisā sāmisena hatthena pānīyathālakaṃ paṭiggahessanti! Netaṃ, bhikkhave, appasannānaṃ vā pasādāya...pe... evañca pana, bhikkhave, imaṃ sikkhāpadaṃ uddiseyyātha –

''Na sāmisena hatthena pānīyathālakaṃ paṭiggahessāmīti sikkhā karaṇīyā''ti.

Na sāmisena hatthena pānīyathālako paṭiggahetabbo. Yo anādariyaṃ paṭicca sāmisena hatthena pānīyathālakaṃ paṭiggaṇhāti, āpatti dukkaṭassa.

Anāpatti asañcicca, assatiyā, ajānantassa, gilānassa, ''dhovissāmī''ti vā ''dhovāpessāmī''ti vā paṭiggaṇhāti, āpadāsu, ummattakassa, ādikammikassāti.

Pañcamasikkhāpadaṃ niṭṭhitaṃ.

632. Tena samayena buddho Bhagavā bhaggesu viharati susumāragire bhesakaḷāvane migadāye. Tena kho pana samayena bhikkhū kokanade pāsāde sasitthakaṃ pattadhovanaṃ antaraghare chaḍḍenti. Manussā ujjhāyanti khiyyanti vipācenti – ''kathañhi nāma samaṇā sakyaputtiyā sasitthakaṃ pattadhovanaṃ antaraghare chaḍḍessanti, seyyathāpi gihī kāmabhogino''ti! Assosuṃ kho bhikkhū tesaṃ manussānaṃ ujjhāyantānaṃ khiyyantānaṃ vipācentānaṃ. Ye te bhikkhū appicchā...pe... te ujjhāyanti khiyyanti vipācenti – ''kathañhi nāma bhikkhū sasitthakaṃ pattadhovanaṃ antaraghare chaḍḍessantī''ti...pe... saccaṃ kira, bhikkhave, bhikkhū sasitthakaṃ pattadhovanaṃ antaraghare chaḍḍentīti? ''Saccaṃ, Bhagavā''ti. Vigarahi buddho Bhagavā...pe... kathañhi nāma te, bhikkhave, moghapurisā sasitthakaṃ pattadhovanaṃ antaraghare chaḍḍessanti! Netaṃ, bhikkhave, appasannānaṃ vā pasādāya...pe... evañca pana, bhikkhave, imaṃ sikkhāpadaṃ uddiseyyātha –

''Na sasitthakaṃ pattadhovanaṃ antaraghare chaḍḍessāmīti sikkhā karaṇīyā''ti.

Na sasitthakaṃ pattadhovanaṃ antaraghare chaḍḍetabbaṃ. Yo anādariyaṃ paṭicca sasitthakaṃ pattadhovanaṃ antaraghare chaḍḍeti, āpatti dukkaṭassa.
Anāpatti asañcicca, assatiyā, ajānantassa, gilānassa, uddharitvā vā bhinditvā vā paṭiggahe vā nīharitvā vā chaḍḍeti, āpadāsu, ummattakassa, ādikammikassāti.
Chaṭṭhasikkhāpadaṃ niṭṭhitaṃ.
633. Tena samayena buddho Bhagavā sāvatthiyaṃ viharati jetavane anāthapiṇḍikassa ārāme. Tena kho pana samayena chabbaggiyā bhikkhū chattapāṇissa dhammaṃ desenti. Ye te bhikkhū appicchā...pe... te ujjhāyanti khiyyanti vipācenti – "kathañhi nāma chabbaggiyā bhikkhū chattapāṇissa dhammaṃ desessantī"ti...pe... saccaṃ kira tumhe, bhikkhave, chattapāṇissa dhammaṃ desethāti? "Saccaṃ, Bhagavā"ti. Vigarahi buddho Bhagavā...pe... kathañhi nāma tumhe, moghapurisā, chattapāṇissa dhammaṃ desessatha! Netaṃ, moghapurisā, appasannānaṃ vā pasādāya...pe... evañca pana, bhikkhave, imaṃ sikkhāpadaṃ uddiseyyātha –
"Na chattapāṇissa dhammaṃ desessāmīti sikkhā karaṇīyā"ti.
Evañcidaṃ bhagavatā bhikkhūnaṃ sikkhāpadaṃ paññattaṃ hoti.
634. Tena kho pana samayena bhikkhū chattapāṇissa gilānassa dhammaṃ desetuṃ kukkuccāyanti. Manussā ujjhāyanti khiyyanti vipācenti – "kathañhi nāma samaṇā sakyaputtiyā chattapāṇissa gilānassa dhammaṃ na desessantī"ti! Assosuṃ kho bhikkhū tesaṃ manussānaṃ ujjhāyantānaṃ khiyyantānaṃ vipācentānaṃ. Atha kho te bhikkhū bhagavato etamatthaṃ ārocesuṃ. Atha kho Bhagavā etasmiṃ nidāne etasmiṃ pakaraṇe dhammiṃ kathaṃ katvā bhikkhū āmantesi – "anujānāmi, bhikkhave, chattapāṇissa gilānassa dhammaṃ desetuṃ. Evañca pana , bhikkhave, imaṃ sikkhāpadaṃ uddiseyyātha –
"Na chattapāṇissa agilānassa dhammaṃ desessāmīti sikkhā karaṇīyā"ti.
Chattaṃ nāma tīṇi chattāni – setacchattaṃ, kilañjacchattaṃ, paṇṇacchattaṃ maṇḍalabaddhaṃ salākabaddhaṃ.
Dhammo nāma buddhabhāsito sāvakabhāsito isibhāsito devatābhāsito atthūpasañhito dhammūpasañhito.
Deseyyāti padena deseti, pade pade āpatti dukkaṭassa. Akkharāya deseti, akkharakkharāya āpatti dukkaṭassa. Na chattapāṇissa agilānassa dhammo desetabbo. Yo anādariyaṃ paṭicca chattapāṇissa agilānassa dhammaṃ deseti, āpatti dukkaṭassa.
Anāpatti asañcicca...pe... ādikammikassāti.
Sattamasikkhāpadaṃ niṭṭhitaṃ.
635. Tena samayena buddho Bhagavā sāvatthiyaṃ viharati jetavane anāthapiṇḍikassa ārāme. Tena kho pana samayena chabbaggiyā bhikkhū daṇḍapāṇissa dhammaṃ desenti...pe....
"Na daṇḍapāṇissa agilānassa dhammaṃ desessāmīti sikkhā karaṇīyā"ti.
Daṇḍo nāma majjhimassa purisassa catuhattho daṇḍo. Tato ukkaṭṭho adaṇḍo, omako adaṇḍo.
Na daṇḍapāṇissa agilānassa dhammo desetabbo. Yo anādariyaṃ paṭicca daṇḍapāṇissa agilānassa dhammaṃ deseti, āpatti dukkaṭassa.
Anāpatti asañcicca...pe... ādikammikassāti.
Aṭṭhamasikkhāpadaṃ niṭṭhitaṃ.
636. Tena samayena buddho Bhagavā sāvatthiyaṃ viharati jetavane anāthapiṇḍikassa ārāme. Tena kho pana samayena chabbaggiyā bhikkhū satthapāṇissa dhammaṃ desenti...pe....
"Na satthapāṇissa agilānassa dhammaṃ desessāmīti sikkhā karaṇīyā"ti.
Satthaṃ nāma ekatodhāraṃ ubhatodhāraṃ paharaṇaṃ.
Na satthapāṇissa agilānassa dhammo desetabbo. Yo anādariyaṃ paṭicca satthapāṇissa agilānassa dhammaṃ deseti, āpatti dukkaṭassa.
Anāpatti asañcicca...pe... ādikammikassāti.
Navamasikkhāpadaṃ niṭṭhitaṃ.
637. Tena samayena buddho Bhagavā sāvatthiyaṃ viharati jetavane anāthapiṇḍikassa ārāme. Tena kho pana samayena chabbaggiyā bhikkhū āvudhapāṇissa dhammaṃ desenti...pe....
"Na āvudhapāṇissa agilānassa dhammaṃ desessāmīti sikkhā karaṇīyā"ti.
Āvudhaṃ nāma cāpo kodaṇḍo.
Na āvudhapāṇissa agilānassa dhammo desetabbo. Yo anādariyaṃ paṭicca āvudhapāṇissa agilānassa dhammaṃ deseti, āpatti dukkaṭassa.
Anāpatti asañcicca...pe... ādikammikassāti.
Dasamasikkhāpadaṃ niṭṭhitaṃ.
Surusuruvaggo chaṭṭho.
7. Pādukavaggo
638. Tena samayena buddho Bhagavā sāvatthiyaṃ viharati jetavane anāthapiṇḍikassa ārāme. Tena kho pana samayena chabbaggiyā bhikkhū pādukāruḷhassa dhammaṃ desenti...pe....
"Napādukāruḷhassa agilānassa dhammaṃ desessāmīti sikkhā karaṇīyā"ti.
Na pādukāruḷhassa agilānassa dhammo desetabbo. Yo anādariyaṃ paṭicca akkantassa vā paṭimukkassa vā omukkassa vā agilānassa dhammaṃ deseti, āpatti dukkaṭassa.

Anāpatti asañcicca...pe... ādikammikassāti.
Paṭhamasikkhāpadaṃ niṭṭhitaṃ.
639. Tena samayena buddho Bhagavā sāvatthiyaṃ viharati jetavane anāthapiṇḍikassa ārāme. Tena kho pana samayena chabbaggiyā bhikkhū upāhanāruḷhassa dhammaṃ desenti...pe....
"Na upāhanāruḷhassa agilānassa dhammaṃ desessāmīti sikkhākaraṇīyā"ti.
Na upāhanāruḷhassa agilānassa dhammo desetabbo. Yo anādariyaṃ paṭicca akkantassa vā paṭimukkassa vā omukkassa vā agilānassa dhammaṃ deseti, āpatti dukkaṭassa.
Anāpatti asañcicca...pe... ādikammikassāti.
Dutiyasikkhāpadaṃ niṭṭhitaṃ.
640. Tena samayena buddho Bhagavā sāvatthiyaṃ viharati jetavane anāthapiṇḍikassa ārāme. Tena kho pana samayena chabbaggiyā bhikkhū yānagatassa dhammaṃ desenti...pe....
"Na yānagatassa agilānassa dhammaṃ desessāmīti sikkhā karaṇīyā"ti.
Yānaṃ nāma vayhaṃ ratho sakaṭaṃ sandamānikā sivikā pāṭaṅkī.
Na yānagatassa agilānassa dhammo desetabbo. Yo anādariyaṃ paṭicca yānagatassa agilānassa dhammaṃ deseti, āpatti dukkaṭassa.
Anāpatti asañcicca...pe... ādikammikassāti.
Tatiyasikkhāpadaṃ niṭṭhitaṃ.
641. Tena samayena buddho Bhagavā sāvatthiyaṃ viharati jetavane anāthapiṇḍikassa ārāme. Tena kho pana samayena chabbaggiyā bhikkhū sayanagatassa dhammaṃ desenti...pe....
"Na sayanagatassa agilānassa dhammaṃ desessāmīti sikkhā karaṇīyā"ti.
Na sayanagatassa agilānassa dhammo desetabbo. Yo anādariyaṃ paṭicca antamaso chamāyampi nipannassa sayanagatassa agilānassa dhammaṃ deseti, āpatti dukkaṭassa.
Anāpatti asañcicca...pe... ādikammikassāti.
Catutthasikkhāpadaṃ niṭṭhitaṃ.
642. Tena samayena buddho Bhagavā sāvatthiyaṃ viharati jetavane anāthapiṇḍikassa ārāme. Tena kho pana samayena chabbaggiyā bhikkhū pallatthikāya nisinnassa dhammaṃ desenti...pe....
"Na pallatthikāya nisinnassa agilānassa dhammaṃ desessāmīti sikkhā karaṇīyā"ti.
Na pallatthikāya nisinnassa agilānassa dhammo desetabbo. Yo anādariyaṃ paṭicca hatthapallatthikāya vā dussapallatthikāya vā nisinnassa agilānassa dhammaṃ deseti, āpatti dukkaṭassa.
Anāpatti asañcicca...pe... ādikammikassāti.
Pañcamasikkhāpadaṃ niṭṭhitaṃ.
643. Tena samayena buddho Bhagavā sāvatthiyaṃ viharati jetavane anāthapiṇḍikassa ārāme. Tena kho pana samayena chabbaggiyā bhikkhū veṭhitasīsassa dhammaṃ desenti...pe....
"Na veṭhitasīsassa agilānassa dhammaṃ desessāmīti sikkhā karaṇīyā"ti.
Veṭhitasīso nāma kesantaṃ na dassāpetvā veṭhito hoti.
Na veṭhitasīsassa agilānassa dhammo desetabbo. Yo anādariyaṃ paṭicca veṭhitasīsassa agilānassa dhammaṃ deseti, āpatti dukkaṭassa.
Anāpatti asañcicca, assatiyā, ajānantassa, gilānassa, kesantaṃ vivarāpetvā deseti, āpadāsu, ummattakassa, ādikammikassāti.
Chaṭṭhasikkhāpadaṃ niṭṭhitaṃ.
644. Tena samayena buddho Bhagavā sāvatthiyaṃ viharati jetavane anāthapiṇḍikassa ārāme. Tena kho pana samayena chabbaggiyā bhikkhū oguṇṭhitasīsassa dhammaṃ desenti...pe....
"Na oguṇṭhitasīsassa agilānassa dhammaṃ desessāmīti sikkhā karaṇīyā"ti.
Oguṇṭhitasīso nāma sasīsaṃ pāruto vuccati.
Na oguṇṭhitasīsassa agilānassa dhammo desetabbo. Yo anādariyaṃ paṭicca oguṇṭhitasīsassa agilānassa dhammaṃ deseti, āpatti dukkaṭassa.
Anāpatti asañcicca, assatiyā, ajānantassa, gilānassa, sīsaṃ vivarāpetvā deseti, āpadāsu, ummattakassa, ādikammikassāti.
Sattamasikkhāpadaṃ niṭṭhitaṃ.
645. Tena samayena buddho Bhagavā sāvatthiyaṃ viharati jetavane anāthapiṇḍikassa ārāme. Tena kho pana samayena chabbaggiyā bhikkhū chamāya nisīditvā āsane nisinnassa dhammaṃ desenti...pe....
"Na chamāyaṃ nisīditvā āsane nisinnassa agilānassa dhammaṃ desessāmīti sikkhā karaṇīyā"ti.
Na chamāyaṃ nisīditvā [nisinnena (aṭṭhakathā)] āsane nisinnassa agilānassa dhammo desetabbo. Yo anādariyaṃ paṭicca chamāyaṃ nisīditvā āsane nisinnassa agilānassa dhammaṃ deseti, āpatti dukkaṭassa.
Anāpatti asañcicca...pe... ādikammikassāti.
Aṭṭhamasikkhāpadaṃ niṭṭhitaṃ.
646. Tena samayena buddho Bhagavā sāvatthiyaṃ viharati jetavane anāthapiṇḍikassa ārāme. Tena kho pana samayena chabbaggiyā bhikkhū nīce āsane nisīditvā ucce āsane nisinnassa dhammaṃ desenti. Ye te bhikkhū appicchā...pe... te ujjhāyanti khiyyanti vipācenti – "kathañhi nāma chabbaggiyā bhikkhū nīce āsane nisīditvā ucce āsane nisinnassa dhammaṃ desessantī"ti...pe... saccaṃ kira tumhe, bhikkhave,

nīce āsane nisīditvā ucce āsane nisinnassa dhammaṃ desethāti? ''Saccaṃ, Bhagavā''ti. Vigarahi buddho Bhagavā...pe... kathañhi nāma tumhe, moghapurisā, nīce āsane nisīditvā ucce āsane nisinnassa dhammaṃ desessatha! Netaṃ, moghapurisā, appasannānaṃ vā pasādāya...pe... vigarahitvā...pe... dhammiṃ kathaṃ katvā bhikkhū āmantesi –

647. ''Bhūtapubbaṃ, bhikkhave, bārāṇasiyaṃ aññatarassa chapakassa [chavakassa (syā.)] pajāpati gabbhinī ahosi. Atha kho, bhikkhave, sā chapakī taṃ chapakaṃ etadavoca – 'gabbhinīmhi, ayyaputta! Icchāmi ambaṃ khāditu'nti. 'Natthi ambaṃ [ambo (syā.)], akālo ambassā'ti. 'Sace na labhissāmi marissāmī'ti. Tena kho pana samayena, rañño ambo dhuvaphalo hoti. Atha kho, bhikkhave, so chapako yena so ambo tenupasaṅkami; upasaṅkamitvā taṃ ambaṃ abhiruhitvā nilīno acchi. Atha kho, bhikkhave, rājā purohitena brāhmaṇena saddhiṃ yena so ambo tenupasaṅkami; upasaṅkamitvā ucce āsane nisīditvā mantaṃ pariyāpuṇāti. Atha kho, bhikkhave, tassa chapakassa etadahosi – 'yāva adhammiko ayaṃ rājā, yatra hi nāma ucce āsane nisīditvā mantaṃ pariyāpuṇissati. Ayañca brāhmaṇo adhammiko, yatra hi nāma nīce āsane nisīditvā ucce āsane nisinnassa mantaṃ vācessati. Ahañcamhi adhammiko, yohaṃ itthiyā kāraṇā rañño ambaṃ avaharāmi. Sabbamidaṃ carimaṃ kata'nti tattheva paripati.

[imā gāthāyo jā. 1.4.33-35 jātake aññathā dissanti] ''Ubho atthaṃ na jānanti, ubho dhammaṃ na passare;
Yo cāyaṃ mantaṃ vāceti, yo cādhammenadhīyati.
''Sālīnaṃ odano bhutto, sucimaṃsūpasecano;
Tasmā dhamme na vattāmi, dhammo ariyebhi vaṇṇito.
''Dhiratthu taṃ dhanalābhaṃ, yasalābhañca brāhmaṇa;
Yā vutti vinipātena, adhammacaraṇena vā.
''Paribbaja mahābrahme, pacantaññepi pāṇino;
Mā tvaṃ adhammo ācarito, asmā kumbhamivābhidā''ti.

''Tadāpi me, bhikkhave, amanāpā nīce āsane nisīditvā ucce āsane nisinnassa mantaṃ vācetuṃ, kimaṅga pana etarahi na amanāpā bhavissati nīce āsane nisīditvā ucce āsane nisinnassa dhammaṃ desetuṃ. Netaṃ, bhikkhave, appasannānaṃ vā pasādāya...pe... evañca pana, bhikkhave, imaṃ sikkhāpadaṃ uddiseyyātha –

''Na nīce āsane nisīditvā ucce āsane nisinnassa agilānassa dhammaṃ desessāmīti sikkhā karaṇīyā''ti.

Na nīce āsane nisīditvā ucce āsane nisinnassa agilānassa dhammo desetabbo. Yo anādariyaṃ paṭicca nīce āsane nisīditvā ucce āsane nisinnassa agilānassa dhammaṃ deseti, āpatti dukkaṭassa.

Anāpatti asañcicca...pe... ādikammikassāti.

Navamasikkhāpadaṃ niṭṭhitaṃ.

648. Tena samayena buddho Bhagavā sāvatthiyaṃ viharati jetavane anāthapiṇḍikassa ārāme. Tena kho pana samayena chabbaggiyā bhikkhū ṭhitā nisinnassa dhammaṃ desenti...pe....

''Naṭhito nisinnassa agilānassa dhammaṃ desessāmīti sikkhā karaṇīyā''ti.

Na ṭhitena nisinnassa agilānassa dhammo desetabbo. Yo anādariyaṃ paṭicca ṭhito nisinnassa agilānassa dhammaṃ deseti, āpatti dukkaṭassa.

Anāpatti asañcicca...pe... ādikammikassāti.

Dasamasikkhāpadaṃ niṭṭhitaṃ.

649. Tena samayena buddho Bhagavā sāvatthiyaṃ viharati jetavane anāthapiṇḍikassa ārāme. Tena kho pana samayena chabbaggiyā bhikkhū pacchato gacchantā purato gacchantassa dhammaṃ desenti...pe....

''Na pacchato gacchanto purato gacchantassa agilānassa dhammaṃ desessāmīti sikkhā karaṇīyā''ti.

Na pacchato gacchantena purato gacchantassa agilānassa dhammo desetabbo. Yo anādariyaṃ paṭicca pacchato gacchanto purato gacchantassa agilānassa dhammaṃ deseti, āpatti dukkaṭassa.

Anāpatti asañcicca...pe... ādikammikassāti.

Ekādasamasikkhāpadaṃ niṭṭhitaṃ.

650. Tena samayena buddho Bhagavā sāvatthiyaṃ viharati jetavane anāthapiṇḍikassa ārāme. Tena kho pana samayena chabbaggiyā bhikkhū uppathena gacchantā pathena gacchantassa dhammaṃ desenti...pe....

''Na uppathena gacchanto pathena gacchantassa agilānassa dhammaṃ desessāmīti sikkhā karaṇīyā''ti.

Na uppathena gacchantena pathena gacchantassa agilānassa dhammo desetabbo. Yo anādariyaṃ paṭicca uppathena gacchanto pathena gacchantassa agilānassa dhammaṃ deseti, āpatti dukkaṭassa.

Anāpatti asañcicca...pe... ādikammikassāti.

Dvādasamasikkhāpadaṃ niṭṭhitaṃ.

651. Tena samayena buddho Bhagavā sāvatthiyaṃ viharati jetavane anāthapiṇḍikassa ārāme. Tena kho pana samayena chabbaggiyā bhikkhū ṭhitā uccārampi passāvampi karonti...pe....

''Na ṭhito agilāno uccāraṃ vā passāvaṃ vā karissāmīti sikkhā karaṇīyā''ti.

Na ṭhitena agilānena uccāro vā passāvo vā kātabbo. Yo anādariyaṃ paṭicca ṭhito agilāno uccāraṃ vā passāvaṃ vā karoti, āpatti dukkaṭassa.

Anāpatti asañcicca...pe... ādikammikassāti.

Terasamasikkhāpadaṃ niṭṭhitaṃ.

652. Tena samayena buddho Bhagavā sāvatthiyaṃ viharati jetavane anāthapiṇḍikassa ārāme. Tena kho pana samayena chabbaggiyā bhikkhū harite uccārampi passāvampi kheḷampi karonti...pe....

"Na harite agilāno uccāraṃ vā passāvaṃ vā kheḷaṃ vā karissāmīti sikkhā karaṇīyā"ti.

Na harite agilānena uccāro vā passāvo vā kheḷo vā kātabbo. Yo anādariyaṃ paṭicca harite agilāno uccāraṃ vā passāvaṃ vā kheḷaṃ vā karoti, āpatti dukkaṭassa.

Anāpatti asañcicca, assatiyā, ajānantassa, gilānassa, appaharite kato haritaṃ ottharati, āpadāsu, ummattakassa, ādikammikassāti.

Cuddasamasikkhāpadaṃ niṭṭhitaṃ.

653. Tena samayena buddho Bhagavā sāvatthiyaṃ viharati jetavane anāthapiṇḍikassa ārāme. Tena kho pana samayena chabbaggiyā bhikkhū udake uccārampi passāvampi kheḷampi karonti. Manussā ujjhāyanti khiyyanti vipācenti – "kathañhi nāma samaṇā sakyaputtiyā udake uccārampi passāvampi kheḷampi karissanti, seyyathāpi gihī kāmabhogino"ti! Assosuṃ kho bhikkhū tesaṃ manussānaṃ ujjhāyantānaṃ khiyyantānaṃ vipācentānaṃ. Ye te bhikkhū appicchā...pe... te ujjhāyanti khiyyanti vipācenti – "kathañhi nāma chabbaggiyā bhikkhū udake uccārampi passāvampi kheḷampi karissantī"ti...pe... saccaṃ kira tumhe, bhikkhave, udake uccārampi passāvampi kheḷampi karothāti? "Saccaṃ, Bhagavā"ti. Vigarahi buddho Bhagavā...pe... kathañhi nāma tumhe, moghapurisā, udake uccārampi passāvampi kheḷampi karissatha! Netaṃ, moghapurisā, appasannānaṃ vā pasādāya...pe... evañca pana, bhikkhave, imaṃ sikkhāpadaṃ uddiseyyātha –

"Na udake uccāraṃ vā passāvaṃ vā kheḷaṃ vā karissāmīti sikkhā karaṇīyā"ti.

Evañcidaṃ bhagavatā bhikkhūnaṃ sikkhāpadaṃ paññattaṃ hoti.

654. Tena kho pana samayena gilānā bhikkhū udake uccārampi passāvampi kheḷampi kātuṃ kukkuccāyanti. Bhagavato etamatthaṃ ārocesuṃ. Atha kho Bhagavā etasmiṃ nidāne etasmiṃ pakaraṇe dhammiṃ kathaṃ katvā bhikkhū āmantesi – "anujānāmi, bhikkhave, gilānena bhikkhunā udake uccārampi passāvampi kheḷampi kātuṃ. Evañca pana, bhikkhave, imaṃ sikkhāpadaṃ uddiseyyātha –

"Na udake agilāno uccāraṃ vā passāvaṃ vā kheḷaṃ vā karissāmīti sikkhā karaṇīyā"ti.

Na udake agilānena uccāro vā passāvo vā kheḷo vā kātabbo. Yo anādariyaṃ paṭicca udake agilāno uccāraṃ vā passāvaṃ vā kheḷaṃ vā karoti, āpatti dukkaṭassa.

Anāpatti asañcicca, assatiyā, ajānantassa, gilānassa, thale kato udakaṃ ottharati, āpadāsu, ummattakassa, khittacittassa, vedanāṭṭassa, ādikammikassāti.

Pannarasamasikkhāpadaṃ niṭṭhitaṃ.

Pādukavaggo sattamo.

Uddiṭṭhā kho, āyasmanto, sekhiyā dhammā. Tatthāyasmante pucchāmi – "kaccittha parisuddhā"? Dutiyampi pucchāmi – "kaccittha parisuddhā"? Tatiyampi pucchāmi – "kaccittha parisuddhā"? Parisuddhetthāyasmanto, tasmā tuṇhī, evametaṃ dhārayāmīti.

Sekhiyā niṭṭhitā.

Sekhiyakaṇḍaṃ niṭṭhitaṃ.

8. Adhikaraṇasamathā

Ime kho panāyasmanto satta adhikaraṇasamathā

Dhammā uddesaṃ āgacchanti.

655. Uppannuppannānaṃ adhikaraṇānaṃ samathāya vūpasamāya sammukhāvinayo dātabbo, sativinayo dātabbo, amūḷhavinayo dātabbo, paṭiññāya kāretabbaṃ, yebhuyyasikā, tassapāpiyasikā, tiṇavatthārakoti.

Uddiṭṭhā kho, āyasmanto, satta adhikaraṇasamathā dhammā. Tatthāyasmante pucchāmi – "kaccittha parisuddhā"? Dutiyampi pucchāmi – "kaccittha parisuddhā"? Tatiyampi pucchāmi – "kaccittha parisuddhā"? Parisuddhetthāyasmanto, tasmā tuṇhī, evametaṃ dhārayāmīti.

Adhikaraṇasamathā niṭṭhitā.

Uddiṭṭhaṃ kho, āyasmanto, nidānaṃ; uddiṭṭhā cattāro pārājikā dhammā; uddiṭṭhā terasa saṅghādisesā dhammā; uddiṭṭhā dve aniyatā dhammā; uddiṭṭhā tiṃsa nissaggiyā pācittiyā dhammā; uddiṭṭhā dvenavuti pācittiyā dhammā; uddiṭṭhā cattāro pāṭidesanīyā dhammā; uddiṭṭhā sekhiyā dhammā; uddiṭṭhā satta adhikaraṇasamathā dhammā. Ettakaṃ tassa bhagavato suttāgataṃ suttapariyāpannaṃ anvaddhamāsaṃ uddesaṃ āgacchati. Tattha sabbeheva samaggehi sammodamānehi avivadamānehi sikkhitabbanti.

Mahāvibhaṅgo niṭṭhito.

Namo tassa bhagavato arahato sammāsambuddhassa

Bhikkhunīvibhaṅgo

1. Pārājikakaṇḍaṃ (bhikkhunīvibhaṅgo)

1. Paṭhamapārājikaṃ

656. Tena samayena buddho Bhagavā sāvatthiyaṃ viharati jetavane anāthapiṇḍikassa ārāme. Tena kho pana samayena sāḷho migāranattā bhikkhunisaṅghassa vihāraṃ kattukāmo hoti. Atha kho sāḷho migāranattā bhikkhuniyo upasaṅkamitvā etadavoca – "icchāmahaṃ, ayye, bhikkhunisaṅghassa vihāraṃ kātuṃ. Detha me navakammikaṃ bhikkhuni"nti. Tena kho pana samayena catasso bhaginiyo

bhikkhunīsu pabbajitā honti – nandā, nandavatī, sundarīnandā, thullanandāti. Tāsu sundarīnandā bhikkhunī taruṇapabbajitā abhirūpā hoti dassanīyā pāsādikā paṇḍitā byattā medhāvinī dakkhā analasā, tatrupāyāya vīmaṃsāya samannāgatā, alaṃ kātuṃ alaṃ saṃvidhātuṃ. Atha kho bhikkhunisaṅgho sundarīnandaṃ bhikkhuniṃ sammannitvā sāḷhassa migāranattuno navakammikaṃ adāsi. Tena kho pana samayena sundarīnandā bhikkhunī sāḷhassa migāranattuno nivesanaṃ abhikkhaṇaṃ gacchati – "vāsiṃ detha, parasuṃ [pharasuṃ (syā. ka.)] detha, kuṭhāriṃ [kudhāriṃ (ka.)] detha, kuddālaṃ detha, nikhādanaṃ dethā"ti. Sāḷhopi migāranattā bhikkhunupassayaṃ abhikkhaṇaṃ gacchati katākataṃ jānituṃ. Te abhiṇhadassanena paṭibaddhacittā ahesuṃ.

Atha kho sāḷho migāranattā sundarīnandaṃ bhikkhuniṃ dūsetuṃ okāsaṃ alabhamāno etadevatthāya bhikkhunisaṅghassa bhattaṃ akāsi. Atha kho sāḷho migāranattā bhattagge āsanaṃ paññapento – "ettakā bhikkhuniyo ayyāya sundarīnandāya vuḍḍhatarā"ti ekamantaṃ āsanaṃ paññapesi "ettakā navakatarā"ti – ekamantaṃ āsanaṃ paññapesi. Paṭicchanne okāse nikūṭe sundarīnandāya bhikkhuniyāāsanaṃ paññapesi, yathā therā bhikkhuniyo jāneyyuṃ – "navakānaṃ bhikkhunīnaṃ santike nisinnā"ti; navakāpi bhikkhuniyo jāneyyuṃ – "therānaṃ bhikkhunīnaṃ santike nisinnā"ti. Atha kho sāḷho migāranattā bhikkhunisaṅghassa kālaṃ ārocāpesi – "kālo, ayye, niṭṭhitaṃ bhatta"nti. Sundarīnandā bhikkhunī sallakkhetvā – "na bahukato sāḷho migāranattā bhikkhunisaṅghassa bhattaṃ akāsi; maṃ so dūsetukāmo. Sacāhaṃ gamissāmi vissaro me bhavissatī"ti, antevāsiniṃ bhikkhuniṃ āṇāpesi – "gaccha me piṇḍapātaṃ nīhara. Yo ce maṃ pucchati, 'gilānā'ti paṭivedehī"ti. "Evaṃ, ayye"ti kho sā bhikkhunī sundarīnandāya bhikkhuniyā paccassosi.

Tena kho pana samayena sāḷho migāranattā bahidvārakoṭṭhake ṭhito hoti sundarīnandaṃ bhikkhuniṃ paṭipucchanto – "kahaṃ, ayye, ayyā sundarīnandā? Kahaṃ, ayye, ayyā sundarīnandā"ti? Evaṃ vutte sundarīnandāya bhikkhuniyā antevāsinī bhikkhunī sāḷhaṃ migāranattāraṃ etadavoca – "gilānāvuso; piṇḍapātaṃ nīharissāmī"ti. Atha kho sāḷho migāranattā – "yampāhaṃ atthāya [yaṃpāhaṃ (syā.)]bhikkhunisaṅghassa bhattaṃ akāsiṃ ayyāya sundarīnandāya kāraṇā"ti manusse āṇāpetvā – "bhikkhunisaṅghaṃ bhattena parivisathā"ti vatvā yena bhikkhunupassayo tenupasaṅkami. Tena kho pana samayena sundarīnandā bhikkhunī bahārāmakoṭṭhake ṭhitā hoti sāḷhaṃ migāranattāraṃ patimānentī. Addasā kho sundarīnandā bhikkhunī sāḷhaṃ migāranattāraṃ dūratova āgacchantaṃ. Disvāna upassayaṃ pavisitvā sasīsaṃ pārupitvā mañcake nipajji. Atha kho sāḷho migāranattā yena sundarīnandā bhikkhunī tenupasaṅkami; upasaṅkamitvā sundarīnandaṃ bhikkhuniṃ etadavoca – "kiṃ te, ayye, aphāsu, kissa nipannāsī"ti? "Evañhetaṃ, āvuso, hoti yā anicchantaṃ icchatī"ti. "Kyāhaṃ taṃ, ayye , na icchissāmi? Api cāhaṃ okāsaṃ na labhāmi taṃ dūsetu"nti. Avassuto avassutāya sundarīnandāya bhikkhuniyā kāyasaṃsaggaṃ samāpajji.

Tena kho pana samayena aññatarā bhikkhunī jarādubbalā caraṇagilānā sundarīnandāya bhikkhuniyā avidūre nipannā hoti. Addasā kho sā bhikkhunī sāḷhaṃ migāranattāraṃ avassutaṃ avassutāya sundarīnandāya bhikkhuniyā kāyasaṃsaggaṃ samāpajjantaṃ. Disvāna ujjhāyati khiyyati vipāceti – "kathañhi nāma ayyā sundarīnandā avassutā avassutassa purisapuggalassa kāyasaṃsaggaṃ sādiyissatī"ti ! Atha kho sā bhikkhunī bhikkhunīnaṃ etamatthaṃ ārocesi. Yā tā bhikkhuniyo appicchā santuṭṭhā lajjiniyo kukkuccikā sikkhākāmā tā ujjhāyanti khiyyanti vipācenti – "kathañhi nāma ayyā sundarīnandā avassutā avassutassa purisapuggalassa kāyasaṃsaggaṃ sādiyissatī"ti! Atha kho tā bhikkhuniyo bhikkhūnaṃ etamatthaṃ ārocesuṃ. Ye te bhikkhū appicchā santuṭṭhā lajjino kukkuccakā sikkhākāmā te ujjhāyanti khiyyanti vipācenti – "kathañhi nāma sundarīnandā bhikkhunī avassutā avassutassa purisapuggalassa kāyasaṃsaggaṃ sādiyissatī"ti!

Atha kho te bhikkhū sundarīnandaṃ bhikkhuniṃ anekapariyāyena vigarahitvā bhagavato etamatthaṃ ārocesuṃ. Atha kho Bhagavā etasmiṃ nidāne etasmiṃ pakaraṇe bhikkhusaṅghaṃ sannipātāpetvā bhikkhū paṭipucchi – "saccaṃ kira, bhikkhave, sundarīnandā bhikkhunī avassutā avassutassa purisapuggalassa kāyasaṃsaggaṃ sādiyatī"ti [sādiyīti (ka.)]? "Saccaṃ, Bhagavā"ti. Vigarahi buddho Bhagavā – "ananucchavikaṃ, bhikkhave, sundarīnandāya bhikkhuniyā ananulomikaṃ appatirūpaṃ assāmaṇakaṃ akappiyaṃ akaraṇīyaṃ. Kathañhi nāma, bhikkhave, sundarīnandā bhikkhunī avassutā avassutassa purisapuggalassa kāyasaṃsaggaṃ sādiyissati! Netaṃ, bhikkhave, appasannānaṃ vā pasādāya pasannānaṃ vā bhiyyobhāvāya. Atha khvetaṃ, bhikkhave , appasannānañceva appasādāya pasannānañca ekaccānaṃ aññathattāyā"ti. Atha kho Bhagavā sundarīnandaṃ bhikkhuniṃ anekapariyāyena vigarahitvā dubbharatāya dupposatāya mahicchatāya asantuṭṭhitāya [asantuṭṭhatāya (syā.), asantuṭṭhiyā (ka.)]saṅgaṇikāya kosajjassa avaṇṇaṃ bhāsitvā, anekapariyāyena subharatāya suposatāya appicchassa santuṭṭhassa [santuṭṭhiyā (ka.)] sallekhassa dhutassa pāsādikassa apacayassa vīriyārambhassa vaṇṇaṃ bhāsitvā, bhikkhūnaṃ tadanucchavikaṃ tadanulomikaṃ dhammiṃ kathaṃ katvā bhikkhū āmantesi – "tena hi, bhikkhave, bhikkhunīnaṃ sikkhāpadaṃ paññapessāmi dasa atthavase paṭicca – saṅghasuṭṭhutāya, saṅghaphāsutāya, dummaṅkūnaṃ bhikkhunīnaṃ niggahāya , pesalānaṃ bhikkhunīnaṃ phāsuvihārāya, diṭṭhadhammikānaṃ āsavānaṃ saṃvarāya, samparāyikānaṃ āsavānaṃ paṭighātāya, appasannānaṃ pasādāya, pasannānaṃ bhiyyobhāvāya, saddhammaṭṭhitiyā vinayānuggahāya. Evañca pana, bhikkhave, bhikkhuniyo imaṃ sikkhāpadaṃ uddisantu –

657."Yā pana bhikkhunī avassutā avassutassa purisapuggalassa adhakkhakaṃ ubbhajāṇumaṇḍalaṃ āmasanaṃ vā parāmasanaṃ vā gahaṇaṃ vā chupanaṃ vā paṭipīḷanaṃ vā sādiyeyya, ayampi pārājikā hoti asaṃvāsā ubbhajāṇumaṇḍalikā"ti.

658.Yāpanāti yā yādisā yathāyuttā yathājaccā yathānāmā yathāgottā yathāsīlā yathāvihārinī yathāgocarā therā vā navā vā majjhimā vā, esā vuccati yā panāti.

Bhikkhunīti bhikkhikāti bhikkhunī; bhikkhācariyaṃ ajjhupagatāti bhikkhunī; bhinnapaṭadharāti bhikkhunī ; samaññāya bhikkhunī; paṭiññāya bhikkhunī; ehi bhikkhunīti bhikkhunī; tīhi saraṇagamanehi upasampannāti bhikkhunī; bhadrā bhikkhunī; sārā bhikkhunī; sekhā bhikkhunī; asekhā bhikkhunī; samaggena ubhatosaṅghena ñatticatutthena kammena akuppena ṭhānārahena upasampannāti bhikkhunī.

Tatra yāyaṃ bhikkhunī samaggena ubhatosaṅghena ñatticatutthena kammena akuppena ṭhānārahena upasampannā, ayaṃ imasmiṃ atthe adhippetā bhikkhunīti.

Avassutā nāma sārattā apekkhavatī paṭibaddhacittā.

Avassuto nāma săratto apekkhavā paṭibaddhacitto.

Purisapuggalo nāma manussapuriso na yakkho na peto na tiracchānagato viññū paṭibalo kāyasaṃsaggaṃ samāpajjituṃ.

Adhakkhakanti heṭṭhakkhakaṃ.

Ubbhajāṇumaṇḍalanti uparijāṇumaṇḍalaṃ.

Āmasanaṃ nāma āmaṭṭhamattaṃ.

Parāmasanaṃ nāma itocito ca sañcopanaṃ.

Gahaṇaṃ nāma gahitamattaṃ.

Chupanaṃ nāma phuṭṭhamattaṃ.

Paṭipīḷanaṃvā sādiyeyyāti aṅgaṃ gahetvā nippīḷanaṃ sādiyati.

Ayampīti purimāyo upādāya vuccati.

Pārājikā hotīti seyyathāpi nāma puriso sīsacchinno abhabbo tena sarīrabandhanena jīvituṃ, evameva bhikkhunī avassutā avassutassa purisapuggalassa adhakkhakaṃ ubbhajāṇumaṇḍalaṃ āmasanaṃ vā parāmasanaṃ vā gahaṇaṃ vā chupanaṃ vā paṭipīḷanaṃ vā sādiyantī assamaṇī hoti asakyadhītā. Tena vuccati pārājikā hotīti.

Asaṃvāsāti saṃvāso nāma ekakammaṃ ekuddeso samasikkhatā, eso saṃvāso nāma. So tāya saddhiṃ natthi, tena vuccati asaṃvāsāti.

659. Ubhatoavassute adhakkhakaṃ ubbhajāṇumaṇḍalaṃ kāyena kāyaṃ āmasati, āpatti pārājikassa. Kāyena kāyapaṭibaddhaṃ āmasati, āpatti thullaccayassa. Kāyapaṭibaddhena kāyaṃ āmasati, āpatti thullaccayassa. Kāyapaṭibaddhena kāyapaṭibaddhaṃ āmasati, āpatti dukkaṭassa.

Nissaggiyena kāyaṃ āmasati , āpatti dukkaṭassa. Nissaggiyena kāyapaṭibaddhaṃ āmasati, āpatti dukkaṭassa. Nissaggiyena nissaggiyaṃ āmasati, āpatti dukkaṭassa.

Ubbhakkhakaṃ adhojāṇumaṇḍalaṃ kāyena kāyaṃ āmasati, āpatti thullaccayassa. Kāyena kāyapaṭibaddhaṃ āmasati, āpatti dukkaṭassa. Kāyapaṭibaddhena kāyaṃ āmasati, āpatti dukkaṭassa. Kāyapaṭibaddhena kāyapaṭibaddhaṃ āmasati, āpatti dukkaṭassa.

Nissaggiyena kāyaṃ āmasati, āpatti dukkaṭassa. Nissaggiyena kāyapaṭibaddhaṃ āmasati, āpatti dukkaṭassa. Nissaggiyena nissaggiyaṃ āmasati, āpatti dukkaṭassa.

660. Ekatoavassute adhakkhakaṃ ubbhajāṇumaṇḍalaṃ kāyena kāyaṃ āmasati , āpatti thullaccayassa. Kāyena kāyapaṭibaddhaṃ āmasati , āpatti dukkaṭassa. Kāyapaṭibaddhena kāyaṃ āmasati, āpatti dukkaṭassa. Kāyapaṭibaddhena kāyapaṭibaddhaṃ āmasati, āpatti dukkaṭassa.

Nissaggiyena kāyaṃ āmasati, āpatti dukkaṭassa. Nissaggiyena kāyapaṭibaddhaṃ āmasati, āpatti dukkaṭassa. Nissaggiyena nissaggiyaṃ āmasati, āpatti dukkaṭassa.

Ubbhakkhakaṃ adhojāṇumaṇḍalaṃ kāyena kāyaṃ āmasati, āpatti dukkaṭassa. Kāyena kāyapaṭibaddhaṃ āmasati, āpatti dukkaṭassa. Kāyapaṭibaddhena kāyaṃ āmasati, āpatti dukkaṭassa. Kāyapaṭibaddhena kāyapaṭibaddhaṃ āmasati, āpatti dukkaṭassa.

Nissaggiyena kāyaṃ āmasati, āpatti dukkaṭassa. Nissaggiyena kāyapaṭibaddhaṃ āmasati, āpatti dukkaṭassa. Nissaggiyena nissaggiyaṃ āmasati, āpatti dukkaṭassa.

661. Ubhatoavassute yakkhassa vā petassa vā paṇḍakassa vā tiracchānagatamanussaviggahassa vā adhakkhakaṃ ubbhajāṇumaṇḍalaṃ kāyena kāyaṃ āmasati, āpatti thullaccayassa. Kāyena kāyapaṭibaddhaṃ āmasati, āpatti dukkaṭassa. Kāyapaṭibaddhena kāyaṃ āmasati, āpatti dukkaṭassa. Kāyapaṭibaddhena kāyapaṭibaddhaṃ āmasati, āpatti dukkaṭassa.

Nissaggiyena kāyaṃ āmasati, āpatti dukkaṭassa. Nissaggiyena kāyapaṭibaddhaṃ āmasati, āpatti dukkaṭassa. Nissaggiyena nissaggiyaṃ āmasati, āpatti dukkaṭassa.

Ubbhakkhakaṃ adhojāṇumaṇḍalaṃ kāyena kāyaṃ āmasati, āpatti dukkaṭassa. Kāyena kāyapaṭibaddhaṃ āmasati, āpatti dukkaṭassa. Kāyapaṭibaddhena kāyaṃ āmasati, āpatti dukkaṭassa. Kāyapaṭibaddhena kāyapaṭibaddhaṃ āmasati, āpatti dukkaṭassa.

Nissaggiyena kāyaṃ āmasati, āpatti dukkaṭassa. Nissaggiyena kāyapaṭibaddhaṃ āmasati, āpatti dukkaṭassa. Nissaggiyena nissaggiyaṃ āmasati, āpatti dukkaṭassa.

662. Ekatoavassute adhakkhakaṃ ubbhajāṇumaṇḍalaṃ kāyena kāyaṃ āmasati, āpatti dukkaṭassa. Kāyena kāyapaṭibaddhaṃ āmasati, āpatti dukkaṭassa. Kāyapaṭibaddhena kāyaṃ āmasati, āpatti dukkaṭassa. Kāyapaṭibaddhena kāyapaṭibaddhaṃ āmasati, āpatti dukkaṭassa.
Nissaggiyena kāyaṃ āmasati, āpatti dukkaṭassa. Nissaggiyena kāyapaṭibaddhaṃ āmasati, āpatti dukkaṭassa. Nissaggiyena nissaggiyaṃ āmasati, āpatti dukkaṭassa.
Ubbhakkhakaṃ adhojāṇumaṇḍalaṃ kāyena kāyaṃ āmasati, āpatti dukkaṭassa. Kāyena kāyapaṭibaddhaṃ āmasati, āpatti dukkaṭassa. Kāyapaṭibaddhena kāyaṃ āmasati, āpatti dukkaṭassa. Kāyapaṭibaddhena kāyapaṭibaddhaṃ āmasati, āpatti dukkaṭassa.
Nissaggiyena kāyaṃ āmasati, āpatti dukkaṭassa. Nissaggiyena kāyapaṭibaddhaṃ āmasati, āpatti dukkaṭassa. Nissaggiyena nissaggiyaṃ āmasati, āpatti dukkaṭassa.
663. Anāpatti asañcicca, assatiyā, ajānantiyā, asādiyantiyā, ummattikāya, khittacittāya, vedanāṭṭāya, ādikammikāyāti.
Paṭhamapārājikaṃ samattaṃ [bhikkhunivibhaṅge sikkhāpadagaṇanā bhikkhūhi§asādhāraṇavasena pakāsitāti veditabbā].
2. Dutiyapārājikaṃ
664. Tena samayena buddho Bhagavā sāvatthiyaṃ viharati jetavane anāthapiṇḍikassa ārāme. Tena kho pana samayena sundarīnandā bhikkhunī sāḷhena migāranattunā gabbhinī hoti . Yāva gabbho taruṇo ahosi tāva chādesi. Paripakke gabbhe vibbhamitvā vijāyi. Bhikkhuniyo thullanandaṃ bhikkhuniṃ etadavocuṃ – ''sundarīnandā kho, ayye, aciravibbhantā vijātā. Kacci no sā bhikkhunīyeva samānā gabbhinī''ti? ''Evaṃ, ayye''ti. ''Kissa pana tvaṃ, ayye, jānaṃ pārājikaṃ dhammaṃ ajjhāpannaṃ bhikkhuniṃ nevattanā paṭicodesi na gaṇassa ārocesī''ti? ''Yo etissā avaṇṇo mayheso avaṇṇo, yā etissā akitti mayhesā akitti, yo etissā ayaso mayheso ayaso, yo etissā alābho mayheso alābho. Kyāhaṃ, ayye, attano avaṇṇaṃ attano akittiṃ attano ayasaṃ attano alābhaṃ paresaṃ ārocessāmī''ti? Yā tā bhikkhuniyo appicchā...pe... tā ujjhāyanti khiyyanti vipācenti – ''kathañhi nāma ayyā thullanandā jānaṃ pārājikaṃ dhammaṃ ajjhāpannaṃ bhikkhuniṃ nevattanā paṭicodessati na gaṇassa ārocessatī''ti! Atha kho tā bhikkhuniyo bhikkhūnaṃ etamatthaṃ ārocesuṃ. Bhikkhū [ye te bhikkhū...pe... (?)] bhagavato etamatthaṃ ārocesuṃ. Atha kho Bhagavā etasmiṃ nidāne etasmiṃ pakaraṇe bhikkhusaṅghaṃ sannipātāpetvā bhikkhū paṭipucchi – ''saccaṃ kira, bhikkhave, thullanandā bhikkhunī jānaṃ pārājikaṃ dhammaṃ ajjhāpannaṃ bhikkhuniṃ nevattanā paṭicodeti [paṭicodesi... ārocesīti (ka.)] na gaṇassa ārocetī''ti [paṭicodesi... ārocesīti (ka.)]? ''Saccaṃ, Bhagavā''ti. Vigarahi buddho Bhagavā...pe... kathañhi nāma, bhikkhave, thullanandā bhikkhunī jānaṃ pārājikaṃ dhammaṃ ajjhāpannaṃ bhikkhuniṃ nevattanā paṭicodessati na gaṇassa ārocessati! Netaṃ, bhikkhave, appasannānaṃ vā pasādāya...pe... evañca pana, bhikkhave, bhikkhuniyo imaṃ sikkhāpadaṃ uddisantu –
665.''Yā pana bhikkhunī jānaṃ pārājikaṃ dhammaṃ ajjhāpannaṃ bhikkhuniṃ nevattanā paṭicodeyya na gaṇassa āroceyya, yadā ca sā ṭhitā vā assa cutā vā nāsitā vā avassaṭā vā, sā pacchā evaṃ vadeyya – 'pubbevāhaṃ, ayye, aññāsiṃ etaṃ bhikkhuniṃ evarūpā ca evarūpā ca sā bhaginīti, no ca kho attanā paṭicodessaṃ na gaṇassa ārocessa'nti, ayampi pārājikā hoti asaṃvāsā vajjappaṭicchādikā''ti.
666.Yā panāti yā yādisā...pe... bhikkhunīti...pe... ayaṃ imasmiṃ atthe adhippetā bhikkhunīti.
Jānāti nāma sāmaṃ vā jānāti, aññe vā tassā ārocenti, sā vā āroceti.
Pārājikaṃ dhammaṃ ajjhāpannanti aṭṭhannaṃ pārājikānaṃ aññataraṃ pārājikaṃ ajjhāpannaṃ.
Nevattanāpaṭicodeyyāti na sayaṃ codeyya.
Na gaṇassa āroceyyāti na aññāsaṃ bhikkhunīnaṃ āroceyya.
Yadāca sā ṭhitā vā assa cutā vāti ṭhitā nāma saliṅge ṭhitā vuccati. Cutā nāma kālaṅkatā vuccati. Nāsitā nāma sayaṃ vā vibbhantā hoti aññehi vā nāsitā. Avassaṭā nāma titthāyatanaṃ saṅkantā vuccati. Sā pacchā evaṃ vadeyya – ''pubbevāhaṃ, ayye, aññāsiṃ etaṃ bhikkhuniṃ evarūpā ca evarūpā ca sā bhaginī''ti.
No ca kho attanā paṭicodessanti sayaṃ vā na codessaṃ.
Na gaṇassa ārocessanti na aññāsaṃ bhikkhunīnaṃ ārocessaṃ.
Ayampīti purimāyo upādāya vuccati.
Pārājikā hotīti seyyathāpi nāma paṇḍupalāso bandhanā pamutto abhabbo haritatthāya, evameva bhikkhunī jānaṃ pārājikaṃ dhammaṃ ajjhāpannaṃ bhikkhuniṃ nevattanā paṭicodessāmi na gaṇassa ārocessāmīti dhuraṃ nikkhittamatte assamaṇī hoti asakyadhītā. Tena vuccati pārājikā hotīti.
Asaṃvāsāti saṃvāso nāma ekakammaṃ ekuddeso samasikkhatā. Eso saṃvāso nāma. So tāya saddhiṃ natthi. Tena vuccati asaṃvāsāti.
667. Anāpatti ''saṅghassa bhaṇḍanaṃ vā kalaho vā viggaho vā vivādo vā bhavissatī''ti nāroceti, ''saṅghabhedo vā saṅgharāji vā bhavissatī''ti nāroceti, ''ayaṃ kakkhaḷā pharusā jīvitantarāyaṃ vā brahmacariyantarāyaṃ vā karissatī''ti nāroceti, aññā patirūpā bhikkhuniyo apassantī nāroceti, nacchādetukāmā nāroceti, paññāyissati sakena kammenāti nāroceti, ummattikāya...pe... ādikammikāyāti.
Dutiyapārājikaṃ samattaṃ.

3. Tatiyapārājikaṃ

668. Tena samayena buddho Bhagavā sāvatthiyaṃ viharati jetavane anāthapiṇḍikassa ārāme. Tena kho pana samayena thullanandā bhikkhunī samaggena saṅghena ukkhittaṃ ariṭṭhaṃ bhikkhuṃ gaddhabādhipubbaṃ anuvattati. Yā tā bhikkhuniyo appicchā...pe... tā ujjhāyanti khiyyanti vipācenti – "kathañhi nāma ayyā thullanandā bhikkhunī samaggena saṅghena ukkhittaṃ ariṭṭhaṃ bhikkhuṃ gaddhabādhipubbaṃ anuvattissatī"ti...pe... saccaṃ kira, bhikkhave, thullanandā bhikkhunī samaggena saṅghena ukkhittaṃ ariṭṭhaṃ bhikkhuṃ gaddhabādhipubbaṃ anuvattatīti? "Saccaṃ, Bhagavā"ti. Vigarahi buddho Bhagavā...pe... kathañhi nāma, bhikkhave, thullanandā bhikkhunī samaggena saṅghena ukkhittaṃ ariṭṭhaṃ bhikkhuṃ gaddhabādhipubbaṃ anuvattissati! Netaṃ, bhikkhave, appasannānaṃ vā pasādāya...pe... evañca pana, bhikkhave, bhikkhuniyo imaṃ sikkhāpadaṃ uddisantu –

669."Yā pana bhikkhunī samaggena saṅghena ukkhittaṃ bhikkhuṃ dhammena vinayena satthusāsanena anādaraṃ appaṭikāraṃ akatasahāyaṃ tamanuvatteyya, sā bhikkhunī bhikkhunīhi evamassa vacanīyā – 'eso kho, ayye, bhikkhu samaggena saṅghena ukkhitto dhammena vinayena satthusāsanena anādaro appaṭikāro akatasahāyo, māyye, etaṃ bhikkhuṃ anuvattī'ti. Evañca sā bhikkhunī bhikkhunīhi vuccamānā tatheva paggaṇheyya, sā bhikkhunī bhikkhunīhi yāvatatiyaṃ samanubhāsitabbā tassa paṭinissaggāya. Yāvatatiyaṃ ce samanubhāsiyamānā taṃ paṭinissajjeyya, iccetaṃ kusalaṃ. No ce paṭinissajjeyya, ayampi pārājikā hoti asaṃvāsā ukkhittānuvattikā"ti.

670.Yā panāti yā yādisā...pe... bhikkhunīti...pe... ayaṃ imasmiṃ atthe adhippetā bhikkhunīti.

Samaggo nāma saṅgho samānasaṃvāsako samānasīmāyaṃ ṭhito.

Ukkhitto nāma āpattiyā adassane vā appaṭikamme vā appaṭinissagge vā [adassanena vā appaṭikammena vā appaṭinissaggena vā (ka.), adassane vā appaṭikamme vā pāpikāya diṭṭhiyā appaṭinissagge vā (?)]ukkhitto.

Dhammena vinayenāti yena dhammena yena vinayena.

Satthusāsanenāti jinasāsanena buddhasāsanena.

Anādaro nāma saṅghaṃ vā gaṇaṃ vā puggalaṃ vā kammaṃ vā nādiyati.

Appaṭikāro nāma ukkhitto anosārito.

Akatasahāyo nāma samānasaṃvāsakā bhikkhū vuccanti sahāyā. So tehi saddhiṃ natthi, tena vuccati akatasahāyoti.

Tamanuvatteyyāti yaṃdiṭṭhiko so hoti yaṃkhantiko yaṃruciko, sāpi taṃdiṭṭhikā hoti taṃkhantikā taṃrucikā.

Sā bhikkhunīti yā sā ukkhittānuvattikā bhikkhunī.

Bhikkhunīhīti aññāhi bhikkhunīhi. Yā passanti yā suṇanti tāhi vattabbā – "eso kho, ayye, bhikkhu samaggena saṅghena ukkhitto dhammena vinayena satthusāsanena anādaro appaṭikāro akatasahāyo. Māyye, etaṃ bhikkhuṃ anuvattī"ti. Dutiyampi vattabbā. Tatiyampi vattabbā. Sace paṭinissajjati, iccetaṃ kusalaṃ; no ce paṭinissajjati, āpatti dukkaṭassa. Sutvā na vadanti, āpatti dukkaṭassa. Sā bhikkhunī saṅghamajjhampi ākaḍḍhitvā vattabbā – "eso kho, ayye, bhikkhu samaggena saṅghena ukkhitto dhammena vinayena satthusāsanena anādaro appaṭikāro akatasahāyo. Māyye, etaṃ bhikkhuṃ anuvattī"ti. Dutiyampi vattabbā. Tatiyampi vattabbā. Sace paṭinissajjati, iccetaṃ kusalaṃ. No ce paṭinissajjati, āpatti dukkaṭassa. Sā bhikkhunī samanubhāsitabbā. Evañca pana, bhikkhave, samanubhāsitabbā. Byattāya bhikkhuniyā paṭibalāya saṅgho ñāpetabbo –

671. "Suṇātu me, ayye, saṅgho. Ayaṃ itthannāmā bhikkhunī samaggena saṅghena ukkhittaṃ bhikkhuṃ dhammena vinayena satthusāsanena anādaraṃ appaṭikāraṃ akatasahāyaṃ tamanuvattati, sā taṃ vatthuṃ na paṭinissajjati. Yadi saṅghassa pattakallaṃ, saṅgho itthannāmaṃ bhikkhuniṃ samanubhāseyya tassa vatthussa paṭinissaggāya. Esā ñatti.

"Suṇātu me, ayye, saṅgho. Ayaṃ itthannāmā bhikkhunī samaggena saṅghena ukkhittaṃ bhikkhuṃ dhammena vinayena satthusāsanena anādaraṃ appaṭikāraṃ akatasahāyaṃ tamanuvattati. Sā taṃ vatthuṃ na paṭinissajjati. Saṅgho itthannāmaṃ bhikkhuniṃ samanubhāsati tassa vatthussa paṭinissaggāya. Yassā ayyāya khamati itthannāmāya bhikkhuniyā samanubhāsanā tassa vatthussa paṭinissaggāya, sā tuṇhassa; yassā nakkhamati, sā bhāseyya.

"Dutiyampi etamatthaṃ vadāmi...pe... tatiyampi etamatthaṃ vadāmi...pe....

"Samanubhaṭṭhā saṅghena itthannāmā bhikkhunī tassa vatthussa paṭinissaggāya. Khamati saṅghassa, tasmā tuṇhī, evametaṃ dhārayāmī"ti.

Ñattiyā dukkaṭaṃ, dvīhi kammavācāhi thullaccayā, kammavācā pariyosāne āpatti pārājikassa.

Ayampīti purimāyo upādāya vuccati.

Pārājikā hotīti seyyathāpi nāma puthusilā dvedhā bhinnā appaṭisandhikā hoti, evameva bhikkhunī yāvatatiyaṃ samanubhāsanāya na paṭinissajjantī assamaṇī hoti asakyadhītā. Tena vuccati pārājikā hotīti.

Asaṃvāsāti saṃvāso nāma ekakammaṃ ekuddeso samasikkhatā. Eso saṃvāso nāma. So tāya saddhiṃ natthi. Tena vuccati asaṃvāsāti.

672. Dhammakamme dhammakammasaññā na paṭinissajjati, āpatti pārājikassa. Dhammakamme vematikā na paṭinissajjati, āpatti pārājikassa. Dhammakamme adhammakammasaññā na paṭinissajjati, āpatti pārājikassa.

Adhammakamme dhammakammasaññā, āpatti dukkaṭassa. Adhammakamme vematikā, āpatti dukkaṭassa. Adhammakamme adhammakammasaññā, āpatti dukkaṭassa.

673. Anāpatti asamanubhāsantiyā, paṭinissajjantiyā, ummattikāya...pe... ādikammikāyāti.

Tatiyapārājikaṃ samattaṃ.

4. Catutthapārājikaṃ

674. Tena samayena buddho Bhagavā sāvatthiyaṃ viharati jetavane anāthapiṇḍikassa ārāme. Tena kho pana samayena chabbaggiyā bhikkhuniyo avassutā avassutassa purisapuggalassa hatthaggahaṇampi sādiyanti, saṅghāṭikaṇṇaggahaṇampi sādiyanti, santiṭṭhantipi, sallapantipi, saṅketampi gacchanti, purisassapi abbhāgamanaṃ sādiyanti, channampi anupavisanti, kāyampi tadatthāya upasaṃharanti etassa asaddhammassa paṭisevanatthāya. Yā tā bhikkhuniyo appicchā...pe... tā ujjhāyanti khiyyanti vipācenti – ''kathañhi nāma chabbaggiyā bhikkhuniyo avassutā avassutassa purisapuggalassa hatthaggahaṇampi sādiyissanti, saṅghāṭikaṇṇaggahaṇampi sādiyissanti, santiṭṭhissantipi, sallapissantipi, saṅketampi gacchissanti, purisassapi abbhāgamanaṃ sādiyissanti, channampi anupavisissanti, kāyampi tadatthāya upasaṃharissanti etassa asaddhammassa paṭisevanatthāyā''ti...pe... saccaṃ kira, bhikkhave, chabbaggiyā bhikkhuniyo avassutā avassutassa purisapuggalassa hatthaggahaṇampi sādiyanti, saṅghāṭikaṇṇaggahaṇampi sādiyanti, santiṭṭhantipi, sallapantipi, saṅketampi gacchanti, purisassapi abbhāgamanaṃ sādiyanti, channampi anupavisanti, kāyampi tadatthāya upasaṃharanti etassa asaddhammassa paṭisevanatthāyāti? ''Saccaṃ, Bhagavā''ti. Vigarahi buddho Bhagavā...pe... kathañhi nāma, bhikkhave, chabbaggiyā bhikkhuniyo avassutā avassutassa purisapuggalassa hatthaggahaṇampi sādiyissanti, saṅghāṭikaṇṇaggahaṇampi sādiyissanti, santiṭṭhissantipi, sallapissantipi, saṅketampi gacchissanti, purisassapi abbhāgamanaṃ sādiyissanti, channampi anupavisissanti, kāyampi tadatthāya upasaṃharissanti etassa asaddhammassa paṭisevanatthāya! Netaṃ, bhikkhave, appasannānaṃ vā pasādāya...pe... evañca pana, bhikkhave, bhikkhuniyo imaṃ sikkhāpadaṃ uddisantu –

675.''Yā pana bhikkhunī avassutā avassutassa purisapuggalassa hatthaggahaṇaṃ vā sādiyeyya, saṅghāṭikaṇṇaggahaṇaṃ vā sādiyeyya, santiṭṭheyya vā, sallapeyya vā, saṅketaṃ vāgaccheyya, purisassa vā abbhāgamanaṃ sādiyeyya, channaṃ vā anupaviseyya, kāyaṃ vā tadatthāya upasaṃhareyya etassa asaddhammassa paṭisevanatthāya, ayampi pārājikā hoti asaṃvāsā aṭṭhavatthukā''ti.

676.Yā panāti yā yādisā...pe... bhikkhunīti...pe... ayaṃ imasmiṃ atthe adhippetā bhikkhunīti.

Avassutā nāma sārattā apekkhavatī paṭibaddhacittā.

Avassuto nāma sāratto apekkhavā paṭibaddhacitto.

Purisapuggalo nāma manussapuriso, na yakkho na peto na tiracchānagato viññū paṭibalo kāyasaṃsaggaṃ samāpajjituṃ.

Hatthaggahaṇaṃvā sādiyeyyāti hattho nāma kapparaṃ upādāya yāva agganakhā. Etassa asaddhammassa paṭisevanatthāya ubbhakkhakaṃ adhojāṇumaṇḍalaṃ gahaṇaṃ sādiyati, āpatti thullaccayassa.

Saṅghāṭikaṇṇaggahaṇaṃ vā sādiyeyyāti etassa asaddhammassa paṭisevanatthāya nivatthaṃ vā pārutaṃ vā gahaṇaṃ sādiyati, āpatti thullaccayassa.

Santiṭṭheyya vāti etassa asaddhammassa paṭisevanatthāya purisassa hatthapāse tiṭṭhati, āpatti thullaccayassa.

Sallapeyya vāti etassa asaddhammassa paṭisevanatthāya purisassa hatthapāse ṭhitā sallapati, āpatti thullaccayassa.

Saṅketaṃ vā gaccheyyāti etassa asaddhammassa paṭisevanatthāya purisena – ''itthannāmaṃ okāsaṃ [idaṃ padaṃ aṭṭhakathāyaṃ na dissati] āgacchā''ti – vuttā gacchati. Pade pade āpatti dukkaṭassa. Purisassa hatthapāsaṃ okkantamatte āpatti thullaccayassa.

Purisassavā abbhāgamanaṃ sādiyeyyāti etassa asaddhammassa paṭisevanatthāya purisassa abbhāgamanaṃ sādiyati, āpatti dukkaṭassa. Hatthapāsaṃ okkantamatte āpatti thullaccayassa.

Channaṃ vā anupaviseyyāti etassa asaddhammassa paṭisevanatthāya yena kenaci paṭicchannaṃ okāsaṃ paviṭṭhamatte āpatti thullaccayassa.

Kāyaṃ vā tadatthāya upasaṃhareyyāti etassa asaddhammassa paṭisevanatthāya purisassa hatthapāse ṭhitā kāyaṃ upasaṃharati, āpatti thullaccayassa.

Ayampīti purimāyo upādāya vuccati.

Pārājikā hotīti seyyathāpi nāma tālo matthakacchinno abhabbo puna viruḷhiyā evameva bhikkhunī aṭṭhamaṃ vatthuṃ paripūrentī assamaṇī hoti asakyadhītā. Tena vuccati pārājikā hotīti.

Asaṃvāsāti saṃvāso nāma ekakammaṃ ekuddeso samasikkhatā. Eso saṃvāso nāma. So tāya saddhiṃ natthi. Tena vuccati asaṃvāsāti.

677. Anāpatti asañcicca, assatiyā, ajānantiyā, asādiyantiyā, ummattikāya, khittacittāya, vedanāṭṭāya, ādikammikāyāti.

Catutthapārājikaṃ samattaṃ.

Udditthā kho, ayyāyo, aṭṭha pārājikā dhammā. Yesaṃ bhikkhunī aññataraṃ vā aññataraṃ vā āpajjitvā na labhati bhikkhunīhi saddhiṃ saṃvāsaṃ, yathā pure tathā pacchā, pārājikā hoti asaṃvāsā. Tatthāyyāyo pucchāmi – ''kaccittha parisuddhā''? Dutiyampi pucchāmi – ''kaccittha parisuddhā''? Tatiyampi pucchāmi – ''kaccittha parisuddhā''? Parisuddhetthāyyāyo, tasmā tuṇhī, evametaṃ dhārayāmīti.

Bhikkhunivibhaṅge pārājikakaṇḍaṃ niṭṭhitaṃ.

2. Saṅghādisesakaṇḍaṃ (bhikkhunīvibhaṅgo)

1. Paṭhamasaṅghādisesasikkhāpadaṃ

Ime kho panāyyāyo sattarasa saṅghādisesā

Dhammā uddesaṃ āgacchanti.

678. Tena samayena buddho Bhagavā sāvatthiyaṃ viharati jetavane anāthapiṇḍikassa ārāme. Tena kho pana samayena aññataro upāsako bhikkhunisaṅghassa udositaṃ [uddositaṃ (sī. syā.)] datvā kālaṅkato hoti. Tassa dve puttā honti – eko assaddho appasanno, eko saddho pasanno. Te pettikaṃ sāpateyyaṃ vibhajiṃsu. Atha kho so assaddho appasanno taṃ saddhaṃ pasannaṃ etadavoca – ''amhākaṃ udosito, taṃ bhājemā''ti. Evaṃ vutte so saddho pasanno taṃ assaddhaṃ appasannaṃ etadavoca – ''māyyo, evaṃ avaca. Amhākaṃ pitunā bhikkhunisaṅghassa dinno''ti. Dutiyampi kho so assaddho appasanno taṃ saddhaṃ pasannaṃ etadavoca – ''amhākaṃ udosito, taṃ bhājemā''ti. Atha kho so saddho pasanno taṃ assaddhaṃ appasannaṃ etadavoca – ''māyyo, evaṃ avaca. Amhākaṃ pitunā bhikkhunisaṅghassa dinno''ti. Tatiyampi kho so assaddho appasanno taṃ saddhaṃ pasannaṃ etadavoca – ''amhākaṃ udosito, taṃ bhājemā''ti. Atha kho so saddho pasanno – ''sace mayhaṃbhavissati, ahampi bhikkhunisaṅghassa dassāmī''ti – taṃ assaddhaṃ appasannaṃ etadavoca – ''bhājemā''ti. Atha kho so udosito tehi bhājīyamāno tassa assaddhassa appasannassa pāpuṇāti [pāpuṇi (syā.)]. Atha kho so assaddho appasanno bhikkhuniyo upasaṅkamitvā etadavoca – ''nikkhamathāyye, amhākaṃ udosito''ti.

Evaṃ vutte thullanandā bhikkhunī taṃ purisaṃ etadavoca – ''māyyo, evaṃ avaca, tumhākaṃ pitunā bhikkhunisaṅghassa dinno''ti. ''Dinno na dinno''ti vohārike mahāmatte pucchiṃsu. Mahāmattā evamāhaṃsu – ''ko, ayye, jānāti bhikkhunisaṅghassa dinno''ti? Evaṃ vutte thullanandā bhikkhunī te mahāmatte etadavoca – ''api nāyyo [api nvayyā (syā.), api nāyyo (ka.)] tumhehi diṭṭhaṃ vā sutaṃ vā sakkhiṃ ṭhapayitvā dānaṃ diyyamāna''nti ? Atha kho te mahāmattā – ''saccaṃ kho ayyā āhā''ti taṃ udositaṃ bhikkhunisaṅghassa akaṃsu. Atha kho so puriso parājito ujjhāyati khiyyati vipāceti – ''assamaṇiyo imā muṇḍā bandhakiniyo. Kathañhi nāma amhākaṃ udositaṃ acchindāpessantī''ti! Thullanandā bhikkhunī mahāmattānaṃ etamatthaṃ ārocesi. Mahāmattā taṃ purisaṃ daṇḍāpesuṃ. Atha kho so puriso daṇḍito bhikkhunūpassayassa avidūre ājīvakaseyyaṃ kārāpetvā ājīvake uyyojesi – ''etā bhikkhuniyo accāvadathā''ti.

Thullanandā bhikkhunī mahāmattānaṃ etamatthaṃ ārocesi. Mahāmattā taṃ purisaṃ bandhāpesuṃ. Manussā ujjhāyanti khiyyanti vipācenti – ''paṭhamaṃ bhikkhuniyo udositaṃ acchindāpesuṃ, dutiyaṃ daṇḍāpesuṃ, tatiyaṃ bandhāpesuṃ. Idāni ghātāpessantī''ti! Assosuṃ kho bhikkhuniyo tesaṃ manussānaṃ ujjhāyantānaṃ khiyyantānaṃ vipācentānaṃ. Yā tā bhikkhuniyo appicchā...pe... tā ujjhāyanti khiyyanti vipācenti – ''kathañhi nāma ayyā thullanandā ussayavādikā viharissatī''ti! Atha kho tā bhikkhuniyo bhikkhūnaṃ etamatthaṃ ārocesuṃ...pe... saccaṃ kira, bhikkhave, thullanandā bhikkhunī ussayavādikā viharatīti. ''Saccaṃ, Bhagavā''ti. Vigarahi buddho Bhagavā...pe... kathañhi nāma, bhikkhave, thullanandā bhikkhunī ussayavādikā viharissati! Netaṃ, bhikkhave, appasannānaṃ vā pasādāya...pe... evañca pana, bhikkhave, bhikkhuniyo imaṃ sikkhāpadaṃ uddisantu –

679.''Yā pana bhikkhunī ussayavādikā vihareyya gahapatinā vā gahapatiputtena vā dāsena vā kammakārena [kammakarena (sī. syā.)] vā antamaso samaṇaparibbājakenāpi, ayaṃ bhikkhunī paṭhamāpattikaṃ dhammaṃ āpannā nissāraṇīyaṃ saṅghādisesa''nti.

680.Yā panāti yā yādisā...pe... bhikkhunīti...pe... ayaṃ imasmiṃ atthe adhippetā bhikkhunīti.

Ussayavādikā nāma aḍḍakārikā vuccati.

Gahapati nāma yo koci agāraṃ ajjhāvasati.

Gahapatiputto nāma ye keci puttabhātaro.

Dāso nāma antojāto dhanakkīto karamarānīto .

Kammakāro nāma bhaṭako āhatako.

Samaṇaparibbājako nāma bhikkhuñca bhikkhuniñca sikkhamānañca sāmaṇerañca sāmaṇeriñca ṭhapetvā yo koci paribbājakasamāpanno.

Aḍḍaṃ karissāmīti dutiyaṃ vā pariyesati gacchati vā, āpatti dukkaṭassa. Ekassa āroceti, āpatti dukkaṭassa. Dutiyassa āroceti, āpatti thullaccayassa. Aḍḍapariyosāne āpatti saṅghādisesassa.

Paṭhamāpattikanti saha vatthujjhācārā āpajjati asamanubhāsanāya.

Nissāraṇīyanti saṅghamhā nissārīyati.

Saṅghādisesanti saṅghova tassā āpattiyā mānattaṃ deti mūlāya paṭikassati abbheti, na sambahulā na ekā bhikkhunī. Tena vuccati ''saṅghādiseso''ti. Tasseva āpattinikāyassa nāmakammaṃ adhivacanaṃ. Tenapi vuccati ''saṅghādiseso''ti.

681. Anāpatti manussehi ākaḍḍhīyamānā gacchati, ārakkhaṃ yācati, anodissa ācikkhati, ummattikāya...pe... ādikammikāyāti.
Paṭhamasaṅghādisesasikkhāpadaṃ niṭṭhitaṃ.
2. Dutiyasaṅghādisesasikkhāpadaṃ
682. Tena samayena buddho Bhagavā sāvatthiyaṃ viharati jetavane anāthapiṇḍikassa ārāme. Tena kho pana samayena vesāliyaṃ aññatarassa licchavissa pajāpati aticārinī hoti. Atha kho so licchavi taṃ itthiṃ etadavoca – ''sādhu viramāhi, anatthaṃ kho te karissāmī''ti. Evampi sā vuccamānā nādiyi. Tena kho pana samayena vesāliyaṃ licchavigaṇo sannipatito hoti kenacideva karaṇīyena. Atha kho so licchavi te licchavayo etadavoca – ''ekaṃ me, ayyo , itthiṃ anujānāthā''ti. ''Kā nāma sā''ti? ''Mayhaṃ pajāpati aticarati, taṃ ghātessāmī''ti. ''Jānāhī''ti. Assosi kho sā itthī – ''sāmiko kira maṃ ghātetukāmo''ti. Varabhaṇḍaṃ ādāya sāvatthiṃ gantvā titthiye upasaṅkamitvā pabbajjaṃ yāci. Titthiyā na icchiṃsu pabbājetuṃ. Bhikkhuniyo upasaṅkamitvā pabbajjaṃ yāci. Bhikkhuniyopi na icchiṃsu pabbājetuṃ. Thullanandaṃ bhikkhuniṃ upasaṅkamitvā bhaṇḍakaṃ dassetvā pabbajjaṃ yāci. Thullanandā bhikkhunī bhaṇḍakaṃ gahetvā pabbājesi.
Atha kho so licchavi taṃ itthiṃ gavesanto sāvatthiṃ gantvā bhikkhunīsu pabbajitaṃ disvāna yena rājā pasenadi kosalo tenupasaṅkami; upasaṅkamitvā rājānaṃ pasenadiṃ kosalaṃ etadavoca – ''pajāpati me, deva, varabhaṇḍaṃ ādāya sāvatthiṃ anuppattā. Taṃ devo anujānātū''ti. ''Tena hi, bhaṇe, vicinitvā ācikkhā''ti. ''Diṭṭhā, deva, bhikkhunīsu pabbajitā''ti. ''Sace, bhaṇe, bhikkhunīsu pabbajitā, na sā labbhā kiñci kātuṃ. Svākkhāto bhagavatā dhammo, caratu brahmacariyaṃ sammā dukkhassa antakiriyāyā''ti. Atha kho so licchavi ujjhāyati khiyyati vipāceti – ''kathañhi nāma bhikkhuniyo coriṃ pabbājessantī''ti! Assosuṃ kho bhikkhuniyo tassa licchavissa ujjhāyantassa khiyyantassa vipācentassa. Yā tā bhikkhuniyo appicchā...pe... tā ujjhāyanti khiyyanti vipācenti – ''kathañhi nāma ayyā thullanandā coriṃ pabbājessatī''ti! Atha kho tā bhikkhuniyo bhikkhūnaṃ etamatthaṃ ārocesuṃ...pe... saccaṃ kira, bhikkhave, thullanandā bhikkhunī coriṃ pabbājetīti [pabbājesīti (ka.)]? ''Saccaṃ, Bhagavā''ti. Vigarahi buddho Bhagavā...pe... kathañhi nāma, bhikkhave, thullanandā bhikkhunī coriṃ pabbājessati! Netaṃ, bhikkhave, appasannānaṃ vā pasādāya...pe... evañca pana, bhikkhave, bhikkhuniyo imaṃ sikkhāpadaṃ uddisantu –
683.''Yāpana bhikkhunī jānaṃ coriṃ vajjhaṃ viditaṃ anapaloketvā rājānaṃ vā saṅghaṃ vā gaṇaṃ vā pūgaṃ vā seṇiṃ vā aññatra kappā vuṭṭhāpeyya, ayampi bhikkhunī paṭhamāpattikaṃ dhammaṃ āpannā nissāraṇīyaṃ saṅghādisesa''nti.
684.Yā panāti yā yādisā...pe... bhikkhunīti...pe... ayaṃ imasmiṃ atthe adhippetā bhikkhunīti.
Jānāti nāma sāmaṃ vā jānāti aññe vā tassā ārocenti, sā vā āroceti.
Corī nāma yā pañcamāsakaṃ vā atirekapañcamāsakaṃ vā agghanakaṃ adinnaṃ theyyasaṅkhātaṃ ādiyati, esā corī nāma.
Vajjhā nāma yaṃ katvā vajjhappattā hoti.
Viditā nāma aññehi manussehi ñātā hoti ''vajjhā esā''ti.
Anapaloketvāti anāpucchā.
Rājā nāma yattha rājā anusāsati, rājā apaloketabbo.
Saṅgho nāma bhikkhunisaṅgho vuccati, bhikkhunisaṅgho apaloketabbo.
Gaṇo nāma yattha gaṇo anusāsati, gaṇo apaloketabbo.
Pūgo nāma yattha pūgo anusāsati, pūgo apaloketabbo.
Seṇi nāma yattha seṇi anusāsati, seṇi apaloketabbo.
Aññatrakappāti ṭhapetvā kappaṃ. Kappaṃ nāma dve kappāni – titthiyesu vā pabbajitā hoti aññāsu vā bhikkhunīsu pabbajitā. Aññatra kappā ''vuṭṭhāpessāmī''ti gaṇaṃ vā ācariniṃ vā pattaṃ vā cīvaraṃ vā pariyesati, sīmaṃ vā sammannati, āpatti dukkaṭassa. Ñattiyā dukkaṭaṃ. Dvīhi kammavācāhi thullaccayā. Kammavācāpariyosāne upajjhāyāya āpatti saṅghādisesassa. Gaṇassa ca ācariniyā ca āpatti dukkaṭassa.
Ayampīti purimaṃ upādāya vuccati.
Paṭhamāpattikanti saha vatthujjhācārā āpajjati asamanubhāsanāya.
Nissāraṇīyanti saṅghamhā nissārīyati.
Saṅghādisesanti...pe... tenapi vuccati saṅghādisesoti.
685. Coriyā corisaññā aññatra kappā vuṭṭhāpeti, āpatti saṅghādisesassa. Coriyā vematikā aññatra kappā vuṭṭhāpeti, āpatti dukkaṭassa. Coriyā acorisaññā aññatra kappā vuṭṭhāpeti, anāpatti. Acoriyā corisaññā, āpatti dukkaṭassa. Acoriyā vematikā, āpatti dukkaṭassa. Acoriyā acorisaññā, anāpatti.
686. Anāpatti ajānantī vuṭṭhāpeti, apaloketvā vuṭṭhāpeti, kappakataṃ vuṭṭhāpeti, ummattikāya, ādikammikāyāti.
Dutiyasaṅghādisesasikkhāpadaṃ niṭṭhitaṃ.
3. Tatiyasaṅghādisesasikkhāpadaṃ
687. Tena samayena buddho Bhagavā sāvatthiyaṃ viharati jetavane anāthapiṇḍikassa ārāme. Tena kho pana samayena bhaddāya kāpilāniyā antevāsinī bhikkhunī bhikkhunīhi saddhiṃ bhaṇḍitvā gāmakaṃ[gāmake (syā.)] ñātikulaṃ agamāsi. Bhaddā kāpilānī taṃ bhikkhuniṃ apassantī bhikkhuniyo

pucchi – ''kahaṃ itthannāmā, na dissatī''ti! ''Bhikkhunīhi saddhiṃ, ayye, bhaṇḍitvā na dissatī''ti. ''Ammā, amukasmiṃ gāmake etissā ñātikulaṃ. Tattha gantvā vicinathā''ti. Bhikkhuniyo tattha gantvā taṃ bhikkhuniṃ passitvā etadavocuṃ – ''kissa tvaṃ, ayye , ekikā āgatā, kaccisi appadhaṃsitā''ti? ''Appadhaṃsitāmhi, ayye''ti. Yā tā bhikkhuniyo appicchā...pe... tā ujjhāyanti khiyyanti vipācenti – ''kathañhi nāma bhikkhunī ekā gāmantaraṃ gacchissatī''ti...pe... saccaṃ kira, bhikkhave, bhikkhunī ekā gāmantaraṃ gacchatīti? ''Saccaṃ, Bhagavā''ti. Vigarahi buddho Bhagavā...pe... kathañhi nāma, bhikkhave , bhikkhunī ekā gāmantaraṃ gacchissati! Netaṃ, bhikkhave, appasannānaṃ vā pasādāya...pe... evañca pana, bhikkhave, bhikkhuniyo imaṃ sikkhāpadaṃ uddisantu –

''Yā pana bhikkhunī ekā gāmantaraṃ gaccheyya, ayampi bhikkhunī paṭhamāpattikaṃ dhammaṃ āpannā nissāraṇīyaṃ saṅghādisesa''nti.

Evañcidaṃ bhagavatā bhikkhunīnaṃ sikkhāpadaṃ paññattaṃ hoti.

688. Tena kho pana samayena dve bhikkhuniyo sāketā sāvatthiṃ addhānamaggappaṭipannā honti. Antarāmagge nadī taritabbā hoti. Atha kho tā bhikkhuniyo nāvike upasaṅkamitvā etadavocuṃ – ''sādhu no, āvuso, tārethā''ti. ''Nāyye, sakkā ubho sakiṃ tāretu''nti. Eko ekaṃ uttāresi. Uttiṇṇo uttiṇṇaṃ dūsesi. Anuttiṇṇo anuttiṇṇaṃ dūsesi. Tā pacchā samāgantvā pucchiṃsu – ''kaccisi, ayye, appadhaṃsitā''ti? ''Padhaṃsitāmhi, ayye! Tvaṃ pana, ayye, appadhaṃsitā''ti? ''Padhaṃsitāmhi, ayye''ti. Atha kho tā bhikkhuniyo sāvatthiṃ gantvā bhikkhunīnaṃ etamatthaṃ ārocesuṃ. Yā tā bhikkhuniyo appicchā...pe... tā ujjhāyanti khiyyanti vipācenti – ''kathañhi nāma bhikkhunī ekā nadīpāraṃ gacchissatī''ti! Atha kho tā bhikkhuniyo bhikkhūnaṃ etamatthaṃ ārocesuṃ. Bhikkhū bhagavato etamatthaṃ ārocesuṃ...pe... saccaṃ kira, bhikkhave, bhikkhunī ekā nadīpāraṃ gacchatī''ti? ''Saccaṃ, Bhagavā''ti. Vigarahi buddho Bhagavā...pe... kathañhi nāma, bhikkhave, bhikkhunī ekā nadīpāraṃ gacchissati! Netaṃ , bhikkhave, appasannānaṃ vā pasādāya...pe... evañca pana, bhikkhave, bhikkhuniyo imaṃ sikkhāpadaṃ uddisantu –

''Yā pana bhikkhunī ekā vā gāmantaraṃ gaccheyya, ekā vā nadīpāraṃ gaccheyya, ayampi bhikkhunī paṭhamāpattikaṃ dhammaṃ āpannā nissāraṇīyaṃ saṅghādisesa''nti.

Evañcidaṃ bhagavatā bhikkhunīnaṃ sikkhāpadaṃ paññattaṃ hoti.

689. Tena kho pana samayena sambahulā bhikkhuniyo kosalesu janapade sāvatthiṃ gacchantā [gantvā (ka.)] sāyaṃ aññataraṃ gāmaṃ upagacchiṃsu. Tattha aññatarā bhikkhunī abhirūpā hoti dassanīyā pāsādikā. Aññataro puriso tassā bhikkhuniyā saha dassanena paṭibaddhacitto hoti. Atha kho so puriso tāsaṃ bhikkhunīnaṃ seyyaṃ paññapento tassā bhikkhuniyā seyyaṃ ekamantaṃ paññāpesi. Atha kho sā bhikkhunī sallakkhetvā – ''pariyuṭṭhito ayaṃ puriso; sace rattiṃ āgacchissati, vissaro me bhavissatī''ti, bhikkhuniyo anāpucchā aññataraṃ kulaṃ gantvā seyyaṃ kappesi. Atha kho so puriso rattiṃāgantvā taṃ bhikkhuniṃ gavesanto bhikkhuniyo ghaṭṭesi. Bhikkhuniyo taṃ bhikkhuniṃ apassantiyo evamāhaṃsu – ''nissaṃsayaṃ kho sā bhikkhunī purisena saddhiṃ nikkhantā''ti.

Atha kho sā bhikkhunī tassā rattiyā accayena yena tā bhikkhuniyo tenupasaṅkami. Bhikkhuniyo taṃ bhikkhuniṃ etadavocuṃ – ''kissa tvaṃ, ayye, purisena saddhiṃ nikkhantā''ti? ''Nāhaṃ, ayye, purisena saddhiṃ nikkhantā''ti. Bhikkhunīnaṃ etamatthaṃ ārocesi. Yā tā bhikkhuniyo appicchā...pe... tā ujjhāyanti khiyyanti vipācenti – ''kathañhi nāma bhikkhunī ekā rattiṃ vippavasissatī''ti...pe... saccaṃ kira, bhikkhave, bhikkhunī ekā rattiṃ vippavasīti [vippavasīti (ka.)]? ''Saccaṃ, Bhagavā''ti. Vigarahi buddho Bhagavā...pe... kathañhi nāma, bhikkhave, bhikkhunī ekā rattiṃ vippavasissati! Netaṃ, bhikkhave, appasannānaṃ vā pasādāya...pe... evañca pana, bhikkhave, bhikkhuniyo imaṃ sikkhāpadaṃ uddisantu –

''Yā pana bhikkhunī ekā vā gāmantaraṃ gaccheyya, ekā vā nadīpāraṃ gaccheyya, ekā vā rattiṃ vippavaseyya, ayampi bhikkhunī paṭhamāpattikaṃ dhammaṃ āpannā nissāraṇīyaṃ saṅghādisesa''nti.

Evañcidaṃ bhagavatā bhikkhunīnaṃ sikkhāpadaṃ paññattaṃ hoti.

690. Tena kho pana samayena sambahulā bhikkhuniyo kosalesu janapade sāvatthiṃ addhānamaggappaṭipannā honti. Tattha aññatarā bhikkhunī vaccena pīḷitā ekikā ohīyitvā [ohiyitvā (ka.)] pacchā agamāsi. Manussā taṃ bhikkhuniṃ passitvā dūsesuṃ. Atha kho sā bhikkhunī yena tā bhikkhuniyo tenupasaṅkami. Bhikkhuniyo taṃ bhikkhuniṃ etadavocuṃ – ''kissa tvaṃ, ayye, ekikā ohīnā, kaccisi appadhaṃsitā''ti? ''Padhaṃsitāmhi, ayye''ti. Yā tā bhikkhuniyo appicchā...pe... tā ujjhāyanti khiyyanti vipācenti – kathañhi nāma bhikkhunī ekā gaṇamhā ohīyissatīti...pe... saccaṃ kira, bhikkhave, bhikkhunī ekā gaṇamhā ohīyatīti? ''Saccaṃ, Bhagavā''ti . Vigarahi buddho Bhagavā...pe... kathañhi nāma, bhikkhave, bhikkhunī ekā gaṇamhā ohīyissati! Netaṃ, bhikkhave, appasannānaṃ vā pasādāya...pe... evañca pana, bhikkhave, bhikkhuniyo imaṃ sikkhāpadaṃ uddisantu –

691.''Yāpana bhikkhunī ekā vā gāmantaraṃ gaccheyya, ekā vā nadīpāraṃ gaccheyya, ekā vā rattiṃ vippavaseyya, ekā vā gaṇamhā ohīyeyya, ayampi bhikkhunī paṭhamāpattikaṃ dhammaṃ āpannā nissāraṇīyaṃ saṅghādisesa''nti.

692. Yā panāti yā yādisā...pe... bhikkhunīti...pe... ayaṃ imasmiṃ atthe adhippetā bhikkhunīti.

Ekā vā gāmantaraṃ gaccheyyāti parikkhittassa gāmassa parikkhepaṃ paṭhamaṃ pādaṃ atikkāmentiyā āpatti thullaccayassa, dutiyaṃ pādaṃ atikkāmentiyā āpatti saṅghādisesassa.

Aparikkhittassa gāmassa upacāraṃ paṭhamaṃ pādaṃ atikkāmentiyā āpatti thullaccayassa. Dutiyaṃ pādaṃ atikkāmentiyā āpatti saṅghādisesassa.
Ekā vā nadīpāraṃ gaccheyyāti nadī nāma timaṇḍalaṃ paṭicchādetvā yattha katthaci uttarantiyā bhikkhuniyā antaravāsako temiyati. Paṭhamaṃ pādaṃ uttarantiyā āpatti thullaccayassa. Dutiyaṃ pādaṃ uttarantiyā āpatti saṅghādisesassa.
Ekā vā rattiṃ vippavaseyyāti saha aruṇuggamanā dutiyikāya bhikkhuniyā hatthapāsaṃ vijahantiyā āpatti thullaccayassa. Vijahite āpatti saṅghādisesassa.
Ekā vā gaṇamhā ohīyeyyāti agāmake araññe dutiyikāya bhikkhuniyā dassanūpacāraṃ vā savanūpacāraṃ vā vijahantiyā āpatti thullaccayassa. Vijahite āpatti saṅghādisesassa.
Ayampīti purimāyo upādāya vuccati.
Paṭhamāpattikanti saha vatthujjhācārā āpajjati asamanubhāsanāya.
Nissāraṇīyanti saṅghamhā nissārīyati.
Saṅghādisesoti...pe... tenapi vuccati saṅghādisesoti.
693. Anāpatti dutiyikā bhikkhunī pakkantā vā hoti vibbhantā vā kālaṅkatā vā pakkhasaṅkantā vā, āpadāsu, ummattikāya, ādikammikāyāti.
Tatiyasaṅghādisesasikkhāpadaṃ niṭṭhitaṃ.
4. Catutthasaṅghādisesasikkhāpadaṃ
694. Tena samayena buddho Bhagavā sāvatthiyaṃ viharati jetavane anāthapiṇḍikassa ārāme. Tena kho pana samayena caṇḍakāḷī bhikkhunī bhaṇḍanakārikā hoti kalahakārikā vivādakārikā bhassakārikā saṅghe adhikaraṇakārikā. Thullanandā bhikkhunī tassā kamme karīyamāne paṭikkosati. Tena kho pana samayena thullanandā bhikkhunī gāmakaṃ agamāsi kenacideva karaṇīyena. Atha kho bhikkhunisaṅgho – ''thullanandā bhikkhunī pakkantā''ti, caṇḍakāḷiṃ bhikkhuniṃ āpattiyā adassane [adassanena (ka.)] ukkhipi. Thullanandā bhikkhunī gāmake taṃ karaṇīyaṃ tīretvā punadeva sāvatthiṃ paccāgacchi. Caṇḍakāḷī bhikkhunī thullanandāya bhikkhuniyā āgacchantiyā neva āsanaṃ paññapesi na pādodakaṃ pādapīṭhaṃ pādakaṭhalikaṃ upanikkhipi na paccuggantvā pattacīvaraṃ paṭiggahesi na pānīyena āpucchi. Thullanandā bhikkhunī caṇḍakāḷiṃ bhikkhuniṃ etadavoca – ''kissa tvaṃ, ayye, mayi āgacchantiyā neva āsanaṃ paññapesi na pādodakaṃ pādapīṭhaṃ pādakaṭhalikaṃ upanikkhipi na paccuggantvā pattacīvaraṃ paṭiggahesi na pānīyena āpucchī''ti? ''Evañhetaṃ, ayye, hoti yathā taṃ anāthāyā''ti. ''Kissa pana tvaṃ, ayye, anāthā''ti? ''Imā maṃ, ayye, bhikkhuniyo – ''ayaṃ anāthā appaññātā, natthi imissā kāci paṭivattā''ti, āpattiyā adassane [adassanena (ka.)] ukkhipiṃsū''ti.
Thullanandā bhikkhunī – ''bālā etā abyattā etā, neva jānanti kammaṃ vā kammadosaṃ vā kammavipattiṃ vā kammasampattiṃ vā. Mayaṃ kho jānāma kammampi kammadosampi kammavipattimpi kammasampattimpi. Mayaṃ kho akataṃ vā kammaṃ kāreyyāma kataṃ vā kammaṃ kopeyyāmā''ti, lahuṃ lahuṃ bhikkhunisaṅghaṃ sannipātetvā caṇḍakāḷiṃ bhikkhuniṃ osāresi. Yā tā bhikkhuniyo appicchā...pe... tā ujjhāyanti khiyyanti vipācenti – ''kathañhi nāma ayyā thullanandā samaggena saṅghena ukkhittaṃ bhikkhuniṃ dhammena vinayena satthusāsanena anapaloketvā kārakasaṅghaṃ anaññāya gaṇassa chandaṃ osāressatī''ti...pe... saccaṃ kira, bhikkhave, thullanandā bhikkhunī samaggena saṅghena ukkhittaṃ bhikkhuniṃ dhammena vinayena satthusāsanena anapaloketvā kārakasaṅghaṃ anaññāya gaṇassa chandaṃ osāretīti [osāresīti (ka.)]? ''Saccaṃ, Bhagavā''ti. Vigarahi buddho Bhagavā...pe... kathañhi nāma, bhikkhave, thullanandā bhikkhunī samaggena saṅghena ukkhittaṃ bhikkhuniṃ dhammena vinayena satthusāsanena anapaloketvā kārakasaṅghaṃ anaññāya gaṇassa chandaṃ osāressati! Netaṃ, bhikkhave, appasannānaṃ vā pasādāya...pe... evañca pana, bhikkhave, bhikkhuniyo imaṃ sikkhāpadaṃ uddisantu –
695.''Yā pana bhikkhunī samaggena saṅghena ukkhittaṃ bhikkhuniṃ dhammena vinayena satthusāsanena anapaloketvā kārakasaṅghaṃ anaññāya gaṇassa chandaṃ osāreyya, ayampi bhikkhunī paṭhamāpattikaṃ dhammaṃ āpannā nissāraṇīyaṃ saṅghādisesa''nti.
696.Yā panāti yā yādisā...pe... bhikkhunīti...pe... ayaṃ imasmiṃ atthe adhippetā bhikkhunīti.
Samaggo nāma saṅgho samānasaṃvāsako samānasīmāyaṃ ṭhito.
Ukkhittā nāma āpattiyā adassane vā appaṭikamme vā appaṭinissagge vā [adassanena vā appaṭikammena vā appaṭinissaggena vā (ka.), adassane vā appaṭikamme vā pāpikāya diṭṭhiyā appaṭinissagge vā (?)]ukkhittā.
Dhammena vinayenāti yena dhammena yena vinayena.
Satthusāsanenāti jinasāsanena buddhasāsanena.
Anapaloketvākārakasaṅghanti kammakārakasaṅghaṃ anāpucchā.
Anaññāya gaṇassa chandanti gaṇassa chandaṃ ajānitvā.
''Osāressāmī''ti gaṇaṃ vā pariyesati, sīmaṃ vā sammannati, āpatti dukkaṭassa. Ñattiyā dukkaṭaṃ, dvīhi kammavācāhi thullaccayā, kammavācāpariyosāne āpatti saṅghādisesassa.
Ayampīti purimāyo upādāya vuccati.
Paṭhamāpattikanti saha vatthujjhācārā āpajjati asamanubhāsanāya.
Nissāraṇīyanti saṅghamhā nissārīyati.

Saṅghādisesoti...pe... tenapi vuccati saṅghādisesoti.

697. Dhammakamme dhammakammasaññā osāreti, āpatti saṅghādisesassa. Dhammakamme vematikā osāreti āpatti saṅghādisesassa. Dhammakamme adhammakammasaññā osāreti, āpatti saṅghādisesassa. Adhammakamme dhammakammasaññā, āpatti dukkaṭassa. Adhammakamme vematikā, āpatti dukkaṭassa. Adhammakamme adhammakammasaññā, āpatti dukkaṭassa.

698. Anāpatti kammakārakasaṅghaṃ apaloketvā osāreti, gaṇassa chandaṃ jānitvā osāreti, vatte vattantiṃ osāreti, asante kammakārakasaṅghe osāreti, ummattikāya, ādikammikāyāti.

Catutthasaṅghādisesasikkhāpadaṃ niṭṭhitaṃ.

5. Pañcamasaṅghādisesasikkhāpadaṃ

699. Tena samayena buddho Bhagavā sāvatthiyaṃ viharati jetavane anāthapiṇḍikassa ārāme. Tena kho pana samayena sundarīnandā bhikkhunī abhirūpā hoti dassanīyā pāsādikā. Manussā bhattagge sundarīnandaṃ bhikkhuniṃ passitvā avassutā avassutāya sundarīnandāya bhikkhuniyā aggamaggāni bhojanāni denti. Sundarīnandā bhikkhunī yāvadatthaṃ bhuñjati; aññā bhikkhuniyo na cittarūpaṃ labhanti. Yā tā bhikkhuniyo appicchā...pe... tā ujjhāyanti khiyyanti vipācenti – "kathañhi nāma ayyā sundarīnandā avassutā avassutassa purisapuggalassa hatthato khādanīyaṃ vā bhojanīyaṃ vā sahatthā paṭiggahetvā khādissati bhuñjissatī"ti...pe... saccaṃ kira, bhikkhave, sundarīnandā bhikkhunī avassutā avassutassa purisapuggalassa hatthato khādanīyaṃ vā bhojanīyaṃ vā sahatthā paṭiggahetvā khādati bhuñjatīti? "Saccaṃ, Bhagavā"ti. Vigarahi buddho Bhagavā...pe... kathañhi nāma, bhikkhave, sundarīnandā bhikkhunī avassutā avassutassa purisapuggalassa hatthato khādanīyaṃ vā bhojanīyaṃ vā sahatthā paṭiggahetvā khādissati bhuñjissati! Netaṃ, bhikkhave, appasannānaṃ vā pasādāya...pe... evañca pana, bhikkhave, bhikkhuniyo imaṃ sikkhāpadaṃ uddisantu –

700."Yāpana bhikkhunī avassutā avassutassa purisapuggalassa hatthato khādanīyaṃ vā bhojanīyaṃ vā sahatthā paṭiggahetvā khādeyya vā bhuñjeyya vā, ayampi bhikkhunī paṭhamāpattikaṃ dhammaṃ āpannā nissāraṇīyaṃ saṅghādisesa"nti.

701.Yā panāti yā yādisā...pe... bhikkhunīti...pe... ayaṃ imasmiṃ atthe adhippetā bhikkhunīti.

Avassutā nāma sārattā apekkhavatī paṭibaddhacittā.

Avassuto nāma săratto apekkhavā paṭibaddhacitto.

Purisapuggalo nāma manussapuriso, na yakkho na peto na tiracchānagato, viññū paṭibalo sārajjituṃ.

Khādanīyaṃ nāma pañca bhojanāni – udakadantaponaṃ ṭhapetvā avasesaṃ khādanīyaṃ nāma.

Bhojanīyaṃ nāma pañca bhojanāni – odano, kummāso, sattu, maccho, maṃsaṃ.

"Khādissāmi bhuñjissāmī"ti paṭiggaṇhāti, āpatti thullaccayassa. Ajjhohāre ajjhohāre āpatti saṅghādisesassa.

Ayampīti purimāyo upādāya vuccati.

Paṭhamāpattikanti saha vatthujjhācārā āpajjati asamanubhāsanāya.

Nissāraṇīyanti saṅghamhā nissārīyati.

Saṅghādisesoti...pe... tenapi vuccati saṅghādisesoti.

Udakadantaponaṃ paṭiggaṇhāti, āpatti dukkaṭassa. Ekatoavassute "khādissāmi bhuñjissāmī"ti paṭiggaṇhāti, āpatti dukkaṭassa.

702. Ajjhohāre ajjhohāre āpatti thullaccayassa. Udakadantaponaṃ paṭiggaṇhāti, āpatti dukkaṭassa. Ubhatoavassute yakkhassa vā petassa vā paṇḍakassa vā tiracchānagatamanussaviggahassa vā hatthato "khādissāmi bhuñjissāmī"ti paṭiggaṇhāti, āpatti dukkaṭassa. Ajjhohāre ajjhohāre āpatti thullaccayassa. Udakadantaponaṃ paṭiggaṇhāti, āpatti dukkaṭassa. Ekatoavassute "khādissāmi bhuñjissāmī"ti paṭiggaṇhāti, āpatti dukkaṭassa. Ajjhohāre ajjhohāre āpatti dukkaṭassa. Udakadantaponaṃ paṭiggaṇhāti, āpatti dukkaṭassa.

703. Anāpatti ubhatoanavassutā honti, "anavassuto"ti jānantī paṭiggaṇhāti, ummattikāya, ādikammikāyāti.

Pañcamasaṅghādisesasikkhāpadaṃ niṭṭhitaṃ.

6. Chaṭṭhasaṅghādisesasikkhāpadaṃ

704. Tena samayena buddho Bhagavā sāvatthiyaṃ viharati jetavane anāthapiṇḍikassa ārāme. Tena kho pana samayena sundarīnandā bhikkhunī abhirūpā hoti dassanīyā pāsādikā. Manussā bhattagge sundarīnandaṃ bhikkhuniṃ passitvā avassutā sundarīnandāya bhikkhuniyā aggamaggāni bhojanāni denti. Sundarīnandā bhikkhunī kukkuccāyantī na paṭiggaṇhāti. Anantarikā bhikkhunī sundarīnandaṃ bhikkhuniṃ etadavoca – "kissa tvaṃ, ayye, na paṭiggaṇhāsī"ti? "Avassutā, ayye"ti. "Tvaṃ pana, ayye, avassutā"ti? "Nāhaṃ, ayye, avassutā"ti. "Kiṃ te, ayye, eso purisapuggalo karissati avassuto vā anavassuto vā, yato tvaṃ anavassutā. Iṅghaṃ, ayye, yaṃ te eso purisapuggalo deti khādanīyaṃ vā bhojanīyaṃ vā taṃ tvaṃ sahatthā paṭiggahetvā khāda vā, bhuñja vā"ti.

Yā tā bhikkhuniyo appicchā...pe... tā ujjhāyanti khiyyanti vipācenti – "kathañhi nāma bhikkhunī evaṃ vakkhati – 'kiṃ te, ayye, eso purisapuggalo karissati avassuto vā anavassuto vā, yato tvaṃ anavassutā. Iṅgha, ayye, yaṃ te eso purisapuggalo deti khādanīyaṃ vā bhojanīyaṃ vā taṃ tvaṃ sahatthā paṭiggahetvā khāda vā bhuñja vā"ti...pe... saccaṃ kira, bhikkhave, bhikkhunī evaṃ vadeti – "kiṃ te, ayye, eso purisapuggalo karissati avassuto vā anavassuto vā yato tvaṃ anavassutā! Iṅgha, ayye, yaṃ te eso purisapuggalo deti khādanīyaṃ vā bhojanīyaṃ vā taṃ tvaṃ sahatthā paṭiggahetvā khāda vā bhuñja vā''ti? ''Saccaṃ, Bhagavā''ti. Vigarahi buddho Bhagavā...pe... kathañhi nāma, bhikkhave, bhikkhunī evaṃ vakkhati – ''kiṃ te, ayye, eso purisapuggalo karissati avassuto vā anavassuto vā yato tvaṃ anavassutā; iṅgha, ayye, yaṃ te eso purisapuggalo deti khādanīyaṃ vā bhojanīyaṃ vā taṃ tvaṃ sahatthā paṭiggahetvā khāda vā bhuñja vā''. Netaṃ, bhikkhave, appasannānaṃ vā pasādāya...pe... evañca pana, bhikkhave, bhikkhuniyo imaṃ sikkhāpadaṃ uddisantu –

705.''Yā pana bhikkhunī evaṃ vadeyya – 'kiṃ te, ayye, eso purisapuggalo karissati avassuto vā anavassuto vā, yato tvaṃ anavassutā. Iṅgha, ayye, yaṃ te eso purisapuggalo deti khādanīyaṃ vā bhojanīyaṃ vā taṃ tvaṃ sahatthā paṭiggahetvā khāda vā bhuñja vā'ti, ayampi bhikkhunī paṭhamāpattikaṃ dhammaṃ āpannā nissāraṇīyaṃ saṅghādisesa''nti.

706.Yāpanāti yā yādisā...pe... bhikkhunīti...pe... ayaṃ imasmiṃ atthe adhippetā bhikkhunīti.

Evaṃ vadeyyāti – ''kiṃ te, ayye, eso purisapuggalo karissati avassuto vā anavassuto vā, yato tvaṃ anavassutā. Iṅgha, ayye, yaṃ te eso purisapuggalo deti khādanīyaṃ vā bhojanīyaṃ vā taṃ tvaṃ sahatthā paṭiggahetvā khāda vā bhuñja vā''ti uyyojeti, āpatti dukkaṭassa. Tassā vacanena ''khādissāmi bhuñjissāmī''ti paṭiggaṇhāti, āpatti dukkaṭassa. Ajjhohāre ajjhohāre āpatti thullaccayassa. Bhojanapariyosāne āpatti saṅghādisesassa.

Ayampīti purimāyo upādāya vuccati.

Paṭhamāpattikanti saha vatthujjhācārā āpajjati asamanubhāsanāya.

Nissāraṇīyanti saṅghamhā nissārīyati.

Saṅghādisesoti...pe... tenapi vuccati saṅghādisesoti.

Udakadantaponaṃ ''paṭiggaṇhā''ti uyyojeti, āpatti dukkaṭassa. Tassā vacanena khādissāmi bhuñjissāmī''ti paṭiggaṇhāti, āpatti dukkaṭassa.

707. Ekatoavassute yakkhassa vā petassa vā paṇḍakassa vā tiracchānagatamanussaviggahassa vā hatthato khādanīyaṃ vā bhojanīyaṃ vā ''khāda vā bhuñja vā''ti uyyojeti, āpatti dukkaṭassa. Tassā vacanena ''khādissāmi bhuñjissāmī''ti paṭiggaṇhāti, āpatti dukkaṭassa. Ajjhohāre ajjhohāre āpatti dukkaṭassa. Bhojanapariyosāne āpatti thullaccayassa. Udakadantaponaṃ paṭiggaṇhāti uyyojeti, āpatti dukkaṭassa. Tassā vacanena ''khādissāmi bhuñjissāmī''ti paṭiggaṇhāti, āpatti dukkaṭassa.

708. Anāpatti ''anavassuto''ti jānantī uyyojeti, ''kupitā na paṭiggaṇhātī''ti uyyojeti, ''kulānuddayatāya na paṭiggaṇhātī''ti uyyojeti, ummattikāya, ādikammikāyāti.

Chaṭṭhasaṅghādisesasikkhāpadaṃ niṭṭhitaṃ.

7. Sattamasaṅghādisesasikkhāpadaṃ

709. Tena samayena buddho Bhagavā sāvatthiyaṃ viharati jetavane anāthapiṇḍikassa ārāme. Tena kho pana samayena caṇḍakāḷī bhikkhunī bhikkhunīhi saddhiṃ bhaṇḍitvā kupitā anattamanā evaṃ vadeti – ''buddhaṃ paccācikkhāmi, dhammaṃ paccācikkhāmi, saṅghaṃ paccācikkhāmi, sikkhaṃ paccācikkhāmi. Kinnumāva samaṇiyo yā samaṇiyo sakyadhītaro, santaññāpi samaṇiyo lajjiniyo kukkuccikā sikkhākāmā tāsāhaṃ santike brahmacariyaṃ carissāmī''ti. Yā tā bhikkhuniyo appicchā...pe... tā ujjhāyanti khiyyanti vipācenti – ''kathañhi nāma ayyā caṇḍakāḷī [caṇḍakāḷī bhikkhunī (ka.)] kupitā anattamanā evaṃ vakkhati – buddhaṃ paccācikkhāmi...pe... sikkhaṃ paccācikkhāmi. Kinnumāva samaṇiyo yā samaṇiyo sakyadhītaro, santaññāpi samaṇiyo lajjiniyo kukkuccikā sikkhākāmā tāsāhaṃ santike brahmacariyaṃ carissāmī''ti...pe... saccaṃ kira, bhikkhave, caṇḍakāḷī bhikkhunī kupitā anattamanā evaṃ vadeti – ''buddhaṃ paccācikkhāmi...pe... sikkhaṃ paccācikkhāmi. Kinnumāva samaṇiyo yā samaṇiyo sakyadhītaro, santaññāpi samaṇiyo lajjiniyo kukkuccikā sikkhākāmā, tāsāhaṃ santike brahmacariyaṃ carissāmī''ti ? ''Saccaṃ, Bhagavā''ti. Vigarahi buddho Bhagavā...pe... kathañhi nāma, bhikkhave, caṇḍakāḷī bhikkhunī kupitā anattamanā evaṃ vakkhati – ''buddhaṃ paccācikkhāmi...pe... sikkhaṃ paccācikkhāmi. Kinnumāva samaṇiyo yā samaṇiyo sakyadhītaro, santaññāpi samaṇiyo lajjiniyo kukkuccikā sikkhākāmā, tāsāhaṃ santike brahmacariyaṃ carissāmī''ti! Netaṃ, bhikkhave, appasannānaṃ vā pasādāya...pe... evañca pana, bhikkhave, bhikkhuniyo imaṃ sikkhāpadaṃ uddisantu –

710.''Yā pana bhikkhunī kupitā anattamanā evaṃ vadeyya – 'buddhaṃ paccācikkhāmi, dhammaṃ paccācikkhāmi, saṅghaṃ paccācikkhāmi, sikkhaṃ paccācikkhāmi. Kinnumāva samaṇiyo yā samaṇiyo sakyadhītaro! Santaññāpi samaṇiyo lajjiniyo kukkuccikā sikkhākāmā, tāsāhaṃ santike brahmacariyaṃ carissāmī'ti, sā bhikkhunī bhikkhunīhi evamassa vacanīyā – 'māyye, kupitā anattamanā evaṃ avaca – buddhaṃ paccācikkhāmi, dhammaṃ paccācikkhāmi, saṅghaṃ paccācikkhāmi, sikkhaṃ paccācikkhāmi. Kinnumāva samaṇiyo yā samaṇiyo sakyadhītaro! Santaññāpi samaṇiyo lajjiniyo kukkuccikā sikkhākāmā, tāsāhaṃ santike brahmacariyaṃ carissāmīti, abhiramāyye, svākkhāto dhammo; cara brahmacariyaṃ sammā dukkhassa antakiriyāyā'ti. Evañca sā bhikkhunī bhikkhunīhi vuccamānā tatheva paggaṇheyya, sā bhikkhunī bhikkhunīhi yāvatatiyaṃ samanubhāsitabbā tassa paṭinissaggāya. Yāvatatiyañce samanubhāsīyamānā taṃ paṭinissajjeyya iccetaṃ kusalaṃ; no ce paṭinissajjeyya , ayampi bhikkhunī yāvatatiyakaṃ dhammaṃ āpannā nissāraṇīyaṃ saṅghādisesa''nti.

711.Yā panāti yā yādisā...pe... bhikkhunīti...pe... ayaṃ imasmiṃ atthe adhippetā bhikkhunīti.

Kupitā anattamanāti anabhiraddhā āhatacittā khilajātā.
Evaṃ vadeyyāti – ''buddhaṃ paccācikkhāmi...pe... sikkhaṃ paccācikkhāmi. Kinnumāva samaṇiyo yā samaṇiyo sakyadhītaro! Santaññāpi samaṇiyo lajjiniyo kukkuccikā sikkhākāmā, tāsāhaṃ santike brahmacariyaṃ carissāmī''ti.
Sābhikkhunīti yā sā evaṃvādinī bhikkhunī. Bhikkhunīhīti aññāhi bhikkhunīhi.
Yā passanti yā suṇanti tāhi vattabbā – ''māyye, kupitā anattamanā evaṃ avaca – 'buddhaṃ paccācikkhāmi...pe... sikkhaṃ paccācikkhāmi. Kinnumāva samaṇiyo yā samaṇiyo sakyadhītaro! Santaññāpi samaṇiyo lajjiniyo kukkuccikā sikkhākāmā, tāsāhaṃ santike brahmacariyaṃ carissāmī'ti. Abhiramāyye, svākkhāto dhammo; cara brahmacariyaṃ sammā dukkhassa antakiriyāyā''ti. Dutiyampi vattabbā. Tatiyampi vattabbā. Sace paṭinissajjati iccetaṃ kusalaṃ, no ce paṭinissajjati āpatti dukkaṭassa. Sutvā na vadanti, āpatti dukkaṭassa. Sā bhikkhunī saṅghamajjhampi ākaḍḍhitvā vattabbā – ''māyye, kupitā anattamanā evaṃ avaca – 'buddhaṃ paccācikkhāmi...pe... sikkhaṃ paccācikkhāmi . Kinnumāva samaṇiyo yā samaṇiyo sakyadhītaro! Santaññāpi samaṇiyo lajjiniyo kukkuccikā sikkhākāmā, tāsāhaṃ santike brahmacariyaṃ carissāmī'ti. Abhiramāyye, svākkhāto dhammo; cara brahmacariyaṃ sammā dukkhassa antakiriyāyā''ti. Dutiyampi vattabbā. Tatiyampi vattabbā. Sace paṭinissajjati iccetaṃ kusalaṃ, no ce paṭinissajjati āpatti dukkaṭassa. Sā bhikkhunī samanubhāsitabbā. Evañca pana, bhikkhave, samanubhāsitabbā. Byattāya bhikkhuniyā paṭibalāya saṅgho ñāpetabbo –
712. ''Suṇātu me, ayye, saṅgho. Ayaṃ itthannāmā bhikkhunī kupitā anattamanā evaṃ vadeti – 'buddhaṃ paccācikkhāmi, dhammaṃ paccācikkhāmi, saṅghaṃ paccācikkhāmi, sikkhaṃ paccācikkhāmi. Kinnumāva samaṇiyo yā samaṇiyo sakyadhītaro! Santaññāpi samaṇiyo lajjiniyo kukkuccikā sikkhākāmā tāsāhaṃ santike brahmacariyaṃ carissāmī'ti. Sā taṃ vatthuṃ na paṭinissajjati. Yadi saṅghassa pattakallaṃ, saṅgho itthannāmaṃ bhikkhuniṃ samanubhāseyya tassa vatthussa paṭinissaggāya. Esā ñatti.
''Suṇātu me, ayye, saṅgho. Ayaṃ itthannāmā bhikkhunī kupitā anattamanā evaṃ vadeti – 'buddhaṃ paccācikkhāmi...pe... sikkhaṃ paccācikkhāmi. Kinnumāva samaṇiyo yā samaṇiyo sakyadhītaro! Santaññāpi samaṇiyo lajjiniyo kukkuccikā sikkhākāmā, tāsāhaṃ santike brahmacariyaṃ carissāmī'ti . Sā taṃ vatthuṃ na paṭinissajjati. Saṅgho itthannāmaṃ bhikkhuniṃ samanubhāsati tassa vatthussa paṭinissaggāya. Yassā ayyāya khamati itthannāmāya bhikkhuniyā samanubhāsanā tassa vatthussa paṭinissaggāya, sā tuṇhassa; yassā nakkhamati sā, bhāseyya.
''Dutiyampi etamatthaṃ vadāmi...pe... tatiyampi etamatthaṃ vadāmi...pe....
''Samanubhaṭṭhā saṅghena itthannāmā bhikkhunī tassa vatthussa paṭinissaggāya. Khamati saṅghassa, tasmā tuṇhī, evametaṃ dhārayāmī''ti.
Ñattiyā dukkaṭaṃ. Dvīhi kammavācāhi thullaccayā. Kammavācāpariyosāne āpatti saṅghādisesassa. Saṅghādisesaṃ ajjhāpajjantiyā ñattiyā dukkaṭaṃ, dvīhi kammavācāhi thullaccayā paṭippassambhanti.
Ayampīti purimāyo upādāya vuccati.
Yāvatatiyakanti yāvatatiyaṃ samanubhāsanāya āpajjati, na saha vatthujjhācārā.
Nissāraṇīyanti saṅghamhā nissārīyati.
Saṅghādisesoti...pe... tenapi vuccati saṅghādisesoti.
713. Dhammakamme dhammakammasaññā na paṭinissajjati, āpatti saṅghādisesassa. Dhammakamme vematikā na paṭinissajjati, āpatti saṅghādisesassa. Dhammakamme adhammakammasaññā na paṭinissajjati, āpatti saṅghādisesassa.
Adhammakamme dhammakammasaññā, āpatti dukkaṭassa . Adhammakamme vematikā, āpatti dukkaṭassa. Adhammakamme adhammakammasaññā, āpatti dukkaṭassa.
714. Anāpatti asamanubhāsantiyā, paṭinissajjantiyā, ummattikāya, ādikammikāyāti.
Sattamasaṅghādisesasikkhāpadaṃ niṭṭhitaṃ.
8. Aṭṭhamasaṅghādisesasikkhāpadaṃ
715. Tena samayena buddho Bhagavā sāvatthiyaṃ viharati jetavane anāthapiṇḍikassa ārāme. Tena kho pana samayena caṇḍakāḷī bhikkhunī kismiñcideva adhikaraṇe paccākatā kupitā anattamanā evaṃ vadeti – ''chandagāminiyo ca bhikkhuniyo, dosagāminiyo ca bhikkhuniyo, mohagāminiyo ca bhikkhuniyo, bhayagāminiyo ca bhikkhuniyo''ti. Yā tā bhikkhuniyo appicchā...pe... tā ujjhāyanti khiyyanti vipācenti – ''kathañhi nāma ayyā caṇḍakāḷī kismiñcideva adhikaraṇe paccākatā kupitā anattamanā evaṃ vakkhati – chandagāminiyo ca bhikkhuniyo...pe... bhayagāminiyo ca bhikkhuniyo''ti...pe... saccaṃ kira, bhikkhave, caṇḍakāḷī bhikkhunī kismiñcideva adhikaraṇe paccākatā kupitā anattamanā evaṃ vadeti – ''chandagāminiyo ca bhikkhuniyo...pe... bhayagāminiyo ca bhikkhuniyo''ti? ''Saccaṃ, Bhagavā''ti. Vigarahi buddho Bhagavā...pe... kathañhi nāma, bhikkhave, caṇḍakāḷī bhikkhunī kismiñcideva adhikaraṇe paccākatā kupitā anattamanā evaṃ vakkhati – ''chandagāminiyo ca bhikkhuniyo...pe... bhayagāminiyo ca bhikkhuniyo''ti! Netaṃ, bhikkhave, appasannānaṃ vā pasādāya...pe... evañca pana, bhikkhave, bhikkhuniyo imaṃ sikkhāpadaṃ uddisantu –
716.''Yā pana bhikkhunī kismiñcideva adhikaraṇe paccākatā kupitā anattamanā evaṃ vadeyya – 'chandagāminiyo ca bhikkhuniyo, dosagāminiyo ca bhikkhuniyo, mohagāminiyo ca bhikkhuniyo, bhayagāminiyo ca bhikkhuniyo'ti, sā bhikkhunī bhikkhunīhi evamassa vacanīyā – 'māyye, kismiñcideva

adhikaraṇe paccākatā kupitā anattamanā evaṃ avaca – chandagāminiyo ca bhikkhuniyo dosagāminiyo ca bhikkhuniyo mohagāminiyo ca bhikkhuniyo bhayagāminiyo ca bhikkhuniyoti. Ayyā kho chandāpi gaccheyya, dosāpi gaccheyya, mohāpi gaccheyya, bhayāpi gaccheyyā'ti. Evañca sā bhikkhunī bhikkhunīhi vuccamānā tatheva paggaṇheyya, sā bhikkhunī bhikkhunīhi yāvatatiyaṃ samanubhāsitabbā tassa paṭinissaggāya. Yāvatatiyañce samanubhāsīyamānā taṃ paṭinissajjeyya, iccetaṃ kusalaṃ; no ce paṭinissajjeyya, ayampi bhikkhunī yāvatatiyakaṃ dhammaṃ āpannā nissāraṇīyaṃ saṅghādisesa''nti.

717.Yāpanāti yā yādisā...pe... bhikkhunīti...pe... ayaṃ imasmiṃ atthe adhippetā bhikkhunīti.

Kismiñcideva adhikaraṇeti adhikaraṇaṃ nāma cattāri adhikaraṇāni – vivādādhikaraṇaṃ, anuvādādhikaraṇaṃ, āpattādhikaraṇaṃ, kiccādhikaraṇaṃ.

Paccākatā nāma parājitā vuccati.

Kupitā anattamanāti anabhiraddhā āhatacittā khilajātā.

Evaṃ vadeyyāti – ''chandagāminiyo ca bhikkhuniyo...pe... bhayagāminiyo ca bhikkhuniyo''ti.

Sābhikkhunīti yā sā evaṃvādinī bhikkhunī.

Bhikkhunīhīti aññāhi bhikkhunīhi.

Yā passanti yā suṇanti tāhi vattabbā – ''māyye, kismiñcideva adhikaraṇe paccākatā kupitā anattamanā evaṃ avaca – 'chandagāminiyo ca bhikkhuniyo...pe... bhayagāminiyo ca bhikkhuniyo'ti. Ayyā kho chandāpi gaccheyya...pe... bhayāpi gaccheyyā''ti. Dutiyampi vattabbā. Tatiyampi vattabbā. Sace paṭinissajjati, iccetaṃ kusalaṃ; no ce paṭinissajjati, āpatti dukkaṭassa. Sutvā na vadanti, āpatti dukkaṭassa. Sā bhikkhunī saṅghamajjhampi ākaḍḍhitvā vattabbā – ''māyye, kismiñcideva adhikaraṇe paccākatā kupitā anattamanā evaṃ avaca – 'chandagāminiyo ca bhikkhuniyo...pe... bhayagāminiyo ca bhikkhuniyo'ti. Ayyā kho chandāpi gaccheyya...pe... bhayāpi gaccheyyā''ti. Dutiyampi vattabbā. Tatiyampi vattabbā. Sace paṭinissajjati, iccetaṃ kusalaṃ; no ce paṭinissajjati, āpatti dukkaṭassa. Sā bhikkhunī samanubhāsitabbā. Evañca pana, bhikkhave, samanubhāsitabbā. Byattāya bhikkhuniyā paṭibalāya saṅgho ñāpetabbo –

718. ''Suṇātu me, ayye, saṅgho. Ayaṃ itthannāmā bhikkhunī kismiñcideva adhikaraṇe paccākatā kupitā anattamanā evaṃ vadeti – 'chandagāminiyo ca bhikkhuniyo...pe... bhayagāminiyo ca bhikkhuniyo'ti. Sā taṃ vatthuṃ na paṭinissajjati. Yadi saṅghassa pattakallaṃ, saṅgho itthannāmaṃ bhikkhuniṃ samanubhāseyya tassa vatthussa paṭinissaggāya. Esā ñatti.

''Suṇātu me, ayye, saṅgho. Ayaṃ itthannāmā bhikkhunī kismiñcideva adhikaraṇe paccākatā kupitā anattamanā evaṃ vadeti – 'chandagāminiyo ca bhikkhuniyo...pe... bhayagāminiyo ca bhikkhuniyo'ti. Sā taṃ vatthuṃ na paṭinissajjati. Saṅgho itthannāmaṃ bhikkhuniṃ samanubhāsati tassa vatthussa paṭinissaggāya. Yassā ayyāya khamati itthannāmāya bhikkhuniyā samanubhāsanā tassa vatthussa paṭinissaggāya, sā tuṇhassa; yassā nakkhamati, sā bhāseyya.

''Dutiyampi etamatthaṃ vadāmi...pe... tatiyampi etamatthaṃ vadāmi...pe....

''Samanubhaṭṭhā saṅghena itthannāmā bhikkhunī tassa vatthussa paṭinissaggāya. Khamati saṅghassa, tasmā tuṇhī, evametaṃ dhārayāmī''ti.

Ñattiyā dukkaṭaṃ. Dvīhi kammavācāhi thullaccayā. Kammavācāpariyosāne āpatti saṅghādisesassa. Saṅghādisesaṃ ajjhāpajjantiyā ñattiyā dukkaṭaṃ. Dvīhi kammavācāhi thullaccayā paṭippassambhanti.

Ayampīti purimāyo upādāya vuccati.

Yāvatatiyakanti yāvatatiyaṃ samanubhāsanāya āpajjati, na saha vatthujjhācārā.

Nissāraṇīyanti saṅghamhā nissārīyati.

Saṅghādisesoti...pe... tenapi vuccati saṅghādisesoti.

719. Dhammakamme dhammakammasaññā na paṭinissajjati, āpatti saṅghādisessa. Dhammakamme vematikā na paṭinissajjati, āpatti saṅghādisesassa. Dhammakamme adhammakammasaññā na paṭinissajjati, āpatti saṅghādisesassa.

Adhammakamme dhammakammasaññā, āpatti dukkaṭassa. Adhammakamme vematikā, āpatti dukkaṭassa. Adhammakamme adhammakammasaññā āpatti dukkaṭassa.

720. Anāpatti asamanubhāsantiyā, paṭinissajjantiyā, ummattikāya, ādikammikāyāti .

Aṭṭhamasaṅghādisesasikkhāpadaṃ niṭṭhitaṃ.

9. Navamasaṅghādisesasikkhāpadaṃ

721. Tena samayena buddho Bhagavā sāvatthiyaṃ viharati jetavane anāthapiṇḍikassa ārāme. Tena kho pana samayena thullanandāya bhikkhuniyā antevāsikā bhikkhuniyo saṃsaṭṭhā viharanti pāpācārā pāpasaddā pāpasilokā, bhikkhunisaṅghassa vihesikā, aññamaññissā vajjappaṭicchādikā. Yā tā bhikkhuniyo appicchā...pe... tā ujjhāyanti khiyyanti vipācenti – ''kathañhi nāma bhikkhuniyo saṃsaṭṭhā viharissanti pāpācārā pāpasaddā pāpasilokā bhikkhunisaṅghassa vihesikā aññamaññissā vajjappaṭicchādikā''ti...pe... saccaṃ kira, bhikkhave, bhikkhuniyo saṃsaṭṭhā viharanti pāpācārā pāpasaddā pāpasilokā bhikkhunisaṅghassa vihesikā aññamaññissā vajjappaṭicchādikāti? ''Saccaṃ, Bhagavā''ti. Vigarahi buddho Bhagavā...pe... kathañhi nāma, bhikkhave, bhikkhuniyo saṃsaṭṭhā viharissanti pāpācārā pāpasaddā pāpasilokā, bhikkhunisaṅghassa vihesikā, aññamaññissā

vajjappaṭicchādikā! Netaṃ, bhikkhave, appasannānaṃ vā pasādāya...pe... evañca pana, bhikkhave, bhikkhuniyo imaṃ sikkhāpadaṃ uddisantu –

722.''Bhikkhuniyo paneva saṃsaṭṭhā viharanti pāpācārā pāpasaddā pāpasilokā, bhikkhunisaṅghassa vihesikā, aññamaññissā vajjappaṭicchādikā. Tā bhikkhuniyo bhikkhunīhi evamassu vacanīyā – 'bhaginiyo kho saṃsaṭṭhā viharanti pāpācārā pāpasaddā pāpasilokā, bhikkhunisaṅghassa vihesikā aññamaññissā vajjappaṭicchādikā. Viviccathāyye. Vivekaññeva bhaginīnaṃ saṅgho vaṇṇetī'ti. Evañca tā bhikkhuniyo bhikkhunīhi vuccamānā tatheva paggaṇheyyuṃ, tā bhikkhuniyo bhikkhunīhi yāvatatiyaṃ samanubhāsitabbā tassa paṭinissaggāya. Yāvatatiyañce samanubhāsīyamānā taṃ paṭinissajjeyyuṃ, iccetaṃ kusalaṃ; no ce paṭinissajjeyyuṃ, imāpi bhikkhuniyo yāvatatiyakaṃ dhammaṃ āpannā nissāraṇīyaṃ saṅghādisesa''nti.

723.Bhikkhuniyo panevāti upasampannāyo vuccanti.

Saṃsaṭṭhā viharantīti saṃsaṭṭhā nāma ananulomikena kāyikavācasikena saṃsaṭṭhā viharanti.

Pāpācārāti pāpakena ācārena samannāgatā.

Pāpasaddāti pāpakena kittisaddena abbhuggatā.

Pāpasilokāti pāpakena micchājīvena jīvitaṃ kappenti.

Bhikkhunisaṅghassa vihesikāti aññamaññissā kamme karīyamāne paṭikkosanti.

Aññamaññissā vajjappaṭicchādikāti aññamaññaṃ vajjaṃ paṭicchādenti.

Tā bhikkhuniyoti yā tā saṃsaṭṭhā bhikkhuniyo.

Bhikkhunīhīti aññāhi bhikkhunīhi.

Yā passanti yā suṇanti tāhi vattabbā – ''bhaginiyo kho saṃsaṭṭhā viharanti pāpācārā pāpasaddā pāpasilokā, bhikkhunisaṅghassa vihesikā, aññamaññissā vajjappaṭicchādikā. Viviccathāyye. Vivekaññeva bhaginīnaṃ saṅgho vaṇṇetī''ti. Dutiyampi vattabbā. Tatiyampi vattabbā. Sace paṭinissajjanti, iccetaṃ kusalaṃ; no ce paṭinissajjanti, āpatti dukkaṭassa. Sutvā na vadanti, āpatti dukkaṭassa. Tā bhikkhuniyo saṅghamajjhampi ākaḍḍhitvā vattabbā – ''bhaginiyo kho saṃsaṭṭhā viharanti pāpācārā pāpasaddā pāpasilokā, bhikkhunisaṅghassa vihesikā, aññamaññissā vajjappaṭicchādikā. Viviccathāyye. Vivekaññeva bhaginīnaṃ saṅgho vaṇṇetī''ti. Dutiyampi vattabbā. Tatiyampi vattabbā. Sace paṭinissajjanti, iccetaṃ kusalaṃ; no ce paṭinissajjanti, āpatti dukkaṭassa. Tā bhikkhuniyo samanubhāsitabbā. Evañca pana, bhikkhave, samanubhāsitabbā. Byattāya bhikkhuniyā paṭibalāya saṅgho ñāpetabbo –

724. ''Suṇātu me, ayye, saṅgho. Itthannāmā ca itthannāmā ca bhikkhuniyo saṃsaṭṭhā viharanti pāpācārā pāpasaddā pāpasilokā, bhikkhunisaṅghassa vihesikā, aññamaññissā vajjappaṭicchādikā. Tā taṃ vatthuṃ na paṭinissajjanti. Yadi saṅghassa pattakallaṃ, saṅgho itthannāmañca itthannāmañca bhikkhuniyo samanubhāseyya tassa vatthussa paṭinissaggāya. Esā ñatti.

''Suṇātu me, ayye, saṅgho. Itthannāmā ca itthannāmā ca bhikkhuniyo saṃsaṭṭhā viharanti pāpācārā pāpasaddā pāpasilokā, bhikkhunisaṅghassa vihesikā, aññamaññissā vajjappaṭicchādikā. Tā taṃ vatthuṃ na paṭinissajjanti. Saṅgho itthannāmañca itthannāmañca bhikkhuniyo samanubhāsati tassa vatthussa paṭinissaggāya. Yassā ayyāya khamati itthannāmāya ca itthannāmāya ca bhikkhunīnaṃ samanubhāsanā tassa vatthussa paṭinissaggāya, sā tuṇhassa; yassā nakkhamati, sā bhāseyya.

''Dutiyampi etamatthaṃ vadāmi...pe... tatiyampi etamatthaṃ vadāmi...pe....

''Samanubhaṭṭhā saṅghena, itthannāmā ca itthannāmā ca bhikkhuniyo tassa vatthussa paṭinissaggāya. Khamati saṅghassa, tasmā tuṇhī, evametaṃ dhārayāmī''ti.

Ñattiyā dukkaṭaṃ, dvīhi kammavācāhi thullaccayā, kammavācāpariyosāne āpatti saṅghādisesassa. Saṅghādisesaṃ ajjhāpajjantīnaṃ ñattiyā dukkaṭaṃ dvīhi kammavācāhi thullaccayā paṭippassambhanti. Dve tisso ekato samanubhāsitabbā. Tatuttari na samanubhāsitabbā.

Imāpi bhikkhuniyoti purimāyo upādāya vuccanti.

Yāvatatiyakanti yāvatatiyaṃ samanubhāsanāya āpajjanti, na saha vatthujjhācārā.

Nissāraṇīyanti saṅghamhā nissārīyati.

Saṅghādisesoti...pe... tenapi vuccati saṅghādisesoti.

725. Dhammakamme dhammakammasaññā na paṭinissajjanti, āpatti saṅghādisesassa. Dhammakamme vematikā na paṭinissajjanti, āpatti saṅghādisesassa. Dhammakamme adhammakammasaññā na paṭinissajjanti, āpatti saṅghādisesassa.

Adhammakamme dhammakammasaññā, āpatti dukkaṭassa. Adhammakamme vematikā, āpatti dukkaṭassa. Adhammakamme adhammakammasaññā, āpatti dukkaṭassa.

726. Anāpatti asamanubhāsantīnaṃ, paṭinissajjantīnaṃ, ummattikānaṃ, ādikammikānanti.

Navamasaṅghādisesasikkhāpadaṃ niṭṭhitaṃ.

10. Dasamasaṅghādisesasikkhāpadaṃ

727. Tena samayena buddho Bhagavā sāvatthiyaṃ viharati jetavane anāthapiṇḍikassa ārāme. Tena kho pana samayena thullanandā bhikkhunīsaṅghena samanubhaṭṭhā bhikkhuniyo evaṃ vadeti – ''saṃsaṭṭhāva ayye, tumhe viharatha. Mā tumhe nānā viharittha. Santi saṅghe aññāpi bhikkhuniyo evācārā evaṃsaddā evaṃsilokā, bhikkhunisaṅghassa vihesikā, aññamaññissā vajjappaṭicchādikā. Tā saṅgho na kiñci āha.

Tumhaññeva [tumheyeva (syā.)] saṅgho uññāya paribhavena akkhantiyā vebhassiyā [vebhassā (sī. syā.)] dubbalyā evamāha – 'bhaginiyo kho saṃsaṭṭhā viharanti pāpācārā pāpasaddā pāpasilokā, bhikkhunisaṅghassa vihesikā, aññamaññissā vajjappaṭicchādikā. Viviccathāyye. Vivekaññeva bhaginīnaṃ saṅgho vaṇṇetī''ti. Yā tā bhikkhuniyo appicchā...pe... tā ujjhāyanti khiyyanti vipācenti – kathañhi nāma ayyā thullanandā bhikkhunī saṅghena samanubhaṭṭhā bhikkhuniyo evaṃ vakkhati – saṃsaṭṭhāva ayye, tumhe viharatha. Mā tumhe nānā viharittha. Santi saṅghe aññāpi bhikkhuniyo...pe... viviccathāyye. Vivekaññeva bhaginīnaṃ saṅgho vaṇṇetīti...pe... saccaṃ kira, bhikkhave, thullanandā bhikkhunī saṅghena samanubhaṭṭhā bhikkhuniyo evaṃ vadeti – saṃsaṭṭhāva ayye tumhe viharatha. Mā tumhe nānā viharittha. Santi saṅghe aññāpi bhikkhuniyo evācārā evaṃsaddā evaṃsilokā, bhikkhunisaṅghassa vihesikā, aññamaññissā vajjappaṭicchādikā. Tā saṅgho na kiñci āha. Tumhaññeva saṅgho uññāya paribhavena akkhantiyā vebhassiyā dubbalyā evamāha – bhaginiyo kho saṃsaṭṭhā viharanti pāpācārā pāpasaddā pāpasilokā, bhikkhunisaṅghassa vihesikā, aññamaññissā vajjappaṭicchādikā. Viviccathāyye. Vivekaññeva bhaginīnaṃ saṅgho vaṇṇetīti? ''Saccaṃ Bhagavā''ti. Vigarahi buddho Bhagavā...pe... kathañhi nāma, bhikkhave, thullanandā bhikkhunī saṅghena samanubhaṭṭhā bhikkhuniyo evaṃ vakkhati – saṃsaṭṭhāva ayye, tumhe viharatha. Mā tumhe nānā viharittha. Santi saṅghe aññāpi bhikkhuniyo...pe... viviccathāyye. Vivekaññeva bhaginīnaṃ saṅgho vaṇṇetīti! Netaṃ, bhikkhave, appasannānaṃ vā pasādāya...pe... evañca pana bhikkhave, bhikkhuniyo imaṃ sikkhāpadaṃ uddisantu –

728. ''Yāpana bhikkhunī evaṃ vadeyya – 'saṃsaṭṭhāva ayye, tumhe viharatha. Mā tumhe nānā viharittha. Santi saṅghe aññāpi bhikkhuniyo evācārā evaṃsaddā evaṃsilokā, bhikkhunisaṅghassa vihesikā, aññamaññissā vajjappaṭicchādikā. Tā saṅgho na kiñci āha. Tumhaññeva saṅgho uññāya paribhavena akkhantiyā vebhassiyā dubbalyā evamāha – bhaginiyo kho saṃsaṭṭhā viharanti pāpācārā pāpasaddā pāpasilokā, bhikkhunisaṅghassa vihesikā, aññamaññissā vajjappaṭicchādikā. Viviccathāyye. Vivekaññeva bhaginīnaṃ saṅgho vaṇṇetī'ti. Sā bhikkhunī bhikkhunīhi evamassa vacanīyā – 'mā, ayye, evaṃ avaca – saṃsaṭṭhāva ayye, tumhe viharatha. Mā tumhe nānā viharittha. Santi saṅghe aññāpi bhikkhuniyo evācārā evaṃsaddā evaṃsilokā, bhikkhunisaṅghassa vihesikā, aññamaññissā vajjappaṭicchādikā. Tā saṅgho na kiñci āha. Tumhaññeva saṅgho uññāya paribhavena akkhantiyā vebhassiyā dubbalyā evamāha – bhaginiyo kho saṃsaṭṭhā viharanti pāpācārā pāpasaddā pāpasilokā, bhikkhunisaṅghassa vihesikā, aññamaññissā vajjappaṭicchādikā. Viviccathāyye. Vivekaññeva bhaginīnaṃ saṅgho vaṇṇetī'ti. Evañca sā bhikkhunī bhikkhunīhi vuccamānā tatheva paggaṇheyya, sā bhikkhunī bhikkhunīhi yāvatatiyaṃ samanubhāsitabbā tassa paṭinissaggāya. Yāvatatiyañce samanubhāsīyamānā taṃ paṭinissajjeyya, iccetaṃ kusalaṃ; no ce paṭinissajjeyya, ayampi bhikkhunī yāvatatiyakaṃ dhammaṃ āpannā nissāraṇīyaṃ saṅghādisesa''nti.

729. Yāpanāti yā yādisā...pe... bhikkhunīti...pe... ayaṃ imasmiṃ atthe adhippetā bhikkhunīti.

Evaṃ vadeyyāti – ''saṃsaṭṭhāva ayye, tumhe viharatha. Mā tumhe nānā viharittha. Santi saṅghe aññāpi bhikkhuniyo evācārā evaṃsaddā evaṃsilokā, bhikkhunisaṅghassa vihesikā, aññamaññissā vajjappaṭicchādikā. Tā saṅgho na kiñci āha''.

Tumhaññeva saṅgho uññāyāti avaññāya.

Paribhavenāti pāribhabyatā.

Akkhantiyāti kopena.

Vebhassiyāti vibhassīkatā [vibhassikatāya (sī.)].

Dubbalyāti apakkhatā.

Evamāha – ''bhaginiyo kho saṃsaṭṭhā viharanti pāpācārā pāpasaddā pāpasilokā, bhikkhunisaṅghassa vihesikā, aññamaññissā vajjappaṭicchādikā. Viciccathāyye. Vivekaññeva bhaginīnaṃ saṅgho vaṇṇetī''ti.

Sā bhikkhunīti yā sā evaṃvādinī bhikkhunī.

Bhikkhunīhīti aññāhi bhikkhunīhi.

Yā passanti yā suṇanti tāhi vattabbā – ''māyye, evaṃ avaca – 'saṃsaṭṭhāva ayye, tumhe viharatha. Mā tumhe nānā viharittha. Santi saṅghe aññāpi bhikkhuniyo...pe... viviccathāyye. Vivekaññeva bhaginīnaṃ saṅgho vaṇṇetī''ti. Dutiyampi vattabbā. Tatiyampi vattabbā. Sace paṭinissajjati, iccetaṃ kusalaṃ; no ce paṭinissajjati, āpatti dukkaṭassa. Sutvā na vadanti, āpatti dukkaṭassa. Sā bhikkhunī saṅghamajjhampi ākaḍḍhitvā vattabbā – ''māyye, evaṃ avaca – 'saṃsaṭṭhāva ayye, tumhe viharatha. Mā tumhe nānā viharittha. Santi saṅghe aññāpi bhikkhuniyo...pe... viviccathāyye. Vivekaññeva bhaginīnaṃ saṅgho vaṇṇetī''ti. Dutiyampi vattabbā. Tatiyampi vattabbā. Sace paṭinissajjati, iccetaṃ kusalaṃ; no ce paṭinissajjati, āpatti dukkaṭassa. Sā bhikkhunī samanubhāsitabbā. Evañca pana, bhikkhave, samanubhāsitabbā. Byattāya bhikkhuniyā paṭibalāya saṅgho ñāpetabbo –

730. ''Suṇātu me, ayye, saṅgho. Ayaṃ itthannāmā bhikkhunī saṅghena samanubhaṭṭhā bhikkhuniyo evaṃ vadeti – 'saṃsaṭṭhāva ayye, tumhe viharatha. Mā tumhe nānā viharittha. Santi saṅghe aññāpi bhikkhuniyo evācārā evaṃsaddā evaṃsilokā, bhikkhunisaṅghassa vihesikā, aññamaññissā vajjappaṭicchādikā. Tā saṅgho na kiñci āha. Tumhaññeva saṅgho uññāya paribhavena akkhantiyā vebhassiyā dubbalyā evamāha – bhaginiyo kho saṃsaṭṭhā viharanti pāpācārā pāpasaddā pāpasilokā,

bhikkhunisaṅghassa vihesikā aññamaññissā vajjappaṭicchādikā. Viviccathāyye. Vivekaññeva bhaginīnaṃ saṅgho vaṇṇetī'ti. Sā taṃ vatthuṃ na paṭinissajjati. Yadi saṅghassa pattakallaṃ, saṅgho itthannāmaṃ bhikkhuniṃ samanubhāseyya tassa vatthussa paṭinissaggāya. Esā ñatti.

"Suṇātu me, ayye, saṅgho. Ayaṃ itthannāmā bhikkhunī saṅghena samanubhaṭṭhā bhikkhuniyo evaṃ vadeti – 'saṃsaṭṭhāva ayye, tumhe viharatha. Mā tumhe nānā viharittha. Santi saṅghe aññāpi bhikkhuniyo evācārā evaṃsaddā evaṃsilokā, bhikkhunisaṅghassa vihesikā, aññamaññissā vajjappaṭicchādikā. Tā saṅgho na kiñci āha. Tumhaññeva saṅgho uññāya paribhavena akkhantiyā vebhassiyā dubbalyā evamāha – bhaginiyo kho saṃsaṭṭhā viharanti pāpācārā pāpasaddā pāpasilokā, bhikkhunisaṅghassa vihesikā, aññamaññissā vajjappaṭicchādikā. Viviccathāyye. Vivekaññeva bhaginīnaṃ saṅgho vaṇṇetī'ti. Sā taṃ vatthuṃ na paṭinissajjati. Saṅgho itthannāmaṃ bhikkhuniṃ samanubhāsati tassa vatthussa paṭinissaggāya. Yassā ayyāya khamati itthannāmāya bhikkhuniyā samanubhāsanā tassa vatthussa paṭinissaggāya, sā tuṇhassa; yassā nakkhamati, sā bhāseyya.

"Dutiyampi etamatthaṃ vadāmi...pe... tatiyampi etamatthaṃ vadāmi...pe....

"Samanubhaṭṭhā saṅghena itthannāmā bhikkhunī tassa vatthussa paṭinissaggāya. Khamati saṅghassa, tasmā tuṇhī, evametaṃ dhārayāmī"ti.

Ñattiyā dukkaṭaṃ, dvīhi kammavācāhi thullaccayā, kammavācāpariyosāne āpatti saṅghādisesassa. Saṅghādisesaṃ ajjhāpajjantiyā ñattiyā dukkaṭaṃ, dvīhi kammavācāhi thullaccayā paṭippassambhanti.

Ayampīti purimāyo upādāya vuccati.

Yāvatatiyakanti yāvatatiyaṃ samanubhāsanāya āpajjati, na sahavatthujjhācārā.

Nissāraṇīyanti saṅghamhā nissārīyati.

Saṅghādisesoti saṅghova tassā āpattiyā mānattaṃ deti, mūlāya paṭikassati, abbheti, na sambahulā na ekā bhikkhunī. Tena vuccati "saṅghādiseso"ti. Tasseva āpattinikāyassa nāmakammaṃ adhivacanaṃ, tenapi vuccati "saṅghādiseso"ti.

731. Dhammakamme dhammakammasaññā na paṭinissajjati, āpatti saṅghādisesassa. Dhammakamme vematikā na paṭinissajjati, āpatti saṅghādisesassa. Dhammakamme adhammakammasaññā na paṭinissajjati, āpatti saṅghādisesassa.

Adhammakamme dhammakammasaññā, āpatti dukkaṭassa. Adhammakamme vematikā, āpatti dukkaṭassa. Adhammakamme adhammakammasaññā, āpatti dukkaṭassa.

732. Anāpatti asamanubhāsantiyā, paṭinissajjantiyā, ummattikāya, ādikammikāyāti.

Dasamasaṅghādisesasikkhāpadaṃ niṭṭhitaṃ.

Uddiṭṭhā kho, ayyāyo, sattarasa saṅghādisesā dhammā – nava paṭhamāpattikā, aṭṭha yāvatatiyakā. Yesaṃ bhikkhunī aññataraṃ vā aññataraṃ vā āpajjati, tāya bhikkhuniyā ubhatosaṅghe pakkhamānattaṃ caritabbaṃ. Ciṇṇamānattā bhikkhunī yattha siyā vīsatigaṇo bhikkhunisaṅgho tattha (sā bhikkhunī) [( ) (katthapi natthi)] abbhetabbā. Ekāyapi ce ūno vīsatigaṇo bhikkhunisaṅgho taṃ bhikkhuniṃ abbheyya. Sā ca bhikkhunī anabbhitā, tā ca bhikkhuniyo gārayhā, ayaṃ tattha sāmīci.

Tatthāyyāyo pucchāmi – "kaccittha parisuddhā"? Dutiyampi pucchāmi – "kaccittha parisuddhā"? Tatiyampi pucchāmi – "kaccittha parisuddhā"? Parisuddhetthāyyāyo, tasmā tuṇhī, evametaṃ dhārayāmīti.

Sattarasakaṃ niṭṭhitaṃ.

Bhikkhunivibhaṅge saṅghādisesakaṇḍaṃ niṭṭhitaṃ.

3. Nissaggiyakaṇḍaṃ (bhikkhunīvibhaṅgo)

1. Pattavaggo

1. Paṭhamasikkhāpadaṃ

Ime kho panāyyāyo tiṃsa nissaggiyā pācittiyā

Dhammā uddesaṃ āgacchanti.

733. Tena samayena buddho Bhagavā sāvatthiyaṃ viharati jetavane anāthapiṇḍikassa ārāme. Tena kho pana samayena chabbaggiyā bhikkhuniyo bahū patte sannicayaṃ karonti. Manussā vihāracārikaṃ āhiṇḍantā passitvā ujjhāyanti khiyyanti vipācenti – "kathañhi nāma bhikkhuniyo bahū patte sannicayaṃ karissanti, pattavāṇijjaṃ vā bhikkhuniyo karissanti, āmattikāpaṇaṃ vā pasāressantī"ti! Assosuṃ kho bhikkhuniyo tesaṃ manussānaṃ ujjhāyantānaṃ khiyyantānaṃ vipācentānaṃ. Yā tā bhikkhuniyo appicchā...pe... tā ujjhāyanti khiyyanti vipācenti – "kathañhi nāma chabbaggiyā bhikkhuniyo pattasannicayaṃ karissantī"ti...pe... saccaṃ kira, bhikkhave, chabbaggiyā bhikkhuniyo pattasannicayaṃ karontīti? "Saccaṃ, Bhagavā"ti. Vigarahi buddho Bhagavā...pe... kathañhi nāma, bhikkhave, chabbaggiyā bhikkhuniyo pattasannicayaṃ karissanti! Netaṃ, bhikkhave, appasannānaṃ vā pasādāya...pe... evañca pana, bhikkhave, bhikkhuniyo imaṃ sikkhāpadaṃ uddisantu –

734."Yā pana bhikkhunī pattasannicayaṃ kareyya, nissaggiyaṃ pācittiya"nti.

735.Yāpanāti yā yādisā...pe... bhikkhunīti...pe... ayaṃ imasmiṃ atthe adhippetā bhikkhunīti.

Patto nāma dve pattā – ayopatto, mattikāpatto. Tayo pattassa vaṇṇā – ukkaṭṭho patto, majjhimo patto, omako patto. Ukkaṭṭhonāmapatto aḍḍhāḷhakodanaṃ gaṇhāti catubhāgaṃ khādanaṃ tadupiyaṃ byañjanaṃ. Majjhimo nāmapatto nāḷikodanaṃ gaṇhāti catubhāgaṃ khādanaṃ tadupiyaṃ

byañjanaṃ. Omakonāmapatto patthodanaṃ gaṇhāti catubhāgaṃ khādanaṃ tadupiyaṃ byañjanaṃ. Tato ukkaṭṭho apatto omako apatto.
Sannicayaṃ kareyyāti anadhiṭṭhito avikappito.
Nissaggiyohotīti saha aruṇuggamanā nissaggiyo hoti. Nissajjitabbo saṅghassa vā gaṇassa vā ekabhikkhuniyā vā. Evañca pana, bhikkhave, nissajjitabbo. Tāya bhikkhuniyā saṅghaṃ upasaṅkamitvā ekaṃsaṃ uttarāsaṅgaṃ karitvā vuḍḍhānaṃ bhikkhunīnaṃ pāde vanditvā ukkuṭikaṃ nisīditvā añjaliṃ paggahetvā evamassa vacanīyo – ''ayaṃ me, ayye, patto rattātikkanto nissaggiyo, imāhaṃ saṅghassa nissajjāmī''ti. Nissajjitvā āpatti desetabbā. Byattāya bhikkhuniyā paṭibalāya āpatti paṭiggahetabbā. Nissaṭṭhapatto dātabbo –
''Suṇātu me, ayye, saṅgho. Ayaṃ patto itthannāmāya bhikkhuniyā nissaggiyo saṅghassa nissaṭṭho. Yadi saṅghassa pattakallaṃ, saṅgho imaṃ pattaṃ itthannāmāya bhikkhuniyā dadeyyā''ti.
Tāya bhikkhuniyā sambahulā bhikkhuniyo upasaṅkamitvā ekaṃsaṃ uttarāsaṅgaṃ karitvā vuḍḍhānaṃ bhikkhunīnaṃ pāde vanditvā ukkuṭikaṃ nisīditvā añjaliṃ paggahetvā evamassu vacanīyā – ''ayaṃ me, ayyāyo, patto rattātikkanto nissaggiyo, imāhaṃ ayyānaṃ nissajjāmī''ti. Nissajjitvā āpatti desetabbā. Byattāya bhikkhuniyā paṭibalāya āpatti paṭiggahetabbā. Nissaṭṭhapatto dātabbo –
''Suṇantu me ayyāyo. Ayaṃ patto itthannāmāya bhikkhuniyā nissaggiyo ayyānaṃ nissaṭṭho. Yadi ayyānaṃ pattakallaṃ, ayyāyo imaṃ pattaṃ itthannāmāya bhikkhuniyā dadeyyu''nti.
Tāya bhikkhuniyā ekaṃ bhikkhuniṃ upasaṅkamitvā ekaṃsaṃ uttarāsaṅgaṃ karitvā ukkuṭikaṃ nisīditvā añjaliṃ paggahetvā evamassa vacanīyā – ''ayaṃ me, ayye, patto rattātikkanto nissaggiyo. Imāhaṃ ayyāya nissajjāmī''ti. Nissajjitvā āpatti desetabbā. Tāya bhikkhuniyā āpatti paṭiggahetabbā. Nissaṭṭhapatto dātabbo – ''imaṃ pattaṃ ayyāya dammī''ti.
736. Rattātikkante atikkantasaññā, nissaggiyaṃ pācittiyaṃ. Rattātikkante vematikā, nissaggiyaṃ pācittiyaṃ. Rattātikkante anatikkantasaññā, nissaggiyaṃ pācittiyaṃ. Anadhiṭṭhite adhiṭṭhitasaññā, nissaggiyaṃ pācittiyaṃ. Avikappite vikappitasaññā, nissaggiyaṃ pācittiyaṃ. Avissajjite vissajjitasaññā, nissaggiyaṃ pācittiyaṃ. Anaṭṭhe naṭṭhasaññā... avinaṭṭhe vinaṭṭhasaññā... abhinne bhinnasaññā... avilutte viluttasaññā, nissaggiyaṃ pācittiyaṃ.
Nissaggiyaṃ pattaṃ anissajjitvā paribhuñjati, āpatti dukkaṭassa. Rattānatikkante atikkantasaññā, āpatti dukkaṭassa. Rattānatikkante vematikā, āpatti dukkaṭassa. Rattānatikkante anatikkantasaññā anāpatti.
737. Anāpatti antoaruṇe adhiṭṭheti, vikappeti, vissajjeti, nassati, vinassati, bhijjati, acchinditvā gaṇhanti, vissāsaṃ gaṇhanti, ummattikāya, ādikammikāyāti.
Tena kho pana samayena chabbaggiyā bhikkhuniyo nissaṭṭhapattaṃ na denti. Bhagavato etamatthaṃ ārocesuṃ. Na, bhikkhave, nissaṭṭhapatto na dātabbo. Yā na dadeyya, āpatti dukkaṭassāti.
Paṭhamasikkhāpadaṃ niṭṭhitaṃ.
2. Dutiyasikkhāpadaṃ
738. Tena samayena buddho Bhagavā sāvatthiyaṃ viharati jetavane anāthapiṇḍikassa ārāme . Tena kho pana samayena sambahulā bhikkhuniyo gāmakāvāse vassaṃvuṭṭhā [vassaṃvutthā (sī. syā.)]sāvatthiṃ agamaṃsu vattasampannā iriyāpathasampannā duccoḷā lūkhacīvarā. Upāsakā tā bhikkhuniyo passitvā – ''imā bhikkhuniyo vattasampannā iriyāpathasampannā duccoḷā lūkhacīvarā, imā bhikkhuniyo acchinnā bhavissantī''ti bhikkhunisaṅghassa akālacīvaraṃ adaṃsu. Thullanandā bhikkhunī – ''amhākaṃ kathinaṃ atthataṃ kālacīvara''nti adhiṭṭhahitvā bhājāpesi. Upāsakā tā bhikkhuniyo passitvā etadavocuṃ – ''apayyāhi cīvaraṃ laddha''nti? ''Na mayaṃ, āvuso, cīvaraṃ labhāma. Ayyā thullanandā – 'amhākaṃ kathinaṃ atthataṃ kālacīvara'nti adhiṭṭhahitvā bhājāpesī''ti. Upāsakā ujjhāyanti khiyyanti vipācenti – ''kathañhi nāma ayyā thullanandā akālacīvaraṃ 'kālacīvara'nti adhiṭṭhahitvā bhājāpessatī''ti! Assosuṃ kho bhikkhuniyo tesaṃ upāsakānaṃ ujjhāyantānaṃ khiyyantānaṃ vipācentānaṃ. Yā tā bhikkhuniyo appicchā...pe... tā ujjhāyanti khiyyanti vipācenti – ''kathañhi nāma ayyā thullanandā akālacīvaraṃ 'kālacīvara'nti adhiṭṭhahitvā bhājāpessatī''ti! Atha kho tā bhikkhuniyo bhikkhūnaṃ etamatthaṃ ārocesuṃ. Bhikkhū bhagavato etamatthaṃ ārocesuṃ ...pe... saccaṃ kira, bhikkhave , thullanandā bhikkhunī akālacīvaraṃ ''kālacīvara''nti adhiṭṭhahitvā bhājāpetīti [bhājāpesīti (ka.)]? ''Saccaṃ, Bhagavā''ti. Vigarahi buddho Bhagavā...pe... kathañhi nāma, bhikkhave, thullanandā bhikkhunī akālacīvaraṃ ''kālacīvara''nti adhiṭṭhahitvā bhājāpessati! Netaṃ, bhikkhave, appasannānaṃ vā pasādāya...pe... evañca pana, bhikkhave, bhikkhuniyo imaṃ sikkhāpadaṃ uddisantu –
739.''Yā pana bhikkhunī akālacīvaraṃ 'kālacīvara'nti adhiṭṭhahitvā bhājāpeyya, nissaggiyaṃ pācittiya''nti.
740.Yā panāti yā yādisā...pe... bhikkhunīti...pe... ayaṃ imasmiṃ atthe adhippetā bhikkhunīti.
Akālacīvaraṃ nāma anatthate kathine ekādasamāse uppannaṃ, atthate kathine sattamāse uppannaṃ, kālepi ādissa dinnaṃ, etaṃ akālacīvaraṃ nāma.
Akālacīvaraṃ ''kālacīvara''nti adhiṭṭhahitvā bhājāpeti, payoge dukkaṭaṃ. Paṭilābhena nissaggiyaṃ hoti. Nissajjitabbaṃ saṅghassa vā gaṇassa vā ekabhikkhuniyā vā. Evañca pana , bhikkhave, nissajjitabbaṃ...pe... idaṃ me, ayye, akālacīvaraṃ ''kālacīvara'nti adhiṭṭhahitvā bhājāpitaṃ

nissaggiyaṃ, imāhaṃ saṅghassa nissajjāmī''ti...pe... dadeyyāti...pe... dadeyyunti...pe... ayyāya dammīti.

741. Akālacīvare akālacīvarasaññā ''kālacīvara''nti adhiṭṭhahitvā bhājāpeti, nissaggiyaṃ pācittiyaṃ. Akālacīvare vematikā ''kālacīvara''nti adhiṭṭhahitvā bhājāpeti, āpatti dukkaṭassa. Akālacīvare kālacīvarasaññā ''kālacīvara''nti adhiṭṭhahitvā bhājāpeti , anāpatti. Kālacīvare akālacīvarasaññā, āpatti dukkaṭassa. Kālacīvare vematikā, āpatti dukkaṭassa. Kālacīvare kālacīvarasaññā, anāpatti.

742. Anāpatti akālacīvaraṃ kālacīvarasaññā bhājāpeti, kālacīvaraṃ kālacīvarasaññā bhājāpeti, ummattikāya, ādikammikāyāti.

Dutiyasikkhāpadaṃ niṭṭhitaṃ.

3. Tatiyasikkhāpadaṃ

743. Tena samayena buddho Bhagavā sāvatthiyaṃ viharati jetavane anāthapiṇḍikassa ārāme. Tena kho pana samayena thullanandā bhikkhunī aññatarāya bhikkhuniyā saddhiṃ cīvaraṃ parivattetvā paribhuñji. Atha kho sā bhikkhunī taṃ cīvaraṃ saṅgharitvā [saṃharitvā (ka.)] nikkhipi. Thullanandā bhikkhunī taṃ bhikkhuniṃ etadavoca – ''yaṃ te, ayye, mayā saddhiṃ cīvaraṃ parivattitaṃ, kahaṃ taṃ cīvara''nti? Atha kho sā bhikkhunī taṃ cīvaraṃ nīharitvā thullanandāya bhikkhuniyā dassesi. Thullanandā bhikkhunī taṃ bhikkhuniṃ etadavoca – ''handāyye, tuyhaṃ cīvaraṃ, āhara me'taṃ cīvaraṃ, yaṃ tuyhaṃ tuyhamevetaṃ, yaṃ mayhaṃ mayhamevetaṃ, āhara me'taṃ, sakaṃ paccāharā''ti acchindi. Atha kho sā bhikkhunī bhikkhunīnaṃ etamatthaṃ ārocesi. Yā tā bhikkhuniyo appicchā...pe... tā ujjhāyanti khiyyanti vipācenti – ''kathañhi nāma ayyā thullanandā bhikkhuniyā saddhiṃ cīvaraṃ parivattetvā acchindissatī''ti! Atha kho tā bhikkhuniyo bhikkhūnaṃ etamatthaṃ ārocesuṃ. Bhikkhū bhagavato etamatthaṃ ārācesuṃ...pe... saccaṃ kira, bhikkhave, thullanandā bhikkhunī bhikkhuniyā saddhiṃ cīvaraṃ parivattetvā acchindatīti [acchindīti (ka.)]? ''Saccaṃ, Bhagavā''ti. Vigarahi buddho Bhagavā...pe... kathañhi nāma, bhikkhave, thullanandā bhikkhunī bhikkhuniyā saddhiṃ cīvaraṃ parivattetvā acchindissati! Netaṃ, bhikkhave, appasannānaṃ vā pasādāya...pe... evañca pana, bhikkhave, bhikkhuniyo imaṃ sikkhāpadaṃ uddisantu –

744.''Yāpana bhikkhunī bhikkhuniyā saddhiṃ cīvaraṃ parivattetvā sā pacchā evaṃ vadeyya – 'handāyye, tuyhaṃ cīvaraṃ āhara, metaṃ cīvaraṃ, yaṃ tuyhaṃ tuyhamevetaṃ, yaṃ mayhaṃ mayhamevetaṃ, āhara metaṃ, sakaṃ paccāharā'ti acchindeyya vā acchindāpeyya vā, nissaggiyaṃ pācittiya''nti.

745.Yā panāti yā yādisā...pe... bhikkhunīti...pe... ayaṃ imasmiṃ atthe adhippetā bhikkhunīti.

Bhikkhuniyā saddhinti aññāya bhikkhuniyā saddhiṃ.

Cīvaraṃ nāma channaṃ cīvarānaṃ aññataraṃ cīvaraṃ vikappanupagaṃ pacchimaṃ.

Parivattetvāti parittena vā vipulaṃ, vipulena vā parittaṃ.

Acchindeyyāti sayaṃ acchindati nissaggiyaṃ pācittiyaṃ.

Acchindāpeyyāti aññaṃ āṇāpeti, āpatti dukkaṭassa. Sakiṃ āṇattā bahukampi acchindati, nissaggiyaṃ hoti. Nissajjitabbaṃ saṅghassa vā gaṇassa vā ekabhikkhuniyā vā. Evañca pana, bhikkhave, nissajjitabbaṃ...pe... ''idaṃ me ayye cīvaraṃ bhikkhuniyā saddhiṃ parivattetvā acchinnaṃ nissaggiyaṃ, imāhaṃ saṅghassa nissajjāmī''ti...pe... dadeyyāti...pe... dadeyyunti...pe... ayyāya dammīti.

746. Upasampannāya upasampannasaññā cīvaraṃ parivattetvā acchindati vā acchindāpeti vā, nissaggiyaṃ pācittiyaṃ. Upasampannāya vematikā cīvaraṃ parivattetvā acchindati vā acchindāpeti vā, nissaggiyaṃ pācittiyaṃ. Upasampannāya anupasampannasaññā cīvaraṃ parivattetvā acchindati vā acchindāpeti vā, nissaggiyaṃ pācittiyaṃ.

Aññaṃ parikkhāraṃ parivattetvā acchindati vā acchindāpeti vā, āpatti dukkaṭassa. Anupasampannāya saddhiṃ cīvaraṃ vā aññaṃ vā parikkhāraṃ parivattetvā acchindati vā acchindāpeti vā, āpatti dukkaṭassa. Anupasampannāya upasampannasaññā, āpatti dukkaṭassa. Anupasampannāya vematikā, āpatti dukkaṭassa. Anupasampannāya anupasampannasaññā, āpatti dukkaṭassa.

747. Anāpatti sā vā deti, tassā vā vissasantī gaṇhāti, ummattikāya, ādikammikāyāti.

Tatiyasikkhāpadaṃ niṭṭhitaṃ.

4. Catutthasikkhāpadaṃ

748. Tena samayena buddho Bhagavā sāvatthiyaṃ viharati jetavane anāthapiṇḍikassa ārāme. Tena kho pana samayena thullanandā bhikkhunī gilānā hoti. Atha kho aññataro upāsako yena thullanandā bhikkhunī tenupasaṅkami; upasaṅkamitvā thullanandaṃ bhikkhuniṃ etadavoca – ''kiṃ te, ayye, aphāsu, kiṃ āharīyatū''ti? ''Sappinā me, āvuso, attho''ti. Atha kho so upāsako aññatarassa āpaṇikassa gharā kahāpaṇassa sappiṃ āharitvā thullanandāya bhikkhuniyā adāsi. Thullanandā bhikkhunī evamāha – ''na me, āvuso, sappinā attho; telena me attho''ti. Atha kho so upāsako yena so āpaṇiko tenupasaṅkami; upasaṅkamitvā taṃ āpaṇikaṃ etadavoca – ''na kirāyyo ayyāya sappinā attho, telena attho. Handa te sappiṃ, telaṃ me dehī''ti. ''Sace mayaṃ ayyo vikkītaṃ bhaṇḍaṃ puna ādiyissāma[āharissāma (ka.)], kadā amhākaṃ bhaṇḍaṃ vikkāyissati [vikkīyissati (?)]; sappissa kayena sappi haṭaṃ, telassa kayaṃ āhara, telaṃ harissasī''ti. Atha kho so upāsako ujjhāyati khiyyati vipāceti – ''kathañhi nāma ayyā

thullanandā aññaṃ viññāpetvā aññaṃ viññāpessatī''ti! Assosuṃ kho bhikkhuniyo tassa upāsakassa ujjhāyantassa khiyyantassa vipācentassa. Yā tā bhikkhuniyo appicchā...pe... tā ujjhāyanti khiyyanti vipācenti...pe... atha kho tā bhikkhuniyo bhikkhūnaṃ etamatthaṃ ārocesuṃ. Bhikkhū bhagavato etamatthaṃ ārocesuṃ...pe... saccaṃ kira, bhikkhave, thullanandā bhikkhunī aññaṃ viññāpetvā aññaṃ viññāpetīti [viññāpesīti (ka.)]? ''Saccaṃ, Bhagavā''ti. Vigarahi buddho Bhagavā ...pe... kathañhi nāma, bhikkhave, thullanandā bhikkhunī aññaṃ viññāpetvā aññaṃ viññāpessati! Netaṃ, bhikkhave, appasannānaṃ vā pasādāya...pe... evañca pana, bhikkhave, bhikkhuniyo imaṃ sikkhāpadaṃ uddisantu –

749.''Yā pana bhikkhunī aññaṃ viññāpetvā aññaṃ viññāpeyya, nissaggiyaṃ pācittiya''nti.

750.Yā panāti yā yādisā...pe... bhikkhunīti...pe... ayaṃ imasmiṃ atthe adhippetā bhikkhunīti.

Aññaṃviññāpetvāti yaṃ kiñci viññāpetvā.

Aññaṃ viññāpeyyāti taṃ ṭhapetvā aññaṃ viññāpeti, payoge dukkaṭaṃ. Paṭilābhena nissaggiyaṃ hoti. Nissajjitabbaṃ saṅghassa vā gaṇassa vā ekabhikkhuniyā vā. Evañca pana, bhikkhave, nissajjitabbaṃ...pe... ''idaṃ me ayye aññaṃ viññāpetvā aññaṃ viññāpitaṃ nissaggiyaṃ, imāhaṃ saṅghassa nissajjāmīti...pe... dadeyyāti...pe... dadeyyunti...pe... ayyāya dammī''ti.

751. Aññe aññasaññā aññaṃ viññāpeti, nissaggiyaṃ pācittiyaṃ. Aññe vematikā aññaṃ viññāpeti, nissaggiyaṃ pācittiyaṃ. Aññe anaññasaññā aññaṃ viññāpeti, nissaggiyaṃ pācittiyaṃ.

Anaññe aññasaññā anaññaṃ viññāpeti, āpatti dukkaṭassa. Anaññe vematikā anaññaṃ viññāpeti, āpatti dukkaṭassa. Anaññe anaññasaññā, anāpatti.

752. Anāpatti taññeva [taññeva (syā.)] viññāpeti, aññañca viññāpeti, ānisaṃsaṃ dassetvā viññāpeti, ummattikāya, ādikammikāyāti.

Catutthasikkhāpadaṃ niṭṭhitaṃ.

5. Pañcamasikkhāpadaṃ

753. Tena samayena buddho Bhagavā sāvatthiyaṃ viharati jetavane anāthapiṇḍikassa ārāme. Tena kho pana samayena thullanandā bhikkhunī gilānā hoti. Atha kho aññataro upāsako yena thullanandā bhikkhunī tenupasaṅkami; upasaṅkamitvā thullanandaṃ bhikkhuniṃ etadavoca – ''kacci, ayye, khamanīyaṃ kacci yāpanīya''nti? ''Na me, āvuso, khamanīyaṃ, na yāpanīya''nti. ''Amukassa, ayye, āpaṇikassa ghare kahāpaṇaṃ nikkhipissāmi, tato yaṃ iccheyyāsi taṃ āharāpeyyāsī''ti. Thullanandā bhikkhunī aññataraṃ sikkhamānaṃ āṇāpesi – ''gaccha, sikkhamāne, amukassa āpaṇikassa gharā kahāpaṇassa telaṃ āharā''ti. Atha kho sā sikkhamānā tassa āpaṇikassa gharā kahāpaṇassa telaṃ āharitvā thullanandāya bhikkhuniyā adāsi. Thullanandā bhikkhunī evamāha – ''na me, sikkhamāne, telena attho, sappinā me attho''ti. Atha kho sā sikkhamānā yena so āpaṇiko tenupasaṅkami; upasaṅkamitvā taṃ āpaṇikaṃ etadavoca – ''na kira, āvuso, ayyāya telena attho, sappinā attho, handa te telaṃ, sappiṃ me dehī''ti. ''Sace mayaṃ, ayye, vikkītaṃ bhaṇḍaṃ puna ādiyissāma, kadā amhākaṃ bhaṇḍaṃ vikkāyissati! Telassa kayena telaṃ haṭaṃ, sappissa kayaṃ āhara, sappiṃ harissasī''ti. Atha kho sā sikkhamānā rodantī aṭṭhāsi. Bhikkhuniyo taṃ sikkhamānaṃ etadavocuṃ – ''kissa tvaṃ, sikkhamāne, rodasī''ti? Atha kho sā sikkhamānā bhikkhunīnaṃ etamatthaṃ ārocesi. Yā tā bhikkhuniyo appicchā...pe... tā ujjhāyanti khiyyanti vipācenti – ''kathañhi nāma ayyā thullanandā aññaṃ cetāpetvā aññaṃ cetāpessatī''ti...pe... saccaṃ kira, bhikkhave, thullanandā bhikkhunī aññaṃ cetāpetvā aññaṃ cetāpetīti[cetāpesīti (ka.)]? ''Saccaṃ, Bhagavā''ti. Vigarahi buddho Bhagavā...pe... kathañhi nāma, bhikkhave, thullanandā bhikkhunī aññaṃ cetāpetvā aññaṃ cetāpessati! Netaṃ, bhikkhave, appasannānaṃ vā pasādāya...pe... evañca pana, bhikkhave, bhikkhuniyo imaṃ sikkhāpadaṃ uddisantu –

754.''Yā pana bhikkhunī aññaṃ cetāpetvā aññaṃ cetāpeyya, nissaggiyaṃ pācittiya''nti.

755.Yā panāti yā yādisā...pe... bhikkhunīti...pe... ayaṃ imasmiṃ atthe adhippetā bhikkhunīti.

Aññaṃcetāpetvāti yaṃ kiñci cetāpetvā.

Aññaṃ cetāpeyyāti taṃ ṭhapetvā aññaṃ cetāpeti, payoge dukkaṭaṃ. Paṭilābhena nissaggiyaṃ hoti. Nissajjitabbaṃ saṅghassa vā gaṇassa vā ekabhikkhuniyā vā. Evañca pana, bhikkhave, nissajjitabbaṃ...pe... ''idaṃ me, ayye, aññaṃ cetāpetvā aññaṃ cetāpitaṃ nissaggiyaṃ, imāhaṃ saṅghassa nissajjāmī''ti...pe... dadeyyāti...pe... dadeyyunti...pe... ayyāya dammīti.

756. Aññe aññasaññā aññaṃ cetāpeti, nissaggiyaṃ pācittiyaṃ. Aññe vematikā aññaṃ cetāpeti, nissaggiyaṃ pācittiyaṃ. Aññe anaññasaññā aññaṃ cetāpeti, nissaggiyaṃ pācittiyaṃ.

Anaññe aññasaññā anaññaṃ cetāpeti, āpatti dukkaṭassa. Anaññe vematikā anaññaṃ cetāpeti, āpatti dukkaṭassa. Anaññe anaññasaññā anāpatti.

757. Anāpatti taññeva [taññeva (syā.)] cetāpeti, aññañca cetāpeti, ānisaṃsaṃ dassetvā cetāpeti, ummattikāya, ādikammikāyāti.

Pañcamasikkhāpadaṃ niṭṭhitaṃ.

6. Chaṭṭhasikkhāpadaṃ

758. Tena samayena buddho Bhagavā sāvatthiyaṃ viharati jetavane anāthapiṇḍikassa ārāme. Tena kho pana samayena upāsakā bhikkhunisaṅghassa cīvaratthāya chandakaṃ saṅgharitvā aññatarassa pāvārikassa ghare parikkhāraṃ nikkhipitvā bhikkhuniyo upasaṅkamitvā etadavocuṃ – ''amukassa, ayye, pāvārikassa ghare cīvaratthāya parikkhāro nikkhitto, tato cīvaraṃ āharāpetvā bhājethā''ti. Bhikkhuniyo

tena parikkhārena bhesajjaṃ cetāpetvā paribhuñjiṃsu. Upāsakā jānitvā ujjhāyanti khiyyanti vipācenti – ''kathañhi nāma bhikkhuniyo aññadatthikena parikkhārena aññuddisikena saṅghikena aññaṃ cetāpessantī''ti! Assosuṃ kho bhikkhuniyo tesaṃ upāsakānaṃ ujjhāyantānaṃ khiyyantānaṃ vipācentānaṃ. Yā tā bhikkhuniyo appicchā ...pe... tā ujjhāyanti khiyyanti vipācenti – ''kathañhi nāma bhikkhuniyo aññadatthikena parikkhārena aññuddisikena saṅghikena aññaṃ cetāpessantī''ti...pe... saccaṃ kira, bhikkhave, bhikkhuniyo aññadatthikena parikkhārena aññuddisikena saṅghikena aññaṃ cetāpentīti? ''Saccaṃ, Bhagavā''ti. Vigarahi buddho Bhagavā...pe... kathañhi nāma, bhikkhave, bhikkhuniyo aññadatthikena parikkhārena aññuddisikena saṅghikena aññaṃ cetāpessanti! Netaṃ, bhikkhave, appasannānaṃ vā pasādāya...pe... evañca pana, bhikkhave, bhikkhuniyo imaṃ sikkhāpadaṃ uddisantu –

759.''Yā pana bhikkhunī aññadatthikena parikkhārena aññuddisikena saṅghikena aññaṃ cetāpeyya, nissaggiyaṃ pācittiya''nti.

760.Yā panāti yā yādisā...pe... bhikkhunīti...pe... ayaṃ imasmiṃ atthe adhippetā bhikkhunīti.

Aññadatthikena parikkhārena aññuddisikenāti aññassatthāya dinnena.

Saṅghikenāti saṅghassa, na gaṇassa, na ekabhikkhuniyā.

Aññaṃ cetāpeyyāti yaṃatthāya dinnaṃ, taṃ ṭhapetvā aññaṃ cetāpeti, payoge dukkaṭaṃ. Paṭilābhena nissaggiyaṃ hoti. Nissajjitabbaṃ saṅghassa vā gaṇassa vā ekabhikkhuniyā vā. Evañca pana, bhikkhave, nissajjitabbaṃ...pe... ''idaṃ me, ayye, aññadatthikena parikkhārena aññuddisikena saṅghikena aññaṃ cetāpitaṃ nissaggiyaṃ, imāhaṃ saṅghassa nissajjāmī''ti....Pe... dadeyyāti...pe... dadeyyunti...pe... ayyāya dammīti.

761. Aññadatthike aññadatthikasaññā aññaṃ cetāpeti, nissaggiyaṃ pācittiyaṃ. Aññadatthike vematikā aññaṃ cetāpeti, nissaggiyaṃ pācittiyaṃ. Aññadatthike anaññadatthikasaññā aññaṃ cetāpeti, nissaggiyaṃ pācittiyaṃ. Nissaṭṭhaṃ paṭilabhitvā yathādāne upanetabbaṃ.

Anaññadatthike aññadatthikasaññā, āpatti dukkaṭassa. Anaññadatthike vematikā, āpatti dukkaṭassa. Anaññadatthike anaññadatthikasaññā, anāpatti.

762. Anāpatti sesakaṃ upaneti, sāmike apaloketvā upaneti, āpadāsu, ummattikāya, ādikammikāyāti.

Chaṭṭhasikkhāpadaṃ niṭṭhitaṃ.

7. Sattamasikkhāpadaṃ

763. Tena samayena buddho Bhagavā sāvatthiyaṃ viharati jetavane anāthapiṇḍikassa ārāme. Tena kho pana samayena upāsakā bhikkhunisaṅghassa cīvaratthāya chandakaṃ saṅgharitvā aññatarassa pāvārikassa ghare parikkhāraṃ nikkhipitvā bhikkhuniyo upasaṅkamitvā etadavocuṃ – ''amukassa, ayye, pāvārikassa ghare cīvaratthāya parikkhāro nikkhitto, tato cīvaraṃ āharāpetvā bhājethā''ti. Bhikkhuniyo tena ca parikkhārena sayampi yācitvā bhesajjaṃ cetāpetvā paribhuñjiṃsu. Upāsakā jānitvā ujjhāyanti khiyyanti vipācenti – ''kathañhi nāma bhikkhuniyo aññadatthikena parikkhārena aññuddisikena saṅghikena saññācikena aññaṃ cetāpessantī''ti...pe... saccaṃ kira, bhikkhave, bhikkhuniyo aññadatthikena parikkhārena aññuddisikena saṅghikena saññācikena aññaṃ cetāpentīti? ''Saccaṃ, Bhagavā''ti. Vigarahi buddho Bhagavā...pe... kathañhi nāma, bhikkhave, bhikkhuniyo aññadatthikena parikkhārena aññuddisikena saṅghikena saññācikena aññaṃ cetāpessanti! Netaṃ, bhikkhave, appasannānaṃ vā pasādāya...pe... evañca pana, bhikkhave, bhikkhuniyo imaṃ sikkhāpadaṃ uddisantu –

764.''Yā pana bhikkhunī aññadatthikena parikkhārena aññuddisikena saṅghikena saññācikena aññaṃ cetāpeyya, nissaggiyaṃ pācittiya''nti.

765.Yā panāti yā yādisā...pe... bhikkhunīti...pe... ayaṃ imasmiṃ atthe adhippetā bhikkhunīti.

Aññadatthikenaparikkhārena aññuddisikenāti aññassatthāya dinnena.

Saṅghikenāti saṅghassa, na gaṇassa, na ekabhikkhuniyā.

Saññācikenāti sayaṃ yācitvā.

Aññaṃ cetāpeyyāti yaṃatthāya dinnaṃ taṃ ṭhapetvā aññaṃ cetāpeti, payoge dukkaṭaṃ. Paṭilābhena nissaggiyaṃ hoti. Nissajjitabbaṃ saṅghassa vā gaṇassa vā ekabhikkhuniyā vā. Evañca pana, bhikkhave, nissajjitabbaṃ...pe... ''idaṃ me, ayye, aññadatthikena parikkhārena aññuddisikena saṅghikena saññācikena aññaṃ cetāpitaṃ nissaggiyaṃ, imāhaṃ saṅghassa nissajjāmī''ti...pe... dadeyyāti...pe... dadeyyunti...pe... ayyāya dammīti.

766. Aññadatthike aññadatthikasaññā aññaṃ cetāpeti, nissaggiyaṃ pācittiyaṃ. Aññadatthike vematikā aññaṃ cetāpeti, nissaggiyaṃ pācittiyaṃ. Aññadatthike anaññadatthikasaññā aññaṃ cetāpeti, nissaggiyaṃ pācittiyaṃ. Nissaṭṭhaṃ paṭilabhitvā yathādāne upanetabbaṃ.

Anaññadatthike aññadatthikasaññā, āpatti dukkaṭassa. Anaññadatthike vematikā, āpatti dukkaṭassa. Anaññadatthike anaññadatthikasaññā, anāpatti.

767. Anāpatti sesakaṃ upaneti, sāmike apaloketvā upaneti, āpadāsu, ummattikāya, ādikammikāyāti.

Sattamasikkhāpadaṃ niṭṭhitaṃ.

8. Aṭṭhamasikkhāpadaṃ

768. Tena samayena buddho Bhagavā sāvatthiyaṃ viharati jetavane anāthapiṇḍikassa ārāme. Tena kho pana samayena aññatarassa pūgassa pariveṇavāsikā bhikkhuniyo yāguyā kilamanti. Atha kho so pūgo

bhikkhunīnaṃ yāguatthāya chandakaṃ saṅgharitvā aññatarassa āpaṇikassa ghare parikkhāraṃ nikkhipitvā bhikkhuniyo upasaṅkamitvā etadavoca – "amukassa, ayye, āpaṇikassa ghare yāguatthāya parikkhāro nikkhitto, tato taṇḍulaṃ āharāpetvā yāguṃ pacāpetvā paribhuñjathā"ti. Bhikkhuniyo tena parikkhārena bhesajjaṃ cetāpetvā paribhuñjiṃsu. So pūgo jānitvā ujjhāyati khiyyati vipāceti – "kathañhi nāma bhikkhuniyo aññadatthikena parikkhārena aññuddisikena mahājanikena aññaṃ cetāpessantī"ti...pe... saccaṃ kira, bhikkhave, bhikkhuniyo aññadatthikena parikkhārena aññuddisikena mahājanikena aññaṃ cetāpentīti? "Saccaṃ, Bhagavā"ti. Vigarahi buddho Bhagavā...pe... kathañhi nāma, bhikkhave, bhikkhuniyo aññadatthikena parikkhārena aññuddisikena mahājanikena aññaṃ cetāpessanti! Netaṃ, bhikkhave, appasannānaṃ vā pasādāya...pe... evañca pana, bhikkhave, bhikkhuniyo imaṃ sikkhāpadaṃ uddisantu –

769."Yā pana bhikkhunī aññadatthikena parikkhārena aññuddisikena mahājanikena aññaṃ cetāpeyya, nissaggiyaṃ pācittiya"nti.

770.Yā panāti yā yādisā...pe... bhikkhunīti...pe... ayaṃ imasmiṃ atthe adhippetā bhikkhunīti.

Aññadatthikena parikkhārena aññuddisikenāti aññassatthāya dinnena.

Mahājanikenāti gaṇassa, na saṅghassa, na ekabhikkhuniyā.

Aññaṃ cetāpeyyāti yamatthāya dinnaṃ taṃ ṭhapetvā aññaṃ cetāpeti, payoge dukkaṭaṃ. Paṭilābhena nissaggiyaṃ hoti. Nissajjitabbaṃ saṅghassa vā gaṇassa vā ekabhikkhuniyā vā. Evañca pana, bhikkhave, nissajjitabbaṃ...pe... "idaṃ me, ayye, aññadatthikena parikkhārena aññuddisikena mahājanikena aññaṃ cetāpitaṃ nissaggiyaṃ imāhaṃ saṅghassa nissajjāmī"ti...pe... dadeyyāti...pe... dadeyyunti...pe... ayyāya dammīti.

771. Aññadatthike aññadatthikasaññā aññaṃ cetāpeti, nissaggiyaṃ pācittiyaṃ. Aññadatthike vematikā aññaṃ cetāpeti, nissaggiyaṃ pācittiyaṃ. Aññadatthike anaññadatthikasaññā aññaṃ cetāpeti, nissaggiyaṃ pācittiyaṃ. Nissaṭṭhaṃ paṭilabhitvā yathādāne upanetabbaṃ.

Anaññadatthike aññadatthikasaññā, āpatti dukkaṭassa. Anaññadatthike vematikā, āpatti dukkaṭassa. Anaññadatthike anaññadatthikasaññā, anāpatti.

772. Anāpatti sesakaṃ upaneti, sāmike apaloketvā upaneti, āpadāsu, ummattikāya, ādikammikāyāti.

Aṭṭhamasikkhāpadaṃ niṭṭhitaṃ.

9. Navamasikkhāpadaṃ

773. Tena samayena buddho Bhagavā sāvatthiyaṃ viharati jetavane anāthapiṇḍikassa ārāme. Tena kho pana samayena aññatarassa pūgassa pariveṇavāsikā bhikkhuniyo yāguyā kilamanti. Atha kho so pūgo bhikkhunīnaṃ yāguatthāya chandakaṃ saṅgharitvā aññatarassa āpaṇikassa ghare parikkhāraṃ nikkhipitvā bhikkhuniyo upasaṅkamitvā etadavoca – "amukassa, ayye, āpaṇikassa ghare yāguatthāya parikkhāro nikkhitto. Tato taṇḍule āharāpetvā yāguṃ pacāpetvā paribhuñjathā"ti. Bhikkhuniyo tena ca parikkhārena sayampi yācitvā bhesajjaṃ cetāpetvā paribhuñjiṃsu. So pūgo jānitvā ujjhāyati khiyyati vipāceti – "kathañhi nāma bhikkhuniyo aññadatthikena parikkhārena aññuddisikena mahājanikena saññācikena aññaṃ cetāpessantī"ti...pe... saccaṃ kira, bhikkhave, bhikkhuniyo aññadatthikena parikkhārena aññuddisikena mahājanikena saññācikena aññaṃ cetāpentīti? "Saccaṃ, Bhagavā"ti. Vigarahi buddho Bhagavā...pe... kathañhi nāma, bhikkhave, bhikkhuniyo aññadatthikena parikkhārena aññuddisikena mahājanikena saññācikena aññaṃ cetāpessanti! Netaṃ, bhikkhave, appasannānaṃ vā pasādāya...pe... evañca pana, bhikkhave, bhikkhuniyo imaṃ sikkhāpadaṃ uddisantu –

774."Yā pana bhikkhunī aññadatthikena parikkhārena aññuddisikena mahājanikena saññācikena aññaṃ cetāpeyya, nissaggiyaṃ pācittiya"nti.

775.Yāpanāti yā yādisā...pe... bhikkhunīti...pe... ayaṃ imasmiṃ atthe adhippetā bhikkhunīti.

Aññadatthikena parikkhārena aññuddisikenāti aññassatthāya dinnena.

Mahājanikenāti gaṇassa, na saṅghassa, na ekabhikkhuniyā.

Saññācikenāti sayaṃ yācitvā.

Aññaṃ cetāpeyyāti yamatthāya dinnaṃ taṃ ṭhapetvā aññaṃ cetāpeti, payoge dukkaṭaṃ. Paṭilābhena nissaggiyaṃ hoti. Nissajjitabbaṃ saṅghassa vā gaṇassa vā ekabhikkhuniyā vā. Evañca pana, bhikkhave, nissajjitabbaṃ...pe... "idaṃ me, ayye, aññadatthikena parikkhārena aññuddisikena mahājanikena saññācikena aññaṃ cetāpitaṃ nissaggiyaṃ. Imāhaṃ saṅghassa nissajjāmī"ti...pe... dadeyyāti...pe... dadeyyunti...pe... ayyāya dammīti.

776. Aññadatthike aññadatthikasaññā aññaṃ cetāpeti, nissaggiyaṃ pācittiyaṃ. Aññadatthike vematikā aññaṃ cetāpeti, nissaggiyaṃ pācittiyaṃ. Aññadatthike anaññadatthikasaññā aññaṃ cetāpeti, nissaggiyaṃ pācittiyaṃ. Nissaṭṭhaṃ paṭilabhitvā yathādāne upanetabbaṃ.

Anaññadatthike aññadatthikasaññā, āpatti dukkaṭassa. Anaññadatthike vematikā, āpatti dukkaṭassa. Anaññadatthike anaññadatthikasaññā anāpatti.

777. Anāpatti sesakaṃ upaneti, sāmike apaloketvā upaneti, āpadāsu, ummattikāya, ādikammikāyāti.

Navamasikkhāpadaṃ niṭṭhitaṃ.

10. Dasamasikkhāpadaṃ

778. Tena samayena buddho Bhagavā sāvatthiyaṃ viharati jetavane anāthapiṇḍikassa ārāme. Tena kho pana samayena thullanandā bhikkhunī bahussutā hoti bhāṇikā visāradā paṭṭā dhammiṃ kathaṃ kātuṃ. Bahū manussā thullanandaṃ bhikkhuniṃ payirupāsanti. Tena kho pana samayena thullanandāya bhikkhuniyā pariveṇaṃ undriyati [udrīyati (syā.)]. Manussā thullanandaṃ bhikkhuniṃ etadavocuṃ – ''kissidaṃ te, ayye, pariveṇaṃ undriyatī''ti? ''Natthāvuso, dāyakā, natthi kārakā''ti. Atha kho te manussā thullanandāya bhikkhuniyā pariveṇatthāya chandakaṃ saṅgharitvā thullanandāya bhikkhuniyā parikkhāraṃ adaṃsu. Thullanandā bhikkhunī tena ca parikkhārena sayampi yācitvā bhesajjaṃ cetāpetvā paribhuñji. Manussā jānitvā ujjhāyanti khiyyanti vipācenti – ''kathañhi nāma ayyā thullanandā aññadatthikena parikkhārena aññuddisikena puggalikena saññācikena aññaṃ cetāpessatī''ti...pe... saccaṃ kira, bhikkhave, thullanandā bhikkhunī aññadatthikena parikkhārena aññuddisikena puggalikena saññācikena aññaṃ cetāpetīti? ''Saccaṃ, Bhagavā''ti. Vigarahi buddho Bhagavā...pe... kathañhi nāma, bhikkhave, thullanandā bhikkhunī aññadatthikena parikkhārena aññuddisikena puggalikena saññācikena aññaṃ cetāpessati! Netaṃ, bhikkhave, appasannānaṃ vā pasādāya...pe... evañca pana, bhikkhave, bhikkhuniyo imaṃ sikkhāpadaṃ uddisantu –

779.''Yā pana bhikkhunī aññadatthikena parikkhārena aññuddisikena puggalikena saññācikena aññaṃ cetāpeyya, nissaggiyaṃ pācittiya''nti.

780.Yā panāti yā yādisā...pe... bhikkhunīti...pe... ayaṃ imasmiṃ atthe adhippetā bhikkhunīti.

Aññadatthikena parikkhārena aññuddisikenāti aññassatthāya dinnena.

Puggalikenāti ekāya bhikkhuniyā, na saṅghassa, na gaṇassa.

Saññācikenāti sayaṃ yācitvā.

Aññaṃcetāpeyyāti yaṃatthāya dinnaṃ taṃ ṭhapetvā aññaṃ cetāpeti, payoge dukkaṭaṃ. Paṭilābhena nissaggiyaṃ hoti. Nissajjitabbaṃ saṅghassa vā gaṇassa vā ekabhikkhuniyā vā. Evañca pana, bhikkhave, nissajjitabbaṃ...pe... ''idaṃ me, ayye, aññadatthikena parikkhārena aññuddisikena puggalikena saññācikena aññaṃ cetāpitaṃ nissaggiyaṃ, imāhaṃ saṅghassa nissajjāmī''ti...pe... dadeyyāti...pe... dadeyyunti...pe... ayyāya dammīti.

781. Aññadatthike aññadatthikasaññā aññaṃ cetāpeti, nissaggiyaṃ pācittiyaṃ. Aññadatthike vematikā aññaṃ cetāpeti, nissaggiyaṃ pācittiyaṃ. Aññadatthike anaññadatthikasaññā aññaṃ cetāpeti, nissaggiyaṃ pācittiyaṃ. Nissaṭṭhaṃ paṭilabhitvā yathādāne upanetabbaṃ.

Anaññadatthike aññadatthikasaññā, āpatti dukkaṭassa. Anaññadatthike vematikā, āpatti dukkaṭassa. Anaññadatthike anaññadatthikasaññā, anāpatti.

782. Anāpatti sesakaṃ upaneti, sāmike apaloketvā upaneti, āpadāsu, ummattikāya, ādikammikāyāti.

Dasamasikkhāpadaṃ niṭṭhitaṃ.

11. Ekādasamasikkhāpadaṃ

783. Tena samayena buddho Bhagavā sāvatthiyaṃ viharati jetavane anāthapiṇḍikassa ārāme. Tena kho pana samayena thullanandā bhikkhunī bahussutā hoti bhāṇikā visāradā paṭṭā dhammiṃ kathaṃ kātuṃ. Atha kho rājā pasenadi kosalo sītakāle mahagghaṃ kambalaṃ pārupitvā yena thullanandā bhikkhunī tenupasaṅkami; upasaṅkamitvā thullanandaṃ bhikkhuniṃ abhivādetvā ekamantaṃ nisīdi. Ekamantaṃ nisinnaṃ kho rājānaṃ pasenadiṃ kosalaṃ thullanandā bhikkhunī dhammiyā kathāya sandassesi samādapesi samuttejesi sampahaṃsesi. Atha kho rājā pasenadi kosalo thullanandāya bhikkhuniyā dhammiyā kathāya sandassito samādapito samuttejito sampahaṃsito thullanandaṃ bhikkhuniṃ etadavoca – ''vadeyyāsi, ayye, yena attho''ti? ''Sace me tvaṃ, mahārāja, dātukāmosi, imaṃ kambalaṃ dehī''ti. Atha kho rājā pasenadi kosalo thullanandāya bhikkhuniyā kambalaṃ datvā uṭṭhāyāsanā thullanandaṃ bhikkhuniṃ abhivādetvā padakkhiṇaṃ katvā pakkāmi. Manussā ujjhāyanti khiyyanti vipācenti – ''mahicchā imā bhikkhuniyo asantuṭṭhā. Kathañhi nāma rājānaṃ kambalaṃ viññāpessantī''ti! Assosuṃ kho bhikkhuniyo tesaṃ manussānaṃ ujjhāyantānaṃ khiyyantānaṃ vipācentānaṃ. Yā tā bhikkhuniyo appicchā...pe... tā ujjhāyanti khiyyanti vipācenti – ''kathañhi nāma ayyā thullanandā rājānaṃ kambalaṃ viññāpessatī''ti...pe... saccaṃ kira, bhikkhave, thullanandā bhikkhunī rājānaṃ kambalaṃ viññāpetīti [viññāpesīti (ka.)]? ''Saccaṃ, Bhagavā''ti. Vigarahi buddho Bhagavā...pe... kathañhi nāma, bhikkhave, thullanandā bhikkhunī rājānaṃ kambalaṃ viññāpessati! Netaṃ, bhikkhave, appasannānaṃ vā pasādāya...pe... evañca pana, bhikkhave, bhikkhuniyo imaṃ sikkhāpadaṃ uddisantu –

784.''Garupāvuraṇaṃ [pāpuraṇaṃ (sī. syā.)] pana bhikkhuniyā cetāpentiyā catukkaṃsaparamaṃ cetāpetabbaṃ. Tato ce uttari cetāpeyya, nissaggiyaṃ pācittiya''nti.

785.Garupāvuraṇaṃ nāma yaṃ kiñci sītakāle pāvuraṇaṃ.

Cetāpentiyāti viññāpentiyā.

Catukkaṃsaparamaṃcetāpetabbanti soḷasakahāpaṇagghanakaṃ cetāpetabbaṃ.

Tato ce uttari cetāpeyyāti tatuttari viññāpeti, payoge dukkaṭaṃ. Paṭilābhena nissaggiyaṃ hoti. Nissajjitabbaṃ saṅghassa vā gaṇassa vā ekabhikkhuniyā vā. Evañca pana, bhikkhave, nissajjitabbaṃ...pe... ''idaṃ me, ayye, garupāvuraṇaṃ atirekacatukkaṃsaparamaṃ cetāpitaṃ nissaggiyaṃ, imāhaṃ saṅghassa nissajjāmī''ti...pe... dadeyyāti...pe... dadeyyunti...pe... ayyāya dammīti.

786. Atirekacatukkaṃse atirekasaññā cetāpeti, nissaggiyaṃ pācittiyaṃ. Atirekacatukkaṃse vematikā cetāpeti, nissaggiyaṃ pācittiyaṃ. Atirekacatukkaṃse ūnakasaññā cetāpeti, nissaggiyaṃ pācittiyaṃ. Ūnakacatukkaṃse atirekasaññā, āpatti dukkaṭassa. Ūnakacatukkaṃse vematikā, āpatti dukkaṭassa. Ūnakacatukkaṃse ūnakasaññā, anāpatti.

787. Anāpatti catukkaṃsaparamaṃ cetāpeti, ūnakacatukkaṃsaparamaṃ cetāpeti, ñātakānaṃ, pavāritānaṃ, aññassatthāya, attano dhanena, mahagghaṃ cetāpetukāmassa appagghaṃ cetāpeti, ummattikāya, ādikammikāyāti.

Ekādasamasikkhāpadaṃ niṭṭhitaṃ.

12. Dvādasamasikkhāpadaṃ

788. Tena samayena buddho Bhagavā sāvatthiyaṃ viharati jetavane anāthapiṇḍikassa ārāme. Tena kho pana samayena thullanandā bhikkhunī bahussutā hoti bhāṇikā visāradā paṭṭā dhammiṃ kathaṃ kātuṃ. Atha kho rājā pasenadi kosalo uṇhakāle mahagghaṃ khomaṃ pārupitvā yena thullanandā bhikkhunī tenupasaṅkami; upasaṅkamitvā thullanandaṃ bhikkhuniṃ abhivādetvā ekamantaṃ nisīdi. Ekamantaṃ nisinnaṃ kho rājānaṃ pasenadiṃ kosalaṃ thullanandā bhikkhunī dhammiyā kathāya sandassesi samādapesi samuttejesi sampahaṃsesi. Atha kho rājā pasenadi kosalo thullanandāya bhikkhuniyā dhammiyā kathāya sandassito samādapito samuttejito sampahaṃsito thullanandaṃ bhikkhuniṃ etadavoca – ''vadeyyāsi, ayye, yena attho''ti . ''Sace me tvaṃ, mahārāja, dātukāmosi, imaṃ khomaṃ dehī''ti. Atha kho rājā pasenadi kosalo thullanandāya bhikkhuniyā khomaṃ datvā uṭṭhāyāsanā thullanandaṃ bhikkhuniṃ abhivādetvā padakkhiṇaṃ katvā pakkāmi. Manussā ujjhāyanti khiyyanti vipācenti – ''mahicchā imā bhikkhuniyo asantuṭṭhā. Kathañhi nāma rājānaṃ khomaṃ viññāpessantī''ti! Assosuṃ kho bhikkhuniyo tesaṃ manussānaṃ ujjhāyantānaṃ khiyyantānaṃ vipācentānaṃ. Yā tā bhikkhuniyo appicchā...pe... tā ujjhāyanti khiyyanti vipācenti – ''kathañhi nāma ayyā thullanandā rājānaṃ khomaṃ viññāpessatī''ti...pe... saccaṃ kira, bhikkhave, thullanandā bhikkhunī rājānaṃ khomaṃ viññāpetīti [viññāpesīti (ka.)]? ''Saccaṃ, Bhagavāti''. Vigarahi buddho Bhagavā...pe... kathañhi nāma, bhikkhave, thullanandā bhikkhunī rājānaṃ khomaṃ viññāpessati! Netaṃ, bhikkhave, appasannānaṃ vā pasādāya...pe... evañca pana, bhikkhave, bhikkhuniyo imaṃ sikkhāpadaṃ uddisantu –

789.''Lahupāvuraṇampana bhikkhuniyā cetāpentiyā aḍḍhateyyakaṃsaparamaṃ cetāpetabbaṃ. Tato ce uttari cetāpeyya, nissaggiyaṃ pācittiya''nti.

790.Lahupāvuraṇaṃ nāma yaṃ kiñci uṇhakāle pāvuraṇaṃ.

Cetāpentiyāti viññāpentiyā.

Aḍḍhateyyakaṃsaparamaṃ cetāpetabbanti dasakahāpaṇagghanakaṃ cetāpetabbaṃ.

Tato ce uttari cetāpeyyāti tatuttari viññāpeti, payoge dukkaṭaṃ. Paṭilābhena nissaggiyaṃ hoti. Nissajjitabbaṃ saṅghassa vā gaṇassa vā ekabhikkhuniyā vā. Evañca pana, bhikkhave, nissajjitabbaṃ...pe... idaṃ me, ayye, lahupāvuraṇaṃ atirekaaḍḍhateyyakaṃsaparamaṃ cetāpitaṃ nissaggiyaṃ, imāhaṃ saṅghassa nissajjāmīti...pe... dadeyyāti...pe... dadeyyunti...pe... ayyāya dammīti.

791. Atirekaaḍḍhateyyakaṃse atirekasaññā cetāpeti, nissaggiyaṃ pācittiyaṃ. Atirekaaḍḍhateyyakaṃse vematikā cetāpeti, nissaggiyaṃ pācittiyaṃ. Atirekaaḍḍhateyyakaṃse ūnakasaññā cetāpeti, nissaggiyaṃ pācittiyaṃ.

Ūnakaaḍḍhateyyakaṃse atirekasaññā, āpatti dukkaṭassa. Ūnakaaḍḍhateyyakaṃse vematikā, āpatti dukkaṭassa. Ūnakaaḍḍhateyyakaṃse ūnakasaññā , anāpatti.

792. Anāpatti aḍḍhateyyakaṃsaparamaṃ cetāpeti, ūnakaaḍḍhateyyakaṃsaparamaṃ cetāpeti, ñātakānaṃ, pavāritānaṃ, aññassatthāya, attano dhanena, mahagghaṃ cetāpetukāmassa appagghaṃ cetāpeti, ummattikāya, ādikammikāyāti.

Dvādasamasikkhāpadaṃ niṭṭhitaṃ.

Uddiṭṭhā kho, ayyāyo, tiṃsa nissaggiyā pācittiyā dhammā. Tatthāyyāyo pucchāmi – ''kaccittha parisuddhā''? Dutiyampi pucchāmi – ''kaccittha parisuddhā''? Tatiyampi pucchāmi – ''kaccittha parisuddhā''? Parisuddhetthāyyāyo, tasmā tuṇhī, evametaṃ dhārayāmīti.

Bhikkhunivibhaṅge nissaggiyakaṇḍaṃ niṭṭhitaṃ.

4. Pācittiyakaṇḍaṃ (bhikkhunīvibhaṅgo)

1. Lasuṇavaggo

1. Paṭhamasikkhāpadaṃ

Ime kho panāyyāyo chasaṭṭhisatā pācittiyā

Dhammā uddesaṃ āgacchanti.

793. Tena samayena buddho Bhagavā sāvatthiyaṃ viharati jetavane anāthapiṇḍikassa ārāme. Tena kho pana samayena aññatarena upāsakena bhikkhunisaṅgho lasuṇena pavārito hoti – ''yāsaṃ ayyānaṃ lasuṇena attho, ahaṃ lasuṇenā''ti. Khettapālo ca āṇatto hoti – ''sace bhikkhuniyo āgacchanti, ekamekāya bhikkhuniyā dvetayo bhaṇḍike dehī''ti. Tena kho pana samayena sāvatthiyaṃ ussavo hoti. Yathābhataṃ

lasuṇaṃ parikkhayaṃ agamāsi. Bhikkhuniyo taṃ upāsakaṃ upasaṅkamitvā etadavocuṃ – ''lasuṇena, āvuso, attho''ti. ''Natthāyye. Yathābhataṃ lasuṇaṃ parikkhīṇaṃ. Khettaṃ gacchathā''ti. Thullanandā bhikkhunī khettaṃ gantvā na mattaṃ jānitvā bahuṃ lasuṇaṃ harāpesi. Khettapālo ujjhāyati khiyyati vipāceti – ''kathañhi nāma bhikkhuniyo na mattaṃ jānitvā bahuṃ lasuṇaṃ harāpessantī''ti! Assosuṃ kho bhikkhuniyo tassa khettapālassa ujjhāyantassa khiyyantassa vipācentassa. Yā tā bhikkhuniyo appicchā...pe... tā ujjhāyanti khiyyanti vipācenti – ''kathañhi nāma ayyā thullanandā na mattaṃ jānitvā bahuṃ lasuṇaṃ harāpessatī''ti...pe... saccaṃ kira, bhikkhave, thullanandā bhikkhunī na mattaṃ jānitvā bahuṃ lasuṇaṃ harāpetīti [harāpesīti (ka.)]? ''Saccaṃ, Bhagavā''ti. Vigarahi buddho Bhagavā...pe... kathañhi nāma, bhikkhave, thullanandā bhikkhunī na mattaṃ jānitvā bahuṃ lasuṇaṃ harāpessati! Netaṃ, bhikkhave, appasannānaṃ vā pasādāya...pe... dhammiṃ kathaṃ katvā bhikkhū āmantesi –

''Bhūtapubbaṃ, bhikkhave, thullanandā bhikkhunī aññatarassa brāhmaṇassa pajāpati ahosi. Tisso ca dhītaro – nandā, nandavatī, sundarīnandā. Atha kho, bhikkhave, so brāhmaṇo kālaṅkatvā aññataraṃ haṃsayoniṃ upapajji. Tassa sabbasovaṇṇamayā pattā ahesuṃ. So tāsaṃ ekekaṃ pattaṃ deti. Atha kho, bhikkhave, thullanandā bhikkhunī ''ayaṃ haṃso amhākaṃ ekekaṃ pattaṃ detī''ti taṃ haṃsarājaṃ gahetvā nippattaṃ akāsi. Tassa puna jāyamānā pattā setā sampajjiṃsu. Tadāpi, bhikkhave, thullanandā bhikkhunī atilobhena suvaṇṇā parihīnā. Idāni lasuṇā parihāyissatī''ti.

[jā. 1.1.136 suvaṇṇahaṃsajātakepi] ''Yaṃ laddhaṃ tena tuṭṭhabbaṃ, atilobho hi pāpako;
Haṃsarājaṃ gahetvāna, suvaṇṇā parihāyathā''ti.

Atha kho Bhagavā thullanandaṃ bhikkhuniṃ anekapariyāyena vigarahitvā dubbharatāya...pe... evañca pana, bhikkhave, bhikkhuniyo imaṃ sikkhāpadaṃ uddisantu –

794.''Yā pana bhikkhunī lasuṇaṃ khādeyya pācittiya''nti.

795.Yā panāti yā yādisā...pe... bhikkhunīti...pe... ayaṃ imasmiṃ atthe adhippetā bhikkhunīti.

Lasuṇaṃ nāma māgadhakaṃ vuccati.

''Khādissāmīti paṭiggaṇhā''ti, āpatti dukkaṭassa. Ajjhohāre ajjhohāre āpatti pācittiyassa.

796. Lasuṇe lasuṇasaññā khādati, āpatti pācittiyassa. Lasuṇe vematikā khādati, āpatti pācittiyassa. Lasuṇe alasuṇasaññā khādati, āpatti pācittiyassa.

Alasuṇe lasuṇasaññā khādati, āpatti dukkaṭassa. Alasuṇe vematikā khādati, āpatti dukkaṭassa. Alasuṇe alasuṇasaññā khādati, anāpatti.

797. Anāpatti palaṇḍuke, bhañjanake, harītake, cāpalasuṇe, sūpasampāke, maṃsasampāke, telasampāke, sāḷave, uttaribhaṅge, ummattikāya, ādikammikāyāti.

Paṭhamasikkhāpadaṃ niṭṭhitaṃ.

2. Dutiyasikkhāpadaṃ

798. Tena samayena buddho Bhagavā sāvatthiyaṃ viharati jetavane anāthapiṇḍikassa ārāme. Tena kho pana samayena chabbaggiyā bhikkhuniyo sambādhe lomaṃ saṃharāpetvā aciravatiyā nadiyā vesiyāhi saddhiṃ naggā ekatitthe nahāyanti. Vesiyā ujjhāyanti khiyyanti vipācenti – ''kathañhi nāma bhikkhuniyo sambādhe lomaṃ saṃharāpessanti, seyyathāpi gihiniyo kāmabhoginiyo''ti! Assosuṃ kho bhikkhuniyo tāsaṃ vesiyānaṃ ujjhāyantīnaṃ khiyyantīnaṃ vipācentīnaṃ. Yā tā bhikkhuniyo appicchā...pe... tā ujjhāyanti khiyyanti vipācenti – ''kathañhi nāma chabbaggiyā bhikkhuniyo sambādhe lomaṃ saṃharāpessantī''ti...pe... saccaṃ kira, bhikkhave, chabbaggiyā bhikkhuniyo sambādhe lomaṃ saṃharāpentīti? ''Saccaṃ, Bhagavā''ti. Vigarahi buddho Bhagavā...pe... kathañhi nāma, bhikkhave, chabbaggiyā bhikkhuniyo sambādhe lomaṃ saṃharāpessanti! Netaṃ, bhikkhave, appasannānaṃ vā pasādāya...pe... evañca pana, bhikkhave, bhikkhuniyo imaṃ sikkhāpadaṃ uddisantu –

799.''Yā pana bhikkhunī sambādhe lomaṃ saṃharāpeyya, pācittiya''nti.

800.Yā panāti yā yādisā...pe... bhikkhunīti...pe... ayaṃ imasmiṃ atthe adhippetā bhikkhunīti.

Sambādho nāma ubho upakacchakā, muttakaraṇaṃ.

Saṃharāpeyyāti ekampi lomaṃ saṃharāpeti, āpatti pācittiyassa. Bahukepi lome saṃharāpeti, āpatti pācittiyassa.

801. Anāpatti ābādhapaccayā, ummattikāya, ādikammikāyāti.

Dutiyasikkhāpadaṃ niṭṭhitaṃ.

3. Tatiyasikkhāpadaṃ

802. Tena samayena buddho Bhagavā sāvatthiyaṃ viharati jetavane anāthapiṇḍikassa ārāme. Tena kho pana samayena dve bhikkhuniyo anabhiratiyā pīḷitā ovarakaṃ pavisitvā talaghātakaṃ karonti. Bhikkhuniyo tena saddena upadhāvitvā tā bhikkhuniyo etadavocuṃ – ''kissa tumhe, ayye, purisena saddhiṃ sampadussathā''ti? ''Na mayaṃ, ayye, purisena saddhiṃ sampadussāmā''ti. Bhikkhunīnaṃ etamatthaṃ ārocesuṃ. Yā tā bhikkhuniyo appicchā...pe... tā ujjhāyanti khiyyanti vipācenti – ''kathañhi nāma bhikkhuniyo talaghātakaṃ karissantī''ti...pe... saccaṃ kira, bhikkhave, bhikkhuniyo talaghātakaṃ karontīti? ''Saccaṃ, Bhagavā''ti. Vigarahi buddho Bhagavā...pe... kathañhi nāma, bhikkhave, bhikkhuniyo talaghātakaṃ karissanti! Netaṃ, bhikkhave, appasannānaṃ vā pasādāya...pe... evañca pana, bhikkhave, bhikkhuniyo imaṃ sikkhāpadaṃ uddisantu –

803.''Talaghātake pācittiya''nti.

804.Talaghātakaṃ nāma samphassaṃ sādiyantī antamaso uppalapattenapi muttakaraṇe pahāraṃ deti, āpatti pācittiyassa.
805. Anāpatti ābādhapaccayā, ummattikāya, ādikammikāyāti.
Tatiyasikkhāpadaṃ niṭṭhitaṃ.
4. Catutthasikkhāpadaṃ
806. Tena samayena buddho Bhagavā sāvatthiyaṃ viharati jetavane anāthapiṇḍikassa ārāme. Tena kho pana samayena aññatarā purāṇarājorodhā bhikkhunīsu pabbajitā [aññataro purāṇarājorodho bhikkhunīsu pabbajito (syā.)] hoti. Aññatarā bhikkhunī anabhiratiyā pīḷitā yena sā bhikkhunī tenupasaṅkami; upasaṅkamitvā taṃ bhikkhuniṃ etadavoca – ''rājā kho, ayye, tumhe cirāciraṃ gacchati. Kathaṃ tumhe dhārethā''ti? ''Jatumaṭṭhakena, ayye''ti. ''Kiṃ etaṃ, ayye, jatumaṭṭhaka''nti? Atha kho sā bhikkhunī tassā bhikkhuniyā jatumaṭṭhakaṃ ācikkhi. Atha kho sā bhikkhunī jatumaṭṭhakaṃ ādiyitvā dhovituṃ vissaritvā ekamantaṃ chaḍḍesi. Bhikkhuniyo makkhikāhi samparikiṇṇaṃ passitvā evamāhaṃsu – ''kassidaṃ kamma''nti? Sā evamāha – ''mayhidaṃ kamma''nti. Yā tā bhikkhuniyo appicchā...pe... tā ujjhāyanti khiyyanti vipācenti – ''kathañhi nāma bhikkhunī jatumaṭṭhakaṃ ādiyissatī''ti...pe... saccaṃ kira, bhikkhave, bhikkhunī jatumaṭṭhakaṃ ādiyatīti [ādiyīti (ka.)]? ''Saccaṃ, Bhagavā''ti. Vigarahi buddho Bhagavā...pe... kathañhi nāma, bhikkhave, bhikkhunī jatumaṭṭhakaṃ ādiyissati! Netaṃ, bhikkhave, appasannānaṃ vā pasādāya...pe... evañca pana, bhikkhave, bhikkhuniyo imaṃ sikkhāpadaṃ uddisantu –
807.''Jatumaṭṭhake[jatumaṭṭake (sī.)]pācittiya''nti.
808.Jatumaṭṭhakaṃ nāma jatumayaṃ kaṭṭhamayaṃ piṭṭhamayaṃ mattikāmayaṃ.
Ādiyeyyāti samphassaṃ sādiyantī antamaso uppalapattampi muttakaraṇaṃ paveseti, āpatti pācittiyassa.
809. Anāpatti ābādhapaccayā, ummattikāya, ādikammikāyāti.
Catutthasikkhāpadaṃ niṭṭhitaṃ.
5. Pañcamasikkhāpadaṃ
810. Tena samayena buddho Bhagavā sakkesu viharati kapilavatthusmiṃ nigrodhārāme. Atha kho mahāpajāpati Gotamī yena Bhagavā tenupasaṅkami; upasaṅkamitvā bhagavantaṃ abhivādetvā adhovāte aṭṭhāsi – ''duggandho, Bhagavā, mātugāmo''ti. Atha kho Bhagavā – ''ādiyantu kho bhikkhuniyo udakasuddhika''nti, mahāpajāpatiṃ Gotamiṃ dhammiyā kathāya sandassesi samādapesi samuttejesi sampahaṃsesi. Atha kho mahāpajāpati Gotamī bhagavatā dhammiyā kathāya sandassitā samādapitā samuttejitā sampahaṃsitā bhagavantaṃ abhivādetvā padakkhiṇaṃ katvā pakkāmi. Atha kho Bhagavā etasmiṃ nidāne etasmiṃ pakaraṇe dhammiṃ kathaṃ katvā bhikkhū āmantesi – ''anujānāmi, bhikkhave, bhikkhunīnaṃ udakasuddhika''nti. Tena kho pana samayena aññatarā bhikkhunī – ''bhagavatāudakasuddhikā anuññātā''ti atigambhīraṃ udakasuddhikaṃ ādiyantī muttakaraṇe vaṇaṃ akāsi. Atha kho sā bhikkhunī bhikkhunīnaṃ etamatthaṃ āroceti. Yā tā bhikkhuniyo appicchā...pe... tā ujjhāyanti khiyyanti vipācenti – kathañhi nāma bhikkhunī atigambhīraṃ udakasuddhikaṃ ādiyissatīti...pe... saccaṃ kira, bhikkhave, bhikkhunī atigambhīraṃ udakasuddhikaṃ ādiyatī''ti [ādiyīti (ka.)]? ''Saccaṃ, Bhagavā''ti. Vigarahi buddho Bhagavā...pe... kathañhi nāma, bhikkhave, bhikkhunī atigambhīraṃ udakasuddhikaṃ ādiyissati! Netaṃ, bhikkhave, appasannānaṃ vā pasādāya...pe... evañca pana, bhikkhave, bhikkhuniyo imaṃ sikkhāpadaṃ uddisantu –
811.''Udakasuddhikaṃ pana bhikkhuniyā ādiyamānāya dvaṅgulapabbaparamaṃ ādātabbaṃ. Taṃ atikkāmentiyā pācittiya''nti.
812.Udakasuddhikaṃ nāma muttakaraṇassa dhovanā vuccati.
Ādiyamānāyāti dhovantiyā.
Dvaṅgulapabbaparamaṃ ādātabbanti dvīsu aṅgulesu dve pabbaparamā ādātabbā.
Taṃ atikkāmentiyāti samphassaṃ sādiyantī antamaso kesaggamattampi atikkāmeti, āpatti pācittiyassa.
813. Atirekadvaṅgulapabbe atirekasaññā ādiyati, āpatti pācittiyassa. Atirekadvaṅgulapabbe vematikā ādiyati, āpatti pācittiyassa . Atirekadvaṅgulapabbe ūnakasaññā ādiyati, āpatti pācittiyassa .
Ūnakadvaṅgulapabbe atirekasaññā, āpatti dukkaṭassa. Ūnakadvaṅgulapabbe vematikā, āpatti dukkaṭassa.
Ūnakadvaṅgulapabbe ūnakasaññā, anāpatti.
814. Anāpatti dvaṅgulapabbaparamaṃ ādiyati, ūnakadvaṅgulapabbaparamaṃ ādiyati, ābādhapaccayā, ummattikāya, ādikammikāyāti.
Pañcamasikkhāpadaṃ niṭṭhitaṃ.
6. Chaṭṭhasikkhāpadaṃ
815. Tena samayena buddho Bhagavā sāvatthiyaṃ viharati jetavane anāthapiṇḍikassa ārāme. Tena kho pana samayena ārohanto nāma mahāmatto bhikkhūsu pabbajito hoti. Tassa purāṇadutiyikā bhikkhunīsu pabbajitā hoti. Tena kho pana samayena so bhikkhu tassā bhikkhuniyā santike bhattavissaggaṃ karoti. Atha kho sā bhikkhunī tassa bhikkhuno bhuñjantassa pānīyena ca vidhūpanena ca upatiṭṭhitvā accāvadati. Atha kho so bhikkhu taṃ bhikkhuniṃ apasādeti – ''mā, bhagini, evarūpaṃ akāsi. Netaṃ kappatī''ti. ''Pubbe maṃ tvaṃ evañca evañca karosi, idāni ettakaṃ na sahasī''ti – pānīyathālakaṃ matthake āsumbhitvā vidhūpanena pahāraṃ adāsi. Yā tā bhikkhuniyo appicchā...pe... tā ujjhāyanti khiyyanti

vipācenti – ''kathañhi nāma bhikkhunī bhikkhussa pahāraṃ dassatī''ti...pe... saccaṃ kira, bhikkhave, bhikkhunī bhikkhussa pahāraṃ adāsīti? ''Saccaṃ, Bhagavā''ti. Vigarahi buddho Bhagavā...pe... kathañhi nāma, bhikkhave, bhikkhunī bhikkhussa pahāraṃ dassati! Netaṃ, bhikkhave, appasannānaṃ vā pasādāya...pe... evañca pana, bhikkhave, bhikkhuniyo imaṃ sikkhāpadaṃ uddisantu –

816.''Yā pana bhikkhunī bhikkhussa bhuñjantassa pānīyena vā vidhūpanena vā upatiṭṭheyya, pācittiya''nti.

817.Yāpanāti yā yādisā...pe... bhikkhunīti...pe... ayaṃ imasmiṃ atthe adhippetā bhikkhunīti.

Bhikkhussāti upasampannassa.

Bhuñjantassāti pañcannaṃ bhojanānaṃ aññataraṃ bhojanaṃ bhuñjantassa.

Pānīyaṃ nāma yaṃ kiñci pānīyaṃ.

Vidhūpanaṃ nāma yā kāci bījanī.

Upatiṭṭheyyāti hatthapāse tiṭṭhati, āpatti pācittiyassa.

818. Upasampanne upasampannasaññā pānīyena vā vidhūpanena vā upatiṭṭhati, āpatti pācittiyassa. Upasampanne vematikā pānīyena vā vidhūpanena vā upatiṭṭhati, āpatti pācittiyassa. Upasampanne anupasampannasaññā pānīyena vā vidhūpanena vā upatiṭṭhati, āpatti pācittiyassa.

Hatthapāsaṃ vijahitvā upatiṭṭhati, āpatti dukkaṭassa. Khādanīyaṃ khādantassa upatiṭṭhati, āpatti dukkaṭassa. Anupasampannassa upatiṭṭhati, āpatti dukkaṭassa. Anupasampanne upasampannasaññā, āpatti dukkaṭassa. Anupasampanne vematikā, āpatti dukkaṭassa. Anupasampanne anupasampannasaññā, āpatti dukkaṭassa.

819. Anāpatti deti, dāpeti, anupasampannaṃ āṇāpeti, ummattikāya, ādikammikāyāti.

Chaṭṭhasikkhāpadaṃ niṭṭhitaṃ.

7. Sattamasikkhāpadaṃ

820. Tena samayena buddho Bhagavā sāvatthiyaṃ viharati jetavane anāthapiṇḍikassa ārāme. Tena kho pana samayena bhikkhuniyo sassakāle āmakadhaññaṃ viññāpetvā nagaraṃ atiharanti dvāraṭṭhāne – ''dethāyye, bhāga''nti. Palibundhetvā muñciṃsu. Atha kho tā bhikkhuniyo upassayaṃ gantvā bhikkhunīnaṃ etamatthaṃ ārocesuṃ. Yā tā bhikkhuniyo appicchā...pe... tā ujjhāyanti khiyyanti vipācenti – ''kathañhi nāma bhikkhuniyo āmakadhaññaṃ viññāpessantī''ti...pe... saccaṃ kira, bhikkhave, bhikkhuniyo āmakadhaññaṃ viññāpentīti? ''Saccaṃ, Bhagavā''ti. Vigarahi buddho Bhagavā...pe... kathañhi nāma, bhikkhave, bhikkhuniyo āmakadhaññaṃ viññāpessanti! Netaṃ, bhikkhave, appasannānaṃ vā pasādāya...pe... evañca pana, bhikkhave, bhikkhuniyo imaṃ sikkhāpadaṃ uddisantu –

821.''Yā pana bhikkhunī āmakadhaññaṃ viññatvā vā viññāpetvā vā bhajjitvā vā bhajjāpetvā vā koṭṭetvā vā koṭṭāpetvā vā pacitvā vā pacāpetvā vā bhuñjeyya, pācittiya''nti.

822.Yā panāti yā yādisā...pe... bhikkhunīti...pe... ayaṃ imasmiṃ atthe adhippetā bhikkhunīti.

Āmakadhaññaṃ nāma sāli vīhi yavo godhumo kaṅgu varako kudrusako.

Viññatvāti sayaṃ viññatvā. Viññāpetvāti aññaṃ viññāpetvā.

Bhajjitvāti sayaṃ bhajjitvā. Bhajjāpetvāti aññaṃ bhajjāpetvā.

Koṭṭetvāti sayaṃ koṭṭetvā. Koṭṭāpetvāti aññaṃ koṭṭāpetvā.

Pacitvāti sayaṃ pacitvā. Pacāpetvāti aññaṃ pacāpetvā.

''Bhuñjissāmī''ti paṭigganhāti , āpatti dukkaṭassa. Ajjhohāre ajjhohāre āpatti pācittiyassa.

823. Anāpatti ābādhapaccayā, aparaṇṇaṃ viññāpeti, ummattikāya, ādikammikāyāti.

Sattamasikkhāpadaṃ niṭṭhitaṃ.

8. Aṭṭhamasikkhāpadaṃ

824. Tena samayena buddho Bhagavā sāvatthiyaṃ viharati jetavane anāthapiṇḍikassa ārāme. Tena kho pana samayena aññataro brāhmaṇo nibbiṭṭharājabhaṭo ''taññeva bhaṭapathaṃ yācissāmī''ti sīsaṃ nahāyitvā bhikkhunupassayaṃ nissāya rājakulaṃ gacchati. Aññatarā bhikkhunī kaṭāhe vaccaṃ katvā tirokuṭṭe chaḍḍentī tassa brāhmaṇassa matthake āsumbhi. Atha kho so brāhmaṇo ujjhāyati khiyyati vipāceti – ''assamaṇiyo imā muṇḍā bandhakiniyo. Kathañhi nāma gūthakaṭāhaṃ matthake āsumbhissanti! Imāsaṃ upassayaṃ jhāpessāmī''ti! Ummukaṃ gahetvā upassayaṃ pavisati. Aññataro upāsako upassayā nikkhamanto addasa taṃ brāhmaṇaṃ ummukaṃ gahetvā upassayaṃ pavisantaṃ. Disvāna taṃ brāhmaṇaṃ etadavoca – ''kissa tvaṃ, bho, ummukaṃ gahetvā upassayaṃ pavisasī''ti? ''Imā maṃ, bho, muṇḍā bandhakiniyo gūthakaṭāhaṃ matthake āsumbhiṃsu. Imāsaṃ upassayaṃ jhāpessāmī''ti. ''Gaccha, bho brāhmaṇa, maṅgalaṃ etaṃ. Sahassaṃ lacchasi tañca bhaṭapatha''nti. Atha kho so brāhmaṇo sīsaṃ nahāyitvā rājakulaṃ gantvā sahassaṃ alattha tañca bhaṭapathaṃ. Atha kho so upāsako upassayaṃ pavisitvā bhikkhunīnaṃ etamatthaṃ ārocetvā paribhāsi. Yā tā bhikkhuniyo appicchā...pe... tā ujjhāyanti khiyyanti vipācenti – ''kathañhi nāma bhikkhuniyo uccāraṃ tirokuṭṭe chaḍḍessantī''ti...pe... saccaṃ kira, bhikkhave, bhikkhuniyo uccāraṃ tirokuṭṭe chaḍḍentīti? ''Saccaṃ, Bhagavā''ti. Vigarahi buddho Bhagavā...pe... kathañhi nāma, bhikkhave, bhikkhuniyo uccāraṃ tirokuṭṭe chaḍḍessanti! Netaṃ, bhikkhave, appasannānaṃ vā pasādāya...pe... evañca pana, bhikkhave , bhikkhuniyo imaṃ sikkhāpadaṃ uddisantu –

825.''Yāpana bhikkhunī uccāraṃ vā passāvaṃ vā saṅkāraṃ vā vighāsaṃ vā tirokuṭṭe vā tiropākāre vā chaḍḍeyya vā chaḍḍāpeyya vā, pācittiya''nti.
826.Yāpanāti yā yādisā...pe... bhikkhunīti...pe... ayaṃ imasmiṃ atthe adhippetā bhikkhunīti.
Uccāro nāma gūtho vuccati. Passāvo nāma muttaṃ vuccati.
Saṅkāraṃ nāma kacavaraṃ vuccati.
Vighāsaṃ nāma calakāni vā aṭṭhikāni vā ucchiṭṭhodakaṃ vā.
Kuṭṭo nāma tayo kuṭṭā – iṭṭhakākuṭṭo, silākuṭṭo, dārukuṭṭo.
Pākāro nāma tayo pākārā – iṭṭhakāpākāro, silāpākāro, dārupākāro.
Tirokuṭṭeti kuṭṭassa parato. Tiropākāreti pākārassa parato.
Chaḍḍeyyāti sayaṃ chaḍḍeti, āpatti pācittiyassa.
Chaḍḍāpeyyāti aññaṃ āṇāpeti, āpatti dukkaṭassa. Sakiṃ āṇattā bahukampi chaḍḍeti, āpatti pācittiyassa.
827. Anāpatti oloketvā chaḍḍeti, avalañje chaḍḍeti, ummattikāya, ādikammikāyāti.
Aṭṭhamasikkhāpadaṃ niṭṭhitaṃ.
9. Navamasikkhāpadaṃ
828. Tena samayena buddho Bhagavā sāvatthiyaṃ viharati jetavane anāthapiṇḍikassa ārāme. Tena kho pana samayena aññatarassa brāhmaṇassa bhikkhunūpassayaṃ nissāya yavakhettaṃ hoti. Bhikkhuniyo uccārampi passāvampi saṅkārampi vighāsampi khette chaḍḍenti. Atha kho so brāhmaṇo ujjhāyati khiyyati vipāceti – ''kathañhi nāma bhikkhuniyo amhākaṃ yavakhettaṃ dūsessantī''ti! Assosuṃ kho bhikkhuniyo tassa brāhmaṇassa ujjhāyantassa khiyyantassa vipācentassa. Yā tā bhikkhuniyo appicchā...pe... tā ujjhāyanti khiyyanti vipācenti – ''kathañhi nāma bhikkhuniyo uccārampi passāvampi saṅkārampi vighāsampi harite chaḍḍessantī''ti...pe... saccaṃ kira, bhikkhave, bhikkhuniyo uccārampi passāvampi saṅkārampi vighāsampi harite chaḍḍentīti? ''Saccaṃ, Bhagavā''ti. Vigarahi buddho Bhagavā...pe... kathañhi nāma, bhikkhave, bhikkhuniyo uccārampi passāvampi saṅkārampi vighāsampi harite chaḍḍessanti! Netaṃ, bhikkhave, appasannānaṃ vā pasādāya...pe... evañca pana, bhikkhave, bhikkhuniyo imaṃ sikkhāpadaṃ uddisantu –
829.''Yā pana bhikkhunī uccāraṃ vā passāvaṃ vā saṅkāraṃ vā vighāsaṃ vā harite chaḍḍeyya vā chaḍḍāpeyya vā, pācittiya''nti.
830.Yā panāti yā yādisā...pe... bhikkhunīti...pe... ayaṃ imasmiṃ atthe adhippetā bhikkhunīti.
Uccāro nāma gūtho vuccati. Passāvo nāma muttaṃ vuccati.
Saṅkāraṃ nāma kacavaraṃ vuccati.
Vighāsaṃ nāma calakāni vā aṭṭhikāni vā ucchiṭṭhodakaṃ vā.
Haritaṃ nāma pubbaṇṇaṃ aparaṇṇaṃ yaṃ manussānaṃ upabhogaparibhogaṃ ropimaṃ .
Chaḍḍeyyāti sayaṃ chaḍḍeti, āpatti pācittiyassa.
Chaḍḍāpeyyāti aññaṃ āṇāpeti, āpatti dukkaṭassa. Sakiṃ āṇattā bahukampi chaḍḍeti, āpatti pācittiyassa.
831. Harite haritasaññā chaḍḍeti vā chaḍḍāpeti vā, āpatti pācittiyassa. Harite vematikā chaḍḍeti vā chaḍḍāpeti vā, āpatti pācittiyassa . Harite aharitasaññā chaḍḍeti vā chaḍḍāpeti vā, āpatti pācittiyassa. Aharite haritasaññā, āpatti dukkaṭassa. Aharite vematikā, āpatti dukkaṭassa. Aharite aharitasaññā, anāpatti.
832. Anāpatti oloketvā chaḍḍeti, khettamariyāde [chaḍḍitakhette (?) aṭṭhakathā oloketabbā] chaḍḍeti sāmike āpucchitvā apaloketvā chaḍḍeti, ummattikāya, ādikammikāyāti.
Navamasikkhāpadaṃ niṭṭhitaṃ.
10. Dasamasikkhāpadaṃ
833. Tena samayena buddho Bhagavā rājagahe viharati veḷuvane kalandakanivāpe. Tena kho pana samayena rājagahe giraggasamajjo hoti. Chabbaggiyā bhikkhuniyo giraggasamajjaṃ dassanāya agamaṃsu. Manussā ujjhāyanti khiyyanti vipācenti – ''kathañhi nāma bhikkhuniyo naccampi gītampi vāditampi dassanāya gacchissanti, seyyathāpi gihiniyo kāmabhoginiyo''ti! Assosuṃ kho bhikkhuniyo tesaṃ manussānaṃ ujjhāyantānaṃ khiyyantānaṃ vipācentānaṃ. Yā tā bhikkhuniyo appicchā...pe... tā ujjhāyanti khiyyanti vipācenti – ''kathañhi nāma chabbaggiyā bhikkhuniyo naccampi gītampi vāditampi dassanāya gacchissantī''ti...pe... saccaṃ kira, bhikkhave, chabbaggiyā bhikkhuniyo naccampi gītampi vāditampi dassanāya gacchantīti? ''Saccaṃ, Bhagavā''ti. Vigarahi buddho Bhagavā...pe... kathañhi nāma, bhikkhave, chabbaggiyā bhikkhuniyo naccampi gītampi vāditampi dassanāya gacchissanti! Netaṃ, bhikkhave, appasannānaṃ vā pasādāya...pe... evañca pana, bhikkhave, bhikkhuniyo imaṃ sikkhāpadaṃ uddisantu –
834.''Yāpana bhikkhunī naccaṃ vā gītaṃ vā vāditaṃ vā dassanāya gaccheyya, pācittiya''nti.
835.Yā panāti yā yādisā...pe... bhikkhunīti...pe... ayaṃ imasmiṃ atthe adhippetā bhikkhunīti.
Naccaṃ nāma yaṃ kiñci naccaṃ. Gītaṃ nāma yaṃ kiñci gītaṃ. Vāditaṃ nāma yaṃ kiñci vāditaṃ.
836. Dassanāya gacchati, āpatti dukkaṭassa. Yattha ṭhitā passati vā suṇāti vā, āpatti pācittiyassa. Dassanūpacāraṃ vijahitvā punappunaṃ passati vā suṇāti vā, āpatti pācittiyassa. Ekamekaṃ dassanāya gacchati, āpatti dukkaṭassa. Yattha ṭhitā passati vā suṇāti vā, āpatti pācittiyassa. Dassanūpacāraṃ vijahitvā punappunaṃ passati vā suṇāti vā, āpatti pācittiyassa.

837. Anāpatti ārāme ṭhitā passati vā suṇāti vā, bhikkhuniyā ṭhitokāsaṃ vā nisinnokāsaṃ vā nipannokāsaṃ vā āgantvā naccanti vā gāyanti vā vādenti vā, paṭipathaṃ gacchantī passati vā suṇāti vā, sati karaṇīye gantvā passati vā suṇāti vā, āpadāsu, ummattikāya, ādikammikāyāti.
Dasamasikkhāpadaṃ niṭṭhitaṃ.
Lasuṇavaggo paṭhamo.
2. Andhakāravaggo
1. Paṭhamasikkhāpadaṃ
838. Tena samayena buddho Bhagavā sāvatthiyaṃ viharati jetavane anāthapiṇḍikassa ārāme. Tena kho pana samayena bhaddāya kāpilāniyā antevāsiniyā bhikkhuniyā ñātako puriso gāmakā sāvatthiṃ agamāsi kenacideva karaṇīyena. Atha kho sā bhikkhunī tena purisena saddhiṃ rattandhakāre appadīpe ekenekā santiṭṭhatipi sallapatipi. Yā tā bhikkhuniyo appicchā...pe... tā ujjhāyanti khiyyanti vipācenti – ''kathañhi nāma bhikkhunī rattandhakāre appadīpe purisena saddhiṃ ekenekā santiṭṭhissatipi sallapissatipī''ti...pe... saccaṃ kira, bhikkhave, bhikkhunī rattandhakāre appadīpe purisena saddhiṃ ekenekā santiṭṭhatipi sallapatipīti? ''Saccaṃ, Bhagavā''ti. Vigarahi buddho Bhagavā...pe... kathañhi nāma, bhikkhave, bhikkhunī rattandhakāre appadīpe purisena saddhiṃ ekenekā santiṭṭhissatipi sallapissatipi! Netaṃ, bhikkhave, appasannānaṃ vā pasādāya...pe... evañca pana, bhikkhave, bhikkhuniyo imaṃ sikkhāpadaṃ uddisantu –
839.''Yā pana bhikkhunī rattandhakāre appadīpe purisena saddhiṃ ekenekā santiṭṭheyya vā sallapeyya vā, pācittiya''nti.
840.Yā panāti yā yādisā...pe... bhikkhunīti...pe... ayaṃ imasmiṃ atthe adhippetā bhikkhunīti.
Rattandhakāreti oggate sūriye. Appadīpeti anāloke.
Puriso nāma manussapuriso na yakkho na peto na tiracchānagato viññū paṭibalo santiṭṭhituṃ sallapituṃ.
Saddhinti ekato. Ekenekāti puriso ceva hoti bhikkhunī ca.
Santiṭṭheyya vāti purisassa hatthapāse tiṭṭhati, āpatti pācittiyassa.
Sallapeyyavāti purisassa hatthapāse ṭhitā sallapati, āpatti pācittiyassa.
Hatthapāsaṃ vijahitvā santiṭṭhati vā sallapati vā, āpatti dukkaṭassa. Yakkhena vā petena vā paṇḍakena vā tiracchānagatamanussaviggahena vā saddhiṃ santiṭṭhati vā sallapati vā, āpatti dukkaṭassa.
841. Anāpatti yo koci viññū dutiyo [yā kāci viññū dutiyā (syā.)] hoti, arahopekkhā, aññavihitā santiṭṭhati vā sallapati vā, ummattikāya, ādikammikāyāti.
Paṭhamasikkhāpadaṃ niṭṭhitaṃ.
2. Dutiyasikkhāpadaṃ
842. Tena samayena buddho Bhagavā sāvatthiyaṃ viharati jetavane anāthapiṇḍikassa ārāme. Tena kho pana samayena bhaddāya kāpilāniyā antevāsiniyā bhikkhuniyā ñātako puriso gāmakā sāvatthiṃagamāsi kenacideva karaṇīyena. Atha kho sā bhikkhunī – ''bhagavatā paṭikkhittaṃ rattandhakāre appadīpe purisena saddhiṃ ekenekā santiṭṭhituṃ sallapitu''nti teneva purisena saddhiṃ paṭicchanne okāseekenekā santiṭṭhatipi sallapatipi. Yā tā bhikkhuniyo appicchā...pe... tā ujjhāyanti khiyyanti vipācenti – ''kathañhi nāma bhikkhunī paṭicchanne okāse purisena saddhiṃ ekenekā santiṭṭhissatipi sallapissatipī''ti...pe... saccaṃ kira, bhikkhave, bhikkhunī paṭicchanne okāse purisena saddhiṃ ekenekā santiṭṭhatipi sallapatipīti? ''Saccaṃ, Bhagavā''ti. Vigarahi buddho Bhagavā...pe... kathañhi nāma, bhikkhave, bhikkhunī paṭicchanne okāse purisena saddhiṃ ekenekā santiṭṭhissatipi sallapissatipi! Netaṃ, bhikkhave, appasannānaṃ vā pasādāya...pe... evañca pana, bhikkhave, bhikkhuniyo imaṃ sikkhāpadaṃ uddisantu –
843.''Yā pana bhikkhunī paṭicchanne okāse purisena saddhiṃ ekenekā santiṭṭheyya vā sallapeyya vā, pācittiya''nti.
844.Yāpanāti yā yādisā...pe... bhikkhunīti...pe... ayaṃ imasmiṃ atthe adhippetā bhikkhunīti.
Paṭicchanno nāma okāso kuṭṭena vā kavāṭena vā kilañjena vā sāṇipākārena vā rukkhena vā thambhena vā kotthaḷiyā vā yena kenaci paṭicchanno hoti.
Puriso nāma manussapuriso na yakkho na peto na tiracchānagato viññū paṭibalo santiṭṭhituṃ sallapituṃ.
Saddhinti ekato. Ekenekāti puriso ceva hoti bhikkhunī ca.
Santiṭṭheyya vāti purisassa hatthapāse tiṭṭhati, āpatti pācittiyassa.
Sallapeyya vāti purisassa hatthapāse ṭhitā sallapati, āpatti pācittiyassa.
Hatthapāsaṃ vijahitvā santiṭṭhati vā sallapati vā, āpatti dukkaṭassa. Yakkhena vā petena vā paṇḍakena vā tiracchānagatamanussaviggahena vā saddhiṃ santiṭṭhati vā sallapati vā, āpatti dukkaṭassa.
845. Anāpatti yo koci viññū dutiyo hoti, arahopekkhā, aññavihitā santiṭṭhati vā sallapati vā, ummattikāya, ādikammikāyāti.
Dutiyasikkhāpadaṃ niṭṭhitaṃ.
3. Tatiyasikkhāpadaṃ
846. Tena samayena buddho Bhagavā sāvatthiyaṃ viharati jetavane anāthapiṇḍikassa ārāme. Tena kho pana samayena bhaddāya kāpilāniyā antevāsiniyā bhikkhuniyā ñātako puriso gāmakā sāvatthiṃ agamāsi kenacideva karaṇīyena. Atha kho sā bhikkhunī – ''bhagavatā paṭikkhittaṃ paṭicchanne okāse purisena saddhiṃ ekenekā santiṭṭhituṃ sallapitu''nti teneva purisena saddhiṃ ajjhokāse ekenekā santiṭṭhatipi

sallapatipi. Yā tā bhikkhuniyo appicchā...pe... tā ujjhāyanti khiyyanti vipācenti – ''kathañhi nāma bhikkhunī ajjhokāse purisena saddhiṃ ekenekā santiṭṭhissatipi sallapissatipī''ti...pe... saccaṃ kira, bhikkhave, bhikkhunī ajjhokāse purisena saddhiṃ ekenekā santiṭṭhatipi sallapatipīti? ''Saccaṃ, Bhagavā''ti. Vigarahi buddho Bhagavā...pe... kathañhi nāma, bhikkhave, bhikkhunī ajjhokāse purisena saddhiṃ ekenekā santiṭṭhissatipi sallapissatipi! Netaṃ, bhikkhave, appasannānaṃ vā pasādāya...pe... evañca pana, bhikkhave, bhikkhuniyo imaṃ sikkhāpadaṃ uddisantu –

847.''Yā pana bhikkhunī ajjhokāse purisena saddhiṃ ekenekā santiṭṭheyya vā sallapeyya vā, pācittiya''nti.

848.Yā panāti yā yādisā...pe... bhikkhunīti...pe... ayaṃ imasmiṃ atthe adhippetā bhikkhunīti.

Ajjhokāso nāma appaṭicchanno hoti kuṭṭena vā kavāṭena vā kilañjena vā sāṇipākārena vā rukkhena vā thambhena vā kotthaḷiyā vā, yena kenaci appaṭicchanno hoti.

Puriso nāma manussapuriso, na yakkho na peto na tiracchānagato, viññū paṭibalo santiṭṭhituṃ sallapituṃ.

Saddhinti ekato. Ekenekāti puriso ceva hoti bhikkhunī ca.

Santiṭṭheyya vāti purisassa hatthapāse tiṭṭhati, āpatti pācittiyassa.

Sallapeyya vāti purisassa hatthapāse ṭhitā sallapati, āpatti pācittiyassa.

Hatthapāsaṃ vijahitvā santiṭṭhati vā sallapati vā, āpatti dukkaṭassa. Yakkhena vā petena vā paṇḍakena vā tiracchāgatamanussaviggahena vā saddhiṃ santiṭṭhati vā sallapati vā, āpatti dukkaṭassa.

849. Anāpatti yo koci viññū dutiyo hoti, arahopekkhā, aññavihitā santiṭṭhati vā sallapati vā, ummattikāya, ādikammikāyāti.

Tatiyasikkhāpadaṃ niṭṭhitaṃ.

4. Catutthasikkhāpadaṃ

850. Tena samayena buddho Bhagavā sāvatthiyaṃ viharati jetavane anāthapiṇḍikassa ārāme. Tena kho pana samayena thullanandā bhikkhunī rathikāyapi byūhepi siṅghāṭakepi purisena saddhiṃ ekenekā santiṭṭhatipi sallapatipi nikaṇṇikampi jappeti dutiyikampi bhikkhuniṃ uyyojeti. Yā tā bhikkhuniyo appicchā...pe... tā ujjhāyanti khiyyanti vipācenti – ''kathañhi nāma ayyā thullanandā rathikāyapi byūhepi siṅghāṭakepi purisena saddhiṃ ekenekā santiṭṭhissatipi sallapissatipi nikaṇṇikampi jappissati dutiyikampi bhikkhuniṃ uyyojessatī''ti...pe... saccaṃ kira, bhikkhave, thullanandā bhikkhunī rathikāyapi byūhepi siṅghāṭakepi purisena saddhiṃ ekenekā santiṭṭhatipi sallapatipi nikaṇṇikampi jappeti dutiyikampi bhikkhuniṃ uyyojetīti? ''Saccaṃ, Bhagavā''ti. Vigarahi buddho Bhagavā...pe... kathañhi nāma, bhikkhave, thullanandā bhikkhunī rathikāyapi byūhepi siṅghāṭakepi purisena saddhiṃ ekenekā santiṭṭhissatipi sallapissatipi nikaṇṇikampi jappissati dutiyikampi bhikkhuniṃ uyyojessati! Netaṃ, bhikkhave, appasannānaṃ vā pasādāya...pe... evañca pana, bhikkhave, bhikkhuniyo imaṃ sikkhāpadaṃ uddisantu –

851.''Yāpana bhikkhunī rathikāya vā byūhe vā siṅghāṭake vā purisena saddhiṃ ekenekā santiṭṭheyya vā sallapeyya vā nikaṇṇikaṃ vā jappeyya dutiyikaṃ vā bhikkhuniṃ uyyojeyya, pācittiya''nti.

852.Yā panāti yā yādisā...pe... bhikkhunīti...pe... ayaṃ imasmiṃ atthe adhippetā bhikkhunīti.

Rathikā nāma racchā vuccati. Byūhaṃ nāma yeneva pavisanti teneva nikkhamanti. Siṅghāṭako nāma caccaraṃ vuccati.

Puriso nāma manussapuriso na yakkho na peto na tiracchānagato viññū paṭibalo santiṭṭhituṃ sallapituṃ.

Saddhinti ekato. Ekenekāti puriso ceva hoti bhikkhunī ca.

Santiṭṭheyya vāti purisassa hatthapāse tiṭṭhati, āpatti pācittiyassa.

Sallapeyya vāti purisassa hatthapāse ṭhitā sallapati, āpatti pācittiyassa.

Nikaṇṇikaṃ vā jappeyyāti purisassa upakaṇṇake āroceti , āpatti pācittiyassa.

Dutiyikaṃ vā bhikkhuniṃ uyyojeyyāti anācāraṃ ācaritukāmā dutiyikampi bhikkhuniṃ uyyojeti, āpatti dukkaṭassa. Dassanūpacāraṃ vā savanūpacāraṃ vā vijahantiyā āpatti dukkaṭassa. Vijahite āpatti pācittiyassa.

Hatthapāsaṃ vijahitvā santiṭṭhati vā sallapati vā āpatti dukkaṭassa. Yakkhena vā petena vā paṇḍakena vā tiracchānagatamanussaviggahena vā saddhiṃ santiṭṭhati vā sallapati vā, āpatti dukkaṭassa.

853. Anāpatti yo koci viññū dutiyo hoti, arahopekkhā, aññavihitā santiṭṭhati vā sallapati vā, na anācāraṃ ācaritukāmā, sati karaṇīye dutiyikaṃ bhikkhuniṃ uyyojeti, ummattikāya, ādikammikāyāti.

Catutthasikkhāpadaṃ niṭṭhitaṃ.

5. Pañcamasikkhāpadaṃ

854. Tena samayena buddho Bhagavā sāvatthiyaṃ viharati jetavane anāthapiṇḍikassa ārāme. Tena kho pana samayena aññatarā bhikkhunī aññatarassa kulassa kulūpikā hoti niccabhattikā. Atha kho sā bhikkhunī pubbaṇhasamayaṃ nivāsetvā pattacīvaramādāya yena taṃ kulaṃ tenupasaṅkami; upasaṅkamitvā āsane nisīditvā sāmike anāpucchā pakkāmi. Tassa kulassa dāsī gharaṃ sammajjantī taṃ āsanaṃ bhājanantarikāya pakkhipi. Manussā taṃ āsanaṃ apassantā taṃ bhikkhuniṃ etadavocuṃ – ''kahaṃ taṃ, ayye, āsana''nti? ''Nāhaṃ taṃ, āvuso, āsanaṃ passāmī''ti. ''Dethāyye, taṃ āsana''nti paribhāsitvā niccabhattaṃ pacchindiṃsu. Atha kho te manussā gharaṃ sodhentā taṃ āsanaṃ bhājanantarikāya passitvā taṃ bhikkhuniṃ khamāpetvā niccabhattaṃ paṭṭhapesuṃ. Atha kho sā

bhikkhunī bhikkhunīnaṃ etamatthaṃ ārocesi. Yā tā bhikkhuniyo appicchā...pe... tā ujjhāyanti khiyyanti vipācenti – "kathañhi nāma bhikkhunī purebhattaṃ kulāni upasaṅkamitvā āsane nisīditvā sāmike anāpucchā pakkamissatī''ti...pe... saccaṃ kira, bhikkhave, bhikkhunī purebhattaṃ kulāni upasaṅkamitvā āsane nisīditvā sāmike anāpucchā pakkamatīti [pakkamīti (ka.)]? "Saccaṃ, Bhagavā''ti. Vigarahi buddho Bhagavā...pe... kathañhi nāma, bhikkhave bhikkhunī purebhattaṃ kulāni upasaṅkamitvā āsane nisīditvā sāmike anāpucchā pakkamissati! Netaṃ, bhikkhave, appasannānaṃ vā pasādāya...pe... evañca pana, bhikkhave, bhikkhuniyo imaṃ sikkhāpadaṃ uddisantu –

855."Yā pana bhikkhunī purebhattaṃ kulāni upasaṅkamitvā āsane nisīditvā sāmike anāpucchā pakkameyya, pācittiya''nti.

856.Yā panāti yā yādisā...pe... bhikkhunīti...pe... ayaṃ imasmiṃ atthe adhippetā bhikkhunīti.

Purebhattaṃ nāma aruṇuggamanaṃ upādāya yāva majjhanhikā.

Kulaṃ nāma cattāri kulāni – khattiyakulaṃ, brāhmaṇakulaṃ, vessakulaṃ, suddakulaṃ. Upasaṅkamitvāti tattha gantvā.

Āsanaṃ nāma pallaṅkassa okāso vuccati. Nisīditvāti tasmiṃ nisīditvā.

Sāmike anāpucchā pakkameyyāti yo tasmiṃ kule manusso viññū taṃ anāpucchā anovassakaṃ atikkāmentiyā āpatti pācittiyassa. Ajjhokāse upacāraṃ atikkāmentiyā āpatti pācittiyassa.

857. Anāpucchite anāpucchitasaññā pakkamati, āpatti pācittiyassa. Anāpucchite vematikā pakkamati, āpatti pācittiyassa. Anāpucchite āpucchitasaññā pakkamati, āpatti pācittiyassa.

Pallaṅkassa anokāse āpatti dukkaṭassa. Āpucchite anāpucchitasaññā, āpatti dukkaṭassa. Āpucchite vematikā, āpatti dukkaṭassa. Āpucchite āpucchitasaññā, anāpatti.

858. Anāpatti āpucchā gacchati, asaṃhārime, gilānāya, āpadāsu, ummattikāya, ādikammikāyāti.

Pañcamasikkhāpadaṃ niṭṭhitaṃ.

6. Chaṭṭhasikkhāpadaṃ

859. Tena samayena buddho Bhagavā sāvatthiyaṃ viharati jetavane anāthapiṇḍikassa ārāme. Tena kho pana samayena thullanandā bhikkhunī pacchābhattaṃ kulāni upasaṅkamitvā sāmike anāpucchā āsane abhinisīdatipi abhinipajjatipi. Manussā thullanandaṃ bhikkhuniṃ hirīyamānā āsane neva abhinisīdanti na abhinipajjanti. Manussā ujjhāyanti khiyyanti vipācenti – "kathañhi nāma ayyā thullanandā pacchābhattaṃ kulāni upasaṅkamitvā sāmike anāpucchā āsane abhinisīdissatipi abhinipajjissatipī''ti! Assosuṃ kho bhikkhuniyo tesaṃ manussānaṃ ujjhāyantānaṃ khiyyantānaṃ vipācentānaṃ. Yā tā bhikkhuniyo appicchā...pe... tā ujjhāyanti khiyyanti vipācenti – "kathañhi nāma ayyā thullanandā pacchābhattaṃ kulāni upasaṅkamitvā sāmike anāpucchā āsane abhinisīdissatipi abhinipajjissatipī''ti...pe... saccaṃ kira, bhikkhave, thullanandā bhikkhunī pacchābhattaṃ kulāni upasaṅkamitvā sāmike anāpucchā āsane abhinisīdatipi abhinipajjatipīti? "Saccaṃ, Bhagavā''ti. Vigarahi buddho Bhagavā...pe... kathañhi nāma, bhikkhave, thullanandā bhikkhunī pacchābhattaṃ kulāni upasaṅkamitvā sāmike anāpucchā āsane abhinisīdissatipi abhinipajjissatipi! Netaṃ, bhikkhave, appasannānaṃ vā pasādāya...pe... evañca pana, bhikkhave, bhikkhuniyo imaṃ sikkhāpadaṃ uddisantu –

860."Yā pana bhikkhunī pacchābhattaṃ kulāni upasaṅkamitvā sāmike anāpucchā āsane abhinisīdeyya vā abhinipajjeyya vā, pācittiya''nti.

861.Yā panāti yā yādisā...pe... bhikkhunīti...pe... ayaṃ imasmiṃ atthe adhippetā bhikkhunīti.

Pacchābhattaṃ nāma majjhanhike vītivatte yāva atthaṅgate sūriye.

Kulaṃ nāma cattāri kulāni – khattiyakulaṃ, brāhmaṇakulaṃ, vessakulaṃ, suddakulaṃ. Upasaṅkamitvāti tattha gantvā.

Sāmike anāpucchāti yo tasmiṃ kule manusso sāmiko dātuṃ, taṃ anāpucchā.

Āsanaṃ nāma pallaṅkassa okāso vuccati.

Abhinisīdeyyāti tasmiṃ abhinisīdati, āpatti pācittiyassa.

Abhinipajjeyyāti tasmiṃ abhinipajjati, āpatti pācittiyassa.

862. Anāpucchite anāpucchitasaññā āsane abhinisīdati vā abhinipajjati vā, āpatti pācittiyassa. Anāpucchite vematikā āsane abhinisīdati vā abhinipajjati vā, āpatti pācittiyassa. Anāpucchite āpucchitasaññā āsane abhinisīdati vā abhinipajjati vā, āpatti pācittiyassa.

Pallaṅkassa anokāse āpatti dukkaṭassa. Āpucchite anāpucchitasaññā, āpatti dukkaṭassa. Āpucchite vematikā, āpatti dukkaṭassa. Āpucchite āpucchitasaññā, anāpatti.

863. Anāpatti āpucchā āsane abhinisīdati vā abhinipajjati vā, dhuvapaññatte, gilānāya, āpadāsu, ummattikāya, ādikammikāyāti.

Chaṭṭhasikkhāpadaṃ niṭṭhitaṃ.

7. Sattamasikkhāpadaṃ

864. Tena samayena buddho Bhagavā sāvatthiyaṃ viharati jetavane anāthapiṇḍikassa ārāme. Tena kho pana samayena sambahulā bhikkhuniyo kosalesu janapade sāvatthiṃ gacchantiyo sāyaṃ aññataraṃ gāmaṃ upagantvā aññataraṃ brāhmaṇakulaṃ upasaṅkamitvā okāsaṃ yāciṃsu. Atha kho sā brāhmaṇī tā bhikkhuniyo etadavoca – "āgametha, ayye, yāva brāhmaṇo āgacchatī''ti. Bhikkhuniyo – "yāva brāhmaṇo āgacchatī''ti seyyaṃ santharitvā ekaccā nisīdiṃsu ekaccā nipajjiṃsu. Atha kho so brāhmaṇo

rattiṃ āgantvā taṃ brāhmaṇiṃ etadavoca – ''kā imā''ti? ''Bhikkhuniyo, ayyā''ti. ''Nikkaḍḍhatha imā muṇḍā bandhakiniyo''ti, gharato nikkaḍḍhāpesi. Atha kho tā bhikkhuniyo sāvatthiṃ gantvā bhikkhunīnaṃ etamatthaṃ ārocesuṃ. Yā tā bhikkhuniyo appicchā...pe... tā ujjhāyanti khiyyanti vipācenti – ''kathañhi nāma bhikkhuniyo vikāle kulāni upasaṅkamitvā sāmike anāpucchā seyyaṃ santharitvā abhinisīdissantipi abhinipajjissantipī''ti...pe... saccaṃ kira, bhikkhave, bhikkhuniyo vikāle kulāni upasaṅkamitvā sāmike anāpucchā seyyaṃ santharitvā abhinisīdantipi abhinipajjantipīti? ''Saccaṃ, Bhagavā''ti. Vigarahi buddho Bhagavā...pe... kathañhi nāma, bhikkhave, bhikkhuniyo vikāle kulāni upasaṅkamitvā sāmike anāpucchā seyyaṃ santharitvā abhinisīdissantipi abhinipajjissantipi! Netaṃ, bhikkhave, appasannānaṃ vā pasādāya...pe... evañca pana, bhikkhave, bhikkhuniyo imaṃ sikkhāpadaṃ uddisantu –

865.''Yāpana bhikkhunī vikāle kulāni upasaṅkamitvā sāmike anāpucchā seyyaṃ santharitvā vā santharāpetvā vā abhinisīdeyya vā abhinipajjeyya vā, pācittiya''nti.

866.Yāpanāti yā yādisā...pe... bhikkhunīti...pe... ayaṃ imasmiṃ atthe adhippetā bhikkhunīti.

Vikālo nāma atthaṅgate sūriye yāva aruṇuggamanā.

Kulaṃ nāma cattāri kulāni – khattiyakulaṃ, brāhmaṇakulaṃ, vessakulaṃ suddakulaṃ. Upasaṅkamitvāti tattha gantvā.

Sāmike anāpucchāti yo tasmiṃ kule manusso sāmiko dātuṃ, taṃ anāpucchā.

Seyyaṃ nāma antamaso paṇṇasanthāropi. Santharitvāti sayaṃ santharitvā. Santharāpetvāti aññaṃ santharāpetvā. Abhinisīdeyyāti tasmiṃ abhinisīdati, āpatti pācittiyassa. Abhinipajjeyyāti tasmiṃ abhinipajjati, āpatti pācittiyassa.

867. Anāpucchite anāpucchitasaññā seyyaṃ santharitvā vā santharāpetvā vā abhinisīdati vā abhinipajjati vā, āpatti pācittiyassa. Anāpucchite vematikā seyyaṃ santharitvā vā santharāpetvā vā abhinisīdati vā abhinipajjati vā, āpatti pācittiyassa. Anāpucchite āpucchitasaññā seyyaṃ santharitvā vā santharāpetvā vā abhinisīdati vā abhinipajjati vā, āpatti pācittiyassa.

Āpucchite anāpucchitasaññā, āpatti dukkaṭassa. Āpucchite vematikā, āpatti dukkaṭassa. Āpucchite āpucchitasaññā, anāpatti.

868. Anāpatti āpucchā seyyaṃ santharitvā vā santharāpetvā vā abhinisīdati vā abhinipajjati vā, gilānāya, āpadāsu, ummattikāya, ādikammikāyāti.

Sattamasikkhāpadaṃ niṭṭhitaṃ.

8. Aṭṭhamasikkhāpadaṃ

869. Tena samayena buddho Bhagavā sāvatthiyaṃ viharati jetavane anāthapiṇḍikassa ārāme. Tena kho pana samayena bhaddāya kāpilāniyā antevāsinī bhikkhunī bhaddaṃ kāpilāniṃ sakkaccaṃ upaṭṭheti. Bhaddā kāpilānī bhikkhuniyo etadavoca – ''ayaṃ maṃ, ayye, bhikkhunī sakkacaṃ upaṭṭheti, imissāhaṃ cīvaraṃ dassāmī''ti. Atha kho sā bhikkhunī duggahitena dūpadhāritena paraṃ ujjhāpesi – ''ahaṃ kirāyye, ayyaṃ na sakkaccaṃ upaṭṭhemi, na kira me ayyā cīvaraṃ dassatī''ti. Yā tā bhikkhuniyo appicchā...pe... tā ujjhāyanti khiyyanti vipācenti – ''kathañhi nāma bhikkhunī duggahitena dūpadhāritena paraṃ ujjhāpessatī''ti...pe... saccaṃ kira, bhikkhave, bhikkhunī duggahitena dūpadhāritena paraṃ ujjhāpetīti [ujjhāpesīti (ka.)]? ''Saccaṃ, Bhagavā''ti. Vigarahi buddho Bhagavā...pe... kathañhi nāma, bhikkhave, bhikkhunī duggahitena dūpadhāritena paraṃ ujjhāpessati! Netaṃ, bhikkhave, appasannānaṃ vā pasādāya...pe... evañca pana, bhikkhave, bhikkhuniyo imaṃ sikkhāpadaṃ uddisantu –

870.''Yā pana bhikkhunī duggahitena dūpadhāritena paraṃ ujjhāpeyya, pācittiya''nti.

871.Yāpanāti yā yādisā...pe... bhikkhunīti...pe... ayaṃ imasmiṃ atthe adhippetā bhikkhunīti.

Duggahitenāti aññathā gahitena [uggahitena (ka.)].

Dūpadhāritenāti aññathā upadhāritena.

Paranti upasampannaṃ ujjhāpeti, āpatti pācittiyassa.

872. Upasampannāya upasampannasaññā ujjhāpeti, āpatti pācittiyassa. Upasampannāya vematikā ujjhāpeti, āpatti pācittiyassa. Upasampannāya anupasampannasaññā ujjhāpeti, āpatti pācittiyassa.

Anupasampannaṃ ujjhāpeti, āpatti dukkaṭassa. Anupasampannāya upasampannasaññā, āpatti dukkaṭassa. Anupasampannāya vematikā, āpatti dukkaṭassa. Anupasampannāya anupasampannasaññā, āpatti dukkaṭassa.

873. Anāpatti ummattikāya, ādikammikāyāti.

Aṭṭhamasikkhāpadaṃ niṭṭhitaṃ.

9. Navamasikkhāpadaṃ

874. Tena samayena buddho Bhagavā sāvatthiyaṃ viharati jetavane anāthapiṇḍikassa ārāme. Tena kho pana samayena bhikkhuniyo attano bhaṇḍakaṃ apassantiyo caṇḍakāḷiṃ bhikkhuniṃ etadavocuṃ – ''apāyye, amhākaṃ, bhaṇḍakaṃ passeyyāsī''ti? Caṇḍakāḷī bhikkhunī ujjhāyati khiyyati vipāceti – ''ahameva nūna corī, ahameva nūna alajjinī, yā ayyāyo attano bhaṇḍakaṃ apassantiyo tā maṃ evamāhaṃsu – 'apāyye, amhākaṃ bhaṇḍakaṃ passeyyāsī'ti? Sacāhaṃ, ayye, tumhākaṃ bhaṇḍakaṃ gaṇhāmi, assamaṇī homi, brahmacariyā cavāmi, nirayaṃ upapajjāmi; yā pana maṃ abhūtena evamāha

sāpi assamaṇī hotu, brahmacariyā cavatu, nirayaṃ upapajjatū''ti. Yā tā bhikkhuniyo appicchā...pe... tā ujjhāyanti khiyyanti vipācenti – ''kathañhi nāma ayyā caṇḍakāḷī attānampi parampi nirayenapi brahmacariyenapi abhisapissatī''ti...pe... saccaṃ kira, bhikkhave, caṇḍakāḷī bhikkhunī attānampi parampi nirayenapi brahmacariyenapi abhisapatīti? ''Saccaṃ, Bhagavā''ti. Vigarahi buddho Bhagavā...pe... kathañhi nāma, bhikkhave, caṇḍakāḷī bhikkhunī attānampi parampi nirayenapi brahmacariyenapi abhisapissati! Netaṃ, bhikkhave, appasannānaṃ vā pasādāya...pe... evañca pana, bhikkhave, bhikkhuniyo imaṃ sikkhāpadaṃ uddisantu –

875.''Yā pana bhikkhunī attānaṃ vā paraṃ vā nirayena vā brahmacariyena vā abhisapeyya, pācittiyya''nti.

876.Yā panāti yā yādisā...pe... bhikkhunīti...pe... ayaṃ imasmiṃ atthe adhippetā bhikkhunīti.

Attānanti paccattaṃ. Paranti upasampannaṃ. Nirayena vā brahmacariyena vā abhisapati, āpatti pācittiyassa.

877. Upasampannāya upasampannasaññā nirayena vā brahmacariyena vā abhisapati, āpatti pācittiyassa. Upasampannāya vematikā nirayena vā brahmacariyena vā abhisapati, āpatti pācittiyassa. Upasampannāya anupasampannasaññā nirayena vā brahmacariyena vā abhisapati, āpatti pācittiyassa.

Tiracchānayoniyā vā pettivisayena vā manussadobhaggena vā abhisapati, āpatti dukkaṭassa. Anupasampannaṃ abhisapati, āpatti dukkaṭassa. Anupasampannāya upasampannasaññā, āpatti dukkaṭassa. Anupasampannāya vematikā, āpatti dukkaṭassa. Anupasampannāya anupasampannasaññā, āpatti dukkaṭassa.

878. Anāpatti atthapurekkhārāya, dhammapurekkhārāya, anusāsanipurekkhārāya, ummattikāya, ādikammikāyāti.

Navamasikkhāpadaṃ niṭṭhitaṃ.

10. Dasamasikkhāpadaṃ

879. Tena samayena buddho Bhagavā sāvatthiyaṃ viharati jetavane anāthapiṇḍikassa ārāme. Tena kho pana samayena caṇḍakāḷī bhikkhunī bhikkhunīhi saddhiṃ bhaṇḍitvā attānaṃ vadhitvā vadhitvā rodati. Yā tā bhikkhuniyo appicchā...pe... tā ujjhāyanti khiyyanti vipācenti – ''kathañhi nāma ayyā caṇḍakāḷī attānaṃ vadhitvā vadhitvā rodissatī''ti...pe... saccaṃ kira, bhikkhave, caṇḍakāḷī bhikkhunī attānaṃ vadhitvā vadhitvā rodatīti? ''Saccaṃ, Bhagavā''ti. Vigarahi buddho Bhagavā...pe... kathañhi nāma, bhikkhave, caṇḍakāḷī bhikkhunī attānaṃ vadhitvā vadhitvā rodissati! Netaṃ, bhikkhave, appasannānaṃ vā pasādāya...pe... evañca pana, bhikkhave, bhikkhuniyo imaṃ sikkhāpadaṃ uddisantu –

880.''Yāpana bhikkhunī attānaṃ vadhitvā vadhitvā rodeyya, pācittiya''nti.

881.Yā panāti yā yādisā...pe... bhikkhunīti...pe... ayaṃ imasmiṃ atthe adhippetā bhikkhunīti.

Attānanti paccattaṃ. Vadhitvā vadhitvā rodati, āpatti pācittiyassa. Vadhati na rodati, āpatti dukkaṭassa. Rodati na vadhati, āpatti dukkaṭassa.

882. Anāpatti ñātibyasanena vā bhogabyasanena vā rogabyasanena vā phuṭṭhā rodati na vadhati, ummattikāya, ādikammikāyāti.

Dasamasikkhāpadaṃ niṭṭhitaṃ.

Andhakāravaggo dutiyo.

3. Naggavaggo

1. Paṭhamasikkhāpadaṃ

883. Tena samayena buddho Bhagavā sāvatthiyaṃ viharati jetavane anāthapiṇḍikassa ārāme. Tena kho pana samayena sambahulā [mahāva. 350] bhikkhuniyo aciravatiyā nadiyā vesiyāhi saddhiṃ naggā ekatitthe nahāyanti. Vesiyā tā bhikkhuniyo uppaṇḍesuṃ – ''kiṃ nu kho nāma tumhākaṃ, ayye, daharānaṃ [daharānaṃ daharānaṃ (sī.)] brahmacariyaṃ ciṇṇena, nanu nāma kāmā paribhuñjitabbā ! Yadā jiṇṇā bhavissatha tadā brahmacariyaṃ carissatha. Evaṃ tumhākaṃ ubho atthā pariggahitā bhavissantī''ti. Bhikkhuniyo vesiyāhi uppaṇḍiyamānā maṅkū ahesuṃ. Atha kho tā bhikkhuniyo upassayaṃ gantvā bhikkhunīnaṃ etamatthaṃ ārocesuṃ. Bhikkhuniyo bhikkhūnaṃ etamatthaṃ ārocesuṃ. Bhikkhū bhagavato etamatthaṃ ārocesuṃ. Atha kho Bhagavā etasmiṃ nidāne etasmiṃ pakaraṇe dhammiṃ kathaṃ katvā bhikkhū āmantesi – ''tena hi, bhikkhave, bhikkhunīnaṃ sikkhāpadaṃ paññapessāmi dasa atthavase paṭicca – saṅghasuṭṭhutāya...pe... vinayānuggahāya. Evañca pana, bhikkhave, bhikkhuniyo imaṃ sikkhāpadaṃ uddisantu –

884.''Yāpana bhikkhunī naggā nahāyeyya, pācittiya''nti.

885.Yā panāti yā yādisā...pe... bhikkhunīti...pe... ayaṃ imasmiṃ atthe adhippetā bhikkhunīti.

Naggā nahāyeyyāti anivatthā vā apārutā vā nahāyati, payoge dukkaṭaṃ. Nahānapariyosāne āpatti pācittiyassa.

886. Anāpatti acchinnacīvarikāya vā naṭṭhacīvarikāya vā, āpadāsu, ummattikāya, ādikammikāyāti.

Paṭhamasikkhāpadaṃ niṭṭhitaṃ.

2. Dutiyasikkhāpadaṃ

887. Tena samayena buddho Bhagavā sāvatthiyaṃ viharati jetavane anāthapiṇḍikassa ārāme. Tena kho pana samayena bhagavatā bhikkhunīnaṃ [mahāva. 351] udakasāṭikā anuññātā hoti . Chabbaggiyā

bhikkhuniyo – ''bhagavatā udakasāṭikā anuññātā''ti appamāṇikāyo udakasāṭikāyo dhāresuṃ [dhārenti (pāci. 531-545)]. Puratopi pacchatopi ākaḍḍhantā āhiṇḍanti. Yā tā bhikkhuniyo appicchā...pe... tā ujjhāyanti khiyyanti vipācenti – ''kathañhi nāma chabbaggiyā bhikkhuniyo appamāṇikāyo udakasāṭikāyo dhāressantī''ti...pe... saccaṃ kira, bhikkhave, chabbaggiyā bhikkhuniyo appamāṇikāyo udakasāṭikāyo dhārentīti? ''Saccaṃ, Bhagavā''ti. Vigarahi buddho Bhagavā...pe... kathañhi nāma, bhikkhave, chabbaggiyā bhikkhuniyo appamāṇikāyo udakasāṭikāyo dhāressanti! Netaṃ, bhikkhave, appasannānaṃ vā pasādāya...pe... evañca pana, bhikkhave, bhikkhuniyo imaṃ sikkhāpadaṃ uddisantu –

888.''Udakasāṭikaṃ pana bhikkhuniyā kārayamānāya pamāṇikā kāretabbā. Tatridaṃ pamāṇaṃ – dīghaso catasso vidatthiyo, sugatavidatthiyā; tiriyaṃ dve vidatthiyo. Taṃ atikkāmentiyā chedanakaṃ pācittiya''nti.

889.Udakasāṭikā nāma yāya nivatthā [nivatthāya (syā.)] nahāyati.

Kārayamānāyāti karontiyā vā kārāpentiyā vā.

Pamāṇikā kāretabbā. Tatridaṃ pamāṇaṃ – dīghaso catasso vidatthiyo, sugatavidatthiyā; tiriyaṃ dve vidatthiyo. Taṃ atikkāmetvā karoti vā kārāpeti vā, payoge dukkaṭaṃ. Paṭilābhena chinditvā pācittiyaṃ desetabbaṃ.

890. Attanā vippakataṃ attanā pariyosāpeti, āpatti pācittiyassa . Attanā vippakataṃ parehi pariyosāpeti, āpatti pācittiyassa. Parehi vippakataṃ attanā pariyosāpeti, āpatti pācittiyassa. Parehi vippakataṃ parehi pariyosāpeti, āpatti pācittiyassa.

Aññassatthāya karoti vā kārāpeti vā, āpatti dukkaṭassa. Aññena kataṃ paṭilabhitvā paribhuñjati, āpatti dukkaṭassa.

891. Anāpatti pamāṇikaṃ karoti, ūnakaṃ karoti, aññena kataṃ pamāṇātikkantaṃ paṭilabhitvā chinditvā paribhuñjati, vitānaṃ vā bhūmattharaṇaṃ vā sāṇipākāraṃ vā bhisiṃ vā bibbohanaṃ vā karoti, ummattikāya, ādikammikāyāti.

Dutiyasikkhāpadaṃ niṭṭhitaṃ.

3. Tatiyasikkhāpadaṃ

892. Tena samayena buddho Bhagavā sāvatthiyaṃ viharati jetavane anāthapiṇḍikassa ārāme. Tena kho pana samayena aññatarissā bhikkhuniyā mahagghe cīvaradusse cīvaraṃ dukkaṭaṃ hoti dussibbitaṃ. Thullanandā bhikkhunī taṃ bhikkhuniṃ etadavoca – ''sundaraṃ kho idaṃ te, ayye, cīvaradussaṃ; cīvarañca kho dukkaṭaṃ dussibbita''nti. ''Visibbemi, ayye, sibbissasī''ti? ''Āmāyye, sibbissāmī''ti. Atha kho sā bhikkhunī taṃ cīvaraṃ visibbetvā thullanandāya bhikkhuniyā adāsi. Thullanandā bhikkhunī – ''sibbissāmi sibbissāmī''ti neva sibbati na sibbāpanāya ussukkaṃ karoti. Atha kho sā bhikkhunī bhikkhunīnaṃ etamatthaṃ ārocesi. Yā tā bhikkhuniyo appicchā...pe... tā ujjhāyanti khiyyanti vipācenti – ''kathañhi nāma ayyā thullanandā bhikkhuniyā cīvaraṃ visibbāpetvā neva sibbissati na sibbāpanāya ussukkaṃ karissatī''ti...pe... saccaṃ kira, bhikkhave, thullanandā bhikkhunī bhikkhuniyā cīvaraṃ visibbāpetvā neva sibbati na sibbāpanāya ussukkaṃ karotīti? ''Saccaṃ, Bhagavā''ti. Vigarahi buddho Bhagavā...pe... kathañhi nāma, bhikkhave, thullanandā bhikkhunī bhikkhuniyā cīvaraṃ visibbāpetvā neva sibbissati na sibbāpanāya ussukkaṃ karissati! Netaṃ, bhikkhave, appasannānaṃ vā pasādāya...pe... evañca pana, bhikkhave, bhikkhuniyo imaṃ sikkhāpadaṃ uddisantu –

893.''Yā pana bhikkhunī bhikkhuniyā cīvaraṃ visibbetvā vā visibbāpetvā vā sā pacchā anantarāyikinī neva sibbeyya na sibbāpanāya ussukkaṃ kareyya, aññatra catūhapañcāhā, pācittiya''nti.

894.Yā panāti yā yādisā...pe... bhikkhunīti...pe... ayaṃ imasmiṃ atthe adhippetā bhikkhunīti.

Bhikkhuniyāti aññāya bhikkhuniyā.

Cīvaraṃ nāma channaṃ cīvarānaṃ aññataraṃ cīvaraṃ.

Visibbetvāti sayaṃ visibbetvā. Visibbāpetvāti aññaṃ visibbāpetvā.

Sā pacchā anantarāyikinīti asati antarāye.

Neva sibbeyyāti na sayaṃ sibbeyya. Na sibbāpanāya ussukkaṃ kareyyāti na aññaṃ āṇāpeyya.

Aññatracatūhapañcāhāti ṭhapetvā catūhapañcāhaṃ. ''Neva sibbissāmi na sibbāpanāya ussukkaṃ karissāmī''ti dhuraṃ nikkhittamatte āpatti pācittiyassa.

895. Upasampannāya upasampannasaññā cīvaraṃ visibbetvā vā visibbāpetvā vā sā pacchā anantarāyikinī neva sibbati na sibbāpanāya ussukkaṃ karoti, aññatra catūhapañcāhā, āpatti pācittiyassa. Upasampannāya vematikā cīvaraṃ visibbetvā vā visibbāpetvā vā sā pacchā anantarāyikinī neva sibbati na sibbāpanāya ussukkaṃ karoti, aññatra catūhapañcāhā, āpatti pācittiyassa. Upasampannāya anupasampannasaññā cīvaraṃ visibbetvā vā visibbāpetvā vā sā pacchā anantarāyikinī neva sibbati na sibbāpanāya ussukkaṃ karoti, aññatra catūhapañcāhā, āpatti pācittiyassa.

Aññaṃ parikkhāraṃ visibbetvā vā visibbāpetvā vā sā pacchā anantarāyikinī neva sibbati na sibbāpanāya ussukkaṃ karoti, aññatra catūhapañcāhā, āpatti dukkaṭassa . Anupasampannāya cīvaraṃ vā aññaṃ vā parikkhāraṃ visibbetvā vā visibbāpetvā vā sā pacchā anantarāyikinī neva sibbati na sibbāpanāya ussukkaṃ karoti, aññatra catūhapañcāhā, āpatti dukkaṭassa. Anupasampannāya upasampannasaññā, āpatti dukkaṭassa. Anupasampannāya vematikā, āpatti dukkaṭassa. Anupasampannāya anupasampannasaññā, āpatti dukkaṭassa.

896. Anāpatti sati antarāye, pariyesitvā na labhati, karontī catūhapañcāhaṃ atikkāmeti, gilānāya, āpadāsu, ummattikāya, ādikammikāyāti.
Tatiyasikkhāpadaṃ niṭṭhitaṃ.
4. Catutthasikkhāpadaṃ
897. Tena samayena buddho Bhagavā sāvatthiyaṃ viharati jetavane anāthapiṇḍikassa ārāme. Tena kho pana samayena bhikkhuniyo bhikkhunīnaṃ hatthe cīvaraṃ nikkhipitvā santaruttarena janapadacārikaṃ pakkamanti. Tāni cīvarāni ciraṃ nikkhittāni kaṇṇakitāni honti. Tāni bhikkhuniyo otāpenti. Bhikkhuniyo tā bhikkhuniyo etadavocuṃ – ''kassimāni , ayye, cīvarāni kaṇṇakitānī''ti? Atha kho tā bhikkhuniyo bhikkhunīnaṃ etamatthaṃ ārocesuṃ. Yā tā bhikkhuniyo appicchā...pe... tā ujjhāyanti khiyyanti vipācenti – ''kathañhi nāma bhikkhuniyo bhikkhunīnaṃ hatthe cīvaraṃ nikkhipitvā santaruttarena janapadacārikaṃ pakkamissantī''ti...pe... saccaṃ kira, bhikkhave, bhikkhuniyo bhikkhunīnaṃ hatthe cīvaraṃ nikkhipitvā santaruttarena janapadacārikaṃ pakkamantīti? ''Saccaṃ, Bhagavā''ti. Vigarahi buddho Bhagavā...pe... kathañhi nāma, bhikkhave, bhikkhuniyo bhikkhunīnaṃ hatthe cīvaraṃ nikkhipitvā santaruttarena janapadacārikaṃ pakkamissanti! Netaṃ, bhikkhave, appasannānaṃ vā pasādāya...pe... evañca pana, bhikkhave, bhikkhuniyo imaṃ sikkhāpadaṃ uddisantu –
898.''Yā panabhikkhunī pañcāhikaṃ saṅghāṭicāraṃ[saṅghāṭivāraṃ (syā.)]atikkāmeyya, pācittiya''nti.
899.Yā panāti yā yādisā...pe... bhikkhunīti...pe... ayaṃ imasmiṃ atthe adhippetā bhikkhunīti.
Pañcāhikaṃ saṅghāṭicāraṃ atikkāmeyyāti pañcamaṃ divasaṃ pañca cīvarāni neva nivāseti na pārupati na otāpeti, pañcamaṃ divasaṃ atikkāmeti, āpatti pācittiyassa.
900. Pañcāhātikkante atikkantasaññā, āpatti pācittiyassa. Pañcāhātikkante vematikā, āpatti pācittiyassa. Pañcāhātikkante anatikkantasaññā , āpatti pācittiyassa.
Pañcāhānatikkante atikkantasaññā, āpatti dukkaṭassa. Pañcāhānatikkante vematikā, āpatti dukkaṭassa. Pañcāhānatikkante anatikkantasaññā, anāpatti.
901. Anāpatti pañcamaṃ divasaṃ pañca cīvarāni nivāseti vā pārupati vā otāpeti vā, gilānāya, āpadāsu, ummattikāya, ādikammikāyāti.
Catutthasikkhāpadaṃ niṭṭhitaṃ.
5. Pañcamasikkhāpadaṃ
902. Tena samayena buddho Bhagavā sāvatthiyaṃ viharati jetavane anāthapiṇḍikassa ārāme. Tena kho pana samayena aññatarā bhikkhunī piṇḍāya caritvā allacīvaraṃ pattharitvā vihāraṃ pāvisi. Aññatarābhikkhunī taṃ cīvaraṃ pārupitvā gāmaṃ piṇḍāya pāvisi. Sā nikkhamitvā bhikkhuniyo pucchi – ''apāyye, mayhaṃ cīvaraṃ passeyyāthā''ti? Bhikkhuniyo tassā bhikkhuniyā etamatthaṃ ārocesuṃ. Atha kho sā bhikkhunī ujjhāyati khiyyati vipāceti – ''kathañhi nāma bhikkhunī mayhaṃ cīvaraṃ anāpucchā pārupissatī''ti! Atha kho sā bhikkhunī bhikkhunīnaṃ etamatthaṃ ārocesi. Yā tā bhikkhuniyo appicchā...pe... tā ujjhāyanti khiyyanti vipācenti – ''kathañhi nāma bhikkhunī bhikkhuniyā cīvaraṃ anāpucchā pārupissatī''ti...pe... saccaṃ kira, bhikkhave, bhikkhunī bhikkhuniyā cīvaraṃ anāpucchā pārupatīti [pārupīti (ka.)]? ''Saccaṃ, Bhagavā''ti. Vigarahi buddho Bhagavā...pe... kathañhi nāma, bhikkhave, bhikkhunī bhikkhuniyā cīvaraṃ anāpucchā pārupissati! Netaṃ, bhikkhave, appasannānaṃ vā pasādāya...pe... evañca pana, bhikkhave, bhikkhuniyo imaṃ sikkhāpadaṃ uddisantu –
903.''Yā pana bhikkhunī cīvarasaṅkamanīyaṃ dhāreyya, pācittiya''nti.
904.Yā panāti yā yādisā...pe... bhikkhunīti...pe... ayaṃ imasmiṃ atthe adhippetā bhikkhunīti.
Cīvarasaṅkamanīyaṃ nāma upasampannāya pañcannaṃ cīvarānaṃ aññataraṃ cīvaraṃ tassā vā adinnaṃ taṃ vā anāpucchā nivāseti vā pārupati vā, āpatti pācittiyassa.
905. Upasampannāya upasampannasaññā cīvarasaṅkamanīyaṃ dhāreti, āpatti pācittiyassa. Upasampannāya vematikā cīvarasaṅkamanīyaṃ dhāreti , āpatti pācittiyassa. Upasampannāya anupasampannasaññā cīvarasaṅkamanīyaṃ dhāreti, āpatti pācittiyassa .
Anupasampannāya cīvarasaṅkamanīyaṃ dhāreti, āpatti dukkaṭassa. Anupasampannāya upasampannasaññā , āpatti dukkaṭassa. Anupasampannāya vematikā, āpatti dukkaṭassa. Anupasampannāya anupasampannasaññā, āpatti dukkaṭassa.
906. Anāpatti sā vā deti, taṃ vā āpucchā nivāseti vā pārupati vā, acchinnacīvarikāya, naṭṭhacīvarikāya, āpadāsu, ummattikāya, ādikammikāyāti.
Pañcamasikkhāpadaṃ niṭṭhitaṃ.
6. Chaṭṭhasikkhāpadaṃ
907. Tena samayena buddho Bhagavā sāvatthiyaṃ viharati jetavane anāthapiṇḍikassa ārāme. Tena kho pana samayena thullanandāya bhikkhuniyā upaṭṭhākakulaṃ thullanandaṃ bhikkhuniṃ etadavoca – ''bhikkhunisaṅghassa, ayye, cīvaraṃ dassāmā''ti. Thullanandā bhikkhunī – ''tumhe bahukiccā bahukaraṇīyā''ti antarāyaṃ akāsi. Tena kho pana samayena tassa kulassa gharaṃ ḍayhati. Te ujjhāyanti khiyyanti vipācenti – ''kathañhi nāma ayyā thullanandā amhākaṃ deyyadhammaṃ antarāyaṃ karissati! Ubhayenāmha paribāhirā [parihīnā (sī.)], bhogehi ca puññena cā''ti. Assosuṃ kho bhikkhuniyo tesaṃ manussānaṃ ujjhāyantānaṃ khiyyantānaṃ vipācentānaṃ . Yā tā bhikkhuniyo appicchā...pe... tā ujjhāyanti khiyyanti vipācenti – ''kathañhi nāma ayyā thullanandā gaṇassa cīvaralābhaṃ antarāyaṃ

karissatī''ti...pe... saccaṃ kira, bhikkhave, thullanandā bhikkhunī gaṇassa cīvaralābhaṃ antarāyaṃ akāsīti? ''Saccaṃ, Bhagavā''ti. Vigarahi buddho Bhagavā...pe... kathañhi nāma, bhikkhave, thullanandā bhikkhunī gaṇassa cīvaralābhaṃ antarāyaṃ karissati! Netaṃ, bhikkhave, appasannānaṃ vā pasādāya...pe... evañca pana, bhikkhave, bhikkhuniyo imaṃ sikkhāpadaṃ uddisantu –

908.''Yā pana bhikkhunī gaṇassa cīvaralābhaṃ antarāyaṃ kareyya, pācittiya''nti.

909.Yā panāti yā yādisā...pe... bhikkhunīti...pe... ayaṃ imasmiṃ atthe adhippetā bhikkhunīti.

Gaṇo nāma bhikkhunisaṅgho vuccati.

Cīvaraṃ nāma channaṃ cīvarānaṃ aññataraṃ cīvaraṃ vikappanupagaṃ pacchimaṃ.

Antarāyaṃkareyyāti ''kathaṃ ime cīvaraṃ na [imaṃ cīvaraṃ (ka.)] dadeyyu''nti antarāyaṃ karoti, āpatti pācittiyassa. Aññaṃ parikkhāraṃ antarāyaṃ karoti, āpatti dukkaṭassa. Sambahulānaṃ bhikkhunīnaṃ vā ekabhikkhuniyā vā anupasampannāya vā cīvaraṃ vā aññaṃ vā parikkhāraṃ antarāyaṃ karoti, āpatti dukkaṭassa.

910. Anāpatti ānisaṃsaṃ dassetvā nivāreti, ummattikāya, ādikammikāyāti.

Chaṭṭhasikkhāpadaṃ niṭṭhitaṃ.

7. Sattamasikkhāpadaṃ

911. Tena samayena buddho Bhagavā sāvatthiyaṃ viharati jetavane anāthapiṇḍikassa ārāme. Tena kho pana samayena bhikkhunisaṅghassa akālacīvaraṃ uppannaṃ hoti. Atha kho bhikkhunisaṅgho taṃ cīvaraṃ bhājetukāmo sannipati. Tena kho pana samayena thullanandāya bhikkhuniyā antevāsiniyo bhikkhuniyo pakkantā honti. Thullanandā bhikkhunī tā bhikkhuniyo etadavoca – ''ayye, bhikkhuniyo pakkantā, na tāva cīvaraṃ bhājīyissatī''ti. Cīvaravibhaṅgaṃ paṭibāhi. Bhikkhuniyo na tāva cīvaraṃ bhājīyissatīti pakkamiṃsu [vipakkamiṃsu (syā.)]. Thullanandā bhikkhunī antevāsinīsu bhikkhunīsu āgatāsu taṃ cīvaraṃ bhājāpesi. Yā tā bhikkhuniyo appicchā...pe... tā ujjhāyanti khiyyanti vipācenti – ''kathañhi nāma ayyā thullanandā dhammikaṃ cīvaravibhaṅgaṃ paṭibāhissatī''ti...pe... saccaṃ kira, bhikkhave, thullanandā bhikkhunī dhammikaṃ cīvaravibhaṅgaṃ paṭibāhatīti [paṭibāhīti (ka.)]? ''Saccaṃ, Bhagavā''ti. Vigarahi buddho Bhagavā...pe... kathañhi nāma, bhikkhave, thullanandā bhikkhunī dhammikaṃ cīvaravibhaṅgaṃ paṭibāhissati! Netaṃ, bhikkhave, appasannānaṃ vā pasādāya...pe... evañca pana, bhikkhave, bhikkhuniyo imaṃ sikkhāpadaṃ uddisantu –

912.''Yā pana bhikkhunī dhammikaṃ cīvaravibhaṅgaṃpaṭibāheyya, pācittiya''nti.

913.Yāpanāti yā yādisā...pe... bhikkhunīti...pe... ayaṃ imasmiṃ atthe adhippetā bhikkhunīti.

Dhammikonāma cīvaravibhaṅgo samaggo bhikkhunisaṅgho sannipatitvā bhājeti.

Paṭibāheyyāti kathaṃ imaṃ cīvaraṃ na bhājeyyāti [cīvaraṃ bhājeyyāti (ka.)] paṭibāhati, āpatti pācittiyassa.

914. Dhammike dhammikasaññā paṭibāhati, āpatti pācittiyassa. Dhammike vematikā paṭibāhati, āpatti dukkaṭassa. Dhammike adhammikasaññā paṭibāhati, anāpatti. Adhammike dhammikasaññā, āpatti dukkaṭassa. Adhammike vematikā, āpatti dukkaṭassa. Adhammike adhammikasaññā, anāpatti.

915. Anāpatti ānisaṃsaṃ dassetvā paṭibāhati, ummattikāya, ādikammikāyāti.

Sattamasikkhāpadaṃ niṭṭhitaṃ.

8. Aṭṭhamasikkhāpadaṃ

916. Tena samayena buddho Bhagavā sāvatthiyaṃ viharati jetavane anāthapiṇḍikassa ārāme. Tena kho pana samayena thullanandā bhikkhunī naṭānampi naṭakānampi laṅghakānampi sokajjhāyikānampi[sokasāyikānampi (sī.)] kumbhathūṇikānampi [kumbhathuṇikānampi (ka.)] samaṇacīvaraṃ deti – ''mayhaṃ parisati [parisatiṃ (sī.)] vaṇṇaṃ bhāsathā''ti. Naṭāpi naṭakāpi laṅghakāpi sokajjhāyikāpi kumbhathūṇikāpi thullanandāya bhikkhuniyā parisati vaṇṇaṃ bhāsanti – ''ayyā thullanandā bahussutā bhāṇikā visāradā paṭṭā dhammiṃ kathaṃ kātuṃ; detha ayyāya, karotha ayyāyā''ti. Yā tā bhikkhuniyo appicchā, tā ujjhāyanti khiyyanti vipācenti – ''kathañhi nāma ayyā thullanandā agārikassa samaṇacīvaraṃ dassatī''ti...pe... saccaṃ kira, bhikkhave, thullanandā bhikkhunī agārikassa samaṇacīvaraṃ detīti? ''Saccaṃ, Bhagavā''ti. Vigarahi buddho Bhagavā...pe... kathañhi nāma, bhikkhave, thullanandā bhikkhunī agārikassa samaṇacīvaraṃ dassati! Netaṃ, bhikkhave, appasannānaṃ vā pasādāya...pe... evañca pana, bhikkhave, bhikkhuniyo imaṃ sikkhāpadaṃ uddisantu –

917.''Yāpana bhikkhunī agārikassa vā paribbājakassa vā paribbājikāya vā samaṇacīvaraṃ dadeyya, pācittiya''nti.

918.Yā panāti yā yādisā...pe... bhikkhunīti...pe... ayaṃ imasmiṃ atthe adhippetā bhikkhunīti.

Agāriko nāma yo koci agāraṃ ajjhāvasati.

Paribbājako nāma bhikkhuñca sāmaṇerañca ṭhapetvā yo koci paribbājakasamāpanno.

Paribbājikā nāma bhikkhuniñca sikkhamānañca sāmaṇeriñca ṭhapetvā yā kāci paribbājikasamāpannā.

Samaṇacīvaraṃ nāma kappakataṃ vuccati. Deti, āpatti pācittiyassa.

919. Anāpatti mātāpitūnaṃ deti, tāvakālikaṃ deti, ummattikāya, ādikammikāyāti.

Aṭṭhamasikkhāpadaṃ niṭṭhitaṃ.

9. Navamasikkhāpadaṃ

920. Tena samayena buddho Bhagavā sāvatthiyaṃ viharati jetavane anāthapiṇḍikassa ārāme. Tena kho pana samayena thullanandāya bhikkhuniyā upaṭṭhākakulaṃ thullanandaṃ bhikkhuniṃ etadavoca – ''sace mayaṃ, ayye, sakkoma, bhikkhunisaṅghassa cīvaraṃ dassāmā''ti. Tena kho pana samayena vassaṃvuṭṭhā bhikkhuniyo cīvaraṃ bhājetukāmā sannipatiṃsu. Thullanandā bhikkhunī tā bhikkhuniyo etadavoca – ''āgametha, ayye, atthi bhikkhunisaṅghassa cīvarapaccāsā''ti. Bhikkhuniyo thullanandaṃ bhikkhuniṃ etadavocuṃ – ''gacchāyye, taṃ cīvaraṃ jānāhī''ti. Thullanandā bhikkhunī yena taṃ kulaṃ tenupasaṅkami; upasaṅkamitvā te manusse etadavoca – ''dethāvuso, bhikkhunisaṅghassa cīvara''nti. ''Na mayaṃ, ayye, sakkoma bhikkhunisaṅghassa cīvaraṃ dātu''nti. Thullanandā bhikkhunī bhikkhunīnaṃ etamatthaṃ ārocesi. Yā tā bhikkhuniyo appicchā...pe... tā ujjhāyanti khiyyanti vipācenti – ''kathañhi nāma ayyā thullanandā dubbalacīvarapaccāsāya cīvarakālasamayaṃ atikkāmessatī''ti...pe... saccaṃ kira, bhikkhave, thullanandā bhikkhunī dubbalacīvarapaccāsāya cīvarakālasamayaṃ atikkāmetīti [atikkāmesīti (ka.)]? ''Saccaṃ, Bhagavā''ti. Vigarahi buddho Bhagavā...pe... kathañhi nāma, bhikkhave, thullanandā bhikkhunī dubbalacīvarapaccāsāya cīvarakālasamayaṃ atikkāmessati ! Netaṃ, bhikkhave, appasannānaṃ vā pasādāya...pe... evañca pana, bhikkhave, bhikkhuniyo imaṃ sikkhāpadaṃ uddisantu –

921.''Yā pana bhikkhunī dubbalacīvarapaccāsāya cīvarakālasamayaṃ atikkāmeyya, pācittiya''nti.

922.Yā panāti yā yādisā...pe... bhikkhunīti...pe... ayaṃ imasmiṃ atthe adhippetā bhikkhunīti.

Dubbalacīvarapaccāsā nāma ''sace mayaṃ sakkoma, dassāma karissāmā''ti vācā bhinnā hoti.

Cīvarakālasamayo nāma anatthate kathine vassānassa pacchimo māso, atthate kathine pañca māsā.

Cīvarakālasamayaṃ atikkāmeyyāti anatthate kathine vassānassa pacchimaṃ divasaṃ atikkāmeti, āpatti pācittiyassa. Atthate kathine kathinuddhāradivasaṃ atikkāmeti, āpatti pācittiyassa.

923. Dubbalacīvare dubbalacīvarasaññā cīvarakālasamayaṃ atikkāmeti, āpatti pācittiyassa. Dubbalacīvare vematikā cīvarakālasamayaṃ atikkāmeti, āpatti dukkaṭassa. Dubbalacīvare adubbalacīvarasaññā cīvarakālasamayaṃ atikkāmeti, anāpatti.

Adubbalacīvare dubbalacīvarasaññā, āpatti dukkaṭassa. Adubbalacīvare vematikā, āpatti dukkaṭassa. Adubbalacīvare adubbalacīvarasaññā, anāpatti.

924. Anāpatti ānisaṃsaṃ dassetvā nivāreti, ummattikāya, ādikammikāyāti.

Navamasikkhāpadaṃ niṭṭhitaṃ.

10. Dasamasikkhāpadaṃ

925. Tena samayena buddho Bhagavā sāvatthiyaṃ viharati jetavane anāthapiṇḍikassa ārāme. Tena kho pana samayena aññatarena upāsakena saṅghaṃ uddissa vihāro kārāpito hoti. So tassa vihārassa mahe ubhatosaṅghassa akālacīvaraṃ dātukāmo hoti. Tena kho pana samayena ubhatosaṅghassa kathinaṃ atthataṃ hoti. Atha kho so upāsako saṅghaṃ upasaṅkamitvā kathinuddhāraṃ yāci. Bhagavato etamatthaṃ ārocesuṃ. Atha kho Bhagavā etasmiṃ nidāne etasmiṃ pakaraṇe dhammiṃ kathaṃ katvā bhikkhū āmantesi – ''anujānāmi, bhikkhave, kathinaṃ uddharituṃ. Evañca pana bhikkhave kathinaṃ uddharitabbaṃ. Byattena bhikkhunā paṭibalena saṅgho ñāpetabbo –

926. ''Suṇātu me, bhante, saṅgho. Yadi saṅghassa pattakallaṃ, saṅgho kathinaṃ uddhareyya. Esā ñatti.

''Suṇātu me, bhante, saṅgho. Saṅgho kathinaṃ uddharati. Yassāyasmato khamati kathinassa uddhāro, so tuṇhassa; yassa nakkhamati, so bhāseyya.

''Ubbhataṃ saṅghena kathinaṃ, khamati saṅghassa, tasmā tuṇhī, evametaṃ dhārayāmī''ti.

927. Atha kho so upāsako bhikkhunisaṅghaṃ upasaṅkamitvā kathinuddhāraṃ yāci. Thullanandā bhikkhunī – ''cīvaraṃ amhākaṃ bhavissatī''ti kathinuddhāraṃ paṭibāhi. Atha kho so upāsako ujjhāyati khiyyati vipāceti – ''kathañhi nāma bhikkhuniyo amhākaṃ kathinuddhāraṃ na dassantī''ti! Assosuṃ kho bhikkhuniyo tassa upāsakassa ujjhāyantassa khiyyantassa vipācentassa. Yā tā bhikkhuniyo appicchā...pe... tā ujjhāyanti khiyyanti vipācenti – ''kathañhi nāma ayyā thullanandā dhammikaṃ kathinuddhāraṃ paṭibāhissatī''ti...pe... saccaṃ kira, bhikkhave, thullanandā bhikkhunī dhammikaṃ kathinuddhāraṃ paṭibāhatīti [paṭibāhīti (ka.)]? ''Saccaṃ, Bhagavā''ti. Vigarahi buddho Bhagavā...pe... kathañhi nāma, bhikkhave, thullanandā bhikkhunī dhammikaṃ kathinuddhāraṃ paṭibāhissati ! Netaṃ, bhikkhave, appasannānaṃ vā pasādāya...pe... evañca pana, bhikkhave, bhikkhuniyo imaṃ sikkhāpadaṃ uddisantu –

928.''Yā pana bhikkhunī dhammikaṃ kathinuddhāraṃ paṭibāheyya, pācittiya''nti.

929.Yā panāti yā yādisā...pe... bhikkhunīti...pe... ayaṃ imasmiṃ atthe adhippetā bhikkhunīti.

Dhammiko nāma kathinuddhāro samaggo bhikkhunisaṅgho sannipatitvā uddharati.

Paṭibāheyyāti ''kathaṃ idaṃ kathinaṃ na uddhareyyā''ti [kathinaṃ uddhareyyāti (ka.)] paṭibāhati, āpatti pācittiyassa.

930. Dhammike dhammikasaññā paṭibāhati, āpatti pācittiyassa. Dhammike vematikā paṭibāhati, āpatti dukkaṭassa. Dhammike adhammikasaññā paṭibāhati, anāpatti. Adhammike dhammikasaññā, āpatti dukkaṭassa. Adhammike vematikā, āpatti dukkaṭassa. Adhammike adhammikasaññā, anāpatti.

931. Anāpatti anisaṃsaṃ dassetvā paṭibāhati, ummattikāya, ādikammikāyāti .

Dasamasikkhāpadaṃ niṭṭhitaṃ.

Naggavaggo tatiyo.

4. Tuvaṭṭavaggo

1. Paṭhamasikkhāpadaṃ

932. Tena samayena buddho Bhagavā sāvatthiyaṃ viharati jetavane anāthapiṇḍikassa ārāme . Tena kho pana samayena bhikkhuniyo dve ekamañce tuvaṭṭenti. Manussā vihāracārikaṃ āhiṇḍantā passitvā ujjhāyanti khiyyanti vipācenti – ''kathañhi nāma bhikkhuniyo dve ekamañce tuvaṭṭessanti, seyyathāpi gihiniyo kāmabhoginiyo''ti! Assosuṃ kho bhikkhuniyo tesaṃ manussānaṃ ujjhāyantānaṃ khiyyantānaṃ vipācentānaṃ. Yā tā bhikkhuniyo appicchā...pe... tā ujjhāyanti khiyyanti vipācenti – ''kathañhi nāma bhikkhuniyo dve ekamañce tuvaṭṭessantī''ti...pe... saccaṃ kira, bhikkhave, bhikkhuniyo dve ekamañce tuvaṭṭentīti? ''Saccaṃ, Bhagavā''ti. Vigarahi buddho Bhagavā...pe... kathañhi nāma, bhikkhave, bhikkhuniyo dve ekamañce tuvaṭṭessanti! Netaṃ, bhikkhave, appasannānaṃ vā pasādāya...pe... evañca pana, bhikkhave, bhikkhuniyo imaṃ sikkhāpadaṃ uddisantu –

933.''Yāpana bhikkhuniyo dve ekamañce tuvaṭṭeyyuṃ, pācittiya''nti.

934.Yāpanāti yā yādisā...pe... bhikkhuniyoti upasampannāyo vuccanti.

Dve ekamañce tuvaṭṭeyyunti ekāya nipannāya aparā nipajjati, āpatti pācittiyassa. Ubho vā nipajjanti, āpatti pācittiyassa. Uṭṭhahitvā punappunaṃ nipajjanti, āpatti pācittiyassa.

935. Anāpatti ekāya nipannāya aparā nisīdati, ubho vā nisīdanti, ummattikānaṃ, ādikammikānanti.

Paṭhamasikkhāpadaṃ niṭṭhitaṃ.

2. Dutiyasikkhāpadaṃ

936. Tena samayena buddho Bhagavā sāvatthiyaṃ viharati jetavane anāthapiṇḍikassa ārāme. Tena kho pana samayena bhikkhuniyo dve ekattharaṇapāvuraṇā tuvaṭṭenti. Manussā vihāracārikaṃ āhiṇḍantā passitvā ujjhāyanti khiyyanti vipācenti – ''kathañhi nāma bhikkhuniyo dve ekattharaṇapāvuraṇā tuvaṭṭessanti, seyyathāpi gihiniyo kāmabhoginiyo''ti! Assosuṃ kho bhikkhuniyo tesaṃ manussānaṃ ujjhāyantānaṃ khiyyantānaṃ vipācentānaṃ. Yā tā bhikkhuniyo appicchā...pe... tā ujjhāyanti khiyyanti vipācenti – ''kathañhi nāma bhikkhuniyo dve ekattharaṇapāvuraṇā tuvaṭṭessantī''ti...pe... saccaṃ kira, bhikkhave, bhikkhuniyo dve ekattharaṇapāvuraṇā tuvaṭṭentīti? ''Saccaṃ , Bhagavā''ti. Vigarahi buddho Bhagavā...pe... kathañhi nāma, bhikkhave, bhikkhuniyo dve ekattharaṇapāvuraṇā tuvaṭṭessanti! Netaṃ, bhikkhave, appasannānaṃ vā pasādāya...pe... evañca pana, bhikkhave, bhikkhuniyo imaṃ sikkhāpadaṃ uddisantu –

937.''Yā pana bhikkhuniyo dve ekattharaṇapāvuraṇā tuvaṭṭeyyuṃ, pācittiya''nti.

938.Yā panāti yā yādisā...pe... bhikkhuniyoti upasampannāyo vuccanti.

Dve ekattharaṇapāvuraṇā tuvaṭṭeyyunti taññeva attharitvā taññeva pārupanti, āpatti pācittiyassa.

939. Ekattharaṇapāvuraṇe ekattharaṇapāvuraṇasaññā tuvaṭṭenti, āpatti pācittiyassa. Ekattharaṇapāvuraṇe vematikā tuvaṭṭenti, āpatti pācittiyassa. Ekattharaṇapāvuraṇe nānattharaṇapāvuraṇasaññā tuvaṭṭenti, āpatti pācittiyassa.

Ekattharaṇe nānāpāvuraṇe [nānāpāvuraṇasaññā (ka.)], āpatti dukkaṭassa. Nānattharaṇe ekapāvuraṇe [ekapāvuraṇasaññā (ka.)], āpatti dukkaṭassa. Nānattharaṇapāvuraṇe ekattharaṇapāvuraṇasaññā, āpatti dukkaṭassa. Nānattharaṇapāvuraṇe vematikā, āpatti dukkaṭassa. Nānattharaṇapāvuraṇe nānattharaṇapāvuraṇasaññā, anāpatti.

940. Anāpatti vavatthānaṃ dassetvā nipajjanti, ummattikānaṃ, ādikammikānanti.

Dutiyasikkhāpadaṃ niṭṭhitaṃ.

3. Tatiyasikkhāpadaṃ

941. Tena samayena buddho Bhagavā sāvatthiyaṃ viharati jetavane anāthapiṇḍikassa ārāme. Tena kho pana samayena thullanandā bhikkhunī bahussutā hoti bhāṇikā visāradā paṭṭā dhammiṃ kathaṃ kātuṃ. Bhaddāpi kāpilānī bahussutā hoti bhāṇikā visāradā paṭṭā dhammiṃ kathaṃ kātuṃ uḷārasambhāvitā. Manussā – ''ayyā bhaddā kāpilānī bahussutā bhāṇikā visāradā paṭṭā dhammiṃ kathaṃ kātuṃ uḷārasambhāvitā''ti bhaddaṃ kāpilāniṃ paṭhamaṃ payirupāsitvā, pacchā thullanandaṃ bhikkhuniṃ payirupāsanti. Thullanandā bhikkhunī issāpakatā – ''imā kira appicchā santuṭṭhā pavivittā asaṃsaṭṭhā yā imā saññattibahulā viññattibahulā viharantī''ti bhaddāya kāpilāniyā purato caṅkamatipi tiṭṭhatipi nisīdatipi seyyampi kappeti uddisatipi uddisāpetipi sajjhāyampi karoti. Yā tā bhikkhuniyo appicchā...pe... tā ujjhāyanti khiyyanti vipācenti – ''kathañhi nāma ayyā thullanandā ayyāya bhaddāya kāpilāniyā sañcicca aphāsuṃ karissatī''ti...pe... saccaṃ kira, bhikkhave, thullanandā bhikkhunī bhaddāya kāpilāniyā sañcicca aphāsuṃ karotīti? ''Saccaṃ, Bhagavā''ti. Vigarahi buddho Bhagavā...pe... kathañhi nāma, bhikkhave, thullanandā bhikkhunī bhaddāya kāpilāniyā sañcicca aphāsuṃ karissati! Netaṃ, bhikkhave, appasannānaṃ vā pasādāya...pe... evañca pana, bhikkhave, bhikkhuniyo imaṃ sikkhāpadaṃ uddisantu –

942.''Yā pana bhikkhunī bhikkhuniyā sañcicca aphāsuṃ kareyya, pācittiya''nti.

943.Yā panāti yā yādisā...pe... bhikkhunīti...pe... ayaṃ imasmiṃ atthe adhippetā bhikkhunīti.

Bhikkhuniyāti aññāya bhikkhuniyā.

Sañciccāti jānantī sañjānantī cecca abhivitaritvā vītikkamo.

Aphāsuṃ kareyyāti – "iminā imissā aphāsu bhavissatī"'ti anāpucchā purato caṅkamati vā tiṭṭhati vā nisīdati vā seyyaṃ vā kappeti uddisati vā uddisāpeti vā sajjhāyaṃ vā karoti, āpatti pācittiyassa.
944. Upasampannāya upasampannasaññā sañcicca aphāsuṃ karoti, āpatti pācittiyassa. Upasampannāya vematikā sañcicca aphāsuṃ karoti, āpatti pācittiyassa. Upasampannāya anupasampannasaññā sañcicca aphāsuṃ karoti, āpatti pācittiyassa.
Anupasampannāya sañcicca aphāsuṃ karoti, āpatti dukkaṭassa. Anupasampannāya upasampannasaññā, āpatti dukkaṭassa. Anupasampannāya vematikā, āpatti dukkaṭassa. Anupasampannāya anupasampannasaññā, āpatti dukkaṭassa.
945. Anāpatti na aphāsuṃ kattukāmā āpucchā purato caṅkamati vā tiṭṭhati vā nisīdati vā seyyaṃ vā kappeti uddisati vā uddisāpeti vā sajjhāyaṃ vā karoti, ummattikāya, ādikammikāyāti.
Tatiyasikkhāpadaṃ niṭṭhitaṃ.
4. Catutthasikkhāpadaṃ
946. Tena samayena buddho Bhagavā sāvatthiyaṃ viharati jetavane anāthapiṇḍikassa ārāme. Tena kho pana samayena thullanandā bhikkhunī dukkhitaṃ sahajīviniṃ neva upaṭṭheti na upaṭṭhāpanāya ussukkaṃ karoti. Yā tā bhikkhuniyo appicchā...pe... tā ujjhāyanti khiyyanti vipācenti – "kathañhi nāma ayyā thullanandā dukkhitaṃ sahajīviniṃ neva upaṭṭhessati na upaṭṭhāpanāya ussukkaṃ karissatī"'ti...pe... saccaṃ kira, bhikkhave, thullanandā bhikkhunī dukkhitaṃ sahajīviniṃ neva upaṭṭheti na upaṭṭhāpanāya ussukkaṃ karotīti? "Saccaṃ, Bhagavā"'ti. Vigarahi buddho Bhagavā...pe... kathañhi nāma, bhikkhave, thullanandā bhikkhunī dukkhitaṃ sahajīviniṃ neva upaṭṭhessati na upaṭṭhāpanāya ussukkaṃ karissati! Netaṃ, bhikkhave, appasannānaṃ vā pasādāya...pe... evañca pana, bhikkhave, bhikkhuniyo imaṃ sikkhāpadaṃ uddisantu –
947."Yā pana bhikkhunī dukkhitaṃ sahajīviniṃ neva upaṭṭheyya na upaṭṭhāpanāya ussukkaṃ kareyya, pācittiya"'nti.
948.Yāpanāti yā yādisā...pe... bhikkhunīti...pe... ayaṃ imasmiṃ atthe adhippetā bhikkhunīti.
Dukkhitā nāma gilānā vuccati.
Sahajīvinī nāma saddhivihārinī vuccati.
Neva upaṭṭheyyāti na sayaṃ upaṭṭheyya.
Na upaṭṭhāpanāya ussukkaṃ kareyyāti na aññaṃ āṇāpeyya.
"Neva upaṭṭhessāmi, na upaṭṭhāpanāya ussukkaṃ karissāmī"'ti dhuraṃ nikkhittamatte āpatti pācittiyassa. Antevāsiniṃ vā anupasampannaṃ vā neva upaṭṭheti, na upaṭṭhāpanāya ussukkaṃ karoti, āpatti dukkaṭassa.
949. Anāpatti sati antarāye, pariyesitvā na labhati, gilānāya, āpadāsu, ummattikāya, ādikammikāyāti.
Catutthasikkhāpadaṃ niṭṭhitaṃ.
5. Pañcamasikkhāpadaṃ
950. Tena samayena buddho Bhagavā sāvatthiyaṃ viharati jetavane anāthapiṇḍikassa ārāme. Tena kho pana samayena bhaddā kāpilānī sākete vassaṃ upagatā hoti. Sā kenacideva karaṇīyena ubbāḷhā thullanandāya bhikkhuniyā santike dūtaṃ pāhesi – "sace me ayyā thullanandā upassayaṃ dadeyya āgaccheyyāmahaṃ sāvatthi"'nti. Thullanandā bhikkhunī evamāha – "āgacchatu, dassāmī"'ti. Atha kho bhaddā kāpilānī sāketā sāvatthiṃ agamāsi. Thullanandā bhikkhunī bhaddāya kāpilāniyā upassayaṃ adāsi. Tena kho pana samayena thullanandā bhikkhunī bahussutā hoti bhāṇikā visāradā paṭṭā dhammiṃ kathaṃ kātuṃ. Bhaddāpi kāpilānī bahussutā [bahussutāyeva (ka.)] hoti bhāṇikā visāradā paṭṭā dhammiṃ kathaṃ kātuṃ uḷārasambhāvitā. Manussā – "ayyā bhaddā kāpilānī bahussutā bhāṇikā visāradā paṭṭā dhammiṃ kathaṃ kātuṃ uḷārasambhāvitā"'ti bhaddaṃ kāpilāniṃ paṭhamaṃ payirupāsitvā pacchā thullanandaṃ bhikkhuniṃ payirupāsanti. Thullanandā bhikkhunī issāpakatā – "imā kira appicchā santuṭṭhā pavivittā asaṃsaṭṭhā yā imā saññattibahulā viññattibahulā viharantī"'ti kupitā anattamanā bhaddaṃ kāpilāniṃ upassayā nikkaḍḍhi. Yā tā bhikkhuniyo appicchā...pe... tā ujjhāyanti khiyyanti vipācenti – "kathañhi nāma ayyā thullanandā ayyāya bhaddāya kāpilāniyā upassayaṃ datvā kupitā anattamanā nikkaḍḍhissatī"'ti...pe... saccaṃ kira, bhikkhave, thullanandā bhikkhunī bhaddāya kāpilāniyā upassayaṃ datvā kupitā anattamanā nikkaḍḍhatīti [nikkaḍḍhīti (ka.)]? "Saccaṃ, Bhagavā"'ti. Vigarahi buddho Bhagavā...pe... kathañhi nāma, bhikkhave, thullanandā bhikkhunī bhaddāya kāpilāniyā upassayaṃ datvā kupitā anattamanā nikkaḍḍhissati! Netaṃ, bhikkhave, appasannānaṃ vā pasādāya...pe... evañca pana, bhikkhave, bhikkhuniyo imaṃ sikkhāpadaṃ uddisantu –
951."Yā pana bhikkhunī bhikkhuniyā upassayaṃ datvā kupitā anattamanā nikkaḍḍheyya vā nikkaḍḍhāpeyya vā, pācittiya"'nti.
952.Yā panāti yā yādisā...pe... bhikkhunīti...pe... ayaṃ imasmiṃ atthe adhippetā bhikkhunīti.
Bhikkhuniyāti aññāya bhikkhuniyā. Upassayo nāma kavāṭabaddho vuccati. Datvāti sayaṃ datvā. Kupitā anattamanāti anabhiraddhā āhatacittā khilajātā.
Nikkaḍḍheyyāti gabbhe gahetvā pamukhaṃ nikkaḍḍhati, āpatti pācittiyassa. Pamukhe gahetvā bahi nikkaḍḍhati, āpatti pācittiyassa. Ekena payogena bahukepi dvāre atikkāmeti, āpatti pācittiyassa.

Nikkaḍḍhāpeyyāti aññaṃ āṇāpeti, āpatti pācittiyassa [ettha "āpatti dukkaṭassā"ti sabbattha dissati, bhikkhuvibhaṅge pana idisesu āṇattisahagatasikkhāpadesu "aññaṃ āṇāpeti āpatti pācittiyassā"ti āgatattā tamanuvattitvā visodhitamidaṃ]. Sakiṃ āṇattā bahukepi dvāre atikkāmeti, āpatti pācittiyassa.

953. Upasampannāya upasampannasaññā upassayaṃ datvā kupitā anattamanā nikkaḍḍhati vā nikkaḍḍhāpeti vā, āpatti pācittiyassa. Upasampannāya vematikā upassayaṃ datvā kupitā anattamanā nikkaḍḍhati vā nikkaḍḍhāpeti vā, āpatti pācittiyassa. Upasampannāya anupasampannasaññā upassayaṃ datvā kupitā anattamanā nikkaḍḍhati vā nikkaḍḍhāpeti vā, āpatti pācittiyassa.

Tassā parikkhāraṃ nikkaḍḍhati vā nikkaḍḍhāpeti vā, āpatti dukkaṭassa. Akavāṭabaddhā nikkaḍḍhati vā nikkaḍḍhāpeti vā, āpatti dukkaṭassa. Tassā parikkhāraṃ nikkaḍḍhati vā nikkaḍḍhāpeti vā, āpatti dukkaṭassa. Anupasampannaṃ kavāṭabaddhā vā akavāṭabaddhā vā nikkaḍḍhati vā nikkaḍḍhāpeti vā, āpatti dukkaṭassa. Tassā parikkhāraṃ nikkaḍḍhati vā nikkaḍḍhāpeti vā, āpatti dukkaṭassa. Anupasampannāya upasampannasaññā, āpatti dukkaṭassa. Anupasampannāya vematikā, āpatti dukkaṭassa. Anupasampannāya anupasampannasaññā, āpatti dukkaṭassa.

954. Anāpatti alajjiniṃ nikkaḍḍhati vā nikkaḍḍhāpeti vā, tassā parikkhāraṃ nikkaḍḍhati vā nikkaḍḍhāpeti vā, ummattikaṃ nikkaḍḍhati vā nikkaḍḍhāpeti vā, tassā parikkhāraṃ nikkaḍḍhati vā nikkaḍḍhāpeti vā, bhaṇḍanakārikaṃ kalahakārikaṃ vivādakārikaṃ bhassakārikaṃ saṅghe adhikaraṇakārikaṃ nikkaḍḍhati vā nikkaḍḍhāpeti vā, tassā parikkhāraṃ nikkaḍḍhati vā nikkaḍḍhāpeti vā, antevāsiniṃ vā saddhivihāriniṃ vā na sammā vattantiṃ nikkaḍḍhati vā nikkaḍḍhāpeti vā, tassā parikkhāraṃ nikkaḍḍhati vā nikkaḍḍhāpeti vā, ummattikāya, ādikammikāyāti.

Pañcamasikkhāpadaṃ niṭṭhitaṃ.

6. Chaṭṭhasikkhāpadaṃ

955. Tena samayena buddho Bhagavā sāvatthiyaṃ viharati jetavane anāthapiṇḍikassa ārāme. Tena kho pana samayena caṇḍakāḷī bhikkhunī saṃsaṭṭhā viharati gahapatināpi gahapatiputtenapi. Yā tā bhikkhuniyo appicchā...pe... tā ujjhāyanti khiyyanti vipācenti – "kathañhi nāma ayyā caṇḍakāḷī saṃsaṭṭhā viharissati gahapatināpi gahapatiputtenapī"ti...pe... saccaṃ kira, bhikkhave, caṇḍakāḷī bhikkhunī saṃsaṭṭhā viharati gahapatināpi gahapatiputtenapīti ? "Saccaṃ, Bhagavā"ti. Vigarahi buddho Bhagavā...pe... kathañhi nāma, bhikkhave, caṇḍakāḷī bhikkhunī saṃsaṭṭhā viharissati gahapatināpi gahapatiputtenapi! Netaṃ, bhikkhave, appasannānaṃ vā pasādāya...pe... evañca pana, bhikkhave, bhikkhuniyo imaṃ sikkhāpadaṃ uddisantu –

956."Yāpana bhikkhunī saṃsaṭṭhā vihareyya gahapatinā vā gahapatiputtena vā sā bhikkhunī bhikkhunīhi evamassa vacanīyā – 'māyye, saṃsaṭṭhā vihari gahapatināpi gahapatiputtenapi. Viviccāyye; vivekaññeva bhaginiyā saṅgho vaṇṇetī'ti. Evañca [evañca pana (ka.)] sā bhikkhunī bhikkhunīhi vuccamānā tatheva paggaṇheyya, sā bhikkhunī bhikkhunīhi yāvatatiyaṃ samanubhāsitabbā tassa paṭinissaggāya. Yāvatatiyañce samanubhāsīyamānā taṃ paṭinissajjeyya, iccetaṃ kusalaṃ; no ce paṭinissajjeyya, pācittiya"nti.

957.Yā panāti yā yādisā...pe... bhikkhunīti...pe... ayaṃ imasmiṃ atthe adhippetā bhikkhunīti.

Saṃsaṭṭhā nāma ananulomikena kāyikavācasikena saṃsaṭṭhā.

Gahapati nāma yo koci agāraṃ ajjhāvasati.

Gahapatiputto nāma ye keci [yo koci (ka.)] puttabhātaro.

Sā bhikkhunīti yā sā saṃsaṭṭhā bhikkhunī.

Bhikkhunīhīti aññāhi bhikkhunīhi. Yā passanti yā suṇanti tāhi vattabbā – "māyye, saṃsaṭṭhā vihari gahapatināpi gahapatiputtenapi. Viviccāyye; vivekaññeva bhaginiyā saṅgho vaṇṇetī"ti. Dutiyampi vattabbā. Tatiyampi vattabbā. Sace paṭinissajjati, iccetaṃ kusalaṃ; no ce paṭinissajjati, āpatti dukkaṭassa. Sutvā na vadanti, āpatti dukkaṭassa. Sā bhikkhunī saṅghamajjhampi ākaḍḍhitvā vattabbā – "māyye, saṃsaṭṭhā vihari gahapatināpi gahapatiputtenapi. Viviccāyye; vivekaññevabhaginiyā saṅgho vaṇṇetī"ti. Dutiyampi vattabbā. Tatiyampi vattabbā. Sace paṭinissajjati, iccetaṃ kusalaṃ; no ce paṭinissajjati, āpatti dukkaṭassa. Sā bhikkhunī samanubhāsitabbā. Evañca pana, bhikkhave, samanubhāsitabbā. Byattāya bhikkhuniyā paṭibalāya saṅgho ñāpetabbo –

958. "Suṇātu me, ayye, saṅgho. Ayaṃ itthannāmā bhikkhunī saṃsaṭṭhā viharati gahapatināpi gahapatiputtenapi. Sā taṃ vatthuṃ na paṭinissajjati. Yadi saṅghassa pattakallaṃ, saṅgho itthannāmaṃ bhikkhuniṃ samanubhāseyya tassa vatthussa paṭinissaggāya. Esā ñatti.

"Suṇātu me, ayye, saṅgho. Ayaṃ itthannāmā bhikkhunī saṃsaṭṭhā viharati gahapatināpi gahapatiputtenapi. Sā taṃ vatthuṃ na paṭinissajjati. Saṅgho itthannāmaṃ bhikkhuniṃ samanubhāsati tassa vatthussa paṭinissaggāya. Yassā ayyāya khamati itthannāmāya bhikkhuniyā samanubhāsanā tassa vatthussa paṭinissaggāya, sā tuṇhassa; yassā nakkhamati, sā bhāseyya.

"Dutiyampi etamatthaṃ vadāmi...pe... tatiyampi etamatthaṃ vadāmi...pe....

"Samanubhaṭṭhā saṅghena itthannāmā bhikkhunī tassa vatthussa paṭinissaggāya; khamati saṅghassa, tasmā tuṇhī, evametaṃ dhārayāmī"ti.

Ñattiyā dukkaṭaṃ. Dvīhi kammavācāhi dukkaṭā. Kammavācāpariyosāne āpatti pācittiyassa.

959. Dhammakamme dhammakammasaññā na paṭinissajjati, āpatti pācittiyassa. Dhammakamme vematikā na paṭinissajjati, āpatti pācittiyassa. Dhammakamme adhammakammasaññā na paṭinissajjati, āpatti pācittiyassa.
Adhammakamme dhammakammasaññā, āpatti dukkaṭassa. Adhammakamme vematikā, āpatti dukkaṭassa. Adhammakamme adhammakammasaññā, āpatti dukkaṭassa.
960. Anāpatti asamanubhāsantiyā, paṭinissajjantiyā, ummattikāya, ādikammikāyāti.
Chaṭṭhasikkhāpadaṃ niṭṭhitaṃ.
7. Sattamasikkhāpadaṃ
961. Tena samayena buddho Bhagavā sāvatthiyaṃ viharati jetavane anāthapiṇḍikassa ārāme. Tena kho pana samayena bhikkhuniyo antoraṭṭhe sāsaṅkasammate sappaṭibhaye asatthikā cārikaṃ caranti. Dhuttā dūsenti. Yā tā bhikkhuniyo appicchā...pe... tā ujjhāyanti khiyyanti vipācenti – ''kathañhi nāma bhikkhuniyo antoraṭṭhe sāsaṅkasammate sappaṭibhaye asatthikā cārikaṃ carissantī''ti...pe... saccaṃ kira, bhikkhave, bhikkhuniyo antoraṭṭhe sāsaṅkasammate sappaṭibhaye asatthikā cārikaṃ carantīti? ''Saccaṃ, Bhagavā''ti. Vigarahi buddho Bhagavā...pe... kathañhi nāma, bhikkhave, bhikkhuniyo antoraṭṭhe sāsaṅkasammate sappaṭibhaye asatthikā cārikaṃ carissanti! Netaṃ, bhikkhave, appasannānaṃ vā pasādāya...pe... evañca pana, bhikkhave, bhikkhuniyo imaṃ sikkhāpadaṃ uddisantu –
962.''Yā pana bhikkhunī antoraṭṭhe sāsaṅkasammate sappaṭibhaye asatthikā cārikaṃ careyya, pācittiya''nti.
963.Yā panāti yā yādisā...pe... bhikkhunīti...pe... ayaṃ imasmiṃ atthe adhippetā bhikkhunīti.
Antoraṭṭheti yassa vijite viharati, tassa raṭṭhe.
Sāsaṅkaṃ nāma tasmiṃ magge corānaṃ niviṭṭhokāso dissati, bhuttokāso dissati, ṭhitokāso dissati, nisinnokāso dissati, nipannokāso dissati.
Sappaṭibhayaṃ nāma tasmiṃ magge corehi manussā hatā dissanti, viluttā dissanti, ākoṭitā dissanti.
Asatthikā nāma vinā satthena.
Cārikaṃ careyyāti kukkuṭasampāte gāme gāmantare gāmantare āpatti pācittiyassa. Agāmake araññe addhayojane addhayojane āpatti pācittiyassa.
964. Anāpatti satthena saha gacchati, kheme appaṭibhaye gacchati, āpadāsu, ummattikāya, ādikammikāyāti.
Sattamasikkhāpadaṃ niṭṭhitaṃ.
8. Aṭṭhamasikkhāpadaṃ
965. Tena samayena buddho Bhagavā sāvatthiyaṃ viharati jetavane anāthapiṇḍikassa ārāme. Tena kho pana samayena bhikkhuniyo tiroraṭṭhe sāsaṅkasammate sappaṭibhaye asatthikā cārikaṃ caranti. Dhuttā dūsenti. Yā tā bhikkhuniyo appicchā...pe... tā ujjhāyanti khiyyanti vipācenti – ''kathañhi nāma bhikkhuniyo tiroraṭṭhe sāsaṅkasammate sappaṭibhaye asatthikā cārikaṃ carissantī''ti...pe... saccaṃ kira, bhikkhave, bhikkhuniyo tiroraṭṭhe sāsaṅkasammate sappaṭibhaye asatthikā cārikaṃ carantīti? ''Saccaṃ, Bhagavā''ti. Vigarahi buddho Bhagavā...pe... kathañhi nāma, bhikkhave, bhikkhuniyo tiroraṭṭhe sāsaṅkasammate sappaṭibhaye asatthikā cārikaṃ carissanti! Netaṃ, bhikkhave, appasannānaṃ vā pasādāya...pe... evañca pana, bhikkhave, bhikkhuniyo imaṃ sikkhāpadaṃ uddisantu –
966.''Yā pana bhikkhunī tiroraṭṭhe sāsaṅkasammate sappaṭibhaye asatthikā cārikaṃ careyya, pācattiya''nti.
967.Yā panāti yā yādisā...pe... bhikkhunīti...pe... ayaṃ imasmiṃ atthe adhippetā bhikkhunīti.
Tiroraṭṭheti yassa vijite viharati, taṃ ṭhapetvā aññassa raṭṭhe.
Sāsaṅkaṃ nāma tasmiṃ magge corānaṃ niviṭṭhokāso dissati, bhuttokāso dissati, ṭhitokāso dissati, nisinnokāso dissati, nipannokāso dissati.
Sappaṭibhayaṃ nāma tasmiṃ magge corehi manussā hatā dissanti, viluttā dissanti, ākoṭitā dissanti.
Asatthikā nāma vinā satthena.
Cārikaṃ careyyāti kukkuṭasampāte gāme gāmantare gāmantare, āpatti pācittiyassa. Agāmake araññe addhayojane addhayojane āpatti pācittiyassa.
968. Anāpatti satthena saha gacchati, kheme appaṭibhaye gacchati , āpadāsu, ummattikāya, ādikammikāyāti.
Aṭṭhamasikkhāpadaṃ niṭṭhitaṃ.
9. Navamasikkhāpadaṃ
969. Tena samayena buddho Bhagavā rājagahe viharati veḷuvane kalandakanivāpe. Tena kho pana samayena bhikkhuniyo antovassaṃ cārikaṃ caranti. Manussā ujjhāyanti khiyyanti vipācenti – ''kathañhi nāma bhikkhuniyo antovassaṃ cārikaṃ carissanti haritāni tiṇāni ca sammaddantā, ekindriyaṃ jīvaṃ viheṭhentā, bahū khuddake pāṇe saṅghātaṃ āpādentā''ti! Assosuṃ kho bhikkhuniyo tesaṃ manussānaṃ ujjhāyantānaṃ khiyyantānaṃ vipācentānaṃ. Yā tā bhikkhuniyo appicchā...pe... tā ujjhāyanti khiyyanti vipācenti – ''kathañhi nāma bhikkhuniyo antovassaṃ cārikaṃ carissantī''ti...pe... saccaṃ kira, bhikkhave, bhikkhuniyo antovassaṃ cārikaṃ carantīti? ''Saccaṃ, Bhagavā''ti. Vigarahi buddho Bhagavā...pe... kathañhi nāma, bhikkhave, bhikkhuniyo antovassaṃ cārikaṃ carissanti! Netaṃ,

bhikkhave, appasannānaṃ vā pasādāya...pe... evañca pana, bhikkhave, bhikkhuniyo imaṃ sikkhāpadaṃ uddisantu –

970.''Yā pana bhikkhunī antovassaṃ cārikaṃ careyya, pācittiya''nti.

971.Yāpanāti yā yādisā...pe... bhikkhunīti...pe... ayaṃ imasmiṃ atthe adhippetā bhikkhunīti.

Antovassanti purimaṃ vā temāsaṃ pacchimaṃ vā temāsaṃ avasitvā.

Cārikaṃcareyyāti kukkuṭasampāte gāme gāmantare gāmantare āpatti pācittiyassa. Agāmake araññe addhayojane addhayojane āpatti pācittiyassa.

972. Anāpatti sattāhakaraṇīyena gacchati, kenaci ubbāḷhā gacchati, āpadāsu, ummattikāya, ādikammikāyāti.

Navamasikkhāpadaṃ niṭṭhitaṃ.

10. Dasamasikkhāpadaṃ

973. Tena samayena buddho Bhagavā rājagahe viharati veḷuvane kalandakanivāpe. Tena kho pana samayena bhikkhuniyo tattheva rājagahe vassaṃ vasanti, tattha hemantaṃ, tattha gimhaṃ. Manussā ujjhāyanti khiyyanti vipācenti – ''āhundarikā bhikkhunīnaṃ disā andhakārā, na imāsaṃ disā pakkhāyantī''ti. Assosuṃ kho bhikkhuniyo tesaṃ manussānaṃ ujjhāyantānaṃ khiyyantānaṃ vipācentānaṃ. Atha kho tā bhikkhuniyo bhikkhūnaṃ etamatthaṃ ārocesuṃ. Bhikkhū bhagavato etamatthaṃ ārocesuṃ. Atha kho Bhagavā etasmiṃ nidāne etasmiṃ pakaraṇe dhammiṃ kathaṃ katvā bhikkhū āmantesi – ''tena hi, bhikkhave, bhikkhunīnaṃ sikkhāpadaṃ paññapessāmi dasa atthavase paṭicca – saṅghasuṭṭhutāya...pe... saddhammaṭṭhitiyā vinayānuggahāya. Evañca pana, bhikkhave, bhikkhuniyo imaṃ sikkhāpadaṃ uddisantu –

974.''Yā pana bhikkhunī vassaṃvuṭṭhā cārikaṃ na pakkameyya antamaso chappañcayojanānipi, pācittiya''nti.

975.Yā panāti yā yādisā...pe... bhikkhunīti...pe... ayaṃ imasmiṃ atthe adhippetā bhikkhunīti.

Vassaṃvuṭṭhā nāma purimaṃ vā temāsaṃ pacchimaṃ vā temāsaṃ vuṭṭhā.

''Cārikaṃ na pakkamissāmi antamaso chappañcayojanānipī''ti dhuraṃ nikkhittamatte āpatti pācittiyassa.

976. Anāpatti sati antarāye, pariyesitvā dutiyikaṃ bhikkhuniṃ na labhati, gilānāya, āpadāsu, ummattikāya, ādikammikāyāti.

Dasamasikkhāpadaṃ niṭṭhitaṃ.

Tuvaṭṭavaggo catuttho.

5. Cittāgāravaggo

1. Paṭhamasikkhāpadaṃ

977. Tena samayena buddho Bhagavā sāvatthiyaṃ viharati jetavane anāthapiṇḍikassa ārāme. Tena kho pana samayena rañño pasenadissa kosalassa uyyāne cittāgāre paṭibhānacittaṃ kataṃ hoti. Bahū manussā cittāgāraṃ dassanāya gacchanti. Chabbaggiyāpi bhikkhuniyo cittāgāraṃ dassanāya agamaṃsu. Manussā ujjhāyanti khiyyanti vipācenti – ''kathañhi nāma bhikkhuniyo cittāgāraṃ dassanāya gacchissanti, seyyathāpi gihiniyo kāmabhoginiyo''ti! Assosuṃ kho bhikkhuniyo tesaṃ manussānaṃ ujjhāyantānaṃ khiyyantānaṃ vipācentānaṃ. Yā tā bhikkhuniyo appicchā...pe... tā ujjhāyanti khiyyanti vipācenti – ''kathañhi nāma chabbaggiyā bhikkhuniyo cittāgāraṃ dassanāya gacchissantī''ti...pe... saccaṃ kira, bhikkhave, chabbaggiyā bhikkhuniyo cittāgāraṃ dassanāya gacchantīti? ''Saccaṃ, Bhagavā''ti. Vigarahi buddho Bhagavā...pe... kathañhi nāma, bhikkhave, chabbaggiyā bhikkhuniyo cittāgāraṃ dassanāya gacchissanti! Netaṃ, bhikkhave, appasannānaṃ vā pasādāya...pe... evañca pana, bhikkhave, bhikkhuniyo imaṃ sikkhāpadaṃ uddisantu –

978.''Yā pana bhikkhunī rājāgāraṃ vā cittāgāraṃ vā ārāmaṃ vā uyyānaṃ vā pokkharaṇiṃ vā dassanāya gaccheyya, pācittiya''nti.

979.Yāpanāti yā yādisā...pe... bhikkhunīti...pe... ayaṃ imasmiṃ atthe adhippetā bhikkhunīti.

Rājāgāraṃ nāma yattha katthaci rañño kīḷituṃ ramituṃ kataṃ hoti.

Cittāgāraṃ nāma yattha katthaci manussānaṃ kīḷituṃ ramituṃ kataṃ hoti.

Ārāmo nāma yattha katthaci manussānaṃ kīḷituṃ ramituṃ kato hoti.

Uyyānaṃ nāma yattha katthaci manussānaṃ kīḷituṃ ramituṃ kataṃ hoti.

Pokkharaṇī nāma yattha katthaci manussānaṃ kīḷituṃ ramituṃ katā hoti.

980. Dassanāya gacchati, āpatti dukkaṭassa. Yattha ṭhitā passati, āpatti pācittiyassa. Dassanūpacāraṃ vijahitvā punappunaṃ passati, āpatti pācittiyassa. Ekamekaṃ dassanāya gacchati, āpatti dukkaṭassa. Yattha ṭhitā passati, āpatti pacittiyassa. Dassanūpacāraṃ vijahitvā punappunaṃ passati, āpatti pācittiyassa.

981. Anāpatti ārāme ṭhitā passati, gacchantī vā āgacchantī vā passati, sati karaṇīye gantvā passati, āpadāsu, ummattikāya, ādikammikāyāti.

Paṭhamasikkhāpadaṃ niṭṭhitaṃ.

2. Dutiyasikkhāpadaṃ

982. Tena samayena buddho Bhagavā sāvatthiyaṃ viharati jetavane anāthapiṇḍikassa ārāme. Tena kho pana samayena bhikkhuniyo āsandimpi pallaṅkampi paribhuñjanti. Manussā vihāracārikaṃ āhiṇḍantā

passitvā ujjhāyanti khiyyanti vipācenti – ''kathañhi nāma bhikkhuniyo āsandimpi pallaṅkampi paribhuñjissanti, seyyathāpi gihiniyo kāmabhoginiyo''ti! Assosuṃ kho bhikkhuniyo tesaṃ manussānaṃ ujjhāyantānaṃ khiyyantānaṃ vipācentānaṃ . Yā tā bhikkhuniyo appicchā...pe... tā ujjhāyanti khiyyanti vipācenti – ''kathañhi nāma bhikkhuniyo āsandimpi pallaṅkampi paribhuñjissantī''ti...pe... saccaṃ kira, bhikkhave, bhikkhuniyo āsandimpi pallaṅkampi paribhuñjantīti? ''Saccaṃ, Bhagavā''ti. Vigarahi buddho Bhagavā...pe... kathañhi nāma, bhikkhave, bhikkhuniyo āsandimpi pallaṅkampi paribhuñjissanti! Netaṃ, bhikkhave, appasannānaṃ vā pasādāya...pe... evañca pana, bhikkhave, bhikkhuniyo imaṃ sikkhāpadaṃ uddisantu –

983.''Yā pana bhikkhunī āsandiṃ vā pallaṅkaṃ vā paribhuñjeyya, pācittiya''nti.

984.Yā panāti yā yādisā...pe... bhikkhunīti...pe... ayaṃ imasmiṃ atthe adhippetā bhikkhunīti.

Āsandī nāma atikkantappamāṇā vuccati.

Pallaṅko nāma āharimehi [''asaṃhārimehi'' iti kaṅkhāvitaraṇiyā sameti] vāḷehi kato hoti.

Paribhuñjeyyāti tasmiṃ abhinisīdati vā abhinipajjati vā, āpatti pācittiyassa.

985. Anāpatti āsandiyā pāde chinditvā paribhuñjati, pallaṅkassa vāḷe bhinditvā paribhuñjati, ummattikāya, ādikammikāyāti.

Dutiyasikkhāpadaṃ niṭṭhitaṃ.

3. Tatiyasikkhāpadaṃ

986. Tena samayena buddho Bhagavā sāvatthiyaṃ viharati jetavane anāthapiṇḍikassa ārāme. Tena kho pana samayena chabbaggiyā bhikkhuniyo suttaṃ kantanti. Manussā vihāracārikaṃ āhiṇḍantā passitvā ujjhāyanti khiyyanti vipācenti – ''kathañhi nāma bhikkhuniyo suttaṃ kantissanti, seyyathāpi gihiniyo kāmabhoginiyo''ti! Assosuṃ kho bhikkhuniyo tesaṃ manussānaṃ ujjhāyantānaṃ khiyyantānaṃ vipācentānaṃ. Yā tā bhikkhuniyo appicchā ...pe... tā ujjhāyanti khiyyanti vipācenti – ''kathañhi nāma chabbaggiyā bhikkhuniyo suttaṃ kantissantī''ti...pe... saccaṃ kira, bhikkhave, chabbaggiyā bhikkhuniyo suttaṃ kantantīti? ''Saccaṃ, Bhagavā''ti. Vigarahi buddho Bhagavā...pe... kathañhi nāma, bhikkhave, chabbaggiyā bhikkhuniyo suttaṃ kantissanti! Netaṃ, bhikkhave, appasannānaṃ vāpasādāya...pe... evañca pana, bhikkhave, bhikkhuniyo imaṃ sikkhāpadaṃ uddisantu –

987.''Yā pana bhikkhunī suttaṃ kanteyya, pācittiya''nti.

988.Yā panāti yā yādisā...pe... bhikkhunīti...pe... ayaṃ imasmiṃ atthe adhippetā bhikkhunīti.

Suttaṃ nāma cha suttāni – khomaṃ, kappāsikaṃ, koseyyaṃ, kambalaṃ, sāṇaṃ, bhaṅgaṃ.

Kanteyyāti sayaṃ kantati, payoge dukkaṭaṃ. Ujjavujjave āpatti pācittiyassa.

989. Anāpatti kantitasuttaṃ kantati, ummattikāya, ādikammikāyāti.

Tatiyasikkhāpadaṃ niṭṭhitaṃ.

4. Catutthasikkhāpadaṃ

990. Tena samayena buddho Bhagavā sāvatthiyaṃ viharati jetavane anāthapiṇḍikassa ārāme. Tena kho pana samayena bhikkhuniyo gihiveyyāvaccaṃ karonti. Yā tā bhikkhuniyo appicchā...pe... tā ujjhāyanti khiyyanti vipācenti – ''kathañhi nāma bhikkhuniyo gihiveyyāvaccaṃ karissantī''ti...pe... saccaṃ kira, bhikkhave, bhikkhuniyo gihiveyyāvaccaṃ karontīti? ''Saccaṃ, Bhagavā''ti. Vigarahi buddho Bhagavā...pe... kathañhi nāma, bhikkhave, bhikkhuniyo gihiveyyāvaccaṃ karissanti! Netaṃ, bhikkhave, appasannānaṃ vā pasādāya...pe... evañca pana, bhikkhave, bhikkhuniyo imaṃ sikkhāpadaṃ uddisantu –

991.''Yā pana bhikkhunī gihiveyyāvaccaṃ kareyya, pācittiya''nti.

992.Yāpanāti yā yādisā...pe... bhikkhunīti...pe... ayaṃ imasmiṃ atthe adhippetā bhikkhunīti.

Gihiveyyāvaccaṃ nāma agārikassa yāguṃ vā bhattaṃ vā khādanīyaṃ vā pacati, sāṭakaṃ vā veṭhanaṃ vā dhovati, āpatti pācittiyassa.

993. Anāpatti yāgupāne, saṅghabhatte, cetiyapūjāya, attano veyyāvaccakarassa yāguṃ vā bhattaṃ vā khādanīyaṃ vā pacati, sāṭakaṃ vā veṭhanaṃ vā dhovati, ummattikāya, ādikammikāyāti.

Catutthasikkhāpadaṃ niṭṭhitaṃ.

5. Pañcamasikkhāpadaṃ

994. Tena samayena buddho Bhagavā sāvatthiyaṃ viharati jetavane anāthapiṇḍikassa ārāme. Tena kho pana samayena aññatarā bhikkhunī thullanandaṃ bhikkhuniṃ upasaṅkamitvā etadavoca – ''ehāyye, imaṃ adhikaraṇaṃ vūpasamehī''ti. Thullanandā bhikkhunī 'sādhū'ti paṭissuṇitvā neva vūpasameti na vūpasamāya ussukkaṃ karoti. Atha kho sā bhikkhunī bhikkhunīnaṃ etamatthaṃ ārocesi. Yā tā bhikkhuniyo appicchā...pe... tā ujjhāyanti khiyyanti vipācenti – ''kathañhi nāma ayyā thullanandā bhikkhuniyā – 'ehāyye', imaṃ adhikaraṇaṃ vūpasamehī'ti vuccamānā – 'sādhū'ti paṭissuṇitvā, neva vūpasamessati na vūpasamāya ussukkaṃ karissatī''ti...pe... saccaṃ kira, bhikkhave, thullanandā bhikkhunī bhikkhuniyā – ''ehāyye, imaṃ adhikaraṇaṃ vūpasamehī''ti vuccamānā – ''sādhū''ti paṭissuṇitvā, neva vūpasameti na vūpasamāya ussukkaṃ karotīti? ''Saccaṃ, Bhagavā''ti. Vigarahi buddho Bhagavā...pe... kathañhi nāma, bhikkhave, thullanandā bhikkhunī bhikkhuniyā – ''ehāyye, imaṃ adhikaraṇaṃ vūpasamehī''ti vuccamānā – ''sādhū''ti paṭissuṇitvā, neva vūpasamessati na vūpasamāya ussukkaṃ karissati! Netaṃ, bhikkhave, appasannānaṃ vā pasādāya...pe... evañca pana, bhikkhave, bhikkhuniyo imaṃ sikkhāpadaṃ uddisantu –

995.“Yā pana bhikkhunī bhikkhuniyā – ‘ehāyye, imaṃ adhikaraṇaṃ vūpasamehī’ti vuccamānā – ‘sādhū’ti paṭissuṇitvā sā pacchā anantarāyikinī neva vūpasameyya na vūpasamāya ussukkaṃ kareyya, pācittiya”nti.

996.Yā panāti yā yādisā…pe… bhikkhunīti…pe… ayaṃ imasmiṃ atthe adhippetā bhikkhunīti.

Bhikkhuniyāti aññāya bhikkhuniyā.

Adhikaraṇaṃ nāma cattāri adhikaraṇāni – vivādādhikaraṇaṃ, anuvādādhikaraṇaṃ, āpattādhikaraṇaṃ, kiccādhikaraṇaṃ.

Ehāyye imaṃ adhikaraṇaṃ vūpasamehīti ehāyye imaṃ adhikaraṇaṃ vinicchehi.

Sāpacchā anantarāyikinīti asati antarāye.

Neva vūpasameyyāti na sayaṃ vūpasameyya.

Na vūpasamāya ussukkaṃ kareyyāti na aññaṃ āṇāpeyya. “Neva vūpasamessāmi na vūpasamāya ussukkaṃ karissāmī”ti dhuraṃ nikkhittamatte, āpatti pācittiyassa.

997. Upasampannāya upasampannasaññā adhikaraṇaṃ neva vūpasameti na vūpasamāya ussukkaṃ karoti, āpatti pācittiyassa. Upasampannāya vematikā adhikaraṇaṃ neva vūpasameti, na vūpasamāya ussukkaṃ karoti, āpatti pācittiyassa. Upasampannāya anupasampannasaññā adhikaraṇaṃ neva vūpasameti, na vūpasamāya ussukkaṃ karoti, āpatti pācittiyassa.

Anupasampannāya adhikaraṇaṃ neva vūpasameti, na vūpasamāya ussukkaṃ karoti, āpatti dukkaṭassa. Anupasampannāya upasampannasaññā, āpatti dukkaṭassa. Anupasampannāya vematikā, āpatti dukkaṭassa. Anupasampannāya anupasampannasaññā, āpatti dukkaṭassa.

998. Anāpatti sati antarāye, pariyesitvā na labhati, gilānāya, āpadāsu, ummattikāya, ādikammikāyāti.

Pañcamasikkhāpadaṃ niṭṭhitaṃ.

6. Chaṭṭhasikkhāpadaṃ

999. Tena samayena buddho Bhagavā sāvatthiyaṃ viharati jetavane anāthapiṇḍikassa ārāme. Tena kho pana samayena thullanandā bhikkhunī naṭānampi naṭakānampi laṅghakānampi sokajjhāyikānampi kumbhathūṇikānampi sahatthā khādanīyaṃ bhojanīyaṃ deti – “mayhaṃ parisati vaṇṇaṃ bhāsathā”ti. Naṭāpi naṭakāpi laṅghakāpi sokajjhāyikāpi kumbhathūṇikāpi thullanandāya bhikkhuniyā parisati vaṇṇaṃ bhāsanti – “ayyā thullanandā bahussutā bhāṇikā visāradā paṭṭā dhammiṃ kathaṃ kātuṃ; detha ayyāya, karotha ayyāyā”ti. Yā tā bhikkhuniyo appicchā…pe… tā ujjhāyanti khiyyanti vipācenti – kathañhi nāma ayyā thullanandā agārikassa sahatthā khādanīyaṃ bhojanīyaṃ dassatīti…pe… saccaṃ kira, bhikkhave, thullanandā bhikkhunī agārikassa sahatthā khādanīyaṃ bhojanīyaṃ detīti? “Saccaṃ, Bhagavā”ti. Vigarahi buddho Bhagavā…pe… kathañhi nāma, bhikkhave, thullanandā bhikkhunī agārikassa sahatthā khādanīyaṃ bhojanīyaṃ dassati! Netaṃ, bhikkhave, appasannānaṃ vā pasādāya…pe… evañca pana, bhikkhave, bhikkhuniyo imaṃ sikkhāpadaṃ uddisantu –

1000.“Yāpana bhikkhunī agārikassa vā paribbājakassa vā paribbājikāya vā sahatthā khādanīyaṃ vā bhojanīyaṃ vā dadeyya, pācittiya”nti.

1001.Yā panāti yā yādisā…pe… bhikkhunīti…pe… ayaṃ imasmiṃ atthe adhippetā bhikkhunīti.

Agāriko nāma yo koci agāraṃ ajjhāvasati.

Paribbājako nāma bhikkhuñca sāmaṇerañca ṭhapetvā yo koci paribbājakasamāpanno.

Paribbājikā nāma bhikkhuniñca sikkhamānañca sāmaṇeriñca ṭhapetvā yā kāci paribbājikasamāpannā.

Khādanīyaṃ nāma pañca bhojanāni – udakadantaponaṃ ṭhapetvā avasesaṃ khādanīyaṃ nāma.

Bhojanīyaṃ nāma pañca bhojanāni – odano, kummāso, sattu, maccho, maṃsaṃ.

Dadeyyāti kāyena vā kāyapaṭibaddhena vā nissaggiyena vā deti, āpatti pācittiyassa. Udakadantaponaṃ deti, āpatti dukkaṭassa.

1002. Anāpatti dāpeti na deti, upanikkhipitvā deti, bāhirālepaṃ deti, ummattikāya, ādikammikāyāti.

Chaṭṭhasikkhāpadaṃ niṭṭhitaṃ.

7. Sattamasikkhāpadaṃ

1003. Tena samayena buddho Bhagavā sāvatthiyaṃ viharati jetavane anāthapiṇḍikassa ārāme. Tena kho pana samayena thullanandā bhikkhunī āvasathacīvaraṃ anissajjitvā paribhuñjati. Aññā utuniyo bhikkhuniyo na labhanti. Yā tā bhikkhuniyo appicchā…pe… tā ujjhāyanti khiyyanti vipācenti – “kathañhi nāma ayyā thullanandā āvasathacīvaraṃ anissajjitvā paribhuñjissatī”ti…pe… saccaṃ kira, bhikkhave, thullanandā bhikkhunī āvasathacīvaraṃ anissajjitvā paribhuñjatīti? “Saccaṃ, Bhagavā”ti. Vigarahi buddho Bhagavā…pe… kathañhi nāma, bhikkhave, thullanandā bhikkhunī āvasathacīvaraṃ anissajjitvā paribhuñjissati! Netaṃ, bhikkhave, appasannānaṃ vā pasādāya…pe… evañca pana, bhikkhave, bhikkhuniyo imaṃ sikkhāpadaṃ uddisantu –

1004.“Yā pana bhikkhunī āvasathacīvaraṃ anissajjitvā paribhuñjeyya, pācittiya”nti.

1005.Yāpanāti yā yādisā…pe… bhikkhunīti…pe… ayaṃ imasmiṃ atthe adhippetā bhikkhunīti.

Āvasathacīvaraṃ nāma “utuniyo bhikkhuniyo paribhuñjantū”ti dinnaṃ hoti.

Anissajjitvā paribhuñjeyyāti dvetisso rattiyo paribhuñjitvā catutthadivase dhovitvā bhikkhuniyā vā sikkhamānāya vā sāmaṇeriyā vā anissajjitvā paribhuñjati , āpatti pācittiyassa.

1006. Anissajjite anissajjitasaññā paribhuñjati, āpatti pācittiyassa. Anissajjite vematikā paribhuñjati, āpatti pācittiyassa. Anissajjite nissajjitasaññā paribhuñjati, āpatti pācittiyassa.

Nissajjite anissajjitasaññā, āpatti dukkaṭassa. Nissajjite vematikā, āpatti dukkaṭassa. Nissajjite nissajjitasaññā anāpatti.

1007. Anāpatti nissajjitvā paribhuñjati, puna pariyāyena paribhuñjati, aññā utuniyo bhikkhuniyo na honti, acchinnacīvarikāya, naṭṭhacīvarikāya, āpadāsu, ummattikāya, ādikammikāyāti.

Sattamasikkhāpadaṃ niṭṭhitaṃ.

8. Aṭṭhamasikkhāpadaṃ

1008. Tena samayena buddho Bhagavā sāvatthiyaṃ viharati jetavane anāthapiṇḍikassa ārāme. Tena kho pana samayena thullanandā bhikkhunī āvasathaṃ anissajjitvā cārikaṃ pakkāmi. Tena kho pana samayena thullanandāya bhikkhuniyā āvasatho ḍayhati. Bhikkhuniyo evamāhaṃsu – ''handāyye, bhaṇḍakaṃ nīharāmā''ti. Ekaccā evamāhaṃsu – ''na mayaṃ, ayye, nīharissāma. Yaṃ kiñci naṭṭhaṃ sabbaṃ amhe abhiyuñjissatī''ti. Thullanandā bhikkhunī punadeva taṃ āvasathaṃ paccāgantvā bhikkhuniyo pucchi – ''apāyye, bhaṇḍakaṃ nīharitthā''ti? ''Na mayaṃ, ayye, nīharimhā''ti . Thullanandā bhikkhunī ujjhāyati khiyyati vipāceti – ''kathañhi nāma bhikkhuniyo āvasathe ḍayhamāne bhaṇḍakaṃ na nīharissantī''ti! Yā tā bhikkhuniyo appicchā...pe... tā ujjhāyanti khiyyanti vipācenti – ''kathañhi nāma ayyā thullanandā āvasathaṃ anissajjitvā cārikaṃ pakkamissatī''ti...pe... saccaṃ kira, bhikkhave, thullanandā bhikkhunī āvasathaṃ anissajjitvā cārikaṃ pakkamatīti [pakkamīti (ka.)]? ''Saccaṃ, Bhagavā''ti. Vigarahi buddho Bhagavā...pe... kathañhi nāma, bhikkhave, thullanandā bhikkhunī āvasathaṃ anissajjitvā cārikaṃ pakkamissati! Netaṃ, bhikkhave, appasannānaṃ vā pasādāya...pe... evañca pana, bhikkhave, bhikkhuniyo imaṃ sikkhāpadaṃ uddisantu –

1009.''Yā pana bhikkhunī āvasathaṃ anissajjitvā cārikaṃ pakkameyya, pācittiya''nti.

1010.Yā panāti yā yādisā...pe... bhikkhunīti...pe... ayaṃ imasmiṃ atthe adhippetā bhikkhunīti.

Āvasatho nāma kavāṭabaddho vuccati.

Anissajjitvā cārikaṃ pakkameyyāti bhikkhuniyā vā sikkhamānāya vā sāmaṇeriyā vā anissajjitvā parikkhittassa āvasathassa parikkhepaṃ atikkāmentiyā āpatti pācittiyassa. Aparikkhittassa āvasathassa upacāraṃ atikkāmentiyā āpatti pācittiyassa.

1011. Anissajjite anissajjitasaññā pakkamati, āpatti pācittiyassa. Anissajjite vematikā pakkamati, āpatti pācittiyassa. Anissajjite nissajjitasaññā pakkamati, āpatti pācittiyassa.

Akavāṭabaddhaṃ anissajjitvā pakkamati, āpatti dukkaṭassa. Nissajjite anissajjitasaññā, āpatti dukkaṭassa. Nissajjite vematikā, āpatti dukkaṭassa. Nissajjite nissajjitasaññā, anāpatti.

1012. Anāpatti nissajjitvā pakkamati, sati antarāye, pariyesitvā na labhati, gilānāya, āpadāsu, ummattikāya, ādikammikāyāti.

Aṭṭhamasikkhāpadaṃ niṭṭhitaṃ.

9. Navamasikkhāpadaṃ

1013. Tena samayena buddho Bhagavā sāvatthiyaṃ viharati jetavane anāthapiṇḍikassa ārāme. Tena kho pana samayena chabbaggiyā bhikkhuniyo tiracchānavijjaṃ pariyāpuṇanti. Manussā ujjhāyanti khiyyanti vipācenti – ''kathañhi nāma bhikkhuniyo tiracchānavijjaṃ pariyāpuṇissanti, seyyathāpi gihiniyo kāmabhoginiyo''ti! Assosuṃ kho bhikkhuniyo tesaṃ manussānaṃ ujjhāyantānaṃ khiyyantānaṃ vipācentānaṃ. Yā tā bhikkhuniyo appicchā...pe... tā ujjhāyanti khiyyanti vipācenti – ''kathañhi nāma chabbaggiyā bhikkhuniyo tiracchānavijjaṃ pariyāpuṇissantī''ti...pe... saccaṃ kira, bhikkhave, chabbaggiyā bhikkhuniyo tiracchānavijjaṃ pariyāpuṇantīti? ''Saccaṃ, Bhagavā''ti. Vigarahi buddho Bhagavā...pe... kathañhi nāma, bhikkhave, chabbaggiyā bhikkhuniyo tiracchānavijjaṃ pariyāpuṇissanti! Netaṃ, bhikkhave, appasannānaṃ vā pasādāya...pe... evañca pana, bhikkhave, bhikkhuniyo imaṃ sikkhāpadaṃ uddisantu –

1014.''Yā pana bhikkhunī tiracchānavijjaṃ pariyāpuṇeyya, pācittiya''nti.

1015.Yā panāti yā yādisā...pe... bhikkhunīti...pe... ayaṃ imasmiṃ atthe adhippetā bhikkhunīti.

Tiracchānavijjā[tiracchānavijjaṃ (ka.)] nāma yaṃ kiñci bāhirakaṃ anatthasaṃhitaṃ.

Pariyāpuṇeyyāti padena pariyāpuṇāti, pade pade āpatti pācittiyassa. Akkharāya pariyāpuṇāti, akkharakkharāya āpatti pācittiyassa.

1016. Anāpatti lekhaṃ pariyāpuṇāti, dhāraṇaṃ pariyāpuṇāti, guttatthāya parittaṃ pariyāpuṇāti, ummattikāya, ādikammikāyāti.

Navamasikkhāpadaṃ niṭṭhitaṃ.

10. Dasamasikkhāpadaṃ

1017. Tena samayena buddho Bhagavā sāvatthiyaṃ viharati jetavane anāthapiṇḍikassa ārāme. Tena kho pana samayena chabbaggiyā bhikkhuniyo tiracchānavijjaṃ vācenti. Manussā ujjhāyanti khiyyanti vipācenti – ''kathañhi nāma bhikkhuniyo tiracchānavijjaṃ vācessanti, seyyathāpi gihiniyo kāmabhoginiyo''ti! Assosuṃ kho bhikkhuniyo tesaṃ manussānaṃ ujjhāyantānaṃ khiyyantānaṃ vipācentānaṃ. Yā tā bhikkhuniyo appicchā...pe... tā ujjhāyanti khiyyanti vipācenti – ''kathañhi nāma chabbaggiyā bhikkhuniyo tiracchānavijjaṃ vācessantī''ti...pe... saccaṃ kira, bhikkhave, chabbaggiyā

bhikkhuniyo tiracchānavijjaṃ vācentīti? "Saccaṃ, Bhagavā"ti. Vigarahi buddho Bhagavā...pe... kathañhi nāma, bhikkhave, chabbaggiyā bhikkhuniyo tiracchānavijjaṃ vācessanti! Netaṃ, bhikkhave, appasannānaṃ vā pasādāya...pe... evañca pana, bhikkhave, bhikkhuniyo imaṃ sikkhāpadaṃ uddisantu –
1018. "Yā pana bhikkhunī tiracchānavijjaṃ vāceyya, pācittiya"nti.
1019. Yā panāti yā yādisā...pe... bhikkhunīti...pe... ayaṃ imasmiṃ atthe adhippetā bhikkhunīti.
Tiracchānavijjā[tiracchānavijjaṃ (ka.)] nāma yaṃ kiñci bāhirakaṃ anatthasaṃhitaṃ.
Vāceyyāti padena vāceti, pade pade āpatti pācittiyassa. Akkharāya vāceti, akkharakkharāya āpatti pācittiyassa.
1020. Anāpatti lekhaṃ vāceti, dhāraṇaṃ vāceti, guttatthāya parittaṃ vāceti, ummattikāya, ādikammikāyāti.
Dasamasikkhāpadaṃ niṭṭhitaṃ.
Cittāgāravaggo pañcamo.
6. Ārāmavaggo
1. Paṭhamasikkhāpadaṃ
1021. Tena samayena buddho Bhagavā sāvatthiyaṃ viharati jetavane anāthapiṇḍikassa ārāme. Tena kho pana samayena sambahulā bhikkhū gāmakāvāse ekacīvarā cīvarakammaṃ karonti. Bhikkhuniyo anāpucchā ārāmaṃ pavisitvā yena te bhikkhū tenupasaṅkamiṃsu. Bhikkhū ujjhāyanti khiyyanti vipācenti – "kathañhi nāma bhikkhuniyo anāpucchā ārāmaṃ pavisissantī"ti...pe... saccaṃ kira, bhikkhave, bhikkhuniyo anāpucchā ārāmaṃ pavisantīti? "Saccaṃ, Bhagavā"ti. Vigarahi buddho Bhagavā...pe... kathañhi nāma, bhikkhave, bhikkhuniyo anāpucchā ārāmaṃ pavisissanti! Netaṃ, bhikkhave, appasannānaṃ vā pasādāya...pe... evañca pana, bhikkhave, bhikkhuniyo imaṃ sikkhāpadaṃ uddisantu – "Yā pana bhikkhunī anāpucchā ārāmaṃ paviseyya, pācittiya"nti.
Evañcidaṃ bhagavatā bhikkhunīnaṃ sikkhāpadaṃ paññattaṃ hoti.
1022. Tena kho pana samayena te bhikkhū tamhā āvāsā pakkamiṃsu. Bhikkhuniyo – "ayyā pakkantā"ti, ārāmaṃ nāgamaṃsu. Atha kho te bhikkhū punadeva taṃ āvāsaṃ paccāgacchiṃsu. Bhikkhuniyo – "ayyā āgatā"ti, āpucchā ārāmaṃ pavisitvā yena te bhikkhū tenupasaṅkamiṃsu; upasaṅkamitvā te bhikkhū abhivādetvā ekamantaṃ aṭṭhaṃsu. Ekamantaṃ ṭhitā kho tā bhikkhuniyo te bhikkhū etadavocuṃ – "kissa tumhe, bhaginiyo, ārāmaṃ neva sammajjittha na pānīyaṃ paribhojanīyaṃ upaṭṭhāpitthāti? Bhagavatā, ayyā, sikkhāpadaṃ paññattaṃ [paññattaṃ hoti (ka.)] hoti – "na anāpucchā ārāmo pavisitabbo"ti. Tena mayaṃ na āgamimhā"ti. Bhagavato etamatthaṃ ārocesuṃ...pe... anujānāmi, bhikkhave, santaṃ bhikkhuṃ āpucchā ārāmaṃ pavisituṃ. Evañca pana, bhikkhave, bhikkhuniyo imaṃ sikkhāpadaṃ uddisantu –
"Yā pana bhikkhunī santaṃ bhikkhuṃ anāpucchā ārāmaṃ paviseyya, pācittiya"nti.
Evañcidaṃ bhagavatā bhikkhunīnaṃ sikkhāpadaṃ paññattaṃ hoti.
1023. Tena kho pana samayena te bhikkhū tamhā āvāsā pakkamitvā punadeva taṃ āvāsaṃ paccāgacchiṃsu. Bhikkhuniyo – "ayyā pakkantā"ti anāpucchā ārāmaṃ pavisiṃsu. Tāsaṃ kukkuccaṃ ahosi – "bhagavatā sikkhāpadaṃ paññattaṃ – 'na santaṃ bhikkhuṃ anāpucchā ārāmo pavisitabbo'ti. Mayañcamhā santaṃ bhikkhuṃ anāpucchā ārāmaṃ pavisimhā. Kacci nu kho mayaṃ pācittiyaṃ āpattiṃ āpannā"ti...pe... bhagavato etamatthaṃ ārocesuṃ. Atha kho Bhagavā etasmiṃ nidāne etasmiṃ pakaraṇe dhammiṃ kathaṃ katvā bhikkhū āmantesi...pe... evañca pana, bhikkhave, bhikkhuniyo imaṃ sikkhāpadaṃ uddisantu –
1024. "Yā pana bhikkhunī jānaṃ sabhikkhukaṃ ārāmaṃ anāpucchā paviseyya, pācittiya"nti.
1025. Yā panāti yā yādisā...pe... bhikkhunīti...pe... ayaṃ imasmiṃ atthe adhippetā bhikkhunīti.
Jānāti nāma sāmaṃ vā jānāti, aññe vā tassā ārocenti, te vā ārocenti.
Sabhikkhuko nāma ārāmo yattha bhikkhū rukkhamūlepi vasanti.
Anāpucchā ārāmaṃ paviseyyāti bhikkhuṃ vā sāmaṇeraṃ vā ārāmikaṃ vā anāpucchā parikkhittassa ārāmassa parikkhepaṃ atikkāmentiyā āpatti pācittiyassa. Aparikkhittassa ārāmassa upacāraṃ okkamantiyā āpatti pācittiyassa.
1026. Sabhikkhuke sabhikkhukasaññā santaṃ bhikkhuṃ anāpucchā ārāmaṃ pavisati, āpatti pācittiyassa. Sabhikkhuke vematikā santaṃ bhikkhuṃ anāpucchā ārāmaṃ pavisati, āpatti dukkaṭassa. Sabhikkhuke abhikkhukasaññā santaṃ bhikkhuṃ anāpucchā ārāmaṃ pavisati, anāpatti.
Abhikkhuke sabhikkhukasaññā, āpatti dukkaṭassa. Abhikkhuke vematikā, āpatti dukkaṭassa. Abhikkhuke abhikkhukasaññā, anāpatti.
1027. Anāpatti santaṃ bhikkhuṃ āpucchā pavisati, asantaṃ bhikkhuṃ anāpucchā pavisati, sīsānulokikā gacchati, yattha bhikkhuniyo sannipatitā honti tattha gacchati, ārāmena maggo hoti, gilānāya, āpadāsu, ummattikāya, ādikammikāyāti.
Paṭhamasikkhāpadaṃ niṭṭhitaṃ.
2. Dutiyasikkhāpadaṃ
1028. Tena samayena buddho Bhagavā vesāliyaṃ viharati mahāvane kūṭāgārasālāyaṃ. Tena kho pana samayena āyasmato upālissa upajjhāyo āyasmā kappitako susāne viharati. Tena kho pana samayena

chabbaggiyānaṃ bhikkhunīnaṃ mahattarā [mahantatarā (sī.)] bhikkhunī kālaṅkatā hoti. Chabbaggiyā bhikkhuniyo taṃ bhikkhuniṃ nīharitvā āyasmato kappitakassa vihārassa avidūre jhāpetvā thūpaṃ katvā gantvā tasmiṃ thūpe rodanti. Atha kho āyasmā kappitako tena saddena ubbāḷho taṃ thūpaṃ bhinditvā pakiresi. Chabbaggiyā bhikkhuniyo – ''iminā kappitakena amhākaṃ ayyāya thūpo bhinno, handa naṃ ghātemā''ti, mantesuṃ. Aññatarā bhikkhunī āyasmato upālissa etamatthaṃ ārocesi. Āyasmā upāli āyasmato kappitakassa etamatthaṃ ārocesi. Atha kho āyasmā kappitako vihārā nikkhamitvā nilīno acchi. Atha kho chabbaggiyā bhikkhuniyo yenāyasmato kappitakassa vihāro tenupasaṅkamiṃsu; upasaṅkamitvā āyasmato kappitakassa vihāraṃ pāsāṇehi ca leḍḍūhi ca ottharāpetvā, ''mato kappitako''ti pakkamiṃsu.

Atha kho āyasmā kappitako tassā rattiyā accayena pubbaṇhasamayaṃ nivāsetvā pattacīvaramādāya vesāliṃ piṇḍāya pāvisi. Addasaṃsu kho chabbaggiyā bhikkhuniyo āyasmantaṃ kappitakaṃ piṇḍāya carantaṃ. Disvāna evamāhaṃsu – ''ayaṃ kappitako jīvati, ko nu kho amhākaṃ mantaṃ saṃharī''ti? Assosuṃ kho chabbaggiyā bhikkhuniyo – ''ayyena kira upālinā amhākaṃ manto saṃhaṭo''ti. Tā āyasmantaṃ upāliṃ akkosiṃsu – ''kathañhi nāma ayaṃ kāsāvaṭo malamajjano nihīnajacco amhākaṃ mantaṃ saṃharissatī''ti! Yā tā bhikkhuniyo appicchā...pe... tā ujjhāyanti khiyyanti vipācenti – ''kathañhi nāma chabbaggiyā bhikkhuniyo ayyaṃ upāliṃ akkosissantī''ti...pe... saccaṃ kira, bhikkhave, chabbaggiyā bhikkhuniyo upāliṃ akkosantīti? ''Saccaṃ, Bhagavā''ti. Vigarahi buddho Bhagavā...pe... kathañhi nāma, bhikkhave, chabbaggiyā bhikkhuniyo upāliṃ akkosissanti! Netaṃ, bhikkhave, appasannānaṃ vā pasādāya...pe... evañca pana, bhikkhave, bhikkhuniyo imaṃ sikkhāpadaṃ uddisantu –

1029.''Yā pana bhikkhunī bhikkhuṃ akkoseyya vā paribhāseyya vā, pācittiya''nti.

1030.Yā panāti yā yādisā...pe... bhikkhunīti...pe... ayaṃ imasmiṃ atthe adhippetā bhikkhunīti.

Bhikkhunti upasampannaṃ. Akkoseyya vāti dasahi vā akkosavatthūhi akkosati etesaṃ vā aññatarena, āpatti pācittiyassa.

Paribhāseyya vāti bhayaṃ upadaṃseti, āpatti pācittiyassa.

1031. Upasampanne upasampannasaññā akkosati vā paribhāsati vā, āpatti pācittiyassa. Upasampanne vematikā akkosati vā paribhāsati vā, āpatti pācittiyassa. Upasampanne anupasampannasaññā akkosati vā paribhāsati vā, āpatti pācittiyassa.

Anupasampannaṃ akkosati vā paribhāsati vā, āpatti dukkaṭassa. Anupasampanne upasampannasaññā, āpatti dukkaṭassa. Anupasampanne vematikā, āpatti dukkaṭassa. Anupasampanne anupasampannasaññā, āpatti dukkaṭassa.

1032. Anāpatti atthapurekkhārāya, dhammapurekkhārāya, anusāsanipurekkhārāya, ummattikāya, ādikammikāyāti.

Dutiyasikkhāpadaṃ niṭṭhitaṃ.

3. Tatiyasikkhāpadaṃ

1033. Tena samayena buddho Bhagavā sāvatthiyaṃ viharati jetavane anāthapiṇḍikassa ārāme. Tena kho pana samayena caṇḍakāḷī bhikkhunī bhaṇḍanakārikā hoti kalahakārikā vivādakārikā bhassakārikā saṅghe adhikaraṇakārikā. Thullanandā bhikkhunī tassā kamme karīyamāne paṭikkosati. Tena kho pana samayena thullanandā bhikkhunī gāmakaṃ agamāsi kenacideva karaṇīyena. Atha kho bhikkhunisaṅgho – ''thullanandā bhikkhunī pakkantā''ti caṇḍakāḷiṃ bhikkhuniṃ āpattiyā adassane ukkhipi. Thullanandā bhikkhunī gāmake taṃ karaṇīyaṃ tīretvā punadeva sāvatthiṃ paccāgacchi. Caṇḍakāḷī bhikkhunī thullanandāya bhikkhuniyā āgacchantiyā neva āsanaṃ paññapesi na pādodakaṃ pādapīṭhaṃ pādakaṭhalikaṃ upanikkhipi; na paccuggantvā pattacīvaraṃ paṭiggahesi na pānīyena āpucchi. Thullanandā bhikkhunī caṇḍakāḷiṃ bhikkhuniṃ etadavoca – ''kissa tvaṃ, ayye, mayi āgacchantiyā neva āsanaṃ paññapesi na pādodakaṃ pādapīṭhaṃ pādakaṭhalikaṃ upanikkhipi; na paccuggantvā pattacīvaraṃ paṭiggahesi na pānīyena āpucchī''ti? ''Evañhetaṃ, ayye, hoti yathā taṃ anāthāyā''ti. ''Kissa pana tvaṃ, ayye, anāthā''ti? ''Imā maṃ, ayye, bhikkhuniyo – ''ayaṃ anāthā appaññātā, natthi imissā kāci pativattā''ti, āpattiyā adassane ukkhipiṃsū''ti. Thullanandā bhikkhunī – ''bālā etā abyattā etā netā jānanti kammaṃ vā kammadosaṃ vā kammavipattiṃ vā kammasampattiṃ vā''ti, caṇḍīkatā gaṇaṃ paribhāsi. Yā tā bhikkhuniyo appicchā...pe... tā ujjhāyanti khiyyanti vipācenti – ''kathañhi nāma ayyā thullanandā caṇḍīkatā gaṇaṃ paribhāsissatī''ti...pe... saccaṃ kira, bhikkhave, thullanandā bhikkhunī caṇḍīkatā gaṇaṃ paribhāsatīti [paribhāsīti (ka.)]? ''Saccaṃ, Bhagavā''ti. Vigarahi buddho Bhagavā ...pe...kathañhi nāma, bhikkhave, thullanandā bhikkhunī caṇḍīkatā gaṇaṃ paribhāsissati! Netaṃ, bhikkhave, appasannānaṃ vā pasādāya...pe... evañca pana, bhikkhave, bhikkhuniyo imaṃ sikkhāpadaṃ uddisantu –

1034.''Yā pana bhikkhunī caṇḍīkatā gaṇaṃ paribhāseyya, pācittiya''nti.

1035.Yā panāti yā yādisā...pe... bhikkhunīti...pe... ayaṃ imasmiṃ atthe adhippetā bhikkhunīti.

Caṇḍīkatā nāma kodhanā vuccati.

Gaṇo nāma bhikkhunisaṅgho vuccati.

Paribhāseyyāti "bālā etā abyattā etā netā jānanti kammaṃ vā kammadosaṃ vā kammavipattiṃ vā kammasampattiṃ vā"ti paribhāsati, āpatti pācittiyassa. Sambahulā bhikkhuniyo vā ekaṃ bhikkhuniṃ vā anupasampannaṃ vā paribhāsati, āpatti dukkaṭassa.
1036. Anāpatti atthapurekkhārāya, dhammapurekkhārāya, anusāsanipurekkhārāya, ummattikāya, ādikammikāyāti.
Tatiyasikkhāpadaṃ niṭṭhitaṃ.
4. Catutthasikkhāpadaṃ
1037. Tena samayena buddho Bhagavā sāvatthiyaṃ viharati jetavane anāthapiṇḍikassa ārāme. Tena kho pana samayena aññataro brāhmaṇo bhikkhuniyo nimantetvā bhojesi . Bhikkhuniyo bhuttāvī [bhuttāvinī (ka.)] pavāritā ñātikulāni gantvā ekaccā bhuñjiṃsu ekaccā piṇḍapātaṃ ādāya agamaṃsu. Atha kho so brāhmaṇo paṭivissake etadavoca – "bhikkhuniyo mayā ayyā santappitā, etha tumhepi santappessāmī"ti. Te evamāhaṃsu – "kiṃ tvaṃ, ayyo, amhe santappessasi! Yāpi tayā nimantitā tāpi amhākaṃ gharāni āgantvā ekaccā bhuñjiṃsu ekaccā piṇḍapātaṃ ādāya agamaṃsū"ti. Atha kho so brāhmaṇo ujjhāyati khiyyati vipāceti – "kathañhi nāma bhikkhuniyo amhākaṃ ghare bhuñjitvā aññatra bhuñjissanti, na cāhaṃ paṭibalo yāvadatthaṃ dātu"nti! Assosuṃ kho bhikkhuniyo tassa brāhmaṇassa ujjhāyantassa khiyyantassa vipācentassa. Yā tā bhikkhuniyo appicchā...pe... tā ujjhāyanti khiyyanti vipācenti – "kathañhi nāma bhikkhuniyo bhuttāvī [bhuttāvinī (ka.)] pavāritā aññatra bhuñjissantī"ti...pe... saccaṃ kira, bhikkhave, bhikkhuniyo bhuttāvī pavāritā aññatra bhuñjantīti ? "Saccaṃ, Bhagavā"ti. Vigarahi buddho Bhagavā...pe... kathañhi nāma, bhikkhave, bhikkhuniyo bhuttāvī pavāritā aññatra bhuñjissanti! Netaṃ, bhikkhave, appasannānaṃ vā pasādāya...pe... evañca pana, bhikkhave, bhikkhuniyo imaṃ sikkhāpadaṃ uddisantu –
1038."Yā pana bhikkhunī nimantitā vā pavāritā vā khādanīyaṃ vā bhojanīyaṃ vā khādeyya vā bhuñjeyya vā, pācittiya"nti.
1039.Yā panāti yā yādisā...pe... bhikkhunīti...pe... ayaṃ imasmiṃ atthe adhippetā bhikkhunīti.
Nimantitā nāma pañcannaṃ bhojanānaṃ aññatarena bhojanena nimantitā.
Pavāritā nāma asanaṃ paññāyati, bhojanaṃ paññāyati, hatthapāse ṭhitā abhiharati, paṭikkhepo paññāyati.
Khādanīyaṃ nāma pañca bhojanāni – yāguṃ yāmakālikaṃ sattāhakālikaṃ yāvajīvikaṃ ṭhapetvā avasesaṃ khādanīyaṃ nāma.
Bhojanīyaṃ nāma pañca bhojanāni – odano, kummāso, sattu, maccho, maṃsaṃ.
"Khādissāmi bhuñjissāmī"ti paṭiggaṇhāti, āpatti dukkaṭassa. Ajjhohāre ajjhohāre āpatti pācittiyassa.
1040. Nimantite nimantitasaññā khādanīyaṃ vā bhojanīyaṃ vā khādati vā bhuñjati vā, āpatti pācittiyassa. Nimantite vematikā khādanīyaṃ vā bhojanīyaṃ vā khādati vā bhuñjati vā, āpatti pācittiyassa. Nimantite animantitasaññā khādanīyaṃ vā bhojanīyaṃ vā khādati vā bhuñjati vā, āpatti pācittiyassa.
Yāmakālikaṃ sattāhakālikaṃ yāvajīvikaṃ āhāratthāya paṭiggaṇhāti, āpatti dukkaṭassa. Ajjhohāre ajjhohāre āpatti dukkaṭassa...pe....
1041. Anāpatti nimantitā appavāritā, yāguṃ pivati, sāmike apaloketvā bhuñjati, yāmakālikaṃ sattāhakālikaṃ yāvajīvikaṃ sati paccaye paribhuñjati, ummattikāya, ādikammikāyāti.
Catutthasikkhāpadaṃ niṭṭhitaṃ.
5. Pañcamasikkhāpadaṃ
1042. Tena samayena buddho Bhagavā sāvatthiyaṃ viharati jetavane anāthapiṇḍikassa ārāme. Tena kho pana samayena aññatarā bhikkhunī sāvatthiyaṃ aññatarissā visikhāya piṇḍāya caramānā yena aññataraṃ kulaṃ tenupasaṅkami; upasaṅkamitvā paññatte āsane nisīdi. Atha kho te manussā taṃ bhikkhuniṃ bhojetvā etadavocuṃ – "aññāpi, ayye, bhikkhuniyo āgacchantū"ti. Atha kho sā bhikkhunī, "kathañhi nāma [kathaṃ aññā (syā.)] bhikkhuniyo nāgaccheyyu"nti, bhikkhuniyo upasaṅkamitvā etadavoca – "amukasmiṃ, ayye, okāse vāḷā sunakhā caṇḍo balibaddo cikkhallo okāso. Mā kho tattha agamitthā"ti. Aññatarāpi bhikkhunī tassā visikhāya piṇḍāya caramānā yena taṃ kulaṃ tenupasaṅkami; upasaṅkamitvā paññatte āsane nisīdi. Atha kho te manussā taṃ bhikkhuniṃ bhojetvā etadavocuṃ – "kissa, ayye, bhikkhuniyo na āgacchantī"ti? Atha kho sā bhikkhunī tesaṃ manussānaṃ etamatthaṃ ārocesi. Manussā ujjhāyanti khiyyanti vipācenti – "kathañhi nāma bhikkhunī kulaṃ maccharāyissatī"ti...pe... saccaṃ kira, bhikkhave, bhikkhunī kulaṃ maccharāyatīti? "Saccaṃ, Bhagavā"ti. Vigarahi buddho Bhagavā...pe... kathañhi nāma, bhikkhave, bhikkhunī kulaṃ maccharāyissati! Netaṃ, bhikkhave, appasannānaṃ vā pasādāya...pe... evañca pana, bhikkhave, bhikkhuniyo imaṃ sikkhāpadaṃ uddisantu –
1043."Yā pana bhikkhunī kulamaccharinī assa, pācittiya"nti.
1044.Yā panāti yā yādisā...pe... bhikkhunīti...pe... ayaṃ imasmiṃ atthe adhippetā bhikkhunīti.
Kulaṃ nāma cattāri kulāni – khattiyakulaṃ, brāhmaṇakulaṃ, vessakulaṃ, suddakulaṃ.
Maccharinī assāti "kathaṃ bhikkhuniyo nāgaccheyyu"nti bhikkhunīnaṃ santike kulassa avaṇṇaṃ bhāsati, āpatti pācittiyassa. Kulassa vā santike bhikkhunīnaṃ avaṇṇaṃ bhāsati, āpatti pācittiyassa.
1045. Anāpatti kulaṃ na maccharāyantī santaṃyeva ādīnavaṃ ācikkhati, ummattikāya, ādikammikāyāti.
Pañcamasikkhāpadaṃ niṭṭhitaṃ.
6. Chaṭṭhasikkhāpadaṃ

1046. Tena samayena buddho Bhagavā sāvatthiyaṃ viharati jetavane anāthapiṇḍikassa ārāme. Tena kho pana samayena sambahulā bhikkhuniyo gāmakāvāse vassaṃvuṭṭhā sāvatthiṃ agamaṃsu. Bhikkhuniyo tā bhikkhuniyo etadavocuṃ – "katthāyyāyo vassaṃvuṭṭhā? Kacci ovādo iddho ahosī"ti? "Natthayye, tattha bhikkhū; kuto ovādo iddho bhavissatī"ti! Yā tā bhikkhuniyo appicchā...pe... tā ujjhāyanti khiyyanti vipācenti – "kathañhi nāma bhikkhuniyo abhikkhuke āvāse vassaṃ vasissantī"ti...pe... saccaṃ kira, bhikkhave, bhikkhuniyo abhikkhuke āvāse vassaṃ vasantīti? "Saccaṃ, Bhagavā"ti. Vigarahi buddho Bhagavā...pe... kathañhi nāma, bhikkhave, bhikkhuniyo abhikkhuke āvāse vassaṃ vasissanti! Netaṃ, bhikkhave, appasannānaṃ vā pasādāya...pe... evañca pana, bhikkhave, bhikkhuniyo imaṃ sikkhāpadaṃ uddisantu –

1047."Yā pana bhikkhunī abhikkhuke āvāse vassaṃ vaseyya, pācittiya"nti.

1048.Yā panāti yā yādisā...pe... bhikkhunīti...pe... ayaṃ imasmiṃ atthe adhippetā bhikkhunīti.

Abhikkhuko nāma āvāso na sakkā hoti ovādāya vā saṃvāsāya vā gantuṃ. "Vassaṃ vasissāmī"ti senāsanaṃ paññapeti pānīyaṃ paribhojanīyaṃ upaṭṭhapeti pariveṇaṃ sammajjati, āpatti dukkaṭassa. Saha aruṇuggamanā āpatti pācittiyassa.

1049. Anāpatti vassupagatā bhikkhū pakkantā vā honti vibbhantā vā kālaṅkatā vā pakkhasaṅkantā vā, āpadāsu, ummattikāya, ādikammikāyāti.

Chaṭṭhasikkhāpadaṃ niṭṭhitaṃ.

7. Sattamasikkhāpadaṃ

1050. Tena samayena buddho Bhagavā sāvatthiyaṃ viharati jetavane anāthapiṇḍikassa ārāme. Tena kho pana samayena sambahulā bhikkhuniyo gāmakāvāse vassaṃvuṭṭhā sāvatthiṃ agamaṃsu. Bhikkhuniyo tā bhikkhuniyo etadavocuṃ – "katthāyyāyo vassaṃvuṭṭhā; kattha [kacci (syā.)] bhikkhusaṅgho pavārito"ti ? "Na mayaṃ, ayye, bhikkhusaṅghaṃ pavāremā"ti. Yā tā bhikkhuniyo appicchā...pe... tā ujjhāyanti khiyyanti vipācenti – "kathañhi nāma bhikkhuniyo vassaṃvuṭṭhā bhikkhusaṅghaṃ na pavāressantī"ti...pe... saccaṃ kira, bhikkhave, bhikkhuniyo vassaṃvuṭṭhā bhikkhusaṅghaṃ na pavārentīti? "Saccaṃ, Bhagavā"ti. Vigarahi buddho Bhagavā...pe... kathañhi nāma, bhikkhave, bhikkhuniyo vassaṃvuṭṭhā bhikkhusaṅghaṃ na pavāressanti! Netaṃ, bhikkhave, appasannānaṃ vā pasādāya...pe... evañca pana, bhikkhave, bhikkhuniyo imaṃ sikkhāpadaṃ uddisantu –

1051."Yāpana bhikkhunī vassaṃvuṭṭhā ubhatosaṅghe tīhi ṭhānehi na pavāreyya diṭṭhena vā sutena vā parisaṅkāya vā, pācittiya"nti.

1052.Yā panāti yā yādisā...pe... bhikkhunīti...pe... ayaṃ imasmiṃ atthe adhippetā bhikkhunīti.

Vassaṃvuṭṭhā nāma purimaṃ vā temāsaṃ pacchimaṃ vā temāsaṃ vuṭṭhā. Ubhatosaṅghe tīhi ṭhānehi na pavāressāmi diṭṭhena vā sutena vā parisaṅkāya vā"ti dhuraṃ nikkhittamatte āpatti pācittiyassa.

1053. Anāpatti sati antarāye, pariyesitvā na labhati, gilānāya, āpadāsu, ummattikāya, ādikammikāyāti.

Sattamasikkhāpadaṃ niṭṭhitaṃ.

8. Aṭṭhamasikkhāpadaṃ

1054. Tena samayena buddho Bhagavā sakkesu viharati kapilavatthusmiṃ nigrodhārāme. Tena kho pana samayena chabbaggiyā bhikkhū bhikkhunupassayaṃ upasaṅkamitvā chabbaggiyā bhikkhuniyo ovadanti. Bhikkhuniyo chabbaggiyā bhikkhuniyo etadavocuṃ – "ethāyye ovādaṃ gamissāmā"ti. "Yampi mayaṃ, ayye, gaccheyyāma ovādassa kāraṇā, ayyā chabbaggiyā idheva āgantvā amhe ovadantī"ti. Yā tā bhikkhuniyo appicchā...pe... tā ujjhāyanti khiyyanti vipācenti – "kathañhi nāma chabbaggiyā bhikkhuniyo ovādaṃ na gacchissantī"ti...pe... saccaṃ kira, bhikkhave, chabbaggiyā bhikkhuniyo ovādaṃ na gacchantīti? "Saccaṃ, Bhagavā"ti. Vigarahi buddho Bhagavā...pe... kathañhi nāma, bhikkhave, chabbaggiyā bhikkhuniyo ovādaṃ na gacchissanti! Netaṃ, bhikkhave, appasannānaṃ vā pasādāya...pe... evañca pana, bhikkhave, bhikkhuniyo imaṃ sikkhāpadaṃ uddisantu –

1055."Yāpana bhikkhunī ovādāya vā saṃvāsāya vā na gaccheyya, pācittiya"nti.

1056.Yāpanāti yā yādisā...pe... bhikkhunīti...pe... ayaṃ imasmiṃ atthe adhippetā bhikkhunīti.

Ovādo nāma aṭṭha garudhammā.

Saṃvāso nāma ekakammaṃ ekuddeso samasikkhatā. Ovādāya vā saṃvāsāya vā na gacchissāmīti dhuraṃ nikkhittamatte āpatti pācittiyassa.

1057. Anāpatti sati antarāye, pariyesitvā dutiyikaṃ bhikkhuniṃ na labhati, gilānāya, āpadāsu, ummattikāya, ādikammikāyāti.

Aṭṭhamasikkhāpadaṃ niṭṭhitaṃ.

9. Navamasikkhāpadaṃ

1058. Tena samayena buddho Bhagavā sāvatthiyaṃ viharati jetavane anāthapiṇḍikassa ārāme. Tena kho pana samayena bhikkhuniyo uposathampi na pucchanti ovādampi na yācanti. Bhikkhū ujjhāyanti khiyyanti vipācenti – "kathañhi nāma bhikkhuniyo uposathampi na pucchissanti ovādampi na yācissantī"ti...pe... saccaṃ kira, bhikkhave, bhikkhuniyo "uposathampi na pucchanti ovādampi na yācantī"ti? "Saccaṃ, Bhagavā"ti. Vigarahi buddho Bhagavā...pe... kathañhi nāma, bhikkhave, bhikkhuniyo uposathampi na pucchissanti ovādampi na yācissanti! Netaṃ, bhikkhave, appasannānaṃ vā pasādāya...pe... evañca pana, bhikkhave, bhikkhuniyo imaṃ sikkhāpadaṃ uddisantu –

1059.“Anvaddhamāsaṃ bhikkhuniyā bhikkhusaṅghato dve dhammā paccāsīsitabbā – uposathapucchakañca ovādūpasaṅkamanañca. Taṃ atikkāmentiyā pācittiya”nti.
1060.Anvaddhamāsanti anuposathikaṃ. Uposatho nāma dve uposathā – cātuddasiko ca pannarasiko ca. Ovādo nāma aṭṭha garudhammā. “Uposathampi na pucchissāmi ovādampi na yācissāmī”ti dhuraṃ nikkhittamatte āpatti pācittiyassa.
1061. Anāpatti sati antarāye, pariyesitvā dutiyikaṃ bhikkhuniṃ na labhati, gilānāya, āpadāsu, ummattikāya, ādikammikāyāti.
Navamasikkhāpadaṃ niṭṭhitaṃ.
10. Dasamasikkhāpadaṃ
1062. Tena samayena buddho Bhagavā sāvatthiyaṃ viharati jetavane anāthapiṇḍikassa ārāme. Tena kho pana samayena aññatarā bhikkhunī pasākhe jātaṃ gaṇḍaṃ purisena saddhiṃ ekenekā bhedāpesi. Atha kho so puriso taṃ bhikkhuniṃ dūsetuṃ upakkami. Sā vissaramakāsi. Bhikkhuniyo upadhāvitvā taṃ bhikkhuniṃ etadavocuṃ – “kissa tvaṃ, ayye, vissaramakāsī”ti? Atha kho sā bhikkhunī bhikkhunīnaṃ etamatthaṃ ārocesi. Yā tā bhikkhuniyo appicchā...pe... tā ujjhāyanti khiyyanti vipācenti – “kathañhi nāma bhikkhunī pasākhe jātaṃ gaṇḍaṃ purisena saddhiṃ ekenekā bhedāpessatī”ti...pe... saccaṃ kira, bhikkhave, bhikkhunī pasākhe jātaṃ gaṇḍaṃ purisena saddhiṃ ekenekā bhedāpetīti [bhedāpesīti (ka.)]? “Saccaṃ, Bhagavā”ti. Vigarahi buddho Bhagavā...pe... kathañhi nāma, bhikkhave, bhikkhunī pasākhe jātaṃ gaṇḍaṃ purisena saddhiṃ ekenekā bhedāpessati! Netaṃ, bhikkhave, appasannānaṃ vā pasādāya...pe... evañca pana, bhikkhave, bhikkhuniyo imaṃ sikkhāpadaṃ uddisantu –
1063.“Yā pana bhikkhunī pasākhe jātaṃ gaṇḍaṃ vā rudhitaṃ vā anapaloketvā saṅghaṃ vā gaṇaṃ vā purisena saddhiṃ ekenekā bhedāpeyya vā phālāpeyya vā dhovāpeyya vā ālimpāpeyya vā bandhāpeyya vā mocāpeyya vā, pācittiya”nti.
1064.Yāpanāti yā yādisā...pe... bhikkhunīti...pe... ayaṃ imasmiṃ atthe adhippetā bhikkhunīti.
Pasākhaṃ nāma adhonābhi ubbhajāṇumaṇḍalaṃ. Jātanti tattha jātaṃ. Gaṇḍo nāma yo koci gaṇḍo. Rudhitaṃ nāma yaṃ kiñci vaṇaṃ. Anapaloketvāti anāpucchā. Saṅgho nāma bhikkhunisaṅgho vuccati.Gaṇo nāma sambahulā bhikkhuniyo vuccanti. Puriso nāma manussapuriso, na yakkho, na peto, na tiracchānagato, viññū paṭibalo dūsetuṃ. Saddhinti ekato. Ekenekāti puriso ceva hoti bhikkhunī ca.
1065. “Bhindā”ti āṇāpeti, āpatti dukkaṭassa. Bhinne āpatti pācittiyassa. “Phālehī”ti āṇāpeti, āpatti dukkaṭassa. Phālite āpatti pācittiyassa. “Dhovā”ti āṇāpeti, āpatti dukkaṭassa. Dhovite [dhote (syā.)]āpatti pācittiyassa. “Ālimpā”ti āṇāpeti, āpatti dukkaṭassa. Litte [ālitte (syā.)] āpatti pācittiyassa. “Bandhāhī”ti āṇāpeti, āpatti dukkaṭassa. Baddhe āpatti pācittiyassa. “Mocehī”ti āṇāpeti, āpatti dukkaṭassa. Mutte āpatti pācittiyassa.
1066. Anāpatti apaloketvā bhedāpeti vā phālāpeti vā dhovāpeti vā ālimpāpeti vā bandhāpeti vā mocāpeti vā, yā kāci viññū dutiyikā [yā kāci viññū dutiyā (syā.), yo koci viññū dutiyo (ka.)] hoti, ummattikāya, ādikammikāyāti.
Dasamasikkhāpadaṃ niṭṭhitaṃ.
Ārāmavaggo chaṭṭho.
7. Gabbhinīvaggo
1. Paṭhamasikkhāpadaṃ
1067. Tena samayena buddho Bhagavā sāvatthiyaṃ viharati jetavane anāthapiṇḍikassa ārāme. Tena kho pana samayena bhikkhuniyo gabbhiniṃ vuṭṭhāpenti. Sā piṇḍāya carati. Manussā evamāhaṃsu – “dethāyyāya bhikkhaṃ, garubhārā [garugabbhā (syā.)] ayyā”ti. Manussā ujjhāyanti khiyyanti vipācenti – “kathañhi nāma bhikkhuniyo gabbhiniṃ vuṭṭhāpessantī”ti! Assosuṃ kho bhikkhuniyo tesaṃ manussānaṃ ujjhāyantānaṃ khiyyantānaṃ vipācentānaṃ. Yā tā bhikkhuniyo appicchā...pe... tā ujjhāyanti khiyyanti vipācenti – “kathañhi nāma bhikkhuniyo gabbhiniṃ vuṭṭhāpessantī”ti...pe... saccaṃ kira, bhikkhave, bhikkhuniyo gabbhiniṃ vuṭṭhāpentīti? “Saccaṃ, Bhagavā”ti. Vigarahi buddho Bhagavā...pe... kathañhi nāma, bhikkhave, bhikkhuniyo gabbhiniṃ vuṭṭhāpessanti! Netaṃ, bhikkhave, appasannānaṃ vā pasādāya...pe... evañca pana, bhikkhave, bhikkhuniyo imaṃ sikkhāpadaṃ uddisantu –
1068.“Yā pana bhikkhunī gabbhiniṃ vuṭṭhāpeyya, pācittiya”nti.
1069.Yā panāti yā yādisā...pe... bhikkhunīti...pe... ayaṃ imasmiṃ atthe adhippetā bhikkhunīti.
Gabbhinī nāma āpannasattā vuccati. Vuṭṭhāpeyyāti upasampādeyya.
“Vuṭṭhāpessāmī”ti gaṇaṃ vā ācariniṃ vā pattaṃ vā cīvaraṃ vā pariyesati, sīmaṃ vā sammannati, āpatti dukkaṭassa. Ñattiyā dukkaṭaṃ. Dvīhi kammavācāhi dukkaṭā. Kammavācāpariyosāne upajjhāyāya āpatti pācittiyassa. Gaṇassa ca ācariniyā ca āpatti dukkaṭassa.
1070. Gabbhiniyā gabbhinisaññā vuṭṭhāpeti, āpatti pācittiyassa. Gabbhiniyā vematikā vuṭṭhāpeti, āpatti dukkaṭassa. Gabbhiniyā agabbhinisaññā vuṭṭhāpeti, anāpatti. Agabbhiniyā gabbhinisaññā, āpatti dukkaṭassa. Agabbhiniyā vematikā, āpatti dukkaṭassa. Agabbhiniyā agabbhinisaññā, anāpatti.

1071. Anāpatti gabbhiniṃ agabbhinisaññā vuṭṭhāpeti, agabbhiniṃ agabbhinisaññā vuṭṭhāpeti, ummattikāya, ādikammikāyāti.
Paṭhamasikkhāpadaṃ niṭṭhitaṃ.
2. Dutiyasikkhāpadaṃ
1072. Tena samayena buddho Bhagavā sāvatthiyaṃ viharati jetavane anāthapiṇḍikassa ārāme. Tena kho pana samayena bhikkhuniyo pāyantiṃ vuṭṭhāpenti. Sā piṇḍāya carati. Manussā evamāhaṃsu – ''dethāyyāya bhikkhaṃ, sadutiyikā ayyā''ti. Manussā ujjhāyanti khiyyanti vipācenti – ''kathañhi nāma bhikkhuniyo pāyantiṃ vuṭṭhāpessantī''ti! Assosuṃ kho bhikkhuniyo tesaṃ manussānaṃ ujjhāyantānaṃ khiyyantānaṃ vipācentānaṃ. Yā tā bhikkhuniyo appicchā...pe... tā ujjhāyanti khiyyanti vipācenti – ''kathañhi nāma bhikkhuniyo pāyantiṃ vuṭṭhāpessantī''ti...pe... saccaṃ kira, bhikkhave, bhikkhuniyo pāyantiṃ vuṭṭhāpentīti? ''Saccaṃ, Bhagavā''ti. Vigarahi buddho Bhagavā...pe... kathañhi nāma, bhikkhave, bhikkhuniyo pāyantiṃ vuṭṭhāpessanti! Netaṃ, bhikkhave, appasannānaṃ vā pasādāya...pe... evañca pana, bhikkhave, bhikkhuniyo imaṃ sikkhāpadaṃ uddisantu –
1073.''Yā pana bhikkhunī pāyantiṃ vuṭṭhāpeyya, pācittiya''nti.
1074.Yā panāti yā yādisā...pe... bhikkhunīti...pe... ayaṃ imasmiṃ atthe adhippetā bhikkhunīti.
Pāyantī nāma mātā vā hoti [hotu (ka.)] dhāti [dhātī (sī. syā.)] vā.
Vuṭṭhāpeyyāti upasampādeyya.
''Vuṭṭhāpessāmī''ti gaṇaṃ vā ācariniṃ vā pattaṃ vā cīvaraṃ vā pariyesati, sīmaṃ vā sammannati, āpatti dukkaṭassa. Ñattiyā dukkaṭaṃ. Dvīhi kammavācāhi dukkaṭā. Kammavācāpariyosāne upajjhāyāya āpatti pācittiyassa. Gaṇassa ca ācariniyā ca āpatti dukkaṭassa.
1075. Pāyantiyā pāyantisaññā vuṭṭhāpeti, āpatti pācittiyassa. Pāyantiyā vematikā vuṭṭhāpeti, āpatti dukkaṭassa. Pāyantiyā apāyantisaññā vuṭṭhāpeti, anāpatti. Apāyantiyā pāyantisaññā, āpatti dukkaṭassa. Apāyantiyā vematikā, āpatti dukkaṭassa. Apāyantiyā apāyantisaññā, anāpatti.
1076. Anāpatti pāyantiṃ apāyantisaññā vuṭṭhāpeti, apāyantiṃ apāyantisaññā vuṭṭhāpeti, ummattikāya, ādikammikāyāti.
Dutiyasikkhāpadaṃ niṭṭhitaṃ.
3. Tatiyasikkhāpadaṃ
1077. Tena samayena buddho Bhagavā sāvatthiyaṃ viharati jetavane anāthapiṇḍikassa ārāme. Tena kho pana samayena bhikkhuniyo dve vassāni chasu dhammesu asikkhitasikkhaṃ sikkhamānaṃ vuṭṭhāpenti. Tā bālā honti abyattā na jānanti kappiyaṃ vā akappiyaṃ vā. Yā tā bhikkhuniyo appicchā...pe... tā ujjhāyanti khiyyanti vipācenti – ''kathañhi nāma bhikkhuniyo dve vassāni chasu dhammesu asikkhitasikkhaṃ sikkhamānaṃ vuṭṭhāpessantī''ti...pe... saccaṃ kira, bhikkhave, bhikkhuniyo dve vassāni chasu dhammesu asikkhitasikkhaṃ sikkhamānaṃ vuṭṭhāpentī''ti? ''Saccaṃ, Bhagavā''ti. Vigarahi buddho Bhagavā...pe... kathañhi nāma, bhikkhave, bhikkhuniyo dve vassāni chasu dhammesu asikkhitasikkhaṃ sikkhamānaṃ vuṭṭhāpessanti! Netaṃ , bhikkhave, appasannānaṃ vā pasādāya...pe... vigarahitvā...pe... dhammiṃ kathaṃ katvā bhikkhū āmantesi – ''anujānāmi, bhikkhave, sikkhamānāya dve vassāni chasu dhammesu sikkhāsammutiṃ dātuṃ. Evañca pana, bhikkhave, dātabbā. Tāya sikkhamānāya saṅghaṃ upasaṅkamitvā ekaṃsaṃ uttarāsaṅgaṃ karitvā bhikkhunīnaṃ pāde vanditvā ukkuṭikaṃ nisīditvā añjaliṃ paggahetvā evamassa vacanīyo – ahaṃ, ayye, itthannāmā itthannāmāya ayyāya sikkhamānā. Saṅghaṃ dve vassāni chasu dhammesu sikkhāsammutiṃ yācāmī''ti. Dutiyampi yācitabbā. Tatiyampi yācitabbā. Byattāya bhikkhuniyā paṭibalāya saṅgho ñāpetabbo –
1078. ''Suṇātu me, ayye, saṅgho. Ayaṃ itthannāmā itthannāmāya ayyāya sikkhamānā saṅghaṃ dve vassāni chasu dhammesu sikkhāsammutiṃ yācati. Yadi saṅghassa pattakallaṃ saṅgho itthannāmāya sikkhamānāya dve vassāni chasu dhammesu sikkhāsammutiṃ dadeyya. Esā ñatti.
''Suṇātu me, ayye, saṅgho. Ayaṃ itthannāmā itthannāmāya ayyāya sikkhamānā saṅghaṃ dve vassāni chasu dhammesu sikkhāsammutiṃ yācati. Saṅgho itthannāmāya sikkhamānāya dve vassāni chasu dhammesu sikkhāsammutiṃ deti. Yassā ayyāya khamati itthannāmāya sikkhamānāya dve vassāni chasu dhammesu sikkhāsammutiyā dānaṃ, sā tuṇhassa; yassā nakkhamati, sā bhāseyya.
''Dinnā saṅghena itthannāmāya sikkhamānāya dve vassāni chasu dhammesu sikkhāsammuti. Khamati saṅghassa, tasmā tuṇhī, evametaṃ dhārayāmī''ti.
1079. Sā sikkhamānā ''evaṃ vadehī''ti vattabbā – ''pāṇātipātā veramaṇiṃ dve vassāni avītikkamma samādānaṃ samādiyāmi. Adinnādānā veramaṇiṃ dve vassāni avītikkamma samādānaṃ samādiyāmi. Abrahmacariyā veramaṇiṃ dve vassāni avītikkamma samādānaṃ samādiyāmi. Musāvādā veramaṇiṃ dve vassāni avītikkamma samādānaṃ samādiyāmi. Surāmerayamajjappamādaṭṭhānā veramaṇiṃ dve vassāni avītikkamma samādānaṃ samādiyāmi. Vikālabhojanā veramaṇiṃ dve vassāni avītikkamma samādānaṃ samādiyāmī''ti.
Atha kho Bhagavā tā bhikkhuniyo anekapariyāyena vigarahitvā dubbharatāya...pe... evañca pana, bhikkhave, bhikkhuniyo imaṃ sikkhāpadaṃ uddisantu –
1080.''Yā pana bhikkhunī dve vassāni chasu dhammesu asikkhitasikkhaṃ sikkhamānaṃ vuṭṭhāpeyya, pācittiya''nti.

1081.Yā panāti yā yādisā...pe... bhikkhunīti...pe... ayaṃ imasmiṃ atthe adhippetā bhikkhunīti.
Dvevassānīti dve saṃvaccharāni. Asikkhitasikkhā nāma sikkhā vā na dinnā hoti, dinnā vā sikkhā kupitā. Vuṭṭhāpeyyāti upasampādeyya.
"Vuṭṭhāpessāmī"ti gaṇaṃ vā ācariniṃ vā pattaṃ vā cīvaraṃ vā pariyesati, sīmaṃ vā sammannati, āpatti dukkaṭassa. Ñattiyā dukkaṭaṃ. Dvīhi kammavācāhi dukkaṭā. Kammavācāpariyosāne upajjhāyāya āpatti pācittiyassa. Gaṇassa ca ācariniyā ca āpatti dukkaṭassa.
1082. Dhammakamme dhammakammasaññā vuṭṭhāpeti, āpatti pācittiyassa. Dhammakamme vematikā vuṭṭhāpeti, āpatti pācittiyassa. Dhammakamme adhammakammasaññā vuṭṭhāpeti, āpatti pācittiyassa.
Adhammakamme dhammakammasaññā, āpatti dukkaṭassa. Adhammakamme vematikā, āpatti dukkaṭassa. Adhammakamme adhammakammasaññā, āpatti dukkaṭassa.
1083. Anāpatti dve vassāni chasu dhammesu sikkhitasikkhaṃ sikkhamānaṃ vuṭṭhāpeti, ummattikāya, ādikammikāyāti.
Tatiyasikkhāpadaṃ niṭṭhitaṃ.
4. Catutthasikkhāpadaṃ
1084. Tena samayena buddho Bhagavā sāvatthiyaṃ viharati jetavane anāthapiṇḍikassa ārāme. Tena kho pana samayena bhikkhuniyo dve vassāni chasu dhammesu sikkhitasikkhaṃ sikkhamānaṃ saṅghena asammataṃ vuṭṭhāpenti. Bhikkhuniyo evamāhaṃsu – "etha, sikkhamānā, imaṃ jānātha, imaṃ detha, imaṃ āharatha, iminā attho, imaṃ kappiyaṃ karothā"ti. Tā evamāhaṃsu – "na mayaṃ, ayye, sikkhamānā. Bhikkhuniyo maya"nti. Yā tā bhikkhuniyo appicchā...pe... tā ujjhāyanti khiyyanti vipācenti – "kathañhi nāma bhikkhuniyo dve vassāni chasu dhammesu sikkhitasikkhaṃ sikkhamānaṃ saṅghena asammataṃ vuṭṭhāpessantī"ti...pe... saccaṃ kira, bhikkhave, bhikkhuniyo dve vassāni chasu dhammesu sikkhitasikkhaṃ sikkhamānaṃ saṅghena asammataṃ vuṭṭhāpentīti? "Saccaṃ, Bhagavā"ti. Vigarahi buddho Bhagavā...pe... kathañhi nāma, bhikkhave, bhikkhuniyo dve vassāni chasu dhammesu sikkhitasikkhaṃ sikkhamānaṃ saṅghena asammataṃ vuṭṭhāpessanti! Netaṃ, bhikkhave, appasannānaṃ vā pasādāya...pe... vigarahitvā...pe... dhammiṃ kathaṃ katvā bhikkhū āmantesi – "anujānāmi, bhikkhave, dve vassāni chasu dhammesu sikkhitasikkhāya sikkhamānāya vuṭṭhānasammutiṃ dātuṃ. Evañca pana, bhikkhave, dātabbā. Tāya dve vassāni chasu dhammesu sikkhitasikkhāya sikkhamānāya saṅghaṃ upasaṅkamitvā ekaṃsaṃ uttarāsaṅgaṃ karitvā bhikkhunīnaṃ pāde vanditvā ukkuṭikaṃ nisīditvā añjaliṃ paggahetvā evamassa vacanīyo – "ahaṃ , ayye, itthannāmā itthannāmāya ayyāya dve vassāni chasu dhammesu sikkhitasikkhā sikkhamānā saṅghaṃ vuṭṭhānasammutiṃ yācāmī"ti. Dutiyampi yācitabbā. Tatiyampi yācitabbā. Byattāya bhikkhuniyā paṭibalāya saṅgho ñāpetabbo –
1085. "Suṇātu me, ayye, saṅgho. Ayaṃ itthannāmā itthannāmāya ayyāya dve vassāni chasu dhammesu sikkhitasikkhā sikkhamānā saṅghaṃ vuṭṭhānasammutiṃ yācati. Yadi saṅghassa pattakallaṃ, saṅgho itthannāmāya dve vassāni chasu dhammesu sikkhitasikkhāya sikkhamānāya vuṭṭhānasammutiṃ dadeyya. Esā ñatti.
"Suṇātu me , ayye, saṅgho. Ayaṃ itthannāmā itthannāmāya ayyāya dve vassāni chasu dhammesu sikkhitasikkhā sikkhamānā saṅghaṃ vuṭṭhānasammutiṃ yācati. Saṅgho itthannāmāya dve vassāni chasu dhammesu sikkhitasikkhāya sikkhamānāya vuṭṭhānasammutiṃ deti. Yassā ayyāya khamati itthannāmāya dve vassāni chasu dhammesu sikkhitasikkhāya sikkhamānāya vuṭṭhānasammutiyā dānaṃ, sā tuṇhassa; yassā nakkhamati, sā bhāseyya.
"Dinnā saṅghena itthannāmāya dve vassāni chasu dhammesu sikkhitasikkhāya sikkhamānāya vuṭṭhānasammuti; khamati saṅghassa, tasmā tuṇhī, evametaṃ dhārayāmī"ti.
Atha kho Bhagavā tā bhikkhuniyo anekapariyāyena vigarahitvā dubbharatāya...pe... evañca pana, bhikkhave, bhikkhuniyo imaṃ sikkhāpadaṃ uddisantu –
1086."Yāpana bhikkhunī dve vassāni chasu dhammesu sikkhitasikkhaṃ sikkhamānaṃ saṅghena asammataṃ vuṭṭhāpeyya, pācittiya"nti.
1087.Yā panāti yā yādisā...pe... bhikkhunīti...pe... ayaṃ imasmiṃ atthe adhippetā bhikkhunīti.
Dvevassānīti dve saṃvaccharāni. Sikkhitasikkhā nāma chasu dhammesu sikkhitasikkhā. Asammatā nāma ñattidutiyena kammena vuṭṭhānasammuti na dinnāhoti. Vuṭṭhāpeyyāti upasampādeyya.
"Vuṭṭhāpessāmī"ti gaṇaṃ vā ācariniṃ vā pattaṃ vā cīvaraṃ vā pariyesati, sīmaṃ vā sammannati, āpatti dukkaṭassa. Ñattiyā dukkaṭaṃ. Dvīhi kammavācāhi dukkaṭā. Kammavācāpariyosāne upajjhāyāyaāpatti pācittiyassa. Gaṇassa ca ācariniyā ca āpatti dukkaṭassa.
1088. Dhammakamme dhammakammasaññā vuṭṭhāpeti, āpatti pācittiyassa. Dhammakamme vematikā vuṭṭhāpeti, āpatti pācittiyassa. Dhammakamme adhammakammasaññā vuṭṭhāpeti, āpatti pācittiyassa.
Adhammakamme dhammakammasaññā, āpatti dukkaṭassa. Adhammakamme vematikā, āpatti dukkaṭassa. Adhammakamme adhammakammasaññā, āpatti dukkaṭassa.
1089. Anāpatti dve vassāni chasu dhammesu sikkhitasikkhaṃ sikkhamānaṃ saṅghena sammataṃ vuṭṭhāpeti, ummattikāya, ādikammikāyāti.
Catutthasikkhāpadaṃ niṭṭhitaṃ.
5. Pañcamasikkhāpadaṃ

1090. Tena samayena buddho Bhagavā sāvatthiyaṃ viharati jetavane anāthapiṇḍikassa ārāme. Tena kho pana samayena bhikkhuniyo ūnadvādasavassaṃ gihigataṃ vuṭṭhāpenti. Tā akkhamā honti sītassa uṇhassa jighacchāya pipāsāya ḍaṃsamakasavātātapasarīsapasamphassānaṃ duruttānaṃ durāgatānaṃ vacanapathānaṃ. Uppannānaṃ sārīrikānaṃ vedanānaṃ dukkhānaṃ tibbānaṃ kharānaṃ kaṭukānaṃ asātānaṃ amanāpānaṃ pāṇaharānaṃ anadhivāsakajātikā honti. Yā tā bhikkhuniyo appicchā...pe... tā ujjhāyanti khiyyanti vipācenti – "kathañhi nāma bhikkhuniyo ūnadvādasavassaṃ gihigataṃ vuṭṭhāpessantī"ti...pe... saccaṃ kira, bhikkhave, bhikkhuniyo ūnadvādasavassaṃ gihigataṃ vuṭṭhāpentīti? "Saccaṃ, Bhagavā"ti. Vigarahi buddho Bhagavā...pe... kathañhi nāma, bhikkhave, bhikkhuniyo ūnadvādasavassaṃ gihigataṃ vuṭṭhāpessanti! Ūnadvādasavassā [ūnadvādasavassāhi (ka.)], bhikkhave, gihigatā akkhamā hoti sītassa uṇhassa jighacchāya pipāsāya ḍaṃsamakasavātātapasarīsapasamphassānaṃ duruttānaṃ durāgatānaṃ vacanapathānaṃ. Uppannānaṃ sārīrikānaṃ vedanānaṃ dukkhānaṃ tibbānaṃ kharānaṃ kaṭukānaṃ asātānaṃ amanāpānaṃ pāṇaharānaṃ anadhivāsakajātikā hoti. Dvādasavassāva [dvādasavassā ca (syā. ka.)] kho, bhikkhave, gihigatā khamā hoti sītassa uṇhassa jighacchāya pipāsāya ḍaṃsamakasavātātapasarīsapasamphassānaṃ duruttānaṃ durāgatānaṃ vacanapathānaṃ. Uppannānaṃ sārīrikānaṃ vedanānaṃ dukkhānaṃ tibbānaṃ kharānaṃ kaṭukānaṃ asātānaṃ amanāpānaṃ pāṇaharānaṃ adhivāsakajātikā hoti. Netaṃ, bhikkhave, appasannānaṃ vā pasādāya...pe... evañca pana, bhikkhave, bhikkhuniyo imaṃ sikkhāpadaṃ uddisantu –

1091."Yā pana bhikkhunī ūnadvādasavassaṃ gihigataṃ vuṭṭhāpeyya, pācittiya"nti.

1092.Yā panāti yā yādisā...pe... bhikkhunīti...pe... ayaṃ imasmiṃ atthe adhippetā bhikkhunīti.

Ūnadvādasavassā nāma appattadvādasavassā. Gihigatā nāma purisantaragatā vuccati. Vuṭṭhāpeyyāti upasampādeyya.

"Vuṭṭhāpessāmī"ti gaṇaṃ vā ācariniṃ vā pattaṃ vā cīvaraṃ vā pariyesati, sīmaṃ vā sammannati, āpatti dukkaṭassa. Ñattiyā dukkaṭaṃ. Dvīhi kammavācāhi dukkaṭā. Kammavācāpariyosāne upajjhāyāya āpatti pācittiyassa. Gaṇassa ca ācariniyā ca āpatti dukkaṭassa.

1093. Ūnadvādasavassāya ūnadvādasavassasaññā vuṭṭhāpeti, āpatti pācittiyassa. Ūnadvādasavassāya vematikā vuṭṭhāpeti, āpatti dukkaṭassa. Ūnadvādasavassāya paripuṇṇasaññā vuṭṭhāpeti, anāpatti. Paripuṇṇadvādasavassāya ūnadvādasavassasaññā, āpatti dukkaṭassa. Paripuṇṇadvādasavassāya vematikā, āpatti dukkaṭassa. Paripuṇṇadvādasavassāya paripuṇṇasaññā, anāpatti.

1094. Anāpatti ūnadvādasavassaṃ paripuṇṇasaññā vuṭṭhāpeti, paripuṇṇadvādasavassaṃ paripuṇṇasaññā vuṭṭhāpeti, ummattikāya, ādikammikāyāti.

Pañcamasikkhāpadaṃ niṭṭhitaṃ.

6. Chaṭṭhasikkhāpadaṃ

1095. Tena samayena buddho Bhagavā sāvatthiyaṃ viharati jetavane anāthapiṇḍikassa ārāme. Tena kho pana samayena bhikkhuniyo paripuṇṇadvādasavassaṃ gihigataṃ dve vassāni chasu dhammesu asikkhitasikkhaṃ vuṭṭhāpenti. Tā bālā honti abyattā na jānanti kappiyaṃ vā akappiyaṃ vā. Yā tā bhikkhuniyo appicchā...pe... tā ujjhāyanti khiyyanti vipācenti – "kathañhi nāma bhikkhuniyo paripuṇṇadvādasavassaṃ gihigataṃ dve vassāni chasu dhammesu asikkhitasikkhaṃ vuṭṭhāpessantī"ti...pe... saccaṃ kira, bhikkhave, bhikkhuniyo paripuṇṇadvādasavassaṃ gihigataṃ dve vassāni chasu dhammesu asikkhitasikkhaṃ vuṭṭhāpentīti? "Saccaṃ, Bhagavā"ti. Vigarahi buddho Bhagavā...pe... kathañhi nāma, bhikkhave, bhikkhuniyo paripuṇṇadvādasavassaṃ gihigataṃ dve vassāni chasu dhammesu asikkhitasikkhaṃ vuṭṭhāpessanti! Netaṃ, bhikkhave, appasannānaṃ vā pasādāya...pe... vigarahitvā dhammiṃ kathaṃ katvā bhikkhū āmantesi – "anujānāmi, bhikkhave, paripuṇṇadvādasavassāya gihigatāya dve vassāni chasu dhammesu sikkhāsammutiṃ dātuṃ. Evañca pana, bhikkhave, dātabbā. Tāya paripuṇṇadvādasavassāya gihigatāya saṅghaṃ upasaṅkamitvā ekaṃsaṃ uttarāsaṅgaṃ karitvā bhikkhunīnaṃ pāde vanditvā ukkuṭikaṃ nisīditvā añjaliṃ paggahetvā evamassa vacanīyo – ahaṃ, ayye, itthannāmā itthannāmāya ayyāya paripuṇṇadvādasavassā gihigatā saṅghaṃ dve vassāni chasu dhammesu sikkhāsammutiṃ yācāmī"ti. Dutiyampi yācitabbā. Tatiyampi yācitabbā. Byattāya bhikkhuniyā paṭibalāya saṅgho ñāpetabbo –

1096. "Suṇātu me, ayye, saṅgho. Ayaṃ itthannāmā itthannāmāya ayyāya paripuṇṇadvādasavassā gihigatā saṅghaṃ dve vassāni chasu dhammesu sikkhāsammutiṃ yācati. Yadi saṅghassa pattakallaṃ saṅgho itthannāmāya paripuṇṇadvādasavassāya gihigatāya dve vassāni chasu dhammesu sikkhāsammutiṃ dadeyya. Esā ñatti.

"Suṇātu me, ayye, saṅgho. Ayaṃ itthannāmā itthannāmāya ayyāya paripuṇṇadvādasavassā gihigatā saṅghaṃ dve vassāni chasu dhammesu sikkhāsammutiṃ yācati. Saṅgho itthannāmāya paripuṇṇadvādasavassāya gihigatāya dve vassāni chasu dhammesu sikkhāsammutiṃ deti. Yassā ayyāya khamati itthannāmāya paripuṇṇadvādasavassāya gihigatāya dve vassāni chasu dhammesu sikkhāsammutiyā dānaṃ, sā tuṇhassa; yassā nakkhamati, sā bhāseyya.

"Dinnā saṅghena itthannāmāya paripuṇṇadvādasavassāya gihigatāya dve vassāni chasu dhammesu sikkhāsammuti. Khamati saṅghassa, tasmā tuṇhī, evametaṃ dhārayāmī"ti.

Sā paripuṇṇadvādasavassā gihigatā evaṃ vadehīti vattabbā – "pāṇātipātā veramaṇiṃ dve vassāni avītikkamma samādānaṃ samādiyāmi...pe... vikālabhojanā veramaṇiṃ dve vassāni avītikkamma samādānaṃ samādiyāmī"ti.

Atha kho Bhagavā tā bhikkhuniyo anekapariyāyena vigarahitvā dubbharatāya...pe... evañca pana, bhikkhave, bhikkhuniyo imaṃ sikkhāpadaṃ uddisantu –

1097."Yā pana bhikkhunī paripuṇṇadvādasavassaṃ gihigataṃ dve vassāni chasu dhammesu asikkhitasikkhaṃ vuṭṭhāpeyya, pācittiya"nti.

1098.Yā panāti yā yādisā...pe... bhikkhunīti...pe... ayaṃ imasmiṃ atthe adhippetā bhikkhunīti. Paripuṇṇadvādasavassā nāma pattadvādasavassā. Gihigatā nāma purisantaragatā vuccati. Dve vassānīti dve saṃvaccharāni. Asikkhitasikkhā nāma sikkhā vā na dinnā hoti, dinnā vā sikkhā kupitā. Vuṭṭhāpeyyāti upasampādeyya.

"Vuṭṭhāpessāmī"ti gaṇaṃ vā ācariniṃ vā pattaṃ vā cīvaraṃ vā pariyesati, sīmaṃ vā sammannati, āpatti dukkaṭassa. Ñattiyā dukkaṭaṃ. Dvīhi kammavācāhi dukkaṭā. Kammavācāpariyosāne upajjhāyāya āpatti pācittiyassa. Gaṇassa ca ācariniyā ca āpatti dukkaṭassa.

1099. Dhammakamme dhammakammasaññā vuṭṭhāpeti, āpatti pācittiyassa. Dhammakamme vematikā vuṭṭhāpeti, āpatti pācittiyassa. Dhammakamme adhammakammasaññā vuṭṭhāpeti, āpatti pācittiyassa. Adhammakamme dhammakammasaññā vuṭṭhāpeti, āpatti dukkaṭassa. Adhammakamme vematikā vuṭṭhāpeti, āpatti dukkaṭassa. Adhammakamme adhammakammasaññā vuṭṭhāpeti, āpatti dukkaṭassa.

1100. Anāpatti paripuṇṇadvādasavassaṃ gihigataṃ dve vassāni chasu dhammesu sikkhitasikkhaṃ vuṭṭhāpeti, ummattikāya, ādikammikāyāti.

Chaṭṭhasikkhāpadaṃ niṭṭhitaṃ.

7. Sattamasikkhāpadaṃ

1101. Tena samayena buddho Bhagavā sāvatthiyaṃ viharati jetavane anāthapiṇḍikassa ārāme. Tena kho pana samayena bhikkhuniyo paripuṇṇadvādasavassaṃ gihigataṃ dve vassāni chasu dhammesu sikkhitasikkhaṃ saṅghena asammataṃ vuṭṭhāpenti. Bhikkhuniyo evamāhaṃsu – "etha sikkhamānā, imaṃ jānātha, imaṃ detha, imaṃ āharatha, iminā attho, imaṃ kappiyaṃ karothā"ti. Tā evamāhaṃsu – "na mayaṃ, ayye, sikkhamānā, bhikkhuniyo maya"nti. Yā tā bhikkhuniyo appicchā...pe... tā ujjhāyanti khiyyanti vipācenti – "kathañhi nāma bhikkhuniyo paripuṇṇadvādasavassaṃ gihigataṃ dve vassāni chasu dhammesu sikkhitasikkhaṃ saṅghena asammataṃ vuṭṭhāpessantī"ti...pe... saccaṃ kira, bhikkhave, bhikkhuniyo paripuṇṇadvādasavassaṃ gihigataṃ dve vassāni chasu dhammesu sikkhitasikkhaṃ saṅghena asammattaṃ vuṭṭhāpentīti? "Saccaṃ, Bhagavā"ti. Vigarahi buddho Bhagavā...pe... kathañhi nāma bhikkhave bhikkhuniyo paripuṇṇadvādasavassaṃ gihigataṃ dve vassāni chasu dhammesu sikkhitasikkhaṃ saṅghena asammataṃ vuṭṭhāpessanti! Netaṃ, bhikkhave, appasannānaṃ vā pasādāya...pe... vigarahitvā...pe... dhammiṃ kathaṃ katvā bhikkhū āmantesi – "anujānāmi, bhikkhave, paripuṇṇadvādasavassāya gihigatāya dve vassāni chasu dhammesu sikkhitasikkhāya vuṭṭhānasammutiṃ dātuṃ. Evañca pana, bhikkhave, dātabbā. Tāya paripuṇṇadvādasavassāya gihigatāya dve vassāni chasu dhammesu sikkhitasikkhāya saṅghaṃ upasaṅkamitvā ekaṃsaṃ uttarāsaṅgaṃ karitvā bhikkhunīnaṃ pāde vanditvā ukkuṭikaṃ nisīditvā añjaliṃ paggahetvā evamassa vacanīyo – ahaṃ, ayye, itthannāmā itthannāmāya ayyāya paripuṇṇadvādasavassā gihigatā dve vassāni chasu dhammesu sikkhitasikkhā, saṅghaṃ vuṭṭhānasammutiṃ yācāmī"ti. Dutiyampi yācitabbā. Tatiyampi yācitabbā. Byattāya bhikkhuniyā paṭibalāya saṅgho ñāpetabbo.

1102. "Suṇātu me, ayye, saṅgho. Ayaṃ itthannāmā itthannāmāya ayyāya paripuṇṇadvādasavassā gihigatā dve vassāni chasu dhammesu sikkhitasikkhā saṅghaṃ vuṭṭhānasammutiṃ yācati. Yadi saṅghassa pattakallaṃ, saṅgho itthannāmāya paripuṇṇadvādasavassāya gihigatāya dve vassāni chasu dhammesu sikkhitasikkhāya vuṭṭhānasammutiṃ dadeyya. Esā ñatti.

"Suṇātu me, ayye, saṅgho. Ayaṃ itthannāmā itthannāmāya ayyāya paripuṇṇadvādasavassā gihigatā dve vassāni chasu dhammesu sikkhitasikkhā saṅghaṃ vuṭṭhānasammutiṃ yācati. Saṅgho itthannāmāya paripuṇṇadvādasavassāya gihigatāya dve vassāni chasu dhammesu sikkhitasikkhāya vuṭṭhānasammutiṃ deti. Yassā ayyāya khamati itthannāmāya paripuṇṇadvādasavassāya gihigatāya dve vassāni chasu dhammesu sikkhitasikkhāya vuṭṭhānasammutiyā dānaṃ, sā tuṇhassa; yassā nakkhamati, sā bhāseyya.

"Dinnā saṅghena itthannāmāya paripuṇṇadvādasavassāya gihigatāya dve vassāni chasu dhammesu sikkhitasikkhāya vuṭṭhānasammuti. Khamati saṅghassa, tasmā tuṇhī, evametaṃ dhārayāmī"ti.

Atha kho Bhagavā tā bhikkhuniyo anekapariyāyena vigarahitvā dubbharatāya...pe... evañca pana, bhikkhave, bhikkhuniyo imaṃ sikkhāpadaṃ uddisantu –

1103."Yāpana bhikkhunī paripuṇṇadvādasavassaṃ gihigataṃ dve vassāni chasu dhammesu sikkhitasikkhaṃ saṅghena asammataṃ vuṭṭhāpeyya, pācittiya"nti.

1104.Yā panāti yā yādisā...pe... bhikkhunīti...pe... ayaṃ imasmiṃ atthe adhippetā bhikkhunīti. Paripuṇṇadvādasavassā nāma pattadvādasavassā. Gihigatā nāma purisantaragatā vuccati. Dve vassānīti dve saṃvaccharāni. Sikkhitasikkhā nāma chasu dhammesu sikkhitasikkhā. Asammatā nāma ñattidutiyena kammena vuṭṭhānasammuti na dinnā hoti. Vuṭṭhāpeyyāti upasampādeyya.

"Vuṭṭhāpessāmī"ti gaṇaṃ vā ācariniṃ vā pattaṃ vā cīvaraṃ vā pariyesati, sīmaṃ vā sammannati, āpatti dukkaṭassa. Ñattiyā dukkaṭaṃ. Dvīhi kammavācāhi dukkaṭā. Kammavācāpariyosāne upajjhāyāya āpatti pācittiyassa. Gaṇassa ca ācariniyā ca āpatti dukkaṭassa.

1105. Dhammakamme dhammakammasaññā vuṭṭhāpeti, āpatti pācittiyassa. Dhammakamme vematikā vuṭṭhāpeti, āpatti pācittiyassa. Dhammakamme adhammakammasaññā vuṭṭhāpeti, āpatti pācittiyassa. Adhammakamme dhammakammasaññā, āpatti dukkaṭassa. Adhammakamme vematikā, āpatti dukkaṭassa. Adhammakamme adhammakammasaññā, āpatti dukkaṭassa.

1106. Anāpatti paripuṇṇadvādasavassaṃ gihigataṃ dve vassāni chasu dhammesu sikkhitasikkhaṃ saṅghena sammataṃ vuṭṭhāpeti, ummattikāya, ādikammikāyāti.

Sattamasikkhāpadaṃ niṭṭhitaṃ.

8. Aṭṭhamasikkhāpadaṃ

1107. Tena samayena buddho Bhagavā sāvatthiyaṃ viharati jetavane anāthapiṇḍikassa ārāme. Tena kho pana samayena thullanandā bhikkhunī sahajīviniṃ vuṭṭhāpetvā dve vassāni neva anuggaṇhāti na anuggaṇhāpeti. Tā bālā honti abyattā; na jānanti kappiyaṃ vā akappiyaṃ vā. Yā tā bhikkhuniyo appicchā...pe... tā ujjhāyanti khiyyanti vipācenti – "kathañhi nāma ayyā thullanandā sahajīviniṃ vuṭṭhāpetvā dve vassāni neva anuggaṇhissati na anuggaṇhāpessatī"ti...pe... saccaṃ kira, bhikkhave, thullanandā bhikkhunī sahajīviniṃ vuṭṭhāpetvā dve vassāni neva anuggaṇhāti na anuggaṇhāpetīti? "Saccaṃ, Bhagavā"ti. Vigarahi buddho Bhagavā...pe... kathañhi nāma, bhikkhave, thullanandā bhikkhunī sahajīviniṃ vuṭṭhāpetvā dve vassāni neva anuggaṇhissati na anuggaṇhāpessati! Netaṃ, bhikkhave, appasannānaṃ vā pasādāya...pe... evañca pana, bhikkhave, bhikkhuniyo imaṃ sikkhāpadaṃ uddisantu –

1108."Yā pana bhikkhunī sahajīviniṃ vuṭṭhāpetvā dve vassāni neva anuggaṇheyya na anuggaṇhāpeyya, pācittiya"nti.

1109.Yā panāti yā yādisā...pe... bhikkhunīti...pe... ayaṃ imasmiṃ atthe adhippetā bhikkhunīti.

Sahajīvinī nāma saddhivihārinī vuccati. Vuṭṭhāpetvāti upasampādetvā. Dve vassānīti dve saṃvaccharāni.

Neva anuggaṇheyyāti na sayaṃ anuggaṇheyya uddesena paripucchāya ovādena anusāsaniyā.

Na anuggaṇhāpeyyāti na aññaṃ āṇāpeyya "dve vassāni neva anuggaṇhissāmi na anuggaṇhāpessāmī"ti dhuraṃ nikkhittamatte āpatti pācittiyassa.

1110. Anāpatti sati antarāye, pariyesitvā na labhati, gilānāya, āpadāsu, ummattikāya, ādikammikāyāti.

Aṭṭhamasikkhāpadaṃ niṭṭhitaṃ.

9. Navamasikkhāpadaṃ

1111. Tena samayena buddho Bhagavā sāvatthiyaṃ viharati jetavane anāthapiṇḍikassa ārāme. Tena kho pana samayena bhikkhuniyo vuṭṭhāpitaṃ pavattiniṃ dve vassāni nānubandhanti. Tā bālā honti abyattā; na jānanti kappiyaṃ vā akappiyaṃ vā. Yā tā bhikkhuniyo appicchā...pe... tā ujjhāyanti khiyyanti vipācenti – "kathañhi nāma bhikkhuniyo vuṭṭhāpitaṃ pavattiniṃ dve vassāni nānubandhissantī"ti...pe... saccaṃ kira, bhikkhave, bhikkhuniyo vuṭṭhāpitaṃ pavattiniṃ dve vassāni nānubandhantīti? "Saccaṃ, Bhagavā"ti. Vigarahi buddho Bhagavā...pe... kathañhi nāma, bhikkhave, bhikkhuniyo vuṭṭhāpitaṃ pavattiniṃ dve vassāni nānubandhissanti! Netaṃ, bhikkhave, appasannānaṃ vā pasādāya...pe... evañca pana, bhikkhave, bhikkhuniyo imaṃ sikkhāpadaṃ uddisantu –

1112."Yāpana bhikkhunī vuṭṭhāpitaṃ pavattiniṃ dve vassāni nānubandheyya, pācittiya"nti.

1113.Yā panāti yā yādisā...pe... bhikkhunīti...pe... ayaṃ imasmiṃ atthe adhippetā bhikkhunīti.

Vuṭṭhāpitanti upasampāditaṃ. Pavattinī nāma upajjhāyā vuccati. Dve vassānīti dve saṃvaccharāni. Nānubandheyyāti na sayaṃ upaṭṭhaheyya. Dve vassāni nānubandhissāmīti dhuraṃ nikkhittamatte āpatti pācittiyassa.

1114. Anāpatti upajjhāyā bālā vā hoti alajjinī vā, gilānāya, āpadāsu, ummattikāya, ādikammikāyāti.

Navamasikkhāpadaṃ niṭṭhitaṃ.

10. Dasamasikkhāpadaṃ

1115. Tena samayena buddho Bhagavā sāvatthiyaṃ viharati jetavane anāthapiṇḍikassa ārāme. Tena kho pana samayena thullanandā bhikkhunī sahajīviniṃ vuṭṭhāpetvā neva vūpakāseti na vūpakāsāpeti. Sāmiko aggahesi. Yā tā bhikkhuniyo appicchā...pe... tā ujjhāyanti khiyyanti vipācenti – "kathañhi nāma ayyā thullanandā sahajīviniṃ vuṭṭhāpetvā neva vūpakāsessati na vūpakāsāpessati, sāmiko aggahesi ! Sacāyaṃ bhikkhunī pakkantā assa, na ca sāmiko gaṇheyyā"ti...pe... saccaṃ kira, bhikkhave, thullanandā bhikkhunī sahajīviniṃ vuṭṭhāpetvā neva vūpakāseti na vūpakāsāpeti [...si (ka.)], sāmiko aggahesīti? "Saccaṃ, Bhagavā"ti. Vigarahi buddho Bhagavā...pe... kathañhi nāma, bhikkhave, thullanandā bhikkhunī sahajīviniṃ vuṭṭhāpetvā neva vūpakāsessati na vūpakāsāpessati, sāmiko aggahesi! Netaṃ, bhikkhave, appasannānaṃ vā pasādāya...pe... evañca pana, bhikkhave, bhikkhuniyo imaṃ sikkhāpadaṃ uddisantu –

1116."Yā pana bhikkhunī sahajīviniṃ vuṭṭhāpetvā neva vūpakāseyya na vūpakāsāpeyya antamaso chappañcayojanānipi, pācittiya"nti.

1117.Yā panāti yā yādisā...pe... bhikkhunīti...pe... ayaṃ imasmiṃ atthe adhippetā bhikkhunīti.

Sahajīvinī nāma saddhivihārinī vuccati. Vuṭṭhāpetvāti upasampādetvā. Nevavūpakāseyyāti na sayaṃ vūpakāseyya. Na vūpakāsāpeyyāti na aññaṃ āṇāpeyya. ''Neva vūpakāsessāmi na vūpakāsāpessāmi antamaso chappañcayojanānipī''ti dhuraṃ nikkhittamatte āpatti pācittiyassa.
1118. Anāpatti sati antarāye, pariyesitvā dutiyikaṃ bhikkhuniṃ na labhati, gilānāya, āpadāsu, ummattikāya, ādikammikāyāti.
Dasamasikkhāpadaṃ niṭṭhitaṃ.
Gabbhinivaggo sattamo.
8. Kumārībhūtavaggo
1. Paṭhamasikkhāpadaṃ
1119. Tena samayena buddho Bhagavā sāvatthiyaṃ viharati jetavane anāthapiṇḍikassa ārāme. Tena kho pana samayena bhikkhuniyo ūnavīsativassaṃ kumāribhūtaṃ vuṭṭhāpenti. Tā akkhamā honti sītassa uṇhassa jighacchāya pipāsāya ḍaṃsamakasavātātapasarīsapasamphassānaṃ duruttānaṃ durāgatānaṃ vacanapathānaṃ. Uppannānaṃ sārīrikānaṃ vedanānaṃ dukkhānaṃ tibbānaṃ kharānaṃ kaṭukānaṃ asātānaṃ amanāpānaṃ pāṇaharānaṃ anadhivāsakajātikā honti. Yā tā bhikkhuniyo appicchā...pe... tā ujjhāyanti khiyyanti vipācenti – ''kathañhi nāma bhikkhuniyo ūnavīsativassaṃ kumāribhūtaṃ vuṭṭhāpessantī''ti...pe... saccaṃ kira, bhikkhave, bhikkhuniyo ūnavīsativassaṃ kumāribhūtaṃ vuṭṭhāpentīti? ''Saccaṃ, Bhagavā''ti. Vigarahi buddho Bhagavā...pe... kathañhi nāma, bhikkhave, bhikkhuniyo ūnavīsativassaṃ kumāribhūtaṃ vuṭṭhāpessanti! Ūnavīsativassā, bhikkhave, kumāribhūtā akkhamā hoti sītassa uṇhassa...pe... pāṇaharānaṃ anadhivāsakajātikā hoti. Vīsativassāva kho, bhikkhave, kumāribhūtā khamā hoti sītassa uṇhassa...pe... pāṇaharānaṃ adhivāsakajātikā hoti. Netaṃ, bhikkhave, appasannānaṃ vā pasādāya...pe... evañca pana, bhikkhave, bhikkhuniyo imaṃ sikkhāpadaṃ uddisantu –
1120.''Yā pana bhikkhunī ūnavīsativassaṃkumāribhūtaṃ vuṭṭhāpeyya, pācittiya''nti.
1121.Yā panāti yā yādisā...pe... bhikkhunīti...pe... ayaṃ imasmiṃ atthe adhippetā bhikkhunīti.
Ūnavīsativassā nāma appattavīsativassā. Kumāribhūtā nāma sāmaṇerī vuccati. Vuṭṭhāpeyyāti upasampādeyya.
''Vuṭṭhāpessāmī''ti gaṇaṃ vā ācariniṃ vā pattaṃ vā cīvaraṃ vā pariyesati, sīmaṃ vā sammannati, āpatti dukkaṭassa. Ñattiyā dukkaṭaṃ. Dvīhi kammavācāhi dukkaṭā. Kammavācāpariyosāne upajjhāyāya āpatti pācittiyassa. Gaṇassa ca ācariniyā ca āpatti dukkaṭassa.
1122. Ūnavīsativassāya ūnavīsativassasaññā vuṭṭhāpeti, āpatti pācittiyassa. Ūnavīsativassāya vematikā vuṭṭhāpeti, āpatti dukkaṭassa. Ūnavīsativassāya paripuṇṇasaññā vuṭṭhāpeti, anāpatti. Paripuṇṇavīsativassāya ūnavīsativassasaññā, āpatti dukkaṭassa. Paripuṇṇavīsativassāya vematikā, āpatti dukkaṭassa. Paripuṇṇavīsativassāya paripuṇṇasaññā, anāpatti.
1123. Anāpatti ūnavīsativassaṃ paripuṇṇasaññā vuṭṭhāpeti, paripuṇṇavīsativassaṃ paripuṇṇasaññā vuṭṭhāpeti, ummattikāya, ādikammikāyāti.
Paṭhamasikkhāpadaṃ niṭṭhitaṃ.
2. Dutiyasikkhāpadaṃ
1124. Tena samayena buddho Bhagavā sāvatthiyaṃ viharati jetavane anāthapiṇḍikassa ārāme. Tena kho pana samayena bhikkhuniyo paripuṇṇavīsativassaṃ kumāribhūtaṃ dve vassāni chasu dhammesu asikkhitasikkhaṃ vuṭṭhāpenti. Tā bālā honti abyattā; na jānanti kappiyaṃ vā akappiyaṃ vā. Yā tā bhikkhuniyo appicchā...pe... tā ujjhāyanti khiyyanti vipācenti – ''kathañhi nāma bhikkhuniyo paripuṇṇavīsativassaṃ kumāribhūtaṃ dve vassāni chasu dhammesu asikkhitasikkhaṃ vuṭṭhāpessantī''ti...pe... saccaṃ kira, bhikkhave, bhikkhuniyo paripuṇṇavīsativassaṃ kumāribhūtaṃ dve vassāni chasu dhammesu asikkhitasikkhaṃ vuṭṭhāpentīti? ''Saccaṃ, Bhagavā''ti. Vigarahi buddho Bhagavā...pe... kathañhi nāma, bhikkhave, bhikkhuniyo paripuṇṇavīsativassaṃ kumāribhūtaṃ dve vassāni chasu dhammesu asikkhitasikkhaṃ vuṭṭhāpessanti! Netaṃ, bhikkhave, appasannānaṃ vā pasādāya...pe... vigarahitvā...pe... dhammiṃ kathaṃ katvā bhikkhū āmantesi – ''anujānāmi, bhikkhave, aṭṭhārasavassāya kumāribhūtāya dve vassāni chasu dhammesu sikkhāsammutiṃ dātuṃ. Evañca pana bhikkhave dātabbā. Tāya aṭṭhārasavassāya kumāribhūtāya saṅghaṃ upasaṅkamitvā ekaṃsaṃ uttarāsaṅgaṃ karitvā bhikkhunīnaṃ pāde vanditvā ukkuṭikaṃ nisīditvā añjaliṃ paggahetvā evamassa vacanīyo – ahaṃ, ayye , itthannāmā itthannāmāya ayyāya aṭṭhārasavassā kumāribhūtā saṅghaṃ dve vassāni chasu dhammesu sikkhāsammutiṃ yācāmī''ti. Dutiyampi yācitabbā. Tatiyampi yācitabbā. Byattāya bhikkhuniyā paṭibalāya saṅgho ñāpetabbo –
1125. ''Suṇātu me, ayye, saṅgho. Ayaṃ itthannāmā itthannāmāya ayyāya aṭṭhārasavassā kumāribhūtā saṅghaṃ dve vassāni chasu dhammesu sikkhāsammutiṃ yācati. Yadi saṅghassa pattakallaṃ, saṅgho itthannāmāya aṭṭhārasavassāya kumāribhūtāya dve vassāni chasu dhammesu sikkhāsammutiṃ dadeyya. Esā ñatti.
''Suṇātu me, ayye, saṅgho. Ayaṃ itthannāmā itthannāmāya ayyāya aṭṭhārasavassā kumāribhūtā saṅghaṃ dve vassāni chasu dhammesu sikkhāsammutiṃ yācati. Saṅgho itthannāmāya aṭṭhārasavassāya kumāribhūtāya dve vassāni chasu dhammesu sikkhāsammutiṃ deti. Yassā ayyāya khamati itthannāmāya

aṭṭhārasavassāya kumāribhūtāya dve vassāni chasu dhammesu sikkhāsammutiyā dānaṃ, sā tuṇhassa; yassā nakkhamati, sā bhāseyya.

"Dinnā saṅghena itthannāmāya aṭṭhārasavassāya kumāribhūtāya dve vassāni chasu dhammesu sikkhāsammuti. Khamati saṅghassa, tasmā tuṇhī, evametaṃ dhārayāmī"ti.

Sā aṭṭhārasavassā kumāribhūtā evaṃ vadehīti vattabbā – "pāṇātipātā veramaṇiṃ dve vassāni avītikkamma samādānaṃ samādiyāmi...pe... vikālabhojanā veramaṇiṃ dve vassāni avītikkamma samādānaṃ samādiyāmī"ti.

Atha kho Bhagavā tā bhikkhuniyo anekapariyāyena vigarahitvā dubbharatāya...pe... evañca pana, bhikkhave, bhikkhuniyo imaṃ sikkhāpadaṃ uddisantu –

1126."Yā pana bhikkhunī paripuṇṇavīsativassaṃ kumāribhūtaṃ dve vassāni chasu dhammesu asikkhitasikkhaṃ vuṭṭhāpeyya, pācittiya"nti.

1127.Yā panāti yā yādisā...pe... bhikkhunīti...pe... ayaṃ imasmiṃ atthe adhippetā bhikkhunīti.

Paripuṇṇavīsativassā nāma pattavīsativassā. Kumāribhūtā nāma sāmaṇerī vuccati. Dve vassānīti dve saṃvaccharāni. Asikkhitasikkhā nāma sikkhā vā na dinnā hoti, dinnā vā sikkhā kupitā. Vuṭṭhāpeyyāti upasampādeyya.

"Vuṭṭhāpessāmī"ti gaṇaṃ vā ācariniṃ vā pattaṃ vā cīvaraṃ vā pariyesati, sīmaṃ vā sammannati, āpatti dukkaṭassa. Ñattiyā dukkaṭaṃ. Dvīhi kammavācāhi dukkaṭā. Kammavācāpariyosāne upajjhāyāya āpatti pācittiyassa. Gaṇassa ca ācariniyā ca āpatti dukkaṭassa.

1128. Dhammakamme dhammakammasaññā vuṭṭhāpeti, āpatti pācittiyassa. Dhammakamme vematikā vuṭṭhāpeti, āpatti pācittiyassa. Dhammakamme adhammakammasaññā vuṭṭhāpeti, āpatti pācittiyassa. Adhammakamme dhammakammasaññā, āpatti dukkaṭassa. Adhammakamme vematikā, āpatti dukkaṭassa. Adhammakamme adhammakammasaññā, āpatti dukkaṭassa.

1129. Anāpatti paripuṇṇavīsativassaṃ kumāribhūtaṃ dve vassāni chasu dhammesu sikkhitasikkhaṃ vuṭṭhāpeti, ummattikāya, ādikammikāyāti.

Dutiyasikkhāpadaṃ niṭṭhitaṃ.

3. Tatiyasikkhāpadaṃ

1130. Tena samayena buddho Bhagavā sāvatthiyaṃ viharati jetavane anāthapiṇḍikassa ārāme. Tena kho pana samayena bhikkhuniyo paripuṇṇavīsativassaṃ kumāribhūtaṃ dve vassāni chasu dhammesu sikkhitasikkhaṃ saṅghena asammataṃ vuṭṭhāpenti. Bhikkhuniyo evamāhaṃsu – "etha sikkhamānā, imaṃ jānātha, imaṃ detha, imaṃ āharatha, iminā attho, imaṃ kappiyaṃ karothā"ti. Tā evamāhaṃsu – "na mayaṃ, ayye, sikkhamānā; bhikkhuniyo maya"nti. Yā tā bhikkhuniyo appicchā...pe... tā ujjhāyanti khiyyanti vipācenti – "kathañhi nāma bhikkhuniyo paripuṇṇavīsativassaṃ kumāribhūtaṃ dve vassāni chasu dhammesu sikkhitasikkhaṃ saṅghena asammataṃ vuṭṭhāpessantī"ti...pe... saccaṃ kira, bhikkhave, bhikkhuniyo paripuṇṇavīsativassaṃ kumāribhūtaṃ dve vassāni chasu dhammesu sikkhitasikkhaṃ saṅghena asammataṃ vuṭṭhāpentīti? "Saccaṃ, Bhagavā"ti. Vigarahi buddho Bhagavā...pe... kathañhi nāma, bhikkhave, bhikkhuniyo paripuṇṇavīsativassaṃ kumāribhūtaṃ dve vassāni chasu dhammesu sikkhitasikkhaṃ saṅghena asammataṃ vuṭṭhāpessanti! Netaṃ, bhikkhave, appasannānaṃ vā pasādāya...pe... vigarahitvā...pe... dhammiṃ kathaṃ katvā bhikkhū āmantesi – "anujānāmi, bhikkhave, paripuṇṇavīsativassāya kumāribhūtāya dve vassāni chasu dhammesu sikkhitasikkhāya vuṭṭhānasammutiṃ dātuṃ. Evañca pana, bhikkhave, dātabbā. Tāya paripuṇṇavīsativassāya kumāribhūtāya dve vassāni chasu dhammesu sikkhitasikkhāya saṅghaṃ upasaṅkamitvā ekaṃsaṃ uttarāsaṅgaṃ karitvā bhikkhunīnaṃ pāde vanditvā ukkuṭikaṃ nisīditvā añjaliṃ paggahetvā evamassa vacanīyo – ahaṃ, ayye, itthannāmā itthannāmāya ayyāya paripuṇṇavīsativassā kumāribhūtā dve vassāni chasu dhammesu sikkhitasikkhā saṅghaṃ vuṭṭhānasammutiṃ yācāmī"ti. Dutiyampi yācitabbā. Tatiyampi yācitabbā. Byattāya bhikkhuniyā paṭibalāya saṅgho ñāpetabbo –

1131. "Suṇātu me, ayye, saṅgho. Ayaṃ itthannāmā itthannāmāya ayyāya paripuṇṇavīsativassā kumāribhūtā dve vassāni chasu dhammesu sikkhitasikkhā saṅghaṃ vuṭṭhānasammutiṃ yācati. Yadi saṅghassa pattakallaṃ saṅgho itthannāmāya paripuṇṇavīsativassāya kumāribhūtāya dve vassāni chasu dhammesu sikkhitasikkhāya vuṭṭhānasammutiṃ dadeyya. Esā ñatti.

"Suṇātu me, ayye, saṅgho. Ayaṃ itthannāmā itthannāmāya ayyāya paripuṇṇavīsativassā kumāribhūtā dve vassāni chasu dhammesu sikkhitasikkhā saṅghaṃ vuṭṭhānasammutiṃ yācati. Saṅgho itthannāmāya paripuṇṇavīsativassāya kumāribhūtāya dve vassāni chasu dhammesu sikkhitasikkhāya vuṭṭhānasammutiṃ deti. Yassā ayyāya khamati itthannāmāya paripuṇṇavīsativassāya kumāribhūtāya dve vassāni chasu dhammesu sikkhitasikkhāya vuṭṭhānasammutiyā dānaṃ, sā tuṇhassa; yassā nakkhamati, sā bhāseyya.

"Dinnā saṅghena itthannāmāya paripuṇṇavīsativassāya kumāribhūtāya dve vassāni chasu dhammesu sikkhitasikkhāya vuṭṭhānasammuti. Khamati saṅghassa, tasmā tuṇhī, evametaṃ dhārayāmī"ti.

Atha kho Bhagavā tā bhikkhuniyo anekapariyāyena vigarahitvā dubbharatāya...pe... evañca pana, bhikkhave, bhikkhuniyo imaṃ sikkhāpadaṃ uddisantu –

1132."Yāpana bhikkhunī paripuṇṇavīsativassaṃ kumāribhūtaṃ dve vassāni chasu dhammesu sikkhitasikkhaṃ saṅghena asammataṃ vuṭṭhāpeyya, pācittiya''nti.

1133.Yāpanāti yā yādisā...pe... bhikkhunīti...pe... ayaṃ imasmiṃ atthe adhippetā bhikkhunīti. Paripuṇṇavīsativassā nāma pattavīsativassā. Kumāribhūtā nāma sāmaṇerī vuccati. Dve vassānīti dve saṃvaccharāni. Sikkhitasikkhā nāma chasu dhammesu sikkhitasikkhā. Asammatā nāma ñattidutiyena kammena vuṭṭhānasammuti na dinnā hoti. Vuṭṭhāpeyyāti upasampādeyya.

"Vuṭṭhāpessāmī''ti gaṇaṃ vā ācariniṃ vā pattaṃ vā cīvaraṃ vā pariyesati, sīmaṃ vā sammannati, āpatti dukkaṭassa. Ñattiyā dukkaṭaṃ. Dvīhi kammavācāhi dukkaṭā. Kammavācāpariyosāne upajjhāyāya āpatti pācittiyassa. Gaṇassa ca ācariniyā ca āpatti dukkaṭassa.

1134. Dhammakamme dhammakammasaññā vuṭṭhāpeti, āpatti pācittiyassa. Dhammakamme vematikā vuṭṭhāpeti, āpatti pācittiyassa. Dhammakamme adhammakammasaññā vuṭṭhāpeti, āpatti pācittiyassa. Adhammakamme dhammakammasaññā, āpatti dukkaṭassa. Adhammakamme vematikā, āpatti dukkaṭassa. Adhammakamme adhammakammasaññā, āpatti dukkaṭassa.

1135. Anāpatti paripuṇṇavīsativassaṃ kumāribhūtaṃ dve vassāni chasu dhammesu sikkhitasikkhaṃ saṅghena sammataṃ vuṭṭhāpeti, ummattikāya, ādikammikāyāti.

Tatiyasikkhāpadaṃ niṭṭhitaṃ.

4. Catutthasikkhāpadaṃ

1136. Tena samayena buddho Bhagavā sāvatthiyaṃ viharati jetavane anāthapiṇḍikassa ārāme. Tena kho pana samayena bhikkhuniyo ūnadvādasavassā vuṭṭhāpenti. Tā bālā honti abyattā na jānanti kappiyaṃvā akappiyaṃ vā. Saddhivihāriniyopi bālā honti abyattā; na jānanti kappiyaṃ vā akappiyaṃ vā. Yā tā bhikkhuniyo appicchā...pe... tā ujjhāyanti khiyyanti vipācenti – "kathañhi nāma bhikkhuniyo ūnadvādasavassā vuṭṭhāpessantī''ti...pe... saccaṃ kira, bhikkhave, bhikkhuniyo ūnadvādasavassā vuṭṭhāpentīti? "Saccaṃ, Bhagavā''ti. Vigarahi buddho Bhagavā...pe... kathañhi nāma, bhikkhave, bhikkhuniyo ūnadvādasavassā vuṭṭhāpessanti! Netaṃ, bhikkhave, appasannānaṃ vā pasādāya...pe... evañca pana, bhikkhave, bhikkhuniyo imaṃ sikkhāpadaṃ uddisantu –

1137."Yā pana bhikkhunī ūnadvādasavassā vuṭṭhāpeyya, pācittiya''nti.

1138.Yā panāti yā yādisā...pe... bhikkhunīti...pe... ayaṃ imasmiṃ atthe adhippetā bhikkhunīti.

Ūnadvādasavassā nāma appattadvādasavassā.

Vuṭṭhāpeyyāti upasampādeyya.

"Vuṭṭhāpessāmī''ti gaṇaṃ vā ācariniṃ vā pattaṃ vā cīvaraṃ vā pariyesati, sīmaṃ vā sammannati, āpatti dukkaṭassa. Ñattiyā dukkaṭaṃ. Dvīhi kammavācāhi dukkaṭā. Kammavācāpariyosāne upajjhāyāya āpatti pācittiyassa. Gaṇassa ca ācariniyā ca āpatti dukkaṭassa.

1139. Anāpatti paripuṇṇadvādasavassā vuṭṭhāpeti, ummattikāya, ādikammikāyāti.

Catutthasikkhāpadaṃ niṭṭhitaṃ.

5. Pañcamasikkhāpadaṃ

1140. Tena samayena buddho Bhagavā sāvatthiyaṃ viharati jetavane anāthapiṇḍikassa ārāme. Tena kho pana samayena bhikkhuniyo paripuṇṇadvādasavassā saṅghena asammatā vuṭṭhāpenti. Tā bālā honti abyattā; na jānanti kappiyaṃ vā akappiyaṃ vā. Saddhivihāriniyopi bālā honti abyattā; na jānanti kappiyaṃ vā akappiyaṃ vā. Yā tā bhikkhuniyo appicchā...pe... tā ujjhāyanti khiyyanti vipācenti – "kathañhi nāma bhikkhuniyo paripuṇṇadvādasavassā saṅghena asammatā vuṭṭhāpessantī''ti...pe... saccaṃ kira, bhikkhave, bhikkhuniyo paripuṇṇadvādasavassā saṅghena asammatā vuṭṭhāpentīti? "Saccaṃ, Bhagavā''ti. Vigarahi buddho Bhagavā...pe... kathañhi nāma, bhikkhave, bhikkhuniyo paripuṇṇadvādasavassā saṅghena asammatā vuṭṭhāpessanti! Netaṃ, bhikkhave, appasannānaṃ vā pasādāya...pe... vigarahitvā...pe... dhammiṃ kathaṃ katvā bhikkhū āmantesi – "anujānāmi, bhikkhave, paripuṇṇadvādasavassāya bhikkhuniyā vuṭṭhāpanasammutiṃ dātuṃ. Evañca pana, bhikkhave, dātabbā. Tāya paripuṇṇadvādasavassāya bhikkhuniyā saṅghaṃ upasaṅkamitvā ekaṃsaṃ uttarāsaṅgaṃ karitvā vuḍḍhānaṃ bhikkhunīnaṃ pāde vanditvā ukkuṭikaṃ nisīditvā añjaliṃ paggahetvā evamassa vacanīyo – ahaṃ, ayye, itthannāmā paripuṇṇadvādasavassā bhikkhunī saṅghaṃ vuṭṭhāpanasammutiṃ yācāmī''ti. Dutiyampi yācitabbā. Tatiyampi yācitabbā. Sā bhikkhunī saṅghena paricchinditabbā – "byattāyaṃ bhikkhunī lajjinī''ti. Sace bālā ca hoti alajjinī ca, na dātabbā. Sace bālā hoti lajjinī, na dātabbā. Sace byattā hoti alajjinī, na dātabbā. Sace byattā ca hoti lajjinī ca, dātabbā. Evañca pana, bhikkhave, dātabbā. Byattāya bhikkhuniyā paṭibalāya saṅgho ñāpetabbo –

1141. "Suṇātu me, ayye, saṅgho. Ayaṃ itthannāmā paripuṇṇadvādasavassā bhikkhunī saṅghaṃ vuṭṭhāpanasammutiṃ yācati. Yadi saṅghassa pattakallaṃ, saṅgho itthannāmāya paripuṇṇadvādasavassāya bhikkhuniyā vuṭṭhāpanasammutiṃ dadeyya. Esā ñatti.

"Suṇātu me, ayye, saṅgho. Ayaṃ itthannāmā paripuṇṇadvādasavassā bhikkhunī saṅghaṃ vuṭṭhāpanasammutiṃ yācati. Saṅgho itthannāmāya paripuṇṇadvādasavassāya bhikkhuniyā vuṭṭhāpanasammutiṃ deti. Yassā ayyāya khamati itthannāmāya paripuṇṇadvādasavassāya bhikkhuniyā vuṭṭhāpanasammutiyā dānaṃ, sā tuṇhassa; yassā nakkhamati, sā bhāseyya.

"Dinnā saṅghena itthannāmāya paripuṇṇadvādasavassāya bhikkhuniyā vuṭṭhāpanasammuti. Khamati saṅghassa, tasmā tuṇhī, evametaṃ dhārayāmī"ti.

Atha kho Bhagavā tā bhikkhuniyo anekapariyāyena vigarahitvā dubbharatāya...pe... evañca pana, bhikkhave, bhikkhuniyo imaṃ sikkhāpadaṃ uddisantu –

1142."Yā pana bhikkhunī paripuṇṇadvādasavassā saṅghena asammatā vuṭṭhāpeyya, pācittiya"nti .

1143.Yā panāti yā yādisā...pe... bhikkhunīti...pe... ayaṃ imasmiṃ atthe adhippetā bhikkhunīti.

Paripuṇṇadvādasavassā nāma pattadvādasavassā.

Asammatā nāma ñattidutiyena kammena vuṭṭhāpanasammuti na dinnā hoti. Vuṭṭhāpeyyāti upasampādeyya.

"Vuṭṭhāpessāmī"ti gaṇaṃ vā ācariniṃ vā pattaṃ vā cīvaraṃ vā pariyesati, sīmaṃ vā sammannati, āpatti dukkaṭassa. Ñattiyā dukkaṭaṃ. Dvīhi kammavācāhi dukkaṭā. Kammavācāpariyosāne upajjhāyāya āpatti pācittiyassa. Gaṇassa ca ācariniyā ca āpatti dukkaṭassa.

1144. Dhammakamme dhammakammasaññā vuṭṭhāpeti, āpatti pācittiyassa. Dhammakamme vematikā vuṭṭhāpeti, āpatti pācittiyassa. Dhammakamme adhammakammasaññā vuṭṭhāpeti, āpatti pācittiyassa. Adhammakamme dhammakammasaññā, āpatti dukkaṭassa. Adhammakamme vematikā, āpatti dukkaṭassa. Adhammakamme adhammakammasaññā, āpatti dukkaṭassa.

1145. Anāpatti paripuṇṇadvādasavassā saṅghena sammatā vuṭṭhāpeti, ummattikāya, ādikammikāyāti.

Pañcamasikkhāpadaṃ niṭṭhitaṃ.

6. Chaṭṭhasikkhāpadaṃ

1146. Tena samayena buddho Bhagavā sāvatthiyaṃ viharati jetavane anāthapiṇḍikassa ārāme. Tena kho pana samayena caṇḍakāḷī bhikkhunī bhikkhunisaṅghaṃ upasaṅkamitvā vuṭṭhāpanasammutiṃ yācati. Atha kho bhikkhunisaṅgho caṇḍakāḷiṃ bhikkhuniṃ paricchinditvā – "alaṃ tāva te, ayye, vuṭṭhāpitenā"ti, vuṭṭhāpanasammutiṃ na adāsi. Caṇḍakāḷī bhikkhunī 'sādhū'ti paṭissuṇi. Tena kho pana samayena bhikkhunisaṅgho aññāsaṃ bhikkhunīnaṃ vuṭṭhāpanasammutiṃ deti. Caṇḍakāḷī bhikkhunī ujjhāyati khiyyati vipāceti – "ahameva nūna bālā, ahameva nūna alajjinī; yaṃ saṅgho aññāsaṃ bhikkhunīnaṃ vuṭṭhāpanasammutiṃ deti, mayhameva na detī"ti. Yā tā bhikkhuniyo appicchā...pe... tā ujjhāyanti khiyyanti vipācenti – "kathañhi nāma ayyā caṇḍakāḷī – 'alaṃ tāva te, ayye, vuṭṭhāpitenā'ti vuccamānā 'sādhū'ti paṭissuṇitvā pacchā khīyanadhammaṃ āpajjissatī"ti...pe... saccaṃ kira, bhikkhave, 'caṇḍakāḷī bhikkhunī alaṃ tāva te ayye vuṭṭhāpitenā'ti vuccamānā "sādhū"ti paṭissuṇitvā pacchā khīyanadhammaṃ āpajjatīti [āpajjīti (ka.)]? "Saccaṃ, Bhagavā"ti. Vigarahi buddho Bhagavā...pe... kathañhi nāma, bhikkhave, caṇḍakāḷī bhikkhunī – "alaṃ tāva te, ayye, vuṭṭhāpitenā"ti vuccamānā 'sādhū'ti paṭissuṇitvā pacchā khīyanadhammaṃ āpajjissati! Netaṃ, bhikkhave, appasannānaṃ vā pasādāya...pe... evañca pana, bhikkhave, bhikkhuniyo imaṃ sikkhāpadaṃ uddisantu –

1147."Yā pana bhikkhunī – 'alaṃ tāva te, ayye, vuṭṭhāpitenā'ti vuccamānā 'sādhū'tipaṭissuṇitvā pacchā khīyanadhammaṃ āpajjeyya, pācittiya"nti.

1148.Yāpanāti yā yādisā...pe... bhikkhunīti...pe... ayaṃ imasmiṃ atthe adhippetā bhikkhunīti.

Alaṃ tāva te ayye vuṭṭhāpitenāti alaṃ tāva te, ayye, upasampāditena. 'Sādhū'ti paṭissuṇitvā pacchā khīyanadhammaṃ āpajjati, āpatti pācittiyassa.

1149. Anāpatti pakatiyā chandā dosā mohā bhayā karontaṃ khiyyati, ummattikāya, ādikammikāyāti.

Chaṭṭhasikkhāpadaṃ niṭṭhitaṃ.

7. Sattamasikkhāpadaṃ

1150. Tena samayena buddho Bhagavā sāvatthiyaṃ viharati jetavane anāthapiṇḍikassa ārāme. Tena kho pana samayena aññatarā sikkhamānā thullanandaṃ bhikkhuniṃ upasaṅkamitvā upasampadaṃ yāci. Thullanandā bhikkhunī taṃ sikkhamānaṃ – "sace me tvaṃ, ayye, cīvaraṃ dassasi evāhaṃ taṃ vuṭṭhāpessāmī"ti vatvā, neva vuṭṭhāpeti na vuṭṭhāpanāya ussukkaṃ karoti. Atha kho sā sikkhamānā bhikkhunīnaṃ etamatthaṃ ārocesi. Yā tā bhikkhuniyo appicchā...pe... tā ujjhāyanti khiyyanti vipācenti – "kathañhi nāma ayyā thullanandā sikkhamānaṃ – 'sace me tvaṃ, ayye, cīvaraṃ dassasi evāhaṃ taṃ vuṭṭhāpessāmī'ti vatvā, neva vuṭṭhāpessati na vuṭṭhāpanāya ussukkaṃ karissatī"ti...pe... saccaṃ kira, bhikkhave, thullanandā bhikkhunī sikkhamānaṃ – "sace me tvaṃ, ayye , cīvaraṃ dassasi evāhaṃ taṃ vuṭṭhāpessāmī"ti vatvā, neva vuṭṭhāpeti na vuṭṭhāpanāya ussukkaṃ karotīti? "Saccaṃ, Bhagavā"ti. Vigarahi buddho Bhagavā...pe... kathañhi nāma, bhikkhave, thullanandā bhikkhunī sikkhamānaṃ – "sace me tvaṃ, ayye, cīvaraṃ dassasi evāhaṃ taṃ vuṭṭhāpessāmī"ti vatvā, neva vuṭṭhāpessati na vuṭṭhāpanāya ussukkaṃ karissati! Netaṃ, bhikkhave, appasannānaṃ vā pasādāya...pe... evañca pana, bhikkhave, bhikkhuniyo imaṃ sikkhāpadaṃ uddisantu –

1151."Yā pana bhikkhunī sikkhamānaṃ – 'sace me tvaṃ, ayye, cīvaraṃ dassasi, evāhaṃ taṃ vuṭṭhāpessāmī'ti vatvā, sā pacchā anantarāyikinī neva vuṭṭhāpeyya na vuṭṭhāpanāya ussukkaṃ kareyya, pācittiya"nti.

1152.Yā panāti yā yādisā...pe... bhikkhunīti...pe... ayaṃ imasmiṃ atthe adhippetā bhikkhunīti.

Sikkhamānā nāma dve vassāni chasu dhammesu sikkhitasikkhā.

Sace me tvaṃ ayye cīvaraṃ dassasi evāhaṃ taṃ vuṭṭhāpessāmīti evāhaṃ taṃ upasampādessāmi.

Sā pacchā anantarāyikinīti asati antarāye.
Neva vuṭṭhāpeyyāti na sayaṃ vuṭṭhāpeyya.
Navuṭṭhāpanāya ussukkaṃ kareyyāti na aññaṃ āṇāpeyya. "Neva vuṭṭhāpessāmi na vuṭṭhāpanāya ussukkaṃ karissāmī"ti dhuraṃ nikkhittamatte āpatti pācittiyassa.
1153. Anāpatti sati antarāye, pariyesitvā na labhati, gilānāya, āpadāsu, ummattikāya, ādikammikāyāti.
Sattamasikkhāpadaṃ niṭṭhitaṃ.
8. Aṭṭhamasikkhāpadaṃ
1154. Tena samayena buddho Bhagavā sāvatthiyaṃ viharati jetavane anāthapiṇḍikassa ārāme. Tena kho pana samayena aññatarā sikkhamānā thullanandaṃ bhikkhuniṃ upasaṅkamitvā upasampadaṃ yāci. Thullanandā bhikkhunī taṃ sikkhamānaṃ "sace maṃ tvaṃ, ayye, dve vassāni anubandhissasi evāhaṃ taṃ vuṭṭhāpessāmī"ti vatvā, neva vuṭṭhāpeti na vuṭṭhāpanāya ussukkaṃ karoti. Atha kho sā sikkhamānā bhikkhunīnaṃ etamatthaṃ ārocesi. Yā tā bhikkhuniyo appicchā...pe... tā ujjhāyanti khiyyanti vipācenti – "kathañhi nāma ayyā thullanandā sikkhamānaṃ – sace maṃ tvaṃ, ayye, dve vassāni anubandhissasi evāhaṃ taṃ vuṭṭhāpessāmīti vatvā, neva vuṭṭhāpessati na vuṭṭhāpanāya ussukkaṃ karissatī"ti...pe... saccaṃ kira, bhikkhave, thullanandā bhikkhunī sikkhamānaṃ – "sace maṃ tvaṃ ayye dve vassāni anubandhissasi evāhaṃ taṃ vuṭṭhāpessāmī"ti vatvā, neva vuṭṭhāpeti na vuṭṭhāpanāya ussukkaṃ karotīti? "Saccaṃ, Bhagavā"ti. Vigarahi buddho Bhagavā...pe... kathañhi nāma, bhikkhave, thullanandā bhikkhunī sikkhamānaṃ – "sace maṃ tvaṃ, ayye, dve vassāni anubandhissasi evāhaṃ taṃ vuṭṭhāpessāmī"ti vatvā, neva vuṭṭhāpessati na vuṭṭhāpanāya ussukkaṃ karissati! Netaṃ, bhikkhave, appasannānaṃ vā pasādāya...pe... evañca pana, bhikkhave, bhikkhuniyo imaṃ sikkhāpadaṃ uddisantu –
1155."Yā pana bhikkhunī sikkhamānaṃ – 'sace maṃ tvaṃ ayye dve vassāni anubandhissasi evāhaṃ taṃ vuṭṭhāpessāmī'ti vatvā, sā pacchā anantarāyikinīneva vuṭṭhāpeyya na vuṭṭhāpanāya ussukkaṃ kareyya, pācittiya"nti.
1156.Yā panāti yā yādisā...pe... bhikkhunīti...pe... ayaṃ imasmiṃ atthe adhippetā bhikkhunīti.
Sikkhamānā nāma dve vassāni chasu dhammesu sikkhitasikkhā.
Sace maṃ tvaṃ ayye dve vassāni anubandhissasīti dve saṃvaccharāni upaṭṭhahissasi.
Evāhaṃ taṃ vuṭṭhāpessāmīti evāhaṃ taṃ upasampādessāmi.
Sā pacchā anantarāyikinīti asati antarāye.
Neva vuṭṭhāpeyyāti na sayaṃ vuṭṭhāpeyya.
Na vuṭṭhāpanāya ussukkaṃ kareyyāti na aññaṃ āṇāpeyya. "Neva vuṭṭhāpessāmi na vuṭṭhāpanāya ussukkaṃ karissāmī"ti dhuraṃ nikkhittamatte āpatti pācittiyassa.
1157. Anāpatti sati antarāye, pariyesitvā na labhati, gilānāya, āpadāsu, ummattikāya, ādikammikāyāti.
Aṭṭhamasikkhāpadaṃ niṭṭhitaṃ.
9. Navamasikkhāpadaṃ
1158. Tena samayena buddho Bhagavā sāvatthiyaṃ viharati jetavane anāthapiṇḍikassa ārāme. Tena kho pana samayena thullanandā bhikkhunī purisasaṃsaṭṭhaṃ kumārakasaṃsaṭṭhaṃ caṇḍiṃ sokāvāsaṃ[sokavassaṃ (sī.) sokāvassaṃ (syā.)] caṇḍakāḷiṃ sikkhamānaṃ vuṭṭhāpeti. Yā tā bhikkhuniyo appicchā...pe... tā ujjhāyanti khiyyanti vipācenti – "kathañhi nāma ayyā thullanandā purisasaṃsaṭṭhaṃ kumārakasaṃsaṭṭhaṃ caṇḍiṃ sokāvāsaṃ [sokavassaṃ (sī.) sokāvassaṃ (syā.)] caṇḍakāḷiṃ sikkhamānaṃ vuṭṭhāpessatī"ti...pe... saccaṃ kira, bhikkhave, thullanandā bhikkhunī purisasaṃsaṭṭhaṃ kumārakasaṃsaṭṭhaṃ caṇḍiṃ sokāvāsaṃ [sokavassaṃ (sī.) sokāvassaṃ (syā.)] caṇḍakāḷiṃ sikkhamānaṃ vuṭṭhāpetīti [vuṭṭhāpesīti (ka.)]? "Saccaṃ, Bhagavā"ti. Vigarahi buddho Bhagavā...pe... kathañhi nāma, bhikkhave, thullanandā bhikkhunī purisasaṃsaṭṭhaṃ kumārakasaṃsaṭṭhaṃ caṇḍiṃ sokāvāsaṃ caṇḍakāḷiṃ sikkhamānaṃ vuṭṭhāpessati! Netaṃ, bhikkhave, appasannānaṃ vā pasādāya...pe... evañca pana, bhikkhave, bhikkhuniyo imaṃ sikkhāpadaṃ uddisantu –
1159."Yā pana bhikkhunī purisasaṃsaṭṭhaṃ kumārakasaṃsaṭṭhaṃ caṇḍiṃ sokāvāsaṃ sikkhamānaṃ vuṭṭhāpeyya, pācittiya"nti.
1160.Yā panāti yā yādisā...pe... bhikkhunīti...pe... ayaṃ imasmiṃ atthe adhippetā bhikkhunīti.
Puriso nāma pattavīsativasso. Kumārako nāma appattavīsativasso. Saṃsaṭṭhā nāma ananulomikena kāyikavācasikena saṃsaṭṭhā. Caṇḍī nāma kodhanā vuccati.
Sokāvāsā nāma paresaṃ dukkhaṃ uppādeti, sokaṃ āvisati. Sikkhamānā nāma dve vassāni chasu dhammesu sikkhitasikkhā. Vuṭṭhāpeyyāti upasampādeyya.
"Vuṭṭhāpessāmī"ti gaṇaṃ vā ācariniṃ vā pattaṃ vā cīvaraṃ vā pariyesati, sīmaṃ vā sammannati, āpatti dukkaṭassa. Ñattiyā dukkaṭaṃ. Dvīhi kammavācāhi dukkaṭā. Kammavācāpariyosāne upajjhāyāya āpatti pācittiyassa; gaṇassa ca ācariniyā ca āpatti dukkaṭassa.
1161. Anāpatti ajānantī vuṭṭhāpeti, ummattikāya, ādikammikāyāti.
Navamasikkhāpadaṃ niṭṭhitaṃ.
10. Dasamasikkhāpadaṃ
1162. Tena samayena buddho Bhagavā sāvatthiyaṃ viharati jetavane anāthapiṇḍikassa ārāme. Tena kho pana samayena thullanandā bhikkhunī mātāpitūhipi sāmikenapi ananuññātaṃ sikkhamānaṃ vuṭṭhāpeti.

Mātāpitaropi sāmikopi ujjhāyanti khiyyanti vipācenti – "kathañhi nāma ayyā thullanandā amhehi ananuññātaṃ sikkhamānaṃ vuṭṭhāpessatī"ti! Assosuṃ kho bhikkhuniyo mātāpitūnampi sāmikassapi ujjhāyantānaṃ khiyyantānaṃ vipācentānaṃ. Yā tā bhikkhuniyo appicchā...pe... tā ujjhāyanti khiyyanti vipācenti – "kathañhi nāma ayyā thullanandā mātāpitūhipi sāmikenapi ananuññātaṃ sikkhamānaṃ vuṭṭhāpessatī"ti...pe... saccaṃ kira, bhikkhave, thullanandā bhikkhunī, mātāpitūhipi sāmikenapi ananuññātaṃ sikkhamānaṃ vuṭṭhāpetīti? "Saccaṃ, Bhagavā"ti. Vigarahi buddho Bhagavā...pe... kathañhi nāma, bhikkhave, thullanandā bhikkhunī mātāpitūhipi sāmikenapi ananuññātaṃ sikkhamānaṃ vuṭṭhāpessati! Netaṃ, bhikkhave, appasannānaṃ vā pasādāya...pe... evañca pana, bhikkhave, bhikkhuniyo imaṃ sikkhāpadaṃ uddisantu –

1163."Yāpana bhikkhunī mātāpitūhi vā sāmikena vā ananuññātaṃ sikkhamānaṃ vuṭṭhāpeyya, pācittiya"nti.

1164.Yā panāti yā yādisā...pe... bhikkhunīti...pe... ayaṃ imasmiṃ atthe adhippetā bhikkhunīti.

Mātāpitaro nāma janakā vuccanti. Sāmiko nāma yena pariggahitā hoti. Ananuññātāti anāpucchā. Sikkhamānā nāma dve vassāni chasu dhammesu sikkhitasikkhā. Vuṭṭhāpeyyāti upasampādeyya.

Vuṭṭhāpessāmīti gaṇaṃ vā ācariniṃ vā pattaṃ vā cīvaraṃ vā pariyesati, sīmaṃ vā sammannati, āpatti dukkaṭassa. Ñattiyā dukkaṭaṃ. Dvīhi kammavācāhi dukkaṭā. Kammavācāpariyosāne upajjhāyāya āpatti pācittiyassa. Gaṇassa ca ācariniyā ca āpatti dukkaṭassa.

1165. Anāpatti ajānantī vuṭṭhāpeti, apaloketvā vuṭṭhāpeti, ummattikāya, ādikammikāyāti.

Dasamasikkhāpadaṃ niṭṭhitaṃ.

11. Ekādasamasikkhāpadaṃ

1166. Tena samayena buddho Bhagavā rājagahe viharati veḷuvane kalandakanivāpe. Tena kho pana samayena thullanandā bhikkhunī – "sikkhamānaṃ vuṭṭhāpessāmī"ti there bhikkhū sannipātetvā pahūtaṃ khādanīyaṃ bhojanīyaṃ passitvā – "na tāvāhaṃ, ayyā, sikkhamānaṃ vuṭṭhāpessāmī"ti there bhikkhū uyyojetvā devadattaṃ kokālikaṃ kaṭamodakatissakaṃ khaṇḍadeviyā puttaṃ samuddadattaṃ sannipātetvā sikkhamānaṃ vuṭṭhāpesi. Yā tā bhikkhuniyo appicchā...pe... tā ujjhāyanti khiyyanti vipācenti – "kathañhi nāma ayyā thullanandā pārivāsikachandadānena sikkhamānaṃ vuṭṭhāpessatī"ti...pe... saccaṃ kira, bhikkhave, thullanandā bhikkhunī pārivāsikachandadānena sikkhamānaṃ vuṭṭhāpetīti [vuṭṭhāpesīti (ka.)]? "Saccaṃ, Bhagavā"ti. Vigarahi buddho Bhagavā...pe... kathañhi nāma, bhikkhave, thullanandā bhikkhunī pārivāsikachandadānena sikkhamānaṃ vuṭṭhāpessati! Netaṃ, bhikkhave, appasannānaṃ vā pasādāya...pe... evañca pana, bhikkhave, bhikkhuniyo imaṃ sikkhāpadaṃ uddisantu –

1167."Yā pana bhikkhunī pārivāsikachandadānena sikkhamānaṃ vuṭṭhāpeyya, pācittiya"nti.

1168.Yāpanāti yā yādisā...pe... bhikkhunīti...pe... ayaṃ imasmiṃ atthe adhippetā bhikkhunīti.

Pārivāsikachandadānenāti vuṭṭhitāya parisāya. Sikkhamānā nāma dve vassāni chasu dhammesu sikkhitasikkhā. Vuṭṭhāpeyyāti upasampādeyya.

"Vuṭṭhāpessāmī"ti gaṇaṃ vā ācariniṃ vā pattaṃ vā cīvaraṃ vā pariyesati, sīmaṃ vā sammannati, āpatti dukkaṭassa. Ñattiyā dukkaṭaṃ. Dvīhi kammavācāhi dukkaṭā. Kammavācāpariyosāne upajjhāyāya āpatti pācittiyassa . Gaṇassa ca ācariniyā ca āpatti dukkaṭassa.

1169. Anāpatti avuṭṭhitāya parisāya vuṭṭhāpeti, ummattikāya, ādikammikāyāti.

Ekādasamasikkhāpadaṃ niṭṭhitaṃ.

12. Dvādasamasikkhāpadaṃ

1170. Tena samayena buddho Bhagavā sāvatthiyaṃ viharati jetavane anāthapiṇḍikassa ārāme. Tena kho pana samayena bhikkhuniyo anuvassaṃ vuṭṭhāpenti, upassayo na sammati. Manussā [manussā vihāracārikaṃ āhiṇḍantā passitvā (sī.)] ujjhāyanti khiyyanti vipācenti – "kathañhi nāma bhikkhuniyo anuvassaṃ vuṭṭhāpessanti, upassayo na sammatī"ti! Assosuṃ kho bhikkhuniyo tesaṃ manussānaṃ ujjhāyantānaṃ khiyyantānaṃ vipācentānaṃ. Yā tā bhikkhuniyo appicchā...pe... tā ujjhāyanti khiyyanti vipācenti – "kathañhi nāma bhikkhuniyo anuvassaṃ vuṭṭhāpessantī"ti...pe... saccaṃ kira, bhikkhave, bhikkhuniyo anuvassaṃ vuṭṭhāpentīti? "Saccaṃ, Bhagavā"ti. Vigarahi buddho Bhagavā...pe... kathañhi nāma, bhikkhave, bhikkhuniyo anuvassaṃ vuṭṭhāpessanti! Netaṃ, bhikkhave, appasannānaṃ vā pasādāya...pe... evañca pana, bhikkhave, bhikkhuniyo imaṃ sikkhāpadaṃ uddisantu –

1171."Yā pana bhikkhunī anuvassaṃ vuṭṭhāpeyya, pācittiya"nti.

1172.Yāpanāti yā yādisā...pe... bhikkhunīti...pe... ayaṃ imasmiṃ atthe adhippetā bhikkhunīti.

Anuvassanti anusaṃvaccharaṃ. Vuṭṭhāpeyyāti upasampādeyya.

"Vuṭṭhāpessāmī"ti gaṇaṃ vā ācariniṃ vā pattaṃ vā cīvaraṃ vā pariyesati, sīmaṃ vā sammannati, āpatti dukkaṭassa. Ñattiyā dukkaṭaṃ. Dvīhi kammavācāhi dukkaṭā. Kammavācāpariyosāne upajjhāyāya āpatti pācittiyassa. Gaṇassa ca ācariniyā ca āpatti dukkaṭassa.

1173. Anāpatti ekantarikaṃ vuṭṭhāpeti, ummattikāya, ādikammikāyāti.

Dvādasamasikkhāpadaṃ niṭṭhitaṃ.

13. Terasamasikkhāpadaṃ

1174. Tena samayena buddho Bhagavā sāvatthiyaṃ viharati jetavane anāthapiṇḍikassa ārāme. Tena kho pana samayena bhikkhuniyo ekaṃ vassaṃ dve vuṭṭhāpenti. Upassayo tatheva na sammati. Manussā[manussā vihāracārikaṃ āhiṇḍantā passitvā (sī.)] tatheva ujjhāyanti khiyyanti vipācenti – ''kathañhi nāma bhikkhuniyo ekaṃ vassaṃ dve vuṭṭhāpessanti! Upassayo tatheva na sammatī''ti! Assosuṃ kho bhikkhuniyo tesaṃ manussānaṃ ujjhāyantānaṃ khiyyantānaṃ vipācentānaṃ. Yā tā bhikkhuniyo appicchā...pe... tā ujjhāyanti khiyyanti vipācenti – ''kathañhi nāma bhikkhuniyo ekaṃ vassaṃ dve vuṭṭhāpessantī''ti...pe... saccaṃ kira, bhikkhave, bhikkhuniyo ekaṃ vassaṃ dve vuṭṭhāpentīti? ''Saccaṃ, Bhagavā''ti. Vigarahi buddho Bhagavā...pe... kathañhi nāma, bhikkhave, bhikkhuniyo ekaṃ vassaṃ dve vuṭṭhāpessanti! Netaṃ, bhikkhave, appasannānaṃ vā pasādāya...pe... evañca pana, bhikkhave, bhikkhuniyo imaṃ sikkhāpadaṃ uddisantu –

1175.''Yā pana bhikkhunī ekaṃ vassaṃ dve vuṭṭhāpeyya, pācittiya''nti.

1176.Yāpanāti yā yādisā...pe... bhikkhunīti...pe... ayaṃ imasmiṃ atthe adhippetā bhikkhunīti.

Ekaṃ vassanti ekaṃ saṃvaccharaṃ. Dve vuṭṭhāpeyyāti dve upasampādeyya.

''Dve vuṭṭhāpessāmī''ti gaṇaṃ vā ācariniṃ vā pattaṃ vā cīvaraṃ vā pariyesati, sīmaṃ vā sammannati, āpatti dukkaṭassa. Ñattiyā dukkaṭaṃ. Dvīhi kammavācāhi dukkaṭā. Kammavācāpariyosāne upajjhāyāya āpatti pācittiyassa. Gaṇassa ca ācariniyā ca āpatti dukkaṭassa.

1177. Anāpatti ekantarikaṃ ekaṃ vuṭṭhāpeti, ummattikāya, ādikammikāyāti.

Terasamasikkhāpadaṃ niṭṭhitaṃ.

Kumārībhūtavaggo aṭṭhamo.

9. Chattupāhanavaggo

1. Paṭhamasikkhāpadaṃ

1178. Tena samayena buddho Bhagavā sāvatthiyaṃ viharati jetavane anāthapiṇḍikassa ārāme. Tena kho pana samayena chabbaggiyā bhikkhuniyo chattupāhanaṃ dhārenti. Manussā ujjhāyanti khiyyanti vipācenti – ''kathañhi nāma bhikkhuniyo chattupāhanaṃ dhāressanti, seyyathāpi gihiniyo kāmabhoginiyo''ti! Assosuṃ kho bhikkhuniyo tesaṃ manussānaṃ ujjhāyantānaṃ khiyyantānaṃ vipācentānaṃ. Yā tā bhikkhuniyo appicchā...pe... tā ujjhāyanti khiyyanti vipācenti – ''kathañhi nāma chabbaggiyā bhikkhuniyo chattupāhanaṃ dhāressantī''ti...pe... saccaṃ kira, bhikkhave, chabbaggiyā bhikkhuniyo chattupāhanaṃ dhārentīti? ''Saccaṃ, Bhagavā''ti. Vigarahi buddho Bhagavā...pe... kathañhi nāma, bhikkhave, chabbaggiyā bhikkhuniyo chattupāhanaṃ dhāressanti! Netaṃ, bhikkhave, appasannānaṃ vā pasādāya...pe... evañca pana, bhikkhave, bhikkhuniyo imaṃ sikkhāpadaṃ uddisantu –

''Yā pana bhikkhunī chattupāhanaṃ dhāreyya, pācittiya''nti.

Evañcidaṃ bhagavatā bhikkhunīnaṃ sikkhāpadaṃ paññattaṃ hoti.

1179. Tena kho pana samayena aññatarā bhikkhunī gilānā hoti. Tassā vinā chattupāhanaṃ na phāsu hoti...pe... bhagavato etamatthaṃ ārocesuṃ...pe... anujānāmi, bhikkhave, gilānāya bhikkhuniyā chattupāhanaṃ. Evañca pana, bhikkhave, bhikkhuniyo imaṃ sikkhāpadaṃ uddisantu –

1180.''Yā pana bhikkhunī agilānā chattupāhanaṃ dhāreyya, pācittiya''nti.

1181.Yā panāti yā yādisā...pe... bhikkhunīti...pe... ayaṃ imasmiṃ atthe adhippetā bhikkhunīti.

Agilānā nāma yassā vinā chattupāhanaṃ phāsu hoti.

Gilānā nāma yassā vinā chattupāhanaṃ na phāsu hoti.

Chattaṃ nāma tīṇi chattāni – setacchattaṃ, kilañjacchattaṃ, paṇṇacchattaṃ maṇḍalabaddhaṃ salākabaddhaṃ. Dhāreyyāti sakimpi dhāreti, āpatti pācittiyassa.

1182. Agilānā agilānasaññā chattupāhanaṃ dhāreti, āpatti pācittiyassa. Agilānā vematikā chattupāhanaṃ dhāreti, āpatti pācittiyassa. Agilānā gilānasaññā chattupāhanaṃ dhāreti, āpatti pācittiyassa.

Chattaṃ dhāreti na upāhanaṃ, āpatti dukkaṭassa. Upāhanaṃ dhāreti na chattaṃ, āpatti dukkaṭassa.

Gilānā agilānasaññā, āpatti dukkaṭassa. Gilānā vematikā, āpatti dukkaṭassa. Gilānā gilānasaññā, anāpatti.

1183. Anāpatti gilānāya, ārāme ārāmūpacāre dhāreti, āpadāsu, ummattikāya, ādikammikāyāti.

Paṭhamasikkhāpadaṃ niṭṭhitaṃ.

2. Dutiyasikkhāpadaṃ

1184. Tena samayena buddho Bhagavā sāvatthiyaṃ viharati jetavane anāthapiṇḍikassa ārāme. Tena kho pana samayena chabbaggiyā bhikkhuniyo yānena yāyanti. Manussā ujjhāyanti khiyyanti vipācenti – ''kathañhi nāma bhikkhuniyo yānena yāyissanti, seyyathāpi gihiniyo kāmabhoginiyo''ti! Assosuṃ kho bhikkhuniyo tesaṃ manussānaṃ ujjhāyantānaṃ khiyyantānaṃ vipācentānaṃ. Yā tā bhikkhuniyo appicchā...pe. ... tā ujjhāyanti khiyyanti vipācenti – ''kathañhi nāma chabbaggiyā bhikkhuniyo yānena yāyissantī''ti...pe... saccaṃ kira, bhikkhave, chabbaggiyā bhikkhuniyo yānena yāyantīti? ''Saccaṃ, Bhagavā''ti. Vigarahi buddho Bhagavā...pe... kathañhi nāma, bhikkhave, chabbaggiyā bhikkhuniyo yānena yāyissanti! Netaṃ, bhikkhave, appasannānaṃ vā pasādāya...pe... evañca pana, bhikkhave, bhikkhuniyo imaṃ sikkhāpadaṃ uddisantu –

''Yāpana bhikkhunī yānena yāyeyya, pācittiya''nti.

Evañcidaṃ bhagavatā bhikkhunīnaṃ sikkhāpadaṃ paññattaṃ hoti.

1185. Tena kho pana samayena aññatarā bhikkhunī gilānā hoti, na sakkoti padasā gantuṃ...pe... bhagavato etamatthaṃ ārocesuṃ...pe... anujānāmi, bhikkhave, gilānāya bhikkhuniyā yānaṃ. Evañca pana, bhikkhave, bhikkhuniyo imaṃ sikkhāpadaṃ uddisantu –

1186.''Yāpana bhikkhunī agilānā yānena yāyeyya, pācittiya''nti.

1187.Yāpanāti yā yādisā...pe... bhikkhunīti...pe... ayaṃ imasmiṃ atthe adhippetā bhikkhunīti.

Agilānā nāma sakkoti padasā gantuṃ.

Gilānā nāma na sakkoti padasā gantuṃ.

Yānaṃ nāma vayhaṃ ratho sakaṭaṃ sandamānikā sivikā pāṭaṅkī.

Yāyeyyāti sakimpi yānena yāyati, āpatti pācittiyassa.

1188. Agilānā agilānasaññā yānena yāyati, āpatti pācittiyassa. Agilānā vematikā yānena yāyati, āpatti pācittiyassa . Agilānā gilānasaññā yānena yāyati, āpatti pācittiyassa.

Gilānā agilānasaññā, āpatti dukkaṭassa. Gilānā vematikā, āpatti dukkaṭassa. Gilānā gilānasaññā, anāpatti.

1189. Anāpatti gilānāya, āpadāsu, ummattikāya, ādikammikāyāti.

Dutiyasikkhāpadaṃ niṭṭhitaṃ.

3. Tatiyasikkhāpadaṃ

1190. Tena samayena buddho Bhagavā sāvatthiyaṃ viharati jetavane anāthapiṇḍikassa ārāme. Tena kho pana samayena aññatarā bhikkhunī aññatarissā itthiyā kulūpikā hoti. Atha kho sā itthī taṃ bhikkhuniṃ etadavoca – ''handāyye, imaṃ saṅghāṇiṃ amukāya nāma itthiyā dehī''ti. Atha kho sā bhikkhunī – ''sacāhaṃ pattena ādāya gacchāmi vissaro me bhavissatī''ti paṭimuñcitvā agamāsi. Tassā rathikāya suttake chinne vippakiriyiṃsu. Manussā ujjhāyanti khiyyanti vipācenti – ''kathañhi nāma bhikkhuniyo saṅghāṇiṃ dhāressanti, seyyathāpi gihiniyo kāmabhoginiyo''ti! Assosuṃ kho bhikkhuniyo tesaṃ manussānaṃ ujjhāyantānaṃ khiyyantānaṃ vipācentānaṃ. Yā tā bhikkhuniyo appicchā...pe.... tā ujjhāyanti khiyyanti vipācenti – ''kathañhi nāma bhikkhunī saṅghāṇiṃ dhāressatī''ti...pe... saccaṃ kira, bhikkhave, bhikkhunī saṅghāṇiṃ dhāretī''ti [dhāresīti (ka.)]? ''Saccaṃ, Bhagavā''ti. Vigarahi buddho Bhagavā...pe... kathañhi nāma, bhikkhave, bhikkhunī saṅghāṇiṃ dhāressati! Netaṃ, bhikkhave, appasannānaṃ vā pasādāya...pe... evañca pana, bhikkhave, bhikkhuniyo imaṃ sikkhāpadaṃ uddisantu –

1191.''Yā pana bhikkhunī saṅghāṇiṃ dhāreyya, pācittiya''nti.

1192.Yā panāti yā yādisā...pe... bhikkhunīti...pe... ayaṃ imasmiṃ atthe adhippetā bhikkhunīti.

Saṅghāṇi nāma yā kāci kaṭūpagā.

Dhāreyyāti sakimpi dhāreti, āpatti pācittiyassa.

1193. Anāpatti ābādhappaccayā, kaṭisuttakaṃ dhāreti, ummattikāya, ādikammikāyāti.

Tatiyasikkhāpadaṃ niṭṭhitaṃ.

4. Catutthasikkhāpadaṃ

1194. Tena samayena buddho Bhagavā sāvatthiyaṃ viharati jetavane anāthapiṇḍikassa ārāme. Tena kho pana samayena chabbaggiyā bhikkhuniyo itthālaṅkāraṃ dhārenti. Manussā ujjhāyanti khiyyanti vipācenti – ''kathañhi nāma bhikkhuniyo itthālaṅkāraṃ dhāressanti, seyyathāpi gihiniyo kāmabhoginiyo''ti! Assosuṃ kho bhikkhuniyo tesaṃ manussānaṃ ujjhāyantānaṃ khiyyantānaṃ vipācentānaṃ. Yā tā bhikkhuniyo appicchā...pe... tā ujjhāyanti khiyyanti vipācenti – ''kathañhi nāma chabbaggiyā bhikkhuniyo itthālaṅkāraṃ dhāressantī''ti ...pe... saccaṃ kira, bhikkhave, chabbaggiyā bhikkhuniyo itthālaṅkāraṃ dhārentīti? ''Saccaṃ, Bhagavā''ti. Vigarahi buddho Bhagavā...pe... kathañhi nāma, bhikkhave, chabbaggiyā bhikkhuniyo itthālaṅkāraṃ dhāressanti! Netaṃ, bhikkhave, appasannānaṃ vā pasādāya...pe... evañca pana, bhikkhave, bhikkhuniyo imaṃ sikkhāpadaṃ uddisantu –

1195.''Yā pana bhikkhunī itthālaṅkāraṃ dhāreyya, pācittiya''nti.

1196.Yā panāti yā yādisā...pe... bhikkhunīti...pe... ayaṃ imasmiṃ atthe adhippetā bhikkhunīti.

Itthālaṅkāro nāma sīsūpago gīvūpago hatthūpago pādūpago kaṭūpago. Dhāreyyāti sakimpi dhāreti, āpatti pācittiyassa.

1197. Anāpatti ābādhapaccayā, ummattikāya, ādikammikāyāti.

Catutthasikkhāpadaṃ niṭṭhitaṃ.

5. Pañcamasikkhāpadaṃ

1198. Tena samayena buddho Bhagavā sāvatthiyaṃ viharati jetavane anāthapiṇḍikassa ārāme. Tena kho pana samayena chabbaggiyā bhikkhuniyo gandhavaṇṇakena nahāyanti. Manussā ujjhāyanti khiyyanti vipācenti – ''kathañhi nāma bhikkhuniyo gandhavaṇṇakena nahāyissanti, seyyathāpi gihiniyo kāmabhoginiyo''ti! Assosuṃ kho bhikkhuniyo tesaṃ manussānaṃ ujjhāyantānaṃ khiyyantānaṃ vipācentānaṃ. Yā tā bhikkhuniyo appicchā...pe... tā ujjhāyanti khiyyanti vipācenti – ''kathañhi nāma chabbaggiyā bhikkhuniyo gandhavaṇṇakena nahāyissantī''ti...pe... saccaṃ kira, bhikkhave, chabbaggiyā bhikkhuniyo gandhavaṇṇakena nahāyantīti? ''Saccaṃ, Bhagavā''ti. Vigarahi buddho Bhagavā...pe... kathañhi nāma, bhikkhave, chabbaggiyā bhikkhuniyo gandhavaṇṇakena nahāyissanti! Netaṃ, bhikkhave, appasannānaṃ vā pasādāya...pe... evañca pana, bhikkhave, bhikkhuniyo imaṃ sikkhāpadaṃ uddisantu –

1199.''Yāpana bhikkhunī gandhavaṇṇakena nahāyeyya, pācittiya''nti.

1200.Yā panāti yā yādisā...pe... bhikkhunīti...pe... ayaṃ imasmiṃ atthe adhippetā bhikkhunīti. Gandho nāma yo koci gandho. Vaṇṇakaṃ nāma yaṃ kiñci vaṇṇakaṃ. Nahāyeyyāti nahāyati. Payoge dukkaṭaṃ, nahānapariyosāne āpatti pācittiyassa.

1201. Anāpatti ābādhappaccayā, ummattikāya, ādikammikāyāti.

Pañcamasikkhāpadaṃ niṭṭhitaṃ.

6. Chaṭṭhasikkhāpadaṃ

1202. Tena samayena buddho Bhagavā sāvatthiyaṃ viharati jetavane anāthapiṇḍikassa ārāme. Tena kho pana samayena chabbaggiyā bhikkhuniyo vāsitakena piññākena nahāyanti. Manussā ujjhāyanti khiyyanti vipācenti – ''kathañhi nāma bhikkhuniyo vāsitakena piññākena nahāyissanti, seyyathāpi gihiniyo kāmabhoginiyo''ti! Assosuṃ kho bhikkhuniyo tesaṃ manussānaṃ ujjhāyantānaṃ khiyyantānaṃ vipācentānaṃ. Yā tā bhikkhuniyo appicchā...pe... tā ujjhāyanti khiyyanti vipācenti – ''kathañhi nāma chabbaggiyā bhikkhuniyo vāsitakena piññākena nahāyissantī''ti...pe... saccaṃ kira, bhikkhave, chabbaggiyā bhikkhuniyo vāsitakena piññākena nahāyantīti? ''Saccaṃ, Bhagavā''ti. Vigarahi buddho Bhagavā...pe... kathañhi nāma, bhikkhave, chabbaggiyā bhikkhuniyo vāsitakena piññākena nahāyissanti! Netaṃ, bhikkhave, appasannānaṃ vā pasādāya...pe... evañca pana, bhikkhave, bhikkhuniyo imaṃ sikkhāpadaṃ uddisantu –

1203.''Yā pana bhikkhunī vāsitakena piññākena nahāyeyya, pācittiya''nti.

1204.Yā panāti yā yādisā...pe... bhikkhunīti...pe... ayaṃ imasmiṃ atthe adhippetā bhikkhunīti. Vāsitakaṃ nāma yaṃ kiñci gandhavāsitakaṃ. Piññākaṃ nāma tilapiṭṭhaṃ vuccati. Nahāyeyyāti nahāyati. Payoge dukkaṭaṃ, nahānapariyosāne āpatti pācittiyassa.

1205. Anāpatti ābādhappaccayā, pakatipiññākena nahāyati, ummattikāya, ādikammikāyāti.

Chaṭṭhasikkhāpadaṃ niṭṭhitaṃ.

7. Sattamasikkhāpadaṃ

1206. Tena samayena buddho Bhagavā sāvatthiyaṃ viharati jetavane anāthapiṇḍikassa ārāme. Tena kho pana samayena bhikkhuniyo bhikkhuniyā ummaddāpentipi parimaddāpentipi. Manussā vihāracārikaṃ āhiṇḍantā passitvā ujjhāyanti khiyyanti vipācenti – ''kathañhi nāma bhikkhuniyo bhikkhuniyā ummaddāpessantipi parimaddāpessantipi seyyathāpi gihiniyo kāmabhoginiyo''ti! Assosuṃ kho bhikkhuniyo tesaṃ manussānaṃ ujjhāyantānaṃ khiyyantānaṃ vipācentānaṃ. Yā tā bhikkhuniyo appicchā...pe... tā ujjhāyanti khiyyanti vipācenti – ''kathañhi nāma bhikkhuniyo bhikkhuniyā ummaddāpessantipi parimaddāpessantipī''ti...pe... saccaṃ kira, bhikkhave, bhikkhuniyo bhikkhuniyā ummaddāpentipi parimaddāpentipīti? ''Saccaṃ, Bhagavā''ti. Vigarahi buddho Bhagavā...pe... kathañhi nāma, bhikkhave, bhikkhuniyo bhikkhuniyā ummaddāpessantipi parimaddāpessantipi! Netaṃ, bhikkhave, appasannānaṃ vā pasādāya...pe... evañca pana, bhikkhave, bhikkhuniyo imaṃ sikkhāpadaṃ uddisantu –

1207.''Yā pana bhikkhunī bhikkhuniyā ummaddāpeyya vā parimaddāpeyya vā, pācittiya''nti.

1208.Yā panāti yā yādisā...pe... bhikkhunīti...pe... ayaṃ imasmiṃ atthe adhippetā bhikkhunīti. Bhikkhuniyāti aññāya bhikkhuniyā. Ummaddāpeyya vāti ummaddāpeti [ubbaṭṭāpeti (sī.)], āpatti pācittiyassa. Parimaddāpeyya vāti sambāhāpeti, āpatti pācittiyassa.

1209. Anāpatti gilānāya, āpadāsu, ummattikāya, ādikammikāyāti.

Sattamasikkhāpadaṃ niṭṭhitaṃ.

8-9-10. Aṭṭhama-navama-dasamasikkhāpadaṃ

1210. Tena samayena buddho Bhagavā sāvatthiyaṃ viharati jetavane anāthapiṇḍikassa ārāme. Tena kho pana samayena bhikkhuniyo sikkhamānāya ummaddāpentipi parimaddāpentipi...pe... sāmaṇeriyā ummaddāpentipi parimaddāpentipi...pe... gihiniyā ummaddāpentipi parimaddāpentipi. Manussā vihāracārikaṃ āhiṇḍantā passitvā ujjhāyanti khiyyanti vipācenti – ''kathañhi nāma bhikkhuniyo gihiniyā ummaddāpessantipi parimaddāpessantipi, seyyathāpi gihiniyo kāmabhoginiyo''ti! Assosuṃ kho bhikkhuniyo tesaṃ manussānaṃ ujjhāyantānaṃ khiyyantānaṃ vipācentānaṃ. Yā tā bhikkhuniyo appicchā...pe... tā ujjhāyanti khiyyanti vipācenti – kathañhi nāma bhikkhuniyo gihiniyā ummaddāpessantipi parimaddāpessantipīti...pe... saccaṃ kira, bhikkhave, bhikkhuniyo gihiniyā ummaddāpentipi parimaddāpentipīti? ''Saccaṃ, Bhagavā''ti. Vigarahi buddho Bhagavā...pe... kathañhi nāma, bhikkhave, bhikkhuniyo gihiniyā ummaddāpessantipi parimaddāpessantipi! Netaṃ, bhikkhave, appasannānaṃ vā pasādāya...pe... evañca pana, bhikkhave, bhikkhuniyo imaṃ sikkhāpadaṃ uddisantu –

1211.''Yā pana bhikkhunī (sikkhamānāya...pe... sāmaṇeriyā...pe...) gihiniyā ummaddāpeyya vā parimaddāpeyya vā, pācittiya''nti.

1212.Yā panāti yā yādisā...pe... bhikkhunīti...pe... ayaṃ imasmiṃ atthe adhippetā bhikkhunīti.

Sikkhamānā nāma dve vassāni chasu dhammesu sikkhitasikkhā.

Sāmaṇerī nāma dasasikkhāpadikā.

Gihinī nāma agārinī vuccati.

Ummaddāpeyyavāti ummaddāpeti, āpatti pācittiyassa.

Parimaddāpeyya vāti sambāhāpeti, āpatti pācittiyassa.

1213. Anāpatti gilānāya [ābādhappaccayā (ka.)], āpadāsu, ummattikāya, ādikammikāyāti.
Aṭṭhama navama dasamasikkhāpadāni niṭṭhitāni.
11. Ekādasamasikkhāpadaṃ
1214. Tena samayena buddho Bhagavā sāvatthiyaṃ viharati jetavane anāthapiṇḍikassa ārāme. Tena kho pana samayena bhikkhuniyo bhikkhussa purato anāpucchā āsane nisīdanti. Bhikkhū ujjhāyanti khiyyanti vipācenti – ''kathañhi nāma bhikkhuniyo bhikkhussa purato anāpucchā āsane nisīdissantī''ti...pe... saccaṃ kira, bhikkhave, bhikkhuniyo bhikkhussa purato anāpucchā āsane nisīdantīti? ''Saccaṃ, Bhagavā''ti. Vigarahi buddho Bhagavā...pe... kathañhi nāma, bhikkhave, bhikkhuniyo bhikkhussa purato anāpucchā āsane nisīdissanti! Netaṃ, bhikkhave, appasannānaṃ vā pasādāya...pe... evañca pana, bhikkhave, bhikkhuniyo imaṃ sikkhāpadaṃ uddisantu –
1215.''Yā pana bhikkhunī bhikkhussa purato anāpucchā āsane nisīdeyya, pācittiya''nti.
1216.Yāpanāti yā yādisā...pe... bhikkhunīti...pe... ayaṃ imasmiṃ atthe adhippetā bhikkhunīti.
Bhikkhussapuratoti upasampannassa purato. Anāpucchāti anapaloketvā. Āsane nisīdeyyāti antamaso chamāyapi nisīdati, āpatti pācittiyassa.
1217. Anāpucchite anāpucchitasaññā āsane nisīdati, āpatti pācittiyassa. Anāpucchite vematikā āsane nisīdati, āpatti pācittiyassa . Anāpucchite āpucchitasaññā āsane nisīdati, āpatti pācittiyassa.
Āpucchite anāpucchitasaññā, āpatti dukkaṭassa. Āpucchite vematikā, āpatti dukkaṭassa. Āpucchite āpucchitasaññā, anāpatti.
1218. Anāpatti āpucchā āsane nisīdati, gilānāya, āpadāsu, ummattikāya, ādikammikāyāti.
Ekādasamasikkhāpadaṃ niṭṭhitaṃ.
12. Dvādasamasikkhāpadaṃ
1219. Tena samayena buddho Bhagavā sāvatthiyaṃ viharati jetavane anāthapiṇḍikassa ārāme. Tena kho pana samayena bhikkhuniyo anokāsakataṃ bhikkhuṃ pañhaṃ pucchanti. Bhikkhū ujjhāyanti khiyyanti vipācenti – ''kathañhi nāma bhikkhuniyo anokāsakataṃ bhikkhuṃ pañhaṃ pucchissantī''ti...pe... saccaṃ kira, bhikkhave, bhikkhuniyo anokāsakataṃ bhikkhuṃ pañhaṃ pucchantīti? ''Saccaṃ, Bhagavā''ti. Vigarahi buddho Bhagavā...pe... kathañhi nāma, bhikkhave, bhikkhuniyo anokāsakataṃ bhikkhuṃ pañhaṃ pucchissanti! Netaṃ, bhikkhave, appasannānaṃ vā pasādāya...pe... evañca pana, bhikkhave, bhikkhuniyo imaṃ sikkhāpadaṃ uddisantu –
1220.''Yā pana bhikkhunī anokāsakataṃ bhikkhuṃ pañhaṃ puccheyya, pācittiya''nti.
1221.Yā panāti yā yādisā...pe... bhikkhunīti...pe... ayaṃ imasmiṃ atthe adhippetā bhikkhunīti.
Anokāsakatanti anāpucchā. Bhikkhunti upasampannaṃ. Pañhaṃ puccheyyāti suttante okāsaṃ kārāpetvā vinayaṃ vā abhidhammaṃ vā pucchati, āpatti pācittiyassa. Vinaye okāsaṃ kārāpetvā suttantaṃ vā abhidhammaṃ vā pucchati, āpatti pācittiyassa. Abhidhamme okāsaṃ kārāpetvā suttantaṃ vā vinayaṃ vā pucchati, āpatti pācittiyassa.
1222. Anāpucchite anāpucchitasaññā pañhaṃ pucchati, āpatti pācittiyassa. Anāpucchite vematikā pañhaṃ pucchati, āpatti pācittiyassa. Anāpucchite āpucchitasaññā pañhaṃ pucchati, āpatti pācittiyassa.
Āpucchite anāpucchitasaññā, āpatti dukkaṭassa. Āpucchite vematikā, āpatti dukkaṭassa. Āpucchite āpucchitasaññā, anāpatti.
1223. Anāpatti okāsaṃ kārāpetvā pucchati, anodissa okāsaṃ kārāpetvā yattha katthaci pucchati, ummattikāya, ādikammikāyāti.
Dvādasamasikkhāpadaṃ niṭṭhitaṃ.
13. Terasamasikkhāpadaṃ
1224. Tena samayena buddho Bhagavā sāvatthiyaṃ viharati jetavane anāthapiṇḍikassa ārāme. Tena kho pana samayena aññatarā bhikkhunī asaṅkaccikā [asaṅkacchikā (syā.)] gāmaṃ piṇḍāya pāvisi. Tassā rathikāya vātamaṇḍalikā saṅghāṭiyo ukkhipiṃsu. Manussā ukkuṭṭhiṃ akaṃsu – ''sundarā ayyāya thanudarā''ti. Sā bhikkhunī tehi manussehi uppaṇḍiyamānā maṅku ahosi. Atha kho sā bhikkhunī upassayaṃ gantvā bhikkhunīnaṃ etamatthaṃ ārocesi. Yā tā bhikkhuniyo appicchā...pe... tā ujjhāyanti khiyyanti vipācenti – ''kathañhi nāma bhikkhunī asaṅkaccikā gāmaṃ pavisissatī''ti...pe... saccaṃ kira, bhikkhave, bhikkhunī asaṅkaccikā gāmaṃ pāvisīti? ''Saccaṃ, Bhagavā''ti. Vigarahi buddho Bhagavā...pe... kathañhi nāma, bhikkhave, bhikkhunī asaṅkaccikā gāmaṃ pavisissati! Netaṃ, bhikkhave, appasannānaṃ vā pasādāya...pe... evañca pana, bhikkhave, bhikkhuniyo imaṃ sikkhāpadaṃ uddisantu –
1225.''Yāpana bhikkhunī asaṅkaccikā[asaṅkacchikā (syā.)]gāmaṃ paviseyya, pācittiya''nti.
1226.Yāpanāti yā yādisā...pe... bhikkhunīti...pe... ayaṃ imasmiṃ atthe adhippetā bhikkhunīti.
Asaṅkaccikāti vinā saṅkaccikaṃ.
Saṅkaccikaṃ nāma adhakkhakaṃ ubbhanābhi, tassa paṭicchādanatthāya.
Gāmaṃ paviseyyāti parikkhittassa gāmassa parikkhepaṃ atikkāmentiyā āpatti pācittiyassa. Aparikkhittassa gāmassa upacāraṃ okkamantiyā āpatti pācittiyassa.
1227. Anāpatti acchinnacīvarikāya, naṭṭhacīvarikāya, gilānāya, assatiyā, ajānantiyā, āpadāsu, ummattikāya, ādikammikāyāti.

Terasamasikkhāpadaṃ niṭṭhitaṃ.
Chattupāhanavaggo navamo.
Uddiṭṭhā kho, ayyāyo, chasaṭṭhisatā pācittiyā dhammā. Tatthāyyāyo pucchāmi – ''kaccittha parisuddhā''? Dutiyampi pucchāmi – ''kaccittha parisuddhā''? Tatiyampi pucchāmi – ''kaccittha parisuddhā''? Parisuddhetthāyyāyo, tasmā tuṇhī, evametaṃ dhārayāmīti.
Khuddakaṃ samattaṃ.
Bhikkhunivibhaṅge pācittiyakaṇḍaṃ niṭṭhitaṃ.
5. Pāṭidesanīyakaṇḍaṃ (bhikkhunīvibhaṅgo)
1. Paṭhamapāṭidesanīyasikkhāpadaṃ
Ime kho panāyyāyo aṭṭha pāṭidesanīyā
Dhammā uddesaṃ āgacchanti.
1228. Tena samayena buddho Bhagavā sāvatthiyaṃ viharati jetavane anāthapiṇḍikassa ārāme. Tena kho pana samayena chabbaggiyā bhikkhuniyo sappiṃ viññāpetvā bhuñjanti. Manussā ujjhāyanti khiyyanti vipācenti – ''kathañhi nāma bhikkhuniyo sappiṃ viññāpetvā bhuñjissanti! Kassa sampannaṃ na manāpaṃ, kassa sāduṃ na ruccatī''ti! Assosuṃ kho bhikkhuniyo tesaṃ manussānaṃ ujjhāyantānaṃ khiyyantānaṃ vipācentānaṃ. Yā tā bhikkhuniyo appicchā...pe... tā ujjhāyanti khiyyanti vipācenti – ''kathañhi nāma chabbaggiyā bhikkhuniyo sappiṃ viññāpetvā bhuñjissantī''ti...pe... saccaṃ kira, bhikkhave, chabbaggiyā, bhikkhuniyo sappiṃ viññāpetvā bhuñjantīti? ''Saccaṃ, Bhagavā''ti. Vigarahi buddho Bhagavā...pe... kathañhi nāma, bhikkhave, chabbaggiyā bhikkhuniyo sappiṃ viññāpetvā bhuñjissanti! Netaṃ, bhikkhave, appasannānaṃ vā pasādāya...pe... evañca pana, bhikkhave, bhikkhuniyo imaṃ sikkhāpadaṃ uddisantu –
''Yā pana bhikkhunī sappiṃ viññāpetvā bhuñjeyya, paṭidesetabbaṃ tāya bhikkhuniyā – 'gārayhaṃ, ayye, dhammaṃ āpajjiṃ asappāyaṃ pāṭidesanīyaṃ, taṃ paṭidesemī'''ti.
Evañcidaṃ bhagavatā bhikkhunīnaṃ sikkhāpadaṃ paññattaṃ hoti.
1229. Tena kho pana samayena bhikkhuniyo gilānā honti. Gilānapucchikā bhikkhuniyo gilānā bhikkhuniyo etadavocuṃ – ''kacci, ayye, khamanīyaṃ, kacci yāpanīya''nti? ''Pubbe mayaṃ, ayye, sappiṃ viññāpetvā bhuñjāma, tena no phāsu hoti; idāni pana ''bhagavatā paṭikkhitta''nti kukkuccāyantā na viññāpema, tena no na phāsu hotī''ti...pe... bhagavato etamatthaṃ ārocesuṃ...pe... anujānāmi, bhikkhave, gilānāya bhikkhuniyā sappiṃ viññāpetvā bhuñjituṃ . Evañca pana, bhikkhave, bhikkhuniyo imaṃ sikkhāpadaṃ uddisantu –
1230.''Yā pana bhikkhunī agilānā sappiṃ viññāpetvā bhuñjeyya, paṭidesetabbaṃ tāya bhikkhuniyā – 'gārayhaṃ, ayye, dhammaṃ āpajjiṃ asappāyaṃ pāṭidesanīyaṃ taṃ paṭidesemī'''ti.
1231.Yā panāti yā yādisā...pe... bhikkhunīti...pe... ayaṃ imasmiṃ atthe adhippetā bhikkhunīti.
Agilānā nāma yassā vinā sappinā phāsu hoti.
Gilānā nāma yassā vinā sappinā na phāsu hoti.
Sappi nāma gosappi vā ajikāsappi vā mahiṃsasappi vā. Yesaṃ maṃsaṃ kappati tesaṃ sappi.
Agilānā attano atthāya viññāpeti, payoge dukkaṭaṃ. Paṭilābhena ''bhuñjissāmī''ti paṭiggaṇhāti, āpatti dukkaṭassa. Ajjhohāre ajjhohāre āpatti pāṭidesanīyassa.
1232. Agilānā agilānasaññā sappiṃ viññāpetvā bhuñjati, āpatti pāṭidesanīyassa. Agilānā vematikā sappiṃ viññāpetvā bhuñjati, āpatti pāṭidesanīyassa. Agilānā gilānasaññā sappiṃ viññāpetvā bhuñjati, āpatti pāṭidesanīyassa.
Gilānā agilānasaññā, āpatti dukkaṭassa. Gilānā vematikā, āpatti dukkaṭassa. Gilānā gilānasaññā, anāpatti.
1233. Anāpatti gilānāya, gilānā hutvā viññāpetvā agilānā bhuñjati, gilānāya sesakaṃ bhuñjati, ñātakānaṃ pavāritānaṃ, aññassatthāya, attano dhanena, ummattikāya, ādikammikāyāti.
Paṭhamapāṭidesanīyasikkhāpadaṃ niṭṭhitaṃ.
2. Dutiyādipāṭidesanīyasikkhāpadāni
1234. Tena samayena buddho Bhagavā sāvatthiyaṃ viharati jetavane anāthapiṇḍikassa ārāme. Tena kho pana samayena chabbaggiyā bhikkhuniyo telaṃ viññāpetvā bhuñjanti...pe... madhuṃ viññāpetvā bhuñjanti...pe... phāṇitaṃ viññāpetvā bhuñjanti...pe... macchaṃ viññāpetvā bhuñjanti...pe... maṃsaṃ viññāpetvā bhuñjanti...pe... khīraṃ viññāpetvā bhuñjanti...pe... dadhiṃ viññāpetvā bhuñjanti. Manussā ujjhāyanti khiyyanti vipācenti – ''kathañhi nāma bhikkhuniyo dadhiṃ viññāpetvā bhuñjissanti! Kassa sampannaṃ na manāpaṃ, kassa sāduṃ na ruccatī''ti! Assosuṃ kho bhikkhuniyo tesaṃ manussānaṃ ujjhāyantānaṃ khiyyantānaṃ vipācentānaṃ. Yā tā bhikkhuniyo appicchā...pe... tā ujjhāyanti khiyyanti vipācenti – ''kathañhi nāma chabbaggiyā bhikkhuniyo dadhiṃ viññāpetvā bhuñjissantī''ti...pe... saccaṃ kira, bhikkhave, chabbaggiyā bhikkhuniyo dadhiṃ viññāpetvā bhuñjantīti? ''Saccaṃ, Bhagavā''ti. Vigarahi buddho Bhagavā...pe... kathañhi nāma, bhikkhave, chabbaggiyā bhikkhuniyo dadhiṃ viññāpetvā bhuñjissanti! Netaṃ, bhikkhave, appasannānaṃ vā pasādāya...pe... evañca pana bhikkhave, bhikkhuniyo imaṃ sikkhāpadaṃ uddisantu –
''Yā pana bhikkhunī dadhiṃ viññāpetvā bhuñjeyya, paṭidesetabbaṃ tāya bhikkhuniyā – 'gārayhaṃ, ayye, dhammaṃ āpajjiṃ asappāyaṃ pāṭidesanīyaṃ, taṃ paṭidesemī'''ti.

Evañcidaṃ bhagavatā bhikkhunīnaṃ sikkhāpadaṃ paññattaṃ hoti.
1235. Tena kho pana samayena bhikkhuniyo gilānā honti. Gilānapucchikā bhikkhuniyo gilānā bhikkhuniyo etadavocuṃ – "kacci, ayye, khamanīyaṃ, kacci yāpanīya"nti? "Pubbe mayaṃ, ayye, dadhiṃ viññāpetvā bhuñjimhā, tena no phāsu hoti, idāni pana "bhagavatā paṭikkhitta"nti kukkuccāyantā na viññāpema, tena no na phāsu hotī"ti...pe... bhagavato etamatthaṃ ārocesuṃ...pe... anujānāmi, bhikkhave, gilānāya bhikkhuniyā dadhiṃ viññāpetvā bhuñjituṃ. Evañca pana, bhikkhave, bhikkhuniyo imaṃ sikkhāpadaṃ uddisantu –
1236."Yā pana bhikkhunī agilānā (telaṃ...pe... madhuṃ...pe... phāṇitaṃ...pe... macchaṃ...pe... maṃsaṃ...pe... khīraṃ...pe...) dadhiṃ viññāpetvā bhuñjeyya, paṭidesetabbaṃ tāya bhikkhuniyā – 'gārayhaṃ, ayye, dhammaṃ āpajjiṃ asappāyaṃ pāṭidesanīyaṃ, taṃ paṭidesemī'"ti.
1237.Yā panāti yā yādisā...pe... bhikkhunīti...pe... ayaṃ imasmiṃ atthe adhippetā bhikkhunīti.
Agilānā nāma yassā vinā dadhinā phāsu hoti.
Gilānā nāma yassā vinā dadhinā na phāsu hoti.
Telaṃ nāma tilatelaṃ sāsapatelaṃ madhukatelaṃ eraṇḍatelaṃ vasātelaṃ.
Madhu nāma makkhikāmadhu. Phāṇitaṃ nāma ucchumhā nibbattaṃ. Maccho nāma odako vuccati. Maṃsaṃ nāma yesaṃ maṃsaṃ kappati tesaṃ maṃsaṃ. Khīraṃ nāma gokhīraṃ vā ajikākhīraṃ vā mahiṃsakhīraṃ vā yesaṃ maṃsaṃ kappati tesaṃ khīraṃ. Dadhi nāma tesaññeva dadhi.
Agilānā attano atthāya viññāpeti, payoge dukkaṭaṃ. Paṭilābhena bhuñjissāmīti paṭiggaṇhāti, āpatti dukkaṭassa. Ajjhohāre ajjhohāre āpatti pāṭidesanīyassa.
1238. Agilānā agilānasaññā dadhiṃ viññāpetvā bhuñjati, āpatti pāṭidesanīyassa. Agilānā vematikā dadhiṃ viññāpetvā bhuñjati, āpatti pāṭidesanīyassa. Agilānā gilānasaññā dadhiṃ viññāpetvā bhuñjati, āpatti pāṭidesanīyassa.
Gilānā agilānasaññā, āpatti dukkaṭassa. Gilānā vematikā, āpatti dukkaṭassa. Gilānā gilānasaññā anāpatti.
1239. Anāpatti gilānāya, gilānā hutvā viññāpetvā agilānā bhuñjati, gilānāya sesakaṃ bhuñjati, ñātakānaṃ pavāritānaṃ, aññassatthāya, attano dhanena, ummattikāya, ādikammikāyāti.
Aṭṭhamapāṭidesanīyasikkhāpadaṃ niṭṭhitaṃ.
Uddiṭṭhā kho, ayyāyo, aṭṭha pāṭidesanīyā dhammā. Tatthāyyāyo pucchāmi – "kaccittha parisuddhā"? Dutiyampi pucchāmi – "kaccittha parisuddhā"? Tatiyampi pucchāmi – "kaccittha parisuddhā"? Parisuddhetthāyyāyo, tasmā tuṇhī, evametaṃ dhārayāmīti.
Bhikkhunivibhaṅge pāṭidesanīyakaṇḍaṃ niṭṭhitaṃ.
6. Sekhiyakaṇḍaṃ (bhikkhunīvibhaṅgo)
1. Parimaṇḍalavaggo
Ime kho panāyyāyo sekhiyā
Dhammā uddesaṃ āgacchanti.
1240. Tena samayena buddho Bhagavā sāvatthiyaṃ viharati jetavane anāthapiṇḍikassa ārāme. Tena kho pana samayena chabbaggiyā bhikkhuniyo puratopi pacchatopi olambentī nivāsenti. Manussā ujjhāyanti khiyyanti vipācenti – "kathañhi nāma bhikkhuniyo puratopi pacchatopi olambentī nivāsessanti, seyyathāpi gihiniyo kāmabhoginiyo"ti! Assosuṃ kho bhikkhuniyo tesaṃ manussānaṃ ujjhāyantānaṃ khiyyantānaṃ vipācentānaṃ. Yā tā bhikkhuniyo appicchā...pe... tā ujjhāyanti khiyyanti vipācenti – "kathañhi nāma chabbaggiyā bhikkhuniyo puratopi pacchatopi olambentī nivāsessantī"ti...pe... saccaṃ kira, bhikkhave, chabbaggiyā bhikkhuniyo puratopi pacchatopi olambentī nivāsentīti? "Saccaṃ, Bhagavā"ti. Vigarahi buddho Bhagavā...pe... kathañhi nāma, bhikkhave, chabbaggiyā bhikkhuniyo puratopi pacchatopi olambentī nivāsessanti! Netaṃ, bhikkhave, appasannānaṃ vā pasādāya...pe... evañca pana, bhikkhave, bhikkhuniyo imaṃ sikkhāpadaṃ uddisantu –
"Parimaṇḍalaṃ nivāsessāmīti sikkhā karaṇīyā"ti.
Parimaṇḍalaṃ nivāsetabbaṃ nābhimaṇḍalaṃ jāṇumaṇḍalaṃ paṭicchādentiyā. Yā anādariyaṃ paṭicca purato vā pacchato vā olambentī nivāseti, āpatti dukkaṭassa.
Anāpatti asañcicca, assatiyā, ajānantiyā, gilānāya, āpadāsu, ummattikāya, ādikammikāyāti...pe... (saṃkhittaṃ).
7. Pādukavaggo
1241. Tena samayena buddho Bhagavā sāvatthiyaṃ viharati jetavane anāthapiṇḍikassa ārāme. Tena kho pana samayena chabbaggiyā bhikkhuniyo udake uccārampi passāvampi kheḷampi karonti. Manussā ujjhāyanti khiyyanti vipācenti – "kathañhi nāma bhikkhuniyo udake uccārampi passāvampi kheḷampi karissanti, seyyathāpi gihiniyo kāmabhoginiyo"ti! Assosuṃ kho bhikkhuniyo tesaṃ manussānaṃ ujjhāyantānaṃ khiyyantānaṃ vipācentānaṃ. Yā tā bhikkhuniyo appicchā, tā ujjhāyanti khiyyanti vipācenti – "kathañhi nāma chabbaggiyā bhikkhuniyo udake uccārampi passāvampi kheḷampi karissantī"ti! Atha kho bhikkhuniyo bhikkhūnaṃ etamatthaṃ ārocesuṃ. Bhikkhū [ye te bhikkhū...pe... (?)] bhagavato etamatthaṃ ārocesuṃ. Atha kho Bhagavā...pe... bhikkhū paṭipucchi – "saccaṃ kira, bhikkhave, chabbaggiyā bhikkhuniyo udake uccārampi passāvampi kheḷampi karontī"ti? "Saccaṃ, Bhagavā"ti. Vigarahi buddho Bhagavā...pe... kathañhi nāma, bhikkhave, chabbaggiyā bhikkhuniyo

udake uccārampi passāvampi kheḷampi karissanti! Netaṃ, bhikkhave, appasannānaṃ vā pasādāya...pe... evañca pana, bhikkhave, bhikkhuniyo imaṃ sikkhāpadaṃ uddisantu –
''Na udake uccāraṃ vā passāvaṃ vā kheḷaṃ vā karissāmīti sikkhā karaṇīyā''ti.
Evañcidaṃ bhagavatā bhikkhunīnaṃ sikkhāpadaṃ paññattaṃ hoti.
Tena kho pana samayena gilānā bhikkhuniyo udake uccārampi passāvampi kheḷampi kātuṃ kukkuccāyanti. Bhagavato etamatthaṃ ārocesuṃ...pe... anujānāmi, bhikkhave, gilānāya bhikkhuniyā udake uccārampi passāvampi kheḷampi kātuṃ. Evañca pana, bhikkhave, bhikkhuniyo imaṃ sikkhāpadaṃ uddisantu –
''Na udake agilānā uccāraṃ vā passāvaṃ vā kheḷaṃ vā karissāmīti sikkhā karaṇīyā''ti.
Na udake agilānāya uccāro vā passāvo vā kheḷo vā kātabbo. Yā anādariyaṃ paṭicca udake agilānā uccāraṃ vā passāvaṃ vā kheḷaṃ vā karoti, āpatti dukkaṭassa.
Anāpatti asañcicca, assatiyā, ajānantiyā, gilānāya, thale kato udakaṃ ottharati, āpadāsu, ummattikāya, khittacittāya, vedanāṭṭāya, ādikammikāyāti.
Pannarasamasikkhāpadaṃ niṭṭhitaṃ.
Pādukavaggo sattamo.
Uddiṭṭhā kho, ayyāyo, sekhiyā dhammā. Tatthāyyāyo pucchāmi – ''kaccittha parisuddhā''? Dutiyampi pucchāmi – ''kaccittha parisuddhā''? Tatiyampi pucchāmi – ''kaccittha parisuddhā''? Parisuddhetthāyyāyo, tasmā tuṇhī, evametaṃ dhārayāmīti.
Sekhiyakaṇḍaṃ niṭṭhitaṃ.
7. Adhikaraṇasamathā (bhikkhunīvibhaṅgo)
Ime kho panāyyāyo satta adhikaraṇasamathā
Dhammā uddesaṃ āgacchanti.
1242. Uppannuppannānaṃ adhikaraṇānaṃ samathāya vūpasamāya sammukhāvinayo dātabbo, sativinayo dātabbo, amūḷhavinayo dātabbo, paṭiññāya kāretabbaṃ, yebhuyyasikā, tassapāpiyasikā, tiṇavatthārakoti.
Uddiṭṭhā kho, ayyāyo, satta adhikaraṇasamathā dhammā. Tatthāyyāyo pucchāmi – ''kaccittha parisuddhā''? Dutiyampi pucchāmi – ''kaccittha parisuddhā''? Tatiyampi pucchāmi – ''kaccittha parisuddhā''? Parisuddhetthāyyāyo, tasmā tuṇhī, evametaṃ dhārayāmīti.
Adhikaraṇasamathā niṭṭhitā.
Uddiṭṭhaṃ kho, ayyāyo, nidānaṃ. Uddiṭṭhā aṭṭha pārājikā dhammā. Uddiṭṭhā sattarasa saṅghādisesā dhammā. Uddiṭṭhā tiṃsa nissaggiyā pācittiyā dhammā. Uddiṭṭhā chasaṭṭhisatā pācittiyā dhammā. Uddiṭṭhā aṭṭha pāṭidesanīyā dhammā. Uddiṭṭhā sekhiyā dhammā. Uddiṭṭhā satta adhikaraṇasamathā dhammā. Ettakaṃ tassa bhagavato suttāgataṃ suttapariyāpannaṃ anvaddhamāsaṃ uddesaṃ āgacchati. Tattha sabbāheva samaggāhi sammodamānāhi avivadamānāhi sikkhitabbanti.
Bhikkhunivibhaṅgo niṭṭhito.
Pācittiyapāḷi niṭṭhitā.

Namo tassa bhagavato arahato sammāsambuddhassa
Vinayapiṭake

Mahāvaggapāḷi

1. Mahākhandhako
1. Bodhikathā
1.[udā. 1 ādayo] Tena samayena buddho Bhagavā uruvelāyaṃ viharati najjā nerañjarāya tīre bodhirukkhamūle paṭhamābhisambuddho. Atha kho Bhagavā bodhirukkhamūle sattāhaṃ ekapallaṅkena nisīdi vimuttisukhapaṭisaṃvedī [vimuttisukhaṃ paṭisaṃvedī (ka.)]. Atha kho Bhagavā rattiyā paṭhamaṃ yāmaṃ paṭiccasamuppādaṃ anulomapaṭilomaṃ manasākāsi – ''avijjāpaccayā saṅkhārā, saṅkhārapaccayā viññāṇaṃ, viññāṇapaccayā nāmarūpaṃ, nāmarūpapaccayā saḷāyatanaṃ, saḷāyatanapaccayā phasso, phassapaccayā vedanā, vedanāpaccayā taṇhā, taṇhāpaccayā upādānaṃ, upādānapaccayā bhavo, bhavapaccayā jāti, jātipaccayā jarāmaraṇaṃ sokaparidevadukkhadomanassupāyāsā sambhavanti – evametassa kevalassa dukkhakkhandhassa samudayo hoti. ''Avijjāyatveva asesavirāganirodhā saṅkhāranirodho, saṅkhāranirodhā viññāṇanirodho, viññāṇanirodhā nāmarūpanirodho, nāmarūpanirodhā saḷāyatananirodho, saḷāyatananirodhā phassanirodho, phassanirodhā vedanānirodho, vedanānirodhā taṇhānirodho, taṇhānirodhā upādānanirodho, upādānanirodhā bhavanirodho, bhavanirodhā jātinirodho, jātinirodhā jarāmaraṇaṃ sokaparidevadukkhadomanassupāyāsā nirujjhanti – evametassa kevalassa dukkhakkhandhassa nirodhohotī''ti.
Atha kho Bhagavā etamatthaṃ viditvā tāyaṃ velāyaṃ imaṃ udānaṃ udānesi –
''Yadā have pātubhavanti dhammā;

Ātāpino jhāyato brāhmaṇassa;
Athassa kaṅkhā vapayanti sabbā;
Yato pajānāti sahetudhamma''nti.

2.[udā. 2] Atha kho Bhagavā rattiyā majjhimaṃ yāmaṃ paṭiccasamuppādaṃ anulomapaṭilomaṃ manasākāsi – ''avijjāpaccayā saṅkhārā, saṅkhārapaccayā viññāṇaṃ, viññāṇapaccayā nāmarūpaṃ...pe... evametassa kevalassa dukkhakkhandhassa samudayo hotī...pe... nirodho hotī''ti.

Atha kho Bhagavā etamatthaṃ viditvā tāyaṃ velāyaṃ imaṃ udānaṃ udānesi –
''Yadā have pātubhavanti dhammā;
Ātāpino jhāyato brāhmaṇassa;
Athassa kaṅkhā vapayanti sabbā;
Yato khayaṃ paccayānaṃ avedī''ti.

3.[udā. 3] Atha kho Bhagavā rattiyā pacchimaṃ yāmaṃ paṭiccasamuppādaṃ anulomapaṭilomaṃ manasākāsi – ''avijjāpaccayā saṅkhārā, saṅkhārapaccayā viññāṇaṃ, viññāṇapaccayā nāmarūpaṃ...pe... evametassa kevalassa dukkhakkhandhassa samudayo hoti...pe... nirodho hotī''ti.

Atha kho Bhagavā etamatthaṃ viditvā tāyaṃ velāyaṃ imaṃ udānaṃ udānesi –
''Yadā have pātubhavanti dhammā;
Ātāpino jhāyato brāhmaṇassa;
Vidhūpayaṃ tiṭṭhati mārasenaṃ;
Sūriyova [suriyova (sī. syā. kaṃ.)] obhāsayamantalikkha''nti.

Bodhikathā niṭṭhitā.

2. Ajapālakathā

4.[udā. 4] Atha kho Bhagavā sattāhassa accayena tamhā samādhimhā vuṭṭhahitvā bodhirukkhamūlā yena ajapālanigrodho tenupasaṅkami, upasaṅkamitvā ajapālanigrodhamūle sattāhaṃ ekapallaṅkena nisīdi vimuttisukhapaṭisaṃvedī. Atha kho aññataro huṃhuṅkajātiko brāhmaṇo yena Bhagavā tenupasaṅkami. Upasaṅkamitvā bhagavatā saddhiṃ sammodi. Sammodanīyaṃ kathaṃ sāraṇīyaṃ vītisāretvā ekamantaṃ aṭṭhāsi. Ekamantaṃ ṭhito kho so brāhmaṇo bhagavantaṃ etadavoca – ''kittāvatā nu kho, bho Gotama, brāhmaṇo hoti, katame ca pana brāhmaṇakaraṇā [brāhmaṇakārakā (ka.) brāhmaṇakarāṇā (?)]dhammā''ti?

Atha kho Bhagavā etamatthaṃ viditvā tāyaṃ velāyaṃ imaṃ udānaṃ udānesi –
[netti. 103] Yo brāhmaṇo bāhitapāpadhammo;
Nihuṃhuṅko nikkasāvo yatatto;
Vedantagū vusitabrahmacariyo;
Dhammena so brahmavādaṃ vadeyya;
Yassussadā natthi kuhiñci loke''ti.

Ajapālakathā niṭṭhitā.

3. Mucalindakathā

5.[udā. 11] Atha kho Bhagavā sattāhassa accayena tamhā samādhimhā vuṭṭhahitvā ajapālanigrodhamūlā yena mucalindo tenupasaṅkami, upasaṅkamitvā mucalindamūle sattāhaṃ ekapallaṅkena nisīdi vimuttisukhapaṭisaṃvedī. Tena kho pana samayena mahā akālamegho udapādi, sattāhavaddalikā sītavātaduddinī. Atha kho mucalindo nāgarājā sakabhavanā nikkhamitvā bhagavato kāyaṃ sattakkhattuṃ bhogehi parikkhipitvā uparimuddhani mahantaṃ phaṇaṃ karitvā aṭṭhāsi – ''mā bhagavantaṃ sītaṃ, mā bhagavantaṃ uṇhaṃ, mā bhagavantaṃ ḍaṃsamakasavātātapasarīsapasamphasso''ti [...siriṃ sapa... (sī. syā. kaṃ.)]. Atha kho mucalindo nāgarājā sattāhassa accayena viddhaṃ vigatavalāhakaṃ devaṃ viditvā bhagavato kāyā bhoge viniveṭhetvā sakavaṇṇaṃ paṭisaṃharitvā māṇavakavaṇṇaṃ abhinimminitvā bhagavato purato aṭṭhāsi pañjaliko bhagavantaṃ namassamāno. Atha kho Bhagavā etamatthaṃ viditvā tāyaṃ velāyaṃ imaṃ udānaṃ udānesi –
[kathā. 338 kathāvatthupāḷiyampi]''Sukho viveko tuṭṭhassa, sutadhammassa passato;
Abyāpajjaṃ sukhaṃ loke, pāṇabhūtesu saṃyamo.
[kathā. 338 kathāvatthupāḷiyampi]''Sukhā virāgatā loke, kāmānaṃ samatikkamo;
Asmimānassa yo vinayo, etaṃ ve paramaṃ sukha''nti.

Mucalindakathā niṭṭhitā.

4. Rājāyatanakathā

6. Atha kho Bhagavā sattāhassa accayena tamhā samādhimhā vuṭṭhahitvā mucalindamūlā yena rājāyatanaṃ tenupasaṅkami, upasaṅkamitvā rājāyatanamūle sattāhaṃ ekapallaṅkena nisīdi vimuttisukhapaṭisaṃvedī. Tena kho pana samayena tapussa [tapassu (sī.)] bhallikā vāṇijā ukkalā taṃ desaṃ addhānamaggappaṭipannā honti. Atha kho tapussabhallikānaṃ vāṇijānaṃ ñātisālohitā devatā tapussabhallike vāṇije etadavoca – ''ayaṃ, mārisā, Bhagavā rājāyatanamūle viharati paṭhamābhisambuddho; gacchatha taṃ bhagavantaṃ manthena ca madhupiṇḍikāya ca patimānetha; taṃ vo bhavissati dīgharattaṃ hitāya sukhāyā''ti. Atha kho tapussabhallikā vāṇijā manthañca madhupiṇḍikañca ādāya yena Bhagavā tenupasaṅkamiṃsu, upasaṅkamitvā bhagavantaṃ abhivādetvā

ekamantaṃ aṭṭhaṃsu. Ekamantaṃ ṭhitā kho tapussabhallikā vāṇijā bhagavantaṃ etadavocuṃ – ''paṭiggaṇhātu no, bhante, Bhagavā manthañca madhupiṇḍikañca, yaṃ amhākaṃ assa dīgharattaṃ hitāya sukhāyā''ti. Atha kho bhagavato etadahosi – ''na kho tathāgatā hatthesu paṭiggaṇhanti. Kimhi nu kho ahaṃ paṭiggaṇheyyaṃ manthañca madhupiṇḍikañcā''ti? Atha kho cattāro mahārājāno bhagavato cetasā cetoparivitakkamaññāya catuddisā cattāro selamaye patte bhagavato upanāmesuṃ – ''idha, bhante, Bhagavā paṭiggaṇhātu manthañca madhupiṇḍikañcā''ti. Paṭiggahesi Bhagavā paccagghe selamaye patte manthañca madhupiṇḍikañca, paṭiggahetvā paribhuñji. Atha kho tapussabhallikā vāṇijā bhagavantaṃ onītapattapāṇiṃ viditvā bhagavato pādesu sirasā nipatitvā bhagavantaṃ (onītapattapāṇiṃ viditvā bhagavato pādesu sirasā nipatitvā bhagavantaṃ) [( ) sī. syā. potthakesu natthi] etadavocuṃ – ''ete mayaṃ, bhante, bhagavantaṃ saraṇaṃ gacchāma dhammañca, upāsake no Bhagavā dhāretu ajjatagge pāṇupete saraṇaṃ gate''ti. Te ca loke paṭhamaṃ upāsakā ahesuṃ dvevācikā.

Rājāyatanakathā niṭṭhitā.

5. Brahmayācanakathā

7.[ayaṃ brahmayācanakathā dī. ni. 2.64 ādayo; ma. ni. 1.281 ādayo; ma. ni. 2.336 ādayo; saṃ. ni. 1.172 ādayo] Atha kho Bhagavā sattāhassa accayena tamhā samādhimhā vuṭṭhahitvā rājāyatanamūlā yena ajapālanigrodho tenupasaṅkami. Tatra sudaṃ Bhagavā ajapālanigrodhamūle viharati. Atha kho bhagavato rahogatassa paṭisallīnassa evaṃ cetaso parivitakko udapādi – ''adhigato kho myāyaṃ dhammo gambhīro duddaso duranubodho santo paṇīto atakkāvacaro nipuṇo paṇḍitavedanīyo. Ālayarāmā kho panāyaṃ pajā ālayaratā ālayasammuditā. Ālayarāmāya kho pana pajāya ālayaratāya ālayasammuditāya duddasaṃ idaṃ ṭhānaṃ yadidaṃ idappaccayatāpaaccasamuppādo; idampi kho ṭhānaṃ sududdasaṃ yadidaṃ sabbasaṅkhārasamatho sabbūpadhipaṭinissaggo taṇhākkhayo virāgo nirodho nibbānaṃ. Ahañceva kho pana dhammaṃ deseyyaṃ, pare ca me na ājāneyyuṃ, so mamassa kilamatho, sā mamassa vihesā''ti. Apissu bhagavantaṃ imā anacchariyā gāthāyo paṭibhaṃsu pubbe assutapubbā –

''Kicchena me adhigataṃ, halaṃ dāni pakāsituṃ;
Rāgadosaparetehi, nāyaṃ dhammo susambudho.
''Paṭisotagāmiṃ nipuṇaṃ, gambhīraṃ duddasaṃ aṇuṃ;
Rāgarattā na dakkhanti, tamokhandhena āvuṭā [āvaṭā (sī.)]''ti.

Itiha bhagavato paṭisañcikkhato appossukkatāya cittaṃ namati, no dhammadesanāya.

8. Atha kho brahmuno sahampatissa bhagavato cetasā cetoparivitakkamaññāya etadahosi – ''nassati vata bho loko, vinassati vata bho loko, yatra hi nāma tathāgatassa arahato sammāsambuddhassa appossukkatāya cittaṃ namati [namissati (?)], no dhammadesanāyā''ti. Atha kho brahmā sahampati – seyyathāpi nāma balavā puriso samiñjitaṃ vā bāhaṃ pasāreyya, pasāritaṃ vā bāhaṃ samiñjeyya evameva – brahmaloke antarahito bhagavato purato pāturahosi. Atha kho brahmā sahampati ekaṃsaṃ uttarāsaṅgaṃ karitvā dakkhiṇajāṇumaṇḍalaṃ pathaviyaṃ nihantvā yena Bhagavā tenañjaliṃ paṇāmetvā bhagavantaṃ etadavoca – ''desetu, bhante, Bhagavā dhammaṃ, desetu sugato dhammaṃ. Santi sattā apparajakkhajātikā, assavanatā dhammassa parihāyanti , bhavissanti dhammassa aññātāro''ti. Idamavoca brahmā sahampati, idaṃ vatvāna athāparaṃ etadavoca –

''Pāturahosi magadhesu pubbe;
Dhammo asuddho samalehi cintito;
Apāpuretaṃ [avāpuretaṃ (sī.)] amatassa dvāraṃ;
Suṇantu dhammaṃ vimalenānubuddhaṃ.
''Sele yathā pabbatamuddhaniṭṭhito;
Yathāpi passe janataṃ samantato;
Tathūpamaṃ dhammamayaṃ sumedha;
Pāsādamāruyha samantacakkhu;
Sokāvatiṇṇaṃ janatamapetasoko;
Avekkhassu jātijarābhibhūtaṃ.
''Uṭṭhehi vīra vijitasaṅgāma;
Satthavāha aṇaṇa [anaṇa (ka.)] vicara loke;
Desassu [desetu (ka.)] Bhagavā dhammaṃ;
Aññātāro bhavissantī''ti.

[[ ] sī. syā. potthakesu natthi, mūlapaṇṇāsakesu pāsarāsisutthe brahmayācanā sakiṃ yeva āgatā] [Evaṃ vutte Bhagavā brahmānaṃ sahampatiṃ etadavoca – ''mayhampi kho, brahme, etadahosi – 'adhigato kho myāyaṃ dhammo gambhīro duddaso duranubodho santo paṇīto atakkāvacaro nipuṇo paṇḍitavedanīyo. Ālayarāmā kho panāyaṃ pajā ālayaratā ālayasammuditā. Ālayarāmāya kho pana pajāya ālayaratāya ālayasammuditāya duddasaṃ idaṃ ṭhānaṃ yadidaṃ idappaccayatāpaṭiccasamuppādo; idampi kho ṭhānaṃ sududdasaṃ yadidaṃ sabbasaṅkhārasamatho sabbūpadhipaṭinissaggo taṇhākkhayo virāgo nirodho nibbānaṃ. Ahañceva kho pana dhammaṃ deseyyaṃ, pare ca me na ājāneyyuṃ, so mamassa kilamatho, sā mamassa vihesā'ti. Apissu maṃ, brahme, imā anacchariyā gāthāyo paṭibhaṃsu pubbe assutapubbā –

'Kicchena me adhigataṃ, halaṃ dāni pakāsituṃ;
Rāgadosaparetehi, nāyaṃ dhammo susambudho.
'Paṭisotagāmiṃ nipuṇaṃ, gambhīraṃ duddasaṃ aṇuṃ;
Rāgarattā na dakkhanti, tamokhandhena āvuṭā'ti.
Itiha me, brahme, paṭisañcikkhato appossukkatāya cittaṃ namati no dhammadesanāyā''ti.
Dutiyampi kho brahmā sahampati bhagavantaṃ etadavoca – ''desetu, bhante, Bhagavā dhammaṃ, desetu sugato dhammaṃ; santi sattā apparajakkhajātikā, assavanatā dhammassa parihāyanti, bhavissanti dhammassa aññātāro''ti. Idamavoca brahmā sahampati, idaṃ vatvāna athāparaṃ etadavoca –
''Pāturahosi magadhesu pubbe;
Dhammo asuddho samalehi cintito;
Apāpuretaṃ amatassa dvāraṃ;
Suṇantu dhammaṃ vimalenānubuddhaṃ.
''Sele yathā pabbatamuddhaniṭṭhito;
Yathāpi passe janataṃ samantato;
Tathūpamaṃ dhammamayaṃ sumedha;
Pāsādamāruyha samantacakkhu;
Sokāvatiṇṇaṃ janatamapetasoko;
Avekkhassu jātijarābhibhūtaṃ.
''Uṭṭhehi vīra vijitasaṅgāma;
Satthavāha aṇaṇa vicara loke;
Desassu Bhagavā dhammaṃ;
Aññātāro bhavissantī''ti.
Dutiyampi kho Bhagavā brahmānaṃ sahampatiṃ etadavoca – ''mayhampi kho, brahme, etadahosi – 'adhigato kho myāyaṃ dhammo gambhīro duddaso duranubodho santo paṇīto atakkāvacaro nipuṇo paṇḍitavedanīyo. Ālayarāmā kho panāyaṃ pajā ālayaratā ālayasammuditā. Ālayarāmāya kho pana pajāya ālayaratāya ālayasammuditāya duddasaṃ idaṃ ṭhānaṃ yadidaṃ idappaccayatāpaṭiccasamuppādo; idampi kho ṭhānaṃ sududdasaṃ yadidaṃ sabbasaṅkhārasamatho sabbūpadhipaṭinissaggo taṇhākkhayo virāgo nirodho nibbānaṃ. Ahañceva kho pana dhammaṃ deseyyaṃ, pare ca me na ājāneyyuṃ, so mamassa kilamatho, sā mamassa vihesā'ti. Apissu maṃ, brahme, imā anacchariyā gāthāyo paṭibhaṃsu pubbe assutapubbā –
'Kicchena me adhigataṃ, halaṃ dāni pakāsituṃ;
Rāgadosaparetehi, nāyaṃ dhammo susambudho.
'Paṭisotagāmiṃ nipuṇaṃ, gambhīraṃ duddasaṃ aṇuṃ;
Rāgarattā na dakkhanti, tamokhandhena āvuṭā'ti.
Itiha me, brahme, paṭisañcikkhato appossukkatāya cittaṃ namati, no dhammadesanāyā''ti.
Tatiyampi kho brahmā sahampati bhagavantaṃ etadavoca – ''desetu, bhante, Bhagavā dhammaṃ, desetu sugato dhammaṃ. Santi sattā apparajakkhajātikā, assavanatā dhammassa parihāyanti, bhavissanti dhammassa aññātāro''ti. Idamavoca brahmā sahampati, idaṃ vatvāna athāparaṃ etadavoca –
''Pāturahosi magadhesu pubbe;
Dhammo asuddho samalehi cintito;
Apāpuretaṃ amatassa dvāraṃ;
Suṇantu dhammaṃ vimalenānubuddhaṃ.
''Sele yathā pabbatamuddhaniṭṭhito;
Yathāpi passe janataṃ samantato;
Tathūpamaṃ dhammamayaṃ sumedha;
Pāsādamāruyha samantacakkhu;
Sokāvatiṇṇaṃ janatamapetasoko;
Avekkhassu jātijarābhibhūtaṃ.
''Uṭṭhehi vīra vijitasaṅgāma;
Satthavāha aṇaṇa vicara loke;
Desassu Bhagavā dhammaṃ;
Aññātāro bhavissantī''ti.
9. Atha kho Bhagavā brahmuno ca ajjhesanaṃ viditvā sattesu ca kāruññataṃ paṭicca buddhacakkhunā lokaṃ volokesi. Addasā kho Bhagavā buddhacakkhunā lokaṃ volokento satte apparajakkhe mahārajakkhe tikkhindriye mudindriye svākāre dvākāre suviññāpaye duviññāpaye, appekacce paralokavajjabhayadassāvine[dassāvino (sī. syā. kaṃ.)] viharante, appekacce na paralokavajjabhayadassāvine viharante. Seyyathāpi nāma uppaliniyaṃ vā paduminiyaṃ vā puṇḍarīkiniyaṃ vā appekaccāni uppalāni vā padumāni vā puṇḍarīkāni vā udake jātāni udake saṃvaḍḍhāni udakānuggatāni anto nimuggaposīni , appekaccāni uppalāni vā padumāni vā puṇḍarīkāni vā udake jātāni udake saṃvaḍḍhāni samodakaṃ ṭhitāni, appekaccāni uppalāni vā padumāni vā puṇḍarīkāni

vā udake jātāni udake saṃvaḍḍhāni udakaṃ accuggamma ṭhitāni [tiṭṭhanti (sī. syā.)] anupalittāni udakena, evamevaṃ Bhagavā buddhacakkhunā lokaṃ volokento addasa satte apparajakkhe mahārajakkhe tikkhindriye mudindriye svākāre dvākāre suviññāpaye duviññāpaye, appekacce paralokavajjabhayadassāvine viharante, appekacce na paralokavajjabhayadassāvine viharante; disvāna brahmānaṃ sahampatiṃ gāthāya paccabhāsi –

''Apārutā tesaṃ amatassa dvārā;
Ye sotavanto pamuñcantu saddhaṃ;
Vihiṃsasaññī paguṇaṃ na bhāsiṃ;
Dhammaṃ paṇītaṃ manujesu brahme''ti.

Atha kho brahmā sahampati ''katāvakāso khomhi bhagavatā dhammadesanāyā''ti bhagavantaṃ abhivādetvā padakkhiṇaṃ katvā tatthevantaradhāyi.

Brahmayācanakathā niṭṭhitā.

6. Pañcavaggiyakathā

10.[ma. ni. 1.284 ādayo; ma. ni. 2.339 ādayo] Atha kho bhagavato etadahosi – ''kassa nu kho ahaṃ paṭhamaṃ dhammaṃ deseyyaṃ? Ko imaṃ dhammaṃ khippameva ājānissatī''ti? Atha kho bhagavato etadahosi – ''ayaṃ kho āḷāro kālāmo paṇḍito byatto medhāvī dīgharattaṃ apparajakkhajātiko; yaṃnūnāhaṃ āḷārassa kālāmassa paṭhamaṃ dhammaṃ deseyyaṃ, so imaṃ dhammaṃ khippameva ājānissatī''ti. Atha kho antarahitā devatā bhagavato ārocesi – ''sattāhakālaṅkato, bhante, āḷāro kālāmo''ti. Bhagavatopi kho ñāṇaṃ udapādi – ''sattāhakālaṅkato āḷāro kālāmo''ti. Atha kho bhagavato etadahosi – ''mahājāniyo kho āḷāro kālāmo; sace hi so imaṃ dhammaṃ suṇeyya, khippameva ājāneyyā''ti. Atha kho bhagavato etadahosi – ''kassa nu kho ahaṃ paṭhamaṃ dhammaṃ deseyyaṃ? Ko imaṃ dhammaṃ khippameva ājānissatī''ti? Atha kho bhagavato etadahosi – ''ayaṃ kho udako [uddako (sī. syā.)]rāmaputto paṇḍito byatto medhāvī dīgharattaṃ apparajakkhajātiko; yaṃnūnāhaṃ udakassa rāmaputtassa paṭhamaṃ dhammaṃ deseyyaṃ, so imaṃ dhammaṃ khippameva ājānissatī''ti. Atha kho antarahitā devatā bhagavato ārocesi – ''abhidosakālaṅkato, bhante, udako rāmaputto''ti. Bhagavatopi kho ñāṇaṃ udapādi – ''abhidosakālaṅkato udako rāmaputto''ti. Atha kho bhagavato etadahosi – ''mahājāniyo kho udako rāmaputto; sace hi so imaṃ dhammaṃ suṇeyya, khippameva ājāneyyā''ti

Atha kho bhagavato etadahosi – ''kassa nu kho ahaṃ paṭhamaṃ dhammaṃ deseyyaṃ? Ko imaṃ dhammaṃ khippameva ājānissatī''ti? Atha kho bhagavato etadahosi – ''bahukārā kho me pañcavaggiyā bhikkhū, ye maṃ padhānapahitattaṃ upaṭṭhahiṃsu; yaṃnūnāhaṃ pañcavaggiyānaṃ bhikkhūnaṃ paṭhamaṃ dhammaṃ deseyya''nti. Atha kho bhagavato etadahosi – ''kahaṃ nu kho etarahi pañcavaggiyā bhikkhū viharantī''ti? Addasā kho Bhagavā dibbena cakkhunā visuddhena atikkantamānusakena pañcavaggiye bhikkhū bārāṇasiyaṃ viharante isipatane migadāye. Atha kho Bhagavā uruvelāyaṃ yathābhirantaṃ viharitvā yena bārāṇasī tena cārikaṃ pakkāmi.

11. Addasā kho upako ājīvako bhagavantaṃ antarā ca gayaṃ antarā ca bodhiṃ addhānamaggappaṭipannaṃ, disvāna bhagavantaṃ etadavoca – ''vippasannāni kho te, āvuso, indriyāni, parisuddho chavivaṇṇo pariyodāto. Kaṃsi tvaṃ, āvuso, uddissa pabbajito? Ko vā te satthā? Kassa vā tvaṃ dhammaṃ rocesī''ti? Evaṃ vutte Bhagavā upakaṃ ājīvakaṃ gāthāhi ajjhabhāsi –

[dha. pa. 353; kathā. 405] ''Sabbābhibhū sabbavidūhamasmi,
Sabbesu dhammesu anūpalitto;
Sabbañjaho taṇhākkhaye vimutto,
Sayaṃ abhiññāya kamuddiseyyaṃ.

[mi. pa. 4.5.11 milindapañhepi; kathā. 405] ''Na me ācariyo atthi, sadiso me na vijjati;
Sadevakasmiṃ lokasmiṃ, natthi me paṭipuggalo.

[kathā. 405 kathāvatthupāḷiyampi] ''Ahañhi arahā loke, ahaṃ satthā anuttaro;
Ekomhi sammāsambuddho, sītibhūtosmi nibbuto.

[kathā. 405 kathāvatthupāḷiyampi]''Dhammacakkaṃ pavattetuṃ, gacchāmi kāsinaṃ puraṃ;
Andhībhūtasmiṃ lokasmiṃ, āhañchaṃ [āhaññiṃ (ka.)] amatadundubhi''nti.

Yathā kho tvaṃ, āvuso, paṭijānāsi, arahasi anantajinoti.

[kathā. 405 kathāvatthupāḷiyampi] ''Mādisā ve jinā honti, ye pattā āsavakkhayaṃ;
Jitā me pāpakā dhammā, tasmāhamupaka [tasmāhamupakā (sī.)] jino''ti.

Evaṃ vutte upako ājīvako hupeyyapāvusoti [huveyyapāvuso (sī.) huveyyāvuso (syā.)] vatvā sīsaṃ okampetvā ummaggaṃ gahetvā pakkāmi.

12. Atha kho Bhagavā anupubbena cārikaṃ caramāno yena bārāṇasī isipatanaṃ migadāyo, yena pañcavaggiyā bhikkhū tenupasaṅkami. Addasaṃsu kho pañcavaggiyā bhikkhū bhagavantaṃ dūratova āgacchantaṃ; disvāna aññamaññaṃ katikaṃ [idaṃ padaṃ kesuci natthi] saṇṭhapesuṃ – ''ayaṃ, āvuso, samaṇo Gotamo āgacchati, bāhulliko padhānavibbhanto āvatto bāhullāya. So neva abhivādetabbo, na paccuṭṭhātabbo, nāssa pattacīvaraṃ paṭiggahetabbaṃ; api ca kho āsanaṃ ṭhapetabbaṃ, sace so ākaṅkhissati nisīdissatī''ti. Yathā yathā kho Bhagavā pañcavaggiye bhikkhū upasaṅkamati, tathā tathā [tathā tathā te (sī. syā.)] pañcavaggiyā bhikkhū nāsakkhiṃsu sakāya katikāya saṇṭhātuṃ .

Asaṇṭhahantā bhagavantaṃ paccuggantvā eko bhagavato pattacīvaraṃ paṭiggahesi, eko āsanaṃ paññapesi, eko pādodakaṃ, eko pādapīṭhaṃ, eko pādakaṭhalikaṃ upanikkhipi. Nisīdi Bhagavā paññatte āsane; nisajja kho Bhagavā pāde pakkhālesi. Apissu [api ca kho (pāsarāsisuttha)] bhagavantaṃ nāmena ca āvusovādena ca samudācaranti. Evaṃ vutte Bhagavā pañcavaggiye bhikkhū etadavoca – ''mā, bhikkhave, tathāgataṃ nāmena ca āvusovādena ca samudācaratha [samudācarittha (sī. syā.)]. Arahaṃ, bhikkhave, tathāgato sammāsambuddho, odahatha, bhikkhave, sotaṃ, amatamadhigataṃ, ahamanusāsāmi, ahaṃ dhammaṃ desemi. Yathānusiṭṭhaṃ tathā paṭipajjamānā [yathānusiṭṭhaṃ paṭipajjamānā (syā.)] nacirasseva – yassatthāya kulaputtā sammadeva agārasmā anagāriyaṃ pabbajanti tadanuttaraṃ – brahmacariyapariyosānaṃ diṭṭheva dhamme sayaṃ abhiññā sacchikatvā upasampajja viharissathā''ti. Evaṃ vutte pañcavaggiyā bhikkhū bhagavantaṃ etadavocuṃ – ''tāyapi kho tvaṃ, āvuso Gotama, iriyāya[cariyāya (syā.)], tāya paṭipadāya, tāya dukkarakārikāya nevajjhagā uttari manussadhammā [uttarimanussadhammaṃ (syā. ka.)] alamariyañāṇadassanavisesaṃ, kiṃ pana tvaṃ etarahi, bāhulliko padhānavibbhanto āvatto bāhullāya, adhigamissasi uttari manussadhammā alamariyañāṇadassanavisesa''nti? Evaṃ vutte Bhagavā pañcavaggiye bhikkhū etadavoca – ''na, bhikkhave, tathāgato bāhulliko, na padhānavibbhanto, na āvatto bāhullāya; arahaṃ, bhikkhave, tathāgato sammāsambuddho. Odahatha, bhikkhave, sotaṃ, amatamadhigataṃ, ahamanusāsāmi , ahaṃ dhammaṃ desemi. Yathānusiṭṭhaṃ tathā paṭipajjamānā nacirasseva – yassatthāya kulaputtā sammadeva agārasmā anagāriyaṃ pabbajanti tadanuttaraṃ– brahmacariyapariyosānaṃ diṭṭhevadhamme sayaṃ abhiññā sacchikatvā upasampajja viharissathā''ti. Dutiyampi kho pañcavaggiyā bhikkhū bhagavantaṃ etadavocuṃ...pe.... Dutiyampi kho Bhagavā pañcavaggiye bhikkhū etadavoca...pe.... Tatiyampi kho pañcavaggiyā bhikkhū bhagavantaṃ etadavocuṃ – ''tāyapi kho tvaṃ, āvuso Gotama, iriyāya, tāya paṭipadāya, tāya dukkarakārikāya nevajjhagā uttari manussadhammā alamariyañāṇadassanavisesaṃ, kiṃ pana tvaṃ etarahi, bāhulliko padhānavibbhanto āvatto bāhullāya, adhigamissasi uttari manussadhammā alamariyañāṇadassanavisesa''nti? Evaṃ vutte Bhagavā pañcavaggiye bhikkhū etadavoca – ''abhijānātha me no tumhe, bhikkhave, ito pubbe evarūpaṃ pabhāvitameta''nti [bhāsitametanti (sī. syā. ka.) ṭīkāyo oloketabbā]? ''Nohetaṃ, bhante''. Arahaṃ, bhikkhave, tathāgato sammāsambuddho, odahatha, bhikkhave, sotaṃ, amatamadhigataṃ, ahamanusāsāmi, ahaṃ dhammaṃ desemi. Yathānusiṭṭhaṃ tathā paṭipajjamānā nacirasseva – yassatthāya kulaputtā sammadeva agārasmā anagāriyaṃ pabbajanti tadanuttaraṃbrahmacariyapariyosānaṃ diṭṭhevadhamme sayaṃ abhiññā sacchikatvā upasampajja viharissathāti. Asakkhi kho Bhagavā pañcavaggiye bhikkhū saññāpetuṃ. Atha kho pañcavaggiyā bhikkhū bhagavantaṃ sussūsiṃsu, sotaṃ odahiṃsu, aññā cittaṃ upaṭṭhāpesuṃ.

13. Atha kho Bhagavā pañcavaggiye bhikkhū āmantesi –

''[saṃ. ni. 5.1081 ādayo] Dveme, bhikkhave , antā pabbajitena na sevitabbā. Katame dve [idaṃ padadvayaṃ sī. syā. potthakesu natthi]? Yo cāyaṃ kāmesu kāmasukhallikānuyogo hīno gammo pothujjaniko anariyo anatthasaṃhito, yo cāyaṃ attakilamathānuyogo dukkho anariyo anatthasaṃhito. Ete kho, bhikkhave, ubho ante anupagamma, majjhimā paṭipadā tathāgatena abhisambuddhā, cakkhukaraṇī ñāṇakaraṇī upasamāya abhiññāya sambodhāya nibbānāya saṃvattati. Katamā ca sā, bhikkhave, majjhimā paṭipadā tathāgatena abhisambuddhā, cakkhukaraṇī ñāṇakaraṇī upasamāya abhiññāya sambodhāya nibbānāya saṃvattati? Ayameva ariyo aṭṭhaṅgiko maggo, seyyathidaṃ – sammādiṭṭhi, sammāsaṅkappo, sammāvācā, sammākammanto, sammāājīvo, sammāvāyāmo, sammāsati, sammāsamādhi. Ayaṃ kho sā, bhikkhave, majjhimā paṭipadā tathāgatena abhisambuddhā, cakkhukaraṇī ñāṇakaraṇī upasamāya abhiññāya sambodhāya nibbānāya saṃvattati.

14. ''Idaṃ kho pana, bhikkhave, dukkhaṃ ariyasaccaṃ. Jātipi dukkhā, jarāpi dukkhā, byādhipi dukkho, maraṇampi dukkhaṃ, appiyehi sampayogo dukkho, piyehi vippayogo dukkho, yampicchaṃ na labhati tampi dukkhaṃ. Saṃkhittena, pañcupādānakkhandhā [pañcupādānakhandhāpi (ka)] dukkhā. ''Idaṃ kho pana, bhikkhave, dukkhasamudayaṃ [ettha ''idaṃ dukkhaṃ ariyasaccanti ādīsu dukkhasamudayo dukkhanirodhoti vattabbe dukkhasamudayaṃ dukkhanirodhanti liṅgavipallāso tato''ti paṭisambhidāmaggaṭṭhakathāyaṃ vuttaṃ. visuddhimaggaṭīkāyaṃ pana uppādo bhayantipāṭhavaṇṇanāyaṃ ''satipi dvinnaṃ padānaṃ samānādhikaraṇabhāve liṅgabhedo gahito, yathā dukkhasamudayo ariyasacca''nti vuttaṃ. tesu dukkhasamudayo ariyasacca''nti sakaliṅgikapāṭho ''dukkhanirodhagāminī paṭipadā ariyasacca''nti pāḷiyā sameti.] ariyasaccaṃ – yāyaṃ taṇhā ponobbhavikā [ponobhavikā (ka.)]nandīrāgasahagatā [nandirāgasahagatā (sī. syā.)] tatratatrābhinandinī, seyyathidaṃ – kāmataṇhā, bhavataṇhā, vibhavataṇhā.

''Idaṃ kho pana, bhikkhave, dukkhanirodhaṃ ariyasaccaṃ – yo tassā yeva taṇhāya asesavirāganirodho, cāgo, paṭinissaggo, mutti, anālayo. ''Idaṃ kho pana, bhikkhave, dukkhanirodhagāminī paṭipadā ariyasaccaṃ – ayameva ariyo aṭṭhaṅgiko maggo, seyyathidaṃ – sammādiṭṭhi, sammāsaṅkappo, sammāvācā, sammākammanto, sammāājīvo, sammāvāyāmo, sammāsati, sammāsamādhi.

15. ''Idaṃ dukkhaṃ ariyasaccanti me, bhikkhave, pubbe ananussutesu dhammesu cakkhuṃ udapādi, ñāṇaṃ udapādi, paññā udapādi, vijjā udapādi , āloko udapādi. Taṃ kho panidaṃ dukkhaṃ ariyasaccaṃ pariññeyyanti me, bhikkhave, pubbe ananussutesu dhammesu cakkhuṃ udapādi, ñāṇaṃ udapādi, paññā

udapādi, vijjā udapādi, āloko udapādi. Taṃ kho panidaṃ dukkhaṃ ariyasaccaṃ pariññātanti me, bhikkhave, pubbe ananussutesu dhammesu cakkhuṃ udapādi, ñāṇaṃ udapādi, paññā udapādi, vijjā udapādi, āloko udapādi.

''Idaṃ dukkhasamudayaṃ ariyasaccanti me, bhikkhave, pubbe ananussutesu dhammesu cakkhuṃ udapādi, ñāṇaṃ udapādi, paññā udapādi, vijjā udapādi, āloko udapādi. Taṃ kho panidaṃ dukkhasamudayaṃ ariyasaccaṃ pahātabbanti me, bhikkhave, pubbe ananussutesu dhammesu cakkhuṃ udapādi, ñāṇaṃ udapādi, paññā udapādi, vijjā udapādi, āloko udapādi. Taṃ kho panidaṃ dukkhasamudayaṃ ariyasaccaṃ pahīnanti me, bhikkhave, pubbe ananussutesu dhammesu cakkhuṃ udapādi, ñāṇaṃ udapādi, paññā udapādi, vijjā udapādi, āloko udapādi.

''Idaṃ dukkhanirodhaṃ ariyasaccanti me, bhikkhave, pubbe ananussutesu dhammesu cakkhuṃ udapādi, ñāṇaṃ udapādi, paññā udapādi, vijjā udapādi, ālokoudapādi. Taṃ kho panidaṃ dukkhanirodhaṃ ariyasaccaṃ sacchikātabbanti me, bhikkhave, pubbe ananussutesu dhammesu cakkhuṃ udapādi, ñāṇaṃ udapādi, paññā udapādi, vijjā udapādi, āloko udapādi. Taṃ kho panidaṃ dukkhanirodhaṃ ariyasaccaṃ sacchikatanti me, bhikkhave, pubbe ananussutesu dhammesu cakkhuṃ udapādi, ñāṇaṃ udapādi, paññā udapādi, vijjā udapādi, āloko udapādi.

''Idaṃ dukkhanirodhagāminī paṭipadā ariyasaccanti me, bhikkhave, pubbe ananussutesu dhammesu cakkhuṃ udapādi, ñāṇaṃ udapādi, paññā udapādi, vijjā udapādi, āloko udapādi. Taṃ kho panidaṃ dukkhanirodhagāminī paṭipadā ariyasaccaṃ bhāvetabbanti me, bhikkhave, pubbe ananussutesu dhammesu cakkhuṃ udapādi, ñāṇaṃ udapādi, paññā udapādi, vijjā udapādi, āloko udapādi. Taṃ kho panidaṃ dukkhanirodhagāminī paṭipadā ariyasaccaṃ bhāvitanti me, bhikkhave, pubbe ananussutesu dhammesu cakkhuṃ udapādi, ñāṇaṃ udapādi, paññā udapādi, vijjā udapādi, āloko udapādi.

16. ''Yāvakīvañca me, bhikkhave, imesu catūsu ariyasaccesu evaṃ tiparivaṭṭaṃ dvādasākāraṃ yathābhūtaṃ ñāṇadassanaṃ na suvisuddhaṃ ahosi, neva tāvāhaṃ, bhikkhave, sadevake loke samārake sabrahmake sassamaṇabrāhmaṇiyā pajāya sadevamanussāya anuttaraṃ sammāsambodhiṃ abhisambuddhoti paccaññāsiṃ. Yato ca kho me, bhikkhave, imesu catūsu ariyasaccesu evaṃ tiparivaṭṭaṃ dvādasākāraṃ yathābhūtaṃ ñāṇadassanaṃ suvisuddhaṃ ahosi, athāhaṃ, bhikkhave, sadevake loke samārake sabrahmake sassamaṇabrāhmaṇiyā pajāya sadevamanussāya anuttaraṃ sammāsambodhiṃ abhisambuddhoti[abhisambuddho (sī. syā.)] paccaññāsiṃ. Ñāṇañca pana me dassanaṃ udapādi – akuppā me vimutti, ayamantimā jāti, natthi dāni punabbhavo''ti. Idamavoca Bhagavā attamanā pañcavaggiyā bhikkhū bhagavato bhāsitaṃ abhinandunti [idamavoca...pe... abhinanduntivākyaṃ sī. syā. potthakesu natthi].

Imasmiñca pana veyyākaraṇasmiṃ bhaññamāne āyasmato koṇḍaññassa virajaṃ vītamalaṃ dhammacakkhuṃ udapādi – ''yaṃ kiñci samudayadhammaṃ sabbaṃ taṃ nirodhadhamma''nti.

17. Pavattite ca pana bhagavatā dhammacakke, bhummā devā saddamanussāvesuṃ – ''etaṃ bhagavatā bārāṇasiyaṃ isipatane migadāye anuttaraṃ dhammacakkaṃ pavattitaṃ, appaṭivattiyaṃ samaṇena vā brāhmaṇena vā devena vā mārena vā brahmunā vā kenaci vā lokasmi''nti. Bhummānaṃ devānaṃ saddaṃ sutvā cātumahārājikā devā saddamanussāvesuṃ...pe... cātumahārājikānaṃ devānaṃ saddaṃ sutvā tāvatiṃsā devā...pe... yāmā devā...pe... tusitā devā...pe... nimmānaratī devā...pe... paranimmitavasavattī devā...pe... brahmakāyikā devā saddamanussāvesuṃ – ''etaṃ bhagavatā bārāṇasiyaṃ isipatane migadāye anuttaraṃ dhammacakkaṃ pavattitaṃ appaṭivattiyaṃ samaṇena vā brāhmaṇena vā devena vā mārena vā brahmunā vā kenaci vā lokasmi''nti. Itiha, tena khaṇena, tena layena [tena layenāti padadvayaṃ sī. syā. potthakesu natthi] tena muhuttena yāva brahmalokā saddo abbhuggacchi. Ayañca dasasahassilokadhātu saṃkampi sampakampi sampavedhi ; appamāṇo ca uḷāro obhāso loke pāturahosi, atikkamma devānaṃ devānubhāvaṃ. Atha kho Bhagavā imaṃ udānaṃ udānesi – ''aññāsi vata, bho koṇḍañño, aññāsi vata bho koṇḍañño''ti. Iti hidaṃ āyasmato koṇḍaññassa 'aññāsikoṇḍañño' tveva nāmaṃ ahosi.

18. Atha kho āyasmā aññāsikoṇḍañño diṭṭhadhammo pattadhammo viditadhammo pariyogāḷhadhammo tiṇṇavicikiccho vigatakathaṃkatho vesārajjappatto aparappaccayo satthusāsane bhagavantaṃ etadavoca – ''labheyyāhaṃ, bhante, bhagavato santike pabbajjaṃ, labheyyaṃ upasampada''nti. ''Ehi bhikkhū''ti Bhagavā avoca – ''svākkhāto dhammo, cara brahmacariyaṃ sammā dukkhassa antakiriyāyā''ti. Sāva tassa āyasmato upasampadā ahosi.

19. Atha kho Bhagavā tadavasese bhikkhū dhammiyā kathāya ovadi anusāsi. Atha kho āyasmato ca vappassa āyasmato ca bhaddiyassa bhagavatā dhammiyā kathāya ovadiyamānānaṃ anusāsiyamānānaṃ virajaṃ vītamalaṃ dhammacakkhuṃ udapādi – yaṃ kiñci samudayadhammaṃ, sabbaṃ taṃ nirodhadhammanti.

Te diṭṭhadhammā pattadhammā viditadhammā pariyogāḷhadhammā tiṇṇavicikicchā vigatakathaṃkathā vesārajjappattā aparappaccayā satthusāsanebhagavantaṃ etadavocuṃ – ''labheyyāma mayaṃ, bhante, bhagavato santike pabbajjaṃ, labheyyāma upasampada''nti. ''Etha bhikkhavo''ti Bhagavā avoca – ''svākkhāto dhammo, caratha brahmacariyaṃ sammā dukkhassa antakiriyāyā''ti. Sāva tesaṃ āyasmantānaṃ upasampadā ahosi.

Atha kho Bhagavā tadavasese bhikkhū nīhārabhatto dhammiyā kathāya ovadi anusāsi. Yaṃ tayo bhikkhū piṇḍāya caritvā āharanti, tena chabbaggo yāpeti. Atha kho āyasmato ca mahānāmassa āyasmato ca assajissa bhagavatā dhammiyā kathāya ovadiyamānānaṃ anusāsiyamānānaṃ virajaṃ vītamalaṃ dhammacakkhuṃ udapādi – yaṃ kiñci samudayadhammaṃ, sabbaṃ taṃ nirodhadhammanti. Te diṭṭhadhammā pattadhammā viditadhammā pariyogāḷhadhammā tiṇṇavicikicchā vigatakathaṃkathā vesārajjappattā aparappaccayā satthusāsane bhagavantaṃ etadavocuṃ – ''labheyyāma mayaṃ, bhante, bhagavato santike pabbajjaṃ, labheyyāma upasampada''nti. ''Etha bhikkhavo''ti Bhagavā avoca – ''svākkhāto dhammo, caratha brahmacariyaṃ sammā dukkhassa antakiriyāyā''ti. Sāva tesaṃ āyasmantānaṃ upasampadā ahosi.

20. Atha kho Bhagavā pañcavaggiye bhikkhū āmantesi –

[saṃ. ni. 3.59 ādayo] ''Rūpaṃ, bhikkhave, anattā. Rūpañca hidaṃ, bhikkhave, attā abhavissa, nayidaṃ rūpaṃ ābādhāya saṃvatteyya, labbhetha ca rūpe – 'evaṃ me rūpaṃ hotu, evaṃ me rūpaṃ mā ahosī'ti. Yasmā ca kho, bhikkhave, rūpaṃ anattā, tasmā rūpaṃ ābādhāya saṃvattati, na ca labbhati rūpe – 'evaṃ me rūpaṃ hotu, evaṃ me rūpaṃ mā ahosī'ti. Vedanā, anattā. Vedanā ca hidaṃ, bhikkhave, attā abhavissa, nayidaṃ vedanā ābādhāya saṃvatteyya, labbhetha ca vedanāya – 'evaṃ me vedanā hotu, evaṃ me vedanā mā ahosī'ti. Yasmā ca kho, bhikkhave, vedanā anattā, tasmā vedanā ābādhāya saṃvattati, na ca labbhati vedanāya – 'evaṃ me vedanā hotu, evaṃ me vedanā mā ahosī'ti. Saññā, anattā. Saññā ca hidaṃ, bhikkhave, attā abhavissa, nayidaṃ saññā ābādhāya saṃvatteyya, labbhetha ca saññāya – 'evaṃ me saññā hotu, evaṃ me saññā mā ahosī'ti. Yasmā ca kho, bhikkhave, saññā anattā, tasmā saññā ābādhāya saṃvattati, na ca labbhati saññāya – 'evaṃ me saññā hotu, evaṃ me saññā mā ahosī'ti. Saṅkhārā, anattā. Saṅkhārā ca hidaṃ, bhikkhave, attā abhavissaṃsu, nayidaṃ [nayime (ka.)] saṅkhārā ābādhāya saṃvatteyyuṃ, labbhetha ca saṅkhāresu – 'evaṃ me saṅkhārā hontu, evaṃ me saṅkhārā mā ahesu'nti. Yasmā ca kho, bhikkhave, saṅkhārā anattā, tasmā saṅkhārā ābādhāya saṃvattanti, na ca labbhati saṅkhāresu – 'evaṃ me saṅkhārā hontu, evaṃ me saṅkhārā mā ahesu'nti. Viññāṇaṃ, anattā. Viññāṇañca hidaṃ, bhikkhave, attā abhavissa, nayidaṃ viññāṇaṃ ābādhāya saṃvatteyya, labbhetha ca viññāṇe – 'evaṃ me viññāṇaṃ hotu, evaṃ me viññāṇaṃ mā ahosī'ti. Yasmā ca kho, bhikkhave, viññāṇaṃ anattā, tasmā viññāṇaṃ ābādhāya saṃvattati, na ca labbhati viññāṇe – 'evaṃ me viññāṇaṃ hotu, evaṃ me viññāṇaṃ mā ahosī'ti.

21. ''Taṃ kiṃ maññatha, bhikkhave, rūpaṃ niccaṃ vā aniccaṃ vāti? Aniccaṃ, bhante. Yaṃ panāniccaṃ dukkhaṃ vā taṃ sukhaṃ vāti? Dukkhaṃ, bhante. Yaṃ panāniccaṃ dukkhaṃ vipariṇāmadhammaṃ, kallaṃ nu taṃ samanupassituṃ – etaṃ mama, esohamasmi, eso me attāti? No hetaṃ, bhante. Vedanā niccā vā aniccā vāti? Aniccā, bhante. Yaṃ panāniccaṃ dukkhaṃ vā taṃ sukhaṃ vāti? Dukkhaṃ, bhante. Yaṃ panāniccaṃ dukkhaṃ vipariṇāmadhammaṃ, kallaṃ nu taṃ samanupassituṃ – etaṃ mama, esohamasmi, eso me attāti? No hetaṃ, bhante. Saññā niccā vā aniccā vāti? Aniccā, bhante. Yaṃ panāniccaṃ dukkhaṃ vā taṃ sukhaṃ vāti? Dukkhaṃ, bhante. Yaṃ panāniccaṃ dukkhaṃ vipariṇāmadhammaṃ, kallaṃ nu taṃ samanupassituṃ – etaṃ mama, esohamasmi, eso me attāti? No hetaṃ, bhante. Saṅkhārā niccā vā aniccā vāti? Aniccā, bhante. Yaṃ panāniccaṃ, dukkhaṃ vā taṃ sukhaṃ vāti? Dukkhaṃ, bhante. Yaṃ panāniccaṃ dukkhaṃ vipariṇāmadhammaṃ, kallaṃ nu taṃ samanupassituṃ – etaṃ mama, esohamasmi, eso me attāti? No hetaṃ, bhante. Viññāṇaṃ niccaṃ vā aniccaṃ vāti? Aniccaṃ, bhante. Yaṃ panāniccaṃ, dukkhaṃ vā taṃ sukhaṃ vāti? Dukkhaṃ, bhante. Yaṃ panāniccaṃ dukkhaṃ vipariṇāmadhammaṃ, kallaṃ nu taṃ samanupassituṃ – etaṃ mama, esohamasmi, eso me attāti? No hetaṃ, bhante.

22. ''Tasmātiha, bhikkhave, yaṃ kiñci rūpaṃ atītānāgatapaccuppannaṃ ajjhattaṃ vā bahiddhā vā oḷārikaṃ vā sukhumaṃ vā hīnaṃ vā paṇītaṃ vā yaṃ dūre[yaṃ dūre vā (syā.)] santike vā, sabbaṃ rūpaṃ – netaṃ mama, nesohamasmi, na meso attāti – evametaṃ yathābhūtaṃ sammappaññāya daṭṭhabbaṃ. Yā kāci vedanā atītānāgatapaccuppannā ajjhattaṃ vā bahiddhā vā oḷārikā vā sukhumā vā hīnā vā paṇītā vā yā dūre santike vā, sabbā vedanā – netaṃ mama, nesohamasmi, na meso attāti – evametaṃ yathābhūtaṃ sammappaññāya daṭṭhabbaṃ. Yā kāci saññā atītānāgatapaccuppannā ajjhattaṃ vā bahiddhā vā oḷārikā vā sukhumā vā hīnā vā paṇītā vā yā dūre santike vā, sabbā saññā – netaṃ mama, nesohamasmi, na meso attāti – evametaṃ yathābhūtaṃ sammappaññāya daṭṭhabbaṃ. Ye keci saṅkhārā atītānāgatapaccuppannā ajjhattaṃ vā bahiddhā vā oḷārikā vā sukhumā vā hīnā vā paṇītā vā ye dūre santike vā, sabbe saṅkhārā – netaṃ mama, nesohamasmi, na meso attāti – evametaṃ yathābhūtaṃ sammappaññāya daṭṭhabbaṃ. Yaṃ kiñci viññāṇaṃ atītānāgatapaccuppannaṃ ajjhattaṃ vā bahiddhā vā oḷārikaṃ vā sukhumaṃ vā hīnaṃ vā paṇītaṃ vā yaṃ dūre santike vā, sabbaṃ viññāṇaṃ – netaṃ mama, nesohamasmi, na meso attāti – evametaṃ yathābhūtaṃ sammappaññāya daṭṭhabbaṃ.

23. ''Evaṃ passaṃ, bhikkhave, sutavā ariyasāvako rūpasmimpi nibbindati, vedanāyapi nibbindati, saññāyapi nibbindati, saṅkhāresupi nibbindati, viññāṇasmimpi nibbindati; nibbindaṃ virajjati; virāgā vimuccati; vimuttasmiṃ vimuttamiti ñāṇaṃ hoti, 'khīṇā jāti, vusitaṃ brahmacariyaṃ, kataṃ karaṇīyaṃ, nāparaṃ itthattāyā'ti pajānātī''ti.

24. Idamavoca Bhagavā. Attamanā pañcavaggiyā bhikkhū bhagavato bhāsitaṃ abhinandunti [abhinanduṃ (syā.)]. Imasmiñca pana veyyākaraṇasmiṃ bhaññamāne pañcavaggiyānaṃ bhikkhūnaṃ anupādāya āsavehi cittāni vimucciṃsu. Tena kho pana samayena cha loke arahanto honti.
Pañcavaggiyakathā niṭṭhitā.
Paṭhamabhāṇavāro.
7. Pabbajjākathā
25. Tena kho pana samayena bārāṇasiyaṃ yaso nāma kulaputto seṭṭhiputto sukhumālo hoti. Tassa tayo pāsādā honti – eko hemantiko, eko gimhiko, eko vassiko. So vassike pāsāde cattāro māse [vassike pāsāde vassike cattāro māse (sī.)] nippurisehi tūriyehi paricārayamāno na heṭṭhāpāsādaṃ orohati. Atha kho yasassa kulaputtassa pañcahi kāmaguṇehi samappitassa samaṅgībhūtassa paricārayamānassa paṭikacceva [paṭigacceva (sī.)] niddā okkami, parijanassapi niddā okkami, sabbarattiyo ca telapadīpo jhāyati. Atha kho yaso kulaputto paṭikacceva pabujjhitvā addasa sakaṃ parijanaṃ supantaṃ – aññissā kacche vīṇaṃ, aññissā kaṇṭhe mudiṅgaṃ, aññissā kacche āḷambaraṃ, aññaṃ vikesikaṃ, aññaṃ vikkheḷikaṃ, aññā vippalapantiyo, hatthappattaṃ susānaṃ maññe. Disvānassa ādīnavo pāturahosi, nibbidāya cittaṃ saṇṭhāsi. Atha kho yaso kulaputto udānaṃ udānesi – ''upaddutaṃ vata bho, upassaṭṭhaṃ vata bho''ti.
Atha kho yaso kulaputto suvaṇṇapādukāyo ārohitvā yena nivesanadvāraṃ tenupasaṅkami. Amanussā dvāraṃ vivariṃsu – mā yasassa kulaputtassa koci antarāyamakāsi agārasmā anagāriyaṃ pabbajjāyāti . Atha kho yaso kulaputto yena nagaradvāraṃ tenupasaṅkami. Amanussā dvāraṃ vivariṃsu – mā yasassa kulaputtassa koci antarāyamakāsi agārasmā anagāriyaṃ pabbajjāyāti. Atha kho yaso kulaputto yena isipatanaṃ migadāyo tenupasaṅkami.
26. Tena kho pana samayena Bhagavā rattiyā paccūsasamayaṃ paccuṭṭhāya ajjhokāse caṅkamati. Addasā kho Bhagavā yasaṃ kulaputtaṃ dūratova āgacchantaṃ, disvāna caṅkamā orohitvā paññatte āsane nisīdi. Atha kho yaso kulaputto bhagavato avidūre udānaṃ udānesi – ''upaddutaṃ vata bho, upassaṭṭhaṃ vata bho''ti. Atha kho Bhagavā yasaṃ kulaputtaṃ etadavoca – ''idaṃ kho, yasa, anupaddutaṃ, idaṃ anupassaṭṭhaṃ. Ehi yasa, nisīda, dhammaṃ te desessāmī''ti. Atha kho yaso kulaputto – idaṃ kira anupaddutaṃ, idaṃ anupassaṭṭhanti haṭṭho udaggo suvaṇṇapādukāhi orohitvā yena Bhagavā tenupasaṅkami, upasaṅkamitvā bhagavantaṃ abhivādetvā ekamantaṃ nisīdi. Ekamantaṃ nisinnassa kho yasassa kulaputtassa Bhagavā anupubbiṃ kathaṃ kathesi, seyyathidaṃ – dānakathaṃ sīlakathaṃ saggakathaṃ, kāmānaṃ ādīnavaṃ okāraṃ saṃkilesaṃ, nekkhamme ānisaṃsaṃ pakāsesi. Yadā Bhagavā aññāsi yasaṃ kulaputtaṃ kallacittaṃ, muducittaṃ, vinīvaraṇacittaṃ, udaggacittaṃ, pasannacittaṃ, atha yā buddhānaṃ sāmukkaṃsikā dhammadesanā taṃ pakāsesi – dukkhaṃ, samudayaṃ, nirodhaṃ, maggaṃ. Seyyathāpi nāma suddhaṃ vatthaṃ apagatakāḷakaṃ sammadeva rajanaṃ paṭiggaṇheyya, evameva yasassa kulaputtassa tasmiṃyeva āsane virajaṃ vītamalaṃ dhammacakkhuṃ udapādi – yaṃ kiñci samudayadhammaṃ, sabbaṃ taṃ nirodhadhammanti.
27. Atha kho yasassa kulaputtassa mātā pāsādaṃ abhiruhitvā yasaṃ kulaputtaṃ apassantī yena seṭṭhi gahapati tenupasaṅkami, upasaṅkamitvā seṭṭhiṃ gahapatiṃ etadavoca – ''putto te, gahapati, yaso na dissatī''ti. Atha kho seṭṭhi gahapati catuddisā assadūte uyyojetvā sāmaṃyeva yena isipatanaṃ migadāyo tenupasaṅkami. Addasā kho seṭṭhi gahapati suvaṇṇapādukānaṃ nikkhepaṃ, disvāna taṃyeva anugamāsi [anugamā (sī. syā.)]. Addasā kho Bhagavā seṭṭhiṃ gahapatiṃ dūratova āgacchantaṃ, disvāna bhagavato etadahosi – ''yaṃnūnāhaṃ tathārūpaṃ iddhābhisaṅkhāraṃ abhisaṅkhareyyaṃ yathā seṭṭhi gahapati idha nisinno idha nisinnaṃ yasaṃ kulaputtaṃ na passeyyā''ti. Atha kho Bhagavā tathārūpaṃ iddhābhisaṅkhāraṃ abhisaṅkharesi. Atha kho seṭṭhi gahapati yena Bhagavā tenupasaṅkami, upasaṅkamitvā bhagavantaṃ etadavoca – ''api, bhante, Bhagavā yasaṃ kulaputtaṃ passeyyā''ti? Tena hi, gahapati, nisīda, appeva nāma idha nisinno idha nisinnaṃ yasaṃ kulaputtaṃ passeyyāsīti. Atha kho seṭṭhi gahapati – idheva kirāhaṃ nisinno idha nisinnaṃ yasaṃ kulaputtaṃpassissāmīti haṭṭho udaggo bhagavantaṃ abhivādetvā ekamantaṃ nisīdi. Ekamantaṃ nisinnassa kho seṭṭhissa gahapatissa Bhagavā anupubbiṃ kathaṃ kathesi, seyyathidaṃ – dānakathaṃ sīlakathaṃ saggakathaṃ, kāmānaṃ ādīnavaṃ okāraṃ saṃkilesaṃ, nekkhamme ānisaṃsaṃ pakāsesi. Yadā Bhagavā aññāsi seṭṭhiṃ gahapatiṃ kallacittaṃ, muducittaṃ, vinīvaraṇacittaṃ, udaggacittaṃ, pasannacittaṃ, atha yā buddhānaṃ sāmukkaṃsikā dhammadesanā, taṃ pakāsesi – dukkhaṃ, samudayaṃ, nirodhaṃ, maggaṃ. Seyyathāpi nāma suddhaṃ vatthaṃ apagatakāḷakaṃ sammadeva rajanaṃ paṭiggaṇheyya evameva seṭṭhissa gahapatissa tasmiṃyeva āsane virajaṃ vītamalaṃ dhammacakkhuṃ udapādi – yaṃ kiñci samudayadhammaṃ, sabbaṃ taṃ nirodhadhammanti. Atha kho seṭṭhi gahapati diṭṭhadhammo pattadhammo viditadhammo pariyogāḷhadhammo tiṇṇavicikiccho vigatakathaṃkatho vesārajjappatto aparappaccayo satthusāsane bhagavantaṃ etadavoca – ''abhikkantaṃ, bhante, abhikkantaṃ, bhante, seyyathāpi, bhante, nikkujjitaṃ [nikujjitaṃ (ka.)] vā ukkujjeyya, paṭicchannaṃ vā vivareyya, mūḷhassa vā maggaṃ ācikkheyya, andhakāre vā telapajjotaṃ dhāreyya – cakkhumanto rūpāni dakkhantīti – evamevaṃ bhagavatā anekapariyāyena dhammo pakāsito. Esāhaṃ, bhante, bhagavantaṃ saraṇaṃ

gacchāmi, dhammañca, bhikkhusaṅghañca. Upāsakaṃ maṃ Bhagavā dhāretu ajjatagge pāṇupetaṃ saraṇaṃ gata''nti . Sova loke paṭhamaṃ upāsako ahosi tevāciko .

28. Atha kho yasassa kulaputtassa pituno dhamme desiyamāne yathādiṭṭhaṃ yathāviditaṃ bhūmiṃ paccavekkhantassa anupādāya āsavehi cittaṃ vimucci. Atha kho bhagavato etadahosi – ''yasassa kho kulaputtassa pituno dhamme desiyamāne yathādiṭṭhaṃ yathāviditaṃ bhūmiṃ paccavekkhantassa anupādāya āsavehi cittaṃ vimuttaṃ. Abhabbo kho yaso kulaputto hīnāyāvattitvā kāme paribhuñjituṃ, seyyathāpi pubbe agārikabhūto; yaṃnūnāhaṃ taṃ iddhābhisaṅkhāraṃ paṭippassambheyya''nti. Atha kho Bhagavā taṃ iddhābhisaṅkhāraṃ paṭippassambhesi. Addasā kho seṭṭhi gahapati yasaṃ kulaputtaṃ nisinnaṃ, disvāna yasaṃ kulaputtaṃ etadavoca – ''mātā te tāta, yasa, parideva [paridevī (ka.)] sokasamāpannā, dehi mātuyā jīvita''nti. Atha kho yaso kulaputto bhagavantaṃ ullokesi. Atha kho Bhagavā seṭṭhiṃ gahapatiṃ etadavoca – ''taṃ kiṃ maññasi, gahapati, yassa sekkhena ñāṇena sekkhena dassanena dhammo diṭṭho vidito seyyathāpi tayā? Tassa yathādiṭṭhaṃ yathāviditaṃ bhūmiṃ paccavekkhantassa anupādāya āsavehi cittaṃ vimuttaṃ. Bhabbo nu kho so, gahapati, hīnāyāvattitvā kāme paribhuñjituṃ seyyathāpi pubbe agārikabhūto''ti? ''No hetaṃ, bhante''. ''Yasassa kho, gahapati, kulaputtassa sekkhena ñāṇena sekkhena dassanenadhammo diṭṭho vidito seyyathāpi tayā. Tassa yathādiṭṭhaṃ yathāviditaṃ bhūmiṃ paccavekkhantassa anupādāya āsavehi cittaṃ vimuttaṃ. Abhabbo kho, gahapati, yaso kulaputto hīnāyāvattitvā kāme paribhuñjituṃ seyyathāpi pubbe agārikabhūto''ti. ''Lābhā, bhante, yasassa kulaputtassa, suladdhaṃ, bhante, yasassa kulaputtassa, yathā yasassa kulaputtassa anupādāya āsavehi cittaṃ vimuttaṃ. Adhivāsetu me, bhante, Bhagavā ajjatanāya bhattaṃ yasena kulaputtena pacchāsamaṇenā''ti. Adhivāsesi Bhagavā tuṇhībhāvena. Atha kho seṭṭhi gahapati bhagavato adhivāsanaṃ viditvā uṭṭhāyāsanā bhagavantaṃ abhivādetvā padakkhiṇaṃ katvā pakkāmi. Atha kho yaso kulaputto acirapakkante seṭṭhimhi gahapatimhi bhagavantaṃ etadavoca – ''labheyyāhaṃ, bhante, bhagavato santike pabbajjaṃ, labheyyaṃ upasampada''nti. ''Ehi bhikkhū''ti Bhagavā avoca – ''svākkhāto dhammo, cara brahmacariyaṃ sammā dukkhassa antakiriyāyā''ti. Sāva tassa āyasmato upasampadā ahosi. Tena kho pana samayena satta loke arahanto honti.

Yasassa pabbajjā niṭṭhitā.

29. Atha kho Bhagavā pubbaṇhasamayaṃ nivāsetvā pattacīvaramādāya āyasmatā yasena pacchāsamaṇena yena seṭṭhissa gahapatissa nivesanaṃ tenupasaṅkami, upasaṅkamitvā paññatte āsane nisīdi. Atha kho āyasmato yasassa mātā ca purāṇadutiyikā ca yena Bhagavā tenupasaṅkamiṃsu, upasaṅkamitvā bhagavantaṃ abhivādetvā ekamantaṃ nisīdiṃsu. Tāsaṃ Bhagavā anupubbiṃ kathaṃ kathesi, seyyathidaṃ – dānakathaṃ sīlakathaṃ saggakathaṃ, kāmānaṃ ādīnavaṃ okāraṃ saṃkilesaṃ, nekkhamme ānisaṃsaṃ pakāsesi. Yadā tā Bhagavā aññāsi kallacittā, muducittā, vinīvaraṇacittā, udaggacittā, pasannacittā, atha yā buddhānaṃ sāmukkaṃsikā dhammadesanā taṃ pakāsesi – dukkhaṃ, samudayaṃ, nirodhaṃ, maggaṃ . Seyyathāpi nāma suddhaṃ vatthaṃ apagatakāḷakaṃ sammadeva rajanaṃ paṭiggaṇheyya, evameva tāsaṃ tasmiṃyeva āsane virajaṃ vītamalaṃ dhammacakkhuṃ udapādi – yaṃ kiñci samudayadhammaṃ, sabbaṃ taṃ nirodhadhammanti. Tā diṭṭhadhammā pattadhammā viditadhammā pariyogāḷhadhammā tiṇṇavicikicchā vigatakathaṃkathā vesārajjappattā aparappaccayā satthusāsane bhagavantaṃ etadavocuṃ – ''abhikkantaṃ, bhante, abhikkantaṃ, bhante...pe... etā mayaṃ, bhante, bhagavantaṃ saraṇaṃ gacchāma, dhammañca, bhikkhusaṅghañca. Upāsikāyo no Bhagavā dhāretu ajjatagge pāṇupetā saraṇaṃ gatā''ti. Tā ca loke paṭhamaṃ upāsikā ahesuṃ tevācikā.

Atha kho āyasmato yasassa mātā ca pitā ca purāṇadutiyikā ca bhagavantañca āyasmantañca yasaṃ paṇītena khādanīyena bhojanīyena sahatthā santappetvā sampavāretvā, bhagavantaṃ bhuttāviṃ onītapattapāṇiṃ, ekamantaṃ nisīdiṃsu. Atha kho Bhagavā āyasmato yasassa mātarañca pitarañca purāṇadutiyikañca dhammiyā kathāya sandassetvā samādapetvā samuttejetvā sampahaṃsetvā uṭṭhāyāsanā pakkāmi.

30. Assosuṃ kho āyasmato yasassa cattāro gihisahāyakā bārāṇasiyaṃ seṭṭhānuseṭṭhīnaṃ kulānaṃ puttā – vimalo, subāhu , puṇṇaji, gavampati – yaso kira kulaputto kesamassuṃ ohāretvā kāsāyāni vatthāni acchādetvā agārasmā anagāriyaṃ pabbajitoti. Sutvāna nesaṃ etadahosi – ''na hi nūna so orako dhammavinayo, na sā orakā pabbajjā, yattha yaso kulaputto kesamassuṃ ohāretvā kāsāyāni vatthāni acchādetvā agārasmā anagāriyaṃ pabbajito''ti. Te [te cattāro janā (ka.)] yenāyasmā yaso tenupasaṅkamiṃsu, upasaṅkamitvā āyasmantaṃ yasaṃ abhivādetvā ekamantaṃ aṭṭhaṃsu. Atha kho āyasmā yaso te cattāro gihisahāyake ādāya yena Bhagavā tenupasaṅkami, upasaṅkamitvā bhagavantaṃ abhivādetvā ekamantaṃ nisīdi. Ekamantaṃ nisinno kho āyasmā yaso bhagavantaṃ etadavoca – ''ime me, bhante, cattāro gihisahāyakā bārāṇasiyaṃ seṭṭhānuseṭṭhīnaṃ kulānaṃ puttā – vimalo, subāhu, puṇṇaji, gavampati. Ime[ime cattāro (ka.)] Bhagavā ovadatu anusāsatū''ti . Tesaṃ Bhagavā anupubbiṃ kathaṃ kathesi, seyyathidaṃ – dānakathaṃ sīlakathaṃ saggakathaṃ kāmānaṃ ādīnavaṃ okāraṃ saṃkilesaṃ nekkhamme ānisaṃsaṃ pakāsesi, yadā te Bhagavā aññāsi kallacitte muducitte vinīvaraṇacitte udaggacitte pasannacitte, atha yā buddhānaṃ sāmukkaṃsikā dhammadesanā, taṃ pakāsesi dukkhaṃ samudayaṃ nirodhaṃ maggaṃ, seyyathāpi nāma suddhaṃ vatthaṃ apagatakāḷakaṃ sammadeva rajanaṃ paṭiggaṇheyya, evameva tesaṃ tasmiṃyeva āsane virajaṃ vītamalaṃ

dhammacakkhuṃ udapādi ''yaṃ kiñci samudayadhammaṃ, sabbaṃ taṃ nirodhadhamma''nti. Te diṭṭhadhammā pattadhammā viditadhammā pariyogāḷhadhammā tiṇṇavicikicchā vigatakathaṃkathā vesārajjappattā aparappaccayā satthusāsane bhagavantaṃ etadavocuṃ – ''labheyyāma mayaṃ, bhante, bhagavato santike pabbajjaṃ, labheyyāma upasampada''nti. ''Etha bhikkhavo''ti Bhagavā avoca – ''svākkhāto dhammo, caratha brahmacariyaṃ sammā dukkhassa antakiriyāyā''ti. Sāva tesaṃ āyasmantānaṃ upasampadā ahosi. Atha kho Bhagavā te bhikkhū dhammiyā kathāya ovadi anusāsi. Tesaṃ bhagavatā dhammiyā kathāya ovadiyamānānaṃ anusāsiyamānānaṃ anupādāya āsavehicittāni vimucciṃsu. Tena kho pana samayena ekādasa loke arahanto honti.

Catugihisahāyakapabbajjā niṭṭhitā.

31. Assosuṃ kho āyasmato yasassa paññāsamattā gihisahāyakā jānapadā pubbānupubbakānaṃ kulānaṃ puttā – yaso kira kulaputto kesamassuṃ ohāretvā kāsāyāni vatthāni acchādetvā agārasmā anagāriyaṃ pabbajitoti. Sutvāna nesaṃ etadahosi – ''na hi nūna so orako dhammavinayo, na sā orakā pabbajjā, yattha yaso kulaputto kesamassuṃ ohāretvā kāsāyāni vatthāni acchādetvā agārasmā anagāriyaṃ pabbajito''ti. Te yenāyasmā yaso tenupasaṅkamiṃsu, upasaṅkamitvā āyasmantaṃ yasaṃ abhivādetvā ekamantaṃ aṭṭhaṃsu. Atha kho āyasmā yaso te paññāsamatte gihisahāyake ādāya yena Bhagavā tenupasaṅkami, upasaṅkamitvā bhagavantaṃ abhivādetvā ekamantaṃ nisīdi. Ekamantaṃ nisinno kho āyasmā yaso bhagavantaṃ etadavoca – ''ime me, bhante, paññāsamattā gihisahāyakā jānapadā pubbānupubbakānaṃ kulānaṃ puttā. Ime Bhagavā ovadatu anusāsatū''ti. Tesaṃ Bhagavā anupubbiṃ kathaṃ kathesi, seyyathidaṃ – dānakathaṃ sīlakathaṃ saggakathaṃ kāmānaṃ ādīnavaṃ okāraṃ saṃkilesaṃ nekkhamme ānisaṃsaṃ pakāsesi. Yadā te Bhagavā aññāsi kallacitte muducitte vinīvaraṇacitte udaggacitte pasannacitte, atha yā buddhānaṃ sāmukkaṃsikā dhammadesanā, taṃ pakāsesi dukkhaṃ samudayaṃ nirodhaṃ maggaṃ, seyyathāpi nāma suddhaṃ vatthaṃ apagatakāḷakaṃ sammadeva rajanaṃ paṭiggaṇheyya, evameva tesaṃ tasmiṃyeva āsane virajaṃ vītamalaṃ dhammacakkhuṃ udapādi yaṃ kiñci samudayadhammaṃ, sabbaṃ taṃ nirodhadhammanti. Te diṭṭhadhammā pattadhammā viditadhammā pariyogāḷhadhammā tiṇṇavicikicchā vigatakathaṃkathā vesārajjappattā aparappaccayā satthusāsane bhagavantaṃ etadavocuṃ – ''labheyyāma mayaṃ, bhante, bhagavato santike pabbajjaṃ, labheyyāma upasampada''nti. ''Etha bhikkhavo''ti Bhagavā avoca – ''svākkhāto dhammo, caratha brahmacariyaṃ sammā dukkhassa antakiriyāyā''ti. Sāva tesaṃ āyasmantānaṃ upasampadā ahosi. Atha kho Bhagavā te bhikkhū dhammiyā kathāya ovadi anusāsi. Tesaṃ bhagavatā dhammiyā kathāya ovadiyamānānaṃ anusāsiyamānānaṃ anupādāya āsavehi cittāni vimucciṃsu. Tena kho pana samayena ekasaṭṭhi loke arahanto honti.

Paññāsagihisahāyakapabbajjā niṭṭhitā.

Niṭṭhitā ca pabbajjākathā.

8. Mārakathā

32. Atha kho Bhagavā te bhikkhū āmantesi [saṃ. ni. 1.141 mārasaṃyuttepi] – ''muttāhaṃ, bhikkhave, sabbapāsehi, ye dibbā ye ca mānusā. Tumhepi, bhikkhave , muttā sabbapāsehi, ye dibbā ye ca mānusā. Caratha, bhikkhave, cārikaṃ bahujanahitāya bahujanasukhāya lokānukampāya atthāya hitāya sukhāya devamanussānaṃ. Mā ekena dve agamittha. Desetha, bhikkhave, dhammaṃ ādikalyāṇaṃ majjhekalyāṇaṃ pariyosānakalyāṇaṃ sātthaṃ sabyañjanaṃ kevalaparipuṇṇaṃ parisuddhaṃ brahmacariyaṃ pakāsetha. Santi sattā apparajakkhajātikā , assavanatā dhammassa parihāyanti, bhavissanti dhammassa aññātāro. Ahampi, bhikkhave, yena uruvelā senānigamo tenupasaṅkamissāmi dhammadesanāyā''ti.

33. Atha kho māro pāpimā yena Bhagavā tenupasaṅkami, upasaṅkamitvā bhagavantaṃ gāthāya ajjhabhāsi –

''Baddhosi sabbapāsehi, ye dibbā ye ca mānusā;
Mahābandhanabaddhosi, na me samaṇa mokkhasī''ti.

''Muttāhaṃ [muttohaṃ (sī. syā.)] sabbapāsehi, ye dibbā ye ca mānusā;
Mahābandhanamuttomhi, nihato tvamasi antakāti.

[saṃ. ni. 1.151 mārasaṃyuttepi] ''Antalikkhacaro pāso, yvāyaṃ carati mānaso;
Tena taṃ bādhayissāmi, na me samaṇa mokkhasīti.

[saṃ. ni. 1.1151 mārasaṃyuttepi] ''Rūpā saddā rasā gandhā, phoṭṭhabbā ca manoramā;
Ettha me vigato chando, nihato tvamasi antakā''ti.

Atha kho māro pāpimā – jānāti maṃ Bhagavā, jānāti maṃ sugatoti dukkhī dummano
Tatthevantaradhāyīti.

Mārakathā niṭṭhitā.

9. Pabbajjūpasampadākathā

34. Tena kho pana samayena bhikkhū nānādisā nānājanapadā pabbajjāpekkhe ca upasampadāpekkhe ca ānenti – Bhagavā ne pabbājessati upasampādessatīti. Tattha bhikkhū ceva kilamanti pabbajjāpekkhā ca upasampadāpekkhā ca. Atha kho bhagavato rahogatassa paṭisallīnassa evaṃ cetaso parivitakko udapādi – ''etarahi kho bhikkhū nānādisā nānājanapadā pabbajjāpekkhe ca upasampadāpekkhe ca ānenti – Bhagavā

ne pabbājessati upasampādessatīti. Tattha bhikkhū ceva kilamanti pabbajjāpekkhā ca upasampadāpekkhā ca. Yaṃnūnāhaṃ bhikkhūnaṃ anujāneyyaṃ – tumheva dāni, bhikkhave, tāsu tāsu disāsu tesu tesu janapadesu pabbājetha upasampādethā''ti. Atha kho Bhagavā sāyanhasamayaṃ paṭisallānā vuṭṭhito etasmiṃ nidāne etasmiṃ pakaraṇe dhammiṃ kathaṃ katvā bhikkhū āmantesi – ''idha mayhaṃ, bhikkhave, rahogatassa paṭisallīnassa evaṃ cetaso parivitakko udapādi – 'etarahi kho bhikkhū nānādisā nānājanapadā pabbajjāpekkhe ca upasampadāpekkhe ca ānenti Bhagavā ne pabbājessati upasampādessatīti, tattha bhikkhū ceva kilamanti pabbajjāpekkhā ca upasampadāpekkhā ca, yaṃnūnāhaṃ bhikkhūnaṃ anujāneyyaṃ tumheva dāni, bhikkhave, tāsu tāsu disāsu tesu tesu janapadesu pabbājetha upasampādethā'''ti, anujānāmi, bhikkhave, tumheva dāni tāsu tāsu disāsu tesu tesu janapadesu pabbājetha upasampādetha. Evañca pana, bhikkhave, pabbājetabbo upasampādetabbo – Paṭhamaṃ kesamassuṃ ohārāpetvā [ohāretvā (ka.)], kāsāyāni vatthāni acchādāpetvā, ekaṃsaṃ uttarāsaṅgaṃ kārāpetvā, bhikkhūnaṃ pāde vandāpetvā, ukkuṭikaṃ nisīdāpetvā, añjaliṃ paggaṇhāpetvā, evaṃ vadehīti vattabbo – buddhaṃ saraṇaṃ gacchāmi, dhammaṃ saraṇaṃ gacchāmi, saṅghaṃ saraṇaṃ gacchāmi; dutiyampi buddhaṃ saraṇaṃ gacchāmi, dutiyampi dhammaṃ saraṇaṃ gacchāmi, dutiyampi saṅghaṃ saraṇaṃ gacchāmi; tatiyampi buddhaṃ saraṇaṃ gacchāmi, tatiyampi dhammaṃ saraṇaṃ gacchāmi, tatiyampi saṅghaṃ saraṇaṃ gacchāmī''ti. ''Anujānāmi, bhikkhave, imehi tīhi saraṇagamanehi pabbajjaṃ upasampada''nti.

Tīhi saraṇagamanehi upasampadākathā niṭṭhitā.

10. Dutiyamārakathā

35. Atha kho Bhagavā vassaṃvuṭṭho [vassaṃvuttho (sī.)] bhikkhū āmantesi [saṃ. ni. 1.155] – ''mayhaṃ kho, bhikkhave, yoniso manasikārā yoniso sammappadhānā anuttarā vimutti anuppattā, anuttarā vimutti sacchikatā. Tumhepi, bhikkhave, yoniso manasikārā yoniso sammappadhānā anuttaraṃ vimuttiṃ anupāpuṇātha, anuttaraṃ vimuttiṃ sacchikarothā''ti. Atha kho māro pāpimā yena Bhagavā tenupasaṅkami, upasaṅkamitvā bhagavantaṃ gāthāya ajjhabhāsi –

''Baddhosi mārapāsehi, ye dibbā ye ca mānusā;
Mahābandhanabaddhosi [mārabandhanabaddhosi (sī. syā.)], na me samaṇa mokkhasī''ti.
''Muttāhaṃ mārapāsehi, ye dibbā ye ca mānusā;
Mahābandhanamuttomhi [mārabandhanamuttomhi (sī. syā.)], nihato tvamasi antakā''ti.

Atha kho māro pāpimā – jānāti maṃ Bhagavā, jānāti maṃ sugatoti dukkhī dummano Tatthevantaradhāyi.

Dutiyamārakathā niṭṭhitā.

11. Bhaddavaggiyavatthu

36. Atha kho Bhagavā bārāṇasiyaṃ yathābhirantaṃ viharitvā yena uruvelā tena cārikaṃ pakkāmi. Atha kho Bhagavā maggā okkamma yena aññataro vanasaṇḍo tenupasaṅkami, upasaṅkamitvā taṃ vanasaṇḍaṃ ajjhogāhetvā aññatarasmiṃ rukkhamūle nisīdi. Tena kho pana samayena tiṃsamattā bhaddavaggiyā sahāyakā sapajāpatikā tasmiṃ vanasaṇḍe paricārenti. Ekassa pajāpati nāhosi; tassa atthāya vesī ānītā ahosi. Atha kho sā vesī tesu pamattesu paricārentesu bhaṇḍaṃ ādāya palāyittha. Atha kho te sahāyakā sahāyakassa veyyāvaccaṃ karontā, taṃ itthiṃ gavesantā, taṃ vanasaṇḍaṃ āhiṇḍantā addasaṃsu bhagavantaṃ aññatarasmiṃ rukkhamūle nisinnaṃ. Disvāna yena Bhagavā tenupasaṅkamiṃsu, upasaṅkamitvā bhagavantaṃ etadavocuṃ – ''api, bhante, Bhagavā ekaṃ itthiṃ passeyyā''ti? ''Kiṃ pana vo, kumārā, itthiyā''ti? ''Idha mayaṃ, bhante, tiṃsamattā bhaddavaggiyā sahāyakā sapajāpatikā imasmiṃ vanasaṇḍe paricārimhā. Ekassa pajāpati nāhosi; tassa atthāya vesī ānītā ahosi. Atha kho sā, bhante, vesī amhesu pamattesu paricārentesu bhaṇḍaṃ ādāya palāyittha. Te mayaṃ, bhante, sahāyakā sahāyakassa veyyāvaccaṃ karontā, taṃ itthiṃ gavesantā, imaṃ vanasaṇḍaṃ āhiṇḍāmā''ti. ''Taṃ kiṃ maññatha vo, kumārā, katamaṃ nu kho tumhākaṃ varaṃ – yaṃ vā tumhe itthiṃ gaveseyyātha, yaṃ vā attānaṃ gaveseyyāthā''ti? ''Etadeva, bhante, amhākaṃ varaṃ yaṃ mayaṃ attānaṃ gaveseyyāmā''ti. ''Tena hi vo, kumārā, nisīdatha, dhammaṃ vo desessāmī''ti. ''Evaṃ, bhante''ti kho te bhaddavaggiyā sahāyakā bhagavantaṃ abhivādetvā ekamantaṃ nisīdiṃsu. Tesaṃ Bhagavā anupubbiṃ kathaṃ kathesi, seyyathidaṃ – dānakathaṃ sīlakathaṃ saggakathaṃ kāmānaṃ ādīnavaṃ okāraṃ saṃkilesaṃ nekkhamme ānisaṃsaṃ pakāsesi, yadā te Bhagavā aññāsi kallacitte muducitte vinīvaraṇacitte udaggacitte pasannacitte, atha yā buddhānaṃ sāmukkaṃsikā dhammadesanā, taṃ pakāsesi dukkhaṃ samudayaṃ nirodhaṃ maggaṃ, seyyathāpi nāma suddhaṃ vatthaṃ apagatakāḷakaṃ sammadeva rajanaṃ paṭiggaṇheyya, evameva tesaṃ tasmiṃyeva āsane virajaṃ vītamalaṃ dhammacakkhuṃ udapādi ''yaṃ kiñci samudayadhammaṃ, sabbaṃ taṃ nirodhadhamma''nti. Te diṭṭhadhammā pattadhammā viditadhammā pariyogāḷhadhammā tiṇṇavicikicchā vigatakathaṃkathā vesārajjappattā aparappaccayā satthusāsane bhagavantaṃ etadavocuṃ – ''labheyyāma mayaṃ, bhante, bhagavato santike pabbajjaṃ, labheyyāma upasampada''nti. ''Etha bhikkhavo''ti Bhagavā avoca – ''svākkhāto dhammo, caratha brahmacariyaṃ sammā dukkhassa antakiriyāyā''ti. Sāva tesaṃ āyasmantānaṃ upasampadā ahosi.

Bhaddavaggiyasahāyakānaṃ vatthu niṭṭhitaṃ.

Dutiyabhāṇavāro.

12. Uruvelapāṭihāriyakathā

37. Atha kho Bhagavā anupubbena cārikaṃ caramāno yena uruvelā tadavasari. Tena kho pana samayena uruvelāyaṃ tayo jaṭilā paṭivasanti – uruvelakassapo, nadīkassapo, gayākassapoti. Tesu uruvelakassapo jaṭilo pañcannaṃ jaṭilasatānaṃ nāyako hoti, vināyako aggo pamukho pāmokkho. Nadīkassapo jaṭilo tiṇṇaṃ jaṭilasatānaṃ nāyako hoti, vināyako aggo pamukho pāmokkho. Gayākassapo jaṭilo dvinnaṃ jaṭilasatānaṃ nāyako hoti, vināyako aggo pamukho pāmokkho. Atha kho Bhagavā yena uruvelakassapassa jaṭilassa assamo tenupasaṅkami, upasaṅkamitvā uruvelakassapaṃ jaṭilaṃ etadavoca – ''sace te, kassapa , agaru, vaseyyāma ekarattaṃ agyāgāre''ti? ''Na kho me, mahāsamaṇa, garu, caṇḍettha nāgarājā iddhimā āsiviso ghoraviso, so taṃ mā viheṭhesī''ti. Dutiyampi kho Bhagavā uruvelakassapaṃ jaṭilaṃ etadavoca – ''sace te, kassapa, agaru, vaseyyāma ekarattaṃ agyāgāre''ti? ''Na kho me, mahāsamaṇa, garu, caṇḍettha nāgarājā iddhimā āsiviso ghoraviso, so taṃ mā viheṭhesī''ti. Tatiyampi kho Bhagavā uruvelakassapaṃ jaṭilaṃ etadavoca – ''sace te, kassapa, agaru, vaseyyāma ekarattaṃ agyāgāre''ti? ''Na kho me, mahāsamaṇa, garu, caṇḍettha nāgarājā iddhimā āsiviso ghoraviso, so taṃ mā viheṭhesī''ti. ''Appeva maṃ na viheṭheyya, iṅgha tvaṃ, kassapa, anujānāhi agyāgāra''nti. ''Vihara, mahāsamaṇa, yathāsukha''nti. Atha kho Bhagavā agyāgāraṃ pavisitvā tiṇasanthārakaṃ paññapetvā nisīdi pallaṅkaṃ ābhujitvā ujuṃ kāyaṃ paṇidhāya parimukhaṃ satiṃ upaṭṭhapetvā.

38. Addasā kho so nāgo bhagavantaṃ paviṭṭhaṃ, disvāna dummano [dukkhī dummano (sī. syā.)] padhūpāyi [pakhūpāsi (ka.)]. Atha kho bhagavato etadahosi – ''yaṃnūnāhaṃ imassa nāgassa anupahacca chaviñca cammañca maṃsañca nhāruñca aṭṭhiñca aṭṭhimiñjañca tejasā tejaṃ pariyādiyeyya''nti. Atha kho Bhagavā tathārūpaṃ iddhābhisaṅkhāraṃ abhisaṅkharitvā padhūpāyi. Atha kho so nāgo makkhaṃ asahamāno pajjali. Bhagavāpi tejodhātuṃ samāpajjitvā pajjali. Ubhinnaṃ sajotibhūtānaṃ agyāgāraṃ ādittaṃ viya hoti sampajjalitaṃ sajotibhūtaṃ. Atha kho te jaṭilā agyāgāraṃ parivāretvā evamāhaṃsu – ''abhirūpo vata bho mahāsamaṇo nāgena viheṭhiyatī''ti. Atha kho Bhagavā tassā rattiyā accayena tassa nāgassa anupahacca chaviñca cammañca maṃsañca nhāruñca aṭṭhiñca aṭṭhimiñjañca tejasā tejaṃ pariyādiyitvā patte pakkhipitvā uruvelakassapassa jaṭilassa dassesi – ''ayaṃ te, kassapa, nāgo pariyādinno [pariyādiṇṇo (ka.)] assa tejasā tejo''ti. Atha kho uruvelakassapassa jaṭilassa etadahosi – ''mahiddhiko kho mahāsamaṇo mahānubhāvo, yatra hi nāma caṇḍassa nāgarājassa iddhimato āsivisassa ghoravisassa tejasā tejaṃ pariyādiyissati, natveva ca kho arahā yathā aha''nti.

39.

Nerañjarāyaṃ Bhagavā, uruvelakassapaṃ jaṭilaṃ avoca;
''Sace te kassapa agaru, viharemu ajjaṇho aggisālamhī''ti [aggisaraṇamhīti (sī. syā.)].
''Na kho me mahāsamaṇa garu;
Phāsukāmova taṃ nivāremi;
Caṇḍettha nāgarājā;
Iddhimā āsiviso ghoraviso;
So taṃ mā viheṭhesī''ti.
''Appeva maṃ na viheṭheyya;
Iṅgha tvaṃ kassapa anujānāhi agyāgāra''nti;
Dinnanti naṃ viditvā;
Abhīto [asambhīto (sī.)] pāvisi bhayamatīto.
Disvā isiṃ paviṭṭhaṃ, ahināgo dummano padhūpāyi;
Sumanamanaso adhimano [avimano (katthaci), navimano (syā.)], manussanāgopi tattha padhūpāyi.
Makkhañca asahamāno, ahināgo pāvakova pajjali;
Tejodhātusu kusalo, manussanāgopi tattha pajjali.
Ubhinnaṃ sajotibhūtānaṃ;
Agyāgāraṃ ādittaṃ hoti sampajjalitaṃ sajotibhūtaṃ;
Udicchare jaṭilā;
''Abhirūpo vata bho mahāsamaṇo;
Nāgena viheṭhiyatī''ti bhaṇanti.
Atha tassā rattiyā [atha rattiyā (sī. syā.)] accayena;
Hatā nāgassa acciyo honti [ahināgassa acciyo na honti (sī. syā.)];
Iddhimato pana ṭhitā [iddhimato panuṭṭhitā (sī.)];
Anekavaṇṇā acciyo honti.
Nīlā atha lohitikā;
Mañjiṭṭhā pītakā phalikavaṇṇāyo;
Aṅgīrasassa kāye;
Anekavaṇṇā acciyo honti.
Pattamhi odahitvā;
Ahināgaṃ brāhmaṇassa dassesi;

''Ayaṃ te kassapa nāgo;
Pariyādinno assa tejasā tejo''ti.
Atha kho uruvelakassapo jaṭilo bhagavato iminā iddhipāṭihāriyena abhippasanno bhagavantaṃ etadavoca – ''idheva, mahāsamaṇa, vihara, ahaṃ te [te upaṭṭhāmi (itipi)] dhuvabhattenā''ti.
Paṭhamaṃ pāṭihāriyaṃ.
40. Atha kho Bhagavā uruvelakassapassa jaṭilassa assamassa avidūre aññatarasmiṃ vanasaṇḍe vihāsi. Atha kho cattāro mahārājāno abhikkantāya rattiyā abhikkantavaṇṇā kevalakappaṃ vanasaṇḍaṃ obhāsetvā yena Bhagavā tenupasaṅkamiṃsu, upasaṅkamitvā bhagavantaṃ abhivādetvā catuddisā aṭṭhaṃsu seyyathāpi mahantā aggikkhandhā. Atha kho uruvelakassapo jaṭilo tassā rattiyā accayena yena Bhagavā tenupasaṅkami, upasaṅkamitvā bhagavantaṃ etadavoca – ''kālo, mahāsamaṇa, niṭṭhitaṃ bhattaṃ. Ke nu kho te, mahāsamaṇa, abhikkantāya rattiyā abhikkantavaṇṇā kevalakappaṃ vanasaṇḍaṃ obhāsetvā yena tvaṃ tenupasaṅkamiṃsu, upasaṅkamitvā taṃ abhivādetvā catuddisā aṭṭhaṃsu ''seyyathāpi mahantā aggikkhandhā''ti. ''Ete kho, kassapa, cattāro mahārājāno yenāhaṃ tenupasaṅkamiṃsu dhammassavanāyā''ti. Atha kho uruvelakassapassa jaṭilassa etadahosi – ''mahiddhiko kho mahāsamaṇo mahānubhāvo, yatra hi nāma cattāropi mahārājāno upasaṅkamissanti dhammassavanāya, na tveva ca kho arahā yathā aha''nti. Atha kho Bhagavā uruvelakassapassa jaṭilassa bhattaṃ bhuñjitvā tasmiṃyeva vanasaṇḍe vihāsi.
Dutiyaṃ pāṭihāriyaṃ.
41. Atha kho sakko devānamindo abhikkantāya rattiyā abhikkantavaṇṇo kevalakappaṃ vanasaṇḍaṃ obhāsetvā yena Bhagavā tenupasaṅkami, upasaṅkamitvā bhagavantaṃ abhivādetvā ekamantaṃ aṭṭhāsi seyyathāpi mahāaggikkhandho, purimāhi vaṇṇanibhāhi abhikkantataro ca paṇītataro ca. Atha kho uruvelakassapo jaṭilo tassā rattiyā accayena yena Bhagavā tenupasaṅkami, upasaṅkamitvā bhagavantaṃ etadavoca – ''kālo, mahāsamaṇa, niṭṭhitaṃ bhattaṃ. Ko nu kho so, mahāsamaṇa, abhikkantāya rattiyā abhikkantavaṇṇo kevalakappaṃ vanasaṇḍaṃ obhāsetvā yena tvaṃ tenupasaṅkami, upasaṅkamitvā taṃ abhivādetvā ekamantaṃ aṭṭhāsi seyyathāpi mahāaggikkhandho, purimāhi vaṇṇanibhāhi abhikkantataro ca paṇītataro cā''ti? ''Eso kho, kassapa, sakko devānamindo yenāhaṃ tenupasaṅkami dhammassavanāyā''ti. Atha kho uruvelakassapassa jaṭilassa etadahosi – ''mahiddhiko kho mahāsamaṇo mahānubhāvo, yatra hi nāma sakkopi devānamindo upasaṅkamissati dhammassavanāya, na tveva ca kho arahā yathā aha''nti. Atha kho Bhagavā uruvelakassapassa jaṭilassa bhattaṃ bhuñjitvā tasmiṃyeva vanasaṇḍe vihāsi.
Tatiyaṃ pāṭihāriyaṃ.
42. Atha kho brahmā sahampati abhikkantāya rattiyā abhikkantavaṇṇo kevalakappaṃ vanasaṇḍaṃ obhāsetvā yena Bhagavā tenupasaṅkami, upasaṅkamitvā bhagavantaṃ abhivādetvā ekamantaṃ aṭṭhāsi seyyathāpi mahāaggikkhandho, purimāhi vaṇṇanibhāhi abhikkantataro ca paṇītataro ca. Atha kho uruvelakassapo jaṭilo tassā rattiyā accayena yena Bhagavā tenupasaṅkami, upasaṅkamitvā bhagavantaṃ etadavoca – ''kālo, mahāsamaṇa, niṭṭhitaṃ bhattaṃ. Ko nu kho so, mahāsamaṇa, abhikkantāya rattiyā abhikkantavaṇṇo kevalakappaṃ vanasaṇḍaṃ obhāsetvā yena tvaṃ tenupasaṅkami, upasaṅkamitvā taṃ abhivādetvā ekamantaṃ aṭṭhāsi seyyathāpi mahāaggikkhandho, purimāhi vaṇṇanibhāhi abhikkantataro ca paṇītataro cā''ti? ''Eso kho, kassapa, brahmā sahampati yenāhaṃ tenupasaṅkami dhammassavanāyā''ti. Atha kho uruvelakassapassa jaṭilassa etadahosi – ''mahiddhiko kho mahāsamaṇo mahānubhāvo, yatra hi nāma brahmāpi sahampati upasaṅkamissati dhammassavanāya, na tveva ca kho arahā yathā aha''nti. Atha kho Bhagavā uruvelakassapassa jaṭilassa bhattaṃ bhuñjitvā tasmiṃyeva vanasaṇḍe vihāsi.
Catutthaṃ pāṭihāriyaṃ.
43. Tena kho pana samayena uruvelakassapassa jaṭilassa mahāyañño paccupaṭṭhito hoti, kevalakappā ca aṅgamagadhā pahūtaṃ khādanīyaṃ bhojanīyaṃ ādāya abhikkamitukāmā honti. Atha kho uruvelakassapassa jaṭilassa etadahosi – ''etarahi kho me mahāyañño paccupaṭṭhito, kevalakappā ca aṅgamagadhā pahūtaṃ khādanīyaṃ bhojanīyaṃ ādāya abhikkamissanti. Sace mahāsamaṇo mahājanakāye iddhipāṭihāriyaṃ karissati, mahāsamaṇassa lābhasakkāro abhivaḍḍhissati, mama lābhasakkāro parihāyissati. Aho nūna mahāsamaṇo svātanāya nāgaccheyyā''ti. Atha kho Bhagavā uruvelakassapassa jaṭilassa cetasā cetoparivitakkamaññāya uttarakuruṃ gantvā tato piṇḍapātaṃ āharitvā anotattadahe paribhuñjitvā tattheva divāvihāraṃ akāsi. Atha kho uruvelakassapo jaṭilo tassā rattiyā accayena yena Bhagavā tenupasaṅkami, upasaṅkamitvā bhagavantaṃ etadavoca – ''kālo, mahāsamaṇa, niṭṭhitaṃ bhattaṃ. Kiṃ nu kho, mahāsamaṇa, hiyyo nāgamāsi? Api ca mayaṃ taṃ sarāma – kiṃ nu kho mahāsamaṇo nāgacchatīti? Khādanīyassa ca bhojanīyassa ca te paṭivīso [paṭiviṃso (sī.), paṭiviso (syā.)] ṭhapito''ti. Nanu te, kassapa, etadahosi – '''etarahi kho me mahāyañño paccupaṭṭhito, kevalakappā ca aṅgamagadhā pahūtaṃ khādanīyaṃ bhojanīyaṃ ādāya abhikkamissanti, sace mahāsamaṇo mahājanakāye iddhipāṭihāriyaṃ karissati, mahāsamaṇassa lābhasakkāro abhivaḍḍhissati, mama lābhasakkāro parihāyissati, aho nūna mahāsamaṇo svātanāya nāgaccheyyā'ti. So kho ahaṃ, kassapa, tava cetasā cetoparivitakkaṃ aññāya uttarakuruṃ gantvā tato piṇḍapātaṃ āharitvā anotattadahe paribhuñjitvā tattheva divāvihāraṃ akāsi''nti. Atha kho uruvelakassapassa jaṭilassa etadahosi – ''mahiddhiko kho

mahāsamaṇo mahānubhāvo, yatra hi nāma cetasāpi cittaṃ pajānissati , na tveva ca kho arahā yathā aha''nti. Atha kho Bhagavā uruvelakassapassa jaṭilassa bhattaṃ bhuñjitvā tasmiṃyeva vanasaṇḍe vihāsi. Pañcamaṃ pāṭihāriyaṃ.

44. Tena kho pana samayena bhagavato paṃsukūlaṃ uppannaṃ hoti. Atha kho bhagavato etadahosi – ''kattha nu kho ahaṃ paṃsukūlaṃ dhoveyya''nti? Atha kho sakko devānamindo bhagavato cetasā cetoparivitakkamaññāya pāṇinā pokkharaṇiṃ khaṇitvā bhagavantaṃ etadavoca – ''idha, bhante, Bhagavā paṃsukūlaṃ dhovatū''ti. Atha kho bhagavato etadahosi – ''kimhi nu kho ahaṃ paṃsukūlaṃ parimaddeyya''nti? Atha kho sakko devānamindo bhagavato cetasā cetoparivitakkamaññāya mahatiṃ silaṃ upanikkhipi – idha, bhante, Bhagavā paṃsukūlaṃ parimaddatūti. Atha kho bhagavato etadahosi – ''kimhi nu kho ahaṃ [ahaṃ paṃsukūlaṃ (ka.)] ālambitvā uttareyya''nti? Atha kho kakudhe adhivatthā devatā bhagavato cetasā cetoparivitakkamaññāya sākhaṃ onāmesi – idha, bhante, Bhagavā ālambitvā uttaratūti. Atha kho bhagavato etadahosi – ''kimhi nu kho ahaṃ paṃsukūlaṃ vissajjeyya''nti? Atha kho sakko devānamindo bhagavato cetasā cetoparivitakkamaññāya mahatiṃ silaṃ upanikkhipi – idha, bhante, Bhagavā paṃsukūlaṃ vissajjetūti. Atha kho uruvelakassapo jaṭilo tassā rattiyā accayena yena Bhagavā tenupasaṅkami, upasaṅkamitvā bhagavantaṃ etadavoca – ''kālo , mahāsamaṇa, niṭṭhitaṃ bhattaṃ. Kiṃ nu kho, mahāsamaṇa, nāyaṃ pubbe idha pokkharaṇī, sāyaṃ idha pokkharaṇī. Nayimā silā pubbe upanikkhittā. Kenimā silā upanikkhittā? Nayimassa kakudhassa pubbe sākhā onatā, sāyaṃ sākhā onatā''ti. Idha me, kassapa, paṃsukūlaṃ uppannaṃ ahosi. Tassa mayhaṃ, kassapa, etadahosi – ''kattha nu kho ahaṃ paṃsukūlaṃ dhoveyya''nti? Atha kho, kassapa, sakko devānamindo mama cetasā cetoparivitakkamaññāya pāṇinā pokkharaṇiṃ khaṇitvā maṃ etadavoca – ''idha, bhante, Bhagavā paṃsukūlaṃ dhovatū''ti. Sāyaṃ kassapa amanussena pāṇinā khaṇitā pokkharaṇī. Tassa mayhaṃ, kassapa, etadahosi – ''kimhi nu kho ahaṃ paṃsukūlaṃ parimaddeyya''nti? Atha kho, kassapa, sakko devānamindo mama cetasā cetoparivitakkamaññāya mahatiṃ silaṃ upanikkhipi – ''idha, bhante, Bhagavā paṃsukūlaṃ parimaddatū''ti. Sāyaṃ kassapa amanussena upanikkhittā silā. Tassa mayhaṃ, kassapa, etadahosi – ''kimhi nu kho ahaṃ ālambitvā uttareyya''nti? Atha kho, kassapa, kakudhe adhivatthā devatā ja mama cetasā cetoparivitakkamaññāya sākhaṃ onāmesi – ''idha, bhante, Bhagavā ālambitvā uttarajtū''ti. Svāyaṃ āharahattho kakudho. Tassa mayhaṃ, kassapa, etadahosi – ''kimhi nu kho ahaṃ paṃsukūlaṃ vissajjeyya''nti? Atha kho, kassapa, sakko devānamindo mama cetasā cetoparivitakkamaññāya mahatiṃ silaṃ upanikkhipi – ''idha, bhante, Bhagavā paṃsukūlaṃ vissajjetū''ti . Sāyaṃ kassapa amanussena upanikkhittā silāti. Atha kho uruvelakassapassa jaṭilassa etadahosi – ''mahiddhiko kho mahāsamaṇo mahānubhāvo, yatra hi nāma sakkopi devānamindo veyyāvaccaṃ karissati, na tveva ca kho arahā yathā aha''nti. Atha kho Bhagavā uruvelakassapassa jaṭilassa bhattaṃ bhuñjitvā tasmiṃyeva vanasaṇḍe vihāsi.

Atha kho uruvelakassapo jaṭilo tassā rattiyā accayena yena Bhagavā tenupasaṅkami, upasaṅkamitvā bhagavato kālaṃ ārocesi – ''kālo, mahāsamaṇa, niṭṭhitaṃ bhatta''nti. ''Gaccha tvaṃ, kassapa, āyāmaha''nti uruvelakassapaṃ jaṭilaṃ uyyojetvā yāya jambuyā 'jambudīpo' paññāyati, tato phalaṃ gahetvā paṭhamataraṃ āgantvā agyāgāre nisīdi. Addasā kho uruvelakassapo jaṭilo bhagavantaṃ agyāgāre nisinnaṃ, disvāna bhagavantaṃ etadavoca – ''katamena tvaṃ, mahāsamaṇa, maggena āgato? Ahaṃ tayā paṭhamataraṃ pakkanto, so tvaṃ paṭhamataraṃ āgantvā agyāgāre nisinno''ti. ''Idhāhaṃ, kassapa, taṃ uyyojetvā yāya jambuyā 'jambudīpo' paññāyati, tato phalaṃ gahetvā paṭhamataraṃ āgantvā agyāgāre nisinno. Idaṃ kho, kassapa, jambuphalaṃ vaṇṇasampannaṃ gandhasampannaṃ rasasampannaṃ. Sace ākaṅkhasi paribhuñjā''ti. ''Alaṃ, mahāsamaṇa, tvaṃyeva taṃ arahasi , tvaṃyeva taṃ[tvaṃyevetaṃ āharasi, tvaṃyevetaṃ (sī. syā.)] paribhuñjāhī''ti. Atha kho uruvelakassapassa jaṭilassa etadahosi – ''mahiddhiko kho mahāsamaṇo mahānubhāvo, yatra hi nāma maṃ paṭhamataraṃ uyyojetvā yāya jambuyā 'jambudīpo' paññāyati, tato phalaṃ gahetvā paṭhamataraṃ āgantvā agyāgāre nisīdissati, na tveva ca kho arahā yathā aha''nti. Atha kho Bhagavā uruvelakassapassa jaṭilassa bhattaṃ bhuñjitvā tasmiṃyeva vanasaṇḍe vihāsi.

45. Atha kho uruvelakassapo jaṭilo tassā rattiyā accayena yena Bhagavā tenupasaṅkami, upasaṅkamitvā bhagavato kālaṃ ārocesi – ''kālo, mahāsamaṇa, niṭṭhitaṃ bhatta''nti. Gaccha tvaṃ, kassapa, āyāmahanti uruvelakassapaṃ jaṭilaṃ uyyojetvā yāya jambuyā 'jambudīpo' paññāyati, tassā avidūre ambo...pe... tassā avidūre āmalakī...pe... tassā avidūre harītakī...pe... tāvatiṃsaṃ gantvā pāricchattakapupphaṃ gahetvā paṭhamataraṃ āgantvā agyāgāre nisīdi. Addasā kho uruvelakassapo jaṭilo bhagavantaṃ agyāgāre nisinnaṃ, disvāna bhagavantaṃ etadavoca – ''katamena tvaṃ, mahāsamaṇa, maggena āgato? Ahaṃ tayā paṭhamataraṃ pakkanto, so tvaṃ paṭhamataraṃ āgantvā agyāgāre nisinno''ti. ''Idhāhaṃ , kassapa, taṃ uyyojetvā tāvatiṃsaṃ gantvā pāricchattakapupphaṃ gahetvā paṭhamataraṃ āgantvā agyāgāre nisinno. Idaṃ kho, kassapa, pāricchattakapupphaṃ vaṇṇasampannaṃ gandhasampannaṃ [sugandhikaṃ (ka.)]. (Sace ākaṅkhasi gaṇhā''ti. ''Alaṃ, mahāsamaṇa, tvaṃyeva taṃ arahasi, tvaṃyeva taṃ gaṇhā''ti) [( ) sī. syā. potthakesu natthi]. Atha kho uruvelakassapassa jaṭilassa etadahosi – ''mahiddhiko kho mahāsamaṇo mahānubhāvo, yatra hi nāma maṃ paṭhamataraṃ uyyojetvā tāvatiṃsaṃ gantvā pāricchattakapupphaṃ gahetvā paṭhamataraṃ āgantvā agyāgāre nisīdissati, na tveva ca kho arahā yathā aha''nti.

46. Tena kho pana samayena te jaṭilā aggiṃ paricaritukāmā na sakkonti kaṭṭhāni phāletuṃ. Atha kho tesaṃ jaṭilānaṃ etadahosi – ''nissaṃsayaṃ kho mahāsamaṇassa iddhānubhāvo, yathā mayaṃ na sakkoma kaṭṭhāni phāletu''nti. Atha kho Bhagavā uruvelakassapaṃ jaṭilaṃ etadavoca – ''phāliyantu, kassapa, kaṭṭhānī''ti. ''Phāliyantu, mahāsamaṇā''ti. Sakideva pañca kaṭṭhasatāni phāliyiṃsu. Atha kho uruvelakassapassa jaṭilassa etadahosi – ''mahiddhiko kho mahāsamaṇo mahānubhāvo, yatra hi nāma kaṭṭhānipi phāliyissanti, na tveva ca kho arahā yathā aha''nti.
47. Tena kho pana samayena te jaṭilā aggiṃ paricaritukāmā na sakkonti aggiṃ ujjaletuṃ [jāletuṃ (sī.), ujjalituṃ (ka.)]. Atha kho tesaṃ jaṭilānaṃ etadahosi – ''nissaṃsayaṃ kho mahāsamaṇassa iddhānubhāvo, yathā mayaṃ na sakkoma aggiṃ ujjaletu''nti. Atha kho Bhagavā uruvelakassapaṃ jaṭilaṃ etadavoca – ''ujjaliyantu, kassapa, aggī''ti. ''Ujjaliyantu, mahāsamaṇā''ti. Sakideva pañca aggisatāni ujjaliyiṃsu. Atha kho uruvelakassapassa jaṭilassa etadahosi – ''mahiddhiko kho mahāsamaṇo mahānubhāvo, yatra hi nāma aggīpi ujjaliyissanti, na tveva ca kho arahā yathā aha''nti.
48. Tena kho pana samayena te jaṭilā aggiṃ paricaritvā na sakkonti aggiṃ vijjhāpetuṃ. Atha kho tesaṃ jaṭilānaṃ etadahosi – ''nissaṃsayaṃ kho mahāsamaṇassa iddhānubhāvo, yathā mayaṃ na sakkoma aggiṃ vijjhāpetu''nti. Atha kho Bhagavā uruvelakassapaṃ jaṭilaṃ etadavoca – ''vijjhāyantu, kassapa, aggī''ti. ''Vijjhāyantu, mahāsamaṇā''ti. Sakideva pañca aggisatāni vijjhāyiṃsu. Atha kho uruvelakassapassa jaṭilassa etadahosi – ''mahiddhiko kho mahāsamaṇo mahānubhāvo, yatra hi nāma aggīpi vijjhāyissanti, na tveva ca kho arahā yathā aha''nti.
49. Tena kho pana samayena te jaṭilā sītāsu hemantikāsu rattīsu antaraṭṭhakāsu himapātasamaye najjā nerañjarāya ummujjantipi, nimujjantipi, ummujjananimujjanampi karonti. Atha kho Bhagavā pañcamattāni mandāmukhisatāni abhinimmini, yattha te jaṭilā uttaritvā visibbesuṃ. Atha kho tesaṃ jaṭilānaṃ etadahosi – ''nissaṃsayaṃ kho mahāsamaṇassa iddhānubhāvo, yathayimā mandāmukhiyo nimmitā''ti. Atha kho uruvelakassapassa jaṭilassa etadahosi – ''mahiddhiko kho mahāsamaṇo mahānubhāvo, yatra hi nāma tāva bahū mandāmukhiyopi abhinimminissati, na tveva ca kho arahā yathā aha''nti.
50. Tena kho pana samayena mahā akālamegho pāvassi, mahā udakavāhako sañjāyi. Yasmiṃ padese Bhagavā viharati, so padeso udakena na otthaṭo [udakena otthaṭo (sī. syā.)] hoti. Atha kho bhagavato etadahosi – ''yaṃnūnāhaṃ samantā udakaṃ ussāretvā majjhe reṇuhatāya bhūmiyā caṅkameyya''nti. Atha kho Bhagavā samantā udakaṃ ussāretvā majjhe reṇuhatāya bhūmiyā caṅkami. Atha kho uruvelakassapo jaṭilo – māheva kho mahāsamaṇo udakena vūḷho ahosīti nāvāya sambahulehi jaṭilehi saddhiṃ yasmiṃ padese Bhagavā viharati taṃ padesaṃ agamāsi. Addasā kho uruvelakassapo jaṭilo bhagavantaṃ samantā udakaṃ ussāretvā majjhe reṇuhatāya bhūmiyā caṅkamantaṃ, disvāna bhagavantaṃ etadavoca – ''idaṃ nu tvaṃ, mahāsamaṇā''ti? ''Ayamahamasmi [āma ahamasmi (syā.)], kassapā''ti Bhagavā vehāsaṃ abbhuggantvā nāvāya paccuṭṭhāsi. Atha kho uruvelakassapassa jaṭilassa etadahosi – ''mahiddhiko kho mahāsamaṇo mahānubhāvo, yatra hi nāma udakampi na pavāhissati [nappasahissati (sī.)], na tveva ca kho arahā yathā aha''nti.
51. Atha kho bhagavato etadahosi – ''cirampi kho imassa moghapurisassa evaṃ bhavissati – 'mahiddhiko kho mahāsamaṇo mahānubhāvo, na tveva ca kho arahā yathā aha'nti; yaṃnūnāhaṃ imaṃ jaṭilaṃ saṃvejeyya''nti. Atha kho Bhagavā uruvelakassapaṃ jaṭilaṃ etadavoca – ''neva ca kho tvaṃ, kassapa, arahā, nāpi arahattamaggasamāpanno. Sāpi te paṭipadā natthi, yāya tvaṃ arahā vā assasi, arahattamaggaṃ vā samāpanno''ti. Atha kho uruvelakassapo jaṭilo bhagavato pādesu sirasā nipatitvā bhagavantaṃ etadavoca – ''labheyyāhaṃ, bhante, bhagavato santike pabbajjaṃ, labheyyaṃ upasampada''nti. Tvaṃ khosi, kassapa, pañcannaṃ jaṭilasatānaṃ nāyako vināyako aggo pamukho pāmokkho. Tepi tāva apalokehi, yathā te maññissanti tathā te karissantīti. Atha kho uruvelakassapo jaṭilo yena te jaṭilā tenupasaṅkami, upasaṅkamitvā te jaṭile etadavoca – ''icchāmahaṃ, bho, mahāsamaṇe brahmacariyaṃ carituṃ, yathā bhavanto maññanti tathā karontū''ti. ''Cirapaṭikā mayaṃ, bho, mahāsamaṇe abhippasannā, sace bhavaṃ, mahāsamaṇe brahmacariyaṃ carissati, sabbeva mayaṃ mahāsamaṇe brahmacariyaṃ carissāmā''ti. Atha kho te jaṭilā kesamissaṃ jaṭāmissaṃ khārikājamissaṃ aggihutamissaṃ udake pavāhetvā yena Bhagavā tenupasaṅkamiṃsu, upasaṅkamitvā bhagavato pādesu sirasā nipatitvā bhagavantaṃ etadavocuṃ – ''labheyyāma mayaṃ, bhante, bhagavato santike pabbajjaṃ, labheyyāma upasampada''nti. ''Etha bhikkhavo''ti Bhagavā avoca – ''svākkhāto dhammo, caratha brahmacariyaṃ sammā dukkhassa antakiriyāyā''ti. Sāva tesaṃ āyasmantānaṃ upasampadā ahosi.
52. Addasā kho nadīkassapo jaṭilo kesamissaṃ jaṭāmissaṃ khārikājamissaṃ aggihutamissaṃ udake vuyhamāne, disvānassa etadahosi – ''māheva me bhātuno upasaggo ahosī''ti. Jaṭile pāhesi – gacchatha me bhātaraṃ jānāthāti. Sāmañca tīhi jaṭilasatehi saddhiṃ yenāyasmā uruvelakassapo tenupasaṅkami, upasaṅkamitvā āyasmantaṃ uruvelakassapaṃ etadavoca – ''idaṃ nu kho, kassapa, seyyo''ti? ''Āmāvuso, idaṃ seyyo''ti. Atha kho te jaṭilā kesamissaṃ jaṭāmissaṃ khārikājamissaṃ aggihutamissaṃ udake pavāhetvā yena Bhagavā tenupasaṅkamiṃsu, upasaṅkamitvā bhagavato pādesu sirasā nipatitvā bhagavantaṃ etadavocuṃ – ''labheyyāma mayaṃ, bhante, bhagavato santike pabbajjaṃ, labheyyāma

upasampada''nti. ''Etha bhikkhavo''ti Bhagavā avoca – ''svākkhāto dhammo, caratha brahmacariyaṃ sammā dukkhassa antakiriyāyā''ti. Sāva tesaṃ āyasmantānaṃ upasampadā ahosi.

53. Addasā kho gayākassapo jaṭilo kesamissaṃ jaṭāmissaṃ khārikājamissaṃ aggihutamissaṃ udake vuyhamāne, disvānassa etadahosi – ''māheva me bhātūnaṃ upasaggo ahosī''ti. Jaṭile pāhesi – gacchatha me bhātaro jānāthāti. Sāmañca dvīhi jaṭilasatehi saddhiṃ yenāyasmā uruvelakassapo tenupasaṅkami, upasaṅkamitvā āyasmantaṃ uruvelakassapaṃ etadavoca – ''idaṃ nu kho, kassapa, seyyo''ti? ''Āmāvuso, idaṃ seyyo''ti. Atha kho te jaṭilā kesamissaṃ jaṭāmissaṃ khārikājamissaṃ aggihutamissaṃ udake pavāhetvā yena Bhagavā tenupasaṅkamiṃsu, upasaṅkamitvā bhagavato pādesu sirasā nipatitvā bhagavantaṃ etadavocuṃ – ''labheyyāma mayaṃ, bhante, bhagavato santike pabbajjaṃ, labheyyāma upasampada''nti. ''Etha bhikkhavo''ti Bhagavā avoca – ''svākkhāto dhammo, caratha brahmacariyaṃ sammā dukkhassa antakiriyāyā''ti. Sāva tesaṃ āyasmantānaṃ upasampadā ahosi.

Bhagavato adhiṭṭhānena pañca kaṭṭhasatāni na phāliyiṃsu, phāliyiṃsu; aggī na ujjaliyiṃsu, ujjaliyiṃsu; na vijjhāyiṃsu, vijjhāyiṃsu; pañcamandāmukhisatāni abhinimmini. Etena nayena aḍḍhuḍḍhapāṭihāriyasahassāni honti.

54. Atha kho Bhagavā uruvelāyaṃ yathābhirantaṃ viharitvā yena gayāsīsaṃ tena pakkāmi mahatā bhikkhusaṅghena saddhiṃ bhikkhusahassena sabbeheva purāṇajaṭilehi. Tatra sudaṃ Bhagavā gayāyaṃ viharati gayāsīse saddhiṃ bhikkhusahassena. Tatra kho Bhagavā bhikkhū āmantesi –

[saṃ. ni. 4.29] ''Sabbaṃ , bhikkhave, ādittaṃ. Kiñca, bhikkhave, sabbaṃ ādittaṃ? Cakkhu ādittaṃ, rūpā ādittā, cakkhuviññāṇaṃ ādittaṃ, cakkhusamphasso āditto, yamidaṃ cakkhusamphassapaccayā uppajjati vedayitaṃ sukhaṃ vā dukkhaṃ vā adukkhamasukhaṃ vā tampi ādittaṃ. Kena ādittaṃ? Rāgagginā dosagginā mohagginā ādittaṃ, jātiyā jarāya maraṇena sokehi paridevehi dukkhehi domanassehi upāyāsehi ādittanti vadāmi. Sotaṃ ādittaṃ, saddā ādittā, sotaviññāṇaṃ ādittaṃ, sotasamphasso āditto, yamidaṃ sotasamphassapaccayā uppajjati vedayitaṃ sukhaṃ vā dukkhaṃ vā adukkhamasukhaṃ vā tampi ādittaṃ. Kena ādittaṃ? Rāgagginā dosagginā mohagginā ādittaṃ, jātiyā jarāya maraṇena sokehi paridevehi dukkhehi domanassehi upāyāsehi ādittanti vadāmi. Ghānaṃ ādittaṃ, gandhā ādittā, ghānaviññāṇaṃ ādittaṃ, ghānasamphasso āditto, yamidaṃ ghānasamphassapaccayā uppajjati vedayitaṃ sukhaṃ vā dukkhaṃ vā adukkhamasukhaṃ vā tampi ādittaṃ. Kena ādittaṃ? Rāgagginā dosagginā mohagginā ādittaṃ, jātiyā jarāya maraṇena sokehi paridevehi dukkhehi domanassehi upāyāsehi ādittanti vadāmi. Jivhā ādittā, rasā ādittā, jivhāviññāṇaṃ ādittaṃ jivhāsamphasso āditto, yamidaṃ jivhāsamphassapaccayā uppajjati vedayitaṃ sukhaṃ vā dukkhaṃ vā adukkhamasukhaṃ vā tampi ādittaṃ. Kena ādittaṃ? Rāgagginā dosagginā mohagginā ādittaṃ, jātiyā jarāya maraṇena sokehi paridevehi dukkhehi domanassehi upāyāsehi ādittanti vadāmi. Kāyo āditto, phoṭṭhabbā ādittā, kāyaviññāṇaṃ ādittaṃ kāyasamphasso āditto, yamidaṃ kāyasamphassapaccayā uppajjati vedayitaṃ sukhaṃ vā dukkhaṃ vā adukkhamasukhaṃ vā tampi ādittaṃ. Kena ādittaṃ? Rāgagginā dosagginā mohagginā ādittaṃ, jātiyā jarāya maraṇena sokehi paridevehi dukkhehi domanassehi upāyāsehi ādittanti vadāmi. Mano āditto, dhammā ādittā, manoviññāṇaṃ ādittaṃ manosamphasso āditto, yamidaṃ manosamphassapaccayā uppajjati vedayitaṃ sukhaṃ vā dukkhaṃ vā adukkhamasukhaṃ vā tampi ādittaṃ. Kena ādittaṃ? Rāgagginā dosagginā mohagginā ādittaṃ, jātiyā jarāya maraṇena sokehi paridevehi dukkhehi domanassehi upāyāsehi ādittanti vadāmi.

''Evaṃ passaṃ, bhikkhave, sutavā ariyasāvako cakkhusmimpi nibbindati, rūpesupi nibbindati, cakkhuviññāṇepi nibbindati, cakkhusamphassepi nibbindati, yamidaṃ cakkhusamphassapaccayā uppajjati vedayitaṃ sukhaṃ vā dukkhaṃ vā adukkhamasukhaṃ vā, tasmimpi nibbindati. Sotasmimpi nibbindati, saddesupi nibbindati...pe... ghānasmimpi nibbindati , gandhesupi nibbindati...pe... jivhāyapi nibbindati, rasesupi nibbindati...pe... kāyasmimpi nibbindati, phoṭṭhabbesupi nibbindati...pe... manasmimpi nibbindati, dhammesupi nibbindati, manoviññāṇepi nibbindati, manosamphassepi nibbindati, yamidaṃ manosamphassapaccayā uppajjati vedayitaṃ sukhaṃ vā dukkhaṃ vā adukkhamasukhaṃ vā tasmimpi nibbindati, nibbindaṃ virajjati, virāgā vimuccati, vimuttasmiṃ vimuttamiti ñāṇaṃ hoti. Khīṇā jāti, vusitaṃ brahmacariyaṃ, kataṃ karaṇīyaṃ, nāparaṃ itthattāyāti pajānātī''ti.

Imasmiñca pana veyyākaraṇasmiṃ bhaññamāne tassa bhikkhusahassassa anupādāya āsavehi cittāni vimucciṃsu.

Ādittapariyāyasuttaṃ niṭṭhitaṃ.

Uruvelapāṭihāriyaṃ tatiyabhāṇavāro niṭṭhito.

13. Bimbisārasamāgamakathā

55. Atha kho Bhagavā gayāsīse yathābhirantaṃ viharitvā yena rājagahaṃ tena cārikaṃ pakkāmi, mahatā bhikkhusaṅghena saddhiṃ bhikkhusahassena sabbeheva purāṇajaṭilehi. Atha kho Bhagavā anupubbena cārikaṃ caramāno yena rājagahaṃ tadavasari. Tatra sudaṃ Bhagavā rājagahe viharati laṭṭhivane[laṭṭhivanuyyāne (syā.)] suppatiṭṭhe cetiye. Assosi kho rājā māgadho seniyo bimbisāro – samaṇo khalu bho Gotamo sakyaputto sakyakulā pabbajito rājagahaṃ anuppatto rājagahe viharati laṭṭhivane suppatiṭṭhe cetiye. Taṃ kho pana bhagavantaṃ [bhavantaṃ (ka.)] Gotamaṃ evaṃ kalyāṇo

kittisaddo abbhuggato – itipi so Bhagavā arahaṃ sammāsambuddho vijjācaraṇasampanno sugato lokavidū anuttaro purisadammasārathi satthā devamanussānaṃ buddho Bhagavā [Bhagavāti (ka.)]. So imaṃ lokaṃ sadevakaṃ samārakaṃ sabrahmakaṃ sassamaṇabrāhmaṇiṃ pajaṃ sadevamanussaṃ sayaṃ abhiññā sacchikatvā pavedeti. So dhammaṃ deseti ādikalyāṇaṃ majjhekalyāṇaṃ pariyosānakalyāṇaṃ sātthaṃ sabyañjanaṃ kevalaparipuṇṇaṃ parisuddhaṃ brahmacariyaṃ pakāseti. Sādhu kho pana tathārūpānaṃ arahataṃ dassanaṃ hotīti.

Atha kho rājā māgadho seniyo bimbisāro dvādasanahutehi [dvādasaniyutehi (yojanā)] māgadhikehi brāhmaṇagahapatikehi parivuto yena Bhagavā tenupasaṅkami, upasaṅkamitvā bhagavantaṃ abhivādetvā ekamantaṃ nisīdi. Tepi kho dvādasanahutā māgadhikā brāhmaṇagahapatikā appekacce bhagavantaṃ abhivādetvā ekamantaṃ nisīdiṃsu, appekacce bhagavatā saddhiṃ sammodiṃsu, sammodanīyaṃ kathaṃ sāraṇīyaṃ vītisāretvā ekamantaṃ nisīdiṃsu, appekacce yena Bhagavā tenañjaliṃ paṇāmetvā ekamantaṃ nisīdiṃsu, appekacce bhagavato santike nāmagottaṃ sāvetvā ekamantaṃ nisīdiṃsu, appekacce tuṇhībhūtā ekamantaṃ nisīdiṃsu. Atha kho tesaṃ dvādasanahutānaṃ [dvādasaniyutānaṃ (yojanā)] māgadhikānaṃ brāhmaṇagahapatikānaṃ etadahosi – ''kiṃ nu kho mahāsamaṇo uruvelakassape brahmacariyaṃ carati, udāhu uruvelakassapo mahāsamaṇe brahmacariyaṃ caratī''ti?

Atha kho Bhagavā tesaṃ dvādasanahutānaṃ māgadhikānaṃ brāhmaṇagahapatikānaṃ cetasā cetoparivitakkamaññāya āyasmantaṃ uruvelakassapaṃ gāthāya ajjhabhāsi –

''Kimeva disvā uruvelavāsi, pahāsi aggiṃ kisakovadāno;
Pucchāmi taṃ kassapa, etamatthaṃ kathaṃ pahīnaṃ tava aggihuttanti.

''Rūpe ca sadde ca atho rase ca;
Kāmitthiyo cābhivadanti yaññā;
Etaṃ malanti upadhīsu ñatvā;
Tasmā na yiṭṭhe na hute arañjinti.

''Ettheva te mano na ramittha (kassapāti Bhagavā);
Rūpesu saddesu atho rasesu;
Atha ko carahi devamanussaloke;
Rato mano kassapa, brūhi metanti.

''Disvā padaṃ santamanūpadhīkaṃ;
Akiñcanaṃ kāmabhave asattaṃ;
Anaññathābhāvimanaññaneyyaṃ;
Tasmā na yiṭṭhe na hute arañji''nti.

56. Atha kho āyasmā uruvelakassapo uṭṭhāyāsanā ekaṃsaṃ uttarāsaṅgaṃ karitvā bhagavato pādesu sirasā nipatitvā bhagavantaṃ etadavoca – ''satthā me, bhante, Bhagavā, sāvakohamasmi; satthā me, bhante, Bhagavā, sāvakohamasmī''ti. Atha kho tesaṃ dvādasanahutānaṃ māgadhikānaṃ brāhmaṇagahapatikānaṃ etadahosi – ''uruvelakassapo mahāsamaṇe brahmacariyaṃ caratī''ti. Atha kho Bhagavā tesaṃ dvādasanahutānaṃ māgadhikānaṃ brāhmaṇagahapatikānaṃ cetasā cetoparivitakkamaññāya anupubbiṃ kathaṃ kathesi, seyyathidaṃ – dānakathaṃ sīlakathaṃ saggakathaṃ kāmānaṃ ādīnavaṃ okāraṃ saṃkilesaṃ nekkhamme ānisaṃsaṃ pakāsesi. Yadā te Bhagavā aññāsi kallacitte muducitte vinīvaraṇacitte udaggacitte pasannacitte, atha yā buddhānaṃ sāmukkaṃsikā dhammadesanā, taṃ pakāsesi – dukkhaṃ, samudayaṃ, nirodhaṃ, maggaṃ. Seyyathāpi nāma suddhaṃ vatthaṃ apagatakāḷakaṃ sammadeva rajanaṃ paṭiggaṇheyya, evameva ekādasanahutānaṃ māgadhikānaṃ brāhmaṇagahapatikānaṃ bimbisārappamukhānaṃ tasmiṃ yeva āsane virajaṃ vītamalaṃ dhammacakkhuṃ udapādi – yaṃ kiñci samudayadhammaṃ, sabbaṃ taṃ nirodhadhammanti. Ekanahutaṃ upāsakattaṃ paṭivedesi.

57. Atha kho rājā māgadho seniyo bimbisāro diṭṭhadhammo pattadhammo viditadhammo pariyogāḷhadhammo tiṇṇavicikiccho vigatakathaṃkatho vesārajjappatto aparappaccayo satthusāsane bhagavantaṃ etadavoca – ''pubbe me, bhante, kumārassa sato pañca assāsakā ahesuṃ, te me etarahi samiddhā. Pubbe me, bhante, kumārassa sato etadahosi – 'aho vata maṃ rajje abhisiñceyyu'nti, ayaṃ kho me, bhante, paṭhamo assāsako ahosi, so me etarahi samiddho. 'Tassa ca me vijitaṃ arahaṃ sammāsambuddho okkameyyā'ti, ayaṃ kho me, bhante, dutiyo assāsako ahosi, so me etarahi samiddho. 'Tañcāhaṃ bhagavantaṃ payirupāseyya'nti, ayaṃ kho me, bhante, tatiyo assāsako ahosi, so me etarahi samiddho. 'So ca me Bhagavā dhammaṃ deseyyā'ti, ayaṃ kho me, bhante, catuttho assāsako ahosi, so me etarahi samiddho. 'Tassa cāhaṃ bhagavato dhammaṃ ājāneyya'nti, ayaṃ kho me, bhante, pañcamo assāsako ahosi, so me etarahi samiddho. Pubbe me, bhante, kumārassa sato ime pañca assāsakā ahesuṃ, te me etarahi samiddhā. Abhikkantaṃ, bhante, abhikkantaṃ, bhante, seyyathāpi, bhante, nikkujjitaṃ vā ukkujjeyya, paṭicchannaṃ vā vivareyya, mūḷhassa vā maggaṃ ācikkheyya, andhakāre vā telapajjotaṃ dhāreyya cakkhumanto rūpāni dakkhantīti – evamevaṃ bhagavatā anekapariyāyena dhammo pakāsito. Esāhaṃ, bhante, bhagavantaṃ saraṇaṃ gacchāmi, dhammañca, bhikkhusaṅghañca. Upāsakaṃ maṃ [maṃ bhante (ka.)], Bhagavā dhāretu ajjatagge pāṇupetaṃ saraṇaṃ gataṃ, adhivāsetu ca me, bhante, Bhagavā , svātanāya bhattaṃ saddhiṃ bhikkhusaṅghenā''ti . Adhivāsesi Bhagavā tuṇhībhāvena.

Atha kho rājā māgadho seniyo bimbisāro bhagavato adhivāsanaṃ viditvā uṭṭhāyāsanā bhagavantaṃ abhivādetvā padakkhiṇaṃ katvā pakkāmi. Atha kho rājā māgadho seniyo bimbisāro tassā rattiyā accayena paṇītaṃ khādanīyaṃ bhojanīyaṃ paṭiyādāpetvā bhagavato kālaṃ ārocāpesi – ''kālo, bhante, niṭṭhitaṃ bhatta''nti.

58. Atha kho Bhagavā pubbaṇhasamayaṃ nivāsetvā pattacīvaramādāya rājagahaṃ pāvisi mahatā bhikkhusaṅghena saddhiṃ bhikkhusahassena sabbeheva purāṇajaṭilehi. Tena kho pana samayena sakko devānamindo māṇavakavaṇṇaṃ abhinimminitvā buddhappamukhassa bhikkhusaṅghassa purato purato gacchati imā gāthāyo gāyamāno –

''Danto dantehi saha purāṇajaṭilehi, vippamutto vippamuttehi;
Siṅgīnikkhasavaṇṇo, rājagahaṃ pāvisi Bhagavā.
''Mutto muttehi saha purāṇajaṭilehi, vippamutto vippamuttehi;
Siṅgīnikkhasavaṇṇo, rājagahaṃ pāvisi Bhagavā.
''Tiṇṇo tiṇṇehi saha purāṇajaṭilehi;
Vippamutto vippamuttehi;
Siṅgīnikkhasuvaṇṇo;
Rājagahaṃ pāvisi Bhagavā.
''Santo santehi saha purāṇajaṭilehi;
Vippamutto vippamuttehi;
Siṅgīnikkhasavaṇṇo;
Rājagahaṃ pāvisi Bhagavā.
''Dasavāso dasabalo, dasadhammavidū dasabhi cupeto;
So dasasataparivāro [parivārako (ka.)] rājagahaṃ, pāvisi Bhagavā''ti.

Manussā sakkaṃ devānamindaṃ passitvā evamāhaṃsu – ''abhirūpo vatāyaṃ māṇavako, dassanīyo vatāyaṃ māṇavako, pāsādiko vatāyaṃ māṇavako. Kassa nu kho ayaṃ māṇavako''ti? Evaṃ vutte sakko devānamindo te manusse gāthāya ajjhabhāsi –

''Yo dhīro sabbadhi danto, suddho appaṭipuggalo;
Arahaṃ sugato loke, tassāhaṃ paricārako''ti.

59. Atha kho Bhagavā yena rañño māgadhassa seniyassa bimbisārassa nivesanaṃ tenupasaṅkami, upasaṅkamitvā paññatte āsane nisīdi saddhiṃ bhikkhusaṅghena. Atha kho rājā māgadho seniyo bimbisāro buddhappamukhaṃ bhikkhusaṅghaṃ paṇītena khādanīyena bhojanīyena sahatthā santappetvā sampavāretvā bhagavantaṃ bhuttāviṃ onītapattapāṇiṃ ekamantaṃ nisīdi. Ekamantaṃ nisinnassa kho rañño māgadhassa seniyassa bimbisārassa etadahosi[cūḷava. 307] – ''kattha nu kho Bhagavā vihareyya? Yaṃ assa gāmato neva avidūre na accāsanne, gamanāgamanasampannaṃ, atthikānaṃ atthikānaṃ manussānaṃ abhikkamanīyaṃ, divā appākiṇṇaṃ [appakiṇṇaṃ (sī. syā.), abbhokiṇṇaṃ (ka.)], rattiṃ appasaddaṃ appanigghosaṃ vijanavātaṃ, manussarāhasseyyakaṃ, paṭisallānasāruppa''nti. Atha kho rañño māgadhassa seniyassa bimbisārassa etadahosi – ''idaṃ kho amhākaṃ veḷuvanaṃ uyyānaṃ gāmato neva avidūre na accāsanne gamanāgamanasampannaṃ atthikānaṃ atthikānaṃ manussānaṃ abhikkamanīyaṃ divā appākiṇṇaṃ rattiṃ appasaddaṃ appanigghosaṃ vijanavātaṃ manussarāhasseyyakaṃ paṭisallānasāruppaṃ. Yaṃnūnāhaṃ veḷuvanaṃ uyyānaṃ buddhappamukhassa bhikkhusaṅghassa dadeyya''nti. Atha kho rājā māgadho seniyo bimbisāro sovaṇṇamayaṃ bhiṅkāraṃ gahetvā bhagavato oṇojesi – ''etāhaṃ, bhante, veḷuvanaṃ uyyānaṃ buddhappamukhassa bhikkhusaṅghassa dammī''ti. Paṭiggahesi Bhagavā ārāmaṃ. Atha kho Bhagavā rājānaṃ māgadhaṃ seniyaṃ bimbisāraṃ dhammiyā kathāya sandassetvā samādapetvā samuttejetvā sampahaṃsetvā uṭṭhāyāsanā pakkāmi. Atha kho Bhagavā etasmiṃ nidāne etasmiṃ pakaraṇe dhammiṃ kathaṃ katvā bhikkhū āmantesi – ''anujānāmi, bhikkhave, ārāma''nti.

Bimbisārasamāgamakathā niṭṭhitā.

14. Sāriputtamoggallānapabbajjākathā

60. Tena kho pana samayena sañcayo [sañjayo (sī. syā.)] paribbājako rājagahe paṭivasati mahatiyā paribbājakaparisāya saddhiṃ aḍḍhateyyehi paribbājakasatehi. Tena kho pana samayena sāriputtamoggallānā sañcaye paribbājake brahmacariyaṃ caranti. Tehi katikā katā hoti – yo paṭhamaṃ amataṃ adhigacchati, so itarassa ārocetūti. Atha kho āyasmā assaji pubbaṇhasamayaṃ nivāsetvā pattacīvaramādāya rājagahaṃ piṇḍāya pāvisi pāsādikena abhikkantena paṭikkantena ālokitena vilokitena samiñjitena pasāritena, okkhittacakkhu iriyāpathasampanno. Addasā kho sāriputto paribbājako āyasmantaṃ assajiṃ rājagahe piṇḍāya carantaṃ pāsādikena abhikkantena paṭikkantena ālokitena vilokitena samiñjitena pasāritena okkhittacakkhuṃ iriyāpathasampannaṃ. Disvānassa etadahosi – ''ye vata loke arahanto vā arahattamaggaṃ vā samāpannā, ayaṃ tesaṃ bhikkhu aññataro. Yaṃnūnāhaṃ imaṃ bhikkhuṃ upasaṅkamitvāpuccheyyaṃ – 'kaṃsi tvaṃ, āvuso, uddissa pabbajito, ko vā te satthā, kassa vā tvaṃ dhammaṃ rocesī''ti? Atha kho sāriputtassa paribbājakassa etadahosi – ''akālo kho imaṃ bhikkhuṃ pucchituṃ, antaragharaṃ paviṭṭho piṇḍāya carati. Yaṃnūnāhaṃ imaṃ bhikkhuṃ piṭṭhito piṭṭhito anubandheyyaṃ, atthikehi upaññātaṃ magga''nti. Atha kho āyasmā assaji

rājagahe piṇḍāya caritvā piṇḍapātaṃ ādāya paṭikkami. Atha kho sāriputtopi paribbājako yenāyasmā assaji tenupasaṅkami, upasaṅkamitvā āyasmatā assajinā saddhiṃ sammodi, sammodanīyaṃ kathaṃ sāraṇīyaṃ vītisāretvā ekamantaṃ aṭṭhāsi. Ekamantaṃ ṭhito kho sāriputto paribbājako āyasmantaṃ assajiṃ etadavoca – ''vippasannāni kho te, āvuso, indriyāni, parisuddho chavivaṇṇo pariyodāto. Kaṃsi tvaṃ, āvuso, uddissa pabbajito, ko vā te satthā, kassa vā tvaṃ dhammaṃ rocesī''ti? ''Atthāvuso, mahāsamaṇo sakyaputto sakyakulā pabbajito, tāhaṃ bhagavantaṃ uddissa pabbajito, so ca me Bhagavā satthā, tassa cāhaṃ bhagavato dhammaṃ rocemī''ti. ''Kiṃvādī panāyasmato satthā, kimakkhāyī''ti? ''Ahaṃ kho, āvuso, navo acirapabbajito, adhunāgato imaṃ dhammavinayaṃ, na tāhaṃ sakkomi vitthārena dhammaṃ desetuṃ, api ca te saṃkhittena atthaṃ vakkhāmī''ti. Atha kho sāriputto paribbājako āyasmantaṃ assajiṃ etadavoca – ''hotu, āvuso –

''Appaṃ vā bahuṃ vā bhāsassu, atthaṃyeva me brūhi;
Attheneva me attho, kiṃ kāhasi byañjanaṃ bahu''nti.

Atha kho āyasmā assaji sāriputtassa paribbājakassa imaṃ dhammapariyāyaṃ abhāsi –

[apa. 1.1.286 therāpadānepi] ''Ye dhammā hetuppabhavā, tesaṃ hetuṃ tathāgato āha;
Tesañca yo nirodho, evaṃvādī mahāsamaṇo''ti.

Atha kho sāriputtassa paribbājakassa imaṃ dhammapariyāyaṃ sutvā virajaṃ vītamalaṃ dhammacakkhuṃ udapādi – ''yaṃ kiñci samudayadhammaṃ, sabbaṃ taṃ nirodhadhamma''nti.

[apa. 1.1.289 therāpadānepi] Eseva dhammo yadi tāvadeva, paccabyattha padamasokaṃ;
Adiṭṭhaṃ abbhatītaṃ, bahukehi kappanahutehīti.

61. Atha kho sāriputto paribbājako yena moggallāno paribbājako tenupasaṅkami. Addasā kho moggallāno paribbājako sāriputtaṃ paribbājakaṃ dūratova āgacchantaṃ, disvāna sāriputtaṃ paribbājakaṃ etadavoca – ''vippasannāni kho te, āvuso, indriyāni, parisuddho chavivaṇṇo pariyodāto. Kacci nu tvaṃ, āvuso, amataṃ adhigato''ti? ''Āmāvuso, amataṃ adhigato''ti. ''Yathākathaṃ pana tvaṃ, āvuso, amataṃ adhigato''ti? ''Idhāhaṃ, āvuso, addasaṃ assajiṃbhikkhuṃ rājagahe piṇḍāya carantaṃ pāsādikena abhikkantena paṭikkantena ālokitena vilokitena samiñjitena pasāritena okkhittacakkhuṃ iriyāpathasampannaṃ. Disvāna me etadahosi – 'ye vata loke arahanto vā arahattamaggaṃ vā samāpannā, ayaṃ tesaṃ bhikkhu aññataro. Yaṃnūnāhaṃ imaṃ bhikkhuṃ upasaṅkamitvā puccheyyaṃ – kaṃsi tvaṃ, āvuso uddissa pabbajito, ko vā te satthā, kassa vā tvaṃ dhammaṃ rocesī''ti. Tassa mayhaṃ, āvuso, etadahosi – ''akālo kho imaṃ bhikkhuṃ pucchituṃ antaragharaṃ paviṭṭho piṇḍāya carati, yaṃnūnāhaṃ imaṃ bhikkhuṃ piṭṭhito piṭṭhito anubandheyyaṃ atthikehi upaññātaṃ magga''nti. Atha kho, āvuso, assaji bhikkhu rājagahe piṇḍāya caritvā piṇḍapātaṃ ādāya paṭikkami. Atha khvāhaṃ, āvuso, yena assaji bhikkhu tenupasaṅkamiṃ, upasaṅkamitvā assajinā bhikkhunā saddhiṃ sammodiṃ, sammodanīyaṃ kathaṃ sāraṇīyaṃ vītisāretvā ekamantaṃ aṭṭhāsiṃ. Ekamantaṃ ṭhito kho ahaṃ, āvuso, assajiṃ bhikkhuṃ etadavocaṃ – ''vippasannāni kho te, āvuso, indriyāni, parisuddho chavivaṇṇo pariyodāto. 'Kaṃsi tvaṃ, āvuso, uddissa pabbajito, ko vā te satthā, kassa vā tvaṃ dhammaṃ rocesī'''ti? 'Atthāvuso, mahāsamaṇo sakyaputto sakyakulā pabbajito, tāhaṃ bhagavantaṃ uddissa pabbajito, so ca me Bhagavā satthā, tassa cāhaṃ bhagavato dhammaṃ rocemī'ti. 'Kiṃvādī panāyasmato satthā kimakkhāyī'ti . 'Ahaṃ kho, āvuso, navo acirapabbajito adhunāgato imaṃ dhammavinayaṃ, na tāhaṃ sakkomi vitthārena dhammaṃ desetuṃ, api ca te saṃkhittena atthaṃ vakkhāmī'''ti . Atha khvāhaṃ, āvuso, assajiṃ bhikkhuṃ etadavocaṃ – ''hotu, āvuso,

Appaṃ vā bahuṃ vā bhāsassu, atthaṃyeva me brūhi;
Attheneva me attho, kiṃ kāhasi byañjanaṃ bahu''nti.

Atha kho, āvuso, assaji bhikkhu imaṃ dhammapariyāyaṃ abhāsi –

''Ye dhammā hetuppabhavā, tesaṃ hetuṃ tathāgato āha;
Tesañca yo nirodho, evaṃvādī mahāsamaṇo''ti.

Atha kho moggallānassa paribbājakassa imaṃ dhammapariyāyaṃ sutvā virajaṃ vītamalaṃ dhammacakkhuṃ udapādi – yaṃ kiñci samudayadhammaṃ, sabbaṃ taṃ nirodhadhammanti.

Eseva dhammo yadi tāvadeva, paccabyattha padamasokaṃ;
Adiṭṭhaṃ abbhatītaṃ, bahukehi kappanahutehīti.

62. Atha kho moggallāno paribbājako sāriputtaṃ paribbājakaṃ etadavoca ''gacchāma mayaṃ, āvuso, bhagavato santike, so no Bhagavā satthā''ti. ''Imāni kho, āvuso, aḍḍhateyyāni paribbājakasatāni amhe nissāya amhe sampassantā idha viharanti, tepi tāva apalokema [apalokāma (ka)]. Yathā te maññissanti, tathā te karissantī''ti. Atha kho sāriputtamoggallānā yena te paribbājakā tenupasaṅkamiṃsu, upasaṅkamitvā te paribbājake etadavocuṃ – ''gacchāma mayaṃ, āvuso, bhagavato santike, so no Bhagavā satthā''ti. ''Mayaṃ āyasmante nissāya āyasmante sampassantā idha viharāma, sace āyasmantā mahāsamaṇe brahmacariyaṃ carissanti, sabbeva mayaṃ mahāsamaṇe brahmacariyaṃ carissāmā''ti. Atha kho sāriputtamoggallānā yena sañcayo paribbājako tenupasaṅkamiṃsu, upasaṅkamitvā sañcayaṃ paribbājakaṃ etadavocuṃ – ''gacchāma mayaṃ, āvuso, bhagavato santike, so no Bhagavā satthā''ti. ''Alaṃ, āvuso, mā agamittha, sabbeva tayo imaṃ gaṇaṃ pariharissāmā''ti. Dutiyampi kho...pe... tatiyampi kho sāriputtamoggallānā sañcayaṃ paribbājakaṃ etadavocuṃ – ''gacchāma mayaṃ, āvuso,

bhagavato santike, so no Bhagavā satthā''ti. ''Alaṃ, āvuso, mā agamittha, sabbeva tayo imaṃ gaṇaṃ pariharissāmā''ti. Atha kho sāriputtamoggallānā tāni aḍḍhateyyāni paribbājakasatāni ādāya yena veḷuvanaṃ tenupasaṅkamiṃsu. Sañcayassa pana paribbājakassa tattheva uṇhaṃ lohitaṃ mukhato uggañchi.

Addasā kho Bhagavā [Bhagavāte (ka)] sāriputtamoggallāne dūratova āgacchante, disvāna bhikkhū āmantesi – ''ete, bhikkhave, dve sahāyakā āgacchanti, kolito upatisso ca. Etaṃ me sāvakayugaṃ bhavissati aggaṃ bhaddayuga''nti.

Gambhīre ñāṇavisaye, anuttare upadhisaṅkhaye;
Vimutte appatte veḷuvanaṃ, atha ne satthā byākāsi.
Ete dve sahāyakā, āgacchanti kolito upatisso ca;
Etaṃ me sāvakayugaṃ, bhavissati aggaṃ bhaddayuganti.

Atha kho sāriputtamoggallānā yena Bhagavā tenupasaṅkamiṃsu , upasaṅkamitvā
Bhagavato pādesu sirasā nipatitvā bhagavantaṃ etadavocuṃ – ''labheyyāma mayaṃ, bhante, bhagavato santike pabbajjaṃ, labheyyāma upasampada''nti. ''Etha bhikkhavo''ti Bhagavā avoca – ''svākkhāto dhammo, caratha brahmacariyaṃ sammā dukkhassa antakiriyāyā''ti. Sāva tesaṃ āyasmantānaṃ upasampadā ahosi.

Abhiññātānaṃ pabbajjā

63. Tena kho pana samayena abhiññātā abhiññātā māgadhikā kulaputtā bhagavati brahmacariyaṃ caranti. Manussā ujjhāyanti khiyyanti vipācenti – aputtakatāya paṭipanno samaṇo Gotamo, vedhabyāya paṭipanno samaṇo Gotamo, kulupacchedāya paṭipanno samaṇo Gotamo, idāni anena jaṭilasahassaṃ pabbājitaṃ, imāni ca aḍḍhateyyāni paribbājakasatāni sañcayāni [sañjeyyāni (sī.), sañjayāni (syā.)] pabbājitāni. Ime ca abhiññātā abhiññātā māgadhikā kulaputtā samaṇe Gotame brahmacariyaṃ carantīti. Apissu bhikkhū disvā imāya gāthāya codenti –

''Āgato kho mahāsamaṇo, māgadhānaṃ giribbajaṃ;
Sabbe sañcaye netvāna [sañjeyyake netvā (sī.)], kaṃsu dāni nayissatī''ti.

Assosuṃ kho bhikkhū tesaṃ manussānaṃ ujjhāyantānaṃ khiyyantānaṃ vipācentānaṃ. Atha kho te bhikkhū bhagavato etamatthaṃ ārocesuṃ…pe… na, bhikkhave, so saddo ciraṃ bhavissati, sattāhameva bhavissati, sattāhassa accayena antaradhāyissati. Tena hi, bhikkhave, ye tumhe imāya gāthāya codenti –

''Āgato kho mahāsamaṇo, māgadhānaṃ giribbajaṃ;
Sabbe sañcaye netvāna, kaṃsu dāni nayissatī''ti.

Te tumhe imāya gāthāya paṭicodetha –

''Nayanti ve mahāvīrā, saddhammena tathāgatā;
Dhammena nayamānānaṃ [nīyamānānaṃ (ka.)], kā usūyā [ussuyā (ka.)] vijānata''nti.

Tena kho pana samayena manussā bhikkhū disvā imāya gāthāya codenti –

''Āgato kho mahāsamaṇo, māgadhānaṃ giribbajaṃ;
Sabbe sañcaye netvāna, kaṃsu dāni nayissatī''ti.

Bhikkhū te manusse imāya gāthāya paṭicodenti –

''Nayanti ve mahāvīrā, saddhammena tathāgatā;
Dhammena nayamānānaṃ, kā usūyā vijānata''nti.

Manussā dhammena kira samaṇā sakyaputtiyā nenti no adhammenāti sattāhameva so saddo ahosi, sattāhassa accayena antaradhāyi.

Sāriputtamoggallānapabbajjākathā niṭṭhitā.

Catutthabhāṇavāro niṭṭhito.

15. Upajjhāyavattakathā

64. Tena kho pana samayena bhikkhū anupajjhāyakā anācariyakā [idaṃ padaṃ sī. syā. potthakesu natthi] anovadiyamānā ananusāsiyamānā dunnivatthā duppārutā anākappasampannā piṇḍāya caranti; manussānaṃ [te manussānaṃ (ka.)] bhuñjamānānaṃ uparibhojanepi uttiṭṭhapattaṃ upanāmenti, uparikhādanīyepi uttiṭṭhapattaṃ upanāmenti, uparisāyanīyepi uttiṭṭhapattaṃ upanāmenti, uparipānīyepi uttiṭṭhapattaṃ upanāmenti; sāmaṃ sūpampi odanampi viññāpetvā bhuñjanti; bhattaggepi uccāsaddā mahāsaddā viharanti. Manussā ujjhāyanti khiyyanti vipācenti – ''kathañhi nāma samaṇā sakyaputtiyā dunnivatthā duppārutā anākappasampannā piṇḍāya carissanti; manussānaṃ bhuñjamānānaṃ, uparibhojanepi uttiṭṭhapattaṃ upanāmessanti, uparikhādanīyepi uttiṭṭhapattaṃ upanāmessanti, uparisāyanīyepi uttiṭṭhapattaṃ upanāmessanti, uparipānīyepi uttiṭṭhapattaṃ upanāmessanti; sāmaṃ sūpampi odanampi viññāpetvā bhuñjissanti; bhattaggepi uccāsaddā mahāsaddā viharissanti seyyathāpi brāhmaṇā brāhmaṇabhojane''ti.

Assosuṃ kho bhikkhū tesaṃ manussānaṃ ujjhāyantānaṃ khiyyantānaṃ vipācentānaṃ. Ye te bhikkhū appicchā santuṭṭhā lajjino kukkuccakā sikkhākāmā, te ujjhāyanti khiyyanti vipācenti – ''kathañhi nāma bhikkhū dunnivatthā duppārutā anākappasampannā piṇḍāya carissanti; manussānaṃ bhuñjamānānaṃ, uparibhojanepi uttiṭṭhapattaṃ upanāmessanti, uparikhādanīyepi uttiṭṭhapattaṃ upanāmessanti, uparisāyanīyepi uttiṭṭhapattaṃ upanāmessanti, uparipānīyepi uttiṭṭhapattaṃ upanāmessanti; sāmaṃ sūpampi odanampi viññāpetvā bhuñjissanti; bhattaggepi uccāsaddā mahāsaddā viharissantī''ti. Atha kho te bhikkhū...pe... bhagavato etamatthaṃ ārocesuṃ.

Atha kho Bhagavā etasmiṃ nidāne etasmiṃ pakaraṇe bhikkhusaṅghaṃ sannipātāpetvā bhikkhū paṭipucchi – ''saccaṃ kira, bhikkhave, bhikkhū dunnivatthā duppārutā anākappasampannā piṇḍāya caranti, manussānaṃ bhuñjamānānaṃ upari bhojanepi uttiṭṭhapattaṃ upanāmenti, uparikhādanīyepi uttiṭṭhapattaṃ upanāmenti, uparisāyanīyepi uttiṭṭhapattaṃ upanāmenti, uparipānīyepi uttiṭṭhapattaṃ upanāmenti, sāmaṃ sūpampi odanampi viññāpetvā bhuñjanti, bhattaggepi uccāsaddā mahāsaddā viharantī''ti? ''Saccaṃ Bhagavā''ti. Vigarahi buddho Bhagavā – ''ananucchavikaṃ, bhikkhave, tesaṃ moghapurisānaṃ ananulomikaṃ appatirūpaṃ assāmaṇakaṃ akappiyaṃ akaraṇīyaṃ. Kathañhi nāma te, bhikkhave, moghapurisā dunnivatthā duppārutā anākappasampannā piṇḍāya carissanti, manussānaṃ bhuñjamānānaṃ uparibhojanepi uttiṭṭhapattaṃ upanāmessanti, uparikhādanīyepi uttiṭṭhapattaṃ upanāmessanti, uparisāyanīyepi uttiṭṭhapattaṃ upanāmessanti, uparipānīyepi uttiṭṭhapattaṃ upanāmessanti, sāmaṃ sūpampi odanampi viññāpetvā bhuñjissanti, bhattaggepi uccāsaddā mahāsaddā viharissanti. Netaṃ, bhikkhave, appasannānaṃ vā pasādāya, pasannānaṃ vā bhiyyobhāvāya. Atha khvetaṃ, bhikkhave, appasannānañceva appasādāya, pasannānañca ekaccānaṃ aññathattāyā''ti. Atha kho Bhagavā te bhikkhū anekapariyāyena vigarahitvā dubbharatāya dupposatāya mahicchatāya asantuṭṭhitāya [asantuṭṭhiyā (sī.), asantuṭṭhatāya (syā)] saṅgaṇikāya kosajjassa avaṇṇaṃ bhāsitvā anekapariyāyena subharatāya suposatāya appicchassa santuṭṭhassa sallekhassa dhutassa pāsādikassa apacayassa vīriyārambhassa [viriyārambhassa (sī. syā.)] vaṇṇaṃ bhāsitvā bhikkhūnaṃ tadanucchavikaṃ tadanulomikaṃ dhammiṃ kathaṃ katvā bhikkhū āmantesi –

65. ''Anujānāmi, bhikkhave, upajjhāyaṃ. Upajjhāyo, bhikkhave, saddhivihārikamhi puttacittaṃ upaṭṭhapessati , saddhivihāriko upajjhāyamhi pitucittaṃ upaṭṭhapessati. Evaṃ te aññamaññaṃ sagāravā sappatissā sabhāgavuttino viharantā imasmiṃ dhammavinaye vuḍḍhiṃ virūḷhiṃ vepullaṃ āpajjissanti. Evañca pana, bhikkhave, upajjhāyo gahetabbo – ekaṃsaṃ uttarāsaṅgaṃ karitvā pāde vanditvā ukkuṭikaṃ nisīditvā añjaliṃ paggahetvā evamassa vacanīyo – 'upajjhāyo me, bhante, hohi; upajjhāyo me, bhante, hohi; upajjhāyo me, bhante, hohī'ti. Sāhūti vā lahūti vā opāyikanti vā patirūpanti vā pāsādikena sampādehīti vā kāyena viññāpeti, vācāya viññāpeti, kāyena vācāya [na vācāya (ka.)] viññāpeti, gahito hoti upajjhāyo; na kāyena viññāpeti, na vācāya viññāpeti , na kāyena vācāya viññāpeti, na gahito hoti upajjhāyo.

66.[cūḷava. 376 ādayo]''Saddhivihārikena, bhikkhave, upajjhāyamhi sammā vattitabbaṃ. Tatrāyaṃ sammāvattanā –

''Kālasseva vuṭṭhāya upāhanā omuñcitvā ekaṃsaṃ uttarāsaṅgaṃ karitvā dantakaṭṭhaṃ dātabbaṃ, mukhodakaṃ dātabbaṃ, āsanaṃ paññapetabbaṃ. Sace yāgu hoti, bhājanaṃ dhovitvā yāgu upanāmetabbā. Yāguṃ pītassa udakaṃ datvā bhājanaṃ paṭiggahetvā nīcaṃ katvā sādhukaṃ appaṭighaṃsantena dhovitvā paṭisāmetabbaṃ. Upajjhāyamhi vuṭṭhite āsanaṃ uddharitabbaṃ. Sace so deso uklāpo hoti, so deso sammajjitabbo.

''Sace upajjhāyo gāmaṃ pavisitukāmo hoti, nivāsanaṃ dātabbaṃ, paṭinivāsanaṃ paṭiggahetabbaṃ, kāyabandhanaṃ dātabbaṃ, saguṇaṃ katvā saṅghāṭiyo dātabbā, dhovitvā patto sodako [saudako (ka.)] dātabbo. Sace upajjhāyo pacchāsamaṇaṃ ākaṅkhati, timaṇḍalaṃ paṭicchādentena parimaṇḍalaṃ nivāsetvā kāyabandhanaṃ bandhitvā saguṇaṃ katvā saṅghāṭiyo pārupitvā gaṇṭhikaṃ paṭimuñcitvā dhovitvā pattaṃ gahetvā upajjhāyassa pacchāsamaṇena hotabbaṃ. Nātidūre gantabbaṃ, nāccāsanne gantabbaṃ, pattapariyāpannaṃ paṭiggahetabbaṃ. Na upajjhāyassa bhaṇamānassa antarantarā kathā opātetabbā. Upajjhāyo āpattisāmantā bhaṇamāno nivāretabbo.

''Nivattantena paṭhamataraṃ āgantvā āsanaṃ paññapetabbaṃ, pādodakaṃ pādapīṭhaṃ pādakathalikaṃ upanikkhipitabbaṃ, paccuggantvā pattacīvaraṃ paṭiggahetabbaṃ, paṭinivāsanaṃ dātabbaṃ, nivāsanaṃ paṭiggahetabbaṃ. Sace cīvaraṃ sinnaṃ hoti, muhuttaṃ uṇhe otāpetabbaṃ, na ca uṇhe cīvaraṃ nidahitabbaṃ; cīvaraṃ saṅgharitabbaṃ, cīvaraṃ saṅgharantena caturaṅgulaṃ kaṇṇaṃ ussāretvā cīvaraṃ saṅgharitabbaṃ – mā majjhe bhaṅgo ahosīti. Obhoge kāyabandhanaṃ kātabbaṃ.

''Sace piṇḍapāto hoti, upajjhāyo ca bhuñjitukāmo hoti, udakaṃ datvā piṇḍapāto upanāmetabbo. Upajjhāyo pānīyena pucchitabbo . Bhuttāvissa udakaṃ datvā pattaṃ paṭiggahetvā nīcaṃ katvā sādhukaṃ appaṭighaṃsantena dhovitvā vodakaṃ katvā muhuttaṃ uṇhe otāpetabbo, na ca uṇhe patto nidahitabbo. Pattacīvaraṃ nikkhipitabbaṃ. Pattaṃ nikkhipantena ekena hatthena pattaṃ gahetvā ekena hatthena heṭṭhāmañcaṃ vā heṭṭhāpīṭhaṃ vā parāmasitvā patto nikkhipitabbo. Na ca anantarahitāya bhūmiyā patto nikkhipitabbo. Cīvaraṃ nikkhipantena ekena hatthena cīvaraṃ gahetvā ekena hatthena cīvaravaṃsaṃ vā cīvararajjuṃ vā pamajjitvā pārato antaṃ orato bhogaṃ katvā cīvaraṃ nikkhipitabbaṃ. Upajjhāyamhi vuṭṭhite āsanaṃ uddharitabbaṃ, pādodakaṃ pādapīṭhaṃ pādakathalikaṃ paṭisāmetabbaṃ. Sace so deso uklāpo hoti, so deso sammajjitabbo.

''Sace upajjhāyo nahāyitukāmo hoti, nahānaṃ paṭiyādetabbaṃ. Sace sītena attho hoti, sītaṃ paṭiyādetabbaṃ. Sace uṇhena attho hoti, uṇhaṃ paṭiyādetabbaṃ.

"Sace upajjhāyo jantāgharaṃ pavisitukāmo hoti, cuṇṇaṃ sannetabbaṃ, mattikā temetabbā, jantāgharapīṭhaṃ ādāya upajjhāyassa piṭṭhito piṭṭhito gantvā jantāgharapīṭhaṃ datvā cīvaraṃ paṭiggahetvā ekamantaṃ nikkhipitabbaṃ, cuṇṇaṃ dātabbaṃ, mattikā dātabbā. Sace ussahati, jantāgharaṃ pavisitabbaṃ. Jantāgharaṃ pavisantena mattikāya mukhaṃ makkhetvā purato ca pacchato ca paṭicchādetvā jantāgharaṃ pavisitabbaṃ. Na there bhikkhū anupakhajja nisīditabbaṃ. Na navā bhikkhū āsanena paṭibāhitabbā. Jantāghare upajjhāyassa parikammaṃ kātabbaṃ. Jantāgharā nikkhamantena jantāgharapīṭhaṃ ādāya purato ca pacchato ca paṭicchādetvā jantāgharā nikkhamitabbaṃ.

"Udakepi upajjhāyassa parikammaṃ kātabbaṃ. Nahātena paṭhamataraṃ uttaritvā attano gattaṃ vodakaṃ katvā nivāsetvā upajjhāyassa gattato udakaṃ pamajjitabbaṃ, nivāsanaṃ dātabbaṃ, saṅghāṭi dātabbā, jantāgharapīṭhaṃ ādāya paṭhamataraṃ āgantvā āsanaṃ paññapetabbaṃ, pādodakaṃ pādapīṭhaṃ pādakathalikaṃ upanikkhipitabbaṃ, upajjhāyo pānīyena pucchitabbo. Sace uddisāpetukāmo hoti, uddisitabbo. Sace paripucchitukāmo hoti, paripucchitabbo.

"Yasmiṃ vihāre upajjhāyo viharati, sace so vihāro uklāpo hoti, sace ussahati, sodhetabbo. Vihāraṃ sodhentena paṭhamaṃ pattacīvaraṃ nīharitvā ekamantaṃ nikkhipitabbaṃ. Nisīdanapaccattharaṇaṃ nīharitvā ekamantaṃ nikkhipitabbaṃ. Bhisibibbohanaṃ [bhisibimbohanaṃ (sī. syā.)] nīharitvā ekamantaṃ nikkhipitabbaṃ. Mañco nīcaṃ katvā sādhukaṃ appaṭighaṃsantena, asaṅghaṭṭentena kavāṭapiṭṭhaṃ, nīharitvā ekamantaṃ nikkhipitabbo. Pīṭhaṃ nīcaṃ katvā sādhukaṃ appaṭighaṃsantena, asaṅghaṭṭentena kavāṭapiṭṭhaṃ, nīharitvā ekamantaṃ nikkhipitabbaṃ. Mañcapaṭipādakā nīharitvā ekamantaṃ nikkhipitabbā. Kheḷamallako nīharitvā ekamantaṃ nikkhipitabbo. Apassenaphalakaṃ nīharitvā ekamantaṃ nikkhipitabbaṃ. Bhūmattharaṇaṃ yathāpaññattaṃ sallakkhetvānīharitvā ekamantaṃ nikkhipitabbaṃ. Sace vihāre santānakaṃ hoti, ullokā paṭhamaṃ ohāretabbaṃ, ālokasandhikaṇṇabhāgā pamajjitabbā. Sace gerukaparikammakatā bhitti kaṇṇakitā hoti, coḷakaṃ temetvā pīḷetvā pamajjitabbā. Sace kāḷavaṇṇakatā bhūmi kaṇṇakitā hoti, coḷakaṃ temetvā pīḷetvā pamajjitabbā. Sace akatā hoti bhūmi, udakena paripphositvā sammajjitabbā – mā vihāro rajena uhaññīti. Saṅkāraṃ vicinitvā ekamantaṃ chaḍḍetabbaṃ.

"Bhūmattharaṇaṃ otāpetvā sodhetvā papphoṭetvā atiharitvā yathāpaññattaṃ paññapetabbaṃ. Mañcapaṭipādakā otāpetvā pamajjitvā atiharitvā yathāṭhāne ṭhapetabbā. Mañco otāpetvā sodhetvā papphoṭetvā nīcaṃ katvā sādhukaṃ appaṭighaṃsantena, asaṅghaṭṭentena kavāṭapiṭṭhaṃ, atiharitvā yathāpaññattaṃ paññapetabbo. Pīṭhaṃ otāpetvā sodhetvā papphoṭetvā nīcaṃ katvā sādhukaṃ appaṭighaṃsantena, asaṅghaṭṭentena kavāṭapiṭṭhaṃ, atiharitvā yathāpaññattaṃ paññapetabbaṃ. Bhisibibbohanaṃ otāpetvā sodhetvā papphoṭetvā atiharitvā yathāpaññattaṃ paññapetabbaṃ. Nisīdanapaccattharaṇaṃ otāpetvā sodhetvā papphoṭetvā atiharitvā yathāpaññattaṃ paññapetabbaṃ. Kheḷamallako otāpetvā pamajjitvā atiharitvā yathāṭhāne ṭhapetabbo. Apassenaphalakaṃ otāpetvā pamajjitvā atiharitvā yathāṭhāne ṭhapetabbaṃ. Pattacīvaraṃ nikkhipitabbaṃ. Pattaṃ nikkhipantena ekena hatthena pattaṃ gahetvā ekena hatthena heṭṭhāmañcaṃ vā heṭṭhāpīṭhaṃ vā parāmasitvā patto nikkhipitabbo. Na ca anantarahitāya bhūmiyā patto nikkhipitabbo. Cīvaraṃ nikkhipantena ekena hatthena cīvaraṃ gahetvā ekena hatthena cīvaravaṃsaṃ vā cīvararajjuṃ vā pamajjitvā pārato antaṃ orato bhogaṃ katvā cīvaraṃ nikkhipitabbaṃ.

"Sace puratthimā sarajā vātā vāyanti, puratthimā vātapānā thaketabbā. Sace pacchimā sarajā vātā vāyanti, pacchimā vātapānā thaketabbā. Sace uttarā sarajā vātā vāyanti, uttarā vātapānā thaketabbā. Sace dakkhiṇā sarajā vātā vāyanti, dakkhiṇā vātapānā thaketabbā. Sace sītakālo hoti, divā vātapānā vivaritabbā, rattiṃ thaketabbā. Sace uṇhakālo hoti, divā vātapānā thaketabbā, rattiṃ vivaritabbā.

"Sace pariveṇaṃ uklāpaṃ hoti, pariveṇaṃ sammajjitabbaṃ. Sace koṭṭhako uklāpo hoti, koṭṭhako sammajjitabbo. Sace upaṭṭhānasālā uklāpā hoti, upaṭṭhānasālā sammajjitabbā. Sace aggisālā uklāpā hoti, aggisālā sammajjitabbā. Sace vaccakuṭi uklāpā hoti, vaccakuṭi sammajjitabbā. Sace pānīyaṃ na hoti, pānīyaṃ upaṭṭhāpetabbaṃ. Sace paribhojanīyaṃ na hoti, paribhojanīyaṃ upaṭṭhāpetabbaṃ. Sace ācamanakumbhiyā udakaṃ na hoti, ācamanakumbhiyāudakaṃ āsiñcitabbaṃ.

"Sace upajjhāyassa anabhirati uppannā hoti, saddhivihārikena vūpakāsetabbo, vūpakāsāpetabbo, dhammakathā vāssa kātabbā. Sace upajjhāyassa kukkuccaṃ uppannaṃ hoti, saddhivihārikena vinodetabbaṃ, vinodāpetabbaṃ, dhammakathā vāssa kātabbā. Sace upajjhāyassa diṭṭhigataṃ uppannaṃ hoti, saddhivihārikena vivecetabbaṃ, vivecāpetabbaṃ, dhammakathā vāssa kātabbā. Sace upajjhāyo garudhammaṃ ajjhāpanno hoti parivāsāraho, saddhivihārikena ussukkaṃ kātabbaṃ – kinti nu kho saṅgho upajjhāyassa parivāsaṃ dadeyyāti. Sace upajjhāyo mūlāya paṭikassanāraho hoti, saddhivihārikena ussukkaṃ kātabbaṃ – kinti nu kho saṅgho upajjhāyaṃ mūlāya paṭikasseyyāti. Sace upajjhāyo mānattāraho hoti, saddhivihārikena ussukkaṃ kātabbaṃ – kinti nu kho saṅgho upajjhāyassa mānattaṃ dadeyyāti. Sace upajjhāyo abbhānāraho hoti, saddhivihārikena ussukkaṃ kātabbaṃ – kinti nu kho saṅgho upajjhāyaṃ abbheyyāti. Sace saṅgho upajjhāyassa kammaṃ kattukāmo hoti tajjanīyaṃ vā niyassaṃ [niyasaṃ (ka.)] vā pabbājanīyaṃ vā paṭisāraṇīyaṃ vā ukkhepanīyaṃ vā, saddhivihārikena ussukkaṃ kātabbaṃ – kinti nu kho saṅgho upajjhāyassa kammaṃ na kareyya lahukāya vā pariṇāmeyyāti. Kataṃ vā panassa hoti saṅghena kammaṃ tajjanīyaṃ vā niyassaṃ vā pabbājanīyaṃ vā paṭisāraṇīyaṃ vā ukkhepanīyaṃ vā, saddhivihārikena ussukkaṃ kātabbaṃ – kinti nu kho upajjhāyo sammā vatteyya, lomaṃ pāteyya, netthāraṃ vatteyya, saṅgho taṃ kammaṃ paṭippassambheyyāti.

''Sace upajjhāyassa cīvaraṃ dhovitabbaṃ hoti, saddhivihārikena dhovitabbaṃ, ussukkaṃ vā kātabbaṃ – kinti nu kho upajjhāyassa cīvaraṃ dhoviyethāti. Sace upajjhāyassa cīvaraṃ kātabbaṃ hoti, saddhivihārikena kātabbaṃ, ussukkaṃ vā kātabbaṃ – kinti nu kho upajjhāyassa cīvaraṃ kariyethāti. Sace upajjhāyassa rajanaṃ pacitabbaṃ hoti, saddhivihārikena pacitabbaṃ, ussukkaṃ vā kātabbaṃ – kinti nu kho upajjhāyassa rajanaṃ paciyethāti. Sace upajjhāyassa cīvaraṃ rajitabbaṃ [rajetabbaṃ (sī. syā.)] hoti, saddhivihārikena rajitabbaṃ, ussukkaṃ vā kātabbaṃ – kinti nu kho upajjhāyassa cīvaraṃ rajiyethāti. Cīvaraṃ rajantena [rajentena (sī. syā.)] sādhukaṃ samparivattakaṃ samparivattakaṃ rajitabbaṃ, na ca acchinne theve pakkamitabbaṃ.

''Na upajjhāyaṃ anāpucchā ekaccassa patto dātabbo, na ekaccassa patto paṭiggahetabbo; na ekaccassa cīvaraṃ dātabbaṃ, na ekaccassa cīvaraṃ paṭiggahetabbaṃ; na ekaccassa parikkhāro dātabbo, na ekaccassa parikkhāro paṭiggahetabbo; na ekaccassa kesā chedetabbā [chettabbā (sī.), cheditabbā (ka.)], na ekaccena kesā chedāpetabbā; na ekaccassa parikammaṃ kātabbaṃ, na ekaccena parikammaṃ kārāpetabbaṃ; na ekaccassa veyyāvacco[veyyāvaccaṃ (katthaci)] kātabbo , na ekaccena veyyāvacco kārāpetabbo; na ekaccassa pacchāsamaṇena hotabbaṃ, na ekacco pacchāsamaṇo ādātabbo; na ekaccassa piṇḍapāto nīharitabbo, na ekaccena piṇḍapāto nīharāpetabbo; na upajjhāyaṃ anāpucchā gāmo pavisitabbo; na susānaṃ gantabbaṃ; na disā pakkamitabbā. Sace upajjhāyo gilāno hoti, yāvajīvaṃ upaṭṭhātabbo; vuṭṭhānamassa āgametabba''nti.

Upajjhāyavattaṃ niṭṭhitaṃ.

16. Saddhivihārikavattakathā

67.[cūḷava. 378 ādayo] ''Upajjhāyena, bhikkhave, saddhivihārikamhi sammā vattitabbaṃ. Tatrāyaṃ sammāvattanā –

''Upajjhāyena, bhikkhave, saddhivihāriko saṅgahetabbo anuggahetabbo uddesena paripucchāya ovādena anusāsaniyā. Sace upajjhāyassa patto hoti, saddhivihārikassa patto na hoti, upajjhāyena saddhivihārikassa patto dātabbo, ussukkaṃ vā kātabbaṃ – kinti nu kho saddhivihārikassa patto uppajjiyethāti. Sace upajjhāyassa cīvaraṃ hoti, saddhivihārikassa cīvaraṃ na hoti, upajjhāyena saddhivihārikassa cīvaraṃ dātabbaṃ, ussukkaṃ vā kātabbaṃ – kinti nu kho saddhivihārikassa cīvaraṃ uppajjiyethāti. Sace upajjhāyassa parikkhāro hoti, saddhivihārikassa parikkhāro na hoti, upajjhāyena saddhivihārikassa parikkhārodātabbo, ussukkaṃ vā kātabbaṃ – kinti nu kho saddhivihārikassa parikkhāro uppajjiyethāti.

''Sace saddhivihāriko gilāno hoti, kālasseva uṭṭhāya dantakaṭṭhaṃ dātabbaṃ, mukhodakaṃ dātabbaṃ, āsanaṃ paññapetabbaṃ. Sace yāgu hoti, bhājanaṃ dhovitvā yāgu upanāmetabbā. Yāguṃ pītassa udakaṃ datvā bhājanaṃ paṭiggahetvā nīcaṃ katvā sādhukaṃ appaṭighaṃsantena dhovitvā paṭisāmetabbaṃ. Saddhivihārikamhi vuṭṭhite āsanaṃ uddharitabbaṃ. Sace so deso uklāpo hoti, so deso sammajjitabbo.

''Sace saddhivihāriko gāmaṃ pavisitukāmo hoti, nivāsanaṃ dātabbaṃ, paṭinivāsanaṃ paṭiggahetabbaṃ, kāyabandhanaṃ dātabbaṃ, saguṇaṃ katvā saṅghāṭiyo dātabbā, dhovitvā patto sodako dātabbo. Ettāvatā nivattissatīti āsanaṃ paññapetabbaṃ, pādodakaṃ pādapīṭhaṃ pādakathalikaṃupanikkhipitabbaṃ, paccuggantvā pattacīvaraṃ paṭiggahetabbaṃ, paṭinivāsanaṃ dātabbaṃ, nivāsanaṃ paṭiggahetabbaṃ . Sace cīvaraṃ sinnaṃ hoti, muhuttaṃ uṇhe otāpetabbaṃ, na ca uṇhe cīvaraṃ nidahitabbaṃ; cīvaraṃ saṅgharitabbaṃ, cīvaraṃ saṅgharantena caturaṅgulaṃ kaṇṇaṃ ussāretvā cīvaraṃ saṅgharitabbaṃ – mā majjhe bhaṅgo ahosīti. Obhoge kāyabandhanaṃ kātabbaṃ.

''Sace piṇḍapāto hoti, saddhivihāriko ca bhuñjitukāmo hoti, udakaṃ datvā piṇḍapāto upanāmetabbo. Saddhivihāriko pānīyena pucchitabbo. Bhuttāvissa udakaṃ datvā pattaṃ paṭiggahetvā nīcaṃ katvā sādhukaṃ appaṭighaṃsantena dhovitvā vodakaṃ katvā muhuttaṃ uṇhe otāpetabbo, na ca uṇhe patto nidahitabbo. Pattacīvaraṃ nikkhipitabbaṃ. Pattaṃ nikkhipantena ekena hatthena pattaṃ gahetvā ekena hatthena heṭṭhāmañcaṃ vā heṭṭhāpīṭhaṃ vā parāmasitvā patto nikkhipitabbo. Na ca anantarahitāya bhūmiyā patto nikkhipitabbo. Cīvaraṃ nikkhipantena ekena hatthena cīvaraṃ gahetvā ekena hatthena cīvaravaṃsaṃ vā cīvararajjuṃ vā pamajjitvā pārato antaṃ orato bhogaṃ katvā cīvaraṃ nikkhipitabbaṃ. Saddhivihārikamhi vuṭṭhite āsanaṃ uddharitabbaṃ, pādodakaṃ pādapīṭhaṃ pādakathalikaṃ paṭisāmetabbaṃ. Sace so deso uklāpo hoti, so deso sammajjitabbo.

''Sace saddhivihāriko nahāyitukāmo hoti, nahānaṃ paṭiyādetabbaṃ. Sace sītena attho hoti, sītaṃ paṭiyādetabbaṃ. Sace uṇhena attho hoti, uṇhaṃ paṭiyādetabbaṃ .

''Sace saddhivihāriko jantāgharaṃ pavisitukāmo hoti, cuṇṇaṃ sannetabbaṃ, mattikā temetabbā, jantāgharapīṭhaṃ ādāya gantvā jantāgharapīṭhaṃ datvā cīvaraṃ paṭiggahetvā ekamantaṃ nikkhipitabbaṃ, cuṇṇaṃ dātabbaṃ, mattikā dātabbā. Sace ussahati, jantāgharaṃ pavisitabbaṃ. Jantāgharaṃ pavisantena mattikāya mukhaṃ makkhetvā purato ca pacchato ca paṭicchādetvā jantāgharaṃ pavisitabbaṃ. Na there bhikkhū anupakhajja nisīditabbaṃ. Na navā bhikkhū āsanena paṭibāhitabbā. Jantāghare saddhivihārikassa parikammaṃ kātabbaṃ. Jantāgharā nikkhamantena jantāgharapīṭhaṃ ādāya purato ca pacchato ca paṭicchādetvā jantāgharā nikkhamitabbaṃ.

"Udakepi saddhivihārikassa parikammaṃ kātabbaṃ. Nahātena paṭhamataraṃ uttaritvā attano gattaṃ vodakaṃ katvā nivāsetvā saddhivihārikassa gattato udakaṃ pamajjitabbaṃ, nivāsanaṃ dātabbaṃ, saṅghāṭi dātabbā. Jantāgharapīṭhaṃ ādāya paṭhamataraṃ āgantvā āsanaṃ paññapetabbaṃ, pādodakaṃ pādapīṭhaṃ pādakathalikaṃ upanikkhipitabbaṃ. Saddhivihāriko pānīyena pucchitabbo.

"Yasmiṃ vihāre saddhivihāriko viharati, sace so vihāro uklāpo hoti, sace ussahati, sodhetabbo. Vihāraṃ sodhentena paṭhamaṃ pattacīvaraṃ nīharitvā ekamantaṃ nikkhipitabbaṃ; nisīdanapaccattharaṇaṃ nīharitvā ekamantaṃ nikkhipitabbaṃ; bhisibibbohanaṃ nīharitvā ekamantaṃ nikkhipitabbaṃ; mañco nīcaṃ katvā sādhukaṃ appaṭighaṃsantena, asaṅghaṭṭentena kavāṭapiṭṭhaṃ, nīharitvā ekamantaṃ nikkhipitabbo; pīṭhaṃ nīcaṃ katvā sādhukaṃ appaṭighaṃsantena asaṅghaṭṭentena kavāṭapiṭṭhaṃ nīharitvā ekamantaṃ nikkhipitabbaṃ; mañcapaṭipādakā nīharitvā ekamantaṃ nikkhipitabbā; kheḷamallako nīharitvā ekamantaṃ nikkhipitabbo; apassenaphalakaṃ nīharitvā ekamantaṃ nikkhipitabbaṃ; bhūmattharaṇaṃ yathāpaññattaṃ sallakkhetvā nīharitvā ekamantaṃ nikkhipitabbaṃ. Sace vihāre santānakaṃ hoti, ullokā paṭhamaṃ ohāretabbaṃ, ālokasandhikaṇṇabhāgā pamajjitabbā. Sace gerukaparikammakatā bhitti kaṇṇakitā hoti, coḷakaṃ temetvā pīḷetvā pamajjitabbā. Sace kāḷavaṇṇakatā bhūmi kaṇṇakitā hoti, coḷakaṃ temetvā pīḷetvā pamajjitabbā. Sace akatā hoti bhūmi, udakena paripphositvā sammajjitabbā – mā vihāro rajena uhaññīti. Saṅkāraṃ vicinitvā ekamantaṃ chaḍḍetabbaṃ.

"Bhūmattharaṇaṃ otāpetvā sodhetvā papphoṭetvā atiharitvā yathāpaññattaṃ paññapetabbaṃ. Mañcapaṭipādakā otāpetvā pamajjitvā atiharitvā yathāṭhāne ṭhapetabbā. Mañco otāpetvā sodhetvā papphoṭetvā nīcaṃ katvā sādhukaṃ appaṭighaṃsantena, asaṅghaṭṭentena kavāṭapiṭṭhaṃ, atiharitvā yathāpaññattaṃ paññapetabbo. Pīṭhaṃ otāpetvā sodhetvā papphoṭetvā nīcaṃ katvā sādhukaṃ appaṭighaṃsantena, asaṅghaṭṭentena kavāṭapiṭṭhaṃ, atiharitvā yathāpaññattaṃ paññapetabbaṃ. Bhisibibbohanaṃ otāpetvā sodhetvā papphoṭetvā atiharitvā yathāpaññattaṃ paññapetabbaṃ. Nisīdanapaccattharaṇaṃ otāpetvā sodhetvā papphoṭetvā atiharitvā yathāpaññattaṃ paññapetabbaṃ. Kheḷamallako otāpetvā pamajjitvā atiharitvā yathāṭhāne ṭhapetabbo. Apassenaphalakaṃ otāpetvā pamajjitvā atiharitvā yathāṭhāne ṭhapetabbaṃ. Pattacīvaraṃ nikkhipitabbaṃ. Pattaṃ nikkhipantena ekena hatthena pattaṃ gahetvā ekena hatthena heṭṭhāmañcaṃ vā heṭṭhāpīṭhaṃ vā parāmasitvā patto nikkhipitabbo. Na ca anantarahitāya bhūmiyā patto nikkhipitabbo. Cīvaraṃ nikkhipantena ekena hatthena cīvaraṃ gahetvā ekena hatthena cīvaravaṃsaṃ vā cīvararajjuṃ vā pamajjitvā pārato antaṃ orato bhogaṃ katvā cīvaraṃ nikkhipitabbaṃ.

"Sace puratthimā sarajā vātā vāyanti, puratthimā vātapānā thaketabbā. Sace pacchimā sarajā vātā vāyanti, pacchimā vātapānā thaketabbā. Sace uttarā sarajā vātā vāyanti, uttarā vātapānā thaketabbā. Sace dakkhiṇā sarajā vātā vāyanti, dakkhiṇā vātapānā thaketabbā. Sace sītakālo hoti, divā vātapānā vivaritabbā, rattiṃ thaketabbā. Sace uṇhakālo hoti, divā vātapānā thaketabbā, rattiṃ vivaritabbā.

"Sace pariveṇaṃ uklāpaṃ hoti, pariveṇaṃ sammajjitabbaṃ. Sace koṭṭhako uklāpo hoti, koṭṭhako sammajjitabbo. Sace upaṭṭhānasālā uklāpā hoti, upaṭṭhānasālā sammajjitabbā. Sace aggisālā uklāpā hoti, aggisālā sammajjitabbā. Sace vaccakuṭi uklāpā hoti, vaccakuṭi sammajjitabbā. Sace pānīyaṃ na hoti, pānīyaṃ upaṭṭhāpetabbaṃ. Sace paribhojanīyaṃ na hoti, paribhojanīyaṃ upaṭṭhāpetabbaṃ. Sace ācamanakumbhiyā udakaṃ na hoti, ācamanakumbhiyā udakaṃ āsiñcitabbaṃ.

"Sace saddhivihārikassa anabhirati uppannā hoti, upajjhāyena vūpakāsetabbo, vūpakāsāpetabbo, dhammakathā vāssa kātabbā. Sace saddhivihārikassa kukkuccaṃ uppannaṃ hoti, upajjhāyena vinodetabbaṃ, vinodāpetabbaṃ, dhammakathā vāssa kātabbā. Sace saddhivihārikassa diṭṭhigataṃ uppannaṃ hoti, upajjhāyena vivecetabbaṃ, vivecāpetabbaṃ, dhammakathā vāssa kātabbā. Sace saddhivihāriko garudhammaṃ ajjhāpanno hoti parivāsāraho, upajjhāyena ussukkaṃ kātabbaṃ – kinti nu kho saṅgho saddhivihārikassa parivāsaṃ dadeyyāti. Sace saddhivihāriko mūlāya paṭikassanāraho hoti, upajjhāyena ussukkaṃ kātabbaṃ – kinti nu kho saṅgho saddhivihārikaṃ mūlāya paṭikasseyyāti. Sace saddhivihāriko mānattāraho hoti, upajjhāyena ussukkaṃ kātabbaṃ – kinti nu kho saṅgho saddhivihārikassa mānattaṃ dadeyyāti. Sace saddhivihāriko abbhānāraho hoti, upajjhāyena ussukkaṃ kātabbaṃ – kinti nu kho saṅgho saddhivihārikaṃ abbheyyāti. Sace saṅgho saddhivihārikassa kammaṃ kattukāmo hoti, tajjanīyaṃ vā niyassaṃ vā pabbājanīyaṃ vā paṭisāraṇīyaṃ vā ukkhepanīyaṃ vā, upajjhāyena ussukkaṃ kātabbaṃ – kinti nu kho saṅgho saddhivihārikassa kammaṃ na kareyya, lahukāya vā pariṇāmeyyāti. Kataṃ vā panassa hoti saṅghena kammaṃ, tajjanīyaṃ vā niyassaṃ vā pabbājanīyaṃ vā paṭisāraṇīyaṃ vā ukkhepanīyaṃ vā, upajjhāyena ussukkaṃ kātabbaṃ – kinti nu kho saddhivihāriko sammā vatteyya, lomaṃ pāteyya, netthāraṃ vatteyya, saṅgho taṃ kammaṃ paṭippassambheyyāti.

"Sace saddhivihārikassa cīvaraṃ dhovitabbaṃ hoti, upajjhāyena ācikkhitabbaṃ evaṃ dhoveyyāsīti, ussukkaṃ vā kātabbaṃ – kinti nu kho saddhivihārikassa cīvaraṃ dhoviyethāti. Sace saddhivihārikassa cīvaraṃ kātabbaṃ hoti, upajjhāyena ācikkhitabbaṃ evaṃ kareyyāsīti, ussukkaṃ vā kātabbaṃ – kinti nu kho saddhivihārikassa cīvaraṃ kariyethāti. Sace saddhivihārikassa rajanaṃ pacitabbaṃ hoti, upajjhāyena ācikkhitabbaṃ evaṃ paceyyāsīti, ussukkaṃ vā kātabbaṃ – kinti nu kho saddhivihārikassa rajanaṃ paciyethāti. Sace saddhivihārikassa cīvaraṃ rajitabbaṃ hoti, upajjhāyena ācikkhitabbaṃ, evaṃ rajeyyāsīti, ussukkaṃ vā kātabbaṃ – kinti nu kho saddhivihārikassa cīvaraṃ rajiyethāti. Cīvaraṃ rajantena sādhukaṃ samparivattakaṃ samparivattakaṃ rajitabbaṃ. Na ca acchinne theve pakkamitabbaṃ. Sace saddhivihāriko gilāno hoti, yāvajīvaṃ upaṭṭhātabbo, vuṭṭhānamassa āgametabba''nti.

Saddhivihārikavattaṃ niṭṭhitaṃ.

17. Paṇāmitakathā

68. Tena kho pana samayena saddhivihārikā upajjhāyesu na sammā vattanti. Ye te bhikkhū appicchā...pe... te ujjhāyanti khiyyanti vipācenti – ''kathañhi nāma saddhivihārikā upajjhāyesu na sammā vattissantī''ti. Atha kho te bhikkhū bhagavato etamatthaṃ ārocesuṃ...pe... saccaṃ kira, bhikkhave, saddhivihārikā upajjhāyesu na sammā vattantīti? Saccaṃ Bhagavāti. Vigarahi buddho Bhagavā...pe... kathañhi nāma, bhikkhave, saddhivihārikā upajjhāyesu na sammā vattissantīti...pe... vigarahitvā...pe... dhammiṃ kathaṃ katvā bhikkhū āmantesi – ''na, bhikkhave, saddhivihārikena upajjhāyamhi na sammā vattitabbaṃ. Yo na sammā vatteyya, āpatti dukkaṭassā''ti. Neva sammā vattanti. Bhagavato etamatthaṃ ārocesuṃ. Anujānāmi, bhikkhave, asammāvattantaṃ paṇāmetuṃ. Evañca pana, bhikkhave, paṇāmetabbo – ''paṇāmemi ta''nti vā, ''māyidha paṭikkamī''ti vā, ''nīhara te pattacīvara''nti vā, ''nāhaṃ tayā upaṭṭhātabbo''ti vā, kāyena viññāpeti, vācāya viññāpeti, kāyena vācāya viññāpeti, paṇāmito hoti saddhivihāriko; na kāyena viññāpeti, na vācāya viññāpeti, na kāyena vācāya viññāpeti, na paṇāmito hoti saddhivihārikoti.

Tena kho pana samayena saddhivihārikā paṇāmitā na khamāpenti. Bhagavato etamatthaṃ ārocesuṃ. Anujānāmi, bhikkhave, khamāpetunti. Neva khamāpenti. Bhagavato etamatthaṃ ārocesuṃ. Na, bhikkhave, paṇāmitena na khamāpetabbo. Yo na khamāpeyya, āpatti dukkaṭassāti.

Tena kho pana samayena upajjhāyā khamāpiyamānā na khamanti. Bhagavato etamatthaṃ ārocesuṃ. Anujānāmi, bhikkhave, khamitunti. Neva khamanti. Saddhivihārikā pakkamantipi vibbhamantipi titthiyesupi saṅkamanti. Bhagavato etamatthaṃ ārocesuṃ. Na, bhikkhave, khamāpiyamānena na khamitabbaṃ. Yo na khameyya, āpatti dukkaṭassāti.

Tena kho pana samayena upajjhāyā sammāvattantaṃ paṇāmenti, asammāvattantaṃ na paṇāmenti. Bhagavato etamatthaṃ ārocesuṃ. Na, bhikkhave, sammāvattanto paṇāmetabbo. Yo paṇāmeyya, āpatti dukkaṭassa. Na ca, bhikkhave, asammāvattanto na paṇāmetabbo. Yo na paṇāmeyya, āpatti dukkaṭassāti.

''Pañcahi, bhikkhave, aṅgehi samannāgato saddhivihāriko paṇāmetabbo. Upajjhāyamhi nādhimattaṃ pemaṃ hoti, nādhimatto pasādo hoti, nādhimattā hirī hoti, nādhimatto gāravo hoti, nādhimattā bhāvanā hoti – imehi kho, bhikkhave, pañcahaṅgehi samannāgato saddhivihāriko paṇāmetabbo.

''Pañcahi, bhikkhave, aṅgehi samannāgato saddhivihāriko na paṇāmetabbo. Upajjhāyamhi adhimattaṃ pemaṃ hoti, adhimatto pasādo hoti, adhimattā hirī hoti, adhimatto gāravo hoti, adhimattā bhāvanā hoti – imehi kho, bhikkhave, pañcahaṅgehi samannāgato saddhivihāriko na paṇāmetabbo.

''Pañcahi, bhikkhave, aṅgehi samannāgato saddhivihāriko alaṃ paṇāmetuṃ. Upajjhāyamhi nādhimattaṃ pemaṃ hoti, nādhimatto pasādo hoti, nādhimattā hirī hoti, nādhimatto gāravo hoti, nādhimattā bhāvanā hoti – imehi kho, bhikkhave, pañcahaṅgehi samannāgato saddhivihāriko alaṃ paṇāmetuṃ.

''Pañcahi, bhikkhave, aṅgehi samannāgato saddhivihāriko nālaṃ paṇāmetuṃ. Upajjhāyamhi adhimattaṃ pemaṃ hoti, adhimatto pasādo hoti, adhimattā hirī hoti, adhimatto gāravo hoti, adhimattā bhāvanā hoti – imehi kho, bhikkhave, pañcahaṅgehi samannāgato saddhivihāriko nālaṃ paṇāmetuṃ.

''Pañcahi, bhikkhave, aṅgehi samannāgataṃ saddhivihārikaṃ appaṇāmento upajjhāyo sātisāro hoti, paṇāmento anatisāro hoti. Upajjhāyamhi nādhimattaṃ pemaṃ hoti, nādhimatto pasādo hoti, nādhimattā hirī hoti, nādhimatto gāravo hoti, nādhimattā bhāvanā hoti – imehi kho, bhikkhave, pañcahaṅgehi samannāgataṃsaddhivihārikaṃ appaṇāmento upajjhāyo sātisāro hoti, paṇāmento anatisāro hoti.

''Pañcahi, bhikkhave, aṅgehi samannāgataṃ saddhivihārikaṃ paṇāmento upajjhāyo sātisāro hoti, appaṇāmento anatisāro hoti. Upajjhāyamhi adhimattaṃ pemaṃ hoti, adhimatto pasādo hoti, adhimattā hirī hoti, adhimatto gāravo hoti, adhimattā bhāvanā hoti – imehi kho, bhikkhave, pañcahaṅgehi samannāgataṃ saddhivihārikaṃ paṇāmento upajjhāyo sātisāro hoti, appaṇāmento anatisāro hotī''ti.

69. Tena kho pana samayena aññataro brāhmaṇo bhikkhū upasaṅkamitvā pabbajjaṃ yāci. Taṃ bhikkhū na icchiṃsu pabbājetuṃ. So bhikkhūsu pabbajjaṃ alabhamāno kiso ahosi lūkho dubbaṇṇo uppaṇḍuppaṇḍukajāto dhamanisanthatagatto. Addasā kho Bhagavā taṃ brāhmaṇaṃ kisaṃ lūkhaṃ dubbaṇṇaṃ uppaṇḍuppaṇḍukajātaṃ dhamanisanthatagattaṃ, disvāna bhikkhū āmantesi – ''kiṃ nu kho so, bhikkhave, brāhmaṇo kiso lūkho dubbaṇṇo uppaṇḍuppaṇḍukajāto dhamanisanthatagatto''ti? Eso, bhante, brāhmaṇo bhikkhū upasaṅkamitvā pabbajjaṃ yāci. Taṃ bhikkhū na icchiṃsu pabbājetuṃ. So bhikkhūsu pabbajjaṃ alabhamāno kiso lūkho dubbaṇṇo uppaṇḍuppaṇḍukajāto dhamanisanthatagattoti. Atha kho Bhagavā bhikkhū āmantesi – ''ko nu kho, bhikkhave, tassa brāhmaṇassa adhikāraṃ sarasī''ti? Evaṃ vutte āyasmā sāriputto bhagavantaṃ etadavoca – ''ahaṃ kho, bhante, tassa brāhmaṇassa adhikāraṃ sarāmī''ti. ''Kiṃ pana tvaṃ, sāriputta, tassa brāhmaṇassa adhikāraṃ sarasī''ti? ''Idha me, bhante, so brāhmaṇo rājagahe piṇḍāya carantassa kaṭacchubhikkhaṃ dāpesi. Imaṃ kho ahaṃ, bhante, tassa brāhmaṇassa adhikāraṃ sarāmī''ti. ''Sādhu sādhu, sāriputta, kataññuno hi, sāriputta, sappurisā katavedino. Tena hi tvaṃ, sāriputta, taṃ brāhmaṇaṃ pabbājehi upasampādehī''ti. ''Kathāhaṃ, bhante,

taṃ brāhmaṇaṃ pabbājemi upasampādemī''ti? Atha kho Bhagavā etasmiṃ nidāne etasmiṃ pakaraṇe dhammiṃ kathaṃ katvā bhikkhū āmantesi – yā sā, bhikkhave, mayā tīhi saraṇagamanehi upasampadā anuññātā, taṃ ajjatagge paṭikkhipāmi. Anujānāmi, bhikkhave, ñatticatutthena kammena upasampādetuṃ [upasampadaṃ (sī. syā.)]. Evañca pana, bhikkhave, upasampādetabbo. Byattena bhikkhunā paṭibalena saṅgho ñāpetabbo –

70. ''Suṇātu me, bhante, saṅgho. Ayaṃ itthannāmo itthannāmassa āyasmato upasampadāpekkho. Yadi saṅghassa pattakallaṃ, saṅgho itthannāmaṃ upasampādeyya itthannāmena upajjhāyena. Esā ñatti.

''Suṇātu me, bhante, saṅgho. Ayaṃ itthannāmo itthannāmassa āyasmato upasampadāpekkho. Saṅgho itthannāmaṃ upasampādeti itthannāmena upajjhāyena. Yassāyasmato khamati itthannāmassa upasampadā itthannāmena upajjhāyena, so tuṇhassa; yassa nakkhamati, so bhāseyya.

''Dutiyampi etamatthaṃ vadāmi – suṇātu me, bhante, saṅgho. Ayaṃ itthannāmo itthannāmassa āyasmato upasampadāpekkho. Saṅgho itthannāmaṃ upasampādeti itthannāmena upajjhāyena. Yassāyasmato khamati itthannāmassa upasampadā itthannāmena upajjhāyena, so tuṇhassa; yassa nakkhamati, so bhāseyya .

''Tatiyampi etamatthaṃ vadāmi – suṇātu me, bhante, saṅgho. Ayaṃ itthannāmo itthannāmassa āyasmato upasampadāpekkho. Saṅgho itthannāmaṃ upasampādeti itthannāmena upajjhāyena. Yassāyasmato khamati itthannāmassa upasampadā itthannāmena upajjhāyena, so tuṇhassa; yassa nakkhamati, so bhāseyya.

''Upasampanno saṅghena itthannāmo itthannāmena upajjhāyena. Khamati saṅghassa, tasmā tuṇhī, evametaṃ dhārayāmī''ti.

71. Tena kho pana samayena aññataro bhikkhu upasampannasamanantarā anācāraṃ ācarati. Bhikkhū evamāhaṃsu – ''māvuso, evarūpaṃ akāsi, netaṃ kappatī''ti. So evamāha – ''nevāhaṃ āyasmante yāciṃ upasampādetha manti. Kissa maṃ tumhe ayācitā upasampāditthā''ti? Bhagavato etamatthaṃ ārocesuṃ. Na, bhikkhave, ayācitena upasampādetabbo. Yo upasampādeyya, āpatti dukkaṭassa. Anujānāmi, bhikkhave, yācitena upasampādetuṃ. Evañca pana, bhikkhave, yācitabbo. Tena upasampadāpekkhena saṅghaṃ upasaṅkamitvā ekaṃsaṃ uttarāsaṅgaṃ karitvā bhikkhūnaṃ pāde vanditvā ukkuṭikaṃ nisīditvā añjaliṃ paggahetvā evamassa vacanīyo – ''saṅghaṃ, bhante, upasampadaṃ yācāmi, ullumpatu maṃ, bhante, saṅgho anukampaṃ upādāyā''ti. Dutiyampi yācitabbo. Tatiyampi yācitabbo. Byattena bhikkhunā paṭibalena saṅgho ñāpetabbo –

72. ''Suṇātu me, bhante, saṅgho. Ayaṃ itthannāmo itthannāmassa āyasmato upasampadāpekkho. Itthannāmo saṅghaṃ upasampadaṃ yācati itthannāmena upajjhāyena. Yadi saṅghassa pattakallaṃ, saṅgho itthannāmaṃ upasampādeyya itthannāmena upajjhāyena. Esā ñatti.

''Suṇātu me, bhante, saṅgho. Ayaṃ itthannāmo itthannāmassa āyasmato upasampadāpekkho. Itthannāmo saṅghaṃ upasampadaṃ yācati itthannāmena upajjhāyena. Saṅgho itthannāmaṃ upasampādeti itthannāmena upajjhāyena. Yassāyasmato khamati itthannāmassa upasampadā itthannāmena upajjhāyena, so tuṇhassa; yassa nakkhamati, so bhāseyya.

''Dutiyampi etamatthaṃ vadāmi...pe... tatiyampi etamatthaṃ vadāmi...pe....

''Upasampanno saṅghena itthannāmo itthannāmena upajjhāyena. Khamati saṅghassa, tasmā tuṇhī, evametaṃ dhārayāmī''ti.

73. Tena kho pana samayena rājagahe paṇītānaṃ bhattānaṃ bhattapaṭipāṭi aṭṭhitā [adhiṭṭhitā (ka.)] hoti. Atha kho aññatarassa brāhmaṇassa etadahosi – ''ime kho samaṇā sakyaputtiyā sukhasīlā sukhasamācārā, subhojanāni bhuñjitvā nivātesu sayanesu sayanti. Yaṃnūnāhaṃ samaṇesu sakyaputtiyesu pabbajeyya''nti. Atha kho so brāhmaṇo bhikkhū upasaṅkamitvā pabbajjaṃ yāci. Taṃ bhikkhū pabbājesuṃ upasampādesuṃ. Tasmiṃ pabbajite bhattapaṭipāṭi khīyittha. Bhikkhū evamāhaṃsu – ''ehi dāni, āvuso, piṇḍāya carissāmā''ti. So evamāha – ''nāhaṃ, āvuso, etaṃkāraṇā pabbajito piṇḍāya carissāmīti. Sace me dassatha bhuñjissāmi , no ce me dassatha vibbhamissāmī''ti. ''Kiṃ pana tvaṃ, āvuso, udarassa kāraṇā pabbajito''ti ? ''Evamāvuso''ti. Ye te bhikkhū appicchā...pe... te ujjhāyanti khiyyanti vipācenti – kathañhi nāma bhikkhu evaṃ svākkhāte dhammavinaye udarassa kāraṇā pabbajissatīti. Te bhikkhū bhagavato etamatthaṃ ārocesuṃ...pe... saccaṃ kira tvaṃ, bhikkhu, udarassa kāraṇā pabbajitoti? Saccaṃ Bhagavāti. Vigarahi buddho Bhagavā...pe... ''kathañhi nāma tvaṃ, moghapurisa, evaṃ svākkhāte dhammavinaye udarassa kāraṇā pabbajissasi. Netaṃ, moghapurisa, appasannānaṃ vā pasādāya pasannānaṃ vā bhiyyobhāvāya''...pe... vigarahitvā...pe... dhammiṃ kathaṃ katvā bhikkhū āmantesi – ''anujānāmi, bhikkhave, upasampādentena cattāro nissaye ācikkhituṃ – piṇḍiyālopabhojanaṃ nissāya pabbajjā, tattha te yāvajīvaṃ ussāho karaṇīyo; atirekalābho – saṅghabhattaṃ, uddesabhattaṃ, nimantanaṃ, salākabhattaṃ, pakkhikaṃ, uposathikaṃ, pāṭipadikaṃ. Paṃsukūlacīvaraṃ nissāya pabbajjā, tattha te yāvajīvaṃ ussāho karaṇīyo; atirekalābho – khomaṃ, kappāsikaṃ, koseyyaṃ, kambalaṃ, sāṇaṃ, bhaṅgaṃ. Rukkhamūlasenāsanaṃ nissāya pabbajjā, tattha te yāvajīvaṃ ussāho karaṇīyo; atirekalābho – vihāro, aḍḍhayogo, pāsādo, hammiyaṃ, guhā. Pūtimuttabhesajjaṃ nissāya pabbajjā, tattha te yāvajīvaṃ ussāho karaṇīyo; atirekalābho – sappi, navanītaṃ, telaṃ, madhu, phāṇita''nti.

Paṇāmitakathā niṭṭhitā.
Upajjhāyavattabhāṇavāro niṭṭhito pañcamo.
Pañcamabhāṇavāro
18. Ācariyavattakathā
74. Tena kho pana samayena aññataro māṇavako bhikkhū upasaṅkamitvā pabbajjaṃ yāci. Tassa bhikkhū paṭikacceva nissaye ācikkhiṃsu. So evamāha – "sace me, bhante, pabbajite nissaye ācikkheyyātha, abhirameyyāmahaṃ [abhirameyyañcāhaṃ (sī.), abhirameyyaṃ svāhaṃ (ka.)]. Na dānāhaṃ, bhante, pabbajissāmi; jegucchā me nissayā paṭikūlā"ti. Bhagavato etamatthaṃ ārocesuṃ. Na, bhikkhave, paṭikacceva nissayā ācikkhitabbā. Yo ācikkheyya, āpatti dukkaṭassa. Anujānāmi, bhikkhave, upasampannasamanantarā nissaye ācikkhitunti.
Tena kho pana samayena bhikkhū duvaggenapi tivaggenapi gaṇena upasampādenti. Bhagavato etamatthaṃ ārocesuṃ. Na, bhikkhave, ūnadasavaggena gaṇena upasampādetabbo. Yo upasampādeyya, āpatti dukkaṭassa. Anujānāmi, bhikkhave, dasavaggena vā atirekadasavaggena vā gaṇena upasampādetunti.
75. Tena kho pana samayena bhikkhū ekavassāpi duvassāpi saddhivihārikaṃ upasampādenti. Āyasmāpi upaseno vaṅgantaputto ekavasso saddhivihārikaṃ upasampādesi. So vassaṃvuṭṭho duvasso ekavassaṃ saddhivihārikaṃ ādāya yena Bhagavā tenupasaṅkami, upasaṅkamitvā bhagavantaṃ abhivādetvā ekamantaṃ nisīdi. Āciṇṇaṃ kho panetaṃ buddhānaṃ bhagavantānaṃ āgantukehi bhikkhūhi saddhiṃ paṭisammodituṃ. Atha kho Bhagavā āyasmantaṃ upasenaṃ vaṅgantaputtaṃ etadavoca – "kacci, bhikkhu, khamanīyaṃ, kacci yāpanīyaṃ, kacci tvaṃ appakilamathena addhānaṃ āgato"ti? "Khamanīyaṃ, Bhagavā, yāpanīyaṃ, Bhagavā. Appakilamathena mayaṃ, bhante, addhānaṃ āgatā"ti. Jānantāpi tathāgatā pucchanti, jānantāpi na pucchanti, kālaṃ viditvā pucchanti, kālaṃ viditvā na pucchanti; atthasaṃhitaṃ tathāgatā pucchanti; no anatthasaṃhitaṃ. Anatthasaṃhite setughāto tathāgatānaṃ. Dvīhi ākārehi buddhā bhagavanto bhikkhū paṭipucchanti – dhammaṃ vā desessāma, sāvakānaṃ vā sikkhāpadaṃ paññapessāmāti. Atha kho Bhagavā āyasmantaṃ upasenaṃ vaṅgantaputtaṃ etadavoca – "kativassosi tvaṃ, bhikkhū"ti? "Duvassohaṃ, Bhagavā"ti. "Ayaṃ pana bhikkhu kativasso"ti? "Ekavasso, Bhagavā"ti. "Kiṃ tāyaṃ bhikkhu hotī"ti? "Saddhivihāriko me, Bhagavā"ti. Vigarahi buddho Bhagavā – "ananucchavikaṃ, moghapurisa, ananulomikaṃ appatirūpaṃ assāmaṇakaṃ akappiyaṃ akaraṇīyaṃ. Kathañhi nāma tvaṃ, moghapurisa, aññehi ovadiyo anusāsiyo aññaṃ ovadituṃ anusāsituṃ maññissasi. Atilahuṃ kho tvaṃ, moghapurisa, bāhullāya āvatto, yadidaṃ gaṇabandhikaṃ. Netaṃ, moghapurisa, appasannānaṃ vā pasādāya pasannānaṃ vā bhiyyobhāvāya"...pe... vigarahitvā...pe... dhammiṃ kathaṃ katvā bhikkhū āmantesi – "na, bhikkhave, ūnadasavassena upasampādetabbo. Yo upasampādeyya, āpatti dukkaṭassa. Anujānāmi, bhikkhave, dasavassena vā atirekadasavassena vā upasampādetu"nti.
76. Tena kho pana samayena bhikkhū – dasavassamhā dasavassamhāti – bālā abyattā upasampādenti. Dissanti upajjhāyā bālā, saddhivihārikā paṇḍitā. Dissanti upajjhāyā abyattā, saddhivihārikā byattā. Dissanti upajjhāyā appassutā, saddhivihārikā bahussutā. Dissanti upajjhāyā duppaññā, saddhivihārikā paññavanto. Aññataropi aññatitthiyapubbo upajjhāyena sahadhammikaṃ vuccamāno upajjhāyassa vādaṃ āropetvā taṃyeva titthāyatanaṃ saṅkami. Ye te bhikkhū appicchā...pe... te ujjhāyanti khiyyanti vipācenti – kathañhi nāma bhikkhū – dasavassamhā dasavassamhāti – bālā abyattā upasampādessanti. Dissanti upajjhāyā bālā saddhivihārikā paṇḍitā, dissanti upajjhāyā abyattā saddhivihārikā byattā, dissanti upajjhāyā appassutā saddhivihārikā bahussutā, dissanti upajjhāyā duppaññā, saddhivihārikā paññavantoti. Atha kho te bhikkhū bhagavato etamatthaṃ ārocesuṃ. "Saccaṃ kira, bhikkhave, bhikkhū – dasavassamhā dasavassamhāti – bālā abyattā upasampādenti. Dissanti upajjhāyā bālā, saddhivihārikā paṇḍitā, dissanti upajjhāyā abyattā saddhivihārikā byattā, dissanti upajjhāyā appassutā, saddhivihārikā bahussutā, dissanti upajjhāyā duppaññā, saddhivihārikā paññavanto"ti? "Saccaṃ, Bhagavā"ti. Vigarahi buddho Bhagavā...pe... kathañhi nāma te, bhikkhave, moghapurisā – dasavassamhā dasavassamhāti – bālā abyattā upasampādessanti. Dissanti upajjhāyā bālā, saddhivihārikā paṇḍitā, dissanti upajjhāyā abyattā saddhivihārikā byattā, dissanti upajjhāyā appassutā, saddhivihārikā bahussutā, dissanti upajjhāyā duppaññā, saddhivihārikā paññavanto. Netaṃ, bhikkhave, appasannānaṃ vā pasādāya...pe... vigarahitvā...pe... dhammiṃ kathaṃ katvā bhikkhū āmantesi – "na, bhikkhave, bālena abyattena upasampādetabbo. Yo upasampādeyya, āpatti dukkaṭassa. Anujānāmi, bhikkhave, byattena bhikkhunā paṭibalena dasavassena vā atirekadasavassena vā upasampādetu"nti.
77. Tena kho pana samayena bhikkhū upajjhāyesu pakkantesupi vibbhantesupi kālaṅkatesupi pakkhasaṅkantesupi anācariyakā anovadiyamānā ananusāsiyamānā dunnivatthā duppārutā anākappasampannā piṇḍāya caranti, manussānaṃ bhuñjamānānaṃ uparibhojanepi uttiṭṭhapattaṃ upanāmenti, uparikhādanīyepi – uparisāyanīyepi – uparipānīyepi uttiṭṭhapattaṃ upanāmenti; sāmaṃ sūpampi odanampi viññāpetvā bhuñjanti; bhattaggepi uccāsaddā mahāsaddā viharanti. Manussā ujjhāyanti khiyyanti vipācenti – "kathañhi nāma samaṇā sakyaputtiyā dunnivatthā duppārutā anākappasampannā piṇḍāya carissanti; manussānaṃ bhuñjamānānaṃ uparibhojanepi uttiṭṭhapattaṃ

upanāmessanti, uparikhādanīyepi – uparisāyanīyepi – uparipānīyepi uttiṭṭhapattaṃ upanāmessanti; sāmaṃ sūpampi odanampi viññāpetvā bhuñjissanti; bhattaggepi uccāsaddā mahāsaddā viharissanti, seyyathāpi brāhmaṇā brāhmaṇabhojane''ti. Assosuṃ kho bhikkhū tesaṃ manussānaṃ ujjhāyantānaṃ khiyyantānaṃ vipācentānaṃ …pe… atha kho te bhikkhū bhagavato etamatthaṃ ārocesuṃ. Saccaṃ kira, bhikkhave…pe… saccaṃ, Bhagavāti…pe… vigarahitvā dhammiṃ kathaṃ katvā bhikkhū āmantesi –
''Anujānāmi, bhikkhave, ācariyaṃ. Ācariyo, bhikkhave, antevāsikamhi puttacittaṃ upaṭṭhāpessati, antevāsiko ācariyamhi pitucittaṃ upaṭṭhāpessati. Evaṃ te aññamaññaṃ sagāravā sappatissā sabhāgavuttino viharantā imasmiṃ dhammavinaye vuddhiṃ viruḷhiṃ vepullaṃ āpajjissanti. Anujānāmi, bhikkhave, dasavassaṃ nissāya vatthuṃ, dasavassena nissayaṃ dātuṃ. Evañca pana, bhikkhave, ācariyo gahetabbo. Ekaṃsaṃ uttarāsaṅgaṃ karitvā pāde vanditvā ukkuṭikaṃ nisīditvā añjaliṃ paggahetvā evamassa vacanīyo – 'ācariyo me, bhante, hohi, āyasmato nissāya vacchāmi; ācariyo me, bhante, hohi, āyasmato nissāya vacchāmi; ācariyo me, bhante, hohi, āyasmato nissāya vacchāmī'ti. 'Sāhūti' vā 'lahūti' vā 'opāyika'nti vā 'patirūpa'nti vā 'pāsādikena sampādehī'ti vā kāyena viññāpeti, vācāya viññāpeti, kāyena vācāya viññāpeti, gahito hoti ācariyo; na kāyena viññāpeti, na vācāya viññāpeti, na kāyena vācāya viññāpeti, na gahito hoti ācariyo.
78.[cūḷava. 380 ādayo] ''Antevāsikena, bhikkhave, ācariyamhi sammā vattitabbaṃ. Tatrāyaṃ sammāvattanā –
''Kālasseva uṭṭhāya upāhanaṃ omuñcitvā ekaṃsaṃ uttarāsaṅgaṃ karitvā dantakaṭṭhaṃ dātabbaṃ, mukhodakaṃ dātabbaṃ, āsanaṃ paññapetabbaṃ. Sace yāgu hoti, bhājanaṃ dhovitvā yāgu upanāmetabbā. Yāguṃ pītassa udakaṃ datvā bhājanaṃ paṭiggahetvā nīcaṃ katvā sādhukaṃ appaṭighaṃsantena dhovitvā paṭisāmetabbaṃ. Ācariyamhi vuṭṭhite āsanaṃ uddharitabbaṃ. Sace so deso uklāpo hoti, so deso sammajjitabbo.
''Sace ācariyo gāmaṃ pavisitukāmo hoti, nivāsanaṃ dātabbaṃ, paṭinivāsanaṃ paṭiggahetabbaṃ, kāyabandhanaṃ dātabbaṃ, saguṇaṃ katvā saṅghāṭiyo dātabbā, dhovitvā patto sodako dātabbo. Sace ācariyo pacchāsamaṇaṃ ākaṅkhati, timaṇḍalaṃ paṭicchādentena parimaṇḍalaṃ nivāsetvā kāyabandhanaṃ bandhitvā saguṇaṃ katvā saṅghāṭiyo pārupitvā gaṇṭhikaṃ paṭimuñcitvā dhovitvā pattaṃ gahetvā ācariyassa pacchāsamaṇena hotabbaṃ. Nātidūre gantabbaṃ, nāccāsanne gantabbaṃ, pattapariyāpannaṃ paṭiggahetabbaṃ. Na ācariyassa bhaṇamānassa antarantarā kathā opātetabbā. Ācariyo āpattisāmantā bhaṇamāno nivāretabbo.
''Nivattantena paṭhamataraṃ āgantvā āsanaṃ paññapetabbaṃ, pādodakaṃ pādapīṭhaṃ pādakathalikaṃ upanikkhipitabbaṃ, paccuggantvā pattacīvaraṃ paṭiggahetabbaṃ, paṭinivāsanaṃ dātabbaṃ, nivāsanaṃ paṭiggahetabbaṃ. Sace cīvaraṃ sinnaṃ hoti, muhuttaṃ uṇhe otāpetabbaṃ, na ca uṇhe cīvaraṃ nidahitabbaṃ. Cīvaraṃ saṅgharitabbaṃ. Cīvaraṃ saṅgharantena caturaṅgulaṃ kaṇṇaṃ ussāretvā cīvaraṃ saṅgharitabbaṃ – mā majjhe bhaṅgo ahosīti. Obhoge kāyabandhanaṃ kātabbaṃ.
''Sace piṇḍapāto hoti , ācariyo ca bhuñjitukāmo hoti, udakaṃ datvā piṇḍapāto upanāmetabbo. Ācariyo pānīyena pucchitabbo. Bhuttāvissa udakaṃ datvā pattaṃ paṭiggahetvā nīcaṃ katvā sādhukaṃ appaṭighaṃsantena dhovitvā vodakaṃ katvā muhuttaṃ uṇhe otāpetabbo, na ca uṇhe patto nidahitabbo. Pattacīvaraṃ nikkhipitabbaṃ. Pattaṃ nikkhipantena ekena hatthena pattaṃ gahetvā ekena hatthena heṭṭhāmañcaṃ vā heṭṭhāpīṭhaṃ vā parāmasitvā patto nikkhipitabbo. Na ca anantarahitāya bhūmiyā patto nikkhipitabbo. Cīvaraṃ nikkhipantena ekena hatthena cīvaraṃ gahetvā ekena hatthena cīvaravaṃsaṃ vā cīvararajjuṃ vā pamajjitvā pārato antaṃ orato bhogaṃ katvā cīvaraṃ nikkhipitabbaṃ. Ācariyamhi vuṭṭhite āsanaṃ uddharitabbaṃ, pādodakaṃ pādapīṭhaṃ pādakathalikaṃ paṭisāmetabbaṃ. Sace so deso uklāpo hoti, so deso sammajjitabbo.
''Sace ācariyo nahāyitukāmo hoti, nahānaṃ paṭiyādetabbaṃ. Sace sītena attho hoti, sītaṃ paṭiyādetabbaṃ. Sace uṇhena attho hoti, uṇhaṃ paṭiyādetabbaṃ.
''Sace ācariyo jantāgharaṃ pavisitukāmo hoti, cuṇṇaṃ sannetabbaṃ, mattikā temetabbā, jantāgharapīṭhaṃ ādāya ācariyassa piṭṭhito piṭṭhito gantvā jantāgharapīṭhaṃ datvā cīvaraṃ paṭiggahetvā ekamantaṃ nikkhipitabbaṃ, cuṇṇaṃ dātabbaṃ, mattikā dātabbā. Sace ussahati, jantāgharaṃ pavisitabbaṃ. Jantāgharaṃ pavisantena mattikāya mukhaṃ makkhetvā purato ca pacchato ca paṭicchādetvā jantāgharaṃ pavisitabbaṃ. Na there bhikkhū anupakhajja nisīditabbaṃ. Na navā bhikkhū āsanena paṭibāhitabbā. Jantāghare ācariyassa parikammaṃ kātabbaṃ. Jantāgharā nikkhamantena jantāgharapīṭhaṃ ādāya purato ca pacchato ca paṭicchādetvā jantāgharā nikkhamitabbaṃ.
''Udakepi ācariyassa parikammaṃ kātabbaṃ. Nahātena paṭhamataraṃ uttaritvā attano gattaṃ vodakaṃ katvā nivāsetvā ācariyassa gattato udakaṃ pamajjitabbaṃ, nivāsanaṃ dātabbaṃ, saṅghāṭi dātabbā, jantāgharapīṭhaṃ ādāya paṭhamataraṃ āgantvā āsanaṃ paññapetabbaṃ, pādodakaṃ pādapīṭhaṃ pādakathalikaṃ upanikkhipitabbaṃ. Ācariyo pānīyena pucchitabbo. Sace uddisāpetukāmo hoti, uddisāpetabbo. Sace paripucchitukāmo hoti, paripucchitabbo.
''Yasmiṃ vihāre ācariyo viharati, sace so vihāro uklāpo hoti, sace ussahati, sodhetabbo. Vihāraṃ sodhentena paṭhamaṃ pattacīvaraṃ nīharitvā ekamantaṃ nikkhipitabbaṃ; nisīdanapaccattharaṇaṃ nīharitvā ekamantaṃ nikkhipitabbaṃ; bhisibibbohanaṃ nīharitvā ekamantaṃ nikkhipitabbaṃ; mañco

nīcaṃ katvā sādhukaṃ appaṭighaṃsantena, asaṅghaṭṭentena kavāṭapiṭṭhaṃ, nīharitvā ekamantaṃ nikkhipitabbo; pīṭhaṃ nīcaṃ katvā sādhukaṃ appaṭighaṃsantena, asaṅghaṭṭentena kavāṭapiṭṭhaṃ, nīharitvā ekamantaṃ nikkhipitabbaṃ; mañcapaṭipādakā nīharitvā ekamantaṃ nikkhipitabbā; kheḷamallako nīharitvā ekamantaṃ nikkhipitabbo ; apassenaphalakaṃ nīharitvā ekamantaṃ nikkhipitabbaṃ; bhūmattharaṇaṃ yathāpaññattaṃ sallakkhetvā nīharitvā ekamantaṃ nikkhipitabbaṃ. Sace vihāre santānakaṃ hoti, ullokā paṭhamaṃ ohāretabbaṃ, ālokasandhikaṇṇabhāgā pamajjitabbā. Sace gerukaparikammakatā bhitti kaṇṇakitā hoti, coḷakaṃ temetvā pīḷetvā pamajjitabbā. Sace kāḷavaṇṇakatā bhūmi kaṇṇakitā hoti, coḷakaṃ temetvā pīḷetvā pamajjitabbā. Sace akatā hoti bhūmi, udakena paripphositvā sammajjitabbā – mā vihāro rajena uhaññīti. Saṅkāraṃ vicinitvā ekamantaṃ chaḍḍetabbaṃ.

''Bhūmattharaṇaṃ otāpetvā sodhetvā papphoṭetvā atiharitvā yathāpaññattaṃ paññapetabbaṃ. Mañcapaṭipādakā otāpetvā pamajjitvā atiharitvā yathāṭhāne ṭhapetabbā. Mañco otāpetvā sodhetvā papphoṭetvā nīcaṃ katvā sādhukaṃ appaṭighaṃsantena, asaṅghaṭṭentena kavāṭapiṭṭhaṃ, atiharitvā yathāpaññattaṃ paññapetabbo. Pīṭhaṃ otāpetvā sodhetvā papphoṭetvā nīcaṃ katvā sādhukaṃ appaṭighaṃsantena, asaṅghaṭṭentena kavāṭapiṭṭhaṃ, atiharitvā yathāpaññattaṃ paññapetabbaṃ. Bhisibibbohanaṃ otāpetvā sodhetvā papphoṭetvā atiharitvā yathāpaññattaṃ paññapetabbaṃ. Nisīdanapaccattharaṇaṃ otāpetvā sodhetvā papphoṭetvā atiharitvā yathāpaññattaṃ paññapetabbaṃ. Kheḷamallako otāpetvā pamajjitvā atiharitvā yathāṭhāne ṭhapetabbo . Apassenaphalakaṃ otāpetvā pamajjitvā atiharitvā yathāṭhāne ṭhapetabbaṃ. Pattacīvaraṃ nikkhipitabbaṃ. Pattaṃ nikkhipantena ekena hatthena pattaṃ gahetvā ekena hatthena heṭṭhāmañcaṃ vā heṭṭhāpīṭhaṃ vā parāmasitvā patto nikkhipitabbo. Na ca anantarahitāya bhūmiyā patto nikkhipitabbo. Cīvaraṃ nikkhipantena ekena hatthena cīvaraṃ gahetvā ekena hatthena cīvaravaṃsaṃ vā cīvararajjuṃ vā pamajjitvā pārato antaṃ orato bhogaṃ katvā cīvaraṃ nikkhipitabbaṃ.

''Sace puratthimā sarajā vātā vāyanti, puratthimā vātapānā thaketabbā. Sace pacchimā sarajā vātā vāyanti, pacchimā vātapānā thaketabbā. Sace uttarā sarajā vātā vāyanti, uttarā vātapānā thaketabbā . Sace dakkhiṇā sarajā vātā vāyanti, dakkhiṇā vātapānā thaketabbā. Sace sītakālo hoti, divā vātapānā vivaritabbā, rattiṃ thaketabbā. Sace uṇhakālo hoti, divā vātapānā thaketabbā, rattiṃ vivaritabbā.

''Sace pariveṇaṃ uklāpaṃ hoti, pariveṇaṃ sammajjitabbaṃ. Sace koṭṭhako uklāpo hoti, koṭṭhako sammajjitabbo. Sace upaṭṭhānasālā uklāpā hoti, upaṭṭhānasālā sammajjitabbā. Sace aggisālā uklāpā hoti, aggisālā sammajjitabbā. Sace vaccakuṭi uklāpā hoti, vaccakuṭi sammajjitabbā. Sace pānīyaṃ na hoti, pānīyaṃ upaṭṭhāpetabbaṃ. Sace paribhojanīyaṃ na hoti, paribhojanīyaṃ upaṭṭhāpetabbaṃ . Sace ācamanakumbhiyaṃ udakaṃ na hoti, ācamanakumbhiyā udakaṃ āsiñcitabbaṃ.

''Sace ācariyassa anabhirati uppannā hoti, antevāsikena vūpakāsetabbo, vūpakāsāpetabbo, dhammakathā vāssa kātabbā. Sace ācariyassa kukkuccaṃ uppannaṃ hoti, antevāsikena vinodetabbaṃ, vinodāpetabbaṃ, dhammakathā vāssa kātabbā. Sace ācariyassa diṭṭhigataṃ uppannaṃ hoti, antevāsikena vivecetabbaṃ, vivecāpetabbaṃ, dhammakathā vāssa kātabbā. Sace ācariyo garudhammaṃ ajjhāpanno hoti parivāsāraho, antevāsikena ussukkaṃ kātabbaṃ – kinti nu kho saṅgho ācariyassa parivāsaṃ dadeyyāti. Sace ācariyo mūlāya paṭikassanāraho hoti, antevāsikena ussukkaṃ kātabbaṃ – kinti nu kho saṅgho ācariyaṃ mūlāya paṭikasseyyāti. Sace ācariyo mānattāraho hoti, antevāsikena ussukkaṃ kātabbaṃ – kinti nu kho saṅgho ācariyassa mānattaṃ dadeyyāti. Sace ācariyo abbhānāraho hoti, antevāsikena ussukkaṃ kātabbaṃ – kinti nu kho saṅgho ācariyaṃ abbheyyāti . Sace saṅgho ācariyassa kammaṃ kattukāmo hoti, tajjanīyaṃ vā niyassaṃ vā pabbājanīyaṃ vā paṭisāraṇīyaṃ vā ukkhepanīyaṃ vā, antevāsikena ussukkaṃ kātabbaṃ – kinti nu kho saṅgho ācariyassa kammaṃ na kareyya, lahukāya vā pariṇāmeyyāti. Kataṃ vā panassa hoti saṅghena kammaṃ, tajjanīyaṃ vā niyassaṃ vā pabbājanīyaṃ vā paṭisāraṇīyaṃ vā ukkhepanīyaṃ vā, antevāsikena ussukkaṃ kātabbaṃ – kinti nu kho ācariyo sammā vatteyya, lomaṃ pāteyya, netthāraṃ vatteyya, saṅgho taṃ kammaṃ paṭippassambheyyāti.

''Sace ācariyassa cīvaraṃ dhovitabbaṃ hoti, antevāsikena dhovitabbaṃ, ussukkaṃ vā kātabbaṃ – kinti nu kho ācariyassa cīvaraṃ dhoviyethāti. Sace ācariyassa cīvaraṃ kātabbaṃ hoti, antevāsikena kātabbaṃ, ussukkaṃ vā kātabbaṃ – kinti nu kho ācariyassa cīvaraṃ kariyethāti. Sace ācariyassa rajanaṃ pacitabbaṃ hoti, antevāsikena pacitabbaṃ, ussukkaṃ vā kātabbaṃ – kinti nu kho ācariyassa rajanaṃ paciyethāti. Sace ācariyassa cīvaraṃ rajitabbaṃ hoti, antevāsikena rajitabbaṃ, ussukkaṃ vā kātabbaṃ – kinti nu kho ācariyassa cīvaraṃ rajiyethāti. Cīvaraṃ rajantena sādhukaṃ samparivattakaṃ samparivattakaṃ rajitabbaṃ, na ca acchinne theve pakkamitabbaṃ.

''Na ācariyaṃ anāpucchā ekaccassa patto dātabbo, na ekaccassa patto paṭiggahetabbo; na ekaccassa cīvaraṃ dātabbaṃ; na ekaccassa cīvaraṃ paṭiggahetabbaṃ; na ekaccassa parikkhāro dātabbo; na ekaccassa parikkhāro paṭiggahetabbo; na ekaccassa kesā chedetabbā; na ekaccena kesā chedāpetabbā; na ekaccassa parikammaṃ kātabbaṃ; na ekaccena parikammaṃ kārāpetabbaṃ; na ekaccassa veyyāvacco kātabbo; na ekaccena veyyāvacco kārāpetabbo; na ekaccassa pacchāsamaṇena hotabbaṃ; na ekacco pacchāsamaṇo ādātabbo; na ekaccassa piṇḍapāto nīharitabbo; na ekaccena piṇḍapāto nīharāpetabbo. Na ācariyaṃ anāpucchā gāmo pavisitabbo, na susānaṃ gantabbaṃ, na disā pakkamitabbā. Sace ācariyo gilāno hoti, yāvajīvaṃ upaṭṭhātabbo, vuṭṭhānamassa āgametabba''nti.

Ācariyavattaṃ niṭṭhitaṃ.

19. Antevāsikavattakathā

79.[cūḷava. 381-382] "Ācariyena, bhikkhave, antevāsikamhi sammā vattitabbaṃ. Tatrāyaṃ sammāvattanā –

"Ācariyena, bhikkhave, antevāsiko saṅgahetabbo anuggahetabbo uddesena paripucchāya ovādena anusāsaniyā. Sace ācariyassa patto hoti, antevāsikassa patto na hoti, ācariyena antevāsikassa patto dātabbo, ussukkaṃ vā kātabbaṃ – kinti nu kho antevāsikassa patto uppajjiyethāti. Sace ācariyassa cīvaraṃ hoti, antevāsikassa cīvaraṃ na hoti, ācariyena antevāsikassa cīvaraṃ dātabbaṃ, ussukkaṃ vā kātabbaṃ – kinti nu kho antevāsikassa cīvaraṃ uppajjiyethāti. Sace ācariyassa parikkhāro hoti, antevāsikassa parikkhāro na hoti, ācariyena antevāsikassa parikkhāro dātabbo, ussukkaṃ vā kātabbaṃ – kinti nu kho antevāsikassa parikkhāro uppajjiyethāti.

"Sace antevāsiko gilāno hoti, kālasseva uṭṭhāya dantakaṭṭhaṃ dātabbaṃ, mukhodakaṃ dātabbaṃ, āsanaṃ paññapetabbaṃ. Sace yāgu hoti, bhājanaṃdhovitvā yāgu upanāmetabbā. Yāguṃ pītassa udakaṃ datvā bhājanaṃ paṭiggahetvā nīcaṃ katvā sādhukaṃ appaṭighaṃsantena dhovitvā paṭisāmetabbaṃ. Antevāsikamhi vuṭṭhite āsanaṃ uddharitabbaṃ. Sace so deso uklāpo hoti, so deso sammajjitabbo.

"Sace antevāsiko gāmaṃ pavisitukāmo hoti, nivāsanaṃ dātabbaṃ, paṭinivāsanaṃ paṭiggahetabbaṃ, kāyabandhanaṃ dātabbaṃ, saguṇaṃ katvā saṅghāṭiyo dātabbā, dhovitvā patto sodako dātabbo.

"Ettāvatā nivattissatīti āsanaṃ paññapetabbaṃ, pādodakaṃ pādapīṭhaṃ pādakathalikaṃ upanikkhipitabbaṃ, paccuggantvā pattacīvaraṃ paṭiggahetabbaṃ, paṭinivāsanaṃ dātabbaṃ, nivāsanaṃ paṭiggahetabbaṃ. Sace cīvaraṃ sinnaṃ hoti, muhuttaṃ uṇhe otāpetabbaṃ, na ca uṇhe cīvaraṃ nidahitabbaṃ. Cīvaraṃ saṅgharitabbaṃ. Cīvaraṃ saṅgharantena caturaṅgulaṃ kaṇṇaṃ ussāretvā cīvaraṃ saṅgharitabbaṃ – mā majjhe bhaṅgo ahosīti. Obhoge kāyabandhanaṃ kātabbaṃ.

"Sace piṇḍapāto hoti, antevāsiko ca bhuñjitukāmo hoti, udakaṃ datvā piṇḍapāto upanāmetabbo. Antevāsiko pānīyena pucchitabbo. Bhuttāvissa udakaṃ datvā pattaṃ paṭiggahetvā nīcaṃ katvā sādhukaṃ appaṭighaṃsantena dhovitvā vodakaṃ katvā muhuttaṃ uṇhe otāpetabbo, na ca uṇhe patto nidahitabbo. Pattacīvaraṃ nikkhipitabbaṃ. Pattaṃ nikkhipantena ekena hatthena pattaṃ gahetvā ekena hatthena heṭṭhāmañcaṃ vā heṭṭhāpīṭhaṃ vā parāmasitvā patto nikkhipitabbo. Na ca anantarahitāya bhūmiyā patto nikkhipitabbo. Cīvaraṃ nikkhipantena ekena hatthena cīvaraṃ gahetvā ekena hatthena cīvaravaṃsaṃ vā cīvararajjuṃ vā pamajjitvā pārato antaṃ orato bhogaṃ katvā cīvaraṃ nikkhipitabbaṃ. Antevāsikamhi vuṭṭhite āsanaṃ uddharitabbaṃ, pādodakaṃ pādapīṭhaṃ pādakathalikaṃ paṭisāmetabbaṃ. Sace so deso uklāpo hoti, so deso sammajjitabbo.

"Sace antevāsiko nahāyitukāmo hoti, nahānaṃ paṭiyādetabbaṃ. Sace sītena attho hoti, sītaṃ paṭiyādetabbaṃ. Sace uṇhena attho hoti, uṇhaṃ paṭiyādetabbaṃ.

"Sace antevāsiko jantāgharaṃ pavisitukāmo hoti, cuṇṇaṃ sannetabbaṃ, mattikā temetabbā, jantāgharapīṭhaṃ ādāya gantvā jantāgharapīṭhaṃ datvā cīvaraṃ paṭiggahetvā ekamantaṃ nikkhipitabbaṃ, cuṇṇaṃ dātabbaṃ, mattikā dātabbā. Sace ussahati, jantāgharaṃ pavisitabbaṃ. Jantāgharaṃ pavisantena mattikāya mukhaṃ makkhetvā purato ca pacchato ca paṭicchādetvā jantāgharaṃ pavisitabbaṃ. Na ca there bhikkhū anupakhajja nisīditabbaṃ, na navā bhikkhū āsanena paṭibāhitabbā. Jantāghare antevāsikassa parikammaṃ kātabbaṃ. Jantāgharā nikkhamantena jantāgharapīṭhaṃ ādāya purato ca pacchato ca paṭicchādetvā jantāgharā nikkhamitabbaṃ.

"Udakepi antevāsikassa parikammaṃ kātabbaṃ. Nahātena paṭhamataraṃ uttaritvā attano gattaṃ vodakaṃ katvā nivāsetvā antevāsikassa gattato udakaṃ pamajjitabbaṃ, nivāsanaṃ dātabbaṃ, saṅghāṭi dātabbā, jantāgharapīṭhaṃ ādāya paṭhamataraṃ āgantvā āsanaṃ paññapetabbaṃ, pādodakaṃ pādapīṭhaṃ pādakathalikaṃ upanikkhipitabbaṃ. Antevāsiko pānīyena pucchitabbo.

"Yasmiṃ vihāre antevāsiko viharati, sace so vihāro uklāpo hoti, sace ussahati, sodhetabbo. Vihāraṃ sodhentena paṭhamaṃ pattacīvaraṃ nīharitvā ekamantaṃ nikkhipitabbaṃ; nisīdanapaccattharaṇaṃ nīharitvā ekamantaṃ nikkhipitabbaṃ; bhisibibbohanaṃ nīharitvā ekamantaṃ nikkhipitabbaṃ; mañco nīcaṃ katvā sādhukaṃ appaṭighaṃsantena, asaṅghaṭṭentena kavāṭapiṭṭhaṃ, nīharitvā ekamantaṃ nikkhipitabbo; pīṭhaṃ nīcaṃ katvā sādhukaṃ appaṭighaṃsantena, asaṅghaṭṭentena kavāṭapiṭṭhaṃ, nīharitvā ekamantaṃ nikkhipitabbaṃ; mañcapaṭipādakā nīharitvā ekamantaṃ nikkhipitabbā; kheḷamallako nīharitvā ekamantaṃ nikkhipitabbo; apassenaphalakaṃ nīharitvā ekamantaṃ nikkhipitabbaṃ; bhūmattharaṇaṃ yathāpaññattaṃ sallakkhetvā nīharitvā ekamantaṃ nikkhipitabbaṃ. Sace vihāre santānakaṃ hoti, ullokā paṭhamaṃ otāretabbaṃ, ālokasandhikaṇṇabhāgā pamajjitabbā. Sace gerukaparikammakatā bhitti kaṇṇakitā hoti, coḷakaṃ temetvā pīḷetvā pamajjitabbā. Sace kāḷavaṇṇakatā bhūmi kaṇṇakitā hoti, coḷakaṃ temetvā pīḷetvā pamajjitabbā. Sace akatā hoti bhūmi, udakena paripphositvā sammajjitabbā – mā vihāro rajena uhaññīti. Saṅkāraṃ vicinitvā ekamantaṃ chaḍḍetabbaṃ.

"Bhūmattharaṇaṃ otāpetvā sodhetvā papphoṭetvā atiharitvā yathāpaññattaṃ paññapetabbaṃ. Mañcapaṭipādakā otāpetvā pamajjitvā atiharitvā yathāṭhāne ṭhapetabbā. Mañco otāpetvā sodhetvā papphoṭetvā nīcaṃ katvā sādhukaṃ appaṭighaṃsantena, asaṅghaṭṭentena kavāṭapiṭṭhaṃ, atiharitvā yathāpaññattaṃ paññapetabbo. Pīṭhaṃ otāpetvā sodhetvā papphoṭetvā nīcaṃ katvā sādhukaṃ appaṭighaṃsantena, asaṅghaṭṭentena kavāṭapiṭṭhaṃ, atiharitvā yathāpaññattaṃ paññapetabbaṃ. Bhisibibbohanaṃ otāpetvā sodhetvā papphoṭetvā atiharitvā yathāpaññattaṃ paññapetabbaṃ. Nisīdanapaccattharaṇaṃ otāpetvā sodhetvā papphoṭetvā atiharitvā yathāpaññattaṃ paññapetabbaṃ. Kheḷamallako otāpetvā pamajjitvā atiharitvā yathāṭhāne ṭhapetabbo. Apassenaphalakaṃ otāpetvā pamajjitvā atiharitvā yathāṭhāne ṭhapetabbaṃ. Pattacīvaraṃ nikkhipitabbaṃ. Pattaṃ nikkhipantena ekena hatthena pattaṃ gahetvā ekena hatthena heṭṭhāmañcaṃ vā heṭṭhāpīṭhaṃ vā parāmasitvā patto nikkhipitabbo. Na ca anantarahitāya bhūmiyā patto nikkhipitabbo. Cīvaraṃ nikkhipantena ekena hatthena cīvaraṃ gahetvā ekena hatthena cīvaravaṃsaṃ vā cīvararajjuṃ vā pamajjitvā pārato antaṃ orato bhogaṃ katvā cīvaraṃ nikkhipitabbaṃ.

"Sace puratthimā sarajā vātā vāyanti, puratthimā vātapānā thaketabbā. Sace pacchimā sarajā vātā vāyanti, pacchimā vātapānā thaketabbā. Sace uttarā sarajā vātā vāyanti, uttarā vātapānā thaketabbā. Sace dakkhiṇā sarajā vātā vāyanti, dakkhiṇā vātapānā thaketabbā. Sace sītakālo hoti, divā vātapānā vivaritabbā, rattiṃ thaketabbā. Sace uṇhakālo hoti, divā vātapānā thaketabbā, rattiṃ vivaritabbā.

"Sace pariveṇaṃ uklāpaṃ hoti, pariveṇaṃ sammajjitabbaṃ. Sace koṭṭhako uklāpo hoti, koṭṭhako sammajjitabbo. Sace upaṭṭhānasālā uklāpā hoti, upaṭṭhānasālā sammajjitabbā. Sace aggisālā uklāpā hoti, aggisālā sammajjitabbā. Sace vaccakuṭi uklāpā hoti, vaccakuṭi sammajjitabbā. Sace pānīyaṃ na hoti, pānīyaṃ upaṭṭhāpetabbaṃ. Sace paribhojanīyaṃ na hoti, paribhojanīyaṃ upaṭṭhāpetabbaṃ. Sace ācamanakumbhiyā udakaṃ na hoti, ācamanakumbhiyā udakaṃ āsiñcitabbaṃ.

"Sace antevāsikassa anabhirati uppannā hoti, ācariyena vūpakāsetabbo, vūpakāsāpetabbo, dhammakathā vāssa kātabbā. Sace antevāsikassa kukkuccaṃ uppannaṃ hoti, ācariyena vinodetabbaṃ, vinodāpetabbaṃ, dhammakathā vāssa kātabbā. Sace antevāsikassa diṭṭhigataṃ uppannaṃ hoti, ācariyena vivecetabbaṃ, vivecāpetabbaṃ, dhammakathā vāssa kātabbā. Sace antevāsiko garudhammaṃ ajjhāpanno hoti parivāsāraho, ācariyena ussukkaṃ kātabbaṃ – kinti nu kho saṅgho, antevāsikassa parivāsaṃ dadeyyāti. Sace antevāsiko mūlāya paṭikassanāraho hoti, ācariyena ussukkaṃ kātabbaṃ – kinti nu kho saṅgho antevāsikaṃ mūlāya paṭikasseyyāti. Sace antevāsiko mānattāraho hoti, ācariyena ussukkaṃ kātabbaṃ – kinti nu kho saṅgho antevāsikassa mānattaṃ dadeyyāti. Sace antevāsiko abbhānāraho hoti, ācariyena ussukkaṃ kātabbaṃ – kinti nu kho saṅgho antevāsikaṃ abbheyyāti. Sace saṅgho antevāsikassa kammaṃ kattukāmo hoti, tajjanīyaṃ vā niyassaṃ vā pabbājanīyaṃ vā paṭisāraṇīyaṃ vā ukkhepanīyaṃ vā, ācariyena ussukkaṃ kātabbaṃ – kinti nu kho saṅgho antevāsikassa kammaṃ na kareyya, lahukāya vā pariṇāmeyyāti. Kataṃ vā panassa hoti saṅghena kammaṃ, tajjanīyaṃ vā niyassaṃ vā pabbājanīyaṃ vā paṭisāraṇīyaṃ vā ukkhepanīyaṃ vā, ācariyena ussukkaṃ kātabbaṃ – kinti nu kho antevāsiko sammā vatteyya, lomaṃ pāteyya, netthāraṃ vatteyya, saṅgho taṃ kammaṃ paṭippassambheyyāti.

"Sace antevāsikassa cīvaraṃ dhovitabbaṃ hoti, ācariyena ācikkhitabbaṃ – 'evaṃ dhoveyyāsī'ti, ussukkaṃ vā kātabbaṃ – kinti nu kho antevāsikassa cīvaraṃ dhoviyethāti. Sace antevāsikassa cīvaraṃ kātabbaṃ hoti, ācariyena ācikkhitabbaṃ – 'evaṃ kareyyāsī'ti, ussukkaṃ vā kātabbaṃ – kinti nu kho antevāsikassa cīvaraṃ kariyethāti. Sace antevāsikassa rajanaṃ pacitabbaṃ hoti, ācariyena ācikkhitabbaṃ – 'evaṃ paceyyāsī'ti, ussukkaṃ vā kātabbaṃ – kinti nu kho antevāsikassa rajanaṃ paciyethāti. Sace antevāsikassa cīvaraṃ rajitabbaṃ hoti, ācariyena ācikkhitabbaṃ – 'evaṃ rajeyyāsī'ti, ussukkaṃ vā kātabbaṃ – kinti nu kho antevāsikassa cīvaraṃ rajiyethāti. Cīvaraṃ rajantena sādhukaṃ samparivattakaṃ samparivattakaṃ rajitabbaṃ, na ca acchinne theve pakkamitabbaṃ. Sace antevāsiko gilāno hoti, yāvajīvaṃ upaṭṭhātabbo, vuṭṭhānamassa āgametabba''nti.

Antevāsikavattaṃ niṭṭhitaṃ.

Chaṭṭhabhāṇavāro.

20. Paṇāmanā khamāpanā

80. Tena kho pana samayena antevāsikā ācariyesu na sammā vattanti...pe... bhagavato etamatthaṃ ārocesuṃ...pe... na, bhikkhave, antevāsikena ācariyamhi na sammā vattitabbaṃ. Yo na sammā vatteyya, āpatti dukkaṭassāti. Neva sammā vattanti. Bhagavato etamatthaṃ ārocesuṃ...pe... anujānāmi, bhikkhave, asammāvattantaṃ paṇāmetuṃ. Evañca pana, bhikkhave, paṇāmetabbo – paṇāmemi tanti vā, māyidha paṭikkamīti vā, nīhara te pattacīvaranti vā, nāhaṃ tayā upaṭṭhātabboti vā. Kāyena viññāpeti, vācāya viññāpeti, kāyena vācāya viññāpeti, paṇāmito hoti antevāsiko; na kāyena viññāpeti, na vācāya viññāpeti, na kāyena vācāya viññāpeti, na paṇāmito hoti antevāsikoti.

Tena kho pana samayena antevāsikā paṇāmitā na khamāpenti. Bhagavato etamatthaṃ ārocesuṃ. Anujānāmi, bhikkhave, khamāpetunti. Neva khamāpenti. Bhagavato etamatthaṃ ārocesuṃ. Na, bhikkhave, paṇāmitena na khamāpetabbo. Yo na khamāpeyya, āpatti dukkaṭassāti.

Tena kho pana samayena ācariyā khamāpiyamānā na khamanti. Bhagavato etamatthaṃ ārocesuṃ. Anujānāmi, bhikkhave, khamitunti. Neva khamanti. Antevāsikā pakkamantipi vibbhamantipi titthiyesupi saṅkamanti. Bhagavato etamatthaṃ ārocesuṃ. Na, bhikkhave, khamāpiyamānena na khamitabbaṃ. Yo na khameyya, āpatti dukkaṭassāti.

Tena kho pana samayena ācariyā sammāvattantaṃ paṇāmenti, asammāvattantaṃ na paṇāmenti. Bhagavato etamatthaṃ ārocesuṃ. Na, bhikkhave, sammāvattanto paṇāmetabbo. Yo paṇāmeyya, āpatti dukkaṭassa. Na ca, bhikkhave, asammāvattanto na paṇāmetabbo. Yo na paṇāmeyya, āpatti dukkaṭassa.

81. ''Pañcahi, bhikkhave, aṅgehi samannāgato antevāsiko paṇāmetabbo. Ācariyamhi nādhimattaṃ pemaṃ hoti, nādhimatto pasādo hoti, nādhimattā hirī hoti, nādhimatto gāravo hoti, nādhimattā bhāvanā hoti – imehi kho, bhikkhave, pañcahaṅgehi samannāgato antevāsiko paṇāmetabbo.

''Pañcahi, bhikkhave, aṅgehi samannāgato antevāsiko na paṇāmetabbo. Ācariyamhi adhimattaṃ pemaṃ hoti, adhimatto pasādo hoti, adhimattā hirī hoti, adhimatto gāravo hoti, adhimattā bhāvanā hoti – imehi kho, bhikkhave, pañcahaṅgehi samannāgato antevāsiko na paṇāmetabbo.

''Pañcahi , bhikkhave, aṅgehi samannāgato antevāsiko alaṃ paṇāmetuṃ. Ācariyamhi nādhimattaṃ pemaṃ hoti, nādhimatto pasādo hoti, nādhimattā hirī hoti, nādhimatto gāravo hoti, nādhimattā bhāvanā hoti – imehi kho, bhikkhave, pañcahaṅgehi samannāgato antevāsiko alaṃ paṇāmetuṃ.

''Pañcahi, bhikkhave, aṅgehi samannāgato antevāsiko nālaṃ paṇāmetuṃ. Ācariyamhi adhimattaṃ pemaṃ hoti, adhimatto pasādo hoti, adhimattā hirī hoti, adhimatto gāravo hoti, adhimattā bhāvanā hoti – imehi kho, bhikkhave, pañcahaṅgehi samannāgato antevāsiko nālaṃ paṇāmetuṃ.

''Pañcahi, bhikkhave, aṅgehi samannāgataṃ antevāsikaṃ appaṇāmento ācariyo sātisāro hoti, paṇāmento anatisāro hoti. Ācariyamhi nādhimattaṃ pemaṃ hoti, nādhimatto pasādo hoti, nādhimattā hirī hoti, nādhimatto gāravo hoti, nādhimattā bhāvanā hoti – imehi kho, bhikkhave, pañcahaṅgehi samannāgataṃ antevāsikaṃ appaṇāmento ācariyo sātisāro hoti, paṇāmento anatisāro hoti.

''Pañcahi , bhikkhave, aṅgehi samannāgataṃ antevāsikaṃ paṇāmento ācariyo sātisāro hoti, appaṇāmento anatisāro hoti. Ācariyamhi adhimattaṃ pemaṃ hoti, adhimatto pasādo hoti, adhimattā hirī hoti, adhimatto gāravo hoti, adhimattā bhāvanā hoti – imehi kho, bhikkhave, pañcahaṅgehi samannāgataṃ antevāsikaṃ paṇāmento ācariyo sātisāro hoti, appaṇāmento anatisāro hotī''ti.

Paṇāmanā khamāpanā niṭṭhitā.

21. Bālaabyattavatthu

82. Tena kho pana samayena bhikkhū, dasavassamhā dasavassamhāti, bālā abyattā nissayaṃ denti. Dissanti ācariyā bālā, antevāsikā paṇḍitā . Dissanti ācariyā abyattā, antevāsikā byattā. Dissanti ācariyā appassutā, antevāsikā bahussutā. Dissanti ācariyā duppaññā, antevāsikā paññavanto. Ye te bhikkhū appicchā...pe...te ujjhāyanti khiyyanti vipācenti – ''kathañhi nāma bhikkhū, dasavassamhā dasavassamhāti, bālā abyattā nissayaṃ dassanti. Dissanti ācariyā bālā antevāsikā paṇḍitā, dissanti ācariyā abyattā antevāsikā byattā, dissanti ācariyā appassutā antevāsikā bahussutā, dissanti ācariyā duppaññā antevāsikā paññavanto''ti. Atha kho te bhikkhū bhagavato etamatthaṃ ārocesuṃ...pe... saccaṃ kira, bhikkhave, bhikkhū, dasavassamhā dasavassamhāti, bālā abyattā nissayaṃ denti...pe... saccaṃ, Bhagavāti. Vigarahi buddho Bhagavā...pe... vigarahitvā...pe... dhammiṃ kathaṃ katvā bhikkhū āmantesi – ''na, bhikkhave, bālena abyattena nissayo dātabbo. Yo dadeyya, āpatti dukkaṭassa. Anujānāmi, bhikkhave, byattena bhikkhunā paṭibalena dasavassena vā atirekadasavassena vā nissayaṃ dātu''nti.

Bālaabyattavatthu niṭṭhitaṃ.

22. Nissayapaṭippassaddhikathā

83. Tena kho pana samayena bhikkhū ācariyupajjhāyesu pakkantesupi vibbhantesupi kālaṅkatesupi pakkhasaṅkantesupi nissayapaṭippassaddhiyo na jānanti. Bhagavato etamatthaṃ ārocesuṃ.

''Pañcimā, bhikkhave, nissayapaṭippassaddhiyo upajjhāyamhā – upajjhāyo pakkanto vā hoti, vibbhanto vā, kālaṅkato vā, pakkhasaṅkanto vā, āṇattiyeva pañcamī. Imā kho, bhikkhave, pañca nissayapaṭippassaddhiyo upajjhāyamhā.

''Chayimā, bhikkhave, nissayapaṭippassaddhiyo ācariyamhā – ācariyo pakkanto vā hoti, vibbhanto vā, kālaṅkato vā, pakkhasaṅkanto vā, āṇattiyeva pañcamī, upajjhāyena vā samodhānagato hoti. Imā kho, bhikkhave, cha nissayapaṭippassaddhiyo ācariyamhā''.

Nissapaṭippassaddhikathā niṭṭhitā.

23. Upasampādetabbapañcakaṃ

84. ''Pañcahi , bhikkhave, aṅgehi samannāgatena bhikkhunā na upasampādetabbaṃ, na nissayo dātabbo, na sāmaṇero upaṭṭhāpetabbo. Na asekkhena [na asekhena (ka.)] sīlakkhandhena samannāgato hoti, na asekkhena samādhikkhandhena samannāgato hoti, na asekkhena paññākkhandhena samannāgato hoti, na asekkhena vimuttikkhandhena samannāgato hoti, na asekkhena vimuttiñāṇadassanakkhandhena samannāgato hoti – imehi kho, bhikkhave, pañcahaṅgehisamannāgatena bhikkhunā na upasampādetabbaṃ, na nissayo dātabbo, na sāmaṇero upaṭṭhāpetabbo.

''Pañcahi, bhikkhave, aṅgehi samannāgatena bhikkhunā upasampādetabbaṃ, nissayo dātabbo, sāmaṇero upaṭṭhāpetabbo. Asekkhena sīlakkhandhena samannāgato hoti, asekkhena samādhikkhandhena samannāgato hoti, asekkhena paññākkhandhena samannāgato hoti, asekkhena vimuttikkhandhena samannāgato hoti, asekkhena vimuttiñāṇadassanakkhandhena samannāgato hoti – imehi kho, bhikkhave, pañcahaṅgehi samannāgatena bhikkhunāupasampādetabbaṃ, nissayo dātabbo, sāmaṇero upaṭṭhāpetabbo.

"Aparehipi, bhikkhave, pañcahaṅgehi samannāgatena bhikkhunā na upasampādetabbaṃ, na nissayo dātabbo, na sāmaṇero upaṭṭhāpetabbo. Attanā na asekkhena sīlakkhandhena samannāgato hoti, na paraṃ asekkhe sīlakkhandhe samādapetā; attanā na asekkhena samādhikkhandhena samannāgato hoti, na paraṃ asekkhe samādhikkhandhe samādapetā; attanā na asekkhena paññākkhandhena samannāgato hoti, na paraṃ asekkhe paññākkhandhe samādapetā; attanā na asekkhena vimuttikkhandhena samannāgato hoti, na paraṃ asekkhe vimuttikkhandhe samādapetā; attanā na asekkhena vimuttiñāṇadassanakkhandhena samannāgato hoti, na paraṃ asekkhe vimuttiñāṇadassanakkhandhe samādapetā – imehi kho, bhikkhave, pañcahaṅgehi samannāgatena bhikkhunā na upasampādetabbaṃ, na nissayo dātabbo, na sāmaṇero upaṭṭhāpetabbo.

"Pañcahi , bhikkhave, aṅgehi samannāgatena bhikkhunā upasampādetabbaṃ, nissayo dātabbo, sāmaṇero upaṭṭhāpetabbo. Attanā asekkhena sīlakkhandhena samannāgato hoti, paraṃ asekkhe sīlakkhandhe samādapetā; attanā asekkhena samādhikkhandhena samannāgato hoti, paraṃ asekkhe samādhikkhandhe samādapetā; attanā asekkhena paññākkhandhena samannāgato hoti, paraṃ asekkhe paññākkhandhe samādapetā; attanā asekkhena vimuttikkhandhena samannāgato hoti, paraṃ asekkhe vimuttikkhandhe samādapetā; attanā asekkhena vimuttiñāṇadassanakkhandhena samannāgato hoti, paraṃ asekkhe vimuttiñāṇadassanakkhandhe samādapetā – imehi kho, bhikkhave, pañcahaṅgehi samannāgatena bhikkhunā upasampādetabbaṃ, nissayo dātabbo, sāmaṇero upaṭṭhāpetabbo.

"Aparehipi, bhikkhave, pañcahaṅgehi samannāgatena bhikkhunā na upasampādetabbaṃ, na nissayo dātabbo, na sāmaṇero upaṭṭhāpetabbo. Assaddho hoti, ahiriko hoti, anottappī hoti, kusīto hoti, muṭṭhassati hoti – imehi kho, bhikkhave, pañcahaṅgehi samannāgatena bhikkhunā na upasampādetabbaṃ, na nissayo dātabbo, na sāmaṇero upaṭṭhāpetabbo.

"Pañcahi, bhikkhave, aṅgehi samannāgatena bhikkhunā upasampādetabbaṃ, nissayo dātabbo , sāmaṇero upaṭṭhāpetabbo. Saddho hoti, hirimā hoti, ottappī hoti, āraddhavīriyo hoti, upaṭṭhitassati hoti – imehi kho, bhikkhave, pañcahaṅgehi samannāgatena bhikkhunā upasampādetabbaṃ, nissayo dātabbo, sāmaṇero upaṭṭhāpetabbo.

"Aparehipi , bhikkhave, pañcahaṅgehi samannāgatena bhikkhunā na upasampādetabbaṃ, na nissayo dātabbo, na sāmaṇero upaṭṭhāpetabbo. Adhisīle sīlavipanno hoti, ajjhācāre ācāravipanno hoti, atidiṭṭhiyā diṭṭhivipanno hoti, appassuto hoti, duppañño hoti – imehi kho, bhikkhave, pañcahaṅgehi samannāgatena bhikkhunā na upasampādetabbaṃ, na nissayo dātabbo, na sāmaṇero upaṭṭhāpetabbo.

"Pañcahi , bhikkhave, aṅgehi samannāgatena bhikkhunā upasampādetabbaṃ , nissayo dātabbo, sāmaṇero upaṭṭhāpetabbo. Na adhisīle sīlavipanno hoti, na ajjhācāre ācāravipanno hoti, na atidiṭṭhiyā diṭṭhivipanno hoti, bahussuto hoti, paññavā hoti – imehi kho, bhikkhave, pañcahaṅgehi samannāgatena bhikkhunā upasampādetabbaṃ, nissayo dātabbo, sāmaṇero upaṭṭhāpetabbo.

"Aparehipi, bhikkhave, pañcahaṅgehi samannāgatena bhikkhunā na upasampādetabbaṃ, na nissayo dātabbo, na sāmaṇero upaṭṭhāpetabbo. Na paṭibalo hoti antevāsiṃ vā saddhivihāriṃ vā gilānaṃ upaṭṭhātuṃ vā upaṭṭhāpetuṃ vā, anabhirataṃ [anabhiratiṃ (syā.), uppannaṃ anabhiratiṃ (ka.)] vūpakāsetuṃ vā vūpakāsāpetuṃ vā, uppannaṃ kukkuccaṃ dhammato vinodetuṃ [vinodetuṃ vā vinodāpetuṃ vā (sabbattha, vimativinodanī ṭīkā oloketabbā)] āpattiṃ na jānāti, āpattiyā vuṭṭhānaṃ na jānāti – imehi kho, bhikkhave, pañcahaṅgehi samannāgatena bhikkhunā na upasampādetabbaṃ, na nissayo dātabbo, na sāmaṇero upaṭṭhāpetabbo.

"Pañcahi, bhikkhave, aṅgehi samannāgatena bhikkhunā upasampādetabbaṃ, nissayo dātabbo, sāmaṇero upaṭṭhāpetabbo. Paṭibalo hoti antevāsiṃ vā saddhivihāriṃ vā gilānaṃ upaṭṭhātuṃ vā upaṭṭhāpetuṃ vā, anabhirataṃ vūpakāsetuṃ vā vūpakāsāpetuṃ vā, uppannaṃ kukkuccaṃ dhammato vinodetuṃ āpattiṃ jānāti, āpattiyā vuṭṭhānaṃ jānāti – imehi kho, bhikkhave, pañcahaṅgehi samannāgatena bhikkhunā upasampādetabbaṃ, nissayo dātabbo, sāmaṇero upaṭṭhāpetabbo.

"Aparehipi, bhikkhave, pañcahaṅgehi samannāgatena bhikkhunā na upasampādetabbaṃ, na nissayo dātabbo, na sāmaṇero upaṭṭhāpetabbo. Na paṭibalo hoti antevāsiṃ vā saddhivihāriṃ vā abhisamācārikāya sikkhāya sikkhāpetuṃ, ādibrahmacariyakāya sikkhāya vinetuṃ, abhidhamme vinetuṃ, abhivinaye vinetuṃ, uppannaṃ diṭṭhigataṃ dhammato vivecetuṃ – imehi kho , bhikkhave, pañcahaṅgehi samannāgatena bhikkhunā na upasampādetabbaṃ, na nissayo dātabbo, na sāmaṇero upaṭṭhāpetabbo.

"Pañcahi , bhikkhave, aṅgehi samannāgatena bhikkhunā upasampādetabbaṃ, nissayo dātabbo, sāmaṇero upaṭṭhāpetabbo. Paṭibalo hoti antevāsiṃ vā saddhivihāriṃ vā abhisamācārikāya sikkhāya sikkhāpetuṃ, ādibrahmacariyakāya sikkhāya vinetuṃ, abhidhamme vinetuṃ, abhivinaye vinetuṃ, uppannaṃ diṭṭhigataṃ dhammato vivecetuṃ – imehi kho, bhikkhave, pañcahaṅgehi samannāgatena bhikkhunā upasampādetabbaṃ, nissayo dātabbo, sāmaṇero upaṭṭhāpetabbo.

"Aparehipi, bhikkhave, pañcahaṅgehi samannāgatena bhikkhunā na upasampādetabbaṃ, na nissayo dātabbo, na sāmaṇero upaṭṭhāpetabbo. Āpattiṃ na jānāti, anāpattiṃ na jānāti, lahukaṃ āpattiṃ na jānāti, garukaṃ āpattiṃ na jānāti, ubhayāni kho panassa pātimokkhāni vitthārena na svāgatāni honti na suvibhattāni na suppavattīni na suvinicchitāni suttaso anubyañjanaso – imehi kho, bhikkhave,

pañcahaṅgehi samannāgatena bhikkhunā na upasampādetabbaṃ, na nissayo dātabbo, na sāmaṇero upaṭṭhāpetabbo.
''Pañcahi, bhikkhave, aṅgehi samannāgatena bhikkhunā upasampādetabbaṃ, nissayo dātabbo, sāmaṇero upaṭṭhāpetabbo. Āpattiṃ jānāti, anāpattiṃ jānāti, lahukaṃ āpattiṃ jānāti, garukaṃ āpattiṃ jānāti, ubhayāni kho panassa pātimokkhāni vitthārena svāgatāni honti suvibhattāni suppavattīni suvinicchitāni suttaso anubyañjanaso – imehi kho, bhikkhave, pañcahaṅgehi samannāgatena bhikkhunā upasampādetabbaṃ, nissayo dātabbo, sāmaṇero upaṭṭhāpetabbo.
''Aparehipi, bhikkhave, pañcahaṅgehi samannāgatena bhikkhunā na upasampādetabbaṃ, na nissayo dātabbo, na sāmaṇero upaṭṭhāpetabbo. Āpattiṃ na jānāti, anāpattiṃ na jānāti, lahukaṃ āpattiṃ na jānāti, garukaṃ āpattiṃ na jānāti, ūnadasavasso hoti – imehi kho, bhikkhave, pañcahaṅgehi samannāgatena bhikkhunā na upasampādetabbaṃ, na nissayo dātabbo, na sāmaṇero upaṭṭhāpetabbo.
''Pañcahi , bhikkhave, aṅgehi samannāgatena bhikkhunā upasampādetabbaṃ, nissayo dātabbo, sāmaṇero upaṭṭhāpetabbo. Āpattiṃ jānāti, anāpattiṃ jānāti, lahukaṃ āpattiṃ jānāti, garukaṃ āpattiṃ jānāti, dasavasso vā hoti atirekadasavasso vā – imehi kho, bhikkhave, pañcahaṅgehi samannāgatena bhikkhunā upasampādetabbaṃ, nissayo dātabbo, sāmaṇero upaṭṭhāpetabbo''ti.
Upasampādetabbapañcakaṃ niṭṭhitaṃ.
24. Upasampādetabbachakkaṃ
85. ''Chahi, bhikkhave, aṅgehi samannāgatena bhikkhunā na upasampādetabbaṃ, na nissayo dātabbo, na sāmaṇero upaṭṭhāpetabbo. Na asekkhena sīlakkhandhena samannāgato hoti, na asekkhena samādhikkhandhena samannāgato hoti, na asekkhena paññākkhandhena samannāgato hoti, na asekkhena vimuttikkhandhena samannāgato hoti, na asekkhena vimuttiñāṇadassanakkhandhena samannāgato hoti, ūnadasavasso hoti – imehi kho, bhikkhave, chahaṅgehi samannāgatena bhikkhunā na upasampādetabbaṃ, na nissayo dātabbo, na sāmaṇero upaṭṭhāpetabbo.
''Chahi, bhikkhave, aṅgehi samannāgatena bhikkhunā upasampādetabbaṃ, nissayo dātabbo, sāmaṇero upaṭṭhāpetabbo. Asekkhena sīlakkhandhena samannāgato hoti, asekkhena samādhikkhandhena samannāgato hoti, asekkhena paññākkhandhena samannāgato hoti, asekkhena vimuttikkhandhena samannāgato hoti, asekkhena vimuttiñāṇadassanakkhandhena samannāgato hoti, dasavasso vā hoti atirekadasavasso vā – imehi kho, bhikkhave, chahaṅgehi samannāgatena bhikkhunā upasampādetabbaṃ, nissayo dātabbo, sāmaṇero upaṭṭhāpetabbo.
''Aparehipi, bhikkhave, chahaṅgehi samannāgatena bhikkhunā na upasampādetabbaṃ, na nissayo dātabbo, na sāmaṇero upaṭṭhāpetabbo. Attanā na asekkhena sīlakkhandhena samannāgato hoti, na paraṃ asekkhe sīlakkhandhe samādapetā; attanā na asekkhena samādhikkhandhena samannāgato hoti, na paraṃ asekkhe samādhikkhandhe samādapetā; attanā na asekkhena paññākkhandhena samannāgato hoti, na paraṃ asekkhe paññākkhandhe samādapetā; attanā na asekkhena vimuttikkhandhena samannāgato hoti, na paraṃ asekkhe vimuttikkhandhe samādapetā; attanā na asekkhena vimuttiñāṇadassanakkhandhena samannāgato hoti, na paraṃ asekkhe vimuttiñāṇadassanakkhandhe samādapetā; ūnadasavasso hoti – imehi kho, bhikkhave, chahaṅgehi samannāgatena bhikkhunā na upasampādetabbaṃ, na nissayo dātabbo, na sāmaṇero upaṭṭhāpetabbo.
''Chahi, bhikkhave, aṅgehi samannāgatena bhikkhunā upasampādetabbaṃ, nissayo dātabbo, sāmaṇero upaṭṭhāpetabbo. Attanā asekkhena sīlakkhandhena samannāgato hoti, paraṃ asekkhe sīlakkhandhe samādapetā attanā asekkhena samādhikkhandhena samannāgato hoti, paraṃ asekkhe samādhikkhandhe samādapetā. Attanā asekkhena paññākkhandhena samannāgato hoti, paraṃ asekkhe paññākkhandhe samādapetā. Attanā asekkhena vimuttikkhandhena samannāgato hoti, paraṃ asekkhe vimuttikkhandhe samādapetā. Attanā asekkhena vimuttiñāṇadassanakkhandhena samannāgato hoti, paraṃ asekkhe vimuttiñāṇadassanakkhandhe samādapetā; dasavasso vā hoti atirekadasavasso vā – imehi kho, bhikkhave, chahaṅgehi samannāgatena bhikkhunā upasampādetabbaṃ, nissayo dātabbo, sāmaṇero upaṭṭhāpetabbo.
''Aparehipi, bhikkhave, chahaṅgehi samannāgatena bhikkhunā na upasampādetabbaṃ, na nissayo dātabbo, na sāmaṇero upaṭṭhāpetabbo. Assaddho hoti, ahiriko hoti, anottappī hoti, kusīto hoti, muṭṭhassati hoti, ūnadasavasso hoti – imehi kho, bhikkhave, chahaṅgehi samannāgatena bhikkhunā na upasampādetabbaṃ, na nissayo dātabbo, na sāmaṇero upaṭṭhāpetabbo.
''Chahi, bhikkhave, aṅgehi samannāgatena bhikkhunā upasampādetabbaṃ , nissayo dātabbo, sāmaṇero upaṭṭhāpetabbo. Saddho hoti, hirimā hoti, ottappī hoti, āraddhavīriyo hoti, upaṭṭhitassati hoti, dasavasso vā hoti atirekadasavasso vā – imehi kho, bhikkhave, chahaṅgehi samannāgatena bhikkhunā upasampādetabbaṃ, nissayo dātabbo, sāmaṇero upaṭṭhāpetabbo.
''Aparehipi, bhikkhave, chahaṅgehi samannāgatena bhikkhunā na upasampādetabbaṃ, na nissayo dātabbo, na sāmaṇero upaṭṭhāpetabbo. Adhisīle sīlavipanno hoti, ajjhācāre ācāravipanno hoti, atidiṭṭhiyā diṭṭhivipanno hoti, appassuto hoti, duppañño hoti, ūnadasavasso hoti – imehi kho, bhikkhave, chahaṅgehi samannāgatena bhikkhunā na upasampādetabbaṃ, na nissayo dātabbo, na sāmaṇero upaṭṭhāpetabbo.

"Chahi, bhikkhave, aṅgehi samannāgatena bhikkhunā upasampādetabbaṃ, nissayo dātabbo, sāmaṇero upaṭṭhāpetabbo. Na adhisīle sīlavipanno hoti, na ajjhācāre ācāravipanno hoti, na atidiṭṭhiyā diṭṭhivipanno hoti, bahussuto hoti, paññavā hoti, dasavasso vā hoti atirekadasavasso vā – imehi kho, bhikkhave, chahaṅgehi samannāgatena bhikkhunā upasampādetabbaṃ, nissayo dātabbo, sāmaṇero upaṭṭhāpetabbo.

"Aparehipi, bhikkhave, chahaṅgehi samannāgatena bhikkhunā na upasampādetabbaṃ, na nissayo dātabbo, na sāmaṇero upaṭṭhāpetabbo. Na paṭibalo hoti antevāsiṃ vā saddhivihāriṃ vā gilānaṃ upaṭṭhātuṃ vā upaṭṭhāpetuṃ vā, anabhirataṃ vūpakāsetuṃ vā vūpakāsāpetuṃ vā, uppannaṃ kukkuccaṃ dhammato vinodetuṃ, āpattiṃ na jānāti, āpattiyā vuṭṭhānaṃ na jānāti, ūnadasavasso hoti – imehi kho, bhikkhave, chahaṅgehi samannāgatena bhikkhunā na upasampādetabbaṃ, na nissayo dātabbo, na sāmaṇero upaṭṭhāpetabbo.

"Chahi, bhikkhave, aṅgehi samannāgatena bhikkhunā upasampādetabbaṃ, nissayo dātabbo, sāmaṇero upaṭṭhāpetabbo. Paṭibalo hoti antevāsiṃ vā saddhivihāriṃ vā gilānaṃ upaṭṭhātuṃ vā upaṭṭhāpetuṃ vā, anabhirataṃ vūpakāsetuṃ vā vūpakāsāpetuṃ vā, uppannaṃ kukkuccaṃ dhammato vinodetuṃ, āpattiṃ jānāti, āpattiyā vuṭṭhānaṃ jānāti, dasavasso vā hoti atirekadasavasso vā – imehi kho, bhikkhave, chahaṅgehi samannāgatena bhikkhunā upasampādetabbaṃ, nissayo dātabbo, sāmaṇero upaṭṭhāpetabbo.

"Aparehipi , bhikkhave, chahaṅgehi samannāgatena bhikkhunā na upasampādetabbaṃ, na nissayo dātabbo, na sāmaṇero upaṭṭhāpetabbo. Na paṭibalo hoti antevāsiṃ vā saddhivihāriṃ vā abhisamācārikāya sikkhāya sikkhāpetuṃ, ādibrahmacariyakāya sikkhāya vinetuṃ, abhidhamme vinetuṃ , abhivinaye vinetuṃ, uppannaṃ diṭṭhigataṃ dhammato vivecetuṃ, ūnadasavasso hoti – imehi kho, bhikkhave, chahaṅgehi samannāgatena bhikkhunā na upasampādetabbaṃ, na nissayo dātabbo, na sāmaṇero upaṭṭhāpetabbo.

"Chahi , bhikkhave, aṅgehi samannāgatena bhikkhunā upasampādetabbaṃ, nissayo dātabbo, sāmaṇero upaṭṭhāpetabbo. Paṭibalo hoti antevāsiṃ vā saddhivihāriṃ vā abhisamācārikāya sikkhāya sikkhāpetuṃ ādibrahmacariyakāya sikkhāya vinetuṃ, abhidhamme vinetuṃ, abhivinaye vinetuṃ, uppannaṃ diṭṭhigataṃ dhammato vivecetuṃ, dasavasso vā hoti atirekadasavasso vā – imehi kho, bhikkhave, chahaṅgehi samannāgatena bhikkhunā upasampādetabbaṃ, nissayo dātabbo, sāmaṇero upaṭṭhāpetabbo.

"Aparehipi, bhikkhave, chahaṅgehi samannāgatena bhikkhunā na upasampādetabbaṃ, na nissayo dātabbo, na sāmaṇero upaṭṭhāpetabbo. Āpattiṃ na jānāti, anāpattiṃ na jānāti, lahukaṃ āpattiṃ na jānāti, garukaṃ āpattiṃ na jānāti, ubhayāni kho panassa pātimokkhāni vitthārena na svāgatāni honti na suvibhattāni na suppavattīni na suvinicchitāni suttaso anubyañjanaso, ūnadasavasso hoti – imehi kho, bhikkhave, chahaṅgehi samannāgatena bhikkhunā na upasampādetabbaṃ, na nissayo dātabbo, na sāmaṇero upaṭṭhāpetabbo.

"Chahi, bhikkhave, aṅgehi samannāgatena bhikkhunā upasampādetabbaṃ, nissayo dātabbo , sāmaṇero upaṭṭhāpetabbo. Āpattiṃ jānāti , anāpattiṃ jānāti, lahukaṃ āpattiṃ jānāti, garukaṃ āpattiṃ jānāti, ubhayāni kho panassa pātimokkhāni vitthārena svāgatāni honti suvibhattāni suppavattīni suvinicchitāni suttaso anubyañjanaso, dasavasso vā hoti atirekadasavasso vā – imehi kho, bhikkhave, chahaṅgehi samannāgatena bhikkhunā upasampādetabbaṃ, nissayo dātabbo, sāmaṇero upaṭṭhāpetabbo"ti.

Upasampādetabbachakkaṃ niṭṭhitaṃ.

25. Aññatitthiyapubbakathā

86. Tena kho pana samayena yo so aññatitthiyapubbo [yo so pasuraparibbājako aññatitthiyapubbo (ka.)] pajjhāyena sahadhammikaṃ vuccamāno upajjhāyassa vādaṃ āropetvā taṃyeva titthāyatanaṃ saṅkami. So puna paccāgantvā bhikkhū upasampadaṃ yāci. Bhikkhū bhagavato etamatthaṃ ārocesuṃ. Yo so, bhikkhave, aññatitthiyapubbo upajjhāyena sahadhammikaṃ vuccamāno upajjhāyassa vādaṃ āropetvā taṃyeva titthāyatanaṃ saṅkanto, so āgato na upasampādetabbo. Yo so, bhikkhave, aññopi aññatitthiyapubbo imasmiṃ dhammavinaye ākaṅkhati pabbajjaṃ, ākaṅkhati upasampadaṃ, tassa cattāro māse parivāso dātabbo. Evañca pana, bhikkhave, dātabbo – paṭhamaṃ kesamassuṃ ohārāpetvā kāsāyāni vatthāni acchādāpetvā ekaṃsaṃ uttarāsaṅgaṃ kārāpetvā bhikkhūnaṃ pāde vandāpetvā ukkuṭikaṃ nisīdāpetvā añjaliṃ paggaṇhāpetvā evaṃ vadehīti vattabbo – "buddhaṃ saraṇaṃ gacchāmi, dhammaṃ saraṇaṃ gacchāmi, saṅghaṃ saraṇaṃ gacchāmi; dutiyampi buddhaṃ saraṇaṃ gacchāmi, dutiyampi dhammaṃ saraṇaṃ gacchāmi, dutiyampi saṅghaṃ saraṇaṃ gacchāmi; tatiyampi buddhaṃ saraṇaṃ gacchāmi, tatiyampi dhammaṃ saraṇaṃ gacchāmi, tatiyampi saṅghaṃ saraṇaṃ gacchāmī"ti.

Tena, bhikkhave, aññatitthiyapubbena saṅghaṃ upasaṅkamitvā ekaṃsaṃ uttarāsaṅgaṃ karitvā bhikkhūnaṃ pāde vanditvā ukkuṭikaṃ nisīditvā añjaliṃ paggahetvā evamassa vacanīyo – "ahaṃ, bhante, aññatitthiyapubbo imasmiṃ dhammavinaye ākaṅkhāmi upasampadaṃ. Sohaṃ, bhante, saṅghaṃ cattāro māse parivāsaṃ yācāmī"ti. Dutiyampi yācitabbo. Tatiyampi yācitabbo. Byattena bhikkhunā paṭibalena saṅgho ñāpetabbo –

"Suṇātu me, bhante, saṅgho. Ayaṃ itthannāmo aññatitthiyapubbo imasmiṃ dhammavinaye ākaṅkhati upasampadaṃ. So saṅghaṃ cattāro māse parivāsaṃ yācati. Yadi saṅghassa pattakallaṃ saṅgho itthannāmassa aññatitthiyapubbassa cattāro māse parivāsaṃ dadeyya. Esā ñatti.

‘‘Suṇātu me, bhante, saṅgho. Ayaṃ itthannāmo aññatitthiyapubbo imasmiṃ dhammavinaye ākaṅkhati upasampadaṃ. So saṅghaṃ cattāro māse parivāsaṃ yācati. Saṅgho itthannāmassa aññatitthiyapubbassa cattāro māse parivāsaṃ deti. Yassāyasmato khamati itthannāmassa aññatitthiyapubbassa cattāro māse parivāsassa dānaṃ, so tuṇhassa; yassa nakkhamati, so bhāseyya.

‘‘Dinno saṅghena itthannāmassa aññatitthiyapubbassa cattāro māse parivāso. Khamati saṅghassa, tasmā tuṇhī, evametaṃ dhārayāmī’’ti.

87. ‘‘Evaṃ kho, bhikkhave, aññatitthiyapubbo ārādhako hoti, evaṃ anārādhako. Kathañca, bhikkhave, aññatitthiyapubbo anārādhako hoti? Idha, bhikkhave, aññatitthiyapubbo atikālena gāmaṃ pavisati, atidivā paṭikkamati. Evampi, bhikkhave, aññatitthiyapubbo anārādhako hoti.

‘‘Puna caparaṃ, bhikkhave, aññatitthiyapubbo vesiyāgocaro vā hoti, vidhavāgocaro vā hoti, thullakumārikāgocaro vā hoti, paṇḍakagocaro vā hoti, bhikkhunigocaro vā hoti. Evampi, bhikkhave, aññatitthiyapubbo anārādhako hoti.

‘‘Puna caparaṃ, bhikkhave, aññatitthiyapubbo yāni tāni sabrahmacārīnaṃ uccāvacāni karaṇīyāni, tattha na dakkho hoti, na analaso, na tatrupāyāya vīmaṃsāya samannāgato, na alaṃ kātuṃ, na alaṃ saṃvidhātuṃ. Evampi, bhikkhave, aññatitthiyapubbo anārādhako hoti.

‘‘Puna caparaṃ, bhikkhave, aññatitthiyapubbo na tibbacchando hoti uddese, paripucchāya, adhisīle, adhicitte, adhipaññāya. Evampi, bhikkhave, aññatitthiyapubbo anārādhako hoti.

‘‘Puna caparaṃ, bhikkhave, aññatitthiyapubbo yassa titthāyatanā saṅkanto hoti, tassa satthuno tassa diṭṭhiyā tassa khantiyā tassa ruciyā tassa ādāyassa avaṇṇe bhaññamāne kupito hoti anattamano anabhiraddho, buddhassa vā dhammassa vā saṅghassa vā avaṇṇe bhaññamāne attamano hoti udaggo abhiraddho. Yassa vā pana titthāyatanā saṅkanto hoti, tassa satthuno tassa diṭṭhiyā tassa khantiyā tassa ruciyā tassa ādāyassa vaṇṇe bhaññamāne attamano hoti udaggo abhiraddho, buddhassa vā dhammassa vā saṅghassa vā vaṇṇe bhaññamāne kupito hoti anattamano anabhiraddho. Idaṃ, bhikkhave, saṅghātanikaṃ aññatitthiyapubbassa anārādhanīyasmiṃ. Evampi kho, bhikkhave, aññatitthiyapubbo anārādhako hoti. Evaṃ anārādhako kho, bhikkhave, aññatitthiyapubbo āgato na upasampādetabbo.

‘‘Kathañca, bhikkhave, aññatitthiyapubbo ārādhako hoti? Idha, bhikkhave, aññatitthiyapubbo nātikālena gāmaṃ pavisati nātidivā paṭikkamati. Evampi, bhikkhave, aññatitthiyapubbo ārādhako hoti.

‘‘Puna caparaṃ, bhikkhave, aññatitthiyapubbo na vesiyāgocaro hoti, na vidhavāgocaro hoti, na thullakumārikāgocaro hoti, na paṇḍakagocaro hoti, na bhikkhunigocaro hoti. Evampi, bhikkhave, aññatitthiyapubbo ārādhako hoti.

‘‘Puna caparaṃ, bhikkhave, aññatitthiyapubbo yāni tāni sabrahmacārīnaṃ uccāvacāni karaṇīyāni, tattha dakkho hoti, analaso, tatrupāyāya vīmaṃsāya samannāgato, alaṃ kātuṃ, alaṃ saṃvidhātuṃ. Evampi, bhikkhave, aññatitthiyapubbo ārādhako hoti.

‘‘Puna caparaṃ, bhikkhave , aññatitthiyapubbo tibbacchando hoti uddese, paripucchāya, adhisīle, adhicitte, adhipaññāya. Evampi, bhikkhave, aññatitthiyapubbo ārādhako hoti.

‘‘Puna caparaṃ, bhikkhave, aññatitthiyapubbo yassa titthāyatanā saṅkanto hoti, tassa satthuno tassa diṭṭhiyā tassa khantiyā tassa ruciyā tassa ādāyassa avaṇṇe bhaññamāne attamano hoti udaggo abhiraddho, buddhassa vā dhammassa vā saṅghassa vā avaṇṇe bhaññamāne kupito hoti anattamano anabhiraddho. Yassa vā pana titthāyatanā saṅkanto hoti, tassa satthuno tassa diṭṭhiyā tassa khantiyā tassa ruciyā tassa ādāyassa vaṇṇe bhaññamāne kupito hoti anattamano anabhiraddho, buddhassa vā dhammassa vā saṅghassa vā vaṇṇe bhaññamāne attamano hoti udaggo abhiraddho. Idaṃ, bhikkhave, saṅghātanikaṃ aññatitthiyapubbassa ārādhanīyasmiṃ. Evampi kho, bhikkhave, aññatitthiyapubbo ārādhako hoti. Evaṃ ārādhako kho, bhikkhave, aññatitthiyapubbo āgato upasampādetabbo.

‘‘Sace, bhikkhave, aññatitthiyapubbo naggo āgacchati, upajjhāyamūlakaṃ cīvaraṃ pariyesitabbaṃ. Sace acchinnakeso āgacchati, saṅgho apaloketabbo bhaṇḍukammāya. Ye te, bhikkhave, aggikā jaṭilakā, te āgatā upasampādetabbā, na tesaṃ parivāso dātabbo. Taṃ kissa hetu? Kammavādino ete, bhikkhave, kiriyavādino. Sace, bhikkhave, jātiyā sākiyo aññatitthiyapubbo āgacchati , so āgato upasampādetabbo, na tassa parivāso dātabbo. Imāhaṃ, bhikkhave, ñātīnaṃ āveṇikaṃ parihāraṃ dammī’’ti.

Aññatitthiyapubbakathā niṭṭhitā.

Sattamabhāṇavāro.

26. Pañcābādhavatthu

88. Tena kho pana samayena magadhesu pañca ābādhā ussannā honti – kuṭṭhaṃ, gaṇḍo, kilāso, soso, apamāro. Manussā pañcahi ābādhehi phuṭṭhā jīvakaṃ komārabhaccaṃ upasaṅkamitvā evaṃ vadanti – ‘‘sādhu no, ācariya, tikicchāhī’’ti. ‘‘Ahaṃ khvayyo, bahukicco bahukaraṇīyo; rājā ca me māgadho seniyobimbisāro upaṭṭhātabbo itthāgārañca buddhappamukho ca bhikkhusaṅgho; nāhaṃ sakkomi tikicchitu’’nti. ‘‘Sabbaṃ sāpateyyañca te, ācariya, hotu; mayañca te dāsā; sādhu, no, ācariya, tikicchāhī’’ti. ‘‘Ahaṃ khvayyo, bahukicco bahukaraṇīyo rājā ca me māgadho seniyo bimbisāro upaṭṭhātabbo itthāgārañca buddhappamukho ca bhikkhusaṅgho; nāhaṃ sakkomi tikicchitu’’nti. Atha kho tesaṃ manussānaṃ etadahosi – ‘‘ime kho samaṇā sakyaputtiyā sukhasīlā sukhasamācārā, subhojanāni bhuñjitvā nivātesu sayanesu sayanti. Yaṃnūna mayaṃ samaṇesu sakyaputtiyesu pabbajeyyāma. Tattha

bhikkhū ceva upaṭṭhahissanti, jīvako ca komārabhacco tikicchissatī''ti. Atha kho te manussā bhikkhū upasaṅkamitvā pabbajjaṃ yāciṃsu. Te bhikkhū pabbājesuṃ, upasampādesuṃ. Te bhikkhū ceva upaṭṭhahiṃsu jīvako ca komārabhacco tikicchi. Tena kho pana samayena bhikkhū bahū gilāne bhikkhū upaṭṭhahantā yācanabahulā viññattibahulā viharanti – gilānabhattaṃ detha, gilānupaṭṭhākabhattaṃ detha, gilānabhesajjaṃ dethāti. Jīvakopi komārabhacco bahū gilāne bhikkhū tikicchanto aññataraṃ rājakiccaṃ parihāpesi.

89. Aññataropi puriso pañcahi ābādhehi phuṭṭho jīvakaṃ komārabhaccaṃ upasaṅkamitvā etadavoca – ''sādhu maṃ, ācariya, tikicchāhī''ti. ''Ahaṃ khvayyo, bahukicco, bahukaraṇīyo, rājā ca me māgadho seniyo bimbisāro upaṭṭhātabbo itthāgārañca buddhappamukho ca bhikkhusaṅgho; nāhaṃ sakkomi tikicchitu''nti. ''Sabbaṃ sāpateyyañca te, ācariya, hotu, ahañca te dāso; sādhu maṃ, ācariya, tikicchāhī''ti. ''Ahaṃ khvayyo, bahukicco bahukaraṇīyo, rājā ca me māgadho seniyo bimbisāro upaṭṭhātabbo itthāgārañca buddhappamukho ca bhikkhusaṅgho, nāhaṃ sakkomi tikicchitu''nti. Atha kho tassa purisassa etadahosi – ''ime kho samaṇā sakyaputtiyā sukhasīlā sukhasamācārā, subhojanāni bhuñjitvā nivātesu sayanesu sayanti. Yaṃnūnāhaṃ samaṇesu sakyaputtiyesu pabbajeyyaṃ. Tattha bhikkhū ceva upaṭṭhahissanti, jīvako ca komārabhacco tikicchissati. Somhi [sohaṃ (bahūsu, vimativinodanīṭīkā oloketabbā)] arogo vibbhamissāmī''ti. Atha kho so puriso bhikkhu upasaṅkamitvā pabbajjaṃ yāci. Taṃ bhikkhū pabbājesuṃ, upasampādesuṃ. Taṃ bhikkhū ceva upaṭṭhahiṃsu, jīvako ca komārabhacco tikicchi. So arogo vibbhami. Addasā kho jīvako komārabhacco taṃ purisaṃ vibbhantaṃ, disvāna taṃ purisaṃ etadavoca – ''nanu tvaṃ, ayyo, bhikkhūsu pabbajito ahosī''ti? ''Evaṃ, ācariyā''ti. ''Kissa pana tvaṃ, ayyo, evarūpamakāsī''ti? Atha kho so puriso jīvakassa komārabhaccassa etamatthaṃ ārocesi. Jīvako komārabhacco ujjhāyati khiyyati vipāceti – ''kathañhi nāma bhadantā [bhaddantā (ka.)] pañcahi ābādhehi phuṭṭhaṃ pabbājessantī''ti. Atha kho jīvako komārabhacco yena Bhagavā tenupasaṅkami, upasaṅkamitvā bhagavantaṃ abhivādetvā ekamantaṃ nisīdi. Ekamantaṃ nisinno kho jīvako komārabhacco bhagavantaṃ etadavoca – ''sādhu, bhante, ayyā pañcahi ābādhehi phuṭṭhaṃ na pabbājeyyu''nti. Atha kho Bhagavā jīvakaṃ komārabhaccaṃ dhammiyā kathāya sandassesi samādapesi samuttejesi sampahaṃsesi. Atha kho jīvako komārabhacco bhagavatā dhammiyā kathāya sandassito samādapito samuttejito sampahaṃsito uṭṭhāyāsanā bhagavantaṃ abhivādetvā padakkhiṇaṃ katvā pakkāmi. Atha kho Bhagavā etasmiṃ nidāne etasmiṃ pakaraṇe dhammiṃ kathaṃ katvā bhikkhū āmantesi – ''na, bhikkhave, pañcahi ābādhehi phuṭṭho pabbājetabbo. Yo pabbājeyya, āpatti dukkaṭassā''ti.

Pañcābādhavatthu niṭṭhitaṃ.

27. Rājabhaṭavatthu

90. Tena kho pana samayena rañño māgadhassa seniyassa bimbisārassa paccanto kupito hoti. Atha kho rājā māgadho seniyo bimbisāro senānāyake mahāmatte āṇāpesi – ''gacchatha, bhaṇe, paccantaṃ uccinathā''ti. ''Evaṃ, devā''ti kho senānāyakā mahāmattā rañño māgadhassa seniyassa bimbisārassa paccassosuṃ. Atha kho abhiññātānaṃ abhiññātānaṃ yodhānaṃ etadahosi – ''mayaṃ kho yuddhābhinandino gacchantā pāpañca karoma, bahuñca apuññaṃ pasavāma. Kena nu kho mayaṃ upāyena pāpā ca virameyyāma kalyāṇañca kareyyāmā''ti? Atha kho tesaṃ yodhānaṃ etadahosi – ''ime kho samaṇā sakyaputtiyā dhammacārino samacārino brahmacārino saccavādino sīlavanto kalyāṇadhammā. Sace kho mayaṃ samaṇesu sakyaputtiyesu pabbajeyyāma, evaṃ mayaṃ pāpā ca virameyyāma kalyāṇañca kareyyāmā''ti. Atha kho te yodhā bhikkhū upasaṅkamitvā pabbajjaṃ yāciṃsu. Te bhikkhū pabbājesuṃ, upasampādesuṃ. Senānāyakā mahāmattā rājabhaṭe pucchiṃsu – ''kiṃ nu kho, bhaṇe, itthannāmo ca itthannāmo ca yodhā na dissantī''ti? ''Itthannāmo ca itthannāmo ca, sāmi, yodhā bhikkhūsu pabbajitā''ti. Senānāyakā mahāmattā ujjhāyanti khiyyanti vipācenti – ''kathañhi nāma samaṇā sakyaputtiyā rājabhaṭaṃ pabbājessantī''ti. Senānāyakā mahāmattā rañño māgadhassa seniyassa bimbisārassa etamatthaṃ ārocesuṃ. Atha kho rājā māgadho seniyo bimbisāro vohārike mahāmatte pucchi – ''yo, bhaṇe, rājabhaṭaṃ pabbājeti, kiṃ so pasavatī''ti? ''Upajjhāyassa, deva, sīsaṃ chetabbaṃ, anussāvakassa [anusāvakassa (ka.)] jivhā uddharitabbā, gaṇassa upaḍḍhaphāsukā bhañjitabbā''ti. Atha kho rājā māgadho seniyo bimbisāro yena Bhagavā tenupasaṅkami, upasaṅkamitvā bhagavantaṃ abhivādetvā ekamantaṃ nisīdi. Ekamantaṃ nisinno kho rājā māgadho seniyo bimbisāro bhagavantaṃ etadavoca – ''santi, bhante, rājāno assaddhā appasannā. Te appamattakenapi bhikkhū viheṭheyyuṃ. Sādhu, bhante, ayyā rājabhaṭaṃ na pabbājeyyu''nti. Atha kho Bhagavā rājānaṃ māgadhaṃ seniyaṃ bimbisāraṃ dhammiyā kathāya sandassesi samādapesi samuttejesi sampahaṃsesi. Atha kho rājā māgadho seniyo bimbisāro bhagavatā dhammiyā kathāya sandassito samādapito samuttejito sampahaṃsito uṭṭhāyāsanā bhagavantaṃ abhivādetvā padakkhiṇaṃ katvā pakkāmi. Atha kho Bhagavā etasmiṃ nidāne etasmiṃ pakaraṇe dhammiṃ kathaṃ katvā bhikkhū āmantesi – ''na, bhikkhave, rājabhaṭo pabbājetabbo. Yo pabbājeyya, āpatti dukkaṭassā''ti.

Rājabhaṭavatthu niṭṭhitaṃ.

28. Aṅgulimālacoravatthu

91. Tena kho pana samayena coro aṅgulimālo bhikkhūsu pabbajito hoti. Manussā passitvā ubbijjantipi, uttasantipi, palāyantipi, aññenapi gacchanti, aññenapi mukhaṃ karonti, dvārampi thakenti. Manussā ujjhāyanti khiyyanti vipācenti – "kathañhi nāma samaṇā sakyaputtiyā dhajabandhaṃ coraṃ pabbājessantī"ti. Assosuṃ kho bhikkhū tesaṃ manussānaṃ ujjhāyantānaṃ khiyyantānaṃ vipācentānaṃ. Atha kho te bhikkhū bhagavato etamatthaṃ ārocesuṃ...pe... na, bhikkhave, dhajabandho coro pabbājetabbo. Yo pabbājeyya, āpatti dukkaṭassāti.
Aṅgulimālacoravatthu niṭṭhitaṃ.
29. Kārabhedakacoravatthu
92. Tena kho pana samayena raññā māgadhena seniyena bimbisārena anuññātaṃ hoti – "ye samaṇesu sakyaputtiyesu pabbajanti, na te labbhā kiñci kātuṃ; svākkhāto dhammo, carantu brahmacariyaṃ sammā dukkhassa antakiriyāyā"ti. Tena kho pana samayena aññataro puriso corikaṃ katvā kārāya baddho hoti. So kāraṃ bhinditvā palāyitvā bhikkhūsu pabbajito hoti. Manussā passitvā evamāhaṃsu – "ayaṃ so kārabhedako coro. Handa, naṃ nemā"ti. Ekacce evamāhaṃsu – "māyyo, evaṃ avacuttha. Anuññātaṃ raññā māgadhena seniyena bimbisārena – "ye samaṇesu sakyaputtiyesu pabbajanti, na te labbhā kiñci kātuṃ; svākkhāto dhammo, carantu brahmacariyaṃ sammā dukkhassa antakiriyāyā"ti. Manussā ujjhāyanti khiyyanti vipācenti – "abhayūvarā ime samaṇā sakyaputtiyā, nayime labbhā kiñci kātuṃ. Kathañhi nāma samaṇā sakyaputtiyā kārabhedakaṃ coraṃ pabbājessantī"ti. Bhagavato etamatthaṃ ārocesuṃ. Na, bhikkhave, kārabhedako coro pabbājetabbo. Yo pabbājeyya, āpatti dukkaṭassāti.
Kārabhedakacoravatthu niṭṭhitaṃ.
30. Likhitakacoravatthu
93. Tena kho pana samayena aññataro puriso corikaṃ katvā palāyitvā bhikkhūsu pabbajito hoti. So ca rañño antepure likhito hoti – yattha passati, tattha hantabboti. Manussā passitvā evamāhaṃsu – "ayaṃ so likhitako coro. Handa, naṃ hanāmā"ti. Ekacce evamāhaṃsu – "māyyo, evaṃ avacuttha. Anuññātaṃ raññā māgadhena seniyena bimbisārena "ye samaṇesu sakyaputtiyesu pabbajanti, na te labbhā kiñci kātuṃ, svākkhāto dhammo, carantu brahmacariyaṃ sammā dukkhassa antakiriyāyā"ti. Manussā ujjhāyanti khiyyanti vipācenti – "abhayūvarā ime samaṇā sakyaputtiyā, nayime labbhā kiñci kātuṃ. Kathañhi nāma samaṇā sakyaputtiyā likhitakaṃ coraṃ pabbājessantī"ti. Bhagavato etamatthaṃ ārocesuṃ. Na, bhikkhave, likhitako coro pabbājetabbo. Yo pabbājeyya, āpatti dukkaṭassāti.
Likhitakacoravatthu niṭṭhitaṃ.
31. Kasāhatavatthu
94. Tena kho pana samayena aññataro puriso kasāhato katadaṇḍakammo bhikkhūsu pabbajito hoti. Manussā ujjhāyanti khiyyanti vipācenti – "kathañhi nāma samaṇā sakyaputtiyā kasāhataṃ katadaṇḍakammaṃ pabbājessantī"ti. Bhagavato etamatthaṃ ārocesuṃ. Na, bhikkhave, kasāhato katadaṇḍakammo pabbājetabbo. Yo pabbājeyya, āpatti dukkaṭassāti.
Kasāhatavatthu niṭṭhitaṃ.
32. Lakkhaṇāhatavatthu
95. Tena kho pana samayena aññataro puriso lakkhaṇāhato katadaṇḍakammo bhikkhūsu pabbajito hoti. Manussā ujjhāyanti khiyyanti vipācenti – "kathañhi nāma samaṇā sakyaputtiyā lakkhaṇāhataṃ katadaṇḍakammaṃ pabbājessantī"ti. Bhagavato etamatthaṃ ārocesuṃ. Na, bhikkhave, lakkhaṇāhato katadaṇḍakammo pabbājetabbo. Yo pabbājeyya, āpatti dukkaṭassāti.
Lakkhaṇāhatavatthu niṭṭhitaṃ.
33. Iṇāyikavatthu
96. Tena kho pana samayena aññataro puriso iṇāyiko palāyitvā bhikkhūsu pabbajito hoti. Dhaniyā passitvā evamāhaṃsu – "ayaṃ so amhākaṃ iṇāyiko. Handa, naṃ nemā"ti. Ekacce evamāhaṃsu – "māyyo, evaṃ avacuttha. Anuññātaṃ raññā māgadhena seniyena bimbisārena – "ye samaṇesu sakyaputtiyesu pabbajanti, na te labbhā kiñci kātuṃ; svākkhāto dhammo, carantu brahmacariyaṃ sammā dukkhassa antakiriyāyā"ti. Manussā ujjhāyanti khiyyanti vipācenti – "abhayūvarā ime samaṇā sakyaputtiyā. Nayime labbhā kiñci kātuṃ. Kathañhi nāma samaṇā sakyaputtiyā iṇāyikaṃ pabbājessantī"ti. Bhagavato etamatthaṃārocesuṃ. Na, bhikkhave, iṇāyiko pabbājetabbo. Yo pabbājeyya, āpatti dukkaṭassāti.
Iṇāyikavatthu niṭṭhitaṃ.
34. Dāsavatthu
97. Tena kho pana samayena aññataro dāso palāyitvā bhikkhūsu pabbajito hoti. Ayyakā [ayyikā (ka.), ayirakā (sī.)] passitvā evamāhaṃsu – "ayaṃ so amhākaṃ dāso. Handa, naṃ nemā"ti. Ekacce evamāhaṃsu – "māyyo, evaṃ avacuttha, anuññātaṃ raññā māgadhena seniyena bimbisārena "ye samaṇesu sakyaputtiyesu pabbajanti, na te labbhā kiñci kātuṃ, svākkhāto dhammo, carantu brahmacariyaṃ sammā dukkhassa antakiriyāyā"ti. Manussā ujjhāyanti khiyyanti vipācenti – "abhayūvarā ime samaṇā sakyaputtiyā, nayime labbhā kiñci kātuṃ. Kathañhi nāma samaṇā sakyaputtiyā dāsaṃ pabbājessantī"ti. Bhagavato etamatthaṃ ārocesuṃ. Na, bhikkhave, dāso pabbājetabbo. Yo pabbājeyya, āpatti dukkaṭassāti.

Dāsavatthu niṭṭhitaṃ.

35. Kammārabhaṇḍuvatthu

98. Tena kho pana samayena aññataro kammārabhaṇḍu mātāpitūhi saddhiṃ bhaṇḍitvā ārāmaṃ gantvā bhikkhūsu pabbajito hoti. Atha kho tassa kammārabhaṇḍussa mātāpitaro taṃ kammārabhaṇḍuṃ vicinantā ārāmaṃ gantvā bhikkhū pucchiṃsu – ''api, bhante, evarūpaṃ dārakaṃ passeyyāthā''ti? Bhikkhū ajānaṃyeva āhaṃsu – ''na jānāmā''ti, apassaṃyeva āhaṃsu – ''na passāmā''ti. Atha kho tassa kammārabhaṇḍussa mātāpitaro taṃ kammārabhaṇḍuṃ vicinantā bhikkhūsu pabbajitaṃ disvā ujjhāyanti khiyyanti vipācenti – ''alajjino ime samaṇā sakyaputtiyā, dussīlā musāvādino. Jānaṃyeva āhaṃsu – 'na jānāmā'ti, passaṃyeva āhaṃsu – 'na passāmā'ti. Ayaṃ dārako bhikkhūsu pabbajito''ti. Assosuṃ kho bhikkhū tassa kammārabhaṇḍussa mātāpitūnaṃ ujjhāyantānaṃ khiyyantānaṃ vipācentānaṃ. Atha kho te bhikkhū bhagavato etamatthaṃ ārocesuṃ. Anujānāmi, bhikkhave, saṅghaṃ apaloketuṃ bhaṇḍukammāyāti.

Kammārabhaṇḍuvatthu niṭṭhitaṃ.

36. Upālidārakavatthu

99.[idaṃ vatthu pāci. 402 ādayo] Tena kho pana samayena rājagahe sattarasavaggiyā dārakā sahāyakā honti. Upālidārako tesaṃ pāmokkho hoti. Atha kho upālissa mātāpitūnaṃ etadahosi – ''kena nu kho upāyena upāli amhākaṃ accayena sukhañca jīveyya, na ca kilameyyā''ti? Atha kho upālissa mātāpitūnaṃ etadahosi – ''sace kho upāli lekhaṃ sikkheyya, evaṃ kho upāli amhākaṃ accayena sukhañca jīveyya, na ca kilameyyā''ti. Atha kho upālissa mātāpitūnaṃ etadahosi – ''sace kho upāli lekhaṃ sikkhissati, aṅguliyo dukkhā bhavissanti. Sace kho upāli gaṇanaṃ sikkheyya, evaṃ kho upāli amhākaṃ accayena sukhañca jīveyya, na ca kilameyyā''ti. Atha kho upālissa mātāpitūnaṃ etadahosi – ''sace kho upāli gaṇanaṃ sikkhissati, urassa dukkho bhavissati. Sace kho upāli rūpaṃ sikkheyya, evaṃ kho upāli amhākaṃ accayena sukhañca jīveyya, na ca kilameyyā''ti. Atha kho upālissa mātāpitūnaṃ etadahosi – ''sace kho upāli rūpaṃ sikkhissati, akkhīni dukkhā bhavissanti. Ime kho samaṇā sakyaputtiyā sukhasīlā sukhasamācārā, subhojanāni bhuñjitvā nivātesu sayanesu sayanti . Sace kho upāli samaṇesu sakyaputtiyesu pabbajeyya, evaṃ kho upāli amhākaṃ accayena sukhañca jīveyya, na ca kilameyyā''ti.

Assosi kho upālidārako mātāpitūnaṃ imaṃ kathāsallāpaṃ. Atha kho upālidārako yena te dārakā tenupasaṅkami, upasaṅkamitvā te dārake etadavoca – ''etha mayaṃ, ayyā, samaṇesu sakyaputtiyesu pabbajissāmā''ti. ''Sace kho tvaṃ, ayya, pabbajissasi, evaṃ mayampi pabbajissāmā''ti. Atha kho te dārakā ekamekassa mātāpitaro upasaṅkamitvā etadavocuṃ – ''anujānātha maṃ agārasmā anāgāriyaṃ pabbajjāyā''ti. Atha kho tesaṃ dārakānaṃ mātāpitaro – ''sabbepime dārakā samānacchandā kalyāṇādhippāyā''ti – anujāniṃsu. Te bhikkhū upasaṅkamitvā pabbajjaṃ yāciṃsu. Te bhikkhū pabbājesuṃ upasampādesuṃ . Te rattiyā paccūsasamayaṃ paccuṭṭhāya rodanti – ''yāguṃ detha, bhattaṃ detha, khādanīyaṃ dethā''ti. Bhikkhū evamāhaṃsu – ''āgametha, āvuso, yāva ratti vibhāyati. Sace yāgu bhavissati pivissatha, sace bhattaṃ bhavissati bhuñjissatha, sace khādanīyaṃ bhavissati khādissatha; no ce bhavissati yāgu vā bhattaṃ vā khādanīyaṃ vā, piṇḍāya caritvā bhuñjissathā''ti. Evampi kho te bhikkhū bhikkhūhi vuccamānā rodantiyeva ''yāguṃ detha, bhattaṃ detha, khādanīyaṃ dethā''ti; senāsanaṃ uhadantipi ummihantipi.

Assosi kho Bhagavā rattiyā paccūsasamayaṃ paccuṭṭhāya dārakasaddaṃ. Sutvāna āyasmantaṃ ānandaṃ āmantesi – ''kiṃ nu kho so, ānanda, dārakasaddo''ti? Atha kho āyasmā ānando bhagavato etamatthaṃ ārocesi...pe... ''saccaṃ kira, bhikkhave, bhikkhū jānaṃ ūnavīsativassaṃ puggalaṃ upasampādentī''ti? ''Saccaṃ, Bhagavā''ti. Vigarahi buddho Bhagavā...pe... ''kathañhi nāma te, bhikkhave, moghapurisā jānaṃ ūnavīsativassaṃ puggalaṃ upasampādessanti. Ūnavīsativasso, bhikkhave, puggalo akkhamo hoti sītassa uṇhassa jighacchāya pipāsāya ḍaṃsamakasavātātapasarīsapasamphassānaṃ duruttānaṃ durāgatānaṃ vacanapathānaṃ uppannānaṃ sārīrikānaṃ vedanānaṃ dukkhānaṃ tibbānaṃ kharānaṃ kaṭukānaṃ asātānaṃ amanāpānaṃ pāṇaharānaṃ anadhivāsakajātiko hoti. Vīsativassova kho, bhikkhave, puggalo khamo hoti sītassa uṇhassa jighacchāya pipāsāya ḍaṃsamakasavātātapasarīsapasamphassānaṃ duruttānaṃ durāgatānaṃ vacanapathānaṃ, uppannānaṃ sārīrikānaṃ vedanānaṃ dukkhānaṃ tibbānaṃ kharānaṃ kaṭukānaṃ asātānaṃ amanāpānaṃ pāṇaharānaṃ adhivāsakajātiko hoti. Netaṃ, bhikkhave, appasannānaṃ vā pasādāya, pasannānaṃ vā bhiyyobhāvāya...pe... vigarahitvā...pe... dhammiṃ kathaṃ katvā bhikkhū āmantesi – ''na, bhikkhave, jānaṃ ūnavīsativasso puggalo upasampādetabbo. Yo upasampādeyya, yathādhammo kāretabbo''ti.

Upālidārakavatthu niṭṭhitaṃ.

37. Ahivātakarogavatthu

100. Tena kho pana samayena aññataraṃ kulaṃ ahivātakarogena kālaṅkataṃ hoti. Tassa pitāputtakā sesā honti. Te bhikkhūsu pabbajitvā ekatova piṇḍāya caranti. Atha kho so dārako pituno bhikkhāya dinnāya upadhāvitvā etadavoca – ''mayhampi, tāta, dehi; mayhampi , tāta, dehī''ti. Manussā ujjhāyanti khiyyanti vipācenti – ''abrahmacārino ime samaṇā sakyaputtiyā. Ayampi dārako bhikkhuniyā jāto''ti. Assosuṃ kho bhikkhū tesaṃ manussānaṃ ujjhāyantānaṃkhiyyantānaṃ vipācentānaṃ. Atha kho te bhikkhū

bhagavato etamatthaṃ ārocesuṃ. Na, bhikkhave, ūnapannarasavasso dārako pabbājetabbo. Yo pabbājeyya, āpatti dukkaṭassāti.
Tena kho pana samayena āyasmato ānandassa upaṭṭhākakulaṃ saddhaṃ pasannaṃ ahivātakarogena kālaṅkataṃ hoti, dve ca dārakā sesā honti. Te porāṇakena āciṇṇakappena bhikkhū passitvā upadhāvanti. Bhikkhū apasādenti. Te bhikkhūhi apasādiyamānā rodanti. Atha kho āyasmato ānandassa etadahosi – ''bhagavatā paññattaṃ 'na ūnapannarasavasso dārako pabbājetabbo'ti. Ime ca dārakā ūnapannarasavassā. Kena nu kho upāyena ime dārakā na vinasseyyu''nti? Atha kho āyasmā ānando bhagavato etamatthaṃ ārocesi. Ussahanti pana te, ānanda, dārakā kāke uḍḍāpetunti? Ussahanti, Bhagavāti. Atha kho Bhagavā etasmiṃ nidāne etasmiṃ pakaraṇe dhammiṃ kathaṃ katvā bhikkhū āmantesi – ''anujānāmi, bhikkhave, ūnapannarasavassaṃ dārakaṃ kākuḍḍepakaṃ pabbājetu''nti.
Ahivātakarogavatthu niṭṭhitaṃ.
38. Kaṇṭakavatthu
101. Tena kho pana samayena āyasmato upanandassa sakyaputtassa dve sāmaṇerā honti – kaṇṭako ca mahako ca. Te aññamaññaṃ dūsesuṃ. Bhikkhū ujjhāyanti khiyyanti vipācenti – ''kathañhi nāma sāmaṇerā evarūpaṃ anācāraṃ ācarissantī''ti. Bhagavato etamatthaṃ ārocesuṃ. Na, bhikkhave, ekena dve sāmaṇerā upaṭṭhāpetabbā. Yo upaṭṭhāpeyya, āpatti dukkaṭassāti.
Kaṇṭakavatthu niṭṭhitaṃ.
39. Āhundarikavatthu
102. Tena kho pana samayena Bhagavā tattheva rājagahe vassaṃ vasi, tattha hemantaṃ, tattha gimhaṃ. Manussā ujjhāyanti khiyyanti vipācenti – ''āhundarikā samaṇānaṃ sakyaputtiyānaṃ disā andhakārā, na imesaṃ disā pakkhāyantī''ti. Assosuṃ kho bhikkhū tesaṃ manussānaṃ ujjhāyantānaṃ khiyyantānaṃ vipācentānaṃ. Atha kho te bhikkhū bhagavato etamatthaṃ ārocesuṃ. Atha kho Bhagavā āyasmantaṃ ānandaṃ āmantesi – ''gacchānanda, avāpuraṇaṃ[apāpuraṇaṃ (ka.)] ādāya anupariveṇiyaṃ bhikkhūnaṃ ārocehi – ''icchatāvuso Bhagavā dakkhiṇāgiriṃ cārikaṃ pakkamituṃ. Yassāyasmato attho, so āgacchatū''ti. Evaṃ, bhante, ti kho āyasmā ānando bhagavato paṭissuṇitvā avāpuraṇaṃ ādāya anupariveṇiyaṃ bhikkhūnaṃ ārocesi – 'icchatāvuso Bhagavā dakkhiṇāgiriṃ cārikaṃ pakkamituṃ. Yassāyasmato attho, so āgacchatū''ti. Bhikkhū evamāhaṃsu – ''bhagavatā, āvuso ānanda, paññattaṃ dasavassāni nissāya vatthuṃ, dasavassena nissayaṃ dātuṃ. Tattha ca no gantabbaṃ bhavissati, nissayo ca gahetabbo bhavissati, ittaro ca vāso bhavissati, puna ca paccāgantabbaṃ bhavissati, puna ca nissayo gahetabbo bhavissati. Sace amhākaṃ ācariyupajjhāyā gamissanti, mayampi gamissāma; no ce amhākaṃ ācariyupajjhāyā gamissanti, mayampi na gamissāma. Lahucittakatā no, āvuso ānanda, paññāyissatī''ti. Atha kho Bhagavā ogaṇena bhikkhusaṅghena dakkhiṇāgiriṃ cārikaṃ pakkāmi.
Āhundarikavatthu niṭṭhitaṃ.
40. Nissayamuccanakakathā
103. Atha kho Bhagavā dakkhiṇāgirismiṃ yathābhirantaṃ viharitvā punadeva rājagahaṃ paccāgacchi. Atha kho Bhagavā āyasmantaṃ ānandaṃ āmantesi – ''kiṃ nu kho, ānanda, tathāgato ogaṇena bhikkhusaṅghena dakkhiṇāgiriṃ cārikaṃ pakkanto''ti? Atha kho āyasmā ānando bhagavato etamatthaṃ ārocesi. Atha kho Bhagavā etasmiṃ nidāne etasmiṃ pakaraṇe dhammiṃ kathaṃ katvā bhikkhū āmantesi – ''anujānāmi, bhikkhave, byattena bhikkhunā paṭibalena pañcavassāni nissāya vatthuṃ, abyattena yāvajīvaṃ.
''Pañcahi , bhikkhave, aṅgehi samannāgatena bhikkhunā na anissitena vatthabbaṃ. Na asekkhena sīlakkhandhena samannāgato hoti na asekkhena samādhikkhandhena, na asekkhena paññākkhandhena na asekkhena vimuttikkhandhena na asekkhena vimuttiñāṇadassanakkhandhena samannāgato hoti – imehi kho, bhikkhave, pañcahaṅgehi samannāgatena bhikkhunā na anissitena vatthabbaṃ.
''Pañcahi , bhikkhave, aṅgehi samannāgatena bhikkhunā anissitena vatthabbaṃ. Asekkhena sīlakkhandhena samannāgato hoti asekkhena samādhikkhandhena. Asekkhena paññākkhandhena... asekkhena vimuttikkhandhena... asekkhena vimuttiñāṇadassanakkhandhena samannāgato hoti – imehi kho, bhikkhave, pañcahaṅgehi samannāgatena bhikkhunā anissitena vatthabbaṃ.
''Aparehipi, bhikkhave, pañcahaṅgehi samannāgatena bhikkhunā na anissitena vatthabbaṃ. Assaddho hoti, ahiriko hoti, anottappī hoti, kusīto hoti, muṭṭhassati hoti – imehi kho, bhikkhave, pañcahaṅgehi samannāgatena bhikkhunā na anissitena vatthabbaṃ.
''Pañcahi, bhikkhave, aṅgehi samannāgatena bhikkhunā anissitena vatthabbaṃ. Saddho hoti , hirimā hoti, ottappī hoti, āraddhavīriyo hoti, upaṭṭhitassati hoti – imehi kho, bhikkhave, pañcahaṅgehi samannāgatena bhikkhunā anissitena vatthabbaṃ.
''Aparehipi, bhikkhave, pañcahaṅgehi samannāgatena bhikkhunā na anissitena vatthabbaṃ. Adhisīle sīlavipanno hoti, ajjhācāre ācāravipanno hoti, atidiṭṭhiyā diṭṭhivipanno hoti, appassuto hoti, duppañño hoti – imehi kho, bhikkhave, pañcahaṅgehi samannāgatena bhikkhunā na anissitena vatthabbaṃ.
''Pañcahi, bhikkhave, aṅgehi samannāgatena bhikkhunā anissitena vatthabbaṃ. Na adhisīle sīlavipanno hoti, na ajjhācāre ācāravipanno hoti, na atidiṭṭhiyā diṭṭhivipanno hoti, bahussuto hoti, paññavā hoti – imehi kho, bhikkhave, pañcahaṅgehi samannāgatena bhikkhunā anissitena vatthabbaṃ.

“Aparehipi , bhikkhave, pañcahaṅgehi samannāgatena bhikkhunā na anissitena vatthabbaṃ. Āpattiṃ na jānāti, anāpattiṃ na jānāti, lahukaṃ āpattiṃ na jānāti, garukaṃ āpattiṃ na jānāti, ubhayāni kho panassa pātimokkhāni vitthārena na svāgatāni honti na suvibhattāni na suppavattīni na suvinicchitāni suttaso anubyañjanaso – imehi kho, bhikkhave, pañcahaṅgehi samannāgatena bhikkhunā na anissitena vatthabbaṃ.

“Pañcahi , bhikkhave, aṅgehi samannāgatena bhikkhunā anissitena vatthabbaṃ. Āpattiṃ jānāti, anāpattiṃ jānāti, lahukaṃ āpattiṃ jānāti, garukaṃ āpattiṃ jānāti, ubhayāni kho panassa pātimokkhāni vitthārena svāgatāni honti suvibhattāni suppavattīni suvinicchitāni suttaso anubyañjanaso – imehi kho, bhikkhave, pañcahaṅgehi samannāgatena bhikkhunā anissitena vatthabbaṃ.

“Aparehipi, bhikkhave, pañcahaṅgehi samannāgatena bhikkhunā na anissitena vatthabbaṃ. Āpattiṃ na jānāti, anāpattiṃ na jānāti, lahukaṃ āpattiṃ na jānāti, garukaṃ āpattiṃ na jānāti, ūnapañcavasso hoti – imehi kho, bhikkhave, pañcahaṅgehi samannāgatena bhikkhunā na anissitena vatthabbaṃ.

“Pañcahi , bhikkhave, aṅgehi samannāgatena bhikkhunā anissitena vatthabbaṃ. Āpattiṃ jānāti, anāpattiṃ jānāti, lahukaṃ āpattiṃ jānāti, garukaṃ āpattiṃ jānāti, pañcavasso vā hoti atireka pañcavasso vā – imehi kho, bhikkhave, pañcahaṅgehi samannāgatena bhikkhunā anissitena vatthabbaṃ.

Nissayamuccanakakathā niṭṭhitā.

Pañcakadasavāro niṭṭhito.

104. “Chahi, bhikkhave, aṅgehi samannāgatena bhikkhunā na anissitena vatthabbaṃ. Na asekkhena sīlakkhandhena samannāgato hoti, na asekkhena samādhikkhandhena, na asekkhena paññākkhandhena, na asekkhena vimuttikkhandhena, na asekkhena vimuttiñāṇadassanakkhandhena samannāgato hoti, ūnapañcavasso hoti – imehi kho, bhikkhave, chahaṅgehi samannāgatena bhikkhunā na anissitena vatthabbaṃ.

“Chahi, bhikkhave, aṅgehi samannāgatena bhikkhunā anissitena vatthabbaṃ. Asekkhena sīlakkhandhena samannāgato hoti, asekkhena samādhikkhandhena, asekkhena paññākkhandhena, asekkhena vimuttikkhandhena, asekkhena vimuttiñāṇadassanakkhandhena samannāgato hoti, pañcavasso vā hoti atirekapañcavasso vā – imehi kho, bhikkhave, chahaṅgehi samannāgatena bhikkhunā anissitena vatthabbaṃ.

“Aparehipi , bhikkhave, chahaṅgehi samannāgatena bhikkhunā na anissitena vatthabbaṃ. Assaddho hoti, ahiriko hoti, anottappī hoti, kusīto hoti, muṭṭhassati hoti, ūnapañcavasso hoti – imehi kho, bhikkhave, chahaṅgehi samannāgatena bhikkhunā na anissitena vatthabbaṃ.

“Chahi, bhikkhave, aṅgehi samannāgatena bhikkhunā anissitena vatthabbaṃ. Saddho hoti, hirimā hoti, ottappī hoti, āraddhavīriyo hoti, upaṭṭhitassati hoti, pañcavasso vā hoti atirekapañcavasso vā – imehi kho, bhikkhave, chahaṅgehi samannāgatena bhikkhunā anissitena vatthabbaṃ.

“Aparehipi, bhikkhave, chahaṅgehi samannāgatena bhikkhunā na anissitena vatthabbaṃ. Adhisīle sīlavipanno hoti, ajjhācāre ācāravipanno hoti, atidiṭṭhiyā diṭṭhivipanno hoti, appassuto hoti, duppañño hoti, ūnapañcavasso hoti – imehi kho, bhikkhave, chahaṅgehi samannāgatena bhikkhunā na anissitena vatthabbaṃ.

“Chahi, bhikkhave, aṅgehi samannāgatena bhikkhunā anissitena vatthabbaṃ. Na adhisīle sīlavipanno hoti, na ajjhācāre ācāravipanno hoti, na atidiṭṭhiyā diṭṭhivipanno hoti, bahussuto hoti, paññavā hoti, pañcavasso vā hoti atirekapañcavasso vā – imehi kho, bhikkhave, chahaṅgehi samannāgatena bhikkhunā anissitena vatthabbaṃ.

“Aparehipi, bhikkhave, chahaṅgehi samannāgatena bhikkhunā na anissitena vatthabbaṃ. Āpattiṃ na jānāti, anāpattiṃ na jānāti, lahukaṃ āpattiṃ na jānāti, garukaṃ āpattiṃ na jānāti, ubhayāni kho panassa pātimokkhāni vitthārena na svāgatāni honti na suvibhattāni na suppavattīni na suvinicchitāni suttaso anubyañjanaso, ūnapañcavasso hoti – imehi kho, bhikkhave, chahaṅgehi samannāgatena bhikkhunā na anissitena vatthabbaṃ.

“Chahi, bhikkhave, aṅgehi samannāgatena bhikkhunā anissitena vatthabbaṃ. Āpattiṃ jānāti, anāpattiṃ jānāti, lahukaṃ āpattiṃ jānāti, garukaṃ āpattiṃ jānāti, ubhayāni kho panassa pātimokkhāni vitthārena svāgatāni honti suvibhattāni suppavattīni suvinicchitāni suttaso anubyañjanaso, pañcavasso vā hoti atirekapañcavasso vā – imehi kho, bhikkhave, chahaṅgehi samannāgatena bhikkhunā anissitena vatthabba’’nti.

Abhayūvarabhāṇavāro niṭṭhito aṭṭhamo.

Aṭṭhamabhāṇavāro.

41. Rāhulavatthu

105. Atha kho Bhagavā rājagahe yathābhirantaṃ viharitvā yena kapilavatthu tena cārikaṃ pakkāmi. Anupubbena cārikaṃ caramāno yena kapilavatthu tadavasari. Tatra sudaṃ Bhagavā sakkesu viharati kapilavatthusmiṃ nigrodhārāme. Atha kho Bhagavā pubbaṇhasamayaṃ nivāsetvā pattacīvaramādāya yena suddhodanassa sakkassa nivesanaṃ tenupasaṅkami, upasaṅkamitvā paññatte āsane nisīdi. Atha kho rāhulamātā devī rāhulaṃ kumāraṃ etadavoca – “eso te, rāhula, pitā. Gacchassu [gacchassa (syā.)], dāyajjaṃ yācāhī’’ti. Atha kho rāhulo kumāro yena Bhagavā tenupasaṅkami, upasaṅkamitvā bhagavato

purato, aṭṭhāsi – ''sukhā te, samaṇa, chāyā''ti. Atha kho Bhagavā uṭṭhāyāsanā pakkāmi. Atha kho rāhulo kumāro bhagavantaṃ piṭṭhito piṭṭhito anubandhi – ''dāyajjaṃ me, samaṇa, dehi; dāyajjaṃ me, samaṇa, dehī''ti. Atha kho Bhagavā āyasmantaṃ sāriputtaṃ āmantesi – ''tena hi tvaṃ, sāriputta, rāhulaṃ kumāraṃ pabbājehī''ti. ''Kathāhaṃ, bhante, rāhulaṃ kumāraṃ pabbājemī''ti? Atha kho Bhagavā etasmiṃ nidāne etasmiṃ pakaraṇe dhammiṃ kathaṃ katvā bhikkhū āmantesi – ''anujānāmi, bhikkhave, tīhi saraṇagamanehi sāmaṇerapabbajjaṃ. Evañca pana, bhikkhave, pabbājetabbo – paṭhamaṃ kesamassuṃ ohārāpetvā kāsāyāni vatthāni acchādāpetvā ekaṃsaṃ uttarāsaṅgaṃ kārāpetvā bhikkhūnaṃ pāde vandāpetvā ukkuṭikaṃ nisīdāpetvā añjaliṃ paggaṇhāpetvā evaṃ vadehīti vattabbo – buddhaṃ saraṇaṃ gacchāmi, dhammaṃ saraṇaṃ gacchāmi, saṅghaṃ saraṇaṃ gacchāmi; dutiyampi buddhaṃ saraṇaṃ gacchāmi, dutiyampi dhammaṃ saraṇaṃ gacchāmi, dutiyampi saṅghaṃ saraṇaṃ gacchāmi; tatiyampi buddhaṃ saraṇaṃ gacchāmi, tatiyampi dhammaṃ saraṇaṃ gacchāmi, tatiyampi saṅghaṃ saraṇaṃ gacchāmīti. Anujānāmi, bhikkhave, imehi tīhi saraṇagamanehi sāmaṇerapabbajja''nti. Atha kho āyasmā sāriputto rāhulaṃ kumāraṃ pabbājesi.

Atha kho suddhodano sakko yena Bhagavā tenupasaṅkami, upasaṅkamitvā bhagavantaṃ abhivādetvā ekamantaṃ nisīdi. Ekamantaṃ nisinno kho suddhodano sakko bhagavantaṃ etadavoca – ''ekāhaṃ, bhante, bhagavantaṃ varaṃ yācāmī''ti. ''Atikkantavarā kho, Gotama, tathāgatā''ti. ''Yañca, bhante, kappati, yañca anavajja''nti. ''Vadehi, Gotamā''ti. ''Bhagavati me, bhante, pabbajite anappakaṃ dukkhaṃ ahosi, tathā nande, adhimattaṃ rāhule. Puttapemaṃ , bhante, chaviṃ chindati, chaviṃ chetvā cammaṃ chindati, cammaṃ chetvā maṃsaṃ chindati, maṃsaṃ chetvā nhāruṃ chindati, nhāruṃ chetvā aṭṭhiṃ chindati, aṭṭhiṃ chetvā aṭṭhimiñjaṃ āhacca tiṭṭhati. Sādhu, bhante, ayyā ananuññātaṃ mātāpitūhi puttaṃ na pabbājeyyu''nti. Atha kho Bhagavā suddhodanaṃ sakkaṃ dhammiyā kathāya sandassesi samādapesi samuttejesi sampahaṃsesi. Atha kho suddhodano sakko bhagavatā dhammiyā kathāya sandassito samādapito samuttejito sampahaṃsito uṭṭhāyāsanā bhagavantaṃ abhivādetvā padakkhiṇaṃ katvā pakkāmi. Atha kho Bhagavā etasmiṃ nidāne etasmiṃ pakaraṇe dhammiṃ kathaṃ katvā bhikkhū āmantesi – ''na, bhikkhave, ananuññāto mātāpitūhi putto pabbājetabbo. Yo pabbājeyya, āpatti dukkaṭassā''ti.

Atha kho Bhagavā kapilavatthusmiṃ yathābhirantaṃ viharitvā yena sāvatthi tena cārikaṃ pakkāmi. Anupubbena cārikaṃ caramāno yena sāvatthi tadavasari. Tatra sudaṃ Bhagavā sāvatthiyaṃ viharati jetavane anāthapiṇḍikassa ārāme. Tena kho pana samayena āyasmato sāriputtassa upaṭṭhākakulaṃ āyasmato sāriputtassa santike dārakaṃ pāhesi – ''imaṃ dārakaṃ thero pabbājetū''ti. Atha kho āyasmato sāriputtassa etadahosi – ''bhagavatā paññattaṃ 'na ekena dve sāmaṇerā upaṭṭhāpetabbā'ti. Ayañca me rāhulo sāmaṇero. Kathaṃ nu kho mayā paṭipajjitabba''nti? Bhagavato etamatthaṃ ārocesi. Anujānāmi, bhikkhave, byattena bhikkhunā paṭibalena ekena dve sāmaṇere upaṭṭhāpetuṃ, yāvatake vā pana ussahati ovadituṃ anusāsituṃ tāvatake upaṭṭhāpetunti.

Rāhulavatthu niṭṭhitaṃ.

42. Sikkhāpadakathā

106. Atha kho sāmaṇerānaṃ etadahosi – ''kati nu kho amhākaṃ sikkhāpadāni, kattha ca amhehi sikkhitabba''nti? Bhagavato etamatthaṃ ārocesuṃ...pe... anujānāmi, bhikkhave, sāmaṇerānaṃ dasa sikkhāpadāni, tesu ca sāmaṇerehi sikkhituṃ – pāṇātipātā veramaṇī [veramaṇi, veramaṇiṃ (ka.)], adinnādānā veramaṇī, abrahmacariyā veramaṇī, musāvādā veramaṇī, surāmerayamajjapamādaṭṭhānā veramaṇī, vikālabhojanā veramaṇī, naccagītavāditavisūkadassanā veramaṇī, mālāgandhavilepanadhāraṇamaṇḍanavibhūsanaṭṭhānā veramaṇī, uccāsayanamahāsayanā veramaṇī, jātarūparajatapaṭiggahaṇā veramaṇī. Anujānāmi, bhikkhave, sāmaṇerānaṃ imāni dasa sikkhāpadāni, imesu ca sāmaṇerehi sikkhitunti.

Sikkhāpadakathā niṭṭhitā.

43. Daṇḍakammavatthu

107. Tena kho pana samayena sāmaṇerā bhikkhūsu agāravā appatissā asabhāgavuttikā viharanti. Bhikkhū ujjhāyanti khiyyanti vipācenti – ''kathañhi nāma sāmaṇerā bhikkhūsu agāravā appatissā asabhāgavuttikā viharissantī''ti. Bhagavato etamatthaṃ ārocesuṃ...pe... anujānāmi, bhikkhave, pañcahaṅgehi samannāgatassa sāmaṇerassa daṇḍakammaṃ kātuṃ. Bhikkhūnaṃ alābhāya parisakkati, bhikkhūnaṃ anatthāya parisakkati, bhikkhūnaṃ avāsāya parisakkati, bhikkhū akkosati paribhāsati, bhikkhū bhikkhūhi bhedeti – anujānāmi, bhikkhave, imehi pañcahaṅgehi samannāgatassa sāmaṇerassa daṇḍakammaṃ kātunti.

Atha kho bhikkhūnaṃ etadahosi – ''kiṃ nu kho daṇḍakammaṃ kātabba''nti? Bhagavato etamatthaṃ ārocesuṃ. Anujānāmi, bhikkhave, āvaraṇaṃ kātunti.

Tena kho pana samayena bhikkhū sāmaṇerānaṃ sabbaṃ saṅghārāmaṃ āvaraṇaṃ karonti. Sāmaṇerā ārāmaṃ pavisituṃ alabhamānā pakkamantipi, vibbhamantipi, titthiyesupi saṅkamanti. Bhagavato etamatthaṃ ārocesuṃ. Na, bhikkhave, sabbo saṅghārāmo āvaraṇaṃ kātabbo. Yo kareyya, āpatti dukkaṭassa. Anujānāmi, bhikkhave, yattha vā vasati, yattha vā paṭikkamati, tattha āvaraṇaṃ kātunti.

Tena kho pana samayena bhikkhū sāmaṇerānaṃ mukhadvārikaṃ āhāraṃ āvaraṇaṃ karonti. Manussā yāgupānampi saṅghabhattampi karontā sāmaṇere evaṃ vadenti – ''etha, bhante, yāguṃ pivatha; etha, bhante, bhattaṃ bhuñjathā''ti. Sāmaṇerā evaṃ vadenti – ''nāvuso, labbhā. Bhikkhūhi āvaraṇaṃ kata''nti. Manussā ujjhāyanti khiyyanti vipācenti – ''kathañhi nāma bhadantā sāmaṇerānaṃ mukhadvārikaṃ āhāraṃ āvaraṇaṃ karissantī''ti. Bhagavato etamatthaṃ ārocesuṃ. Na, bhikkhave, mukhadvāriko āhāro āvaraṇaṃ kātabbo. Yo kareyya, āpatti dukkaṭassāti.

Daṇḍakammavatthu niṭṭhitaṃ.

44. Anāpucchāvaraṇavatthu

108. Tena kho pana samayena chabbaggiyā bhikkhū upajjhāye anāpucchā sāmaṇerānaṃ āvaraṇaṃ karonti. Upajjhāyā gavesanti – kathaṃ [kahaṃ (ka.)] nu kho amhākaṃ sāmaṇerā na dissantīti. Bhikkhū evamāhaṃsu – ''chabbaggiyehi, āvuso, bhikkhūhi āvaraṇaṃ kata''nti. Upajjhāyā ujjhāyanti khiyyanti vipācenti – ''kathañhi nāma chabbaggiyā bhikkhū amhe anāpucchā amhākaṃ sāmaṇerānaṃ āvaraṇaṃ karissantī''ti. Bhagavato etamatthaṃ ārocesuṃ. Na, bhikkhave, upajjhāye anāpucchā āvaraṇaṃ kātabbaṃ. Yo kareyya, āpatti dukkaṭassāti.

Anāpucchāvaraṇavatthu niṭṭhitaṃ.

45. Apalāḷanavatthu

Tena kho pana samayena chabbaggiyā bhikkhū therānaṃ bhikkhūnaṃ sāmaṇere apalāḷenti. Therā sāmaṃ dantakaṭṭhampi mukhodakampi gaṇhantā kilamanti . Bhagavato etamatthaṃ ārocesuṃ. Na, bhikkhave, aññassa parisā apalāḷetabbā. Yo apalāḷeyya, āpatti dukkaṭassā ti.

Apalāḷanavatthu niṭṭhitaṃ.

46. Kaṇṭakasāmaṇeravatthu

Tena kho pana samayena āyasmato upanandassa sakyaputtassa kaṇṭako nāma sāmaṇero kaṇṭakiṃ nāma bhikkhuniṃ dūsesi. Bhikkhū ujjhāyanti khiyyanti vipācenti – ''kathañhi nāma sāmaṇero evarūpaṃ anācāraṃ ācarissatī''ti. Bhagavato etamatthaṃ ārocesuṃ. Anujānāmi, bhikkhave, dasahaṅgehi samannāgataṃ sāmaṇeraṃ nāsetuṃ. Pāṇātipātī hoti, adinnādāyī hoti, abrahmacārī hoti, musāvādī hoti, majjapāyī hoti, buddhassa avaṇṇaṃ bhāsati, dhammassa avaṇṇaṃ bhāsati, saṅghassa avaṇṇaṃ bhāsati, micchādiṭṭhiko hoti, bhikkhunidūsako hoti – anujānāmi, bhikkhave, imehi dasahaṅgehi samannāgataṃ sāmaṇeraṃ nāsetunti.

47. Paṇḍakavatthu

109. Tena kho pana samayena aññataro paṇḍako bhikkhūsu pabbajito hoti. So dahare dahare bhikkhū upasaṅkamitvā evaṃ vadeti – ''etha, maṃ āyasmanto dūsethā''ti. Bhikkhū apasādenti – ''nassa, paṇḍaka, vinassa, paṇḍaka, ko tayā attho''ti. So bhikkhūhi apasādito mahante mahante moḷigalle sāmaṇere upasaṅkamitvā evaṃ vadeti – ''etha, maṃ āvuso dūsethā''ti. Sāmaṇerā apasādenti – ''nassa, paṇḍaka, vinassa, paṇḍaka, ko tayā attho''ti. So sāmaṇerehi apasādito hatthibhaṇḍe assabhaṇḍe upasaṅkamitvā evaṃ vadeti – ''etha, maṃ, āvuso , dūsethā''ti. Hatthibhaṇḍā assabhaṇḍā dūsesuṃ. Te ujjhāyanti khiyyanti vipācenti – ''paṇḍakā ime samaṇā sakyaputtiyā. Yepi imesaṃ na paṇḍakā, tepi ime paṇḍake dūsenti. Evaṃ ime sabbeva abrahmacārino''ti. Assosuṃ kho bhikkhū tesaṃ hatthibhaṇḍānaṃ assabhaṇḍānaṃ ujjhāyantānaṃ khiyyantānaṃ vipācentānaṃ. Atha kho te bhikkhū bhagavato etamatthaṃ ārocesuṃ. Paṇḍako, bhikkhave, anupasampanno na upasampādetabbo, upasampanno nāsetabboti.

48. Theyyasaṃvāsakavatthu

110. Tena kho pana samayena aññataro purāṇakulaputto khīṇakolañño sukhumālo hoti. Atha kho tassa purāṇakulaputtassa khīṇakolaññassa etadahosi – ''ahaṃ kho sukhumālo, na paṭibalo anadhigataṃ vā bhogaṃ adhigantuṃ, adhigataṃ vā bhogaṃ phātiṃ kātuṃ. Kena nu kho ahaṃ upāyena sukhañca jīveyyaṃ, na ca kilameyya''nti? Atha kho tassa purāṇakulaputtassa khīṇakolaññassa etadahosi – ''ime kho samaṇā sakyaputtiyā sukhasīlā sukhasamācārā, subhojanāni bhuñjitvā nivātesu sayanesu sayanti. Yaṃnūnāhaṃ sāmaṃ pattacīvaraṃ paṭiyādetvā kesamassuṃ ohāretvā kāsāyāni vatthāni acchādetvā ārāmaṃ gantvā bhikkhūhi saddhiṃ saṃvaseyya''nti. Atha kho so purāṇakulaputto khīṇakolañño sāmaṃ pattacīvaraṃ paṭiyādetvā kesamassuṃ ohāretvā kāsāyāni vatthāni acchādetvā ārāmaṃ gantvā bhikkhū abhivādeti. Bhikkhū evamāhaṃsu – ''kativassosi tvaṃ, āvuso''ti? Kiṃ etaṃ, āvuso, kativasso nāmāti? Ko pana te, āvuso, upajjhāyoti? Kiṃ etaṃ , āvuso, upajjhāyo nāmāti? Bhikkhū āyasmantaṃ upāliṃ etadavocuṃ – ''iṅghāvuso upāli, imaṃ pabbajitaṃ anuyuñjāhī''ti. Atha kho so purāṇakulaputto khīṇakolañño āyasmatā upālinā anuyuñjiyamāno etamatthaṃ ārocesi. Āyasmā upāli bhikkhūnaṃ etamatthaṃ ārocesi. Bhikkhū bhagavato etamatthaṃ ārocesuṃ. Theyyasaṃvāsako, bhikkhave, anupasampanno na upasampādetabbo, upasampanno nāsetabboti. Titthiyapakkantako, bhikkhave, anupasampanno na upasampādetabbo, upasampanno nāsetabboti.

49. Tiracchānagatavatthu

111. Tena kho pana samayena aññataro nāgo nāgayoniyā aṭṭīyati harāyati jigucchati. Atha kho tassa nāgassa etadahosi – ''kena nu kho ahaṃ upāyena nāgayoniyā ca parimucceyyaṃ khippañca manussattaṃ paṭilabheyya''nti. Atha kho tassa nāgassa etadahosi – ''ime kho samaṇā sakyaputtiyā dhammacārino

samacārino brahmacārino saccavādino sīlavanto kalyāṇadhammā. Sace kho ahaṃ samaṇesu sakyaputtiyesu pabbajeyyaṃ, evāhaṃ nāgayoniyā ca parimucceyyaṃ, khippañca manussattaṃ paṭilabheyya''nti. Atha kho so nāgo māṇavakavaṇṇena bhikkhū upasaṅkamitvā pabbajjaṃ yāci. Taṃ bhikkhū pabbājesuṃ, upasampādesuṃ. Tena kho pana samayena so nāgo aññatarena bhikkhunā saddhiṃ paccantime vihāre paṭivasati. Atha kho so bhikkhu rattiyā paccūsasamayaṃ paccuṭṭhāya ajjhokāse caṅkamati. Atha kho so nāgo tassa bhikkhuno nikkhante vissaṭṭho niddaṃ okkami. Sabbo vihāro ahinā puṇṇo, vātapānehi bhogā nikkhantā honti. Atha kho so bhikkhu vihāraṃ pavisissāmīti kavāṭaṃ paṇāmento addasa sabbaṃ vihāraṃ ahinā puṇṇaṃ, vātapānehi bhoge nikkhante, disvāna bhīto vissaramakāsi. Bhikkhū upadhāvitvā taṃ bhikkhuṃ etadavocuṃ – ''kissa tvaṃ, āvuso, vissaramakāsī''ti? ''Ayaṃ, āvuso, sabbo vihāro ahinā puṇṇo, vātapānehi bhogā nikkhantā''ti. Atha kho so nāgo tena saddena paṭibujjhitvā sake āsane nisīdi. Bhikkhū evamāhaṃsu – ''kosi tvaṃ, āvuso''ti? ''Ahaṃ, bhante, nāgo''ti. ''Kissa pana tvaṃ, āvuso, evarūpaṃ akāsī''ti? Atha kho so nāgo bhikkhūnaṃ etamatthaṃ ārocesi. Bhikkhū bhagavato etamatthaṃ ārocesuṃ. Atha kho Bhagavā etasmiṃ nidāne etasmiṃ pakaraṇe bhikkhusaṅghaṃ sannipātāpetvā taṃ nāgaṃ etadavoca – ''tumhe khottha nāgā aviruḷhidhammā imasmiṃ dhammavinaye. Gaccha tvaṃ, nāga, tattheva cātuddase pannarase aṭṭhamiyā ca pakkhassa uposathaṃ upavasa, evaṃ tvaṃ nāgayoniyā ca parimuccissasi, khippañca manussattaṃ paṭilabhissasī''ti. Atha kho so nāgo aviruḷhidhammo kirāhaṃ imasmiṃ dhammavinayeti dukkhī dummano assūni pavattayamāno vissaraṃ katvā pakkāmi. Atha kho Bhagavā bhikkhū āmantesi – ''dveme, bhikkhave, paccayā nāgassa sabhāvapātukammāya. Yadā ca sajātiyā methunaṃ dhammaṃ paṭisevati, yadā ca vissaṭṭho niddaṃ okkamati – ime kho, bhikkhave, dve paccayā nāgassa sabhāvapātukammāya . Tiracchānagato, bhikkhave, anupasampanno na upasampādetabbo, upasampanno nāsetabbo''ti.

50. Mātughātakavatthu

112. Tena kho pana samayena aññataro māṇavako mātaraṃ jīvitā voropesi. So tena pāpakena kammena aṭṭīyati harāyati jigucchati . Atha kho tassa māṇavakassa etadahosi – ''kena nu kho ahaṃ upāyena imassa pāpakassa kammassa nikkhantiṃ kareyya''nti? Atha kho tassa māṇavakassa etadahosi – ''ime kho samaṇā sakyaputtiyā dhammacārino samacārino brahmacārino saccavādino sīlavanto kalyāṇadhammā. Sace kho ahaṃ samaṇesu sakyaputtiyesu pabbajeyyaṃ, evāhaṃ imassa pāpakassa kammassa nikkhantiṃ kareyya''nti. Atha kho so māṇavako bhikkhū upasaṅkamitvā pabbajjaṃ yāci. Bhikkhū āyasmantaṃ upāliṃ etadavocuṃ – ''pubbepi kho, āvuso upāli, nāgo māṇavakavaṇṇena bhikkhūsu pabbajito. Iṅghāvuso upāli, imaṃ māṇavakaṃ anuyuñjāhī''ti. Atha kho so māṇavako āyasmatā upālinā anuyuñjīyamāno etamatthaṃ ārocesi. Āyasmā upāli bhikkhūnaṃ etamatthaṃ ārocesi. Bhikkhū bhagavato etamatthaṃ ārocesuṃ...pe... mātughātako, bhikkhave, anupasampanno na upasampādetabbo, upasampanno nāsetabboti.

51. Pitughātakavatthu

113. Tena kho pana samayena aññataro māṇavako pitaraṃ jīvitā voropesi. So tena pāpakena kammena aṭṭīyati harāyati jigucchati. Atha kho tassa māṇavakassa etadahosi ''kena nu kho ahaṃ upāyena imassa pāpakassa kammassa nikkhantiṃ kareyya''nti. Atha kho tassa māṇavakassa etadahosi ''ime kho samaṇā sakyaputtiyā dhammacārino samacārino brahmacārino saccavādino sīlavanto kalyāṇadhammā, sace kho ahaṃ samaṇesu sakyaputtiyesu pabbajeyyaṃ, evāhaṃ imassa pāpakassa kammassa nikkhantiṃ kareyya''nti. Atha kho so māṇavako bhikkhū upasaṅkamitvā pabbajjaṃ yāci. Bhikkhū āyasmantaṃ upāliṃ etadavocuṃ – ''pubbepi kho, āvuso upāli, nāgo māṇavakavaṇṇena bhikkhūsu pabbajito, iṅghāvuso, upāli, imaṃ māṇavakaṃ anuyuñjāhī''ti. Atha kho so māṇavako āyasmatā upālinā anuyuñjīyamāno etamatthaṃ ārocesi. Āyasmā upāli bhikkhūnaṃ etamatthaṃ ārocesi. Bhikkhū bhagavato etamatthaṃ ārocesuṃ. Pitughātako, bhikkhave, anupasampanno na upasampādetabbo, upasampanno nāsetabboti.

52. Arahantaghātakavatthu

114. Tena kho pana samayena sambahulā bhikkhū sāketā sāvatthiṃ addhānamaggappaṭipannā honti. Antarāmagge corā nikkhamitvā ekacce bhikkhū acchindiṃsu, ekacce bhikkhū haniṃsu. Sāvatthiyā rājabhaṭā nikkhamitvā ekacce core aggahesuṃ, ekacce corā palāyiṃsu. Ye te palāyiṃsu te bhikkhūsu pabbajiṃsu, ye te gahitā te vadhāya oniyyanti . Addasaṃsu kho te palāyitvā pabbajitā te core vadhāya oniyyamāne, disvāna evamāhaṃsu – ''sādhu kho mayaṃ palāyimhā, sacā ca [sace ca, sacajja (aṭṭhakathāyaṃ pāṭhantarā)] mayaṃ gayheyyāma [gaṇheyyāma (ka.)], mayampi evameva haññeyyāmā''ti . Bhikkhū evamāhaṃsu – ''kiṃ pana tumhe, āvuso, akatthā''ti? Atha kho te pabbajitā bhikkhūnaṃ etamatthaṃ ārocesuṃ. Bhikkhū bhagavato etamatthaṃ ārocesuṃ. Arahanto ete, bhikkhave, bhikkhū. Arahantaghātako, bhikkhave, anupasampanno na upasampādetabbo, upasampanno nāsetabboti.

53. Bhikkhunīdūsakavatthu

115. Tena kho pana samayena sambahulā bhikkhuniyo sāketā sāvatthiṃ addhānamaggappaṭipannā honti. Antarāmagge corā nikkhamitvā ekaccā bhikkhuniyo acchindiṃsu, ekaccā bhikkhuniyo dūsesuṃ. Sāvatthiyā rājabhaṭā nikkhamitvā ekacce core aggahesuṃ, ekacce corā palāyiṃsu. Ye te palāyiṃsu, te

bhikkhūsu pabbajiṃsu. Ye te gahitā, te vadhāya oniyyanti. Addasaṃsu kho te palāyitvā pabbajitā te core vadhāya oniyyamāne, disvāna evamāhaṃsu "sādhu kho mayaṃ palāyimhā, sacā ca mayaṃ gayheyyāma, mayampi evameva haññeyyāmā"ti. Bhikkhū evamāhaṃsu "kiṃ pana tumhe, āvuso, akatthā"ti. Atha kho te pabbajitā bhikkhūnaṃ etamatthaṃ ārocesuṃ. Bhikkhū bhagavato etamatthaṃ ārocesuṃ. Bhikkhunidūsako, bhikkhave, anupasampanno na upasampādetabbo, upasampanno nāsetabboti. Saṅghabhedako, bhikkhave, anupasampanno na upasampādetabbo, upasampanno nāsetabboti. Lohituppādako, bhikkhave, anupasampanno na upasampādetabbo, upasampanno nāsetabboti.

54. Ubhatobyañjanakavatthu

116. Tena kho pana samayena aññataro ubhatobyañjanako bhikkhūsu pabbajito hoti. So karotipi kārāpetipi. Bhagavato etamatthaṃ ārocesuṃ. Ubhatobyañjanako, bhikkhave, anupasampanno na upasampādetabbo, upasampanno nāsetabboti.

55. Anupajjhāyakādivatthūni

117. Tena kho pana samayena bhikkhū anupajjhāyakaṃ upasampādenti. Bhagavato etamatthaṃ ārocesuṃ. Na, bhikkhave, anupajjhāyako upasampādetabbo. Yo upasampādeyya, āpatti dukkaṭassāti.

Tena kho pana samayena bhikkhū saṅghena upajjhāyena upasampādenti. Bhagavato etamatthaṃ ārocesuṃ. Na, bhikkhave, saṅghena upajjhāyena upasampādetabbo. Yo upasampādeyya, āpatti dukkaṭassāti.

Tena kho pana samayena bhikkhū gaṇena upajjhāyena upasampādenti. Bhagavato etamatthaṃ ārocesuṃ. Na, bhikkhave, gaṇena upajjhāyena upasampādetabbo. Yo upasampādeyya, āpatti dukkaṭassāti.

Tena kho pana samayena bhikkhū paṇḍakupajjhāyena upasampādenti...pe... theyyasaṃvāsakupajjhāyena upasampādenti...pe... titthiyapakkantakupajjhāyena upasampādenti ...pe... tiracchānagatupajjhāyena upasampādenti...pe... mātughātakupajjhāyena upasampādenti...pe... pitughātakupajjhāyena upasampādenti...pe... arahantaghātakupajjhāyena upasampādenti...pe... bhikkhunidūsakupajjhāyena upasampādenti...pe... saṅghabhedakupajjhāyena upasampādenti...pe... lohituppādakupajjhāyena upasampādenti...pe... ubhatobyañjanakupajjhāyena upasampādenti bhagavato etamatthaṃ ārocesuṃ. Na, bhikkhave, paṇḍakupajjhāyena upasampādetabbo...pe... na, bhikkhave, theyyasaṃvāsakupajjhāyena upasampādetabbo...pe... na, bhikkhave, titthiyapakkantakupajjhāyena upasampādetabbo...pe... na, bhikkhave, tiracchānagatupajjhāyena upasampādetabbo...pe... na, bhikkhave, mātughātakupajjhāyena upasampādetabbo ...pe... na, bhikkhave, pitughātakupajjhāyena upasampādetabbo...pe... na, bhikkhave, arahantaghātakupajjhāyena upasampādetabbo...pe... na, bhikkhave, bhikkhunidūsakupajjhāyena upasampādetabbo ...pe... na, bhikkhave, saṅghabhedakupajjhāyena upasampādetabbo...pe... na, bhikkhave, lohituppādakupajjhāyena upasampādetabbo...pe... na, bhikkhave, ubhatobyañjanakupajjhāyena upasampādetabbo. Yo upasampādeyya, āpatti dukkaṭassāti.

56. Apattakādivatthu

118. Tena kho pana samayena bhikkhū apattakaṃ upasampādenti. Hatthesu piṇḍāya caranti. Manussā ujjhāyanti khiyyanti vipācenti – seyyathāpi titthiyāti. Bhagavato etamatthaṃ ārocesuṃ. Na, bhikkhave, apattako upasampādetabbo. Yo upasampādeyya, āpatti dukkaṭassāti.

Tena kho pana samayena bhikkhū acīvarakaṃ upasampādenti. Naggā piṇḍāya caranti. Manussā ujjhāyanti khiyyanti vipācenti – seyyathāpi titthiyāti. Bhagavato etamatthaṃ ārocesuṃ. Na, bhikkhave, acīvarako upasampādetabbo. Yo upasampādeyya, āpatti dukkaṭassāti.

Tena kho pana samayena bhikkhū apattacīvarakaṃ upasampādenti. Naggā hatthesu piṇḍāya caranti. Manussā ujjhāyanti khiyyanti vipācenti – seyyathāpi titthiyāti. Bhagavato etamatthaṃ ārocesuṃ. Na, bhikkhave, apattacīvarako upasampādetabbo. Yo upasampādeyya, āpatti dukkaṭassāti.

Tena kho pana samayena bhikkhū yācitakena pattena upasampādenti. Upasampanne pattaṃ paṭiharanti. Hatthesu piṇḍāya caranti. Manussā ujjhāyanti khiyyanti vipācenti – seyyathāpi titthiyāti. Bhagavato etamatthaṃ ārocesuṃ. Na, bhikkhave, yācitakena pattena upasampādetabbo. Yo upasampādeyya, āpatti dukkaṭassāti.

Tena kho pana samayena bhikkhū yācitakena cīvarena upasampādenti. Upasampanne cīvaraṃ paṭiharanti. Naggā piṇḍāya caranti. Manussā ujjhāyanti khiyyanti vipācenti – seyyathāpi titthiyāti. Bhagavato etamatthaṃ ārocesuṃ. Na, bhikkhave, yācitakena cīvarena upasampādetabbo. Yo upasampādeyya, āpatti dukkaṭassāti.

Tena kho pana samayena bhikkhū yācitakena pattacīvarena upasampādenti. Upasampanne pattacīvaraṃ paṭiharanti. Naggā hatthesu piṇḍāya caranti. Manussā ujjhāyanti khiyyanti vipācenti – seyyathāpi titthiyāti. Bhagavato etamatthaṃ ārocesuṃ. Na, bhikkhave, yācitakena pattacīvarena upasampādetabbo. Yo upasampādeyya, āpatti dukkaṭassāti.

Naupasampādetabbekavīsativāro niṭṭhito.

57. Napabbājetabbadvattiṃsavāro

119. Tena kho pana samayena bhikkhū hatthacchinnaṃ pabbājenti...pe... pādacchinnaṃ pabbājenti...pe... hatthapādacchinnaṃ pabbājenti...pe... kaṇṇacchinnaṃ pabbājenti...pe...

nāsacchinnaṃ pabbājenti...pe... kaṇṇanāsacchinnaṃ pabbājenti...pe... aṅgulicchinnaṃ pabbājenti...pe... aḷacchinnaṃ pabbājenti...pe... kaṇḍaracchinnaṃ pabbājenti...pe... phaṇahatthakaṃ pabbājenti...pe... khujjaṃ pabbājenti...pe... vāmanaṃ pabbājenti...pe... galagaṇḍiṃ pabbājenti...pe... lakkhaṇāhataṃ pabbājenti...pe... kasāhataṃ pabbājenti...pe... likhitakaṃ pabbājenti...pe... sīpadiṃ pabbājenti...pe... pāparogiṃ pabbājenti...pe... parisadūsakaṃ pabbājenti...pe... kāṇaṃ pabbājenti...pe... kuṇiṃ pabbājenti...pe... khañjaṃ pabbājenti...pe... pakkhahataṃ pabbājenti...pe... chinniriyāpathaṃ pabbājenti...pe... jarādubbalaṃ pabbājenti...pe... andhaṃ pabbājenti...pe... mūgaṃ pabbājenti...pe... badhiraṃ pabbājenti...pe... andhamūgaṃ pabbājenti...pe... andhabadhiraṃ pabbājenti...pe... mūgabadhiraṃ pabbājenti...pe... andhamūgabadhiraṃ pabbājenti. Bhagavato etamatthaṃ ārocesuṃ...pe... na, bhikkhave, hatthacchinno pabbājetabbo...pe... na, bhikkhave, pādacchinno pabbājetabbo...pe... na, bhikkhave, hatthapādacchinno pabbājetabbo...pe... na, bhikkhave, kaṇṇacchinno pabbājetabbo...pe... na, bhikkhave, nāsacchinno pabbājetabbo...pe... na, bhikkhave, kaṇṇanāsacchinno pabbājetabbo...pe... na, bhikkhave, aṅgulicchinno pabbājetabbo...pe... na, bhikkhave, aḷacchinno pabbājetabbo...pe... na, bhikkhave, kaṇḍaracchinno pabbājetabbo...pe... na, bhikkhave, phaṇahatthako pabbājetabbo...pe... na, bhikkhave, khujjo pabbājetabbo...pe... na, bhikkhave, vāmano pabbājetabbo...pe... na, bhikkhave, galagaṇḍī pabbājetabbo...pe... na, bhikkhave, lakkhaṇāhato pabbājetabbo...pe... na, bhikkhave, kasāhato pabbājetabbo...pe... na, bhikkhave, likhitako pabbājetabbo...pe... na, bhikkhave, sīpadī pabbājetabbo...pe... na, bhikkhave, pāparogī pabbājetabbo...pe... na, bhikkhave, parisadūsako pabbājetabbo...pe... na, bhikkhave, kāṇo pabbājetabbo...pe... na , bhikkhave, kuṇī pabbājetabbo...pe... na, bhikkhave, khañjo pabbājetabbo...pe... na, bhikkhave, pakkhahato pabbājetabbo...pe... na, bhikkhave, chinniriyāpatho pabbājetabbo...pe... na, bhikkhave, jarādubbalo pabbājetabbo...pe... na, bhikkhave, andho pabbājetabbo...pe... na, bhikkhave, mūgo pabbājetabbo...pe... na, bhikkhave, badhiro pabbājetabbo...pe... na, bhikkhave, andhamūgo pabbājetabbo...pe... na, bhikkhave, andhabadhiro pabbājetabbo...pe... na, bhikkhave, mūgabadhiro pabbājetabbo...pe... na, bhikkhave, andhamūgabadhiro pabbājetabbo. Yo pabbājeyya, āpatti dukkaṭassāti.

Napabbājetabbadvattiṃsavāro niṭṭhito.

Dāyajjabhāṇavāro niṭṭhito navamo.

58. Alajjīnissayavatthūni

120. Tena kho pana samayena chabbaggiyā bhikkhū alajjīnaṃ nissayaṃ denti. Bhagavato etamatthaṃ ārocesuṃ. Na, bhikkhave, alajjīnaṃ nissayo dātabbo. Yo dadeyya, āpatti dukkaṭassāti.

Tena kho pana samayena bhikkhū alajjīnaṃ nissāya vasanti. Tepi nacirasseva alajjino honti pāpakābhikkhū. Bhagavato etamatthaṃ ārocesuṃ. Na, bhikkhave, alajjīnaṃ nissāya vatthabbaṃ. Yo vaseyya, āpatti dukkaṭassāti.

Atha kho bhikkhūnaṃ etadahosi – ''bhagavatā paññattaṃ 'na alajjīnaṃ nissayo dātabbo, na alajjīnaṃ nissāya vatthabba'nti. Kathaṃ nu kho mayaṃ jāneyyāma lajjiṃ vā alajjiṃ vā''ti? Bhagavato etamatthaṃ ārocesuṃ. Anujānāmi, bhikkhave, catūhapañcāhaṃ āgametuṃ yāva bhikkhusabhāgataṃ jānāmīti.

59. Gamikādinissayavatthūni

121. Tena kho pana samayena aññataro bhikkhu kosalesu janapade addhānamaggappaṭipanno hoti. Atha kho tassa bhikkhuno etadahosi – ''bhagavatā paññattaṃ 'na anissitena vatthabba'nti. Ahañcamhi nissayakaraṇīyo addhānamaggappaṭipanno, kathaṃ nu kho mayā paṭipajjitabba''nti? Bhagavato etamatthaṃ ārocesuṃ. Anujānāmi, bhikkhave, addhānamaggappaṭipannena bhikkhunā nissayaṃ alabhamānena anissitena vatthunti.

Tena kho pana samayena dve bhikkhū kosalesu janapade addhānamaggappaṭipannā honti. Te aññataraṃ āvāsaṃ upagacchiṃsu. Tattha eko bhikkhu gilāno hoti. Atha kho tassa gilānassa bhikkhuno etadahosi – ''bhagavatā paññattaṃ 'na anissitena vatthabba'nti. Ahañcamhi nissayakaraṇīyo gilāno, kathaṃ nu kho mayā paṭipajjitabba''nti? Bhagavato etamatthaṃ ārocesuṃ. Anujānāmi, bhikkhave, gilānena bhikkhunā nissayaṃ alabhamānena anissitena vatthunti.

Atha kho tassa gilānupaṭṭhākassa bhikkhuno etadahosi – ''bhagavatā paññattaṃ 'na anissitena vatthabba'nti. Ahañcamhi nissayakaraṇīyo, ayañca bhikkhu gilāno, kathaṃ nu kho mayā paṭipajjitabba''nti? Bhagavato etamatthaṃ ārocesuṃ. Anujānāmi, bhikkhave, gilānupaṭṭhākena bhikkhunā nissayaṃ alabhamānena yāciyamānena anissitena vatthunti.

Tena kho pana samayena aññataro bhikkhu araññe viharati. Tassa ca tasmiṃ senāsane phāsu hoti. Atha kho tassa bhikkhuno etadahosi – ''bhagavatā paññattaṃ 'na anissitena vatthabba'nti. Ahañcamhi nissayakaraṇīyo araññe viharāmi, mayhañca imasmiṃ senāsane phāsu hoti, kathaṃ nu kho mayā paṭipajjitabba''nti? Bhagavato etamatthaṃ ārocesuṃ. Anujānāmi, bhikkhave, āraññikena bhikkhunā phāsuvihāraṃ sallakkhentena nissayaṃ alabhamānena anissitena vatthuṃ – yadā patirūpo nissayadāyako āgacchissati, tadā tassa nissāya vasissāmīti.

60. Gottena anussāvanānujānanā

122. Tena kho pana samayena āyasmato mahākassapassa upasampadāpekkho hoti. Atha kho āyasmā mahākassapo āyasmato ānandassa santike dūtaṃ pāhesi – āgacchatu ānando imaṃ anussāvessatūti [anussāvessatīti (syā.)]. Āyasmā ānando evamāha – ''nāhaṃ ussahāmi therassa nāmaṃ gahetuṃ, garu me thero''ti . Bhagavato etamatthaṃ ārocesuṃ. Anujānāmi, bhikkhave, gottenapi anussāvetunti.

61. Dveupasampadāpekkhādivatthu

123. Tena kho pana samayena āyasmato mahākassapassa dve upasampadāpekkhā honti. Te vivadanti – ahaṃ paṭhamaṃ upasampajjissāmi, ahaṃ paṭhamaṃ upasampajjissāmīti. Bhagavato etamatthaṃ ārocesuṃ. Anujānāmi, bhikkhave, dve ekānussāvane kātunti.

Tena kho pana samayena sambahulānaṃ therānaṃ upasampadāpekkhā honti. Te vivadanti – ahaṃ paṭhamaṃ upasampajjissāmi, ahaṃ paṭhamaṃ upasampajjissāmīti. Therā evamāhaṃsu – ''handa, mayaṃ, āvuso, sabbeva ekānussāvane karomā''ti. Bhagavato etamatthaṃ ārocesuṃ. Anujānāmi, bhikkhave, dve tayo ekānussāvane kātuṃ, tañca kho ekena upajjhāyena, na tveva nānupajjhāyenāti.

62. Gabbhavīsūpasampadānujānanā

124. Tena kho pana samayena āyasmā kumārakassapo gabbhavīso upasampanno ahosi. Atha kho āyasmato kumārakassapassa etadahosi – ''bhagavatā paññattaṃ 'na ūnavīsativasso puggalo upasampādetabbo'ti. Ahañcamhi gabbhavīso upasampanno. Upasampanno nu khomhi, nanu kho upasampanno''ti? Bhagavato etamatthaṃ ārocesuṃ. Yaṃ, bhikkhave, mātukucchismiṃ paṭhamaṃ cittaṃ uppannaṃ, paṭhamaṃ viññāṇaṃ pātubhūtaṃ , tadupādāya sāvassa jāti. Anujānāmi, bhikkhave, gabbhavīsaṃ upasampādetunti.

63. Upasampadāvidhi

125. Tena kho pana samayena upasampannā dissanti kuṭṭhikāpi gaṇḍikāpi kilāsikāpi sosikāpi apamārikāpi. Bhagavato etamatthaṃ ārocesuṃ. Anujānāmi, bhikkhave, upasampādentena terasa [tassa (ka.)] antarāyike dhamme pucchituṃ. Evañca pana, bhikkhave, pucchitabbo – ''santi te evarūpā ābādhā – kuṭṭhaṃ, gaṇḍo, kilāso, soso, apamāro? Manussosi ? Purisosi? Bhujissosi? Aṇaṇosi? Nasi rājabhaṭo? Anuññātosi mātāpitūhi? Paripuṇṇavīsativassosi? Paripuṇṇaṃ te pattacīvaraṃ? Kiṃnāmosi? Konāmo te upajjhāyo''ti?

Tena kho pana samayena bhikkhū ananusiṭṭhe upasampadāpekkhe antarāyike dhamme pucchanti. Upasampadāpekkhā vitthāyanti, maṅkū honti, na sakkonti vissajjetuṃ. Bhagavato etamatthaṃ ārocesuṃ. Anujānāmi, bhikkhave, paṭhamaṃ anusāsitvā pacchā antarāyike dhamme pucchitunti.

Tattheva saṅghamajjhe anusāsanti. Upasampadāpekkhā tatheva vitthāyanti, maṅkū honti, na sakkonti vissajjetuṃ. Bhagavato etamatthaṃ ārocesuṃ. Anujānāmi, bhikkhave, ekamantaṃ anusāsitvā saṅghamajjhe antarāyike dhamme pucchituṃ. Evañca pana, bhikkhave, anusāsitabbo –

126. Paṭhamaṃ upajjhaṃ gāhāpetabbo. Upajjhaṃ gāhāpetvā pattacīvaraṃ ācikkhitabbaṃ – ayaṃ te patto, ayaṃ saṅghāṭi, ayaṃ uttarāsaṅgo, ayaṃ antaravāsako. Gaccha, amumhi okāse tiṭṭhāhīti.

Bālā abyattā anusāsanti. Duranusiṭṭhā upasampadāpekkhā vitthāyanti, maṅkū honti, na sakkonti vissajjetuṃ. Bhagavato etamatthaṃ ārocesuṃ. Na, bhikkhave, bālena abyattena anusāsitabbo. Yo anusāseyya, āpatti dukkaṭassa. Anujānāmi, bhikkhave, byattena bhikkhunā paṭibalena anusāsitunti.

Asammatā anusāsanti. Bhagavato etamatthaṃ ārocesuṃ. Na, bhikkhave, asammatena anusāsitabbo. Yo anusāseyya, āpatti dukkaṭassa. Anujānāmi , bhikkhave, sammatena anusāsituṃ. Evañca pana, bhikkhave, sammannitabbo [sammanitabbo (ka.)] – attanā vā [attanāva (syā.)] attānaṃ sammannitabbaṃ, parena vā paro sammannitabbo.

Kathañca attanāva attānaṃ sammannitabbaṃ? Byattena bhikkhunā paṭibalena saṅgho ñāpetabbo – ''suṇātu me, bhante, saṅgho. Itthannāmo itthannāmassa āyasmato upasampadāpekkho. Yadi saṅghassa pattakallaṃ, ahaṃ itthannāmaṃ anusāseyya''nti. Evaṃ attanāva attānaṃ sammannitabbaṃ.

Kathañca pana parena paro sammannitabbo? Byattena bhikkhunā paṭibalena saṅgho ñāpetabbo – ''suṇātu me, bhante, saṅgho. Itthannāmo itthannāmassa āyasmato upasampadāpekkho. Yadi saṅghassa pattakallaṃ, itthannāmo itthannāmaṃ anusāseyyā''ti . Evaṃ parena paro sammannitabbo.

Tena sammatena bhikkhunā upasampadāpekkho upasaṅkamitvā evamassa vacanīyo – ''suṇasi, itthannāma, ayaṃ te saccakālo bhūtakālo. Yaṃ jātaṃ taṃ saṅghamajjhe pucchante santaṃ atthīti vattabbaṃ, asantaṃ natthī''ti vattabbaṃ. Mā kho vitthāyi, mā kho maṅku ahosi. Evaṃ taṃ pucchissanti – ''santi te evarūpā ābādhā – kuṭṭhaṃ, gaṇḍo, kilāso, soso, apamāro? Manussosi? Purisosi? Bhujissosi? Aṇaṇosi? Nasi rājabhaṭo? Anuññātosi mātāpitūhi? Paripuṇṇavīsativassosi? Paripuṇṇaṃ te pattacīvaraṃ? Kiṃnāmosi? Konāmo te upajjhāyo''ti?

Ekato āgacchanti. Na, bhikkhave, ekato āgantabbaṃ. Anusāsakena paṭhamataraṃ āgantvā saṅgho ñāpetabbo – ''suṇātu me, bhante, saṅgho. Itthannāmo itthannāmassa āyasmato upasampadāpekkho . Anusiṭṭho so mayā. Yadi saṅghassa pattakallaṃ, itthannāmo āgaccheyyā''ti. Āgacchāhīti vattabbo.

Ekaṃsaṃ uttarāsaṅgaṃ kārāpetvā bhikkhūnaṃ pāde vandāpetvā ukkuṭikaṃ nisīdāpetvā añjaliṃ paggaṇhāpetvā upasampadaṃ yācāpetabbo – ''saṅghaṃ, bhante, upasampadaṃ yācāmi. Ullumpatu maṃ, bhante, saṅgho anukampaṃ upādāya. Dutiyampi, bhante, saṅghaṃ upasampadaṃ yācāmi. Ullumpatu maṃ, bhante, saṅgho anukampaṃ upādāya. Tatiyampi, bhante, saṅghaṃ upasampadaṃ yācāmi. Ullumpatu maṃ, bhante, saṅgho anukampaṃ upādāyā''ti. Byattena bhikkhunā paṭibalena saṅgho ñāpetabbo –

''Suṇātu me, bhante, saṅgho. Ayaṃ itthannāmo itthannāmassa āyasmato upasampadāpekkho. Yadi saṅghassa pattakallaṃ, ahaṃ itthannāmaṃ antarāyike dhamme puccheyya''nti? Suṇasi, itthannāma, ayaṃ te saccakālo bhūtakālo. Yaṃ jātaṃ taṃ pucchāmi. Santaṃ atthīti vattabbaṃ, asantaṃ natthīti vattabbaṃ. Santi te evarūpā ābādhā – kuṭṭhaṃ gaṇḍo kileso soso apamāro, manussosi, purisosi, bhujissosi, aṇaṇosi, nasi rājabhaṭo, anuññātosi mātāpitūhi, paripuṇṇavīsativassosi, paripuṇṇaṃ te pattacīvaraṃ, kiṃnāmosi, konāmo te upajjhāyoti? Byattena bhikkhunā paṭibalena saṅgho ñāpetabbo –

127. ''Suṇātu me, bhante, saṅgho. Ayaṃ itthannāmo itthannāmassa āyasmato upasampadāpekkho, parisuddho antarāyikehi dhammehi, paripuṇṇassa pattacīvaraṃ. Itthannāmo saṅghaṃ upasampadaṃ yācati itthannāmena upajjhāyena. Yadi saṅghassa pattakallaṃ, saṅgho itthannāmaṃ upasampādeyya itthannāmena upajjhāyena. Esā ñatti.

''Suṇātu me, bhante, saṅgho. Ayaṃ itthannāmo itthannāmassa āyasmato upasampadāpekkho, parisuddho antarāyikehi dhammehi, paripuṇṇassa pattacīvaraṃ. Itthannāmo saṅghaṃ upasampadaṃ yācati itthannāmena upajjhāyena. Saṅgho itthannāmaṃ upasampādeti itthannāmena upajjhāyena. Yassāyasmato khamati itthannāmassa upasampadā itthannāmena upajjhāyena, so tuṇhassa; yassa nakkhamati, so bhāseyya.

''Dutiyampi etamatthaṃ vadāmi – suṇātu me, bhante, saṅgho. Ayaṃ itthannāmo itthannāmassa āyasmato upasampadāpekkho, parisuddho antarāyikehi dhammehi, paripuṇṇassa pattacīvaraṃ. Itthannāmo saṅghaṃ upasampadaṃ yācati itthannāmena upajjhāyena. Saṅgho itthannāmaṃ upasampādeti itthannāmena upajjhāyena. Yassāyasmato khamati itthannāmassa upasampadā itthannāmena upajjhāyena, so tuṇhassa; yassa nakkhamati, so bhāseyya.

''Tatiyampi etamatthaṃ vadāmi – suṇātu me, bhante, saṅgho. Ayaṃ itthannāmo itthannāmassa āyasmato upasampadāpekkho, parisuddho antarāyikehi dhammehi, paripuṇṇassa pattacīvaraṃ. Itthannāmo saṅghaṃ upasampadaṃ yācati itthannāmena upajjhāyena. Saṅgho itthannāmaṃ upasampādeti itthannāmena upajjhāyena. Yassāyasmato khamati itthannāmassa upasampadā itthannāmena upajjhāyena, so tuṇhassa; yassa nakkhamati, so bhāseyya.

''Upasampanno saṅghena itthannāmo itthannāmena upajjhāyena. Khamati saṅghassa, tasmā tuṇhī, evametaṃ dhārayāmī''ti.

Upasampadākammaṃ niṭṭhitaṃ.

64. Cattāro nissayā

128. Tāvadeva chāyā metabbā, utuppamāṇaṃ ācikkhitabbaṃ, divasabhāgo ācikkhitabbo, saṅgīti ācikkhitabbā, cattāro nissayā ācikkhitabbā [ācikkhitabbā, cattāri akaraṇīyāni ācikkhitabbāni. (ka.)] –

''Piṇḍiyālopabhojanaṃ nissāya pabbajjā. Tattha te yāvajīvaṃ ussāho karaṇīyo. Atirekalābho – saṅghabhattaṃ, uddesabhattaṃ, nimantanaṃ, salākabhattaṃ, pakkhikaṃ, uposathikaṃ, pāṭipadikaṃ.

''Paṃsukūlacīvaraṃ nissāya pabbajjā. Tattha te yāvajīvaṃ ussāho karaṇīyo. Atirekalābho – khomaṃ, kappāsikaṃ, koseyyaṃ, kambalaṃ, sāṇaṃ, bhaṅgaṃ.

''Rukkhamūlasenāsanaṃ nissāya pabbajjā. Tattha te yāvajīvaṃ ussāho karaṇīyo. Atirekalābho – vihāro, aḍḍhayogo, pāsādo, hammiyaṃ, guhā.

''Pūtimuttabhesajjaṃ nissāya pabbajjā. Tattha te yāvajīvaṃ ussāho karaṇīyo. Atirekalābho – sappi, navanītaṃ, telaṃ, madhu, phāṇita''nti.

Cattāro nissayā niṭṭhitā.

65. Cattāri akaraṇīyāni

129. Tena kho pana samayena bhikkhū aññataraṃ bhikkhuṃ upasampādetvā ekakaṃ ohāya pakkamiṃsu. So pacchā ekakova āgacchanto antarāmagge purāṇadutiyikāya samāgañchi. Sā evamāha – ''kiṃdāni pabbajitosī''ti? ''Āma, pabbajitomhī''ti. ''Dullabho kho pabbajitānaṃ methuno dhammo; ehi, methunaṃ dhammaṃ paṭisevā''ti. So tassā methunaṃ dhammaṃ paṭisevitvā cirena agamāsi. Bhikkhū evamāhaṃsu – ''kissa tvaṃ, āvuso, evaṃ ciraṃ akāsī''ti? Atha kho so bhikkhu bhikkhūnaṃ etamatthaṃ ārocesi. Bhikkhū bhagavato etamatthaṃ ārocesuṃ. Anujānāmi, bhikkhave, upasampādetvā dutiyaṃ dātuṃ, cattāri ca akaraṇīyāni ācikkhituṃ –

''Upasampannena bhikkhunā methuno dhammo na paṭisevitabbo, antamaso tiracchānagatāyapi. Yo bhikkhu methunaṃ dhammaṃ paṭisevati, assamaṇo hoti asakyaputtiyo. Seyyathāpi nāma puriso sīsacchinno abhabbo tena sarīrabandhanena jīvituṃ, evameva bhikkhu methunaṃ dhammaṃ paṭisevitvā assamaṇo hoti asakyaputtiyo. Taṃ te yāvajīvaṃ akaraṇīyaṃ.

''Upasampannena bhikkhunā adinnaṃ theyyasaṅkhātaṃ na ādātabbaṃ, antamaso tiṇasalākaṃ upādāya. Yo bhikkhu pādaṃ vā pādārahaṃ vā atirekapādaṃ vā adinnaṃ theyyasaṅkhātaṃ ādiyati, assamaṇo hoti asakyaputtiyo. Seyyathāpi nāma paṇḍupalāso bandhanā pamutto abhabbo haritatthāya, evameva bhikkhu pādaṃ vā pādārahaṃ vā atirekapādaṃ vā adinnaṃ theyyasaṅkhātaṃ ādiyitvā assamaṇo hoti asakyaputtiyo. Taṃ te yāvajīvaṃ akaraṇīyaṃ.

"Upasampannena bhikkhunā sañcicca pāṇo jīvitā na voropetabbo, antamaso kunthakipillikaṃ upādāya. Yo bhikkhu sañcicca manussaviggahaṃ jīvitā voropeti, antamaso gabbhapātanaṃ upādāya, assamaṇo hoti asakyaputtiyo. Seyyathāpi nāma puthusilā dvedhā bhinnā appaṭisandhikā hoti, evameva bhikkhu sañcicca manussaviggahaṃ jīvitā voropetvā assamaṇo hoti asakyaputtiyo. Taṃ te yāvajīvaṃ akaraṇīyaṃ.

"Upasampannena bhikkhunā uttarimanussadhammo na ullapitabbo, antamaso 'suññāgāre abhiramāmī'ti. Yo bhikkhu pāpiccho icchāpakato asantaṃ abhūtaṃ uttarimanussadhammaṃ ullapati jhānaṃ vā vimokkhaṃ vā samādhiṃ vā samāpattiṃ vā maggaṃ vā phalaṃ vā, assamaṇo hoti asakyaputtiyo. Seyyathāpi nāma tālo matthakacchinno abhabbo puna viruḷhiyā, evameva bhikkhu pāpiccho icchāpakato asantaṃ abhūtaṃ uttarimanussadhammaṃ ullapitvā assamaṇo hoti asakyaputtiyo. Taṃ te yāvajīvaṃ akaraṇīya''nti.

Cattāri akaraṇīyāni niṭṭhitāni.

66. Āpattiyā adassane ukkhittakavatthūni

130. Tena kho pana samayena aññataro bhikkhu āpattiyā adassane ukkhittako vibbhami. So puna paccāgantvā bhikkhū upasampadaṃ yāci. Bhagavato etamatthaṃ ārocesuṃ.

Idha pana, bhikkhave, bhikkhu āpattiyā adassane ukkhittako vibbhamati. So puna paccāgantvā bhikkhū upasampadaṃ yācati. So evamassa vacanīyo – "passissasi taṃ āpatti''nti? Sacāhaṃ passissāmīti, pabbājetabbo. Sacāhaṃ na passissāmīti, na pabbājetabbo. Pabbājetvā vattabbo – "passissasi taṃ āpatti''nti? Sacāhaṃ passissāmīti, upasampādetabbo. Sacāhaṃ na passissāmīti, na upasampādetabbo. Upasampādetvā vattabbo – "passissasi taṃ āpatti''nti? Sacāhaṃ passissāmīti , osāretabbo. Sacāhaṃ na passissāmīti, na osāretabbo. Osāretvā vattabbo – "passasi [passāhi (sī.)] taṃ āpatti''nti? Sace passati, iccetaṃ kusalaṃ. No ce passati, labbhamānāya sāmaggiyā puna ukkhipitabbo. Alabbhamānāya sāmaggiyā anāpatti sambhoge saṃvāse.

Idha pana, bhikkhave, bhikkhu āpattiyā appaṭikamme ukkhittako vibbhamati. So puna paccāgantvā bhikkhū upasampadaṃ yācati. So evamassa vacanīyo – "paṭikarissasi taṃ āpatti''nti? Sacāhaṃ paṭikarissāmīti, pabbājetabbo . Sacāhaṃ na paṭikarissāmīti, na pabbājetabbo. Pabbājetvā vattabbo – "paṭikarissasitaṃ āpatti''nti? Sacāhaṃ paṭikarissāmīti, upasampādetabbo. Sacāhaṃ na paṭikarissāmīti, na upasampādetabbo. Upasampādetvā vattabbo – "paṭikarissasi taṃ āpatti''nti? Sacāhaṃ paṭikarissāmīti, osāretabbo. Sacāhaṃ na paṭikarissāmīti, na osāretabbo. Osāretvā vattabbo – "paṭikarohi taṃ āpatti''nti. Sace paṭikaroti, iccetaṃ kusalaṃ. No ce paṭikaroti labbhamānāya sāmaggiyā puna ukkhipitabbo. Alabbhamānāya sāmaggiyā anāpatti sambhoge saṃvāse.

Idha pana, bhikkhave, bhikkhu pāpikāya diṭṭhiyā appaṭinissagge ukkhittako vibbhamati. So puna paccāgantvā bhikkhū upasampadaṃ yācati. So evamassa vacanīyo – "paṭinissajjissasi taṃ pāpikaṃ diṭṭhi''nti? Sacāhaṃ paṭinissajjissāmīti, pabbājetabbo. Sacāhaṃ na paṭinissajjissāmīti, na pabbājetabbo. Pabbājetvā vattabbo – "paṭinissajjissasi taṃ pāpikaṃ diṭṭhi''nti? Sacāhaṃ paṭinissajjissāmīti, upasampādetabbo. Sacāhaṃ na paṭinissajjissāmīti, na upasampādetabbo. Upasampādetvā vattabbo – "paṭinissajjissasi taṃ pāpikaṃ diṭṭhi''nti? Sacāhaṃ paṭinissajjissāmīti, osāretabbo. Sacāhaṃ na paṭinissajjissāmīti, na osāretabbo. Osāretvā vattabbo – "paṭinissajjehi taṃ pāpikaṃ diṭṭhi''nti. Sace paṭinissajjati, iccetaṃ kusalaṃ. No ce paṭinissajjati, labbhamānāya sāmaggiyā puna ukkhipitabbo. Alabbhamānāya sāmaggiyā anāpatti sambhoge saṃvāseti.

Mahākhandhako paṭhamo.

67. Tassuddānaṃ

131.

Vinayamhi mahatthesu, pesalānaṃ sukhāvahe;
Niggahānañca pāpicche, lajjīnaṃ paggahesu ca.
Sāsanādhāraṇe ceva, sabbaññujinagocare;
Anaññavisaye kheme, supaññatte asaṃsaye.
Khandhake vinaye ceva, parivāre ca mātike;
Yathātthakārī kusalo, paṭipajjati yoniso.
Yo gavaṃ na vijānāti, na so rakkhati gogaṇaṃ;
Evaṃ sīlaṃ ajānanto, kiṃ so rakkheyya saṃvaraṃ.
Pamuṭṭhamhi ca suttante, abhidhamme ca tāvade;
Vinaye avinaṭṭhamhi, puna tiṭṭhati sāsanaṃ.
Tasmā saṅgāhaṇāhetuṃ [saṅgāhanāhetuṃ (ka.)], uddānaṃ anupubbaso;
Pavakkhāmi yathāñāyaṃ, suṇātha mama bhāsato.
Vatthu nidānaṃ āpatti, nayā peyyālameva ca;
Dukkaraṃ taṃ asesetuṃ, nayato taṃ vijānathāti.
Bodhi rājāyatanañca, ajapālo sahampati;
Brahmā āḷāro udako, bhikkhu ca upako isi.
Koṇḍañño vappo bhaddiyo, mahānāmo ca assaji;

Yaso cattāro paññāsa, sabbe pesesi so disā.
Vatthu mārehi tiṃsā ca, uruvelaṃ tayo jaṭī;
Agyāgāraṃ mahārājā, sakko brahmā ca kevalā.
Paṃsukūlaṃ pokkharaṇī, silā ca kakudho silā;
Jambu ambo ca āmalo, pāripupphañca āhari.
Phāliyantu ujjalantu, vijjhāyantu ca kassapa;
Nimujjanti mukhī megho, gayā laṭṭhi ca māgadho.
Upatisso kolito ca, abhiññātā ca pabbajuṃ;
Dunnivatthā paṇāmanā, kiso lūkho ca brāhmaṇo.
Anācāraṃ ācarati, udaraṃ māṇavo gaṇo;
Vassaṃ bālehi pakkanto, dasa vassāni nissayo.
Na vattanti paṇāmetuṃ, bālā passaddhi pañca cha;
Yo so añño ca naggo ca, acchinnajaṭilasākiyo.
Magadhesu pañcābādhā, eko rājā [bhaṭo coro (syā.)] ca aṅguli;
Māgadho ca anuññāsi, kārā likhi kasāhato.
Lakkhaṇā iṇā dāso ca, bhaṇḍuko upāli ahi;
Saddhaṃ kulaṃ kaṇṭako ca, āhundarikameva ca.
Vatthumhi dārako sikkhā, viharanti ca kiṃ nu kho;
Sabbaṃ mukhaṃ upajjhāye, apalāḷana kaṇṭako.
Paṇḍako theyyapakkanto, ahi ca mātarī pitā;
Arahantabhikkhunībhedā, ruhirena ca byañjanaṃ.
Anupajjhāyasaṅghena, gaṇapaṇḍakapattako;
Acīvaraṃ tadubhayaṃ, yācitenapi ye tayo.
Hatthā pādā hatthapādā, kaṇṇā nāsā tadūbhayaṃ;
Aṅguliaḷakaṇḍaraṃ, phaṇaṃ khujjañca vāmanaṃ.
Galagaṇḍī lakkhaṇā ceva, kasā likhitasīpadī;
Pāpaparisadūsī ca, kāṇaṃ kuṇi tatheva ca.
Khañjaṃ pakkhahatañceva, sacchinnairiyāpathaṃ;
Jarāndhamūgabadhiraṃ, andhamūgañca yaṃ tahiṃ.
Andhabadhiraṃ yaṃ vuttaṃ, mūgabadhirameva ca;
Andhamūgabadhirañca, alajjīnañca nissayaṃ.
Vatthabbañca tathāddhānaṃ, yācamānena lakkhaṇā [pekkhanā (sabbattha)];
Āgacchatu vivadanti, ekupajjhāyena kassapo.
Dissanti upasampannā, ābādhehi ca pīḷitā;
Ananusiṭṭhā vitthenti, tattheva anusāsanā.
Saṅghepi ca atho bālā, asammatā ca ekato;
Ullumpatupasampadā, nissayo ekako tayoti.
Imamhi khandhake vatthūni ekasatañca dvāsattati.
Mahākhandhako niṭṭhito.

2. Uposathakkhandhako

68. Sannipātānujānanā

132. Tena samayena buddho Bhagavā rājagahe viharati gijjhakūṭe pabbate. Tena kho pana samayena aññatitthiyā paribbājakā cātuddase pannarase aṭṭhamiyā ca pakkhassa sannipatitvā dhammaṃ bhāsanti. Te manussā upasaṅkamanti dhammassavanāya. Te labhanti aññatitthiyesu paribbājakesu pemaṃ, labhanti pasādaṃ, labhanti aññatitthiyā paribbājakā pakkhaṃ. Atha kho rañño māgadhassa seniyassa bimbisārassa rahogatassa paṭisallīnassa evaṃ cetaso parivitakko udapādi – ''etarahi kho aññatitthiyā paribbājakā cātuddase pannarase aṭṭhamiyā ca pakkhassa sannipatitvā dhammaṃ bhāsanti. Te manussā upasaṅkamanti dhammassavanāya. Te labhanti aññatitthiyesu paribbājakesu pemaṃ, labhanti pasādaṃ, labhanti aññatitthiyā paribbājakā pakkhaṃ. Yaṃnūna ayyāpi cātuddase pannarase aṭṭhamiyā ca pakkhassa sannipateyyu''nti. Atha kho rājā māgadho seniyo bimbisāro yena Bhagavā tenupasaṅkami, upasaṅkamitvā bhagavantaṃ abhivādetvā ekamantaṃ nisīdi. Ekamantaṃ nisinno kho rājā māgadho seniyo bimbisāro bhagavantaṃ etadavoca – ''idha mayhaṃ, bhante, rahogatassa paṭisallīnassa evaṃ cetaso parivitakko udapādi 'etarahi kho aññatitthiyā paribbājakā cātuddase pannarase aṭṭhamiyā ca pakkhassa sannipatitvā dhammaṃ bhāsanti. Te manussā upasaṅkamanti dhammassavanāya. Te labhanti aññatitthiyesu paribbājakesu pemaṃ, labhanti pasādaṃ, labhanti aññatitthiyā paribbājakā pakkhaṃ. Yaṃnūna ayyāpi cātuddase pannarase aṭṭhamiyā ca pakkhassa sannipateyyu'nti. Sādhu, bhante, ayyāpi cātuddase pannarase aṭṭhamiyā ca pakkhassa sannipateyyu''nti. Atha kho Bhagavā rājānaṃ māgadhaṃ seniyaṃ bimbisāraṃ dhammiyā kathāya sandassesi samādapesi samuttejesi sampahaṃsesi. Atha kho rājā māgadho seniyo bimbisāro bhagavatā dhammiyā kathāya sandassito samādapito samuttejito sampahaṃsito uṭṭhāyāsanā bhagavantaṃ abhivādetvāpadakkhiṇaṃ katvā pakkāmi. Atha kho Bhagavā

etasmiṃ nidāne etasmiṃ pakaraṇe dhammiṃ kathaṃ katvā bhikkhū āmantesi – ''anujānāmi, bhikkhave, cātuddase pannarase aṭṭhamiyā ca pakkhassa sannipatitu''nti.

Tena kho pana samayena bhikkhū – bhagavatā anuññātā cātuddase pannarase aṭṭhamiyā ca pakkhassa sannipatitunti – cātuddase pannarase aṭṭhamiyā ca pakkhassa sannipatitvā tuṇhī nisīdanti. Te manussā upasaṅkamanti dhammassavanāya. Te ujjhāyanti khiyyanti vipācenti – ''kathañhi nāma samaṇā sakyaputtiyā cātuddase pannarase aṭṭhamiyā ca pakkhassa sannipatitvā tuṇhī nisīdissanti, seyyathāpi mūgasūkarā. Nanu nāma sannipatitehi dhammo bhāsitabbo''ti. Assosuṃ kho bhikkhū tesaṃ manussānaṃ ujjhāyantānaṃ khiyyantānaṃ vipācentānaṃ. Atha kho te bhikkhū bhagavato etamatthaṃ ārocesuṃ...pe... atha kho Bhagavā etasmiṃ nidāne etasmiṃ pakaraṇe dhammiṃ kathaṃ katvā bhikkhū āmantesi – ''anujānāmi, bhikkhave, cātuddase pannarase aṭṭhamiyā ca pakkhassa sannipatitvā dhammaṃ bhāsitu''nti.

69. Pātimokkhuddesānujānanā

133. Atha kho bhagavato rahogatassa paṭisallīnassa evaṃ cetaso parivitakko udapādi – ''yaṃnūnāhaṃ yāni mayā bhikkhūnaṃ paññattāni sikkhāpadāni, tāni nesaṃ pātimokkhuddesaṃ anujāneyyaṃ. So nesaṃ bhavissati uposathakamma''nti. Atha kho Bhagavā sāyanhasamayaṃ paṭisallānā vuṭṭhito etasmiṃ nidāne etasmiṃ pakaraṇe dhammiṃ kathaṃ katvā bhikkhū āmantesi – idha mayhaṃ, bhikkhave, rahogatassa paṭisallīnassa evaṃ cetaso parivitakko udapādi 'yaṃnūnāhaṃ yāni mayā bhikkhūnaṃ paññattāni sikkhāpadāni, tāni nesaṃ pātimokkhuddesaṃ anujāneyyaṃ. So nesaṃ bhavissati uposathakamma'nti. Anujānāmi, bhikkhave, pātimokkhaṃ uddisituṃ. Evañca pana, bhikkhave, uddisitabbaṃ. Byattena bhikkhunā paṭibalena saṅgho ñāpetabbo –

134. ''Suṇātu me, bhante, saṅgho. Yadi saṅghassa pattakallaṃ, saṅgho uposathaṃ kareyya, pātimokkhaṃ uddiseyya. Kiṃ saṅghassa pubbakiccaṃ? Pārisuddhiṃ āyasmanto ārocetha . Pātimokkhaṃ uddisissāmi. Taṃ sabbeva santā sādhukaṃ suṇoma manasi karoma. Yassa siyā āpatti , so āvikareyya. Asantiyā āpattiyā tuṇhī bhavitabbaṃ. Tuṇhībhāvena kho panāyasmante parisuddhāti vedissāmi. Yathā kho pana paccekapuṭṭhassa veyyākaraṇaṃ hoti, evamevaṃ [evameva (ka)] evarūpāya parisāya yāvatatiyaṃ anussāvitaṃ hoti. Yo pana bhikkhu yāvatatiyaṃ anussāviyamāne saramāno santiṃ āpattiṃ nāvikareyya, sampajānamusāvādassa hoti. Sampajānamusāvādo kho panāyasmanto antarāyiko dhammo vutto bhagavatā. Tasmā, saramānena bhikkhunā āpannena visuddhāpekkhena santī āpatti āvikātabbā; āvikatā hissa phāsu hotī''ti.

135.Pātimokkhanti ādimetaṃ mukhametaṃ pamukhametaṃ kusalānaṃ dhammānaṃ. Tena vuccati pātimokkhanti. Āyasmantoti piyavacanametaṃ garuvacanametaṃ sagāravasappatissādhivacanametaṃ āyasmantoti. Uddisissāmīti ācikkhissāmi desessāmi paññapessāmi paṭṭhapessāmi vivarissāmi vibhajissāmiuttāniṃ karissāmi [uttānī karissāmi (sī. syā.)] pakāsessāmi. Tanti pātimokkhaṃ vuccati. Sabbeva santāti yāvatikā tassā parisāya therā ca navā ca majjhimā ca, ete vuccanti sabbeva santāti. Sādhukaṃ suṇomāti aṭṭhiṃ katvā manasi katvā sabbacetasā [sabbaṃ cetasā (syā. ka.)] samannāharāma. Manasi karomāti ekaggacittā avikkhittacittā avisāhaṭacittā nisāmema. Yassa siyā āpattīti therassa vā navassa vā majjhimassa vā, pañcannaṃ vā āpattikkhandhānaṃ aññatarā āpatti, sattannaṃ vā āpattikkhandhānaṃ aññatarā āpatti. So āvikareyyāti so deseyya, so vivareyya, so uttāniṃ kareyya, so pakāseyya saṅghamajjhe vā gaṇamajjhe vā ekapuggale vā. Asantī nāma āpatti anajjhāpannā vā hoti, āpajjitvā vā vuṭṭhitā. Tuṇhī bhavitabbanti adhivāsetabbaṃ na byāharitabbaṃ. Parisuddhāti vedissāmīti jānissāmi dhāressāmi. Yathā kho pana paccekapuṭṭhassa veyyākaraṇaṃ hotīti yathā ekena eko puṭṭho byākareyya, evameva tassā parisāya jānitabbaṃ maṃ pucchatīti.Evarūpā nāma parisā bhikkhuparisā vuccati. Yāvatatiyaṃ anussāvitaṃ hotīti sakimpi anussāvitaṃ hoti, dutiyampi anussāvitaṃ hoti, tatiyampi anussāvitaṃ hoti.Saramānoti jānamāno sañjānamāno. Santī nāma āpatti ajjhāpannā vā hoti, āpajjitvā vā avuṭṭhitā. Nāvikareyyāti na deseyya, na vivareyya, na uttāniṃ kareyya, na pakāseyya saṅghamajjhe vā gaṇamajjhe vā ekapuggale vā. Sampajānamusāvādassa hotīti. Sampajānamusāvāde kiṃ hoti? Dukkaṭaṃ hoti. Antarāyiko dhammo vutto bhagavatāti. Kissa antarāyiko? Paṭhamassa jhānassa adhigamāya antarāyiko, dutiyassa jhānassa adhigamāya antarāyiko, tatiyassa jhānassa adhigamāya antarāyiko, catutthassa jhānassa adhigamāya antarāyiko, jhānānaṃ vimokkhānaṃ samādhīnaṃ samāpattīnaṃ nekkhammānaṃ nissaraṇānaṃ pavivekānaṃ kusalānaṃ dhammānaṃ adhigamāya antarāyiko. Tasmāti taṅkāraṇā. Saramānenāti jānamānena sañjānamānena. Visuddhāpekkhenāti vuṭṭhātukāmena visujjhitukāmena. Santī nāma āpatti ajjhāpannā vā hoti, āpajjitvā vā avuṭṭhitā. Āvikātabbāti āvikātabbā saṅghamajjhe vā gaṇamajjhe vā ekapuggale vā. Āvikatā hissa phāsu hotīti. Kissa phāsu hoti? Paṭhamassa jhānassa adhigamāya phāsu hoti, dutiyassa jhānassa adhigamāya phāsu hoti, tatiyassa jhānassa adhigamāya phāsu hoti, catutthassa jhānassa adhigamāya phāsu hoti, jhānānaṃ vimokkhānaṃ samādhīnaṃ samāpattīnaṃ nekkhammānaṃ nissaraṇānaṃ pavivekānaṃ kusalānaṃ dhammānaṃ adhigamāya phāsu hotīti.

136. Tena kho pana samayena bhikkhū – bhagavatā pātimokkhuddeso anuññātoti – devasikaṃ pātimokkhaṃ uddisanti. Bhagavato etamatthaṃ ārocesuṃ. Na, bhikkhave, devasikaṃ pātimokkhaṃ

uddisitabbaṃ. Yo uddiseyya, āpatti dukkaṭassa. Anujānāmi, bhikkhave, uposathe pātimokkhaṃ uddisitunti.

Tena kho pana samayena bhikkhū – bhagavatā uposathe pātimokkhuddeso anuññātoti – pakkhassa tikkhattuṃ pātimokkhaṃ uddisanti, cātuddase pannarase aṭṭhamiyā ca pakkhassa. Bhagavato etamatthaṃ ārocesuṃ. Na, bhikkhave, pakkhassa tikkhattuṃ pātimokkhaṃ uddisitabbaṃ. Yo uddiseyya, āpatti dukkaṭassa. Anujānāmi, bhikkhave, sakiṃ pakkhassa cātuddase vā pannarase vā pātimokkhaṃ uddisitunti.

Tena kho pana samayena chabbaggiyā bhikkhū yathāparisāya pātimokkhaṃ uddisanti sakāya sakāya parisāya. Bhagavato etamatthaṃ ārocesuṃ. Na, bhikkhave, yathāparisāya pātimokkhaṃ uddisitabbaṃ sakāya sakāya parisāya. Yo uddiseyya, āpatti dukkaṭassa. Anujānāmi, bhikkhave, samaggānaṃ uposathakammanti.

Atha kho bhikkhūnaṃ etadahosi – ''bhagavatā paññattaṃ 'samaggānaṃ uposathakamma'nti. Kittāvatā nu kho sāmaggī hoti, yāvatā ekāvāso, udāhu sabbā pathavī''ti? Bhagavato etamatthaṃ ārocesuṃ. Anujānāmi, bhikkhave, ettāvatā sāmaggī yāvatā ekāvāsoti.

70. Mahākappinavatthu

137. Tena kho pana samayena āyasmā mahākappino rājagahe viharati maddakucchimhi migadāye. Atha kho āyasmato mahākappinassa rahogatassa paṭisallīnassa evaṃ cetaso parivitakko udapādi – ''gaccheyyaṃ vāhaṃ uposathaṃ na vā gaccheyyaṃ, gaccheyyaṃ vāhaṃ saṅghakammaṃ na vā gaccheyyaṃ, atha khvāhaṃ visuddho paramāya visuddhiyā''ti? Atha kho Bhagavā āyasmato mahākappinassa cetasā cetoparivitakkamaññāya – seyyathāpi nāma balavā puriso samiñjitaṃ vā bāhaṃ pasāreyya, pasāritaṃ vā bāhaṃ samiñjeyya, evameva – gijjhakūṭe pabbate antarahito maddakucchimhi migadāye āyasmato mahākappinassa sammukhe pāturahosi. Nisīdi Bhagavā paññatte āsane. Āyasmāpi kho mahākappino bhagavantaṃ abhivādetvā ekamantaṃ nisīdi. Ekamantaṃ nisinnaṃ kho āyasmantaṃ mahākappinaṃ Bhagavā etadavoca – ''nanu te, kappina, rahogatassa paṭisallīnassa evaṃ cetaso parivitakko udapādi – gaccheyyaṃ vāhaṃ uposathaṃ na vā gaccheyyaṃ, gaccheyyaṃ vāhaṃ saṅghakammaṃ na vā gaccheyyaṃ, atha khvāhaṃ visuddho paramāya visuddhiyā''ti? ''Evaṃ, bhante''. ''Tumhe ce brāhmaṇā uposathaṃ na sakkarissatha na garukarissatha [na garuṃ karissatha (ka.)] na mānessatha na pūjessatha, atha ko carahi uposathaṃ sakkarissati garukarissati mānessati pūjessati? Gaccha tvaṃ, brāhmaṇa, uposathaṃ, mā no agamāsi. Gaccha tvaṃ saṅghakammaṃ, mā no agamāsī''ti. ''Evaṃ, bhante''ti kho āyasmā mahākappino bhagavato paccassosi. Atha kho Bhagavā āyasmantaṃ mahākappinaṃ dhammiyā kathāya sandassetvā samādapetvā samuttejetvā sampahaṃsetvā – seyyathāpi nāma balavā puriso samiñjitaṃ vā bāhaṃ pasāreyya, pasāritaṃ vā bāhaṃ samiñjeyya, evameva – maddakucchimhi migadāye āyasmato mahākappinassa sammukhe antarahito gijjhakūṭe pabbate pāturahosi.

71. Sīmānujānanā

138. Atha kho bhikkhūnaṃ etadahosi – ''bhagavatā paññattaṃ 'ettāvatā sāmaggī yāvatā ekāvāso'ti, kittāvatā nu kho ekāvāso hotī''ti? Bhagavato etamatthaṃ ārocesuṃ. Anujānāmi, bhikkhave, sīmaṃ sammannituṃ. Evañca pana, bhikkhave, sammannitabbā – paṭhamaṃ nimittā kittetabbā – pabbatanimittaṃ, pāsāṇanimittaṃ, vananimittaṃ, rukkhanimittaṃ, magganimittaṃ, vammikanimittaṃ, nadīnimittaṃ, udakanimittaṃ. Nimitte kittetvā byattena bhikkhunā paṭibalena saṅgho ñāpetabbo –

139. ''Suṇātu me, bhante, saṅgho . Yāvatā samantā nimittā kittitā. Yadi saṅghassa pattakallaṃ, saṅgho etehi nimittehi sīmaṃ sammanneyya samānasaṃvāsaṃ ekuposathaṃ [ekūposathaṃ (ka.)]. Esā ñatti.

''Suṇātu me, bhante, saṅgho. Yāvatā samantā nimittā kittitā. Saṅgho etehi nimittehi sīmaṃ sammannati samānasaṃvāsaṃ ekuposathaṃ. Yassāyasmato khamati etehi nimittehi sīmāya sammuti [sammati (syā.)] samānasaṃvāsāya ekuposathāya, so tuṇhassa; yassa nakkhamati, so bhāseyya. Sammatā sīmā saṅghena etehi nimittehi samānasaṃvāsā ekuposathā. Khamati saṅghassa, tasmā tuṇhī, evametaṃ dhārayāmī''ti.

140. Tena kho pana samayena chabbaggiyā bhikkhū – bhagavatā sīmāsammuti anuññātāti – atimahatiyo sīmāyo sammannanti, catuyojanikāpi pañcayojanikāpi chayojanikāpi. Bhikkhū uposathaṃ āgacchantā uddissamānepi pātimokkhe āgacchanti, uddiṭṭhamattepi āgacchanti, antarāpi parivasanti. Bhagavato etamatthaṃ ārocesuṃ. Na, bhikkhave, atimahatī sīmā sammannitabbā, catuyojanikā vā pañcayojanikā vā chayojanikā vā. Yo sammanneyya, āpatti dukkaṭassa. Anujānāmi, bhikkhave, tiyojanaparamaṃ sīmaṃ sammannitunti.

Tena kho pana samayena chabbaggiyā bhikkhū nadīpārasīmaṃ [nadīpāraṃ sīmaṃ (sī. syā.)] sammannanti. Uposathaṃ āgacchantā bhikkhūpi vuyhanti, pattāpi vuyhanti , cīvarānipi vuyhanti. Bhagavato etamatthaṃ ārocesuṃ. Na, bhikkhave, nadīpārasīmā sammannitabbā. Yo sammanneyya, āpatti dukkaṭassa. Anujānāmi, bhikkhave, yatthassa dhuvanāvā vā dhuvasetu vā, evarūpaṃ nadīpārasīmaṃ sammannitunti.

72. Uposathāgārakathā

141. Tena kho pana samayena bhikkhū anupariveṇiyaṃ pātimokkhaṃ uddisanti asaṅketena. Āgantukā bhikkhū na jānanti – "kattha vā ajjuposatho karīyissatī"ti. Bhagavato etamatthaṃ ārocesuṃ. Na, bhikkhave, anupariveṇiyaṃ pātimokkhaṃ uddisitabbaṃ asaṅketena. Yo uddiseyya, āpatti dukkaṭassa. Anujānāmi, bhikkhave, uposathāgāraṃ sammannitvā uposathaṃ kātuṃ, yaṃ saṅgho ākaṅkhati vihāraṃ vā aḍḍhayogaṃ vā pāsādaṃ vā hammiyaṃ vā guhaṃ vā. Evañca pana, bhikkhave, sammannitabbaṃ. Byattena bhikkhunā paṭibalena saṅgho ñāpetabbo –

"Suṇātu me, bhante, saṅgho. Yadi saṅghassa pattakallaṃ, saṅgho itthannāmaṃ vihāraṃ uposathāgāraṃ sammanneyya. Esā ñatti.

"Suṇātu me, bhante, saṅgho. Saṅgho itthannāmaṃ vihāraṃ uposathāgāraṃ sammannati. Yassāyasmato khamati itthannāmassa vihārassa uposathāgārassa sammuti, so tuṇhassa; yassa nakkhamati, so bhāseyya. Sammato saṅghena itthannāmo vihāro uposathāgāraṃ. Khamati saṅghassa, tasmā tuṇhī, evametaṃ dhārayāmī"ti.

Tena kho pana samayena aññatarasmiṃ āvāse dve uposathāgārāni sammatāni honti. Bhikkhū ubhayattha sannipatanti – "idha uposatho karīyissati, idha uposatho karīyissatī"ti. Bhagavato etamatthaṃ ārocesuṃ . Na, bhikkhave, ekasmiṃ āvāse dve uposathāgārāni sammannitabbāni. Yo sammanneyya, āpatti dukkaṭassa. Anujānāmi, bhikkhave, ekaṃ samūhanitvā [samuhanitvā (ka.)] ekattha uposathaṃ kātuṃ. Evañca pana, bhikkhave, samūhantabbaṃ. Byattena bhikkhunā paṭibalena saṅgho ñāpetabbo –

"Suṇātu me, bhante, saṅgho. Yadi saṅghassa pattakallaṃ, saṅgho itthannāmaṃ uposathāgāraṃ samūhaneyya [samuhaneyya (ka.)]. Esā ñatti.

"Suṇātu me, bhante, saṅgho. Saṅgho itthannāmaṃ uposathāgāraṃ samūhanati. Yassāyasmato khamati itthannāmassa uposathāgārassa samugghāto, so tuṇhassa; yassa nakkhamati, so bhāseyya. Samūhataṃ saṅghena itthannāmaṃ uposathāgāraṃ. Khamati saṅghassa, tasmā tuṇhī, evametaṃ dhārayāmī"ti.

73. Uposathappamukhānujānanā

142. Tena kho pana samayena aññatarasmiṃ āvāse atikhuddakaṃ uposathāgāraṃ sammataṃ hoti, tadahuposathe mahābhikkhusaṅgho sannipatito hoti. Bhikkhū asammatāya bhūmiyā nisinnā pātimokkhaṃ assosuṃ. Atha kho tesaṃ bhikkhūnaṃ etadahosi "bhagavatā paññattaṃ 'uposathāgāraṃ sammannitvāuposatho kātabbo'ti, mayañcamhā asammatāya bhūmiyā nisinno pātimokkhaṃ assumhā, kato nu kho amhākaṃ uposatho, akato nu kho"ti. Bhagavato etamatthaṃ ārocesuṃ. Sammatāya vā, bhikkhave, bhūmiyā nisinnā asammatāya vā yato pātimokkhaṃ suṇāti, katovassa uposatho. Tena hi, bhikkhave, saṅgho yāva mahantaṃ uposathappamukhaṃ [uposathamukhaṃ (syā.)] ākaṅkhati, tāva mahantaṃ uposathappamukhaṃ sammannatu. Evañca pana, bhikkhave, sammannitabbaṃ. Paṭhamaṃ nimittā kittetabbā. Nimitte kittetvā byattena bhikkhunā paṭibalena saṅgho ñāpetabbo –

"Suṇātu me, bhante, saṅgho. Yāvatā samantā nimittā kittitā. Yadi saṅghassa pattakallaṃ, saṅgho etehi nimittehi uposathappamukhaṃ sammanneyya. Esā ñatti.

"Suṇātu me, bhante, saṅgho. Yāvatā samantā nimittā kittitā. Saṅgho etehi nimittehi uposathappamukhaṃ sammannati. Yassāyasmato khamati etehi nimittehi uposathappamukhassa sammuti, so tuṇhassa; yassa nakkhamati, so bhāseyya. Sammataṃ saṅghena etehi nimittehi uposathappamukhaṃ. Khamati saṅghassa, tasmā tuṇhī, evametaṃ dhārayāmī"ti.

Tena kho pana samayena aññatarasmiṃ āvāse tadahuposathe navakā bhikkhū paṭhamataraṃ sannipatitvā – "na tāva therā āgacchantī"ti – pakkamiṃsu. Uposatho vikāle ahosi. Bhagavato etamatthaṃ ārocesuṃ. Anujānāmi, bhikkhave, tadahuposathe therehi bhikkhūhi paṭhamataraṃ sannipatitunti.

Tena kho pana samayena rājagahe sambahulā āvāsā samānasīmā honti. Tattha bhikkhū vivadanti – "amhākaṃ āvāse uposatho karīyatu, amhākaṃ āvāse uposatho karīyatū"ti. Bhagavato etamatthaṃ ārocesuṃ. Idha pana, bhikkhave, sambahulā āvāsā samānasīmā honti. Tattha bhikkhū vivadanti – "amhākaṃ āvāse uposatho karīyatu, amhākaṃ āvāse uposatho karīyatū"ti. Tehi, bhikkhave, bhikkhūhi sabbeheva ekajjhaṃ sannipatitvā uposatho kātabbo. Yattha vā pana thero bhikkhu viharati, tattha sannipatitvā uposatho kātabbo, na tveva vaggena saṅghena uposatho kātabbo. Yo kareyya, āpatti dukkaṭassāti.

74. Avippavāsasīmānujānanā

143. Tena kho pana samayena āyasmā mahākassapo andhakavindā rājagahaṃ uposathaṃ āgacchanto antarāmagge nadiṃ taranto manaṃ vūḷho ahosi, cīvarānissa [tena cīvarānissa (ka.)] allāni. Bhikkhū āyasmantaṃ mahākassapaṃ etadavocuṃ – "kissa te, āvuso, cīvarāni allānī"ti? "Idhāhaṃ, āvuso, andhakavindā rājagahaṃ uposathaṃ āgacchanto antarāmagge nadiṃ taranto manamhi vūḷho. Tena me cīvarāni allānī"ti. Bhagavato etamatthaṃ ārocesuṃ. Yā sā, bhikkhave, saṅghena sīmā sammatā samānasaṃvāsā ekuposathā, saṅgho taṃ sīmaṃ ticīvarena avippavāsaṃ sammannatu. Evañca pana, bhikkhave, sammannitabbā. Byattena bhikkhunā paṭibalena saṅgho ñāpetabbo –

"Suṇātu me, bhante, saṅgho. Yā sā saṅghena sīmā sammatā samānasaṃvāsā ekuposathā, yadi saṅghassa pattakallaṃ saṅgho taṃ sīmaṃ ticīvarena avippavāsaṃ sammanneyya. Esā ñatti.

"Suṇātu me, bhante, saṅgho. Yā sā saṅghena sīmā sammatā samānasaṃvāsā ekuposathā, saṅgho taṃ sīmaṃ ticīvarena avippavāsaṃ sammannati. Yassāyasmato khamati etissā sīmāya ticīvarena avippavāsāya [avippavāsassa (syā.)] sammuti, so tuṇhassa; yassa nakkhamati, so bhāseyya. Sammatā sā sīmā saṅghena ticīvarena avippavāsā [avippavāso (syā.)]. Khamati saṅghassa, tasmā tuṇhī, evametaṃ dhārayāmī''ti.

Tena kho pana samayena bhikkhū bhagavatā ticīvarena avippavāsasammuti anuññātāti antaraghare cīvarāni nikkhipanti. Tāni cīvarāni nassantipi ḍayhantipi undūrehipi khajjanti. Bhikkhū duccoḷā honti lūkhacīvarā. Bhikkhū evamāhaṃsu – ''kissa tumhe, āvuso, duccoḷā lūkhacīvarā''ti? ''Idha mayaṃ, āvuso, bhagavatā ticīvarena avippavāsasammuti anuññātāti antaraghare cīvarāni nikkhipimhā. Tāni cīvarāni naṭṭhānipi daḍḍhānipi, undūrehipi khāyitāni, tena mayaṃ duccoḷā lūkhacīvarā''ti. Bhagavato etamatthaṃ ārocesuṃ. Yā sā, bhikkhave, saṅghena sīmā sammatā samānasaṃvāsā ekuposathā, saṅgho taṃ sīmaṃ ticīvarena avippavāsaṃ sammannatu, ṭhapetvā gāmañca gāmūpacārañca. Evañca pana, bhikkhave, sammannitabbā. Byattena bhikkhunā paṭibalena saṅgho ñāpetabbo –

144. ''Suṇātu me, bhante, saṅgho. Yā sā saṅghena sīmā sammatā samānasaṃvāsā ekuposathā yadi saṅghassa pattakallaṃ, saṅgho taṃ sīmaṃ ticīvarena avippavāsaṃ sammanneyya, ṭhapetvā gāmañca gāmūpacārañca. Esā ñatti.

''Suṇātu me, bhante, saṅgho. Yā sā saṅghena sīmā sammatā samānasaṃvāsā ekuposathā, saṅgho taṃ sīmaṃ ticīvarena avippavāsaṃ sammannati, ṭhapetvā gāmañca gāmūpacārañca. Yassāyasmato khamati etissā sīmāya ticīvarena avippavāsāya [avippavāsassa (syā.)] sammuti, ṭhapetvā gāmañca gāmūpacārañca, so tuṇhassa; yassa nakkhamati, so bhāseyya. Sammatā sā sīmā saṅghena ticīvarena avippavāsā [avippavāso (syā.)], ṭhapetvā gāmañca gāmūpacārañca. Khamati saṅghassa, tasmā tuṇhī, evametaṃ dhārayāmī''ti.

75. Sīmāsamūhanana

''Sīmaṃ, bhikkhave, sammannantena paṭhamaṃ samānasaṃvāsasīmā [samānasaṃvāsā sīmā (syā.)] sammannitabbā, pacchā ticīvarena avippavāso sammannitabbo. Sīmaṃ, bhikkhave, samūhanantena paṭhamaṃ ticīvarena avippavāso samūhantabbo, pacchā samānasaṃvāsasīmā samūhantabbā. Evañca pana, bhikkhave, ticīvarena avippavāso samūhantabbo. Byattena bhikkhunā paṭibalena saṅgho ñāpetabbo –

145. ''Suṇātu me, bhante, saṅgho. Yo so saṅghena ticīvarena avippavāso sammato, yadi saṅghassa pattakallaṃ, saṅgho taṃ ticīvarena avippavāsaṃ samūhaneyya. Esā ñatti.

''Suṇātu me, bhante, saṅgho. Yo so saṅghena ticīvarena avippavāso sammato, saṅgho taṃ ticīvarena avippavāsaṃ samūhanati. Yassāyasmato khamati etassa ticīvarena avippavāsassa samugghāto, so tuṇhassa; yassa nakkhamati, so bhāseyya. Samūhato so saṅghena ticīvarena avippavāso. Khamati saṅghassa, tasmā tuṇhī, evametaṃ dhārayāmī''ti.

Evañca pana, bhikkhave, sīmā [samānasaṃvāsā sīmā (syā.)]. Byattena bhikkhunā paṭibalena saṅgho ñāpetabbo –

146. ''Suṇātu me, bhante, saṅgho. Yā sā saṅghena sīmā sammatā samānasaṃvāsā ekuposathā, yadi saṅghassa pattakallaṃ, saṅgho taṃ sīmaṃ samūhaneyya samānasaṃvāsaṃ ekuposathaṃ. Esā ñatti.

''Suṇātu me, bhante, saṅgho. Yā sā saṅghena sīmā sammatā samānasaṃvāsā ekuposathā, saṅgho taṃ sīmaṃ samūhanati samānasaṃvāsaṃ ekuposathaṃ. Yassāyasmato khamati etissā sīmāya samānasaṃvāsāya ekuposathāya samugghāto, so tuṇhassa; yassa nakkhamati, so bhāseyya. Samūhatā sā sīmā saṅghena samānasaṃvāsā ekuposathā. Khamati saṅghassa, tasmā tuṇhī, evametaṃ dhārayāmī''ti.

76. Gāmasīmādi

147. Asammatāya, bhikkhave, sīmāya aṭṭhapitāya, yaṃ gāmaṃ vā nigamaṃ vā upanissāya viharati, yā tassa vā gāmassa gāmasīmā, nigamassa vā nigamasīmā, ayaṃ tattha samānasaṃvāsā ekuposathā. Agāmake ce, bhikkhave, araññe samantā sattabbhantarā, ayaṃ tattha samānasaṃvāsā ekuposathā. Sabbā, bhikkhave, nadī asīmā; sabbo samuddo asīmo; sabbo jātassaro asīmo. Nadiyā vā, bhikkhave, samudde vā jātassare vā yaṃ majjhimassa purisassa samantā udakukkhepā, ayaṃ tattha samānasaṃvāsā ekuposathāti.

148. Tena kho pana samayena chabbaggiyā bhikkhū sīmāya sīmaṃ sambhindanti. Bhagavato etamatthaṃ ārocesuṃ. Yesaṃ, bhikkhave, sīmā paṭhamaṃ sammatā tesaṃ taṃ kammaṃ dhammikaṃ akuppaṃ ṭhānārahaṃ. Yesaṃ, bhikkhave, sīmā pacchā sammatā tesaṃ taṃ kammaṃ adhammikaṃ kuppaṃ aṭṭhānārahaṃ. Na, bhikkhave, sīmāya sīmā sambhinditabbā. Yo sambhindeyya, āpatti dukkaṭassāti.

Tena kho pana samayena chabbaggiyā bhikkhū sīmāya sīmaṃ ajjhottharanti. Bhagavato etamatthaṃ ārocesuṃ. Yesaṃ, bhikkhave, sīmā paṭhamaṃ sammatā tesaṃ taṃ kammaṃ dhammikaṃ akuppaṃ ṭhānārahaṃ. Yesaṃ, bhikkhave, sīmā pacchā sammatā tesaṃ taṃ kammaṃ adhammikaṃ kuppaṃ aṭṭhānārahaṃ. Na, bhikkhave, sīmāya sīmā ajjhottharitabbā. Yo ajjhotthareyya, āpatti dukkaṭassāti. Anujānāmi, bhikkhave, sīmaṃ sammannantena sīmantarikaṃ ṭhapetvā sīmaṃ sammannitunti.

77. Uposathabhedādi

149. Atha kho bhikkhūnaṃ etadahosi – ''kati nu kho uposathā''ti? Bhagavato etamatthaṃ ārocesuṃ. Dveme, bhikkhave, uposathā – cātuddasiko ca pannarasiko ca. Ime kho, bhikkhave, dve uposathāti.

Atha kho bhikkhūnaṃ etadahosi – ''kati nu kho uposathakammānī''ti? Bhagavato etamatthaṃ ārocesuṃ. Cattārimāni, bhikkhave, uposathakammāni – adhammena vaggaṃ uposathakammaṃ, adhammena samaggaṃ uposathakammaṃ, dhammena vaggaṃ uposathakammaṃ, dhammena samaggaṃ uposathakammanti. Tatra, bhikkhave, yadidaṃ adhammena vaggaṃ uposathakammaṃ, na, bhikkhave, evarūpaṃ uposathakammaṃ, kātabbaṃ. Na ca mayā evarūpaṃ uposathakammaṃ anuññātaṃ. Tatra, bhikkhave, yadidaṃ adhammena samaggaṃ uposathakammaṃ, na, bhikkhave, evarūpaṃ uposathakammaṃ kātabbaṃ. Na ca mayā evarūpaṃ uposathakammaṃ anuññātaṃ. Tatra, bhikkhave, yadidaṃ dhammena vaggaṃ uposathakammaṃ, na, bhikkhave, evarūpaṃ uposathakammaṃ kātabbaṃ. Na ca mayā evarūpaṃ uposathakammaṃ anuññātaṃ. Tatra, bhikkhave, yadidaṃ dhammena samaggaṃ uposathakammaṃ, evarūpaṃ, bhikkhave, uposathakammaṃ kātabbaṃ, evarūpañca mayā uposathakammaṃ anuññātaṃ. Tasmātiha, bhikkhave, evarūpaṃ uposathakammaṃ karissāma yadidaṃ dhammena samagganti – evañhi vo, bhikkhave, sikkhitabbanti.

78. Saṃkhittena pātimokkhuddesādi

150. Atha kho bhikkhūnaṃ etadahosi – ''kati nu kho pātimokkhuddesā''ti? Bhagavato etamatthaṃ ārocesuṃ. Pañcime, bhikkhave, pātimokkhuddesā – nidānaṃ uddisitvā avasesaṃ sutena sāvetabbaṃ. Ayaṃ paṭhamo pātimokkhuddeso. Nidānaṃ uddisitvā cattāri pārājikāni uddisitvā avasesaṃ sutena sāvetabbaṃ. Ayaṃ dutiyo pātimokkhuddeso. Nidānaṃ uddisitvā cattāri pārājikāni uddisitvā terasa saṅghādisese uddisitvā avasesaṃ sutena sāvetabbaṃ. Ayaṃ tatiyo pātimokkhuddeso. Nidānaṃ uddisitvā cattāri pārājikāni uddisitvā terasa saṅghādisese uddisitvā dve aniyate uddisitvā avasesaṃ sutena sāvetabbaṃ. Ayaṃ catuttho pātimokkhuddeso. Vitthāreneva pañcamo. Ime kho, bhikkhave, pañca pātimokkhuddesāti.

Tena kho pana samayena bhikkhū – bhagavatā saṃkhittena pātimokkhuddeso anuññātoti – sabbakālaṃ saṃkhittena pātimokkhaṃ uddisanti. Bhagavato etamatthaṃ ārocesuṃ. Na, bhikkhave, saṃkhittena pātimokkhaṃ uddisitabbaṃ. Yo uddiseyya, āpatti dukkaṭassāti.

Tena kho pana samayena kosalesu janapade aññatarasmiṃ āvāse tadahuposathe savarabhayaṃ [saṃcarabhayaṃ (syā.)] ahosi. Bhikkhū nāsakkhiṃsu vitthārena pātimokkhaṃ uddisituṃ. Bhagavato etamatthaṃ ārocesuṃ. Anujānāmi, bhikkhave, sati antarāye saṃkhittena pātimokkhaṃ uddisitunti.

Tena kho pana samayena chabbaggiyā bhikkhū asatipi antarāye saṃkhittena pātimokkhaṃ uddisanti. Bhagavato etamatthaṃ ārocesuṃ. Na, bhikkhave, asati antarāye saṃkhittena pātimokkhaṃ uddisitabbaṃ. Yo uddiseyya, āpatti dukkaṭassa. Anujānāmi, bhikkhave, sati antarāye saṃkhittena pātimokkhaṃ uddisituṃ. Tatrime antarāyā – rājantarāyo, corantarāyo, agyantarāyo, udakantarāyo, manussantarāyo, amanussantarāyo, vāḷantarāyo, sarīsapantarāyo, jīvitantarāyo, brahmacariyantarāyoti. Anujānāmi, bhikkhave, evarūpesu antarāyesu saṃkhittena pātimokkhaṃ uddisituṃ, asati antarāye vitthārenāti.

Tena kho pana samayena chabbaggiyā bhikkhū saṅghamajjhe anajjhiṭṭhā dhammaṃ bhāsanti. Bhagavato etamatthaṃ ārocesuṃ. Na, bhikkhave, saṅghamajjhe anajjhiṭṭhena dhammo bhāsitabbo. Yo bhāseyya, āpatti dukkaṭassa. Anujānāmi, bhikkhave, therena bhikkhunā sāmaṃ vā dhammaṃ bhāsituṃ paraṃ vā ajjhesitunti.

79. Vinayapucchanakathā

151. Tena kho pana samayena chabbaggiyā bhikkhū saṅghamajjhe asammatā vinayaṃ pucchanti. Bhagavato etamatthaṃ ārocesuṃ. Na, bhikkhave, saṅghamajjhe asammatena vinayo pucchitabbo. Yo puccheyya, āpatti dukkaṭassa. Anujānāmi, bhikkhave, saṅghamajjhe sammatena vinayaṃ pucchituṃ. Evañca pana, bhikkhave, sammannitabbo – attanā vā [attanāva (syā.)] attānaṃ sammannitabbaṃ, parena vā paro sammannitabbo. Kathañca attanāva attānaṃ sammannitabbaṃ? Byattena bhikkhunā paṭibalena saṅgho ñāpetabbo –

''Suṇātu me, bhante, saṅgho. Yadi saṅghassa pattakallaṃ, ahaṃ itthannāmaṃ vinayaṃ puccheyya''nti. Evaṃ attanāva attānaṃ sammannitabbaṃ.

Kathañca parena paro sammannitabbo? Byattena bhikkhunā paṭibalena saṅgho ñāpetabbo –

''Suṇātu me, bhante, saṅgho. Yadi saṅghassa pattakallaṃ, itthannāmo itthannāmaṃ vinayaṃ puccheyyā''ti. Evaṃ parena paro sammannitabboti.

Tena kho pana samayena pesalā bhikkhū saṅghamajjhe sammatā vinayaṃ pucchanti. Chabbaggiyā bhikkhū labhanti āghātaṃ, labhanti appaccayaṃ, vadhena tajjenti. Bhagavato etamatthaṃ ārocesuṃ. Anujānāmi, bhikkhave, saṅghamajjhe sammatenapi parisaṃ oloketvā puggalaṃ tulayitvā vinayaṃ pucchitunti.

80. Vinayavissajjanakathā

152. Tena kho pana samayena chabbaggiyā bhikkhū saṅghamajjhe asammatā vinayaṃ vissajjenti [vissajjanti (ka.)]. Bhagavato etamatthaṃ ārocesuṃ. Na, bhikkhave, saṅghamajjhe asammatena vinayo vissajjetabbo. Yo vissajjeyya, āpatti dukkaṭassa. Anujānāmi, bhikkhave, saṅghamajjhe sammatena vinayaṃ vissajjetuṃ. Evañca pana, bhikkhave, sammannitabbaṃ. Attanā vā [attanāva (syā.)] attānaṃ sammannitabbaṃ, parena vā paro sammannitabbo. Kathañcaattanāva attānaṃ sammannitabbaṃ? Byattena bhikkhunā paṭibalena saṅgho ñāpetabbo –

''Suṇātu me, bhante, saṅgho. Yadi saṅghassa pattakallaṃ, ahaṃ itthannāmena vinayaṃ puṭṭho vissajjeyya''nti. Evaṃ attanāva attānaṃ sammannitabbaṃ.

Kathañca parena paro sammannitabbo? Byattena bhikkhunā paṭibalena saṅgho ñāpetabbo –

''Suṇātu me, bhante, saṅgho. Yadi saṅghassa pattakallaṃ, itthannāmo itthannāmena vinayaṃ puṭṭho vissajjeyyā''ti. Evaṃ parena paro sammannitabboti.

Tena kho pana samayena pesalā bhikkhū saṅghamajjhe sammatā vinayaṃ vissajjenti. Chabbaggiyā bhikkhū labhanti āghātaṃ, labhanti appaccayaṃ, vadhena tajjenti. Bhagavato etamatthaṃ ārocesuṃ. Anujānāmi, bhikkhave, saṅghamajjhe sammatenapi parisaṃ oloketvā puggalaṃ tulayitvā vinayaṃ vissajjetunti.

81. Codanākathā

153. Tena kho pana samayena chabbaggiyā bhikkhū anokāsakataṃ bhikkhuṃ āpattiyā codenti. Bhagavato etamatthaṃ ārocesuṃ. Na, bhikkhave, anokāsakato bhikkhu āpattiyā codetabbo. Yo codeyya, āpatti dukkaṭassa. Anujānāmi, bhikkhave, okāsaṃ kārāpetvā āpattiyā codetuṃ – karotu āyasmā okāsaṃ, ahaṃ taṃ vattukāmoti.

Tena kho pana samayena pesalā bhikkhū chabbaggiye bhikkhū okāsaṃ kārāpetvā āpattiyā codenti. Chabbaggiyā bhikkhū labhanti āghātaṃ, labhanti appaccayaṃ, vadhena tajjenti. Bhagavato etamatthaṃ ārocesuṃ. Anujānāmi, bhikkhave, katepi okāse puggalaṃ tulayitvā āpattiyā codetunti.

Tena kho pana samayena chabbaggiyā bhikkhū – puramhākaṃ pesalā bhikkhū okāsaṃ kārāpentīti – paṭikacceva suddhānaṃ bhikkhūnaṃ anāpattikānaṃ avatthusmiṃ akāraṇe okāsaṃ kārāpenti. Bhagavato etamatthaṃ ārocesuṃ. Na, bhikkhave, suddhānaṃ bhikkhūnaṃ anāpattikānaṃ avatthusmiṃ akāraṇe okāso kārāpetabbo. Yo kārāpeyya, āpatti dukkaṭassa. Anujānāmi, bhikkhave, puggalaṃ tulayitvā okāsaṃ kātu [kārāpetuṃ (syā.)] nti.

82. Adhammakammapaṭikkosanādi

154. Tena kho pana samayena chabbaggiyā bhikkhū saṅghamajjhe adhammakammaṃ karonti. Bhagavato etamatthaṃ ārocesuṃ. Na, bhikkhave, adhammakammaṃ kātabbaṃ. Yo kareyya, āpatti dukkaṭassāti. Karontiyeva adhammakammaṃ. Bhagavato etamatthaṃ ārocesuṃ . Anujānāmi, bhikkhave, adhammakamme kayiramāne paṭikkositunti.

Tena kho pana samayena pesalā bhikkhū chabbaggiyehi bhikkhūhi adhammakamme kayiramāne paṭikkosanti. Chabbaggiyā bhikkhū labhanti āghātaṃ, labhanti appaccayaṃ, vadhena tajjenti. Bhagavato etamatthaṃ ārocesuṃ. Anujānāmi, bhikkhave, diṭṭhimpi āvikātunti. Tesaṃyeva santike diṭṭhiṃ āvikaronti. Chabbaggiyā bhikkhū labhanti āghātaṃ, labhanti appaccayaṃ, vadhena tajjenti. Bhagavato etamatthaṃ ārocesuṃ. Anujānāmi, bhikkhave, catūhi pañcahi paṭikkosituṃ, dvīhi tīhi diṭṭhiṃ āvikātuṃ, ekena adhiṭṭhātuṃ – 'na metaṃ khamatī'ti.

Tena kho pana samayena chabbaggiyā bhikkhū saṅghamajjhe pātimokkhaṃ uddisamānā sañcicca na sāventi. Bhagavato etamatthaṃ ārocesuṃ. Na, bhikkhave, pātimokkhuddesakena sañcicca na sāvetabbaṃ. Yo na sāveyya, āpatti dukkaṭassāti.

Tena kho pana samayena āyasmā udāyī saṅghassa pātimokkhuddesako hoti kākassarako. Atha kho āyasmato udāyissa etadahosi – ''bhagavatā paññattaṃ 'pātimokkhuddesakena sāvetabba'nti, ahañcamhi kākassarako, kathaṃ nu kho mayā paṭipajjitabba''nti? Bhagavato etamatthaṃ ārocesuṃ. Anujānāmi, bhikkhave, pātimokkhuddesakena vāyamituṃ – 'kathaṃ sāveyya'nti. Vāyamantassa anāpattīti.

Tena kho pana samayena devadatto sagahaṭṭhāya parisāya pātimokkhaṃ uddisati. Bhagavato etamatthaṃ ārocesuṃ. Na, bhikkhave, sagahaṭṭhāya parisāya pātimokkhaṃ uddisitabbaṃ. Yo uddiseyya, āpatti dukkaṭassāti.

Tena kho pana samayena chabbaggiyā bhikkhū saṅghamajjhe anajjhiṭṭhā pātimokkhaṃ uddisanti. Bhagavato etamatthaṃ ārocesuṃ. Na, bhikkhave, saṅghamajjhe anajjhiṭṭhena pātimokkhaṃ uddisitabbaṃ. Yo uddiseyya, āpatti dukkaṭassa. Anujānāmi, bhikkhave, therādhikaṃ [therādheyyaṃ (aṭṭhakathāyaṃ pāṭhantaraṃ)] pātimokkhanti.

Aññatitthiyabhāṇavāro niṭṭhito paṭhamo [ekādasamo (ka.)].

83. Pātimokkhuddesakaajjhesanādi

155. Atha kho Bhagavā rājagahe yathābhirantaṃ viharitvā yena codanāvatthu tena cārikaṃ pakkāmi. Anupubbena cārikaṃ caramāno yena codanāvatthu tadavasari. Tena kho pana samayena aññatarasmiṃ āvāse sambahulā bhikkhū viharanti . Tattha thero bhikkhu bālo hoti abyatto. So na jānāti uposathaṃ vā uposathakammaṃ vā, pātimokkhaṃ vā pātimokkhuddesaṃ vā. Atha kho tesaṃ bhikkhūnaṃ etadahosi – ''bhagavatā paññattaṃ 'therādhikaṃ pātimokkha'nti, ayañca amhākaṃ thero bālo abyatto, na jānāti uposathaṃ vā uposathakammaṃ vā, pātimokkhaṃ vā pātimokkhuddesaṃ vā. Kathaṃ nu kho amhehi paṭipajjitabba''nti? Bhagavato etamatthaṃ ārocesuṃ. Anujānāmi, bhikkhave, yo tattha bhikkhu byatto paṭibalo tassādheyyaṃ pātimokkhanti.

Tena kho pana samayena aññatarasmiṃ āvāse tadahuposathe sambahulā bhikkhū viharanti bālā abyattā. Te na jānanti uposathaṃ vā uposathakammaṃ vā, pātimokkhaṃ vā pātimokkhuddesaṃ vā. Te theraṃ ajjhesiṃsu – ''uddisatu, bhante, thero pātimokkha''nti. So evamāha – ''na me, āvuso, vattatī''ti. Dutiyaṃ theraṃ ajjhesiṃsu – ''uddisatu, bhante, thero pātimokkha''nti. Sopi evamāha – ''na me, āvuso, vattatī''ti. Tatiyaṃ theraṃ ajjhesiṃsu – ''uddisatu , bhante, thero pātimokkha''nti. Sopi evamāha – ''na me, āvuso, vattatī''ti. Eteneva upāyena yāva saṅghanavakaṃ ajjhesiṃsu – ''uddisatu āyasmā pātimokkha''nti. Sopi evamāha – ''na me, bhante, vattatī''ti. Bhagavato etamatthaṃ ārocesuṃ.

Idha pana, bhikkhave, aññatarasmiṃ āvāse tadahuposathe sambahulā bhikkhū viharanti bālā abyattā. Te na jānanti uposathaṃ vā uposathakammaṃ vā, pātimokkhaṃ vā pātimokkhuddesaṃ vā. Te theraṃ ajjhesanti – ''uddisatu, bhante, thero pātimokkha''nti. So evaṃ vadeti – ''na me, āvuso, vattatī''ti. Dutiyaṃ theraṃ ajjhesanti – ''uddisatu, bhante, thero pātimokkha''nti. Sopi evaṃ vadeti – ''na me, āvuso, vattatī''ti. Tatiyaṃ theraṃ ajjhesanti – ''uddisatu, bhante, thero pātimokkha''nti. Sopi evaṃ vadeti – ''na me, āvuso, vattatī''ti. Eteneva upāyena yāva saṅghanavakaṃ ajjhesanti – ''uddisatu āyasmā pātimokkha''nti. Sopi evaṃ vadeti – ''na me, bhante, vattatī''ti. Tehi, bhikkhave, bhikkhūhi eko bhikkhu sāmantā āvāsā sajjukaṃ pāhetabbo – gacchāvuso, saṃkhittena vā vitthārena vā pātimokkhaṃ pariyāpuṇitvāna āgacchāhīti.

Atha kho bhikkhūnaṃ etadahosi – ''kena nu kho pāhetabbo''ti? Bhagavato etamatthaṃ ārocesuṃ. Anujānāmi, bhikkhave, therena bhikkhunā navaṃ bhikkhuṃ āṇāpetunti. Therena āṇattā navā bhikkhū na gacchanti. Bhagavato etamatthaṃ ārocesuṃ. Na, bhikkhave, therena āṇattena agilānena na gantabbaṃ. Yo na gaccheyya, āpatti dukkaṭassāti.

84. Pakkhagaṇanādiuggahaṇānujānanā

156. Atha kho Bhagavā codanāvatthusmiṃ yathābhirantaṃ viharitvā punadeva rājagahaṃ paccāgañchi. Tena kho pana samayena manussā bhikkhū piṇḍāya carante pucchanti – ''katimī, bhante, pakkhassā''ti? Bhikkhū evamāhaṃsu – ''na kho mayaṃ, āvuso, jānāmā''ti. Manussā ujjhāyanti khiyyanti vipācenti – ''pakkhagaṇanamattamampime samaṇā sakyaputtiyā na jānanti, kiṃ panime aññaṃ kiñci kalyāṇaṃ jānissantī''ti? Bhagavato etamatthaṃ ārocesuṃ. Anujānāmi, bhikkhave, pakkhagaṇanaṃ uggahetunti.

Atha kho bhikkhūnaṃ etadahosi – ''kena nu kho pakkhagaṇanā uggahetabbā''ti? Bhagavato etamatthaṃ ārocesuṃ. Anujānāmi, bhikkhave, sabbeheva pakkhagaṇanaṃ uggahetunti.

157. Tena kho pana samayena manussā bhikkhū piṇḍāya carante pucchanti – ''kīvatikā, bhante, bhikkhū''ti? Bhikkhū evamāhaṃsu – ''na kho mayaṃ, āvuso, jānāmā''ti. Manussā ujjhāyanti khiyyanti vipācenti – ''aññamaññampime samaṇā sakyaputtiyā na jānanti, kiṃ panime aññaṃ kiñci kalyāṇaṃ jānissantī''ti? Bhagavato etamatthaṃ ārocesuṃ. Anujānāmi, bhikkhave, bhikkhū gaṇetunti.

Atha kho bhikkhūnaṃ etadahosi – ''kadā nu kho bhikkhū gaṇetabbā''ti? Bhagavato etamatthaṃ ārocesuṃ. Anujānāmi, bhikkhave, tadahuposathe nāmaggena[nāmamattena (syā.), gaṇamaggena (ka.)] gaṇetuṃ, salākaṃ vā gāhetunti.

158. Tena kho pana samayena bhikkhū ajānantā ajjuposathoti dūraṃ gāmaṃ piṇḍāya caranti. Te uddissamānepi pātimokkhe āgacchanti, uddiṭṭhamattepi āgacchanti. Bhagavato etamatthaṃ ārocesuṃ. Anujānāmi, bhikkhave, ārocetuṃ 'ajjuposatho'ti.

Atha kho bhikkhūnaṃ etadahosi – ''kena nu kho ārocetabbo''ti? Bhagavato etamatthaṃ ārocesuṃ. Anujānāmi, bhikkhave, therena bhikkhunā kālavato ārocetunti.

Tena kho pana samayena aññataro thero kālavato nassarati. Bhagavato etamatthaṃ ārocesuṃ. Anujānāmi, bhikkhave, bhattakālepi ārocetunti.

Bhattakālepi nassarati. Bhagavato etamatthaṃ ārocesuṃ. Anujānāmi, bhikkhave, yaṃ kālaṃ sarati, taṃ kālaṃ ārocetunti.

85. Pubbakaraṇānujānanā

159. Tena kho pana samayena aññatarasmiṃ āvāse uposathāgāraṃ uklāpaṃ hoti. Āgantukā bhikkhū ujjhāyanti khiyyanti vipācenti – ''kathañhi nāma āvāsikā bhikkhū uposathāgāraṃ na sammajjissantī''ti. Bhagavato etamatthaṃ ārocesuṃ. Anujānāmi, bhikkhave, uposathāgāraṃ sammajjitunti.

Atha kho bhikkhūnaṃ etadahosi – ''kena nu kho uposathāgāraṃ sammajjitabba''nti? Bhagavato etamatthaṃ ārocesuṃ. Anujānāmi, bhikkhave, therena bhikkhunā navaṃ bhikkhuṃ āṇāpetunti.

Therena āṇattā navā bhikkhū na sammajjanti. Bhagavato etamatthaṃ ārocesuṃ. Na, bhikkhave, therena āṇattena agilānena na sammajjitabbaṃ. Yo na sammajjeyya, āpatti dukkaṭassāti.

160. Tena kho pana samayena uposathāgāre āsanaṃ apaññattaṃ hoti. Bhikkhū chamāyaṃ nisīdanti, gattānipi cīvarānipi paṃsukitāni honti. Bhagavato etamatthaṃ ārocesuṃ. Anujānāmi, bhikkhave, uposathāgāre āsanaṃ paññapetunti.

Atha kho bhikkhūnaṃ etadahosi – ''kena nu kho uposathāgāre āsanaṃ paññapetabba''nti? Bhagavato etamatthaṃ ārocesuṃ. Anujānāmi, bhikkhave, therena bhikkhunā navaṃ bhikkhuṃ āṇāpetunti.

Therena āṇattā navā bhikkhū na paññapenti. Bhagavato etamatthaṃ ārocesuṃ. Na, bhikkhave, therena āṇattena agilānena na paññapetabbaṃ. Yo na paññapeyya, āpatti dukkaṭassāti.

161. Tena kho pana samayena uposathāgāre padīpo na hoti. Bhikkhū andhakāre kāyampi cīvarampi akkamanti. Bhagavato etamatthaṃ ārocesuṃ. Anujānāmi, bhikkhave, uposathāgāre padīpaṃ kātunti.

Atha kho bhikkhūnaṃ etadahosi – ''kena nu kho uposathāgāre padīpo kātabbo''ti? Bhagavato etamatthaṃ ārocesuṃ. Anujānāmi, bhikkhave, therena bhikkhunā navaṃ bhikkhuṃ āṇāpetunti.

Therena āṇattā navā bhikkhū na padīpenti. Bhagavato etamatthaṃ ārocesuṃ. Na, bhikkhave, therena āṇattena agilānena na padīpetabbo. Yo na padīpeyya, āpatti dukkaṭassāti.

162. Tena kho pana samayena aññatarasmiṃ āvāse āvāsikā bhikkhū neva pānīyaṃ upaṭṭhāpenti, na paribhojanīyaṃ upaṭṭhāpenti. Āgantukā bhikkhū ujjhāyanti khiyyanti vipācenti – ''kathañhi nāma āvāsikā bhikkhū neva pānīyaṃ upaṭṭhāpessanti, na paribhojanīyaṃ upaṭṭhāpessantī''ti. Bhagavato etamatthaṃ ārocesuṃ. Anujānāmi, bhikkhave , pānīyaṃ paribhojanīyaṃ upaṭṭhāpetunti.

Atha kho bhikkhūnaṃ etadahosi – ''kena nu kho pānīyaṃ paribhojanīyaṃ upaṭṭhāpetabba''nti ? Bhagavato etamatthaṃ ārocesuṃ. Anujānāmi, bhikkhave, therena bhikkhunā navaṃ bhikkhuṃ āṇāpetunti.

Therena āṇattā navā bhikkhū na upaṭṭhāpenti. Bhagavato etamatthaṃ ārocesuṃ. Na, bhikkhave, therena āṇattena agilānena na upaṭṭhāpetabbaṃ. Yo na upaṭṭhāpeyya, āpatti dukkaṭassāti.

86. Disaṃgamikādivatthu

163. Tena kho pana samayena sambahulā bhikkhū bālā abyattā disaṃgamikā ācariyupajjhāye na āpucchiṃsu [na āpucchiṃsu (ka.)]. Bhagavato etamatthaṃ ārocesuṃ.

Idha pana, bhikkhave, sambahulā bhikkhū bālā abyattā disaṃgamikā ācariyupajjhāye na āpucchanti [na āpucchanti (ka.)]. Te [tehi (ka.)], bhikkhave, ācariyupajjhāyehi pucchitabbā – ''kahaṃ gamissatha, kena saddhiṃ gamissathā''ti? Te ce, bhikkhave, bālā abyattā aññe bāle abyatte apadiseyyuṃ, na, bhikkhave, ācariyupajjhāyehi anujānitabbā. Anujāneyyuṃ ce, āpatti dukkaṭassa. Te ca, bhikkhave, bālā abyattā ananuññātā ācariyupajjhāyehi gaccheyyuṃ ce, āpatti dukkaṭassa.

Idha pana, bhikkhave, aññatarasmiṃ āvāse sambahulā bhikkhū viharanti bālā abyattā. Te na jānanti uposathaṃ vā uposathakammaṃ vā, pātimokkhaṃ vā pātimokkhuddesaṃ vā. Tattha añño bhikkhu āgacchati bahussuto āgatāgamo dhammadharo vinayadharo mātikādharo paṇḍito byatto medhāvī lajjī kukkuccako sikkhākāmo. Tehi, bhikkhave, bhikkhūhi so bhikkhu saṅgahetabbo anuggahetabbo upalāpetabbo upaṭṭhāpetabbo cuṇṇena mattikāya dantakaṭṭhena mukhodakena. No ce saṅgaṇheyyuṃ anuggaṇheyyuṃ upalāpeyyuṃ upaṭṭhāpeyyuṃ cuṇṇena mattikāya dantakaṭṭhena mukhodakena, āpatti dukkaṭassa.

Idha pana, bhikkhave, aññatarasmiṃ āvāse tadahuposathe sambahulā bhikkhū viharanti bālā abyattā. Te na jānanti uposathaṃ vā uposathakammaṃ vā, pātimokkhaṃ vā pātimokkhuddesaṃ vā. Tehi, bhikkhave, bhikkhūhi eko bhikkhu sāmantā āvāsā sajjukaṃ pāhetabbo – ''gacchāvuso, saṃkhittena vā vitthārena vā pātimokkhaṃ pariyāpuṇitvā āgacchā''ti. Evañcetaṃ labhetha, iccetaṃ kusalaṃ. No ce labhetha, tehi, bhikkhave, bhikkhūhi sabbeheva yattha jānanti uposathaṃ vā uposathakammaṃ vā pātimokkhaṃ vā pātimokkhuddesaṃ vā, so āvāso gantabbo . No ce gaccheyyuṃ, āpatti dukkaṭassa.

Idha pana, bhikkhave, aññatarasmiṃ āvāse sambahulā bhikkhū vassaṃ vasanti bālā abyattā. Te na jānanti uposathaṃ vā uposathakammaṃ vā pātimokkhaṃ vā pātimokkhuddesaṃ vā. Tehi, bhikkhave, bhikkhūhi eko bhikkhu sāmantā āvāsā sajjukaṃ pāhetabbo – ''gacchāvuso, saṃkhittena vā vitthārena vā pātimokkhaṃ pariyāpuṇitvā āgacchā''ti. Evañcetaṃ labhetha, iccetaṃ kusalaṃ. No ce labhetha, eko bhikkhu sattāhakālikaṃ pāhetabbo – ''gacchāvuso, saṃkhittena vā vitthārena vā pātimokkhaṃ pariyāpuṇitvā āgacchā''ti. Evañcetaṃ labhetha, iccetaṃ kusalaṃ. No ce labhetha, na, bhikkhave, tehi bhikkhūhi tasmiṃ āvāse vassaṃ vasitabbaṃ. Vaseyyuṃ ce, āpatti dukkaṭassāti.

87. Pārisuddhidānakathā

164. Atha kho Bhagavā bhikkhū āmantesi – ''sannipatatha, bhikkhave, saṅgho uposathaṃ karissatī''ti. Evaṃ vutte aññataro bhikkhu bhagavantaṃ etadavoca – ''atthi, bhante, bhikkhu gilāno, so anāgato''ti. Anujānāmi, bhikkhave, gilānena bhikkhunā pārisuddhiṃ dātuṃ. Evañca pana, bhikkhave, dātabbā – tena gilānena bhikkhunā ekaṃ bhikkhuṃ upasaṅkamitvā ekaṃsaṃ uttarāsaṅgaṃ karitvā ukkuṭikaṃ nisīditvā añjaliṃ paggahetvā evamassa vacanīyo – ''pārisuddhiṃ dammi, pārisuddhiṃ me hara, pārisuddhiṃ me ārocehī''ti. Kāyena viññāpeti, vācāya viññāpeti, kāyena vācāya viññāpeti, dinnā hoti pārisuddhi. Na kāyena viññāpeti, na vācāya viññāpeti, na kāyena vācāya viññāpeti, na dinnā hoti pārisuddhi. Evañcetaṃ labhetha, iccetaṃ kusalaṃ. No ce labhetha, so, bhikkhave, gilāno bhikkhu mañcena vā pīṭhena vā saṅghamajjhe ānetvā uposatho kātabbo. Sace, bhikkhave, gilānupaṭṭhākānaṃ bhikkhūnaṃ evaṃ hoti – ''sace kho mayaṃ gilānaṃ ṭhānā cāvessāma, ābādho vā abhivaḍḍhissati kālaṃkiriyā vā bhavissatī''ti, na, bhikkhave, gilāno bhikkhu ṭhānā cāvetabbo. Saṅghena tattha gantvā uposatho kātabbo. Na tveva vaggena saṅghena uposatho kātabbo. Kareyya ce, āpatti dukkaṭassa.

Pārisuddhihārako ce, bhikkhave, dinnāya pārisuddhiyā tattheva pakkamati, aññassa dātabbā pārisuddhi. Pārisuddhihārako ce, bhikkhave, dinnāya pārisuddhiyā tattheva vibbhamati,…pe… kālaṃ karoti – sāmaṇero paṭijānāti – sikkhaṃ paccakkhātako paṭijānāti – antimavatthuṃ ajjhāpannako paṭijānāti – ummattako paṭijānāti – khittacitto paṭijānāti – vedanāṭṭo paṭijānāti – āpattiyā adassane ukkhittako paṭijānāti – āpattiyā appaṭikamme ukkhittako paṭijānāti – pāpikāya diṭṭhiyā appaṭinissagge ukkhittako paṭijānāti – paṇḍako paṭijānāti – theyyasaṃvāsako paṭijānāti – titthiyapakkantako paṭijānāti – tiracchānagato paṭijānāti – mātughātako paṭijānāti – pitughātako paṭijānāti – arahantaghātako paṭijānāti –

bhikkhunidūsako paṭijānāti – saṅghabhedako paṭijānāti – lohituppādako paṭijānāti – ubhatobyañjanako paṭijānāti, aññassa dātabbā pārisuddhi.

Pārisuddhihārako ce, bhikkhave, dinnāya pārisuddhiyā antarāmagge pakkamati, anāhaṭā hoti pārisuddhi.

Pārisuddhihārako ce, bhikkhave, dinnāya pārisuddhiyā antarāmagge vibbhamati,...pe... ubhatobyañjanako paṭijānāti, anāhaṭā hoti pārisuddhi.

Pārisuddhihārako ce, bhikkhave, dinnāya pārisuddhiyā saṅghappatto pakkamati, āhaṭā hoti pārisuddhi.

Pārisuddhihārako ce, bhikkhave, dinnāya pārisuddhiyā saṅghappatto vibbhamati,...pe... ubhatobyañjanako paṭijānāti, āhaṭā hoti pārisuddhi.

Pārisuddhihārako ce, bhikkhave, dinnāya pārisuddhiyā saṅghappatto sutto na āroceti, pamatto na āroceti, samāpanno na āroceti, āhaṭā hoti pārisuddhi. Pārisuddhihārakassa anāpatti.

Pārisuddhihārako ce, bhikkhave, dinnāya pārisuddhiyā saṅghappatto sañcicca na āroceti, āhaṭā hoti pārisuddhi. Pārisuddhihārakassa āpatti dukkaṭassāti.

88. Chandadānakathā

165. Atha kho Bhagavā bhikkhū āmantesi – ''sannipatatha, bhikkhave, saṅgho kammaṃ karissatī''ti. Evaṃ vutte aññataro bhikkhu bhagavantaṃ etadavoca – ''atthi, bhante, bhikkhu gilāno, so anāgato''ti. Anujānāmi, bhikkhave, gilānena bhikkhunā chandaṃ dātuṃ. Evañca pana, bhikkhave, dātabbo. Tena gilānena bhikkhunā ekaṃ bhikkhuṃ upasaṅkamitvā ekaṃsaṃ uttarāsaṅgaṃ karitvā ukkuṭikaṃ nisīditvā añjaliṃ paggahetvā evamassa vacanīyo – ''chandaṃ dammi, chandaṃ me hara, chandaṃ me ārocehī''ti. Kāyena viññāpeti, vācāya viññāpeti, kāyena vācāya viññāpeti, dinno hoti chando. Na kāyena viññāpeti, na vācāya viññāpeti, na kāyena vācāya viññāpeti, na dinno hoti chando. Evañcetaṃ labhetha, iccetaṃ kusalaṃ. No ce labhetha, so, bhikkhave, gilāno bhikkhu mañcena vā pīṭhena vā saṅghamajjhe ānetvā kammaṃ kātabbaṃ. Sace, bhikkhave, gilānupaṭṭhākānaṃ bhikkhūnaṃ evaṃ hoti – ''sace kho mayaṃ gilānaṃ ṭhānā cāvessāma, ābādho vā abhivaḍḍhissati kālaṃkiriyā vā bhavissatī''ti, na, bhikkhave, gilāno bhikkhu ṭhānā cāvetabbo. Saṅghena tattha gantvā kammaṃ kātabbaṃ. Na tveva vaggena saṅghena kammaṃ kātabbaṃ. Kareyya ce, āpatti dukkaṭassa.

Chandahārako ce, bhikkhave, dinne chande tattheva pakkamati, aññassa dātabbo chando. Chandahārako ce, bhikkhave, dinne chande tattheva vibbhamati...pe... kālaṃkaroti – sāmaṇero paṭijānāti – sikkhaṃ paccakkhātako paṭijānāti – antimavatthuṃ ajjhāpannako paṭijānāti – ummattako paṭijānāti – khittacitto paṭijānāti – vedanāṭṭo paṭijānāti – āpattiyā adassane ukkhittako paṭijānāti – āpattiyā appaṭikamme ukkhittako paṭijānāti – pāpikāya diṭṭhiyā appaṭinissagge ukkhittako paṭijānāti – paṇḍako paṭijānāti – theyyasaṃvāsako paṭijānāti – titthiyapakkantako paṭijānāti – tiracchānagato paṭijānāti – mātughātako paṭijānāti – pitughātako paṭijānāti – arahantaghātako paṭijānāti – bhikkhunidūsako paṭijānāti – saṅghabhedako paṭijānāti – lohituppādako paṭijānāti – ubhatobyañjanako paṭijānāti, aññassa dātabbo chando.

Chandahārako ce, bhikkhave, dinne chande antarāmagge pakkamati, anāhaṭo hoti chando. Chandahārako ce, bhikkhave, dinne chande antarāmagge vibbhamati...pe... ubhatobyañjanako paṭijānāti, anāhaṭo hoti chando.

Chandahārako ce, bhikkhave, dinne chande saṅghappatto pakkamati, āhaṭo hoti chando. Chandahārako ce, bhikkhave, dinne chande saṅghappatto vibbhamati...pe... ubhatobyañjanako paṭijānāti, āhaṭo hoti chando.

Chandahārako ce, bhikkhave, dinne chande saṅghappatto sutto na āroceti, pamatto na āroceti, samāpanno na āroceti, āhaṭo hoti chando. Chandahārakassa anāpatti.

Chandahārako ce, bhikkhave, dinne chande saṅghappatto sañcicca na āroceti, āhaṭo hoti chando. Chandahārakassa āpatti dukkaṭassa. Anujānāmi, bhikkhave, tadahuposathe pārisuddhiṃ dentena chandampi dātuṃ, santi saṅghassa karaṇīyanti.

89. Ñātakādiggahaṇakathā

166. Tena kho pana samayena aññataraṃ bhikkhuṃ tadahuposathe ñātakā gaṇhiṃsu. Bhagavato etamatthaṃ ārocesuṃ.

Idha pana, bhikkhave, bhikkhuṃ tadahuposathe ñātakā gaṇhanti. Te ñātakā bhikkhūhi evamassu vacanīyā – ''iṅgha, tumhe āyasmanto imaṃ bhikkhuṃ muhuttaṃ muñcatha, yāvāyaṃ bhikkhu uposathaṃ karotī''ti. Evañcetaṃ labhetha, iccetaṃ kusalaṃ. No ce labhetha, te ñātakā bhikkhūhi evamassu vacanīyā – ''iṅgha, tumhe āyasmanto muhuttaṃ ekamantaṃ hotha, yāvāyaṃ bhikkhu pārisuddhiṃ detī''ti. Evañcetaṃ labhetha, iccetaṃ kusalaṃ. No ce labhetha, te ñātakā bhikkhūhi evamassu vacanīyā – ''iṅgha, tumhe āyasmanto imaṃ bhikkhuṃ muhuttaṃ nissīmaṃ netha, yāva saṅgho uposathaṃ karotī''ti. Evañcetaṃ labhetha, iccetaṃ kusalaṃ. No ce labhetha, na tveva vaggena saṅghena uposatho kātabbo. Kareyya ce, āpatti dukkaṭassa.

Idha pana, bhikkhave, bhikkhuṃ tadahuposathe rājāno gaṇhanti,...pe... corā gaṇhanti – dhuttā gaṇhanti – bhikkhupaccatthikā gaṇhanti, te bhikkhupaccatthikā bhikkhūhi evamassu vacanīyā – ''iṅgha, tumhe āyasmanto imaṃ bhikkhuṃ muhuttaṃ muñcatha, yāvāyaṃ bhikkhu uposathaṃ karotī''ti. Evañcetaṃ labhetha, iccetaṃ kusalaṃ. No ce labhetha, te bhikkhupaccatthikā bhikkhūhi evamassu vacanīyā –

''iṅgha, tumhe āyasmanto muhuttaṃ ekamantaṃ hotha, yāvāyaṃ bhikkhu pārisuddhiṃ detī''ti. Evañcetaṃ labhetha, iccetaṃ kusalaṃ. No ce labhetha, te bhikkhupaccatthikā bhikkhūhi evamassu vacanīyā – ''iṅgha, tumhe āyasmanto imaṃ bhikkhuṃ muhuttaṃ nissīmaṃ netha, yāva saṅgho uposathaṃ karotī''ti. Evañcetaṃ labhetha, iccetaṃ kusalaṃ. No ce labhetha, na tveva vaggena saṅghena uposatho kātabbo. Kareyya ce, āpatti dukkaṭassāti.

90. Ummattakasammuti

167. Atha kho Bhagavā bhikkhū āmantesi – ''sannipatatha, bhikkhave, atthi saṅghassa karaṇīya''nti. Evaṃ vutte aññataro bhikkhu bhagavantaṃ etadavoca – ''atthi, bhante, gaggo nāma bhikkhu ummattako, so anāgato''ti.

''Dveme, bhikkhave, ummattakā – atthi, bhikkhave, bhikkhu ummattako saratipi uposathaṃ napi sarati, saratipi saṅghakammaṃ napi sarati, atthi neva sarati; āgacchatipi uposathaṃ napi āgacchati, āgacchatipi saṅghakammaṃ napi āgacchati, atthi neva āgacchati. Tatra, bhikkhave, yvāyaṃ ummattako saratipi uposathaṃ napi sarati, saratipi saṅghakammaṃ napi sarati, āgacchatipi uposathaṃ napi āgacchati, āgacchatipi saṅghakammaṃ napi āgacchati, anujānāmi, bhikkhave, evarūpassa ummattakassa ummattakasammuttiṃ dātuṃ. Evañca pana, bhikkhave, dātabbā. Byattena bhikkhunā paṭibalena saṅgho ñāpetabbo –

''Suṇātu me, bhante, saṅgho. Gaggo bhikkhu ummattako – saratipi uposathaṃ napi sarati, saratipi saṅghakammaṃ napi sarati, āgacchatipi uposathaṃ napi āgacchati, āgacchatipi saṅghakammaṃ napi āgacchati. Yadi saṅghassa pattakallaṃ, saṅgho gaggassa bhikkhuno ummattakassa ummattakasammutiṃ dadeyya. Sareyya vā gaggo bhikkhu uposathaṃ na vā sareyya, sareyya vā saṅghakammaṃ na vā sareyya, āgaccheyya vā uposathaṃ na vā āgaccheyya, āgaccheyya vā saṅghakammaṃ na vā āgaccheyya, saṅgho saha vā gaggena vinā vā gaggena uposathaṃ kareyya, saṅghakammaṃ kareyya. Esā ñatti.

''Suṇātu me, bhante, saṅgho. Gaggo bhikkhu ummattako – saratipi uposathaṃ napi sarati, saratipi saṅghakammaṃ napi sarati, āgacchatipi uposathaṃ napi āgacchati, āgacchatipi saṅghakammaṃ napi āgacchati. Saṅgho gaggassa bhikkhuno ummattakassa ummattakasammutiṃ deti. Sareyya vā gaggo bhikkhu uposathaṃ na vā sareyya, sareyya vā saṅghakammaṃ na vā sareyyaṃ, āgaccheyya vā uposathaṃ na vā āgaccheyya, āgaccheyya vā saṅghakammaṃ na vā āgaccheyya, saṅgho saha vā gaggena, vinā vā gaggena uposathaṃ karissati, saṅghakammaṃ karissati. Yassāyasmato khamati gaggassa bhikkhunoummattakassa ummattakasammutiyā dānaṃ – sareyya vā gaggo bhikkhu uposathaṃ na vā sareyya, sareyya vā saṅghakammaṃ na vā sareyya, āgaccheyya vā uposathaṃ na vā āgaccheyya, āgaccheyya vā saṅghakammaṃ na vā āgaccheyya, saṅgho saha vā gaggena, vinā vā gaggena uposathaṃ karissati, saṅghakammaṃ karissati, so tuṇhassa; yassa nakkhamati, so bhāseyya.

''Dinnā saṅghena gaggassa bhikkhuno ummattakassa ummattakasammuti. Sareyya vā gaggo bhikkhu uposathaṃ na vā sareyya, sareyya vā saṅghakammaṃ na vā sareyya, āgaccheyya vā uposathaṃ na vā āgaccheyya, āgaccheyya vā saṅghakammaṃ na vā āgaccheyya, saṅgho saha vā gaggena vinā vā gaggena uposathaṃ karissati, saṅghakammaṃ karissati. Khamati saṅghassa, tasmā tuṇhī, evametaṃ dhārayāmī''ti.

91. Saṅghuposathādippabhedaṃ

168. Tena kho pana samayena aññatarasmiṃ āvāse tadahuposathe cattāro bhikkhū viharanti. Atha kho tesaṃ bhikkhūnaṃ etadahosi – ''bhagavatā paññattaṃ 'uposatho kātabbo'ti, mayañcamhā cattāro janā, kathaṃ nu kho amhehi uposatho kātabbo''ti? Bhagavato etamatthaṃ ārocesuṃ. Anujānāmi, bhikkhave, catunnaṃ pātimokkhaṃ uddisituṃti.

Tena kho pana samayena aññatarasmiṃ āvāse tadahuposathe tayo bhikkhū viharanti. Atha kho tesaṃ bhikkhūnaṃ etadahosi – ''bhagavatā anuññātaṃ catunnaṃ pātimokkhaṃ uddisituṃ, mayañcamhā tayo janā, kathaṃ nu kho amhehi uposatho kātabbo''ti? Bhagavato etamatthaṃ ārocesuṃ. Anujānāmi, bhikkhave, tiṇṇaṃ pārisuddhiuposathaṃ kātuṃ. Evañca pana, bhikkhave, kātabbo. Byattena bhikkhunā paṭibalena te bhikkhū ñāpetabbā –

''Suṇantu me āyasmantā. Ajjuposatho pannaraso. Yadāyasmantānaṃ pattakallaṃ, mayaṃ aññamaññaṃ pārisuddhiuposathaṃ kareyyāmā''ti.

Therena bhikkhunā ekaṃsaṃ uttarāsaṅgaṃ karitvā ukkuṭikaṃ nisīditvā añjaliṃ paggahetvā te bhikkhū evamassu vacanīyā – ''parisuddho ahaṃ, āvuso; parisuddhoti maṃ dhāretha. Parisuddho ahaṃ, āvuso; parisuddhoti maṃ dhāretha. Parisuddho ahaṃ, āvuso; parisuddhoti maṃ dhārethā''ti.

Navakena bhikkhunā ekaṃsaṃ uttarāsaṅgaṃ karitvā ukkuṭikaṃ nisīditvā añjaliṃ paggahetvā te bhikkhū evamassu vacanīyā – ''parisuddho ahaṃ, bhante; parisuddhoti maṃ dhāretha. Parisuddho ahaṃ, bhante; parisuddhoti maṃ dhāretha. Parisuddho ahaṃ, bhante; parisuddhoti maṃ dhārethā''ti.

Tena kho pana samayena aññatarasmiṃ āvāse tadahuposathe dve bhikkhū viharanti. Atha kho tesaṃ bhikkhūnaṃ etadahosi – ''bhagavatā anuññātaṃ catunnaṃ pātimokkhaṃ uddisituṃ, tiṇṇannaṃ pārisuddhiuposathaṃ kātuṃ. Mayañcamhā dve janā. Kathaṃ nu kho amhehi uposatho kātabbo''ti? Bhagavato etamatthaṃ ārocesuṃ. Anujānāmi, bhikkhave, dvinnaṃ pārisuddhiuposathaṃ kātuṃ . Evañca pana, bhikkhave, kātabbo. Therena bhikkhunā ekaṃsaṃ uttarāsaṅgaṃ karitvā ukkuṭikaṃ nisīditvā añjaliṃ paggahetvā navo bhikkhu evamassa vacanīyo – ''parisuddho ahaṃ, āvuso; parisuddhoti maṃ dhārehi. Parisuddho ahaṃ, āvuso; parisuddhoti maṃ dhārehi. Parisuddho ahaṃ, āvuso; parisuddhoti maṃ dhārehī''ti.

Navakena bhikkhunā ekaṃsaṃ uttarāsaṅgaṃ karitvā ukkuṭikaṃ nisīditvā añjaliṃ paggahetvā thero bhikkhu evamassa vacanīyo – ''parisuddho ahaṃ, bhante; parisuddhoti maṃ dhāretha. Parisuddho ahaṃ, bhante; parisuddhoti maṃ dhāretha. Parisuddho ahaṃ, bhante; parisuddhoti maṃ dhārethā''ti.

Tena kho pana samayena aññatarasmiṃ āvāse tadahuposathe eko bhikkhu viharati. Atha kho tassa bhikkhuno etadahosi – ''bhagavatā anuññātaṃ catunnaṃ pātimokkhaṃ uddisituṃ, tiṇṇannaṃ pārisuddhiuposathaṃ kātuṃ, dvinnaṃ pārisuddhiuposathaṃ kātuṃ. Ahañcamhi ekako. Kathaṃ nu kho mayā uposatho kātabbo''ti? Bhagavato etamatthaṃ ārocesuṃ. Idha pana, bhikkhave, aññatarasmiṃ āvāse tadahuposathe eko bhikkhu viharati. Tena, bhikkhave, bhikkhunā yattha bhikkhū paṭikkamanti upaṭṭhānasālāya vā, maṇḍape vā, rukkhamūle vā, so deso sammajjitvā pānīyaṃ paribhojanīyaṃ upaṭṭhāpetvā āsanaṃ paññapetvā padīpaṃ katvā nisīditabbaṃ. Sace aññe bhikkhū āgacchanti, tehi saddhiṃ uposatho kātabbo. No ce āgacchanti, ajja me uposathoti adhiṭṭhātabbo. No ce adhiṭṭhaheyya, āpatti dukkaṭassa.

Tatra, bhikkhave, yattha cattāro bhikkhū viharanti, na ekassa pārisuddhiṃ āharitvā tīhi pātimokkhaṃ uddisitabbaṃ. Uddiseyyuṃ ce, āpatti dukkaṭassa. Tatra, bhikkhave, yattha tayo bhikkhū viharanti, na ekassa pārisuddhiṃ āharitvā dvīhi pārisuddhiuposatho kātabbo. Kareyyuṃ ce, āpatti dukkaṭassa. Tatra, bhikkhave, yattha dve bhikkhū viharanti, na ekassa pārisuddhiṃ āharitvā ekena adhiṭṭhātabbo. Adhiṭṭhaheyya ce, āpatti dukkaṭassāti.

92. Āpattipaṭikammavidhi

169. Tena kho pana samayena aññataro bhikkhu tadahuposathe āpattiṃ āpanno hoti. Atha kho tassa bhikkhuno etadahosi – ''bhagavatā paññattaṃ 'na sāpattikena uposatho kātabbo'ti. Ahañcamhi āpattiṃ āpanno. Kathaṃ nu kho mayā paṭipajjitabba''nti? Bhagavato etamatthaṃ ārocesuṃ. Idha pana, bhikkhave, bhikkhu tadahuposathe āpattiṃ āpanno hoti. Tena, bhikkhave, bhikkhunā ekaṃ bhikkhuṃ upasaṅkamitvā ekaṃsaṃ uttarāsaṅgaṃ karitvā ukkuṭikaṃ nisīditvā añjaliṃ paggahetvā evamassa vacanīyo – ''ahaṃ, āvuso, itthannāmaṃ āpattiṃ āpanno, taṃ paṭidesemī''ti. Tena vattabbo – ''passasī''ti. ''Āma passāmī''ti. ''Āyatiṃ saṃvareyyāsī''ti.

Idha pana, bhikkhave, bhikkhu tadahuposathe āpattiyā vematiko hoti. Tena, bhikkhave, bhikkhunā ekaṃ bhikkhuṃ upasaṅkamitvā ekaṃsaṃ uttarāsaṅgaṃ karitvā ukkuṭikaṃ nisīditvā añjaliṃ paggahetvā evamassa vacanīyo – ''ahaṃ, āvuso, itthannāmāya āpattiyā vematiko; yadā nibbematiko bhavissāmi, tadā taṃ āpattiṃ paṭikarissāmī''ti vatvā uposatho kātabbo, pātimokkhaṃ sotabbaṃ, na tveva tappaccayā uposathassa antarāyo kātabboti.

Tena kho pana samayena chabbaggiyā bhikkhū sabhāgaṃ āpattiṃ desenti. Bhagavato etamatthaṃ ārocesuṃ. Na, bhikkhave, sabhāgā āpatti desetabbā. Yo deseyya, āpatti dukkaṭassāti.

Tena kho pana samayena chabbaggiyā bhikkhū sabhāgaṃ āpattiṃ paṭiggaṇhanti. Bhagavato etamatthaṃ ārocesuṃ. Na, bhikkhave, sabhāgā āpatti paṭiggahetabbā. Yo paṭiggaṇheyya, āpatti dukkaṭassāti.

93. Āpattiāvikaraṇavidhi

170. Tena kho pana samayena aññataro bhikkhu pātimokkhe uddissamāne āpattiṃ sarati. Atha kho tassa bhikkhuno etadahosi – ''bhagavatā paññattaṃ 'na sāpattikena uposatho kātabbo'ti. Ahañcamhi āpattiṃ āpanno. Kathaṃ nu kho mayā paṭipajjitabba''nti? Bhagavato etamatthaṃ ārocesuṃ.

Idha pana, bhikkhave, bhikkhu pātimokkhe uddissamāne āpattiṃ sarati. Tena, bhikkhave, bhikkhunā sāmanto bhikkhu evamassa vacanīyo – ''ahaṃ, āvuso, itthannāmaṃ āpattiṃ āpanno. Ito vuṭṭhahitvā taṃ āpattiṃ paṭikarissāmī''ti vatvā uposatho kātabbo, pātimokkhaṃ sotabbaṃ, na tveva tappaccayā uposathassa antarāyo kātabbo.

Idha pana, bhikkhave, bhikkhu pātimokkhe uddissamāne āpattiyā vematiko hoti. Tena, bhikkhave, bhikkhunā sāmanto bhikkhu evamassa vacanīyo – ''ahaṃ, āvuso, itthannāmāya āpattiyā vematiko. Yadā nibbematiko bhavissāmi, tadā taṃ āpattiṃ paṭikarissāmī''ti vatvā uposatho kātabbo, pātimokkhaṃ sotabbaṃ; na tveva tappaccayā uposathassa antarāyo kātabboti.

94. Sabhāgāpattipaṭikammavidhi

171. Tena kho pana samayena aññatarasmiṃ āvāse tadahuposathe sabbo saṅgho sabhāgaṃ āpattiṃ āpanno hoti. Atha kho tesaṃ bhikkhūnaṃ etadahosi – ''bhagavatā paññattaṃ 'na sabhāgā āpatti desetabbā, na sabhāgā āpatti paṭiggahetabbā'ti . Ayañca sabbo saṅgho sabhāgaṃ āpattiṃ āpanno. Kathaṃ nu kho amhehi paṭipajjitabba''nti? Bhagavato etamatthaṃ ārocesuṃ.

Idha pana, bhikkhave, aññatarasmiṃ āvāse tadahuposathe sabbo saṅgho sabhāgaṃ āpattiṃ āpanno hoti. Tehi, bhikkhave, bhikkhūhi eko bhikkhu sāmantā āvāsā sajjukaṃ pāhetabbo – gacchāvuso, taṃ āpattiṃ paṭikaritvā āgaccha; mayaṃ te santike āpattiṃ paṭikarissāmāti. Evañcetaṃ labhetha, iccetaṃ kusalaṃ. No ce labhetha, byattena bhikkhunā paṭibalena saṅgho ñāpetabbo –

"Suṇātu me, bhante, saṅgho. Ayaṃ sabbo saṅgho sabhāgaṃ āpattiṃ āpanno. Yadā aññaṃ bhikkhuṃ suddhaṃ anāpattikaṃ passissati, tadā tassa santike taṃ āpattiṃ paṭikarissatī"ti vatvā uposatho kātabbo, pātimokkhaṃ uddisitabbaṃ, na tveva tappaccayā uposathassa antarāyo kātabbo.

Idha pana, bhikkhave, aññatarasmiṃ āvāse tadahuposathe sabbo saṅgho sabhāgāya āpattiyā vematiko hoti. Byattena bhikkhunā paṭibalena saṅgho ñāpetabbo –

"Suṇātu me, bhante, saṅgho. Ayaṃ sabbo saṅgho sabhāgāya āpattiyā vematiko. Yadā nibbematiko bhavissati, tadā taṃ āpattiṃ paṭikarissatī"ti vatvā uposatho kātabbo, pātimokkhaṃ uddisitabbaṃ; na tveva tappaccayā uposathassa antarāyo kātabbo.

Idha pana, bhikkhave, aññatarasmiṃ āvāse vassūpagato saṅgho sabhāgaṃ āpattiṃ āpanno hoti. Tehi, bhikkhave, bhikkhūhi eko bhikkhu sāmantā āvāsā sajjukaṃ pāhetabbo – gacchāvuso, taṃ āpattiṃ paṭikaritvā āgaccha; mayaṃ te santike taṃ āpattiṃ paṭikarissāmāti. Evañcetaṃ labhetha, iccetaṃ kusalaṃ. No ce labhetha, eko bhikkhu sattāhakālikaṃ pāhetabbo – gacchāvuso, taṃ āpattiṃ paṭikaritvā āgaccha; mayaṃ te santike taṃ āpattiṃ paṭikarissāmāti.

Tena kho pana samayena aññatarasmiṃ āvāse sabbo saṅgho sabhāgaṃ āpattiṃ āpanno hoti. So na jānāti tassā āpattiyā nāmagottaṃ. Tattha añño bhikkhu āgacchati bahussuto āgatāgamo dhammadharo vinayadharo mātikādharo paṇḍito byatto medhāvī lajjī kukkuccako sikkhākāmo. Tamenaṃ aññataro bhikkhu yena so bhikkhu tenupasaṅkami, upasaṅkamitvā taṃ bhikkhuṃ etadavoca – "yo nu kho, āvuso, evañcevañca karoti, kiṃ nāma so āpattiṃ āpajjatī"ti? So evamāha – "yo kho, āvuso, evañcevañca karoti, imaṃ nāma so āpattiṃ āpajjati. Imaṃ nāma tvaṃ, āvuso, āpattiṃ āpanno; paṭikarohi taṃ āpatti"nti. So evamāha – "na kho ahaṃ, āvuso, ekova imaṃ āpattiṃ āpanno; ayaṃ sabbo saṅgho imaṃ āpattiṃ āpanno"ti. So evamāha – "kiṃ te, āvuso, karissati paro āpanno vā anāpanno vā. Iṅgha, tvaṃ, āvuso, sakāya āpattiyā vuṭṭhāhī"ti. Atha kho so bhikkhu tassa bhikkhuno vacanena taṃ āpattiṃ paṭikaritvā yena te bhikkhū tenupasaṅkami, upasaṅkamitvā te bhikkhū etadavoca – "yo kira, āvuso, evañcevañca karoti, imaṃ nāma so āpattiṃ āpajjati. Imaṃ nāma tumhe, āvuso, āpattiṃ āpannā; paṭikarotha taṃ āpatti"nti. Atha kho te bhikkhū na icchiṃsu tassa bhikkhuno vacanena taṃ āpattiṃ paṭikātuṃ. Bhagavato etamatthaṃ ārocesuṃ.

Idha pana, bhikkhave, aññatarasmiṃ āvāse sabbo saṅgho sabhāgaṃ āpattiṃ āpanno hoti. So na jānāti tassā āpattiyā nāmagottaṃ. Tattha añño bhikkhu āgacchati bahussuto āgatāgamo dhammadharo vinayadharo mātikādharo paṇḍito byatto medhāvī lajjī kukkuccako sikkhākāmo. Tamenaṃ aññataro bhikkhu yena so bhikkhu tenupasaṅkami, upasaṅkamitvā taṃ bhikkhuṃ evaṃ vadeti – "yo nu kho, āvuso, evañcevañca karoti, kiṃ nāma so āpattiṃ āpajjatī"ti? So evaṃ vadeti – "yo kho, āvuso, evañcevañca karoti, imaṃ nāma so āpattiṃ āpajjati. Imaṃ nāma tvaṃ, āvuso, āpattiṃ āpanno; paṭikarohi taṃ āpatti"nti. So evaṃ vadeti – "na kho ahaṃ, āvuso, ekova imaṃ āpattiṃ āpanno. Ayaṃ sabbo saṅgho imaṃ āpattiṃ āpanno"ti. So evaṃ vadeti – "kiṃ te, āvuso, karissati paro āpanno vā anāpanno vā. Iṅgha, tvaṃ, āvuso, sakāya āpattiyā vuṭṭhāhī"ti. So ce, bhikkhave, bhikkhu tassa bhikkhuno vacanena taṃ āpattiṃ paṭikaritvā yena te bhikkhū tenupasaṅkami, upasaṅkamitvā te bhikkhū evaṃ vadeti – "yo kira, āvuso, evañcevañca karoti imaṃ nāma so āpattiṃ āpajjati, imaṃ nāma tumhe āvuso āpattiṃ āpannā, paṭikarotha taṃ āpatti"nti. Te ce, bhikkhave, bhikkhū tassa bhikkhuno vacanena taṃ āpattiṃ paṭikareyyuṃ, iccetaṃ kusalaṃ. No ce paṭikareyyuṃ, na te, bhikkhave, bhikkhū tena bhikkhunā akāmā vacanīyāti.

Codanāvatthubhāṇavāro niṭṭhito dutiyo.

95. Anāpattipannarasakaṃ

172. Tena kho pana samayena aññatarasmiṃ āvāse tadahuposathe sambahulā āvāsikā bhikkhū sannipatiṃsu cattāro vā atirekā vā. Te na jāniṃsu "atthaññe āvāsikā bhikkhū anāgatā"ti. Te dhammasaññino vinayasaññino vaggā samaggasaññino uposathaṃ akaṃsu, pātimokkhaṃ uddisiṃsu. Tehi uddissamāne pātimokkhe, athaññe āvāsikā bhikkhū āgacchiṃsu bahutarā. Bhagavato etamatthaṃ ārocesuṃ.

Idha pana, bhikkhave, aññatarasmiṃ āvāse tadahuposathe sambahulā āvāsikā bhikkhū sannipatanti cattāro vā atirekā vā. Te na jānanti "atthaññe āvāsikā bhikkhū anāgatā"ti. Te dhammasaññino vinayasaññino vaggā samaggasaññino uposathaṃ karonti, pātimokkhaṃ uddisanti. Tehi uddissamāne pātimokkhe, athaññe āvāsikā bhikkhū āgacchanti bahutarā. Tehi, bhikkhave, bhikkhūhi puna pātimokkhaṃ uddisitabbaṃ. Uddesakānaṃ anāpatti.

Idha pana, bhikkhave, aññatarasmiṃ āvāse tadahuposathe sambahulā āvāsikā bhikkhū sannipatanti cattāro vā atirekā vā. Te na jānanti "atthaññe āvāsikā bhikkhū anāgatā"ti. Te dhammasaññino vinayasaññino vaggā samaggasaññino uposathaṃ karonti, pātimokkhaṃ uddisanti. Tehi uddissamāne pātimokkhe, athaññe āvāsikā bhikkhū āgacchanti samasamā. Uddiṭṭhaṃ suuddiṭṭhaṃ, avasesaṃ sotabbaṃ. Uddesakānaṃ anāpatti.

Idha pana, bhikkhave, aññatarasmiṃ āvāse tadahuposathe sambahulā āvāsikā bhikkhū sannipatanti cattāro vā atirekā vā. Te na jānanti atthaññe āvāsikā bhikkhū anāgatāti, te dhammasaññino vinayasaññino vaggā samaggasaññino uposathaṃ karonti pātimokkhaṃ uddisanti. Tehi uddissamāne pātimokkhe, athaññe āvāsikā bhikkhū āgacchanti thokatarā. Uddiṭṭhaṃ suuddiṭṭhaṃ, avasesaṃ sotabbaṃ. Uddesakānaṃ anāpatti.

Idha pana, bhikkhave, aññatarasmiṃ āvāse tadahuposathe sambahulā āvāsikā bhikkhū sannipatanti cattāro vā atirekā vā. Te na jānanti atthaññe āvāsikā bhikkhū anāgatāti, te dhammasaññino vinayasaññino vaggā samaggasaññino uposathaṃ karonti pātimokkhaṃ uddisanti. Tehi uddiṭṭhamatte pātimokkhe, athaññe āvāsikā bhikkhū āgacchanti bahutarā. Tehi, bhikkhave, bhikkhūhi puna pātimokkhaṃ uddisitabbaṃ. Uddesakānaṃ anāpatti.

Idha pana, bhikkhave, aññatarasmiṃ āvāse tadahuposathe sambahulā āvāsikā bhikkhū sannipatanti cattāro vā atirekā vā. Te na jānanti atthaññe āvāsikā bhikkhū anāgatāti, te dhammasaññino vinayasaññino vaggā samaggasaññino uposathaṃ karonti pātimokkhaṃ uddisanti. Tehi uddiṭṭhamatte pātimokkhe, athaññe āvāsikā bhikkhū āgacchanti samasamā. Uddiṭṭhaṃ suuddiṭṭhaṃ, tesaṃ santike pārisuddhi ārocetabbā. Uddesakānaṃ anāpatti.

Idha pana, bhikkhave, aññatarasmiṃ āvāse tadahuposathe sambahulā āvāsikā bhikkhū sannipatanti cattāro vā atirekā vā. Te na jānanti atthaññe āvāsikā bhikkhū anāgatāti, te dhammasaññino vinayasaññino vaggā samaggasaññino uposathaṃ karonti pātimokkhaṃ uddisanti. Tehi uddiṭṭhamatte pātimokkhe, athaññe āvāsikā bhikkhū āgacchanti thokatarā. Uddiṭṭhaṃ suuddiṭṭhaṃ, tesaṃ santike pārisuddhi ārocetabbā. Uddesakānaṃ anāpatti.

Idha pana, bhikkhave, aññatarasmiṃ āvāse tadahuposathe sambahulā āvāsikā bhikkhū sannipatanti cattāro vā atirekā vā. Te na jānanti atthaññe āvāsikā bhikkhū anāgatāti, te dhammasaññino vinayasaññino vaggā samaggasaññino uposathaṃ karonti pātimokkhaṃ uddisanti. Tehi uddiṭṭhamatte pātimokkhe, avuṭṭhitāyaparisāya, athaññe āvāsikā bhikkhū āgacchanti bahutarā. Tehi, bhikkhave, bhikkhūhi puna pātimokkhaṃ uddisitabbaṃ. Uddesakānaṃ anāpatti.

Idha pana, bhikkhave, aññatarasmiṃ āvāse tadahuposathe sambahulā āvāsikā bhikkhū sannipatanti cattāro vā atirekā vā. Te na jānanti atthaññe āvāsikā bhikkhū anāgatāti, te dhammasaññino vinayasaññino vaggā samaggasaññino uposathaṃ karonti pātimokkhaṃ uddisanti. Tehi uddiṭṭhamatte pātimokkhe, avuṭṭhitāya parisāya, athaññe āvāsikā bhikkhū āgacchanti samasamā. Uddiṭṭhaṃ suuddiṭṭhaṃ, tesaṃ santike pārisuddhi ārocetabbā. Uddesakānaṃ anāpatti.

Idha pana, bhikkhave, aññatarasmiṃ āvāse tadahuposathe sambahulā āvāsikā bhikkhū sannipatanti cattāro vā atirekā vā. Te na jānanti atthaññe āvāsikā bhikkhū anāgatāti, te dhammasaññino vinayasaññino vaggā samaggāsaññino uposathaṃ karonti pātimokkhaṃ uddisanti. Tehi uddiṭṭhamatte pātimokkhe, avuṭṭhitāya parisāya, athaññe āvāsikā bhikkhū āgacchanti thokatarā. Uddiṭṭhaṃ suuddiṭṭhaṃ, tesaṃ santike pārisuddhi ārocetabbā. Uddesakānaṃ anāpatti.

Idha pana, bhikkhave, aññatarasmiṃ āvāse tadahuposathe sambahulā āvāsikā bhikkhū sannipatanti cattāro vā atirekā vā. Te na jānanti atthaññe āvāsikā bhikkhū anāgatāti, te dhammasaññino vinayasaññino vaggā samaggasaññino uposathaṃ karonti pātimokkhaṃ uddisanti. Tehi uddiṭṭhamatte pātimokkhe, ekaccāya vuṭṭhitāya parisāya, athaññe āvāsikā bhikkhū āgacchanti bahutarā. Tehi, bhikkhave, bhikkhūhi puna pātimokkhaṃ uddisitabbaṃ. Uddesakānaṃ anāpatti.

Idha pana, bhikkhave, aññatarasmiṃ āvāse tadahuposathe sambahulā āvāsikā bhikkhū sannipatanti cattāro vā atirekā vā. Te na jānanti atthaññe āvāsikā bhikkhū anāgatāti, te dhammasaññino vinayasaññino vaggā samaggasaññino uposathaṃ karonti pātimokkhaṃ uddisanti. Tehi uddiṭṭhamatte pātimokkhe, ekaccāya vuṭṭhitāya parisāya, athaññe āvāsikā bhikkhū āgacchanti samasamā. Uddiṭṭhaṃ suuddiṭṭhaṃ, tesaṃ santike pārisuddhi ārocetabbā. Uddesakānaṃ anāpatti.

Idha pana, bhikkhave, aññatarasmiṃ āvāse tadahuposathe sambahulā āvāsikā bhikkhū sannipatanti cattāro vā atirekā vā. Te na jānanti atthaññe āvāsikā bhikkhū anāgatāti, te dhammasaññino vinayasaññino vaggā samaggasaññino uposathaṃ karonti pātimokkhaṃ uddisanti. Tehi uddiṭṭhamatte pātimokkhe, ekaccāya vuṭṭhitāya parisāya, athaññe āvāsikā bhikkhū āgacchanti thokatarā. Uddiṭṭhaṃ suuddiṭṭhaṃ, tesaṃ santike pārisuddhi ārocetabbā. Uddesakānaṃ anāpatti.

Idha pana, bhikkhave, aññatarasmiṃ āvāse tadahuposathe sambahulā āvāsikā bhikkhū sannipatanti cattāro vā atirekā vā. Te na jānanti atthaññe āvāsikā bhikkhū anāgatāti, te dhammasaññino vinayasaññino vaggā samaggasaññino uposathaṃ karonti pātimokkhaṃ uddisanti. Tehi uddiṭṭhamatte pātimokkhe, sabbāya vuṭṭhitāya parisāya, athaññe āvāsikā bhikkhū āgacchanti bahutarā. Tehi, bhikkhave, bhikkhūhi puna pātimokkhaṃ uddisitabbaṃ. Uddesakānaṃ anāpatti.

Idha pana, bhikkhave, aññatarasmiṃ āvāse tadahuposathe sambahulā āvāsikā bhikkhū sannipatanti cattāro vā atirekā vā. Te na jānanti atthaññe āvāsikā bhikkhū anāgatāti, te dhammasaññino vinayasaññino vaggā samaggasaññino uposathaṃ karonti pātimokkhaṃ uddisanti. Tehi uddiṭṭhamatte pātimokkhe, sabbāya vuṭṭhitāya parisāya, athaññe āvāsikā bhikkhū āgacchanti samasamā. Uddiṭṭhaṃ suuddiṭṭhaṃ, tesaṃ santike pārisuddhi ārocetabbā. Uddesakānaṃ anāpatti.

Idha pana, bhikkhave, aññatarasmiṃ āvāse tadahuposathe sambahulā āvāsikā bhikkhū sannipatanti cattāro vā atirekā vā. Te na jānanti atthaññe āvāsikā bhikkhū anāgatāti, te dhammasaññino vinayasaññino vaggā samaggasaññino uposathaṃ karonti pātimokkhaṃ uddisanti. Tehi uddiṭṭhamatte pātimokkhe, sabbāya vuṭṭhitāya parisāya, athaññe āvāsikā bhikkhū āgacchanti thokatarā. Uddiṭṭhaṃ suuddiṭṭhaṃ, tesaṃ santike pārisuddhi ārocetabbā. Uddesakānaṃ anāpatti.

Anāpattipannarasakaṃ niṭṭhitaṃ.

96. Vaggāvaggasaññīpannarasakaṃ

173. Idha pana, bhikkhave, aññatarasmiṃ āvāse tadahuposathe sambahulā āvāsikā bhikkhū sannipatanti cattāro vā atirekā vā. Te jānanti ''atthaññe āvāsikā bhikkhū anāgatā''ti. Te dhammasaññino vinayasaññino vaggā vaggasaññino uposathaṃ karonti, pātimokkhaṃ uddisanti. Tehi uddissamāne pātimokkhe, athaññe āvāsikā bhikkhū āgacchanti bahutarā. Tehi, bhikkhave, bhikkhūhi puna pātimokkhaṃ uddisitabbaṃ. Uddesakānaṃ āpatti dukkaṭassa.

Idha pana, bhikkhave, aññatarasmiṃ āvāse tadahuposathe sambahulā āvāsikā bhikkhū sannipatanti cattāro vā atirekā vā. Te jānanti atthaññe āvāsikā bhikkhū anāgatāti, te dhammasaññino vinayasaññino vaggā samaggasaññino uposathaṃ karonti pātimokkhaṃ uddisanti. Tehi uddissamāne pātimokkhe, athaññe āvāsikā bhikkhū āgacchanti samasamā. Uddiṭṭhaṃ suuddiṭṭhaṃ, avasesaṃ sotabbaṃ. Uddesakānaṃ āpatti dukkaṭassa.

Idha pana, bhikkhave, aññatarasmiṃ āvāse tadahuposathe sambahulā āvāsikā bhikkhū sannipatanti cattāro vā atirekā vā. Te jānanti atthaññe āvāsikā bhikkhū anāgatāti te dhammasaññino vinayasaññino vaggā vaggasaññino uposathaṃ karonti pātimokkhaṃ uddisanti. Tehi uddissamāne pātimokkhe, athaññe āvāsikā bhikkhū āgacchanti thokatarā. Uddiṭṭhaṃ suuddiṭṭhaṃ, avasesaṃ sotabbaṃ. Uddesakānaṃ āpatti dukkaṭassa.

Idha pana, bhikkhave, aññatarasmiṃ āvāse tadahuposathe sambahulā āvāsikā bhikkhū sannipatanti cattāro vā atirekā vā. Te jānanti ''atthaññe āvāsikā bhikkhū anāgatā''ti. Te dhammasaññino vinayasaññino vaggā vaggasaññino uposathaṃ karonti, pātimokkhaṃ uddisanti. Tehi uddiṭṭhamatte pātimokkhe...pe... avuṭṭhitāya parisāya...pe... ekaccāya vuṭṭhitāya parisāya...pe... sabbāya vuṭṭhitāya parisāya athaññe āvāsikā bhikkhū āgacchanti bahutarā...pe... samasamā...pe... thokatarā. Uddiṭṭhaṃ suuddiṭṭhaṃ, tesaṃ santike pārisuddhi ārocetabbā. Uddesakānaṃ āpatti dukkaṭassa.

Vaggāvaggasaññipannarasakaṃ niṭṭhitaṃ.

97. Vematikapannarasakaṃ

174. Idha pana, bhikkhave, aññatarasmiṃ āvāse tadahuposathe sambahulā āvāsikā bhikkhū sannipatanti cattāro vā atirekā vā. Te jānanti ''atthaññe āvāsikā bhikkhū anāgatā''ti. Te, kappati nu kho amhākaṃ uposatho kātuṃ na nu kho kappatīti, vematikā uposathaṃ karonti, pātimokkhaṃ uddisanti. Tehi uddissamāne pātimokkhe, athaññe āvāsikā bhikkhū āgacchanti bahutarā. Tehi, bhikkhave, bhikkhūhi puna pātimokkhaṃ uddisitabbaṃ. Uddesakānaṃ āpatti dukkaṭassa.

Idha pana, bhikkhave, aññatarasmiṃ āvāse tadahuposathe sambahulā āvāsikā bhikkhū sannipatanti cattāro vā atirekā vā. Te jānanti ''atthaññe āvāsikā bhikkhū anāgatā''ti, te ''kappati nu kho amhākaṃ uposatho kātuṃ, na nu kho kappatī''ti, vematikā uposathaṃ karonti, pātimokkhaṃ uddisanti. Tehi uddissamāne pātimokkhe, athaññe āvāsikā bhikkhū āgacchanti samasamā. Uddiṭṭhaṃ suuddiṭṭhaṃ, avasesaṃ sotabbaṃ. Uddesakānaṃ āpatti dukkaṭassa.

Idha pana, bhikkhave, aññatarasmiṃ āvāse tadahuposathe sambahulā āvāsikā bhikkhū sannipatanti cattāro vā atirekā vā. Te jānanti atthaññe āvāsikā bhikkhūanāgatāti, te kappati nu kho amhākaṃ uposatho kātuṃ, na nu kho kappatīti, vematikā uposathaṃ karonti, pātimokkhaṃ uddisanti. Tehi uddissamāne pātimokkhe athaññe āvāsikā bhikkhū āgacchanti thokatarā. Uddiṭṭhaṃ suuddiṭṭhaṃ, avasesaṃ sotabbaṃ. Uddesakānaṃ āpatti dukkaṭassa.

Idha pana, bhikkhave, aññatarasmiṃ āvāse tadahuposathe sambahulā āvāsikā bhikkhū sannipatanti cattāro vā atirekā vā. Te jānanti ''atthaññe āvāsikā bhikkhū anāgatā''ti. Te, ''kappati nu kho amhākaṃ uposatho kātuṃ na nu kho kappatī''ti, vematikā uposathaṃ karonti, pātimokkhaṃ uddisanti. Tehi uddiṭṭhamatte pātimokkhe,...pe... avuṭṭhitāya parisāya...pe... ekaccāya vuṭṭhitāya parisāya...pe... sabbāya vuṭṭhitāya parisāya, athaññe āvāsikā bhikkhū āgacchanti bahutarā...pe... samasamā...pe... thokatarā. Uddiṭṭhaṃ suuddiṭṭhaṃ, tesaṃ santike pārisuddhi ārocetabbā. Uddesakānaṃ āpatti dukkaṭassa.

Vematikapannarasakaṃ niṭṭhitaṃ.

98. Kukkuccapakatapannarasakaṃ

175. Idha pana, bhikkhave, aññatarasmiṃ āvāse tadahuposathe sambahulā āvāsikā bhikkhū sannipatanti cattāro vā atirekā vā. Te jānanti ''atthaññe āvāsikā bhikkhū anāgatā''ti. Te ''kappateva amhākaṃ uposatho kātuṃ nāmhākaṃ na kappatī''ti, kukkuccapakatā uposathaṃ karonti, pātimokkhaṃ uddisanti. Tehi uddissamāne pātimokkhe, athaññe āvāsikā bhikkhū āgacchanti bahutarā. Tehi, bhikkhave, bhikkhūhi puna pātimokkhaṃ uddisitabbaṃ. Uddesakānaṃ āpatti dukkaṭassa.

Idha pana, bhikkhave, aññatarasmiṃ āvāse tadahuposathe sambahulā āvāsikā bhikkhū sannipatanti cattāro vā atirekā vā. Te jānanti ''atthaññe āvāsikā bhikkhū anāgatā''ti. Te ''kappateva amhākaṃ uposatho kātuṃ nāmhākaṃ na kappatī''ti, kukkuccapakatā uposathaṃ karonti, pātimokkhaṃ uddisanti. Tehi uddissamāne pātimokkhe, athaññe āvāsikā bhikkhū āgacchanti samasamā. Uddiṭṭhaṃ suuddiṭṭhaṃ, avasesaṃ sotabbaṃ. Uddesakānaṃ āpatti dukkaṭassa.

Idha pana, bhikkhave, aññatarasmiṃ āvāse tadahuposathe sambahulā āvāsikā bhikkhū sannipatanti cattāro vā atirekā vā. Te jānanti ''atthaññe āvāsikā bhikkhū anāgatā''ti. Te ''kappateva amhākaṃ uposatho kātuṃ, nāmhākaṃ na kappatī''ti, kukkuccapakatā uposathaṃ karonti, pātimokkhaṃ uddisanti. Tehi uddissamāne pātimokkhe, athaññe āvāsikā bhikkhū āgacchanti thokatarā. Uddiṭṭhaṃ suuddiṭṭhaṃ, avasesaṃ sotabbaṃ. Uddesakānaṃ āpatti dukkaṭassa.
Idha pana, bhikkhave , aññatarasmiṃ āvāse tadahuposathe sambahulā āvāsikā bhikkhū sannipatanti cattāro vā atirekā vā. Te jānanti ''atthaññe āvāsikā bhikkhū anāgatā''ti. Te ''kappateva amhākaṃ uposatho kātuṃ nāmhākaṃ na kappatī''ti, kukkuccapakatā uposathaṃ karonti, pātimokkhaṃ uddisanti. Tehi uddiṭṭhamatte pātimokkhe,...pe... avuṭṭhitāya parisāya...pe... ekaccāya vuṭṭhitāya parisāya...pe... sabbāya vuṭṭhitāya parisāya, athaññe āvāsikā bhikkhū āgacchanti bahutarā...pe... samasamā ...pe... thokatarā. Uddiṭṭhaṃ suuddiṭṭhaṃ, tesaṃ santike pārisuddhi ārocetabbā. Uddesakānaṃ āpatti dukkaṭassa.
Kukkuccapakatapannarasakaṃ niṭṭhitaṃ.
99. Bhedapurekkhārapannarasakaṃ
176. Idha pana, bhikkhave, aññatarasmiṃ āvāse tadahuposathe sambahulā āvāsikā bhikkhū sannipatanti cattāro vā atirekā vā. Te jānanti ''atthaññe āvāsikā bhikkhū anāgatā''ti. Te ''nassantete, vinassantete, ko tehi attho''ti – bhedapurekkhārā uposathaṃ karonti, pātimokkhaṃ uddisanti. Tehi uddissamāne pātimokkhe, athaññe āvāsikā bhikkhū āgacchanti bahutarā. Tehi , bhikkhave, bhikkhūhi puna pātimokkhaṃ uddisitabbaṃ. Uddesakānaṃ āpatti thullaccayassa .
Idha pana, bhikkhave, aññatarasmiṃ āvāse tadahuposathe sambahulā āvāsikā bhikkhū sannipatanti cattāro vā atirekā vā. Te jānanti ''atthaññe āvāsikā bhikkhū anāgatā''ti. Te ''nassantete, vinassantete, ko tehi attho''ti – bhedapurekkhārā uposathaṃ karonti, pātimokkhaṃ uddisanti. Tehi uddissamāne pātimokkhe, athaññe āvāsikā bhikkhū āgacchanti samasamā. Uddiṭṭhaṃ suuddiṭṭhaṃ, avasesaṃ sotabbaṃ. Uddesakānaṃ āpatti thullaccayassa.
Idha pana, bhikkhave, aññatarasmiṃ āvāse tadahuposathe sambahulā āvāsikā bhikkhū sannipatanti cattāro vā atirekā vā. Te jānanti ''atthaññe āvāsikā bhikkhū anāgatā''ti. Te ''nassantete, vinassantete, ko tehi attho''ti – bhedapurekkhārā uposathaṃ karonti, pātimokkhaṃ uddisanti. Tehi uddissamāne pātimokkhe, athaññe āvāsikā bhikkhū āgacchanti thokatarā. Uddiṭṭhaṃ suuddiṭṭhaṃ, avasesaṃ sotabbaṃ. Uddesakānaṃ āpatti thullaccayassa.
Idha pana, bhikkhave, aññatarasmiṃ āvāse tadahuposathe sambahulā āvāsikā bhikkhū sannipatanti cattāro vā atirekā vā. Te jānanti ''atthaññe āvāsikā bhikkhū anāgatā''ti . Te ''nassantete, vinassantete, ko tehi attho''ti – bhedapurekkhārā uposathaṃ karonti, pātimokkhaṃ uddisanti. Tehi uddiṭṭhamatte pātimokkhe athaññe āvāsikā bhikkhū āgacchanti bahutarā. Tehi, bhikkhave, bhikkhūhi puna pātimokkhaṃ uddisitabbaṃ. Uddesakānaṃ āpatti thullaccayassa.
Idha pana, bhikkhave, aññatarasmiṃ āvāse tadahuposathe sambahulā āvāsikā bhikkhū sannipatanti cattāro vā atirekā vā. Te jānanti ''atthaññe āvāsikā bhikkhū anāgatā''ti te ''nassantete, vinassantete, ko tehi attho''ti bhedapurekkhārā uposathaṃ karonti, pātimokkhaṃ uddisanti. Tehi uddiṭṭhamatte pātimokkhe athaññe āvāsikā bhikkhū āgacchanti samasamā. Uddiṭṭhaṃ suuddiṭṭhaṃ, tesaṃ santike pārisuddhi ārocetabbā. Uddesakānaṃ āpatti thullaccayassa.
Idha pana, bhikkhave, aññatarasmiṃ āvāse tadahuposathe sambahulā āvāsikā bhikkhū sannipatanti cattāro vā atirekā vā. Te jānanti ''atthaññe āvāsikā bhikkhū anāgatā''ti. Te ''nassantete, vinassantete, ko tehi attho''ti – bhedapurekkhārā uposathaṃ karonti, pātimokkhaṃ uddisanti. Tehi uddiṭṭhamatte pātimokkhe athaññe āvāsikā bhikkhū āgacchanti thokatarā. Uddiṭṭhaṃ suuddiṭṭhaṃ, tesaṃ santike pārisuddhi ārocetabbā. Uddesakānaṃ āpatti thullaccayassa.
Idha pana, bhikkhave, aññatarasmiṃ āvāse tadahuposathe sambahulā āvāsikā bhikkhū sannipatanti cattāro vā atirekā vā. Te jānanti ''atthaññe āvāsikā bhikkhū anāgatā''ti. Te ''nassantete, vinassantete, ko tehi attho''ti – bhedapurekkhārā uposathaṃ karonti, pātimokkhaṃ uddisanti. Tehi uddiṭṭhamatte pātimokkhe, avuṭṭhitāya parisāya, athaññe āvāsikā bhikkhū āgacchanti bahutarā. Tehi, bhikkhave, bhikkhūhi puna pātimokkhaṃ uddisitabbaṃ. Uddesakānaṃ āpatti thullaccayassa.
Idha pana, bhikkhave, aññatarasmiṃ āvāse tadahuposathe sambahulā āvāsikā bhikkhū sannipatanti cattāro vā atirekā vā. Te jānanti ''atthaññe āvāsikā bhikkhū anāgatā''ti. Te ''nassantete, vinassantete, ko tehi attho''ti – bhedapurekkhārā uposathaṃ karonti, pātimokkhaṃ uddisanti. Tehi uddiṭṭhamatte pātimokkhe, avuṭṭhitāya parisāya, athaññe āvāsikā bhikkhū āgacchanti samasamā. Uddiṭṭhaṃ suuddiṭṭhaṃ, tesaṃ santike pārisuddhi ārocetabbā. Uddesakānaṃ āpatti thullaccayassa.
Idha pana, bhikkhave, aññatarasmiṃ āvāse tadahuposathe sambahulā āvāsikā bhikkhū sannipatanti cattāro vā atirekā vā. Te jānanti ''atthaññe āvāsikā bhikkhū anāgatā''ti. Te ''nassantete, vinassantete, ko tehi attho''ti – bhedapurekkhārā uposathaṃ karonti, pātimokkhaṃ uddisanti. Tehi uddiṭṭhamatte pātimokkhe, avuṭṭhitāya parisāya, athaññe āvāsikā bhikkhū āgacchanti thokatarā. Uddiṭṭhaṃ suuddiṭṭhaṃ, tesaṃ santike pārisuddhi ārocetabbā. Uddesakānaṃ āpatti thullaccayassa.
Idha pana, bhikkhave, aññatarasmiṃ āvāse tadahuposathe sambahulā āvāsikā bhikkhū sannipatanti cattāro vā atirekā vā. Te jānanti ''atthaññe āvāsikā bhikkhū anāgatā''ti. Te ''nassantete, vinassantete, ko

tehi attho''ti – bhedapurekkhārā uposathaṃ karonti, pātimokkhaṃ uddisanti. Tehi uddiṭṭhamatte pātimokkhe, ekaccāya vuṭṭhitāya parisāya, athaññe āvāsikā bhikkhū āgacchanti bahutarā. Tehi, bhikkhave, bhikkhūhi puna pātimokkhaṃ uddisitabbaṃ. Uddesakānaṃ āpatti thullaccayassa.

Idha pana, bhikkhave, aññatarasmiṃ āvāse tadahuposathe sambahulā āvāsikā bhikkhū sannipatanti cattāro vā atirekā vā. Te jānanti ''atthaññe āvāsikā bhikkhū anāgatā''ti. Te ''nassantete, vinassantete, ko tehi attho''ti – bhedapurekkhārā uposathaṃ karonti, pātimokkhaṃ uddisanti. Tehi uddiṭṭhamatte pātimokkhe, ekaccāya vuṭṭhitāya parisāya, athaññe āvāsikā bhikkhū āgacchanti samasamā. Uddiṭṭhaṃ suuddiṭṭhaṃ, tesaṃ santike pārisuddhi ārocetabbā. Uddesakānaṃ āpatti thullaccayassa.

Idha pana, bhikkhave, aññatarasmiṃ āvāse tadahuposathe sambahulā āvāsikā bhikkhū sannipatanti cattāro vā atirekā vā. Te jānanti ''atthaññe āvāsikā bhikkhū anāgatā''ti. Te ''nassantete, vinassantete, ko tehi attho''ti – bhedapurekkhārā uposathaṃ karonti, pātimokkhaṃ uddisanti. Tehi uddiṭṭhamatte pātimokkhe, ekaccāya vuṭṭhitāya parisāya, athaññe āvāsikā bhikkhū āgacchanti thokatarā. Uddiṭṭhaṃ suuddiṭṭhaṃ, tesaṃ santike pārisuddhi ārocetabbā. Uddesakānaṃ āpatti thullaccayassa.

Idha pana, bhikkhave, aññatarasmiṃ āvāse tadahuposathe sambahulā āvāsikā bhikkhū sannipatanti cattāro vā atirekā vā. Te jānanti ''atthaññe āvāsikā bhikkhū anāgatā''ti. Te ''nassantete, vinassantete, ko tehi attho''ti – bhedapurekkhārā uposathaṃ karonti, pātimokkhaṃ uddisanti. Tehi uddiṭṭhamatte pātimokkhe, sabbāya vuṭṭhitāya parisāya, athaññe āvāsikā bhikkhū āgacchanti bahutarā. Tehi, bhikkhave, bhikkhūhi puna pātimokkhaṃ uddisitabbaṃ. Uddesakānaṃ āpatti thullaccayassa.

Idha pana, bhikkhave, aññatarasmiṃ āvāse tadahuposathe sambahulā āvāsikā bhikkhū sannipatanti cattāro vā atirekā vā. Te jānanti ''atthaññe āvāsikā bhikkhū anāgatā''ti. Te ''nassantete, vinassantete, ko tehi attho''ti – bhedapurekkhārā uposathaṃ karonti, pātimokkhaṃ uddisanti. Tehi uddiṭṭhamatte pātimokkhe, sabbāya vuṭṭhitāya parisāya, athaññe āvāsikā bhikkhū āgacchanti samasamā. Uddiṭṭhaṃ suuddiṭṭhaṃ, tesaṃ santike pārisuddhi ārocetabbā. Uddesakānaṃ āpatti thullaccayassa.

Idha pana, bhikkhave, aññatarasmiṃ āvāse tadahuposathe sambahulā āvāsikā bhikkhū sannipatanti cattāro vā atirekā vā. Te jānanti ''atthaññe āvāsikā bhikkhū anāgatā''ti. Te ''nassantete, vinassantete, ko tehi attho''ti – bhedapurekkhārā uposathaṃ karonti, pātimokkhaṃ uddisanti. Tehi uddiṭṭhamatte pātimokkhe, sabbāya vuṭṭhitāya parisāya, athaññe āvāsikā bhikkhū āgacchanti thokatarā. Uddiṭṭhaṃ suuddiṭṭhaṃ, tesaṃ santike pārisuddhi ārocetabbā. Uddesakānaṃ āpatti thullaccayassa.

Bhedapurekkhārapannarasakaṃ niṭṭhitaṃ.

Pañcavīsatikā niṭṭhitā.

100. Sīmokkantikapeyyālaṃ

177. Idha pana, bhikkhave, aññatarasmiṃ āvāse tadahuposathe sambahulā āvāsikā bhikkhū sannipatanti cattāro vā atirekā vā. Te na jānanti ''aññe āvāsikā bhikkhū antosīmaṃ okkamantī''ti ...pe... te na jānanti ''aññe āvāsikā bhikkhū antosīmaṃ okkantā''ti...pe... te na passanti aññe āvāsike bhikkhū antosīmaṃ okkamante ...pe... te na passanti aññe āvāsike bhikkhū antosīmaṃ okkante...pe... te na suṇanti ''aññe āvāsikā bhikkhū antosīmaṃ okkamantī''ti...pe... te na suṇanti ''aññe āvāsikā bhikkhū antosīmaṃ okkantā''ti...pe....

Āvāsikena āvāsikā ekasatapañcasattati tikanayato, āvāsikena āgantukā, āgantukena āvāsikā, āgantukena āgantukā peyyālamukhena satta tikasatāni honti.

178. Idha pana, bhikkhave, āvāsikānaṃ bhikkhūnaṃ cātuddaso hoti, āgantukānaṃ pannaraso. Sace āvāsikā bahutarā honti, āgantukehi āvāsikānaṃ anuvattitabbaṃ. Sace samasamā honti, āgantukehi āvāsikānaṃ anuvattitabbaṃ. Sace āgantukā bahutarā honti, āvāsikehi āgantukānaṃ anuvattitabbaṃ.

Idha pana, bhikkhave, āvāsikānaṃ bhikkhūnaṃ pannaraso hoti, āgantukānaṃ cātuddaso. Sace āvāsikā bahutarā honti, āgantukehi āvāsikānaṃ anuvattitabbaṃ. Sace samasamā honti, āgantukehi āvāsikānaṃ anuvattitabbaṃ. Sace āgantukā bahutarā honti, āvāsikehi āgantukānaṃ anuvattitabbaṃ.

Idha pana, bhikkhave, āvāsikānaṃ bhikkhūnaṃ pāṭipado hoti, āgantukānaṃ pannaraso. Sace āvāsikā bahutarā honti, āvāsikehi āgantukānaṃ nākāmā dātabbā sāmaggī. Āgantukehi nissīmaṃ gantvā uposatho kātabbo. Sace samasamā honti, āvāsikehi āgantukānaṃ nākāmā dātabbā sāmaggī. Āgantukehi nissīmaṃ gantvā uposatho kātabbo. Sace āgantukā bahutarā honti, āvāsikehi āgantukānaṃ sāmaggī vā dātabbā nissīmaṃ vā gantabbaṃ.

Idha pana, bhikkhave, āvāsikānaṃ bhikkhūnaṃ pannaraso hoti, āgantukānaṃ

Pāṭipado. Sace āvāsikā bahutarā honti, āgantukehi āvāsikānaṃ sāmaggī vā dātabbā nissīmaṃ vā gantabbaṃ. Sace samasamā honti, āgantukehi āvāsikānaṃ sāmaggī vā dātabbā nissīmaṃ vā gantabbaṃ. Sace āgantukā bahutarā honti, āgantukehi āvāsikānaṃ nākāmā dātabbā sāmaggī. Āvāsikehi nissīmaṃ gantvā uposatho kātabbo.

Sīmokkantikapeyyālaṃ niṭṭhitaṃ.

101. Liṅgādidassanaṃ

179. Idha pana, bhikkhave, āgantukā bhikkhū passanti āvāsikānaṃ bhikkhūnaṃ āvāsikākāraṃ, āvāsikaliṅgaṃ, āvāsikanimittaṃ, āvāsikuddesaṃ, supaññattaṃ mañcapīṭhaṃ, bhisibibbohanaṃ, pānīyaṃ paribhojanīyaṃ sūpaṭṭhitaṃ, pariveṇaṃ susammaṭṭhaṃ; passitvā vematikā honti – ''atthi nu kho āvāsikā

bhikkhū natthi nu kho''ti. Te vematikā na vicinanti; avicinitvā uposathaṃ karonti. Āpatti dukkaṭassa. Te vematikā vicinanti; vicinitvā na passanti; apassitvā uposathaṃ karonti. Anāpatti. Te vematikā vicinanti; vicinitvā passanti; passitvā ekato uposathaṃ karonti. Anāpatti. Te vematikā vicinanti; vicinitvā passanti; passitvā pāṭekkaṃ uposathaṃ karonti. Āpatti dukkaṭassa. Te vematikā vicinanti; vicinitvā passanti; passitvā – ''nassantete, vinassantete, ko tehi attho''ti – bhedapurekkhārā uposathaṃ karonti. Āpatti thullaccayassa.

Idha pana, bhikkhave, āgantukā bhikkhū suṇanti āvāsikānaṃ bhikkhūnaṃ āvāsikākāraṃ, āvāsikaliṅgaṃ, āvāsikanimittaṃ, āvāsikuddesaṃ, caṅkamantānaṃ padasaddaṃ, sajjhāyasaddaṃ, ukkāsitasaddaṃ, khipitasaddaṃ; sutvā vematikā honti – ''atthi nu kho āvāsikā bhikkhū natthi nu kho''ti. Te vematikā na vicinanti; avicinitvā uposathaṃ karonti. Āpatti dukkaṭassa. Te vematikā vicinanti; vicinitvā na passanti; apassitvā uposathaṃ karonti. Anāpatti. Te vematikā vicinanti; vicinitvā passanti; passitvā ekato uposathaṃ karonti. Anāpatti. Te vematikā vicinanti; vicinitvā passanti; passitvā pāṭekkaṃ uposathaṃ karonti. Āpatti dukkaṭassa. Te vematikā vicinanti; vicinitvā passanti; passitvā – ''nassantete, vinassantete, ko tehi attho''ti – bhedapurekkhārā uposathaṃ karonti. Āpatti thullaccayassa.

Idha pana, bhikkhave, āvāsikā bhikkhū passanti āgantukānaṃ bhikkhūnaṃ āgantukākāraṃ, āgantukaliṅgaṃ, āgantukanimittaṃ, āgantukuddesaṃ, aññātakaṃ pattaṃ, aññātakaṃ cīvaraṃ, aññātakaṃ nisīdanaṃ, pādānaṃ dhotaṃ, udakanissekaṃ; passitvā vematikā honti – ''atthi nu kho āgantukā bhikkhū natthi nu kho''ti. Te vematikā na vicinanti; avicinitvā uposathaṃ karonti. Āpatti dukkaṭassa. Te vematikā vicinanti; vicinitvā na passanti; apassitvā uposathaṃ karonti. Anāpatti. Te vematikā vicinanti; vicinitvā passanti; passitvā ekato uposathaṃ karonti. Anāpatti. Te vematikā vicinanti; vicinitvā passanti; passitvā pāṭekkaṃ uposathaṃ karonti. Āpatti dukkaṭassa. Te vematikā vicinanti; vicinitvā passanti; passitvā – ''nassantete, vinassantete, ko tehi attho''ti – bhedapurekkhārā uposathaṃ karonti. Āpatti thullaccayassa.

Idha pana, bhikkhave, āvāsikā bhikkhū suṇanti āgantukānaṃ bhikkhūnaṃ āgantukākāraṃ, āgantukaliṅgaṃ, āgantukanimittaṃ, āgantukuddesaṃ, āgacchantānaṃ padasaddaṃ, upāhanapapphoṭanasaddaṃ, ukkāsitasaddaṃ, khipitasaddaṃ; sutvā vematikā honti – ''atthi nu kho āgantukā bhikkhū natthi nu kho''ti. Te vematikā na vicinanti; avicinitvā uposathaṃ karonti. Āpatti dukkaṭassa. Te vematikā vicinanti; vicinitvā na passanti; apassitvā uposathaṃ karonti. Anāpatti. Te vematikā vicinanti; vicinitvā passanti; passitvā ekato uposathaṃ karonti. Anāpatti. Te vematikā vicinanti; vicinitvā passanti; passitvā pāṭekkaṃ uposathaṃ karonti. Āpatti dukkaṭassa. Te vematikā vicinanti; vicinitvā passanti; passitvā – ''nassantete, vinassantete , ko tehi attho''ti – bhedapurekkhārā uposathaṃ karonti. Āpatti thullaccayassa .

Liṅgādidassanaṃ niṭṭhitaṃ.

102. Nānāsaṃvāsakādīhi uposathakaraṇaṃ

180. Idha pana, bhikkhave, āgantukā bhikkhū passanti āvāsike bhikkhū nānāsaṃvāsake. Te samānasaṃvāsakadiṭṭhiṃ paṭilabhanti; samānasaṃvāsakadiṭṭhiṃ paṭilabhitvā na pucchanti; apucchitvā ekato uposathaṃ karonti. Anāpatti. Te pucchanti; pucchitvā nābhivitaranti; anabhivitaritvā ekato uposathaṃ karonti. Āpatti dukkaṭassa. Te pucchanti; pucchitvā nābhivitaranti; anabhivitaritvā pāṭekkaṃ uposathaṃ karonti. Anāpatti.

Idha pana, bhikkhave, āgantukā bhikkhū passanti āvāsike bhikkhū samānasaṃvāsake. Te nānāsaṃvāsakadiṭṭhiṃ paṭilabhanti; nānāsaṃvāsakadiṭṭhiṃ paṭilabhitvā na pucchanti; apucchitvā ekato uposathaṃ karonti. Āpatti dukkaṭassa. Te pucchanti; pucchitvā abhivitaranti; abhivitaritvā pāṭekkaṃ uposathaṃ karonti. Āpatti dukkaṭassa. Te pucchanti; pucchitvā abhivitaranti; abhivitaritvā ekato uposathaṃ karonti. Anāpatti.

Idha pana, bhikkhave, āvāsikā bhikkhū passanti āgantuke bhikkhū nānāsaṃvāsake. Te samānasaṃvāsakadiṭṭhiṃ paṭilabhanti; samānasaṃvāsakadiṭṭhiṃ paṭilabhitvā na pucchanti; apucchitvā ekato uposathaṃ karonti. Anāpatti. Te pucchanti; pucchitvā nābhivitaranti; anabhivitaritvā ekato uposathaṃ karonti. Āpatti dukkaṭassa. Te pucchanti; pucchitvā nābhivitaranti ; anabhivitaritvā pāṭekkaṃ uposathaṃ karonti. Anāpatti.

Idha pana, bhikkhave, āvāsikā bhikkhū passanti āgantuke bhikkhū samānasaṃvāsake. Te nānāsaṃvāsakadiṭṭhiṃ paṭilabhanti; nānāsaṃvāsakadiṭṭhiṃ paṭilabhitvā na pucchanti; apucchitvā ekato uposathaṃ karonti. Āpatti dukkaṭassa. Te pucchanti; pucchitvā abhivitaranti; abhivitaritvā pāṭekkaṃ uposathaṃ karonti. Āpatti dukkaṭassa. Te pucchanti; pucchitvā abhivitaranti; abhivitaritvā ekato uposathaṃ karonti. Anāpatti.

Nānāsaṃvāsakādīhi uposathakaraṇaṃ niṭṭhitaṃ.

103. Nagantabbavāro

181. Na, bhikkhave, tadahuposathe sabhikkhukā āvāsā abhikkhuko āvāso gantabbo, aññatra saṅghena aññatra antarāyā. Na, bhikkhave , tadahuposathe sabhikkhukā āvāsā abhikkhuko anāvāso gantabbo, aññatra saṅghena aññatra antarāyā. Na, bhikkhave, tadahuposathe sabhikkhukā āvāsā abhikkhuko āvāso vā anāvāso vā gantabbo, aññatra saṅghena aññatra antarāyā.

Na , bhikkhave, tadahuposathe sabhikkhukā anāvāsā abhikkhuko āvāso gantabbo, aññatra saṅghena aññatra antarāyā. Na, bhikkhave, tadahuposathe sabhikkhukā anāvāsā abhikkhuko anāvāso gantabbo, aññatra saṅghena aññatra antarāyā. Na, bhikkhave, tadahuposathe sabhikkhukā anāvāsā abhikkhuko āvāso vā anāvāso vā gantabbo, aññatra saṅghena aññatra antarāyā.

Na, bhikkhave, tadahuposathe sabhikkhukā āvāsā vā anāvāsā vā abhikkhuko āvāso gantabbo, aññatra saṅghena aññatra antarāyā. Na, bhikkhave , tadahuposathe sabhikkhukā āvāsā vā anāvāsā vā abhikkhuko anāvāso gantabbo, aññatra saṅghena aññatra antarāyā. Na, bhikkhave, tadahuposathe sabhikkhukā āvāsā vā anāvāsā vā abhikkhuko āvāso vā anāvāso vā gantabbo, aññatra saṅghena aññatra antarāyā.

Na, bhikkhave, tadahuposathe sabhikkhukā āvāsā sabhikkhuko āvāso gantabbo, yatthassu bhikkhū nānāsaṃvāsakā, aññatra saṅghena aññatra antarāyā. Na, bhikkhave, tadahuposathe sabhikkhukā āvāsā sabhikkhuko anāvāso gantabbo, yatthassu bhikkhū nānāsaṃvāsakā, aññatra saṅghena aññatra antarāyā.

Na, bhikkhave, tadahuposathe sabhikkhukā āvāsā sabhikkhuko āvāso vā anāvāso vā gantabbo, yatthassu bhikkhū nānāsaṃvāsakā, aññatra saṅghena aññatra antarāyā.

Na, bhikkhave, tadahuposathe sabhikkhukā anāvāsā sabhikkhuko āvāso gantabbo, yatthassu bhikkhū nānāsaṃvāsakā, aññatra saṅghena aññatra antarāyā. Na, bhikkhave, tadahuposathe sabhikkhukā anāvāsā sabhikkhuko anāvāso gantabbo, yatthassu bhikkhū nānāsaṃvāsakā, aññatra saṅghena aññatra antarāyā.

Na, bhikkhave, tadahuposathe sabhikkhukā anāvāsā sabhikkhuko āvāso vā anāvāso vā gantabbo, yatthassu bhikkhū nānāsaṃvāsakā, aññatra saṅghena aññatra antarāyā.

Na, bhikkhave, tadahuposathe sabhikkhukā āvāsā vā anāvāsā vā sabhikkhuko āvāso gantabbo, yatthassu bhikkhū nānāsaṃvāsakā, aññatra saṅghena aññatra antarāyā. Na, bhikkhave, tadahuposathe sabhikkhukā āvāsā vā anāvāsā vā sabhikkhuko anāvāso gantabbo, yatthassu bhikkhū nānāsaṃvāsakā, aññatra saṅghena aññatra antarāyā. Na, bhikkhave, tadahuposathe sabhikkhukā āvāsā vā anāvāsā vā sabhikkhuko āvāso vā anāvāso vā gantabbo, yatthassu bhikkhū nānāsaṃvāsakā, aññatra saṅghena aññatra antarāyā.

Nagantabbavāro niṭṭhito.

104. Gantabbavāro

182. Gantabbo, bhikkhave, tadahuposathe sabhikkhukā āvāsā sabhikkhuko āvāso, yatthassu bhikkhū samānasaṃvāsakā, yaṃ jaññā – ''sakkomi ajjeva gantu''nti. Gantabbo, bhikkhave, tadahuposathe sabhikkhukā āvāsā sabhikkhuko anāvāso...pe... sabhikkhuko āvāso vā anāvāso vā, yatthassu bhikkhū samānasaṃvāsakā, yaṃ jaññā – ''sakkomi ajjeva gantu''nti.

Gantabbo, bhikkhave, tadahuposathe sabhikkhukā anāvāsā sabhikkhuko āvāso...pe... sabhikkhuko anāvāso...pe... sabhikkhuko āvāso vā anāvāso vā, yatthassu bhikkhū samānasaṃvāsakā, yaṃ jaññā – ''sakkomi ajjeva gantu''nti.

Gantabbo, bhikkhave, tadahuposathe sabhikkhukā āvāsā vā anāvāsā vā sabhikkhuko āvāso...pe... sabhikkhuko anāvāso...pe... sabhikkhuko āvāso vā anāvāso vā, yatthassu bhikkhū samānasaṃvāsakā, yaṃ jaññā – ''sakkomi ajjeva gantu''nti.

Gantabbavāro niṭṭhito.

105. Vajjanīyapuggalasandassanā

183. Na, bhikkhave, bhikkhuniyā nisinnaparisāya pātimokkhaṃ uddisitabbaṃ. Yo uddiseyya, āpatti dukkaṭassa. Na sikkhamānāya...pe... na sāmaṇerassa ...pe... na sāmaṇeriyā...pe... na sikkhāpaccakkhātakassa...pe... na antimavatthuṃ ajjhāpannakassa nisinnaparisāya pātimokkhaṃ uddisitabbaṃ. Yo uddiseyya, āpatti dukkaṭassa.

Na āpattiyā adassane ukkhittakassa nisinnaparisāya pātimokkhaṃ uddisitabbaṃ. Yo uddiseyya, yathādhammo kāretabbo. Na āpattiyā appaṭikamme ukkhittakassa nisinnaparisāya...pe... na pāpikāya diṭṭhiyā appaṭinissagge ukkhittakassa nisinnaparisāya pātimokkhaṃ uddisitabbaṃ. Yo uddiseyya, yathādhammo kāretabbo.

Na paṇḍakassa nisinnaparisāya pātimokkhaṃ uddisitabbaṃ. Yo uddiseyya, āpatti dukkaṭassa. Na theyyasaṃvāsakassa...pe... na titthiyapakkantakassa...pe... na tiracchānagatassa...pe... na mātughātakassa...pe... na pitughātakassa...pe... na arahantaghātakassa...pe... na bhikkhunidūsakassa...pe... na saṅghabhedakassa...pe... na lohituppādakassa...pe... na ubhatobyañjanakassa nisinnaparisāya pātimokkhaṃ uddisitabbaṃ. Yo uddiseyya, āpatti dukkaṭassa.

Na, bhikkhave, pārivāsikapārisuddhidānena uposatho kātabbo, aññatra avuṭṭhitāya parisāya. Na ca, bhikkhave, anuposathe uposatho kātabbo, aññatra saṅghasāmaggiyāti.

Vajjanīyapuggalasandassanā niṭṭhitā.

Tatiyabhāṇavāro niṭṭhito.

Uposathakkhandhako dutiyo.

106. Tassuddānaṃ

Titthiyā bimbisāro ca, sannipatituṃ tuṇhikā;
Dhammaṃ raho pātimokkhaṃ, devasikaṃ tadā sakiṃ.
Yathāparisā samaggaṃ, sāmaggī maddakucchi ca;
Sīmā mahatī nadiyā, anu dve khuddakāni ca.

Navā rājagahe ceva, sīmā avippavāsanā;
Sammanne [sammane (ka.)] paṭhamaṃ sīmaṃ, pacchā sīmaṃ samūhane.
Asammatā gāmasīmā, nadiyā samudde sare;
Udakukkhepo bhindanti, tathevajjhottharanti ca.
Kati kammāni uddeso, savarā asatīpi ca;
Dhammaṃ vinayaṃ tajjenti, puna vinayatajjanā.
Codanā kate okāse, adhammappaṭikkosanā;
Catupañcaparā āvi, sañcicca cepi vāyame.
Sagahaṭṭhā anajjhiṭṭhā, codanamhi na jānati;
Sambahulā na jānanti, sajjukaṃ na ca gacchare.
Katimī kīvatikā dūre, ārocetuñca nassari;
Uklāpaṃ āsanaṃ dīpo, disā añño bahussuto.
Sajjukaṃ [sajjuvassaruposatho (ka.)] vassuposatho, suddhikammañca ñātakā;
Gaggo catutayo dveko, āpattisabhāgā sari.
Sabbo saṅgho vematiko, na jānanti bahussuto;
Bahū samasamā thokā, parisā avuṭṭhitāya ca.
Ekaccā vuṭṭhitā sabbā, jānanti ca vematikā;
Kappatevāti kukkuccā, jānaṃ passaṃ suṇanti ca.
Āvāsikena āgantu, cātupannaraso puna;
Pāṭipado pannaraso, liṅgasaṃvāsakā ubho.
Pārivāsānuposatho , aññatra saṅghasāmaggiyā;
Ete vibhattā uddānā, vatthuvibhūtakāraṇāti.
Imasmiṃ khandhake vatthūni chaasīti.
Uposathakkhandhako niṭṭhito.

3. Vassūpanāyikakkhandhako

107. Vassūpanāyikānujānanā

184. Tena samayena buddho Bhagavā rājagahe viharati veḷuvane kalandakanivāpe. Tena kho pana samayena bhagavatā bhikkhūnaṃ vassāvāso apaññatto hoti. Teidha bhikkhū hemantampi gimhampi vassampi cārikaṃ caranti. Manussā ujjhāyanti khiyyanti vipācenti – ''kathañhi nāma samaṇā sakyaputtiyā hemantampi gimhampi vassampi cārikaṃ carissanti, haritāni tiṇāni sammaddantā, ekindriyaṃ jīvaṃ viheṭhentā, bahū khuddake pāṇe saṅghātaṃ āpādentā. Ime hi nāma aññatitthiyā durakkhātadhammā vassāvāsaṃ allīyissanti saṅkasāyissanti. Ime hi nāma sakuntakā rukkhaggesu kulāvakāni karitvā vassāvāsaṃ allīyissanti saṅkasāyissanti [saṅkāsayissanti (sī. syā.)]. Ime pana samaṇā sakyaputtiyā hemantampi gimhampi vassampi cārikaṃ caranti, haritāni tiṇāni sammaddantā, ekindriyaṃ jīvaṃ viheṭhentā, bahū khuddake pāṇe saṅghātaṃ āpādentā''ti. Assosuṃ kho bhikkhū tesaṃ manussānaṃ ujjhāyantānaṃ khiyyantānaṃ vipācentānaṃ. Atha kho te bhikkhū bhagavato etamatthaṃ ārocesuṃ. Atha kho Bhagavā etasmiṃ nidāne etasmiṃ pakaraṇe dhammiṃ kathaṃ katvā bhikkhū āmantesi – ''anujānāmi, bhikkhave, vassaṃ upagantu''nti. Atha kho bhikkhūnaṃ etadahosi – ''kadā nu kho vassaṃ upagantabba''nti? Bhagavato etamatthaṃ ārocesuṃ. Anujānāmi, bhikkhave, vassāne vassaṃ upagantunti.

Atha kho bhikkhūnaṃ etadahosi – ''kati nu kho vassūpanāyikā''ti? Bhagavato etamatthaṃ
Ārocesuṃ. Dvemā, bhikkhave, vassūpanāyikā – purimikā, pacchimikā. Aparajjugatāya āsāḷhiyā purimikā upagantabbā, māsagatāya āsāḷhiyā pacchimikā upagantabbā – imā kho, bhikkhave, dve vassūpanāyikāti.
Vassūpanāyikānujānanā niṭṭhitā.

108. Vassāne cārikāpaṭikkhepādi

185. Tena kho pana samayena chabbaggiyā bhikkhū vassaṃ upagantvā antarāvassaṃ cārikaṃ caranti. Manussā tatheva ujjhāyanti khiyyanti vipācenti – ''kathañhi nāma samaṇā sakyaputtiyā hemantampi gimhampi vassampi cārikaṃ carissanti, haritāni tiṇāni sammaddantā, ekindriyaṃ jīvaṃ viheṭhentā, bahū khuddake pāṇe saṅghātaṃ āpādentā. Ime hi nāma aññatitthiyā durakkhātadhammā vassāvāsaṃ allīyissanti saṅkasāyissanti. Ime hi nāma sakuntakā rukkhaggesu kulāvakāni karitvā vassāvāsaṃ allīyissanti saṅkasāyissanti. Ime pana samaṇā sakyaputtiyā hemantampi gimhampi vassampi cārikaṃ caranti, haritāni tiṇāni sammaddantā, ekindriyaṃ jīvaṃ viheṭhentā, bahū khuddake pāṇe saṅghātaṃ āpādentā''ti. Assosuṃ kho bhikkhū tesaṃ manussānaṃ ujjhāyantānaṃ khiyyantānaṃ vipācentānaṃ. Ye te bhikkhū appicchā...pe... te ujjhāyanti khiyyanti vipācenti – ''kathañhi nāma chabbaggiyā bhikkhū vassaṃ upagantvā antarāvassaṃ cārikaṃ carissantī''ti? Atha kho te bhikkhū bhagavato etamatthaṃ ārocesuṃ. Atha kho Bhagavā etasmiṃ nidāne etasmiṃ pakaraṇe dhammiṃ kathaṃ katvā bhikkhū āmantesi – ''na, bhikkhave, vassaṃ upagantvā purimaṃ vā temāsaṃ pacchimaṃ vā temāsaṃ avasitvā cārikā pakkamitabbā. Yo pakkameyya, āpatti dukkaṭassā''ti.

186. Tena kho pana samayena chabbaggiyā bhikkhū na icchanti vassaṃ upagantuṃ. Bhagavato etamatthaṃ ārocesuṃ. Na, bhikkhave, vassaṃ na upagantabbaṃ. Yo na upagaccheyya, āpatti dukkaṭassāti.
Tena kho pana samayena chabbaggiyā bhikkhū tadahu vassūpanāyikāya vassaṃ anupagantukāmā sañcicca āvāsaṃ atikkamanti. Bhagavato etamatthaṃ ārocesuṃ. Na, bhikkhave, tadahu vassūpanāyikāya vassaṃ anupagantukāmena sañcicca āvāso atikkamitabbo. Yo atikkameyya, āpatti dukkaṭassāti.
Tena kho pana samayena rājā māgadho seniyo bimbisāro vassaṃ ukkaḍḍhitukāmo
Bhikkhūnaṃ santike dūtaṃ pāhesi – yadi panāyyā āgame juṇhe vassaṃ upagaccheyyunti. Bhagavato etamatthaṃ ārocesuṃ. Anujānāmi, bhikkhave, rājūnaṃ anuvattitunti.
Vassāne cārikāpaṭikkhepādi niṭṭhitā.
109. Sattāhakaraṇīyānujānanā
187. Atha kho Bhagavā rājagahe yathābhirantaṃ viharitvā yena sāvatthi tena cārikaṃ pakkāmi. Anupubbena cārikaṃ caramāno yena sāvatthi tadavasari. Tatra sudaṃ Bhagavā sāvatthiyaṃ viharati jetavane anāthapiṇḍikassa ārāme. Tena kho pana samayena kosalesu janapade udenena upāsakena saṅghaṃ uddissa vihāro kārāpito hoti. So bhikkhūnaṃ santike dūtaṃ pāhesi – ''āgacchantu bhadantā, icchāmi dānañca dātuṃ, dhammañca sotuṃ, bhikkhū ca passitu''nti. Bhikkhū evamāhaṃsu – ''bhagavatā, āvuso, paññattaṃ 'na vassaṃ upagantvā purimaṃ vā temāsaṃ pacchimaṃ vā temāsaṃ avasitvā cārikā pakkamitabbā'ti. Āgametu udeno upāsako, yāva bhikkhū vassaṃ vasanti. Vassaṃvuṭṭhā āgamissanti. Sace panassa accāyikaṃ karaṇīyaṃ, tattheva āvāsikānaṃ bhikkhūnaṃ santike vihāraṃ patiṭṭhāpetū''ti. Udeno upāsako ujjhāyati khiyyati vipāceti – ''kathañhi nāma bhadantā mayā pahite na āgacchissanti. Ahañhi dāyako kārako saṅghupaṭṭhāko''ti. Assosuṃ kho bhikkhū udenassa upāsakassa ujjhāyantassa khiyyantassa vipācentassa. Atha kho te bhikkhū bhagavato etamatthaṃ ārocesuṃ. Atha kho Bhagavā etasmiṃ nidāne etasmiṃ pakaraṇe dhammiṃ kathaṃ katvā bhikkhū āmantesi – ''anujānāmi, bhikkhave, sattannaṃ sattāhakaraṇīyena pahite gantuṃ, na tveva appahite. Bhikkhussa, bhikkhuniyā, sikkhamānāya, sāmaṇerassa, sāmaṇeriyā, upāsakassa, upāsikāya – anujānāmi, bhikkhave, imesaṃ sattannaṃ sattāhakaraṇīyena pahite gantuṃ, na tveva appahite. Sattāhaṃ sannivatto kātabbo''.
188. Idha pana, bhikkhave, upāsakena saṅghaṃ uddissa vihāro kārāpito hoti. So ce bhikkhūnaṃ santike dūtaṃ pahiṇeyya – ''āgacchantu bhadantā, icchāmi dānañca dātuṃ, dhammañca sotuṃ, bhikkhū ca passitu''nti, gantabbaṃ, bhikkhave, sattāhakaraṇīyena, pahite, na tveva appahite. Sattāhaṃ sannivatto kātabbo.
Idha pana, bhikkhave, upāsakena saṅghaṃ uddissa aḍḍhayogo kārāpito hoti...pe... pāsādo kārāpito hoti... hammiyaṃ kārāpitaṃ hoti... guhā kārāpitā hoti... pariveṇaṃ kārāpitaṃ hoti... koṭṭhako kārāpito hoti... upaṭṭhānasālā kārāpitā hoti... aggisālā kārāpitā hoti... kappiyakuṭi kārāpitā hoti... vaccakuṭi kārāpitā hoti... caṅkamo kārāpito hoti ... caṅkamanasālā kārāpitā hoti... udapāno kārāpito hoti ... udapānasālā kārāpitā hoti... jantāgharaṃ kārāpitaṃ hoti... jantāgharasālā kārāpitā hoti... pokkharaṇī kārāpitā hoti... maṇḍapo kārāpito hoti... ārāmo kārāpito hoti... ārāmavatthu kārāpitaṃ hoti. So ce bhikkhūnaṃ santike dūtaṃ pahiṇeyya – ''āgacchantu bhadantā, icchāmi dānañca dātuṃ, dhammañca sotuṃ, bhikkhū ca passitu''nti, gantabbaṃ, bhikkhave, sattāhakaraṇīyena, pahite, na tveva appahite. Sattāhaṃ sannivatto kātabbo.
Idha pana, bhikkhave, upāsakena sambahule bhikkhū uddissa...pe... ekaṃ bhikkhuṃ uddissa vihāro kārāpito hoti... aḍḍhayogo kārāpito hoti... pāsādo kārāpito hoti ... hammiyaṃ kārāpitaṃ hoti... guhā kārāpitā hoti... pariveṇaṃ kārāpitaṃ hoti... koṭṭhako kārāpito hoti... upaṭṭhānasālā kārāpitā hoti... aggisālā kārāpitā hoti... kappiyakuṭi kārāpitā hoti... vaccakuṭi kārāpitā hoti... caṅkamo kārāpito hoti... caṅkamanasālā kārāpitā hoti... udapāno kārāpito hoti... udapānasālā kārāpitā hoti... jantāgharaṃ kārāpitaṃ hoti... jantāgharasālā kārāpitā hoti... pokkharaṇī kārāpitā hoti... maṇḍapo kārāpito hoti... ārāmo kārāpito hoti... ārāmavatthu kārāpitaṃ hoti. So ce bhikkhūnaṃ santike dūtaṃ pahiṇeyya – ''āgacchantu bhadantā, icchāmi dānañca dātuṃ, dhammañca sotuṃ, bhikkhū ca passitu''nti, gantabbaṃ, bhikkhave, sattāhakaraṇīyena, pahite, na tveva appahite. Sattāhaṃ sannivatto kātabbo.
Idha pana, bhikkhave, upāsakena bhikkhunisaṅghaṃ uddissa...pe... sambahulā bhikkhuniyo uddissa...pe... ekaṃ bhikkhuniṃ uddissa...pe... sambahulā sikkhamānāyo uddissa...pe... ekaṃ sikkhamānaṃ uddissa...pe... sambahule sāmaṇere uddissa...pe... ekaṃ sāmaṇeraṃ uddissa...pe... sambahulā sāmaṇeriyo uddissa...pe... ekaṃ sāmaṇeriṃ uddissa vihāro kārāpito hoti...pe... aḍḍhayogo kārāpito hoti... pāsādo kārāpito hoti... hammiyaṃ kārāpitaṃ hoti... guhā kārāpitā hoti... pariveṇaṃ kārāpitaṃ hoti... koṭṭhako kārāpito hoti... upaṭṭhānasālā kārāpitā hoti... aggisālā kārāpitā hoti ... kappiyakuṭi kārāpitā hoti... caṅkamo kārāpito hoti... caṅkamanasālā kārāpitā hoti... udapāno kārāpito hoti... udapānasālā kārāpitā hoti... pokkharaṇī kārāpitā hoti... maṇḍapo kārāpito hoti... ārāmo kārāpito hoti... ārāmavatthu kārāpitaṃ hoti. So ce bhikkhūnaṃ santike dūtaṃ pahiṇeyya – ''āgacchantu bhadantā, icchāmi dānañca dātuṃ, dhammañca sotuṃ, bhikkhū ca passitu''nti, gantabbaṃ, bhikkhave, sattāhakaraṇīyena, pahite, na tveva appahite. Sattāhaṃ sannivatto kātabbo.

189. Idha pana, bhikkhave, upāsakena attano atthāya nivesanaṃ kārāpitaṃ hoti...pe... sayanigharaṃ kārāpitaṃ hoti... udosito kārāpito hoti... aṭṭo kārāpito hoti... māḷo kārāpito hoti... āpaṇo kārāpito hoti... āpaṇasālā kārāpitā hoti... pāsādo kārāpito hoti... hammiyaṃ kārāpitaṃ hoti... guhā kārāpitā hoti... pariveṇaṃ kārāpitaṃ hoti... koṭṭhako kārāpito hoti... upaṭṭhānasālā kārāpitā hoti... aggisālā kārāpitā hoti... rasavatī kārāpitā hoti... caṅkamo kārāpito hoti... caṅkamanasālā kārāpitā hoti... udapāno kārāpito hoti... udapānasālā kārāpitā hoti... pokkharaṇī kārāpitā hoti... maṇḍapo kārāpito hoti... ārāmo kārāpito hoti... ārāmavatthu kārāpitaṃ hoti... puttassa vā vāreyyaṃ hoti... dhītuyā vā vāreyyaṃ hoti... gilāno vā hoti... abhiññātaṃ vā suttantaṃ bhaṇati. So ce bhikkhūnaṃ santike dūtaṃ pahiṇeyya – 'āgacchantu bhadantā, imaṃ suttantaṃ pariyāpuṇissanti, purāyaṃ suttanto na palujjatī'ti. Aññataraṃ vā panassa kiccaṃ hoti – karaṇīyaṃ vā, so ce bhikkhūnaṃ santike dūtaṃ pahiṇeyya – ''āgacchantu bhadantā, icchāmi dānañca dātuṃ, dhammañca sotuṃ, bhikkhū ca passitu''nti, gantabbaṃ, bhikkhave, sattāhakaraṇīyena, pahite, na tveva appahite. Sattāhaṃ sannivatto kātabbo.

190. Idha pana, bhikkhave, upāsikāya saṅghaṃ uddissa vihāro kārāpito hoti. Sā ce bhikkhūnaṃ santike dūtaṃ pahiṇeyya – ''āgacchantu ayyā, icchāmi dānañca dātuṃ, dhammañca sotuṃ, bhikkhū ca passitu''nti, gantabbaṃ, bhikkhave, sattāhakaraṇīyena, pahite, na tveva appahite. Sattāhaṃ sannivatto kātabbo.

Idha pana, bhikkhave, upāsikāya saṅghaṃ uddissa aḍḍhayogo kārāpito hoti...pe... pāsādo kārāpito hoti... hammiyaṃ kārāpitaṃ hoti... guhā kārāpitā hoti... pariveṇaṃ kārāpitaṃ hoti... koṭṭhako kārāpito hoti... upaṭṭhānasālā kārāpitā hoti... aggisālā kārāpitā hoti... kappiyakuṭi kārāpitā hoti... vaccakuṭi kārāpitā hoti... caṅkamo kārāpito hoti... caṅkamanasālā kārāpitā hoti... udapāno kārāpito hoti... udapānasālā kārāpitā hoti... jantāgharaṃ kārāpitaṃ hoti... jantāgharasālā kārāpitā hoti... pokkharaṇī kārāpitā hoti... maṇḍapo kārāpito hoti... ārāmo kārāpito hoti... ārāmavatthu kārāpitaṃ hoti. Sā ce bhikkhūnaṃ santike dūtaṃ pahiṇeyya – ''āgacchantu ayyā, icchāmi dānañca dātuṃ, dhammañca sotuṃ, bhikkhū ca passitu''nti, gantabbaṃ, bhikkhave, sattāhakaraṇīyena, pahite, na tveva appahite. Sattāhaṃ sannivatto kātabbo.

Idha pana, bhikkhave, upāsikāya sambahule bhikkhū uddissa...pe... ekaṃ bhikkhuṃ uddissa...pe... bhikkhunisaṅghaṃ uddissa...pe... sambahulā bhikkhuniyo uddissa...pe... ekaṃ bhikkhuniṃ uddissa...pe... sambahulā sikkhamānāyo uddissa...pe... ekaṃ sikkhamānaṃ uddissa...pe... sambahule sāmaṇere uddissa...pe... ekaṃ sāmaṇeraṃ uddissa...pe... sambahulā sāmaṇeriyo uddissa...pe... ekaṃ sāmaṇeriṃ uddissa...pe....

191. Idha pana, bhikkhave, upāsikāya attano atthāya nivesanaṃ kārāpitaṃ hoti...pe... sayanigharaṃ kārāpitaṃ hoti... udosito kārāpito hoti... aṭṭo kārāpito hoti... māḷo kārāpito hoti... āpaṇo kārāpito hoti... āpaṇasālā kārāpitā hoti... pāsādo kārāpito hoti... hammiyaṃ kārāpitaṃ hoti... guhā kārāpitā hoti... pariveṇaṃ kārāpitaṃ hoti... koṭṭhako kārāpito hoti... upaṭṭhānasālā kārāpitā hoti... aggisālā kārāpitā hoti... rasavatī kārāpitā hoti... caṅkamo kārāpito hoti... caṅkamanasālā kārāpitā hoti... udapāno kārāpito hoti ... udapānasālā kārāpitā hoti... pokkharaṇī kārāpitā hoti... maṇḍapo kārāpito hoti... ārāmo kārāpito hoti... ārāmavatthu kārāpitaṃ hoti... puttassa vā vāreyyaṃ hoti... dhītuyā vā vāreyyaṃ hoti... gilānā vā hoti... abhiññātaṃ vā suttantaṃ bhaṇati. Sā ce bhikkhūnaṃ santike dūtaṃ pahiṇeyya – ''āgacchantu ayyā, imaṃ suttantaṃ pariyāpuṇissanti, purāyaṃ suttanto palujjatī''ti. Aññataraṃ vā panassā kiccaṃ hoti karaṇīyaṃ vā, sā ce bhikkhūnaṃ santike dūtaṃ pahiṇeyya – ''āgacchantu ayyā, icchāmi dānañca dātuṃ, dhammañca sotuṃ, bhikkhū ca passitu''nti, gantabbaṃ, bhikkhave, sattāhakaraṇīyena, pahite, na tveva appahite. Sattāhaṃ sannivatto kātabbo.

192. Idha pana, bhikkhave, bhikkhunā saṅghaṃ uddissa...pe... bhikkhuniyā saṅghaṃ uddissa... sikkhamānāya saṅghaṃ uddissa... sāmaṇerena saṅghaṃ uddissa... sāmaṇeriyā saṅghaṃ uddissa ... sambahule bhikkhū uddissa... ekaṃ bhikkhuṃ uddissa... bhikkhunisaṅghaṃ uddissa... sambahulā bhikkhuniyo uddissa... ekaṃ bhikkhuniṃ uddissa... sambahulā sikkhamānāyo uddissa... ekaṃ sikkhamānaṃ uddissa... sambahule sāmaṇere uddissa... ekaṃ sāmaṇeraṃ uddissa... sambahulā sāmaṇeriyo uddissa... ekaṃ sāmaṇeriṃ uddissa... attano atthāya vihāro kārāpito hoti...pe... aḍḍhayogo kārāpito hoti... pāsādo kārāpito hoti... hammiyaṃ kārāpitaṃ hoti... guhā kārāpitā hoti... pariveṇaṃ kārāpitaṃ hoti ... koṭṭhako kārāpito hoti... upaṭṭhānasālā kārāpitā hoti... aggisālā kārāpitā hoti... kappiyakuṭi kārāpitā hoti... caṅkamo kārāpito hoti... caṅkamanasālā kārāpitā hoti... udapāno kārāpito hoti... udapānasālā kārāpitā hoti... pokkharaṇī kārāpitā hoti... maṇḍapo kārāpito hoti... ārāmo kārāpito hoti... ārāmavatthu kārāpitaṃ hoti. Sā ce bhikkhūnaṃ santike dūtaṃ pahiṇeyya... ''āgacchantu ayyā, icchāmi dānañca dātuṃ, dhammañca sotuṃ, bhikkhū ca passitu''nti, gantabbaṃ, bhikkhave, sattāhakaraṇīyena, pahite, na tveva appahite. Sattāhaṃ sannivatto kātabboti.

Sattāhakaraṇīyānujānatā niṭṭhitā.

110. Pañcannaṃ appahitepi anujānanā

193. Tena kho pana samayena aññataro bhikkhu gilāno hoti. So bhikkhūnaṃ santike dūtaṃ pāhesi – ''ahañhi gilāno, āgacchantu bhikkhū, icchāmi bhikkhūnaṃ āgata''nti. Bhagavato etamatthaṃ ārocesuṃ. Anujānāmi, bhikkhave, pañcannaṃ sattāhakaraṇīyena appahitepi gantuṃ, pageva pahite. Bhikkhussa,

bhikkhuniyā, sikkhamānāya, sāmaṇerassa, sāmaṇeriyā – anujānāmi, bhikkhave, imesaṃ pañcannaṃ sattāhakaraṇīyena appahitepi gantuṃ, pageva pahite. Sattāhaṃ sannivatto kātabbo.

Idha pana, bhikkhave, bhikkhu gilāno hoti. So ce bhikkhūnaṃ santike dūtaṃ pahiṇeyya – ''ahañhi gilāno, āgacchantu bhikkhū, icchāmi bhikkhūnaṃ āgata''nti, gantabbaṃ, bhikkhave, sattāhakaraṇīyena, appahitepi, pageva pahite – ''gilānabhattaṃ vā pariyesissāmi, gilānupaṭṭhākabhattaṃ vā pariyesissāmi, gilānabhesajjaṃ vā pariyesissāmi, pucchissāmi vā, upaṭṭhahissāmi vā''ti. Sattāhaṃ sannivatto kātabbo.

Idha pana, bhikkhave, bhikkhussa anabhirati uppannā hoti. So ce bhikkhūnaṃ santike dūtaṃ pahiṇeyya – ''anabhirati me uppannā, āgacchantu bhikkhū, icchāmi bhikkhūnaṃ āgata''nti, gantabbaṃ, bhikkhave, sattāhakaraṇīyena, appahitepi, pageva pahite – ''anabhirataṃ vūpakāsessāmi vā, vūpakāsāpessāmi vā, dhammakathaṃ vāssa karissāmī''ti. Sattāhaṃ sannivatto kātabbo.

Idha pana, bhikkhave, bhikkhussa kukkuccaṃ uppannaṃ hoti. So ce bhikkhūnaṃ santike dūtaṃ pahiṇeyya – ''kukkuccaṃ me uppannaṃ, āgacchantu bhikkhū, icchāmi bhikkhūnaṃ āgata''nti, gantabbaṃ, bhikkhave, sattāhakaraṇīyena, appahitepi, pageva pahite – ''kukkuccaṃ vinodessāmi vā, vinodāpessāmi vā, dhammakathaṃ vāssa karissāmī''ti. Sattāhaṃ sannivatto kātabbo.

Idha pana, bhikkhave, bhikkhussa diṭṭhigataṃ uppannaṃ hoti. So ce bhikkhūnaṃ santike dūtaṃ pahiṇeyya – ''diṭṭhigataṃ me uppannaṃ, āgacchantu bhikkhū, icchāmi bhikkhūnaṃ āgata''nti, gantabbaṃ, bhikkhave, sattāhakaraṇīyena, appahitepi, pageva pahite – ''diṭṭhigataṃ vivecessāmi vā, vivecāpessāmi vā, dhammakathaṃ vāssa karissāmī''ti. Sattāhaṃ sannivatto kātabbo.

Idha pana, bhikkhave, bhikkhu garudhammaṃ ajjhāpanno hoti parivāsāraho. So ce bhikkhūnaṃ santike dūtaṃ pahiṇeyya – ''ahañhi garudhammaṃ ajjhāpanno parivāsāraho, āgacchantu bhikkhū, icchāmi bhikkhūnaṃ āgata''nti, gantabbaṃ, bhikkhave, sattāhakaraṇīyena, appahitepi, pageva pahite – ''parivāsadānaṃ ussukkaṃ karissāmi vā, anussāvessāmi vā, gaṇapūrako vā bhavissāmī''ti. Sattāhaṃ sannivatto kātabbo.

Idha pana, bhikkhave, bhikkhu mūlāya paṭikassanāraho hoti. So ce bhikkhūnaṃ santike dūtaṃ pahiṇeyya – ''ahañhi mūlāya paṭikassanāraho, āgacchantu bhikkhū, icchāmi bhikkhūnaṃ āgata''nti, gantabbaṃ, bhikkhave, sattāhakaraṇīyena, appahitepi, pageva pahite – ''mūlāya paṭikassanaṃ ussukkaṃ karissāmi vā, anussāvessāmi vā, gaṇapūrako vā bhavissāmī''ti. Sattāhaṃ sannivatto kātabbo.

Idha pana, bhikkhave, bhikkhu mānattāraho hoti. So ce bhikkhūnaṃ santike dūtaṃ pahiṇeyya – ''ahañhi mānattāraho, āgacchantu bhikkhū, icchāmi bhikkhūnaṃ āgata''nti, gantabbaṃ, bhikkhave, sattāhakaraṇīyena, appahitepi, pageva pahite – ''mānattadānaṃ ussukkaṃ karissāmi vā, anussāvessāmi vā, gaṇapūrako vā bhavissāmī''ti. Sattāhaṃ sannivatto kātabbo.

Idha pana, bhikkhave, bhikkhu abbhānāraho hoti. So ce bhikkhūnaṃ santike dūtaṃ pahiṇeyya – ''ahañhi abbhānāraho, āgacchantu bhikkhū, icchāmi bhikkhūnaṃ āgata''nti, gantabbaṃ, bhikkhave, sattāhakaraṇīyena, appahitepi, pageva pahite – ''abbhānaṃ ussukkaṃ karissāmi vā, anussāvessāmi vā, gaṇapūrako vā bhavissāmī''ti. Sattāhaṃ sannivatto kātabbo.

Idha pana, bhikkhave, bhikkhussa saṅgho kammaṃ kattukāmo hoti tajjanīyaṃ vā, niyassaṃ vā, pabbājanīyaṃ vā, paṭisāraṇīyaṃ vā, ukkhepanīyaṃ vā. So ce bhikkhūnaṃ santike dūtaṃ pahiṇeyya – ''saṅgho me kammaṃ kattukāmo, āgacchantu bhikkhū, icchāmi bhikkhūnaṃ āgata''nti, gantabbaṃ, bhikkhave, sattāhakaraṇīyena, appahitepi, pageva pahite – ''kinti nu kho saṅgho kammaṃ na kareyya, lahukāya vā pariṇāmeyyā''ti. Sattāhaṃ sannivatto kātabbo.

Kataṃ vā panassa hoti saṅghena kammaṃ tajjanīyaṃ vā niyassaṃ vā pabbājanīyaṃ vā paṭisāraṇīyaṃ vā ukkhepanīyaṃ vā. So ce bhikkhūnaṃ santike dūtaṃ pahiṇeyya ''saṅgho me kammaṃ akāsi, āgacchantu bhikkhū, icchāmi bhikkhūnaṃ āgata''nti, gantabbaṃ, bhikkhave, sattāhakaraṇīyena, appahitepi, pageva pahite – ''kinti nu kho sammā vatteyya, lomaṃ pāteyya, netthāraṃ vatteyya, saṅgho taṃ kammaṃ paṭippassambheyyā''ti. Sattāhaṃ sannivatto kātabbo.

194. Idha pana, bhikkhave, bhikkhunī gilānā hoti. Sā ce bhikkhūnaṃ santike dūtaṃ pahiṇeyya – ''ahañhi gilānā, āgacchantu ayyā, icchāmi ayyānaṃ āgata''nti, gantabbaṃ, bhikkhave, sattāhakaraṇīyena, appahitepi, pageva pahite – ''gilānabhattaṃ vā pariyesissāmi, gilānupaṭṭhākabhattaṃ vā pariyesissāmi, gilānabhesajjaṃ vā pariyesissāmi, pucchissāmi vā, upaṭṭhahissāmi vā''ti. Sattāhaṃ sannivatto kātabbo.

Idha pana, bhikkhave, bhikkhuniyā anabhirati uppannā hoti. Sā ce bhikkhūnaṃ santike dūtaṃ pahiṇeyya – ''anabhirati me uppannā, āgacchantu ayyā, icchāmi ayyānaṃ āgata''nti, gantabbaṃ, bhikkhave, sattāhakaraṇīyena, appahitepi, pageva pahite – ''anabhirataṃ vūpakāsessāmi vā, vūpakāsāpessāmi vā, dhammakathaṃ vāssā karissāmī''ti. Sattāhaṃ sannivatto kātabbo.

Idha pana, bhikkhave, bhikkhuniyā kukkuccaṃ uppannaṃ hoti. Sā ce bhikkhūnaṃ santike dūtaṃ pahiṇeyya – ''kukkuccaṃ me uppannaṃ, āgacchantu ayyā, icchāmi ayyānaṃ āgata''nti, gantabbaṃ, bhikkhave, sattāhakaraṇīyena, appahitepi, pageva pahite – ''kukkuccaṃ vinodessāmi vā, vinodāpessāmi vā, dhammakathaṃ vāssā karissāmī''ti. Sattāhaṃ sannivatto kātabbo.

Idha pana, bhikkhave, bhikkhuniyā diṭṭhigataṃ uppannaṃ hoti. Sā ce bhikkhūnaṃ santike dūtaṃ pahiṇeyya – ''diṭṭhigataṃ me uppannaṃ, āgacchantu ayyā, icchāmi ayyānaṃ āgata''nti, gantabbaṃ,

bhikkhave, sattāhakaraṇīyena, appahitepi, pageva pahite – ''diṭṭhigataṃ vivecessāmi vā, vivecāpessāmi vā, dhammakathaṃ vāssā karissāmī''ti. Sattāhaṃ sannivatto kātabbo.
Idha pana, bhikkhave, bhikkhunī garudhammaṃ ajjhāpannā hoti mānattārahā. Sā ce bhikkhūnaṃ santike dūtaṃ pahiṇeyya – ''ahañhi garudhammaṃ ajjhāpannā mānattārahā, āgacchantu ayyā, icchāmi ayyānaṃ āgata''nti, gantabbaṃ, bhikkhave, sattāhakaraṇīyena, appahitepi, pageva pahite – ''mānattadānaṃ ussukkaṃ karissāmī''ti. Sattāhaṃ sannivatto kātabbo.
Idha pana, bhikkhave, bhikkhunī mūlāya paṭikassanārahā hoti. Sā ce bhikkhūnaṃ santike dūtaṃ pahiṇeyya – ''ahañhi mūlāya paṭikassanārahā, āgacchantu ayyā, icchāmi ayyānaṃ āgata''nti, gantabbaṃ, bhikkhave, sattāhakaraṇīyena, appahitepi, pageva pahite – ''mūlāya paṭikassanaṃ ussukkaṃ karissāmī''ti. Sattāhaṃ sannivatto kātabbo.
Idha pana, bhikkhave, bhikkhunī abbhānārahā hoti. Sā ce bhikkhūnaṃ santike dūtaṃ pahiṇeyya – ''ahañhi abbhānārahā, āgacchantu ayyā, icchāmi ayyānaṃ āgata''nti, gantabbaṃ, bhikkhave, sattāhakaraṇīyena, appahitepi, pageva pahite – ''abbhānaṃ ussukkaṃ karissāmī''ti. Sattāhaṃ sannivatto kātabbo.
Idha pana, bhikkhave, bhikkhuniyā saṅgho kammaṃ kattukāmo hoti – tajjanīyaṃ vā, niyassaṃ vā, pabbājanīyaṃ vā, paṭisāraṇīyaṃ vā, ukkhepanīyaṃ vā. Sā ce bhikkhūnaṃ santike dūtaṃ pahiṇeyya – ''saṅgho me kammaṃ kattukāmo, āgacchantu ayyā, icchāmi ayyānaṃ āgata''nti, gantabbaṃ, bhikkhave, sattāhakaraṇīyena, appahitepi, pageva pahite – ''kinti nu kho saṅgho kammaṃ na kareyya, lahukāya vā pariṇāmeyyā''ti. Sattāhaṃ sannivatto kātabbo.
Kataṃ vā panassā hoti saṅghena kammaṃ – tajjanīyaṃ vā, niyassaṃ vā, pabbājanīyaṃ vā, paṭisāraṇīyaṃ vā, ukkhepanīyaṃ vā. Sā ce bhikkhūnaṃ santike dūtaṃ pahiṇeyya – ''saṅgho me kammaṃ akāsi, āgacchantu ayyā, icchāmi ayyānaṃ āgata''nti, gantabbaṃ, bhikkhave, sattāhakaraṇīyena, appahitepi, pageva pahite – ''kinti nu kho sammā vatteyya, lomaṃ pāteyya, netthāraṃ vatteyya, saṅgho taṃ kammaṃ paṭippassambheyyā''ti. Sattāhaṃ sannivatto kātabbo.
195. Idha pana, bhikkhave, sikkhamānā gilānā hoti. Sā ce bhikkhūnaṃ santike dūtaṃ pahiṇeyya – ''ahañhi gilānā, āgacchantu ayyā, icchāmi ayyānaṃ āgata''nti – gantabbaṃ, bhikkhave, sattāhakaraṇīyena, appahitepi, pageva pahite – ''gilānabhattaṃ vā pariyesissāmi, gilānupaṭṭhākabhattaṃ vā pariyesissāmi, gilānabhesajjaṃ vā pariyesissāmi, pucchissāmi vā, upaṭṭhahissāmi vā''ti. Sattāhaṃ sannivatto kātabbo.
Idha pana, bhikkhave, sikkhamānāya anabhirati uppannā hoti...pe... sikkhamānāya kukkuccaṃ uppannaṃ hoti... sikkhamānāya diṭṭhigataṃ uppannaṃ hoti... sikkhamānāya sikkhā kupitā hoti. Sā ce bhikkhūnaṃ santike dūtaṃ pahiṇeyya – ''sikkhā me kupitā, āgacchantu ayyā, icchāmi ayyānaṃ āgata''nti, gantabbaṃ, bhikkhave, sattāhakaraṇīyena, appahitepi, pageva pahite – ''sikkhāsamādānaṃ ussukkaṃ karissāmī''ti. Sattāhaṃ sannivatto kātabbo.
Idha pana, bhikkhave, sikkhamānā upasampajjitukāmā hoti. Sā ce bhikkhūnaṃ santike dūtaṃ pahiṇeyya – ''ahañhi upasampajjitukāmā, āgacchantu ayyā, icchāmi ayyānaṃ āgata''nti gantabbaṃ, bhikkhave, sattāhakaraṇīyena, appahitepi, pageva pahite – upasampadaṃ ussukkaṃ karissāmi vā, anussāvessāmi vā, gaṇapūrako vā bhavissāmīti. Sattāhaṃ sannivatto kātabbo.
196. Idha pana, bhikkhave, sāmaṇero gilāno hoti. So ce bhikkhūnaṃ santike dūtaṃ pahiṇeyya – ''ahañhi gilāno, āgacchantu bhikkhū, icchāmi bhikkhūnaṃ āgata''nti, gantabbaṃ, bhikkhave, sattāhakaraṇīyena, appahitepi, pageva pahite – ''gilānabhattaṃ vā pariyesissāmi, gilānupaṭṭhākabhattaṃ vā pariyesissāmi, gilānabhesajjaṃ vā pariyesissāmi, pucchissāmi vā, upaṭṭhahissāmi vā''ti. Sattāhaṃ sannivatto kātabbo.
Idha pana, bhikkhave, sāmaṇerassa anabhirati uppannā hoti...pe... sāmaṇerassa kukkuccaṃ uppannaṃ hoti... sāmaṇerassa diṭṭhigataṃ uppannaṃ hoti... sāmaṇero vassaṃ pucchitukāmo hoti. So ce bhikkhūnaṃ santike dūtaṃ pahiṇeyya – ''ahañhi vassaṃ pucchitukāmo, āgacchantu bhikkhū, icchāmi bhikkhūnaṃ āgata''nti, gantabbaṃ, bhikkhave, sattāhakaraṇīyena, appahitepi, pageva pahite – ''pucchissāmi vā, ācikkhissāmi vā''ti. Sattāhaṃ sannivatto kātabbo.
Idha pana, bhikkhave, sāmaṇero upasampajjitukāmo hoti. So ce bhikkhūnaṃ santike dūtaṃ pahiṇeyya – ''ahañhi upasampajjitukāmo, āgacchantu bhikkhū, icchāmi bhikkhūnaṃ āgata''nti, gantabbaṃ, bhikkhave, sattāhakaraṇīyena, appahitepi, pageva pahite – ''upasampadaṃ ussukkaṃ karissāmi vā, anussāvessāmivā, gaṇapūrako vā bhavissāmī''ti. Sattāhaṃ sannivatto kātabbo.
197. Idha pana, bhikkhave, sāmaṇerī gilānā hoti. Sā ce bhikkhūnaṃ santike dūtaṃ pahiṇeyya – ''ahañhi gilānā, āgacchantu ayyā, icchāmi ayyānaṃ āgata''nti, gantabbaṃ, bhikkhave, sattāhakaraṇīyena, appahitepi, pageva pahite – ''gilānabhattaṃ vā pariyesissāmi, gilānupaṭṭhākabhattaṃ vā pariyesissāmi, gilānabhesajjaṃ vā pariyesissāmi, pucchissāmi vā, upaṭṭhahissāmi vā''ti. Sattāhaṃ sannivatto kātabbo.
Idha pana, bhikkhave, sāmaṇeriyā anabhirati uppannā hoti...pe... sāmaṇeriyā kukkuccaṃ uppannaṃ hoti... sāmaṇeriyā diṭṭhigataṃ uppannaṃ hoti... sāmaṇerī vassaṃ pucchitukāmā hoti. Sā ce bhikkhūnaṃ santike dūtaṃ pahiṇeyya – ''ahañhi vassaṃ pucchitukāmā, āgacchantu ayyā, icchāmi ayyānaṃ āgata''nti, gantabbaṃ, bhikkhave, sattāhakaraṇīyena, appahitepi, pageva pahite – ''pucchissāmi vā, ācikkhissāmi vā''ti. Sattāhaṃ sannivatto kātabbo.

Idha pana, bhikkhave, sāmaṇerī sikkhaṃ samādiyitukāmā hoti. Sā ce bhikkhūnaṃ santike dūtaṃ pahiṇeyya – ''ahañhi sikkhaṃ samādiyitukāmā, āgacchantu ayyā, icchāmi ayyānaṃ āgata''nti, gantabbaṃ, bhikkhave, sattāhakaraṇīyena, appahitepi, pageva pahite – ''sikkhāsamādānaṃ ussukkaṃ karissāmī''ti. Sattāhaṃ sannivatto kātabboti.

Pañcannaṃ appahitepi anujānanā niṭṭhitā.

111. Sattannaṃ appahitepi anujānanā

198. Tena kho pana samayena aññatarassa bhikkhuno mātā gilānā hoti. Sā puttassa santike dūtaṃ pāhesi – ''ahañhi gilānā, āgacchatu me putto, icchāmi puttassa āgata''nti. Atha kho tassa bhikkhuno etadahosi – ''bhagavatā paññattaṃ sattannaṃ sattāhakaraṇīyena pahite gantuṃ, na tveva appahite; pañcannaṃ sattāhakaraṇīyena appahitepi gantuṃ, pageva pahiteti. Ayañca me mātā gilānā, sā ca anupāsikā, kathaṃ nu kho mayā paṭipajjitabba''nti? Bhagavato etamatthaṃ ārocesuṃ. Anujānāmi, bhikkhave, sattannaṃ sattāhakaraṇīyena appahitepi gantuṃ, pageva pahite. Bhikkhussa, bhikkhuniyā, sikkhamānāya, sāmaṇerassa, sāmaṇeriyā, mātuyā ca pitussa ca – anujānāmi, bhikkhave, imesaṃ sattannaṃ sattāhakaraṇīyena appahitepi gantuṃ, pageva pahite. Sattāhaṃ sannivatto kātabbo.

Idha pana, bhikkhave, bhikkhussa mātā gilānā hoti. Sā ce puttassa santike dūtaṃ pahiṇeyya – ''ahañhi gilānā, āgacchatu me putto, icchāmi puttassa āgata''nti, gantabbaṃ, bhikkhave, sattāhakaraṇīyena, appahitepi, pageva pahite – ''gilānabhattaṃ vā pariyesissāmi, gilānupaṭṭhākabhattaṃ vā pariyesissāmi, gilānabhesajjaṃ vā pariyesissāmi, pucchissāmi vā, upaṭṭhahissāmi vā''ti. Sattāhaṃ sannivatto kātabbo.

Idha pana, bhikkhave, bhikkhussa pitā gilāno hoti. So ce puttassa santike dūtaṃ pahiṇeyya – ''ahañhi gilāno, āgacchatu me putto, icchāmi puttassa āgata''nti, gantabbaṃ, bhikkhave, sattāhakaraṇīyena, appahitepi, pageva pahite – ''gilānabhattaṃ vā pariyesissāmi, gilānupaṭṭhākabhattaṃ vā pariyesissāmi, gilānabhesajjaṃ vā pariyesissāmi, pucchissāmi vā, upaṭṭhahissāmi vā''ti. Sattāhaṃ sannivatto kātabbo.

Sattannaṃ appahitepi anujānanā niṭṭhitā.

112. Pahiteyeva anujānanā

199. Idha pana, bhikkhave, bhikkhussa bhātā gilāno hoti. So ce bhātuno santike dūtaṃ pahiṇeyya – ''ahañhi gilāno, āgacchatu me bhātā, icchāmi bhātuno āgata''nti, gantabbaṃ, bhikkhave, sattāhakaraṇīyena, pahite, na tveva appahite. Sattāhaṃ sannivatto kātabbo.

Idha pana, bhikkhave, bhikkhussa bhaginī gilānā hoti. Sā ce bhātuno santike dūtaṃ pahiṇeyya – ''ahañhi gilānā, āgacchatu me bhātā, icchāmi bhātuno āgata''nti, gantabbaṃ, bhikkhave, sattāhakaraṇīyena, pahite, na tveva appahite. Sattāhaṃ sannivatto kātabbo.

Idha pana, bhikkhave, bhikkhussa ñātako gilāno hoti. So ce bhikkhussa santike dūtaṃ pahiṇeyya – ''ahañhi gilāno, āgacchatu bhadanto, icchāmi bhadantassa āgata''nti, gantabbaṃ, bhikkhave, sattāhakaraṇīyena, pahite, na tveva appahite. Sattāhaṃ sannivatto kātabbo.

Idha pana, bhikkhave, bhikkhugatiko gilāno hoti. So ce bhikkhūnaṃ santike dūtaṃ pahiṇeyya – ''ahañhi gilāno, āgacchantu bhadantā, icchāmi bhadantānaṃ āgata''nti, gantabbaṃ, bhikkhave, sattāhakaraṇīyena, pahite, na tveva appahite. Sattāhaṃ sannivatto kātabbo.

Tena kho pana samayena saṅghassa vihāro undriyati. Aññatarena upāsakena araññe bhaṇḍaṃ chedāpitaṃ hoti. So bhikkhūnaṃ santike dūtaṃ pāhesi – ''sace bhadantā taṃ bhaṇḍaṃ āvahāpeyyuṃ, dajjāhaṃ taṃ bhaṇḍa''nti. Bhagavato etamatthaṃ ārocesuṃ. Anujānāmi, bhikkhave, saṅghakaraṇīyena gantuṃ. Sattāhaṃ sannivatto kātabboti.

Pahiteyeva anujānanā niṭṭhitā.

Vassāvāsabhāṇavāro niṭṭhito.

113. Antarāye anāpattivassacchedavāro

200. Tena kho pana samayena kosalesu janapade aññatarasmiṃ āvāse vassūpagatā bhikkhū vāḷehi ubbāḷhā honti. Gaṇhiṃsupi paripātiṃsupi. Bhagavato etamatthaṃ ārocesuṃ.

Idha pana, bhikkhave, vassūpagatā bhikkhū vāḷehi ubbāḷhā honti. Gaṇhantipi paripātentipi. Eseva antarāyoti pakkamitabbaṃ. Anāpatti vassacchedassa.

Idha pana, bhikkhave, vassūpagatā bhikkhū sarīsapehi ubbāḷhā honti. Ḍaṃsantipi paripātentipi. Eseva antarāyoti pakkamitabbaṃ. Anāpatti vassacchedassa .

Idha pana, bhikkhave, vassūpagatā bhikkhū corehi ubbāḷhā honti. Vilumpantipi ākoṭentipi. Eseva antarāyoti pakkamitabbaṃ. Anāpatti vassacchedassa.

Idha pana, bhikkhave, vassūpagatā bhikkhū pisācehi ubbāḷhā honti. Āvisantipi hanantipi [ojampi haranti (sī.), harantipi (syā.)]. Eseva antarāyoti pakkamitabbaṃ. Anāpatti vassacchedassa.

Idha pana, bhikkhave, vassūpagatānaṃ bhikkhūnaṃ gāmo agginā daḍḍho hoti. Bhikkhū piṇḍakena kilamanti. Eseva antarāyoti pakkamitabbaṃ. Anāpatti vassacchedassa.

Idha pana, bhikkhave, vassūpagatānaṃ bhikkhūnaṃ senāsanaṃ agginā daḍḍhaṃ hoti. Bhikkhū senāsanena kilamanti. Eseva antarāyoti pakkamitabbaṃ. Anāpatti vassacchedassa.

Idha pana, bhikkhave, vassūpagatānaṃ bhikkhūnaṃ gāmo udakena vūḷho hoti. Bhikkhū piṇḍakena kilamanti. Eseva antarāyoti pakkamitabbaṃ. Anāpatti vassacchedassa.

Idha pana, bhikkhave, vassūpagatānaṃ bhikkhūnaṃ senāsanaṃ udakena vūḷhaṃ hoti. Bhikkhū senāsanena kilamanti. Eseva antarāyoti pakkamitabbaṃ. Anāpatti vassacchedassāti.
201. Tena kho pana samayena aññatarasmiṃ āvāse vassūpagatānaṃ bhikkhūnaṃ gāmo corehi vuṭṭhāsi. Bhagavato etamatthaṃ ārocesuṃ. Anujānāmi, bhikkhave, yena gāmo tena gantunti.
Gāmo dvedhā bhijjittha. Bhagavato etamatthaṃ ārocesuṃ. Anujānāmi, bhikkhave, yena bahutarā tena gantunti.
Bahutarā assaddhā honti appasannā. Bhagavato etamatthaṃ ārocesuṃ. Anujānāmi, bhikkhave, yena saddhā pasannā tena gantunti.
Tena kho pana samayena kosalesu janapade aññatarasmiṃ āvāse vassūpagatā bhikkhū na labhiṃsu lūkhassa vā paṇītassa vā bhojanassa yāvadatthaṃ pāripūriṃ. Bhagavato etamatthaṃ ārocesuṃ.
Idha pana, bhikkhave, vassūpagatā bhikkhū na labhanti lūkhassa vā paṇītassa vā bhojanassa yāvadatthaṃ pāripūriṃ. Eseva antarāyoti pakkamitabbaṃ. Anāpatti vassacchedassa.
Idha pana, bhikkhave, vassūpagatā bhikkhū labhanti lūkhassa vā paṇītassa vā bhojanassa yāvadatthaṃ pāripūriṃ, na labhanti sappāyāni bhojanāni. Eseva antarāyoti pakkamitabbaṃ. Anāpatti vassacchedassa.
Idha pana, bhikkhave, vassūpagatā bhikkhū labhanti lūkhassa vā paṇītassa vā bhojanassa yāvadatthaṃ pāripūriṃ, labhanti sappāyāni bhojanāni , na labhanti sappāyāni bhesajjāni. Eseva antarāyoti pakkamitabbaṃ. Anāpatti vassacchedassa.
Idha pana, bhikkhave, vassūpagatā bhikkhū labhanti lūkhassa vā paṇītassa vā bhojanassa yāvadatthaṃ pāripūriṃ, labhanti sappāyāni bhojanāni, labhanti sappāyāni bhesajjāni, na labhanti patirūpaṃ upaṭṭhākaṃ. Eseva antarāyoti pakkamitabbaṃ. Anāpatti vassacchedassa.
Idha pana, bhikkhave, vassūpagataṃ bhikkhuṃ itthī nimanteti – ''ehi, bhante, hiraññaṃ vā te demi, suvaṇṇaṃ vā te demi, khettaṃ vā te demi, vatthuṃ vā te demi, gāvuṃ vā te demi, gāviṃ vā te demi, dāsaṃ vā te demi, dāsiṃ vā te demi, dhītaraṃ vā te demi bhariyatthāya, ahaṃ vā te bhariyā homi, aññaṃ vā te bhariyaṃ ānemī''ti. Tatra ce bhikkhuno evaṃ hoti, 'lahuparivattaṃ kho cittaṃ vuttaṃ bhagavatā, siyāpi me brahmacariyassa antarāyo'ti, pakkamitabbaṃ. Anāpatti vassacchedassa.
Idha pana, bhikkhave, vassūpagataṃ bhikkhuṃ vesī nimanteti...pe... thullakumārī nimanteti... paṇḍako nimanteti... ñātakā nimantenti... rājāno nimantenti... corā nimantenti... dhuttā nimantenti – ''ehi, bhante, hiraññaṃ vā te dema, suvaṇṇaṃ vā te dema, khettaṃ vā te dema, vatthuṃ vā te dema , gāvuṃ vā te dema, gāviṃ vā te dema, dāsaṃ vā te dema, dāsiṃ vā te dema, dhītaraṃ vā te dema bhariyatthāya, aññaṃ vā te bhariyaṃ ānemā''ti. Tatra ce bhikkhuno evaṃ hoti, 'lahuparivattaṃ kho cittaṃ vuttaṃ bhagavatā, siyāpi me brahmacariyassa antarāyo'ti, pakkamitabbaṃ. Anāpatti vassacchedassa.
Idha pana, bhikkhave, vassūpagato bhikkhu assāmikaṃ nidhiṃ passati. Tatra ce bhikkhuno evaṃ hoti, 'lahuparivattaṃ kho cittaṃ vuttaṃ bhagavatā, siyāpi me brahmacariyassa antarāyo'ti, pakkamitabbaṃ. Anāpatti vassacchedassa.
Antarāye anāpattivassacchedavāro niṭṭhito.
114. Saṅghabhede anāpattivassacchedavāro
202. Idha pana, bhikkhave, vassūpagato bhikkhu passati sambahule bhikkhū saṅghabhedāya parakkamante. Tatra ce bhikkhuno evaṃ hoti, 'garuko kho saṅghabhedo vutto bhagavatā; mā mayi sammukhībhūte saṅgho bhijjī'ti, pakkamitabbaṃ. Anāpatti vassacchedassa.
Idha pana, bhikkhave, vassūpagato bhikkhu suṇāti – ''asukasmiṃ kira āvāse sambahulā bhikkhū saṅghabhedāya parakkamantī''ti. Tatra ce bhikkhuno evaṃ hoti, 'garuko kho saṅghabhedo vutto bhagavatā; mā mayi sammukhībhūte saṅgho bhijjī'ti, pakkamitabbaṃ. Anāpatti vassacchedassa.
Idha pana, bhikkhave, vassūpagato bhikkhu suṇāti – ''asukasmiṃ kira āvāse sambahulā bhikkhū saṅghabhedāya parakkamantī''ti. Tatra ce bhikkhuno evaṃ hoti – ''te kho me bhikkhū mittā. Tyāhaṃ vakkhāmi 'garuko kho, āvuso, saṅghabhedo vutto bhagavatā; māyasmantānaṃ saṅghabhedo ruccitthā'ti. Karissantime vacanaṃ, sussūsissanti, sotaṃ odahissantī''ti, pakkamitabbaṃ. Anāpatti vassacchedassa.
Idha pana, bhikkhave, vassūpagato bhikkhu suṇāti – ''asukasmiṃ kira āvāse sambahulā bhikkhū saṅghabhedāya parakkamantī''ti. Tatra ce bhikkhuno evaṃ hoti – ''te kho me bhikkhū na mittā; api ca ye tesaṃ mittā, te me mittā. Tyāhaṃ vakkhāmi. Te vuttā te vakkhanti 'garuko kho, āvuso, saṅghabhedo vutto bhagavatā; māyasmantānaṃ saṅghabhedo ruccitthā'ti. Karissanti tesaṃ vacanaṃ, sussūsissanti, sotaṃ odahissantī''ti, pakkamitabbaṃ. Anāpatti vassacchedassa.
Idha pana, bhikkhave, vassūpagato bhikkhu suṇāti – ''asukasmiṃ kira āvāse sambahulehi bhikkhūhi saṅgho bhinno''ti. Tatra ce bhikkhuno evaṃ hoti – ''te kho me bhikkhū mittā. Tyāhaṃ vakkhāmi 'garuko kho, āvuso, saṅghabhedo vutto bhagavatā; māyasmantānaṃ saṅghabhedo ruccitthā'ti. Karissanti me vacanaṃ, sussūsissanti, sotaṃ odahissantī''ti, pakkamitabbaṃ. Anāpatti vassacchedassa.
Idha pana, bhikkhave, vassūpagato bhikkhu suṇāti – ''asukasmiṃ kira āvāse sambahulehi bhikkhūhi saṅgho bhinno''ti. Tatra ce bhikkhuno evaṃ hoti – ''te kho me bhikkhū na mittā; api ca, ye tesaṃ mittā te me mittā. Tyāhaṃ vakkhāmi. Te vuttā te vakkhanti 'garuko kho, āvuso, saṅghabhedo vutto bhagavatā; māyasmantānaṃ saṅghabhedo ruccitthā'ti. Karissanti tesaṃ vacanaṃ, sussūsissanti , sotaṃ odahissantī''ti, pakkamitabbaṃ. Anāpatti vassacchedassa.

Idha pana, bhikkhave, vassūpagato bhikkhu suṇāti – ''amukasmiṃ kira āvāse sambahulā bhikkhuniyo saṅghabhedāya parakkamantī''ti. Tatra ce bhikkhuno evaṃ hoti – ''tā kho me bhikkhuniyo mittā. Tāhaṃ vakkhāmi 'garuko kho, bhaginiyo, saṅghabhedo vutto bhagavatā; mā bhaginīnaṃ saṅghabhedo ruccitthā'ti. Karissanti me vacanaṃ, sussūsissanti, sotaṃ odahissantī''ti, pakkamitabbaṃ. Anāpatti vassacchedassa.

Idha pana, bhikkhave, vassūpagato bhikkhu suṇāti – ''amukasmiṃ kira āvāse sambahulā bhikkhuniyo saṅghabhedāya parakkamantī''ti. Tatra ce bhikkhuno evaṃ hoti – ''tā kho me bhikkhuniyo na mittā. Api ca, yā tāsaṃ mittā, tā me mittā. Tāhaṃ vakkhāmi. Tā vuttā tā vakkhanti 'garuko kho, bhaginiyo, saṅghabhedo vutto bhagavatā. Mā bhaginīnaṃ saṅghabhedo ruccitthā'ti. Karissanti tāsaṃ vacanaṃ, sussūsissanti, sotaṃ odahissantī''ti, pakkamitabbaṃ. Anāpatti vassacchedassati.

Idha pana, bhikkhave, vassūpagato bhikkhu suṇāti – ''amukasmiṃ kira āvāse sambahulāhi bhikkhunīhi saṅgho bhinno''ti. Tatra ce bhikkhuno evaṃ hoti – ''tā kho me bhikkhuniyo mittā. Tāhaṃ vakkhāmi 'garuko kho, bhaginiyo, saṅghabhedo vutto bhagavatā. Mā bhaginīnaṃ saṅghabhedo ruccitthā'ti. Karissanti me vacanaṃ, sussūsissanti, sotaṃ odahissantī''ti, pakkamitabbaṃ. Anāpatti vassacchedassati.

Idha pana, bhikkhave, vassūpagato bhikkhu suṇāti – ''amukasmiṃ kira āvāse sambahulāhi bhikkhunīhi saṅgho bhinno''ti. Tatra ce bhikkhuno evaṃ hoti – ''tā kho me bhikkhuniyo na mittā. Api ca, yā tāsaṃ mittā tā me mittā. Tāhaṃ vakkhāmi. Tā vuttā tā vakkhanti 'garuko kho, bhaginiyo [ayyāyo (sī.)], saṅghabhedo vutto bhagavatā; mā bhaginīnaṃ [ayyānaṃ (sī.)] saṅghabhedo ruccitthā'ti. Karissanti tāsaṃ vacanaṃ, sussūsissanti, sotaṃ odahissantī''ti, pakkamitabbaṃ. Anāpatti vassacchedassāti.

Saṅghabhede anāpattivassacchedavāro niṭṭhito.

115. Vajādīsu vassūpagamanaṃ

203. Tena kho pana samayena aññataro bhikkhu vaje vassaṃ upagantukāmo hoti. Bhagavato etamatthaṃ ārocesuṃ. Anujānāmi, bhikkhave, vaje vassaṃ upagantunti. Vajo vuṭṭhāsi. Bhagavato etamatthaṃ ārocesuṃ. Anujānāmi, bhikkhave, yena vajo tena gantunti.

Tena kho pana samayena aññataro bhikkhu upakaṭṭhāya vassūpanāyikāya satthena gantukāmo hoti. Bhagavato etamatthaṃ ārocesuṃ. Anujānāmi, bhikkhave, satthe vassaṃ upagantunti.

Tena kho pana samayena aññataro bhikkhu upakaṭṭhāya vassūpanāyikāya nāvāya gantukāmo hoti. Bhagavato etamatthaṃ ārocesuṃ. Anujānāmi, bhikkhave, nāvāya vassaṃ upagantunti.

Vajādīsu vassūpagamanaṃ niṭṭhitaṃ.

116. Vassaṃ anupagantabbaṭṭhānāni

204. Tena kho pana samayena bhikkhū rukkhasusire vassaṃ upagacchanti. Manussā ujjhāyanti khiyyanti vipācenti – ''seyyathāpi pisācillikā''ti. Bhagavato etamatthaṃ ārocesuṃ. Na, bhikkhave, rukkhasusire vassaṃ upagantabbaṃ. Yo upagaccheyya, āpatti dukkaṭassāti.

Tena kho pana samayena bhikkhū rukkhaviṭabhiyā vassaṃ upagacchanti. Manussā ujjhāyanti khiyyanti vipācenti – ''seyyathāpi migaluddakā''ti. Bhagavato etamatthaṃ ārocesuṃ. Na, bhikkhave, rukkhaviṭabhiyā vassaṃ upagantabbaṃ. Yo upagaccheyya, āpatti dukkaṭassāti.

Tena kho pana samayena bhikkhū ajjhokāse vassaṃ upagacchanti. Deve vassante rukkhamūlampi nibbakosampi upadhāvanti. Bhagavato etamatthaṃ ārocesuṃ. Na, bhikkhave, ajjhokāse vassaṃ upagantabbaṃ. Yo upagaccheyya, āpatti dukkaṭassāti.

Tena kho pana samayena bhikkhū asenāsanikā vassaṃ upagacchanti. Sītenapi kilamanti, uṇhenapi kilamanti. Bhagavato etamatthaṃ ārocesuṃ. Na, bhikkhave, asenāsanikena vassaṃ upagantabbaṃ. Yo upagaccheyya, āpatti dukkaṭassāti.

Tena kho pana samayena bhikkhū chavakuṭikāya vassaṃ upagacchanti. Manussā ujjhāyanti khiyyanti vipācenti – ''seyyathāpi chavaḍāhakā''ti. Bhagavato etamatthaṃ ārocesuṃ. Na, bhikkhave, chavakuṭikāya vassaṃ upagantabbaṃ. Yo upagaccheyya, āpatti dukkaṭassāti.

Tena kho pana samayena bhikkhū chatte vassaṃ upagacchanti. Manussā ujjhāyanti khiyyanti vipācenti – ''seyyathāpi gopālakā''ti. Bhagavato etamatthaṃ ārocesuṃ. Na, bhikkhave, chatte vassaṃ upagantabbaṃ. Yo upagaccheyya, āpatti dukkaṭassāti.

Tena kho pana samayena bhikkhū cāṭiyā vassaṃ upagacchanti. Manussā ujjhāyanti khiyyanti vipācenti – ''seyyathāpi titthiyā''ti. Bhagavato etamatthaṃ ārocesuṃ. Na, bhikkhave, cāṭiyā vassaṃ upagantabbaṃ. Yo upagaccheyya, āpatti dukkaṭassāti.

Vassaṃ anupagantabbaṭṭhānāni niṭṭhitā.

117. Adhammikakatikā

205. Tena kho pana samayena sāvatthiyā saṅghena evarūpā katikā katā hoti – antarāvassaṃ na pabbājetabbanti. Visākhāya migāramātuyā nattā bhikkhū upasaṅkamitvā pabbajjaṃ yāci. Bhikkhū evamāhaṃsu – ''saṅghena kho, āvuso, evarūpā katikā katā 'antarāvassaṃ na pabbājetabba'nti. Āgamehi, āvuso, yāva bhikkhū vassaṃ vasanti. Vassaṃvuṭṭhā pabbājessantī''ti. Atha kho te bhikkhū vassaṃvuṭṭhā visākhāya migāramātuyā nattāraṃ etadavocuṃ – ''ehi, dāni, āvuso, pabbajāhī''ti. So evamāha – ''sacāhaṃ, bhante, pabbajito assaṃ, abhirameyyāmahaṃ [abhirameyyaṃ cāhaṃ (sī.)]. Na dānāhaṃ, bhante, pabbajissāmī''ti. Visākhā migāramātā ujjhāyati khiyyati vipāceti – ''kathañhi nāma ayyā

evarūpaṃ katikaṃ karissanti 'na antarāvassaṃ pabbājetabba'nti. Kaṃ kālaṃ dhammo na caritabbo''ti? Assosuṃ kho bhikkhū visākhāya migāramātuyā ujjhāyantiyā khiyyantiyā vipācentiyā. Atha kho te bhikkhū bhagavato etamatthaṃ ārocesuṃ. Na, bhikkhave, evarūpā katikā kātabbā – 'na antarāvassaṃ pabbājetabba'nti. Yo kareyya, āpatti dukkaṭassāti.

Adhammikakatikā niṭṭhitā.

118. Paṭissavadukkaṭāpatti

206. Tena kho pana samayena āyasmatā upanandena sakyaputtena rañño pasenadissa kosalassa vassāvāso paṭissuto hoti purimikāya. So taṃ āvāsaṃ gacchanto addasa antarāmagge dve āvāse bahucīvarake. Tassa etadahosi – ''yaṃnūnāhaṃ imesu dvīsu āvāsesu vassaṃ vaseyyaṃ. Evaṃ me bahuṃ cīvaraṃ[bahucīvaraṃ (ka.)] uppajjissatī''ti. So tesu dvīsu āvāsesu vassaṃ vasi. Rājā pasenadi kosalo ujjhāyati khiyyati vipāceti – ''kathañhi nāma ayyo upanando sakyaputto amhākaṃ vassāvāsaṃ paṭissuṇitvā visaṃvādessati. Nanu bhagavatā anekapariyāyena musāvādo garahito, musāvādā veramaṇī pasatthā''ti. Assosuṃ kho bhikkhū rañño pasenadissa kosalassa ujjhāyantassa khiyyantassa vipācentassa. Ye te bhikkhū appicchā...pe... te ujjhāyanti khiyyanti vipācenti – ''kathañhi nāma āyasmā upanando sakyaputto rañño pasenadissa kosalassa vassāvāsaṃ paṭissuṇitvā visaṃvādessati. Nanu bhagavatā anekapariyāyena musāvādo garahito, musāvādā veramaṇī pasatthā''ti. Atha kho te bhikkhū bhagavato etamatthaṃ ārocesuṃ...pe... atha kho Bhagavā etasmiṃ nidāne etasmiṃ pakaraṇe bhikkhusaṅghaṃ sannipātāpetvā āyasmantaṃ upanandaṃ sakyaputtaṃ paṭipucchi – ''saccaṃ kira tvaṃ, upananda, rañño pasenadissa kosalassa vassāvāsaṃ paṭissuṇitvā visaṃvādesī''ti? ''Saccaṃ, Bhagavā''ti. Vigarahi buddho Bhagavā...pe... kathañhi nāma tvaṃ, moghapurisa, rañño pasenadissa kosalassa vassāvāsaṃ paṭissuṇitvā visaṃvādessasi. Nanu mayā, moghapurisa, anekapariyāyena musāvādo garahito, musāvādā veramaṇī pasatthā. Netaṃ, moghapurisa, appasannānaṃ vā pasādāya...pe... vigarahitvā...pe... dhammiṃ kathaṃ katvā bhikkhū āmantesi –

207. Idha pana, bhikkhave, bhikkhunā vassāvāso paṭissuto hoti purimikāya. So taṃ āvāsaṃ gacchanto passati antarāmagge dve āvāse bahucīvarake. Tassa evaṃ hoti – ''yaṃnūnāhaṃ imesu dvīsu āvāsesu vassaṃ vaseyyaṃ. Evaṃ me bahuṃ cīvaraṃ uppajjissatī''ti. So tesu dvīsu āvāsesu vassaṃ vasati. Tassa, bhikkhave, bhikkhuno purimikā ca na paññāyati, paṭissave ca āpatti dukkaṭassa.

Idha pana, bhikkhave, bhikkhunā vassāvāso paṭissuto hoti purimikāya. So taṃ āvāsaṃ gacchanto bahiddhā uposathaṃ karoti, pāṭipade [pāṭipadena (ka.)]vihāraṃ upeti, senāsanaṃ paññapeti, pānīyaṃ paribhojanīyaṃ upaṭṭhāpeti, pariveṇaṃ sammajjati. So tadaheva akaraṇīyo pakkamati. Tassa, bhikkhave, bhikkhuno purimikā ca na paññāyati, paṭissave ca āpatti dukkaṭassa.

Idha pana, bhikkhave, bhikkhunā vassāvāso paṭissuto hoti purimikāya. So taṃ āvāsaṃ gacchanto bahiddhā uposathaṃ karoti, pāṭipade vihāraṃ upeti, senāsanaṃ paññapeti, pānīyaṃ paribhojanīyaṃ upaṭṭhāpeti, pariveṇaṃ sammajjati. So tadaheva sakaraṇīyo pakkamati. Tassa , bhikkhave, bhikkhuno purimikā ca na paññāyati, paṭissave ca āpatti dukkaṭassa.

Idha pana, bhikkhave, bhikkhunā vassāvāso paṭissuto hoti purimikāya. So taṃ āvāsaṃ gacchanto bahiddhā uposathaṃ karoti, pāṭipade vihāraṃ upeti, senāsanaṃ paññapeti, pānīyaṃ paribhojanīyaṃ upaṭṭhāpeti, pariveṇaṃ sammajjati. So dvīhatīhaṃ vasitvā akaraṇīyo pakkamati. Tassa, bhikkhave, bhikkhuno purimikā ca na paññāyati, paṭissave ca āpatti dukkaṭassa.

Idha pana, bhikkhave, bhikkhunā vassāvāso paṭissuto hoti purimikāya. So taṃ āvāsaṃ gacchanto bahiddhā uposathaṃ karoti, pāṭipade vihāraṃ upeti, senāsanaṃ paññapeti, pānīyaṃ paribhojanīyaṃ upaṭṭhāpeti, pariveṇaṃ sammajjati. So dvīhatīhaṃ vasitvā sakaraṇīyo pakkamati. Tassa, bhikkhave, bhikkhuno purimikā ca na paññāyati, paṭissave ca āpatti dukkaṭassa.

Idha pana, bhikkhave, bhikkhunā vassāvāso paṭissuto hoti purimikāya. So taṃ āvāsaṃ gacchanto bahiddhā uposathaṃ karoti, pāṭipade vihāraṃ upeti, senāsanaṃ paññapeti, pānīyaṃ paribhojanīyaṃ upaṭṭhāpeti, pariveṇaṃ sammajjati. So dvīhatīhaṃ vasitvā sattāhakaraṇīyena pakkamati. So taṃ sattāhaṃ bahiddhā vītināmeti. Tassa, bhikkhave, bhikkhuno purimikā ca na paññāyati, paṭissave ca āpatti dukkaṭassa.

Idha pana, bhikkhave, bhikkhunā vassāvāso paṭissuto hoti purimikāya. So taṃ āvāsaṃ gacchanto bahiddhā uposathaṃ karoti, pāṭipade vihāraṃ upeti, senāsanaṃ paññapeti, pānīyaṃ paribhojanīyaṃ upaṭṭhāpeti, pariveṇaṃ sammajjati. So dvīhatīhaṃ vasitvā sattāhakaraṇīyena pakkamati . So taṃ sattāhaṃ anto sannivattaṃ karoti. Tassa, bhikkhave, bhikkhuno purimikā ca paññāyati, paṭissave ca anāpatti.

Idha pana, bhikkhave , bhikkhunā vassāvāso paṭissuto hoti purimikāya. So taṃ āvāsaṃ gacchanto bahiddhā uposathaṃ karoti, pāṭipade vihāraṃ upeti, senāsanaṃ paññapeti, pānīyaṃ paribhojanīyaṃ upaṭṭhāpeti , pariveṇaṃ sammajjati. So sattāhaṃ anāgatāya pavāraṇāya sakaraṇīyo pakkamati. Āgaccheyya vā so, bhikkhave, bhikkhu taṃ āvāsaṃ na vā āgaccheyya, tassa, bhikkhave, bhikkhuno purimikā ca paññāyati, paṭissave ca anāpatti.

Idha pana, bhikkhave, bhikkhunā vassāvāso paṭissuto hoti purimikāya. So taṃ āvāsaṃ gantvā uposathaṃ karoti, pāṭipade vihāraṃ upeti, senāsanaṃ paññapeti, pānīyaṃ paribhojanīyaṃ upaṭṭhāpeti, pariveṇaṃ sammajjati. So tadaheva akaraṇīyo pakkamati. Tassa, bhikkhave, bhikkhuno purimikā ca na paññāyati, paṭissave ca āpatti dukkaṭassa.

Idha pana, bhikkhave, bhikkhunā vassāvāso paṭissuto hoti purimikāya. So taṃ āvāsaṃ gantvā uposathaṃ karoti, pāṭipade vihāraṃ upeti, senāsanaṃ paññapeti, pānīyaṃ paribhojanīyaṃ upaṭṭhāpeti, pariveṇaṃ sammajjati. So tadaheva sakaraṇīyo pakkamati...pe... so dvīhatīhaṃ vasitvā akaraṇīyo pakkamati...pe... so dvīhatīhaṃ vasitvā sakaraṇīyo pakkamati...pe... so dvīhatīhaṃ vasitvā sattāhakaraṇīyena pakkamati. So taṃ sattāhaṃ bahiddhā vītināmeti. Tassa, bhikkhave, bhikkhuno purimikā ca na paññāyati, paṭissave ca āpatti dukkaṭassa...pe... so dvīhatīhaṃ vasitvā sattāhakaraṇīyena pakkamati. So taṃ sattāhaṃ anto sannivattaṃ karoti. Tassa, bhikkhave, bhikkhuno purimikā ca paññāyati, paṭissave ca anāpatti...pe... so sattāhaṃ anāgatāya pavāraṇāya sakaraṇīyo pakkamati. Āgaccheyya vā so, bhikkhave, bhikkhu taṃ āvāsaṃ na vā āgaccheyya, tassa, bhikkhave, bhikkhuno purimikā ca paññāyati, paṭissave ca anāpatti.

208. Idha pana, bhikkhave, bhikkhunā vassāvāso paṭissuto hoti pacchimikāya. So taṃ āvāsaṃ gacchanto bahiddhā uposathaṃ karoti, pāṭipade vihāraṃ upeti, senāsanaṃ paññapeti, pānīyaṃ paribhojanīyaṃ upaṭṭhāpeti, pariveṇaṃ sammajjati. So tadaheva akaraṇīyo pakkamati. Tassa, bhikkhave, bhikkhuno pacchimikā ca na paññāyati, paṭissave ca āpatti dukkaṭassa.

Idha pana, bhikkhave, bhikkhunā vassāvāso paṭissuto hoti pacchimikāya. So taṃ āvāsaṃ gacchanto bahiddhā uposathaṃ karoti, pāṭipade vihāraṃ upeti, senāsanaṃ paññapeti, pānīyaṃ paribhojanīyaṃ upaṭṭhāpeti, pariveṇaṃ sammajjati. So tadaheva sakaraṇīyo pakkamati. Tassa, bhikkhave, bhikkhuno pacchimikā ca na paññāyati, paṭissave ca āpatti dukkaṭassa.

Idha pana, bhikkhave, bhikkhunā vassāvāso paṭissuto hoti pacchimikāya. So taṃ āvāsaṃ gacchanto bahiddhā uposathaṃ karoti, pāṭipade vihāraṃ upeti, senāsanaṃ paññapeti, pānīyaṃ paribhojanīyaṃ upaṭṭhāpeti, pariveṇaṃ sammajjati. So dvīhatīhaṃ vasitvā akaraṇīyo pakkamati . Tassa, bhikkhave, bhikkhuno pacchimikā ca na paññāyati, paṭissave ca āpatti dukkaṭassa.

Idha pana, bhikkhave, bhikkhunā vassāvāso paṭissuto hoti pacchimikāya. So taṃ āvāsaṃ gacchanto bahiddhā uposathaṃ karoti, pāṭipade vihāraṃ upeti, senāsanaṃ paññapeti, pānīyaṃ paribhojanīyaṃ upaṭṭhāpeti, pariveṇaṃ sammajjati. So dvīhatīhaṃ vasitvā sakaraṇīyo pakkamati. Tassa, bhikkhave, bhikkhuno pacchimikā ca na paññāyati, paṭissave ca āpatti dukkaṭassa.

Idha pana, bhikkhave, bhikkhunā vassāvāso paṭissuto hoti pacchimikāya. So taṃ āvāsaṃ gacchanto bahiddhā uposathaṃ karoti, pāṭipade vihāraṃ upeti, senāsanaṃ paññapeti, pānīyaṃ paribhojanīyaṃ upaṭṭhāpeti, pariveṇaṃ sammajjati. So dvīhatīhaṃ vasitvā sattāhakaraṇīyena pakkamati. So taṃ sattāhaṃ bahiddhā vītināmeti. Tassa, bhikkhave, bhikkhuno pacchimikā ca na paññāyati, paṭissave ca āpatti dukkaṭassa.

Idha pana, bhikkhave, bhikkhunā vassāvāso paṭissuto hoti pacchimikāya. So taṃ āvāsaṃ gacchanto bahiddhā uposathaṃ karoti, pāṭipade vihāraṃ upeti, senāsanaṃ paññapeti, pānīyaṃ paribhojanīyaṃ upaṭṭhāpeti, pariveṇaṃ sammajjati. So dvīhatīhaṃ vasitvā sattāhakaraṇīyena pakkamati. So taṃ sattāhaṃ anto sannivattaṃ karoti. Tassa, bhikkhave, bhikkhuno pacchimikā ca paññāyati, paṭissave ca anāpatti.

Idha pana, bhikkhave, bhikkhunā vassāvāso paṭissuto hoti pacchimikāya. So taṃ āvāsaṃ gacchanto bahiddhā uposathaṃ karoti, pāṭipade vihāraṃ upeti, senāsanaṃ paññapeti, pānīyaṃ paribhojanīyaṃ upaṭṭhāpeti, pariveṇaṃ sammajjati. So sattāhaṃ anāgatāya komudiyā cātumāsiniyā sakaraṇīyo pakkamati. Āgaccheyya vā so, bhikkhave, bhikkhu taṃ āvāsaṃ na vā āgaccheyya, tassa, bhikkhave, bhikkhuno pacchimikā ca paññāyati, paṭissave ca anāpatti.

Idha pana, bhikkhave, bhikkhunā vassāvāso paṭissuto hoti pacchimikāya. So taṃ āvāsaṃ gantvā uposathaṃ karoti, pāṭipade vihāraṃ upeti, senāsanaṃ paññapeti, pānīyaṃ paribhojanīyaṃ upaṭṭhāpeti, pariveṇaṃ sammajjati. So tadaheva akaraṇīyo pakkamati. Tassa, bhikkhave, bhikkhuno pacchimikā ca na paññāyati, paṭissave ca āpatti dukkaṭassa.

Idha pana, bhikkhave, bhikkhunā vassāvāso paṭissuto hoti pacchimikāya. So taṃ āvāsaṃ gantvā uposathaṃ karoti, pāṭipade vihāraṃ upeti, senāsanaṃ paññapeti, pānīyaṃ paribhojanīyaṃ upaṭṭhāpeti, pariveṇaṃ sammajjati. So tadaheva sakaraṇīyo pakkamati...pe... so dvīhatīhaṃ vasitvā akaraṇīyo pakkamati...pe... so dvīhatīhaṃ vasitvā sakaraṇīyo pakkamati...pe... so dvīhatīhaṃ vasitvā sattāhakaraṇīyena pakkamati. So taṃ sattāhaṃ bahiddhā vītināmeti. Tassa, bhikkhave, bhikkhuno pacchimikā ca na paññāyati, paṭissave ca āpatti dukkaṭassa...pe... so dvīhatīhaṃ vasitvā sattāhakaraṇīyena pakkamati. So taṃ sattāhaṃanto sannivattaṃ karoti. Tassa bhikkhave, bhikkhuno pacchimikā ca paññāyati, paṭissave ca anāpatti.

Idha pana, bhikkhave, bhikkhunā vassāvāso paṭissuto hoti pacchimikāya. So taṃ āvāsaṃ gantvā uposathaṃ karoti, pāṭipade vihāraṃ upeti, senāsanaṃ paññapeti, pānīyaṃ paribhojanīyaṃ upaṭṭhāpeti, pariveṇaṃ sammajjati. So sattāhaṃ anāgatāya komudiyā cātumāsiniyā sakaraṇīyo pakkamati. Āgaccheyya vā so, bhikkhave, bhikkhu taṃ āvāsaṃ na vā āgaccheyya, tassa, bhikkhave, bhikkhuno pacchimikā ca paññāyati, paṭissave ca anāpattīti.

Paṭissavadukkaṭāpatti niṭṭhitā.

Vassūpanāyikakkhandhako tatiyo.

119. Tassuddānaṃ
Upagantuṃ kadā ceva, kati antarāvassa ca;
Na icchanti ca sañcicca, ukkaḍḍhituṃ upāsako.
Gilāno mātā ca pitā, bhātā ca atha ñātako;
Bhikkhugatiko vihāro, vāḷā cāpi sarīsapā.
Coro ceva pisācā ca, daḍḍhā tadubhayena ca;
Vūḷhodakena vuṭṭhāsi, bahutarā ca dāyakā.
Lūkhappaṇītasappāya, bhesajjupaṭṭhakena ca;
Itthī vesī kumārī ca, paṇḍako ñātakena ca.
Rājā corā dhuttā nidhi, bhedaaṭṭhavidhena [bhedā aṭṭhavidhena (sī. syā.)] ca;
Vajasatthā ca nāvā ca, susire viṭabhiyā ca.
Ajjhokāse vassāvāso, asenāsanikena ca;
Chavakuṭikā chatte ca, cāṭiyā ca upenti te.
Katikā paṭissuṇitvā, bahiddhā ca uposathā;
Purimikā pacchimikā, yathāñāyena yojaye.
Akaraṇī pakkamati, sakaraṇī tatheva ca;
Dvīhatīhā ca puna ca [dvīhatīhaṃ vasitvāna (sī.)], sattāhakaraṇīyena ca.
Sattāhanāgatā ceva, āgaccheyya na eyya vā;
Vatthuddāne antarikā, tantimaggaṃ nisāmayeti.
Imamhi khandhake vatthūni dvepaṇṇāsa.
Vassūpanāyikakkhandhako niṭṭhito.
4. Pavāraṇākkhandhako
120. Aphāsukavihāro
209. Tena samayena buddho Bhagavā sāvatthiyaṃ viharati jetavane anāthapiṇḍikassa ārāme. Tena kho pana samayena sambahulā sandiṭṭhā sambhattā bhikkhū kosalesu janapade aññatarasmiṃ āvāse vassaṃ upagacchiṃsu. Atha kho tesaṃ bhikkhūnaṃ etadahosi – ''kena nu kho mayaṃ upāyena samaggā sammodamānā avivadamānā phāsukaṃ vassaṃ vaseyyāma, na ca piṇḍakena kilameyyāmā''ti. Atha kho tesaṃ bhikkhūnaṃ etadahosi – ''sace kho mayaṃ aññamaññaṃ neva ālapeyyāma na sallapeyyāma – yo paṭhamaṃ gāmato piṇḍāya paṭikkameyya so āsanaṃ paññapeyya, pādodakaṃ pādapīṭhaṃ pādakathalikaṃ upanikkhipeyya, avakkārapātiṃ dhovitvā upaṭṭhāpeyya, pānīyaṃ paribhojanīyaṃ upaṭṭhāpeyya; yo pacchā gāmato piṇḍāya paṭikkameyya, sacassa bhuttāvaseso, sace ākaṅkheyya bhuñjeyya, no ce ākaṅkheyya appaharite vā chaḍḍeyya, appāṇake vā udake opilāpeyya; so āsanaṃ uddhareyya, pādodakaṃ pādapīṭhaṃ pādakathalikaṃ paṭisāmeyya, avakkārapātiṃ dhovitvā paṭisāmeyya, pānīyaṃ paribhojanīyaṃ paṭisāmeyya, bhattaggaṃ sammajjeyya; yo passeyya pānīyaghaṭaṃ vā paribhojanīyaghaṭaṃ vā vaccaghaṭaṃ vā rittaṃ tucchaṃ so upaṭṭhāpeyya; sacassa hoti avisayhaṃ, hatthavikārena dutiyaṃ āmantetvā hatthavilaṅghakena upaṭṭhāpeyya; na tveva tappaccayā vācaṃ bhindeyya – evaṃ kho mayaṃ samaggā sammodamānā avivadamānā phāsukaṃ vassaṃ vaseyyāma, na ca piṇḍakena kilameyyāmā''ti. Atha kho te bhikkhū aññamaññaṃ neva ālapiṃsu, na sallapiṃsu. Yo paṭhamaṃ gāmato piṇḍāya paṭikkamati, so āsanaṃ paññapeti, pādodakaṃ pādapīṭhaṃ pādakathalikaṃ upanikkhipati, avakkārapātiṃ dhovitvā upaṭṭhāpeti, pānīyaṃ paribhojanīyaṃ upaṭṭhāpeti . Yo pacchā gāmato piṇḍāya paṭikkamati, sace hoti bhuttāvaseso, sace ākaṅkhati bhuñjati, no ce ākaṅkhati appaharite vā chaḍḍeti, appāṇake vā udake opilāpeti; so āsanaṃ uddharati, pādodakaṃ pādapīṭhaṃ pādakathalikaṃ paṭisāmeti, avakkārapātiṃ dhovitvā paṭisāmeti, pānīyaṃ paribhojanīyaṃ paṭisāmeti, bhattaggaṃ sammajjati. Yo passati pānīyaghaṭaṃ vā paribhojanīyaghaṭaṃ vā vaccaghaṭaṃ vā rittaṃ tucchaṃ so upaṭṭhāpeti. Sacassa hoti avisayhaṃ, hatthavikārena dutiyaṃ āmantetvā hatthavilaṅghakena upaṭṭhāpeti, na tveva tappaccayā vācaṃ bhindati.

Āciṇṇaṃ kho panetaṃ vassaṃvuṭṭhānaṃ bhikkhūnaṃ bhagavantaṃ dassanāya upasaṅkamituṃ. Atha kho te bhikkhū vassaṃvuṭṭhā temāsaccayena senāsanaṃ saṃsāmetvā pattacīvaramādāya yena sāvatthi tena pakkamiṃsu. Anupubbena yena sāvatthi jetavanaṃ anāthapiṇḍikassa ārāmo yena Bhagavā tenupasaṅkamiṃsu, upasaṅkamitvā bhagavantaṃ abhivādetvā ekamantaṃ nisīdiṃsu. Āciṇṇaṃ kho panetaṃ buddhānaṃ bhagavantānaṃ āgantukehi bhikkhūhi saddhiṃ paṭisammodituṃ. Atha kho Bhagavā te bhikkhū etadavoca – ''kacci, bhikkhave, khamanīyaṃ, kacci yāpanīyaṃ, kacci samaggā sammodamānā avivadamānā phāsukaṃ vassaṃ vasittha, na ca piṇḍakena kilamitthā''ti? ''Khamanīyaṃ Bhagavā, yāpanīyaṃ Bhagavā. Samaggā ca mayaṃ, bhante, sammodamānā avivadamānā phāsukaṃ vassaṃ vasimhā, na ca piṇḍakena kilamimhā''ti. Jānantāpi tathāgatā pucchanti, jānantāpi na pucchanti. Kālaṃ viditvā pucchanti, kālaṃ viditvā na pucchanti. Atthasaṃhitaṃ tathāgatā pucchanti, no anatthasaṃhitaṃ. Anatthasaṃhite setughāto tathāgatānaṃ. Dvīhākārehi buddhā bhagavanto bhikkhū paṭipucchanti – dhammaṃ vā desessāma, sāvakānaṃ vā sikkhāpadaṃ paññapessāmāti. Atha kho Bhagavā te bhikkhū etadavoca – ''yathākathaṃ pana tumhe, bhikkhave, samaggā sammodamānā avivadamānā phāsukaṃ vassaṃ vasittha, na ca piṇḍakena kilamitthā''ti.

Idha mayaṃ, bhante, sambahulā sandiṭṭhā sambhattā bhikkhū kosalesu janapade aññatarasmiṃ āvāse vassaṃ upagacchimhā. Tesaṃ no, bhante, amhākaṃ etadahosi – ''kena nu kho mayaṃ upāyena samaggā sammodamānā avivadamānā phāsukaṃ vassaṃ vaseyyāma, na ca piṇḍakena kilameyyāmā''ti. Tesaṃ no, bhante, amhākaṃ etadahosi – ''sace kho mayaṃ aññamaññaṃ neva ālapeyyāma na sallapeyyāma – yo paṭhamaṃ gāmato piṇḍāya paṭikkameyya so āsanaṃ paññapeyya, pādodakaṃ pādapīṭhaṃ pādakathalikaṃ upanikkhipeyya, avakkārapātiṃ dhovitvā upaṭṭhāpeyya, pānīyaṃ paribhojanīyaṃ upaṭṭhāpeyya; yo pacchā gāmato piṇḍāya paṭikkameyya, sacassa bhuttāvaseso, sace ākaṅkheyya bhuñjeyya, no ce ākaṅkheyya appaharite vā chaḍḍeyya, appāṇake vā udake opilāpeyya; so āsanaṃ uddhareyya, pādodakaṃ pādapīṭhaṃ pādakathalikaṃ paṭisāmeyya, avakkārapātiṃ dhovitvā paṭisāmeyya, pānīyaṃ paribhojanīyaṃ paṭisāmeyya, bhattaggaṃ sammajjeyya; yo passeyya pānīyaghaṭaṃ vā paribhojanīyaghaṭaṃ vā vaccaghaṭaṃ vā rittaṃ tucchaṃ so upaṭṭhāpeyya; sacassa hoti avisayhaṃ, hatthavikārena dutiyaṃ āmantetvā hatthavilaṅghakena upaṭṭhāpeyya; na tveva tappaccayā vācaṃ bhindeyya – evaṃ kho mayaṃ samaggā sammodamānā avivadamānā phāsukaṃ vassaṃ vaseyyāma, na ca piṇḍakena kilameyyāmā''ti. Atha kho mayaṃ, bhante, aññamaññaṃ neva ālapimhā na sallavimhā. Yo paṭhamaṃ gāmato piṇḍāya paṭikkamati so āsanaṃ paññapeti, pādodakaṃ pādapīṭhaṃ pādakathalikaṃ upanikkhipati, avakkārapātiṃ dhovitvā upaṭṭhāpeti, pānīyaṃ paribhojanīyaṃ upaṭṭhāpeti. Yo pacchā gāmato piṇḍāya paṭikkamati, sace hoti bhuttāvaseso, sace ākaṅkhati bhuñjati, no ce ākaṅkhati appaharite vā chaḍḍeti, appāṇake vā udake opilāpeti, so āsanaṃ uddharati, pādodakaṃ pādapīṭhaṃ pādakathalikaṃ paṭisāmeti, avakkārapātiṃ dhovitvā paṭisāmeti, pānīyaṃ paribhojanīyaṃ paṭisāmeti, bhattaggaṃ sammajjati. Yo passati pānīyaghaṭaṃ vā paribhojanīyaghaṭaṃ vā vaccaghaṭaṃ vā rittaṃ tucchaṃ so upaṭṭhāpeti. Sacassa hoti avisayhaṃ, hatthavikārena dutiyaṃ āmantetvā hatthavilaṅghakena upaṭṭhāpeti, na tveva tappaccayā vācaṃ bhindati. Evaṃ kho mayaṃ, bhante, samaggā sammodamānā avivadamānā phāsukaṃ vassaṃ vasimhā, na ca piṇḍakena kilamimhāti.

Atha kho Bhagavā bhikkhū āmantesi – ''aphāsuññeva [aphāsukaññeva (sī.)] kirame [kirime (ka.)], bhikkhave, moghapurisā vuṭṭhā [vutthā (ka.)] samānā phāsumhā [phāsukamhā (sī.)] vuṭṭhāti paṭijānanti. Pasusaṃvāsaññeva kirame, bhikkhave, moghapurisā vuṭṭhā samānā phāsumhā vuṭṭhāti paṭijānanti. Eḷakasaṃvāsaññeva kirame, bhikkhave, moghapurisā vuṭṭhā samānā phāsumhā vuṭṭhāti paṭijānanti. Sapattasaṃvāsaññeva kirame, bhikkhave, moghapurisā vuṭṭhā samānā phāsumhā vuṭṭhāti paṭijānanti. Kathañhi nāmime, bhikkhave, moghapurisā mūgabbataṃ titthiyasamādānaṃ samādiyissa''nti. Netaṃ, bhikkhave, appasannānaṃ vā pasādāya...pe... vigarahitvā dhammiṃ kathaṃ katvā bhikkhū āmantesi – na, bhikkhave, mūgabbataṃ titthiyasamādānaṃ samādiyitabbaṃ. Yo samādiyeyya, āpatti dukkaṭassa. Anujānāmi, bhikkhave, vassaṃvuṭṭhānaṃ bhikkhūnaṃ tīhi ṭhānehi pavāretuṃ – diṭṭhena vā sutena vā parisaṅkāya vā. Sā vo bhavissati aññamaññānulomatā āpattivuṭṭhānatā vinayapurekkhāratā. Evañca pana, bhikkhave, pavāretabbaṃ. Byattena bhikkhunā paṭibalena saṅgho ñāpetabbo –

210. ''Suṇātu me, bhante, saṅgho. Ajja pavāraṇā. Yadi saṅghassa pattakallaṃ, saṅgho pavāreyyā''ti.

Therena bhikkhunā ekaṃsaṃ uttarāsaṅgaṃ karitvā ukkuṭikaṃ nisīditvā añjaliṃ paggahetvā evamassa vacanīyo – ''saṅghaṃ, āvuso, pavāremi diṭṭhena vā sutena vā parisaṅkāya vā. Vadantu maṃ āyasmanto anukampaṃ upādāya. Passanto paṭikarissāmi. Dutiyampi, āvuso, saṅghaṃ pavāremi diṭṭhena vā sutena vā parisaṅkāya vā. Vadantu maṃ āyasmanto anukampaṃ upādāya. Passanto paṭikarissāmi. Tatiyampi, āvuso, saṅghaṃ pavāremi diṭṭhena vā sutena vā parisaṅkāya vā. Vadantu maṃ āyasmanto anukampaṃ upādāya. Passanto paṭikarissāmī''ti.

Navakena bhikkhunā ekaṃsaṃ uttarāsaṅgaṃ karitvā ukkuṭikaṃ nisīditvā añjaliṃ paggahetvā evamassa vacanīyo – ''saṅghaṃ, bhante, pavāremi diṭṭhena vā sutena vā parisaṅkāya vā. Vadantu maṃ āyasmanto anukampaṃ upādāya. Passanto paṭikarissāmi. Dutiyampi, bhante, saṅghaṃ...pe... tatiyampi, bhante, saṅghaṃ pavāremi diṭṭhena vā sutena vā parisaṅkāya vā. Vadantu maṃ āyasmanto anukampaṃ upādāya. Passanto paṭikarissāmī''ti.

211. Tena kho pana samayena chabbaggiyā bhikkhū theresu bhikkhūsu ukkuṭikaṃ nisinnesu pavārayamānesu āsanesu acchanti. Ye te bhikkhū appicchā...pe... te ujjhāyanti khiyyanti vipācenti – ''kathañhi nāma chabbaggiyā bhikkhū theresu bhikkhūsu ukkuṭikaṃ nisinnesu pavārayamānesu āsanesu acchissantī''ti. Atha kho te bhikkhū bhagavato etamatthaṃ ārocesuṃ...pe... ''saccaṃ kira, bhikkhave, chabbaggiyā bhikkhū theresu bhikkhūsu ukkuṭikaṃ nisinnesu pavārayamānesu āsanesu acchantī''ti? ''Saccaṃ, Bhagavā''ti. Vigarahi buddho Bhagavā...pe... ''kathañhi nāma te, bhikkhave, moghapurisā theresu bhikkhūsu ukkuṭikaṃ nisinnesu pavārayamānesu āsanesu acchissa''nti. Netaṃ, bhikkhave, appasannānaṃ vā pasādāya, pasannānaṃ vā bhiyyobhāvāya...pe... vigarahitvā dhammiṃ kathaṃ katvā bhikkhū āmantesi – ''na, bhikkhave, theresu bhikkhūsu ukkuṭikaṃ nisinnesu pavārayamānesu āsanesu acchitabbaṃ. Yo accheyya, āpatti dukkaṭassa. Anujānāmi, bhikkhave, sabbeheva ukkuṭikaṃ nisinnehi pavāretu''nti.

Tena kho pana samayena aññataro thero jarādubbalo yāva sabbe pavārentīti [yāva sabbe pavārenti (syā.)] ukkuṭikaṃ nisinno āgamayamāno mucchito papati. Bhagavato etamatthaṃ ārocesuṃ. Anujānāmi, bhikkhave, tadamantarā ukkuṭikaṃ nisīdituṃ yāva pavāreti, pavāretvā āsane nisīditunti.

Aphāsukavihāro niṭṭhito.

121. Pavāraṇābhedā

212. Atha kho bhikkhūnaṃ etadahosi – ''kati nu kho pavāraṇā''ti? Bhagavato etamatthaṃ ārocesuṃ. Dvemā, bhikkhave, pavāraṇā – cātuddasikā ca pannarasikā ca. Imā kho, bhikkhave, dve pavāraṇāti.

Atha kho bhikkhūnaṃ etadahosi – ''kati nu kho pavāraṇakammānī''ti? [pavāraṇākammānīti (syā.)] Bhagavato etamatthaṃ ārocesuṃ. Cattārimāni, bhikkhave, pavāraṇakammāni – adhammena vaggaṃ pavāraṇakammaṃ, adhammena samaggaṃ pavāraṇakammaṃ, dhammena vaggaṃ pavāraṇakammaṃ, dhammena samaggaṃ pavāraṇakammaṃ. Tatra, bhikkhave, yadidaṃ adhammena vaggaṃ pavāraṇakammaṃ, na, bhikkhave, evarūpaṃ pavāraṇakammaṃ kātabbaṃ; na ca mayā evarūpaṃ pavāraṇakammaṃ anuññātaṃ. Tatra, bhikkhave, yadidaṃ adhammena samaggaṃ pavāraṇakammaṃ, na, bhikkhave, evarūpaṃ pavāraṇakammaṃ kātabbaṃ; na ca mayā evarūpaṃ pavāraṇakammaṃ anuññātaṃ. Tatra, bhikkhave, yadidaṃ dhammena vaggaṃ pavāraṇakammaṃ, na, bhikkhave, evarūpaṃ pavāraṇakammaṃ kātabbaṃ; na ca mayā evarūpaṃ pavāraṇakammaṃ anuññātaṃ. Tatra, bhikkhave, yadidaṃ dhammena samaggaṃ pavāraṇakammaṃ, evarūpaṃ, bhikkhave, pavāraṇakammaṃ kātabbaṃ; evarūpañca mayā pavāraṇakammaṃ anuññātaṃ. Tasmātiha, bhikkhave, evarūpaṃ pavāraṇakammaṃ karissāma yadidaṃ dhammena samagganti, evañhi vo, bhikkhave, sikkhitabbanti.

Pavāraṇābhedā niṭṭhitā.

122. Pavāraṇādānānujānanā

213. Atha kho Bhagavā bhikkhū āmantesi – ''sannipatatha, bhikkhave. Saṅgho pavāressatī''ti. Evaṃ vutte aññataro bhikkhu bhagavantaṃ etadavoca – ''atthi, bhante, bhikkhu gilāno , so anāgato''ti. Anujānāmi, bhikkhave, gilānena bhikkhunā pavāraṇaṃ dātuṃ. Evañca pana, bhikkhave, dātabbā – tena gilānena bhikkhunā ekaṃ bhikkhuṃ upasaṅkamitvā ekaṃsaṃ uttarāsaṅgaṃ karitvā ukkuṭikaṃ nisīditvā añjaliṃ paggahetvā evamassa vacanīyo – ''pavāraṇaṃ dammi, pavāraṇaṃ me hara, pavāraṇaṃ me ārocehi, mamatthāya pavārehī''ti kāyena viññāpeti, vācāya viññāpeti, kāyena vācāya viññāpeti, dinnā hoti pavāraṇā; na kāyena viññāpeti, na vācāya viññāpeti, na kāyena vācāya viññāpeti, na dinnā hoti pavāraṇā. Evañcetaṃ labhetha, iccetaṃ kusalaṃ. No ce labhetha, so, bhikkhave, gilāno bhikkhu mañcena vā pīṭhena vā saṅghamajjhe ānetvā pavāretabbaṃ. Sace, bhikkhave, gilānupaṭṭhākānaṃ bhikkhūnaṃ etadahosi – ''sace kho mayaṃ gilānaṃ ṭhānā cāvessāma, ābādho vā abhivaḍḍhissati, kālaṃkiriyā vā bhavissatī''ti na, bhikkhave, gilāno bhikkhu ṭhānā cāvetabbo. Saṅghena tattha gantvā pavāretabbaṃ; na tveva vaggena saṅghena pavāretabbaṃ. Pavāreyya ce, āpatti dukkaṭassa.

Pavāraṇahārako [pavāraṇāhārako (syā.)] ce, bhikkhave, dinnāya pavāraṇāya tattheva pakkamati, aññassa dātabbā pavāraṇā. Pavāraṇahārako ce, bhikkhave, dinnāya pavāraṇāya tattheva vibbhamati...pe... kālaṃkaroti... sāmaṇero paṭijānāti... sikkhaṃ paccakkhātako paṭijānāti... antimavatthuṃ ajjhāpannako paṭijānāti... ummattako paṭijānāti... khittacitto paṭijānāti... vedanāṭṭo paṭijānāti... āpattiyā adassane ukkhittako paṭijānāti... āpattiyā appaṭikamme ukkhittako paṭijānāti... pāpikāya diṭṭhiyā appaṭinissagge ukkhittako paṭijānāti... paṇḍako paṭijānāti... theyyasaṃvāsako paṭijānāti... titthiyapakkantako paṭijānāti... tiracchānagato paṭijānāti... mātughātako paṭijānāti... pitughātako paṭijānāti... arahantaghātako paṭijānāti... bhikkhunidūsako paṭijānāti... saṅghabhedako paṭijānāti ... lohituppādako paṭijānāti... ubhatobyañjanako paṭijānāti, aññassa dātabbā pavāraṇā.

Pavāraṇahārako ce, bhikkhave, dinnāya pavāraṇāya antarāmagge pakkamati, anāhaṭā hoti pavāraṇā. Pavāraṇahārako ce, bhikkhave, dinnāya pavāraṇāya antarāmagge vibbhamati...pe... kālaṃkaroti... sāmaṇero paṭijānāti... sikkhaṃ paccakkhātako paṭijānāti... antimavatthuṃ ajjhāpannako paṭijānāti... ummattako paṭijānāti... khittacitto paṭijānāti... vedanāṭṭo paṭijānāti... āpattiyā adassane ukkhittako paṭijānāti... āpattiyā appaṭikamme ukkhittako paṭijānāti... pāpikāya diṭṭhiyā appaṭinissagge ukkhittako paṭijānāti... paṇḍako paṭijānāti... theyyasaṃvāsako paṭijānāti... titthiyapakkantako paṭijānāti... tiracchānagato paṭijānāti... mātughātako paṭijānāti... pitughātako paṭijānāti... arahantaghātako paṭijānāti... bhikkhunidūsako paṭijānāti... saṅghabhedako paṭijānāti... lohituppādako paṭijānāti... ubhatobyañjanako paṭijānāti, anāhaṭā hoti pavāraṇā.

Pavāraṇahārako ce, bhikkhave, dinnāya pavāraṇāya saṅghappatto pakkamati, āhaṭā hoti pavāraṇā. Pavāraṇahārako ce, bhikkhave, dinnāya pavāraṇāya saṅghappatto vibbhamati...pe... kālaṃkaroti... sāmaṇero paṭijānāti... sikkhaṃ paccakkhātako paṭijānāti... antimavatthuṃ ajjhāpannako paṭijānāti... ummattako paṭijānāti... khittacitto paṭijānāti... vedanāṭṭo paṭijānāti... āpattiyā adassane ukkhittako paṭijānāti... āpattiyā appaṭikamme ukkhittako paṭijānāti... pāpikāya diṭṭhiyā appaṭinissagge ukkhittako paṭijānāti... paṇḍako paṭijānāti... theyyasaṃvāsako paṭijānāti... titthiyapakkantako paṭijānāti... tiracchānagato paṭijānāti... mātughātako paṭijānāti... pitughātako paṭijānāti... arahantaghātako paṭijānāti... bhikkhunidūsako paṭijānāti... saṅghabhedako paṭijānāti... lohituppādako paṭijānāti... ubhatobyañjanako paṭijānāti, āhaṭā hoti pavāraṇā.

Pavāraṇahārako ce, bhikkhave, dinnāya pavāraṇāya saṅghappatto sutto nāroceti, āhaṭā hoti pavāraṇā. Pavāraṇahārakassa anāpatti . Pavāraṇahārako ce, bhikkhave, dinnāya pavāraṇāya saṅghappatto pamatto nāroceti...pe... samāpanno nāroceti, āhaṭā hoti pavāraṇā. Pavāraṇahārakassa anāpatti.

Pavāraṇahārako ce, bhikkhave , dinnāya pavāraṇāya saṅghappatto sañcicca nāroceti, āhaṭā hoti pavāraṇā. Pavāraṇahārakassa āpatti dukkaṭassa. Anujānāmi, bhikkhave, tadahu pavāraṇāya pavāraṇaṃ dentena chandampi dātuṃ, santi saṅghassa karaṇīyanti.

Pavāraṇādānānujānanā niṭṭhitā.

123. Ñātakādiggahaṇakathā

214. Tena kho pana samayena aññataraṃ bhikkhuṃ tadahu pavāraṇāya ñātakā gaṇhiṃsu. Bhagavato etamatthaṃ ārocesuṃ. Idha pana, bhikkhave, bhikkhuṃ tadahu pavāraṇāya ñātakā gaṇhanti. Te ñātakā bhikkhūhi evamassu vacanīyā – ''iṅgha, tumhe āyasmanto imaṃ bhikkhuṃ muhuttaṃ muñcatha, yāvāyaṃ bhikkhu pavāretī''ti. Evañcetaṃ labhetha, iccetaṃ kusalaṃ. No ce labhetha, te ñātakā bhikkhūhi evamassu vacanīyā – ''iṅgha, tumhe āyasmanto muhuttaṃ ekamantaṃ hotha, yāvāyaṃ bhikkhu pavāraṇaṃ detī''ti. Evañcetaṃ labhetha, iccetaṃ kusalaṃ. No ce labhetha, te ñātakā bhikkhūhi evamassu vacanīyā – ''iṅgha, tumhe āyasmanto imaṃ bhikkhuṃ muhuttaṃ nissīmaṃ netha, yāva saṅgho pavāretī''ti. Evañcetaṃ labhetha, iccetaṃ kusalaṃ. No ce labhetha, na tveva vaggena saṅghena pavāretabbaṃ. Pavāreyya ce, āpatti dukkaṭassa.

Idha pana, bhikkhave, bhikkhuṃ tadahu pavāraṇāya rājāno gaṇhanti...pe... corā gaṇhanti... dhuttā gaṇhanti... bhikkhupaccatthikā gaṇhanti. Te bhikkhupaccatthikā bhikkhūhi evamassu vacanīyā – ''iṅgha, tumhe āyasmanto imaṃ bhikkhuṃ muhuttaṃ muñcatha, yāvāyaṃ bhikkhu pavāretī''ti . Evañcetaṃ labhetha, iccetaṃ kusalaṃ. No ce labhetha, te bhikkhupaccatthikā bhikkhūhi evamassu vacanīyā – ''iṅgha, tumhe āyasmanto muhuttaṃ ekamantaṃ hotha, yāvāyaṃ bhikkhu pavāraṇaṃ detī''ti. Evañcetaṃ labhetha, iccetaṃ kusalaṃ. No ce labhetha, te bhikkhupaccatthikā bhikkhūhi evamassu vacanīyā – ''iṅgha, tumhe āyasmanto imaṃ bhikkhuṃ muhuttaṃ nissīmaṃ netha, yāva saṅgho pavāretī''ti. Evañcetaṃ labhetha, iccetaṃ kusalaṃ. No ce labhetha, na tveva vaggena saṅghena pavāretabbaṃ. Pavāreyya ce, āpatti dukkaṭassāti.

Ñātakādiggahaṇakathā niṭṭhitā.

124. Saṅghapavāraṇādippabhedā

215. Tena kho pana samayena aññatarasmiṃ āvāse tadahu pavāraṇāya pañca bhikkhū viharanti. Atha kho tesaṃ bhikkhūnaṃ etadahosi – ''bhagavatā paññattaṃ 'saṅghena pavāretabba'nti. Mayañcamhā pañca janā. Kathaṃ nu kho amhehi pavāretabba''nti? Bhagavato etamatthaṃ ārocesuṃ. Anujānāmi, bhikkhave, pañcannaṃ saṅghe pavāretunti.

216. Tena kho pana samayena aññatarasmiṃ āvāse tadahu pavāraṇāya cattāro bhikkhū viharanti. Atha kho tesaṃ bhikkhūnaṃ etadahosi – ''bhagavatā anuññātaṃ pañcannaṃ saṅghe pavāretunti. Mayañcamhā cattāro janā. Kathaṃ nu kho amhehi pavāretabba''nti? Bhagavato etamatthaṃ ārocesuṃ. Anujānāmi, bhikkhave, catunnaṃ aññamaññaṃ pavāretuṃ. Evañca pana, bhikkhave, pavāretabbaṃ. Byattena bhikkhunā paṭibalena te bhikkhū ñāpetabbā –

''Suṇantu me āyasmanto. Ajja pavāraṇā. Yadāyasmantānaṃ pattakallaṃ, mayaṃ aññamaññaṃ pavāreyyāmā''ti.

Therena bhikkhunā ekaṃsaṃ uttarāsaṅgaṃ karitvā ukkuṭikaṃ nisīditvā añjaliṃ paggahetvā te bhikkhū evamassu vacanīyā – ''ahaṃ, āvuso, āyasmante pavāremi diṭṭhena vā sutena vā parisaṅkāya vā. Vadantu maṃ āyasmanto anukampaṃ upādāya. Passanto paṭikarissāmi. Dutiyampi...pe... tatiyampi ahaṃ, āvuso, āyasmante pavāremi diṭṭhena vā sutena vā parisaṅkāya vā. Vadantu maṃ āyasmanto anukampaṃ upādāya. Passanto paṭikarissāmī''ti.

Navakena bhikkhunā ekaṃsaṃ uttarāsaṅgaṃ karitvā ukkuṭikaṃ nisīditvā añjaliṃ paggahetvā te bhikkhū evamassu vacanīyā – ''ahaṃ, bhante, āyasmante pavāremi diṭṭhena vā sutena vā parisaṅkāya vā. Vadantu maṃ āyasmanto anukampaṃ upādāya. Passanto paṭikarissāmi. Dutiyampi...pe... tatiyampi ahaṃ, bhante, āyasmante pavāremi diṭṭhena vā sutena vā parisaṅkāya vā. Vadantu maṃ āyasmanto anukampaṃ upādāya. Passanto paṭikarissāmī''ti.

Tena kho pana samayena aññatarasmiṃ āvāse tadahu pavāraṇāya tayo bhikkhū viharanti. Atha kho tesaṃ bhikkhūnaṃ etadahosi – ''bhagavatā anuññātaṃ pañcannaṃ saṅghe pavāretuṃ, catunnaṃ aññamaññaṃ pavāretuṃ. Mayañcamhā tayo janā. Kathaṃ nu kho amhehi pavāretabba''nti? Bhagavato etamatthaṃ ārocesuṃ. Anujānāmi, bhikkhave, tiṇṇaṃ aññamaññaṃ pavāretuṃ. Evañca pana, bhikkhave, pavāretabbaṃ. Byattena bhikkhunā paṭibalena te bhikkhū ñāpetabbā –

''Suṇantu me āyasmantā. Ajja pavāraṇā. Yadāyasmantānaṃ pattakallaṃ, mayaṃ aññamaññaṃ pavāreyyāmā''ti.

Therena bhikkhunā ekaṃsaṃ uttarāsaṅgaṃ karitvā ukkuṭikaṃ nisīditvā añjaliṃ paggahetvā te bhikkhū evamassu vacanīyā – ''ahaṃ, āvuso, āyasmante pavāremi diṭṭhena vā sutena vā parisaṅkāya vā. Vadantu maṃ āyasmantā anukampaṃ upādāya. Passanto paṭikarissāmi. Dutiyampi...pe... tatiyampi ahaṃ, āvuso, āyasmante pavāremi diṭṭhena vā sutena vā parisaṅkāya vā. Vadantu maṃ āyasmantā anukampaṃ upādāya. Passanto paṭikarissāmī''ti.

Navakena bhikkhunā ekaṃsaṃ uttarāsaṅgaṃ karitvā ukkuṭikaṃ nisīditvā añjaliṃ paggahetvā te bhikkhū evamassu vacanīyā – ''ahaṃ, bhante, āyasmante pavāremi diṭṭhena vā sutena vā parisaṅkāya vā. Vadantu maṃ āyasmantā anukampaṃ upādāya. Passanto paṭikarissāmi. Dutiyampi...pe... tatiyampi ahaṃ, bhante, āyasmante pavāremi diṭṭhena vā sutena vā parisaṅkāya vā. Vadantu maṃ āyasmantā anukampaṃ upādāya. Passanto paṭikarissāmī''ti .

217. Tena kho pana samayena aññatarasmiṃ āvāse tadahu pavāraṇāya dve bhikkhū viharanti. Atha kho tesaṃ bhikkhūnaṃ etadahosi – ''bhagavatā anuññātaṃ pañcannaṃ saṅghe pavāretuṃ, catunnaṃ aññamaññaṃ pavāretuṃ, tiṇṇaṃ aññamaññaṃ pavāretuṃ. Mayañcamhā dve janā. Kathaṃ nu kho amhehi pavāretabba''nti. Bhagavato etamatthaṃ ārocesuṃ. Anujānāmi, bhikkhave, dvinnaṃ aññamaññaṃ pavāretuṃ. Evañca pana, bhikkhave, pavāretabbaṃ. Therena bhikkhunā ekaṃsaṃ uttarāsaṅgaṃ karitvā ukkuṭikaṃ nisīditvā añjaliṃ paggahetvā navo bhikkhu evamassa vacanīyo – ''ahaṃ, āvuso, āyasmantaṃ pavāremi diṭṭhena vā sutena vā parisaṅkāya vā. Vadatu maṃ āyasmā anukampaṃ upādāya. Passanto paṭikarissāmi. Dutiyampi...pe... tatiyampi ahaṃ, āvuso, āyasmantaṃ pavāremi diṭṭhena vā sutena vā parisaṅkāya vā. Vadatu maṃ āyasmā anukampaṃ upādāya. Passanto paṭikarissāmī''ti.

Navakena bhikkhunā ekaṃsaṃ uttarāsaṅgaṃ karitvā ukkuṭikaṃ nisīditvā añjaliṃ paggahetvā thero bhikkhu evamassa vacanīyo – ''ahaṃ, bhante, āyasmantaṃ pavāremi diṭṭhena vā sutena vā parisaṅkāya vā. Vadatu maṃ āyasmā anukampaṃ upādāya. Passanto paṭikarissāmi. Dutiyampi...pe... tatiyampi ahaṃ, bhante, āyasmantaṃ pavāremi diṭṭhena vā sutena vā parisaṅkāya vā. Vadatu maṃ āyasmā anukampaṃ upādāya. Passanto paṭikarissāmī''ti.

218. Tena kho pana samayena aññatarasmiṃ āvāse tadahu pavāraṇāya eko bhikkhu viharati. Atha kho tassa bhikkhuno etadahosi – ''bhagavatā anuññātaṃ pañcannaṃ saṅghe pavāretuṃ, catunnaṃ aññamaññaṃ pavāretuṃ, tiṇṇaṃ aññamaññaṃ pavāretuṃ, dvinnaṃ aññamaññaṃ pavāretuṃ. Ahañcamhi ekako. Kathaṃ nu kho mayā pavāretabba''nti? Bhagavato etamatthaṃ ārocesuṃ.

Idha pana, bhikkhave, aññatarasmiṃ āvāse tadahu pavāraṇāya eko bhikkhu viharati. Tena, bhikkhave, bhikkhunā yattha bhikkhū paṭikkamanti upaṭṭhānasālāya vā maṇḍape vā rukkhamūle vā, so deso sammajjitvā pānīyaṃ paribhojanīyaṃ upaṭṭhāpetvā āsanaṃ paññapetvā padīpaṃ katvā nisīditabbaṃ. Sace aññe bhikkhū āgacchanti, tehi saddhiṃ pavāretabbaṃ; no ce āgacchanti, 'ajja me pavāraṇā'ti adhiṭṭhātabbaṃ. No ce adhiṭṭheyya, āpatti dukkaṭassa.

Tatra , bhikkhave, yattha pañca bhikkhū viharanti, na ekassa pavāraṇaṃ āharitvā

Catūhi saṅghe pavāretabbaṃ. Pavāreyyuṃ ce, āpatti dukkaṭassa. Tatra, bhikkhave, yattha cattāro bhikkhū viharanti, na ekassa pavāraṇaṃ āharitvā tīhi aññamaññaṃ pavāretabbaṃ. Pavāreyyuṃ ce, āpatti dukkaṭassa. Tatra, bhikkhave, yattha tayo bhikkhū viharanti, na ekassa pavāraṇaṃ āharitvā dvīhi aññamaññaṃ pavāretabbaṃ. Pavāreyyuṃ ce, āpatti dukkaṭassa. Tatra, bhikkhave, yattha dve bhikkhū viharanti, na ekassa pavāraṇaṃ āharitvā ekena adhiṭṭhātabbaṃ. Adhiṭṭheyya ce, āpatti dukkaṭassāti.

Saṅghapavāraṇādippabhedā niṭṭhitā.

125. Āpattipaṭikammavidhi

219. Tena kho pana samayena aññataro bhikkhu tadahu pavāraṇāya āpattiṃ āpanno hoti. Atha kho tassa bhikkhuno etadahosi – ''bhagavatā paññattaṃ 'na sāpattikena pavāretabba'nti. Ahañcamhi āpattiṃ āpanno. Kathaṃ nu kho mayā paṭipajjitabba''nti? Bhagavato etamatthaṃ ārocesuṃ [ārocesi (ka.)].

Idha pana, bhikkhave, bhikkhu tadahu pavāraṇāya āpattiṃ āpanno hoti. Tena, bhikkhave, bhikkhunā ekaṃ bhikkhuṃ upasaṅkamitvā ekaṃsaṃ uttarāsaṅgaṃ karitvā ukkuṭikaṃ nisīditvā añjaliṃ paggahetvā evamassa vacanīyo – ''ahaṃ, āvuso, itthannāmaṃ āpattiṃ āpanno, taṃ paṭidesemī''ti. Tena vattabbo – ''passasī''ti. Āma passāmīti. Āyatiṃ saṃvareyyāsīti.

Idha pana, bhikkhave, bhikkhu tadahu pavāraṇāya āpattiyā vematiko hoti. Tena, bhikkhave, bhikkhunā ekaṃ bhikkhuṃ upasaṅkamitvā ekaṃsaṃ uttarāsaṅgaṃ karitvā ukkuṭikaṃ nisīditvā añjaliṃ paggahetvā evamassa vacanīyo – ''ahaṃ, āvuso, itthannāmāya āpattiyā vematiko; yadā nibbematiko bhavissāmi tadā taṃ āpattiṃ paṭikarissāmī''ti vatvā pavāretabbaṃ; na tveva tappaccayā pavāraṇāya antarāyo kātabboti.

Āpattipaṭikammavidhi niṭṭhitā.

126. Āpattiāvikaraṇavidhi

220. Tena kho pana samayena aññataro bhikkhu pavārayamāno āpattiṃ sarati. Atha kho tassa bhikkhuno etadahosi – ''bhagavatā paññattaṃ 'na sāpattikena pavāretabba'nti. Ahañcamhi āpattiṃ āpanno. Kathaṃ nu kho mayā paṭipajjitabba''nti? Bhagavato etamatthaṃ ārocesuṃ.

Idha pana, bhikkhave, bhikkhu pavārayamāno āpattiṃ sarati. Tena, bhikkhave, bhikkhunā sāmanto bhikkhu evamassa vacanīyo – ''ahaṃ, āvuso, itthannāmaṃ āpattiṃ āpanno. Ito vuṭṭhahitvā taṃ āpattiṃ paṭikarissāmī''ti vatvā pavāretabbaṃ; na tveva tappaccayā pavāraṇāya antarāyo kātabbo.

Idha pana, bhikkhave, bhikkhu pavārayamāno āpattiyā vematiko hoti. Tena, bhikkhave,

Bhikkhunā sāmanto bhikkhu evamassa vacanīyo – ''ahaṃ, āvuso, itthannāmāya āpattiyā vematiko; yadā nibbematiko bhavissāmi tadā taṃ āpattiṃ paṭikarissāmī''ti vatvā pavāretabbaṃ; na tveva tappaccayā pavāraṇāya antarāyo kātabboti.

Āpatti āvikaraṇavidhi niṭṭhitā.

127. Sabhāgāpattipaṭikammavidhi

221. Tena kho pana samayena aññatarasmiṃ āvāse tadahu pavāraṇāya sabbo saṅgho sabhāgaṃ āpattiṃ āpanno hoti. Atha kho tesaṃ bhikkhūnaṃ etadahosi – "bhagavatā paññattaṃ 'na sabhāgā āpatti desetabbā, na sabhāgā āpatti paṭiggahetabbā'ti. Ayañca sabbo saṅgho sabhāgaṃ āpattiṃ āpanno. Kathaṃ nu kho amhehi paṭipajjitabba"nti? Bhagavato etamatthaṃ ārocesuṃ.

Idha pana, bhikkhave, aññatarasmiṃ āvāse tadahu pavāraṇāya sabbo saṅgho sabhāgaṃ āpattiṃ āpanno hoti. Tehi, bhikkhave, bhikkhūhi eko bhikkhu sāmantā āvāsā sajjukaṃ pāhetabbo – gacchāvuso, taṃ āpattiṃ paṭikaritvā āgaccha, mayaṃ te santike taṃ āpattiṃ paṭikarissāmāti. Evañcetaṃ labhetha, iccetaṃ kusalaṃ. No ce labhetha, byattena bhikkhunā paṭibalena saṅgho ñāpetabbo –

"Suṇātu me, bhante, saṅgho. Ayaṃ sabbo saṅgho sabhāgaṃ āpattiṃ āpanno. Yadā aññaṃ bhikkhuṃ suddhaṃ anāpattikaṃ passissati tadā tassa santike taṃ āpattiṃ paṭikarissatī"ti vatvā pavāretabbaṃ; na tveva tappaccayā pavāraṇāya antarāyo kātabbo.

Idha pana, bhikkhave, aññatarasmiṃ āvāse tadahu pavāraṇāya sabbo saṅgho sabhāgāya āpattiyā vematiko hoti. Byattena bhikkhunā paṭibalena saṅgho ñāpetabbo –

"Suṇātu me, bhante, saṅgho. Ayaṃ sabbo saṅgho sabhāgāya āpattiyā vematiko. Yadā nibbematiko bhavissati tadā taṃ āpattiṃ paṭikarissatī"ti vatvā, pavāretabbaṃ, na tveva tappaccayā pavāraṇāya antarāyo kātabboti.

Sabhāgāpattipaṭikammavidhi niṭṭhitā.

Paṭhamabhāṇavāro niṭṭhito.

128. Anāpattipannarasakaṃ

222. Tena kho pana samayena aññatarasmiṃ āvāse tadahu pavāraṇāya sambahulā āvāsikā bhikkhū sannipatiṃsu, pañca vā atirekā vā. Te na jāniṃsu "atthaññe āvāsikā bhikkhū anāgatā"ti. Te dhammasaññino vinayasaññino vaggā samaggasaññino pavāresuṃ. Tehi pavāriyamāne athaññe āvāsikā bhikkhū āgacchiṃsu bahutarā. Bhagavato etamatthaṃ ārocesuṃ.

Idha pana, bhikkhave, aññatarasmiṃ āvāse tadahu pavāraṇāya sambahulā āvāsikā bhikkhū sannipatanti, pañca vā atirekā vā. Te na jānanti "atthaññe āvāsikā bhikkhū anāgatā"ti. Te dhammasaññino vinayasaññino vaggā samaggasaññino pavārenti. Tehi pavāriyamāne athaññe āvāsikā bhikkhū āgacchanti bahutarā. Tehi, bhikkhave, bhikkhūhi puna pavāretabbaṃ. Pavāritānaṃ anāpatti.

Idha pana, bhikkhave, aññatarasmiṃ āvāse tadahu pavāraṇāya sambahulā āvāsikā bhikkhū sannipatanti, pañca vā atirekā vā. Te na jānanti "atthaññe āvāsikā bhikkhū anāgatā"ti. Te dhammasaññino vinayasaññino vaggā samaggasaññino pavārenti. Tehi pavāriyamāne athaññe āvāsikā bhikkhū āgacchanti samasamā. Pavāritā suppavāritā, avasesehi pavāretabbaṃ. Pavāritānaṃ anāpatti.

Idha pana, bhikkhave, aññatarasmiṃ āvāse tadahu pavāraṇāya sambahulā āvāsikā bhikkhū sannipatanti, pañca vā atirekā vā. Te na jānanti "atthaññe āvāsikā bhikkhū anāgatā"ti. Te dhammasaññino vinayasaññino vaggā samaggasaññino pavārenti. Tehi pavāriyamāne athaññe āvāsikā bhikkhū āgacchanti thokatarā. Pavāritā suppavāritā, avasesehi pavāretabbaṃ. Pavāritānaṃ anāpatti.

Idha pana, bhikkhave, aññatarasmiṃ āvāse tadahu pavāraṇāya sambahulā āvāsikā bhikkhū sannipatanti, pañca vā atirekā vā. Te na jānanti "atthaññe āvāsikā bhikkhū anāgatā"ti. Te dhammasaññino vinayasaññino vaggā samaggasaññino pavārenti. Tehi pavāritamatte athaññe āvāsikā bhikkhū āgacchanti bahutarā. Tehi, bhikkhave, bhikkhūhi puna pavāretabbaṃ. Pavāritānaṃ anāpatti.

Idha pana, bhikkhave, aññatarasmiṃ āvāse tadahu pavāraṇāya sambahulā āvāsikā bhikkhū sannipatanti, pañca vā atirekā vā. Te na jānanti "atthaññe āvāsikā bhikkhū anāgatā"ti. Te dhammasaññino vinayasaññino vaggā samaggasaññino pavārenti. Tehi pavāritamatte athaññe āvāsikā bhikkhū āgacchanti samasamā. Pavāritā suppavāritā, tesaṃ santike pavāretabbaṃ. Pavāritānaṃ anāpatti.

Idha pana, bhikkhave, aññatarasmiṃ āvāse tadahu pavāraṇāya sambahulā āvāsikā bhikkhū sannipatanti, pañca vā atirekā vā. Te na jānanti "atthaññe āvāsikā bhikkhū anāgatā"ti. Te dhammasaññino vinayasaññino vaggā samaggasaññino pavārenti. Tehi pavāritamatte athaññe āvāsikā bhikkhū āgacchanti thokatarā. Pavāritā suppavāritā, tesaṃ santike pavāretabbaṃ. Pavāritānaṃ anāpatti.

Idha pana, bhikkhave, aññatarasmiṃ āvāse tadahu pavāraṇāya sambahulā āvāsikā bhikkhū sannipatanti, pañca vā atirekā vā. Te na jānanti "atthaññe āvāsikā bhikkhū anāgatā"ti. Te dhammasaññino vinayasaññino vaggā samaggasaññino pavārenti. Tehi pavāritamatte, avuṭṭhitāya parisāya, athaññe āvāsikā bhikkhū āgacchanti bahutarā. Tehi, bhikkhave, bhikkhūhi puna pavāretabbaṃ. Pavāritānaṃ anāpatti.

Idha pana, bhikkhave, aññatarasmiṃ āvāse tadahu pavāraṇāya sambahulā āvāsikā bhikkhū sannipatanti, pañca vā atirekā vā. Te na jānanti "atthaññe āvāsikā bhikkhū anāgatā"ti. Te dhammasaññino vinayasaññino vaggā samaggasaññino pavārenti. Tehi pavāritamatte, avuṭṭhitāya parisāya, athaññe āvāsikā bhikkhū āgacchanti samasamā. Pavāritā suppavāritā, tesaṃ santike pavāretabbaṃ. Pavāritānaṃ anāpatti.

Idha pana, bhikkhave, aññatarasmiṃ āvāse tadahu pavāraṇāya sambahulā āvāsikā bhikkhū sannipatanti, pañca vā atirekā vā. Te na jānanti "atthaññe āvāsikā bhikkhū anāgatā"ti. Te dhammasaññino vinayasaññino vaggā samaggasaññino pavārenti. Tehi pavāritamatte, avuṭṭhitāya parisāya, athaññe āvāsikā bhikkhū āgacchanti thokatarā. Pavāritā suppavāritā, tesaṃ santike pavāretabbaṃ. Pavāritānaṃ anāpatti.

Idha pana, bhikkhave, aññatarasmiṃ āvāse tadahu pavāraṇāya sambahulā āvāsikā bhikkhū sannipatanti, pañca vā atirekā vā. Te na jānanti "atthaññe āvāsikā bhikkhū anāgatā"ti. Te dhammasaññino vinayasaññino vaggā samaggasaññino pavārenti. Tehi pavāritamatte, ekaccāya vuṭṭhitāya parisāya, athaññe āvāsikā bhikkhū āgacchanti bahutarā. Tehi, bhikkhave, bhikkhūhi puna pavāretabbaṃ. Pavāritānaṃ anāpatti.

Idha pana, bhikkhave, aññatarasmiṃ āvāse tadahu pavāraṇāya sambahulā āvāsikā bhikkhū sannipatanti, pañca vā atirekā vā. Te na jānanti "atthaññe āvāsikā bhikkhū anāgatā"ti. Te dhammasaññino vinayasaññino vaggā samaggasaññino pavārenti. Tehi pavāritamatte, ekaccāya vuṭṭhitāya parisāya, athaññe āvāsikā bhikkhū āgacchanti samasamā. Pavāritā suppavāritā, tesaṃ santike pavāretabbaṃ. Pavāritānaṃ anāpatti.

Idha pana, bhikkhave, aññatarasmiṃ āvāse tadahu pavāraṇāya sambahulā āvāsikā bhikkhū sannipatanti, pañca vā atirekā vā. Te na jānanti "atthaññe āvāsikā bhikkhū anāgatā"ti. Te dhammasaññino vinayasaññino vaggā samaggasaññino pavārenti. Tehi pavāritamatte, ekaccāya vuṭṭhitāya parisāya, athaññe āvāsikā bhikkhū āgacchanti thokatarā. Pavāritā suppavāritā, tesaṃ santike pavāretabbaṃ. Pavāritānaṃ anāpatti.

Idha pana, bhikkhave, aññatarasmiṃ āvāse tadahu pavāraṇāya sambahulā āvāsikā bhikkhū sannipatanti, pañca vā atirekā vā. Te na jānanti "atthaññe āvāsikā bhikkhū anāgatā"ti. Te dhammasaññino vinayasaññino vaggā samaggasaññino pavārenti. Tehi pavāritamatte, sabbāya vuṭṭhitāya parisāya, athaññe āvāsikā bhikkhū āgacchanti bahutarā. Tehi, bhikkhave, bhikkhūhi puna pavāretabbaṃ. Pavāritānaṃ anāpatti.

Idha pana, bhikkhave, aññatarasmiṃ āvāse tadahu pavāraṇāya sambahulā āvāsikā bhikkhū sannipatanti, pañca vā atirekā vā. Te na jānanti "atthaññe āvāsikā bhikkhū anāgatā"ti. Te dhammasaññino vinayasaññino vaggā samaggasaññino pavārenti. Tehi pavāritamatte, sabbāya vuṭṭhitāya parisāya, athaññe āvāsikā bhikkhū āgacchanti samasamā. Pavāritā suppavāritā, tesaṃ santike pavāretabbaṃ. Pavāritānaṃ anāpatti.

Idha pana, bhikkhave, aññatarasmiṃ āvāse tadahu pavāraṇāya sambahulā āvāsikā bhikkhū sannipatanti, pañca vā atirekā vā. Te na jānanti "atthaññe āvāsikā bhikkhū anāgatā"ti. Te dhammasaññino vinayasaññino vaggā samaggasaññino pavārenti. Tehi pavāritamatte, sabbāya vuṭṭhitāya parisāya, athaññe āvāsikā bhikkhū āgacchanti thokatarā. Pavāritā suppavāritā, tesaṃ santike pavāretabbaṃ. Pavāritānaṃ anāpatti.

Anāpattipannarasakaṃ niṭṭhitaṃ.

129. Vaggāvaggasaññīpannarasakaṃ

223. Idha pana, bhikkhave, aññatarasmiṃ āvāse tadahu pavāraṇāya sambahulā āvāsikā bhikkhū sannipatanti, pañca vā atirekā vā. Te jānanti "atthaññe āvāsikā bhikkhū anāgatā"ti. Te dhammasaññino vinayasaññino vaggā vaggasaññino pavārenti. Tehi pavāriyamāne athaññe āvāsikā bhikkhū āgacchanti bahutarā. Tehi, bhikkhave, bhikkhūhi puna pavāretabbaṃ. Pavāritānaṃ āpatti dukkaṭassa.

Idha pana, bhikkhave, aññatarasmiṃ āvāse tadahu pavāraṇāya sambahulā āvāsikā bhikkhū sannipatanti, pañca vā atirekā vā. Te jānanti "atthaññe āvāsikā bhikkhū anāgatā"ti. Te dhammasaññino vinayasaññino vaggā vaggasaññino pavārenti. Tehi pavāriyamāne athaññe āvāsikā bhikkhū āgacchanti samasamā. Pavāritā suppavāritā, avasesehi pavāretabbaṃ. Pavāritānaṃ āpatti dukkaṭassa.

Idha pana, bhikkhave, aññatarasmiṃ āvāse tadahu pavāraṇāya sambahulā āvāsikā bhikkhū sannipatanti, pañca vā atirekā vā. Te jānanti "atthaññe āvāsikā bhikkhū anāgatā"ti. Te dhammasaññino vinayasaññino vaggā vaggasaññino pavārenti. Tehi pavāriyamāne athaññe āvāsikā bhikkhū āgacchanti thokatarā. Pavāritā suppavāritā, avasesehi pavāretabbaṃ. Pavāritānaṃ āpatti dukkaṭassa.

Idha pana, bhikkhave, aññatarasmiṃ āvāse tadahu pavāraṇāya sambahulā āvāsikā bhikkhū sannipatanti, pañca vā atirekā vā. Te jānanti "atthaññe āvāsikā bhikkhū anāgatā"ti. Te dhammasaññino vinayasaññino vaggā vaggasaññino pavārenti. Tehi pavāritamatte,...pe... avuṭṭhitāya parisāya...pe... ekaccāya vuṭṭhitāya parisāya...pe... sabbāya vuṭṭhitāya parisāya, athaññe āvāsikā bhikkhū āgacchanti bahutarā...pe... samasamā...pe... thokatarā. Pavāritā suppavāritā, tesaṃ santike pavāretabbaṃ. Pavāritānaṃ āpatti dukkaṭassa.

Vaggāvaggasaññīpannarasakaṃ niṭṭhitaṃ.

130. Vematikapannarasakaṃ

224. Idha pana, bhikkhave, aññatarasmiṃ āvāse tadahu pavāraṇāya sambahulā āvāsikā bhikkhū sannipatanti, pañca vā atirekā vā. Te jānanti "atthaññe āvāsikā bhikkhū anāgatā"ti. Te "kappati nu kho amhākaṃ pavāretuṃ, na nu kho kappatī"ti vematikā pavārenti. Tehi pavāriyamāne athaññe āvāsikā bhikkhū āgacchanti bahutarā. Tehi, bhikkhave, bhikkhūhi puna pavāretabbaṃ. Pavāritānaṃ āpatti dukkaṭassa.

Idha pana, bhikkhave, aññatarasmiṃ āvāse tadahu pavāraṇāya sambahulā āvāsikā bhikkhū sannipatanti, pañca vā atirekā vā. Te jānanti ''atthaññe āvāsikā bhikkhū anāgatā''ti. Te ''kappati nu kho amhākaṃ pavāretuṃ, na nu kho kappatī''ti vematikā pavārenti. Tehi pavāriyamāne athaññe āvāsikā bhikkhū āgacchanti samasamā. Pavāritā suppavāritā, avasesehi pavāretabbaṃ. Pavāritānaṃ āpatti dukkaṭassa.

Idha pana, bhikkhave, aññatarasmiṃ āvāse tadahu pavāraṇāya sambahulā āvāsikā bhikkhū sannipatanti, pañca vā atirekā vā. Te jānanti ''atthaññe āvāsikā bhikkhū anāgatā''ti. Te ''kappati nu kho amhākaṃ pavāretuṃ, na nu kho kappatī''ti vematikā pavārenti. Tehi pavāriyamāne athaññe āvāsikā bhikkhū āgacchanti thokatarā. Pavāritā suppavāritā, avasesehi pavāretabbaṃ. Pavāritānaṃ āpatti dukkaṭassa.

Idha pana, bhikkhave, aññatarasmiṃ āvāse tadahu pavāraṇāya sambahulā āvāsikā bhikkhū sannipatanti, pañca vā atirekā vā. Te jānanti ''atthaññe āvāsikā bhikkhū anāgatā''ti. Te ''kappati nu kho amhākaṃ pavāretuṃ, na nu kho kappatī''ti vematikā pavārenti. Tehi pavāritamatte...pe... avuṭṭhitāya parisāya...pe... ekaccāya vuṭṭhitāya parisāya...pe... sabbāya vuṭṭhitāya parisāya, athaññe āvāsikā bhikkhū āgacchanti bahutarā...pe... samasamā...pe... thokatarā. Pavāritā suppavāritā, tesaṃ santike pavāretabbaṃ. Pavāritānaṃ āpatti dukkaṭassa.

Vematikapannarasakaṃ niṭṭhitaṃ.

131. Kukkuccapakatapannarasakaṃ

225. Idha pana, bhikkhave, aññatarasmiṃ āvāse tadahu pavāraṇāya sambahulā āvāsikā bhikkhū sannipatanti, pañca vā atirekā vā. Te jānanti ''atthaññe āvāsikā bhikkhū anāgatā''ti. Te ''kappateva amhākaṃ pavāretuṃ, nāmhākaṃ na kappatī''ti kukkuccapakatā pavārenti. Tehi pavāriyamāne athaññe āvāsikā bhikkhū āgacchanti bahutarā. Tehi, bhikkhave, bhikkhūhi puna pavāretabbaṃ. Pavāritānaṃ āpatti dukkaṭassa.

Idha pana, bhikkhave, aññatarasmiṃ āvāse tadahu pavāraṇāya sambahulā āvāsikā bhikkhū sannipatanti, pañca vā atirekā vā. Te jānanti ''atthaññe āvāsikā bhikkhū anāgatā''ti. Te ''kappateva amhākaṃ pavāretuṃ, nāmhākaṃ na kappatī''ti kukkuccapakatā pavārenti. Tehi pavāriyamāne athaññe āvāsikā bhikkhū āgacchanti samasamā. Pavāritā suppavāritā, avasesehi pavāretabbaṃ. Pavāritānaṃ āpatti dukkaṭassa.

Idha pana, bhikkhave, aññarasmiṃ āvāse tadahu pavāraṇāya sambahulā āvāsikā bhikkhū sannipatanti, pañca vā atirekā vā. Te jānanti ''atthaññe āvāsikā bhikkhū anāgatā''ti. Te ''kappateva amhākaṃ pavāretuṃ, nāmhākaṃ na kappatī''ti kukkuccapakatā pavārenti. Tehi pavāriyamāne athaññe āvāsikā bhikkhū āgacchanti thokatarā. Pavāritā suppavāritā, avasesehi [avasesehi tesaṃ santike (ka.)] pavāretabbaṃ. Pavāritānaṃ āpatti dukkaṭassa.

Idha pana, bhikkhave, aññatarasmiṃ āvāse tadahu pavāraṇāya sambahulā āvāsikā bhikkhū sannipatanti, pañca vā atirekā vā. Te jānanti ''atthaññe āvāsikā bhikkhū anāgatā''ti. Te ''kappateva amhākaṃ pavāretuṃ, nāmhākaṃ na kappatī''ti kukkuccapakatā pavārenti. Tehi pavāritamatte,...pe... avuṭṭhitāya parisāya...pe... ekaccāya vuṭṭhitāya parisāya...pe... sabbāya vuṭṭhitāya parisāya, athaññe āvāsikā bhikkhū āgacchanti bahutarā...pe... samasamā...pe... thokatarā. Pavāritā suppavāritā, tesaṃ santike pavāretabbaṃ. Pavāritānaṃ āpatti dukkaṭassa.

Kukkuccapakatapannarasakaṃ niṭṭhitaṃ.

132. Bhedapurekkhārapannarasakaṃ

226. Idha pana, bhikkhave, aññatarasmiṃ āvāse tadahu pavāraṇāya sambahulā āvāsikā bhikkhū sannipatanti, pañca vā atirekā vā. Te jānanti ''atthaññe āvāsikā bhikkhū anāgatā''ti. Te ''nassantete, vinassantete, ko tehi attho''ti bhedapurekkhārā pavārenti. Tehi pavāriyamāne athaññe āvāsikā bhikkhū āgacchanti bahutarā . Tehi, bhikkhave, bhikkhūhi puna pavāretabbaṃ. Pavāritānaṃ āpatti thullaccayassa.

Idha pana, bhikkhave, aññatarasmiṃ āvāse tadahu pavāraṇāya sambahulā āvāsikā bhikkhū sannipatanti, pañca vā atirekā vā. Te jānanti ''atthaññe āvāsikā bhikkhū anāgatā''ti. Te ''nassantete, vinassantete, ko tehi attho''ti bhedapurekkhārā pavārenti. Tehi pavāriyamāne athaññe āvāsikā bhikkhū āgacchanti samasamā. Pavāritā suppavāritā, avasesehi pavāretabbaṃ. Pavāritānaṃ āpatti thullaccayassa.

Idha pana, bhikkhave, aññatarasmiṃ āvāse tadahu pavāraṇāya sambahulā āvāsikā bhikkhū sannipatanti, pañca vā atirekā vā. Te jānanti ''atthaññe āvāsikā bhikkhū anāgatā''ti. Te ''nassantete, vinassantete , ko tehi attho''ti – bhedapurekkhārā pavārenti. Tehi pavāriyamāne athaññe āvāsikā bhikkhū āgacchanti thokatarā. Pavāritā suppavāritā, avasesehi pavāretabbaṃ. Pavāritānaṃ āpatti thullaccayassa.

Idha pana, bhikkhave, aññatarasmiṃ āvāse tadahu pavāraṇāya sambahulā āvāsikā bhikkhū sannipatanti, pañca vā atirekā vā. Te jānanti ''atthaññe āvāsikā bhikkhū anāgatā''ti. Te ''nassantete, vinassantete, ko tehi attho''ti – bhedapurekkhārā pavārenti. Tehi pavāritamatte athaññe āvāsikā bhikkhū āgacchanti bahutarā, tehi bhikkhave bhikkhūhi puna pavāretabbaṃ, pavāritānaṃ āpatti thullaccayassa.

Idha pana, bhikkhave, aññatarasmiṃ āvāse tadahu pavāraṇāya sambahulā āvāsikā bhikkhū sannipatanti, pañca vā atirekā vā. Te jānanti ''atthaññe āvāsikā bhikkhū anāgatā''ti. Te ''nassantete, vinassantete, ko tehi attho''ti bhedapurekkhārā pavārenti. Tehi pavāritamatte athaññe āvāsikā bhikkhū āgacchanti samasamā. Pavāritā suppavāritā, tesaṃ santike pavāretabbaṃ. Pavāritānaṃ āpatti thullaccayassa.

Idha pana, bhikkhave, aññatarasmiṃ āvāse tadahu pavāraṇāya sambahulā āvāsikā bhikkhū sannipatanti, pañca vā atirekā vā. Te jānanti "atthaññe āvāsikā bhikkhū anāgatā"ti. Te "nassantete, vinassantete, ko tehi attho"ti bhedapurekkhārā pavārenti. Tehi pavāritamatte athaññe āvāsikā bhikkhū āgacchanti thokatarā. Pavāritā suppavāritā, tesaṃ santike pavāretabbaṃ. Pavāritānaṃ āpatti thullaccayassa.

Idha pana, bhikkhave, aññatarasmiṃ āvāse tadahu pavāraṇāya sambahulā āvāsikā bhikkhū sannipatanti, pañca vā atirekā vā. Te jānanti "atthaññe āvāsikā bhikkhū anāgatā"ti. Te "nassantete, vinassantete, ko tehi attho"ti bhedapurekkhārā pavārenti. Tehi pavāritamatte, avuṭṭhitāya parisāya, athaññe āvāsikā bhikkhūāgacchanti bahutarā. Tehi, bhikkhave, bhikkhūhi puna pavāretabbaṃ. Pavāritānaṃ āpatti thullaccayassa.

Idha pana, bhikkhave, aññatarasmiṃ āvāse tadahu pavāraṇāya sambahulā āvāsikā bhikkhū sannipatanti, pañca vā atirekā vā. Te jānanti "atthaññe āvāsikā bhikkhū anāgatā"ti. Te "nassantete, vinassantete, ko tehi attho"ti bhedapurekkhārā pavārenti. Tehi pavāritamatte, avuṭṭhitāya parisāya, athaññe āvāsikā bhikkhū āgacchanti samasamā. Pavāritā suppavāritā, tesaṃ santike pavāretabbaṃ. Pavāritānaṃ āpatti thullaccayassa.

Idha pana, bhikkhave, aññatarasmiṃ āvāse tadahu pavāraṇāya sambahulā āvāsikā bhikkhū sannipatanti, pañca vā atirekā vā. Te jānanti "atthaññe āvāsikā bhikkhū anāgatā"ti. Te "nassantete, vinassantete, ko tehi attho"ti bhedapurekkhārā pavārenti. Tehi pavāritamatte, avuṭṭhitāya parisāya, athaññe āvāsikā bhikkhū āgacchanti thokatarā. Pavāritā suppavāritā, tesaṃ santike pavāretabbaṃ. Pavāritānaṃ āpatti thullaccayassa.

Idha pana, bhikkhave, aññatarasmiṃ āvāse tadahu pavāraṇāya sambahulā āvāsikā bhikkhū sannipatanti, pañca vā atirekā vā. Te jānanti "atthaññe āvāsikā bhikkhū anāgatā"ti. Te "nassantete, vinassantete, ko tehi attho"ti bhedapurekkhārā pavārenti. Tehi pavāritamatte, ekaccāya vuṭṭhitāya parisāya, athaññe āvāsikā bhikkhū āgacchanti bahutarā. Tehi, bhikkhave, bhikkhūhi puna pavāretabbaṃ. Pavāritānaṃ āpatti thullaccayassa.

Idha pana, bhikkhave, aññatarasmiṃ āvāse tadahu pavāraṇāya sambahulā āvāsikā bhikkhū sannipatanti, pañca vā atirekā vā. Te jānanti "atthaññe āvāsikā bhikkhū anāgatā"ti. Te "nassantete, vinassantete, ko tehi attho"ti bhedapurekkhārā pavārenti. Tehi pavāritamatte, ekaccāya vuṭṭhitāya parisāya, athaññe āvāsikā bhikkhū āgacchanti samasamā. Pavāritā suppavāritā, tesaṃ santike pavāretabbaṃ. Pavāritānaṃ āpatti thullaccayassa.

Idha pana, bhikkhave, aññatarasmiṃ āvāse tadahu pavāraṇāya sambahulā āvāsikā bhikkhū sannipatanti, pañca vā atirekā vā. Te jānanti "atthaññe āvāsikā bhikkhū anāgatā"ti. Te "nassantete, vinassantete, ko tehi attho"ti bhedapurekkhārā pavārenti. Tehi pavāritamatte, ekaccāya vuṭṭhitāya parisāya, athaññe āvāsikā bhikkhū āgacchanti thokatarā. Pavāritā suppavāritā, tesaṃ santike pavāretabbaṃ. Pavāritānaṃ āpatti thullaccayassa.

Idha pana, bhikkhave, aññatarasmiṃ āvāse tadahu pavāraṇāya sambahulā āvāsikā bhikkhū sannipatanti, pañca vā atirekā vā. Te jānanti "atthaññe āvāsikā bhikkhū anāgatā"ti. Te "nassantete, vinassantete, ko tehi attho"ti bhedapurekkhārā pavārenti. Tehi pavāritamatte, sabbāya vuṭṭhitāya parisāya, athaññe āvāsikā bhikkhū āgacchanti bahutarā. Tehi, bhikkhave, bhikkhūhi puna pavāretabbaṃ. Pavāritānaṃ āpatti thullaccayassa.

Idha pana, bhikkhave, aññatarasmiṃ āvāse tadahu pavāraṇāya sambahulā āvāsikā bhikkhū sannipatanti, pañca vā atirekā vā. Te jānanti "atthaññe āvāsikā bhikkhū anāgatā"ti. Te "nassantete, vinassantete, ko tehi attho"ti bhedapurekkhārā pavārenti. Tehi pavāritamatte, sabbāya vuṭṭhitāya parisāya, athaññe āvāsikā bhikkhū āgacchanti samasamā. Pavāritā suppavāritā, tesaṃ santike pavāretabbaṃ. Pavāritānaṃ āpatti thullaccayassa.

Idha pana, bhikkhave, aññatarasmiṃ āvāse tadahu pavāraṇāya sambahulā āvāsikā

Bhikkhū sannipatanti, pañca vā atirekā vā. Te jānanti "atthaññe āvāsikā bhikkhū anāgatā"ti. Te "nassantete, vinassantete, ko tehi attho"ti bhedapurekkhārā pavārenti. Tehi pavāritamatte, sabbāya vuṭṭhitāya parisāya, athaññe āvāsikā bhikkhū āgacchanti thokatarā. Pavāritā suppavāritā, tesaṃ santike pavāretabbaṃ. Pavāritānaṃ āpatti thullaccayassa.

Bhedapurekkhārapannarasakaṃ niṭṭhitaṃ.

Pañcavīsattikā niṭṭhitā.

133. Sīmottantikapeyyālaṃ

227. Idha pana, bhikkhave, aññatarasmiṃ āvāse tadahu pavāraṇāya sambahulā āvāsikā bhikkhū sannipatanti, pañca vā atirekā vā. Te na jānanti "aññe āvāsikā bhikkhū antosīmaṃ okkamantī"ti...pe... te na jānanti "aññe āvāsikā bhikkhū antosīmaṃ okkantā"ti...pe... te na passanti aññe āvāsike bhikkhū antosīmaṃokkamante...pe... te na passanti aññe āvāsike bhikkhū antosīmaṃ okkante...pe... te na suṇanti "aññe āvāsikā bhikkhū antosīmaṃ okkamantī"ti...pe... te na suṇanti "aññe āvāsikā bhikkhū antosīmaṃ okkantā"ti...pe....

Āvāsikena āvāsikā ekasatapañcasattati tikanayato, āvāsikena āgantukā, āgantukena āvāsikā, āgantukena āgantukā, peyyālamukhena satta tikasatāni honti.

Sīmokkantikapeyyālaṃ niṭṭhitaṃ.

134. Divasanānattaṃ

228. Idha pana, bhikkhave, āvāsikānaṃ bhikkhūnaṃ cātuddaso hoti, āgantukānaṃ pannaraso. Sace āvāsikā bahutarā honti, āgantukehi āvāsikānaṃ anuvattitabbaṃ. Sace samasamā honti, āgantukehi āvāsikānaṃ anuvattitabbaṃ. Sace āgantukā bahutarā honti, āvāsikehi āgantukānaṃ anuvattitabbaṃ.

Idha pana, bhikkhave, āvāsikānaṃ bhikkhūnaṃ pannaraso hoti, āgantukānaṃ cātuddaso. Sace āvāsikā bahutarā honti, āgantukehi āvāsikānaṃ anuvattitabbaṃ. Sace samasamā honti, āgantukehi āvāsikānaṃ anuvattitabbaṃ. Sace āgantukā bahutarā honti, āvāsikehi āgantukānaṃ anuvattitabbaṃ.

Idha pana, bhikkhave, āvāsikānaṃ bhikkhūnaṃ pāṭipado hoti, āgantukānaṃ pannaraso. Sace āvāsikā bahutarā honti, āvāsikehi āgantukānaṃ nākāmā dātabbā sāmaggī; āgantukehi nissīmaṃ gantvā pavāretabbaṃ. Sace samasamā honti, āvāsikehi āgantukānaṃ nākāmā dātabbā sāmaggī; āgantukehi nissīmaṃ gantvā pavāretabbaṃ. Sace āgantukā bahutarā honti, āvāsikehi āgantukānaṃ sāmaggī vā dātabbā, nissīmaṃ vā gantabbaṃ.

Idha pana, bhikkhave, āvāsikānaṃ bhikkhūnaṃ pannaraso hoti, āgantukānaṃ pāṭipado. Sace āvāsikā bahutarā honti, āgantukehi āvāsikānaṃ sāmaggī vā dātabbā, nissīmaṃ vā gantabbaṃ. Sace samasamā honti, āgantukehi āvāsikānaṃ sāmaggī vā dātabbā, nissīmaṃ vā gantabbaṃ. Sace āgantukā bahutarā honti, āgantukehi āvāsikānaṃ nākāmā dātabbā sāmaggī; āvāsikehi nissīmaṃ gantvā pavāretabbaṃ.

Divasanānattaṃ niṭṭhitaṃ.

135. Liṅgādidassanaṃ

229. Idha pana, bhikkhave, āgantukā bhikkhū passanti āvāsikānaṃ bhikkhūnaṃ āvāsikākāraṃ, āvāsikaliṅgaṃ, āvāsikanimittaṃ, āvāsikuddesaṃ, suppaññattaṃ mañcapīṭhaṃ bhisibibbohanaṃ, pānīyaṃ paribhojanīyaṃ sapaṭṭhitaṃ, pariveṇaṃ susammaṭṭhaṃ; passitvā vematikā honti – ''atthi nu kho āvāsikā bhikkhū, natthi nu kho''ti. Te vematikā na vicinanti, avicinitvā pavārenti. Āpatti dukkaṭassa...pe... te vematikā vicinanti, vicinitvā na passanti, apassitvā pavārenti. Anāpatti. Te vematikā vicinanti, vicinitvā passanti, passitvā ekato pavārenti. Anāpatti. Te vematikā vicinanti, vicinitvā passanti, passitvā pāṭekkaṃ pavārenti. Āpatti dukkaṭassa. Te vematikā vicinanti, vicinitvā passanti, passitvā – ''nassantete, vinassantete, ko tehi attho''ti – bhedapurekkhārā pavārenti. Āpatti thullaccayassa.

Idha pana, bhikkhave, āgantukā bhikkhū suṇanti āvāsikānaṃ bhikkhūnaṃ āvāsikākāraṃ, āvāsikaliṅgaṃ, āvāsikanimittaṃ, āvāsikuddesaṃ, caṅkamantānaṃ padasaddaṃ, sajjhāyasaddaṃ, ukkāsitasaddaṃ, khipitasaddaṃ; sutvā vematikā honti – ''atthi nu kho āvāsikā bhikkhū, natthi nu kho''ti. Te vematikā na vicinanti, avicinitvā pavārenti. Āpatti dukkaṭassa. Te vematikā vicinanti, vicinitvā na passanti, apassitvā pavārenti. Anāpatti. Te vematikā vicinanti, vicinitvā passanti, passitvā ekato pavārenti. Anāpatti. Te vematikā vicinanti, vicinitvā passanti, passitvā pāṭekkaṃ pavārenti. Āpatti dukkaṭassa. Te vematikā vicinanti, vicinitvā passanti, passitvā ''nassantete, vinassantete, ko tehi attho''ti bhedapurekkhārā pavārenti. Āpatti thullaccayassa.

Idha pana, bhikkhave, āvāsikā bhikkhū passanti āgantukānaṃ bhikkhūnaṃ āgantukākāraṃ, āgantukaliṅgaṃ, āgantukanimittaṃ, āgantukuddesaṃ, aññātakaṃ pattaṃ, aññātakaṃ cīvaraṃ, aññātakaṃ nisīdanaṃ, pādānaṃ dhotaṃ, udakanissekaṃ; passitvā vematikā honti – ''atthi nu kho āgantukā bhikkhū, natthi nu kho''ti. Te vematikā na vicinanti, avicinitvā pavārenti. Āpatti dukkaṭassa. Te vematikā vicinanti, vicinitvā na passanti, apassitvā pavārenti. Anāpatti. Te vematikā vicinanti, vicinitvā passanti, passitvā ekato pavārenti. Anāpatti. Te vematikā vicinanti, vicinitvā passanti, passitvā pāṭekkaṃ pavārenti. Āpatti dukkaṭassa. Te vematikā vicinanti, vicinitvā passanti, passitvā – nassantete, vinassantete, ko tehi atthoti – bhedapurekkhārā pavārenti. Āpatti thullaccayassa.

Idha pana, bhikkhave, āvāsikā bhikkhū suṇanti āgantukānaṃ bhikkhūnaṃ āgantukākāraṃ, Āgantukaliṅgaṃ, āgantukanimittaṃ, āgantukuddesaṃ, āgacchantānaṃ padasaddaṃ, upāhanapapphoṭanasaddaṃ, ukkāsitasaddaṃ, khipitasaddaṃ; sutvā vematikā honti – ''atthi nu kho āgantukā bhikkhū, natthi nu kho''ti. Te vematikā na vicinanti, avicinitvā pavārenti. Āpatti dukkaṭassa. Te vematikā vicinanti, vicinitvā na passanti, apassitvā pavārenti. Anāpatti. Te vematikā vicinanti, vicinitvā passanti, passitvā ekato pavārenti. Anāpatti. Te vematikā vicinanti, vicinitvā passanti, passitvā pāṭekkaṃ pavārenti. Āpatti dukkaṭassa. Te vematikā vicinanti, vicinitvā passanti, passitvā – nassantete, vinassantete, ko tehi atthoti – bhedapurekkhārā pavārenti. Āpatti thullaccayassa.

Liṅgādidassanaṃ niṭṭhitaṃ.

136. Nānāsaṃvāsakādīhi pavāraṇā

230. Idha pana, bhikkhave, āgantukā bhikkhū passanti āvāsike bhikkhū nānāsaṃvāsake. Te samānasaṃvāsakadiṭṭhiṃ paṭilabhanti, samānasaṃvāsakadiṭṭhiṃpaṭilabhitvā na pucchanti, apucchitvā ekato pavārenti. Anāpatti. Te pucchanti, pucchitvā nābhivitaranti, anabhivitaritvā ekato pavārenti. Āpatti dukkaṭassa. Te pucchanti, pucchitvā nābhivitaranti, anabhivitaritvā pāṭekkaṃ pavārenti. Anāpatti.

Idha pana, bhikkhave, āgantukā bhikkhū passanti āvāsike bhikkhū samānasaṃvāsake. Te nānāsaṃvāsakadiṭṭhiṃ paṭilabhanti, nānāsaṃvāsakadiṭṭhiṃ paṭilabhitvā na pucchanti, apucchitvā ekato

pavārenti. Āpatti dukkaṭassa. Te pucchanti, pucchitvā abhivitaranti, abhivitaritvā pāṭekkaṃ pavārenti. Āpatti dukkaṭassa. Te pucchanti, pucchitvā abhivitaranti, abhivitaritvā ekato pavārenti. Anāpatti.
Idha pana, bhikkhave, āvāsikā bhikkhū passanti āgantuke bhikkhū nānāsaṃvāsake. Te samānasaṃvāsakadiṭṭhiṃ paṭilabhanti, samānasaṃvāsakadiṭṭhiṃ paṭilabhitvā na pucchanti, apucchitvā ekato pavārenti. Anāpatti. Te pucchanti, pucchitvā nābhivitaranti, anabhivitaritvā ekato pavārenti. Āpatti dukkaṭassa. Te pucchanti, pucchitvā nābhivitaranti, anabhivitaritvā pāṭekkaṃ pavārenti. Anāpatti.
Idha pana, bhikkhave, āvāsikā bhikkhū passanti āgantuke bhikkhū samānasaṃvāsake. Te nānāsaṃvāsakadiṭṭhiṃ paṭilabhanti, nānāsaṃvāsakadiṭṭhiṃ paṭilabhitvā na pucchanti, apucchitvā ekato pavārenti. Āpatti dukkaṭassa. Te pucchanti, pucchitvā abhivitaranti, abhivitaritvā pāṭekkaṃ pavārenti. Āpatti dukkaṭassa. Te pucchanti, pucchitvā abhivitaranti, abhivitaritvā ekato pavārenti. Anāpatti.
Nānāsaṃvāsakādīhi pavāraṇā niṭṭhitā.
137. Na gantabbavāro
231. Na, bhikkhave, tadahu pavāraṇāya sabhikkhukā āvāsā abhikkhuko āvāso gantabbo, aññatra saṅghena, aññatra antarāyā. Na, bhikkhave, tadahu pavāraṇāya sabhikkhukā āvāsā abhikkhuko anāvāso gantabbo, aññatra saṅghena, aññatra antarāyā. Na, bhikkhave, tadahu pavāraṇāya sabhikkhukā āvāsā abhikkhuko āvāso vā anāvāso vā gantabbo, aññatra saṅghena, aññatra antarāyā.
Na , bhikkhave, tadahu pavāraṇāya sabhikkhukā anāvāsā abhikkhuko āvāso gantabbo, aññatra saṅghena, aññatra antarāyā. Na, bhikkhave, tadahu pavāraṇāya sabhikkhukā anāvāsā abhikkhuko anāvāso gantabbo, aññatra saṅghena, aññatra antarāyā. Na, bhikkhave, tadahu pavāraṇāya sabhikkhukā anāvāsā abhikkhuko āvāso vā anāvāso vā gantabbo, aññatra saṅghena, aññatra antarāyā.
Na, bhikkhave, tadahu pavāraṇāya sabhikkhukā āvāsā vā anāvāsā vā abhikkhuko āvāso gantabbo, aññatra saṅghena, aññatra antarāyā. Na, bhikkhave, tadahu pavāraṇāya sabhikkhukā āvāsā vā anāvāsā vā abhikkhuko anāvāso gantabbo, aññatra saṅghena, aññatra antarāyā . Na, bhikkhave, tadahu pavāraṇāya sabhikkhukā āvāsā vā anāvāsā vā abhikkhuko āvāso vā anāvāso vā gantabbo, aññatra saṅghena, aññatra antarāyā.
Na, bhikkhave, tadahu pavāraṇāya sabhikkhukā āvāsā sabhikkhuko āvāso gantabbo, yatthassu bhikkhū nānāsaṃvāsakā, aññatra saṅghena, aññatra antarāyā. Na, bhikkhave, tadahu pavāraṇāya sabhikkhukā āvāsā sabhikkhuko anāvāso gantabbo, yatthassu bhikkhū nānāsaṃvāsakā, aññatra saṅghena, aññatra antarāyā. Na, bhikkhave, tadahu pavāraṇāya sabhikkhukā āvāsā sabhikkhuko āvāso vā anāvāso vā gantabbo, yatthassu bhikkhū nānāsaṃvāsakā, aññatra saṅghena, aññatra antarāyā.
Na, bhikkhave, tadahu pavāraṇāya sabhikkhukā anāvāsā sabhikkhuko āvāso gantabbo, yatthassu bhikkhū nānāsaṃvāsakā, aññatra saṅghena, aññatra antarāyā. Na, bhikkhave, tadahu pavāraṇāya sabhikkhukā anāvāsā sabhikkhuko anāvāso gantabbo, yatthassu bhikkhū nānāsaṃvāsakā, aññatra saṅghena, aññatra antarāyā. Na, bhikkhave, tadahu pavāraṇāya sabhikkhukā anāvāsā sabhikkhuko āvāso vā anāvāso vā gantabbo, yatthassu bhikkhū nānāsaṃvāsakā, aññatra saṅghena, aññatra antarāyā.
Na , bhikkhave, tadahu pavāraṇāya sabhikkhukā āvāsā vā anāvāsā
Vā sabhikkhuko āvāso gantabbo, yatthassu bhikkhū nānāsaṃvāsakā, aññatra saṅghena, aññatra antarāyā. Na, bhikkhave, tadahu pavāraṇāya sabhikkhukā āvāsā vā anāvāsā vā sabhikkhuko anāvāso gantabbo, yatthassu bhikkhū nānāsaṃvāsakā, aññatra saṅghena, aññatra antarāyā. Na, bhikkhave, tadahu pavāraṇāya sabhikkhukā āvāsā vā anāvāsā vā sabhikkhuko āvāso vā anāvāso vā gantabbo, yatthassu bhikkhū nānāsaṃvāsakā, aññatra saṅghena, aññatra antarāyā.
Na gantabbavāro niṭṭhito.
138. Gantabbavāro
232. Gantabbo, bhikkhave, tadahu pavāraṇāya sabhikkhukā āvāsā sabhikkhuko āvāso , yatthassu bhikkhū samānasaṃvāsakā, yaṃ jaññā ''sakkomi ajjeva gantu''nti. Gantabbo, bhikkhave, tadahu pavāraṇāya sabhikkhukā āvāsā sabhikkhuko anāvāso...pe... sabhikkhuko āvāso vā anāvāso vā, yatthassu bhikkhū samānasaṃvāsakā, yaṃ jaññā ''sakkomi ajjeva gantu''nti.
Gantabbo , bhikkhave, tadahu pavāraṇāya sabhikkhukā anāvāsā sabhikkhuko āvāso...pe... sabhikkhuko anāvāso...pe... sabhikkhuko āvāso vā anāvāso vā, yatthassu bhikkhū samānasaṃvāsakā, yaṃ jaññā ''sakkomi ajjeva gantu''nti.
Gantabbo, bhikkhave, tadahu pavāraṇāya sabhikkhukā āvāsā vā anāvāsā vā sabhikkhuko
Āvāso...pe... sabhikkhuko anāvāso...pe... sabhikkhuko āvāso vā anāvāso vā, yatthassu bhikkhū samānasaṃvāsakā, yaṃ jaññā ''sakkomi ajjeva gantu''nti.
Gantabbavāro niṭṭhito.
139. Vajjanīyapuggalasandassanā
233. Na, bhikkhave, bhikkhuniyā nisinnaparisāya pavāretabbaṃ. Yo pavāreyya, āpatti dukkaṭassa. Na, bhikkhave, sikkhamānāya...pe... na sāmaṇerassa...pe... na sāmaṇeriyā...pe... na sikkhaṃ paccakkhātakassa...pe... na antimavatthuṃ ajjhāpannakassa nisinnaparisāya pavāretabbaṃ. Yo pavāreyya, āpatti dukkaṭassa .

Na āpattiyā adassane ukkhittakassa nisinnaparisāya pavāretabbaṃ. Yo pavāreyya, yathādhammo kāretabbo. Na āpattiyā appaṭikamme ukkhittakassa...pe... na pāpikāya diṭṭhiyā appaṭinissagge ukkhittakassa nisinnaparisāya pavāretabbaṃ. Yo pavāreyya, yathādhammo kāretabbo.

Na paṇḍakassa nisinnaparisāya pavāretabbaṃ. Yo pavāreyya, āpatti dukkaṭassa. Na theyyasaṃvāsakassa...pe... na titthiyapakkantakassa...pe... na tiracchānagatassa...pe... na mātughātakassa...pe... na pitughātakassa...pe... na arahantaghātakassa...pe... na bhikkhunidūsakassa ...pe... na saṅghabhedakassa...pe... na lohituppādakassa ...pe... na ubhatobyañjanakassa nisinnaparisāya pavāretabbaṃ. Yo pavāreyya, āpatti dukkaṭassa.

Na, bhikkhave, pārivāsikapavāraṇādānena pavāretabbaṃ, aññatra avuṭṭhitāya parisāya. Na ca, bhikkhave, appavāraṇāya pavāretabbaṃ, aññatra saṅghasāmaggiyāti.

Vajjanīyapuggalasandassanā niṭṭhitā.

Dutiyabhāṇavāro niṭṭhito.

140. Dvevācikādipavāraṇā

234. Tena kho pana samayena kosalesu janapade aññatarasmiṃ āvāse tadahu pavāraṇāya savarabhayaṃ ahosi. Bhikkhū nāsakkhiṃsu tevācikaṃ pavāretuṃ. Bhagavato etamatthaṃ ārocesuṃ. Anujānāmi, bhikkhave, dvevācikaṃ pavāretunti.

Bāḷhataraṃ savarabhayaṃ ahosi. Bhikkhū nāsakkhiṃsu dvevācikaṃ pavāretuṃ. Bhagavato etamatthaṃ ārocesuṃ. Anujānāmi, bhikkhave, ekavācikaṃ pavāretunti.

Bāḷhataraṃ savarabhayaṃ ahosi. Bhikkhū nāsakkhiṃsu ekavācikaṃ pavāretuṃ. Bhagavato etamatthaṃ ārocesuṃ. Anujānāmi, bhikkhave, samānavassikaṃ pavāretunti.

Tena kho pana samayena aññatarasmiṃ āvāse tadahu pavāraṇāya manussehi dānaṃ dentehi yebhuyyena ratti khepitā hoti. Atha kho tesaṃ bhikkhūnaṃ etadahosi – ''manussehi dānaṃ dentehi yebhuyyena ratti khepitā. Sace saṅgho tevācikaṃ pavāressati, appavāritova saṅgho bhavissati, athāyaṃ ratti vibhāyissati. Kathaṃ nu kho amhehi paṭipajjitabba''nti? Bhagavato etamatthaṃ ārocesuṃ. Idha pana, bhikkhave, aññatarasmiṃ āvāse tadahu pavāraṇāya manussehi dānaṃ dentehi yebhuyyena ratti khepitā hoti. Tatra ce, bhikkhave, bhikkhūnaṃ evaṃ hoti – ''manussehi dānaṃ dentehi yebhuyyena ratti khepitā. Sace saṅgho tevācikaṃ pavāressati, appavāritova saṅgho bhavissati, athāyaṃ ratti vibhāyissatī''ti, byattena bhikkhunā paṭibalena saṅgho ñāpetabbo –

''Suṇātu me, bhante, saṅgho. Manussehi dānaṃ dentehi yebhuyyena ratti khepitā. Sace saṅgho tevācikaṃ pavāressati, appavāritova saṅgho bhavissati, athāyaṃ ratti vibhāyissati. Yadi saṅghassa pattakallaṃ, saṅgho dvevācikaṃ, ekavācikaṃ, samānavassikaṃ pavāreyyā''ti.

Idha pana, bhikkhave, aññatarasmiṃ āvāse tadahu pavāraṇāya bhikkhūhi dhammaṃ bhaṇantehi...pe... suttantikehi suttantaṃ saṅgāyantehi... vinayadharehi vinayaṃ vinicchinantehi... dhammakathikehi dhammaṃ sākacchantehi... bhikkhūhi kalahaṃ karontehi yebhuyyena ratti khepitā hoti. Tatra ce bhikkhūnaṃ evaṃ hoti – ''bhikkhūhi kalahaṃ karontehi yebhuyyena ratti khepitā. Sace saṅgho tevācikaṃ pavāressati, appavāritova saṅgho bhavissati, athāyaṃ ratti vibhāyissatī''ti, byattena bhikkhunā paṭibalena saṅgho ñāpetabbo –

''Suṇātu me, bhante, saṅgho. Bhikkhūhi kalahaṃ karontehi yebhuyyena ratti khepitā. Sace saṅgho tevācikaṃ pavāressati, appavāritova saṅgho bhavissati, athāyaṃ ratti vibhāyissati. Yadi saṅghassa pattakallaṃ, saṅgho dvevācikaṃ, ekavācikaṃ, samānavassikaṃ pavāreyyā''ti.

Tena kho pana samayena kosalesu janapade aññatarasmiṃ āvāse tadahu pavāraṇāya mahābhikkhusaṅgho sannipatito hoti , parittañca anovassikaṃ[anovassakaṃ (ka.)] hoti, mahā ca megho uggato hoti. Atha kho tesaṃ bhikkhūnaṃ etadahosi – ''ayaṃ kho mahābhikkhusaṅgho sannipatito, parittañca anovassikaṃ, mahā ca megho uggato. Sace saṅgho tevācikaṃ pavāressati, appavāritova saṅgho bhavissati, athāyaṃ megho pavassissati. Kathaṃ nu kho amhehi paṭipajjitabba''nti? Bhagavato etamatthaṃ ārocesuṃ. Idha pana, bhikkhave, aññatarasmiṃ āvāse tadahu pavāraṇāya mahābhikkhusaṅgho sannipatito hoti, parittañca anovassikaṃ hoti, mahā ca megho uggato hoti. Tatra ce bhikkhūnaṃ evaṃ hoti – ''ayaṃ kho mahābhikkhusaṅgho sannipatito, parittañca anovassikaṃ, mahā ca megho uggato. Sace saṅgho tevācikaṃ pavāressati, appavāritova saṅgho bhavissati, athāyaṃ megho pavassissatī''ti. Byattena bhikkhunā paṭibalena saṅgho ñāpetabbo –

''Suṇātu me, bhante, saṅgho. Ayaṃ mahābhikkhusaṅgho sannipatito, parittañca anovassikaṃ, mahā ca megho uggato. Sace saṅgho tevācikaṃ pavāressati, appavāritova saṅgho bhavissati, athāyaṃ megho pavassissati. Yadi saṅghassa pattakallaṃ, saṅgho dvevācikaṃ, ekavācikaṃ, samānavassikaṃ pavāreyyā''ti.

Idha pana, bhikkhave, aññatarasmiṃ āvāse tadahu pavāraṇāya rājantarāyo hoti...pe... corantarāyo hoti... agyantarāyo hoti... udakantarāyo hoti... manussantarāyo hoti... amanussantarāyo hoti... vāḷantarāyo hoti... sarīsapantarāyo hoti... jīvitantarāyo hoti... brahmacariyantarāyo hoti. Tatra ce bhikkhūnaṃ evaṃ hoti – ''ayaṃ kho, brahmacariyantarāyo . Sace saṅgho tevācikaṃ pavāressati, appavāritova saṅgho bhavissati, athāyaṃ brahmacariyantarāyo bhavissatī''ti, byattena bhikkhunā paṭibalena saṅgho ñāpetabbo –

''Suṇātu me, bhante, saṅgho. Ayaṃ brahmacariyantarāyo. Sace saṅgho tevācikaṃ pavāressati, appavāritova saṅgho bhavissati, athāyaṃ brahmacariyantarāyo bhavissati. Yadi saṅghassa pattakallaṃ, saṅgho dvevācikaṃ, ekavācikaṃ, samānavassikaṃ pavāreyyā''ti.

Dvevācikādipavāraṇā niṭṭhitā.

141. Pavāraṇāṭhapanaṃ

235. Tena kho pana samayena chabbaggiyā bhikkhū sāpattikā pavārenti. Bhagavato etamatthaṃ ārocesuṃ. Na, bhikkhave, sāpattikena pavāretabbaṃ. Yo pavāreyya, āpatti dukkaṭassa. Anujānāmi, bhikkhave, yo sāpattiko pavāreti, tassa okāsaṃ kārāpetvā āpattiyā codetunti.

Tena kho pana samayena chabbaggiyā bhikkhū okāsaṃ kārāpiyamānā na icchanti okāsaṃ kātuṃ. Bhagavato etamatthaṃ ārocesuṃ. Anujānāmi, bhikkhave, okāsaṃ akarontassa pavāraṇaṃ ṭhapetuṃ. Evañca pana, bhikkhave, ṭhapetabbā. Tadahu pavāraṇāya cātuddase vā pannarase vā tasmiṃ puggale sammukhībhūte saṅghamajjhe udāharitabbaṃ – ''suṇātu me, bhante, saṅgho. Itthannāmo puggalo sāpattiko. Tassa pavāraṇaṃ ṭhapemi. Na tasmiṃ sammukhībhūte pavāretabba''nti. Ṭhapitā hoti pavāraṇāti.

Tena kho pana samayena chabbaggiyā bhikkhū – puramhākaṃ pesalā bhikkhū pavāraṇaṃ ṭhapentīti – paṭikacceva suddhānaṃ bhikkhūnaṃ anāpattikānaṃ avatthusmiṃ akāraṇe pavāraṇaṃ ṭhapenti, pavāritānampi pavāraṇaṃ ṭhapenti. Bhagavato etamatthaṃ ārocesuṃ. Na, bhikkhave, suddhānaṃ bhikkhūnaṃ anāpattikānaṃ avatthusmiṃ akāraṇe pavāraṇā ṭhapetabbā. Yo ṭhapeyya, āpatti dukkaṭassa. Na, bhikkhave, pavāritānampi pavāraṇā ṭhapetabbā. Yo ṭhapeyya, āpatti dukkaṭassa.

236. Evaṃ kho, bhikkhave, ṭhapitā hoti pavāraṇā, evaṃ aṭṭhapitā. Kathañca, bhikkhave, aṭṭhapitā hoti pavāraṇā? Tevācikāya ce, bhikkhave, pavāraṇāya bhāsitāya lapitāya pariyositāya pavāraṇaṃ ṭhapeti, aṭṭhapitā hoti pavāraṇā. Dvevācikāya ce, bhikkhave,... ekavācikāya ce, bhikkhave,... samānavassikāya ce, bhikkhave, pavāraṇāya bhāsitāya lapitāya pariyositāya pavāraṇaṃ ṭhapeti, aṭṭhapitā hoti pavāraṇā. Evaṃ kho, bhikkhave, aṭṭhapitā hoti pavāraṇā.

Kathañca, bhikkhave, ṭhapitā hoti pavāraṇā? Tevācikāya, ce, bhikkhave, pavāraṇāya bhāsitāya lapitāya apariyositāya pavāraṇaṃ ṭhapeti, ṭhapitā hoti pavāraṇā. Dvevācikāya ce, bhikkhave,... ekavācikāya ce, bhikkhave,... samānavassikāya ce, bhikkhave, pavāraṇāya bhāsitāya lapitāya apariyositāya pavāraṇaṃ ṭhapeti, ṭhapitā hoti pavāraṇā. Evaṃ kho, bhikkhave, ṭhapitā hoti pavāraṇā.

237. Idha pana, bhikkhave, tadahu pavāraṇāya bhikkhu bhikkhussa pavāraṇaṃ ṭhapeti. Taṃ ce bhikkhuṃ aññe bhikkhū jānanti, ''ayaṃ kho āyasmā aparisuddhakāyasamācāro, aparisuddhavacīsamācāro, aparisuddhājīvo, bālo, abyatto, na paṭibalo anuyuñjīyamāno anuyogaṃ dātu''nti, 'alaṃ, bhikkhu, mā bhaṇḍanaṃ, mā kalahaṃ, mā viggahaṃ, mā vivāda'nti omadditvā saṅghena pavāretabbaṃ.

Idha pana, bhikkhave, tadahu pavāraṇāya bhikkhu bhikkhussa pavāraṇaṃ ṭhapeti. Taṃ ce bhikkhuṃ aññe bhikkhū jānanti, ''ayaṃ kho āyasmā parisuddhakāyasamācāro, aparisuddhavacīsamācāro, aparisuddhājīvo, bālo, abyatto, na paṭibalo anuyuñjīyamāno anuyogaṃ dātu''nti, 'alaṃ, bhikkhu, mā bhaṇḍanaṃ, mā kalahaṃ, mā viggahaṃ, mā vivāda'nti omadditvā saṅghena pavāretabbaṃ.

Idha pana, bhikkhave, tadahu pavāraṇāya bhikkhu bhikkhussa pavāraṇaṃ ṭhapeti. Taṃ ce bhikkhuṃ aññe bhikkhū jānanti, ''ayaṃ kho āyasmā parisuddhakāyasamācāro, parisuddhavacīsamācāro, aparisuddhājīvo, bālo, abyatto, na paṭibalo anuyuñjīyamāno anuyogaṃ dātu''nti, 'alaṃ, bhikkhu, mā bhaṇḍanaṃ, mā kalahaṃ, mā viggahaṃ, mā vivāda'nti omadditvā saṅghena pavāretabbaṃ.

Idha pana, bhikkhave, tadahu pavāraṇāya bhikkhu bhikkhussa pavāraṇaṃ ṭhapeti. Taṃ ce bhikkhuṃ aññe bhikkhū jānanti, ''ayaṃ kho āyasmā parisuddhakāyasamācāro, parisuddhavacīsamācāro, parisuddhājīvo, bālo, abyatto, na paṭibalo anuyuñjīyamāno anuyogaṃ dātu''nti, 'alaṃ, bhikkhu, mā bhaṇḍanaṃ, mā kalahaṃ, mā viggahaṃ, mā vivāda'nti omadditvā saṅghena pavāretabbaṃ.

Idha pana, bhikkhave, tadahu pavāraṇāya bhikkhu bhikkhussa pavāraṇaṃ ṭhapeti. Taṃ ce bhikkhuṃ aññe bhikkhū jānanti, ''ayaṃ kho āyasmā parisuddhakāyasamācāro, parisuddhavacīsamācāro, parisuddhājīvo, paṇḍito, byatto, paṭibalo anuyuñjīyamāno anuyogaṃ dātu''nti, so evamassa vacanīyo, ''yaṃ kho tvaṃ, āvuso, imassa bhikkhuno pavāraṇaṃ ṭhapesi, kimhi naṃ ṭhapesi, sīlavipattiyā vā ṭhapesi, ācāravipattiyā vā ṭhapesi, diṭṭhivipattiyā vā ṭhapesī''ti? So ce evaṃ vadeyya – ''sīlavipattiyā vā ṭhapemi, ācāravipattiyā vā ṭhapemi, diṭṭhivipattiyā vā ṭhapemī''ti, so evamassa vacanīyo – ''jānāsi panāyasmā sīlavipattiṃ, jānāsi ācāravipattiṃ, jānāsi diṭṭhivipatti''nti? So ce evaṃ vadeyya – ''jānāmi kho ahaṃ, āvuso, sīlavipattiṃ, jānāmi ācāravipattiṃ, jānāmi diṭṭhivipatti''nti, so evamassa vacanīyo – ''katamā panāvuso, sīlavipatti, katamā ācāravipatti, katamā diṭṭhivipattī''ti? So ce evaṃ vadeyya – ''cattāri pārājikāni, terasa saṅghādisesā, ayaṃ sīlavipatti; thullaccayaṃ, pācittiyaṃ, pāṭidesanīyaṃ, dukkaṭaṃ, dubbhāsitaṃ, ayaṃ ācāravipatti; micchādiṭṭhi, antaggāhikādiṭṭhi, ayaṃ diṭṭhivipattī''ti, so evamassa vacanīyo – ''yaṃ kho tvaṃ , āvuso, imassa bhikkhuno pavāraṇaṃ ṭhapesi, diṭṭhena vā ṭhapesi, sutena vā ṭhapesi, parisaṅkāya vā ṭhapesī''ti? So ce evaṃ vadeyya – ''diṭṭhena vā ṭhapemi, sutena vā ṭhapemi, parisaṅkāya vā ṭhapemī''ti, so evamassa vacanīyo – ''yaṃ kho tvaṃ, āvuso, imassa bhikkhuno diṭṭhena pavāraṇaṃ ṭhapesi, kiṃ te diṭṭhaṃ, kinti te diṭṭhaṃ, kadā te diṭṭhaṃ, kattha te diṭṭhaṃ, pārājikaṃ ajjhāpajjanto diṭṭho, saṅghādisesaṃ ajjhāpajjanto diṭṭho, thullaccayaṃ... pācittiyaṃ... pāṭidesanīyaṃ...

dukkaṭaṃ… dubbhāsitaṃ ajjhāpajjanto diṭṭho, kattha ca tvaṃ ahosi, kattha cāyaṃ bhikkhu ahosi, kiñca tvaṃ karosi, kiñcāyaṃ bhikkhu karotī''ti? So ce evaṃ vadeyya – ''na kho ahaṃ, āvuso, imassa bhikkhuno diṭṭhena pavāraṇaṃ ṭhapemi, apica sutena pavāraṇaṃ ṭhapemī''ti, so evamassa vacanīyo – ''yaṃ kho tvaṃ, āvuso, imassa bhikkhuno sutena pavāraṇaṃ ṭhapesi, kiṃ te sutaṃ, kinti te sutaṃ, kadā te sutaṃ, kattha te sutaṃ, pārājikaṃ ajjhāpannoti sutaṃ, saṅghādisesaṃ ajjhāpannoti sutaṃ, thullaccayaṃ… pācittiyaṃ… pāṭidesanīyaṃ… dukkaṭaṃ… dubbhāsitaṃ ajjhāpannoti sutaṃ, bhikkhussa sutaṃ, bhikkhuniyā sutaṃ, sikkhamānāya sutaṃ, sāmaṇerassa sutaṃ, sāmaṇeriyā sutaṃ, upāsakassa sutaṃ, upāsikāya sutaṃ, rājūnaṃ sutaṃ, rājamahāmattānaṃ sutaṃ, titthiyānaṃ sutaṃ, titthiyasāvakānaṃ suta''nti? So ce evaṃ vadeyya – ''na kho ahaṃ, āvuso, imassa bhikkhuno sutena pavāraṇaṃ ṭhapemi , apica parisaṅkāya pavāraṇaṃ ṭhapemī''ti, so evamassa vacanīyo – ''yaṃ kho tvaṃ, āvuso, imassa bhikkhuno parisaṅkāya pavāraṇaṃ ṭhapesi, kiṃ parisaṅkasi, kinti parisaṅkasi, kadā parisaṅkasi, kattha parisaṅkasi, pārājikaṃ ajjhāpannoti parisaṅkasi, saṅghādisesaṃ ajjhāpannoti parisaṅkasi, thullaccayaṃ… pācittiyaṃ… pāṭidesanīyaṃ… dukkaṭaṃ… dubbhāsitaṃ ajjhāpannoti parisaṅkasi, bhikkhussa sutvā parisaṅkasi, bhikkhuniyā sutvā parisaṅkasi, sikkhamānāya sutvā parisaṅkasi, sāmaṇerassa sutvā parisaṅkasi, sāmaṇeriyā sutvā parisaṅkasi, upāsakassa sutvā parisaṅkasi, upāsikāya sutvā parisaṅkasi, rājūnaṃ sutvā parisaṅkasi, rājamahāmattānaṃ sutvā parisaṅkasi, titthiyānaṃ sutvā parisaṅkasi, titthiyasāvakānaṃ sutvā parisaṅkasī''ti? So ce evaṃ vadeyya – ''na kho ahaṃ, āvuso, imassa bhikkhuno parisaṅkāya pavāraṇaṃ ṭhapemi, api ca ahampi na jānāmi kena panāhaṃ imassa bhikkhuno pavāraṇaṃ ṭhapemī''ti. So ce, bhikkhave, codako bhikkhu anuyogena viññūnaṃ sabrahmacārīnaṃ cittaṃ na ārādheti, ananuvādo cudito bhikkhūti alaṃ vacanāya. So ce, bhikkhave, codako bhikkhu anuyogena viññūnaṃ sabrahmacārīnaṃ cittaṃ ārādheti, sānuvādo cudito bhikkhūti alaṃ vacanāya. So ce, bhikkhave, codako bhikkhu amūlakena pārājikena anuddhaṃsitaṃ paṭijānāti, saṅghādisesaṃ āropetvā saṅghena pavāretabbaṃ. So ce, bhikkhave, codako bhikkhu amūlakena saṅghādisesena anuddhaṃsitaṃ paṭijānāti, yathādhammaṃ kārāpetvā saṅghena pavāretabbaṃ. So ce, bhikkhave, codako, bhikkhu amūlakena thullaccayena… pācittiyena… pāṭidesanīyena… dukkaṭena… dubbhāsitena anuddhaṃsitaṃ paṭijānāti, yathādhammaṃ kārāpetvā saṅghena pavāretabbaṃ. So ce, bhikkhave, cudito bhikkhu pārājikaṃ ajjhāpannoti paṭijānāti, nāsetvā saṅghena pavāretabbaṃ. So ce, bhikkhave, cudito bhikkhu saṅghādisesaṃ ajjhāpannoti paṭijānāti, saṅghādisesaṃ āropetvā saṅghena pavāretabbaṃ. So ce, bhikkhave, cudito bhikkhu thullaccayaṃ… pācittiyaṃ… pāṭidesanīyaṃ… dukkaṭaṃ… dubbhāsitaṃ ajjhāpannoti paṭijānāti, yathādhammaṃ kārāpetvā saṅghena pavāretabbaṃ.

Pavāraṇāṭhapanaṃ niṭṭhitaṃ.

142. Thullaccayavatthukādi

238. Idha pana, bhikkhave, bhikkhu tadahu pavāraṇāya thullaccayaṃ ajjhāpanno hoti. Ekacce bhikkhū thullaccayadiṭṭhino honti, ekacce bhikkhū saṅghādisesadiṭṭhino honti. Ye te, bhikkhave, bhikkhū thullaccayadiṭṭhino, tehi so, bhikkhave, bhikkhu ekamantaṃ apanetvā yathādhammaṃ kārāpetvā saṅghaṃ upasaṅkamitvā evamassa vacanīyo – ''yaṃ kho so, āvuso, bhikkhu āpattiṃ āpanno, sāssa yathādhammaṃ paṭikatā. Yadi saṅghassa pattakallaṃ, saṅgho pavāreyyā''ti.

Idha pana, bhikkhave, bhikkhu tadahu pavāraṇāya thullaccayaṃ ajjhāpanno hoti. Ekacce bhikkhū thullaccayadiṭṭhino honti, ekacce bhikkhū pācittiyadiṭṭhinohonti…pe… ekacce bhikkhū thullaccayadiṭṭhino honti, ekacce bhikkhū pāṭidesanīyadiṭṭhino honti… ekacce bhikkhū thullaccayadiṭṭhino honti, ekacce bhikkhū dukkaṭadiṭṭhino honti… ekacce bhikkhū thullaccayadiṭṭhino honti, ekacce bhikkhū dubbhāsitadiṭṭhino honti. Ye te, bhikkhave, bhikkhū thullaccayadiṭṭhino, tehi so, bhikkhave, bhikkhu ekamantaṃ apanetvā yathādhammaṃ kārāpetvā saṅghaṃ upasaṅkamitvā evamassa vacanīyo – ''yaṃ kho so, āvuso, bhikkhu āpattiṃ āpanno, sāssa yathādhammaṃ paṭikatā. Yadi saṅghassa pattakallaṃ, saṅgho pavāreyyā''ti.

Idha pana, bhikkhave, bhikkhu tadahu pavāraṇāya pācittiyaṃ ajjhāpanno hoti…pe… pāṭidesanīyaṃ ajjhāpanno hoti… dukkaṭaṃ ajjhāpanno hoti… dubbhāsitaṃ ajjhāpanno hoti. Ekacce bhikkhū dubbhāsitadiṭṭhino honti, ekacce bhikkhū saṅghādisesadiṭṭhino honti. Ye te, bhikkhave, bhikkhū dubbhāsitadiṭṭhino, tehi so, bhikkhave, bhikkhu ekamantaṃ apanetvā yathādhammaṃ kārāpetvā saṅghaṃ upasaṅkamitvā evamassa vacanīyo – ''yaṃ kho so, āvuso, bhikkhu āpattiṃ āpanno, sāssa yathādhammaṃ paṭikatā. Yadi saṅghassa pattakallaṃ, saṅgho pavāreyyā''ti.

Idha pana, bhikkhave, bhikkhu tadahu pavāraṇāya dubbhāsitaṃ ajjhāpanno hoti. Ekacce bhikkhū dubbhāsitadiṭṭhino honti, ekacce bhikkhū thullaccayadiṭṭhino honti…pe… ekacce bhikkhū dubbhāsitadiṭṭhino honti, ekacce bhikkhū pācittiyadiṭṭhino honti… ekacce bhikkhū dubbhāsitadiṭṭhino honti, ekacce bhikkhū pāṭidesanīyadiṭṭhino honti… ekacce bhikkhū dubbhāsitadiṭṭhino honti, ekacce bhikkhū dukkaṭadiṭṭhino honti. Ye te, bhikkhave, bhikkhū dubbhāsitadiṭṭhino, tehi so, bhikkhave, bhikkhu ekamantaṃ apanetvā yathādhammaṃ kārāpetvā saṅghaṃ upasaṅkamitvā evamassa vacanīyo – ''yaṃ kho so, āvuso, bhikkhu āpattiṃ āpanno, sāssa yathādhammaṃ paṭikatā. Yadi saṅghassa pattakallaṃ, saṅgho pavāreyyā''ti.

Thullaccayavatthukādi niṭṭhitā.

143. Vatthuṭhapanādi
239. Idha pana, bhikkhave, bhikkhu tadahu pavāraṇāya saṅghamajjhe udāhareyya – ''suṇātu me, bhante, saṅgho. Idaṃ vatthu paññāyati, na puggalo. Yadi saṅghassa pattakallaṃ, vatthuṃ ṭhapetvā saṅgho pavāreyyā''ti. So evamassa vacanīyo – ''bhagavatā kho, āvuso, visuddhānaṃ pavāraṇā paññattā. Sace vatthu paññāyati, na puggalo, idāneva naṃ vadehī''ti.
Idha pana, bhikkhave, bhikkhu tadahu pavāraṇāya saṅghamajjhe udāhareyya – ''suṇātu me, bhante, saṅgho. Ayaṃ puggalo paññāyati, na vatthu. Yadi saṅghassa pattakallaṃ, puggalaṃ ṭhapetvā saṅgho pavāreyyā''ti. So evamassa vacanīyo – ''bhagavatā kho, āvuso, samaggānaṃ pavāraṇā paññattā. Sace puggalo paññāyati, na vatthu, idāneva naṃ vadehī''ti.
Idha pana, bhikkhave, bhikkhu tadahu pavāraṇāya saṅghamajjhe udāhareyya – ''suṇātu me, bhante, saṅgho. Idaṃ vatthu ca puggalo ca paññāyati. Yadisaṅghassa pattakallaṃ, vatthuñca puggalañca ṭhapetvā saṅgho pavāreyyā''ti. So evamassa vacanīyo – ''bhagavatā kho, āvuso, visuddhānañca samaggānañca pavāraṇā paññattā. Sace vatthu ca puggalo ca paññāyati, idāneva naṃ vadehī''ti.
Pubbe ce, bhikkhave, pavāraṇāya vatthu paññāyati, pacchā puggalo, kallaṃ vacanāya. Pubbe ce, bhikkhave, pavāraṇāya puggalo paññāyati, pacchā vatthu, kallaṃ vacanāya. Pubbe ce, bhikkhave, pavāraṇāya vatthu ca puggalo ca paññāyati, taṃ ce katāya pavāraṇāya ukkoṭeti, ukkoṭanakaṃ pācittiyanti.
Vatthuṭhapanādi niṭṭhitā.
144. Bhaṇḍanakārakavatthu
240. Tena kho pana samayena sambahulā sandiṭṭhā sambhattā bhikkhū kosalesu janapade aññatarasmiṃ āvāse vassaṃ upagacchiṃsu. Tesaṃ sāmantā aññe bhikkhū bhaṇḍanakārakā kalahakārakā vivādakārakā bhassakārakā saṅghe adhikaraṇakārakā vassaṃ upagacchiṃsu – mayaṃ tesaṃ bhikkhūnaṃ vassaṃvuṭṭhānaṃ pavāraṇāya pavāraṇaṃ ṭhapessāmāti. Assosuṃ kho te bhikkhū – ''amhākaṃ kira sāmantā aññe bhikkhū bhaṇḍanakārakā kalahakārakā vivādakārakā bhassakārakā saṅghe adhikaraṇakārakā vassaṃ upagatā – mayaṃ tesaṃ bhikkhūnaṃ vassaṃvuṭṭhānaṃ pavāraṇāya pavāraṇaṃ ṭhapessāmā''ti. Kathaṃ nu kho amhehi paṭipajjitabbanti? Bhagavato etamatthaṃ ārocesuṃ.
Idha pana, bhikkhave, sambahulā sandiṭṭhā sambhattā bhikkhū aññatarasmiṃ āvāse vassaṃ upagacchanti. Tesaṃ sāmantā aññe bhikkhū bhaṇḍanakārakā kalahakārakā vivādakārakā bhassakārakā saṅghe adhikaraṇakārakā vassaṃ upagacchanti – mayaṃ tesaṃ bhikkhūnaṃ vassaṃvuṭṭhānaṃ pavāraṇāya pavāraṇaṃ ṭhapessāmāti. Anujānāmi, bhikkhave, tehi bhikkhūhi dve tayo uposathe cātuddasike kātuṃ – kathaṃ mayaṃ tehi bhikkhūhi paṭhamataraṃ pavāreyyāmāti. Te ce, bhikkhave, bhikkhū bhaṇḍanakārakā kalahakārakā vivādakārakā bhassakārakā saṅghe adhikaraṇakārakā taṃ āvāsaṃ āgacchanti, tehi, bhikkhave, āvāsikehi bhikkhūhi lahuṃ lahuṃ sannipatitvā pavāretabbaṃ, pavāretvā vattabbā – ''pavāritā kho mayaṃ, āvuso; yathāyasmantā maññanti tathākarontū''ti. Te ce, bhikkhave, bhikkhū bhaṇḍanakārakā kalahakārakā vivādakārakā bhassakārakā saṅghe adhikaraṇakārakā asaṃvihitā taṃ āvāsaṃ āgacchanti, tehi, bhikkhave, āvāsikehi bhikkhūhi āsanaṃ paññapetabbaṃ, pādodakaṃ pādapīṭhaṃ pādakathalikaṃ upanikkhipitabbaṃ, paccuggantvā pattacīvaraṃ paṭiggahetabbaṃ, pānīyena paripucchitabbā; tesaṃ vikkhitvā [vikkhipāpetvā (paṭivisodhakānaṃ mati), ācikkhitvā (ka.)] nissīmaṃ gantvā pavāretabbaṃ, pavāretvā vattabbā – ''pavāritā kho mayaṃ, āvuso; yathāyasmantā maññanti tathā karontū''ti. Evañcetaṃ labhetha, iccetaṃ kusalaṃ. No ce labhetha, āvāsikena bhikkhunā byattena paṭibalena āvāsikā bhikkhū ñāpetabbā –
''Suṇantu me, āyasmanto [āyasmantā (ka.)], āvāsikā. Yadāyasmantānaṃ pattakallaṃ, idāni uposathaṃ kareyyāma, pātimokkhaṃ uddiseyyāma, āgame kāḷe pavāreyyāmā''ti. Te ce, bhikkhave, bhikkhū bhaṇḍanakārakā kalahakārakā vivādakārakā bhassakārakā saṅghe adhikaraṇakārakā te bhikkhū evaṃ vadeyyuṃ – ''sādhāvuso, idāneva no pavārethā''ti, te evamassu vacanīyā – ''anissarā kho tumhe, āvuso, amhākaṃ pavāraṇāya; na tāva mayaṃ pavāreyyāmā''ti. Te ce, bhikkhave, bhikkhū bhaṇḍanakārakā kalahakārakā vivādakārakā bhassakārakā saṅghe adhikaraṇakārakā taṃ kāḷaṃ anuvaseyyuṃ, āvāsikena, bhikkhave, bhikkhunā byattena paṭibalena āvāsikā bhikkhū ñāpetabbā –
''Suṇantu me, āyasmanto, āvāsikā. Yadāyasmantānaṃ pattakallaṃ, idāni uposathaṃ kareyyāma, pātimokkhaṃ uddiseyyāma, āgame juṇhe pavāreyyāmā''ti. Te ce, bhikkhave, bhikkhū bhaṇḍanakārakā kalahakārakā vivādakārakā bhassakārakā saṅghe adhikaraṇakārakā te bhikkhū evaṃ vadeyyuṃ – ''sādhāvuso, idāneva no pavāreyyāthā''ti, te evamassu vacanīyā – ''anissarā kho tumhe, āvuso, amhākaṃ pavāraṇāya, na tāva mayaṃ pavāreyyāmā''ti. Te ce, bhikkhave, bhikkhū bhaṇḍanakārakā kalahakārakā vivādakārakā bhassakārakā saṅghe adhikaraṇakārakā tampi juṇhaṃ anuvaseyyuṃ, tehi, bhikkhave, bhikkhūhi sabbeheva āgame juṇhe komudiyā cātumāsiniyā akāmā pavāretabbaṃ.
Tehi ce, bhikkhave, bhikkhūhi pavāriyamāne gilāno agilānassa pavāraṇaṃ ṭhapeti, so evamassa vacanīyo – ''āyasmā kho gilāno. Gilāno ca ananuyogakkhamo vutto bhagavatā. Āgamehi, āvuso, yāva arogo hosi. Arogo ākaṅkhamāno codessasī''ti. Evañce vuccamāno codeti, anādariye pācittiyaṃ. Tehi ce, bhikkhave, bhikkhūhi pavāriyamāne agilāno gilānassa pavāraṇaṃ ṭhapeti, so evamassa vacanīyo – ''ayaṃ kho, āvuso, bhikkhu gilāno. Gilāno ca ananuyogakkhamo vutto bhagavatā. Āgamehi, āvuso, yāvāyaṃ bhikkhu

arogo hoti. Arogaṃ ākaṅkhamāno codessasī''ti. Evañce vuccamāno codeti, anādariye pācittiyaṃ. Tehi ce, bhikkhave, bhikkhūhi pavāriyamāne gilāno gilānassa pavāraṇaṃ ṭhapeti, so evamassa vacanīyo – ''āyasmantā kho gilānā. Gilāno ca ananuyogakkhamo vutto bhagavatā. Āgamehi, āvuso, yāva arogā hotha. Arogo arogaṃ ākaṅkhamāno codessasī''ti [yāva arogo hoti, arogaṃ ākaṅkhamāno codessasīti (ka.)]. Evañce vuccamāno codeti, anādariye pācittiyaṃ. Tehi ce, bhikkhave, bhikkhūhi pavāriyamāne agilāno agilānassa pavāraṇaṃ ṭhapeti, ubho saṅghena samanuyuñjitvā samanugāhitvā [samanubhāsitvā (sī.)] yathādhammaṃ kārāpetvā saṅghena pavāretabbanti.

Bhaṇḍanakārakavatthu niṭṭhitaṃ.

145. Pavāraṇāsaṅgaho

241. Tena kho pana samayena sambahulā sandiṭṭhā sambhattā bhikkhū kosalesu janapade aññatarasmiṃ āvāse vassaṃ upagacchiṃsu. Tesaṃ samaggānaṃ sammodamānānaṃ avivadamānānaṃ viharataṃ aññataro phāsuvihāro adhigato hoti. Atha kho tesaṃ bhikkhūnaṃ etadahosi – ''amhākaṃ kho samaggānaṃ sammodamānānaṃ avivadamānānaṃ viharataṃ aññataro phāsuvihāro adhigato. Sace mayaṃ idāni pavāressāma, siyāpi bhikkhū pavāretvā cārikaṃ pakkameyyuṃ. Evaṃ mayaṃ imamhā phāsuvihārā paribāhirā bhavissāma. Kathaṃ nu kho amhehi paṭipajjitabba''nti? Bhagavato etamatthaṃ ārocesuṃ.

Idha pana, bhikkhave, sambahulā sandiṭṭhā sambhattā bhikkhū aññatarasmiṃ āvāse vassaṃ upagacchanti. Tesaṃ samaggānaṃ sammodamānānaṃ avivadamānānaṃ viharataṃ aññataro phāsuvihāro adhigato hoti. Tatra ce bhikkhūnaṃ evaṃ hoti – ''amhākaṃ kho samaggānaṃ sammodamānānaṃ avivadamānānaṃ viharataṃ aññataro phāsuvihāro adhigato. Sace mayaṃ idāni pavāressāma, siyāpi bhikkhū pavāretvā cārikaṃ pakkameyyuṃ. Evaṃ mayaṃ imamhā phāsuvihārā paribāhirā bhavissāmā''ti, anujānāmi, bhikkhave, tehi bhikkhūhi pavāraṇāsaṅgahaṃ kātuṃ. Evañca pana, bhikkhave, kātabbo. Sabbeheva ekajjhaṃ sannipatitabbaṃ – sannipatitvā byattena bhikkhunā paṭibalena saṅgho ñāpetabbo –

''Suṇātu me, bhante, saṅgho. Amhākaṃ samaggānaṃ sammodamānānaṃ avivadamānānaṃ viharataṃ aññataro phāsuvihāro adhigato. Sace mayaṃ idāni pavāressāma, siyāpi bhikkhū pavāretvā cārikaṃ pakkameyyuṃ. Evaṃ mayaṃ imamhā phāsuvihārā paribāhirā bhavissāma. Yadi saṅghassa pattakallaṃ, saṅgho pavāraṇāsaṅgahaṃ kareyya, idāni uposathaṃ kareyya, pātimokkhaṃ uddiseyya, āgame juṇhe komudiyā cātumāsiniyā pavāreyya. Esā ñatti.

''Suṇātu me, bhante, saṅgho. Amhākaṃ samaggānaṃ sammodamānānaṃ avivadamānānaṃ viharataṃ aññataro phāsuvihāro adhigato. Sace mayaṃ idāni pavāressāma, siyāpi bhikkhū pavāretvā cārikaṃ pakkameyyuṃ. Evaṃ mayaṃ imamhā phāsuvihārā paribāhirā bhavissāma. Saṅgho pavāraṇāsaṅgahaṃ karoti, idāni uposathaṃ karissati, pātimokkhaṃ uddisissati, āgame juṇhe komudiyā cātumāsiniyā pavāressati. Yassāyasmato khamati pavāraṇāsaṅgahassa karaṇaṃ, idāni uposathaṃ karissati, pātimokkhaṃ uddisissati, āgame juṇhe komudiyā cātumāsiniyā pavāressati, so tuṇhassa; yassa nakkhamati, so bhāseyya.

''Kato saṅghena pavāraṇāsaṅgaho, idāni uposathaṃ karissati, pātimokkhaṃ uddisissati, āgame juṇhe komudiyā cātumāsiniyā pavāressati. Khamati saṅghassa, tasmā tuṇhī, evametaṃ dhārayāmī''ti.

Tehi ce, bhikkhave, bhikkhūhi kate pavāraṇāsaṅgahe aññataro bhikkhu evaṃ vadeyya – ''icchāmahaṃ, āvuso, janapadacārikaṃ pakkamituṃ; atthi me janapade karaṇīya''nti, so evamassa vacanīyo – ''sādhāvuso, pavāretvā gacchāhī''ti. So ce , bhikkhave, bhikkhu pavārayamāno aññatarassa bhikkhuno pavāraṇaṃ ṭhapeti, so evamassa vacanīyo – ''anissaro kho me tvaṃ, āvuso, pavāraṇāya, na tāvāhaṃ pavāressāmī''ti. Tassa ce, bhikkhave, bhikkhuno pavārayamānassa aññataro bhikkhu tassa bhikkhuno pavāraṇaṃ ṭhapeti, ubho saṅghena samanuyuñjitvā samanugāhitvā yathādhammaṃ kārāpetabbā. So ce, bhikkhave, bhikkhu janapade taṃ karaṇīyaṃ tīretvā punadeva anto komudiyā cātumāsiniyā taṃ āvāsaṃ āgacchati, tehi ce, bhikkhave, bhikkhūhi pavāriyamāne aññataro bhikkhu tassa bhikkhuno pavāraṇaṃ ṭhapeti, so evamassa vacanīyo – ''anissaro kho me tvaṃ, āvuso, pavāraṇāya; pavārito aha''nti. Tehi ce, bhikkhave, bhikkhūhi pavāriyamāne so bhikkhu aññatarassa bhikkhuno pavāraṇaṃ ṭhapeti, ubho saṅghena samanuyuñjitvā samanugāhitvā yathādhammaṃ kārāpetvā saṅghena pavāretabbanti.

Pavāraṇāsaṅgaho niṭṭhito.

Pavāraṇākkhandhako catuttho.

146. Tassuddānaṃ

Vassaṃvutthā kosalesu, agamuṃ satthu dassanaṃ;
Aphāsuṃ pasusaṃvāsaṃ, aññamaññānulomatā.
Pavārentā paṇāmañca [pavārentāsane dve ca (sī. syā.)], kammaṃ gilānañātakā;
Rājā corā ca dhuttā ca, bhikkhupaccatthikā tathā.
Pañca catutayo dveko, āpanno vematī sari;
Sabbo saṅgho vematiko, bahū samā ca thokikā.
Āvāsikā cātuddasa, liṅgasaṃvāsakā ubho;
Gantabbaṃ na nisinnāya, chandadāne pavāraṇā [chandadānapavāraṇā (ka.)].
Savarehi khepitā megho, antarā ca pavāraṇā;

Na icchanti puramhākaṃ, aṭṭhapitā ca bhikkhuno.
Kimhi vāti katamañca, diṭṭhena sutasaṅkāya;
Codako cuditako ca, thullaccayaṃ vatthu bhaṇḍanaṃ;
Pavāraṇāsaṅgaho ca, anissaro pavārayeti.
Imamhi khandhake vatthūni chacattārīsāti.
Pavāraṇākkhandhako niṭṭhito.

5. Cammakkhandhako

147. Soṇakoḷivisavatthu

242. Tena samayena buddho Bhagavā rājagahe viharati gijjhakūṭe pabbate. Tena kho pana samayena rājā māgadho seniyo bimbisāro asītiyā gāmasahassesu issariyādhipaccaṃ rajjaṃ kāreti. Tena kho pana samayena campāyaṃ soṇo nāma koḷiviso [koḷivīso (sī.)] seṭṭhiputto sukhumālo hoti. Tassa pādatalesu lomāni jātāni honti. Atha kho rājā māgadho seniyo bimbisāro tāni asīti gāmikasahassāni sannipātāpetvā kenacideva karaṇīyena soṇassa koḷivisassa santike dūtaṃ pāhesi – āgacchatu soṇo, icchāmi soṇassa āgatanti. Atha kho soṇassa koḷivisassa mātāpitaro soṇaṃ koḷivisaṃ etadavocuṃ – ''rājā te, tāta soṇa, pāde dakkhitukāmo. Mā kho tvaṃ, tāta soṇa, yena rājā tena pāde abhippasāreyyāsi. Rañño purato pallaṅkena nisīda. Nisinnassa te rājā pāde dakkhissatī''ti. Atha kho soṇaṃ koḷivisaṃ sivikāya ānesuṃ. Atha kho soṇo koḷiviso yena rājā māgadho seniyo bimbisāro tenupasaṅkami, upasaṅkamitvā rājānaṃ māgadhaṃ seniyaṃ bimbisāraṃ abhivādetvā rañño purato pallaṅkena nisīdi. Addasā kho rājā māgadho seniyo bimbisāro soṇassa koḷivisassa pādatalesu lomāni jātāni. Atha kho rājā māgadho seniyo bimbisāro tāni asīti gāmikasahassāni diṭṭhadhammike atthe anusāsitvā uyyojesi – ''tumhe khvattha, bhaṇe, mayā diṭṭhadhammike atthe anusāsitā; gacchatha, taṃ bhagavantaṃ payirupāsatha; so no Bhagavā samparāyike atthe anusāsissatī''ti.

Atha kho tāni asīti gāmikasahassāni yena gijjhakūṭo pabbato tenupasaṅkamiṃsu. Tena kho pana samayena āyasmā sāgato bhagavato upaṭṭhāko hoti. Atha kho tāni asīti gāmikasahassāni yenāyasmā sāgato tenupasaṅkamiṃsu, upasaṅkamitvā āyasmantaṃ sāgataṃ etadavocuṃ – ''imāni, bhante, asīti gāmikasahassāni idhūpasaṅkantāni bhagavantaṃ dassanāya; sādhu mayaṃ, bhante, labheyyāma bhagavantaṃ dassanāyā''ti. ''Tena hi tumhe āyasmanto muhuttaṃ idheva tāva hotha, yāvāhaṃ bhagavantaṃ paṭivedemī''ti. Atha kho āyasmā sāgato tesaṃ asītiyā gāmikasahassānaṃ purato pekkhamānānaṃ pāṭikāya nimujjitvā bhagavato purato ummujjitvā bhagavantaṃ etadavoca – ''imāni, bhante, asīti gāmikasahassāni idhūpasaṅkantāni bhagavantaṃ dassanāya; yassa dāni, bhante, Bhagavā kālaṃ maññatī''ti. ''Tena hi tvaṃ, sāgata, vihārapacchāyāyaṃ āsanaṃ paññapehī''ti. ''Evaṃ, bhante''ti kho āyasmā sāgato bhagavato paṭissuṇitvā pīṭhaṃ gahetvā bhagavato purato nimujjitvā tesaṃ asītiyā gāmikasahassānaṃ purato pekkhamānānaṃ pāṭikāya ummujjitvā vihārapacchāyāyaṃ āsanaṃ paññapeti. Atha kho Bhagavā vihārā nikkhamitvā vihārapacchāyāyaṃ paññatte āsane nisīdi. Atha kho tāni asīti gāmikasahassāni yena Bhagavā tenupasaṅkamiṃsu, upasaṅkamitvā bhagavantaṃ abhivādetvā ekamantaṃ nisīdiṃsu. Atha kho tāni asīti gāmikasahassāni āyasmantaṃyeva sāgataṃ samannāharanti, no tathā bhagavantaṃ. Atha kho Bhagavā tesaṃ asītiyā gāmikasahassānaṃ cetasā cetoparivitakkamaññāya āyasmantaṃ sāgataṃ āmantesi – ''tena hi tvaṃ, sāgata, bhiyyosomattāya uttarimanussadhammaṃ iddhipāṭihāriyaṃ dassehī''ti. ''Evaṃ, bhante''ti kho āyasmā sāgato bhagavato paṭissuṇitvā vehāsaṃ abbhuggantvā ākāse antalikkhe caṅkamatipi, tiṭṭhatipi, nisīdatipi, seyyampi kappeti, dhūmāyatipi [dhūpāyatipi (sī.), padhūpāyatipi (syā.)] pajjalatipi, antaradhāyatipi. Atha kho āyasmā sāgato ākāse antalikkhe anekavihitaṃ uttarimanussadhammaṃ iddhipāṭihāriyaṃ dassetvā bhagavato pādesu sirasā nipatitvā bhagavantaṃ etadavoca – ''satthā me, bhante, Bhagavā; sāvakohamasmi. Satthā me, bhante, Bhagavā; sāvakohamasmī''ti. Atha kho tāni asīti gāmikasahassāni ''acchariyaṃ vata bho! Abbhutaṃ vata bho! Sāvakopi nāma evaṃ mahiddhiko bhavissati, evaṃ mahānubhāvo, aho nūna satthā''ti bhagavantaṃyeva samannāharanti, no tathā āyasmantaṃ sāgataṃ.

Atha kho Bhagavā tesaṃ asītiyā gāmikasahassānaṃ cetasā cetoparivitakkamaññāya anupubbiṃ kathaṃ kathesi, seyyathidaṃ – dānakathaṃ sīlakathaṃ saggakathaṃ , kāmānaṃ ādīnavaṃ okāraṃ saṃkilesaṃ, nekkhamme ānisaṃsaṃ pakāsesi. Yadā te Bhagavā aññāsi kallacitte, muducitte, vinīvaraṇacitte, udaggacitte, pasannacitte, atha yā buddhānaṃ sāmukkaṃsikā dhammadesanā, taṃ pakāsesi – dukkhaṃ, samudayaṃ, nirodhaṃ, maggaṃ. Seyyathāpi nāma suddhaṃ vatthaṃ apagatakāḷakaṃ sammadeva rajanaṃ paṭiggaṇheyya, evamevaṃ tesaṃ asītiyā gāmikasahassānaṃ tasmiṃyeva āsane virajaṃ vītamalaṃ dhammacakkhuṃ udapādi – ''yaṃkiñci samudayadhammaṃ, sabbaṃ taṃ nirodhadhamma''nti. Te diṭṭhadhammā pattadhammā viditadhammā pariyogāḷhadhammā tiṇṇavicikicchā vigatakathaṃkathā vesārajjappattā aparappaccayā satthusāsane bhagavantaṃ etadavocuṃ – ''abhikkantaṃ, bhante, abhikkantaṃ, bhante. Seyyathāpi, bhante, nikkujjitaṃ vā ukkujjeyya, paṭicchannaṃ vā vivareyya, mūḷhassa vā maggaṃ ācikkheyya, andhakāre vā telapajjotaṃ dhāreyya – ''cakkhumanto rūpāni dakkhantī''ti, evamevaṃ bhagavatā anekapariyāyena dhammo pakāsito. Ete mayaṃ, bhante, bhagavantaṃ saraṇaṃ gacchāma. Dhammañca, bhikkhusaṅghañca. Upāsake no Bhagavā dhāretu ajjatagge pāṇupete saraṇaṃ gate''ti.

Soṇassa pabbajjā

243. Atha kho soṇassa koḷivisassa etadahosi "yathā yathā kho ahaṃ bhagavatā dhammaṃ desitaṃ ājānāmi, nayidaṃ sukaraṃ agāraṃ ajjhāvasatā ekantaparipuṇṇaṃ ekantaparisuddhaṃ saṅkhalikhitaṃ brahmacariyaṃ carituṃ; yaṃnūnāhaṃ kesamassuṃ ohāretvā kāsāyāni vatthāni acchādetvā agārasmā anagāriyaṃ pabbajeyya''nti. Atha kho tāni asīti gāmikasahassāni bhagavato bhāsitaṃ abhinanditvā anumoditvā uṭṭhāyāsanā bhagavantaṃ abhivādetvā padakkhiṇaṃ katvā pakkamisuṃ. Atha kho soṇo koḷiviso acirapakkantesu tesu asītiyā gāmikasahassesu yena Bhagavā tenupasaṅkami, upasaṅkamitvā bhagavantaṃ abhivādetvā ekamantaṃ nisīdi. Ekamantaṃ nisinno kho soṇo koḷiviso bhagavantaṃ etadavoca – "yathā yathāhaṃ, bhante, bhagavatā dhammaṃ desitaṃ ājānāmi, nayidaṃ sukaraṃ agāraṃ ajjhāvasatā ekantaparipuṇṇaṃ ekantaparisuddhaṃ saṅkhalikhitaṃ brahmacariyaṃ carituṃ. Icchāmahaṃ, bhante, kesamassuṃ ohāretvā kāsāyāni vatthāni acchādetvā agārasmā anagāriyaṃ pabbajituṃ. Pabbājetu maṃ, bhante, Bhagavā''ti. Alattha kho soṇo koḷiviso bhagavato santike pabbajjaṃ, alattha upasampadaṃ. Acirupasampanno ca panāyasmā soṇo sītavane viharati. Tassa accāraddhavīriyassa caṅkamato pādā bhijjiṃsu. Caṅkamo lohitena phuṭo hoti, seyyathāpi gavāghātanaṃ. [ito paraṃ yāva imassa vatthussa avasānaṃ tāva pāṭho a. ni. 6.55 ādayo] Atha kho āyasmato soṇassa rahogatassa paṭisallīnassa evaṃ cetaso parivitakko udapādi – "ye kho keci bhagavato sāvakā āraddhavīriyā viharanti, ahaṃ tesaṃ aññataro. Atha ca pana me nānupādāya āsavehi cittaṃ vimuccati. Saṃvijjanti kho pana me kule bhogā; sakkā bhoge ca bhuñjituṃ, puññāni ca kātuṃ. Yaṃnūnāhaṃ hīnāyāvattitvā bhoge ca bhuñjeyyaṃ, puññāni ca kareyya''nti. Atha kho Bhagavā āyasmato soṇassa cetasā cetoparivitakkamaññāya – seyyathāpi nāma balavā puriso samiñjitaṃ vā bāhaṃ pasāreyya, pasāritaṃ vā bāhaṃ samiñjeyya evameva – gijjhakūṭe pabbate antarahito sītavane pāturahosi. Atha kho Bhagavā sambahulehi bhikkhūhi saddhiṃ senāsanacārikaṃ āhiṇḍanto yenāyasmato soṇassa caṅkamo tenupasaṅkami. Addasā kho Bhagavā āyasmato soṇassa caṅkamaṃ lohitena phuṭaṃ, disvāna bhikkhū āmantesi – "kassa nvāyaṃ, bhikkhave, caṅkamo lohitena phuṭo, seyyathāpi gavāghātana''nti? "Āyasmato, bhante, soṇassa accāraddhavīriyassa caṅkamato pādā bhijjiṃsu. Tassāyaṃ caṅkamo lohitena phuṭo, seyyathāpi gavāghātana''nti.

Atha kho Bhagavā yenāyasmato soṇassa vihāro tenupasaṅkami, upasaṅkamitvā paññatte āsane nisīdi. Āyasmāpi kho soṇo bhagavantaṃ abhivādetvā ekamantaṃ nisīdi. Ekamantaṃ nisinnaṃ kho āyasmantaṃ soṇaṃ Bhagavā etadavoca – "nanu te, soṇa, rahogatassa paṭisallīnassa evaṃ cetaso parivitakko udapādi – 'ye kho keci bhagavato sāvakā āraddhavīriyā viharanti, ahaṃ tesaṃ aññataro. Atha ca pana me nānupādāya āsavehi cittaṃ vimuccati. Saṃvijjanti kho pana me kule bhogā; sakkā bhoge ca bhuñjituṃ, puññāni ca kātuṃ. Yaṃnūnāhaṃ hīnāyāvattitvā bhoge ca bhuñjeyyaṃ, puññāni ca kareyya''nti? "Evaṃ, bhante''ti . "Taṃ kiṃ maññasi, soṇa, kusalo tvaṃ pubbe agārikabhūto vīṇāya tantissare''ti? "Evaṃ, bhante''ti. "Taṃ kiṃ maññasi, soṇa, yadā te vīṇāya tantiyo accāyatā honti, api nu te vīṇā tasmiṃ samaye saravatī vā hoti, kammaññā vā''ti? "No hetaṃ, bhante''ti. "Taṃ kiṃ maññasi, soṇa, yadā te vīṇāya tantiyo atisithilā honti, api nu te vīṇā tasmiṃ samaye saravatī vā hoti, kammaññā vā''ti? "No hetaṃ, bhante''ti. "Taṃ kiṃ maññasi, soṇa, yadā te vīṇāya tantiyo neva accāyatā honti nātisithilā, same guṇe patiṭṭhitā, api nu te vīṇā tasmiṃ samaye saravatī vā hoti, kammaññā vā''ti? "Evaṃ, bhante''ti. "Evameva kho, soṇa, accāraddhavīriyaṃ uddhaccāya saṃvattati , atilīnavīriyaṃ kosajjāya saṃvattati. Tasmātiha tvaṃ, soṇa, vīriyasamataṃ adhiṭṭhaha, indriyānañca samataṃ paṭivijjha, tattha ca nimittaṃ gaṇhāhī''ti. "Evaṃ, bhante''ti kho āyasmā soṇo bhagavato paccassosi. Atha kho Bhagavā āyasmantaṃ soṇaṃ iminā ovādena ovaditvā – seyyathāpi nāma balavā puriso sammiñjitaṃ vā bāhaṃ pasāreyya, pasāritaṃ vā bāhaṃ samiñjeyya evameva – sītavane āyasmato soṇassa sammukhe antarahito gijjhakūṭe pabbate pāturahosi. Atha kho āyasmā soṇo aparena samayena vīriyasamataṃ adhiṭṭhāsi, indriyānañca samataṃ paṭivijjhi, tattha ca nimittaṃ aggahesi. Atha kho āyasmā soṇo, eko vūpakaṭṭho appamatto ātāpī pahitatto viharanto, na cirasseva – yassatthāya kulaputtā sammadeva agārasmā anagāriyaṃ pabbajanti – tadanuttaraṃ brahmacariyapariyosānaṃ diṭṭheva dhamme sayaṃ abhiññā sacchikatvā upasampajja vihāsi. 'Khīṇā jāti, vusitaṃ brahmacariyaṃ, kataṃ karaṇīyaṃ, nāparaṃ itthattāyā'ti abhiññāsi. Aññataro ca panāyasmā soṇo arahataṃ ahosi.

244. Atha kho āyasmato soṇassa arahattappattassa etadahosi – "yaṃnūnāhaṃ bhagavato santike aññaṃ byākareyya''nti. Atha kho āyasmā soṇo yena Bhagavā tenupasaṅkami, upasaṅkamitvā bhagavantaṃ abhivādetvā ekamantaṃ nisīdi. Ekamantaṃ nisinno kho āyasmā soṇo bhagavantaṃ etadavoca – yo so, bhante, bhikkhu arahaṃ khīṇāsavo vusitavā katakaraṇīyo ohitabhāro anuppattasadattho parikkhīṇabhavasaññojano sammadaññā vimutto, so chaṭṭhānāni adhimutto hoti – nekkhammādhimutto hoti, pavivekādhimutto hoti, abyāpajjādhimutto hoti, upādānakkhayādhimutto hoti, taṇhakkhayādhimutto hoti , asammohādhimutto hoti.

"Siyā kho pana, bhante, idhekaccassa āyasmato evamassa – 'kevalaṃ saddhāmattakaṃ nūna ayamāyasmā nissāya nekkhammādhimutto'ti, na kho panetaṃ, bhante, evaṃ daṭṭhabbaṃ. Khīṇāsavo, bhante, bhikkhu, vusitavā, katakaraṇīyo, karaṇīyamattānaṃ asamanupassanto katassa vā paṭicayaṃ khayā rāgassa vītarāgattā nekkhammādhimutto hoti, khayā dosassa vītadosattā nekkhammādhimutto hoti, khayā mohassa vītamohattā nekkhammādhimutto hoti.

"Siyā kho pana, bhante, idhekaccassa āyasmato evamassa – 'lābhasakkārasilokaṃ nūna ayamāyasmā nikāmayamāno pavivekādhimutto'ti. Na kho panetaṃ, bhante, evaṃ daṭṭhabbaṃ. Khīṇāsavo, bhante, bhikkhu, vusitavā, katakaraṇīyo, karaṇīyamattānaṃ [karaṇīyaṃ attano (aṅguttarapāḷiyaṃ)] asamanupassanto katassa vā paṭicayaṃ, khayā rāgassa vītarāgattā pavivekādhimutto hoti, khayā dosassa vītadosattā pavivekādhimutto hoti, khayā mohassa vītamohattā pavivekādhimutto hoti.

"Siyā kho pana, bhante, idhekaccassa āyasmato evamassa – 'sīlabbataparāmāsaṃ nūna ayamāyasmā sārato paccāgacchanto abyāpajjādhimutto'ti. Na kho panetaṃ, bhante, evaṃ daṭṭhabbaṃ. Khīṇāsavo, bhante, bhikkhu, vusitavā, katakaraṇīyo, karaṇīyamattānaṃ asamanupassanto katassa vā paṭicayaṃ, khayā rāgassa vītarāgattā abyāpajjādhimutto hoti, khayā dosassa vītadosattā abyāpajjādhimutto hoti, khayā mohassa vītamohattā abyāpajjādhimutto hoti.

"Khayā rāgassa vītarāgattā upādānakkhayādhimutto hoti, khayā dosassa vītadosattā upādānakkhayādhimutto hoti, khayā mohassa vītamohattā upādānakkhayādhimutto hoti.

"Khayā rāgassa vītarāgattā taṇhakkhayādhimutto hoti, khayā dosassa vītadosattā taṇhakkhayādhimutto hoti, khayā mohassa vītamohattā taṇhakkhayādhimutto hoti.

"Khayā rāgassa vītarāgattā asammohādhimutto hoti, khayā dosassa vītadosattā asammohādhimutto hoti, khayā mohassa vītamohattā asammohādhimutto hoti.

"Evaṃ sammā vimuttacittassa, bhante, bhikkhuno bhusā cepi cakkhuviññeyyā rūpā cakkhussa āpāthaṃ āgacchanti, nevassa cittaṃ pariyādiyanti. Amissīkatamevassa cittaṃ hoti, ṭhitaṃ, āneñjappattaṃ, vayañcassānupassati. Bhusā cepi sotaviññeyyā saddā...pe... ghānaviññeyyā gandhā... jivhāviññeyyā rasā... kāyaviññeyyā phoṭṭhabbā... manoviññeyyā dhammā manassa āpāthaṃ āgacchanti, nevassa cittaṃ pariyādiyanti; amissīkatamevassa cittaṃ hoti, ṭhitaṃ, āneñjappattaṃ, vayañcassānupassati. Seyyathāpi, bhante, selo pabbato acchiddo asusiro ekagghano, puratthimāya cepi disāya āgaccheyya bhusā vātavuṭṭhi, neva naṃ saṅkampeyya na sampakampeyya na sampavedheyya; pacchimāya cepi disāya āgaccheyya bhusā vātavuṭṭhi...pe... uttarāya cepi disāya...pe... dakkhiṇāya cepi disāya āgaccheyya bhusā vātavuṭṭhi, neva naṃ saṅkampeyya na sampakampeyya na sampavedheyya, evameva kho, bhante, evaṃ sammā vimuttacittassa bhikkhuno bhusā cepi cakkhuviññeyyā rūpā cakkhussa āpāthaṃ āgacchanti, nevassa cittaṃ pariyādiyanti; amissīkatamevassa cittaṃ hoti, ṭhitaṃ, āneñjappattaṃ, vayañcassānupassati. Bhusā cepi sotaviññeyyā saddā...pe... ghānaviññeyyā gandhā... jivhāviññeyyā rasā... kāyaviññeyyā phoṭṭhabbā... manoviññeyyā dhammā manassa āpāthaṃ āgacchanti, nevassa cittaṃ pariyādiyanti; amissīkatamevassa cittaṃ hoti, ṭhitaṃ, āneñjappattaṃ, vayañcassānupassatī"ti.

Nekkhammaṃ adhimuttassa, pavivekañca cetaso;
Abyāpajjādhimuttassa, upādānakkhayassa ca.
Taṇhakkhayādhimuttassa , asammohañca cetaso;
Disvā āyatanuppādaṃ, sammā cittaṃ vimuccati.
Tassa sammāvimuttassa, santacittassa bhikkhuno;
Katassa paṭicayo natthi, karaṇīyaṃ na vijjati.
Selo yathā ekagghano, vātena na samīrati;
Evaṃ rūpā rasā saddā, gandhā phassā ca kevalā.
Iṭṭhā dhammā aniṭṭhā ca, na pavedhenti tādino;
Ṭhitaṃ cittaṃ vippamuttaṃ, vayañcassānupassatīti.

Soṇakoḷivisavatthu niṭṭhitaṃ.

148. Diguṇādiupāhanapaṭikkhepo

245. Atha kho Bhagavā bhikkhū āmantesi – "evaṃ kho, bhikkhave, kulaputtā aññaṃ byākaronti, attho ca vutto, attā ca anupanīto. Atha ca, panidhekacce moghapurisā hasamānakaṃ, maññe, aññaṃ byākaronti, te pacchā vighātaṃ āpajjantī"ti. Atha kho Bhagavā āyasmantaṃ soṇaṃ āmantesi – "tvaṃ khosi, soṇa, sukhumālo. Anujānāmi te, soṇa, ekapalāsikaṃ upāhana"nti. "Ahaṃ kho, bhante, asītisakaṭavāhe hiraññaṃ ohāya agārasmā anagāriyaṃ pabbajito, sattahatthikañca anīkaṃ. Athāhaṃ bhante ekapalāsikaṃ ce upāhanaṃ pariharissāmi, tassa me bhavissanti vattāro 'soṇo koḷiviso asītisakaṭavāhe hiraññaṃ ohāya agārasmā anagāriyaṃ pabbajito, sattahatthikañca anīkaṃ. So dānāyaṃ ekapalāsikāsu upāhanāsu satto'ti. Sace Bhagavā bhikkhusaṅghassa anujānissati ahampi paribhuñjissāmi; no ce Bhagavā bhikkhusaṅghassa anujānissati, ahampi na paribhuñjissāmī"ti. Atha kho Bhagavā etasmiṃ nidāne etasmiṃ pakaraṇe dhammiṃ kathaṃ katvā bhikkhū āmantesi – "anujānāmi, bhikkhave, ekapalāsikaṃ upāhanaṃ. Na, bhikkhave, diguṇā upāhanā dhāretabbā. Na tiguṇā upāhanā dhāretabbā. Na guṇaṅguṇūpāhanā [gaṇaṅgaṇūpāhanā (bahūsu)] dhāretabbā. Yo dhāreyya, āpatti dukkaṭassā"ti.

Diguṇādiupāhanapaṭikkhepo niṭṭhito.

149. Sabbanīlikādipaṭikkhepo

246. Tena kho pana samayena chabbaggiyā bhikkhū sabbanīlikā upāhanāyo dhārenti...pe... sabbapītikā upāhanāyo dhārenti... sabbalohitikā upāhanāyo dhārenti... sabbamañjiṭṭhikā [sabbamañjeṭṭhikā (ka.)] upāhanāyo dhārenti ... sabbakaṇhā upāhanāyo dhārenti... sabbamahāraṅgarattā upāhanāyo dhārenti... sabbamahānāmarattā upāhanāyo dhārenti. Manussā ujjhāyanti khiyyanti vipācenti, "seyyathāpi gihī kāmabhogino"ti. Bhagavato etamatthaṃ ārocesuṃ. Na, bhikkhave, sabbanīlikā upāhanā dhāretabbā...pe... na sabbapītikā upāhanā dhāretabbā, na sabbalohitikā upāhanā dhāretabbā, na sabbamañjiṭṭhikā upāhanā dhāretabbā, na sabbakaṇhā upāhanā dhāretabbā, na sabbamahāraṅgarattā upāhanā dhāretabbā, na sabbamahānāmarattā upāhanā dhāretabbā. Yo dhāreyya, āpatti dukkaṭassāti.

Tena kho pana samayena chabbaggiyā bhikkhū nīlakavaddhikā [vaṭṭikā (sī.)] upāhanāyo dhārenti, pītakavaddhikā upāhanāyo dhārenti, lohitakavaddhikā upāhanāyo dhārenti, mañjiṭṭhikavaddhikā upāhanāyo dhārenti, kaṇhavaddhikā upāhanāyo dhārenti, mahāraṅgarattavaddhikā upāhanāyo dhārenti, mahānāmarattavaddhikā upāhanāyo dhārenti. Manussā ujjhāyanti khiyyanti vipācenti, "seyyathāpi gihī kāmabhogino"ti. Bhagavato etamatthaṃ ārocesuṃ. Na, bhikkhave, nīlakavaddhikā upāhanā dhāretabbā...pe... na pītakavaddhikā upāhanā dhāretabbā, na lohitakavaddhikā upāhanā dhāretabbā, na mañjiṭṭhikavaddhikā upāhanā dhāretabbā, na kaṇhavaddhikā upāhanā dhāretabbā, na mahāraṅgarattavaddhikā upāhanā dhāretabbā, na mahānāmarattavaddhikā upāhanā dhāretabbā. Yo dhāreyya, āpatti dukkaṭassāti.

Tena kho pana samayena chabbaggiyā bhikkhū khallakabaddhā [...bandhā (ka.)] upāhanāyo dhārenti...pe... puṭabaddhā upāhanāyo dhārenti, pāliguṇṭhimā upāhanāyo dhārenti, tūlapuṇṇikā upāhanāyo dhārenti , tittirapattikā upāhanāyo dhārenti, meṇḍavisāṇavaddhikā upāhanāyo dhārenti, ajavisāṇavaddhikā upāhanāyo dhārenti, vicchikāḷikā upāhanāyo dhārenti, morapiñcha [morapiñja (sī. syā.)] parisibbitā upāhanāyo dhārenti, citrā upāhanāyo dhārenti. Manussā ujjhāyanti khiyyanti vipācenti, "seyyathāpi gihī kāmabhogino"ti. Bhagavato etamatthaṃ ārocesuṃ. Na, bhikkhave , khallakabaddhā upāhanā dhāretabbā...pe... na puṭabaddhā upāhanā dhāretabbā, na pāliguṇṭhimā upāhanā dhāretabbā, na tūlapuṇṇikā upāhanā dhāretabbā, na tittirapattikā upāhanā dhāretabbā, na meṇḍavisāṇavaddhikā upāhanā dhāretabbā, na ajavisāṇavaddhikā upāhanā dhāretabbā, na vicchikāḷikā upāhanā dhāretabbā, na morapiñchaparisibbitā upāhanā dhāretabbā, na citrā upāhanā dhāretabbā. Yo dhāreyya, āpatti dukkaṭassāti.

Tena kho pana samayena chabbaggiyā bhikkhū sīhacammaparikkhaṭā upāhanāyo dhārenti...pe... byagghacammaparikkhaṭā upāhanāyo dhārenti, dīpicammaparikkhaṭā upāhanāyo dhārenti, ajinacammaparikkhaṭā upāhanāyo dhārenti, uddacammaparikkhaṭā upāhanāyo dhārenti, majjāracammaparikkhaṭā upāhanāyo dhārenti, kāḷakacammaparikkhaṭā upāhanāyo dhārenti, luvakacammaparikkhaṭā [ulūkacammaparikkhaṭā (yojanā)] upāhanāyo dhārenti. Manussā ujjhāyanti khiyyanti vipācenti, "seyyathāpi gihī kāmabhogino"ti. Bhagavato etamatthaṃ ārocesuṃ. Na, bhikkhave, sīhacammaparikkhaṭā upāhanā dhāretabbā...pe... na byagghacammaparikkhaṭā upāhanā dhāretabbā, na dīpicammaparikkhaṭā upāhanā dhāretabbā, na ajinacammaparikkhaṭā upāhanā dhāretabbā, na uddacammaparikkhaṭā upāhanā dhāretabbā, na majjāracammaparikkhaṭā upāhanā dhāretabbā, na kāḷakacammaparikkhaṭā upāhanā dhāretabbā, na luvakacammaparikkhaṭā upāhanā dhāretabbā. Yo dhāreyya, āpatti dukkaṭassāti.

Sabbanīlikādipaṭikkhepo niṭṭhito.

150. Omukkaguṇaṅguṇūpāhanānujānanā

247. Atha kho Bhagavā pubbaṇhasamayaṃ nivāsetvā pattacīvaramādāya rājagahaṃ piṇḍāya pāvisi, aññatarena bhikkhunā pacchāsamaṇena. Atha kho so bhikkhu khañjamāno bhagavantaṃ piṭṭhito piṭṭhito anubandhi. Addasā kho aññataro upāsako guṇaṅguṇūpāhanā ārohitvā bhagavantaṃ dūratova āgacchantaṃ; disvā upāhanā ārohitvā yena Bhagavā tenupasaṅkami; upasaṅkamitvā bhagavantaṃ abhivādetvā yena so bhikkhu tenupasaṅkami; upasaṅkamitvā taṃ bhikkhuṃ abhivādetvā etadavoca – "kissa, bhante, ayyo khañjatī"ti ? "Pādā me, āvuso, phalitā"ti [phālitāti (ka.)]. "Handa, bhante, upāhanāyo"ti. "Alaṃ , āvuso, paṭikkhittā bhagavatā guṇaṅguṇūpāhanā"ti. "Gaṇhāhetā, bhikkhu, upāhanāyo"ti. Atha kho Bhagavā etasmiṃ nidāne etasmiṃ pakaraṇe dhammiṃ kathaṃ katvā bhikkhū āmantesi – "anujānāmi, bhikkhave, omukkaṃ guṇaṅguṇūpāhanaṃ. Na, bhikkhave, navā guṇaṅguṇūpāhanā dhāretabbā. Yo dhāreyya, āpatti dukkaṭassā"ti.

Omukkaguṇaṅguṇūpāhanānujānanā niṭṭhitā.

151. Ajjhārāme upāhanapaṭikkhepo

248. Tena kho pana samayena Bhagavā ajjhokāse anupāhano caṅkamati. Satthā anupāhano caṅkamatīti, therāpi bhikkhū anupāhanā caṅkamanti. Chabbaggiyā bhikkhū, satthari anupāhane caṅkamamāne, theresupi bhikkhūsu anupāhanesu caṅkamamānesu, saupāhanā caṅkamanti. Ye te bhikkhū appicchā...pe... te ujjhāyanti khiyyanti vipācenti – "kathañhi nāma chabbaggiyā bhikkhū, satthari anupāhane caṅkamamāne, theresupi bhikkhūsu anupāhanesu caṅkamamānesu, saupāhanā caṅkamissantī"ti. Atha kho te bhikkhū bhagavato etamatthaṃ ārocesuṃ...pe... "saccaṃ kira, bhikkhave, chabbaggiyā bhikkhū, satthari anupāhane caṅkamamāne, theresupi bhikkhūsu anupāhanesu

caṅkamamānesu, saupāhanā caṅkamantī''ti? ''Saccaṃ, Bhagavā''ti. Vigarahi buddho Bhagavā...pe... ''kathañhi nāma te, bhikkhave, moghapurisā, satthari anupāhane caṅkamamāne, theresupi bhikkhūsu anupāhanesu caṅkamamānesu, saupāhanā caṅkamissanti. Ime hi nāma, bhikkhave, gihī odātavatthavasanakā abhijīvanikassa sippassa kāraṇā ācariyesu sagāravā sappatissā sabhāgavuttikā viharissanti. Idha kho taṃ, bhikkhave, sobhetha, yaṃ tumhe evaṃ svākkhāte dhammavinaye pabbajitā samānā ācariyesu ācariyamattesu upajjhāyesu upajjhāyamattesu agāravā appatissā asabhāgavuttikā [sagāravā saggatissā sabhāgavuttikā (ka.)] vihareyyātha. Netaṃ, bhikkhave, appasannānaṃ vā pasādāya...pe... vigarahitvā...pe... dhammiṃ kathaṃ katvā bhikkhū āmantesi – ''na, bhikkhave, ācariyesu ācariyamattesu upajjhāyesu upajjhāyamattesu anupāhanesu caṅkamamānesu saupāhanena caṅkamitabbaṃ. Yo caṅkameyya, āpatti dukkaṭassa . Na ca, bhikkhave, ajjhārāme upāhanā dhāretabbā. Yo dhāreyya, āpatti dukkaṭassā''ti.

249. Tena kho pana samayena aññatarassa bhikkhuno pādakhilābādho hoti. Taṃ bhikkhū pariggahetvā uccārampi passāvampi nikkhāmenti. Addasā kho Bhagavā senāsanacārikaṃ āhiṇḍanto te bhikkhū taṃ bhikkhuṃ pariggahetvā uccārampi passāvampi nikkhāmente, disvāna yena te bhikkhū tenupasaṅkami, upasaṅkamitvā te bhikkhū etadavoca – ''kiṃ imassa, bhikkhave, bhikkhuno ābādho''ti? ''Imassa, bhante, āyasmato pādakhilābādho; imaṃ mayaṃ pariggahetvā uccārampi passāvampi nikkhāmemā''ti. Atha kho Bhagavā etasmiṃ nidāne etasmiṃ pakaraṇe dhammiṃ kathaṃ katvā bhikkhū āmantesi – ''anujānāmi, bhikkhave, yassa pādā vā dukkhā, pādā vā phalitā, pādakhilo vā ābādho [pādakhilābādho vā (syā.)] upāhanaṃ dhāretu''nti.

Tena kho pana samayena bhikkhū adhotehi pādehi mañcampi pīṭhampi abhiruhanti; cīvarampi senāsanampi dussati. Bhagavato etamatthaṃ ārocesuṃ. Anujānāmi, bhikkhave, 'idāni mañcaṃ vā pīṭhaṃ vā abhiruhissāmī''ti upāhanaṃ dhāretunti.

Tena kho pana samayena bhikkhū rattiyā uposathaggampi sannisajjampi gacchantā andhakāre khāṇumpi kaṇṭakampi akkamanti; pādā dukkhā honti. Bhagavato etamatthaṃ ārocesuṃ. Anujānāmi, bhikkhave, ajjhārāme upāhanaṃ dhāretuṃ, ukkaṃ, padīpaṃ, kattaradaṇḍanti.

Ajjhārāme upāhanapaṭikkhepo niṭṭhito.

152. Kaṭṭhapādukādipaṭikkhepo

250. Tena kho pana samayena chabbaggiyā bhikkhū rattiyā paccūsasamayaṃ paccuṭṭhāya kaṭṭhapādukāyo abhiruhitvā ajjhokāse caṅkamanti, uccāsaddā mahāsaddā khaṭakhaṭasaddā, anekavihitaṃ tiracchānakathaṃ kathentā, seyyathidaṃ [imā tiracchānakathāyo pāci. 508; dī. ni. 1.7; ma. ni. 2.223; saṃ. ni. 5.1080; a. ni. 10.69 ādayo] – rājakathaṃ, corakathaṃ, mahāmattakathaṃ, senākathaṃ, bhayakathaṃ, yuddhakathaṃ, annakathaṃ, pānakathaṃ, vatthakathaṃ, sayanakathaṃ, mālākathaṃ, gandhakathaṃ, ñātikathaṃ, yānakathaṃ, gāmakathaṃ, nigamakathaṃ, nagarakathaṃ, janapadakathaṃ, itthikathaṃ [itthikathaṃ purisakathaṃ (ka.)], sūrakathaṃ, visikhākathaṃ, kumbhaṭṭhānakathaṃ , pubbapetakathaṃ, nānattakathaṃ, lokakkhāyikaṃ, samuddakkhāyikaṃ, itibhavābhavakathaṃ iti vā; kīṭakampi akkamitvā mārenti, bhikkhūpi samādhimhā cāventi. Ye te bhikkhū appicchā...pe... te ujjhāyanti khiyyanti vipācenti – ''kathañhi nāma chabbaggiyā bhikkhū rattiyā paccūsasamayaṃ paccuṭṭhāya kaṭṭhapādukāyo abhiruhitvā ajjhokāse caṅkamissanti, uccāsaddā mahāsaddā khaṭakhaṭasaddā anekavihitaṃ tiracchānakathaṃ kathentā, seyyathidaṃ – rājakathaṃ, corakathaṃ...pe... itibhavābhavakathaṃ iti vā, kīṭakampi akkamitvā māressanti, bhikkhūpi samādhimhā cāvessantī''ti. Atha kho te bhikkhū bhagavato etamatthaṃ ārocesuṃ...pe... ''saccaṃ kira, bhikkhave, chabbaggiyā bhikkhū rattiyā paccūsasamayaṃ paccuṭṭhāya kaṭṭhapādukāyo abhiruhitvā ajjhokāse caṅkamanti, uccāsaddā mahāsaddā khaṭakhaṭasaddā, anekavihitaṃ tiracchānakathaṃ kathentā, seyyathidaṃ, – rājakathaṃ, corakathaṃ...pe... itibhavābhavakathaṃ iti vā, kīṭakampi akkamitvā mārenti, bhikkhūpi samādhimhā cāventī''ti? ''Saccaṃ, Bhagavā''ti...pe... vigarahitvā dhammiṃ kathaṃ katvā bhikkhū āmantesi – ''na, bhikkhave, kaṭṭhapādukā dhāretabbā. Yo dhāreyya, āpatti dukkaṭassā''ti.

Atha kho Bhagavā rājagahe yathābhirantaṃ viharitvā yena bārāṇasī tena cārikaṃ pakkāmi. Anupubbena cārikaṃ caramāno yena bārāṇasī tadavasari. Tatra sudaṃ Bhagavā bārāṇasiyaṃ viharati isipatane migadāye. Tena kho pana samayena chabbaggiyā bhikkhū – bhagavatā kaṭṭhapādukā paṭikkhittāti – tālataruṇe chedāpetvā tālapattapādukāyo dhārenti; tāni tālataruṇāni chinnāni milāyanti. Manussā ujjhāyanti khiyyanti vipācenti – ''kathañhi nāma samaṇā sakyaputtiyātālataruṇe chedāpetvā tālapattapādukāyo dhāressanti; tāni tālataruṇāni chinnāni milāyanti; ekindriyaṃ samaṇā sakyaputtiyā jīvaṃ viheṭhentī''ti. Assosuṃ kho bhikkhū tesaṃ manussānaṃ ujjhāyantānaṃ khiyyantānaṃ vipācentānaṃ. Atha kho te bhikkhū bhagavato etamatthaṃ ārocesuṃ...pe... ''saccaṃ kira, bhikkhave, chabbaggiyā bhikkhū tālataruṇe chedāpetvā tālapattapādukāyo dhārenti; tāni tālataruṇāni chinnāni milāyantī''ti? Saccaṃ Bhagavāti. Vigarahi buddho Bhagavā...pe... kathañhi nāma te, bhikkhave, moghapurisā tālataruṇe chedāpetvā tālapattapādukāyo dhāressanti; tāni tālataruṇāni chinnāni milāyanti. Jīvasaññino hi, bhikkhave, manussā rukkhasmiṃ. Netaṃ, bhikkhave, appasannānaṃ vā pasādāya...pe... vigarahitvā dhammiṃ kathaṃ katvā bhikkhū āmantesi – ''na, bhikkhave, tālapattapādukā dhāretabbā. Yo dhāreyya, āpatti dukkaṭassā''ti.

Tena kho pana samayena chabbaggiyā bhikkhū 'bhagavatā tālapattapādukā paṭikkhittā'ti veḷutaruṇe chedāpetvā veḷupattapādukāyo dhārenti. Tāni veḷutaruṇāni chinnāni milāyanti. Manussā ujjhāyanti khiyyanti vipācenti – "kathañhi nāma samaṇā sakyaputtiyā veḷutaruṇe chedāpetvā veḷupattapādukāyo dhāressanti. Tāni veḷutaruṇāni chinnāni milāyanti. Ekindriyaṃ samaṇā sakyaputtiyā jīvaṃ viheṭhentī"ti. Assosuṃ kho bhikkhū tesaṃ manussānaṃ ujjhāyantānaṃ khiyyantānaṃvipācentānaṃ. Atha kho te bhikkhū bhagavato etamatthaṃ ārocesuṃ...pe... jīvasaññino hi, bhikkhave, manussā rukkhasmiṃ...pe... na, bhikkhave, veḷupattapādukā dhāretabbā. Yo dhāreyya, āpatti dukkaṭassāti.

251. Atha kho Bhagavā bārāṇasiyaṃ yathābhirantaṃ viharitvā yena bhaddiyaṃ tena cārikaṃ pakkāmi. Anupubbena cārikaṃ caramāno yena bhaddiyaṃ tadavasari. Tatra sudaṃ Bhagavā bhaddiye viharati jātiyā vane. Tena kho pana samayena bhaddiyā bhikkhū anekavihitaṃ pādukamaṇḍanānuyogamanuyuttā viharanti, tiṇapādukaṃ karontipi kārāpentipi, muñjapādukaṃ karontipi kārāpentipi, pabbajapādukaṃ karontipi kārāpentipi, hintālapādukaṃ karontipi kārāpentipi, kamalapādukaṃ karontipi kārāpentipi, kambalapādukaṃ karontipi kārāpentipi, riñcanti uddesaṃ paripucchaṃ adhisīlaṃ adhicittaṃ adhipaññaṃ. Ye te bhikkhū appicchā...pe... te ujjhāyanti khiyyanti vipācenti – "kathañhi nāma bhaddiyā bhikkhū anekavihitaṃ pādukamaṇḍanānuyogamanuyuttā viharissanti, tiṇapādukaṃ karissantipi kārāpessantipi, muñjapādukaṃ karissantipi kārāpessantipi, pabbajapādukaṃ karissantipi kārāpessantipi, hintālapādukaṃ karissantipi kārāpessantipi, kamalapādukaṃ karissantipi kārāpessantipi, kambalapādukaṃ karissantipi kārāpessantipi, riñcissanti uddesaṃ paripucchaṃ adhisīlaṃ adhicittaṃ adhipañña"nti. Atha kho te bhikkhū bhagavato etamatthaṃ ārocesuṃ...pe... "saccaṃ kira, bhikkhave, bhaddiyā bhikkhū anekavihitaṃ pādukamaṇḍanānuyogamanuyuttā viharanti, tiṇapādukaṃ karontipi kārāpentipi...pe... riñcanti uddesaṃ paripucchaṃ adhisīlaṃ adhicittaṃ adhipañña"nti? "Saccaṃ, Bhagavā"ti. Vigarahi buddho Bhagavā...pe... "kathañhi nāma te, bhikkhave, moghapurisā anekavihitaṃ pādukamaṇḍanānuyogamanuyuttā viharissanti, tiṇapādukaṃ karissantipi kārāpessantipi...pe... riñcissanti uddesaṃ paripucchaṃ adhisīlaṃ adhicittaṃ adhipaññaṃ. Netaṃ, bhikkhave, appasannānaṃ vā pasādāya...pe... vigarahitvā...pe... dhammiṃ kathaṃ katvā bhikkhū āmantesi – "na, bhikkhave, tiṇapādukā dhāretabbā, na muñjapādukā dhāretabbā, na pabbajapādukā dhāretabbā, na hintālapādukā dhāretabbā, na kamalapādukā dhāretabbā , na kambalapādukā dhāretabbā, na sovaṇṇamayā pādukā dhāretabbā, na rūpiyamayā pādukā dhāretabbā, na maṇimayā pādukā dhāretabbā, na veḷuriyamayā pādukā dhāretabbā, na phalikamayā pādukā dhāretabbā, na kaṃsamayā pādukā dhāretabbā, na kācamayā pādukā dhāretabbā, na tipumayā pādukā dhāretabbā, na sīsamayā pādukā dhāretabbā, na tambalohamayā pādukā dhāretabbā. Yo dhāreyya, āpatti dukkaṭassa. Na ca, bhikkhave, kāci saṅkamaniyā pādukā dhāretabbā. Yo dhāreyya, āpatti dukkaṭassa. Anujānāmi, bhikkhave, tisso pādukā dhuvaṭṭhāniyā asaṅkamaniyāyo – vaccapādukaṃ, passāvapādukaṃ, ācamanapāduka"nti.

252. Atha kho Bhagavā bhaddiye yathābhirantaṃ viharitvā yena sāvatthi tena cārikaṃ pakkāmi. Anupubbena cārikaṃ caramāno yena sāvatthi tadavasari. Tatra sudaṃ Bhagavā sāvatthiyaṃ viharati jetavane anāthapiṇḍikassa ārāme. Tena kho pana samayena chabbaggiyā bhikkhū aciravatiyā nadiyā gāvīnaṃ tarantīnaṃ visāṇesupi gaṇhanti, kaṇṇesupi gaṇhanti, gīvāyapi gaṇhanti, cheppāpi gaṇhanti, piṭṭhimpi abhiruhanti, rattacittāpi aṅgajātaṃ chupanti, vacchatarimpi ogāhetvā mārenti. Manussā ujjhāyanti khiyyanti vipācenti – "kathañhi nāma samaṇā sakyaputtiyā gāvīnaṃ tarantīnaṃ visāṇesupi gahessanti...pe... seyyathāpi gihī kāmabhogino"ti. Assosuṃ kho bhikkhū tesaṃ manussānaṃ ujjhāyantānaṃ khiyyantānaṃ vipācentānaṃ. Atha kho te bhikkhū bhagavato etamatthaṃ ārocesuṃ...pe... saccaṃ kira, bhikkhave,...pe... saccaṃ Bhagavāti...pe... vigarahitvā...pe... dhammiṃ kathaṃ katvā bhikkhū āmantesi – "na, bhikkhave, gāvīnaṃ visāṇesu gahetabbaṃ, na kaṇṇesu gahetabbaṃ, na gīvāya gahetabbaṃ, na cheppāya gahetabbaṃ, na piṭṭhi abhiruhitabbā . Yo abhiruheyya, āpatti dukkaṭassa. Na ca, bhikkhave, rattacittena aṅgajātaṃ chupitabbaṃ. Yo chupeyya, āpatti thullaccayassa. Na vacchatarī māretabbā. Yo māreyya, yathādhammo kāretabbo"ti.

Kaṭṭhapādukādipaṭikkhepo niṭṭhito.

153. Yānādipaṭikkhepo

253. Tena kho pana samayena chabbaggiyā bhikkhū yānena yāyanti, itthiyuttenapi purisantarena, purisayuttenapi itthantarena. Manussā ujjhāyanti khiyyanti vipācenti – "seyyathāpi gaṅgāmahiyāyā"ti. Bhagavato etamatthaṃ ārocesuṃ. Na, bhikkhave, yānena yāyitabbaṃ . Yo yāyeyya, āpatti dukkaṭassāti. Tena kho pana samayena aññataro bhikkhu kosalesu janapade sāvatthiṃ gacchanto bhagavantaṃ dassanāya antarāmagge gilāno hoti. Atha kho so bhikkhu maggā okkamma aññatarasmiṃ rukkhamūle nisīdi. Manussā taṃ bhikkhuṃ disvā etadavocuṃ – "kahaṃ, bhante, ayyo gamissatī"ti? "Sāvatthiṃ kho ahaṃ, āvuso, gamissāmi bhagavantaṃ dassanāyā"ti. "Ehi, bhante, gamissāmā"ti. "Nāhaṃ, āvuso, sakkomi, gilānomhī"ti. "Ehi, bhante, yānaṃ abhiruhā"ti. "Alaṃ, āvuso, paṭikkhittaṃ bhagavatā yāna"nti kukkuccāyanto yānaṃ nābhiruhi. Atha kho so bhikkhu sāvatthiṃ gantvā bhikkhūnaṃ etamatthaṃ ārocesi. Bhikkhū bhagavato etamatthaṃ ārocesuṃ. Anujānāmi, bhikkhave,

gilānassa yānanti. Atha kho bhikkhūnaṃ etadahosi – ''itthiyuttaṃ nu kho purisayuttaṃ nu kho''ti? Bhagavato etamatthaṃ ārocesuṃ. Anujānāmi , bhikkhave, purisayuttaṃ hatthavaṭṭakanti.
Tena kho pana samayena aññatarassa bhikkhuno yānugghātena bāḷhataraṃ aphāsu ahosi. Bhagavato etamatthaṃ ārocesuṃ. Anujānāmi, bhikkhave, sivikaṃ pāṭaṅkinti.
Yānādipaṭikkhepo niṭṭhito.
154. Uccāsayanamahāsayanapaṭikkhepo
254. Tena kho pana samayena chabbaggiyā bhikkhū uccāsayanamahāsayanāni dhārenti, seyyathidaṃ – āsandiṃ, pallaṅkaṃ, gonakaṃ, cittakaṃ, paṭikaṃ, paṭalikaṃ, tūlikaṃ, vikatikaṃ, uddhalomiṃ [undalomiṃ (ka.), uddalomiṃ (ka.)], ekantalomiṃ, kaṭṭissaṃ, koseyyaṃ , kuttakaṃ, hatthattharaṃ, assattharaṃ, rathattharaṃ, ajinapaveṇiṃ, kadalimigapavarapaccattharaṇaṃ, sauttaracchadaṃ, ubhatolohitakūpadhānanti. Manussā vihāracārikaṃ āhiṇḍantā passitvā ujjhāyanti khiyyanti vipācenti – ''seyyathāpi gihī kāmabhogino''ti. Bhagavato etamatthaṃ ārocesuṃ. Na, bhikkhave, uccāsayanamahāsayanāni dhāretabbāni, seyyathidaṃ – āsandi, pallaṅko, gonako, cittako, paṭikā, paṭalikā, tūlikā, vikatikā, uddhalomi, ekantalomi, kaṭṭissaṃ, koseyyaṃ, kuttakaṃ, hatthattharaṃ, assattharaṃ, rathattharaṃ, ajinapaveṇi, kadalimigapavarapaccattharaṇaṃ, sauttaracchadaṃ, ubhatolohitakūpadhānaṃ. Yo dhāreyya, āpatti dukkaṭassāti.
Uccāsayanamahāsayanapaṭikkhepo niṭṭhito.
155. Sabbacammapaṭikkhepo
255. Tena kho pana samayena chabbaggiyā bhikkhū – bhagavatā uccāsayanamahāsayanāni paṭikkhittānīti – mahācammāni dhārenti, sīhacammaṃ byagghacammaṃ dīpicammaṃ. Tāni mañcappamāṇenapi chinnāni honti, pīṭhappamāṇenapi chinnāni honti, antopi mañce paññattāni honti, bahipi mañce paññattāni honti, antopi pīṭhe paññattāni honti, bahipi pīṭhe paññattāni honti. Manussā vihāracārikaṃ āhiṇḍantā passitvā ujjhāyanti khiyyanti vipācenti – ''seyyathāpi gihī kāmabhogino''ti. Bhagavato etamatthaṃ ārocesuṃ. Na, bhikkhave, mahācammāni dhāretabbāni, sīhacammaṃ byagghacammaṃ dīpicammaṃ. Yo dhāreyya, āpatti dukkaṭassāti.
Tena kho pana samayena chabbaggiyā bhikkhū – bhagavatā mahācammāni paṭikkhittānīti – gocammāni dhārenti. Tāni mañcappamāṇenapi chinnāni honti, pīṭhappamāṇenapi chinnāni honti, antopi mañce paññattāni honti, bahipi mañce paññattāni honti, antopi pīṭhe paññattāni honti, bahipi pīṭhe paññattāni honti. Aññataropi pāpabhikkhu aññatarassa pāpupāsakassa kulūpako hoti. Atha kho so pāpabhikkhu pubbaṇhasamayaṃ nivāsetvā pattacīvaramādāya yena tassa pāpupāsakassa nivesanaṃ tenupasaṅkami, upasaṅkamitvā paññatte āsane nisīdi. Atha kho so pāpupāsako yena so pāpabhikkhu tenupasaṅkami, upasaṅkamitvā taṃ pāpabhikkhuṃ abhivādetvā ekamantaṃ nisīdi. Tena kho pana samayena tassa pāpupāsakassa vacchako hoti taruṇako abhirūpo dassanīyo pāsādiko citro, seyyathāpi dīpicchāpo. Atha kho so pāpabhikkhu taṃ vacchakaṃ sakkaccaṃ upanijjhāyati. Atha kho so pāpupāsako taṃ pāpabhikkhuṃ etadavoca – ''kissa, bhante, ayyo imaṃ vacchakaṃ sakkaccaṃ upanijjhāyatī''ti? ''Attho me, āvuso, imassa vacchakassa cammenā''ti. Atha kho so pāpupāsako taṃ vacchakaṃ vadhitvā cammaṃ vidhunitvā tassa pāpabhikkhuno pādāsi. Atha kho so pāpabhikkhu taṃ cammaṃ saṅghāṭiyā paṭicchādetvā agamāsi. Atha kho sā gāvī vacchagiddhinī taṃ pāpabhikkhuṃ piṭṭhito piṭṭhito anubandhi. Bhikkhū evamāhaṃsu – ''kissa tyāyaṃ, āvuso, gāvī piṭṭhito piṭṭhito anubandhī''ti? ''Ahampi kho, āvuso, na jānāmi kena [kenaci (ka.)] myāyaṃ gāvī piṭṭhito piṭṭhito anubandhī''ti. Tena kho pana samayena tassa pāpabhikkhuno saṅghāṭi lohitena makkhitā hoti. Bhikkhū evamāhaṃsu – ''ayaṃ pana te, āvuso, saṅghāṭi kiṃ katā''ti? Atha kho so pāpabhikkhu bhikkhūnaṃ etamatthaṃ ārocesi. ''Kiṃ pana tvaṃ, āvuso, pāṇātipāte samādapesī''ti? ''Evamāvuso''ti. Ye te bhikkhū appicchā te ujjhāyanti khiyyanti vipācenti – ''kathañhi nāma bhikkhu pāṇātipāte samādapessati, nanu bhagavatā anekapariyāyena pāṇātipāto garahito, pāṇātipātā veramaṇī pasatthā''ti. Atha kho te bhikkhū bhagavato etamatthaṃ ārocesuṃ.
Atha kho Bhagavā etasmiṃ nidāne etasmiṃ pakaraṇe bhikkhusaṅghaṃ sannipātāpetvā taṃ pāpabhikkhuṃ paṭipucchi – ''saccaṃ kira tvaṃ, bhikkhu, pāṇātipāte samādapesī''ti? Saccaṃ Bhagavāti...pe... kathañhi nāma tvaṃ, moghapurisa, pāṇātipāte samādapessasi, nanu mayā, moghapurisa, anekapariyāyena pāṇātipāto garahito, pāṇātipātā veramaṇī pasatthā. Netaṃ, moghapurisa, appasannānaṃ vā pasādāya...pe... vigarahitvā dhammiṃ kathaṃ katvā bhikkhū āmantesi – ''na, bhikkhave, pāṇātipāte samādapetabbaṃ. Yo samādapeyya, yathādhammo kāretabbo. Na, bhikkhave, gocammaṃ dhāretabbaṃ. Yo dhāreyya, āpatti dukkaṭassa. Na ca, bhikkhave, kiñci cammaṃ dhāretabbaṃ. Yo dhāreyya, āpatti dukkaṭassā''ti.
Sabbacammapaṭikkhepo niṭṭhito.
156. Gihivikatānuññātādi
256. Tena kho pana samayena manussānaṃ mañcampi pīṭhampi cammonaddhāni honti, cammavinaddhāni. Bhikkhū kukkuccāyantā nābhinisīdanti. Bhagavato etamatthaṃ ārocesuṃ. Anujānāmi, bhikkhave, gihivikataṃ abhinisīdituṃ, na tveva abhinipajjituntі.

Tena kho pana samayena vihārā cammavaddhehi ogumphiyanti [ogumbhiyanti (ka.)]. Bhikkhū kukkuccāyantā nābhinisīdanti. Bhagavato etamatthaṃ ārocesuṃ. Anujānāmi, bhikkhave, bandhanamattaṃ abhinisīditunti.

Tena kho pana samayena chabbaggiyā bhikkhū saupāhanā gāmaṃ pavisanti. Manussā ujjhāyanti khiyyanti vipācenti – ''seyyathāpi gihī kāmabhogino''ti. Bhagavato etamatthaṃ ārocesuṃ. Na, bhikkhave, saupāhanena gāmo pavisitabbo. Yo paviseyya, āpatti dukkaṭassāti.

Tena kho pana samayena aññataro bhikkhu gilāno hoti, na sakkoti vinā upāhanena gāmaṃ pavisituṃ. Bhagavato etamatthaṃ ārocesuṃ. Anujānāmi, bhikkhave, gilānena bhikkhunā saupāhanena gāmaṃ pavisituntі.

Gihivikatānuññātādi niṭṭhitā.

157. Soṇakuṭikaṇṇavatthu

257.[udā. 46 sokasuttena saṃsanditvā passitabbaṃ] Tena kho pana samayena āyasmā mahākaccāno avantīsu viharati kuraraghare [kururaghare (ka.)] papatake[papāte (sī. syā.) pavatthe (udā. 46)] pabbate. Tena kho pana samayena soṇo upāsako kuṭikaṇṇo āyasmato mahākaccānassa upaṭṭhāko hoti. Atha kho soṇo upāsako kuṭikaṇṇo yenāyasmā mahākaccāno tenupasaṅkami, upasaṅkamitvā āyasmantaṃ mahākaccānaṃ abhivādetvā ekamantaṃ nisīdi. Ekamantaṃ nisinno kho soṇo upāsako kuṭikaṇṇo āyasmantaṃ mahākaccānaṃ etadavoca – ''yathā yathāhaṃ, bhante, ayyena mahākaccānena dhammaṃ desitaṃ ājānāmi, nayidaṃ sukaraṃ agāraṃ ajjhāvasatā ekantaparipuṇṇaṃ ekantaparisuddhaṃ saṅkhalikhitaṃ brahmacariyaṃ carituṃ. Icchāmahaṃ, bhante, kesamassuṃ ohāretvā kāsāyāni vatthāni acchādetvā agārasmā anagāriyaṃ pabbajituṃ. Pabbājetu maṃ, bhante, ayyo mahākaccāno''ti. ( ) [(evaṃ vutte āyasmā mahākaccāyano soṇaṃ upāsakaṃ kuṭikaṇṇaṃ etadavoca) (syā. udā. 46)] ''Dukkaraṃ kho, soṇa, yāvajīvaṃ ekaseyyaṃ ekabhattaṃ brahmacariyaṃ carituṃ. Iṅgha, tvaṃ, soṇa, tattheva agārikabhūto buddhānaṃ sāsanaṃ anuyuñja, kālayuttaṃ ekaseyyaṃ ekabhattaṃ brahmacariya''nti. Atha kho soṇassa upāsakassa kuṭikaṇṇassa yo ahosi pabbajjābhisaṅkhāro so paṭippassambhi. Dutiyampi kho soṇo upāsako kuṭikaṇṇo...pe... tatiyampi kho soṇo upāsako kuṭikaṇṇo yenāyasmā mahākaccāno tenupasaṅkami, upasaṅkamitvā āyasmantaṃ mahākaccānaṃ abhivādetvā ekamantaṃ nisīdi. Ekamantaṃ nisinno kho soṇo upāsako kuṭikaṇṇo āyasmantaṃ mahākaccānaṃ etadavoca – ''yathā yathāhaṃ, bhante, ayyena mahākaccānena dhammaṃ desitaṃ ājānāmi, nayidaṃ sukaraṃ agāraṃ ajjhāvasatā ekantaparipuṇṇaṃ ekantaparisuddhaṃ saṅkhalikhitaṃ brahmacariyaṃ carituṃ. Icchāmahaṃ, bhante, kesamassuṃ ohāretvā kāsāyāni vatthāni acchādetvā agārasmā anagāriyaṃ pabbajituṃ. Pabbājetu maṃ, bhante, ayyo mahākaccāno''ti. Atha kho āyasmā mahākaccāno soṇaṃ upāsakaṃ kuṭikaṇṇaṃ pabbājesi. Tena kho pana samayena avantidakkhiṇāpatho appabhikkhuko hoti. Atha kho āyasmā mahākaccāno tiṇṇaṃ vassānaṃ accayena kicchena kasirena tato tato dasavaggaṃ bhikkhusaṅghaṃ sannipātāpetvā āyasmantaṃ soṇaṃ upasampādesi.

Soṇakuṭikaṇṇavatthu niṭṭhitaṃ.

158. Mahākaccānassa pañcavaraparidassanā

Atha kho āyasmato soṇassa vassaṃvuṭṭhassa rahogatassa paṭisallīnassa evaṃ cetaso parivitakko udapādi – ''sutoyeva kho me so Bhagavā ediso ca ediso cāti, na ca mayā sammukhā diṭṭho, gaccheyyāhaṃ taṃ bhagavantaṃ dassanāya arahantaṃ sammāsambuddhaṃ, sace maṃ upajjhāyo anujāneyyā''ti. Atha kho āyasmā soṇo sāyanhasamayaṃ paṭisallānā vuṭṭhito yenāyasmā mahākaccāno tenupasaṅkami, upasaṅkamitvā āyasmantaṃ mahākaccānaṃ abhivādetvā ekamantaṃ nisīdi. Ekamantaṃ nisinno kho āyasmā soṇo āyasmantaṃ mahākaccānaṃ etadavoca – ''idha mayhaṃ, bhante, rahogatassa paṭisallīnassa evaṃ cetaso parivitakko udapādi – 'suto yeva kho me so Bhagavā ediso ca ediso cāti, na ca mayā sammukhā diṭṭho, gaccheyyāhaṃ taṃ bhagavantaṃ dassanāya arahantaṃ sammāsambuddhaṃ, sace maṃ upajjhāyo anujāneyyā'ti; gaccheyyāhaṃ, bhante, taṃ bhagavantaṃ dassanāya arahantaṃ sammāsambuddhaṃ, sace maṃ upajjhāyo anujānātī''ti. ''Sādhu sādhu, soṇa. Gaccha tvaṃ, soṇa, taṃ bhagavantaṃ dassanāya arahantaṃ sammāsambuddhaṃ. Dakkhissasi tvaṃ, soṇa, taṃ bhagavantaṃ pāsādikaṃ pasādanīyaṃ santindriyaṃ santamānasaṃ uttamadamathasamathaṃ amanuppattaṃ dantaṃ guttaṃ yatindriyaṃ nāgaṃ. Tena hi tvaṃ, soṇa, mama vacanena bhagavato pāde sirasā vanda – 'upajjhāyo me, bhante, āyasmā mahākaccāno bhagavato pāde sirasā vandatī''ti. Evañca vadehi – ''avantidakkhiṇāpatho, bhante, appabhikkhuko, tiṇṇaṃ me vassānaṃ accayena kicchena kasirena tato tato dasavaggaṃ bhikkhusaṅghaṃ sannipātāpetvā upasampadaṃ alatthaṃ; appeva nāma Bhagavā avantidakkhiṇāpathe appatarena gaṇena upasampadaṃ anujāneyya. Avantidakkhiṇāpathe, bhante, kaṇhuttarā bhūmi kharā gokaṇṭakahatā; appeva nāma Bhagavā avantidakkhiṇāpathe guṇaṅguṇūpāhanaṃ anujāneyya. Avantidakkhiṇāpathe, bhante, nahānagarukā manussā udakasuddhikā; appeva nāma Bhagavā avantidakkhiṇāpathe dhuvanahānaṃ anujāneyya. Avantidakkhiṇāpathe, bhante, cammāni attharaṇāni, eḷakacammaṃ ajacammaṃ migacammaṃ. Seyyathāpi, bhante, majjhimesu janapadesu eragū moragū majjārū [majjhārū (ka.)] jantū, evameva kho, bhante, avantidakkhiṇāpathe cammāni attharaṇāni, eḷakacammaṃ ajacammaṃ migacammaṃ; appeva nāma Bhagavā avantidakkhiṇāpathe cammāni attharaṇāni anujāneyya, eḷakacammaṃ ajacammaṃ migacammaṃ. Etarahi, bhante, manussā nissīmagatānaṃ bhikkhūnaṃ cīvaraṃ denti – 'imaṃ cīvaraṃ itthannāmassa demā''ti. Te āgantvā ārocenti – 'itthannāmehi te, āvuso, manussehi cīvaraṃ dinna'nti te kukkuccāyantā na sādiyanti – 'mā no nissaggiyaṃ ahosī'ti; appeva nāma Bhagavā cīvare pariyāyaṃ ācikkheyyā''ti. ''Evaṃ, bhante''ti kho āyasmā soṇo āyasmato mahākaccānassa paṭissutvā uṭṭhāyāsanā āyasmantaṃ mahākaccānaṃ abhivādetvā padakkhiṇaṃ katvā senāsanaṃ saṃsāmetvā pattacīvaramādāya yena sāvatthi tena pakkāmi. Anupubbena yena sāvatthi jetavanaṃ anāthapiṇḍikassa ārāmo yena Bhagavā tenupasaṅkami, upasaṅkamitvā bhagavantaṃ abhivādetvā ekamantaṃ nisīdi. Atha kho Bhagavā āyasmantaṃ ānandaṃ āmantesi – ''imassa, ānanda, āgantukassa bhikkhuno senāsanaṃ paññāpehī''ti. Atha kho āyasmā ānando – ''yassa kho maṃ Bhagavā āṇāpeti, 'imassa, ānanda, āgantukassa bhikkhuno senāsanaṃ paññāpehī'ti, icchati Bhagavā tena bhikkhunā saddhiṃ ekavihāre vatthuṃ, icchati Bhagavā āyasmatā soṇena saddhiṃ ekavihāre vatthu''nti – yasmiṃ vihāre Bhagavā viharati tasmiṃ vihāre āyasmato soṇassa senāsanaṃ paññāpesi.

258. Atha kho Bhagavā bahudeva rattiṃ ajjhokāse vītināmetvā vihāraṃ pāvisi. Āyasmāpi kho soṇo bahudeva rattiṃ ajjhokāse vītināmetvā vihāraṃ pāvisi. Atha kho Bhagavā rattiyā paccūsasamayaṃ paccuṭṭhāya āyasmantaṃ soṇaṃ ajjhesi – ''paṭibhātu taṃ, bhikkhu, dhammo bhāsitu''nti. ''Evaṃ, bhante''ti kho āyasmā soṇo bhagavato paṭissuṇitvā sabbāneva aṭṭhakavaggikāni sarena abhāsi. Atha kho Bhagavā āyasmato soṇassa sarabhaññapariyosāne abbhānumodi – ''sādhu, sādhu, bhikkhu. Suggahitāni kho te, bhikkhu, aṭṭhakavaggikāni , sumanasikatāni sūpadhāritāni. Kalyāṇiyāpi vācāya samannāgato, vissaṭṭhāya, anelagalāya [aneḷagalāya (ka.)], atthassa viññāpaniyā. Kativassosi tvaṃ, bhikkhū''ti? ''Ekavassohaṃ, Bhagavā''ti. ''Kissa pana tvaṃ, bhikkhu, evaṃ ciraṃ akāsī''ti? ''Ciraṃ diṭṭho me, bhante, kāmesu ādīnavo, api ca sambādhā gharāvāsā bahukiccā bahukaraṇīyā''ti. Atha kho Bhagavā etamatthaṃ viditvā tāyaṃ velāyaṃ imaṃ udānaṃ udānesi –

[udā. 46 udānepi] ''Disvā ādīnavaṃ loke, ñatvā dhammaṃ nirūpadhiṃ;
Ariyo na ramatī pāpe, pāpe na ramatī sucī''ti.

Atha kho āyasmā soṇo – paṭisammodati kho maṃ Bhagavā, ayaṃ khvassa kālo yaṃ me upajjhāyo paridassīti – uṭṭhāyāsanā ekaṃsaṃ uttarāsaṅgaṃ karitvā bhagavato pādesu sirasā nipatitvā bhagavantaṃ etadavoca – ''upajjhāyo me, bhante, āyasmā mahākaccāno bhagavato pāde sirasā vandati, evañca vadeti avantidakkhiṇāpatho, bhante, appabhikkhuko. Tiṇṇaṃ me vassānaṃ accayena kicchena kasirena tato tato dasavaggaṃ bhikkhusaṅghaṃ sannipātāpetvā upasampadaṃ alatthaṃ, appeva nāma Bhagavā avantidakkhiṇāpathe appatarena gaṇena upasampadaṃ anujāneyya. Avantidakkhiṇāpathe, bhante, kaṇhuttarā bhūmi kharā gokaṇṭakahatā; appeva nāma Bhagavā avantidakkhiṇāpathe guṇaṅguṇūpāhanaṃ anujāneyya. Avantidakkhiṇāpathe, bhante, nahānagarukā manussā udakasuddhikā, appeva nāma Bhagavā avantidakkhiṇāpathe dhuvanahānaṃ anujāneyya. Avantidakkhiṇāpathe, bhante, cammāni attharaṇāni, eḷakacammaṃ ajacammaṃ migacammaṃ. Seyyathāpi, bhante, majjhimesu janapadesu eragū moragū majjārū jantū , evameva kho, bhante, avantidakkhiṇāpathe cammāni attharaṇāni, eḷakacammaṃ ajacammaṃ migacammaṃ; appeva nāma Bhagavā avantidakkhiṇāpathe cammāni attharaṇāni anujāneyya, eḷakacammaṃ ajacammaṃ migacammaṃ. Etarahi, bhante, manussā nissīmagatānaṃ bhikkhūnaṃ cīvaraṃ denti – 'imaṃ cīvaraṃ itthannāmassa demā'ti. Te āgantvā ārocenti – 'itthannāmehi te, āvuso, manussehi cīvaraṃ dinna'nti. Te kukkuccāyantā na sādiyanti – 'mā no nissaggiyaṃ ahosī'ti; appeva nāma Bhagavā cīvare pariyāyaṃ ācikkheyyā''ti.

259. Atha kho Bhagavā etasmiṃ nidāne etasmiṃ pakaraṇe dhammiṃ kathaṃ katvā bhikkhū āmantesi – ''avantidakkhiṇāpatho, bhikkhave, appabhikkhuko. Anujānāmi, bhikkhave, sabbapaccantimesu janapadesu vinayadharapañcamena gaṇena upasampadaṃ. Tatrime paccantimā janapadā – puratthimāya disāya gajaṅgalaṃ [kajaṅgalaṃ (sī. syā.)] nāma nigamo, tassa parena mahāsālā, tato parā paccantimā janapadā, orato majjhe; puratthimadakkhiṇāya disāya sallavatī[salalavatī (sī.)] nāma nadī, tato parā paccantimā janapadā, orato majjhe; dakkhiṇāya disāya setakaṇṇikaṃ nāma nigamo, tato parā paccantimā janapadā, orato majjhe; pacchimāya disāya thūṇaṃ nāma brāhmaṇagāmo, tato parā paccantimā janapadā, orato majjhe; uttarāya disāya usīraddhajo nāma pabbato, tato parā paccantimā janapadā, orato majjhe . Anujānāmi, bhikkhave, evarūpesu paccantimesu janapadesu vinayadharapañcamena gaṇena upasampadaṃ. Avantidakkhiṇāpathe, bhikkhave, kaṇhuttarā bhūmi kharā gokaṇṭakahatā. Anujānāmi, bhikkhave, sabbapaccantimesu janapadesu guṇaṅguṇūpāhanaṃ. Avantidakkhiṇāpathe, bhikkhave, nahānagarukā manussā udakasuddhikā. Anujānāmi, bhikkhave, sabbapaccantimesu janapadesu dhuvanahānaṃ. Avantidakkhiṇāpathe, bhikkhave, cammāni attharaṇāni, eḷakacammaṃ ajacammaṃ migacammaṃ. Seyyathāpi, bhikkhave, majjhimesu janapadesu eragū moragū majjārū jantū, evameva kho, bhikkhave, avantidakkhiṇāpathe cammāni attharaṇāni, eḷakacammaṃ ajacammaṃ migacammaṃ. Anujānāmi, bhikkhave, sabbapaccantimesu janapadesu cammāni attharaṇāni, eḷakacammaṃ ajacammaṃ migacammaṃ. Idha pana, bhikkhave, manussā nissīmagatānaṃ bhikkhūnaṃ cīvaraṃ denti – 'imaṃ cīvaraṃ itthannāmassa demā'ti. Anujānāmi, bhikkhave, sādituṃ, na tāva taṃ gaṇanūpagaṃ yāva na hatthaṃ gacchatī''ti.

Mahākaccānassa pañcavaraparidassanā niṭṭhitā.

Cammakkhandhako pañcamo.
159. Tassuddānaṃ
Rājā ca māgadho soṇo, asītisahassissaro;
Sāgato gijjhakūṭasmiṃ, bahuṃ dasseti uttariṃ.
Pabbajjāraddhabhijjiṃsu , vīṇaṃ ekapalāsikaṃ;
Nīlā pītā lohitikā, mañjiṭṭhā kaṇhameva ca.
Mahāraṅgamahānāmā, vaddhikā ca paṭikkhipi;
Khallakā puṭapāli ca, tūlatittirameṇḍajā.
Vicchikā moracitrā ca, sīhabyagghā ca dīpikā;
Ajinuddā majjārī ca, kāḷaluvakaparikkhaṭā.
Phalitupāhanā khilā, dhotakhāṇukhaṭakhaṭā;
Tālaveḷutiṇaṃ ceva, muñjapabbajahintālā.
Kamalakambalasovaṇṇā , rūpikā maṇiveḷuriyā;
Phalikā kaṃsakācā ca, tipusīsañca tambakā.
Gāvī yānaṃ gilāno ca, purisāyuttasivikā;
Sayanāni mahācammā, gocammehi ca pāpako.
Gihīnaṃ cammavaddhehi, pavisanti gilāyano;
Mahākaccāyano soṇo, sarena aṭṭhakavaggikaṃ.
Upasampadaṃ pañcahi, guṇaṅguṇā dhuvasinā;
Cammattharaṇānuññāsi, na tāva gaṇanūpagaṃ;
Adāsi me vare pañca, soṇattherassa nāyakoti.
Imamhi khandhake vatthūni tesaṭṭhi.
Cammakkhandhako niṭṭhito.

6. Bhesajjakkhandhako

160. Pañcabhesajjakathā

260. Tena samayena buddho Bhagavā sāvatthiyaṃ viharati jetavane anāthapiṇḍikassa ārāme. Tena kho pana samayena bhikkhūnaṃ sāradikena ābādhena phuṭṭhānaṃ yāgupi pītā uggacchati, bhattampi bhuttaṃ uggacchati. Te tena kisā honti, lūkhā, dubbaṇṇā, uppaṇḍuppaṇḍukajātā, dhamanisanthatagattā. Addasā kho Bhagavā te bhikkhū kise lūkhe dubbaṇṇe uppaṇḍuppaṇḍukajāte dhamanisanthatagatte, disvāna āyasmantaṃ ānandaṃ āmantesi – ''kiṃ nu kho, ānanda, etarahi bhikkhū kisā, lūkhā, dubbaṇṇā, uppaṇḍuppaṇḍukajātā, dhamanisanthatagattā''ti? ''Etarahi, bhante, bhikkhūnaṃ sāradikena ābādhena phuṭṭhānaṃ yāgupi pītā uggacchati, bhattampi bhuttaṃ uggacchati. Te tena kisā honti, lūkhā, dubbaṇṇā, uppaṇḍuppaṇḍukajātā, dhamanisanthatagattā''ti. Atha kho bhagavato rahogatassa paṭisallīnassa evaṃ cetaso parivitakko udapādi – ''etarahi kho bhikkhūnaṃ sāradikena ābādhena phuṭṭhānaṃ yāgupi pītā uggacchati, bhattampi bhuttaṃ uggacchati. Te tena kisā honti, lūkhā, dubbaṇṇā, uppaṇḍuppaṇḍukajātā, dhamanisanthatagattā. Kiṃ nu kho ahaṃ bhikkhūnaṃ bhesajjaṃ anujāneyyaṃ, yaṃ bhesajjañceva assa bhesajjasammatañca lokassa, āhāratthañca phareyya, na ca oḷāriko āhāro paññāyeyyā''ti? Atha kho bhagavato etadahosi – ''imāni kho pañca bhesajjāni, seyyathidaṃ – sappi, navanītaṃ, telaṃ, madhu, phāṇitaṃ; bhesajjāni ceva bhesajjasammatāni ca lokassa, āhāratthañca pharanti, na ca oḷāriko āhāro paññāyati. Yaṃnūnāhaṃ bhikkhūnaṃ imāni pañca bhesajjāni anujāneyyaṃ, kāle paṭiggahetvā kāle paribhuñjitu''nti. Atha kho Bhagavā sāyanhasamayaṃ paṭisallānā vuṭṭhito etasmiṃ nidāne etasmiṃ pakaraṇe dhammiṃ kathaṃ katvā bhikkhū āmantesi – ''idha mayhaṃ, bhikkhave, rahogatassa paṭisallīnassa evaṃ cetaso parivitakko udapādi – 'etarahi kho bhikkhūnaṃ sāradikena ābādhena phuṭṭhānaṃ yāgupi pītā uggacchati, bhattampi bhuttaṃ uggacchati. Te tena kisā honti, lūkhā, dubbaṇṇā, uppaṇḍuppaṇḍukajātā, dhamanisanthatagattā. Kiṃ nu kho ahaṃ bhikkhūnaṃ bhesajjaṃ anujāneyyaṃ, yaṃ bhesajjañceva assa bhesajjasammatañca lokassa, āhāratthañca phareyya, na ca oḷāriko āhāro paññāyeyyā'ti. Tassa mayhaṃ, bhikkhave, etadahosi 'imāni kho pañca bhesajjāni , seyyathidaṃ – sappi, navanītaṃ, telaṃ, madhu, phāṇitaṃ; bhesajjāni ceva bhesajjasammatāni ca lokassa, āhāratthañca pharanti, na ca oḷāriko āhāro paññāyati. Yaṃnūnāhaṃ bhikkhūnaṃ imāni pañca bhesajjāni anujāneyyaṃ, kāle paṭiggahetvā kāle paribhuñjitu'nti. Anujānāmi, bhikkhave, tāni pañca bhesajjāni kāle paṭiggahetvā kāle paribhuñjitu''nti.

261. Tena kho pana samayena bhikkhū tāni pañca bhesajjāni kāle paṭiggahetvā kāle paribhuñjanti. Tesaṃ yānipi tāni pākatikāni lūkhāni bhojanāni tānipi nacchādenti, pageva senesitāni [senesikāni (sī. syā.), senehikāni (yojanā)]. Te tena ceva sāradikena ābādhena phuṭṭhā, iminā ca bhattācchādakena[bhattācchannakena (ka.)], tadubhayena bhiyyosomattāya kisā honti, lūkhā, dubbaṇṇā, uppaṇḍuppaṇḍukajātā, dhamanisanthatagattā. Addasā kho Bhagavā te bhikkhū bhiyyosomattāya kise lūkhe dubbaṇṇe uppaṇḍuppaṇḍukajāte dhamanisanthatagatte, disvāna āyasmantaṃ ānandaṃ āmantesi – ''kiṃ nu kho, ānanda, etarahi bhikkhū bhiyyosomattāya kisā, lūkhā, dubbaṇṇā, uppaṇḍuppaṇḍukajātā, dhamanisanthatagattā''ti? ''Etarahi, bhante, bhikkhū tāni ca pañca bhesajjāni kāle paṭiggahetvā kāle paribhuñjanti. Tesaṃ yānipi tāni pākatikāni lūkhāni bhojanāni tānipi nacchādenti, pageva senesikāni. Te

tena ceva sāradikena ābādhena phuṭṭhā, iminā ca bhattācchādakena, tadubhayena bhiyyosomattāya kisā, lūkhā, dubbaṇṇā, uppaṇḍuppaṇḍukajātā, dhamanisanthatagattā''ti. Atha kho Bhagavā etasmiṃ nidāne etasmiṃ pakaraṇe dhammiṃ kathaṃ katvā bhikkhū āmantesi – ''anujānāmi, bhikkhave, tāni pañca bhesajjāni paṭiggahetvā kālepi vikālepi paribhuñjitu''nti.

262. Tena kho pana samayena gilānānaṃ bhikkhūnaṃ vasehi bhesajjehi attho hoti. Bhagavato etamatthaṃ ārocesuṃ. Anujānāmi, bhikkhave, vasāni bhesajjāni – acchavasaṃ, macchavasaṃ, susukāvasaṃ , sūkaravasaṃ, gadrabhavasaṃ – kāle paṭiggahitaṃ kāle nippakkaṃ [nipakkaṃ (ka.)] kāle saṃsaṭṭhaṃ telaparibhogena paribhuñjituṃ. Vikāle ce, bhikkhave, paṭiggahitaṃ vikāle nippakkaṃ vikāle saṃsaṭṭhaṃ, taṃ ce paribhuñjeyya, āpatti tiṇṇaṃ dukkaṭānaṃ. Kāle ce, bhikkhave, paṭiggahitaṃ vikāle nippakkaṃ vikāle saṃsaṭṭhaṃ, taṃ ce paribhuñjeyya, āpatti dvinnaṃ dukkaṭānaṃ. Kāle ce, bhikkhave, paṭiggahitaṃkāle nippakkaṃ vikāle saṃsaṭṭhaṃ, taṃ ce paribhuñjeyya, āpatti dukkaṭassa. Kāle ce, bhikkhave, paṭiggahitaṃ kāle nippakkaṃ kāle saṃsaṭṭhaṃ, taṃ ce paribhuñjeyya, anāpattīti.

Pañcabhesajjakathā niṭṭhitā.

161. Mūlādibhesajjakathā

263. Tena kho pana samayena gilānānaṃ bhikkhūnaṃ mūlehi bhesajjehi attho hoti. Bhagavato etamatthaṃ ārocesuṃ. Anujānāmi , bhikkhave, mūlāni bhesajjāni – haliddiṃ, siṅgiveraṃ, vacaṃ, vacatthaṃ [vacatthaṃ (sī. syā.)], ativisaṃ, kaṭukarohiṇiṃ, usīraṃ, bhaddamuttakaṃ, yāni vā panaññānipi atthi mūlāni bhesajjāni, neva khādanīye khādanīyatthaṃ pharanti, na bhojanīye bhojanīyatthaṃ pharanti, tāni – paṭiggahetvā yāvajīvaṃ pariharituṃ; sati paccaye paribhuñjituṃ. Asati paccaye paribhuñjantassa āpatti dukkaṭassāti.

Tena kho pana samayena gilānānaṃ bhikkhūnaṃ mūlehi bhesajjehi piṭṭhehi attho hoti. Bhagavato etamatthaṃ ārocesuṃ. Anujānāmi, bhikkhave, nisadaṃ nisadapotakanti.

Tena kho pana samayena gilānānaṃ bhikkhūnaṃ kasāvehi bhesajjehi attho hoti. Bhagavato etamatthaṃ ārocesuṃ. Anujānāmi, bhikkhave, kasāvāni[kasāvabhesajjāni (ka.)] bhesajjāni – nimbakasāvaṃ, kuṭajakasāvaṃ, paṭolakasāvaṃ, phaggavakasāvaṃ, nattamālakasāvaṃ, yāni vā panaññānipi atthi kasāvāni bhesajjāni neva khādanīye khādanīyatthaṃ pharanti, na bhojanīye bhojanīyatthaṃ pharanti, tāni – paṭiggahetvā yāvajīvaṃ pariharituṃ; sati paccaye paribhuñjituṃ. Asati paccaye paribhuñjantassa āpatti dukkaṭassāti.

Tena kho pana samayena gilānānaṃ bhikkhūnaṃ paṇṇehi bhesajjehi attho hoti. Bhagavato etamatthaṃ ārocesuṃ. Anujānāmi, bhikkhave , paṇṇāni bhesajjāni – nimbapaṇṇaṃ, kuṭajapaṇṇaṃ, paṭolapaṇṇaṃ, sulasipaṇṇaṃ, kappāsapaṇṇaṃ, yāni vā panaññānipi atthi paṇṇāni bhesajjāni, neva khādanīye khādanīyatthaṃ pharanti, na bhojanīye bhojanīyatthaṃ pharanti...pe....

Tena kho pana samayena gilānānaṃ bhikkhūnaṃ phalehi bhesajjehi attho hoti. Bhagavato etamatthaṃ ārocesuṃ. Anujānāmi, bhikkhave, phalāni bhesajjāni – bilaṅgaṃ, pippaliṃ, maricaṃ, harītakaṃ, vibhītakaṃ, āmalakaṃ, goṭṭhaphalaṃ [goṭhaphalaṃ (syā.), koṭṭhaphalaṃ (ka.)], yāni vā panaññānipi atthi phalāni bhesajjāni, neva khādanīye khādanīyatthaṃ pharanti, na bhojanīye bhojanīyatthaṃ pharanti...pe....

Tena kho pana samayena gilānānaṃ bhikkhūnaṃ jatūhi bhesajjehi attho hoti. Bhagavato etamatthaṃ ārocesuṃ. Anujānāmi, bhikkhave, jatūni bhesajjāni – hiṅguṃ, hiṅgujatuṃ, hiṅgusipāṭikaṃ, takaṃ, takapattiṃ, takapaṇṇiṃ , sajjulasaṃ, yāni vā panaññānipi atthi jatūni bhesajjāni, neva khādanīye khādanīyatthaṃ pharanti...pe....

Tena kho pana samayena gilānānaṃ bhikkhūnaṃ loṇehi bhesajjehi attho hoti. Bhagavato etamatthaṃ ārocesuṃ. Anujānāmi, bhikkhave, loṇāni bhesajjāni – sāmuddaṃ, kāḷaloṇaṃ, sindhavaṃ, ubbhidaṃ [ubbhiraṃ (ka.)], bilaṃ [biḷālaṃ (sī.)], yāni vā panaññānipi atthi loṇāni bhesajjāni, neva khādanīye khādanīyatthaṃ pharanti, na bhojanīye bhojanīyatthaṃ pharanti, tāni – paṭiggahetvā yāvajīvaṃ pariharituṃ; sati paccaye paribhuñjituṃ. Asati paccaye paribhuñjantassa āpatti dukkaṭassāti.

264. Tena kho pana samayena āyasmato ānandassa upajjhāyassa āyasmato belaṭṭhasīsassa thullakacchābādho hoti. Tassa lasikāya cīvarāni kāye lagganti, tāni bhikkhū udakena temetvā temetvā apakaḍḍhanti. Addasā kho Bhagavā senāsanacārikaṃ āhiṇḍanto te bhikkhū tāni cīvarāni udakena temetvā temetvā apakaḍḍhante, disvāna yena te bhikkhū tenupasaṅkami, upasaṅkamitvā te bhikkhū etadavoca – ''kiṃ imassa, bhikkhave, bhikkhuno ābādho''ti? ''Imassa, bhante, āyasmato thullakacchābādho, lasikāya cīvarāni kāye lagganti, tāni mayaṃ udakena temetvā temetvā apakaḍḍhāmā''ti . Atha kho Bhagavā etasmiṃ nidāne etasmiṃ pakaraṇe dhammiṃ kathaṃ katvā bhikkhū āmantesi – ''anujānāmi, bhikkhave, yassa kaṇḍu vā, piḷakā vā, assāvo vā, thullakacchu vā ābādho, kāyo vā duggandho, cuṇṇāni bhesajjāni; agilānassa chakaṇaṃ mattikaṃ rajananippakkaṃ. Anujānāmi, bhikkhave, udukkhalaṃ musala''nti.

Tena kho pana samayena gilānānaṃ bhikkhūnaṃ cuṇṇehi bhesajjehi cālitehi attho hoti . Bhagavato etamatthaṃ ārocesuṃ. Anujānāmi, bhikkhave, cuṇṇacālininti. Saṇhehi attho hoti. Bhagavato etamatthaṃ ārocesuṃ. Anujānāmi, bhikkhave, dussacālininti.

Tena kho pana samayena aññatarassa bhikkhuno amanussikābādho hoti. Taṃ ācariyupajjhāyā upaṭṭhahantā nāsakkhiṃsu arogaṃ kātuṃ. So sūkarasūnaṃ gantvā āmakamaṃsaṃ khādi, āmakalohitaṃ pivi. Tassa so amanussikābādho paṭippassambhi. Bhagavato etamatthaṃ ārocesuṃ. Anujānāmi, bhikkhave, amanussikābādhe āmakamaṃsaṃ āmakalohitanti.

265. Tena kho pana samayena aññatarassa bhikkhuno cakkhurogābādho hoti. Taṃ bhikkhū pariggahetvā uccārampi passāvampi nikkhāmenti. Addasā kho Bhagavā senāsanacārikaṃ āhiṇḍanto te bhikkhū taṃ bhikkhuṃ pariggahetvā uccārampi passāvampi nikkhāmente, disvāna yena te bhikkhū tenupasaṅkami, upasaṅkamitvā te bhikkhū etadavoca – ''kiṃ imassa, bhikkhave, bhikkhuno ābādho''ti? ''Imassa, bhante, āyasmato cakkhurogābādho. Imaṃ mayaṃ pariggahetvā uccārampi passāvampi nikkhāmemā''ti. Atha kho Bhagavā etasmiṃ nidāne etasmiṃ pakaraṇe dhammiṃ kathaṃ katvā bhikkhū āmantesi – ''anujānāmi, bhikkhave, añjanaṃ – kāḷañjanaṃ, rasañjanaṃ, sotañjanaṃ, gerukaṃ, kapalla''nti. Añjanūpapisanehi attho hoti. Bhagavato etamatthaṃ ārocesuṃ. Anujānāmi, bhikkhave, candanaṃ, tagaraṃ, kāḷānusāriyaṃ, tālīsaṃ, bhaddamuttakanti. Tena kho pana samayena bhikkhū piṭṭhāni añjanāni carukesupi [thālakesupi (sī. syā.)] sarāvakesupi nikkhipanti; tiṇacuṇṇehipi paṃsukehipi okiriyanti. Bhagavato etamatthaṃ ārocesuṃ. Anujānāmi, bhikkhave, añjaninti.

Tena kho pana samayena chabbaggiyā bhikkhū uccāvacā añjaniyo dhārenti – sovaṇṇamayaṃ, rūpiyamayaṃ. Manussā ujjhāyanti khiyyanti vipācenti – ''seyyathāpi gihī kāmabhogino''ti. Bhagavato etamatthaṃ ārocesuṃ. Na, bhikkhave, uccāvacā añjanī dhāretabbā. Yo dhāreyya, āpatti dukkaṭassa. Anujānāmi, bhikkhave, aṭṭhimayaṃ, dantamayaṃ, visāṇamayaṃ, naḷamayaṃ, veḷumayaṃ, kaṭṭhamayaṃ, jatumayaṃ, phalamayaṃ, lohamayaṃ, saṅkhanābhimayanti.

Tena kho pana samayena añjaniyo apārutā honti, tiṇacuṇṇehipi paṃsukehipi okiriyanti. Bhagavato etamatthaṃ ārocesuṃ. Anujānāmi, bhikkhave, apidhānanti. Apidhānaṃ nipatati. Bhagavato etamatthaṃ ārocesuṃ. Anujānāmi, bhikkhave, suttakena bandhitvā añjaniyā bandhituntі. Añjanī phalati [nipatati (ka.)]. Bhagavato etamatthaṃ ārocesuṃ. Anujānāmi, bhikkhave, suttakena sibbetunti.

Tena kho pana samayena bhikkhū aṅguliyā añjanti, akkhīni dukkhāni honti. Bhagavato etamatthaṃ ārocesuṃ. Anujānāmi, bhikkhave, añjanisalākanti.

Tena kho pana samayena chabbaggiyā bhikkhū uccāvacā añjanisalākāyo dhārenti – sovaṇṇamayaṃ rūpiyamayaṃ. Manussā ujjhāyanti khiyyanti vipācenti, ''seyyathāpi gihī kāmabhogino''ti. Bhagavato etamatthaṃ ārocesuṃ. Na, bhikkhave, uccāvacā añjanisalākā dhāretabbā. Yo dhāreyya, āpatti dukkaṭassa. Anujānāmi, bhikkhave, aṭṭhimayaṃ...pe... saṅkhanābhimayanti.

Tena kho pana samayena añjanisalākā bhūmiyaṃ patitā pharusā hoti. Bhagavato etamatthaṃ ārocesuṃ. Anujānāmi, bhikkhave, salākaṭhāniyanti[salākodhāniyanti (sī. syā.)].

Tena kho pana samayena bhikkhū añjanimpi añjanisalākampi hatthena pariharanti. Bhagavato etamatthaṃ ārocesuṃ. Anujānāmi, bhikkhave, añjanitthavikanti. Aṃsabaddhako na hoti. Bhagavato etamatthaṃ ārocesuṃ. Anujānāmi, bhikkhave, aṃsabaddhakaṃ bandhanasuttakanti.

266. Tena kho pana samayena āyasmato pilindavacchassa sīsābhitāpo hoti. Bhagavato etamatthaṃ ārocesuṃ. Anujānāmi, bhikkhave, muddhani telakanti. Nakkhamaniyo hoti. Bhagavato etamatthaṃ ārocesuṃ. Anujānāmi, bhikkhave, natthukammanti. Natthu galati. Bhagavato etamatthaṃ ārocesuṃ. Anujānāmi, bhikkhave, natthukaraṇinti.

Tena kho pana samayena chabbaggiyā bhikkhū uccāvacā natthukaraṇiyo dhārenti – sovaṇṇamayaṃ rūpiyamayaṃ. Manussā ujjhāyanti khiyyanti vipācenti, ''seyyathāpi gihī kāmabhogino''ti. Bhagavato etamatthaṃ ārocesuṃ. Na, bhikkhave, uccāvacā natthukaraṇī dhāretabbā. Yo dhāreyya, āpatti dukkaṭassa. Anujānāmi, bhikkhave, aṭṭhimayaṃ...pe... saṅkhanābhimayanti. Natthuṃ visamaṃ āsiñcanti [natthu visamaṃ āsiñciyati (sī. syā.)]. Bhagavato etamatthaṃ ārocesuṃ. Anujānāmi, bhikkhave, yamakanatthukaraṇinti. Nakkhamaniyo hoti. Bhagavato etamatthaṃ ārocesuṃ. Anujānāmi, bhikkhave, dhūmaṃ pātunti. Taññeva vaṭṭiṃ ālimpetvā pivanti, kaṇṭho dahati. Bhagavato etamatthaṃ ārocesuṃ. Anujānāmi, bhikkhave, dhūmanettanti.

Tena kho pana samayena chabbaggiyā bhikkhū uccāvacāni dhūmanettāni dhārenti – sovaṇṇamayaṃ rūpiyamayaṃ. Manussā ujjhāyanti khiyyanti vipācenti – seyyathāpi gihī kāmabhoginoti. Bhagavato etamatthaṃ ārocesuṃ. Na, bhikkhave, uccāvacāni dhūmanettāni dhāretabbāni. Yo dhāreyya, āpatti dukkaṭassa. Anujānāmi, bhikkhave, aṭṭhimayaṃ...pe... saṅkhanābhimayanti.

Tena kho pana samayena dhūmanettāni apārutāni honti, pāṇakā pavisanti. Bhagavato etamatthaṃ ārocesuṃ. Anujānāmi, bhikkhave, apidhānanti.

Tena kho pana samayena bhikkhū dhūmanettāni hatthena pariharanti. Bhagavato etamatthaṃ ārocesuṃ. Anujānāmi, bhikkhave, dhūmanettathavikanti. Ekato ghaṃsiyanti. Bhagavato etamatthaṃ ārocesuṃ. Anujānāmi, bhikkhave, yamakathavikanti. Aṃsabaddhako na hoti. Bhagavato etamatthaṃ ārocesuṃ. Anujānāmi, bhikkhave, aṃsabaddhakaṃ bandhanasuttakanti.

267. Tena kho pana samayena āyasmato pilindavacchassa vātābādho hoti. Vejjā evamāhaṃsu – ''telaṃ pacitabba''nti. Bhagavato etamatthaṃ ārocesuṃ. Anujānāmi, bhikkhave, telapākanti. Tasmiṃ kho pana telapāke majjaṃ pakkhipitabbaṃ hoti. Bhagavato etamatthaṃ ārocesuṃ. Anujānāmi, bhikkhave, telapāke majjaṃ pakkhipitunti.

Tena kho pana samayena chabbaggiyā bhikkhū atipakkhittamajjāni [atikhittamajjāni (ka.)] telāni pacanti, tāni pivitvā majjanti. Bhagavato etamatthaṃ ārocesuṃ. Na, bhikkhave, atipakkhittamajjaṃ telaṃ pātabbaṃ. Yo piveyya, yathādhammo kāretabbo. Anujānāmi, bhikkhave, yasmiṃ telapāke majjassa na vaṇṇo na gandho na raso paññāyati, evarūpaṃ majjapakkhittaṃ telaṃ pātunti.
Tena kho pana samayena bhikkhūnaṃ bahuṃ atipakkhittamajjaṃ telaṃ pakkaṃ hoti. Atha kho bhikkhūnaṃ etadahosi – ''kathaṃ nu kho atipakkhittamajje tele paṭipajjitabba''nti? Bhagavato etamatthaṃ ārocesuṃ. Anujānāmi, bhikkhave, abbhañjanaṃ adhiṭṭhātunti.
Tena kho pana samayena āyasmato pilindavacchassa bahutaraṃ telaṃ pakkaṃ hoti, telabhājanaṃ na vijjati. Bhagavato etamatthaṃ ārocesuṃ. Anujānāmi, bhikkhave, tīṇi tumbāni – lohatumbaṃ, kaṭṭhatumbaṃ, phalatumbanti.
Tena kho pana samayena āyasmato pilindavacchassa aṅgavāto hoti. Bhagavato etamatthaṃ ārocesuṃ. Anujānāmi, bhikkhave, sedakammanti. Nakkhamaniyo hoti. Bhagavato etamatthaṃ ārocesuṃ. Anujānāmi, bhikkhave, sambhārasedanti. Nakkhamaniyo hoti. Bhagavato etamatthaṃ ārocesuṃ. Anujānāmi, bhikkhave, mahāsedanti. Nakkhamaniyo hoti. Bhagavato etamatthaṃ ārocesuṃ. Anujānāmi, bhikkhave, bhaṅgodakanti. Nakkhamaniyo hoti. Bhagavato etamatthaṃ ārocesuṃ. Anujānāmi, bhikkhave, udakakoṭṭhakanti.
Tena kho pana samayena āyasmato pilindavacchassa pabbavāto hoti. Bhagavato etamatthaṃ ārocesuṃ. Anujānāmi, bhikkhave, lohitaṃ mocetunti. Nakkhamaniyo hoti. Bhagavato etamatthaṃ ārocesuṃ. Anujānāmi, bhikkhave, lohitaṃ mocetvā visāṇena gāhetunti [gahetunti (sī. syā.)].
Tena kho pana samayena āyasmato pilindavacchassa pādā phalitā [phālitā (ka.)] honti. Bhagavato etamatthaṃ ārocesuṃ. Anujānāmi, bhikkhave, pādabbhañjananti. Nakkhamaniyo hoti. Bhagavato etamatthaṃ ārocesuṃ. Anujānāmi, bhikkhave, pajjaṃ abhisaṅkharitunti.
Tena kho pana samayena aññatarassa bhikkhuno gaṇḍābādho hoti. Bhagavato etamatthaṃ ārocesuṃ. Anujānāmi, bhikkhave, satthakammanti. Kasāvodakena attho hoti. Bhagavato etamatthaṃ ārocesuṃ. Anujānāmi, bhikkhave, kasāvodakanti. Tilakakkena attho hoti. Bhagavato etamatthaṃ ārocesuṃ. Anujānāmi, bhikkhave, tilakakkanti. Kabaḷikāya attho hoti. Bhagavato etamatthaṃ ārocesuṃ. Anujānāmi, bhikkhave, kabaḷikanti. Vaṇabandhanacoḷena attho hoti. Bhagavato etamatthaṃ ārocesuṃ. Anujānāmi, bhikkhave, vaṇabandhanacoḷanti. Vaṇo kaṇḍuvati. Bhagavato etamatthaṃ ārocesuṃ. Anujānāmi, bhikkhave, sāsapakuṭṭena [sāsapakuḍḍena (sī. syā.)] phositunti. Vaṇo kilijjittha. Bhagavato etamatthaṃ ārocesuṃ. Anujānāmi , bhikkhave, dhūmaṃ kātunti. Vaḍḍhamaṃsaṃ vuṭṭhāti. Bhagavato etamatthaṃ ārocesuṃ. Anujānāmi, bhikkhave, loṇasakkharikāya chinditunti. Vaṇo na ruhati. Bhagavato etamatthaṃ ārocesuṃ. Anujānāmi, bhikkhave, vaṇatelanti. Telaṃ galati. Bhagavato etamatthaṃ ārocesuṃ. Anujānāmi , bhikkhave, vikāsikaṃ sabbaṃ vaṇapaṭikammanti.
268. Tena kho pana samayena aññataro bhikkhu ahinā daṭṭho hoti. Bhagavato etamatthaṃ ārocesuṃ. Anujānāmi, bhikkhave, cattāri mahāvikaṭāni dātuṃ – gūthaṃ, muttaṃ, chārikaṃ, mattikanti. Atha kho bhikkhūnaṃ etadahosi – ''appaṭiggahitāni nu kho udāhu paṭiggahetabbānī''ti. Bhagavato etamatthaṃ ārocesuṃ. Anujānāmi, bhikkhave, sati kappiyakārake paṭiggahāpetuṃ, asati kappiyakārake sāmaṃ gahetvā paribhuñjitunti.
Tena kho pana samayena aññatarena bhikkhunā visaṃ pītaṃ hoti. Bhagavato etamatthaṃ ārocesuṃ. Anujānāmi bhikkhave gūthaṃ pāyetunti. Atha kho bhikkhūnaṃ etadahosi – ''appaṭiggahitaṃ nu kho udāhu paṭiggahetabbo''ti? Bhagavato etamatthaṃ ārocesuṃ. Anujānāmi, bhikkhave, yaṃ karonto paṭigganhāti, sveva paṭiggaho kato, na puna [kato pana (?)] paṭiggahetabboti.
269. Tena kho pana samayena aññatarassa bhikkhuno gharadinnakābādho hoti. Bhagavato etamatthaṃ ārocesuṃ. Anujānāmi, bhikkhave, sītāloḷiṃ pāyetunti.
Tena kho pana samayena aññataro bhikkhu duṭṭhagahaṇiko hoti. Bhagavato etamatthaṃ ārocesuṃ. Anujānāmi, bhikkhave, āmisakhāraṃ pāyetunti.
Tena kho pana samayena aññatarassa bhikkhuno paṇḍurogābādho hoti. Bhagavato etamatthaṃ ārocesuṃ . Anujānāmi, bhikkhave, muttaharītakaṃ pāyetunti.
Tena kho pana samayena aññatarassa bhikkhuno chavidosābādho hoti. Bhagavato etamatthaṃ ārocesuṃ. Anujānāmi, bhikkhave, gandhālepaṃ kātunti.
Tena kho pana samayena aññataro bhikkhu abhisannakāyo hoti. Bhagavato etamatthaṃ ārocesuṃ . Anujānāmi, bhikkhave, virecanaṃ pātunti. Acchakañjiyā attho hoti. Bhagavato etamatthaṃ ārocesuṃ. Anujānāmi, bhikkhave, acchakañjinti. Akaṭayūsena attho hoti. Bhagavato etamatthaṃ ārocesuṃ. Anujānāmi, bhikkhave, akaṭayūsanti. Kaṭākaṭena attho hoti. Bhagavato etamatthaṃ ārocesuṃ. Anujānāmi, bhikkhave, kaṭākaṭanti. Paṭicchādanīyena attho hoti. Bhagavato etamatthaṃ ārocesuṃ. Anujānāmi, bhikkhave, paṭicchādanīyanti.
Mūlādibhesajjakathā niṭṭhitā.
162. Pilindavacchavatthu
270.[idaṃ vatthu pārā. 618 ādayo] Tena kho pana samayena āyasmā pilindavaccho rājagahe pabbhāraṃ sodhāpeti leṇaṃ kattukāmo. Atha kho rājā māgadho seniyo bimbisāro yenāyasmā pilindavaccho

tenupasaṅkami, upasaṅkamitvā āyasmantaṃ pilindavacchaṃ abhivādetvā ekamantaṃ nisīdi. Ekamantaṃ nisinno kho rājā māgadho seniyo bimbisāro āyasmantaṃ pilindavacchaṃ etadavoca – ''kiṃ, bhante, thero kārāpetī''ti? ''Pabbhāraṃ, mahārāja, sodhāpemi, leṇaṃ kattukāmo''ti. ''Attho, bhante, ayyassa ārāmikenā''ti? ''Na kho, mahārāja, bhagavatā ārāmiko anuññāto''ti. ''Tena hi, bhante, bhagavantaṃ paṭipucchitvā mama āroceyyāthā''ti. 'Evaṃ, mahārājā'ti kho āyasmā pilindavaccho rañño māgadhassa seniyassa bimbisārassa paccassosi. Atha kho āyasmā pilindavaccho rājānaṃ māgadhaṃ seniyaṃ bimbisāraṃ dhammiyā kathāya sandassesi, samādapesi, samuttejesi, sampahaṃsesi. Atha kho rājā māgadho seniyo bimbisāro āyasmatā pilindavacchena dhammiyā kathāya sandassito samādapito samuttejito sampahaṃsito uṭṭhāyāsanā āyasmantaṃ pilindavacchaṃ abhivādetvā padakkhiṇaṃ katvā pakkāmi.

Atha kho āyasmā pilindavaccho bhagavato santike dūtaṃ pāhesi – ''rājā, bhante, māgadho seniyo bimbisāro ārāmikaṃ dātukāmo. Kathaṃ nu kho, bhante, mayā paṭipajjitabba''nti? Atha kho Bhagavā etasmiṃ nidāne etasmiṃ pakaraṇe dhammiṃ kathaṃ katvā bhikkhū āmantesi – ''anujānāmi, bhikkhave, ārāmika''nti. Dutiyampi kho rājā māgadho seniyo bimbisāro yenāyasmā pilindavaccho tenupasaṅkami; upasaṅkamitvā āyasmantaṃ pilindavacchaṃ abhivādetvā ekamantaṃ nisīdi. Ekamantaṃ nisinno kho rājā māgadho seniyo bimbisāro āyasmantaṃ pilindavacchaṃ etadavoca – ''anuññāto, bhante, bhagavatā ārāmiko''ti? ''Evaṃ, mahārājā''ti. ''Tena hi, bhante, ayyassa ārāmikaṃ dammī''ti. Atha kho rājā māgadho seniyo bimbisāro āyasmato pilindavacchassa ārāmikaṃ paṭissutvā, vissaritvā, cirena satiṃ paṭilabhitvā, aññataraṃ sabbatthakaṃ mahāmattaṃ āmantesi – ''yo mayā, bhaṇe, ayyassa ārāmiko paṭissuto, dinno so ārāmiko''ti? ''Na kho, deva, ayyassa ārāmiko dinno''ti. ''Kīva ciraṃ nu kho, bhaṇe, ito [ito ratti (syā.)] hi taṃ hotī''ti? Atha kho so mahāmatto rattiyo gaṇetvā[vigaṇetvā (sī.)] rājānaṃ māgadhaṃ seniyaṃ bimbisāraṃ etadavoca – ''pañca, deva, rattisatānī''ti. Tena hi, bhaṇe, ayyassa pañca ārāmikasatāni dehīti. ''Evaṃ, devā''ti kho so mahāmatto rañño māgadhassa seniyassa bimbisārassa paṭissutvā āyasmato pilindavacchassa pañca ārāmikasatāni pādāsi, pāṭiyekko gāmo nivisi. 'Ārāmikagāmakoti'pi naṃ āhaṃsu , 'pilindagāmako'tipi naṃ āhaṃsu.

271. Tena kho pana samayena āyasmā pilindavaccho tasmiṃ gāmake kulūpako hoti. Atha kho āyasmā pilindavaccho pubbaṇhasamayaṃ nivāsetvā pattacīvaramādāya pilindagāmaṃ piṇḍāya pāvisi. Tena kho pana samayena tasmiṃ gāmake ussavo hoti. Dārakā alaṅkatā mālākitā kīḷanti. Atha kho āyasmā pilindavaccho pilindagāmake sapadānaṃ piṇḍāya caramāno yena aññatarassa ārāmikassa nivesanaṃ tenupasaṅkami, upasaṅkamitvā paññatte āsane nisīdi. Tena kho pana samayena tassā ārāmikiniyā dhītā aññe dārake alaṅkate mālākite passitvā rodati – 'mālaṃ me detha, alaṅkāraṃ me dethā'ti. Atha kho āyasmā pilindavaccho taṃ ārāmikiniṃ etadavoca – ''kissāyaṃ dārikā rodatī''ti? ''Ayaṃ, bhante, dārikā aññe dārake alaṅkate mālākite passitvā rodati – 'mālaṃ me detha, alaṅkāraṃ me dethā'ti. Kuto amhākaṃ duggatānaṃ mālā, kuto alaṅkāro''ti? Atha kho āyasmā pilindavaccho aññataraṃ tiṇaṇḍupakaṃ gahetvā taṃ ārāmikiniṃ etadavoca – ''handimaṃ tiṇaṇḍupakaṃ tassā dārikāya sīse paṭimuñcā''ti. Atha kho sā ārāmikinī taṃ tiṇaṇḍupakaṃ gahetvā tassā dārikāya sīse paṭimuñci. Sā ahosi suvaṇṇamālā abhirūpā, dassanīyā, pāsādikā; natthi tādisā raññopi antepure suvaṇṇamālā. Manussā rañño māgadhassa seniyassa bimbisārassa ārocesuṃ – ''amukassa, deva, ārāmikassa ghare suvaṇṇamālā abhirūpā, dassanīyā, pāsādikā; natthi tādisā devassapi antepure suvaṇṇamālā; kuto tassa duggatassa? Nissaṃsayaṃ corikāya ābhatā''ti.

Atha kho rājā māgadho seniyo bimbisāro taṃ ārāmikakulaṃ bandhāpesi. Dutiyampi kho āyasmā pilindavaccho pubbaṇhasamayaṃ nivāsetvā pattacīvaramādāya pilindagāmaṃ piṇḍāya pāvisi. Pilindagāmake sapadānaṃ piṇḍāya caramāno yena tassa ārāmikassa nivesanaṃ tenupasaṅkami, upasaṅkamitvā paṭivissake pucchi – ''kahaṃ imaṃ ārāmikakulaṃ gata''nti? ''Etissā, bhante, suvaṇṇamālāya kāraṇā raññā bandhāpita''nti. Atha kho āyasmā pilindavaccho yena rañño māgadhassa seniyassa bimbisārassa nivesanaṃ tenupasaṅkami, upasaṅkamitvā paññatte āsane nisīdi. Atha kho rājā māgadho seniyo bimbisāro yenāyasmā pilindavaccho tenupasaṅkami, upasaṅkamitvā āyasmantaṃ pilindavacchaṃ abhivādetvā ekamantaṃ nisīdi. Ekamantaṃ nisinnaṃ kho rājānaṃ māgadhaṃ seniyaṃ bimbisāraṃ āyasmā pilindavaccho etadavoca – ''kissa, mahārāja, ārāmikakulaṃ bandhāpita''nti? ''Tassa, bhante, ārāmikassa ghare suvaṇṇamālā abhirūpā, dassanīyā, pāsādikā; natthi tādisā amhākampi antepure suvaṇṇamālā; kuto tassa duggatassa? Nissaṃsayaṃ corikāya ābhatā''ti. Atha kho āyasmā pilindavaccho rañño māgadhassa seniyassa bimbisārassa pāsādaṃ suvaṇṇanti adhimucci; so ahosi sabbasovaṇṇamayo. ''Idaṃ pana te, mahārāja, tāva bahuṃ suvaṇṇaṃ kuto''ti? 'Aññātaṃ, bhante, ayyasseveso iddhānubhāvo'ti taṃ ārāmikakulaṃ muñcāpesi.

Manussā ''ayyena kira pilindavacchena sarājikāya parisāya uttarimanussadhammaṃ iddhipāṭihāriyaṃ dassita''nti attamanā abhippasannā āyasmato pilindavacchassa pañca bhesajjāni abhihariṃsu, seyyathidaṃ – sappiṃ, navanītaṃ, telaṃ, madhuṃ [sappi navanītaṃ telaṃ madhu (ka.)], phāṇitaṃ. Pakatiyāpi ca āyasmā pilindavaccho lābhī hoti pañcannaṃ bhesajjānaṃ; laddhaṃ laddhaṃ parisāya vissajjeti. Parisā cassa hoti bāhullikā; laddhaṃ laddhaṃ kolambepi [koḷumbepi (ka.)], ghaṭepi, pūretvā paṭisāmeti; parissāvanānipi, thavikāyopi, pūretvā vātapānesu laggeti. Tāni olīnavilīnāni tiṭṭhanti.

Undūrehipi vihārā okiṇṇavikiṇṇā honti. Manussā vihāracārikaṃ āhiṇḍantā passitvā ujjhāyanti khiyyanti vipācenti – ''antokoṭṭhāgārikā ime samaṇā sakyaputtiyā , seyyathāpi rājā māgadho seniyo bimbisāro''ti. Assosuṃ kho bhikkhū tesaṃ manussānaṃ ujjhāyantānaṃ khiyyantānaṃ vipācentānaṃ. Ye te bhikkhū appicchā, te ujjhāyanti khiyyanti vipācenti – ''kathañhi nāma bhikkhū evarūpāya bāhullāya cetessantī''ti. Atha kho te bhikkhū te anekapariyāyena vigarahitvā bhagavato etamatthaṃ ārocesuṃ...pe... ''saccaṃ kira, bhikkhave, bhikkhū evarūpāya bāhullāya cetentī''ti? ''Saccaṃ Bhagavāti...pe... vigarahitvā dhammiṃ kathaṃ katvā bhikkhū āmantesi – ''yāni kho pana tāni gilānānaṃ bhikkhūnaṃ paṭisāyanīyāni bhesajjāni, seyyathidaṃ – sappi, navanītaṃ, telaṃ, madhu, phāṇitaṃ, tāni paṭiggahetvā sattāhaparamaṃ sannidhikārakaṃ paribhuñjitabbāni. Taṃ atikkāmayato yathādhammo kāretabbo''ti.

Pilindavacchavatthu niṭṭhitaṃ.

Bhesajjānuññātabhāṇavāro niṭṭhito paṭhamo.

163. Guḷādianujānanā

272. Atha kho Bhagavā sāvatthiyaṃ yathābhirantaṃ viharitvā yena rājagahaṃ tena cārikaṃ pakkāmi. Addasā kho āyasmā kaṅkhārevato antarāmagge guḷakaraṇaṃ, okkamitvā guḷe piṭṭhampi chārikampi pakkhipante, disvāna ''akappiyo guḷo sāmiso, na kappati guḷo vikāle paribhuñjitu''nti kukkuccāyanto sapariso guḷaṃ na paribhuñjati. Yepissa sotabbaṃ maññanti, tepi guḷaṃ na paribhuñjanti. Bhagavato etamatthaṃ ārocesuṃ. Kimatthāya [kimatthiyā (ka.)], bhikkhave, guḷe piṭṭhampi chārikampi pakkhipantīti? Thaddhatthāya [bandhanatthāya (sī. syā.)] Bhagavāti. Sace, bhikkhave, thaddhatthāya guḷe piṭṭhampi chārikampi pakkhipanti, so ca guḷotveva saṅkhaṃ gacchati. Anujānāmi, bhikkhave, yathāsukhaṃ guḷaṃ paribhuñjitunti.

Addasā kho āyasmā kaṅkhārevato antarāmagge vacce muggaṃ jātaṃ, passitvā ''akappiyā muggā; pakkāpi muggā jāyantīti'' kukkuccāyanto sapariso muggaṃ na paribhuñjati. Yepissa sotabbaṃ maññanti, tepi muggaṃ na paribhuñjanti. Bhagavato etamatthaṃ ārocesuṃ. Sace [sacepi (?)], bhikkhave, pakkāpi muggā jāyanti , anujānāmi, bhikkhave, yathāsukhaṃ muggaṃ paribhuñjitunti.

273. Tena kho pana samayena aññatarassa bhikkhuno udaravātābādho hoti. So loṇasovīrakaṃ apāyi. Tassa so udaravātābādho paṭippassambhi. Bhagavato etamatthaṃ ārocesuṃ . Anujānāmi, bhikkhave, gilānassa loṇasovīrakaṃ; agilānassa udakasambhinnaṃ pānaparibhogena paribhuñjitunti.

Guḷādianujānanā niṭṭhitā.

164. Antovuṭṭhādipaṭikkhepakathā

274. Atha kho Bhagavā anupubbena cārikaṃ caramāno yena rājagahaṃ tadavasari. Tatra sudaṃ Bhagavā rājagahe viharati veḷuvane kalandakanivāpe. Tena kho pana samayena bhagavato udaravātābādho hoti. Atha kho āyasmā ānando – 'pubbepi bhagavato udaravātābādho tekaṭulayāguyā phāsu hotī'ti – sāmaṃ tilampi, taṇḍulampi, muggampi viññāpetvā, anto vāsetvā, anto sāmaṃ pacitvā bhagavato upanāmesi – ''pivatu Bhagavā tekaṭulayāgu''nti. Jānantāpi tathāgatā pucchanti, jānantāpi na pucchanti; kālaṃ viditvā pucchanti, kālaṃ viditvā na pucchanti; atthasaṃhitaṃ tathāgatā pucchanti, no anatthasaṃhitaṃ. Anatthasaṃhite setughāto tathāgatānaṃ. Dvīhi ākārehi buddhā bhagavanto bhikkhū paṭipucchanti – dhammaṃ vā desessāma, sāvakānaṃ vā sikkhāpadaṃ paññapessāmāti. Atha kho Bhagavā āyasmantaṃ ānandaṃ āmantesi – ''kutāyaṃ, ānanda , yāgū''ti? Atha kho āyasmā ānando bhagavato etamatthaṃ ārocesi. Vigarahi buddho Bhagavā – 'ananucchavikaṃ, ānanda, ananulomikaṃ, appatirūpaṃ, assāmaṇakaṃ, akappiyaṃ, akaraṇīyaṃ. Kathañhi nāma tvaṃ, ānanda, evarūpāya bāhullāya cetessasi. Yadapi, ānanda, anto vuṭṭhaṃ [vutthaṃ (sī. syā. ka.)] tadapi akappiyaṃ; yadapi anto pakkaṃ tadapi akappiyaṃ; yadapi sāmaṃ pakkaṃ, tadapi akappiyaṃ. Netaṃ, ānanda, appasannānaṃ vā pasādāya...pe... vigarahitvā dhammiṃ kathaṃ katvā bhikkhū āmantesi – ''na, bhikkhave, anto vuṭṭhaṃ, anto pakkaṃ, sāmaṃ pakkaṃ paribhuñjitabbaṃ. Yo paribhuñjeya, āpatti dukkaṭassa. Anto ce, bhikkhave, vuṭṭhaṃ, anto pakkaṃ, sāmaṃ pakkaṃ tañce paribhuñjeyya, āpatti tiṇṇaṃ dukkaṭānaṃ. Anto ce, bhikkhave, vuṭṭhaṃ, anto pakkaṃ, aññehi pakkaṃ, tañce paribhuñjeyya, āpatti dvinnaṃ dukkaṭānaṃ. Anto ce, bhikkhave, vuṭṭhaṃ, bahi pakkaṃ, sāmaṃ pakkaṃ, tañce paribhuñjeyya, āpatti dvinnaṃ dukkaṭānaṃ. Bahi ce, bhikkhave, vuṭṭhaṃ, anto pakkaṃ, sāmaṃ pakkaṃ, tañce paribhuñjeyya, āpatti dvinnaṃ dukkaṭānaṃ. Anto ce, bhikkhave, vuṭṭhaṃ, bahi pakkaṃ, aññehi pakkaṃ, tañce paribhuñjeyya, āpatti dukkaṭassa. Bahi ce, bhikkhave, vuṭṭhaṃ, anto pakkaṃ, aññehi pakkaṃ, tañce paribhuñjeyya, āpatti dukkaṭassa. Bahi ce, bhikkhave, vuṭṭhaṃ, bahi pakkaṃ, sāmaṃ pakkaṃ, tañce paribhuñjeyya, āpatti dukkaṭassa. Bahi ce, bhikkhave, vuṭṭhaṃ, bahi pakkaṃ , aññehi pakkaṃ, tañce paribhuñjeyya, anāpattī''ti.

Tena kho pana samayena bhikkhū ''bhagavatā sāmampāko paṭikkhitto''ti puna pāke kukkuccāyanti. Bhagavato etamatthaṃ ārocesuṃ. Anujānāmi, bhikkhave, puna pākaṃ pacitunti.

Tena kho pana samayena rājagahaṃ dubbhikkhaṃ hoti. Manussā loṇampi, telampi, taṇḍulampi, khādanīyampi ārāmaṃ āharanti. Tāni bhikkhū bahi vāsenti; ukkapiṇḍakāpi khādanti, corāpi haranti. Bhagavato etamatthaṃ ārocesuṃ. Anujānāmi, bhikkhave, anto vāsetunti. Anto vāsetvā bahi pācenti. Damakā parivārenti. Bhikkhū avissaṭṭhā paribhuñjanti. Bhagavato etamatthaṃ ārocesuṃ. Anujānāmi, bhikkhave, anto pacitunti. Dubbhikkhe kappiyakārakā bahutaraṃ haranti, appataraṃ bhikkhūnaṃ denti.

Bhagavato etamatthaṃ ārocesuṃ. Anujānāmi, bhikkhave, sāmaṃ pacituṃ. Anujānāmi, bhikkhave, anto vutthaṃ, anto pakkaṃ, sāmaṃ pakkanti.
Antovuṭṭhādipaṭikkhepakathā niṭṭhitā.
165. Uggahitapaṭiggahaṇā
275. Tena kho pana samayena sambahulā bhikkhū kāsīsu vassaṃvuṭṭhā rājagahaṃ gacchantā bhagavantaṃ dassanāya antarāmagge na labhiṃsu lūkhassa vā paṇītassa vā bhojanassa yāvadatthaṃ pāripūriṃ; bahuñca phalakhādanīyaṃ ahosi; kappiyakārako ca na ahosi. Atha kho te bhikkhū kilantarūpā yena rājagahaṃ veḷuvanaṃ kalandakanivāpo, yena Bhagavā tenupasaṅkamiṃsu, upasaṅkamitvā bhagavantaṃ abhivādetvā ekamantaṃ nisīdiṃsu. Āciṇṇaṃ kho panetaṃ buddhānaṃ bhagavantānaṃ āgantukehi bhikkhūhi saddhiṃ paṭisammodituṃ. Atha kho Bhagavā te bhikkhū etadavoca – ''kacci , bhikkhave, khamanīyaṃ, kacci yāpanīyaṃ, kaccittha appakilamathena addhānaṃ āgatā; kuto ca tumhe, bhikkhave, āgacchathā''ti? ''Khamanīyaṃ Bhagavā, yāpanīyaṃ Bhagavā. Idha mayaṃ, bhante, kāsīsu vassaṃvuṭṭhā rājagahaṃ āgacchantā bhagavantaṃ dassanāya antarāmagge na labhimhā lūkhassa vā paṇītassa vā bhojanassa yāvadatthaṃ pāripūriṃ; bahuñca phalakhādanīyaṃ ahosi; kappiyakārako ca na ahosi; tena mayaṃ kilantarūpā addhānaṃ āgatā''ti. Atha kho Bhagavā etasmiṃ nidāne etasmiṃ pakaraṇe dhammiṃ kathaṃ katvā bhikkhū āmantesi – ''anujānāmi, bhikkhave, yattha phalakhādanīyaṃ passati, kappiyakārako ca na hoti, sāmaṃ gahetvā, haritvā, kappiyakārake passitvā, bhūmiyaṃ nikkhipitvā, paṭiggahāpetvā paribhuñjituṃ. Anujānāmi, bhikkhave, uggahitaṃ paṭiggahitu''nti.
276. Tena kho pana samayena aññatarassa brāhmaṇassa navā ca tilā navañca madhu uppannā honti. Atha kho tassa brāhmaṇassa etadahosi – ''yaṃnūnāhaṃ nave ca tile navañca madhuṃ buddhappamukhassa bhikkhusaṅghassa dadeyya''nti. Atha kho so brāhmaṇo yena Bhagavā tenupasaṅkami, upasaṅkamitvā bhagavatā saddhiṃ paṭisammodi, sammodanīyaṃ kathaṃ sāraṇīyaṃ vītisāretvā ekamantaṃ aṭṭhāsi. Ekamantaṃ ṭhito kho so brāhmaṇo bhagavantaṃ etadavoca – ''adhivāsetu me bhavaṃ Gotamo svātanāya bhattaṃ, saddhiṃ bhikkhusaṅghenā''ti. Adhivāsesi Bhagavā tuṇhībhāvena . Atha kho so brāhmaṇo bhagavato adhivāsanaṃ viditvā pakkāmi. Atha kho so brāhmaṇo tassā rattiyā accayena paṇītaṃ khādanīyaṃ bhojanīyaṃ paṭiyādāpetvā bhagavato kālaṃ ārocāpesi – ''kālo, bho Gotama, niṭṭhitaṃ bhatta''nti. Atha kho Bhagavā pubbaṇhasamayaṃ nivāsetvā pattacīvaramādāya yena tassa brāhmaṇassa nivesanaṃ tenupasaṅkami, upasaṅkamitvā paññatte āsane nisīdi, saddhiṃ bhikkhusaṅghena. Atha kho so brāhmaṇo buddhappamukhaṃ bhikkhusaṅghaṃ paṇītena khādanīyena bhojanīyena sahatthā santappetvā sampavāretvā bhagavantaṃ bhuttāviṃ onītapattapāṇiṃ ekamantaṃ nisīdi. Ekamantaṃ nisinnaṃ kho taṃ brāhmaṇaṃ Bhagavā dhammiyā kathāya sandassetvā, samādapetvā, samuttejetvā, sampahaṃsetvā uṭṭhāyāsanā pakkāmi.
Atha kho tassa brāhmaṇassa acirapakkantassa bhagavato etadahosi – ''yesaṃ kho mayā atthāya buddhappamukho bhikkhusaṅgho nimantito, 'nave ca tile navañca madhuṃ dassāmī'ti , te mayā pamuṭṭhā dātuṃ. Yaṃnūnāhaṃ nave ca tile navañca madhuṃ kolambehi ca ghaṭehi ca ārāmaṃ harāpeyya''nti. Atha kho so brāhmaṇo nave ca tile navañca madhuṃ kolambehi ca ghaṭehi ca ārāmaṃ harāpetvā yena Bhagavā tenupasaṅkami, upasaṅkamitvā ekamantaṃ aṭṭhāsi. Ekamantaṃ ṭhito kho so brāhmaṇo bhagavantaṃ etadavoca – ''yesaṃ kho mayā, bho Gotama, atthāya buddhappamukho bhikkhusaṅgho nimantito, 'nave ca tile navañca madhuṃ dassāmī'ti, te mayā pamuṭṭhā dātuṃ. Paṭiggaṇhātu me bhavaṃ Gotamo nave ca tile navañca madhu''nti. Tena hi, brāhmaṇa, bhikkhūnaṃ dehīti . Tena kho pana samayena bhikkhū dubbhikkhe appamattakepi pavārenti, paṭisaṅkhāpi paṭikkhipanti, sabbo ca saṅgho pavārito hoti. Bhikkhū kukkuccāyantā na paṭiggaṇhanti. Paṭiggaṇhatha, bhikkhave, paribhuñjatha. Anujānāmi, bhikkhave, tato nīhaṭaṃ bhuttāvinā pavāritena anatirittaṃ paribhuñjitunti.
Uggahitapaṭiggahaṇā niṭṭhitā.
166. Paṭiggahitādianujānanā
277.[pāci. 295] Tena kho pana samayena āyasmato upanandassa sakyaputtassa upaṭṭhākakulaṃ saṅghassatthāya khādanīyaṃ pāhesi – ayyassa upanandassa dassetvā saṅghassa dātabbanti. Tena kho pana samayena āyasmā upanando sakyaputto gāmaṃ piṇḍāya paviṭṭho hoti . Atha kho te manussā ārāmaṃ gantvā bhikkhū pucchiṃsu – ''kahaṃ, bhante, ayyo upanando''ti? ''Esāvuso, āyasmā upanando sakyaputto gāmaṃ piṇḍāya paviṭṭho''ti. ''Idaṃ, bhante, khādanīyaṃ ayyassa upanandassa dassetvā saṅghassa dātabba''nti. Bhagavato etamatthaṃ ārocesuṃ. Tena hi, bhikkhave, paṭiggahetvā nikkhipatha yāva upanando āgacchatīti. Atha kho āyasmā upanando sakyaputto purebhattaṃ kulāni payirupāsitvā divā āgacchati. Tena kho pana samayena bhikkhū dubbhikkhe appamattakepi pavārenti, paṭisaṅkhāpi paṭikkhipanti, sabbo ca saṅgho pavārito hoti, bhikkhū kukkuccāyantā na paṭiggaṇhanti. Paṭiggaṇhatha, bhikkhave, paribhuñjatha. Anujānāmi, bhikkhave, purebhattaṃ paṭiggahitaṃ bhuttāvinā pavāritena anatirittaṃ paribhuñjitunti.
278. Atha kho Bhagavā rājagahe yathābhirantaṃ viharitvā yena sāvatthi tena cārikaṃ pakkāmi. Anupubbena cārikaṃ caramāno yena sāvatthi tadavasari. Tatra sudaṃ Bhagavā sāvatthiyaṃ viharati jetavane anāthapiṇḍikassa ārāme. Tena kho pana samayena āyasmato sāriputtassa kāyaḍāhābādho hoti.

Atha kho āyasmā mahāmoggallāno yenāyasmā sāriputto tenupasaṅkami, upasaṅkamitvā āyasmantaṃ sāriputtaṃ etadavoca – ''pubbe te, āvuso sāriputta, kāyaḍāhābādho kena phāsu hotī''ti? ''Bhisehi ca me, āvuso, muḷālikāhi cā''ti. Atha kho āyasmā mahāmoggallāno seyyathāpi nāma balavā puriso sammiñjitaṃ vā bāhaṃ pasāreyya, pasāritaṃ vā bāhaṃ samiñjeyya, evameva jetavane antarahito mandākiniyā pokkharaṇiyā tīre pāturahosi. Addasā kho aññataro nāgo āyasmantaṃ mahāmoggallānaṃ dūratova āgacchantaṃ, disvāna āyasmantaṃ mahāmoggallānaṃ etadavoca – ''etu kho, bhante, ayyo mahāmoggallāno. Svāgataṃ, bhante, ayyassa mahāmoggallānassa. Kena, bhante, ayyassa attho; kiṃ dammī''ti? ''Bhisehi ca me, āvuso, attho, muḷālikāhi cā''ti. Atha kho so nāgo aññataraṃ nāgaṃ āṇāpesi – ''tena hi, bhaṇe, ayyassa bhise ca muḷālikāyo ca yāvadatthaṃ dehī''ti. Atha kho so nāgo mandākiniṃ pokkharaṇiṃ ogāhetvā, soṇḍāya bhisañca muḷālikañca abbāhitvā, suvikkhālitaṃ vikkhāletvā, bhaṇḍikaṃ bandhitvā yenāyasmā mahāmoggallāno tenupasaṅkami. Atha kho āyasmā mahāmoggallāno – seyyathāpi nāma balavā puriso samiñjitaṃ vā bāhaṃ pasāreyya, pasāritaṃ vā bāhaṃ samiñjeyya, evameva – mandākiniyā pokkharaṇiyā tīre antarahito jetavane pāturahosi. Sopi kho nāgo mandākiniyā pokkharaṇiyā tīre antarahito jetavane pāturahosi. Atha kho so nāgo āyasmato mahāmoggallānassa bhise ca muḷālikāyo ca paṭiggahāpetvā jetavane antarahito mandākiniyā pokkharaṇiyā tīre pāturahosi. Atha kho āyasmā mahāmoggallāno āyasmato sāriputtassa bhise ca muḷālikāyo ca upanāmesi. Atha kho āyasmato sāriputtassa bhise ca muḷālikāyo ca bhuttassa kāyaḍāhābādho paṭippassambhi. Bahū bhisā ca muḷālikāyo ca avasiṭṭhā honti. Tena kho pana samayena bhikkhū dubbhikkhe appamattakepi pavārenti, paṭisaṅkhāpi paṭikkhipanti, sabbo ca saṅgho pavārito hoti. Bhikkhū kukkuccāyantā na paṭiggaṇhanti. Paṭiggaṇhatha, bhikkhave, paribhuñjatha. Anujānāmi, bhikkhave, vanaṭṭhaṃ pokkharaṭṭhaṃ bhuttāvinā pavāritena anatirittaṃ paribhuñjitunti.

Tena kho pana samayena sāvatthiyaṃ bahuṃ phalakhādanīyaṃ uppannaṃ hoti, kappiyakārako ca na hoti. Bhikkhū kukkuccāyantā phalaṃ na paribhuñjanti. Bhagavato etamatthaṃ ārocesuṃ. Anujānāmi, bhikkhave, abījaṃ nibbattabījaṃ [nibbaṭṭabījaṃ (sī.), nibbaṭabījaṃ (syā.), nippaṭṭabījaṃ (ka.)] akatakappaṃ phalaṃ paribhuñjitunti.

Paṭiggahitādi anujānanā niṭṭhitā.

167. Satthakammapaṭikkhepakathā

279. Atha kho Bhagavā sāvatthiyaṃ yathābhirantaṃ viharitvā yena rājagahaṃ tena cārikaṃ pakkāmi. Anupubbena cārikaṃ caramāno yena rājagahaṃ tadavasari. Tatra sudaṃ Bhagavā rājagahe viharati veḷuvane kalandakanivāpe. Tena kho pana samayena aññatarassa bhikkhuno bhagandalābādho hoti. Ākāsagotto vejjo satthakammaṃ karoti. Atha kho Bhagavā senāsanacārikaṃ āhiṇḍanto yena tassa bhikkhuno vihāro tenupasaṅkami. Addasā kho ākāsagotto vejjo bhagavantaṃ dūratova āgacchantaṃ, disvāna bhagavantaṃ etadavoca – ''āgacchatu bhavaṃ Gotamo, imassa bhikkhuno vaccamaggaṃ passatu, seyyathāpi godhāmukha''nti. Atha kho Bhagavā – ''so maṃ khvāyaṃ moghapuriso uppaṇḍetī''ti – tatova paṭinivattitvā, etasmiṃ nidāne etasmiṃ pakaraṇe bhikkhusaṅghaṃ sannipātāpetvā, bhikkhū paṭipucchi – ''atthi kira, bhikkhave, amukasmiṃ vihāre bhikkhu gilāno''ti? ''Atthi Bhagavā''ti. ''Kiṃ tassa, bhikkhave, bhikkhuno ābādho''ti? ''Tassa, bhante, āyasmato bhagandalābādho, ākāsagotto vejjo satthakammaṃ karotī''ti. Vigarahi buddho Bhagavā – ''ananucchavikaṃ, bhikkhave, tassa moghapurisassa, ananulomikaṃ, appatirūpaṃ, assāmaṇakaṃ, akappiyaṃ, akaraṇīyaṃ. Kathañhi nāma so, bhikkhave, moghapuriso sambādhe satthakammaṃ kārāpessati. Sambādhe, bhikkhave, sukhumā chavi, duropayo vaṇo, dupparihāraṃ satthaṃ. Netaṃ, bhikkhave, appasannānaṃ vā pasādāya...pe... vigarahitvā...pe... dhammiṃ kathaṃ katvā bhikkhū āmantesi – ''na, bhikkhave, sambādhe satthakammaṃ kārāpetabbaṃ. Yo kārāpeyya, āpatti thullaccayassā''ti.

Tena kho pana samayena chabbaggiyā bhikkhū – bhagavatā satthakammaṃ paṭikkhittanti – vatthikammaṃ kārāpenti. Ye te bhikkhū appicchā, te ujjhāyanti khiyyanti vipācenti – ''kathañhi nāma chabbaggiyā bhikkhū vatthikammaṃ kārāpessantī''ti. Atha kho te bhikkhū bhagavato etamatthaṃ ārocesuṃ. ''Saccaṃ kira, bhikkhave, chabbaggiyā bhikkhū vatthikammaṃ kārāpentī''ti? ''Saccaṃ Bhagavā''ti...pe... vigarahitvā dhammiṃ kathaṃ katvā bhikkhū āmantesi – ''na, bhikkhave, sambādhassa sāmantā dvaṅgulā satthakammaṃ vā vatthikammaṃ vā kārāpetabbaṃ. Yo kārāpeyya, āpatti thullaccayassā''ti.

Satthakammapaṭikkhepakathā niṭṭhitā.

168. Manussamaṃsapaṭikkhepakathā

280. Atha kho Bhagavā rājagahe yathābhirantaṃ viharitvā yena bārāṇasī tena cārikaṃ pakkāmi. Anupubbena cārikaṃ caramāno yena bārāṇasī tadavasari. Tatra sudaṃ Bhagavā bārāṇasiyaṃ viharati isipatane migadāye. Tena kho pana samayena bārāṇasiyaṃ suppiyo ca upāsako suppiyā ca upāsikā ubhatopasannā honti, dāyakā, kārakā, saṅghupaṭṭhākā. Atha kho suppiyā upāsikā ārāmaṃ gantvā vihārena vihāraṃ pariveṇena pariveṇaṃ upasaṅkamitvā bhikkhū pucchati – ''ko, bhante, gilāno, kassa kiṃ āhariyatū''ti? Tena kho pana samayena aññatarena bhikkhunā virecanaṃ pītaṃ hoti. Atha kho so bhikkhu suppiyaṃ upāsikaṃ etadavoca – ''mayā kho, bhagini, virecanaṃ pītaṃ. Attho me paṭicchādanīyenā''ti. ''Suṭṭhu, ayya, āhariyissatī''ti gharaṃ gantvā antevāsiṃ āṇāpesi – ''gaccha, bhaṇe,

pavattamaṃsaṃ jānāhī''ti. Evaṃ, ayyeti kho so puriso suppiyāya upāsikāya paṭissuṇitvā kevalakappaṃ bārāṇasiṃ āhiṇḍanto na addasa pavattamaṃsaṃ. Atha kho so puriso yena suppiyā upāsikā tenupasaṅkami, upasaṅkamitvā suppiyaṃ upāsikaṃ etadavoca – ''natthayye pavattamaṃsaṃ. Māghāto ajjā''ti. Atha kho suppiyāya upāsikāya etadahosi – ''tassa kho gilānassa bhikkhuno paṭicchādanīyaṃ alabhantassa ābādho vā abhivaḍḍhissati, kālaṅkiriyā vā bhavissati. Na kho metaṃ patirūpaṃ yāhaṃ paṭissuṇitvā na harāpeyya''nti. Potthanikaṃ gahetvā ūrumaṃsaṃ ukkantitvā dāsiyā adāsi – ''handa, je, imaṃ maṃsaṃ sampādetvā amukasmiṃ vihāre bhikkhu gilāno, tassa dajjāhi. Yo ca maṃ pucchati, 'gilānā'ti paṭivedehī''ti. Uttarāsaṅgena ūruṃ veṭhetvā ovarakaṃ pavisitvā mañcake nipajji. Atha kho suppiyo upāsako gharaṃ gantvā dāsiṃ pucchi – ''kahaṃ suppiyā''ti? ''Esāyya ovarake nipannā''ti. Atha kho suppiyo upāsako yena suppiyā upāsikā tenupasaṅkami, upasaṅkamitvā suppiyaṃ upāsikaṃ etadavoca – ''kissa nipannāsī''ti? ''Gilānāmhī''ti. ''Kiṃ te ābādho''ti? Atha kho suppiyā upāsikā suppiyassa upāsakassa etamatthaṃ ārocesi. Atha kho suppiyo upāsako – acchariyaṃ vata bho! Abbhutaṃ vata bho! Yāva saddhāyaṃ suppiyā pasannā, yatra hi nāma attanopi maṃsāni pariccattāni! Kimpimāya [kiṃ panimāya (sī. syā.)] aññaṃ kiñci adeyyaṃ bhavissatīti – haṭṭho udaggo yena Bhagavā tenupasaṅkami, upasaṅkamitvā bhagavantaṃ abhivādetvā ekamantaṃ nisīdi. Ekamantaṃ nisinno kho suppiyo upāsako bhagavantaṃ etadavoca – ''adhivāsetu me, bhante, Bhagavā svātanāya bhattaṃ, saddhiṃ bhikkhusaṅghenā''ti. Adhivāsesi Bhagavā tuṇhībhāvena. Atha kho suppiyo upāsako bhagavato adhivāsanaṃ viditvā uṭṭhāyāsanā bhagavantaṃ abhivādetvā padakkhiṇaṃ katvā pakkāmi. Atha kho suppiyo upāsako tassā rattiyā accayena paṇītaṃ khādanīyaṃ bhojanīyaṃ paṭiyādāpetvā bhagavato kālaṃ ārocāpesi – ''kālo, bhante, niṭṭhitaṃ bhatta''nti. Atha kho Bhagavā pubbaṇhasamayaṃ nivāsetvā pattacīvaramādāya yena suppiyassa upāsakassa nivesanaṃ tenupasaṅkami, upasaṅkamitvā paññatte āsane nisīdi, saddhiṃ bhikkhusaṅghena. Atha kho suppiyo upāsako yena Bhagavā tenupasaṅkami, upasaṅkamitvā bhagavantaṃ abhivādetvā ekamantaṃ aṭṭhāsi. Ekamantaṃ ṭhitaṃ kho suppiyaṃ upāsakaṃ Bhagavā etadavoca – ''kahaṃ suppiyā''ti? ''Gilānā Bhagavā''ti. ''Tena hi āgacchatū''ti. ''Na Bhagavā ussahatī''ti. ''Tena hi pariggahetvāpi ānethā''ti. Atha kho suppiyo upāsako suppiyaṃ upāsikaṃ pariggahetvā ānesi. Tassā, saha dassanena bhagavato, tāva mahāvaṇo ruḷaho ahosi, succhavilomajāto. Atha kho suppiyo ca upāsako suppiyā ca upāsikā – ''acchariyaṃ vata bho! Abbhutaṃ vata bho! Tathāgatassa mahiddhikatā mahānubhāvatā, yatra hi nāma saha dassanena bhagavato tāva mahāvaṇo ruḷaho bhavissati, succhavilomajāto''ti – haṭṭhā udaggā buddhappamukhaṃ bhikkhusaṅghaṃ paṇītena khādanīyena bhojanīyena sahatthā santappetvā sampavāretvā bhagavantaṃ bhuttāviṃ onītapattapāṇiṃ ekamantaṃ nisīdiṃsu. Atha kho Bhagavā suppiyañca upāsakaṃ suppiyañca upāsikaṃ dhammiyā kathāya sandassetvā samādapetvā samuttejetvā sampahaṃsetvā uṭṭhāyāsanā pakkāmi.

Atha kho Bhagavā etasmiṃ nidāne etasmiṃ pakaraṇe bhikkhusaṅghaṃ sannipātāpetvā bhikkhū Paṭipucchi – ''ko, bhikkhave, suppiyaṃ upāsikaṃ maṃsaṃ viññāpesī''ti? Evaṃ vutte so bhikkhu bhagavantaṃ etadavoca – ''ahaṃ kho, bhante, suppiyaṃ upāsikaṃ maṃsaṃ viññāpesi''nti. ''Āhariyittha bhikkhū''ti? ''Āhariyittha Bhagavā''ti. ''Paribhuñji tvaṃ bhikkhū''ti? ''Paribhuñjāmahaṃ Bhagavā''ti. ''Paṭivekkhi tvaṃ bhikkhū''ti? ''Nāhaṃ Bhagavā paṭivekkhi''nti. Vigarahi buddho Bhagavā...pe... kathañhi nāma tvaṃ, moghapurisa, appaṭivekkhitvā maṃsaṃ paribhuñjissasi. Manussamaṃsaṃ kho tayā, moghapurisa, paribhuttaṃ. Netaṃ, moghapurisa, appasannānaṃ vā pasādāya...pe... vigarahitvā dhammiṃ kathaṃ katvā bhikkhū āmantesi – ''santi, bhikkhave, manussā saddhā pasannā, tehi attanopi maṃsāni pariccattāni. Na, bhikkhave, manussamaṃsaṃ paribhuñjitabbaṃ. Yo paribhuñjeyya, āpatti thullaccayassa. Na ca, bhikkhave, appaṭivekkhitvā maṃsaṃ paribhuñjitabbaṃ. Yo paribhuñjeyya, āpatti dukkaṭassā''ti.

Manussamaṃsapaṭikkhepakathā niṭṭhitā.

169. Hatthimaṃsādipaṭikkhepakathā

281. Tena kho pana samayena rañño hatthī maranti. Manussā dubbhikkhe hatthimaṃsaṃ paribhuñjanti, bhikkhūnaṃ piṇḍāya carantānaṃ hatthimaṃsaṃ denti. Bhikkhū hatthimaṃsaṃ paribhuñjanti. Manussā ujjhāyanti khiyyanti vipācenti – ''kathañhi nāma samaṇā sakyaputtiyā hatthimaṃsaṃ paribhuñjissanti. Rājaṅgaṃ hatthī, sace rājā jāneyya, na nesaṃ attamano assā''ti. Bhagavato etamatthaṃ ārocesuṃ. Na, bhikkhave, hatthimaṃsaṃ paribhuñjitabbaṃ. Yo paribhuñjeyya, āpatti dukkaṭassāti.

Tena kho pana samayena rañño assā maranti. Manussā dubbhikkhe assamaṃsaṃ paribhuñjanti, bhikkhūnaṃ piṇḍāya carantānaṃ assamaṃsaṃ denti. Bhikkhū assamaṃsaṃ paribhuñjanti. Manussā ujjhāyanti khiyyanti vipācenti – ''kathañhi nāma samaṇā sakyaputtiyā assamaṃsaṃ paribhuñjissanti. Rājaṅgaṃ assā, sace rājā jāneyya, na nesaṃ attamano assā''ti. Bhagavato etamatthaṃ ārocesuṃ. Na, bhikkhave, assamaṃsaṃ paribhuñjitabbaṃ. Yo paribhuñjeyya, āpatti dukkaṭassāti.

Tena kho pana samayena manussā dubbhikkhe sunakhamaṃsaṃ paribhuñjanti, bhikkhūnaṃ piṇḍāya carantānaṃ sunakhamaṃsaṃ denti. Bhikkhū sunakhamaṃsaṃ paribhuñjanti. Manussā ujjhāyanti khiyyanti vipācenti – ''kathañhi nāma samaṇā sakyaputtiyā sunakhamaṃsaṃ paribhuñjissanti, jegucchosunakho paṭikūlo''ti. Bhagavato etamatthaṃ ārocesuṃ. Na, bhikkhave, sunakhamaṃsaṃ paribhuñjitabbaṃ. Yo paribhuñjeyya, āpatti dukkaṭassāti.

Tena kho pana samayena manussā dubbhikkhe ahimaṃsaṃ paribhuñjanti, bhikkhūnaṃ piṇḍāya carantānaṃ ahimaṃsaṃ denti. Bhikkhū ahimaṃsaṃ paribhuñjanti. Manussā ujjhāyanti khiyyanti vipācenti – ''kathañhi nāma samaṇā sakyaputtiyā ahimaṃsaṃ paribhuñjissanti, jeguccho ahi paṭikūlo''ti. Supassopi[suphasso (sī.)] nāgarājā yena Bhagavā tenupasaṅkami, upasaṅkamitvā bhagavantaṃ abhivādetvā ekamantaṃ aṭṭhāsi. Ekamantaṃ ṭhito kho supasso nāgarājā bhagavantaṃ etadavoca – ''santi, bhante, nāgā assaddhā appasannā. Te appamattakehipi bhikkhū viheṭheyyuṃ. Sādhu, bhante, ayyā ahimaṃsaṃ na paribhuñjeyyu''nti. Atha kho Bhagavā supassaṃ nāgarājānaṃ dhammiyā kathāya sandassesi...pe... padakkhiṇaṃ katvā pakkāmi. Atha kho Bhagavā etasmiṃ nidāne etasmiṃ pakaraṇe dhammiṃ kathaṃ katvā bhikkhū āmantesi – ''na, bhikkhave, ahimaṃsaṃ paribhuñjitabbaṃ. Yo paribhuñjeyya, āpatti dukkaṭassā''ti.

Tena kho pana samayena luddakā sīhaṃ hantvā sīhamaṃsaṃ [maṃsaṃ (ka.)] paribhuñjanti, bhikkhūnaṃ piṇḍāya carantānaṃ sīhamaṃsaṃ denti. Bhikkhū sīhamaṃsaṃ paribhuñjitvā araññe viharanti. Sīhā sīhamaṃsagandhena bhikkhū paripātenti. Bhagavato etamatthaṃ ārocesuṃ. Na, bhikkhave, sīhamaṃsaṃ paribhuñjitabbaṃ. Yo paribhuñjeyya, āpatti dukkaṭassāti.

Tena kho pana samayena luddakā byagghaṃ hantvā...pe... dīpiṃ hantvā...pe... acchaṃ hantvā...pe... taracchaṃ hantvā taracchamaṃsaṃ paribhuñjanti, bhikkhūnaṃ piṇḍāya carantānaṃ taracchamaṃsaṃ denti. Bhikkhū taracchamaṃsaṃ paribhuñjitvā araññe viharanti. Taracchā taracchamaṃsagandhena bhikkhū paripātenti. Bhagavato etamatthaṃ ārocesuṃ. Na, bhikkhave, taracchamaṃsaṃ paribhuñjitabbaṃ. Yo paribhuñjeyya, āpatti dukkaṭassāti.

Hatthimaṃsādipaṭikkhepakathā niṭṭhitā.

Suppiyabhāṇavāro niṭṭhito dutiyo.

170. Yāgumadhugoḷakānujānanā

282. Atha kho Bhagavā bārāṇasiyaṃ yathābhirantaṃ viharitvā yena andhakavindaṃ tena cārikaṃ pakkāmi, mahatā bhikkhusaṅghena saddhiṃ, aḍḍhatelasehi bhikkhusatehi. Tena kho pana samayena jānapadā manussā bahuṃ loṇampi, telampi, taṇḍulampi, khādanīyampi sakaṭesu āropetvā buddhappamukhassa bhikkhusaṅghassa piṭṭhito piṭṭhito anubandhā honti – yadā paṭipāṭiṃ labhissāma tadā bhattaṃ karissāmāti, pañcamattāni ca vighāsādasatāni. Atha kho Bhagavā anupubbena cārikaṃ caramāno yena andhakavindaṃ tadavasari. Atha kho aññatarassa brāhmaṇassa paṭipāṭiṃ alabhantassa etadahosi – ''atītāni [adhikāni (sī. syā.)] kho me dve māsāni buddhappamukhaṃ bhikkhusaṅghaṃ anubandhantassa 'yadā paṭipāṭiṃ labhissāmi tadā bhattaṃ karissāmī'ti, na ca me paṭipāṭi labbhati, ahañcamhi ekattako [ekato (sī. syā.)], bahu ca me gharāvāsattho hāyati. Yaṃnūnāhaṃ bhattaggaṃ olokeyyaṃ; yaṃ bhattagge nāssa, taṃ paṭiyādeyya''nti. Atha kho so brāhmaṇo bhattaggaṃ olokento dve nāddasa – yāguñca madhugoḷakañca . Atha kho so brāhmaṇo yenāyasmā ānando tenupasaṅkami, upasaṅkamitvā āyasmantaṃ ānandaṃ etadavoca – ''idha me, bho ānanda, paṭipāṭiṃ alabhantassa etadahosi 'atītāni kho me dve māsāni buddhappamukhaṃ bhikkhusaṅghaṃ anubandhantassa, yadā paṭipāṭiṃ labhissāmi tadā bhattaṃ karissāmīti. Na ca me paṭipāṭi labbhati , ahañcamhi ekattako, bahu ca me gharāvāsattho hāyati. Yaṃnūnāhaṃ bhattaggaṃ olokeyyaṃ; yaṃ bhattagge nāssa, taṃ paṭiyādeyya'nti. So kho ahaṃ, bho ānanda, bhattaggaṃ olokento dve nāddasaṃ – yāguñca madhugoḷakañca. Sacāhaṃ, bho ānanda, paṭiyādeyyaṃ yāguñca madhugoḷakañca, paṭiggaṇheyya me bhavaṃ Gotamo''ti? ''Tena hi, brāhmaṇa, bhagavantaṃ paṭipucchissāmī''ti. Atha kho āyasmā ānando bhagavato etamatthaṃ ārocesi. Tena hānanda, paṭiyādetūti. Tena hi, brāhmaṇa, paṭiyādehīti. Atha kho so brāhmaṇo tassā rattiyā accayena pahūtaṃ yāguñca madhugoḷakañca paṭiyādāpetvā bhagavato upanāmesi – paṭiggaṇhātu me bhavaṃ Gotamo yāguñca madhugoḷakañcāti. Tena hi, brāhmaṇa, bhikkhūnaṃ dehīti. Bhikkhū kukkuccāyantā na paṭiggaṇhanti. Paṭiggaṇhatha, bhikkhave, paribhuñjathāti. Atha kho so brāhmaṇo buddhappamukhaṃ bhikkhusaṅghaṃ pahūtāya yāguyā ca madhugoḷakena ca sahatthā santappetvā sampavāretvā bhagavantaṃ dhotahatthaṃ onītapattapāṇiṃ ekamantaṃ nisīdi. Ekamantaṃ nisinnaṃ kho taṃ brāhmaṇaṃ Bhagavā etadavoca –

''Dasayime, brāhmaṇa, ānisaṃsā yāguyā. Katame dasa? Yāguṃ dento āyuṃ deti, vaṇṇaṃ deti, sukhaṃ deti, balaṃ deti, paṭibhānaṃ deti, yāgu pītā khuddaṃ [khudaṃ (sī. syā.)] paṭihanati, pipāsaṃ vineti, vātaṃ anulometi, vatthiṃ sodheti, āmāvasesaṃ pāceti – ime kho, brāhmaṇa, dasānisaṃsā yāguyā''ti[pacchimā pañca ānisaṃsā a. ni. 5.207].

[a. ni. 4.58-59 thokaṃ visadisaṃ] Yo saññatānaṃ paradattabhojinaṃ;
Kālena sakkacca dadāti yāguṃ;
Dasassa ṭhānāni anuppavecchati;
Āyuñca vaṇṇañca sukhaṃ balañca.
Paṭibhānamassa upajāyate tato;
Khuddaṃ pipāsañca byapaneti vātaṃ;
Sodheti vatthiṃ pariṇāmeti bhuttaṃ;
Bhesajjametaṃ sugatena vaṇṇitaṃ.
Tasmā hi yāguṃ alameva dātuṃ;

Niccaṃ manussena sukhatthikena;
Dibbāni vā patthayatā sukhāni;
Manussasobhagyatamicchatā vāti.

Atha kho Bhagavā taṃ brāhmaṇaṃ imāhi gāthāhi anumoditvā uṭṭhāyāsanā pakkāmi. Atha kho Bhagavā etasmiṃ nidāne etasmiṃ pakaraṇe dhammiṃ kathaṃ katvā bhikkhū āmantesi – ''anujānāmi, bhikkhave, yāguñca madhugoḷakañcā''ti.

Yāgumadhugoḷakānujānanā niṭṭhitā.

171. Taruṇapasannamahāmattavatthu

283. Assosuṃ kho manussā bhagavatā kira yāgu anuññātā madhugoḷakañcāti. Te kālasseva, bhojjayāguṃ paṭiyādenti madhugoḷakañca. Bhikkhū kālasseva bhojjayāguyā dhātā madhugoḷakena ca bhattagge na cittarūpaṃ paribhuñjanti. Tena kho pana samayena aññatarena taruṇapasannena mahāmattena svātanāya buddhappamukho bhikkhusaṅgho nimantito hoti. Atha kho tassa taruṇapasannassa mahāmattassa etadahosi – ''yaṃnūnāhaṃ aḍḍhatelasannaṃ bhikkhusatānaṃ aḍḍhatelasāni maṃsapātisatāni paṭiyādeyyaṃ, ekamekassa bhikkhuno ekamekaṃ maṃsapātiṃ upanāmeyya''nti. Atha kho so taruṇapasanno mahāmatto tassā rattiyā accayena paṇītaṃ khādanīyaṃ bhojanīyaṃ paṭiyādāpetvā aḍḍhatelasāni ca maṃsapātisatāni, bhagavato kālaṃ ārocāpesi – ''kālo, bhante, niṭṭhitaṃ bhatta''nti. Atha kho Bhagavā pubbaṇhasamayaṃ nivāsetvā pattacīvaramādāya yena tassa taruṇapasannassa mahāmattassa nivesanaṃ tenupasaṅkami, upasaṅkamitvā paññatte āsane nisīdi, saddhiṃ bhikkhusaṅghena. Atha kho so taruṇapasanno mahāmatto bhattagge bhikkhū parivisati. Bhikkhū evamāhaṃsu – ''thokaṃ, āvuso, dehi; thokaṃ, āvuso, dehī''ti. ''Mā kho tumhe, bhante, – 'ayaṃ taruṇapasanno mahāmatto'ti – thokaṃ thokaṃ paṭiggaṇhatha. Bahuṃ me khādanīyaṃ bhojanīyaṃ paṭiyattaṃ, aḍḍhatelasāni ca maṃsapātisatāni. Ekamekassa bhikkhuno ekamekaṃ maṃsapātiṃ upanāmessāmīti. Paṭiggaṇhatha, bhante, yāvadattha''nti. ''Na kho mayaṃ, āvuso, etaṃkāraṇā thokaṃ thokaṃ paṭiggaṇhāma, api ca mayaṃ kālasseva bhojjayāguyā dhātā madhugoḷakena ca. Tena mayaṃ thokaṃ thokaṃ paṭiggaṇhāmā''ti. Atha kho so taruṇapasanno mahāmatto ujjhāyati khiyyati vipāceti – ''kathañhi nāma bhadantā mayā nimantitā aññassa bhojjayāguṃ paribhuñjissanti, na cāhaṃ paṭibalo yāvadatthaṃ dātu''nti kupito anattamano āsādanāpekkho bhikkhūnaṃ patte pūrento agamāsi – bhuñjatha vā haratha vāti. Atha kho so taruṇapasanno mahāmatto buddhappamukhaṃ bhikkhusaṅghaṃ paṇītenakhādanīyena bhojanīyena sahatthā santappetvā sampavāretvā bhagavantaṃ bhuttāviṃ onītapattapāṇiṃ ekamantaṃ nisīdi. Ekamantaṃ nisinnaṃ kho taṃ taruṇapasannaṃ mahāmattaṃ Bhagavā dhammiyā kathāya sandassetvā samādapetvā samuttejetvā sampahaṃsetvā uṭṭhāyāsanā pakkāmi.

Atha kho tassa taruṇapasannassa mahāmattassa acirapakkantassa bhagavato ahudeva kukkuccaṃ, ahu vippaṭisāro – ''alābhā vata me, na vata me lābhā; dulladdhaṃ vata me, na vata me suladdhaṃ; yohaṃ kupito anattamano āsādanāpekkho bhikkhūnaṃ patte pūrento agamāsiṃ – 'bhuñjatha vā haratha vā'ti. Kiṃ nu kho mayā bahuṃ pasutaṃ puññaṃ vā apuññaṃ vā''ti? Atha kho so taruṇapasanno mahāmatto yena Bhagavā tenupasaṅkami, upasaṅkamitvā bhagavantaṃ abhivādetvā ekamantaṃ nisīdi. Ekamantaṃ nisinno kho so taruṇapasanno mahāmatto bhagavantaṃ etadavoca – ''idha mayhaṃ, bhante, acirapakkantassa bhagavato ahudeva kukkuccaṃ, ahu vippaṭisāro 'alābhā vata me, na vata me lābhā; dulladdhaṃ vata me, na vata me suladdhaṃ; yohaṃ kupito anattamano āsādanāpekkho bhikkhūnaṃ patte pūrento agamāsiṃ – bhuñjatha vā haratha vāti. Kiṃ nu kho mayā bahuṃ pasutaṃ, puññaṃ vā apuññaṃ vā'ti. Kiṃ nu kho mayā, bhante, bahuṃ pasutaṃ, puññaṃ vā apuññaṃ vā''ti? ''Yadaggena tayā, āvuso, svātanāya buddhappamukho bhikkhusaṅgho nimantito tadaggena te bahuṃ puññaṃ pasutaṃ. Yadaggena te ekamekena bhikkhunā ekamekaṃ sitthaṃ paṭiggahitaṃ tadaggena te bahuṃ puññaṃ pasutaṃ, saggā te āraddhā''ti. Atha kho so taruṇapasanno mahāmatto – ''lābhā kira me, suladdhaṃ kira me, bahuṃ kira mayā puññaṃ pasutaṃ, saggā kira me āraddhā''ti – haṭṭho udaggo uṭṭhāyāsanā bhagavantaṃ abhivādetvā padakkhiṇaṃ katvā pakkāmi. Atha kho Bhagavā etasmiṃ nidāne etasmiṃ pakaraṇe bhikkhusaṅghaṃ sannipātāpetvā bhikkhū paṭipucchi – ''saccaṃ kira, bhikkhave, bhikkhū aññatra nimantitā aññassa bhojjayāguṃ paribhuñjantī''ti? ''Saccaṃ, Bhagavā''ti. Vigarahi buddho Bhagavā...pe... kathañhi nāma te, bhikkhave, moghapurisā aññatra nimantitā aññassa bhojjayāguṃ paribhuñjissanti. Netaṃ, bhikkhave, appasannānaṃ vā pasādāya...pe... vigarahitvā dhammiṃ kathaṃ katvā bhikkhū āmantesi – ''na, bhikkhave, aññatra nimantitena aññassa bhojjayāgu paribhuñjitabbā. Yo paribhuñjeyya, yathādhammo kāretabbo''ti.

Taruṇapasannamahāmattavatthu niṭṭhitaṃ.

172. Belaṭṭhakaccānavatthu

284. Atha kho Bhagavā andhakavinde yathābhirantaṃ viharitvā yena rājagahaṃ tena cārikaṃ pakkāmi, mahatā bhikkhusaṅghena saddhiṃ, aḍḍhatelasehi bhikkhusatehi. Tena kho pana samayena belaṭṭho kaccāno rājagahā andhakavindaṃ addhānamaggappaṭipanno hoti, pañcamattehi sakaṭasatehi, sabbeheva guḷakumbhapūrehi. Addasā kho Bhagavā belaṭṭhaṃ kaccānaṃ dūratova āgacchantaṃ, disvāna maggā okkamma aññatarasmiṃ rukkhamūle nisīdi. Atha kho belaṭṭho kaccāno yena Bhagavā tenupasaṅkami,

upasaṅkamitvā bhagavantaṃ abhivādetvā ekamantaṃ aṭṭhāsi. Ekamantaṃ ṭhito kho belaṭṭho kaccāno bhagavantaṃ etadavoca – ''icchāmahaṃ, bhante, ekamekassa bhikkhuno ekamekaṃ guḷakumbhaṃ dātu''nti. ''Tena hi tvaṃ, kaccāna, ekaṃyeva guḷakumbhaṃ āharā''ti. ''Evaṃ, bhante''ti kho belaṭṭho kaccāno bhagavato paṭissuṇitvā ekaṃyeva guḷakumbhaṃ ādāya yena Bhagavā tenupasaṅkami, upasaṅkamitvā bhagavantaṃ etadavoca – ''ābhato [āhaṭo (sī. syā. ka.)], bhante, guḷakumbho; kathāhaṃ, bhante, paṭipajjāmī''ti? ''Tena hi tvaṃ, kaccāna, bhikkhūnaṃ guḷaṃ dehī''ti. ''Evaṃ, bhante''ti kho belaṭṭho kaccāno bhagavato paṭissuṇitvā bhikkhūnaṃ guḷaṃ datvā bhagavantaṃ etadavoca – ''dinno, bhante, bhikkhūnaṃ guḷo, bahu cāyaṃ guḷo avasiṭṭho. Kathāhaṃ, bhante, paṭipajjāmī''ti? ''Tena hi tvaṃ, kaccāna, bhikkhūnaṃ guḷaṃ yāvadatthaṃ dehī''ti. ''Evaṃ, bhante''ti kho belaṭṭho kaccāno bhagavato paṭissuṇitvā bhikkhūnaṃ guḷaṃ yāvadatthaṃ datvā bhagavantaṃ etadavoca – ''dinno, bhante, bhikkhūnaṃ guḷo yāvadattho, bahu cāyaṃ guḷo avasiṭṭho. Kathāhaṃ, bhante, paṭipajjāmī''ti? ''Tena hi tvaṃ, kaccāna, bhikkhū guḷehi santappehī''ti. ''Evaṃ, bhante''ti kho belaṭṭho kaccāno bhagavato paṭissuṇitvā bhikkhū guḷehi santappesi. Ekacce bhikkhū pattepi pūresuṃ parissāvanānipi thavikāyopi pūresuṃ. Atha kho belaṭṭho kaccāno bhikkhū guḷehi santappetvā bhagavantaṃ etadavoca – ''santappitā, bhante, bhikkhū guḷehi, bahu cāyaṃ guḷo avasiṭṭho. Kathāhaṃ, bhante, paṭipajjāmī''ti? ''Tena hi tvaṃ, kaccāna, vighāsādānaṃ guḷaṃ dehī''ti. ''Evaṃ, bhante''ti kho belaṭṭho kaccāno bhagavato paṭissuṇitvā vighāsādānaṃ guḷaṃ datvā bhagavantaṃ etadavoca – ''dinno, bhante , vighāsādānaṃ guḷo, bahu cāyaṃ guḷo avasiṭṭho. Kathāhaṃ, bhante, paṭipajjāmī''ti? ''Tena hi tvaṃ, kaccāna, vighāsādānaṃ guḷaṃ yāvadatthaṃ dehī''ti. ''Evaṃ, bhante''ti kho belaṭṭho kaccāno bhagavato paṭissuṇitvā vighāsādānaṃ guḷaṃ yāvadatthaṃ datvā bhagavantaṃ etadavoca – ''dinno, bhante, vighāsādānaṃ guḷo yāvadattho, bahu cāyaṃ guḷo avasiṭṭho. Kathāhaṃ, bhante, paṭipajjāmī''ti? ''Tena hi tvaṃ, kaccāna, vighāsāde guḷehi santappehī''ti. ''Evaṃ, bhante''ti kho belaṭṭho kaccāno bhagavato paṭissuṇitvā vighāsāde guḷehi santappesi. Ekacce vighāsādā kolambepi ghaṭepi pūresuṃ, piṭakānipi ucchaṅgepi pūresuṃ. Atha kho belaṭṭho kaccāno vighāsāde guḷehi santappetvā bhagavantaṃ etadavoca – ''santappitā, bhante, vighāsādā guḷehi, bahu cāyaṃ guḷo avasiṭṭho. Kathāhaṃ, bhante, paṭipajjāmī''ti? ''Nāhaṃ taṃ, kaccāna, passāmi sadevake loke samārake sabrahmake sassamaṇabrāhmaṇiyā pajāya sadevamanussāya yassa so guḷo paribhutto sammā pariṇāmaṃ gaccheyya, aññatra tathāgatassa vā tathāgatasāvakassa vā. Tena hi tvaṃ, kaccāna, taṃ guḷaṃ appaharite vā chaḍḍehi, appāṇake vā udake opilāpehī''ti. ''Evaṃ, bhante''ti kho belaṭṭho kaccāno bhagavato paṭissuṇitvā taṃ guḷaṃ appāṇake udake opilāpeti. Atha kho so guḷo udake pakkhitto cicciṭāyati ciṭiciṭāyati padhūpāyati [sandhūpāyati (sī. syā.)]sampadhūpāyati. Seyyathāpi nāma phālo divasaṃsantatto udake pakkhitto cicciṭāyati ciṭiciṭāyati padhūpāyati sampadhūpāyati, evameva so guḷo udake pakkhitto cicciṭāyati ciṭiciṭāyati padhūpāyati sampadhūpāyati.

Atha kho belaṭṭho kaccāno saṃviggo lomahaṭṭhajāto yena Bhagavā tenupasaṅkami, upasaṅkamitvā bhagavantaṃ abhivādetvā ekamantaṃ nisīdi. Ekamantaṃ nisinnassa kho belaṭṭhassa kaccānassa Bhagavā anupubbiṃ kathaṃ kathesi, seyyathidaṃ – ''dānakathaṃ sīlakathaṃ saggakathaṃ, kāmānaṃ ādīnavaṃ okāraṃ saṃkilesaṃ, nekkhamme ānisaṃsaṃ pakāsesi. Yadā Bhagavā aññāsi belaṭṭhaṃ kaccānaṃ kallacittaṃ, muducittaṃ, vinīvaraṇacittaṃ, udaggacittaṃ, pasannacittaṃ, atha yā buddhānaṃ sāmukkaṃsikā dhammadesanā, taṃ pakāsesi...pe... evameva belaṭṭhassa kaccānassa tasmiṃyeva āsane virajaṃ vītamalaṃ dhammacakkhuṃ udapādi – yaṃ kiñci samudayadhammaṃ sabbaṃ taṃ nirodhadhammanti. Atha kho belaṭṭho kaccāno diṭṭhadhammo pattadhammo viditadhammo pariyogāḷhadhammo tiṇṇavicikiccho vigatakathaṃkatho vesārajjappatto aparappaccayo satthusāsane bhagavantaṃ etadavoca – ''abhikkantaṃ, bhante. Abhikkantaṃ, bhante. Seyyathāpi, bhante, nikkujjitaṃ vā ukkujjeyya...pe... evamevaṃ kho bhagavatā anekapariyāyena dhammo pakāsito. Esāhaṃ, bhante, bhagavantaṃ saraṇaṃ gacchāmi, dhammañca, bhikkhusaṅghañca. Upāsakaṃ maṃ Bhagavā dhāretu ajjatagge pāṇupetaṃ saraṇagata''nti.

Atha kho Bhagavā anupubbena cārikaṃ caramāno yena rājagahaṃ tadavasari. Tatra sudaṃ Bhagavā rājagahe viharati veḷuvane kalandakanivāpe. Tena kho pana samayena rājagahe guḷo ussanno hoti. Bhikkhū – gilānasseva bhagavatā guḷo anuññāto, no agilānassāti – kukkuccāyantā guḷaṃ na bhuñjanti. Bhagavato etamatthaṃ ārocesuṃ. Anujānāmi, bhikkhave, gilānassa guḷaṃ, agilānassa guḷodakanti.

Belaṭṭhakaccānavatthu niṭṭhitaṃ.

173. Pāṭaligāmavatthu

285.[ito paraṃ mahāva. 286-287 'tiṇṇā medhāvino janā'ti pāṭho dī. ni. 2.148; udā. 76 ādayo] Atha kho Bhagavā rājagahe yathābhirantaṃ viharitvā yena pāṭaligāmo tena cārikaṃ pakkāmi, mahatā bhikkhusaṅghena saddhiṃ, aḍḍhatelasehi bhikkhusatehi. Atha kho Bhagavā anupubbena cārikaṃ caramāno yena pāṭaligāmo tadavasari. Assosuṃ kho pāṭaligāmikā upāsakā – ''Bhagavā kira pāṭaligāmaṃ anuppatto''ti. Atha kho pāṭaligāmikā upāsakā yena Bhagavā tenupasaṅkamiṃsu, upasaṅkamitvā bhagavantaṃ abhivādetvā ekamantaṃ nisīdiṃsu. Ekamantaṃ nisinne kho pāṭaligāmike upāsake Bhagavā dhammiyā kathāya sandassesi, samādapesi, samuttejesi, sampahaṃsesi. Atha kho pāṭaligāmikā upāsakā bhagavatā dhammiyā kathāya sandassitā samādapitā samuttejitā sampahaṃsitā bhagavantaṃ etadavocuṃ – ''adhivāsetu no, bhante, Bhagavā āvasathāgāraṃ saddhiṃ bhikkhusaṅghenā''ti. Adhivāsesi Bhagavā tuṇhībhāvena. Atha kho pāṭaligāmikā upāsakā bhagavato adhivāsanaṃ viditvā uṭṭhāyāsanā bhagavantaṃ abhivādetvā padakkhiṇaṃ katvā yena āvasathāgāraṃ tenupasaṅkamiṃsu, upasaṅkamitvā sabbasanthariṃ āvasathāgāraṃ santharitvā, āsanāni paññapetvā, udakamaṇikaṃ patiṭṭhāpetvā, telapadīpaṃ āropetvā yena Bhagavā tenupasaṅkamiṃsu, upasaṅkamitvā bhagavantaṃ abhivādetvā ekamantaṃ aṭṭhaṃsu. Ekamantaṃ ṭhitā kho pāṭaligāmikā upāsakā bhagavantaṃ etadavocuṃ – ''sabbasantharisanthataṃ, bhante, āvasathāgāraṃ. Āsanāni paññattāni. Udakamaṇiko patiṭṭhāpito. Telapadīpo āropito. Yassadāni, bhante, Bhagavā kālaṃ maññatī''ti.

Atha kho Bhagavā nivāsetvā pattacīvaramādāya saddhiṃ bhikkhusaṅghena yena āvasathāgāraṃ tenupasaṅkami; upasaṅkamitvā pāde pakkhāletvā āvasathāgāraṃ pavisitvā majjhimaṃ thambhaṃ nissāya puratthābhimukho nisīdi. Bhikkhusaṅghopi kho pāde pakkhāletvā āvasathāgāraṃ pavisitvā pacchimaṃ bhittiṃ nissāya puratthābhimukho nisīdi, bhagavantaṃyeva purakkhatvā. Pāṭaligāmikāpi kho upāsakā pāde pakkhāletvā āvasathāgāraṃ pavisitvā puratthimaṃ bhittiṃ nissāya pacchimābhimukhā nisīdiṃsu, bhagavantaṃyeva purakkhatvā. Atha kho Bhagavā pāṭaligāmike upāsake āmantesi –

[dī. ni. 3.316; a. ni. 5.213 ādayo], Gahapatayo, ādīnavā dussīlassa sīlavipattiyā. Katame pañca? Idha, gahapatayo, dussīlo sīlavipanno pamādādhikaraṇaṃ mahatiṃ bhogajāniṃ nigacchati. Ayaṃ paṭhamo ādīnavo dussīlassa sīlavipattiyā. Puna caparaṃ, gahapatayo, dussīlassa sīlavipannassa pāpako kittisaddo abbhuggacchati. Ayaṃ dutiyo ādīnavo dussīlassa sīlavipattiyā. Puna caparaṃ, gahapatayo, dussīlo sīlavipanno yaññadeva parisaṃ upasaṅkamati, yadi khattiyaparisaṃ, yadi brāhmaṇaparisaṃ, yadi gahapatiparisaṃ, yadi samaṇaparisaṃ, avisārado upasaṅkamati maṅkubhūto. Ayaṃ tatiyo ādīnavo dussīlassa sīlavipattiyā. Puna caparaṃ, gahapatayo, dussīlo sīlavipanno sammūḷho kālaṃkaroti. Ayaṃ catuttho ādīnavo dussīlassa sīlavipattiyā. Puna caparaṃ, gahapatayo, dussīlo sīlavipanno kāyassa bhedā paraṃ maraṇā apāyaṃ duggatiṃ vinipātaṃ nirayaṃ upapajjati. Ayaṃ pañcamo ādīnavo dussīlassa sīlavipattiyā. Ime kho, gahapatayo, pañca ādīnavā dussīlassa sīlavipattiyā.

[dī. ni. 3.316; a. ni. 5.213 ādayo] ''Pañcime, gahapatayo, ānisaṃsā sīlavato sīlasampadāya. Katame pañca? Idha, gahapatayo, sīlavā sīlasampanno appamādādhikaraṇaṃ mahantaṃ bhogakkhandhaṃ adhigacchati. Ayaṃ paṭhamo ānisaṃso sīlavato sīlasampadāya. Puna caparaṃ, gahapatayo, sīlavato sīlasampannassa kalyāṇo kittisaddo abbhuggacchati. Ayaṃ dutiyo ānisaṃso sīlavato sīlasampadāya. Puna caparaṃ, gahapatayo, sīlavā sīlasampanno yaññadeva parisaṃ upasaṅkamati, yadi khattiyaparisaṃ, yadi brāhmaṇaparisaṃ, yadi gahapatiparisaṃ, yadi samaṇaparisaṃ, visārado upasaṅkamati amaṅkubhūto. Ayaṃ tatiyo ānisaṃso sīlavato sīlasampadāya. Puna caparaṃ, gahapatayo, sīlavā sīlasampanno asammūḷho kālaṃkaroti. Ayaṃ catuttho ānisaṃso sīlavato sīlasampadāya. Puna caparaṃ, gahapatayo, sīlavā sīlasampanno kāyassa bhedā paraṃ maraṇā sugatiṃ saggaṃ lokaṃ upapajjati. Ayaṃ pañcamo ānisaṃso sīlavato sīlasampadāya. Ime kho, gahapatayo, pañca ānisaṃsā sīlavato sīlasampadāyāti.

Atha kho Bhagavā pāṭaligāmike upāsake bahudeva rattiṃ dhammiyā kathāya sandassetvā samādapetvā samuttejetvā sampahaṃsetvā uyyojesi – ''abhikkantā kho, gahapatayo, ratti. Yassadāni tumhe kālaṃ maññathā''ti. ''Evaṃ, bhante''ti, kho pāṭaligāmikā upāsakā bhagavato paṭissuṇitvā uṭṭhāyāsanā bhagavantaṃ abhivādetvā padakkhiṇaṃ katvā pakkamiṃsu. Atha kho Bhagavā acirapakkantesu pāṭaligāmikesu upāsakesu suññāgāraṃ pāvisi.

Pāṭaligāmavatthu niṭṭhitaṃ.

174. Sunidhavassakāravatthu

286. Tena kho pana samayena sunidhavassakārā magadhamahāmattā pāṭaligāme nagaraṃ māpenti vajjīnaṃ paṭibāhāya. Addasā kho Bhagavā rattiyā paccūsasamayaṃ paccuṭṭhāya dibbena cakkhunā visuddhena atikkantamānusakena sambahulā devatāyo pāṭaligāme vatthūni pariggaṇhantiyo. Yasmiṃ padese mahesakkhā devatā vatthūni pariggaṇhanti, mahesakkhānaṃ tattha rājūnaṃ rājamahāmattānaṃ cittāni namanti nivesanāni māpetuṃ. Yasmiṃ padese majjhimā devatā vatthūni pariggaṇhanti, majjhimānaṃ tattha rājūnaṃ rājamahāmattānaṃ cittāni namanti nivesanāni māpetuṃ. Yasmiṃ padese nīcā devatā vatthūni pariggaṇhanti, nīcānaṃ tattha rājūnaṃ rājamahāmattānaṃ cittāni namanti nivesanāni māpetuṃ. Atha kho Bhagavā āyasmantaṃ ānandaṃ āmantesi – ''ke nu kho te, ānanda, pāṭaligāme nagaraṃ māpentī''ti? ''Sunidhavassakārā, bhante, magadhamahāmattā pāṭaligāme nagaraṃ māpenti vajjīnaṃ paṭibāhāyā''ti. Seyyathāpi, ānanda, devehi tāvatiṃsehi saddhiṃ mantetvā, evameva kho, ānanda, sunidhavassakārā magadhamahāmattā pāṭaligāme nagaraṃ māpenti vajjīnaṃ paṭibāhāya. Idhāhaṃ, ānanda, rattiyā paccūsasamayaṃ paccuṭṭhāya addasaṃ dibbena cakkhunā visuddhena atikkantamānusakena sambahulā devatāyo pāṭaligāme vatthūni pariggaṇhantiyo. Yasmiṃ padese mahesakkhā devatā vatthūni pariggaṇhanti, mahesakkhānaṃ tattha rājūnaṃ rājamahāmattānaṃ cittāni namanti nivesanāni māpetuṃ. Yasmiṃ padese majjhimā devatā vatthūni pariggaṇhanti, majjhimānaṃ tattha rājūnaṃ rājamahāmattānaṃ cittāni namanti nivesanāni māpetuṃ. Yasmiṃ padese nīcā devatā vatthūni pariggaṇhanti, nīcānaṃ tattha rājūnaṃ rājamahāmattānaṃ cittāni namanti nivesanāni māpetuṃ. Yāvatā, ānanda, ariyaṃ āyatanaṃ, yāvatā vaṇippatho, idaṃ agganagaraṃ bhavissati pāṭaliputtaṃ

puṭabhedanaṃ. Pāṭaliputtassa kho, ānanda, tayo antarāyā bhavissanti – aggito vā udakato vā abbhantarato vā mithubhedāti.
Atha kho sunidhavassakārā magadhamahāmattā yena Bhagavā tenupasaṅkamiṃsu, upasaṅkamitvā bhagavatā saddhiṃ sammodiṃsu, sammodanīyaṃ kathaṃ sāraṇīyaṃ vītisāretvā ekamantaṃ aṭṭhaṃsu. Ekamantaṃ ṭhitā kho sunidhavassakārā magadhamahāmattā bhagavantaṃ etadavocuṃ – ''adhivāsetu no bhavaṃ Gotamo ajjatanāya bhattaṃ saddhiṃ bhikkhusaṅghenā''ti. Adhivāsesi Bhagavā tuṇhībhāvena. Atha kho sunidhavassakārā magadhamahāmattā bhagavato adhivāsanaṃ viditvā pakkamiṃsu. Atha kho sunidhavassakārā magadhamahāmattā paṇītaṃ khādanīyaṃ bhojanīyaṃ paṭiyādāpetvā bhagavato kālaṃ ārocāpesuṃ – ''kālo, bho Gotama, niṭṭhitaṃ bhatta''nti. Atha kho Bhagavā pubbaṇhasamayaṃ nivāsetvā pattacīvaramādāya yena sunidhavassakārānaṃ magadhamahāmattānaṃ parivesanā tenupasaṅkami; upasaṅkamitvā paññatte āsane nisīdi saddhiṃ bhikkhusaṅghena. Atha kho sunidhavassakārā magadhamahāmattā buddhappamukhaṃ bhikkhusaṅghaṃ paṇītena khādanīyena bhojanīyena sahatthā santappetvā sampavāretvā bhagavantaṃ bhuttāviṃ onītapattapāṇiṃ ekamantaṃ nisīdiṃsu. Ekamantaṃ nisinne kho sunidhavassakāre magadhamahāmatte Bhagavā imāhi gāthāhi anumodi –
''Yasmiṃ padese kappeti, vāsaṃ paṇḍitajātiyo;
Sīlavantettha bhojetvā, saññate brahmacārayo [brahmacārino (syā.)].
''Yā tattha devatā āsuṃ, tāsaṃ dakkhiṇamādise;
Tā pūjitā pūjayanti, mānitā mānayanti naṃ.
''Tato naṃ anukampanti, mātā puttaṃva orasaṃ;
Devatānukampito poso, sadā bhadrāni passatī''ti.
Atha kho Bhagavā sunidhavassakāre magadhamahāmatte imāhi gāthāhi anumoditvā uṭṭhāyāsanā pakkāmi. Tena kho pana samayena sunidhavassakārā magadhamahāmattā bhagavantaṃ piṭṭhito piṭṭhito anubandhā honti, ''yenajja samaṇo Gotamo dvārena nikkhamissati, taṃ Gotamadvāraṃ nāma bhavissati ; yena titthena gaṅgaṃ nadiṃ uttarissati, taṃ Gotamatitthaṃ nāma bhavissatī''ti. Atha kho Bhagavā yena dvārena nikkhami, taṃ Gotamadvāraṃ nāma ahosi. Atha kho Bhagavā yena gaṅgā nadī tenupasaṅkami. Tena kho pana samayena gaṅgā nadī pūrā hoti samatittikā kākapeyyā. Manussā aññe nāvaṃ pariyesanti , aññe uḷumpaṃ pariyesanti, aññe kullaṃ bandhanti orā pāraṃ gantukāmā. Addasā kho Bhagavā te manusse aññe nāvaṃ pariyesante, aññe uḷumpaṃ pariyesante, aññe kullaṃ bandhante orā pāraṃ gantukāme, disvāna seyyathāpi nāma balavā puriso samiñjitaṃ vā bāhaṃ pasāreyya, pasāritaṃ vā bāhaṃ samiñjeyya, evameva kho gaṅgāya nadiyā orimatīre antarahito pārimatīre paccuṭṭhāsi saddhiṃ bhikkhusaṅghena. Atha kho Bhagavā etamatthaṃ viditvā tāyaṃ velāyaṃ imaṃ udānaṃ udānesi –
''Ye taranti aṇṇavaṃ saraṃ;
Setuṃ katvāna visajja pallalāni;
Kullañhi jano bandhati;
Tiṇṇā medhāvino janā''ti.
Sunidhavassakāravatthu niṭṭhitaṃ.
175. Koṭigāme saccakathā
287. Atha kho Bhagavā yena koṭigāmo tenupasaṅkami. Tatra sudaṃ Bhagavā koṭigāme viharati. Tatra kho Bhagavā bhikkhū āmantesi – [dī. ni. 2.155]''catunnaṃ, bhikkhave, ariyasaccānaṃ ananubodhā appaṭivedhā evamidaṃ dīghamaddhānaṃ sandhāvitaṃ saṃsaritaṃ mamañceva tumhākañca. Katamesaṃ catunnaṃ? Dukkhassa, bhikkhave, ariyasaccassa ananubodhā appaṭivedhā evamidaṃ dīghamaddhānaṃ sandhāvitaṃ saṃsaritaṃ mamañceva tumhākañca. Dukkhasamudayassa ariyasaccassa...pe... dukkhanirodhassa ariyasaccassa...pe... dukkhanirodhagāminiyā paṭipadāya ariyasaccassa ananubodhā appaṭivedhā evamidaṃ dīghamaddhānaṃ sandhāvitaṃ saṃsaritaṃ mamañceva tumhākañca. Tayidaṃ, bhikkhave, dukkhaṃ ariyasaccaṃ anubuddhaṃ paṭividdhaṃ, dukkhasamudayaṃ [dukkhasamudayo (syā.)] ariyasaccaṃ anubuddhaṃ paṭividdhaṃ, dukkhanirodhaṃ [dukkhanirodho (syā.)] ariyasaccaṃ anubuddhaṃ paṭividdhaṃ, dukkhanirodhagāminī paṭipadā ariyasaccaṃ anubuddhaṃ paṭividdhaṃ, ucchinnā bhavataṇhā, khīṇā bhavanetti, natthidāni punabbhavo''ti.
Catunnaṃ ariyasaccānaṃ, yathābhūtaṃ adassanā;
Saṃsitaṃ dīghamaddhānaṃ, tāsu tāsveva jātisu.
Tāni etāni diṭṭhāni, bhavanetti samūhatā;
Ucchinnaṃ mūlaṃ dukkhassa, natthidāni punabbhavoti.
Koṭigāme saccakathā niṭṭhitā.
176. Ambapālīvatthu
288.[dī. ni. 2.161 ādayo] Assosi kho ambapālī gaṇikā – Bhagavā kira koṭigāmaṃ anuppattoti. Atha kho ambapālī gaṇikā bhadrāni bhadrāni yānāni yojāpetvā bhadraṃ bhadraṃ yānaṃ abhiruhitvā bhadrehi bhadrehi yānehi vesāliyā niyyāsi bhagavantaṃ dassanāya. Yāvatikā yānassa bhūmi, yānena gantvā, yānā paccorohitvā, pattikāva yena Bhagavā tenupasaṅkami; upasaṅkamitvā bhagavantaṃ abhivādetvā ekamantaṃ nisīdi. Ekamantaṃ nisinnaṃ kho ambapāliṃ gaṇikaṃ Bhagavā dhammiyā kathāya sandassesi samādapesi samuttejesi sampahaṃsesi. Atha kho ambapālī gaṇikā bhagavatā

dhammiyā kathāya sandassitā samādapitā samuttejitā sampahaṃsitā bhagavantaṃ etadavoca – ‘‘adhivāsetu me, bhante, Bhagavā svātanāya bhattaṃ saddhiṃ bhikkhusaṅghenā’’ti. Adhivāsesi Bhagavā tuṇhībhāvena. Atha kho ambapālī gaṇikā bhagavato adhivāsanaṃ viditvā uṭṭhāyāsanā bhagavantaṃ abhivādetvā padakkhiṇaṃ katvā pakkāmi.

Ambapālīvatthu niṭṭhitaṃ.

177. Licchavīvatthu

289.[dī. ni. 2.161 ādayo] Assosuṃ kho vesālikā licchavī – Bhagavā kira koṭigāmaṃ anuppattoti. Atha kho vesālikā licchavī bhadrāni bhadrāni yānāni yojāpetvā bhadraṃ bhadraṃ yānaṃ abhiruhitvā bhadrehi bhadrehi yānehi vesāliyā niyyāsuṃ bhagavantaṃ dassanāya. Appekacce licchavī nīlā honti nīlavaṇṇā nīlavatthā nīlālaṅkārā, appekacce licchavī pītā honti pītavaṇṇā pītavatthā pītālaṅkārā, appekacce licchavī lohitā honti lohitavaṇṇā lohitavatthā lohitālaṅkārā, appekacce licchavī odātā honti odātavaṇṇā odātavatthā odātālaṅkārā. Atha kho ambapālī gaṇikā daharānaṃ daharānaṃ licchavīnaṃ īsāya īsaṃ yugena yugaṃ cakkena cakkaṃ akkhena akkhaṃ paṭivaṭṭesi [paṭivattesi (ka.)]. Atha kho te licchavī ambapāliṃ gaṇikaṃ etadavocuṃ – ‘‘kissa, je ambapāli, daharānaṃ daharānaṃ[amhākaṃ daharānaṃ daharānaṃ (sī. syā.)] licchavīnaṃ īsāya īsaṃ yugena yugaṃ cakkena cakkaṃ akkhena akkhaṃ paṭivaṭṭesī’’ti? ‘‘Tathā hi pana mayā, ayyaputtā, svātanāya buddhappamukho bhikkhusaṅgho nimantito’’ti. ‘‘Dehi, je ambapāli, amhākaṃ etaṃ bhattaṃ satasahassenā’’ti. ‘‘Sacepi me, ayyaputtā, vesāliṃ sāhāraṃ dajjeyyātha, neva dajjāhaṃ taṃ bhatta’’nti. Atha kho te licchavī aṅguliṃ phoṭesuṃ – ‘‘jitamhā vata, bho, ambakāya, parājitamha vata, bho, ambakāyā’’ti. Atha kho te licchavī yena Bhagavā tenupasaṅkamiṃsu. Addasā kho Bhagavā te licchavī dūratova āgacchante, disvāna bhikkhū āmantesi – ‘‘yehi, bhikkhave, bhikkhūhi devā tāvatiṃsā adiṭṭhapubbā, oloketha, bhikkhave, licchavīparisaṃ; apaloketha, bhikkhave, licchavīparisaṃ; upasaṃharatha, bhikkhave, licchavīparisaṃ tāvatiṃsaparisa’’nti. Atha kho te licchavī yāvatikā yānassa bhūmi, yānena gantvā yānā paccorohitvā pattikāva yena Bhagavā tenupasaṅkamiṃsu; upasaṅkamitvā bhagavantaṃ abhivādetvā ekamantaṃ nisīdiṃsu. Ekamantaṃ nisinne kho te licchavī Bhagavā dhammiyā kathāya sandassesi samādapesi samuttejesi sampahaṃsesi. Atha kho te licchavī, bhagavatā dhammiyā kathāya sandassitā samādapitā samuttejitā sampahaṃsitā bhagavantaṃ etadavocuṃ – ‘‘adhivāsetu no, bhante, Bhagavā svātanāya bhattaṃ saddhiṃ bhikkhusaṅghenā’’ti. ‘‘Adhivutthomhi, licchavī, svātanāya ambapāliyā gaṇikāya bhatta’’nti. Atha kho te licchavī aṅguliṃ phoṭesuṃ – ‘‘jitamha vata, bho, ambakāya, parājitamha vata , bho, ambakāyā’’ti. Atha kho te licchavī bhagavato bhāsitaṃ abhinanditvā anumoditvā uṭṭhāyāsanā bhagavantaṃ abhivādetvā padakkhiṇaṃ katvā pakkamiṃsu.

Atha kho Bhagavā koṭigāme yathābhirantaṃ viharitvā [mahāparinibbānasutte anusandhi aññathā āgato] yena nātikā [nādikā (sī. syā.)] tenupasaṅkami. Tatra sudaṃ Bhagavā nātike viharati giñjakāvasathe. Atha kho ambapālī gaṇikā tassā rattiyā accayena sake ārāme paṇītaṃ khādanīyaṃ bhojanīyaṃ paṭiyādāpetvā bhagavato kālaṃ ārocāpesi – ‘‘kālo, bhante, niṭṭhitaṃ bhatta’’nti. Atha kho Bhagavā pubbaṇhasamayaṃ nivāsetvā pattacīvaramādāya yena ambapāliyā gaṇikāya parivesanā tenupasaṅkami; upasaṅkamitvā paññatte āsane nisīdi saddhiṃ bhikkhusaṅghena . Atha kho ambapālī gaṇikā buddhappamukhaṃ bhikkhusaṅghaṃ paṇītena khādanīyena bhojanīyena sahatthā santappetvā sampavāretvā bhagavantaṃ bhuttāviṃ onītapattapāṇiṃ ekamantaṃ nisīdi. Ekamantaṃ nisinnā kho ambapālī gaṇikā bhagavantaṃ etadavoca – ‘‘imāhaṃ, bhante, ambavanaṃ buddhappamukhassa bhikkhusaṅghassa dammī’’ti. Paṭiggahesi Bhagavā ārāmaṃ. Atha kho Bhagavā ambapāliṃ gaṇikaṃ dhammiyā kathāya sandassetvā samādapetvā samuttejetvā sampahaṃsetvā uṭṭhāyāsanā yena mahāvanaṃ tenupasaṅkami. Tatra sudaṃ Bhagavā vesāliyaṃ viharati mahāvane kūṭāgārasālāyaṃ.

Licchavīvatthu niṭṭhitaṃ.

Licchavibhāṇavāro niṭṭhito tatiyo.

178. Sīhasenāpativatthu

290.[a. ni. 8.12 ādayo] Tena kho pana samayena abhiññātā abhiññātā licchavī sandhāgāre [santhāgāre (sī. syā.)] sannisinnā sannipatitā anekapariyāyena buddhassa vaṇṇaṃ bhāsanti, dhammassa vaṇṇaṃ bhāsanti, saṅghassa vaṇṇaṃ bhāsanti. Tena kho pana samayena sīho senāpati nigaṇṭhasāvako tassaṃ parisāyaṃ nisinno hoti. Atha kho sīhassa senāpatissa etadahosi – ‘‘nissaṃsayaṃ kho so Bhagavā arahaṃ sammāsambuddho bhavissati, tathā hime abhiññātā abhiññātā licchavī santhāgāre sannisinnā sannipatitā anekapariyāyena buddhassa vaṇṇaṃ bhāsanti, dhammassa vaṇṇaṃ bhāsanti, saṅghassa vaṇṇaṃ bhāsanti. Yaṃnūnāhaṃ taṃ bhagavantaṃ dassanāya upasaṅkameyyaṃ arahantaṃ sammāsambuddha’’nti. Atha kho sīho senāpati yena nigaṇṭho nāṭaputto tenupasaṅkami, upasaṅkamitvā nigaṇṭhaṃ nāṭaputtaṃ etadavoca – ‘‘icchāmahaṃ, bhante, samaṇaṃ Gotamaṃ dassanāya upasaṅkamitu’’nti. ‘‘Kiṃ pana tvaṃ, sīha, kiriyavādo samāno akiriyavādaṃ samaṇaṃ Gotamaṃ dassanāya upasaṅkamissasi? Samaṇo hi, sīha, Gotamo akiriyavādo akiriyāya dhammaṃ deseti, tena ca sāvake vinetī’’ti. Atha kho sīhassa senāpatissa yo ahosi gamikābhisaṅkhāro bhagavantaṃ dassanāya, so paṭippassambhi. Dutiyampi kho abhiññātā abhiññātā licchavī sandhāgāre sannisinnā sannipatitā anekapariyānena buddhassa vaṇṇaṃ bhāsanti, dhammassa vaṇṇaṃ bhāsanti, saṅghassa vaṇṇaṃ bhāsanti. Dutiyampi kho sīhassa senāpatissa etadahosi –

"nissaṃsayaṃ kho so Bhagavā arahaṃ sammāsambuddho bhavissati, tathā hime abhiññātā abhiññātā licchavī sandhāgāre sannisinnā sannipatitā anekapariyāyena buddhassa vaṇṇaṃ bhāsanti, dhammassa vaṇṇaṃ bhāsanti, saṅghassa vaṇṇaṃ bhāsanti. Yaṃnūnāhaṃ taṃ bhagavantaṃ dassanāya upasaṅkameyyaṃ arahantaṃ sammāsambuddha''nti. Dutiyampi kho sīho senāpati yena nigaṇṭho nāṭaputto tenupasaṅkami, upasaṅkamitvā nigaṇṭhaṃ nāṭaputtaṃ etadavoca – "icchāmahaṃ, bhante, samaṇaṃ Gotamaṃ dassanāya upasaṅkamitu''nti. "Kiṃ pana tvaṃ, sīha, kiriyavādo samāno akiriyavādaṃ samaṇaṃ Gotamaṃ dassanāya upasaṅkamissasi? Samaṇo hi, sīha, Gotamo akiriyavādo akiriyāya dhammaṃ deseti, tena ca sāvake vinetī''ti. Dutiyampi kho sīhassa senāpatissa yo ahosi gamikābhisaṅkhāro bhagavantaṃ dassanāya, so paṭippassambhi. Tatiyampi kho abhiññātā abhiññātā licchavī sandhāgāre sannisinnā sannipatitā anekapariyāyena buddhassa vaṇṇaṃ bhāsanti, dhammassa vaṇṇaṃ bhāsanti, saṅghassa vaṇṇaṃ bhāsanti. Tatiyampi kho sīhassa senāpatissa etadahosi – "nissaṃsayaṃ kho so Bhagavā arahaṃ sammāsambuddho bhavissati, tathā hime abhiññātā abhiññātā licchavī sandhāgāre sannisinnā sannipatitā anekapariyāyena buddhassa vaṇṇaṃ bhāsanti, dhammassa vaṇṇaṃ bhāsanti, saṅghassa vaṇṇaṃ bhāsanti. Kiñhi me karissanti nigaṇṭhā apalokitā vā anapalokitā vā? Yaṃnūnāhaṃ anapaloketvāva nigaṇṭhe taṃ bhagavantaṃ dassanāya upasaṅkameyyaṃ arahantaṃ sammāsambuddha''nti.

Atha kho sīho senāpati pañcahi rathasatehi divā divassa vesāliyā niyyāsi bhagavantaṃ dassanāya. Yāvatikā yānassa bhūmi, yānena gantvā yānā paccorohitvā pattikova yena Bhagavā tenupasaṅkami; upasaṅkamitvā bhagavantaṃ abhivādetvā ekamantaṃ nisīdi. Ekamantaṃ nisinno kho sīho senāpati bhagavantaṃ etadavoca – "sutaṃ me taṃ, bhante, 'akiriyavādo samaṇo Gotamo akiriyāya dhammaṃ deseti, tena ca sāvake vinetī'ti. Ye te, bhante, evamāhaṃsu 'akiriyavādo samaṇo Gotamo, akiriyāya dhammaṃ deseti, tena ca sāvake vinetī'ti. Kacci te, bhante, bhagavato vuttavādino, na ca bhagavantaṃ abhūtena abbhācikkhanti, dhammassa cānudhammaṃ byākaronti, na ca koci sahadhammiko vādānuvādo gārayhaṃ ṭhānaṃ āgacchati? Anabbhakkhātukāmā hi mayaṃ, bhante, bhagavanta''nti.

291. "Atthi, sīha, pariyāyo, yena maṃ pariyāyena sammā vadamāno vadeyya – akiriyavādo samaṇo Gotamo, akiriyāya dhammaṃ deseti, tena ca sāvake vinetīti. Atthi, sīha, pariyāyo, yena maṃ pariyāyena sammā vadamāno vadeyya – kiriyavādo samaṇo Gotamo kiriyāya dhammaṃ deseti, tena ca sāvake vinetīti. Atthi, sīha, pariyāyo yena maṃ pariyāyena sammā vadamāno vadeyya – ucchedavādo samaṇo Gotamo ucchedāya dhammaṃ deseti, tena ca sāvake vinetīti. Atthi, sīha, pariyāyo, yena maṃ pariyāyena sammā vadamāno vadeyya – jegucchī samaṇo Gotamo, jegucchitāya dhammaṃ deseti, tena ca sāvake vinetīti. Atthi, sīha, pariyāyo, yena maṃ pariyāyena sammā vadamāno vadeyya – venayiko samaṇo Gotamo, vinayāya dhammaṃ deseti, tena ca sāvake vinetīti. Atthi, sīha, pariyāyo, yena maṃ pariyāyena sammā vadamāno vadeyya – tapassī samaṇo Gotamo, tapassitāya dhammaṃ deseti, tena ca sāvake vinetīti. Atthi, sīha, pariyāyo, yena maṃ pariyāyena sammā vadamāno vadeyya – apagabbho samaṇo Gotamo, apagabbhatāya dhammaṃ deseti, tena ca sāvake vinetīti. Atthi, sīha, pariyāyo, yena maṃ pariyāyena sammā vadamāno vadeyya – assattho samaṇo Gotamo, assāsāya dhammaṃ deseti, tena ca sāvake vinetīti.

292. "Katamo ca, sīha, pariyāyo, yena maṃ pariyāyena sammā vadamāno vadeyya – akiriyavādo samaṇo Gotamo, akiriyāya dhammaṃ deseti, tena ca sāvake vinetīti? Ahañhi, sīha, akiriyaṃ vadāmi kāyaduccaritassa vacīduccaritassa manoduccaritassa; anekavihitānaṃ pāpakānaṃ akusalānaṃ dhammānaṃ akiriyaṃ vadāmi. Ayaṃ kho, sīha, pariyāyo, yena maṃ pariyāyena sammā vadamāno vadeyya – akiriyavādo samaṇo Gotamo, akiriyāya dhammaṃ deseti, tena ca sāvake vinetīti.

"Katamo ca, sīha, pariyāyo, yena maṃ pariyāyena sammā vadamāno vadeyya – kiriyavādo samaṇo Gotamo, kiriyāya dhammaṃ deseti, tena ca sāvake vinetīti? Ahañhi, sīha, kiriyaṃ vadāmi kāyasucaritassa vacīsucaritassa manosucaritassa, anekavihitānaṃ kusalānaṃ dhammānaṃ kiriyaṃ vadāmi. Ayaṃ kho, sīha, pariyāyo, yena maṃ pariyāyena sammā vadamāno vadeyya – kiriyavādo samaṇo Gotamo, kiriyāya dhammaṃ deseti, tena ca sāvake vinetīti.

"Katamo ca, sīha, pariyāyo, yena maṃ pariyāyena sammā vadamāno vadeyya – ucchedavādo samaṇo Gotamo, ucchedāya dhammaṃ deseti, tena ca sāvake vinetīti? Ahañhi, sīha, ucchedaṃ vadāmi rāgassa dosassa mohassa; anekavihitānaṃ pāpakānaṃ akusalānaṃ dhammānaṃ ucchedaṃ vadāmi. Ayaṃ kho, sīha, pariyāyo, yena maṃ pariyāyena sammā vadamāno vadeyya – ucchedavādo samaṇo Gotamo ucchedāya dhammaṃ deseti, tena ca sāvake vinetīti.

"Katamo ca, sīha, pariyāyo yena maṃ pariyāyena sammā vadamāno vadeyya – jegucchī samaṇo Gotamo, jegucchitāya dhammaṃ deseti, tena ca sāvake vinetīti? Ahañhi, sīha, jigucchāmi kāyaduccaritena vacīduccaritena manoduccaritena; anekavihitānaṃ pāpakānaṃ akusalānaṃ dhammānaṃ samāpattiyā jigucchāmi. Ayaṃ kho, sīha, pariyāyo, yena maṃ pariyāyena sammā vadamāno vadeyya – jegucchī samaṇo Gotamo, jegucchitāya dhammaṃ deseti, tena ca sāvake vinetīti.

"Katamo ca, sīha, pariyāyo, yena maṃ pariyāyena sammā vadamāno vadeyya – venayiko samaṇo Gotamo, vinayāya dhammaṃ deseti, tena ca sāvake vinetīti? Ahañhi, sīha, vinayāya dhammaṃ desemi rāgassa dosassa mohassa; anekavihitānaṃ pāpakānaṃ akusalānaṃ dhammānaṃ vinayāya dhammaṃ desemi. Ayaṃ kho, sīha, pariyāyo, yena maṃ pariyāyena sammā vadamāno vadeyya – venayiko samaṇo Gotamo, vinayāya dhammaṃ deseti, tena ca sāvake vinetīti.

''Katamo ca, sīha, pariyāyo, yena maṃ pariyāyena sammā vadamāno vadeyya – tapassī samaṇo Gotamo, tapassitāya dhammaṃ deseti, tena ca sāvake vinetīti? Tapanīyāhaṃ, sīha, pāpake akusale dhamme vadāmi – kāyaduccaritaṃ vacīduccaritaṃ manoduccaritaṃ. Yassa kho, sīha, tapanīyā pāpakā akusalā dhammāpahīnā ucchinnamūlā tālāvatthukatā anabhāvaṅkatā āyatiṃ anuppādadhammā, tamahaṃ tapassīti vadāmi. Tathāgatassa kho, sīha, tapanīyā pāpakā akusalā dhammā pahīnā ucchinnamūlā tālāvatthukatā anabhāvaṃkatā āyatiṃ anuppādadhammā. Ayaṃ kho, sīha, pariyāyo, yena maṃ pariyāyena sammā vadamāno vadeyya ''tapassī samaṇo Gotamo tapassitāya dhammaṃ deseti, tena ca sāvake vinetī''ti.

''Katamo ca, sīha, pariyāyo, yena maṃ pariyāyena sammā vadamāno vadeyya – apagabbho samaṇo Gotamo apagabbhatāya dhammaṃ deseti, tena ca sāvake vinetīti? Yassa kho, sīha, āyatiṃ gabbhaseyyā punabbhavābhinibbatti pahīnā ucchinnamūlā tālāvatthukatā anabhāvaṃkatā āyatiṃ anuppādadhammā, tamahaṃ apagabbhoti vadāmi. Tathāgatassa kho, sīha, āyatiṃ gabbhaseyyā punabbhavābhinibbatti pahīnā ucchinnamūlā tālāvatthukatā anabhāvaṃkatā āyatiṃ anuppādadhammā. Ayaṃ kho, sīha, pariyāyo, yena maṃ pariyāyena sammā vadamāno vadeyya – apagabbho samaṇo Gotamo, apagabbhatāya dhammaṃ deseti, tena ca sāvake vinetīti.

''Katamo ca, sīha, pariyāyo, yena maṃ pariyāyena sammā vadamāno vadeyya – assattho samaṇo Gotamo assāsāya dhammaṃ deseti, tena ca sāvake vinetīti? Ahañhi, sīha, assattho paramena assāsena, assāsāya dhammaṃ desemi, tena ca sāvake vinemi. Ayaṃ kho, sīha, pariyāyo, yena maṃ pariyāyena sammāvadamāno vadeyya – assattho samaṇo Gotamo assāsāya dhammaṃ deseti, tena ca sāvake vinetī''ti.

293. Evaṃ vutte sīho senāpati bhagavantaṃ etadavoca – ''abhikkantaṃ, bhante…pe… upāsakaṃ maṃ Bhagavā dhāretu ajjatagge pāṇupetaṃ saraṇaṃ gata''nti. ''Anuviccakāraṃ [anuvijjakāraṃ (ka.)] kho, sīha, karohi; anuviccakāro tumhādisānaṃ ñātamanussānaṃ sādhu hotī''ti. ''Imināpāhaṃ, bhante, bhagavato bhiyyosomattāya attamano abhiraddho, yaṃ maṃ Bhagavā evamāha – 'anuviccakāraṃ kho, sīha, karohi; anuviccakāro tumhādisānaṃ ñātamanussānaṃ sādhu hotī'ti. Mamañhi, bhante, aññatitthiyā sāvakaṃ labhitvā kevalakappaṃ vesāliṃ paṭākaṃ parihareyyuṃ – 'sīho kho amhākaṃ senāpati sāvakattaṃ upagato'ti. Atha ca pana maṃ Bhagavā evamāha – 'anuviccakāraṃ kho, sīha, karohi; anuviccakāro tumhādisānaṃ ñātamanussānaṃ sādhu hotī'ti. Esāhaṃ, bhante, dutiyampi bhagavantaṃ saraṇaṃ gacchāmi dhammañca bhikkhusaṅghañca. Upāsakaṃ maṃ Bhagavā dhāretu ajjatagge pāṇupetaṃ saraṇaṃ gata''nti. ''Dīgharattaṃ kho te, sīha, nigaṇṭhānaṃ opānabhūtaṃ kulaṃ, yena nesaṃ upagatānaṃ piṇḍakaṃ dātabbaṃ maññeyyāsī''ti. ''Imināpāhaṃ, bhante, bhagavato bhiyyosomattāya attamano abhiraddho, yaṃ maṃ Bhagavā evamāha – 'dīgharattaṃ kho te, sīha, nigaṇṭhānaṃ opānabhūtaṃ kulaṃ, yena nesaṃ upagatānaṃ piṇḍakaṃ dātabbaṃ maññeyyāsī'ti. Sutaṃ me taṃ, bhante, samaṇo Gotamo evamāha – 'mayhameva dānaṃ dātabbaṃ, na aññesaṃ dānaṃ dātabbaṃ; mayhameva sāvakānaṃ dānaṃ dātabbaṃ, na aññesaṃ sāvakānaṃ dānaṃ dātabbaṃ ; mayhameva dinnaṃ mahapphalaṃ, na aññesaṃ dinnaṃ mahapphalaṃ; mayhameva sāvakānaṃ dinnaṃ mahapphalaṃ, na aññesaṃ sāvakānaṃ dinnaṃ mahapphala'nti. Atha ca pana maṃ Bhagavā nigaṇṭhesupi dāne samādapeti. Api ca, bhante, mayamettha kālaṃ jānissāma. Esāhaṃ, bhante, tatiyampi bhagavantaṃ saraṇaṃ gacchāmi dhammañca bhikkhusaṅghañca. Upāsakaṃ maṃ Bhagavā dhāretu ajjatagge pāṇupetaṃ saraṇaṃ gata''nti.

Atha kho Bhagavā sīhassa senāpatissa anupubbiṃ kathaṃ kathesi, seyyathidaṃ – dānakathaṃ…pe… aparappaccayo satthusāsane bhagavantaṃ etadavoca – ''adhivāsetu me, bhante, Bhagavā svātanāya bhattaṃ saddhiṃ bhikkhusaṅghenā''ti. Adhivāsesi Bhagavā tuṇhībhāvena. Atha kho sīho senāpati bhagavato adhivāsanaṃ viditvā uṭṭhāyāsanā bhagavantaṃ abhivādetvā padakkhiṇaṃ katvā pakkāmi.

294. Atha kho sīho senāpati aññataraṃ purisaṃ āṇāpesi – ''gaccha, bhaṇe, pavattamaṃsaṃ jānāhī''ti. Atha kho sīho senāpati tassā rattiyā accayena paṇītaṃ khādanīyaṃ bhojanīyaṃ paṭiyādāpetvā bhagavato kālaṃ ārocāpesi – ''kālo, bhante, niṭṭhitaṃ bhatta''nti. Atha kho Bhagavā pubbaṇhasamayaṃ nivāsetvā pattacīvaramādāya yena sīhassa senāpatissa nivesanaṃ tenupasaṅkami; upasaṅkamitvā paññatte āsane nisīdi saddhiṃ bhikkhusaṅghena.

Tena kho pana samayena sambahulā nigaṇṭhā vesāliyaṃ rathikāya rathikaṃ siṅghāṭakena siṅghāṭakaṃ bāhā paggayha kandanti – ''ajja sīhena senāpatinā thūlaṃ pasuṃ vadhitvā samaṇassa Gotamassa bhattaṃ kataṃ, taṃ samaṇo Gotamo jānaṃ uddissakataṃ maṃsaṃ paribhuñjati paṭiccakamma''nti. Atha kho aññataro puriso yena sīho senāpati tenupasaṅkami, upasaṅkamitvā sīhassa senāpatissa upakaṇṇake ārocesi ''yagghe, bhante, jāneyyāsi, ete sambahulā nigaṇṭhā vesāliyaṃ rathikāya rathikaṃ siṅghāṭakena siṅghāṭakaṃ bāhā paggayha kandanti – 'ajja sīhena senāpatinā thūlaṃ pasuṃ vadhitvā samaṇassa Gotamassa bhattaṃ kataṃ, taṃ samaṇo Gotamo jānaṃ uddissakataṃ maṃsaṃ paribhuñjati paṭiccakamma''nti. ''Alaṃ ayyo, dīgharattampi te āyasmantā avaṇṇakāmā buddhassa, avaṇṇakāmā dhammassa, avaṇṇakāmā saṅghassa; na ca pana te āyasmantā jiridanti taṃ bhagavantaṃ asatā tucchā musā abhūtena abbhācikkhantā; na ca mayaṃ jīvitahetupi sañcicca pāṇaṃ jīvitā voropeyyāmā''ti. Atha kho sīho senāpati buddhappamukhaṃ bhikkhusaṅghaṃ paṇītena khādanīyena bhojanīyena sahatthā santappetvā sampavāretvā bhagavantaṃ bhuttāviṃ onītapattapāṇiṃ ekamantaṃ nisīdi. Ekamantaṃ nisinnaṃ kho sīhaṃ senāpatiṃ Bhagavā dhammiyā kathāya sandassetvā samādapetvā samuttejetvā sampahaṃsetvā uṭṭhāyāsanā pakkāmi. Atha kho Bhagavā etasmiṃ nidāne etasmiṃ pakaraṇe dhammiṃ kathaṃ katvā bhikkhū āmantesi – ''na, bhikkhave, jā naṃ uddissakataṃ maṃsaṃ paribhuñjitabbaṃ. Yo paribhuñjeyya āpatti dukkaṭassa. Anujānāmi, bhikkhave, tikoṭiparisuddhaṃ macchamaṃsaṃ – adiṭṭhaṃ assutaṃ aparisaṅkita''nti.

Sīhasenāpativatthu niṭṭhitaṃ.

179. Kappiyabhūmianujānanā

295. Tena kho pana samayena vesālī subhikkhā hoti susassā sulabhapiṇḍā, sukarā uñchena paggahena yāpetuṃ. Atha kho bhagavato rahogatassa paṭisallīnassa evaṃ cetaso parivitakko udapādi – ''yāni tāni mayā bhikkhūnaṃ anuññātāni dubbhikkhe dussasse dullabhapiṇḍe anto vuṭṭhaṃ anto pakkaṃ sāmaṃ pakkaṃ uggahitapaṭiggahitakaṃ tato nīhaṭaṃ purebhattaṃ paṭiggahitaṃ vanaṭṭhaṃ pokkharaṭṭhaṃ, ajjāpi nu kho tāni bhikkhū paribhuñjantī''ti. Atha kho Bhagavā sāyanhasamayaṃ paṭisallānā vuṭṭhito āyasmantaṃ ānandaṃ āmantesi – ''yāni tāni, ānanda, mayā bhikkhūnaṃ anuññātāni dubbhikkhe dussasse dullabhapiṇḍe anto vuṭṭhaṃ anto pakkaṃ sāmaṃ pakkaṃ uggahitapaṭiggahitakaṃ tato nīhaṭaṃ purebhattaṃ paṭiggahitaṃ vanaṭṭhaṃ pokkharaṭṭhaṃ, ajjāpi nu kho tāni bhikkhū paribhuñjantī''ti? ''Paribhuñjanti Bhagavā''ti. Atha kho Bhagavā etasmiṃ nidāne etasmiṃ pakaraṇe dhammiṃ kathaṃ katvā bhikkhū āmantesi – ''yāni tāni, bhikkhave, mayā bhikkhūnaṃ anuññātāni dubbhikkhe dussasse dullabhapiṇḍe anto vuṭṭhaṃ anto pakkaṃ sāmaṃ pakkaṃ uggahitapaṭiggahitakaṃ tato nīhaṭaṃ purebhattaṃ paṭiggahitaṃ vanaṭṭhaṃ pokkharaṭṭhaṃ, tānāhaṃ ajjatagge paṭikkhipāmi. Na, bhikkhave, anto vuṭṭhaṃ anto pakkaṃ sāmaṃ pakkaṃuggahitapaṭiggahitakaṃ paribhuñjitabbaṃ. Yo paribhuñjeyya, āpatti dukkaṭassa. Na ca, bhikkhave, tato nīhaṭaṃ purebhattaṃ paṭiggahitaṃ vanaṭṭhaṃ pokkharaṭṭhaṃ bhuttāvinā pavāritena anatirittaṃ paribhuñjitabbaṃ. Yo paribhuñjeyya, yathādhammo kāretabbo''ti.

Tena kho pana samayena jānapadā manussā bahuṃ loṇampi, telampi, taṇḍulampi, khādanīyampi sakaṭesu āropetvā bahārāmakoṭṭhake sakaṭaparivaṭṭaṃ karitvā acchanti – yadā paṭipāṭiṃ labhissāma, tadā bhattaṃ karissāmāti. Mahā ca megho uggato hoti. Atha kho te manussā yenāyasmā ānando tenupasaṅkamiṃsu, upasaṅkamitvā āyasmantaṃ ānandaṃ etadavocuṃ – ''idha, bhante ānanda, bahuṃ loṇampi, telampi, taṇḍulampi, khādanīyampi sakaṭesu āropitā tiṭṭhanti, mahā ca megho uggato ; kathaṃ nu kho, bhante ānanda, paṭipajjitabba''nti? Atha kho āyasmā ānando bhagavato etamatthaṃ ārocesi. ''Tena hānanda, saṅgho paccantimaṃ vihāraṃ kappiyabhūmiṃ sammannitvā tattha vāsetu, yaṃ saṅgho ākaṅkhati vihāraṃ vā aḍḍhayogaṃ vā pāsādaṃ vā hammiyaṃ vā guhaṃ vā. Evañca pana, bhikkhave, sammannitabbā. Byattena bhikkhunā paṭibalena saṅgho ñāpetabbo –

''Suṇātu me, bhante, saṅgho. Yadi saṅghassa pattakallaṃ, saṅgho itthannāmaṃ vihāraṃ kappiyabhūmiṃ sammanneyya, esā ñatti.

''Suṇātu me, bhante, saṅgho. Saṅgho itthannāmaṃ vihāraṃ kappiyabhūmiṃ sammannati . Yassāyasmato khamati itthannāmassa vihārassa kappiyabhūmiyā sammuti, so tuṇhassa; yassa nakkhamati, so bhāseyya.

''Sammato saṅghena itthannāmo vihāro kappiyabhūmi. Khamati saṅghassa, tasmā tuṇhī, evametaṃ dhārayāmī''ti.

Tena kho pana samayena manussā tattheva sammutiyā [sammatikāya (syā.)] kappiyabhūmiyā yāguyo pacanti, bhattāni pacanti, sūpāni sampādenti, maṃsāni koṭṭenti, kaṭṭhāni phālenti. Assosi kho Bhagavā rattiyā paccūsasamayaṃ paccuṭṭhāya uccāsaddaṃ mahāsaddaṃ kākoravasaddaṃ, sutvāna āyasmantaṃ ānandaṃ āmantesi – ''kiṃ nu kho so, ānanda, uccāsaddo mahāsaddo kākoravasaddo''ti? ''Etarahi, bhante, manussā tattheva sammutiyā kappiyabhūmiyā yāguyo pacanti, bhattāni pacanti, sūpāni sampādenti, maṃsāni koṭṭenti, kaṭṭhāni phālenti. So eso, Bhagavā, uccāsaddo mahāsaddo kākoravasaddo''ti. Atha kho Bhagavā etasmiṃ nidāne etasmiṃ pakaraṇe dhammiṃ kathaṃ katvā bhikkhū āmantesi – ''na, bhikkhave, sammuti [sammatikā (syā.)] kappiyabhūmi paribhuñjitabbā. Yo paribhuñjeyya, āpatti dukkaṭassa. Anujānāmi, bhikkhave, tisso kappiyabhūmiyo – ussāvanantikaṃ gonisādikaṃ gahapati''nti.

Tena kho pana samayena āyasmā yasojo gilāno hoti. Tassatthāya bhesajjāni āhariyanti. Tāni bhikkhū bahi vāsenti. Ukkapiṇḍikāpi khādanti, corāpi haranti. Bhagavato etamatthaṃ ārocesuṃ. Anujānāmi , bhikkhave, sammutiṃ kappiyabhūmiṃ paribhuñjituṃ . Anujānāmi, bhikkhave, catasso kappiyabhūmiyo – ussāvanantikaṃ gonisādikaṃ gahapatiṃ sammutinti.

Kappiyabhūmianujānanā niṭṭhitā.

Sīhabhāṇavāro niṭṭhito catuttho.

180. Meṇḍakagahapativatthu

296. Tena kho pana samayena bhaddiyanagare meṇḍako gahapati paṭivasati. Tassa evarūpo iddhānubhāvo hoti – sīsaṃ nahāyitvā dhaññāgāraṃ sammajjāpetvā bahidvāre nisīdati, antalikkhā dhaññassa dhārā opatitvā dhaññāgāraṃ pūreti. Bhariyāya evarūpo iddhānubhāvo hoti – ekaṃyeva

āḷhakathālikaṃ upanisīditvā ekañca sūpabhiñjanakaṃ [sūpabhiñjarakaṃ (sī.)] dāsakammakaraporisaṃ bhattena parivisati, na tāva taṃ khiyyati [khīyati (sī. syā.)] yāva sā na vuṭṭhāti. Puttassa evarūpo iddhānubhāvo hoti – ekaṃyeva sahassathavikaṃ gahetvā dāsakammakaraporisassa chamāsikaṃ vetanaṃ deti, na tāva taṃ khiyyati yāvassa hatthagatā. Suṇisāya evarūpo iddhānubhāvo hoti – ekaṃyeva catudoṇikaṃ piṭakaṃ upanisīditvā dāsakammakaraporisassa chamāsikaṃ bhattaṃ deti, na tāva taṃ khiyyati yāva sā na vuṭṭhāti. Dāsassa evarūpo iddhānubhāvo hoti – ekena naṅgalena kasantassa satta sītāyo gacchanti.

Assosi kho rājā māgadho seniyo bimbisāro – ''amhākaṃ kira vijite bhaddiyanagare meṇḍako gahapati paṭivasati. Tassa evarūpo iddhānubhāvo – sīsaṃ nahāyitvā dhaññāgāraṃ sammajjāpetvā bahidvāre nisīdati, antalikkhā dhaññassa dhārā opatitvā dhaññāgāraṃ pūreti. Bhariyāya evarūpo iddhānubhāvo – ekaṃyeva āḷhakathālikaṃ upanisīditvā ekañca sūpabhiñjanakaṃ dāsakammakaraporisaṃ bhattena parivisati, na tāva taṃ khiyyati yāva sā na vuṭṭhāti. Puttassa evarūpo iddhānubhāvo – ekaṃyeva sahassathavikaṃ gahetvā dāsakammakaraporisassa chamāsikaṃ vetanaṃ deti, na tāva taṃ khiyyati yāvassa hatthagatā. Suṇisāya evarūpo iddhānubhāvo – ekaṃyeva catudoṇikaṃ piṭakaṃ upanisīditvā dāsakammakaraporisassa chamāsikaṃ bhattaṃ deti, na tāva taṃ khiyyati yāva sā na vuṭṭhāti. Dāsassa evarūpo iddhānubhāvo – ekena naṅgalena kasantassa satta sītāyo gacchantī''ti. Atha kho rājā māgadho seniyo bimbisāro aññataraṃ sabbatthakaṃ mahāmattaṃ āmantesi – ''amhākaṃ kira, bhaṇe, vijite bhaddiyanagare meṇḍako gahapati paṭivasati. Tassa evarūpo iddhānubhāvo – sīsaṃ nahāyitvā dhaññāgāraṃ sammajjāpetvā bahidvāre nisīdati, antalikkhā dhaññassa dhārā opatitvā dhaññāgāraṃ pūreti. Bhariyāya...pe... puttassa... suṇisāya... dāsassa evarūpo iddhānubhāvo, ekena naṅgalena kasantassa satta sītāyo gacchantīti. Gaccha, bhaṇe, jānāhi. Yathā mayā sāmaṃ diṭṭho, evaṃ tava diṭṭho bhavissatī''ti.

297. Evaṃ, devāti kho so mahāmatto rañño māgadhassa seniyassa bimbisārassa paṭissuṇitvā caturaṅginiyā senāya yena bhaddiyaṃ tena pāyāsi. Anupubbena yena bhaddiyaṃ yena meṇḍako gahapati tenupasaṅkami; upasaṅkamitvā meṇḍakaṃ gahapatiṃ etadavoca – ''ahañhi, gahapati, raññā āṇatto 'amhākaṃ kira, bhaṇe, vijite bhaddiyanagare meṇḍako gahapati paṭivasati, tassa evarūpo iddhānubhāvo, sīsaṃ nahāyitvā...pe... bhariyāya... puttassa... suṇisāya... dāsassa evarūpo iddhānubhāvo, ekena naṅgalena kasantassa satta sītāyo gacchantī'ti, gaccha, bhaṇe, jānāhi. Yathā mayā sāmaṃ diṭṭho, evaṃ tava diṭṭho bhavissatī'ti. Passāma te, gahapati, iddhānubhāva''nti. Atha kho meṇḍako gahapati sīsaṃ nahāyitvā dhaññāgāraṃ sammajjāpetvā bahidvāre nisīdi, antalikkhā dhaññassa dhārā opatitvā dhaññāgāraṃ pūresi. ''Diṭṭho te, gahapati, iddhānubhāvo. Bhariyāya te iddhānubhāvaṃ passissāmā''ti. Atha kho meṇḍako gahapati bhariyaṃ āṇāpesi – ''tena hi caturaṅginiṃ senaṃ bhattena parivisā''ti. Atha kho meṇḍakassa gahapatissa bhariyā ekaṃyeva āḷhakathālikaṃ upanisīditvā ekañca sūpabhiñjanakaṃ caturaṅginiṃ senaṃ bhattena parivisi, na tāva taṃ khiyyati, yāva sā na vuṭṭhāti. ''Diṭṭho te, gahapati, bhariyāyapi iddhānubhāvo. Puttassa te iddhānubhāvaṃ passissāmā''ti. Atha kho meṇḍako gahapati puttaṃ āṇāpesi – ''tena hi caturaṅginiyā senāya chamāsikaṃ vetanaṃ dehī''ti . Atha kho meṇḍakassa gahapatissa putto ekaṃyeva sahassathavikaṃ gahetvā caturaṅginiyā senāya chamāsikaṃ vetanaṃ adāsi, na tāva taṃ khiyyati, yāvassa hatthagatā. ''Diṭṭho te, gahapati, puttassapi iddhānubhāvo. Suṇisāya te iddhānubhāvaṃ passissāmā''ti. Atha kho meṇḍako gahapati suṇisaṃ āṇāpesi – ''tena hi caturaṅginiyā senāya chamāsikaṃ bhattaṃ dehī''ti. Atha kho meṇḍakassa gahapatissa suṇisā ekaṃyeva catudoṇikaṃ piṭakaṃ upanisīditvā caturaṅginiyā senāya chamāsikaṃ bhattaṃ adāsi, na tāva taṃ khiyyati yāva sā na vuṭṭhāti. ''Diṭṭho te, gahapati, suṇisāyapi iddhānubhāvo. Dāsassa te iddhānubhāvaṃ passissāmā''ti. ''Mayhaṃ kho, sāmi, dāsassa iddhānubhāvo khette passitabbo''ti. ''Alaṃ, gahapati, diṭṭho te dāsassapi iddhānubhāvo''ti. Atha kho so mahāmatto caturaṅginiyā senāya punadeva rājagahaṃ paccāgañchi. Yena rājā māgadho seniyo bimbisāro tenupasaṅkami; upasaṅkamitvā rañño māgadhassa seniyassa bimbisārassa etamatthaṃ ārocesi.

298. Atha kho Bhagavā vesāliyaṃ yathābhirantaṃ viharitvā yena bhaddiyaṃ tena cārikaṃ pakkāmi mahatā bhikkhusaṅghena saddhiṃ aḍḍhatelasehi bhikkhusatehi. Atha kho Bhagavā anupubbena cārikaṃ caramāno yena bhaddiyaṃ tadavasari. Tatra sudaṃ Bhagavā bhaddiye viharati jātiyā vane. Assosi kho meṇḍako gahapati – ''samaṇo khalu bho Gotamo sakyaputto sakyakulā pabbajito bhaddiyaṃ anuppatto bhaddiye viharati jātiyā vane. Taṃ kho pana bhagavantaṃ Gotamaṃ evaṃ kalyāṇo kittisaddo abbhuggato – 'itipi so Bhagavā arahaṃ sammāsambuddho vijjācaraṇasampanno sugato lokavidū anuttaro purisadammasārathi satthā devamanussānaṃ buddho Bhagavā' [Bhagavāti (ka.)]. So imaṃ lokaṃ sadevakaṃ samārakaṃ sabrahmakaṃ sassamaṇabrāhmaṇiṃ pajaṃ sadevamanussaṃ sayaṃ abhiññā sacchikatvā pavedeti. So dhammaṃ deseti ādikalyāṇaṃ majjhekalyāṇaṃ pariyosānakalyāṇaṃ sātthaṃ sabyañjanaṃ kevalaparipuṇṇaṃ parisuddhaṃ brahmacariyaṃ pakāseti. Sādhu kho pana tathārūpānaṃ arahataṃ dassanaṃ hotī''ti. Atha kho meṇḍako gahapati bhadrāni bhadrāni yānāni yojāpetvā bhadraṃ bhadraṃ yānaṃ abhiruhitvā bhadrehi bhadrehi yānehi bhaddiyā niyyāsi bhagavantaṃ dassanāya. Addasaṃsu kho sambahulā titthiyā meṇḍakaṃ gahapatiṃ dūratova āgacchantaṃ, disvāna meṇḍakaṃ gahapatiṃ etadavocuṃ – ''kahaṃ tvaṃ, gahapati, gacchasī''ti? ''Gacchāmahaṃ, bhante,

bhagavantaṃ [idaṃ padaṃ sī. syā. potthakesu natthi] samaṇaṃ Gotamaṃ dassanāyā''ti. ''Kiṃ pana tvaṃ, gahapati, kiriyavādo samāno akiriyavādaṃ samaṇaṃ Gotamaṃ dassanāya upasaṅkamissasi? Samaṇo hi, gahapati, Gotamo akiriyavādo akiriyāya dhammaṃ deseti, tena ca sāvake vinetī''ti. Atha kho meṇḍakassa gahapatissa etadahosi – ''nissaṃsayaṃ, kho so Bhagavā arahaṃ sammāsambuddho bhavissati, yathayime titthiyā usūyantī''ti. Yāvatikā yānassa bhūmi, yānena gantvā yānā paccorohitvā pattikova yena Bhagavā tenupasaṅkami, upasaṅkamitvā bhagavantaṃ abhivādetvā ekamantaṃ nisīdi. Ekamantaṃ nisinnassa kho meṇḍakassa gahapatissa Bhagavā anupubbiṃ kathaṃ kathesi, seyyathidaṃ – dānakathaṃ...pe... aparappaccayo satthusāsane bhagavantaṃ etadavoca – ''abhikkantaṃ, bhante...pe... upāsakaṃ maṃ Bhagavā dhāretu ajjatagge pāṇupetaṃ saraṇaṃ gataṃ. Adhivāsetu ca me, bhante, Bhagavā svātanāya bhattaṃ saddhiṃ bhikkhusaṅghenā''ti. Adhivāsesi Bhagavā tuṇhībhāvena. Atha kho meṇḍako gahapati bhagavato adhivāsanaṃ viditvā uṭṭhāyāsanā bhagavantaṃ abhivādetvā padakkhiṇaṃ katvā pakkāmi.

Atha kho meṇḍako gahapati tassā rattiyā accayena paṇītaṃ khādanīyaṃ bhojanīyaṃ paṭiyādāpetvā bhagavato kālaṃ ārocāpesi – ''kālo, bhante, niṭṭhitaṃ bhatta''nti. Atha kho Bhagavā pubbaṇhasamayaṃ nivāsetvā pattacīvaramādāya yena meṇḍakassa gahapatissa nivesanaṃ tenupasaṅkami; upasaṅkamitvā paññatte āsane nisīdi saddhiṃ bhikkhusaṅghena. Atha kho meṇḍakassa gahapatissa bhariyā ca putto ca suṇisā ca dāso ca yena Bhagavā tenupasaṅkamiṃsu, upasaṅkamitvā bhagavantaṃ abhivādetvā ekamantaṃ nisīdiṃsu. Tesaṃ Bhagavā anupubbiṃ kathaṃ kathesi, seyyathidaṃ – dānakathaṃ...pe...aparappaccayā satthusāsane bhagavantaṃ etadavocuṃ – ''abhikkantaṃ, bhante...pe... ete mayaṃ, bhante, bhagavantaṃ saraṇaṃ gacchāma dhammañca bhikkhusaṅghañca. Upāsake no Bhagavā dhāretu ajjatagge pāṇupete saraṇaṃ gate''ti. Atha kho meṇḍako gahapati buddhappamukhaṃ bhikkhusaṅghaṃ paṇītena khādanīyena bhojanīyena sahatthā santappetvā sampavāretvā bhagavantaṃ bhuttāviṃ onītapattapāṇiṃ ekamantaṃ nisīdi. Ekamantaṃ nisinno kho meṇḍako gahapati bhagavantaṃ etadavoca – ''yāva, bhante, Bhagavā bhaddiye viharati tāva ahaṃ buddhappamukhassa bhikkhusaṅghassa dhuvabhattenā''ti. Atha kho Bhagavā meṇḍakaṃ gahapatiṃ dhammiyā kathāya sandassetvā samādapetvā samuttejetvā sampahaṃsetvā uṭṭhāyāsanā pakkāmi.

Meṇḍakagahapativattha niṭṭhitaṃ.

181. Pañcagorasādianujānanā

299. Atha kho Bhagavā bhaddiye yathābhirantaṃ viharitvā meṇḍakaṃ gahapatiṃ anāpucchā yena aṅguttarāpo tena cārikaṃ pakkāmi mahatā bhikkhusaṅghena saddhiṃ aḍḍhatelasehi bhikkhusatehi. Assosi kho meṇḍako gahapati – ''Bhagavā kira yena aṅguttarāpo tena cārikaṃ pakkanto mahatā bhikkhusaṅghena saddhiṃ aḍḍhatelasehi bhikkhusatehī''ti. Atha kho meṇḍako gahapati dāse ca kammakare ca āṇāpesi – ''tena hi, bhaṇe, bahuṃ loṇampi, telampi, taṇḍulampi, khādanīyampi sakaṭesu āropetvā āgacchatha, aḍḍhatelasāni ca gopālakasatāni aḍḍhatelasāni ca dhenusatāni ādāya āgacchantu, yattha bhagavantaṃ passissāma tattha taruṇena [dhāruṇhena (sī. syā.)] khīrena bhojessāmā''ti. Atha kho meṇḍako gahapati bhagavantaṃ antarāmagge kantāre sambhāvesi. Atha kho meṇḍako gahapati yena Bhagavā tenupasaṅkami; upasaṅkamitvā bhagavantaṃ abhivādetvā ekamantaṃ aṭṭhāsi. Ekamantaṃ ṭhito kho meṇḍako gahapati bhagavantaṃ etadavoca – ''adhivāsetu me, bhante, Bhagavā svātanāya bhattaṃ saddhiṃ bhikkhusaṅghenā''ti. Adhivāsesi Bhagavā tuṇhībhāvena. Atha kho meṇḍako gahapati bhagavato adhivāsanaṃ viditvā bhagavantaṃ abhivādetvā padakkhiṇaṃ katvā pakkāmi.

Atha kho meṇḍako gahapati tassā rattiyā accayena paṇītaṃ khādanīyaṃ bhojanīyaṃ paṭiyādāpetvā bhagavato kālaṃ ārocāpesi – ''kālo, bhante, niṭṭhitaṃ bhatta''nti. Atha kho Bhagavā pubbaṇhasamayaṃ nivāsetvā pattacīvaramādāya yena meṇḍakassa gahapatissa parivesanā tenupasaṅkami ; upasaṅkamitvā paññatte āsane nisīdi saddhiṃ bhikkhusaṅghena. Atha kho meṇḍako gahapati aḍḍhatelasāni gopālakasatāni āṇāpesi – ''tenahi, bhaṇe, ekamekaṃ dhenuṃ gahetvā ekamekassa bhikkhuno upatiṭṭhatha taruṇena khīrena bhojessāmā''ti. Atha kho meṇḍako gahapati buddhappamukhaṃ bhikkhusaṅghaṃ paṇītena khādanīyena bhojanīyena sahatthā santappesi sampavāresi, taruṇena ca khīrena. Bhikkhū kukkuccāyantā khīraṃ na paṭiggaṇhanti. Paṭiggaṇhatha, bhikkhave, paribhuñjathāti. Atha kho meṇḍako gahapati buddhappamukhaṃ bhikkhusaṅghaṃ paṇītena khādanīyena bhojanīyena sahatthā santappetvā sampavāretvā taruṇena ca khīrena bhagavantaṃ bhuttāviṃ onītapattapāṇiṃ ekamantaṃ nisīdi. Ekamantaṃ nisinno kho meṇḍako gahapati bhagavantaṃ etadavoca – ''santi, bhante, maggā kantārā, appodakā appabhakkhā, na sukarā apātheyyena gantuṃ. Sādhu, bhante, Bhagavā bhikkhūnaṃ pātheyyaṃ anujānātū''ti. Atha kho Bhagavā meṇḍakaṃ gahapatiṃ dhammiyā kathāya sandassetvā samādapetvā samuttejetvā sampahaṃsetvā uṭṭhāyāsanā pakkāmi. Atha kho Bhagavā etasmiṃ nidāne etasmiṃ pakaraṇe dhammiṃ kathaṃ katvā bhikkhū āmantesi – ''anujānāmi, bhikkhave, pañca gorase – khīraṃ, dadhiṃ, takkaṃ, navanītaṃ, sappiṃ. Santi, bhikkhave, maggā kantārā appodakā appabhakkhā, na sukarā apātheyyena gantuṃ. Anujānāmi, bhikkhave, pātheyyaṃ pariyesituṃ taṇḍulo taṇḍulatthikena, muggo muggatthikena, māso māsatthikena, loṇaṃ loṇatthikena, guḷo guḷatthikena, telaṃ telatthikena, sappi sappitthikena. Santi, bhikkhave, manussā, saddhā pasannā, te kappiyakārakānaṃ hatthe hiraññaṃ upanikkhipanti – 'iminā ayyassa yaṃ kappiyaṃ taṃ dethā'ti. Anujānāmi, bhikkhave, yaṃ tato kappiyaṃ taṃ sāditum; na tvevāhaṃ, bhikkhave, kenaci pariyāyena jātarūparajataṃ sāditabbaṃ pariyesitabbanti vadāmī''ti.

Pañcagorasādianujānanā niṭṭhitā.

182. Keṇiyajaṭilavatthu

300.[ma. ni. 2.396 ādayo; su. ni. selasuttampi passitabbaṃ] Atha kho Bhagavā anupubbena cārikaṃ caramāno yena āpaṇaṃ tadavasari. Assosi kho keṇiyo jaṭilo – ''samaṇo khalu bho Gotamo sakyaputto sakyakulā pabbajito āpaṇaṃ anuppatto, taṃ kho pana bhavantaṃ Gotamaṃ evaṃ kalyāṇo kittisaddo abbhuggato...pe... sādhu kho pana tathārūpānaṃ arahataṃ dassanaṃ hotī''ti. Atha kho keṇiyassa jaṭilassa etadahosi – ''kiṃ nu kho ahaṃ samaṇassa Gotamassa harāpeyya''nti. Atha kho keṇiyassa jaṭilassa etadahosi – ''yepi kho te brāhmaṇānaṃ [ayaṃ pāṭho dī. ni. 1.285, 526, 536; ma. ni. 2.427; a. ni. 5.191-192 ādayo] pubbakā isayo mantānaṃ kattāro mantānaṃ pavattāro, yesamidaṃ etarahi brāhmaṇā porāṇaṃ mantapadaṃ gītaṃ pavuttaṃ samihitaṃ, tadanugāyanti tadanubhāsanti, bhāsitamanubhāsanti, vācitamanuvācenti, seyyathidaṃ – aṭṭhako vāmako vāmadevo vessāmitto yamataggi [yamadaggi (ka.)]aṅgīraso bhāradvājo vāseṭṭho kassapo bhagu [ayaṃ pāṭho dī. ni. 1.285, 526, 536; ma. ni. 2.427; a. ni. 5.191-192 ādayo], rattūparatā viratā vikālabhojanā, te evarūpāni pānāni sādiyiṃsu. Samaṇopi Gotamo rattūparato virato vikālabhojanā, arahati samaṇopi Gotamo evarūpāni pānāni sādiyitu''nti pahūtaṃ pānaṃ paṭiyādāpetvā kājehi gāhāpetvā yena Bhagavā tenupasaṅkami; upasaṅkamitvā bhagavatā saddhiṃ sammodi; sammodanīyaṃ kathaṃ sāraṇīyaṃ vītisāretvā ekamantaṃ aṭṭhāsi. Ekamantaṃ ṭhito kho keṇiyo jaṭilo bhagavantaṃ etadavoca – ''paṭiggaṇhātu me bhavaṃ Gotamo pāna''nti. Tena hi, keṇiya, bhikkhūnaṃ dehīti. Atha kho keṇiyo jaṭilo bhikkhūnaṃ deti. Bhikkhū kukkuccāyantā na paṭiggaṇhanti. Paṭiggaṇhatha, bhikkhave, paribhuñjathāti. Atha kho keṇiyo jaṭilo buddhappamukhaṃ bhikkhusaṅghaṃ pahūtehi pānehi sahatthā santappetvā sampavāretvā bhagavantaṃ dhotahatthaṃ onītapattapāṇiṃ ekamantaṃ nisīdi. Ekamantaṃ nisinnaṃ kho keṇiyaṃ jaṭilaṃ Bhagavā dhammiyā kathāya sandassesi samādapesi samuttejesi sampahaṃsesi. Atha kho keṇiyo jaṭilo bhagavatā dhammiyā kathāya sandassito samādapito samuttejito sampahaṃsito bhagavantaṃ etadavoca – ''adhivāsetu me bhavaṃ Gotamo svātanāya bhattaṃ saddhiṃ bhikkhusaṅghenā''ti. Mahā kho, keṇiya, bhikkhusaṅgho aḍḍhatelasāni bhikkhusatāni, tvañca brāhmaṇesu abhippasannoti. Dutiyampi kho keṇiyo jaṭilo bhagavantaṃ etadavoca – ''kiñcāpi kho, bho Gotama, mahā bhikkhusaṅgho aḍḍhatelasāni bhikkhusatāni, ahañca brāhmaṇesu abhippasanno, adhivāsetu me bhavaṃ Gotamo svātanāya bhattaṃ saddhiṃ bhikkhusaṅghenā''ti. Mahā kho, keṇiya, bhikkhusaṅgho aḍḍhatelasāni bhikkhusatāni, tvañca brāhmaṇesu abhippasannoti . Tatiyampi kho keṇiyo jaṭilo bhagavantaṃ etadavoca – ''kiñcāpi kho, bho Gotama, mahā bhikkhusaṅgho aḍḍhatelasāni bhikkhusatāni, ahañca brāhmaṇesu abhippasanno, adhivāsetu bhavaṃ Gotamo svātanāya bhattaṃ saddhiṃ bhikkhusaṅghenā''ti. Adhivāsesi Bhagavā tuṇhībhāvena. Atha kho keṇiyo jaṭilo bhagavato adhivāsanaṃ viditvā uṭṭhāyāsanā pakkāmi. Atha kho Bhagavā etasmiṃ nidāne etasmiṃ pakaraṇe dhammiṃ kathaṃ katvā bhikkhū āmantesi – ''anujānāmi, bhikkhave, aṭṭha pānāni – ambapānaṃ jambupānaṃ cocapānaṃ mocapānaṃ madhūkapānaṃ [madhupānaṃ (sī. syā.)] muddikapānaṃ sālūkapānaṃ phārusakapānaṃ. Anujānāmi, bhikkhave, sabbaṃ phalarasaṃ ṭhapetvā dhaññaphalarasaṃ. Anujānāmi, bhikkhave, sabbaṃ pattarasaṃ ṭhapetvāḍākarasaṃ. Anujānāmi, bhikkhave, sabbaṃ puppharasaṃ ṭhapetvā madhūkapuppharasaṃ. Anujānāmi, bhikkhave, ucchurasa''nti.

Atha kho keṇiyo jaṭilo tassā rattiyā accayena sake assame paṇītaṃ khādanīyaṃ bhojanīyaṃ paṭiyādāpetvā bhagavato kālaṃ ārocāpesi – ''kālo, bho Gotama, niṭṭhitaṃ bhatta''nti. Atha kho Bhagavā pubbaṇhasamayaṃ nivāsetvā pattacīvaramādāya yena keṇiyassa jaṭilassa assamo tenupasaṅkami; upasaṅkamitvā paññatte āsane nisīdi saddhiṃ bhikkhusaṅghena. Atha kho keṇiyo jaṭilo buddhappamukhaṃ bhikkhusaṅghaṃ paṇītena khādanīyena bhojanīyena sahatthā santappetvā sampavāretvā bhagavantaṃ bhuttāviṃ onītapattapāṇiṃ ekamantaṃ nisīdi. Ekamantaṃ nisinnaṃ kho keṇiyaṃ jaṭilaṃ Bhagavā imāhi gāthāhi anumodi –

''Aggihuttamukhā yaññā, sāvittī chandaso mukhaṃ;
Rājā mukhaṃ manussānaṃ, nadīnaṃ sāgaro mukhaṃ.
''Nakkhattānaṃ mukhaṃ cando, ādicco tapataṃ mukhaṃ;
Puññaṃ ākaṅkhamānānaṃ saṅgho, ve yajataṃ mukha''nti.

Atha kho Bhagavā keṇiyaṃ jaṭilaṃ imāhi gāthāhi anumoditvā uṭṭhāyāsanā pakkāmi.

Keṇiyajaṭilavatthu niṭṭhitaṃ.

183. Rojamallavatthu

301. Atha kho Bhagavā āpaṇe yathābhirantaṃ viharitvā yena kusinārā tena cārikaṃ pakkāmi mahatā bhikkhusaṅghena saddhiṃ aḍḍhatelasehi bhikkhusatehi. Assosuṃ kho kosinārakā mallā – ''Bhagavā kira kusināraṃ āgacchati mahatā bhikkhusaṅghena saddhiṃ aḍḍhatelasehi bhikkhusatehī''ti. Te saṅgaraṃ[saṅkaraṃ (ka.)] akaṃsu – ''yo bhagavato paccuggamanaṃ na karissati, pañcasatānissa daṇḍo''ti. Tena kho pana samayena rojo mallo āyasmato ānandassa sahāyo hoti. Atha kho Bhagavā anupubbena cārikaṃ caramāno yena kusinārā tadavasari. Atha kho kosinārakā mallā bhagavato

paccuggamanaṃ akaṃsu. Atha kho rojo mallo bhagavato paccuggamanaṃ karitvā yenāyasmā ānando tenupasaṅkami, upasaṅkamitvā āyasmantaṃ ānandaṃ abhivādetvā ekamantaṃ aṭṭhāsi. Ekamantaṃ ṭhitaṃ kho rojaṃ mallaṃ āyasmā ānando etadavoca – "uḷāraṃ kho te idaṃ, āvuso roja, yaṃ tvaṃ bhagavato paccuggamanaṃ akāsī"ti. "Nāhaṃ, bhante ānanda, bahukato buddhe vā dhamme vā saṅghe vā; api ca ñātīhi saṅgaro kato – 'yo bhagavato paccuggamanaṃ na karissati, pañcasatānissa daṇḍo'"ti; so kho ahaṃ, bhante ānanda, ñātīnaṃ daṇḍabhayā evāhaṃ bhagavato paccuggamanaṃ akāsinti. Atha kho āyasmā ānando anattamano ahosi' kathañhi nāma rojo mallo evaṃ vakkhatī'ti? Atha kho āyasmā ānando yena Bhagavā tenupasaṅkami, upasaṅkamitvā bhagavantaṃ abhivādetvā ekamantaṃ nisīdi. Ekamantaṃ nisinno kho āyasmā ānando bhagavantaṃ etadavoca – "ayaṃ, bhante, rojo mallo abhiññāto ñātamanusso. Mahatthiko kho pana evarūpānaṃ ñātamanussānaṃ imasmiṃ dhammavinaye pasādo. Sādhu, bhante, Bhagavā tathā karotu, yathā rojo mallo imasmiṃ dhammavinaye pasīdeyyā"ti. "Na kho taṃ, ānanda, dukkaraṃ tathāgatena, yathā rojo mallo imasmiṃ dhammavinaye pasīdeyyā"ti.
Atha kho Bhagavā rojaṃ mallaṃ mettena cittena pharitvā uṭṭhāyāsanā vihāraṃ pāvisi. Atha kho rojo mallo bhagavato mettena cittena phuṭṭho, seyyathāpi nāma gāviṃ taruṇavaccho, evameva, vihārena vihāraṃ pariveṇena pariveṇaṃ upasaṅkamitvā bhikkhū pucchati – "kahaṃ nu kho, bhante, etarahi so Bhagavā viharati arahaṃ sammāsambuddho, dassanakāmā hi mayaṃ taṃ bhagavantaṃ arahantaṃ sammāsambuddha"nti. "Esāvuso roja, vihāro saṃvutadvāro, tena appasaddo upasaṅkamitvā ataramāno āḷindaṃ pavisitvā ukkāsitvā aggaḷaṃ ākoṭehi, vivarissati te Bhagavā dvāra"nti. Atha kho rojo mallo yena so vihāro saṃvutadvāro, tena appasaddo upasaṅkamitvā ataramāno āḷindaṃ pavisitvā ukkāsitvā aggaḷaṃ ākoṭesi. Vivari Bhagavā dvāraṃ. Atha kho rojo mallo vihāraṃ pavisitvā bhagavantaṃ abhivādetvā ekamantaṃ nisīdi. Ekamantaṃ nisinnassa kho rojassa mallassa Bhagavā anupubbiṃ kathaṃ kathesi, seyyathidaṃ – dānakathaṃ...pe... aparappaccayo satthusāsane bhagavantaṃ etadavoca – "sādhu, bhante, ayyā mamaññeva paṭiggaṇheyyuṃ cīvarapiṇḍapātasenāsanagilānappaccayabhesajjaparikkhāraṃ, no aññesa"nti. "Yesaṃ kho, roja, sekkhena ñāṇena sekkhena dassanena dhammo diṭṭho seyyathāpi tayā, tesampi evaṃ hoti – 'aho nūna ayyā amhākaññeva paṭiggaṇheyyuṃ cīvarapiṇḍapātasenāsanagilānappaccayabhesajjaparikkhāraṃ, no aññesa'nti. Tena hi, roja, tava ceva paṭiggahissanti aññesañcā"ti.
302. Tena kho pana samayena kusinārāyaṃ paṇītānaṃ bhattānaṃ bhattapaṭipāṭi aṭṭhitā hoti. Atha kho rojassa mallassa paṭipāṭiṃ alabhantassa etadahosi – "yaṃnūnāhaṃ bhattaggaṃ olokeyyaṃ, yaṃ bhattagge nāssa, taṃ paṭiyādeyya"nti. Atha kho rojo mallo bhattaggaṃ olokento dve nāddasa – ḍākañca piṭṭhakhādanīyañca. Atha kho rojo mallo yenāyasmā ānando tenupasaṅkami; upasaṅkamitvā āyasmantaṃ ānandaṃ etadavoca – "idha me, bhante ānanda, paṭipāṭiṃ alabhantassa etadahosi – 'yaṃnūnāhaṃ bhattaggaṃ olokeyyaṃ, yaṃ bhattagge nāssa, taṃ paṭiyādeyya'nti. So kho ahaṃ, bhante ānanda, bhattaggaṃ olokento dve nāddasaṃ – ḍākañca piṭṭhakhādanīyañca. Sacāhaṃ, bhante ānanda, paṭiyādeyyaṃ ḍākañca piṭṭhakhādanīyañca, paṭiggaṇheyya me Bhagavā"ti? "Tena hi, roja, bhagavantaṃ paṭipucchissāmī"ti. Atha kho āyasmā ānando bhagavato etamatthaṃ ārocesi. "Tena hānanda, paṭiyādetū"ti. "Tena hi, roja, paṭiyādehī"ti. Atha kho rojo mallo tassā rattiyā accayena pahūtaṃ ḍākañca piṭṭhakhādanīyañca paṭiyādāpetvā bhagavato upanāmesi "paṭiggaṇhātu me, bhante, Bhagavā ḍākañca piṭṭhakhādanīyañcā"ti. "Tena hi, roja, bhikkhūnaṃ dehī"ti. Atha kho rojo mallo bhikkhūnaṃ deti. Bhikkhū kukkuccāyantā na paṭiggaṇhanti . "Paṭiggaṇhatha, bhikkhave, paribhuñjathā"ti. Atha kho rojo mallo buddhappamukhaṃ bhikkhusaṅghaṃ pahūtehi ḍākehi ca piṭṭhakhādanīyehi ca sahatthā santappetvā sampavāretvā bhagavantaṃ dhotahatthaṃ onītapattapāṇiṃ ekamantaṃ nisīdi. Ekamantaṃ nisinnaṃ kho rojaṃ mallaṃ Bhagavā dhammiyā kathāya sandassetvā samādapetvā samuttejetvā sampahaṃsetvā uṭṭhāyāsanā pakkāmi. Atha kho Bhagavā etasmiṃ nidāne etasmiṃ pakaraṇe dhammiṃ kathaṃ katvā bhikkhū āmantesi – "anujānāmi, bhikkhave, sabbañca ḍākaṃ sabbañca piṭṭhakhādanīya"nti.
Rojamallavatthu niṭṭhitaṃ.

184. Vuḍḍhapabbajitavatthu

303. Atha kho Bhagavā kusinārāyaṃ yathābhirantaṃ viharitvā yena ātumā tena cārikaṃ pakkāmi mahatā bhikkhusaṅghena saddhiṃ aḍḍhatelasehi bhikkhusatehi. Tena kho pana samayena aññataro vuḍḍhapabbajito ātumāyaṃ paṭivasati nahāpitapubbo. Tassa dve dārakā honti, mañjukā paṭibhāneyyakā, dakkhā pariyodātasippā sake ācariyake nahāpitakamme. Assosi kho so vuḍḍhapabbajito – "Bhagavā kira ātumaṃ āgacchati mahatā bhikkhusaṅghena saddhiṃ aḍḍhatelasehi bhikkhusatehī"ti. Atha kho so vuḍḍhapabbajito te dārake etadavoca – "Bhagavā kira, tātā, ātumaṃ āgacchati mahatā bhikkhusaṅghena saddhiṃ aḍḍhatelasehi bhikkhusatehi. Gacchatha tumhe, tātā, khurabhaṇḍaṃ ādāya nāḷiyāvāpakena anugharakaṃ anugharakaṃ āhiṇḍatha, loṇampi, telampi, taṇḍulampi, khādanīyampi saṃharatha, bhagavato āgatassa yāgupānaṃ karissāmā"ti. "Evaṃ, tātā"ti kho te dārakā tassa vuḍḍhapabbajitassa paṭissuṇitvā khurabhaṇḍaṃ ādāya nāḷiyāvāpakena anugharakaṃ anugharakaṃ āhiṇḍanti, loṇampi, telampi, taṇḍulampi, khādanīyampi saṃharantā. Manussā te dārake mañjuke paṭibhāneyyake passitvā yepi na kārāpetukāmā tepi kārāpenti, kārāpetvāpi bahuṃ denti. Atha kho te dārakā bahuṃ loṇampi, telampi, taṇḍulampi, khādanīyampi saṃhariṃsu.

Atha kho Bhagavā anupubbena cārikaṃ caramāno yena ātumā tadavasari. Tatra sudaṃ Bhagavā ātumāyaṃ viharati bhusāgāre. Atha kho so vuḍḍhapabbajito tassā rattiyā accayena pahūtaṃ yāguṃ paṭiyādāpetvā bhagavato upanāmesi – ''paṭiggaṇhātu me, bhante, Bhagavā yāgu''nti. Jānantāpi tathāgatā pucchanti...pe... sāvakānaṃ vā sikkhāpadaṃ paññapessāmāti. Atha kho Bhagavā taṃ vuḍḍhapabbajitaṃ etadavoca – ''kutāyaṃ, bhikkhu yāgū''ti? Atha kho so vuḍḍhapabbajito bhagavato etamatthaṃ ārocesi. Vigarahi buddho Bhagavā, ''ananucchavikaṃ, moghapurisa, ananulomikaṃ appatirūpaṃ assāmaṇakaṃ akappiyaṃ akaraṇīyaṃ. Kathañhi nāma tvaṃ, moghapurisa, pabbajito akappiye samādapessasi [samādapesi (ka.)]. Netaṃ, moghapurisa, appasannānaṃ vā pasādāya...pe... vigarahitvā dhammiṃ kathaṃ katvā bhikkhū āmantesi 'na, bhikkhave, pabbajitena akappiye samādapetabbaṃ, yo samādapeyya, āpatti dukkaṭassa. Na ca, bhikkhave, nahāpitapubbena khurabhaṇḍaṃ pariharitabbaṃ. Yo parihareyya, āpatti dukkaṭassā'''ti.

Atha kho Bhagavā ātumāyaṃ yathābhirantaṃ viharitvā yena sāvatthi tena cārikaṃ pakkāmi. Anupubbena cārikaṃ caramāno yena sāvatthi tadavasari. Tatra sudaṃ Bhagavā sāvatthiyaṃ viharati jetavane anāthapiṇḍikassa ārāme. Tena kho pana samayena sāvatthiyaṃ bahuṃ phalakhādanīyaṃ uppannaṃ hoti. Atha kho bhikkhūnaṃ etadahosi – ''kiṃ nu kho bhagavatā phalakhādanīyaṃ anuññātaṃ, kiṃ ananuññāta''nti? Bhagavato etamatthaṃ ārocesuṃ. ''Anujānāmi, bhikkhave, sabbaṃ phalakhādanīya''nti.

304. Tena kho pana samayena saṅghikāni bījāni puggalikāya bhūmiyā ropiyanti, puggalikāni bījāni saṅghikāya bhūmiyā ropiyanti. Bhagavato etamatthaṃ ārocesuṃ. Saṅghikāni, bhikkhave, bījāni puggalikāya bhūmiyā ropitāni bhāgaṃ datvā paribhuñjitabbāni. Puggalikāni bījāni saṅghikāya bhūmiyā ropitāni bhāgaṃ datvā paribhuñjitabbānīti.

Vuḍḍhapabbajitavatthu niṭṭhitaṃ.

185. Catumahāpadesakathā

305. Tena kho pana samayena bhikkhūnaṃ kismiñci kismiñci ṭhāne kukkuccaṃ uppajjati – ''kiṃ nu kho bhagavatā anuññātaṃ, kiṃ ananuññāta''nti? Bhagavato etamatthaṃ ārocesuṃ. ''Yaṃ, bhikkhave, mayā 'idaṃ na kappatī'ti appaṭikkhittaṃ tañce akappiyaṃ anulometi, kappiyaṃ paṭibāhati, taṃ vo na kappati. Yaṃ, bhikkhave, mayā 'idaṃ na kappatī'ti appaṭikkhittaṃ tañce kappiyaṃ anulometi, akappiyaṃ paṭibāhati, taṃ vo kappati. Yaṃ, bhikkhave, mayā 'idaṃ kappatī'ti ananuññātaṃ tañce akappiyaṃ anulometi, kappiyaṃ paṭibāhati, taṃ vo na kappati. Yaṃ, bhikkhave, mayā 'idaṃ kappatī'ti ananuññātaṃ, tañce kappiyaṃ anulometi, akappiyaṃ paṭibāhati, taṃ vo kappatī''ti.

Atha kho bhikkhūnaṃ etadahosi – ''kappati nu kho yāvakālikena yāmakālikaṃ, na nu kho kappati? Kappati nu kho yāvakālikena sattāhakālikaṃ, na nu kho kappati? Kappati nu kho yāvakālikena yāvajīvikaṃ, na nu kho kappati? Kappati nu kho yāmakālikena sattāhakālikaṃ, na nu kho kappati? Kappati nu kho yāmakālikena yāvajīvikaṃ, na nu kho kappati? Kappati nu kho sattāhakālikena yāvajīvikaṃ, na nu kho kappatī''ti? Bhagavato etamatthaṃ ārocesuṃ. ''Yāvakālikena, bhikkhave, yāmakālikaṃ, tadahu paṭiggahitaṃ kāle kappati, vikāle na kappati. Yāvakālikena, bhikkhave, sattāhakālikaṃ, tadahu paṭiggahitaṃ kāle kappati, vikāle na kappati. Yāvakālikena, bhikkhave, yāvajīvikaṃ, tadahu paṭiggahitaṃ kāle kappati, vikāle na kappati. Yāmakālikena, bhikkhave, sattāhakālikaṃ, tadahu paṭiggahitaṃ yāme kappati, yāmātikkante na kappati. Yāmakālikena, bhikkhave, yāvajīvikaṃ, tadahu paṭiggahitaṃ yāme kappati, yāmātikkante na kappati. Sattāhakālikena, bhikkhave, yāvajīvikaṃ paṭiggahitaṃ, sattāhaṃ kappati, sattāhātikkante na kappatī''ti.

Catumahāpadesakathā niṭṭhitā.

Bhesajjakkhandhako chaṭṭho.

186. Tassuddānaṃ

Sāradike vikālepi, vasaṃ mūle piṭṭhehi ca;
Kasāvehi paṇṇaṃ phalaṃ, jatu loṇaṃ chakaṇañca.
Cuṇṇaṃ cālini maṃsañca, añjanaṃ upapisanī [upapiṃ sanī (sī.), upapiṃ sanaṃ (syā.)];
Añjanī uccāpārutā, salākā salākaṭhāniṃ [salākodhanī (sī. syā.)].
Thavikaṃsabaddhakaṃ suttaṃ, muddhanitelanatthu ca;
Natthukaraṇī dhūmañca, nettañcāpidhanatthavi.
Telapākesu majjañca, atikkhittaṃ abbhañjanaṃ;
Tumbaṃ sedaṃ sambhārañca, mahā bhaṅgodakaṃ tathā.
Dakakoṭṭhaṃ lohitañca, visāṇaṃ pādabbhañjanaṃ;
Pajjaṃ satthaṃ kasāvañca, tilakakkaṃ kabaḷikaṃ.
Coḷaṃ sāsapakuṭṭañca, dhūma sakkharikāya ca;
Vaṇatelaṃ vikāsikaṃ, vikaṭañca paṭiggahaṃ.
Gūthaṃ karonto loḷiñca, khāraṃ muttaharītakaṃ;
Gandhā virecanañceva, acchākaṭaṃ kaṭākaṭaṃ.
Paṭicchādani pabbhārā, ārāma sattāhena ca;
Guḷaṃ muggaṃ sovīrañca, sāmaṃpākā punāpace.

Punānuññāsi dubbhikkhe, phalañca tilakhādanī;
Purebhattaṃ kāyaḍāho, nibbattañca bhagandalaṃ.
Vatthikammañca suppiñca, manussamaṃsameva ca;
Hatthiassā sunakho ca, ahi sīhañca dīpikaṃ [hatthiassasunakhāhi, sīhabyagghañca dīpikaṃ (sī.)].
Acchataracchamaṃsañca, paṭipāṭi ca yāgu ca;
Taruṇaṃ aññatra guḷaṃ, sunidhāvasathāgāraṃ.
Gaṅgā koṭisaccakathā, ambapālī ca licchavī;
Uddissa kataṃ subhikkhaṃ, punadeva paṭikkhipi.
Megho yaso meṇḍako, ca gorasaṃ pātheyyakena ca;
Keṇi ambo jambu coca, mocamadhumuddikasālukaṃ.
Phārusakā ḍākapiṭṭhaṃ, ātumāyaṃ nahāpito;
Sāvatthiyaṃ phalaṃ bījaṃ, kismiṃ ṭhāne ca kāliketi.
Imamhi khandhake vatthū ekasataṃ chavatthu.
Bhesajjakkhandhako niṭṭhito.

7. Kathinakkhandhako

187. Kathinānujānanā

306. Tena samayena buddho Bhagavā sāvatthiyaṃ viharati jetavane anāthapiṇḍikassa ārāme. Tena kho pana samayena tiṃsamattā pāveyyakā [pāṭheyyakā (sī. syā.)] bhikkhū, sabbe āraññikā sabbe piṇḍapātikā sabbe paṃsukūlikā sabbe tecīvarikā sāvatthiṃ āgacchantā bhagavantaṃ dassanāya upakaṭṭhāya vassūpanāyikāya nāsakkhiṃsu sāvatthiyaṃ vassūpanāyikaṃ sambhāvetuṃ; antarāmagge sākete vassaṃ upagacchiṃsu. Te ukkaṇṭhitarūpā vassaṃ vasiṃsu – āsanneva no Bhagavā viharati ito chasu yojanesu, na ca mayaṃ labhāma bhagavantaṃ dassanāyāti. Atha kho te bhikkhū vassaṃvuṭṭhā, temāsaccayena katāya pavāraṇāya, deve vassante, udakasaṅgahe udakacikkhalle okapuṇṇehi cīvarehi kilantarūpā yena sāvatthi jetavanaṃ anāthapiṇḍikassa ārāmo, yena Bhagavā tenupasaṅkamiṃsu; upasaṅkamitvā bhagavantaṃ abhivādetvā ekamantaṃ nisīdiṃsu. Āciṇṇaṃ kho panetaṃ buddhānaṃ bhagavantānaṃ āgantukehi bhikkhūhi saddhiṃ paṭisammodituṃ. Atha kho Bhagavā te bhikkhū etadavoca – ''kacci, bhikkhave, khamanīyaṃ, kacci yāpanīyaṃ, kacci samaggā sammodamānā avivadamānā phāsukaṃ vassaṃ vasittha, na ca piṇḍakena kilamitthā''ti? ''Khamanīyaṃ, Bhagavā; yāpanīyaṃ, Bhagavā; samaggā ca mayaṃ, bhante, sammodamānā avivadamānā vassaṃ vasimhā, na ca piṇḍakena kilamimhā . Idha mayaṃ, bhante, tiṃsamattā pāveyyakā bhikkhū sāvatthiṃ āgacchantā bhagavantaṃ dassanāya upakaṭṭhāya vassūpanāyikāya nāsakkhimhā sāvatthiyaṃ vassūpanāyikaṃ sambhāvetuṃ, antarāmagge sākete vassaṃ upagacchimhā. Te mayaṃ, bhante, ukkaṇṭhitarūpā vassaṃ vasimhā – 'āsanneva no Bhagavā viharati ito chasu yojanesu, na ca mayaṃ labhāma bhagavantaṃ dassanāyā'ti. Atha kho mayaṃ, bhante, vassaṃvuṭṭhā, temāsaccayena katāya pavāraṇāya, deve vassante, udakasaṅgahe udakacikkhalle okapuṇṇehi cīvarehi kilantarūpā addhānaṃ āgatāti. Atha kho Bhagavā etasmiṃ nidāne etasmiṃ pakaraṇe dhammiṃ kathaṃ katvā bhikkhū āmantesi – ''anujānāmi, bhikkhave, vassaṃvuṭṭhānaṃ bhikkhūnaṃ kathinaṃ [kaṭhinaṃ (sī. syā.)] attharituṃ. Atthatakathinānaṃ vo, bhikkhave, pañca kappissanti – anāmantacāro, asamādānacāro, gaṇabhojanaṃ, yāvadatthacīvaraṃ, yo ca tattha cīvaruppādo so nesaṃ bhavissatīti. Atthatakathinānaṃ vo, bhikkhave, imāni pañca kappissanti. Evañca pana, bhikkhave, kathinaṃ attharitabbaṃ. Byattena bhikkhunā paṭibalena saṅgho ñāpetabbo –

307. ''Suṇātu me, bhante, saṅgho. Idaṃ saṅghassa kathinadussaṃ uppannaṃ. Yadi saṅghassa pattakallaṃ, saṅgho imaṃ kathinadussaṃ itthannāmassa bhikkhuno dadeyya kathinaṃ attharituṃ. Esā ñatti.

''Suṇātu me, bhante, saṅgho. Idaṃ saṅghassa kathinadussaṃ uppannaṃ. Saṅgho imaṃ kathinadussaṃ itthannāmassa bhikkhuno deti kathinaṃ attharituṃ. Yassāyasmato khamati imassa kathinadussassa itthannāmassa bhikkhuno dānaṃ kathinaṃ attharituṃ, so tuṇhassa; yassa nakkhamati, so bhāseyya.

''Dinnaṃ idaṃ saṅghena kathinadussaṃ itthannāmassa bhikkhuno kathinaṃ attharituṃ. Khamati saṅghassa, tasmā tuṇhī, evametaṃ dhārayāmī''ti.

308. ''Evaṃ kho, bhikkhave, atthataṃ hoti kathinaṃ, evaṃ anatthataṃ. Kathañca pana, bhikkhave, anatthataṃ hoti kathinaṃ? Na ullikhitamattena atthataṃ hoti kathinaṃ, na dhovanamattena atthataṃ hoti kathinaṃ, na cīvaravicāraṇamattena [na gaṇṭusakaraṇamattena (ka.)] atthataṃ hoti kathinaṃ, na chedanamattena atthataṃ hoti kathinaṃ, na bandhanamattena atthataṃ hoti kathinaṃ, na ovaṭṭiyakaraṇamattena [na ovaṭṭeyyakaraṇamattena (sī. syā.), na ovadeyyakaraṇamattena (ka.)] atthataṃ hoti kathinaṃ, na kaṇḍusakaraṇamattena atthataṃ hoti kathinaṃ, na daḷhīkammakaraṇamattena atthataṃ hoti kathinaṃ, na anuvātakaraṇamattena atthataṃ hoti kathinaṃ, na paribhaṇḍakaraṇamattena atthataṃ hoti kathinaṃ, na ovaddheyyakaraṇamattena atthataṃ hoti kathinaṃ, na kambalamaddanamattena atthataṃ hoti kathinaṃ, na nimittakatena atthataṃ hoti kathinaṃ, na parikathākatena atthataṃ hoti kathinaṃ, na kukkukatena atthataṃ hoti kathinaṃ, na sannidhikatena atthataṃ hoti kathinaṃ, na nissaggiyena atthataṃ hoti kathinaṃ, na akappakatena atthataṃ hoti kathinaṃ , na aññatra saṅghāṭiyā atthataṃ hoti kathinaṃ, na aññatra uttarāsaṅgena atthataṃ hoti kathinaṃ, na aññatra antaravāsakena

atthataṃ hoti kathinaṃ, na aññatra pañcakena vā atirekapañcakena vā tadaheva sañchinnena samaṇḍalīkatena atthataṃ hoti kathinaṃ, na aññatra puggalassa atthārā atthataṃ hoti kathinaṃ; sammā ceva atthataṃ hoti kathinaṃ, tañce nissīmaṭṭho anumodati, evampi anatthataṃ hoti kathinaṃ. Evaṃ kho, bhikkhave, anatthataṃ hoti kathinaṃ.

309. ''Kathañca, bhikkhave, atthataṃ hoti kathinaṃ? Ahatena atthataṃ hoti kathinaṃ, ahatakappena atthataṃ hoti kathinaṃ, pilotikāya atthataṃ hoti kathinaṃ, paṃsukūlena atthataṃ hoti kathinaṃ, pāpaṇikena atthataṃ hoti kathinaṃ, animittakatena atthataṃ hoti kathinaṃ, aparikathākatena atthataṃ hoti kathinaṃ, akukkukatena atthataṃ hoti kathinaṃ, asannidhikatena atthataṃ hoti kathinaṃ, anissaggiyena atthataṃ hoti kathinaṃ, kappakatena atthataṃ hoti kathinaṃ, saṅghāṭiyā atthataṃ hoti kathinaṃ, uttarāsaṅgena atthataṃ hoti kathinaṃ, antaravāsakena atthataṃ hoti kathinaṃ, pañcakena vā atirekapañcakena vā tadaheva sañchinnena samaṇḍalīkatena atthataṃ hoti kathinaṃ, puggalassa atthārā atthataṃ hoti kathinaṃ; sammā ce atthataṃ hoti kathinaṃ, tañce sīmaṭṭho anumodati, evampi atthataṃ hoti kathinaṃ . Evaṃ kho, bhikkhave, atthataṃ hoti kathinaṃ.

310. ''Kathañca, bhikkhave, ubbhataṃ hoti kathinaṃ? Aṭṭhimā, bhikkhave, mātikā kathinassa ubbhārāya – pakkamanantikā, niṭṭhānantikā, sanniṭṭhānantikā, nāsanantikā, savanantikā, āsāvacchedikā, sīmātikkantikā, sahubbhārā''ti [saubbhārāti (ka.)].

Kathinānujānanā niṭṭhitā.

188. Ādāyasattakaṃ

311. Bhikkhu atthatakathino katacīvaraṃ ādāya pakkamati – ''na paccessa''nti. Tassa bhikkhuno pakkamanantiko kathinuddhāro.

Bhikkhu atthatakathino cīvaraṃ ādāya pakkamati. Tassa bahisīmagatassa evaṃ hoti – ''idhevimaṃ cīvaraṃ kāressaṃ, na paccessa''nti. So taṃ cīvaraṃ kāreti. Tassa bhikkhuno niṭṭhānantiko kathinuddhāro.

Bhikkhu atthatakathino cīvaraṃ ādāya pakkamati. Tassa bahisīmagatassa evaṃ hoti – ''nevimaṃ cīvaraṃ kāressaṃ, na paccessa''nti. Tassa bhikkhuno sanniṭṭhānantiko kathinuddhāro.

Bhikkhu atthatakathino cīvaraṃ ādāya pakkamati. Tassa bahisīmagatassa evaṃ hoti – ''idhevimaṃ cīvaraṃ kāressaṃ, na paccessa''nti. So taṃ cīvaraṃ kāreti. Tassa taṃ cīvaraṃ kayiramānaṃ nassati. Tassa bhikkhuno nāsanantiko kathinuddhāro.

Bhikkhu atthatakathino cīvaraṃ ādāya pakkamati – ''paccessa''nti. So bahisīmagato taṃ cīvaraṃ kāreti. So katacīvaro suṇāti ''ubbhataṃ kira tasmiṃ āvāse kathina''nti. Tassa bhikkhuno savanantiko kathinuddhāro.

Bhikkhu atthatakathino cīvaraṃ ādāya pakkamati – ''paccessa''nti . So bahisīmagato taṃ cīvaraṃ kāreti. So katacīvaro – ''paccessaṃ paccessa''nti – bahiddhā kathinuddhāraṃ vītināmeti. Tassa bhikkhuno sīmātikkantiko kathinuddhāro.

Bhikkhu atthatakathino cīvaraṃ ādāya pakkamati – ''paccessa''nti. So bahisīmagato taṃ cīvaraṃ kāreti. So katacīvaro – ''paccessaṃ paccessa''nti – sambhuṇāti kathinuddhāraṃ. Tassa bhikkhuno saha bhikkhūhi kathinuddhāro.

Ādāyasattakaṃ niṭṭhitaṃ [...dutiyaṃ niṭṭhitaṃ (ka.)].

189. Samādāyasattakaṃ

312. Bhikkhu atthatakathino katacīvaraṃ samādāya pakkamati ''na paccessa''nti. Tassa bhikkhuno pakkamanantiko kathinuddhāro.

Bhikkhu atthatakathino cīvaraṃ samādāya pakkamati. Tassa bahisīmagatassa evaṃ hoti – ''idhevimaṃ cīvaraṃ kāressaṃ, na paccessa''nti. So taṃ cīvaraṃ kāreti. Tassa bhikkhuno niṭṭhānantiko kathinuddhāro.

Bhikkhu atthatakathino cīvaraṃ samādāya pakkamati. Tassa bahisīmagatassa evaṃ hoti – ''idhevimaṃ cīvaraṃ kāressaṃ, na paccessa''nti. Tassa bhikkhuno sanniṭṭhānantiko kathinuddhāro.

Bhikkhu atthatakathino cīvaraṃ samādāya pakkamati. Tassa bahisīmagatassa evaṃ hoti – ''idhevimaṃ cīvaraṃ kāressaṃ, na paccessa''nti. So taṃ cīvaraṃ kāreti. Tassa taṃ cīvaraṃ kayiramānaṃ nassati. Tassa bhikkhuno nāsanantiko kathinuddhāro.

Bhikkhu atthatakathino cīvaraṃ samādāya pakkamati – ''paccessa''nti. So bahisīmagato taṃ cīvaraṃ kāreti. So katacīvaro suṇāti – ''ubbhataṃ kira tasmiṃ āvāse kathina''nti. Tassa bhikkhuno savanantiko kathinuddhāro.

Bhikkhu atthatakathino cīvaraṃ samādāya pakkamati – ''paccessa''nti. So bahisīmagato taṃ cīvaraṃ kāreti. So katacīvaro – ''paccessaṃ paccessa''nti – bahiddhā kathinuddhāraṃ vītināmeti. Tassa bhikkhuno sīmātikkantiko kathinuddhāro.

Bhikkhu atthatakathino cīvaraṃ samādāya pakkamati – ''paccessa''nti. So bahisīmagato taṃ cīvaraṃ kāreti. So katacīvaro – ''paccessaṃ paccessa''nti – sambhuṇāti kathinuddhāraṃ. Tassa bhikkhuno saha bhikkhūhi kathinuddhāro.

Samādāyasattakaṃ niṭṭhitaṃ.

190. Ādāyachakkaṃ

313. Bhikkhu atthatakathino vippakatacīvaraṃ ādāya pakkamati. Tassa bahisīmagatassa evaṃ hoti – "idhevimaṃ cīvaraṃ kāressaṃ, na paccessa"nti. So taṃ cīvaraṃ kāreti. Tassa bhikkhuno niṭṭhānantiko kathinuddhāro.

Bhikkhu atthatakathino vippakatacīvaraṃ ādāya pakkamati. Tassa bahisīmagatassa evaṃ hoti – "nevimaṃ cīvaraṃ kāressaṃ, na paccessa"nti. Tassa bhikkhuno sanniṭṭhānantiko kathinuddhāro.

Bhikkhu atthatakathino vippakatacīvaraṃ ādāya pakkamati. Tassa bahisīmagatassa evaṃ hoti – "idhevimaṃ cīvaraṃ kāressaṃ na paccessa"nti. So taṃ cīvaraṃ kāreti. Tassaṃ taṃ cīvaraṃ kayiramānaṃ nassati. Tassa bhikkhuno nāsanantiko kathinuddhāro.

Bhikkhu atthatakathino vippakatacīvaraṃ ādāya pakkamati "paccessa"nti. So bahisīmagato taṃ cīvaraṃ kāreti. So katacīvaro suṇāti – "ubbhataṃ kira tasmiṃ āvāse kathina"nti. Tassa bhikkhuno savanantiko kathinuddhāro.

Bhikkhu atthatakathino vippakatacīvaraṃ ādāya pakkamati "paccessa"nti. So bahisīmagato taṃ cīvaraṃ kāreti. So katacīvaro "paccessaṃ paccessa"nti bahiddhā kathinuddhāraṃ vītināmeti. Tassa bhikkhuno sīmātikkantiko kathinuddhāro.

Bhikkhu atthatakathino vippakatacīvaraṃ ādāya pakkamati "paccessa"nti. So bahisīmagato taṃ cīvaraṃ kāreti. So katacīvaro "paccessaṃ paccessa"nti sambhuṇāti kathinuddhāraṃ. Tassa bhikkhuno saha bhikkhūhi kathinuddhāro.

Ādāyachakkaṃ niṭṭhitaṃ.

191. Samādāyachakkaṃ

314. Bhikkhu atthatakathino vippakatacīvaraṃ samādāya pakkamati. Tassa bahisīmagatassa evaṃ hoti – "idhevimaṃ cīvaraṃ kāressaṃ, na paccessa"nti. So taṃ cīvaraṃ kāreti. Tassa bhikkhuno niṭṭhānantiko kathinuddhāro.

Bhikkhu atthatakathino vippakatacīvaraṃ samādāya pakkamati. Tassa bahisīmagatassa evaṃ hoti – "nevimaṃ cīvaraṃ kāressaṃ, na paccessa"nti. Tassa bhikkhuno sanniṭṭhānantiko kathinuddhāro.

Bhikkhu atthatakathino vippakatacīvaraṃ samādāya pakkamati. Tassa bahisīmagatassa evaṃ hoti – "idhevimaṃ cīvaraṃ kāressaṃ, na paccessa"nti. So taṃ cīvaraṃ kāreti. Tassa taṃ cīvaraṃ kayiramānaṃ nassati. Tassa bhikkhuno nāsanantiko kathinuddhāro.

Bhikkhu atthatakathino vippakatacīvaraṃ samādāya pakkamati "paccessa"nti. So bahisīmagato taṃ cīvaraṃ kāreti. So katacīvaro suṇāti – "ubbhataṃ kira tasmiṃ āvāse kathina"nti. Tassa bhikkhuno savanantiko kathinuddhāro.

Bhikkhu atthatakathino vippakatacīvaraṃ samādāya pakkamati "paccessa"nti. So bahisīmagato taṃ cīvaraṃ kāreti. So katacīvaro "paccessaṃ paccessa"nti bahiddhā kathinuddhāraṃ vītināmeti. Tassa bhikkhuno sīmātikkantiko kathinuddhāro.

Bhikkhu atthatakathino vippakatacīvaraṃ samādāya pakkamati "paccessa"nti. So bahisīmagato taṃ cīvaraṃ kāreti. So katacīvaro "paccessaṃ paccessa"nti sambhuṇāti kathinuddhāraṃ. Tassa bhikkhuno saha bhikkhūhi kathinuddhāro.

Samādāyachakkaṃ niṭṭhitaṃ.

192. Ādāyapannarasakaṃ

315. Bhikkhu atthatakathino cīvaraṃ ādāya pakkamati. Tassa bahisīmagatassa evaṃ hoti – "idhevimaṃ cīvaraṃ kāressaṃ, na paccessa"nti. So taṃ cīvaraṃ kāreti. Tassa bhikkhuno niṭṭhānantiko kathinuddhāro.

Bhikkhu atthatakathino cīvaraṃ ādāya pakkamati. Tassa bahisīmagatassa evaṃ hoti – "nevimaṃ cīvaraṃ kāressaṃ, na paccessa"nti. Tassa bhikkhuno sanniṭṭhānantiko kathinuddhāro.

Bhikkhu atthatakathino cīvaraṃ ādāya pakkamati. Tassa bahisīmagatassa evaṃ hoti –

"Idhevimaṃ cīvaraṃ kāressaṃ, na paccessa"nti. So taṃ cīvaraṃ kāreti. Tassa taṃ cīvaraṃ kayiramānaṃ nassati. Tassa bhikkhuno nāsanantiko kathinuddhāro.

Tikaṃ.

Bhikkhu atthatakathino cīvaraṃ ādāya pakkamati "na paccessa"nti. Tassa bahisīmagatassa evaṃ hoti – "idhevimaṃ cīvaraṃ kāressa"nti. So taṃ cīvaraṃ kāreti. Tassa bhikkhuno niṭṭhānantiko kathinuddhāro.

Bhikkhu atthatakathino cīvaraṃ ādāya pakkamati "na paccessa"nti. Tassa bahisīmagatassa evaṃ hoti – "nevimaṃ cīvaraṃ kāressa"nti. Tassa bhikkhuno sanniṭṭhānantiko kathinuddhāro.

Bhikkhu atthatakathino cīvaraṃ ādāya pakkamati "na paccessa"nti. Tassa bahisīmagatassa evaṃ hoti – "idhevimaṃ cīvaraṃ kāressa"nti . So taṃ cīvaraṃ kāreti. Tassa taṃ cīvaraṃ kayiramānaṃ nassati. Tassa bhikkhuno nāsanantiko kathinuddhāro.

Tikaṃ.

Bhikkhu atthatakathino cīvaraṃ ādāya pakkamati anadhiṭṭhitena; nevassa hoti "paccessa"nti, na panassa hoti "na paccessa"nti. Tassa bahisīmagatassa evaṃ hoti – "idhevimaṃ cīvaraṃ kāressaṃ, na paccessa"nti. So taṃ cīvaraṃ kāreti. Tassa bhikkhuno niṭṭhānantiko kathinuddhāro.

Bhikkhu atthatakathino cīvaraṃ ādāya pakkamati anadhiṭṭhitena; nevassa hoti ''paccessa''nti, na panassa hoti ''na paccessa''nti. Tassa bahisīmagatassa evaṃ hoti – ''nevimaṃ cīvaraṃ kāressaṃ, na paccessa''nti. Tassa bhikkhuno sanniṭṭhānantiko kathinuddhāro.

Bhikkhu atthatakathino cīvaraṃ ādāya pakkamati anadhiṭṭhitena; nevassa hoti ''paccessa''nti, na panassa hoti ''na paccessa''nti. Tassa bahisīmagatassa evaṃ hoti – ''idhevimaṃ cīvaraṃ kāressaṃ, na paccessa''nti. So taṃ cīvaraṃ kāreti. Tassa taṃ cīvaraṃ kayiramānaṃ nassati. Tassa bhikkhuno nāsanantiko kathinuddhāro.

Tikaṃ.

Bhikkhu atthatakathino cīvaraṃ ādāya pakkamati ''paccessa''nti. Tassa bahisīmagatassa evaṃ hoti – ''idhevimaṃ cīvaraṃ kāressaṃ, na paccessa''nti. So taṃ cīvaraṃ kāreti. Tassa bhikkhuno niṭṭhānantiko kathinuddhāro.

Bhikkhu atthatakathino cīvaraṃ ādāya pakkamati ''paccessa''nti. Tassa bahisīmagatassa evaṃ hoti – ''nevimaṃ cīvaraṃ kāressaṃ, na paccessa''nti. Tassa bhikkhuno sanniṭṭhānantiko kathinuddhāro.

Bhikkhu atthatakathino cīvaraṃ ādāya pakkamati ''paccessa''nti. Tassa bahisīmagatassa evaṃ hoti – ''idhevimaṃ cīvaraṃ kāressaṃ, na paccessa''nti. So taṃ cīvaraṃ kāreti. Tassa taṃ cīvaraṃ kayiramānaṃ nassati. Tassa bhikkhuno nāsanantiko kathinuddhāro.

Bhikkhu atthatakathino cīvaraṃ ādāya pakkamati ''paccessa''nti. So bahisīmagato taṃ cīvaraṃ kāreti. So katacīvaro suṇāti – ''ubbhataṃ kira tasmiṃ āvāse kathina''nti. Tassa bhikkhuno savanantiko kathinuddhāro.

Bhikkhu atthatakathino cīvaraṃ ādāya pakkamati ''paccessa''nti. So bahisīmagato taṃ cīvaraṃ kāreti. So katacīvaro ''paccessaṃ paccessa''nti – bahiddhā kathinuddhāraṃ vītināmeti. Tassa bhikkhuno sīmātikkantiko kathinuddhāro.

Bhikkhu atthatakathino cīvaraṃ ādāya pakkamati ''paccessa''nti. So bahisīmagato taṃ cīvaraṃ kāreti. So katacīvaro – ''paccessaṃ paccessa''nti sambhuṇātikathinuddhāraṃ. Tassa bhikkhuno saha bhikkhūhi kathinuddhāro.

Chakkaṃ.

Ādāyapannarasakaṃ niṭṭhitaṃ.

193. Samādāyapannarasakādi

316. Bhikkhu atthatakathino cīvaraṃ samādāya pakkamati...pe....

(Ādāyavārasadisaṃ evaṃ vitthāretabbaṃ.)

Bhikkhu atthatakathino vippakatacīvaraṃ ādāya pakkamati. Tassa bahisīmagatassa evaṃ hoti – ''idhevimaṃ cīvaraṃ kāressaṃ, na paccessa''nti. So taṃ cīvaraṃ kāreti. Tassa bhikkhuno niṭṭhānantiko kathinuddhāro...pe....

(Samādāyavārasadisaṃ evaṃ vitthāretabbaṃ.)

Samādāyapannarasakādi niṭṭhitā.

194. Vippakatasamādāyapannarasakaṃ

317. Bhikkhu atthatakathino vippakatacīvaraṃ samādāya pakkamati. Tassa bahisīmagatassa evaṃ hoti – ''idhevimaṃ cīvaraṃ kāressaṃ, na paccessa''nti. So taṃ cīvaraṃ kāreti. Tassa bhikkhuno niṭṭhānantiko kathinuddhāro.

Bhikkhu atthatakathino vippakatacīvaraṃ samādāya pakkamati. Tassa bahisīmagatassa evaṃ hoti – ''nevimaṃ cīvaraṃ kāressaṃ, na paccessa''nti. Tassa bhikkhuno sanniṭṭhānantiko kathinuddhāro.

Bhikkhu atthatakathino vippakatacīvaraṃ samādāya pakkamati. Tassa bahisīmagatassa evaṃ hoti – ''idhevimaṃ cīvaraṃ kāressaṃ, na paccessa''nti. So taṃ cīvaraṃ kāreti. Tassa taṃ cīvaraṃ kayiramānaṃ nassati. Tassa bhikkhuno nāsanantiko kathinuddhāro.

Tikaṃ.

Bhikkhu atthatakathino vippakatacīvaraṃ samādāya pakkamati ''na paccessa''nti. Tassa bahisīmagatassa evaṃ hoti – ''idhevimaṃ cīvaraṃ kāressa''nti. So taṃ cīvaraṃ kāreti. Tassa bhikkhuno niṭṭhānantiko kathinuddhāro.

Bhikkhu atthatakathino vippakatacīvaraṃ samādāya pakkamati ''na paccessa''nti. Tassa bahisīmagatassa evaṃ hoti – ''nevimaṃ cīvaraṃ kāressa''nti. Tassa bhikkhuno sanniṭṭhānantiko kathinuddhāro.

Bhikkhu atthatakathino vippakatacīvaraṃ samādāya pakkamati ''na paccessa''nti. Tassa bahisīmagatassa evaṃ hoti – ''idhevimaṃ cīvaraṃ kāressa''nti. So taṃ cīvaraṃ kāreti. Tassa taṃ cīvaraṃ kayiramānaṃ nassati. Tassa bhikkhuno nāsanantiko kathinuddhāro.

Tikaṃ.

Bhikkhu atthatakathino vippakatacīvaraṃ samādāya pakkamati anadhiṭṭhitena; nevassa hoti – ''paccessa''nti, na panassa hoti – ''na paccessa''nti. Tassa bahisīmagatassa evaṃ hoti – ''idhevimaṃ cīvaraṃ kāressaṃ, na paccessa''nti. So taṃ cīvaraṃ kāreti. Tassa bhikkhuno niṭṭhānantiko kathinuddhāro.

Bhikkhu atthatakathino vippakatacīvaraṃ samādāya pakkamati anadhiṭṭhitena; nevassa hoti – ''paccessa''nti, na panassa hoti – ''na paccessa''nti. Tassa bahisīmagatassa evaṃ hoti – ''nevimaṃ cīvaraṃ kāressaṃ, na paccessa''nti. Tassa bhikkhuno sanniṭṭhānantiko kathinuddhāro.
Bhikkhu atthatakathino vippakatacīvaraṃ samādāya pakkamati anadhiṭṭhitena; nevassa hoti – ''paccessa''nti, na panassa hoti – ''na paccessa''nti. Tassa bahisīmagatassa evaṃ hoti – ''idhevimaṃ cīvaraṃ kāressaṃ, na paccessa''nti. So taṃ cīvaraṃ kāreti. Tassa taṃ cīvaraṃ kayiramānaṃ nassati. Tassa bhikkhuno nāsanantiko kathinuddhāro.
Tikaṃ.
Bhikkhu atthatakathino vippakatacīvaraṃ samādāya pakkamati ''paccessa''nti. Tassa bahisīmagatassa evaṃ hoti – ''idhevimaṃ cīvaraṃ kāressaṃ, na paccessa''nti. So taṃ cīvaraṃ kāreti. Tassa bhikkhuno niṭṭhānantiko kathinuddhāro.
Bhikkhu atthatakathino vippakatacīvaraṃ samādāya pakkamati ''paccessa''nti. Tassa bahisīmagatassa evaṃ hoti – ''nevimaṃ cīvaraṃ kāressaṃ, na paccessa''nti. Tassa bhikkhuno sanniṭṭhānantiko kathinuddhāro.
Bhikkhu atthatakathino vippakatacīvaraṃ samādāya pakkamati ''paccessa''nti. Tassa bahisīmagatassa evaṃ hoti – ''idhevimaṃ cīvaraṃ kāressaṃ, na paccessa''nti . So taṃ cīvaraṃ kāreti. Tassa taṃ cīvaraṃ kayiramānaṃ nassati. Tassa bhikkhuno nāsanantiko kathinuddhāro.
Bhikkhu atthatakathino vippakatacīvaraṃ samādāya pakkamati ''paccessa''nti. So bahisīmagato taṃ cīvaraṃ kāreti. So katacīvaro suṇāti – ''ubbhataṃ kira tasmiṃ āvāse kathina''nti. Tassa bhikkhuno savanantiko kathinuddhāro.
Bhikkhu atthatakathino vippakatacīvaraṃ samādāya pakkamati ''paccessa''nti. So bahisīmagato taṃ cīvaraṃ kāreti. So katacīvaro – ''paccessaṃ paccessa''nti bahiddhā kathinuddhāraṃ vītināmeti. Tassa bhikkhuno sīmātikkantiko kathinuddhāro.
Bhikkhu atthatakathino vippakatacīvaraṃ samādāya pakkamati ''paccessa''nti. So bahisīmagato taṃ cīvaraṃ kāreti. So katacīvaro ''paccessaṃ paccessa''nti sambhuṇāti kathinuddhāraṃ. Tassa bhikkhuno saha bhikkhūhi kathinuddhāro.
Chakkaṃ.
Vippakatasamādāyapannarasakaṃ niṭṭhitaṃ.
Ādāyabhāṇavāro.
195. Anāsādoḷasakaṃ
318. Bhikkhu atthatakathino cīvarāsāya pakkamati. So bahisīmagato taṃ cīvarāsaṃ payirupāsati. Anāsāya labhati, āsāya na labhati. Tassa evaṃ hoti – ''idhevimaṃ cīvaraṃ kāressaṃ, na paccessa''nti. So taṃ cīvaraṃ kāreti. Tassa bhikkhuno niṭṭhānantiko kathinuddhāro.
Bhikkhu atthatakathino cīvarāsāya pakkamati. So bahisīmagato taṃ cīvarāsaṃ payirupāsati. Anāsāya labhati, āsāya na labhati. Tassa evaṃ hoti – ''nevimaṃ cīvaraṃ kāressaṃ, na paccessa''nti. Tassa bhikkhuno sanniṭṭhānantiko kathinuddhāro.
Bhikkhu atthatakathino cīvarāsāya pakkamati. So bahisīmagato taṃ cīvarāsaṃ payirupāsati. Anāsāya labhati, āsāya na labhati. Tassa evaṃ hoti – ''idhevimaṃ cīvaraṃ kāressaṃ, na paccessa''nti. So taṃ cīvaraṃ kāreti. Tassa taṃ cīvaraṃ kayiramānaṃ nassati. Tassa bhikkhuno nāsanantiko kathinuddhāro.
Bhikkhu atthatakathino cīvarāsāya pakkamati. Tassa bahisīmagatassa evaṃ hoti – ''idhevimaṃ cīvarāsaṃ payirupāsissaṃ, na paccessa''nti. So taṃ cīvarāsaṃ payirupāsati. Tassa sā cīvarāsā upacchijjati . Tassa bhikkhuno āsāvacchediko kathinuddhāro.
Bhikkhu atthatakathino cīvarāsāya pakkamati ''na paccessa''nti. So bahisīmagato taṃ cīvarāsaṃ payirupāsati. Anāsāya labhati, āsāya na labhati. Tassa evaṃ hoti – ''idhevimaṃ cīvaraṃ kāressa''nti. So taṃ cīvaraṃ kāreti. Tassa bhikkhuno niṭṭhānantiko kathinuddhāro.
Bhikkhu atthatakathino cīvarāsāya pakkamati ''na paccessa''nti. So bahisīmagato taṃ cīvarāsaṃ payirupāsati. Anāsāya labhati, āsāya na labhati. Tassa evaṃ hoti – ''nevimaṃ cīvaraṃ kāressa''nti. Tassa bhikkhuno sanniṭṭhānantiko kathinuddhāro.
Bhikkhu atthatakathino cīvarāsāya pakkamati ''na paccessa''nti. So bahisīmagato taṃ cīvarāsaṃ payirupāsati. Anāsāya labhati, āsāya na labhati. Tassa evaṃ hoti – ''idhevimaṃ cīvaraṃ kāressa''nti. So taṃ cīvaraṃ kāreti. Tassa taṃ cīvaraṃ kayiramānaṃ nassati. Tassa bhikkhuno nāsanantiko kathinuddhāro.
Bhikkhu atthatakathino cīvarāsāya pakkamati ''na paccessa''nti. Tassa bahisīmagatassa evaṃ hoti – ''idhevimaṃ cīvarāsaṃ payirupāsissa''nti. So taṃ cīvarāsaṃ payirupāsati. Tassa sā cīvarāsā upacchijjati. Tassa bhikkhuno āsāvacchediko kathinuddhāro.
Bhikkhu atthatakathino cīvarāsāya pakkamati anadhiṭṭhitena; nevassa hoti – ''paccessanti, na panassa hoti – ''na paccessa''nti. So bahisīmagato taṃ cīvarāsaṃ payirupāsati. Anāsāya labhati, āsāya na labhati. Tassa evaṃ hoti – ''idhevimaṃ cīvaraṃ kāressaṃ, na paccessa''nti. So taṃ cīvaraṃ kāreti. Tassa bhikkhuno niṭṭhānantiko kathinuddhāro.

Bhikkhu atthatakathino cīvarāsāya pakkamati anadhiṭṭhitena; nevassa hoti – ''paccessa''nti, na panassa hoti – ''na paccessa''nti. So bahisīmagato taṃ cīvarāsaṃ payirupāsati. Anāsāya labhati, āsāya na labhati. Tassa evaṃ hoti – ''nevimaṃ cīvaraṃ kāressaṃ, na paccessa''nti. Tassa bhikkhuno sanniṭṭhānantiko kathinuddhāro.

Bhikkhu atthatakathino cīvarāsāya pakkamati anadhiṭṭhitena; nevassa hoti – ''paccessa''nti, na panassa hoti – ''na paccessa''nti. So bahisīmagato taṃ cīvarāsaṃ payirupāsati. Anāsāya labhati, āsāya na labhati. Tassa evaṃ hoti – ''idhevimaṃ cīvaraṃ kāressaṃ, na paccessa''nti. So taṃ cīvaraṃ kāreti. Tassa taṃ cīvaraṃ kayiramānaṃ nassati. Tassa bhikkhuno nāsanantiko kathinuddhāro.

Bhikkhu atthatakathino cīvarāsāya pakkamati anadhiṭṭhitena; nevassa hoti – ''paccessa''nti, na panassa hoti – ''na paccessa''nti. Tassa bahisīmagatassa evaṃ hoti – ''idhevimaṃ cīvarāsaṃ payirupāsissaṃ, na paccessa''nti. So taṃ cīvarāsaṃ payirupāsati. Tassa sā cīvarāsā upacchijjati. Tassa bhikkhuno āsāvacchediko kathinuddhāro.

Anāsādoḷasakaṃ [anāsādvādasakaṃ (sī.)] niṭṭhitaṃ.

196. Āsādoḷasakaṃ

319. Bhikkhu atthatakathino cīvarāsāya pakkamati ''paccessa''nti. So bahisīmagato taṃ cīvarāsaṃ payirupāsati. Āsāya labhati, anāsāya na labhati. Tassa evaṃ hoti – ''idhevimaṃ cīvaraṃ kāressaṃ, na paccessa''nti. So taṃ cīvaraṃ kāreti. Tassa bhikkhuno niṭṭhānantiko kathinuddhāro.

Bhikkhu atthatakathino cīvarāsāya pakkamati ''paccessa''nti. So bahisīmagato taṃ cīvarāsaṃ payirupāsati. Āsāya labhati, anāsāya na labhati. Tassa evaṃ hoti – ''nevimaṃ cīvaraṃ kāressaṃ, na paccessa''nti. Tassa bhikkhuno sanniṭṭhānantiko kathinuddhāro.

Bhikkhu atthatakathino cīvarāsāya pakkamati ''paccessa''nti. So bahisīmagato taṃ cīvarāsaṃ payirupāsati. Āsāya labhati, anāsāya na labhati. Tassa evaṃ hoti – ''idhevimaṃ cīvaraṃ kāressaṃ, na paccessa''nti. So taṃ cīvaraṃ kāreti. Tassa taṃ cīvaraṃ kayiramānaṃ nassati. Tassa bhikkhuno nāsanantiko kathinuddhāro.

Bhikkhu atthatakathino cīvarāsāya pakkamati ''paccessa''nti. Tassa bahisīmagatassa evaṃ hoti – ''idhevimaṃ cīvarāsaṃ payirupāsissaṃ, na paccessa''nti. So taṃ cīvarāsaṃ payirupāsati. Tassa sā cīvarāsā upacchijjati. Tassa bhikkhuno āsāvacchediko kathinuddhāro.

Bhikkhu atthatakathino cīvarāsāya pakkamati ''paccessa''nti. So bahisīmagato suṇāti – ''ubbhataṃ kira tasmiṃ āvāse kathina''nti. Tassa evaṃ hoti – ''yato tasmiṃ āvāse ubbhataṃ kathinaṃ, idhevimaṃ cīvarāsaṃ payirupāsissa''nti. So taṃ cīvarāsaṃ payirupāsati. Āsāya labhati , anāsāya na labhati. Tassa evaṃ hoti – ''idhevimaṃ cīvaraṃ kāressaṃ, na paccessa''nti. So taṃ cīvaraṃ kāreti. Tassa bhikkhuno niṭṭhānantiko kathinuddhāro.

Bhikkhu atthatakathino cīvarāsāya pakkamati ''paccessa''nti. So bahisīmagato suṇāti – ''ubbhataṃ kira tasmiṃ āvāse kathina''nti. Tassa evaṃ hoti – ''yato tasmiṃ āvāse ubbhataṃ kathinaṃ, idhevimaṃ cīvarāsaṃ payirupāsissa''nti. So taṃ cīvarāsaṃ payirupāsati. Āsāya labhati, anāsāya na labhati. Tassa evaṃ hoti – ''nevimaṃ cīvaraṃ kāressaṃ, na paccessa''nti. Tassa bhikkhuno sanniṭṭhānantiko kathinuddhāro.

Bhikkhu atthatakathino cīvarāsāya pakkamati ''paccessa''nti. So bahisīmagato suṇāti – ''ubbhataṃ kira tasmiṃ āvāse kathina''nti. Tassa evaṃ hoti – ''yato tasmiṃ āvāse ubbhataṃ kathinaṃ, idhevimaṃ cīvarāsaṃ payirupāsissa''nti. So taṃ cīvarāsaṃ payirupāsati. Āsāya labhati, anāsāya na labhati. Tassa evaṃ hoti – ''idhevimaṃ cīvaraṃ kāressaṃ, na paccessa''nti. So taṃ cīvaraṃ kāreti. Tassa taṃ cīvaraṃ kayiramānaṃ nassati. Tassa bhikkhuno nāsanantiko kathinuddhāro.

Bhikkhu atthatakathino cīvarāsāya pakkamati ''paccessa''nti. So bahisīmagato suṇāti – ''ubbhataṃ kira tasmiṃ āvāse kathina''nti. Tassa evaṃ hoti – ''yato tasmiṃ āvāse ubbhataṃ kathinaṃ, idhevimaṃ cīvarāsaṃ payirupāsissaṃ, na paccessa''nti. So taṃ cīvarāsaṃ payirupāsati. Tassa sā cīvarāsā upacchijjati. Tassa bhikkhuno āsāvacchediko kathinuddhāro.

Bhikkhu atthatakathino cīvarāsāya pakkamati ''paccessa''nti. So bahisīmagato taṃ cīvarāsaṃ payirupāsati. Āsāya labhati, anāsāya na labhati. So taṃ cīvaraṃ kāreti. So katacīvaro suṇāti – ''ubbhataṃ kira tasmiṃ āvāse kathina''nti. Tassa bhikkhuno savanantiko kathinuddhāro.

Bhikkhu atthatakathino cīvarāsāya pakkamati ''paccessa''nti. Tassa bahisīmagatassa evaṃ hoti – ''idhevimaṃ cīvarāsaṃ payirupāsissaṃ, na paccessa''nti. So taṃ cīvarāsaṃ payirupāsati. Tassa sā cīvarāsā upacchijjati. Tassa bhikkhuno āsāvacchediko kathinuddhāro.

Bhikkhu atthatakathino cīvarāsāya pakkamati ''paccessa''nti. So bahisīmagato taṃ cīvarāsaṃ payirupāsati. Āsāya labhati, anāsāya na labhati. So taṃ cīvaraṃ kāreti. So katacīvaro ''paccessaṃ paccessa''nti – bahiddhā kathinuddhāraṃ vītināmeti. Tassa bhikkhuno sīmātikkantiko kathinuddhāro.

Bhikkhu atthatakathino cīvarāsāya pakkamati ''paccessa''nti. So bahisīmagato taṃ cīvarāsaṃ payirupāsati. Āsāya labhati, anāsāya na labhati. So taṃ cīvaraṃ kāreti. So katacīvaro ''paccessaṃ paccessa''nti – sambhuṇāti kathinuddhāraṃ. Tassa bhikkhuno saha bhikkhūhi kathinuddhāro.

Āsādoḷasakaṃ niṭṭhitaṃ.

197. Karaṇīyadoḷasakaṃ

320. Bhikkhu atthatakathino kenacideva karaṇīyena pakkamati. Tassa bahisīmagatassa cīvarāsā uppajjati. So taṃ cīvarāsaṃ payirupāsati. Anāsāya labhati, āsāya na labhati. Tassa evaṃ hoti – ''idhevimaṃ cīvaraṃ kāressaṃ, na paccessa''nti. So taṃ cīvaraṃ kāreti. Tassa bhikkhuno niṭṭhānantiko kathinuddhāro.
Bhikkhu atthatakathino kenacideva karaṇīyena pakkamati. Tassa bahisīmagatassa cīvarāsā uppajjati. So taṃ cīvarāsaṃ payirupāsati. Anāsāya labhati, āsāya na labhati. Tassa evaṃ hoti – ''nevimaṃ cīvaraṃ kāressaṃ, na paccessa''nti. Tassa bhikkhuno sanniṭṭhānantiko kathinuddhāro.
Bhikkhu atthatakathino kenacideva karaṇīyena pakkamati. Tassa bahisīmagatassa cīvarāsā uppajjati. So taṃ cīvarāsaṃ payirupāsati. Anāsāya labhati, āsāya na labhati. Tassa evaṃ hoti – ''idhevimaṃ cīvaraṃ kāressaṃ, na paccessa''nti. So taṃ cīvaraṃ kāreti. Tassa taṃ cīvaraṃ kayiramānaṃ nassati. Tassa bhikkhuno nāsanantiko kathinuddhāro.
Bhikkhu atthatakathino kenacideva karaṇīyena pakkamati. Tassa bahisīmagatassa cīvarāsā uppajjati. Tassa evaṃ hoti – ''idhevimaṃ cīvarāsaṃ payirupāsissaṃ, na paccessa''nti. So taṃ cīvarāsaṃ payirupāsati. Tassa sā cīvarāsā upacchijjati. Tassa bhikkhuno āsāvacchediko kathinuddhāro.
Bhikkhu atthatakathino kenacideva karaṇīyena pakkamati ''na paccessa''nti. Tassa bahisīmagatassa cīvarāsā uppajjati. So taṃ cīvarāsaṃ payirupāsati. Anāsāya labhati, āsāya na labhati. Tassa evaṃ hoti – ''idhevimaṃ cīvaraṃ kāressa''nti. So taṃ cīvaraṃ kāreti. Tassa bhikkhuno niṭṭhānantiko kathinuddhāro.
Bhikkhu atthatakathino kenacideva karaṇīyena pakkamati ''na paccessa''nti. Tassa bahisīmagatassa cīvarāsā uppajjati. So taṃ cīvarāsaṃ payirupāsati. Anāsāya labhati, āsāya na labhati. Tassa evaṃ hoti – ''nevimaṃ cīvaraṃ kāressa''nti. Tassa bhikkhuno sanniṭṭhānantiko kathinuddhāro.
Bhikkhu atthatakathino kenacideva karaṇīyena pakkamati ''na paccessa''nti. Tassa bahisīmagatassa cīvarāsā uppajjati. So taṃ cīvarāsaṃ payirupāsati. Anāsāya labhati, āsāya na labhati. Tassa evaṃ hoti – ''idhevimaṃ cīvaraṃ kāressa''nti. So taṃ cīvaraṃ kāreti. Tassa taṃ cīvaraṃ kayiramānaṃ nassati. Tassa bhikkhuno nāsanantiko kathinuddhāro.
Bhikkhu atthatakathino kenacideva karaṇīyena pakkamati ''na paccessa''nti. Tassa bahisīmagatassa cīvarāsā uppajjati. Tassa evaṃ hoti – ''idhevimaṃ cīvarāsaṃ payirupāsissa''nti. So taṃ cīvarāsaṃ payirupāsati. Tassa sā cīvarāsā upacchijjati. Tassa bhikkhuno āsāvacchediko kathinuddhāro.
Bhikkhu atthatakathino kenacideva karaṇīyena pakkamati anadhiṭṭhitena; nevassa hoti – ''paccessa''nti, na panassa hoti – ''na paccessa''nti. Tassa bahisīmagatassa cīvarāsā uppajjati. So taṃ cīvarāsaṃ payirupāsati. Anāsāya labhati, āsāya na labhati. Tassa evaṃ hoti – ''idhevimaṃ cīvaraṃ kāressaṃ, na paccessa''nti. So taṃ cīvaraṃ kāreti. Tassa bhikkhuno niṭṭhānantiko kathinuddhāro.
Bhikkhu atthatakathino kenacideva karaṇīyena pakkamati anadhiṭṭhitena; nevassa hoti – ''paccessa''nti, na panassa hoti – ''na paccessa''nti. Tassa bahisīmagatassa cīvarāsā uppajjati. So taṃ cīvarāsaṃ payirupāsati. Anāsāya labhati, āsāya na labhati. Tassa evaṃ hoti – ''nevimaṃ cīvaraṃ kāressaṃ, na paccessa''nti. Tassa bhikkhuno sanniṭṭhānantiko kathinuddhāro.
Bhikkhu atthatakathino kenacideva karaṇīyena pakkamati anadhiṭṭhitena; nevassa hoti – ''paccessa''nti, na panassa hoti – ''na paccessa''nti. Tassa bahisīmagatassa cīvarāsā uppajjati. So taṃ cīvarāsaṃ payirupāsati. Anāsāya labhati, āsāya na labhati. Tassa evaṃ hoti – ''idhevimaṃ cīvaraṃ kāressaṃ, na paccessa''nti. So taṃ cīvaraṃ kāreti. Tassa taṃ cīvaraṃ kayiramānaṃ nassati. Tassa bhikkhuno nāsanantiko kathinuddhāro.
Bhikkhu atthatakathino kenacideva karaṇīyena pakkamati anadhiṭṭhitena; nevassa hoti – ''paccessa''nti, na panassa hoti – ''na paccessa''nti. Tassa bahisīmagatassa cīvarāsā uppajjati. Tassa evaṃ hoti – ''idhevimaṃ cīvarāsaṃ payirupāsissaṃ, na paccessa''nti. So taṃ cīvarāsaṃ payirupāsati. Tassa sā cīvarāsā upacchijjati. Tassa bhikkhuno āsāvacchediko kathinuddhāro.
Karaṇīyadoḷasakaṃ niṭṭhitaṃ.

198. Apavilāyananavakaṃ

321. Bhikkhu atthatakathino disaṃgamiko pakkamati cīvarapaṭivīsaṃ apavilāyamāno [apavinayamāno (sī.), apacinayamāno (ka.)]. Tamenaṃ disaṅgataṃ bhikkhū pucchanti – ''kahaṃ tvaṃ, āvuso, vassaṃvuttho, kattha ca te cīvarapaṭivīso''ti? So evaṃ vadeti – ''amukasmiṃ āvāse vassaṃvuṭṭhomhi. Tattha ca me cīvarapaṭivīso''ti. Te evaṃ vadanti – ''gacchāvuso, taṃ cīvaraṃ āhara, mayaṃ te idha cīvaraṃ karissāmā''ti. So taṃ āvāsaṃ gantvā bhikkhū pucchati – ''kahaṃ me, āvuso, cīvarapaṭivīso''ti? Te evaṃ vadanti – ''ayaṃ te, āvuso, cīvarapaṭivīso; kahaṃ gamissasī''ti? So evaṃ vadeti – ''amukaṃ nāma [amukañca (ka.)] āvāsaṃ gamissāmi, tattha me bhikkhū cīvaraṃ karissantī''ti. Te evaṃ vadanti – ''alaṃ, āvuso, mā agamāsi. Mayaṃ te idha cīvaraṃ karissāmā''ti. Tassa evaṃ hoti – ''idhevimaṃ cīvaraṃ kāressaṃ, na paccessa''nti. So taṃ cīvaraṃ kāreti. Tassa bhikkhuno niṭṭhānantiko kathinuddhāro.
Bhikkhu atthatakathino disaṃgamiko pakkamati...pe... ''nevimaṃ cīvaraṃ kāressaṃ, na paccessa''nti. Tassa bhikkhuno sanniṭṭhānantiko kathinuddhāro.

Bhikkhu atthatakathino disaṃgamiko pakkamati...pe... ''idhevimaṃ cīvaraṃ kāressaṃ, na paccessa''nti. So taṃ cīvaraṃ kāreti. Tassa taṃ cīvaraṃ kayiramānaṃ nassati. Tassa bhikkhuno nāsanantiko kathinuddhāro.

322. Bhikkhu atthatakathino disaṃgamiko pakkamati cīvarapaṭivīsaṃ apavilāyamāno. Tamenaṃ disaṃgataṃ bhikkhū pucchanti – ''kahaṃ tvaṃ, āvuso, vassaṃvuṭṭho , kattha ca te cīvarapaṭivīso''ti? So evaṃ vadeti – ''amukasmiṃ āvāse vassaṃvuṭṭhomhi, tattha ca me cīvarapaṭivīso''ti. Te evaṃ vadanti – ''gacchāvuso, taṃ cīvaraṃ āhara, mayaṃ te idha cīvaraṃ karissāmā''ti. So taṃ āvāsaṃ gantvā bhikkhū pucchati – ''kahaṃ me, āvuso, cīvarapaṭivīso''ti? Te evaṃ vadanti – ''ayaṃ te, āvuso, cīvarapaṭivīso''ti. So taṃ cīvaraṃ ādāya taṃ āvāsaṃ gacchati. Tamenaṃ antarāmagge bhikkhū pucchanti – ''āvuso, kahaṃ gamissasī''ti? So evaṃ vadeti – ''amukaṃ nāma āvāsaṃ gamissāmi, tattha me bhikkhū cīvaraṃ karissantī''ti. Te evaṃ vadanti – ''alaṃ, āvuso, mā agamāsi, mayaṃ te idha cīvaraṃ karissāmā''ti. Tassa evaṃ hoti – ''idhevimaṃ cīvaraṃ kāressaṃ na paccessa''nti. So taṃ cīvaraṃ kāreti. Tassa bhikkhuno niṭṭhānantiko kathinuddhāro.

Bhikkhu atthatakathino disaṃgamiko pakkamati cīvarapaṭivīsaṃ apavilāyamāno. Tamenaṃ disaṃgataṃ bhikkhū pucchanti – ''kahaṃ tvaṃ, āvuso, vassaṃvuṭṭho, kattha ca te cīvarapaṭivīso''ti? So evaṃ vadeti – ''amukasmiṃ āvāse vassaṃvuṭṭhomhi, tattha ca me cīvarapaṭivīso''ti. Te evaṃ vadanti – ''gacchāvuso, taṃ cīvaraṃ āhara, mayaṃ te idha cīvaraṃ karissāmā''ti. So taṃ āvāsaṃ gantvā bhikkhū pucchati – ''kahaṃ me, āvuso, cīvarapaṭivīso''ti? Te evaṃ vadanti – ''ayaṃ te, āvuso, cīvarapaṭivīso''ti. So taṃ cīvaraṃ ādāya taṃ āvāsaṃ gacchati. Tamenaṃ antarāmagge bhikkhū pucchanti – ''āvuso, kahaṃ gamissasī''ti? So evaṃ vadeti – ''amukaṃ nāma āvāsaṃ gamissāmi, tattha me bhikkhū cīvaraṃ karissantī''ti. Te evaṃ vadanti – ''alaṃ, āvuso, mā agamāsi, mayaṃ te idha cīvaraṃ karissāmā''ti. Tassa evaṃ hoti – ''nevimaṃ cīvaraṃ kāressaṃ, na paccessa''nti. Tassa bhikkhuno sanniṭṭhānantiko kathinuddhāro.

Bhikkhu atthatakathino disaṃgamiko pakkamati...pe... ''idhevimaṃ cīvaraṃ kāressaṃ, na paccessa''nti . So taṃ cīvaraṃ kāreti. Tassa taṃ cīvaraṃ kayiramānaṃ nassati. Tassa bhikkhuno nāsanantiko kathinuddhāro.

323. Bhikkhu atthatakathino disaṃgamiko pakkamati cīvarapaṭivīsaṃ apavilāyamāno. Tamenaṃ disaṃgataṃ bhikkhū pucchanti – ''kahaṃ tvaṃ, āvuso, vassaṃvuṭṭho, kattha ca te cīvarapaṭivīso''ti? So evaṃ vadeti – ''amukasmiṃ āvāse vassaṃvuṭṭhomhi, tattha ca me cīvarapaṭivīso''ti. Te evaṃ vadanti – ''gacchāvuso, taṃ cīvaraṃ āhara, mayaṃ te idha cīvaraṃ karissāmā''ti. So taṃ āvāsaṃ gantvā bhikkhū pucchati – ''kahaṃ me, āvuso, cīvarapaṭivīso''ti? Te evaṃ vadanti – ''ayaṃ te, āvuso, cīvarapaṭivīso''ti. So taṃ cīvaraṃ ādāya taṃ āvāsaṃ gacchati. Tassa taṃ āvāsaṃ gatassa evaṃ hoti – ''idhevimaṃ cīvaraṃ kāressaṃ, na paccessa''nti. So taṃ cīvaraṃ kāreti. Tassa bhikkhuno niṭṭhānantiko kathinuddhāro.

Bhikkhu atthatakathino disaṃgamiko pakkamati...pe... ''nevimaṃ cīvaraṃ kāressaṃ, na paccessa''nti. Tassa bhikkhuno sanniṭṭhānantiko kathinuddhāro.

Bhikkhu atthatakathino disaṃgamiko pakkamati...pe... ''idhevimaṃ cīvaraṃ kāressaṃ, na paccessa''nti. So taṃ cīvaraṃ kāreti. Tassa taṃ cīvaraṃ kayiramānaṃ nassati. Tassa bhikkhuno nāsanantiko kathinuddhāro.

Apavilāyananavakaṃ niṭṭhitaṃ.

199. Phāsuvihārapañcakaṃ

324. Bhikkhu atthatakathino phāsuvihāriko cīvaraṃ ādāya pakkamati – ''amukaṃ nāma āvāsaṃ gamissāmi; tattha me phāsu bhavissati vasissāmi, no ce me phāsu bhavissati, amukaṃ nāma āvāsaṃ gamissāmi; tattha me phāsu bhavissati vasissāmi , no ce me phāsu bhavissati, amukaṃ nāma āvāsaṃ gamissāmi; tattha me phāsu bhavissati vasissāmi, no ce me phāsu bhavissati, paccessa''nti. Tassa bahisīmagatassa evaṃ hoti – ''idhevimaṃ cīvaraṃ kāressaṃ, na paccessa''nti. So taṃ cīvaraṃ kāreti. Tassa bhikkhuno niṭṭhānantiko kathinuddhāro.

Bhikkhu atthatakathino phāsuvihāriko cīvaraṃ ādāya pakkamati – ''amukaṃ nāma āvāsaṃ gamissāmi; tattha me phāsu bhavissati vasissāmi, no ce me phāsu bhavissati, amukaṃ nāma āvāsaṃ gamissāmi; tattha me phāsu bhavissati vasissāmi, no ce me phāsu bhavissati, amukaṃ nāma āvāsaṃ gamissāmi; tattha me phāsu bhavissati vasissāmi, no ce me phāsu bhavissati, paccessa''nti. Tassa bahisīmagatassa evaṃ hoti – ''nevimaṃ cīvaraṃ kāressaṃ, na paccessa''nti. Tassa bhikkhuno sanniṭṭhānantiko kathinuddhāro.

Bhikkhu atthatakathino phāsuvihāriko cīvaraṃ ādāya pakkamati – ''amukaṃ nāma āvāsaṃ gamissāmi; tattha me phāsu bhavissati vasissāmi, no ce me phāsu bhavissati, amukaṃ nāma āvāsaṃ gamissāmi; tattha me phāsu bhavissati vasissāmi, no ce me phāsu bhavissati, amukaṃ nāma āvāsaṃ gamissāmi; tattha me phāsu bhavissati vasissāmi, no ce me phāsu bhavissati, paccessa''nti. Tassa bahisīmagatassa evaṃ hoti – ''idhevimaṃ cīvaraṃ kāressaṃ, na paccessa''nti. So taṃ cīvaraṃ kāreti. Tassa taṃ cīvaraṃ kayiramānaṃ nassati. Tassa bhikkhuno nāsanantiko kathinuddhāro.

Bhikkhu atthatakathino phāsuvihāriko cīvaraṃ ādāya pakkamati – ''amukaṃ nāma āvāsaṃ gamissāmi; tattha me phāsu bhavissati vasissāmi, no ce me phāsu bhavissati, amukaṃ nāma āvāsaṃ gamissāmi;

tattha me phāsu bhavissati vasissāmi, no ce me phāsu bhavissati, amukaṃ nāma āvāsaṃ gamissāmi; tattha me phāsu bhavissati vasissāmi, no ce me phāsu bhavissati, paccessa''nti. So bahisīmagato taṃ cīvaraṃ kāreti. So katacīvaro – ''paccessaṃ paccessa''nti bahiddhā kathinuddhāraṃ vītināmeti. Tassa bhikkhuno sīmātikkantiko kathinuddhāro.

Bhikkhu atthatakathino phāsuvihāriko cīvaraṃ ādāya pakkamati – ''amukaṃ nāma āvāsaṃ gamissāmi; tattha me phāsu bhavissati vasissāmi, no ce me phāsu bhavissati, amukaṃ nāma āvāsaṃ gamissāmi; tattha me phāsu bhavissati vasissāmi, no ce me phāsu bhavissati, amukaṃ nāma āvāsaṃ gamissāmi; tattha me phāsu bhavissati vasissāmi, no ce me phāsu bhavissati, paccessa''nti. So bahisīmagato taṃ cīvaraṃ kāreti. So katacīvaro ''paccessaṃ paccessa''nti sambhuṇāti kathinuddhāraṃ. Tassa bhikkhuno saha bhikkhūhi kathinuddhāro.

Phāsuvihārapañcakaṃ niṭṭhitaṃ.

200. Palibodhāpalibodhakathā

325. Dveme , bhikkhave, kathinassa palibodhā, dve apalibodhā. Katame ca, bhikkhave, dve kathinassa palibodhā? Āvāsapalibodho ca cīvarapalibodho ca. Kathañca, bhikkhave, āvāsapalibodho hoti? Idha, bhikkhave, bhikkhu vasati vā tasmiṃ āvāse, sāpekkho vā pakkamati ''paccessa''nti. Evaṃ kho, bhikkhave, āvāsapalibodho hoti. Kathañca, bhikkhave, cīvarapalibodho hoti? Idha, bhikkhave, bhikkhuno cīvaraṃ akataṃ vā hoti vippakataṃ vā, cīvarāsā vā anupacchinnā. Evaṃ kho, bhikkhave, cīvarapalibodho hoti. Ime kho, bhikkhave, dve kathinassa palibodhā.

Katame ca, bhikkhave, dve kathinassa apalibodhā? Āvāsaapalibodho ca cīvaraapalibodho ca. Kathañca, bhikkhave, āvāsaapalibodho hoti? Idha, bhikkhave, bhikkhu pakkamati tamhā āvāsā cattena vantena muttena anapekkho [anapekkhena (ka.)] ''na paccessa''nti. Evaṃ kho, bhikkhave, āvāsaapalibodho hoti. Kathañca, bhikkhave, cīvaraapalibodho hoti? Idha, bhikkhave, bhikkhuno cīvaraṃ kataṃ vā hoti, naṭṭhaṃ vā vinaṭṭhaṃ vā daḍḍhaṃ vā, cīvarāsā vā upacchinnā. Evaṃ kho, bhikkhave, cīvaraapalibodho hoti. Ime kho, bhikkhave, dve kathinassa apalibodhāti.

Palibodhāpalibodhakathā niṭṭhitā.

Kathinakkhandhako niṭṭhito sattamo.

201. Tassuddānaṃ

Tiṃsa pāveyyakā bhikkhū, sāketukkaṇṭhitā vasuṃ;
Vassaṃvuṭṭhokapuṇṇehi, agamuṃ jinadassanaṃ.
Idaṃ vatthu kathinassa, kappissanti ca pañcakā;
Anāmantā asamācārā, tatheva gaṇabhojanaṃ.
Yāvadatthañca uppādo, atthatānaṃ bhavissati;
Ñatti evatthatañceva, evañceva anatthataṃ.
Ullikhi dhovanā ceva, vicāraṇañca chedanaṃ;
Bandhano vaṭṭi kaṇḍusa, daḷhīkammānuvātikā.
Paribhaṇḍaṃ ovaddheyyaṃ, maddanā nimittaṃ kathā;
Kukku sannidhi nissaggi, na kappaññatra te tayo.
Aññatra pañcātireke, sañchinnena samaṇḍalī;
Nāññatra puggalā sammā, nissīmaṭṭhonumodati.
Kathinānatthataṃ hoti, evaṃ buddhena desitaṃ;
Ahatākappapiloti, paṃsu pāpaṇikāya ca.
Animittāparikathā, akukku ca asannidhi;
Anissaggi kappakate, tathā ticīvarena ca.
Pañcake vātireke vā, chinne samaṇḍalīkate;
Puggalassatthārā sammā, sīmaṭṭho anumodati.
Evaṃ kathinattharaṇaṃ, ubbhārassaṭṭhamātikā;
Pakkamananti niṭṭhānaṃ, sanniṭṭhānañca nāsanaṃ.
Savanaṃ āsāvacchedi, sīmā sahubbhāraṭṭhamī;
Katacīvaramādāya, ''na paccessa''nti gacchati.
Tassa taṃ kathinuddhārā,e hoti pakkamanantiko;
Ādāya cīvaraṃ yāti, nissīme idaṃ cintayi.
''Kāressaṃ na paccessa''nti, niṭṭhāne kathinuddhāro;
Ādāya nissīmaṃ neva, ''na paccessa''nti mānaso.
Tassa taṃ kathinuddhāro, sanniṭṭhānantiko bhave;
Ādāya cīvaraṃ yāti, nissīme idaṃ cintayi.
''Kāressaṃ na paccessa''nti, kayiraṃ tassa nassati;
Tassa taṃ kathinuddhāro, bhavati nāsanantiko.
Ādāya yāti ''paccessaṃ'', bahi kāreti cīvaraṃ;
Katacīvaro suṇāti, ubbhataṃ kathinaṃ tahiṃ.
Tassa taṃ kathinuddhāro, bhavati savanantiko;

Ādāya yāti "paccessaṃ", bahi kāreti cīvaraṃ.
Katacīvaro bahiddhā, nāmeti kathinuddhāraṃ;
Tassa taṃ kathinuddhāro, sīmātikkantiko bhave.
Ādāya yāti "paccessaṃ", bahi kāreti cīvaraṃ;
Katacīvaro paccessaṃ, sambhoti kathinuddhāraṃ.
Tassa taṃ kathinuddhāro, saha bhikkhūhi jāyati;
Ādāya ca samādāya, satta-sattavidhā gati.
Pakkamanantikā natthi, chakke vippakate [chaṭṭhe vippakatā (sī.), chaccā vippakathā (ka.)] gati;
Ādāya nissīmagataṃ, kāressaṃ iti jāyati.
Niṭṭhānaṃ sanniṭṭhānañca, nāsanañca ime tayo;
Ādāya "na paccessa"nti, bahisīme karomiti.
Niṭṭhānaṃ sanniṭṭhānampi, nāsanampi idaṃ tayo;
Anadhiṭṭhitena nevassa, heṭṭhā tīṇi nayāvidhi.
Ādāya yāti paccessaṃ, bahisīme karomiti;
"Na paccessa"nti kāreti, niṭṭhāne kathinuddhāro.
Sanniṭṭhānaṃ nāsanañca, savanasīmātikkamā;
Saha bhikkhūhi jāyetha, evaṃ pannarasaṃ gati.
Samādāya vippakatā, samādāya punā tathā;
Ime te caturo vārā, sabbe pannarasavidhi.
Anāsāya ca āsāya, karaṇīyo ca te tayo;
Nayato taṃ vijāneyya, tayo dvādasa dvādasa.
Apavilānā navettha [apavilāyamāneva (syā.), apavinā nava cettha (sī.)], phāsu pañcavidhā tahiṃ;
Palibodhāpalibodhā, uddānaṃ nayato katanti.
Imamhi khandhake vatthū doḷasakapeyyālamukhāni ekasataṃ aṭṭhārasa.
Kathinakkhandhako niṭṭhito.

8. Cīvarakkhandhako

202. Jīvakavatthu

326. Tena samayena buddho Bhagavā rājagahe viharati veḷuvane kalandakanivāpe. Tena kho pana samayena vesālī iddhā ceva hoti phitā [phītā (bahūsu)] ca bahujanā ca ākiṇṇamanussā ca subhikkhā ca; satta ca pāsādasahassāni satta ca pāsādasatāni satta ca pāsādā; satta ca kūṭāgārasahassāni satta ca kūṭāgārasatāni satta ca kūṭāgārāni; satta ca ārāmasahassāni satta ca ārāmasatāni satta ca ārāmā; satta ca pokkharaṇīsahassāni satta ca pokkharaṇīsatāni satta ca pokkharaṇiyo; ambapālī ca gaṇikā abhirūpā hoti dassanīyā pāsādikā paramāya vaṇṇapokkharatāya samannāgatā, padakkhiṇā [padakkhā (syā.)] nacce ca gīte ca vādite ca, abhisaṭā atthikānaṃ atthikānaṃ manussānaṃ paññāsāya ca rattiṃ gacchati; tāya ca vesālī bhiyyosomattāya upasobhati. Atha kho rājagahako negamo vesāliṃ agamāsi kenacideva karaṇīyena. Addasā kho rājagahako negamo vesāliṃ iddhañceva phitañca bahujanañca ākiṇṇamanussañca subhikkhañca; satta ca pāsādasahassāni satta ca pāsādasatāni satta ca pāsāde; satta ca kūṭāgārasahassāni satta ca kūṭāgārasatāni satta ca kūṭāgārāni; satta ca ārāmasahassāni satta ca ārāmasatāni satta ca ārāme; satta ca pokkharaṇīsahassāni satta ca pokkharaṇīsatāni satta ca pokkharaṇiyo ; ambapāliñca gaṇikaṃ abhirūpaṃ dassanīyaṃ pāsādikaṃ paramāya vaṇṇapokkharatāya samannāgataṃ, padakkhiṇaṃ [padakkhaṃ (syā.)] nacce ca gīte ca vādite ca, abhisaṭaṃ atthikānaṃ atthikānaṃ manussānaṃ paññāsāya ca rattiṃ gacchantiṃ, tāya ca vesāliṃ bhiyyosomattāya upasobhantiṃ.

327. Atha kho rājagahako negamo vesāliyaṃ taṃ karaṇīyaṃ tīretvā punadeva rājagahaṃ paccāgañchi. Yena rājā māgadho seniyo bimbisāro tenupasaṅkami, upasaṅkamitvā rājānaṃ māgadhaṃ seniyaṃ bimbisāraṃ etadavoca – "vesālī, deva, iddhā ceva phitā ca bahujanā ca ākiṇṇamanussā ca subhikkhā ca; satta ca pāsādasahassāni...pe... tāya ca vesālī bhiyyosomattāya upasobhati. Sādhu, deva, mayampi gaṇikaṃ vuṭṭhāpessāmā"ti [vuṭṭhāpeyyāma (ka.)]. "Tena hi, bhaṇe, tādisiṃ kumāriṃ jānātha yaṃ tumhe gaṇikaṃ vuṭṭhāpeyyāthā"ti. Tena kho pana samayena rājagahe sālavatī nāma kumārī abhirūpā hoti dassanīyā pāsādikā paramāya vaṇṇapokkharatāya samannāgatā. Atha kho rājagahako negamo sālavatiṃ kumāriṃ gaṇikaṃ vuṭṭhāpesi. Atha kho sālavatī gaṇikā nacirasseva padakkhiṇā ahosi nacce ca gīte ca vādite ca, abhisaṭā atthikānaṃ atthikānaṃ manussānaṃ paṭisatena ca rattiṃ gacchati. Atha kho sālavatī gaṇikā nacirasseva gabbhinī ahosi. Atha kho sālavatiyā gaṇikāya etadahosi – "itthī kho gabbhinī purisānaṃ amanāpā. Sace maṃ koci jānissati sālavatī gaṇikā gabbhinīti, sabbo me sakkāro bhañjissati [parihāyissati (sī. syā.)]. Yaṃnūnāhaṃ gilānaṃ paṭivedeyya"nti. Atha kho sālavatī gaṇikā dovārikaṃ āṇāpesi – "mā, bhaṇe dovārika, koci puriso pāvisi. Yo ca maṃ pucchati, 'gilānā'ti paṭivedehī"ti. "Evaṃ, ayye"ti kho so dovāriko sālavatiyā gaṇikāya paccassosi. Atha kho sālavatī gaṇikā tassa gabbhassa paripākamanvāya puttaṃ vijāyi. Atha kho sālavatī gaṇikā dāsiṃ āṇāpesi – "handa, je, imaṃ dārakaṃ kattarasuppe pakkhipitvā nīharitvā saṅkārakūṭe chaḍḍehī"ti. "Evaṃ, ayye"ti kho sā dāsī sālavatiyā gaṇikāya paṭissutvā taṃ dārakaṃ kattarasuppe pakkhipitvā nīharitvā saṅkārakūṭe chaḍḍesi.

328. Tena kho pana samayena abhayo nāma rājakumāro kālasseva rājupaṭṭhānaṃ gacchanto addasa taṃ dārakaṃ kākehi samparikiṇṇaṃ, disvāna manusse pucchi – ''kiṃ etaṃ, bhaṇe, kākehi samparikiṇṇa''nti? ''Dārako, devā''ti. ''Jīvati, bhaṇe''ti? ''Jīvati, devā''ti. ''Tena hi, bhaṇe, taṃ dārakaṃ amhākaṃ antepuraṃ netvā dhātīnaṃ detha posetu''nti. ''Evaṃ, devā''ti kho te manussā abhayassa rājakumārassa paṭissutvā taṃ dārakaṃ abhayassa rājakumārassa antepuraṃ netvā dhātīnaṃ adaṃsu – ''posethā''ti. Tassa jīvatīti 'jīvako'ti nāmaṃ akaṃsu. Kumārena posāpitoti 'komārabhacco'ti nāmaṃ akaṃsu. Atha kho jīvako komārabhacco nacirasseva viññutaṃ pāpuṇi. Atha kho jīvako komārabhacco yena abhayo rājakumāro tenupasaṅkami; upasaṅkamitvā abhayaṃ rājakumāraṃ etadavoca – ''kā me, deva, mātā, ko pitā''ti? ''Ahampi kho te, bhaṇe jīvaka, mātaraṃ na jānāmi; api cāhaṃ te pitā; mayāsi [mayāpi (ka.)]posāpito''ti. Atha kho jīvakassa komārabhaccassa etadahosi – ''imāni kho rājakulāni na sukarāni asippena upajīvituṃ. Yaṃnūnāhaṃ sippaṃ sikkheyya''nti.
329. Tena kho pana samayena takkasilāyaṃ [takkasīlāyaṃ (ka.)] disāpāmokkho vejjo paṭivasati. Atha kho jīvako komārabhacco abhayaṃ rājakumāraṃ anāpucchā yena takkasilā tena pakkāmi. Anupubbena yena takkasilā, yena vejjo tenupasaṅkami; upasaṅkamitvā taṃ vejjaṃ etadavoca – ''icchāmahaṃ, ācariya, sippaṃ sikkhitu''nti. ''Tena hi, bhaṇe jīvaka, sikkhassū''ti. Atha kho jīvako komārabhacco bahuñca gaṇhāti lahuñca gaṇhāti suṭṭhu ca upadhāreti, gahitañcassa na sammussati [na pamussati (sī. syā.)]. Atha kho jīvakassa komārabhaccassa sattannaṃ vassānaṃ accayena etadahosi – ''ahaṃ, kho bahuñca gaṇhāmi lahuñca gaṇhāmi suṭṭhu ca upadhāremi, gahitañca me na sammussati, satta ca me vassāni adhīyantassa, nayimassa sippassa anto paññāyati. Kadā imassa sippassa anto paññāyissatī''ti. Atha kho jīvako komārabhacco yena so vejjo tenupasaṅkami, upasaṅkamitvā taṃ vejjaṃ etadavoca – ''ahaṃ kho, ācariya, bahuñca gaṇhāmi lahuñca gaṇhāmi suṭṭhu ca upadhāremi, gahitañca me na sammussati, satta ca me vassāni adhīyantassa, nayimassa sippassa anto paññāyati. Kadā imassa sippassa anto paññāyissatī''ti? ''Tena hi, bhaṇe jīvaka, khaṇittiṃ ādāya takkasilāya samantā yojanaṃ āhiṇḍitvā yaṃ kiñci abhesajjaṃ passeyyāsi taṃ āharā''ti. ''Evaṃ, ācariyā''ti kho jīvako komārabhacco tassa vejjassa paṭissutvā khaṇittiṃ ādāya takkasilāya samantā yojanaṃ āhiṇḍanto na kiñci abhesajjaṃ addasa. Atha kho jīvako komārabhacco yena so vejjo tenupasaṅkami, upasaṅkamitvā taṃ vejjaṃ etadavoca – ''āhiṇḍantomhi, ācariya, takkasilāya samantā yojanaṃ, na kiñci [āhiṇṭanto na kiñci (ka.)] abhesajjaṃ addasa''nti. ''Susikkhitosi , bhaṇe jīvaka. Alaṃ te ettakaṃ jīvikāyā''ti jīvakassa komārabhaccassa parittaṃ pātheyyaṃ pādāsi. Atha kho jīvako komārabhacco taṃ parittaṃ pātheyyaṃ ādāya yena rājagahaṃ tena pakkāmi. Atha kho jīvakassa komārabhaccassa taṃ parittaṃ pātheyyaṃ antarāmagge sākete parikkhayaṃ agamāsi. Atha kho jīvakassa komārabhaccassa etadahosi – ''ime kho maggā kantārā appodakā appabhakkhā, na sukarā apātheyyena gantuṃ. Yaṃnūnāhaṃ pātheyyaṃ pariyeseyya''nti.
Jīvakavatthu niṭṭhitaṃ.
203. Seṭṭhibhariyāvatthu
330. Tena kho pana samayena sākete seṭṭhibhariyāya sattavassiko sīsābādho hoti. Bahū mahantā mahantā disāpāmokkhā vejjā āgantvā nāsakkhiṃsu arogaṃ kātuṃ. Bahuṃ hiraññaṃ ādāya agamaṃsu. Atha kho jīvako komārabhacco sāketaṃ pavisitvā manusse pucchi – ''ko, bhaṇe, gilāno, kaṃ tikicchāmī''ti? ''Etissā, ācariya, seṭṭhibhariyāya sattavassiko sīsābādho; gaccha, ācariya, seṭṭhibhariyaṃ tikicchāhī''ti. Atha kho jīvako komārabhacco yena seṭṭhissa gahapatissa nivesanaṃ tenupasaṅkami; upasaṅkamitvā dovārikaṃ āṇāpesi – ''gaccha, bhaṇe dovārika, seṭṭhibhariyāya pāvada – 'vejjo, ayye, āgato, so taṃ daṭṭhukāmo'''ti. ''Evaṃ, ācariyā''ti kho so dovāriko jīvakassa komārabhaccassa paṭissutvā yena seṭṭhibhariyā tenupasaṅkami, upasaṅkamitvā seṭṭhibhariyaṃ etadavoca – ''vejjo , ayye, āgato; so taṃ daṭṭhukāmo''ti. ''Kīdiso, bhaṇe dovārika, vejjo''ti? ''Daharako, ayye''ti. ''Alaṃ, bhaṇe dovārika, kiṃ me daharako vejjo karissati? Bahū mahantā mahantā disāpāmokkhā vejjā āgantvā nāsakkhiṃsu arogaṃ kātuṃ. Bahuṃ hiraññaṃ ādāya agamaṃsū''ti. Atha kho so dovāriko yena jīvako komārabhacco tenupasaṅkami; upasaṅkamitvā jīvakaṃ komārabhaccaṃ etadavoca – ''seṭṭhibhariyā, ācariya, evamāha – 'alaṃ, bhaṇe dovārika, kiṃ me daharako vejjo karissati? Bahū mahantā mahantā disāpāmokkhā vejjā āgantvā nāsakkhiṃsu arogaṃ kātuṃ. Bahuṃ hiraññaṃ ādāya agamaṃsū'''ti. ''Gaccha, bhaṇe dovārika, seṭṭhibhariyāya pāvada – 'vejjo, ayye, evamāha – mā kira, ayye, pure kiñci adāsi. Yadā arogā ahosi tadā yaṃ iccheyyāsi taṃ dajjeyyāsī'''ti. ''Evaṃ, ācariyā''ti kho so dovāriko jīvakassa komārabhaccassa paṭissutvā yena seṭṭhibhariyā tenupasaṅkami; upasaṅkamitvā seṭṭhibhariyaṃ etadavoca – ''vejjo, ayye, evamāha – 'mā kira, ayye, pure kiñci adāsi. Yadā arogā ahosi tadā yaṃ iccheyyāsi taṃ dajjeyyāsī'''ti. ''Tena hi, bhaṇe dovārika, vejjo āgacchatū''ti. ''Evaṃ, ayye''ti kho so dovāriko seṭṭhibhariyāya paṭissutvā yena jīvako komārabhacco tenupasaṅkami, upasaṅkamitvā jīvakaṃ komārabhaccaṃ etadavoca – ''seṭṭhibhariyā taṃ, ācariya, pakkosatī''ti .
Atha kho jīvako komārabhacco yena seṭṭhibhariyā tenupasaṅkami, upasaṅkamitvā seṭṭhibhariyāya vikāraṃ sallakkhetvā seṭṭhibhariyaṃ etadavoca – ''pasatena, ayye, sappinā attho''ti . Atha kho seṭṭhibhariyā jīvakassa komārabhaccassa pasataṃ sappiṃ dāpesi. Atha kho jīvako komārabhacco taṃ pasataṃ sappiṃ nānābhesajjehi nippacitvā seṭṭhibhariyaṃ mañcake uttānaṃ nipātetvā [nipajjāpetvā (sī. syā.)] natthuto adāsi. Atha kho taṃ sappiṃ natthuto dinnaṃ mukhato uggañchi. Atha kho seṭṭhibhariyā

paṭiggahe niṭṭhubhitvā dāsiṃ āṇāpesi – ''handa, je, imaṃ sappiṃ picunā gaṇhāhī''ti. Atha kho jīvakassa komārabhaccassa etadahosi – ''acchariyaṃ [acchariyaṃ vata bho (syā.)] yāva lūkhāyaṃ gharaṇī, yatra hi nāma imaṃ chaḍḍanīyadhammaṃ sappiṃ picunā gāhāpessati. Bahukāni ca me mahagghāni [mahagghāni mahagghāni (sī. syā.)] bhesajjāni upagatāni. Kimpi māyaṃ kiñci [kañci (syā.)] deyyadhammaṃ dassatī''ti. Atha kho seṭṭhibhariyā jīvakassa komārabhaccassa vikāraṃ sallakkhetvā jīvakaṃ komārabhaccaṃ etadavoca – ''kissa tvaṃ, ācariya, vimanosī''ti? Idha me etadahosi – ''acchariyaṃ yāva lūkhāyaṃ dharaṇī, yatra hi nāma imaṃ chaḍḍanīyadhammaṃ sappiṃ picunā gāhāpessati. Bahukāni ca me mahagghāni sajjāni upagatāni. Kimpi māyaṃ kiñci deyyadhammaṃ dassatī''ti. ''Mayaṃ kho, ācariya, āgārikā nāma upajānāmetassa saṃyamassa. Varametaṃ sappi dāsānaṃ vā kammakarānaṃ vā pādabbhañjanaṃ vā padīpakaraṇe vā āsittaṃ. Mā kho tvaṃ, ācariya, vimano ahosi. Na te deyyadhammo hāyissatī''ti. Atha kho jīvako komārabhacco seṭṭhibhariyāya sattavassikaṃ sīsābādhaṃ ekeneva natthukammena apakaḍḍhi. Atha kho seṭṭhibhariyā arogā samānā jīvakassa komārabhaccassa cattāri sahassāni pādāsi. Putto – mātā me arogā ṭhitāti cattāri sahassāni pādāsi. Suṇisā – sassu me arogā ṭhitāti cattāri sahassāni pādāsi. Seṭṭhi gahapati – bhariyā me arogā ṭhitāti cattāri sahassāni pādāsi dāsañca dāsiñca assarathañca.

Atha kho jīvako komārabhacco tāni soḷasasahassāni ādāya dāsañca dāsiñca assarathañca yena rājagahaṃ tena pakkāmi. Anupubbena yena rājagahaṃ yena abhayo rājakumāro tenupasaṅkami, upasaṅkamitvā abhayaṃ rājakumāraṃ etadavoca – ''idaṃ me, deva, paṭhamakammaṃ soḷasasahassāni dāso ca dāsī ca assaratho ca. Paṭiggaṇhātu me devo posāvanika''nti. ''Alaṃ, bhaṇe jīvaka; tuyhameva hotu. Amhākaññeva antepure nivesanaṃ māpehī''ti. ''Evaṃ, devā''ti kho jīvako komārabhacco abhayassa rājakumārassa paṭissutvā abhayassa rājakumārassa antepure nivesanaṃ māpesi.

Seṭṭhibhariyāvatthu niṭṭhitaṃ.

204. Bimbisārarājavatthu

331. Tena kho pana samayena rañño māgadhassa seniyassa bimbisārassa bhagandalābādho hoti. Sāṭakā lohitena makkhiyanti. Deviyo disvā uppaṇḍenti – ''utunī dāni devo, pupphaṃ devassa uppannaṃ, na ciraṃ [nacirasseva (syā.)] devo vijāyissatī''ti. Tena rājā maṅku hoti . Atha kho rājā māgadho seniyo bimbisāro abhayaṃ rājakumāraṃ etadavoca – ''mayhaṃ kho, bhaṇe abhaya, tādiso ābādho, sāṭakā lohitena makkhiyanti, deviyo maṃ disvā uppaṇḍenti – 'utunī dāni devo, pupphaṃ devassa uppannaṃ, na ciraṃ devo vijāyissatī'ti. Iṅgha, bhaṇe abhaya, tādisaṃ vejjaṃ jānāhi yo maṃ tikiccheyyā''ti. ''Ayaṃ, deva, amhākaṃ jīvako vejjo taruṇo bhadrako. So devaṃ tikicchissatī''ti. ''Tena hi, bhaṇe abhaya, jīvakaṃ vejjaṃ āṇāpehi; so maṃ tikicchissatī''ti. Atha kho abhayo rājakumāro jīvakaṃ komārabhaccaṃ āṇāpesi – ''gaccha, bhaṇe jīvaka, rājānaṃ tikicchāhī''ti. ''Evaṃ, devā''ti kho jīvako komārabhacco abhayassa rājakumārassa paṭissutvā nakhena bhesajjaṃ ādāya yena rājā māgadho seniyo bimbisāro tenupasaṅkami, upasaṅkamitvā rājānaṃ māgadhaṃ seniyaṃ bimbisāraṃ etadavoca – ''ābādhaṃ te, deva, passāmā''ti [passāmīti (syā.)]. Atha kho jīvako komārabhacco rañño māgadhassa seniyassa bimbisārassa bhagandalābādhaṃ ekeneva ālepena apakaḍḍhi. Atha kho rājā māgadho seniyo bimbisāro arogo samāno pañca itthisatāni sabbālaṅkāraṃ bhūsāpetvā omuñcāpetvā puñjaṃ kārāpetvā jīvakaṃ komārabhaccaṃ etadavoca – ''etaṃ, bhaṇe jīvaka, pañcannaṃ itthisatānaṃ sabbālaṅkāraṃ tuyhaṃ hotū''ti. ''Alaṃ, deva, adhikāraṃ me devo saratū''ti. ''Tena hi, bhaṇe jīvaka, maṃ upaṭṭhaha, itthāgārañca, buddhappamukhañca bhikkhusaṅgha''nti. ''Evaṃ, devā''ti kho jīvako komārabhacco rañño māgadhassa seniyassa bimbisārassa paccassosi.

Bimbisārarājavatthu niṭṭhitaṃ.

205. Rājagahaseṭṭhivatthu

332. Tena kho pana samayena rājagahakassa seṭṭhissa sattavassiko sīsābādho hoti. Bahū mahantā mahantā disāpāmokkhā vejjā āgantvā nāsakkhiṃsu arogaṃ kātuṃ. Bahuṃ hiraññaṃ ādāya agamaṃsu. Api ca, vejjehi paccakkhāto hoti. Ekacce vejjā evamāhaṃsu – ''pañcamaṃ divasaṃ seṭṭhi gahapati kālaṃ karissatī''ti. Ekacce vejjā evamāhaṃsu – ''sattamaṃ divasaṃ seṭṭhi gahapati kālaṃ karissatī''ti. Atha kho rājagahakassa negamassa etadahosi – ''ayaṃ kho seṭṭhi gahapati bahūpakāro rañño ceva negamassa ca. Api ca, vejjehi paccakkhāto. Ekacce vejjā evamāhaṃsu – 'pañcamaṃ divasaṃ seṭṭhi gahapati kālaṃ karissatī'ti. Ekacce vejjā evamāhaṃsu – 'sattamaṃ divasaṃ seṭṭhi gahapati kālaṃ karissatī'ti. Ayañca rañño jīvako vejjo taruṇo bhadrako. Yaṃnūna mayaṃ rājānaṃ jīvakaṃ vejjaṃ yāceyyāma seṭṭhiṃ gahapatiṃ tikicchitu''nti. Atha kho rājagahako negamo yena rājā māgadho seniyo bimbisāro tenupasaṅkami; upasaṅkamitvā rājānaṃ māgadhaṃ seniyaṃ bimbisāraṃ etadavoca – ''ayaṃ, deva, seṭṭhi gahapati bahūpakāro devassa ceva negamassa ca; api ca, vejjehi paccakkhāto. Ekacce vejjā evamāhaṃsu – pañcamaṃ divasaṃ seṭṭhi gahapati kālaṃ karissatīti. Ekacce vejjā evamāhaṃsu – sattamaṃ divasaṃ seṭṭhi gahapati kālaṃ karissatīti. Sādhu devo jīvakaṃ vejjaṃ āṇāpetu seṭṭhiṃ gahapatiṃ tikicchitu''nti .

Atha kho rājā māgadho seniyo bimbisāro jīvakaṃ komārabhaccaṃ āṇāpesi – ''gaccha, bhaṇe jīvaka, seṭṭhiṃ gahapatiṃ tikicchāhī''ti. ''Evaṃ, devā''ti kho jīvako komārabhacco rañño māgadhassa seniyassa bimbisārassa paṭissutvā yena seṭṭhi gahapati tenupasaṅkami; upasaṅkamitvā seṭṭhissa gahapatissa vikāraṃ sallakkhetvā seṭṭhiṃ gahapatiṃ etadavoca – ''sace tvaṃ, gahapati, arogo bhaveyyāsi [sacāhaṃ taṃ gahapati arogāpeyyaṃ (sī.), sacāhaṃ taṃ gahapati arogaṃ kareyyaṃ (syā.)] kiṃ me assa deyyadhammo''ti? ''Sabbaṃ sāpateyyañca te, ācariya, hotu, ahañca te dāso''ti. ''Sakkhissasi pana tvaṃ, gahapati, ekena passena sattamāse nipajjitu''nti? ''Sakkomahaṃ, ācariya, ekena passena sattamāse nipajjitu''nti. ''Sakkhissasi pana tvaṃ, gahapati, dutiyena passena sattamāse nipajjitu''nti? ''Sakkomahaṃ, ācariya, dutiyena passena sattamāse nipajjitu''nti . ''Sakkhissasi pana tvaṃ, gahapati, uttāno sattamāse nipajjitu''nti? ''Sakkomahaṃ, ācariya, uttāno sattamāse nipajjitu''nti.

Atha kho jīvako komārabhacco seṭṭhiṃ gahapatiṃ mañcake nipātetvā [nipajjāpetvā (sī. syā.)] mañcake [mañcakena (sī.)] sambandhitvā sīsacchaviṃ uppāṭetvā[phāletvā (sī.)] sibbiniṃ vināmetvā dve pāṇake nīharitvā mahājanassa dassesi – ''passathayye [passesyātha (sī.), passatha (syā.), passathayyo (ka.)], ime dve pāṇake, ekaṃ khuddakaṃ ekaṃ mahallakaṃ. Ye te ācariyā evamāhaṃsu – pañcamaṃ divasaṃ seṭṭhi gahapati kālaṃ karissatīti – tehāyaṃ mahallako pāṇako diṭṭho. Pañcamaṃ divasaṃ seṭṭhissa gahapatissa matthaluṅgaṃ pariyādiyissati. Matthaluṅgassa pariyādānā seṭṭhi gahapati kālaṃ karissati. Sudiṭṭho tehi ācariyehi. Ye te ācariyā evamāhaṃsu – sattamaṃ divasaṃ seṭṭhi gahapati kālaṃ karissatīti – tehāyaṃ khuddako pāṇako diṭṭho. Sattamaṃ divasaṃ seṭṭhissa gahapatissa matthaluṅgaṃ pariyādiyissati. Matthaluṅgassa pariyādānā seṭṭhi gahapati kālaṃ karissati. Sudiṭṭho tehi ācariyehī''ti. Sibbiniṃ sampaṭipāṭetvā sīsacchaviṃ sibbitvā ālepaṃ adāsi. Atha kho seṭṭhi gahapati sattāhassa accayena jīvakaṃ komārabhaccaṃ etadavoca – ''nāhaṃ, ācariya, sakkomi ekena passena sattamāse nipajjitu''nti. ''Nanu me tvaṃ, gahapati, paṭissuṇi – sakkomahaṃ, ācariya, ekena passena sattamāse nipajjitu''nti? ''Saccāhaṃ, ācariya, paṭissuṇiṃ, apāhaṃ marissāmi, nāhaṃ sakkomi ekena passena sattamāse nipajjitu''nti. ''Tena hi tvaṃ, gahapati, dutiyena passena sattamāse nipajjāhī''ti. Atha kho seṭṭhi gahapati sattāhassa accayena jīvakaṃ komārabhaccaṃ etadavoca – ''nāhaṃ, ācariya, sakkomi dutiyena passena sattamāse nipajjitu''nti. ''Nanu me tvaṃ, gahapati, paṭissuṇi – sakkomahaṃ, ācariya, dutiyena passena sattamāse nipajjitu''nti? ''Saccāhaṃ, ācariya, paṭissuṇiṃ, apāhaṃ marissāmi, nāhaṃ, ācariya, sakkomi dutiyena passena sattamāse nipajjitu''nti. ''Tena hi tvaṃ, gahapati, uttāno sattamāse nipajjāhī''ti. Atha kho seṭṭhi gahapati sattāhassa accayena jīvakaṃ komārabhaccaṃ etadavoca – ''nāhaṃ, ācariya, sakkomi uttāno sattamāse nipajjitu''nti. ''Nanu me tvaṃ, gahapati, paṭissuṇi – sakkomahaṃ, ācariya, uttāno sattamāse nipajjitu''nti? ''Saccāhaṃ, ācariya, paṭissuṇiṃ, apāhaṃ marissāmi, nāhaṃ sakkomi uttāno sattamāse nipajjitu''nti. ''Ahaṃ ce taṃ, gahapati, na vadeyyaṃ, ettakampi tvaṃ na nipajjeyyāsi, api ca paṭikacceva mayā ñāto – tīhi sattāhehi seṭṭhi gahapati arogo bhavissatīti. Uṭṭhehi , gahapati, arogosi. Jānāsi kiṃ me deyyadhammo''ti? ''Sabbaṃ sāpateyyañca te, ācariya, hotu, ahañca te dāso''ti. ''Alaṃ, gahapati, mā me tvaṃ sabbaṃ sāpateyyaṃ adāsi, mā ca me dāso. Rañño satasahassaṃ dehi, mayhaṃ satasahassa''nti. Atha kho seṭṭhi gahapati arogo samāno rañño satasahassaṃ adāsi, jīvakassa komārabhaccassa satasahassaṃ.

Rājagahaseṭṭhivatthu niṭṭhitaṃ.

206. Seṭṭhiputtavatthu

333. Tena kho pana samayena bārāṇaseyyakassa seṭṭhiputtassa mokkhacikāya kīḷantassa antagaṇṭhābādho hoti, yena yāgupi pītā na sammā pariṇāmaṃ gacchati, bhattampi bhuttaṃ na sammā pariṇāmaṃ gacchati, uccāropi passāvopi na paguṇo. So tena kiso hoti lūkho dubbaṇṇo uppaṇḍuppaṇḍukajāto dhamanisanthatagatto. Atha kho bārāṇaseyyakassa seṭṭhissa etadahosi – ''mayhaṃ kho puttassa tādiso ābādho, yena yāgupi pītā na sammā pariṇāmaṃ gacchati, bhattampi bhuttaṃ na sammā pariṇāmaṃ gacchati, uccāropi passāvopi na paguṇo. So tena kiso lūkho dubbaṇṇo uppaṇḍuppaṇḍukajāto dhamanisanthatagatto. Yaṃnūnāhaṃ rājagahaṃ gantvā rājānaṃ jīvakaṃ vejjaṃ yāceyyaṃ puttaṃ me tikicchitu''nti. Atha kho bārāṇaseyyako seṭṭhi rājagahaṃ gantvā yena rājā māgadho seniyo bimbisāro tenupasaṅkami, upasaṅkamitvā rājānaṃ māgadhaṃ seniyaṃ bimbisāraṃ etadavoca – ''mayhaṃ kho, deva, puttassa tādiso ābādho, yena yāgupi pītā na sammā pariṇāmaṃ gacchati, bhattampi bhuttaṃ na sammā pariṇāmaṃ gacchati, uccāropi passāvopi na paguṇo. So tena kiso lūkho dubbaṇṇo uppaṇḍuppaṇḍukajāto dhamanisanthatagatto. Sādhu devo jīvakaṃ vejjaṃ āṇāpetu puttaṃ me tikicchitu''nti.

Atha kho rājā māgadho seniyo bimbisāro jīvakaṃ komārabhaccaṃ āṇāpesi – ''gaccha, bhaṇe jīvaka, bārāṇasiṃ gantvā bārāṇaseyyakaṃ seṭṭhiputtaṃ tikicchāhī''ti. ''Evaṃ, devā''ti kho jīvako komārabhacco rañño māgadhassa seniyassa bimbisārassa paṭissutvā bārāṇasiṃ gantvā yena bārāṇaseyyako seṭṭhiputto tenupasaṅkami, upasaṅkamitvā bārāṇaseyyakassa seṭṭhiputtassa vikāraṃ sallakkhetvā janaṃ ussāretvā tirokaraṇiyaṃ parikkhipitvā thambhe ubbandhitvā [upanibandhitvā (sī. syā.)] bhariyaṃ purato ṭhapetvā udaracchaviṃ uppāṭetvā antagaṇṭhiṃ nīharitvā bhariyāya dassesi – ''passa te sāmikassa ābādhaṃ, iminā yāgupi pītā na sammā pariṇāmaṃ gacchati, bhattampi bhuttaṃ na sammā pariṇāmaṃ gacchati, uccāropi passāvopi na paguṇo; imināyaṃ kiso lūkho dubbaṇṇo uppaṇḍuppaṇḍukajāto dhamanisanthatagatto''ti. Antagaṇṭhiṃ viniveṭhetvā antāni paṭipavesetvā udaracchaviṃ sibbitvā ālepaṃ adāsi. Atha kho bārāṇaseyyako seṭṭhiputto nacirasseva arogo ahosi. Atha kho bārāṇaseyyako seṭṭhi 'putto

me arogo ṭhito'ti [arogāpitoti (sī.)] jīvakassa komārabhaccassa soḷasasahassāni pādāsi. Atha kho jīvako komārabhacco tāni soḷasasahassāni ādāya punadeva rājagahaṃ paccāgañchi .
Seṭṭhiputtavatthu niṭṭhitaṃ.
207. Pajjotarājavatthu
334. Tena kho pana samayena rañño [ujjeniyaṃ rañño (syā.)] pajjotassa paṇḍurogābādho hoti. Bahū mahantā mahantā disāpāmokkhā vejjā āgantvā nāsakkhiṃsu arogaṃ kātuṃ. Bahuṃ hiraññaṃ ādāya agamaṃsu. Atha kho rājā pajjoto rañño māgadhassa seniyassa bimbisārassa santike dūtaṃ pāhesi – ''mayhaṃ kho tādiso ābādho, sādhu devo jīvakaṃ vejjaṃ āṇāpetu, so maṃ tikicchissatī''ti. Atha kho rājā māgadho seniyo bimbisāro jīvakaṃ komārabhaccaṃ āṇāpesi – ''gaccha, bhaṇe jīvaka; ujjeniṃ gantvā rājānaṃ pajjotaṃ tikicchāhī''ti. ''Evaṃ, devā''ti kho jīvako komārabhacco rañño māgadhassa seniyassa bimbisārassa paṭissutvā ujjeniṃ gantvā yena rājā pajjoto tenupasaṅkami; upasaṅkamitvā rañño pajjotassa vikāraṃ sallakkhetvā rājānaṃ pajjotaṃ etadavoca – ''sappiṃ dehi [idaṃ padadvayaṃ sī. syā. potthakesu natthi], sappiṃ deva, nippacissāmi. Taṃ devo pivissatī''ti. ''Alaṃ, bhaṇe jīvaka, yaṃ te sakkā vinā sappinā arogaṃ kātuṃ taṃ karohi. Jegucchaṃ me sappi, paṭikūla''nti. Atha kho jīvakassa komārabhaccassa etadahosi – ''imassa kho rañño tādiso ābādho , na sakkā vinā sappinā arogaṃ kātuṃ. Yaṃnūnāhaṃ sappiṃ nippaceyyaṃ kasāvavaṇṇaṃ kasāvagandhaṃ kasāvarasa''nti. Atha kho jīvako komārabhacco nānābhesajjehi sappiṃ nippaci kasāvavaṇṇaṃ kasāvagandhaṃ kasāvarasaṃ. Atha kho jīvakassa komārabhaccassa etadahosi – ''imassa kho rañño sappi pītaṃ pariṇāmentaṃ uddekaṃ dassati. Caṇḍoyaṃ rājā ghātāpeyyāpi maṃ. Yaṃnūnāhaṃ paṭikacceva āpuccheyya''nti. Atha kho jīvako komārabhacco yena rājā pajjoto tenupasaṅkami, upasaṅkamitvā rājānaṃ pajjotaṃ etadavoca – ''mayaṃ kho, deva, vejjā nāma tādisena muhuttena mūlāni uddharāma bhesajjāni saṃharāma. Sādhu devo vāhanāgāresu ca dvāresu ca āṇāpetu – yena vāhanena jīvako icchati tena vāhanena gacchatu, yena dvārena icchati tena dvārena gacchatu, yaṃ kālaṃ icchati taṃ kālaṃ gacchatu, yaṃ kālaṃ icchati taṃ kālaṃ pavisatū''ti. Atha kho rājā pajjoto vāhanāgāresu ca dvāresu ca āṇāpesi – ''yena vāhanena jīvako icchati tena vāhanena gacchatu, yena dvārena icchati tena dvārena gacchatu, yaṃ kālaṃ icchati taṃ kālaṃ gacchatu, yaṃ kālaṃ icchati taṃ kālaṃ pavisatū''ti.
Tena kho pana samayena rañño pajjotassa bhaddavatikā nāma hatthinikā paññāsayojanikā hoti. Atha kho jīvako komārabhacco rañño pajjotassa sappiṃ [taṃ sappiṃ (syā.)] upanāmesi – ''kasāvaṃ devo pivatū''ti. Atha kho jīvako komārabhacco rājānaṃ pajjotaṃ sappiṃ pāyetvā hatthisālaṃ gantvā bhaddavatikāya hatthinikāya nagaramhā nippati .
Atha kho rañño pajjotassa taṃ sappi pītaṃ pariṇāmentaṃ uddekaṃ adāsi. Atha kho rājā pajjoto manusse etadavoca – ''duṭṭhena, bhaṇe, jīvakena sappiṃ pāyitomhi. Tena hi, bhaṇe, jīvakaṃ vejjaṃ vicinathā''ti. ''Bhaddavatikāya, deva, hatthinikāya nagaramhā nippatito''ti. Tena kho pana samayena rañño pajjotassa kāko nāma dāso saṭṭhiyojaniko hoti, amanussena paṭicca jāto. Atha kho rājā pajjoto kākaṃ dāsaṃ āṇāpesi – ''gaccha, bhaṇe kāka, jīvakaṃ vejjaṃ nivattehi – rājā taṃ, ācariya, nivattāpetīti. Ete kho, bhaṇe kāka, vejjā nāma bahumāyā. Mā cassa kiñci paṭiggahesī''ti.
Atha kho kāko dāso jīvakaṃ komārabhaccaṃ antarāmagge kosambiyaṃ sambhāvesi
Pātarāsaṃ karontaṃ. Atha kho kāko dāso jīvakaṃ komārabhaccaṃ etadavoca – ''rājā taṃ, ācariya, nivattāpetī''ti. ''Āgamehi, bhaṇe kāka, yāva bhuñjāma[bhuñjāmi (sī. syā.)]. Handa, bhaṇe kāka, bhuñjassū''ti. ''Alaṃ, ācariya, raññāmhi āṇatto – ete kho, bhaṇe kāka, vejjā nāma bahumāyā, mā cassa kiñci paṭiggahesī''ti. Tena kho pana samayena jīvako komārabhacco nakhena bhesajjaṃ olumpetvā āmalakañca khādati pānīyañca pivati. Atha kho jīvako komārabhacco kākaṃ dāsaṃ etadavoca – ''handa, bhaṇe kāka, āmalakañca khāda pānīyañca pivassū''ti. Atha kho kāko dāso – ayaṃ kho vejjo āmalakañcakhādati pānīyañca pivati, na arahati kiñci pāpakaṃ hotunti – upaḍḍhāmalakañca khādi pānīyañca apāyi. Tassa taṃ upaḍḍhāmalakaṃ khāditaṃ tattheva nicchāresi. Atha kho kāko dāso jīvakaṃ komārabhaccaṃ etadavoca – ''atthi me, ācariya, jīvita''nti? ''Mā, bhaṇe kāka, bhāyi, tvaṃ ceva arogo bhavissasi rājā ca. Caṇḍo so rājā ghātāpeyyāpi maṃ, tenāhaṃ na nivattāmī''ti bhaddavatikaṃ hatthinikaṃ kākassa niyyādetvā yena rājagahaṃ tena pakkāmi. Anupubbena yena rājā māgadho seniyo bimbisāro tenupasaṅkami; upasaṅkamitvā rañño māgadhassa seniyassa bimbisārassa etamatthaṃ ārocesi. ''Suṭṭhu, bhaṇe jīvaka, akāsi yampi na nivatto, caṇḍo so rājā ghātāpeyyāpi ta''nti. Atha kho rājā pajjoto arogo samāno jīvakassa komārabhaccassa santike dūtaṃ pāhesi – ''āgacchatu jīvako, varaṃ dassāmī''ti. ''Alaṃ, ayyo [deva (syā.)], adhikāraṃ me devo saratū''ti.
Pajjotarājavatthu niṭṭhitaṃ.
208. Siveyyakadussayugakathā
335. Tena kho pana samayena rañño pajjotassa siveyyakaṃ dussayugaṃ uppannaṃ hoti – bahūnaṃ [bahunnaṃ (sī. syā.)] dussānaṃ bahūnaṃ dussayugānaṃ bahūnaṃ dussayugasatānaṃ bahūnaṃ dussayugasahassānaṃ bahūnaṃ dussayugasatasahassānaṃ aggañca seṭṭhañca mokkhañca uttamañca pavarañca. Atha kho rājā pajjoto taṃ siveyyakaṃ dussayugaṃ jīvakassa komārabhaccassa pāhesi. Atha kho jīvakassa komārabhaccassa etadahosi – ''idaṃ kho me siveyyakaṃ dussayugaṃ raññā pajjotena pahitaṃ – bahūnaṃ dussānaṃ bahūnaṃ dussayugānaṃ bahūnaṃ dussayugasatānaṃ bahūnaṃ

dussayugasahassānaṃ bahūnaṃ dussayugasatasahassānaṃ aggañca seṭṭhañca mokkhañca uttamañca pavarañca. Nayidaṃ añño koci paccārahati aññatra tena bhagavatā arahatā sammāsambuddhena, raññā vā māgadhena seniyena bimbisārenā''ti.

Siveyyakadussayugakathā niṭṭhitā.

209. Samattiṃsavirecanakathā

336. Tena kho pana samayena bhagavato kāyo dosābhisanno hoti. Atha kho Bhagavā āyasmantaṃ ānandaṃ āmantesi – ''dosābhisanno kho, ānanda, tathāgatassa kāyo. Icchati tathāgato virecanaṃ pātu''nti. Atha kho āyasmā ānando yena jīvako komārabhacco tenupasaṅkami; upasaṅkamitvā jīvakaṃ komārabhaccaṃ etadavoca – ''dosābhisanno kho, āvuso jīvaka, tathāgatassa kāyo. Icchati tathāgato virecanaṃ pātu''nti. ''Tena hi, bhante ānanda, bhagavato kāyaṃ katipāhaṃ sinehethā''ti. Atha kho āyasmā ānando bhagavato kāyaṃ katipāhaṃ sinehetvā yena jīvako komārabhacco tenupasaṅkami; upasaṅkamitvā jīvakaṃ komārabhaccaṃ etadavoca – ''siniddho kho, āvuso jīvaka, tathāgatassa kāyo. Yassa dāni kālaṃ maññasī''ti. Atha kho jīvakassa komārabhaccassa etadahosi – ''na kho metaṃ patirūpaṃ yohaṃ bhagavato oḷārikaṃ virecanaṃ dadeyya''nti. Tīṇi uppalahatthāni nānābhesajjehi paribhāvetvā yena Bhagavā tenupasaṅkami, upasaṅkamitvā ekaṃ uppalahatthaṃ bhagavato upanāmesi – ''imaṃ, bhante, Bhagavā paṭhamaṃ uppalahatthaṃ upasiṅghatu. Idaṃ bhagavantaṃ dasakkhattuṃ virecessatī''ti. Dutiyaṃ uppalahatthaṃ bhagavato upanāmesi – ''imaṃ, bhante, Bhagavā dutiyaṃ uppalahatthaṃ upasiṅghatu. Idaṃ bhagavantaṃ dasakkhattuṃ virecessatī''ti. Tatiyaṃ uppalahatthaṃ bhagavato upanāmesi – ''imaṃ, bhante, Bhagavā tatiyaṃ uppalahatthaṃ upasiṅghatu. Idaṃ bhagavantaṃ dasakkhattuṃ virecessatī''ti . Evaṃ bhagavato samattiṃsāya virecanaṃ bhavissatīti. Atha kho jīvako komārabhacco bhagavato samattiṃsāya virecanaṃ datvā bhagavantaṃ abhivādetvā padakkhiṇaṃ katvā pakkāmi. Atha kho jīvakassa komārabhaccassa bahi dvārakoṭṭhakā nikkhantassa etadahosi – ''mayā kho bhagavato samattiṃsāya virecanaṃ dinnaṃ. Dosābhisanno tathāgatassa kāyo . Na bhagavantaṃ samattiṃsakkhattuṃ virecessati, ekūnattiṃsakkhattuṃ bhagavantaṃ virecessati. Api ca, Bhagavā viritto nahāyissati. Nahātaṃ bhagavantaṃ sakiṃ virecessati. Evaṃ bhagavato samattiṃsāya virecanaṃ bhavissatī''ti.

Atha kho Bhagavā jīvakassa komārabhaccassa cetasā cetoparivitakkamaññāya āyasmantaṃ ānandaṃ āmantesi – ''idhānanda, jīvakassa komārabhaccassa bahi dvārakoṭṭhakā nikkhantassa etadahosi – 'mayā kho bhagavato samattiṃsāya virecanaṃ dinnaṃ. Dosābhisanno tathāgatassa kāyo. Na bhagavantaṃ samatiṃsakkhattuṃ virecessati, ekūnatiṃsakkhattuṃ bhagavantaṃ virecessati. Api ca, Bhagavā viritto nahāyissati. Nahātaṃ bhagavantaṃ sakiṃ virecessati. Evaṃ bhagavato samattiṃsāya virecanaṃ bhavissatī'ti. Tena hānanda, uṇhodakaṃ paṭiyādehī''ti. ''Evaṃ, bhante''ti kho āyasmā ānando bhagavato paṭissuṇitvā uṇhodakaṃ paṭiyādesi.

Atha kho jīvako komārabhacco yena Bhagavā tenupasaṅkami, upasaṅkamitvā bhagavantaṃ abhivādetvā ekamantaṃ nisīdi. Ekamantaṃ nisinno kho jīvako komārabhacco bhagavantaṃ etadavoca – ''viritto, bhante, Bhagavā''ti? ''Virittomhi, jīvakā''ti. Idha mayhaṃ, bhante, bahi dvārakoṭṭhakā nikkhantassa etadahosi – ''mayā kho bhagavato samattiṃsāya virecanaṃ dinnaṃ. Dosābhisanno tathāgatassa kāyo. Na bhagavantaṃ samattiṃsakkhattuṃ virecessati, ekūnattiṃsakkhattuṃ bhagavantaṃ virecessati. Api ca, Bhagavā viritto nahāyissati. Nahātaṃ bhagavantaṃ sakiṃ virecessati. Evaṃ bhagavato samattiṃsāya virecanaṃ bhavissatī''ti. Nahāyatu, bhante, Bhagavā, nahāyatu sugatoti. Atha kho Bhagavā uṇhodakaṃ nahāyi. Nahātaṃ bhagavantaṃ sakiṃ virecesi. Evaṃ bhagavato samattiṃsāya virecanaṃ ahosi. Atha kho jīvako komārabhacco bhagavantaṃ etadavoca – ''yāva, bhante, bhagavato kāyo pakatatto hoti, alaṃ[ahaṃ tāva yūsapiṇṭapātenāti (sī.), alaṃ yūsapiṇṭakenāti (syā.)] yūsapiṇḍapātenā''ti.

Samattiṃsavirecanakathā niṭṭhitā.

210. Varayācanākathā

337. Atha kho bhagavato kāyo nacirasseva pakatatto ahosi. Atha kho jīvako komārabhacco taṃ siveyyakaṃ dussayugaṃ ādāya yena Bhagavā tenupasaṅkami , upasaṅkamitvā bhagavantaṃ abhivādetvā ekamantaṃ nisīdi. Ekamantaṃ nisinno kho jīvako komārabhacco bhagavantaṃ etadavoca – ''ekāhaṃ, bhante, bhagavantaṃ varaṃ yācāmī''ti. ''Atikkantavarā kho, jīvaka, tathāgatā''ti. ''Yañca, bhante, kappati yañca anavajja''nti. ''Vadehi, jīvakā''ti. ''Bhagavā, bhante, paṃsukūliko, bhikkhusaṅgho ca. Idaṃ me, bhante, siveyyakaṃ dussayugaṃ raññā pajjotena pahitaṃ – bahūnaṃ dussānaṃ bahūnaṃ dussayugānaṃ bahūnaṃ dussayugasatānaṃ bahūnaṃ dussayugasahassānaṃ bahūnaṃ dussayugasatasahassānaṃ aggañca seṭṭhañca mokkhañca uttamañca pavarañca. Paṭiggaṇhātu me, bhante, Bhagavā siveyyakaṃ dussayugaṃ; bhikkhusaṅghassa ca gahapaticīvaraṃ anujānātū''ti. Paṭiggahesi Bhagavā siveyyakaṃ dussayugaṃ. Atha kho Bhagavā jīvakaṃ komārabhaccaṃ dhammiyā kathāya sandassesi samādapesi samuttejesi sampahaṃsesi. Atha kho jīvako komārabhacco bhagavatā dhammiyā kathāya sandassito samādapito samuttejito sampahaṃsito uṭṭhāyāsanā bhagavantaṃ abhivādetvā padakkhiṇaṃ katvā pakkāmi. Atha kho Bhagavā etasmiṃ nidāne etasmiṃ pakaraṇe dhammiṃ kathaṃ katvā bhikkhū āmantesi – ''anujānāmi, bhikkhave, gahapaticīvaraṃ. Yo icchati, paṃsukūliko hotu. Yo

icchati, gahapaticīvaraṃ sādiyatu. Itarītarenapāhaṃ [pahaṃ (sī.), cāhaṃ (syā.)], bhikkhave, santuṭṭhiṃ vaṇṇemī''ti.

Assosuṃ kho rājagahe manussā – ''bhagavatā kira bhikkhūnaṃ gahapaticīvaraṃ anuññāta''nti. Te ca manussā haṭṭhā ahesuṃ udaggā ''idāni kho mayaṃ dānāni dassāma puññāni karissāma, yato bhagavatā bhikkhūnaṃ gahapaticīvaraṃ anuññāta''nti. Ekāheneva rājagahe bahūni cīvarasahassāni uppajjiṃsu.

Assosuṃ kho jānapadā manussā – ''bhagavatā kira bhikkhūnaṃ gahapaticīvaraṃ anuññāta''nti. Te ca manussā haṭṭhā ahesuṃ udaggā – ''idāni kho mayaṃ dānāni dassāma puññāni karissāma, yato bhagavatā bhikkhūnaṃ gahapaticīvaraṃ anuññāta''nti. Janapadepi ekāheneva bahūni cīvarasahassāni uppajjiṃsu.

Tena kho pana samayena saṅghassa pāvāro uppanno hoti. Bhagavato etamatthaṃ ārocesuṃ. Anujānāmi, bhikkhave, pāvāranti.

Koseyyapāvāro uppanno hoti. Bhagavato etamatthaṃ ārocesuṃ. Anujānāmi, bhikkhave, koseyyapāvāranti.

Kojavaṃ uppannaṃ hoti. Bhagavato etamatthaṃ ārocesuṃ. Anujānāmi, bhikkhave, kojavanti.

Varayācanākathā niṭṭhitā.

Paṭhamabhāṇavāro niṭṭhito.

211. Kambalānujānanādikathā

338. Tena kho pana samayena kāsirājā jīvakassa komārabhaccassa aḍḍhakāsikaṃ kambalaṃ pāhesi upaḍḍhakāsinaṃ khamamānaṃ. Atha kho jīvako komārabhacco taṃ aḍḍhakāsikaṃ kambalaṃ ādāya yena Bhagavā tenupasaṅkami, upasaṅkamitvā bhagavantaṃ abhivādetvā ekamantaṃ nisīdi. Ekamantaṃ nisinno kho jīvako komārabhacco bhagavantaṃ etadavoca – ''ayaṃ me, bhante, aḍḍhakāsiko kambalo kāsiraññā pahito upaḍḍhakāsinaṃ khamamāno. Paṭiggaṇhātu me, bhante, Bhagavā kambalaṃ, yaṃ mamassa dīgharattaṃ hitāya sukhāyā''ti. Paṭiggahesi Bhagavā kambalaṃ. Atha kho Bhagavā jīvakaṃ komārabhaccaṃ dhammiyā kathāya sandassesi…pe… padakkhiṇaṃ katvā pakkāmi. Atha kho Bhagavā etasmiṃ nidāne etasmiṃ pakaraṇe dhammiṃ kathaṃ katvā bhikkhū āmantesi – ''anujānāmi, bhikkhave, kambala''nti.

339. Tena kho pana samayena saṅghassa uccāvacāni cīvarāni uppannāni honti. Atha kho bhikkhūnaṃ etadahosi – ''kiṃ nu kho bhagavatā cīvaraṃ anuññātaṃ, kiṃ ananuññāta''nti? Bhagavato etamatthaṃ ārocesuṃ. Anujānāmi, bhikkhave, cha cīvarāni – khomaṃ kappāsikaṃ koseyyaṃ kambalaṃ sāṇaṃ bhaṅganti.

340. Tena kho pana samayena ye te bhikkhū gahapaticīvaraṃ sādiyanti te kukkuccāyantā paṃsukūlaṃ na sādiyanti – ekaṃyeva bhagavatā cīvaraṃ anuññātaṃ, na dveti. Bhagavato etamatthaṃ ārocesuṃ. Anujānāmi, bhikkhave, gahapaticīvaraṃ sādiyantena paṃsukūlampi sādiyituṃ; tadubhayenapāhaṃ, bhikkhave, santuṭṭhiṃ vaṇṇemīti.

Kambalānujānanādikathā niṭṭhitā.

212. Paṃsukūlapariyesanakathā

341. Tena kho pana samayena sambahulā bhikkhū kosalesu janapade addhānamaggappaṭipannā honti. Ekacce bhikkhū susānaṃ okkamiṃsu paṃsukūlāya, ekacce bhikkhū nāgamesuṃ. Ye te bhikkhū susānaṃ okkamiṃsu paṃsukūlāya te paṃsukūlāni labhiṃsu. Ye te bhikkhū nāgamesuṃ te evamāhaṃsu – ''amhākampi, āvuso, bhāgaṃ dethā''ti. Te evamāhaṃsu – ''na mayaṃ, āvuso, tumhākaṃ bhāgaṃ dassāma. Kissa tumhe nāgamitthā''ti? Bhagavato etamatthaṃ ārocesuṃ. Anujānāmi, bhikkhave, nāgamentānaṃ nākāmā bhāgaṃ dātunti.

Tena kho pana samayena sambahulā bhikkhū kosalesu janapade addhānamaggappaṭipannā honti. Ekacce bhikkhū susānaṃ okkamiṃsu paṃsukūlāya, ekacce bhikkhū āgamesuṃ. Ye te bhikkhū susānaṃ okkamiṃsu paṃsukūlāya te paṃsukūlāni labhiṃsu. Ye te bhikkhū āgamesuṃ te evamāhaṃsu – ''amhākampi, āvuso, bhāgaṃ dethā''ti. Te evamāhaṃsu – ''na mayaṃ, āvuso, tumhākaṃ bhāgaṃ dassāma. Kissa tumhe na okkamitthā''ti? Bhagavato etamatthaṃ ārocesuṃ. Anujānāmi, bhikkhave, āgamentānaṃ akāmā bhāgaṃ dātunti.

Tena kho pana samayena sambahulā bhikkhū kosalesu janapade addhānamaggappaṭipannā honti. Ekacce bhikkhū paṭhamaṃ susānaṃ okkamiṃsu paṃsukūlāya, ekacce bhikkhū pacchā okkamiṃsu. Ye te bhikkhū paṭhamaṃ susānaṃ okkamiṃsu paṃsukūlāya te paṃsukūlāni labhiṃsu. Ye te bhikkhūpacchā okkamiṃsu te na labhiṃsu. Te evamāhaṃsu – ''amhākampi, āvuso , bhāgaṃ dethā''ti. Te evamāhaṃsu – ''na mayaṃ, āvuso, tumhākaṃ bhāgaṃ dassāma. Kissa tumhe pacchā okkamitthā''ti? Bhagavato etamatthaṃ ārocesuṃ. Anujānāmi, bhikkhave, pacchā okkantānaṃ nākāmā bhāgaṃ dātunti.

Tena kho pana samayena sambahulā bhikkhū kosalesu janapade addhānamaggappaṭipannā honti. Te sadisā susānaṃ okkamiṃsu paṃsukūlāya. Ekacce bhikkhū paṃsukūlāni labhiṃsu, ekacce bhikkhū na labhiṃsu . Ye te bhikkhū na labhiṃsu, te evamāhaṃsu – ''amhākampi, āvuso, bhāgaṃ dethā''ti. Te evamāhaṃsu – ''na mayaṃ, āvuso, tumhākaṃ bhāgaṃ dassāma. Kissa tumhe na labhitthā''ti? Bhagavato etamatthaṃ ārocesuṃ. Anujānāmi, bhikkhave, sadisānaṃ okkantānaṃ akāmā bhāgaṃ dātunti.

Tena kho pana samayena sambahulā bhikkhū kosalesu janapade addhānamaggappaṭipannā honti. Te katikaṃ katvā susānaṃ okkamiṃsu paṃsukūlāya. Ekacce bhikkhū paṃsukūlāni labhiṃsu, ekacce bhikkhū na labhiṃsu. Ye te bhikkhū na labhiṃsu te evamāhaṃsu – ''amhākampi, āvuso, bhāgaṃ dethā''ti. Te evamāhaṃsu – ''na mayaṃ, āvuso, tumhākaṃ bhāgaṃ dassāma. Kissa tumhe na labhitthā''ti? Bhagavato etamatthaṃ ārocesuṃ. Anujānāmi, bhikkhave, katikaṃ katvā okkantānaṃ akāmā bhāgaṃ dātunti.

Paṃsukūlapariyesanakathā niṭṭhitā.

213. Cīvarapaṭiggāhakasammutikathā

342. Tena kho pana samayena manussā cīvaraṃ ādāya ārāmaṃ āgacchanti. Te paṭiggāhakaṃ alabhamānā paṭiharanti. Cīvaraṃ parittaṃ uppajjati. Bhagavato etamatthaṃ ārocesuṃ. Anujānāmi, bhikkhave, pañcahaṅgehi samannāgataṃ bhikkhuṃ cīvarapaṭiggāhakaṃ sammannituṃ – yo na chandāgatiṃ gaccheyya, na dosāgatiṃ gaccheyya, na mohāgatiṃ gaccheyya, na bhayāgatiṃ gaccheyya, gahitāgahitañca jāneyya. Evañca pana, bhikkhave, sammannitabbo. Paṭhamaṃ bhikkhu yācitabbo; yācitvā byattena bhikkhunā paṭibalena saṅgho ñāpetabbo –

''Suṇātu me, bhante, saṅgho. Yadi saṅghassa pattakallaṃ saṅgho itthannāmaṃ bhikkhuṃ cīvarapaṭiggāhakaṃ sammanneyya. Esā ñatti.

''Suṇātu me, bhante, saṅgho. Saṅgho itthannāmaṃ bhikkhuṃ cīvarapaṭiggāhakaṃ sammannati. Yassāyasmato khamati itthannāmassa bhikkhuno cīvarapaṭiggāhakassa sammuti, so tuṇhassa; yassa nakkhamati, so bhāseyya.

''Sammato saṅghena itthannāmo bhikkhu cīvarapaṭiggāhako. Khamati saṅghassa, tasmā tuṇhī, evametaṃ dhārayāmī''ti.

Tena kho pana samayena cīvarapaṭiggāhakā bhikkhū cīvaraṃ paṭiggahetvā tattheva ujjhitvā pakkamanti. Cīvaraṃ nassati. Bhagavato etamatthaṃ ārocesuṃ. Anujānāmi, bhikkhave , pañcahaṅgehi samannāgataṃ bhikkhuṃ cīvaranidahakaṃ sammannituṃ – yo na chandāgatiṃ gaccheyya, na dosāgatiṃ gaccheyya, na mohāgatiṃ gaccheyya, na bhayāgatiṃ gaccheyya, nihitānihitañca jāneyya. Evañca pana, bhikkhave, sammannitabbo. Paṭhamaṃ bhikkhu yācitabbo; yācitvā byattena bhikkhunā paṭibalena saṅgho ñāpetabbo –

''Suṇātu me, bhante, saṅgho. Yadi saṅghassa pattakallaṃ, saṅgho itthannāmaṃ bhikkhuṃ cīvaranidahakaṃ sammanneyya. Esā ñatti. ''Suṇātu me, bhante, saṅgho. Saṅgho itthannāmaṃ bhikkhuṃ cīvaranidahakaṃ sammannati. Yassāyasmato khamati itthannāmassa bhikkhuno cīvaranidahakassa sammuti, so tuṇhassa; yassa nakkhamati, so bhāseyya.

''Sammato saṅghena itthannāmo bhikkhu cīvaranidahako. Khamati saṅghassa, tasmā tuṇhī, evametaṃ dhārayāmī''ti.

Cīvarapaṭiggāhakasammutikathā niṭṭhitā.

214. Bhaṇḍāgārasammutiādikathā

343. Tena kho pana samayena cīvaranidahako bhikkhu maṇḍapepi rukkhamūlepi nibbakosepi cīvaraṃ nidahati, undūrehipi upacikāhipi khajjanti. Bhagavato etamatthaṃ ārocesuṃ. Anujānāmi, bhikkhave, bhaṇḍāgāraṃ sammannituṃ, yaṃ saṅgho ākaṅkhati vihāraṃ vā aḍḍhayogaṃ vā pāsādaṃ vā hammiyaṃ vā guhaṃ vā. Evañca pana, bhikkhave, sammannitabbo. Byattena bhikkhunā paṭibalena saṅgho ñāpetabbo –

''Suṇātu me, bhante, saṅgho. Yadi saṅghassa pattakallaṃ, saṅgho itthannāmaṃ vihāraṃ bhaṇḍāgāraṃ sammanneyya. Esā ñatti.

''Suṇātu me, bhante, saṅgho. Saṅgho itthannāmaṃ vihāraṃ bhaṇḍāgāraṃ sammannati. Yassāyasmato khamati itthannāmassa vihārassa bhaṇḍāgārassa sammuti, so tuṇhassa; yassa nakkhamati, so bhāseyya.

''Sammato saṅghena itthannāmo vihāro bhaṇḍāgāraṃ. Khamati saṅghassa , tasmā tuṇhī, evametaṃ dhārayāmī''ti.

Tena kho pana samayena saṅghassa bhaṇḍāgāre cīvaraṃ aguttaṃ hoti. Bhagavato etamatthaṃ ārocesuṃ. Anujānāmi, bhikkhave, pañcahaṅgehi samannāgataṃ bhikkhuṃ bhaṇḍāgārikaṃ sammannituṃ – yo na chandāgatiṃ gaccheyya, na dosāgatiṃ gaccheyya, na mohāgatiṃ gaccheyya, na bhayāgatiṃ gaccheyya, guttāguttañca jāneyya. Evañca pana, bhikkhave, sammannitabbo. Paṭhamaṃ bhikkhu yācitabbo; yācitvā byattena bhikkhunā paṭibalena saṅgho ñāpetabbo –

''Suṇātu me, bhante, saṅgho. Yadi saṅghassa pattakallaṃ, saṅgho itthannāmaṃ bhikkhuṃ bhaṇḍāgārikaṃ sammanneyya. Esā ñatti.

''Suṇātu me, bhante, saṅgho. Saṅgho itthannāmaṃ bhikkhuṃ bhaṇḍāgārikaṃ sammannati. Yassāyasmato khamati itthannāmassa bhikkhuno bhaṇḍāgārikassa sammuti, so tuṇhassa; yassa nakkhamati, so bhāseyya.

''Sammato saṅghena itthannāmo bhikkhu bhaṇḍāgāriko. Khamati saṅghassa, tasmā tuṇhī, evametaṃ dhārayāmī''ti.

Tena kho pana samayena chabbaggiyā bhikkhū bhaṇḍāgārikaṃ vuṭṭhāpenti. Bhagavato etamatthaṃ ārocesuṃ. Na, bhikkhave, bhaṇḍāgāriko vuṭṭhāpetabbo. Yo vuṭṭhāpeyya, āpatti dukkaṭassāti.

Tena kho pana samayena saṅghassa bhaṇḍāgāre cīvaraṃ ussannaṃ hoti. Bhagavato etamatthaṃ ārocesuṃ. Anujānāmi, bhikkhave , sammukhībhūtena saṅghena bhājetunti.

Tena kho pana samayena saṅgho cīvaraṃ bhājento kolāhalaṃ akāsi. Bhagavato etamatthaṃ ārocesuṃ. Anujānāmi, bhikkhave, pañcahaṅgehi samannāgataṃ bhikkhuṃ cīvarabhājakaṃ sammannituṃ – yo na chandāgatiṃ gaccheyya, na dosāgatiṃ gaccheyya, na mohāgatiṃ gaccheyya, na bhayāgatiṃ gaccheyya, bhājitābhājitañca jāneyya. Evañca pana, bhikkhave, sammannitabbo. Paṭhamaṃ bhikkhu yācitabbo; yācitvā byattena bhikkhunā paṭibalena saṅgho ñāpetabbo –

''Suṇātu me, bhante, saṅgho. Yadi saṅghassa pattakallaṃ, saṅgho itthannāmaṃ bhikkhuṃ cīvarabhājakaṃ sammanneyya. Esā ñatti.

''Suṇātu me, bhante, saṅgho. Saṅgho itthannāmaṃ bhikkhuṃ cīvarabhājakaṃ sammannati. Yassāyasmato khamati itthannāmassa bhikkhuno cīvarabhājakassa sammuti, so tuṇhassa; yassa nakkhamati, so bhāseyya.

''Sammato saṅghena itthannāmo bhikkhu cīvarabhājako. Khamati saṅghassa, tasmā tuṇhī, evametaṃ dhārayāmī''ti.

Atha kho cīvarabhājakānaṃ bhikkhūnaṃ etadahosi – ''kathaṃ nu kho cīvaraṃ bhājetabba''nti? Bhagavato etamatthaṃ ārocesuṃ. Anujānāmi, bhikkhave, paṭhamaṃ uccinitvā tulayitvā vaṇṇāvaṇṇaṃ katvā bhikkhū gaṇetvā vaggaṃ bandhitvā cīvarapaṭivīsaṃ ṭhapetunti.

Atha kho cīvarabhājakānaṃ bhikkhūnaṃ etadahosi – ''kathaṃ nu kho sāmaṇerānaṃ cīvarapaṭivīso dātabbo''ti? Bhagavato etamatthaṃ ārocesuṃ. Anujānāmi, bhikkhave, sāmaṇerānaṃ upaḍḍhapaṭivīsaṃ dātunti.

Tena kho pana samayena aññataro bhikkhu sakena bhāgena uttaritukāmo hoti. Bhagavato etamatthaṃ ārocesuṃ. Anujānāmi, bhikkhave, uttarantassa sakaṃ bhāgaṃ dātunti.

Tena kho pana samayena aññataro bhikkhu atirekabhāgena uttaritukāmo hoti. Bhagavato etamatthaṃ ārocesuṃ. Anujānāmi, bhikkhave, anukkhepe dinne atirekabhāgaṃ dātunti.

Atha kho cīvarabhājakānaṃ bhikkhūnaṃ etadahosi – ''kathaṃ nu kho cīvarapaṭivīso dātabbo, āgatapaṭipāṭiyā [āgatāgatapaṭipāṭiyā (ka.)] nu kho udāhu yathāvuḍḍha''nti? Bhagavato etamatthaṃ ārocesuṃ. Anujānāmi, bhikkhave, vikalake tosetvā kusapātaṃ kātunti.

Bhaṇḍāgārasammutiādikathā niṭṭhitā.

215. Cīvararajanakathā

344. Tena kho pana samayena bhikkhū chakaṇenapi paṇḍumattikāyapi cīvaraṃ rajanti. Cīvaraṃ dubbaṇṇaṃ hoti. Bhagavato etamatthaṃ ārocesuṃ. Anujānāmi , bhikkhave, cha rajanāni – mūlarajanaṃ, khandharajanaṃ, tacarajanaṃ, pattarajanaṃ, puppharajanaṃ, phalarajananti.

Tena kho pana samayena bhikkhū sītudakāya [sītundikāya (sī.), sītūdakāya (syā.)] cīvaraṃ rajanti. Cīvaraṃ duggandhaṃ hoti. Bhagavato etamatthaṃ ārocesuṃ. Anujānāmi, bhikkhave, rajanaṃ pacituṃ cullaṃ rajanakumbhinti. Rajanaṃ uttariyati. Bhagavato etamatthaṃ ārocesuṃ. Anujānāmi, bhikkhave, uttarāḷumpaṃ [uttarāḷupaṃ (yojanā), uttarāḷupaṃ (syā.)] bandhitunti.

Tena kho pana samayena bhikkhū na jānanti rajanaṃ pakkaṃ vā apakkaṃ vā. Bhagavato etamatthaṃ ārocesuṃ. Anujānāmi, bhikkhave, udake vā nakhapiṭṭhikāya vā thevakaṃ dātunti.

Tena kho pana samayena bhikkhū rajanaṃ oropentā kumbhiṃ āviñchanti [āviñjanti (sī.), āvaṭṭanti (syā.)]. Kumbhī bhijjati. Bhagavato etamatthaṃ ārocesuṃ. Anujānāmi, bhikkhave, rajanuḷuṅkaṃ [rajanāḷuṅkaṃ (yojanā)] daṇḍakathālakanti.

Tena kho pana samayena bhikkhūnaṃ rajanabhājanaṃ na saṃvijjati. Bhagavato etamatthaṃ ārocesuṃ. Anujānāmi, bhikkhave, rajanakolambaṃ rajanaghaṭanti.

Tena kho pana samayena bhikkhū pātiyāpi pattepi cīvaraṃ omaddanti. Cīvaraṃ paribhijjati. Bhagavato etamatthaṃ ārocesuṃ. Anujānāmi, bhikkhave, rajanadoṇikanti.

Tena kho pana samayena bhikkhū chamāya cīvaraṃ pattharanti. Cīvaraṃ paṃsukitaṃ hoti. Bhagavato etamatthaṃ ārocesuṃ. Anujānāmi, bhikkhave, tiṇasanthārakanti.

Tiṇasanthārako upacikāhi khajjati. Bhagavato etamatthaṃ ārocesuṃ. Anujānāmi, bhikkhave, cīvaravaṃsaṃ cīvararajjunti.

Majjhena laggenti. Rajanaṃ ubhato galati. Bhagavato etamatthaṃ ārocesuṃ. Anujānāmi, bhikkhave, kaṇṇe bandhitunti.

Kaṇṇo jīrati. Bhagavato etamatthaṃ ārocesuṃ. Anujānāmi, bhikkhave, kaṇṇasuttakanti.

Rajanaṃ ekato galati. Bhagavato etamatthaṃ ārocesuṃ. Anujānāmi, bhikkhave, samparivattakaṃ samparivattakaṃ rajetuṃ, na ca acchinne theve pakkamitunti.

Tena kho pana samayena cīvaraṃ patthinnaṃ hoti. Bhagavato etamatthaṃ ārocesuṃ. Anujānāmi, bhikkhave, udake osāretunti.

Tena kho pana samayena cīvaraṃ pharusaṃ hoti. Bhagavato etamatthaṃ ārocesuṃ. Anujānāmi , bhikkhave, pāṇinā ākoṭetunti .

Tena kho pana samayena bhikkhū acchinnakāni cīvarāni dhārenti dantakāsāvāni. Manussā ujjhāyanti khiyyanti vipācenti – seyyathāpi nāma [seyyathāpi (?)] gihī kāmabhoginoti. Bhagavato etamatthaṃ ārocesuṃ. Na, bhikkhave, acchinnakāni cīvarāni dhāretabbāni. Yo dhāreyya, āpatti dukkaṭassāti.

Cīvararajanakathā niṭṭhitā.

216. Chinnakacīvarānujānanā
345. Atha kho Bhagavā rājagahe yathābhirantaṃ viharitvā yena dakkhiṇāgiri tena cārikaṃ pakkāmi. Addasā kho Bhagavā magadhakhettaṃ acchibaddhaṃ[accibaddhaṃ (sī. syā.), acchibandhaṃ (ka.)] pāḷibaddhaṃ mariyādabaddhaṃ siṅghāṭakabaddhaṃ, disvāna āyasmantaṃ ānandaṃ āmantesi – ''passasi no tvaṃ, ānanda, magadhakhettaṃ acchibaddhaṃ pāḷibaddhaṃ mariyādabaddhaṃ siṅghāṭakabaddha''nti? ''Evaṃ, bhante''ti. ''Ussahasi tvaṃ, ānanda, bhikkhūnaṃ evarūpāni cīvarāni saṃvidahitu''nti? ''Ussahāmi, Bhagavā''ti. Atha kho Bhagavā dakkhiṇāgirismiṃ yathābhirantaṃ viharitvā punadeva rājagahaṃ paccāgañchi. Atha kho āyasmā ānando sambahulānaṃ bhikkhūnaṃ cīvarāni saṃvidahitvā yena Bhagavā tenupasaṅkami; upasaṅkamitvā bhagavantaṃ etadavoca – ''passatu me [passatha tumhe (ka.)], bhante, Bhagavā cīvarāni saṃvidahitānī''ti. Atha kho Bhagavā etasmiṃ nidāne etasmiṃ pakaraṇe dhammiṃ kathaṃ katvā bhikkhū āmantesi – ''paṇḍito, bhikkhave, ānando; mahāpañño, bhikkhave, ānando; yatra hi nāma mayā saṃkhittena bhāsitassa vitthārena atthaṃ ājānissati, kusimpi nāma karissati, aḍḍhakusimpi nāma karissati, maṇḍalampi nāma karissati , aḍḍhamaṇḍalampi nāma karissati, vivaṭṭampi nāma karissati, anuvivaṭṭampi nāma karissati, gīveyyakampi nāma karissati, jaṅgheyyakampi nāma karissati, bāhantampi nāma karissati, chinnakaṃ bhavissati, satthalūkhaṃ samaṇasāruppaṃ paccatthikānañca anabhicchitaṃ. Anujānāmi, bhikkhave, chinnakaṃ saṅghāṭiṃ chinnakaṃ uttarāsaṅgaṃ chinnakaṃ antaravāsaka''nti.
Chinnakacīvarānujānanā niṭṭhitā.
217. Ticīvarānujānanā
346. Atha kho Bhagavā rājagahe yathābhirantaṃ viharitvā yena vesālī tena cārikaṃ pakkāmi. Addasa kho Bhagavā antarā ca rājagahaṃ antarā ca vesāliṃ addhānamaggappaṭipanno sambahule bhikkhū cīvarehi ubbhaṇḍite [ubbhaṇḍīkate (syā.)] sīsepi cīvarabhisiṃ karitvā khandhepi cīvarabhisiṃ karitvā kaṭiyāpi cīvarabhisiṃ karitvā āgacchante, disvāna bhagavato etadahosi – ''atilahuṃ kho ime moghapurisā cīvare bāhullāya āvattā . Yaṃnūnāhaṃ bhikkhūnaṃ cīvare sīmaṃ bandheyyaṃ, mariyādaṃ ṭhapeyya''nti. Atha kho Bhagavā anupubbena cārikaṃ caramāno yena vesālī tadavasari. Tatra sudaṃ Bhagavā vesāliyaṃ viharati Gotamake cetiye. Tena kho pana samayena Bhagavā sītāsu hemantikāsu rattīsu antaraṭṭhakāsu himapātasamaye rattiṃ ajjhokāse ekacīvaro nisīdi. Na bhagavantaṃ sītaṃ ahosi. Nikkhante paṭhame yāme sītaṃ bhagavantaṃ ahosi. Dutiyaṃ Bhagavā cīvaraṃ pārupi. Na bhagavantaṃ sītaṃ ahosi. Nikkhante majjhime yāme sītaṃ bhagavantaṃ ahosi. Tatiyaṃ Bhagavā cīvaraṃ pārupi. Na bhagavantaṃ sītaṃ ahosi. Nikkhante pacchime yāme uddhaste aruṇe nandimukhiyā rattiyā sītaṃ bhagavantaṃ ahosi. Catutthaṃ Bhagavā cīvaraṃ pārupi. Na bhagavantaṃ sītaṃ ahosi. Atha kho bhagavato etadahosi – ''yepi kho te kulaputtā imasmiṃ dhammavinaye sītālukā sītabhīrukā tepi sakkonti ticīvarena yāpetuṃ. Yaṃnūnāhaṃ bhikkhūnaṃ cīvare sīmaṃ bandheyyaṃ, mariyādaṃ ṭhapeyyaṃ, ticīvaraṃ anujāneyya''nti. Atha kho Bhagavā etasmiṃ nidāne etasmiṃ pakaraṇe dhammiṃ kathaṃ katvā bhikkhū āmantesi – ''idhāhaṃ, bhikkhave, antarā ca rājagahaṃ antarā ca vesāliṃ addhānamaggappaṭipanno addasaṃ sambahule bhikkhū cīvarehi ubbhaṇḍite sīsepi cīvarabhisiṃ karitvā khandhepi cīvarabhisiṃ karitvā kaṭiyāpi cīvarabhisiṃ karitvā āgacchante, disvāna me etadahosi – 'atilahuṃ kho ime moghapurisā cīvare bāhullāya āvattā. Yaṃnūnāhaṃ bhikkhūnaṃ cīvare sīmaṃ bandheyyaṃ, mariyādaṃ ṭhapeyya'nti. Idhāhaṃ, bhikkhave, sītāsu hemantikāsu rattīsu antaraṭṭhakāsu himapātasamaye rattiṃ ajjhokāse ekacīvaro nisīdiṃ. Na maṃ sītaṃ ahosi. Nikkhante paṭhame yāme sītaṃ maṃ ahosi. Dutiyāhaṃ cīvaraṃ pārupiṃ. Na maṃ sītaṃ ahosi. Nikkhante majjhime yāme sītaṃ maṃ ahosi. Tatiyāhaṃ cīvaraṃ pārupiṃ. Na maṃ sītaṃ ahosi. Nikkhante pacchime yāme uddhaste aruṇe nandimukhiyā rattiyā sītaṃ maṃ ahosi. Catutthāhaṃ cīvaraṃ pārupiṃ. Na maṃ sītaṃ ahosi. Tassa mayhaṃ, bhikkhave, etadahosi – ''yepi kho te kulaputtā imasmiṃ dhammavinaye sītālukā sītabhīrukā tepi sakkonti ticīvarena yāpetuṃ. Yaṃnūnāhaṃ bhikkhūnaṃ cīvare sīmaṃ bandheyyaṃ, mariyādaṃ ṭhapeyyaṃ , ticīvaraṃ anujāneyya'nti. Anujānāmi, bhikkhave, ticīvaraṃ – diguṇaṃ saṅghāṭiṃ, ekacciyaṃ uttarāsaṅgaṃ, ekacciyaṃ antaravāsaka''nti.
Ticīvarānujānanā niṭṭhitā.
218. Atirekacīvarakathā
347.[pārā. 461] Tena kho pana samayena chabbaggiyā bhikkhū bhagavatā ticīvaraṃ anuññātanti aññeneva ticīvarena gāmaṃ pavisanti, aññena ticīvarena ārāme acchanti, aññena ticīvarena nahānaṃ otaranti. Ye te bhikkhū appicchā te ujjhāyanti khiyyanti vipācenti – ''kathañhi nāma chabbaggiyā bhikkhū atirekacīvaraṃ dhāressantī''ti. Atha kho te bhikkhū bhagavato etamatthaṃ ārocesuṃ. Atha kho Bhagavā etasmiṃ nidāne etasmiṃ pakaraṇe dhammiṃ kathaṃ katvā bhikkhū āmantesi – ''na, bhikkhave, atirekacīvaraṃ dhāretabbaṃ. Yo dhāreyya, yathādhammo kāretabbo''ti.
[pārā. 461] Tena kho pana samayena āyasmato ānandassa atirekacīvaraṃ uppannaṃ hoti. Āyasmā ca ānando taṃ cīvaraṃ āyasmato sāriputtassa dātukāmo hoti. Āyasmā ca sāriputto sākete viharati. Atha kho āyasmato ānandassa etadahosi – ''bhagavatā sikkhāpadaṃ paññattaṃ 'na atirekacīvaraṃ dhāretabba'nti. Idañca me atirekacīvaraṃ uppannaṃ . Ahañcimaṃ cīvaraṃ āyasmato sāriputtassa dātukāmo. Āyasmā ca sāriputto sākete viharati. Kathaṃ nu kho mayā paṭipajjitabba''nti? Bhagavato etamatthaṃ ārocesi.

''Kīvaciraṃ panānanda, sāriputto āgacchissatī''ti? ''Navamaṃ vā, Bhagavā, divasaṃ, dasamaṃ vā''ti. Atha kho Bhagavā etasmiṃ nidāne etasmiṃ pakaraṇe dhammiṃ kathaṃ katvā bhikkhū āmantesi – ''anujānāmi, bhikkhave, dasāhaparamaṃ atirekacīvaraṃ dhāretu''nti.

Tena kho pana samayena bhikkhūnaṃ atirekacīvaraṃ uppannaṃ hoti. Atha kho bhikkhūnaṃ etadahosi – ''kathaṃ nu kho amhehi atirekacīvare paṭipajjitabba''nti? Bhagavato etamatthaṃ ārocesuṃ. Anujānāmi, bhikkhave, atirekacīvaraṃ vikappetunti.

348. Atha kho Bhagavā vesāliyaṃ yathābhirantaṃ viharitvā yena bārāṇasī tena cārikaṃ pakkāmi. Anupubbena cārikaṃ caramāno yena bārāṇasī tadavasari. Tatra sudaṃ Bhagavā bārāṇasiyaṃ viharati isipatane migadāye. Tena kho pana samayena aññatarassa bhikkhuno antaravāsako chiddo hoti. Atha kho tassa bhikkhuno etadahosi – ''bhagavatā ticīvaraṃ anuññātaṃ – diguṇā saṅghāṭi, ekacciyo uttarāsaṅgo, ekacciyo antaravāsako. Ayañca me antaravāsako chiddo. Yaṃnūnāhaṃ aggaḷaṃ acchupeyyaṃ, samantato dupaṭṭaṃ bhavissati, majjhe ekacciya''nti. Atha kho so bhikkhu aggaḷaṃ acchupesi. Addasā kho Bhagavā senāsanacārikaṃ āhiṇḍanto taṃ bhikkhuṃ aggaḷaṃ acchupentaṃ [acchupantaṃ (ka.)], disvāna yena so bhikkhu tenupasaṅkami, upasaṅkamitvā taṃ bhikkhuṃ etadavoca – ''kiṃ tvaṃ, bhikkhu, karosī''ti? ''Aggaḷaṃ, Bhagavā, acchupemī''ti. ''Sādhu sādhu, bhikkhu; sādhu kho tvaṃ, bhikkhu, aggaḷaṃ acchupesī''ti . Atha kho Bhagavā etasmiṃ nidāne etasmiṃ pakaraṇe dhammiṃ kathaṃ katvā bhikkhū āmantesi – ''anujānāmi, bhikkhave, ahatānaṃ dussānaṃ ahatakappānaṃ diguṇaṃ saṅghāṭiṃ, ekacciyaṃ uttarāsaṅgaṃ, ekacciyaṃ antaravāsakaṃ; utuddhaṭānaṃ dussānaṃ catugguṇaṃ saṅghāṭiṃ, diguṇaṃ uttarāsaṅgaṃ, diguṇaṃ antaravāsakaṃ; paṃsukūle yāvadatthaṃ; pāpaṇike ussāho karaṇīyo. Anujānāmi, bhikkhave, aggaḷaṃ tunnaṃ ovaṭṭikaṃ kaṇḍusakaṃ daḷhīkamma''nti.

Atirekacīvarakathā niṭṭhitā.

219. Visākhāvatthu

349. Atha kho Bhagavā bārāṇasiyaṃ yathābhirantaṃ viharitvā yena sāvatthi tena cārikaṃ pakkāmi. Anupubbena cārikaṃ caramāno yena sāvatthi tadavasari. Tatra sudaṃ Bhagavā sāvatthiyaṃ viharati jetavane anāthapiṇḍikassa ārāme. Atha kho visākhā migāramātā yena Bhagavā tenupasaṅkami; upasaṅkamitvā bhagavantaṃ abhivādetvā ekamantaṃ nisīdi. Ekamantaṃ nisinnaṃ kho visākhaṃ migāramātaraṃ Bhagavā dhammiyā kathāya sandassesi samādapesi samuttejesi sampahaṃsesi. Atha kho visākhā migāramātā, bhagavatā dhammiyā kathāya sandassitā samādapitā samuttejitā sampahaṃsitā, bhagavantaṃ etadavoca – ''adhivāsetu me, bhante, Bhagavā svātanāya bhattaṃ saddhiṃ bhikkhusaṅghenā''ti. Adhivāsesi Bhagavā tuṇhībhāvena. Atha kho visākhā migāramātā bhagavato adhivāsanaṃ viditvā uṭṭhāyāsanā bhagavantaṃ abhivādetvā padakkhiṇaṃ katvā pakkāmi.

Tena kho pana samayena tassā rattiyā accayena cātuddīpiko mahāmegho pāvassi. Atha kho Bhagavā bhikkhū āmantesi – ''yathā, bhikkhave, jetavane vassati evaṃ catūsu dīpesu vassati. Ovassāpetha, bhikkhave, kāyaṃ. Ayaṃ pacchimako cātuddīpiko mahāmegho''ti. ''Evaṃ, bhante''ti kho te bhikkhū bhagavato paṭissuṇitvā nikkhittacīvarā kāyaṃ ovassāpenti. Atha kho visākhā migāramātā paṇītaṃ khādanīyaṃ bhojanīyaṃ paṭiyādāpetvā dāsiṃ āṇāpesi – ''gaccha, je. Ārāmaṃ gantvā kālaṃ ārocehi – kālo, bhante, niṭṭhitaṃ bhatta''nti. ''Evaṃ, ayye''ti kho sā dāsī visākhāya migāramātuyā paṭissuṇitvā ārāmaṃ gantvā addasa bhikkhū nikkhittacīvare kāyaṃ ovassāpente, disvāna 'natthi ārāme bhikkhū, ājīvakā kāyaṃ ovassāpentī'ti yena visākhā migāramātā tenupasaṅkami ; upasaṅkamitvā visākhaṃ migāramātaraṃ etadavoca – ''natthayye, ārāme bhikkhū, ājīvakā kāyaṃ ovassāpentī''ti. Atha kho visākhāya migāramātuyā paṇḍitāya viyattāya medhāviniyā etadahosi – ''nissaṃsayaṃ kho ayyā nikkhittacīvarā kāyaṃ ovassāpenti. Sāyaṃ bālā maññittha – natthi ārāme bhikkhū, ājīvakā kāyaṃ ovassāpentī''ti, puna dāsiṃ āṇāpesi – ''gaccha, je. Ārāmaṃ gantvā kālaṃ ārocehi – kālo, bhante, niṭṭhitaṃ bhatta''nti. Atha kho te bhikkhū gattāni sītiṃ karitvā [sītīkaritvā (syā.)] kallakāyā cīvarāni gahetvā yathāvihāraṃ pavisiṃsu. Atha kho sā dāsī ārāmaṃ gantvā bhikkhū apassantī 'natthi ārāme bhikkhū, suñño ārāmo'ti yena visākhā migāramātā tenupasaṅkami; upasaṅkamitvā visākhaṃ migāramātaraṃ etadavoca – ''natthayye, ārāme bhikkhū, suñño ārāmo''ti. Atha kho visākhāya migāramātuyā paṇḍitāya viyattāya medhāviniyā etadahosi – ''nissaṃsayaṃ kho ayyā gattāni sītiṃ karitvā kallakāyā cīvarāni gahetvā yathāvihāraṃ paviṭṭhā. Sāyaṃ bālā maññittha – natthi ārāme bhikkhū, suñño ārāmo''ti, puna dāsiṃ āṇāpesi – ''gaccha, je. Ārāmaṃ gantvā kālaṃ ārocehi – kālo, bhante, niṭṭhitaṃ bhatta''nti.

350. Atha kho Bhagavā bhikkhū āmantesi – ''sandahatha [sannahatha (sī. syā.)], bhikkhave, pattacīvaraṃ; kālo bhattassā''ti. ''Evaṃ, bhante''ti kho te bhikkhū bhagavato paccassosuṃ. Atha kho Bhagavā pubbaṇhasamayaṃ nivāsetvā pattacīvaramādāya – seyyathāpi nāma balavā puriso sammiñjitaṃ vā bāhaṃ pasāreyya, pasāritaṃ vā bāhaṃ samiñjeyya, evameva – jetavane antarahito visākhāya migāramātuyā koṭṭhake pāturahosi. Nisīdi Bhagavā paññatte āsane saddhiṃ bhikkhusaṅghena. Atha kho visākhā migāramātā – ''acchariyaṃ vata bho! Abbhutaṃ vata bho! Tathāgatassa mahiddhikatā mahānubhāvatā, yatra hi nāma jaṇṇukamattesupi oghesu pavattamānesu, kaṭimattesupi oghesu pavattamānesu, na hi nāma ekabhikkhussapi [pavattamānesu na ekabhikkhussapi (?)] pādā vā cīvarāni vā allāni bhavissantī''ti – haṭṭhā udaggā buddhappamukhaṃ bhikkhusaṅghaṃ paṇītena khādanīyena

bhojanīyena sahatthā santappetvā sampavāretvā bhagavantaṃ bhuttāviṃ onītapattapāṇiṃ ekamantaṃ nisīdi. Ekamantaṃ nisinnā kho visākhā migāramātā bhagavantaṃ etadavoca – "aṭṭhāhaṃ, bhante, bhagavantaṃ varāni yācāmī"ti. "Atikkantavarā kho, visākhe, tathāgatā"ti. "Yāni ca, bhante, kappiyāni yāni ca anavajjānī"ti. "Vadehi, visākhe"ti. "Icchāmahaṃ, bhante, saṅghassa yāvajīvaṃ vassikasāṭikaṃ dātuṃ, āgantukabhattaṃ dātuṃ, gamikabhattaṃ dātuṃ, gilānabhattaṃ dātuṃ, gilānupaṭṭhākabhattaṃ dātuṃ, gilānabhesajjaṃ dātuṃ, dhuvayāguṃ dātuṃ, bhikkhunisaṅghassa udakasāṭikaṃ dātu"nti. "Kiṃ pana tvaṃ, visākhe, atthavasaṃ sampassamānā tathāgataṃ aṭṭha varāni yācasī"ti?

"Idhāhaṃ, bhante, dāsiṃ āṇāpesiṃ – 'gaccha, je. Ārāmaṃ gantvā kālaṃ ārocehi – kālo, bhante, niṭṭhitaṃ bhatta"'nti. Atha kho sā, bhante, dāsī ārāmaṃ gantvā addasa bhikkhū nikkhittacīvare kāyaṃ ovassāpente, disvāna "natthi ārāme bhikkhū, ājīvakā kāyaṃ ovassāpentī"ti yenāhaṃ tenupasaṅkami; upasaṅkamitvā maṃ etadavoca – "natthayye, ārāme bhikkhū, ājīvakā kāyaṃ ovassāpentī"ti. Asuci, bhante, naggiyaṃ jegucchaṃ paṭikūlaṃ. Imāhaṃ, bhante, atthavasaṃ sampassamānā icchāmi saṅghassa yāvajīvaṃ vassikasāṭikaṃ dātuṃ.

"Puna caparaṃ, bhante, āgantuko bhikkhu na vīthikusalo na gocarakusalo kilanto piṇḍāya carati. So me āgantukabhattaṃ bhuñjitvā vīthikusalo gocarakusalo akilanto piṇḍāya carissati. Imāhaṃ, bhante, atthavasaṃ sampassamānā icchāmi saṅghassa yāvajīvaṃ āgantukabhattaṃ dātuṃ.

"Puna caparaṃ, bhante, gamiko bhikkhu attano bhattaṃ pariyesamāno satthā vā vihāyissati, yattha vā vāsaṃ gantukāmo bhavissati tattha vikāle upagacchissati, kilanto addhānaṃ gamissati. So me gamikabhattaṃ bhuñjitvā satthā na vihāyissati, yattha vāsaṃ gantukāmo bhavissati tattha kāle upagacchissati, akilanto addhānaṃ gamissati. Imāhaṃ, bhante, atthavasaṃ sampassamānā icchāmi saṅghassa yāvajīvaṃ gamikabhattaṃ dātuṃ.

"Puna caparaṃ, bhante, gilānassa bhikkhuno sappāyāni bhojanāni alabhantassa ābādho vā abhivaḍḍhissati, kālaṃkiriyā vā bhavissati. Tassa me gilānabhattaṃ bhuttassa ābādho na abhivaḍḍhissati, kālaṃkiriyā na bhavissati. Imāhaṃ, bhante, atthavasaṃ sampassamānā icchāmi saṅghassa yāvajīvaṃ gilānabhattaṃ dātuṃ. "Puna caparaṃ, bhante, gilānupaṭṭhāko bhikkhu attano bhattaṃ pariyesamāno gilānassa ussūre bhattaṃ nīharissati, bhattacchedaṃ karissati. So me gilānupaṭṭhākabhattaṃ bhuñjitvā gilānassa kālena bhattaṃ nīharissati, bhattacchedaṃ na karissati. Imāhaṃ, bhante, atthavasaṃ sampassamānā icchāmi saṅghassa yāvajīvaṃ gilānupaṭṭhākabhattaṃ dātuṃ.

"Puna caparaṃ, bhante, gilānassa bhikkhuno sappāyāni bhesajjāni alabhantassa ābādho vā abhivaḍḍhissati, kālaṃkiriyā vā bhavissati. Tassa me gilānabhesajjaṃ paribhuttassa ābādho na abhivaḍḍhissati, kālaṃkiriyā na bhavissati. Imāhaṃ, bhante, atthavasaṃ sampassamānā icchāmi saṅghassa yāvajīvaṃ gilānabhesajjaṃ dātuṃ.

"Puna caparaṃ, bhante, bhagavatā andhakavinde dasānisaṃse sampassamānena yāgu anuññātā. Tyāhaṃ, bhante, ānisaṃse sampassamānā icchāmi saṅghassa yāvajīvaṃ dhuvayāguṃ dātuṃ.

"Idha, bhante, bhikkhuniyo aciravatiyā nadiyā vesiyāhi saddhiṃ naggā ekatitthe nahāyanti. Tā, bhante, vesiyā bhikkhuniyo uppaṇḍesuṃ – 'kiṃ nu kho nāma tumhākaṃ, ayye, daharānaṃ [daharānaṃ daharānaṃ (sī.)] brahmacariyaṃ ciṇṇena, nanu nāma kāmā paribhuñjitabbā; yadā jiṇṇā bhavissatha tadā brahmacariyaṃ carissatha. Evaṃ tumhākaṃ ubho atthā pariggahitā bhavissantī'ti. Tā, bhante, bhikkhuniyo vesiyāhi uppaṇḍiyamānā maṅkū ahesuṃ. Asuci, bhante, mātugāmassa naggiyaṃ jegucchaṃ paṭikūlaṃ. Imāhaṃ, bhante, atthavasaṃ sampassamānā icchāmi bhikkhunisaṅghassa yāvajīvaṃ udakasāṭikaṃ dātu"nti.

351. "Kiṃ pana tvaṃ, visākhe, ānisaṃsaṃ sampassamānā tathāgataṃ aṭṭha varāni yācasī"ti? "Idha, bhante, disāsu vassaṃvuṭṭhā bhikkhū sāvatthiṃ āgacchissanti bhagavantaṃ dassanāya. Te bhagavantaṃ upasaṅkamitvā pucchissanti – 'itthannāmo, bhante, bhikkhu kālaṅkato, tassa kā gati ko abhisamparāyo'ti? Taṃ Bhagavā byākarissati sotāpattiphale vā sakadāgāmiphale vā anāgāmiphale vā arahatte vā. Tyāhaṃ upasaṅkamitvā pucchissāmi – 'āgatapubbā nu kho, bhante, tena ayyena sāvatthī'ti? Sace me vakkhanti – 'āgatapubbā tena bhikkhunā sāvatthī'ti niṭṭhamettha gacchissāmi – nissaṃsayaṃ me paribhuttaṃ tena ayyena vassikasāṭikā vā āgantukabhattaṃ vā gamikabhattaṃ vā gilānabhattaṃ vā gilānupaṭṭhākabhattaṃ vā gilānabhesajjaṃ vā dhuvayāgu vāti. Tassā me tadanussarantiyā pāmujjaṃ jāyissati, pamuditāya pīti jāyissati, pītimanāya kāyo passambhissati, passaddhakāyā sukhaṃ vediyissāmi, sukhiniyā cittaṃ samādhiyissati. Sā me bhavissati indriyabhāvanā balabhāvanā bojjhaṅgabhāvanā. Imāhaṃ, bhante, ānisaṃsaṃ sampassamānā tathāgataṃ aṭṭha varāni yācāmī"ti. "Sādhu sādhu, visākhe; sādhu kho tvaṃ, visākhe, imaṃ ānisaṃsaṃ sampassamānā tathāgataṃ aṭṭha varāni yācasi. Anujānāmi te, visākhe, aṭṭha varānī"ti. Atha kho Bhagavā visākhaṃ migāramātaraṃ imāhi gāthāhi anumodi –

"Yā annapānaṃ dadatippamoditā;
Sīlūpapannā sugatassa sāvikā;
Dadāti dānaṃ abhibhuyya maccharaṃ;
Sovaggikaṃ sokanudaṃ sukhāvahaṃ.
"Dibbaṃ sā labhate āyuṃ [dibbaṃ balaṃ sā labhate ca āyuṃ (sī. syā.)];

Āgamma maggaṃ virajaṃ anaṅgaṇaṃ;
Sā puññakāmā sukhinī anāmayā;
Saggamhi kāyamhi ciraṃ pamodatī''ti.

352. Atha kho Bhagavā visākhaṃ migāramātaraṃ imāhi gāthāhi anumoditvā uṭṭhāyāsanā pakkāmi. Atha kho Bhagavā etasmiṃ nidāne etasmiṃ pakaraṇe dhammiṃ kathaṃ katvā bhikkhū āmantesi – ''anujānāmi, bhikkhave, vassikasāṭikaṃ, āgantukabhattaṃ, gamikabhattaṃ, gilānabhattaṃ, gilānupaṭṭhākabhattaṃ, gilānabhesajjaṃ, dhuvayāguṃ, bhikkhunisaṅghassa udakasāṭika''nti.

Visākhāvatthu niṭṭhitaṃ.

Visākhābhāṇavāro niṭṭhito.

220. Nisīdanādianujānanā

353. Tena kho pana samayena bhikkhū paṇītāni bhojanāni bhuñjitvā muṭṭhassatī asampajānā niddaṃ okkamanti. Tesaṃ muṭṭhassatīnaṃ asampajānānaṃ niddaṃ okkamantānaṃ supinantena asuci muccati, senāsanaṃ asucinā makkhiyati. Atha kho Bhagavā āyasmatā ānandena pacchāsamaṇena senāsanacārikaṃ āhiṇḍanto addasa senāsanaṃ asucinā makkhitaṃ, disvāna āyasmantaṃ ānandaṃ āmantesi – ''kiṃ etaṃ, ānanda, senāsanaṃ makkhita''nti? ''Etarahi, bhante, bhikkhū paṇītāni bhojanāni bhuñjitvā muṭṭhassatī asampajānā niddaṃ okkamanti. Tesaṃ muṭṭhassatīnaṃ asampajānānaṃ niddaṃ okkamantānaṃ supinantena asuci muccati; tayidaṃ, Bhagavā, senāsanaṃ asucinā makkhita''nti. ''Evametaṃ, ānanda, evametaṃ, ānanda. Muccati hi, ānanda, muṭṭhassatīnaṃ asampajānānaṃ niddaṃ okkamantānaṃ supinantena asuci. Ye te, ānanda, bhikkhū upaṭṭhitassatī sampajānā niddaṃ okkamanti, tesaṃ asuci na muccati. Yepi te, ānanda, puthujjanā kāmesu vītarāgā, tesampi asuci na muccati. Aṭṭhānametaṃ, ānanda, anavakāso yaṃ arahato asuci mucceyyā''ti. Atha kho Bhagavā etasmiṃ nidāne etasmiṃ pakaraṇe dhammiṃ kathaṃ katvā bhikkhū āmantesi – ''idhāhaṃ, bhikkhave, ānandena pacchāsamaṇena senāsanacārikaṃ āhiṇḍanto addasaṃ senāsanaṃ asucinā makkhitaṃ, disvāna ānandaṃ āmantesiṃ 'kiṃ etaṃ, ānanda, senāsanaṃ makkhita'nti? 'Etarahi, bhante, bhikkhū paṇītāni bhojanāni bhuñjitvā muṭṭhassatī asampajānā niddaṃ okkamanti. Tesaṃ muṭṭhassatīnaṃ asampajānānaṃ niddaṃ okkamantānaṃ supinantena asuci muccati; tayidaṃ, Bhagavā, senāsanaṃ asucinā makkhita'nti. 'Evametaṃ, ānanda, evametaṃ, ānanda, muccati hi, ānanda, muṭṭhassatīnaṃ asampajānānaṃ niddaṃ okkamantānaṃ supinantena asuci. Ye te, ānanda, bhikkhū upaṭṭhitassatī sampajānā niddaṃ okkamanti, tesaṃ asuci na muccati. Yepi te, ānanda, puthujjanā kāmesu vītarāgā tesampi asuci na muccati. Aṭṭhānametaṃ, ānanda, anavakāso yaṃ arahato asuci mucceyyā''ti.

''Pañcime, bhikkhave, ādīnavā muṭṭhassatissa asampajānassa niddaṃ okkamato – dukkhaṃ supati, dukkhaṃ paṭibujjhati, pāpakaṃ supinaṃ passati, devatā na rakkhanti, asuci muccati. Ime kho, bhikkhave, pañca ādīnavā muṭṭhassatissa asampajānassa niddaṃ okkamato.

''Pañcime , bhikkhave, ānisaṃsā upaṭṭhitassatissa sampajānassa niddaṃ okkamato – sukhaṃ supati, sukhaṃ paṭibujjhati, na pāpakaṃ supinaṃ passati, devatā rakkhanti, asuci na muccati. Ime kho, bhikkhave, pañca ānisaṃsā upaṭṭhitassatissa sampajānassa niddaṃ okkamato.

''Anujānāmi, bhikkhave, kāyaguttiyā cīvaraguttiyā senāsanaguttiyā nisīdana''nti.

Tena kho pana samayena atikhuddakaṃ nisīdanaṃ na sabbaṃ senāsanaṃ saṃgopeti. Bhagavato etamatthaṃ ārocesuṃ. Anujānāmi, bhikkhave, yāvamahantaṃ paccattharaṇaṃ ākaṅkhati tāvamahantaṃ paccattharaṇaṃ kātunti.

354. Tena kho pana samayena āyasmato ānandassa upajjhāyassa āyasmato belaṭṭhasīsassa thullakacchābādho hoti. Tassa lasikāya cīvarāni kāye lagganti. Tāni bhikkhū udakena temetvā temetvā apakaḍḍhanti. Addasā kho Bhagavā senāsanacārikaṃ āhiṇḍanto te bhikkhū tāni cīvarāni udakena temetvā temetvā apakaḍḍhante, disvāna yena te bhikkhū tenupasaṅkami, upaṅkamitvā te bhikkhū etadavoca – ''kiṃ imassa, bhikkhave, bhikkhuno ābādho''ti? ''Imassa, bhante, āyasmato thullakacchābādho. Lasikāya cīvarāni kāye lagganti. Tāni mayaṃ udakena temetvā temetvā apakaḍḍhāmā''ti. Atha kho Bhagavā etasmiṃ nidāne etasmiṃ pakaraṇe dhammiṃ kathaṃ katvā bhikkhū āmantesi – ''anujānāmi, bhikkhave, yassa kaṇḍu vā piḷakā vā assāvo vā thullakacchu vā ābādho kaṇḍuppaṭicchādi''nti.

355. Atha kho visākhā migāramātā mukhapuñchanacoḷaṃ [mukhapuñjanacoḷaṃ (ka.)] ādāya yena Bhagavā tenupasaṅkami; upasaṅkamitvā bhagavantaṃ abhivādetvā ekamantaṃ nisīdi. Ekamantaṃ nisinnā kho visākhā migāramātā bhagavantaṃ etadavoca – ''paṭiggaṇhātu me, bhante, Bhagavā mukhapuñchanacoḷaṃ, yaṃ mamassa dīgharattaṃ hitāya sukhāyā''ti. Paṭiggahesi Bhagavā mukhapuñchanacoḷaṃ. Atha kho Bhagavā visākhaṃ migāramātaraṃ dhammiyā kathāya sandassesi samādapesi samuttejesi sampahaṃsesi. Atha kho visākhā migāramātā bhagavatā dhammiyā kathāya sandassitā samādapitā samuttejitā sampahaṃsitā uṭṭhāyāsanā bhagavantaṃ abhivādetvā padakkhiṇaṃ katvā pakkāmi. Atha kho Bhagavā etasmiṃ nidāne etasmiṃ pakaraṇe dhammiṃ kathaṃ katvā bhikkhū āmantesi – ''anujānāmi, bhikkhave, mukhapuñchanacoḷaka''nti [mukhapuñchanacolanti (syā.)].

356. Tena kho pana samayena rojo mallo āyasmato ānandassa sahāyo hoti. Rojassa mallassa khomapilotikā āyasmato ānandassa hatthe nikkhittā hoti. Āyasmato ca ānandassa khomapilotikāya attho hoti. Bhagavato etamatthaṃ ārocesuṃ. Anujānāmi, bhikkhave, pañcahaṅgehi samannāgatassa vissāsaṃ

gahetuṃ – sandiṭṭho ca hoti, sambhatto ca, ālapito ca, jīvati ca, jānāti ca, gahite me attamano bhavissatīti. Anujānāmi, bhikkhave, imehi pañcahaṅgehi samannāgatassa vissāsaṃ gahetunti.

357. Tena kho pana samayena bhikkhūnaṃ paripuṇṇaṃ hoti ticīvaraṃ. Attho ca hoti parissāvanehipi thavikāhipi. Bhagavato etamatthaṃ ārocesuṃ. Anujānāmi, bhikkhave, parikkhāracoḷakanti.

Nisīdanādianujānanā niṭṭhitā.

221. Pacchimavikappanupagacīvarādikathā

358. Atha kho bhikkhūnaṃ etadahosi – "yāni tāni bhagavatā anuññātāni ticīvaranti vā vassikasāṭikāti vā nisīdananti vā paccattharaṇanti vā kaṇḍuppaṭicchādīti vā mukhapuñchanacoḷanti vā parikkhāracoḷanti vā, sabbāni tāni adhiṭṭhātabbāni nu kho, udāhu, vikappetabbānī"ti? Bhagavato etamatthaṃ ārocesuṃ. Anujānāmi, bhikkhave, ticīvaraṃ adhiṭṭhātuṃ na vikappetuṃ; vassikasāṭikaṃ vassānaṃ cātumāsaṃ adhiṭṭhātuṃ, tato paraṃ vikappetuṃ; nisīdanaṃ adhiṭṭhātuṃ na vikappetuṃ; paccattharaṇaṃ adhiṭṭhātuṃ na vikappetuṃ; kaṇḍuppaṭicchādiṃ yāvaābādhā adhiṭṭhātuṃ tato paraṃ vikappetuṃ; mukhapuñchanacoḷaṃ adhiṭṭhātuṃ na vikappetuṃ; parikkhāracoḷaṃ adhiṭṭhātuṃ na vikappetunti.

Atha kho bhikkhūnaṃ etadahosi – "kittakaṃ pacchimaṃ nu kho cīvaraṃ vikappetabba"nti? Bhagavato etamatthaṃ ārocesuṃ. Anujānāmi, bhikkhave, āyāmena aṭṭhaṅgulaṃ sugataṅgulena caturaṅgulavitthataṃ pacchimaṃ cīvaraṃ vikappetunti.

359. Tena kho pana samayena āyasmato mahākassapassa paṃsukūlakato garuko hoti. Bhagavato etamatthaṃ ārocesuṃ. Anujānāmi, bhikkhave, suttalūkhaṃ kātunti. Vikaṇṇo hoti. Bhagavato etamatthaṃ ārocesuṃ. Anujānāmi, bhikkhave, vikaṇṇaṃ uddharitunti. Suttā okiriyanti. Bhagavato etamatthaṃ ārocesuṃ. Anujānāmi, bhikkhave, anuvātaṃ paribhaṇḍaṃ āropetunti.

Tena kho pana samayena saṅghāṭiyā pattā lujjanti. Bhagavato etamatthaṃ ārocesuṃ. Anujānāmi, bhikkhave, aṭṭhapadakaṃ kātunti.

360. Tena kho pana samayena aññatarassa bhikkhuno ticīvare kayiramāne sabbaṃ chinnakaṃ nappahoti. Bhagavato etamatthaṃ ārocesuṃ. Anujānāmi, bhikkhave, dve chinnakāni ekaṃ acchinnakanti.

Dve chinnakāni ekaṃ acchinnakaṃ nappahoti. Bhagavato etamatthaṃ ārocesuṃ. Anujānāmi, bhikkhave, dve acchinnakāni ekaṃ chinnakanti.

Dve acchinnakāni ekaṃ chinnakaṃ nappahoti. Bhagavato etamatthaṃ ārocesuṃ. Anujānāmi, bhikkhave, anvādhikampi āropetuṃ, na ca, bhikkhave, sabbaṃ acchinnakaṃ dhāretabbaṃ. Yo dhāreyya, āpatti dukkaṭassāti.

361. Tena kho pana samayena aññatarassa bhikkhuno bahuṃ cīvaraṃ uppannaṃ hoti. So ca taṃ cīvaraṃ mātāpitūnaṃ dātukāmo hoti. Bhagavato etamatthaṃ ārocesuṃ. Mātāpitaroti [mātāpitūnaṃ kho (sī.)] kho, bhikkhave, dadamāne [vadamāno (ka.), vadamāne (?)] kiṃ vadeyyāma? Anujānāmi , bhikkhave, mātāpitūnaṃ dātuṃ. Na ca, bhikkhave, saddhādeyyaṃ vinipātetabbaṃ. Yo vinipāteyya, āpatti dukkaṭassāti.

362. Tena kho pana samayena aññataro bhikkhu andhavane cīvaraṃ nikkhipitvā santaruttarena gāmaṃ piṇḍāya pāvisi. Corā taṃ cīvaraṃ avahariṃsu. So bhikkhu duccoḷo hoti lūkhacīvaro. Bhikkhū evamāhaṃsu – "kissa tvaṃ, āvuso, duccoḷo lūkhacīvarosī"ti? "Idhāhaṃ [so ahaṃ (katthaci)], āvuso, andhavane cīvaraṃ nikkhipitvā santaruttarena gāmaṃ piṇḍāya pāvisiṃ. Corā taṃ cīvaraṃ avahariṃsu. Tenāhaṃ duccoḷo lūkhacīvaro"ti. Bhagavato etamatthaṃ ārocesuṃ. Na, bhikkhave, santaruttarena gāmo pavisitabbo. Yo paviseyya, āpatti dukkaṭassāti.

Tena kho pana samayena āyasmā ānando assatiyā santaruttarena gāmaṃ piṇḍāya pāvisi. Bhikkhū āyasmantaṃ ānandaṃ etadavocuṃ – "nanu , āvuso ānanda, bhagavatā paññattaṃ – 'na santaruttarena gāmo pavisitabbo'ti? Kissa tvaṃ, āvuso ānanda, santaruttarena gāmaṃ paviṭṭho"ti? "Saccaṃ, āvuso, bhagavatā paññattaṃ – 'na santaruttarena gāmo pavisitabbo'ti. Api cāhaṃ assatiyā paviṭṭho"ti. Bhagavato etamatthaṃ ārocesuṃ.

Pañcime, bhikkhave, paccayā saṅghāṭiyā nikkhepāya – gilāno vā hoti, vassikasaṅketaṃ vā hoti, nadīpāraṃ gantuṃ vā hoti, aggaḷaguttivihāro vā hoti, atthatakathinaṃ vā hoti. Ime kho, bhikkhave, pañca paccayā saṅghāṭiyā nikkhepāya.

Pañcime, bhikkhave, paccayā uttarāsaṅgassa nikkhepāya...pe... antaravāsakassa nikkhepāya – gilāno vā hoti, vassikasaṅketaṃ vā hoti, nadīpāraṃ gantuṃ vā hoti, aggaḷaguttivihāro vā hoti, atthatakathinaṃ vā hoti. Ime kho, bhikkhave, pañca paccayā uttarāsaṅgassa antaravāsakassa nikkhepāya.

Pañcime, bhikkhave, paccayā vassikasāṭikāya nikkhepāya – gilāno vā hoti, nissīmaṃ gantuṃ vā hoti, nadīpāraṃ gantuṃ vā hoti, aggaḷaguttivihāro vā hoti, vassikasāṭikā akatā vā hoti vippakatā vā. Ime kho, bhikkhave, pañca paccayā vassikasāṭikāya nikkhepāyāti.

Pacchimavikappanupagacīvarādikathā niṭṭhitā.

222. Saṅghikacīvaruppādakathā

363. Tena kho pana samayena aññataro bhikkhu eko vassaṃ vasi. Tattha manussā saṅghassa demāti cīvarāni adaṃsu. Atha kho tassa bhikkhuno etadahosi – "bhagavatā paññattaṃ 'catuvaggo pacchimo saṅgho'ti. Ahañcamhi ekako. Ime ca manussā saṅghassa demāti cīvarāni adaṃsu. Yaṃnūnāhaṃ imāni saṅghikāni cīvarāni sāvatthiṃ hareyya"nti. Atha kho so bhikkhu tāni cīvarāni ādāya sāvatthiṃ gantvā

bhagavato etamatthaṃ ārocesi. "Tuyheva, bhikkhu, tāni cīvarāni yāva kathinassa ubbhārāyā"ti. Idha pana, bhikkhave, bhikkhu eko vassaṃ vasati. Tattha manussā saṅghassa demāti cīvarāni denti. Anujānāmi, bhikkhave, tasseva tāni cīvarāni yāva kathinassa ubbhārāyāti.
Tena kho pana samayena aññataro bhikkhu utukālaṃ eko vasi. Tattha manussā saṅghassa demāti cīvarāni adaṃsu. Atha kho tassa bhikkhuno etadahosi – "bhagavatā paññattaṃ 'catuvaggo pacchimo saṅgho'ti. Ahañcamhi ekako. Ime ca manussā saṅghassa demāti cīvarāni adaṃsu. Yaṃnūnāhaṃ imāni saṅghikāni cīvarāni sāvatthiṃ hareyya"nti. Atha kho so bhikkhu tāni cīvarāni ādāya sāvatthiṃ gantvā bhikkhūnaṃ etamatthaṃ ārocesi. Bhikkhū bhagavato etamatthaṃ ārocesuṃ. Anujānāmi, bhikkhave, sammukhībhūtena saṅghena bhājetuṃ. Idha pana, bhikkhave, bhikkhu utukālaṃ eko vasati. Tattha manussā saṅghassa demāti cīvarāni denti. Anujānāmi, bhikkhave, tena bhikkhunā tāni cīvarāni adhiṭṭhātuṃ – "mayhimāni cīvarānī"ti. Tassa ce, bhikkhave, bhikkhuno taṃ cīvaraṃ anadhiṭṭhite añño bhikkhu āgacchati, samako dātabbo bhāgo. Tehi ce, bhikkhave, bhikkhūhi taṃ cīvaraṃ bhājiyamāne, apātite kuse, añño bhikkhu āgacchati, samako dātabbo bhāgo. Tehi ce, bhikkhave, bhikkhūhi taṃ cīvaraṃ bhājiyamāne, pātite kuse, añño bhikkhu āgacchati, nākāmā dātabbo bhāgoti.
Tena kho pana samayena dve bhātikā therā, āyasmā ca isidāso āyasmā ca isibhaṭo, sāvatthiyaṃ vassaṃvutthā aññataraṃ gāmakāvāsaṃ agamaṃsu. Manussā cirassāpi therā āgatāti sacīvarāni bhattāni adaṃsu. Āvāsikā bhikkhū there pucchiṃsu – "imāni, bhante, saṅghikāni cīvarāni there āgamma uppannāni, sādiyissanti therā bhāga"nti. Therā evamāhaṃsu – "yathā kho mayaṃ, āvuso, bhagavatā dhammaṃ desitaṃ ājānāma, tumhākaṃyeva tāni cīvarāni yāva kathinassa ubbhārāyā"ti.
Tena kho pana samayena tayo bhikkhū rājagahe vassaṃ vasanti. Tattha manussā saṅghassa
Demāti cīvarāni denti. Atha kho tesaṃ bhikkhūnaṃ etadahosi – "bhagavatā paññattaṃ 'catuvaggo pacchimo saṅgho'ti. Mayañcamhā tayo janā. Ime ca manussā saṅghassa demāti cīvarāni denti. Kathaṃ nu kho amhehi paṭipajjitabba"nti? Tena kho pana samayena sambahulā therā, āyasmā ca nilavāsī āyasmā ca sāṇavāsī āyasmā ca gotako āyasmā ca bhagu āyasmā ca phaḷikasantāno, pāṭaliputte viharanti kukkuṭārāme. Atha kho te bhikkhū pāṭaliputtaṃ gantvā there pucchiṃsu. Therā evamāhaṃsu – "yathā kho mayaṃ āvuso bhagavatā dhammaṃ desitaṃ ājānāma, tumhākaṃyeva tāni cīvarāni yāva kathinassa ubbhārāyā"ti.
Saṅghikacīvaruppādakathā niṭṭhitā.
223. Upanandasakyaputtavatthu
364. Tena kho pana samayena āyasmā upanando sakyaputto sāvatthiyaṃ vassaṃvuṭṭho aññataraṃ gāmakāvāsaṃ agamāsi. Tattha ca bhikkhū cīvaraṃ bhājetukāmā sannipatiṃsu. Te evamāhaṃsu – "imāni kho, āvuso, saṅghikāni cīvarāni bhājiyissanti, sādiyissasi bhāga"nti? "Āmāvuso, sādiyissāmī"ti. Tato cīvarabhāgaṃ gahetvā aññaṃ āvāsaṃ agamāsi. Tatthapi bhikkhū cīvaraṃ bhājetukāmā sannipatiṃsu. Tepi evamāhaṃsu – "imāni kho, āvuso, saṅghikāni cīvarāni bhājiyissanti, sādiyissasi bhāga"nti? "Āmāvuso, sādiyissāmī"ti. Tatopi cīvarabhāgaṃ gahetvā aññaṃ āvāsaṃ agamāsi. Tatthapi bhikkhū cīvaraṃ bhājetukāmā sannipatiṃsu. Tepi evamāhaṃsu – "imāni kho, āvuso, saṅghikāni cīvarāni bhājiyissanti, sādiyissasi bhāga"nti? "Āmāvuso, sādiyissāmī"ti. Tatopi cīvarabhāgaṃ gahetvā mahantaṃ cīvarabhaṇḍikaṃ ādāya punadeva sāvatthiṃ paccāgañchi. Bhikkhū evamāhaṃsu – "mahāpuññosi tvaṃ, āvuso upananda, bahuṃ te cīvaraṃ uppanna"nti. "Kuto me, āvuso, puññaṃ? Idhāhaṃ, āvuso, sāvatthiyaṃ vassaṃvuṭṭho aññataraṃ gāmakāvāsaṃ agamāsiṃ. Tattha bhikkhū cīvaraṃ bhājetukāmā sannipatiṃsu. Te maṃ evamāhaṃsu – 'imāni kho, āvuso, saṅghikāni cīvarāni bhājiyissanti, sādiyissasi bhāga'nti? 'Āmāvuso, sādiyissāmī'ti. Tato cīvarabhāgaṃ gahetvā aññaṃ āvāsaṃ agamāsiṃ. Tatthapi bhikkhū cīvaraṃ bhājetukāmā sannipatiṃsu. Tepi maṃ evamāhaṃsu – 'imāni kho, āvuso, saṅghikāni cīvarāni bhājiyissanti, sādiyissasi bhāga"nti? 'Āmāvuso, sādiyissāmī'ti. Tatopi cīvarabhāgaṃ gahetvā aññaṃ āvāsaṃ agamāsiṃ. Tatthapi bhikkhū cīvaraṃ bhājetukāmā sannipatiṃsu. Tepi maṃ evamāhaṃsu – 'imāni kho, āvuso, saṅghikāni cīvarāni bhājiyissanti, sādiyissasi bhāga'nti? 'Āmāvuso, sādiyissāmī'ti. Tatopi cīvarabhāgaṃ aggahesiṃ. Evaṃ me bahuṃ cīvaraṃ uppannanti. "Kiṃ pana tvaṃ, āvuso upananda, aññatra vassaṃvuṭṭho aññatra cīvarabhāgaṃ sādiyī"ti? "Evamāvuso"ti. Ye te bhikkhū appicchā...pe... te ujjhāyanti khiyyanti vipācenti – "kathañhi nāma āyasmā upanando sakyaputto aññatra vassaṃvuṭṭho aññatra cīvarabhāgaṃ sādiyissatī"ti. Bhagavato etamatthaṃ ārocesuṃ...pe... "saccaṃ kira tvaṃ, upananda, aññatra vassaṃvuṭṭho aññatra cīvarabhāgaṃ sādiyī"ti? "Saccaṃ Bhagavā"ti. Vigarahi buddho Bhagavā...pe... kathañhi nāma tvaṃ, moghapurisa, aññatra vassaṃvuṭṭho aññatracīvarabhāgaṃ sādiyissasi. Netaṃ, moghapurisa, appasannānaṃ vā pasādāya...pe... vigarahitvā...pe... dhammiṃ kathaṃ katvā bhikkhū āmantesi – "na, bhikkhave, aññatra vassaṃvuṭṭhena aññatra cīvarabhāgo sāditabbo. Yo sādiyeyya, āpatti dukkaṭassā"ti.
Tena kho pana samayena āyasmā upanando sakyaputto eko dvīsu āvāsesu vassaṃ vasi – "evaṃ me bahuṃ cīvaraṃ uppajjissatī"ti. Atha kho tesaṃ bhikkhūnaṃ etadahosi – "kathaṃ nu kho āyasmato upanandassa sakyaputtassa cīvarapaṭivīso dātabbo"ti? Bhagavato etamatthaṃ ārocesuṃ. Detha, bhikkhave, moghapurisassa ekādhippāyaṃ. Idha pana, bhikkhave, bhikkhu eko dvīsu āvāsesu vassaṃ vasati – "evaṃ me bahuṃ cīvaraṃ uppajjissatī"ti. Sace amutra upaḍḍhaṃ amutra upaḍḍhaṃ vasati,

amutra upaḍḍho amutra upaḍḍho cīvarapaṭivīso dātabbo. Yattha vā pana bahutaraṃ vasati, tato cīvarapaṭivīso dātabboti.
Upanandasakyaputtavatthu niṭṭhitaṃ.
224. Gilānavatthukathā
365. Tena kho pana samayena aññatarassa bhikkhuno kucchivikārābādho hoti. So sake muttakarīse palipanno seti. Atha kho Bhagavā āyasmatā ānandena pacchāsamaṇena senāsanacārikaṃ āhiṇḍanto yena tassa bhikkhuno vihāro tenupasaṅkami. Addasā kho Bhagavā taṃ bhikkhuṃ sake muttakarīse palipannaṃ sayamānaṃ, disvāna yena so bhikkhu tenupasaṅkami, upasaṅkamitvā taṃ bhikkhuṃ etadavoca – ''kiṃ te, bhikkhu, ābādho''ti? ''Kucchivikāro me, Bhagavā''ti. ''Atthi pana te, bhikkhu, upaṭṭhāko''ti? ''Natthi, Bhagavā''ti. ''Kissa taṃ bhikkhū na upaṭṭhentī''ti? ''Ahaṃ kho, bhante, bhikkhūnaṃ akārako; tena maṃ bhikkhū na upaṭṭhentī''ti. Atha kho Bhagavā āyasmantaṃ ānandaṃ āmantesi – ''gacchānanda, udakaṃ āhara, imaṃ bhikkhuṃ nahāpessāmā''ti. ''Evaṃ, bhante''ti kho āyasmā ānando bhagavato paṭissuṇitvā udakaṃ āhari. Bhagavā udakaṃ āsiñci. Āyasmā ānando paridhovi. Bhagavā sīsato aggahesi. Āyasmā ānando pādato uccāretvā mañcake nipātesuṃ. Atha kho Bhagavā etasmiṃ nidāne etasmiṃ pakaraṇe bhikkhusaṅghaṃ sannipātāpetvā bhikkhū paṭipucchi – ''atthi, bhikkhave, amukasmiṃ vihāre bhikkhu gilāno''ti? ''Atthi, Bhagavā''ti. ''Kiṃ tassa, bhikkhave, bhikkhuno ābādho''ti? ''Tassa, bhante, āyasmato kucchivikārābādho''ti. ''Atthi pana, bhikkhave, tassa bhikkhuno upaṭṭhāko''ti? ''Natthi, Bhagavā''ti. ''Kissa taṃ bhikkhū na upaṭṭhentī''ti? ''Eso, bhante, bhikkhu bhikkhūnaṃ akārako; tena taṃ bhikkhū na upaṭṭhentī''ti. ''Natthi vo, bhikkhave, mātā, natthi pitā, ye vo upaṭṭhaheyyuṃ. Tumhe ce, bhikkhave, aññamaññaṃ na upaṭṭhahissatha, atha ko carahi upaṭṭhahissati? Yo, bhikkhave, maṃ upaṭṭhaheyya so gilānaṃ upaṭṭhaheyya. Sace upajjhāyo hoti, upajjhāyena yāvajīvaṃ upaṭṭhātabbo; vuṭṭhānamassa āgametabbaṃ. Sace ācariyo hoti, ācariyena yāvajīvaṃ upaṭṭhātabbo; vuṭṭhānamassa āgametabbaṃ. Sace saddhivihāriko hoti, saddhivihārikena yāvajīvaṃ upaṭṭhātabbo; vuṭṭhānamassa āgametabbaṃ. Sace antevāsiko hoti, antevāsikena yāvajīvaṃ upaṭṭhātabbo; vuṭṭhānamassa āgametabbaṃ. Sace samānupajjhāyako hoti, samānupajjhāyakena yāvajīvaṃ upaṭṭhātabbo ; vuṭṭhānamassa āgametabbaṃ. Sace samānācariyako hoti, samānācariyakena yāvajīvaṃ upaṭṭhātabbo; vuṭṭhānamassa āgametabbaṃ. Sace na hoti upajjhāyo vā ācariyo vā saddhivihāriko vā antevāsiko vā samānupajjhāyako vā samānācariyako vā saṅghena upaṭṭhātabbo. No ce upaṭṭhaheyya, āpatti dukkaṭassa''.
366. Pañcahi, bhikkhave, aṅgehi samannāgato gilāno dūpaṭṭho hoti – asappāyakārī hoti, sappāye mattaṃ na jānāti, bhesajjaṃ na paṭisevitā hoti, atthakāmassa gilānupaṭṭhākassa yathābhūtaṃ ābādhaṃ nāvikattā hoti 'abhikkamantaṃ vā abhikkamatīti, paṭikkamantaṃ vā paṭikkamatīti, ṭhitaṃ vā ṭhito'ti, uppannānaṃ sārīrikānaṃ vedanānaṃ dukkhānaṃ tibbānaṃ kharānaṃ kaṭukānaṃ asātānaṃ amanāpānaṃ pāṇaharānaṃ anadhivāsakajātiko hoti. Imehi kho, bhikkhave, pañcahaṅgehi samannāgato gilāno dūpaṭṭho hoti.
Pañcahi, bhikkhave , aṅgehi samannāgato gilāno sūpaṭṭho hoti – sappāyakārī hoti, sappāye mattaṃ jānāti, bhesajjaṃ paṭisevitā hoti, atthakāmassa gilānupaṭṭhākassa yathābhūtaṃ ābādhaṃ āvikattā hoti 'abhikkamantaṃ vā abhikkamatīti, paṭikkamantaṃ vā paṭikkamatīti, ṭhitaṃ vā ṭhito'ti, uppannānaṃ sārīrikānaṃ vedanānaṃ dukkhānaṃ tibbānaṃ kharānaṃ kaṭukānaṃ asātānaṃ amanāpānaṃ pāṇaharānaṃ adhivāsakajātiko hoti. Imehi kho, bhikkhave, pañcahaṅgehi samannāgato gilāno sūpaṭṭho hoti.
Pañcahi, bhikkhave, aṅgehi samannāgato gilānupaṭṭhāko nālaṃ gilānaṃ upaṭṭhātuṃ – na paṭibalo hoti bhesajjaṃ saṃvidhātuṃ, sappāyāsappāyaṃ na jānāti, asappāyaṃ upanāmeti sappāyaṃ apanāmeti, āmisantaro gilānaṃ upaṭṭhāti no mettacitto, jegucchī hoti uccāraṃ vā passāvaṃ vā kheḷaṃ vā vantaṃ vā nīhātuṃ, na paṭibalo hoti gilānaṃ kālena kālaṃ dhammiyā kathāya sandassetuṃ samādapetuṃ samuttejetuṃ sampahaṃsetuṃ. Imehi kho, bhikkhave, pañcahaṅgehi samannāgato gilānupaṭṭhāko nālaṃ gilānaṃ upaṭṭhātuṃ.
Pañcahi , bhikkhave, aṅgehi samannāgato gilānupaṭṭhāko alaṃ gilānaṃ upaṭṭhātuṃ – paṭibalo hoti bhesajjaṃ saṃvidhātuṃ, sappāyāsappāyaṃ jānāti, asappāyaṃ apanāmeti sappāyaṃ upanāmeti, mettacitto gilānaṃ upaṭṭhāti no āmisantaro, ajegucchī hoti uccāraṃ vā passāvaṃ vā kheḷaṃ vā vantaṃ vā nīhātuṃ, paṭibalo hoti gilānaṃ kālena kālaṃ dhammiyā kathāya sandassetuṃ samādapetuṃ samuttejetuṃ sampahaṃsetuṃ. Imehi kho, bhikkhave, pañcahaṅgehi samannāgato gilānupaṭṭhāko alaṃ gilānaṃ upaṭṭhātunti.
Gilānavatthukathā niṭṭhitā.
225. Matasantakakathā
367. Tena kho pana samayena dve bhikkhū kosalesu janapade addhānamaggappaṭipannā honti. Te aññataraṃ āvāsaṃ upagacchiṃsu. Tattha aññataro bhikkhu gilāno hoti. Atha kho tesaṃ bhikkhūnaṃ etadahosi – ''bhagavatā kho, āvuso, gilānupaṭṭhānaṃ vaṇṇitaṃ. Handa, mayaṃ, āvuso, imaṃ bhikkhuṃ upaṭṭhahemā''ti. Te taṃ upaṭṭhahiṃsu. So tehi upaṭṭhahiyamāno kālamakāsi. Atha kho te bhikkhū tassa bhikkhuno pattacīvaramādāya sāvatthiṃ gantvā bhagavato etamatthaṃ ārocesuṃ. ''Bhikkhussa,

bhikkhave, kālaṅkate saṅgho sāmī pattacīvare, apica gilānupaṭṭhākā bahūpakārā. Anujānāmi, bhikkhave, saṅghena ticīvarañca pattañca gilānupaṭṭhākānaṃ dātuṃ. Evañca pana, bhikkhave, dātabbaṃ. Tena gilānupaṭṭhākena bhikkhunā saṅghaṃ upasaṅkamitvā evamassa vacanīyo – 'itthannāmo, bhante, bhikkhu kālaṅkato. Idaṃ tassa ticīvarañca patto cā'''ti. Byattena bhikkhunā paṭibalena saṅgho ñāpetabbo –

''Suṇātu me, bhante, saṅgho. Itthannāmo bhikkhu kālaṅkato. Idaṃ tassa ticīvarañca patto ca. Yadi saṅghassa pattakallaṃ, saṅgho imaṃ ticīvarañca pattañca gilānupaṭṭhākānaṃ dadeyya. Esā ñatti.

''Suṇātu me, bhante, saṅgho. Itthannāmo bhikkhu kālaṅkato. Idaṃ tassa ticīvarañca patto ca. Saṅgho imaṃ ticīvarañca pattañca gilānupaṭṭhākānaṃ deti. Yassāyasmato khamati imassa ticīvarassa ca pattassa ca gilānupaṭṭhākānaṃ dānaṃ, so tuṇhassa; yassa nakkhamati, so bhāseyya.

''Dinnaṃ idaṃ saṅghena ticīvarañca patto ca gilānupaṭṭhākānaṃ. Khamati saṅghassa, tasmā tuṇhī, evametaṃ dhārayāmī''ti .

368. Tena kho pana samayena aññataro sāmaṇero kālaṅkato hoti. Bhagavato etamatthaṃ ārocesuṃ. Sāmaṇerassa, bhikkhave, kālaṅkate saṅgho sāmī pattacīvare, api ca gilānupaṭṭhākā bahūpakārā. Anujānāmi, bhikkhave, saṅghena cīvarañca pattañca gilānupaṭṭhākānaṃ dātuṃ. Evañca pana, bhikkhave, dātabbaṃ. Tena gilānupaṭṭhākena bhikkhunā saṅghaṃ upasaṅkamitvā evamassa vacanīyo – ''itthannāmo, bhante, sāmaṇero kālaṅkato, idaṃ tassa cīvarañca patto cā''ti. Byattena bhikkhunā paṭibalena saṅgho ñāpetabbo –

''Suṇātu me, bhante, saṅgho. Itthannāmo sāmaṇero kālaṅkato. Idaṃ tassa cīvarañca patto ca. Yadi saṅghassa pattakallaṃ, saṅgho imaṃ cīvarañca pattañca gilānupaṭṭhākānaṃ dadeyya. Esā ñatti.

''Suṇātu me, bhante, saṅgho. Itthannāmo sāmaṇero kālaṅkato. Idaṃ tassa cīvarañca patto ca. Saṅgho imaṃ cīvarañca pattañca gilānupaṭṭhākānaṃ deti. Yassāyasmato khamati imassa cīvarassa ca pattassa ca gilānupaṭṭhākānaṃ dānaṃ, so tuṇhassa; yassa nakkhamati, so bhāseyya.

''Dinnaṃ idaṃ saṅghena cīvarañca patto ca gilānupaṭṭhākānaṃ. Khamati saṅghassa, tasmā tuṇhī, evametaṃ dhārayāmī''ti.

369. Tena kho pana samayena aññataro bhikkhu ca sāmaṇero ca gilānaṃ upaṭṭhahiṃsu. So tehi upaṭṭhahiyamāno kālamakāsi. Atha kho tassa gilānupaṭṭhākassa bhikkhuno etadahosi – ''kathaṃ nu kho gilānupaṭṭhākassa sāmaṇerassa cīvarapaṭivīso dātabbo''ti ? Bhagavato etamatthaṃ ārocesuṃ. Anujānāmi, bhikkhave, gilānupaṭṭhākassa sāmaṇerassa samakaṃ paṭivīsaṃ dātunti.

Tena kho pana samayena aññataro bhikkhu bahubhaṇḍo bahuparikkhāro kālaṅkato hoti. Bhagavato etamatthaṃ ārocesuṃ. Bhikkhussa, bhikkhave, kālaṅkate saṅgho sāmī pattacīvare, api ca gilānupaṭṭhākā bahūpakārā. Anujānāmi, bhikkhave, saṅghena ticīvarañca pattañca gilānupaṭṭhākānaṃ dātuṃ. Yaṃ tattha lahubhaṇḍaṃ lahuparikkhāraṃ taṃ sammukhībhūtena saṅghena bhājetuṃ. Yaṃ tattha garubhaṇḍaṃ garuparikkhāraṃ taṃ āgatānāgatassa cātuddisassa saṅghassa avissajjikaṃ avebhaṅgikanti.

Matasantakakathā niṭṭhitā.

226. Naggiyapaṭikkhepakathā

370. Tena kho pana samayena aññataro bhikkhu naggo hutvā yena Bhagavā tenupasaṅkami, upasaṅkamitvā bhagavantaṃ etadavoca – ''Bhagavā, bhante, anekapariyāyena appicchassa santuṭṭhassa sallekhassa dhutassa pāsādikassa apacayassa vīriyārambhassa vaṇṇavādī. Idaṃ, bhante, naggiyaṃ anekapariyāyena appicchatāya santuṭṭhitāya sallekhāya dhutatāya [dhutattāya (ka.)] pāsādikatāya apacayāya vīriyārambhāya saṃvattati. Sādhu, bhante, Bhagavā bhikkhūnaṃ naggiyaṃ anujānātū''ti. Vigarahi buddho Bhagavā – ''ananucchavikaṃ, moghapurisa, ananulomikaṃ appatirūpaṃ assāmaṇakaṃ akappiyaṃ akaraṇīyaṃ. Kathañhi nāma tvaṃ, moghapurisa, naggiyaṃ titthiyasamādānaṃ samādiyissasi. Netaṃ, moghapurisa, appasannānaṃ vā pasādāya...pe...'' vigarahitvā dhammiṃ kathaṃ katvā bhikkhū āmantesi – ''na, bhikkhave, naggiyaṃ titthiyasamādānaṃ samādiyitabbaṃ. Yo samādiyeyya, āpatti thullaccayassā''ti.

Naggiyapaṭikkhepakathā niṭṭhitā.

227. Kusacīrādipaṭikkhepakathā

371. Tena kho pana samayena aññataro bhikkhu kusacīraṃ nivāsetvā...pe... vākacīraṃ nivāsetvā...pe... phalakacīraṃ nivāsetvā...pe... kesakambalaṃ nivāsetvā...pe... vāḷakambalaṃ nivāsetvā...pe... ulūkapakkhaṃ nivāsetvā...pe... ajinakkhipaṃ nivāsetvā yena Bhagavā tenupasaṅkami; upasaṅkamitvā bhagavantaṃ etadavoca – ''Bhagavā, bhante, anekapariyāyena appicchassa santuṭṭhassa sallekhassa dhutassa pāsādikassa apacayassa vīriyārambhassa vaṇṇavādī. Idaṃ, bhante, ajinakkhipaṃ anekapariyāyena appicchatāya santuṭṭhitāya sallekhāya dhutatāya pāsādikatāya apacayāya vīriyārambhāya saṃvattati. Sādhu, bhante , Bhagavā bhikkhūnaṃ ajinakkhipaṃ anujānātū''ti. Vigarahi buddho Bhagavā – ''ananucchavikaṃ, moghapurisa, ananulomikaṃ appatirūpaṃ assāmaṇakaṃ akappiyaṃ akaraṇīyaṃ. Kathañhi nāma tvaṃ, moghapurisa, ajinakkhipaṃ titthiyadhajaṃ dhāressasi. Netaṃ, moghapurisa, appasannānaṃ vā pasādāya...pe... vigarahitvā...pe... dhammiṃ kathaṃ katvā bhikkhū āmantesi – ''na, bhikkhave, ajinakkhipaṃ titthiyadhajaṃ dhāretabbaṃ. Yo dhāreyya, āpatti thullaccayassā''ti.

Tena kho pana samayena aññataro bhikkhu akkanāḷaṃ nivāsetvā...pe... potthakaṃ nivāsetvā yena Bhagavā tenupasaṅkami, upasaṅkamitvā bhagavantaṃ etadavoca – ''Bhagavā, bhante, anekapariyāyena appicchassa santuṭṭhassa sallekhassa dhutassa pāsādikassa apacayassa vīriyārambhassa, vaṇṇavādī. Ayaṃ, bhante, potthako anekapariyāyena appicchatāya santuṭṭhitāya sallekhāya dhutatāya pāsādikatāya apacayāya vīriyārambhāya saṃvattati. Sādhu, bhante, Bhagavā bhikkhūnaṃ potthakaṃ anujānātū''ti. Vigarahi buddho Bhagavā – ''ananucchavikaṃ, moghapurisa, ananulomikaṃ appatirūpaṃ assāmaṇakaṃ akappiyaṃ akaraṇīyaṃ. Kathañhi nāma tvaṃ, moghapurisa, potthakaṃ nivāsessasi. Netaṃ, moghapurisa, appasannānaṃ vā pasādāya...pe... vigarahitvā...pe... dhammiṃ kathaṃ katvā bhikkhū āmantesi – ''na, bhikkhave, potthako nivāsetabbo. Yo nivāseyya, āpatti dukkaṭassā''ti.

Kusacīrādipaṭikkhepakathā niṭṭhitā.

228. Sabbanīlakādipaṭikkhepakathā

372. Tena kho pana samayena chabbaggiyā bhikkhū sabbanīlakāni cīvarāni dhārenti...pe... sabbapītakāni cīvarāni dhārenti...pe... sabbalohitakāni cīvarāni dhārenti...pe... sabbamañjiṭṭhakāni [sabbamañjeṭṭhakāni (sī. syā.)] cīvarāni dhārenti...pe... sabbakaṇhāni cīvarāni dhārenti ...pe... sabbamahāraṅgarattāni cīvarāni dhārenti...pe... sabbamahānāmarattāni cīvarāni dhārenti...pe... acchinnadasāni cīvarāni dhārenti...pe... dīghadasāni cīvarāni dhārenti...pe... pupphadasāni cīvarāni dhārenti...pe... phaṇadasāni [phaladasāni (ka.)] cīvarāni dhārenti...pe... kañcukaṃ dhārenti...pe... tirīṭakaṃ dhārenti...pe... veṭhanaṃ dhārenti. Manussā ujjhāyanti khiyyanti vipācenti – ''kathañhi nāma samaṇā sakyaputtiyā veṭhanaṃ dhāressanti, seyyathāpi gihī kāmabhogino''ti. Bhagavato etamatthaṃ ārocesuṃ . Na, bhikkhave, sabbanīlakāni cīvarāni dhāretabbāni, na sabbapītakāni cīvarāni dhāretabbāni, na sabbalohitakāni cīvarāni dhāretabbāni, na sabbamañjiṭṭhakāni cīvarāni dhāretabbāni, na sabbakaṇhāni cīvarāni dhāretabbāni, na sabbamahāraṅgarattāni cīvarāni dhāretabbāni, na sabbamahānāmarattāni cīvarāni dhāretabbāni, na acchinnadasāni cīvarāni dhāretabbāni, na dīghadasāni cīvarāni dhāretabbāni, na pupphadasāni cīvarāni dhāretabbāni, na phaṇadasāni cīvarāni dhāretabbāni, na kañcukaṃ dhāretabbaṃ, na tirīṭakaṃ dhāretabbaṃ, na veṭhanaṃ dhāretabbaṃ. Yo dhāreyya, āpatti dukkaṭassāti.

Sabbanīlakādipaṭikkhepakathā niṭṭhitā.

229. Vassaṃvuṭṭhānaṃ anuppannacīvarakathā

373. Tena kho pana samayena vassaṃvuṭṭhā bhikkhū anuppanne cīvare pakkamantipi, vibbhamantipi, kālampi karonti, sāmaṇerāpi paṭijānanti, sikkhaṃ paccakkhātakāpi paṭijānanti, antimavatthuṃ ajjhāpannakāpi paṭijānanti, ummattakāpi paṭijānanti, khittacittāpi paṭijānanti, vedanāṭṭāpi paṭijānanti, āpattiyā adassane ukkhittakāpi paṭijānanti, āpattiyā appaṭikamme ukkhittakāpi paṭijānanti, pāpikāya diṭṭhiyā appaṭinissagge ukkhittakāpi paṭijānanti, paṇḍakāpi paṭijānanti, theyyasaṃvāsakāpi paṭijānanti, titthiyapakkantakāpi paṭijānanti, tiracchānagatāpi paṭijānanti, mātughātakāpi paṭijānanti, pitughātakāpi paṭijānanti, arahantaghātakāpi paṭijānanti, bhikkhunidūsakāpi paṭijānanti, saṅghabhedakāpi paṭijānanti, lohituppādakāpi paṭijānanti, ubhatobyañjanakāpi paṭijānanti. Bhagavato etamatthaṃ ārocesuṃ.

374. Idha pana, bhikkhave, vassaṃvuṭṭho bhikkhu anuppanne cīvare pakkamati, sante patirūpe gāhake dātabbaṃ.

Idha pana, bhikkhave, vassaṃvuṭṭho bhikkhu anuppanne cīvare vibbhamati, kālaṃ karoti, sāmaṇero paṭijānāti, sikkhaṃ paccakkhātako paṭijānāti , antimavatthuṃ ajjhāpannako paṭijānāti, saṅgho sāmī.

Idha pana, bhikkhave, vassaṃvuṭṭho bhikkhu anuppanne cīvare ummattako paṭijānāti, khittacitto paṭijānāti, vedanāṭṭo paṭijānāti, āpattiyā adassane ukkhittako paṭijānāti, āpattiyā appaṭikamme ukkhittako paṭijānāti, pāpikāya diṭṭhiyā appaṭinissagge ukkhittako paṭijānāti, sante patirūpe gāhake dātabbaṃ.

Idha pana, bhikkhave, vassaṃvuṭṭho bhikkhu anuppanne cīvare paṇḍako paṭijānāti, theyyasaṃvāsako paṭijānāti, titthiyapakkantako paṭijānāti, tiracchānagato paṭijānāti, mātughātako paṭijānāti, pitughātako paṭijānāti, arahantaghātako paṭijānāti, bhikkhunidūsako paṭijānāti, saṅghabhedako paṭijānāti, lohituppādako paṭijānāti, ubhatobyañjanako paṭijānāti, saṅgho sāmī.

375. Idha pana, bhikkhave, vassaṃvuṭṭho bhikkhu uppanne cīvare abhājite pakkamati, sante patirūpe gāhake dātabbaṃ.

Idha pana, bhikkhave, vassaṃvuṭṭho bhikkhu uppanne cīvare abhājite vibbhamati, kālaṃ karoti, sāmaṇero paṭijānāti, sikkhaṃ paccakkhātako paṭijānāti, antimavatthuṃ ajjhāpannako paṭijānāti, saṅgho sāmī.

Idha pana, bhikkhave, vassaṃvuṭṭho bhikkhu uppanne cīvare abhājite ummattako paṭijānāti. Khittacitto paṭijānāti, vedanāṭṭo paṭijānāti, āpattiyā adassane ukkhittako paṭijānāti, āpattiyā appaṭikamme ukkhittako paṭijānāti, pāpikāya diṭṭhiyā appaṭinissagge ukkhittako paṭijānāti, sante patirūpe gāhake dātabbaṃ.

Idha pana, bhikkhave, vassaṃvuṭṭho bhikkhu uppanne cīvare abhājite paṇḍako paṭijānāti, theyyasaṃvāsako paṭijānāti, titthiyapakkantako paṭijānāti, tiracchānagato paṭijānāti, mātughātako paṭijānāti, pitughātako paṭijānāti, arahantaghātako paṭijānāti, bhikkhunidūsako paṭijānāti, saṅghabhedako paṭijānāti, lohituppādako paṭijānāti, ubhatobyañjanako paṭijānāti, saṅgho sāmī.

Vassaṃ vuṭṭhānaṃ anuppannacīvarakathā niṭṭhitā.

230. Saṅghe bhinne cīvaruppādakathā
376. Idha pana, bhikkhave, vassaṃvuṭṭhānaṃ bhikkhūnaṃ anuppanne cīvare saṅgho bhijjati. Tattha manussā ekasmiṃ pakkhe udakaṃ denti, ekasmiṃ pakkhe cīvaraṃ denti – saṅghassa demāti. Saṅghassevetaṃ.
Idha pana, bhikkhave, vassaṃvuṭṭhānaṃ bhikkhūnaṃ anuppanne cīvare saṅgho bhijjati. Tattha manussā ekasmiṃ pakkhe udakaṃ denti, tasmiṃyeva pakkhe cīvaraṃ denti – saṅghassa demāti. Saṅghassevetaṃ.
Idha pana, bhikkhave, vassaṃvuṭṭhānaṃ bhikkhūnaṃ anuppanne cīvare saṅgho bhijjati. Tattha manussā ekasmiṃ pakkhe udakaṃ denti, ekasmiṃ pakkhe cīvaraṃ denti – pakkhassa demāti. Pakkhassevetaṃ.
Idha pana, bhikkhave, vassaṃvuṭṭhānaṃ bhikkhūnaṃ anuppanne cīvare saṅgho bhijjati. Tattha manussā ekasmiṃ pakkhe udakaṃ denti, tasmiṃyeva pakkhe cīvaraṃ denti – pakkhassa demāti. Pakkhassevetaṃ.
Idha pana, bhikkhave, vassaṃvuṭṭhānaṃ bhikkhūnaṃ uppanne cīvare abhājite saṅgho bhijjati. Sabbesaṃ samakaṃ bhājetabbanti.
Saṅghe bhinne cīvaruppādakathā niṭṭhitā.
231. Duggahitasuggahitādikathā
377. Tena kho pana samayena āyasmā revato aññatarassa bhikkhuno hatthe āyasmato sāriputtassa cīvaraṃ pāhesi – "imaṃ cīvaraṃ therassa dehī"ti. Atha kho so bhikkhu antarāmagge āyasmato revatassa vissāsā taṃ cīvaraṃ aggahesi. Atha kho āyasmā revato āyasmatā sāriputtena samāgantvā pucchi – "ahaṃ, bhante, therassa cīvaraṃ pāhesiṃ. Sampattaṃ taṃ cīvara"nti? "Nāhaṃ taṃ, āvuso, cīvaraṃ passāmī"ti. Atha kho āyasmā revato taṃ bhikkhuṃ etadavoca – "ahaṃ, āvuso , āyasmato hatthe therassa cīvaraṃ pāhesiṃ. Kahaṃ taṃ cīvara"nti? "Ahaṃ, bhante, āyasmato vissāsā taṃ cīvaraṃ aggahesi"nti. Bhagavato etamatthaṃ ārocesuṃ.
378. Idha pana, bhikkhave, bhikkhu bhikkhussa hatthe cīvaraṃ pahiṇati – "imaṃ cīvaraṃ itthannāmassa dehī"ti. So antarāmagge yo pahiṇati tassa vissāsā gaṇhāti. Suggahitaṃ. Yassa pahiyyati tassa vissāsā gaṇhāti. Duggahitaṃ.
Idha pana, bhikkhave, bhikkhu bhikkhussa hatthe cīvaraṃ pahiṇati – "imaṃ cīvaraṃ itthannāmassa dehī"ti. So antarāmagge yassa pahiyyati tassa vissāsā gaṇhāti. Duggahitaṃ. Yo pahiṇati tassa vissāsā gaṇhāti. Suggahitaṃ.
Idha pana, bhikkhave, bhikkhu bhikkhussa hatthe cīvaraṃ pahiṇati – "imaṃ cīvaraṃ itthannāmassa dehī"ti. So antarāmagge suṇāti – yo pahiṇati so kālaṅkatoti. Tassa matakacīvaraṃ adhiṭṭhāti. Svādhiṭṭhitaṃ. Yassa pahiyyati tassa vissāsā gaṇhāti. Duggahitaṃ.
Idha pana, bhikkhave, bhikkhu bhikkhussa hatthe cīvaraṃ pahiṇati – "imaṃ cīvaraṃ itthannāmassa dehī"ti. So antarāmagge suṇāti – yassa pahiyyati so kālaṅkatoti. Tassa matakacīvaraṃ adhiṭṭhāti. Dvādhiṭṭhitaṃ. Yo pahiṇati tassa vissāsā gaṇhāti. Suggahitaṃ.
Idha pana, bhikkhave, bhikkhu bhikkhussa hatthe cīvaraṃ pahiṇati – "imaṃ cīvaraṃ itthannāmassa dehī"ti. So antarāmagge suṇāti – ubho kālaṅkatāti. Yo pahiṇati tassa matakacīvaraṃ adhiṭṭhāti. Svādhiṭṭhitaṃ. Yassa pahiyyati tassa matakacīvaraṃ adhiṭṭhāti. Dvādhiṭṭhitaṃ.
Idha pana, bhikkhave, bhikkhu bhikkhussa hatthe cīvaraṃ pahiṇati – "imaṃ cīvaraṃ itthannāmassa dammī"ti. So antarāmagge yo pahiṇati tassa vissāsā gaṇhāti. Duggahitaṃ. Yassa pahiyyati tassa vissāsā gaṇhāti. Suggahitaṃ.
Idha pana, bhikkhave, bhikkhu bhikkhussa hatthe cīvaraṃ pahiṇati – "imaṃ cīvaraṃ itthannāmassa dammī"ti. So antarāmagge yassa pahiyyati tassa vissāsā gaṇhāti. Suggahitaṃ. Yo pahiṇati tassa vissāsā gaṇhāti. Duggahitaṃ.
Idha pana, bhikkhave, bhikkhu bhikkhussa hatthe cīvaraṃ pahiṇati – "imaṃ cīvaraṃ itthannāmassa dammī"ti. So antarāmagge suṇāti – "yo pahiṇati sokālaṅkato"ti. Tassa matakacīvaraṃ adhiṭṭhāti. Dvādhiṭṭhitaṃ. Yassa pahiyyati tassa vissāsā gaṇhāti. Suggahitaṃ.
Idha pana, bhikkhave, bhikkhu bhikkhussa hatthe cīvaraṃ pahiṇati – "imaṃ cīvaraṃ itthannāmassa dammī"ti. So antarāmagge suṇāti – "yassa pahiyyati so kālaṅkato"ti. Tassa matakacīvaraṃ adhiṭṭhāti. Svādhiṭṭhitaṃ. Yo pahiṇati tassa vissāsā gaṇhāti. Duggahitaṃ.
Idha pana, bhikkhave, bhikkhu bhikkhussa hatthe cīvaraṃ pahiṇati – "imaṃ cīvaraṃ itthannāmassa dammī"ti. So antarāmagge suṇāti "ubho kālaṅkatā"ti. Yo pahiṇati tassa matakacīvaraṃ adhiṭṭhāti. Dvādhiṭṭhitaṃ. Yassa pahiyyati tassa matakacīvaraṃ adhiṭṭhāti. Svādhiṭṭhitaṃ.
Duggahitasuggahitādikathā niṭṭhitā.
232. Aṭṭhacīvaramātikā
379. Aṭṭhimā , bhikkhave, mātikā cīvarassa uppādāya – sīmāya deti , katikāya deti, bhikkhāpaññattiyā deti, saṅghassa deti, ubhatosaṅghassa deti, vassaṃvuṭṭhasaṅghassa deti, ādissa deti, puggalassa deti.
Sīmāya deti – yāvatikā bhikkhū antosīmagatā tehi bhājetabbaṃ. Katikāya deti – sambahulā āvāsā samānalābhā honti ekasmiṃ āvāse dinne sabbattha dinnaṃ hoti. Bhikkhāpaññattiyā deti, yattha saṅghassa dhuvakārā kariyyanti, tattha deti. Saṅghassa deti, sammukhībhūtena saṅghena bhājetabbaṃ. Ubhatosaṅghassa deti, bahukāpi bhikkhū honti, ekā bhikkhunī hoti, upaḍḍhaṃ dātabbaṃ, bahukāpi bhikkhuniyo honti, eko bhikkhu hoti, upaḍḍhaṃ dātabbaṃ. Vassaṃvuṭṭhasaṅghassa deti, yāvatikā

bhikkhū tasmiṃ āvāse vassaṃvuṭṭhā, tehi bhājetabbaṃ. Ādissa deti, yāguyā vā bhatte vā khādanīye vā cīvare vā senāsane vā bhesajje vā . Puggalassa deti, ''imaṃ cīvaraṃ itthannāmassa dammī''ti.
Aṭṭhacīvaramātikā niṭṭhitā.
Cīvarakkhandhako aṭṭhamo.
233. Tassuddānaṃ
Rājagahako negamo, disvā vesāliyaṃ gaṇiṃ;
Puna rājagahaṃ gantvā, rañño taṃ paṭivedayi.
Putto sālavatikāya, abhayassa hi atrajo;
Jīvatīti kumārena, saṅkhāto jīvako iti.
So hi takkasīlaṃ gantvā, uggahetvā mahābhiso;
Sattavassikaābādhaṃ, natthukammena nāsayi.
Rañño bhagandalābādhaṃ, ālepena apākaḍḍhi;
Mamañca itthāgārañca, buddhasaṅghaṃ cupaṭṭhahi.
Rājagahako ca seṭṭhi, antagaṇṭhi tikicchitaṃ;
Pajjotassa mahārogaṃ, ghatapānena nāsayi.
Adhikārañca siveyyaṃ, abhisannaṃ sinehati;
Tīhi uppalahatthehi, samattiṃsavirecanaṃ.
Pakatattaṃ varaṃ yāci, siveyyañca paṭiggahi;
Cīvarañca gihidānaṃ, anuññāsi tathāgato.
Rājagahe janapade bahuṃ, uppajji cīvaraṃ;
Pāvāro kosiyañceva, kojavo aḍḍhakāsikaṃ.
Uccāvacā ca santuṭṭhi, nāgamesāgamesuṃ ca;
Paṭhamaṃ pacchā sadisā, katikā ca paṭiharuṃ.
Bhaṇḍāgāraṃ aguttañca, vuṭṭhāpenti tatheva ca;
Ussannaṃ kolāhalañca, kathaṃ bhāje kathaṃ dade.
Sakātirekabhāgena, paṭivīso kathaṃ dade;
Chakaṇena sītudakā [sītundī ca (sī.), sītuṇhi ca (katthaci)], uttaritu na jānare.
Āropentā bhājanañca, pātiyā ca chamāya ca;
Upacikāmajjhe jīranti, ekato patthinnena ca.
Pharusācchinnacchibandhā , addasāsi ubbhaṇḍite;
Vīmaṃsitvā sakyamuni, anuññāsi ticīvaraṃ.
Aññena atirekena, uppajji chiddameva ca;
Cātuddīpo varaṃ yāci, dātuṃ vassikasāṭikaṃ.
Āgantugamigilānaṃ, upaṭṭhākañca bhesajjaṃ;
Dhuvaṃ udakasāṭiñca, paṇītaṃ atikhuddakaṃ.
Thullakacchumukhaṃ khomaṃ, paripuṇṇaṃ adhiṭṭhānaṃ;
Pacchimaṃ kato garuko, vikaṇṇo suttamokiri.
Lujjanti nappahonti, ca anvādhikaṃ bahūni ca;
Andhavane assatiyā, eko vassaṃ utumhi ca.
Dve bhātukā rājagahe, upanando puna dvisu;
Kucchivikāro gilāno, ubho ceva gilānakā [gilāyanā (ka.)].
Naggā kusā vākacīraṃ, phalako kesakambalaṃ;
Vāḷaulūkapakkhañca, ajinaṃ akkanāḷakaṃ.
Potthakaṃ nīlapītañca, lohitaṃ mañjiṭṭhena ca;
Kaṇhā mahāraṅganāma, acchinnadasikā tathā.
Dīghapupphaphaṇadasā , kañcutirīṭaveṭhanaṃ;
Anuppanne pakkamati, saṅgho bhijjati tāvade.
Pakkhe dadanti saṅghassa, āyasmā revato pahi;
Vissāsagāhādhiṭṭhāti, aṭṭha cīvaramātikāti.
Imamhi khandhake vatthū channavuti.
Cīvarakkhandhako niṭṭhito.
9. Campeyyakkhandhako
234. Kassapagottabhikkhuvatthu
380. Tena samayena buddho Bhagavā campāyaṃ viharati gaggarāya pokkharaṇiyā tīre. Tena kho pana samayena kāsīsu janapade vāsabhagāmo nāma hoti. Tattha kassapagotto nāma bhikkhu āvāsiko hoti tantibaddho ussukkaṃ āpanno – kinti anāgatā ca pesalā bhikkhū āgaccheyyuṃ, āgatā ca pesalā bhikkhū phāsu vihareyyuṃ, ayañca āvāso vuddhiṃ viruḷhiṃ vepullaṃ āpajjeyyāti. Tena kho pana samayena sambahulā bhikkhū kāsīsu cārikaṃ caramānā yena vāsabhagāmo tadavasaruṃ. Addasā kho kassapagotto bhikkhu te bhikkhū dūratova āgacchante, disvāna āsanaṃ paññapesi, pādodakaṃ pādapīṭhaṃ pādakathalikaṃ upanikkhipi, paccuggantvā pattacīvaraṃ paṭiggahesi, pānīyena āpucchi, nahāne

ussukkaṃ akāsi, ussukkampi akāsi yāguyā khādanīye bhattasmiṃ. Atha kho tesaṃ āgantukānaṃ bhikkhūnaṃ etadahosi – ''bhaddako kho ayaṃ, āvuso, āvāsiko bhikkhu nahāne ussukkaṃ karoti, ussukkampi karoti yāguyā khādanīye bhattasmiṃ. Handa, mayaṃ, āvuso, idheva vāsabhagāme nivāsaṃ kappemā''ti. Atha kho te āgantukā bhikkhū tattheva vāsabhagāme nivāsaṃ kappesuṃ.

Atha kho kassapagottassa bhikkhuno etadahosi – ''yo kho imesaṃ āgantukānaṃ bhikkhūnaṃ āgantukakilamatho so paṭippassaddho. Yepime gocare appakataññuno tedānime gocare pakataññuno. Dukkaraṃ kho pana parakulesu yāvajīvaṃ ussukkaṃ kātuṃ, viññatti ca manussānaṃ amanāpā. Yaṃnūnāhaṃ na ussukkaṃ kareyyaṃ yāguyā khādanīye bhattasmi''nti. So na ussukkaṃ akāsi yāguyā khādanīye bhattasmiṃ. Atha kho tesaṃ āgantukānaṃ bhikkhūnaṃetadahosi – ''pubbe khvāyaṃ, āvuso, āvāsiko bhikkhu nahāne ussukkaṃ akāsi, ussukkampi akāsi yāguyā khādanīye bhattasmiṃ. Sodānāyaṃ na ussukkaṃ karoti yāguyā khādanīye bhattasmiṃ. Duṭṭhodānāyaṃ, āvuso, āvāsiko bhikkhu. Handa, mayaṃ, āvuso, āvāsikaṃ [imaṃ āvāsikaṃ (syā.)] bhikkhuṃ ukkhipāmā''ti. Atha kho te āgantukā bhikkhū sannipatitvā kassapagottaṃ bhikkhuṃ etadavocuṃ – ''pubbe kho tvaṃ, āvuso, nahāne ussukkaṃ karosi, ussukkampi karosi yāguyā khādanīye bhattasmiṃ. Sodāni tvaṃ na ussukkaṃ karosi yāguyā khādanīye bhattasmiṃ. Āpattiṃ tvaṃ, āvuso, āpanno. Passasetaṃ āpatti''nti? ''Natthi me, āvuso, āpatti, yamahaṃ passeyya''nti. Atha kho te āgantukā bhikkhū kassapagottaṃ bhikkhuṃ āpattiyā adassane ukkhipiṃsu.

Atha kho kassapagottassa bhikkhuno etadahosi – ''ahaṃ kho etaṃ na jānāmi 'āpatti vā esā anāpatti vā, āpanno camhi [vamhi (?)] anāpanno vā, ukkhitto camhianukkhitto vā, dhammikena vā adhammikena vā, kuppena vā akuppena vā, ṭhānārahena vā aṭṭhānārahena vā'. Yaṃnūnāhaṃ campaṃ gantvā bhagavantaṃ etamatthaṃ puccheyya''nti. Atha kho kassapagotto bhikkhu senāsanaṃ saṃsāmetvā pattacīvaramādāya yena campā tena pakkāmi. Anupubbena yena campā yena Bhagavā tenupasaṅkami, upasaṅkamitvā bhagavantaṃ abhivādetvā ekamantaṃ nisīdi. Āciṇṇaṃ kho panetaṃ buddhānaṃ bhagavantānaṃ āgantukehi bhikkhūhi saddhiṃ paṭisammodituṃ. Atha kho Bhagavā kassapagottaṃ bhikkhuṃ etadavoca – ''kacci, bhikkhu, khamanīyaṃ, kacci yāpanīyaṃ, kacci appakilamathena addhānaṃ āgato, kuto ca tvaṃ, bhikkhu, āgacchasī''ti? ''Khamanīyaṃ, Bhagavā; yāpanīyaṃ, Bhagavā; appakilamathena cāhaṃ, bhante, addhānaṃ āgato. Atthi, bhante, kāsīsu janapade vāsabhagāmo nāma. Tatthāhaṃ, Bhagavā, āvāsiko tantibaddho ussukkaṃ āpanno – 'kinti anāgatā ca pesalā bhikkhū āgaccheyyuṃ, āgatā ca pesalā bhikkhū phāsu vihareyyuṃ, ayañca āvāso vuddhiṃ viruḷhiṃ vepullaṃ āpajjeyyā'ti. Atha kho, bhante, sambahulā bhikkhū kāsīsu cārikaṃ caramānā yena vāsabhagāmo tadavasaruṃ. Addasaṃ kho ahaṃ, bhante, te bhikkhū dūratova āgacchante, disvāna āsanaṃ paññapesiṃ, pādodakaṃ pādapīṭhaṃ pādakathalikaṃ upanikkhipiṃ, paccuggantvā pattacīvaraṃ paṭiggahesiṃ, pānīyena apucchiṃ, nahāne ussukkaṃ akāsiṃ, ussukkampi akāsiṃ yāguyā khādanīye bhattasmiṃ. Atha kho tesaṃ, bhante, āgantukānaṃ bhikkhūnaṃ etadahosi – 'bhaddako kho ayaṃ āvuso āvāsiko bhikkhu nahāne ussukkaṃ karoti, ussukkampi karoti yāguyā khādanīye bhattasmiṃ. Handa, mayaṃ, āvuso, idheva vāsabhagāme nivāsaṃ kappemā'ti. Atha kho te, bhante, āgantukā bhikkhū tattheva vāsabhagāme nivāsaṃ kappesuṃ. Tassa mayhaṃ, bhante, etadahosi – 'yo kho imesaṃ āgantukānaṃ bhikkhūnaṃ āgantukakilamatho so paṭippassaddho. Yepime gocare appakataññuno tedānime gocare pakataññuno. Dukkaraṃ kho pana parakulesu yāvajīvaṃ ussukkaṃ kātuṃ, viññatti ca manussānaṃ amanāpā. Yaṃnūnāhaṃ na ussukkaṃ kareyyaṃ yāguyā khādanīye bhattasmi'nti. So kho ahaṃ, bhante, na ussukkaṃ akāsiṃ yāguyā khādanīye bhattasmiṃ. Atha kho tesaṃ, bhante, āgantukānaṃ bhikkhūnaṃ etadahosi – 'pubbe khvāyaṃ, āvuso, āvāsiko bhikkhu nahāne ussukkaṃ karoti, ussukkampi karoti yāguyā khādanīye bhattasmiṃ. Sodānāyaṃ na ussukkaṃ karoti yāguyā khādanīye bhattasmiṃ. Duṭṭhodānāyaṃ, āvuso, āvāsiko bhikkhu. Handa, mayaṃ, āvuso, āvāsikaṃ bhikkhuṃ ukkhipāmā'ti. Atha kho te, bhante, āgantukā bhikkhū sannipatitvā maṃ etadavocuṃ – 'pubbe kho tvaṃ, āvuso, nahāne ussukkaṃ karosi, ussukkampi karosi yāguyā khādanīye bhattasmiṃ. Sodāni tvaṃ na ussukkaṃ karosi yāguyā khādanīye bhattasmiṃ. Āpattiṃ tvaṃ, āvuso, āpanno. Passasetaṃ āpatti'nti ? 'Natthi me, āvuso, āpatti yamahaṃ passeyya'nti. Atha kho te, bhante, āgantukā bhikkhū maṃ āpattiyā adassane ukkhipiṃsu. Tassa mayhaṃ, bhante, etadahosi – 'ahaṃ kho etaṃ na jānāmi 'āpatti vā esā anāpatti vā, āpanno camhi anāpanno vā, ukkhitto camhi anukkhitto vā, dhammikena vā adhammikena vā, kuppena vā akuppena vā, ṭhānārahena vā aṭṭhānārahena vā'. Yaṃnūnāhaṃ campaṃ gantvā bhagavantaṃ etamatthaṃ puccheyya'nti. Tato ahaṃ, Bhagavā, āgacchāmī''ti. ''Anāpatti esā, bhikkhu, nesā āpatti. Anāpannosi, nasi āpanno. Anukkhittosi, nasi ukkhitto. Adhammikenāsi kammena ukkhitto kuppena aṭṭhānārahena. Gaccha tvaṃ, bhikkhu, tattheva vāsabhagāme nivāsaṃ kappehī''ti. ''Evaṃ, bhante''ti kho kassapagotto bhikkhu bhagavato paṭissuṇitvā uṭṭhāyāsanā bhagavantaṃ abhivādetvā padakkhiṇaṃ katvā yena vāsabhagāmo tena pakkāmi.

381. Atha kho tesaṃ āgantukānaṃ bhikkhūnaṃ ahudeva kukkuccaṃ, ahu vippaṭisāro – ''alābhā vata no, na vata no lābhā, dulladdhaṃ vata no, na vata no suladdhaṃ, ye mayaṃ suddhaṃ bhikkhuṃ anāpattikaṃ avatthusmiṃ akāraṇe ukkhipimhā. Handa, mayaṃ, āvuso, campaṃ gantvā bhagavato santike accayaṃ accayato desemā''ti. Atha kho te āgantukā bhikkhū senāsanaṃ saṃsāmetvā pattacīvaramādāya yena campā tena pakkamiṃsu. Anupubbena yena campā yena Bhagavā tenupasaṅkamiṃsu, upasaṅkamitvā

bhagavantaṃ abhivādetvā ekamantaṃ nisīdiṃsu. Āciṇṇaṃ kho panetaṃ buddhānaṃ bhagavantānaṃ āgantukehi bhikkhūhi saddhiṃ paṭisammodituṃ. Atha kho Bhagavā te bhikkhū etadavoca – ''kacci, bhikkhave, khamanīyaṃ, kacci yāpanīyaṃ, kaccittha appakilamathena addhānaṃ āgatā, kuto ca tumhe, bhikkhave, āgacchathā''ti ? ''Khamanīyaṃ, Bhagavā; yāpanīyaṃ, Bhagavā; appakilamathena ca mayaṃ, bhante, addhānaṃ āgatā. Atthi, bhante, kāsīsu janapade vāsabhagāmo nāma. Tato mayaṃ, Bhagavā, āgacchāmā''ti. ''Tumhe, bhikkhave, āvāsikaṃ bhikkhuṃ ukkhipitthā''ti? ''Evaṃ, bhante''ti. ''Kismiṃ, bhikkhave, vatthusmiṃ kāraṇe''ti? ''Avatthusmiṃ, Bhagavā, akāraṇe''ti. Vigarahi buddho Bhagavā – ''ananucchavikaṃ, moghapurisā, ananulomikaṃ appatirūpaṃ assāmaṇakaṃ akappiyaṃ akaraṇīyaṃ. Kathañhi nāma tumhe, moghapurisā, suddhaṃ bhikkhuṃ anāpattikaṃ avatthusmiṃ akāraṇe ukkhipissatha. Netaṃ, moghapurisā, appasannānaṃ vā pasādāya...pe...'' vigarahitvā dhammiṃ kathaṃ katvā bhikkhū āmantesi – ''na, bhikkhave, suddho bhikkhu anāpattiko avatthusmiṃ akāraṇe ukkhipitabbo. Yo ukkhipeyya, āpatti dukkaṭassā''ti.

Atha kho te bhikkhū uṭṭhāyāsanā ekaṃsaṃ uttarāsaṅgaṃ karitvā bhagavato pādesu sirasā nipatitvā bhagavantaṃ etadavocuṃ – ''accayo no, bhante, accagamā yathābāle yathāmūḷhe yathāakusale, ye mayaṃ suddhaṃ bhikkhuṃ anāpattikaṃ avatthusmiṃ akāraṇe ukkhipimhā. Tesaṃ no, bhante, Bhagavā accayaṃ accayato paṭiggaṇhātu āyatiṃ saṃvarāyā''ti. ''Taggha, tumhe, bhikkhave, accayo accagamā yathābāle yathāmūḷhe yathāakusale, ye tumhe suddhaṃ bhikkhuṃ anāpattikaṃ avatthusmiṃ akāraṇe ukkhipittha. Yato ca kho tumhe, bhikkhave, accayaṃ accayato disvā yathādhammaṃ paṭikarotha, taṃ vo mayaṃ paṭiggaṇhāma. Vuddhihesā, bhikkhave, ariyassa vinaye yo accayaṃ accayato disvā yathādhammaṃ paṭikaroti, āyatiṃ [āyatiṃ ca (sī.)] saṃvaraṃ āpajjatī''ti.

Kassapagottabhikkhuvatthu niṭṭhitaṃ.

235. Adhammena vaggādikammakathā

382. Tena kho pana samayena campāyaṃ bhikkhū evarūpāni kammāni karonti – adhammena vaggakammaṃ karonti, adhammena samaggakammaṃ karonti; dhammena vaggakammaṃ karonti, dhammapatirūpakena vaggakammaṃ karonti; dhammapatirūpakena samaggakammaṃ karonti; ekopi ekaṃ ukkhipati, ekopi dve ukkhipati, ekopi sambahule ukkhipati, ekopi saṅghaṃ ukkhipati; dvepi ekaṃ ukkhipanti, dvepi dve ukkhipanti, dvepi sambahule ukkhipanti, dvepi saṅghaṃ ukkhipanti ; sambahulāpi ekaṃ ukkhipanti; sambahulāpi dve ukkhipanti, sambahulāpi sambahule ukkhipanti, sambahulāpi saṅghaṃ ukkhipanti; saṅghopi saṅghaṃ ukkhipati. Ye te bhikkhū appicchā...pe... te ujjhāyanti khiyyanti vipācenti – ''kathañhi nāma campāyaṃ bhikkhū evarūpāni kammāni karissanti – adhammena vaggakammaṃ karissanti, adhammena samaggakammaṃ karissanti, dhammena vaggakammaṃ karissanti, dhammapatirūpakena vaggakammaṃ karissanti, dhammapatirūpakena samaggakammaṃ karissanti, ekopi ekaṃ ukkhipissati, ekopi dve ukkhipissati, ekopi sambahule ukkhipissati, ekopi saṅghaṃ ukkhipissati, dvepi ekaṃ ukkhipissanti, dvepi dve ukkhipissanti, dvepi sambahule ukkhipissanti, dvepi saṅghaṃ ukkhipissanti, sambahulāpi ekaṃ ukkhipissanti, sambahulāpi dve ukkhipissanti, sambahulāpi sambahule ukkhipissanti, sambahulāpi saṅghaṃ ukkhipissanti, saṅghopi saṅghaṃ ukkhipissatī''ti. Atha kho te bhikkhū bhagavato etamatthaṃ ārocesuṃ...pe... ''saccaṃ kira, bhikkhave, campāyaṃ bhikkhū evarūpāni kammāni karonti – adhammena vaggakammaṃ karonti...pe... saṅghopi saṅghaṃ ukkhipatī''ti? ''Saccaṃ, Bhagavā''ti. Vigarahi buddho Bhagavā – ''ananucchavikaṃ, bhikkhave, tesaṃ moghapurisānaṃ ananulomikaṃ appatirūpaṃ assāmaṇakaṃ akappiyaṃ akaraṇīyaṃ. Kathañhi nāma te, bhikkhave, moghapurisā evarūpāni kammāni karissanti – adhammena vaggakammaṃ karissanti...pe... saṅghopi saṅghaṃ ukkhipissati. Netaṃ, bhikkhave, appasannānaṃ vā pasādāya...pe... vigarahitvā...pe... dhammiṃ kathaṃ katvā bhikkhū āmantesi –

383. ''Adhammena ce, bhikkhave, vaggakammaṃ akammaṃ na ca karaṇīyaṃ, adhammena [adhammena ce bhikkhave (syā.)] samaggakammaṃ akammaṃ na ca karaṇīyaṃ, dhammena vaggakammaṃ akammaṃ na ca karaṇīyaṃ; dhammapatirūpakena vaggakammaṃ akammaṃ na ca karaṇīyaṃ, dhammapatirūpakena samaggakammaṃ akammaṃ na ca karaṇīyaṃ; ekopi ekaṃ ukkhipati akammaṃ na ca karaṇīyaṃ, ekopi dve ukkhipati akammaṃ na ca karaṇīyaṃ, ekopi sambahule ukkhipati akammaṃ na ca karaṇīyaṃ, ekopi saṅghaṃ ukkhipati akammaṃ na ca karaṇīyaṃ; dvepi ekaṃ ukkhipanti akammaṃ na ca karaṇīyaṃ, dvepi dve ukkhipanti akammaṃ na ca karaṇīyaṃ, dvepi sambahule ukkhipanti akammaṃ na ca karaṇīyaṃ, dvepi saṅghaṃ ukkhipanti akammaṃ na ca karaṇīyaṃ; sambahulāpi ekaṃ ukkhipanti akammaṃ na ca karaṇīyaṃ, sambahulāpi dve ukkhipanti akammaṃ na ca karaṇīyaṃ, sambahulāpi sambahule ukkhipanti akammaṃ na ca karaṇīyaṃ, sambahulāpi saṅghaṃ ukkhipanti akammaṃ na ca karaṇīyaṃ; saṅghopi saṅghaṃ ukkhipati akammaṃ na ca karaṇīyaṃ.

384. ''Cattārimāni , bhikkhave, kammāni – adhammena vaggakammaṃ, adhammena samaggakammaṃ, dhammena vaggakammaṃ, dhammena samaggakammaṃ. Tatra, bhikkhave, yadidaṃ adhammena vaggakammaṃ, idaṃ, bhikkhave, kammaṃ adhammattā vaggattā kuppaṃ aṭṭhānārahaṃ; na, bhikkhave, evarūpaṃ kammaṃ kātabbaṃ, na ca mayā evarūpaṃ kammaṃ anuññātaṃ. Tatra, bhikkhave, yadidaṃ adhammena samaggakammaṃ, idaṃ, bhikkhave, kammaṃ adhammattā kuppaṃ aṭṭhānārahaṃ; na, bhikkhave, evarūpaṃ kammaṃ kātabbaṃ, na ca mayā evarūpaṃ kammaṃ anuññātaṃ. Tatra, bhikkhave,

yadidaṃ dhammena vaggakammaṃ, idaṃ, bhikkhave, kammaṃ vaggattā kuppaṃ aṭṭhānārahaṃ; na, bhikkhave, evarūpaṃ kammaṃ kātabbaṃ, na ca mayā evarūpaṃ kammaṃ anuññātaṃ. Tatra, bhikkhave, yadidaṃ dhammena samaggakammaṃ, idaṃ, bhikkhave, kammaṃ dhammattā samaggattā akuppaṃ ṭhānārahaṃ; evarūpaṃ, bhikkhave, kammaṃ kātabbaṃ, evarūpañca mayā kammaṃ anuññātaṃ. Tasmātiha, bhikkhave, evarūpaṃ kammaṃ karissāma yadidaṃ dhammena samagganti – evañhi vo, bhikkhave, sikkhitabba''nti.

Adhammena vaggādikammakathā niṭṭhitā.

236. Ñattivipannakammādikathā

385. Tena kho pana samayena chabbaggiyā bhikkhū evarūpāni kammāni karonti – adhammena vaggakammaṃ karonti, adhammena samaggakammaṃ karonti; dhammena vaggakammaṃ karonti, dhammapatirūpakena vaggakammaṃ karonti, dhammapatirūpakena samaggakammaṃ karonti; ñattivipannampi kammaṃ karonti anussāvanasampannaṃ, anussāvanavipannampi kammaṃ karonti ñattisampannaṃ, ñattivipannampi anussāvanavipannampi kammaṃ karonti; aññatrāpi dhammā kammaṃ karonti, aññatrāpi vinayā kammaṃ karonti, aññatrāpi satthusāsanā kammaṃ karonti; paṭikuṭṭhakatampi kammaṃ karonti adhammikaṃ kuppaṃ aṭṭhānārahaṃ. Ye te bhikkhū appicchā...pe... te ujjhāyanti khiyyanti vipācenti – ''kathañhi nāma chabbaggiyā bhikkhū evarūpāni kammāni karissanti – adhammena vaggakammaṃ karissanti, adhammena samaggakammaṃ karissanti; dhammena vaggakammaṃ karissanti, dhammapatirūpakena vaggakammaṃ karissanti, dhammapatirūpakena samaggakammaṃ karissanti; ñattivipannampi kammaṃ karissanti anussāvanasampannaṃ, anussāvanavipannampi kammaṃ karissanti ñattisampannaṃ, ñattivipannampi anussāvanavipannampi kammaṃ karissanti; aññatrāpi dhammā kammaṃ karissanti, aññatrāpi vinayā kammaṃ karissanti, aññatrāpi satthusāsanā kammaṃ karissanti; paṭikuṭṭhakatampi kammaṃ karissanti adhammikaṃ kuppaṃ aṭṭhānāraha''nti. Atha kho te bhikkhūbhagavato etamatthaṃ ārocesuṃ...pe... ''saccaṃ kira, bhikkhave, chabbaggiyā bhikkhū evarūpāni kammāni karonti – adhammena vaggakammaṃ karonti...pe... paṭikuṭṭhakatampi kammaṃ karonti adhammikaṃ kuppaṃ aṭṭhānāraha''nti? ''Saccaṃ, Bhagavā''ti. Vigarahi buddho Bhagavā...pe... vigarahitvā dhammiṃ kathaṃ katvā bhikkhū āmantesi –

386. ''Adhammena ce, bhikkhave, vaggakammaṃ akammaṃ na ca karaṇīyaṃ ; adhammena samaggakammaṃ akammaṃ na ca karaṇīyaṃ; dhammena vaggakammaṃ akammaṃ na ca karaṇīyaṃ; dhammapatirūpakena vaggakammaṃ akammaṃ na ca karaṇīyaṃ; dhammapatirūpakena samaggakammaṃ akammaṃ na ca karaṇīyaṃ. Ñattivipannañce, bhikkhave, kammaṃ anussāvanasampannaṃ akammaṃ na ca karaṇīyaṃ; anussāvanavipannañce, bhikkhave, kammaṃ ñattisampannaṃ akammaṃ na ca karaṇīyaṃ; ñattivipannañce, bhikkhave, kammaṃ anussāvanavipannaṃ akammaṃ na ca karaṇīyaṃ; aññatrāpi dhammā kammaṃ akammaṃ na ca karaṇīyaṃ; aññatrāpi vinayā kammaṃ akammaṃ na ca karaṇīyaṃ; aññatrāpi satthusāsanā kammaṃ akammaṃ na ca karaṇīyaṃ; paṭikuṭṭhakatañce, bhikkhave, kammaṃ adhammikaṃ kuppaṃ aṭṭhānārahaṃ akammaṃ na ca karaṇīyaṃ.

387. Chayimāni, bhikkhave, kammāni – adhammakammaṃ, vaggakammaṃ, samaggakammaṃ, dhammapatirūpakena vaggakammaṃ, dhammapatirūpakena samaggakammaṃ, dhammena samaggakammaṃ.

Katamañca , bhikkhave, adhammakammaṃ? Ñattidutiye ce, bhikkhave, kamme ekāya ñattiyā kammaṃ karoti, na ca kammavācaṃ anussāveti – adhammakammaṃ. Ñattidutiye ce, bhikkhave, kamme dvīhi ñattīhi kammaṃ karoti, na ca kammavācaṃ anussāveti – adhammakammaṃ. Ñattidutiye ce, bhikkhave, kamme ekāya kammavācāya kammaṃ karoti, na ca ñattiṃ ṭhapeti – adhammakammaṃ. Ñattidutiye ce, bhikkhave, kamme dvīhi kammavācāhi kammaṃ karoti, na ca ñattiṃ ṭhapeti – adhammakammaṃ. Ñatticatutthe ce, bhikkhave, kamme ekāya ñattiyā kammaṃ karoti, na ca kammavācaṃ anussāveti – adhammakammaṃ . Ñatticatutthe ce, bhikkhave, kamme dvīhi ñattīhi kammaṃ karoti, na ca kammavācaṃ anussāveti – adhammakammaṃ. Ñatticatutthe ce, bhikkhave, kamme tīhi ñattīhi kammaṃ karoti, na ca kammavācaṃ anussāveti – adhammakammaṃ. Ñatticatutthe ce, bhikkhave, kamme catūhi ñattīhi kammaṃ karoti, na ca kammavācaṃ anussāveti – adhammakammaṃ. Ñatticatutthe ce, bhikkhave, kamme ekāya kammavācāya kammaṃ karoti, na ca ñattiṃ ṭhapeti – adhammakammaṃ. Ñatticatutthe ce, bhikkhave, kamme dvīhi kammavācāhi kammaṃ karoti, na ca ñattiṃ ṭhapeti – adhammakammaṃ. Ñatticatutthe ce, bhikkhave, kamme tīhi kammavācāhi kammaṃ karoti, na ca ñattiṃ ṭhapeti – adhammakammaṃ. Ñatticatutthe ce, bhikkhave, kamme catūhi kammavācāhi kammaṃ karoti, na ca ñattiṃ ṭhapeti – adhammakammaṃ. Idaṃ vuccati, bhikkhave, adhammakammaṃ.

Katamañca, bhikkhave, vaggakammaṃ? Ñattidutiye ce, bhikkhave, kamme yāvatikā bhikkhū kammappattā te anāgatā honti, chandārahānaṃ chando anāhaṭo hoti, sammukhībhūtā paṭikkosanti – vaggakammaṃ. Ñattidutiye ce, bhikkhave, kamme yāvatikā bhikkhū kammappattā te āgatā honti, chandārahānaṃ chando anāhaṭo hoti, sammukhībhūtā paṭikkosanti – vaggakammaṃ. Ñattidutiye ce, bhikkhave, kamme yāvatikā bhikkhū kammappattā te āgatā honti, chandārahānaṃ chando āhaṭo hoti, sammukhībhūtā paṭikkosanti – vaggakammaṃ. Ñatticatutthe ce, bhikkhave, kamme yāvatikā bhikkhū kammappattā te anāgatā honti, chandārahānaṃ chando anāhaṭo hoti, sammukhībhūtā paṭikkosanti –

vaggakammaṃ. Ñatticatutthe ce, bhikkhave, kamme yāvatikā bhikkhū kammappattā te āgatā honti, chandārahānaṃ chando anāhaṭo hoti, sammukhībhūtā paṭikkosanti – vaggakammaṃ. Ñatticatutthe ce, bhikkhave, kamme yāvatikā bhikkhū kammappattā te āgatā honti, chandārahānaṃ chando āhaṭo hoti, sammukhībhūtā paṭikkosanti – vaggakammaṃ. Idaṃ vuccati, bhikkhave, vaggakammaṃ.

Katamañca, bhikkhave, samaggakammaṃ? Ñattidutiye ce, bhikkhave, kamme yāvatikā bhikkhū kammappattā, te āgatā honti, chandārahānaṃ chando āhaṭo hoti, sammukhībhūtā na paṭikkosanti – samaggakammaṃ. Ñatticatutthe ce, bhikkhave, kamme yāvatikā bhikkhū kammappattā, te āgatā honti, chandārahānaṃ chando āhaṭo hoti, sammukhībhūtā na paṭikkosanti – samaggakammaṃ. Idaṃ vuccati, bhikkhave, samaggakammaṃ.

Katamañca, bhikkhave, dhammapatirūpakena vaggakammaṃ? Ñattidutiye ce, bhikkhave, kamme paṭhamaṃ kammavācaṃ anussāveti, pacchā ñattiṃ ṭhapeti, yāvatikā bhikkhū kammappattā te anāgatā honti, chandārahānaṃ chando anāhaṭo hoti, sammukhībhūtā paṭikkosanti – dhammapatirūpakena vaggakammaṃ. Ñattidutiye ce, bhikkhave, kamme paṭhamaṃ kammavācaṃ anussāveti, pacchā ñattiṃ ṭhapeti, yāvatikā bhikkhū kammappattā te āgatā honti, chandārahānaṃ chando anāhaṭo hoti, sammukhībhūtā paṭikkosanti – dhammapatirūpakena vaggakammaṃ. Ñattidutiye ce, bhikkhave , kamme paṭhamaṃ kammavācaṃanussāveti, pacchā ñattiṃ ṭhapeti, yāvatikā bhikkhū kammappattā te āgatā honti, chandārahānaṃ chando āhaṭo hoti, sammukhībhūtā paṭikkosanti – dhammapatirūpakena vaggakammaṃ. Ñatticatutthe ce, bhikkhave, kamme paṭhamaṃ kammavācaṃ anussāveti, pacchā ñattiṃ ṭhapeti, yāvatikā bhikkhū kammappattā te anāgatā honti, chandārahānaṃ chando anāhaṭo hoti, sammukhībhūtā paṭikkosanti – dhammapatirūpakena vaggakammaṃ. Ñatticatutthe ce, bhikkhave, kamme paṭhamaṃ kammavācaṃ anussāveti, pacchā ñattiṃ ṭhapeti, yāvatikā bhikkhū kammappattā te āgatā honti, chandārahānaṃ chando anāhaṭo hoti, sammukhībhūtā paṭikkosanti – dhammapatirūpakena vaggakammaṃ. Ñatticatutthe ce, bhikkhave, kamme paṭhamaṃ kammavācaṃ anussāveti, pacchā ñattiṃ ṭhapeti, yāvatikā bhikkhū kammappattā te āgatā honti, chandārahānaṃ chando āhaṭo hoti , sammukhībhūtā paṭikkosanti – dhammapatirūpakena vaggakammaṃ. Idaṃ vuccati, bhikkhave, dhammapatirūpakena vaggakammaṃ.

Katamañca, bhikkhave, dhammapatirūpakena samaggakammaṃ? Ñattidutiye ce, bhikkhave, kamme paṭhamaṃ kammavācaṃ anussāveti, pacchā ñattiṃṭhapeti, yāvatikā bhikkhū kammappattā, te āgatā honti, chandārahānaṃ chando āhaṭo hoti, sammukhībhūtā na paṭikkosanti – dhammapatirūpakena samaggakammaṃ. Ñatticatutthe ce, bhikkhave, kamme paṭhamaṃ kammavācaṃ anussāveti, pacchā ñattiṃ ṭhapeti, yāvatikā bhikkhū kammappattā te āgatā honti, chandārahānaṃ chando āhaṭo hoti, sammukhībhūtā na paṭikkosanti – dhammapatirūpakena samaggakammaṃ. Idaṃ vuccati, bhikkhave, dhammapatirūpakena samaggakammaṃ.

Katamañca, bhikkhave, dhammena samaggakammaṃ? Ñattidutiye ce, bhikkhave, kamme paṭhamaṃ ñattiṃ ṭhapeti, pacchā ekāya kammavācāya kammaṃ karoti, yāvatikā bhikkhū kammappattā te āgatā honti, chandārahānaṃ chando āhaṭo hoti, sammukhībhūtā na paṭikkosanti – dhammena samaggakammaṃ. Ñatticatutthe ce, bhikkhave, kamme paṭhamaṃ ñattiṃ ṭhapeti, pacchā tīhi kammavācāhi kammaṃ karoti, yāvatikā bhikkhū kammappattā, te āgatā honti, chandārahānaṃ chando āhaṭo hoti, sammukhībhūtā na paṭikkosanti, dhammena samaggakammaṃ. Idaṃ vuccati, bhikkhave, dhammena samaggakammaṃ.

Ñattivipannakammādikathā niṭṭhitā.

237. Catuvaggakaraṇādikathā

388. Pañca saṅghā – catuvaggo bhikkhusaṅgho pañcavaggo bhikkhusaṅgho, dasavaggo bhikkhusaṅgho, vīsativaggo bhikkhusaṅgho, atirekavīsativaggo bhikkhusaṅgho. Tatra, bhikkhave, yvāyaṃ catuvaggo bhikkhusaṅgho, ṭhapetvā tīṇi kammāni – upasampadaṃ pavāraṇaṃ abbhānaṃ, dhammena samaggosabbakammesu kammappatto. Tatra, bhikkhave, yvāyaṃ pañcavaggo bhikkhusaṅgho, ṭhapetvā dve kammāni – majjhimesu janapadesu upasampadaṃ abbhānaṃ, dhammena samaggo sabbakammesu kammappatto. Tatra, bhikkhave, yvāyaṃ dasavaggo bhikkhusaṅgho, ṭhapetvā ekaṃ kammaṃ – abbhānaṃ, dhammena samaggo sabbakammesu kammappatto. Tatra, bhikkhave, yvāyaṃ vīsativaggo bhikkhusaṅgho dhammena samaggo sabbakammesu kammappatto. Tatra, bhikkhave, yvāyaṃ atirekavīsativaggo bhikkhusaṅgho dhammena samaggo sabbakammesu kammappatto.

389. Catuvaggakaraṇañce, bhikkhave, kammaṃ bhikkhunicatuttho kammaṃ kareyya – akammaṃ na ca karaṇīyaṃ. Catuvaggakaraṇañce, bhikkhave, kammaṃ sikkhamānacatuttho kammaṃ kareyya... akammaṃ na ca karaṇīyaṃ...pe.... Sāmaṇeracatuttho kammaṃ kareyya... akammaṃ na ca karaṇīyaṃ. Sāmaṇericatuttho kammaṃ kareyya... akammaṃ na ca karaṇīyaṃ. Sikkhaṃ paccakkhātakacatuttho kammaṃ kareyya... akammaṃ na ca karaṇīyaṃ. Antimavatthuṃ ajjhāpannakacatuttho kammaṃ kareyya... akammaṃ na ca karaṇīyaṃ. Āpattiyā adassane ukkhittakacatuttho kammaṃ kareyya... akammaṃ na ca karaṇīyaṃ. Āpattiyā appaṭikamme ukkhittakacatuttho kammaṃ kareyya... akammaṃ na ca karaṇīyaṃ. Pāpikāya diṭṭhiyā appaṭinissagge ukkhittakacatuttho kammaṃ kareyya... akammaṃ na ca karaṇīyaṃ. Paṇḍakacatuttho kammaṃ kareyya... akammaṃ na ca karaṇīyaṃ. Theyyasaṃvāsakacatuttho

kammaṃ kareyya… akammaṃ na ca karaṇīyaṃ. Titthiyapakkantakacatuttho kammaṃ kareyya… akammaṃ na ca karaṇīyaṃ. Tiracchānagatacatuttho kammaṃ kareyya… akammaṃ na ca karaṇīyaṃ. Mātughātakacatuttho kammaṃ kareyya… akammaṃ na ca karaṇīyaṃ. Pitughātakacatuttho kammaṃ kareyya… akammaṃ na ca karaṇīyaṃ. Arahantaghātakacatuttho kammaṃ kareyya… akammaṃ na ca karaṇīyaṃ. Bhikkhunidūsakacatuttho kammaṃ kareyya… akammaṃ na ca karaṇīyaṃ. Saṅghabhedakacatuttho kammaṃ kareyya… akammaṃ na ca karaṇīyaṃ. Lohituppādakacatuttho kammaṃ kareyya… akammaṃ na ca karaṇīyaṃ. Ubhatobyañjanakacatuttho kammaṃ kareyya… akammaṃ na ca karaṇīyaṃ. Nānāsaṃvāsakacatuttho kammaṃ kareyya… akammaṃ na ca karaṇīyaṃ. Nānāsīmāya ṭhitacatuttho kammaṃ kareyya… akammaṃ na ca karaṇīyaṃ. Iddhiyā vehāse ṭhitacatuttho kammaṃ kareyya… akammaṃ na ca karaṇīyaṃ. Yassa saṅgho kammaṃ karoti, taṃcatuttho kammaṃ kareyya … akammaṃ na ca karaṇīyaṃ.

Catuvaraṇaṃ.

390. Pañcavaggakaraṇañce, bhikkhave, kammaṃ bhikkhunipañcamo kammaṃ kareyya… akammaṃ na ca karaṇīyaṃ. Pañcavaggakaraṇañce, bhikkhave, kammaṃ sikkhamānapañcamo kammaṃ kareyya…pe…. Sāmaṇerapañcamo kammaṃ kareyya… sāmaṇeripañcamo kammaṃ kareyya … sikkhaṃ paccakkhātakapañcamo kammaṃ kareyya… antimavatthuṃ ajjhāpannakapañcamo kammaṃ kareyya… āpattiyā adassane ukkhittakapañcamo kammaṃ kareyya… āpattiyā appaṭikamme ukkhittakapañcamo kammaṃ kareyya… pāpikāya diṭṭhiyā appaṭinissagge ukkhittakapañcamo kammaṃ kareyya… paṇḍakapañcamo kammaṃ kareyya… theyyasaṃvāsakapañcamo kammaṃ kareyya… titthiyapakkantakapañcamo kammaṃ kareyya… tiracchānagatapañcamo kammaṃ kareyya… mātughātakapañcamo kammaṃ kareyya… pitughātakapañcamo kammaṃ kareyya… arahantaghātakapañcamo kammaṃ kareyya… bhikkhunidūsakapañcamo kammaṃ kareyya… saṅghabhedakapañcamo kammaṃ kareyya… lohituppādakapañcamo kammaṃ kareyya… ubhatobyañjanakapañcamo kammaṃ kareyya… nānāsaṃvāsakapañcamo kammaṃ kareyya… nānāsīmāya ṭhitapañcamo kammaṃ kareyya… iddhiyā vehāse ṭhitapañcamo kammaṃ kareyya… yassa saṅgho kammaṃ karoti, taṃpañcamo kammaṃ kareyya – akammaṃ na ca karaṇīyaṃ.

Pañcavaggakaraṇaṃ.

391. Dasavaggakaraṇañce, bhikkhave, kammaṃ bhikkhunidasamo kammaṃ kareyya, akammaṃ na ca karaṇīyaṃ. Dasavaggakaraṇañce, bhikkhave, kammaṃ sikkhamānadasamo kammaṃ kareyya, akammaṃ na ca karaṇīyaṃ…pe…. Dasavaggakaraṇañce, bhikkhave, kammaṃ yassa saṅgho kammaṃ karoti, taṃdasamo kammaṃ kareyya – akammaṃ na ca karaṇīyaṃ.

Dasavaggakaraṇaṃ.

392. Vīsativaggakaraṇañce, bhikkhave, kammaṃ bhikkhunivīso kammaṃ kareyya – akammaṃ na ca karaṇīyaṃ. Vīsativaggakaraṇañce, bhikkhave, kammaṃ sikkhamānavīso kammaṃ kareyya …pe… sāmaṇeravīso kammaṃ kareyya… sāmaṇerivīso kammaṃ kareyya… sikkhaṃ paccakkhātakavīso kammaṃ kareyya… antimavatthuṃ ajjhāpannakavīso kammaṃ kareyya… āpattiyā adassane ukkhittakavīso kammaṃ kareyya… āpattiyā appaṭikamme ukkhittakavīso kammaṃ kareyya… pāpikāya diṭṭhiyā appaṭinissagge ukkhittakavīso kammaṃ kareyya… paṇḍakavīso kammaṃ kareyya… theyyasaṃvāsakavīso kammaṃ kareyya… titthiyapakkantakavīso kammaṃ kareyya… tiracchānagatavīso kammaṃ kareyya… mātughātakavīso kammaṃ kareyya… pitughātakavīso kammaṃ kareyya… arahantaghātakavīso kammaṃ kareyya… bhikkhunidūsakavīso kammaṃ kareyya… saṅghabhedakavīso kammaṃ kareyya… lohituppādakavīso kammaṃ kareyya… ubhatobyañjanakavīso kammaṃ kareyya… nānāsaṃvāsakavīso kammaṃ kareyya… nānāsīmāya ṭhitavīso kammaṃ kareyya… iddhiyā vehāse ṭhitavīso kammaṃ kareyya… yassa saṅgho kammaṃ karoti, taṃvīso kammaṃ kareyya – akammaṃ na ca karaṇīyaṃ.

Vīsativaggakaraṇaṃ.

Catuvaggakaraṇādikathā niṭṭhitā.

238. Pārivāsikādikathā

393. Pārivāsikacatuttho ce, bhikkhave, parivāsaṃ dadeyya, mūlāya paṭikasseyya, mānattaṃ dadeyya, taṃvīso abbheyya – akammaṃ na ca karaṇīyaṃ. Mūlāya paṭikassanārahacatuttho ce, bhikkhave, parivāsaṃ dadeyya, mūlāya paṭikasseyya, mānattaṃ dadeyya, taṃvīso abbheyya – akammaṃ na ca karaṇīyaṃ. Mānattārahacatuttho ce, bhikkhave, parivāsaṃ dadeyya, mūlāya paṭikasseyya, mānattaṃ dadeyya, taṃvīso abbheyya – akammaṃ na ca karaṇīyaṃ. Mānattacārikacatuttho ce, bhikkhave, parivāsaṃ dadeyya, mūlāya paṭikasseyya, mānattaṃ dadeyya, taṃvīso abbheyya – akammaṃ na ca karaṇīyaṃ. Abbhānārahacatuttho ce, bhikkhave, parivāsaṃ dadeyya, mūlāya paṭikasseyya, mānattaṃ dadeyya, taṃvīso abbheyya – akammaṃ na ca karaṇīyaṃ.

394. Ekaccassa, bhikkhave, saṅghamajjhe paṭikkosanā ruhati, ekaccassa na ruhati. Kassa ca, bhikkhave, saṅghamajjhe paṭikkosanā na ruhati? Bhikkhuniyā, bhikkhave, saṅghamajjhe paṭikkosanā na ruhati. Sikkhamānāya, bhikkhave…pe… sāmaṇerassa, bhikkhave… sāmaṇeriyā, bhikkhave… sikkhāpaccakkhātakassa bhikkhave… antimavatthuṃ ajjhāpannakassa, bhikkhave … ummattakassa,

bhikkhave... khittacittassa, bhikkhave... vedanāṭṭassa, bhikkhave... āpattiyā adassane ukkhittakassa, bhikkhave... āpattiyā appaṭikamme ukkhittakassa, bhikkhave... pāpikāya diṭṭhiyā appaṭinissagge ukkhittakassa, bhikkhave... paṇḍakassa, bhikkhave... theyyasaṃvāsakassa, bhikkhave... titthiyapakkantakassa, bhikkhave ... tiracchānagatassa bhikkhave... mātughātakassa, bhikkhave... pitughātakassa, bhikkhave... arahantaghātakassa, bhikkhave... bhikkhunidūsakassa, bhikkhave... saṅghabhedakassa, bhikkhave... lohituppādakassa, bhikkhave... ubhatobyañjanakassa, bhikkhave... nānāsaṃvāsakassa, bhikkhave... nānāsīmāya ṭhitassa, bhikkhave... iddhiyā vehāse ṭhitassa, bhikkhave, yassa saṅgho kammaṃ karoti, tassa ca [tassa (syā.)], bhikkhave, saṅghamajjhe paṭikkosanā na ruhati. Imesaṃ kho, bhikkhave, saṅghamajjhe paṭikkosanā na ruhati.

Kassa ca, bhikkhave, saṅghamajjhe paṭikkosanā ruhati? Bhikkhussa, bhikkhave, pakatattassa Samānasaṃvāsakassa samānasīmāya ṭhitassa antamaso ānantarikassāpi [anantarikassāpi (syā.)] bhikkhuno viññāpentassa saṅghamajjhe paṭikkosanā ruhati. Imassa kho, bhikkhave, saṅghamajjhe paṭikkosanā ruhati.

Pārivāsikādikathā niṭṭhitā.

239. Dvenissāraṇādikathā

395. Dvemā, bhikkhave, nissāraṇā. Atthi, bhikkhave, puggalo appatto nissāraṇaṃ. Tañce saṅgho nissāreti, ekacco sunissārito, ekacco dunnissārito. Katamo ca, bhikkhave, puggalo appatto nissāraṇaṃ, tañce saṅgho nissāreti – dunnissārito? Idha pana, bhikkhave, bhikkhu suddho hoti anāpattiko. Tañce saṅgho nissāreti – dunnissārito. Ayaṃ vuccati, bhikkhave, puggalo appatto nissāraṇaṃ, tañce saṅgho nissāreti – dunnissārito.

Katamo ca, bhikkhave, puggalo appatto nissāraṇaṃ, tañce saṅgho nissāreti – sunissārito? Idha pana, bhikkhave, bhikkhu bālo hoti abyatto āpattibahulo anapadāno, gihisaṃsaṭṭho viharati ananulomikehi gihisaṃsaggehi, tañce saṅgho nissāreti – sunissārito. Ayaṃ vuccati, bhikkhave, puggalo appatto nissāraṇaṃ, tañce saṅgho nissāreti – sunissārito.

396. Dvemā , bhikkhave, osāraṇā. Atthi, bhikkhave, puggalo appatto osāraṇaṃ tañce saṅgho osāreti, ekacco sosārito, ekacco dosārito. Katamo ca, bhikkhave, puggalo appatto osāraṇaṃ, tañce saṅgho osāreti – dosārito? Paṇḍako, bhikkhave, appatto osāraṇaṃ, tañce saṅgho osāreti – dosārito. Theyyasaṃvāsako, bhikkhave, appatto osāraṇaṃ, tañce saṅgho osāreti – dosārito. Titthiyapakkantako, bhikkhave...pe... tiracchānagato, bhikkhave... mātughātako, bhikkhave... pitughātako, bhikkhave... arahantaghātako, bhikkhave... bhikkhunidūsako, bhikkhave... saṅghabhedako, bhikkhave... lohituppādako, bhikkhave... ubhatobyañjanako, bhikkhave, appatto, osāraṇaṃ, tañce saṅgho osāreti – dosārito. Ayaṃ vuccati, bhikkhave, puggalo appatto osāraṇaṃ, tañce saṅgho osāreti – dosārito. Ime vuccanti, bhikkhave, puggalā appattā osāraṇaṃ, te ce saṅgho osāreti – dosāritā.

Katamo ca, bhikkhave, puggalo appatto osāraṇaṃ, tañce saṅgho osāreti – sosārito? Hatthacchinno, bhikkhave, appatto osāraṇaṃ, tañce saṅgho osāreti, sosārito. Pādacchinno, bhikkhave...pe... hatthapādacchinno, bhikkhave... kaṇṇacchinno , bhikkhave... nāsacchinno, bhikkhave... kaṇṇanāsacchinno, bhikkhave... aṅgulicchinno, bhikkhave... aḷacchinno, bhikkhave... kaṇḍaracchinno, bhikkhave... phaṇahatthako, bhikkhave... khujjo, bhikkhave... vāmano, bhikkhave... galagaṇḍī, bhikkhave... lakkhaṇāhato, bhikkhave... kasāhato, bhikkhave... likhitako, bhikkhave... sīpadiko, bhikkhave... pāparogī, bhikkhave... parisadūsako, bhikkhave... kāṇo, bhikkhave... kuṇī, bhikkhave... khañjo, bhikkhave... pakkhahato, bhikkhave... chinniriyāpatho, bhikkhave... jarādubbalo, bhikkhave... andho, bhikkhave... mūgo, bhikkhave... badhiro, bhikkhave... andhamūgo, bhikkhave... andhabadhiro, bhikkhave... mūgabadhiro, bhikkhave... andhamūgabadhiro, bhikkhave, appatto osāraṇaṃ, tañce saṅgho osāreti – sosārito. Ayaṃ vuccati, bhikkhave, puggalo appatto osāraṇaṃ, tañce saṅgho osāreti – sosārito. Ime vuccanti, bhikkhave, puggalā appattā osāraṇaṃ, te ce saṅgho osāreti – sosāritā.

Dvenissāraṇādikathā niṭṭhitā.

Vāsabhagāmabhāṇavāro niṭṭhito paṭhamo.

240. Adhammakammādikathā

397. Idha pana, bhikkhave, bhikkhussa na hoti āpatti daṭṭhabbā. Tamenaṃ codeti saṅgho vā sambahulā vā ekapuggalo vā – ''āpattiṃ tvaṃ, āvuso, āpanno, passasetaṃ āpatti''nti? So evaṃ vadeti – ''natthi me, āvuso, āpatti, yamahaṃ passeyya''nti. Taṃ saṅgho āpattiyā adassane ukkhipati – adhammakammaṃ.

Idha pana, bhikkhave, bhikkhussa na hoti āpatti paṭikātabbā. Tamenaṃ codeti saṅgho vā sambahulā vā ekapuggalo vā – ''āpattiṃ tvaṃ, āvuso, āpanno, paṭikarohi taṃ āpatti''nti. So evaṃ vadeti – ''natthi me, āvuso, āpatti, yamayaṃ paṭikareyya''nti. Taṃ saṅgho āpattiyā appaṭikamme ukkhipati – adhammakammaṃ.

Idha pana, bhikkhave, bhikkhussa na hoti pāpikā diṭṭhi paṭinissajjetā. Tamenaṃ codeti saṅgho vā sambahulā vā ekapuggalo vā – ''pāpikā te, āvuso, diṭṭhi, paṭinissajjetaṃ pāpikaṃ diṭṭhi''nti. So evaṃ vadeti – ''natthi me, āvuso, pāpikā diṭṭhi, yamahaṃ paṭinissajjeyya''nti. Taṃ saṅgho pāpikāya diṭṭhiyā appaṭinissagge ukkhipati – adhammakammaṃ.

Idha pana, bhikkhave, bhikkhussa na hoti āpatti daṭṭhabbā, na hoti āpatti paṭikātabbā. Tamenaṃ codeti saṅgho vā sambahulā vā ekapuggalo vā – ''āpattiṃ tvaṃ, āvuso, āpanno, passasetaṃ āpatti? Paṭikarohi taṃ āpatti''nti. So evaṃ vadeti – ''natthi me, āvuso, āpatti, yamahaṃ passeyyaṃ. Natthi me, āvuso, āpatti, yamahaṃ paṭikareyya''nti. Taṃ saṅgho adassane vā appaṭikamme vā ukkhipati – adhammakammaṃ.

Idha pana, bhikkhave, bhikkhussa na hoti āpatti daṭṭhabbā, na hoti pāpikā diṭṭhi paṭinissajjetā. Tamenaṃ codeti saṅgho vā sambahulā vā ekapuggalo vā – ''āpattiṃ tvaṃ, āvuso, āpanno, passasetaṃ āpattiṃ? Pāpikā te diṭṭhi, paṭinissajjetaṃ pāpikaṃ diṭṭhi''nti. So evaṃ vadeti – ''natthi me, āvuso, āpatti, yamahaṃ passeyyaṃ; natthi me, āvuso, pāpikā diṭṭhi, yamahaṃ paṭinissajjeyya''nti. Taṃ saṅgho adassane vā appaṭinissagge vā ukkhipati – adhammakammaṃ.

Idha pana, bhikkhave, bhikkhussa na hoti āpatti paṭikātabbā, na hoti pāpikā diṭṭhi paṭinissajjetā. Tamenaṃ codeti saṅgho vā sambahulā vā ekapuggalo vā – ''āpattiṃ tvaṃ, āvuso, āpanno, paṭikarohi taṃ āpattiṃ; pāpikā te diṭṭhi, paṭinissajjetaṃ pāpikaṃ diṭṭhi''nti. So evaṃ vadeti – ''natthi me, āvuso, āpatti, yamahaṃ paṭikareyyaṃ. Natthi me, āvuso, pāpikā diṭṭhi, yamahaṃ paṭinissajjeyya''nti. Taṃ saṅgho appaṭikamme vā appaṭinissagge vā ukkhipati – adhammakammaṃ.

Idha pana, bhikkhave, bhikkhussa na hoti āpatti daṭṭhabbā, na hoti āpatti paṭikātabbā, na hoti pāpikā diṭṭhi paṭinissajjetā. Tamenaṃ codeti saṅgho vā sambahulā vā ekapuggalo vā – ''āpattiṃ tvaṃ, āvuso, āpanno, passasetaṃ āpattiṃ? Paṭikarohi taṃ āpattiṃ; pāpikā te diṭṭhi, paṭinissajjetaṃ pāpikaṃ diṭṭhi''nti. So evaṃ vadeti – ''natthi me, āvuso, āpatti, yamahaṃ passeyyaṃ. Natthi me, āvuso, āpatti, yamahaṃ paṭikareyyaṃ. Natthi me, āvuso, pāpikā diṭṭhi, yamahaṃ paṭinissajjeyya''nti. Taṃ saṅgho adassane vā appaṭikamme vā appaṭinissagge vā ukkhipati – adhammakammaṃ.

398. Idha pana, bhikkhave, bhikkhussa hoti āpatti daṭṭhabbā. Tamenaṃ codeti. Saṅgho vā sambahulā vā ekapuggalo vā – ''āpattiṃ tvaṃ , āvuso, āpanno, passasetaṃ āpatti''nti? So evaṃ vadeti – ''āmāvuso, passāmī''ti. Taṃ saṅgho āpattiyā adassane ukkhipati – adhammakammaṃ.

Idha pana, bhikkhave, bhikkhussa hoti āpatti paṭikātabbā. Tamenaṃ codeti saṅgho vā sambahulā vā ekapuggalo vā – ''āpattiṃ tvaṃ, āvuso, āpanno, paṭikarohi taṃ āpatti''nti. So evaṃ vadeti – ''āmāvuso, paṭikarissāmī''ti. Taṃ saṅgho āpattiyā appaṭikamme ukkhipati – adhammakammaṃ.

Idha pana, bhikkhave, bhikkhussa hoti pāpikā diṭṭhi paṭinissajjetā. Tamenaṃ codeti saṅgho vā sambahulā vā ekapuggalo vā – ''pāpikā te, āvuso, diṭṭhi; paṭinissajjetaṃ pāpikaṃ diṭṭhi''nti. So evaṃ vadeti – ''āmāvuso , paṭinissajjissāmī''ti. Taṃ saṅgho pāpikāya diṭṭhiyā appaṭinissagge ukkhipati – adhammakammaṃ.

Idha pana, bhikkhave, bhikkhussa hoti āpatti daṭṭhabbā, hoti āpatti paṭikātabbā...pe... hoti āpatti daṭṭhabbā, hoti pāpikā diṭṭhi paṭinissajjetā...pe... hoti āpatti paṭikātabbā, hoti pāpikā diṭṭhi paṭinissajjetā...pe... hoti āpatti daṭṭhabbā, hoti āpatti paṭikātabbā, hoti pāpikā diṭṭhi paṭinissajjetā. Tamenaṃ codeti saṅgho vā sambahulā vā ekapuggalo vā – ''āpattiṃ tvaṃ, āvuso, āpanno, passasetaṃ āpattiṃ? Paṭikarohi taṃ āpattiṃ; pāpikā te diṭṭhi, paṭinissajjetaṃ pāpikaṃ diṭṭhi''nti. So evaṃ vadeti – ''āmāvuso, passāmi, āma paṭikarissāmi, āma paṭinissajjissāmī''ti . Taṃ saṅgho adassane vā appaṭikamme vā appaṭinissagge vā ukkhipati – adhammakammaṃ.

399. Idha pana, bhikkhave, bhikkhussa hoti āpatti daṭṭhabbā. Tamenaṃ codeti saṅgho vā sambahulā vā ekapuggalo vā – ''āpattiṃ tvaṃ, āvuso, āpanno, passasetaṃ āpatti''nti? So evaṃ vadeti – ''natthi me, āvuso, āpatti, yamahaṃ passeyya''nti. Taṃ saṅgho āpattiyā adassane ukkhipati – dhammakammaṃ.

Idha pana, bhikkhave, bhikkhussa hoti āpatti paṭikātabbā. Tamenaṃ codeti saṅgho vā sambahulā vā ekapuggalo vā – ''āpattiṃ tvaṃ, āvuso, āpanno, paṭikarohi taṃ āpatti''nti. So evaṃ vadeti – ''natthi me, āvuso, āpatti, yamahaṃ paṭikareyya''nti. Taṃ saṅgho āpattiyā appaṭikamme ukkhipati – dhammakammaṃ.

Idha pana, bhikkhave, bhikkhussa hoti pāpikā diṭṭhi paṭinissajjetā. Tamenaṃ codeti saṅgho vā sambahulā vā ekapuggalo vā – ''pāpikā te, āvuso, diṭṭhi, paṭinissajjetaṃ pāpikaṃ diṭṭhi''nti. So evaṃ vadeti – ''natthi me, āvuso, pāpikā diṭṭhi, yamahaṃ paṭinissajjeyya''nti. Taṃ saṅgho pāpikāya diṭṭhiyā appaṭinissagge ukkhipati – dhammakammaṃ.

Idha pana, bhikkhave, bhikkhussa hoti āpatti daṭṭhabbā, hoti āpatti paṭikātabbā...pe...

Hoti āpatti daṭṭhabbā, hoti pāpikā diṭṭhi paṭinissajjetā...pe... hoti āpatti paṭikātabbā, hoti pāpikā diṭṭhi paṭinissajjetā ...pe... hoti āpatti daṭṭhabbā, hoti āpatti paṭikātabbā, hoti pāpikā diṭṭhi paṭinissajjetā. Tamenaṃ codeti saṅgho vā sambahulā vā ekapuggalo vā – ''āpattiṃ tvaṃ, āvuso, āpanno, passasetaṃ āpattiṃ? Paṭikarohi taṃ āpattiṃ. Pāpikā te diṭṭhi, paṭinissajjetaṃ pāpikaṃ diṭṭhi''nti. So evaṃ vadeti – ''natthi me, āvuso, āpatti, yamahaṃ passeyyaṃ. Natthi me, āvuso, āpatti yamahaṃ paṭikareyyaṃ. Natthi me, āvuso, pāpikā diṭṭhi, yamahaṃ paṭinissajjeyya''nti. Taṃ saṅgho adassane vā appaṭikamme vā appaṭinissagge vā ukkhipati – dhammakammanti.

Adhammakammādikathā niṭṭhitā.

241. Upālipucchākathā

400. Atha kho āyasmā upāli yena Bhagavā tenupasaṅkami, upasaṅkamitvā bhagavantaṃ abhivādetvā ekamantaṃ nisīdi. Ekamantaṃ nisinno kho āyasmā upāli bhagavantaṃ etadavoca – ''yo nu kho, bhante, samaggo saṅgho sammukhākaraṇīyaṃ kammaṃ asammukhā karoti, dhammakammaṃ nu kho taṃ, bhante, vinayakamma''nti? ''Adhammakammaṃ taṃ, upāli, avinayakamma''nti. ''Yo nu kho, bhante, samaggo saṅgho paṭipucchākaraṇīyaṃ kammaṃ appaṭipucchā karoti...pe... paṭiññāyakaraṇīyaṃ kammaṃ apaṭiññāya karoti... sativinayārahassa amūḷhavinayaṃ deti... amūḷhavinayārahassa tassapāpiyasikākammaṃ karoti... tassapāpiyasikākammārahassa tajjanīyakammaṃ karoti... tajjanīyakammārahassa niyassakammaṃ karoti ... niyassakammārahassapabbājanīyakammaṃ karoti... pabbājanīyakammārahassa paṭisāraṇīyakammaṃ karoti... paṭisāraṇīyakammārahassa ukkhepanīyakammaṃ karoti... ukkhepanīyakammārahassa parivāsaṃ deti... parivāsārahaṃ mūlāya paṭikassati... mūlāyapaṭikassanārahassa mānattaṃ deti... mānattārahaṃ abbheti... abbhānārahaṃ upasampādeti, dhammakammaṃ nu kho taṃ, bhante, vinayakamma''nti? ''Adhammakammaṃ taṃ, upāli, avinayakammaṃ''.

''Yo kho, upāli, samaggo saṅgho sammukhākaraṇīyaṃ kammaṃ asammukhā karoti, evaṃ kho, upāli, adhammakammaṃ hoti avinayakammaṃ, evañca pana saṅgho sātisāro hoti. Yo kho, upāli, samaggo saṅgho paṭipucchākaraṇīyaṃ kammaṃ appaṭipucchā karoti...pe... paṭiññāyakaraṇīyaṃ kammaṃ apaṭiññāya karoti... sativinayārahassa amūḷhavinayaṃ deti... amūḷhavinayārahassa tassapāpiyasikākammaṃ karoti... tassapāpiyasikākammārahassa tajjanīyakammaṃ karoti... tajjanīyakammārahassa niyassakammaṃ karoti... niyassakammārahassa pabbājanīyakammaṃ karoti... pabbājanīyakammārahassa paṭisāraṇīyakammaṃ karoti... paṭisāraṇīyakammārahassa ukkhepanīyakammaṃ karoti... ukkhepanīyakammārahassa parivāsaṃ deti... parivāsārahaṃ mūlāya paṭikassati... mūlāyapaṭikassanārahassa mānattaṃ deti... mānattārahaṃ abbheti... abbhānārahaṃ upasampādeti, evaṃ kho, upāli, adhammakammaṃ hoti avinayakammaṃ. Evañca pana saṅgho sātisāro hotī''ti.

401. ''Yo nu kho, bhante, samaggo saṅgho sammukhākaraṇīyaṃ kammaṃ sammukhā karoti, dhammakammaṃ nu kho taṃ, bhante, vinayakamma''nti? ''Dhammakammaṃ taṃ, upāli, vinayakamma''nti. ''Yo nu kho, bhante, samaggo saṅgho paṭipucchākaraṇīyaṃ kammaṃ paṭipucchā karoti...pe... paṭiññāyakaraṇīyaṃ kammaṃ paṭiññāya karoti... sativinayārahassa sativinayaṃ deti... amūḷhavinayārahassa amūḷhavinayaṃ deti... tassapāpiyasikākammārahassa tassapāpiyasikākammaṃ karoti... tajjanīyakammārahassa tajjanīyakammaṃ karoti... niyassakammārahassa niyassakammaṃ karoti... pabbājanīyakammārahassa pabbājanīyakammaṃ karoti... paṭisāraṇīyakammārahassa paṭisāraṇīyakammaṃ karoti... ukkhepanīyakammārahassa ukkhepanīyakammaṃ karoti... parivāsārahassa parivāsaṃ deti mūlāyapaṭikassanārahaṃ mūlāya paṭikassati... mānattārahassa mānattaṃ deti... abbhānārahaṃ abbheti... upasampadārahaṃ upasampādeti, dhammakammaṃ nu kho taṃ, bhante, vinayakamma''nti? ''Dhammakammaṃ taṃ, upāli, vinayakammaṃ.

''Yo kho, upāli, samaggo saṅgho sammukhākaraṇīyaṃ kammaṃ sammukhā karoti, evaṃ kho, upāli, dhammakammaṃ hoti vinayakammaṃ. Evañca pana saṅgho anatisāro hoti. Yo kho, upāli, samaggo saṅgho paṭipucchākaraṇīyaṃ kammaṃ paṭipucchā karoti... paṭiññāyakaraṇīyaṃ kammaṃ paṭiññāya karoti... sativinayārahassa sativinayaṃ deti... amūḷhavinayārahassa amūḷhavinayaṃ deti... tassapāpiyasikākammārahassa tassapāpiyasikākammaṃ karoti... tajjanīyakammārahassa tajjanīyakammaṃ karoti... niyassakammārahassa niyassakammaṃ karoti... pabbājanīyakammārahassa pabbājanīyakammaṃ karoti ... paṭisāraṇīyakammārahassa paṭisāraṇīyakammaṃ karoti... ukkhepanīyakammārahassa ukkhepanīyakammaṃ karoti... parivāsārahassa parivāsaṃ deti... mūlāyapaṭikassanārahaṃ mūlāya paṭikassati... mānattārahassa mānattaṃ deti... abbhānārahaṃ abbheti... upasampadārahaṃ upasampādeti, evaṃ kho, upāli, dhammakammaṃ hoti vinayakammaṃ. Evañca pana saṅgho anatisāro hotī''ti.

402. ''Yo nu kho, bhante, samaggo saṅgho sativinayārahassa amūḷhavinayaṃ deti, amūḷhavinayārahassa sativinayaṃ deti, dhammakammaṃ nu kho taṃ, bhante, vinayakamma''nti? ''Adhammakammaṃ taṃ, upāli, avinayakamma''nti. ''Yo nu kho, bhante, samaggo saṅgho amūḷhavinayārahassa tassapāpiyasikākammaṃ karoti, tassapāpiyasikākammārahassa amūḷhavinayaṃ deti...pe... tassapāpiyasikākammārahassa tajjanīyakammaṃ karoti, tajjanīyakammārahassa tassapāpiyasikākammaṃ karoti... tajjanīyakammārahassa niyassakammaṃ karoti, niyassakammārahassa tajjanīyakammaṃ karoti... niyassakammārahassa pabbājanīyakammaṃ karoti, pabbājanīyakammārahassa niyassakammaṃ karoti... pabbājanīyakammārahassa paṭisāraṇīyakammaṃ karoti, paṭisāraṇīyakammārahassa pabbājanīyakammaṃ karoti... paṭisāraṇīyakammārahassa ukkhepanīyakammaṃ karoti, ukkhepanīyakammārahassa paṭisāraṇīyakammaṃ karoti... ukkhepanīyakammārahassa parivāsaṃ deti, parivāsārahassa ukkhepanīyakammaṃ karoti... parivāsārahaṃ mūlāya paṭikassati, mūlāyapaṭikassanārahassa parivāsaṃ deti... mūlāyapaṭikassanārahassa mānattaṃ deti, mānattārahaṃ mūlāya paṭikassati... mānattārahaṃ abbheti, abbhānārahassa mānattaṃ deti... abbhānārahaṃ upasampādeti, upasampadārahaṃ abbheti,

dhammakammaṃ nu kho taṃ, bhante, vinayakamma''nti? ''Adhammakammaṃ taṃ, upāli, avinayakamma''nti.

''Yo kho, upāli, samaggo saṅgho sativinayārahassa amūḷhavinayaṃ deti, amūḷhavinayārahassa sativinayaṃ deti, evaṃ kho, upāli, adhammakammaṃ hoti avinayakammaṃ. Evañca pana saṅgho sātisāro hoti. Yo kho, upāli, samaggo saṅgho amūḷhavinayārahassa tassapāpiyasikākammaṃ karoti, tassapāpiyasikākammārahassa amūḷhavinayaṃ deti...pe... tassapāpiyasikākammārahassa tajjanīyakammaṃ karoti, tajjanīyakammārahassa tassapāpiyasikākammaṃ karoti... tajjanīyakammārahassa niyassakammaṃ karoti, niyassakammārahassa tajjanīyakammaṃ karoti... niyassakammārahassa pabbājanīyakammaṃ karoti, pabbājanīyakammārahassa niyassakammaṃ karoti... pabbājanīyakammārahassa paṭisāraṇīyakammaṃ karoti, paṭisāraṇīyakammārahassa pabbājanīyakammaṃ karoti... paṭisāraṇīyakammārahassa ukkhepanīyakammaṃ karoti, ukkhepanīyakammārahassa paṭisāraṇīyakammaṃ karoti... ukkhepanīyakammārahassa parivāsaṃ deti, parivāsārahassa ukkhepanīyakammaṃ karoti... parivāsārahaṃ mūlāya paṭikassati, mūlāyapaṭikassanārahassa parivāsaṃ deti... mūlāyapaṭikassanārahassa mānattaṃ deti, mānattārahaṃ mūlāya paṭikassati – mānattārahaṃ abbheti, abbhānārahassa mānattaṃ deti... abbhānārahaṃ upasampādeti, upasampadārahaṃ abbheti, evaṃ kho, upāli, adhammakammaṃ hoti avinayakammaṃ. Evañca pana saṅgho sātisāro hotī''ti.

403. ''Yo nu kho, bhante, samaggo saṅgho sativinayārahassa sativinayaṃ deti, amūḷhavinayārahassa amūḷhavinayaṃ deti, dhammakammaṃ nu kho taṃ, bhante, vinayakamma''nti? ''Dhammakammaṃ taṃ, upāli, vinayakamma''nti. ''Yo nu kho, bhante, samaggo saṅgho amūḷhavinayārahassa amūḷhavinayaṃ deti...pe... tassapāpiyasikākammārahassa tassapāpiyasikākammaṃ karoti...pe... tajjanīyakammārahassa tajjanīyakammaṃ karoti...pe... niyassakammārahassa niyassakammaṃ karoti...pe... pabbājanīyakammārahassa pabbājanīyakammaṃ karoti...pe... paṭisāraṇīyakammārahassa paṭisāraṇīyakammaṃ karoti...pe... ukkhepanīyakammārahassa ukkhepanīyakammaṃ karoti...pe... parivāsārahassa parivāsaṃ deti...pe... mūlāyapaṭikassanārahaṃ mūlāya paṭikassati...pe... mānattārahassa mānattaṃ deti...pe... abbhānārahaṃ abbheti, upasampadārahaṃ upasampādeti, dhammakammaṃ nu kho taṃ, bhante, vinayakamma''nti? ''Dhammakammaṃ taṃ, upāli, vinayakammaṃ''.

''Yo kho, upāli, samaggo saṅgho sativinayārahassa sativinayaṃ deti, amūḷhavinayārahassa amūḷhavinayaṃ deti, evaṃ kho, upāli, dhammakammaṃ hoti vinayakammaṃ. Evañca pana saṅgho anatisāro hoti. Yo kho, upāli, samaggo saṅgho amūḷhavinayārahassa amūḷhavinayaṃ deti ...pe... tassapāpiyasikākammārahassa tassapāpiyasikākammaṃ karoti...pe... tajjanīyakammārahassa tajjanīyakammaṃ karoti...pe... niyassakammārahassa niyassakammaṃ karoti...pe... pabbājanīyakammārahassa pabbājanīyakammaṃ karoti...pe... paṭisāraṇīyakammārahassa paṭisāraṇīyakammaṃ karoti...pe... ukkhepanīyakammārahassa ukkhepanīyakammaṃ karoti...pe... parivāsārahassa parivāsaṃ deti...pe... mūlāya paṭikassanārahaṃ mūlāya paṭikassati...pe... mānattārahassa mānattaṃ deti...pe... abbhānārahaṃ abbheti, upasampadārahaṃ upasampādeti, evaṃ kho, upāli, dhammakammaṃ hoti vinayakammaṃ. Evañca pana saṅgho anatisāro hotī''ti.

404. Atha kho Bhagavā bhikkhū āmantesi – yo kho, bhikkhave, samaggo saṅgho sativinayārahassa amūḷhavinayaṃ deti, evaṃ kho, bhikkhave, adhammakammaṃ hoti avinayakammaṃ. Evañca pana saṅgho sātisāro hoti. Yo kho, bhikkhave, samaggo saṅgho sativinayārahassa tassapāpiyasikākammaṃ karoti...pe... sativinayārahassa tajjanīyakammaṃ karoti... sativinayārahassa niyassakammaṃ karoti... sativinayārahassa pabbājanīyakammaṃ karoti... sativinayārahassa paṭisāraṇīyakammaṃ karoti... sativinayārahassa ukkhepanīyakammaṃ karoti ... sativinayārahassa parivāsaṃ deti... sativinayārahaṃ mūlāya paṭikassati... sativinayārahassa mānattaṃ deti... sativinayārahaṃ abbheti... sativinayārahaṃ upasampādeti, evaṃ kho , bhikkhave, adhammakammaṃ hoti avinayakammaṃ. Evañca pana saṅgho sātisāro hoti.

405. Yo kho, bhikkhave, samaggo saṅgho amūḷhavinayārahassa tassapāpiyasikākammaṃ karoti, evaṃ kho, bhikkhave, adhammakammaṃ hoti avinayakammaṃ. Evañca pana saṅgho sātisāro hoti. Yo kho, bhikkhave, samaggo saṅgho amūḷhavinayārahassa tajjanīyakammaṃ karoti...pe... amūḷhavinayārahassa niyassakammaṃ karoti... amūḷhavinayārahassa pabbājanīyakammaṃ karoti... amūḷhavinayārahassa paṭisāraṇīyakammaṃ karoti... amūḷhavinayārahassa ukkhepanīyakammaṃ karoti... amūḷhavinayārahassa parivāsaṃ deti... amūḷhavinayārahaṃ mūlāya paṭikassati... amūḷhavinayārahassa mānattaṃ deti... amūḷhavinayārahaṃ abbheti... amūḷhavinayārahaṃ upasampādeti... amūḷhavinayārahassa sativinayaṃ deti, evaṃ kho, bhikkhave, adhammakammaṃ hoti avinayakammaṃ. Evañca pana saṅgho sātisāro hoti.

406. Yo kho, bhikkhave, samaggo saṅgho tassapāpiyasikākammārahassa tajjanīyakammaṃ karoti...pe... tajjanīyakammārahassa... niyassakammārahassa... pabbājanīyakammārahassa... paṭisāraṇīyakammārahassa... ukkhepanīyakammārahassa... parivāsārahaṃ...

mūlāyapaṭikassanārahassa... mānattārahaṃ... abbhānārahaṃ... upasampadārahassa sativinayaṃ deti, evaṃ kho, bhikkhave, adhammakammaṃ hoti avinayakammaṃ. Evañca pana saṅgho sātisāro hoti. Yo kho, bhikkhave, samaggo saṅgho upasampadārahassa amūḷhavinayaṃ deti...pe... upasampadārahassa tassapāpiyasikākammaṃ karoti... upasampadārahassa tajjanīyakammaṃ karoti... upasampadārahassa niyassakammaṃ karoti... upasampadārahassa pabbājanīyakammaṃ karoti... upasampadārahassa paṭisāraṇīyakammaṃ karoti... upasampadārahassa ukkhepanīyakammaṃ karoti... upasampadārahassa parivāsaṃ deti... upasampadārahaṃ mūlāya paṭikassati... upasampadārahassa mānattaṃ deti... upasampadārahaṃ abbheti, evaṃ kho, bhikkhave, adhammakammaṃ hoti avinayakammaṃ. Evañca pana saṅgho sātisāro hotīti.

Upālipucchākathā niṭṭhitā.

Upālipucchābhāṇavāro niṭṭhito dutiyo.

242. Tajjanīyakammakathā

407. Idha pana, bhikkhave, bhikkhu bhaṇḍanakārako hoti kalahakārako vivādakārako bhassakārako saṅghe adhikaraṇakārako. Tatra ce bhikkhūnaṃ evaṃ hoti – "ayaṃ kho, āvuso, bhikkhu bhaṇḍanakārako kalahakārako vivādakārako bhassakārako saṅghe adhikaraṇakārako. Handassa mayaṃ tajjanīyakammaṃ karomā"ti. Te tassa tajjanīyakammaṃ karonti – adhammena vaggā. So tamhā āvāsā aññaṃ āvāsaṃ gacchati . Tatthapi bhikkhūnaṃ evaṃ hoti – "ayaṃ kho, āvuso, bhikkhu saṅghena tajjanīyakammakato adhammena vaggehi. Handassa mayaṃ tajjanīyakammaṃ karomā"ti. Te tassa tajjanīyakammaṃ karonti – adhammena samaggā. So tamhāpi āvāsā aññaṃ āvāsaṃ gacchati. Tatthapi bhikkhūnaṃ evaṃ hoti – "ayaṃ kho, āvuso, bhikkhu saṅghena tajjanīyakammakato adhammena samaggehi. Handassa mayaṃ tajjanīyakammaṃ karomā"ti. Te tassa tajjanīyakammaṃ karonti – dhammena vaggā. So tamhāpi āvāsā aññaṃ āvāsaṃ gacchati. Tatthapi bhikkhūnaṃ evaṃ hoti – "ayaṃ kho, āvuso, bhikkhu saṅghena tajjanīyakammakato dhammena vaggehi. Handassa mayaṃ tajjanīyakammaṃ karomā"ti. Te tassa tajjanīyakammaṃ karonti – dhammapatirūpakena vaggā. So tamhāpi āvāsā aññaṃ āvāsaṃ gacchati. Tatthapi bhikkhūnaṃ evaṃ hoti – "ayaṃ kho, āvuso, bhikkhu saṅghena tajjanīyakammakato dhammapatirūpakena vaggehi. Handassa mayaṃ tajjanīyakammaṃ karomā"ti. Te tassa tajjanīyakammaṃ karonti – dhammapatirūpakena samaggā.

408. Idha pana, bhikkhave, bhikkhu bhaṇḍanakārako hoti kalahakārako vivādakārako bhassakārako saṅghe adhikaraṇakārako. Tatra ce bhikkhūnaṃ evaṃ hoti – "ayaṃ kho, āvuso, bhikkhu bhaṇḍanakārako kalahakārako vivādakārako bhassakārako saṅghe adhikaraṇakārako. Handassa mayaṃ tajjanīyakammaṃ karomā"ti. Te tassa tajjanīyakammaṃ karonti – adhammena samaggā. So tamhā āvāsā aññaṃ āvāsaṃ gacchati. Tatthapi bhikkhūnaṃ evaṃ hoti – "ayaṃ kho, āvuso, bhikkhu saṅghena tajjanīyakammakato adhammena samaggehi. Handassa mayaṃ tajjanīyakammaṃ karomā"ti. Te tassa tajjanīyakammaṃ karonti – dhammena vaggā. So tamhāpi āvāsā aññaṃ āvāsaṃ gacchati. Tatthapi bhikkhūnaṃ evaṃ hoti – "ayaṃ kho, āvuso, bhikkhu saṅghena tajjanīyakammakato dhammena vaggehi. Handassa mayaṃ tajjanīyakammaṃ karomā"ti. Te tassa tajjanīyakammaṃ karonti – dhammapatirūpakena vaggā. So tamhāpi āvāsā aññaṃ āvāsaṃ gacchati. Tatthapi bhikkhūnaṃ evaṃ hoti – "ayaṃ kho, āvuso, bhikkhu saṅghena tajjanīyakammakato dhammapatirūpakena vaggehi. Handassa mayaṃ tajjanīyakammaṃ karomā"ti. Te tassa tajjanīyakammaṃ karonti – dhammapatirūpakena samaggā. So tamhāpi āvāsā aññaṃ āvāsaṃ gacchati. Tatthapi bhikkhūnaṃ evaṃ hoti – "ayaṃ kho, āvuso, bhikkhu saṅghena tajjanīyakammakato dhammapatirūpakena samaggehi. Handassa mayaṃ tajjanīyakammaṃ karomā'ti. Te tassa tajjanīyakammaṃ karonti – adhammena vaggā.

409. Idha pana, bhikkhave, bhikkhu bhaṇḍanakārako hoti kalahakārako vivādakārako bhassakārako saṅghe adhikaraṇakārako. Tatra ce bhikkhūnaṃ evaṃ hoti – "ayaṃ kho, āvuso, bhikkhu bhaṇḍanakārako kalahakārako vivādakārako bhassakārako saṅghe adhikaraṇakārako. Handassa mayaṃ tajjanīyakammaṃ karomā"ti. Te tassa tajjanīyakammaṃ karonti – dhammena vaggā. So tamhā āvāsā aññaṃ āvāsaṃ gacchati. Tatthapi bhikkhūnaṃ evaṃ hoti – "ayaṃ kho, āvuso, bhikkhu saṅghena tajjanīyakammakato dhammena vaggehi. Handassa mayaṃ tajjanīyakammaṃ karomā"ti. Te tassa tajjanīyakammaṃ karonti – dhammapatirūpakena vaggā. So tamhāpi āvāsā aññaṃ āvāsaṃ gacchati. Tatthapi bhikkhūnaṃ evaṃ hoti – "ayaṃ kho, āvuso, bhikkhu saṅghena tajjanīyakammakato dhammapatirūpakena vaggehi. Handassa mayaṃ tajjanīyakammaṃ karomā"ti. Te tassa tajjanīyakammaṃ karonti – dhammapatirūpakena samaggā. So tamhāpi āvāsā aññaṃ āvāsaṃ gacchati. Tatthapi bhikkhūnaṃ evaṃ hoti – "ayaṃ kho, āvuso, bhikkhu saṅghena tajjanīyakammakato dhammapatirūpakena samaggehi. Handassa mayaṃ tajjanīyakammaṃ karomā"ti. Te tassa tajjanīyakammaṃ karonti – adhammena vaggā. So tamhāpi āvāsā aññaṃ āvāsaṃ gacchati. Tatthapi bhikkhūnaṃ evaṃ hoti – "ayaṃ kho, āvuso, bhikkhu saṅghena tajjanīyakammakato adhammena vaggehi. Handassa mayaṃ tajjanīyakammaṃ karomā"ti. Te tassa tajjanīyakammaṃ karonti – adhammena samaggā.

410. Idha pana, bhikkhave, bhikkhu bhaṇḍanakārako hoti kalahakārako vivādakārako bhassakārako saṅghe adhikaraṇakārako. Tatra ce bhikkhūnaṃ evaṃ hoti – "ayaṃ kho, āvuso, bhikkhu

bhaṇḍanakārako kalahakārako vivādakārako bhassakārako saṅghe adhikaraṇakārako. Handassa mayaṃ tajjanīyakammaṃ karomā''ti. Te tassa tajjanīyakammaṃ karonti – dhammapatirūpakena vaggā. So tamhā āvāsā aññaṃ āvāsaṃ gacchati. Tatthapi bhikkhūnaṃ evaṃ hoti – ''ayaṃ kho, āvuso, bhikkhu saṅghena tajjanīyakammakato dhammapatirūpakena vaggehi. Handassa mayaṃ tajjanīyakammaṃ karomā''ti. Te tassa tajjanīyakammaṃ karonti – dhammapatirūpakena samaggā. So tamhāpi āvāsā aññaṃ āvāsaṃ gacchati. Tatthapi bhikkhūnaṃ evaṃ hoti – ''ayaṃ kho, āvuso, bhikkhu saṅghena tajjanīyakammakato dhammapatirūpakena samaggehi. Handassa mayaṃ tajjanīyakammaṃ karomā''ti. Te tassa tajjanīyakammaṃ karonti – adhammena vaggā. So tamhāpi āvāsā aññaṃ āvāsaṃ gacchati. Tatthapi bhikkhūnaṃ evaṃ hoti – ''ayaṃ kho, āvuso, bhikkhu saṅghena tajjanīyakammakato adhammena vaggehi. Handassa mayaṃ tajjanīyakammaṃ karomā''ti. Te tassa tajjanīyakammaṃ karonti – adhammena samaggā. So tamhāpi āvāsā aññaṃ āvāsaṃ gacchati. Tatthapi bhikkhūnaṃ evaṃ hoti – ''ayaṃ kho, āvuso, bhikkhu saṅghena tajjanīyakammakato adhammena samaggehi. Handassa mayaṃ tajjanīyakammaṃ karomā''ti. Te tassa tajjanīyakammaṃ karonti – dhammena vaggā.

411. Idha pana, bhikkhave, bhikkhu bhaṇḍanakārako hoti kalahakārako vivādakārako bhassakārako saṅghe adhikaraṇakārako. Tatra ce bhikkhūnaṃ evaṃ hoti – ''ayaṃ kho, āvuso, bhikkhu bhaṇḍanakārako kalahakārako vivādakārako bhassakārako saṅghe adhikaraṇakārako. Handassa mayaṃ tajjanīyakammaṃ karomā''ti. Te tassa tajjanīyakammaṃ karonti – dhammapatirūpakena samaggā. So tamhā āvāsā aññaṃ āvāsaṃ gacchati. Tatthapi bhikkhūnaṃ evaṃ hoti – ''ayaṃ kho, āvuso, bhikkhu saṅghena tajjanīyakammakato dhammapatirūpakena samaggehi. Handassa mayaṃ tajjanīyakammaṃ karomā''ti. Te tassa tajjanīyakammaṃ karonti – adhammena vaggā. So tamhāpi āvāsā aññaṃ āvāsaṃ gacchati. Tatthapi bhikkhūnaṃ evaṃ hoti – ''ayaṃ kho, āvuso, bhikkhu saṅghena tajjanīyakammakato adhammena vaggehi. Handassa mayaṃ tajjanīyakammaṃ karomā''ti. Te tassa tajjanīyakammaṃ karonti – adhammena samaggā. So tamhāpi āvāsā aññaṃ āvāsaṃ gacchati. Tatthapi bhikkhūnaṃ evaṃ hoti – ''ayaṃ kho, āvuso, bhikkhu saṅghena tajjanīyakammakato adhammena samaggehi. Handassa mayaṃ tajjanīyakammaṃ karomā''ti. Te tassa tajjanīyakammaṃ karonti – dhammena vaggā. So tamhāpi āvāsā aññaṃ āvāsaṃ gacchati. Tatthapi bhikkhūnaṃ evaṃ hoti – ''ayaṃ kho, āvuso, bhikkhu saṅghena tajjanīyakammakato dhammena vaggehi. Handassa mayaṃ tajjanīyakammaṃ karomā''ti. Te tassa tajjanīyakammaṃ karonti – dhammapatirūpakena vaggā.

Tajjanīyakammakathā niṭṭhitā.

243. Niyassakammakathā

412. Idha pana, bhikkhave, bhikkhu bālo hoti abyatto āpattibahulo anapadāno, gihisaṃsaṭṭho viharati ananulomikehi gihisaṃsaggehi . Tatra ce bhikkhūnaṃ evaṃ hoti – ''ayaṃ kho, āvuso, bhikkhu bālo abyatto āpattibahulo anapadāno, gihisaṃsaṭṭho viharati ananulomikehi gihisaṃsaggehi. Handassa mayaṃ niyassakammaṃ karomā''ti. Te tassa niyassakammaṃ karonti – adhammena vaggā. So tamhā āvāsā aññaṃ āvāsaṃ gacchati. Tatthapi bhikkhūnaṃ evaṃ hoti – ''ayaṃ kho, āvuso, bhikkhu saṅghena niyassakammakato adhammena vaggehi. Handassa mayaṃ niyassakammaṃ karomā''ti. Te tassa niyassakammaṃ karonti – adhammena samaggā...pe... dhammena vaggā... dhammapatirūpakena vaggā... dhammapatirūpakena samaggā...pe....

Yathā heṭṭhā, tathā cakkaṃ kātabbaṃ.

Niyassakammakathā niṭṭhitā.

244. Pabbājanīyakammakathā

413. Idha pana, bhikkhave, bhikkhu kuladūsako hoti pāpasamācāro. Tatra ce bhikkhūnaṃ evaṃ hoti – ''ayaṃ kho, āvuso, bhikkhu kuladūsako pāpasamācāro. Handassa mayaṃ pabbājanīyakammaṃ karomā''ti. Te tassa pabbājanīyakammaṃ karonti – adhammena vaggā. So tamhā āvāsā aññaṃ āvāsaṃ gacchati. Tatthapi bhikkhūnaṃ evaṃ hoti – ''ayaṃ kho, āvuso, bhikkhu saṅghena pabbājanīyakammakato adhammena vaggehi. Handassa mayaṃ pabbājanīyakammaṃ karomā''ti. Te tassa pabbājanīyakammaṃ karonti – adhammena samaggā...pe... dhammena vaggā... dhammapatirūpakena vaggā... dhammapatirūpakena samaggā...pe....

Cakkaṃ kātabbaṃ .

Pabbājanīyakammakatā niṭṭhitā.

245. Paṭisāraṇīyakammakathā

414. Idha pana, bhikkhave, bhikkhu gihī akkosati paribhāsati. Tatra ce bhikkhūnaṃ evaṃ hoti – ''ayaṃ kho, āvuso, bhikkhu gihī akkosati paribhāsati. Handassa mayaṃ paṭisāraṇīyakammaṃ karomā''ti. Te tassa paṭisāraṇīyakammaṃ karonti – adhammena vaggā. So tamhā āvāsā aññaṃ āvāsaṃ gacchati. Tatthapi bhikkhūnaṃ evaṃ hoti – ''ayaṃ kho, āvuso, bhikkhu saṅghena paṭisāraṇīyakammakato adhammena vaggehi. Handassa mayaṃ paṭisāraṇīyakammaṃkaromā''ti. Te tassa paṭisāraṇīyakammaṃ karonti – adhammena samaggā...pe... dhammena vaggā... dhammapatirūpakena vaggā... dhammapatirūpakena samaggā...pe....

Cakkaṃ kātabbaṃ.

Paṭisāraṇīyakammakathā niṭṭhitā.

246. Adassane ukkhepanīyakammakathā

415. Idha pana, bhikkhave, bhikkhu āpattiṃ āpajjitvā na icchati āpattiṃ passituṃ. Tatra ce bhikkhūnaṃ evaṃ hoti – "ayaṃ kho, āvuso, bhikkhu āpattiṃ āpajjitvā na icchati āpattiṃ passituṃ. Handassa mayaṃ āpattiyā adassane ukkhepanīyakammaṃ karomā"ti. Te tassa āpattiyā adassane ukkhepanīyakammaṃ karonti – adhammena vaggā. So tamhā āvāsā aññaṃ āvāsaṃ gacchati. Tatthapi bhikkhūnaṃ evaṃ hoti – "ayaṃ kho, āvuso, bhikkhu saṅghena āpattiyā adassane ukkhepanīyakammakato adhammena vaggehi. Handassa mayaṃ āpattiyā adassane ukkhepanīyakammaṃ karomā"ti. Te tassa āpattiyā adassane ukkhepanīyakammaṃ karonti – adhammena samaggā...pe... dhammena vaggā... dhammapatirūpakena vaggā... dhammapatirūpakena samaggā...pe....

Cakkaṃ kātabbaṃ.

Adassane ukkhepanīyakammakathā niṭṭhitā.

247. Appaṭikamme ukkhepanīyakammakathā

416. Idha pana, bhikkhave, bhikkhu āpattiṃ āpajjitvā na icchati āpattiṃ paṭikātuṃ. Tatra ce bhikkhūnaṃ evaṃ hoti – "ayaṃ kho, āvuso, bhikkhu āpattiṃ āpajjitvā na icchati āpattiṃ paṭikātuṃ. Handassa mayaṃ āpattiyā appaṭikamme ukkhepanīyakammaṃ karomā"ti. Te tassa āpattiyā appaṭikamme ukkhepanīyakammaṃ karonti – adhammena vaggā. So tamhā āvāsā aññaṃ āvāsaṃ gacchati. Tatthapi bhikkhūnaṃ evaṃ hoti – "ayaṃ kho, āvuso, bhikkhu saṅghena āpattiyā appaṭikamme ukkhepanīyakammakato adhammena vaggehi. Handassa mayaṃ āpattiyā appaṭikamme ukkhepanīyakammaṃ karomā"ti. Te tassa āpattiyā appaṭikamme ukkhepanīyakammaṃ karonti – adhammena samaggā...pe... dhammena vaggā... dhammapatirūpakena vaggā... dhammapatirūpakena samaggā...pe....

Cakkaṃ kātabbaṃ.

Appaṭikamme ukkhepanīyakammakathā niṭṭhitā.

248. Appaṭinissagge ukkhepanīyakammakathā

417. Idha pana, bhikkhave, bhikkhu na icchati pāpikaṃ diṭṭhiṃ paṭinissajjituṃ. Tatra ce bhikkhūnaṃ evaṃ hoti – "ayaṃ kho, āvuso, bhikkhu na icchati pāpikaṃ diṭṭhiṃ paṭinissajjituṃ. Handassa mayaṃ pāpikāya diṭṭhiyā appaṭinissagge ukkhepanīyakammaṃ karomā"ti. Te tassa pāpikāya diṭṭhiyā appaṭinissagge ukkhepanīyakammaṃ karonti – adhammena vaggā. So tamhā āvāsā aññaṃ āvāsaṃ gacchati. Tatthapi bhikkhūnaṃ evaṃ hoti – "ayaṃ kho, āvuso, bhikkhu saṅghena pāpikāya diṭṭhiyā appaṭinissagge ukkhepanīyakammakato adhammena vaggehi. Handassa mayaṃ pāpikāya diṭṭhiyā appaṭinissagge ukkhepanīyakammaṃ karomā"ti. Te tassa pāpikāya diṭṭhiyā appaṭinissagge ukkhepanīyakammaṃ karonti – adhammena samaggā...pe... dhammena vaggā... dhammapatirūpakena vaggā... dhammapatirūpakena samaggā...pe....

Cakkaṃ kātabbaṃ.

Appaṭinissagge ukkhepanīyakammakathā niṭṭhitā.

249. Tajjanīyakammapaṭippassaddhikathā

418. Idha pana, bhikkhave, bhikkhu saṅghena tajjanīyakammakato sammā vattati, lomaṃ pāteti, netthāraṃ vattati, tajjanīyassa kammassa paṭippassaddhiṃ yācati. Tatra ce bhikkhūnaṃ evaṃ hoti – "ayaṃ kho, āvuso, bhikkhu saṅghena tajjanīyakammakato sammā vattati, lomaṃ pāteti, netthāraṃ vattati, tajjanīyassa kammassa paṭippassaddhiṃ yācati. Handassa mayaṃ tajjanīyakammaṃ paṭippassambhemā"ti. Te tassa tajjanīyakammaṃ paṭippassambhenti – adhammena vaggā. So tamhā āvāsā aññaṃ āvāsaṃ gacchati. Tatthapi bhikkhūnaṃ evaṃ hoti – "imassa kho, āvuso, bhikkhuno saṅghena tajjanīyakammaṃ paṭippassaddhaṃ adhammena samaggehi. Handassa mayaṃ tajjanīyakammaṃ paṭippassambhemā"ti. Te tassa tajjanīyakammaṃ paṭippassambhenti – adhammena samaggā. So tamhāpi āvāsā aññaṃ āvāsaṃ gacchati. Tatthapi bhikkhūnaṃ evaṃ hoti – "imassa kho, āvuso, bhikkhuno saṅghena tajjanīyakammaṃ paṭippassaddhaṃ adhammena vaggehi. Handassa mayaṃ tajjanīyakammaṃ paṭippassambhemā"ti. Te tassa tajjanīyakammaṃ paṭippassambhenti – dhammena vaggā. So tamhāpi āvāsā aññaṃ āvāsaṃ gacchati. Tatthapi bhikkhūnaṃ evaṃ hoti – "imassa kho, āvuso, bhikkhuno saṅghena tajjanīyakammaṃ paṭippassaddhaṃ dhammena vaggehi. Handassa mayaṃ tajjanīyakammaṃ paṭippassambhemā"ti. Te tassa tajjanīyakammaṃ paṭippassambhenti – dhammapatirūpakena vaggā. So tamhāpi āvāsā aññaṃ āvāsaṃ gacchati. Tatthapi bhikkhūnaṃ evaṃ hoti – "imassa kho, āvuso, bhikkhuno saṅghena tajjanīyakammaṃ paṭippassaddhaṃ dhammapatirūpakena vaggehi. Handassa mayaṃ tajjanīyakammaṃ paṭippassambhemā"ti. Te tassa tajjanīyakammaṃ paṭippassambhenti – dhammapatirūpakena samaggā.

419. Idha pana, bhikkhave, bhikkhu saṅghena tajjanīyakammakato sammā vattati, lomaṃ pāteti, netthāraṃ vattati, tajjanīyassa kammassa paṭippassaddhiṃ yācati. Tatra ce bhikkhūnaṃ evaṃ hoti – "ayaṃ kho, āvuso, bhikkhu saṅghena tajjanīyakammakato sammā vattati, lomaṃ pāteti, netthāraṃ vattati, tajjanīyassa kammassa paṭippassaddhiṃ yācati. Handassa mayaṃ tajjanīyakammaṃ paṭippassambhemā"ti. Te tassa tajjanīyakammaṃ paṭippassambhenti – adhammena samaggā. So tamhā āvāsā aññaṃ āvāsaṃ gacchati. Tatthapi bhikkhūnaṃ evaṃ hoti – "imassa kho, āvuso, bhikkhuno

saṅghena tajjanīyakammaṃ paṭippassaddhaṃ adhammena samaggehi. Handassa mayaṃ tajjanīyakammaṃ paṭippassambhemā''ti. Te tassa tajjanīyakammaṃ paṭippassambhenti – dhammena vaggā. So tamhāpi āvāsā aññaṃ āvāsaṃ gacchati. Tatthapi bhikkhūnaṃ evaṃ hoti – ''imassa kho, āvuso, bhikkhuno saṅghena tajjanīyakammaṃ paṭippassaddhaṃ dhammena vaggehi. Handassa mayaṃ tajjanīyakammaṃ paṭippassambhemā''ti. Te tassa tajjanīyakammaṃ paṭippassambhenti – dhammapatirūpakena vaggā. So tamhāpi āvāsā aññaṃ āvāsaṃ gacchati. Tatthapi bhikkhūnaṃ evaṃ hoti – ''imassa kho, āvuso, bhikkhuno saṅghena tajjanīyakammaṃ paṭippassaddhaṃ dhammapatirūpakena vaggehi. Handassa mayaṃ tajjanīyakammaṃ paṭippassambhemā''ti. Te tassa tajjanīyakammaṃ paṭippassambhenti – dhammapatirūpakena samaggā. So tamhāpi āvāsā aññaṃ āvāsaṃ gacchati. Tatthapi bhikkhūnaṃ evaṃ hoti – ''imassa kho, āvuso, bhikkhuno saṅghena tajjanīyakammaṃ paṭippassaddhaṃ dhammapatirūpakena samaggehi. Handassa mayaṃ tajjanīyakammaṃ paṭippassambhemā''ti. Te tassa tajjanīyakammaṃ paṭippassambhenti – adhammena vaggā.

420. Idha pana, bhikkhave, bhikkhu saṅghena tajjanīyakammakato sammā vattati, lomaṃ pāteti, netthāraṃ vattati, tajjanīyassa kammassa paṭippassaddhiṃ yācati . Tatra ce bhikkhūnaṃ evaṃ hoti – ''ayaṃ kho, āvuso, bhikkhu saṅghena tajjanīyakammakato sammā vattati, lomaṃ pāteti, netthāraṃ vattati, tajjanīyassa kammassa paṭippassaddhiṃ yācati. Handassa mayaṃ tajjanīyakammaṃ paṭippassambhemā''ti. Te tassa tajjanīyakammaṃ paṭippassambhenti – dhammena vaggā. So tamhā āvāsā aññaṃ āvāsaṃ gacchati. Tatthapi bhikkhūnaṃ evaṃ hoti – ''imassa kho, āvuso, bhikkhuno saṅghena tajjanīyakammaṃ paṭippassaddhaṃ dhammena vaggehi. Handassa mayaṃ tajjanīyakammaṃ paṭippassambhemā''ti. Te tassa tajjanīyakammaṃ paṭippassambhenti – dhammapatirūpakena vaggā. So tamhāpi āvāsā aññaṃ āvāsaṃ gacchati. Tatthapi bhikkhūnaṃ evaṃ hoti – ''imassa kho, āvuso, bhikkhuno saṅghena tajjanīyakammaṃ paṭippassaddhaṃ dhammapatirūpakena vaggehi. Handassa mayaṃ tajjanīyakammaṃ paṭippassambhemā''ti. Te tassa tajjanīyakammaṃ paṭippassambhenti – dhammapatirūpakena samaggā. So tamhāpi āvāsā aññaṃ āvāsaṃ gacchati. Tatthapi bhikkhūnaṃ evaṃ hoti – ''imassa kho, āvuso, bhikkhuno saṅghena tajjanīyakammaṃ paṭippassaddhaṃ dhammapatirūpakena samaggehi. Handassa mayaṃ tajjanīyakammaṃ paṭippassambhemā''ti. Te tassa tajjanīyakammaṃ paṭippassambhenti – adhammena vaggā. So tamhāpi āvāsā aññaṃ āvāsaṃ gacchati. Tatthapi bhikkhūnaṃ evaṃ hoti – ''imassa kho, āvuso, bhikkhuno saṅghena tajjanīyakammaṃ paṭippassaddhaṃ adhammena vaggehi. Handassa mayaṃ tajjanīyakammaṃ paṭippassambhemā''ti. Te tassa tajjanīyakammaṃ paṭippassambhenti – adhammena samaggā.

421. Idha pana, bhikkhave, bhikkhu saṅghena tajjanīyakammakato sammā vattati, lomaṃ pāteti, netthāraṃ vattati, tajjanīyassa kammassa paṭippassaddhiṃ yācati. Tatra ce bhikkhūnaṃ evaṃ hoti – ''ayaṃ kho, āvuso, bhikkhu saṅghena tajjanīyakammakato sammā vattati, lomaṃ pāteti, netthāraṃ vattati, tajjanīyassa kammassa paṭippassaddhiṃ yācati. Handassa mayaṃ tajjanīyakammaṃ paṭippassambhemā''ti. Te tassa tajjanīyakammaṃ paṭippassambhenti – dhammapatirūpakena vaggā. So tamhā āvāsā aññaṃ āvāsaṃ gacchati. Tatthapi bhikkhūnaṃ evaṃ hoti – ''imassa kho, āvuso, bhikkhuno saṅghena tajjanīyakammaṃ paṭippassaddhaṃ dhammapatirūpakena vaggehi. Handassa mayaṃ tajjanīyakammaṃ paṭippassambhemā''ti. Te tassa tajjanīyakammaṃ paṭippassambhenti – dhammapatirūpakena samaggā. So tamhāpi āvāsā aññaṃ āvāsaṃ gacchati. Tatthapi bhikkhūnaṃ evaṃ hoti – ''imassa kho, āvuso, bhikkhuno saṅghena tajjanīyakammaṃ paṭippassaddhaṃ dhammapatirūpakena samaggehi. Handassa mayaṃ tajjanīyakammaṃ paṭippassambhemā''ti. Te tassa tajjanīyakammaṃ paṭippassambhenti – adhammena vaggā. So tamhāpi āvāsā aññaṃ āvāsaṃ gacchati. Tatthapi bhikkhūnaṃ evaṃ hoti – ''imassa kho, āvuso, bhikkhuno saṅghena tajjanīyakammaṃ paṭippassaddhaṃ adhammena vaggehi. Handassa mayaṃ tajjanīyakammaṃ paṭippassambhemā''ti. Te tassa tajjanīyakammaṃ paṭippassambhenti – adhammena samaggā. So tamhāpi āvāsā aññaṃ āvāsaṃ gacchati. Tatthapi bhikkhūnaṃ evaṃ hoti – ''imassa kho, āvuso, bhikkhuno saṅghena tajjanīyakammaṃ paṭippassaddhaṃ adhammena samaggehi. Handassa mayaṃ tajjanīyakammaṃ paṭippassambhemā''ti. Te tassa tajjanīyakammaṃ paṭippassambhenti – dhammena vaggā.

422. Idha pana, bhikkhave, bhikkhu saṅghena tajjanīyakammakato sammā vattati, lomaṃ pāteti, netthāraṃ vattati, tajjanīyassa kammassa paṭippassaddhiṃ yācati. Tatra ce bhikkhūnaṃ evaṃ hoti – ''ayaṃ kho, āvuso, bhikkhu saṅghena tajjanīyakammakato sammā vattati, lomaṃ pāteti, netthāraṃ vattati, tajjanīyassa kammassa paṭippassaddhiṃ yācati. Handassa mayaṃ tajjanīyakammaṃ paṭippassambhemā''ti. Te tassa tajjanīyakammaṃ paṭippassambhenti – dhammapatirūpakena samaggā. So tamhā āvāsā aññaṃ āvāsaṃ gacchati. Tatthapi bhikkhūnaṃ evaṃ hoti – ''imassa kho, āvuso, bhikkhuno saṅghena tajjanīyakammaṃ paṭippassaddhaṃ dhammapatirūpakena samaggehi. Handassa mayaṃ tajjanīyakammaṃ paṭippassambhemā''ti. Te tassa tajjanīyakammaṃ paṭippassambhenti – adhammena vaggā. So tamhāpi āvāsā aññaṃ āvāsaṃ gacchati. Tatthapi bhikkhūnaṃ evaṃ hoti – ''imassa kho, āvuso, bhikkhuno saṅghena tajjanīyakammaṃ paṭippassaddhaṃ adhammena vaggehi. Handassa mayaṃ tajjanīyakammaṃ paṭippassambhemā''ti. Te tassa tajjanīyakammaṃ paṭippassambhenti – adhammena samaggā. So tamhāpi āvāsā aññaṃ āvāsaṃ gacchati. Tatthapi

bhikkhūnaṃ evaṃ hoti – "imassa kho, āvuso, bhikkhuno saṅghena tajjanīyakammaṃ paṭippassaddhaṃ adhammena samaggehi. Handassa mayaṃ tajjanīyakammaṃ paṭippassambhemā''ti. Te tassa tajjanīyakammaṃ paṭippassambhenti – dhammena vaggā. So tamhāpi āvāsā aññaṃ āvāsaṃ gacchati. Tatthapi bhikkhūnaṃ evaṃ hoti – "imassa kho, āvuso, bhikkhuno saṅghena tajjanīyakammaṃ paṭippassaddhaṃ dhammena vaggehi. Handassa mayaṃ tajjanīyakammaṃ paṭippassambhemā''ti. Te tassa tajjanīyakammaṃ paṭippassambhenti – dhammapatirūpakena vaggā.

Tajjanīyakammapaṭippassaddhikathā niṭṭhitā.

250. Niyassakammapaṭippassaddhikathā

423. Idha pana, bhikkhave, bhikkhu saṅghena niyassakammakato sammā vattati, lomaṃ pāteti, netthāraṃ vattati, niyassassa kammassa paṭippassaddhiṃ yācati. Tatra ce bhikkhūnaṃ evaṃ hoti – "ayaṃ kho, āvuso, bhikkhu saṅghena niyassakammakato sammā vattati, lomaṃ pāteti, netthāraṃ vattati, niyassassa kammassa paṭippassaddhiṃ yācati. Handassa mayaṃ niyassakammaṃ paṭippassambhemā''ti. Te tassa niyassakammaṃ paṭippassambhenti – adhammena vaggā. So tamhā āvāsā aññaṃ āvāsaṃ gacchati. Tatthapi bhikkhūnaṃ evaṃ hoti – "imassa kho, āvuso, bhikkhuno saṅghena niyassakammaṃ paṭippassaddhaṃ adhammena vaggehi. Handassa mayaṃ niyassakammaṃ paṭippassambhemā''ti. Te tassa niyassakammaṃ paṭippassambhenti – adhammena samaggā...pe... dhammena vaggā... dhammapatirūpakena vaggā... dhammapatirūpakena samaggā...pe....

Cakkaṃ kātabbaṃ.

Niyassakammapaṭippassaddhikathā niṭṭhitā.

251. Pabbājanīyakammapaṭippassaddhikathā

424. Idha pana, bhikkhave, bhikkhu saṅghena pabbājanīyakammakato sammā vattati, lomaṃ pāteti, netthāraṃ vattati, pabbājanīyassa kammassa paṭippassaddhiṃ yācati. Tatra ce bhikkhūnaṃ evaṃ hoti – "ayaṃ kho, āvuso, bhikkhu saṅghena pabbājanīyakammakato sammā vattati, lomaṃ pāteti, netthāraṃ vattati, pabbājanīyassa kammassa paṭippassaddhiṃ yācati. Handassa mayaṃ pabbājanīyakammaṃ paṭippassambhemā''ti. Te tassa pabbājanīyakammaṃ paṭippassambhenti – adhammena vaggā. So tamhā āvāsā aññaṃ āvāsaṃ gacchati. Tatthapi bhikkhūnaṃ evaṃ hoti – "imassa kho, āvuso, bhikkhuno saṅghena pabbājanīyakammaṃ paṭippassaddhaṃ adhammena vaggehi. Handassa mayaṃ pabbājanīyakammaṃ paṭippassambhemā''ti. Te tassa pabbājanīyakammaṃ paṭippassambhenti – adhammena samaggā...pe... dhammena vaggā... dhammapatirūpakena vaggā... dhammapatirūpakena samaggā...pe....

Cakkaṃ kātabbaṃ.

Pabbājanīyakammapaṭippassaddhikathā niṭṭhitā.

252. Paṭisāraṇīyakammapaṭippassaddhikathā

425. Idha pana, bhikkhave, bhikkhu saṅghena paṭisāraṇīyakammakato sammā vattati, lomaṃ pāteti, netthāraṃ vattati, paṭisāraṇīyassa kammassa paṭippassaddhiṃ yācati. Tatra ce bhikkhūnaṃ evaṃ hoti – "ayaṃ kho, āvuso, bhikkhu saṅghena paṭisāraṇīyakammakato sammā vattati, lomaṃ pāteti, netthāraṃ vattati, paṭisāraṇīyassa kammassa paṭippassaddhiṃ yācati. Handassa mayaṃ paṭisāraṇīyakammaṃ paṭippassambhemā''ti. Te tassa paṭisāraṇīyakammaṃ paṭippassambhenti – adhammena vaggā. So tamhā āvāsā aññaṃ āvāsaṃ gacchati. Tatthapi bhikkhūnaṃ evaṃ hoti – "imassa kho, āvuso, bhikkhuno saṅghena paṭisāraṇīyakammaṃ paṭippassaddhaṃ adhammena vaggehi. Handassa mayaṃ paṭisāraṇīyakammaṃ paṭippassambhemā''ti. Te tassa paṭisāraṇīyakammaṃ paṭippassambhenti – adhammena samaggā...pe... dhammena vaggā... dhammapatirūpakena vaggā... dhammapatirūpakena samaggā...pe....

Cakkaṃ kātabbaṃ.

Paṭisāraṇīyakammapaṭippassaddhikathā niṭṭhitā.

253. Adassane ukkhepanīyakammapaṭippassaddhikathā

426. Idha pana, bhikkhave, bhikkhu saṅghena āpattiyā adassane ukkhepanīyakammakato sammā vattati, lomaṃ pāteti, netthāraṃ vattati, āpattiyā adassane ukkhepanīyassa kammassa paṭippassaddhiṃ yācati. Tatra ce bhikkhūnaṃ evaṃ hoti – "ayaṃ kho, āvuso, bhikkhu saṅghena āpattiyā adassane ukkhepanīyakammakato sammā vattati, lomaṃ pāteti, netthāraṃ vattati, āpattiyā adassane ukkhepanīyassa kammassa paṭippassaddhiṃ yācati. Handassa mayaṃ āpattiyā adassane ukkhepanīyakammaṃ paṭippassambhemā''ti. Te tassa āpattiyā adassane ukkhepanīyakammaṃ paṭippassambhenti – adhammena vaggā. So tamhā āvāsā aññaṃ āvāsaṃ gacchati. Tatthapi bhikkhūnaṃ evaṃ hoti – "imassa kho, āvuso, bhikkhuno saṅghena āpattiyā adassane ukkhepanīyakammaṃ paṭippassaddhaṃ adhammena vaggehi. Handassa mayaṃ āpattiyā adassane ukkhepanīyakammaṃ paṭippassambhemā''ti. Te tassa āpattiyā adassane ukkhepanīyakammaṃ paṭippassambhenti – adhammena samaggā...pe... dhammena vaggā... dhammapatirūpakena vaggā... dhammapatirūpakena samaggā...pe....

Cakkaṃ kātabbaṃ.

Adassane ukkhepanīyakammapaṭippassaddhikathā niṭṭhitā.

254. Appaṭikamme ukkhepanīyakammapaṭippassaddhikathā

427. Idha pana, bhikkhave, bhikkhu saṅghena āpattiyā appaṭikamme ukkhepanīyakammakato sammā vattati, lomaṃ pāteti, netthāraṃ vattati, āpattiyā appaṭikamme ukkhepanīyassa kammassa paṭippassaddhiṃ yācati. Tatra ce bhikkhūnaṃ evaṃ hoti – ''ayaṃ kho, āvuso, bhikkhu saṅghena āpattiyā appaṭikamme ukkhepanīyakammakato sammā vattati, lomaṃ pāteti, netthāraṃ vattati, āpattiyā appaṭikamme ukkhepanīyassa kammassa paṭippassaddhiṃ yācati. Handassa mayaṃ āpattiyā appaṭikamme ukkhepanīyakammaṃ paṭippassambhemā''ti. Te tassa āpattiyā appaṭikamme ukkhepanīyakammaṃ paṭippassambhenti – adhammena vaggā. So tamhā āvāsā aññaṃ āvāsaṃ gacchati. Tatthapi bhikkhūnaṃ evaṃ hoti – ''imassa kho, āvuso, bhikkhuno saṅghena āpattiyā appaṭikamme ukkhepanīyakammaṃ paṭippassaddhaṃ – adhammena vaggehi. Handassa mayaṃ āpattiyā appaṭikamme ukkhepanīyakammaṃ paṭippassambhemā''ti. Te tassa āpattiyā appaṭikamme ukkhepanīyakammaṃ paṭippassambhenti – adhammena samaggā...pe... dhammena vaggā... dhammapatirūpakena vaggā... dhammapatirūpakena samaggā...pe....

Cakkaṃ kātabbaṃ.

Appaṭikamme ukkhepanīyakammapaṭippassaddhikathā niṭṭhitā.

255. Appaṭinissagge ukkhepanīyakammapaṭippassaddhikathā

428. Idha pana, bhikkhave, bhikkhu saṅghena pāpikāya diṭṭhiyā appaṭinissagge ukkhepanīyakammakato sammā vattati, lomaṃ pāteti, netthāraṃ vattati, pāpikāya diṭṭhiyā appaṭinissagge ukkhepanīyassa kammassa paṭippassaddhiṃ yācati. Tatra ce bhikkhūnaṃ evaṃ hoti – ''ayaṃ kho, āvuso, bhikkhu saṅghena pāpikāya diṭṭhiyā appaṭinissagge ukkhepanīyakammakato sammā vattati, lomaṃ pāteti, netthāraṃ vattati, pāpikāya diṭṭhiyā appaṭinissagge ukkhepanīyassa kammassa paṭippassaddhiṃ yācati. Handassa mayaṃ pāpikāya diṭṭhiyā appaṭinissagge ukkhepanīyakammaṃ paṭippassambhemā''ti. Te tassa pāpikāya diṭṭhiyā appaṭinissagge ukkhepanīyakammaṃ paṭippassambhenti – adhammena vaggā. So tamhā āvāsā aññaṃ āvāsaṃ gacchati. Tatthapi bhikkhūnaṃ evaṃ hoti – ''imassa kho, āvuso, bhikkhuno saṅghena pāpikāya diṭṭhiyā appaṭinissagge ukkhepanīyakammaṃ paṭippassaddhaṃ – adhammena vaggehi. Handassa mayaṃ pāpikāya diṭṭhiyā appaṭinissagge ukkhepanīyakammaṃ paṭippassambhemā''ti. Te tassa pāpikāya diṭṭhiyā appaṭinissagge ukkhepanīyakammaṃ paṭippassambhenti... adhammena samaggā...pe... dhammena vaggā... dhammapatirūpakena vaggā... dhammapatirūpakena samaggā...pe....

Cakkaṃ kātabbaṃ.

Appaṭinissagge ukkhepanīyakammapaṭippassaddhikathā niṭṭhitā.

256. Tajjanīyakammavivādakathā

429. Idha pana, bhikkhave, bhikkhu bhaṇḍanakārako hoti kalahakārako vivādakārako bhassakārako saṅghe adhikaraṇakārako. Tatra ce bhikkhūnaṃ evaṃ hoti – ''ayaṃ kho, āvuso, bhikkhu bhaṇḍanakārako...pe... saṅghe adhikaraṇakārako. Handassa mayaṃ tajjanīyakammaṃ karomā''ti. Te tassa tajjanīyakammaṃ karonti – adhammena vaggā. Tatraṭṭho saṅgho vivadati – ''adhammena vaggakammaṃ, adhammena samaggakammaṃ, dhammena vaggakammaṃ, dhammapatirūpakena vaggakammaṃ, dhammapatirūpakena samaggakammaṃ, akataṃ kammaṃ dukkaṭaṃ kammaṃ puna kātabbaṃ kamma''nti. Tatra, bhikkhave, ye te bhikkhū evamāhaṃsu – ''adhammena vaggakamma''nti, ye ca te bhikkhū evamāhaṃsu – ''akataṃ kammaṃ dukkaṭaṃ kammaṃ puna kātabbaṃ kamma''nti, ime tattha bhikkhū dhammavādino.

430. Idha pana, bhikkhave, bhikkhu bhaṇḍanakārako hoti...pe... saṅghe adhikaraṇakārako. Tatra ce bhikkhūnaṃ evaṃ hoti – ''ayaṃ kho, āvuso, bhikkhu bhaṇḍanakārako...pe... saṅghe adhikaraṇakārako. Handassa mayaṃ tajjanīyakammaṃ karomā''ti. Te tassa tajjanīyakammaṃ karonti – adhammena samaggā. Tatraṭṭho saṅgho vivadati – ''adhammena vaggakammaṃ, adhammena samaggakammaṃ, dhammena vaggakammaṃ, dhammapatirūpakena vaggakammaṃ, dhammapatirūpakena samaggakammaṃ, akataṃ kammaṃ dukkaṭaṃ kammaṃ puna kātabbaṃ kamma''nti. Tatra, bhikkhave, ye te bhikkhū evamāhaṃsu – ''adhammena samaggakamma''nti, ye ca te bhikkhū evamāhaṃsu – ''akataṃ kammaṃ dukkaṭaṃ kammaṃ puna kātabbaṃ kamma''nti, ime tattha bhikkhū dhammavādino.

431. Idha pana, bhikkhave, bhikkhu bhaṇḍanakārako hoti...pe... saṅghe adhikaraṇakārako. Tatra ce bhikkhūnaṃ evaṃ hoti – ''ayaṃ kho, āvuso, bhikkhu bhaṇḍanakārako...pe... saṅghe adhikaraṇakārako handassa mayaṃ tajjanīyakammaṃ karomā''ti. Te tassa tajjanīyakammaṃ karonti – dhammena vaggā. Tatraṭṭho saṅgho vivadati – ''adhammena vaggakammaṃ, adhammena samaggakammaṃ, dhammena vaggakammaṃ, dhammapatirūpakena vaggakammaṃ, dhammapatirūpakena samaggakammaṃ, akataṃ kammaṃ dukkaṭaṃ kammaṃ puna kātabbaṃ kamma''nti. Tatra, bhikkhave, ye te bhikkhū evamāhaṃsu – ''dhammena vaggakamma''nti, ye ca te bhikkhū evamāhaṃsu – ''akataṃ kammaṃ dukkaṭaṃ kammaṃ puna kātabbaṃ kamma''nti, ime tattha bhikkhū dhammavādino.

432. Idha pana, bhikkhave, bhikkhu bhaṇḍanakārako hoti...pe... saṅghe adhikaraṇakārako. Tatra ce bhikkhūnaṃ evaṃ hoti – ''ayaṃ kho, āvuso, bhikkhu bhaṇḍanakārako...pe... saṅghe adhikaraṇakārako. Handassa mayaṃ tajjanīyakammaṃ karomā''ti. Te tassa tajjanīyakammaṃ karonti –

dhammapatirūpakena vaggā. Tatraṭṭho saṅgho vivadati – ''adhammena vaggakammaṃ, adhammena samaggakammaṃ, dhammena vaggakammaṃ, dhammapatirūpakena vaggakammaṃ, dhammapatirūpakena samaggakammaṃ, akataṃ kammaṃ dukkaṭaṃ kammaṃ puna kātabbaṃ kamma''nti. Tatra, bhikkhave, ye te bhikkhū evamāhaṃsu – ''dhammapatirūpakena samaggakamma''nti, ye ca te bhikkhū evamāhaṃsu – ''akataṃ kammaṃ dukkaṭaṃ kammaṃ puna kātabbaṃ kamma''nti, ime tattha bhikkhū dhammavādino.

433. Idha pana, bhikkhave, bhikkhu bhaṇḍanakārako hoti...pe... saṅghe adhikaraṇakārako. Tatra ce bhikkhūnaṃ evaṃ hoti – ''ayaṃ kho, āvuso, bhikkhu bhaṇḍanakārako hoti...pe... saṅghe adhikaraṇakārako. Handassa mayaṃ tajjanīyakammaṃ karomā''ti. Te tassa tajjanīyakammaṃ karonti – dhammapatirūpakena samaggā. Tatraṭṭho saṅgho vivadati – ''adhammena vaggakammaṃ, adhammena samaggakammaṃ, dhammena vaggakammaṃ, dhammapatirūpakena vaggakammaṃ, dhammapatirūpakena samaggakammaṃ, akataṃ kammaṃ dukkaṭaṃ kammaṃ puna kātabbaṃ kamma''nti. Tatra, bhikkhave, ye te bhikkhū evamāhaṃsu – ''dhammapatirūpakena samaggakamma''nti, ye ca te bhikkhū evamāhaṃsu – ''akataṃ kammaṃ dukkaṭaṃ kammaṃ puna kātabbaṃ kamma''nti, ime tattha bhikkhū dhammavādino.

Tajjanīyakammavivādakathā niṭṭhitā.

257. Niyassakammavivādakathā

434. Idha pana, bhikkhave, bhikkhu bālo hoti abyatto āpattibahulo anapadāno, gihisaṃsaṭṭho viharati ananulomikehi gihisaṃsaggehi. Tatra ce bhikkhūnaṃ evaṃ hoti – ''ayaṃ kho, āvuso, bhikkhu bālo abyatto āpattibahulo anapadāno, gihisaṃsaṭṭho viharati ananulomikehi gihisaṃsaggehi. Handassa mayaṃ niyassakammaṃ karomā''ti. Te tassa niyassakammaṃ karonti – adhammena vaggā...pe... adhammena samaggā... dhammena vaggā... dhammapatirūpakena vaggā... dhammapatirūpakena samaggā. Tatraṭṭho saṅgho vivadati – ''adhammena vaggakammaṃ, adhammena samaggakammaṃ, dhammena vaggakammaṃ, dhammapatirūpakena vaggakammaṃ , dhammapatirūpakena samaggakammaṃ, akataṃ kammaṃ dukkaṭaṃ kammaṃ puna kātabbaṃ kamma''nti. Tatra, bhikkhave, ye te bhikkhū evamāhaṃsu – ''dhammapatirūpakena samaggakamma''nti, ye ca te bhikkhū evamāhaṃsu– ''akataṃ kammaṃ dukkaṭaṃ kammaṃ puna kātabbaṃ kamma''nti, ime tattha bhikkhū dhammavādino. Ime pañca vārā saṃkhittā.

Niyassakammavivādakathā niṭṭhitā.

258. Pabbājanīyakammavivādakathā

435. Idha pana, bhikkhave, bhikkhu kuladūsako hoti pāpasamācāro. Tatra ce bhikkhūnaṃ evaṃ hoti – ''ayaṃ kho, āvuso, bhikkhu kuladūsako pāpasamācāro. Handassa mayaṃ pabbājanīyakammaṃ karomā''ti. Te tassa pabbājanīyakammaṃ karonti – adhammena vaggā...pe... adhammena samaggā... dhammena vaggā... dhammapatirūpakena vaggā... dhammapatirūpakena samaggā. Tatraṭṭho saṅgho vivadati – ''adhammena vaggakammaṃ, adhammena samaggakammaṃ, dhammena vaggakammaṃ, dhammapatirūpakena vaggakammaṃ, dhammapatirūpakena samaggakammaṃ, akataṃ kammaṃ dukkaṭaṃ kammaṃ puna kātabbaṃ kamma''nti. Tatra, bhikkhave, ye te bhikkhū evamāhaṃsu – ''dhammapatirūpakena samaggakamma''nti ye ca te bhikkhū evamāhaṃsu – ''akataṃ kammaṃ dukkaṭaṃ kammaṃ puna kātabbaṃ kamma''nti, ime tattha bhikkhū dhammavādino. Ime pañca vārā saṃkhittā.

Pabbājanīyakammavivādakathā niṭṭhitā.

259. Paṭisāraṇīyakammavivādakathā

436. Idha pana, bhikkhave, bhikkhu gihī akkosati paribhāsati. Tatra ce bhikkhūnaṃ evaṃ hoti – ''ayaṃ kho, āvuso, bhikkhu gihī akkosati paribhāsati. Handassa mayaṃ paṭisāraṇīyakammaṃ karomā''ti. Te tassa paṭisāraṇīyakammaṃ karonti – adhammena vaggā...pe... adhammena samaggā... dhammena vaggā... dhammapatirūpakena vaggā... dhammapatirūpakena samaggā. Tatraṭṭho saṅgho vivadati – ''adhammena vaggakammaṃ, adhammena samaggakammaṃ, dhammena vaggakammaṃ, dhammapatirūpakena vaggakammaṃ, dhammapatirūpakena samaggakammaṃ, akataṃ kammaṃ dukkaṭaṃ kammaṃ puna kātabbaṃ kamma''nti. Tatra, bhikkhave, ye te bhikkhū evamāhaṃsu – ''dhammapatirūpakena samaggakamma''nti, ye ca te bhikkhū evamāhaṃsu – ''akataṃ kammaṃ dukkaṭaṃ kammaṃ puna kātabbaṃ kamma''nti, ime tattha bhikkhū dhammavādino. Ime pañca vārā saṃkhittā.

Paṭisāraṇīyakammavivādakathā niṭṭhitā.

260. Adassane ukkhepanīyakammavivādakathā

437. Idha pana, bhikkhave, bhikkhu āpattiṃ āpajjitvā na icchati āpattiṃ passituṃ. Tatra ce bhikkhūnaṃ evaṃ hoti – ''ayaṃ kho, āvuso, bhikkhu āpattiṃ āpajjitvā na icchati āpattiṃ passituṃ. Handassa mayaṃ āpattiyā adassane ukkhepanīyakammaṃ karomā''ti. Te tassa āpattiyā adassane ukkhepanīyakammaṃ karonti – adhammena vaggā...pe... adhammena samaggā... dhammena vaggā... dhammapatirūpakena vaggā... dhammapatirūpakena samaggā. Tatraṭṭho saṅgho vivadati – ''adhammena vaggakammaṃ, adhammena samaggakammaṃ, dhammena vaggakammaṃ, dhammapatirūpakena vaggakammaṃ,

dhammapatirūpakena samaggakammaṃ, akataṃ kammaṃ dukkaṭaṃ kammaṃ puna kātabbaṃ kamma''nti. Tatra, bhikkhave, ye te bhikkhū evamāhaṃsu – ''dhammapatirūpakena samaggakamma''nti, ye ca te bhikkhū evamāhaṃsu – ''akataṃ kammaṃ dukkaṭaṃ kammaṃ puna kātabbaṃ kamma''nti, ime tattha bhikkhū dhammavādino. Ime pañca vārā saṃkhittā.

Adassane ukkhepanīyakammavivādakathā niṭṭhitā.

261. Appaṭikamme ukkhepanīyakammavivādakathā

438. Idha pana, bhikkhave, bhikkhu āpattiṃ āpajjitvā na icchati āpattiṃ paṭikātuṃ. Tatra ce bhikkhūnaṃ evaṃ hoti – ''ayaṃ kho, āvuso, bhikkhu āpattiṃ āpajjitvā na icchati āpattiṃ paṭikātuṃ. Handassa mayaṃ āpattiyā appaṭikamme ukkhepanīyakammaṃ karomā''ti. Te tassa āpattiyā appaṭikamme ukkhepanīyakammaṃ karonti – adhammena vaggā...pe... adhammena samaggā... dhammena vaggā... dhammapatirūpakena vaggā... dhammapatirūpakena samaggā. Tatraṭṭho saṅgho vivadati – ''adhammena vaggakammaṃ, adhammena samaggakammaṃ, dhammena vaggakammaṃ, dhammapatirūpakena vaggakammaṃ, dhammapatirūpakena samaggakammaṃ, akataṃ kammaṃ dukkaṭaṃ kammaṃ puna kātabbaṃ kamma''nti. Tatra, bhikkhave, ye te bhikkhū evamāhaṃsu – ''dhammapatirūpakena samaggakamma''nti; ye ca te bhikkhū evamāhaṃsu – ''akataṃ kammaṃ dukkaṭaṃ kammaṃ puna kātabbaṃ kamma''nti, ime tattha bhikkhū dhammavādino. Ime pañca vārā saṃkhittā.

Appaṭikamme ukkhepanīyakammavivādakathā niṭṭhitā.

262. Appaṭinissagge ukkhepanīyakammavivādakathā

439. Idha pana, bhikkhave, bhikkhu na icchati pāpikaṃ diṭṭhiṃ paṭinissajjituṃ. Tatra ce bhikkhūnaṃ evaṃ hoti – ''ayaṃ kho, āvuso, bhikkhu na icchati pāpikaṃ diṭṭhiṃ paṭinissajjituṃ. Handassa mayaṃ pāpikāya diṭṭhiyā appaṭinissagge ukkhepanīyakammaṃ karomā''ti. Te tassa pāpikāya diṭṭhiyā appaṭinissagge ukkhepanīyakammaṃ karonti – adhammena vaggā...pe... adhammena samaggā... dhammena vaggā... dhammapatirūpakena vaggā... dhammapatirūpakena samaggā. Tatraṭṭho saṅgho vivadati – ''adhammena vaggakammaṃ, adhammena samaggakammaṃ, dhammena vaggakammaṃ, dhammapatirūpakena vaggakammaṃ, dhammapatirūpakena samaggakammaṃ, akataṃ kammaṃ dukkaṭaṃ kammaṃ puna kātabbaṃ kamma''nti. Tatra, bhikkhave, ye te bhikkhū evamāhaṃsu – ''dhammapatirūpakena samaggakamma''nti, ye ca te bhikkhū evamāhaṃsu – ''akataṃ kammaṃ dukkaṭaṃ kammaṃ puna kātabbaṃ kamma''nti, ime tattha bhikkhū dhammavādino. Ime pañca vārā saṃkhittā.

Appaṭinissagge ukkhepanīyakammavivādakathā niṭṭhitā.

263. Tajjanīyakammapaṭippassaddhikathā

440. Idha pana, bhikkhave, bhikkhu saṅghena tajjanīyakammakato sammā vattati, lomaṃ pāteti, netthāraṃ vattati, tajjanīyassa kammassa paṭippassaddhiṃ yācati. Tatra ce bhikkhūnaṃ evaṃ hoti – ''ayaṃ kho, āvuso, bhikkhu saṅghena tajjanīyakammakato sammā vattati, lomaṃ pāteti, netthāraṃ vattati, tajjanīyassa kammassa paṭippassaddhiṃ yācati. Handassa mayaṃ tajjanīyakammaṃ paṭippassambhemā''ti. Te tassa tajjanīyakammaṃ paṭippassambhenti – adhammena vaggā. Tatraṭṭho saṅgho vivadati – ''adhammena vaggakammaṃ, adhammena samaggakammaṃ, dhammena vaggakammaṃ, dhammapatirūpakena vaggakammaṃ, dhammapatirūpakena samaggakammaṃ, akataṃ kammaṃ dukkaṭaṃ kammaṃ puna kātabbaṃ kamma''nti. Tatra, bhikkhave, ye te bhikkhū evamāhaṃsu – ''adhammena vaggakamma''nti, ye ca te bhikkhū evamāhaṃsu – ''akataṃ kammaṃ dukkaṭaṃ kammaṃ puna kātabbaṃ kamma''nti, ime tattha bhikkhū dhammavādino.

441. Idha pana, bhikkhave, bhikkhu saṅghena tajjanīyakammakato sammā vattati, lomaṃ pāteti, netthāraṃ vattati, tajjanīyassa kammassa paṭippassaddhiṃ yācati. Tatra ce bhikkhūnaṃ evaṃ hoti – ''ayaṃ kho, āvuso, bhikkhu saṅghena tajjanīyakammakato sammā vattati, lomaṃ pāteti, netthāraṃ vattati, tajjanīyassa kammassa paṭippassaddhiṃ yācati. Handassa mayaṃ tajjanīyakammaṃ paṭippassambhemā''ti. Te tassa tajjanīyakammaṃ paṭippassambhenti – adhammena samaggā. Tatraṭṭho saṅgho vivadati – ''adhammena vaggakammaṃ, adhammena samaggakammaṃ, dhammena vaggakammaṃ, dhammapatirūpakena vaggakammaṃ, dhammapatirūpakena samaggakammaṃ, akataṃ kammaṃ dukkaṭaṃ kammaṃ puna kātabbaṃ kamma''nti. Tatra, bhikkhave, ye te bhikkhū evamāhaṃsu – ''adhammena samaggakamma''nti, ye ca te bhikkhū evamāhaṃsu – ''akataṃ kammaṃ dukkaṭaṃ kammaṃ puna kātabbaṃ kamma''nti, ime tattha bhikkhū dhammavādino.

442. Idha pana, bhikkhave, bhikkhu saṅghena tajjanīyakammakato sammā vattati, lomaṃ pāteti, netthāraṃ vattati, tajjanīyassa kammassa paṭippassaddhiṃ yācati. Tatra ce bhikkhūnaṃ evaṃ hoti – ''ayaṃ kho, āvuso , bhikkhu saṅghena tajjanīyakammakato sammā vattati, lomaṃ pāteti, netthāraṃ vattati, tajjanīyassa kammassa paṭippassaddhiṃ yācati. Handassa mayaṃ tajjanīyakammaṃ paṭippassambhemā''ti. Te tassa tajjanīyakammaṃ paṭippassambhenti – dhammena vaggā. Tatraṭṭho saṅgho vivadati – ''adhammena vaggakammaṃ, adhammena samaggakammaṃ, dhammena vaggakammaṃ, dhammapatirūpakena vaggakammaṃ, dhammapatirūpakena samaggakammaṃ, akataṃ kammaṃ dukkaṭaṃ kammaṃ puna kātabbaṃ kamma''nti. Tatra, bhikkhave, ye te bhikkhū evamāhaṃsu

– ''dhammena vaggakamma''nti ye ca te bhikkhū evamāhaṃsu – ''akataṃ kammaṃ dukkaṭaṃ kammaṃ puna kātabbaṃ kamma''nti, ime tattha bhikkhū dhammavādino.

443. Idha pana, bhikkhave, bhikkhu saṅghena tajjanīyakammakato sammā vattati, lomaṃ pāteti, netthāraṃ vattati, tajjanīyassa kammassa paṭippassaddhiṃ yācati. Tatra ce bhikkhūnaṃ evaṃ hoti – ''ayaṃ kho, āvuso, bhikkhu saṅghena tajjanīyakammakato sammā vattati, lomaṃ pāteti, netthāraṃ vattati, tajjanīyassa kammassa paṭippassaddhiṃ yācati. Handassa mayaṃ tajjanīyakammaṃ paṭippassambhemā''ti. Te tassa tajjanīyakammaṃ paṭippassambhenti – dhammapatirūpakena vaggā. Tatraṭṭho saṅgho vivadati – ''adhammena vaggakammaṃ, adhammena samaggakammaṃ, dhammena vaggakammaṃ, dhammapatirūpakena vaggakammaṃ, dhammapatirūpakena samaggakammaṃ, akataṃ kammaṃ dukkaṭaṃ kammaṃ puna kātabbaṃ kamma''nti. Tatra , bhikkhave, ye te bhikkhū evamāhaṃsu – ''dhammapatirūpakena vaggakamma''nti, ye ca te bhikkhū evamāhaṃsu – ''akataṃ kammaṃ dukkaṭaṃ kammaṃ puna kātabbaṃ kamma''nti, ime tattha bhikkhū dhammavādino.

444. Idha pana, bhikkhave, bhikkhu saṅghena tajjanīyakammakato sammā vattati, lomaṃ pāteti, netthāraṃ vattati, tajjanīyassa kammassa paṭippassaddhiṃ yācati. Tatra ce bhikkhūnaṃ evaṃ hoti – ''ayaṃ kho, āvuso, bhikkhu saṅghena tajjanīyakammakato sammā vattati, lomaṃ pāteti, netthāraṃ vattati, tajjanīyassa kammassa paṭippassaddhiṃ yācati. Handassa mayaṃ tajjanīyakammaṃ paṭippassambhemā''ti. Te tassa tajjanīyakammaṃ paṭippassambhenti – dhammapatirūpakena samaggā. Tatraṭṭho saṅgho vivadati – ''adhammena vaggakammaṃ, adhammena samaggakammaṃ, dhammena vaggakammaṃ, dhammapatirūpakena vaggakammaṃ, dhammapatirūpakena samaggakammaṃ, akataṃ kammaṃ dukkaṭaṃ kammaṃ puna kātabbaṃ kamma''nti. Tatra, bhikkhave, ye te bhikkhū evamāhaṃsu – ''dhammapatirūpakena samaggakamma''nti, ye ca te bhikkhū evamāhaṃsu – ''akataṃ kammaṃ dukkaṭaṃ kammaṃ puna kātabbaṃ kamma''nti, ime tattha bhikkhū dhammavādino.

Tajjanīyakammapaṭippassaddhikathā niṭṭhitā.

264. Niyassakammapaṭippassaddhikathā

445. Idha pana, bhikkhave, bhikkhu saṅghena niyassakammakato sammā vattati, lomaṃ pāteti, netthāraṃ vattati, niyassassa kammassa paṭippassaddhiṃ yācati. Tatra ce bhikkhūnaṃ evaṃ hoti – ''ayaṃ kho, āvuso, bhikkhu saṅghena niyassakammakato sammā vattati, lomaṃ pāteti, netthāraṃ vattati , niyassassa kammassa paṭippassaddhiṃ yācati. Handassa mayaṃ niyassakammaṃ paṭippassambhemā''ti. Te tassa niyassakammaṃ paṭippassambhenti – adhammena vaggā...pe... adhammena samaggā... dhammena vaggā... dhammapatirūpakena vaggā... dhammapatirūpakena samaggā. Tatraṭṭho saṅgho vivadati – ''adhammena vaggakammaṃ, adhammena samaggakammaṃ, dhammena vaggakammaṃ, dhammapatirūpakena vaggakammaṃ, dhammapatirūpakena samaggakammaṃ, akataṃ kammaṃ dukkaṭaṃ kammaṃ puna kātabbaṃ kamma''nti. Tatra, bhikkhave , ye te bhikkhū evamāhaṃsu – ''dhammapatirūpakena samaggakamma''nti, ye ca te bhikkhū evamāhaṃsu – ''akataṃ kammaṃ dukkaṭaṃ kammaṃ puna kātabbaṃ kamma''nti, ime tattha bhikkhū dhammavādino. Imepi [ime (sī. syā. evamuparipi)] pañca vārā saṃkhittā.

Niyassakammapaṭippassaddhikathā niṭṭhitā.

265. Pabbājanīyakammapaṭippassaddhikathā

446. Idha pana, bhikkhave, bhikkhu saṅghena pabbājanīyakammakato sammā vattati, lomaṃ pāteti, netthāraṃ vattati, pabbājanīyassa kammassa paṭippassaddhiṃ yācati. Tatra ce bhikkhūnaṃ evaṃ hoti – ''ayaṃ kho, āvuso, bhikkhu saṅghena pabbājanīyakammakato sammā vattati, lomaṃ pāteti, netthāraṃ vattati, pabbājanīyassa kammassa paṭippassaddhiṃ yācati. Handassa mayaṃ pabbājanīyakammaṃ paṭippassambhemā''ti. Te tassa pabbājanīyakammaṃ paṭippassambhenti – adhammena vaggā...pe... adhammena samaggā... dhammena vaggā... dhammapatirūpakena vaggā... dhammapatirūpakena samaggā. Tatraṭṭho saṅgho vivadati – ''adhammena vaggakammaṃ, adhammena samaggakammaṃ, dhammena vaggakammaṃ, dhammapatirūpakena vaggakammaṃ, dhammapatirūpakena samaggakammaṃ, akataṃ kammaṃ dukkaṭaṃ kammaṃ puna kātabbaṃ kamma''nti. Tatra, bhikkhave, ye te bhikkhū evamāhaṃsu – ''dhammapatirūpakena samaggakamma''nti, ye ca te bhikkhū evamāhaṃsu – ''akataṃ kammaṃ dukkaṭaṃ kammaṃ puna kātabbaṃ kamma''nti, ime tattha bhikkhū dhammavādino. Imepi pañca vārā saṃkhittā.

Pabbājanīyakammapaṭippassaddhikathā niṭṭhitā.

266. Paṭisāraṇīyakammapaṭippassaddhikathā

447. Idha pana, bhikkhave, bhikkhu saṅghena paṭisāraṇīyakammakato sammā vattati, lomaṃ pāteti, netthāraṃ vattati, paṭisāraṇīyassa kammassa paṭippassaddhiṃ yācati. Tatra ce bhikkhūnaṃ evaṃ hoti – ''ayaṃ kho, āvuso, bhikkhu saṅghena paṭisāraṇīyakammakato sammā vattati, lomaṃ pāteti, netthāraṃ vattati, paṭisāraṇīyassa kammassa paṭippassaddhiṃ yācati. Handassa mayaṃ paṭisāraṇīyakammaṃ paṭippassambhemā''ti. Te tassa paṭisāraṇīyakammaṃ paṭippassambhenti – adhammena vaggā...pe... adhammena samaggā... dhammena vaggā... dhammapatirūpakena vaggā... dhammapatirūpakena samaggā. Tatraṭṭho saṅgho vivadati – ''adhammena vaggakammaṃ, adhammena samaggakammaṃ,

dhammena vaggakammaṃ, dhammapatirūpakena vaggakammaṃ, dhammapatirūpakena samaggakammaṃ, akataṃ kammaṃ dukkaṭaṃ kammaṃ puna kātabbaṃ kamma''nti. Tatra, bhikkhave, ye te bhikkhū evamāhaṃsu – ''dhammapatirūpakena samaggakamma''nti, ye ca te bhikkhū evamāhaṃsu – ''akataṃ kammaṃ dukkaṭaṃ kammaṃ puna kātabbaṃ kamma''nti. Ime tattha bhikkhū dhammavādino. Imepi pañca vārā saṃkhittā.

Paṭisāraṇīyakammapaṭippassaddhikathā niṭṭhitā.

267. Adassane ukkhepanīyakammapaṭippassaddhikathā

448. Idha pana, bhikkhave, bhikkhu saṅghena āpattiyā adassane ukkhepanīyakammakato sammā vattati, lomaṃ pāteti, netthāraṃ vattati, āpattiyā adassane ukkhepanīyassa kammassa paṭippassaddhiṃ yācati. Tatra ce bhikkhūnaṃ evaṃ hoti – ''ayaṃ kho, āvuso, bhikkhu saṅghena āpattiyā adassane ukkhepanīyakammakato sammā vattati, lomaṃ pāteti, netthāraṃ vattati, āpattiyā adassane ukkhepanīyassa kammassa paṭippassaddhiṃ yācati. Handassa mayaṃ āpattiyā adassane ukkhepanīyakammaṃ paṭippassambhemā''ti. Te tassa āpattiyā adassane ukkhepanīyakammaṃ paṭippassambhenti – adhammena vaggā...pe... adhammena samaggā... dhammena vaggā... dhammapatirūpakena vaggā... dhammapatirūpakena samaggā. Tatraṭṭho saṅgho vivadati – ''adhammena vaggakammaṃ, adhammena samaggakammaṃ, dhammena vaggakammaṃ, dhammapatirūpakena vaggakammaṃ, dhammapatirūpakena samaggakammaṃ, akataṃ kammaṃ dukkaṭaṃ kammaṃ puna kātabbaṃ kamma''nti. Tatra, bhikkhave, ye te bhikkhū evamāhaṃsu – ''dhammapatirūpakena samaggakamma''nti, ye ca te bhikkhū evamāhaṃsu – ''akataṃ kammaṃ dukkaṭaṃ kammaṃ puna kātabbaṃ kamma''nti, ime tattha bhikkhū dhammavādino. Imepi pañca vārā saṃkhittā.

Adassane ukkhepanīyakammapaṭippassaddhikathā niṭṭhitā.

268. Appaṭikamme ukkhepanīyakammapaṭippassaddhikathā

449. Idha pana, bhikkhave, bhikkhu saṅghena āpattiyā appaṭikamme ukkhepanīyakammakato sammā vattati, lomaṃ pāteti, netthāraṃ vattati, āpattiyā appaṭikamme ukkhepanīyassa kammassa paṭippassaddhiṃ yācati. Tatra ce bhikkhūnaṃ evaṃ hoti – ''ayaṃ kho, āvuso, bhikkhu saṅghena āpattiyā appaṭikamme ukkhepanīyakammakato sammā vattati, lomaṃ pāteti, netthāraṃ vattati, āpattiyā appaṭikamme ukkhepanīyassa kammassa paṭippassaddhiṃ yācati. Handassa mayaṃ āpattiyā appaṭikamme ukkhepanīyakammaṃ paṭippassambhemā''ti. Te tassa āpattiyā appaṭikamme ukkhepanīyakammaṃ paṭippassambhenti – adhammena vaggā...pe... adhammena samaggā... dhammena vaggā... dhammapatirūpakena vaggā... dhammapatirūpakena samaggā. Tatraṭṭho saṅgho vivadati – ''adhammena vaggakammaṃ, adhammena samaggakammaṃ, dhammena vaggakammaṃ, dhammapatirūpakena vaggakammaṃ, dhammapatirūpakena samaggakammaṃ, akataṃ kammaṃ dukkaṭaṃ kammaṃ puna kātabbaṃ kamma''nti. Tatra, bhikkhave, ye te bhikkhū evamāhaṃsu – ''dhammapatirūpakena samaggakamma''nti, ye ca te bhikkhū evamāhaṃsu – ''akataṃ kammaṃ dukkaṭaṃ kammaṃ puna kātabbaṃ kamma''nti, ime tattha bhikkhū dhammavādino. Imepi pañca vārā saṃkhittā.

Appaṭikamme ukkhepanīyakammapaṭippassaddhikathā niṭṭhitā.

269. Appaṭinissagge ukkhepanīyakammapaṭippassaddhikathā

450. Idha pana, bhikkhave, bhikkhu saṅghena pāpikāya diṭṭhiyā appaṭinissagge ukkhepanīyakammakato sammā vattati, lomaṃ pāteti, netthāraṃ vattati, pāpikāya diṭṭhiyā appaṭinissagge ukkhepanīyassa kammassa paṭippassaddhiṃ yācati. Tatra ce bhikkhūnaṃ evaṃ hoti – ''ayaṃ kho, āvuso, bhikkhu saṅghena pāpikāya diṭṭhiyā appaṭinissagge ukkhepanīyakammakato sammā vattati, lomaṃ pāteti, netthāraṃ vattati, pāpikāya diṭṭhiyā appaṭinissagge ukkhepanīyassa kammassa paṭippassaddhiṃ yācati. Handassa mayaṃ pāpikāya diṭṭhiyā appaṭinissagge ukkhepanīyakammaṃ paṭippassambhemā''ti. Te tassa pāpikāya diṭṭhiyā appaṭinissagge ukkhepanīyakammaṃ paṭippassambhenti – adhammena vaggā...pe... adhammena samaggā... dhammena vaggā... dhammapatirūpakena vaggā... dhammapatirūpakena samaggā. Tatraṭṭho saṅgho vivadati – ''adhammena vaggakammaṃ, adhammena samaggakammaṃ, dhammena vaggakammaṃ, dhammapatirūpakena vaggakammaṃ, dhammapatirūpakena samaggakammaṃ, akataṃ kammaṃ dukkaṭaṃ kammaṃ puna kātabbaṃ kamma''nti. Tatra, bhikkhave, ye te bhikkhū evamāhaṃsu – ''dhammapatirūpakena samaggakamma''nti, ye ca te bhikkhū evamāhaṃsu – ''akataṃ kammaṃ dukkaṭaṃ kammaṃ puna kātabbaṃ kamma''nti, ime tattha bhikkhū dhammavādino. Imepi pañca vārā saṃkhittā.

Appaṭinissagge ukkhepanīyakammapaṭippassaddhikathā niṭṭhitā.

Campeyyakkhandhako navamo.

270. Tassuddānaṃ

Campāyaṃ Bhagavā āsi, vatthu vāsabhagāmake;
Āgantukānamussukkaṃ, akāsi icchitabbake [icchitabbako (ka.)].
Pakataññunoti ñatvā, ussukkaṃ na karī tadā;
Ukkhitto na karotīti, sāgamā jinasantike.
Adhammena vaggakammaṃ, samaggaṃ adhammena ca;

Dhammena vaggakammañca, patirūpakena vaggikaṃ.
Patirūpakena samaggaṃ, eko ukkhipatekakaṃ;
Eko ca dve sambahule, saṅghaṃ ukkhipatekako.
Duvepi sambahulāpi, saṅgho saṅghañca ukkhipi;
Sabbaññupavaro sutvā, adhammanti paṭikkhipi.
Ñattivipannaṃ yaṃ kammaṃ, sampannaṃ anusāvanaṃ;
Anussāvanavipannaṃ, sampannaṃ ñattiyā ca yaṃ.
Ubhayena vipannañca, aññatra dhammameva ca;
Vinayā satthu paṭikuṭṭhaṃ, kuppaṃ aṭṭhānārahikaṃ.
Adhammavaggaṃ samaggaṃ, dhamma patirūpāni ye duve;
Dhammeneva ca sāmaggiṃ, anuññāsi tathāgato.
Catuvaggo pañcavaggo, dasavaggo ca vīsati;
Parovīsativaggo ca [atirekavīsativaggo (syā.)], saṅgho pañcavidho tathā.
Ṭhapetvā upasampadaṃ, yañca kammaṃ pavāraṇaṃ;
Abbhānakammena saha, catuvaggehi kammiko.
Duve kamme ṭhapetvāna, majjhadesūpasampadaṃ;
Abbhānaṃ pañcavaggiko, sabbakammesu kammiko.
Abbhānekaṃ ṭhapetvāna, ye bhikkhū dasavaggikā;
Sabbakammakaro saṅgho, vīso sabbattha kammiko.
Bhikkhunī sikkhamānā, ca sāmaṇero sāmaṇerī;
Paccakkhātantimavatthū, ukkhittāpattidassane.
Appaṭikamme diṭṭhiyā, paṇḍako theyyasaṃvāsakaṃ;
Titthiyā tiracchānagataṃ, mātu pitu ca ghātakaṃ.
Arahaṃ bhikkhunīdūsi, bhedakaṃ lohituppādaṃ;
Byañjanaṃ nānāsaṃvāsaṃ, nānāsīmāya iddhiyā.
Yassa saṅgho kare kammaṃ, hontete catuvīsati;
Sambuddhena paṭikkhittā, na hete gaṇapūrakā.
Pārivāsikacatuttho, parivāsaṃ dadeyya vā;
Mūlā mānattamabbheyya, akammaṃ na ca karaṇaṃ.
Mūlā arahamānattā, abbhānārahameva ca;
Na kammakārakā pañca, sambuddhena pakāsitā.
Bhikkhunī sikkhamānā ca, sāmaṇero sāmaṇerikā;
Paccakkhantimaummattā, khittāvedanadassane.
Appaṭikamme diṭṭhiyā, paṇḍakāpi ca byañjanā [ito paraṃ syāmamūle diyaḍḍhagāthāhi abhabbapuggalā samattaṃ dassitā];
Nānāsaṃvāsakā sīmā, vehāsaṃ yassa kamma ca.
Aṭṭhārasannametesaṃ, paṭikkosaṃ na ruhati;
Bhikkhussa pakatattassa, ruhati paṭikkosanā.
Suddhassa dunnisārito, bālo hi sunissārito;
Paṇḍako theyyasaṃvāso, pakkanto tiracchānagato.
Mātu pitu arahanta, dūsako saṅghabhedako;
Lohituppādako ceva, ubhatobyañjano ca yo.
Ekādasannaṃ etesaṃ, osāraṇaṃ na yujjati;
Hatthapādaṃ tadubhayaṃ, kaṇṇanāsaṃ tadūbhayaṃ.
Aṅguli aḷakaṇḍaraṃ, phaṇaṃ khujjo ca vāmano;
Gaṇḍī lakkhaṇakasā, ca likhitako ca sīpadī.
Pāpā parisakāṇo ca, kuṇī khañjo hatopi ca;
Iriyāpathadubbalo, andho mūgo ca badhiro.
Andhamūgandhabadhiro mūgabadhirameva ca;
Andhamūgabadhiro ca, dvattiṃsete anūnakā.
Tesaṃ osāraṇaṃ hoti, sambuddhena pakāsitaṃ;
Daṭṭhabbā paṭikātabbā, nissajjetā na vijjati.
Tassa ukkhepanā kammā, satta honti adhammikā;
Āpannaṃ anuvattantaṃ, satta tepi adhammikā.
Āpannaṃ nānuvattantaṃ, satta kammā sudhammikā;
Sammukhā paṭipucchā ca, paṭiññāya ca kāraṇā.
Sati amūḷhapāpikā, tajjanīniyassena ca;
Pabbājanīya paṭisāro, ukkhepaparivāsa ca.
Mūlā mānattaabbhānā, tatheva upasampadā;
Aññaṃ kareyya aññassa, soḷasete adhammikā.

Taṃ taṃ kareyya taṃ tassa, soḷasete sudhammikā;
Paccāropeyya aññaññaṃ, soḷasete adhammikā.
Dve dve tammūlakaṃ tassa [dve dve mūlā katā kassa (syā.), dodotamūlakantassa (ka.)], tepi soḷasa dhammikā;
Ekekamūlakaṃ cakkaṃ, ''adhamma''nti jinobrvi.
Akāsi tajjanīyaṃ kammaṃ, saṅgho bhaṇḍanakārako;
Adhammena vaggakammaṃ, aññaṃ āvāsaṃ gacchi so.
Tatthādhammena samaggā, tassa tajjanīyaṃ karuṃ;
Aññattha vaggādhammena, tassa tajjanīyaṃ karuṃ.
Patirūpena vaggāpi, samaggāpi tathā karuṃ;
Adhammena samaggā ca, dhammena vaggameva ca.
Patirūpakena vaggā ca, samaggā ca ime padā;
Ekekamūlakaṃ katvā, cakkaṃ bandhe vicakkhaṇo.
Bālā byattassa niyassaṃ, pabbāje kuladūsakaṃ;
Paṭisāraṇīyaṃ kammaṃ, kare akkosakassa ca.
Adassanāppaṭikamme , yo ca diṭṭhiṃ na nissajje;
Tesaṃ ukkhepanīyakammaṃ, satthavāhena bhāsitaṃ.
Upari nayakammānaṃ [upavinayakammānaṃ (syā.), ukkhepanīyakammānaṃ (ka.)] pañño tajjanīyaṃ naye;
Tesaṃyeva anulomaṃ, sammā vattati yācite [yācati (syā.), yācito (sī.)].
Passaddhi tesaṃ kammānaṃ, heṭṭhā kammanayena ca;
Tasmiṃ tasmiṃ tu kammesu, tatraṭṭho ca vivadati.
Akataṃ dukkaṭañceva, punakātabbakanti ca;
Kamme passaddhiyā cāpi, te bhikkhū dhammavādino.
Vipattibyādhite disvā, kammappatte mahāmuni;
Paṭippassaddhimakkhāsi, sallakattova osadhanti.
Imamhi khandhake vatthūni chattiṃsāti.
Campeyyakkhandhako niṭṭhito.
10. Kosambakakkhandhako
271. Kosambakavivādakathā
451. Tena samayena buddho Bhagavā kosambiyaṃ viharati ghositārāme. Tena kho pana samayena aññataro bhikkhu āpattiṃ āpanno hoti. So tassā āpattiyā āpattidiṭṭhi [āpattidiṭṭhī (sī.)] hoti; aññe bhikkhū tassā āpattiyā anāpattidiṭṭhino honti. So aparena samayena tassā āpattiyā anā pattidiṭṭhi hoti; aññe bhikkhū tassā āpattiyā āpattidiṭṭhino honti. Atha kho te bhikkhū taṃ bhikkhuṃ etadavocuṃ – ''āpattiṃ tvaṃ, āvuso, āpanno, passasetaṃ āpatti''nti? ''Natthi me, āvuso, āpatti yamahaṃ passeyya''nti. Atha kho te bhikkhū sāmaggiṃ labhitvā taṃ bhikkhuṃ āpattiyā adassane ukkhipiṃsu. So ca bhikkhu bahussuto hoti āgatāgamo dhammadharo vinayadharo mātikādharo paṇḍito byatto medhāvī lajjī kukkuccako sikkhākāmo. Atha kho so bhikkhu sandiṭṭhe sambhatte bhikkhū upasaṅkamitvā etadavoca – ''anāpatti esā, āvuso, nesā āpatti. Anāpannomhi, namhi āpanno. Anukkhittomhi, namhi ukkhitto. Adhammikenamhi kammena ukkhitto kuppena aṭṭhānārahena. Hotha me āyasmanto dhammato vinayato pakkhā''ti. Alabhi kho so bhikkhu sandiṭṭhe sambhatte bhikkhū pakkhe. Jānapadānampi sandiṭṭhānaṃ sambhattānaṃ bhikkhūnaṃ santike dūtaṃ pāhesi – anāpatti esā, āvuso, nesā āpatti. Anāpannomhi, namhi āpanno. Anukkhittomhi, namhi ukkhitto. Adhammikenamhi kammena ukkhitto kuppena aṭṭhānārahena. Hontu me āyasmanto dhammato vinayato pakkhā''ti. Alabhi kho so bhikkhu jānapadepi sandiṭṭhe sambhatte bhikkhū pakkhe. Atha kho te ukkhittānuvattakā bhikkhū yena ukkhepakā bhikkhū tenupasaṅkamiṃsu, upasaṅkamitvā ukkhepake bhikkhū etadavocuṃ – ''anāpatti esā, āvuso, nesā āpatti. Anāpanno eso bhikkhu, neso bhikkhu āpanno. Anukkhitto eso bhikkhu, neso bhikkhu ukkhitto . Adhammikena kammena ukkhitto kuppena aṭṭhānārahenā''ti. Evaṃ vutte ukkhepakā bhikkhū ukkhittānuvattake bhikkhū etadavocuṃ – ''āpatti esā āvuso, nesā anāpatti. Āpanno eso bhikkhu, neso bhikkhu anāpanno. Ukkhitto eso bhikkhu, neso bhikkhu anukkhitto. Dhammikena kammena ukkhitto akuppena ṭhānārahena. Mā kho tumhe āyasmanto etaṃ ukkhittakaṃ bhikkhuṃ anuvattittha anuparivārethā''ti. Evampi kho te ukkhittānuvattakā bhikkhū ukkhepakehi bhikkhūhi vuccamānā tatheva taṃ ukkhittakaṃ bhikkhuṃ anuvattiṃsu anuparivāresuṃ.
452. Atha kho aññataro bhikkhu yena Bhagavā tenupasaṅkami, upasaṅkamitvā bhagavantaṃ abhivādetvā ekamantaṃ nisīdi. Ekamantaṃ nisinno kho so bhikkhu bhagavantaṃ etadavoca – ''idha, bhante, aññataro bhikkhu āpattiṃ āpanno ahosi. So tassā āpattiyā āpattidiṭṭhi ahosi, aññe bhikkhū tassā āpattiyā anāpattidiṭṭhino ahesuṃ. So aparena samayena tassā āpattiyā anāpattidiṭṭhi ahosi, aññe bhikkhū tassā āpattiyā āpattidiṭṭhino ahesuṃ. Atha kho te, bhante, bhikkhū taṃ bhikkhuṃ etadavocuṃ – 'āpattiṃ tvaṃ, āvuso, āpanno, passasetaṃ āpatti'nti? ''Natthi me, āvuso, āpatti yamahaṃ passeyya''nti. Atha kho te, bhante, bhikkhū sāmaggiṃ labhitvā taṃ bhikkhuṃ āpattiyā adassane ukkhipiṃsu. So ca, bhante, bhikkhu

bahussuto āgatāgamo dhammadharo vinayadharo mātikādharo paṇḍito byatto medhāvī lajjī kukkuccako sikkhākāmo. Atha kho so, bhante, bhikkhu sandiṭṭhe sambhatte bhikkhū upasaṅkamitvā etadavoca – 'anāpatti esā, āvuso; nesā āpatti. Anāpannomhi, namhi āpanno. Anukkhittomhi, namhi ukkhitto. Adhammikenamhi kammena ukkhitto kuppena aṭṭhānārahena. Hotha me āyasmanto dhammato vinayato pakkhā'ti. Alabhi kho so, bhante, bhikkhu sandiṭṭhe sambhatte bhikkhū pakkhe. Jānapadānampi sandiṭṭhānaṃ sambhattānaṃ bhikkhūnaṃ santike dūtaṃ pāhesi – 'anāpatti esā, āvuso; nesā āpatti. Anāpannomhi, namhi āpanno. Anukkhittomhi, namhi ukkhitto. Adhammikenamhi kammena ukkhitto kuppena aṭṭhānārahena. Hontu me āyasmanto dhammato vinayato pakkhā'ti. Alabhi kho so, bhante, bhikkhu jānapadepi sandiṭṭhe sambhatte bhikkhū pakkhe. Atha kho te, bhante, ukkhittānuvattakā bhikkhū yena ukkhepakā bhikkhū tenupasaṅkamiṃsu, upasaṅkamitvā ukkhepake bhikkhū etadavocuṃ – 'anāpatti esā, āvuso; nesā āpatti. Anāpanno eso bhikkhu, neso bhikkhu āpanno. Anukkhitto eso bhikkhu, neso bhikkhu ukkhitto. Adhammikena kammena ukkhitto kuppena aṭṭhānārahenā'ti. Evaṃ vutte te, bhante, ukkhepakā bhikkhū ukkhittānuvattake bhikkhū etadavocuṃ – 'āpatti esā, āvuso; nesā anāpatti. Āpanno eso bhikkhu, neso bhikkhu anāpanno. Ukkhitto eso bhikkhu, neso bhikkhu anukkhitto. Dhammikena kammena ukkhitto akuppena ṭhānārahena. Mā kho tumhe āyasmanto etaṃ ukkhittakaṃ bhikkhuṃ anuvattittha anuparivārethā'ti. Evampi kho te, bhante, ukkhittānuvattakā bhikkhū ukkhepakehi bhikkhūhi vuccamānā tatheva taṃ ukkhittakaṃ bhikkhuṃ anuvattanti anuparivārentī''ti.

453. Atha kho Bhagavā 'bhinno bhikkhusaṅgho, bhinno bhikkhusaṅgho'ti – uṭṭhāyāsanā yena ukkhepakā bhikkhū tenupasaṅkami, upasaṅkamitvā paññatte āsane nisīdi, nisajja kho Bhagavā ukkhepake bhikkhū etadavoca – ''mā kho tumhe, bhikkhave, 'paṭibhāti no, paṭibhāti no'ti yasmiṃ vā tasmiṃ vā bhikkhuṃ ukkhipitabbaṃ maññittha''.

''Idha pana, bhikkhave, bhikkhu āpattiṃ āpanno hoti. So tassā āpattiyā anāpattidiṭṭhi hoti, aññe bhikkhū tassā āpattiyā āpattidiṭṭhino honti . Te ce, bhikkhave, bhikkhū taṃ bhikkhuṃ evaṃ jānanti – 'ayaṃ kho āyasmā bahussuto āgatāgamo dhammadharo vinayadharo mātikādharo paṇḍito byatto medhāvī lajjī kukkuccako sikkhākāmo. Sace mayaṃ imaṃ bhikkhuṃ āpattiyā adassane ukkhipissāma, na mayaṃ iminā bhikkhunā saddhiṃ uposathaṃ karissāma, vinā iminā bhikkhunā uposathaṃ karissāma, bhavissati saṅghassa tatonidānaṃ bhaṇḍanaṃ kalaho viggaho vivādo saṅghabhedo saṅgharāji saṅghavavatthānaṃ saṅghanānākaraṇa'nti, bhedagarukehi, bhikkhave, bhikkhūhi na so bhikkhu āpattiyā adassane ukkhipitabbo.

''Idha pana, bhikkhave, bhikkhu āpattiṃ āpanno hoti. So tassā āpattiyā anāpattidiṭṭhi hoti, aññe bhikkhū tassā āpattiyā āpattidiṭṭhino honti. Te ce, bhikkhave, bhikkhū taṃ bhikkhuṃ evaṃ jānanti – 'ayaṃ kho āyasmā bahussuto āgatāgamo dhammadharo vinayadharo mātikādharo paṇḍito byatto medhāvī lajjī kukkuccako sikkhākāmo. Sace mayaṃ imaṃ bhikkhuṃ āpattiyā adassane ukkhipissāma, na mayaṃ iminā bhikkhunā saddhiṃ pavāressāma, vinā iminā bhikkhunā pavāressāma. Na mayaṃ iminā bhikkhunā saddhiṃ saṅghakammaṃ karissāma, vinā iminā bhikkhunā saṅghakammaṃ karissāma. Na mayaṃ iminā bhikkhunā saddhiṃ āsane nisīdissāma, vinā iminā bhikkhunā āsane nisīdissāma. Na mayaṃ iminā bhikkhunā saddhiṃ yāgupāne nisīdissāma, vinā iminā bhikkhunā yāgupāne nisīdissāma . Na mayaṃ iminā bhikkhunā saddhiṃ bhattagge nisīdissāma, vinā iminā bhikkhunā bhattagge nisīdissāma. Na mayaṃ iminā bhikkhunā saddhiṃ ekacchanne vasissāma, vinā iminā bhikkhunā ekacchanne vasissāma. Na mayaṃ iminā bhikkhunā saddhiṃ yathāvuḍḍhaṃ abhivādanaṃ paccuṭṭhānaṃ añjalikammaṃ sāmīcikammaṃ karissāma, vinā iminā bhikkhunā yathāvuḍḍhaṃ abhivādanaṃ paccuṭṭhānaṃ añjalikammaṃ sāmīcikammaṃ karissāma. Bhavissati saṅghassa tatonidānaṃ bhaṇḍanaṃ kalaho viggaho vivādo saṅghabhedo saṅgharāji saṅghavavatthānaṃ saṅghanānākaraṇa'nti, bhedagarukehi, bhikkhave, bhikkhūhi na so bhikkhu āpattiyā adassane ukkhipitabbo''ti.

454. Atha kho Bhagavā ukkhepakānaṃ bhikkhūnaṃ etamatthaṃ bhāsitvā uṭṭhāyāsanā yena ukkhittānuvattakā bhikkhū tenupasaṅkami, upasaṅkamitvā paññatte āsane nisīdi, nisajja kho Bhagavā ukkhittānuvattake bhikkhū etadavoca – ''mā kho tumhe, bhikkhave, āpattiṃ āpajjitvā 'nāmha āpannā, nāmha āpannā'ti āpattiṃ na paṭikātabbaṃ maññittha''.

''Idha pana, bhikkhave, bhikkhu āpattiṃ āpanno hoti. So tassā āpattiyā anāpattidiṭṭhi hoti, aññe bhikkhū tassā āpattiyā āpattidiṭṭhino honti. So ce, bhikkhave, bhikkhu te bhikkhū evaṃ jānāti – 'ime kho āyasmanto [āyasmantā (ka.)] bahussutā āgatāgamā dhammadharā vinayadharā mātikādharā paṇḍitā byattā medhāvino lajjino kukkuccakā sikkhākāmā, nālaṃ mamaṃ vā kāraṇā aññesaṃ vā kāraṇā chandā dosā mohā bhayā agatiṃ gantuṃ. Sace maṃ ime bhikkhū āpattiyā adassane ukkhipissanti , na mayā saddhiṃ uposathaṃ karissanti, vinā mayā uposathaṃ karissanti, bhavissati saṅghassa tatonidānaṃ bhaṇḍanaṃ kalaho viggaho vivādo saṅghabhedo saṅgharāji saṅghavavatthānaṃ saṅghanānākaraṇa'nti, bhedagarukena, bhikkhave, bhikkhunā paresampi saddhāya sā āpatti desetabbā.

''Idha pana, bhikkhave, bhikkhu āpattiṃ āpanno hoti. So tassā āpattiyā anāpattidiṭṭhi hoti, aññe bhikkhū tassā āpattiyā āpattidiṭṭhino honti. So ce, bhikkhave, bhikkhu te bhikkhū evaṃ jānāti – 'ime kho āyasmanto bahussutā āgatāgamā dhammadharā vinayadharā mātikādharā paṇḍitā byattā medhāvino lajjino kukkuccakā sikkhākāmā, nālaṃ mamaṃ vā kāraṇā aññesaṃ vā kāraṇā chandā dosā mohā bhayā agatiṃ gantuṃ. Sace maṃ ime bhikkhū āpattiyā adassane ukkhipissanti, na mayā saddhiṃ pavāressanti, vinā mayā pavāressanti. Na mayā saddhiṃ saṅghakammaṃ karissanti, vinā mayā saṅghakammaṃ karissanti. Na mayā saddhiṃ āsane nisīdissanti, vinā mayā āsane nisīdissanti. Na mayā saddhiṃ yāgupāne nisīdissanti, vinā mayā yāgupāne nisīdissanti. Na mayā saddhiṃ bhattagge nisīdissanti vinā mayā bhattagge nisīdissanti. Na mayā saddhiṃ ekacchanne vasissanti, vinā mayā ekacchanne vasissanti. Na mayā saddhiṃ yathāvuḍḍhaṃ abhivādanaṃ paccuṭṭhānaṃ añjalikammaṃ sāmīcikammaṃ karissanti, vinā mayā yathāvuḍḍhaṃ abhivādanaṃ paccuṭṭhānaṃ añjalikammaṃ sāmīcikammaṃ karissanti, bhavissati saṅghassa tatonidānaṃ bhaṇḍanaṃ kalaho viggaho vivādo saṅghabhedo saṅgharāji saṅghavavatthānaṃ saṅghanānākaraṇa'nti, bhedagarukena, bhikkhave, bhikkhunā paresampi saddhāya sā āpatti desetabbā''ti. Atha kho Bhagavā ukkhittānuvattakānaṃ bhikkhūnaṃ etamatthaṃ bhāsitvā uṭṭhāyāsanā pakkāmi.

455. Tena kho pana samayena ukkhittānuvattakā bhikkhū tattheva antosīmāya uposathaṃ karonti, saṅghakammaṃ karonti. Ukkhepakā pana bhikkhū nissīmaṃ gantvā uposathaṃ karonti, saṅghakammaṃ karonti. Atha kho aññataro ukkhepako bhikkhu yena Bhagavā tenupasaṅkami, upasaṅkamitvā bhagavantaṃ abhivādetvā ekamantaṃ nisīdi. Ekamantaṃ nisinno kho so bhikkhu bhagavantaṃ etadavoca – ''te, bhante, ukkhittānuvattakā bhikkhū tattheva antosīmāya uposathaṃ karonti, saṅghakammaṃ karonti. Mayaṃ pana ukkhepakā bhikkhū nissīmaṃ gantvā uposathaṃ karoma, saṅghakammaṃ karomā''ti. ''Te ce, bhikkhu, ukkhittānuvattakā bhikkhū tattheva antosīmāya uposathaṃ karissanti, saṅghakammaṃ karissanti, yathā mayā ñatti ca anussāvanā ca paññattā, tesaṃ tāni kammāni dhammikāni kammāni bhavissa''nti akuppāni ṭhānārahāni. Tumhe ce, bhikkhu, ukkhepakā bhikkhū tattheva antosīmāya uposathaṃ karissatha, saṅghakammaṃ karissatha, yathā mayā ñatti ca anussāvanā ca paññattā, tumhākampi tāni kammāni dhammikāni kammāni bhavissanti akuppāni ṭhānārahāni. Taṃ kissa hetu? Nānāsaṃvāsakā ete [te (syā.)] bhikkhū [bhikkhu (sī. syā.)] tumhehi, tumhe ca tehi nānāsaṃvāsakā. ''Dvemā, bhikkhu, nānāsaṃvāsakabhūmiyo – attanā vā attānaṃ nānāsaṃvāsakaṃ karoti, samaggo vā naṃ saṅgho ukkhipati adassane vā appaṭikamme vā appaṭinissagge vā. Imā kho, bhikkhu, dve nānāsaṃvāsakabhūmiyo. Dvemā, bhikkhu, samānasaṃvāsakabhūmiyo – attanā vā attānaṃ samānasaṃvāsaṃ karoti, samaggo vā naṃ saṅgho ukkhittaṃ osāreti adassane vā appaṭikamme vā appaṭinissagge vā. Imā kho, bhikkhu, dve samānasaṃvāsakabhūmiyo''ti.

456. Tena kho pana samayena bhikkhū bhattagge antaraghare bhaṇḍanajātā kalahajātā vivādāpannā aññamaññaṃ ananulomikaṃ kāyakammaṃ vacīkammaṃ upadaṃsenti, hatthaparāmāsaṃ karonti. Manussā ujjhāyanti khiyyanti vipācenti – ''kathañhi nāma samaṇā sakyaputtiyā bhattagge antaraghare bhaṇḍanajātā kalahajātā vivādāpannā aññamaññaṃ ananulomikaṃ kāyakammaṃ vacīkammaṃ upadaṃsessanti, hatthaparāmāsaṃ karissantī''ti. Assosuṃ kho bhikkhū tesaṃ manussānaṃ ujjhāyantānaṃ khiyyantānaṃ vipācentānaṃ. Ye te bhikkhū appicchā te ujjhāyanti khiyyanti vipācenti – ''kathañhi nāma bhikkhū bhattagge antaraghare bhaṇḍanajātā kalahajātā vivādāpannā aññamaññaṃ ananulomikaṃ kāyakammaṃ vacīkammaṃ upadaṃsessanti, hatthaparāmāsaṃ karissantī''ti. Atha kho te bhikkhū bhagavato etamatthaṃ ārocesuṃ...pe... ''saccaṃ kira, bhikkhave, bhikkhū bhattagge antaraghare bhaṇḍanajātā...pe... hatthaparāmāsaṃ karontī''ti? ''Saccaṃ, Bhagavā''ti. Vigarahi buddho Bhagavā...pe... vigarahitvā dhammiṃ kathaṃ katvā bhikkhū āmantesi – ''bhinne, bhikkhave, saṅghe adhammiyāyamāne [adhammiyamāne (sī. syā. katthaci) adhammīyamāne (ka.)] asammodikāya vattamānāya [-''asammodikāvattamānāya'' iti aṭṭhakathāyaṃ saṃvaṇṇetabbapāṭho] 'ettāvatā na aññamaññaṃ ananulomikaṃ kāyakammaṃ vacīkammaṃ upadaṃsessāma, hatthaparāmāsaṃ karissāmā'ti āsane nisīditabbaṃ. Bhinne, bhikkhave, saṅghe dhammiyāyamāne sammodikāya vattamānāya āsanantarikāya nisīditabba''nti.

457.[ma. ni. 3.236 thokaṃ visadisaṃ] Tena kho pana samayena bhikkhū saṅghamajjhe bhaṇḍanajātā kalahajātā vivādāpannā aññamaññaṃ mukhasattīhi vitudantā viharanti. Te na sakkonti taṃ adhikaraṇaṃ vūpasametuṃ. Atha kho aññataro bhikkhu yena Bhagavā tenupasaṅkami, upasaṅkamitvā bhagavantaṃ abhivādetvā ekamantaṃ aṭṭhāsi. Ekamantaṃ ṭhito kho so bhikkhu bhagavantaṃ etadavoca – ''idha, bhante, bhikkhū saṅghamajjhe bhaṇḍanajātā kalahajātā vivādāpannā aññamaññaṃ mukhasattīhi vitudantā viharanti. Te na sakkonti taṃ adhikaraṇaṃ vūpasametuṃ. Sādhu, bhante, Bhagavā yena te bhikkhū tenupasaṅkamatu anukampaṃ upādāyā''ti. Adhivāsesi Bhagavā tuṇhībhāvena. Atha kho Bhagavā yena te bhikkhū tenupasaṅkami, upasaṅkamitvā paññatte āsane nisīdi, nisajja kho Bhagavā te bhikkhū etadavoca – ''alaṃ, bhikkhave, mā bhaṇḍanaṃ mā kalahaṃ mā viggahaṃ mā vivāda''nti. Evaṃ vutte aññataro adhammavādī bhikkhu bhagavantaṃ etadavoca – ''āgametu, bhante, Bhagavā dhammassāmī; appossukko, bhante, Bhagavā diṭṭhadhammasukhavihāramanuyutto viharatu. Mayametena bhaṇḍanena kalahena viggahena vivādena paññāyissāmā''ti. Dutiyampi kho Bhagavā te bhikkhū etadavoca – ''alaṃ, bhikkhave, mā bhaṇḍanaṃ mā kalahaṃ mā viggahaṃ mā vivāda''nti. Dutiyampi kho so adhammavādī bhikkhu bhagavantaṃ etadavoca – ''āgametu, bhante, Bhagavā dhammassāmī; appossukko, bhante, Bhagavā diṭṭhadhammasukhavihāramanuyutto viharatu. Mayametena bhaṇḍanena kalahena viggahena vivādena paññāyissāmā''ti.

Kosambakavivādakathā niṭṭhitā.
272. Dīghāvuvatthu
458. Atha kho Bhagavā bhikkhū āmantesi – ''bhūtapubbaṃ, bhikkhave, bārāṇasiyaṃ [vajirabuddhiṭīkā oloketabbā] brahmadatto nāma kāsirājā ahosi aḍḍho mahaddhano mahābhogo mahabbalo mahāvāhano mahāvijito paripuṇṇakosakoṭṭhāgāro. Dīghīti nāma kosalarājā ahosi daliddo appadhano appabhogo appabalo appavāhano appavijito aparipuṇṇakosakoṭṭhāgāro. Atha kho, bhikkhave, brahmadatto kāsirājā caturaṅginiṃ senaṃ sannayhitvā dīghītiṃ kosalarājānaṃ abbhuyyāsi. Assosi kho, bhikkhave, dīghīti kosalarājā – ''brahmadatto kira kāsirājā caturaṅginiṃ senaṃ sannayhitvā mamaṃ abbhuyyāto''ti. Atha kho, bhikkhave, dīghītissa kosalarañño etadahosi – ''brahmadatto kho kāsirājā aḍḍho mahaddhano mahābhogo mahabbalo mahāvāhano mahāvijito paripuṇṇakosakoṭṭhāgāro, ahaṃ panamhi daliddo appadhano appabhogo appabalo appavāhano appavijito aparipuṇṇakosakoṭṭhāgāro, nāhaṃ paṭibalo brahmadattena kāsiraññā ekasaṅghātampi sahituṃ. Yaṃnūnāhaṃ paṭikacceva nagaramhā nippateyya''nti.
Atha kho, bhikkhave, dīghīti kosalarājā mahesiṃ ādāya paṭikacceva nagaramhā nippati. Atha kho, bhikkhave, brahmadatto kāsirājā dīghītissa kosalarañño balañca vāhanañca janapadañca kosañca koṭṭhāgārañca abhivijiya ajjhāvasati. Atha kho, bhikkhave, dīghīti kosalarājā sapajāpatiko yena vārāṇasī tena pakkāmi. Anupubbena yena bārāṇasī tadavasari. Tatra sudaṃ, bhikkhave, dīghīti kosalarājā sapajāpatiko bārāṇasiyaṃ aññatarasmiṃ paccantime okāse kumbhakāranivesane aññātakavesena paribbājakacchannena paṭivasati. Atha kho, bhikkhave, dīghītissa kosalarañño mahesī nacirasseva gabbhinī ahosi. Tassā evarūpo dohaḷo uppanno hoti – ''icchati sūriyassa uggamanakāle caturaṅginiṃ senaṃ sannaddhaṃ vammikaṃ subhūme ṭhitaṃ passituṃ , khaggānañca dhovanaṃ pātuṃ''. Atha kho, bhikkhave, dīghītissa kosalarañño mahesī dīghītiṃ kosalarājānaṃ etadavoca – ''gabbhinīmhi, deva. Tassā me evarūpo dohaḷo uppanno – icchāmi sūriyassa uggamanakāle caturaṅginiṃ senaṃ sannaddhaṃ vammikaṃ [vammitaṃ (sī.)] subhūme ṭhitaṃ passituṃ, khaggānañca dhovanaṃ pātu''nti. ''Kuto, devi, amhākaṃ duggatānaṃ caturaṅginī senā sannaddhā vammikā subhūme ṭhitā, khaggānañca dhovanaṃ pātu''nti [khaggānañca dhovananti (sī. syā.)] ''sacāhaṃ, deva, na labhissāmi, marissāmī''ti.
459. Tena kho pana samayena, brahmadattassa kāsirañño purohito brāhmaṇo dīghītissa kosalarañño sahāyo hoti . Atha kho, bhikkhave, dīghīti kosalarājā yena brahmadattassa kāsirañño purohito brāhmaṇo tenupasaṅkami, upasaṅkamitvā brahmadattassa kāsirañño purohitaṃ brāhmaṇaṃ etadavoca – ''sakhī te, samma, gabbhinī. Tassā evarūpo dohaḷo uppanno – icchati sūriyassa uggamanakāle caturaṅginiṃ senaṃ sannaddhaṃ vammikaṃ subhūme ṭhitaṃ passituṃ, khaggānañca dhovanaṃ pātu''nti. ''Tena hi, deva, mayampi deviṃ passāmā''ti. Atha kho, bhikkhave, dīghītissa kosalarañño mahesī yena brahmadattassa kāsirañño purohito brāhmaṇo tenupasaṅkami. Addasā kho, bhikkhave, brahmadattassa kāsirañño purohito brāhmaṇo dīghītissa kosalarañño mahesiṃ dūratova āgacchantiṃ, disvāna uṭṭhāyāsanā ekaṃsaṃ uttarāsaṅgaṃ karitvā yena dīghītissa kosalarañño mahesī tenañjaliṃ paṇāmetvā tikkhattuṃ udānaṃ udānesi – ''kosalarājā vata bho kucchigato, kosalarājā vata bho kucchigato''ti. Attamanā [avimanā (sī. syā. katthaci], devi, hohi. Lacchasi sūriyassa uggamanakāle caturaṅginiṃ senaṃ sannaddhaṃ vammikaṃ subhūme ṭhitaṃ passituṃ, khaggānañca dhovanaṃ pātunti.
Atha kho, bhikkhave, brahmadattassa kāsirañño purohito brāhmaṇo yena brahmadatto kāsirājā tenupasaṅkami, upasaṅkamitvā brahmadattaṃ kāsirājānaṃ etadavoca – ''tathā, deva, nimittāni dissanti, sve sūriyuggamanakāle caturaṅginī senā sannaddhā vammikā subhūme tiṭṭhatu, khaggā ca dhoviyantū''ti. Atha kho, bhikkhave, brahmadatto kāsirājā manusse āṇāpesi – ''yathā, bhaṇe, purohito brāhmaṇo āha tathā karothā''ti. Alabhi kho, bhikkhave, dīghītissa kosalarañño mahesī sūriyassa uggamanakāle caturaṅginiṃ senaṃ sannaddhaṃ vammikaṃ subhūme ṭhitaṃ passituṃ, khaggānañca dhovanaṃ pātuṃ. Atha kho, bhikkhave, dīghītissa kosalarañño mahesī tassa gabbhassa paripākamanvāya puttaṃ vijāyi. Tassa dīghāvūti nāmaṃ akaṃsu. Atha kho, bhikkhave, dīghāvu kumāro nacirasseva viññutaṃ pāpuṇi. Atha kho, bhikkhave, dīghītissa kosalarañño etadahosi – ''ayaṃ kho brahmadatto kāsirājā bahuno amhākaṃ anatthassa kārako, iminā amhākaṃ balañca vāhanañca janapado ca koso ca koṭṭhāgārañca acchinnaṃ, sacāyaṃ amhe jānissati, sabbeva tayo ghātāpessati, yaṃnūnāhaṃ dīghāvuṃ kumāraṃ bahinagare vāseyya''nti. Atha kho bhikkhave dīghīti kosalarājā dīghāvuṃ kumāraṃ bahinagare vāsesi. Atha kho bhikkhave dīghāvu kumārobahinagare paṭivasanto nacirasseva sabbasippāni sikkhi.
460. Tena kho pana samayena dīghītissa kosalarañño kappako brahmadatte kāsiraññe paṭivasati. Addasā kho, bhikkhave, dīghītissa kosalarañño kappako dīghītiṃ kosalarājānaṃ sapajāpatikaṃ bārāṇasiyaṃ aññatarasmiṃ paccantime okāse kumbhakāranivesane aññātakavesena paribbājakacchannena paṭivasantaṃ, disvāna yena brahmadatto kāsirājā tenupasaṅkami, upasaṅkamitvā brahmadattaṃ kāsirājānaṃ etadavoca – ''dīghīti, deva, kosalarājā sapajāpatiko bārāṇasiyaṃ aññatarasmiṃ paccantime okāse kumbhakāranivesane aññātakavesena paribbājakacchannena paṭivasatī''ti. Atha kho, bhikkhave, brahmadatto kāsirājā manusse āṇāpesi – ''tena hi, bhaṇe, dīghītiṃ kosalarājānaṃ sapajāpatikaṃ ānethā''ti. ''Evaṃ, devā''ti kho, bhikkhave, te manussā brahmadattassa kāsirañño paṭissutvā dīghītiṃ kosalarājānaṃ sapajāpatikaṃ ānesuṃ. Atha kho, bhikkhave, brahmadatto kāsirājā manusse āṇāpesi –

“tena hi, bhaṇe, dīghītiṃ kosalarājānaṃ sapajāpatikaṃ daḷhāya rajjuyā pacchābāhaṃ gāḷhabandhanaṃ bandhitvā khuramuṇḍaṃ karitvā kharassarena paṇavena rathikāya rathikaṃ siṅghāṭakena siṅghāṭakaṃ parinetvā dakkhiṇena dvārena nikkhāmetvā dakkhiṇato nagarassa catudhā chinditvā catuddisā bilāni nikkhipathā’’ti. “Evaṃ, devā’’ti kho, bhikkhave, te manussā brahmadattassa kāsirañño paṭissutvā dīghītiṃ kosalarājānaṃ sapajāpatikaṃ daḷhāya rajjuyā pacchābāhaṃ gāḷhabandhanaṃ bandhitvā khuramuṇḍaṃ karitvā kharassarena paṇavena rathikāya rathikaṃ siṅghāṭakena siṅghāṭakaṃ parinenti. Atha kho, bhikkhave, dīghāvussa kumārassa etadahosi – “ciraṃdiṭṭhā kho me mātāpitaro. Yaṃnūnāhaṃ mātāpitaro passeyya’’nti. Atha kho, bhikkhave, dīghāvu kumāro bārāṇasiṃ pavisitvā addasa mātāpitaro daḷhāya rajjuyā pacchābāhaṃ gāḷhabandhanaṃ bandhitvā khuramuṇḍaṃ karitvā kharassarena paṇavena rathikāya rathikaṃ siṅghāṭakena siṅghāṭakaṃ parinente, disvāna yena mātāpitaro tenupasaṅkami. Addasā kho, bhikkhave, dīghīti kosalarājā dīghāvuṃ kumāraṃ dūratova āgacchantaṃ; disvāna dīghāvuṃ kumāraṃ etadavoca – “mā kho tvaṃ, tāta dīghāvu, dīghaṃ passa, mā rassaṃ. Na hi, tāta dīghāvu, verena verā sammanti; averena hi, tāta dīghāvu, verā sammantī’’ti. Evaṃ vutte, bhikkhave, te manussā dīghītiṃ kosalarājānaṃ etadavocuṃ – “ummattako ayaṃ dīghīti kosalarājā vippalapati. Ko imassa dīghāvu? Kaṃ ayaṃ evamāha – ‘mā kho tvaṃ, tāta dīghāvu, dīghaṃ passa, mā rassaṃ. Na hi, tāta dīghāvu, verena verā sammanti; averena hi, tāta dīghāvu, verā sammantī’’ti. “Nāhaṃ, bhaṇe, ummattako vippalapāmi, api ca yo viññū so vibhāvessatī’’ti. Dutiyampi kho, bhikkhave…pe… tatiyampi kho, bhikkhave, dīghīti kosalarājā dīghāvuṃ kumāraṃ etadavoca – “mā kho tvaṃ, tāta dīghāvu, dīghaṃ passa, mā rassaṃ. Na hi, tāta dīghāvu, verena verā sammanti; averena hi, tāta dīghāvu, verā sammantī’’ti. Tatiyampi kho, bhikkhave, te manussā dīghītiṃ kosalarājānaṃ etadavocuṃ – “ummattako ayaṃ dīghīti kosalarājā vippalapati. Ko imassa dīghāvu ? Kaṃ ayaṃ evamāha – mā kho tvaṃ, tāta dīghāvu, dīghaṃ passa, mā rassaṃ. Na hi, tāta dīghāvu, verena verā sammanti; averena hi, tāta dīghāvu, verā sammantī’’ti. “Nāhaṃ, bhaṇe, ummattako vippalapāmi, api ca yo viññū so vibhāvessatī’’ti. Atha kho, bhikkhave, te manussā dīghītiṃ kosalarājānaṃ sapajāpatikaṃ rathikāya rathikaṃ siṅghāṭakena siṅghāṭakaṃ parinetvā dakkhiṇena dvārena nikkhāmetvā dakkhiṇato nagarassa catudhā chinditvā catuddisā bilāni nikkhipitvā gumbaṃ ṭhapetvā pakkamiṃsu. Atha kho, bhikkhave, dīghāvu kumāro bārāṇasiṃ pavisitvā suraṃ nīharitvā gumbiye pāyesi. Yadā te mattā ahesuṃ patitā, atha kaṭṭhāni saṃkaḍḍhitvā citakaṃ karitvā mātāpitūnaṃ sarīraṃ citakaṃ āropetvā aggiṃ datvā pañjaliko tikkhattuṃ citakaṃ padakkhiṇaṃ akāsi.

461. Tena kho pana samayena brahmadatto kāsirājā uparipāsādavaragato hoti. Addasā kho, bhikkhave, brahmadatto kāsirājā dīghāvuṃ kumāraṃ pañjalikaṃ tikkhattuṃ citakaṃ padakkhiṇaṃ karontaṃ, disvānassa etadahosi – “nissaṃsayaṃ kho so manusso dīghītissa kosalarañño ñāti vā sālohito vā, aho me anatthato, na hi nāma me koci ārocessatī’’ti. Atha kho, bhikkhave, dīghāvu kumāro araññaṃ gantvā yāvadatthaṃ kanditvā roditvā khappaṃ [bappaṃ (sī. syā.)]puñchitvā bārāṇasiṃ pavisitvā antepurassa sāmantā hatthisālaṃ gantvā hatthācariyaṃ etadavoca – “icchāmahaṃ, ācariya, sippaṃ sikkhitu’’nti. “Tena hi, bhaṇe māṇavaka, sikkhassū’’ti. Atha kho, bhikkhave, dīghāvu kumāro rattiyā paccūsasamayaṃ paccuṭṭhāya hatthisālāyaṃ mañjunā sarena gāyi, vīṇañca vādesi. Assosi kho, bhikkhave, brahmadatto kāsirājā rattiyā paccūsasamayaṃ paccuṭṭhāya hatthisālāyaṃ mañjunā sarena gītaṃ vīṇañca vāditaṃ, sutvāna manusse pucchi – “ko, bhaṇe, rattiyā paccūsasamayaṃ paccuṭṭhāya hatthisālāyaṃ mañjunā sarena gāyi, vīṇañca vādesī’’ti? “Amukassa, deva, hatthācariyassa antevāsī māṇavako rattiyā paccūsasamayaṃ paccuṭṭhāya hatthisālāyaṃ mañjunā sarena gāyi, vīṇañca vādesī’’ti. “Tena hi, bhaṇe, taṃ māṇavakaṃ ānethā’’ti. “Evaṃ, devā’’ti kho, bhikkhave, te manussā brahmadattassa kāsirañño paṭissutvā dīghāvuṃ kumāraṃ ānesuṃ. “Tvaṃ bhaṇe māṇavaka, rattiyā paccūsasamayaṃ paccuṭṭhāya hatthisālāyaṃ mañjunā sarena gāyi, vīṇañca vādesī’’ti? “Evaṃ, devā’’ti. “Tena hi tvaṃ, bhaṇe māṇavaka, gāyassu, vīṇañca vādehī’’ti. “Evaṃ, devā’’ti kho, bhikkhave, dīghāvu kumāro brahmadattassa kāsirañño paṭissutvā ārādhāpekkho mañjunā sarena gāyi , vīṇañca vādesi. “Tvaṃ, bhaṇe māṇavaka, maṃ upaṭṭhahā’’ti. “Evaṃ, devā’’ti kho, bhikkhave, dīghāvu kumāro brahmadattassa kāsirañño paccassosi. Atha kho, bhikkhave, dīghāvu kumāro brahmadattassa kāsirañño pubbuṭṭhāyī ahosi pacchānipātī kiṅkārapaṭissāvī manāpacārī piyavādī. Atha kho, bhikkhave, brahmadatto kāsirājā dīghāvuṃ kumāraṃ nacirasseva abbhantarime vissāsikaṭṭhāne ṭhapesi.

462. Atha kho, bhikkhave, brahmadatto kāsirājā dīghāvuṃ kumāraṃ etadavoca – “tena hi, bhaṇe māṇavaka, rathaṃ yojehi, migavaṃ gamissāmā’’ti. “Evaṃ, devā’’ti kho, bhikkhave, dīghāvu kumāro brahmadattassa kāsirañño paṭissutvā rathaṃ yojetvā brahmadattaṃ kāsirājānaṃ etadavoca – “yutto kho te, deva, ratho, yassa dāni kālaṃ maññasī’’ti. Atha kho, bhikkhave, brahmadatto kāsirājā rathaṃ abhiruhi. Dīghāvu kumāro rathaṃ pesesi. Tathā tathā rathaṃ pesesi yathā yathā aññeneva senā agamāsi aññeneva ratho. Atha kho, bhikkhave, brahmadatto kāsirājā dūraṃ gantvā dīghāvuṃ kumāraṃ etadavoca – “tena hi, bhaṇe māṇavaka, rathaṃ muñcassu, kilantomhi, nipajjissāmī’’ti. “Evaṃ, devā’’ti kho, bhikkhave, dīghāvu kumāro brahmadattassa kāsirañño paṭissutvā rathaṃ muñcitvā pathaviyaṃ pallaṅkena nisīdi. Atha kho, bhikkhave, brahmadatto kāsirājā dīghāvussa kumārassa ucchaṅge sīsaṃ katvā seyyaṃ kappesi. Tassa kilantassa muhuttakeneva niddā okkami. Atha kho, bhikkhave, dīghāvussa

kumārassa etadahosi – ''ayaṃ kho brahmadatto kāsirājā bahuno amhākaṃ anatthassa kārako. Iminā amhākaṃ balañca vāhanañca janapado ca koso ca koṭṭhāgārañca acchinnaṃ. Iminā ca me mātāpitaro hatā. Ayaṃ khvassa kālo yohaṃ veraṃ appeyya''nti kosiyā khaggaṃ nibbāhi. Atha kho, bhikkhave, dīghāvussa kumārassa etadahosi – ''pitā kho maṃ maraṇakāle avaca 'mā kho tvaṃ, tāta dīghāvu, dīghaṃ passa, mā rassaṃ. Na hi, tāta dīghāvu, verena verā sammanti; averena hi, tāta dīghāvu, verā sammantī'ti. Na kho metaṃ patirūpaṃ , yvāhaṃ pituvacanaṃ atikkameyya''nti kosiyā khaggaṃ pavesesi. Dutiyampi kho, bhikkhave, dīghāvussa kumārassa etadahosi – ''ayaṃ kho brahmadatto kāsirājā bahuno amhākaṃ anatthassa kārako, imino amhākaṃ balañca vāhanañca janapado ca koso ca koṭṭhāgārañca acchinnaṃ, iminā ca me mātāpitaro hatā, ayaṃ khvassa kālo yohaṃ veraṃ appeyya''nti kosiyā khaggaṃ nibbāhi. Dutiyampi kho, bhikkhave, dīghāvussa kumārassa etadahosi – ''pitā kho maṃ maraṇakāle avaca 'mā kho tvaṃ tāta dīghāvu, dīghaṃ passa, mā rassaṃ, na hi tāta dīghāvu verena verā sammanti; averena hi, tāta dīghāvu, verā sammantī'ti. Na kho metaṃ patirūpaṃ, yvāhaṃ pituvacanaṃ atikkameyya''nti. Punadeva kosiyā khaggaṃ pavesesi. Tatiyampi kho, bhikkhave, dīghāvussa kumārassa etadahosi – ''ayaṃ kho brahmadatto kāsirājā bahuno amhākaṃ anatthassa kārako. Iminā amhākaṃ balañca vāhanañca janapado ca koso ca koṭṭhāgārañca acchinnaṃ. Iminā ca me mātāpitaro hatā. Ayaṃ khvassa kālo yohaṃ veraṃ appeyya''nti kosiyā khaggaṃ nibbāhi. Tatiyampi kho, bhikkhave, dīghāvussa kumārassa etadahosi – ''pitā kho maṃ maraṇakāle avaca 'mā kho tvaṃ, tāta dīghāvu, dīghaṃ passa, mā rassaṃ. Na hi, tāta dīghāvu, verena verā sammanti; averena hi, tāta dīghāvu, verā sammantī'ti. Na kho metaṃ patirūpaṃ, yvāhaṃ pituvacanaṃ atikkameyya'''nti punadeva kosiyā khaggaṃ pavesesi. Atha kho, bhikkhave, brahmadatto kāsirājā bhīto ubbiggo ussaṅkī utrasto sahasā vuṭṭhāsi. Atha kho, bhikkhave, dīghāvu kumāro brahmadattaṃ kāsirājānaṃ etadavoca – ''kissa tvaṃ , deva, bhīto ubbiggo ussaṅkī utrasto sahasā vuṭṭhāsī''ti? Idha maṃ, bhaṇe māṇavaka, dīghītissa kosalarañño putto dīghāvu kumāro supinantena khaggena paripātesi. Tenāhaṃ bhīto ubbiggo ussaṅkī utrasto sahasā vuṭṭhāsinti. Atha kho, bhikkhave, dīghāvu kumāro vāmena hatthena brahmadattassa kāsirañño sīsaṃ parāmasitvā dakkhiṇena hatthena khaggaṃ nibbāhetvā brahmadattaṃ kāsirājānaṃ etadavoca – ''ahaṃ kho so, deva, dīghītissa kosalarañño putto dīghāvu kumāro. Bahuno tvaṃ amhākaṃ anatthassa kārako. Tayā amhākaṃ balañca vāhanañca janapado ca koso ca koṭṭhāgārañca acchinnaṃ. Tayā ca me mātāpitaro hatā. Ayaṃ khvassa kālo yvāhaṃ veraṃ appeyya''nti. Atha kho, bhikkhave, brahmadatto kāsirājā dīghāvussa kumārassa pādesu sirasā nipatitvā dīghāvuṃ kumāraṃ etadavoca – ''jīvitaṃ me, tāta dīghāvu, dehi. Jīvitaṃ me, tāta dīghāvu, dehī''ti. ''Kyāhaṃ ussahāmi devassa jīvitaṃ dātuṃ ? Devo kho me jīvitaṃ dadeyyā''ti. ''Tena hi, tāta dīghāvu, tvañceva me jīvitaṃ dehi, ahañca te jīvitaṃ dammī''ti. Atha kho, bhikkhave, brahmadatto ca kāsirājā dīghāvu ca kumāro aññamaññassa jīvitaṃ adaṃsu, pāṇiñca aggahesuṃ, sapathañca akaṃsu addūbhāya [adrūbhāya, adubbhāya (ka.)].

Atha kho, bhikkhave, brahmadatto kāsirājā dīghāvuṃ kumāraṃ etadavoca – ''tena hi, tāta dīghāvu, rathaṃ yojehi , gamissāmā''ti. ''Evaṃ, devā''ti kho, bhikkhave, dīghāvu kumāro brahmadattassa kāsirañño paṭissutvā rathaṃ yojetvā brahmadattaṃ kāsirājānaṃ etadavoca – ''yutto kho te, deva, ratho, yassa dāni kālaṃ maññasī''ti. Atha kho, bhikkhave, brahmadatto kāsirājā rathaṃ abhiruhi. Dīghāvu kumāro rathaṃ pesesi. Tathā tathā rathaṃ pesesi yathā yathā nacirasseva senāya samāgañchi. Atha kho, bhikkhave, brahmadatto kāsirājā bārāṇasiṃ pavisitvā amacce pārisajje sannipātāpetvā etadavoca – ''sace, bhaṇe, dīghītissa kosalarañño puttaṃ dīghāvuṃ kumāraṃ passeyyātha, kinti naṃ kareyyāthā''ti? Ekacce evamāhaṃsu – ''mayaṃ, deva, hatthe chindeyyāma. Mayaṃ, deva, pāde chindeyyāma. Mayaṃ, deva, hatthapāde chindeyyāma. Mayaṃ, deva, kaṇṇe chindeyyāma. Mayaṃ, deva, nāsaṃ chindeyyāma. Mayaṃ, deva, kaṇṇanāsaṃ chindeyyāma. Mayaṃ, deva, sīsaṃ chindeyyāmā''ti. ''Ayaṃ kho, bhaṇe, dīghītissa kosalarañño putto dīghāvu kumāro. Nāyaṃ labbhā kiñci kātuṃ. Iminā ca me jīvitaṃ dinnaṃ, mayā ca imassa jīvitaṃ dinna''nti.

463. Atha kho, bhikkhave, brahmadatto kāsirājā dīghāvuṃ kumāraṃ etadavoca – ''yaṃ kho te, tāta dīghāvu, pitā maraṇakāle avaca 'mā kho tvaṃ, tāta dīghāvu, dīghaṃ passa, mā rassaṃ. Na hi, tāta dīghāvu, verena verā sammanti; averena hi, tāta dīghāvu, verā sammantī'ti, kiṃ te pitā sandhāya avacā''ti? ''Yaṃ kho me , deva, pitā maraṇakāle avaca 'mā dīgha'nti mā ciraṃ veraṃ akāsīti. Imaṃ kho me, deva, pitā maraṇakāle avaca mā dīghanti. Yaṃ kho me, deva, pitā maraṇakāle avaca 'mā rassa'nti mā khippaṃ mittehi bhijjitthā''ti. Imaṃ kho me, deva, pitā maraṇakāle avaca mā rassanti. Yaṃ kho me, deva, pitā maraṇakāle avaca ''na hi, tāta dīghāvu, verena verā sammanti, averena hi, tāta dīghāvu, verā sammantī''ti devena me mātāpitaro hatāti. Sacāhaṃ devaṃ jīvitā voropeyyaṃ, ye devassa atthakāmā te maṃ jīvitā voropeyyuṃ, ye me atthakāmā te te jīvitā voropeyyuṃ – evaṃ taṃ veraṃ verena na vūpasameyya. Idāni ca pana me devena jīvitaṃ dinnaṃ, mayā ca devassa jīvitaṃ dinnaṃ. Evaṃ taṃ veraṃ averena vūpasantaṃ. Imaṃ kho me, deva, pitā maraṇakāle avaca – na hi, tāta dīghāvu, verena verā sammanti; averena hi , tāta dīghāvu, verā sammantī''ti. Atha kho, bhikkhave, brahmadatto kāsirājā – ''acchariyaṃ vata bho! Abbhutaṃ vata bho! Yāva paṇḍito ayaṃ dīghāvu kumāro, yatra hi nāma pituno saṃkhittena bhāsitassa vitthārena atthaṃ ājānissatī''ti pettikaṃ balañca vāhanañca janapadañca kosañca koṭṭhāgārañca paṭipādesi, dhītarañca adāsi. Tesañhi nāma, bhikkhave, rājūnaṃ ādinnadaṇḍānaṃ

ādinnasatthānaṃ evarūpaṃ khantisoraccaṃ bhavissati. Idha kho pana taṃ, bhikkhave , sobhetha yaṃ tumhe evaṃ svākkhāte dhammavinaye pabbajitā samānā khamā ca bhaveyyātha soratā cāti? Tatiyampi kho Bhagavā te bhikkhū etadavoca – ''alaṃ, bhikkhave, mā bhaṇḍanaṃ mā kalahaṃ mā viggahaṃ mā vivāda''nti. Tatiyampi kho so adhammavādī bhikkhu bhagavantaṃ etadavoca – ''āgametu, bhante, Bhagavā dhammassāmī; appossukko, bhante, Bhagavā diṭṭhadhammasukhavihāramanuyutto viharatu. Mayametena bhaṇḍanena kalahena viggahena vivādena paññāyissāmā''ti. Atha kho Bhagavā – pariyādinnarūpā kho ime moghapurisā, nayime sukarā saññāpetunti – uṭṭhāyāsanā pakkāmi.

Dīghāvubhāṇavāro niṭṭhito paṭhamo.

464.[ma. ni. 3.236] Atha kho Bhagavā pubbaṇhasamayaṃ nivāsetvā pattacīvaramādāya kosambiṃ piṇḍāya pāvisi. Kosambiyaṃ piṇḍāya caritvā pacchābhattaṃ piṇḍapātapaṭikkanto senāsanaṃ saṃsāmetvā pattacīvaramādāya saṅghamajjhe ṭhitakova imā gāthāyo abhāsi –

[ma. ni. 3.237] ''Puthusaddo samajano, na bālo koci maññatha;
Saṅghasmiṃ bhijjamānasmiṃ, nāññaṃ bhiyyo amaññaruṃ.
[ma. ni. 3.237] ''Parimuṭṭhā paṇḍitābhāsā, vācāgocarabhāṇino;
Yāvicchanti mukhāyāmaṃ, yena nītā na taṃ vidū.
[ma. ni. 3.237] ''Akkocchi maṃ avadhi maṃ, ajini maṃ ahāsi me;
Ye ca taṃ upanayhanti, veraṃ tesaṃ na sammati.
[ma. ni. 3.237] ''Akkocchi maṃ avadhi maṃ, ajini maṃ ahāsi me;
Ye ca taṃ nupanayhanti, veraṃ tesūpasammati.
[ma. ni. 3.237] ''Na hi verena verāni, sammantīdha kudācanaṃ;
Averena ca sammanti, esadhammo sanantano.
[ma. ni. 3.237] ''Pare ca na vijānanti, mayamettha yamāmase;
Ye ca tattha vijānanti, tato sammanti medhagā.
[ma. ni. 3.237] ''Aṭṭhicchinnā pāṇaharā, gavāssadhanahārino;
Raṭṭhaṃ vilumpamānānaṃ, tesampi hoti saṅgati.
''Kasmā tumhāka no siyā;
[ma. ni. 3.237] ''Sace labhetha nipakaṃ sahāyaṃ;
Saddhiṃcaraṃ sādhuvihāri dhīraṃ;
Abhibhuyya sabbāni parissayāni;
Careyya tenattamano satīmā.
[ma. ni. 3.237] ''No ce labhetha nipakaṃ sahāyaṃ;
Saddhiṃ caraṃ sādhuvihāri dhīraṃ;
Rājāva raṭṭhaṃ vijitaṃ pahāya;
Eko care mātaṅgaraññeva nāgo.
[ma. ni. 3.237] ''Ekassa caritaṃ seyyo;
Natthi bāle sahāyatā;
Eko care na ca pāpāni kayirā;
Appossukko mātaṅgaraññeva nāgo''ti.

Dīghāvuvatthu niṭṭhitaṃ.

273. Bālakaloṇakagamanakathā

465. Atha kho Bhagavā saṅghamajjhe ṭhitakova imā gāthāyo bhāsitvā yena bālakaloṇakagāmo [bālakaloṇakāragāmo (sī. syā.)] tenupasaṅkami. Tena kho pana samayena āyasmā bhagu bālakaloṇakagāme viharati. Addasā kho āyasmā bhagu bhagavantaṃ dūratova āgacchantaṃ, disvāna āsanaṃ paññapesi, pādodakaṃ pādapīṭhaṃ pādakathalikaṃ upanikkhipi, paccuggantvā pattacīvaraṃ paṭiggahesi. Nisīdi Bhagavā paññatte āsane, nisajja kho Bhagavā pāde pakkhālesi. Āyasmāpi kho bhagu bhagavantaṃ abhivādetvā ekamantaṃ nisīdi. Ekamantaṃ nisinnaṃ kho āyasmantaṃ bhaguṃ Bhagavā etadavoca – ''kacci, bhikkhu, khamanīyaṃ; kacci yāpanīyaṃ, kacci piṇḍakena na kilamasī''ti? ''Khamanīyaṃ, Bhagavā, yāpanīyaṃ, Bhagavā; na cāhaṃ, bhante, piṇḍakena kilamāmī''ti. Atha kho Bhagavā āyasmantaṃ bhaguṃ dhammiyā kathāya sandassetvā samādapetvā samuttejetvā sampahaṃsetvā uṭṭhāyāsanā yena pācīnavaṃsadāyo tenupasaṅkami.

Bālakaloṇakagamanakathā niṭṭhitā.

274. Pācīnavaṃsadāyagamanakathā

466.[ma. ni. 1.325 ādayo passitabbaṃ] Tena kho pana samayena āyasmā ca anuruddho āyasmā ca nandiyo āyasmā ca kimilo [kimbilo (sī. syā.)]pācīnavaṃsadāye viharanti. Addasā kho dāyapālo bhagavantaṃ dūratova āgacchantaṃ, disvāna bhagavantaṃ etadavoca – ''mā, samaṇa, etaṃ dāyaṃ pāvisi. Santettha tayo kulaputtā attakāmarūpā viharanti. Mā tesaṃ aphāsumakāsī''ti. Assosi kho āyasmā anuruddho dāyapālassa bhagavatā saddhiṃ mantayamānassa, sutvāna dāyapālaṃ etadavoca – ''māvuso, dāyapāla, bhagavantaṃ vāresi . Satthā no Bhagavā anuppatto''ti. Atha kho āyasmā anuruddho yenāyasmā ca nandiyo āyasmā ca kimilo tenupasaṅkami, upasaṅkamitvā āyasmantañca nandiyaṃ āyasmantañca kimilaṃ etadavoca – ''abhikkamathāyasmanto abhikkamathāyasmanto, satthā no Bhagavā anuppatto''ti. Atha kho āyasmā ca anuruddho āyasmā ca nandiyo āyasmā ca kimilo bhagavantaṃ paccuggantvā eko bhagavato pattacīvaraṃ paṭiggahesi, eko āsanaṃ paññapesi, eko pādodakaṃ pādapīṭhaṃ pādakathalikaṃ upanikkhipi. Nisīdi Bhagavā paññatte āsane, nisajja kho Bhagavā pāde pakkhālesi. Tepi kho āyasmanto bhagavantaṃ abhivādetvā ekamantaṃ nisīdiṃsu. Ekamantaṃ nisinnaṃ kho āyasmantaṃ anuruddhaṃ Bhagavā etadavoca – ''kacci vo, anuruddhā, khamanīyaṃ, kacci yāpanīyaṃ; kacci piṇḍakena na kilamathā''ti? ''Khamanīyaṃ Bhagavā, yāpanīyaṃ Bhagavā; na ca mayaṃ, bhante, piṇḍakena kilamāmā''ti.

''Kacci pana vo anuruddhā samaggā sammodamānā avivadamānā khīrodakībhūtā aññamaññaṃ piyacakkhūhi sampassantā viharathā''ti? ''Taggha mayaṃ, bhante, samaggā sammodamānā avivadamānā khīrodakībhūtā aññamaññaṃ piyacakkhūhi sampassantā viharāmā''ti. ''Yathā kathaṃ pana tumhe, anuruddhā, samaggā sammodamānā avivadamānā khīrodakībhūtā aññamaññaṃ piyacakkhūhi sampassantā viharathā''ti? ''Idha mayhaṃ, bhante, evaṃ hoti – 'lābhā vata me, suladdhaṃ vata me, yohaṃ evarūpehi sabrahmacārīhi saddhiṃ viharāmī''ti. Tassa mayhaṃ, bhante, imesu āyasmantesu mettaṃ kāyakammaṃ paccupaṭṭhitaṃ āvi ceva raho ca; mettaṃ vacīkammaṃ... mettaṃ manokammaṃ paccupaṭṭhitaṃ āvi ceva raho ca. Tassa mayhaṃ, bhante, evaṃ hoti – '''yaṃnūnāhaṃ sakaṃ cittaṃ nikkhipitvā imesaṃyeva āyasmantānaṃ cittassa vasena vatteyya'nti. So kho ahaṃ, bhante, sakaṃ cittaṃ nikkhipitvā imesaṃyeva āyasmantānaṃ cittassa vasena vattāmi. Nānā hi kho no, bhante, kāyā, ekañca pana maññe citta''nti.

Āyasmāpi kho nandiyo...pe... āyasmāpi kho kimilo bhagavantaṃ etadavoca – ''mayhampi kho, bhante, evaṃ hoti – 'lābhā vata me, suladdhaṃ vata me, yohaṃ evarūpehi sabrahmacārīhi saddhiṃ viharāmī'ti. Tassa mayhaṃ, bhante, imesu āyasmantesu mettaṃ kāyakammaṃ paccupaṭṭhitaṃ āvi ceva raho ca; mettaṃ vacīkammaṃ mettaṃ manokammaṃ paccupaṭṭhitaṃ āvi ceva raho ca. Tassa mayhaṃ, bhante, evaṃ hoti 'yaṃnūnāhaṃ sakaṃ cittaṃ nikkhipitvā imesaṃyeva āyasmantānaṃ cittassa vasena vatteyya'nti. So kho ahaṃ, bhante, sakaṃ cittaṃ nikkhipitvā imesaṃyeva āyasmantānaṃ cittassa vasena vattāmi. Nānā hi kho no, bhante, kāyā, ekañca pana maññe cittanti. Evaṃ kho mayaṃ, bhante, samaggā sammodamānā avivadamānā khīrodakībhūtā aññamaññaṃ piyacakkhūhi sampassantā viharāmā''ti.

''Kacci pana vo, anuruddhā, appamattā ātāpino pahitattā viharathā''ti? ''Taggha mayaṃ, bhante, appamattā ātāpino pahitattā viharāmā''ti. ''Yathā kathaṃ pana tumhe, anuruddhā, appamattā ātāpino pahitattā viharathā''ti? ''Idha, bhante, amhākaṃ yo paṭhamaṃ gāmato piṇḍāya paṭikkamati so āsanaṃ paññapeti, pādodakaṃ pādapīṭhaṃ pādakathalikaṃ upanikkhipati, avakkārapātiṃ dhovitvā upaṭṭhāpeti, pānīyaṃ paribhojanīyaṃ upaṭṭhāpeti. Yo pacchā gāmato piṇḍāya paṭikkamati, sace hoti bhuttāvaseso, sace ākaṅkhati bhuñjati, no ce ākaṅkhati appaharite vā chaḍḍeti. Appāṇake vā udake opilāpeti. So āsanaṃ uddharati, pādodakaṃ pādapīṭhaṃ pādakathalikaṃ paṭisāmeti, avakkārapātiṃ dhovitvā paṭisāmeti, pānīyaṃ paribhojanīyaṃ paṭisāmeti, bhattaggaṃ sammajjati. Yo passati pānīyaghaṭaṃ vā paribhojanīyaghaṭaṃ vā vaccaghaṭaṃ vā rittaṃ tucchaṃ so upaṭṭhāpeti. Sacassa hoti avisayhaṃ, hatthavikārena dutiyaṃ āmantetvā hatthavilaṅghakena upaṭṭhāpema, na tveva mayaṃ, bhante, tappaccayā vācaṃ bhindāma. Pañcāhikaṃ kho pana mayaṃ, bhante, sabbarattiṃ dhammiyā kathāya sannisīdāma. Evaṃ kho mayaṃ, bhante, appamattā ātāpino pahitattā viharāmā''ti.

Pācinavaṃsadāyagamanakathā niṭṭhitā.

275. Pālileyyakagamanakathā

467.[udā. 35 ādayo thokaṃ visadisaṃ] Atha kho Bhagavā āyasmantañca anuruddhaṃ āyasmantañca nandiyaṃ āyasmantañca kimilaṃ dhammiyā kathāya sandassetvā samādapetvā samuttejetvā sampahaṃsetvā uṭṭhāyāsanā yena pālileyyakaṃ [pārileyyakaṃ (sī. syā.)] tena cārikaṃ pakkāmi. Anupubbena cārikaṃ caramāno yena pālileyyakaṃ tadavasari. Tatra sudaṃ Bhagavā pālileyyake viharati rakkhitavanasaṇḍe bhaddasālamūle. Atha kho bhagavato rahogatassa paṭisallīnassa evaṃ cetaso parivitakko udapādi – ''ahaṃ kho pubbe ākiṇṇo na phāsu vihāsiṃ tehi kosambakehi [kosabbhikehi (syā.)] bhikkhūhi bhaṇḍanakārakehi kalahakārakehi vivādakārakehi bhassakārakehi saṅghe adhikaraṇakārakehi. Somhi etarahi eko adutiyo sukhaṃ phāsu viharāmi aññatreva tehi kosambakehi bhikkhūhi bhaṇḍanakārakehi kalahakārakehi vivādakārakehi bhassakārakehi saṅghe adhikaraṇakārakehī''ti.

Aññataropi kho hatthināgo ākiṇṇo viharati hatthīhi hatthinīhi hatthikaḷabhehi hatthicchāpehi, chinnaggāni ceva tiṇāni khādati, obhaggobhaggañcassa sākhābhaṅgaṃ khādanti, āvilāni ca pānīyāni pivati, ogāhā cassa otiṇṇassa hatthiniyo kāyaṃ upanighaṃsantiyo gacchanti. Atha kho tassa hatthināgassa etadahosi – ''ahaṃ kho ākiṇṇo viharāmi hatthīhi hatthinīhi hatthikaḷabhehi hatthicchāpehi, chinnaggāni ceva tiṇāni khādāmi, obhaggobhaggañca me sākhābhaṅgaṃkhādanti, āvilāni ca pānīyāni pivāmi, ogāhā ca me otiṇṇassa hatthiniyo kāyaṃ upanighaṃsantiyo gacchanti. Yaṃnūnāhaṃ ekova gaṇasmā vūpakaṭṭho vihareyya''nti. Atha kho so hatthināgo yūthā apakkamma yena pālileyyakaṃ rakkhitavanasaṇḍo bhaddasālamūlaṃ yena Bhagavā tenupasaṅkami, upasaṅkamitvā soṇḍāya bhagavato pānīyaṃ paribhojanīyaṃ upaṭṭhāpeti, appaharitañca karoti. Atha kho tassa hatthināgassa etadahosi – ''ahaṃ kho pubbe ākiṇṇo na phāsu vihāsiṃ hatthīhi hatthinīhi hatthikaḷabhehi hatthicchāpehi, chinnaggāni ceva tiṇāni khādiṃ, obhaggobhaggañca me sākhābhaṅgaṃ khādiṃsu, āvilāni ca pānīyāni apāyiṃ ogāhā ca me otiṇṇassa [ogāhañcassa otiṇṇassa (syā.), ogāhā cassa uttiṇṇassa (sī.)] hatthiniyo kāyaṃ upanighaṃsantiyo agamaṃsu. Somhi etarahi eko adutiyo sukhaṃ phāsu viharāmi aññatreva hatthīhi hatthinīhi hatthikaḷabhehi hatthicchāpehī''ti.

Atha kho Bhagavā attano ca pavivekaṃ viditvā tassa ca hatthināgassa cetasā cetoparivitakkamaññāya tāyaṃ velāyaṃ imaṃ udānaṃ udānesi –

[udā. 35] ''Etaṃ [evaṃ (ka.)] nāgassa nāgena, īsādantassa hatthino;
Sameti cittaṃ cittena, yadeko ramatī vane''ti.

Atha kho Bhagavā pālileyyake yathābhirantaṃ viharitvā yena sāvatthi tena cārikaṃ pakkāmi. Anupubbena cārikaṃ caramāno yena sāvatthi tadavasari. Tatra sudaṃ Bhagavā sāvatthiyaṃ viharati jetavane anāthapiṇḍikassa ārāme. Atha kho kosambakā upāsakā – ''ime kho ayyā kosambakā bhikkhū bahuno amhākaṃ anatthassa kārakā . Imehi ubbāḷho Bhagavā pakkanto. Handa mayaṃ ayye kosambake bhikkhū neva abhivādeyyāma, na paccuṭṭheyyāma, na añjalikammaṃ sāmīcikammaṃ kareyyāma, na sakkareyyāma, na garuṃ kareyyāma, na māneyyāma, na bhajeyyāma, na pūjeyyāma, upagatānampi piṇḍakaṃ na dajjeyyāma – evaṃ ime amhehi asakkariyamānā agarukariyamānā amāniyamānā abhajiyamānā apūjiyamānā asakkārapakatā pakkamissanti vā vibbhamissanti vā bhagavantaṃ vā pasādessantī''ti. Atha kho kosambakā upāsakā kosambake bhikkhū neva abhivādesuṃ, na paccuṭṭhesuṃ, na añjalikammaṃ sāmīcikammaṃ akaṃsu, na sakkariṃsu, na garuṃ kariṃsu, na mānesuṃ, na bhajesuṃ na pūjesuṃ, upagatānampi piṇḍakaṃ na adaṃsu. Atha kho kosambakā bhikkhū kosambakehi upāsakehi asakkariyamānā agarukariyamānā amāniyamānā abhajiyamānā apūjiyamānā asakkārapakatā evamāhaṃsu – ''handa mayaṃ, āvuso, sāvatthiṃ gantvā bhagavato santike imaṃ adhikaraṇaṃ vūpasameyyāmā''ti.

Pālileyyakagamanakathā niṭṭhitā.

276. Aṭṭhārasavatthukathā

468. Atha kho kosambakā bhikkhū senāsanaṃ saṃsāmetvā pattacīvaramādāya yena sāvatthi tenupasaṅkamiṃsu. Assosi kho āyasmā sāriputto – ''te kira kosambakā bhikkhū bhaṇḍanakārakā kalahakārakā vivādakārakā bhassakārakā saṅghe adhikaraṇakārakā sāvatthiṃ āgacchantī''ti. Atha kho āyasmā sāriputto yena Bhagavā tenupasaṅkami, upasaṅkamitvā bhagavantaṃ abhivādetvā ekamantaṃ nisīdi. Ekamantaṃ nisinno kho āyasmā sāriputto bhagavantaṃ etadavoca – ''te kira, bhante, kosambakā bhikkhū bhaṇḍanakārakā kalahakārakā vivādakārakā bhassakārakā saṅghe adhikaraṇakārakā sāvatthiṃ āgacchanti. Kathāhaṃ, bhante, tesu bhikkhūsu paṭipajjāmī''ti? ''Tena hi tvaṃ, sāriputta, yathā dhammo tathā tiṭṭhāhī''ti. ''Kathāhaṃ, bhante, jāneyyaṃ dhammaṃ vā adhammaṃ vā''ti?

Aṭṭhārasahi kho, sāriputta, vatthūhi adhammavādī jānitabbo. Idha, sāriputta, bhikkhu adhammaṃ dhammoti dīpeti, dhammaṃ adhammoti dīpeti; avinayaṃ vinayoti dīpeti, vinayaṃ avinayoti dīpeti; abhāsitaṃ alapitaṃ tathāgatena bhāsitaṃ lapitaṃ tathāgatenāti dīpeti, bhāsitaṃ lapitaṃ tathāgatena abhāsitaṃ alapitaṃ tathāgatenāti dīpeti; anāciṇṇaṃ tathāgatena āciṇṇaṃ tathāgatenāti dīpeti, āciṇṇaṃ tathāgatena anāciṇṇaṃ tathāgatenāti dīpeti; apaññattaṃ tathāgatena paññattaṃ tathāgatenāti dīpeti, paññattaṃ tathāgatena apaññattaṃ tathāgatenāti dīpeti; anāpattiṃ āpattīti dīpeti, āpattiṃ anāpattīti dīpeti; lahukaṃ āpattiṃ garukā āpattīti dīpeti, garukaṃ āpattiṃ lahukā āpattīti dīpeti; sāvasesaṃ āpattiṃ anavasesā āpattīti dīpeti, anavasesaṃ āpattiṃ sāvasesā āpattīti dīpeti; duṭṭhullaṃ āpattiṃ aduṭṭhullā āpattīti dīpeti, aduṭṭhullaṃ āpattiṃ duṭṭhullā āpattīti dīpeti – imehi kho, sāriputta, aṭṭhārasahi vatthūhi adhammavādī jānitabbo.

Aṭṭhārasahi ca kho, sāriputta, vatthūhi dhammavādī jānitabbo. Idha, sāriputta, bhikkhu adhammaṃ adhammoti dīpeti, dhammaṃ dhammoti dīpeti; avinayaṃ avinayoti dīpeti, vinayaṃ vinayoti dīpeti; abhāsitaṃ alapitaṃ tathāgatena abhāsitaṃ alapitaṃ tathāgatenāti dīpeti, bhāsitaṃ lapitaṃ tathāgatena bhāsitaṃ lapitaṃ tathāgatenāti dīpeti; anāciṇṇaṃ tathāgatena anāciṇṇaṃ tathāgatenāti dīpeti, āciṇṇaṃ tathāgatena āciṇṇaṃ tathāgatenāti dīpeti; apaññattaṃ tathāgatena apaññattaṃ tathāgatenāti dīpeti, paññattaṃ tathāgatena paññattaṃ tathāgatenāti dīpeti ; anāpattiṃ anāpattīti dīpeti, āpattiṃ āpattīti dīpeti; lahukaṃ āpattiṃ lahukā āpattīti dīpeti, garukaṃ āpattiṃ garukā āpattīti dīpeti; sāvasesaṃ āpattiṃ sāvasesā āpattīti dīpeti, anavasesaṃ āpattiṃ anavasesā āpattīti dīpeti; duṭṭhullaṃ āpattiṃ duṭṭhullā āpattīti dīpeti, aduṭṭhullaṃ āpattiṃ aduṭṭhullā āpattīti dīpeti – imehi kho, sāriputta, aṭṭhārasahi vatthūhi dhammavādī jānitabboti.

469. Assosi kho āyasmā mahāmoggallāno…pe… assosi kho āyasmā mahākassapo… assosi kho āyasmā mahākaccāno… assosi kho āyasmā mahākoṭṭhiko … assosi kho āyasmā mahākappino… assosi kho āyasmā mahācundo… assosi kho āyasmā anuruddho… assosi kho āyasmā revato … assosi kho āyasmā upāli… assosi kho āyasmā ānando… assosi kho āyasmā rāhulo – ''te kira kosambakā bhikkhū bhaṇḍanakārakā kalahakārakā vivādakārakā bhassakārakā saṅghe adhikaraṇakārakā sāvatthiṃ āgacchantī''ti. Atha kho āyasmā rāhulo yena Bhagavā tenupasaṅkami, upasaṅkamitvā bhagavantaṃ abhivādetvā ekamantaṃ nisīdi. Ekamantaṃ nisinno kho āyasmā rāhulo bhagavantaṃ etadavoca – ''te kira, bhante, kosambakā bhikkhū bhaṇḍanakārakā kalahakārakā vivādakārakā bhassakārakā saṅghe

adhikaraṇakārakā sāvatthiṃ āgacchanti. Kathāhaṃ, bhante, tesu bhikkhūsu paṭipajjāmī''ti? ''Tena hi tvaṃ, rāhula, yathā dhammo tathā tiṭṭhāhī''ti. ''Kathāhaṃ, bhante, jāneyyaṃ dhammaṃ vā adhammaṃ vā''ti?

Aṭṭhārasahi kho, rāhula, vatthūhi adhammavādī jānitabbo. Idha, rāhula, bhikkhu adhammaṃ dhammoti dīpeti, dhammaṃ adhammoti dīpeti; avinayaṃ vinayoti dīpeti, vinayaṃ avinayoti dīpeti; abhāsitaṃ alapitaṃ tathāgatena bhāsitaṃ lapitaṃ tathāgatenāti dīpeti, bhāsitaṃ lapitaṃ tathāgatena abhāsitaṃ alapitaṃ tathāgatenāti dīpeti; anāciṇṇaṃ tathāgatena āciṇṇaṃ tathāgatenāti dīpeti, āciṇṇaṃ tathāgatena anāciṇṇaṃ tathāgatenāti dīpeti; apaññattaṃ tathāgatena paññattaṃ tathāgatenāti dīpeti, paññattaṃ tathāgatena apaññattaṃ tathāgatenāti dīpeti; anāpattiṃ āpattīti dīpeti, āpattiṃ anāpattīti dīpeti; lahukaṃ āpattiṃ garukā āpattīti dīpeti, garukaṃ āpattiṃ lahukā āpattīti dīpeti; sāvasesaṃ āpattiṃ anavasesā āpattīti dīpeti, anavasesaṃ āpattiṃ sāvasesā āpattīti dīpeti; duṭṭhullaṃ āpattiṃ aduṭṭhullā āpattīti dīpeti, aduṭṭhullaṃ āpattiṃ duṭṭhullā āpattīti dīpeti – imehi kho, rāhula, aṭṭhārasahi vatthūhi adhammavādī jānitabbo.

Aṭṭhārasahi ca kho, rāhula, vatthūhi dhammavādī jānitabbo. Idha, rāhula, bhikkhu adhammaṃ adhammoti dīpeti, dhammaṃ dhammoti dīpeti; avinayaṃ avinayoti dīpeti, vinayaṃ vinayoti dīpeti; abhāsitaṃ alapitaṃ tathāgatena abhāsitaṃ alapitaṃ tathāgatenāti dīpeti, bhāsitaṃ lapitaṃ tathāgatena bhāsitaṃ lapitaṃ tathāgatenāti dīpeti; anāciṇṇaṃ tathāgatena anāciṇṇaṃ tathāgatenāti dīpeti, āciṇṇaṃ tathāgatena āciṇṇaṃ tathāgatenāti dīpeti; apaññattaṃ tathāgatena apaññattaṃ tathāgatenāti dīpeti, paññattaṃ tathāgatena paññattaṃ tathāgatenāti dīpeti; anāpattiṃ anāpattīti dīpeti, āpattiṃ āpattīti dīpeti; lahukaṃ āpattiṃ lahukā āpattīti dīpeti, garukaṃ āpattiṃ garukā āpattīti dīpeti; sāvasesaṃ āpattiṃ sāvasesā āpattīti dīpeti, anavasesaṃ āpattiṃ anavasesā āpattīti dīpeti; duṭṭhullaṃ āpattiṃ duṭṭhullā āpattīti dīpeti, aduṭṭhullaṃ āpattiṃ aduṭṭhullā āpattīti dīpeti – imehi kho, rāhula, aṭṭhārasahi vatthūhi dhammavādī jānitabboti.

470. Assosi kho mahāpajāpati [mahāpajāpatī (sī. syā.)] Gotamī – ''te kira kosambakā bhikkhū bhaṇḍanakārakā kalahakārakā vivādakārakā bhassakārakā saṅghe adhikaraṇakārakā sāvatthiṃ āgacchantī''ti. Atha kho mahāpajāpati Gotamī yena Bhagavā tenupasaṅkami, upasaṅkamitvā bhagavantaṃ abhivādetvā ekamantaṃ aṭṭhāsi. Ekamantaṃ ṭhitā kho mahāpajāpati Gotamī bhagavantaṃ etadavoca – ''te kira, bhante, kosambakā bhikkhū bhaṇḍanakārakā kalahakārakā vivādakārakā bhassakārakā saṅghe adhikaraṇakārakā sāvatthiṃ āgacchanti. Kathāhaṃ, bhante, tesu bhikkhūsu paṭipajjāmī''ti? ''Tena hi tvaṃ, Gotami, ubhayattha dhammaṃ suṇa. Ubhayattha dhammaṃ sutvā ye tattha bhikkhū dhammavādino tesaṃ diṭṭhiñca khantiñca ruciñca ādāyañca rocehi. Yañca kiñci bhikkhunisaṅghena bhikkhusaṅghato paccāsīsitabbaṃ sabbaṃ taṃ dhammavāditova paccāsīsitabba''nti.

471. Assosi kho anāthapiṇḍiko gahapati – ''te kira kosambakā bhikkhū bhaṇḍanakārakā kalahakārakā vivādakārakā bhassakārakā saṅghe adhikaraṇakārakā sāvatthiṃ āgacchantī''ti. Atha kho anāthapiṇḍiko gahapati yena Bhagavā tenupasaṅkami, upasaṅkamitvā bhagavantaṃ abhivādetvā ekamantaṃ nisīdi. Ekamantaṃ nisinno kho anāthapiṇḍiko gahapati bhagavantaṃ etadavoca – ''te kira, bhante, kosambakā bhikkhū bhaṇḍanakārakā kalahakārakā vivādakārakā bhassakārakā saṅghe adhikaraṇakārakā sāvatthiṃ āgacchanti. Kathāhaṃ, bhante, tesu bhikkhūsu paṭipajjāmī''ti? ''Tena hi tvaṃ, gahapati, ubhayattha dānaṃ dehi. Ubhayattha dānaṃ datvā ubhayattha dhammaṃ suṇa. Ubhayattha dhammaṃ sutvā ye tattha bhikkhū dhammavādino tesaṃ diṭṭhiñca khantiñca ruciñca ādāyañca rocehī''ti.

472. Assosi kho visākhā migāramātā – ''te kira kosambakā bhikkhū bhaṇḍanakārakā kalahakārakā vivādakārakā bhassakārakā saṅghe adhikaraṇakārakā sāvatthiṃ āgacchantī''ti. Atha kho visākhā migāramātā yena Bhagavā tenupasaṅkami, upasaṅkamitvā bhagavantaṃ abhivādetvā ekamantaṃ nisīdi. Ekamantaṃ nisinnā kho visākhā migāramātā bhagavantaṃ etadavoca – ''te kira, bhante, kosambakā bhikkhū bhaṇḍanakārakā kalahakārakā vivādakārakā bhassakārakā saṅghe adhikaraṇakārakā sāvatthiṃ āgacchanti. Kathāhaṃ, bhante, tesu bhikkhūsu paṭipajjāmī''ti? ''Tena hi tvaṃ, visākhe, ubhayattha dānaṃ dehi. Ubhayattha dānaṃ datvā ubhayattha dhammaṃ suṇa. Ubhayattha dhammaṃ sutvā ye tattha bhikkhū dhammavādino tesaṃ diṭṭhiñca khantiñca ruciñca ādāyañca rocehī''ti.

473. Atha kho kosambakā bhikkhū anupubbena yena sāvatthi tadavasaruṃ. Atha kho āyasmā sāriputto yena Bhagavā tenupasaṅkami, upasaṅkamitvā bhagavantaṃ abhivādetvā ekamantaṃ nisīdi. Ekamantaṃ nisinno kho āyasmā sāriputto bhagavantaṃ etadavoca – ''te kira, bhante, kosambakā bhikkhū bhaṇḍanakārakā kalahakārakā vivādakārakā bhassakārakā saṅghe adhikaraṇakārakā sāvatthiṃ anuppattā. Kathaṃ nu kho, bhante, tesu bhikkhūsu senāsane[senāsanesu (ka.), senāsanaṃ (syā.)] paṭipajjitabba''nti? ''Tena hi, sāriputta, vivittaṃ senāsanaṃ dātabba''nti. ''Sace pana, bhante, vivittaṃ na hoti, kathaṃ paṭipajjitabba''nti? ''Tena hi, sāriputta, vivittaṃ katvāpi dātabbaṃ, na tvevāhaṃ, sāriputta, kenaci pariyāyena vuḍḍhatarassa bhikkhuno senāsanaṃ paṭibāhitabbanti vadāmi. Yo paṭibāheyya, āpatti dukkaṭassā''ti.

''Āmise pana, bhante, kathaṃ paṭipajjitabba''nti? ''Āmisaṃ kho, sāriputta, sabbesaṃ samakaṃ bhājetabba''nti.

Aṭṭhārasavatthukathā niṭṭhitā.

277. Osāraṇānujānanā
474. Atha kho tassa ukkhittakassa bhikkhuno dhammañca vinayañca paccavekkhantassa etadahosi – "āpatti esā, nesā anāpatti. Āpannomhi, namhi anāpanno. Ukkhittomhi, namhi anukkhitto. Dhammikenamhi kammena ukkhitto akuppena ṭhānārahenā"ti. Atha kho so ukkhittako bhikkhu yena ukkhittānuvattakā bhikkhū tenupasaṅkami, upasaṅkamitvā ukkhittānuvattake bhikkhū etadavoca – "āpatti esā, āvuso; nesā anāpatti. Āpannomhi, namhi anāpanno. Ukkhittomhi, namhi anukkhitto. Dhammikenamhi kammena ukkhitto akuppena ṭhānārahena. Etha maṃ āyasmanto osārethā"ti. Atha kho te ukkhittānuvattakā bhikkhū taṃ ukkhittakaṃ bhikkhuṃ ādāya yena Bhagavā tenupasaṅkamiṃsu, upasaṅkamitvā bhagavantaṃ abhivādetvā ekamantaṃ nisīdiṃsu. Ekamantaṃ nisinnā kho te bhikkhū bhagavantaṃ etadavocuṃ – "ayaṃ, bhante, ukkhittako bhikkhu evamāha – 'āpatti esā , āvuso; nesā anāpatti. Āpannomhi, namhi anāpanno. Ukkhittomhi, namhi anukkhitto. Dhammikenamhi kammena ukkhitto akuppena ṭhānārahena. Etha maṃ āyasmanto osārethā'ti. Kathaṃ nu kho, bhante, paṭipajjitabba"nti? "Āpatti esā, bhikkhave; nesā anāpatti. Āpanno eso bhikkhu, neso bhikkhu anāpanno. Ukkhitto eso bhikkhu, neso bhikkhu anukkhitto . Dhammikena kammena ukkhitto akuppena ṭhānārahena. Yato ca kho so, bhikkhave, bhikkhu āpanno ca ukkhitto ca passati ca, tena hi, bhikkhave, taṃ bhikkhuṃ osārethā"ti.
Osāraṇānujānanā niṭṭhitā.
278. Saṅghasāmaggīkathā
475. Atha kho te ukkhittānuvattakā bhikkhū taṃ ukkhittakaṃ bhikkhuṃ osāretvā yena ukkhepakā bhikkhū tenupasaṅkamiṃsu, upasaṅkamitvā ukkhepake bhikkhū etadavocuṃ – "yasmiṃ, āvuso, vatthusmiṃ ahosi saṅghassa bhaṇḍanaṃ kalaho viggaho vivādo saṅghabhedo saṅgharāji saṅghavavatthānaṃ saṅghanānākaraṇaṃ , so eso bhikkhu āpanno ca ukkhitto ca passi [passī (itipi)] ca osārito ca. Handa mayaṃ, āvuso, tassa vatthussa vūpasamāya saṅghasāmaggiṃ karomā"ti.
Atha kho te ukkhepakā bhikkhū yena Bhagavā tenupasaṅkamiṃsu, upasaṅkamitvā bhagavantaṃ abhivādetvā ekamantaṃ nisīdiṃsu. Ekamantaṃ nisinnā kho te bhikkhū bhagavantaṃ etadavocuṃ – "te, bhante, ukkhittānuvattakā bhikkhū evamāhaṃsu – 'yasmiṃ, āvuso, vatthusmiṃ ahosi saṅghassa bhaṇḍanaṃ kalaho viggaho vivādo saṅghabhedo saṅgharāji saṅghavavatthānaṃ saṅghanānākaraṇaṃ, so eso bhikkhu āpanno ca ukkhitto ca passi ca osārito ca. Handa mayaṃ, āvuso, tassa vatthussa vūpasamāya saṅghasāmaggiṃ karomā'ti. Kathaṃ nu kho, bhante, paṭipajjitabba"nti? Yato ca kho so, bhikkhave, bhikkhu āpanno ca ukkhitto ca passi ca osārito ca, tena hi, bhikkhave, saṅgho tassa vatthussa vūpasamāya saṅghasāmaggiṃ karotu. Evañca pana, bhikkhave, kātabbā. Sabbeheva ekajjhaṃ sannipatitabbaṃ gilānehi ca agilānehi ca. Na kehici chando dātabbo. Sannipatitvā byattena bhikkhunā paṭibalena saṅgho ñāpetabbo –
"Suṇātu me, bhante, saṅgho. Yasmiṃ vatthusmiṃ ahosi saṅghassa bhaṇḍanaṃ kalaho viggaho vivādo saṅghabhedo saṅgharāji saṅghavavatthānaṃ saṅghanānākaraṇaṃ, so eso bhikkhu āpanno ca ukkhitto ca passi ca osārito ca. Yadi saṅghassa pattakallaṃ, saṅgho tassa vatthussa vūpasamāya saṅghasāmaggiṃ kareyya. Esā ñatti.
"Suṇātu me, bhante, saṅgho. Yasmiṃ vatthusmiṃ ahosi saṅghassa bhaṇḍanaṃ kalaho viggaho vivādo saṅghabhedo saṅgharāji saṅghavavatthānaṃ saṅghanānākaraṇaṃ, so eso bhikkhu āpanno ca ukkhitto ca passi ca osārito ca. Saṅgho tassa vatthussa vūpasamāya saṅghasāmaggiṃ karoti. Yassāyasmato khamati tassa vatthussa vūpasamāya saṅghasāmaggiyā karaṇaṃ, so tuṇhassa, yassa nakkhamati so bhāseyya.
"Katā saṅghena tassa vatthussa vūpasamāya saṅghasāmaggī. Nihato saṅghabhedo, nihatā saṅgharāji, nihataṃ saṅghavavatthānaṃ, nihataṃ saṅghanānākaraṇaṃ. Khamati saṅghassa, tasmā tuṇhī, evametaṃ dhārayāmī"ti.
Tāvadeva uposatho kātabbo, pātimokkhaṃ uddisitabbanti.
Saṅghasāmaggīkathā niṭṭhitā.
279. Upālisaṅghasāmaggīpucchā
476. Atha kho āyasmā upāli yena Bhagavā tenupasaṅkami, upasaṅkamitvā bhagavantaṃ abhivādetvā ekamantaṃ nisīdi. Ekamantaṃ nisinno kho āyasmā upāli bhagavantaṃ etadavoca – "yasmiṃ, bhante, vatthusmiṃ hoti saṅghassa bhaṇḍanaṃ kalaho viggaho vivādo saṅghabhedo saṅgharāji saṅghavavatthānaṃ saṅghanānākaraṇaṃ, saṅgho taṃ vatthuṃ avinicchinitvā amūlā mūlaṃ gantvā saṅghasāmaggiṃ karoti, dhammikā nu kho sā, bhante, saṅghasāmaggī"ti? "Yasmiṃ , upāli, vatthusmiṃ hoti saṅghassa bhaṇḍanaṃ kalaho viggaho vivādo saṅghabhedo saṅgharāji saṅghavavatthānaṃ saṅghanānākaraṇaṃ, saṅgho taṃ vatthuṃ avinicchinitvā amūlā mūlaṃ gantvā saṅghasāmaggiṃ karoti, adhammikā sā, upāli, saṅghasāmaggī"ti.
"Yasmiṃ pana, bhante, vatthusmiṃ hoti saṅghassa bhaṇḍanaṃ kalaho viggaho vivādo saṅghabhedo saṅgharāji saṅghavavatthānaṃ saṅghanānākaraṇaṃ, saṅgho taṃ vatthuṃ vinicchinitvā mūlā mūlaṃ gantvā saṅghasāmaggiṃ karoti, dhammikā nu kho sā, bhante, saṅghasāmaggī"ti? "Yasmiṃ, upāli, vatthusmiṃ hoti saṅghassa bhaṇḍanaṃ kalaho viggaho vivādo saṅghabhedo saṅgharāji

saṅghavavatthānaṃ saṅghanānākaraṇaṃ, saṅgho taṃ vatthuṃ vinicchinitvā mūlā mūlaṃ gantvā saṅghasāmaggiṃ karoti, dhammikā sā, upāli, saṅghasāmaggī''ti.

''Kati nu kho, bhante, saṅghasāmaggiyo''ti? ''Dvemā, upāli, saṅghasāmaggiyo – atthupāli, saṅghasāmaggī atthāpetā byañjanupetā; atthupāli, saṅghasāmaggī atthupetā ca byañjanupetā ca. Katamā ca, upāli, saṅghasāmaggī atthāpetā byañjanupetā? Yasmiṃ, upāli, vatthusmiṃ hoti saṅghassa bhaṇḍanaṃ kalaho viggaho vivādo saṅghabhedo saṅgharāji saṅghavavatthānaṃ saṅghanānākaraṇaṃ, saṅgho taṃ vatthuṃ avinicchinitvā amūlā mūlaṃ gantvā saṅghasāmaggiṃ karoti, ayaṃ vuccati, upāli, saṅghasāmaggī atthāpetā byañjanupetā. Katamā ca, upāli, saṅghasāmaggī atthupetā ca byañjanupetā ca? Yasmiṃ, upāli, vatthusmiṃ hoti saṅghassa bhaṇḍanaṃ kalaho viggaho vivādo saṅghabhedo saṅgharāji saṅghavavatthānaṃ saṅghanānākaraṇaṃ, saṅgho taṃ vatthuṃ vinicchinitvā mūlā mūlaṃ gantvā saṅghasāmaggiṃ karoti, ayaṃ vuccati, upāli, saṅghasāmaggī atthupetā ca byañjanupetā ca. Imā kho, upāli, dve saṅghasāmaggiyo''ti.

477. Atha kho āyasmā upāli uṭṭhāyāsanā ekaṃsaṃ uttarāsaṅgaṃ karitvā yena Bhagavā tenañjaliṃ paṇāmetvā bhagavantaṃ gāthāya ajjhabhāsi –

''Saṅghassa kiccesu ca mantanāsu ca;
Atthesu jātesu vinicchayesu ca;
Kathaṃpakārodha naro mahatthiko;
Bhikkhu kathaṃ hotidha paggahārahoti.
''Anānuvajjo paṭhamena sīlato;
Avekkhitācāro susaṃvutindriyo;
Paccatthikā nūpavadanti dhammato;
Na hissa taṃ hoti vadeyyu yena naṃ.
''So tādiso sīlavisuddhiyā ṭhito;
Visārado hoti visayha bhāsati;
Nacchambhati parisagato na vedhati;
Atthaṃ na hāpeti anuyyutaṃ bhaṇaṃ.
''Tatheva pañhaṃ parisāsu pucchito;
Na ceva pajjhāyati na maṅku hoti;
So kālāgataṃ byākaraṇārahaṃ vaco;
Rañjeti viññūparisaṃ vicakkhaṇo.
''Sagāravo vuḍḍhataresu bhikkhusu;
Ācerakamhi ca sake visārado;
Alaṃ pametuṃ paguṇo kathetave;
Paccatthikānañca viraddhikovido.
''Paccatthikā yena vajanti niggahaṃ;
Mahājano saññapanañca gacchati;
Sakañca ādāyamayaṃ na riñcati;
Viyākaraṃ [so byākaraṃ (sī.), veyyākaraṃ (syā.)] pañhamanūpaghātikaṃ.
''Dūteyyakammesu alaṃ samuggaho;
Saṅghassa kiccesu ca āhu naṃ yathā;
Karaṃ vaco bhikkhugaṇena pesito;
Ahaṃ karomīti na tena maññati.
''Āpajjati yāvatakesu vatthusu;
Āpattiyā hoti yathā ca vuṭṭhiti;
Ete vibhaṅgā ubhayassa svāgatā;
Āpatti vuṭṭhānapadassa kovido.
''Nissāraṇaṃ gacchati yāni cācaraṃ;
Nissārito hoti yathā ca vattanā [vatthunā (sī. syā.)];
Osāraṇaṃ taṃvusitassa jantuno;
Etampi jānāti vibhaṅgakovido.
''Sagāravo vuḍḍhataresu bhikkhusu;
Navesu theresu ca majjhimesu ca;
Mahājanassatthacarodha paṇḍito;
So tādiso bhikkhu idha paggahāraho''ti.

Upālisaṅghasāmaggīpucchā niṭṭhitā.

Kosambakakkhandhako dasamo.

280. Tassuddānaṃ

Kosambiyaṃ jinavaro, vivādāpattidassane;
Nukkhipeyya yasmiṃ tasmiṃ, saddhāyāpatti desaye.
Antosīmāyaṃ tattheva, bālakañceva vaṃsadā;

Pālileyyā ca sāvatthi, sāriputto ca kolito.
Mahākassapakaccānā, koṭṭhiko kappinena ca;
Mahācundo ca anuruddho, revato upāli cubho.
Ānando rāhulo ceva, Gotamīnāthapiṇḍiko;
Senāsanaṃ vivittañca, āmisaṃ samakampi ca.
Na kehi chando dātabbo, upāliparipucchito;
Anānuvajjo sīlena, sāmaggī jinasāsaneti.
Kosambakakkhandhako niṭṭhito.
Mahāvaggapāḷi niṭṭhitā.
Namo tassa bhagavato arahato sammāsambuddhassa
Vinayapiṭake

Cūḷavaggapāḷi

1. Kammakkhandhakaṃ
1. Tajjanīyakammaṃ

1. Tena samayena buddho Bhagavā sāvatthiyaṃ viharati jetavane anāthapiṇḍikassa ārāme. Tena kho pana samayena paṇḍukalohitakā bhikkhū attanā bhaṇḍanakārakā kalahakārakā vivādakārakā bhassakārakā saṅghe adhikaraṇakārakā, yepi caññe bhikkhū bhaṇḍanakārakā kalahakārakā vivādakārakā bhassakārakā saṅghe adhikaraṇakārakā te upasaṅkamitvā evaṃ vadanti – ''mā kho tumhe, āyasmanto, eso ajesi. Balavābalavaṃ paṭimantetha. Tumhe tena paṇḍitatarā ca byattatarā ca bahussutatarā ca alamattatarā ca [alamatthatarā ca (syā. ka.)]. Mā cassa bhāyittha. Mayampi tumhākaṃ pakkhā bhavissāmā''ti. Tena anuppannāni ceva bhaṇḍanāni uppajjanti uppannāni ca bhaṇḍanāni bhiyyobhāvāya vepullāya saṃvattanti. Ye te bhikkhū appicchā...pe... te ujjhāyanti khiyyanti vipācenti – ''kathañhi nāma paṇḍukalohitakā bhikkhū attanā bhaṇḍanakārakā kalahakārakā vivādakārakā bhassakārakā saṅghe adhikaraṇakārakā, yepi caññe bhikkhū bhaṇḍanakārakā kalahakārakā vivādakārakā bhassakārakā saṅghe adhikaraṇakārakā te upasaṅkamitvā evaṃ vakkhanti – 'mā kho tumhe, āyasmanto, eso ajesi. Balavābalavaṃ paṭimantetha. Tumhe tena paṇḍitatarā ca byattatarā ca bahussutatarā ca alamattatarā ca. Mā cassa bhāyittha. Mayampi tumhākaṃ pakkhā bhavissāmā'ti. Tena anuppannāni ceva bhaṇḍanāni uppajjanti uppannāni ca bhaṇḍanāni bhiyyobhāvāya vepullāya saṃvattantī''ti.

2. Atha kho te bhikkhū bhagavato etamatthaṃ ārocesuṃ. Atha kho Bhagavā etasmiṃ nidāne etasmiṃ pakaraṇe bhikkhusaṅghaṃ sannipātāpetvā bhikkhū paṭipucchi – ''saccaṃ kira, bhikkhave, paṇḍukalohitakā bhikkhū attanā bhaṇḍanakārakā kalahakārakā vivādakārakā bhassakārakā saṅghe adhikaraṇakārakā, yepi caññe bhikkhū bhaṇḍanakārakā kalahakārakā vivādakārakā bhassakārakā saṅghe adhikaraṇakārakā te upasaṅkamitvā evaṃ vadanti – 'mā kho tumhe, āyasmanto, eso ajesi. Balavābalavaṃ paṭimantetha. Tumhe tena paṇḍitatarā ca byattatarā ca bahussutatarā ca alamattatarā ca. Mā cassa bhāyittha. Mayampi tumhākaṃ pakkhā bhavissāmā'ti. Tena anuppannāni ceva bhaṇḍanāni uppajjanti, uppannāni ca bhaṇḍanāni bhiyyobhāvāya vepullāya saṃvattantī''ti? ''Saccaṃ Bhagavā''ti. Vigarahi buddho Bhagavā – ''ananucchavikaṃ, bhikkhave, tesaṃ moghapurisānaṃ ananulomikaṃ appatirūpaṃ assāmaṇakaṃ akappiyaṃ akaraṇīyaṃ. Kathañhi nāma te, bhikkhave, moghapurisā attanā bhaṇḍanakārakā...pe... saṅghe adhikaraṇakārakā, yepi caññe bhikkhū bhaṇḍanakārakā...pe... saṅghe adhikaraṇakārakā te upasaṅkamitvā evaṃ vakkhanti – 'mā kho tumhe, āyasmanto, eso ajesi. Balavābalavaṃ paṭimantetha. Tumhe tena paṇḍitatarā ca byattatarā ca bahussutatarā ca alamattatarā ca. Mā cassa bhāyittha. Mayampi tumhākaṃ pakkhā bhavissāmā'ti? Tena anuppannāni ceva bhaṇḍanāni uppajjanti, uppannāni ca bhaṇḍanāni bhiyyobhāvāya vepullāya saṃvattanti. Netaṃ, bhikkhave, appasannānaṃ vā pasādāya pasannānaṃ vā bhiyyobhāvāya. Atha khvetaṃ, bhikkhave, appasannānañceva appasādāya pasannānañca ekaccānaṃ aññathattāyā''ti.

Atha kho Bhagavā te [paṇḍukalohitake (syā.)] bhikkhū anekapariyāyena vigarahitvā dubbharatāya dupposatāya mahicchatāya asantuṭṭhitāya [asantuṭṭhatāya (syā.), asantuṭṭhiyā (sī.)] saṅgaṇikāya kosajjassa avaṇṇaṃ bhāsitvā anekapariyāyena subharatāya suposatāya appicchassa santuṭṭhassa sallekhassa dhutassa pāsādikassa apacayassa vīriyārambhassa [viriyārambhassa (sī.), vīriyārabbhassa (ka.)] vaṇṇaṃ bhāsitvā bhikkhūnaṃ tadanucchavikaṃ tadanulomikaṃdhammiṃ kathaṃ katvā bhikkhū āmantesi – ''tena hi, bhikkhave, saṅgho paṇḍukalohitakānaṃ bhikkhūnaṃ tajjanīyakammaṃ karotu. Evañca pana, bhikkhave, kātabbaṃ. Paṭhamaṃ paṇḍukalohitakā bhikkhū codetabbā, codetvā sāretabbā, sāretvā āpattiṃ [āpatti (sī. syā.)] āropetabbā, āpattiṃ āropetvā byattena bhikkhunā paṭibalena saṅgho ñāpetabbo –

3. ''Suṇātu me, bhante, saṅgho. Ime paṇḍukalohitakā bhikkhū attanā bhaṇḍanakārakā kalahakārakā vivādakārakā bhassakārakā saṅghe adhikaraṇakārakā, yepi caññe bhikkhū bhaṇḍanakārakā kalahakārakā vivādakārakā bhassakārakā saṅghe adhikaraṇakārakā te upasaṅkamitvā evaṃ vadanti – 'mā kho tumhe,

āyasmanto, eso ajesi. Balavābalavaṃ paṭimantetha. Tumhe tena paṇḍitatarā ca byattatarā ca bahussutatarā ca alamattatarā ca. Mā cassa bhāyittha. Mayampi tumhākaṃ pakkhā bhavissāmā'ti. Tena anuppannāni ceva bhaṇḍanāni uppajjanti, uppannāni ca bhaṇḍanāni bhiyyobhāvāya vepullāya saṃvattanti. Yadi saṅghassa pattakallaṃ, saṅgho paṇḍukalohitakānaṃ bhikkhūnaṃ tajjanīyakammaṃ kareyya. Esā ñatti.

"Suṇātu me, bhante, saṅgho. Ime paṇḍukalohitakā bhikkhū attanā bhaṇḍanakārakā...pe... saṅghe adhikaraṇakārakā, yepi caññe bhikkhū bhaṇḍanakārakā...pe... saṅghe adhikaraṇakārakā te upasaṅkamitvā evaṃ vadanti – 'mā kho tumhe, āyasmanto, eso ajesi. Balavābalavaṃ paṭimantetha. Tumhe tena paṇḍitatarā ca byattatarā ca bahussutatarā ca alamattatarā ca. Mā cassa bhāyittha. Mayampi tumhākaṃ pakkhā bhavissāmā'ti. Tena anuppannāni ceva bhaṇḍanāni uppajjanti, uppannāni ca bhaṇḍanāni bhiyyobhāvāya vepullāya saṃvattanti. Saṅgho paṇḍukalohitakānaṃ bhikkhūnaṃ tajjanīyakammaṃ karoti. Yassāyasmato khamati paṇḍukalohitakānaṃ bhikkhūnaṃ tajjanīyassa kammassa karaṇaṃ, so tuṇhassa; yassa nakkhamati, so bhāseyya.

"Dutiyampi etamatthaṃ vadāmi – suṇātu me, bhante, saṅgho. Ime paṇḍukalohitakā bhikkhū attanā bhaṇḍanakārakā...pe... saṅghe adhikaraṇakārakā, yepi caññe bhikkhū bhaṇḍanakārakā...pe... saṅghe adhikaraṇakārakā te upasaṅkamitvā evaṃ vadanti – 'mā kho tumhe, āyasmanto, eso ajesi. Balavābalavaṃ paṭimantetha. Tumhe tena paṇḍitatarā ca byattatarā ca bahussutatarā ca alamattatarā ca. Mā cassa bhāyittha. Mayampi tumhākaṃ pakkhā bhavissāmā'ti. Tena anuppannāni ceva bhaṇḍanāni uppajjanti, uppannāni ca bhaṇḍanāni bhiyyobhāvāya vepullāya saṃvattanti. Saṅgho paṇḍukalohitakānaṃ bhikkhūnaṃ tajjanīyakammaṃ karoti. Yassāyasmato khamati paṇḍukalohitakānaṃ bhikkhūnaṃ tajjanīyassa kammassa karaṇaṃ, so tuṇhassa; yassa nakkhamati, so bhāseyya.

"Tatiyampi etamatthaṃ vadāmi – suṇātu me, bhante, saṅgho. Ime paṇḍukalohitakā bhikkhū attanā bhaṇḍanakārakā...pe... saṅghe adhikaraṇakārakā, yepi caññe bhikkhū bhaṇḍanakārakā...pe... saṅghe adhikaraṇakārakā te upasaṅkamitvā evaṃ vadanti – 'mā kho tumhe, āyasmanto, eso ajesi. Balavābalavaṃ paṭimantetha. Tumhe tena paṇḍitatarā ca byattatarā ca bahussutatarā ca alamattatarā ca. Mā cassa bhāyittha. Mayampi tumhākaṃ pakkhā bhavissāmā'ti. Tena anuppannāni ceva bhaṇḍanāni uppajjanti, uppannāni ca bhaṇḍanāni bhiyyobhāvāya vepullāya saṃvattanti. Saṅgho paṇḍukalohitakānaṃ bhikkhūnaṃ tajjanīyakammaṃ karoti. Yassāyasmato khamati paṇḍukalohitakānaṃ bhikkhūnaṃ tajjanīyassa kammassa karaṇaṃ, so tuṇhassa; yassa nakkhamati, so bhāseyya.

"Kataṃ saṅghena paṇḍukalohitakānaṃ bhikkhūnaṃ tajjanīyakammaṃ. Khamati saṅghassa, tasmā tuṇhī, evametaṃ dhārayāmī"ti.

Adhammakammadvādasakaṃ

4. "Tīhi, bhikkhave, aṅgehi samannāgataṃ tajjanīyakammaṃ adhammakammañca [adhammakammañceva (syā.)] hoti, avinayakammañca, duvūpasantañca. Asammukhā kataṃ hoti, appaṭipucchā kataṃ hoti, appaṭiññāya kataṃ hoti – imehi kho, bhikkhave, tīhaṅgehi samannāgataṃ tajjanīyakammaṃ adhammakammañca hoti, avinayakammañca, duvūpasantañca.

"Aparehipi, bhikkhave, tīhaṅgehi samannāgataṃ tajjanīyakammaṃ adhammakammañca hoti, avinayakammañca, duvūpasantañca. Anāpattiyā kataṃ hoti, adesanāgāminiyā āpattiyā kataṃ hoti, desitāya āpattiyā kataṃ hoti – imehi kho, bhikkhave, tīhaṅgehi samannāgataṃ tajjanīyakammaṃ adhammakammañca hoti, avinayakammañca, duvūpasantañca.

"Aparehipi, bhikkhave, tīhaṅgehi samannāgataṃ tajjanīyakammaṃ adhammakammañca hoti, avinayakammañca, duvūpasantañca. Acodetvā kataṃ hoti, asāretvā kataṃ hoti, āpattiṃ anāropetvā kataṃ hoti – imehi kho, bhikkhave, tīhaṅgehi samannāgataṃ tajjanīyakammaṃ adhammakammañca hoti, avinayakammañca, duvūpasantañca.

"Aparehipi, bhikkhave, tīhaṅgehi samannāgataṃ tajjanīyakammaṃ adhammakammañca hoti, avinayakammañca, duvūpasantañca. Asammukhā kataṃ hoti, adhammena kataṃ hoti, vaggena kataṃ hoti – imehi kho, bhikkhave, tīhaṅgehi samannāgataṃ tajjanīyakammaṃ adhammakammañca hoti, avinayakammañca, duvūpasantañca.

"Aparehipi, bhikkhave, tīhaṅgehi samannāgataṃ tajjanīyakammaṃ adhammakammañca hoti, avinayakammañca, duvūpasantañca. Appaṭipucchā kataṃ hoti, adhammena kataṃ hoti, vaggena kataṃ hoti – imehi kho, bhikkhave, tīhaṅgehi samannāgataṃ tajjanīyakammaṃ adhammakammañca hoti, avinayakammañca, duvūpasantañca.

"Aparehipi, bhikkhave, tīhaṅgehi samannāgataṃ tajjanīyakammaṃ adhammakammañca hoti, avinayakammañca, duvūpasantañca. Appaṭiññāya kataṃ hoti, adhammena kataṃ hoti, vaggena kataṃ hoti – imehi kho, bhikkhave, tīhaṅgehi samannāgataṃ tajjanīyakammaṃ adhammakammañca hoti, avinayakammañca, duvūpasantañca.

"Aparehipi, bhikkhave, tīhaṅgehi samannāgataṃ tajjanīyakammaṃ adhammakammañca hoti, avinayakammañca, duvūpasantañca. Anāpattiyā kataṃ hoti, adhammena kataṃ hoti, vaggena kataṃ hoti

– imehi kho, bhikkhave, tīhaṅgehi samannāgataṃ tajjanīyakammaṃ adhammakammañca hoti, avinayakammañca, duvūpasantañca.
"Aparehipi, bhikkhave, tīhaṅgehi samannāgataṃ tajjanīyakammaṃ adhammakammañca hoti, avinayakammañca, duvūpasantañca. Adesanāgāminiyā āpattiyā kataṃ hoti, adhammena kataṃ hoti, vaggena kataṃ hoti – imehi kho, bhikkhave, tīhaṅgehi samannāgataṃ tajjanīyakammaṃ adhammakammañca hoti, avinayakammañca, duvūpasantañca.
"Aparehipi , bhikkhave, tīhaṅgehi samannāgataṃ tajjanīyakammaṃ adhammakammañca hoti, avinayakammañca, duvūpasantañca. Desitāya āpattiyā kataṃ hoti, adhammena kataṃ hoti, vaggena kataṃ hoti – imehi kho, bhikkhave, tīhaṅgehi samannāgataṃ tajjanīyakammaṃ adhammakammañca hoti, avinayakammañca, duvūpasantañca.
"Aparehipi, bhikkhave, tīhaṅgehi samannāgataṃ tajjanīyakammaṃ adhammakammañca hoti, avinayakammañca, duvūpasantañca. Acodetvā kataṃ hoti, adhammena kataṃ hoti, vaggena kataṃ hoti – imehi kho, bhikkhave, tīhaṅgehi samannāgataṃ tajjanīyakammaṃ adhammakammañca hoti, avinayakammañca, duvūpasantañca.
"Aparehipi, bhikkhave, tīhaṅgehi samannāgataṃ tajjanīyakammaṃ adhammakammañca hoti, avinayakammañca, duvūpasantañca. Asāretvā kataṃ hoti, adhammena kataṃ hoti, vaggena kataṃ hoti – imehi kho, bhikkhave, tīhaṅgehi samannāgataṃ tajjanīyakammaṃ adhammakammañca hoti, avinayakammañca, duvūpasantañca.
"Aparehipi, bhikkhave, tīhaṅgehi samannāgataṃ tajjanīyakammaṃ adhammakammañca hoti, avinayakammañca, duvūpasantañca. Āpattiṃ anāropetvā kataṃ hoti, adhammena kataṃ hoti, vaggena kataṃ hoti – imehi kho, bhikkhave , tīhaṅgehi samannāgataṃ tajjanīyakammaṃ adhammakammañca hoti, avinayakammañca, duvūpasantañca.
Adhammakammadvādasakaṃ niṭṭhitaṃ.
Dhammakammadvādasakaṃ
5. "Tīhi, bhikkhave, aṅgehi samannāgataṃ tajjanīyakammaṃ dhammakammañca hoti, vinayakammañca, suvūpasantañca. Sammukhā kataṃ hoti, paṭipucchā kataṃ hoti, paṭiññāya kataṃ hoti – imehi kho, bhikkhave, tīhaṅgehi samannāgataṃ tajjanīyakammaṃ dhammakammañca hoti, vinayakammañca, suvūpasantañca.
"Aparehipi, bhikkhave, tīhaṅgehi samannāgataṃ tajjanīyakammaṃ dhammakammañca hoti, vinayakammañca, suvūpasantañca. Āpattiyā kataṃ hoti, desanāgāminiyā āpattiyā kataṃ hoti , adesitāya āpattiyā kataṃ hoti – imehi kho, bhikkhave, tīhaṅgehi samannāgataṃ tajjanīyakammaṃ dhammakammañca hoti, vinayakammañca, suvūpasantañca.
"Aparehipi, bhikkhave, tīhaṅgehi samannāgataṃ tajjanīyakammaṃ dhammakammañca hoti, vinayakammañca, suvūpasantañca. Codetvā kataṃ hoti, sāretvā kataṃ hoti, āpattiṃ āropetvā kataṃ hoti – imehi kho, bhikkhave, tīhaṅgehi samannāgataṃ tajjanīyakammaṃ dhammakammañca hoti, vinayakammañca, suvūpasantañca.
"Aparehipi, bhikkhave, tīhaṅgehi samannāgataṃ tajjanīyakammaṃ dhammakammañca hoti, vinayakammañca, suvūpasantañca. Sammukhā kataṃ hoti, dhammena kataṃ hoti, samaggena kataṃ hoti – imehi kho, bhikkhave, tīhaṅgehi samannāgataṃ tajjanīyakammaṃ dhammakammañca hoti, vinayakammañca, suvūpasantañca.
"Aparehipi, bhikkhave, tīhaṅgehi samannāgataṃ tajjanīyakammaṃ dhammakammañca hoti, vinayakammañca, suvūpasantañca. Paṭipucchā kataṃ hoti, dhammena kataṃ hoti, samaggena kataṃ hoti – imehi kho, bhikkhave, tīhaṅgehi samannāgataṃ tajjanīyakammaṃ dhammakammañca hoti, vinayakammañca, suvūpasantañca.
"Aparehipi , bhikkhave, tīhaṅgehi samannāgataṃ tajjanīyakammaṃ dhammakammañca hoti, vinayakammañca, suvūpasantañca. Paṭiññāya kataṃ hoti, dhammena kataṃ hoti, samaggena kataṃ hoti – imehi kho, bhikkhave, tīhaṅgehi samannāgataṃ tajjanīyakammaṃ dhammakammañca hoti, vinayakammañca, suvūpasantañca.
"Aparehipi, bhikkhave, tīhaṅgehi samannāgataṃ tajjanīyakammaṃ dhammakammañca hoti, vinayakammañca, suvūpasantañca. Āpattiyā kataṃ hoti, dhammena kataṃ hoti, samaggena kataṃ hoti – imehi kho, bhikkhave, tīhaṅgehi samannāgataṃ tajjanīyakammaṃ dhammakammañca hoti, vinayakammañca, suvūpasantañca.
"Aparehipi, bhikkhave, tīhaṅgehi samannāgataṃ tajjanīyakammaṃ dhammakammañca hoti, vinayakammañca, suvūpasantañca. Desanāgāminiyā āpattiyā kataṃ hoti, dhammena kataṃ hoti, samaggena kataṃ hoti – imehi kho, bhikkhave, tīhaṅgehi samannāgataṃ tajjanīyakammaṃ dhammakammañca hoti, vinayakammañca, suvūpasantañca.
"Aparehipi, bhikkhave, tīhaṅgehi samannāgataṃ tajjanīyakammaṃ dhammakammañca hoti, vinayakammañca, suvūpasantañca. Adesitāya āpattiyā kataṃ hoti, dhammena kataṃ hoti, samaggena kataṃ hoti – imehi kho, bhikkhave, tīhaṅgehi samannāgataṃ tajjanīyakammaṃ dhammakammañca hoti, vinayakammañca, suvūpasantañca.

"Aparehipi, bhikkhave, tīhaṅgehi samannāgataṃ tajjanīyakammaṃ dhammakammañca hoti, vinayakammañca, suvūpasantañca. Codetvā kataṃ hoti, dhammena kataṃ hoti, samaggena kataṃ hoti – imehi kho, bhikkhave, tīhaṅgehi samannāgataṃ tajjanīyakammaṃ dhammakammañca hoti, vinayakammañca, suvūpasantañca.

"Aparehipi, bhikkhave, tīhaṅgehi samannāgataṃ tajjanīyakammaṃ dhammakammañca hoti, vinayakammañca, suvūpasantañca. Sāretvā kataṃ hoti, dhammena kataṃ hoti, samaggena kataṃ hoti – imehi kho, bhikkhave, tīhaṅgehi samannāgataṃ tajjanīyakammaṃ dhammakammañca hoti, vinayakammañca, suvūpasantañca.

"Aparehipi, bhikkhave, tīhaṅgehi samannāgataṃ tajjanīyakammaṃ dhammakammañca hoti, vinayakammañca, suvūpasantañca. Āpattiṃ āropetvā kataṃ hoti, dhammena kataṃ hoti, samaggena kataṃ hoti – imehi kho, bhikkhave, tīhaṅgehi samannāgataṃ tajjanīyakammaṃ dhammakammañca hoti, vinayakammañca, suvūpasantañca.

Dhammakammadvādasakaṃ niṭṭhitaṃ.

Ākaṅkhamānachakkaṃ

6.[pari. 323] "Tīhi, bhikkhave, aṅgehi samannāgatassa bhikkhuno, ākaṅkhamāno saṅgho, tajjanīyakammaṃ kareyya. Bhaṇḍanakārako hoti kalahakārako vivādakārako bhassakārako saṅghe adhikaraṇakārako; bālo hoti abyatto āpattibahulo anapadāno; gihisaṃsaṭṭho viharati ananulomikehi gihisaṃsaggehi – imehi kho, bhikkhave, tīhaṅgehi samannāgatassa bhikkhuno, ākaṅkhamāno saṅgho, tajjanīyakammaṃ kareyya.

"Aparehipi, bhikkhave, tīhaṅgehi samannāgatassa bhikkhuno, ākaṅkhamāno saṅgho, tajjanīyakammaṃ kareyya. Adhisīle sīlavipanno hoti, ajjhācāre ācāravipanno hoti, atidiṭṭhiyā diṭṭhivipanno hoti – imehi kho, bhikkhave, tīhaṅgehi samannāgatassa bhikkhuno, ākaṅkhamāno saṅgho, tajjanīyakammaṃ kareyya.

"Aparehipi, bhikkhave, tīhaṅgehi samannāgatassa bhikkhuno, ākaṅkhamāno saṅgho, tajjanīyakammaṃ kareyya. Buddhassa avaṇṇaṃ bhāsati, dhammassa avaṇṇaṃ bhāsati, saṅghassa avaṇṇaṃ bhāsati – imehi kho, bhikkhave, tīhaṅgehi samannāgatassa bhikkhuno, ākaṅkhamāno saṅgho, tajjanīyakammaṃ kareyya.

"Tiṇṇaṃ, bhikkhave, bhikkhūnaṃ, ākaṅkhamāno saṅgho, tajjanīyakammaṃ kareyya. Eko bhaṇḍanakārako hoti kalahakārako vivādakārako bhassakārako saṅghe adhikaraṇakārako; eko bālo hoti abyatto āpattibahulo anapadāno; eko gihisaṃsaṭṭho viharati ananulomikehi gihisaṃsaggehi – imesaṃ kho, bhikkhave, tiṇṇaṃ bhikkhūnaṃ, ākaṅkhamāno saṅgho, tajjanīyakammaṃ kareyya.

"Aparesampi, bhikkhave, tiṇṇaṃ bhikkhūnaṃ, ākaṅkhamāno saṅgho, tajjanīyakammaṃ kareyya. Eko adhisīle sīlavipanno hoti, eko ajjhācāre ācāravipanno hoti, eko atidiṭṭhiyā diṭṭhivipanno hoti – imesaṃ kho, bhikkhave, tiṇṇaṃ bhikkhūnaṃ, ākaṅkhamāno saṅgho, tajjanīyakammaṃ kareyya.

"Aparesampi, bhikkhave, tiṇṇaṃ bhikkhūnaṃ, ākaṅkhamāno saṅgho, tajjanīyakammaṃ kareyya. Eko buddhassa avaṇṇaṃ bhāsati, eko dhammassa avaṇṇaṃ bhāsati, eko saṅghassa avaṇṇaṃ bhāsati – imesaṃ kho, bhikkhave, tiṇṇaṃ bhikkhūnaṃ, ākaṅkhamāno saṅgho, tajjanīyakammaṃ kareyya.

Ākaṅkhamānachakkaṃ niṭṭhitaṃ.

Aṭṭhārasavattaṃ

7. "Tajjanīyakammakatena, bhikkhave, bhikkhunā sammā vattitabbaṃ. Tatrāyaṃ sammāvattanā – na upasampādetabbaṃ, na nissayo dātabbo, na sāmaṇero upaṭṭhāpetabbo, na bhikkhunovādakasammuti [sammati (syā.)] sāditabbā, sammatenapi bhikkhuniyo na ovaditabbā. Yāya āpattiyā saṅghena tajjanīyakammaṃ kataṃ hoti sā āpatti na āpajjitabbā, aññā vā tādisikā, tato vā pāpiṭṭhatarā; kammaṃ na garahitabbaṃ, kammikā na garahitabbā. Na pakatattassa bhikkhuno uposatho ṭhapetabbo, na pavāraṇā ṭhapetabbā, na savacanīyaṃ kātabbaṃ, na anuvādo paṭṭhapetabbo, na okāso kāretabbo, na codetabbo, na sāretabbo, na bhikkhūhi [na bhikkhū bhikkhūhi (syā.)] sampayojetabba''nti.

Tajjanīyakamme aṭṭhārasavattaṃ niṭṭhitaṃ.

Nappaṭippassambhetabbaaṭṭhārasakaṃ

8. Atha kho saṅgho paṇḍukalohitakānaṃ bhikkhūnaṃ tajjanīyakammaṃ akāsi. Te saṅghena tajjanīyakammakatā sammā vattanti, lomaṃ pātenti, netthāraṃ vattanti, bhikkhū upasaṅkamitvā evaṃ vadanti – "mayaṃ, āvuso, saṅghena tajjanīyakammakatā sammā vattāma, lomaṃ pātema, netthāraṃ vattāma, kathaṃ nu kho amhehi paṭipajjitabba''nti? Bhikkhū bhagavato etamatthaṃ ārocesuṃ...pe....

"Tena hi, bhikkhave, saṅgho paṇḍukalohitakānaṃ bhikkhūnaṃ tajjanīyakammaṃ paṭippassambhetu.

Pañcahi, bhikkhave, aṅgehi samannāgatassa bhikkhuno tajjanīyakammaṃ nappaṭippassambhetabbaṃ. Upasampādeti, nissayaṃ deti, sāmaṇeraṃ upaṭṭhāpeti, bhikkhunovādakasammutiṃ sādiyati, sammatopi bhikkhuniyo ovadati – imehi kho, bhikkhave, pañcahaṅgehi samannāgatassa bhikkhuno tajjanīyakammaṃ nappaṭippassambhetabbaṃ.

[pari. 420] "Aparehipi, bhikkhave, pañcahaṅgehi samannāgatassa bhikkhuno tajjanīyakammaṃ nappaṭippassambhetabbaṃ. Yāya āpattiyā saṅghena tajjanīyakammaṃ kataṃ hoti taṃ āpattiṃ āpajjati, aññaṃ vā tādisikaṃ, tato vā pāpiṭṭhataraṃ; kammaṃ garahati, kammike garahati – imehi kho, bhikkhave, pañcahaṅgehi samannāgatassa bhikkhuno tajjanīyakammaṃ nappaṭippassambhetabbaṃ.

"Aṭṭhahi , bhikkhave, aṅgehi samannāgatassa bhikkhuno tajjanīyakammaṃ nappaṭippassambhetabbaṃ. Pakatattassa bhikkhuno uposathaṃ ṭhapeti, pavāraṇaṃ ṭhapeti, savacanīyaṃ karoti, anuvādaṃ paṭṭhapeti, okāsaṃ kāreti, codeti, sāreti, bhikkhūhi sampayojeti [bhikkhū bhikkhūhi sampayojeti (syā.)] – imehi kho, bhikkhave, aṭṭhahaṅgehi samannāgatassa bhikkhuno tajjanīyakammaṃ nappaṭippassambhetabbaṃ.
Nappaṭippassambhetabbaaṭṭhārasakaṃ niṭṭhitaṃ.
Paṭippassambhetabbaaṭṭhārasakaṃ
9. "Pañcahi, bhikkhave, aṅgehi samannāgatassa bhikkhuno tajjanīyakammaṃ paṭippassambhetabbaṃ. Na upasampādeti, na nissayaṃ deti, na sāmaṇeraṃ upaṭṭhāpeti, na bhikkhunovādakasammutiṃ sādiyati, sammatopi bhikkhuniyo na ovadati – imehi kho, bhikkhave, pañcahaṅgehi samannāgatassa bhikkhuno tajjanīyakammaṃ paṭippassambhetabbaṃ.
"Aparehipi , bhikkhave, pañcahaṅgehi samannāgatassa bhikkhuno tajjanīyakammaṃ paṭippassambhetabbaṃ. Yāya āpattiyā saṅghena tajjanīyakammaṃ kataṃ hoti taṃ āpattiṃ na āpajjati, aññaṃ vā tādisikaṃ, tato vā pāpiṭṭhataraṃ; kammaṃ na garahati, kammike na garahati – imehi kho, bhikkhave, pañcahaṅgehi samannāgatassa bhikkhuno tajjanīyakammaṃ paṭippassambhetabbaṃ.
"Aṭṭhahi, bhikkhave, aṅgehi samannāgatassa bhikkhuno tajjanīyakammaṃ paṭippassambhetabbaṃ. Na pakatattassa bhikkhuno uposathaṃ ṭhapeti, na pavāraṇaṃ ṭhapeti, na savacanīyaṃ karoti, na anuvādaṃ paṭṭhapeti, na okāsaṃ kāreti, na codeti, na sāreti, na bhikkhūhi sampayojeti – imehi kho, bhikkhave, aṭṭhahaṅgehi samannāgatassa bhikkhuno , tajjanīyakammaṃ paṭippassambhetabbaṃ.
Paṭippassambhetabbaaṭṭhārasakaṃ niṭṭhitaṃ.
10. "Evañca pana, bhikkhave, paṭippassambhetabbaṃ. Tehi, bhikkhave, paṇḍukalohitakehi bhikkhūhi saṅghaṃ upasaṅkamitvā ekaṃsaṃ uttarāsaṅgaṃ karitvā vuḍḍhānaṃ bhikkhūnaṃ pāde vanditvā ukkuṭikaṃ nisīditvā añjaliṃ paggahetvā evamassa vacanīyo – 'mayaṃ, bhante, saṅghena tajjanīyakammakatāsammā vattāma, lomaṃ pātema, netthāraṃ vattāma, tajjanīyassa kammassa paṭippassaddhiṃ yācāmā'ti. Dutiyampi yācitabbā. Tatiyampi yācitabbā. Byattena bhikkhunā paṭibalena saṅgho ñāpetabbo –
"Suṇātu me, bhante, saṅgho. Ime paṇḍukalohitakā bhikkhū saṅghena tajjanīyakammakatā sammā vattanti, lomaṃ pātenti, netthāraṃ vattanti , tajjanīyassa kammassa paṭippassaddhiṃ yācanti. Yadi saṅghassa pattakallaṃ, saṅgho paṇḍukalohitakānaṃ bhikkhūnaṃ tajjanīyakammaṃ paṭippassambheyya. Esā ñatti.
"Suṇātu me, bhante, saṅgho. Ime paṇḍukalohitakā bhikkhū saṅghena tajjanīyakammakatā sammā vattanti, lomaṃ pātenti, netthāraṃ vattanti, tajjanīyassa kammassa paṭippassaddhiṃ yācanti. Saṅgho paṇḍukalohitakānaṃ bhikkhūnaṃ tajjanīyakammaṃ paṭippassambheti. Yassāyasmato khamati paṇḍukalohitakānaṃ bhikkhūnaṃ tajjanīyassa kammassa paṭippassaddhi, so tuṇhassa; yassa nakkhamati, so bhāseyya.
"Dutiyampi etamatthaṃ vadāmi – suṇātu me , bhante, saṅgho. Ime paṇḍukalohitakā bhikkhū saṅghena tajjanīyakammakatā sammā vattanti, lomaṃ pātenti, netthāraṃ vattanti, tajjanīyassa kammassa paṭippassaddhiṃ yācanti. Saṅgho paṇḍukalohitakānaṃ bhikkhūnaṃ tajjanīyakammaṃ paṭippassambheti. Yassāyasmato khamati paṇḍukalohitakānaṃ bhikkhūnaṃ tajjanīyassa kammassa paṭippassaddhi, so tuṇhassa; yassa nakkhamati, so bhāseyya.
"Tatiyampi etamatthaṃ vadāmi – suṇātu me, bhante, saṅgho. Ime paṇḍukalohitakā bhikkhū saṅghena tajjanīyakammakatā sammā vattanti, lomaṃ pātenti, netthāraṃ vattanti, tajjanīyassa kammassa paṭippassaddhiṃ yācanti. Saṅgho paṇḍukalohitakānaṃ bhikkhūnaṃ tajjanīyakammaṃ paṭippassambheti. Yassāyasmato khamati paṇḍukalohitakānaṃ bhikkhūnaṃ tajjanīyassa kammassa paṭippassaddhi, so tuṇhassa; yassa nakkhamati, so bhāseyya.
"Paṭippassaddhaṃ saṅghena paṇḍukalohitakānaṃ bhikkhūnaṃ tajjanīyakammaṃ. Khamati saṅghassa, Tasmā tuṇhī, evametaṃ dhārayāmī''ti.
Tajjanīyakammaṃ niṭṭhitaṃ paṭhamaṃ.
2. Niyassakammaṃ
11. Tena kho pana samayena āyasmā seyyasako bālo hoti abyatto āpattibahulo anapadāno; gihisaṃsaṭṭho viharati ananulomikehi gihisaṃsaggehi; apissu bhikkhū pakatā [pakatattā (sī. syā.)] parivāsaṃ dentā mūlāya paṭikassantā mānattaṃ dentā abbhentā. Ye te bhikkhū appicchā…pe… te ujjhāyanti khiyyanti vipācenti – "kathañhi nāma āyasmā seyyasako bālo bhavissati abyatto āpattibahulo anapadāno; gihisaṃsaṭṭho viharissati ananulomikehi gihisaṃsaggehi ; apissu bhikkhū pakatā parivāsaṃ dentā mūlāya paṭikassantā mānattaṃ dentā abbhentā''ti. Atha kho te bhikkhū bhagavato etamatthaṃ ārocesuṃ.
Atha kho Bhagavā etasmiṃ nidāne etasmiṃ pakaraṇe bhikkhusaṅghaṃ sannipātāpetvā bhikkhū paṭipucchi – "saccaṃ kira, bhikkhave, seyyasako bhikkhu bālo abyatto āpattibahulo anapadāno; gihisaṃsaṭṭho viharati ananulomikehi gihisaṃsaggehi; apissu bhikkhū pakatā parivāsaṃ dentā mūlāya paṭikassantā mānattaṃ dentā abbhentā''ti? "Saccaṃ Bhagavā''ti. Vigarahi buddho Bhagavā – "ananucchavikaṃ, bhikkhave, tassa moghapurisassa ananulomikaṃ appatirūpaṃ assāmaṇakaṃ akappiyaṃ akaraṇīyaṃ. Kathañhi nāma so, bhikkhave, moghapuriso bālo bhavissati abyatto āpattibahulo

anapadāno; gihisaṃsaṭṭho viharissati ananulomikehi gihisaṃsaggehi; apissu bhikkhū pakatā parivāsaṃ dentā mūlāya paṭikassantā mānattaṃ dentā abbhentā. Netaṃ, bhikkhave, appasannānaṃ vā pasādāya...pe... vigarahitvā...pe... dhammiṃ kathaṃ katvā bhikkhū āmantesi – ''tena hi, bhikkhave, saṅgho seyyasakassa bhikkhuno niyassakammaṃ[niyasakammaṃ (ka.)] karotu – nissāya te vatthabbanti. Evañca pana, bhikkhave, kātabbaṃ. Paṭhamaṃ seyyasako bhikkhu codetabbo, codetvā sāretabbo, sāretvā āpattiṃ āropetabbo [āpatti āropetabbā (sī. syā.)], āpattiṃ āropetvā byattena bhikkhunā paṭibalena saṅgho ñāpetabbo –

12. ''Suṇātu me, bhante, saṅgho. Ayaṃ seyyasako bhikkhu bālo abyatto āpattibahulo anapadāno; gihisaṃsaṭṭho viharati ananulomikehi gihisaṃsaggehi; apissu bhikkhū pakatā parivāsaṃ dentā mūlāya paṭikassantā mānattaṃ dentā abbhentā. Yadi saṅghassa pattakallaṃ, saṅgho seyyasakassa bhikkhuno niyassakammaṃ kareyya – nissāya te vatthabbanti. Esā ñatti.

''Suṇātu me, bhante, saṅgho. Ayaṃ seyyasako bhikkhu bālo abyatto āpattibahulo anapadāno; gihisaṃsaṭṭho viharati ananulomikehi gihisaṃsaggehi; apissu bhikkhū pakatā parivāsaṃ dentā mūlāya paṭikassantā mānattaṃ dentā abbhentā. Saṅgho seyyasakassa bhikkhuno niyassakammaṃ karoti – nissāya te vatthabbanti. Yassāyasmato khamati seyyasakassa bhikkhuno niyassassa kammassa karaṇaṃ – nissāya te vatthabbanti, so tuṇhassa; yassa nakkhamati, so bhāseyya.

''Dutiyampi etamatthaṃ vadāmi...pe... tatiyampi etamatthaṃ vadāmi – suṇātu me, bhante, saṅgho. Ayaṃ seyyasako bhikkhu bālo abyatto āpattibahulo anapadāno; gihisaṃsaṭṭho viharati ananulomikehi gihisaṃsaggehi; apissu bhikkhū pakatā parivāsaṃ dentā mūlāya paṭikassantā mānattaṃ dentā abbhentā. Saṅgho seyyasakassa bhikkhuno niyassakammaṃ karoti – nissāya te vatthabbanti. Yassāyasmato khamati seyyasakassa bhikkhuno niyassassa kammassakaraṇaṃ – nissāya te vatthabbanti, so tuṇhassa; yassa nakkhamati, so bhāseyya.

''Kataṃ saṅghena seyyasakassa bhikkhuno niyassakammaṃ – nissāya te vatthabbanti. Khamati saṅghassa, tasmā tuṇhī, evametaṃ dhārayāmī''ti.

Adhammakammadvādasakaṃ

13. ''Tīhi, bhikkhave, aṅgehi samannāgataṃ niyassakammaṃ adhammakammañca hoti, avinayakammañca, duvūpasantañca. Asammukhā kataṃ hoti, appaṭipucchā kataṃ hoti, appaṭiññāya kataṃ hoti – imehi kho, bhikkhave, tīhaṅgehi samannāgataṃ niyassakammaṃ adhammakammañca hoti, avinayakammañca, duvūpasantañca.

''Aparehipi, bhikkhave, tīhaṅgehi samannāgataṃ niyassakammaṃ adhammakammañca hoti, avinayakammañca, duvūpasantañca. Anāpattiyā kataṃ hoti, adesanāgāminiyā āpattiyā kataṃ hoti, desitāya āpattiyā kataṃ hoti – imehi kho, bhikkhave, tīhaṅgehi samannāgataṃ niyassakammaṃ adhammakammañca hoti, avinayakammañca, duvūpasantañca.

''Aparehipi, bhikkhave, tīhaṅgehi samannāgataṃ niyassakammaṃ adhammakammañca hoti, avinayakammañca, duvūpasantañca. Acodetvā kataṃ hoti, asāretvā kataṃ hoti, āpattiṃ anāropetvā kataṃ hoti – imehi kho, bhikkhave, tīhaṅgehi samannāgataṃ niyassakammaṃ adhammakammañca hoti, avinayakammañca, duvūpasantañca.

''Aparehipi, bhikkhave...pe... asammukhā kataṃ hoti, adhammena kataṃ hoti, vaggena kataṃ hoti – imehi kho, bhikkhave...pe....

''Aparehipi , bhikkhave...pe... appaṭipucchā kataṃ hoti, adhammena kataṃ hoti, vaggena kataṃ hoti – imehi kho, bhikkhave...pe....

''Aparehipi, bhikkhave...pe... appaṭiññāya kataṃ hoti, adhammena kataṃ hoti, vaggena kataṃ hoti – imehi kho, bhikkhave...pe....

''Aparehipi, bhikkhave...pe... anāpattiyā kataṃ hoti, adhammena kataṃ hoti, vaggena kataṃ hoti – imehi kho, bhikkhave...pe... .

''Aparehipi, bhikkhave...pe... adesanāgāminiyā āpattiyā kataṃ hoti, adhammena kataṃ hoti, vaggena kataṃ hoti – imehi kho, bhikkhave...pe....

''Aparehipi, bhikkhave...pe... desitāya āpattiyā kataṃ hoti, adhammena kataṃ hoti, vaggena kataṃ hoti – imehi kho, bhikkhave...pe....

''Aparehipi, bhikkhave...pe... acodetvā kataṃ hoti, adhammena kataṃ hoti, vaggena kataṃ hoti – imehi kho, bhikkhave...pe....

''Aparehipi, bhikkhave...pe... asāretvā kataṃ hoti, adhammena kataṃ hoti, vaggena kataṃ hoti – imehi kho, bhikkhave...pe... .

''Aparehipi, bhikkhave, tīhaṅgehi samannāgataṃ niyassakammaṃ adhammakammañca hoti, avinayakammañca, duvūpasantañca. Āpattiṃ anāropetvā kataṃ hoti, adhammena kataṃ hoti, vaggena kataṃ hoti – imehi kho, bhikkhave, tīhaṅgehi samannāgataṃ niyassakammaṃ adhammakammañca hoti, avinayakammañca, duvūpasantañca.

Adhammakammadvādasakaṃ niṭṭhitaṃ.

Dhammakammadvādasakaṃ

14. "Tīhi, bhikkhave, aṅgehi samannāgataṃ niyassakammaṃ dhammakammañca hoti, vinayakammañca, suvūpasantañca. Sammukhā kataṃ hoti, paṭipucchā kataṃ hoti, paṭiññāya kataṃ hoti – imehi kho, bhikkhave, tīhaṅgehi samannāgataṃ niyassakammaṃ dhammakammañca hoti, vinayakammañca, suvūpasantañca.

"Aparehipi, bhikkhave, tīhaṅgehi samannāgataṃ niyassakammaṃ dhammakammañca hoti, vinayakammañca, suvūpasantañca. Āpattiyā kataṃ hoti, desanāgāminiyā āpattiyā kataṃ hoti, adesitāya āpattiyā kataṃ hoti – imehi kho, bhikkhave, tīhaṅgehi samannāgataṃ niyassakammaṃ dhammakammañca hoti, vinayakammañca, suvūpasantañca.

"Aparehipi, bhikkhave, tīhaṅgehi samannāgataṃ niyassakammaṃ dhammakammañca hoti, vinayakammañca, suvūpasantañca. Codetvā kataṃ hoti, sāretvā kataṃ hoti, āpattiṃ āropetvā kataṃ hoti – imehi kho, bhikkhave, tīhaṅgehi samannāgataṃ niyassakammaṃ dhammakammañca hoti, vinayakammañca, suvūpasantañca.

"Aparehipi, bhikkhave...pe... sammukhā kataṃ hoti, dhammena kataṃ hoti, samaggena kataṃ hoti – imehi kho, bhikkhave...pe....

"Aparehipi, bhikkhave...pe... paṭipucchā kataṃ hoti, dhammena kataṃ hoti, samaggena kataṃ hoti – imehi kho, bhikkhave...pe....

"Aparehipi, bhikkhave...pe... paṭiññāya kataṃ hoti, dhammena kataṃ hoti, samaggena kataṃ hoti – imehi kho, bhikkhave...pe....

"Aparehipi, bhikkhave...pe... āpattiyā kataṃ hoti, dhammena kataṃ hoti, samaggena kataṃ hoti – imehi kho, bhikkhave...pe... .

"Aparehipi, bhikkhave...pe... desanāgāminiyā āpattiyā kataṃ hoti, dhammena kataṃ hoti, samaggena kataṃ hoti – imehi kho, bhikkhave...pe....

"Aparehipi, bhikkhave...pe... adesitāya āpattiyā kataṃ hoti, dhammena kataṃ hoti, samaggena kataṃ hoti – imehi kho, bhikkhave...pe....

"Aparehipi, bhikkhave...pe... codetvā kataṃ hoti, dhammena kataṃ hoti, samaggena kataṃ hoti – imehi kho, bhikkhave...pe....

"Aparehipi, bhikkhave...pe... sāretvā kataṃ hoti, dhammena kataṃ hoti, samaggena kataṃ hoti – imehi kho, bhikkhave...pe... .

"Aparehipi, bhikkhave, tīhaṅgehi samannāgataṃ niyassakammaṃ dhammakammañca hoti, vinayakammañca, suvūpasantañca. Āpattiṃ āropetvā kataṃ hoti, dhammena kataṃ hoti, samaggena kataṃ hoti – imehi kho, bhikkhave, tīhaṅgehi samannāgataṃ niyassakammaṃ dhammakammañca hoti, vinayakammañca, suvūpasantañca.

Dhammakammadvādasakaṃ niṭṭhitaṃ.

Ākaṅkhamānachakkaṃ

15.[pari. 323] "Tīhi, bhikkhave, aṅgehi samannāgatassa bhikkhuno, ākaṅkhamāno saṅgho, niyassakammaṃ kareyya. Bhaṇḍanakārako hoti kalahakārako vivādakārako bhassakārako saṅghe adhikaraṇakārako; bālo hoti abyatto āpattibahulo anapadāno; gihisaṃsaṭṭho viharati ananulomikehi gihisaṃsaggehi – imehi kho, bhikkhave, tīhaṅgehi samannāgatassa bhikkhuno, ākaṅkhamāno saṅgho, niyassakammaṃ kareyya.

"Aparehipi, bhikkhave, tīhaṅgehi samannāgatassa bhikkhuno, ākaṅkhamāno saṅgho, niyassakammaṃ kareyya. Adhisīle sīlavipanno hoti, ajjhācāre ācāravipanno hoti, atidiṭṭhiyā diṭṭhivipanno hoti – imehi kho, bhikkhave, tīhaṅgehi samannāgatassa bhikkhuno, ākaṅkhamāno saṅgho, niyassakammaṃ kareyya.

"Aparehipi, bhikkhave, tīhaṅgehi samannāgatassa bhikkhuno, ākaṅkhamāno saṅgho, niyassakammaṃ kareyya. Buddhassa avaṇṇaṃ bhāsati, dhammassa avaṇṇaṃ bhāsati, saṅghassa avaṇṇaṃ bhāsati – imehi kho, bhikkhave, tīhaṅgehi samannāgatassa bhikkhuno, ākaṅkhamāno saṅgho, niyassakammaṃ kareyya.

"Tiṇṇaṃ, bhikkhave, bhikkhūnaṃ, ākaṅkhamāno saṅgho, niyassakammaṃ kareyya. Eko bhaṇḍanakārako hoti kalahakārako vivādakārako bhassakārako saṅghe adhikaraṇakārako; eko bālo hoti, abyatto āpattibahulo anapadāno; eko gihisaṃsaṭṭho viharati ananulomikehi gihisaṃsaggehi – imesaṃ kho, bhikkhave, tiṇṇaṃ bhikkhūnaṃ, ākaṅkhamāno saṅgho, niyassakammaṃ kareyya.

"Aparesampi, bhikkhave, tiṇṇaṃ bhikkhūnaṃ, ākaṅkhamāno saṅgho, niyassakammaṃ kareyya. Eko adhisīle sīlavipanno hoti, eko ajjhācāre ācāravipanno hoti, eko atidiṭṭhiyā diṭṭhivipanno hoti – imesaṃ kho, bhikkhave, tiṇṇaṃ bhikkhūnaṃ, ākaṅkhamāno saṅgho, niyassakammaṃ kareyya.

"Aparesampi, bhikkhave, tiṇṇaṃ bhikkhūnaṃ, ākaṅkhamāno saṅgho, niyassakammaṃ kareyya. Eko buddhassa avaṇṇaṃ bhāsati, eko dhammassa avaṇṇaṃ bhāsati, eko saṅghassa avaṇṇaṃ bhāsati – imesaṃ kho, bhikkhave, tiṇṇaṃ bhikkhūnaṃ, ākaṅkhamāno saṅgho, niyassakammaṃ kareyya.

Ākaṅkhamānachakkaṃ niṭṭhitaṃ.

Aṭṭhārasavattaṃ

16. "Niyassakammakatena, bhikkhave, bhikkhunā sammā vattitabbaṃ. Tatrāyaṃ sammāvattanā – na upasampādetabbaṃ, na nissayo dātabbo, na sāmaṇero upaṭṭhāpetabbo, na bhikkhunovādakasammuti

sāditabbā, sammatenapi bhikkhuniyo na ovaditabbā. Yāya āpattiyā saṅghena niyassakammaṃ kataṃ hoti sā āpatti na āpajjitabbā, aññā vā tādisikā, tato vā pāpiṭṭhatarā; kammaṃ na garahitabbaṃ, kammikā na garahitabbā. Na pakatattassa bhikkhuno uposatho ṭhapetabbo, na pavāraṇā ṭhapetabbā, na savacanīyaṃ kātabbaṃ, na anuvādo paṭṭhapetabbo, na okāso kārāpetabbo, na codetabbo, na sāretabbo, na bhikkhūhi sampayojetabba''nti.

Niyassakamme aṭṭhārasavattaṃ niṭṭhitaṃ.

17. Atha kho saṅgho seyyasakassa bhikkhuno niyassakammaṃ akāsi – nissāya te vatthabbanti. So saṅghena niyassakammakato kalyāṇamitte sevamāno bhajamāno payirupāsamāno uddisāpento paripucchanto bahussuto hoti, āgatāgamo dhammadharo vinayadharo mātikādharo paṇḍito viyatto medhāvī lajjī kukkuccako sikkhākāmo. Sammā vattati, lomaṃ pāteti, netthāraṃ vattati, bhikkhū upasaṅkamitvā evaṃ vadeti – ''ahaṃ, āvuso, saṅghena niyassakammakato sammā vattāmi, lomaṃ pātemi, netthāraṃ vattāmi. Kathaṃ nu kho mayā paṭipajjitabba''nti? Bhikkhū bhagavato etamatthaṃ ārocesuṃ...pe.... ''Tena hi, bhikkhave, saṅgho seyyasakassa bhikkhuno niyassakammaṃ paṭippassambhetu.

Nappaṭippassambhetabbaaṭṭhārasakaṃ

18. ''Pañcahi, bhikkhave, aṅgehi samannāgatassa bhikkhuno niyassakammaṃ nappaṭippassambhetabbaṃ. Upasampādeti, nissayaṃ deti, sāmaṇeraṃ upaṭṭhāpeti, bhikkhunovādakasammutiṃ sādiyati, sammatopi bhikkhuniyo ovadati – imehi kho, bhikkhave, pañcahaṅgehi samannāgatassa bhikkhuno niyassakammaṃ nappaṭippassambhetabbaṃ.

[pari. 420] ''Aparehipi, bhikkhave, pañcahaṅgehi samannāgatassa bhikkhuno niyassakammaṃ nappaṭippassambhetabbaṃ. Yāya āpattiyā saṅghena niyassakammaṃ kataṃ hoti taṃ āpattiṃ āpajjati, aññaṃ vā tādisikaṃ, tato vā pāpiṭṭhataraṃ; kammaṃ garahati, kammike garahati – imehi kho, bhikkhave, pañcahaṅgehi samannāgatassa bhikkhuno niyassakammaṃ nappaṭippassambhetabbaṃ.

''Aṭṭhahi, bhikkhave, aṅgehi samannāgatassa bhikkhuno niyassakammaṃ nappaṭippassambhetabbaṃ. Pakatattassa bhikkhuno uposathaṃ ṭhapeti, pavāraṇaṃ ṭhapeti, savacanīyaṃ karoti, anuvādaṃ paṭṭhapeti , okāsaṃ kāreti, codeti, sāreti, bhikkhūhi sampayojeti – imehi kho, bhikkhave, aṭṭhahaṅgehi samannāgatassa bhikkhuno niyassakammaṃ nappaṭippassambhetabbaṃ.

Nappaṭippassambhetabbaaṭṭhārasakaṃ niṭṭhitaṃ.

Paṭippassambhetabbaaṭṭhārasakaṃ

19. ''Pañcahi , bhikkhave, aṅgehi samannāgatassa bhikkhuno niyassakammaṃ paṭippassambhetabbaṃ . Na upasampādeti, na nissayaṃ deti, na sāmaṇeraṃ upaṭṭhāpeti, na bhikkhunovādakasammutiṃ sādiyati, sammatopi bhikkhuniyo na ovadati – imehi kho, bhikkhave, pañcahaṅgehi samannāgatassa bhikkhuno niyassakammaṃ paṭippassambhetabbaṃ.

''Aparehipi, bhikkhave, pañcahaṅgehi samannāgatassa bhikkhuno niyassakammaṃ paṭippassambhetabbaṃ. Yāya āpattiyā saṅghena niyassakammaṃ kataṃ hoti taṃ āpattiṃ na āpajjati, aññaṃ vā tādisikaṃ, tato vā pāpiṭṭhataraṃ; kammaṃ na garahati, kammike na garahati – imehi kho, bhikkhave, pañcahaṅgehi samannāgatassa bhikkhuno niyassakammaṃ paṭippassambhetabbaṃ.

''Aṭṭhahi, bhikkhave, aṅgehi samannāgatassa bhikkhuno niyassakammaṃ paṭippassambhetabbaṃ.

Na pakatattassa bhikkhuno uposathaṃ ṭhapeti, na pavāraṇaṃ ṭhapeti, na savacanīyaṃ karoti, na anuvādaṃ paṭṭhapeti, na okāsaṃ kāreti, na codeti, na sāreti, na bhikkhūhi sampayojeti – imehi kho, bhikkhave, aṭṭhahaṅgehi samannāgatassa bhikkhuno niyassakammaṃ paṭippassambhetabbaṃ.

Paṭippassambhetabbaaṭṭhārasakaṃ niṭṭhitaṃ.

20. ''Evañca pana, bhikkhave, paṭippassambhetabbaṃ. Tena, bhikkhave, seyyasakena bhikkhunā saṅghaṃ upasaṅkamitvā ekaṃsaṃ uttarāsaṅgaṃ karitvā vuḍḍhānaṃ bhikkhūnaṃ pāde vanditvā ukkuṭikaṃ nisīditvā añjaliṃ paggahetvā evamassa vacanīyo – 'ahaṃ, bhante, saṅghena niyassakammakato sammā vattāmi, lomaṃ pātemi, netthāraṃ vattāmi, niyassassa kammassa paṭippassaddhiṃ yācāmī'ti. Dutiyampi yācitabbā. Tatiyampi yācitabbā . Byattena bhikkhunā paṭibalena saṅgho ñāpetabbo –

''Suṇātu me, bhante, saṅgho. Ayaṃ seyyasako bhikkhu saṅghena niyassakammakato sammā vattati, lomaṃ pāteti, netthāraṃ vattati, niyassassa kammassa paṭippassaddhiṃ yācati. Yadi saṅghassa pattakallaṃ, saṅgho seyyasakassa bhikkhuno niyassakammaṃ paṭippassambheyya. Esā ñatti.

''Suṇātu me, bhante, saṅgho. Ayaṃ seyyasako bhikkhu saṅghena niyassakammakato sammā vattati, lomaṃ pāteti, netthāraṃ vattati, niyassassa kammassa paṭippassaddhiṃ yācati. Saṅgho seyyasakassa bhikkhuno niyassakammaṃ paṭippassambheti. Yassāyasmato khamati seyyasakassa bhikkhuno niyassassa kammassa paṭippassaddhi, so tuṇhassa; yassa nakkhamati, so bhāseyya.

''Dutiyampi etamatthaṃ vadāmi – suṇātu me, bhante, saṅgho. Ayaṃ seyyasako bhikkhu saṅghena niyassakammakato sammā vattati, lomaṃ pāteti, netthāraṃ vattati, niyassassa kammassa paṭippassaddhiṃ yācati. Saṅgho seyyasakassa bhikkhuno niyassakammaṃ paṭippassambheti. Yassāyasmato khamati seyyasakassa bhikkhuno niyassassa kammassa paṭippassaddhi, so tuṇhassa; yassa nakkhamati, so bhāseyya.

''Tatiyampi etamatthaṃ vadāmi – suṇātu me, bhante, saṅgho. Ayaṃ seyyasako bhikkhu saṅghena niyassakammakato sammā vattati, lomaṃ pāteti, netthāraṃ vattati, niyassassa kammassa paṭippassaddhiṃ yācati. Saṅgho seyyasakassa bhikkhuno niyassakammaṃ paṭippassambheti. Yassāyasmato khamati seyyasakassa bhikkhuno niyassassa kammassa paṭippassaddhi, so tuṇhassa; yassa nakkhamati, so bhāseyya.

''Paṭippassaddhaṃ saṅghena seyyasakassa bhikkhuno niyassakammaṃ. Khamati saṅghassa, tasmā tuṇhī, evametaṃ dhārayāmī''ti.

Niyassakammaṃ niṭṭhitaṃ dutiyaṃ.

3. Pabbājanīyakammaṃ

21.[idaṃ vatthu pārā. 431 ādayo] Tena kho pana samayena assajipunabbasukā nāma [nāma bhikkhū (ka.)] kīṭāgirismiṃ āvāsikā honti alajjino pāpabhikkhū. Te[cūḷava. 292 ādayo] evarūpaṃ anācāraṃ ācaranti – mālāvacchaṃ ropentipi ropāpentipi, siñcantipi siñcāpentipi, ocinantipi ocināpentipi, ganthentipi ganthāpentipi, ekatovaṇṭikamālaṃ karontipi kārāpentipi, ubhatovaṇṭikamālaṃ karontipi kārāpentipi, mañjarikaṃ karontipi kārāpentipi, vidhūtikaṃ [vidhutikaṃ (syā.)]karontipi kārāpentipi, vaṭaṃsakaṃ karontipi kārāpentipi, āveḷaṃ karontipi kārāpentipi, uracchadaṃ karontipi kārāpentipi. Te kulitthīnaṃ kuladhītānaṃ kulakumārīnaṃ kulasuṇhānaṃ kuladāsīnaṃ ekatovaṇṭikamālaṃ harantipi harāpentipi, ubhatovaṇṭikamālaṃ harantipi harāpentipi, mañjarikaṃ harantipi harāpentipi, vidhūtikaṃ harantipi harāpentipi, vaṭaṃsakaṃ harantipi harāpentipi, āveḷaṃ harantipi harāpentipi, uracchadaṃ harantipi harāpentipi. Te kulitthīhi kuladhītāhi kulakumārīhi kulasuṇhāhi kuladāsīhi saddhiṃ ekabhājanepi bhuñjanti, ekathālakepi pivanti, ekāsanepi nisīdanti, ekamañcepi tuvaṭṭenti, ekattharaṇāpi tuvaṭṭenti, ekapāvuraṇāpi tuvaṭṭenti, ekattharaṇapāvuraṇāpi tuvaṭṭenti, vikālepi bhuñjanti, majjampi pivanti, mālāgandhavilepanampi dhārenti, naccantipi, gāyantipi, vādentipi, lāsentipi; naccantiyāpi naccanti, naccantiyāpi gāyanti, naccantiyāpi vādenti, naccantiyāpi lāsenti; gāyantiyāpi naccanti, gāyantiyāpi gāyanti, gāyantiyāpi vādenti, gāyantiyāpi lāsenti; vādentiyāpi naccanti, vādentiyāpi gāyanti, vādentiyāpi vādenti, vādentiyāpi lāsenti; lāsentiyāpi naccanti, lāsentiyāpi gāyanti, lāsentiyāpi vādenti, lāsentiyāpi lāsenti; aṭṭhapadepi kīḷanti, dasapadepi kīḷanti, ākāsepi kīḷanti, parihārapathepi kīḷanti, santikāyapi kīḷanti, khalikāyapi kīḷanti, ghaṭikāyapi kīḷanti, salākahatthenapi kīḷanti, akkhenapi kīḷanti, paṅgacīrenapi kīḷanti, vaṅkakenapi kīḷanti, mokkhacikāyapi kīḷanti, ciṅgulakenapi kīḷanti, pattāḷhakenapi kīḷanti, rathakenapi kīḷanti, dhanukenapi kīḷanti, akkharikāyapi kīḷanti, manesikāyapi kīḷanti, yathāvajjenapi kīḷanti; hatthismimpi sikkhanti, assasmimpi sikkhanti, rathasmimpi sikkhanti, dhanusmimpi sikkhanti, tharusmimpi sikkhanti; hatthissapi purato dhāvanti, assassapi purato dhāvanti, rathassapi purato [purato dhāvanti (syā.)] dhāvantipi ādhāvantipi; usseḷentipi, apphoṭentipi , nibbujjhantipi, muṭṭhīhipi yujjhanti; raṅgamajjhepi saṅghāṭiṃ pattharitvā naccakiṃ [naccantiṃ (sī. syā.)] evaṃ vadanti – ''idha, bhagini, naccassū''ti; nalāṭikampi denti; vividhampi anācāraṃ ācaranti.

22. Tena kho pana samayena aññataro bhikkhu kāsīsu vassaṃvuṭṭho [vassaṃvuttho (sī. syā.)] sāvatthiṃ gacchanto bhagavantaṃ dassanāya yena kīṭāgiri tadavasari. Atha kho so bhikkhu pubbaṇhasamayaṃ nivāsetvā pattacīvaramādāya kīṭāgiriṃ piṇḍāya pāvisi pāsādikena abhikkantena paṭikkantena ālokitena vilokitena samiñjitena [sammiñjitena (sī. syā. kaṃ.)] pasāritena, okkhittacakkhu iriyāpathasampanno. Manussā taṃ bhikkhuṃ passitvā evamāhaṃsu – ''kvāyaṃ abalabalo viya mandamando viya bhākuṭikabhākuṭiko viya? Ko imassa upagatassa piṇḍakampi dassati? Amhākaṃ pana ayyā assajipunabbasukā saṇhā sakhilā sukhasambhāsā mihitapubbaṅgamā ehisvāgatavādino abbhākuṭikā uttānamukhā pubbabhāsino. Tesaṃ kho nāma piṇḍo dātabbo''ti.

Addasā kho aññataro upāsako taṃ bhikkhuṃ kīṭāgirismiṃ piṇḍāya carantaṃ; disvāna yena so bhikkhu tenupasaṅkami, upasaṅkamitvā taṃ bhikkhuṃ abhivādetvā etadavoca – ''api, bhante, piṇḍo labbhatī''ti? ''Na kho, āvuso, piṇḍo labbhatī''ti. ''Ehi, bhante, gharaṃ gamissāmā''ti. Atha kho so upāsako taṃ bhikkhuṃ gharaṃ netvā bhojetvā etadavoca – ''kahaṃ, bhante, ayyo gamissatī''ti? ''Sāvatthiṃ kho ahaṃ, āvuso, gamissāmi bhagavantaṃ dassanāyā''ti. ''Tena hi, bhante, mama vacanena bhagavato pāde sirasā vanda, evañca vadehi – 'duṭṭho, bhante, kīṭāgirismiṃ āvāso. Assajipunabbasukā nāma kīṭāgirismiṃ āvāsikā alajjino pāpabhikkhū. Te evarūpaṃ anācāraṃ ācaranti – mālāvacchaṃ ropentipi ropāpentipi, siñcantipi siñcāpentipi, ocinantipi, ocināpentipi, ganthentipi ganthāpentipi, ekatovaṇṭikamālaṃ karontipi kārāpentipi, ubhatovaṇṭikamālaṃ karontipi kārāpentipi, mañjarikaṃ karontipi kārāpentipi, vidhūtikaṃ karontipi kārāpentipi, vaṭaṃsakaṃ karontipi kārāpentipi, āveḷaṃ karontipi kārāpentipi, uracchadaṃ karontipi kārāpentipi. Te kulitthīnaṃ kuladhītānaṃ kulakumārīnaṃ kulasuṇhānaṃ kuladāsīnaṃ ekatovaṇṭikamālaṃ harantipi harāpentipi, ubhatovaṇṭikamālaṃ harantipi harāpentipi, mañjarikaṃ harantipi harāpentipi, vidhūtikaṃharantipi harāpentipi, vaṭaṃsakaṃ harantipi harāpentipi, āveḷaṃ harantipi harāpentipi, uracchadaṃ harantipi harāpentipi. Te kulitthīhi kuladhītāhi kulakumārīhi kulasuṇhāhi kuladāsīhi saddhiṃ ekabhājanepi bhuñjanti, ekathālakepi pivanti, ekāsanepi nisīdanti, ekamañcepi tuvaṭṭenti, ekattharaṇāpi tuvaṭṭenti, ekapāvuraṇāpi tuvaṭṭenti, ekattharaṇapāvuraṇāpi tuvaṭṭenti, vikālepi bhuñjanti, majjampi pivanti, mālāgandhavilepanampi dhārenti, naccantipi, gāyantipi, vādentipi, lāsentipi; naccantiyāpi naccanti, naccantiyāpi gāyanti, naccantiyāpi vādenti, naccantiyāpi lāsenti...pe... (cakkaṃ kātabbaṃ). Lāsentiyāpi naccanti, lāsentiyāpi gāyanti, lāsentiyāpi vādenti, lāsentiyāpi lāsenti; aṭṭhapadepi kīḷanti, dasapadepi kīḷanti, ākāsepi kīḷanti, parihārapathepi kīḷanti, santikāyapi kīḷanti, khalikāyapi kīḷanti, ghaṭikāyapi kīḷanti, salākahatthenapi kīḷanti, akkhenapi kīḷanti, paṅgacīrenapi kīḷanti, vaṅkakenapi kīḷanti, mokkhacikāyapi kīḷanti, ciṅgulakenapi kīḷanti, pattāḷhakenapi kīḷanti, rathakenapi kīḷanti, dhanukenapi kīḷanti, akkharikāyapi kīḷanti, manesikāyapi kīḷanti, yathāvajjenapi kīḷanti; hatthismimpi sikkhanti, assasmimpi sikkhanti, rathasmimpi sikkhanti, dhanusmimpi sikkhanti, tharusmimpi sikkhanti; hatthissapi purato dhāvanti, assassapi purato dhāvanti, rathassapi purato dhāvantipi ādhāvantipi; usseḷentipi, apphoṭentipi, nibbujjhantipi, muṭṭhīhipi yujjhanti; raṅgamajjhepi saṅghāṭiṃ pattharitvā naccakiṃ evaṃ vadanti – 'idha, bhagini, naccassū'ti; nalāṭikampi denti; vividhampi anācāraṃ ācaranti. Yepi te, bhante, manussā pubbe saddhā ahesuṃ pasannā tepi etarahi assaddhā appasannā. Yānipi tāni saṅghassa pubbe dānapathāni tānipi etarahi upacchinnāni. Riñcanti pesalā bhikkhū , nivasanti pāpabhikkhū. Sādhu, bhante, Bhagavā kīṭāgiriṃ bhikkhū pahiṇeyya, yathāyaṃ kīṭāgirismiṃ āvāso saṇṭhaheyyā''ti.

''Evamāvuso''ti kho so bhikkhu tassa upāsakassa paṭissuṇitvā uṭṭhāyāsanā yena sāvatthi tena pakkāmi. Anupubbena yena sāvatthi jetavanaṃ anāthapiṇḍikassa ārāmo yena Bhagavā tenupasaṅkami, upasaṅkamitvā bhagavantaṃ abhivādetvā ekamantaṃ nisīdi. Āciṇṇaṃ kho panetaṃ buddhānaṃ bhagavantānaṃ āgantukehi bhikkhūhi saddhiṃ paṭisammodituṃ. Atha kho Bhagavā taṃ bhikkhuṃ etadavoca – ''kacci, bhikkhu, khamanīyaṃ, kacci yāpanīyaṃ, kaccisi appakilamathena addhānaṃ āgato, kuto ca tvaṃ bhikkhu āgacchasī''ti? ''Khamanīyaṃ, Bhagavā, yāpanīyaṃ Bhagavā; appakilamathena ca ahaṃ, bhante, addhānaṃ āgato. Idhāhaṃ, bhante, kāsīsu vassaṃvuṭṭho sāvatthiṃ āgacchanto bhagavantaṃ dassanāya yena kīṭāgiri tadavasariṃ. Atha khvāhaṃ, bhante, pubbaṇhasamayaṃ nivāsetvā pattacīvaramādāya kīṭāgiriṃ piṇḍāya pāvisiṃ. Addasā kho maṃ, bhante, aññataro upāsako kīṭāgirismiṃ piṇḍāya carantaṃ ; disvāna yenāhaṃ tenupasaṅkami, upasaṅkamitvā maṃ abhivādetvā etadavoca – 'api, bhante, piṇḍo labbhatī'ti. 'Na kho, āvuso, piṇḍo labbhatī'ti. 'Ehi, bhante, gharaṃ gamissāmā'ti. Atha kho, bhante, so upāsako maṃ gharaṃ netvā bhojetvā etadavoca – 'kahaṃ, bhante, ayyo gamissatī'ti? 'Sāvatthiṃ kho ahaṃ, āvuso, gamissāmi bhagavantaṃ dassanāyā'ti . 'Tena hi, bhante, mama vacanena bhagavato pāde sirasā vanda, evañca vadehi – duṭṭho, bhante, kīṭāgirismiṃ āvāso. Assajipunabbasukā nāma kīṭāgirismiṃ āvāsikā alajjino pāpabhikkhū . Te evarūpaṃ anācāraṃ ācaranti – mālāvacchaṃ ropentipi ropāpentipi...pe... vividhampi anācāraṃ ācaranti. Yepi te, bhante, manussā pubbe saddhā ahesuṃ pasannā tepi etarahi assaddhā appasannā. Yānipi tāni saṅghassa pubbe dānapathāni tānipi etarahi upacchinnāni. Riñcanti pesalā bhikkhū, nivasanti pāpabhikkhū. Sādhu, bhante, Bhagavā kīṭāgiriṃ bhikkhū pahiṇeyya, yathāyaṃ kīṭāgirismiṃ āvāso saṇṭhaheyyā'ti. Tato ahaṃ Bhagavā āgacchāmī''ti.

23. Atha kho Bhagavā etasmiṃ nidāne etasmiṃ pakaraṇe bhikkhusaṅghaṃ sannipātāpetvā bhikkhū paṭipucchi – ''saccaṃ kira, bhikkhave, assajipunabbasukā nāma kīṭāgirismiṃ āvāsikā alajjino pāpabhikkhū? Te evarūpaṃ anācāraṃ ācaranti – mālāvacchaṃ ropentipi...pe... vividhampi anācāraṃ ācaranti? Yepi te manussā pubbe saddhā ahesuṃ pasannā tepi etarahi assaddhā appasannā? Yānipi tāni saṅghassa pubbe dānapathāni tānipi etarahi upacchinnāni? Riñcanti pesalā bhikkhū nivasanti pāpabhikkhū''ti? ''Saccaṃ Bhagavā''ti. Vigarahi buddho Bhagavā – ''ananucchavikaṃ...pe... kathañhi nāma te, bhikkhave, moghapurisā evarūpaṃ anācāraṃ ācarissanti – mālāvacchaṃ ropessantipi ropāpessantipi, siñcissantipi siñcāpessantipi, ocinissantipi ocināpessantipi, ganthessantipi ganthāpessantipi, ekatovaṇṭikamālaṃ karissantipi kārāpessantipi, ubhatovaṇṭikamālaṃ karissantipi kārāpessantipi, mañjarikaṃ karissantipi kārāpessantipi, vidhūtikaṃ karissantipi kārāpessantipi, vaṭaṃsakaṃ karissantipi kārāpessantipi, āveḷaṃ karissantipi kārāpessantipi, uracchadaṃ karissantipi kārāpessantipi. Te kulitthīnaṃ kuladhītānaṃ kulakumārīnaṃ kulasuṇhānaṃ kuladāsīnaṃ ekatovaṇṭikamālaṃ harissantipi harāpessantipi, ubhatovaṇṭikamālaṃ harissantipi harāpessantipi, mañjarikaṃ harissantipi harāpessantipi, vidhūtikaṃ harissantipi harāpessantipi, vaṭaṃsakaṃ harissantipi harāpessantipi, āveḷaṃ harissantipi harāpessantipi, uracchadaṃ harissantipi harāpessantipi. Te kulitthīhi kuladhītāhi kulakumārīhi kulasuṇhāhi kuladāsīhi saddhiṃ ekabhājanepi bhuñjissanti, ekathālakepi pivissanti, ekāsanepi nisīdissanti, ekamañcepi tuvaṭṭissanti, ekattharaṇāpi tuvaṭṭissanti, ekapāvuraṇāpi tuvaṭṭissanti, ekattharaṇapāvuraṇāpi tuvaṭṭissanti, vikālepi bhuñjissanti, majjampi pivissanti, mālāgandhavilepanampi dhāressanti, naccissantipi, gāyissantipi, vādessantipi, lāsessantipi; naccantiyāpi naccissanti, naccantiyāpi gāyissanti, naccantiyāpi vādessanti, naccantiyāpi lāsessanti; gāyantiyāpi naccissanti , gāyantiyāpi gāyissanti, gāyantiyāpi vādessanti, gāyantiyāpi lāsessanti; vādentiyāpi naccissanti, vādentiyāpi gāyissanti, vādentiyāpi vādessanti, vādentiyāpi lāsessanti; lāsentiyāpi naccissanti, lāsentiyāpi gāyissanti, lāsentiyāpi vādessanti; lāsentiyāpi lāsessanti; aṭṭhapadepi kīḷissanti, dasapadepi kīḷissanti, ākāsepi kīḷissanti, parihārapathepi kīḷissanti, santikāyapi kīḷissanti, khalikāyapi kīḷissanti, ghaṭikāyapi kīḷissanti, salākahatthenapi kīḷissanti, akkhenapi kīḷissanti, paṅgacīrenapi kīḷissanti, vaṅkakenapi kīḷissanti mokkhacikāyapi kīḷissanti, ciṅgulakenapi kīḷissanti, pattāḷhakenapi kīḷissanti, rathakenapi kīḷissanti, dhanukenapi kīḷissanti, akkharikāyapi kīḷissanti, manesikāyapi kīḷissanti, yathāvajjenapi kīḷissanti; hatthismimpi sikkhissanti, assasmimpi sikkhissanti, rathasmimpi sikkhissanti,

dhanusmimpi sikkhissanti, tharusmimpi sikkhissanti; hatthissapi purato dhāvissanti, assassapi purato dhāvissanti, rathassapi purato [purato dhāvissanti (syā.)] dhāvissantipi ādhāvissantipi; usseḷessantipi, apphoṭessantipi, nibbujjhissantipi, muṭṭhīhipi yujjhissanti; raṅgamajjhepi saṅghāṭiṃ pattharitvā naccakiṃ evaṃ vakkhanti [vadissanti (ka.)] – 'idha, bhagini, naccassū'ti; nalāṭikampi dassanti; vividhampi anācāraṃ ācarissanti. Netaṃ, bhikkhave, appasannānaṃ vā pasādāya...pe... vigarahitvā...pe... dhammiṃ kathaṃ katvā sāriputtamoggallāne āmantesi – "gacchatha tumhe, sāriputtā, kīṭāgiriṃ gantvā assajipunabbasukānaṃ bhikkhūnaṃ kīṭāgirismā pabbājanīyakammaṃ karotha, tumhākaṃ ete saddhivihārino"ti.

"Kathaṃ mayaṃ, bhante, assajipunabbasukānaṃ bhikkhūnaṃ kīṭāgirismā pabbājanīyakammaṃ karoma, caṇḍā te bhikkhū pharusā"ti? "Tena hi tumhe, sāriputtā, bahukehi bhikkhūhi saddhiṃ gacchathā"ti. "Evaṃ, bhante"ti kho sāriputtamoggallānā bhagavato paccassosuṃ. Evañca pana, bhikkhave, kātabbaṃ – paṭhamaṃ assajipunabbasukā bhikkhū codetabbā, codetvā sāretabbā, sāretvā āpattiṃ āropetabbā, āpattiṃ āropetvā byattena bhikkhunā paṭibalena saṅgho ñāpetabbo –

24. "Suṇātu me, bhante, saṅgho. Ime assajipunabbasukā bhikkhū kuladūsakā pāpasamācārā. Imesaṃ pāpakā samācārā dissanti ceva suyyanti ca. Kulāni ca imehi duṭṭhāni dissanti ceva suyyanti ca. Yadi saṅghassa pattakallaṃ, saṅgho assajipunabbasukānaṃ bhikkhūnaṃ kīṭāgirismā pabbājanīyakammaṃ kareyya – na assajipunabbasukehi bhikkhūhi kīṭāgirismiṃ vatthabbanti. Esā ñatti.

"Suṇātu me, bhante, saṅgho. Ime assajipunabbasukā bhikkhū kuladūsakā pāpasamācārā. Imesaṃ pāpakā samācārā dissanti ceva suyyanti ca. Kulāni ca imehi duṭṭhāni dissanti ceva suyyanti ca. Saṅgho assajipunabbasukānaṃ bhikkhūnaṃ kīṭāgirismā pabbājanīyakammaṃ karoti – na assajipunabbasukehi bhikkhūhi kīṭāgirismiṃ vatthabbanti. Yassāyasmato khamati assajipunabbasukānaṃ bhikkhūnaṃ kīṭāgirismā pabbājanīyassa kammassa karaṇaṃ – na assajipunabbasukehi bhikkhūhi kīṭāgirismiṃ vatthabbanti, so tuṇhassa; yassa nakkhamati, so bhāseyya.

"Dutiyampi etamatthaṃ vadāmi...pe... tatiyampi etamatthaṃ vadāmi. Suṇātu me, bhante, saṅgho. Ime assajipunabbasukā bhikkhū kuladūsakā pāpasamācārā. Imesaṃ pāpakā samācārā dissanti ceva suyyanti ca. Kulāni ca imehi duṭṭhāni dissanti ceva suyyanti ca. Saṅgho assajipunabbasukānaṃ bhikkhūnaṃ kīṭāgirismā pabbājanīyakammaṃ karoti – na assajipunabbasukehi bhikkhūhi kīṭāgirismiṃ vatthabbanti. Yassāyasmato khamati assajipunabbasukānaṃ bhikkhūnaṃ kīṭāgirismā pabbājanīyassa kammassa karaṇaṃ – na assajipunabbasukehi bhikkhūhi kīṭāgirismiṃ vatthabbanti, so tuṇhassa; yassa nakkhamati, so bhāseyya.

"Kataṃ saṅghena assajipunabbasukānaṃ bhikkhūnaṃ kīṭāgirismā pabbājanīyakammaṃ – na assajipunabbasukehi bhikkhūhi kīṭāgirismiṃ vatthabbanti. Khamati saṅghassa, tasmā tuṇhī, evametaṃ dhārayāmī"ti.

Adhammakammadvādasakaṃ

25. "Tīhi, bhikkhave, aṅgehi samannāgataṃ pabbājanīyakammaṃ adhammakammañca hoti, avinayakammañca, duvūpasantañca. Asammukhā kataṃ hoti, appaṭipucchā kataṃ hoti, appaṭiññāya kataṃ hoti – imehi kho, bhikkhave, tīhaṅgehi samannāgataṃ pabbājanīyakammaṃ adhammakammañca hoti, avinayakammañca, duvūpasantañca.

"Aparehipi, bhikkhave, tīhaṅgehi samannāgataṃ pabbājanīyakammaṃ adhammakammañca hoti, avinayakammañca, duvūpasantañca. Anāpattiyā kataṃ hoti, adesanāgāminiyā āpattiyā kataṃ hoti, desitāya āpattiyā kataṃ hoti...pe... acodetvā kataṃ hoti, asāretvā kataṃ hoti, āpattiṃ anāropetvā kataṃ hoti...pe... asammukhā kataṃ hoti, adhammena kataṃ hoti, vaggena kataṃ hoti...pe... appaṭipucchā kataṃ hoti, adhammena kataṃ hoti, vaggena kataṃ hoti...pe... appaṭiññāya kataṃ hoti, adhammena kataṃ hoti, vaggena kataṃ hoti...pe... anāpattiyā kataṃ hoti, adhammena kataṃ hoti, vaggena kataṃ hoti...pe... adesanāgāminiyā āpattiyā kataṃ hoti, adhammena kataṃ hoti, vaggena kataṃ hoti...pe... desitāya āpattiyā kataṃ hoti, adhammena kataṃ hoti, vaggena kataṃ hoti...pe... acodetvā kataṃ hoti, adhammena kataṃ hoti, vaggena kataṃ hoti ...pe... asāretvā kataṃ hoti, adhammena kataṃ hoti, vaggena kataṃ hoti...pe... āpattiṃ anāropetvā kataṃ hoti, adhammena kataṃ hoti, vaggena kataṃ hoti – imehi kho, bhikkhave, tīhaṅgehi samannāgataṃ pabbājanīyakammaṃ adhammakammañca hoti, avinayakammañca, duvūpasantañca.

Adhammakammadvādasakaṃ niṭṭhitaṃ.

Dhammakammadvādasakaṃ

26. "Tīhi, bhikkhave, aṅgehi samannāgataṃ pabbājanīyakammaṃ dhammakammañca hoti, vinayakammañca, suvūpasantañca. Sammukhā kataṃ hoti, paṭipucchā kataṃ hoti, paṭiññāya kataṃ hoti – imehi kho, bhikkhave, tīhaṅgehi samannāgataṃ pabbājanīyakammaṃ dhammakammañca hoti, vinayakammañca, suvūpasantañca.

"Aparehipi, bhikkhave, tīhaṅgehi samannāgataṃ pabbājanīyakammaṃ dhammakammañca hoti, vinayakammañca, suvūpasantañca. Āpattiyā kataṃ hoti desanāgāminiyā āpattiyā kataṃ hoti adesitāya āpattiyā kataṃ hoti...pe... codetvā kataṃ hoti, sāretvā kataṃ hoti, āpattiṃ āropetvā kataṃ hoti...pe... sammukhā kataṃ hoti, dhammena kataṃ hoti, samaggena kataṃ hoti...pe... paṭipucchā kataṃ hoti, dhammena kataṃ hoti, samaggena kataṃ hoti...pe... paṭiññāya kataṃ hoti, dhammena kataṃ hoti, samaggena kataṃ hoti...pe... āpattiyā kataṃ hoti, dhammena kataṃ hoti, samaggena kataṃ hoti...pe... desanāgāminiyā āpattiyā kataṃ hoti, dhammena kataṃ hoti, samaggena kataṃ hoti...pe... adesitāya āpattiyā kataṃ hoti, dhammena kataṃ hoti, samaggena kataṃ hoti...pe... codetvā kataṃ hoti, dhammena kataṃ hoti, samaggena kataṃ hoti...pe... sāretvā kataṃ hoti, dhammena kataṃ hoti, samaggena kataṃ hoti...pe... āpattiṃ āropetvā kataṃ hoti, dhammena kataṃ hoti, samaggena kataṃ hoti – imehi kho, bhikkhave, tīhaṅgehi samannāgataṃ pabbājanīyakammaṃ dhammakammañca hoti, vinayakammañca, suvūpasantañca.

Dhammakammadvādasakaṃ niṭṭhitaṃ.

Ākaṅkhamānacuddasakaṃ

27.[pari. 323] "Tīhi, bhikkhave, aṅgehi samannāgatassa bhikkhuno, ākaṅkhamāno saṅgho, pabbājanīyakammaṃ kareyya. Bhaṇḍanakārako hoti kalahakārako vivādakārako bhassakārako saṅghe adhikaraṇakārako; bālo hoti abyatto āpattibahulo anapadāno; gihisaṃsaṭṭho viharati ananulomikehi gihisaṃsaggehi – imehi kho, bhikkhave, tīhaṅgehi samannāgatassa bhikkhuno, ākaṅkhamāno saṅgho, pabbājanīyakammaṃ kareyya.

"Aparehipi, bhikkhave, tīhaṅgehi samannāgatassa bhikkhuno, ākaṅkhamāno saṅgho, pabbājanīyakammaṃ kareyya. Adhisīle sīlavipanno hoti, ajjhācāre ācāravipanno hoti, atidiṭṭhiyā diṭṭhivipanno hoti – imehi kho, bhikkhave, tīhaṅgehi samannāgatassa bhikkhuno, ākaṅkhamāno saṅgho, pabbājanīyakammaṃ kareyya.

"Aparehipi, bhikkhave, tīhaṅgehi samannāgatassa bhikkhuno, ākaṅkhamāno saṅgho, pabbājanīyakammaṃ kareyya. Buddhassa avaṇṇaṃ bhāsati, dhammassa avaṇṇaṃ bhāsati, saṅghassa avaṇṇaṃ bhāsati – imehi kho, bhikkhave, tīhaṅgehi samannāgatassa bhikkhuno, ākaṅkhamāno saṅgho, pabbājanīyakammaṃ kareyya.

"Aparehipi, bhikkhave, tīhaṅgehi samannāgatassa bhikkhuno, ākaṅkhamāno saṅgho, pabbājanīyakammaṃ kareyya. Kāyikena davena samannāgato hoti, vācasikena davena samannāgato hoti, kāyikavācasikena davena samannāgato hoti – imehi kho, bhikkhave, tīhaṅgehi samannāgatassa bhikkhuno, ākaṅkhamāno saṅgho, pabbājanīyakammaṃ kareyya.

"Aparehipi, bhikkhave, tīhaṅgehi samannāgatassa bhikkhuno, ākaṅkhamāno saṅgho, pabbājanīyakammaṃ kareyya. Kāyikena anācārena samannāgato hoti, vācasikena anācārena samannāgato hoti, kāyikavācasikena anācārena samannāgato hoti – imehi kho, bhikkhave, tīhaṅgehi samannāgatassa bhikkhuno, ākaṅkhamāno saṅgho, pabbājanīyakammaṃ kareyya.

"Aparehipi, bhikkhave, tīhaṅgehi samannāgatassa bhikkhuno, ākaṅkhamāno saṅgho, pabbājanīyakammaṃ kareyya. Kāyikena upaghātikena samannāgato hoti, vācasikena upaghātikena samannāgato hoti, kāyikavācasikena upaghātikena samannāgato hoti – imehi kho, bhikkhave, tīhaṅgehi samannāgatassa bhikkhuno, ākaṅkhamāno saṅgho, pabbājanīyakammaṃ kareyya.

"Aparehipi, bhikkhave, tīhaṅgehi samannāgatassa bhikkhuno, ākaṅkhamāno saṅgho, pabbājanīyakammaṃ kareyya. Kāyikena micchājīvena samannāgato hoti, vācasikena micchājīvena samannāgato hoti, kāyikavācasikena micchājīvena samannāgato hoti – imehi, kho, bhikkhave, tīhaṅgehi samannāgatassa bhikkhuno, ākaṅkhamāno saṅgho, pabbājanīyakammaṃ kareyya.

"Tiṇṇaṃ, bhikkhave, bhikkhūnaṃ, ākaṅkhamāno saṅgho, pabbājanīyakammaṃ kareyya. Eko bhaṇḍanakārako hoti kalahakārako vivādakārako bhassakārako saṅghe adhikaraṇakārako; eko bālo hoti abyatto āpattibahulo anapadāno; eko gihisaṃsaṭṭho viharati ananulomikehi gihisaṃsaggehi – imesaṃ kho, bhikkhave, tiṇṇaṃ bhikkhūnaṃ, ākaṅkhamāno saṅgho, pabbājanīyakammaṃ kareyya.

"Aparesampi, bhikkhave, tiṇṇaṃ bhikkhūnaṃ, ākaṅkhamāno saṅgho, pabbājanīyakammaṃ kareyya. Eko adhisīle sīlavipanno hoti, eko ajjhācāre ācāravipanno hoti, eko atidiṭṭhiyā diṭṭhivipanno hoti – imesaṃ kho, bhikkhave, tiṇṇaṃ bhikkhūnaṃ, ākaṅkhamāno saṅgho, pabbājanīyakammaṃ kareyya.

"Aparesampi, bhikkhave, tiṇṇaṃ bhikkhūnaṃ, ākaṅkhamāno saṅgho, pabbājanīyakammaṃ kareyya. Eko buddhassa avaṇṇaṃ bhāsati, eko dhammassa avaṇṇaṃ bhāsati, eko saṅghassa avaṇṇaṃ bhāsati – imesaṃ kho, bhikkhave, tiṇṇaṃ bhikkhūnaṃ, ākaṅkhamāno saṅgho, pabbājanīyakammaṃ kareyya.

"Aparesampi, bhikkhave, tiṇṇaṃ bhikkhūnaṃ, ākaṅkhamāno saṅgho, pabbājanīyakammaṃ kareyya. Eko kāyikena davena samannāgato hoti, eko vācasikena davena samannāgato hoti, eko kāyikavācasikena davena samannāgato hoti – imesaṃ kho, bhikkhave, tiṇṇaṃ bhikkhūnaṃ, ākaṅkhamāno saṅgho, pabbājanīyakammaṃ kareyya.

"Aparesampi, bhikkhave, tiṇṇaṃ bhikkhūnaṃ, ākaṅkhamāno saṅgho, pabbājanīyakammaṃ kareyya. Eko kāyikena anācārena samannāgato hoti, eko vācasikena anācārena samannāgato hoti, eko kāyikavācasikena anācārena samannāgato hoti – imesaṃ kho, bhikkhave, tiṇṇaṃ bhikkhūnaṃ, ākaṅkhamāno saṅgho, pabbājanīyakammaṃ kareyya.

"Aparesampi, bhikkhave, tiṇṇaṃ bhikkhūnaṃ, ākaṅkhamāno saṅgho, pabbājanīyakammaṃ kareyya. Eko kāyikena upaghātikena samannāgato hoti, eko vācasikena upaghātikena samannāgato hoti, eko kāyikavācasikena upaghātikena samannāgato hoti – imesaṃ kho, bhikkhave, tiṇṇaṃ bhikkhūnaṃ, ākaṅkhamāno saṅgho, pabbājanīyakammaṃ kareyya.

"Aparesampi, bhikkhave, tiṇṇaṃ bhikkhūnaṃ, ākaṅkhamāno saṅgho, pabbājanīyakammaṃ kareyya. Eko kāyikena micchājīvena samannāgato hoti, eko vācasikena micchājīvena samannāgato hoti, eko kāyikavācasikena micchājīvena samannāgato hoti – imesaṃ kho, bhikkhave, tiṇṇaṃ bhikkhūnaṃ, ākaṅkhamāno saṅgho, pabbājanīyakammaṃ kareyya.

Ākaṅkhamānacuddasakaṃ niṭṭhitaṃ.

Aṭṭhārasavattaṃ

28. "Pabbājanīyakammakatena , bhikkhave, bhikkhunā sammā vattitabbaṃ. Tatrāyaṃ sammāvattanā – na upasampādetabbaṃ, na nissayo dātabbo, na sāmaṇero upaṭṭhāpetabbo, na bhikkhunovādakasammuti sāditabbā, sammatenapi bhikkhuniyo na ovaditabbā. Yāya āpattiyā saṅghena pabbājanīyakammaṃ kataṃ hoti sā āpatti na āpajjitabbā, aññā vā tādisikā , tato vā pāpiṭṭhatarā; kammaṃ na garahitabbaṃ, kammikā na garahitabbā. Na pakatattassa bhikkhuno uposatho ṭhapetabbo, na pavāraṇā ṭhapetabbā, na savacanīyaṃ kātabbaṃ, na anuvādo paṭṭhapetabbo, na okāso kāretabbo, na codetabbo, na sāretabbo, na bhikkhūhi sampayojetabba''nti.

Pabbājanīyakamme aṭṭhārasavattaṃ niṭṭhitaṃ.

29. Atha kho sāriputtamoggallānappamukho bhikkhusaṅgho kīṭāgiriṃ gantvā assajipunabbasukānaṃ bhikkhūnaṃ kīṭāgirismā pabbājanīyakammaṃ akāsi – na assajipunabbasukehi bhikkhūhi kīṭāgirismiṃ vatthabbanti. Te saṅghena pabbājanīyakammakatā na sammā vattanti, na lomaṃ pātenti, na netthāraṃ vattanti; na bhikkhū khamāpenti, akkosanti, paribhāsanti; chandagāmitā dosagāmitā mohagāmitā bhayagāmitā pāpenti; pakkamantipi, vibbhamantipi. Ye te bhikkhū appicchā...pe... te ujjhāyanti khiyyanti vipācenti – "kathañhi nāma assajipunabbasukā bhikkhū saṅghena pabbājanīyakammakatā na sammā vattissanti, na lomaṃ pātessanti, na netthāraṃ vattissanti; na bhikkhū khamāpessanti, akkosissanti, paribhāsissanti; chandagāmitā dosagāmitā mohagāmitā bhayagāmitā pāpessanti; pakkamissantipi, vibbhamissantipī''ti. Atha kho te bhikkhū bhagavato etamatthaṃ ārocesuṃ.

Atha kho Bhagavā etasmiṃ nidāne etasmiṃ pakaraṇe bhikkhusaṅghaṃ sannipātāpetvā bhikkhū paṭipucchi – "saccaṃ kira, bhikkhave, assajipunabbasukā bhikkhū saṅghena pabbājanīyakammakatā na sammā vattanti, na lomaṃ pātenti, na netthāraṃ vattanti; na bhikkhū khamāpenti, akkosanti, paribhāsanti; chandagāmitā dosagāmitā mohagāmitā bhayagāmitā pāpenti; pakkamantipi, vibbhamantipī''ti? "Saccaṃ Bhagavā''ti. Vigarahi buddho Bhagavā – "ananucchavikaṃ ...pe... kathañhi nāma te, bhikkhave, moghapurisā saṅghena pabbājanīyakammakatā na sammā vattissanti, na lomaṃ pātessanti, na netthāraṃ vattissanti; na bhikkhū khamāpessanti, akkosissanti, paribhāsissanti; chandagāmitā dosagāmitā mohagāmitā bhayagāmitā pāpessanti; pakkamissantipi, vibbhamissantipi. Netaṃ, bhikkhave, appasannānaṃ vā pasādāya...pe... vigarahitvā...pe... dhammiṃ kathaṃ katvā bhikkhū āmantesi – "tena hi, bhikkhave, saṅgho pabbājanīyakammaṃ paṭippassambhetu.

Nappaṭippassambhetabbaaṭṭhārasakaṃ

30. "Pañcahi , bhikkhave, aṅgehi samannāgatassa bhikkhuno pabbājanīyakammaṃ nappaṭippassambhetabbaṃ. Upasampādeti, nissayaṃ deti, sāmaṇeramupaṭṭhāpeti, bhikkhunovādakasammutiṃ sādiyati, sammatopi bhikkhuniyo ovadati – imehi kho, bhikkhave, pañcahaṅgehi samannāgatassa bhikkhuno pabbājanīyakammaṃ nappaṭippassambhetabbaṃ.

[pari. 420] "Aparehipi, bhikkhave, pañcahaṅgehi samannāgatassa bhikkhuno pabbājanīyakammaṃ nappaṭippassambhetabbaṃ. Yāya āpattiyā saṅghena pabbājanīyakammaṃ kataṃ hoti taṃ āpattiṃ āpajjati, aññaṃ vā tādisikaṃ, tato vā pāpiṭṭhataraṃ; kammaṃ garahati, kammike garahati – imehi kho, bhikkhave, pañcahaṅgehi samannāgatassa bhikkhuno pabbājanīyakammaṃ nappaṭippassambhetabbaṃ.

"Aṭṭhahi, bhikkhave, aṅgehi samannāgatassa bhikkhuno pabbājanīyakammaṃ nappaṭippassambhetabbaṃ. Pakatattassa bhikkhuno uposathaṃ ṭhapeti, pavāraṇaṃ ṭhapeti, savacanīyaṃ karoti, anuvādaṃ paṭṭhapeti, okāsaṃ kāreti, codeti, sāreti, bhikkhūhi sampayojeti – imehi kho, bhikkhave, aṭṭhahaṅgehi samannāgatassa bhikkhuno pabbājanīyakammaṃ nappaṭippassambhetabbaṃ.

Pabbājanīyakamme nappaṭippassambhetabbaaṭṭhārasakaṃ niṭṭhitaṃ.

Paṭippassambhetabbaaṭṭhārasakaṃ

31. "Pañcahi, bhikkhave, aṅgehi samannāgatassa bhikkhuno pabbājanīyakammaṃ paṭippassambhetabbaṃ. Na upasampādeti, na nissayaṃ deti, na sāmaṇeraṃ upaṭṭhāpeti , na bhikkhunovādakasammutiṃ sādiyati, sammatopi bhikkhuniyo na ovadati – imehi kho, bhikkhave, pañcahaṅgehi samannāgatassabhikkhuno pabbājanīyakammaṃ paṭippassambhetabbaṃ.

"Aparehipi, bhikkhave, pañcahaṅgehi samannāgatassa bhikkhuno pabbājanīyakammaṃ paṭippassambhetabbaṃ. Yāya āpattiyā saṅghena pabbājanīyakammaṃ kataṃ hoti taṃ āpattiṃ na āpajjati, aññaṃ vā tādisikaṃ, tato vā pāpiṭṭhataraṃ; kammaṃ na garahati, kammike na garahati – imehi kho, bhikkhave, pañcahaṅgehi samannāgatassa bhikkhuno pabbājanīyakammaṃ paṭippassambhetabbaṃ.

"Aṭṭhahi, bhikkhave, aṅgehi samannāgatassa bhikkhuno pabbājanīyakammaṃ paṭippassambhetabbaṃ. Na pakatattassa bhikkhuno uposathaṃ ṭhapeti, na pavāraṇaṃ ṭhapeti, na savacanīyaṃ karoti, na

anuvādaṃ paṭṭhapeti, na okāsaṃ kāreti, na codeti, na sāreti, na bhikkhūhi sampayojeti – imehi kho, bhikkhave, aṭṭhahaṅgehi samannāgatassa bhikkhuno pabbājanīyakammaṃ paṭippassambhetabbaṃ.
Pabbājanīyakamme paṭippassambhetabbaaṭṭhārasakaṃ niṭṭhitaṃ.
32. "Evañca pana, bhikkhave, paṭippassambhetabbaṃ. Tena, bhikkhave, pabbājanīyakammakatena bhikkhunā saṅghaṃ upasaṅkamitvā ekaṃsaṃ uttarāsaṅgaṃ karitvā vuḍḍhānaṃ bhikkhūnaṃ pāde vanditvā ukkuṭikaṃ nisīditvā añjaliṃ paggahetvā evamassa vacanīyo – 'ahaṃ, bhante, saṅghena pabbājanīyakammakato sammā vattāmi, lomaṃ pātemi, netthāraṃ vattāmi, pabbājanīyassa kammassa paṭippassaddhiṃ yācāmī'ti. Dutiyampi yācitabbā. Tatiyampi yācitabbā. Byattena bhikkhunā paṭibalena saṅgho ñāpetabbo –
"Suṇātu me, bhante, saṅgho. Ayaṃ itthannāmo bhikkhu saṅghena pabbājanīyakammakato sammā vattati, lomaṃ pāteti, netthāraṃ vattati, pabbājanīyassa kammassa paṭippassaddhiṃ yācati. Yadi saṅghassa pattakallaṃ, saṅgho itthannāmassa bhikkhuno pabbājanīyakammaṃ paṭippassambheyya. Esā ñatti.
"Suṇātu me, bhante, saṅgho. Ayaṃ itthannāmo bhikkhu saṅghena pabbājanīyakammakato sammā vattati, lomaṃ pāteti, netthāraṃ vattati, pabbājanīyassakammassa paṭippassaddhiṃ yācati. Saṅgho itthannāmassa bhikkhuno pabbājanīyakammaṃ paṭippassambheti. Yassāyasmato khamati itthannāmassa bhikkhuno pabbājanīyassa kammassa paṭippassaddhi, so tuṇhassa; yassa nakkhamati, so bhāseyya.
"Dutiyampi etamatthaṃ vadāmi...pe... tatiyampi etamatthaṃ vadāmi. Suṇātu me, bhante, saṅgho . Ayaṃ itthannāmo bhikkhu saṅghena pabbājanīyakammakato sammā vattati, lomaṃ pāteti, netthāraṃ vattati, pabbājanīyassa kammassa paṭippassaddhiṃ yācati. Saṅgho itthannāmassa bhikkhuno pabbājanīyakammaṃ paṭippassambheti. Yassāyasmato khamati itthannāmassa bhikkhuno pabbājanīyassa kammassa paṭippassaddhi, so tuṇhassa; yassa nakkhamati, so bhāseyya.
"Paṭippassaddhaṃ saṅghena itthannāmassa bhikkhuno pabbājanīyakammaṃ. Khamati saṅghassa, tasmā Tuṇhī, evametaṃ dhārayāmī''ti.
Pabbājanīyakammaṃ niṭṭhitaṃ tatiyaṃ.
4. Paṭisāraṇīyakammaṃ
33. Tena kho pana samayena āyasmā sudhammo macchikāsaṇḍe cittassa gahapatino āvāsiko hoti, navakammiko dhuvabhattiko. Yadā citto gahapati saṅghaṃ vā gaṇaṃ vā puggalaṃ vā nimantetukāmo hoti tadā na āyasmantaṃ sudhammaṃ anapaloketvā saṅghaṃ vā gaṇaṃ vā puggalaṃ vā nimanteti.
Tena kho pana samayena sambahulā therā bhikkhū, āyasmā ca sāriputto, āyasmā ca mahāmoggallāno, āyasmā ca mahākaccāno, āyasmā ca mahākoṭṭhiko , āyasmā ca mahākappino, āyasmā ca mahācundo, āyasmā ca anuruddho, āyasmā ca revato, āyasmā ca upāli, āyasmā ca ānando, āyasmā ca rāhulo, kāsīsu cārikaṃ caramānā yena macchikāsaṇḍo tadavasaruṃ.
Assosi kho citto gahapati therā kira bhikkhū macchikāsaṇḍaṃ anuppattāti. Atha kho citto gahapati yena therā bhikkhū tenupasaṅkami , upasaṅkamitvā there bhikkhū abhivādetvā ekamantaṃ nisīdi. Ekamantaṃ nisinnaṃ kho cittaṃ gahapatiṃ āyasmā sāriputto dhammiyā kathāya sandassesi samādapesi samuttejesi sampahaṃsesi.
Atha kho citto gahapati āyasmatā sāriputtena dhammiyā kathāya sandassito samādapito samuttejito sampahaṃsito there bhikkhū etadavoca – "adhivāsentu me, bhante, therā svātanāya āgantukabhatta''nti. Adhivāsesuṃ kho therā bhikkhū [adhivāsesuṃ kho te therā bhikkhū (syā.)] tuṇhībhāvena.
Atha kho citto gahapati therānaṃ bhikkhūnaṃ adhivāsanaṃ viditvā uṭṭhāyāsanā there bhikkhū abhivādetvā padakkhiṇaṃ katvā yenāyasmā sudhammo tenupasaṅkami, upasaṅkamitvā āyasmantaṃ sudhammaṃ abhivādetvā ekamantaṃ aṭṭhāsi. Ekamantaṃ ṭhito kho citto gahapati āyasmantaṃ sudhammaṃ etadavoca – "adhivāsetu me, bhante, ayyo sudhammo svātanāya bhattaṃ saddhiṃ therehī''ti. Atha kho āyasmā sudhammo 'pubbe khvāyaṃ citto gahapati yadā saṅghaṃ vā gaṇaṃ vā puggalaṃ vā nimantetukāmo na maṃ anapaloketvā saṅghaṃ vā gaṇaṃ vā puggalaṃ vā nimanteti; sodāni maṃ anapaloketvā there bhikkhū nimantesi; duṭṭhodānāyaṃ citto gahapati anapekkho virattarūpo mayī'ti cittaṃ gahapatiṃ etadavoca – "alaṃ, gahapati, nādhivāsemī''ti. Dutiyampi kho...pe... tatiyampi kho citto gahapati āyasmantaṃ sudhammaṃ etadavoca – "adhivāsetu me, bhante, ayyo sudhammo svātanāya bhattaṃ saddhiṃ therehī''ti. "Alaṃ, gahapati, nādhivāsemī''ti. Atha kho citto gahapati 'kiṃ me karissati ayyo sudhammo adhivāsento vā anadhivāsento vā'ti āyasmantaṃ sudhammaṃ abhivādetvā padakkhiṇaṃ katvā pakkāmi.
34. Atha kho citto gahapati tassā rattiyā accayena therānaṃ bhikkhūnaṃ paṇītaṃ khādanīyaṃ bhojanīyaṃ paṭiyādāpesi. Atha kho āyasmā sudhammo 'yaṃnūnāhaṃ cittassa gahapatino therānaṃ bhikkhūnaṃ paṭiyattaṃ passeyya'nti pubbaṇhasamayaṃ nivāsetvā pattacīvaramādāya yena cittassa gahapatino nivesanaṃ tenupasaṅkami, upasaṅkamitvā paññatte āsane nisīdi. Atha kho citto gahapati yenāyasmā sudhammo tenupasaṅkami, upasaṅkamitvā āyasmantaṃ sudhammaṃ abhivādetvā ekamantaṃ nisīdi. Ekamantaṃ nisinnaṃ kho cittaṃ gahapatiṃ āyasmā sudhammo etadavoca – "pahūtaṃ kho te idaṃ, gahapati, khādanīyaṃ bhojanīyaṃ paṭiyattaṃ; ekā ca kho idha natthi yadidaṃ tilasaṅguḷikā''ti. "Bahumhi vata, bhante, ratane buddhavacane [bhante buddhavacane (syā.)] vijjamāne

ayyena sudhammena yadeva kiñci bhāsitaṃ yadidaṃ tilasaṅguḷikāti. Bhūtapubbaṃ, bhante, dakkhiṇāpathakā vāṇijā puratthimaṃ janapadaṃ agamaṃsu vāṇijjāya. Te tato kukkuṭiṃ ānesuṃ. Atha kho sā, bhante, kukkuṭī kākena saddhiṃ saṃvāsaṃ kappesi. Sā potakaṃ janesi. Yadā kho so, bhante, kukkuṭapotako kākavassaṃ vassitukāmo hoti, kākakukkuṭīti vassati; yadā kukkuṭivassaṃ vassitukāmo hoti, kukkuṭikākāti vassati. Evameva kho, bhante, bahumhi ratane buddhavacane vijjamāne ayyena sudhammena yadeva kiñci bhāsitaṃ yadidaṃ tilasaṃguḷikā''ti. ''Akkosasi maṃ tvaṃ, gahapati, paribhāsasi maṃ tvaṃ, gahapati. Eso te, gahapati, āvāso, pakkamissāmī''ti. ''Nāhaṃ, bhante, ayyaṃ sudhammaṃ akkosāmi, paribhāsāmi [na paribhāsāmi (sī. syā.)]. Vasatu, bhante, ayyo sudhammo macchikāsaṇḍe. Ramaṇīyaṃ ambāṭakavanaṃ. Ahaṃ ayyassa sudhammassa ussukkaṃ karissāmi, cīvarapiṇḍapātasenāsanagilānappaccayabhesajjaparikkhārāna''nti. Dutiyampi kho...pe... tatiyampi kho āyasmā sudhammo cittaṃ gahapatiṃ etadavoca – ''akkosasi maṃ tvaṃ, gahapati, paribhāsasi maṃ tvaṃ, gahapati. Eso te, gahapati, āvāso, pakkamissāmī''ti. ''Kahaṃ, bhante, ayyo sudhammo gamissatī''ti? ''Sāvatthiṃ kho ahaṃ, gahapati, gamissāmi bhagavantaṃ dassanāyā''ti. ''Tena hi, bhante, yañca attanā bhaṇitaṃ, yañca mayā bhaṇitaṃ taṃ sabbaṃ bhagavato ārocehi. Anacchariyaṃ kho panetaṃ, bhante, yaṃ ayyo sudhammo punadeva macchikāsaṇḍaṃ paccāgaccheyyā''ti.

35. Atha kho āyasmā sudhammo senāsanaṃ saṃsāmetvā pattacīvaramādāya yena sāvatthi tena pakkāmi. Anupubbena yena sāvatthi jetavanaṃ anāthapiṇḍikassa ārāmo yena Bhagavā tenupasaṅkami, upasaṅkamitvā bhagavantaṃ abhivādetvā ekamantaṃ nisīdi. Ekamantaṃ nisinno kho āyasmā sudhammo yañca attanā bhaṇitaṃ yañca cittena gahapatinā bhaṇitaṃ taṃ sabbaṃ bhagavato ārocesi.

Vigarahi buddho Bhagavā – ''ananucchavikaṃ, moghapurisa, ananulomikaṃ appatirūpaṃ assāmaṇakaṃ akappiyaṃ akaraṇīyaṃ. Kathañhi nāma tvaṃ, moghapurisa, cittaṃ gahapatiṃ saddhaṃ pasannaṃ dāyakaṃ kārakaṃ saṅghupaṭṭhākaṃ hīnena khuṃsessasi, hīnena vambhessasi? Netaṃ, moghapurisa, appasannānaṃ vā pasādāya...pe... vigarahitvā...pe... dhammiṃ kathaṃ katvā bhikkhū āmantesi – tena hi, bhikkhave, saṅgho sudhammassa bhikkhuno paṭisāraṇīyakammaṃ karotu – citto te gahapati khamāpetabboti. Evañca pana, bhikkhave, kātabbaṃ – paṭhamaṃ sudhammo bhikkhu codetabbo, codetvā sāretabbo, sāretvā āpattiṃ āropetabbo, āpattiṃ āropetvā byattena bhikkhunā paṭibalena saṅgho ñāpetabbo –

36. ''Suṇātu me, bhante, saṅgho. Ayaṃ sudhammo bhikkhu cittaṃ gahapatiṃ saddhaṃ pasannaṃ dāyakaṃ kārakaṃ saṅghupaṭṭhākaṃ hīnena khuṃseti, hīnena vambheti. Yadi saṅghassa pattakallaṃ, saṅgho sudhammassa bhikkhuno paṭisāraṇīyakammaṃ kareyya – citto te gahapati khamāpetabboti. Esā ñatti.

''Suṇātu me, bhante, saṅgho. Ayaṃ sudhammo bhikkhu cittaṃ gahapatiṃ saddhaṃ pasannaṃ dāyakaṃ kārakaṃ saṅghupaṭṭhākaṃ hīnena khuṃseti, hīnena vambheti. Saṅgho sudhammassa bhikkhuno paṭisāraṇīyakammaṃ karoti – citto te gahapati khamāpetabboti. Yassāyasmato khamati sudhammassa bhikkhuno paṭisāraṇīyassa kammassa karaṇaṃ – citto te gahapati khamāpetabboti, so tuṇhassa; yassa nakkhamati, so bhāseyya.

''Dutiyampi etamatthaṃ vadāmi...pe... tatiyampi etamatthaṃ vadāmi – suṇātu me, bhante, saṅgho. Ayaṃ sudhammo bhikkhu cittaṃ gahapatiṃ saddhaṃ pasannaṃ dāyakaṃ kārakaṃ saṅghupaṭṭhākaṃ hīnena khuṃseti, hīnena vambheti. Saṅgho sudhammassa bhikkhuno paṭisāraṇīyakammaṃ karoti – citto te gahapati khamāpetabboti. Yassāyasmato khamati sudhammassa bhikkhuno paṭisāraṇīyassa kammassa karaṇaṃ – citto te gahapati khamāpetabboti, so tuṇhassa; yassa nakkhamati, so bhāseyya.

''Kataṃ saṅghena sudhammassa bhikkhuno paṭisāraṇīyakammaṃ – citto te gahapati khamāpetabboti. Khamati saṅghassa, tasmā tuṇhī, evametaṃ dhārayāmī''ti.

Adhammakammadvādasakaṃ

37. ''Tīhi, bhikkhave, aṅgehi samannāgataṃ paṭisāraṇīyakammaṃ adhammakammañca hoti, avinayakammañca, duvūpasantañca. Asammukhā kataṃ hoti, appaṭipucchā kataṃ hoti, appaṭiññāya kataṃ hoti – imehi kho, bhikkhave, tīhaṅgehi samannāgataṃ paṭisāraṇīyakammaṃ adhammakammañca hoti, avinayakammañca, duvūpasantañca.

''Aparehipi, bhikkhave, tīhaṅgehi samannāgataṃ paṭisāraṇīyakammaṃ adhammakammañca hoti, avinayakammañca, duvūpasantañca. Anāpattiyā kataṃ hoti, adesanāgāminiyā āpattiyā kataṃ hoti, desitāya āpattiyā kataṃ hoti...pe... acodetvā kataṃ hoti, asāretvā kataṃ hoti, āpattiṃ anāropetvā kataṃ hoti...pe...asammukhā kataṃ hoti, adhammena kataṃ hoti, vaggena kataṃ hoti...pe... appaṭipucchā kataṃ hoti, adhammena kataṃ hoti, vaggena kataṃ hoti...pe... appaṭiññāya kataṃ hoti, adhammena kataṃ hoti, vaggena kataṃ hoti...pe... anāpattiyā kataṃ hoti, adhammena kataṃ hoti, vaggena kataṃ hoti...pe...adesanāgāminiyā āpattiyā kataṃ hoti, adhammena kataṃ hoti, vaggena kataṃ hoti...pe... desitāya āpattiyā kataṃ hoti, adhammena kataṃ hoti, vaggena kataṃ hoti...pe... acodetvā kataṃ hoti, adhammena kataṃ hoti, vaggena kataṃ hoti...pe... asāretvā kataṃ hoti , adhammena kataṃ hoti, vaggena kataṃ hoti...pe... āpattiṃ anāropetvā kataṃ hoti, adhammena kataṃ hoti, vaggena kataṃ hoti – imehi kho, bhikkhave, tīhaṅgehi samannāgataṃ paṭisāraṇīyakammaṃ adhammakammañca hoti, avinayakammañca, duvūpasantañca.

Paṭisāraṇīyakamme adhammakammadvādasakaṃ niṭṭhitaṃ.

Dhammakammadvādasakaṃ

38. "Tīhi, bhikkhave, aṅgehi samannāgataṃ paṭisāraṇīyakammaṃ dhammakammañca hoti, vinayakammañca, suvūpasantañca. Sammukhā kataṃ hoti, paṭipucchā kataṃ hoti, paṭiññāya kataṃ hoti – imehi kho, bhikkhave, tīhaṅgehi samannāgataṃ paṭisāraṇīyakammaṃ dhammakammañca hoti, vinayakammañca, suvūpasantañca.

"Aparehipi, bhikkhave, tīhaṅgehi samannāgataṃ paṭisāraṇīyakammaṃ dhammakammañca hoti, vinayakammañca, suvūpasantañca. Āpattiyā kataṃ hoti, desanāgāminiyā āpattiyā kataṃ hoti, adesitāya āpattiyā kataṃ hoti...pe... codetvā kataṃ hoti, sāretvā kataṃ hoti, āpattiṃ āropetvā kataṃ hoti...pe... sammukhā kataṃ hoti, dhammena kataṃ hoti, samaggena kataṃ hoti...pe... paṭipucchā kataṃ hoti, dhammena kataṃ hoti, samaggena kataṃ hoti...pe...paṭiññāya kataṃ hoti, dhammena kataṃ hoti, samaggena kataṃ hoti...pe... āpattiyā kataṃ hoti, dhammena kataṃ hoti, samaggena kataṃ hoti...pe... desanāgāminiyā āpattiyā kataṃ hoti, dhammena kataṃ hoti, samaggena kataṃ hoti...pe... adesitāya āpattiyā kataṃ hoti, dhammena kataṃ hoti, samaggena kataṃ hoti...pe... codetvā kataṃ hoti, dhammena kataṃ hoti, samaggena kataṃ hoti...pe... sāretvā kataṃ hoti, dhammena kataṃ hoti, samaggena kataṃ hoti...pe... āpattiṃ āropetvā kataṃ hoti, dhammena kataṃ hoti, samaggena kataṃ hoti – imehi kho, bhikkhave, tīhaṅgehi samannāgataṃ paṭisāraṇīyakammaṃ dhammakammañca hoti, vinayakammañca, suvūpasantañca.

Paṭisāraṇīyakamme dhammakammadvādasakaṃ niṭṭhitaṃ.

Ākaṅkhamānacatukkaṃ

39. "Pañcahi, bhikkhave, aṅgehi samannāgatassa bhikkhuno, ākaṅkhamāno saṅgho, paṭisāraṇīyakammaṃ kareyya. Gihīnaṃ alābhāya parisakkati, gihīnaṃ anatthāya parisakkati, gihīnaṃ anāvāsāya [avāsāya (sī.)] parisakkati, gihī akkosati paribhāsati, gihī gihīhi bhedeti – imehi kho, bhikkhave, pañcahaṅgehi samannāgatassa bhikkhuno, ākaṅkhamāno saṅgho, paṭisāraṇīyakammaṃ kareyya.

"Aparehipi, bhikkhave, pañcahaṅgehi samannāgatassa bhikkhuno, ākaṅkhamāno saṅgho, paṭisāraṇīyakammaṃ kareyya. Gihīnaṃ buddhassa avaṇṇaṃ bhāsati, gihīnaṃ dhammassa avaṇṇaṃ bhāsati, gihīnaṃ saṅghassa avaṇṇaṃ bhāsati, gihī hīnena khuṃseti hīnena vambheti, gihīnaṃ dhammikaṃ paṭissavaṃ na saccāpeti – imehi kho, bhikkhave, pañcahaṅgehi samannāgatassa bhikkhuno, ākaṅkhamāno saṅgho, paṭisāraṇīyakammaṃ kareyya.

"Pañcannaṃ, bhikkhave, bhikkhūnaṃ, ākaṅkhamāno saṅgho, paṭisāraṇīyakammaṃ kareyya. Eko gihīnaṃ alābhāya parisakkati, eko gihīnaṃ anatthāya parisakkati, eko gihīnaṃ anāvāsāya parisakkati, eko gihī akkosati paribhāsati, eko gihī gihīhi bhedeti – imesaṃ kho, bhikkhave, pañcannaṃ bhikkhūnaṃ, ākaṅkhamāno saṅgho, paṭisāraṇīyakammaṃ kareyya.

"Aparesampi, bhikkhave, pañcannaṃ bhikkhūnaṃ, ākaṅkhamāno saṅgho, paṭisāraṇīyakammaṃ kareyya. Eko gihīnaṃ buddhassa avaṇṇaṃ bhāsati, eko gihīnaṃ dhammassa avaṇṇaṃ bhāsati, eko gihīnaṃ saṅghassa avaṇṇaṃ bhāsati, eko gihī hīnena khuṃseti hīnena vambheti, eko gihīnaṃ dhammikaṃ paṭissavaṃ na saccāpeti – imesaṃ kho, bhikkhave, pañcannaṃ bhikkhūnaṃ, ākaṅkhamāno saṅgho, paṭisāraṇīyakammaṃ kareyya.

Ākaṅkhamānacatukkaṃ niṭṭhitaṃ.

Aṭṭhārasavattaṃ

40. "Paṭisāraṇīyakammakatena, bhikkhave, bhikkhunā sammā vattitabbaṃ. Tatrāyaṃ sammāvattanā – na upasampādetabbaṃ, na nissayo dātabbo, na sāmaṇero upaṭṭhāpetabbo, na bhikkhunovādakasammuti sāditabbā, sammatenapi bhikkhuniyo na ovaditabbā. Yāya āpattiyā saṅghena paṭisāraṇīyakammaṃ kataṃ hoti sā āpatti na āpajjitabbā, aññā vā tādisikā , tato vā pāpiṭṭhatarā; kammaṃ na garahitabbaṃ, kammikā na garahitabbā. Na pakatattassa bhikkhuno uposatho ṭhapetabbo, na pavāraṇā ṭhapetabbā, na savacanīyaṃ kātabbaṃ, na anuvādo paṭṭhapetabbo, na okāso kāretabbo , na codetabbo, na sāretabbo, na bhikkhūhi sampayojetabba''nti.

Paṭisāraṇīyakamme aṭṭhārasavattaṃ niṭṭhitaṃ.

41. Atha kho saṅgho sudhammassa bhikkhuno paṭisāraṇīyakammaṃ akāsi – "citto te gahapati khamāpetabbo''ti. So saṅghena paṭisāraṇīyakammakato macchikāsaṇḍaṃ gantvā maṅkubhūto nāsakkhi cittaṃ gahapatiṃ khamāpetuṃ. Punadeva sāvatthiṃ paccāgañchi. Bhikkhū evamāhaṃsu – "khamāpito tayā, āvuso sudhamma, citto gahapatī''ti? "Idhāhaṃ, āvuso, macchikāsaṇḍaṃ gantvā maṅkubhūto nāsakkhiṃ cittaṃ gahapatiṃ khamāpetu''nti. Bhikkhū bhagavato etamatthaṃ ārocesuṃ...pe.... "Tena hi, bhikkhave, saṅgho sudhammassa bhikkhuno anudūtaṃ detu – cittaṃ gahapatiṃ khamāpetuṃ. Evañca pana bhikkhave dātabbo – paṭhamaṃ bhikkhu yācitabbo, yācitvā byattena bhikkhunā paṭibalena saṅgho ñāpetabbo –

"Suṇātu me, bhante, saṅgho. Yadi saṅghassa pattakallaṃ, saṅgho itthannāmaṃ bhikkhuṃ sudhammassa bhikkhuno anudūtaṃ dadeyya cittaṃ gahapatiṃ khamāpetuṃ. Esā ñatti.

"Suṇātu me, bhante, saṅgho. Saṅgho itthannāmaṃ bhikkhuṃ sudhammassa bhikkhuno anudūtaṃ deti cittaṃ gahapatiṃ khamāpetuṃ. Yassāyasmato khamati itthannāmassa bhikkhuno sudhammassa bhikkhuno anudūtassa dānaṃ cittaṃ gahapatiṃ khamāpetuṃ, so tuṇhassa; yassa nakkhamati, so bhāseyya.

"Dinno saṅghena itthannāmo bhikkhu sudhammassa bhikkhuno anudūto cittaṃ gahapatiṃ khamāpetuṃ. Khamati saṅghassa, tasmā tuṇhī, evametaṃ dhārayāmī"ti.

42. "Tena, bhikkhave, sudhammena bhikkhunā anudūtena bhikkhunā saddhiṃ macchikāsaṇḍaṃ gantvā citto gahapati khamāpetabbo – 'khama, gahapati, pasādemi ta'nti. Evañce vuccamāno khamati, iccetaṃ kusalaṃ. No ce khamati, anudūtena bhikkhunā vattabbo – 'khama, gahapati, imassa bhikkhuno, pasādeti ta'nti. Evañce vuccamāno khamati, iccetaṃ kusalaṃ. No ce khamati, anudūtena bhikkhunā vattabbo – 'khama, gahapati, imassa bhikkhuno, ahaṃ taṃ pasādemī'ti. Evañce vuccamāno khamati, iccetaṃ kusalaṃ. No ce khamati, anudūtena bhikkhunā vattabbo – 'khama, gahapati, imassa bhikkhuno, saṅghassa vacanenā'ti. Evañce vuccamāno khamati, iccetaṃ kusalaṃ. No ce khamati, anudūtena bhikkhunā sudhammo bhikkhu [sudhammaṃ bhikkhuṃ... sā āpatti desāpetabbāti (sī. syā.)] cittassa gahapatino dassanūpacāraṃ avijahāpetvā savanūpacāraṃ avijahāpetvā ekaṃsaṃ uttarāsaṅgaṃ kārāpetvā ukkuṭikaṃ nisīdāpetvā añjaliṃ paggaṇhāpetvā taṃ āpattiṃ desāpetabbo"ti [sudhammaṃ bhikkhuṃ... sā āpatti desāpetabbāti (sī. syā.)].

Atha kho āyasmā sudhammo anudūtena bhikkhunā saddhiṃ macchikāsaṇḍaṃ gantvā cittaṃ gahapatiṃ khamāpesi. So sammā vattati, lomaṃ pāteti, netthāraṃ vattati, bhikkhū upasaṅkamitvā evaṃ vadeti – "ahaṃ, āvuso, saṅghena paṭisāraṇīyakammakato sammā vattāmi, lomaṃ pātemi, netthāraṃ vattāmi. Kathaṃ nu kho mayā paṭipajjitabba"nti? Bhikkhū bhagavato etamatthaṃ ārocesuṃ...pe... "tena hi, bhikkhave, saṅgho sudhammassa bhikkhuno paṭisāraṇīyakammaṃ paṭippassambhetu.

Nappaṭippassambhetabbaaṭṭhārasakaṃ

43. "Pañcahi, bhikkhave, aṅgehi samannāgatassa bhikkhuno paṭisāraṇīyakammaṃ nappaṭippassambhetabbaṃ. Upasampādeti, nissayaṃ deti, sāmaṇeraṃ upaṭṭhāpeti, bhikkhunovādakasammutiṃ sādiyati, sammatopi bhikkhuniyo ovadati – imehi kho, bhikkhave, pañcahaṅgehi samannāgatassa bhikkhuno paṭisāraṇīyakammaṃ nappaṭippassambhetabbaṃ.

[pari. 420] "Aparehipi, bhikkhave, pañcahaṅgehi samannāgatassa bhikkhuno paṭisāraṇīyakammaṃ nappaṭippassambhetabbaṃ. Yāya āpattiyā saṅghena paṭisāraṇīyakammaṃ kataṃ hoti taṃ āpattiṃ āpajjati, aññaṃ vā tādisikaṃ, tato vā pāpiṭṭhataraṃ; kammaṃ garahati, kammike garahati – imehi kho, bhikkhave, pañcahaṅgehi samannāgatassa bhikkhuno paṭisāraṇīyakammaṃ nappaṭippassambhetabbaṃ.

"Aṭṭhahi, bhikkhave, aṅgehi samannāgatassa bhikkhuno paṭisāraṇīyakammaṃ nappaṭippassambhetabbaṃ. Pakatattassa bhikkhuno uposathaṃ ṭhapeti, pavāraṇaṃ ṭhapeti, savacanīyaṃ karoti, anuvādaṃ paṭṭhapeti, okāsaṃ kāreti, codeti, sāreti, bhikkhūhi sampayojeti – imehi kho, bhikkhave, aṭṭhahaṅgehi samannāgatassa bhikkhuno paṭisāraṇīyakammaṃ nappaṭippassambhetabbaṃ".

Paṭisāraṇīyakamme nappaṭippassambhetabbaaṭṭhārasakaṃ niṭṭhitaṃ.

Paṭippassambhetabbaaṭṭhārasakaṃ

44. "Pañcahi, bhikkhave, aṅgehi samannāgatassa bhikkhuno paṭisāraṇīyakammaṃ paṭippassambhetabbaṃ. Na upasampādeti, na nissayaṃ deti, na sāmaṇeraṃ upaṭṭhāpeti, na bhikkhunovādakasammutiṃ sādiyati, sammatopi bhikkhuniyo na ovadati – imehi kho, bhikkhave, pañcahaṅgehi samannāgatassa bhikkhuno paṭisāraṇīyakammaṃ paṭippassambhetabbaṃ.

"Aparehipi, bhikkhave, pañcahaṅgehi samannāgatassa bhikkhuno paṭisāraṇīyakammaṃ paṭippassambhetabbaṃ. Yāya āpattiyā saṅghena paṭisāraṇīyakammaṃ kataṃ hoti taṃ āpattiṃ na āpajjati, aññaṃ vā tādisikaṃ, tato vā pāpiṭṭhataraṃ; kammaṃ na garahati, kammike na garahati – imehi kho, bhikkhave, pañcahaṅgehi samannāgatassa bhikkhuno paṭisāraṇīyakammaṃ paṭippassambhetabbaṃ.

"Aṭṭhahi, bhikkhave, aṅgehi samannāgatassa bhikkhuno paṭisāraṇīyakammaṃ paṭippassambhetabbaṃ. Na pakatattassa bhikkhuno uposathaṃ ṭhapeti, na pavāraṇaṃ ṭhapeti, na savacanīyaṃ karoti, na anuvādaṃ paṭṭhapeti, na okāsaṃ kāreti, na codeti, na sāreti, na bhikkhūhi sampayojeti – imehi kho, bhikkhave, aṭṭhahaṅgehi samannāgatassa bhikkhuno paṭisāraṇīyakammaṃ paṭippassambhetabbaṃ.

Paṭisāraṇīyakamme paṭippassambhetabbaaṭṭhārasakaṃ niṭṭhitaṃ.

45. "Evañca pana, bhikkhave, paṭippassambhetabbaṃ. Tena [tena hi (syā. ka.)], bhikkhave, sudhammena bhikkhunā saṅghaṃ upasaṅkamitvā ekaṃsaṃ uttarāsaṅgaṃ karitvā vuḍḍhānaṃ bhikkhūnaṃ pāde vanditvā ukkuṭikaṃ nisīditvā añjaliṃ paggahetvā evamassa vacanīyo – 'ahaṃ, bhante, saṅghena paṭisāraṇīyakammakato sammā vattāmi, lomaṃ pātemi, netthāraṃ vattāmi, paṭisāraṇīyassa kammassa paṭippassaddhiṃ yācāmī'ti . Dutiyampi yācitabbā. Tatiyampi yācitabbā. Byattena bhikkhunā paṭibalena saṅgho ñāpetabbo –

"Suṇātu me, bhante, saṅgho. Ayaṃ sudhammo bhikkhu saṅghena paṭisāraṇīyakammakato sammā vattati, lomaṃ pāteti, netthāraṃ vattati, paṭisāraṇīyassa kammassa paṭippassaddhiṃ yācati. Yadi saṅghassa pattakallaṃ, saṅgho sudhammassa bhikkhuno paṭisāraṇīyakammaṃ paṭippassambheyya. Esā ñatti.

''Suṇātu me, bhante, saṅgho. Ayaṃ sudhammo bhikkhu saṅghena paṭisāraṇīyakammakato sammā vattati, lomaṃ pāteti, netthāraṃ vattati, paṭisāraṇīyassa kammassa paṭippassaddhiṃ yācati. Saṅgho sudhammassa bhikkhuno paṭisāraṇīyakammaṃ paṭippassambheti. Yassāyasmato khamati sudhammassa bhikkhuno paṭisāraṇīyassa kammassa paṭippassaddhi, so tuṇhassa; yassa nakkhamati, so bhāseyya.

''Dutiyampi etamatthaṃ vadāmi...pe... tatiyampi etamatthaṃ vadāmi – suṇātu me, bhante, saṅgho. Ayaṃ sudhammo bhikkhu saṅghena paṭisāraṇīyakammakato sammā vattati, lomaṃ pāteti, netthāraṃ vattati, paṭisāraṇīyassa kammassa paṭippassaddhiṃ yācati. Saṅgho sudhammassa bhikkhuno paṭisāraṇīyakammaṃ paṭippassambheti. Yassāyasmato khamati sudhammassa bhikkhuno paṭisāraṇīyassa kammassa paṭippassaddhi, so tuṇhassa; yassa nakkhamati, so bhāseyya.

''Paṭippassaddhaṃ saṅghena sudhammassa bhikkhuno paṭisāraṇīyakammaṃ. Khamati saṅghassa, tasmā tuṇhī, evametaṃ dhārayāmī''ti.

Paṭisāraṇīyakammaṃ niṭṭhitaṃ catutthaṃ.

5. Āpattiyā adassane ukkhepanīyakammaṃ

46. Tena samayena buddho Bhagavā kosambiyaṃ viharati ghositārāme. Tena kho pana samayena āyasmā channo āpattiṃ āpajjitvā na icchati āpattiṃ passituṃ. Ye te bhikkhū appicchā...pe... te ujjhāyanti khiyyanti vipācenti – ''kathañhi nāma āyasmā channo āpattiṃ āpajjitvā na icchissati āpattiṃ passitu''nti. Atha kho te bhikkhū bhagavato etamatthaṃ ārocesuṃ.

Atha kho Bhagavā etasmiṃ nidāne etasmiṃ pakaraṇe bhikkhusaṅghaṃ sannipātāpetvā bhikkhū paṭipucchi – ''saccaṃ kira, bhikkhave, channo bhikkhu āpattiṃ āpajjitvā na icchati āpattiṃ passitu''nti? ''Saccaṃ Bhagavā''ti. Vigarahi buddho Bhagavā – ''ananucchavikaṃ...pe... kathañhi nāma so, bhikkhave, moghapuriso āpattiṃ āpajjitvā na icchissati āpattiṃ passituṃ? Netaṃ, bhikkhave, appasannānaṃ vā pasādāya...pe... vigarahitvā...pe... dhammiṃ kathaṃ katvā bhikkhū āmantesi – tena hi, bhikkhave, saṅgho channassa bhikkhuno, āpattiyā adassane, ukkhepanīyakammaṃ karotu – asambhogaṃ saṅghena. Evañca pana, bhikkhave, kātabbaṃ – paṭhamaṃ channo bhikkhu codetabbo, codetvā sāretabbo, sāretvā āpattiṃ āropetabbo, āpattiṃ āropetvā byattena bhikkhunā paṭibalena saṅgho ñāpetabbo –

47. ''Suṇātu me, bhante, saṅgho. Ayaṃ channo bhikkhu āpattiṃ āpajjitvā na icchati āpattiṃ passituṃ. Yadi saṅghassa pattakallaṃ, saṅgho channassa bhikkhuno, āpattiyā adassane, ukkhepanīyakammaṃ kareyya – asambhogaṃ saṅghena. Esā ñatti.

''Suṇātu me, bhante, saṅgho. Ayaṃ channo bhikkhu āpattiṃ āpajjitvā na icchati āpattiṃ passituṃ. Saṅgho channassa bhikkhuno, āpattiyā adassane, ukkhepanīyakammaṃ karoti – asambhogaṃ saṅghena. Yassāyasmato khamati channassa bhikkhuno, āpattiyā adassane, ukkhepanīyassa kammassa karaṇaṃ – asambhogaṃ saṅghena, so tuṇhassa; yassa nakkhamati, so bhāseyya.

''Dutiyampi etamatthaṃ vadāmi...pe... tatiyampi etamatthaṃ vadāmi – suṇātu me, bhante, saṅgho. Ayaṃ channo bhikkhu āpattiṃ āpajjitvā na icchati āpattiṃ passituṃ. Saṅgho channassa bhikkhuno, āpattiyā adassane, ukkhepanīyakammaṃ karoti – asambhogaṃ saṅghena. Yassāyasmato khamati channassa bhikkhuno, āpattiyā adassane, ukkhepanīyassa kammassa karaṇaṃ – asambhogaṃ saṅghena, so tuṇhassa; yassa nakkhamati, so bhāseyya.

''Kataṃ saṅghena channassa bhikkhuno, āpattiyā adassane, ukkhepanīyakammaṃ – asambhogaṃ saṅghena. Khamati saṅghassa, tasmā tuṇhī, evametaṃ dhārayāmīti.

''Āvāsaparamparañca, bhikkhave, saṃsatha – 'channo bhikkhu saṅghena āpattiyā [channo bhikkhu āpattiyā (sī. ka.)] adassane ukkhepanīyakammakato – asambhogaṃ saṅghenā'ti.

Adhammakammadvādasakaṃ

48. ''Tīhi, bhikkhave, aṅgehi samannāgataṃ, āpattiyā adassane, ukkhepanīyakammaṃ adhammakammañca hoti, avinayakammañca, duvūpasantañca. Asammukhā kataṃ hoti, appaṭipucchā kataṃ hoti, appaṭiññāya kataṃ hoti – imehi kho, bhikkhave, tīhaṅgehi samannāgataṃ, āpattiyā adassane, ukkhepanīyakammaṃ adhammakammañca hoti, avinayakammañca, duvūpasantañca.

''Aparehipi, bhikkhave, tīhaṅgehi samannāgataṃ, āpattiyā adassane, ukkhepanīyakammaṃ adhammakammañca hoti, avinayakammañca, duvūpasantañca. Anāpattiyā kataṃ hoti, adesanāgāminiyā āpattiyā kataṃ hoti, desitāya āpattiyā kataṃ hoti...pe... acodetvā kataṃ hoti, asāretvā kataṃ hoti, āpattiṃ anāropetvā kataṃ hoti...pe... asammukhā kataṃ hoti, adhammena kataṃ hoti, vaggena kataṃ hoti...pe... appaṭipucchā kataṃ hoti, adhammena kataṃ hoti, vaggena kataṃ hoti...pe... appaṭiññāya kataṃ hoti, adhammena kataṃ hoti, vaggena kataṃ hoti...pe... anāpattiyā kataṃ hoti, adhammena kataṃ hoti, vaggena kataṃ hoti...pe... adesanāgāminiyā āpattiyā kataṃ hoti, adhammena kataṃ hoti, vaggena kataṃ hoti...pe... desitāya āpattiyā kataṃ hoti, adhammena kataṃ hoti, vaggena kataṃ hoti...pe... acodetvā kataṃ hoti, adhammena kataṃ hoti, vaggena kataṃ hoti...pe... asāretvā kataṃ hoti, adhammena kataṃ hoti, vaggena kataṃ hoti...pe... āpattiṃ anāropetvā kataṃ hoti, adhammena kataṃ hoti, vaggena kataṃ hoti – imehi kho, bhikkhave, tīhaṅgehi samannāgataṃ, āpattiyā adassane, ukkhepanīyakammaṃ adhammakammañca hoti, avinayakammañca, duvūpasantañca.

Āpattiyā adassane ukkhepanīyakamme adhammakammadvādasakaṃ niṭṭhitaṃ.

Dhammakammadvādasakaṃ

49. "Tīhi, bhikkhave, aṅgehi samannāgataṃ, āpattiyā adassane, ukkhepanīyakammaṃ dhammakammañca hoti, vinayakammañca, suvūpasantañca. Sammukhā kataṃ hoti, paṭipucchā kataṃ hoti, paṭiññāya kataṃ hoti – imehi kho, bhikkhave, tīhaṅgehi samannāgataṃ, āpattiyā adassane, ukkhepanīyakammaṃ dhammakammañca hoti, vinayakammañca, suvūpasantañca.

"Aparehipi, bhikkhave, tīhaṅgehi samannāgataṃ...pe.... Āpattiyā kataṃ hoti, desanāgāminiyā āpattiyā kataṃ hoti, adesitāya āpattiyā kataṃ hoti...pe... codetvā kataṃ hoti, sāretvā kataṃ hoti, āpattiṃ āropetvā kataṃ hoti...pe... sammukhā kataṃ hoti, dhammena kataṃ hoti, samaggena kataṃ hoti...pe... paṭipucchā kataṃ hoti, dhammena kataṃ hoti, samaggena kataṃ hoti...pe... paṭiññāya kataṃ hoti, dhammena kataṃ hoti, samaggena kataṃ hoti...pe... āpattiyā kataṃ hoti, dhammena kataṃ hoti, samaggena kataṃ hoti...pe... desanāgāminiyā āpattiyā kataṃ hoti, dhammena kataṃ hoti, samaggena kataṃ hoti...pe... adesitāya āpattiyā kataṃ hoti, dhammena kataṃ hoti, samaggena kataṃ hoti...pe... codetvā kataṃ hoti, dhammena kataṃ hoti, samaggena kataṃ hoti...pe... sāretvā kataṃ hoti, dhammena kataṃ hoti, samaggena kataṃ hoti...pe... āpattiṃ āropetvā kataṃ hoti, dhammena kataṃ hoti, samaggena kataṃ hoti – imehi kho, bhikkhave, tīhaṅgehi samannāgataṃ, āpattiyā adassane, ukkhepanīyakammaṃ dhammakammañca hoti, vinayakammañca, suvūpasantañca.

Āpattiyā adassane ukkhepanīyakamme dhammakammadvādasakaṃ niṭṭhitaṃ.

Ākaṅkhamānachakkaṃ

50.[pari. 323] "Tīhi, bhikkhave, aṅgehi samannāgatassa bhikkhuno, ākaṅkhamāno saṅgho, āpattiyā adassane, ukkhepanīyakammaṃ kareyya. Bhaṇḍanakārako hoti kalahakārako vivādakārako bhassakārako saṅghe adhikaraṇakārako; bālo hoti abyatto āpattibahulo anapadāno; gihisaṃsaṭṭho viharati ananulomikehi gihisaṃsaggehi – imehi kho, bhikkhave, tīhaṅgehi samannāgatassa bhikkhuno, ākaṅkhamāno saṅgho, āpattiyā adassane, ukkhepanīyakammaṃ kareyya.

"Aparehipi, bhikkhave, tīhaṅgehi samannāgatassa bhikkhuno, ākaṅkhamāno saṅgho, āpattiyā adassane, ukkhepanīyakammaṃ kareyya. Adhisīle sīlavipanno hoti, ajjhācāre ācāravipanno hoti, atidiṭṭhiyā diṭṭhivipanno hoti – imehi kho, bhikkhave, tīhaṅgehi samannāgatassa bhikkhuno, ākaṅkhamāno saṅgho, āpattiyā adassane, ukkhepanīyakammaṃ kareyya.

"Aparehipi, bhikkhave, tīhaṅgehi samannāgatassa bhikkhuno, ākaṅkhamāno saṅgho, āpattiyā adassane, ukkhepanīyakammaṃ kareyya. Buddhassa avaṇṇaṃ bhāsati, dhammassa avaṇṇaṃ bhāsati, saṅghassa avaṇṇaṃ bhāsati – imehi kho, bhikkhave, tīhaṅgehi samannāgatassa bhikkhuno, ākaṅkhamāno saṅgho, āpattiyā adassane, ukkhepanīyakammaṃ kareyya.

"Tiṇṇaṃ, bhikkhave, bhikkhūnaṃ, ākaṅkhamāno saṅgho, āpattiyā adassane, ukkhepanīyakammaṃ kareyya. Eko bhaṇḍanakārako hoti kalahakārako vivādakārako bhassakārako saṅghe adhikaraṇakārako; eko bālo hoti abyatto āpattibahulo anapadāno; eko gihisaṃsaṭṭho viharati ananulomikehi gihisaṃsaggehi– imesaṃ kho, bhikkhave, tiṇṇaṃ bhikkhūnaṃ, ākaṅkhamāno saṅgho, āpattiyā adassane, ukkhepanīyakammaṃ kareyya.

"Aparesampi, bhikkhave, tiṇṇaṃ bhikkhūnaṃ, ākaṅkhamāno saṅgho, āpattiyā adassane, ukkhepanīyakammaṃ kareyya. Eko adhisīle sīlavipanno hoti, eko ajjhācāre ācāravipanno hoti, eko atidiṭṭhiyā diṭṭhivipanno hoti – imesaṃ kho, bhikkhave, tiṇṇaṃ bhikkhūnaṃ, ākaṅkhamāno saṅgho, āpattiyā adassane, ukkhepanīyakammaṃ kareyya.

"Aparesampi, bhikkhave, tiṇṇaṃ bhikkhūnaṃ, ākaṅkhamāno saṅgho, āpattiyā adassane, ukkhepanīyakammaṃ kareyya. Eko buddhassa avaṇṇaṃ bhāsati, eko dhammassa avaṇṇaṃ bhāsati, eko saṅghassa avaṇṇaṃ bhāsati – imesaṃ kho, bhikkhave, tiṇṇaṃ bhikkhūnaṃ, ākaṅkhamāno saṅgho, āpattiyā adassane, ukkhepanīyakammaṃ kareyya.

Āpattiyā adassane ukkhepanīyakamme

Ākaṅkhamānachakkaṃ niṭṭhitaṃ.

Tecattālīsavattaṃ

51. "Āpattiyā adassane ukkhepanīyakammakatena, bhikkhave, bhikkhunā sammā vattitabbaṃ. Tatrāyaṃ sammāvattanā – na upasampādetabbaṃ, na nissayo dātabbo, na sāmaṇero upaṭṭhāpetabbo, na bhikkhunovādakasammuti sāditabbā, sammatenapi bhikkhuniyo na ovaditabbā. Yāya āpattiyā saṅghena, āpattiyā adassane, ukkhepanīyakammaṃ kataṃ hoti sā āpatti na āpajjitabbā, aññā vā tādisikā, tato vā pāpiṭṭhatarā; kammaṃ na garahitabbaṃ, kammikā na garahitabbā. Na pakatattassa bhikkhuno abhivādanaṃ, paccuṭṭhānaṃ, añjalikammaṃ, sāmīcikammaṃ, āsanābhihāro, seyyābhihāro, pādodakaṃ, pādapīṭhaṃ pādakathalikaṃ, pattacīvarappaṭiggahaṇaṃ, nahāne piṭṭhiparikammaṃ sāditabbaṃ. Na pakatatto bhikkhu sīlavipattiyā anuddhaṃsetabbo, na ācāravipattiyā anuddhaṃsetabbo, na diṭṭhivipattiyā anuddhaṃsetabbo, na ājīvavipattiyā anuddhaṃsetabbo, na bhikkhu bhikkhūhi bhedetabbo [na bhikkhū bhikkhūhi bhedetabbā (syā.)], na gihiddhajo dhāretabbo, na titthiyaddhajo dhāretabbo, na titthiyā sevitabbā; bhikkhū sevitabbā, bhikkhusikkhāya sikkhitabbaṃ[bhikkhusikkhā sikkhitabbā (syā.)]. Na pakatattena bhikkhunā saddhiṃ ekacchanne āvāse vatthabbaṃ, na ekacchanne anāvāse vatthabbaṃ, na ekacchanne āvāse vā anāvāse vā vatthabbaṃ, pakatattaṃ bhikkhuṃ disvā āsanā vuṭṭhātabbaṃ, na

pakatatto bhikkhu āsādetabbo anto vā bahi vā. Na pakatattassa bhikkhuno uposatho ṭhapetabbo, na pavāraṇā ṭhapetabbā, na savacanīyaṃ kātabbaṃ, na anuvādo paṭṭhapetabbo, na okāso kāretabbo, na codetabbo, na sāretabbo, na bhikkhūhi sampayojetabba''nti.

Āpattiyā adassane ukkhepanīyakamme

Tecattālīsavattaṃ niṭṭhitaṃ.

52. Atha kho saṅgho channassa bhikkhuno, āpattiyā adassane, ukkhepanīyakammaṃ akāsi – asambhogaṃ saṅghena. So saṅghena, āpattiyā adassane, ukkhepanīyakammakato tamhā āvāsā aññaṃ āvāsaṃ agamāsi. Tattha bhikkhū neva abhivādesuṃ, na paccuṭṭhesuṃ, na añjalikammaṃ na sāmīcikammaṃ akaṃsu, na sakkariṃsu, na garu kariṃsu [na garukariṃsu (ka.)], na mānesuṃ, na pūjesuṃ. So bhikkhūhi asakkariyamāno agarukariyamāno amāniyamāno apūjiyamāno asakkārapakato tamhāpi āvāsā aññaṃ āvāsaṃ agamāsi. Tatthapi bhikkhū neva abhivādesuṃ, na paccuṭṭhesuṃ, na añjalikammaṃ na sāmīcikammaṃ akaṃsu, na sakkariṃsu, na garuṃ kariṃsu, na mānesuṃ, na pūjesuṃ. So bhikkhūhi asakkariyamāno agarukariyamāno amāniyamāno apūjiyamāno asakkārapakato tamhāpi āvāsā aññaṃ āvāsaṃ agamāsi. Tatthapi bhikkhū neva abhivādesuṃ, na paccuṭṭhesuṃ, na añjalikammaṃ na sāmīcikammaṃ akaṃsu, na sakkariṃsu, na garuṃ kariṃsu, na mānesuṃ, na pūjesuṃ. So bhikkhūhi asakkariyamāno agarukariyamāno amāniyamāno apūjiyamāno asakkārapakato punadeva kosambiṃ paccāgañchi. So sammā vattati, lomaṃ pāteti, netthāraṃ vattati, bhikkhū upasaṅkamitvā evaṃ vadeti – ''ahaṃ, āvuso, saṅghena, āpattiyā adassane, ukkhepanīyakammakato sammā vattāmi, lomaṃ pātemi, netthāraṃ vattāmi. Kathaṃ nu kho mayā paṭipajjitabba''nti? Bhikkhū bhagavato etamatthaṃ ārocesuṃ...pe.... ''Tena hi, bhikkhave, saṅgho channassa bhikkhuno, āpattiyā adassane, ukkhepanīyakammaṃ paṭippassambhetu.

Nappaṭippassambhetabba-tecattālīsakaṃ

53. ''Pañcahi , bhikkhave, aṅgehi samannāgatassa bhikkhuno, āpattiyā adassane, ukkhepanīyakammaṃ nappaṭippassambhetabbaṃ. Upasampādeti, nissayaṃdeti, sāmaṇeraṃ upaṭṭhāpeti, bhikkhunovādakasammutiṃ sādiyati, sammatopi bhikkhuniyo ovadati – imehi kho, bhikkhave, pañcahaṅgehi samannāgatassa bhikkhuno, āpattiyā adassane, ukkhepanīyakammaṃ nappaṭippassambhetabbaṃ.

[pari. 420] ''Aparehipi, bhikkhave, pañcahaṅgehi samannāgatassa bhikkhuno, āpattiyā adassane, ukkhepanīyakammaṃ nappaṭippassambhetabbaṃ. Yāya āpattiyā saṅghena, āpattiyā adassane, ukkhepanīyakammaṃ kataṃ hoti taṃ āpattiṃ āpajjati, aññaṃ vā tādisikaṃ, tato vā pāpiṭṭhataraṃ; kammaṃ garahati, kammike garahati – imehi kho, bhikkhave, pañcahaṅgehi samannāgatassa bhikkhuno, āpattiyā adassane, ukkhepanīyakammaṃ nappaṭippassambhetabbaṃ.

''Aparehipi, bhikkhave, pañcahaṅgehi samannāgatassa bhikkhuno, āpattiyā adassane, ukkhepanīyakammaṃ nappaṭippassambhetabbaṃ. Pakatattassa bhikkhuno abhivādanaṃ, paccuṭṭhānaṃ, añjalikammaṃ, sāmīcikammaṃ, āsanābhihāraṃ sādiyati – imehi kho, bhikkhave, pañcahaṅgehi samannāgatassa bhikkhuno, āpattiyā adassane, ukkhepanīyakammaṃ nappaṭippassambhetabbaṃ.

''Aparehipi, bhikkhave, pañcahaṅgehi samannāgatassa bhikkhuno, āpattiyā adassane, ukkhepanīyakammaṃ nappaṭippassambhetabbaṃ. Pakatattassabhikkhuno seyyābhihāraṃ, pādodakaṃ pādapīṭhaṃ, pādakathalikaṃ, pattacīvarappaṭiggahaṇaṃ , nahāne piṭṭhiparikammaṃ sādiyati – imehi kho, bhikkhave , pañcahaṅgehi samannāgatassa bhikkhuno, āpattiyā adassane, ukkhepanīyakammaṃ nappaṭippassambhetabbaṃ.

''Aparehipi, bhikkhave, pañcahaṅgehi samannāgatassa bhikkhuno, āpattiyā adassane, ukkhepanīyakammaṃ nappaṭippassambhetabbaṃ. Pakatattaṃ bhikkhuṃ sīlavipattiyā anuddhaṃseti, ācāravipattiyā anuddhaṃseti, diṭṭhivipattiyā anuddhaṃseti, ājīvavipattiyā anuddhaṃseti, bhikkhuṃ [bhikkhū (sī. syā.)] bhikkhūhi bhedeti – imehi kho, bhikkhave, pañcahaṅgehi samannāgatassa bhikkhuno, āpattiyā adassane, ukkhepanīyakammaṃ nappaṭippassambhetabbaṃ.

''Aparehipi, bhikkhave, pañcahaṅgehi samannāgatassa bhikkhuno, āpattiyā adassane, ukkhepanīyakammaṃ nappaṭippassambhetabbaṃ. Gihiddhajaṃ dhāreti, titthiyaddhajaṃ dhāreti, titthiye sevati; bhikkhū na sevati, bhikkhusikkhāya na sikkhati – imehi kho, bhikkhave, pañcahaṅgehi samannāgatassa bhikkhuno, āpattiyā adassane, ukkhepanīyakammaṃ nappaṭippassambhetabbaṃ.

''Aparehipi, bhikkhave, pañcahaṅgehi samannāgatassa bhikkhuno, āpattiyā adassane, ukkhepanīyakammaṃ nappaṭippassambhetabbaṃ. Pakatattena bhikkhunā saddhiṃ ekacchanne āvāse vasati, ekacchanne anāvāse vasati, ekacchanne āvāse vā anāvāse vā vasati; pakatattaṃ bhikkhuṃ disvā āsanā na vuṭṭhāti; pakatattaṃ bhikkhuṃ āsādeti anto vā bahi vā – imehi kho, bhikkhave, pañcahaṅgehi samannāgatassa bhikkhuno, āpattiyā adassane, ukkhepanīyakammaṃ nappaṭippassambhetabbaṃ.

''Aṭṭhahi, bhikkhave, aṅgehi samannāgatassa bhikkhuno, āpattiyā adassane, ukkhepanīyakammaṃ nappaṭippassambhetabbaṃ. Pakatattassa bhikkhuno uposathaṃ ṭhapeti, pavāraṇaṃ ṭhapeti, savacanīyaṃ karoti, anuvādaṃ paṭṭhapeti, okāsaṃ kāreti, codeti, sāreti, bhikkhūhi sampayojeti – imehi kho, bhikkhave, aṭṭhahaṅgehi samannāgatassa bhikkhuno, āpattiyā adassane, ukkhepanīyakammaṃ nappaṭippassambhetabbaṃ.

Āpattiyā adassane ukkhepanīyakamme
Nappaṭippassambhetabba-tecattālīsakaṃ niṭṭhitaṃ.
Paṭippassambhetabba-tecattālīsakaṃ
54. ''Pañcahi , bhikkhave, aṅgehi samannāgatassa bhikkhuno, āpattiyā adassane, ukkhepanīyakammaṃ paṭippassambhetabbaṃ. Na upasampādeti, na nissayaṃ deti, na sāmaṇeraṃ upaṭṭhāpeti, na bhikkhunovādakasammutiṃ sādiyati, sammatopi bhikkhuniyo na ovadati – imehi kho, bhikkhave, pañcahaṅgehi samannāgatassa bhikkhuno, āpattiyā adassane, ukkhepanīyakammaṃ paṭippassambhetabbaṃ.
''Aparehipi, bhikkhave, pañcahaṅgehi samannāgatassa bhikkhuno, āpattiyā adassane, ukkhepanīyakammaṃ paṭippassambhetabbaṃ. Yāya āpattiyā saṅghena āpattiyā adassane ukkhepanīyakammaṃ kataṃ hoti taṃ āpattiṃ na āpajjati, aññaṃ vā tādisikaṃ, tato vā pāpiṭṭhataraṃ; kammaṃ na garahati, kammike na garahati – imehi kho, bhikkhave, pañcahaṅgehi samannāgatassa bhikkhuno, āpattiyā adassane, ukkhepanīyakammaṃ paṭippassambhetabbaṃ.
''Aparehipi, bhikkhave, pañcahaṅgehi samannāgatassa bhikkhuno, āpattiyā adassane, ukkhepanīyakammaṃ paṭippassambhetabbaṃ. Na pakatattassa bhikkhuno abhivādanaṃ, paccuṭṭhānaṃ, añjalikammaṃ, sāmīcikammaṃ, āsanābhihāraṃ sādiyati – imehi kho, bhikkhave, pañcahaṅgehi samannāgatassa bhikkhuno, āpattiyā adassane, ukkhepanīyakammaṃ paṭippassambhetabbaṃ.
''Aparehipi, bhikkhave, pañcahaṅgehi samannāgatassa bhikkhuno, āpattiyā adassane, ukkhepanīyakammaṃ paṭippassambhetabbaṃ. Na pakatattassa bhikkhuno seyyābhihāraṃ, pādodakaṃ pādapīṭhaṃ, pādakathalikaṃ, pattacīvarappaṭiggahaṇaṃ, nahāne piṭṭhiparikammaṃ sādiyati – imehi kho, bhikkhave, pañcahaṅgehi samannāgatassa bhikkhuno, āpattiyā adassane, ukkhepanīyakammaṃ paṭippassambhetabbaṃ.
''Aparehipi, bhikkhave, pañcahaṅgehi samannāgatassa bhikkhuno, āpattiyā adassane, ukkhepanīyakammaṃ paṭippassambhetabbaṃ. Na pakatattaṃ bhikkhuṃ sīlavipattiyā anuddhaṃseti, na ācāravipattiyā anuddhaṃseti, na diṭṭhivipattiyā anuddhaṃseti, na ājīvavipattiyā anuddhaṃseti, na bhikkhuṃ bhikkhūhi bhedeti – imehi kho, bhikkhave, pañcahaṅgehi samannāgatassa bhikkhuno, āpattiyā adassane, ukkhepanīyakammaṃ paṭippassambhetabbaṃ.
''Aparehipi , bhikkhave, pañcahaṅgehi samannāgatassa bhikkhuno, āpattiyā adassane, ukkhepanīyakammaṃ paṭippassambhetabbaṃ. Na gihiddhajaṃ dhāreti, na titthiyaddhajaṃ dhāreti, na titthiye sevati, bhikkhū sevati, bhikkhusikkhāya sikkhati – imehi kho, bhikkhave, pañcahaṅgehi samannāgatassa bhikkhuno, āpattiyā adassane, ukkhepanīyakammaṃ paṭippassambhetabbaṃ.
''Aparehipi, bhikkhave, pañcahaṅgehi samannāgatassa bhikkhuno, āpattiyā adassane, ukkhepanīyakammaṃ paṭippassambhetabbaṃ. Na pakatattena bhikkhunā saddhiṃ ekacchanne āvāse vasati, na ekacchanne anāvāse vasati, na ekacchanne āvāse vā anāvāse vā vasati, pakatattaṃ bhikkhuṃ disvā āsanā vuṭṭhāti, na pakatattaṃ bhikkhuṃ āsādeti anto vā bahi vā – imehi kho, bhikkhave, pañcahaṅgehi samannāgatassa bhikkhuno, āpattiyā adassane, ukkhepanīyakammaṃ paṭippassambhetabbaṃ.
''Aṭṭhahi, bhikkhave, aṅgehi samannāgatassa bhikkhuno, āpattiyā adassane, ukkhepanīyakammaṃ paṭippassambhetabbaṃ. Na pakatattassa bhikkhuno uposathaṃ ṭhapeti, na pavāraṇaṃ ṭhapeti, na savacanīyaṃ karoti, na anuvādaṃ paṭṭhapeti, na okāsaṃ kāreti, na codeti, na sāreti, na bhikkhūhi sampayojeti – imehi kho, bhikkhave, aṭṭhahaṅgehi samannāgatassa bhikkhuno, āpattiyā adassane, ukkhepanīyakammaṃ paṭippassambhetabbaṃ.
Āpattiyā adassane ukkhepanīyakamme
Paṭippassambhetabbatecattālīsakaṃ niṭṭhitaṃ.
55. ''Evañca pana, bhikkhave, paṭippassambhetabbaṃ. Tena, bhikkhave, channena bhikkhunā saṅghaṃ upasaṅkamitvā ekaṃsaṃ uttarāsaṅgaṃ karitvā vuḍḍhānaṃ bhikkhūnaṃ pāde vanditvā ukkuṭikaṃ nisīditvā añjaliṃ paggahetvā evamassa vacanīyo – 'ahaṃ, bhante, saṅghena, āpattiyā adassane, ukkhepanīyakammakato sammā vattāmi, lomaṃ pātemi, netthāraṃ vattāmi, āpattiyā adassane ukkhepanīyassa kammassa paṭippassaddhiṃ yācāmī'ti. Dutiyampi yācitabbā. Tatiyampi yācitabbā. Byattena bhikkhunā paṭibalena saṅgho ñāpetabbo –
''Suṇātu me, bhante, saṅgho. Ayaṃ channo bhikkhu saṅghena, āpattiyā adassane, ukkhepanīyakammakato sammā vattati, lomaṃ pāteti, netthāraṃ vattati, āpattiyā adassane ukkhepanīyassa kammassa paṭippassaddhiṃ yācati . Yadi saṅghassa pattakallaṃ, saṅgho channassa bhikkhuno, āpattiyā adassane, ukkhepanīyakammaṃ paṭippassambheyya. Esā ñatti.
''Suṇātu me, bhante, saṅgho. Ayaṃ channo bhikkhu saṅghena, āpattiyā adassane, ukkhepanīyakammakato sammā vattati, lomaṃ pāteti, netthāraṃ vattati, āpattiyā adassane, ukkhepanīyassa kammassa paṭippassaddhiṃ yācati. Saṅgho channassa bhikkhuno, āpattiyā adassane, ukkhepanīyakammaṃ paṭippassambheti. Yassāyasmato khamati channassa bhikkhuno, āpattiyā adassane, ukkhepanīyassa kammassa paṭippassaddhi, so tuṇhassa; yassa nakkhamati, so bhāseyya.

"Dutiyampi etamatthaṃ vadāmi...pe... tatiyampi etamatthaṃ vadāmi – suṇātu me, bhante, saṅgho. Ayaṃ channo bhikkhu saṅghena, āpattiyā adassane, ukkhepanīyakammakato sammā vattati, lomaṃ pāteti, netthāraṃ vattati, āpattiyā adassane, ukkhepanīyassa kammassa paṭippassaddhiṃ yācati. Saṅgho channassa bhikkhuno, āpattiyā adassane, ukkhepanīyakammaṃ paṭippassambheti. Yassāyasmato khamati channassa bhikkhuno, āpattiyā adassane, ukkhepanīyassa kammassa paṭippassaddhi, so tuṇhassa; yassa nakkhamati, so bhāseyya.

"Paṭippassaddhaṃ saṅghena channassa bhikkhuno, āpattiyā adassane, ukkhepanīyakammaṃ. Khamati saṅghassa, tasmā tuṇhī, evametaṃ dhārayāmī''ti.

Āpattiyā adassane ukkhepanīyakammaṃ niṭṭhitaṃ pañcamaṃ.

6. Āpattiyā appaṭikamme ukkhepanīyakammaṃ

56. Tena samayena buddho Bhagavā kosambiyaṃ viharati ghositārāme. Tena kho pana samayena āyasmā channo āpattiṃ āpajjitvā na icchati āpattiṃ paṭikātuṃ. Ye te bhikkhū appicchā...pe... te ujjhāyanti khiyyanti vipācenti – "kathañhi nāma āyasmā channo āpattiṃ āpajjitvā na icchissati āpattiṃ paṭikātu''nti? Atha kho te bhikkhū bhagavato etamatthaṃ ārocesuṃ.

Atha kho Bhagavā etasmiṃ nidāne etasmiṃ pakaraṇe bhikkhusaṅghaṃ sannipātāpetvā bhikkhū paṭipucchi – "saccaṃ kira, bhikkhave, channo bhikkhu āpattiṃ āpajjitvā na icchati āpattiṃ paṭikātu''nti? "Saccaṃ Bhagavā''ti. Vigarahi buddho Bhagavā – "ananucchavikaṃ...pe... kathañhi nāma so, bhikkhave, moghapuriso āpattiṃ āpajjitvā na icchissati āpattiṃ paṭikātuṃ. Netaṃ, bhikkhave, appasannānaṃ vā pasādāya...pe... vigarahitvā...pe... dhammiṃ kathaṃ katvā bhikkhū āmantesi – tena hi, bhikkhave, saṅgho channassa bhikkhuno, āpattiyā appaṭikamme, ukkhepanīyakammaṃ karotu – asambhogaṃ saṅghena. Evañca pana, bhikkhave, kātabbaṃ – paṭhamaṃ channo bhikkhu codetabbo, codetvā sāretabbo, sāretvā āpattiṃ āropetabbo, āpattiṃ āropetvā byattena bhikkhunā paṭibalena saṅgho ñāpetabbo –

"Suṇātu me, bhante, saṅgho. Ayaṃ channo bhikkhu āpattiṃ āpajjitvā na icchati āpattiṃ paṭikātuṃ. Yadi saṅghassa pattakallaṃ, saṅgho channassa bhikkhuno, āpattiyā appaṭikamme, ukkhepanīyakammaṃ kareyya – asambhogaṃ saṅghena. Esā ñatti.

"Suṇātu me, bhante, saṅgho. Ayaṃ channo bhikkhu āpattiṃ āpajjitvā na icchati āpattiṃ paṭikātuṃ. Saṅgho channassa bhikkhuno, āpattiyā appaṭikamme, ukkhepanīyakammaṃ karoti – asambhogaṃ saṅghena. Yassāyasmato khamati channassa bhikkhuno, āpattiyā appaṭikamme, ukkhepanīyassa kammassa karaṇaṃ – asambhogaṃ saṅghena, so tuṇhassa; yassa nakkhamati, so bhāseyya.

"Dutiyampi etamatthaṃ vadāmi...pe... tatiyampi etamatthaṃ vadāmi – suṇātu me, bhante, saṅgho. Ayaṃ channo bhikkhu āpattiṃ āpajjitvā na icchati āpattiṃ paṭikātuṃ. Saṅgho channassa bhikkhuno, āpattiyā appaṭikamme, ukkhepanīyakammaṃ karoti – asambhogaṃ saṅghena. Yassāyasmato khamati channassa bhikkhuno, āpattiyā appaṭikamme, ukkhepanīyassa kammassa karaṇaṃ – asambhogaṃ saṅghena, so tuṇhassa; yassa nakkhamati, so bhāseyya.

"Kataṃ saṅghena channassa bhikkhuno, āpattiyā appaṭikamme, ukkhepanīyakammaṃ – asambhogaṃ saṅghena. Khamati saṅghassa, tasmā tuṇhī, evametaṃ dhārayāmīti.

"Āvāsaparamparañca, bhikkhave, saṃsatha – 'channo bhikkhu, saṅghena āpattiyā [channo bhikkhu āpattiyā (sī. ka.)] appaṭikamme, ukkhepanīyakammakato – asambhogaṃ saṅghenā'ti.

Adhammakammadvādasakaṃ

57. "Tīhi, bhikkhave, aṅgehi samannāgataṃ, āpattiyā appaṭikamme, ukkhepanīyakammaṃ adhammakammañca hoti, avinayakammañca, duvūpasantañca. Asammukhā kataṃ hoti, appaṭipucchā kataṃ hoti, appaṭiññāya kataṃ hoti – imehi kho, bhikkhave, tīhaṅgehi samannāgataṃ, āpattiyā appaṭikamme, ukkhepanīyakammaṃ adhammakammañca hoti, avinayakammañca, duvūpasantañca.

"Aparehipi, bhikkhave, tīhaṅgehi samannāgataṃ, āpattiyā appaṭikamme, ukkhepanīyakammaṃ adhammakammañca hoti, avinayakammañca, duvūpasantañca. Anāpattiyā kataṃ hoti, adesanāgāminiyā āpattiyā kataṃ hoti, desitāya āpattiyā kataṃ hoti...pe... acodetvā kataṃ hoti, asāretvā kataṃ hoti, āpattiṃ anāropetvā kataṃ hoti...pe... asammukhā kataṃ hoti, adhammena kataṃ hoti, vaggena kataṃ hoti...pe... appaṭipucchā kataṃ hoti, adhammena kataṃ hoti, vaggena kataṃ hoti...pe... appaṭiññāya kataṃ hoti, adhammena kataṃ hoti, vaggena kataṃ hoti...pe... anāpattiyā kataṃ hoti, adhammena kataṃ hoti, vaggena kataṃ hoti...pe... adesanāgāminiyā āpattiyā kataṃ hoti, adhammena kataṃ hoti, vaggena kataṃ hoti...pe... desitāya āpattiyā kataṃ hoti, adhammena kataṃ hoti, vaggena kataṃ hoti...pe... acodetvā kataṃ hoti, adhammena kataṃ hoti, vaggena kataṃ hoti...pe... asāretvā kataṃ hoti, adhammena kataṃ hoti, vaggena kataṃ hoti...pe... āpattiṃ anāropetvā kataṃ hoti, adhammena kataṃ hoti, vaggena kataṃ hoti – imehi kho, bhikkhave, tīhaṅgehi samannāgataṃ, āpattiyā appaṭikamme, ukkhepanīyakammaṃ adhammakammañca hoti, avinayakammañca, duvūpasantañca.

Āpattiyā appaṭikamme ukkhepanīyakamme

Adhammakammadvādasakaṃ niṭṭhitaṃ.

Dhammakammadvādasakaṃ

58. "Tīhi, bhikkhave, aṅgehi samannāgataṃ, āpattiyā appaṭikamme, ukkhepanīyakammaṃ dhammakammañca hoti, vinayakammañca, suvūpasantañca. Sammukhā kataṃ hoti, paṭipucchā kataṃ hoti, paṭiññāya kataṃ hoti – imehi kho, bhikkhave, tīhaṅgehi samannāgataṃ, āpattiyā appaṭikamme, ukkhepanīyakammaṃ dhammakammañca hoti, vinayakammañca, suvūpasantañca.

"Aparehipi, bhikkhave, tīhaṅgehi samannāgataṃ, āpattiyā appaṭikamme, ukkhepanīyakammaṃ dhammakammañca hoti, vinayakammañca, suvūpasantañca. Āpattiyā kataṃ hoti, desanāgāminiyā āpattiyā kataṃ hoti, adesitāya āpattiyā kataṃ hoti...pe... codetvā kataṃ hoti, sāretvā kataṃ hoti, āpattiṃ āropetvā kataṃ hoti...pe... sammukhā kataṃ hoti, dhammena kataṃ hoti, samaggena kataṃ hoti...pe... paṭipucchā kataṃ hoti, dhammena kataṃ hoti, samaggena kataṃ hoti...pe... paṭiññāya kataṃ hoti, dhammena kataṃ hoti, samaggena kataṃ hoti...pe... āpattiyā kataṃ hoti, dhammena kataṃ hoti, samaggena kataṃ hoti...pe... desanāgāminiyā āpattiyā kataṃ hoti, dhammena kataṃ hoti, samaggena kataṃ hoti...pe... adesitāya āpattiyā kataṃ hoti, dhammena kataṃ hoti, samaggena kataṃ hoti...pe... codetvā kataṃ hoti, dhammena kataṃ hoti, samaggena kataṃ hoti...pe... sāretvā kataṃ hoti, dhammena kataṃ hoti, samaggena kataṃ hoti...pe... āpattiṃ āropetvā kataṃ hoti, dhammena kataṃ hoti, samaggena kataṃ hoti – imehi kho, bhikkhave, tīhaṅgehi samannāgataṃ, āpattiyā appaṭikamme, ukkhepanīyakammaṃ dhammakammañca hoti, vinayakammañca, suvūpasantañca.

Āpattiyā appaṭikamme ukkhepanīyakamme

Dhammakammadvādasakaṃ niṭṭhitaṃ.

Ākaṅkhamānachakkaṃ

59.[pari. 323] "Tīhi, bhikkhave, aṅgehi samannāgatassa bhikkhuno, ākaṅkhamāno saṅgho, āpattiyā appaṭikamme, ukkhepanīyakammaṃ kareyya. Bhaṇḍanakārako hoti kalahakārako vivādakārako bhassakārako saṅghe adhikaraṇakārako; bālo hoti abyatto āpattibahulo anapadāno; gihisaṃsaṭṭho viharati ananulomikehi gihisaṃsaggehi – imehi kho, bhikkhave, tīhaṅgehi samannāgatassa bhikkhuno, ākaṅkhamāno saṅgho, āpattiyā appaṭikamme, ukkhepanīyakammaṃ kareyya.

"Aparehipi, bhikkhave, tīhaṅgehi samannāgatassa bhikkhuno, ākaṅkhamāno saṅgho, āpattiyā appaṭikamme, ukkhepanīyakammaṃ kareyya. Adhisīle sīlavipanno hoti, ajjhācāre ācāravipanno hoti, atidiṭṭhiyā diṭṭhivipanno hoti – imehi kho, bhikkhave, tīhaṅgehi samannāgatassa bhikkhuno, ākaṅkhamāno saṅgho, āpattiyā appaṭikamme, ukkhepanīyakammaṃ kareyya.

"Aparehipi, bhikkhave, tīhaṅgehi samannāgatassa bhikkhuno, ākaṅkhamāno saṅgho, āpattiyā appaṭikamme, ukkhepanīyakammaṃ kareyya. Buddhassa avaṇṇaṃ bhāsati, dhammassa avaṇṇaṃ bhāsati, saṅghassa avaṇṇaṃ bhāsati – imehi kho, bhikkhave, tīhaṅgehi samannāgatassa bhikkhuno, ākaṅkhamāno saṅgho, āpattiyā appaṭikamme, ukkhepanīyakammaṃ kareyya.

"Tiṇṇaṃ, bhikkhave, bhikkhūnaṃ, ākaṅkhamāno saṅgho, āpattiyā appaṭikamme, ukkhepanīyakammaṃ kareyya. Eko bhaṇḍanakārako hoti kalahakārako vivādakārako bhassakārako saṅghe adhikaraṇakārako; eko bālo hoti abyatto āpattibahulo anapadāno; eko gihisaṃsaṭṭho viharati ananulomikehi gihisaṃsaggehi – imesaṃ kho, bhikkhave, tiṇṇaṃ bhikkhūnaṃ, ākaṅkhamāno saṅgho, āpattiyā appaṭikamme, ukkhepanīyakammaṃ kareyya.

"Aparesampi, bhikkhave, tiṇṇaṃ bhikkhūnaṃ, ākaṅkhamāno saṅgho, āpattiyā appaṭikamme, ukkhepanīyakammaṃ kareyya. Eko adhisīle sīlavipanno hoti, eko ajjhācāre ācāravipanno hoti, eko atidiṭṭhiyā diṭṭhivipanno hoti – imesaṃ kho, bhikkhave, tiṇṇaṃ bhikkhūnaṃ, ākaṅkhamāno saṅgho, āpattiyā appaṭikamme, ukkhepanīyakammaṃ kareyya.

"Aparesampi, bhikkhave, tiṇṇaṃ bhikkhūnaṃ, ākaṅkhamāno saṅgho, āpattiyā appaṭikamme, ukkhepanīyakammaṃ kareyya. Eko buddhassa avaṇṇaṃ bhāsati, eko dhammassa avaṇṇaṃ bhāsati, eko saṅghassa avaṇṇaṃ bhāsati – imesaṃ kho, bhikkhave, tiṇṇaṃ bhikkhūnaṃ, ākaṅkhamāno saṅgho, āpattiyā appaṭikamme, ukkhepanīyakammaṃ kareyya.

Āpattiyā appaṭikamme ukkhepanīyakamme

Ākaṅkhamānachakkaṃ niṭṭhitaṃ.

Tecattālīsavattaṃ

60. "Āpattiyā appaṭikamme ukkhepanīyakammakatena, bhikkhave, bhikkhunā sammā vattitabbaṃ. Tatrāyaṃ sammāvattanā – na upasampādetabbaṃ, na nissayo dātabbo, na sāmaṇero upaṭṭhāpetabbo, na bhikkhunovādakasammuti sāditabbā, sammatenapi bhikkhuniyo na ovaditabbā. Yāya āpattiyā saṅghena, āpattiyā appaṭikamme, ukkhepanīyakammaṃ kataṃ hoti sā āpatti na āpajjitabbā, aññā vā tādisikā, tato vā pāpiṭṭhatarā; kammaṃ na garahitabbaṃ, kammikā na garahitabbā. Na pakatattassa bhikkhuno abhivādanaṃ, paccuṭṭhānaṃ, añjalikammaṃ, sāmīcikammaṃ, āsanābhihāro, seyyābhihāro, pādodakaṃ pādapīṭhaṃ, pādakathalikaṃ, pattacīvarappaṭiggahaṇaṃ, nahāne piṭṭhiparikammaṃ sāditabbaṃ. Na pakatatto bhikkhu sīlavipattiyā anuddhaṃsetabbo, na ācāravipattiyā anuddhaṃsetabbo, na diṭṭhivipattiyā anuddhaṃsetabbo, na ājīvavipattiyā anuddhaṃsetabbo, na bhikkhu bhikkhūhi bhedetabbo. Na gihiddhajo dhāretabbo, na titthiyaddhajo dhāretabbo, na titthiyā sevitabbā; bhikkhū sevitabbā, bhikkhusikkhāya sikkhitabbaṃ. Na pakatattena bhikkhunā saddhiṃ ekacchanne āvāse vatthabbaṃ, na ekacchanne anāvāse

vatthabbaṃ, na ekacchanne āvāse vā anāvāse vā vatthabbaṃ, pakatattaṃ bhikkhuṃ disvā āsanā vuṭṭhātabbaṃ, na pakatatto bhikkhu āsādetabbo anto vā bahi vā. Na pakatattassa bhikkhuno uposatho ṭhapetabbo, na pavāraṇā ṭhapetabbā, na savacanīyaṃ kātabbaṃ, na anuvādo paṭṭhapetabbo, na okāso kāretabbo, na codetabbo, na sāretabbo, na bhikkhūhi sampayojetabba''nti.

Āpattiyā appaṭikamme ukkhepanīyakamme

Tecattālīsavattaṃ niṭṭhitaṃ.

61. Atha kho saṅgho channassa bhikkhuno, āpattiyā appaṭikamme, ukkhepanīyakammaṃ akāsi – asambhogaṃ saṅghena. So saṅghena, āpattiyā appaṭikamme, ukkhepanīyakammakato tamhā āvāsā aññaṃ āvāsaṃ agamāsi. Tattha bhikkhū neva abhivādesuṃ, na paccuṭṭhesuṃ, na añjalikammaṃ na sāmīcikammaṃ akaṃsu, na sakkariṃsu, na garuṃ kariṃsu, na mānesuṃ, na pūjesuṃ. So bhikkhūhi asakkariyamāno agarukariyamāno amāniyamāno apūjiyamāno asakkārapakato tamhāpi āvāsā aññaṃ āvāsaṃ agamāsi. Tatthapi bhikkhū neva abhivādesuṃ, na paccuṭṭhesuṃ, na añjalikammaṃ na sāmīcikammaṃ akaṃsu, na sakkariṃsu, na garuṃ kariṃsu, na mānesuṃ, na pūjesuṃ. So bhikkhūhi asakkariyamāno agarukariyamāno amāniyamāno apūjiyamāno asakkārapakato tamhāpi āvāsā aññaṃ āvāsaṃ agamāsi. Tatthapi bhikkhū neva abhivādesuṃ, na paccuṭṭhesuṃ, na añjalikammaṃ na sāmīcikammaṃ akaṃsu, na sakkariṃsu, na garuṃ kariṃsu, na mānesuṃ, na pūjesuṃ. So bhikkhūhi asakkariyamāno agarukariyamāno amāniyamāno apūjiyamāno asakkārapakato punadeva kosambiṃ paccāgañchi. So sammā vattati, lomaṃ pāteti, netthāraṃ vattati, bhikkhū upasaṅkamitvā evaṃ vadeti – ''ahaṃ, āvuso, saṅghena, āpattiyā appaṭikamme, ukkhepanīyakammakato sammā vattāmi, lomaṃ pātemi, netthāraṃ vattāmi. Kathaṃ nu kho mayā paṭipajjitabba''nti? Bhikkhū bhagavato etamatthaṃ ārocesuṃ...pe.... ''Tena hi, bhikkhave, saṅgho channassa bhikkhuno, āpattiyā appaṭikamme, ukkhepanīyakammaṃ paṭippassambhetu.

Nappaṭippassambhetabbatecattālīsakaṃ

62. ''Pañcahi , bhikkhave, aṅgehi samannāgatassa bhikkhuno, āpattiyā appaṭikamme, ukkhepanīyakammaṃ nappaṭippassambhetabbaṃ. Upasampādeti, nissayaṃ deti, sāmaṇeraṃ upaṭṭhāpeti, bhikkhunovādakasammutiṃ sādiyati, sammatopi bhikkhuniyo ovadati – imehi kho, bhikkhave, pañcahaṅgehi samannāgatassa bhikkhuno, āpattiyā appaṭikamme, ukkhepanīyakammaṃ nappaṭippassambhetabbaṃ.

[pari. 420] ''Aparehipi , bhikkhave, pañcahaṅgehi samannāgatassa bhikkhuno, āpattiyā appaṭikamme, ukkhepanīyakammaṃ nappaṭippassambhetabbaṃ. Yāya āpattiyā saṅghena, āpattiyā appaṭikamme, ukkhepanīyakammaṃ kataṃ hoti taṃ āpattiṃ āpajjati, aññaṃ vā tādisikaṃ, tato vā pāpiṭṭhataraṃ; kammaṃ garahati, kammike garahati...pe... pakatattassa bhikkhuno abhivādanaṃ, paccuṭṭhānaṃ, añjalikammaṃ, sāmīcikammaṃ, āsanābhihāraṃ sādiyati...pe... pakatattassa bhikkhuno seyyābhihāraṃ, pādodakaṃ pādapīṭhaṃ, pādakathalikaṃ, pattacīvarappaṭiggahaṇaṃ, nahāne piṭṭhiparikammaṃ sādiyati...pe... pakatattaṃ bhikkhuṃ sīlavipattiyā anuddhaṃseti, ācāravipattiyā anuddhaṃseti, diṭṭhivipattiyā anuddhaṃseti, ājīvavipattiyā anuddhaṃseti, bhikkhuṃ bhikkhūhi bhedeti...pe... gihiddhajaṃ dhāreti, titthiyaddhajaṃ dhāreti, titthiye sevati, bhikkhū na sevati, bhikkhusikkhāya na sikkhati...pe... pakatattena bhikkhunā saddhiṃ ekacchanne āvāse vasati, ekacchanne anāvāse vasati, ekacchanne āvāse vā anāvāse vā vasati, pakatattaṃ bhikkhuṃ disvā āsanā na vuṭṭhāti, pakatattaṃ bhikkhuṃ āsādeti anto vā bahi vā – imehi kho, bhikkhave, pañcahaṅgehi samannāgatassa bhikkhuno, āpattiyā appaṭikamme , ukkhepanīyakammaṃ nappaṭippassambhetabbaṃ.

''Aṭṭhahi, bhikkhave, aṅgehi samannāgatassa bhikkhuno, āpattiyā appaṭikamme, ukkhepanīyakammaṃ nappaṭippassambhetabbaṃ. Pakatattassa bhikkhuno uposathaṃ ṭhapeti, pavāraṇaṃ ṭhapeti, savacanīyaṃ karoti, anuvādaṃ paṭṭhapeti, okāsaṃ kāreti, codeti, sāreti, bhikkhūhi sampayojeti – imehi kho, bhikkhave, aṭṭhahaṅgehi samannāgatassa bhikkhuno, āpattiyā appaṭikamme, ukkhepanīyakammaṃ nappaṭippassambhetabbaṃ.

Āpattiyā appaṭikamme ukkhepanīyakamme

Nappaṭippassambhetabbatecattālīsakaṃ niṭṭhitaṃ.

Paṭippassambhetabbatecattālīsakaṃ

63. ''Pañcahi, bhikkhave, aṅgehi samannāgatassa bhikkhuno, āpattiyā appaṭikamme, ukkhepanīyakammaṃ paṭippassambhetabbaṃ. Na upasampādeti, na nissayaṃ deti, na sāmaṇeraṃ upaṭṭhāpeti, na bhikkhunovādakasammutiṃ sādiyati, sammatopi bhikkhuniyo na ovadati – imehi kho, bhikkhave, pañcahaṅgehi samannāgatassa bhikkhuno, āpattiyā appaṭikamme, ukkhepanīyakammaṃ paṭippassambhetabbaṃ.

''Aparehipi, bhikkhave, pañcahaṅgehi samannāgatassa bhikkhuno, āpattiyā appaṭikamme, ukkhepanīyakammaṃ paṭippassambhetabbaṃ. Yāya āpattiyā saṅghena, āpattiyā appaṭikamme, ukkhepanīyakammaṃ kataṃ hoti taṃ āpattiṃ na āpajjati, aññaṃ vā tādisikaṃ, tato vā pāpiṭṭhataraṃ ; kammaṃ na garahati, kammike na garahati...pe... na pakatattassa bhikkhuno abhivādanaṃ, paccuṭṭhānaṃ, añjalikammaṃ, sāmīcikammaṃ, āsanābhihāraṃ sādiyati...pe... na pakatattassa bhikkhuno seyyābhihāraṃ, pādodakaṃ pādapīṭhaṃ, pādakathalikaṃ, pattacīvarappaṭiggahaṇaṃ, nahāne piṭṭhiparikammaṃ sādiyati...pe... na pakatattaṃ bhikkhuṃ sīlavipattiyā anuddhaṃseti, na ācāravipattiyā anuddhaṃseti, na diṭṭhivipattiyā anuddhaṃseti, na ājīvavipattiyā anuddhaṃseti, na bhikkhuṃ bhikkhūhi bhedeti...pe... na gihiddhajaṃ dhāreti, na titthiyaddhajaṃ dhāreti, na titthiye sevati, bhikkhū sevati, bhikkhusikkhāya sikkhati...pe... na pakatattena bhikkhunā saddhiṃ ekacchanne āvāse vasati, na ekacchanne anāvāse vasati, na ekacchanne āvāse vā anāvāse vā vasati, pakatattaṃ bhikkhuṃ disvā āsanā vuṭṭhāti, na pakatattaṃ bhikkhuṃ āsādeti anto vā bahi vā – imehi kho, bhikkhave, pañcahaṅgehi samannāgatassa bhikkhuno, āpattiyā appaṭikamme, ukkhepanīyakammaṃ paṭippassambhetabbaṃ.

''Aṭṭhahi , bhikkhave, aṅgehi samannāgatassa bhikkhuno, āpattiyā appaṭikamme, ukkhepanīyakammaṃ paṭippassambhetabbaṃ. Na pakatattassa bhikkhuno uposathaṃ ṭhapeti, na pavāraṇaṃ ṭhapeti, na savacanīyaṃ karoti, na anuvādaṃ paṭṭhapeti, na okāsaṃ kāreti, na codeti, na sāreti, na bhikkhūhi sampayojeti – imehi kho, bhikkhave, aṭṭhahaṅgehi samannāgatassa bhikkhuno, āpattiyā appaṭikamme, ukkhepanīyakammaṃ paṭippassambhetabbaṃ.

Āpattiyā appaṭikamme ukkhepanīyakamme

Paṭippassambhetabbatecattālīsakaṃ niṭṭhitaṃ.

64. ''Evañca pana, bhikkhave, paṭippassambhetabbaṃ. Tena bhikkhave, channena bhikkhunā saṅghaṃ upasaṅkamitvā ekaṃsaṃ uttarāsaṅgaṃ karitvā vuḍḍhānaṃ bhikkhūnaṃ pāde vanditvā ukkuṭikaṃ nisīditvā añjaliṃ paggahetvā evamassa vacanīyo – 'ahaṃ, bhante, saṅghena, āpattiyā appaṭikamme, ukkhepanīyakammakato sammā vattāmi, lomaṃ pātemi, netthāraṃ vattāmi, āpattiyā appaṭikamme ukkhepanīyassa kammassa paṭippassaddhiṃ yācāmī'ti. Dutiyampi yācitabbā. Tatiyampi yācitabbā. Byattena bhikkhunā paṭibalena saṅgho ñāpetabbo –

''Suṇātu me, bhante, saṅgho. Ayaṃ channo bhikkhu saṅghena, āpattiyā appaṭikamme, ukkhepanīyakammakato sammā vattati, lomaṃ pāteti, netthāraṃ vattati, āpattiyā appaṭikamme ukkhepanīyassa kammassa paṭippassaddhiṃ yācati. Yadi saṅghassa pattakallaṃ, saṅgho channassa bhikkhuno , āpattiyā appaṭikamme, ukkhepanīyakammaṃ paṭippassambheyya. Esā ñatti.

''Suṇātu me, bhante, saṅgho. Ayaṃ channo bhikkhu saṅghena, āpattiyā appaṭikamme, ukkhepanīyakammakato sammā vattati, lomaṃ pāteti, netthāraṃ vattati, āpattiyā appaṭikamme ukkhepanīyassa kammassa paṭippassaddhiṃ yācati. Saṅgho channassa bhikkhuno, āpattiyā appaṭikamme, ukkhepanīyakammaṃ paṭippassambheti. Yassāyasmato khamati channassa bhikkhuno, āpattiyā appaṭikamme, ukkhepanīyassa kammassa paṭippassaddhi, so tuṇhassa; yassa nakkhamati, so bhāseyya.

''Dutiyampi etamatthaṃ vadāmi...pe... tatiyampi etamatthaṃ vadāmi – suṇātu me, bhante, saṅgho. Ayaṃ channo bhikkhu saṅghena, āpattiyā appaṭikamme, ukkhepanīyakammakato sammā vattati, lomaṃ pāteti, netthāraṃ vattati, āpattiyā appaṭikamme, ukkhepanīyassa kammassa paṭippassaddhiṃ yācati. Saṅgho channassa bhikkhuno, āpattiyā appaṭikamme, ukkhepanīyakammaṃ paṭippassambheti. Yassāyasmato khamati channassa bhikkhuno, āpattiyā appaṭikamme, ukkhepanīyassa kammassa paṭippassaddhi, so tuṇhassa; yassa nakkhamati, so bhāseyya.

''Paṭippassaddhaṃ saṅghena channassa bhikkhuno, āpattiyā appaṭikamme, ukkhepanīyakammaṃ. Khamati saṅghassa, tasmā tuṇhī, evametaṃ dhārayāmī''ti.

Āpattiyā appaṭikamme ukkhepanīyakammaṃ niṭṭhitaṃ chaṭṭhaṃ.

7. Pāpikāya diṭṭhiyā appaṭinissagge ukkhepanīyakammaṃ

65.[idaṃ vatthu pāci. 417; ma. ni. 234 ādayo] Tena samayena buddho Bhagavā sāvatthiyaṃ viharati jetavane anāthapiṇḍikassa ārāme. Tena kho pana samayena ariṭṭhassa nāma bhikkhuno gaddhabādhipubbassa [gandhabādhipubbassa (ka.)] evarūpaṃ pāpakaṃ diṭṭhigataṃ uppannaṃ hoti – ''tathāhaṃ bhagavatā dhammaṃ desitaṃ ājānāmi yathā yeme antarāyikā dhammā vuttā bhagavatā te paṭisevato nālaṃ antarāyāyā''ti. Assosuṃ kho sambahulā bhikkhū ariṭṭhassa nāma kira bhikkhuno gaddhabādhipubbassa evarūpaṃ pāpakaṃ diṭṭhigataṃ uppannaṃ – ''tathāhaṃ bhagavatā dhammaṃ desitaṃ ājānāmi yathā yeme antarāyikā dhammā vuttā bhagavatā te paṭisevato nālaṃ antarāyāyā''ti. Atha kho te bhikkhū yena ariṭṭho bhikkhu gaddhabādhipubbo tenupasaṅkamiṃsu. Upasaṅkamitvā ariṭṭhaṃ bhikkhuṃ gaddhabādhipubbaṃ etadavocuṃ – ''saccaṃ kira te, āvuso ariṭṭha, evarūpaṃ pāpakaṃ diṭṭhigataṃ uppannaṃ – tathāhaṃ bhagavatā dhammaṃ desitaṃ ājānāmi yathā yeme antarāyikā dhammā vuttā bhagavatā te paṭisevato nālaṃ antarāyāyā''ti? ''Evaṃbyā kho ahaṃ, āvuso, bhagavatā dhammaṃ desitaṃ ājānāmi, yathā yeme antarāyikā dhammā vuttā bhagavatā te paṭisevato nālaṃ antarāyāyā''ti.

''Māvuso ariṭṭha, evaṃ avaca. Mā bhagavantaṃ abbhācikkhi. Na hi sādhu bhagavato abbhakkhānaṃ [abbhācikkhanaṃ (ka.)]. Na hi Bhagavā evaṃ vadeyya. Anekapariyāyenāvuso ariṭṭha, antarāyikā dhammā antarāyikā vuttā bhagavatā. Alañca pana te paṭisevato antarāyāya. Appassādā kāmā vuttā bhagavatā, bahudukkhā bahupāyāsā [bahūpāyāsā (sī. syā.)], ādīnavo ettha bhiyyo. Aṭṭhikaṅkalūpamā kāmā vuttā bhagavatā, bahudukkhā bahūpāyāsā, ādīnavo ettha bhiyyo. Maṃsapesūpamā kāmā vuttā bhagavatā...pe... tiṇukkūpamā kāmā vuttā bhagavatā...pe... aṅgārakāsūpamā kāmā vuttā bhagavatā... supinakūpamā kāmā vuttā bhagavatā... yācitakūpamā kāmā vuttā bhagavatā... rukkhaphalūpamā kāmā vuttā bhagavatā... asisūnūpamā kāmā vuttā bhagavatā...

sattisūlūpamā kāmā vuttā bhagavatā... sappasirūpamā kāmā vuttā bhagavatā, bahudukkhā bahūpāyāsā, ādīnavo ettha bhiyyo''ti.

Evampi kho ariṭṭho bhikkhu gaddhabādhipubbo tehi bhikkhūhi vuccamāno tatheva taṃ pāpakaṃ diṭṭhigataṃ thāmasā parāmāsā abhinivissa voharati – "evaṃbyā kho ahaṃ, āvuso, bhagavatā dhammaṃ desitaṃ ājānāmi, yathā yeme antarāyikā dhammā vuttā bhagavatā te paṭisevato nālaṃ antarāyāyā''ti. Yato ca kho te bhikkhū nāsakkhiṃsu ariṭṭhaṃ bhikkhuṃ gaddhabādhipubbaṃ etasmā pāpakā diṭṭhigatā vivecetuṃ, atha kho te bhikkhū yena Bhagavā tenupasaṅkamiṃsu, upasaṅkamitvā bhagavato etamatthaṃ ārocesuṃ. Atha kho Bhagavā etasmiṃ nidāne etasmiṃ pakaraṇe bhikkhusaṅghaṃ sannipātāpetvā ariṭṭhaṃ bhikkhuṃ gaddhabādhipubbaṃ paṭipucchi – "saccaṃ kira te, ariṭṭha, evarūpaṃ pāpakaṃ diṭṭhigataṃ uppannaṃ – tathāhaṃ bhagavatā dhammaṃ desitaṃ ājānāmi yathā yeme antarāyikā dhammā vuttā bhagavatā te paṭisevato nālaṃ antarāyāyā''ti? "Evaṃbyā kho ahaṃ, bhante, bhagavatā dhammaṃ desitaṃ ājānāmi, yathā yeme antarāyikā dhammā vuttā bhagavatā te paṭisevato nālaṃ antarāyāyā''ti.

"Kassa nu kho nāma tvaṃ, moghapurisa, mayā evaṃ dhammaṃ desitaṃ ājānāsi? Nanu mayā, moghapurisa, anekapariyāyena antarāyikā dhammā antarāyikā vuttā? Alañca pana te paṭisevato antarāyāya. Appassādā kāmā vuttā mayā, bahudukkhā bahupāyāsā, ādīnavo ettha bhiyyo. Aṭṭhikaṅkalūpamā kāmā vuttā mayā, bahudukkhā bahupāyāsā, ādīnavo ettha bhiyyo. Maṃsapesūpamā kāmā vuttā mayā...pe... tiṇukkūpamā kāmā vuttā mayā... aṅgārakāsūpamā kāmā vuttā mayā... supinakūpamā kāmā vuttā mayā...pe... yācitakūpamā kāmā vuttā mayā... rukkhaphalūpamā kāmā vuttā mayā... asisūnūpamā kāmā vuttā mayā... sattisūlūpamā kāmā vuttā mayā... sappasirūpamā kāmā vuttā mayā, bahudukkhā bahupāyāsā, ādīnavo ettha bhiyyo. Atha ca pana tvaṃ, moghapurisa, attanā duggahitena [duggahitena diṭṭhigatena (syā.)] amhe ceva abbhācikkhasi, attānañca khaṇasi, bahuñca apuññaṃ pasavasi. Tañhi te, moghapurisa, bhavissati dīgharattaṃ ahitāya dukkhāya. Netaṃ, moghapurisa, appasannānaṃ vā pasādāya...pe... vigarahitvā...pe... dhammiṃ kathaṃ katvā bhikkhū āmantesi – tena hi, bhikkhave, saṅgho ariṭṭhassa bhikkhuno gaddhabādhipubbassa, pāpikāya diṭṭhiyā appaṭinissagge, ukkhepanīyakammaṃ karotu – asambhogaṃ saṅghena. Evañca pana bhikkhave kātabbaṃ – paṭhamaṃ ariṭṭho bhikkhu codetabbo, codetvā sāretabbo, sāretvā āpattiṃ āropetabbo, āpattiṃ āropetvā byattena bhikkhunā paṭibalena saṅgho ñāpetabbo –

66. "Suṇātu me, bhante, saṅgho. Ariṭṭhassa bhikkhuno gaddhabādhipubbassa evarūpaṃ pāpakaṃ diṭṭhigataṃ uppannaṃ – tathāhaṃ bhagavatā dhammaṃ desitaṃ ājānāmi yathā yeme antarāyikā dhammā vuttā bhagavatā te paṭisevato nālaṃ antarāyāyāti. So taṃ diṭṭhiṃ na paṭinissajjati. Yadi saṅghassa pattakallaṃ, saṅgho ariṭṭhassa bhikkhuno gaddhabādhipubbassa, pāpikāya diṭṭhiyā appaṭinissagge, ukkhepanīyakammaṃ kareyya – asambhogaṃ saṅghena. Esā ñatti.

"Suṇātu me, bhante, saṅgho. Ariṭṭhassa bhikkhuno gaddhabādhipubbassa evarūpaṃ pāpakaṃ diṭṭhigataṃ uppannaṃ – tathāhaṃ bhagavatā dhammaṃ desitaṃ ājānāmi yathā yeme antarāyikā dhammā vuttā bhagavatā te paṭisevato nālaṃ antarāyāyāti. So taṃ diṭṭhiṃ na paṭinissajjati . Saṅgho ariṭṭhassa bhikkhuno gaddhabādhipubbassa, pāpikāya diṭṭhiyā appaṭinissagge, ukkhepanīyakammaṃ karoti – asambhogaṃ saṅghena. Yassāyasmato khamati ariṭṭhassa bhikkhuno gaddhabādhipubbassa, pāpikāya diṭṭhiyā appaṭinissagge, ukkhepanīyassa kammassa karaṇaṃ – asambhogaṃ saṅghena, so tuṇhassa; yassa nakkhamati, so bhāseyya.

"Dutiyampi etamatthaṃ vadāmi...pe... tatiyampi etamatthaṃ vadāmi – suṇātu me, bhante, saṅgho. Ariṭṭhassa bhikkhuno gaddhabādhipubbassa evarūpaṃ pāpakaṃ diṭṭhigataṃ uppannaṃ – tathāhaṃ bhagavatā dhammaṃ desitaṃ ājānāmi yathā yeme antarāyikā dhammā vuttā bhagavatā te paṭisevato nālaṃ antarāyāyāti. So taṃ diṭṭhiṃ na paṭinissajjati. Saṅgho ariṭṭhassa bhikkhuno gaddhabādhipubbassa, pāpikāya diṭṭhiyā appaṭinissagge, ukkhepanīyakammaṃ karoti – asambhogaṃ saṅghena. Yassāyasmato khamati ariṭṭhassa bhikkhuno gaddhabādhipubbassa, pāpikāya diṭṭhiyā appaṭinissagge, ukkhepanīyassa kammassa karaṇaṃ – asambhogaṃ saṅghena, so tuṇhassa; yassa nakkhamati, so bhāseyya.

"Kataṃ saṅghena ariṭṭhassa bhikkhuno gaddhabādhipubbassa, pāpikāya diṭṭhiyā appaṭinissagge, ukkhepanīyakammaṃ – asambhogaṃ saṅghena. Khamati saṅghassa, tasmā tuṇhī, evametaṃ dhārayāmīti.

"Āvāsaparamparañca, bhikkhave, saṃsatha – 'ariṭṭho bhikkhu gaddhabādhipubbo, saṅghena pāpikāya [gaddhabādhipubbo pāpikāya (sī. ka.)] diṭṭhiyā appaṭinissagge , ukkhepanīyakammakato – asambhogaṃ saṅghenā''ti.

Adhammakammadvādasakaṃ

67. "Tīhi, bhikkhave, aṅgehi samannāgataṃ, pāpikāya diṭṭhiyā appaṭinissagge, ukkhepanīyakammaṃ adhammakammañca hoti, avinayakammañca, duvūpasantañca. Asammukhā kataṃ hoti, appaṭipucchā kataṃ hoti, appaṭiññāya kataṃ hoti – imehi kho, bhikkhave, tīhaṅgehi samannāgataṃ, pāpikāyadiṭṭhiyā appaṭinissagge, ukkhepanīyakammaṃ adhammakammañca hoti, avinayakammañca, duvūpasantañca.

"Aparehipi, bhikkhave, tīhaṅgehi samannāgataṃ, pāpikāya diṭṭhiyā appaṭinissagge, ukkhepanīyakammaṃ adhammakammañca hoti, avinayakammañca, duvūpasantañca. Anāpattiyā kataṃ hoti, adesanāgāminiyā āpattiyā kataṃ hoti, desitāya āpattiyā kataṃ hoti...pe... acodetvā kataṃ hoti, asāretvā kataṃ hoti, āpattiṃ anāropetvā kataṃ hoti...pe... asammukhā kataṃ hoti, adhammena kataṃ hoti, vaggena kataṃ hoti...pe... appaṭipucchā kataṃ hoti, adhammena kataṃ hoti, vaggena kataṃ hoti...pe... appaṭiññāya kataṃ hoti, adhammena kataṃ hoti, vaggena kataṃ hoti...pe... anāpattiyā kataṃ hoti, adhammena kataṃ hoti, vaggena kataṃ hoti...pe... adesanāgāminiyā āpattiyā kataṃ hoti, adhammena kataṃ hoti, vaggena kataṃ hoti...pe... desitāya āpattiyā kataṃ hoti, adhammena kataṃ hoti, vaggena kataṃ hoti...pe... acodetvā kataṃ hoti, adhammena kataṃ hoti, vaggena kataṃ hoti...pe... asāretvā kataṃ hoti, adhammena kataṃ hoti, vaggena kataṃ hoti...pe... āpattiṃ anāropetvā kataṃ hoti, adhammena kataṃ hoti, vaggena kataṃ hoti – imehi kho, bhikkhave , tīhaṅgehi samannāgataṃ, pāpikāya diṭṭhiyā appaṭinissagge, ukkhepanīyakammaṃ adhammakammañca hoti, avinayakammañca, duvūpasantañca.

Pāpikāya diṭṭhiyā appaṭinissagge ukkhepanīyakamme

Adhammakammadvādasakaṃ niṭṭhitaṃ.

Dhammakammadvādasakaṃ

68. ‘‘Tīhi , bhikkhave, aṅgehi samannāgataṃ, pāpikāya diṭṭhiyā appaṭinissagge, ukkhepanīyakammaṃ dhammakammañca hoti, vinayakammañca, suvūpasantañca. Sammukhā kataṃ hoti, paṭipucchā kataṃ hoti, paṭiññāya kataṃ hoti – imehi kho, bhikkhave, tīhaṅgehi samannāgataṃ, pāpikāya diṭṭhiyā appaṭinissagge, ukkhepanīyakammaṃ dhammakammañca hoti, vinayakammañca, suvūpasantañca.

‘‘Aparehipi , bhikkhave, tīhaṅgehi samannāgataṃ, pāpikāya diṭṭhiyā appaṭinissagge, ukkhepanīyakammaṃ dhammakammañca hoti, vinayakammañca, suvūpasantañca. Āpattiyā kataṃ hoti, desanāgāminiyā āpattiyā kataṃ hoti, adesitāya āpattiyā kataṃ hoti...pe... codetvā kataṃ hoti, sāretvā kataṃ hoti, āpattiṃ āropetvā kataṃ hoti...pe... sammukhā kataṃ hoti, dhammena kataṃ hoti, samaggena kataṃ hoti...pe... paṭipucchā kataṃ hoti, dhammena kataṃ hoti, samaggena kataṃ hoti...pe... paṭiññāya kataṃ hoti, dhammena kataṃ hoti, samaggena kataṃ hoti...pe... āpattiyā kataṃ hoti, dhammena kataṃ hoti, samaggena kataṃ hoti...pe... desanāgāminiyā āpattiyā kataṃ hoti, dhammena kataṃ hoti, samaggena kataṃ hoti...pe... adesitāya āpattiyā kataṃ hoti, dhammena kataṃ hoti, samaggena kataṃ hoti...pe... codetvā kataṃ hoti, dhammena kataṃ hoti, samaggena kataṃ hoti...pe... sāretvā kataṃ hoti, dhammena kataṃ hoti, samaggena kataṃ hoti...pe... āpattiṃ āropetvā kataṃ hoti, dhammena kataṃ hoti, samaggena kataṃ hoti – imehi kho, bhikkhave, tīhaṅgehi samannāgataṃ, pāpikāya diṭṭhiyā appaṭinissagge, ukkhepanīyakammaṃ dhammakammañca hoti, vinayakammañca, suvūpasantañca.

Pāpikāya diṭṭhiyā appaṭinissagge ukkhepanīyakamme

Dhammakammadvādasakaṃ niṭṭhitaṃ.

Ākaṅkhamānachakkaṃ

69.[pari. 323] ‘‘Tīhi , bhikkhave, aṅgehi samannāgatassa bhikkhuno, ākaṅkhamāno saṅgho, pāpikāya diṭṭhiyā appaṭinissagge, ukkhepanīyakammaṃ kareyya. Bhaṇḍanakārako hoti kalahakārako vivādakārako bhassakārako saṅghe adhikaraṇakārako; bālo hoti abyatto āpattibahulo anapadāno ; gihisaṃsaṭṭho viharati ananulomikehi gihisaṃsaggehi – imehi kho, bhikkhave, tīhaṅgehi samannāgatassa bhikkhuno, ākaṅkhamāno saṅgho, pāpikāya diṭṭhiyā appaṭinissagge, ukkhepanīyakammaṃ kareyya.

‘‘Aparehipi , bhikkhave, tīhaṅgehi samannāgatassa bhikkhuno, ākaṅkhamāno saṅgho, pāpikāya diṭṭhiyā appaṭinissagge, ukkhepanīyakammaṃ kareyya. Adhisīle sīlavipanno hoti, ajjhācāre ācāravipanno hoti, atidiṭṭhiyā diṭṭhivipanno hoti – imehi kho, bhikkhave, tīhaṅgehi samannāgatassa bhikkhuno, ākaṅkhamāno saṅgho, pāpikāya diṭṭhiyā appaṭinissagge, ukkhepanīyakammaṃ kareyya.

‘‘Aparehipi, bhikkhave, tīhaṅgehi samannāgatassa bhikkhuno, ākaṅkhamāno saṅgho, pāpikāya diṭṭhiyā appaṭinissagge, ukkhepanīyakammaṃ kareyya. Buddhassa avaṇṇaṃ bhāsati, dhammassa avaṇṇaṃ bhāsati, saṅghassa avaṇṇaṃ bhāsati – imehi kho, bhikkhave, tīhaṅgehi samannāgatassa bhikkhuno, ākaṅkhamāno saṅgho, pāpikāya diṭṭhiyā appaṭinissagge, ukkhepanīyakammaṃ kareyya.

‘‘Tiṇṇaṃ, bhikkhave, bhikkhūnaṃ, ākaṅkhamāno saṅgho, pāpikāya diṭṭhiyā appaṭinissagge, ukkhepanīyakammaṃ kareyya. Eko bhaṇḍanakārako hoti kalahakārako vivādakārako bhassakārako saṅghe adhikaraṇakārako; eko bālo hoti abyatto āpattibahulo anapadāno; eko gihisaṃsaṭṭho viharati ananulomikehi gihisaṃsaggehi – imesaṃ kho, bhikkhave, tiṇṇaṃ bhikkhūnaṃ, ākaṅkhamāno saṅgho, pāpikāya diṭṭhiyā appaṭinissagge, ukkhepanīyakammaṃ kareyya.

‘‘Aparesampi, bhikkhave, tiṇṇaṃ bhikkhūnaṃ, ākaṅkamāno saṅgho, pāpikāya diṭṭhiyā appaṭinissagge, ukkhepanīyakammaṃ kareyya. Eko adhisīle sīlavipanno hoti, eko ajjhācāre ācāravipanno hoti, eko atidiṭṭhiyā diṭṭhivipanno hoti – imesaṃ kho, bhikkhave , tiṇṇaṃ bhikkhūnaṃ, ākaṅkhamāno saṅgho, pāpikāya diṭṭhiyā appaṭinissagge, ukkhepanīyakammaṃ kareyya.

‘‘Aparesampi, bhikkhave, tiṇṇaṃ bhikkhūnaṃ, ākaṅkhamāno saṅgho, pāpikāya diṭṭhiyā appaṭinissagge, ukkhepanīyakammaṃ kareyya. Eko buddhassa avaṇṇaṃ bhāsati, eko dhammassa avaṇṇaṃ bhāsati, eko saṅghassa avaṇṇaṃ bhāsati – imesaṃ kho, bhikkhave, tiṇṇaṃ bhikkhūnaṃ, ākaṅkhamāno saṅgho, pāpikāya diṭṭhiyā appaṭinissage, ukkhepanīyakammaṃ kareyya.

Pāpikāya diṭṭhiyā appaṭinissage ukkhepanīyakamme

Ākaṅkhamānachakkaṃ niṭṭhitaṃ.

Tecattālīsavattaṃ

70. ''Pāpikāya diṭṭhiyā appaṭinissagge ukkhepanīyakammakatena, bhikkhave, bhikkhunā sammā vattitabbaṃ. Tatrāyaṃ sammāvattanā – na upasampādetabbaṃ, na nissayo dātabbo, na sāmaṇero upaṭṭhāpetabbo, na bhikkhunovādakasammuti sāditabbā, sammatenapi bhikkhuniyo na ovaditabbā. Yāya āpattiyā saṅghena, pāpikāya diṭṭhiyā appaṭinissagge, ukkhepanīyakammaṃ kataṃ hoti sā āpatti na āpajjitabbā, aññā vā tādisikā, tato vā pāpiṭṭhatarā; kammaṃ na garahitabbaṃ, kammikā na garahitabbā...pe... na pakatattassa bhikkhuno uposatho ṭhapetabbo, na pavāraṇā ṭhapetabbā, na savacanīyaṃ kātabbaṃ, na anuvādo paṭṭhapetabbo, na okāso kāretabbo, na codetabbo, na sāretabbo, na bhikkhūhi sampayojetabba''nti.

Pāpikāya diṭṭhiyā appaṭinissagge ukkhepanīyakamme
Tecattālīsavattaṃ niṭṭhitaṃ.

71. Atha kho saṅgho ariṭṭhassa bhikkhuno gaddhabādhipubbassa, pāpikāya diṭṭhiyā appaṭinissagge, ukkhepanīyakammaṃ akāsi – asambhogaṃ saṅghena. So saṅghena, pāpikāya diṭṭhiyā appaṭinissagge, ukkhepanīyakammakato vibbhami. Ye te bhikkhū appicchā...pe... te ujjhāyanti khiyyanti vipācenti – ''kathañhi nāma ariṭṭho bhikkhu gaddhabādhipubbo saṅghena, pāpikāya diṭṭhiyā appaṭinissagge, ukkhepanīyakammakato vibbhamissatī''ti? Atha kho te bhikkhū bhagavato etamatthaṃ ārocesuṃ.

Atha kho Bhagavā etasmiṃ nidāne etasmiṃ pakaraṇe bhikkhusaṅghaṃ sannipātāpetvā bhikkhū paṭipucchi – ''saccaṃ kira, bhikkhave, ariṭṭho bhikkhu gaddhabādhipubbo saṅghena, pāpikāya diṭṭhiyā appaṭinissagge, ukkhepanīyakammakato vibbhamatī''ti [vibbhamīti (sī. ka.)]? ''Saccaṃ Bhagavā''ti. Vigarahi buddho Bhagavā – ''ananucchavikaṃ...pe... kathañhi nāma so, bhikkhave, moghapuriso saṅghena, pāpikāya diṭṭhiyā appaṭinissagge, ukkhepanīyakammakato vibbhamissati? Netaṃ, bhikkhave, appasannānaṃ vā pasādāya...pe... vigarahitvā...pe... dhammiṃ kathaṃ katvā bhikkhū āmantesi – ''tena hi, bhikkhave, saṅgho, pāpikāya diṭṭhiyā appaṭinissagge, ukkhepanīyakammaṃ paṭippassambhetu.

Nappaṭippassambhetabbatecattālīsakaṃ

72. ''Pañcahi, bhikkhave, aṅgehi samannāgatassa bhikkhuno, pāpikāya diṭṭhiyā appaṭinissagge, ukkhepanīyakammaṃ nappaṭippassambhetabbaṃ. Upasampādeti, nissayaṃ deti, sāmaṇeraṃ upaṭṭhāpeti, bhikkhunovādakasammutiṃ sādiyati, sammatopi bhikkhuniyo ovadati – imehi kho, bhikkhave, pañcahaṅgehi samannāgatassa bhikkhuno, pāpikāya diṭṭhiyā appaṭinissage, ukkhepanīyakammaṃ nappaṭippassambhetabbaṃ.

[pari. 420] ''Aparehipi, bhikkhave, pañcahaṅgehi samannāgatassa bhikkhuno, pāpikāya diṭṭhiyā appaṭinissagge, ukkhepanīyakammaṃ nappaṭippassambhetabbaṃ. Yāya āpattiyā saṅghena pāpikāya diṭṭhiyā appaṭinissagge ukkhepanīyakammaṃ kataṃ hoti taṃ āpattiṃ āpajjati, aññaṃ vā tādisikaṃ, tato vā pāpiṭṭhataraṃ; kammaṃ garahati, kammike garahati – imehi kho, bhikkhave, pañcahaṅgehi samannāgatassa bhikkhuno, pāpikāya diṭṭhiyā appaṭinissagge, ukkhepanīyakammaṃ nappaṭippassambhetabbaṃ...pe... .

''Aṭṭhahi, bhikkhave, aṅgehi samannāgatassa bhikkhuno, pāpikāya diṭṭhiyā appaṭinissagge, ukkhepanīyakammaṃ nappaṭippassambhetabbaṃ. Pakatattassa bhikkhuno uposathaṃ ṭhapeti, pavāraṇaṃ ṭhapeti, savacanīyaṃ karoti, anuvādaṃ paṭṭhapeti, okāsaṃ kāreti, codeti, sāreti , bhikkhūhi sampayojeti – imehi kho, bhikkhave, aṭṭhahaṅgehi samannāgatassa bhikkhuno, pāpikāya diṭṭhiyā appaṭinissagge, ukkhepanīyakammaṃ nappaṭippassambhetabbaṃ.

Pāpikāya diṭṭhiyā appaṭinissagge ukkhepanīyakamme
Nappaṭippassambhetabbatecattālīsakaṃ niṭṭhitaṃ.

Paṭippassambhetabbatecattālīsakaṃ

73. ''Pañcahi , bhikkhave, aṅgehi samannāgatassa bhikkhuno, pāpikāya diṭṭhiyā appaṭinissagge, ukkhepanīyakammaṃ paṭippassambhetabbaṃ. Na upasampādeti, na nissayaṃ deti, na sāmaṇeraṃ upaṭṭhāpeti, na bhikkhunovādakasammutiṃ sādiyati, sammatopi bhikkhuniyo na ovadati – imehi kho, bhikkhave, pañcahaṅgehi samannāgatassa bhikkhuno, pāpikāya diṭṭhiyā appaṭinissagge, ukkhepanīyakammaṃ paṭippassambhetabbaṃ.

''Aparehipi, bhikkhave, pañcahaṅgehi samannāgatassa bhikkhuno, pāpikāya diṭṭhiyā appaṭinissagge, ukkhepanīyakammaṃ paṭippassambhetabbaṃ. Yāya āpattiyā saṅghena, pāpikāya diṭṭhiyā appaṭinissagge, ukkhepanīyakammaṃ kataṃ hoti taṃ āpattiṃ na āpajjati, aññaṃ vā tādisikaṃ , tato vā pāpiṭṭhataraṃ; kammaṃ na garahati, kammike na garahati – imehi kho, bhikkhave, pañcahaṅgehi samannāgatassa bhikkhuno, pāpikāya diṭṭhiyā appaṭinissagge, ukkhepanīyakammaṃ paṭippassambhetabbaṃ...pe....

''Aṭṭhahi, bhikkhave, aṅgehi samannāgatassa bhikkhuno, pāpikāya diṭṭhiyā appaṭinissagge, ukkhepanīyakammaṃ paṭippassambhetabbaṃ. Na pakatattassa bhikkhuno uposathaṃ ṭhapeti, na pavāraṇaṃ ṭhapeti, na savacanīyaṃ karoti, na anuvādaṃ paṭṭhapeti, na okāsaṃ kāreti, na codeti, na sāreti, na bhikkhūhi sampayojeti – imehi kho, bhikkhave, aṭṭhahaṅgehi samannāgatassa bhikkhuno, pāpikāya diṭṭhiyā appaṭinissagge, ukkhepanīyakammaṃ paṭippassambhetabbaṃ''.

Pāpikāya diṭṭhiyā appaṭinissagge ukkhepanīyakamme
Paṭippassambhetabbatecattālīsakaṃ niṭṭhitaṃ.

74. "Evañca pana, bhikkhave, paṭippassambhetabbaṃ. Tena, bhikkhave, pāpikāya diṭṭhiyā appaṭinissagge, ukkhepanīyakammakatena bhikkhunā saṅghaṃ upasaṅkamitvā ekaṃsaṃ uttarāsaṅgaṃ karitvā vuḍḍhānaṃ bhikkhūnaṃ pāde vanditvā ukkuṭikaṃ nisīditvā añjaliṃ paggahetvā evamassa vacanīyo – 'ahaṃ, bhante, saṅghena, pāpikāya diṭṭhiyā appaṭinissagge, ukkhepanīyakammakato sammā vattāmi, lomaṃ pātemi, netthāraṃ vattāmi, pāpikāya diṭṭhiyā appaṭinissagge, ukkhepanīyassa kammassa paṭippassaddhiṃ yācāmī'ti. Dutiyampi yācitabbā. Tatiyampi yācitabbā. Byattena bhikkhunā paṭibalena saṅgho ñāpetabbo –

"Suṇātu me, bhante, saṅgho. Ayaṃ itthannāmo bhikkhu saṅghena, pāpikāya diṭṭhiyā appaṭinissagge, ukkhepanīyakammakato sammā vattati, lomaṃ pāteti, netthāraṃ vattati, pāpikāya diṭṭhiyā appaṭinissagge, ukkhepanīyassa kammassa paṭippassaddhiṃ yācati. Yadi saṅghassa pattakallaṃ, saṅgho itthannāmassa bhikkhuno, pāpikāya diṭṭhiyā appaṭinissagge, ukkhepanīyakammaṃ paṭippassambheyya. Esā ñatti.

"Suṇātu me, bhante, saṅgho. Ayaṃ itthannāmo bhikkhu saṅghena, pāpikāya diṭṭhiyā appaṭinissagge, ukkhepanīyakammakato sammā vattati, lomaṃ pāteti, netthāraṃ vattati, pāpikāya diṭṭhiyā appaṭinissagge , ukkhepanīyassa kammassa paṭippassaddhiṃ yācati. Saṅgho itthannāmassa bhikkhuno, pāpikāya diṭṭhiyā appaṭinissagge, ukkhepanīyakammaṃ paṭippassambheti. Yassāyasmato khamati itthannāmassa bhikkhuno, pāpikāya diṭṭhiyā appaṭinissagge, ukkhepanīyassa kammassa paṭippassaddhi, so tuṇhassa; yassa nakkhamati, so bhāseyya.

"Dutiyampi etamatthaṃ vadāmi...pe... tatiyampi etamatthaṃ vadāmi – suṇātu me, bhante, saṅgho. Ayaṃ itthannāmo bhikkhu saṅghena, pāpikāya diṭṭhiyā appaṭinissagge, ukkhepanīyakammakato sammā vattati, lomaṃ pāteti, netthāraṃ vattati, pāpikāya diṭṭhiyā appaṭinissagge ukkhepanīyassa kammassa paṭippassaddhiṃ yācati. Saṅgho itthannāmassa bhikkhuno, pāpikāya diṭṭhiyā appaṭinissagge, ukkhepanīyakammaṃ paṭippassambheti. Yassāyasmato khamati itthannāmassa bhikkhuno, pāpikāya diṭṭhiyā appaṭinissagge, ukkhepanīyassa kammassa paṭippassaddhi, so tuṇhassa; yassa nakkhamati, so bhāseyya.

"Paṭippassaddhaṃ saṅghena itthannāmassa bhikkhuno, pāpikāya diṭṭhiyā appaṭinissagge, ukkhepanīyakammaṃ. Khamati saṅghassa, tasmā tuṇhī, evametaṃ dhārayāmī"ti.

Pāpikāya diṭṭhiyā appaṭinissagge ukkhepanīyakammaṃ niṭṭhitaṃ sattamaṃ.

Kammakkhandhako paṭhamo.

Imamhi khandhake vatthū satta.

Tassuddānaṃ –

Paṇḍulohitakā bhikkhū, sayaṃ bhaṇḍanakārakā;
Tādise upasaṅkamma, ussahiṃsu ca bhaṇḍane.
Anuppannāpi jāyanti [anuppannāni jāyanti (sī. syā.)], uppannānipi vaḍḍhare [uppannāni pavaḍḍhare (sī.), uppannāpi pavaḍḍhanti (ka.)];
Appicchā pesalā bhikkhū, ujjhāyanti padassato [parīsato (syā.), parassato (sī.)].
Saddhammaṭṭhitiko buddho, sayambhū aggapuggalo;
Āṇāpesi tajjanīyakammaṃ sāvatthiyaṃ jino.
Asammukhāppaṭipucchāppaṭiññāya katañca yaṃ;
Anāpatti adesane, desitāya katañca yaṃ.
Acodetvā asāretvā, anāropetvā ca yaṃ kataṃ;
Asammukhā adhammena, vaggena cāpi [vaggenāpi ca (sī. syā.)] yaṃ kataṃ.
Appaṭipucchā adhammena, puna vaggena [vaggenāpi ca (sī. syā.)] yaṃ kataṃ;
Appaṭiññāya adhammena, vaggena cāpi [vaggenāpi ca (sī. syā.)] yaṃ kataṃ.
Anāpatti [anāpattiyā (sī. syā.)] adhammena, vaggena
Cāpi [vaggenāpi ca (sī. syā.)] yaṃ kataṃ.
Adesanāgāminiyā, adhammavaggameva ca.
Desitāya adhammena, vaggenāpi tatheva ca;
Acodetvā adhammena, vaggenāpi tatheva ca.
Asāretvā adhammena, vaggenāpi tatheva ca;
Anāropetvā adhammena, vaggenāpi tatheva ca.
Kaṇhavāranayeneva, sukkavāraṃ vijāniyā;
Saṅgho ākaṅkhamāno ca yassa tajjaniyaṃ kare.
Bhaṇḍanaṃ bālo saṃsaṭṭho, adhisīle ajjhācāre;
Atidiṭṭhivipannassa, saṅgho tajjaniyaṃ kare.
Buddhadhammassa saṅghassa, avaṇṇaṃ yo ca bhāsati;
Tiṇṇannampi ca bhikkhūnaṃ, saṅgho tajjaniyaṃ kare.
Bhaṇḍanaṃ kārako eko, bālo saṃsagganissito;
Adhisīle ajjhācāre, tatheva atidiṭṭhiyā.
Buddhadhammassa saṅghassa, avaṇṇaṃ yo ca bhāsati;

Tajjanīyakammakato, evaṃ sammānuvattanā.
Upasampadanissayā, sāmaṇeraṃ upaṭṭhanā;
Ovādasammatenāpi, na kare tajjanīkato.
Nāpajje tañca āpattiṃ, tādisañca tato paraṃ;
Kammañca kammike cāpi, na garahe tathāvidho.
Uposathaṃ pavāraṇaṃ, pakatattassa naṭṭhape;
Savacaniṃ [na savacaniyaṃ (sī. syā.)] anuvādo, okāso codanena ca.
Sāraṇaṃ sampayogañca, na kareyya tathāvidho;
Upasampadanissayā, sāmaṇeraṃ upaṭṭhanā.
Ovādasammatenāpi, pañcahaṅgehi [pañcaaṅgo (ka.)] na sammati;
Tañcāpajjati āpattiṃ, tādisañca tato paraṃ.
Kammañca kammike cāpi, garahanto na sammati;
Uposathaṃ pavāraṇaṃ, savacanīyā ca novādo.
Okāso codanañceva, sāraṇā sampayojanā;
Imehaṭṭhaṅgehi yo yutto, tajjanānupasammati.
Kaṇhavāranayeneva, sukkavāraṃ vijāniyā;
Bālo āpattibahulo, saṃsaṭṭhopi ca seyyaso.
Niyassakammaṃ sambuddho, āṇāpesi mahāmuni;
Kīṭāgirismiṃ dve bhikkhū, assajipunabbasukā.
Anācārañca vividhaṃ, ācariṃsu asaññatā;
Pabbājanīyaṃ sambuddho, kammaṃ sāvatthiyaṃ jino;
Macchikāsaṇḍe sudhammo, cittassāvāsiko ahu.
Jātivādena khuṃseti, sudhammo cittupāsakaṃ;
Paṭisāraṇīyakammaṃ, āṇāpesi tathāgato.
Kosambiyaṃ channaṃ bhikkhuṃ, nicchantāpattiṃ passituṃ;
Adassane ukkhipituṃ, āṇāpesi jinuttamo.
Channo taṃyeva āpattiṃ, paṭikātuṃ na icchati;
Ukkhepanāppaṭikamme, āṇāpesi vināyako.
Pāpadiṭṭhi ariṭṭhassa, āsi aññāṇanissitā;
Diṭṭhiyāppaṭinissagge [diṭṭhiappaṭinissagge (ka.)], ukkhepaṃ jinabhāsitaṃ.
Niyassakammaṃ pabbajjaṃ [pabbājaṃ (ka.)], tatheva paṭisāraṇī;
Adassanāppaṭikamme , anissagge ca diṭṭhiyā.
Davānācārūpaghāti, micchāājīvameva ca;
Pabbājanīyakammamhi, atirekapadā ime.
Alābhāvaṇṇā dve pañca, dve pañcakāti nāmakā [dve pañcakoti nāmako (ka.)];
Paṭisāraṇīyakammamhi, atirekapadā ime.
Tajjanīyaṃ niyassañca, duve kammāpi sādisā [kammesu sadisaṃ (ka.)];
Pabbajjā [pabbājā (ka.)] paṭisārī ca, atthi padātirittatā.
Tayo ukkhepanā kammā, sadisā te vibhattito;
Tajjanīyanayenāpi, sesakammaṃ vijāniyāti.
Kammakkhandhakaṃ niṭṭhitaṃ.
2. Pārivāsikakkhandhakaṃ
1. Pārivāsikavattaṃ
75. Tena samayena buddho Bhagavā sāvatthiyaṃ viharati jetavane anāthapiṇḍikassa ārāme. Tena kho pana samayena pārivāsikā bhikkhū sādiyanti pakatattānaṃ bhikkhūnaṃ abhivādanaṃ, paccuṭṭhānaṃ, añjalikammaṃ, sāmīcikammaṃ, āsanābhihāraṃ, seyyābhihāraṃ, pādodakaṃ pādapīṭhaṃ, pādakathalikaṃ, pattacīvarapaṭiggahaṇaṃ, nahāne piṭṭhiparikammaṃ. Ye te bhikkhū appicchā...pe... te ujjhāyanti khiyyanti vipācenti – ''kathañhi nāma pārivāsikā bhikkhū sādiyissanti pakatattānaṃ bhikkhūnaṃ abhivādanaṃ, paccuṭṭhānaṃ, añjalikammaṃ, sāmīcikammaṃ, āsanābhihāraṃ, seyyābhihāraṃ, pādodakaṃ pādapīṭhaṃ, pādakathalikaṃ, pattacīvarapaṭiggahaṇaṃ, nahāne piṭṭhiparikamma''nti! Atha kho te bhikkhū bhagavato etamatthaṃ ārocesuṃ.
Atha kho Bhagavā etasmiṃ nidāne etasmiṃ pakaraṇe bhikkhusaṅghaṃ sannipātāpetvā bhikkhū paṭipucchi – ''saccaṃ kira, bhikkhave, pārivāsikā bhikkhū sādiyanti pakatattānaṃ bhikkhūnaṃ abhivādanaṃ, paccuṭṭhānaṃ, añjalikammaṃ, sāmīcikammaṃ, āsanābhihāraṃ, seyyābhihāraṃ, pādodakaṃ pādapīṭhaṃ, pādakathalikaṃ, pattacīvarapaṭiggahaṇaṃ, nahāne piṭṭhiparikamma''nti? ''Saccaṃ Bhagavā''ti. Vigarahi buddho Bhagavā – ''ananucchavikaṃ...pe... kathañhi nāma, bhikkhave, pārivāsikā bhikkhū sādiyissanti pakatattānaṃ bhikkhūnaṃ abhivādanaṃ, paccuṭṭhānaṃ, añjalikammaṃ, sāmīcikammaṃ, āsanābhihāraṃ, seyyābhihāraṃ, pādodakaṃ pādapīṭhaṃ, pādakathalikaṃ, pattacīvarapaṭiggahaṇaṃ, nahāne piṭṭhiparikammaṃ. Netaṃ, bhikkhave, appasannānaṃ vā pasādāya...pe... vigarahitvā...pe... dhammiṃ kathaṃ katvā bhikkhū āmantesi – ''na, bhikkhave,

pārivāsikena bhikkhunā sāditabbaṃ pakatattānaṃ bhikkhūnaṃ abhivādanaṃ, paccuṭṭhānaṃ, añjalikammaṃ , sāmīcikammaṃ, āsanābhihāro, seyyābhihāro, pādodakaṃ pādapīṭhaṃ, pādakathalikaṃ, pattacīvarapaṭiggahaṇaṃ, nahāne piṭṭhiparikammaṃ. Yo sādiyeyya, āpatti dukkaṭassa.

''Anujānāmi, bhikkhave, pārivāsikānaṃ bhikkhūnaṃ mithu yathāvuḍḍhaṃ abhivādanaṃ, paccuṭṭhānaṃ, añjalikammaṃ, sāmīcikammaṃ, āsanābhihāraṃ, seyyābhihāraṃ, pādodakaṃ pādapīṭhaṃ, pādakathalikaṃ, pattacīvarapaṭiggahaṇaṃ, nahāne piṭṭhiparikammaṃ.

''Anujānāmi , bhikkhave, pārivāsikānaṃ bhikkhūnaṃ pañca yathāvuḍḍhaṃ – uposathaṃ, pavāraṇaṃ, vassikasāṭikaṃ, oṇojanaṃ, bhattaṃ. Tena hi, bhikkhave, pārivāsikānaṃ bhikkhūnaṃ vattaṃ paññapessāmi yathā pārivāsikehi bhikkhūhi vattitabbaṃ .

76. ''Pārivāsikena, bhikkhave, bhikkhunā sammā vattitabbaṃ. Tatrāyaṃ sammāvattanā –

Na upasampādetabbaṃ, na nissayo dātabbo, na sāmaṇero upaṭṭhāpetabbo, na bhikkhunovādakasammuti sāditabbā, sammatenapi bhikkhuniyo na ovaditabbā. Yāya āpattiyā saṅghena parivāso dinno hoti sā āpatti na āpajjitabbā, aññā vā tādisikā, tato vā pāpiṭṭhatarā; kammaṃ na garahitabbaṃ, kammikā na garahitabbā. Na pakatattassa bhikkhuno uposatho ṭhapetabbo, na pavāraṇā ṭhapetabbā, na savacanīyaṃ kātabbaṃ, na anuvādo paṭṭhapetabbo, na okāso kāretabbo, na codetabbo, na sāretabbo, na bhikkhūhi sampayojetabbaṃ.

''Na, bhikkhave, pārivāsikena bhikkhunā pakatattassa bhikkhuno purato gantabbaṃ, na purato nisīditabbaṃ. Yo hoti saṅghassa āsanapariyanto seyyāpariyanto vihārapariyanto so tassa padātabbo. Tena ca so sāditabbo.

''Na, bhikkhave, pārivāsikena bhikkhunā pakatattena bhikkhunā puresamaṇena vā pacchāsamaṇena vā kulāni upasaṅkamitabbāni, na āraññikaṅgaṃ samādātabbaṃ [samāditabbaṃ (ka.)], na piṇḍapātikaṅgaṃ samādātabbaṃ, na ca tappaccayā piṇḍapāto nīharāpetabbo – mā maṃ jāniṃsūti.

''Pārivāsikena , bhikkhave, bhikkhunā āgantukena ārocetabbaṃ, āgantukassa ārocetabbaṃ, uposathe ārocetabbaṃ, pavāraṇāya ārocetabbaṃ. Sace gilāno hoti, dūtenapi ārocetabbaṃ.

''Na, bhikkhave, pārivāsikena bhikkhunā sabhikkhukā āvāsā abhikkhuko āvāso gantabbo, aññatra pakatattena, aññatra antarāyā.

''Na , bhikkhave, pārivāsikena bhikkhunā sabhikkhukā āvāsā abhikkhuko anāvāso gantabbo, aññatra pakatattena, aññatra antarāyā . Na, bhikkhave, pārivāsikena bhikkhunā sabhikkhukā āvāsā abhikkhuko āvāso vā anāvāso vā gantabbo, aññatra pakatattena, aññatra antarāyā.

''Na, bhikkhave, pārivāsikena bhikkhunā sabhikkhukā anāvāsā abhikkhuko āvāso gantabbo, aññatra pakatattena, aññatra antarāyā. Na, bhikkhave, pārivāsikena bhikkhunā sabhikkhukā anāvāsā abhikkhuko anāvāso gantabbo, aññatra pakatattena, aññatra antarāyā. Na, bhikkhave, pārivāsikena bhikkhunā sabhikkhukā anāvāsā abhikkhuko āvāso vā anāvāso vā gantabbo, aññatra pakatattena, aññatra antarāyā.

''Na, bhikkhave, pārivāsikena bhikkhunā sabhikkhukā āvāsā vā anāvāsā vā abhikkhuko āvāso gantabbo, aññatra pakatattena, aññatra antarāyā. Na, bhikkhave, pārivāsikena bhikkhunā sabhikkhukā āvāsā vā anāvāsā vā abhikkhuko anāvāso gantabbo, aññatra pakatattena, aññatra antarāyā. Na, bhikkhave, pārivāsikena bhikkhunā sabhikkhukā āvāsā vā anāvāsā vā abhikkhuko āvāso vā anāvāso vā gantabbo, aññatra pakatattena, aññatra antarāyā.

''Na, bhikkhave, pārivāsikena bhikkhunā sabhikkhukā āvāsā sabhikkhuko āvāso gantabbo, yatthassu bhikkhū nānāsaṃvāsakā, aññatra pakatattena, aññatra antarāyā. Na, bhikkhave, pārivāsikena bhikkhunā sabhikkhukā āvāsā sabhikkhuko anāvāso gantabbo, yatthassu bhikkhū nānāsaṃvāsakā, aññatra pakatattena, aññatra antarāyā. Na, bhikkhave, pārivāsikena bhikkhunā sabhikkhukā āvāsā sabhikkhuko āvāso vā anāvāso vā gantabbo, yatthassu bhikkhū nānāsaṃvāsakā, aññatra pakatattena, aññatra antarāyā.

''Na, bhikkhave, pārivāsikena bhikkhunā sabhikkhukā anāvāsā sabhikkhuko āvāso gantabbo, yatthassu bhikkhū nānāsaṃvāsakā, aññatra pakatattena, aññatra antarāyā. Na, bhikkhave, pārivāsikena bhikkhunā sabhikkhukā anāvāsā sabhikkhuko anāvāso gantabbo, yatthassu bhikkhū nānāsaṃvāsakā, aññatra pakatattena, aññatra antarāyā. Na, bhikkhave, pārivāsikena bhikkhunā sabhikkhukā anāvāsā sabhikkhuko āvāso vā anāvāso vā gantabbo, yatthassu bhikkhū nānāsaṃvāsakā, aññatra pakatattena , aññatra antarāyā.

''Na, bhikkhave, pārivāsikena bhikkhunā sabhikkhukā āvāsā vā anāvāsā vā sabhikkhuko āvāso gantabbo, yatthassu bhikkhū nānāsaṃvāsakā, aññatra pakatattena, aññatra antarāyā. Na, bhikkhave, pārivāsikena bhikkhunā sabhikkhukā āvāsā vā anāvāsā vā sabhikkhuko anāvāso gantabbo, yatthassu bhikkhū nānāsaṃvāsakā, aññatra pakatattena, aññatra antarāyā. Na, bhikkhave, pārivāsikena bhikkhunā sabhikkhukā āvāsā vā anāvāsā vā sabhikkhuko āvāso vā anāvāso vā gantabbo, yatthassu bhikkhū nānāsaṃvāsakā, aññatra pakatattena, aññatra antarāyā.

80. ''Gantabbo, bhikkhave, pārivāsikena bhikkhunā sabhikkhukā āvāsā sabhikkhuko āvāso, yatthassu bhikkhū samānasaṃvāsakā, yaṃ jaññā sakkomi ajjeva gantunti.

''Gantabbo, bhikkhave, pārivāsikena bhikkhunā sabhikkhukā āvāsā sabhikkhuko anāvāso, yatthassu bhikkhū samānasaṃvāsakā, yaṃ jaññā sakkomi ajjeva gantunti.

''Gantabbo, bhikkhave, pārivāsikena bhikkhunā sabhikkhukā āvāsā sabhikkhuko āvāso vā anāvāso vā, yatthassu bhikkhū samānasaṃvāsakā, yaṃ jaññā sakkomi ajjeva gantunti.

"Gantabbo , bhikkhave, pārivāsikena bhikkhunā sabhikkhukā anāvāsā sabhikkhuko āvāso, yatthassu bhikkhū samānasaṃvāsakā, yaṃ jaññā sakkomi ajjeva gantunti.
"Gantabbo , bhikkhave, pārivāsikena bhikkhunā sabhikkhukā anāvāsā sabhikkhuko anāvāso, yatthassu bhikkhū samānasaṃvāsakā, yaṃ jaññā sakkomi ajjeva gantunti.
"Gantabbo, bhikkhave, pārivāsikena bhikkhunā sabhikkhukā anāvāsā sabhikkhuko āvāso vā anāvāso vā, yatthassu bhikkhū samānasaṃvāsakā, yaṃ jaññā sakkomi ajjeva gantunti.
"Gantabbo, bhikkhave, pārivāsikena bhikkhunā sabhikkhukā āvāsā vā anāvāsā vā sabhikkhuko āvāso, yatthassu bhikkhū samānasaṃvāsakā, yaṃ jaññā sakkomi ajjeva gantunti.
"Gantabbo, bhikkhave, pārivāsikena bhikkhunā sabhikkhukā āvāsā vā anāvāsā vā sabhikkhuko anāvāso, yatthassu bhikkhū samānasaṃvāsakā, yaṃ jaññā sakkomi ajjeva gantunti.
"Gantabbo, bhikkhave, pārivāsikena bhikkhunā sabhikkhukā āvāsā vā anāvāsā vā sabhikkhuko āvāso vā anāvāso vā, yatthassu bhikkhū samānasaṃvāsakā, yaṃ jaññā sakkomi ajjeva gantunti.
81. "Na, bhikkhave, pārivāsikena bhikkhunā pakatattena bhikkhunā saddhiṃ ekacchanne āvāse vatthabbaṃ, na ekacchanne anāvāse vatthabbaṃ, na ekacchanne āvāse vā anāvāse vā vatthabbaṃ. Pakatattaṃ bhikkhuṃ disvā āsanā vuṭṭhātabbaṃ. Pakatatto bhikkhu āsanena nimantetabbo. Na pakatattena bhikkhunā saddhiṃ ekāsane nisīditabbaṃ, na nīce āsane nisinne ucce āsane nisīditabbaṃ, na chamāyaṃ nisinne āsane nisīditabbaṃ; na ekacaṅkame caṅkamitabbaṃ, na nīce caṅkame caṅkamante ucce caṅkame caṅkamitabbaṃ, na chamāyaṃ caṅkamante [caṅkamantaṃ (aṭṭhakathāyaṃ saṃvaṇṇetabbapāṭho)] caṅkame caṅkamitabbaṃ.
82. "Na , bhikkhave, pārivāsikena bhikkhunā pārivāsikena vuḍḍhatarena bhikkhunā saddhiṃ...pe... mūlāyapaṭikassanārahena bhikkhunā saddhiṃ...pe... mānattārahena bhikkhunā saddhiṃ...pe... mānattacārikena bhikkhunā saddhiṃ...pe... abbhānārahena bhikkhunā saddhiṃ ekacchanne āvāse vatthabbaṃ, na ekacchanne anāvāse vatthabbaṃ, na ekacchanne āvāse vā anāvāse vā vatthabbaṃ; na ekāsane nisīditabbaṃ , na nīce āsane nisinne ucce āsane nisīditabbaṃ, na chamāyaṃ nisinne āsane nisīditabbaṃ; na ekacaṅkame caṅkamitabbaṃ, na nīce caṅkame caṅkamante ucce caṅkame caṅkamitabbaṃ, na chamāyaṃ caṅkamante caṅkame caṅkamitabbaṃ.
[mahāva. 393] "Pārivāsikacatuttho ce, bhikkhave, parivāsaṃ dadeyya, mūlāya paṭikasseyya, mānattaṃ dadeyya, taṃvīso abbheyya, akammaṃ [akammaṃ taṃ (syā.)], na ca karaṇīya"nti.
Catunnavutipārivāsikavattaṃ niṭṭhitaṃ.
83. Atha kho āyasmā upāli yena Bhagavā tenupasaṅkami. Upasaṅkamitvā bhagavantaṃ abhivādetvā ekamantaṃ nisīdi. Ekamantaṃ nisinno kho āyasmā upāli bhagavantaṃ etadavoca – "kati nu kho, bhante, pārivāsikassa bhikkhuno ratticchedā"ti? "Tayo kho, upāli, pārivāsikassa bhikkhuno ratticchedā. Sahavāso, vippavāso, anārocanā – ime kho, upāli, tayo pārivāsikassa bhikkhuno ratticchedā"ti.
84. Tena kho pana samayena sāvatthiyaṃ mahābhikkhusaṅgho sannipatito hoti. Na sakkonti pārivāsikā bhikkhū parivāsaṃ sodhetuṃ . Bhagavato [te bhikkhū bhagavato (syā., evamuparipi)] etamatthaṃ ārocesuṃ. "Anujānāmi, bhikkhave, parivāsaṃ nikkhipituṃ. Evañca pana, bhikkhave, nikkhipitabbo. Tena pārivāsikena bhikkhunā ekaṃ bhikkhuṃ upasaṅkamitvā ekaṃsaṃ uttarāsaṅgaṃ karitvā ukkuṭikaṃ nisīditvā añjaliṃ paggahetvā evamassa vacanīyo – 'parivāsaṃ nikkhipāmī'ti. Nikkhitto hoti parivāso. 'Vattaṃ nikkhipāmī'ti. Nikkhitto hoti parivāso.
85. Tena kho pana samayena sāvatthiyā bhikkhū tahaṃ tahaṃ pakkamiṃsu. Sakkonti pārivāsikā bhikkhū parivāsaṃ sodhetuṃ. Bhagavato etamatthaṃ ārocesuṃ. "Anujānāmi, bhikkhave, parivāsaṃ samādiyituṃ [samādātuṃ (syā. kaṃ.)]. Evañca pana, bhikkhave, samādiyitabbo [samāditabbo (sī. syā. kaṃ.)]. Tena pārivāsikena bhikkhunā ekaṃ bhikkhuṃ upasaṅkamitvā ekaṃsaṃ uttarāsaṅgaṃ karitvā ukkuṭikaṃ nisīditvā añjaliṃ paggahetvā evamassa vacanīyo – 'parivāsaṃ samādiyāmī'ti. Samādinno hoti parivāso. 'Vattaṃ samādiyāmī'ti. Samādinno hoti parivāso".
Pārivāsikavattaṃ niṭṭhitaṃ.
2. Mūlāyapaṭikassanārahavattaṃ
86. Tena kho pana samayena mūlāyapaṭikassanārahā bhikkhū sādiyanti pakatattānaṃ bhikkhūnaṃ abhivādanaṃ, paccuṭṭhānaṃ, añjalikammaṃ, sāmīcikammaṃ, āsanābhihāraṃ, seyyābhihāraṃ, pādodakaṃ pādapīṭhaṃ, pādakathalikaṃ, pattacīvarapaṭiggahaṇaṃ, nahāne piṭṭhiparikammaṃ. Ye te bhikkhū appicchā...pe... te ujjhāyanti khiyyanti vipācenti – "kathañhi nāma mūlāyapaṭikassanārahā bhikkhū sādiyissanti pakatattānaṃ bhikkhūnaṃ abhivādanaṃ, paccuṭṭhānaṃ...pe... nahāne piṭṭhiparikamma"nti. Atha kho te bhikkhū bhagavato etamatthaṃ ārocesuṃ.
Atha kho Bhagavā etasmiṃ nidāne etasmiṃ pakaraṇe bhikkhusaṅghaṃ sannipātāpetvā bhikkhū paṭipucchi – "saccaṃ kira, bhikkhave, mūlāyapaṭikassanārahā bhikkhū sādiyanti pakatattānaṃ bhikkhūnaṃ abhivādanaṃ, paccuṭṭhānaṃ...pe... nahāne piṭṭhiparikamma"nti? "Saccaṃ Bhagavā"ti. Vigarahi buddho Bhagavā – "ananucchavikaṃ...pe... kathañhi nāma, bhikkhave, mūlāyapaṭikassanārahā bhikkhū sādiyissanti pakatattānaṃ bhikkhūnaṃ abhivādanaṃ, paccuṭṭhānaṃ...pe... nahāne piṭṭhiparikammaṃ! Netaṃ bhikkhave, appasannānaṃ vā pasādāya...pe... vigarahitvā...pe... dhammiṃ kathaṃ katvā bhikkhū āmantesi – "na, bhikkhave,

mūlāyapaṭikassanārahena bhikkhunā sāditabbaṃ pakatattānaṃ bhikkhūnaṃ abhivādanaṃ, paccuṭṭhānaṃ, añjalikammaṃ, sāmīcikammaṃ, āsanābhihāro, seyyābhihāro, pādodakaṃ pādapīṭhaṃ, pādakathalikaṃ, pattacīvarapaṭiggahaṇaṃ, nahāne piṭṭhiparikammaṃ. Yo sādiyeyya, āpatti dukkaṭassa. Anujānāmi, bhikkhave, mūlāyapaṭikassanārahānaṃ bhikkhūnaṃ mithu yathāvuḍḍhaṃ abhivādanaṃ, paccuṭṭhānaṃ...pe... nahāne piṭṭhiparikammaṃ. Anujānāmi, bhikkhave, mūlāyapaṭikassanārahānaṃ bhikkhūnaṃ pañca yathāvuḍḍhaṃ – uposathaṃ , pavāraṇaṃ, vassikasāṭikaṃ, oṇojanaṃ, bhattaṃ. Tena hi, bhikkhave, mūlāyapaṭikassanārahānaṃ bhikkhūnaṃ vattaṃ paññāpessāmi yathā mūlāyapaṭikassanārahehi bhikkhūhi vattitabbaṃ.

87. ''Mūlāyapaṭikassanārahena , bhikkhave, bhikkhunā sammā vattitabbaṃ. Tatrāyaṃ sammāvattanā – Na upasampādetabbaṃ, na nissayo dātabbo, na sāmaṇero upaṭṭhāpetabbo, na bhikkhunovādakasammuti sāditabbā, sammatenapi bhikkhuniyo na ovaditabbā. Yāya āpattiyā saṅghena mūlāya paṭikassanāraho kato hoti sā āpatti na āpajjitabbā, aññā vā tādisikā, tato vā pāpiṭṭhatarā; kammaṃ na garahitabbaṃ, kammikā na garahitabbā. Na pakatattassa bhikkhuno uposatho ṭhapetabbo, na pavāraṇā ṭhapetabbā, na savacanīyaṃ kātabbaṃ, na anuvādo paṭṭhapetabbo, na okāso kāretabbo, na codetabbo, na sāretabbo, na bhikkhūhi sampayojetabbaṃ.

''Na, bhikkhave, mūlāyapaṭikassanārahena bhikkhunā pakatattassa bhikkhuno purato gantabbaṃ, na purato nisīditabbaṃ. Yo hoti saṅghassa āsanapariyanto seyyāpariyanto vihārapariyanto so tassa padātabbo. Tena ca so sāditabbo.

''Na, bhikkhave, mūlāyapaṭikassanārahena bhikkhunā pakatattena bhikkhunā puresamaṇena vā pacchāsamaṇena vā kulāni upasaṅkamitabbāni, na āraññikaṅgaṃ samādātabbaṃ, na piṇḍapātikaṅgaṃ samādātabbaṃ, na ca tappaccayā piṇḍapāto nīharāpetabbo – mā maṃ jāniṃsūti.

''Na, bhikkhave, mūlāyapaṭikassanārahena bhikkhunā sabhikkhukā āvāsā abhikkhuko āvāso gantabbo, aññatra pakatattena, aññatra antarāyā.

''Na, bhikkhave, mūlāyapaṭikassanārahena bhikkhunā sabhikkhukā āvāsā abhikkhuko anāvāso gantabbo, aññatra pakatattena, aññatra antarāyā.

''Na , bhikkhave, mūlāyapaṭikassanārahena bhikkhunā sabhikkhukā āvāsā abhikkhuko āvāso vā anāvāso vā gantabbo, aññatra pakatattena, aññatra antarāyā.

''Na, bhikkhave, mūlāyapaṭikassanārahena bhikkhunā sabhikkhukā anāvāsā abhikkhuko āvāso gantabbo...pe... abhikkhuko anāvāso gantabbo...pe... abhikkhuko āvāso vā anāvāso vā gantabbo, aññatra pakatattena, aññatra antarāyā.

''Na, bhikkhave, mūlāyapaṭikassanārahena bhikkhunā sabhikkhukā āvāsā vā anāvāsā vā abhikkhuko āvāso gantabbo...pe... abhikkhuko anāvāso gantabbo...pe... abhikkhuko āvāso vā anāvāso vā gantabbo, aññatra pakatattena , aññatra antarāyā.

''Na, bhikkhave, mūlāyapaṭikassanārahena bhikkhunā sabhikkhukā āvāsā sabhikkhuko āvāso gantabbo...pe... sabhikkhuko anāvāso gantabbo...pe... sabhikkhuko āvāso vā anāvāso vā gantabbo, yatthassu bhikkhū nānāsaṃvāsakā, aññatra pakatattena, aññatra antarāyā.

''Na, bhikkhave, mūlāyapaṭikassanārahena bhikkhunā sabhikkhukā anāvāsā sabhikkhuko āvāso gantabbo...pe... sabhikkhuko anāvāso gantabbo...pe... sabhikkhuko āvāso vā anāvāso vā gantabbo, yatthassu bhikkhū nānāsaṃvāsakā, aññatra pakatattena, aññatra antarāyā.

''Na, bhikkhave, mūlāyapaṭikassanārahena bhikkhunā sabhikkhukā āvāsā vā anāvāsā vā sabhikkhuko āvāso gantabbo...pe... sabhikkhuko anāvāso gantabbo...pe... sabhikkhuko āvāso vā anāvāso vā gantabbo, yatthassu bhikkhū nānāsaṃvāsakā, aññatra pakatattena, aññatra antarāyā.

''Gantabbo, bhikkhave, mūlāyapaṭikassanārahena bhikkhunā sabhikkhukā āvāsā sabhikkhuko āvāso...pe... sabhikkhuko anāvāso...pe... sabhikkhuko āvāso vā anāvāso vā, yatthassu bhikkhū samānasaṃvāsakā, yaṃ jaññā sakkomi ajjeva gantunti.

''Gantabbo , bhikkhave , mūlāyapaṭikassanārahena bhikkhunā sabhikkhukā anāvāsā sabhikkhuko āvāso...pe... sabhikkhuko anāvāso...pe... sabhikkhuko āvāso vā anāvāso vā, yatthassu bhikkhū samānasaṃvāsakā, yaṃ jaññā sakkomi ajjeva gantunti.

''Gantabbo , bhikkhave, mūlāyapaṭikassanārahena bhikkhunā sabhikkhukā āvāsā vā anāvāsā vā sabhikkhuko āvāso...pe... sabhikkhuko anāvāso...pe... sabhikkhuko āvāso vā anāvāso vā, yatthassu bhikkhū samānasaṃvāsakā, yaṃ jaññā sakkomi ajjeva gantunti.

''Na, bhikkhave, mūlāyapaṭikassanārahena bhikkhunā pakatattena bhikkhunā saddhiṃ ekacchanne āvāse vatthabbaṃ, na ekacchanne anāvāse vatthabbaṃ, na ekacchanne āvāse vā anāvāse vā vatthabbaṃ; pakatattaṃ bhikkhuṃ disvā āsanā vuṭṭhātabbaṃ, pakatatto bhikkhu āsanena nimantetabbo; na pakatattena bhikkhunā saddhiṃ ekāsane nisīditabbaṃ; na nīce āsane nisinne ucce āsane nisīditabbaṃ; na chamāyaṃ nisinne āsane nisīditabbaṃ; na ekacaṅkame caṅkamitabbaṃ, na nīce caṅkame caṅkamante ucce caṅkame caṅkamitabbaṃ, na chamāyaṃ caṅkamante caṅkame caṅkamitabbaṃ.

''Na, bhikkhave, mūlāyapaṭikassanārahena bhikkhunā pārivāsikena bhikkhunā saddhiṃ...pe... mūlāyapaṭikassanārahena vuḍḍhatarena bhikkhunā saddhiṃ...pe... mānattārahena bhikkhunā saddhiṃ...pe... mānattacārikena bhikkhunā saddhiṃ...pe... abbhānārahena bhikkhunā saddhiṃ

ekacchanne āvāse vatthabbaṃ, na ekacchanne anāvāse vatthabbaṃ, na ekacchanne āvāse vā anāvāse vā vatthabbaṃ; na ekāsane nisīditabbaṃ; na nīce āsane nisinne ucce āsane nisīditabbaṃ, na chamāyaṃ nisinne āsane nisīditabbaṃ; na ekacaṅkame caṅkamitabbaṃ, na nīce caṅkame caṅkamante ucce caṅkame caṅkamitabbaṃ, na chamāyaṃ caṅkamante caṅkame caṅkamitabbaṃ.
[mahāva. 393] ''Mūlāyapaṭikassanārahacatuttho ce, bhikkhave, parivāsaṃ dadeyya, mūlāya paṭikasseyya, mānattaṃ dadeyya, taṃvīso abbheyya, akammaṃ, na ca karaṇīya''nti.
Mūlāyapaṭikassanārahavattaṃ niṭṭhitaṃ.
3. Mānattārahavattaṃ
88. Tena kho pana samayena mānattārahā bhikkhū sādiyanti pakatattānaṃ bhikkhūnaṃ abhivādanaṃ, paccuṭṭhānaṃ, añjalikammaṃ, sāmīcikammaṃ, āsanābhihāraṃ, seyyābhihāraṃ, pādodakaṃ pādapīṭhaṃ, pādakathalikaṃ, pattacīvarapaṭiggahaṇaṃ, nahāne piṭṭhiparikammaṃ. Ye te bhikkhū appicchā ...pe... te ujjhāyanti khiyyanti vipācenti – ''kathañhi nāma mānattārahā bhikkhū sādiyissanti pakatattānaṃ bhikkhūnaṃ abhivādanaṃ, paccuṭṭhānaṃ, añjalikammaṃ, sāmīcikammaṃ, āsanābhihāraṃ, seyyābhihāraṃ, pādodakaṃ pādapīṭhaṃ, pādakathalikaṃ, pattacīvarapaṭiggahaṇaṃ, nahāne piṭṭhiparikamma''nti! Atha kho te bhikkhū bhagavato etamatthaṃ ārocesuṃ...pe... ''saccaṃ kira, bhikkhave, mānattārahā bhikkhū sādiyanti pakatattānaṃ bhikkhūnaṃ abhivādanaṃ, paccuṭṭhānaṃ...pe... nahāne piṭṭhiparikamma''nti? ''Saccaṃ Bhagavā''ti. Vigarahi buddho Bhagavā – ''ananucchavikaṃ...pe... kathañhi nāma, bhikkhave, mānattārahā bhikkhū sādiyissanti pakatattānaṃ bhikkhūnaṃ abhivādanaṃ...pe... nahāne piṭṭhiparikammaṃ! Netaṃ, bhikkhave, appasannānaṃ vā pasādāya...pe... vigarahitvā...pe... dhammiṃ kathaṃ katvā bhikkhū āmantesi – ''na, bhikkhave, mānattārahena bhikkhunā sāditabbaṃ pakatattānaṃ bhikkhūnaṃ abhivādanaṃ, paccuṭṭhānaṃ...pe... nahāne piṭṭhiparikammaṃ. Yo sādiyeyya, āpatti dukkaṭassa. Anujānāmi, bhikkhave, mānattārahānaṃ bhikkhūnaṃ mithu yathāvuḍḍhaṃ abhivādanaṃ, paccuṭṭhānaṃ...pe... nahāne piṭṭhiparikammaṃ. Anujānāmi, bhikkhave, mānattārahānaṃ bhikkhūnaṃ pañca yathāvuḍḍhaṃ – uposathaṃ, pavāraṇaṃ, vassikasāṭikaṃ, oṇojanaṃ, bhattaṃ. Tena hi, bhikkhave, mānattārahānaṃ bhikkhūnaṃ vattaṃ paññāpessāmi yathā mānattārahehi bhikkhūhi vattitabbaṃ.
89. ''Mānattārahena, bhikkhave, bhikkhunā sammā vattitabbaṃ. Tatrāyaṃ sammāvattanā –
Na upasampādetabbaṃ...pe... (yathā mūlāya paṭikassanā, tathā vitthāretabbaṃ.) Na bhikkhūhi sampayojetabbaṃ.
''Na, bhikkhave, mānattārahena bhikkhunā pakatattassa bhikkhuno purato gantabbaṃ, na purato nisīditabbaṃ. Yo hoti saṅghassa āsanapariyanto seyyāpariyanto vihārapariyanto so tassa padātabbo. Tena ca so sāditabbo.
''Na , bhikkhave, mānattārahena bhikkhunā pakatattena bhikkhunā puresamaṇena vā pacchāsamaṇena vā kulāni upasaṅkamitabbāni, na āraññikaṅgaṃ samādātabbaṃ, na piṇḍapātikaṅgaṃ samādātabbaṃ, na ca tappaccayā piṇḍapāto nīharāpetabbo – mā maṃ jāniṃsūti.
''Na, bhikkhave, mānattārahena bhikkhunā sabhikkhukā āvāsā abhikkhuko āvāso gantabbo, aññatra pakatattena, aññatra antarāyā.
''Na, bhikkhave, manattārahena bhikkhunā sabhikkhukā āvāsā abhikkhuko anāvāso gantabbo, aññatra pakatattena, aññatra antarāyā.
''Na, bhikkhave, mānattārahena bhikkhunā sabhikkhukā āvāsā abhikkhuko āvāso vā anāvāso vā gantabbo, aññatra pakatattena, aññatra antarāyā.
''Na, bhikkhave, mānattārahena bhikkhunā sabhikkhukā anāvāsā abhikkhuko āvāso gantabbo...pe... abhikkhuko anāvāso gantabbo...pe... abhikkhuko āvāso vā anāvāso vā gantabbo, aññatra pakatattena, aññatra antarāyā.
''Na, bhikkhave, mānattārahena bhikkhunā sabhikkhukā āvāsā vā anāvāsā vā abhikkhuko āvāso gantabbo...pe... abhikkhuko anāvāso gantabbo...pe... abhikkhuko āvāso vā anāvāso vā gantabbo, aññatra pakatattena, aññatra antarāyā.
''Na, bhikkhave, mānattārahena bhikkhunā sabhikkhukā āvāsā sabhikkhuko āvāso gantabbo...pe... sabhikkhuko anāvāso gantabbo...pe... sabhikkhuko āvāso vā anāvāso vā gantabbo, yatthassu bhikkhū nānāsaṃvāsakā, aññatra pakatattena, aññatra antarāyā.
''Na, bhikkhave, mānattārahena bhikkhunā sabhikkhukā anāvāsā sabhikkhuko āvāso gantabbo...pe... sabhikkhuko anāvāso gantabbo ...pe... sabhikkhukoāvāso vā anāvāso vā gantabbo, yatthassu bhikkhū nānāsaṃvāsakā, aññatra pakatattena, aññatra antarāyā.
''Na, bhikkhave, mānattārahena bhikkhunā sabhikkhukā āvāsā vā anāvāsā vā sabhikkhuko āvāso gantabbo...pe... sabhikkhuko anāvāso gantabbo...pe... sabhikkhuko āvāso vā anāvāso vā gantabbo, yatthassu bhikkhū nānāsaṃvāsakā, aññatra pakatattena, aññatra antarāyā.
''Gantabbo, bhikkhave, mānattārahena bhikkhunā sabhikkhukā āvāsā sabhikkhuko āvāso...pe... sabhikkhuko anāvāso...pe... sabhikkhuko āvāso vā anāvāso vā, yatthassu bhikkhū samānasaṃvāsakā, yaṃ jaññā sakkomi ajjeva gantunti.

"Gantabbo, bhikkhave, mānattārahena bhikkhunā sabhikkhukā anāvāsā sabhikkhuko āvāso...pe... sabhikkhuko anāvāso...pe... sabhikkhuko āvāso vā anāvāso vā, yatthassu bhikkhū samānasaṃvāsakā, yaṃ jaññā sakkomi ajjeva gantunti.

"Gantabbo, bhikkhave, mānattārahena bhikkhunā sabhikkhukā āvāsā vā anāvāsā vā sabhikkhuko āvāso...pe... sabhikkhuko anāvāso...pe... sabhikkhuko āvāso vā anāvāso vā, yatthassu bhikkhū samānasaṃvāsakā, yaṃ jaññā sakkomi ajjeva gantunti.

"Na, bhikkhave, mānattārahena bhikkhunā pakatattena bhikkhunā saddhiṃ ekacchanne āvāse vatthabbaṃ, na ekacchanne anāvāse vatthabbaṃ, na ekacchanne āvāse vā anāvāse vā vatthabbaṃ. Pakatattaṃ bhikkhuṃ disvā āsanā vuṭṭhātabbaṃ. Pakatatto bhikkhu āsanena nimantetabbo. Na pakatattena bhikkhunā saddhiṃ ekāsane nisīditabbaṃ, na nīce āsane nisinne ucce āsane nisīditabbaṃ, na chamāyaṃ nisinne āsane nisīditabbaṃ; na ekacaṅkame caṅkamitabbaṃ, nanīce caṅkame caṅkamante ucce caṅkame caṅkamitabbaṃ, na chamāyaṃ caṅkamante caṅkame caṅkamitabbaṃ.

"Na, bhikkhave, mānattārahena bhikkhunā pārivāsikena bhikkhunā saddhiṃ...pe... mūlāyapaṭikassanārahena bhikkhunā saddhiṃ...pe... mānattārahena vuḍḍhatarena bhikkhunā saddhiṃ...pe... mānattacārikena bhikkhunā saddhiṃ...pe... abbhānārahena bhikkhunā saddhiṃ ekacchanne āvāse vatthabbaṃ, na ekacchanne anāvāse vatthabbaṃ, na ekacchanne āvāse vā anāvāse vā vatthabbaṃ; na ekāsane nisīditabbaṃ, na nīce āsane nisinne ucce āsane nisīditabbaṃ, na chamāyaṃ nisinne āsane nisīditabbaṃ; na ekacaṅkame caṅkamitabbaṃ, na nīce caṅkame caṅkamante ucce caṅkame caṅkamitabbaṃ, na chamāyaṃ caṅkamante caṅkame caṅkamitabbaṃ.

[mahāva. 393] "Mānattārahacatuttho ce, bhikkhave, parivāsaṃ dadeyya, mūlāya paṭikasseyya, mānattaṃ dadeyya, taṃvīso abbheyya, akammaṃ, na ca karaṇīya"nti.

Mānattārahavattaṃ niṭṭhitaṃ.

4. Mānattacārikavattaṃ

90. Tena kho pana samayena mānattacārikā bhikkhū sādiyanti pakatattānaṃ bhikkhūnaṃ abhivādanaṃ, paccuṭṭhānaṃ, añjalikammaṃ, sāmīcikammaṃ, āsanābhihāraṃ, seyyābhihāraṃ, pādodakaṃ pādapīṭhaṃ, pādakathalikaṃ, pattacīvarapaṭiggahaṇaṃ, nahāne piṭṭhiparikammaṃ. Ye te bhikkhū appicchā...pe... te ujhāyanti khiyyanti vipācenti – "kathañhi nāma mānattacārikā bhikkhū sādiyissanti pakatattānaṃ bhikkhūnaṃ abhivādanaṃ, paccuṭṭhānaṃ...pe... nahāne piṭṭhiparikamma"nti! Atha kho te bhikkhū bhagavato etamatthaṃ ārocesuṃ.

Atha kho Bhagavā etasmiṃ nidāne etasmiṃ pakaraṇe bhikkhusaṅghaṃ sannipātāpetvā bhikkhū paṭipucchi – "saccaṃ kira, bhikkhave, mānattacārikā bhikkhū sādiyanti pakatattānaṃ bhikkhūnaṃ abhivādanaṃ, paccuṭṭhānaṃ...pe... nahāne piṭṭhiparikamma"nti? "Saccaṃ Bhagavā"ti. Vigarahi buddho Bhagavā – "ananucchavikaṃ...pe... kathañhi nāma, bhikkhave, mānattacārikā bhikkhū sādiyissanti pakatattānaṃ bhikkhūnaṃ abhivādanaṃ...pe... nahāne piṭṭhiparikammaṃ! Netaṃ, bhikkhave, appasannānaṃ vā pasādāya...pe... vigarahitvā...pe... dhammiṃ kathaṃ katvā bhikkhū āmantesi –

"Na, bhikkhave, mānattacārikena bhikkhunā sāditabbaṃ pakatattānaṃ bhikkhūnaṃ abhivādanaṃ, paccuṭṭhānaṃ, añjalikammaṃ, sāmīcikammaṃ, āsanābhihāro, seyyābhihāro, pādodakaṃ pādapīṭhaṃ, pādakathalikaṃ, pattacīvarapaṭiggahaṇaṃ, nahāne piṭṭhiparikammaṃ. Yo sādiyeyya, āpatti dukkaṭassa. Anujānāmi, bhikkhave, mānattacārikānaṃ bhikkhūnaṃ mithu yathāvuḍḍhaṃ abhivādanaṃ, paccuṭṭhānaṃ...pe... nahāne piṭṭhiparikammaṃ. Anujānāmi, bhikkhave, mānattacārikānaṃ bhikkhūnaṃ pañca yathāvuḍḍhaṃ – uposathaṃ, pavāraṇaṃ, vassikasāṭikaṃ, oṇojanaṃ, bhattaṃ. Tena hi, bhikkhave, mānattacārikānaṃ bhikkhūnaṃ vattaṃ paññapessāmi yathā mānattacārikehi bhikkhūhi vattitabbaṃ.

91. "Mānattacārikena, bhikkhave, bhikkhunā sammā vattitabbaṃ. Tatrāyaṃ sammāvattanā –

Na upasampādetabbaṃ, na nissayo dātabbo, na sāmaṇero upaṭṭhāpetabbo, na bhikkhunovādakasammuti sāditabbā, sammatenapi bhikkhuniyo na ovaditabbā. Yāya āpattiyā saṅghena mānattaṃ dinnaṃ hoti sā āpatti na āpajjitabbā, aññā vā tādisikā, tato vā pāpiṭṭhatarā; kammaṃ na garahitabbaṃ, kammikā na garahitabbā. Na pakatattassa bhikkhuno uposatho ṭhapetabbo, na pavāraṇā ṭhapetabbā, na savacanīyaṃ kātabbaṃ, na anuvādo paṭṭhapetabbo, na okāso kāretabbo, na codetabbo, na sāretabbo, na bhikkhūhi sampayojetabbaṃ.

"Na, bhikkhave, mānattacārikena bhikkhunā pakatattassa bhikkhuno purato gantabbaṃ, na purato nisīditabbaṃ. Yo hoti saṅghassa āsanapariyanto seyyāpariyanto vihārapariyanto so tassa padātabbo. Tena ca so sāditabbo.

"Na, bhikkhave, mānattacārikena bhikkhunā pakatattena bhikkhunā puresamaṇena vā pacchāsamaṇena vā kulāni upasaṅkamitabbāni, na āraññikaṅgaṃ samādātabbaṃ, na piṇḍapātikaṅgaṃ samādātabbaṃ, na ca tappaccayā piṇḍapāto nīharāpetabbo – mā maṃ jāniṃsūti.

"Mānattacārikena, bhikkhave, bhikkhunā āgantukena ārocetabbaṃ, āgantukassa ārocetabbaṃ, uposathe ārocetabbaṃ, pavāraṇāya ārocetabbaṃ, devasikaṃ ārocetabbaṃ. Sace gilāno hoti, dūtenapi ārocetabbaṃ.

“Na, bhikkhave, mānattacārikena bhikkhunā sabhikkhukā āvāsā abhikkhuko āvāso gantabbo, aññatra saṅghena, aññatra antarāyā.
“Na, bhikkhave, mānattacārikena bhikkhunā sabhikkhukā āvāsā abhikkhuko anāvāso gantabbo, aññatra saṅghena, aññatra antarāyā.
“Na, bhikkhave, mānattacārikena bhikkhunā sabhikkhukā āvāsā abhikkhuko āvāso vā anāvāso vā gantabbo, aññatra saṅghena, aññatra antarāyā.
“Na, bhikkhave, mānattacārikena bhikkhunā sabhikkhukā anāvāsā abhikkhuko āvāso gantabbo...pe... abhikkhuko anāvāso gantabbo...pe... abhikkhuko āvāso vā anāvāso vā gantabbo, aññatra saṅghena, aññatra antarāyā.
“Na, bhikkhave, mānattacārikena bhikkhunā sabhikkhukā āvāsā vā anāvāsā vā abhikkhuko āvāso gantabbo...pe... abhikkhuko anāvāso gantabbo...pe... abhikkhuko āvāso vā anāvāso vā gantabbo, aññatra saṅghena, aññatra antarāyā.
“Na, bhikkhave, mānattacārikena bhikkhunā sabhikkhukā āvāsā sabhikkhuko āvāso gantabbo...pe... sabhikkhuko anāvāso gantabbo...pe... sabhikkhuko āvāso vā anāvāso vā gantabbo, yatthassu bhikkhū nānāsaṃvāsakā, aññatra saṅghena, aññatra antarāyā.
“Na bhikkhave, mānattacārikena bhikkhunā sabhikkhukā anāvāsā sabhikkhuko āvāso gantabbo...pe... sabhikkhuko anāvāso gantabbo...pe... sabhikkhuko āvāso vā anāvāso vā gantabbo, yatthassu bhikkhū nānāsaṃvāsakā, aññatra saṅghena, aññatra antarāyā.
“Na, bhikkhave, mānattacārikena bhikkhunā sabhikkhukā āvāsā vā anāvāsā vā sabhikkhuko āvāso gantabbo...pe... sabhikkhuko anāvāso gantabbo...pe... sabhikkhuko āvāso vā anāvāso vā gantabbo, yatthassu bhikkhū nānāsaṃvāsakā, aññatra saṅghena, aññatra antarāyā.
“Gantabbo, bhikkhave mānattacārikena bhikkhunā sabhikkhukā āvāsā sabhikkhuko āvāso...pe... sabhikkhuko anāvāso...pe... sabhikkhuko āvāso vā anāvāso vā, yatthassu bhikkhū samānasaṃvāsakā, yaṃ jaññā sakkomi ajjeva gantunti.
“Gantabbo, bhikkhave, mānattacārikena bhikkhunā sabhikkhukā anāvāsā sabhikkhuko āvāso...pe... sabhikkhuko anāvāso...pe... sabhikkhuko āvāso vā anāvāso vā, yatthassu bhikkhū samānasaṃvāsakā, yaṃ jaññā sakkomi ajjeva gantunti.
“Gantabbo, bhikkhave, mānattacārikena bhikkhunā sabhikkhukā āvāsā vā anāvāsā vā sabhikkhuko āvāso...pe... sabhikkhuko anāvāso...pe... sabhikkhuko āvāso vā anāvāso vā, yatthassu bhikkhū samānasaṃvāsakā, yaṃ jaññā sakkomi ajjeva gantunti.
“Na, bhikkhave, mānattacārikena bhikkhunā pakatattena bhikkhunā saddhiṃ ekacchanne āvāse vatthabbaṃ, na ekacchanne anāvāse vatthabbaṃ, na ekacchanne āvāse vā anāvāse vā vatthabbaṃ. Pakatattaṃ bhikkhuṃ disvā āsanā vuṭṭhātabbaṃ. Pakatatto bhikkhu āsanena nimantetabbo. Na pakatattena bhikkhunā saddhiṃ ekāsane nisīditabbaṃ, na nīce āsane nisinne ucce āsane nisīditabbaṃ, na chamāyaṃ nisinne āsane nisīditabbaṃ; na ekacaṅkame caṅkamitabbaṃ, na nīce caṅkame caṅkamante ucce caṅkame caṅkamitabbaṃ, na chamāyaṃ caṅkamante caṅkame caṅkamitabbaṃ.
“Na, bhikkhave, mānattacārikena bhikkhunā pārivāsikena bhikkhunā saddhiṃ...pe... mūlāyapaṭikassanārahena bhikkhunā saddhiṃ...pe... mānattārahena bhikkhunā saddhiṃ...pe... mānattacārikena vuḍḍhatarena bhikkhunā saddhiṃ...pe... abbhānārahena bhikkhunā saddhiṃ ekacchanne āvāse vatthabbaṃ, na ekacchanne anāvāse vatthabbaṃ, na ekacchanne āvāse vā anāvāse vā vatthabbaṃ; na ekāsane nisīditabbaṃ, na nīce āsane nisinne ucce āsane nisīditabbaṃ, na chamāyaṃ nisinne āsane nisīditabbaṃ; na ekacaṅkame caṅkamitabbaṃ, na nīce caṅkame caṅkamante ucce caṅkame caṅkamitabbaṃ, na chamāyaṃ caṅkamante caṅkame caṅkamitabbaṃ.
[mahāva. 393] “Mānattacārikacatuttho ce, bhikkhave, parivāsaṃ dadeyya, mūlāya paṭikasseyya, mānattaṃ dadeyya, taṃvīso abbheyya, akammaṃ, na ca karaṇīya”nti.
92. Atha kho āyasmā upāli yena Bhagavā tenupasaṅkami, upasaṅkamitvā bhagavantaṃ abhivādetvā ekamantaṃ nisīdi. Ekamantaṃ nisinno kho āyasmā upāli bhagavantaṃ etadavoca – “kati nu kho, bhante, mānattacārikassa bhikkhuno ratticchedā”ti? “Cattāro kho, upāli, mānattacārikassa bhikkhuno ratticchedā. Sahavāso, vippavāso, anārocanā, ūne gaṇe caraṇaṃ [caraṇanti (ka.)] – ime kho, upāli, cattāro mānattacārikassa bhikkhuno ratticchedā”ti.
93. Tena kho pana samayena sāvatthiyaṃ mahābhikkhusaṅgho sannipatito hoti. Na sakkonti mānattacārikā bhikkhū mānattaṃ sodhetuṃ. Bhagavato etamatthaṃ ārocesuṃ. “Anujānāmi, bhikkhave, mānattaṃ nikkhipituṃ. Evañca pana, bhikkhave, nikkhipitabbaṃ. Tena mānattacārikena bhikkhunā ekaṃ bhikkhuṃ upasaṅkamitvā ekaṃsaṃ uttarāsaṅgaṃ karitvā ukkuṭikaṃ nisīditvā añjaliṃ paggahetvā evamassa vacanīyo – ‘mānattaṃ nikkhipāmī’ti. Nikkhittaṃ hoti mānattaṃ. ‘Vattaṃ nikkhipāmī’ti. Nikkhittaṃ hoti mānatta”nti.
94. Tena kho pana samayena sāvatthiyā bhikkhū tahaṃ tahaṃ pakkamiṃsu. Sakkonti mānattacārikā bhikkhū mānattaṃ sodhetuṃ. Bhagavato etamatthaṃ ārocesuṃ. “Anujānāmi, bhikkhave, mānattaṃ samādiyituṃ. Evañca pana, bhikkhave, samādiyitabbaṃ. Tena mānattacārikena bhikkhunā ekaṃ bhikkhuṃ upasaṅkamitvā ekaṃsaṃ uttarāsaṅgaṃ karitvā ukkuṭikaṃ nisīditvā añjaliṃ paggahetvā,

evamassa vacanīyo – 'mānattaṃ samādiyāmī'ti. Samādinnaṃ hoti mānattaṃ. 'Vattaṃ samādiyāmī'ti. Samādinnaṃ hoti mānatta''nti.

Mānattacārikavattaṃ niṭṭhitaṃ.

5. Abbhānārahavattaṃ

95. Tena kho pana samayena abbhānārahā bhikkhū sādiyanti pakatattānaṃ bhikkhūnaṃ abhivādanaṃ paccuṭṭhānaṃ...pe... nahāne piṭṭhiparikammaṃ. Ye te bhikkhū appicchā...pe... te ujjhāyanti khiyyanti vipācenti – ''kathañhi nāma abbhānārahā bhikkhū sādiyissanti pakatattānaṃ bhikkhūnaṃ abhivādanaṃ paccuṭṭhānaṃ...pe... nahāne piṭṭhiparikamma''nti! Atha kho te bhikkhū bhagavato etamatthaṃ ārocesuṃ.

Atha kho Bhagavā etasmiṃ nidāne etasmiṃ pakaraṇe bhikkhusaṅghaṃ sannipātāpetvā bhikkhū paṭipucchi – ''saccaṃ kira, bhikkhave, abbhānārahā bhikkhū sādiyanti pakatattānaṃ bhikkhūnaṃ abhivādanaṃ paccuṭṭhānaṃ...pe... nahāne piṭṭhiparikammanti? ''Saccaṃ Bhagavā''ti. Vigarahi buddho Bhagavā – ''ananucchavikaṃ...pe... kathañhi nāma, bhikkhave, abbhānārahā bhikkhū sādiyissanti pakatattānaṃ bhikkhūnaṃ abhivādanaṃ paccuṭṭhānaṃ...pe... nahāne piṭṭhiparikammaṃ ! Netaṃ, bhikkhave, appasannānaṃ vā pasādāya...pe... vigarahitvā...pe... dhammiṃ kathaṃ katvā bhikkhū āmantesi – ''na, bhikkhave, abbhānārahena bhikkhunā sāditabbaṃ pakatattānaṃ bhikkhūnaṃ abhivādanaṃ paccupaṭṭhānaṃ...pe... nahāne piṭṭhiparikammaṃ. Yo sādiyeyya, āpatti dukkaṭassa. Anujānāmi, bhikkhave, abbhānārahānaṃ bhikkhūnaṃ mithu yathāvuḍḍhaṃ abhivādanaṃ paccuṭṭhānaṃ...pe... nahāne piṭṭhiparikammaṃ. Anujānāmi, bhikkhave, abbhānārahānaṃ bhikkhūnaṃ pañca yathāvuḍḍhaṃ – uposathaṃ, pavāraṇaṃ, vassikasāṭikaṃ, oṇojanaṃ, bhattaṃ. Tena hi, bhikkhave, abbhānārahānaṃ bhikkhūnaṃ vattaṃ paññāpessāmi yathā abbhānārahehi bhikkhūhi vattitabbaṃ.

96. ''Abbhānārahena, bhikkhave, bhikkhunā sammā vattitabbaṃ. Tatrāyaṃ sammāvattanā –

Na upasampādetabbaṃ...pe... (yathā heṭṭhā, tathā vitthāretabbaṃ,) na bhikkhūhi sampayojetabbaṃ.

''Na, bhikkhave, abbhānārahena bhikkhunā pakatattassa bhikkhuno purato gantabbaṃ, na purato nisīditabbaṃ. Yo hoti saṅghassa āsanapariyanto seyyāpariyanto vihārapariyanto so tassa padātabbo. Tena ca so sāditabbo.

''Na , bhikkhave, abbhānārahena bhikkhunā pakatattena bhikkhunā puresamaṇena vā pacchāsamaṇena vā kulāni upasaṅkamitabbāni; na āraññikaṅgaṃ samādātabbaṃ; na piṇḍapātikaṅgaṃ samādātabbaṃ; na ca tappaccayā piṇḍapāto nīharāpetabbo – mā maṃ jāniṃsūti.

''Na, bhikkhave, abbhānārahena bhikkhunā sabhikkhukā āvāsā abhikkhuko āvāso gantabbo, aññatra pakatattena, aññatra antarāyā.

''Na, bhikkhave, abbhānārahena bhikkhunā sabhikkhukā āvāsā abhikkhuko anāvāso gantabbo, aññatra pakatattena, aññatra antarāyā...pe.... (Yathā heṭṭhā, tathā vitthāretabbā.)

''Gantabbo , bhikkhave, abbhānārahena bhikkhunā sabhikkhukā āvāsā...pe... anāvāsā...pe... āvāsā vā anāvāsā vā sabhikkhuko āvāso...pe... sabhikkhuko anāvāso...pe... sabhikkhuko āvāso vā anāvāso vā, yatthassu bhikkhū samānasaṃvāsakā, yaṃ jaññā sakkomi ajjeva gantunti.

''Na, bhikkhave, abbhānārahena bhikkhunā pakatattena bhikkhunā saddhiṃ ekacchanne āvāse vatthabbaṃ, na ekacchanne anāvāse vatthabbaṃ, na ekacchanne āvāse vā anāvāse vā vatthabbaṃ; pakatattaṃ bhikkhuṃ disvā āsanā vuṭṭhātabbaṃ, pakatatto bhikkhu āsanena nimantetabbo; na pakatattena bhikkhunā saddhiṃ ekāsane nisīditabbaṃ, na nīce āsane nisinne ucce āsane nisīditabbaṃ, na chamāyaṃ nisinne āsane nisīditabbaṃ; na ekacaṅkame caṅkamitabbaṃ, na nīce caṅkame caṅkamante ucce caṅkame caṅkamitabbaṃ, na chamāyaṃ caṅkamante caṅkame caṅkamitabbaṃ.

''Na, bhikkhave, abbhānārahena bhikkhunā pārivāsikena bhikkhunā saddhiṃ...pe... mūlāyapaṭikassanārahena bhikkhunā saddhiṃ...pe... mānattārahena bhikkhunā saddhiṃ...pe... mānattacārikena bhikkhunā saddhiṃ...pe... abbhānārahena vuḍḍhatarena bhikkhunā saddhiṃ ekacchanne āvāse vatthabbaṃ, na ekacchanne anāvāse vatthabbaṃ; na ekacchanne āvāse vā anāvāse vā vatthabbaṃ; na ekāsane nisīditabbaṃ, na nīce āsane nisinne ucce āsane nisīditabbaṃ, na chamāyaṃ nisinne āsane nisīditabbaṃ; na ekacaṅkame caṅkamitabbaṃ , na nīce caṅkame caṅkamante ucce caṅkame caṅkamitabbaṃ, na chamāyaṃ caṅkamante caṅkame caṅkamitabbaṃ.

[mahāva. 393] ''Abbhānārahacatuttho ce, bhikkhave, parivāsaṃ dadeyya, mūlāya paṭikasseyya, mānattaṃ dadeyya, taṃvīso abbheyya, akammaṃ, na ca karaṇīya''nti.

Abbhānārahavattaṃ niṭṭhitaṃ.

Pārivāsikakkhandhako dutiyo.

Imamhi khandhake vatthū pañca.

Tassuddānaṃ –

Pārivāsikā sādenti, pakatattāna bhikkhunaṃ;
Abhivādanaṃ paccuṭṭhānaṃ, añjaliñca sāmīciyaṃ.
Āsanaṃ seyyābhihāraṃ, pādo pīṭhaṃ kathalikaṃ;
Pattaṃ nahāne parikammaṃ, ujjhāyanti ca pesalā.
Dukkaṭaṃ sādiyantassa, mithu pañca yathāvuḍḍhaṃ [punāpare (ka.)];

Uposathaṃ pavāraṇaṃ, vassikoṇojabhojanaṃ.
Sammā ca vattanā tattha, pakatattassa gacchantaṃ;
Yo ca hoti pariyanto, pure pacchā tatheva ca [na pure pacchāsamaṇena (sī. syā.)].
Āraññapiṇḍanīhāro, āgantuke uposathe;
Pavāraṇāya dūtena, gantabbo ca sabhikkhuko.
Ekacchanne ca vuṭṭhānaṃ, tatheva ca nimantaye;
Āsane nīce caṅkame, chamāyaṃ caṅkamena ca.
Vuḍḍhatarena akammaṃ, ratticchedā ca sodhanā;
Nikkhipanaṃ samādānaṃ, vattaṃva pārivāsike [ratti vā pārivāsike (ka.), ñātabbaṃ pārivāsikā (sī. syā.)].
Mūlāya mānattārahā, tathā mānattacārikā;
Abbhānārahe nayo cāpi, sambhedaṃ nayato [sambhedanayato (syā.)] puna.
Pārivāsikesu tayo, catu mānattacārike;
Na samenti ratticchedesu [ratticchede (itipi), ratticchedā (syā.)], mānattesu ca devasi;
Dve kammā sadisā sesā, tayo kammā samāsamāti [samā matāti (sī.)].
Pārivāsikakkhandhakaṃ niṭṭhitaṃ.

3. Samuccayakkhandhakaṃ

1. Sukkavissaṭṭhi

97. Tena samayena buddho Bhagavā sāvatthiyaṃ viharati jetavane anāthapiṇḍikassa ārāme. Tena kho pana samayena āyasmā udāyī ekaṃ āpattiṃ āpanno hoti sañcetanikaṃ sukkavissaṭṭhiṃ appaṭicchannaṃ. So bhikkhūnaṃ ārocesi – ''ahaṃ, āvuso, ekaṃ āpattiṃ āpajjiṃ sañcetanikaṃ sukkavissaṭṭhiṃ appaṭicchannaṃ. Kathaṃ nu kho mayā paṭipajjitabba''nti? Bhagavato [te bhikkhū bhagavato (syā.)] etamatthaṃ ārocesuṃ. ''Tena hi, bhikkhave, saṅgho udāyissa bhikkhuno ekissā āpattiyā sañcetanikāya sukkavissaṭṭhiyā appaṭicchannāya chārattaṃ mānattaṃ detu. Evañca pana, bhikkhave, dātabbaṃ –

Appaṭicchannamānattaṃ

98. ''Tena, bhikkhave, udāyinā bhikkhunā saṅghaṃ upasaṅkamitvā ekaṃsaṃ uttarāsaṅgaṃ karitvā vuḍḍhānaṃ bhikkhūnaṃ pāde vanditvā ukkuṭikaṃ nisīditvā añjaliṃ paggahetvā evamassa vacanīyo – 'ahaṃ, bhante, ekaṃ āpattiṃ āpajjiṃ sañcetanikaṃ sukkavissaṭṭhiṃ appaṭicchannaṃ. Sohaṃ, bhante, saṅghaṃ ekissā āpattiyā sañcetanikāya sukkavissaṭṭhiyā appaṭicchannāya chārattaṃ mānattaṃ yācāmi. Ahaṃ, bhante, ekaṃ āpattiṃ āpajjiṃ sañcetanikaṃ sukkavissaṭṭhiṃ appaṭicchannaṃ. Dutiyampi, sohaṃ [dutiyampi (sī. ka.)] bhante, saṅghaṃ ekissā āpattiyā sañcetanikāya sukkavissaṭṭhiyā appaṭicchannāya chārattaṃ mānattaṃ yācāmi. Ahaṃ, bhante, ekaṃ āpattiṃ āpajjiṃ sañcetanikaṃ sukkavissaṭṭhiṃ appaṭicchannaṃ. Tatiyampi sohaṃ [tatiyampi (sī. ka.)], bhante, saṅghaṃ ekissā āpattiyā sañcetanikāya sukkavissaṭṭhiyā appaṭicchannāya chārattaṃ mānattaṃ yācāmī'ti. ''Byattena bhikkhunā paṭibalena saṅgho ñāpetabbo –

99. ''Suṇātu me, bhante, saṅgho. Ayaṃ udāyī bhikkhu ekaṃ āpattiṃ āpajji sañcetanikaṃ sukkavissaṭṭhiṃ appaṭicchannaṃ. So saṅghaṃ ekissā āpattiyā sañcetanikāya sukkavissaṭṭhiyā appaṭicchannāya chārattaṃ mānattaṃ yācati. Yadi saṅghassa pattakallaṃ, saṅgho udāyissa bhikkhuno ekissā āpattiyā sañcetanikāya sukkavissaṭṭhiyā appaṭicchannāya chārattaṃ mānattaṃ dadeyya. Esā ñatti.

''Suṇātu me, bhante, saṅgho. Ayaṃ udāyī bhikkhu ekaṃ āpattiṃ āpajji sañcetanikaṃ sukkavissaṭṭhiṃ appaṭicchannaṃ. So saṅghaṃ ekissā āpattiyā sañcetanikāya sukkavissaṭṭhiyā appaṭicchannāya chārattaṃ mānattaṃ yācati. Saṅgho udāyissa bhikkhuno ekissā āpattiyā sañcetanikāya sukkavissaṭṭhiyā appaṭicchannāya chārattaṃ mānattaṃ deti. Yassāyasmato khamati udāyissa bhikkhuno ekissā āpattiyā sañcetanikāya sukkavissaṭṭhiyā appaṭicchannāya chārattaṃ mānattassa dānaṃ, so tuṇhassa ; yassa nakkhamati, so bhāseyya.

''Dutiyampi etamatthaṃ vadāmi – suṇātu me, bhante, saṅgho. Ayaṃ udāyī bhikkhu ekaṃ āpattiṃ āpajji sañcetanikaṃ sukkavissaṭṭhiṃ appaṭicchannaṃ. So saṅghaṃ ekissā āpattiyā sañcetanikāya sukkavissaṭṭhiyā appaṭicchannāya chārattaṃ mānattaṃ yācati. Saṅgho udāyissa bhikkhuno ekissā āpattiyā sañcetanikāya sukkavissaṭṭhiyā appaṭicchannāya chārattaṃ mānattaṃ deti. Yassāyasmato khamati udāyissa bhikkhuno ekissā āpattiyā sañcetanikāya sukkavissaṭṭhiyā appaṭicchannāya chārattaṃ mānattassa dānaṃ, so tuṇhassa; yassa nakkhamati, so bhāseyya.

''Tatiyampi etamatthaṃ vadāmi – suṇātu me, bhante, saṅgho. Ayaṃ udāyī bhikkhu ekaṃ āpattiṃ āpajji sañcetanikaṃ sukkavissaṭṭhiṃ appaṭicchannaṃ. So saṅghaṃ ekissā āpattiyā sañcetanikāya sukkavissaṭṭhiyā appaṭicchannāya chārattaṃ mānattaṃ yācati. Saṅgho udāyissa bhikkhuno ekissā āpattiyā sañcetanikāya sukkavissaṭṭhiyā appaṭicchannāya chārattaṃ mānattaṃ deti. Yassāyasmato khamati udāyissa bhikkhuno ekissā āpattiyā sañcetanikāya sukkavissaṭṭhiyā appaṭicchannāya chārattaṃ mānattassa dānaṃ, so tuṇhassa; yassa nakkhamati, so bhāseyya.

''Dinnaṃ saṅghena udāyissa bhikkhuno ekissā āpattiyā sañcetanikāya sukkavissaṭṭhiyā appaṭicchannāya chārattaṃ mānattaṃ. Khamati saṅghassa, tasmā tuṇhī, evametaṃ dhārayāmī''ti .

Appaṭicchannaabbhānaṃ

100. So ciṇṇamānatto bhikkhūnaṃ ārocesi – ''ahaṃ, āvuso, ekaṃ āpattiṃ āpajjiṃ sañcetanikaṃ sukkavissaṭṭhiṃ appaṭicchannaṃ. Sohaṃ saṅghaṃ ekissā āpattiyā sañcetanikāya sukkavissaṭṭhiyā appaṭicchannāya chārattaṃ mānattaṃ yāciṃ. Tassa me saṅgho ekissā āpattiyā sañcetanikāya sukkavissaṭṭhiyā appaṭicchannāya chārattaṃ mānattaṃ adāsi. Sohaṃ ciṇṇamānatto. Kathaṃ nu kho mayā paṭipajjitabba''nti? Bhagavato etamatthaṃ ārocesuṃ. ''Tena hi, bhikkhave, saṅgho udāyiṃ bhikkhuṃ abbhetu. Evañca pana, bhikkhave, abbhetabbo –

Tena, bhikkhave, udāyinā bhikkhunā saṅghaṃ upasaṅkamitvā ekaṃsaṃ uttarāsaṅgaṃ karitvā vuḍḍhānaṃ bhikkhūnaṃ pāde vanditvā ukkuṭikaṃ nisīditvā añjaliṃ paggahetvā evamassa vacanīyo – ''ahaṃ bhante ekaṃ āpattiṃ āpajjiṃ sañcetanikaṃ sukkavissaṭṭhiṃ appaṭicchannaṃ, sohaṃ saṅghaṃ ekissā āpattiyā sañcetanikāya sukkavissaṭṭhiyā appaṭicchannāya chārattaṃ mānattaṃ yāciṃ. Tassa me saṅgho ekissā āpattiyā sañcetanikāya sukkavissaṭṭhiyā appaṭicchannāya chārattaṃ mānattaṃ adāsi. Sohaṃ, bhante, ciṇṇamānatto saṅghaṃ abbhānaṃ yācāmi.

''Ahaṃ, bhante, ekaṃ āpattiṃ āpajjiṃ sañcetanikaṃ sukkavissaṭṭhiṃ appaṭicchannaṃ. Sohaṃ saṅghaṃ ekissā āpattiyā sañcetanikāya sukkavissaṭṭhiyā appaṭicchannāya chārattaṃ mānattaṃ yāciṃ. Tassa me saṅgho ekissā āpattiyā sañcetanikāya sukkavissaṭṭhiyā appaṭicchannāya chārattaṃ mānattaṃ adāsi. Sohaṃ ciṇṇamānatto dutiyampi, bhante, saṅghaṃ abbhānaṃ yācāmi.

''Ahaṃ, bhante, ekaṃ āpattiṃ āpajjiṃ sañcetanikaṃ sukkavissaṭṭhiṃ appaṭicchannaṃ. Sohaṃ saṅghaṃ ekissā āpattiyā sañcetanikāya sukkavissaṭṭhiyā appaṭicchannāya chārattaṃ mānattaṃ yāciṃ. Tassa me saṅgho ekissā āpattiyā sañcetanikāya sukkavissaṭṭhiyā appaṭicchannāya chārattaṃ mānattaṃ adāsi. Sohaṃ ciṇṇamānatto tatiyampi, bhante, saṅghaṃ abbhānaṃ yācāmīti. Byattena bhikkhunā paṭibalena saṅgho ñāpetabbo –

101. ''Suṇātu me, bhante, saṅgho. Ayaṃ udāyī bhikkhu ekaṃ āpattiṃ āpajji sañcetanikaṃ sukkavissaṭṭhiṃ appaṭicchannaṃ. So saṅghaṃ ekissā āpattiyāsañcetanikāya sukkavissaṭṭhiyā appaṭicchannāya chārattaṃ mānattaṃ yāci. Saṅgho udāyissa bhikkhuno ekissā āpattiyā sañcetanikāya sukkavissaṭṭhiyā appaṭicchannāya chārattaṃ mānattaṃ adāsi. So ciṇṇamānatto saṅghaṃ abbhānaṃ yācati. Yadi saṅghassa pattakallaṃ, saṅgho udāyiṃ bhikkhuṃ abbheyya. Esā ñatti.

''Suṇātu me, bhante, saṅgho. Ayaṃ udāyī bhikkhu ekaṃ āpattiṃ āpajji sañcetanikaṃ sukkavissaṭṭhiṃ appaṭicchannaṃ. So saṅghaṃ ekissā āpattiyā sañcetanikāya sukkavissaṭṭhiyā appaṭicchannāya chārattaṃ mānattaṃ yāci. Saṅgho udāyissa bhikkhuno ekissā āpattiyā sañcetanikāya sukkavissaṭṭhiyā appaṭicchannāya chārattaṃ mānattaṃ adāsi. So ciṇṇamānatto saṅghaṃ abbhānaṃ yācati. Saṅgho udāyiṃ bhikkhuṃ abbheti. Yassāyasmato khamati udāyissa bhikkhuno abbhānaṃ, so tuṇhassa; yassa nakkhamati, so bhāseyya.

''Dutiyampi etamatthaṃ vadāmi – suṇātu me, bhante, saṅgho. Ayaṃ udāyī bhikkhu ekaṃ āpattiṃ āpajji sañcetanikaṃ sukkavissaṭṭhiṃ appaṭicchannaṃ. So saṅghaṃ ekissā āpattiyā sañcetanikāya sukkavissaṭṭhiyā appaṭicchannāya chārattaṃ mānattaṃ yāci. Saṅgho udāyissa bhikkhuno ekissā āpattiyā sañcetanikāya sukkavissaṭṭhiyā appaṭicchannāya chārattaṃ mānattaṃ adāsi. So ciṇṇamānatto saṅghaṃ abbhānaṃ yācati. Saṅgho udāyiṃ bhikkhuṃ abbheti. Yassāyasmato khamati udāyissa bhikkhuno abbhānaṃ, so tuṇhassa; yassa nakkhamati, so bhāseyya.

''Tatiyampi etamatthaṃ vadāmi – suṇātu me, bhante, saṅgho. Ayaṃ udāyī bhikkhu ekaṃ āpattiṃ āpajji sañcetanikaṃ sukkavissaṭṭhiṃ appaṭicchannaṃ. So saṅghaṃ ekissā āpattiyā sañcetanikāya sukkavissaṭṭhiyā appaṭicchannāya chārattaṃ mānattaṃ yāci. Saṅgho udāyissa bhikkhuno ekissā āpattiyā sañcetanikāya sukkavissaṭṭhiyā appaṭicchannāya chārattaṃ mānattaṃ adāsi. So ciṇṇamānatto saṅghaṃ abbhānaṃ yācati. Saṅgho udāyiṃ bhikkhuṃ abbheti. Yassāyasmato khamati udāyissa bhikkhuno abbhānaṃ, so tuṇhassa; yassa nakkhamati, so bhāseyya.

''Abbhito saṅghena udāyī bhikkhu. Khamati saṅghassa, tasmā tuṇhī, evametaṃ dhārayāmī''ti.

Ekāhappaṭicchannaparivāsaṃ

102. Tena kho pana samayena āyasmā udāyī ekaṃ āpattiṃ āpanno hoti sañcetanikaṃ sukkavissaṭṭhiṃ ekāhappaṭicchannaṃ. So bhikkhūnaṃ ārocesi – ''ahaṃ, āvuso, ekaṃ āpattiṃ āpajjiṃ sañcetanikaṃ sukkavissaṭṭhiṃ ekāhappaṭicchannaṃ. Kathaṃ nu kho mayā paṭipajjitabba''nti? Bhagavato etamatthaṃ ārocesuṃ. ''Tena hi, bhikkhave, saṅgho udāyissa bhikkhuno ekissā āpattiyā sañcetanikāya sukkavissaṭṭhiyā ekāhappaṭicchannāya ekāhaparivāsaṃ detu. Evañca pana, bhikkhave, dātabbo –

''Tena, bhikkhave, udāyinā bhikkhunā saṅghaṃ upasaṅkamitvā ekaṃsaṃ uttarāsaṅgaṃ karitvā vuḍḍhānaṃ bhikkhūnaṃ pāde vanditvā ukkuṭikaṃ nisīditvā añjaliṃ paggahetvā evamassa vacanīyo – 'ahaṃ, bhante, ekaṃ āpattiṃ āpajjiṃ sañcetanikaṃ sukkavissaṭṭhiṃ ekāhappaṭicchannaṃ. Sohaṃ, bhante, saṅghaṃ ekissā āpattiyā sañcetanikāya sukkavissaṭṭhiyā ekāhappaṭicchannāya ekāhaparivāsaṃ yācāmī'ti. Dutiyampi yācitabbo. Tatiyampi yācitabbo. ''Byattenabhikkhunā paṭibalena saṅgho ñāpetabbo –

103. ''Suṇātu me, bhante, saṅgho. Ayaṃ udāyī bhikkhu ekaṃ āpattiṃ āpajji sañcetanikaṃ sukkavissaṭṭhiṃ ekāhappaṭicchannaṃ. So saṅghaṃ ekissā āpattiyā sañcetanikāya sukkavissaṭṭhiyā ekāhappaṭicchannāya ekāhaparivāsaṃ yācati. Yadi saṅghassa pattakallaṃ, saṅgho udāyissa

bhikkhuno ekissā āpattiyā sañcetanikāya sukkavissaṭṭhiyā ekāhappaṭicchannāya ekāhaparivāsaṃ dadeyya. Esā ñatti.

''Suṇātu me, bhante, saṅgho. Ayaṃ udāyī bhikkhu ekaṃ āpattiṃ āpajji sañcetanikaṃ sukkavissaṭṭhiṃ ekāhappaṭicchannaṃ. So saṅghaṃ ekissā āpattiyā sañcetanikāya sukkavissaṭṭhiyā ekāhappaṭicchannāya ekāhaparivāsaṃ yācati. Saṅgho udāyissa bhikkhuno ekissā āpattiyā sañcetanikāya sukkavissaṭṭhiyā ekāhappaṭicchannāya ekāhaparivāsaṃ deti . Yassāyasmato khamati udāyissa bhikkhuno ekissā āpattiyā sañcetanikāya sukkavissaṭṭhiyā ekāhappaṭicchannāya ekāhaparivāsassa dānaṃ, so tuṇhassa; yassa nakkhamati, so bhāseyya.

''Dutiyampi etamatthaṃ vadāmi...pe... tatiyampi etamatthaṃ vadāmi...pe... .

''Dinno saṅghena udāyissa bhikkhuno ekissā āpattiyā sañcetanikāya sukkavissaṭṭhiyā ekāhappaṭicchannāya ekāhaparivāso. Khamati saṅghassa, tasmā tuṇhī, evametaṃ dhārayāmī''ti.

Ekāhappaṭicchannamānattaṃ

104. So parivutthaparivāso bhikkhūnaṃ ārocesi – ''ahaṃ, āvuso, ekaṃ āpattiṃ āpajjiṃ sañcetanikaṃ sukkavissaṭṭhiṃ ekāhappaṭicchannaṃ. Sohaṃ saṅghaṃ ekissā āpattiyā sañcetanikāya sukkavissaṭṭhiyā ekāhappaṭicchannāya ekāhaparivāsaṃ yāciṃ. Tassa me saṅgho ekissā āpattiyā sañcetanikāya sukkavissaṭṭhiyā ekāhappaṭicchannāya ekāhaparivāsaṃ adāsi. Sohaṃ parivutthaparivāso. Kathaṃ nu kho mayā paṭipajjitabba''nti? Bhagavato etamatthaṃ ārocesuṃ. ''Tena hi, bhikkhave, saṅgho udāyissa bhikkhuno ekissā āpattiyā sañcetanikāya sukkavissaṭṭhiyā ekāhappaṭicchannāya chārattaṃ mānattaṃ detu. Evañca pana, bhikkhave, dātabbaṃ –

''Tena, bhikkhave, udāyinā bhikkhunā saṅghaṃ upasaṅkamitvā...pe... evamassa vacanīyo – 'ahaṃ, bhante, ekaṃ āpattiṃ āpajjiṃ sañcetanikaṃ sukkavissaṭṭhiṃ ekāhappaṭicchannaṃ. Sohaṃ saṅghaṃ ekissā āpattiyā sañcetanikāya sukkavissaṭṭhiyā ekāhappaṭicchannāya ekāhaparivāsaṃ yāciṃ. Tassa me saṅgho ekissā āpattiyā sañcetanikāya sukkavissaṭṭhiyā ekāhappaṭicchannāya ekāhaparivāsaṃ adāsi. Sohaṃ, bhante, parivutthaparivāso saṅghaṃ ekissā āpattiyā sañcetanikāya sukkavissaṭṭhiyā ekāhappaṭicchannāya chārattaṃ mānattaṃ yācāmī'ti. Dutiyampi yācitabbaṃ [yācitabbo (sī. evamuparipi)]. Tatiyampi yācitabbaṃ [yācitabbo (sī. evamuparipi)]. Byattena bhikkhunā paṭibalena saṅgho ñāpetabbo –

105. ''Suṇātu me, bhante, saṅgho. Ayaṃ udāyī bhikkhu ekaṃ āpattiṃ āpajji sañcetanikaṃ sukkavissaṭṭhiṃ ekāhappaṭicchannaṃ. So saṅghaṃ ekissā āpattiyā sañcetanikāya sukkavissaṭṭhiyā ekāhappaṭicchannāya ekāhaparivāsaṃ yāci. Saṅgho udāyissa bhikkhuno ekissā āpattiyā sañcetanikāya sukkavissaṭṭhiyāekāhappaṭicchannāya ekāhaparivāsaṃ adāsi. So parivutthaparivāso saṅghaṃ ekissā āpattiyā sañcetanikāya sukkavissaṭṭhiyā ekāhappaṭicchannāya chārattaṃ mānattaṃ yācati. Yadi saṅghassa pattakallaṃ, saṅgho udāyissa bhikkhuno ekissā āpattiyā sañcetanikāya sukkavissaṭṭhiyā ekāhappaṭicchannāya chārattaṃ mānattaṃ dadeyya. Esā ñatti.

''Suṇātu me, bhante, saṅgho. Ayaṃ udāyī bhikkhu ekaṃ āpattiṃ āpajji sañcetanikaṃ sukkavissaṭṭhiṃ ekāhappaṭicchannaṃ. So saṅghaṃ ekissā āpattiyā sañcetanikāya sukkavissaṭṭhiyā ekāhappaṭicchannāya ekāhaparivāsaṃ yāci. Saṅgho udāyissa bhikkhuno ekissā āpattiyā sañcetanikāya sukkavissaṭṭhiyā ekāhappaṭicchannāya ekāhaparivāsaṃ adāsi. So parivutthaparivāso saṅghaṃ ekissā āpattiyā sañcetanikāya sukkavissaṭṭhiyā ekāhappaṭicchannāya chārattaṃ mānattaṃ yācati. Saṅgho udāyissa bhikkhuno ekissā āpattiyā sañcetanikāya sukkavissaṭṭhiyā ekāhappaṭicchannāya chārattaṃ mānattaṃ deti. Yassāyasmato khamati udāyissa bhikkhuno ekissā āpattiyā sañcetanikāya sukkavissaṭṭhiyā ekāhappaṭicchannāya chārattaṃ mānattassa dānaṃ, so tuṇhassa; yassa nakkhamati, so bhāseyya.

''Dutiyampi etamatthaṃ vadāmi...pe... tatiyampi etamatthaṃ vadāmi...pe... .

''Dinnaṃ saṅghena udāyissa bhikkhuno ekissā āpattiyā sañcetanikāya sukkavissaṭṭhiyā ekāhappaṭicchannāya chārattaṃ mānattaṃ. Khamati saṅghassa, tasmā tuṇhī, evametaṃ dhārayāmī''ti.

Ekāhappaṭicchannaabbhānaṃ

106. So ciṇṇamānatto bhikkhūnaṃ ārocesi – ''ahaṃ, āvuso, ekaṃ āpattiṃ āpajjiṃ sañcetanikaṃ sukkavissaṭṭhiṃ ekāhappaṭicchannaṃ. Sohaṃ saṅghaṃ ekissā āpattiyā sañcetanikāya sukkavissaṭṭhiyā ekāhappaṭicchannāya ekāhaparivāsaṃ yāciṃ. Tassa me saṅgho ekissā āpattiyā sañcetanikāya sukkavissaṭṭhiyā ekāhappaṭicchannāya ekāhaparivāsaṃ adāsi. Sohaṃ parivutthaparivāso saṅghaṃ ekissā āpattiyā sañcetanikāya sukkavissaṭṭhiyā ekāhappaṭicchannāya chārattaṃ mānattaṃ yāciṃ. Tassa me saṅgho ekissā āpattiyā sañcetanikāya sukkavissaṭṭhiyā ekāhappaṭicchannāya chārattaṃ mānattaṃ adāsi. Sohaṃ ciṇṇamānatto. Kathaṃ nu kho mayā paṭipajjitabba''nti? Bhagavato etamatthaṃ ārocesuṃ. ''Tena hi, bhikkhave, saṅgho udāyiṃ bhikkhuṃ abbhetu. Evañca pana, bhikkhave, abbhetabbo –

''Tena bhikkhave, udāyinā bhikkhunā saṅghaṃ upasaṅkamitvā...pe... evamassa vacanīyo – 'ahaṃ, bhante, ekaṃ āpattiṃ āpajjiṃ sañcetanikaṃ sukkavissaṭṭhiṃ ekāhappaṭicchannaṃ. Sohaṃ saṅghaṃ ekissā āpattiyā sañcetanikāya sukkavissaṭṭhiyā ekāhappaṭicchannāya ekāhaparivāsaṃ yāciṃ. Tassa me saṅgho ekissā āpattiyā sañcetanikāya sukkavissaṭṭhiyā ekāhappaṭicchannāya ekāhaparivāsaṃ adāsi. Sohaṃ parivutthaparivāso saṅghaṃ ekissā āpattiyā sañcetanikāya sukkavissaṭṭhiyā ekāhappaṭicchannāya chārattaṃ mānattaṃ yāciṃ. Tassa me saṅgho ekissā āpattiyā sañcetanikāya sukkavissaṭṭhiyā ekāhappaṭicchannāya chārattaṃ mānattaṃ adāsi. Sohaṃ, bhante, ciṇṇamānatto saṅghaṃ abbhānaṃ yācāmī'ti. Dutiyampi yācitabbaṃ. Tatiyampi yācitabbaṃ. Byattena bhikkhunā paṭibalena saṅgho ñāpetabbo –

107. "Suṇātu me, bhante, saṅgho. Ayaṃ udāyī bhikkhu ekaṃ āpattiṃ āpajji sañcetanikaṃ sukkavissaṭṭhiṃ ekāhappaṭicchannaṃ. So saṅghaṃ ekissā āpattiyā sañcetanikāya sukkavissaṭṭhiyā ekāhappaṭicchannāya ekāhaparivāsaṃ yāci. Saṅgho udāyissa bhikkhuno ekissā āpattiyā sañcetanikāya sukkavissaṭṭhiyā ekāhappaṭicchannāya ekāhaparivāsaṃ adāsi. So parivutthaparivāso saṅghaṃ ekissā āpattiyā sañcetanikāya sukkavissaṭṭhiyā ekāhappaṭicchannāya chārattaṃ mānattaṃ yāci. Saṅgho udāyissa bhikkhuno ekissā āpattiyā sañcetanikāya sukkavissaṭṭhiyā ekāhappaṭicchannāya chārattaṃ mānattaṃ adāsi. So ciṇṇamānattosaṅghaṃ abbhānaṃ yācati. Yadi saṅghassa pattakallaṃ, saṅgho udāyiṃ bhikkhuṃ abbheyya. Esā ñatti.

"Suṇātu me, bhante, saṅgho. Ayaṃ udāyī bhikkhu ekaṃ āpattiṃ āpajji sañcetanikaṃ sukkavissaṭṭhiṃ ekāhappaṭicchannaṃ. So saṅghaṃ ekissā āpattiyā sañcetanikāya sukkavissaṭṭhiyā ekāhappaṭicchannāya ekāhaparivāsaṃ yāci. Saṅgho udāyissa bhikkhuno ekissā āpattiyā sañcetanikāya sukkavissaṭṭhiyā ekāhappaṭicchannāya ekāhaparivāsaṃ adāsi. So parivutthaparivāso saṅghaṃ ekissā āpattiyā sañcetanikāya sukkavissaṭṭhiyā ekāhappaṭicchannāya chārattaṃ mānattaṃ yāci. Saṅgho udāyissa bhikkhuno ekissā āpattiyā sañcetanikāya sukkavissaṭṭhiyā ekāhappaṭicchannāya chārattaṃ mānattaṃ adāsi. So ciṇṇamānatto saṅghaṃ abbhānaṃ yācati. Saṅgho udāyiṃ bhikkhuṃ abbheti. Yassāyasmato khamati udāyissa bhikkhuno abbhānaṃ, so tuṇhassa; yassa nakkhamati, so bhāseyya.

"Dutiyampi etamatthaṃ vadāmi...pe... tatiyampi etamatthaṃ vadāmi...pe....

"Abbhito saṅghena udāyī bhikkhu. Khamati saṅghassa, tasmā tuṇhī, evametaṃ dhārayāmī''ti.

Pañcāhappaṭicchannaparivāso

108. Tena kho pana samayena āyasmā udāyī ekaṃ āpattiṃ āpanno hoti sañcetanikaṃ sukkavissaṭṭhiṃ dvīhappaṭicchannaṃ...pe... tīhappaṭicchannaṃ...pe...catūhappaṭicchannaṃ...pe... pañcāhappaṭicchannaṃ. So bhikkhūnaṃ ārocesi – "ahaṃ, āvuso, ekaṃ āpattiṃ āpajjiṃ sañcetanikaṃ sukkavissaṭṭhiṃ pañcāhappaṭicchannaṃ. Kathaṃ nu kho mayā paṭipajjitabba''nti? Bhagavato etamatthaṃ ārocesuṃ. "Tena hi, bhikkhave, saṅgho udāyissa bhikkhuno ekissā āpattiyā sañcetanikāya sukkavissaṭṭhiyā pañcāhappaṭicchannāya pañcāhaparivāsaṃ detu. Evañca pana, bhikkhave, dātabbo –

"Tena, bhikkhave, udāyinā bhikkhunā saṅghaṃ upasaṅkamitvā ekaṃsaṃ uttarāsaṅgaṃ karitvā vuḍḍhānaṃ bhikkhūnaṃ pāde vanditvā ukkuṭikaṃ nisīditvā añjaliṃ paggahetvā evamassa vacanīyo – 'ahaṃ, bhante, ekaṃ āpattiṃ āpajjiṃ sañcetanikaṃ sukkavissaṭṭhiṃ pañcāhappaṭicchannaṃ. Sohaṃ, bhante, saṅghaṃ ekissā āpattiyā sañcetanikāya sukkavissaṭṭhiyā pañcāhappaṭicchannāya pañcāhaparivāsaṃ yācāmī'ti. Dutiyampi yācitabbo. Tatiyampi yācitabbo. Byattena bhikkhunā paṭibalena saṅgho ñāpetabbo –

109. "Suṇātu me, bhante, saṅgho. Ayaṃ udāyī bhikkhu ekaṃ āpattiṃ āpajji sañcetanikaṃ sukkavissaṭṭhiṃ pañcāhappaṭicchannaṃ. So saṅghaṃ ekissā āpattiyā sañcetanikāya sukkavissaṭṭhiyā pañcāhappaṭicchannāya pañcāhaparivāsaṃ yācati. Yadi saṅghassa pattakallaṃ, saṅgho udāyissa bhikkhuno ekissā āpattiyā sañcetanikāya sukkavissaṭṭhiyā pañcāhappaṭicchannāya pañcāhaparivāsaṃ dadeyya. Esā ñatti.

"Suṇātu me, bhante, saṅgho. Ayaṃ udāyī bhikkhu ekaṃ āpattiṃ āpajji sañcetanikaṃ sukkavissaṭṭhiṃ pañcāhappaṭicchannaṃ. So saṅghaṃ ekissā āpattiyā sañcetanikāya sukkavissaṭṭhiyā pañcāhappaṭicchannāya pañcāhaparivāsaṃ yācati. Saṅgho udāyissa bhikkhuno ekissā āpattiyā sañcetanikāya sukkavissaṭṭhiyā pañcāhappaṭicchannāya pañcāhaparivāsaṃ deti. Yassāyasmato khamati udāyissa bhikkhuno ekissā āpattiyā sañcetanikāya sukkavissaṭṭhiyā pañcāhappaṭicchannāya pañcāhaparivāsassa dānaṃ, so tuṇhassa; yassa nakkhamati, so bhāseyya.

"Dutiyampi etamatthaṃ vadāmi...pe... tatiyampi etamatthaṃ vadāmi...pe....

"Dinno saṅghena udāyissa bhikkhuno ekissā āpattiyā sañcetanikāya sukkavissaṭṭhiyā pañcāhappaṭicchannāya pañcāhaparivāso. Khamati saṅghassa, tasmā tuṇhī, evametaṃ dhārayāmī''ti.

Pārivāsikamūlāyapaṭikassanā

110. So parivasanto antarā ekaṃ āpattiṃ āpajji sañcetanikaṃ sukkavissaṭṭhiṃ appaṭicchannaṃ. So bhikkhūnaṃ ārocesi – "ahaṃ, āvuso, ekaṃ āpattiṃ āpajjiṃ sañcetanikaṃ sukkavissaṭṭhiṃ pañcāhappaṭicchannaṃ. Sohaṃ saṅghaṃ ekissā āpattiyā sañcetanikāya sukkavissaṭṭhiyā pañcāhappaṭicchannāya pañcāhaparivāsaṃ yāciṃ. Tassa me saṅgho ekissā āpattiyā sañcetanikāya sukkavissaṭṭhiyā pañcāhappaṭicchannāya pañcāhaparivāsaṃ adāsi. Sohaṃ parivasanto antarā ekaṃ āpattiṃ āpajjiṃ sañcetanikaṃ sukkavissaṭṭhiṃ appaṭicchannaṃ. Kathaṃ nu kho mayā paṭipajjitabba''nti? Bhagavato etamatthaṃ ārocesuṃ. "Tena hi, bhikkhave, saṅgho udāyiṃ bhikkhuṃ antarā ekissā āpattiyā sañcetanikāya sukkavissaṭṭhiyā appaṭicchannāya mūlāya paṭikassatu. Evañca pana, bhikkhave, mūlāya paṭikassitabbo –

"Tena, bhikkhave, udāyinā bhikkhunā saṅghaṃ upasaṅkamitvā...pe... evamassa vacanīyo – 'ahaṃ, bhante, ekaṃ āpattiṃ āpajjiṃ sañcetanikaṃ sukkavissaṭṭhiṃ pañcāhappaṭicchannaṃ . Sohaṃ saṅghaṃ ekissā āpattiyā sañcetanikāya sukkavissaṭṭhiyā pañcāhappaṭicchannāya pañcāhaparivāsaṃ yāciṃ. Tassa me saṅgho ekissā āpattiyā sañcetanikāya sukkavissaṭṭhiyā pañcāhappaṭicchannāya pañcāhaparivāsaṃ adāsi. Sohaṃ parivasanto antarā ekaṃ āpattiṃ āpajjiṃ sañcetanikaṃ sukkavissaṭṭhiṃ appaṭicchannaṃ. Sohaṃ, bhante, saṅghaṃ antarā ekissā āpattiyā sañcetanikāya sukkavissaṭṭhiyā appaṭicchannāya mūlāya paṭikassanaṃ yācāmī'ti. Dutiyampi yācitabbā [yācitabbo (sī. evamuparipi)]. Tatiyampi yācitabbā [yācitabbo (sī. evamuparipi)]. Byattena bhikkhunā paṭibalena saṅgho ñāpetabbo –

111. "Suṇātu me, bhante, saṅgho. Ayaṃ udāyī bhikkhu ekaṃ āpattiṃ āpajji sañcetanikaṃ sukkavissaṭṭhiṃ pañcāhappaṭicchannaṃ. So saṅghaṃ ekissā āpattiyā sañcetanikāya sukkavissaṭṭhiyā pañcāhappaṭicchannāya pañcāhaparivāsaṃ yāci. Saṅgho udāyissa bhikkhuno ekissā āpattiyā sañcetanikāya sukkavissaṭṭhiyā pañcāhappaṭicchannāya pañcāhaparivāsaṃ adāsi. So parivasanto antarā ekaṃ āpattiṃ āpajji sañcetanikaṃ sukkavissaṭṭhiṃ appaṭicchannaṃ. So saṅghaṃ antarā ekissā āpattiyā sañcetanikāya sukkavissaṭṭhiyā appaṭicchannāya mūlāyapaṭikassanaṃ yācati. Yadi saṅghassa pattakallaṃ, saṅgho udāyiṃ bhikkhuṃ antarā ekissā āpattiyā sañcetanikāya sukkavissaṭṭhiyā appaṭicchannāya mūlāya paṭikasseyya. Esā ñatti.

"Suṇātu me, bhante, saṅgho. Ayaṃ udāyī bhikkhu ekaṃ āpattiṃ āpajji sañcetanikaṃ sukkavissaṭṭhiṃ pañcāhappaṭicchannaṃ. So saṅghaṃ ekissā āpattiyā sañcetanikāya sukkavissaṭṭhiyā pañcāhappaṭicchannāya pañcāhaparivāsaṃ yāci. Saṅgho udāyissa bhikkhuno ekissā āpattiyā sañcetanikāya sukkavissaṭṭhiyā pañcāhappaṭicchannāya pañcāhaparivāsaṃ adāsi. So parivasanto antarā ekaṃ āpattiṃ āpajji sañcetanikaṃ sukkavissaṭṭhiṃ appaṭicchannaṃ. So saṅghaṃ antarā ekissā āpattiyā sañcetanikāya sukkavissaṭṭhiyā appaṭicchannāya mūlāyapaṭikassanaṃ yācati. Saṅgho udāyiṃ bhikkhuṃ antarā ekissā āpattiyā sañcetanikāya sukkavissaṭṭhiyā appaṭicchannāya mūlāya paṭikassati. Yassāyasmato khamati udāyissa bhikkhuno antarā ekissā āpattiyā sañcetanikāya sukkavissaṭṭhiyā appaṭicchannāya mūlāyapaṭikassanā, so tuṇhassa; yassa nakkhamati, so bhāseyya.

"Dutiyampi etamatthaṃ vadāmi...pe... tatiyampi etamatthaṃ vadāmi...pe... .

"Paṭikassito saṅghena udāyī bhikkhu antarā ekissā āpattiyā sañcetanikāya sukkavissaṭṭhiyā appaṭicchannāya mūlāyapaṭikassanā [mūlāya (syā.)]. Khamati saṅghassa, tasmā tuṇhī, evametaṃ dhārayāmī''ti.

Mānattārahamūlāyapaṭikassanā

112. So parivutthaparivāso mānattāraho antarā ekaṃ āpattiṃ āpajji sañcetanikaṃ sukkavissaṭṭhiṃ appaṭicchannaṃ. So bhikkhūnaṃ ārocesi – "ahaṃ, āvuso, ekaṃ āpattiṃ āpajjiṃ sañcetanikaṃ sukkavissaṭṭhiṃ pañcāhappaṭicchannaṃ. Sohaṃ saṅghaṃ ekissā āpattiyā sañcetanikāya sukkavissaṭṭhiyā pañcāhappaṭicchannāya pañcāhaparivāsaṃ yāciṃ. Tassa me saṅgho ekissā āpattiyā sañcetanikāya sukkavissaṭṭhiyā pañcāhappaṭicchannāya pañcāhaparivāsaṃ adāsi. Sohaṃ parivasanto antarā ekaṃ āpattiṃ āpajjiṃ sañcetanikaṃ sukkavissaṭṭhiṃ appaṭicchannaṃ. Sohaṃ saṅghaṃ antarā ekissā āpattiyā sañcetanikāya sukkavissaṭṭhiyā appaṭicchannāya mūlāyapaṭikassanaṃ yāciṃ. Taṃ maṃ saṅgho antarā ekissā āpattiyā sañcetanikāya sukkavissaṭṭhiyā appaṭicchannāya mūlāya paṭikassi. Sohaṃ parivutthaparivāso mānattāraho antarā ekaṃ āpattiṃ āpajjiṃ sañcetanikaṃ sukkavissaṭṭhiṃ appaṭicchannaṃ. Kathaṃ nu kho mayā paṭipajjitabba''nti? Bhagavato etamatthaṃ ārocesuṃ. "Tena hi, bhikkhave, saṅgho udāyiṃ bhikkhuṃ antarā ekissā āpattiyā sañcetanikāya sukkavissaṭṭhiyā appaṭicchannāya mūlāya paṭikassatu. Evañca pana, bhikkhave, mūlāya paṭikassitabbo –

"Tena, bhikkhave, udāyinā bhikkhunā saṅghaṃ upasaṅkamitvā...pe... evamassa vacanīyo – 'ahaṃ, bhante, ekaṃ āpattiṃ āpajjiṃ sañcetanikaṃ sukkavissaṭṭhiṃ pañcāhappaṭicchannaṃ...pe... sohaṃ parivutthaparivāso mānattāraho antarā ekaṃ āpattiṃ āpajjiṃ sañcetanikaṃ sukkavissaṭṭhiṃ appaṭicchannaṃ. Sohaṃ saṅghaṃ antarā ekissā āpattiyā sañcetanikāya sukkavissaṭṭhiyā appaṭicchannāya mūlāyapaṭikassanaṃ yācāmī'ti. Dutiyampi yācitabbā. Tatiyampi yācitabbā. Byattena bhikkhunā paṭibalena saṅgho ñāpetabbo –

113. "Suṇātu me, bhante, saṅgho. Ayaṃ udāyī bhikkhu ekaṃ āpattiṃ āpajji sañcetanikaṃ sukkavissaṭṭhiṃ pañcāhappaṭicchannaṃ...pe... so parivutthaparivāso mānattāraho antarā ekaṃ āpattiṃ āpajji sañcetanikaṃ sukkavissaṭṭhiṃ appaṭicchannaṃ. So saṅghaṃ antarā ekissā āpattiyā sañcetanikāya sukkavissaṭṭhiyā appaṭicchannāya mūlāyapaṭikassanaṃ yācati. Yadi saṅghassa pattakallaṃ, saṅgho udāyiṃ bhikkhuṃ antarā ekissā āpattiyā sañcetanikāya sukkavissaṭṭhiyā appaṭicchannāya mūlāya paṭikasseyya. Esā ñatti.

"Suṇātu me, bhante, saṅgho. Ayaṃ udāyī bhikkhu ekaṃ āpattiṃ āpajji sañcetanikaṃ sukkavissaṭṭhiṃ pañcāhappaṭicchannaṃ...pe... so parivutthaparivāso mānattāraho antarā ekaṃ āpattiṃ āpajji sañcetanikaṃ sukkavissaṭṭhiṃ appaṭicchannaṃ. So saṅghaṃ antarā ekissā āpattiyā sañcetanikāya sukkavissaṭṭhiyā appaṭicchannāya mūlāyapaṭikassanaṃ yācati . Saṅgho udāyiṃ bhikkhuṃ antarā ekissā āpattiyā sañcetanikāya sukkavissaṭṭhiyā appaṭicchannāya mūlāya paṭikassati. Yassāyasmato khamati udāyissa bhikkhuno antarā ekissā āpattiyā sañcetanikāya sukkavissaṭṭhiyā appaṭicchannāya mūlāyapaṭikassanā, so tuṇhassa; yassa nakkhamati, so bhāseyya.

"Dutiyampi etamatthaṃ vadāmi...pe... tatiyampi etamatthaṃ vadāmi...pe....

''Paṭikassito saṅghena udāyī bhikkhu antarā ekissā āpattiyā sañcetanikāya sukkavissaṭṭhiyā appaṭicchannāya mūlāyapaṭikassanā. Khamati saṅghassa, tasmā tuṇhī, evametaṃ dhārayāmī''ti.

Tikāpattimānattaṃ

114. So parivutthaparivāso bhikkhūnaṃ ārocesi – ''ahaṃ, āvuso, ekaṃ āpattiṃ āpajjiṃ sañcetanikaṃ sukkavissaṭṭhiṃ pañcāhappaṭicchannaṃ...pe...sohaṃ parivutthaparivāso. Kathaṃ nu kho mayā paṭipajjitabba''nti? Bhagavato etamatthaṃ ārocesuṃ. ''Tena hi, bhikkhave, saṅgho udāyissa bhikkhuno tissannaṃ āpattīnaṃ chārattaṃ mānattaṃ detu. Evañca pana, bhikkhave, dātabbaṃ –

''Tena, bhikkhave, udāyinā bhikkhunā saṅghaṃ upasaṅkamitvā...pe... evamassa vacanīyo – 'ahaṃ, bhante, ekaṃ āpattiṃ āpajjiṃ sañcetanikaṃ sukkavissaṭṭhiṃ pañcāhappaṭicchannaṃ. Sohaṃ saṅghaṃ ekissā āpattiyā sañcetanikāya sukkavissaṭṭhiyā pañcāhappaṭicchannāya pañcāhaparivāsaṃ yāciṃ. Tassa me saṅgho ekissā āpattiyā sañcetanikāya sukkavissaṭṭhiyā pañcāhappaṭicchannāya pañcāhaparivāsaṃ adāsi...pe... sohaṃ, bhante, parivutthaparivāso saṅghaṃ tissannaṃ āpattīnaṃ chārattaṃ mānattaṃ yācāmī'ti. Dutiyampi yācitabbaṃ. Tatiyampi yācitabbaṃ. Byattena bhikkhunā paṭibalena saṅgho ñāpetabbo –

115. ''Suṇātu me, bhante, saṅgho. Ayaṃ udāyī bhikkhu ekaṃ āpattiṃ āpajji sañcetanikaṃ sukkavissaṭṭhiṃ pañcāhappaṭicchannaṃ...pe... so parivutthaparivāso saṅghaṃ tissannaṃ āpattīnaṃ chārattaṃ mānattaṃ yācati. Yadi saṅghassa pattakallaṃ, saṅgho udāyissa bhikkhuno tissannaṃ āpattīnaṃ chārattaṃ mānattaṃ dadeyya. Esā ñatti.

''Suṇātu me, bhante, saṅgho. Ayaṃ udāyī bhikkhu ekaṃ āpattiṃ āpajji sañcetanikaṃ sukkavissaṭṭhiṃ pañcāhappaṭicchannaṃ...pe... so parivutthaparivāso saṅghaṃ tissannaṃ āpattīnaṃ chārattaṃ mānattaṃ yācati. Saṅgho udāyissa bhikkhuno tissannaṃ āpattīnaṃ chārattaṃ mānattaṃ deti. Yassāyasmato khamati udāyissa bhikkhuno tissannaṃ āpattīnaṃ chārattaṃ mānattassa dānaṃ, so tuṇhassa; yassa nakkhamati, so bhāseyya.

''Dutiyampi etamatthaṃ vadāmi...pe... tatiyampi etamatthaṃ vadāmi...pe....

''Dinnaṃ saṅghena udāyissa bhikkhuno tissannaṃ āpattīnaṃ chārattaṃ mānattaṃ. Khamati saṅghassa, tasmā tuṇhī, evametaṃ dhārayāmī''ti.

Mānattacārikamūlāyapaṭikassanā

116. So mānattaṃ caranto antarā ekaṃ āpattiṃ āpajji sañcetanikaṃ sukkavissaṭṭhiṃ appaṭicchannaṃ. So bhikkhūnaṃ ārocesi – ''ahaṃ, āvuso, ekaṃ āpattiṃ āpajjiṃ sañcetanikaṃ sukkavissaṭṭhiṃ pañcāhappaṭicchannaṃ...pe... sohaṃ mānattaṃ caranto antarā ekaṃ āpattiṃ āpajjiṃ sañcetanikaṃ sukkavissaṭṭhiṃ appaṭicchannaṃ. Kathaṃ nu kho mayā paṭipajjitabba''nti? Bhagavato etamatthaṃ ārocesuṃ. ''Tena hi, bhikkhave, saṅgho udāyiṃ bhikkhuṃ antarā ekissā āpattiyā sañcetanikāya sukkavissaṭṭhiyā appaṭicchannāya mūlāya paṭikassitvā chārattaṃ mānattaṃ detu. Evañca pana, bhikkhave, mūlāya paṭikassitabbo – tena, bhikkhave, udāyinā bhikkhunā saṅghaṃ upasaṅkamitvā...pe... evamassa vacanīyo – 'ahaṃ, bhante , ekaṃ āpattiṃ āpajjiṃ sañcetanikaṃ sukkavissaṭṭhiṃ pañcāhappaṭicchannaṃ...pe... sohaṃ mānattaṃ caranto antarā ekaṃ āpattiṃ āpajjiṃ sañcetanikaṃ sukkavissaṭṭhiṃ appaṭicchannaṃ. Sohaṃ, bhante, saṅghaṃ antarā ekissā āpattiyā sañcetanikāya sukkavissaṭṭhiyā appaṭicchannāya mūlāyapaṭikassanaṃ yācāmī'ti. Dutiyampi yācitabbā. Tatiyampi yācitabbā. ''Byattena bhikkhunā paṭibalena saṅgho ñāpetabbo –

117. ''Suṇātu me, bhante, saṅgho. Ayaṃ udāyī bhikkhu...pe... mūlāyapaṭikassanaṃ yācati . Yadi saṅghassa pattakallaṃ, saṅgho udāyiṃ bhikkhuṃ antarā ekissā āpattiyā sañcetanikāya sukkavissaṭṭhiyā appaṭicchannāya mūlāya paṭikasseyya. Esā ñatti...pe... paṭikassito saṅghena udāyī bhikkhu antarā ekissā āpattiyā sañcetanikāya sukkavissaṭṭhiyā appaṭicchannāya mūlāyapaṭikassanā. Khamati saṅghassa, tasmā tuṇhī, evametaṃ dhārayāmīti.

''Evañca pana, bhikkhave, chārattaṃ mānattaṃ dātabbaṃ – tena, bhikkhave, udāyinā bhikkhunā...pe... evamassa vacanīyo – 'ahaṃ, bhante, ekaṃ āpattiṃ āpajjiṃ sañcetanikaṃ sukkavissaṭṭhiṃ pañcāhappaṭicchannaṃ...pe... sohaṃ mānattaṃ caranto antarā ekaṃ āpattiṃ āpajjiṃ sañcetanikaṃ sukkavissaṭṭhiṃ appaṭicchannaṃ. Sohaṃ saṅghaṃ antarā ekissā āpattiyā sañcetanikāya sukkavissaṭṭhiyā appaṭicchannāya mūlāyapaṭikassanaṃ yāciṃ. Taṃ maṃ saṅgho antarā ekissā āpattiyā sañcetanikāya sukkavissaṭṭhiyā appaṭicchannāya mūlāya paṭikassi. Sohaṃ, bhante, saṅghaṃ antarā ekissā āpattiyā sañcetanikāya sukkavissaṭṭhiyā appaṭicchannāya chārattaṃ mānattaṃ yācāmī'ti. Dutiyampi yācitabbaṃ. Tatiyampi yācitabbaṃ. Byattena bhikkhunā paṭibalena saṅgho ñāpetabbo –

''Suṇātu me, bhante, saṅgho. Ayaṃ udāyī bhikkhu...pe... chārattaṃ mānattaṃ yācati. Yadi saṅghassa pattakallaṃ, saṅgho udāyissa bhikkhuno antarā ekissā āpattiyā sañcetanikāya sukkavissaṭṭhiyā appaṭicchannāya chārattaṃ mānattaṃ dadeyya. Esā ñatti...pe... dinnaṃ saṅghena udāyissa bhikkhuno antarā ekissā āpattiyā sañcetanikāya sukkavissaṭṭhiyā appaṭicchannāya chārattaṃ mānattaṃ. Khamati saṅghassa, tasmā tuṇhī, evametaṃ dhārayāmī''ti.

Abbhānārahamūlāyapaṭikassanā

118. So ciṇṇamānatto abbhānāraho antarā ekaṃ āpattiṃ āpajji sañcetanikaṃ sukkavissaṭṭhiṃ appaṭicchannaṃ. So bhikkhūnaṃ ārocesi – ''ahaṃ, āvuso, ekaṃ āpattiṃ āpajjiṃ sañcetanikaṃ

sukkavissaṭṭhiṃ pañcāhappaṭicchannaṃ...pe... sohaṃ ciṇṇamānatto abbhānāraho antarā ekaṃ āpattiṃ āpajjiṃ sañcetanikaṃ sukkavissaṭṭhiṃ appaṭicchannaṃ. Kathaṃ nu kho mayā paṭipajjitabba''nti? Bhagavato etamatthaṃ ārocesuṃ. ''Tena hi, bhikkhave, saṅgho udāyiṃ bhikkhuṃ antarā ekissā āpattiyā sañcetanikāya sukkavissaṭṭhiyā appaṭicchannāya mūlāya paṭikassitvā chārattaṃ mānattaṃ detu. Evañca pana, bhikkhave, mūlāya paṭikassitabbo...pe....

''Evañca pana, bhikkhave, chārattaṃ mānattaṃ dātabbaṃ...pe....

''Dinnaṃ saṅghena udāyissa bhikkhuno antarā ekissā āpattiyā sañcetanikāya sukkavissaṭṭhiyā appaṭicchannāya chārattaṃ mānattaṃ. Khamati saṅghassa, tasmā tuṇhī, evametaṃ dhārayāmī''ti.

Mūlāyapaṭikassitaabbhānaṃ

119. So ciṇṇamānatto bhikkhūnaṃ ārocesi – ''ahaṃ, āvuso, ekaṃ āpattiṃ āpajjiṃ sañcetanikaṃ sukkavissaṭṭhiṃ pañcāhappaṭicchannaṃ...pe... sohaṃciṇṇamānatto. Kathaṃ nu kho mayā paṭipajjitabba''nti? Bhagavato etamatthaṃ ārocesuṃ. Tena hi, bhikkhave, saṅgho udāyiṃ bhikkhuṃ abbhetu. Evañca pana, bhikkhave, abbhetabbo –

''Tena, bhikkhave, udāyinā bhikkhunā saṅghaṃ upasaṅkamitvā...pe... evamassa vacanīyo – 'ahaṃ, bhante, ekaṃ āpattiṃ āpajjiṃ sañcetanikaṃ sukkavissaṭṭhiṃ pañcāhappaṭicchannaṃ. Sohaṃ saṅghaṃ ekissā āpattiyā sañcetanikāya sukkavissaṭṭhiyā pañcāhappaṭicchannāya pañcāhaparivāsaṃ yāciṃ. Tassa me saṅgho ekissā āpattiyā sañcetanikāya sukkavissaṭṭhiyā pañcāhappaṭicchannāya pañcāhaparivāsaṃ adāsi. Sohaṃ parivasanto antarā ekaṃ āpattiṃ āpajjiṃ sañcetanikaṃ sukkavissaṭṭhiṃ appaṭicchannaṃ. Sohaṃ saṅghaṃ antarā ekissā āpattiyā sañcetanikāya sukkavissaṭṭhiyā appaṭicchannāya mūlāyapaṭikassanaṃ yāciṃ. Taṃ maṃ saṅgho antarā ekissā āpattiyā sañcetanikāya sukkavissaṭṭhiyā appaṭicchannāya mūlāya paṭikassi. Sohaṃ parivutthaparivāso mānattāraho antarā ekaṃ āpattiṃ āpajjiṃ sañcetanikaṃ sukkavissaṭṭhiṃ appaṭicchannaṃ. Sohaṃ saṅghaṃ antarā ekissā āpattiyā sañcetanikāya sukkavissaṭṭhiyā appaṭicchannāya mūlāyapaṭikassanaṃ yāciṃ. Taṃ maṃ saṅgho antarā ekissā āpattiyā sañcetanikāya sukkavissaṭṭhiyā appaṭicchannāya mūlāya paṭikassi. Sohaṃ parivutthaparivāso saṅghaṃ tissannaṃ āpattīnaṃ chārattaṃ mānattaṃ yāciṃ. Tassa me saṅgho tissannaṃ āpattīnaṃ chārattaṃ mānattaṃ adāsi. Sohaṃ mānattaṃ caranto antarā ekaṃ āpattiṃ āpajjiṃ sañcetanikaṃ sukkavissaṭṭhiṃ appaṭicchannaṃ. Sohaṃ saṅghaṃ antarā ekissā āpattiyā sañcetanikāya sukkavissaṭṭhiyā appaṭicchannāya mūlāyapaṭikassanaṃ yāciṃ. Taṃ maṃ saṅgho antarā ekissā āpattiyā sañcetanikāya sukkavissaṭṭhiyā appaṭicchannāya mūlāya paṭikassi. Sohaṃ saṅghaṃ antarā ekissā āpattiyā sañcetanikāya sukkavissaṭṭhiyā appaṭicchannāya chārattaṃ mānattaṃ yāciṃ. Tassa me saṅgho antarā ekissā āpattiyā sañcetanikāya sukkavissaṭṭhiyā appaṭicchannāya chārattaṃ mānattaṃ adāsi. Sohaṃ ciṇṇamānatto abbhānāraho antarā ekaṃ āpattiṃ āpajjiṃ sañcetanikaṃ sukkavissaṭṭhiṃ appaṭicchannaṃ. Sohaṃ saṅghaṃ antarā ekissā āpattiyā sañcetanikāya sukkavissaṭṭhiyā appaṭicchannāya mūlāyapaṭikassanaṃ yāciṃ. Taṃ maṃ saṅgho antarā ekissā āpattiyā sañcetanikāya sukkavissaṭṭhiyā appaṭicchannāya mūlāya paṭikassi. Sohaṃ saṅghaṃ antarā ekissā āpattiyā sañcetanikāya sukkavissaṭṭhiyā appaṭicchannāya chārattaṃ mānattaṃ yāciṃ. Tassa me saṅgho antarā ekissā āpattiyā sañcetanikāya sukkavissaṭṭhiyā appaṭicchannāya chārattaṃ mānattaṃ adāsi. Sohaṃ, bhante, ciṇṇamānatto saṅghaṃ abbhānaṃ yācāmī''ti.

''Dutiyampi yācitabbaṃ. Tatiyampi yācitabbaṃ. Byattena bhikkhunā paṭibalena saṅgho ñāpetabbo –

120. ''Suṇātu me, bhante, saṅgho. Ayaṃ udāyī bhikkhu ekaṃ āpattiṃ āpajji sañcetanikaṃ sukkavissaṭṭhiṃ pañcāhappaṭicchannaṃ. So saṅghaṃ ekissā āpattiyā sañcetanikāya sukkavissaṭṭhiyā pañcāhappaṭicchannāya pañcāhaparivāsaṃ yāci. Saṅgho udāyissa bhikkhuno ekissā āpattiyā sañcetanikāya sukkavissaṭṭhiyā pañcāhappaṭicchannāya pañcāhaparivāsaṃ adāsi. So parivasanto antarā ekaṃ āpattiṃ āpajji sañcetanikaṃ sukkavissaṭṭhiṃ appaṭicchannaṃ. So saṅghaṃ antarā ekissā āpattiyā sañcetanikāya sukkavissaṭṭhiyā appaṭicchannāya mūlāyapaṭikassanaṃ yāci. Saṅgho udāyiṃ bhikkhuṃ antarā ekissā āpattiyā sañcetanikāya sukkavissaṭṭhiyā appaṭicchannāya mūlāya paṭikassi. So parivutthaparivāso mānattāraho antarā ekaṃ āpattiṃ āpajji sañcetanikaṃ sukkavissaṭṭhiṃ appaṭicchannaṃ. So saṅghaṃ antarā ekissā āpattiyā sañcetanikāya sukkavissaṭṭhiyā appaṭicchannāya mūlāyapaṭikassanaṃ yāci. Saṅgho udāyiṃ bhikkhuṃ antarā ekissā āpattiyā sañcetanikāya sukkavissaṭṭhiyā appaṭicchannāya mūlāya paṭikassi. So parivutthaparivāso saṅghaṃ tissannaṃ āpattīnaṃ chārattaṃ mānattaṃ yāci. Saṅgho udāyissa bhikkhuno tissannaṃ āpattīnaṃ chārattaṃ mānattaṃ adāsi. So mānattaṃ caranto antarā ekaṃ āpattiṃ āpajji sañcetanikaṃ sukkavissaṭṭhiṃ appaṭicchannaṃ. So saṅghaṃ antarā ekissā āpattiyā sañcetanikāya sukkavissaṭṭhiyā appaṭicchannāya mūlāyapaṭikassanaṃ yāci. Saṅgho udāyiṃ bhikkhuṃ antarā ekissā āpattiyā sañcetanikāya sukkavissaṭṭhiyā appaṭicchannāya mūlāya paṭikassi. So saṅghaṃ antarā ekissā āpattiyā sañcetanikāya sukkavissaṭṭhiyā appaṭicchannāya chārattaṃ mānattaṃ yāci. Saṅgho udāyissa bhikkhuno antarā ekissā āpattiyā sañcetanikāya sukkavissaṭṭhiyā appaṭicchannāya chārattaṃ mānattaṃ adāsi. So ciṇṇamānatto abbhānāraho antarā ekaṃ āpattiṃ āpajji sañcetanikaṃ sukkavissaṭṭhiṃ appaṭicchannaṃ. So saṅghaṃ antarā ekissā āpattiyā sañcetanikāya sukkavissaṭṭhiyā appaṭicchannāya mūlāyapaṭikassanaṃ yāci. Saṅgho udāyiṃ bhikkhuṃ antarā ekissā āpattiyā sañcetanikāya

sukkavissaṭṭhiyā appaṭicchannāya mūlāya paṭikassi. So saṅghaṃ antarā ekissā āpattiyā sañcetanikāya sukkavissaṭṭhiyā appaṭicchannāya chārattaṃ mānattaṃ yāci. Saṅgho udāyissa bhikkhuno antarā ekissā āpattiyā sañcetanikāya sukkavissaṭṭhiyā appaṭicchannāya chārattaṃ mānattaṃ adāsi. So ciṇṇamānatto saṅghaṃ abbhānaṃ yācati. Yadi saṅghassa pattakallaṃ, saṅgho udāyiṃ bhikkhuṃ abbheyya. Esā ñatti.

"Suṇātu me, bhante, saṅgho. Ayaṃ udāyī bhikkhu ekaṃ āpattiṃ āpajji sañcetanikaṃ sukkavissaṭṭhiṃ pañcāhappaṭicchannaṃ...pe... so ciṇṇamānatto saṅghaṃ abbhānaṃ yācati. Saṅgho udāyiṃ bhikkhuṃ abbheti. Yassāyasmato khamati udāyissa bhikkhuno abbhānaṃ, so tuṇhassa; yassa nakkhamati, so bhāseyya.

"Dutiyampi etamatthaṃ vadāmi...pe... tatiyampi etamatthaṃ vadāmi...pe....

"Abbhito saṅghena udāyī bhikkhu. Khamati saṅghassa, tasmā tuṇhī, evametaṃ dhārayāmī"ti.

Pakkhappaṭicchannaparivāso

121. Tena kho pana samayena āyasmā udāyī ekaṃ āpattiṃ āpanno hoti sañcetanikaṃ sukkavissaṭṭhiṃ pakkhappaṭicchannaṃ. So bhikkhūnaṃ ārocesi – "ahaṃ, āvuso, ekaṃ āpattiṃ āpajjiṃ sañcetanikaṃ sukkavissaṭṭhiṃ pakkhappaṭicchannaṃ. Kathaṃ nu kho mayā paṭipajjitabba"nti? Bhagavato etamatthaṃ ārocesuṃ. "Tena hi, bhikkhave, saṅgho udāyissa bhikkhuno ekissā āpattiyā sañcetanikāya sukkavissaṭṭhiyā pakkhappaṭicchannāya pakkhaparivāsaṃ detu. Evañca pana, bhikkhave, dātabbo –

"Tena, bhikkhave, udāyinā bhikkhunā saṅghaṃ upasaṅkamitvā...pe... evamassa vacanīyo – 'ahaṃ, bhante, ekaṃ āpattiṃ āpajjiṃ sañcetanikaṃ sukkavissaṭṭhiṃ pakkhappaṭicchannaṃ. Sohaṃ, bhante, saṅghaṃ ekissā āpattiyā sañcetanikāya sukkavissaṭṭhiyā pakkhappaṭicchannāya pakkhaparivāsaṃ yācāmī'ti. Dutiyampi yācitabbo. Tatiyampi yācitabbo. Byattena bhikkhuno paṭibalena saṅgho ñāpetabbo –

122. "Suṇātu me, bhante, saṅgho. Ayaṃ udāyī bhikkhu ekaṃ āpattiṃ āpajji sañcetanikaṃ sukkavissaṭṭhiṃ pakkhappaṭicchannaṃ. So saṅghaṃ ekissā āpattiyā sañcetanikāya sukkavissaṭṭhiyā pakkhappaṭicchannāya pakkhaparivāsaṃ yācati. Yadi saṅghassa pattakallaṃ, saṅgho udāyissa bhikkhuno ekissā āpattiyā sañcetanikāya sukkavissaṭṭhiyā pakkhappaṭicchannāya pakkhaparivāsaṃ dadeyya. Esā ñatti.

"Suṇātu me, bhante, saṅgho. Ayaṃ udāyī bhikkhu ekaṃ āpattiṃ āpajji sañcetanikaṃ sukkavissaṭṭhiṃ pakkhappaṭicchannaṃ. So saṅghaṃ ekissā āpattiyā sañcetanikāya sukkavissaṭṭhiyā pakkhappaṭicchannāya pakkhaparivāsaṃ yācati. Saṅgho udāyissa bhikkhuno ekissā āpattiyā sañcetanikāya sukkavissaṭṭhiyā pakkhappaṭicchannāya pakkhaparivāsaṃ deti. Yassāyasmato khamati udāyissa bhikkhuno ekissā āpattiyā sañcetanikāya sukkavissaṭṭhiyā pakkhappaṭicchannāya pakkhaparivāsassa dānaṃ, so tuṇhassa; yassa nakkhamati, so bhāseyya.

"Dutiyampi etamatthaṃ vadāmi...pe... tatiyampi etamatthaṃ vadāmi...pe....

"Dinno saṅghena udāyissa bhikkhuno ekissā āpattiyā sañcetanikāya sukkavissaṭṭhiyā pakkhappaṭicchannāya pakkhaparivāso. Khamati saṅghassa, tasmā tuṇhī, evametaṃ dhārayāmī"ti.

Pakkhapārivāsikamūlāyapaṭikassanā

123. So parivasanto antarā ekaṃ āpattiṃ āpajji sañcetanikaṃ sukkavissaṭṭhiṃ pañcāhappaṭicchannaṃ. So bhikkhūnaṃ ārocesi – "ahaṃ, āvuso, ekaṃ āpattiṃ āpajjiṃ sañcetanikaṃ sukkavissaṭṭhiṃ pakkhappaṭicchannaṃ. Sohaṃ saṅghaṃ ekissā āpattiyā sañcetanikāya sukkavissaṭṭhiyā pakkhappaṭicchannāya pakkhaparivāsaṃ yāciṃ. Tassa me saṅgho ekissā āpattiyā sañcetanikāya sukkavissaṭṭhiyā pakkhappaṭicchannāya pakkhaparivāsaṃ adāsi. Sohaṃ parivasanto antarā ekaṃ āpattiṃ āpajjiṃ sañcetanikaṃ sukkavissaṭṭhiṃ pañcāhappaṭicchannaṃ. Kathaṃ nu kho mayā paṭipajjitabba"nti! Bhagavato etamatthaṃ ārocesuṃ. "Tena hi, bhikkhave, saṅgho udāyiṃ bhikkhuṃ antarā ekissā āpattiyā sañcetanikāya sukkavissaṭṭhiyā pañcāhappaṭicchannāya mūlāya paṭikassitvā purimāya āpattiyā samodhānaparivāsaṃ detu. Evañca pana, bhikkhave, mūlāya paṭikassitabbo –

"Tena, bhikkhave, udāyinā bhikkhunā saṅghaṃ upasaṅkamitvā...pe... evamassa vacanīyo – 'ahaṃ, bhante, ekaṃ āpattiṃ āpajjiṃ sañcetanikaṃ sukkavissaṭṭhiṃ pakkhappaṭicchannaṃ. Sohaṃ saṅghaṃ ekissā āpattiyā sañcetanikāya sukkavissaṭṭhiyā pakkhappaṭicchannāya pakkhaparivāsaṃ yāciṃ. Tassa me saṅgho ekissā āpattiyā sañcetanikāya sukkavissaṭṭhiyā pakkhappaṭicchannāya pakkhaparivāsaṃ adāsi. Sohaṃ parivasanto antarā ekaṃ āpattiṃ āpajjiṃ sañcetanikaṃ sukkavissaṭṭhiṃ pañcāhappaṭicchannaṃ. Sohaṃ, bhante, saṅghaṃ antarā ekissā āpattiyā sañcetanikāya sukkavissaṭṭhiyā pañcāhappaṭicchannāya mūlāyapaṭikassanaṃ yācāmī'ti. Dutiyampi yācitabbā. Tatiyampi yācitabbā. Byattena bhikkhunā paṭibalena saṅgho ñāpetabbo –

124. "Suṇātu me, bhante, saṅgho. Ayaṃ udāyī bhikkhu ekaṃ āpattiṃ āpajji sañcetanikaṃ sukkavissaṭṭhiṃ pakkhappaṭicchannaṃ. So saṅghaṃ ekissā āpattiyā sañcetanikāya sukkavissaṭṭhiyā pakkhappaṭicchannāya pakkhaparivāsaṃ yāci . Saṅgho udāyissa bhikkhuno ekissā āpattiyā sañcetanikāya sukkavissaṭṭhiyā pakkhappaṭicchannāya pakkhaparivāsaṃ adāsi. So parivasanto antarā ekaṃ āpattiṃ āpajji sañcetanikaṃ sukkavissaṭṭhiṃ pañcāhappaṭicchannaṃ. So saṅghaṃ antarā ekissā āpattiyā sañcetanikāya sukkavissaṭṭhiyā pañcāhappaṭicchannāya mūlāyapaṭikassanaṃ yācati. Yadi

saṅghassa pattakallaṃ, saṅgho udāyiṃ bhikkhuṃ antarā ekissā āpattiyā sañcetanikāya sukkavissaṭṭhiyā pañcāhappaṭicchannāya mūlāya paṭikasseyya. Esā ñatti.

"Suṇātu me, bhante, saṅgho. Ayaṃ udāyī bhikkhu ekaṃ āpattiṃ āpajji sañcetanikaṃ sukkavissaṭṭhiṃ pakkhappaṭicchannaṃ. So saṅghaṃ ekissā āpattiyā sañcetanikāya sukkavissaṭṭhiyā pakkhappaṭicchannāya pakkhaparivāsaṃ yāci. Saṅgho udāyissa bhikkhuno ekissā āpattiyā sañcetanikāya sukkavissaṭṭhiyā pakkhappaṭicchannāya pakkhaparivāsaṃ adāsi. So parivasanto antarā ekaṃ āpattiṃ āpajji sañcetanikaṃ sukkavissaṭṭhiṃ pañcāhappaṭicchannaṃ. So saṅghaṃ antarā ekissā āpattiyā sañcetanikāya sukkavissaṭṭhiyā pañcāhappaṭicchannāya mūlāyapaṭikassanaṃ yācati. Saṅgho udāyiṃ bhikkhuṃ antarā ekissā āpattiyā sañcetanikāya sukkavissaṭṭhiyā pañcāhappaṭicchannāya mūlāya paṭikassati. Yassāyasmato khamati udāyissa bhikkhuno antarā ekissā āpattiyā sañcetanikāya sukkavissaṭṭhiyā pañcāhappaṭicchannāya mūlāyapaṭikassanā, so tuṇhassa; yassa nakkhamati, so bhāseyya.

"Dutiyampi etamatthaṃ vadāmi...pe... tatiyampi etamatthaṃ vadāmi...pe....

"Paṭikassito saṅghena udāyī bhikkhu antarā ekissā āpattiyā sañcetanikāya sukkavissaṭṭhiyā pañcāhappaṭicchannāya mūlāyapaṭikassanā. Khamati saṅghassa, tasmā tuṇhī, evametaṃ dhārayāmī''ti.

Samodhānaparivāso

125. "Evañca pana, bhikkhave, purimāya āpattiyā samodhānaparivāso dātabbo – tena, bhikkhave, udāyinā bhikkhunā saṅghaṃ upasaṅkamitvā...pe... evamassa vacanīyo – 'ahaṃ, bhante, ekaṃ āpattiṃ āpajjiṃ sañcetanikaṃ sukkavissaṭṭhiṃ pakkhappaṭicchannaṃ. Sohaṃ saṅghaṃ ekissā āpattiyā sañcetanikāya sukkavissaṭṭhiyā pakkhappaṭicchannāya pakkhaparivāsaṃ yāciṃ. Tassa me saṅgho ekissā āpattiyā sañcetanikāya sukkavissaṭṭhiyā pakkhappaṭicchannāya pakkhaparivāsaṃ adāsi. Sohaṃ parivasanto antarā ekaṃ āpattiṃ āpajjiṃ sañcetanikaṃ sukkavissaṭṭhiṃ pañcāhappaṭicchannaṃ. Sohaṃ saṅghaṃ antarā ekissā āpattiyā sañcetanikāya sukkavissaṭṭhiyā pañcāhappaṭicchannāya mūlāyapaṭikassanaṃ yāciṃ. Taṃ maṃ saṅgho antarā ekissā āpattiyā sañcetanikāya sukkavissaṭṭhiyā pañcāhappaṭicchannāya mūlāya paṭikassi. Sohaṃ, bhante, saṅghaṃ antarā ekissā āpattiyā sañcetanikāya sukkavissaṭṭhiyā pañcāhappaṭicchannāya purimāya āpattiyā samodhānaparivāsaṃ yācāmī'''ti.

"Dutiyampi yācitabbo. Tatiyampi yācitabbo. Byattena bhikkhunā paṭibalena saṅgho ñāpetabbo –

126. "Suṇātu me, bhante, saṅgho. Ayaṃ udāyī bhikkhu ekaṃ āpattiṃ āpajji sañcetanikaṃ sukkavissaṭṭhiṃ pakkhappaṭicchannaṃ. So saṅghaṃ ekissā āpattiyā sañcetanikāya sukkavissaṭṭhiyā pakkhappaṭicchannāya pakkhaparivāsaṃ yāci. Saṅgho udāyissa bhikkhuno ekissā āpattiyā sañcetanikāya sukkavissaṭṭhiyā pakkhappaṭicchannāya pakkhaparivāsaṃ adāsi. So parivasanto antarā ekaṃ āpattiṃ āpajji sañcetanikaṃ sukkavissaṭṭhiṃ pañcāhappaṭicchannaṃ. So saṅghaṃ antarā ekissā āpattiyā sañcetanikāya sukkavissaṭṭhiyā pañcāhappaṭicchannāya mūlāyapaṭikassanaṃ yāci. Saṅgho udāyiṃ bhikkhuṃ antarā ekissā āpattiyā sañcetanikāya sukkavissaṭṭhiyā pañcāhappaṭicchannāya mūlāya paṭikassi. So saṅghaṃ antarā ekissā āpattiyā sañcetanikāya sukkavissaṭṭhiyā pañcāhappaṭicchannāya purimāya āpattiyā samodhānaparivāsaṃ yācati. Yadi saṅghassa pattakallaṃ, saṅgho udāyissa bhikkhuno antarā ekissā āpattiyā sañcetanikāya sukkavissaṭṭhiyā pañcāhappaṭicchannāya purimāya āpattiyā samodhānaparivāsaṃ dadeyya. Esā ñatti.

"Suṇātu me, bhante, saṅgho. Ayaṃ udāyī bhikkhu ekaṃ āpattiṃ āpajji sañcetanikaṃ sukkavissaṭṭhiṃ pakkhappaṭicchannaṃ. So saṅghaṃ ekissā āpattiyāsañcetanikāya sukkavissaṭṭhiyā pakkhappaṭicchannāya pakkhaparivāsaṃ yāci. Saṅgho udāyissa bhikkhuno ekissā āpattiyā sañcetanikāya sukkavissaṭṭhiyā pakkhappaṭicchannāya pakkhaparivāsaṃ adāsi. So parivasanto antarā ekaṃ āpattiṃ āpajji sañcetanikaṃ sukkavissaṭṭhiṃ pañcāhappaṭicchannaṃ. So saṅghaṃ antarā ekissā āpattiyā sañcetanikāya sukkavissaṭṭhiyā pañcāhappaṭicchannāya mūlāyapaṭikassanaṃ yāci. Saṅgho udāyiṃ bhikkhuṃ antarā ekissā āpattiyā sañcetanikāya sukkavissaṭṭhiyā pañcāhappaṭicchannāya mūlāya paṭikassi. So saṅghaṃ antarā ekissā āpattiyā sañcetanikāya sukkavissaṭṭhiyā pañcāhappaṭicchannāya purimāya āpattiyā samodhānaparivāsaṃ yācati. Saṅgho udāyissa bhikkhuno antarā ekissā āpattiyā sañcetanikāya sukkavissaṭṭhiyā pañcāhappaṭicchannāya purimāya āpattiyā samodhānaparivāsaṃ deti. Yassāyasmato khamati udāyissa bhikkhuno antarā ekissā āpattiyā sañcetanikāya sukkavissaṭṭhiyā pañcāhappaṭicchannāya purimāya āpattiyā samodhānaparivāsassa dānaṃ, so tuṇhassa; yassa nakkhamati, so bhāseyya.

"Dutiyampi etamatthaṃ vadāmi...pe... tatiyampi etamatthaṃ vadāmi...pe....

"Dinno saṅghena udāyissa bhikkhuno antarā ekissā āpattiyā sañcetanikāya sukkavissaṭṭhiyā pañcāhappaṭicchannāya purimāya āpattiyā samodhānaparivāso. Khamati saṅghassa, tasmā tuṇhī, evametaṃ dhārayāmī''ti.

Mānattārahamūlāyapaṭikassanādi

127. So parivutthaparivāso mānattāraho antarā ekaṃ āpattiṃ āpajji sañcetanikaṃ sukkavissaṭṭhiṃ pañcāhappaṭicchannaṃ. So bhikkhūnaṃ ārocesi – "ahaṃ, āvuso, ekaṃ āpattiṃ āpajjiṃ sañcetanikaṃ sukkavissaṭṭhiṃ pakkhappaṭicchannaṃ...pe... sohaṃ parivutthaparivāso mānattāraho antarā ekaṃ āpattiṃ āpajjiṃ sañcetanikaṃ sukkavissaṭṭhiṃ pañcāhappaṭicchannaṃ. Kathaṃ nu kho mayā

paṭipajjitabba''nti? Bhagavato etamatthaṃ ārocesuṃ. ''Tena hi, bhikkhave, saṅgho udāyiṃ bhikkhuṃ antarā ekissā āpattiyā sañcetanikāya sukkavissaṭṭhiyā pañcāhappaṭicchannāya mūlāya paṭikassitvā purimāya āpattiyā samodhānaparivāsaṃ detu. Evañca pana, bhikkhave, mūlāya paṭikassitabbo...pe....

''Evañca pana, bhikkhave, purimāya āpattiyā samodhānaparivāso dātabbo...pe... deti...pe....

''Dinno saṅghena udāyissa bhikkhuno antarā ekissā āpattiyā sañcetanikāya sukkavissaṭṭhiyā pañcāhappaṭicchannāya purimāya āpattiyā samodhānaparivāso. Khamati saṅghassa, tasmā tuṇhī, evametaṃ dhārayāmī''ti.

Tikāpattimānattaṃ

128. So parivutthaparivāso bhikkhūnaṃ ārocesi – ''ahaṃ, āvuso, ekaṃ āpattiṃ āpajjiṃ sañcetanikaṃ sukkavissaṭṭhiṃ pakkhappaṭicchannaṃ...pe... sohaṃ parivutthaparivāso. Kathaṃ nu kho mayā paṭipajjitabba''nti? Bhagavato etamatthaṃ ārocesuṃ. ''Tena hi , bhikkhave, saṅgho udāyissa bhikkhuno tissannaṃ āpattīnaṃ chārattaṃ mānattaṃ detu. Evañca pana, bhikkhave, dātabbaṃ –

''Tena, bhikkhave, udāyinā bhikkhunā saṅghaṃ upasaṅkamitvā...pe... evamassa vacanīyo – 'ahaṃ, bhante, ekaṃ āpattiṃ āpajjiṃ sañcetanikaṃ sukkavissaṭṭhiṃ pakkhappaṭicchannaṃ...pe... sohaṃ, bhante, parivutthaparivāso saṅghaṃ tissannaṃ āpattīnaṃ chārattaṃ mānattaṃ yācāmī'ti. Dutiyampi yācitabbaṃ. Tatiyampi yācitabbaṃ. Byattena bhikkhunā paṭibalena saṅgho ñāpetabbo –

129. ''Suṇātu me, bhante, saṅgho. Ayaṃ udāyī bhikkhu ekaṃ āpattiṃ āpajji sañcetanikaṃ sukkavissaṭṭhiṃ pakkhappaṭicchannaṃ...pe... so parivutthaparivāso saṅghaṃ tissannaṃ āpattīnaṃ chārattaṃ mānattaṃ yācati. Yadi saṅghassa pattakallaṃ, saṅgho udāyissa bhikkhuno tissannaṃ āpattīnaṃ chārattaṃ mānattaṃ dadeyya. Esā ñatti.

''Suṇātu me, bhante, saṅgho. Ayaṃ udāyī bhikkhu ekaṃ āpattiṃ āpajji sañcetanikaṃ sukkavissaṭṭhiṃ pakkhappaṭicchannaṃ...pe... so parivutthaparivāso saṅghaṃ tissannaṃ āpattīnaṃ chārattaṃ mānattaṃ yācati. Saṅgho udāyissa bhikkhuno tissannaṃ āpattīnaṃ chārattaṃ mānattaṃ deti. Yassāyasmato khamatiudāyissa bhikkhuno tissannaṃ āpattīnaṃ chārattaṃ mānattassa dānaṃ, so tuṇhassa; yassa nakkhamati, so bhāseyya.

''Dutiyampi etamatthaṃ vadāmi...pe... tatiyampi etamatthaṃ vadāmi...pe....

''Dinnaṃ saṅghena udāyissa bhikkhuno tissannaṃ āpattīnaṃ chārattaṃ mānattaṃ. Khamati saṅghassa, tasmā tuṇhī, evametaṃ dhārayāmī''ti.

Mānattacārikamūlāyapaṭikassanādi

130. So mānattaṃ caranto antarā ekaṃ āpattiṃ āpajji sañcetanikaṃ sukkavissaṭṭhiṃ pañcāhappaṭicchannaṃ. So bhikkhūnaṃ ārocesi – ''ahaṃ, āvuso, ekaṃ āpattiṃ āpajjiṃ sañcetanikaṃ sukkavissaṭṭhiṃ pakkhappaṭicchannaṃ...pe... sohaṃ mānattaṃ caranto antarā ekaṃ āpattiṃ āpajjiṃ sañcetanikaṃ sukkavissaṭṭhiṃ pañcāhappaṭicchannaṃ. Kathaṃ nu kho mayā paṭipajjitabba''nti? Bhagavato etamatthaṃ ārocesuṃ. ''Tena hi, bhikkhave, saṅgho udāyiṃ bhikkhuṃ antarā ekissā āpattiyā sañcetanikāya sukkavissaṭṭhiyā pañcāhappaṭicchannāya mūlāya paṭikassitvā purimāya āpattiyā samodhānaparivāsaṃ datvā chārattaṃ mānattaṃ detu. Evañca pana, bhikkhave, mūlāya paṭikassitabbo...pe....

''Evañca pana, bhikkhave, purimāya āpattiyā samodhānaparivāso dātabbo...pe....

''Evañca pana, bhikkhave, chārattaṃ mānattaṃ dātabbaṃ...pe... deti...pe... .

''Dinnaṃ saṅghena udāyissa bhikkhuno antarā ekissā āpattiyā sañcetanikāya sukkavissaṭṭhiyā pañcāhappaṭicchannāya chārattaṃ mānattaṃ. Khamati saṅghassa, tasmā tuṇhī, evametaṃ dhārayāmī''ti.

Abbhānārahamūlāyapaṭikassanādi

131. So ciṇṇamānatto abbhānāraho antarā ekaṃ āpattiṃ āpajji sañcetanikaṃ sukkavissaṭṭhiṃ pañcāhappaṭicchannaṃ. So bhikkhūnaṃ ārocesi – ''ahaṃ, āvuso, ekaṃ āpattiṃ āpajjiṃ sañcetanikaṃ sukkavissaṭṭhiṃ pakkhappaṭicchannaṃ...pe... sohaṃ ciṇṇamānatto abbhānāraho antarā ekaṃ āpattiṃ āpajjiṃ sañcetanikaṃ sukkavissaṭṭhiṃ pañcāhappaṭicchannaṃ. Kathaṃ nu kho mayā paṭipajjitabba''nti? Bhagavato etamatthaṃ ārocesuṃ. ''Tena hi, bhikkhave, saṅgho udāyiṃ bhikkhuṃ antarā ekissā āpattiyā sañcetanikāya sukkavissaṭṭhiyā pañcāhappaṭicchannāya mūlāya paṭikassitvā purimāya āpattiyā samodhānaparivāsaṃ datvā chārattaṃ mānattaṃ detu. Evañca pana, bhikkhave, mūlāya paṭikassitabbo...pe....

''Evañca pana, bhikkhave, purimāya āpattiyā samodhānaparivāso dātabbo...pe....

''Evañca pana, bhikkhave, chārattaṃ mānattaṃ dātabbaṃ...pe... deti...pe....

''Dinnaṃ saṅghena udāyissa bhikkhuno antarā ekissā āpattiyā sañcetanikāya sukkavissaṭṭhiyā pañcāhappaṭicchannāya chārattaṃ mānattaṃ. Khamati saṅghassa, tasmā tuṇhī, evametaṃ dhārayāmī''ti.

Pakkhappaṭicchannaabbhānaṃ

132. So ciṇṇamānatto bhikkhūnaṃ ārocesi – ''ahaṃ, āvuso, ekaṃ āpattiṃ āpajjiṃ sañcetanikaṃ sukkavissaṭṭhiṃ pakkhappaṭicchannaṃ...pe... sohaṃ ciṇṇamānatto. Kathaṃ nu kho mayā paṭipajjitabba''nti? Bhagavato etamatthaṃ ārocesuṃ. ''Tena hi, bhikkhave, saṅgho udāyiṃ bhikkhuṃ abbhetu. Evañca pana, bhikkhave, abbhetabbo –

"Tena, bhikkhave, udāyinā bhikkhunā saṅghaṃ upasaṅkamitvā, ekaṃsaṃ uttarāsaṅgaṃ karitvā, vuḍḍhānaṃ bhikkhūnaṃ pāde vanditvā, ukkuṭikaṃ nisīditvā, añjaliṃ paggahetvā, evamassa vacanīyo – 'ahaṃ, bhante, ekaṃ āpattiṃ āpajjiṃ sañcetanikaṃ sukkavissaṭṭhiṃ pakkhappaṭicchannaṃ. Sohaṃ saṅghaṃ ekissā āpattiyā sañcetanikāya sukkavissaṭṭhiyā pakkhappaṭicchannāya pakkhaparivāsaṃ yāciṃ. Tassa me saṅgho ekissā āpattiyā sañcetanikāya sukkavissaṭṭhiyā pakkhappaṭicchannāya pakkhaparivāsaṃ adāsi. Sohaṃ parivasanto antarā ekaṃ āpattiṃ āpajjiṃ sañcetanikaṃ sukkavissaṭṭhiṃ pañcāhappaṭicchannaṃ. Sohaṃ saṅghaṃ antarā ekissā āpattiyā sañcetanikāya sukkavissaṭṭhiyā pañcāhappaṭicchannāya mūlāyapaṭikassanaṃ yāciṃ. Taṃ maṃ saṅgho antarā ekissā āpattiyā sañcetanikāya sukkavissaṭṭhiyā pañcāhappaṭicchannāya mūlāya paṭikassi. Sohaṃ saṅghaṃ antarā ekissā āpattiyāsañcetanikāya sukkavissaṭṭhiyā pañcāhappaṭicchannāya purimāya āpattiyā samodhānaparivāsaṃ yāciṃ. Tassa me saṅgho antarā ekissā āpattiyā sañcetanikāya sukkavissaṭṭhiyā pañcāhappaṭicchannāya purimāya āpattiyā samodhānaparivāsaṃ adāsi. Sohaṃ parivutthaparivāso mānattāraho antarā ekaṃ āpattiṃ āpajjiṃ sañcetanikaṃ sukkavissaṭṭhiṃ pañcāhappaṭicchannaṃ. Sohaṃ saṅghaṃ antarā ekissā āpattiyā sañcetanikāya sukkavissaṭṭhiyā pañcāhappaṭicchannāya mūlāyapaṭikassanaṃ yāciṃ. Taṃ maṃ saṅgho antarā ekissā āpattiyā sañcetanikāya sukkavissaṭṭhiyā pañcāhappaṭicchannāya mūlāya paṭikassi. Sohaṃ saṅghaṃ antarā ekissā āpattiyā sañcetanikāya sukkavissaṭṭhiyā pañcāhappaṭicchannāya purimāya āpattiyā samodhānaparivāsaṃ yāciṃ. Tassa me saṅgho antarā ekissā āpattiyā sañcetanikāya sukkavissaṭṭhiyā pañcāhappaṭicchannāya purimāya āpattiyā samodhānaparivāsaṃ adāsi. Sohaṃ parivutthaparivāso saṅghaṃ tissannaṃ āpattīnaṃ chārattaṃ mānattaṃ yāciṃ. Tassa me saṅgho tissannaṃ āpattīnaṃ chārattaṃ mānattaṃ adāsi. Sohaṃ mānattaṃ caranto antarā ekaṃ āpattiṃ āpajjiṃ sañcetanikaṃ sukkavissaṭṭhiṃ pañcāhappaṭicchannaṃ. Sohaṃ saṅghaṃ antarā ekissā āpattiyā sañcetanikāya sukkavissaṭṭhiyā pañcāhappaṭicchannāya mūlāyapaṭikassanaṃ yāciṃ. Taṃ maṃ saṅgho antarā ekissā āpattiyā sañcetanikāya sukkavissaṭṭhiyā pañcāhappaṭicchannāya mūlāya paṭikassi. Sohaṃ saṅghaṃ antarā ekissā āpattiyā sañcetanikāya sukkavissaṭṭhiyā pañcāhappaṭicchannāya purimāya āpattiyā samodhānaparivāsaṃ yāciṃ. Tassa me saṅgho antarā ekissā āpattiyā sañcetanikāya sukkavissaṭṭhiyā pañcāhappaṭicchannāya purimāya āpattiyā samodhānaparivāsaṃ adāsi. Sohaṃ parivutthaparivāso saṅghaṃ antarā ekissā āpattiyā sañcetanikāya sukkavissaṭṭhiyā pañcāhappaṭicchannāya chārattaṃ mānattaṃ yāciṃ. Tassa me saṅgho antarā ekissā āpattiyā sañcetanikāya sukkavissaṭṭhiyā pañcāhappaṭicchannāya chārattaṃ mānattaṃ adāsi. Sohaṃ ciṇṇamānatto abbhānāraho antarā ekaṃ āpattiṃ āpajjiṃ sañcetanikaṃ sukkavissaṭṭhiṃ pañcāhappaṭicchannaṃ. Sohaṃ saṅghaṃ antarā ekissā āpattiyā sañcetanikāya sukkavissaṭṭhiyā pañcāhappaṭicchannāya mūlāyapaṭikassanaṃ yāciṃ. Taṃ maṃ saṅgho antarā ekissā āpattiyā sañcetanikāya sukkavissaṭṭhiyā pañcāhappaṭicchannāya mūlāya paṭikassi. Sohaṃ saṅghaṃ antarā ekissā āpattiyā sañcetanikāya sukkavissaṭṭhiyā pañcāhappaṭicchannāya purimāya āpattiyā samodhānaparivāsaṃ yāciṃ. Tassa me saṅgho antarā ekissā āpattiyā sañcetanikāya sukkavissaṭṭhiyā pañcāhappaṭicchannāya purimāya āpattiyā samodhānaparivāsaṃ adāsi. Sohaṃ parivutthaparivāso saṅghaṃ antarā ekissā āpattiyā sañcetanikāya sukkavissaṭṭhiyā pañcāhappaṭicchannāya chārattaṃ mānattaṃ yāciṃ. Tassa me saṅgho antarā ekissā āpattiyā sañcetanikāya sukkavissaṭṭhiyā pañcāhappaṭicchannāya chārattaṃ mānattaṃ adāsi. Sohaṃ, bhante, ciṇṇamānatto saṅghaṃ abbhānaṃ yācāmī''ti.

"Dutiyampi yācitabbaṃ. Tatiyampi yācitabbaṃ. Byattena bhikkhunā paṭibalena saṅgho ñāpetabbo –

133. "Suṇātu me, bhante, saṅgho. Ayaṃ udāyī bhikkhu ekaṃ āpattiṃ āpajji sañcetanikaṃ sukkavissaṭṭhiṃ pakkhappaṭicchannaṃ. So saṅghaṃ ekissā āpattiyā sañcetanikāya sukkavissaṭṭhiyā pakkhappaṭicchannāya pakkhaparivāsaṃ yāci. Saṅgho udāyissa bhikkhuno ekissā āpattiyā sañcetanikāya sukkavissaṭṭhiyā pakkhappaṭicchannāya pakkhaparivāsaṃ adāsi. So parivasanto antarā ekaṃ āpattiṃ āpajji sañcetanikaṃ sukkavissaṭṭhiṃ pañcāhappaṭicchannaṃ. So saṅghaṃ antarā ekissā āpattiyā sañcetanikāya sukkavissaṭṭhiyā pañcāhappaṭicchannāya mūlāyapaṭikassanaṃ yāci. Saṅgho udāyiṃ bhikkhuṃ antarā ekissā āpattiyā sañcetanikāya sukkavissaṭṭhiyā pañcāhappaṭicchannāya mūlāya paṭikassi. So saṅghaṃ antarā ekissā āpattiyā sañcetanikāya sukkavissaṭṭhiyā pañcāhappaṭicchannāya purimāya āpattiyā samodhānaparivāsaṃ yāci. Saṅgho udāyissa bhikkhuno antarā ekissā āpattiyā sañcetanikāya sukkavissaṭṭhiyā pañcāhappaṭicchannāya purimāya āpattiyā samodhānaparivāsaṃ adāsi. So parivutthaparivāso mānattāraho antarā ekaṃ āpattiṃ āpajji sañcetanikaṃ sukkavissaṭṭhiṃ pañcāhappaṭicchannaṃ. So saṅghaṃ antarā ekissā āpattiyā sañcetanikāya sukkavissaṭṭhiyā pañcāhappaṭicchannāya mūlāyapaṭikassanaṃ yāci. Saṅgho udāyiṃ bhikkhuṃ antarā ekissā āpattiyā sañcetanikāya sukkavissaṭṭhiyā pañcāhappaṭicchannāya mūlāya paṭikassi. So saṅghaṃ antarā ekissā āpattiyā sañcetanikāya sukkavissaṭṭhiyā pañcāhappaṭicchannāya purimāya āpattiyā samodhānaparivāsaṃ yāci. Saṅgho udāyissa bhikkhuno antarā ekissā āpattiyā sañcetanikāya sukkavissaṭṭhiyā pañcāhappaṭicchannāya purimāya āpattiyā samodhānaparivāsaṃ adāsi. So parivutthaparivāso saṅghaṃ tissannaṃ āpattīnaṃ chārattaṃ mānattaṃ yāci. Saṅgho udāyissa bhikkhuno tissannaṃ āpattīnaṃ chārattaṃ mānattaṃ adāsi. So mānattaṃ caranto antarā ekaṃ āpattiṃ āpajji sañcetanikaṃ sukkavissaṭṭhiṃ pañcāhappaṭicchannaṃ. So saṅghaṃ antarā ekissā āpattiyā sañcetanikāya

sukkavissaṭṭhiyā pañcāhappaṭicchannāya mūlāyapaṭikassanaṃ yāci. Saṅgho udāyiṃ bhikkhuṃ antarā ekissā āpattiyā sañcetanikāya sukkavissaṭṭhiyā pañcāhappaṭicchannāya mūlāya paṭikassi. So saṅghaṃ antarā ekissā āpattiyā sañcetanikāya sukkavissaṭṭhiyā pañcāhappaṭicchannāya purimāya āpattiyā samodhānaparivāsaṃ yāci. Saṅgho udāyissa bhikkhuno antarā ekissā āpattiyā sañcetanikāya sukkavissaṭṭhiyā pañcāhappaṭicchannāya purimāya āpattiyā samodhānaparivāsaṃ adāsi. So parivutthaparivāso saṅghaṃ [so saṃghaṃ (ka.)] antarā ekissā āpattiyā sañcetanikāya sukkavissaṭṭhiyā pañcāhappaṭicchannāya chārattaṃ mānattaṃ yāci. Saṅgho udāyissa bhikkhuno antarā ekissā āpattiyā sañcetanikāya sukkavissaṭṭhiyā pañcāhappaṭicchannāya chārattaṃ mānattaṃ adāsi. So ciṇṇamānatto abbhānāraho antarā ekaṃ āpattiṃ āpajji sañcetanikaṃ sukkavissaṭṭhiṃ pañcāhappaṭicchannaṃ. So saṅghaṃ antarā ekissā āpattiyā sañcetanikāya sukkavissaṭṭhiyā pañcāhappaṭicchannāya mūlāyapaṭikassanaṃ yāci. Saṅgho udāyiṃ bhikkhuṃ antarā ekissā āpattiyā sañcetanikāya sukkavissaṭṭhiyā pañcāhappaṭicchannāya mūlāya paṭikassi. So saṅghaṃ antarā ekissā āpattiyā sañcetanikāya sukkavissaṭṭhiyā pañcāhappaṭicchannāya purimāya āpattiyā samodhānaparivāsaṃ yāci. Saṅgho udāyissa bhikkhuno antarā ekissā āpattiyā sañcetanikāya sukkavissaṭṭhiyā pañcāhappaṭicchannāya purimāya āpattiyā samodhānaparivāsaṃ adāsi. So parivutthaparivāso saṅghaṃ antarā ekissā āpattiyā sañcetanikāya sukkavissaṭṭhiyā pañcāhappaṭicchannāya chārattaṃ mānattaṃ yāci. Saṅgho udāyissa bhikkhuno antarā ekissā āpattiyā sañcetanikāya sukkavissaṭṭhiyā pañcāhappaṭicchannāya chārattaṃ mānattaṃ adāsi. So ciṇṇamānatto saṅghaṃ abbhānaṃ yācati. Yadi saṅghassa pattakallaṃ, saṅgho udāyiṃ bhikkhuṃ abbheyya. Esā ñatti.

''Suṇātu me, bhante, saṅgho. Ayaṃ udāyī bhikkhu ekaṃ āpattiṃ āpajji sañcetanikaṃ sukkavissaṭṭhiṃ pakkhappaṭicchannaṃ...pe... so ciṇṇamānatto saṅghaṃ abbhānaṃ yācati. Saṅgho udāyiṃ bhikkhuṃ abbheti. Yassāyasmato khamati udāyissa bhikkhuno abbhānaṃ, so tuṇhassa; yassa nakkhamati, so bhāseyya.

''Dutiyampi etamatthaṃ vadāmi...pe... tatiyampi etamatthaṃ vadāmi...pe....

''Abbhito saṅghena udāyī bhikkhu. Khamati saṅghassa, tasmā tuṇhī, evametaṃ dhārayāmī''ti.

Sukkavissaṭṭhi samattā.

2. Parivāso

Agghasamodhānaparivāso

134. Tena kho pana samayena aññataro bhikkhu sambahulā saṅghādisesā āpattiyo āpanno hoti – ekā āpatti ekāhappaṭicchannā, ekā āpatti dvīhappaṭicchannā, ekā āpatti tīhappaṭicchannā, ekā āpatti catūhappaṭicchannā, ekā āpatti pañcāhappaṭicchannā, ekā āpatti chāhappaṭicchannā, ekā āpatti sattāhappaṭicchannā, ekā āpatti aṭṭhāhappaṭicchannā, ekā āpatti navāhappaṭicchannā, ekā āpatti dasāhappaṭicchannā. So bhikkhūnaṃ ārocesi – ''ahaṃ, āvuso, sambahulā saṅghādisesā āpattiyo āpajjiṃ – ekā āpatti ekāhappaṭicchannā...pe... ekā āpatti dasāhappaṭicchannā. Kathaṃ nu kho mayā paṭipajjitabba''nti? Bhagavato etamatthaṃ ārocesuṃ. ''Tena hi, bhikkhave, saṅgho tassa bhikkhuno tāsaṃ āpattīnaṃ yā āpatti dasāhappaṭicchannā tassā agghena samodhānaparivāsaṃ detu. Evañca pana, bhikkhave, dātabbo –

''Tena, bhikkhave, bhikkhunā saṅghaṃ upasaṅkamitvā...pe... evamassa vacanīyo – 'ahaṃ, bhante, sambahulā saṅghādisesā āpattiyo āpajjiṃ – ekā āpatti ekāhappaṭicchannā...pe... ekā āpatti dasāhappaṭicchannā. Sohaṃ, bhante, saṅghaṃ tāsaṃ āpattīnaṃ yā āpatti dasāhappaṭicchannā tassā agghena samodhānaparivāsaṃ yācāmī'ti. Dutiyampi yācitabbo. Tatiyampi yācitabbo. Byattena bhikkhunā paṭibalena saṅgho ñāpetabbo –

135. ''Suṇātu me, bhante, saṅgho. Ayaṃ itthannāmo bhikkhu sambahulā saṅghādisesā āpattiyo āpajji – ekā āpatti ekāhappaṭicchannā...pe... ekā āpatti dasāhappaṭicchannā. So saṅghaṃ tāsaṃ āpattīnaṃ yā āpatti dasāhappaṭicchannā tassā agghena samodhānaparivāsaṃ yācati. Yadi saṅghassa pattakallaṃ, saṅgho itthannāmassa bhikkhuno tāsaṃ āpattīnaṃ yā āpatti dasāhappaṭicchannā tassā agghena samodhānaparivāsaṃ dadeyya. Esā ñatti.

''Suṇātu me, bhante, saṅgho. Ayaṃ itthannāmo bhikkhu sambahulā saṅghādisesā āpattiyo āpajji – ekā āpatti ekāhappaṭicchannā...pe... ekā āpatti dasāhappaṭicchannā. So saṅghaṃ tāsaṃ āpattīnaṃ yā āpatti dasāhappaṭicchannā tassā agghena samodhānaparivāsaṃ yācati. Saṅgho itthannāmassa bhikkhuno tāsaṃ āpattīnaṃ yā āpatti dasāhappaṭicchannā tassā agghena samodhānaparivāsaṃ deti. Yassāyasmato khamati itthannāmassa bhikkhuno tāsaṃ āpattīnaṃ yā āpatti dasāhappaṭicchannā; tassā agghena samodhānaparivāsassa dānaṃ, so tuṇhassa; yassa nakkhamati, so bhāseyya.

''Dutiyampi etamatthaṃ vadāmi...pe... tatiyampi etamatthaṃ vadāmi...pe....

''Dinno saṅghena itthannāmassa bhikkhuno tāsaṃ āpattīnaṃ yā āpatti dasāhappaṭicchannā tassā agghena samodhānaparivāso. Khamati saṅghassa, tasmā tuṇhī, evametaṃ dhārayāmī''ti.

Sabbacirappaṭicchannaagghasamodhānaṃ

136. Tena kho pana samayena aññataro bhikkhu sambahulā saṅghādisesā āpattiyo āpanno hoti – ekā āpatti ekāhappaṭicchannā, dve āpattiyo dvīhappaṭicchannāyo [dvīhappaṭicchannā (ka. evaṃ yāvadasāhappaṭicchannā)], tisso āpattiyo tīhappaṭicchannāyo, catasso āpattiyo catūhappaṭicchannāyo,

pañca āpattiyo pañcāhappaṭicchannāyo, cha āpattiyo chāhappaṭicchannāyo, satta āpattiyo sattāhappaṭicchannāyo, aṭṭha āpattiyo aṭṭhāhappaṭicchannāyo, nava āpattiyo navāhappaṭicchannāyo, dasa āpattiyo dasāhappaṭicchannāyo. So bhikkhūnaṃ ārocesi – "ahaṃ, āvuso, sambahulā saṅghādisesā āpattiyo āpajjiṃ, ekā āpatti ekāhappaṭicchannā...pe... dasa āpattiyo dasāhappaṭicchannāyo . Kathaṃ nu kho mayā paṭipajjitabba''nti? Bhagavato etamatthaṃ ārocesuṃ. "Tena hi, bhikkhave, saṅgho tassa bhikkhuno tāsaṃ āpattīnaṃ yā āpattiyo sabbacirappaṭicchannāyo tāsaṃ agghena samodhānaparivāsaṃ detu. Evañca pana, bhikkhave, dātabbo –

"Tena, bhikkhave, bhikkhunā saṅghaṃ upasaṅkamitvā...pe... evamassa vacanīyo – 'ahaṃ, bhante, sambahulā saṅghādisesā āpattiyo āpajjiṃ, ekā āpatti ekāhappaṭicchannā...pe... dasa āpattiyo dasāhappaṭicchannāyo. Sohaṃ, bhante, saṅghaṃ tāsaṃ āpattīnaṃ yā āpattiyo sabbacirappaṭicchannāyo tāsaṃ agghena samodhānaparivāsaṃ yācāmī'ti. Dutiyampi yācitabbo. Tatiyampi yācitabbo. "Byattena bhikkhunā paṭibalena saṅgho ñāpetabbo –

137. Suṇātu me, bhante, saṅgho. Ayaṃ itthannāmo bhikkhu sambahulā saṅghādisesā āpattiyo āpajji, ekā āpatti ekāhappaṭicchannā...pe... dasa āpattiyo dasāhappaṭicchannāyo. So saṅghaṃ tāsaṃ āpattīnaṃ yā āpattiyo sabbacirappaṭicchannāyo tāsaṃ agghena samodhānaparivāsaṃ yācati. Yadi saṅghassa pattakallaṃ saṅgho itthannāmassa bhikkhuno tāsaṃ āpattīnaṃ yā āpattiyo sabbacirappaṭicchannāyo tāsaṃ agghena samodhānaparivāsaṃ dadeyya. Esā ñatti.

"Suṇātu me, bhante, saṅgho. Ayaṃ itthannāmo bhikkhu sambahulā saṅghādisesā āpattiyo āpajji – ekā āpatti ekāhappaṭicchannā...pe... dasa āpattiyo dasāhappaṭicchannāyo. So saṅghaṃ tāsaṃ āpattīnaṃ yā āpattiyo sabbacirappaṭicchannāyo tāsaṃ agghena samodhānaparivāsaṃ yācati. Saṅgho itthannāmassa bhikkhuno tāsaṃ āpattīnaṃ yā āpattiyo sabbacirappaṭicchannāyo tāsaṃ agghena samodhānaparivāsaṃ deti. Yassāyasmato khamati itthannāmassa bhikkhuno tāsaṃ āpattīnaṃ yā āpattiyo sabbacirappaṭicchannāyo tāsaṃ agghena samodhānaparivāsassa dānaṃ, so tuṇhassa; yassa nakkhamati, so bhāseyya.

"Dutiyampi etamatthaṃ vadāmi...pe... tatiyampi etamatthaṃ vadāmi...pe....

"Dinno saṅghena itthannāmassa bhikkhuno tāsaṃ āpattīnaṃ yā āpattiyo sabbacirappaṭicchannāyo tāsaṃ agghena samodhānaparivāso. Khamati saṅghassa, tasmā tuṇhī, evametaṃ dhārayāmī''ti.

Dvemāsaparivāso

138. Tena kho pana samayena aññataro bhikkhu dve saṅghādisesā āpattiyo āpanno hoti dvemāsappaṭicchannāyo. Tassa etadahosi – "ahaṃ kho dve saṅghādisesā āpattiyo āpajjiṃ dvemāsappaṭicchannāyo. Yaṃnūnāhaṃ saṅghaṃ ekissā āpattiyā dvemāsappaṭicchannāya dvemāsaparivāsaṃ yāceyya''nti. So saṅghaṃ ekissā āpattiyā dvemāsappaṭicchannāya dvemāsaparivāsaṃ yāci. Tassa saṅgho ekissā āpattiyā dvemāsappaṭicchannāya dvemāsaparivāsaṃ adāsi. Tassa parivasantassa lajjīdhammo okkami – ahaṃ kho dve saṅghādisesā āpattiyo āpajjiṃ dvemāsappaṭicchannāyo. Tassa me etadahosi – "ahaṃ kho dve saṅghādisesā āpattiyo āpajjiṃ dvemāsappaṭicchannāyo. Yaṃnūnāhaṃ saṅghaṃ ekissā āpattiyā dvemāsappaṭicchannāya dvemāsaparivāsaṃ yāceyyanti. Sohaṃ saṅghaṃ ekissā āpattiyā dvemāsappaṭicchannāya dvemāsaparivāsaṃ yāciṃ. Tassa me saṅgho ekissā āpattiyā dvemāsappaṭicchannāya dvemāsaparivāsaṃ adāsi. Tassa me parivasantassa lajjīdhammo okkami. Yaṃnūnāhaṃ saṅghaṃ itarissāpi āpattiyā dvemāsappaṭicchannāya dvemāsaparivāsaṃ yāceyya''nti.

So bhikkhūnaṃ ārocesi – "ahaṃ, āvuso, dve saṅghādisesā āpattiyo āpajjiṃ dvemāsappaṭicchannāyo. Tassa me etadahosi – 'ahaṃ kho dve saṅghādisesā āpattiyo āpajjiṃ dvemāsappaṭicchannāyo. Yaṃnūnāhaṃ saṅghaṃ ekissā āpattiyā dvemāsappaṭicchannāya dvemāsaparivāsaṃ yāceyya'nti. Sohaṃ saṅghaṃ ekissā āpattiyā dvemāsappaṭicchannāya dvemāsaparivāsaṃ yāciṃ. Tassa me saṅgho ekissā āpattiyā dvemāsappaṭicchannāya dvemāsaparivāsaṃ adāsi. Tassa me parivasantassa lajjīdhammo okkami – ahaṃ kho dve saṅghādisesā āpattiyo āpajjiṃ dvemāsappaṭicchannāyo. Tassa me etadahosi – 'ahaṃ kho dve saṅghādisesā āpattiyo āpajjiṃ dvemāsappaṭicchannāyo. Yaṃnūnāhaṃ saṅghaṃ ekissā āpattiyā dvemāsappaṭicchannāya dvemāsaparivāsaṃ yāceyya'nti. Sohaṃ saṅghaṃ ekissā āpattiyā dvemāsappaṭicchannāya dvemāsaparivāsaṃ yāciṃ. Tassa me saṅgho ekissā āpattiyā dvemāsappaṭicchannāya dvemāsaparivāsaṃ adāsi. Tassa me parivasantassa lajjīdhammo okkami – yaṃnūnāhaṃ saṅghaṃ itarissāpi āpattiyā dvemāsappaṭicchannāya dvemāsaparivāsaṃ yāceyyanti. Kathaṃ nu kho mayā paṭipajjitabba''nti? Bhagavato etamatthaṃ ārocesuṃ. "Tena hi, bhikkhave, saṅgho tassa bhikkhuno itarissāpi āpattiyā dvemāsappaṭicchannāya dvemāsaparivāsaṃ detu. Evañca pana, bhikkhave, dātabbo –

"Tena, bhikkhave, bhikkhunā saṅghaṃ upasaṅkamitvā, ekaṃsaṃ uttarāsaṅgaṃ karitvā, vuḍḍhānaṃ bhikkhūnaṃ pāde vanditvā, ukkuṭikaṃ nisīditvā, añjaliṃ paggahetvā, evamassa vacanīyo – 'ahaṃ, bhante, dve saṅghādisesā āpattiyo āpajjiṃ dvemāsappaṭicchannāyo. Tassa me etadahosi – ahaṃ kho dve saṅghādisesā āpattiyo āpajjiṃ dvemāsappaṭicchannāyo . Yaṃnūnāhaṃ saṅghaṃ ekissā āpattiyā dvemāsappaṭicchannāya dvemāsaparivāsaṃ yāceyya'nti. Sohaṃ saṅghaṃ ekissā āpattiyā dvemāsappaṭicchannāya dvemāsaparivāsaṃ yāciṃ. Tassa me saṅgho ekissā āpattiyā dvemāsappaṭicchannāya dvemāsaparivāsaṃ adāsi. Tassa me parivasantassa lajjīdhammo okkami – ahaṃ kho dve saṅghādisesā āpattiyo āpajjiṃ dvemāsappaṭicchannāyo. Tassa me etadahosi – 'ahaṃ kho dve saṅghādisesā āpattiyo āpajjiṃ dvemāsappaṭicchannāyo. Yaṃnūnāhaṃ saṅghaṃ ekissā āpattiyā dvemāsappaṭicchannāya dvemāsaparivāsaṃ yāceyya'nti. Sohaṃ saṅghaṃ ekissā āpattiyā dvemāsappaṭicchannāya dvemāsaparivāsaṃ yāciṃ. Tassa me saṅgho ekissā āpattiyā dvemāsappaṭicchannāya dvemāsaparivāsaṃ adāsi. Tassa me parivasantassa lajjīdhammo okkami – yaṃnūnāhaṃ saṅghaṃ itarissāpi āpattiyā dvemāsappaṭicchannāya dvemāsaparivāsaṃ yāceyyanti. Sohaṃ, bhante, saṅghaṃ itarissāpi āpattiyā dvemāsappaṭicchannāya dvemāsaparivāsaṃ yācāmīti.

''Dutiyampi yācitabbo. Tatiyampi yācitabbo. ''Byattena bhikkhunā paṭibalena saṅgho ñāpetabbo –

139. ''Suṇātu me, bhante, saṅgho. Ayaṃ itthannāmo bhikkhu dve saṅghādisesā āpattiyo āpajji dvemāsappaṭicchannāyo. Tassa etadahosi – 'ahaṃ kho dve saṅghādisesā āpattiyo āpajjiṃ dvemāsappaṭicchannāyo. Yaṃnūnāhaṃ saṅghaṃ ekissā āpattiyā dvemāsappaṭicchannāya dvemāsaparivāsaṃ yāceyya'nti. So saṅghaṃ ekissā āpattiyā dvemāsappaṭicchannāya dvemāsaparivāsaṃ yāci. Tassa saṅgho ekissā āpattiyā dvemāsappaṭicchannāya dvemāsaparivāsaṃ adāsi. Tassa parivasantassa lajjīdhammo okkami – ahaṃ kho dve saṅghādisesā āpattiyo āpajjiṃ dvemāsappaṭicchannāyo. Tassa me etadahosi – 'ahaṃ kho dve saṅghādisesā āpattiyo āpajjiṃ dvemāsappaṭicchannāyo. Yaṃnūnāhaṃ saṅghaṃ ekissā āpattiyā dvemāsappaṭicchannāya dvemāsaparivāsaṃ yāceyya'nti. Sohaṃ saṅghaṃ ekissā āpattiyā dvemāsappaṭicchannāya dvemāsaparivāsaṃ yāciṃ. Tassa me saṅgho ekissā āpattiyā dvemāsappaṭicchannāya dvemāsaparivāsaṃ adāsi. Tassa me parivasantassa lajjīdhammo okkami. Yaṃnūnāhaṃ saṅghaṃ itarissāpi āpattiyā dvemāsappaṭicchannāya dvemāsaparivāsaṃ yāceyyanti. So saṅghaṃ itarissāpi āpattiyā dvemāsappaṭicchannāya dvemāsaparivāsaṃ yācati. Yadi saṅghassa pattakallaṃ, saṅgho itthannāmassa bhikkhuno itarissāpi āpattiyā dvemāsappaṭicchannāya dvemāsaparivāsaṃ dadeyya. Esā ñatti.

''Suṇātu me, bhante, saṅgho. Ayaṃ itthannāmo bhikkhu dve saṅghādisesā āpattiyo āpajji dvemāsappaṭicchannāyo. Tassa etadahosi – 'ahaṃ kho dve saṅghādisesā āpattiyo āpajjiṃ dvemāsappaṭicchannāyo. Yaṃnūnāhaṃ saṅghaṃ ekissā āpattiyā dvemāsappaṭicchannāya dvemāsaparivāsaṃ yāceyya'nti. So saṅghaṃ ekissā āpattiyā dvemāsappaṭicchannāya dvemāsaparivāsaṃ yāci. Tassa saṅgho ekissā āpattiyā dvemāsappaṭicchannāya dvemāsaparivāsaṃ adāsi. Tassa parivasantassa lajjīdhammo okkami – ahaṃ kho dve saṅghādisesā āpattiyo āpajjiṃ dvemāsappaṭicchannāyo. Tassa me etadahosi – 'ahaṃ kho dve saṅghādisesā āpattiyo āpajjiṃ dvemāsappaṭicchannāyo. Yaṃnūnāhaṃ saṅghaṃ ekissā āpattiyā dvemāsappaṭicchannāya dvemāsaparivāsaṃ yāceyya'nti. Sohaṃ saṅghaṃ ekissā āpattiyā dvemāsappaṭicchannāya dvemāsaparivāsaṃ yāciṃ. Tassa me saṅgho ekissā āpattiyā dvemāsappaṭicchannāya dvemāsaparivāsaṃ adāsi. Tassa me parivasantassa lajjīdhammo okkami. Yaṃnūnāhaṃ saṅghaṃ itarissāpi āpattiyā dvemāsappaṭicchannāya dvemāsaparivāsaṃ yāceyyanti. So saṅghaṃ itarissāpi āpattiyā dvemāsappaṭicchannāya dvemāsaparivāsaṃ yācati. Saṅgho itthannāmassa bhikkhuno itarissāpi āpattiyā dvemāsappaṭicchannāya dvemāsaparivāsaṃ deti. Yassāyasmato khamati itthannāmassa bhikkhuno itarissāpi āpattiyā dvemāsappaṭicchannāya dvemāsaparivāsassa dānaṃ, so tuṇhassa; yassa nakkhamati, so bhāseyya.

''Dutiyampi etamatthaṃ vadāmi...pe... tatiyampi etamatthaṃ vadāmi...pe....

''Dinno saṅghena itthannāmassa bhikkhuno itarissāpi āpattiyā dvemāsappaṭicchannāya dvemāsaparivāso. Khamati saṅghassa, tasmā tuṇhī, evametaṃ dhārayāmī''ti. Tena, bhikkhave, bhikkhunā tadupādāya dve māsā parivasitabbā.

Dve māsā parivasitabbavidhi

140. ''Idha pana, bhikkhave, bhikkhu dve saṅghādisesā āpattiyo āpajjati dvemāsappaṭicchannāyo. Tassa evaṃ hoti – 'ahaṃ kho dve saṅghādisesā āpattiyo āpajjiṃ dvemāsappaṭicchannāyo. Yaṃnūnāhaṃ saṅghaṃ ekissā āpattiyā dvemāsappaṭicchannāya dvemāsaparivāsaṃ yāceyya'nti . So saṅghaṃ ekissā āpattiyā dvemāsappaṭicchannāya dvemāsaparivāsaṃ yācati. Tassa saṅgho ekissā āpattiyā dvemāsappaṭicchannāya dvemāsaparivāsaṃ deti. Tassa parivasantassa lajjīdhammo okkami – 'ahaṃ kho dve saṅghādisesā āpattiyo āpajjiṃ dvemāsappaṭicchannāyo. Tassa me etadahosi – ahaṃ kho dve saṅghādisesā āpattiyo āpajjiṃ dvemāsappaṭicchannāyo. Yaṃnūnāhaṃ saṅghaṃ ekissā āpattiyā dvemāsappaṭicchannāya dvemāsaparivāsaṃ yāceyya'nti. Sohaṃ saṅghaṃ ekissā āpattiyā dvemāsappaṭicchannāya dvemāsaparivāsaṃ yāciṃ. Tassa me saṅgho ekissā āpattiyā dvemāsappaṭicchannāya dvemāsaparivāsaṃ adāsi. Tassa me parivasantassa lajjīdhammo okkami. Yaṃnūnāhaṃ saṅghaṃ itarissāpi āpattiyā dvemāsappaṭicchannāya dvemāsaparivāsaṃ yāceyyanti. So saṅghaṃ itarissāpi āpattiyā dvemāsappaṭicchannāya dvemāsaparivāsaṃ yācati. Tassa saṅgho itarissāpi āpattiyā dvemāsappaṭicchannāya dvemāsaparivāsaṃ deti. Tena, bhikkhave, bhikkhunā tadupādāya dve māsā parivasitabbā.

141. ''Idha pana, bhikkhave, bhikkhu dve saṅghādisesā āpattiyo āpajjati dvemāsappaṭicchannāyo ; ekaṃ āpattiṃ jānāti, ekaṃ āpattiṃ na jānāti. So saṅghaṃ yaṃ āpattiṃ jānāti tassā āpattiyā

dvemāsappaṭicchannāya dvemāsaparivāsaṃ yācati. Tassa saṅgho tassā āpattiyā dvemāsappaṭicchannāya dvemāsaparivāsaṃ deti. So parivasanto itarampi āpattiṃ jānāti. Tassa evaṃ hoti – 'ahaṃ kho dve saṅghādisesā āpattiyo āpajjiṃ dvemāsappaṭicchannāyo; ekaṃ āpattiṃ jāniṃ, ekaṃ āpattiṃ na jāniṃ. Sohaṃ saṅghaṃ yaṃ āpattiṃ jāniṃ tassā āpattiyā dvemāsappaṭicchannāya dvemāsaparivāsaṃ yāciṃ. Tassa me saṅgho tassā āpattiyā dvemāsappaṭicchannāya dvemāsaparivāsaṃ adāsi. Sohaṃ parivasanto itarampi āpattiṃ jānāmi. Yaṃnūnāhaṃ saṅghaṃ itarissāpi āpattiyā dvemāsappaṭicchannāya dvemāsaparivāsaṃ yāceyya'nti. So saṅghaṃ itarissāpi āpattiyā dvemāsappaṭicchannāya dvemāsaparivāsaṃ yācati. Tassa saṅgho itarissāpi āpattiyā dvemāsappaṭicchannāya dvemāsaparivāsaṃ deti. Tena, bhikkhave, bhikkhunā tadupādāya dve māsā parivasitabbā.

142. "Idha pana, bhikkhave, bhikkhu dve saṅghādisesā āpattiyo āpajjati dvemāsappaṭicchannāyo; ekaṃ āpattiṃ sarati, ekaṃ āpattiṃ nassarati. So saṅghaṃ yaṃ āpattiṃ sarati tassā āpattiyā dvemāsappaṭicchannāya dvemāsaparivāsaṃ yācati. Tassa saṅgho tassā āpattiyā dvemāsappaṭicchannāya dvemāsaparivāsaṃ deti. So parivasanto itarampi āpattiṃ sarati. Tassa evaṃ hoti – 'ahaṃ kho dve saṅghādisesā āpattiyo āpajjiṃ dvemāsappaṭicchannāyo; ekaṃ āpattiṃ sariṃ, ekaṃ āpattiṃ nassariṃ. Sohaṃ saṅghaṃ yaṃ āpattiṃ sariṃ, tassā āpattiyā dvemāsappaṭicchannāya dvemāsaparivāsaṃ yāciṃ. Tassa me saṅgho tassā āpattiyā dvemāsappaṭicchannāya dvemāsaparivāsaṃ adāsi. Sohaṃ parivasanto itarampi āpattiṃ sarāmi. Yaṃnūnāhaṃ saṅghaṃ itarissāpi āpattiyā dvemāsappaṭicchannāya dvemāsaparivāsaṃ yāceyya'nti. So saṅghaṃ itarissāpi āpattiyā dvemāsappaṭicchannāya dvemāsaparivāsaṃ yācati. Tassa saṅgho itarissāpi āpattiyā dvemāsappaṭicchannāya dvemāsaparivāsaṃ deti. Tena, bhikkhave, bhikkhunā tadupādāya dve māsā parivasitabbā.

143. "Idha pana, bhikkhave, bhikkhu dve saṅghādisesā āpattiyo āpajjati dvemāsappaṭicchannāyo; ekāya āpattiyā nibbematiko, ekāya āpattiyā vematiko. So saṅghaṃ yāya āpattiyā nibbematiko tassā āpattiyā dvemāsappaṭicchannāya dvemāsaparivāsaṃ yācati. Tassa saṅgho tassā āpattiyā dvemāsappaṭicchannāya dvemāsaparivāsaṃ deti. So parivasanto itarissāpi āpattiyā nibbematiko hoti. Tassa evaṃ hoti – 'ahaṃ kho dve saṅghādisesā āpattiyo āpajjiṃ dvemāsappaṭicchannāyo; ekāya āpattiyā nibbematiko, ekāya āpattiyā vematiko. Sohaṃ saṅghaṃ yāya āpattiyā nibbematiko tassā āpattiyā dvemāsappaṭicchannāya dvemāsaparivāsaṃ yāciṃ. Tassa me saṅgho tassā āpattiyā dvemāsappaṭicchannāya dvemāsaparivāsaṃ adāsi. Sohaṃ parivasanto itarissāpi āpattiyā nibbematiko. Yaṃnūnāhaṃ saṅghaṃ itarissāpi āpattiyā dvemāsappaṭicchannāya dvemāsaparivāsaṃ yāceyya'nti. So saṅghaṃ itarissāpi āpattiyā dvemāsappaṭicchannāya dvemāsaparivāsaṃ yācati. Tassa saṅgho itarissāpi āpattiyā dvemāsappaṭicchannāya dvemāsaparivāsaṃ deti. Tena, bhikkhave, bhikkhunā tadupādāya dve māsā parivasitabbā.

144. "Idha pana, bhikkhave, bhikkhu dve saṅghādisesā āpattiyo āpajjati dvemāsappaṭicchannāyo; ekā āpatti jānappaṭicchannā, ekā āpatti ajānappaṭicchannā. So saṅghaṃ tāsaṃ āpattīnaṃ dvemāsappaṭicchannānaṃ dvemāsaparivāsaṃ yācati. Tassa saṅgho tāsaṃ āpattīnaṃ dvemāsappaṭicchannānaṃ dvemāsaparivāsaṃ deti. Tassa parivasantassa añño bhikkhu āgacchati bahussuto āgatāgamo dhammadharo vinayadharo mātikādharo paṇḍito viyatto medhāvī lajjī kukkuccako sikkhākāmo. So evaṃ vadeti – 'kiṃ ayaṃ, āvuso, bhikkhu āpanno? Kissāyaṃ bhikkhu parivasatī'ti? Te evaṃ vadenti – 'ayaṃ, āvuso, bhikkhu dve saṅghādisesā āpattiyo āpajji dvemāsappaṭicchannāyo; ekā āpatti jānappaṭicchannā, ekā āpatti ajānappaṭicchannā. So saṅghaṃ tāsaṃ āpattīnaṃ dvemāsappaṭicchannānaṃ dvemāsaparivāsaṃ yācati. Tassa saṅgho tāsaṃ āpattīnaṃ dvemāsappaṭicchannānaṃ dvemāsaparivāsaṃ adāsi. Tāyo ayaṃ, āvuso, bhikkhu āpanno, tāsāyaṃ bhikkhu parivasatī'ti. So evaṃ vadeti – 'yāyaṃ, āvuso , āpatti jānappaṭicchannā, dhammikaṃ tassā āpattiyā parivāsadānaṃ; dhammattā ruhati. Yā ca khvāyaṃ, āvuso, āpatti ajānappaṭicchannā, adhammikaṃ tassā āpattiyā parivāsadānaṃ; adhammattā na ruhati. Ekissā, āvuso, āpattiyā bhikkhu mānattāraho"ti.

145. "Idha pana, bhikkhave, bhikkhu dve saṅghādisesā āpattiyo āpajjati dvemāsappaṭicchannāyo; ekā āpatti saramānappaṭicchannā, ekā āpatti assaramānappaṭicchannā. So saṅghaṃ tāsaṃ āpattīnaṃ dvemāsappaṭicchannānaṃ dvemāsaparivāsaṃ yācati. Tassa saṅgho tāsaṃ āpattīnaṃ dvemāsappaṭicchannānaṃ dvemāsaparivāsaṃ deti. Tassa parivasantassa añño bhikkhu āgacchati bahussuto āgatāgamo dhammadharo vinayadharo mātikādharo paṇḍito viyatto medhāvī lajjī kukkuccako sikkhākāmo. So evaṃ vadeti – 'ki ayaṃ, āvuso, bhikkhu āpanno? Kissāyaṃ bhikkhu parivasatī'ti? Te evaṃ vadenti – 'ayaṃ, āvuso, bhikkhu dve saṅghādisesā āpattiyo āpajji dvemāsappaṭicchannāyo; ekā āpatti saramānappaṭicchannā, ekā āpatti assaramānappaṭicchannā. So saṅghaṃ tāsaṃ āpattīnaṃ dvemāsappaṭicchannānaṃ dvemāsaparivāsaṃ yāci. Tassa saṅgho tāsaṃ āpattīnaṃ dvemāsappaṭicchannānaṃ dvemāsaparivāsaṃ adāsi. Tāyo ayaṃ, āvuso, bhikkhu āpanno; tāsāyaṃ bhikkhu parivasatī'ti. So evaṃ vadeti – 'yāyaṃ, āvuso , āpatti saramānappaṭicchannā dhammikaṃ tassā āpattiyā parivāsadānaṃ; dhammattā ruhati. Yā ca khvāyaṃ, āvuso, āpatti assaramānappaṭicchannā, adhammikaṃ tassā āpattiyā parivāsadānaṃ; adhammattā na ruhati. Ekissā, āvuso, āpattiyā bhikkhu mānattāraho"ti.

146. "Idha pana, bhikkhave, bhikkhu dve saṅghādisesā āpattiyo āpajjati dvemāsappaṭicchannāyo; ekā āpatti nibbematikappaṭicchannā, ekā āpatti vematikappaṭicchannā. So saṅghaṃ tāsaṃ āpattīnaṃ dvemāsappaṭicchannānaṃ dvemāsaparivāsaṃ yācati. Tassa saṅgho tāsaṃ āpattīnaṃ dvemāsappaṭicchannānaṃ dvemāsaparivāsaṃ deti. Tassa parivasantassa añño bhikkhu āgacchati bahussuto āgatāgamo dhammadharo vinayadharo mātikādharo paṇḍito viyatto medhāvī lajjī kukkuccako sikkhākāmo. So evaṃ vadeti – 'kiṃ ayaṃ, āvuso, bhikkhu āpanno? Kissāyaṃ bhikkhu parivasatī'ti? Te evaṃ vadenti – 'ayaṃ, āvuso, bhikkhu dve saṅghādisesā āpattiyo āpajji dvemāsappaṭicchannāyo; ekā āpatti nibbematikappaṭicchannā, ekā āpatti vematikappaṭicchannā. So saṅghaṃ tāsaṃ āpattīnaṃ dvemāsappaṭicchannānaṃ dvemāsaparivāsaṃ yāci. Tassa saṅgho tāsaṃ āpattīnaṃ dvemāsappaṭicchannānaṃ dvemāsaparivāsaṃ adāsi. Tāyo ayaṃ, āvuso, bhikkhu āpanno; tāsāyaṃ bhikkhu parivasatī'ti. So evaṃ vadeti – 'yāyaṃ , āvuso, āpatti nibbematikappaṭicchannā, dhammikaṃ tassā āpattiyā parivāsadānaṃ; dhammattā ruhati. Yā ca khvāyaṃ, āvuso, āpatti vematikappaṭicchannā adhammikaṃ tassā āpattiyā parivāsadānaṃ; adhammattā na ruhati. Ekissā, āvuso, āpattiyā bhikkhu mānattāraho''ti.

147. Tena kho pana samayena aññattaro bhikkhu dve saṅghādisesā āpattiyo āpanno hoti dvemāsappaṭicchannāyo. Tassa etadahosi – "ahaṃ kho dve saṅghādisesā āpattiyo āpajjiṃ dvemāsappaṭicchannāyo. Yaṃnūnāhaṃ saṅghaṃ dvinnaṃ āpattīnaṃ dvemāsappaṭicchannānaṃ ekamāsaparivāsaṃyāceyya''nti. So saṅghaṃ dvinnaṃ āpattīnaṃ dvemāsappaṭicchannānaṃ ekamāsaparivāsaṃ yāci. Tassa saṅgho dvinnaṃ āpattīnaṃ dvemāsappaṭicchannānaṃ ekamāsaparivāsaṃ adāsi. Tassa parivasantassa lajjīdhammo okkami – "ahaṃ kho dve saṅghādisesā āpattiyo āpajjiṃ dvemāsappaṭicchannāyo. Tassa me etadahosi – 'ahaṃ kho dve saṅghādisesā āpattiyo āpajjiṃ dvemāsappaṭicchannāyo. Yaṃnūnāhaṃ saṅghaṃ dvinnaṃ āpattīnaṃ dvemāsappaṭicchannānaṃ ekamāsaparivāsaṃ yāceyya'nti. Sohaṃ saṅghaṃ dvinnaṃ āpattīnaṃ dvemāsappaṭicchannānaṃ ekamāsaparivāsaṃ yāciṃ. Tassa me saṅgho dvinnaṃ āpattīnaṃ dvemāsappaṭicchannānaṃ ekamāsaparivāsaṃ adāsi. Tassa me parivasantassa lajjīdhammo okkami. Yaṃnūnāhaṃ saṅghaṃ dvinnaṃ āpattīnaṃ dvemāsappaṭicchannānaṃ itarampi māsaṃ parivāsaṃ [itarampi māsaparivāsaṃ (syā. ka. evamuparipi)]yāceyya''nti.

So bhikkhūnaṃ ārocesi – "ahaṃ kho, āvuso, dve saṅghādisesā āpattiyo āpajjiṃ dvemāsappaṭicchannāyo. Tassa me etadahosi – 'ahaṃ kho dve saṅghādisesā āpattiyo āpajjiṃ dvemāsappaṭicchannāyo. Yaṃnūnāhaṃ saṅghaṃ dvinnaṃ āpattīnaṃ dvemāsappaṭicchannānaṃ ekamāsaparivāsaṃ yāceyya'nti. Sohaṃ saṅghaṃ dvinnaṃ āpattīnaṃ dvemāsappaṭicchannānaṃ ekamāsaparivāsaṃ yāciṃ. Tassa me saṅgho dvinnaṃ āpattīnaṃ dvemāsappaṭicchannānaṃ ekamāsaparivāsaṃ adāsi. Tassa me parivasantassa lajjīdhammo okkami – ahaṃ kho dve saṅghādisesā āpattiyo āpajjiṃ dvemāsappaṭicchannāyo. Tassa me etadahosi – 'ahaṃ kho dve saṅghādisesā āpattiyo āpajjiṃ dvemāsappaṭicchannāyo. Yaṃnūnāhaṃ saṅghaṃ dvinnaṃ āpattīnaṃ dvemāsappaṭicchannānaṃ ekamāsaparivāsaṃ yāceyya'nti. Sohaṃ saṅghaṃ dvinnaṃ āpattīnaṃ dvemāsappaṭicchannānaṃ ekamāsaparivāsaṃ yāciṃ. Tassa me saṅgho dvinnaṃ āpattīnaṃ dvemāsappaṭicchannānaṃ ekamāsaparivāsaṃ adāsi. Tassa me parivasantassa lajjīdhammo okkami. Yaṃnūnāhaṃ saṅghaṃ dvinnaṃ āpattīnaṃ dvemāsappaṭicchannānaṃ itarampi māsaṃ parivāsaṃ yāceyya'nti. Kathaṃ nu kho mayā paṭipajjitabba''nti? Bhagavato etamatthaṃ ārocesuṃ. "Tena hi, bhikkhave, saṅgho tassa bhikkhuno dvinnaṃ āpattīnaṃ dvemāsappaṭicchannānaṃ itarampi māsaṃ parivāsaṃ detu. Evañca pana, bhikkhave, dātabbo –

"Tena, bhikkhave, bhikkhunā saṅghaṃ upasaṅkamitvā...pe... evamassa vacanīyo – ahaṃ, bhante, dve saṅghādisesā āpattiyo āpajjiṃ dvemāsappaṭicchannāyo. Tassa me etadahosi – 'ahaṃ kho dve saṅghādisesā āpattiyo āpajjiṃ dvemāsappaṭicchannāyo. Yaṃnūnāhaṃ saṅghaṃ dvinnaṃ āpattīnaṃ dvemāsappaṭicchannānaṃ ekamāsaparivāsaṃ yāceyya'nti. Sohaṃ saṅghaṃ dvinnaṃ āpattīnaṃ dvemāsappaṭicchannānaṃ ekamāsaparivāsaṃ yāciṃ. Tassa me saṅgho dvinnaṃ āpattīnaṃ dvemāsappaṭicchannānaṃ ekamāsaparivāsaṃ adāsi. Tassa me parivasantassa lajjīdhammo okkami – ahaṃ kho dve saṅghādisesā āpattiyo āpajjiṃ dvemāsappaṭicchannāyo. Tassa me etadahosi – 'ahaṃ kho dve saṅghādisesā āpattiyo āpajjiṃ dvemāsappaṭicchannāyo. Yaṃnūnāhaṃ saṅghaṃ dvinnaṃ āpattīnaṃ dvemāsappaṭicchannānaṃ ekamāsaparivāsaṃ yāceyya'nti. Sohaṃ saṅghaṃ dvinnaṃ āpattīnaṃ dvemāsappaṭicchannānaṃ ekamāsaparivāsaṃ yāciṃ. Tassa me saṅgho dvinnaṃ āpattīnaṃ dvemāsappaṭicchannānaṃ ekamāsaparivāsaṃ adāsi. Tassa me parivasantassa lajjīdhammo okkami. Yaṃnūnāhaṃ saṅghaṃ dvinnaṃ āpattīnaṃ dvemāsappaṭicchannānaṃ itarampi māsaṃ parivāsaṃ yāceyyanti. Sohaṃ, bhante, saṅghaṃ dvinnaṃ āpattīnaṃ dvemāsappaṭicchannānaṃ itarampi māsaṃ parivāsaṃ yācāmīti. Dutiyampi yācitabbo. Tatiyampi yācitabbo. Byattena bhikkhunā paṭibalena saṅgho ñāpetabbo –

148. "Suṇātu me, bhante, saṅgho. Ayaṃ itthannāmo bhikkhu dve saṅghādisesā āpattiyo āpajji dvemāsappaṭicchannāyo. Tassa etadahosi – 'ahaṃ kho dve saṅghādisesā āpattiyo āpajjiṃ dvemāsappaṭicchannāyo. Yaṃnūnāhaṃ saṅghaṃ dvinnaṃ āpattīnaṃ dvemāsappaṭicchannānaṃ ekamāsaparivāsaṃ yāceyya'nti. So saṅghaṃ dvinnaṃ āpattīnaṃ dvemāsappaṭicchannānaṃ

ekamāsaparivāsaṃ yāci. Tassa saṅgho dvinnaṃ āpattīnaṃ dvemāsappaṭicchannānaṃ ekamāsaparivāsaṃ adāsi. Tassa parivasantassa lajjīdhammo okkami – ahaṃ kho dve saṅghādisesā āpattiyo āpajjiṃ dvemāsappaṭicchannāyo. Tassa me etadahosi – 'ahaṃ kho dve saṅghādisesā āpattiyo āpajjiṃ dvemāsappaṭicchannāyo. Yaṃnūnāhaṃ saṅghaṃ dvinnaṃ āpattīnaṃ dvemāsappaṭicchannānaṃ ekamāsaparivāsaṃ yāceyya'nti. Sohaṃ saṅghaṃ dvinnaṃ āpattīnaṃ dvemāsappaṭicchannānaṃ ekamāsaparivāsaṃ yāciṃ. Tassa me saṅgho dvinnaṃ āpattīnaṃ dvemāsappaṭicchannānaṃ ekamāsaparivāsaṃ adāsi. Tassa me parivasantassa lajjīdhammo okkami. Yaṃnūnāhaṃ saṅghaṃ dvinnaṃ āpattīnaṃ dvemāsappaṭicchannānaṃ itarampi māsaṃ parivāsaṃ yāceyyanti. So saṅghaṃ dvinnaṃ āpattīnaṃ dvemāsappaṭicchannānaṃ itarampi māsaṃ parivāsaṃ yācati. Yadi saṅghassa pattakallaṃ, saṅgho itthannāmassa bhikkhuno dvinnaṃ āpattīnaṃ dvemāsappaṭicchannānaṃ itarampi māsaṃ parivāsaṃ dadeyya. Esā ñatti.

''Suṇātu me, bhante, saṅgho. Ayaṃ itthannāmo bhikkhu dve saṅghādisesā āpattiyo āpajji dvemāsappaṭicchannāyo. Tassa etadahosi – 'ahaṃ kho dve saṅghādisesā āpattiyo āpajjiṃ dvemāsappaṭicchannāyo. Yaṃnūnāhaṃ saṅghaṃ dvinnaṃ āpattīnaṃ dvemāsappaṭicchannānaṃ ekamāsaparivāsaṃyāceyya'nti. So saṅghaṃ dvinnaṃ āpattīnaṃ dvemāsappaṭicchannānaṃ ekamāsaparivāsaṃ yāci. Tassa saṅgho dvinnaṃ āpattīnaṃ dvemāsappaṭicchannānaṃ ekamāsaparivāsaṃ adāsi. Tassa parivasantassa lajjīdhammo okkami – ahaṃ kho dve saṅghādisesā āpattiyo āpajjiṃ dvemāsappaṭicchannāyo. Tassa me etadahosi – 'ahaṃ kho dve saṅghādisesā āpattiyo āpajjiṃ dvemāsappaṭicchannāyo. Yaṃnūnāhaṃ saṅghaṃ dvinnaṃ āpattīnaṃ dvemāsappaṭicchannānaṃ ekamāsaparivāsaṃ yāceyya'nti. Sohaṃ saṅghaṃ dvinnaṃ āpattīnaṃ dvemāsappaṭicchannānaṃ ekamāsaparivāsaṃ yāciṃ. Tassa me saṅgho dvinnaṃ āpattīnaṃ dvemāsappaṭicchannānaṃ ekamāsaparivāsaṃ adāsi. Tassa me parivasantassa lajjīdhammo okkami. Yaṃnūnāhaṃ saṅghaṃ dvinnaṃ āpattīnaṃ dvemāsappaṭicchannānaṃ itarampi māsaṃ parivāsaṃ yāceyya'nti. So saṅghaṃ dvinnaṃ āpattīnaṃ dvemāsappaṭicchannānaṃ itarampi māsaṃ parivāsaṃ yācati. Saṅgho itthannāmassa bhikkhuno dvinnaṃ āpattīnaṃ dvemāsappaṭicchannānaṃ itarampi māsaṃ parivāsaṃ deti. Yassāyasmato khamati itthannāmassa bhikkhuno dvinnaṃ āpattīnaṃ dvemāsappaṭicchannānaṃ itarampi māsaṃ parivāsassa [itarampi māsaparivāsassa (ka.), itarassapi māsaparivāsassa (syā.)]dānaṃ, so tuṇhassa; yassa nakkhamati, so bhāseyya.

''Dutiyampi etamatthaṃ vadāmi...pe... tatiyampi etamatthaṃ vadāmi...pe....

''Dinno saṅghena itthannāmassa bhikkhuno dvinnaṃ āpattīnaṃ dvemāsappaṭicchannānaṃ itarampi māsaṃ parivāso [itarampi māsaparivāso (ka.), itaropi māsaparivāso (syā.)]. Khamati saṅghassa, tasmā tuṇhī, evametaṃ dhārayāmī''ti.

''Tena, bhikkhave, bhikkhunā purimaṃ upādāya dve māsā parivasitabbā.

149. ''Idha pana, bhikkhave, bhikkhu dve saṅghādisesā āpattiyo āpajjati dvemāsappaṭicchannāyo. Tassa evaṃ hoti – 'ahaṃ kho dve saṅghādisesā āpattiyo āpajjiṃ dvemāsappaṭicchannāyo. Yaṃnūnāhaṃ saṅghaṃ dvinnaṃ āpattīnaṃ dvemāsappaṭicchannānaṃ ekamāsaparivāsaṃ yāceyya'nti. So saṅghaṃ dvinnaṃ āpattīnaṃ dvemāsappaṭicchannānaṃ ekamāsaparivāsaṃ yācati. Tassa saṅgho dvinnaṃ āpattīnaṃ dvemāsappaṭicchannānaṃ ekamāsaparivāsaṃ deti. Tassa parivasantassa lajjīdhammo okkami – ahaṃ kho dve saṅghādisesā āpattiyo āpajjiṃ dvemāsappaṭicchannāyo. Tassa me etadahosi – 'ahaṃ kho dve saṅghādisesā āpattiyo āpajjiṃ dvemāsappaṭicchannāyo. Yaṃnūnāhaṃ saṅghaṃ dvinnaṃ āpattīnaṃ dvemāsappaṭicchannānaṃ ekamāsaparivāsaṃ yāceyya'nti. Sohaṃ saṅghaṃ dvinnaṃ āpattīnaṃ dvemāsappaṭicchannānaṃ ekamāsaparivāsaṃ yāciṃ. Tassa me saṅgho dvinnaṃ āpattīnaṃ dvemāsappaṭicchannānaṃ ekamāsaparivāsaṃ adāsi. Tassa me parivasantassa lajjīdhammo okkami. Yaṃnūnāhaṃ saṅghaṃ dvinnaṃ āpattīnaṃ dvemāsappaṭicchannānaṃ itarampi māsaṃ parivāsaṃ yāceyya'nti. So saṅghaṃ dvinnaṃ āpattīnaṃ dvemāsappaṭicchannānaṃ itarampi māsaṃ parivāsaṃ yācati. Tassa saṅgho dvinnaṃ āpattīnaṃ dvemāsappaṭicchannānaṃ itarampi māsaṃ parivāsaṃ deti. Tena, bhikkhave, bhikkhunā purimaṃ upādāya dve māsā parivasitabbā.

150. ''Idha pana, bhikkhave, bhikkhu dve saṅghādisesā āpattiyo āpajjati dvemāsappaṭicchannāyo; ekaṃ māsaṃ jānāti, ekaṃ māsaṃ na jānāti. So saṅghaṃ dvinnaṃ āpattīnaṃ dvemāsappaṭicchannānaṃ yaṃ māsaṃ jānāti taṃ māsaṃ parivāsaṃ yācati. Tassa saṅgho dvinnaṃ āpattīnaṃ dvemāsappaṭicchannānaṃ yaṃ māsaṃ jānāti taṃ māsaṃ parivāsaṃ deti. So parivasanto itarampi māsaṃ jānāti. Tassa evaṃ hoti – 'ahaṃ kho dve saṅghādisesā āpattiyo āpajjiṃ dvemāsappaṭicchannāyo; ekaṃ māsaṃ jāniṃ, ekaṃ māsaṃ na jāniṃ. Sohaṃ saṅghaṃ dvinnaṃ āpattīnaṃ dvemāsappaṭicchannānaṃ yaṃ māsaṃ jāniṃ taṃ māsaṃ parivāsaṃ yāciṃ. Tassa me saṅgho dvinnaṃ āpattīnaṃ dvemāsappaṭicchannānaṃ yaṃ māsaṃ jāniṃ taṃ māsaṃ parivāsaṃ adāsi. Sohaṃ parivasanto itarampi māsaṃ jānāmi. Yaṃnūnāhaṃ saṅghaṃ dvinnaṃ āpattīnaṃ dvemāsappaṭicchannānaṃ itarampi māsaṃ parivāsaṃ yāceyya'nti. So saṅghaṃ dvinnaṃ āpattīnaṃ dvemāsappaṭicchannānaṃ itarampi māsaṃ parivāsaṃ yācati. Tassa saṅgho dvinnaṃ āpattīnaṃ dvemāsappaṭicchannānaṃ itarampi māsaṃ parivāsaṃ deti. Tena, bhikkhave, bhikkhunā purimaṃ upādāya dve māsā parivasitabbā.

151. "Idha pana, bhikkhave, bhikkhu dve saṅghādisesā āpattiyo āpajjati dvemāsappaṭicchannāyo; ekaṃ māsaṃ sarati, ekaṃ māsaṃ nassarati. So saṅghaṃ dvinnaṃ āpattīnaṃ dvemāsappaṭicchannānaṃ yaṃ māsaṃ sarati taṃ māsaṃ parivāsaṃ yācati. Tassa saṅgho dvinnaṃ āpattīnaṃ dvemāsappaṭicchannānaṃ yaṃ māsaṃ sarati taṃ māsaṃ parivāsaṃ deti. So parivasanto itarampi māsaṃ sarati. Tassa evaṃ hoti – 'ahaṃ kho dve saṅghādisesā āpattiyo āpajjiṃ dvemāsappaṭicchannāyo; ekaṃ māsaṃ sariṃ, ekaṃ māsaṃ nassariṃ. Sohaṃ saṅghaṃ dvinnaṃ āpattīnaṃ dvemāsappaṭicchannānaṃ yaṃ māsaṃ sariṃ taṃ māsaṃ parivāsaṃ yāciṃ. Tassa me saṅgho dvinnaṃ āpattīnaṃ dvemāsappaṭicchannānaṃ yaṃ māsaṃ sariṃ taṃ māsaṃ parivāsaṃ adāsi. Sohaṃ parivasanto itarampi māsaṃ sarāmi. Yaṃnūnāhaṃ saṅghaṃ dvinnaṃ āpattīnaṃ dvemāsappaṭicchannānaṃ itarampi māsaṃ parivāsaṃ yāceyya'nti. So saṅghaṃ dvinnaṃ āpattīnaṃ dvemāsappaṭicchannānaṃ itarampi māsaṃ parivāsaṃ yācati. Tassa saṅgho dvinnaṃ āpattīnaṃ dvemāsappaṭicchannānaṃ itarampi māsaṃ parivāsaṃ deti. Tena, bhikkhave, bhikkhunā purimaṃ upādāya dve māsā parivasitabbā.

152. "Idha pana, bhikkhave, bhikkhu dve saṅghādisesā āpattiyo āpajjati dvemāsappaṭicchannāyo; ekaṃ māsaṃ nibbematiko, ekaṃ māsaṃ vematiko. So saṅghaṃ dvinnaṃ āpattīnaṃ dvemāsappaṭicchannānaṃ yaṃ māsaṃ nibbematiko taṃ māsaṃ parivāsaṃ yācati. Tassa saṅgho dvinnaṃ āpattīnaṃ dvemāsappaṭicchannānaṃ yaṃ māsaṃ nibbematiko taṃ māsaṃ parivāsaṃ deti. So parivasanto itarampi māsaṃ nibbematiko hoti. Tassa evaṃ hoti – 'ahaṃ kho dve saṅghādisesā āpattiyo āpajjiṃ dvemāsappaṭicchannāyo; ekaṃ māsaṃ nibbematiko, ekaṃ māsaṃ vematiko . Sohaṃ saṅghaṃ dvinnaṃ āpattīnaṃ dvemāsappaṭicchannānaṃ yaṃ māsaṃ nibbematiko taṃ māsaṃ parivāsaṃ yāciṃ. Tassa me saṅgho dvinnaṃ āpattīnaṃ dvemāsappaṭicchānnānaṃ yaṃ māsaṃ nibbematiko taṃ māsaṃ parivāsaṃ adāsi. Sohaṃ parivasanto itarampi māsaṃ nibbematiko. Yaṃnūnāhaṃ saṅghaṃ dvinnaṃ āpattīnaṃ dvemāsappaṭicchannānaṃ itarampi māsaṃ parivāsaṃ yāceyya'nti. So saṅghaṃ dvinnaṃ āpattīnaṃ dvemāsappaṭicchannānaṃ itarampi māsaṃ parivāsaṃ yācati. Tassa saṅgho dvinnaṃ āpattīnaṃ dvemāsappaṭicchannānaṃ itarampi māsaṃ parivāsaṃ deti. Tena, bhikkhave, bhikkhunā purimaṃ upādāya dve māsā parivasitabbā.

153. "Idha pana, bhikkhave, bhikkhu dve saṅghādisesā āpattiyo āpajjati dvemāsappaṭicchannāyo; eko māso jānappaṭicchanno, eko māso ajānappaṭicchanno. So saṅghaṃ dvinnaṃ āpattīnaṃ dvemāsappaṭicchannānaṃ dvemāsaparivāsaṃ yācati. Tassa saṅgho dvinnaṃ āpattīnaṃ dvemāsappaṭicchannānaṃ dvemāsaparivāsaṃ deti. Tassa parivasantassa añño bhikkhu āgacchati bahussuto āgatāgamo dhammadharo vinayadharo mātikādharo paṇḍito viyatto medhāvī lajjī kukkuccako sikkhākāmo. So evaṃ vadeti – 'kiṃ ayaṃ, āvuso, bhikkhu āpanno? Kissāyaṃ bhikkhu parivasatī'ti? Te evaṃ vadenti – 'ayaṃ, āvuso, bhikkhu dve saṅghādisesā āpattiyo āpajji dvemāsappaṭicchannāyo. Eko māso jānappaṭicchanno, eko māso ajānappaṭicchanno. So saṅghaṃ dvinnaṃ āpattīnaṃ dvemāsappaṭicchannānaṃ dvemāsaparivāsaṃ yāci. Tassa saṅgho dvinnaṃ āpattīnaṃ dvemāsappaṭicchannānaṃ dvemāsaparivāsaṃ adāsi. Tāyo ayaṃ, āvuso, bhikkhu āpanno tāsāyaṃ bhikkhu parivasatī'ti. So evaṃ vadeti – 'yvāyaṃ, āvuso, māso jānappaṭicchanno dhammikaṃ tassa māsassa parivāsadānaṃ; dhammattā ruhati. Yo ca khvāyaṃ, āvuso, māso ajānappaṭicchanno adhammikaṃ tassa māsassa parivāsadānaṃ; adhammattā na ruhati. Ekassa, āvuso , māsassa bhikkhu mānattāraho'ti.

154. "Idha pana, bhikkhave, bhikkhu dve saṅghādisesā āpattiyo āpajjati dvemāsappaṭicchannāyo; eko māso saramānappaṭicchanno, eko māso assaramānappaṭicchanno. So saṅghaṃ dvinnaṃ āpattīnaṃ dvemāsappaṭicchannānaṃ dvemāsaparivāsaṃ yācati. Tassa saṅgho dvinnaṃ āpattīnaṃ dvemāsappaṭicchannānaṃ dvemāsaparivāsaṃ deti. Tassa parivasantassa añño bhikkhu āgacchati bahussuto āgatāgamo dhammadharo vinayadharo mātikādharo paṇḍito viyatto medhāvī lajjī kukkuccako sikkhākāmo . So evaṃ vadeti – 'kiṃ ayaṃ, āvuso, bhikkhu āpanno? Kissāyaṃ bhikkhu parivasatī'ti? Te evaṃ vadenti – 'ayaṃ, āvuso, bhikkhu dve saṅghādisesā āpattiyo āpajji dvemāsappaṭicchannāyo; eko māso saramānappaṭicchanno, eko māso assaramānappaṭicchanno. So saṅghaṃ dvinnaṃ āpattīnaṃ dvemāsappaṭicchannānaṃ dvemāsaparivāsaṃ yāci. Tassa saṅgho dvinnaṃ āpattīnaṃ dvemāsappaṭicchannānaṃ dvemāsaparivāsaṃ adāsi. Tāyo ayaṃ, āvuso, bhikkhu āpanno tāsāyaṃ bhikkhu parivasatī'ti. So evaṃ vadeti – 'yvāyaṃ, āvuso, māso saramānappaṭicchanno dhammikaṃ tassa māsassa parivāsadānaṃ; dhammattā ruhati. Yo ca khvāyaṃ, āvuso, māso assaramānappaṭicchanno adhammikaṃ tassa māsassa parivāsadānaṃ; adhammattā na ruhati. Ekassa, āvuso, māsassa bhikkhu mānattāraho'ti.

155. "Idha pana, bhikkhave, bhikkhu dve saṅghādisesā āpattiyo āpajjati dvemāsappaṭicchannāyo; eko māso nibbematikappaṭicchanno, eko māso vematikappaṭicchanno. So saṅghaṃ dvinnaṃ āpattīnaṃ dvemāsappaṭicchannānaṃ dvemāsaparivāsaṃ yācati. Tassa saṅgho dvinnaṃ āpattīnaṃ dvemāsappaṭicchannānaṃ dvemāsaparivāsaṃ deti. Tassa parivasantassa añño bhikkhu āgacchati bahussuto āgatāgamo dhammadharo vinayadharo mātikādharo paṇḍito viyatto medhāvī lajjī kukkuccako sikkhākāmo. So evaṃ vadeti – 'kiṃ ayaṃ, āvuso, bhikkhu āpanno? Kissāyaṃ bhikkhu parivasatī'ti? Te evaṃ vadenti – 'ayaṃ, āvuso, bhikkhu dve saṅghādisesā āpattiyo āpajji dvemāsappaṭicchannāyo; eko

māso nibbematikappaṭicchanno, eko māso vematikappaṭicchanno. So saṅghaṃ dvinnaṃ āpattīnaṃ dvemāsappaṭicchannānaṃ dvemāsaparivāsaṃ yāci. Tassa saṅgho dvinnaṃ āpattīnaṃ dvemāsappaṭicchannānaṃ dvemāsaparivāsaṃ adāsi. Tāyo ayaṃ, āvuso, bhikkhu āpanno tāsāyaṃ bhikkhu parivasatī'ti . So evaṃ vadeti – 'yvāyaṃ, āvuso, māso nibbematikappaṭicchanno dhammikaṃ tassa māsassa parivāsadānaṃ; dhammattā ruhati. Yo ca khvāyaṃ, āvuso, māso vematikappaṭicchanno adhammikaṃ tassa māsassa parivāsadānaṃ; adhammattā na ruhati. Ekassa, āvuso, māsassa bhikkhu mānattāraho''ti.

Suddhantaparivāso

156. Tena kho pana samayena aññataro bhikkhu sambahulā saṅghādisesā āpattiyo āpanno hoti. So āpattipariyantaṃ na jānāti; rattipariyantaṃ na jānāti; āpattipariyantaṃ nassarati, rattipariyantaṃ nassarati; āpattipariyante vematiko, rattipariyante vematiko. So bhikkhūnaṃ ārocesi – ''ahaṃ, āvuso, sambahulā saṅghādisesā āpattiyo āpajjiṃ; āpattipariyantaṃ na jānāmi, rattipariyantaṃ na jānāmi; āpattipariyantaṃ nassarāmi, rattipariyantaṃ nassarāmi; āpattipariyante vematiko, rattipariyante vematiko. Kathaṃ nu kho mayā paṭipajjitabba''nti? Bhagavato etamatthaṃ ārocesuṃ. ''Tena hi, bhikkhave, saṅgho tassa bhikkhuno tāsaṃ āpattīnaṃ suddhantaparivāsaṃ detu. Evañca pana, bhikkhave, dātabbo –

''Tena, bhikkhave, bhikkhunā saṅghaṃ upasaṅkamitvā...pe... evamassa vacanīyo – 'ahaṃ, bhante, sambahulā saṅghādisesā āpattiyo āpajjiṃ. Āpattipariyantaṃ na jānāmi, rattipariyantaṃ na jānāmi; āpattipariyantaṃ nassarāmi, rattipariyantaṃ nassarāmi; āpattipariyante vematiko, rattipariyante vematiko. Sohaṃ, bhante, saṅghaṃ tāsaṃ āpattīnaṃ suddhantaparivāsaṃ yācāmī'ti. Dutiyampi yācitabbo. Tatiyampi yācitabbo. Byattena bhikkhunā paṭibalena saṅgho ñāpetabbo –

157. ''Suṇātu me, bhante, saṅgho. Ayaṃ itthannāmo bhikkhu sambahulā saṅghādisesā āpattiyo āpajji. Āpattipariyantaṃ na jānāti, rattipariyantaṃ na jānāti; āpattipariyantaṃ nassarati, rattipariyantaṃ nassarati; āpattipariyante vematiko, rattipariyante vematiko. So saṅghaṃ tāsaṃ āpattīnaṃ suddhantaparivāsaṃ yācati. Yadi saṅghassa pattakallaṃ, saṅgho itthannāmassa bhikkhuno tāsaṃ āpattīnaṃ suddhantaparivāsaṃ dadeyya. Esā ñatti.

''Suṇātu me, bhante, saṅgho. Ayaṃ itthannāmo bhikkhu sambahulā saṅghādisesā āpattiyo āpajji. Āpattipariyantaṃ na jānāti, rattipariyantaṃ na jānāti; āpattipariyantaṃ nassarati , rattipariyantaṃ nassarati; āpattipariyante vematiko, rattipariyante vematiko. So saṅghaṃ tāsaṃ āpattīnaṃ suddhantaparivāsaṃ yācati. Saṅgho itthannāmassa bhikkhuno tāsaṃ āpattīnaṃ suddhantaparivāsaṃ deti. Yassāyasmato khamati itthannāmassa bhikkhuno tāsaṃ āpattīnaṃ suddhantaparivāsassa dānaṃ, so tuṇhassa; yassa nakkhamati, so bhāseyya.

''Dutiyampi etamatthaṃ vadāmi...pe... tatiyampi etamatthaṃ vadāmi...pe....

''Dinno saṅghena itthannāmassa bhikkhuno tāsaṃ āpattīnaṃ suddhantaparivāso. Khamati saṅghassa, tasmā tuṇhī, evametaṃ dhārayāmī''ti.

158. ''Evaṃ kho, bhikkhave, suddhantaparivāso dātabbo; evaṃ parivāso dātabbo. Kathañca, bhikkhave, suddhantaparivāso dātabbo? Āpattipariyantaṃ na jānāti, rattipariyantaṃ na jānāti; āpattipariyantaṃ nassarati, rattipariyantaṃ nassarati; āpattipariyante vematiko, rattipariyante vematiko – suddhantaparivāso dātabbo.

''Āpattipariyantaṃ jānāti, rattipariyantaṃ na jānāti; āpattipariyantaṃ sarati, rattipariyantaṃ nassarati; āpattipariyante nibbematiko, rattipariyante vematiko – suddhantaparivāso dātabbo.

''Āpattipariyantaṃ ekaccaṃ jānāti, ekaccaṃ na jānāti, rattipariyantaṃ na jānāti; āpattipariyantaṃ ekaccaṃ sarati, ekaccaṃ nassarati, rattipariyantaṃ nassarati; āpattipariyante ekacce vematiko, ekacce nibbematiko, rattipariyante vematiko – suddhantaparivāso dātabbo.

''Āpattipariyantaṃ na jānāti, rattipariyantaṃ ekaccaṃ jānāti, ekaccaṃ na jānāti; āpattipariyantaṃ nassarati, rattipariyantaṃ ekaccaṃ sarati, ekaccaṃ nassarati; āpattipariyante vematiko, rattipariyante ekacce vematiko, ekacce nibbematiko – suddhantaparivāso dātabbo.

''Āpattipariyantaṃ jānāti, rattipariyantaṃ ekaccaṃ jānāti, ekaccaṃ na jānāti; āpattipariyantaṃ sarati, rattipariyantaṃ ekaccaṃ sarati, ekaccaṃ nassarati; āpattipariyante nibbematiko, rattipariyante ekacce vematiko, ekacce nibbematiko – suddhantaparivāso dātabbo.

''Āpattipariyantaṃ ekaccaṃ jānāti, ekaccaṃ na jānāti; rattipariyantaṃ ekaccaṃ jānāti, ekaccaṃ na jānāti; āpattipariyantaṃ ekaccaṃ sarati, ekaccaṃ nassarati ; rattipariyantaṃ ekaccaṃ sarati, ekaccaṃ nassarati; āpattipariyante ekacce vematiko, ekacce nibbematiko; rattipariyante ekacce vematiko, ekacce nibbematiko – suddhantaparivāso dātabbo. Evaṃ kho, bhikkhave, suddhantaparivāso dātabbo.

159. ''Kathañca, bhikkhave, parivāso dātabbo? Āpattipariyantaṃ jānāti, rattipariyantaṃ jānāti; āpattipariyantaṃ sarati, rattipariyantaṃ sarati; āpattipariyante nibbematiko, rattipariyante nibbematiko – parivāso dātabbo.

''Āpattipariyantaṃ na jānāti, rattipariyantaṃ jānāti; āpattipariyantaṃ nassarati, rattipariyantaṃ sarati, āpattipariyante vematiko, rattipariyante nibbematiko – parivāso dātabbo.

"Āpattipariyantaṃ ekaccaṃ jānāti, ekaccaṃ na jānāti, rattipariyantaṃ jānāti; āpattipariyantaṃ ekaccaṃ sarati, ekaccaṃ nassarati, rattipariyantaṃ sarati; āpattipariyante ekacce vematiko, ekacce nibbematiko, rattipariyante nibbematiko – parivāso dātabbo. Evaṃ kho, bhikkhave, parivāso dātabbo.

Parivāso niṭṭhito.

3. Cattālīsakaṃ

160. Tena kho pana samayena aññataro bhikkhu parivasanto vibbhami. So puna paccāgantvā bhikkhū upasampadaṃ yāci. Bhagavato etamatthaṃ ārocesuṃ.

"Idha pana, bhikkhave, bhikkhu parivasanto vibbhamati. Vibbhantakassa, bhikkhave, parivāso na ruhati. So ce puna upasampajjati, tassa tadeva purimaṃ parivāsadānaṃ. Yo parivāso dinno sudinno, yo parivuttho suparivuttho, avaseso parivasitabbo.

"Idha pana, bhikkhave, bhikkhu parivasanto sāmaṇero hoti. Sāmaṇerassa, bhikkhave, parivāso na ruhati. So ce puna upasampajjati, tassa tadeva purimaṃ parivāsadānaṃ. Yo parivāso dinno sudinno, yo parivuttho suparivuttho, avaseso parivasitabbo.

"Idha pana, bhikkhave, bhikkhu parivasanto ummattako hoti. Ummattakassa, bhikkhave, parivāso na ruhati. So ce puna anummattako hoti, tassa tadeva purimaṃ parivāsadānaṃ. Yo parivāso dinno sudinno, yo parivuttho suparivuttho, avaseso parivasitabbo.

"Idha pana, bhikkhave, bhikkhu parivasanto khittacitto hoti. Khittacittassa, bhikkhave, parivāso na ruhati. So ce puna akhittacitto hoti, tassa tadeva purimaṃ parivāsadānaṃ. Yo parivāso dinno sudinno, yo purivuttho suparivuttho, avaseso parivasitabbo.

"Idha pana, bhikkhave, bhikkhu parivasanto vedanāṭṭo hoti. Vedanāṭṭassa, bhikkhave, parivāso na ruhati. So ce puna avedanāṭṭo hoti, tassa tadeva purimaṃ parivāsadānaṃ. Yo parivāso dinno sudinno, yo parivuttho suparivuttho, avaseso parivasitabbo.

"Idha pana, bhikkhave, bhikkhu parivasanto, āpattiyā adassane, ukkhipiyyati [ukkhipiyati (syā.), ukkhipīyati (ka.)]. Ukkhittakassa, bhikkhave, parivāso na ruhati. So ce puna osāriyyati [osāriyati (syā.), osārīyati (ka.)], tassa tadeva purimaṃ parivāsadānaṃ. Yo parivāso dinno sudinno, yo parivuttho suparivuttho, avaseso parivasitabbo.

"Idha pana, bhikkhave, bhikkhu parivasanto, āpattiyā appaṭikamme, ukkhipiyyati. Ukkhittakassa, bhikkhave, parivāso na ruhati. So ce puna osāriyyati, tassa tadeva purimaṃ parivāsadānaṃ. Yo parivāso dinno sudinno, yo parivuttho suparivuttho, avaseso parivasitabbo.

"Idha pana, bhikkhave, bhikkhu parivasanto, pāpikāya diṭṭhiyā, appaṭinissagge, ukkhipiyyati. Ukkhittakassa, bhikkhave, parivāso na ruhati. So ce puna osāriyyati, tassa tadeva purimaṃ parivāsadānaṃ. Yo parivāso dinno sudinno, yo parivuttho suparivuttho, avaseso parivasitabbo.

161. "Idha pana, bhikkhave, bhikkhu mūlāyapaṭikassanāraho vibbhamati. Vibbhantakassa, bhikkhave, mūlāyapaṭikassanā na ruhati. So ce puna upasampajjati, tassa tadeva purimaṃ parivāsadānaṃ. Yo parivāso dinno sudinno, yo parivuttho suparivuttho. So bhikkhu mūlāya paṭikassitabbo.

"Idha pana, bhikkhave, bhikkhu mūlāyapaṭikassanāraho sāmaṇero hoti...pe... ummattako hoti...pe... khittacitto hoti...pe... vedanāṭṭo hoti...pe... āpattiyā adassane ukkhipiyyati...pe... āpattiyā appaṭikamme ukkhipiyyati...pe... pāpikāya diṭṭhiyā, appaṭinissagge, ukkhipiyyati. Ukkhittakassa, bhikkhave, mūlāyapaṭikassanā na ruhati. So ce puna osāriyyati, tassa tadeva purimaṃ parivāsadānaṃ. Yo parivāso dinno sudinno, yo parivuttho suparivuttho. So bhikkhu mūlāya paṭikassitabbo.

162. "Idha pana, bhikkhave, bhikkhu mānattāraho vibbhamati. Vibbhantakassa, bhikkhave, mānattadānaṃ na ruhati. So ce puna upasampajjati, tassa tadeva purimaṃ parivāsadānaṃ. Yo parivāso dinno sudinno, yo parivuttho suparivuttho. Tassa bhikkhuno mānattaṃ dātabbaṃ.

"Idha pana, bhikkhave, bhikkhu mānattāraho sāmaṇero hoti...pe... ummattako hoti...pe... khittacitto hoti...pe... vedanāṭṭo hoti...pe... āpattiyā adassane, ukkhipiyyati...pe... āpattiyā appaṭikamme, ukkhipiyyati...pe... pāpikāya diṭṭhiyā, appaṭinissagge, ukkhipiyyati. Ukkhittakassa, bhikkhave, mānattadānaṃ na ruhati. So ce puna osāriyyati, tassa tadeva purimaṃ parivāsadānaṃ. Yo parivāso dinno sudinno, yo parivuttho suparivuttho. Tassa bhikkhuno mānattaṃ dātabbaṃ.

163. "Idha pana, bhikkhave, bhikkhu mānattaṃ caranto vibbhamati. Vibbhantakassa, bhikkhave, mānattacariyā na ruhati. So ce puna upasampajjati tassa tadeva purimaṃ parivāsadānaṃ. Yo parivāso dinno sudinno, yo parivuttho suparivuttho; yaṃ mānattaṃ dinnaṃ sudinnaṃ, yaṃ mānattaṃ ciṇṇaṃ suciṇṇaṃ, avasesaṃ caritabbaṃ.

"Idha pana, bhikkhave, bhikkhu mānattaṃ caranto sāmaṇero hoti...pe... ummattako hoti...pe... khittacitto hoti...pe... vedanāṭṭo hoti...pe... āpattiyā adassane, ukkhipiyyati...pe... āpattiyā appaṭikamme, ukkhipiyyati...pe... pāpikāya diṭṭhiyā, appaṭinissagge, ukkhipiyyati. Ukkhittakassa, bhikkhave, mānattacariyā na ruhati. So ce puna osāriyyati, tassa tadeva purimaṃ parivāsadānaṃ. Yo parivāso dinno sudinno, yo purivuttho suparivuttho; yaṃ mānattaṃ dinnaṃ sudinnaṃ, yaṃ mānattaṃ ciṇṇaṃ suciṇṇaṃ, avasesaṃ caritabbaṃ.

164. "Idha pana, bhikkhave, bhikkhu abbhānāraho vibbhamati. Vibbhantakassa, bhikkhave, abbhānaṃ na ruhati. So ce puna upasampajjati, tassa tadeva purimaṃ parivāsadānaṃ. Yo parivāso dinno sudinno,

yo parivuttho suparivuttho; yaṃ mānattaṃ dinnaṃ sudinnaṃ, yaṃ mānattaṃ ciṇṇaṃ suciṇṇaṃ. So bhikkhu abbhetabbo.

''Idha pana, bhikkhave, bhikkhu abbhānāraho sāmaṇero hoti...pe... ummattako hoti...pe... Khittacitto hoti...pe... vedanāṭṭo hoti...pe... āpattiyā adassane, ukkhipiyyati...pe... āpattiyā appaṭikamme, ukkhipiyyati...pe... pāpikāya diṭṭhiyā, appaṭinissagge, ukkhipiyyati. Ukkhittakassa, bhikkhave, abbhānaṃ na ruhati. So ce puna osāriyyati, tassa tadeva purimaṃ parivāsadānaṃ. Yo parivāso dinno sudinno, yo parivuttho suparivuttho; yaṃ mānattaṃ dinnaṃ sudinnaṃ, yaṃ mānattaṃ ciṇṇaṃ suciṇṇaṃ. So bhikkhu abbhetabbo.

Cattālīsakaṃ samattaṃ.

4. Chattiṃsakaṃ

165. ''Idha pana, bhikkhave, bhikkhu parivasanto antarā sambahulā saṅghādisesā āpattiyo āpajjati parimāṇā [parimāṇāyo (sī. syā.)] appaṭicchannāyo. So bhikkhu mūlāya paṭikassitabbo.

''Idha pana, bhikkhave, bhikkhu parivasanto antarā sambahulā saṅghādisesā āpattiyo āpajjati parimāṇā paṭicchannāyo. So bhikkhu mūlāya paṭikassitabbo. Yathāpaṭicchannānañcassa āpattīnaṃ purimāya āpattiyā samodhānaparivāso dātabbo.

''Idha pana, bhikkhave, bhikkhu parivasanto antarā sambahulā saṅghādisesā āpattiyo āpajjati parimāṇā paṭicchannāyopi appaṭicchannāyopi. So bhikkhu mūlāya paṭikassitabbo. Yathāpaṭicchannānañcassa āpattīnaṃ purimāya āpattiyā samodhānaparivāso dātabbo.

''Idha pana, bhikkhave, bhikkhu parivasanto antarā sambahulā saṅghādisesā āpattiyo āpajjati aparimāṇā [aparimāṇāyo (sī. syā.)] appaṭicchannāyo...pe... aparimāṇā paṭicchannāyo...pe... aparimāṇā paṭicchannāyopi appaṭicchannāyopi...pe... parimāṇāyopi aparimāṇāyopi appaṭicchannāyo...pe... parimāṇāyopi aparimāṇāyopi paṭicchannāyo...pe... parimāṇāyopi aparimāṇāyopi paṭicchannāyopi appaṭicchannāyopi. So bhikkhu mūlāya paṭikassitabbo. Yathāpaṭicchannānañcassa āpattīnaṃ purimāya āpattiyā samodhānaparivāso dātabbo.

''Idha pana, bhikkhave, bhikkhu mānattāraho...pe... mānattaṃ caranto...pe... (yathāparivāsaṃ tathā vitthāretabbaṃ) abbhānāraho antarā sambahulā saṅghādisesā āpattiyo āpajjati parimāṇā appaṭicchannāyo...pe... parimāṇā paṭicchannāyo...pe... parimāṇā paṭicchannāyopi appaṭicchannāyopi...pe... aparimāṇā appaṭicchannāyo...pe... aparimāṇā paṭicchannāyo...pe... aparimāṇā paṭicchannāyopi appaṭicchannāyopi...pe... parimāṇāyopi aparimāṇāyopi appaṭicchannāyo...pe... parimāṇāyopi aparimāṇāyopi paṭicchannāyo...pe... parimāṇāyopi aparimāṇāyopi paṭicchannāyopi appaṭicchannāyopi. So bhikkhu mūlāya paṭikassitabbo. Yathāpaṭicchannānañcassa āpattīnaṃ purimāya āpattiyā samodhānaparivāso dātabbo.

Chattiṃsakaṃ samattaṃ.

5. Mānattasatakaṃ

166. ''Idha pana, bhikkhave, bhikkhu sambahulā saṅghādisesā āpattiyo āpajjitvā appaṭicchādetvā vibbhamati. So puna [so ce puna (ka.)] upasampanno tā āpattiyo nacchādeti. Tassa, bhikkhave, bhikkhuno mānattaṃ dātabbaṃ.

''Idha pana, bhikkhave, bhikkhu sambahulā saṅghādisesā āpattiyo āpajjitvā appaṭicchādetvā vibbhamati. So puna upasampanno tā āpattiyo chādeti. Tassa, bhikkhave, bhikkhuno pacchimasmiṃ āpattikkhandhe yathāpaṭicchanne parivāsaṃ datvā mānattaṃ dātabbaṃ.

''Idha pana, bhikkhave, bhikkhu sambahulā saṅghādisesā āpattiyo āpajjitvā paṭicchādetvā vibbhamati. So puna upasampanno tā āpattiyo nacchādeti. Tassa, bhikkhave, bhikkhuno purimasmiṃ āpattikkhandhe yathāpaṭicchanne parivāsaṃ datvā mānattaṃ dātabbaṃ.

''Idha pana, bhikkhave, bhikkhu sambahulā saṅghādisesā āpattiyo āpajjitvā paṭicchādetvā vibbhamati. So puna upasampanno tā āpattiyo chādeti. Tassa, bhikkhave, bhikkhuno purimasmiñca pacchimasmiñca āpattikkhandhe yathāpaṭicchanne parivāsaṃ datvā mānattaṃ dātabbaṃ.

167. ''Idha pana, bhikkhave, bhikkhu sambahulā saṅghādisesā āpattiyo āpajjati. Tassa honti āpattiyo paṭicchannāyopi appaṭicchannāyopi. So vibbhamitvā puna upasampanno yā āpattiyo pubbe chādesi tā āpattiyo pacchā nacchādeti; yā āpattiyo pubbe nacchādesi tā āpattiyo pacchā nacchādeti. Tassa, bhikkhave, bhikkhuno purimasmiṃ āpattikkhandhe yathāpaṭicchanne parivāsaṃ datvā mānattaṃ dātabbaṃ.

''Idha pana, bhikkhave, bhikkhu sambahulā saṅghādisesā āpattiyo āpajjati. Tassa honti āpattiyo paṭicchannāyopi appaṭicchannāyopi. So vibbhamitvā puna upasampanno yā āpattiyo pubbe chādesi tā āpattiyo pacchā nacchādeti; yā āpattiyo pubbe nacchādesi tā āpattiyo pacchā chādeti. Tassa, bhikkhave, bhikkhuno purimasmiñca pacchimasmiñca āpattikkhandhe yathāpaṭicchanne parivāsaṃ datvā mānattaṃ dātabbaṃ.

''Idha pana, bhikkhave, bhikkhu sambahulā saṅghādisesā āpattiyo āpajjati. Tassa honti āpattiyo paṭicchannāyopi appaṭicchannāyopi. So vibbhamitvā puna upasampanno yā āpattiyo pubbe chādesi tā āpattiyo pacchā chādeti; yā āpattiyo pubbe nacchādesi tā āpattiyo pacchā nacchādeti. Tassa, bhikkhave,

bhikkhuno purimasmiñca pacchimasmiñca āpattikkhandhe yathāpaṭicchanne parivāsaṃ datvā mānattaṃ dātabbaṃ.
"Idha pana, bhikkhave, bhikkhu sambahulā saṅghādisesā āpattiyo āpajjati. Tassa honti āpattiyo paṭicchannāyopi appaṭicchannāyopi. So vibbhamitvā puna upasampanno yā āpattiyo pubbe chādesi tā āpattiyo pacchā chādeti; yā āpattiyo pubbe nacchādesi tā āpattiyo pacchā chādeti. Tassa, bhikkhave, bhikkhuno purimasmiñca pacchimasmiñca āpattikkhandhe yathāpaṭicchanne parivāsaṃ datvā mānattaṃ dātabbaṃ.
168. "Idha pana, bhikkhave, bhikkhu sambahulā saṅghādisesā āpattiyo āpajjati. Ekaccā āpattiyo jānāti, ekaccā āpattiyo na jānāti. Yā āpattiyo jānāti tā āpattiyo chādeti. Yā āpattiyo na jānāti tā āpattiyo nacchādeti. So vibbhamitvā puna upasampanno yā āpattiyo pubbe jānitvā chādesi tā āpattiyo pacchā jānitvā nacchādeti; yā āpattiyo pubbe ajānitvā nacchādesi tā āpattiyo pacchā jānitvā nacchādeti. Tassa, bhikkhave, bhikkhuno purimasmiṃ āpattikkhandhe yathāpaṭicchanne parivāsaṃ datvā mānattaṃ dātabbaṃ.
"Idha pana, bhikkhave, bhikkhu sambahulā saṅghādisesā āpattiyo āpajjati. Ekaccā āpattiyo jānāti, ekaccā āpattiyo na jānāti. Yā āpattiyo jānāti tā āpattiyo chādeti. Yā āpattiyo na jānāti tā āpattiyo nacchādeti. So vibbhamitvā puna upasampanno yā āpattiyo pubbe jānitvā chādesi tā āpattiyo pacchā jānitvā nacchādeti; yā āpattiyo pubbe ajānitvā nacchādesi tā āpattiyo pacchā jānitvā chādeti. Tassa , bhikkhave, bhikkhuno purimasmiñca pacchimasmiñca āpattikkhandhe yathāpaṭicchanne parivāsaṃ datvā mānattaṃ dātabbaṃ.
"Idha pana, bhikkhave, bhikkhu sambahulā saṅghādisesā āpattiyo āpajjati. Ekaccā āpattiyo jānāti, ekaccā āpattiyo na jānāti. Yā āpattiyo jānāti tā āpattiyochādeti. Yā āpattiyo na jānāti tā āpattiyo nacchādeti. So vibbhamitvā puna upasampanno yā āpattiyo pubbe jānitvā chādesi tā āpattiyo pacchā jānitvā chādeti; yā āpattiyo pubbe ajānitvā nacchādesi tā āpattiyo pacchā jānitvā nacchādeti. Tassa, bhikkhave, bhikkhuno purimasmiñca pacchimasmiñca āpattikkhandheyathāpaṭicchanne parivāsaṃ datvā mānattaṃ dātabbaṃ.
"Idha pana, bhikkhave, bhikkhu sambahulā saṅghādisesā āpattiyo āpajjati. Ekaccā āpattiyo jānāti, ekaccā āpattiyo na jānāti. Yā āpattiyo jānāti tā āpattiyo chādeti; yā āpattiyo na jānāti tā āpattiyo nacchādeti. So vibbhamitvā puna upasampanno yā āpattiyo pubbe jānitvā chādesi tā āpattiyo pacchā jānitvā chādeti; yā āpattiyo pubbe ajānitvā nacchādesi tā āpattiyo pacchā jānitvā chādeti. Tassa, bhikkhave, bhikkhuno purimasmiñca pacchimasmiñca āpattikkhandhe yathāpaṭicchanne parivāsaṃ datvā mānattaṃ dātabbaṃ.
169. "Idha pana, bhikkhave, bhikkhu sambahulā saṅghādisesā āpattiyo āpajjati. Ekaccā āpattiyo sarati, ekaccā āpattiyo nassarati. Yā āpattiyo sarati tā āpattiyo chādeti; yā āpattiyo nassarati tā āpattiyo nacchādeti. So vibbhamitvā puna upasampanno yā āpattiyo pubbe saritvā chādesi tā āpattiyo pacchā saritvā nacchādeti; yā āpattiyo pubbe assaritvā nacchādesi tā āpattiyo pacchā saritvā nacchādeti. Tassa, bhikkhave, bhikkhuno purimasmiṃ āpattikkhandhe yathāpaṭicchanne parivāsaṃ datvā mānattaṃ dātabbaṃ.
"Idha pana, bhikkhave, bhikkhu sambahulā saṅghādisesā āpattiyo āpajjati . Ekaccā āpattiyo sarati, ekaccā āpattiyo nassarati. Yā āpattiyo sarati tā āpattiyo chādeti; yā āpattiyo nassarati tā āpattiyo nacchādeti. So vibbhamitvā puna upasampanno yā āpattiyo pubbe saritvā chādesi tā āpattiyo pacchā saritvā nacchādeti; yā āpattiyo pubbe assaritvā nacchādesi tā āpattiyo pacchā saritvā chādeti. Tassa, bhikkhave, bhikkhuno purimasmiñca pacchimasmiñca āpattikkhandhe yathāpaṭicchanne parivāsaṃ datvā mānattaṃ dātabbaṃ.
"Idha pana, bhikkhave, bhikkhu sambahulā saṅghādisesā āpattiyo āpajjati. Ekaccā āpattiyo sarati, ekaccā āpattiyo nassarati. Yā āpattiyo sarati tā āpattiyo chādeti; yā āpattiyo nassarati tā āpattiyo nacchādeti. So vibbhamitvā puna upasampanno yā āpattiyo pubbe saritvā chādesi tā āpattiyo pacchā saritvā chādeti; yā āpattiyo pubbe assaritvā nacchādesi tā āpattiyo pacchā saritvā nacchādeti. Tassa, bhikkhave, bhikkhuno purimasmiñca pacchimasmiñca āpattikkhandhe yathāpaṭicchanne parivāsaṃ datvā mānattaṃ dātabbaṃ.
"Idha pana, bhikkhave, bhikkhu sambahulā saṅghādisesā āpattiyo āpajjati. Ekaccā āpattiyo sarati, ekaccā āpattiyo nassarati. Yā āpattiyo sarati tā āpattiyo chādeti; yā āpattiyo nassarati tā āpattiyo nacchādeti. So vibbhamitvā puna upasampanno yā āpattiyo pubbe saritvā chādesi tā āpattiyo pacchā saritvā chādeti; yā āpattiyo pubbe assaritvā nacsādesi tā āpattiyo pacchā saritvā chādeti. Tassa, bhikkhave, bhikkhuno purimasmiñca pacchimasmiñca āpattikkhandhe yathāpaṭicchanne parivāsaṃ datvā mānattaṃ dātabbaṃ.
170. "Idha pana, bhikkhave, bhikkhu sambahulā saṅghādisesā āpattiyo āpajjati. Ekaccāsu āpattīsu nibbematiko, ekaccāsu āpattīsu vematiko. Yāsu āpattīsu nibbematiko tā āpattiyo chādeti; yāsu āpattīsu vematiko tā āpattiyo nacchādeti. So vibbhamitvā puna upasampanno yā āpattiyo pubbe nibbematiko chādesi tā āpattiyo pacchā nibbematiko nacchādeti; yā āpattiyo pubbe vematiko nacchādesi tā āpattiyo pacchā nibbematiko nacchādeti. Tassa, bhikkhave, bhikkhuno purimasmiṃ āpattikkhandhe yathāpaṭicchanne parivāsaṃ datvā mānattaṃ dātabbaṃ.
"Idha pana, bhikkhave, bhikkhu sambahulā saṅghādisesā āpattiyo āpajjati. Ekaccāsu āpattīsu nibbematiko, ekaccāsu āpattīsu vematiko. Yāsu āpattīsu nibbematiko tā āpattiyo chādeti; yāsu āpattīsu vematiko tā āpattiyo nacchādeti. So vibbhamitvā puna upasampanno yā āpattiyo pubbe nibbematiko chādesi tā āpattiyo pacchā nibbematiko nacchādeti; yā āpattiyo pubbe vematiko nacchādesi tā āpattiyo

pacchā nibbematiko chādeti. Tassa, bhikkhave, bhikkhuno purimasmiñca pacchimasmiñca āpattikkhandhe yathāpaṭicchanne parivāsaṃ datvā mānattaṃ dātabbaṃ.
"Idha pana, bhikkhave, bhikkhu sambahulā saṅghādisesā āpattiyo āpajjati. Ekaccāsu āpattīsu nibbematiko, ekaccāsu āpattīsu vematiko. Yāsu āpattīsu nibbematiko tā āpattiyo chādeti; yāsu āpattīsu vematiko tā āpattiyo nacchādeti. So vibbhamitvā puna upasampanno yā āpattiyo pubbe nibbematiko chādesi tā āpattiyo pacchā nibbematiko chādeti; yā āpattiyo pubbe vematiko nacchādesi tā āpattiyo pacchā nibbematiko nacchādeti. Tassa, bhikkhave, bhikkhuno purimasmiñca pacchimasmiñca āpattikkhandhe yathāpaṭicchanne parivāsaṃ datvā mānattaṃ dātabbaṃ.
"Idha pana, bhikkhave, bhikkhu sambahulā saṅghādisesā āpattiyo āpajjati. Ekaccāsu āpattīsu nibbematiko, ekaccāsu āpattīsu vematiko. Yāsu āpattīsu nibbematiko tā āpattiyo chādeti; yāsu āpattīsu vematiko tā āpattiyo nacchādeti. So vibbhamitvā puna upasampanno yā āpattiyo pubbe nibbematiko chādesi tā āpattiyo pacchā nibbematiko chādeti; yā āpattiyo pubbe vematiko nacchādesi tā āpattiyo pacchā nibbematiko chādeti. Tassa, bhikkhave, bhikkhuno purimasmiñca pacchimasmiñca āpattikkhandhe yathāpaṭicchanne parivāsaṃ datvā mānattaṃ dātabbaṃ.
171. "Idha pana, bhikkhave, bhikkhu sambahulā saṅghādisesā āpattiyo āpajjitvā appaṭicchādetvā sāmaṇero hoti...pe... ummattako hoti...pe... khittacitto hoti...pe... (yathā heṭṭhā tathā vitthāretabbaṃ) vedanāṭṭo hoti...pe... tassa honti āpattiyo paṭicchannāyopi appaṭicchannāyopi...pe... ekaccā āpattiyo jānāti, ekaccā āpattiyo na jānāti...pe... ekaccā āpattiyo sarati, ekaccā āpattiyo nassarati...pe... ekaccāsu āpattīsu nibbematiko, ekaccāsu āpattīsu vematiko. Yāsu āpattīsu nibbematiko tā āpattiyo chādeti; yāsu āpattīsu vematiko tā āpattiyo nacchādeti. So vedanāṭṭo hoti. So puna avedanāṭṭo hutvā yā āpattiyo pubbe nibbematiko chādesi tā āpattiyo pacchā nibbematiko nacchādeti; yā āpattiyo pubbe vematiko nacchādesi tā āpattiyo pacchā nibbematiko nacchādeti...pe... yā āpattiyo pubbe nibbematiko chādesi tā āpattiyo pacchā nibbematiko nacchādeti; yā āpattiyo pubbe vematiko nacchādesi tā āpattiyo pacchā nibbematiko chādeti...pe... yā āpattiyo pubbe nibbematiko chādesi tā āpattiyo pacchā nibbematiko chādeti; yā āpattiyo pubbe vematiko nacchādesi tā āpattiyo pacchā nibbematiko nacchādeti...pe... yā āpattiyo pubbe nibbematiko chādesi tā āpattiyo pacchā nibbematiko chādeti; yā āpattiyo pubbe vematiko nacchādesi tā āpattiyo pacchā nibbematiko chādeti. Tassa, bhikkhave, bhikkhuno purimasmiñca pacchimasmiñca āpattikkhandhe yathāpaṭicchanne parivāsaṃ datvā mānattaṃ dātabbaṃ.
Mānattasataṃ niṭṭhitaṃ.
6. Samūlāyasamodhānaparivāsacatussataṃ
172. "Idha pana, bhikkhave, bhikkhu parivasanto antarā sambahulā saṅghādisesā āpattiyo āpajjitvā appaṭicchādetvā vibbhamati. So puna upasampanno tā āpattiyo nacchādeti. So bhikkhu mūlāya paṭikassitabbo.
"Idha pana, bhikkhave, bhikkhu parivasanto antarā sambahulā saṅghādisesā āpattiyo āpajjitvā appaṭicchādetvā vibbhamati. So puna upasampanno tā āpattiyo chādeti. So bhikkhu mūlāya paṭikassitabbo. Yathāpaṭicchannānañcassa āpattīnaṃ purimāya āpattiyā samodhānaparivāso dātabbo.
"Idha pana, bhikkhave, bhikkhu parivasanto antarā sambahulā saṅghādisesā āpattiyo āpajjitvā paṭicchādetvā vibbhamati. So puna upasampanno tā āpattiyo nacchādeti. So bhikkhu mūlāya paṭikassitabbo. Yathāpaṭicchannānañcassa āpattīnaṃ purimāya āpattiyā samodhānaparivāso dātabbo.
"Idha pana, bhikkhave, bhikkhu parivasanto antarā sambahulā saṅghādisesā āpattiyo āpajjitvā paṭicchādetvā vibbhamati. So puna upasampanno tā āpattiyo chādeti. So bhikkhu mūlāya paṭikassitabbo. Yathāpaṭicchannānañcassa āpattīnaṃ purimāya āpattiyā samodhānaparivāso dātabbo.
173. "Idha pana, bhikkhave, bhikkhu parivasanto antarā sambahulā saṅghādisesā āpattiyo āpajjati. Tassa honti āpattiyo paṭicchannāyopi appaṭicchannāyopi. So vibbhamitvā puna upasampanno yā āpattiyo pubbe chādesi tā āpattiyo pacchā nacchādeti; yā āpattiyo pubbe nacchādesi tā āpattiyo pacchā nacchādeti. So bhikkhu mūlāya paṭikassitabbo. Yathāpaṭicchannānañcassa āpattīnaṃ purimāya āpattiyā samodhānaparivāso dātabbo.
"Idha pana, bhikkhave, bhikkhu parivasanto antarā sambahulā saṅghādisesā āpattiyo āpajjati. Tassa honti āpattiyo paṭicchannāyopi appaṭicchannāyopi. So vibbhamitvā puna upasampanno yā āpattiyo pubbe chādesi tā āpattiyo pacchā nacchādeti; yā āpattiyo pubbe nacchādesi tā āpattiyo pacchā chādeti. So bhikkhu mūlāya paṭikassitabbo. Yathāpaṭicchannānañcassa āpattīnaṃ purimāya āpattiyā samodhānaparivāso dātabbo.
"Idha pana, bhikkhave, bhikkhu parivasanto antarā sambahulā saṅghādisesā āpattiyo āpajjati. Tassa honti āpattiyo paṭicchannāyopi appaṭicchannāyopi. So vibbhamitvā puna upasampanno yā āpattiyo pubbe chādesi tā āpattiyo pacchā chādeti; yā āpattiyo pubbe nacchādesi tā āpattiyo pacchā nacchādeti. So bhikkhu mūlāya paṭikassitabbo. Yathāpaṭicchannānañcassa āpattīnaṃ purimāya āpattiyā samodhānaparivāso dātabbo.
"Idha pana, bhikkhave, bhikkhu parivasanto antarā sambahulā saṅghādisesā āpattiyo āpajjati. Tassa honti āpattiyo paṭicchannāyopi appaṭicchannāyopi. So vibbhamitvā puna upasampanno yā āpattiyo pubbe chādesi tā āpattiyo pacchā chādeti; yā āpattiyo pubbe nacchādesi tā āpattiyo pacchā chādeti. So bhikkhu

mūlāya paṭikassitabbo. Yathāpaṭicchannānañcassa āpattīnaṃ purimāya āpattiyā samodhānaparivāso dātabbo.

174. "Idha pana, bhikkhave, bhikkhu parivasanto antarā sambahulā saṅghādisesā āpattiyo āpajjati. Ekaccā āpattiyo jānāti, ekaccā āpattiyo na jānāti. Yā āpattiyo jānāti tā āpattiyo chādeti; yā āpattiyo na jānāti tā āpattiyo nacchādeti. So vibbhamitvā puna upasampanno yā āpattiyo pubbe jānitvā chādesi tā āpattiyo pacchā jānitvā nacchādeti; yā āpattiyo pubbe ajānitvā nacchādesi tā āpattiyo pacchā jānitvā nacchādeti. So bhikkhu mūlāya paṭikassitabbo. Yathāpaṭicchannānañcassa āpattīnaṃ purimāya āpattiyā samodhānaparivāso dātabbo.

"Idha pana, bhikkhave, bhikkhu parivasanto antarā sambahulā saṅghādisesā āpattiyo āpajjati. Ekaccā āpattiyo jānāti, ekaccā āpattiyo na jānāti. Yā āpattiyo jānāti tā āpattiyo chādeti; yā āpattiyo na jānāti tā āpattiyo nacchādeti. So vibbhamitvā puna upasampanno yā āpattiyo pubbe jānitvā chādesi tā āpattiyo pacchā jānitvā nacchādeti; yā āpattiyo pubbe ajānitvā nacchādesi tā āpattiyo pacchā jānitvā chādeti. So bhikkhu mūlāya paṭikassitabbo. Yathāpaṭicchannānañcassaāpattīnaṃ purimāya āpattiyā samodhānaparivāso dātabbo.

"Idha pana, bhikkhave, bhikkhu parivasanto antarā sambahulā saṅghādisesā āpattiyo āpajjati. Ekaccā āpattiyo jānāti, ekaccā āpattiyo na jānāti. Yā āpattiyo jānāti tā āpattiyo chādeti; yā āpattiyo na jānāti tā āpattiyo nacchādeti. So vibbhamitvā puna upasampanno yā āpattiyo pubbe jānitvā chādesi tā āpattiyo pacchā jānitvā chādeti; yā āpattiyo pubbe ajānitvā nacchādesi tā āpattiyo pacchā jānitvā nacchādeti. So bhikkhu mūlāya paṭikassitabbo. Yathāpaṭicchannānañcassa āpattīnaṃ purimāya āpattiyā samodhānaparivāso dātabbo.

"Idha pana, bhikkhave, bhikkhu parivasanto antarā sambahulā saṅghādisesā āpattiyo āpajjati. Ekaccā āpattiyo jānāti, ekaccā āpattiyo na jānāti. Yā āpattiyo jānāti tā āpattiyo chādeti, yā āpattiyo na jānāti tā āpattiyo nacchādeti. So vibbhamitvā puna upasampanno yā āpattiyo pubbe jānitvā chādesi tā āpattiyo pacchā jānitvā chādeti; yā āpattiyo pubbe ajānitvā nacchādesi tā āpattiyo pacchā jānitvā chādeti. So bhikkhu mūlāya paṭikassitabbo. Yathāpaṭicchannānañcassaāpattīnaṃ purimāya āpattiyā samodhānaparivāso dātabbo.

175. "Idha pana, bhikkhave, bhikkhu parivasanto antarā sambahulā saṅghādisesā āpattiyo āpajjati. Ekaccā āpattiyo sarati, ekaccā āpattiyo nassarati. Yā āpattiyosarati tā āpattiyo chādeti; yā āpattiyo nassarati tā āpattiyo nacchādeti. So vibbhamitvā puna upasampanno yā āpattiyo pubbe saritvā chādesi tā āpattiyo pacchā saritvā nacchādeti; yā āpattiyo pubbe assaritvā nacchādesi tā āpattiyo pacchā saritvā nacchādeti. So bhikkhu mūlāya paṭikassitabbo. Yathāpaṭicchannānañcassa āpattīnaṃ purimāya āpattiyā samodhānaparivāso dātabbo.

"Idha pana, bhikkhave, bhikkhu parivasanto antarā sambahulā saṅghādisesā āpattiyo āpajjati. Ekaccā āpattiyo sarati, ekaccā āpattiyo nassarati. Yā āpattiyo sarati tā āpattiyo chādeti; yā āpattiyo nassarati tā āpattiyo nacchādeti. So vibbhamitvā puna upasampanno yā āpattiyo pubbe saritvā chādesi tā āpattiyo pacchā saritvā nacchādeti; yā āpattiyo pubbe assaritvā nacchādesi tā āpattiyo pacchā saritvā chādeti. So bhikkhu mūlāya paṭikassitabbo . Yathāpaṭicchannānañcassa āpattīnaṃ purimāya āpattiyā samodhānaparivāso dātabbo.

"Idha pana, bhikkhave, bhikkhu parivasanto antarā sambahulā saṅghādisesā āpattiyo āpajjati. Ekaccā āpattiyo sarati, ekaccā āpattiyo nassarati. Yā āpattiyo sarati tā āpattiyo chādeti; yā āpattiyo nassarati tā āpattiyo nacchādeti. So vibbhamitvā puna upasampanno yā āpattiyo pubbe saritvā chādesi tā āpattiyo pacchā saritvā chādeti; yā āpattiyo pubbe assaritvā nacchādesi tā āpattiyo pacchā saritvā nacchādeti. So bhikkhu mūlāya paṭikassitabbo. Yathāpaṭicchannānañcassa āpattīnaṃ purimāya āpattiyā samodhānaparivāso dātabbo.

"Idha pana, bhikkhave, bhikkhu parivasanto antarā sambahulā saṅghādisesā āpattiyo āpajjati. Ekaccā āpattiyo sarati, ekaccā āpattiyo nassarati. Yā āpattiyo sarati tā āpattiyo chādeti; yā āpattiyo nassarati tā āpattiyo nacchādeti. So vibbhamitvā puna upasampanno yā āpattiyo pubbe saritvā chādesi tā āpattiyo pacchā saritvā chādeti; yā āpattiyo pubbe assaritvā nacchādesi tā āpattiyo pacchā saritvā chādeti. So bhikkhu mūlāya paṭikassitabbo. Yathāpaṭicchannānañcassaāpattīnaṃ purimāya āpattiyā samodhānaparivāso dātabbo.

176. "Idha pana, bhikkhave, bhikkhu parivasanto antarā sambahulā saṅghādisesā āpattiyo āpajjati. Ekaccāsu āpattīsu nibbematiko, ekaccāsu āpattīsu vematiko. Yāsu āpattīsu nibbematiko tā āpattiyo chādeti; yāsu āpattīsu vematiko tā āpattiyo nacchādeti. So vibbhamitvā puna upasampanno yā āpattiyo pubbe nibbematiko chādesi tā āpattiyo pacchā nibbematiko nacchādeti; yā āpattiyo pubbe vematiko nacchādesi tā āpattiyo pacchā nibbematiko nacchādeti. So bhikkhu mūlāya paṭikassitabbo. Yathāpaṭicchannānañcassa āpattīnaṃ purimāya āpattiyā samodhānaparivāso dātabbo.

"Idha pana, bhikkhave, bhikkhu parivasanto antarā sambahulā saṅghādisesā āpattiyo āpajjati. Ekaccāsu āpattīsu nibbematiko, ekaccāsu āpattīsu vematiko. Yāsu āpattīsu nibbematiko tā āpattiyo chādeti; yāsu āpattīsu vematiko tā āpattiyo nacchādeti. So vibbhamitvā puna upasampanno yā āpattiyo pubbe nibbematiko chādesi tā āpattiyo pacchā nibbematiko nacchādeti; yā āpattiyo pubbe vematiko nacchādesi

tā āpattiyo pacchā nibbematiko chādeti. So bhikkhu mūlāya paṭikassitabbo . Yathāpaṭicchannānañcassa āpattīnaṃ purimāya āpattiyā samodhānaparivāso dātabbo.
"Idha pana, bhikkhave, bhikkhu parivasanto antarā sambahulā saṅghādisesā āpattiyo āpajjati. Ekaccāsu āpattīsu nibbematiko, ekaccāsu āpattīsu vematiko. Yāsu āpattīsu nibbematiko tā āpattiyo chādeti; yāsu āpattīsu vematiko tā āpattiyo nacchādeti. So vibbhamitvā puna upasampanno yā āpattiyo pubbe nibbematiko chādesi tā āpattiyo pacchā nibbematiko chādeti; yā āpattiyo pubbe vematiko nacchādesi tā āpattiyo pacchā nibbematiko nacchādeti. So bhikkhu mūlāya paṭikassitabbo. Yathāpaṭicchannānañcassa āpattīnaṃ purimāya āpattiyā samodhānaparivāso dātabbo.
"Idha pana, bhikkhave, bhikkhu parivasanto antarā sambahulā saṅghādisesā āpattiyo āpajjati. Ekaccāsu āpattīsu nibbematiko, ekaccāsu āpattīsu vematiko. Yāsu āpattīsu nibbematiko tā āpattiyo chādeti; yāsu āpattīsu vematiko tā āpattiyo nacchādeti. So vibbhamitvā [so bhikkhu vibbhamitvā (ka.)] puna upasampanno yā āpattiyo pubbe nibbematiko chādesi tā āpattiyo pacchā nibbematiko chādeti; yā āpattiyo pubbe vematiko nacchādesi tā āpattiyo pacchā nibbematiko chādeti. So bhikkhu mūlāya paṭikassitabbo . Yathāpaṭicchannānañcassa āpattīnaṃ purimāya āpattiyā samodhānaparivāso dātabbo.
177. "Idha pana, bhikkhave, bhikkhu parivasanto antarā sambahulā saṅghādisesā āpattiyo āpajjitvā appaṭicchādetvā sāmaṇero hoti...pe... ummattako hoti...pe... khittacitto hoti...pe... vedanāṭṭo hoti...pe... tassa honti āpattiyo paṭicchannāyopi appaṭicchannāyopi (yathā heṭṭhā vitthāritaṃ tathā vitthāretabbaṃ)...pe... ekaccā āpattiyo jānāti, ekaccā āpattiyo na jānāti...pe... ekaccā āpattiyo sarati, ekaccā āpattiyo nassarati...pe... ekaccāsu āpattīsu nibbematiko, ekaccāsu āpattīsu vematiko. Yāsu āpattīsu nibbematiko tā āpattiyo chādeti; yāsu āpattīsu vematiko tā āpattiyo nacchādeti. So vedanāṭṭo hoti. So puna avedanāṭṭo hutvā yā āpattiyo pubbe nibbematiko chādesi tā āpattiyo pacchā nibbematiko nacchādeti; yā āpattiyo pubbe vematiko nacchādesi tā āpattiyo pacchā nibbematiko nacchādeti...pe... yā āpattiyo pubbe nibbematiko chādesi tā āpattiyo pacchā nibbematiko nacchādeti ; yā āpattiyo pubbe vematiko nacchādesi tā āpattiyo pacchā nibbematiko chādeti...pe... yā āpattiyo pubbe nibbematiko chādesi tā āpattiyo pacchā nibbematiko chādeti ; yā āpattiyo pubbe vematiko nacchādesi tā āpattiyo pacchā nibbematiko nacchādeti...pe... yā āpattiyo pubbe nibbematiko chādesi tā āpattiyo pacchā nibbematiko chādeti; yā āpattiyo pubbe vematiko nacchādesi tā āpattiyo pacchā nibbematiko chādeti. So bhikkhu mūlāya paṭikassitabbo. Yathāpaṭicchannānañcassa āpattīnaṃ purimāya āpattiyā samodhānaparivāso dātabbo.
178. "Idha pana, bhikkhave, bhikkhu mānattāraho...pe... mānattaṃ caranto...pe... abbhānāraho antarā sambahulā saṅghādisesā āpattiyo āpajjitvā appaṭicchādetvā vibbhamati...pe... (mānattāraho ca mānattacārī ca abbhānāraho ca yathā parivāso vitthārito tathā vitthāretabbo).
179. "Idha pana, bhikkhave, bhikkhu abbhānāraho antarā sambahulā saṅghādisesā āpattiyo āpajjitvā appaṭicchādetvā sāmaṇero hoti...pe... ummattako hoti...pe... khittacitto hoti...pe... vedanāṭṭo hoti...pe... tassa honti āpattiyo paṭicchannāyopi appaṭicchannāyopi ...pe... ekaccā āpattiyo jānāti, ekaccā āpattiyo na jānāti...pe... ekaccā āpattiyo sarati, ekaccā āpattiyo nassarati...pe... ekaccāsu āpattīsu nibbematiko, ekaccāsu āpattīsu vematiko. Yāsu āpattīsu nibbematiko tā āpattiyo chādeti; yāsu āpattīsu vematiko tā āpattiyo nacchādeti. So vedanāṭṭo hoti. So puna avedanāṭṭo hutvā yā āpattiyo pubbe nibbematiko chādesi tā āpattiyo pacchā nibbematiko nacchādeti; yā āpattiyo pubbe vematiko nacchādesi tā āpattiyo pacchā nibbematiko nacchādeti...pe... yā āpattiyo pubbe nibbematiko chādesi tā āpattiyo pacchā nibbematiko nacchādeti; yā āpattiyo pubbe vematiko nacchādesi tā āpattiyo pacchā nibbematiko chādeti...pe... yā āpattiyo pubbe nibbematiko chādesi tā āpattiyo pacchā nibbematiko chādeti; yā āpattiyo pubbe vematiko nacchādesi tā āpattiyo pacchā nibbematiko nacchādeti...pe... yā āpattiyo pubbe nibbematiko chādesi tā āpattiyo pacchā nibbematiko chādeti; yā āpattiyo pubbe vematiko nacchādesi tā āpattiyo pacchā nibbematiko chādeti. So bhikkhu mūlāya paṭikassitabbo. Yathāpaṭicchannānañcassa āpattīnaṃ purimāya āpattiyā samodhānaparivāso dātabbo.
Samūlāyasamodhānaparivāsacatussataṃ niṭṭhitaṃ.

7. Parimāṇādivāraaṭṭhakaṃ

180. "Idha pana, bhikkhave, bhikkhu sambahulā saṅghādisesā āpattiyo āpajjitvā parimāṇā appaṭicchādetvā...pe... aparimāṇā appaṭicchādetvā...pe... ekanāmā appaṭicchādetvā...pe... nānānāmā appaṭicchādetvā...pe... sabhāgā appaṭicchādetvā...pe... visabhāgā appaṭicchādetvā...pe... vavatthitā appaṭicchādetvā...pe... sambhinnā appaṭicchādetvā vibbhamati...pe... (yathā heṭṭhā tathā vitthāretabbaṃ).
Parimāṇādivāraaṭṭhakaṃ niṭṭhitaṃ.

8. Dvebhikkhuvāraekādasakaṃ

181. "Dve bhikkhū saṅghādisesaṃ āpannā honti. Te saṅghādisese saṅghādisesadiṭṭhino honti. Eko chādeti, eko nacchādeti. Yo chādeti so dukkaṭaṃ desāpetabbo. Yathāpaṭicchanne [yathāpaṭicchannānaṃ (sī.)] cassa parivāsaṃ datvā ubhinnampi mānattaṃ dātabbaṃ.

“Dve bhikkhū saṅghādisesaṃ āpannā honti. Te saṅghādisese vematikā honti. Eko chādeti, eko nacchādeti. Yo chādeti so dukkaṭaṃ desāpetabbo. Yathāpaṭicchanne cassa parivāsaṃ datvā ubhinnampi mānattaṃ dātabbaṃ.

“Dve bhikkhū saṅghādisesaṃ āpannā honti. Te saṅghādisese missakadiṭṭhino honti. Eko chādeti, eko nacchādeti. Yo chādeti so dukkaṭaṃ desāpetabbo. Yathāpaṭicchanne cassa parivāsaṃ datvā ubhinnampi mānattaṃ dātabbaṃ.

“Dve bhikkhū missakaṃ āpannā honti. Te missake saṅghādisesadiṭṭhino honti. Eko chādeti, eko nacchādeti. Yo chādeti so dukkaṭaṃ desāpetabbo. Yathāpaṭicchanne cassa parivāsaṃ datvā ubhinnampi mānattaṃ dātabbaṃ.

“Dve bhikkhū missakaṃ āpannā honti. Te missake missakadiṭṭhino honti. Eko chādeti, eko nacchādeti. Yo chādeti so dukkaṭaṃ desāpetabbo. Yathāpaṭicchanne cassa parivāsaṃ datvā ubhinnampi mānattaṃ dātabbaṃ.

“Dve bhikkhū suddhakaṃ āpannā honti. Te suddhake saṅghādisesadiṭṭhino honti. Eko chādeti, eko nacchādeti. Yo chādeti so dukkaṭaṃ desāpetabbo. Ubhopi yathādhammaṃ kārāpetabbā.

“Dve bhikkhū suddhakaṃ āpannā honti. Te suddhake suddhakadiṭṭhino honti. Eko chādeti, eko nacchādeti. Yo chādeti so dukkaṭaṃ desāpetabbo. Ubhopi yathādhammaṃ kārāpetabbā.

“Dve bhikkhū saṅghādisesaṃ āpannā honti. Te saṅghādisese saṅghādisesadiṭṭhino honti. Ekassa hoti ārocessāmīti, ekassa hoti na ārocessāmīti. So paṭhamampiyāmaṃ chādeti, dutiyampi yāmaṃ chādeti, tatiyampi yāmaṃ chādeti – uṭṭhite aruṇe channā hoti āpatti. Yo chādeti so dukkaṭaṃ desāpetabbo. Yathāpaṭicchanne cassa parivāsaṃ datvā ubhinnampi mānattaṃ dātabbaṃ.

“Dve bhikkhū saṅghādisesaṃ āpannā honti. Te saṅghādisese saṅghādisesadiṭṭhino honti. Te gacchanti ārocessāmāti. Ekassa antarāmagge makkhadhammo uppajjati na ārocessāmīti. So paṭhamampi yāmaṃ chādeti, dutiyampi yāmaṃ chādeti, tatiyampi yāmaṃ chādeti – uṭṭhite aruṇe channā hoti āpatti. Yo chādeti so dukkaṭaṃ desāpetabbo. Yathāpaṭicchanne cassa parivāsaṃ datvā ubhinnampi mānattaṃ dātabbaṃ.

“Dve bhikkhū saṅghādisesaṃ āpannā honti. Te saṅghādisese saṅghādisesadiṭṭhino honti. Te ummattakā honti. Te pacchā anummattakā hutvā eko chādeti, eko nacchādeti. Yo chādeti so dukkaṭaṃ desāpetabbo. Yathāpaṭicchanne cassa parivāsaṃ datvā ubhinnampi mānattaṃ dātabbaṃ.

“Dve bhikkhū saṅghādisesaṃ āpannā honti. Te pātimokkhe uddissamāne evaṃ vadanti – ‘idāneva kho mayaṃ jānāma – ayampi kira dhammo suttāgato suttapariyāpanno anvaddhamāsaṃ uddesaṃ āgacchatī’ti. Te saṅghādisese saṅghādisesadiṭṭhino honti. Eko chādeti, eko nacchādeti. Yo chādeti so dukkaṭaṃ desāpetabbo. Yathāpaṭicchanne cassa parivāsaṃ datvā ubhinnampi mānattaṃ dātabbaṃ.

Dvebhikkhuvāraekādasakaṃ niṭṭhitaṃ.

9. Mūlāyaavisuddhinavakaṃ

182. “Idha pana, bhikkhave, bhikkhu sambahulā saṅghādisesā āpattiyo āpajjati parimāṇampi aparimāṇampi, ekanāmampi nānānāmampi, sabhāgampi visabhāgampi, vavatthitampi sambhinnampi. So saṅghaṃ tāsaṃ āpattīnaṃ samodhānaparivāsaṃ yācati. Tassa saṅgho tāsaṃ āpattīnaṃ samodhānaparivāsaṃ deti. So parivasanto antarā sambahulā saṅghādisesā āpattiyo āpajjati parimāṇāyo appaṭicchannāyo. So saṅghaṃ antarāāpattīnaṃ mūlāyapaṭikassanaṃ yācati. Taṃ saṅgho antarāāpattīnaṃ mūlāya paṭikassati dhammikena kammena akuppena ṭhānārahena, dhammena samodhānaparivāsaṃ deti; adhammena mānattaṃ deti, adhammena abbheti. So, bhikkhave, bhikkhu avisuddho tāhi āpattīhi.

“Idha pana, bhikkhave, bhikkhu sambahulā saṅghādisesā āpattiyo āpajjati parimāṇampi aparimāṇampi, ekanāmampi nānānāmampi, sabhāgampi visabhāgampi, vavatthitampi sambhinnampi. So saṅghaṃ tāsaṃ āpattīnaṃ samodhānaparivāsaṃ yācati. Tassa saṅgho tāsaṃ āpattīnaṃ samodhānaparivāsaṃ deti. So parivasanto antarā sambahulā saṅghādisesā āpattiyo āpajjati parimāṇāyo paṭicchannāyo. So saṅghaṃ antarāāpattīnaṃ mūlāyapaṭikassanaṃ yācati. Taṃ saṅgho antarāāpattīnaṃ mūlāya paṭikassati dhammikena kammena akuppena ṭhānārahena, dhammena samodhānaparivāsaṃ deti; adhammena mānattaṃ deti, adhammena abbheti. So, bhikkhave, bhikkhu avisuddho tāhi āpattīhi.

“Idha pana, bhikkhave, bhikkhu sambahulā saṅghādisesā āpattiyo āpajjati parimāṇampi aparimāṇampi, ekanāmampi nānānāmampi, sabhāgampi visabhāgampi, vavatthitampi sambhinnampi. So saṅghaṃ tāsaṃ āpattīnaṃ samodhānaparivāsaṃ yācati. Tassa saṅgho tāsaṃ āpattīnaṃ samodhānaparivāsaṃ deti. So parivasanto antarā sambahulā saṅghādisesā āpattiyo āpajjati parimāṇāyo paṭicchannāyopi appaṭicchannāyopi. So saṅghaṃ antarāāpattīnaṃ mūlāyapaṭikassanaṃ yācati. Taṃ saṅgho antarāāpattīnaṃ mūlāya paṭikassati dhammikena kammena akuppena ṭhānārahena, dhammena samodhānaparivāsaṃ deti, adhammena mānattaṃ deti, adhammena abbheti. So, bhikkhave, bhikkhu avisuddho tāhi āpattīhi.

“Idha pana, bhikkhave, bhikkhu sambahulā saṅghādisesā āpattiyo āpajjati parimāṇampi aparimāṇampi, ekanāmampi nānānāmampi, sabhāgampi visabhāgampi, vavatthitampi sambhinnampi. So saṅghaṃ tāsaṃ āpattīnaṃ samodhānaparivāsaṃ yācati. Tassa saṅgho tāsaṃ āpattīnaṃ samodhānaparivāsaṃ deti. So parivasanto antarā sambahulā saṅghādisesā āpattiyo āpajjati aparimāṇāyo appaṭicchannāyo...pe... aparimāṇāyo paṭicchannāyo...pe... aparimāṇāyo paṭicchannāyopi appaṭicchannāyopi ...pe... parimāṇāyopi aparimāṇāyopi appaṭicchannāyo. So saṅghaṃ antarāāpattīnaṃ mūlāyapaṭikassanaṃ yācati. Taṃ saṅgho antarāāpattīnaṃ mūlāya paṭikassati dhammikena kammena akuppena ṭhānārahena, dhammena samodhānaparivāsaṃ deti; adhammena mānattaṃ deti, adhammena abbheti. So, bhikkhave, bhikkhu avisuddho tāhi āpattīhi.

"Idha pana, bhikkhave, bhikkhu sambahulā saṅghādisesā āpattiyo āpajjati parimāṇampi aparimāṇampi, ekanāmampi nānānāmampi, sabhāgampi visabhāgampi, vavatthitampi sambhinnampi. So saṅghaṃ tāsaṃ āpattīnaṃ samodhānaparivāsaṃ yācati. Tassa saṅgho tāsaṃ āpattīnaṃ samodhānaparivāsaṃ deti. So parivasanto antarā sambahulā saṅghādisesā āpattiyo āpajjati parimāṇāyopi aparimāṇāyopi paṭicchannāyo. So saṅghaṃ antarāāpattīnaṃ mūlāyapaṭikassanaṃ yācati. Taṃ saṅgho antarāāpattīnaṃ mūlāya paṭikassati dhammikena kammena akuppena ṭhānārahena, dhammena samodhānaparivāsaṃ deti; adhammenamānattaṃ deti, adhammena abbheti. So, bhikkhave, bhikkhu avisuddho tāhi āpattīhi.

"Idha pana, bhikkhave, bhikkhu sambahulā saṅghādisesā āpattiyo āpajjati parimāṇampi aparimāṇampi, ekanāmampi nānānāmampi, sabhāgampi visabhāgampi, vavatthitampi sambhinnampi. So saṅghaṃ tāsaṃ āpattīnaṃ samodhānaparivāsaṃ yācati. Tassa saṅgho tāsaṃ āpattīnaṃ samodhānaparivāsaṃ deti. So parivasanto antarā sambahulā saṅghādisesā āpattiyo āpajjati parimāṇāyopi aparimāṇāyopi paṭicchannāyopi appaṭicchannāyopi. So saṅghaṃ antarāāpattīnaṃ mūlāyapaṭikassanaṃ yācati. Taṃ saṅgho antarāāpattīnaṃ mūlāya paṭikassati dhammikena kammena akuppena ṭhānārahena; dhammena samodhānaparivāsaṃ deti; adhammena mānattaṃ deti; adhammena abbheti. So, bhikkhave, bhikkhu avisuddho tāhi āpattīhi.

Mūlāyaavisuddhinavakaṃ [samūlāvisuddhinavakaṃ (ka.)] niṭṭhitaṃ.

10. Dutiyanavakaṃ [idaṃ navakaṃ porāṇapotthakesu avisuddhivaseneva āgataṃ, vuccamānatatiyanavakena ca saṃsaṭṭhaṃ. taṃ paṭivisodhakehi asaṃsaṭṭhaṃ katvā visuṃ patiṭṭhāpitaṃ. sīhaḷasyāmapotthakesu pana taṃ visuddhivaseneva āgataṃ. taṃ panevaṃ veditabbaṃ –§10-mūlāyavisuddhinavaka (sī. syā.)§183. idha pana bhikkhave bhikkhu sambahulā saṃghādisesā āpattiyo āpajjati parimāṇampi aparimāṇampi...pe... vavatthitampi sambhinnampi. so saṃghaṃ tāsaṃ āpattīnaṃ samodhānaparivāsaṃ yācati, tassa tassa saṃgho tāsaṃ āpattīnaṃ samodhānaparivāsaṃ deti, so parivasanto antarā sambahulā saṃghādisesā āpattiyo āpajjati parimāṇāyo appaṭicchannāyo...pe... parimāṇāyo paṭicchannāyo...pe... parimāṇāyo paṭicchannāyopi appaṭicchannāyopi. so saṃghaṃ antarāāpattīnaṃ mūlāyapaṭikassanaṃ yācati, taṃ saṃgho antarāāpattīnaṃ mūlāya paṭikassati dhammikena kammena akuppena ṭhānārahena, dhammena samodhānaparivāsaṃ deti, dhammena mānattaṃ deti, dhammena abbheti. so bhikkhave bhikkhu visuddho tāhi āpattīhi. (1-3)§idha pana bhikkhave bhikkhu sambahulā saṃghādisesā āpattiyo āpajjati parimāṇampi aparimāṇampi...pe... vavatthitampi sambhinnampi. so saṃghaṃ tāsaṃ āpattīnaṃ samodhānaparivāsaṃ yācati, tassa saṃgho tāsaṃ āpattīnaṃ samodhānaparivāsaṃ deti, so parivasanto antarā sambahulā saṃghādisesā āpattiyo āpajjati aparimāṇāyo appaṭicchannāyo...pe... aparimāṇāyo paṭicchannāyo...pe... aparimāṇāyo paṭicchannāyopi appaṭicchannāyopi. so saṃghaṃ antarāāpattīnaṃ mūlāyapaṭikassanaṃ yācati, taṃ saṃgho antarāāpattīnaṃ mūlāya paṭikassati dhammikena kammena akuppena ṭhānārahena, dhammena samodhānaparivāsaṃ deti, dhammena mānattaṃ deti, dhammena abbheti. so bhikkhave bhikkhu visuddho tāhi āpattīti. (4-6)§idha pana bhikkhave bhikkhu sambahulā saṃghādisesā āpattiyo āpajjatī parimāṇampi aparimāṇampi...pe... vavatthitampi sambhinnampi. so saṃghaṃ tāsaṃ āpattīnaṃ samodhānaparivāsaṃ yācati, tassa saṃgho tāsaṃ āpattīnaṃ samodhānaparivāsaṃ deti, so parivasanto antarā sambahulā saṃghādisesā āpattiyo āpajjati parimāṇāyopi aparimāṇāyopi appaṭicchannāyo...pe... parimāṇāyopi aparimāṇāyopi paṭicchannāyo...pe... parimāṇāyopi aparimāṇāyopi paṭicchannāyopi appaṭicchannāyopi. so saṃghaṃ antarāāpattīnaṃ mūlāyapaṭikassanaṃ yācati, taṃ saṃgho antarāāpattīnaṃ mūlāya paṭikassati dhammikena kammena akuppena ṭhānārahena, dhammena samodhānaparivāsaṃ deti, dhammena mānattaṃ deti, dhammena abbheti. so bhikkhave bhikkhu visuddho tāhi āpattīhi. (7-9)§mūlāya visuddhinavakaṃ niṭṭhitaṃ.]

183. "Idha pana, bhikkhave, bhikkhu sambahulā saṅghādisesā āpattiyo āpajjati parimāṇampi aparimāṇampi...pe... vavatthitampi sambhinnampi. So saṅghaṃ tāsaṃ āpattīnaṃ samodhānaparivāsaṃ yācati. Tassa saṅgho tāsaṃ āpattīnaṃ samodhānaparivāsaṃ deti. So parivasanto antarā sambahulā saṅghādisesā āpattiyo āpajjati parimāṇā appaṭicchannāyo. So saṅghaṃ antarāāpattīnaṃ mūlāyapaṭikassanaṃ yācati. Taṃ saṅgho antarāāpattīnaṃ mūlāya paṭikassati adhammikena kammena kuppena aṭṭhānārahena, adhammena samodhānaparivāsaṃ deti; dhammena mānattaṃ deti, dhammena abbheti. So, bhikkhave, bhikkhu avisuddho tāhi āpattīhi. (1)

Idha pana, bhikkhave, bhikkhu sambahulā saṅghādisesā āpattiyo āpajjati parimāṇampi aparimāṇampi...pe... vavatthitampi sambhinnampi. So saṅghaṃ tāsaṃ āpattīnaṃ samodhānaparivāsaṃ yācati. Tassa saṅgho tāsaṃ āpattīnaṃ samodhānaparivāsaṃ deti. So parivasanto antarā sambahulā saṅghādisesā āpattiyo āpajjati parimāṇā paṭicchannāyo. So saṅghaṃ antarāāpattīnaṃ mūlāyapaṭikassanaṃ yācati. Taṃ saṅgho antarāāpattīnaṃ mūlāya paṭikassati adhammikena kammena kuppena aṭṭhānārahena , adhammena samodhānaparivāsaṃ deti; dhammena mānattaṃ deti, dhammena abbheti. So, bhikkhave, bhikkhu avisuddho tāhi āpattīhi. (2)

''Idha pana, bhikkhave, bhikkhu sambahulā saṅghādisesā āpattiyo āpajjati parimāṇampi aparimāṇampi...pe... vavatthitampi sambhinnampi. So saṅghaṃ tāsaṃ āpattīnaṃ samodhānaparivāsaṃ yācati. Tassa saṅgho tāsaṃ āpattīnaṃ samodhānaparivāsaṃ deti. So parivasanto antarā sambahulā saṅghādisesā āpattiyo āpajjati parimāṇā paṭicchannāyopi appaṭicchannāyopi. So saṅghaṃ antarāāpattīnaṃ mūlāyapaṭikassanaṃ yācati. Taṃ saṅgho antarāāpattīnaṃ mūlāya paṭikassati adhammikena kammena kuppena aṭṭhānārahena, adhammena samodhānaparivāsaṃ deti; dhammena mānattaṃ deti, dhammena abbheti. So bhikkhave, bhikkhu avisuddho tāhi āpattīhi. (3)

''Idha pana, bhikkhave, bhikkhu sambahulā saṅghādisesā āpattiyo āpajjati parimāṇampi aparimāṇampi, ekanāmampi nānānāmampi, sabhāgampi visabhāgampi, vavatthitampi sambhinnampi. So saṅghaṃ tāsaṃ āpattīnaṃ samodhānaparivāsaṃ yācati. Tassa saṅgho tāsaṃ āpattīnaṃ samodhānaparivāsaṃ deti . So parivasanto antarā sambahulā saṅghādisesā āpattiyo āpajjati aparimāṇā appaṭicchannāyo...pe... aparimāṇā paṭicchannāyo...pe... aparimāṇā paṭicchannāyopi appaṭicchannāyopi...pe... parimāṇāyopi aparimāṇāyopi appaṭicchannāyo. So saṅghaṃ antarāāpattīnaṃ mūlāyapaṭikassanaṃ yācati. Taṃ saṅgho antarāāpattīnaṃ mūlāya paṭikassati adhammikena kammena kuppena aṭṭhānārahena, adhammena samodhānaparivāsaṃ deti; dhammena mānattaṃ deti, dhammena abbheti. So, bhikkhave, bhikkhu avisuddho tāhi āpattīhi. (4-7)

''Idha pana, bhikkhave, bhikkhu sambahulā saṅghādisesā āpattiyo āpajjati parimāṇampi aparimāṇampi...pe... vavatthitampi sambhinnampi. So saṅghaṃ tāsaṃ āpattīnaṃ samodhānaparivāsaṃ yācati. Tassa saṅgho tāsaṃ āpattīnaṃ samodhānaparivāsaṃ deti. So parivasanto antarā sambahulā saṅghādisesā āpattiyo āpajjati parimāṇāyopi aparimāṇāyopi paṭicchannāyo. So saṅghaṃ antarāāpattīnaṃ mūlāyapaṭikassanaṃ yācati. Taṃ saṅgho antarāāpattīnaṃ mūlāya paṭikassati adhammikena kammena kuppena aṭṭhānārahena, adhammena samodhānaparivāsaṃ deti, dhammena mānattaṃ deti, dhammena abbheti. So, bhikkhave, bhikkhu avisuddho tāhi āpattīhi. (8)

''Idha pana, bhikkhave, bhikkhu sambahulā saṅghādisesā āpattiyo āpajjati parimāṇampi aparimāṇampi...pe... vavatthitampi sambhinnampi. So saṅghaṃ tāsaṃ āpattīnaṃ samodhānaparivāsaṃ yācati. Tassa saṅgho tāsaṃ āpattīnaṃ samodhānaparivāsaṃ deti. So parivasanto antarā sambahulā saṅghādisesā āpattiyo āpajjati parimāṇāyopi aparimāṇāyopi paṭicchannāyopi appaṭicchannāyopi. So saṅghaṃ antarāāpattīnaṃ mūlāyapaṭikassanaṃ yācati. Taṃ saṅgho antarāāpattīnaṃ mūlāya paṭikassati adhammikena kammena kuppena aṭṭhānārahena, adhammena samodhānaparivāsaṃ deti; dhammena mānattaṃ deti, dhammena abbheti. So, bhikkhave, bhikkhu avisuddho tāhi āpattīhi. (9)

Dutiyanavakaṃ niṭṭhitaṃ.

11. Tatiyanavakaṃ

184. ''Idha pana, bhikkhave, bhikkhu sambahulā saṅghādisesā āpattiyo āpajjati parimāṇampi aparimāṇampi...pe... vavatthitampi sambhinnampi. So saṅghaṃ tāsaṃ āpattīnaṃ samodhānaparivāsaṃ yācati. Tassa saṅgho tāsaṃ āpattīnaṃ samodhānaparivāsaṃ deti. So parivasanto antarā sambahulā saṅghādisesā āpattiyo āpajjati parimāṇāyo appaṭicchannāyo. So saṅghaṃ antarāāpattīnaṃ mūlāyapaṭikassanaṃ yācati. Taṃ saṅgho antarāāpattīnaṃ mūlāya paṭikassati adhammikena kammena kuppena aṭṭhānārahena, adhammena samodhānaparivāsaṃ deti . So parivasāmīti maññamāno antarā sambahulā saṅghādisesā āpattiyo āpajjati parimāṇāyo appaṭicchannāyo. So tasmiṃ bhūmiyaṃ ṭhito purimāāpattīnaṃ antarāāpattiyo sarati, aparāāpattīnaṃ antarāāpattiyo sarati. Tassa evaṃ hoti – 'ahaṃ kho sambahulā saṅghādisesā āpattiyo āpajjiṃ parimāṇampi aparimāṇampi...pe... vavatthitampi sambhinnampi. Sohaṃ saṅghaṃ tāsaṃ āpattīnaṃ samodhānaparivāsaṃ yāciṃ. Tassa me saṅgho tāsaṃ āpattīnaṃ samodhānaparivāsaṃ adāsi. Sohaṃ parivasanto antarā sambahulā saṅghādisesā āpattiyo āpajjiṃ parimāṇāyo appaṭicchannāyo. Sohaṃ saṅghaṃ antarāāpattīnaṃ mūlāyapaṭikassanaṃ yāciṃ. Taṃ maṃ saṅgho antarāāpattīnaṃ mūlāya paṭikassi adhammikena kammena kuppena aṭṭhānārahena, adhammena samodhānaparivāsaṃ adāsi. Sohaṃ parivasāmīti maññamāno antarā sambahulā saṅghādisesā āpattiyo āpajjiṃ parimāṇāyo appaṭicchannāyo . Sohaṃ tasmiṃ bhūmiyaṃ ṭhito purimāāpattīnaṃ antarāāpattiyo sarāmi, aparāāpattīnaṃ antarāāpattiyo sarāmi. Yaṃnūnāhaṃ saṅghaṃ purimāāpattīnaṃ antarāāpattīnañca aparāāpattīnaṃ antarāāpattīnañca mūlāyapaṭikassanaṃ yāceyyaṃ dhammikena kammena akuppena ṭhānārahena, dhammena samodhānaparivāsaṃ; dhammena mānattaṃ, dhammena abbhāna'nti. So saṅghaṃ purimāāpattīnaṃ antarāāpattīnañca, aparāāpattīnaṃ antarāāpattīnañca, mūlāyapaṭikassanaṃ yācati dhammikena kammena akuppena ṭhānārahena, dhammena samodhānaparivāsaṃ; dhammena mānattaṃ, dhammena abbhānaṃ. Taṃ saṅgho purimāāpattīnaṃ antarāāpattīnañca, aparāāpattīnaṃ antarāāpattīnañca, mūlāya paṭikassati dhammikena kammena akuppena ṭhānārahena, dhammena samodhānaparivāsaṃ deti; dhammena mānattaṃ deti, dhammena abbheti. So, bhikkhave, bhikkhu visuddho tāhi āpattīhi [ayaṃ paṭhamavāro sī syā. potthakesu paripuṇṇo dissati].

"Idha pana, bhikkhave, bhikkhu sambahulā saṅghādisesā āpattiyo āpajjati parimāṇampi aparimāṇampi...pe... vavatthitampi sambhinnampi. So saṅghaṃ tāsaṃ āpattīnaṃ samodhānaparivāsaṃ yācati. Tassa saṅgho tāsaṃ āpattīnaṃ samodhānaparivāsaṃ deti. So parivasanto antarā sambahulā saṅghādisesā āpattiyo āpajjati parimāṇā paṭicchannāyo. So saṅghaṃ antarāāpattīnaṃ mūlāyapaṭikassanaṃ yācati . Taṃ saṅgho antarāāpattīnaṃ mūlāya paṭikassati, adhammikena kammena kuppena aṭṭhānārahena, adhammena samodhānaparivāsaṃ deti. So parivasāmīti maññamāno antarā sambahulā saṅghādisesā āpattiyo āpajjati parimāṇā paṭicchannāyo. So tasmiṃ bhūmiyaṃ ṭhito purimāāpattīnaṃ [purimānaṃ āpattīnaṃ (ka.)] antarāāpattiyo sarati, aparāāpattīnaṃ antarāāpattiyo sarati. Tassa evaṃ hoti – 'ahaṃ kho sambahulā saṅghādisesā āpattiyo āpajjiṃ parimāṇampi aparimāṇampi...pe... vavatthitampi sambhinnampi. Sohaṃ saṅghaṃ tāsaṃ āpattīnaṃ samodhānaparivāsaṃ yāciṃ. Tassa me saṅgho tāsaṃ āpattīnaṃ samodhānaparivāsaṃ adāsi. Sohaṃ parivasanto antarā sambahulā saṅghādisesā āpattiyo āpajjiṃ parimāṇā paṭicchannāyo. Sohaṃ saṅghaṃ antarāāpattīnaṃ mūlāyapaṭikassanaṃ yāciṃ. Taṃ maṃ saṅgho antarāāpattīnaṃ mūlāyapaṭikassi, adhammikena kammena kuppena aṭṭhānārahena, adhammena samodhānaparivāsaṃ adāsi. Sohaṃ parivasāmīti maññamāno antarā sambahulā saṅghādisesā āpattiyo āpajjiṃ parimāṇā paṭicchannāyo. Sohaṃ tasmiṃ bhūmiyaṃ ṭhito purimāpattīnaṃ antarāāpattiyo sarāmi, aparāāpattīnaṃ antarāāpattiyo sarāmi. Yaṃnūnāhaṃ saṅghaṃ purimāpattīnaṃ antarāāpattīnañca, aparā āpattīnaṃ antarāāpattīnañca, mūlāyapaṭikassanaṃ yāceyyaṃ dhammikena kammena akuppena ṭhānārahena, dhammena samodhānaparivāsaṃ, dhammena mānattaṃ, dhammena abbhāna'nti. So saṅghaṃ purimāpattīnaṃ antarāāpattīnañca, aparāāpattīnaṃ antarāāpattīnañca mūlāyapaṭikassanaṃ yācati dhammikena kammena akuppena ṭhānārahena, dhammena samodhānaparivāsaṃ, dhammena mānattaṃ, dhammena abbhānaṃ. Taṃ saṅgho purimāpattīnaṃ antarāāpattīnañca, aparāāpattīnaṃ antarāāpattīnañca, mūlāya paṭikassati dhammikena kammena akuppena ṭhānārahena, dhammena samodhānaparivāsaṃ deti, dhammena mānattaṃ deti, dhammena abbheti. So, bhikkhave, bhikkhu visuddho tāhi āpattīhi.

"Idha pana, bhikkhave, bhikkhu sambahulā saṅghādisesā āpattiyo āpajjati parimāṇampi aparimāṇampi...pe... vavatthitampi sambhinnampi. So saṅghaṃ tāsaṃ āpattīnaṃ samodhānaparivāsaṃ yācati. Tassa saṅgho tāsaṃ āpattīnaṃ samodhānaparivāsaṃ deti. So parivasanto antarā sambahulā saṅghādisesā āpattiyo āpajjati parimāṇā paṭicchannāyopi appaṭicchannāyopi. So saṅghaṃ antarāāpattīnaṃ mūlāyapaṭikassanaṃ yācati. Taṃ saṅgho antarāāpattīnaṃ mūlāya paṭikassati adhammikena kammena kuppena aṭṭhānārahena, adhammena samodhānaparivāsaṃ deti. So parivasāmīti maññamāno antarā sambahulā saṅghādisesā āpattiyo āpajjati parimāṇā paṭicchannāyopi appaṭicchannāyopi. So tasmiṃ bhūmiyaṃ ṭhito purimāpattīnaṃ antarāāpattiyo sarati, aparāāpattīnaṃ antarāāpattiyo sarati. Tassa evaṃ hoti – 'ahaṃ kho sambahulā saṅghādisesā āpattiyo āpajjiṃ parimāṇampi aparimāṇampi...pe... vavatthitampi sambhinnampi. Sohaṃ saṅghaṃ tāsaṃ āpattīnaṃ samodhānaparivāsaṃ yāciṃ. Tassa me saṅgho tāsaṃ āpattīnaṃ samodhānaparivāsaṃ adāsi. Sohaṃ parivasanto antarā sambahulāsaṅghādisesā āpattiyo āpajjiṃ parimāṇā paṭicchannāyopi appaṭicchannāyopi. Sohaṃ saṅghaṃ antarāāpattīnaṃ mūlāyapaṭikassanaṃ yāciṃ. Taṃ maṃ saṅgho antarāāpattīnaṃ mūlāya paṭikassi adhammikena kammena kuppena aṭṭhānārahena, adhammena samodhānaparivāsaṃ adāsi. Sohaṃ parivasāmīti maññamāno antarā sambahulā saṅghādisesā āpattiyo āpajjiṃ parimāṇā paṭicchannāyopi appaṭicchannāyopi. Sohaṃ tasmiṃ bhūmiyaṃ ṭhito purimāpattīnaṃ antarāāpattiyo sarāmi, aparāāpattīnaṃ antarāāpattiyo sarāmi. Yaṃnūnāhaṃ saṅghaṃ purimāpattīnaṃ antarāāpattīnañca, aparāāpattīnaṃ antarāāpattīnañca, mūlāyapaṭikassanaṃ yāceyyaṃ dhammikena kammena akuppena ṭhānārahena, dhammena samodhānaparivāsaṃ, dhammena mānattaṃ, dhammena abbhāna'nti. So saṅghaṃ purimāpattīnaṃ antarā āpattīnañca, aparā āpattīnaṃ antarā āpattīnañca, mūlāyapaṭikassanaṃ yācati dhammikena kammena akuppena ṭhānārahena, dhammena samodhānaparivāsaṃ, dhammena mānattaṃ, dhammena abbhānaṃ. Taṃ saṅgho purimāpattīnaṃ antarā āpattīnañca, aparā āpattīnaṃ antarā āpattīnañca, mūlāya paṭikassati dhammikena kammena akuppena ṭhānārahena, dhammena samodhānaparivāsaṃ deti, dhammena mānattaṃ deti, dhammena abbheti. So, bhikkhave, bhikkhu visuddho tāhi āpattīhi.

"Idha pana, bhikkhave, bhikkhu sambahulā saṅghādisesā āpattiyo āpajjati parimāṇampi aparimāṇampi...pe... vavatthitampi sambhinnampi. So saṅghaṃ tāsaṃ āpattīnaṃ samodhānaparivāsaṃ yācati. Tassa saṅgho tāsaṃ āpattīnaṃ samodhānaparivāsaṃ deti. So parivasanto antarā sambahulā saṅghādisesā āpattiyo āpajjati aparimāṇāyo appaṭicchannāyo...pe... aparimāṇāyo paṭicchannāyo...pe... aparimāṇāyo paṭicchannāyopi appaṭicchannāyopi...pe... parimāṇāyopi aparimāṇāyopi appaṭicchannāyo. So saṅghaṃ antarāāpattīnaṃ mūlāyapaṭikassanaṃ yācati. Taṃ saṅgho antarāāpattīnaṃ mūlāya paṭikassi adhammikena kammena kuppena aṭṭhānārahena, adhammena samodhānaparivāsaṃ deti. So parivasāmīti maññamāno...pe... taṃ saṅgho purimā āpattīnaṃ antarāāpattīnañca, aparāāpattīnaṃ antarāāpattīnañca, mūlāya paṭikassati dhammikena kammena akuppena ṭhānārahena, dhammena samodhānaparivāsaṃ deti, dhammena mānattaṃ deti, dhammena abbheti. So, bhikkhave, bhikkhu visuddho tāhi āpattīhi [imepi cattāro vārā sī. syā. potthakesu paripuṇṇā dissanti].

‘‘Idha pana, bhikkhave, bhikkhu sambahulā saṅghādisesā āpattiyo āpajjati parimāṇampi aparimāṇampi...pe... vavatthitampi sambhinnampi. So saṅghaṃ tāsaṃ āpattīnaṃ samodhānaparivāsaṃ yācati. Tassa saṅgho tāsaṃ āpattīnaṃ samodhānaparivāsaṃ deti. So parivasanto antarā sambahulā saṅghādisesā āpattiyo āpajjati parimāṇāyopi aparimāṇāyopi paṭicchannāyo. So saṅghaṃ antarāāpattīnaṃ mūlāyapaṭikassanaṃ yācati. Taṃ saṅgho antarāāpattīnaṃ mūlāya paṭikassati adhammikena kammena kuppena aṭṭhānārahena, adhammena samodhānaparivāsaṃ deti. So parivasāmīti maññamāno antarā sambahulā saṅghādisesāāpattiyo āpajjati parimāṇāyopi aparimāṇāyopi paṭicchannāyo. So tasmiṃ bhūmiyaṃ ṭhito purimā āpattīnaṃ antarāāpattiyo sarati, aparāāpattīnaṃ antarāāpattiyo sarati. Tassa evaṃ hoti – ‘ahaṃ kho sambahulā saṅghādisesā āpattiyo āpajjiṃ parimāṇampi aparimāṇampi...pe... vavatthitampi sambhinnampi. Sohaṃ saṅghaṃ tāsaṃ āpattīnaṃ samodhānaparivāsaṃ yāciṃ. Tassa me saṅgho tāsaṃ āpattīnaṃ samodhānaparivāsaṃ adāsi. Sohaṃ parivasanto antarā sambahulā saṅghādisesā āpattiyo āpajjiṃ parimāṇāyopi aparimāṇāyopi paṭicchannāyo. Sohaṃ saṅghaṃ antarāāpattīnaṃ mūlāyapaṭikassanaṃ yāciṃ. Taṃ maṃ saṅgho antarāāpattīnaṃ mūlāyapaṭikassi adhammikena kammena kuppena aṭṭhānārahena, adhammena samodhānaparivāsaṃ adāsi. Sohaṃ parivasāmīti maññamāno antarā sambahulā saṅghādisesā āpattiyo āpajjiṃ parimāṇāyopi aparimāṇāyopi paṭicchannāyo. Sohaṃ tasmiṃ bhūmiyaṃ ṭhito purimā āpattīnaṃ antarāāpattiyo sarāmi, aparāāpattīnaṃ antarāāpattiyo sarāmi. Yaṃnūnāhaṃ saṅghaṃ purimā āpattīnaṃ antarā pattīnañca, aparāāpattīna antarāāpattīnañca, mūlāyapaṭikassanaṃ yāceyyaṃ dhammikena kammena akuppena ṭhānārahena, dhammena samodhānaparivāsaṃ, dhammena mānattaṃ, dhammena abbhāna’nti. So saṅghaṃ purimā āpattīnaṃ antarāāpattīnañca, aparāāpattīnaṃ antarāāpattīnañca, mūlāyapaṭikassanaṃ yācati dhammikena kammena akuppena ṭhānārahena, dhammena samodhānaparivāsaṃ, dhammena mānattaṃ, dhammena abbhānaṃ. Taṃ saṅgho purimā āpattīnaṃ antarāāpattīnañca, aparāāpattīnaṃ antarāāpattīnañca, mūlāya paṭikassati dhammikena kammena akuppena ṭhānārahena, dhammena samodhānaparivāsaṃ deti, dhammena mānattaṃ deti, dhammena abbheti. So, bhikkhave, bhikkhu visuddho tāhi āpattīhi.

‘‘Idha pana, bhikkhave, bhikkhu sambahulā saṅghādisesā āpattiyo āpajjati parimāṇampi aparimāṇampi...pe... vavatthitampi sambhinnampi. So saṅghaṃ tāsaṃ āpattīnaṃ samodhānaparivāsaṃ yācati. Tassa saṅgho tāsaṃ āpattīnaṃ samodhānaparivāsaṃ deti. So parivasanto antarā sambahulā saṅghādisesā āpattiyo āpajjati parimāṇāyopi aparimāṇāyopi paṭicchannāyopi appaṭicchannāyopi. So saṅghaṃ antarāāpattīnaṃ mūlāyapaṭikassanaṃ yācati. Taṃ saṅgho antarāāpattīnaṃ mūlāya paṭikassati adhammikena kammena kuppena aṭṭhānārahena, adhammena samodhānaparivāsaṃ deti. So parivasāmīti maññamāno antarā sambahulā saṅghādisesā āpattiyo āpajjati parimāṇāyopi aparimāṇāyopi paṭicchannāyopi appaṭicchannāyopi. So tasmiṃ bhūmiyaṃ ṭhito purimā āpattīnaṃ antarāāpattiyo sarati, aparāāpattīnaṃ antarāāpattiyo sarati. Tassa evaṃ hoti – ‘ahaṃ kho sambahulā saṅghādisesā āpattiyo āpajjiṃ parimāṇampi aparimāṇampi...pe... vavatthitampi sambhinnampi. Sohaṃ saṅghaṃ tāsaṃ āpattīnaṃ samodhānaparivāsaṃ yāciṃ. Tassa me saṅgho tāsaṃ āpattīnaṃ samodhānaparivāsaṃ adāsi. Sohaṃ parivasanto antarā sambahulā saṅghādisesā āpattiyo āpajjiṃ parimāṇāyopi aparimāṇāyopi paṭicchannāyopi appaṭicchannāyopi. Sohaṃ saṅghaṃ antarāāpattīnaṃ mūlāyapaṭikassanaṃ yāciṃ. Taṃ maṃ saṅgho antarāāpattīnaṃ mūlāya paṭikassi adhammikena kammena kuppena aṭṭhānārahena, adhammena samodhānaparivāsaṃ adāsi. Sohaṃ parivasāmīti maññamāno antarā sambahulā saṅghādisesā āpattiyo āpajjiṃ parimāṇāyopi aparimāṇāyopi paṭicchannāyopi appaṭicchannāyopi. Sohaṃ tasmiṃ bhūmiyaṃ ṭhito purimā āpattīnaṃ antarāāpattiyo sarāmi, aparāāpattīnaṃ antarāāpattiyo sarāmi. Yaṃnūnāhaṃ saṅghaṃ purimāpattīnaṃ antarāāpattīnañca, aparāāpattīnaṃ antarāāpattīnañca, mūlāyapaṭikassanaṃ yāceyyaṃ dhammikena kammena akuppena ṭhānārahena, dhammena samodhānaparivāsaṃ, dhammena mānattaṃ, dhammena abbhāna’nti. So saṅghaṃ purimā āpattīnaṃ antarāāpattīnañca, aparāāpattīnaṃ antarāāpattīnañca, mūlāya paṭikassanaṃ yācati dhammikena kammena akuppena ṭhānārahena, dhammena samodhānaparivāsaṃ, dhammena mānattaṃ, dhammena abbhānaṃ. Taṃ saṅgho purimā āpattīnaṃ antarā āpattīnañca, aparā āpattīnaṃ antarā āpattīnañca, mūlāya paṭikassati dhammikena kammena akuppena ṭhānārahena, dhammena samodhānaparivāsaṃ deti, dhammena mānattaṃ deti, dhammena abbheti. So, bhikkhave, bhikkhu visuddho tāhi āpattīhi’’.

Tatiyanavakaṃ niṭṭhitaṃ.

Samuccayakkhandhako tatiyo.

Tassuddānaṃ –

Appaṭicchannā ekāha-dvīha-tīha-catūha ca;
Pañcāhapakkhadasannaṃ, āpattimāha mahāmuni.
Suddhanto ca vibbhamanto, parimāṇamukhaṃ dve bhikkhū;
Tattha saññino dve yathā, vematikā tatheva ca.
Missakadiṭṭhino dve ca, asuddhakekadiṭṭhino;
Dve ceva suddhadiṭṭhino.
Tatheva ca eko chādeti, atha makkhamatena ca;

Ummattakadesanañca, mūlā aṭṭhārasa [pannarasa (ka.)] visuddhato.
Ācariyānaṃ vibhajjapadānaṃ [vibhajjavādīnaṃ (sī.)], tambapaṇṇidīpapasādakānaṃ;
Mahāvihāravāsīnaṃ, vācanā saddhammaṭṭhitiyāti.
Samuccayakkhandhakaṃ niṭṭhitaṃ.
4. Samathakkhandhakaṃ
1. Sammukhāvinayo
185. Tena samayena buddho Bhagavā sāvatthiyaṃ viharati jetavane anāthapiṇḍikassa ārāme. Tena kho pana samayena chabbaggiyā bhikkhū asammukhībhūtānaṃ bhikkhūnaṃ kammāni karonti – tajjanīyampi, niyassampi, pabbājanīyampi, paṭisāraṇīyampi, ukkhepanīyampi. Ye te bhikkhū appicchā...pe... te ujjhāyanti khiyyanti vipācenti – "kathañhi nāma chabbaggiyā bhikkhū asammukhībhūtānaṃ bhikkhūnaṃ kammāni karissanti – tajjanīyampi, niyassampi, pabbājanīyampi, paṭisāraṇīyampi, ukkhepanīyampī"ti! Atha kho te bhikkhū bhagavato etamatthaṃ ārocesuṃ...pe... "saccaṃ kira, bhikkhave, chabbaggiyā bhikkhū asammukhībhūtānaṃ bhikkhūnaṃ kammāni karonti – tajjanīyampi, niyassampi, pabbājanīyampi, paṭisāraṇīyampi, ukkhepanīyampī"ti? "Saccaṃ Bhagavā"ti. Vigarahi buddho Bhagavā – "ananucchavikaṃ, bhikkhave, tesaṃ moghapurisānaṃ ananulomikaṃ appatirūpaṃ assāmaṇakaṃ akappiyaṃ akaraṇīyaṃ. Kathañhi nāma te, bhikkhave, moghapurisā asammukhībhūtānaṃ bhikkhūnaṃ kammāni karissanti – tajjanīyampi, niyassampi, pabbājanīyampi, paṭisāraṇīyampi, ukkhepanīyampi! Netaṃ, bhikkhave, appasannānaṃ vā pasādāya...pe... vigarahitvā...pe... dhammiṃ kathaṃ katvā bhikkhū āmantesi – na, bhikkhave, asammukhībhūtānaṃ bhikkhūnaṃ kammaṃ kātabbaṃ – tajjanīyaṃ vā, niyassaṃ vā, pabbājanīyaṃ vā, paṭisāraṇīyaṃ vā, ukkhepanīyaṃ vā. Yo kareyya , āpatti dukkaṭassa.
186. "Adhammavādī puggalo adhammavādī sambahulā adhammavādī saṅgho. Dhammavādī puggalo dhammavādī sambahulā dhammavādī saṅgho.
Kaṇhapakkhanavakaṃ
187. "Adhammavādī puggalo dhammavādiṃ puggalaṃ saññāpeti nijjhāpeti pekkheti anupekkheti dasseti anudasseti – ayaṃ dhammo, ayaṃ vinayo, idaṃ satthusāsanaṃ, imaṃ gaṇhāhi, imaṃ rocehīti. Evañcetaṃ adhikaraṇaṃ vūpasammati, adhammena vūpasammati sammukhāvinayapatirūpakena.
"Adhammavādī puggalo dhammavādī sambahule saññāpeti nijjhāpeti pekkheti anupekkheti dasseti anudasseti – ayaṃ dhammo, ayaṃ vinayo , idaṃ satthusāsanaṃ, imaṃ gaṇhatha, imaṃ rocethāti. Evañcetaṃ adhikaraṇaṃ vūpasammati, adhammena vūpasammati sammukhāvinayapatirūpakena.
"Adhammavādī puggalo dhammavādiṃ saṅghaṃ saññāpeti nijjhāpeti pekkheti anupekkheti dasseti anudasseti – ayaṃ dhammo, ayaṃ vinayo, idaṃ satthusāsanaṃ, imaṃ gaṇhāhi, imaṃ rocehīti [imaṃ gaṇhatha, imaṃ rocethāti (ka.)]. Evañcetaṃ adhikaraṇaṃ vūpasammati, adhammena vūpasammati sammukhāvinayapatirūpakena.
"Adhammavādī sambahulā dhammavādiṃ puggalaṃ saññāpenti nijjhāpenti pekkhenti anupekkhenti dassenti anudassenti – ayaṃ dhammo, ayaṃ vinayo, idaṃ satthusāsanaṃ, imaṃ gaṇhāhi, imaṃ rocehīti. Evañcetaṃ adhikaraṇaṃ vūpasammati, adhammena vūpasammati sammukhāvinayapatirūpakena.
"Adhammavādī sambahulā dhammavādī sambahule saññāpenti nijjhāpenti pekkhenti anupekkhenti dassenti anudassenti – ayaṃ dhammo, ayaṃ vinayo, idaṃ satthusāsanaṃ, imaṃ gaṇhatha, imaṃ rocethāti. Evañcetaṃ adhikaraṇaṃ vūpasammati, adhammena vūpasammati sammukhāvinayapatirūpakena.
"Adhammavādī sambahulā dhammavādiṃ saṅghaṃ saññāpenti nijjhāpenti pekkhenti anupekkhenti dassenti anudassenti – ayaṃ dhammo, ayaṃ vinayo, idaṃ satthusāsanaṃ, imaṃ gaṇhāhi, imaṃ rocehīti. Evañcetaṃ adhikaraṇaṃ vūpasammati, adhammena vūpasammati sammukhāvinayapatirūpakena.
"Adhammavādī saṅgho dhammavādiṃ puggalaṃ saññāpeti nijjhāpeti pekkheti anupekkheti dasseti anudasseti – ayaṃ dhammo, ayaṃ vinayo, idaṃ satthusāsanaṃ, imaṃ gaṇhāhi, imaṃ rocehīti. Evañcetaṃ adhikaraṇaṃ vūpasammati, adhammena vūpasammati sammukhāvinayapatirūpakena.
"Adhammavādī saṅgho dhammavādī sambahule saññāpeti nijjhāpeti pekkheti anupekkheti dasseti anudasseti – ayaṃ dhammo, ayaṃ vinayo, idaṃ satthusāsanaṃ, imaṃ gaṇhatha, imaṃ rocethāti. Evañcetaṃ adhikaraṇaṃ vūpasammati, adhammena vūpasammati sammukhāvinayapatirūpakena.
"Adhammavādī saṅgho dhammavādiṃ saṅghaṃ saññāpeti nijjhāpeti pekkheti anupekkheti dasseti anudasseti – ayaṃ dhammo, ayaṃ vinayo, idaṃsatthusāsanaṃ, imaṃ gaṇhāhi, imaṃ rocehīti. Evañcetaṃ adhikaraṇaṃ vūpasammati, adhammena vūpasammati sammukhāvinayapatirūpakena.
Kaṇhapakkhanavakaṃ niṭṭhitaṃ.
Sukkapakkhanavakaṃ
188. "Dhammavādī puggalo adhammavādiṃ puggalaṃ saññāpeti nijjhāpeti pekkheti anupekkheti dasseti anudasseti – ayaṃ dhammo, ayaṃ vinayo, idaṃ satthusāsanaṃ, imaṃ gaṇhāhi, imaṃ rocehīti. Evañcetaṃ adhikaraṇaṃ vūpasammati, dhammena vūpasammati sammukhāvinayena.

''Dhammavādī puggalo adhammavādī sambahule saññāpeti nijjhāpeti pekkheti anupekkheti dasseti anudasseti – ayaṃ dhammo, ayaṃ vinayo, idaṃ satthusāsanaṃ, imaṃ gaṇhatha, imaṃ rocethāti. Evañcetaṃ adhikaraṇaṃ vūpasammati, dhammena vūpasammati sammukhāvinayena.

''Dhammavādī puggalo adhammavādiṃ saṅghaṃ saññāpeti nijjhāpeti pekkheti anupekkheti dasseti anudasseti – ayaṃ dhammo, ayaṃ vinayo, idaṃ satthusāsanaṃ, imaṃ gaṇhāhi, imaṃ rocehīti. Evañcetaṃ adhikaraṇaṃ vūpasammati, dhammena vūpasammati sammukhāvinayena.

''Dhammavādī sambahulā adhammavādiṃ puggalaṃ saññāpenti nijjhāpenti pekkhenti anupekkhenti dassenti anudassenti – ayaṃ dhammo, ayaṃ vinayo, idaṃ satthusāsanaṃ, imaṃ gaṇhāhi , imaṃ rocehīti. Evañcetaṃ adhikaraṇaṃ vūpasammati, dhammena vūpasammati sammukhāvinayena.

''Dhammavādī sambahulā adhammavādī sambahule saññāpenti nijjhāpenti pekkhenti anupekkhenti dassenti anudassenti – ayaṃ dhammo, ayaṃ vinayo, idaṃ satthusāsanaṃ, imaṃ gaṇhatha, imaṃ rocethāti. Evañcetaṃ adhikaraṇaṃ vūpasammati, dhammena vūpasammati sammukhāvinayena.

''Dhammavādī sambahulā adhammavādiṃ saṅghaṃ saññāpenti nijjhāpenti pekkhenti anupekkhenti dassenti anudassenti – ayaṃ dhammo, ayaṃ vinayo, idaṃ satthusāsanaṃ , imaṃ gaṇhāhi, imaṃ rocehīti. Evañcetaṃ adhikaraṇaṃ vūpasammati, dhammena vūpasammati sammukhāvinayena.

''Dhammavādī saṅgho adhammavādiṃ puggalaṃ saññāpeti nijjhāpeti pekkheti anupekkheti dasseti anudasseti – ayaṃ dhammo, ayaṃ vinayo, idaṃ satthusāsanaṃ, imaṃ gaṇhāhi, imaṃ rocehīti. Evañcetaṃ adhikaraṇaṃ vūpasammati, dhammena vūpasammati sammukhāvinayena.

''Dhammavādī saṅgho adhammavādī sambahule saññāpeti nijjhāpeti pekkheti anupekkheti dasseti anudasseti – ayaṃ dhammo, ayaṃ vinayo, idaṃ satthusāsanaṃ, imaṃ gaṇhatha, imaṃ rocethāti. Evañcetaṃ adhikaraṇaṃ vūpasammati, dhammena vūpasammati sammukhāvinayena.

''Dhammavādī saṅgho adhammavādiṃ saṅghaṃ saññāpeti nijjhāpeti pekkheti anupekkheti dasseti anudasseti – ayaṃ dhammo, ayaṃ vinayo, idaṃ satthusāsanaṃ, imaṃ gaṇhāhi, imaṃ rocehīti. Evañcetaṃ adhikaraṇaṃ vūpasammati, dhammena vūpasammati sammukhāvinayenā''ti.

Sukkapakkhanavakaṃ niṭṭhitaṃ.

2. Sativinayo

189.[idaṃ vatthu pārā. 380 ādayo] Tena samayena buddho Bhagavā rājagahe viharati veḷuvane kalandakanivāpe. Tena kho pana samayena āyasmatā dabbena mallaputtena jātiyā sattavassena arahattaṃ sacchikataṃ hoti . Yaṃ kiñci sāvakena pattabbaṃ sabbaṃ tena anuppattaṃ hoti. Natthi cassa kiñci uttari [uttariṃ (sī.)] karaṇīyaṃ, katassa vā paticayo. Atha kho āyasmato dabbassa mallaputtassa rahogatassa paṭisallīnassa evaṃ cetaso parivitakko udapādi – ''mayā kho jātiyā sattavassena arahattaṃ sacchikataṃ. Yaṃ kiñci sāvakena pattabbaṃ sabbaṃ mayā anuppattaṃ. Natthi ca me kiñci uttarikaraṇīyaṃ, katassa vā paticayo. Kiṃ nu kho ahaṃ saṅghassa veyyāvaccaṃ kareyya''nti?

Atha kho āyasmato dabbassa mallaputtassa etadahosi – ''yaṃnūnāhaṃ saṅghassa senāsanañca paññapeyyaṃ bhattāni ca uddiseyya''nti. Atha kho āyasmā dabbo mallaputto sāyanhasamayaṃ paṭisallānā vuṭṭhito yena Bhagavā tenupasaṅkami, upasaṅkamitvā bhagavantaṃ abhivādetvā ekamantaṃ nisīdi. Ekamantaṃ nisinno kho āyasmā dabbo mallaputto bhagavantaṃ etadavoca – ''idha mayhaṃ, bhante, rahogatassa paṭisallīnassa evaṃ cetaso parivitakko udapādi – 'mayā kho jātiyā sattavassena arahattaṃ sacchikataṃ. Yaṃ kiñci sāvakena pattabbaṃ, sabbaṃ mayā anuppattaṃ. Natthi ca me kiñci uttarikaraṇīyaṃ, katassa vā paticayo. Kiṃ nu kho ahaṃ saṅghassa veyyāvaccaṃ kareyya'nti ? Tassa mayhaṃ, bhante, etadahosi – 'yaṃnūnāhaṃ saṅghassa senāsanañca paññapeyyaṃ bhattāni ca uddiseyya'nti. Icchāmahaṃ, bhante, saṅghassa senāsanañca paññāpetuṃ bhattāni ca uddisitu''nti. ''Sādhu sādhu, dabba. Tena hi tvaṃ, dabba, saṅghassa senāsanañca paññapehi bhattāni ca uddisāhī''ti [uddisāti (pārā. 380)]. ''Evaṃ, bhante''ti kho āyasmā dabbo mallaputto bhagavato paccassosi. Atha kho Bhagavā etasmiṃ nidāne etasmiṃ pakaraṇe dhammiṃ kathaṃ katvā bhikkhū āmantesi – ''tena hi, bhikkhave, saṅgho dabbaṃ mallaputtaṃ senāsanapaññāpakañca bhattuddesakañca sammannatu. Evañca pana, bhikkhave, sammannitabbo. Paṭhamaṃ dabbo mallaputto yācitabbo [dabbo yācitabbo (syā. ka.)]. Yācitvā byattena bhikkhunā paṭibalena saṅgho ñāpetabbo –

190. ''Suṇātu me, bhante, saṅgho. Yadi saṅghassa pattakallaṃ, saṅgho āyasmantaṃ dabbaṃ mallaputtaṃ senāsanapaññāpakañca bhattuddesakañca sammanneyya. Esā ñatti.

''Suṇātu me, bhante, saṅgho. Saṅgho āyasmantaṃ dabbaṃ mallaputtaṃ senāsanapaññāpakañca bhattuddesakañca sammannati. Yassāyasmato khamati āyasmato dabbassa mallaputtassa senāsanapaññāpakassa ca bhattuddesakassa ca sammuti, so tuṇhassa; yassa nakkhamati, so bhāseyya.

''Sammato saṅghena āyasmā dabbo mallaputto senāsanapaññāpako ca bhattuddesako ca. Khamati saṅghassa, tasmā tuṇhī, evametaṃ dhārayāmī''ti .

191. Sammato ca panāyasmā dabbo mallaputto sabhāgānaṃ bhikkhūnaṃ ekajjhaṃ senāsanaṃ paññapeti. Ye te bhikkhū suttantikā tesaṃ ekajjhaṃ senāsanaṃ paññapeti – te aññamaññaṃ suttantaṃ saṅgāyissantīti. Ye te bhikkhū vinayadharā tesaṃ ekajjhaṃ senāsanaṃ paññapeti – te aññamaññaṃ vinayaṃ vinicchinissantīti. Ye te bhikkhū dhammakathikā tesaṃ ekajjhaṃ senāsanaṃ paññapeti – te aññamaññaṃ dhammaṃ sākacchissantīti. Ye te bhikkhū jhāyino tesaṃ ekajjhaṃ senāsanaṃ paññapeti –

te aññamaññaṃ na byābādhissantīti. Ye te bhikkhū tiracchānakathikā kāyadaḷhibahulā [kāyadaḍḍhibahulā (sī.)]viharanti tesampi ekajjhaṃ senāsanaṃ paññapeti – imāyapime āyasmanto ratiyā acchissantīti. Yepi te bhikkhū vikāle āgacchanti tesampi tejodhātuṃ samāpajjitvā teneva ālokena senāsanaṃ paññapeti; apisu bhikkhū sañcicca vikāle āgacchanti – mayaṃ āyasmato dabbassa mallaputtassa iddhipāṭihāriyaṃ passissāmāti.

Te āyasmantaṃ dabbaṃ mallaputtaṃ upasaṅkamitvā evaṃ vadanti – ''amhākaṃ, āvuso dabba, senāsanaṃ paññapehī''ti. Te āyasmā dabbo mallaputto evaṃ vadeti – ''kattha āyasmantā icchanti kattha paññapemī''ti? Te sañcicca dūre apadisanti – ''amhākaṃ, āvuso dabba, gijjhakūṭe pabbate senāsanaṃ paññapehi. Amhākaṃ, āvuso, corapapāte senāsanaṃ paññapehi. Amhākaṃ, āvuso, isigilipasse kāḷasilāyaṃ senāsanaṃ paññapehi. Amhākaṃ, āvuso, vebhārapasse sattapaṇṇiguhāyaṃ senāsanaṃ paññapehi. Amhākaṃ, āvuso, sītavane sappasoṇḍikapabbhāre senāsanaṃ paññapehi. Amhākaṃ, āvuso, Gotamakakandarāyaṃ [gomaṭakandarāyaṃ (syā. kaṃ.)] senāsanaṃ paññapehi. Amhākaṃ, āvuso, tindukakandarāyaṃ senāsanaṃ paññapehi. Amhākaṃ, āvuso, tapodakandarāyaṃ [kapotakandarāyaṃ (ka.)] senāsanaṃ paññapehi. Amhākaṃ, āvuso, tapodārāme senāsanaṃ paññapehi. Amhākaṃ, āvuso, jīvakambavane senāsanaṃ paññapehi. Amhākaṃ, āvuso, maddakucchimhi migadāye senāsanaṃ paññapehī''ti.

Tesaṃ āyasmā dabbo mallaputto tejodhātuṃ samāpajjitvā aṅguliyā jalamānāya purato purato gacchati. Tepi teneva ālokena āyasmato dabbassa mallaputtassa piṭṭhito piṭṭhito gacchanti. Tesaṃ āyasmā dabbo mallaputto evaṃ senāsanaṃ paññapeti – ayaṃ mañco, idaṃ pīṭhaṃ, ayaṃ bhisi, idaṃ bibbohanaṃ[bimbohanaṃ (sī. syā. kaṃ.)], idaṃ vaccaṭṭhānaṃ, idaṃ passāvaṭṭhānaṃ, idaṃ pānīyaṃ, idaṃ paribhojanīyaṃ, ayaṃ kattaradaṇḍo, idaṃ saṅghassa katikasaṇṭhānaṃ, imaṃ kālaṃ pavisitabbaṃ, imaṃ kālaṃ nikkhamitabbanti. Tesaṃ āyasmā dabbo mallaputto evaṃ senāsanaṃ paññapetvā punadeva veḷuvanaṃ paccāgacchati.

192. Tena kho pana samayena mettiyabhūmajakā [mettiyabhummajakā (sī. syā. kaṃ.)] bhikkhū navakā ceva honti appapuññā ca. Yāni saṅghassa lāmakāni senāsanāni tāni tesaṃ pāpuṇanti lāmakāni ca bhattāni. Tena kho pana samayena rājagahe manussā icchanti therānaṃ bhikkhūnaṃ abhisaṅkhārikaṃ piṇḍapātaṃ dātuṃ – sappimpi, telampi, uttaribhaṅgampi. Mettiyabhūmajakānaṃ pana bhikkhūnaṃ pākatikaṃ denti – yathārandhaṃ [yathāraddhaṃ (syā.)]kaṇājakaṃ bilaṅgadutiyaṃ. Te pacchābhattaṃ piṇḍapātappaṭikkantā there bhikkhū pucchanti – ''tumhākaṃ, āvuso, bhattagge kiṃ ahosi, tumhākaṃ kiṃ ahosī''ti [kiṃ nāhosi (syā. kaṃ.)]? Ekacce therā evaṃ vadanti – ''amhākaṃ, āvuso, sappi ahosi, telaṃ ahosi, uttaribhaṅgaṃ ahosī''ti. Mettiyabhūmajakā pana bhikkhū evaṃ vadanti – ''amhākaṃ, āvuso, na kiñci ahosi – pākatikaṃ yathārandhaṃ kaṇājakaṃ bilaṅgadutiya''nti.

Tena kho pana samayena kalyāṇabhattiko gahapati saṅghassa catukkabhattaṃ deti niccabhattaṃ. So bhattagge saputtadāro upatiṭṭhitvā parivisati – aññe odanena pucchanti, aññe sūpena pucchanti, aññe telena pucchanti, aññe uttaribhaṅgena pucchanti. Tena kho pana samayena kalyāṇabhattikassa gahapatino bhattaṃ svātanāya mettiyabhūmajakānaṃ bhikkhūnaṃ uddiṭṭhaṃ hoti. Atha kho kalyāṇabhattiko gahapati ārāmaṃ agamāsi kenacideva karaṇīyena. So yenāyasmā dabbo mallaputto tenupasaṅkami, upasaṅkamitvā āyasmantaṃ dabbaṃ mallaputtaṃ abhivādetvā ekamantaṃ nisīdi. Ekamantaṃ nisinnaṃ kho kalyāṇabhattikaṃ gahapatiṃ āyasmā dabbo mallaputto dhammiyā kathāya sandassesi samādapesi samuttejesi sampahaṃsesi. Atha kho kalyāṇabhattiko gahapati āyasmatā dabbena mallaputtena dhammiyā kathāya sandassito samādapito samuttejito sampahaṃsito āyasmantaṃ dabbaṃ mallaputtaṃ etadavoca – ''kassa, bhante, amhākaṃ ghare svātanāya bhattaṃ uddiṭṭha''nti? ''Mettiyabhūmajakānaṃ kho, gahapati, bhikkhūnaṃ tumhākaṃ ghare svātanāya bhattaṃ uddiṭṭha''nti. Atha kho kalyāṇabhattiko gahapati anattamano ahosi. Kathañhi nāma pāpabhikkhū amhākaṃ ghare bhuñjissantīti gharaṃ gantvā dāsiṃ āṇāpesi – ''ye, je, sve bhattikā āgacchanti te koṭṭhake āsanaṃ paññapetvā kaṇājakena bilaṅgadutiyena parivisā''ti. ''Evaṃ ayyā''ti kho sā dāsī kalyāṇabhattikassa gahapatino paccassosi.

Atha kho mettiyabhūmajakā bhikkhū – hiyyo kho, āvuso, amhākaṃ kalyāṇabhattikassa gahapatino bhattaṃ uddiṭṭhaṃ; sve amhe kalyāṇabhattiko gahapati saputtadāro upatiṭṭhitvā parivisissati; aññe odanena pucchissanti, aññe sūpena pucchissanti, aññe telena pucchissanti, aññe uttaribhaṅgena pucchissantīti. Te teneva somanassena na cittarūpaṃ rattiyā supiṃsu. Atha kho mettiyabhūmajakā bhikkhū pubbaṇhasamayaṃ nivāsetvā pattacīvaramādāya yena kalyāṇabhattikassa gahapatino nivesanaṃ tenupasaṅkamiṃsu. Addasā kho sā dāsī mettiyabhūmajake bhikkhū dūratova āgacchante; disvāna koṭṭhake āsanaṃ paññāpetvā mettiyabhūmajake bhikkhū etadavoca – ''nisīdatha, bhante''ti. Atha kho mettiyabhūmajakānaṃ bhikkhūnaṃ etadahosi – ''nissaṃsayaṃ kho na tāva bhattaṃ siddhaṃ bhavissati yathā mayaṃ koṭṭhake nisīdāpiyāmā''ti [nisīdāpeyyāmāti (ka.)]. Atha kho sā dāsī kaṇājakena [kāṇājakena (syā. kaṃ.)] bilaṅgadutiyena upagañchi – bhuñjatha, bhanteti. ''Mayaṃ kho, bhagini, niccabhattikā''ti. ''Jānāmi ayyā niccabhattikāti. Api cāhaṃ hiyyova gahapatinā āṇattā – 'ye, je, sve bhattikā āgacchanti, te koṭṭhake āsanaṃ paññāpetvā kaṇājakena bilaṅgadutiyena parivisā'ti. Bhuñjatha, bhante''ti. Atha kho mettiyabhūmajakā bhikkhū – hiyyo kho, āvuso, kalyāṇabhattiko gahapati ārāmaṃ agamāsi dabbassa mallaputtassa santike. Nissaṃsayaṃ kho mayaṃ dabbena mallaputtena

gahapatino antare paribhinnāti [santike paribhinnāti (syā. kaṃ.)]. Te teneva domanassena na cittarūpaṃ bhuñjiṃsu. Atha kho mettiyabhūmajakā bhikkhū pacchābhattaṃ piṇḍapātappaṭikkantā ārāmaṃ gantvā pattacīvaraṃ paṭisāmetvā bahārāmakoṭṭhake saṅghāṭipallatthikāya nisīdiṃsu tuṇhībhūtā maṅkubhūtā pattakkhandhā adhomukhā pajjhāyantā appaṭibhānā.
Atha kho mettiyā bhikkhunī yena mettiyabhūmajakā bhikkhū tenupasaṅkami, upasaṅkamitvā mettiyabhūmajake bhikkhū etadavoca – "vandāmi ayyā"ti. Evaṃ vutte mettiyabhūmajakā bhikkhū nālapiṃsu. Dutiyampi kho...pe... tatiyampi kho mettiyā bhikkhunī mettiyabhūmajake bhikkhū etadavoca – "vandāmi ayyā"ti. Tatiyampi kho mettiyabhūmajakā bhikkhū nālapiṃsu. "Kyāhaṃ ayyānaṃ aparajjhāmi? Kissa maṃ ayyā nālapantī"ti? "Tathā hi pana tvaṃ, bhagini, amhe dabbena mallaputtena viheṭhiyamāne ajjhupekkhasī"ti? "Kyāhaṃ, ayyā, karomī"ti? "Sace kho tvaṃ, bhagini, iccheyyāsi, ajjeva Bhagavā āyasmantaṃ dabbaṃmallaputtaṃ nāsāpeyyā"ti. "Kyāhaṃ, ayyā, karomi? Kiṃ mayā sakkā kātu"nti? "Ehi tvaṃ, bhagini, yena Bhagavā tenupasaṅkami, upasaṅkamitvā bhagavantaṃ evaṃ vadehi – 'idaṃ , bhante, nacchannaṃ nappatirūpaṃ, yāyaṃ, bhante, disā abhayā anītikā anupaddavā sāyaṃ disā sabhayā saītikā saupaddavā; yato nivātaṃ tato savātaṃ [tato pavātaṃ (sī. syā. kaṃ.)]; udakaṃ maññe ādittaṃ; ayyenamhi dabbena mallaputtena dūsitā'"ti. "Evaṃ ayyā"ti kho mettiyā bhikkhunī mettiyabhūmajakānaṃ bhikkhūnaṃ paṭissutvā [paṭissuṇitvā (syā. kaṃ.)] yena Bhagavā tenupasaṅkami, upasaṅkamitvā bhagavantaṃ abhivādetvā ekamantaṃ aṭṭhāsi. Ekamantaṃ ṭhitā kho mettiyā [sā mettiyā (syā. ka.)] bhikkhunī bhagavantaṃ etadavoca – "idaṃ, bhante, nacchannaṃ nappatirūpaṃ, yāyaṃ, bhante, disā abhayā anītikā anupaddavā sāyaṃ disā sabhayā saītikā saupaddavā; yato nivātaṃ tato savātaṃ; udakaṃ maññe ādittaṃ; ayyenamhi dabbena mallaputtena dūsitā"ti.
193. Atha kho Bhagavā etasmiṃ nidāne etasmiṃ pakaraṇe bhikkhusaṅghaṃ sannipātāpetvā āyasmantaṃ dabbaṃ mallaputtaṃ paṭipucchi – "sarasi tvaṃ, dabba, evarūpaṃ kattā yathāyaṃ bhikkhunī āhā"ti? "Yathā maṃ, bhante, Bhagavā jānātī"ti. Dutiyampi kho Bhagavā āyasmantaṃ dabbaṃ mallaputtaṃ etadavoca – "sarasi tvaṃ, dabba, evarūpaṃ kattā yathāyaṃ bhikkhunī āhā"ti? "Yathā maṃ, bhante, Bhagavā jānātī"ti. Tatiyampi kho Bhagavā āyasmantaṃ dabbaṃ mallaputtaṃ etadavoca – "sarasi tvaṃ, dabba, evarūpaṃ kattā yathāyaṃ bhikkhunī āhā"ti? "Yathā maṃ, bhante, Bhagavā jānātī"ti. "Na kho, dabba, dabbā evaṃ nibbeṭhenti. Sace tayā kataṃ katanti vadehi. Sace akataṃ akatanti vadehī"ti. "Yatohaṃ, bhante, jāto nābhijānāmi supinantenapi methunaṃ dhammaṃ paṭisevitā, pageva jāgaro"ti. Atha kho Bhagavā bhikkhū āmantesi – "tena hi, bhikkhave, mettiyaṃ bhikkhuniṃ nāsetha. Ime ca bhikkhū anuyuñjathā"ti. Idaṃ vatvā Bhagavā uṭṭhāyāsanā vihāraṃ pāvisi.
Atha kho te bhikkhū mettiyaṃ bhikkhuniṃ nāsesuṃ. Atha kho mettiyabhūmajakā bhikkhū te bhikkhū etadavocuṃ – "māvuso, mettiyaṃ bhikkhuniṃ nāsetha, na sā kiñci aparajjhati; amhehi sā ussāhitā kupitehi anattamanehi cāvanādhippāyehī"ti. "Kiṃ pana tumhe, āvuso, āyasmantaṃ dabbaṃ mallaputtaṃ amūlikāya sīlavipattiyā anuddhaṃsethā"ti? "Evamāvuso"ti. Ye te bhikkhū appicchā...pe... te ujjhāyanti khiyyanti vipācenti – "kathañhi nāma mettiyabhūmajakā bhikkhū āyasmantaṃ dabbaṃ mallaputtaṃ amūlikāya sīlavipattiyā anuddhaṃsessantī"ti! Atha kho te bhikkhū bhagavato etamatthaṃ ārocesuṃ ...pe... "saccaṃ kira, bhikkhave, mettiyabhūmajakā bhikkhū dabbaṃ mallaputtaṃ amūlikāya sīlavipattiyā anuddhaṃsentī"ti? "Saccaṃ Bhagavā"ti...pe... vigarahitvā...pe... dhammiṃ kathaṃ katvā bhikkhū āmantesi –
"Tena hi, bhikkhave, saṅgho dabbassa mallaputtassa sativepullappattassa sativinayaṃ detu. Evañca pana, bhikkhave, dātabbo – "tena, bhikkhave, dabbena mallaputtena saṅghaṃ upasaṅkamitvā, ekaṃsaṃ uttarāsaṅgaṃ karitvā, vuḍḍhānaṃ bhikkhūnaṃ pāde vanditvā, ukkuṭikaṃ nisīditvā, añjaliṃ paggahetvā, evamassa vacanīyo – 'ime maṃ, bhante, mettiyabhūmajakā bhikkhū amūlikāya sīlavipattiyā anuddhaṃsenti. Sohaṃ, bhante, sativepullappatto saṅghaṃ sativinayaṃ yācāmī'ti. Dutiyampi yācitabbo. Tatiyampi yācitabbo – 'ime maṃ, bhante mettiyabhūmajakā bhikkhū amūlikāya sīlavipattiyā anuddhaṃsenti. Sohaṃ[sohaṃ bhante (ka.)] sativepullappatto tatiyampi, bhante, saṅghaṃ sativinayaṃ yācāmī'ti. "Byattena bhikkhunā paṭibalena saṅgho ñāpetabbo –
194. Suṇātu me, bhante, saṅgho. Ime mettiyabhūmajakā bhikkhū āyasmantaṃ dabbaṃ mallaputtaṃ amūlikāya sīlavipattiyā anuddhaṃsenti. Āyasmā dabbo mallaputto sativepullappatto saṅghaṃ sativinayaṃ yācati. Yadi saṅghassa pattakallaṃ, saṅgho āyasmato dabbassa mallaputtassa sativepullappattassa sativinayaṃ dadeyya. Esā ñatti.
"Suṇātu me, bhante, saṅgho. Ime mettiyabhūmajakā bhikkhū āyasmantaṃ dabbaṃ mallaputtaṃ amūlikāya sīlavipattiyā anuddhaṃsenti. Āyasmā dabbo mallaputto sativepullappatto saṅghaṃ sativinayaṃ yācati. Saṅgho āyasmato dabbassa mallaputtassa sativepullappattassa sativinayaṃ deti. Yassāyasmato khamati āyasmato dabbassa mallaputtassa sativepullappattassa sativinayassa dānaṃ, so tuṇhassa; yassa nakkhamati, so bhāseyya.
"Dutiyampi etamatthaṃ vadāmi...pe... tatiyampi etamatthaṃ vadāmi – suṇātu me, bhante, saṅgho. Ime mettiyabhūmajakā bhikkhū āyasmantaṃ dabbaṃ mallaputtaṃ amūlikāya sīlavipattiyā anuddhaṃsenti. Āyasmā dabbo mallaputto sativepullappatto saṅghaṃ sativinayaṃ yācati. Saṅgho āyasmato dabbassa

mallaputtassa sativepullappattassa sativinayaṃ deti. Yassāyasmato khamati āyasmato dabbassa mallaputtassa sativepullappattassa sativinayassa dānaṃ, so tuṇhassa; yassa nakkhamati, so bhāseyya.
''Dinno saṅghena āyasmato dabbassa mallaputtassa sativepullappattassa sativinayo. Khamati saṅghassa, tasmā tuṇhī, evametaṃ dhārayāmī''ti.
195. ''Pañcimāni, bhikkhave, dhammikāni sativinayassa dānāni. Suddho hoti bhikkhu anāpattiko, anuvadanti ca naṃ, yācati ca, tassa saṅgho sativinayaṃ deti dhammena samaggena – imāni kho, bhikkhave, pañca dhammikāni sativinayassa dānānī''ti.
3. Amūḷhavinayo
196. Tena kho pana samayena gaggo bhikkhu ummattako hoti, cittavipariyāsakato. Tena ummattakena cittavipariyāsakatena bahuṃ assāmaṇakaṃ ajjhāciṇṇaṃ hoti bhāsitaparikkantaṃ. Bhikkhū gaggaṃ bhikkhuṃ ummattakena cittavipariyāsakatena ajjhāciṇṇena āpattiyā codenti – ''saratāyasmā evarūpiṃ āpattiṃ āpajjitā''ti? So evaṃ vadeti – ''ahaṃ kho, āvuso , ummattako ahosiṃ cittavipariyāsakato. Tena me ummattakena cittavipariyāsakatena bahuṃ assāmaṇakaṃ ajjhāciṇṇaṃ bhāsitaparikkantaṃ. Nāhaṃ taṃ sarāmi. Mūḷhena me etaṃ kata''nti. Evampi naṃ vuccamānā codenteva – ''saratāyasmā evarūpiṃ āpattiṃ āpajjitā''ti? Ye te bhikkhū appicchā..pe... te ujjhāyanti khiyyanti vipācenti – ''kathañhi nāma bhikkhū gaggaṃ bhikkhuṃ ummattakena cittavipariyāsakatena ajjhāciṇṇena āpattiyā codessanti – ''saratāyasmā evarūpiṃ āpattiṃ āpajjitā'ti! So evaṃ vadeti – 'ahaṃ kho, āvuso, ummattako ahosiṃ cittavipariyāsakato. Tena me ummattakena cittavipariyāsakatena bahuṃ assāmaṇakaṃ ajjhāciṇṇaṃ bhāsitaparikkantaṃ. Nāhaṃ taṃ sarāmi. Mūḷhena me etaṃ kata'nti. Evampi naṃ vuccamānā codenteva – ''saratāyasmā evarūpiṃ āpattiṃ āpajjitā''ti? Atha kho te bhikkhū bhagavato etamatthaṃ ārocesuṃ...pe... ''saccaṃ kira, bhikkhave...pe... saccaṃ Bhagavā''ti...pe... vigarahitvā...pe... dhammiṃ kathaṃ katvā bhikkhū āmantesi –
''Tena hi, bhikkhave, saṅgho gaggassa bhikkhuno amūḷhassa amūḷhavinayaṃ detu. Evañca pana, bhikkhave, dātabbo – ''tena, bhikkhave, gaggena bhikkhunā saṅghaṃ upasaṅkamitvā, ekaṃsaṃ uttarāsaṅgaṃ karitvā, vuḍḍhānaṃ bhikkhūnaṃ pāde vanditvā, ukkuṭikaṃ nisīditvā, añjaliṃ paggahetvā, evamassa vacanīyo – 'ahaṃ, bhante, ummattako ahosiṃ cittavipariyāsakato. Tena me ummattakena cittavipariyāsakatena bahuṃ assāmaṇakaṃ ajjhāciṇṇaṃ bhāsitaparikkantaṃ. Maṃ bhikkhū ummattakena cittavipariyāsakatena ajjhāciṇṇena āpattiyā codenti – 'saratāyasmā evarūpiṃ āpattiṃ āpajjitā'ti? Tyāhaṃ evaṃ vadāmi – 'ahaṃ kho, āvuso, ummattako ahosiṃ cittavipariyāsakato. Tena me ummattakena cittavipariyāsakatena bahuṃ assāmaṇakaṃ ajjhāciṇṇaṃ bhāsitaparikkantaṃ. Nāhaṃ taṃ sarāmi. Mūḷhena me etaṃ kata'nti. Evampi maṃ vuccamānā codenteva – 'saratāyasmā evarūpiṃ āpattiṃ āpajjitā'ti? Sohaṃ, bhante, amūḷho saṅghaṃ amūḷhavinayaṃ yācāmī'ti. Dutiyampi yācitabbo. Tatiyampi yācitabbo – 'ahaṃ, bhante, ummattako ahosiṃ cittavipariyāsakato. Tena me ummattakena cittavipariyāsakatena bahuṃ assāmaṇakaṃ ajjhāciṇṇaṃ bhāsitaparikkantaṃ. Maṃ bhikkhū ummattakena cittavipariyāsakatena ajjhāciṇṇena āpattiyā codenti – 'saratāyasmā evarūpiṃ āpattiṃ āpajjitā'ti? Tyāhaṃ evaṃ vadāmi – 'ahaṃ kho, āvuso, ummattako ahosiṃ cittavipariyāsakato. Tena me ummattakena cittavipariyāsakatena bahuṃ assāmaṇakaṃ ajjhāciṇṇaṃ bhāsitaparikkantaṃ. Nāhaṃ taṃ sarāmi mūḷhena me etaṃ kata'nti. Evampi maṃ vuccamānā codenteva – 'saratāyasmā evarūpiṃ āpattiṃ āpajjitā'ti? Sohaṃ amūḷho [sohaṃ bhante amūḷho (ka.)] tatiyampi, bhante, saṅghaṃ amūḷhavinayaṃ yācāmī'ti. Byattena bhikkhunā paṭibalena saṅgho ñāpetabbo –
197. ''Suṇātu me, bhante, saṅgho. Ayaṃ gaggo bhikkhu ummattako ahosi cittavipariyāsakato. Tena ummattakena cittavipariyāsakatena bahuṃ assāmaṇakaṃ ajjhāciṇṇaṃ bhāsitaparikkantaṃ. Bhikkhū gaggaṃ bhikkhuṃ ummattakena cittavipariyāsakatena ajjhāciṇṇena āpattiyā codenti – 'saratāyasmā evarūpiṃ āpattiṃ āpajjitā'ti? So evaṃ vadeti – 'ahaṃ kho, āvuso, ummattako ahosiṃ cittavipariyāsakato. Tena me ummattakena cittavipariyāsakatena bahuṃ assāmaṇakaṃ ajjhāciṇṇaṃ bhāsitaparikkantaṃ. Nāhaṃ taṃ sarāmi, mūḷhena me etaṃ kata'nti. Evampi naṃ vuccamānā codenteva – 'saratāyasmā evarūpiṃ āpattiṃ āpajjitā'ti? So amūḷho saṅghaṃ amūḷhavinayaṃ yācati. Yadi saṅghassa pattakallaṃ, saṅgho gaggassa bhikkhuno amūḷhassa amūḷhavinayaṃ dadeyya. Esā ñatti.
''Suṇātu me, bhante, saṅgho. Ayaṃ gaggo bhikkhu ummattako ahosi cittavipariyāsakato. Tena ummattakena cittavipariyāsakatena bahuṃ assāmaṇakaṃ ajjhāciṇṇaṃ bhāsitaparikkantaṃ. Bhikkhū gaggaṃ bhikkhuṃ ummattakena cittavipariyāsakatena ajjhāciṇṇena āpattiyā codenti – 'saratāyasmā evarūpiṃ āpattiṃ āpajjitā'ti? So evaṃ vadeti – 'ahaṃ kho, āvuso, ummattako ahosiṃ cittavipariyāsakato. Tena me ummattakena cittavipariyāsakatena bahuṃ assāmaṇakaṃ ajjhāciṇṇaṃ bhāsitaparikkantaṃ. Nāhaṃ taṃ sarāmi mūḷhena me etaṃ kata'nti. Evampi naṃ vuccamānā codenteva – 'saratāyasmā evarūpiṃ āpattiṃ āpajjitā'ti? So amūḷho saṅghaṃ amūḷhavinayaṃ yācati. Saṅgho gaggassa bhikkhuno amūḷhassa amūḷhavinayaṃ deti. Yassāyasmato khamati gaggassa bhikkhuno amūḷhassa amūḷhavinayassa dānaṃ, so tuṇhassa; yassa nakkhamati, so bhāseyya.
''Dutiyampi etamatthaṃ vadāmi...pe... tatiyampi etamatthaṃ vadāmi...pe....
''Dinno saṅghena gaggassa bhikkhuno amūḷhassa amūḷhavinayo. Khamati saṅghassa, tasmā tuṇhī, evametaṃ dhārayāmī''ti.

198. "Tīṇimāni, bhikkhave, adhammikāni amūḷhavinayassa dānāni, tīṇi dhammikāni. Kammāni tīṇi adhammikāni amūḷhavinayassa dānāni?

"Idha pana, bhikkhave, bhikkhu āpattiṃ āpanno hoti. Tamenaṃ codeti saṅgho vā, sambahulā vā, ekapuggalo vā – 'saratāyasmā evarūpiṃ āpattiṃ āpajjitā'ti? So saramānova evaṃ vadeti – 'na kho ahaṃ, āvuso, sarāmi evarūpiṃ āpattiṃ āpajjitā'ti. Tassa saṅgho amūḷhavinayaṃ deti. Adhammikaṃ amūḷhavinayassa dānaṃ.

"Idha pana, bhikkhave, bhikkhu āpattiṃ āpanno hoti. Tamenaṃ codeti saṅgho vā, sambahulā vā, ekapuggalo vā – 'saratāyasmā evarūpiṃ āpattiṃ āpajjitā'ti? So saramānova evaṃ vadeti – 'sarāmi kho ahaṃ, āvuso, yathāsupinantenā'ti. Tassa saṅgho amūḷhavinayaṃ deti. Adhammikaṃ amūḷhavinayassa dānaṃ.

"Idha pana, bhikkhave, bhikkhu āpattiṃ āpanno hoti. Tamenaṃ codeti saṅgho vā, sambahulā vā, ekapuggalo vā – 'saratāyasmā evarūpiṃ āpattiṃ āpajjitā'ti? So anummattako ummattakālayaṃ karoti – 'ahampi kho evaṃ karomi. Tumhepi evaṃ karotha. Mayhampi etaṃ kappati. Tumhākampetaṃ kappatī'ti. Tassa saṅgho amūḷhavinayaṃ deti. Adhammikaṃ amūḷhavinayassa dānaṃ. Imāni tīṇi adhammikāni amūḷhavinayassa dānāni.

199. "Katamāni tīṇi dhammikāni amūḷhavinayassa dānāni?

"Idha pana, bhikkhave, bhikkhu ummattako hoti cittavipariyāsakato. Tena ummattakena cittavipariyāsakatena bahuṃ assāmaṇakaṃ ajjhāciṇṇaṃ hoti bhāsitaparikkantaṃ. Tamenaṃ codeti saṅgho vā, sambahulā vā, ekapuggalo vā – 'saratāyasmā evarūpiṃ āpattiṃ āpajjitā'ti? So assaramānova evaṃ vadeti – 'na kho ahaṃ, āvuso, sarāmi evarūpiṃ āpattiṃ āpajjitā'ti. Tassa saṅgho amūḷhavinayaṃ deti. Dhammikaṃ amūḷhavinayassa dānaṃ.

"Idha pana, bhikkhave, bhikkhu ummattako hoti cittavipariyāsakato. Tena ummattakena cittavipariyāsakatena bahuṃ assāmaṇakaṃ ajjhāciṇṇaṃ hoti bhāsitaparikkantaṃ. Tamenaṃ codeti saṅgho vā, sambahulā vā, ekapuggalo vā – 'saratāyasmā evarūpiṃ āpattiṃ āpajjitā'ti ? So assaramānova evaṃ vadeti – 'sarāmi kho ahaṃ, āvuso, yathā supinantenā'ti. Tassa saṅgho amūḷhavinayaṃ deti. Dhammikaṃ amūḷhavinayassa dānaṃ.

"Idha pana, bhikkhave, bhikkhu ummattako hoti cittavipariyāsakato. Tena ummattakena cittavipariyāsakatena bahuṃ assāmaṇakaṃ ajjhāciṇṇaṃ hoti bhāsitaparikkantaṃ. Tamenaṃ codeti saṅgho vā, sambahulā vā, ekapuggalo vā – 'saratāyasmā evarūpiṃ āpattiṃ āpajjitā'ti? So ummattako ummattakālayaṃ karoti – 'ahampi evaṃ karomi. Tumhepi evaṃ karotha. Mayhampi etaṃ kappati. Tumhākampetaṃ kappatī'ti. Tassa saṅgho amūḷhavinayaṃ deti. Dhammikaṃ amūḷhavinayassa dānaṃ.

"Imāni tīṇi dhammikāni amūḷhavinayassa dānānī"ti.

4. Paṭiññātakaraṇaṃ

200. Tena kho pana samayena chabbaggiyā bhikkhū appaṭiññāya bhikkhūnaṃ kammāni karonti – tajjanīyampi, niyassampi, pabbājanīyampi, paṭisāraṇīyampi, ukkhepanīyampi. Ye te bhikkhū appicchā...pe... te ujjhāyanti khiyyanti vipācenti – "kathañhi nāma chabbaggiyā bhikkhū appaṭiññāya bhikkhūnaṃ kammāni karissanti – tajjanīyampi, niyassampi, pabbājanīyampi, paṭisāraṇīyampi, ukkhepanīyampī"ti! Atha kho te bhikkhū bhagavato etamatthaṃ ārocesuṃ...pe... "saccaṃ kira, bhikkhave...pe... "saccaṃ Bhagavā"ti...pe... vigarahitvā...pe... dhammiṃ kathaṃ katvā bhikkhū āmantesi – "na, bhikkhave, appaṭiññāya bhikkhūnaṃ kammaṃ kātabbaṃ – tajjanīyaṃ vā, niyassaṃ vā, pabbājanīyaṃ vā, paṭisāraṇīyaṃ vā, ukkhepanīyaṃ vā. Yo kareyya, āpatti dukkaṭassa.

201. "Evaṃ kho, bhikkhave, adhammikaṃ hoti paṭiññātakaraṇaṃ, evaṃ dhammikaṃ. Kathañca, bhikkhave, adhammikaṃ hoti paṭiññātakaraṇaṃ?

"Bhikkhu pārājikaṃ ajjhāpanno hoti. Tamenaṃ codeti saṅgho vā, sambahulā vā, ekapuggalo vā – 'pārājikaṃ āyasmā ajjhāpanno'ti? So evaṃ vadeti – 'na kho ahaṃ, āvuso, pārājikaṃ ajjhāpanno , saṅghādisesaṃ ajjhāpanno'ti. Taṃ saṅgho saṅghādisesena kāreti. Adhammikaṃ paṭiññātakaraṇaṃ.

"Bhikkhu pārājikaṃ ajjhāpanno hoti. Tamenaṃ codeti saṅgho vā, sambahulā vā, ekapuggalo vā – 'pārājikaṃ āyasmā ajjhāpanno'ti? So evaṃ vadeti – 'na kho ahaṃ, āvuso, pārājikaṃ ajjhāpanno, thullaccayaṃ...pe... pācittiyaṃ...pe... pāṭidesanīyaṃ...pe... dukkaṭaṃ...pe... dubbhāsitaṃ ajjhāpanno'ti. Taṃ saṅgho dubbhāsitena kāreti. Adhammikaṃ paṭiññātakaraṇaṃ.

"Bhikkhu saṅghādisesaṃ...pe... thullaccayaṃ...pe... pācittiyaṃ...pe... pāṭidesanīyaṃ...pe... dukkaṭaṃ...pe... dubbhāsitaṃ ajjhāpanno hoti. Tamenaṃ codeti saṅgho vā, sambahulā vā, ekapuggalo vā – 'dubbhāsitaṃ āyasmā ajjhāpanno'ti ? So evaṃ vadeti – 'na kho ahaṃ, āvuso, dubbhāsitaṃ ajjhāpanno, pārājikaṃ ajjhāpanno'ti. Taṃ saṅgho pārājikena kāreti. Adhammikaṃ paṭiññātakaraṇaṃ.

"Bhikkhu dubbhāsitaṃ ajjhāpanno hoti. Tamenaṃ codeti saṅgho vā, sambahulā vā, ekapuggalo vā – 'dubbhāsitaṃ āyasmā ajjhāpanno'ti? So evaṃ vadeti – 'na kho ahaṃ, āvuso, dubbhāsitaṃ ajjhāpanno, saṅghādisesaṃ...pe... thullaccayaṃ...pe... pācittiyaṃ...pe... pāṭidesanīyaṃ...pe... dukkaṭaṃ ajjhāpanno'ti. Taṃ saṅgho dukkaṭena kāreti. Adhammikaṃ paṭiññātakaraṇaṃ. "Evaṃ kho, bhikkhave, adhammikaṃ hoti paṭiññātakaraṇaṃ.

"Kathañca, bhikkhave, dhammikaṃ hoti paṭiññātakaraṇaṃ? Bhikkhu pārājikaṃ ajjhāpanno hoti. Tamenaṃ codeti saṅgho vā, sambahulā vā, ekapuggalo vā – 'pārājikaṃ āyasmā ajjhāpanno'ti? So evaṃ vadeti – 'āma, āvuso, pārājikaṃ ajjhāpanno'ti. Taṃ saṅgho pārājikena kāreti. Dhammikaṃ paṭiññātakaraṇaṃ.

"Bhikkhu saṅghādisesaṃ...pe... thullaccayaṃ...pe... pācittiyaṃ...pe... pāṭidesanīyaṃ...pe... dukkaṭaṃ...pe... dubbhāsitaṃ ajjhāpanno hoti. Tamenaṃ codeti saṅgho vā, sambahulā vā, ekapuggalo vā – 'dubbhāsitaṃ āyasmā ajjhāpanno'ti? So evaṃ vadeti – 'āma, āvuso, dubbhāsitaṃ ajjhāpanno'ti. Taṃ saṅgho dubbhāsitena kāreti. Dhammikaṃ paṭiññātakaraṇaṃ. Evaṃ kho, bhikkhave, dhammikaṃ hoti paṭiññātakaraṇa''nti.

5. Yebhuyyasikā

202. Tena kho pana samayena bhikkhū saṅghamajjhe bhaṇḍanajātā kalahajātā vivādāpannā aññamaññaṃ mukhasattīhi vitudantā viharanti, na sakkonti taṃ adhikaraṇaṃ vūpasametuṃ. Bhagavato etamatthaṃ ārocesuṃ. "Anujānāmi, bhikkhave, evarūpaṃ adhikaraṇaṃ yebhuyyasikāya vūpasametuṃ. Pañcahaṅgehi samannāgato bhikkhu salākaggāhāpako sammannitabbo – yo na chandāgatiṃ gaccheyya, na dosāgatiṃ gaccheyya, na mohāgatiṃ gaccheyya, na bhayāgatiṃ gaccheyya, gahitāgahitañca jāneyya. Evañca pana, bhikkhave, sammannitabbo. Paṭhamaṃ bhikkhu yācitabbo, yācitvā byattena bhikkhunā paṭibalena saṅgho ñāpetabbo –

203. "Suṇātu me, bhante, saṅgho. Yadi saṅghassa pattakallaṃ, saṅgho itthannāmaṃ bhikkhuṃ salākaggāhāpakaṃ sammanneyya. Esā ñatti.

"Suṇātu me, bhante, saṅgho. Saṅgho itthannāmaṃ bhikkhuṃ salākaggāhāpakaṃ sammannati. Yassāyasmato khamati itthannāmassa bhikkhuno salākaggāhāpakassa sammuti, so tuṇhassa; yassa nakkhamati, so bhāseyya.

"Sammato saṅghena itthannāmo bhikkhu salākaggāhāpako. Khamati saṅghassa, tasmā tuṇhī, evametaṃ dhārayāmī''ti.

204. "Dasayime, bhikkhave, adhammikā salākaggāhā, dasa dhammikā [dasa dhammikā salākaggāhā (ka.)]. Katame dasa adhammikā salākaggāhā? Oramattakañca adhikaraṇaṃ hoti, na ca gatigataṃ hoti, na ca saritasāritaṃ hoti, jānāti adhammavādī bahutarāti, appeva nāma adhammavādī bahutarā assūti, jānāti saṅgho bhijjissatīti, appeva nāma saṅgho bhijjeyyāti, adhammena gaṇhanti, vaggā gaṇhanti, na ca yathādiṭṭhiyā gaṇhanti – ime dasa adhammikā salākaggāhā.

"Katame dasa dhammikā salākaggāhā? Na ca oramattakaṃ adhikaraṇaṃ hoti, gatigatañca hoti, saritasāritañca hoti, jānāti dhammavādī bahutarāti, appeva nāma dhammavādī bahutarā assūti, jānāti saṅgho na bhijjissatīti, appeva nāma saṅgho na bhijjeyyāti, dhammena gaṇhanti, samaggā gaṇhanti, yathādiṭṭhiyā ca gaṇhanti – ime dasa dhammikā salākaggāhā''ti.

6. Tassapāpiyasikā

205. Tena kho pana samayena upavāḷo bhikkhu saṅghamajjhe āpattiyā anuyuñjiyamāno avajānitvā paṭijānāti, paṭijānitvā avajānāti, aññenaññaṃ paṭicarati, sampajānamusā bhāsati. Ye te bhikkhū appicchā...pe... te ujjhāyanti khiyyanti vipācenti – "kathañhi nāma upavāḷo bhikkhu saṅghamajjhe āpattiyā anuyuñjiyamāno avajānitvā paṭijānissati, paṭijānitvā avajānissati, aññenaññaṃ paṭicarissati, sampajānamusā bhāsissatī''ti! Atha kho te bhikkhū bhagavato etamatthaṃ ārocesuṃ...pe... "saccaṃ kira, bhikkhave...pe... "saccaṃ Bhagavā''ti...pe... vigarahitvā...pe... dhammiṃ kathaṃ katvā bhikkhū āmantesi – tena hi, bhikkhave, saṅgho upavāḷassa bhikkhuno tassapāpiyasikākammaṃ karotu. Evañca pana, bhikkhave, kātabbaṃ. Paṭhamaṃ upavāḷo bhikkhu codetabbo, codetvā sāretabbo, sāretvā āpattiṃ āropetabbo, āpattiṃ āropetvā byattena bhikkhunā paṭibalena saṅgho ñāpetabbo –

206. "Suṇātu me, bhante, saṅgho. Ayaṃ upavāḷo bhikkhu saṅghamajjhe āpattiyā anuyuñjiyamāno avajānitvā paṭijānāti, paṭijānitvā avajānāti, aññenaññaṃ paṭicarati, sampajānamusā 'bhāsati. Yadi saṅghassa pattakallaṃ, saṅgho upavāḷassa bhikkhuno tassapāpiyasikākammaṃ kareyya. Esā ñatti.

"Suṇātu me, bhante, saṅgho. Ayaṃ upavāḷo bhikkhu saṅghamajjhe āpattiyā anuyuñjiyamāno avajānitvā paṭijānāti, paṭijānitvā avajānāti, aññenaññaṃ paṭicarati, sampajānamusā bhāsati. Saṅgho upavāḷassa bhikkhuno tassapāpiyasikākammaṃ karoti. Yassāyasmato khamati upavāḷassa bhikkhuno tassapāpiyasikākammassa karaṇaṃ, so tuṇhassa; yassa nakkhamati, so bhāseyya.

"Dutiyampi etamatthaṃ vadāmi...pe... tatiyampi etamatthaṃ vadāmi...pe....

"Kataṃ saṅghena upavāḷassa bhikkhuno tassapāpiyasikākammaṃ. Khamati saṅghassa, tasmā tuṇhī, evametaṃ dhārayāmī''ti.

207. "Pañcimāni, bhikkhave, dhammikāni tassapāpiyasikākammassa karaṇāni. Asuci ca hoti, alajjī ca, sānuvādo ca, tassa saṅgho tassapāpiyasikākammaṃ karoti dhammena, samaggena – imāni kho, bhikkhave, pañca dhammikāni tassapāpiyasikākammassa karaṇāni.

Adhammakammadvādasakaṃ

208. "Tīhi, bhikkhave, aṅgehi samannāgataṃ tassapāpiyasikākammaṃ adhammakammañca hoti, avinayakammañca, duvūpasantañca. Asammukhā kataṃ hoti, appaṭipucchākataṃ hoti, appaṭiññāya

kataṃ hoti...pe... adhammena kataṃ hoti, vaggena kataṃ hoti – imehi kho, bhikkhave, tīhaṅgehi samannāgataṃ tassapāpiyasikākammaṃ adhammakammañca hoti, avinayakammañca, duvūpasantañca.

Dhammakammadvādasakaṃ

209. ''Tīhi, bhikkhave, aṅgehi samannāgataṃ tassapāpiyasikākammaṃ dhammakammañca hoti, vinayakammañca, suvūpasantañca. Sammukhā kataṃ hoti, paṭipucchākataṃ hoti, paṭiññāya kataṃ hoti...pe... dhammena kataṃ hoti, samaggena kataṃ hoti – imehi kho, bhikkhave, tīhaṅgehi samannāgataṃ tassapāpiyasikākammaṃ dhammakammañca hoti, vinayakammañca, suvūpasantañca.

Ākaṅkhamānachakkaṃ

210. ''Tīhi, bhikkhave, aṅgehi samannāgatassa bhikkhuno ākaṅkhamāno saṅgho tassapāpiyasikākammaṃ kareyya. Bhaṇḍanakārako hoti kalahakārako vivādakārako bhassakārako saṅghe adhikaraṇakārako; bālo hoti abyatto āpattibahulo anapadāno; gihisaṃsaṭṭho viharati ananulomikehi gihisaṃsaggehi – imehi kho, bhikkhave, tīhaṅgehi samannāgatassa bhikkhuno ākaṅkhamāno saṅgho tassapāpiyasikākammaṃ kareyya.

''Aparehipi, bhikkhave, tīhaṅgehi samannāgatassa bhikkhuno ākaṅkhamāno saṅgho tassapāpiyasikākammaṃ kareyya. Adhisīle sīlavipanno hoti, ajjhācāre ācāravipanno hoti, atidiṭṭhiyā diṭṭhivipanno hoti – imehi kho, bhikkhave...pe....

''Aparehipi, bhikkhave...pe... buddhassa avaṇṇaṃ bhāsati, dhammassa avaṇṇaṃ bhāsati, saṅghassa avaṇṇaṃ bhāsati – imehi kho, bhikkhave, tīhaṅgehi samannāgatassa bhikkhuno ākaṅkhamāno saṅgho tassapāpiyasikākammaṃ kareyya.

''Tiṇṇaṃ, bhikkhave, bhikkhūnaṃ ākaṅkhamāno saṅgho tassapāpiyasikākammaṃ kareyya. Eko bhaṇḍanakārako hoti...pe... saṅghe adhikaraṇakārako; eko bālo hoti abyatto āpattibahulo anapadāno; eko gihisaṃsaṭṭho viharati ananulomikehi gihisaṃsaggehi – imesaṃ kho, bhikkhave, tiṇṇaṃ bhikkhūnaṃ ākaṅkhamāno saṅgho tassapāpiyasikākammaṃ kareyya.

''Aparesampi, bhikkhave, tiṇṇaṃ bhikkhūnaṃ ākaṅkhamāno saṅgho tassapāpiyasikākammaṃ kareyya. Eko adhisīle sīlavipanno hoti, eko ajjhācāre ācāravipanno hoti, eko atidiṭṭhiyā diṭṭhivipanno hoti – imesaṃ kho, bhikkhave...pe....

''Aparesampi, bhikkhave...pe... eko buddhassa avaṇṇaṃ bhāsati, eko dhammassa avaṇṇaṃ bhāsati, eko saṅghassa avaṇṇaṃ bhāsati – imesaṃ kho, bhikkhave, tiṇṇaṃ bhikkhūnaṃ ākaṅkhamāno saṅgho tassapāpiyasikākammaṃ kareyya.

Aṭṭhārasavattaṃ

211. ''Tassapāpiyasikākammakatena, bhikkhave, bhikkhunā sammā vattitabbaṃ. Tatrāyaṃ sammāvattanā –

Na upasampādetabbaṃ, na nissayo dātabbo, na sāmaṇero upaṭṭhāpetabbo, na bhikkhunovādakasammuti sāditabbā, sammatenapi bhikkhuniyo na ovaditabbā...pe... na bhikkhūhi sampayojetabba''nti. Atha kho saṅgho upavāḷassa bhikkhuno tassapāpiyasikākammaṃ akāsi.

7. Tiṇavatthārakaṃ

212. Tena kho pana samayena bhikkhūnaṃ bhaṇḍanajātānaṃ kalahajātānaṃ vivādāpannānaṃ viharataṃ bahuṃ assāmaṇakaṃ ajjhāciṇṇaṃ hoti bhāsitaparikkantaṃ. Atha kho tesaṃ bhikkhūnaṃ etadahosi – ''amhākaṃ kho bhaṇḍanajātānaṃ kalahajātānaṃ vivādāpannānaṃ viharataṃ bahuṃ assāmaṇakaṃ ajjhāciṇṇaṃ bhāsitaparikkantaṃ. Sace mayaṃ imāhi āpattīhi aññamaññaṃ kāressāma, siyāpi taṃ adhikaraṇaṃ kakkhaḷattāya vāḷattāya[kakkhaḷatāya vāḷatāya (syā. kaṃ.)] bhedāya saṃvatteyya. Kathaṃ nu kho amhehi paṭipajjitabba''nti? Bhagavato etamatthaṃ ārocesuṃ.

''Idha pana, bhikkhave, bhikkhūnaṃ bhaṇḍanajātānaṃ kalahajātānaṃ vivādāpannānaṃ viharataṃ bahuṃ assāmaṇakaṃ ajjhāciṇṇaṃ hoti bhāsitaparikkantaṃ. Tatra ce bhikkhūnaṃ [tatra ce bhikkhave bhikkhūnaṃ (syā.)] evaṃ hoti – 'amhākaṃ kho bhaṇḍanajātānaṃ kalahajātānaṃ vivādāpannānaṃ viharataṃ bahuṃ assāmaṇakaṃ ajjhāciṇṇaṃ bhāsitaparikkantaṃ; sace mayaṃ imāhi āpattīhi aññamaññaṃ kāressāma, siyāpi taṃ adhikaraṇaṃ kakkhaḷattāya vāḷattāya bhedāya saṃvatteyyā'ti, anujānāmi, bhikkhave, evarūpaṃ adhikaraṇaṃ tiṇavatthārakena vūpasametuṃ. Evañca pana, bhikkhave, vūpasametabbaṃ. Sabbeheva ekajjhaṃ sannipatitabbaṃ, sannipatitvā byattena bhikkhunā paṭibalena saṅgho ñāpetabbo –

''Suṇātu me, bhante, saṅgho. Amhākaṃ bhaṇḍanajātānaṃ kalahajātānaṃ vivādāpannānaṃ viharataṃ bahuṃ assāmaṇakaṃ ajjhāciṇṇaṃ bhāsitaparikkantaṃ. Sace mayaṃ imāhi āpattīhi aññamaññaṃ kāressāma, siyāpi taṃ adhikaraṇaṃ kakkhaḷattāya vāḷattāya bhedāya saṃvatteyya. Yadi saṅghassa pattakallaṃ, saṅgho imaṃ adhikaraṇaṃ tiṇavatthārakena vūpasameyya, ṭhapetvā thullavajjaṃ, ṭhapetvā gihippaṭisaṃyutta''nti. ''Ekatopakkhikānaṃ bhikkhūnaṃ byattena bhikkhunā paṭibalena sako pakkho ñāpetabbo –

''Suṇantu me āyasmantā. Amhākaṃ bhaṇḍanajātānaṃ kalahajātānaṃ vivādāpannānaṃ viharataṃ bahuṃ assāmaṇakaṃ ajjhāciṇṇaṃ bhāsitaparikkantaṃ. Sace mayaṃ imāhi āpattīhi aññamaññaṃ kāressāma, siyāpi taṃ adhikaraṇaṃ kakkhaḷattāya vāḷattāya bhedāya saṃvatteyya. Yadāyasmantānaṃ pattakallaṃ, ahaṃ yā ceva āyasmantānaṃ āpatti, yā ca attano āpatti, āyasmantānañceva atthāya, attano ca atthāya, saṅghamajjhe tiṇavatthārakena deseyyaṃ, ṭhapetvā thullavajjaṃ, ṭhapetvā gihippaṭisaṃyutta''nti.

''Athāparesaṃ ekatopakkhikānaṃ bhikkhūnaṃ byattena bhikkhunā paṭibalena sako pakkho ñāpetabbo –

''Suṇantu me āyasmantā. Amhākaṃ bhaṇḍanajātānaṃ kalahajātānaṃ vivādāpannānaṃ viharataṃ bahuṃ assāmaṇakaṃ ajjhāciṇṇaṃ bhāsitaparikkantaṃ. Sace mayaṃ imāhi āpattīhi aññamaññaṃ kāressāma, siyāpi taṃ adhikaraṇaṃ kakkhaḷattāya vāḷattāya bhedāya saṃvatteyya. Yadāyasmantānaṃ pattakallaṃ, ahaṃ yā ceva āyasmantānaṃ āpatti, yā ca attano āpatti, āyasmantānañceva atthāya, attano ca atthāya, saṅghamajjhe tiṇavatthārakena deseyyaṃ, ṭhapetvā thullavajjaṃ, ṭhapetvā gihippaṭisaṃyutta''nti.

213. ''Athāparesaṃ ekatopakkhikānaṃ bhikkhūnaṃ byattena bhikkhunā paṭibalena saṅgho ñāpetabbo –

''Suṇātu me, bhante, saṅgho. Amhākaṃ bhaṇḍanajātānaṃ kalahajātānaṃ vivādāpannānaṃ viharataṃ bahuṃ assāmaṇakaṃ ajjhāciṇṇaṃ bhāsitaparikkantaṃ. Sace mayaṃ imāhi āpattīhi aññamaññaṃ kāressāma, siyāpi taṃ adhikaraṇaṃ kakkhaḷattāya vāḷattāya bhedāya saṃvatteyya. Yadisaṅghassa pattakallaṃ, ahaṃ yā ceva imesaṃ āyasmantānaṃ āpatti, yā ca attano āpatti, imesañceva āyasmantānaṃ atthāya, attano ca atthāya, saṅghamajjhe tiṇavatthārakena deseyyaṃ, ṭhapetvā thullavajjaṃ, ṭhapetvā gihippaṭisaṃyuttaṃ. Esā ñatti.

''Suṇātu me, bhante, saṅgho. Amhākaṃ bhaṇḍanajātānaṃ kalahajātānaṃ vivādāpannānaṃ viharataṃ bahuṃ assāmaṇakaṃ ajjhāciṇṇaṃ bhāsitaparikkantaṃ. Sace mayaṃ imāhi āpattīhi aññamaññaṃ kāressāma, siyāpi taṃ adhikaraṇaṃ kakkhaḷattāya vāḷattāya bhedāya saṃvatteyya. Ahaṃ yā ceva imesaṃ āyasmantānaṃ āpatti, yā ca attano āpatti, imesañceva āyasmantānaṃ atthāya, attano ca atthāya, saṅghamajjhe tiṇavatthārakena desemi, ṭhapetvā thullavajjaṃ, ṭhapetvā gihippaṭisaṃyuttaṃ. Yassāyasmato khamati amhākaṃ imāsaṃ āpattīnaṃ saṅghamajjhe tiṇavatthārakena desanā, ṭhapetvā thullavajjaṃ, ṭhapetvā gihippaṭisaṃyuttaṃ, so tuṇhassa; yassa nakkhamati, so bhāseyya.

''Desitā amhākaṃ imā āpattiyo saṅghamajjhe tiṇavatthārakena, ṭhapetvā thullavajjaṃ, ṭhapetvā gihippaṭisaṃyuttaṃ. Khamati saṅghassa, tasmā tuṇhī, evametaṃ dhārayāmī''ti.

214. ''Athāparesaṃ ekatopakkhikānaṃ bhikkhūnaṃ byattena bhikkhunā paṭibalena saṅgho ñāpetabbo –

''Suṇātu me, bhante, saṅgho. Amhākaṃ bhaṇḍanajātānaṃ kalahajātānaṃ vivādāpannānaṃ viharataṃ bahuṃ assāmaṇakaṃ ajjhāciṇṇaṃ bhāsitaparikkantaṃ. Sace mayaṃ imāhi āpattīhi aññamaññaṃ kāressāma, siyāpi taṃ adhikaraṇaṃ kakkhaḷattāya vāḷattāya bhedāya saṃvatteyya. Yadi saṅghassa pattakallaṃ, ahaṃ yā ceva imesaṃ āyasmantānaṃ āpatti, yā ca attano āpatti, imesañceva āyasmantānaṃ atthāya, attano ca atthāya, saṅghamajjhe tiṇavatthārakena deseyyaṃ, ṭhapetvā thullavajjaṃ, ṭhapetvā gihippaṭisaṃyuttaṃ. Esā ñatti.

''Suṇātu me, bhante, saṅgho. Amhākaṃ bhaṇḍanajātānaṃ kalahajātānaṃ vivādāpannānaṃ viharataṃ bahuṃ assāmaṇakaṃ ajjhāciṇṇaṃ bhāsitaparikkantaṃ. Sace mayaṃ imāhi āpattīhi aññamaññaṃ kāressāma, siyāpi taṃ adhikaraṇaṃ kakkhaḷattāya vāḷattāya bhedāya saṃvatteyya. Ahaṃ yā ceva imesaṃ āyasmantānaṃ āpatti, yā ca attano āpatti, imesañceva āyasmantānaṃ atthāya, attano ca atthāya, saṅghamajjhe tiṇavatthārakena desemi, ṭhapetvā thullavajjaṃ, ṭhapetvā gihippaṭisaṃyuttaṃ. Yassāyasmato khamati amhākaṃ imāsaṃ āpattīnaṃ saṅghamajjhe tiṇavatthārakena desanā, ṭhapetvā thullavajjaṃ, ṭhapetvā gihippaṭisaṃyuttaṃ, so tuṇhassa; yassa nakkhamati, so bhāseyya.

''Desitā amhākaṃ imā āpattiyo saṅghamajjhe tiṇavatthārakena, ṭhapetvā thullavajjaṃ, ṭhapetvā gihippaṭisaṃyuttaṃ. Khamati saṅghassa, tasmā tuṇhī, evametaṃ dhārayāmī''ti.

''Evañca pana, bhikkhave, te bhikkhū tāhi āpattīhi vuṭṭhitā honti, ṭhapetvā thullavajjaṃ, ṭhapetvā gihippaṭisaṃyuttaṃ, ṭhapetvā diṭṭhāvikammaṃ , ṭhapetvā ye na tattha hontī''ti.

8. Adhikaraṇaṃ

215. Tena kho pana samayena (bhikkhūpi bhikkhūhi vivadanti,) [( ) natthi (sī. syā. kaṃ.)] bhikkhūpi bhikkhunīhi vivadanti, bhikkhuniyopi bhikkhūhi vivadanti, channopi bhikkhu bhikkhunīnaṃ anupakhajja bhikkhūhi saddhiṃ vivadati, bhikkhunīnaṃ pakkhaṃ gāheti. Ye te bhikkhū appicchā...pe... te ujjhāyanti khiyyanti vipācenti – ''kathañhi nāma channo bhikkhu bhikkhunīnaṃ anupakhajja bhikkhūhi saddhiṃ vivadissati, bhikkhunīnaṃ pakkhaṃ gāhessatīti! Atha kho te bhikkhū bhagavato etamatthaṃ ārocesuṃ...pe... saccaṃ kira, bhikkhave...pe... saccaṃ Bhagavā''ti...pe... vigarahitvā...pe... dhammiṃ kathaṃ katvā bhikkhū āmantesi –

[pari. 275] ''Cattārimāni, bhikkhave, adhikaraṇāni – vivādādhikaraṇaṃ, anuvādādhikaraṇaṃ, āpattādhikaraṇaṃ, kiccādhikaraṇaṃ [kiccādhikaraṇañca (ka.)].

''Tattha katamaṃ vivādādhikaraṇaṃ [pari. 314]? Idha pana, bhikkhave, bhikkhū [bhikkhū bhikkhuṃ (ka.)] vivadanti – dhammoti vā adhammoti vā, vinayoti vā avinayoti vā, bhāsitaṃ lapitaṃ tathāgatenāti vā abhāsitaṃ alapitaṃ tathāgatenāti vā, āciṇṇaṃ tathāgatenāti vā anāciṇṇaṃ tathāgatenāti vā, paññattaṃ tathāgatenāti vā appaññattaṃ tathāgatenāti vā, āpattīti vā anāpattīti vā , lahukā āpattīti vā garukā āpattīti vā, sāvasesā āpattīti vā anavasesā āpattīti vā, duṭṭhullā āpattīti vā aduṭṭhullā āpattīti vā? Yaṃ tattha bhaṇḍanaṃ kalaho viggaho vivādo nānāvādo aññathāvādo vipaccatāya vohāro medhagaṃ – idaṃ vuccati vivādādhikaraṇaṃ.

"Tattha katamaṃ anuvādādhikaraṇaṃ? [pari. 315] Idha pana, bhikkhave, bhikkhū bhikkhuṃ anuvadanti sīlavipattiyā vā ācāravipattiyā vā diṭṭhivipattiyā vā ājīvavipattiyā vā. Yo tattha anuvādo anuvadanā anullapanā anubhaṇanā anusampavaṅkatā abbhussahanatā anubalappadānaṃ – idaṃ vuccati anuvādādhikaraṇaṃ.

"Tattha katamaṃ āpattādhikaraṇaṃ? Pañcapi āpattikkhandhā āpattādhikaraṇaṃ, sattapi āpattikkhandhā āpattādhikaraṇaṃ – idaṃ vuccati āpattādhikaraṇaṃ.

"Tattha katamaṃ kiccādhikaraṇaṃ? [pari. 317] Yā saṅghassa kiccayatā, karaṇīyatā, apalokanakammaṃ, ñattikammaṃ, ñattidutiyakammaṃ, ñatticatutthakammaṃ – idaṃ vuccati kiccādhikaraṇaṃ.

216. "Vivādādhikaraṇassa kiṃ mūlaṃ? Cha vivādamūlāni vivādādhikaraṇassa mūlaṃ. Tīṇipi akusalamūlāni vivādādhikaraṇassa mūlaṃ, tīṇipi kusalamūlāni vivādādhikaraṇassa mūlaṃ. [pari. 272; a. ni. 2.35-36; ma. ni. 3.44] Katamāni cha vivādamūlāni vivādādhikaraṇassa mūlaṃ? Idha pana, bhikkhave, bhikkhu kodhano hoti upanāhī. Yo so, bhikkhave, bhikkhu kodhano hoti upanāhī, so satthari pi agāravo viharati appatisso, dhammepi agāravo viharati appatisso , saṅghepi agāravo viharati appatisso, sikkhāyapi na paripūrakārī hoti. Yo so, bhikkhave, bhikkhu satthari pi agāravo viharati appatisso, dhammepi...pe... saṅghepi...pe... sikkhāyapi na paripūrakārī, so saṅghe vivādaṃ janeti. Yo hoti vivādo bahujanāhitāya bahujanāsukhāya bahuno janassa anatthāya ahitāya dukkhāya devamanussānaṃ. Evarūpañce tumhe, bhikkhave, vivādamūlaṃ ajjhattaṃ vā bahiddhā vā samanupasseyyātha, tatra tumhe, bhikkhave, tasseva pāpakassa vivādamūlassa pahānāya vāyameyyātha. Evarūpañce tumhe, bhikkhave, vivādamūlaṃ ajjhattaṃ vā bahiddhā vā na samanupasseyyātha, tatra tumhe, bhikkhave, tasseva pāpakassa vivādamūlassa āyatiṃ anavassavāya paṭipajjeyyātha. Evametassa pāpakassa vivādamūlassa pahānaṃ hoti. Evametassa pāpakassa vivādamūlassa āyatiṃ anavassavo hoti.

[pari.272] "Puna caparaṃ, bhikkhave, bhikkhu makkhī hoti paḷāsī...pe... issukī hoti maccharī, saṭho hoti māyāvī, pāpiccho hoti micchādiṭṭhī, sandiṭṭhiparāmāsī hoti ādhānaggāhī duppaṭinissaggī. Yo so, bhikkhave, bhikkhu sandiṭṭhiparāmāsī hoti ādhānaggāhī duppaṭinissaggī, so satthari pi agāravo viharati appatisso, dhammepi agāravo viharati appatisso, saṅghepi agāravo viharati appatisso, sikkhāyapi na paripūrakārī hoti. Yo so, bhikkhave, bhikkhu satthari pi agāravo viharati appatisso, dhammepi...pe... saṅghepi...pe... sikkhāyapi na paripūrakārī, so saṅghe vivādaṃ janeti. Yo hoti vivādo bahujanāhitāya bahujanāsukhāya bahuno janassa anatthāya ahitāya dukkhāya devamanussānaṃ. Evarūpañce tumhe, bhikkhave, vivādamūlaṃ ajjhattaṃ vā bahiddhā vā samanupasseyyātha, tatra tumhe, bhikkhave, tasseva pāpakassa vivādamūlassa pahānāya vāyameyyātha. Evarūpañce tumhe, bhikkhave, vivādamūlaṃ ajjhattaṃ vā bahiddhā vā na samanupasseyyātha, tatra tumhe, bhikkhave, tasseva pāpakassa vivādamūlassa āyatiṃ anavassavāya paṭipajjeyyātha. Evametassa pāpakassa vivādamūlassa pahānaṃ hoti. Evametassa pāpakassa vivādamūlassa āyatiṃ anavassavo hoti. Imāni cha vivādamūlāni vivādādhikaraṇassa mūlaṃ.

"Katamāni tīṇi akusalamūlāni vivādādhikaraṇassa mūlaṃ? Idha pana, bhikkhave, bhikkhū luddhacittā vivadanti, duṭṭhacittā vivadanti, mūḷhacittā vivadanti – dhammoti vā adhammoti vā, vinayoti vā avinayoti vā, bhāsitaṃ lapitaṃ tathāgatenāti vā abhāsitaṃ alapitaṃ tathāgatenāti vā, āciṇṇaṃ tathāgatenāti vā anāciṇṇaṃ tathāgatenāti vā, paññattaṃ tathāgatenāti vā appaññattaṃ tathāgatenāti vā, āpattīti vā anāpattīti vā, lahukā āpattīti vā garukā āpattīti vā, sāvasesā āpattīti vā anavasesā āpattīti vā, duṭṭhullā āpattīti vā aduṭṭhullā āpattīti vā. Imāni tīṇi akusalamūlāni vivādādhikaraṇassa mūlaṃ.

"Katamāni tīṇi kusalamūlāni vivādādhikaraṇassa mūlaṃ? Idha pana, bhikkhave, bhikkhū aluddhacittā vivadanti, aduṭṭhacittā vivadanti, amūḷhacittā vivadanti – dhammoti vā adhammoti vā...pe... duṭṭhullā āpattīti vā aduṭṭhullā āpattīti vā. Imāni tīṇi kusalamūlāni vivādādhikaraṇassa mūlaṃ.

217.[pari. 272] "Anuvādādhikaraṇassa kiṃ mūlaṃ? Cha anuvādamūlāni anuvādādhikaraṇassa mūlaṃ. Tīṇipi akusalamūlāni anuvādādhikaraṇassa mūlaṃ, tīṇipi kusalamūlāni anuvādādhikaraṇassa mūlaṃ, kāyopi anuvādādhikaraṇassa mūlaṃ, vācāpi anuvādādhikaraṇassa mūlaṃ. "Katamāni cha anuvādamūlāni anuvādādhikaraṇassa mūlaṃ? Idha pana, bhikkhave, bhikkhu kodhano hoti upanāhī. Yo so, bhikkhave, bhikkhu kodhano hoti upanāhī, so satthari pi agāravo viharati appatisso, dhammepi agāravo viharati appatisso, saṅghepi agāravo viharati appatisso, sikkhāyapi na paripūrakārī hoti. Yo so, bhikkhave, bhikkhu satthari pi agāravo viharati appatisso, dhammepi...pe... saṅghepi...pe... sikkhāyapi na paripūrakārī, so saṅghe anuvādaṃ janeti. Yo hoti anuvādo bahujanāhitāya bahujanāsukhāya bahuno janassa anatthāya ahitāya dukkhāya devamanussānaṃ. Evarūpañce tumhe, bhikkhave, anuvādamūlaṃ ajjhattaṃ vā bahiddhā vā samanupasseyyātha, tatra tumhe, bhikkhave, tasseva pāpakassa anuvādamūlassa pahānāya vāyameyyātha. Evarūpañce tumhe, bhikkhave, anuvādamūlaṃ ajjhattaṃ vā bahiddhā vā na samanupasseyyātha, tatra tumhe, bhikkhave, tasseva pāpakassa anuvādamūlassa āyatiṃ anavassavāya paṭipajjeyyātha. Evametassa pāpakassa anuvādamūlassa pahānaṃ hoti. Evametassa pāpakassa anuvādamūlassa āyatiṃ anavassavo hoti.

"Puna caparaṃ, bhikkhave, bhikkhu makkhī hoti paḷāsī...pe... issukī hoti maccharī, saṭho hoti māyāvī, pāpiccho hoti micchādiṭṭhī, sandiṭṭhiparāmāsī hoti ādhānaggāhī duppaṭinissaggī. Yo so, bhikkhave, bhikkhu sandiṭṭhiparāmāsī hoti ādhānaggāhī duppaṭinissaggī, so satthari pi agāravo viharati appatisso, dhammepi agāravo viharati appatisso, saṅghepi agāravo viharati appatisso, sikkhāyapi na paripūrakārī hoti. Yo so, bhikkhave, bhikkhu sattharipi agāravo viharati appatisso , dhammepi...pe... saṅghepi...pe... sikkhāyapi na paripūrakārī, so saṅghe anuvādaṃ janeti. Yo hoti anuvādo bahujanāhitāya bahujanāsukhāya bahuno janassa anatthāya ahitāya dukkhāya devamanussānaṃ. Evarūpañce tumhe, bhikkhave, anuvādamūlaṃ ajjhattaṃ vā bahiddhā vā samanupasseyyātha, tatra tumhe, bhikkhave, tasseva pāpakassa anuvādamūlassa pahānāya vāyameyyātha. Evarūpañce tumhe, bhikkhave, anuvādamūlaṃ ajjhattaṃ vā bahiddhā vā na samanupasseyyātha, tatra tumhe, bhikkhave, tasseva pāpakassa anuvādamūlassa āyattiṃ anavassavāya paṭipajjeyyātha. Evametassa pāpakassa anuvādamūlassa pahānaṃ hoti. Evametassa pāpakassa anuvādamūlassa āyatiṃ anavassavo hoti. Imāni cha anuvādamūlāni anuvādādhikaraṇassa mūlaṃ.

''Katamāni tīṇi akusalamūlāni anuvādādhikaraṇassa mūlaṃ? Idha pana, bhikkhave, bhikkhū bhikkhuṃ luddhacittā anuvadanti, duṭṭhacittā anuvadanti, mūḷhacittā anuvadanti – sīlavipattiyā vā, ācāravipattiyā vā, diṭṭhivipattiyā vā, ājīvavipattiyā vā. Imāni tīṇi akusalamūlāni anuvādādhikaraṇassa mūlaṃ.

''Katamāni tīṇi kusalamūlāni anuvādādhikaraṇassa mūlaṃ? Idha pana, bhikkhave, bhikkhū bhikkhuṃ aluddhacittā anuvadanti, aduṭṭhacittā anuvadanti, amūḷhacittā anuvadanti – sīlavipattiyā vā, ācaravipattiyā vā, diṭṭhivipattiyā vā, ājīvavipattiyā vā. Imāni tīṇi kusalamūlāni anuvādādhikaraṇassa mūlaṃ.

''Katamo kāyo [katamo ca kāyo (syā. kaṃ.)] anuvādādhikaraṇassa mūlaṃ? Idhekacco dubbaṇṇo hoti, duddassiko, okoṭimako, bahvābādho, kāṇo vā, kuṇī vā, khañjo vā, pakkhahato vā, yena naṃ anuvadanti. Ayaṃ kāyo anuvādādhikaraṇassa mūlaṃ.

''Katamā vācā anuvādādhikaraṇassa mūlaṃ? Idhekacco dubbaco hoti, mammano, eḷagalavāco, yāya naṃ anuvadanti. Ayaṃ vācā anuvādādhikaraṇassa mūlaṃ.

218. ''Āpattādhikaraṇassa kiṃ mūlaṃ? Cha āpattisamuṭṭhānā āpattādhikaraṇassa mūlaṃ. Atthāpatti kāyato samuṭṭhāti, na vācato, na cittato. Atthāpatti vācato samuṭṭhāti, na kāyato, na cittato. Atthāpatti kāyato ca vācato ca samuṭṭhāti, na cittato. Atthāpatti kāyato ca cittato ca samuṭṭhāti, na vācato. Atthāpatti vācato ca cittato ca samuṭṭhāti, na kāyato. Atthāpatti kāyato ca vācato ca cittato ca samuṭṭhāti. Ime cha āpattisamuṭṭhānā āpattādhikaraṇassa mūlaṃ.

219. ''Kiccādhikaraṇassa kiṃ mūlaṃ? Kiccādhikaraṇassa ekaṃ mūlaṃ – saṅgho.

220. ''Vivādādhikaraṇaṃ kusalaṃ, akusalaṃ, abyākataṃ. Vivādādhikaraṇaṃ siyā kusalaṃ, siyā akusalaṃ, siyā abyākataṃ. Tattha katamaṃ vivādādhikaraṇaṃ kusalaṃ? Idha pana, bhikkhave, bhikkhū kusalacittā vivadanti – dhammoti vā adhammoti vā...pe... duṭṭhullā āpattīti vā aduṭṭhullā āpattīti vā. Yaṃ tattha bhaṇḍanaṃ kalaho viggaho vivādo nānāvādo aññathāvādo vipaccatāya vohāro medhagaṃ – idaṃ vuccati vivādādhikaraṇaṃ kusalaṃ.

''Tattha katamaṃ vivādādhikaraṇaṃ akusalaṃ? Idha pana, bhikkhave, bhikkhū akusalacittā vivadanti – dhammoti vā adhammoti vā...pe... duṭṭhullā āpattīti vā aduṭṭhullā āpattīti vā. Yaṃ tattha bhaṇḍanaṃ kalaho viggaho vivādo nānāvādo aññathāvādo vipaccatāya vohāro medhagaṃ – idaṃ vuccati vivādādhikaraṇaṃ akusalaṃ.

''Tattha katamaṃ vivādādhikaraṇaṃ abyākataṃ? Idha pana, bhikkhave, bhikkhū abyākatacittā vivadanti – dhammoti vā adhammoti vā...pe... duṭṭhullā āpattīti vā aduṭṭhullā āpattīti vā. Yaṃ tattha bhaṇḍanaṃ kalaho viggaho vivādo nānāvādo aññathāvādo vipaccatāya vohāro medhagaṃ – idaṃ vuccati vivādādhikaraṇaṃ abyākataṃ.

221. ''Anuvādādhikaraṇaṃ kusalaṃ, akusalaṃ, abyākataṃ. Anuvādādhikaraṇaṃ siyā kusalaṃ, siyā akusalaṃ, siyā abyākataṃ. Tattha katamaṃ anuvādādhikaraṇaṃ kusalaṃ? Idha, bhikkhave, bhikkhū bhikkhuṃ kusalacittā anuvadanti – sīlavipattiyā vā, ācāravipattiyā vā, diṭṭhivipattiyā vā, ājīvavipattiyā vā. Yo tattha anuvādo anuvadanā anullapanā anubhaṇanā anusampavaṅkatā abbhussahanatā anubalappadānaṃ – idaṃ vuccati anuvādādhikaraṇaṃ kusalaṃ.

''Tattha katamaṃ anuvādādhikaraṇaṃ akusalaṃ? Idha pana, bhikkhave, bhikkhū bhikkhuṃ akusalacittā anuvadanti – sīlavipattiyā vā, ācāravipattiyā vā, diṭṭhivipattiyā vā, ājīvavipattiyā vā. Yo tattha anuvādo anuvadanā anullapanā anubhaṇanā anusampavaṅkatā abbhussahanatā anubalappadānaṃ – idaṃ vuccati anuvādādhikaraṇaṃ akusalaṃ.

''Tattha katamaṃ anuvādādhikaraṇaṃ abyākataṃ? Idha pana, bhikkhave, bhikkhū bhikkhuṃ abyākatacittā anuvadanti – sīlavipattiyā vā, ācāravipattiyā vā, diṭṭhivipattiyā vā, ājīvavipattiyā vā. Yo tattha anuvādo anuvadanā anullapanā anubhaṇanā anusampavaṅkatā abbhussahanatā anubalappadānaṃ – idaṃ vuccati anuvādādhikaraṇaṃ abyākataṃ.

222. ''Āpattādhikaraṇaṃ kusalaṃ [idaṃ padaṃ kesuci natthi], akusalaṃ, abyākataṃ? Āpattādhikaraṇaṃ siyā akusalaṃ, siyā abyākataṃ; natthi āpattādhikaraṇaṃ kusalaṃ. Tattha katamaṃ āpattādhikaraṇaṃ akusalaṃ? Yaṃ jānanto sañjānanto cecca abhivitaritvā vītikkamo – idaṃ vuccati āpattādhikaraṇaṃ akusalaṃ.

''Tattha katamaṃ āpattādhikaraṇaṃ abyākataṃ? Yaṃ ajānanto asañjānanto acecca anabhivitaritvā vītikkamo – idaṃ vuccati āpattādhikaraṇaṃ abyākataṃ.

223. ‘‘Kiccādhikaraṇaṃ kusalaṃ, akusalaṃ, abyākataṃ? Kiccādhikaraṇaṃ siyā kusalaṃ, siyā akusalaṃ, siyā abyākataṃ. Tattha katamaṃ kiccādhikaraṇaṃ kusalaṃ? Yaṃ saṅgho kusalacitto kammaṃ karoti – apalokanakammaṃ, ñattikammaṃ, ñattidutiyakammaṃ, ñatticatutthakammaṃ – idaṃ vuccati kiccādhikaraṇaṃ kusalaṃ.

‘‘Tattha katamaṃ kiccādhikaraṇaṃ akusalaṃ? Yaṃ saṅgho akusalacitto kammaṃ karoti – apalokanakammaṃ, ñattikammaṃ, ñattidutiyakammaṃ, ñatticatutthakammaṃ – idaṃ vuccati kiccādhikaraṇaṃ akusalaṃ.

‘‘Tattha katamaṃ kiccādhikaraṇaṃ abyākataṃ? Yaṃ saṅgho abyākatacitto kammaṃ karoti – apalokanakammaṃ, ñattikammaṃ, ñattidutiyakammaṃ, ñatticatutthakammaṃ – idaṃ vuccati kiccādhikaraṇaṃ abyākataṃ.

224.[pari. 355] ‘‘Vivādo vivādādhikaraṇaṃ, vivādo no adhikaraṇaṃ, adhikaraṇaṃ no vivādo, adhikaraṇañceva vivādo ca. Siyā vivādo vivādādhikaraṇaṃ, siyā vivādo no adhikaraṇaṃ, siyā adhikaraṇaṃ no vivādo, siyā adhikaraṇañceva vivādo ca.

‘‘Tattha katamo vivādo vivādādhikaraṇaṃ? Idha pana, bhikkhave, bhikkhū vivadanti – dhammoti vā adhammoti vā...pe... duṭṭhullā āpattīti vā aduṭṭhullā āpattīti vā. Yaṃ tattha bhaṇḍanaṃ kalaho viggaho vivādo nānāvādo aññathāvādo vipaccatāya vohāro medhagaṃ – ayaṃ vivādo vivādādhikaraṇaṃ.

‘‘Tattha katamo vivādo no adhikaraṇaṃ? Mātāpi puttena vivadati, puttopi mātarā vivadati, pitāpi puttena vivadati, puttopi pitarā vivadati, bhātāpi bhātarā vivadati, bhātāpi bhaginiyā vivadati, bhaginīpi bhātarā vivadati, sahāyopi sahāyena vivadati – ayaṃ vivādo no adhikaraṇaṃ.

‘‘Tattha katamaṃ adhikaraṇaṃ no vivādo? Anuvādādhikaraṇaṃ, āpattādhikaraṇaṃ, kiccādhikaraṇaṃ – idaṃ adhikaraṇaṃ no vivādo.

‘‘Tattha katamaṃ adhikaraṇañceva vivādo ca? Vivādādhikaraṇaṃ adhikaraṇañceva vivādo ca.

225.[pari. 356] ‘‘Anuvādo anuvādādhikaraṇaṃ, anuvādo no adhikaraṇaṃ, adhikaraṇaṃ no anuvādo, adhikaraṇañceva anuvādo ca. Siyā anuvādo anuvādādhikaraṇaṃ, siyā anuvādo no adhikaraṇaṃ, siyā adhikaraṇaṃ no anuvādo, siyā adhikaraṇañceva anuvādo ca.

‘‘Tattha katamo anuvādo anuvādādhikaraṇaṃ? Idha pana, bhikkhave, bhikkhū bhikkhuṃ anuvadanti – sīlavipattiyā vā, ācāravipattiyā vā, diṭṭhivipattiyā vā, ājīvavipattiyā vā. Yo tattha anuvādo anuvadanā anullapanā anubhaṇanā anusampavaṅkatā abbhussahanatā anubalappadānaṃ – ayaṃ anuvādo anuvādādhikaraṇaṃ.

‘‘Tattha katamo anuvādo no adhikaraṇaṃ? Mātāpi puttaṃ anuvadati, puttopi mātaraṃ anuvadati, pitāpi puttaṃ anuvadati, puttopi pitaraṃ anuvadati, bhātāpi bhātaraṃ anuvadati, bhātāpi bhaginiṃ anuvadati, bhaginīpi bhātaraṃ anuvadati, sahāyopi sahāyaṃ anuvadati – ayaṃ anuvādo no adhikaraṇaṃ.

‘‘Tattha katamaṃ adhikaraṇaṃ no anuvādo? Āpattādhikaraṇaṃ, kiccādhikaraṇaṃ, vivādādhikaraṇaṃ – idaṃ adhikaraṇaṃ no anuvādo.

‘‘Tattha katamaṃ adhikaraṇañceva anuvādo ca? Anuvādādhikaraṇaṃ adhikaraṇañceva anuvādo ca.

226.[pari. 357] ‘‘Āpatti āpattādhikaraṇaṃ, āpatti no adhikaraṇaṃ, adhikaraṇaṃ no āpatti, adhikaraṇañceva āpatti ca. Siyā āpatti āpattādhikaraṇaṃ, siyā āpatti no adhikaraṇaṃ, siyā adhikaraṇaṃ no āpatti, siyā adhikaraṇañceva āpatti ca. ‘‘Tattha katamaṃ āpatti āpattādhikaraṇaṃ? Pañcapi āpattikkhandhā āpattādhikaraṇaṃ, sattapi āpattikkhandhā āpattādhikaraṇaṃ – ayaṃ āpatti āpattādhikaraṇaṃ.

‘‘Tattha katamaṃ āpatti no adhikaraṇaṃ? Sotāpatti samāpatti – ayaṃ āpatti no adhikaraṇaṃ .

‘‘Tattha katamaṃ adhikaraṇaṃ no āpatti? Kiccādhikaraṇaṃ, vivādādhikaraṇaṃ, anuvādādhikaraṇaṃ – idaṃ adhikaraṇaṃ no āpatti.

‘‘Tattha katamaṃ adhikaraṇañceva āpatti ca? Āpattādhikaraṇaṃ adhikaraṇañceva āpatti ca.

227.[pari. 358] ‘‘Kiccaṃ kiccādhikaraṇaṃ, kiccaṃ no adhikaraṇaṃ, adhikaraṇaṃ no kiccaṃ, adhikaraṇañceva kiccañca. Siyā kiccaṃ kiccādhikaraṇaṃ, siyā kiccaṃ no adhikaraṇaṃ, siyā adhikaraṇaṃ no kiccaṃ, siyā adhikaraṇañceva kiccañca.

‘‘Tattha katamaṃ kiccaṃ kiccādhikaraṇaṃ? Yā saṅghassa kiccayatā, karaṇīyatā, apalokanakammaṃ, ñattikammaṃ, ñattidutiyakammaṃ, ñatticatutthakammaṃ – idaṃ kiccaṃ kiccādhikaraṇaṃ.

‘‘Tattha katamaṃ kiccaṃ no adhikaraṇaṃ? Ācariyakiccaṃ, upajjhāyakiccaṃ, samānupajjhāyakiccaṃ, samānācariyakiccaṃ – idaṃ kiccaṃ no adhikaraṇaṃ.

‘‘Tattha katamaṃ adhikaraṇaṃ no kiccaṃ? Vivādādhikaraṇaṃ, anuvādādhikaraṇaṃ, āpattādhikaraṇaṃ – idaṃ adhikaraṇaṃ no kiccaṃ.

‘‘Tattha katamaṃ adhikaraṇañceva kiccañca? Kiccādhikaraṇaṃ adhikaraṇañceva kiccañca.

9. Adhikaraṇavūpasamanasamatho

Sammukhāvinayo

228.[pari. 292-293, 307 ādayo] ‘‘Vivādādhikaraṇaṃ katihi samathehi sammati? Vivādādhikaraṇaṃ dvīhi samathehi sammati – sammukhāvinayena ca, yebhuyyasikāya ca. Siyā vivādādhikaraṇaṃ ekaṃ samathaṃ anāgamma yebhuyyasikaṃ, ekena samathena sameyya – sammukhāvinayenāti? Siyātissa vacanīyaṃ. Yathā kathaṃ viya? Idha pana, bhikkhave, bhikkhū vivadanti – dhammoti vā adhammoti vā, vinayoti vā avinayoti vā, bhāsitaṃ lapitaṃ tathāgatenāti vā abhāsitaṃ alapitaṃ tathāgatenāti vā, āciṇṇaṃ tathāgatenāti vā anāciṇṇaṃ tathāgatenāti vā, paññattaṃ tathāgatenāti vā apaññattaṃ tathāgatenāti vā, āpattīti vā anāpattīti vā, lahukā āpattīti vā garukā āpattīti vā, sāvasesā āpattīti vā anavasesā āpattīti vā, duṭṭhullā āpattīti vā aduṭṭhullā āpattīti vā.

"Te ce, bhikkhave, bhikkhū sakkonti taṃ adhikaraṇaṃ vūpasametuṃ, idaṃ vuccati, bhikkhave, adhikaraṇaṃ vūpasantaṃ. Kena vūpasantaṃ? Sammukhāvinayena. Kiñca tattha sammukhāvinayasmiṃ? Saṅghasammukhatā, dhammasammukhatā, vinayasammukhatā, puggalasammukhatā. Kā ca tattha saṅghasammukhatā? Yāvatikā bhikkhū kammappattā te āgatā honti, chandārahānaṃ chando āhaṭo hoti, sammukhībhūtā na paṭikkosanti – ayaṃ tattha saṅghasammukhatā. Kā ca tattha dhammasammukhatā, vinayasammukhatā? Yena dhammena yena vinayena yena satthusāsanena taṃ adhikaraṇaṃ vūpasammati – ayaṃ tattha dhammasammukhatā, vinayasammukhatā. Kā ca tattha puggalasammukhatā? Yo ca vivadati, yena ca vivadati, ubho atthapaccatthikā sammukhībhūtā honti – ayaṃ tattha puggalasammukhatā. Evaṃ vūpasantaṃ ce, bhikkhave, adhikaraṇaṃ kārako ukkoṭeti, ukkoṭanakaṃ pācittiyaṃ; chandadāyako khīyati, khīyanakaṃ pācittiyaṃ.

229. "Te ce, bhikkhave, bhikkhū na sakkonti taṃ adhikaraṇaṃ tasmiṃ āvāse vūpasametuṃ, tehi, bhikkhave, bhikkhūhi, yasmiṃ āvāse sambahulā [bahutarā (sī. syā.)] bhikkhū, so āvāso gantabbo. Te ce, bhikkhave, bhikkhū taṃ āvāsaṃ gacchantā antarāmagge sakkonti taṃ adhikaraṇaṃ vūpasametuṃ, idaṃ vuccati, bhikkhave, adhikaraṇaṃ vūpasantaṃ. Kena vūpasantaṃ? Sammukhāvinayena. Kiñca tattha sammukhāvinayasmiṃ? Saṅghasammukhatā, dhammasammukhatā, vinayasammukhatā, puggalasammukhatā. Kā ca tattha saṅghasammukhatā? Yāvatikā bhikkhū kammappattā te āgatā honti, chandārahānaṃ chando āhaṭo hoti, sammukhībhūtā na paṭikkosanti – ayaṃ tattha saṅghasammukhatā. Kā ca tattha dhammasammukhatā, vinayasammukhatā? Yena dhammena yena vinayena yena satthusāsanena taṃ adhikaraṇaṃ vūpasammati – ayaṃ tattha dhammasammukhatā, vinayasammukhatā. Kā ca tattha puggalasammukhatā? Yo ca vivadati, yena ca vivadati, ubho atthapaccatthikā sammukhībhūtā honti – ayaṃ tattha puggalasammukhatā. Evaṃ vūpasantaṃ ce, bhikkhave, adhikaraṇaṃ kārako ukkoṭeti, ukkoṭanakaṃ pācittiyaṃ; chandadāyako khīyati, khīyanakaṃ pācittiyaṃ.

230. "Te ce, bhikkhave, bhikkhū taṃ āvāsaṃ āgacchantā antarāmagge na sakkonti taṃ adhikaraṇaṃ vūpasametuṃ, tehi, bhikkhave, bhikkhūhi, taṃ āvāsaṃ gantvā āvāsikā bhikkhū evamassu vacanīyā – 'idaṃ kho, āvuso, adhikaraṇaṃ evaṃ jātaṃ, evaṃ samuppannaṃ; sādhāyasmantā imaṃ adhikaraṇaṃ vūpasamentu dhammena vinayena satthusāsanena, yathayidaṃ adhikaraṇaṃ suvūpasantaṃ assā'ti.

"Sace, bhikkhave, āvāsikā bhikkhū vuḍḍhatarā honti, āgantukā bhikkhū navakatarā, tehi, bhikkhave, āvāsikehi bhikkhūhi āgantukā bhikkhū evamassu vacanīyā – 'iṅgha tumhe, āyasmanto, muhuttaṃ ekamantaṃ hotha, yāva mayaṃ mantemā'ti. Sace pana, bhikkhave, āvāsikā bhikkhū navakatarā honti, āgantukā bhikkhū vuḍḍhatarā, tehi, bhikkhave, āvāsikehi bhikkhūhi āgantukā bhikkhū evamassu vacanīyā – 'tena hi tumhe, āyasmanto, muhuttaṃ idheva tāva hotha, yāva mayaṃ mantemā'ti.

"Sace pana, bhikkhave, āvāsikānaṃ bhikkhūnaṃ mantayamānānaṃ evaṃ hoti – 'na mayaṃ sakkoma imaṃ adhikaraṇaṃ vūpasametuṃ dhammena vinayena satthusāsanenā'ti, na taṃ adhikaraṇaṃ āvāsikehi bhikkhūhi sampaṭicchitabbaṃ. Sace pana, bhikkhave, āvāsikānaṃ bhikkhūnaṃ mantayamānānaṃ evaṃ hoti – 'sakkoma mayaṃ imaṃ adhikaraṇaṃ vūpasametuṃ dhammena vinayena satthusāsanenā'ti, tehi, bhikkhave, āvāsikehi bhikkhūhi āgantukā bhikkhū evamassu vacanīyā – 'sace tumhe, āyasmanto, amhākaṃ imaṃ adhikaraṇaṃ yathājātaṃ yathāsamuppannaṃ ārocessatha, yathā ca mayaṃ imaṃ adhikaraṇaṃ vūpasamessāma dhammena vinayena satthusāsanena tathā suvūpasantaṃ bhavissati. Evaṃ mayaṃ imaṃ adhikaraṇaṃ sampaṭicchissāma. No ce tumhe, āyasmanto, amhākaṃ imaṃ adhikaraṇaṃ yathājātaṃ yathāsamuppannaṃ ārocessatha, yathā ca mayaṃ imaṃ adhikaraṇaṃ vūpasamessāma dhammena vinayena satthusāsanena tathā na suvūpasantaṃ bhavissati, na mayaṃ imaṃ adhikaraṇaṃ sampaṭicchissāmā'ti. Evaṃ supariggahitaṃ kho, bhikkhave, katvā āvāsikehi bhikkhūhi taṃ adhikaraṇaṃ sampaṭicchitabbaṃ.

"Tehi, bhikkhave, āgantukehi bhikkhūhi āvāsikā bhikkhū evamassu vacanīyā – 'yathājātaṃ yathāsamuppannaṃ mayaṃ imaṃ adhikaraṇaṃ āyasmantānaṃ ārocessāma. Sace āyasmantā sakkonti ettakena vā ettakena vā antarena imaṃ adhikaraṇaṃ vūpasametuṃ dhammena vinayena satthusāsanena tathā suvūpasantaṃ bhavissati. Evaṃ mayaṃ imaṃ adhikaraṇaṃ āyasmantānaṃ niyyādessāma. No ce āyasmantā sakkonti ettakena vā ettakena vā antarena imaṃ adhikaraṇaṃ vūpasametuṃ dhammena vinayena satthusāsanena tathā na suvūpasantaṃ bhavissati, na mayaṃ imaṃ adhikaraṇaṃ āyasmantānaṃ niyyādessāma. Mayameva imassa adhikaraṇassa sāmino bhavissāmā'ti. Evaṃ supariggahitaṃ kho, bhikkhave, katvā āgantukehi bhikkhūhi taṃ adhikaraṇaṃ āvāsikānaṃ bhikkhūnaṃ niyyādetabbaṃ.

"Te ce, bhikkhave, bhikkhū sakkonti taṃ adhikaraṇaṃ vūpasametuṃ, idaṃ vuccati, bhikkhave, adhikaraṇaṃ vūpasantaṃ. Kena vūpasantaṃ? Sammukhāvinayena. Kiñca tattha sammukhāvinayasmiṃ? Saṅghasammukhatā, dhammasammukhatā, vinayasammukhatā, puggalasammukhatā...pe... evaṃ vūpasantaṃ ce, bhikkhave, adhikaraṇaṃ kārako ukkoṭeti, ukkoṭanakaṃ pācittiyaṃ; chandadāyako khīyati, khīyanakaṃ pācittiyaṃ.

Ubbāhikāyavūpasamanaṃ

231. "Tehi ce, bhikkhave, bhikkhūhi tasmiṃ adhikaraṇe vinicchiyamāne anantāni [anaggāni (sī.)] ceva bhassāni jāyanti, na cekassa [na cetassa (ka.)] bhāsitassa attho viññāyati, anujānāmi, bhikkhave, evarūpaṃ adhikaraṇaṃ ubbāhikāya vūpasametuṃ. "Dasahaṅgehi samannāgato bhikkhu ubbāhikāya sammannitabbo – sīlavā hoti, pātimokkhasaṃvarasaṃvuto viharati ācāragocarasampanno aṇumattesu vajjesu bhayadassāvī, samādāya sikkhati sikkhāpadesu; bahussuto hoti sutadharo sutasannicayo, ye te dhammā ādikalyāṇā majjhekalyāṇā pariyosānakalyāṇā sātthaṃ sabyañjanaṃ kevalaparipuṇṇaṃ parisuddhaṃ brahmacariyaṃ abhivadanti, tathārūpassa dhammā bahussutā honti, dhātā [dhatā (sī. syā.)] vacasā paricitā manasānupekkhitā diṭṭhiyā suppaṭividdhā; ubhayāni kho panassa pātimokkhāni vitthārena svāgatāni honti suvibhattāni suppavattīni suvinicchitāni suttaso anubyañjanaso ; vinaye kho pana ṭhito [cheko (ka.)] hoti asaṃhīro; paṭibalo hoti ubho atthapaccatthike assāsetuṃ saññāpetuṃ nijjhāpetuṃ pekkhetuṃ pasādetuṃ; adhikaraṇasamuppādavūpasamanakusalo hoti; adhikaraṇaṃ jānāti; adhikaraṇasamudayaṃ jānāti; adhikaraṇanirodhaṃ jānāti; adhikaraṇanirodhagāminipaṭipadaṃ jānāti. Anujānāmi, bhikkhave, imehi dasahaṅgehi samannāgataṃ bhikkhuṃ ubbāhikāya sammannituṃ. Evañca pana, bhikkhave, sammannitabbo. Paṭhamaṃ bhikkhu yācitabbo, yācitvā byattena bhikkhunā paṭibalena saṅgho ñāpetabbo –

232. "Suṇātu me, bhante, saṅgho. Amhākaṃ imasmiṃ adhikaraṇe vinicchiyamāne anantāni ceva bhassāni jāyanti, na cekassa bhāsitassa attho viññāyati. Yadi saṅghassa pattakallaṃ, saṅgho itthannāmañca itthannāmañca bhikkhuṃ sammanneyya ubbāhikāya imaṃ adhikaraṇaṃ vūpasametuṃ. Esā ñatti.

"Suṇātu me, bhante, saṅgho. Amhākaṃ imasmiṃ adhikaraṇe vinicchiyamāne anantāni ceva bhassāni jāyanti, na cekassa bhāsitassa attho viññāyati. Saṅgho itthannāmañca itthannāmañca bhikkhuṃ sammannati ubbāhikāya imaṃ adhikaraṇaṃ vūpasametuṃ. Yassāyasmato khamati itthannāmassa ca itthannāmassa ca bhikkhuno sammuti ubbāhikāya imaṃ adhikaraṇaṃ vūpasametuṃ, so tuṇhassa; yassa nakkhamati, so bhāseyya.

"Sammato saṅghena itthannāmo ca itthannāmo ca bhikkhu ubbāhikāya imaṃ adhikaraṇaṃ vūpasametuṃ. Khamati saṅghassa, tasmā tuṇhī, evametaṃ dhārayāmī"ti.

"Te ce, bhikkhave, bhikkhū sakkonti taṃ adhikaraṇaṃ ubbāhikāya vūpasametuṃ, idaṃ vuccati, bhikkhave, adhikaraṇaṃ vūpasantaṃ. Kena vūpasantaṃ? Sammukhāvinayena. Kiñca tattha sammukhāvinayasmiṃ? Dhammasammukhatā, vinayasammukhatā, puggalasammukhatā...pe... evaṃ vūpasantaṃ ce, bhikkhave, adhikaraṇaṃ kārako ukkoṭeti, ukkoṭanakaṃ pācittiyaṃ.

233. "Tehi ce, bhikkhave, bhikkhūhi tasmiṃ adhikaraṇe vinicchiyamāne tatrāssa bhikkhu dhammakathiko, tassa neva suttaṃ āgataṃ hoti, no suttavibhaṅgo, so atthaṃ asallakkhento byañjanacchāyāya atthaṃ paṭibāhati, byattena bhikkhunā paṭibalena te bhikkhū ñāpetabbā –

"Suṇantu me āyasmantā. Ayaṃ itthannāmo bhikkhu dhammakathiko. Imassa neva suttaṃ āgataṃ hoti, no suttavibhaṅgo. So atthaṃ asallakkhento byañjanacchāyāya atthaṃ paṭibāhati. Yadāyasmantānaṃ pattakallaṃ , itthannāmaṃ bhikkhuṃ vuṭṭhāpetvā avasesā imaṃ adhikaraṇaṃ vūpasameyyāmāti.

"Te ce, bhikkhave, bhikkhū taṃ bhikkhuṃ vuṭṭhāpetvā sakkonti taṃ adhikaraṇaṃ vūpasametuṃ, idaṃ vuccati, bhikkhave, adhikaraṇaṃ vūpasantaṃ. Kena vūpasantaṃ? Sammukhāvinayena. Kiñca tattha sammukhāvinayasmiṃ? Dhammasammukhatā, vinayasammukhatā, puggalasammukhatā...pe... evaṃ vūpasantaṃ ce, bhikkhave, adhikaraṇaṃ kārako ukkoṭeti, ukkoṭanakaṃ pācittiyaṃ.

"Tehi ce, bhikkhave, bhikkhūhi tasmiṃ adhikaraṇe vinicchiyamāne tatrāssa bhikkhu dhammakathiko, tassa suttañhi kho āgataṃ hoti, no suttavibhaṅgo, so atthaṃ asallakkhento byañjanacchāyāya atthaṃ paṭibāhati, byattena bhikkhunā paṭibalena te bhikkhū ñāpetabbā –

"Suṇantu me āyasmantā. Ayaṃ itthannāmo bhikkhu dhammakathiko. Imassa suttañhi kho āgataṃ hoti, no suttavibhaṅgo. So atthaṃ asallakkhento byañjanacchāyāya atthaṃ paṭibāhati. Yadāyasmantānaṃ pattakallaṃ, itthannāmaṃ bhikkhuṃ vuṭṭhāpetvā avasesā imaṃ adhikaraṇaṃ vūpasameyyāmāti.

"Te ce, bhikkhave, bhikkhū taṃ bhikkhuṃ vuṭṭhāpetvā sakkonti taṃ adhikaraṇaṃ vūpasametuṃ, idaṃ vuccati, bhikkhave, adhikaraṇaṃ vūpasantaṃ. Kena vūpasantaṃ? Sammukhāvinayena. Kiñca tattha sammukhāvinayasmiṃ? Dhammasammukhatā, vinayasammukhatā, puggalasammukhatā...pe... evaṃ vūpasantaṃ ce, bhikkhave, adhikaraṇaṃ kārako ukkoṭeti, ukkoṭanakaṃ pācittiyaṃ.

Yebhuyyasikāvinayo

234. "Te ce, bhikkhave, bhikkhū na sakkonti taṃ adhikaraṇaṃ ubbāhikāya vūpasametuṃ, tehi, bhikkhave, bhikkhūhi taṃ adhikaraṇaṃ saṅghassa niyyādetabbaṃ – 'na mayaṃ [na ca mayaṃ (ka.)], bhante, sakkoma imaṃ adhikaraṇaṃ ubbāhikāya vūpasametuṃ, saṅghova imaṃ adhikaraṇaṃ vūpasametū'ti. Anujānāmi, bhikkhave, evarūpaṃ adhikaraṇaṃ yebhuyyasikāya vūpasametuṃ. Pañcahaṅgehi samannāgato bhikkhu salākaggāhāpako sammannitabbo – yo na chandāgatiṃ gaccheyya, na dosāgatiṃ gaccheyya, na mohāgatiṃ gaccheyya, na bhayāgatiṃ gaccheyya, gahitāgahitañca

jāneyya...pe... evañca pana, bhikkhave, sammannitabbo. Paṭhamaṃ bhikkhu yācitabbo, yācitvā byattena bhikkhunā paṭibalena saṅgho ñāpetabbo –

"Suṇātu me, bhante, saṅgho. Yadi saṅghassa pattakallaṃ, saṅgho itthannāmaṃ bhikkhuṃ salākaggāhāpakaṃ sammanneyya. Esā ñatti.

"Suṇātu me, bhante, saṅgho. Saṅgho itthannāmaṃ bhikkhuṃ salākaggāhāpakaṃ sammannati. Yassāyasmato khamati itthannāmassa bhikkhuno salākaggāhāpakassa sammuti, so tuṇhassa; yassa nakkhamati, so bhāseyya.

"Sammato saṅghena itthannāmo bhikkhu salākaggāhāpako. Khamati saṅghassa, tasmā tuṇhī, evametaṃ dhārayāmī''ti.

"Tena salākaggāhāpakena bhikkhunā salākā gāhetabbā. Yathā bahutarā bhikkhū dhammavādino vadanti tathā taṃ adhikaraṇaṃ vūpasametabbaṃ. Idaṃ vuccati, bhikkhave, adhikaraṇaṃ vūpasantaṃ. Kena vūpasantaṃ? Sammukhāvinayena ca, yebhuyyasikāya ca. Kiñca tattha sammukhāvinayasmiṃ? Saṅghasammukhatā, dhammasammukhatā, vinayasammukhatā, puggalasammukhatā. Kā ca tattha saṅghasammukhatā? Yāvatikā bhikkhū kammappattā te āgatā honti, chandārahānaṃ chando āhaṭo hoti, sammukhībhūtā na paṭikkosanti – ayaṃ tattha saṅghasammukhatā. Kā ca tattha dhammasammukhatā, vinayasammukhatā? Yena dhammena yena vinayena yena satthusāsanena taṃ adhikaraṇaṃ vūpasammati – ayaṃ tattha dhammasammukhatā, vinayasammukhatā. Kā ca tattha puggalasammukhatā? Yo ca vivadati, yena ca vivadati, ubho atthapaccatthikā sammukhībhūtā honti – ayaṃ tattha puggalasammukhatā. Kā ca tattha yebhuyyasikāya? Yā yebhuyyasikākammassa kiriyā karaṇaṃ upagamanaṃ ajjhupagamanaṃ adhivāsanā appaṭikkosanā – ayaṃ tattha yebhuyyasikāya. Evaṃ vūpasantaṃ ce, bhikkhave, adhikaraṇaṃ kārako ukkoṭeti, ukkoṭanakaṃ pācittiyaṃ; chandadāyako khīyati, khīyanakaṃ pācittiya''nti.

Tividhasalākaggāho

235. Tena kho pana samayena sāvatthiyā evaṃ jātaṃ evaṃ samuppannaṃ adhikaraṇaṃ hoti. Atha kho te bhikkhū – asantuṭṭhā sāvatthiyā saṅghassa adhikaraṇavūpasamanena – assosuṃ kho amukasmiṃ kira āvāse sambahulā therā viharanti bahussutā āgatāgamā dhammadharā vinayadharā mātikādharā paṇḍitā viyattā medhāvino lajjino kukkuccakā sikkhākāmā. Te ce therā imaṃ adhikaraṇaṃ vūpasameyyuṃ dhammena vinayena satthusāsanena, evamidaṃ adhikaraṇaṃ suvūpasantaṃ assāti. Atha kho te bhikkhū taṃ āvāsaṃ gantvā te there etadavocuṃ – "idaṃ, bhante, adhikaraṇaṃ evaṃ jātaṃ, evaṃ samuppannaṃ. Sādhu, bhante, therā imaṃ adhikaraṇaṃ vūpasamentu dhammena vinayena satthusāsanena, yathayidaṃ adhikaraṇaṃ suvūpasantaṃ assā''ti. Atha kho te therā – yathā sāvatthiyā saṅghena adhikaraṇaṃ vūpasamitaṃ tathā suvūpasantanti [yathā suvūpasantaṃ (sī. syā.)] – tathā taṃ adhikaraṇaṃ vūpasamesuṃ.

Atha kho te bhikkhū – asantuṭṭhā sāvatthiyā saṅghassa adhikaraṇavūpasamanena, asantuṭṭhā sambahulānaṃ therānaṃ adhikaraṇavūpasamanena – assosuṃ kho amukasmiṃ kira āvāse tayo therā viharanti...pe... dve therā viharanti...pe... eko thero viharati bahussuto āgatāgamo dhammadharo vinayadharo mātikādharo paṇḍito viyatto medhāvī lajjī kukkuccako sikkhākāmo. So ce thero imaṃ adhikaraṇaṃ vūpasameyya dhammena vinayena satthusāsanena, evamidaṃ adhikaraṇaṃ suvūpasantaṃ assāti. Atha kho te bhikkhū taṃ āvāsaṃ gantvā taṃ theraṃ etadavocuṃ – "idaṃ, bhante, adhikaraṇaṃ evaṃ jātaṃ, evaṃ samuppannaṃ. Sādhu, bhante, thero imaṃ adhikaraṇaṃ vūpasametu dhammena vinayena satthusāsanena, yathayidaṃ adhikaraṇaṃ suvūpasantaṃ assā''ti. Atha kho so thero – yathā sāvatthiyā saṅghena adhikaraṇaṃ vūpasamitaṃ, yathā sambahulehi therehi adhikaraṇaṃ vūpasamitaṃ, yathā tīhi therehi adhikaraṇaṃ vūpasamitaṃ, yathā dvīhi therehi adhikaraṇaṃ vūpasamitaṃ, tathā suvūpasantanti – tathā taṃ adhikaraṇaṃ vūpasamesi.

Atha kho te bhikkhū asantuṭṭhā sāvatthiyā saṅghassa adhikaraṇavūpasamanena, asantuṭṭhā sambahulānaṃ therānaṃ adhikaraṇavūpasamanena, asantuṭṭhā tiṇṇaṃ therānaṃ adhikaraṇavūpasamanena, asantuṭṭhā dvinnaṃ therānaṃ adhikaraṇavūpasamanena, asantuṭṭhā ekassa therassa adhikaraṇavūpasamanena, yena Bhagavā tenupasaṅkamiṃsu, upasaṅkamitvā bhagavato etamatthaṃ ārocesuṃ...pe... "nihatametaṃ, bhikkhave, adhikaraṇaṃ santaṃ vūpasantaṃ suvūpasantaṃ. Anujānāmi, bhikkhave, tesaṃ bhikkhūnaṃ saññattiyā tayo salākaggāhe – gūḷhakaṃ, sakaṇṇajappakaṃ, vivaṭakaṃ.

"Kathañca, bhikkhave, gūḷhako salākaggāho hoti? Tena salākaggāhāpakena bhikkhunā salākāyo vaṇṇāvaṇṇāyo katvā ekameko bhikkhu upasaṅkamitvā evamassa vacanīyo – 'ayaṃ evaṃvādissa salākā, ayaṃ evaṃvādissa salākā. Yaṃ icchasi taṃ gaṇhāhī'ti. Gahite vattabbo – 'mā ca kassaci dassehī'ti. Sace jānāti – adhammavādī bahutarāti, duggahoti, paccukkaḍḍhitabbaṃ. Sace jānāti – dhammavādī bahutarāti, suggahoti, sāvetabbaṃ. Evaṃ kho, bhikkhave, gūḷhako salākaggāho hoti.

"Kathañca, bhikkhave, sakaṇṇajappako salākaggāho hoti? Tena salākaggāhāpakena bhikkhunā ekamekassa bhikkhuno upakaṇṇake ārocetabbaṃ – 'ayaṃ evaṃvādissa salākā, ayaṃ evaṃvādissa salākā. Yaṃ icchasi taṃ gaṇhāhī'ti. Gahite vattabbo – 'mā ca kassaci ārocehī'ti. Sace jānāti –

adhammavādī bahutarāti, duggahoti, paccukkaḍḍhitabbaṃ. Sace jānāti – dhammavādī bahutarāti, suggahoti, sāvetabbaṃ. Evaṃ kho, bhikkhave, sakaṇṇajappako salākaggāho hoti.
''Kathañca, bhikkhave, vivaṭako salākaggāho hoti? Sace jānāti – dhammavādī bahutarāti, vissaṭṭheneva vivaṭena gāhetabbo. Evaṃ kho, bhikkhave, vivaṭako salākaggāho hoti. Ime kho, bhikkhave, tayo salākaggāhā''ti.
Sativinayo
236.[pari. 292-293, 307 ādayo] ''Anuvādādhikaraṇaṃ katihi samathehi sammati? Anuvādādhikaraṇaṃ catūhi samathehi sammati – sammukhāvinayena ca, sativinayena ca, amūḷhavinayena ca, tassapāpiyasikāya ca. Siyā anuvādādhikaraṇaṃ dve samathe anāgamma – amūḷhavinayañca, tassapāpiyasikañca; dvīhi samathehi sammeyya – sammukhāvinayena ca, sativinayena cāti? Siyātissa vacanīyaṃ. Yathā kathaṃ viya? Idha pana, bhikkhave, bhikkhū bhikkhuṃ amūlikāya sīlavipattiyā anuddhaṃsenti. Tassa kho, bhikkhave [tassa kho taṃ bhikkhave (syā. ka.)], bhikkhuno sativepullappattassa sativinayo dātabbo. Evañca pana, bhikkhave, dātabbo –
''Tena, bhikkhave, bhikkhunā saṅghaṃ upasaṅkamitvā ekaṃsaṃ uttarāsaṅga karitvā...pe... evamassa vacanīyo – 'maṃ, bhante, bhikkhū amūlikāya sīlavipattiyā anuddhaṃsenti. Sohaṃ, bhante, sativepullappatto saṅghaṃ sativinayaṃ yācāmī'ti. Dutiyampi yācitabbo. Tatiyampi yācitabbo. Byattenaṃ bhikkhunā paṭibalena saṅgho ñāpetabbo –
''Suṇātu me, bhante, saṅgho. Bhikkhū itthannāmaṃ bhikkhuṃ amūlikāya sīlavipattiyā anuddhaṃsenti. So sativepullappatto saṅghaṃ sativinayaṃ yācati. Yadi saṅghassa pattakallaṃ, saṅgho itthannāmassa bhikkhuno sativepullappattassa sativinayaṃ dadeyya. Esā ñatti.
''Suṇātu me, bhante, saṅgho. Bhikkhū itthannāmaṃ bhikkhuṃ amūlikāya sīlavipattiyā anuddhaṃsenti. So sativepullappatto saṅghaṃ sativinayaṃ yācati. Saṅgho itthannāmassa bhikkhuno sativepullappattassa sativinayaṃ deti. Yassāyasmato khamati itthannāmassa bhikkhuno sativepullappattassa sativinayassa dānaṃ, so tuṇhassa; yassa nakkhamati, so bhāseyya.
''Dutiyampi etamatthaṃ vadāmi...pe... tatiyampi etamatthaṃ vadāmi...pe....
''Dinno saṅghena itthannāmassa bhikkhuno sativepullappattassa sativinayo. Khamati saṅghassa, tasmā tuṇhī, evametaṃ dhārayāmī''ti.
''Idaṃ vuccati, bhikkhave, adhikaraṇaṃ vūpasantaṃ. Kena vūpasantaṃ? Sammukhāvinayena ca sativinayena ca. Kiñca tattha sammukhāvinayasmiṃ? Saṅghasammukhatā, dhammasammukhatā, vinayasammukhatā, puggalasammukhatā...pe... kā ca tattha puggalasammukhatā? Yo ca anuvadati, yañca anuvadati, ubho sammukhībhūtā honti – ayaṃ tattha puggalasammukhatā. Kiñca tattha sativinayasmiṃ? Yā sativinayassa kammassa kiriyā karaṇaṃ upagamanaṃ ajjhupagamanaṃ adhivāsanā appaṭikkosanā – idaṃ tattha sativinayasmiṃ. Evaṃ vūpasantaṃ ce, bhikkhave, adhikaraṇaṃ kārako ukkoṭeti, ukkoṭanakaṃ pācittiyaṃ; chandadāyako khīyati, khīyanakaṃ pācittiyaṃ.
Amūḷhavinayo
237. ''Siyā anuvādādhikaraṇaṃ dve samathe anāgamma – sativinayañca, tassapāpiyasikañca; dvīhi samathehi sammeyya – sammukhāvinayena ca, amūḷhavinayena cāti? Siyātissa vacanīyaṃ. Yathā kathaṃ viya? Idha pana, bhikkhave, bhikkhu ummattako hoti cittavipariyāsakato. Tena ummattakena cittavipariyāsakatena bahuṃ assāmaṇakaṃ ajjhāciṇṇaṃ hoti bhāsitaparikkantaṃ. Taṃ bhikkhū ummattakena cittavipariyāsakatena ajjhāciṇṇena āpattiyā codenti – 'saratāyasmā evarūpiṃ āpattiṃ āpajjitā'ti. So evaṃ vadeti – 'ahaṃ kho, āvuso, ummattako ahosiṃ cittavipariyāsakato. Tena me ummattakena cittavipariyāsakatena bahuṃ assāmaṇakaṃ ajjhāciṇṇaṃ bhāsitaparikkantaṃ. Nāhaṃ taṃ sarāmi. Mūḷhena me etaṃ kata'nti. Evampi naṃ vuccamānā codenteva – 'saratāyasmā evarūpiṃ āpattiṃ āpajjitā'ti. ''Tassa kho, bhikkhave, bhikkhuno amūḷhassa amūḷhavinayo dātabbo. Evañca pana, bhikkhave, dātabbo –
''Tena, bhikkhave, bhikkhunā saṅghaṃ upasaṅkamitvā ekaṃsaṃ uttarāsaṅgaṃ karitvā...pe... evamassa vacanīyo – 'ahaṃ, bhante, ummattako ahosiṃ cittavipariyāsakato. Tena me ummattakena cittavipariyāsakatena bahuṃ assāmaṇakaṃ ajjhāciṇṇaṃ bhāsitaparikkantaṃ. Maṃ bhikkhū ummattakena cittavipariyāsakatena ajjhāciṇṇena āpattiyā codenti – 'saratāyasmā evarūpiṃ āpattiṃ āpajjitā'ti. Tyāhaṃ evaṃ vadāmi – 'ahaṃ kho, āvuso, ummattako ahosiṃ cittavipariyāsakato. Tena me ummattakena cittavipariyāsakatena bahuṃ assāmaṇakaṃ ajjhāciṇṇaṃ bhāsitaparikkantaṃ. Nāhaṃ taṃ sarāmi. Mūḷhena me etaṃ kata'nti. Evampi maṃ vuccamānā codenteva – 'saratāyasmā evarūpiṃ āpattiṃ āpajjitā'ti. 'Sohaṃ, bhante, amūḷho saṅghaṃ amūḷhavinayaṃ yācāmī'ti. Dutiyampi yācitabbo. Tatiyampi yācitabbo. Byattena bhikkhunā paṭibalena saṅgho ñāpetabbo –
''Suṇātu me, bhante, saṅgho. Ayaṃ itthannāmo bhikkhu ummattako ahosi cittavipariyāsakato. Tena ummattakena cittavipariyāsakatena bahuṃ assāmaṇakaṃ ajjhāciṇṇaṃ bhāsitaparikkantaṃ. Taṃ bhikkhū ummattakena cittavipariyāsakatena ajjhāciṇṇena āpattiyā codenti – 'saratāyasmā evarūpiṃ āpattiṃ āpajjitā'ti. So evaṃ vadeti – 'ahaṃ kho, āvuso, ummattako ahosiṃ cittavipariyāsakato. Tena me ummattakena cittavipariyāsakatena bahuṃ assāmaṇakaṃ ajjhāciṇṇaṃ bhāsitaparikkantaṃ. Nāhaṃ taṃ sarāmi. Mūḷhena me etaṃ kata'nti. Evampi naṃ vuccamānā codenteva – 'saratāyasmā evarūpiṃ āpattiṃ

āpajjitā'ti. So amūḷho saṅghaṃ amūḷhavinayaṃ yācati. Yadi saṅghassa pattakallaṃ, saṅgho itthannāmassa bhikkhuno amūḷhassa amūḷhavinayaṃ dadeyya. Esā ñatti.

"Suṇātu me, bhante, saṅgho. Ayaṃ itthannāmo bhikkhu ummattako ahosi cittavipariyāsakato. Tena ummattakena cittavipariyāsakatena bahuṃ assāmaṇakaṃ ajjhāciṇṇaṃ bhāsitaparikkantaṃ. Taṃ bhikkhū ummattakena cittavipariyāsakatena ajjhāciṇṇena āpattiyā codenti – 'saratāyasmā evarūpiṃ āpattiṃ āpajjitā'ti . So evaṃ vadeti – 'ahaṃ kho, āvuso, ummattako ahosiṃ cittavipariyāsakato. Tena me ummattakena cittavipariyāsakatena bahuṃ assāmaṇakaṃ ajjhāciṇṇaṃ bhāsitaparikkantaṃ. Nāhaṃ taṃ sarāmi. Mūḷhena me etaṃ kata'nti. Evampi naṃ vuccamānā codenteva – 'saratāyasmā evarūpiṃ āpattiṃ āpajjitā'ti. So amūḷho saṅghaṃ amūḷhavinayaṃ yācati. Saṅgho itthannāmassa bhikkhuno amūḷhassa amūḷhavinayaṃ deti. Yassāyasmato khamati itthannāmassa bhikkhuno amūḷhassa amūḷhavinayassa dānaṃ, so tuṇhassa; yassa nakkhamati, so bhāseyya.

"Dutiyampi etamatthaṃ vadāmi...pe... tatiyampi etamatthaṃ vadāmi...pe....

"Dinno saṅghena itthannāmassa bhikkhuno amūḷhassa amūḷhavinayo. Khamati saṅghassa, tasmā tuṇhī, evametaṃ dhārayāmī''ti.

"Idaṃ vuccati, bhikkhave, adhikaraṇaṃ vūpasantaṃ. Kena vūpasantaṃ? Sammukhāvinayena ca, amūḷhavinayena ca. Kiñca tattha sammukhāvinayasmiṃ? Saṅghasammukhatā, dhammasammukhatā, vinayasammukhatā, puggalasammukhatā...pe... kiñca tattha amūḷhavinayasmiṃ ? Yā amūḷhavinayassa kammassa kiriyā karaṇaṃ upagamanaṃ ajjhupagamanaṃ adhivāsanā appaṭikkosanā – idaṃ tattha amūḷhavinayasmiṃ. Evaṃ vūpasantaṃ ce, bhikkhave, adhikaraṇaṃ kārako ukkoṭeti, ukkoṭanakaṃ pācittiyaṃ; chandadāyako khīyati, khīyanakaṃ pācittiyaṃ.

Tassapāpiyasikāvinayo

238. "Siyā anuvādādhikaraṇaṃ dve samathe anāgamma – sativinayañca, amūḷhavinayañca ; dvīhi samathehi sammeyya – sammukhāvinayena ca, tassapāpiyasikāya cāti? Siyātissa vacanīyaṃ. Yathā kathaṃ viya? Idha pana, bhikkhave, bhikkhu bhikkhuṃ saṅghamajjhe garukāya āpattiyā codeti – 'saratāyasmā evarūpiṃ garukaṃ āpattiṃ āpajjitā, pārājikaṃ vā pārājikasāmantaṃ vā'ti. So evaṃ vadeti – 'na kho ahaṃ, āvuso, sarāmi evarūpiṃ garukaṃ āpattiṃ āpajjitā, pārājikaṃ vā pārājikasāmantaṃ vā'ti. Tamenaṃ so nibbeṭhentaṃ ativeṭheti – 'iṅghāyasmā sādhukameva jānāhi, yadi sarasi evarūpiṃ garukaṃ āpattiṃ āpajjitā, pārājikaṃ vā pārājikasāmantaṃ vā'ti. So evaṃ vadeti – 'na kho ahaṃ, āvuso, sarāmi evarūpiṃ garukaṃ āpattiṃ āpajjitā, pārājikaṃ vā pārājikasāmantaṃ vā. Sarāmi ca kho ahaṃ, āvuso, evarūpiṃ appamattikaṃ āpattiṃ āpajjitā'ti. Tamenaṃ so nibbeṭhentaṃ ativeṭheti – 'iṅghāyasmā sādhukameva jānāhi, yadi sarasi evarūpiṃ garukaṃ āpattiṃ āpajjitā, pārājikaṃ vā pārājikasāmantaṃ vā'ti. So evaṃ vadeti – 'imañhi nāmāhaṃ, āvuso, appamattikaṃ āpattiṃ āpajjitvā apuṭṭho paṭijānissāmi. Kiṃ panāhaṃ evarūpiṃ garukaṃ āpattiṃ āpajjitvā, pārājikaṃ vā pārājikasāmantaṃ vā, puṭṭho na paṭijānissāmī'ti? So evaṃ vadeti – 'imañhi nāma tvaṃ, āvuso, appamattikaṃ āpattiṃ āpajjitvā apuṭṭho na paṭijānissasi. Kiṃ pana tvaṃ evarūpiṃ garukaṃ āpattiṃ āpajjitvā, pārājikaṃ vā pārājikasāmantaṃ vā, apuṭṭho paṭijānissasi? Iṅghāyasmā sādhukameva jānāhi, yadi sarasi evarūpiṃ garukaṃ āpattiṃ āpajjitā, pārājikaṃ vā pārājikasāmantaṃ vā'ti. So evaṃ vadesi – 'sarāmi kho ahaṃ, āvuso, evarūpiṃ garukaṃ āpattiṃ āpajjitā, pārājikaṃ vā pārājikasāmantaṃ vā. Davā me etaṃ vuttaṃ, ravā me etaṃ vuttaṃ – nāhaṃ taṃ sarāmi evarūpiṃ garukaṃ āpattiṃ āpajjitā, pārājikaṃ vā pārājikasāmantaṃ vā'ti. Tassa kho, bhikkhave [tassa kho taṃ bhikkhave (ka.) tassa khvataṃ bhikkhave (syā.)], bhikkhuno tassapāpiyasikākammaṃ kātabbaṃ. Evañca pana, bhikkhave, kātabbaṃ. Byattena bhikkhunā paṭibalena saṅgho ñāpetabbo –

"Suṇātu me, bhante saṅgho. Ayaṃ itthannāmo bhikkhu saṅghamajjhe garukāya āpattiyā anuyuñjiyamāno avajānitvā paṭijānāti, paṭijānitvā avajānāti, aññenaññaṃ paṭicarati, sampajānamusā bhāsati. Yadi saṅghassa pattakallaṃ, saṅgho itthannāmassa bhikkhuno tassapāpiyasikākammaṃ kareyya. Esā ñatti.

"Suṇātu me, bhante, saṅgho. Ayaṃ itthannāmo bhikkhu saṅghamajjhe garukāya āpattiyā anuyuñjiyamāno avajānitvā paṭijānāti, paṭijānitvā avajānāti, aññenaññaṃ paṭicarati, sampajānamusā bhāsati. Saṅgho itthannāmassa bhikkhuno tassapāpiyasikākammaṃ karoti. Yassāyasmato khamati itthannāmassa bhikkhuno tassapāpiyasikākammassa karaṇaṃ, so tuṇhassa; yassa nakkhamati, so bhāseyya.

"Dutiyampi etamatthaṃ vadāmi...pe... tatiyampi etamatthaṃ vadāmi...pe....

"Kataṃ saṅghena itthannāmassa bhikkhuno tassapāpiyasikākammaṃ. Khamati saṅghassa, tasmā tuṇhī, evametaṃ dhārayāmī''ti.

"Idaṃ vuccati, bhikkhave, adhikaraṇaṃ vūpasantaṃ. Kena vūpasantaṃ? Sammukhāvinayena ca, tassapāpiyasikāya ca. Kiñca tattha sammukhāvinayasmiṃ? Saṅghasammukhatā, dhammasammukhatā, vinayasammukhatā...pe... kā ca tattha tassapāpiyasikāya? Yā tassapāpiyasikākammassa kiriyā karaṇaṃ upagamanaṃ ajjhupagamanaṃ adhivāsanā appaṭikkosanā – ayaṃ tattha tassapāpiyasikāya. Evaṃ vūpasantaṃ ce, bhikkhave, adhikaraṇaṃ kārako ukkoṭeti, ukkoṭanakaṃ pācittiyaṃ; chandadāyako khīyati, khīyanakaṃ pācittiyaṃ.

Paṭiññātakaraṇaṃ

239.[pari. 295, 306, 308 ādayo] ''Āpattādhikaraṇaṃ katihi samathehi sammati? Āpattādhikaraṇaṃ tīhi samathehi sammati – sammukhāvinayena ca, paṭiññātakaraṇena ca, tiṇavatthārakena ca. Siyā āpattādhikaraṇaṃ ekaṃ samathaṃ anāgamma – tiṇavatthārakaṃ, dvīhi samathehi sammeyya – sammukhāvinayena ca, paṭiññātakaraṇena cāti? Siyātissa vacanīyaṃ. Yathā kathaṃ viya? Idha pana, bhikkhave, bhikkhu lahukaṃ āpattiṃ āpanno hoti. Tena, bhikkhave, bhikkhunā ekaṃ bhikkhuṃ upasaṅkamitvā ekaṃsaṃ uttarāsaṅgaṃ karitvā ukkuṭikaṃ nisīditvā añjaliṃ paggahetvā evamassa vacanīyo – 'ahaṃ, āvuso, itthannāmaṃ āpattiṃ āpanno; taṃ paṭidesemī'ti. Tena vattabbo – 'passasī'ti? 'Āma passāmī'ti. 'Āyatiṃ saṃvareyyāsī'ti.

''Idaṃ vuccati, bhikkhave, adhikaraṇaṃ vūpasantaṃ. Kena vūpasantaṃ? Sammukhāvinayena ca, paṭiññātakaraṇena ca. Kiñca tattha sammukhāvinayasmiṃ? Dhammasammukhatā, vinayasammukhatā, puggalasammukhatā...pe... kā ca tattha puggalasammukhatā? Yo ca deseti, yassa ca deseti, ubho sammukhībhūtā honti – ayaṃ tattha puggalasammukhatā. Kiñca tattha paṭiññātakaraṇasmiṃ? Yā paṭiññātakaraṇassa kammassa kiriyā karaṇaṃ upagamanaṃ ajjhupagamanaṃ adhivāsanā appaṭikkosanā – idaṃ tattha paṭiññātakaraṇasmiṃ. Evaṃ vūpasantaṃ ce, bhikkhave, adhikaraṇaṃ paṭiggāhako ukkoṭeti, ukkoṭanakaṃ pācittiyaṃ. Evañcetaṃ labhetha, iccetaṃ kusalaṃ. No ce labhetha, tena, bhikkhave, bhikkhunā sambahule bhikkhū upasaṅkamitvā ekaṃsaṃ uttarāsaṅgaṃ karitvā vuḍḍhānaṃ bhikkhūnaṃ pāde vanditvā ukkuṭikaṃ nisīditvā añjaliṃ paggahetvā evamassu vacanīyā – 'ahaṃ, bhante, itthannāmaṃ āpattiṃ āpanno; taṃ paṭidesemī'ti. Byattena bhikkhunā paṭibalena te bhikkhū ñāpetabbā –

''Suṇantu me āyasmantā. Ayaṃ itthannāmo bhikkhu āpattiṃ sarati, vivarati, uttāniṃ karoti deseti. Yadāyasmantānaṃ pattakallaṃ, ahaṃ itthannāmassa bhikkhuno āpattiṃ paṭiggaṇheyyanti. Tena vattabbo – 'passasī'ti? 'Āma passāmī'ti. 'Āyatiṃ saṃvareyyāsī'ti.

''Idaṃ vuccati, bhikkhave, adhikaraṇaṃ vūpasantaṃ. Kena vūpasantaṃ? Sammukhāvinayena ca, paṭiññātakaraṇena ca. Kiñca tattha sammukhāvinayasmiṃ? Dhammasammukhatā, vinayasammukhatā, puggalasammukhatā...pe... kā ca tattha puggalasammukhatā? Yo ca deseti, yassa ca deseti, ubho sammukhībhūtā honti – ayaṃ tattha puggalasammukhatā. Kiñca tattha paṭiññātakaraṇasmiṃ? Yā paṭiññātakaraṇassa kammassa kiriyā karaṇaṃ upagamanaṃ ajjhupagamanaṃ adhivāsanā appaṭikkosanā – idaṃ tattha paṭiññātakaraṇasmiṃ. Evaṃ vūpasantaṃ ce, bhikkhave, adhikaraṇaṃ paṭiggāhako ukkoṭeti, ukkoṭanakaṃ pācittiyaṃ. Evañcetaṃ labhetha, iccetaṃ kusalaṃ. No ce labhetha, tena, bhikkhave, bhikkhunā saṅghaṃ upasaṅkamitvā ekaṃsaṃ uttarāsaṅgaṃ karitvā vuḍḍhānaṃ bhikkhūnaṃ pāde vanditvā ukkuṭikaṃ nisīditvā añjaliṃ paggahetvā evamassa vacanīyo – 'ahaṃ, bhante, itthannāmaṃ āpattiṃ āpanno; taṃ paṭidesemī'ti. Byattena bhikkhunā paṭibalena saṅgho ñāpetabbo –

''Suṇātu me, bhante, saṅgho. Ayaṃ itthannāmo bhikkhu āpattiṃ sarati, vivarati, uttāniṃ karoti, deseti. Yadi saṅghassa pattakallaṃ, ahaṃ itthannāmassa bhikkhuno āpattiṃ paṭiggaṇheyyanti. Tena vattabbo – 'passasī'ti? 'Āma passāmī'ti. 'Āyatiṃ saṃvareyyāsī'ti.

''Idaṃ vuccati, bhikkhave, adhikaraṇaṃ vūpasantaṃ. Kena vūpasantaṃ? Sammukhāvinayena ca, paṭiññātakaraṇena ca . Kiñca tattha sammukhāvinayasmiṃ? Saṅghasammukhatā, dhammasammukhatā, vinayasammukhatā, puggalasammukhatā...pe... evaṃ vūpasantaṃ ce, bhikkhave, adhikaraṇaṃ paṭiggāhakoukkoṭeti, ukkoṭanakaṃ pācittiyaṃ; chandadāyako khīyati, khīyanakaṃ pācittiyaṃ.

Tiṇavatthārakaṃ

240. ''Siyā āpattādhikaraṇaṃ ekaṃ samathaṃ anāgamma – paṭiññātakaraṇaṃ, dvīhi samathehi sammeyya – sammukhāvinayena ca, tiṇavatthārakena cāti? Siyātissa vacanīyaṃ. Yathā kathaṃ viya? Idha pana, bhikkhave, bhikkhūnaṃ bhaṇḍanajātānaṃ kalahajātānaṃ vivādāpannānaṃ viharataṃ bahuṃ assāmaṇakaṃ ajjhāciṇṇaṃ hoti bhāsitaparikkantaṃ. Tatra ce bhikkhūnaṃ evaṃ hoti – 'amhākaṃ kho bhaṇḍanajātānaṃ kalahajātānaṃ vivādāpannānaṃ viharataṃ bahuṃ assāmaṇakaṃ ajjhāciṇṇaṃ bhāsitaparikkantaṃ. Sace mayaṃ imāhi āpattīhi aññamaññaṃ kāressāma, siyāpi taṃ adhikaraṇaṃ kakkhaḷattāya vāḷattāya bhedāya saṃvatteyyā'ti. Anujānāmi, bhikkhave, evarūpaṃ adhikaraṇaṃ tiṇavatthārakena vūpasametuṃ. Evañca pana, bhikkhave, vūpasametabbaṃ. Sabbeheva ekajjhaṃ sannipatitabbaṃ, sannipatitvā byattena bhikkhunā paṭibalena saṅgho ñāpetabbo –

''Suṇātu me, bhante, saṅgho. Amhākaṃ bhaṇḍanajātānaṃ kalahajātānaṃ vivādāpannānaṃ viharataṃ bahuṃ assāmaṇakaṃ ajjhāciṇṇaṃ bhāsitaparikkantaṃ. Sace mayaṃ imāhi āpattīhi aññamaññaṃ kāressāma, siyāpi taṃ adhikaraṇaṃ kakkhaḷattāya vāḷattāya bhedāya saṃvatteyya . Yadi saṅghassa pattakallaṃ, saṅgho imaṃ adhikaraṇaṃ tiṇavatthārakena vūpasameyya, ṭhapetvā thullavajjaṃ, ṭhapetvā gihippaṭisaṃyuttanti. ''Ekatopakkhikānaṃ bhikkhūnaṃ byattena bhikkhunā paṭibalena sako pakkho ñāpetabbo –

''Suṇantu me āyasmantā. Amhākaṃ bhaṇḍanajātānaṃ kalahajātānaṃ vivādāpannānaṃ viharataṃ bahuṃ assāmaṇakaṃ ajjhāciṇṇaṃ bhāsitaparikkantaṃ. Sace mayaṃ imāhi āpattīhi aññamaññaṃ kāressāma, siyāpi taṃ adhikaraṇaṃ kakkhaḷattāya vāḷattāya bhedāya saṃvatteyya. Yadāyasmantānaṃ pattakallaṃ, ahaṃ yā ceva āyasmantānaṃ āpatti, yā ca attano āpatti, āyasmantānañceva atthāya, attano ca atthāya, saṅghamajjhe tiṇavatthārakena deseyyaṃ, ṭhapetvā thullavajjaṃ, ṭhapetvā gihippaṭisaṃyuttanti.

241. "Athāparesaṃ ekatopakkhikānaṃ bhikkhūnaṃ byattena bhikkhunā paṭibalena sako pakkho ñāpetabbo –

"Suṇantu me āyasmantā. Amhākaṃ bhaṇḍanajātānaṃ kalahajātānaṃ vivādāpannānaṃ viharataṃ bahuṃ assāmaṇakaṃ ajjhāciṇṇaṃ bhāsitaparikkantaṃ. Sace mayaṃ imāhi āpattīhi aññamaññaṃ kāressāma, siyāpi taṃ adhikaraṇaṃ kakkhaḷattāya vāḷattāya bhedāya saṃvatteyya. Yadāyasmantānaṃ pattakallaṃ, ahaṃ yā ceva āyasmantānaṃ āpatti, yā ca attano āpatti, āyasmantānañceva atthāya, attano ca atthāya, saṅghamajjhe tiṇavatthārakena deseyyaṃ, ṭhapetvā thullavajjaṃ, ṭhapetvā gihippaṭisaṃyuttanti.

242. "Athāparesaṃ ekatopakkhikānaṃ bhikkhūnaṃ byattena bhikkhunā paṭibalena saṅgho ñāpetabbo –

"Suṇātu me, bhante, saṅgho. Amhākaṃ bhaṇḍanajātānaṃ kalahajātānaṃ vivādāpannānaṃ viharataṃ bahuṃ assāmaṇakaṃ ajjhāciṇṇaṃ bhāsitaparikkantaṃ. Sace mayaṃ imāhi āpattīhi aññamaññaṃ kāressāma, siyāpi taṃ adhikaraṇaṃ kakkhaḷattāya vāḷattāya bhedāya saṃvatteyya. Yadi saṅghassa pattakallaṃ, ahaṃ yā ceva imesaṃ āyasmantānaṃ āpatti, yā ca attano āpatti, imesañceva āyasmantānaṃ atthāya, attano ca atthāya, saṅghamajjhe tiṇavatthārakena deseyyaṃ, ṭhapetvā thullavajjaṃ, ṭhapetvā gihippaṭisaṃyuttaṃ. Esā ñatti.

"Suṇātu me, bhante, saṅgho. Amhākaṃ bhaṇḍanajātānaṃ kalahajātānaṃ vivādāpannānaṃ viharataṃ bahuṃ assāmaṇakaṃ ajjhāciṇṇaṃ bhāsitaparikkantaṃ. Sace mayaṃ imāhi āpattīhi aññamaññaṃ kāressāma, siyāpi taṃ adhikaraṇaṃ kakkhaḷattāya vāḷattāya bhedāya saṃvatteyya. Ahaṃ yā ceva imesaṃ āyasmantānaṃ āpatti, yā ca attano āpatti, imesañceva āyasmantānaṃ atthāya, attano ca atthāya, saṅghamajjhe tiṇavatthārakena desemi, ṭhapetvā thullavajjaṃ, ṭhapetvā gihippaṭisaṃyuttaṃ. Yassāyasmato khamati amhākaṃ imāsaṃ āpattīnaṃ saṅghamajjhe tiṇavatthārakena desanā, ṭhapetvā thullavajjaṃ, ṭhapetvā gihippaṭisaṃyuttaṃ, so tuṇhassa; yassa nakkhamati, so bhāseyya.

"Desitā amhākaṃ imā āpattiyo saṅghamajjhe tiṇavatthārakena, ṭhapetvā thullavajjaṃ, ṭhapetvā gihippaṭisaṃyuttaṃ. Khamati saṅghassa, tasmā tuṇhī, evametaṃ dhārayāmī"ti.

"Athāparesaṃ...pe... evametaṃ dhārayāmī"ti.

"Idaṃ vuccati, bhikkhave, adhikaraṇaṃ vūpasantaṃ. Kena vūpasantaṃ? Sammukhāvinayena ca, tiṇavatthārakena ca. Kiñca tattha sammukhāvinayasmiṃ? Saṅghasammukhatā, dhammasammukhatā, vinayasammukhatā, puggalasammukhatā.

"Kā ca tattha saṅghasammukhatā? Yāvatikā bhikkhū kammappattā, te āgatā honti, chandārahānaṃ chando āhaṭo hoti, sammukhībhūtā na paṭikkosanti – ayaṃ tattha saṅghasammukhatā.

"Kā ca tattha dhammasammukhatā, vinayasammukhatā? Yena dhammena yena vinayena yena satthusāsanena taṃ adhikaraṇaṃ vūpasammati – ayaṃ tattha dhammasammukhatā , vinayasammukhatā.

"Kā ca tattha puggalasammukhatā? Yo ca deseti, yassa ca deseti, ubho sammukhībhūtā honti – ayaṃ tattha puggalasammukhatā.

"Kiñca tattha tiṇavatthārakasmiṃ? Yā tiṇavatthārakassa kammassa kiriyā karaṇaṃ upagamanaṃ ajjhupagamanaṃ adhivāsanā appaṭikkosanā – idaṃ tattha tiṇavatthārakasmiṃ. Evaṃ vūpasantaṃ ce, bhikkhave, adhikaraṇaṃ paṭiggāhako ukkoṭeti, ukkoṭanakaṃ pācittiyaṃ; chandadāyako khīyati, khīyanakaṃ pācittiyaṃ.

[pari. 295, 307, 308] "Kiccādhikaraṇaṃ katihi samathehi sammati? Kiccādhikaraṇaṃ ekena samathena sammati – sammukhāvinayenā"ti.

Samathakkhandhakaṃ niṭṭhitaṃ catutthaṃ.

5. Khuddakavatthukkhandhakaṃ

Khuddakavatthūni

243. Tena samayena buddho Bhagavā rājagahe viharati veḷuvane kalandakanivāpe. Tena kho pana samayena chabbaggiyā bhikkhū nahāyamānā rukkhe kāyaṃ ugghaṃsenti, ūrumpi bāhumpi urampi piṭṭhimpi. Manussā ujjhāyanti khiyyanti vipācenti – "kathañhi nāma samaṇā sakyaputtiyā nahāyamānā rukkhe kāyaṃ ugghaṃsessanti, ūrumpi bāhumpi urampi piṭṭhimpi, seyyathāpi mallamuṭṭhikā gāmamoddavā"ti [gāmapoddavā (sī.), gāmapūtavā (syā.)]! Assosuṃ kho bhikkhū tesaṃ manussānaṃ ujjhāyantānaṃ khiyyantānaṃ vipācentānaṃ. Atha kho te bhikkhū bhagavato etamatthaṃ ārocesuṃ. Atha kho Bhagavā etasmiṃ nidāne etasmiṃ pakaraṇe bhikkhusaṅghaṃ sannipātāpetvā bhikkhū paṭipucchi – "saccaṃ kira, bhikkhave, chabbaggiyā bhikkhū nahāyamānā rukkhe kāyaṃ ugghaṃsenti, ūrumpi bāhumpi urampi piṭṭhimpī"ti? "Saccaṃ Bhagavā"ti. Vigarahi buddho Bhagavā – "ananucchavikaṃ, bhikkhave , tesaṃ moghapurisānaṃ ananulomikaṃ appatirūpaṃ assāmaṇakaṃ akappiyaṃ akaraṇīyaṃ. Kathañhi nāma te, bhikkhave, moghapurisā nahāyamānā rukkhe kāyaṃ ugghaṃsessanti, ūrumpi bāhumpi urampi piṭṭhimpi? Netaṃ, bhikkhave, appasannānaṃ vā pasādāya...pe... vigarahitvā...pe... dhammiṃ kathaṃ katvā bhikkhū āmantesi – "na, bhikkhave, nahāyamānena bhikkhunā rukkhe kāyo ugghaṃsetabbo. Yo ugghaṃseyya, āpatti dukkaṭassā"ti.

Tena kho pana samayena chabbaggiyā bhikkhū nahāyamānā thambhe kāyaṃ ugghaṃsenti, ūrumpi bāhumpi urampi piṭṭhimpi. Manussā ujjhāyanti khiyyanti vipācenti – "kathañhi nāma samaṇā sakyaputtiyā nahāyamānā thambhe kāyaṃ ugghaṃsessanti, ūrumpi bāhumpi urampi piṭṭhimpi, seyyathāpi mallamuṭṭhikā gāmamoddavā"ti! Assosuṃ kho bhikkhū tesaṃ manussānaṃ ujjhāyantānaṃ khiyyantānaṃ vipācentānaṃ. Atha kho te bhikkhū bhagavato etamatthaṃ ārocesuṃ...pe... ''saccaṃ Bhagavā''ti...pe... vigarahitvā...pe... dhammiṃ kathaṃ katvā bhikkhū āmantesi – ''na, bhikkhave, nahāyamānena bhikkhunā thambhe kāyo ugghaṃsetabbo. Yo ugghaṃseyya, āpatti dukkaṭassā''ti.

Tena kho pana samayena chabbaggiyā bhikkhū nahāyamānā kuṭṭe [kuḍḍe (sī. syā.)] kāyaṃ ugghaṃsenti, ūrumpi bāhumpi urampi piṭṭhimpi. Manussā ujjhāyanti khiyyanti vipācenti – ''kathañhi nāma samaṇā sakyaputtiyā nahāyamānā kuṭṭe kāyaṃ ugghaṃsessanti, ūrumpi bāhumpi urampi piṭṭhimpi, seyyathāpi mallamuṭṭhikā gāmamoddavā''ti...pe... ''na, bhikkhave, nahāyamānena bhikkhunā kuṭṭe kāyo ugghaṃsetabbo. Yo ugghaṃseyya, āpatti dukkaṭassā''ti.

Tena kho pana samayena chabbaggiyā bhikkhū aṭṭāne [aṭṭhāne (sī. syā.)] nahāyanti. Manussā ujjhāyanti khiyyanti vipācenti...pe... seyyathāpi gihī kāmabhoginoti! Assosuṃ kho bhikkhū tesaṃ manussānaṃ ujjhāyantānaṃ khiyantānaṃ vipācentānaṃ. Atha kho te bhikkhū bhagavato etamatthaṃ ārocesuṃ...pe... ''saccaṃ Bhagavā''ti...pe... vigarahitvā...pe... dhammiṃ kathaṃ katvā bhikkhū āmantesi – ''na, bhikkhave, aṭṭāne nahāyitabbaṃ. Yo nahāyeyya, āpatti dukkaṭassā''ti.

Tena kho pana samayena chabbaggiyā bhikkhū gandhabbahatthakena nahāyanti. Manussā ujjhāyanti khiyyanti vipācenti...pe... seyyathāpi gihī kāmabhoginoti! Assosuṃ kho bhikkhū tesaṃ manussānaṃ ujjhāyantānaṃ khiyyantānaṃ vipācentānaṃ. Atha kho te bhikkhū bhagavato etamatthaṃ ārocesuṃ...pe... ''na, bhikkhave, gandhabbahatthakena nahāyitabbaṃ. Yo nahāyeyya, āpatti dukkaṭassā''ti.

Tena kho pana samayena chabbaggiyā bhikkhū kuruvindakasuttiyā nahāyanti. Manussā ujjhāyanti khiyyanti vipācenti...pe... seyyathāpi gihī kāmabhoginoti! Bhagavato etamatthaṃ ārocesuṃ. ''Na, bhikkhave, kuruvindakasuttiyā nahāyitabbaṃ. Yo nahāyeyya, āpatti dukkaṭassā''ti.

Tena kho pana samayena chabbaggiyā bhikkhū viggayha parikammaṃ kārāpenti. Manussā ujjhāyanti khiyyanti vipācenti...pe... seyyathāpi gihī kāmabhoginoti! Bhagavato etamatthaṃ ārocesuṃ. ''Na, bhikkhave, viggayha parikammaṃ kārāpetabbaṃ. Yo kārāpeyya, āpatti dukkaṭassā''ti.

Tena kho pana samayena chabbaggiyā bhikkhū mallakena nahāyanti. Manussā ujjhāyanti khiyyanti vipācenti...pe... seyyathāpi gihī kāmabhoginoti! Bhagavato etamatthaṃ ārocesuṃ. ''Na, bhikkhave, mallakena nahāyitabbaṃ. Yo nahāyeyya, āpatti dukkaṭassā''ti.

244. Tena kho pana samayena aññatarassa bhikkhuno kacchurogābādho hoti. Na tassa vinā mallakena phāsu hoti. Bhagavato etamatthaṃ ārocesuṃ. ''Anujānāmi, bhikkhave, gilānassa akatamallaka''nti.

Tena kho pana samayena aññataro bhikkhu jarādubbalo nahāyamāno na sakkoti attano kāyaṃ ugghaṃsetuṃ. Bhagavato etamatthaṃ ārocesuṃ. ''Anujānāmi, bhikkhave, ukkāsika''nti.

Tena kho pana samayena bhikkhū piṭṭhiparikammaṃ kātuṃ kukkuccāyanti. Bhagavato etamatthaṃ ārocesuṃ. ''Anujānāmi, bhikkhave, puthupāṇika''nti.

245. Tena kho pana samayena chabbaggiyā bhikkhū vallikaṃ dhārenti...pe... pāmaṅgaṃ dhārenti...pe... kaṇṭhasuttakaṃ dhārenti...pe... kaṭisuttakaṃ dhārenti...pe... ovaṭṭikaṃ dhārenti...pe... kāyuraṃ dhārenti...pe... hatthābharaṇaṃ dhārenti...pe... aṅgulimuddikaṃ dhārenti. Manussā ujjhāyanti khiyyanti vipācenti...pe... seyyathāpi gihī kāmabhoginoti! Assosuṃ kho bhikkhū tesaṃ manussānaṃ ujjhāyantānaṃ khiyyantānaṃ vipācentānaṃ. Atha kho te bhikkhū bhagavato etamatthaṃ ārocesuṃ. ''Saccaṃ kira, bhikkhave, chabbaggiyā bhikkhū vallikaṃ dhārenti...pe... pāmaṅgaṃ dhārenti, kaṇṭhasuttakaṃ dhārenti, kaṭisuttakaṃ dhārenti, ovaṭṭikaṃ dhārenti, kāyuraṃ dhārenti, hatthābharaṇaṃ dhārenti, aṅgulimuddikaṃ dhārentī''ti? ''Saccaṃ Bhagavā''ti...pe... vigarahitvā...pe... dhammiṃ kathaṃ katvā bhikkhū āmantesi – ''na, bhikkhave, vallikā dhāretabbā...pe... na pāmaṅgo dhāretabbo... na kaṇṭhasuttakaṃ dhāretabbaṃ... na kaṭisuttakaṃ dhāretabbaṃ... na ovaṭṭikaṃ dhāretabbaṃ... na kāyuraṃ dhāretabbaṃ... na hatthābharaṇaṃ dhāretabbaṃ... na aṅgulimuddikā dhāretabbā. Yo dhāreyya, āpatti dukkaṭassā''ti.

246. Tena kho pana samayena chabbaggiyā bhikkhū dīghe kese dhārenti. Manussā ujjhāyanti khiyyanti vipācenti – seyyathāpi gihī kāmabhoginoti. Bhagavato etamatthaṃ ārocesuṃ. ''Na, bhikkhave, dīghā kesā dhāretabbā. Yo dhāreyya, āpatti dukkaṭassa. Anujānāmi, bhikkhave, dumāsikaṃ vā duvaṅgulaṃ vā''ti.

Tena kho pana samayena chabbaggiyā bhikkhū kocchena kese osaṇṭhenti [osaṇhenti (sī. syā.)] ...pe... phaṇakena kese osaṇṭhenti, hatthaphaṇakena kese osaṇṭhenti, sitthatelakena kese osaṇṭhenti, udakatelakena kese osaṇṭhenti. Manussā ujjhāyanti khiyyanti vipācenti – seyyathāpi gihī kāmabhoginoti. Bhagavato etamatthaṃ ārocesuṃ. ''Na, bhikkhave, kocchena kesā osaṇṭhetabbā...pe... na sitthatelakena kesā osaṇṭhetabbā... na udakatelakena kesā osaṇṭhetabbā. Yo osaṇṭheyya, āpatti dukkaṭassā''ti.

247. Tena kho pana samayena chabbaggiyā bhikkhū ādāsepi udakapattepi mukhanimittaṃ olokenti. Manussā ujjhāyanti khiyyanti vipācenti – seyyathāpi gihī kāmabhoginoti. Bhagavato etamatthaṃ ārocesuṃ. ''Na, bhikkhave, ādāse vā udakapatte vā mukhanimittaṃ oloketabbaṃ. Yo olokeyya, āpatti dukkaṭassā''ti.

Tena kho pana samayena aññatarassa bhikkhuno mukhe vaṇo hoti. So bhikkhū pucchi – "kīdiso me, āvuso, vaṇo"ti? Bhikkhū evamāhaṃsu – "ediso te, āvuso vaṇo"ti. So na saddahati. Bhagavato etamatthaṃ ārocesuṃ. "Anujānāmi, bhikkhave, ābādhappaccayā ādāse vā udakapatte vā mukhanimittaṃ oloketu"nti.
Tena kho pana samayena chabbaggiyā bhikkhū mukhaṃ ālimpanti...pe... mukhaṃ ummaddenti, mukhaṃ cuṇṇenti, manosilikāya mukhaṃ lañchenti, aṅgarāgaṃ karonti, mukharāgaṃ karonti, aṅgarāgamukharāgaṃ karonti. Manussā ujjhāyanti khiyyanti vipācenti – seyyathāpi gihī kāmabhoginoti. Bhagavato etamatthaṃ ārocesuṃ. "Na, bhikkhave, mukhaṃ ālimpitabbaṃ...pe... na mukhaṃ ummadditabbaṃ, na mukhaṃ cuṇṇetabbaṃ, na manosilikāya mukhaṃ lañchetabbaṃ, na aṅgarāgo kātabbo, na mukharāgo kātabbo, na aṅgarāgamukharāgo kātabbo. Yo kareyya, āpatti dukkaṭassā"ti.
Tena kho pana samayena aññatarassa bhikkhuno cakkhurogābādho hoti. Bhagavato etamatthaṃ ārocesuṃ. "Anujānāmi, bhikkhave, ābādhappaccayā mukhaṃ ālimpitu"nti.
248. Tena kho pana samayena rājagahe giraggasamajjo [samajjā (abhidhānaganthesu)] hoti. Chabbaggiyā bhikkhū giraggasamajjaṃ dassanāya agamaṃsu. Manussā ujjhāyanti khiyyanti vipācenti – "kathañhi nāma samaṇā sakyaputtiyā naccampi gītampi vāditampi dassanāya gacchissanti, seyyathāpi gihī kāmabhogino"ti! Bhagavato etamatthaṃ ārocesuṃ. "Na, bhikkhave, naccaṃ vā gītaṃ vā vāditaṃ vā dassanāya gantabbaṃ. Yo gaccheyya, āpatti dukkaṭassā"ti.
249. Tena kho pana samayena chabbaggiyā bhikkhū āyatakena gītassarena dhammaṃ gāyanti. Manussā ujjhāyanti khiyyanti vipācenti – "yatheva [yathā ca (ka.)] mayaṃ gāyāma, evamevime samaṇā sakyaputtiyā āyatakena gītassarena dhammaṃ gāyantī"ti! Assosuṃ kho bhikkhū tesaṃ manussānaṃ ujjhāyantānaṃ khiyyantānaṃ vipācentānaṃ. Ye te bhikkhū appicchā...pe... te ujjhāyanti khiyyanti vipācenti – "kathañhi nāma chabbaggiyā bhikkhū āyatakena gītassarena dhammaṃ gāyissantī"ti! Atha kho te bhikkhū bhagavato etamatthaṃ ārocesuṃ. "Saccaṃ kira, bhikkhave...pe... "saccaṃ Bhagavā"ti...pe... dhammiṃ kathaṃ katvā bhikkhū āmantesi – "pañcime, bhikkhave, ādīnavā āyatakena gītassarena dhammaṃ gāyantassa. Attanāpi tasmiṃ sare sārajjati, parepi tasmiṃ sare sārajjanti, gahapatikāpi ujjhāyanti, sarakuttimpi nikāmayamānassa samādhissa bhaṅgo hoti, pacchimā janatā diṭṭhānugatiṃ āpajjati – ime kho, bhikkhave, pañca ādīnavā āyatakena gītassarena dhammaṃ gāyantassa. Na, bhikkhave, āyatakena gītassarena dhammo gāyitabbo. Yo gāyeyya, āpatti dukkaṭassā"ti.
Tena kho pana samayena bhikkhū sarabhaññe kukkuccāyanti. Bhagavato etamatthaṃ ārocesuṃ. "Anujānāmi, bhikkhave, sarabhañña"nti.
"Tena kho pana samayena chabbaggiyā bhikkhū bāhiralomiṃ [bāhiyalomiṃ (ka.)] uṇṇiṃ dhārenti. Manussā ujjhāyanti khiyyanti vipācenti – seyyathāpi gihī kāmabhoginoti. Bhagavato etamatthaṃ ārocesuṃ. "Na, bhikkhave, bāhiyalomi uṇṇi dhāretabbā. Yo dhāreyya, āpatti dukkaṭassā"ti.
250. Tena kho pana samayena rañño māgadhassa seniyassa bimbisārassa ārāme ambā phalino honti. Raññā māgadhena seniyena bimbisārena anuññātaṃ hoti – "yathāsukhaṃ ayyā ambaṃ paribhuñjantū"ti. Chabbaggiyā bhikkhū taruṇaññeva ambaṃ pātāpetvā paribhuñjiṃsu. Rañño ca māgadhassa seniyassa bimbisārassa ambena attho hoti. Atha kho rājā māgadho seniyo bimbisāro manusse āṇāpesi – "gacchatha, bhaṇe, ārāmaṃ gantvā ambaṃ āharathā"ti . "Evaṃ devā"ti kho te manussā rañño māgadhassa seniyassa bimbisārassa paṭissutvā ārāmaṃ gantvā ārāmapālaṃ etadavocuṃ – "devassa, bhaṇe, ambena attho, ambaṃ dethā"ti. "Natthayyā ambaṃ. Taruṇaññeva ambaṃ pātāpetvā bhikkhū paribhuñjiṃsū"ti. Atha kho te manussā rañño māgadhassa seniyassa bimbisārassa etamatthaṃ ārocesuṃ. "Suparibhuttaṃ, bhaṇe, ayyehi ambaṃ, api ca bhagavatā mattā vaṇṇitā"ti. Manussā ujjhāyanti khiyyanti vipācenti – "kathañhi nāma samaṇā sakyaputtiyā na mattaṃ jānitvā rañño ambaṃ paribhuñjissantī"ti! Assosuṃ kho bhikkhū tesaṃ manussānaṃ ujjhāyantānaṃ khiyyantānaṃ vipācentānaṃ. Atha kho te bhikkhū bhagavato etamatthaṃ ārocesuṃ. "Na, bhikkhave, ambaṃ paribhuñjitabbaṃ. Yo paribhuñjeyya, āpatti dukkaṭassā"ti.
Tena kho pana samayena aññatarassa pūgassa saṅghabhattaṃ hoti. Sūpe ambapesikāyo pakkhittā honti. Bhikkhū kukkuccāyantā nappaṭiggaṇhanti. "Paṭiggaṇhatha, bhikkhave, paribhuñjatha. Anujānāmi, bhikkhave, ambapesika"nti.
Tena kho pana samayena aññatarassa pūgassa saṅghabhattaṃ hoti. Te na pariyāpuṇiṃsu ambapesikaṃ kātuṃ, bhattagge sakaleheva ambehi denti. Bhikkhū kukkuccāyantā nappaṭiggaṇhanti. "Paṭiggaṇhatha, bhikkhave, paribhuñjatha. Anujānāmi, bhikkhave, pañcahi samaṇakappehi phalaṃ paribhuñjituṃ – aggiparicitaṃ, satthaparicitaṃ, nakhaparicitaṃ, abījaṃ, nibbattabījaññeva [nibbaṭṭabījaṃ (sī. syā.)] pañcamaṃ. Anujānāmi, bhikkhave, imehi pañcahi samaṇakappehi phalaṃ paribhuñjitu"nti.
251. Tena kho pana samayena aññataro bhikkhu ahinā daṭṭho kālaṅkato hoti. Bhagavato etamatthaṃ ārocesuṃ. "Na hi nūna so, bhikkhave, bhikkhu imāni cattāri ahirājakulāni mettena cittena phari. Sace hi so, bhikkhave, bhikkhu imāni cattāri ahirājakulāni mettena cittena phareyya, na hi so, bhikkhave, bhikkhu ahinā daṭṭho kālaṅkareyya. Katamāni cattāri ahirājakulāni? Virūpakkhaṃ ahirājakulaṃ, erāpathaṃ ahirājakulaṃ, chabyāputtaṃ ahirājakulaṃ, kaṇhāGotamaṃ ahirājakulaṃ . Na hi nūna so, bhikkhave, bhikkhu imāni cattāri ahirājakulāni mettena cittena phari. Sace hi so, bhikkhave, bhikkhu

imāni cattāri ahirājakulāni mettena cittena phareyya, na hi so, bhikkhave, bhikkhu ahinā daṭṭho kālaṅkareyya. Anujānāmi, bhikkhave, imāni cattāri ahirājakulāni mettena cittena pharituṃ, attaguttiyā attarakkhāya attaparittaṃ kātuṃ. Evañca pana, bhikkhave, kātabbaṃ –
[jā. 1.2.105-106; a. ni. 4.67 idaṃ vatthu āgataṃ] "Virūpakkhehi me mettaṃ, mettaṃ erāpathehi me;
Chabyāputtehi me mettaṃ, mettaṃ kaṇhāGotamakehi ca.
"Apādakehi me mettaṃ, mettaṃ dvipādakehi me;
Catuppadehi me mettaṃ, mettaṃ bahuppadehi me.
"Mā maṃ apādako hiṃsi, mā maṃ hiṃsi dvipādako;
Mā maṃ catuppado hiṃsi, mā maṃ hiṃsi bahuppado.
"Sabbe sattā sabbe pāṇā, sabbe bhūtā ca kevalā;
Sabbe bhadrāni passantu, mā kiñci pāpamāgamā.
"Appamāṇo buddho, appamāṇo dhammo,
Appamāṇo saṅgho, pamāṇavantāni sarīsapāni [siriṃsapāni (sī. syā.)].
"Ahi vicchikā satapadī, uṇṇanābhi sarabū mūsikā;
Katā me rakkhā kataṃ me parittaṃ, paṭikkamantu bhūtāni.
"Sohaṃ namo bhagavato, namo sattannaṃ sammāsambuddhāna''nti.
Tena kho pana samayena aññataro bhikkhu anabhiratiyā pīḷito attano aṅgajātaṃ chindi. Bhagavato etamatthaṃ ārocesuṃ. "Aññamhi so, bhikkhave, moghapuriso chetabbamhi, aññaṃ chindi. Na, bhikkhave, attano aṅgajātaṃ chetabbaṃ. Yo chindeyya, āpatti thullaccayassā''ti.
252. Tena kho pana samayena rājagahakassa seṭṭhissa mahagghassa candanassa [candanasārassa (sī. syā.)] candanagaṇṭhi uppannā hoti. Atha kho rājagahakassa seṭṭhissa etadahosi – "yaṃnūnāhaṃ imāya candanagaṇṭhiyā pattaṃ lekhāpeyyaṃ. Lekhañca me paribhogaṃ bhavissati, pattañca dānaṃ dassāmī''ti. Atha kho rājagahako seṭṭhi tāya candanagaṇṭhiyā pattaṃ lekhāpetvā sikkāya uḍḍitvā [vāhitvā (sī.)] veḷagge ālaggetvā veḷuparamparāya bandhitvā[vāhitvā (syā.)] evamāha – "yo samaṇo vā brāhmaṇo vā arahā ceva iddhimā ca dinnaṃyeva pattaṃ oharatū''ti. Atha kho pūraṇo kassapo yena rājagahako seṭṭhi tenupasaṅkami, upasaṅkamitvā rājagahakaṃ seṭṭhiṃ etadavoca – "ahañhi, gahapati, arahā ceva iddhimā ca, dehi me patta''nti. "Sace, bhante, āyasmā arahā ceva iddhimā ca dinnaṃyeva pattaṃ oharatū''ti. Atha kho makkhali gosālo... ajito kesakambalo... pakudho kaccāyano... sañcayo belaṭṭhaputto [sañjayo bellaṭṭhiputto (sī.)] ... nigaṇṭho nāṭaputto [nāthaputto (sī.)] yena rājagahako seṭṭhi tenupasaṅkami, upasaṅkamitvā rājagahakaṃ seṭṭhiṃ etadavoca – "ahañhi, gahapati, arahā ceva iddhimā ca, dehi me patta''nti. "Sace, bhante, āyasmā arahā ceva iddhimā ca, dinnaṃyeva pattaṃ oharatū''ti.
Tena kho pana samayena āyasmā ca mahāmoggallāno āyasmā ca piṇḍolabhāradvājo pubbaṇhasamayaṃ nivāsetvā pattacīvaramādāya rājagahaṃ piṇḍāya pavisiṃsu. Atha kho āyasmā piṇḍolabhāradvājo āyasmantaṃ mahāmoggallānaṃ etadavoca – "āyasmā kho mahāmoggallāno arahā ceva iddhimā ca. Gacchāvuso, moggallāna, etaṃ pattaṃ ohara. Tuyheso patto''ti. "Āyasmā kho bhāradvājo arahā ceva iddhimā ca. Gacchāvuso, bhāradvāja, etaṃ pattaṃ ohara. Tuyheso patto''ti. Atha kho āyasmā piṇḍolabhāradvājo vehāsaṃ abbhuggantvā taṃ pattaṃ gahetvā tikkhattuṃ rājagahaṃ anupariyāyi.
Tena kho pana samayena rājagahako seṭṭhi saputtadāro sake nivesane ṭhito hoti pañjaliko namassamāno – idheva, bhante, ayyo bhāradvājo amhākaṃ nivesane patiṭṭhātūti. Atha kho āyasmā piṇḍolabhāradvājo rājagahakassa seṭṭhissa nivesane patiṭṭhāsi. Atha kho rājagahako seṭṭhi āyasmato piṇḍolabhāradvājassa hatthato pattaṃ gahetvā mahagghassa khādanīyassa pūretvā āyasmato piṇḍolabhāradvājassa adāsi. Atha kho āyasmā piṇḍolabhāradvājo taṃ pattaṃ gahetvā ārāmaṃ agamāsi. Assosuṃ kho manussā – ayyena kira piṇḍolabhāradvājena rājagahakassa seṭṭhissa patto ohāritoti. Te ca manussā uccāsaddā mahāsaddā āyasmantaṃ piṇḍolabhāradvājaṃ piṭṭhito piṭṭhito anubandhiṃsu.
Assosi kho Bhagavā uccāsaddaṃ mahāsaddaṃ; sutvāna āyasmantaṃ ānandaṃ āmantesi – "kiṃ nu kho so, ānanda, uccāsaddo mahāsaddo''ti? "Āyasmatā, bhante, piṇḍolabhāradvājena rājagahakassa seṭṭhissa patto ohārito. Assosuṃ kho, bhante, manussā – ayyena kira piṇḍolabhāradvājena rājagahakassa seṭṭhissa patto ohāritoti. Te ca, bhante, manussā uccāsaddā mahāsaddā āyasmantaṃ piṇḍolabhāradvājaṃ piṭṭhito piṭṭhito anubandhā. So eso, bhante, Bhagavā uccāsaddo mahāsaddo''ti. Atha kho Bhagavā etasmiṃ nidāne etasmiṃ pakaraṇe bhikkhusaṅghaṃ sannipātāpetvā āyasmantaṃ piṇḍolabhāradvājaṃ paṭipucchi – "saccaṃ kira tayā, bhāradvāja, rājagahakassa seṭṭhissa patto ohārito''ti? "Saccaṃ Bhagavā''ti. Vigarahi buddho Bhagavā – "ananucchavikaṃ, bhāradvāja, ananulomikaṃ appatirūpaṃ assāmaṇakaṃ akappiyaṃ akaraṇīyaṃ. Kathañhi nāma tvaṃ, bhāradvāja, chavassa dārupattassa kāraṇā gihīnaṃ uttarimanussadhammaṃ iddhipāṭihāriyaṃ dassessasi! Seyyathāpi, bhāradvāja, mātugāmo chavassa māsakarūpassa kāraṇā kopinaṃ dasseti, evameva kho tayā, bhāradvāja, chavassa dārupattassa kāraṇā gihīnaṃ uttarimanussadhammaṃ iddhipāṭihāriyaṃ dassitaṃ. Netaṃ, bhāradvāja, appasannānaṃ vā pasādāya...pe... vigarahitvā...pe... dhammiṃ kathaṃ katvā bhikkhū āmantesi – "na, bhikkhave, gihīnaṃ uttarimanussadhammaṃ iddhipāṭihāriyaṃ dassetabbaṃ. Yo dasseyya, āpatti dukkaṭassa. Bhindathetaṃ, bhikkhave, dārupattaṃ sakalikaṃ sakalikaṃ katvā , bhikkhūnaṃ añjanupapisanaṃ detha. Na ca, bhikkhave, dārupatto dhāretabbo. Yo dhāreyya, āpatti dukkaṭassā''ti.

Tena kho pana samayena chabbaggiyā bhikkhū uccāvace patte dhārenti sovaṇṇamayaṃ rūpiyamayaṃ. Manussā ujjhāyanti khiyyanti vipācenti – seyyathāpi gihī kāmabhoginoti. Bhagavato etamatthaṃ ārocesuṃ. ''Na, bhikkhave, sovaṇṇamayo patto dhāretabbo...pe... na rūpiyamayo patto dhāretabbo... na maṇimayo patto dhāretabbo... na veḷuriyamayo patto dhāretabbo... na phalikamayo patto dhāretabbo... na kaṃsamayo patto dhāretabbo... na kācamayo patto dhāretabbo... na tipumayo patto dhāretabbo... na sīsamayo patto dhāretabbo... na tambalohamayo patto dhāretabbo. Yo dhāreyya, āpatti dukkaṭassa. Anujānāmi, bhikkhave, dve patte – ayopattaṃ, mattikāpatta''nti.

253. Tena kho pana samayena pattamūlaṃ ghaṃsiyati. Bhagavato etamatthaṃ ārocesuṃ. ''Anujānāmi, bhikkhave, pattamaṇḍala''nti.

Tena kho pana samayena chabbaggiyā bhikkhū uccāvacāni pattamaṇḍalāni dhārenti sovaṇṇamayaṃ rūpiyamayaṃ. Manussā ujjhāyanti khiyyanti vipācenti – seyyathāpi gihī kāmabhoginoti. Bhagavato etamatthaṃ ārocesuṃ. ''Na, bhikkhave, uccāvacāni pattamaṇḍalāni dhāretabbāni. Yo dhāreyya, āpatti dukkaṭassa. Anujānāmi, bhikkhave, dve pattamaṇḍalāni – tipumayaṃ, sīsamaya''nti. Bahalāni maṇḍalāni na acchupiyanti. Bhagavato etamatthaṃ ārocesuṃ. ''Anujānāmi, bhikkhave, likhitu''nti. Valī [calī (ka.)] honti . Bhagavato etamatthaṃ ārocesuṃ. ''Anujānāmi, bhikkhave, makaradantakaṃ chinditu''nti.

Tena kho pana samayena chabbaggiyā bhikkhū citrāni pattamaṇḍalāni dhārenti rūpakākiṇṇāni bhittikammakatāni. Tāni rathikāyapi dassentā āhiṇḍanti. Manussā ujjhāyanti khiyyanti vipācenti – seyyathāpi gihī kāmabhoginoti. Bhagavato etamatthaṃ ārocesuṃ. ''Na, bhikkhave, citrāni pattamaṇḍalāni dhāretabbāni rūpakākiṇṇāni bhittikammakatāni. Yo dhāreyya, āpatti dukkaṭassa. ''Anujānāmi, bhikkhave, pakatimaṇḍala''nti.

254. Tena kho pana samayena bhikkhū sodakaṃ pattaṃ paṭisāmenti. Patto dussati. Bhagavato etamatthaṃ ārocesuṃ. ''Na, bhikkhave, sodako patto paṭisāmetabbo. Yo paṭisāmeyya, āpatti dukkaṭassa. Anujānāmi, bhikkhave, otāpetvā pattaṃ paṭisāmetu''nti.

Tena kho pana samayena bhikkhū sodakaṃ [saudakaṃ (ka.)] pattaṃ otāpenti. Patto duggandho hoti. Bhagavato etamatthaṃ ārocesuṃ. ''Na, bhikkhave, sodako patto otāpetabbo. Yo otāpeyya, āpatti dukkaṭassa. Anujānāmi, bhikkhave, vodakaṃ katvā otāpetvā pattaṃ paṭisāmetu''nti.

Tena kho pana samayena bhikkhū uṇhe pattaṃ nidahanti. Pattassa vaṇṇo dussati. Bhagavato etamatthaṃ ārocesuṃ. ''Na, bhikkhave, uṇhe patto nidahitabbo. Yo nidaheyya, āpatti dukkaṭassa. Anujānāmi, bhikkhave, muhuttaṃ uṇhe otāpetvā pattaṃ paṭisāmetu''nti.

Tena kho pana samayena sambahulā pattā ajjhokāse anādhārā nikkhittā honti. Vātamaṇḍalikāya āvaṭṭetvā pattā bhijjiṃsu . Bhagavato etamatthaṃ ārocesuṃ. ''Anujānāmi, bhikkhave, pattādhāraka''nti.

Tena kho pana samayena bhikkhū miḍḍhante pattaṃ nikkhipanti. Paripatitvā [parivaṭṭitvā (syā.)] patto bhijjati. Bhagavato etamatthaṃ ārocesuṃ. ''Na, bhikkhave, miḍḍhante patto nikkhipitabbo. Yo nikkhipeyya, āpatti dukkaṭassā''ti.

Tena kho pana samayena bhikkhū paribhaṇḍante pattaṃ nikkhipanti. Paripatitvā patto bhijjati. Bhagavato etamatthaṃ ārocesuṃ. ''Na, bhikkhave, paribhaṇḍante patto nikkhipitabbo. Yo nikkhipeyya, āpatti dukkaṭassā''ti.

Tena kho pana samayena bhikkhū chamāya pattaṃ nikkujjanti. Oṭṭho ghaṃsiyati. Bhagavato etamatthaṃ ārocesuṃ. ''Anujānāmi, bhikkhave, tiṇasanthāraka''nti. Tiṇasanthārako upacikāhi khajjati. Bhagavato etamatthaṃ ārocesuṃ. ''Anujānāmi, bhikkhave, coḷaka''nti. Coḷakaṃ upacikāhi khajjati. Bhagavato etamatthaṃ ārocesuṃ. ''Anujānāmi, bhikkhave, pattamāḷaka''nti. Pattamāḷako paripatitvā patto bhijjati. Bhagavato etamatthaṃ ārocesuṃ. ''Anujānāmi, bhikkhave, pattakuṇḍolika''nti. Pattakuṇḍolikāya patto ghaṃsiyati. Bhagavato etamatthaṃ ārocesuṃ. ''Anujānāmi, bhikkhave, pattathavika''nti . Aṃsabaddhako na hoti. Bhagavato etamatthaṃ ārocesuṃ. ''Anujānāmi, bhikkhave, aṃsabaddhakaṃ bandhanasuttaka''nti.

Tena kho pana samayena bhikkhū bhittikhilepi nāgadantakepi pattaṃ laggenti. Paripatitvā patto bhijjati. Bhagavato etamatthaṃ ārocesuṃ. ''Na, bhikkhave, patto laggetabbo. Yo laggeyya, āpatti dukkaṭassā''ti.

Tena kho pana samayena bhikkhū mañce pattaṃ nikkhipanti, satisammosā nisīdantā ottharitvā pattaṃ bhindenti. Bhagavato etamatthaṃ ārocesuṃ. ''Na, bhikkhave, mañce patto nikkhipitabbo. Yo nikkhipeyya, āpatti dukkaṭassā''ti.

Tena kho pana samayena bhikkhū pīṭhe pattaṃ nikkhipanti, satisammosā nisīdantā ottharitvā pattaṃ bhindenti. Bhagavato etamatthaṃ ārocesuṃ. ''Na, bhikkhave, pīṭhe patto nikkhipitabbo. Yo nikkhipeyya, āpatti dukkaṭassā''ti.

Tena kho pana samayena bhikkhū aṅke pattaṃ nikkhipanti, satisammosā uṭṭhahanti. Paripatitvā patto bhijjati. Bhagavato etamatthaṃ ārocesuṃ. ''Na, bhikkhave, aṅke patto nikkhipitabbo. Yo nikkhipeyya, āpatti dukkaṭassā''ti.

Tena kho pana samayena bhikkhū chatte pattaṃ nikkhipanti. Vātamaṇḍalikāya chattaṃ ukkhipiyati paripatitvā patto bhijjati. Bhagavato etamatthaṃ ārocesuṃ. ''Na, bhikkhave, chatte patto nikkhipitabbo. Yo nikkhipeyya, āpatti dukkaṭassā''ti.

255. Tena kho pana samayena bhikkhū pattahatthā kavāṭaṃ paṇāmenti. Kavāṭo āvaṭṭitvā patto bhijjati. Bhagavato etamatthaṃ ārocesuṃ. ''Na, bhikkhave, pattahatthena kavāṭaṃ paṇāmetabbaṃ [kavāṭo paṇāmetabbo (ka.)]. Yo paṇāmeyya, āpatti dukkaṭassā''ti.
Tena kho pana samayena bhikkhū tumbakaṭāhe piṇḍāya caranti. Manussā ujjhāyanti khiyyanti vipācenti – seyyathāpi titthiyāti. Bhagavato etamatthaṃ ārocesuṃ. ''Na, bhikkhave, tumbakaṭāhe piṇḍāya caritabbaṃ. Yo careyya, āpatti dukkaṭassā''ti.
Tena kho pana samayena bhikkhū ghaṭikaṭāhe [ghaṭikaṭāhena (syā.)] piṇḍāya caranti. Manussā ujjhāyanti khiyyanti vipācenti – seyyathāpi titthiyāti. Bhagavato etamatthaṃ ārocesuṃ. ''Na, bhikkhave, ghaṭikaṭāhe piṇḍāya caritabbaṃ. Yo careyya, āpatti dukkaṭassā''ti.
Tena kho pana samayena aññataro bhikkhu sabbapaṃsukūliko hoti. So chavasīsassa pattaṃ dhāreti. Aññatarā itthī passitvā bhītā vissaramakāsi – ''abhuṃ me pisāco vatāya''nti. Manussā ujjhāyanti khiyyanti vipācenti – ''kathañhi nāma samaṇā sakyaputtiyā chavasīsassa pattaṃ dhāressanti, seyyathāpi pisācillikā''ti! Bhagavato etamatthaṃ ārocesuṃ. ''Na, bhikkhave, chavasīsassa patto dhāretabbo. Yo dhāreyya, āpatti dukkaṭassa. Na ca, bhikkhave, sabbapaṃsukūlikena bhavitabbaṃ. Yo bhaveyya, āpatti dukkaṭassā''ti.
Tena kho pana samayena bhikkhū calakānipi aṭṭhikānipi ucchiṭṭhodakampi pattena nīharanti. Manussā ujjhāyanti khiyyanti vipācenti – ''yasmiṃ yevime samaṇā sakyaputtiyā bhuñjanti sova nesaṃ paṭiggaho''ti. Bhagavato etamatthaṃ ārocesuṃ. ''Na bhikkhave, calakāni vā aṭṭhikāni vā ucchiṭṭhodakaṃ vā pattena nīharitabbaṃ. Yo nīhareyya, āpatti dukkaṭassa. Anujānāmi, bhikkhave, paṭiggaha''nti.
256. Tena kho pana samayena bhikkhū hatthena vipphāḷetvā cīvaraṃ sibbenti. Cīvaraṃ vilomikaṃ hoti. Bhagavato etamatthaṃ ārocesuṃ. ''Anujānāmi, bhikkhave, satthakaṃ namataka''nti.
Tena kho pana samayena saṅghassa daṇḍasatthakaṃ uppannaṃ hoti. Bhagavato etamatthaṃ ārocesuṃ. ''Anujānāmi, bhikkhave, daṇḍasatthaka''nti .
Tena kho pana samayena chabbaggiyā bhikkhū uccāvace satthakadaṇḍe dhārenti sovaṇṇamayaṃ rūpiyamayaṃ. Manussā ujjhāyanti khiyyanti vipācenti – seyyathāpi gihī kāmabhoginoti. Bhagavato etamatthaṃ ārocesuṃ. ''Na, bhikkhave, uccāvacā satthakadaṇḍā dhāretabbā. Yo dhāreyya, āpatti dukkaṭassa. Anujānāmi, bhikkhave, aṭṭhimayaṃ dantamayaṃ visāṇamayaṃ naḷamayaṃ veḷumayaṃ kaṭṭhamayaṃ jatumayaṃ phalamayaṃ lohamayaṃ saṅkhanābhimaya''nti.
Tena kho pana samayena bhikkhū kukkuṭapattenapi veḷupesikāyapi cīvaraṃ sibbenti. Cīvaraṃ dussibbitaṃ hoti. Bhagavato etamatthaṃ ārocesuṃ. ''Anujānāmi, bhikkhave, sūci''nti. Sūciyo kaṇṇakitāyo honti...pe... ''anujānāmi, bhikkhave , sūcināḷika''nti. Sūcināḷikāyapi kaṇṇakitāyo honti...pe... ''anujānāmi, bhikkhave, kiṇṇena pūretu''nti. Kiṇṇepi kaṇṇakitāyo honti...pe... ''anujānāmi, bhikkhave, sattuyā pūretu''nti. Sattuyāpi kaṇṇakitāyo honti...pe... ''anujānāmi, bhikkhave, saritaka''nti. Saritakepi kaṇṇakitāyo honti...pe... ''anujānāmi, bhikkhave, madhusitthakena sāretu''nti. Saritakaṃ paribhijjati. ''Anujānāmi, bhikkhave, saritakasipāṭika''nti.
Tena kho pana samayena bhikkhū tattha tattha khilaṃ nikkhaṇitvā sambandhitvā cīvaraṃ sibbenti. Cīvaraṃ vikaṇṇaṃ hoti. Bhagavato etamatthaṃ ārocesuṃ. ''Anujānāmi, bhikkhave, kathinaṃ kathinarajjuṃ [kaṭhinaṃ kaṭhinarajjuṃ (sī. syā.)] tattha tattha obandhitvā cīvaraṃ sibbetu''nti. Visame kathinaṃ pattharanti. Kathinaṃ paribhijjati...pe... ''na, bhikkhave, visame kathinaṃ patthavitabbaṃ. Yo patthareyya, āpatti dukkaṭassā''ti.
Chamāya kathinaṃ pattharanti. Kathinaṃ paṃsukitaṃ hoti...pe... ''anujānāmi, bhikkhave, tiṇasanthāraka''nti. Kathinassa anto jīrati...pe... ''anujānāmi, bhikkhave, anuvātaṃ paribhaṇḍaṃ āropetu''nti. Kathinaṃ nappahoti...pe... ''anujānāmi, bhikkhave, daṇḍakathinaṃ bidalakaṃ salākaṃ vinandhanarajjuṃ vinandhanasuttaṃ vinandhitvā cīvaraṃ sibbetu''nti. Suttantarikāyo visamā honti...pe... ''anujānāmi , bhikkhave, kaḷimbhaka''nti. Suttā vaṅkā honti...pe... ''anujānāmi, bhikkhave, moghasuttaka''nti.
Tena kho pana samayena bhikkhū adhotehi pādehi kathinaṃ akkamanti. Kathinaṃ dussati. Bhagavato etamatthaṃ ārocesuṃ. ''Na, bhikkhave, adhotehi pādehi kathinaṃ akkamitabbaṃ. Yo akkameyya, āpatti dukkaṭassā''ti.
Tena kho pana samayena bhikkhū allehi pādehi kathinaṃ akkamanti. Kathinaṃ dussati. Bhagavato etamatthaṃ ārocesuṃ. ''Na , bhikkhave, allehi pādehi kathinaṃ akkamitabbaṃ. Yo akkameyya, āpatti dukkaṭassā''ti.
Tena kho pana samayena bhikkhū saupāhanā kathinaṃ akkamanti. Kathinaṃ dussati. Bhagavato etamatthaṃ ārocesuṃ. ''Na, bhikkhave, saupāhanena kathinaṃ akkamitabbaṃ. Yo akkameyya, āpatti dukkaṭassā''ti.
Tena kho pana samayena bhikkhū cīvaraṃ sibbantā aṅguliyā paṭiggaṇhanti. Aṅguliyo dukkhā honti. Bhagavato etamatthaṃ ārocesuṃ. ''Anujānāmi, bhikkhave, paṭiggaha''nti.
257. Tena kho pana samayena chabbaggiyā bhikkhū uccāvace paṭiggahe dhārenti sovaṇṇamayaṃ rūpiyamayaṃ. Manussā ujjhāyanti khiyyanti vipācenti – seyyathāpi gihī kāmabhoginoti. Bhagavato

etamatthaṃ ārocesuṃ. ''Na, bhikkhave, uccāvacā paṭiggahā dhāretabbā. Yo dhāreyya, āpatti dukkaṭassa. Anujānāmi, bhikkhave, aṭṭhimayaṃ...pe... saṅkhanābhimaya''nti.
Tena kho pana samayena sūciyopi satthakāpi paṭiggahāpi nassanti. Bhagavato etamatthaṃ ārocesuṃ. ''Anujānāmi, bhikkhave, āvesanavitthaka''nti. Āvesanavitthake samākulā honti. Bhagavato etamatthaṃ ārocesuṃ. ''Anujānāmi, bhikkhave, paṭiggahathavika''nti. Aṃsabaddhako na hoti. Bhagavato etamatthaṃ ārocesuṃ. ''Anujānāmi, bhikkhave, aṃsabaddhakaṃ bandhanasuttaka''nti.
Tena kho pana samayena bhikkhū abbhokāse cīvaraṃ sibbantā sītenapi uṇhenapi kilamanti. Bhagavato etamatthaṃ ārocesuṃ. ''Anujānāmi, bhikkhave, kathinasālaṃ kathinamaṇḍapa''nti. Kathinasālā nīcavatthukā hoti, udakena otthariyyati. Bhagavato etamatthaṃ ārocesuṃ. ''Anujānāmi, bhikkhave uccavatthukaṃ kātu''nti. Cayo paripatati...pe... ''anujānāmi, bhikkhave, cinituṃ tayo caye – iṭṭhakācayaṃ, silācayaṃ, dārucaya''nti. Ārohantā vihaññanti...pe... ''anujānāmi, bhikkhave, tayo sopāne – iṭṭhakāsopānaṃ, silāsopānaṃ, dārusopāna''nti. Ārohantā paripatanti...pe... ''anujānāmi, bhikkhave, ālambanabāha''nti. Kathinasālāya tiṇacuṇṇaṃ paripatati...pe... ''anujānāmi, bhikkhave, ogumphetvā [ogumbetvā (sī. syā.)] ullittāvalittaṃ kātuṃ – setavaṇṇaṃ kāḷavaṇṇaṃ gerukaparikammaṃ mālākammaṃ latākammaṃ makaradantakaṃ pañcapaṭikaṃ cīvaravaṃsaṃ cīvararajjuka''nti.
Tena kho pana samayena bhikkhū cīvaraṃ sibbetvā tattheva kathinaṃ ujjhitvā pakkamanti, undūrehipi upacikāhipi khajjati. Bhagavato etamatthaṃ ārocesuṃ. ''Anujānāmi, bhikkhave, kathinaṃ saṅgharitu''nti. Kathinaṃ paribhijjati...pe... ''anujānāmi, bhikkhave, goghaṃsikāya kathinaṃ saṅgharitu''nti. Kathinaṃ viniveṭhiyati...pe... ''anujānāmi, bhikkhave, bandhanarajju''nti.
Tena kho pana samayena bhikkhū kuṭṭepi thambhepi kathinaṃ ussāpetvā pakkamanti. Paripatitvā kathinaṃ bhijjati. Bhagavato etamatthaṃ ārocesuṃ. ''Anujānāmi, bhikkhave, bhittikhile vā nāgadante vā laggetu''nti.
258. Atha kho Bhagavā rājagahe yathābhirantaṃ viharitvā yena vesālī tena cārikaṃ pakkāmi. Tena kho pana samayena bhikkhū sūcikampi satthakampi bhesajjampi pattena ādāya gacchanti. Bhagavato etamatthaṃ ārocesuṃ. ''Anujānāmi, bhikkhave, bhesajjatthavika''nti. Aṃsabaddhako na hoti...pe... ''anujānāmi, bhikkhave, aṃsabaddhakaṃ bandhanasuttaka''nti.
Tena kho pana samayena aññataro bhikkhu upāhanāyo kāyabandhanena bandhitvā gāmaṃ piṇḍāya pāvisi. Aññataro upāsako taṃ bhikkhuṃ abhivādento upāhanāyo sīsena ghaṭṭeti. So bhikkhu maṅku ahosi. Atha kho so bhikkhu ārāmaṃ gantvā bhikkhūnaṃ etamatthaṃ ārocesi. Bhikkhū bhagavato etamatthaṃ ārocesuṃ. ''Anujānāmi, bhikkhave, upāhanatthavika''nti. Aṃsabaddhako na hoti...pe... ''anujānāmi, bhikkhave, aṃsabaddhakaṃ bandhanasuttaka''nti.
Tena kho pana samayena antarāmagge udakaṃ akappiyaṃ hoti. Parissāvanaṃ na hoti. Bhagavato etamatthaṃ ārocesuṃ. ''Anujānāmi, bhikkhave, parissāvana''nti. Coḷakaṃ nappahoti...pe... ''anujānāmi, bhikkhave, kaṭacchuparissāvana''nti. Coḷakaṃ nappahoti...pe... ''anujānāmi, bhikkhave, dhammakaraṇa''nti [dhammakaraṇaṃ (sī. syā.), dhamakaraṇaṃ (ka.)].
259. Tena kho pana samayena dve bhikkhū kosalesu janapade addhānamaggappaṭipannā honti. Eko bhikkhu anācāraṃ ācarati. Dutiyo bhikkhu taṃ bhikkhuṃ etadavoca – ''mā, āvuso, evarūpaṃ akāsi. Netaṃ kappatī''ti. So tasmiṃ upanandhi. Atha kho so bhikkhu pipāsāya pīḷito upanaddhaṃ bhikkhuṃ etadavoca – ''dehi me, āvuso, parissāvanaṃ, pānīyaṃ pivissāmī''ti. Upanaddho bhikkhu na adāsi. So bhikkhu pipāsāya pīḷito kālamakāsi. Atha kho so bhikkhu ārāmaṃ gantvā bhikkhūnaṃ etamatthaṃ ārocesi. ''Kiṃ pana tvaṃ, āvuso, parissāvanaṃ yāciyamāno na adāsī''ti? ''Evamāvuso''ti. Ye te bhikkhū appicchā...pe... te ujjhāyanti khiyyanti vipācenti – ''kathañhi nāma bhikkhu parissāvanaṃ yāciyamāno na dassatī''ti! Atha kho te bhikkhū bhagavato etamatthaṃ ārocesuṃ. Atha kho Bhagavā etasmiṃ nidāne etasmiṃ pakaraṇe bhikkhusaṅghaṃ sannipātāpetvā taṃ bhikkhuṃ paṭipucchi – ''saccaṃ kira tvaṃ, bhikkhu, parissāvanaṃ yāciyamāno na adāsī''ti? ''Saccaṃ Bhagavā''ti. Vigarahi buddho Bhagavā – ''ananucchavikaṃ, moghapurisa, ananulomikaṃ appatirūpaṃ assāmaṇakaṃakappiyaṃ akaraṇīyaṃ. Kathañhi nāma tvaṃ, moghapurisa, parissāvanaṃ yāciyamāno na dassasi. Netaṃ, moghapurisa, appasannānaṃ vā pasādāya...pe... vigarahitvā...pe... dhammiṃ kathaṃ katvā bhikkhū āmantesi – ''na bhikkhave, addhānamaggappaṭipannena bhikkhunā parissāvanaṃ yāciyamānena na dātabbaṃ. Yo na dadeyya, āpatti dukkaṭassa. Na ca, bhikkhave, aparissāvanakena addhāno paṭipajjitabbo. Yo paṭipajjeyya, āpatti dukkaṭassa. Sace na hoti parissāvanaṃ vā dhammakaraṇo vā, saṅghāṭikaṇṇopi adhiṭṭhātabbo – iminā parissāvetvā pivissāmī''ti. Atha kho Bhagavā anupubbena cārikaṃ caramāno yena vesālī tadavasari. Tatra sudaṃ Bhagavā vesāliyaṃ viharati mahāvane kūṭāgārasālāyaṃ. Tena kho pana samayena bhikkhū navakammaṃ karonti. Parissāvanaṃ na sammati. Bhagavato etamatthaṃ ārocesuṃ. ''Anujānāmi, bhikkhave, daṇḍaparissāvana''nti. Daṇḍaparissāvanaṃ na sammati. Bhagavato etamatthaṃ ārocesuṃ. ''Anujānāmi, bhikkhave, ottharaka''nti.
Tena kho pana samayena bhikkhū makasehi ubbāḷhā honti. Bhagavato etamatthaṃ ārocesuṃ. ''Anujānāmi, bhikkhave, makasakuṭika''nti.
260. Tena kho pana samayena vesāliyaṃ paṇītānaṃ bhattānaṃ bhattapaṭipāṭi aṭṭhitā hoti. Bhikkhū paṇītāni bhojanāni bhuñjitvā abhisannakāyā honti bahvābādhā [bavhābādhā (sī.)]. Atha kho jīvako

komārabhacco vesāliṃ agamāsi kenacideva karaṇīyena. Addasā kho jīvako komārabhacco bhikkhū abhisannakāye bahvābādhe. Disvāna yena Bhagavā tenupasaṅkami, upasaṅkamitvā bhagavantaṃ abhivādetvā ekamantaṃ nisīdi. Ekamantaṃ nisinno kho jīvako komārabhacco bhagavantaṃ etadavoca – ''etarahi, bhante, bhikkhū abhisannakāyā bahvābādhā. Sādhu, bhante, Bhagavā bhikkhūnaṃ caṅkamañca jantāgharañca anujānātu. Evaṃ bhikkhū appābādhā bhavissantī''ti. Atha kho Bhagavā jīvakaṃ komārabhaccaṃ dhammiyā kathāya sandassesi samādapesi samuttejesi sampahaṃsesi. Atha kho jīvako komārabhacco bhagavatā dhammiyā kathāya sandassito samādapito samuttejito sampahaṃsito uṭṭhāyāsanā bhagavantaṃ abhivādetvā padakkhiṇaṃ katvā pakkāmi. Atha kho Bhagavā etasmiṃ nidāne etasmiṃ pakaraṇe dhammiṃ kathaṃ katvā bhikkhū āmantesi – ''anujānāmi, bhikkhave, caṅkamañca jantāgharañcā''ti.

Tena kho pana samayena bhikkhū visame caṅkame caṅkamanti. Pādā dukkhā honti. Bhagavato etamatthaṃ ārocesuṃ. ''Anujānāmi, bhikkhave, samaṃ kātu''nti. Caṅkamo nīcavatthuko hoti. Udakena otthariyyati...pe... ''anujānāmi, bhikkhave, uccavatthukaṃ kātu''nti. Cayo paripatati...pe... ''anujānāmi, bhikkhave, cinituṃ tayo caye – iṭṭhakācayaṃ, silācayaṃ, dārucaya''nti. Ārohantā vihaññanti...pe... ''anujānāmi, bhikkhave, tayo sopāne – iṭṭhakāsopānaṃ, silāsopānaṃ, dārusopāna''nti. Ārohantā paripatanti...pe... ''anujānāmi, bhikkhave, ālambanabāha''nti.

Tena kho pana samayena bhikkhū caṅkame caṅkamantā paripatanti. Bhagavato etamatthaṃ ārocesuṃ. ''Anujānāmi, bhikkhave, caṅkamanavedika''nti.

Tena kho pana samayena bhikkhū ajjhokāse caṅkamantā sītenapi uṇhenapi kilamanti. Bhagavato etamatthaṃ ārocesuṃ. ''Anujānāmi, bhikkhave, caṅkamanasāla''nti. Caṅkamanasālāyaṃ tiṇacuṇṇaṃ paripatati...pe... ''anujānāmi, bhikkhave, ogumphetvā ullittāvalittaṃ kātuṃ – setavaṇṇaṃ kāḷavaṇṇaṃ gerukaparikammaṃ mālākammaṃ latākammaṃ makaradantakaṃ pañcapaṭikaṃ cīvaravaṃsaṃ cīvararajju''nti. Jantāgharaṃ nīcavatthukaṃ hoti, udakena otthariyyati...pe... ''anujānāmi, bhikkhave, uccavatthukaṃ kātu''nti. Cayo paripatati...pe... ''anujānāmi, bhikkhave, cinituṃ tayo caye – iṭṭhakācayaṃ, silācayaṃ, dārucaya''nti. Ārohantā vihaññanti...pe... ''anujānāmi, bhikkhave, tayo sopāne – iṭṭhakāsopānaṃ, silāsopānaṃ, dārusopāna''nti. Ārohantā paripatanti...pe... ''anujānāmi, bhikkhave, ālambanabāha''nti. Jantāgharassa kavāṭaṃ na hoti...pe... ''anujānāmi, bhikkhave, kavāṭaṃ piṭṭhasaṅghāṭaṃ[pīṭhasaṃghāṭaṃ (ka.)] udukkhalikaṃ uttarapāsakaṃ aggaḷavaṭṭikaṃ kapisīsakaṃ sūcikaṃ ghaṭikaṃ tāḷacchiddaṃ āviñchanachiddaṃ āviñchanarajju''nti. Jantāgharassa kuṭṭapādo jīrati...pe... ''anujānāmi, bhikkhave, maṇḍalikaṃ kātu''nti. Jantāgharassa dhūmanettaṃ na hoti...pe... ''anujānāmi, bhikkhave, dhūmanetta''nti.

Tena kho pana samayena bhikkhū khuddake jantāghare majjhe aggiṭṭhānaṃ karonti. Upacāro na hoti. Bhagavato etamatthaṃ ārocesuṃ. ''Anujānāmi, bhikkhave, khuddake jantāghare ekamantaṃ aggiṭṭhānaṃ kātuṃ, mahallake majjhe''ti. Jantāghare aggi mukhaṃ ḍahati...pe... ''anujānāmi, bhikkhave, mukhamattika''nti. Hatthe mattikaṃ tementi...pe... ''anujānāmi, bhikkhave, mattikādoṇika''nti. Mattikā duggandhā hoti...pe... ''anujānāmi, bhikkhave, vāsetu''nti. Jantāghare aggi kāyaṃ ḍahati...pe... ''anujānāmi, bhikkhave, udakaṃ atiharitu''nti. Pātiyāpi pattenapi udakaṃ atiharanti...pe... ''anujānāmi, bhikkhave, udakaṭṭhānaṃ, udakasarāvaka''nti. Jantāgharaṃ tiṇacchadanaṃ na sedeti [tiṇacchādanena chādeti (ka.)] ...pe... ''anujānāmi, bhikkhave, ogumphetvā ullittāvalittaṃ kātu''nti. Jantāgharaṃ cikkhallaṃ hoti...pe... ''anujānāmi, bhikkhave, santharituṃ tayo santhare – iṭṭhakāsantharaṃ, silāsantharaṃ , dārusanthara''nti. Cikkhallaṃyeva hoti...pe... ''anujānāmi, bhikkhave, dhovitu''nti. Udakaṃ santiṭṭhati...pe... ''anujānāmi, bhikkhave, udakaniddhamana''nti.

Tena kho pana samayena bhikkhū jantāghare chamāya nisīdanti, gattāni kaṇḍūvanti. Bhagavato etamatthaṃ ārocesuṃ. ''Anujānāmi, bhikkhave, jantāgharapīṭha''nti. Tena kho pana samayena jantāgharaṃ aparikkhittaṃ hoti...pe... ''anujānāmi, bhikkhave, parikkhipituṃ tayo pākāre – iṭṭhakāpākāraṃ, silāpākāraṃ, dārupākāra''nti. Koṭṭhako na hoti...pe... ''anujānāmi, bhikkhave, koṭṭhaka''nti. Koṭṭhako nīcavatthuko hoti, udakena otthariyyati...pe... ''anujānāmi, bhikkhave, uccavatthukaṃ kātu''nti. Cayo paripatati...pe... ''anujānāmi, bhikkhave, cinituṃ tayo caye – iṭṭhakācayaṃ, silācayaṃ, dārucaya''nti. Ārohantā vihaññanti...pe... ''anujānāmi, bhikkhave, tayo sopāne – iṭṭhakāsopānaṃ, silāsopānaṃ, dārusopāna''nti. Ārohantā paripatanti...pe... ''anujānāmi, bhikkhave, ālambanabāha''nti. Koṭṭhakassa kavāṭaṃ na hoti...pe... ''anujānāmi, bhikkhave, kavāṭaṃ piṭṭhasaṅghāṭaṃ udukkhalikaṃ uttarapāsakaṃ aggaḷavaṭṭiṃ kapisīsakaṃ sūcikaṃ ghaṭikaṃ tāḷacchiddaṃ āviñchanachiddaṃ āviñchanarajju''nti. Koṭṭhake tiṇacuṇṇaṃ paripatati...pe... ''anujānāmi, bhikkhave, ogumphetvā ullittāvalittaṃ kātuṃ – setavaṇṇaṃ kāḷavaṇṇaṃ gerukaparikammaṃ mālākammaṃ latākammaṃ makaradantakaṃ pañcapaṭikanti. Pariveṇaṃ cikkhallaṃ hoti...pe... ''anujānāmi, bhikkhave, marumbaṃ upakiritu''nti. Na pariyāpuṇanti...pe... ''anujānāmi, bhikkhave, padarasilaṃ nikkhipitu''nti. Udakaṃ santiṭṭhati...pe... ''anujānāmi, bhikkhave, udakaniddhamana''nti.

261. Tena kho pana samayena bhikkhū naggā naggaṃ abhivādenti...pe... naggā naggaṃ abhivādāpenti, naggā naggassa parikammaṃ karonti, naggā naggassa parikammaṃ kārāpenti, naggā naggassa denti, naggā paṭiggaṇhanti, naggā khādanti, naggā bhuñjanti, naggā sāyanti, naggā pivanti. Bhagavato

etamatthaṃ ārocesuṃ. ''Na, bhikkhave, naggena [idaṃ padaṃ katthaci natthi] naggo abhivādetabbo...pe... na naggena abhivādetabbaṃ... na naggena [idaṃ padaṃ katthaci natthi] naggo abhivādāpetabbo... na naggena abhivādāpetabbaṃ... na naggena naggassa parikammaṃ kātabbaṃ... na naggena naggassa parikammaṃ kārāpetabbaṃ... na naggena naggassa dātabbaṃ... na naggena paṭiggahetabbaṃ... na naggena khāditabbaṃ... na naggena bhuñjitabbaṃ... na naggena sāyitabbaṃ... na naggena pātabbaṃ. Yo piveyya, āpatti dukkaṭassā''ti.

Tena kho pana samayena bhikkhū jantāghare chamāya cīvaraṃ nikkhipanti. Cīvaraṃ paṃsukitaṃ hoti. Bhagavato etamatthaṃ ārocesuṃ. ''Anujānāmi, bhikkhave, cīvaravaṃsaṃ cīvararajju''nti. Deve vassante cīvaraṃ ovassati...pe... ''anujānāmi, bhikkhave, jantāgharasāla''nti. Jantāgharasālā nīcavatthukā hoti, udakena otthariyyati...pe... ''anujānāmi, bhikkhave, uccavatthukaṃ kātu''nti. Cayo paripatati...pe... ''anujānāmi, bhikkhave, cinituṃ...pe... ārohantā vihaññanti...pe... ārohantā paripatanti...pe... ''anujānāmi, bhikkhave, ālambanabāha''nti. Jantāgharasālāya tiṇacuṇṇaṃ paripatati...pe... ''anujānāmi, bhikkhave, ogumphetvā ullittāvalittaṃ kātuṃ...pe... cīvaravaṃsaṃ cīvararajju''nti.

Tena kho pana samayena bhikkhū jantāgharepi udakepi parikammaṃ kātuṃ kukkuccāyanti. Bhagavato etamatthaṃ ārocesuṃ. ''Anujānāmi, bhikkhave, tisso paṭicchādiyo – jantāgharapaṭicchādiṃ, udakapaṭicchādiṃ, vatthapaṭicchādi''nti.

Tena kho pana samayena jantāghare udakaṃ na hoti. Bhagavato etamatthaṃ ārocesuṃ. ''Anujānāmi, bhikkhave, udapāna''nti. Udapānassa kūlaṃ lujjati...pe... ''anujānāmi, bhikkhave, cinituṃ tayo caye – iṭṭhakācayaṃ, silācayaṃ, dārucaya''nti. Udapāno nīcavatthuko hoti, udakena otthariyyati...pe... ''anujānāmi, bhikkhave, uccavatthukaṃ kātu''nti. Cayo paripatati...pe... ārohantā vihaññanti...pe... ārohantā paripatanti...pe... ''anujānāmi, bhikkhave, ālambanabāha''nti.

262. Tena kho pana samayena bhikkhū vallikāyapi kāyabandhanenapi udakaṃ vāhenti [vāhanti (ka.)]. Bhagavato etamatthaṃ ārocesuṃ. ''Anujānāmi, bhikkhave, udakavāhanarajju''nti. Hatthā dukkhā honti...pe... ''anujānāmi, bhikkhave, tulaṃ karakaṭakaṃ cakkavaṭṭaka''nti. Bhājanā bahū bhijjanti...pe... ''anujānāmi, bhikkhave, tayo vārake – lohavārakaṃ, dāruvārakaṃ, cammakkhaṇḍa''nti.

Tena kho pana samayena bhikkhū ajjhokāse udakaṃ vāhentā sītenapi uṇhenapi kilamanti. Bhagavato etamatthaṃ ārocesuṃ. ''Anujānāmi, bhikkhave, udapānasāla''nti. Udapānasālāya tiṇacuṇṇaṃ paripatati...pe... ''anujānāmi, bhikkhave, ogumphetvā ullittāvalittaṃ kātuṃ – setavaṇṇaṃ kāḷavaṇṇaṃ gerukaparikammaṃ mālākammaṃ latākammaṃ makaradantakaṃ pañcapaṭikaṃ cīvaravaṃsaṃ cīvararajju''nti. Udapāno apāruto hoti, tiṇacuṇṇehipipaṃsukehipi okiriyyati...pe... ''anujānāmi, bhikkhave, apidhāna''nti. Udakabhājanaṃ na saṃvijjati...pe... ''anujānāmi, bhikkhave, udakadoṇiṃ udakakaṭāha''nti.

Tena kho pana samayena bhikkhū ārāme tahaṃ tahaṃ nahāyanti. Ārāmo cikkhallo hoti. Bhagavato etamatthaṃ ārocesuṃ. ''Anujānāmi, bhikkhave, candanika''nti. Candanikā pākaṭā hoti. Bhikkhū hiriyanti nahāyituṃ...pe... ''anujānāmi, bhikkhave, parikkhipituṃ tayo pākāre – iṭṭhakāpākāraṃ, silāpākāraṃ, dārupākāra''nti. Candanikā cikkhallā hoti...pe... ''anujānāmi, bhikkhave, santharituṃ tayo santhare – iṭṭhakāsantharaṃ, silāsantharaṃ, dārusanthara''nti. Udakaṃ santiṭṭhati...pe... ''anujānāmi, bhikkhave, udakaniddhamana''nti.

Tena kho pana samayena bhikkhūnaṃ gattāni sītigatāni honti. Bhagavato etamatthaṃ ārocesuṃ...pe... ''anujānāmi, bhikkhave, udakapuñchaniṃ coḷakenapi paccuddharitu''nti.

263. Tena kho pana samayena aññataro upāsako saṅghassa atthāya pokkharaṇiṃ kāretukāmo hoti. Bhagavato etamatthaṃ ārocesuṃ...pe... ''anujānāmi, bhikkhave, pokkharaṇi''nti. Pokkharaṇiyā kūlaṃ lujjati...pe... ''anujānāmi, bhikkhave, cinituṃ tayo caye – iṭṭhakācayaṃ, silācayaṃ, dārucaya''nti. Ārohantā vihaññanti...pe... ''anujānāmi, bhikkhave, tayo sopāne – iṭṭhakāsopānaṃ, silāsopānaṃ, dārusopāna''nti. Ārohantā paripatanti...pe... ''anujānāmi, bhikkhave, ālambanabāha''nti. Pokkharaṇiyā udakaṃ purāṇaṃ hoti...pe... ''anujānāmi, bhikkhave, udakamātikaṃ udakaniddhamana''nti.

Tena kho pana samayena aññataro bhikkhu saṅghassa atthāya nillekhaṃ jantāgharaṃ kattukāmo hoti. Bhagavato etamatthaṃ ārocesuṃ...pe... ''anujānāmi, bhikkhave, nillekhaṃ jantāghara''nti.

Tena kho pana samayena chabbaggiyā bhikkhū cātumāsaṃ nisīdanena vippavasanti. Bhagavato etamatthaṃ ārocesuṃ...pe... ''na, bhikkhave, cātumāsaṃ nisīdanena vippavasitabbaṃ. Yo vippavaseyya, āpatti dukkaṭassā''ti.

264. Tena kho pana samayena chabbaggiyā bhikkhū pupphābhikiṇṇesu sayanesu sayanti. Manussā vihāracārikaṃ āhiṇḍantā passitvā ujjhāyanti khiyyanti vipācenti – seyyathāpi gihī kāmabhoginoti. Bhagavato etamatthaṃ ārocesuṃ. ''Na, bhikkhave, pupphābhikiṇṇesu sayanesu sayitabbaṃ. Yo sayeyya, āpatti dukkaṭassā''ti.

Tena kho pana samayena manussā gandhampi mālampi ādāya ārāmaṃ āgacchanti. Bhikkhū kukkuccāyantā na paṭigganhanti. Bhagavato etamatthaṃ ārocesuṃ. ''Anujānāmi, bhikkhave, gandhaṃ gahetvā kavāṭe pañcaṅgulikaṃ dātuṃ, pupphaṃ gahetvā vihāre ekamantaṃ nikkhipitu''nti.

Tena kho pana samayena saṅghassa namatakaṃ uppannaṃ hoti. Bhagavato etamatthaṃ ārocesuṃ. ''Anujānāmi, bhikkhave, namataka''nti. Atha kho bhikkhūnaṃ etadahosi – ''namatakaṃ adhiṭṭhātabbaṃ nu kho udāhu vikappetabba''nti...pe... ''na, bhikkhave, namatakaṃ adhiṭṭhātabbaṃ, na vikappetabba''nti.

Tena kho pana samayena chabbaggiyā bhikkhū āsittakūpadhāne bhuñjanti. Manussā ujjhāyanti khiyyanti vipācenti – seyyathāpi gihī kāmabhoginoti. Bhagavato etamatthaṃ ārocesuṃ...pe... ''na, bhikkhave, āsittakūpadhāne bhuñjitabbaṃ. Yo bhuñjeyya, āpatti dukkaṭassā''ti .

Tena kho pana samayena aññataro bhikkhu gilāno hoti. So bhuñjamāno na sakkoti hatthena pattaṃ sandhāretuṃ. Bhagavato etamatthaṃ ārocesuṃ. ''Anujānāmi, bhikkhave, maḷorika''nti.

Tena kho pana samayena chabbaggiyā bhikkhū ekabhājanepi bhuñjanti...pe... ekathālakepi pivanti, ekamañcepi tuvaṭṭenti, ekattharaṇāpi tuvaṭṭenti, ekapāvuraṇāpi tuvaṭṭenti, ekattharaṇapāvuraṇāpi tuvaṭṭenti. Manussā ujjhāyanti khiyyanti vipācenti – seyyathāpi gihī kāmabhoginoti. Bhagavato etamatthaṃ ārocesuṃ. ''Na, bhikkhave, ekabhājane bhuñjitabbaṃ...pe... na ekathālake pātabbaṃ... na ekamañce tuvaṭṭitabbaṃ... na ekattharaṇā [na ekattharaṇe]tuvaṭṭitabbaṃ... na ekapāvuraṇā [na ekapāvuraṇe] tuvaṭṭitabbaṃ... na ekattharaṇapāvuraṇā [na ekattharaṇapāvuraṇe (syā.)] tuvaṭṭitabbaṃ. Yo tuvaṭṭeyya, āpatti dukkaṭassā''ti.

265. Tena kho pana samayena vaḍḍho licchavī mettiyabhūmajakānaṃ bhikkhūnaṃ sahāyo hoti. Atha kho vaḍḍho licchavī yena mettiyabhūmajakā bhikkhū tenupasaṅkami, upasaṅkamitvā mettiyabhūmajake bhikkhū etadavoca – ''vandāmi ayyā''ti. Evaṃ vutte mettiyabhūmajakā bhikkhū nālapiṃsu. Dutiyampi kho vaḍḍho licchavī mettiyabhūmajake bhikkhū etadavoca – ''vandāmi ayyā''ti. Dutiyampi kho mettiyabhūmajakā bhikkhū nālapiṃsu. Tatiyampi kho vaḍḍho licchavī mettiyabhūmajake bhikkhū etadavoca – ''vandāmi ayyā''ti. Tatiyampi kho mettiyabhūmajakā bhikkhū nālapiṃsu. ''Kyāhaṃ ayyānaṃ aparajjhāmi, kissa maṃ ayyā nālapantī''ti? ''Tathā hi pana tvaṃ, āvuso vaḍḍha, amhe dabbena mallaputtena viheṭhiyamāne ajjhupekkhasī''ti. ''Kyāhaṃ ayyā karomī''ti? ''Sace kho tvaṃ, āvuso vaḍḍha, iccheyyāsi, ajjeva Bhagavā āyasmantaṃ dabbaṃ mallaputtaṃ nāsāpeyyā''ti. ''Kyāhaṃ ayyā karomi, kiṃ mayā sakkā kātu''nti? ''Ehi tvaṃ, āvuso vaḍḍha, yena Bhagavā tenupasaṅkama, upasaṅkamitvā bhagavantaṃ evaṃ vadehi – 'idaṃ, bhante, nacchannaṃ nappatirūpaṃ. Yāyaṃ, bhante, disā abhayā anītikā anupaddavā sāyaṃ disā sabhayā saītikā saupaddavā; yato nivātaṃ tato savātaṃ ; udakaṃ maññe ādittaṃ; ayyena me dabbena mallaputtena pajāpati dūsitā'''ti. ''Evaṃ ayyā''ti kho vaḍḍho licchavī mettiyabhūmajakānaṃ bhikkhūnaṃ paṭissutvā yena Bhagavā tenupasaṅkami, upasaṅkamitvā bhagavantaṃ abhivādetvā ekamantaṃ nisīdi. Ekamantaṃ nisinno kho vaḍḍho licchavī bhagavantaṃ etadavoca – ''idaṃ, bhante, nacchannaṃ nappatirūpaṃ. Yāyaṃ, bhante, disā abhayā anītikā anupaddavā sāyaṃ disā sabhayā saītikā saupaddavā; yato nivātaṃ tato savātaṃ; udakaṃ maññe ādittaṃ; ayyena me dabbena mallaputtena pajāpati dūsitā''ti.

Atha kho Bhagavā etasmiṃ nidāne etasmiṃ pakaraṇe bhikkhusaṅghaṃ sannipātāpetvā āyasmantaṃ dabbaṃ mallaputtaṃ paṭipucchi – ''sarasi tvaṃ, dabba, evarūpaṃ kattā yathāyaṃ vaḍḍho āhā''ti? ''Yathā maṃ, bhante, Bhagavā jānātī''ti. Dutiyampi kho Bhagavā...pe... tatiyampi kho Bhagavā āyasmantaṃ dabbaṃ mallaputtaṃ etadavoca – ''sarasi tvaṃ, dabba, evarūpaṃ kattā yathāyaṃ vaḍḍho āhā''ti? ''Yathā maṃ, bhante, Bhagavā jānātī''ti. ''Na kho, dabba, dabbā evaṃ nibbeṭhenti. Sace tayā kataṃ, katanti vadehi; sace akataṃ, akatanti vadehī''ti. ''Yato ahaṃ, bhante, jāto nābhijānāmi supinantenapi methunaṃ dhammaṃ paṭisevitā, pageva jāgaro''ti. Atha kho Bhagavā bhikkhū āmantesi – ''tena hi, bhikkhave, saṅgho vaḍḍhassa licchavissa pattaṃ nikkujjatu, asambhogaṃ saṅghena karotu.

''Aṭṭhahi, bhikkhave, aṅgehi samannāgatassa upāsakassa patto nikkujjitabbo – bhikkhūnaṃ alābhāya parisakkati, bhikkhūnaṃ anatthāya parisakkati, bhikkhūnaṃ avāsāya [anāvāsāya (syā.)] parisakkati, bhikkhū akkosati paribhāsati, bhikkhū bhikkhūhi bhedeti, buddhassa avaṇṇaṃ bhāsati, dhammassa avaṇṇaṃ bhāsati, saṅghassa avaṇṇaṃ bhāsati. Anujānāmi, bhikkhave, imehi aṭṭhahaṅgehi samannāgatassa upāsakassa pattaṃ nikkujjituṃ. Evañca pana, bhikkhave, nikkujjitabbo. Byattena bhikkhunā paṭibalena saṅgho ñāpetabbo –

266. ''Suṇātu me, bhante, saṅgho. Vaḍḍho licchavī āyasmantaṃ dabbaṃ mallaputtaṃ amūlikāya sīlavipattiyā anuddhaṃseti. Yadi saṅghassa pattakallaṃ, saṅgho vaḍḍhassa licchavissa pattaṃ nikkujjeyya, asambhogaṃ saṅghena kareyya. Esā ñatti.

''Suṇātu me, bhante, saṅgho. Vaḍḍho licchavī āyasmantaṃ dabbaṃ mallaputtaṃ amūlikāya sīlavipattiyā anuddhaṃseti. Saṅgho vaḍḍhassa licchavissa pattaṃ nikkujjati, asambhogaṃ saṅghena karoti . Yassāyasmato khamati vaḍḍhassa licchavissa pattassa nikkujjanā, asambhogaṃ saṅghena karaṇaṃ, so tuṇhassa; yassa nakkhamati, so bhāseyya.

''Nikkujjito saṅghena vaḍḍhassa licchavissa patto, asambhogo saṅghena. Khamati saṅghassa, tasmā tuṇhī, evametaṃ dhārayāmī''ti.

Atha kho āyasmā ānando pubbaṇhasamayaṃ nivāsetvā pattacīvaramādāya yena vaḍḍhassa licchavissa nivesanaṃ tenupasaṅkami, upasaṅkamitvā vaḍḍhaṃ licchaviṃ etadavoca – ''saṅghena te, āvuso vaḍḍha, patto nikkujjito. Asambhogosi saṅghenā''ti. Atha kho vaḍḍho licchavī – saṅghena kira me patto nikkujjito, asambhogomhi kira saṅghenāti – tattheva mucchito papato. Atha kho vaḍḍhassa licchavissa mittāmaccā ñātisālohitā vaḍḍhaṃ licchaviṃ etadavocuṃ – ''alaṃ, āvuso vaḍḍha, mā soci, mā paridevi. Mayaṃ bhagavantaṃ pasādessāma bhikkhusaṅghañcā''ti.

Atha kho vaḍḍho licchavī saputtadāro samittāmacco sañātisālohito allavattho allakeso yena Bhagavā tenupasaṅkami, upasaṅkamitvā bhagavato pādesu sirasā nipatitvā bhagavantaṃ etadavoca – ''accayo maṃ, bhante, accagamā yathābālaṃ yathāmūḷhaṃ yathāakusalaṃ, yohaṃ ayyaṃ dabbaṃ mallaputtaṃ amūlikāya sīlavipattiyā anuddhaṃsesiṃ. Tassa me, bhante, Bhagavā accayaṃ accayato paṭiggaṇhātu āyatiṃ saṃvarāyā''ti. ''Taggha tvaṃ, āvuso vaḍḍha, accayo accagamā yathābālaṃ yathāmūḷhaṃ yathāakusalaṃ, yaṃ tvaṃ dabbaṃ mallaputtaṃ amūlikāya sīlavipattiyā anuddhaṃsesi. Yato ca kho tvaṃ, āvuso vaḍḍha, accayaṃ accayato disvā yathādhammaṃ paṭikarosi, taṃ te mayaṃ paṭiggaṇhāma. Vuḍḍhihesā, āvuso vaḍḍha, ariyassa vinaye yo accayaṃ accayato disvā yathādhammaṃ paṭikaroti, āyatiṃ saṃvaraṃ āpajjatī''ti. Atha kho Bhagavā bhikkhū āmantesi – ''tena hi, bhikkhave, saṅgho vaḍḍhassa licchavissa pattaṃ ukkujjatu, sambhogaṃ saṅghena karotu.

''Aṭṭhahi, bhikkhave, aṅgehi samannāgatassa upāsakassa patto ukkujjitabbo – na bhikkhūnaṃ alābhāya parisakkati, na bhikkhūnaṃ anatthāya parisakkati, na bhikkhūnaṃ avāsāya parisakkati, na bhikkhū akkosati paribhāsati, na bhikkhū bhikkhūhi bhedeti, na buddhassa avaṇṇaṃ bhāsati, na dhammassa avaṇṇaṃ bhāsati, na saṅghassa avaṇṇaṃ bhāsati. Anujānāmi , bhikkhave, imehi aṭṭhahaṅgehi samannāgatassa upāsakassa pattaṃ ukkujjituṃ. Evañca pana, bhikkhave, ukkujjitabbo. Tena, bhikkhave, vaḍḍhena licchavinā saṅghaṃ upasaṅkamitvā ekaṃsaṃ uttarāsaṅgaṃ karitvā bhikkhūnaṃ pāde vanditvā ukkuṭikaṃ nisīditvā añjaliṃ paggahetvā evamassa vacanīyo – 'saṅghena me, bhante, patto nikkujjito, asambhogomhi saṅghena. Sohaṃ, bhante, sammā vattāmi, lomaṃ pātemi, netthāraṃ vattāmi, saṅghaṃ pattukkujjanaṃ yācāmī'ti. Dutiyampi yācitabbo. Tatiyampi yācitabbo. Byattena bhikkhunā paṭibalena saṅgho ñāpetabbo –

267. ''Suṇātu me, bhante, saṅgho. Saṅghena vaḍḍhassa licchavissa patto nikkujjito, asambhogo saṅghena. So sammā vattati, lomaṃ pāteti, netthāraṃ vattati, saṅghaṃ pattukkujjanaṃ yācati. Yadi saṅghassa pattakallaṃ, saṅgho vaḍḍhassa licchavissa pattaṃ ukkujjeyya, sambhogaṃ saṅghena kareyya. Esā ñatti.

''Suṇātu me, bhante, saṅgho. Saṅghena vaḍḍhassa licchavissa patto nikkujjito, asambhogo saṅghena. So sammā vattati, lomaṃ pāteti, netthāraṃ vattati , saṅghaṃ pattukkujjanaṃ yācati. Saṅgho vaḍḍhassa licchavissa pattaṃ ukkujjati, sambhogaṃ saṅghena karoti. Yassāyasmato khamati vaḍḍhassa licchavissa pattassa ukkujjanā, sambhogaṃ saṅghena karaṇaṃ, so tuṇhassa; yassa nakkhamati, so bhāseyya.

''Ukkujjito saṅghena vaḍḍhassa licchavissa patto, sambhogo saṅghena. Khamati saṅghassa, tasmā tuṇhī, evametaṃ dhārayāmī''ti.

268. Atha kho Bhagavā vesāliyaṃ yathābhirantaṃ viharitvā yena bhaggā tena cārikaṃ pakkāmi. Anupubbena cārikaṃ caramāno yena bhaggā tadavasari. Tatra sudaṃ Bhagavā bhaggesu viharati susumāragire [suṃsumāragire (sī. syā.), saṃsumāragire (ka.)] bhesakaḷāvane migadāye. Tena kho pana samayena bodhissa rājakumārassa kokanado [kokanudo (ka.)] nāma pāsādo acirakārito hoti, anajjhāvuttho samaṇena vā brāhmaṇena vā kenaci vā manussabhūtena. Atha kho bodhi rājakumāro sañjikāputtaṃ māṇavaṃ āmantesi – ''ehi tvaṃ, samma sañcikāputta, yena Bhagavā tenupasaṅkama, upasaṅkamitvā mama vacanena bhagavato pāde sirasā vanda; appābādhaṃ appātaṅkaṃ lahuṭṭhānaṃ balaṃ phāsuvihāraṃ puccha – 'bodhi, bhante, rājakumāro bhagavato pāde sirasā vandati, appābādhaṃ appātaṅkaṃ lahuṭṭhānaṃ balaṃ phāsuvihāraṃ pucchatī'ti. Evañca vadehi – 'adhivāsetu kira, bhante , Bhagavā bodhissa rājakumārassa svātanāya bhattaṃ saddhiṃ bhikkhusaṅghenā''ti. ''Evaṃ bho''ti kho sañcikāputto māṇavo bodhissa rājakumārassa paṭissutvā yena Bhagavā tenupasaṅkami, upasaṅkamitvā bhagavatā saddhiṃ sammodi, sammodanīyaṃ kathaṃ sāraṇīyaṃ vītisāretvā ekamantaṃ nisīdi. Ekamantaṃ nisinno kho sañcikāputto māṇavo bhagavantaṃ etadavoca – ''bodhi kho rājakumāro bhoto Gotamassa pāde sirasā vandati, appābādhaṃ appātaṅkaṃ lahuṭṭhānaṃ balaṃ phāsuvihāraṃ pucchati. Evañca vadeti – 'adhivāsetu kira bhavaṃ Gotamo bodhissa rājakumārassa svātanāya bhattaṃ saddhiṃ bhikkhusaṅghenā''ti. Adhivāsesi Bhagavā tuṇhībhāvena. Atha kho sañcikāputto māṇavo bhagavato adhivāsanaṃ viditvā uṭṭhāyāsanā yena bodhi rājakumāro tenupasaṅkami, upasaṅkamitvā bodhiṃ rājakumāraṃ etadavoca – ''avocumha kho mayaṃ bhoto vacanena taṃ bhavantaṃ Gotamaṃ – 'bodhi kho rājakumāro bhoto Gotamassa pāde sirasā vandati, appābādhaṃ appātaṅkaṃ lahuṭṭhānaṃ balaṃ phāsuvihāraṃ pucchati. Evañca vadeti – adhivāsetu kira bhavaṃ Gotamo bodhissa rājakumārassa svātanāya bhattaṃ saddhiṃ bhikkhusaṅghenā'ti. Adhivutthañca pana samaṇena Gotamenā''ti.

Atha kho bodhi rājakumāro tassā rattiyā accayena paṇītaṃ khādanīyaṃ bhojanīyaṃ paṭiyādāpetvā, kokanadañca pāsādaṃ odātehi dussehi santharāpetvā yāva pacchimasopānakaḷevarā, sañcikāputtaṃ māṇavaṃ āmantesi – ''ehi tvaṃ, samma sañcikāputta, yena Bhagavā tenupasaṅkama, upasaṅkamitvā bhagavato kālaṃ ārocehi – 'kālo, bhante niṭṭhitaṃ bhatta''nti. ''Evaṃ bho''ti kho sañcikāputto māṇavo bodhissa rājakumārassa paṭissutvā yena Bhagavā tenupasaṅkami, upasaṅkamitvā bhagavato kālaṃ ārocesi – ''kālo, bho Gotama, niṭṭhitaṃ bhatta''nti.

Atha kho Bhagavā pubbaṇhasamayaṃ nivāsetvā pattacīvaramādāya yena bodhissa rājakumārassa nivesanaṃ tenupasaṅkami. Tena kho pana samayena bodhi rājakumāro bahidvārakoṭṭhake ṭhito hoti, bhagavantaṃ āgamayamāno. Addasā kho bodhi rājakumāro bhagavantaṃ dūratova āgacchantaṃ. Disvāna tato paccuggantvā bhagavantaṃ abhivādetvā purekkhatvā yena kokanado pāsādo tenupasaṅkami. Atha kho Bhagavā pacchimasopānakaḷevaraṃ nissāya aṭṭhāsi. Atha kho bodhi rājakumāro bhagavantaṃ etadavoca – ''akkamatu, bhante, Bhagavā dussāni, akkamatu sugato dussāni, yaṃ mama assa dīgharattaṃ hitāya sukhāyā''ti. Evaṃ vutte Bhagavā tuṇhī ahosi. Dutiyampi kho...pe... tatiyampi kho bodhi rājakumāro bhagavantaṃ etadavoca – ''akkamatu, bhante, Bhagavā dussāni, akkamatu sugato dussāni, yaṃ mama assa dīgharattaṃ hitāya sukhāyā''ti. Atha kho Bhagavā āyasmantaṃ ānandaṃ apalokesi. Atha kho āyasmā ānando bodhiṃ rājakumāraṃ etadavoca – ''saṃharantu, rājakumāra, dussāni. Na Bhagavā celapaṭikaṃ [celapattikaṃ (sī.)] akkamissati pacchimaṃ janataṃ tathāgato anukampatī''ti.

Atha kho bodhi rājakumāro dussāni saṃharāpetvā uparikokanade pāsāde āsanaṃ paññapesi. Atha kho Bhagavā kokanadaṃ pāsādaṃ abhiruhitvā paññatte āsane nisīdi saddhiṃ bhikkhusaṅghena. Atha kho bodhi rājakumāro buddhappamukhaṃ bhikkhusaṅghaṃ paṇītena khādanīyena bhojanīyena sahatthā santappetvā sampavāretvā, bhagavantaṃ bhuttāviṃ onītapattapāṇiṃ, ekamantaṃ nisīdi. Ekamantaṃ nisinnaṃ kho bodhiṃ rājakumāraṃ Bhagavā dhammiyā kathāya sandassetvā samādapetvā samuttejetvā sampahaṃsetvā uṭṭhāyāsanā pakkāmi. Atha kho Bhagavā etasmiṃ nidāne etasmiṃ pakaraṇe dhammiṃ kathaṃ katvā bhikkhū āmantesi – ''na, bhikkhave, celapaṭikā akkamitabbā. Yo akkameyya, āpatti dukkaṭassā''ti.

Tena kho pana samayena aññatarā itthī apagatagabbhā bhikkhū nimantetvā dussaṃ paññapetvā etadavoca – ''akkamatha, bhante , dussa''nti. Bhikkhū kukkuccāyantā na akkamanti. ''Akkamatha, bhante, dussaṃ maṅgalatthāyā''ti. Bhikkhū kukkuccāyantā na akkamiṃsu. Atha kho sā itthī ujjhāyati khiyyati vipāceti – ''kathañhi nāma ayyā maṅgalatthāya yāciyamānā celappaṭikaṃ na akkamissantī''ti! Assosuṃ kho bhikkhū tassā itthiyā ujjhāyantiyā khiyyantiyā vipācentiyā. Atha kho te bhikkhū bhagavato etamatthaṃ ārocesuṃ. ''Gihī, bhikkhave, maṅgalikā. Anujānāmi, bhikkhave, gihīnaṃ maṅgalatthāya yāciyamānena celappaṭikaṃ akkamitu''nti.

Tena kho pana samayena bhikkhū dhotapādakaṃ akkamituṃ kukkuccāyanti. Bhagavato etamatthaṃ ārocesuṃ. ''Anujānāmi, bhikkhave, dhotapādakaṃ akkamitu''nti.

Dutiyabhāṇavāro niṭṭhito.

269. Atha kho Bhagavā bhaggesu yathābhirantaṃ viharitvā yena sāvatthi tena cārikaṃ pakkāmi. Anupubbena cārikaṃ caramāno yena sāvatthi tadavasari. Tatra sudaṃ Bhagavā sāvatthiyaṃ viharati jetavane anāthapiṇḍikassa ārāme. Atha kho visākhā migāramātā ghaṭakañca katakañca sammajjaniñca ādāya yena Bhagavā tenupasaṅkami, upasaṅkamitvā bhagavantaṃ abhivādetvā ekamantaṃ nisīdi. Ekamantaṃ nisinnā kho visākhā migāramātā bhagavantaṃ etadavoca – ''paṭiggaṇhātu me, bhante, Bhagavā ghaṭakañca katakañca sammajjaniñca, yaṃ mama assa dīgharattaṃ hitāya sukhāyā''ti. Paṭiggahesi Bhagavā ghaṭakañca sammajjaniñca. Na Bhagavā katakaṃ paṭiggahesi. Atha kho Bhagavā visākhaṃ migāramātaraṃ dhammiyā kathāya sandassesi samādapesi samuttejesi sampahaṃsesi. Atha kho visākhā migāramātā bhagavatā dhammiyā kathāya sandassitā samādapitā samuttejitā sampahaṃsitā uṭṭhāyāsanā bhagavantaṃ abhivādetvā padakkhiṇaṃ katvā pakkāmi.

Atha kho Bhagavā etasmiṃ nidāne etasmiṃ pakaraṇe dhammiṃ kathaṃ katvā bhikkhū āmantesi – ''anujānāmi, bhikkhave, ghaṭakañca sammajjaniñca. Na, bhikkhave, katakaṃ paribhuñjitabbaṃ. Yo paribhuñjeyya, āpatti dukkaṭassa. Anujānāmi, bhikkhave, tisso pādaghaṃsaniyo – sakkharaṃ, kathalaṃ, samuddapheṇaka''nti.

Atha kho visākhā migāramātā vidhūpanañca tālavaṇṭañca [tālavaṇḍañca (ka.)] ādāya yena Bhagavā tenupasaṅkami, upasaṅkamitvā bhagavantaṃ abhivādetvā ekamantaṃ nisīdi. Ekamantaṃ nisinnā kho visākhā migāramātā bhagavantaṃ etadavoca – ''paṭiggaṇhātu me, bhante, Bhagavā vidhūpanañca tālavaṇṭañca, yaṃ mama assa dīgharattaṃ hitāya sukhāyā''ti. Paṭiggahesi Bhagavā vidhūpanañca tālavaṇṭañca.

Atha kho Bhagavā visākhaṃ migāramātaraṃ dhammiyā kathāya sandassesi samādapesi samuttejesi sampahaṃsesi...pe... padakkhiṇaṃ katvā pakkāmi. Atha kho Bhagavā etasmiṃ nidāne etasmiṃ pakaraṇe dhammiṃ kathaṃ katvā bhikkhū āmantesi – ''anujānāmi, bhikkhave, vidhūpanañca tālavaṇṭañcā''ti.

Tena kho pana samayena saṅghassa makasabījanī uppannā hoti. Bhagavato etamatthaṃ ārocesuṃ. ''Anujānāmi, bhikkhave, makasabījani''nti. Cāmaribījanī uppannā hoti. Bhagavato etamatthaṃ ārocesuṃ. ''Na, bhikkhave, cāmaribījanī dhāretabbā. Yo dhāreyya, āpatti dukkaṭassa. Anujānāmi, bhikkhave, tisso bījaniyo – vākamayaṃ, usīramayaṃ, morapiñchamaya''nti.

270. Tena kho pana samayena saṅghassa chattaṃ uppannaṃ hoti. Bhagavato etamatthaṃ ārocesuṃ. ''Anujānāmi, bhikkhave, chatta''nti.

Tena kho pana samayena chabbaggiyā bhikkhū chattappaggahitā [chattaṃ paggahetvā (ka.)] āhiṇḍanti. Tena kho pana samayena aññataro upāsako sambahulehi ājīvakasāvakehi saddhiṃ uyyānaṃ agamāsi. Addasāsuṃ kho te ājīvakasāvakā chabbaggiye bhikkhū dūratova chattappaggahite āgacchante. Disvāna taṃ upāsakaṃ etadavocuṃ – "ete kho, ayyā [ayyo (ka.)], tumhākaṃ bhadantā chattappaggahitā āgacchanti, seyyathāpi gaṇakamahāmattā"ti. "Nāyyā ete bhikkhū, paribbājakā"ti. 'Bhikkhū na bhikkhū'ti abbhutaṃ akaṃsu. Atha kho so upāsako upagate sañjānitvā ujjhāyati khiyyati vipāceti – "kathañhi nāma bhadantā chattappaggahitā āhiṇḍissantī"ti! Assosuṃ kho bhikkhū tassa upāsakassa ujjhāyantassa khiyyantassa vipācentassa. Atha kho te bhikkhū bhagavato etamatthaṃ ārocesuṃ. "Saccaṃ kira, bhikkhave...pe... "saccaṃ Bhagavā"ti...pe... vigarahitvā...pe... dhammiṃ kathaṃ katvā bhikkhū āmantesi – "na, bhikkhave, chattaṃ dhāretabbaṃ. Yo dhāreyya, āpatti dukkaṭassā"ti.

Tena kho pana samayena aññataro bhikkhu gilāno hoti. Tassa bhikkhuno vinā chattaṃ na phāsu hoti. Bhagavato etamatthaṃ ārocesuṃ. "Anujānāmi, bhikkhave, gilānassa chattaṃ dhāretu"nti.

Tena kho pana samayena bhikkhū – gilānasseva bhagavatā chattaṃ anuññātaṃ no agilānassāti – ārāme ārāmūpacāre chattaṃ dhāretuṃ kukkuccāyanti. Bhagavato etamatthaṃ ārocesuṃ. "Anujānāmi, bhikkhave, agilānenapi ārāme ārāmūpacāre chattaṃ dhāretu"nti.

Tena kho pana samayena aññataro bhikkhu sikkāya pattaṃ uṭṭitvā daṇḍe ālaggitvā vikāle aññatarena gāmadvārena atikkamati. Manussā – 'esayyo coro gacchati, asissa vijjotalatī'ti anupatitvā gahetvā sañjānitvā muñciṃsu. Atha kho so bhikkhu ārāmaṃ gantvā bhikkhūnaṃ etamatthaṃ ārocesi. "Kiṃ pana tvaṃ, āvuso, daṇḍasikkaṃ dhāresī"ti? "Evamāvuso"ti. Ye te bhikkhū appicchā...pe... te ujjhāyanti khiyyanti vipācenti – "kathañhi nāma bhikkhu daṇḍasikkaṃ dhāressasī"ti! Atha kho te bhikkhū bhagavato etamatthaṃ ārocesuṃ...pe... "saccaṃ Bhagavā"ti...pe... vigarahitvā...pe... dhammiṃ kathaṃ katvā bhikkhū āmantesi – "na, bhikkhave, daṇḍasikkā dhāretabbā. Yo dhāreyya, āpatti dukkaṭassā"ti.

Tena kho pana samayena aññataro bhikkhu gilāno hoti, na sakkoti vinā daṇḍena āhiṇḍituṃ. Bhagavato etamatthaṃ ārocesuṃ. "Anujānāmi, bhikkhave, gilānassa bhikkhuno daṇḍasammutiṃ dātuṃ. Evañca pana, bhikkhave, dātabbā. Tena gilānena bhikkhunā saṅghaṃ upasaṅkamitvā ekaṃsaṃ uttarāsaṅgaṃ karitvā vuḍḍhānaṃ bhikkhūnaṃ pāde vanditvā ukkuṭikaṃ nisīditvā añjaliṃ paggahetvā evamassa vacanīyo – 'ahaṃ, bhante, gilāno; na sakkomi vinā daṇḍena āhiṇḍituṃ. Sohaṃ, bhante, saṅghaṃ daṇḍasammutiṃ yācāmī'ti. Dutiyampi yācitabbā. Tatiyampi yācitabbā. Byattena bhikkhunā paṭibalena saṅgho ñāpetabbo –

"Suṇātu me, bhante, saṅgho. Ayaṃ itthannāmo bhikkhu gilāno, na sakkoti vinā daṇḍena āhiṇḍituṃ. So saṅghaṃ daṇḍasammutiṃ yācati. Yadi saṅghassa pattakallaṃ, saṅgho itthannāmassa bhikkhuno daṇḍasammutiṃ dadeyya. Esā ñatti.

"Suṇātu me, bhante, saṅgho. Ayaṃ itthannāmo bhikkhu gilāno, na sakkoti vinā daṇḍena āhiṇḍituṃ. So saṅghaṃ daṇḍasammutiṃ yācati. Saṅghoitthannāmassa bhikkhuno daṇḍasammutiṃ deti. Yassāyasmato khamati itthannāmassa bhikkhuno daṇḍasammutiyā dānaṃ, so tuṇhassa; yassa nakkhamati, so bhāseyya.

"Dinnā saṅghena itthannāmassa bhikkhuno daṇḍasammuti. Khamati saṅghassa, tasmā tuṇhī, evametaṃ dhārayāmī"ti.

271. Tena kho pana samayena aññataro bhikkhu gilāno hoti, na sakkoti vinā sikkāya pattaṃ pariharituṃ. Bhagavato etamatthaṃ ārocesuṃ. "Anujānāmi, bhikkhave, gilānassa bhikkhuno sikkāsammutiṃ dātuṃ. Evañca pana, bhikkhave, dātabbā. Tena gilānena bhikkhunā saṅghaṃ upasaṅkamitvā ekaṃsaṃ uttarāsaṅgaṃ karitvā vuḍḍhānaṃ bhikkhūnaṃ pāde vanditvā ukkuṭikaṃ nisīditvā añjaliṃ paggahetvā evamassa vacanīyo – 'ahaṃ, bhante, gilāno; na sakkomi vinā sikkāya pattaṃ pariharituṃ. Sohaṃ, bhante, saṅghaṃ sikkāsammutiṃ yācāmī'ti. Dutiyampi yācitabbā. Tatiyampi yācitabbā. Byattena bhikkhunā paṭibalena saṅgho ñāpetabbo –

"Suṇātu me, bhante, saṅgho. Ayaṃ itthannāmo bhikkhu gilāno, na sakkoti vinā sikkāya pattaṃ pariharituṃ. So saṅghaṃ sikkāsammutiṃ yācati. Yadi saṅghassa pattakallaṃ, saṅgho itthannāmassa bhikkhuno sikkāsammutiṃ dadeyya. Esā ñatti.

"Suṇātu me, bhante, saṅgho. Ayaṃ itthannāmo bhikkhu gilāno, na sakkoti vinā sikkāya pattaṃ pariharituṃ. So saṅghaṃ sikkāsammutiṃ yācati. Saṅgho itthannāmassa bhikkhuno sikkāsammutiṃ deti. Yassāyasmato khamati itthannāmassa bhikkhuno sikkāsammutiyā dānaṃ, so tuṇhassa; yassa nakkhamati, so bhāseyya.

"Dinnā saṅghena itthannāmassa bhikkhuno sikkāsammuti. Khamati saṅghassa, tasmā tuṇhī, evametaṃ dhārayāmī"ti.

272. Tena kho pana samayena aññataro bhikkhu gilāno hoti, na sakkoti vinā daṇḍena āhiṇḍituṃ, na sakkoti vinā sikkāya pattaṃ pariharituṃ. Bhagavato etamatthaṃ ārocesuṃ. "Anujānāmi, bhikkhave, gilānassa bhikkhuno daṇḍasikkāsammutiṃ dātuṃ. Evañca pana, bhikkhave, dātabbā. Tena gilānena bhikkhunā saṅghaṃ upasaṅkamitvā ekaṃsaṃ uttarāsaṅgaṃ karitvā vuḍḍhānaṃ bhikkhūnaṃ pāde vanditvā ukkuṭikaṃ nisīditvā añjaliṃ paggahetvā evamassa vacanīyo – 'ahaṃ, bhante, gilāno; na sakkomi vinā daṇḍena āhiṇḍituṃ; na sakkomi vinā sikkāya pattaṃ pariharituṃ. Sohaṃ, bhante, saṅghaṃ

daṇḍasikkāsammutiṃ yācāmī'ti. Dutiyampi yācitabbā. Tatiyampi yācitabbā. Byattena bhikkhunā paṭibalena saṅgho ñāpetabbo –

''Suṇātu me, bhante, saṅgho. Ayaṃ itthannāmo bhikkhu gilāno, na sakkoti vinā daṇḍena āhiṇḍituṃ, na sakkoti vinā sikkāya pattaṃ pariharituṃ. So saṅghaṃ daṇḍasikkāsammutiṃ yācati. Yadi saṅghassa pattakallaṃ, saṅgho itthannāmassa bhikkhuno daṇḍasikkāsammutiṃ dadeyya. Esā ñatti.

''Suṇātu me, bhante, saṅgho. Ayaṃ itthannāmo bhikkhu gilāno na sakkoti vinā daṇḍena āhiṇḍituṃ, na sakkoti vinā sikkāya pattaṃ pariharituṃ. So saṅghaṃ daṇḍasikkāsammutiṃ yācati. Saṅgho itthannāmassa bhikkhuno daṇḍasikkāsammutiṃ deti. Yassāyasmato khamati itthannāmassa bhikkhuno daṇḍasikkāsammutiyā dānaṃ, so tuṇhassa; yassa nakkhamati, so bhāseyya.

''Dinnā saṅghena itthannāmassa bhikkhuno daṇḍasikkāsammuti. Khamati saṅghassa, tasmā tuṇhī, evametaṃ dhārayāmī''ti.

273. Tena kho pana samayena aññataro bhikkhu romanthako [romaṭṭhako (ka.)] hoti. So romanthitvā romanthitvā ajjhoharati. Bhikkhū ujjhāyanti khiyyanti vipācenti – ''vikālāyaṃ [kathaṃ hi nāma vikālāyaṃ(ka.)] bhikkhu bhojanaṃ bhuñjatī''ti. Bhagavato etamatthaṃ ārocesuṃ. ''Eso, bhikkhave, bhikkhu aciraṃgoyoniyā cuto. Anujānāmi, bhikkhave, romanthakassa romanthanaṃ. Na ca, bhikkhave, bahimukhadvāraṃ nīharitvā ajjhoharitabbaṃ. Yo ajjhohareyya, yathādhammo kāretabbo''ti.

Tena kho pana samayena aññatarassa pūgassa saṅghabhattaṃ hoti. Bhattagge bahusitthāni pakiriyiṃsu [vippakirīyiṃsu (sī.), parikiriṃsu (syā.)]. Manussā ujjhāyanti khiyyanti vipācenti – ''kathañhi nāma samaṇā sakyaputtiyā odane diyyamāne na sakkaccaṃ paṭiggahessanti, ekamekaṃ sitthaṃ kammasatena niṭṭhāyatī''ti! Assosuṃ kho bhikkhū tesaṃ manussānaṃ ujjhāyantānaṃ khiyyantānaṃ vipācentānaṃ. Atha kho te bhikkhū bhagavato etamatthaṃ ārocesuṃ. ''Anujānāmi, bhikkhave, yaṃ diyyamānaṃ patati, taṃ sāmaṃ gahetvā paribhuñjituṃ. Pariccattaṃ taṃ, bhikkhave, dāyakehī''ti.

274. Tena kho pana samayena aññataro bhikkhu dīghehi nakhehi piṇḍāya carati. Aññatarā itthī passitvā taṃ bhikkhuṃ etadavoca – ''ehi, bhante, methunaṃ dhammaṃ paṭisevā''ti. ''Alaṃ, bhagini, netaṃ kappatī''ti. ''Sace kho tvaṃ, bhante, nappaṭisevissasi, idānāhaṃ attano nakhehi gattāni vilikhitvā kuppaṃ karissāmi – ayaṃ maṃ bhikkhu vippakarotī''ti. ''Pajānāhi tvaṃ, bhaginī''ti. Atha kho sā itthī attano nakhehi gattāni vilikhitvā kuppaṃ akāsi – ayaṃ maṃ bhikkhu vippakarotīti. Manussā upadhāvitvā taṃ bhikkhuṃ aggahesuṃ. Addasāsuṃ kho te manussā tassā itthiyā nakhe chavimpi lohitampi. Disvāna – imissāyeva itthiyā idaṃ kammaṃ, akārako bhikkhūti – taṃ bhikkhuṃ muñciṃsu. Atha kho so bhikkhu ārāmaṃ gantvā bhikkhūnaṃ etamatthaṃ ārocesi. ''Kiṃ pana tvaṃ, āvuso, dīghe nakhe dhāresī''ti? ''Evamāvuso''ti. Ye te bhikkhū appicchā...pe... te ujjhāyanti khiyyanti vipācenti – ''kathañhi nāma bhikkhu dīghe nakhe dhāressasī''ti! Atha kho te bhikkhū bhagavato etamatthaṃ ārocesuṃ. ''Na, bhikkhave, dīghā nakhā dhāretabbā. Yo dhāreyya, āpatti dukkaṭassā''ti.

Tena kho pana samayena bhikkhū nakhenapi nakhaṃ chindanti, mukhenapi nakhaṃ chindanti, kuṭṭepi ghaṃsanti. Aṅguliyo dukkhā honti. Bhagavato etamatthaṃ ārocesuṃ. ''Anujānāmi, bhikkhave, nakhacchedana''nti. Salohitaṃ nakhaṃ chindanti. Aṅguliyo dukkhā honti...pe... ''anujānāmi, bhikkhave, maṃsappamāṇena nakhaṃ chinditu''nti.

Tena kho pana samayena chabbaggiyā bhikkhū vīsatimaṭṭhaṃ [vīsatimaṭṭaṃ (sī.)] kārāpenti. Manussā ujjhāyanti khiyyanti vipācenti – seyyathāpi gihī kāmabhoginoti. Bhagavato etamatthaṃ ārocesuṃ. ''Na , bhikkhave, vīsatimaṭṭhaṃ kārāpetabbaṃ. Yo kārāpeyya, āpatti dukkaṭassa. Anujānāmi, bhikkhave, malamattaṃ apakaḍḍhitu''nti.

275. Tena kho pana samayena bhikkhūnaṃ kesā dīghā honti. Bhagavato etamatthaṃ ārocesuṃ. ''Ussahanti pana, bhikkhave, bhikkhū aññamaññaṃ kese oropetu''nti? ''Ussahanti Bhagavā''ti . Atha kho Bhagavā etasmiṃ nidāne etasmiṃ pakaraṇe bhikkhusaṅghaṃ sannipātāpetvā...pe... bhikkhū āmantesi – ''anujānāmi, bhikkhave, khuraṃ khurasilaṃ khurasipāṭikaṃ namatakaṃ sabbaṃ khurabhaṇḍa''nti.

Tena kho pana samayena chabbaggiyā bhikkhū massuṃ kappāpenti...pe... massuṃ vaḍḍhāpenti... golomikaṃ kārāpenti... caturassakaṃ kārāpenti... parimukhaṃ kārāpenti... aḍḍhadukaṃ [aḍḍhurakaṃ (sī.), aḍḍharukaṃ (syā.)] kārāpenti... dāṭhikaṃ ṭhapenti... sambādhe lomaṃ saṃharāpenti. Manussā ujjhāyanti khiyyanti vipācenti – seyyathāpi gihī kāmabhoginoti. Bhagavato etamatthaṃ ārocesuṃ. ''Na, bhikkhave , massu kappāpetabbaṃ...pe... na massu vaḍḍhāpetabbaṃ... na golomikaṃ kārāpetabbaṃ... na caturassakaṃ kārāpetabbaṃ... na parimukhaṃ kārāpetabbaṃ... na aḍḍhadukaṃ kārāpetabbaṃ... na dāṭhikā ṭhapetabbā... na sambādhe lomaṃ saṃharāpetabbaṃ. Yo saṃharāpeyya, āpatti dukkaṭassā''ti.

Tena kho pana samayena aññatarassa bhikkhuno sambādhe vaṇo hoti. Bhesajjaṃ na santiṭṭhati. Bhagavato etamatthaṃ ārocesuṃ . ''Anujānāmi, bhikkhave, ābādhappaccayā sambādhe lomaṃ saṃharāpetu''nti.

Tena kho pana samayena chabbaggiyā bhikkhū kattarikāya kese chedāpenti. Manussā ujjhāyanti khiyyanti vipācenti – seyyathāpi gihī kāmabhoginoti. Bhagavato etamatthaṃ ārocesuṃ. ''Na, bhikkhave, kattarikāya kesā chedāpetabbā. Yo chedāpeyya, āpatti dukkaṭassā''ti.

Tena kho pana samayena aññatarassa bhikkhuno sīse vaṇo hoti, na sakkoti khurena kese oropetuṃ. Bhagavato etamatthaṃ ārocesuṃ. ''Anujānāmi, bhikkhave, ābādhappaccayā kattarikāya kese chedāpetu''nti.

Tena kho pana samayena bhikkhū dīghāni nāsikālomāni dhārenti. Manussā ujjhāyanti khiyyanti vipācenti – seyyathāpi pisācillikāti. Bhagavato etamatthaṃ ārocesuṃ. ''Na, bhikkhave, dīghaṃ nāsikālomaṃ dhāretabbaṃ. Yo dhāreyya, āpatti dukkaṭassā''ti.

Tena kho pana samayena bhikkhū sakkharikāyapi madhusitthakenapi nāsikālomaṃ gāhāpenti. Nāsikā dukkhā honti. Bhagavato etamatthaṃ ārocesuṃ. ''Anujānāmi, bhikkhave, saṇḍāsa''nti.

Tena kho pana samayena chabbaggiyā bhikkhū palitaṃ gāhāpenti . Manussā ujjhāyanti khiyyanti vipācenti – seyyathāpi gihī kāmabhoginoti. Bhagavato etamatthaṃ ārocesuṃ. ''Na, bhikkhave, palitaṃ gāhāpetabbaṃ. Yo gāhāpeyya, āpatti dukkaṭassā''ti.

276. Tena kho pana samayena aññatarassa bhikkhuno kaṇṇagūthakehi kaṇṇā thakitā honti . Bhagavato etamatthaṃ ārocesuṃ. ''Anujānāmi, bhikkhave, kaṇṇamalaharaṇi''nti.

Tena kho pana samayena chabbaggiyā bhikkhū uccāvacā kaṇṇamalaharaṇiyo dhārenti sovaṇṇamayaṃ rūpiyamayaṃ. Manussā ujjhāyanti khiyyanti vipācenti – seyyathāpi gihī kāmabhoginoti. Bhagavato etamatthaṃ ārocesuṃ. ''Na, bhikkhave, uccāvacā kaṇṇamalaharaṇiyo dhāretabbā. Yo dhāreyya, āpatti dukkaṭassāti. Anujānāmi, bhikkhave, aṭṭhimayaṃ dantamayaṃ visāṇamayaṃ naḷamayaṃ veḷumayaṃ kaṭṭhamayaṃ jatumayaṃ phalamayaṃ lohamayaṃ saṅkhanābhimaya''nti.

277. Tena kho pana samayena chabbaggiyā bhikkhū bahuṃ lohabhaṇḍaṃ kaṃsabhaṇḍaṃ sannicayaṃ karonti. Manussā vihāracārikaṃ āhiṇḍantā passitvā ujjhāyanti khiyyanti vipācenti – ''kathañhi nāma samaṇā sakyaputtiyā bahuṃ lohabhaṇḍaṃ kaṃsabhaṇḍaṃ sannicayaṃ karissanti , seyyathāpikaṃsapattharikā''ti! Bhagavato etamatthaṃ ārocesuṃ. ''Na, bhikkhave, bahuṃ lohabhaṇḍaṃ kaṃsabhaṇḍaṃ sannicayo kātabbo. Yo kareyya, āpatti dukkaṭassā''ti.

Tena kho pana samayena bhikkhū añjanimpi añjanisalākampi kaṇṇamalaharaṇimpi bandhanamattampi kukkuccāyanti. Bhagavato etamatthaṃ ārocesuṃ. ''Anujānāmi, bhikkhave, añjaniṃ añjanisalākaṃ kaṇṇamalaharaṇiṃ bandhanamatta''nti.

Tena kho pana samayena chabbaggiyā bhikkhū saṅghāṭipallatthikāya nisīdanti. Saṅghāṭiyā pattā lujjanti. Bhagavato etamatthaṃ ārocesuṃ. ''Na, bhikkhave, saṅghāṭipallatthikāya nisīditabbaṃ. Yo nisīdeyya, āpatti dukkaṭassā''ti.

Tena kho pana samayena aññataro bhikkhu gilāno hoti. Tassa vinā āyogena [āyogā (sī. syā.)] na phāsu hoti. Bhagavato etamatthaṃ ārocesuṃ. ''Anujānāmi, bhikkhave, āyoga''nti. Atha kho bhikkhūnaṃ etadahosi – ''kathaṃ nu kho āyogo kātabbo''ti? Bhagavato etamatthaṃ ārocesuṃ. ''Anujānāmi, bhikkhave, tantakaṃ vemaṃ kavaṭaṃ [vemakaṃ vaṭṭaṃ (sī.), vemakaṃ vaṭaṃ (syā.)] salākaṃ sabbaṃ tantabhaṇḍaka''nti.

278. Tena kho pana samayena aññataro bhikkhu akāyabandhano gāmaṃ piṇḍāya pāvisi. Tassa rathikāya antaravāsako pabhassittha. Manussā ukkuṭṭhimakaṃsu . So bhikkhu maṅku ahosi . Atha kho so bhikkhu ārāmaṃ gantvā bhikkhūnaṃ etamatthaṃ ārocesi. Bhikkhū bhagavato etamatthaṃ ārocesuṃ. ''Na, bhikkhave, akāyabandhanena gāmo pavisitabbo. Yo paviseyya, āpatti dukkaṭassa. Anujānāmi, bhikkhave, kāyabandhana''nti.

Tena kho pana samayena chabbaggiyā bhikkhū uccāvacāni kāyabandhanāni dhārenti – kalābukaṃ, deḍḍubhakaṃ, murajaṃ, maddavīṇaṃ. Manussā ujjhāyanti khiyyanti vipācenti – seyyathāpi gihī kāmabhoginoti. Bhagavato etamatthaṃ ārocesuṃ. ''Na, bhikkhave, uccāvacāni kāyabandhanāni dhāretabbāni – kalābukaṃ, deḍḍubhakaṃ, murajaṃ, maddavīṇaṃ. Yo dhāreyya, āpatti dukkaṭassa. Anujānāmi, bhikkhave, dve kāyabandhanāni – paṭṭikaṃ, sūkarantaka''nti. Kāyabandhanassa dasā jīranti...pe... ''anujānāmi, bhikkhave, murajaṃ maddavīṇa''nti. Kāyabandhanassa anto jīrati...pe... ''anujānāmi, bhikkhave, sobhaṇaṃ guṇaka''nti. Kāyabandhanassa pavananto jīrati...pe... ''anujānāmi, bhikkhave, vidha''nti [vīthanti (sī. syā.)].

Tena kho pana samayena chabbaggiyā bhikkhū uccāvace vidhe dhārenti sovaṇṇamayaṃ rūpiyamayaṃ. Manussā ujjhāyanti khiyyanti vipācenti – seyyathāpi gihī kāmabhoginoti. Bhagavato etamatthaṃ ārocesuṃ. ''Na, bhikkhave, uccāvacā vidhā dhāretabbā. Yo dhāreyya, āpatti dukkaṭassa. Anujānāmi, bhikkhave, aṭṭhimayaṃ...pe... saṅkhanābhimayaṃ suttamaya''nti.

279. Tena kho pana samayena āyasmā ānando lahukā saṅghāṭiyo pārupitvā gāmaṃ piṇḍāya pāvisi. Vātamaṇḍalikāya saṅghāṭiyo ukkhipiyiṃsu. Atha kho āyasmā ānando ārāmaṃ gantvā bhikkhūnaṃ etamatthaṃ ārocesi. Bhikkhū bhagavato etamatthaṃ ārocesuṃ. ''Anujānāmi, bhikkhave, gaṇṭhikaṃ pāsaka''nti.

Tena kho pana samayena chabbaggiyā bhikkhū uccāvacā gaṇṭhikāyo dhārenti sovaṇṇamayaṃ rūpiyamayaṃ. Manussā ujjhāyanti khiyyanti vipācenti – seyyathāpi gihī kāmabhoginoti. Bhagavato etamatthaṃ ārocesuṃ. ''Na, bhikkhave, uccāvacā gaṇṭhikā dhāretabbā. Yo dhāreyya, āpatti dukkaṭassa. Anujānāmi, bhikkhave, aṭṭhimayaṃ dantamayaṃ visāṇamayaṃ naḷamayaṃ veḷumayaṃ kaṭṭhamayaṃ jatumayaṃ phalamayaṃ lohamayaṃ saṅkhanābhimayaṃ suttamaya''nti.

Tena kho pana samayena bhikkhū gaṇṭhikampi pāsakampi cīvare appenti. Cīvaraṃ jīrati . Bhagavato etamatthaṃ ārocesuṃ. ''Anujānāmi, bhikkhave, gaṇṭhikaphalakaṃ pāsakaphalaka''nti. Gaṇṭhikaphalakampi pāsakaphalakampi ante appenti. Koṭṭo [koṇo (sī. syā.)] vivariyati. Bhagavato etamatthaṃ ārocesuṃ. ''Anujānāmi, bhikkhave, gaṇṭhikaphalakaṃ ante appetuṃ; pāsakaphalakaṃ sattaṅgulaṃ vā aṭṭhaṅgulaṃ vā ogāhetvā appetu''nti.

280. Tena kho pana samayena chabbaggiyā bhikkhū gihinivatthaṃ nivāsenti – hatthisoṇḍakaṃ, macchavāḷakaṃ, catukaṇṇakaṃ, tālavaṇṭakaṃ, satavalikaṃ. Manussā ujjhāyanti khiyyanti vipācenti – seyyathāpi gihī kāmabhoginoti. Bhagavato etamatthaṃ ārocesuṃ. ''Na, bhikkhave, gihinivatthaṃ nivāsetabbaṃ – hatthisoṇḍakaṃ, macchavāḷakaṃ, catukaṇṇakaṃ, tālavaṇṭakaṃ, satavalikaṃ. Yo nivāseyya, āpatti dukkaṭassā''ti.

Tena kho pana samayena chabbaggiyā bhikkhū gihipārutaṃ pārupanti. Manussā ujjhāyanti khiyyanti vipācenti – seyyathāpi gihī kāmabhoginoti. Bhagavato etamatthaṃ ārocesuṃ. ''Na, bhikkhave, gihipārutaṃ pārupitabbaṃ. Yo pārupeyya, āpatti dukkaṭassā''ti.

Tena kho pana samayena chabbaggiyā bhikkhū saṃvelliyaṃ nivāsenti. Manussā ujjhāyanti khiyyanti vipācenti – seyyathāpi rañño muṇḍavaṭṭīti. Bhagavato etamatthaṃ ārocesuṃ. ''Na, bhikkhave, saṃvelliyaṃ nivāsetabbaṃ. Yo nivāseyya, āpatti dukkaṭassā''ti.

281. Tena kho pana samayena chabbaggiyā bhikkhū ubhatokājaṃ haranti. Manussā ujjhāyanti khiyyanti vipācenti – seyyathāpi rañño muṇḍavaṭṭīti. Bhagavato etamatthaṃ ārocesuṃ. ''Na, bhikkhave, ubhatokājaṃ haritabbaṃ. Yo hareyya, āpatti dukkaṭassa. Anujānāmi, bhikkhave, ekatokājaṃ antarākājaṃ sīsabhāraṃ khandhabhāraṃ kaṭibhāraṃ olambaka''nti.

282. Tena kho pana samayena bhikkhū dantakaṭṭhaṃ na khādanti. Mukhaṃ duggandhaṃ hoti. Bhagavato etamatthaṃ ārocesuṃ.

''Pañcime , bhikkhave, ādīnavā dantakaṭṭhassa akhādane. Acakkhussaṃ, mukhaṃ duggandhaṃ hoti, rasaharaṇiyo na visujjhanti, pittaṃ semhaṃ bhattaṃ pariyonandhati, bhattamassa nacchādeti – ime kho, bhikkhave, pañca ādīnavā dantakaṭṭhassa akhādane.

''Pañcime, bhikkhave, ānisaṃsā dantakaṭṭhassa khādane. Cakkhussaṃ, mukhaṃ na duggandhaṃ hoti, rasaharaṇiyo visujjhanti, pittaṃ semhaṃ bhattaṃ na pariyonandhati, bhattamassa chādeti – ime kho, bhikkhave, pañca ānisaṃsā dantakaṭṭhassa khādane. Anujānāmi, bhikkhave, dantakaṭṭha''nti.

Tena kho pana samayena chabbaggiyā bhikkhū dīghāni dantakaṭṭhāni khādanti, teheva sāmaṇeraṃ ākoṭenti. Bhagavato etamatthaṃ ārocesuṃ. ''Na , bhikkhave, dīghaṃ dantakaṭṭhaṃ khāditabbaṃ. Yo khādeyya, āpatti dukkaṭassa. Anujānāmi, bhikkhave, aṭṭhaṅgulaparamaṃ dantakaṭṭhaṃ, na ca tena sāmaṇero ākoṭetabbo. Yo ākoṭeyya, āpatti dukkaṭassā''ti.

Tena kho pana samayena aññatarassa bhikkhuno atimaṭāhakaṃ dantakaṭṭhaṃ khādantassa kaṇṭhe vilaggaṃ hoti. Bhagavato etamatthaṃ ārocesuṃ. ''Na, bhikkhave, atimaṭāhakaṃ dantakaṭṭhaṃ khāditabbaṃ. Yo khādeyya, āpatti dukkaṭassa. Anujānāmi, bhikkhave, caturaṅgulapacchimaṃ [caturaṅgulaṃ pacchimaṃ (ka.)] dantakaṭṭha''nti.

283. Tena kho pana samayena chabbaggiyā bhikkhū dāyaṃ ālimpenti. Manussā ujjhāyanti khiyyanti vipācenti – seyyathāpi davaḍāhakāti. Bhagavato etamatthaṃ ārocesuṃ. ''Na, bhikkhave, dāyo ālimpitabbo. Yo ālimpeyya, āpatti dukkaṭassā''ti.

Tena kho pana samayena vihārā tiṇagahanā honti, davaḍāhe ḍayhamāne vihārā ḍayhanti. Bhikkhū kukkuccāyanti paṭaggiṃ dātuṃ, parittaṃ kātuṃ. Bhagavato etamatthaṃ ārocesuṃ. ''Anujānāmi, bhikkhave, davaḍāhe ḍayhamāne paṭaggiṃ dātuṃ, parittaṃ kātu''nti.

284. Tena kho pana samayena chabbaggiyā bhikkhū rukkhaṃ abhiruhanti, rukkhā rukkhaṃ saṅkamanti. Manussā ujjhāyanti khiyyanti vipācenti – seyyathāpi makkaṭāti. Bhagavato etamatthaṃ ārocesuṃ. ''Na, bhikkhave, rukkho abhiruhitabbo. Yo abhiruheyya, āpatti dukkaṭassā''ti.

Tena kho pana samayena aññatarassa bhikkhuno kosalesu janapade sāvatthiṃ gacchantassa antarāmagge hatthī pariyuṭṭhāti. Atha kho so bhikkhu rukkhamūlaṃ upadhāvitvā kukkuccāyanto rukkhaṃ na abhiruhi. So hatthī aññena agamāsi. Atha kho so bhikkhu sāvatthiṃ gantvā bhikkhūnaṃ etamatthaṃ ārocesi. Bhikkhū bhagavato etamatthaṃ ārocesuṃ. ''Anujānāmi, bhikkhave, sati karaṇīye porisaṃ rukkhaṃ abhiruhituṃ āpadāsu yāvadattha''nti.

285. Tena kho pana samayena yameḷakekuṭā nāma [yameḷutekulā nāma (sī.), meṭṭhakokuṭṭhā nāma (syā.)] bhikkhū dve bhātikā honti brāhmaṇajātikā kalyāṇavācā kalyāṇavākkaraṇā. Te yena Bhagavā tenupasaṅkamiṃsu, upasaṅkamitvā bhagavantaṃ abhivādetvā ekamantaṃ nisīdiṃsu. Ekamantaṃ nisinnā kho te bhikkhū bhagavantaṃ etadavocuṃ – ''etarahi, bhante, bhikkhū nānānāmā nānāgottā nānājaccā nānākulā pabbajitā. Te sakāya niruttiyā buddhavacanaṃ dūsenti. Handa mayaṃ, bhante, buddhavacanaṃ chandaso āropemā''ti. Vigarahi buddho Bhagavā...pe... ''kathañhi nāma tumhe, moghapurisā, evaṃ vakkhatha – 'handa mayaṃ, bhante, buddhavacanaṃ chandaso āropemā'ti. Netaṃ, moghapurisā, appasannānaṃ vā pasādāya...pe... vigarahitvā...pe... dhammiṃ kathaṃ katvā bhikkhū āmantesi – ''na, bhikkhave, buddhavacanaṃ chandaso āropetabbaṃ. Yo āropeyya, āpatti dukkaṭassa. Anujānāmi, bhikkhave, sakāya niruttiyā buddhavacanaṃ pariyāpuṇitu''nti.

286. Tena kho pana samayena chabbaggiyā bhikkhū lokāyataṃ pariyāpuṇanti. Manussā ujjhāyanti khiyyanti vipācenti – seyyathāpi gihī kāmabhoginoti. Assosuṃ kho bhikkhū tesaṃ manussānaṃ ujjhāyantānaṃ khiyyantānaṃ vipācentānaṃ. Atha kho te bhikkhū bhagavato etamatthaṃ ārocesuṃ. ''Api nu kho, bhikkhave, lokāyate sāradassāvī imasmiṃ dhammavinaye vuddhiṃ viruḷhiṃ vepullaṃ āpajjeyyā''ti? ''Nohetaṃ bhante''. ''Imasmiṃ vā pana dhammavinaye sāradassāvī lokāyataṃ pariyāpuṇeyyā''ti? ''Nohetaṃ bhante''. ''Na, bhikkhave, lokāyataṃ pariyāpuṇitabbaṃ. Yo pariyāpuṇeyya, āpatti dukkaṭassā''ti.

Tena kho pana samayena chabbaggiyā bhikkhū lokāyataṃ vācenti. Manussā ujjhāyanti khiyyanti vipācenti – seyyathāpi gihī kāmabhoginoti. Bhagavato etamatthaṃ ārocesuṃ. ''Na, bhikkhave, lokāyataṃ vācetabbaṃ. Yo vāceyya, āpatti dukkaṭassā''ti.

287. Tena kho pana samayena chabbaggiyā bhikkhū tiracchānavijjaṃ pariyāpuṇanti. Manussā ujjhāyanti khiyyanti vipācenti – seyyathāpi gihī kāmabhoginoti . Bhagavato etamatthaṃ ārocesuṃ. ''Na, bhikkhave, tiracchānavijjā pariyāpuṇitabbā. Yo pariyāpuṇeyya, āpatti dukkaṭassā''ti.

Tena kho pana samayena chabbaggiyā bhikkhū tiracchānavijjaṃ vācenti. Manussā ujjhāyanti khiyyanti vipācenti – seyyathāpi gihī kāmabhoginoti. Bhagavato etamatthaṃ ārocesuṃ. ''Na, bhikkhave, tiracchānavijjā vācetabbā. Yo vāceyya, āpatti dukkaṭassā''ti.

288. Tena kho pana samayena Bhagavā mahatiyā parisāya parivuto dhammaṃ desento khipi. Bhikkhū – 'jīvatu, bhante, Bhagavā; jīvatu sugato'ti – uccāsaddaṃ mahāsaddaṃ akaṃsu. Tena saddena dhammakathā antarā ahosi. Atha kho Bhagavā bhikkhū āmantesi – ''api nu kho, bhikkhave, khipite 'jīvā'ti vutto [vutte (ka.)] tappaccayā jīveyya vā mareyya vā''ti? ''Nohetaṃ bhante''. ''Na, bhikkhave, khipite 'jīvā'ti vattabbo. Yo vadeyya, āpatti dukkaṭassā''ti.

Tena kho pana samayena manussā bhikkhūnaṃ khipite 'jīvatha bhante'ti vadanti. Bhikkhū kukkuccāyantā nālapanti. Manussā ujjhāyanti khiyyanti vipācenti – ''kathañhi nāma samaṇā sakyaputtiyā 'jīvatha bhante'ti vuccamānā nālapissantī''ti! Bhagavato etamatthaṃ ārocesuṃ. ''Gihī, bhikkhave, maṅgalikā. Anujānāmi, bhikkhave, gihīnaṃ 'jīvatha bhante'ti vuccamānena 'ciraṃ jīvā'ti vattu''nti.

289. Tena kho pana samayena Bhagavā mahatiyā parisāya parivuto dhammaṃ desento nisinno hoti. Aññatarena bhikkhunā lasuṇaṃ khāyitaṃ hoti. So – mā bhikkhū byābādhiṃsūti – ekamantaṃ nisīdi. Addasā kho Bhagavā taṃ bhikkhuṃ ekamantaṃ nisinnaṃ. Disvāna bhikkhū āmantesi – ''kiṃ nu kho so, bhikkhave, bhikkhu ekamantaṃ nisinno''ti ? ''Etena, bhante, bhikkhunā lasuṇaṃ khāyitaṃ. So – mā bhikkhū byābādhiṃsūti – ekamantaṃ nisinno''ti. ''Api nu kho, bhikkhave [bhikkhave bhikkhunā (syā.)], taṃ khāditabbaṃ, yaṃ khāditvā evarūpāya dhammakathāya paribāhiyo assā''ti? ''Nohetaṃ bhante''. ''Na, bhikkhave, lasuṇaṃ khāditabbaṃ. Yo khādeyya, āpatti dukkaṭassā''ti.

Tena kho pana samayena āyasmato sāriputtassa udaravātābādho hoti. Atha kho āyasmā mahāmoggallāno yenāyasmā sāriputto tenupasaṅkami, upasaṅkamitvā āyasmantaṃ sāriputtaṃ etadavoca – ''pubbe te, āvuso sāriputta, udaravātābādho kena phāsu hotī''ti? ''Lasuṇena me, āvuso''ti [atha kho āyasmā sāriputto āyasmantaṃ mahāmoggallānaṃ etadavoca ''pubbe kho me āvuso moggallāna udaravātābādho lasuṇena phāsu hotī''ti (ka.)]. Bhagavato etamatthaṃ ārocesuṃ. ''Anujānāmi, bhikkhave, ābādhappaccayā lasuṇaṃ khāditu''nti.

290. Tena kho pana samayena bhikkhū ārāme tahaṃ tahaṃ passāvaṃ karonti. Ārāmo dussati. Bhagavato etamatthaṃ ārocesuṃ. ''Anujānāmi, bhikkhave, ekamantaṃ passāvaṃ kātu''nti . Ārāmo duggandho hoti...pe... ''anujānāmi, bhikkhave, passāvakumbhi''nti. Dukkhaṃ nisinnā passāvaṃ karonti...pe... ''anujānāmi, bhikkhave, passāvapāduka''nti. Passāvapādukā pākaṭā honti. Bhikkhū hiriyanti passāvaṃ kātuṃ...pe... ''anujānāmi, bhikkhave, parikkhipituṃ tayo pākāre – iṭṭhakāpākāraṃ, silāpākāraṃ, dārupākāra''nti. Passāvakumbhī apārutā duggandhā hoti...pe... ''anujānāmi, bhikkhave, apidhāna''nti.

291. Tena kho pana samayena bhikkhū ārāme tahaṃ tahaṃ vaccaṃ karonti. Ārāmo dussati. Bhagavato etamatthaṃ ārocesuṃ. ''Anujānāmi , bhikkhave, ekamantaṃ vaccaṃ kātu''nti. Ārāmo duggandho hoti...pe... ''anujānāmi, bhikkhave, vaccakūpa''nti. Vaccakūpassa kūlaṃ lujjati...pe... ''anujānāmi, bhikkhave, cinituṃ tayo caye – iṭṭhakācayaṃ, silācayaṃ, dārucaya''nti. Vaccakūpo nīcavatthuko hoti, udakena otthariyyati...pe... ''anujānāmi, bhikkhave, uccavatthukaṃ kātu''nti. Cayo paripatati...pe... ''anujānāmi, bhikkhave, cinituṃ tayo caye – iṭṭhakācayaṃ, silācayaṃ, dārucaya''nti. Ārohantā vihaññanti...pe... ''anujānāmi, bhikkhave, tayo sopāne – iṭṭhakāsopānaṃ, silāsopānaṃ, dārusopāna''nti. Ārohantā paripatanti...pe... ''anujānāmi, bhikkhave, ālambanabāha''nti. Ante nisinnā vaccaṃ karontā paripatanti...pe... ''anujānāmi, bhikkhave, santharitvā majjhe chiddaṃ katvā vaccaṃ kātu''nti . Dukkhaṃ nisinnā vaccaṃ karonti...pe... ''anujānāmi, bhikkhave, vaccapāduka''nti. Bahiddhā passāvaṃ karonti...pe... ''anujānāmi, bhikkhave, passāvadoṇika''nti. Avalekhanakaṭṭhaṃ na hoti...pe... ''anujānāmi, bhikkhave, avalekhanakaṭṭha''nti. Avalekhanapiṭharo na hoti...pe... ''anujānāmi, bhikkhave, avalekhanapiṭhara''nti. Vaccakūpo apāruto duggandho hoti...pe... ''anujānāmi, bhikkhave, apidhāna''nti. Ajjhokāse vaccaṃ karontā sītenapi uṇhenapi kilamanti...pe... ''anujānāmi, bhikkhave, vaccakuṭi''nti. Vaccakuṭiyā kavāṭaṃ na hoti...pe... ''anujānāmi, bhikkhave, kavāṭaṃ piṭṭhasaṅghāṭaṃ udukkhalikaṃ uttarapāsakaṃ aggaḷavaṭṭiṃ kapisīsakaṃ sūcikaṃ ghaṭikaṃ tāḷacchiddaṃ

āviñchanacchiddaṃ āviñchanarajju''nti. Vaccakuṭiyā tiṇacuṇṇaṃ paripatati...pe... ''anujānāmi, bhikkhave, ogumphetvā ullittāvalittaṃ kātuṃ – setavaṇṇaṃ kāḷavaṇṇaṃ gerukaparikammaṃ mālākammaṃ latākammaṃ makaradantakaṃ pañcapaṭikaṃ cīvaravaṃsaṃ cīvararajju''nti.

292. Tena kho pana samayena aññataro bhikkhu jarādubbalo vaccaṃ katvā vuṭṭhahanto paripatati. Bhagavato etamatthaṃ ārocesuṃ. ''Anujānāmi, bhikkhave, olambaka''nti. Vaccakuṭi aparikkhittā hoti...pe... ''anujānāmi, bhikkhave, parikkhipituṃ tayo pākāre – iṭṭhakāpākāraṃ, silāpākāraṃ, dārupākāra''nti. Koṭṭhako na hoti...pe... (''anujānāmi, bhikkhave, koṭṭhaka''nti. Koṭṭhakassa kavāṭaṃ na hoti) [(anujānāmi bhikkhave koṭṭhakanti. koṭṭhako nīcavatthuko hoti...pe... anujānāmi bhikkhave uccavatthukaṃ kātunti. cayo paripatati...pe... anujānāmi bhikkhave cinituṃ tayo caye iṭṭhakācayaṃ silācayaṃ dārucayanti. ārohantā vihaññanti...pe... anujānāmi bhikkhave tayo sopāne iṭṭhakāsopānaṃ silāsopānaṃ dārusopānanti. ārohantā paripatanti...pe... anujānāmi bhikkhave ālambanabāhanti. koṭṭhakassa kavāṭaṃ na hoti.) (syā. kaṃ.)] ...pe... ''anujānāmi, bhikkhave, kavāṭaṃ piṭṭhasaṅghāṭaṃ udukkhalikaṃ uttarapāsakaṃ aggaḷavaṭṭiṃ kapisīsakaṃ sūcikaṃ ghaṭikaṃ tāḷacchiddaṃ āviñchanacchiddaṃ āviñchanarajju''nti. Koṭṭhake tiṇacuṇṇaṃ paripatati...pe... ''anujānāmi, bhikkhave, ogumphetvā ullittāvalittaṃ kātuṃ – setavaṇṇaṃ kāḷavaṇṇaṃ gerukaparikammaṃ mālākammaṃ latākammaṃ makaradantakaṃ pañcapaṭika''nti. Pariveṇaṃ cikkhallaṃ hoti...pe... ''anujānāmi, bhikkhave, marumbaṃ pakiritu''nti. Na pariyāpuṇanti...pe... ''anujānāmi, bhikkhave, padarasilaṃ [paṭṭasilaṃ (ka.)] nikkhipitu''nti. Udakaṃ santiṭṭhati...pe... ''anujānāmi, bhikkhave, udakaniddhamana''nti. Ācamanakumbhī na hoti...pe... ''anujānāmi, bhikkhave, ācamanakumbhi''nti. Ācamanasarāvako na hoti...pe... ''anujānāmi, bhikkhave, ācamanasarāvaka''nti. Dukkhaṃ nisinnā ācamenti...pe... ''anujānāmi, bhikkhave, ācamanapāduka''nti. Ācamanapādukā pākaṭā honti, bhikkhū hiriyanti ācametuṃ...pe... ''anujānāmi, bhikkhave, parikkhipituṃ tayo pākāre – iṭṭhakāpākāraṃ, silāpākāraṃ, dārupākāra''nti. Ācamanakumbhī apārutā hoti, tiṇacuṇṇehipi paṃsukehipi okiriyyati...pe... ''anujānāmi, bhikkhave, apidhāna''nti.

293. Tena kho pana samayena chabbaggiyā bhikkhū evarūpaṃ anācāraṃ ācaranti – mālāvacchaṃ ropentipi ropāpentipi, siñcantipi siñcāpentipi, ocinantipi ocināpentipi, ganthentipi ganthāpentipi, ekatovaṇṭikamālaṃ karontipi kārāpentipi, ubhatovaṇṭikamālaṃ karontipi kārāpentipi, mañjarikaṃ karontipi kārāpentipi, vidhūtikaṃ karontipi kārāpentipi, vaṭaṃsakaṃ karontipi kārāpentipi, āveḷaṃ karontipi kārāpentipi, uracchadaṃ karontipi kārāpentipi. Te kulitthīnaṃ kuladhītānaṃ kulakumārīnaṃ kulasuṇhānaṃ kuladāsīnaṃ ekatovaṇṭikamālaṃ harantipi harāpentipi, ubhatovaṇṭikamālaṃ harantipi harāpentipi, mañjarikaṃ harantipi harāpentipi, vidhūtikaṃ harantipi harāpentipi, vaṭaṃsakaṃ harantipi harāpentipi, āveḷaṃ harantipi harāpentipi, uracchadaṃ harantipi harāpentipi. Te kulitthīhi kuladhītāhi kulakumārīhi kulasuṇhāhi kuladāsīhi saddhiṃ ekabhājanepi bhuñjanti, ekathālakepi pivanti, ekāsanepi nisīdanti, ekamañcepi tuvaṭṭenti, ekattharaṇāpi tuvaṭṭenti, ekapāvuraṇāpi tuvaṭṭenti, ekattharaṇapāvuraṇāpi tuvaṭṭenti, vikālepi bhuñjanti, majjampi pivanti, mālāgandhavilepanampi dhārenti, naccantipi, gāyantipi, vādentipi, lāsentipi; naccantiyāpi naccanti, naccantiyāpi gāyanti, naccantiyāpi vādenti, naccantiyāpi lāsenti...pe... lāsentiyāpi naccanti, lāsentiyāpi gāyanti, lāsentiyāpi vādenti, lāsentiyāpi lāsenti; aṭṭhapadepi kīḷanti, dasapadepi kīḷanti, ākāsepi kīḷanti, parihārapathepi kīḷanti, santikāyapi kīḷanti, khalikāyapi kīḷanti, ghaṭikāyapi kīḷanti, salākahatthenapi kīḷanti, akkhenapi kīḷanti, paṅgacīrenapi kīḷanti, vaṅkakenapi kīḷanti, mokkhacikāyapi kīḷanti, ciṅgulakenapi kīḷanti, pattāḷhakenapi kīḷanti, rathakenapi kīḷanti, dhanukenapi kīḷanti, akkharikāyapi kīḷanti, manesikāyapi kīḷanti, yathāvajjenapi kīḷanti; hatthismimpi sikkhanti, assasmimpi sikkhanti, rathasmimpi sikkhanti, dhanusmimpi sikkhanti; tharusmimpi sikkhanti; hatthissapi purato dhāvanti, assassapi purato dhāvanti, rathassapi purato dhāvantipi ādhāvantipi; usseḷentipi, apphoṭentipi, nibbujjhantipi, muṭṭhīhipi yujjhanti; raṅgamajjhepi saṅghāṭiṃ pattharitvā naccakiṃ evaṃ vadanti – ''idha, bhagini, naccassū''ti; nalāṭikampi denti; vividhampi anācāraṃ ācaranti. Bhagavato etamatthaṃ ārocesuṃ...pe... ''na, bhikkhave, vividhaṃ anācāraṃ ācaritabbaṃ. Yo ācareyya, yathādhammo kāretabbo''ti.

Tena kho pana samayena āyasmante uruvelakassape pabbajite saṅghassa bahuṃ lohabhaṇḍaṃ dārubhaṇḍaṃ mattikābhaṇḍaṃ uppannaṃ hoti. Atha kho bhikkhūnaṃ etadahosi – ''kiṃ nu kho bhagavatā lohabhaṇḍaṃ anuññātaṃ, kiṃ ananuññātaṃ; kiṃ dārubhaṇḍaṃ anuññātaṃ, kiṃ ananuññātaṃ; kiṃ mattikābhaṇḍaṃ anuññātaṃ, kiṃ ananuññāta''nti? Bhagavato etamatthaṃ ārocesuṃ. Atha kho Bhagavā etasmiṃ nidāne etasmiṃ pakaraṇe dhammiṃ kathaṃ katvā bhikkhū āmantesi – ''anujānāmi, bhikkhave, ṭhapetvā paharaṇiṃ sabbaṃ lohabhaṇḍaṃ, ṭhapetvā āsandiṃ pallaṅkaṃ dārupattaṃ dārupādukaṃ sabbaṃ dārubhaṇḍaṃ, ṭhapetvā katakañca kumbhakārikañca sabbaṃ mattikābhaṇḍa''nti.

Khuddakavatthukkhandhako pañcamo.

Tassuddānaṃ –

Rukkhe thambhe ca kuṭṭe ca, aṭṭāne gandhasuttiyā;
Vigayha mallako kacchu, jarā ca puthupāṇikā.
Vallikāpi ca pāmaṅgo, kaṇṭhasuttaṃ na dhāraye;
Kaṭi ovaṭṭi kāyuraṃ, hatthābharaṇamuddikā.

Dīghe kocche phaṇe hatthe, sitthā udakatelake;
Ādāsudapattavaṇā, ālepommaddacuṇṇanā.
Lañchenti aṅgarāgañca, mukharāgaṃ tadūbhayaṃ;
Cakkhurogaṃ giraggañca, āyataṃ sarabāhiraṃ.
Ambapesisakalehi, ahicchindi ca candanaṃ;
Uccāvacā pattamūlā, suvaṇṇo bahalā valī.
Citrā dussati duggandho, uṇhe bhijjiṃsu miḍḍhiyā;
Paribhaṇḍaṃ tiṇaṃ coḷaṃ, mālaṃ kuṇḍolikāya ca.
Thavikā aṃsabaddhañca, tathā bandhanasuttakā;
Khile mañce ca pīṭhe ca, aṅke chatte paṇāmanā.
Tumbaghaṭichavasīsaṃ, calakāni paṭiggaho;
Vipphālidaṇḍasovaṇṇaṃ, patte pesi ca nāḷikā.
Kiṇṇasattu saritañca, madhusitthaṃ sipāṭikaṃ;
Vikaṇṇaṃ bandhivisamaṃ, chamājirapahoti ca.
Kaḷimbhaṃ moghasuttañca, adhotallaṃ upāhanā;
Aṅgule paṭiggahañca, vitthakaṃ thavikabaddhakā.
Ajjhokāse nīcavatthu, cayo cāpi vihaññare;
Paripati tiṇacuṇṇaṃ, ullittaavalittakaṃ.
Setaṃ kāḷakavaṇṇañca, parikammañca gerukaṃ;
Mālākammaṃ latākammaṃ, makaradantakapāṭikaṃ.
Cīvaravaṃsaṃ rajjuñca, anuññāsi vināyako;
Ujjhitvā pakkamanti ca, kathinaṃ paribhijjati.
Viniveṭhiyati kuṭṭepi, pattenādāya gacchare;
Thavikā bandhasuttañca, bandhitvā ca upāhanā.
Upāhanatthavikañca, aṃsabaddhañca suttakaṃ;
Udakākappiyaṃ magge, parissāvanacoḷakaṃ.
Dhammakaraṇaṃ dve bhikkhū, vesāliṃ agamā muni;
Daṇḍaṃ ottharakaṃ tattha, anuññāsi parissāvanaṃ.
Makasehi paṇītena, bahvābādhā ca jīvako;
Caṅkamanajantāgharaṃ , visame nīcavatthuko.
Tayo caye vihaññanti, sopānālambavedikaṃ;
Ajjhokāse tiṇacuṇṇaṃ, ullittaavalittakaṃ.
Setakaṃ kāḷavaṇṇañca, parikammañca gerukaṃ;
Mālākammaṃ latākammaṃ, makaradantakapāṭikaṃ.
Vaṃsaṃ cīvararajjuñca, uccañca vatthukaṃ kare;
Cayo sopānabāhañca, kavāṭaṃ piṭṭhasaṅghāṭaṃ.
Udukkhaluttarapāsakaṃ, vaṭṭiñca kapisīsakaṃ;
Sūcighaṭitāḷacchiddaṃ, āviñchanañca rajjukaṃ.
Maṇḍalaṃ dhūmanettañca, majjhe ca mukhamattikā;
Doṇi duggandhā dahati, udakaṭṭhānaṃ sarāvakaṃ.
Na sedeti ca cikkhallaṃ, dhovi niddhamanaṃ kare;
Pīṭhañca koṭṭhake kammaṃ, marumbā silā niddhamanaṃ.
Naggā chamāya vassante, paṭicchādī tayo tahiṃ;
Udapānaṃ lujjati nīcaṃ, valliyā kāyabandhane.
Tulaṃ kaṭakaṭaṃ cakkaṃ, bahū bhijjanti bhājanā;
Lohadārucammakhaṇḍaṃ, sālātiṇāpidhāni ca.
Doṇicandani pākāraṃ, cikkhallaṃ niddhamanena ca;
Sītigataṃ pokkharaṇiṃ, purāṇañca nillekhaṇaṃ.
Cātumāsaṃ sayanti ca, namatakañca [gandhapupphaṃ (syā.)] nadhiṭṭhahe;
Āsittakaṃ maḷorikaṃ, bhuñjantekaṃ tuvaṭṭeyyuṃ.
Vaḍḍho bodhi na akkami, ghaṭaṃ katakasammajjani;
Sakkharaṃ kathalañceva, pheṇakaṃ pādaghaṃsanī.
Vidhūpanaṃ tālavaṇṭaṃ, makasañcāpi cāmarī;
Chattaṃ vinā ca ārāme, tayo sikkāya sammuti.
Romasitthā nakhā dīghā, chindantaṅgulikā dukkhā;
Salohitaṃ pamāṇañca, vīsati dīghakesatā.
Khuraṃ silaṃ sipāṭikaṃ, namatakaṃ khurabhaṇḍakaṃ;
Massuṃ kappenti vaḍḍhenti, golomicaturassakaṃ.
Parimukhaṃ aḍḍhadukañca, dāṭhisambādhasaṃhare;
Ābādhā kattarivaṇo, dīghaṃ sakkharikāya ca.

Palitaṃ thakitaṃ uccā, lohabhaṇḍañjanī saha;
Pallatthikañca āyogo, vaṭaṃ salākabandhanaṃ.
Kalābukaṃ deḍḍubhakaṃ, murajaṃ maddavīṇakaṃ;
Paṭṭikā sūkarantañca, dasā murajaveṇikā;
Anto sobhaṃ guṇakañca, pavanantopi jīrati.
Ganṭhikā uccāvacañca, phalakantepi ogāhe;
Gihivatthaṃ hatthisoṇḍaṃ, macchakaṃ catukaṇṇakaṃ.
Tālavaṇṭaṃ satavali, gihipārutapārupaṃ;
Saṃvelli ubhatokājaṃ, dantakaṭṭhaṃ ākoṭane.
Kaṇṭhe vilaggaṃ dāyañca, paṭaggi rukkhahatthinā;
Yameḷe lokāyatakaṃ, pariyāpuṇiṃsu vācayuṃ.
Tiracchānakathā vijjā, khipi maṅgalaṃ khādi ca;
Vātābādho dussati ca, duggandho dukkhapādukā.
Hiriyanti pāruduggandho, tahaṃ tahaṃ karonti ca;
Duggandho kūpaṃ lujjanti, uccavatthu cayena ca.
Sopānālambanabāhā ante, dukkhañca pādukā;
Bahiddhā doṇi kaṭṭhañca, piṭharo ca apāruto.
Vaccakuṭiṃ kavāṭañca, piṭṭhasaṅghāṭameva ca;
Udukkhaluttarapāso, vaṭṭiñca kapisīsakaṃ.
Sūcighaṭitāḷacchiddaṃ, āviñchanacchiddameva ca;
Rajju ullittāvalittaṃ, setavaṇṇañca kāḷakaṃ.
Mālākammaṃ latākammaṃ, makaraṃ pañcapaṭikaṃ;
Cīvaravaṃsaṃ rajjuñca, jarādubbalapākāraṃ.
Koṭṭhake cāpi tatheva, marumbaṃ padarasilā;
Santiṭṭhati niddhamanaṃ, kumbhiñcāpi sarāvakaṃ.
Dukkhaṃ hiri apidhānaṃ, anācārañca ācaruṃ;
Lohabhaṇḍaṃ anuññāsi, ṭhapayitvā paharaṇiṃ.
Ṭhapayitvā sandipallaṅkaṃ, dārupattañca pādukaṃ;
Sabbaṃ dārumayaṃ bhaṇḍaṃ, anuññāsi mahāmuni.
Katakaṃ kumbhakārañca, ṭhapayitvā tathāgato;
Sabbampi mattikābhaṇḍaṃ, anuññāsi anukampako.
Yassa vatthussa niddeso, purimena yadi samaṃ;
Tampi saṃkhittaṃ uddāne, nayato taṃ vijāniyā.
Evaṃ dasasatā vatthū, vinaye khuddakavatthuke;
Saddhammaṭṭhitiko ceva, pesalānañcanuggaho.
Susikkhito vinayadharo, hitacitto supesalo;
Padīpakaraṇo dhīro, pūjāraho bahussutoti.
Khuddakavatthukkhandhakaṃ niṭṭhitaṃ.

6. Senāsanakkhandhakaṃ

1. Paṭhamabhāṇavāro

Vihārānujānanaṃ

294. Tena samayena buddho Bhagavā rājagahe viharati veḷuvane kalandakanivāpe. Tena kho pana samayena bhagavatā bhikkhūnaṃ senāsanaṃ apaññattaṃ hoti. Te ca bhikkhū tahaṃ tahaṃ viharanti – araññe, rukkhamūle, pabbate, kandarāyaṃ, giriguhāyaṃ, susāne, vanapatthe, ajjhokāse, palālapuñje. Te kālasseva tato tato upanikkhamanti – araññā rukkhamūlā pabbatā kandarā giriguhā susānā vanapatthā ajjhokāsā palālapuñjā, pāsādikena abhikkantena paṭikkantena, ālokitena vilokitena, samiñjitena pasāritena, okkhittacakkhū, iriyāpathasampannā. Tena kho pana samayena rājagahako seṭṭhī [seṭṭhi (ka.)] kālasseva uyyānaṃ agamāsi. Addasā kho rājagahako seṭṭhī te bhikkhū kālasseva tato tato upanikkhamante – araññā rukkhamūlā pabbatā kandarā giriguhā susānā vanapatthā ajjhokāsā palālapuñjā, pāsādikena abhikkantena paṭikkantena, ālokitena vilokitena, samiñjitena pasāritena, okkhittacakkhū, iriyāpathasampanne. Disvānassa cittaṃ pasīdi. Atha kho rājagahako seṭṭhī yena te bhikkhū tenupasaṅkami, upasaṅkamitvā te bhikkhū etadavoca – ''sacāhaṃ, bhante, vihāre kārāpeyyaṃ, vaseyyātha me vihāresū''ti? ''Na kho, gahapati, bhagavatā vihārā anuññātā''ti. ''Tena hi, bhante, bhagavantaṃ paṭipucchitvā mama āroceyyāthā''ti. ''Evaṃ gahapatī''ti kho te bhikkhū rājagahakassa seṭṭhissa paṭissutvā yena Bhagavā tenupasaṅkamiṃsu, upasaṅkamitvā bhagavantaṃ abhivādetvā ekamantaṃ nisīdiṃsu. Ekamantaṃ nisinnā kho te bhikkhū bhagavantaṃ etadavocuṃ – ''rājagahako, bhante, seṭṭhī vihāre kārāpetukāmo. Kathaṃ nu kho, bhante, amhehi[bhante (sī. ka.)] paṭipajjitabba''nti? Atha kho Bhagavā etasmiṃ nidāne etasmiṃ pakaraṇe dhammiṃ kathaṃ katvā bhikkhū āmantesi – ''anujānāmi, bhikkhave, pañca leṇāni [pañca senāsanāni (syā.)] – vihāraṃ, aḍḍhayogaṃ, pāsādaṃ, hammiyaṃ, guha''nti.

Atha kho te bhikkhū yena rājagahako seṭṭhī tenupasaṅkamiṃsu, upasaṅkamitvā rājagahakaṃ seṭṭhiṃ etadavocuṃ – "anuññātā kho, gahapati, bhagavatā vihārā; yassadāni kālaṃ maññasī''ti. Atha kho rājagahako seṭṭhī ekāheneva saṭṭhivihāre patiṭṭhāpesi. Atha kho rājagahako seṭṭhī te saṭṭhivihāre pariyosāpetvā yena Bhagavā tenupasaṅkami, upasaṅkamitvā bhagavantaṃ abhivādetvā ekamantaṃ nisīdi. Ekamantaṃ nisinno kho rājagahako seṭṭhī bhagavantaṃ etadavoca – "adhivāsetu me, bhante, Bhagavā svātanāya bhattaṃ saddhiṃ bhikkhusaṅghenā''ti. Adhivāsesi Bhagavā tuṇhībhāvena. Atha kho rājagahako seṭṭhī bhagavato adhivāsanaṃ viditvā uṭṭhāyāsanā bhagavantaṃ abhivādetvā padakkhiṇaṃ katvā pakkāmi.

Atha kho rājagahako seṭṭhī tassā rattiyā accayena paṇītaṃ khādanīyaṃ bhojanīyaṃ paṭiyādāpetvā bhagavato kālaṃ ārocāpesi – "kālo, bhante, niṭṭhitaṃ bhatta''nti. Atha kho Bhagavā pubbaṇhasamayaṃ nivāsetvā pattacīvaramādāya yena rājagahakassa seṭṭhissa nivesanaṃ tenupasaṅkami, upasaṅkamitvā paññatte āsane nisīdi saddhiṃ bhikkhusaṅghena. Atha kho rājagahako seṭṭhī buddhappamukhaṃ bhikkhusaṅghaṃ paṇītena khādanīyena bhojanīyena sahatthā santappetvā sampavāretvā, bhagavantaṃ bhuttāviṃ onītapattapāṇiṃ, ekamantaṃ nisīdi. Ekamantaṃ nisinno kho rājagahako seṭṭhī bhagavantaṃ etadavoca – "ete me, bhante, saṭṭhivihārā puññatthikena saggatthikena kārāpitā. Kathāhaṃ, bhante, tesu vihāresu paṭipajjāmī''ti? "Tena hi tvaṃ, gahapati, te saṭṭhivihāre āgatānāgatassa cātuddisassa saṅghassa patiṭṭhāpehī''ti. "Evaṃ bhante''ti kho rājagahako seṭṭhī bhagavato paṭissutvā te saṭṭhivihāre āgatānāgatassa cātuddisassa saṅghassa patiṭṭhāpesi.

295. Atha kho Bhagavā rājagahakaṃ seṭṭhiṃ imāhi gāthāhi anumodi –

"Sītaṃ uṇhaṃ paṭihanti [paṭihanati (ka.)], tato vāḷamigāni ca;
Sarīsape ca makase, sisire cāpi vuṭṭhiyo.
"Tato vātātapo ghore, sañjāto [vātātape ghore, sañjāte (ka. saddanīti)] paṭihaññati;
Leṇatthañca sukhatthañca, jhāyituñca vipassituṃ.
"Vihāradānaṃ saṅghassa, aggaṃ buddhena [buddhehi (syā.)] vaṇṇitaṃ;
Tasmā hi paṇḍito, poso sampassaṃ atthamattano.
"Vihāre kāraye ramme, vāsayettha bahussute;
Tesaṃ annañca pānañca, vatthasenāsanāni ca;
Dadeyya ujubhūtesu, vippasannena cetasā.
"Te tassa dhammaṃ desenti, sabbadukkhāpanūdanaṃ;
Yaṃ so dhammaṃ idhaññāya, parinibbāti anāsavo''ti.

Atha kho Bhagavā rājagahakaṃ seṭṭhiṃ imāhi gāthāhi anumoditvā uṭṭhāyāsanā pakkāmi.

296. Assosuṃ kho manussā – "bhagavatā kira vihārā anuññātā''ti sakkaccaṃ [te sakkaccaṃ (syā. kaṃ.)] vihāre kārāpenti. Te vihārā akavāṭakā honti; ahīpi vicchikāpi satapadiyopi pavisanti. Bhagavato etamatthaṃ ārocesuṃ. "Anujānāmi, bhikkhave, kavāṭa''nti. Bhittichiddaṃ karitvā valliyāpi rajjuyāpi kavāṭaṃ bandhanti. Undūrehipi upacikāhipi khajjanti. Khayitabandhanāni kavāṭāni patanti. Bhagavato etamatthaṃ ārocesuṃ. "Anujānāmi, bhikkhave, piṭṭhasaṅghāṭaṃ udukkhalikaṃ uttarapāsaka''nti. Kavāṭā na phusīyanti. Bhagavato etamatthaṃ ārocesuṃ. "Anujānāmi, bhikkhave, āviñchanacchiddaṃ āviñchanarajju''nti. Kavāṭā na thakiyanti. Bhagavato etamatthaṃ ārocesuṃ. "Anujānāmi, bhikkhave, aggaḷavaṭṭiṃ kapisīsakaṃ sūcikaṃ ghaṭika''nti.

Tena kho pana samayena bhikkhū na sakkonti kavāṭaṃ apāpurituṃ. Bhagavato etamatthaṃ ārocesuṃ. "Anujānāmi, bhikkhave, tāḷacchiddaṃ. Tīṇi tāḷāni – lohatāḷaṃ, kaṭṭhatāḷaṃ, visāṇatāḷa''nti. Yehi [yepi (sī. syā.)] te ugghāṭetvā pavisanti [visāṇatāḷaṃ, yehi te ugghāṭetvā pavisantīti (ka.)], vihārā aguttā honti. Bhagavato etamatthaṃ ārocesuṃ. "Anujānāmi, bhikkhave, yantakaṃ sūcika''nti.

Tena kho pana samayena vihārā tiṇacchadanā honti; sītakāle sītā, uṇhakāle uṇhā. Bhagavato etamatthaṃ ārocesuṃ. "Anujānāmi, bhikkhave, ogumphetvā ullittāvalittaṃ kātu''nti.

Tena kho pana samayena vihārā avātapānakā honti acakkhussā duggandhā. Bhagavato etamatthaṃ ārocesuṃ. "Anujānāmi, bhikkhave, tīṇi vātapānāni – vedikāvātapānaṃ, jālavātapānaṃ, salākavātapāna''nti. Vātapānantarikāya kāḷakāpi vagguliyopi pavisanti. Bhagavato etamatthaṃ ārocesuṃ. "Anujānāmi, bhikkhave, vātapānacakkalika''nti. Cakkalikantarikāyapi kāḷakāpi vagguliyopi pavisanti. Bhagavato etamatthaṃ ārocesuṃ. "Anujānāmi, bhikkhave, vātapānakavāṭakaṃ vātapānabhisika''nti.

Tena kho pana samayena bhikkhū chamāyaṃ sayanti. Gattānipi cīvarānipi paṃsukitāni honti. Bhagavato etamatthaṃ ārocesuṃ. "Anujānāmi, bhikkhave, tiṇasanthāraka''nti. Tiṇasanthārako undūrehipi upacikāhipi khajjati. Bhagavato etamatthaṃ ārocesuṃ. "Anujānāmi, bhikkhave, miḍḍhi''nti [mīḍhanti (sī.), miḍhinti (syā.)]. Miḍḍhiyā gattāni dukkhā honti. Bhagavato etamatthaṃ ārocesuṃ. "Anujānāmi, bhikkhave, bidalamañcaka''nti.

Mañcapīṭhādianujānanaṃ

297. Tena kho pana samayena saṅghassa sosāniko masārako mañco uppanno hoti. Bhagavato etamatthaṃ ārocesuṃ. "Anujānāmi, bhikkhave, masārakaṃ mañca''nti. Masārakaṃ pīṭhaṃ uppannaṃ hoti. Bhagavato etamatthaṃ ārocesuṃ. "Anujānāmi, bhikkhave, masārakaṃ pīṭha''nti.

Tena kho pana samayena saṅghassa sosāniko bundikābaddho mañco uppanno hoti. Bhagavato etamatthaṃ ārocesuṃ. "Anujānāmi, bhikkhave, bundikābaddhaṃ mañca"nti. Bundikābaddhaṃ pīṭhaṃ uppannaṃ hoti. Bhagavato etamatthaṃ ārocesuṃ. "Anujānāmi, bhikkhave, bundikābaddhaṃ pīṭha"nti. Tena kho pana samayena saṅghassa sosāniko kuḷīrapādako mañco uppanno hoti. Bhagavato etamatthaṃ ārocesuṃ. "Anujānāmi, bhikkhave, kuḷīrapādakammañca"nti. Kuḷīrapādakaṃ pīṭhaṃ uppannaṃ hoti. Bhagavato etamatthaṃ ārocesuṃ. "Anujānāmi, bhikkhave, kuḷīrapādakaṃ pīṭha"nti. Tena kho pana samayena saṅghassa sosāniko āhaccapādako mañco uppanno hoti. Bhagavato etamatthaṃ orācesuṃ. "Anujānāmi, bhikkhave, āhaccapādakaṃ mañca"nti. Āhaccapādakaṃ pīṭhaṃ uppannaṃ hoti. Bhagavato etamatthaṃ ārocesuṃ. "Anujānāmi, bhikkhave, āhaccapādakaṃ pīṭha"nti. Tena kho pana samayena saṅghassa āsandiko uppanno hoti. Bhagavato etamatthaṃ ārocesuṃ. "Anujānāmi, bhikkhave, āsandiko"nti. Uccako āsandiko uppanno hoti. Bhagavato etamatthaṃ ārocesuṃ. "Anujānāmi, bhikkhave, uccakampi āsandika"nti. Sattaṅgo uppanno hoti. Bhagavato etamatthaṃ ārocesuṃ. "Anujānāmi, bhikkhave, sattaṅga"nti. Uccako sattaṅgo uppanno hoti. Bhagavato etamatthaṃ ārocesuṃ. "Anujānāmi, bhikkhave, uccakampi sattaṅga"nti. Bhaddapīṭhaṃ uppannaṃ hoti. Bhagavato etamatthaṃ ārocesuṃ. "Anujānāmi, bhikkhave, bhaddapīṭha"nti. Pīṭhikā uppannā hoti. Bhagavato etamatthaṃ ārocesuṃ. "Anujānāmi, bhikkhave, pīṭhika"nti. Eḷakapādakaṃ pīṭhaṃ uppannaṃ hoti. Bhagavato etamatthaṃ ārocesuṃ. "Anujānāmi, bhikkhave, eḷakapādakaṃ pīṭha"nti. Āmalakavaṭṭikaṃ [āmalakavaṇṭikaṃ (syā.)] pīṭhaṃ uppannaṃ hoti. Bhagavato etamatthaṃ ārocesuṃ. "Anujānāmi, bhikkhave, āmalakavaṭṭikaṃ pīṭha"nti. Phalakaṃ uppannaṃ hoti. Bhagavato etamatthaṃ ārocesuṃ. "Anujānāmi, bhikkhave, phalaka"nti. Koccham uppannaṃ hoti. Bhagavato etamatthaṃ ārocesuṃ. "Anujānāmi, bhikkhave, koccha"nti. Palālapīṭhaṃ uppannaṃ hoti. Bhagavato etamatthaṃ ārocesuṃ. "Anujānāmi, bhikkhave, palālapīṭha"nti.

Tena kho pana samayena chabbaggiyā bhikkhū ucce mañce sayanti. Manussā vihāracārikaṃ āhiṇḍantā passitvā ujjhāyanti khiyyanti vipācenti – seyyathāpi gihī kāmabhoginoti. Bhagavato etamatthaṃ ārocesuṃ. "Na, bhikkhave, ucce mañce sayitabbaṃ. Yo sayeyya, āpatti dukkaṭassā"ti.

Tena kho pana samayena aññataro bhikkhu nīce mañce sayanto ahinā daṭṭho hoti. Bhagavato etamatthaṃ ārocesuṃ. "Anujānāmi, bhikkhave, mañcapaṭipādaka"nti.

Tena kho pana samayena chabbaggiyā bhikkhū ucce mañcapaṭipādake dhārenti, saha mañcapaṭipādakehi pavedhenti. Manussā vihāracārikaṃ āhiṇḍantā passitvā ujjhāyanti khiyyanti vipācenti – seyyathāpi gihī kāmabhoginoti. Bhagavato etamatthaṃ ārocesuṃ. "Na, bhikkhave, uccā mañcapaṭipādakā dhāretabbā. Yo dhāreyya, āpatti dukkaṭassa. Anujānāmi, bhikkhave, aṭṭhaṅgulaparamaṃ mañcapaṭipādaka"nti.

Tena kho pana samayena saṅghassa suttaṃ uppannaṃ hoti. Bhagavato etamatthaṃ ārocesuṃ. "Anujānāmi, bhikkhave, suttaṃ mañcaṃ veṭhetu"nti [vetunti (sī.)]. Aṅgāni bahusuttaṃ pariyādiyanti. Bhagavato etamatthaṃ ārocesuṃ. "Anujānāmi, bhikkhave, aṅge vijjhitvā aṭṭhapadakaṃ veṭhetu"nti. Coḷakaṃ uppannaṃ hoti. Bhagavato etamatthaṃ ārocesuṃ. "Anujānāmi, bhikkhave, cimilikaṃ kātu"nti. Tūlikā uppannā hoti. Bhagavato etamatthaṃ ārocesuṃ. "Anujānāmi, bhikkhave, vijaṭetvā bibbohanaṃ [bimbohanaṃ (sī. syā. bimba + ohanaṃ)] kātuṃ. Tīṇi tūlāni – rukkhatūlaṃ, latātūlaṃ, poṭakitūla"nti.

Tena kho pana samayena chabbaggiyā bhikkhū addhakāyikāni [aḍḍhakāyikāni (ka.)] bibbohanāni dhārenti. Manussā vihāracārikaṃ āhiṇḍantā passitvā ujjhāyanti khiyyanti vipācenti – seyyathāpi gihī kāmabhoginoti. Bhagavato etamatthaṃ ārocesuṃ. "Na, bhikkhave, aḍḍhakāyikāni bibbohanāni dhāretabbāni. Yo dhāreyya, āpatti dukkaṭassa. Anujānāmi, bhikkhave, sīsappamāṇaṃ bibbohanaṃ kātu"nti.

Tena kho pana samayena rājagahe giraggasamajjo hoti. Manussā mahāmattānaṃ atthāya bhisiyo paṭiyādenti – uṇṇabhisiṃ, coḷabhisiṃ, vākabhisiṃ, tiṇabhisiṃ, paṇṇabhisiṃ. Te vītivatte samajje chaviṃ uppāṭetvā haranti. Addasāsuṃ kho bhikkhū samajjaṭṭhāne bahuṃ uṇṇampi coḷakampi vākampi tiṇampi paṇṇampi chaṭṭitaṃ. Disvāna bhagavato etamatthaṃ ārocesuṃ. "Anujānāmi, bhikkhave, pañca bhisiyo – uṇṇabhisiṃ, coḷabhisiṃ, vākabhisiṃ, tiṇabhisiṃ, paṇṇabhisi"nti.

Tena kho pana samayena saṅghassa senāsanaparikkhārikaṃ dussaṃ uppannaṃ hoti. Bhagavato etamatthaṃ ārocesuṃ. "Anujānāmi, bhikkhave, bhisiṃ onandhitu"nti [onaddhituṃ (syā.)].

Tena kho pana samayena bhikkhū mañcabhisiṃ pīṭhe santharanti, pīṭhabhisiṃ mañce santharanti. Bhisiyo paribhijjanti. Bhagavato etamatthaṃ ārocesuṃ. "Anujānāmi, bhikkhave, onaddhamañcaṃ [onaddhamañcaṃ (ka.) evamuparipi] onaddhapīṭha"nti. Ullokaṃ akaritvā santharanti, heṭṭhato nipatanti [nipaṭanti (ka.), nipphaṭanti (sī.), nippaṭenti (syā.)] ...pe... "anujānāmi, bhikkhave, ullokaṃ karitvā santharitvā bhisiṃ onandhitu"nti. Chaviṃ uppāṭetvā haranti...pe... "anujānāmi, bhikkhave, phositu"nti. Harantiyeva...pe... "anujānāmi, bhikkhave, bhattikamma"nti. Harantiyeva...pe... "anujānāmi, bhikkhave, hatthabhattikamma"nti. Harantiyeva...pe... "anujānāmi, bhikkhave, hatthabhatti"nti. Setavaṇṇādianujānanaṃ

298. Tena kho pana samayena titthiyānaṃ seyyāyo setavaṇṇā honti, kāḷavaṇṇakatā bhūmi, gerukaparikammakatā bhitti. Bahū manussā seyyāpekkhakā gacchanti. Bhagavato etamatthaṃ ārocesuṃ. ''Anujānāmi, bhikkhave, vihāre setavaṇṇaṃ kāḷavaṇṇaṃ gerukaparikamma''nti .
Tena kho pana samayena pharusāya bhittiyā setavaṇṇo na nipatati. Bhagavato etamatthaṃ ārocesuṃ. ''Anujānāmi, bhikkhave, thusapiṇḍaṃ datvā pāṇikāya paṭibāhetvā setavaṇṇaṃ nipātetu''nti. Setavaṇṇo anibandhanīyo hoti...pe... ''anujānāmi, bhikkhave, saṇhamattikaṃ datvā pāṇikāya paṭibāhetvā setavaṇṇaṃ nipātetu''nti. Setavaṇṇo anibandhanīyo hoti...pe... ''anujānāmi, bhikkhave, ikkāsaṃ piṭṭhamadda''nti.
Tena kho pana samayena pharusāya bhittiyā gerukā na nipatati. Bhagavato etamatthaṃ ārocesuṃ. ''Anujānāmi, bhikkhave, thusapiṇḍaṃ datvā pāṇikāya paṭibāhetvā gerukaṃ nipātetu''nti. Gerukā anibandhanīyā hoti ...pe... ''anujānāmi, bhikkhave, kuṇḍakamattikaṃ datvā pāṇikāya paṭibāhetvā gerukaṃ nipātetu''nti. Gerukā anibandhanīyā hoti...pe... ''anujānāmi, bhikkhave, sāsapakuṭṭaṃ sitthatelaka''nti. Accussannaṃ hoti...pe... ''anujānāmi, bhikkhave, coḷakena paccuddharitu''nti.
Tena kho pana samayena pharusāya bhūmiyā kāḷavaṇṇo na nipatati. Bhagavato etamatthaṃ ārocesuṃ. ''Anujānāmi, bhikkhave, thusapiṇḍaṃ datvā pāṇikāya paṭibāhetvā kāḷavaṇṇaṃ nipātetu''nti. Kāḷavaṇṇo anibandhanīyo hoti...pe... ''anujānāmi, bhikkhave, gaṇḍumattikaṃ datvā pāṇikāya paṭibāhetvā kāḷavaṇṇaṃ nipātetu''nti. Kāḷavaṇṇo anibandhanīyo hoti...pe... ''anujānāmi, bhikkhave, ikkāsaṃ kasāva''nti.

Paṭibhānacittapaṭikkhepaṃ

299. Tena kho pana samayena chabbaggiyā bhikkhū vihāre paṭibhānacittaṃ kārāpenti – itthirūpakaṃ purisarūpakaṃ. Manussā vihāracārikaṃ āhiṇḍantā passitvā ujjhāyanti khiyyanti vipācenti – seyyathāpi gihī kāmabhoginoti. Bhagavato etamatthaṃ ārocesuṃ. ''Na, bhikkhave, paṭibhānacittaṃ kārāpetabbaṃ – itthirūpakaṃ purisarūpakaṃ. Yo kārāpeyya, āpatti dukkaṭassa. Anujānāmi, bhikkhave, mālākammaṃ latākammaṃ makaradantakaṃ pañcapaṭika''nti.

Iṭṭhakācayādianujānanaṃ

300. Tena kho pana samayena vihārā nīcavatthukā honti, udakena otthariyyanti. Bhagavato etamatthaṃ ārocesuṃ. ''Anujānāmi, bhikkhave, uccavatthukaṃ kātu''nti. Cayo paripatati...pe... ''anujānāmi, bhikkhave, cinituṃ tayo caye – iṭṭhakācayaṃ, silācayaṃ, dārucaya''nti. Ārohantā vihaññanti...pe... ''anujānāmi, bhikkhave, tayo sopāne – iṭṭhakāsopānaṃ, silāsopānaṃ, dārusopāna''nti. Ārohantā paripatanti...pe... ''anujānāmi, bhikkhave, ālambanabāha''nti.
Tena kho pana samayena vihārā āḷakamandā honti . Bhikkhū hiriyanti nipajjituṃ. Bhagavato etamatthaṃ ārocesuṃ. ''Anujānāmi, bhikkhave, tirokaraṇi''nti. Tirokaraṇiṃ ukkhipitvā olokenti...pe... ''anujānāmi, bhikkhave , aḍḍhakuṭṭaka''nti. Aḍḍhakuṭṭakā uparito olokenti...pe... ''anujānāmi, bhikkhave, tayo gabbhe – sivikāgabbhaṃ, nāḷikāgabbhaṃ, hammiyagabbha''nti.
Tena kho pana samayena bhikkhū khuddake vihāre majjhe gabbhaṃ karonti. Upacāro na hoti. Bhagavato etamatthaṃ ārocesuṃ. ''Anujānāmi, bhikkhave, khuddake vihāre ekamantaṃ gabbhaṃ kātuṃ, mahallake majjhe''ti.
Tena kho pana samayena vihārassa kuṭṭapādo jīrati. Bhagavato etamatthaṃ ārocesuṃ. ''Anujānāmi , bhikkhave, kulaṅkapādaka''nti [kuḷuṅkapādakanti (sī.)]. Vihārassa kuṭṭo ovassati...pe...''anujānāmi, bhikkhave, parittāṇakiṭikaṃ uddasudha''nti [uddhāsudhanti (syā.)].
Tena kho pana samayena aññatarassa bhikkhuno tiṇacchadanā ahi khandhe patati. So bhīto vissaramakāsi. Bhikkhū upadhāvitvā taṃ bhikkhuṃ etadavocuṃ – ''kissa tvaṃ, āvuso, vissaramakāsī''ti? Atha kho so bhikkhūnaṃ etamatthaṃ ārocesi. Bhikkhū bhagavato etamatthaṃ ārocesuṃ. ''Anujānāmi, bhikkhave, vitāna''nti.
Tena kho pana samayena bhikkhū mañcapādepi pīṭhapādepi thavikāyo laggenti. Undūrehipi upacikāhipi khajjanti. Bhagavato etamatthaṃ ārocesuṃ. ''Anujānāmi, bhikkhave, bhittikhilaṃ nāgadantaka''nti.
Tena kho pana samayena bhikkhū mañcepi pīṭhepi cīvaraṃ nikkhipanti. Cīvaraṃ paribhijjiti. Bhagavato etamatthaṃ ārocesuṃ. ''Anujānāmi, bhikkhave, vihāre cīvaravaṃsaṃ cīvararajju''nti .
Tena kho pana samayena vihārā anāḷindakā honti appaṭissaraṇā. Bhagavato etamatthaṃ ārocesuṃ. ''Anujānāmi, bhikkhave, āḷindaṃ paghanaṃ pakuṭṭaṃ[pakuḍḍaṃ (sī.)] osāraka''nti. Āḷindā pākaṭā honti. Bhikkhū hiriyanti nipajjituṃ...pe... ''anujānāmi, bhikkhave, saṃsaraṇakiṭikaṃ ugghāṭanakiṭika''nti.

Upaṭṭhānasālāanujānanaṃ

301. Tena kho pana samayena bhikkhū ajjhokāse bhattavissaggaṃ karontā sītenapi uṇhenapi kilamanti. Bhagavato etamatthaṃ ārocesuṃ. ''Anujānāmi, bhikkhave, upaṭṭhānasāla''nti. Upaṭṭhānasālā nīcavatthukā hoti , udakena otthariyyati...pe... ''anujānāmi, bhikkhave, uccavatthukaṃ kātu''nti. Cayo paripatati...pe... ''anujānāmi, bhikkhave, cinituṃ tayo caye – iṭṭhakācayaṃ, silācayaṃ, dārucaya''nti. Ārohantā vihaññanti...pe... ''anujānāmi, bhikkhave, tayo sopāne – iṭṭhakāsopānaṃ, silāsopānaṃ, dārusopāna''nti. Ārohantā paripatanti...pe... ''anujānāmi, bhikkhave, ālambanabāha''nti. Upaṭṭhānasālāya tiṇacuṇṇaṃ paripatati...pe... ''anujānāmi, bhikkhave, ogumphetvā ullittāvalittaṃ kātuṃ

– setavaṇṇaṃ kāḷavaṇṇaṃ gerukaparikammaṃ mālākammaṃ latākammaṃ makaradantakaṃ pañcapaṭikaṃ cīvaravaṃsaṃ cīvararajju''nti.
Tena kho pana samayena bhikkhū ajjhokāse chamāya cīvaraṃ pattharanti. Cīvaraṃ paṃsukitaṃ hoti. Bhagavato etamatthaṃ ārocesuṃ. ''Anujānāmi, bhikkhave, ajjhokāse cīvaravaṃsaṃ cīvararajju''nti. Pānīyaṃ otappati...pe... ''anujānāmi, bhikkhave, pānīyasālaṃ pānīyamaṇḍapa''nti. Pānīyasālā nīcavatthukā hoti, udakena otthariyyati...pe... ''anujānāmi, bhikkhave, uccavatthukaṃ kātu''nti. Cayo paripatati...pe... ''anujānāmi, bhikkhave, cinituṃ tayo caye – iṭṭhakācayaṃ, silācayaṃ, dārucaya''nti. Ārohantā vihaññanti...pe... ''anujānāmi, bhikkhave, tayo sopāne – iṭṭhakāsopānaṃ, silāsopānaṃ, dārusopāna''nti. Ārohantā paripatanti...pe... ''anujānāmi, bhikkhave, ālambanabāha''nti. Pānīyasālāya tiṇacuṇṇaṃ paripatati...pe... ''anujānāmi, bhikkhave, ogumphetvā ullittāvalittaṃ kātuṃ – setavaṇṇaṃ kāḷavaṇṇaṃ gerukaparikammaṃ mālākammaṃ latākammaṃ makaradantakaṃ pañcapaṭikaṃ cīvaravaṃsaṃ cīvararajju''nti. Pānīyabhājanaṃ na saṃvijjati...pe... ''anujānāmi, bhikkhave, pānīyasaṅkhaṃ pānīyasarāvaka''nti.
Pākārādianujānanaṃ
302. Tena kho pana samayena vihārā aparikkhittā honti. Bhagavato etamatthaṃ ārocesuṃ. ''Anujānāmi, bhikkhave, parikkhipituṃ tayo pākāre – iṭṭhakāpākāraṃ, silāpākāraṃ, dārupākāra''nti. Koṭṭhako na hoti...pe... ''anujānāmi, bhikkhave, koṭṭhaka''nti. Koṭṭhako nīcavatthuko hoti, udakena otthariyyati...pe... ''anujānāmi, bhikkhave, uccavatthukaṃ kātu''nti. Koṭṭhakassa kavāṭaṃ na hoti...pe... ''anujānāmi, bhikkhave, kavāṭaṃ piṭṭhasaṅghāṭaṃ udukkhalikaṃ uttarapāsakaṃ aggaḷavaṭṭiṃ kapisīsakaṃ sūcikaṃ ghaṭikaṃ tāḷacchiddaṃ āviñchanacchiddaṃ āviñchanarajju''nti. Koṭṭhake tiṇacuṇṇaṃ paripatati...pe... ''anujānāmi, bhikkhave, ogumphetvā ullittāvalittaṃ kātuṃ – setavaṇṇaṃ kāḷavaṇṇaṃ gerukaparikammaṃ mālākammaṃ latākammaṃ makaradantakaṃ pañcapaṭika''nti.
Tena kho pana samayena pariveṇaṃ cikkhallaṃ hoti. Bhagavato etamatthaṃ ārocesuṃ. ''Anujānāmi, bhikkhave, marumbaṃ upakiritu''nti. Na pariyāpuṇanti...pe... ''anujānāmi, bhikkhave, padarasilaṃ nikkhipitu''nti. Udakaṃ santiṭṭhati...pe... ''anujānāmi, bhikkhave, udakaniddhamana''nti.
Tena kho pana samayena bhikkhū pariveṇe tahaṃ tahaṃ aggiṭṭhānaṃ karonti. Pariveṇaṃ uklāpaṃ hoti. Bhagavato etamatthaṃ ārocesuṃ. ''Anujānāmi, bhikkhave, ekamantaṃ aggisālaṃ kātu''nti. Aggisālā nīcavatthukā hoti, udakena otthariyyati...pe... ''anujānāmi, bhikkhave, uccavatthukaṃ kātu''nti. Cayo paripatati...pe... ''anujānāmi, bhikkhave, cinituṃ tayo caye – iṭṭhakācayaṃ, silācayaṃ, dārucaya''nti. Ārohantā vihaññanti...pe... ''anujānāmi, bhikkhave, tayo sopāne – iṭṭhakāsopānaṃ, silāsopānaṃ, dārusopāna''nti. Ārohantā paripatanti...pe...''anujānāmi, bhikkhave, ālambanabāha''nti. Aggisālāya kavāṭaṃ na hoti...pe... ''anujānāmi, bhikkhave, kavāṭaṃ piṭṭhasaṅghāṭaṃ udukkhalikaṃ uttarapāsakaṃ aggaḷavaṭṭiṃ kapisīsakaṃ sūcikaṃ ghaṭikaṃ tāḷacchiddaṃ āviñchanacchiddaṃ āviñchanarajju''nti. Aggisālāya tiṇacuṇṇaṃ paripatati...pe...''anujānāmi, bhikkhave, ogumphetvā ullittāvalittaṃ kātuṃ – setavaṇṇaṃ kāḷavaṇṇaṃ gerukaparikammaṃ mālākammaṃ latākammaṃ makaradantakaṃ pañcapaṭikaṃ cīvaravaṃsaṃ cīvararajju''nti.
Ārāmaparikkhepaanujānanaṃ
303. Tena kho pana samayena ārāmo aparikkhitto hoti. Ajakāpi pasukāpi uparope viheṭhenti. Bhagavato etamatthaṃ ārocesuṃ. ''Anujānāmi, bhikkhave, parikkhipituṃ tayo vāṭe – veḷuvāṭaṃ, kaṇḍakavāṭaṃ [vaṭe veḷuvaṭaṃ kaṇḍakavaṭaṃ (syā.)], parikha''nti. Koṭṭhako na hoti. Tatheva ajakāpi pasukāpi uparope viheṭhenti...pe... ''anujānāmi, bhikkhave, koṭṭhakaṃ apesiṃ yamakakavāṭaṃ toraṇaṃ paligha''nti. Koṭṭhake tiṇacuṇṇaṃ paripatati...pe... ''anujānāmi , bhikkhave, ogumphetvā ullittāvalittaṃ kātuṃ – setavaṇṇaṃ kāḷavaṇṇaṃ gerukaparikammaṃ mālākammaṃ latākammaṃ makaradantakaṃ pañcapaṭika''nti. Ārāmo cikkhallo hoti...pe... ''anujānāmi, bhikkhave, marumbaṃ upakiritu''nti. Na pariyāpuṇanti...pe... ''anujānāmi, bhikkhave, padarasilaṃ nikkhipitu''nti. Udakaṃ santiṭṭhati...pe... ''anujānāmi, bhikkhave, udakaniddhamana''nti.
Tena kho pana samayena rājā māgadho seniyo bimbisāro saṅghassa atthāya sudhāmattikālepanaṃ pāsādaṃ kāretukāmo hoti. Atha kho bhikkhūnaṃ etadahosi – ''kiṃ nu kho bhagavatā chadanaṃ anuññātaṃ, kiṃ ananuññāta''nti. Bhagavato etamatthaṃ ārocesuṃ. ''Anujānāmi, bhikkhave, pañca chadanāni – iṭṭhakāchadanaṃ, silāchadanaṃ, sudhāchadanaṃ, tiṇacchadanaṃ, paṇṇacchadana''nti.
Paṭhamabhāṇavāro niṭṭhito.
2. Dutiyabhāṇavāro
Anāthapiṇḍikavatthu
304. Tena kho pana samayena anāthapiṇḍiko gahapati rājagahakassa seṭṭhissa bhaginipatiko hoti. Atha kho anāthapiṇḍiko gahapati rājagahaṃ agamāsi kenacideva karaṇīyena. Tena kho pana samayena rājagahakena seṭṭhinā svātanāya buddhappamukho saṅgho nimantito hoti. Atha kho rājagahako seṭṭhī dāse ca kammakāre [kammakare (sī. syā.)] ca āṇāpesi – ''tena hi, bhaṇe, kālasseva uṭṭhāya yāguyo pacatha, bhattāni pacatha, sūpāni sampādetha, uttaribhaṅgāni sampādethā''ti. Atha kho anāthapiṇḍikassa gahapatissa etadahosi – ''pubbe khvāyaṃ gahapati mayi āgate sabbakiccāni nikkhipitvā mamaññeva

saddhiṃ paṭisammodati. Sodānāyaṃ vikkhittarūpo dāse ca kammakāre ca āṇāpesi – 'tena hi, bhaṇe, kālasseva uṭṭhāya yāguyo pacatha, bhattāni pacatha, sūpāni sampādetha, uttaribhaṅgāni sampādethā'ti. Kiṃ nu kho imassa gahapatissa āvāho vā bhavissati, vivāho vā bhavissati, mahāyañño vā paccupaṭṭhito , rājā vā māgadho seniyo bimbisāro nimantito svātanāya saddhiṃ balakāyenā''ti?
Atha kho rājagahako seṭṭhī dāse ca kammakāre ca āṇāpetvā yena anāthapiṇḍiko gahapati tenupasaṅkami, upasaṅkamitvā anāthapiṇḍikena gahapatinā saddhiṃ paṭisammoditvā ekamantaṃ nisīdi. Ekamantaṃ nisinnaṃ kho rājagahakaṃ seṭṭhiṃ anāthapiṇḍiko gahapati etadavoca – ''pubbe kho tvaṃ, gahapati, mayi āgate sabbakiccāni nikkhipitvā mamaññeva saddhiṃ paṭisammodasi. Sodāni tvaṃ vikkhittarūpo dāse ca kammakāre ca āṇāpesi – 'tena hi, bhaṇe, kālasseva uṭṭhāya yāguyo pacatha, bhattāni pacatha, sūpāni sampādetha, uttaribhaṅgāni sampādethā'ti. Kiṃ nu kho te, gahapati, āvāho vā bhavissati, vivāho vā bhavissati, mahāyañño vā paccupaṭṭhito, rājā vā māgadho seniyo bimbisāro nimantito svātanāya saddhiṃ balakāyenā''ti? ''Na me, gahapati, āvāho vā bhavissati, nāpi vivāho vā bhavissati, nāpi rājā vā māgadho seniyo bimbisāro nimantito svātanāya saddhiṃ balakāyena; api ca me mahāyañño paccupaṭṭhito; svātanāya buddhappamukho saṅgho nimantito''ti. ''Buddhoti tvaṃ, gahapati, vadesī''ti? ''Buddho tyāhaṃ, gahapati, vadāmī''ti. ''Buddhoti tvaṃ, gahapati, vadesī''ti? ''Buddho tyāhaṃ, gahapati, vadāmī''ti. ''Buddhoti tvaṃ, gahapati, vadesī''ti? ''Buddho tyāhaṃ, gahapati, vadāmī''ti. ''Ghosopi kho eso, gahapati, dullabho lokasmiṃ yadidaṃ – buddho buddhoti. Sakkā nu kho, gahapati, imaṃ kālaṃ taṃ bhagavantaṃ dassanāya upasaṅkamituṃ arahantaṃ sammāsambuddha''nti? ''Akālo kho, gahapati, imaṃ kālaṃ taṃ bhagavantaṃ dassanāya upasaṅkamituṃ arahantaṃ sammāsambuddhaṃ. Svedāni tvaṃ kālena taṃ bhagavantaṃ dassanāya upasaṅkamissasi arahantaṃ sammāsambuddha''nti. Atha kho anāthapiṇḍiko gahapati – svedānāhaṃ kālena taṃ bhagavantaṃ dassanāya upasaṅkamissāmi arahantaṃ sammāsambuddhanti – buddhagatāya satiyā nipajjitvā rattiyā sudaṃ tikkhattuṃ vuṭṭhāsi pabhātaṃ maññamāno.
305.[saṃ. ni. 1.242] Atha kho anāthapiṇḍiko gahapati yena sivakadvāraṃ [sīvadvāraṃ (sī.), sītavanadvāraṃ (syā.)] tenupasaṅkami. Amanussā dvāraṃ vivariṃsu. Atha kho anāthapiṇḍikassa gahapatissa nagaramhā nikkhantassa āloko antaradhāyi, andhakāro pāturahosi, bhayaṃ chambhitattaṃ lomahaṃsoudapādi; tatova puna nivattitukāmo ahosi. Atha kho sivako [sīvako (sī. syā.)] yakkho antarahito saddamanussāvesi –
''Sataṃ hatthī sataṃ assā, sataṃ assatarīrathā;
Sataṃ kaññāsahassāni, āmukkamaṇikuṇḍalā;
Ekassa padavītihārassa, kalaṃ nāgghanti soḷasiṃ [soḷasinti (sī. ka.)].
''Abhikkama gahapati abhikkama gahapati;
Abhikkantaṃ te seyyo no paṭikkanta''nti.
Atha kho anāthapiṇḍikassa gahapatissa andhakāro antaradhāyi, āloko pāturahosi. Yaṃ ahosi bhayaṃ chambhitattaṃ lomahaṃso so paṭippassambhi. Dutiyampi kho...pe... tatiyampi kho...pe... anāthapiṇḍikassa gahapatissa āloko antaradhāyi, andhakāro pāturahosi, bhayaṃ chambhitattaṃ lomahaṃso udapādi, tatova puna nivattitukāmo ahosi. Tatiyampi kho sivako yakkho antarahito saddamanussāvesi –
''Sataṃ hatthī sataṃ assā, sataṃ assatarīrathā;
Sataṃ kaññāsahassāni, āmukkamaṇikuṇḍalā;
Ekassa padavītihārassa, kalaṃ nāgghanti soḷasiṃ.
''Abhikkama gahapati abhikkama gahapati,
Abhikkantaṃ te seyyo no paṭikkanta''nti.
Tatiyampi kho anāthapiṇḍikassa gahapatissa andhakāro antaradhāyi , āloko pāturahosi, yaṃ ahosi bhayaṃ chambhitattaṃ lomahaṃso, so paṭippassambhi. Atha kho anāthapiṇḍiko gahapati yena sītavanaṃ tenupasaṅkami. Tena kho pana samayena Bhagavā rattiyā paccūsasamayaṃ paccuṭṭhāya ajjhokāse caṅkamati. Addasā kho Bhagavā anāthapiṇḍikaṃ gahapatiṃ dūratova āgacchantaṃ. Disvāna caṅkamā orohitvā paññatte āsane nisīdi. Nisajja kho Bhagavā anāthapiṇḍikaṃ gahapatiṃ etadavoca – ''ehi sudattā''ti. Atha kho anāthapiṇḍiko gahapati – nāmena maṃ Bhagavā ālapatīti – haṭṭho udaggo yena Bhagavā tenupasaṅkami, upasaṅkamitvā bhagavato pādesu sirasā nipatitvā bhagavantaṃ etadavoca – ''kacci, bhante, Bhagavā sukhaṃ sayitthā''ti?
[saṃ. ni. 1.242] ''Sabbadā ve sukhaṃ seti, brāhmaṇo parinibbuto;
Yo na limpati kāmesu, sītibhūto nirūpadhi.
''Sabbā āsattiyo chetvā, vineyya hadaye daraṃ;
Upasanto sukhaṃ seti, santiṃ pappuyya cetasā''ti [cetasoti (sī. syā.)].
Atha kho Bhagavā anāthapiṇḍikassa gahapatissa anupubbiṃ kathaṃ [ānupubbikathaṃ (sī.)] kathesi, seyyathidaṃ – dānakathaṃ sīlakathaṃ saggakathaṃ, kāmānaṃ ādīnavaṃ okāraṃ saṃkilesaṃ, nekkhamme ānisaṃsaṃ pakāsesi. Yadā Bhagavā aññāsi anāthapiṇḍikaṃ gahapatiṃ kallacittaṃ muducittaṃ vinīvaraṇacittaṃ udaggacittaṃ pasannacittaṃ, atha yā buddhānaṃ sāmukkaṃsikā dhammadesanā taṃ pakāsesi – dukkhaṃ, samudayaṃ, nirodhaṃ, maggaṃ. Seyyathāpi nāma suddhaṃ

vatthaṃ apagatakāḷakaṃ sammadeva rajanaṃ paṭiggaṇheyya, evameva anāthapiṇḍikassa gahapatissa tasmiṃyeva āsane virajaṃ vītamalaṃ dhammacakkhuṃ udapādi – yaṃ kiñci samudayadhammaṃ, sabbaṃ taṃ nirodhadhammanti. Atha kho anāthapiṇḍiko gahapati diṭṭhadhammo pattadhammo viditadhammo pariyogāḷhadhammo tiṇṇavicikiccho vigatakathaṃkatho vesārajjappatto aparappaccayo satthusāsane bhagavantaṃ etadavoca – ''abhikkantaṃ bhante, abhikkantaṃ bhante! Seyyathāpi, bhante, nikkujjitaṃ vā ukkujjeyya, paṭicchannaṃ vā vivareyya, mūḷhassa vā maggaṃ ācikkheyya, andhakāre vā telapajjotaṃ dhāreyya – cakkhumanto rūpāni dakkhantīti – evamevaṃ bhagavatā anekapariyāyena dhammo pakāsito. Esāhaṃ, bhante, bhagavantaṃ saraṇaṃ gacchāmi, dhammañca, bhikkhusaṅghañca. Upāsakaṃ maṃ Bhagavā dhāretu ajjatagge pāṇupetaṃ saraṇaṃ gataṃ. Adhivāsetu ca me, bhante, Bhagavā svātanāya bhattaṃ saddhiṃ bhikkhusaṅghenā''ti. Adhivāsesi Bhagavā tuṇhībhāvena.

Atha kho anāthapiṇḍiko gahapati bhagavato adhivāsanaṃ viditvā uṭṭhāyāsanā bhagavantaṃ abhivādetvā padakkhiṇaṃ katvā pakkāmi. Assosi kho rājagahako seṭṭhī – ''anāthapiṇḍikena kira gahapatinā svātanāya buddhappamukho saṅgho nimantito''ti.

306. Atha kho rājagahako seṭṭhī anāthapiṇḍikaṃ gahapatiṃ etadavoca – ''tayā kira, gahapati, svātanāya buddhappamukho saṅgho nimantito. Tvañcāsi āgantuko. Demi te, gahapati, veyyāyikaṃ yena tvaṃ buddhappamukhassa saṅghassa bhattaṃ kareyyāsī''ti. ''Alaṃ, gahapati atthi me veyyāyikaṃ yenāhaṃ buddhappamukhassa saṅghassa bhattaṃ karissāmī''ti.

Assosi kho rājagahako negamo – ''anāthapiṇḍikena kira gahapatinā svātanāya buddhappamukho saṅgho nimantito''ti. Atha kho rājagahako negamo anāthapiṇḍikaṃ gahapatiṃ etadavoca – ''tayā kira, gahapati, svātanāya buddhappamukho saṅgho nimantito. Tvañcāsi āgantuko. Demi te, gahapati, veyyāyikaṃ yena tvaṃ buddhappamukhassa saṅghassa bhattaṃ kareyyāsī''ti. ''Alaṃ ayya; atthi me veyyāyikaṃ yenāhaṃ buddhappamukhassa saṅghassa bhattaṃ karissāmī''ti.

Assosi kho rājā māgadho seniyo bimbisāro – ''anāthapiṇḍikena kira gahapatinā svātanāya buddhappamukho saṅgho nimantito''ti. Atha kho rājā māgadho seniyo bimbisāro anāthapiṇḍikaṃ gahapatiṃ etadavoca – ''tayā kira, gahapati, svātanāya buddhappamukho saṅgho nimantito. Tvañcāsi āgantuko. Demi te, gahapati, veyyāyikaṃ yena tvaṃ buddhappamukhassa saṅghassa bhattaṃ kareyyāsī''ti. ''Alaṃ deva; atthi me veyyāyikaṃ yenāhaṃ buddhappamukhassa saṅghassa bhattaṃ karissāmī''ti.

Atha kho anāthapiṇḍiko gahapati tassā rattiyā accayena rājagahakassa seṭṭhissa nivesane paṇītaṃ khādanīyaṃ bhojanīyaṃ paṭiyādāpetvā bhagavato kālaṃ ārocāpesi – ''kālo, bhante, niṭṭhitaṃ bhatta''nti. Atha kho Bhagavā pubbaṇhasamayaṃ nivāsetvā pattacīvaramādāya yena rājagahakassa seṭṭhissa nivesanaṃ tenupasaṅkami, upasaṅkamitvā paññatte āsane nisīdi saddhiṃ bhikkhusaṅghena. Atha kho anāthapiṇḍiko gahapati buddhappamukhaṃ bhikkhusaṅghaṃ paṇītena khādanīyena bhojanīyena sahatthā santappetvā sampavāretvā, bhagavantaṃ bhuttāviṃ onītapattapāṇiṃ, ekamantaṃ nisīdi. Ekamantaṃ nisinno kho anāthapiṇḍiko gahapati bhagavantaṃ etadavoca – ''adhivāsetu me, bhante, Bhagavā sāvatthiyaṃ vassāvāsaṃ saddhiṃ bhikkhusaṅghenā''ti. ''Suññāgāre kho, gahapati, tathāgatā abhiramantī''ti. ''Aññātaṃ Bhagavā, aññātaṃ sugatā''ti. Atha kho Bhagavā anāthapiṇḍikaṃ gahapatiṃ dhammiyā kathāya sandassetvā samādapetvā samuttejetvā sampahaṃsetvā uṭṭhāyāsanā pakkāmi.

307. Tena kho pana samayena anāthapiṇḍiko gahapati bahumitto hoti bahusahāyo ādeyyavāco. Atha kho anāthapiṇḍiko gahapati rājagahe taṃ karaṇīyaṃ tīretvā yena sāvatthi tena pakkāmi. Atha kho anāthapiṇḍiko gahapati antarāmagge manusse āṇāpesi – ''ārāme, ayyā, karotha, vihāre patiṭṭhāpetha, dānāni paṭṭhapetha. Buddho loke uppanno. So ca mayā Bhagavā nimantito iminā maggena āgacchissatī''ti. Atha kho te manussā anāthapiṇḍikena gahapatinā uyyojitā ārāme akaṃsu, vihāre patiṭṭhāpesuṃ, dānāni paṭṭhapesuṃ.

Atha kho anāthapiṇḍiko gahapati sāvatthiṃ gantvā samantā sāvatthiṃ anuvilokesi – ''kattha nu kho Bhagavā vihareyya? Yaṃ assa gāmato neva atidūre na accāsanne, gamanāgamanasampannaṃ, atthikānaṃ atthikānaṃ manussānaṃ abhikkamanīyaṃ, divā appākiṇṇaṃ, rattiṃ appasaddaṃ, appanigghosaṃ, vijanavātaṃ, manussarāhasseyyakaṃ, paṭisallānasāruppa''nti.

Addasā kho anāthapiṇḍiko gahapati jetassa kumārassa [rājakumārassa (sī. syā. kaṃ.)] uyyānaṃ – gāmato neva atidūre na accāsanne, gamanāgamanasampannaṃ, atthikānaṃ atthikānaṃ manussānaṃ abhikkamanīyaṃ, divā appākiṇṇaṃ, rattiṃ appasaddaṃ, appanigghosaṃ, vijanavātaṃ, manussarāhasseyyakaṃ, paṭisallānasāruppaṃ. Disvāna yena jeto kumāro tenupasaṅkami, upasaṅkamitvā jetaṃ kumāraṃ etadavoca – ''dehi me, ayyaputta, uyyānaṃ ārāmaṃ kātu''nti [ketuṃ (vajīrabuddhiṭīkāyaṃ)]. ''Adeyyo, gahapati, ārāmo api koṭisantharenā''ti. ''Gahito, ayyaputta, ārāmo''ti. ''Na, gahapati, gahito ārāmo''ti. Gahito na gahitoti vohārike mahāmatte pucchiṃsu. Mahāmattā evamāhaṃsu – ''yato tayā, ayyaputta, aggho kato, gahito ārāmo''ti. Atha kho anāthapiṇḍiko gahapati sakaṭehi hiraññaṃ nibbāhāpetvā jetavanaṃ koṭisantharaṃ santharāpesi. Sakiṃ nīhaṭaṃ hiraññaṃ thokassa okāsassa koṭṭhakasāmantā nappahoti. Atha kho anāthapiṇḍiko gahapati manusse āṇāpesi – ''gacchatha, bhaṇe, hiraññaṃ āharatha; imaṃ okāsaṃ santharissāmā''ti.

Atha kho jetassa kumārassa etadahosi – ''na kho idaṃ orakaṃ bhavissati, yathāyaṃ gahapati tāva bahuṃ hiraññaṃ pariccajatī''ti. Anāthapiṇḍikaṃ gahapatiṃ etadavoca – ''alaṃ, gahapati; mā taṃ okāsaṃ santharāpesi. Dehi me etaṃ okāsaṃ. Mametaṃ dānaṃ bhavissatī''ti. Atha kho anāthapiṇḍiko gahapati – ayaṃ kho jeto kumāro abhiññāto ñātamanusso; mahatthiko kho pana evarūpānaṃ ñātamanussānaṃ imasmiṃ dhammavinaye pasādoti – taṃ okāsaṃ jetassa kumārassa pādāsi [adāsi (syā.)]. Atha kho jeto kumāro tasmiṃ okāse koṭṭhakaṃ māpesi.

Atha kho anāthapiṇḍiko gahapati jetavane vihāre kārāpesi, pariveṇāni kārāpesi, koṭṭhake kārāpesi, upaṭṭhānasālāyo kārāpesi, aggisālāyo kārāpesi, kappiyakuṭiyo kārāpesi, vaccakuṭiyo kārāpesi, caṅkame kārāpesi, caṅkamanasālāyo kārāpesi, udapāne kārāpesi, udapānasālāyo kārāpesi, jantāghare kārāpesi, jantāgharasālāyo kārāpesi, pokkharaṇiyo kārāpesi, maṇḍape kārāpesi.

Navakammadānaṃ

308. Atha kho Bhagavā rājagahe yathābhirantaṃ viharitvā yena vesālī tena cārikaṃ pakkāmi. Anupubbena cārikaṃ caramāno yena vesālī tadavasari. Tatra sudaṃ Bhagavā vesāliyaṃ viharati mahāvane kūṭāgārasālāyaṃ. Tena kho pana samayena manussā sakkaccaṃ navakammaṃ karonti. Yepi bhikkhū navakammaṃ adhiṭṭhenti tepi sakkaccaṃ upaṭṭhenti cīvarapiṇḍapātasenāsanagilānappaccayabhesajjaparikkhārena. Atha kho aññatarassa daliddassa tunnavāyassa etadahosi – ''na kho idaṃ orakaṃ bhavissati, yathayime manussā sakkaccaṃ navakammaṃ karonti; yaṃnūnāhampi navakammaṃ kareyya''nti. Atha kho so daliddo tunnavāyo sāmaṃ cikkhallaṃ madditvā iṭṭhakāyo cinitvā kuṭṭaṃ uṭṭhāpesi. Tena akusalakena citā vaṅkā bhitti paripati. Dutiyampi kho...pe... tatiyampi kho so daliddo tunnavāyo sāmaṃ cikkhallaṃ madditvā iṭṭhakāyo cinitvā kuṭṭaṃ uṭṭhāpesi. Tena akusalakena citā vaṅkā bhitti paripati. Atha kho so daliddo tunnavāyo ujjhāyati khiyyati vipāceti – ''ye imesaṃ samaṇānaṃ sakyaputtiyānaṃ denti cīvarapiṇḍapātasenāsanagilānappaccayabhesajjaparikkhāraṃ, te ime ovadanti anusāsanti, tesañca navakammaṃ adhiṭṭhenti. Ahaṃ panamhi daliddo. Na maṃ koci ovadati vā anusāsati vā navakammaṃ vā adhiṭṭhetī''ti. Assosuṃ kho bhikkhū tassa daliddassa tunnavāyassa ujjhāyantassa khiyyantassa vipācentassa. Atha kho te bhikkhū bhagavato etamatthaṃ ārocesuṃ. Atha kho Bhagavā etasmiṃ nidāne etasmiṃ pakaraṇe dhammiṃ kathaṃ katvā bhikkhū āmantesi – ''anujānāmi, bhikkhave, navakammaṃ dātuṃ. Navakammiko, bhikkhave, bhikkhu ussukkaṃ āpajjissati – 'kinti nu kho vihāro khippaṃ pariyosānaṃ gaccheyyā'ti; khaṇḍaṃ phullaṃ paṭisaṅkharissati. Evañca pana, bhikkhave, dātabbaṃ. Paṭhamaṃ bhikkhu yācitabbo, yācitvā byattena bhikkhunā paṭibalena saṅgho ñāpetabbo –

309. ''Suṇātu me, bhante, saṅgho. Yadi saṅghassa pattakallaṃ, saṅgho itthannāmassa gahapatino vihāraṃ itthannāmassa bhikkhuno navakammaṃ dadeyya. Esā ñatti.

''Suṇātu me, bhante, saṅgho. Saṅgho itthannāmassa gahapatino vihāraṃ itthannāmassa bhikkhuno navakammaṃ deti. Yassāyasmato khamati itthannāmassa gahapatino vihāraṃ itthannāmassa bhikkhuno navakammassa dānaṃ, so tuṇhassa; yassa nakkhamati, so bhāseyya.

''Dinno saṅghena itthannāmassa gahapatino vihāro itthannāmassa bhikkhuno navakammaṃ. Khamati saṅghassa, tasmā tuṇhī, evametaṃ dhārayāmī''ti.

Aggāsanādianujānanaṃ

310. Atha kho Bhagavā vesāliyaṃ yathābhirantaṃ viharitvā yena sāvatthi tena cārikaṃ pakkāmi. Tena kho pana samayena chabbaggiyānaṃ bhikkhūnaṃantevāsikā bhikkhū buddhappamukhassa saṅghassa purato purato gantvā vihāre pariggaṇhanti, seyyāyo pariggaṇhanti – idaṃ amhākaṃ upajjhāyānaṃ bhavissati, idaṃ amhākaṃ ācariyānaṃ bhavissati, idaṃ amhākaṃ bhavissatī''ti.

Atha kho āyasmā sāriputto buddhappamukhassa saṅghassa piṭṭhito piṭṭhito gantvā vihāresu pariggahitesu, seyyāsu pariggahitāsu, seyyaṃ alabhamāno aññatarasmiṃ rukkhamūle nisīdi. Atha kho Bhagavā rattiyā paccūsasamayaṃ paccuṭṭhāya ukkāsi. Āyasmāpi sāriputto ukkāsi. ''Ko etthā''ti? ''Ahaṃ, Bhagavā, sāriputto''ti. ''Kissa tvaṃ, sāriputtaṃ, idha nisinno''ti? Atha kho āyasmā sāriputto bhagavato etamatthaṃ ārocesi. Atha kho Bhagavā etasmiṃ nidāne etasmiṃ pakaraṇe bhikkhusaṅghaṃ sannipātāpetvā bhikkhū paṭipucchi – ''saccaṃ kira, bhikkhave, chabbaggiyānaṃ bhikkhūnaṃ antevāsikā bhikkhū buddhappamukhassa saṅghassa purato purato gantvā vihāre pariggaṇhanti, seyyāyo pariggaṇhanti – idaṃ amhākaṃ upajjhāyānaṃ bhavissati, idaṃ amhākaṃ ācariyānaṃ bhavissati, idaṃ amhākaṃ bhavissatī''ti? ''Saccaṃ Bhagavā''ti. Vigarahi buddho Bhagavā...pe... ''kathañhi nāma te, bhikkhave, moghapurisā buddhappamukhassa saṅghassa purato purato gantvā vihāre pariggahessanti, seyyāyo pariggahessanti – idaṃ amhākaṃ upajjhāyānaṃ bhavissati, idaṃ amhākaṃ ācariyānaṃ bhavissati, idaṃ amhākaṃ bhavissatīti! Netaṃ, bhikkhave, appasannānaṃ vā pasādāya...pe... vigarahitvā...pe... dhammiṃ kathaṃ katvā bhikkhū āmantesi – ''ko, bhikkhave, arahati aggāsanaṃ aggodakaṃ aggapiṇḍa''nti?

Ekacce bhikkhū evamāhaṃsu – ''yo, Bhagavā, khattiyakulā pabbajito so arahati aggāsanaṃ aggodakaṃ aggapiṇḍa''nti. Ekacce bhikkhū evamāhaṃsu – ''yo, Bhagavā, brāhmaṇakulā pabbajito so arahati aggāsanaṃ aggodakaṃ aggapiṇḍa''nti. Ekacce bhikkhū evamāhaṃsu – ''yo, Bhagavā, gahapatikulā pabbajito so arahati aggāsanaṃ aggodakaṃ aggapiṇḍa''nti. Ekacce bhikkhū evamāhaṃsu – ''yo,

Bhagavā, suttantiko so arahati aggāsanaṃ aggodakaṃ aggapiṇḍa''nti. Ekacce bhikkhū evamāhaṃsu – ''yo, Bhagavā, vinayadharo so arahati aggāsanaṃ aggodakaṃ aggapiṇḍa''nti. Ekacce bhikkhū evamāhaṃsu – ''yo, Bhagavā, dhammakathiko so arahati aggāsanaṃ aggodakaṃ aggapiṇḍa''nti. Ekacce bhikkhū evamāhaṃsu – ''yo, Bhagavā, paṭhamassa jhānassa lābhī so arahati aggāsanaṃ aggodakaṃ aggapiṇḍa''nti. Ekacce bhikkhū evamāhaṃsu – ''yo, Bhagavā, dutiyassa jhānassa lābhī so arahati aggāsanaṃ aggodakaṃ aggapiṇḍa''nti. Ekacce bhikkhū evamāhaṃsu – ''yo, Bhagavā, tatiyassa jhānassa lābhī so arahati aggāsanaṃ aggodakaṃ aggapiṇḍa''nti. Ekacce bhikkhū evamāhaṃsu – ''yo, Bhagavā, catutthassa jhānassa lābhī so arahati aggāsanaṃ aggodakaṃ aggapiṇḍa''nti. Ekacce bhikkhū evamāhaṃsu – ''yo, Bhagavā, sotāpanno so arahati aggāsanaṃ aggodakaṃ aggapiṇḍa''nti. Ekacce bhikkhū evamāhaṃsu – ''yo, Bhagavā, sakadāgāmī...pe... yo, Bhagavā, anāgāmī...pe... yo, Bhagavā, arahā so arahati aggāsanaṃ aggodakaṃ aggapiṇḍa''nti. Ekacce bhikkhū evamāhaṃsu – ''yo, Bhagavā, tevijjo so arahati aggāsanaṃ aggodakaṃ aggapiṇḍa''nti. Ekacce bhikkhū evamāhaṃsu – ''yo, Bhagavā, chaḷabhiñño so arahati aggāsanaṃ aggodakaṃ aggapiṇḍa''nti.

311. Atha kho Bhagavā bhikkhū āmantesi – ''bhūtapubbaṃ, bhikkhave, himavantapadese [himavantapasse (sī. syā.)] mahānigrodho ahosi. Taṃ tayo sahāyā upanissāya vihariṃsu – tittiro ca, makkaṭo ca, hatthināgo ca. Te aññamaññaṃ agāravā appatissā asabhāgavuttikā viharanti. Atha kho, bhikkhave, tesaṃ sahāyānaṃ etadahosi – 'aho nūna mayaṃ jāneyyāma yaṃ amhākaṃ jātiyā mahantataraṃ taṃ mayaṃ sakkareyyāma garuṃ kareyyāma māneyyāma pūjeyyāma, tassa ca mayaṃ ovāde tiṭṭheyyāmā'ti.

''Atha kho, bhikkhave, tittiro ca makkaṭo ca hatthināgaṃ pucchiṃsu – 'tvaṃ, samma, kiṃ porāṇaṃ sarasī'ti? 'Yadāhaṃ, sammā, poto homi, imaṃ nigrodhaṃ antarā satthīnaṃ [antarāsatthikaṃ (sī.)] karitvā atikkamāmi, aggaṅkurakaṃ me udaraṃ chupati. Imāhaṃ, sammā, porāṇaṃ sarāmī'ti.

''Atha kho, bhikkhave, tittiro ca hatthināgo ca makkaṭaṃ pucchiṃsu – 'tvaṃ, samma, kiṃ porāṇaṃ sarasī'ti? 'Yadāhaṃ, sammā, chāpo homi, chamāyaṃ nisīditvā imassa nigrodhassa aggaṅkurakaṃ khādāmi. Imāhaṃ, sammā, porāṇaṃ sarāmī'ti.

''Atha kho, bhikkhave, makkaṭo ca hatthināgo ca tittiraṃ pucchiṃsu – 'tvaṃ, samma, kiṃ porāṇaṃ sarasī'ti? 'Amukasmiṃ, sammā, okāse mahānigrodho ahosi. Tato ahaṃ phalaṃ bhakkhitvā imasmiṃ okāse vaccaṃ akāsiṃ; tassāyaṃ nigrodho jāto. Tadāhaṃ, sammā, jātiyā mahantataro'ti.

''Atha kho, bhikkhave, makkaṭo ca hatthināgo ca tittiraṃ etadavocuṃ – 'tvaṃ, samma, amhākaṃ jātiyā mahantataro. Taṃ mayaṃ sakkarissāma garuṃ karissāma mānessāma pūjessāma, tuyhañca mayaṃ ovāde patiṭṭhissāmā'ti. Atha kho, bhikkhave, tittiro makkaṭañca hatthināgañca pañcasu sīlesu samādapesi, attanā ca pañcasu sīlesu samādāya vattati. Te aññamaññaṃ sagāravā sappatissā sabhāgavuttikā viharitvā kāyassa bhedā paraṃ maraṇā sugatiṃ saggaṃ lokaṃ upapajjiṃsu. Evaṃ kho taṃ, bhikkhave, tittiriyaṃ nāma brahmacariyaṃ ahosi.

[jā. 1.1.37] ''Ye vuḍḍhamapacāyanti, narā dhammassa kovidā;
Diṭṭhe dhamme ca pāsaṃsā, samparāye ca suggatī''ti.

''Te hi nāma, bhikkhave, tiracchānagatā pāṇā aññamaññaṃ sagāravā sappatissā sabhāgavuttikā viharissanti. Idha kho taṃ, bhikkhave, sobhetha yaṃ tumhe evaṃ svākkhāte dhammavinaye pabbajitā samānā aññamaññaṃ agāravā appatissā asabhāgavuttikā vihareyyātha? Netaṃ, bhikkhave, appasannānaṃ vā pasādāya...pe... vigarahitvā...pe... dhammiṃ kathaṃ katvā bhikkhū āmantesi – ''anujānāmi, bhikkhave, yathāvuḍḍhaṃ abhivādanaṃ, paccuṭṭhānaṃ, añjalikammaṃ, sāmīcikammaṃ, aggāsanaṃ, aggodakaṃ, aggapiṇḍaṃ. Na ca, bhikkhave, saṅghikaṃ yathāvuḍḍhaṃ paṭibāhitabbaṃ. Yo paṭibāheyya, āpatti dukkaṭassā''ti.

Avandiyādipuggalā

312. ''Dasayime, bhikkhave, avandiyā – pure upasampannena pacchā upasampanno avandiyo, anupasampanno avandiyo, nānāsaṃvāsako vuḍḍhataro adhammavādī avandiyo, mātugāmo avandiyo, paṇḍako avandiyo, pārivāsiko avandiyo, mūlāyapaṭikassanāraho avandiyo, mānattāraho avandiyo, mānattacāriko avandiyo, abbhānāraho avandiyo. Ime kho, bhikkhave, dasa avandiyā.

''Tayome, bhikkhave, vandiyā – pacchā upasampannena pure upasampanno vandiyo, nānāsaṃvāsako vuḍḍhataro dhammavādī vandiyo, sadevake bhikkhave loke samārake sabrahmake sassamaṇabrāhmaṇiyā pajāya sadevamanussāya tathāgato arahaṃ sammāsambuddho vandiyo. Ime kho, bhikkhave, tayo vandiyā''ti.

Āsanappaṭibāhanapaṭikkhepaṃ

313. Tena kho pana samayena manussā saṅghaṃ uddissa maṇḍape paṭiyādenti, santhare paṭiyādenti, okāse paṭiyādenti. Chabbaggiyānaṃ bhikkhūnaṃ antevāsikā bhikkhū – 'saṅghikaññeva bhagavatā yathāvuḍḍhaṃ anuññātaṃ, no uddissakata'nti buddhappamukhassa saṅghassa purato purato gantvā maṇḍapepi pariggaṇhanti, santharepi pariggaṇhanti, okāsepi pariggaṇhanti – idaṃ amhākaṃ upajjhāyānaṃ bhavissati, idaṃ amhākaṃ ācariyānaṃ bhavissati, idaṃ amhākaṃ bhavissatīti. Atha kho āyasmā sāriputto buddhappamukhassa saṅghassa piṭṭhito piṭṭhito gantvā maṇḍapesu pariggahitesu, santharesu pariggahitesu, okāsesu pariggahitesu, okāsaṃ alabhamāno aññatarasmiṃ rukkhamūle nisīdi.

Atha kho Bhagavā rattiyā paccūsasamayaṃ paccuṭṭhāya ukkāsi. Āyasmāpi sāriputto ukkāsi. ''Ko etthā''ti? ''Ahaṃ, Bhagavā, sāriputto''ti. ''Kissa tvaṃ, sāriputta, idha nisinno''ti? Atha kho āyasmā sāriputto bhagavato etamatthaṃ ārocesi. Atha kho Bhagavā etasmiṃ nidāne etasmiṃ pakaraṇe bhikkhusaṅghaṃ sannipātāpetvā bhikkhū paṭipucchi – ''saccaṃ kira, bhikkhave, chabbaggiyānaṃ bhikkhūnaṃ antevāsikā bhikkhū – 'saṅghikaññeva bhagavatā yathāvuḍḍhaṃ anuññātaṃ, no uddissakata'nti buddhappamukhassa saṅghassa purato purato gantvā maṇḍape pariggaṇhanti, santhare pariggaṇhanti, okāse pariggaṇhanti – idaṃ amhākaṃ upajjhāyānaṃ bhavissati, idaṃ amhākaṃ ācariyānaṃ bhavissati, idaṃ amhākaṃ bhavissatī''ti? ''Saccaṃ Bhagavā''ti...pe... vigarahitvā...pe... dhammiṃ kathaṃ katvā bhikkhū āmantesi – ''na, bhikkhave, uddissakatampi yathāvuḍḍhaṃ paṭibāhetabbaṃ. Yo paṭibāheyya, āpatti dukkaṭassā''ti.

Gihivikataanujānanaṃ

314. Tena kho pana samayena manussā bhattagge antaraghare uccāsayanamahāsayanāni paññapenti, seyyathidaṃ – āsandiṃ, pallaṅkaṃ, gonakaṃ, cittakaṃ, paṭikaṃ, paṭalikaṃ, tūlikaṃ, vikatikaṃ, uddalomiṃ, ekantalomiṃ, kaṭṭissaṃ, koseyyaṃ [koseyyaṃ kambalaṃ (sī. syā.)], kuttakaṃ, hatthattharaṃ, assattharaṃ, rathattharaṃ, ajinapaveṇiṃ, kadalimigapavarapaccattharaṇaṃ, sauttaracchadaṃ, ubhatolohitakūpadhānaṃ. Bhikkhū kukkuccāyantā nābhinisīdanti. Bhagavato etamatthaṃ ārocesuṃ. ''Anujānāmi, bhikkhave, ṭhapetvā tīṇi – āsandiṃ, pallaṅkaṃ, tūlikaṃ – gihivikataṃ [gihivikaṭaṃ (sī. ka.), avasesaṃ gihivikaṭaṃ (syā.)] abhinisīdituṃ, natveva abhinipajjitu''nti. Tena kho pana samayena manussā bhattagge antaraghare tūlonaddhaṃ mañcampi pīṭhampi paññapenti . Bhikkhū kukkuccāyantā nābhinisīdanti. Bhagavato etamatthaṃ ārocesuṃ. ''Anujānāmi, bhikkhave, gihivikataṃ abhinisīdituṃ, natveva abhinipajjitu''nti.

Jetavanavihārānumodanā

315. Atha kho Bhagavā anupubbena cārikaṃ caramāno yena sāvatthi tadavasari. Tatra sudaṃ Bhagavā sāvatthiyaṃ viharati jetavane anāthapiṇḍikassa ārāme. Atha kho anāthapiṇḍiko gahapati yena Bhagavā tenupasaṅkami, upasaṅkamitvā bhagavantaṃ abhivādetvā ekamantaṃ nisīdi. Ekamantaṃ nisinno kho anāthapiṇḍiko gahapati bhagavantaṃ etadavoca – ''adhivāsetu me, bhante, Bhagavā svātanāya bhattaṃ saddhiṃ bhikkhusaṅghenā''ti. Adhivāsesi Bhagavā tuṇhībhāvena. Atha kho anāthapiṇḍiko gahapati bhagavato adhivāsanaṃ viditvā uṭṭhāyāsanā bhagavantaṃ abhivādetvā padakkhiṇaṃ katvā pakkāmi. Atha kho anāthapiṇḍiko gahapati tassā rattiyā accayena paṇītaṃ khādanīyaṃ bhojanīyaṃ paṭiyādāpetvā bhagavato kālaṃ ārocāpesi – ''kālo, bhante, niṭṭhitaṃ bhatta''nti. Atha kho Bhagavā pubbaṇhasamayaṃ nivāsetvā pattacīvaramādāya yena anāthapiṇḍikassa gahapatissa nivesanaṃ tenupasaṅkami, upasaṅkamitvā paññatte āsane nisīdi saddhiṃ bhikkhusaṅghena. Atha kho anāthapiṇḍiko gahapati buddhappamukhaṃ bhikkhusaṅghaṃ paṇītena khādanīyena bhojanīyena sahatthā santappetvā sampavāretvā, bhagavantaṃ bhuttāviṃ onītapattapāṇiṃ, ekamantaṃ nisīdi. Ekamantaṃ nisinno kho anāthapiṇḍiko gahapati bhagavantaṃ etadavoca – ''kathāhaṃ, bhante, jetavane paṭipajjāmī''ti? ''Tena hi tvaṃ, gahapati, jetavanaṃ āgatānāgatassa cātuddisassa saṅghassa patiṭṭhapehī''ti. ''Evaṃ bhante''ti kho anāthapiṇḍiko gahapati bhagavato paṭissutvā jetavanaṃ āgatānāgatassa cātuddisassa saṅghassa patiṭṭhāpesi.

Atha kho Bhagavā anāthapiṇḍikaṃ gahapatiṃ imāhi gāthāhi anumodi –

''Sītaṃ uṇhaṃ paṭihanti, tato vāḷamigāni ca;
Sarīsape ca makase, sisire cāpi vuṭṭhiyo.
''Tato vātātapo ghoro, sañjāto paṭihaññati;
Leṇatthañca sukhatthañca, jhāyituñca vipassituṃ.
''Vihāradānaṃ saṅghassa, aggaṃ buddhena vaṇṇitaṃ;
Tasmā hi paṇḍito poso, sampassaṃ atthamattano.
''Vihāre kāraye ramme, vāsayettha bahussute;
Tesaṃ annañca pānañca, vatthasenāsanāni ca;
Dadeyya ujubhūtesu, vippasannena cetasā.
''Te tassa dhammaṃ desenti, sabbadukkhāpanūdanaṃ;
Yaṃ so dhammaṃ idhaññāya, parinibbāti anāsavo''ti.

Atha kho Bhagavā anāthapiṇḍikaṃ gahapatiṃ imāhi gāthāhi anumoditvā uṭṭhāyāsanā pakkāmi.

Āsanappaṭibāhanādi

316. Tena kho pana samayena aññatarassa ājīvakasāvakassa mahāmattassa saṅghabhattaṃ hoti. Āyasmā upanando sakyaputto pacchā āgantvā vippakatabhojanaṃ ānantarikaṃ bhikkhuṃ vuṭṭhāpesi. Bhattaggaṃ kolāhalaṃ ahosi. Atha kho so mahāmatto ujjhāyati khiyyati vipāceti – ''kathañhi nāma samaṇā sakyaputtiyā pacchā āgantvā vippakatabhojanaṃ ānantarikaṃ bhikkhuṃ vuṭṭhāpessanti! Bhattaggaṃ kolāhalaṃ ahosi. Nanu nāma labbhā aññatrāpi nisinnena yāvadatthaṃ bhuñjitu''nti? Assosuṃ kho bhikkhū tassa mahāmattassa ujjhāyantassa khiyyantassa vipācentassa. Ye te bhikkhū appicchā...pe... te ujjhāyanti khiyyanti vipācenti – ''kathañhi nāma āyasmā upanando sakyaputto pacchā āgantvā vippakatabhojanaṃ ānantarikaṃ bhikkhuṃ vuṭṭhāpessati! Bhattaggaṃ kolāhalaṃ ahosī''ti. Atha kho te

bhikkhū bhagavato etamatthaṃ ārocesuṃ. ''Saccaṃ kira tvaṃ, upananda, pacchā āgantvā vippakatabhojanaṃ ānantarikaṃ bhikkhuṃ vuṭṭhāpesi, bhattaggaṃ kolāhalaṃ ahosī''ti? ''Saccaṃ Bhagavā''ti. Vigarahi buddho Bhagavā...pe... ''kathañhi nāma tvaṃ, moghapurisa, pacchā āgantvā vippakatabhojanaṃ ānantarikaṃ bhikkhuṃ vuṭṭhāpessasi? Bhattaggaṃ kolāhalaṃ ahosi. Netaṃ, moghapurisa, appasannānaṃ vā pasādāya...pe... vigarahitvā...pe... dhammiṃ kathaṃ katvā bhikkhū āmantesi – ''na, bhikkhave, vippakatabhojano [bhojano ānantariko (syā.)] bhikkhu vuṭṭhāpetabbo. Yo vuṭṭhāpeyya, āpatti dukkaṭassa. Sace vuṭṭhāpeti, pavārito ca hoti, 'gaccha udakaṃ āharā'ti vattabbo. Evañcetaṃ labhetha, iccetaṃ kusalaṃ. No ce labhetha, sādhukaṃ sitthāni gilitvā vuḍḍhatarassa bhikkhuno āsanaṃ dātabbaṃ. Na tvevāhaṃ, bhikkhave, kenaci pariyāyena vuḍḍhatarassa bhikkhuno āsanaṃ paṭibāhitabbanti vadāmi. Yo paṭibāheyya, āpatti dukkaṭassāti''.

Tena kho pana samayena chabbaggiyā bhikkhū gilāne bhikkhū vuṭṭhāpenti. Gilānā evaṃ vadenti – ''na mayaṃ, āvuso, sakkoma vuṭṭhātuṃ, gilānāmhā''ti. ''Mayaṃ āyasmante vuṭṭhāpessāmā''ti pariggahetvā vuṭṭhāpetvā ṭhitake muñcanti. Gilānā mucchitā papatanti. Bhagavato etamatthaṃ ārocesuṃ. ''Na, bhikkhave, gilāno vuṭṭhāpetabbo. Yo vuṭṭhāpeyya, āpatti dukkaṭassā''ti.

Tena kho pana samayena chabbaggiyā bhikkhū 'gilānā mayamhā avuṭṭhāpanīyā'ti varaseyyāyo palibuddhenti [palibundhanti (ka.)]. Bhagavato etamatthaṃ ārocesuṃ. ''Anujānāmi, bhikkhave, gilānassa patirūpaṃ seyyaṃ dātu''nti.

Tena kho pana samayena chabbaggiyā bhikkhū lesakappena senāsanaṃ paṭibāhanti. Bhagavato etamatthaṃ ārocesuṃ. ''Na, bhikkhave, lesakappena senāsanaṃ paṭibāhitabbaṃ. Yo paṭibāheyya, āpatti dukkaṭassā''ti.

[pāci. 122] Tena kho pana samayena sattarasavaggiyā bhikkhū aññataraṃ paccantimaṃ mahāvihāraṃ paṭisaṅkharonti – 'idha mayaṃ vassaṃ vasissāmā'ti. Addasaṃsu [addasāsuṃ (ka.)] kho chabbaggiyā bhikkhū sattarasavaggiye bhikkhū vihāraṃ [aññataraṃ vihāraṃ (ka.)] paṭisaṅkharonte. Disvāna evamāhaṃsu – ''ime, āvuso, sattarasavaggiyā bhikkhū vihāraṃ paṭisaṅkharonti. Handa ne vuṭṭhāpessāmā''ti. Ekacce evamāhaṃsu – ''āgamethāvuso, yāva paṭisaṅkharonti, paṭisaṅkhate vuṭṭhāpessāmā''ti. Atha kho chabbaggiyā bhikkhū sattarasavaggiye bhikkhū etadavocuṃ – ''uṭṭhethāvuso, amhākaṃ vihāro pāpuṇātī''ti. ''Nanu, āvuso, paṭikacceva ācikkhitabbaṃ? Mayañcaññaṃ paṭisaṅkhareyyāmā''ti. ''Nanu, āvuso, saṅghiko vihāro''ti? ''Āmāvuso, saṅghiko vihāro''ti. ''Uṭṭhethāvuso, amhākaṃ vihāro pāpuṇātī''ti. ''Mahallako, āvuso, vihāro; tumhepi vasatha, mayampi vasissāmā''ti. ''Uṭṭhethāvuso, amhākaṃ vihāro pāpuṇātī''ti kupitā anattamanā gīvāyaṃ gahetvā nikkaḍḍhanti. Te nikkaḍḍhiyamānā rodanti. Bhikkhū evamāhaṃsu – ''kissa tumhe, āvuso, rodathā''ti? ''Ime, āvuso, chabbaggiyā bhikkhū kupitā anattamanā amhe saṅghikā vihārā nikkaḍḍhantī''ti. Ye te bhikkhū appicchā...pe... te ujjhāyanti khiyyanti vipācenti – ''kathañhi nāma chabbaggiyā bhikkhū kupitā anattamanā bhikkhū saṅghikā vihārā nikkaḍḍhissantī''ti! Atha kho te bhikkhū bhagavato etamatthaṃ ārocesuṃ...pe... ''saccaṃ kira, tumhe bhikkhave, kupitā anattamanā saṅghikā vihārā bhikkhū nikkaḍḍhathā''ti? ''Saccaṃ Bhagavā''ti...pe... vigarahitvā...pe... dhammiṃ kathaṃ katvā bhikkhū āmantesi – ''na, bhikkhave, kupitena anattamanena bhikkhu saṅghikā vihārā nikkaḍḍhitabbo. Yo nikkaḍḍheyya, yathādhammo kāretabbo. Anujānāmi, bhikkhave, senāsanaṃ gāhetu''nti.

Senāsanaggāhāpakasammuti

317. Atha kho bhikkhūnaṃ etadahosi – 'kena nu kho senāsanaṃ gāhetabba''nti? Bhagavato etamatthaṃ ārocesuṃ ...pe... ''anujānāmi, bhikkhave, pañcahaṅgehi samannāgataṃ bhikkhuṃ senāsanaggāhāpakaṃ sammannituṃ – yo na chandāgatiṃ gaccheyya, na dosāgatiṃ gaccheyya, na mohāgatiṃ gaccheyya, na bhayāgatiṃ gaccheyya, gahitāgahitañca jāneyya. Evañca pana, bhikkhave, sammannitabbo –

''Paṭhamaṃ bhikkhu yācitabbo, yācitvā byattena bhikkhunā paṭibalena saṅgho ñāpetabbo –

''Suṇātu me, bhante, saṅgho. Yadi saṅghassa pattakallaṃ, saṅgho itthannāmaṃ bhikkhuṃ senāsanaggāhāpakaṃ sammanneyya. Esā ñatti.

''Suṇātu me, bhante, saṅgho. Saṅgho itthannāmaṃ bhikkhuṃ senāsanaggāhāpakaṃ sammannati. Yassāyasmato khamati itthannāmassa bhikkhuno senāsanaggāhāpakassa sammuti, so tuṇhassa; yassa nakkhamati, so bhāseyya.

''Sammato saṅghena itthannāmo bhikkhu senāsanaggāhāpako. Khamati saṅghassa, tasmā tuṇhī, evametaṃ dhārayāmī''ti .

318. Atha kho senāsanaggāhāpakānaṃ bhikkhūnaṃ etadahosi – ''kathaṃ nu kho senāsanaṃ gāhetabba''nti? Bhagavato etamatthaṃ ārocesuṃ. ''Anujānāmi, bhikkhave, paṭhamaṃ bhikkhū gaṇetuṃ , bhikkhū gaṇetvā seyyā gaṇetuṃ, seyyā gaṇetvā seyyaggena gāhetu''nti. Seyyaggena gāhentā seyyā ussārayiṃsu...pe... ''anujānāmi, bhikkhave, vihāraggena gāhetu''nti. Vihāraggena gāhentā vihārā ussārayiṃsu...pe... ''anujānāmi, bhikkhave, pariveṇaggena gāhetu''nti. Pariveṇaggena gāhentā pariveṇā ussārayiṃsu...pe... ''anujānāmi, bhikkhave, anubhāgampi dātuṃ. Gahite anubhāge añño bhikkhu āgacchati, na akāmā dātabbo''ti.

Tena kho pana samayena bhikkhū nissīme ṭhitassa senāsanaṃ gāhenti. Bhagavato etamatthaṃ ārocesuṃ. ''Na, bhikkhave, nissīme ṭhitassa senāsanaṃ gāhetabbaṃ. Yo gāheyya, āpatti dukkaṭassā''ti.

Tena kho pana samayena bhikkhū senāsanaṃ gahetvā sabbakālaṃ paṭibāhanti. Bhagavato etamatthaṃ ārocesuṃ. ''Na, bhikkhave, senāsanaṃ gahetvā sabbakālaṃ paṭibāhetabbaṃ. Yo paṭibāheyya, āpatti dukkaṭassa. Anujānāmi, bhikkhave, vassānaṃ temāsaṃ paṭibāhituṃ, utukālaṃ pana na paṭibāhitu''nti.
Atha kho bhikkhūnaṃ etadahosi – ''kati nu kho senāsanaggāhā''ti? Bhagavato etamatthaṃ ārocesuṃ. ''Tayo me, bhikkhave, senāsanaggāhā – purimako, pacchimako, antarāmuttako. Aparajjugatāya āsāḷhiyā purimako gāhetabbo. Māsagatāya āsāḷhiyā pacchimako gāhetabbo. Aparajjugatāya pavāraṇāya āyatiṃ vassāvāsatthāya antarāmuttako gāhetabbo. Ime kho, bhikkhave, tayo senāsanaggāhā''ti.
Dutiyabhāṇavāro niṭṭhito.
3. Tatiyabhāṇavāro
319. Tena kho pana samayena āyasmā upanando sakyaputto sāvatthiyaṃ senāsanaṃ gahetvā aññataraṃ gāmakāvāsaṃ agamāsi. Tatthapi senāsanaṃ aggahesi. Atha kho tesaṃ bhikkhūnaṃ etadahosi – ''ayaṃ, āvuso, āyasmā upanando sakyaputto bhaṇḍanakārako kalahakārako vivādakārako bhassakārako saṅghe adhikaraṇakārako. Sacāyaṃ idha vassaṃ vasissati, sabbeva mayaṃ na phāsu bhavissāma. Handa naṃ pucchāmā''ti. Atha kho te bhikkhū āyasmantaṃupanandaṃ sakyaputtaṃ etadavocuṃ – ''nanu tayā, āvuso upananda, sāvatthiyaṃ senāsanaṃ gahita''nti? ''Evamāvuso''ti. ''Kiṃ pana tvaṃ, āvuso upananda, eko dve paṭibāhasī''ti? ''Idhadānāhaṃ āvuso, muñcāmi; tattha gaṇhāmī''ti. Ye te bhikkhū appicchā...pe... te ujjhāyanti khiyyanti vipācenti – ''kathañhi nāma āyasmā upanando sakyaputto eko dve paṭibāhessatī''ti! Bhagavato etamatthaṃ ārocesuṃ...pe... ''saccaṃ kira tvaṃ, upananda, eko dve paṭibāhasī''ti? ''Saccaṃ Bhagavā''ti. Vigarahi buddho Bhagavā...pe... ''kathañhi nāma tvaṃ, moghapurisa, eko dve paṭibāhissasi? Tattha tayā, moghapurisa, gahitaṃ idha muttaṃ, idha tayā gahitaṃ tatra muttaṃ. Evaṃ kho tvaṃ, moghapurisa, ubhayattha paribāhiro. Netaṃ, moghapurisa, appasannānaṃ vā pasādāya...pe... vigarahitvā...pe... dhammiṃ kathaṃ katvā bhikkhū āmantesi – ''na, bhikkhave, ekena dve paṭibāhetabbā. Yo paṭibāheyya, āpatti dukkaṭassā''ti.
320.[pāci. 438] Tena kho pana samayena Bhagavā bhikkhūnaṃ anekapariyāyena vinayakathaṃ katheti, vinayassa vaṇṇaṃ bhāsati, vinayapariyattiyā vaṇṇaṃ bhāsati, ādissa ādissa āyasmato upālissa vaṇṇaṃ bhāsati. Bhikkhūnaṃ etadahosi – ''Bhagavā kho anekapariyāyena vinayakathaṃ katheti, vinayassa vaṇṇaṃ bhāsati, vinayapariyattiyā vaṇṇaṃ bhāsati, ādissa ādissa āyasmato upālissa vaṇṇaṃ bhāsati. Handa mayaṃ, āvuso, āyasmato upālissa santike vinayaṃ pariyāpuṇāmā''ti. Tedha [te ca (syā. ka.)] bahū bhikkhū therā ca navā ca majjhimā ca āyasmato upālissa santike vinayaṃ pariyāpuṇanti. Āyasmā upāli ṭhitakova uddisati therānaṃ bhikkhūnaṃ gāravena. Therāpi bhikkhū ṭhitakāva uddisāpenti dhammagāravena. Tattha therā ceva bhikkhū kilamanti, āyasmā ca upāli kilamati. Bhagavato etamatthaṃ ārocesuṃ. ''Anujānāmi, bhikkhave, navakena bhikkhunā uddisantena samake vā āsane nisīdituṃ, uccatare vā dhammagāravena; therena bhikkhunā uddisāpentena samake vā āsane nisīdituṃ, nīcatare vā dhammagāravenā''ti.
Tena kho pana samayena bahū bhikkhū āyasmato upālissa santike ṭhitakā uddesaṃ paṭimānentā kilamanti. Bhagavato etamatthaṃ ārocesuṃ. ''Anujānāmi, bhikkhave, samānāsanikehi saha nisīditu''nti. Atha kho bhikkhūnaṃ etadahosi – ''kittāvatā nu kho samānāsaniko hotī''ti? Bhagavato etamatthaṃ ārocesuṃ – ''anujānāmi, bhikkhave, tivassantarena saha nisīditu''nti.
Tena kho pana samayena sambahulā bhikkhū samānāsanikā mañce [ekamañce (syā.)] nisīditvā mañcaṃ bhindiṃsu, pīṭhe [ekapīṭhe (syā.)] nisīditvā pīṭhaṃ bhindiṃsu. Bhagavato etamatthaṃ ārocesuṃ. ''Anujānāmi, bhikkhave, tivaggassa mañcaṃ, tivaggassa pīṭha''nti. Tivaggopi mañce nisīditvā mañcaṃ bhindi, pīṭhe nisīditvā pīṭhaṃ bhindi...pe... ''anujānāmi, bhikkhave, duvaggassa mañcaṃ, duvaggassa pīṭha''nti.
Tena kho pana samayena bhikkhū asamānāsanikehi saha dīghāsane nisīdituṃ kukkuccāyanti. Bhagavato etamatthaṃ ārocesuṃ. ''Anujānāmi, bhikkhave, ṭhapetvā paṇḍakaṃ, mātugāmaṃ, ubhatobyañjanakaṃ, asamānāsanikehi saha dīghāsane nisīditu''nti. Atha kho bhikkhūnaṃ etadahosi – ''kittakaṃ pacchimaṃ nu kho dīghāsanaṃ hotī''ti? Bhagavato etamatthaṃ ārocesuṃ. ''Anujānāmi, bhikkhave, yaṃ tiṇṇaṃ pahoti, ettakaṃ pacchimaṃ dīghāsana''nti.
Tena kho pana samayena visākhā migāramātā saṅghassa atthāya sāḷindaṃ pāsādaṃ kārāpetukāmā hoti hatthinakhakaṃ. Atha kho bhikkhūnaṃ etadahosi – ''kiṃ nu kho bhagavatā pāsādaparibhogo anuññāto kiṃ ananuññāto''ti? Bhagavato etamatthaṃ ārocesuṃ. ''Anujānāmi, bhikkhave, sabbaṃ pāsādaparibhoga''nti.
Tena kho pana samayena rañño pasenadissa kosalassa ayyikā kālaṅkatā hoti. Tassa kālaṅkiriyāya saṅghassa bahuṃ akappiyabhaṇḍaṃ uppannaṃ hoti, seyyathidaṃ – āsandi, pallaṅko, gonako , cittako, paṭikā, paṭalikā, tūlikā, vikatikā, uddalomī, ekantalomī, kaṭṭissaṃ, koseyyaṃ, kuttakaṃ, hatthattharaṃ, assattharaṃ, rathattharaṃ, ajinappaveṇi, kadalimigappavarapaccattharaṇaṃ, sauttaracchadaṃ, ubhatolohitakūpadhānaṃ. Bhagavato etamatthaṃ ārocesuṃ. ''Anujānāmi, bhikkhave, āsandiyā pāde chinditvā paribhuñjituṃ, pallaṅkassa vāḷe bhinditvā paribhuñjituṃ, tūlikaṃ vijaṭetvā bibbohanaṃ kātuṃ, avasesaṃ bhūmattharaṇaṃ [summattharaṇaṃ (sī. syā.)] kātu''nti.
Avissajjiyavatthu

321. Tena kho pana samayena sāvatthiyā avidūre aññatarasmiṃ gāmakāvāse āvāsikā bhikkhū upaddutā honti āgantukagamikānaṃ bhikkhūnaṃ senāsanaṃ paññapentā. Atha kho tesaṃ bhikkhūnaṃ etadahosi – ''etarahi kho mayaṃ, āvuso, upaddutā āgantukagamikānaṃ bhikkhūnaṃ senāsanaṃ paññapentā. Handa mayaṃ, āvuso, sabbaṃ saṅghikaṃ senāsanaṃ ekassa dema. Tassa santakaṃ paribhuñjissāmā''ti. Te sabbaṃ saṅghikaṃ senāsanaṃ ekassa adaṃsu. Āgantukā bhikkhū te bhikkhū etadavocuṃ – ''amhākaṃ, āvuso, senāsanaṃ paññāpethā''ti. ''Natthāvuso, saṅghikaṃ senāsanaṃ; sabbaṃ amhehi ekassa dinna''nti. ''Kiṃ pana tumhe, āvuso, saṅghikaṃ senāsanaṃ vissajjethā''ti? ''Evamāvuso''ti. Ye te bhikkhū appicchā...pe... te ujjhāyanti khiyyanti vipācenti – ''kathañhi nāma bhikkhū saṅghikaṃ senāsanaṃ vissajjessantī''ti [vissajjissantīti (ka.)]! Atha kho te bhikkhū bhagavato etamatthaṃ ārocesuṃ...pe... ''saccaṃ kira, bhikkhave, bhikkhū saṅghikaṃ senāsanaṃ vissajjentī''ti? ''Saccaṃ Bhagavā''ti. Vigarahi buddho Bhagavā...pe... ''kathañhi nāma te, bhikkhave, moghapurisā saṅghikaṃ senāsanaṃ vissajjessanti? Netaṃ, bhikkhave, appasannānaṃ vā pasādāya...pe... vigarahitvā...pe... dhammiṃ kathaṃ katvā bhikkhū āmantesi –

''Pañcimāni, bhikkhave, avissajjiyāni, na vissajjetabbāni [na vissajjitabbāni (ka.)], saṅghena vā gaṇena vā puggalena vā. Vissajjitānipi avissajjitāni honti. Yo vissajjeyya, āpatti thullaccayassa. Katamāni pañca? Ārāmo, ārāmavatthu – idaṃ paṭhamaṃ avissajjiyaṃ, na vissajjetabbaṃ, saṅghena vā gaṇena vā puggalena vā. Vissajjitampi avissajjitaṃ hoti. Yo vissajjeyya, āpatti thullaccayassa.

''Vihāro, vihāravatthu – idaṃ dutiyaṃ avissajjiyaṃ, na vissajjetabbaṃ, saṅghena vā gaṇena vā puggallena vā. Vissajjitampi avissajjitaṃ hoti. Yo vissajjeyya, āpatti thullaccayassa.

''Mañco, pīṭhaṃ, bhisi, bibbohanaṃ – idaṃ tatiyaṃ avissajjiyaṃ, na vissajjetabbaṃ, saṅghena vā gaṇena vā puggalena vā. Vissajjitampi avissajjitaṃ hoti. Yo vissajjeyya, āpatti thullaccayassa.

''Lohakumbhī, lohabhāṇakaṃ, lohavārako, lohakaṭāhaṃ, vāsi, parasu [pharasu (sī. syā. ka.)], kuṭhārī [kudhārī (ka.)], kudālo, nikhādanaṃ – idaṃ catutthaṃ avissajjiyaṃ, na vissajjetabbaṃ, saṅghena vā gaṇena vā puggalena vā. Vissajjitampi avissajjitaṃ hoti. Yo vissajjeyya, āpatti thullaccayassa.

''Valli, veḷu, muñjaṃ, pabbajaṃ [babbajaṃ (sī.)], tiṇaṃ, mattikā, dārubhaṇḍaṃ, mattikābhaṇḍaṃ – idaṃ pañcamaṃ avissajjiyaṃ, na vissajjetabbaṃ, saṅghena vā gaṇena vā puggalena vā. Vissajjitampi avissajjitaṃ hoti. Yo vissajjeyya, āpatti thullaccayassa. Imāni kho, bhikkhave, pañca avissajjiyāni, na vissajjetabbāni, saṅghena vā gaṇena vā puggalena vā. Vissajjitānipi avissajjitāni honti. Yo vissajjeyya, āpatti thullaccayassā''ti.

Avebhaṅgiyavatthu

322. Atha kho Bhagavā sāvatthiyaṃ yathābhirantaṃ viharitvā yena kīṭāgiri tena cārikaṃ pakkāmi mahatā bhikkhusaṅghena saddhiṃ pañcamattehi bhikkhusatehi sāriputtamoggallānehi ca. Assosuṃ kho assajipunabbasukā bhikkhū – ''Bhagavā kira kīṭāgiriṃ āgacchati mahatā bhikkhusaṅghena saddhiṃ pañcamattehi bhikkhusatehi sāriputtamoggallānehi ca''. ''Handa mayaṃ, āvuso, sabbaṃ saṅghikaṃ senāsanaṃ bhājema. Pāpicchā sāriputtamoggallānā, pāpikānaṃ icchānaṃ vasaṃ gatā; na mayaṃ tesaṃ senāsanaṃ paññapessāmā''ti, te sabbaṃ saṅghikaṃ senāsanaṃ bhājesuṃ. Atha kho Bhagavā anupubbena cārikaṃ caramāno yena kīṭāgiri tadavasari. Atha kho Bhagavā sambahule bhikkhū āmantesi – ''gacchatha tumhe, bhikkhave; assajipunabbasuke bhikkhū upasaṅkamitvā evaṃ vadetha – 'Bhagavā, āvuso, āgacchati mahatā bhikkhusaṅghena saddhiṃ pañcamattehi bhikkhusatehi sāriputtamoggallānehi ca. Bhagavato ca, āvuso, senāsanaṃ paññapetha, bhikkhusaṅghassa ca, sāriputtamoggallānānañcā'''ti. ''Evaṃ bhante''ti kho te bhikkhū bhagavato paṭissutvā yena assajipunabbasukā bhikkhū tenupasaṅkamiṃsu, upasaṅkamitvā assajipunabbasuke bhikkhū etadavocuṃ – ''Bhagavā, āvuso, āgacchati mahatā bhikkhusaṅghena saddhiṃ pañcamattehi bhikkhusatehi sāriputtamoggallānehi ca. Bhagavato ca, āvuso, senāsanaṃ paññapetha, bhikkhusaṅghassa ca, sāriputtamoggallānānañcā''ti. ''Natthāvuso, saṅghikaṃ senāsanaṃ. Sabbaṃ amhehi bhājitaṃ. Svāgataṃ, āvuso, bhagavato. Yasmiṃ vihāre Bhagavā icchissati tasmiṃ vihāre vasissati. Pāpicchā sāriputtamoggallānā, pāpikānaṃ icchānaṃ vasaṃ gatā. Na mayaṃ tesaṃ senāsanaṃ paññapessāmā''ti. ''Kiṃ pana tumhe, āvuso, saṅghikaṃ senāsanaṃ bhājitthā''ti? ''Evamāvuso''ti. Ye te bhikkhū appicchā...pe... te ujjhāyanti khiyyanti vipācenti – ''kathañhi nāma assajipunabbasukā bhikkhū saṅghikaṃ senāsanaṃ bhājessantī''ti! Atha kho te bhikkhū bhagavato etamatthaṃ ārocesuṃ...pe... saccaṃ kira, bhikkhave...pe... ''saccaṃ Bhagavā''ti. Vigarahi buddho Bhagavā...pe... ''kathañhi nāma te, bhikkhave, moghapurisā saṅghikaṃ senāsanaṃ bhājessanti? Netaṃ, bhikkhave, appasannānaṃ vā pasādāya...pe... vigarahitvā...pe... dhammiṃ kathaṃ katvā bhikkhū āmantesi –

''Pañcimāni, bhikkhave, avebhaṅgiyāni [avebhaṅgikāni (ka.)], na vibhajitabbāni, saṅghena vā gaṇena vā puggalena vā. Vibhattānipi avibhattāni honti. Yo vibhajeyya, āpatti thullaccayassa. Katamāni pañca? Ārāmo, ārāmavatthu – idaṃ paṭhamaṃ avebhaṅgiyaṃ, na vibhajitabbaṃ, saṅghena vā gaṇena vā puggalena vā. Vibhattampi avibhattaṃ hoti. Yo vibhajeyya, āpatti thullaccayassa.

''Vihāro, vihāravatthu – idaṃ dutiyaṃ avebhaṅgiyaṃ, na vibhajitabbaṃ, saṅghena vā gaṇena vā puggalena vā. Vibhattampi avibhattaṃ hoti. Yo vibhajeyya, āpatti thullaccayassa.

"Mañco, pīṭhaṃ, bhisi, bibbohanaṃ – idaṃ tatiyaṃ avebhaṅgiyaṃ, na vibhajitabbaṃ, saṅghena vā gaṇena vā puggalena vā. Vibhattampi avibhattaṃ hoti. Yo vibhajeyya, āpatti thullaccayassa.
"Lohakumbhī, lohabhāṇakaṃ, lohavārako, lohakaṭāhaṃ, vāsī, parasu, kuṭhārī, kudālo, nikhādanaṃ – idaṃ catutthaṃ avebhaṅgiyaṃ, na vibhajitabbaṃ, saṅghena vā gaṇena vā puggalena vā. Vibhattampi avibhattaṃ hoti. Yo vibhajeyya, āpatti thullaccayassa.
"Vallī, veḷu, muñjaṃ, pabbajaṃ, tiṇaṃ, mattikā, dārubhaṇḍaṃ, mattikābhaṇḍaṃ – idaṃ pañcamaṃ avebhaṅgiyaṃ, na vibhajitabbaṃ, saṅghena vā gaṇena vā puggalena vā. Vibhattampi avibhattaṃ hoti. Yo vibhajeyya, āpatti thullaccayassa. Imāni kho, bhikkhave, pañca avebhaṅgiyāni, na vibhajitabbāni, saṅghena vā gaṇena vā puggalena vā. Vibhattānipi avibhattāni honti. Yo vibhajeyya, āpatti thullaccayassā''ti.
Navakammadānakathā
323. Atha kho Bhagavā kīṭāgirismiṃ yathābhirantaṃ viharitvā yena āḷavī tena cārikaṃ pakkāmi. Anupubbena cārikaṃ caramāno yena āḷavī tadavasari. Tatra sudaṃ Bhagavā āḷaviyaṃ viharati aggāḷave cetiye. Tena kho pana samayena āḷavakā [āḷavikā (syā. ka.)] bhikkhū evarūpāni navakammāni denti – piṇḍanikkhepanamattenapi navakammaṃ denti; kuṭṭalepanamattenapi navakammaṃ denti; dvāraṭṭhapanamattenapi navakammaṃ denti; aggaḷavaṭṭikaraṇamattenapi navakammaṃ denti; ālokasandhikaraṇamattenapi navakammaṃ denti; setavaṇṇakaraṇamattenapi navakammaṃ denti; kāḷavaṇṇakaraṇamattenapi navakammaṃ denti; gerukaparikammakaraṇamattenapi navakammaṃ denti; chādanamattenapi navakammaṃ denti; bandhanamattenapi navakammaṃ denti; bhaṇḍikāṭṭhapanamattenapi navakammaṃ denti; khaṇḍaphullapaṭisaṅkharaṇamattenapi navakammaṃ denti; paribhaṇḍakaraṇamattenapi navakammaṃ denti; vīsativassikampi navakammaṃ denti; tiṃsavassikampi navakammaṃ denti; yāvajīvikampi navakammaṃ denti; dhūmakālikampi pariyositaṃ vihāraṃ navakammaṃ denti. Ye te bhikkhū appicchā...pe... te ujjhāyanti khiyyanti vipācenti – "kathañhi nāma āḷavakā bhikkhū evarūpāni navakammāni dassanti – piṇḍanikkhepanamattenapi navakammaṃ dassanti; kuṭṭalepanamattenapi... dvāraṭṭhapanamattenapi... aggaḷavaṭṭikaraṇamattenapi... ālokasandhikaraṇamattenapi... setavaṇṇakaraṇamattenapi... kāḷavaṇṇakaraṇamattenapi... gerukaparikammakaraṇamattenapi... chādenamattenapi... bandhanamattenapi... bhaṇḍikāḷapanamattenapi... khaṇḍaphullapaṭisaṅkharaṇamattenapi... paribhaṇḍakaraṇamattenapi... visativassikampi... tiṃsavassikampi... yāvajīvikampi... dhūmakālikampi pariyositaṃ vihāraṃ navakammaṃ dassantī''ti! Bhagavato etamatthaṃ ārocesuṃ...pe... saccaṃ kira, bhikkhave...pe... "saccaṃ Bhagavā''ti...pe... vigarahitvā...pe... dhammiṃ kathaṃ katvā bhikkhū āmantesi – "na, bhikkhave, piṇḍanikkhepanamattena navakammaṃ dātabbaṃ; na kuṭṭalepanamattena navakammaṃ dātabbaṃ. Na dvāraṭṭhapanamattena navakammaṃ dātabbaṃ. Na aggaḷavaṭṭikaraṇamattena navakammaṃ dātabbaṃ. Na ālokasandhikaraṇamattena navakammaṃ dātabbaṃ. Na setavaṇṇakaraṇamattena navakammaṃ dātabbaṃ. Na kāḷavaṇṇakaraṇamattena navakammaṃ dātabbaṃ. Na gerukaparikammakaraṇamattena navakammaṃ dātabbaṃ. Na chādenamattena navakammaṃ dātabbaṃ. Na bandhanamattena navakammaṃ dātabbaṃ. Na bhaṇḍikāḷapanamattena navakammaṃ dātabbaṃ. Na khaṇḍaphullapaṭisaṅkharaṇamattena navakammaṃ dātabbaṃ. Na paribhaṇḍakaraṇamattena navakammaṃ dātabbaṃ. Na visativassikaṃ navakammaṃ dātabbaṃ. Na tiṃsavassikaṃ navakammaṃ dātabbaṃ. Na yāvajīvikaṃ navakammaṃ dātabbaṃ. Na dhūmakālikampi pariyositaṃ vihāraṃ navakammaṃ dātabbaṃ. Yo dadeyya, āpatti dukkaṭassa. Anujānāmi, bhikkhave, akataṃ vā vippakataṃ vā navakammaṃ dātuṃ, khuddake vihāre kammaṃ oloketvā chappañcavassikaṃ navakammaṃ dātuṃ, aḍḍhayoge kammaṃ oloketvā sattaṭṭhavassikaṃ navakammaṃ dātuṃ, mahallake vihāre pāsāde vā kammaṃ oloketvā dasadvādasavassikaṃ navakammaṃ dātu''nti.
Tena kho pana samayena bhikkhū sabbe vihāre navakammaṃ denti. Bhagavato etamatthaṃ ārocesuṃ. "Na, bhikkhave, sabbe vihāre navakammaṃ dātabbaṃ. Yo dadeyya, āpatti dukkaṭassā''ti.
Tena kho pana samayena bhikkhū ekassa dve denti. Bhagavato etamatthaṃ ārocesuṃ. "Na, bhikkhave, ekassa dve dātabbā. Yo dadeyya, āpatti dukkaṭassā''ti.
Tena kho pana samayena bhikkhū navakammaṃ gahetvā aññaṃ vāsenti. Bhagavato etamatthaṃ ārocesuṃ. "Na, bhikkhave, navakammaṃ gahetvā añño vāsetabbo. Yo vāseyya, āpatti dukkaṭassā''ti.
Tena kho pana samayena bhikkhū navakammaṃ gahetvā saṅghikaṃ paṭibāhenti. Bhagavato etamatthaṃ ārocesuṃ. "Na, bhikkhave, navakammaṃ gahetvā saṅghikaṃ paṭibāhitabbaṃ. Yo paṭibāheyya, āpatti dukkaṭassa. Anujānāmi, bhikkhave, ekaṃ varaseyyaṃ gahetu''nti.
Tena kho pana samayena bhikkhū nissīme ṭhitassa navakammaṃ denti. Bhagavato etamatthaṃ ārocesuṃ. "Na, bhikkhave, nissīme ṭhitassa navakammaṃ dātabbaṃ. Yo dadeyya, āpatti dukkaṭassā''ti.
Tena kho pana samayena bhikkhū navakammaṃ gahetvā sabbakālaṃ paṭibāhanti. Bhagavato etamatthaṃ ārocesuṃ. "Na, bhikkhave, navakammaṃ gahetvā sabbakālaṃ paṭibāhitabbaṃ. Yo paṭibāheyya, āpatti dukkaṭassa. Anujānāmi, bhikkhave, vassānaṃ temāsaṃ paṭibāhituṃ, utukālaṃ pana na paṭibāhitu''nti.

Tena kho pana samayena bhikkhū navakammaṃ gahetvā pakkamantipi, vibbhamantipi, kālampi karonti; sāmaṇerāpi paṭijānanti; sikkhaṃ paccakkhātakāpi paṭijānanti; antimavatthuṃ ajjhāpannakāpi paṭijānanti; ummattakāpi paṭijānanti; khittacittāpi paṭijānanti; vedanāṭṭāpi paṭijānanti; āpattiyā adassane ukkhittakāpi paṭijānanti; āpattiyā appaṭikamme ukkhittakāpi paṭijānanti; pāpikāya diṭṭhiyā appaṭinissagge ukkhittakāpi paṭijānanti; paṇḍakāpi paṭijānanti; theyyasaṃvāsakāpi paṭijānanti; titthiyapakkantakāpi Paṭijānanti; tiracchānagatāpi paṭijānanti; mātughātakāpi paṭijānanti; pitughātakāpi paṭijānanti ; arahantaghātakāpi paṭijānanti; bhikkhunidūsakāpi paṭijānanti; saṅghabhedakāpi paṭijānanti; lohituppādakāpi paṭijānanti; ubhatobyañjanakāpi paṭijānanti. Bhagavato etamatthaṃ ārocesuṃ.

''Idha pana, bhikkhave, bhikkhu navakammaṃ gahetvā pakkamati – mā saṅghassa hāyīti aññassa dātabbaṃ.

''Idha pana, bhikkhave, bhikkhu navakammaṃ gahetvā vibbhamati...pe... kālaṅkaroti, sāmaṇero paṭijānāti, sikkhaṃ paccakkhātako paṭijānāti, antimavatthuṃ ajjhāpannako paṭijānāti, ummattako paṭijānāti, khittacitto paṭijānāti, vedanāṭṭo paṭijānāti, āpattiyā adassane ukkhittako paṭijānāti, āpattiyā appaṭikamme ukkhittako paṭijānāti, pāpikāya diṭṭhiyā appaṭinissagge ukkhittako paṭijānāti, paṇḍako paṭijānāti, theyyasaṃvāsako paṭijānāti, titthiyapakkantako paṭijānāti, tiracchānagato paṭijānāti, mātughātako paṭijānāti, pitughātako paṭijānāti, arahantaghātako paṭijānāti, bhikkhunīdūsako paṭijānāti, saṅghabhedako paṭijānāti, lohituppādako paṭijānāti, ubhatobyañjanako paṭijānāti – mā saṅghassa hāyīti aññassa dātabbaṃ.

''Idha pana, bhikkhave, bhikkhu navakammaṃ gahetvā vippakate pakkamati – mā saṅghassa hāyīti aññassa dātabbaṃ.

''Idha pana, bhikkhave, bhikkhu navakammaṃ gahetvā vippakate vibbhamati...pe... ubhatobyañjanako paṭijānāti – mā saṅghassa hāyīti aññassa dātabbaṃ.

''Idha pana, bhikkhave, bhikkhu navakammaṃ gahetvā pariyosite pakkamati – tassevetaṃ.

''Idha pana, bhikkhave, bhikkhu navakammaṃ gahetvā pariyosite vibbhamati...pe... kālaṅkaroti, sāmaṇero paṭijānāti, sikkhaṃ paccakkhātako paṭijānāti, antimavatthuṃ ajjhāpannako paṭijānāti – saṅgho sāmī.

''Idha pana, bhikkhave, bhikkhu navakammaṃ gahetvā pariyosite ummattako paṭijānāti, khittacitto paṭijānāti, vedanāṭṭo paṭijānāti, āpattiyā adassane ukkhittako paṭijānāti, āpattiyā appaṭikamme ukkhittako paṭijānāti, pāpikāya diṭṭhiyā appaṭinissagge ukkhittako paṭijānāti – tassevetaṃ.

''Idha pana, bhikkhave, bhikkhu navakammaṃ gahetvā pariyosite paṇḍako paṭijānāti, theyyasaṃvāsako paṭijānāti, titthiyapakkantako paṭijānāti, tiracchānagato paṭijānāti, mātughātako paṭijānāti, pitughātako paṭijānāti, arahantaghātako paṭijānāti, bhikkhunīdūsako paṭijānāti, saṅghabhedako paṭijānāti, lohituppādako paṭijānāti, ubhatobyañjanako paṭijānāti – saṅgho sāmī''ti.

Aññatraparibhogapaṭikkhepādi

324.[pārā. 157] Tena kho pana samayena bhikkhū aññatarassa upāsakassa vihāraparibhogaṃ senāsanaṃ aññatra paribhuñjanti. Atha kho so upāsako ujjhāyati khiyyati vipāceti – ''kathañhi nāma bhadantā aññatra paribhogaṃ aññatra paribhuñjissantī''ti! Bhagavato etamatthaṃ ārocesuṃ. ''Na, bhikkhave, aññatra paribhogo aññatra paribhuñjitabbo. Yo paribhuñjeyya, āpatti dukkaṭassā''ti.

[pārā. 157] Tena kho pana samayena bhikkhū uposathaggampi sannisajjampi harituṃ kukkuccāyantā chamāya nisīdanti. Gattānipi cīvarānipi paṃsukitāni honti. Bhagavato etamatthaṃ ārocesuṃ. ''Anujānāmi, bhikkhave, tāvakālikaṃ haritu''nti.

Tena kho pana samayena saṅghassa mahāvihāro undriyati. Bhikkhū kukkuccāyantā senāsanaṃ nātiharanti [nābhiharanti (ka.)]. Bhagavato etamatthaṃ ārocesuṃ. ''Anujānāmi, bhikkhave, guttatthāya haritu''nti.

Tena kho pana samayena saṅghassa senāsanaparikkhāriko mahaggho kambalo uppanno hoti. Bhagavato etamatthaṃ ārocesuṃ. ''Anujānāmi, bhikkhave, phātikammatthāya parivattetu''nti.

Tena kho pana samayena saṅghassa senāsanaparikkhārikaṃ mahagghaṃ dussaṃ uppannaṃ hoti. Bhagavato etamatthaṃ ārocesuṃ. ''Anujānāmi, bhikkhave, phātikammatthāya parivattetu''nti.

Tena kho pana samayena saṅghassa acchacammaṃ uppannaṃ hoti. Bhagavato etamatthaṃ ārocesuṃ. ''Anujānāmi, bhikkhave, pādapuñchaniṃ kātu''nti.

Tena kho pana samayena saṅghassa cakkalikaṃ uppannaṃ hoti . Bhagavato etamatthaṃ ārocesuṃ. ''Anujānāmi, bhikkhave, pādapuñchaniṃ kātu''nti.

Tena kho pana samayena saṅghassa coḷakaṃ uppannaṃ hoti. Bhagavato etamatthaṃ ārocesuṃ. ''Anujānāmi, bhikkhave, pādapuñchaniṃ kātu''nti.

Tena kho pana samayena bhikkhū adhotehi pādehi senāsanaṃ akkamanti. Senāsanaṃ dussati. Bhagavato etamatthaṃ ārocesuṃ. ''Na, bhikkhave, adhotehi pādehi senāsanaṃ akkamitabbaṃ. Yo akkameyya, āpatti dukkaṭassā''ti.

Tena kho pana samayena bhikkhū allehi pādehi senāsanaṃ akkamanti. Senāsanaṃ dussati. Bhagavato etamatthaṃ ārocesuṃ . ''Na, bhikkhave, allehi pādehi senāsanaṃ akkamitabbaṃ. Yo akkameyya, āpatti dukkaṭassā''ti.

Tena kho pana samayena bhikkhū saupāhanā senāsanaṃ akkamanti. Senāsanaṃ dussati. Bhagavato etamatthaṃ ārocesuṃ. ''Na, bhikkhave, saupāhanena senāsanaṃ akkamitabbaṃ. Yo akkameyya, āpatti dukkaṭassā''ti.
Tena kho pana samayena bhikkhū parikammakatāya bhūmiyā niṭṭhubhanti. Vaṇṇo dussati. Bhagavato etamatthaṃ ārocesuṃ. ''Na , bhikkhave, parikammakatāya bhūmiyā niṭṭhubhitabbaṃ. Yo niṭṭhubheyya, āpatti dukkaṭassa. Anujānāmi, bhikkhave, kheḷamallaka''nti.
Tena kho pana samayena mañcapādāpi pīṭhapādāpi parikammakataṃ bhūmiṃ vilikhanti. Bhagavato etamatthaṃ ārocesuṃ. ''Anujānāmi, bhikkhave, coḷakena paliveṭhetu''nti.
Tena kho pana samayena bhikkhū parikammakataṃ bhittiṃ apassenti. Vaṇṇo dussati. Bhagavato etamatthaṃ ārocesuṃ. ''Na, bhikkhave, parikammakatā bhitti apassetabbā. Yo apasseyya, āpatti dukkaṭassa. Anujānāmi, bhikkhave, apassenaphalaka''nti. Apassenaphalakaṃ heṭṭhato bhūmiṃ vilikhati, uparito bhittiñca. Bhagavato etamatthaṃ ārocesuṃ. ''Anujānāmi, bhikkhave, heṭṭhato ca uparito ca coḷakena paliveṭhetu''nti.
Tena kho pana samayena bhikkhū dhotapādakā nipajjituṃ kukkuccāyanti. Bhagavato etamatthaṃ ārocesuṃ. ''Anujānāmi, bhikkhave, paccattharitvā nipajjitu''nti.
Saṅghabhattādianujānanaṃ
325. Atha kho Bhagavā āḷaviyaṃ yathābhirantaṃ viharitvā yena rājagahaṃ tena cārikaṃ pakkāmi. Anupubbena cārikaṃ caramāno yena rājagahaṃ tadavasari. Tatra sudaṃ Bhagavā rājagahe viharati veḷuvane kalandakanivāpe. Tena kho pana samayena rājagahaṃ dubbhikkhaṃ hoti. Manussā na sakkonti saṅghabhattaṃ kātuṃ; icchanti uddesabhattaṃ nimantanaṃ salākabhattaṃ pakkhikaṃ uposathikaṃ pāṭipadikaṃ kātuṃ. Bhagavato etamatthaṃ ārocesuṃ. ''Anujānāmi, bhikkhave, saṅghabhattaṃ uddesabhattaṃ nimantanaṃ salākabhattaṃ pakkhikaṃ uposathikaṃ pāṭipadika''nti.
Bhattuddesakasammuti
326. Tena kho pana samayena chabbaggiyā bhikkhū attano varabhattāni gahetvā lāmakāni bhattāni bhikkhūnaṃ denti. Bhagavato etamatthaṃ ārocesuṃ. ''Anujānāmi, bhikkhave, pañcahaṅgehi samannāgataṃ bhikkhuṃ bhattuddesakaṃ sammannituṃ – yo na chandāgatiṃ gaccheyya, na dosāgatiṃ gaccheyya, na mohāgatiṃ gaccheyya, na bhayāgatiṃ gaccheyya, uddiṭṭhānuddiṭṭhañca jāneyya. Evañca pana, bhikkhave, sammannitabbo. Paṭhamaṃ bhikkhu yācitabbo, yācitvā byattena bhikkhunā paṭibalena saṅgho ñāpetabbo –
''Suṇātu me, bhante, saṅgho. Yadi saṅghassa pattakallaṃ, saṅgho itthannāmaṃ bhikkhuṃ bhattuddesakaṃ sammanneyya. Esā ñatti.
''Suṇātu me, bhante, saṅgho. Saṅgho itthannāmaṃ bhikkhuṃ bhattuddesakaṃ sammannati. Yassāyasmato khamati itthannāmassa bhikkhuno bhattuddesakassa sammuti, so tuṇhassa; yassa nakkhamati, so bhāseyya.
''Sammato saṅghena itthannāmo bhikkhu bhattuddesako. Khamati saṅghassa, tasmā tuṇhī, evametaṃ dhārayāmī''ti.
Atha kho bhattuddesakānaṃ bhikkhūnaṃ etadahosi – ''kathaṃ nu kho bhattaṃ uddisitabba''nti? Bhagavato etamatthaṃ ārocesuṃ. ''Anujānāmi, bhikkhave, salākāya vā paṭṭikāya vā [paṭikāya vā (syā.)] upanibandhitvā opuñjitvā bhattaṃ uddisitu''nti.
Senāsanapaññāpakādisammuti
327. Tena kho pana samayena saṅghassa senāsanapaññāpako na hoti...pe... bhaṇḍāgāriko na hoti...pe... cīvarappaṭiggāhako na hoti...pe... cīvarabhājako na hoti...pe... yāgubhājako na hoti...pe... phalabhājako na hoti...pe... khajjakabhājako na hoti. Khajjakaṃ abhājiyamānaṃ nassati. Bhagavato etamatthaṃ ārocesuṃ. ''Anujānāmi, bhikkhave, pañcahaṅgehi samannāgataṃ bhikkhuṃ khajjakabhājakaṃ sammannituṃ – yo na chandāgatiṃ gaccheyya, na dosāgatiṃ gaccheyya, na mohāgatiṃ gaccheyya, na bhayāgatiṃ gaccheyya , bhājitābhājitañca jāneyya. Evañca pana, bhikkhave, sammannitabbo. Paṭhamaṃ bhikkhu yācitabbo, yācitvā byattena bhikkhunā paṭibalena saṅgho ñāpetabbo –
''Suṇātu me, bhante, saṅgho. Yadi saṅghassa pattakallaṃ, saṅgho itthannāmaṃ bhikkhuṃ khajjakabhājakaṃ sammanneyya. Esā ñatti.
''Suṇātu me, bhante, saṅgho. Saṅgho itthannāmaṃ bhikkhuṃ khajjakabhājakaṃ sammannati . Yassāyasmato khamati itthannāmassa bhikkhuno khajjakabhājakassa sammuti, so tuṇhassa; yassa nakkhamati, so bhāseyya.
''Sammato saṅghena itthannāmo bhikkhu khajjakabhājako. Khamati saṅghassa, tasmā tuṇhī, evametaṃ dhārayāmī''ti.
Appamattakavissajjakasammuti
328. Tena kho pana samayena saṅghassa bhaṇḍāgāre appamattako parikkhāro uppanno [ussanno (syā.)] hoti. Bhagavato etamatthaṃ ārocesuṃ. ''Anujānāmi, bhikkhave, pañcahaṅgehi samannāgataṃ bhikkhuṃ appamattakavissajjakaṃ sammannituṃ – yo na chandāgatiṃ gaccheyya, na dosāgatiṃ gaccheyya, na mohāgatiṃ gaccheyya, na bhayāgatiṃ gaccheyya, vissajjitāvissajjitañca

jāneyya. Evañca pana, bhikkhave, sammannitabbo. Paṭhamaṃ bhikkhu yācitabbo, yācitvā byattena bhikkhunā paṭibalena saṅgho ñāpetabbo –

"Suṇātu me, bhante, saṅgho. Yadi saṅghassa pattakallaṃ, saṅgho itthannāmaṃ bhikkhuṃ appamattakavissajjakaṃ sammanneyya. Esā ñatti.

"Suṇātu me, bhante, saṅgho. Saṅgho itthannāmaṃ bhikkhuṃ appamattakavissajjakaṃ sammannati. Yassāyasmato khamati itthannāmassa bhikkhuno appamattakavissajjakassa sammuti, so tuṇhassa; yassa nakkhamati, so bhāseyya.

"Sammato saṅghena itthannāmo bhikkhu appamattakavissajjako. Khamati saṅghassa, tasmā tuṇhī, evametaṃ dhārayāmī"ti.

Tena appamattakavissajjakena bhikkhunā ekā [ekekā (sī.)] sūci dātabbā, satthakaṃ dātabbaṃ, upāhanā dātabbā, kāyabandhanaṃ dātabbaṃ, aṃsabandhako dātabbo, parissāvanaṃ dātabbaṃ, dhammakaraṇo dātabbo, kusi dātabbā, aḍḍhakusi dātabbā, maṇḍalaṃ dātabbaṃ, aḍḍhamaṇḍalaṃ dātabbaṃ, anuvāto dātabbo, paribhaṇḍaṃ dātabbaṃ. Sace hoti saṅghassa sappi vā telaṃ vā madhu vā phāṇitaṃ vā, sakiṃ paṭisāyituṃ dātabbaṃ. Sace punapi attho hoti, punapi dātabbaṃ.

Sāṭiyaggāhāpakādisammuti

329. Tena kho pana samayena saṅghassa sāṭiyaggāhāpako na hoti...pe... pattaggāhāpako na hoti...pe... ārāmikapesako na hoti...pe... sāmaṇerapesako na hoti. Sāmaṇerā apesiyamānā kammaṃ na karonti. Bhagavato etamatthaṃ ārocesuṃ. "Anujānāmi, bhikkhave, pañcahaṅgehi samannāgataṃ bhikkhuṃ sāmaṇerapesakaṃ sammannituṃ – yo na chandāgatiṃ gaccheyya, na dosāgatiṃ gaccheyya, na mohāgatiṃ gaccheyya, na bhayāgatiṃ gaccheyya, pesitāpesitañca jāneyya. Evañca pana, bhikkhave, sammannitabbo. Paṭhamaṃ bhikkhu yācitabbo, yācitvā byattena bhikkhunā paṭibalena saṅgho ñāpetabbo –

"Suṇātu me, bhante, saṅgho. Yadi saṅghassa pattakallaṃ, saṅgho itthannāmaṃ bhikkhuṃ sāmaṇerapesakaṃ sammanneyya. Esā ñatti.

"Suṇātu me, bhante, saṅgho. Saṅgho itthannāmaṃ bhikkhuṃ sāmaṇerapesakaṃ sammannati. Yassāyasmato khamati itthannāmassa bhikkhuno sāmaṇerapesakassa sammuti, so tuṇhassa; yassa nakkhamati, so bhāseyya.

"Sammato saṅghena itthannāmo bhikkhu sāmaṇerapesako. Khamati saṅghassa, tasmā tuṇhī, evametaṃ dhārayāmī"ti.

Tatiyabhāṇavāro niṭṭhito.

Senāsanakkhandhako chaṭṭho.

Tassuddānaṃ –

Vihāraṃ buddhaseṭṭhena, apaññattaṃ tadā ahu;
Tahaṃ tahaṃ nikkhamanti, vāsā te jinasāvakā.
Seṭṭhī gahapati disvā, bhikkhūnaṃ idamabrvi;
Kārāpeyyaṃ vaseyyātha, paṭipucchiṃsu nāyakaṃ.
Vihāraṃ aḍḍhayogañca, pāsādaṃ hammiyaṃ guhaṃ;
Pañcaleṇaṃ anuññāsi, vihāre seṭṭhi kārayi.
Jano vihāraṃ kāreti, akavāṭaṃ asaṃvutaṃ;
Kavāṭaṃ piṭṭhasaṅghāṭaṃ, udukkhalañca uttari.
Āviñchanacchiddaṃ rajjuṃ, vaṭṭiñca kapisīsakaṃ;
Sūcighaṭitāḷacchiddaṃ , lohakaṭṭhavisāṇakaṃ.
Yantakaṃ sūcikañceva, chadanaṃ ullittāvalittaṃ;
Vedijālasalākañca, cakkali santharena ca.
Miḍḍhi bidalamañcañca, sosānikamasārako;
Bundikuḷirapādañca, āhaccāsandi uccake.
Sattaṅgo ca bhaddapīṭhaṃ, pīṭhakeḷakapādakaṃ;
Āmalāphalakā kocchā, palālapīṭhameva ca.
Uccāhipaṭipādakā, aṭṭhaṅguli ca pādakā;
Suttaṃ aṭṭhapadaṃ coḷaṃ, tūlikaṃ aḍḍhakāyikaṃ.
Giraggo bhisiyo cāpi, dussaṃ senāsanampi ca;
Onaddhaṃ heṭṭhā patati, uppāṭetvā haranti ca.
Bhattiñca hatthabhattiñca, anuññāsi tathāgato;
Titthiyā vihāre cāpi, thusaṃ saṇhañca mattikā.
Ikkāsaṃ pāṇikaṃ kuṇḍaṃ, sāsapaṃ sitthatelakaṃ;
Ussanne paccuddharituṃ, pharusaṃ gaṇḍumattikaṃ.
Ikkāsaṃ paṭibhānañca, nīcā cayo ca āruhaṃ;
Paripatanti āḷakā, aḍḍhakuṭṭaṃ tayo puna.
Khuddake kuṭṭapādo ca, ovassati saraṃ khilaṃ;
Cīvaravaṃsaṃ rajjuñca, āḷindaṃ kiṭikena ca.

Ālambanaṃ tiṇacuṇṇaṃ, heṭṭhāmagge nayaṃ kare;
Ajjhokāse otappati, sālaṃ heṭṭhā ca bhājanaṃ.
Vihāro koṭṭhako ceva, pariveṇaggisālakaṃ;
Ārāme ca puna koṭṭhe, heṭṭhaññeva nayaṃ kare.
Sudhaṃ anāthapiṇḍi ca, saddho sītavanaṃ agā;
Diṭṭhadhammo nimantesi, saha saṅghena nāyakaṃ.
Āṇāpesantarāmagge, ārāmaṃ kārayī gaṇo;
Vesāliyaṃ navakammaṃ, purato ca pariggahi.
Ko arahati bhattagge, tittirañca avandiyā;
Pariggahitantaragharā, tūlo sāvatthi osari.
Patiṭṭhāpesi ārāmaṃ, bhattagge ca kolāhalaṃ;
Gilānā varaseyyā ca, lesā sattarasā tahiṃ.
Kena nu kho kathaṃ nu kho, vihāraggena bhājayi;
Pariveṇaṃ anubhāgañca, akāmā bhāgaṃ no dade.
Nissīmaṃ sabbakālañca, gāhā senāsane tayo;
Upanando ca vaṇṇesi, ṭhitakā samakāsanā.
Samānāsanikā bhindiṃsu, tivaggā ca duvaggikaṃ;
Asamānāsanikā dīghaṃ, sāḷindaṃ paribhuñjituṃ.
Ayyikā ca avidūre, bhājitañca kīṭāgire;
Āḷavī piṇḍakakuṭṭehi, dvāraaggaḷavaṭṭikā.
Ālokasetakāḷañca , geruchādanabandhanā;
Bhaṇḍikhaṇḍaparibhaṇḍaṃ, vīsa tiṃsā ca kālikā.
Osite akataṃ vippaṃ, khudde chappañcavassikaṃ;
Aḍḍhayoge ca sattaṭṭha, mahalle dasa dvādasa.
Sabbaṃ vihāraṃ ekassa, aññaṃ vāsenti saṅghikaṃ;
Nissīmaṃ sabbakālañca, pakkami vibbhamanti ca.
Kālañca sāmaṇerañca, sikkhāpaccakkhaantimaṃ;
Ummattakhittacittā ca, vedanāpattidassanā.
Appaṭikammadiṭṭhiyā, paṇḍakā theyyatitthiyā;
Tiracchānamātupitu, arahantā ca dūsakā.
Bhedakā lohituppādā, ubhato cāpi byañjanakā;
Mā saṅghassa parihāyi, kammaṃ aññassa dātave.
Vippakate ca aññassa, kate tasseva pakkame;
Vibbhamati kālaṅkato, sāmaṇero ca jāyati.
Paccakkhāto ca sikkhāya, antimajjhāpannako yadi;
Saṅghova sāmiko hoti, ummattakhittavedanā.
Adassanāppaṭikamme, diṭṭhi tasseva hoti taṃ;
Paṇḍako theyyatitthī ca, tiracchānamātupettikaṃ.
Ghātako dūsako cāpi, bhedalohitabyañjanā;
Paṭijānāti yadi so, saṅghova hoti sāmiko.
Harantaññatra kukkuccaṃ, undriyati ca kambalaṃ;
Dussañca cammacakkalī, coḷakaṃ akkamanti ca.
Allā upāhanāniṭṭhu, likhanti apassenti ca;
Apassenaṃ likhateva, dhotapaccattharena ca.
Rājagahe na sakkonti, lāmakaṃ bhattuddesakaṃ;
Kathaṃ nu kho paññāpakaṃ, bhaṇḍāgārikasammuti.
Paṭiggāhabhājako cāpi, yāgu ca phalabhājako;
Khajjakabhājako ceva, appamattakavissajje.
Sāṭiyaggāhāpako ceva, tatheva pattaggāhako;
Ārāmikasāmaṇera, pesakassa ca sammuti.
Sabbābhibhū lokavidū, hitacitto vināyako;
Leṇatthañca sukhatthañca, jhāyituñca vipassitunti.
Senāsanakkhandhakaṃ niṭṭhitaṃ.

7. Saṅghabhedakakkhandhakaṃ

1. Paṭhamabhāṇavāro

Chasakyapabbajjākathā

330. Tena samayena buddho Bhagavā anupiyāyaṃ viharati, anupiyaṃ nāma mallānaṃ nigamo. Tena kho pana samayena abhiññātā abhiññātā sakyakumārā bhagavantaṃ pabbajitaṃ anupabbajanti. Tena kho pana samayena mahānāmo ca sakko anuruddho ca sakko dvebhātikā honti. Anuruddho sakko sukhumālo hoti. Tassa tayo pāsādā honti – eko hemantiko, eko gimhiko, eko vassiko. So vassike pāsāde cattāro

māse [vassike pāsāde vassike cattāro māse (sī.)]nippurisehi tūriyehi paricārayamāno [paricāriyamāno (ka.)] na heṭṭhāpāsādaṃ orohati. Atha kho mahānāmassa sakkassa etadahosi – ''etarahi kho abhiññātā abhiññātā sakyakumārā bhagavantaṃ pabbajitaṃ anupabbajanti. Amhākañca pana kulā natthi koci agārasmā anagāriyaṃ pabbajito. Yaṃnūnāhaṃ vā pabbajeyyaṃ, anuruddho vā''ti. Atha kho mahānāmo sakko yena anuruddho sakko tenupasaṅkami, upasaṅkamitvā anuruddhaṃ sakkaṃ etadavoca – ''etarahi, tāta anuruddha, abhiññātā abhiññātā sakyakumārā bhagavantaṃ pabbajitaṃ anupabbajanti. Amhākañca pana kulā natthi koci agārasmā anagāriyaṃ pabbajito. Tena hi tvaṃ vā pabbaja, ahaṃ vā pabbajissāmī''ti. ''Ahaṃ kho sukhumālo, nāhaṃ sakkomi agārasmā anagāriyaṃ pabbajituṃ. Tvaṃ pabbajāhī''ti. ''Ehi kho te, tāta anuruddha, gharāvāsatthaṃ anusāsissāmi. Paṭhamaṃ khettaṃ kasāpetabbaṃ. Kasāpetvā vapāpetabbaṃ. Vapāpetvā udakaṃ abhinetabbaṃ. Udakaṃ abhinetvā udakaṃ ninnetabbaṃ. Udakaṃ ninnetvā niddhāpetabbaṃ. Niddhāpetvā [niḍḍahetabbaṃ, niḍḍahetvā (sī.)] lavāpetabbaṃ. Lavāpetvā ubbāhāpetabbaṃ. Ubbāhāpetvā puñjaṃ kārāpetabbaṃ. Puñjaṃ kārāpetvā maddāpetabbaṃ. Maddāpetvā palālāni uddharāpetabbāni. Palālāni uddharāpetvābhusikā uddharāpetabbā. Bhusikaṃ uddharāpetvā opunāpetabbaṃ [ophunāpetabbaṃ (syā. ka.), ophuṇāpetabbaṃ (yojanā)]. Opunāpetvā atiharāpetabbaṃ. Atiharāpetvā āyatimpi vassaṃ evameva kātabbaṃ, āyatimpi vassaṃ evameva kātabba''nti. ''Na kammā khīyanti? Na kammānaṃ anto paññāyati? Kadā kammā khīyissanti? Kadā kammānaṃ anto paññāyissati? Kadā mayaṃ appossukkā pañcahi kāmaguṇehi samappitā samaṅgībhūtā paricāressāmā''ti? ''Na hi, tāta anuruddha, kammā khīyanti. Na kammānaṃ anto paññāyati. Akhīṇeva kamme pitaro ca pitāmahā ca kālaṅkatā''ti. ''Tena hi tvaññeva gharāvāsatthena upajānāhi. Ahaṃ agārasmā anagāriyaṃ pabbajissāmī''ti.

Atha kho anuruddho sakko yena mātā tenupasaṅkami, upasaṅkamitvā mātaraṃ etadavoca – ''icchāmahaṃ, amma, agārasmā anagāriyaṃ pabbajituṃ. Anujānāhi maṃ agārasmā anagāriyaṃ pabbajjāyā''ti. Evaṃ vutte anuruddhassa sakkassa mātā anuruddhaṃ sakkaṃ etadavoca – ''tumhe kho me, tāta anuruddha, dve puttā piyā manāpā appaṭikūlā. Maraṇenapi vo akāmakā vinā bhavissāmi. Kiṃ panāhaṃ tumhe jīvante anujānissāmi agārasmā anagāriyaṃ pabbajjāyā''ti? Dutiyampi kho...pe... tatiyampi kho anuruddho sakko mātaraṃ etadavoca – ''icchāmahaṃ, amma, agārasmā anagāriyaṃ pabbajituṃ. Anujānāhi maṃ agārasmā anagāriyaṃ pabbajjāyā''ti [imassa anantaraṃ kesuci potthakesu evampi pāṭho dissati –- ''evaṃ vutte anuruddhassa sakkassa mātā evamāha 'sace tāta anuruddha bhaddiyo sakyarājā sakyānaṃ rajjaṃ kāreti agārasmā anagāriyaṃ pabbajati, evaṃ tvampi pabbajāhī''ti]. Tena kho pana samayena bhaddiyo sakyarājā sakyānaṃ rajjaṃ kāreti. So ca anuruddhassa sakkassa sahāyo hoti. Atha kho anuruddhassa sakkassa mātā – 'ayaṃ kho bhaddiyo sakyarājā sakyānaṃ rajjaṃ kāreti; anuruddhassa sakkassa sahāyo; so na ussahati agārasmā anagāriyaṃ pabbajitu'nti – anuruddhaṃ sakkaṃ etadavoca – ''sace, tāta anuruddha, bhaddiyo sakyarājā agārasmā anagāriyaṃ pabbajati, evaṃ tvampi pabbajāhī''ti. Atha kho anuruddho sakko yena bhaddiyo sakyarājā tenupasaṅkami, upasaṅkamitvā bhaddiyaṃ sakyarājānaṃ etadavoca – ''mama kho, samma, pabbajjā tava paṭibaddhā''ti. ''Sace te, samma, pabbajjā mama paṭibaddhā vā appaṭibaddhā vā sā hotu, ahaṃ tayā; yathā sukhaṃ pabbajāhī''ti. ''Ehi, samma, ubho agārasmā anagāriyaṃ pabbajissāmā''ti. ''Nāhaṃ, samma, sakkomi agārasmā anagāriyaṃ pabbajitunti. Yaṃ te sakkā aññaṃ mayā kātuṃ, kyāhaṃ [tyāhaṃ (sī. syā.)] karissāmi. Tvaṃ pabbajāhī''ti. ''Mātā kho maṃ, samma, evamāha – 'sace, tāta anuruddha, bhaddiyo sakyarājā agārasmā anagāriyaṃ pabbajati, evaṃ tvampi pabbajāhī'''ti. ''Bhāsitā kho pana te, samma, esā vācā. Sace te, samma, pabbajjā mama paṭibaddhā vā, appaṭibaddhā vā sā hotu, ahaṃ tayā; yathā sukhaṃ pabbajāhī''ti. ''Ehi, samma, ubho agārasmā anagāriyaṃ pabbajissāmā''ti.

Tena kho pana samayena manussā saccavādino honti, saccapaṭiññā. Atha kho bhaddiyo sakyarājā anuruddhaṃ sakkaṃ etadavoca – ''āgamehi, samma, sattavassāni. Sattannaṃ vassānaṃ accayena ubho agārasmā anagāriyaṃ pabbajissāmā''ti. ''Aticiraṃ, samma, sattavassāni. Nāhaṃ sakkomi sattavassāni āgametu''nti. ''Āgamehi, samma, chavassāni...pe... pañcavassāni... cattāri vassāni... tīṇi vassāni... dve vassāni... ekaṃ vassaṃ. Ekassa vassassa accayena ubho agārasmā anagāriyaṃ pabbajissāmā''ti. ''Aticiraṃ, samma, ekavassaṃ. Nāhaṃ sakkomi ekaṃ vassaṃ āgametu''nti. ''Āgamehi, samma, sattamāse. Sattannaṃ māsānaṃ accayena ubhopi agārasmā anagāriyaṃ pabbajissāmā''ti. ''Aticiraṃ, samma, sattamāsā. Nāhaṃ sakkomi sattamāse āgametu''nti. ''Āgamehi, samma, cha māse...pe... pañca māse... cattāro māse... tayo māse... dve māse... ekaṃ māsaṃ... aḍḍhamāsaṃ. Aḍḍhamāsassa accayena ubhopi agārasmā anagāriyaṃ pabbajissāmā''ti. ''Aticiraṃ, samma, aḍḍhamāso. Nāhaṃ sakkomi aḍḍhamāsaṃ āgametu''nti. ''Āgamehi, samma, sattāhaṃ yāvāhaṃ putte ca bhātaro ca rajjaṃ niyyādemī''ti. ''Na ciraṃ, samma, sattāho, āgamessāmī''ti.

331. Atha kho bhaddiyo ca sakyarājā anuruddho ca ānando ca bhagu ca kimilo ca devadatto ca, upālikappakena sattamā, yathā pure caturaṅginiyā senāya uyyānabhūmiṃ niyyanti, evameva caturaṅginiyā senāya niyyiṃsu. Te dūraṃ gantvā senaṃ nivattāpetvā paravisayaṃ okkamitvā ābharaṇaṃ omuñcitvā uttarāsaṅgena bhaṇḍikaṃ bandhitvā upāliṃ kappakaṃ etadavocuṃ – ''handa, bhaṇe upāli, nivattassu; alaṃ te ettakaṃ jīvikāyā''ti. Atha kho upālissa kappakassa nivattantassa etadahosi – ''caṇḍā kho sākiyā; iminā kumārā nippātitāti ghātāpeyyumpi maṃ. Ime hi nāma sakyakumārā agārasmā

anagāriyaṃ pabbajissanti. Kimaṅga [kimaṅga (sī.)] panāha''nti. Bhaṇḍikaṃ muñcitvā taṃ bhaṇḍaṃ rukkhe ālaggetvā 'yo passati, dinnaṃyeva haratū'ti vatvā yena te sakyakumārā tenupasaṅkami. Addasāsuṃ kho te sakyakumārā upāliṃ kappakaṃ dūratova āgacchantaṃ. Disvāna upāliṃ kappakaṃ etadavocuṃ – ''kissa, bhaṇe upāli, nivattesī''ti? ''Idha me, ayyaputtā, nivattantassa etadahosi – 'caṇḍā kho sākiyā; iminā kumārā nippātitāti ghātāpeyyumpi maṃ. Ime hi nāma sakyakumārā agārasmā anagāriyaṃ pabbajissanti. Kimaṅga panāha'nti. So kho ahaṃ, ayyaputtā, bhaṇḍikaṃ muñcitvā taṃ bhaṇḍaṃ rukkhe ālaggetvā 'yo passati, dinnaññeva haratū'ti vatvā tatomhi paṭinivatto''ti. ''Suṭṭhu, bhaṇe upāli, akāsi yampi na nivatto [yaṃ nivatto (sī.), yaṃ pana nivatto (syā.)]. Caṇḍā kho sākiyā; iminā kumārā nippātitāti ghātāpeyyumpi ta''nti.

Atha kho sakyakumārā upāliṃ kappakaṃ ādāya yena Bhagavā tenupasaṅkamiṃsu, upasaṅkamitvā bhagavantaṃ abhivādetvā ekamantaṃ nisīdiṃsu. Ekamantaṃ nisinnā kho te sakyakumārā bhagavantaṃ etadavocuṃ – ''mayaṃ, bhante, sākiyā nāma mānassino. Ayaṃ , bhante, upāli kappako amhākaṃ dīgharattaṃ paricārako. Imaṃ Bhagavā paṭhamaṃ pabbājetu. Imassa mayaṃ abhivādanapaccuṭṭhānaañjalikammasāmīcikammaṃ karissāma. Evaṃ amhākaṃ sākiyānaṃ sākiyamāno nimmānāyissatī''ti [nimmādayissatīti (sī.), nimmāniyissatīti (syā.)].

Atha kho Bhagavā upāliṃ kappakaṃ paṭhamaṃ pabbājesi, pacchā te sakyakumāre. Atha kho āyasmā bhaddiyo teneva antaravassena tisso vijjā sacchākāsi. Āyasmā anuruddho dibbacakkhuṃ uppādesi. Āyasmā ānando sotāpattiphalaṃ sacchākāsi. Devadatto pothujjanikaṃ iddhiṃ abhinipphādesi.

332. Tena kho pana samayena āyasmā bhaddiyo araññagatopi rukkhamūlagatopi suññāgāragatopi abhikkhaṇaṃ udānaṃ udānesi – ''aho sukhaṃ, aho sukha''nti. Atha kho sambahulā bhikkhū yena Bhagavā tenupasaṅkamiṃsu, upasaṅkamitvā bhagavantaṃ abhivādetvā ekamantaṃ nisīdiṃsu. Ekamantaṃnisinnā kho te bhikkhū bhagavantaṃ etadavocuṃ – ''āyasmā, bhante, bhaddiyo araññagatopi rukkhamūlagatopi suññāgāragatopi abhikkhaṇaṃ udānaṃ udānesi – 'aho sukhaṃ, aho sukha'nti. Nissaṃsayaṃ kho, bhante, āyasmā bhaddiyo anabhiratova brahmacariyaṃ carati. Taṃyeva vā purimaṃ rajjasukhaṃ samanussaranto araññagatopi rukkhamūlagatopi suññāgāragatopi abhikkhaṇaṃ udānaṃ udānesi – 'aho sukhaṃ, aho sukha'''nti.

Atha kho Bhagavā aññataraṃ bhikkhuṃ āmantesi – ''ehi tvaṃ, bhikkhu, mama vacanena bhaddiyaṃ bhikkhuṃ āmantehi – 'satthā taṃ, āvuso bhaddiya, āmantetī'''ti . ''Evaṃ bhante''ti kho so bhikkhu bhagavato paṭissutvā yenāyasmā bhaddiyo tenupasaṅkami, upasaṅkamitvā āyasmantaṃ bhaddiyaṃ etadavoca – ''satthā taṃ, āvuso bhaddiya, āmantetī''ti. ''Evamāvuso''ti kho āyasmā bhaddiyo tassa bhikkhuno paṭissutvā yena Bhagavā tenupasaṅkami, upasaṅkamitvā bhagavantaṃ abhivādetvā ekamantaṃ nisīdi. Ekamantaṃ nisinnaṃ kho āyasmantaṃ bhaddiyaṃ Bhagavā etadavoca – ''saccaṃ kira tvaṃ, bhaddiya, araññagatopi rukkhamūlagatopi suññāgāragatopi abhikkhaṇaṃ udānaṃ udānesi – 'aho sukhaṃ, aho sukha'''nti? ''Evaṃ bhante''ti. ''Kiṃ pana tvaṃ, bhaddiya, atthavasaṃ sampassamāno araññagatopi rukkhamūlagatopi suññāgāragatopi abhikkhaṇaṃ udānaṃ udānesi – 'aho sukhaṃ aho sukha'''nti? ''Pubbe me, bhante, rañño satopi antopi antepure rakkhā susaṃvihitā hoti, bahipi antepure rakkhā susaṃvihitā hoti, antopi nagare rakkhā susaṃvihitā hoti, bahipi nagare rakkhā susaṃvihitā hoti, antopi janapade rakkhā susaṃvihitā hoti, bahipi janapade rakkhā susaṃvihitā hoti. So kho ahaṃ, bhante, evaṃ rakkhitopi gopitopi santo bhīto ubbiggo ussaṅkī utrasto viharāmi. Etarahi kho pana ahaṃ eko, bhante, araññagatopi rukkhamūlagatopi suññāgāragatopi abhīto anubbiggo anussaṅkī anutrasto appossukko pannalomo paradattavutto migabhūtena cetasā viharāmīti. Imaṃ kho ahaṃ, bhante, atthavasaṃ sampassamāno araññagatopi rukkhamūlagatopi suññāgāragatopi abhikkhaṇaṃ udānaṃ udānemi – 'aho sukhaṃ, aho sukha'''nti. Atha kho Bhagavā etamatthaṃ viditvā tāyaṃ velāyaṃ imaṃ udānaṃ udānesi –

[udā. 20] ''Yassantarato na santi kopā, iti bhavābhavatañca vītivatto;
Taṃ vigatabhayaṃ sukhiṃ asokaṃ, devā nānubhavanti dassanāyā''ti.

Devadattavatthu

333. Atha kho Bhagavā anupiyāyaṃ yathābhirantaṃ viharitvā yena kosambī tena cārikaṃ pakkāmi. Anupubbena cārikaṃ caramāno yena kosambī tadavasari. Tatra sudaṃ Bhagavā kosambiyaṃ viharati ghositārāme. Atha kho devadattassa rahogatassa paṭisallīnassa evaṃ cetaso parivitakko udapādi – ''kaṃ nu kho ahaṃ pasādeyyaṃ, yasmiṃ me pasanne bahulābhasakkāro uppajjeyyā''ti? Atha kho devadattassa etadahosi – ''ayaṃ kho ajātasattu kumāro taruṇo cevaāyatiṃ bhaddo ca. Yaṃnūnāhaṃ ajātasattuṃ kumāraṃ pasādeyyaṃ. Tasmiṃ me pasanne bahulābhasakkāro uppajjissatī''ti.

Atha kho devadatto senāsanaṃ saṃsāmetvā pattacīvaramādāya yena rājagahaṃ tena pakkāmi. Anupubbena yena rājagahaṃ tadavasari. Atha kho devadatto sakavaṇṇaṃ paṭisaṃharitvā kumārakavaṇṇaṃ abhinimminitvā ahimekhalikāya ajātasattussa kumārassa ucchaṅge [uccaṅke (syā.)] pāturahosi. Atha kho ajātasattu kumāro bhīto ahosi, ubbiggo ussaṅkī utrasto. Atha kho devadatto ajātasattuṃ kumāraṃ etadavoca – ''bhāyasi maṃ tvaṃ kumārā''ti? ''Āma, bhāyāmi. Kosi tva''nti? ''Ahaṃ devadatto''ti. ''Sace kho tvaṃ, bhante, ayyo devadatto, iṅgha sakeneva vaṇṇena pātubhavassū''ti. Atha kho devadatto kumārakavaṇṇaṃ paṭisaṃharitvā saṅghāṭipattacīvaradharo ajātasattussa kumārassa purato aṭṭhāsi. Atha kho ajātasattu kumāro devadattassa iminā iddhipāṭihāriyena abhippasanno pañcahi rathasatehi sāyaṃ pātaṃ upaṭṭhānaṃ gacchati, pañca ca thālipākasatāni bhattābhihāro abhiharīyati. Atha kho devadattassa lābhasakkārasilokena abhibhūtassa pariyādinnacittassa evarūpaṃ icchāgataṃ uppajji – ''ahaṃ bhikkhusaṅghaṃ pariharissāmī''ti . Saha cittuppādāva devadatto tassā iddhiyā parihāyi.

[a. ni. 5.100] Tena kho pana samayena kakudho nāma koḷiyaputto, āyasmato mahāmoggallānassa upaṭṭhāko, adhunā kālaṅkato aññataraṃ manomayaṃ kāyaṃ upapanno. Tassa evarūpo attabhāvappaṭilābho hoti – seyyathāpi nāma dve vā tīṇi vā māgadhakāni [māgadhikāni (syā.)] gāmakkhettāni. So tena attabhāvappaṭilābhena neva attānaṃ na paraṃ byābādheti. Atha kho kakudho devaputto yenāyasmā mahāmoggallāno tenupasaṅkami, upasaṅkamitvā āyasmantaṃ mahāmoggallānaṃ abhivādetvā ekamantaṃ aṭṭhāsi. Ekamantaṃ ṭhito kho kakudho devaputto āyasmantaṃ mahāmoggallānaṃ etadavoca – ''devadattassa, bhante, lābhasakkārasilokena abhibhūtassa pariyādinnacittassa [pariyādiṇṇacittassa (ka.)] evarūpaṃ icchāgataṃ uppajji – 'ahaṃ bhikkhusaṅghaṃ pariharissāmī'ti. Saha cittuppādāva bhante, devadatto tassā iddhiyā parihīno''ti. Idamavoca kakudho devaputto. Idaṃ vatvā āyasmantaṃ mahāmoggallānaṃ abhivādetvā padakkhiṇaṃ katvā tattheva antaradhāyi.

Atha kho āyasmā mahāmoggallāno yena Bhagavā tenupasaṅkami , upasaṅkamitvā bhagavantaṃ abhivādetvā ekamantaṃ nisīdi . Ekamantaṃ nisinno kho āyasmā mahāmoggallāno bhagavantaṃ etadavoca – ''kakudho nāma, bhante, koḷiyaputto mama upaṭṭhāko adhunā kālaṅkato aññataraṃ manomayaṃ kāyaṃ upapanno. Tassa evarūpo attabhāvappaṭilābho – seyyathāpi nāma dve vā tīṇi vā māgadhakāni gāmakkhettāni. So tena attabhāvappaṭilābhena neva attānaṃ na paraṃ byābādheti. Atha kho, bhante, kakudho devaputto yenāhaṃ tenupasaṅkami, upasaṅkamitvā maṃ abhivādetvā ekamantaṃ aṭṭhāsi. Ekamantaṃ ṭhito kho, bhante, kakudho devaputto maṃ etadavoca – 'devadattassa, bhante, lābhasakkārasilokena abhibhūtassa pariyādinnacittassa evarūpaṃ icchāgataṃ uppajji – ahaṃ bhikkhusaṅghaṃ pariharissāmīti. Saha cittuppādāva bhante, devadatto tassā iddhiyā parihīno'ti. Idamavoca, bhante, kakudho devaputto. Idaṃ vatvā maṃ abhivādetvā padakkhiṇaṃ katvā tattheva antaradhāyī''ti.

''Kiṃ pana te, moggallāna, kakudho devaputto cetasā ceto paricca vidito? Yaṃ kiñci kakudho devaputto bhāsati sabbaṃ taṃ tatheva hoti, no aññathā''ti? ''Cetasā ceto paricca vidito ca me, bhante, kakudho devaputto. Yaṃ kiñci kakudho devaputto bhāsati sabbaṃ taṃ tatheva hoti, no aññathā''ti. ''Rakkhassetaṃ, moggallāna, vācaṃ. Rakkhassetaṃ, moggallāna, vācaṃ. Idāni so moghapuriso attanāva attānaṃ pātukarissati.

Pañcasatthukathā

334.[a. ni. 5.100] ''Pañcime , moggallāna, satthāro santo saṃvijjamānā lokasmiṃ. Katame pañca? ''Idha, moggallāna, ekacco satthā aparisuddhasīlo samāno 'parisuddhasīlomhī'ti paṭijānāti 'parisuddhaṃ me sīlaṃ pariyodātaṃ asaṃkiliṭṭha'nti. Tamenaṃ sāvakā evaṃ jānanti – 'ayaṃ kho bhavaṃ satthā aparisuddhasīlo samāno 'parisuddhasīlomhī'ti paṭijānāti 'parisuddhaṃ me sīlaṃ pariyodātaṃ asaṃkiliṭṭha'nti ca. Mayañceva kho pana gihīnaṃ āroceyyāma, nāssassa manāpaṃ. Yaṃ kho panassa amanāpaṃ, kathaṃ naṃ mayaṃ tena samudācareyyāma? Sammannati kho pana cīvarapiṇḍapātasenāsanagilānappaccayabhesajjaparikkhārena – yaṃ tumo karissati, tumova tena paññāyissatī'ti. Evarūpaṃ kho, moggallāna, satthāraṃ sāvakā sīlato rakkhanti; evarūpo ca pana satthā sāvakehi sīlato rakkhaṃ paccāsīsati [paccāsiṃsati (sī. syā.)].

''Puna caparaṃ, moggallāna, idhekacco satthā aparisuddhājīvo samāno 'parisuddhājīvomhī'ti paṭijānāti 'parisuddho me ājīvo pariyodāto asaṃkiliṭṭho'ti ca. Tamenaṃ sāvakā evaṃ jānanti – 'ayaṃ kho bhavaṃ satthā aparisuddhājīvo samāno 'parisuddhājīvomhī'ti paṭijānāti 'parisuddho me ājīvo pariyodāto asaṃkiliṭṭho'ti ca. Mayañceva kho pana gihīnaṃ āroceyyāma, nāssassa manāpaṃ. Yaṃ kho panassa amanāpaṃ, kathaṃ na mayaṃ tena samudācareyyāma? Sammannati kho pana cīvarapiṇḍapātasenāsanagilānappaccayabhesajjaparikkhārena – yaṃ tumo karissati, tumova tena paññāyissatī'ti. Evarūpaṃ kho, moggallāna, satthāraṃ sāvakā ājīvato rakkhanti; evarūpo ca pana satthā sāvakehi ājīvato rakkhaṃ paccāsīsati.

''Puna caparaṃ, moggallāna, idhekacco satthā aparisuddhadhammadesano samāno 'parisuddhadhammadesanomhī'ti paṭijānāti 'parisuddhā me dhammadesanā pariyodātā asaṃkiliṭṭhā'ti ca . Tamenaṃ sāvakā evaṃ jānanti – 'ayaṃ kho bhavaṃ satthā aparisuddhadhammadesano samāno 'parisuddhadhammadesanomhī'ti paṭijānāti 'parisuddhā me dhammadesanā pariyodātā asaṃkiliṭṭhā'ti ca. Mayañceva kho pana gihīnaṃ āroceyyāma, nāssassa manāpaṃ. Yaṃ kho panassa amanāpaṃ, kathaṃ naṃ mayaṃ tena samudācareyyāma? Sammannati kho pana cīvarapiṇḍapātasenāsanagilānappaccayabhesajjaparikkhārena – yaṃ tumo karissati, tumova tena paññāyissatī'ti. Evarūpaṃ kho, moggallāna, satthāraṃ sāvakā dhammadesanato rakkhanti; evarūpo ca pana satthā sāvakehi dhammadesanato rakkhaṃ paccāsīsati.

"Puna caparaṃ, moggallāna, idhekacco satthā aparisuddhaveyyākaraṇo samāno 'parisuddhaveyyākaraṇomhī'ti paṭijānāti 'parisuddhaṃ me veyyākaraṇaṃ pariyodātaṃ asaṃkiliṭṭha'nti ca. Tamenaṃ sāvakā evaṃ jānanti – 'ayaṃ kho bhavaṃ satthā aparisuddhaveyyākaraṇo samāno 'parisuddhaveyyākaraṇomhī'ti paṭijānāti 'parisuddhaṃ me veyyākaraṇaṃ pariyodātaṃ asaṃkiliṭṭha'nti ca. Mayañceva kho pana gihīnaṃ āroceyyāma, nāssassa manāpaṃ. Yaṃ kho panassa amanāpaṃ, kathaṃ naṃ mayaṃ tena samudācareyyāma? Sammannati kho pana cīvarapiṇḍapātasenāsanagilānappaccayabhesajjaparikkhārena – yaṃ tumo karissati, tumova tena paññāyissatī'ti. Evarūpaṃ kho, moggallāna, satthāraṃ sāvakā veyyākaraṇato rakkhanti; evarūpo ca pana satthā sāvakehi veyyākaraṇato rakkhaṃ paccāsīsati.

"Puna caparaṃ, moggallāna, idhekacco satthā aparisuddhañāṇadassano samāno 'parisuddhañāṇadassanomhī'ti paṭijānāti 'parisuddhaṃ me ñāṇadassanaṃ pariyodātaṃ asaṃkiliṭṭha'nti ca. Tamenaṃ sāvakā evaṃ jānanti – 'ayaṃ kho bhavaṃ satthā aparisuddhañāṇadassano samāno 'parisuddhañāṇadassanomhī'tipaṭijānāti 'parisuddhaṃ me ñāṇadassanaṃ pariyodātaṃ asaṃkiliṭṭha'nti ca. Mayañceva kho pana gihīnaṃ āroceyyāma, nāssassa manāpaṃ. Yaṃ kho panassa amanāpaṃ, kathaṃ naṃ mayaṃ tena samudācareyyāma? Sammannati kho pana cīvarapiṇḍapātasenāsanagilānappaccayabhesajjaparikkhārena – yaṃ tumo karissati, tumova tena paññāyissatī'ti. Evarūpaṃ kho, moggallāna, satthāraṃ sāvakā ñāṇadassanato rakkhanti; evarūpo ca pana satthā sāvakehi ñāṇadassanato rakkhaṃ paccāsīsatīti. Ime kho, moggallāna, pañca satthāro santo saṃvijjamānā lokasmiṃ.

"Ahaṃ kho pana, moggallāna, parisuddhasīlo samāno 'parisuddhasīlomhī'ti paṭijānāmi 'parisuddhaṃ me sīlaṃ pariyodātaṃ asaṃkiliṭṭha'nti ca. Na ca maṃ sāvakā sīlato rakkhanti; na cāhaṃ sāvakehi sīlato rakkhaṃ paccāsīsāmi. Parisuddhājīvo samāno...pe... parisuddhadhammadesano samāno...pe... parisuddhaveyyākaraṇo samāno...pe... parisuddhañāṇadassano samāno 'parisuddhañāṇadassanomhī'ti paṭijānāmi 'parisuddhaṃ me ñāṇadassanaṃ pariyodātaṃ asaṃkiliṭṭha'nti ca. Na ca maṃ sāvakā ñāṇadassanato rakkhanti; na cāhaṃ sāvakehi ñāṇadassanato rakkhaṃ paccāsīsāmī''ti.

335. Atha kho Bhagavā kosambiyaṃ yathābhirantaṃ viharitvā yena rājagahaṃ tena cārikaṃ pakkāmi. Anupubbena cārikaṃ caramāno yena rājagahaṃ tadavasari. Tatra sudaṃ Bhagavā rājagahe viharati veḷuvane kalandakanivāpe. Atha kho sambahulā bhikkhū yena Bhagavā tenupasaṅkamiṃsu, upasaṅkamitvā bhagavantaṃ abhivādetvā ekamantaṃ nisīdiṃsu. Ekamantaṃ nisinnā kho te bhikkhū bhagavantaṃ etadavocuṃ – "devadattassa, bhante, ajātasattu kumāro pañcahi rathasatehi sāyaṃ pātaṃ upaṭṭhānaṃ gacchati; pañca ca thālipākasatāni bhattābhihāro abhiharīyatī''ti. "Mā, bhikkhave, devadattassa lābhasakkārasilokaṃ pihayittha. Yāvakīvañca, bhikkhave , devadattassa ajātasattu kumāro pañcahi rathasatehi sāyaṃ pātaṃ upaṭṭhānaṃ gamissati , pañca ca thālipākasatāni bhattābhihāro abhiharīyissati, hāniyeva, bhikkhave, devadattassa pāṭikaṅkhā kusalesu dhammesu, no vuḍḍhi.

"Seyyathāpi , bhikkhave, caṇḍassa kukkurassa nāsāya pittaṃ bhindeyyuṃ, evañhi so, bhikkhave, kukkuro bhiyyosomattāya caṇḍataro assa, evameva kho, bhikkhave, yāvakīvañca devadattassa ajātasattu kumāro pañcahi rathasatehi sāyaṃ pātaṃ upaṭṭhānaṃ gamissati, pañca ca thālipākasatāni bhattābhihāro abhiharīyissati, hāniyeva, bhikkhave, devadattassa pāṭikaṅkhā kusalesu dhammesu, no vuḍḍhi.

[saṃ. ni. 2.184; a. ni. 4.68] "Attavadhāya, bhikkhave, devadattassa lābhasakkārasiloko udapādi, parābhavāya devadattassa lābhasakkārasiloko udapādi.

"Seyyathāpi, bhikkhave, kadalī attavadhāya phalaṃ deti, parābhavāya phalaṃ deti, evameva kho, bhikkhave, attavadhāya devadattassa lābhasakkārasiloko udapādi, parābhavāya devadattassa lābhasakkārasiloko udapādi.

"Seyyathāpi , bhikkhave, veḷu attavadhāya phalaṃ deti, parābhavāya phalaṃ deti, evameva kho, bhikkhave, attavadhāya devadattassa lābhasakkārasiloko udapādi, parābhavāya devadattassa lābhasakkārasiloko udapādi.

"Seyyathāpi, bhikkhave, naḷo attavadhāya phalaṃ deti, parābhavāya phalaṃ deti, evameva kho, bhikkhave, attavadhāya devadattassa lābhasakkārasiloko udapādi, parābhavāya devadattassa lābhasakkārasiloko udapādi .

"Seyyathāpi, bhikkhave, assatarī attavadhāya gabbhaṃ gaṇhāti, parābhavāya gabbhaṃ gaṇhāti, evameva kho, bhikkhave, attavadhāya devadattassa lābhasakkārasiloko udapādi, parābhavāya devadattassa lābhasakkārasiloko udapādī''ti.

[saṃ. ni. 1.183, 1.2.184, netti. 90] "Phalaṃ ve kadaliṃ hanti, phalaṃ veḷuṃ phalaṃ naḷaṃ;
Sakkāro kāpurisaṃ hanti, gabbho assatariṃ yathā''ti.

Paṭhamabhāṇavāro niṭṭhito.

2. Dutiyabhāṇavāro

Pakāsanīyakammaṃ

336. Tena kho pana samayena Bhagavā mahatiyā parisāya parivuto dhammaṃ desento nisinno hoti sarājikāya parisāya. Atha kho devadatto uṭṭhāyāsanā ekaṃsaṃ uttarāsaṅgaṃ karitvā yena Bhagavā tenañjaliṃ paṇāmetvā bhagavantaṃ etadavoca – "jiṇṇo dāni, bhante, Bhagavā vuḍḍho mahallako

addhagato vayoanuppatto. Appossukko dāni, bhante, Bhagavā diṭṭhadhammasukhavihāraṃ anuyutto viharatu, mamaṃ bhikkhusaṅghaṃ nissajjatu. Ahaṃ bhikkhusaṅghaṃ pariharissāmī''ti. ''Alaṃ, devadatta, mā te rucci bhikkhusaṅghaṃ pariharitu''nti. Dutiyampi kho devadatto...pe... tatiyampi kho devadatto bhagavantaṃ etadavoca – ''jiṇṇo dāni, bhante, Bhagavā vuḍḍho mahallako addhagato vayoanuppatto. Appossukko dāni, bhante, Bhagavā diṭṭhadhammasukhavihāraṃ anuyutto viharatu, mamaṃ bhikkhusaṅghaṃ nissajjatu. Ahaṃ bhikkhusaṅghaṃ pariharissāmī''ti. ''Sāriputtamoggallānānampi kho ahaṃ, devadatta, bhikkhusaṅghaṃ na nissajjeyyaṃ , kiṃ pana tuyhaṃ chavassa kheḷāsakassā''ti! Atha kho devadatto – sarājikāya maṃ Bhagavā parisāya kheḷāsakavādena apasādeti, sāriputtamoggallāneva ukkaṃsatīti – kupito anattamano bhagavantaṃ abhivādetvā padakkhiṇaṃ katvā pakkāmi. Ayañcarahi devadattassa bhagavati paṭhamo āghāto ahosi.

Atha kho Bhagavā bhikkhū āmantesi – ''tena hi, bhikkhave, saṅgho devadattassa rājagahe pakāsanīyaṃ kammaṃ karotu – 'pubbe devadattassa aññā pakati ahosi, idāni aññā pakati. Yaṃ devadatto kareyya kāyena vācāya, na tena buddho vā dhammo vā saṅgho vā daṭṭhabbo, devadattova tena daṭṭhabbo'ti. Evañca pana, bhikkhave, kātabbaṃ. Byattena bhikkhunā paṭibalena saṅgho ñāpetabbo –

337. ''Suṇātu me, bhante, saṅgho. Yadi saṅghassa pattakallaṃ saṅgho devadattassa rājagahe pakāsanīyaṃ kammaṃ kareyya – ''pubbe devadattassa aññā pakati ahosi, idāni aññā pakati. Yaṃ devadatto kareyya kāyena vācāya, na tena buddho vā dhammo vā saṅgho vā daṭṭhabbo, devadattova tena daṭṭhabbo'ti. Esā ñatti.

''Suṇātu me, bhante, saṅgho. Saṅgho devadattassa rājagahe pakāsanīyaṃ kammaṃ karoti – 'pubbe devadattassa aññā pakati ahosi, idāni aññā pakati. Yaṃ devadatto kareyya kāyena vācāya, na tena buddho vā dhammo vā saṅgho vā daṭṭhabbo, devadattova tena daṭṭhabbo'ti. Yassāyasmato khamati devadattassa rājagahe pakāsanīyaṃ kammassa karaṇaṃ – 'pubbe devadattassa aññā pakati ahosi, idāni aññā pakati, yaṃ devadatto kareyya kāyena vācāya, na tena buddho vā dhammo vā saṅgho vā daṭṭhabbo, devadattova tena daṭṭhabbo'ti – so tuṇhassa; yassa nakkhamati, so bhāseyya.

''Kataṃ saṅghena devadattassa rājagahe pakāsanīyaṃ kammaṃ – 'pubbe devadattassa aññā pakati ahosi, idāni aññā pakati. Yaṃ devadatto kareyya kāyena vācāya, na tena buddho vā dhammo vā saṅgho vā daṭṭhabbo, devadattova tena daṭṭhabbo'ti. Khamati saṅghassa, tasmā tuṇhī, evametaṃ dhārayāmī''ti.

338. Atha kho Bhagavā āyasmantaṃ sāriputtaṃ āmantesi – ''tena hi tvaṃ, sāriputta, devadattaṃ rājagahe pakāsehī''ti. ''Pubbe mayā, bhante, devadattassa rājagahe vaṇṇo bhāsito – 'mahiddhiko godhiputto, mahānubhāvo godhiputto'ti. Kathāhaṃ, bhante, devadattaṃ rājagahe pakāsemī''ti? ''Nanu tayā, sāriputta, bhūtoyeva devadattassa rājagahe vaṇṇo bhāsito – 'mahiddhiko godhiputto, mahānubhāvo godhiputto''' ti? ''Evaṃ bhante''ti. ''Evameva kho tvaṃ, sāriputta, bhūtaṃyeva devadattaṃ rājagahe pakāsehī''ti. ''Evaṃ bhante''ti kho āyasmā sāriputto bhagavato paccassosi.

Atha kho Bhagavā bhikkhū āmantesi – ''tena hi, bhikkhave, saṅgho sāriputtaṃ sammannatu devadattaṃ rājagahe pakāsetuṃ – 'pubbe devadattassa aññā pakati ahosi, idāni aññā pakati. Yaṃ devadatto kareyya kāyena vācāya, na tena buddho vā dhammo vā saṅgho vā daṭṭhabbo, devadattova tena daṭṭhabbo'ti. Evañca pana, bhikkhave, sammannitabbo. Paṭhamaṃ sāriputto yācitabbo. Yācitvā byattena bhikkhunā paṭibalena saṅgho ñāpetabbo –

''Suṇātu me, bhante, saṅgho. Yadi saṅghassa pattakallaṃ, saṅgho āyasmantaṃ sāriputtaṃ sammanneyya devadattaṃ rājagahe pakāsetuṃ – 'pubbe devadattassa aññā pakati ahosi, idāni aññā pakati. Yaṃ devadatto kareyya kāyena vācāya, na tena buddho vā dhammo vā saṅgho vā daṭṭhabbo, devadattova tena daṭṭhabbo'ti. Esā ñatti.

''Suṇātu me, bhante, saṅgho. Saṅgho āyasmantaṃ sāriputtaṃ sammannati devadattaṃ rājagahe pakāsetuṃ – 'pubbe devadattassa aññā pakati ahosi, idāni aññā pakati, yaṃ devadatto kareyya kāyena vācāya, na tena buddho vā dhammo vā saṅgho vā daṭṭhabbo, devadattova tena daṭṭhabbo'ti. Yassāyasmato khamati, āyasmato sāriputtassa sammuti devadattaṃ rājagahe pakāsetuṃ – 'pubbe devadattassa aññā pakati ahosi, idāni aññā pakati, yaṃ devadatto kareyya kāyena vācāya, na tena buddho vā dhammo vā saṅgho vā daṭṭhabbo, devadattova tena daṭṭhabbo'ti – so tuṇhassa; yassa nakkhamati, so bhāseyya.

''Sammato saṅghena āyasmā sāriputto devadattaṃ rājagahe pakāsetuṃ – 'pubbe devadattassa aññā pakati ahosi, idāni aññā pakati. Yaṃ devadatto kareyya kāyena vācāya, na tena buddho vā dhammo vā saṅgho vā daṭṭhabbo, devadattova tena daṭṭhabbo'ti. Khamati saṅghassa, tasmā tuṇhī, evametaṃ dhārayāmī''ti.

Sammato ca āyasmā sāriputto sambahulehi bhikkhūhi saddhiṃ rājagahaṃ pavisitvā devadattaṃ rājagahe pakāsesi – ''pubbe devadattassa aññā pakati ahosi, idāni aññā pakati. Yaṃ devadatto kareyya kāyena vācāya, na tena buddho vā dhammo vā saṅgho vā daṭṭhabbo, devadattova tena daṭṭhabbo''ti. Tattha ye te manussā assaddhā appasannā dubbuddhino, te evamāhaṃsu – ''usūyakā ime samaṇā sakyaputtiyā devadattassa lābhasakkāraṃ usūyantī''ti. Ye pana te manussā saddhā pasannā paṇḍitā byattā buddhimanto, te evamāhaṃsu – ''na kho idaṃ orakaṃ bhavissati yathā Bhagavā devadattaṃ rājagahe pakāsāpetī''ti.

Ajātasattukumāravatthu

339. Atha kho devadatto yena ajātasattu kumāro tenupasaṅkami, upasaṅkamitvā ajātasattuṃ kumāraṃ etadavoca – ''pubbe kho, kumāra, manussā dīghāyukā, etarahi appāyukā. Ṭhānaṃ kho panetaṃ vijjati yaṃ tvaṃ kumārova samāno kālaṃ kareyyāsi. Tena hi tvaṃ, kumāra, pitaraṃ hantvā rājā hohi. Ahaṃ bhagavantaṃ hantvā buddho bhavissāmī''ti.

Atha kho ajātasattu kumāro – ayyo kho devadatto mahiddhiko mahānubhāvo, jāneyyāsi ayyo devadattoti – ūruyā potthanikaṃ bandhitvā divā divassa [divā divasassa (ka.)] bhīto ubbiggo ussaṅkī utrasto sahasā antepuraṃ pāvisi. Addasāsuṃ kho antepure upacārakā mahāmattā ajātasattuṃ kumāraṃ divā divassa bhītaṃ ubbiggaṃ ussaṅkiṃ utrastaṃ sahasā antepuraṃ pavisantaṃ; disvāna aggahesuṃ. Te vicinantā ūruyā potthanikaṃ baddhaṃ [bandhaṃ (ka.)] disvāna ajātasattuṃ kumāraṃ etadavocuṃ – ''kiṃ tvaṃ, kumāra, kattukāmosī''ti? ''Pitaramhi hantukāmo''ti. ''Kenāsi ussāhito''ti? ''Ayyena devadattenā''ti. Ekacce mahāmattā evaṃ matiṃ akaṃsu – ''kumāro ca hantabbo, devadatto ca, sabbe ca bhikkhū hantabbā''ti. Ekacce mahāmattā evaṃ matiṃ akaṃsu – ''na bhikkhū hantabbā. Na bhikkhū kiñci aparajjhanti. Kumāro ca hantabbo, devadatto cā''ti. Ekacce mahāmattā evaṃ matiṃ akaṃsu – ''na kumāro ca hantabbo, na devadatto. Na bhikkhū hantabbā. Rañño ārocetabbaṃ. Yathā rājā vakkhati tathā karissāmā''ti.

Atha kho te mahāmattā ajātasattuṃ kumāraṃ ādāya yena rājā māgadho seniyo bimbisāro tenupasaṅkamiṃsu , upasaṅkamitvā rañño māgadhassa seniyassa bimbisārassa etamatthaṃ ārocesuṃ . ''Kathaṃ, bhaṇe, mahāmattehi mati katā''ti? ''Ekacce, deva, mahāmattā evaṃ matiṃ akaṃsu – 'kumāro ca hantabbo, devadatto ca, sabbe ca bhikkhū hantabbā'ti. Ekacce mahāmattā evaṃ matiṃ akaṃsu – 'na bhikkhū hantabbā. Na bhikkhū kiñci aparajjhanti. Kumāro ca hantabbo, devadatto cā'ti. Ekacce mahāmattā evaṃ matiṃ akaṃsu – 'na kumāro ca hantabbo, na devadatto. Na bhikkhū hantabbā. Rañño ārocetabbaṃ. Yathā rājā vakkhati tathā karissāmā'''ti. ''Kiṃ, bhaṇe, karissati buddho vā dhammo vā saṅgho vā? Nanu bhagavatā paṭikacceva devadatto rājagahe pakāsāpito – 'pubbe devadattassa aññā pakati ahosi, idāni aññā pakati. Yaṃ devadatto kareyya kāyena vācāya, na tena buddho vā dhammo vā saṅgho vā daṭṭhabbo, devadattova tena daṭṭhabbo''ti? Tattha ye te mahāmattā evaṃ matiṃ akaṃsu – 'kumāro ca hantabbo devadatto ca; sabbe ca bhikkhū hantabbā'ti; te aṭṭhāne akāsi. Ye te mahāmattā evaṃ matiṃ akaṃsu – 'na bhikkhū hantabbā; na bhikkhū kiñci aparajjhanti; kumāro ca hantabbo devadatto cā'ti; te nīce ṭhāne ṭhapesi. Ye te mahāmattā evaṃ matiṃ akaṃsu – 'na kumāro ca hantabbo, na devadatto; na bhikkhū hantabbā; rañño ārocetabbaṃ; yathā rājā vakkhati tathā karissāmā'ti; te ucce ṭhāne ṭhapesi. Atha kho rājā māgadho seniyo bimbisāro ajātasattuṃ kumāraṃ etadavoca – ''kissa maṃ tvaṃ, kumāra, hantukāmosī''ti? ''Rajjenāmhi, deva, atthiko''ti. ''Sace kho tvaṃ, kumāra, rajjena atthiko, etaṃ te rajja''nti ajātasattussa kumārassa rajjaṃ niyyādesi.

Abhimārapesanaṃ

340. Atha kho devadatto yena ajātasattu kumāro tenupasaṅkami, upasaṅkamitvā ajātasattuṃ kumāraṃ etadavoca – ''purise, mahārāja, āṇāpehi, ye samaṇaṃ Gotamaṃ jīvitā voropessantī''ti. Atha kho ajātasattu kumāro manusse āṇāpesi – ''yathā, bhaṇe, ayyo devadatto āha tathā kareyyāthā''ti. Atha kho devadatto ekaṃ purisaṃ āṇāpesi – ''gacchāvuso, amukasmiṃ okāse samaṇo Gotamo viharati. Taṃ jīvitā voropetvā iminā maggena āgacchā''ti. Tasmiṃ magge dve purise ṭhapesi – ''yo iminā maggena eko puriso āgacchati, taṃ jīvitā voropetvā iminā maggena āgacchathā''ti. Tasmiṃ magge cattāro purise ṭhapesi – ''ye iminā maggena dve purisā āgacchanti, te jīvitā voropetvā iminā maggena āgacchathā''ti. Tasmiṃ magge aṭṭha purise ṭhapesi – ''ye iminā maggena cattāro purisā āgacchanti, te jīvitā voropetvā iminā maggena āgacchathā''ti. Tasmiṃ magge soḷasa purise ṭhapesi – ''ye iminā maggena aṭṭha purisā āgacchanti, te jīvitā voropetvā āgacchathā''ti.

Atha kho so eko puriso asicammaṃ gahetvā dhanukalāpaṃ sannayhitvā yena Bhagavā tenupasaṅkami, upasaṅkamitvā bhagavato avidūre bhīto ubbiggo ussaṅkī utrasto patthaddhena kāyena aṭṭhāsi. Addasā kho Bhagavā taṃ purisaṃ bhītaṃ ubbiggaṃ ussaṅkiṃ utrastaṃ patthaddhena kāyena ṭhitaṃ. Disvāna taṃ purisaṃ etadavoca – ''ehāvuso, mā bhāyī''ti. Atha kho so puriso asicammaṃ ekamantaṃ karitvā dhanukalāpaṃ nikkhipitvā yena Bhagavā tenupasaṅkami, upasaṅkamitvā bhagavato pādesu sirasā nipatitvā bhagavantaṃ etadavoca – ''accayo maṃ, bhante, accagamā yathābālaṃ yathāmūḷhaṃ yathāakusalaṃ, yohaṃ duṭṭhacitto vadhakacitto idhūpasaṅkanto. Tassa me, bhante, Bhagavā accayaṃ accayato paṭiggaṇhātu āyatiṃ saṃvarāyā''ti. ''Taggha tvaṃ, āvuso, accayo accagamā yathābālaṃ yathāmūḷhaṃ yathāakusalaṃ, yaṃ tvaṃ duṭṭhacitto vadhakacitto idhūpasaṅkanto. Yato ca kho tvaṃ, āvuso , accayaṃ accayato disvā yathādhammaṃ paṭikarosi, taṃ te mayaṃ paṭiggaṇhāma. Vuḍḍhi hesā, āvuso, ariyassa vinaye – yo accayaṃ accayato disvā yathādhammaṃ paṭikaroti, āyatiṃ saṃvaraṃ āpajjatī''ti.

Atha kho Bhagavā tassa purisassa anupubbiṃ kathaṃ kathesi, seyyathidaṃ – dānakathaṃ sīlakathaṃ saggakathaṃ, kāmānaṃ ādīnavaṃ okāraṃ saṃkilesaṃ, nekkhamme ānisaṃsaṃ pakāsesi. Yadā taṃ Bhagavā aññāsi kallacittaṃ, muducittaṃ, vinīvaraṇacittaṃ, udaggacittaṃ, pasannacittaṃ, atha yā buddhānaṃ sāmukkaṃsikā dhammadesanā taṃ pakāsesi – dukkhaṃ, samudayaṃ, nirodhaṃ, maggaṃ.

Seyyathāpi nāma suddhaṃ vatthaṃ apagatakāḷakaṃ sammadeva rajanaṃ paṭiggaheyya, evameva tassa purisassa tasmiṃyeva āsane virajaṃ vītamalaṃ dhammacakkhuṃ udapādi – yaṃ kiñci samudayadhammaṃ, sabbaṃ taṃ nirodhadhammanti. Atha kho so puriso diṭṭhadhammo pattadhammo viditadhammo pariyogāḷhadhammo tiṇṇavicikiccho vigatakathaṃkatho vesārajjappatto aparappaccayo satthusāsane bhagavantaṃ etadavoca – ''abhikkantaṃ, bhante, abhikkantaṃ, bhante. Seyyathāpi, bhante, nikkujjitaṃ vā ukkujjeyya, paṭicchannaṃ vā vivareyya, mūḷhassa vā maggaṃ ācikkheyya, andhakāre vā telapajjotaṃ dhāreyya – cakkhumanto rūpāni dakkhantīti – evamevaṃ bhagavatā anekapariyāyena dhammo pakāsito. Esāhaṃ, bhante, bhagavantaṃ saraṇaṃ gacchāmi, dhammañca, bhikkhusaṅghañca. Upāsakaṃ maṃ Bhagavā dhāretu ajjatagge pāṇupetaṃ saraṇaṃ gata''nti. Atha kho Bhagavā taṃ purisaṃ etadavoca – ''mā kho tvaṃ, āvuso, iminā maggena gaccha, iminā maggena gacchāhī''ti aññena maggena uyyojesi.

Atha kho te dve purisā – kiṃ nu kho so eko puriso cirena āgacchatīti – paṭipathaṃ gacchantā addasaṃsu bhagavantaṃ aññatarasmiṃ rukkhamūle nisinnaṃ. Disvāna yena Bhagavā tenupasaṅkamiṃsu, upasaṅkamitvā bhagavantaṃ abhivādetvā ekamantaṃ nisīdiṃsu. Tesaṃ Bhagavā anupubbiṃ kathaṃ kathesi...pe... aparappaccayā satthusāsane bhagavantaṃ etadavocuṃ – ''abhikkantaṃ, bhante...pe... upāsake no Bhagavā dhāretu ajjatagge pāṇupetaṃ saraṇaṃ gate''ti. Atha kho Bhagavā te purise etadavoca – ''mā kho tumhe, āvuso, iminā maggena gacchittha, iminā maggena gacchathā''ti aññena maggena uyyojesi.

Atha kho te cattāro purisā...pe... atha kho te aṭṭha purisā...pe... atha kho te soḷasa purisā – kiṃ nu kho te aṭṭha purisā cirena āgacchantīti – paṭipathaṃ gacchantā addasāsuṃ bhagavantaṃ aññatarasmiṃ rukkhamūle nisinnaṃ. Disvāna yena Bhagavā tenupasaṅkamiṃsu, upasaṅkamitvā bhagavantaṃ abhivādetvā ekamantaṃ nisīdiṃsu. Tesaṃ Bhagavā anupubbiṃ kathaṃ kathesi, seyyathidaṃ – dānakathaṃ...pe... aparappaccayā satthusāsane bhagavantaṃ etadavocuṃ – ''abhikkantaṃ, bhante...pe... upāsake no Bhagavā dhāretu ajjatagge pāṇupetaṃ saraṇaṃ gate''ti. Atha kho Bhagavā te purise etadavoca – ''mā kho tumhe, āvuso, iminā maggena gacchittha, iminā maggena gacchathā''ti aññena maggena uyyojesi.

Atha kho so eko puriso yena devadatto tenupasaṅkami, upasaṅkamitvā devadattaṃ etadavoca – ''nāhaṃ, bhante, sakkomi taṃ bhagavantaṃ jīvitā voropetuṃ; mahiddhiko so Bhagavā, mahānubhāvo''ti. ''Alaṃ, āvuso; mā tvaṃ samaṇaṃ Gotamaṃ jīvitā voropesi. Ahameva samaṇaṃ Gotamaṃ jīvitā voropessāmī''ti.

Lohituppādakakammaṃ

341. Tena kho pana samayena Bhagavā gijjhakūṭassa pabbatassa chāyāyaṃ caṅkamati. Atha kho devadatto gijjhakūṭaṃ pabbataṃ āruhitvā mahatiṃ silaṃ pavijjhi – imāya samaṇaṃ Gotamaṃ jīvitā voropessāmīti. Dve pabbatakūṭā samāgantvā taṃ silaṃ sampaṭicchiṃsu. Tato papatikā uppatitvā bhagavato pāde ruhiraṃ uppādesi. Atha kho Bhagavā uddhaṃ ulloketvā devadattaṃ etadavoca – ''bahuṃ tayā, moghapurisa, apuññaṃ pasutaṃ, yaṃ tvaṃ duṭṭhacitto vadhakacitto tathāgatassa ruhiraṃ uppādesī''ti. Atha kho Bhagavā bhikkhū āmantesi – ''idaṃ, bhikkhave, devadattena paṭhamaṃ ānantariyaṃ kammaṃ upacitaṃ, yaṃ duṭṭhacittena vadhakacittena tathāgatassa ruhiraṃ uppādita''nti.

Assosuṃ kho bhikkhū – ''devadattena kira bhagavato vadho payutto''ti. Te ca bhikkhū bhagavato vihārassa parito parito caṅkamanti uccāsaddā mahāsaddā sajjhāyaṃ karontā, bhagavato rakkhāvaraṇaguttiyā. Assosi kho Bhagavā uccāsaddaṃ mahāsaddaṃ sajjhāyasaddaṃ. Sutvāna āyasmantaṃ ānandaṃ āmantesi – ''kiṃ nu kho so, ānanda, uccāsaddo mahāsaddo sajjhāyasaddo''ti? ''Assosuṃ kho, bhante, bhikkhū – 'devadattena kira bhagavato vadho payutto'ti. Te ca[tedha (sī.)], bhante, bhikkhū bhagavato vihārassa parito parito caṅkamanti uccāsaddā mahāsaddā sajjhāyaṃ karontā, bhagavato rakkhāvaraṇaguttiyā. So eso, Bhagavā, uccāsaddo mahāsaddo sajjhāyasaddo''ti. ''Tena hānanda, mama vacanena te bhikkhū āmantehi – satthā āyasmante āmantetī''ti. ''Evaṃ bhante''ti kho āyasmā ānando bhagavato paṭissutvā yena te bhikkhū tenupasaṅkami, upasaṅkamitvā te bhikkhū etadavoca – ''satthā āyasmante āmantetī''ti. ''Evamāvuso''ti kho te bhikkhū āyasmato ānandassa paṭissutvā yena Bhagavā tenupasaṅkamiṃsu, upasaṅkamitvā bhagavantaṃ abhivādetvā ekamantaṃ nisīdiṃsu. Ekamantaṃ nisinne kho te bhikkhū Bhagavā etadavoca –

''Aṭṭhānametaṃ, bhikkhave, anavakāso, yaṃ parūpakkamena tathāgataṃ jīvitā voropeyya. Anupakkamena, bhikkhave, tathāgatā parinibbāyanti.

[cūḷava. 334; a. ni. 5.100] ''Pañcime, bhikkhave, satthāro santo saṃvijjamānā lokasmiṃ. Katame pañca? ''Idha, bhikkhave, ekacco satthā aparisuddhasīlo samāno 'parisuddhasīlomhī'ti paṭijānāti 'parisuddhaṃ me sīlaṃ pariyodātaṃ asaṃkiliṭṭha'nti ca. Tamenaṃ sāvakā evaṃ jānanti – 'ayaṃ kho bhavaṃ satthā aparisuddhasīlo samāno 'parisuddhasīlomhī'ti paṭijānāti 'parisuddhaṃ me sīlaṃ pariyodātaṃ asaṃkiliṭṭha'nti ca. Mayañceva kho pana gihīnaṃ āroceyyāma, nāssassa manāpaṃ. Yaṃ kho panassa amanāpaṃ, kathaṃ naṃ mayaṃ tena samudācareyyāma? Sammannati kho pana cīvarapiṇḍapātasenāsanagilānappaccayabhesajjaparikkhārena – yaṃ tumo karissati, tumova tena paññāyissatī'ti . Evarūpaṃ kho, bhikkhave, satthāraṃ sāvakā sīlato rakkhanti; evarūpo ca pana satthā sāvakehi sīlato rakkhaṃ paccāsīsati.

"Puna caparaṃ, bhikkhave, idhekacco satthā aparisuddhaājīvo samāno...pe... aparisuddhadhammadesano samāno...pe... aparisuddhaveyyākarano samāno...pe... aparisuddhañāṇadassano samāno 'parisuddhañāṇadassanomhī'ti paṭijānāti 'parisuddhaṃ me ñāṇadassanaṃ pariyodātaṃ asaṃkiliṭṭha'nti ca. Tamenaṃ sāvakā evaṃ jānanti – 'ayaṃ kho bhavaṃ satthā aparisuddhañāṇadassano samāno 'parisuddhañāṇadassanomhī'ti paṭijānāti 'parisuddhaṃ me ñāṇadassanaṃ pariyodātaṃ asaṃkiliṭṭha'nti ca. Mayañceva kho pana gihīnaṃ āroceyyāma, nāssassa manāpaṃ. Yaṃ kho panassa amanāpaṃ, kathaṃ na mayaṃ tena samudācareyyāma? Sammannati kho pana cīvarapiṇḍapātasenāsanagilānappaccayabhesajjaparikkhārena – yaṃ tumo karissati, tumova tena paññāyissatī'ti. Evarūpaṃ kho, bhikkhave, satthāraṃ sāvakā ñāṇadassanato rakkhanti; evarūpo ca pana satthā sāvakehi ñāṇadassanato rakkhaṃ paccāsīsati. Ime kho, bhikkhave, pañca satthāro santo saṃvijjamānā lokasmiṃ. "Ahaṃ kho pana, bhikkhave, parisuddhasīlo samāno 'parisuddhasīlomhī'ti paṭijānāmi 'parisuddhaṃ me sīlaṃ pariyodātaṃ asaṃkiliṭṭha'nti ca. Na ca maṃ sāvakā sīlato rakkhanti; na cāhaṃ sāvakehi sīlato rakkhaṃ paccāsīsāmi. Ahaṃ kho pana bhikkhave parisuddhājīvo samāno...pe... parisuddhadhammadesano samāno...pe... parisuddhaveyyākarano samāno...pe... parisuddhañāṇadassano samāno "parisuddhañāṇadassanomhī"ti paṭijānāmi "parisuddhaṃ me ñāṇadassanaṃ pariyodātaṃ asaṃkiliṭṭha"nti ca, na ca maṃ sāvakā ñāṇadassanato rakkhanti, na cāhaṃ sāvakehi ñāṇadassanato rakkhaṃ paccāsīsāmi. "Aṭṭhānametaṃ, bhikkhave, anavakāso, yaṃ parūpakkamena tathāgataṃ jīvitā voropeyya. Anupakkamena, bhikkhave, tathāgatā parinibbāyanti. Gacchatha tumhe, bhikkhave, yathāvihāraṃ. Arakkhiyā, bhikkhave, tathāgatā"ti.

Nāḷāgiripesanaṃ

342. Tena kho pana samayena rājagahe nāḷāgiri nāma hatthī caṇḍo hoti, manussaghātako. Atha kho devadatto rājagahaṃ pavisitvā hatthisālaṃ gantvā hatthibhaṇḍe etadavoca – "mayaṃ kho, bhaṇe, rājañātakā nāma paṭibalā nīcaṭṭhāniyaṃ uccaṭṭhāne ṭhapetuṃ, bhattampi vetanampi vaḍḍhāpetuṃ. Tena hi, bhaṇe, yadā samaṇo Gotamo imaṃ racchaṃ paṭipanno hoti, tadā imaṃ nāḷāgiriṃ hatthiṃ muñcetvā imaṃ racchaṃ paṭipādethā"ti. "Evaṃ bhante"ti kho tehatthibhaṇḍā devadattassa paccassosuṃ. Atha kho Bhagavā pubbaṇhasamayaṃ nivāsetvā pattacīvaramādāya sambahulehi bhikkhūhi saddhiṃ rājagahaṃ piṇḍāya pāvisi. Atha kho Bhagavā taṃ racchaṃ paṭipajji. Addasāsuṃ kho te hatthibhaṇḍā bhagavantaṃ taṃ racchaṃ paṭipannaṃ. Disvāna nāḷāgiriṃ hatthiṃ muñcitvā taṃ racchaṃ paṭipādesuṃ. Addasā kho nāḷāgiri hatthī bhagavantaṃ dūratova āgacchantaṃ. Disvāna soṇḍaṃ ussāpetvā pahaṭṭhakaṇṇavālo yena Bhagavā tena abhidhāvi. Addasāsuṃ kho te bhikkhū nāḷāgiriṃ hatthiṃ dūratova āgacchantaṃ. Disvāna bhagavantaṃ etadavocuṃ – "ayaṃ, bhante, nāḷāgiri hatthī caṇḍo manussaghātako imaṃ racchaṃ paṭipanno. Paṭikkamatu, bhante, Bhagavā; paṭikkamatu sugato"ti. "Āgacchatha, bhikkhave, mā bhāyittha. Aṭṭhānametaṃ, bhikkhave, anavakāso, yaṃ parūpakkamena tathāgataṃ jīvitā voropeyya. Anupakkamena, bhikkhave, tathāgatā parinibbāyantī"ti. Dutiyampi kho te bhikkhū...pe... tatiyampi kho te bhikkhū bhagavantaṃ etadavocuṃ – "ayaṃ, bhante, nāḷāgiri hatthī caṇḍo manussaghātako imaṃ racchaṃ paṭipanno. Paṭikkamatu, bhante, Bhagavā; paṭikkamatu sugato"ti. "Āgacchatha, bhikkhave, mā bhāyittha. Aṭṭhānametaṃ , bhikkhave, anavakāso, yaṃ parūpakkamena tathāgataṃ jīvitā voropeyya. Anupakkamena, bhikkhave, tathāgatā parinibbāyantī"ti.

Tena kho pana samayena manussā pāsādesupi hammiyesupi chadanesupi āruḷhā acchanti. Tattha ye te manussā assaddhā appasannā dubbuddhino, te evamāhaṃsu – "abhirūpo vata, bho [abhirūpo vata bho Gotamo (syā. kaṃ.)], mahāsamaṇo nāgena viheṭhīyissatī"ti. Ye pana te manussā saddhā pasannā paṇḍitā byattā buddhimanto, te evamāhaṃsu – "nacirassaṃ vata, bho, nāgo nāgena saṅgāmessatī"ti. Atha kho Bhagavā nāḷāgiriṃ hatthiṃ mettena cittena phari. Atha kho nāḷāgiri hatthī bhagavato [bhagavatā (sī.)] mettena cittena phuṭṭho [phuṭo (ka.)] soṇḍaṃ oropetvā yena Bhagavā tenupasaṅkami, upasaṅkamitvā bhagavato purato aṭṭhāsi. Atha kho Bhagavā dakkhiṇena hatthena nāḷāgirissa hatthissa kumbhaṃ parāmasanto nāḷāgiriṃ hatthiṃ imāhi gāthāhi ajjhabhāsi –

"Mā kuñjara nāgamāsado, dukkhañhi kuñjara nāgamāsado;
Na hi nāgahatassa kuñjara sugati, hoti ito paraṃ yato.
"Mā ca mado mā ca pamādo, na hi pamattā sugatiṃ vajanti te;
Tvaññeva tathā karissasi, yena tvaṃ sugatiṃ gamissasī"ti.

Atha kho nāḷāgiri hatthī soṇḍāya bhagavato pādapaṃsūni gahetvā uparimuddhani ākiritvā paṭikuṭiyova [paṭikuṭito paṭisakki (sī. syā.)] osakki, yāva bhagavantaṃ addakkhi. Atha kho nāḷāgiri hatthī hatthisālaṃ gantvā sake ṭhāne aṭṭhāsi. Tathā danto ca pana nāḷāgiri hatthī ahosi. Tena kho pana samayena manussā imaṃ gāthaṃ gāyanti –

[ma. ni. 2.352; theragā. 878] "Daṇḍeneke damayanti, aṅkusehi kasāhi ca;
Adaṇḍena asatthena, nāgo danto mahesinā"ti.

Manussā ujjhāyanti khiyyanti vipācenti – "yāva pāpo ayaṃ devadatto, alakkhiko, yatra hi nāma samaṇassa Gotamassa evaṃmahiddhikassa evaṃ mahānubhāvassa vadhāya parakkamissatī"ti. Devadattassa lābhasakkāro parihāyi. Bhagavato ca lābhasakkāro abhivaḍḍhi.

Pañcavatthuyācanakathā

343.[pāci. 209] Tena kho pana samayena devadatto parihīnalābhasakkāro sapariso kulesu viññāpetvā viññāpetvā bhuñjati. Manussā ujjhāyanti khiyyanti vipācenti – "kathañhi nāma samaṇā sakyaputtiyā kulesu viññāpetvā viññāpetvā bhuñjissanti! Kassa sampannaṃ na manāpaṃ, kassa sāduṃ na ruccatī"ti! Assosuṃ kho bhikkhū tesaṃ manussānaṃ ujjhāyantānaṃ khiyyantānaṃ vipācentānaṃ. Ye te bhikkhū appicchā...pe... te ujjhāyanti khiyyanti vipācenti – kathañhi nāma devadatto sapariso kulesu viññāpetvā viññāpetvā bhuñjissatī"ti! Bhagavato etamatthaṃ ārocesuṃ...pe... "saccaṃ kira tvaṃ, devadatta, sapariso kulesu viññāpetvā viññāpetvā bhuñjasī"ti? "Saccaṃ Bhagavā"ti...pe... vigarahitvā...pe... dhammiṃ kathaṃ katvā bhikkhū āmantesi – "tena hi, bhikkhave, bhikkhūnaṃ kulesu tikabhojanaṃ paññapessāmi tayo atthavase paṭicca – dummaṅkūnaṃ puggalāna niggahāya ; pesalānaṃ bhikkhūnaṃ phāsuvihārāya, mā pāpicchā pakkhaṃ nissāya saṅghaṃ bhindeyyunti; kulānuddayāya [kulānudayatāya (sī. syā.)] ca. Gaṇabhojane yathādhammo kāretabbo"ti.

[pārā. 409] Atha kho devadatto yena kokāliko kaṭamodakatissako [kaṭamorakatissako (sī. syā.)] khaṇḍadeviyā putto samuddadatto tenupasaṅkami, upasaṅkamitvā kokālikaṃ kaṭamodakatissakaṃ khaṇḍadeviyā puttaṃ samuddadattaṃ etadavoca – "etha, mayaṃ, āvuso, samaṇassa Gotamassa saṅghabhedaṃ karissāma cakkabheda"nti. Evaṃ vutte kokāliko devadattaṃ etadavoca – "samaṇo kho, āvuso, Gotamo mahiddhiko mahānubhāvo. Kathaṃ mayaṃ samaṇassa Gotamassa saṅghabhedaṃ karissāma cakkabheda"nti? "Etha, mayaṃ, āvuso, samaṇaṃ Gotamaṃ upasaṅkamitvā pañca vatthūni yācissāma – 'Bhagavā, bhante, anekapariyāyena appicchassa santuṭṭhassa sallekhassa dhutassa pāsādikassa apacayassa vīriyārambhassa vaṇṇavādī. Imāni, bhante, pañca vatthūni anekapariyāyena appicchatāya santuṭṭhiyā sallekhāya dhutatāya pāsādikatāya apacayāya vīriyārambhāya saṃvattanti. Sādhu, bhante, bhikkhū yāvajīvaṃ āraññikā assu; yo gāmantaṃ osareyya, vajjaṃ naṃ phuseyya. Yāvajīvaṃ piṇḍapātikā assu; yo nimantanaṃ sādiyeyya, vajjaṃ naṃ phuseyya. Yāvajīvaṃ paṃsukūlikā assu; yo gahapaticīvaraṃ sādiyeyya, vajjaṃ naṃ phuseyya. Yāvajīvaṃ rukkhamūlikā assu; yo channaṃ upagaccheyya, vajjaṃ naṃ phuseyya. Yāvajīvaṃ macchamaṃsaṃ na khādeyyuṃ; yo macchamaṃsaṃ khādeyya, vajjaṃ naṃ phuseyyā'ti. Imāni pañca vatthūni samaṇo Gotamo nānujānissati. Te mayaṃ imehi pañcahi vatthūhi janaṃ saññāpessāmā"ti. "Sakkā kho, āvuso, imehi pañcahi vatthūhi samaṇassa Gotamassa saṅghabhedo kātuṃ cakkabhedo. Lūkhappasannā hi, āvuso, manussā"ti.

Atha kho devadatto sapariso yena Bhagavā tenupasaṅkami, upasaṅkamitvā bhagavantaṃ abhivādetvā ekamantaṃ nisīdi. Ekamantaṃ nisinno kho devadatto bhagavantaṃ etadavoca – "Bhagavā, bhante, anekapariyāyena appicchassa santuṭṭhassa sallekhassa dhutassa pāsādikassa apacayassa vīriyārambhassa vaṇṇavādī. Imāni, bhante, pañca vatthūni anekapariyāyena appicchatāya santuṭṭhiyā sallekhāya dhutatāya pāsādikatāya apacayāya vīriyārambhāya saṃvattanti. Sādhu, bhante, bhikkhū yāvajīvaṃ āraññikā assu; yo gāmantaṃ osareyya, vajjaṃ naṃ phuseyya. Yāvajīvaṃ piṇḍapātikā assu; yo nimantanaṃ sādiyeyya, vajjaṃ naṃ phuseyya. Yāvajīvaṃ paṃsukūlikā assu; yo gahapaticīvaraṃ sādiyeyya, vajjaṃ naṃ phuseyya. Yāvajīvaṃ rukkhamūlikā assu; yo channaṃ upagaccheyya, vajjaṃ naṃ phuseyya. Yāvajīvaṃ macchamaṃsaṃ na khādeyyuṃ; yo macchamaṃsaṃ khādeyya, vajjaṃ naṃ phuseyyā"ti. "Alaṃ, devadatta. Yo icchati, āraññiko hotu; yo icchati, gāmante viharatu. Yo icchati, piṇḍapātiko hotu; yo icchati, nimantanaṃ sādiyatu. Yo icchati, paṃsukūliko hotu; yo icchati, gahapaticīvaraṃ sādiyatu. Aṭṭhamāse kho mayā, devadatta, rukkhamūlasenāsanaṃ anuññātaṃ; tikoṭiparisuddhaṃ macchamaṃsaṃ – adiṭṭhaṃ, assutaṃ, aparisaṅkita"nti. Atha kho devadatto – na Bhagavā imāni pañca vatthūni anujānātīti – haṭṭho udaggo sapariso uṭṭhāyāsanā bhagavantaṃ abhivādetvā padakkhiṇaṃ katvā pakkāmi.

Atha kho devadatto sapariso rājagahaṃ pavisitvā pañcahi vatthūhi janaṃ saññāpesi – "mayaṃ, āvuso, samaṇaṃ Gotamaṃ upasaṅkamitvā pañca vatthūniyācimhā – 'Bhagavā, bhante, anekapariyāyena appicchassa...pe... vīriyārambhassa vaṇṇavādī. Imāni, bhante, pañca vatthūni anekapariyāyena appicchatāya...pe... vīriyārambhāya saṃvattanti. Sādhu, bhante, bhikkhū yāvajīvaṃ āraññikā assu; yo gāmantaṃ osareyya, vajjaṃ naṃ phuseyya...pe... yāvajīvaṃ macchamaṃsaṃ na khādeyyuṃ; yo macchamaṃsaṃ khādeyya, vajjaṃ naṃ phuseyyā'ti. Imāni pañca vatthūni samaṇo Gotamo nānujānāti. Te mayaṃ imehi pañcahi vatthūhi samādāya vattāmā"ti.

Tattha ye te manussā assaddhā appasannā dubbuddhino, te evamāhaṃsu – "ime kho samaṇā sakyaputtiyā dhutā sallekhavuttino. Samaṇo pana Gotamo bāhulliko bāhullāya cetetī"ti. Ye pana te manussā saddhā pasannā paṇḍitā byattā buddhimanto, te ujjhāyanti khiyyanti vipācenti – "kathañhi nāma devadatto bhagavato saṅghabhedāya parakkamissati cakkabhedāyā"ti! Assosuṃ kho bhikkhū tesaṃ manussānaṃ ujjhāyantānaṃ khiyyantānaṃ vipācentānaṃ. Ye te bhikkhū appicchā...pe... te ujjhāyanti khiyyanti vipācenti – "kathañhi nāma devadatto saṅghabhedāya parakkamissati cakkabhedāyā"ti! Atha kho te bhikkhū bhagavato etamatthaṃ ārocesuṃ...pe... "saccaṃ kira tvaṃ, devadatta, saṅghabhedāya parakkamasi cakkabhedāyā"ti? "Saccaṃ Bhagavā"ti. "Alaṃ, devadatta. Mā te rucci saṅghabhedo. Garuko kho, devadatta, saṅghabhedo. Yo kho, devadatta, samaggaṃ saṅghaṃ bhindati, kappaṭṭhikaṃ [kappaṭṭhitikaṃ (syā.)] kibbisaṃ pasavati, kappaṃ nirayamhi paccati. Yo ca kho, devadatta, bhinnaṃ saṅghaṃ samaggaṃ karoti, brahmaṃ puññaṃ pasavati, kappaṃ saggamhi modati. Alaṃ, devadatta. Mā te rucci saṅghabhedo. Garuko kho, devadatta, saṅghabhedo"ti.

[udā. 48] Atha kho āyasmā ānando pubbaṇhasamayaṃ nivāsetvā pattacīvaramādāya rājagahaṃ piṇḍāya pāvisi. Addasā kho devadatto āyasmantaṃ ānandaṃ rājagahe piṇḍāya carantaṃ. Disvāna yenāyasmā ānando tenupasaṅkami, upasaṅkamitvā āyasmantaṃ ānandaṃ etadavoca – ''ajjataggedānāhaṃ , āvuso ānanda, aññatreva bhagavatā, aññatreva bhikkhusaṅghā, uposathaṃ karissāmi saṅghakammaṃ karissāmī''ti.

Atha kho āyasmā ānando rājagahe piṇḍāya caritvā pacchābhattaṃ piṇḍapātappaṭikkanto yena Bhagavā tenupasaṅkami, upasaṅkamitvā bhagavantaṃ abhivādetvā ekamantaṃ nisīdi. Ekamantaṃ nisinno kho āyasmā ānando bhagavantaṃ etadavoca – ''idhāhaṃ, bhante, pubbaṇhasamayaṃ nivāsetvā pattacīvaramādāya rājagahaṃ piṇḍāya pāvisiṃ. Addasā kho maṃ, bhante, devadatto rājagahe piṇḍāya carantaṃ. Disvāna yenāhaṃ tenupasaṅkami, upasaṅkamitvā maṃ etadavoca – 'ajjataggedānāhaṃ, āvuso ānanda, aññatreva bhagavatā, aññatreva bhikkhusaṅghā, uposathaṃ karissāmi saṅghakammaṃ karissāmī'ti. Ajjatagge, bhante, devadatto saṅghaṃ bhindissatī''ti. Atha kho Bhagavā etamatthaṃ viditvā tāyaṃ velāyaṃ imaṃ udānaṃ udānesi –

[udā. 48] ''Sukaraṃ sādhunā sādhuṃ, sādhuṃ pāpena dukkaraṃ;
Pāpaṃ pāpena sukaraṃ, pāpamariyehi dukkara''nti.

Dutiyabhāṇavāro niṭṭhito.

3. Tatiyabhāṇavāro

Saṅghabhedakathā

344. Atha kho devadatto tadahuposathe uṭṭhāyāsanā salākaṃ gāhesi – ''mayaṃ, āvuso, samaṇaṃ Gotamaṃ upasaṅkamitvā pañca vatthūni yācimhā – 'Bhagavā, bhante, anekapariyāyena appicchassa...pe... vīriyārambhassa vaṇṇavādī. Imāni, bhante, pañca vatthūni anekapariyāyena appicchatāya...pe... vīriyārambhāya saṃvattanti. Sādhu, bhante, bhikkhū yāvajīvaṃ āraññikā assu; yo gāmantaṃ osareyya, vajjaṃ naṃ phuseyya...pe... yāvajīvaṃ macchamaṃsaṃ na khādeyyuṃ; yo macchamaṃsaṃ khādeyya, vajjaṃ naṃ phuseyyā'ti. Imāni pañca vatthūni samaṇo Gotamo nānujānāti. Te mayaṃ imehi pañcahi vatthūhi samādāya vattāma. Yassāyasmato imāni pañca vatthūni khamanti, so salākaṃ gaṇhātū''ti.

Tena kho pana samayena vesālikā vajjiputtakā pañcamattāni bhikkhusatāni navakā ceva honti appakataññuno ca. Te – 'ayaṃ dhammo , ayaṃ vinayo, idaṃ satthusāsana'nti – salākaṃ gaṇhiṃsu. Atha kho devadatto saṅghaṃ bhinditvā pañcamattāni bhikkhusatāni ādāya yena gayāsīsaṃ tena pakkāmi. Atha kho sāriputtamoggallānā yena Bhagavā tenupasaṅkamiṃsu, upasaṅkamitvā bhagavantaṃ abhivādetvā ekamantaṃ nisīdiṃsu. Ekamantaṃ nisinno kho āyasmā sāriputto bhagavantaṃ etadavoca – ''devadatto, bhante, saṅghaṃ bhinditvā pañcamattāni bhikkhusatāni ādāya yena gayāsīsaṃ tena pakkanto''ti. ''Na hi nāma tumhākaṃ, sāriputtā, tesu navakesu bhikkhūsu kāruññampi bhavissati? Gacchatha tumhe, sāriputtā, purā te bhikkhū anayabyasanaṃ āpajjantī''ti. ''Evaṃ bhante''ti kho sāriputtamoggallānā bhagavato paṭissutvā uṭṭhāyāsanā bhagavantaṃ abhivādetvā padakkhiṇaṃ katvā yena gayāsīsaṃ tenupasaṅkamiṃsu.

Tena kho pana samayena aññataro bhikkhu bhagavato avidūre rodamāno ṭhito hoti. Atha kho Bhagavā taṃ bhikkhuṃ etadavoca – ''kissa tvaṃ, bhikkhu, rodasī''ti? ''Yepi te, bhante, bhagavato aggasāvakā sāriputtamoggallānā tepi devadattassa santike gacchanti devadattassa dhammaṃ rocentā''ti. ''Aṭṭhānametaṃ, bhikkhu, anavakāso, yaṃ sāriputtamoggallānā devadattassa dhammaṃ roceyyuṃ, api ca te gatā bhikkhūnaṃ saññattiyā''ti[bhikkhusaññattiyāti (sī. syā.), bhikkhū saññattiyā (ka.)].

345. Tena kho pana samayena devadatto mahatiyā parisāya parivutto dhammaṃ desento nisinno hoti. Addasā kho devadatto sāriputtamoggallāne dūratova āgacchante. Disvāna bhikkhū āmantesi – ''passatha, bhikkhave, yāva svākkhāto mayā dhammo, yepi te samaṇassa Gotamassa aggasāvakā sāriputtamoggallānā tepi mama santike āgacchanti. Mama dhammaṃ rocentā''ti. Evaṃ vutte kokāliko devadattaṃ etadavoca – ''mā, āvuso devadatta, sāriputtamoggallāne vissasi . Pāpicchā sāriputtamoggallānā , pāpikānaṃ icchānaṃ vasaṃ gatā''ti. ''Alaṃ, āvuso. Svāgataṃ tesaṃ yato me dhammaṃ rocentī''ti.

Atha kho devadatto āyasmantaṃ sāriputtaṃ upaḍḍhāsanena nimantesi – ''ehāvuso sāriputta, idha nisīdāhī''ti. ''Alaṃ āvuso''ti kho āyasmā sāriputto aññataraṃ āsanaṃ gahetvā ekamantaṃ nisīdi. Āyasmāpi kho mahāmoggallāno aññataraṃ āsanaṃ gahetvā ekamantaṃ nisīdi. Atha kho devadatto bahudeva rattiṃ bhikkhū dhammiyā kathāya sandassetvā samādapetvā samuttejetvā sampahaṃsetvā āyasmantaṃ sāriputtaṃ ajjhesi – ''vigatathinamiddho kho, āvuso sāriputta, bhikkhusaṅgho. Paṭibhātu taṃ, āvuso sāriputta, bhikkhūnaṃ dhammī kathā, piṭṭhi me āgilāyati, tamahaṃ āyamissāmī''ti. ''Evamāvuso''ti kho āyasmā sāriputto devadattassa paccassosi. Atha kho devadatto catugguṇaṃ saṅghāṭiṃ paññāpetvā dakkhiṇena passena seyyaṃ kappesi. Tassa kilamantassa muṭṭhassatissa asampajānassa muhuttakeneva niddā okkami.

Atha kho āyasmā sāriputto ādesanāpāṭihāriyānusāsaniyā bhikkhū dhammiyā kathāya ovadi anusāsi. Āyasmā mahāmoggallāno iddhipāṭihāriyānusāsaniyā bhikkhū dhammiyā kathāya ovadi anusāsi. Atha kho tesaṃ bhikkhūnaṃ āyasmatā sāriputtena ādesanāpāṭihāriyānusāsaniyā āyasmatā ca

mahāmoggallānena iddhipāṭihāriyānusāsaniyā ovadiyamānānaṃ anusāsiyamānānaṃ virajaṃ vītamalaṃ dhammacakkhuṃ udapādi – yaṃ kiñci samudayadhammaṃ, sabbaṃ taṃ nirodhadhammanti.
Atha kho āyasmā sāriputto bhikkhū āmantesi – ''gacchāma mayaṃ, āvuso, bhagavato santike. Yo tassa bhagavato dhammaṃ rocesi so āgacchatū''ti. Atha kho sāriputtamoggallānā tāni pañcabhikkhusatāni ādāya yena veḷuvanaṃ tenupasaṅkamiṃsu. Atha kho kokāliko devadattaṃ uṭṭhāpesi – ''uṭṭhehi, āvuso devadatta, nītā te bhikkhū sāriputtamoggallānehi. Nanu tvaṃ, āvuso devadatta, mayā vutto – 'mā, āvuso devadatta, sāriputtamoggallāne vissāsi. Pāpicchā sāriputtamoggallānā, pāpikānaṃ icchānaṃ vasaṃ gatā'''ti? Atha kho devadattassa tattheva uṇhaṃ lohitaṃ mukhato uggañchi.
Atha kho sāriputtamoggallānā yena Bhagavā tenupasaṅkamiṃsu, upasaṅkamitvā bhagavantaṃ abhivādetvā ekamantaṃ nisīdisuṃ. Ekamantaṃ nisinno kho āyasmā sāriputto bhagavantaṃ etadavoca – ''sādhu, bhante, bhedakānuvattakā bhikkhū puna upasampajjeyyu''nti. ''Alaṃ, sāriputta. Mā te rucci bhedakānuvattakānaṃ bhikkhūnaṃ puna upasampadā. Tena hi tvaṃ, sāriputta, bhedakānuvattake bhikkhū thullaccayaṃ desāpehi. Kathaṃ pana te, sāriputta, devadatto paṭipajjī''ti? ''Yatheva, bhante, Bhagavā bahudeva rattiṃ bhikkhū dhammiyā kathāya sandassetvā samādapetvā samuttejetvā sampahaṃsetvā maṃ ajjhesati – 'vigatathinamiddho kho, sāriputta, bhikkhusaṅgho; paṭibhātu taṃ, sāriputta, bhikkhūnaṃ dhammī kathā, piṭṭhi me āgilāyati, tamahaṃ āyamissāmī'ti, evameva kho, bhante, devadatto paṭipajjī''ti.
346. Atha kho Bhagavā bhikkhū āmantesi – ''bhūtapubbaṃ, bhikkhave, araññāyatane mahāsarasī. Taṃ nāgā upanissāya vihariṃsu. Te taṃ sarasiṃ ogāhetvā, soṇḍāya bhisamuḷālaṃ abbuhitvā, suvikkhālitaṃ vikkhāletvā, akaddamaṃ saṅkhāditvā, ajjhoharanti. Tesaṃ taṃ vaṇṇāya ceva hoti, balāya ca. Na ca tatonidānaṃ maraṇaṃ vā nigacchanti, maraṇamattaṃ vā dukkhaṃ. Tesaṃyeva kho pana, bhikkhave, mahānāgānaṃ anusikkhamānā taruṇā bhiṅkacchāpā. Te taṃ sarasiṃ ogāhetvā, soṇḍāya bhisamuḷālaṃ abbuhitvā, na suvikkhālitaṃ vikkhāletvā, sakaddamaṃ saṅkhāditvā, ajjhoharanti. Tesaṃ taṃ neva vaṇṇāya hoti, na balāya. Tatonidānañca maraṇaṃ vā nigacchanti, maraṇamattaṃ vā dukkhaṃ. Evameva kho, bhikkhave, devadatto mamānukrubbaṃ [mamānukubbaṃ (sī. syā.)] kapaṇo marissatīti.
''Mahāvarāhassa mahiṃ vikrubbato [vikubbato (sī. syā.)], bhisaṃ ghasānassa [ghasamānassa (ka.)] nadīsu jaggato;
Bhiṅkova paṅkaṃ abhibhakkhayitvā, mamānukrubbaṃ kapaṇo marissatī''ti.
347.[a. ni. 8.16] ''Aṭṭhahi, bhikkhave, aṅgehi samannāgato bhikkhu dūteyyaṃ gantumarahati. Katamehi aṭṭhahi? Idha, bhikkhave, bhikkhu sotā ca hoti, sāvetā ca, uggahetā ca, dhāretā ca, viññātā ca, viññāpetā ca, kusalo ca sahitāsahitassa, no ca kalahakārako – imehi kho, bhikkhave, aṭṭhahaṅgehi samannāgato bhikkhu dūteyyaṃ gantumarahati.
[a. ni. 8.16] ''Aṭṭhahi , bhikkhave, aṅgehi samannāgato sāriputto dūteyyaṃ gantumarahati. Katamehi aṭṭhahi? Idha, bhikkhave, sāriputto sotā ca hoti, sāvetā ca, uggahetā ca, dhāretā ca, viññātā ca, viññāpetā ca, kusalo ca sahitāsahitassa, no ca kalahakārako – imehi kho, bhikkhave, aṭṭhahaṅgehi samannāgato sāriputto dūteyyaṃ gantumarahatīti.
[a. ni. 8.16] ''Yo ve na byathati [byādhati (sī. syā.)] patvā, parisaṃ uggavādiniṃ;
Na ca hāpeti vacanaṃ, na ca chādeti sāsanaṃ.
''Asandiddho ca akkhāti [akkhātā (ka.)], pucchito ca na kuppati;
Sa ve tādisako bhikkhu, dūteyyaṃ gantumarahatī''ti.
348.[a. ni. 8.7] ''Aṭṭhahi, bhikkhave, asaddhammehi abhibhūto pariyādinnacitto devadatto āpāyiko nerayiko kappaṭṭho atekiccho. Katamehi aṭṭhahi ? Lābhena, bhikkhave, abhibhūto pariyādinnacitto devadatto āpāyiko nerayiko kappaṭṭho atekiccho; alābhena, bhikkhave...pe... yasena, bhikkhave...pe... ayasena, bhikkhave...pe... sakkārena, bhikkhave...pe... asakkārena, bhikkhave...pe... pāpicchatāya, bhikkhave...pe... pāpamittatāya bhikkhave, abhibhūto pariyādinnacitto devadatto āpāyiko nerayiko kappaṭṭho atekiccho – imehi kho, bhikkhave, aṭṭhahi asaddhammehi abhibhūto pariyādinnacitto devadatto āpāyiko nerayiko kappaṭṭho atekiccho.
349. ''Sādhu, bhikkhave, bhikkhu uppannaṃ lābhaṃ abhibhuyya abhibhuyya vihareyya, uppannaṃ alābhaṃ...pe... uppannaṃ yasaṃ... uppannaṃ ayasaṃ... uppannaṃ sakkāraṃ... uppannaṃ asakkāraṃ... uppannaṃ pāpicchataṃ... uppannaṃ pāpamittataṃ abhibhuyya abhibhuyya vihareyya. Kathañca, bhikkhave, bhikkhu atthavasaṃ paṭicca uppannaṃ lābhaṃ abhibhuyya abhibhuyya vihareyya, uppannaṃ alābhaṃ...pe... uppannaṃ yasaṃ... uppannaṃ ayasaṃ... uppannaṃ sakkāraṃ... uppannaṃ asakkāraṃ... uppannaṃ pāpicchataṃ... uppannaṃ pāpamittataṃ abhibhuyya abhibhuyya vihareyya? Yaṃ hissa, bhikkhave, uppannaṃ lābhaṃ anabhibhuyya viharato uppajjeyyuṃ āsavā vighātapariḷāhā, uppannaṃ lābhaṃ abhibhuyya abhibhuyyaviharato evaṃsate āsavā vighātapariḷāhā na honti. Yaṃ hissa, bhikkhave, uppannaṃ alābhaṃ...pe... uppannaṃ yasaṃ... uppannaṃ ayasaṃ... uppannaṃ sakkāraṃ... uppannaṃ asakkāraṃ... uppannaṃ pāpicchataṃ... uppannaṃ pāpamittataṃ anabhibhuyya viharato uppajjeyyuṃ āsavā vighātapariḷāhā, uppannaṃ pāpamittataṃ abhibhuyya abhibhuyya viharato evaṃsate āsavā vighātapariḷāhā na honti. Idaṃ kho, bhikkhave, atthavasaṃ paṭicca uppannaṃ lābhaṃ abhibhuyya abhibhuyya vihareyya, uppannaṃ alābhaṃ...pe... uppannaṃ yasaṃ... uppannaṃ ayasaṃ... uppannaṃ

sakkāraṃ... uppannaṃ asakkāraṃ... uppannaṃ pāpicchataṃ... uppannaṃ pāpamittataṃ abhibhuyya abhibhuyya vihareyya. Tasmātiha, bhikkhave, uppannaṃ lābhaṃ abhibhuyya abhibhuyya viharissāma, uppannaṃ alābhaṃ...pe... uppannaṃ yasaṃ... uppannaṃ ayasaṃ... uppannaṃ sakkāraṃ... uppannaṃ asakkāraṃ... uppannaṃ pāpicchataṃ... uppannaṃ pāpamittataṃ abhibhuyya abhibhuyya viharissāmāti; evañhi vo, bhikkhave, sikkhitabbanti.

350. ''Tīhi, bhikkhave, asaddhammehi abhibhūto pariyādinnacitto devadatto āpāyiko nerayiko kappaṭṭho atekiccho. Katamehi tīhi? Pāpicchatā, pāpamittatā, oramattakena visesādhigamena antarā vosānaṃ āpādi – imehi kho, bhikkhave, tīhi asaddhammehi abhibhūto pariyādinnacitto devadatto āpāyiko nerayiko kappaṭṭho atekicchoti.

''Mā jātu koci lokasmiṃ, pāpiccho udapajjatha;
Tadamināpi jānātha, pāpicchānaṃ yathāgati.
''Paṇḍitoti samaññāto, bhāvitattoti sammato;
Jalaṃva yasasā aṭṭhā, devadattoti me sutaṃ.
''So pamādaṃ anuciṇṇo, āsajja naṃ tathāgataṃ;
Avīcinirayaṃ patto, catudvāraṃ bhayānakaṃ.
''Aduṭṭhassa hi yo dubbhe, pāpakammaṃ akrubbato;
Tameva pāpaṃ phusati, duṭṭhacittaṃ anādaraṃ.
''Samuddaṃ visakumbhena, yo maññeyya padūsituṃ [padussituṃ (ka.)];
Na so tena padūseyya, bhesmā hi udadhī mahā.
''Evameva tathāgataṃ, yo vādenupahiṃsati;
Samaggataṃ [sammāgataṃ (sī.), samagataṃ (syā.)] santacittaṃ, vādo tamhi na rūhati.
''Tādisaṃ mittaṃ krubbetha [kubbetha (sī. syā.)], tañca sevetha paṇḍito;
Yassa maggānugo bhikkhu, khayaṃ dukkhassa pāpuṇe''ti.

Upālipañhā

351. Atha kho āyasmā upāli yena Bhagavā tenupasaṅkami, upasaṅkamitvā bhagavantaṃ abhivādetvā ekamantaṃ nisīdi. Ekamantaṃ nisinno kho āyasmā upāli bhagavantaṃ etadavoca – ''saṅgharāji saṅgharājīti, bhante, vuccati. Kittāvatā nu kho, bhante, saṅgharāji hoti, no ca saṅghabhedo? Kittāvatā ca pana saṅgharāji ceva hoti saṅghabhedo cā''ti?

''Ekato , upāli, eko hoti, ekato dve, catuttho anussāveti, salākaṃ gāheti – 'ayaṃ dhammo, ayaṃ vinayo, idaṃ satthusāsanaṃ, imaṃ gaṇhatha, imaṃ rocethā'ti. Evampi kho, upāli, saṅgharāji hoti, no ca saṅghabhedo. Ekato, upāli, dve honti, ekato dve, pañcamo anussāveti, salākaṃ gāheti – 'ayaṃ dhammo, ayaṃ vinayo, idaṃ satthusāsanaṃ, imaṃ gaṇhatha, imaṃ rocethā'ti. Evampi kho, upāli, saṅgharāji hoti, no ca saṅghabhedo. Ekato, upāli, dve honti, ekato tayo, chaṭṭho anussāveti, salākaṃ gāheti – 'ayaṃ dhammo, ayaṃ vinayo, idaṃ satthusāsanaṃ, imaṃ gaṇhatha, imaṃ rocethā'ti. Evampi kho, upāli, saṅgharāji hoti, no ca saṅghabhedo . Ekato, upāli, tayo honti, ekato tayo, sattamo anussāveti, salākaṃ gāheti – 'ayaṃ dhammo, ayaṃ vinayo, idaṃ satthusāsanaṃ, imaṃ gaṇhatha, imaṃ rocethā'ti. Evampi kho, upāli, saṅgharāji hoti, no ca saṅghabhedo. Ekato, upāli, tayo honti, ekato cattāro, aṭṭhamo anussāveti, salākaṃ gāheti – 'ayaṃ dhammo, ayaṃ vinayo, idaṃ satthusāsanaṃ, imaṃ gaṇhatha, imaṃ rocethā'ti. Evampi kho, upāli, saṅgharāji hoti, no ca saṅghabhedo. Ekato, upāli, cattāro honti, ekato cattāro, navamo anussāveti, salākaṃ gāheti – 'ayaṃ dhammo, ayaṃ vinayo, idaṃ satthusāsanaṃ, imaṃ gaṇhatha, imaṃ rocethā'ti . Evaṃkho, upāli, saṅgharāji ceva hoti saṅghabhedo ca. Navannaṃ vā, upāli, atirekanavannaṃ vā saṅgharāji ceva hoti saṅghabhedo ca. Na kho, upāli, bhikkhunī saṅghaṃ bhindati, api ca bhedāya parakkamati, na sikkhamānā saṅghaṃ bhindati...pe... na sāmaṇero saṅghaṃ bhindati, na sāmaṇerī saṅghaṃ bhindati, na upāsako saṅghaṃ bhindati, na upāsikā saṅghaṃ bhindati, api ca bhedāya parakkamati. Bhikkhu kho, upāli, pakatatto, samānasaṃvāsako, samānasīmāyaṃ ṭhito, saṅghaṃ bhindatī''ti.

352.[a. ni. 10.37] ''Saṅghabhedo saṅghabhedoti, bhante, vuccati. Kittāvatā nu kho, bhante, saṅgho bhinno hotī''ti?

''Idhupāli, bhikkhū adhammaṃ dhammoti dīpenti, dhammaṃ adhammoti dīpenti, avinayaṃ vinayoti dīpenti, vinayaṃ avinayoti dīpenti, abhāsitaṃ alapitaṃ tathāgatena bhāsitaṃ lapitaṃ tathāgatenāti dīpenti, bhāsitaṃ lapitaṃ tathāgatena abhāsitaṃ alapitaṃ tathāgatenāti dīpenti, anāciṇṇaṃ tathāgatena āciṇṇaṃ tathāgatenāti dīpenti, āciṇṇaṃ tathāgatena anāciṇṇaṃ tathāgatenāti dīpenti, apaññattaṃ tathāgatena paññattaṃ tathāgatenāti dīpenti, paññattaṃ tathāgatena apaññattaṃ tathāgatenāti dīpenti, anāpattiṃ āpattīti dīpenti, āpattiṃ anāpattīti dīpenti, lahukaṃ āpattiṃ garukā āpattīti dīpenti, garukaṃ āpattiṃ lahukā āpattīti dīpenti, sāvasesaṃ āpattiṃ anavasesā āpattīti dīpenti, anavasesaṃ āpattiṃ sāvasesā āpattīti dīpenti, duṭṭhullaṃ āpattiṃ aduṭṭhulā āpattīti dīpenti, aduṭṭhullaṃ āpattiṃ duṭṭhullā āpattīti dīpenti. Te imehi aṭṭhārasahi vatthūhi apakassanti, avapakassanti, āveniṃ [āveṇi (sī.), āveṇikaṃ (syā.)] uposathaṃ karonti, āveniṃ pavāraṇaṃ karonti, āveniṃ saṅghakammaṃ karonti. Ettāvatā kho, upāli, saṅgho bhinno hotī''ti.

353.[a. ni. 10.37] ''Saṅghasāmaggī saṅghasāmaggīti, bhante, vuccati. Kittāvatā nu kho, bhante, saṅgho samaggo hotī''ti? ''Idhupāli, bhikkhū adhammaṃ adhammoti dīpenti, dhammaṃ dhammoti dīpenti, avinayaṃ avinayoti dīpenti, vinayaṃ vinayoti dīpenti, abhāsitaṃ alapitaṃ tathāgatena abhāsitaṃ alapitaṃ tathāgatenāti dīpenti, bhāsitaṃ lapitaṃ tathāgatena bhāsitaṃ lapitaṃ tathāgatenāti dīpenti, anāciṇṇaṃ tathāgatena anāciṇṇaṃ tathāgatenāti dīpenti, āciṇṇaṃ tathāgatena āciṇṇaṃ tathāgatenāti dīpenti, apaññattaṃ tathāgatena apaññattaṃ tathāgatenāti dīpenti, paññattaṃ tathāgatena paññattaṃ tathāgatenāti dīpenti, anāpattiṃ anāpattīti dīpenti, āpattiṃ āpattīti dīpenti, lahukaṃ āpattiṃ lahukā āpattīti dīpenti, garukaṃ āpattiṃ garukā āpattīti dīpenti, sāvasesaṃ āpattiṃ sāvasesā āpattīti dīpenti, anavasesaṃ āpattiṃ anavasesā āpattīti dīpenti , duṭṭhullaṃ āpattiṃ duṭṭhullā āpattīti dīpenti, aduṭṭhullaṃ āpattiṃ aduṭṭhullā āpattīti dīpenti. Te imehi aṭṭhārasahi vatthūhi na apakassanti, na avapakassanti, na āveniṃ uposathaṃ karonti, na āveniṃ pavāraṇaṃ karonti, na āveniṃ saṅghakammaṃ karonti. Ettāvatā kho, upāli, saṅgho samaggo hotī''ti.

354. ''Samaggaṃ pana, bhante, saṅghaṃ bhinditvā kiṃ so pasavatī''ti? ''Samaggaṃ kho, upāli, saṅghaṃ bhinditvā kappaṭṭhikaṃ kibbisaṃ pasavati, kappaṃ nirayamhi paccatī''ti.

[itivu. 18; a. ni. 10.39] ''Āpāyiko nerayiko, kappaṭṭho saṅghabhedako;
Vaggarato adhammaṭṭho, yogakkhemā padhaṃsati;
Saṅghaṃ samaggaṃ bhinditvā, kappaṃ nirayamhi paccatī''ti.

''Bhinnaṃ pana, bhante, saṅghaṃ samaggaṃ katvā kiṃ so pasavatī''ti? ''Bhinnaṃ kho, upāli, saṅghaṃ samaggaṃ katvā brahmaṃ puññaṃ pasavati, kappaṃ saggamhi modatī''ti.

[ittivu. 18; a. ni. 10.40] ''Sukhā saṅghassa sāmaggī, samaggānañca anuggaho;
Samaggarato dhammaṭṭho, yogakkhemā na dhaṃsati;
Saṅghaṃ samaggaṃ katvāna, kappaṃ saggamhi modatī''ti.

355.[pari. 459] ''Siyā nu kho, bhante, saṅghabhedako āpāyiko, nerayiko, kappaṭṭho, atekiccho''ti? ''Siyā, upāli, saṅghabhedako āpāyiko, nerayiko, kappaṭṭho, atekiccho''ti.

[pari. 459] ''Siyā [siyā nu kho (syā. kaṃ.)] pana, bhante, saṅghabhedako na āpāyiko, na nerayiko, na kappaṭṭho, na atekiccho''ti? ''Siyā, upāli, saṅghabhedako na āpāyiko, na nerayiko, na kappaṭṭho, na atekiccho''ti.

''Katamo pana, bhante, saṅghabhedako āpāyiko, nerayiko, kappaṭṭho, atekiccho''ti? ''Idhupāli, bhikkhu adhammaṃ dhammoti dīpeti. Tasmiṃ adhammadiṭṭhi, bhede adhammadiṭṭhi, vinidhāya diṭṭhiṃ, vinidhāya khantiṃ, vinidhāyaruciṃ, vinidhāya bhāvaṃ, anussāveti, salākaṃ gāheti – 'ayaṃ dhammo, ayaṃ vinayo, idaṃ satthusāsanaṃ, imaṃ gaṇhatha, imaṃ rocethā'ti. Ayampi kho, upāli, saṅghabhedako āpāyiko, nerayiko, kappaṭṭho, atekiccho.

''Puna caparaṃ, upāli, bhikkhu adhammaṃ dhammoti dīpeti. Tasmiṃ adhammadiṭṭhi, bhede dhammadiṭṭhi, vinidhāya diṭṭhiṃ, vinidhāya khantiṃ, vinidhāya ruciṃ, vinidhāya bhāvaṃ, anussāveti, salākaṃ gāheti – 'ayaṃ dhammo, ayaṃ vinayo, idaṃ satthusāsanaṃ, imaṃ gaṇhatha, imaṃ rocethā'ti. Ayampi kho, upāli, saṅghabhedako āpāyiko, nerayiko, kappaṭṭho, atekiccho.

''Puna caparaṃ, upāli, bhikkhu adhammaṃ dhammoti dīpeti. Tasmiṃ adhammadiṭṭhi, bhede vematiko, vinidhāya diṭṭhiṃ, vinidhāya khantiṃ, vinidhāya ruciṃ, vinidhāya bhāvaṃ, anussāveti, salākaṃ gāheti – 'ayaṃ dhammo, ayaṃ vinayo, idaṃ satthusāsanaṃ, imaṃ gaṇhatha, imaṃ rocethā'ti. Ayampi kho, upāli, saṅghabhedako āpāyiko, nerayiko, kappaṭṭho, atekiccho.

''Puna caparaṃ, upāli, bhikkhu adhammaṃ dhammoti dīpeti. Tasmiṃ dhammadiṭṭhi, bhede adhammadiṭṭhi...pe... (tasmiṃ dhammadiṭṭhi bhede dhammadiṭṭhi)[( ) syāmapotthake natthi, vimativinodanīṭīkāya sameti]. Tasmiṃ dhammadiṭṭhi bhede vematiko. Tasmiṃ vematiko bhede adhammadiṭṭhi. Tasmiṃ vematiko bhede dhammadiṭṭhi. Tasmiṃ vematiko bhede vematiko vinidhāya diṭṭhiṃ, vinidhāya khantiṃ, vinidhāya ruciṃ, vinidhāya bhāvaṃ, anussāveti, salākaṃ gāheti – 'ayaṃ dhammo, ayaṃ vinayo, idaṃ satthusāsanaṃ, imaṃ gaṇhatha, imaṃ rocethā'ti. Ayampi kho, upāli, saṅghabhedako āpāyiko, nerayiko, kappaṭṭho, atekiccho.

''Puna caparaṃ, upāli, bhikkhu dhammaṃ adhammoti dīpeti...pe... avinayaṃ vinayoti dīpeti... vinayaṃ avinayoti dīpeti... abhāsitaṃ alapitaṃ tathāgatena bhāsitaṃ lapitaṃ tathāgatenāti dīpeti... bhāsitaṃ lapitaṃ tathāgatena abhāsitaṃ alapitaṃ tathāgatenāti dīpeti... anāciṇṇaṃ tathāgatena āciṇṇaṃ tathāgatenāti dīpeti... āciṇṇaṃ tathāgatena anāciṇṇaṃ tathāgatenāti dīpeti... apaññattaṃ tathāgatena paññattaṃ tathāgatenāti dīpeti... paññattaṃ tathāgatena apaññattaṃ tathāgatenāti dīpeti... anāpattiṃ āpattīti dīpeti... āpattiṃ anāpattīti dīpeti... lahukaṃ āpattiṃ garukā āpattīti dīpeti... garukaṃ āpattiṃ lahukā āpattīti dīpeti... sāvasesaṃ āpattiṃ anavasesā āpattīti dīpeti... anavasesaṃ āpattiṃ sāvasesā āpattīti dīpeti... duṭṭhullaṃ āpattiṃ aduṭṭhullā āpattīti dīpeti... aduṭṭhullaṃ āpattiṃ duṭṭhullā āpattīti dīpeti... tasmiṃ adhammadiṭṭhi, bhede adhammadiṭṭhi...pe... tasmiṃ adhammadiṭṭhi, bhede dhammadiṭṭhi ... tasmiṃ adhammadiṭṭhi, bhede vematiko... tasmiṃ dhammadiṭṭhi, bhede adhammadiṭṭhi... (tasmiṃ dhammadiṭṭhi, bhede dhammadiṭṭhi) [( ) syāmapotthake natthi] ... tasmiṃ dhammadiṭṭhi, bhede vematiko... tasmiṃ vematiko, bhede adhammadiṭṭhi... tasmiṃ vematiko, bhede dhammadiṭṭhi... tasmiṃ vematiko, bhede vematiko, vinidhāya diṭṭhiṃ, vinidhāya khantiṃ, vinidhāya rucim, vinidhāya bhāvaṃ, anussāveti, salākaṃ gāheti – 'ayaṃ dhammo, ayaṃ vinayo, idaṃ satthusāsanaṃ, imaṃ gaṇhatha, imaṃ rocethā'ti. Ayampi kho, upāli, saṅghabhedako āpāyiko, nerayiko, kappaṭṭho, atekiccho''ti.

''Katamo pana, bhante, saṅghabhedako na āpāyiko, na nerayiko, na kappaṭṭho, na atekiccho''ti?

''Idhupāli, bhikkhu adhammaṃ dhammoti dīpeti. Tasmiṃ dhammadiṭṭhi, bhede dhammadiṭṭhi, avinidhāya diṭṭhiṃ, avinidhāya khantiṃ, avinidhāya ruciṃ, avinidhāya bhāvaṃ, anussāveti, salākaṃ gāheti – 'ayaṃ dhammo, ayaṃ vinayo, idaṃ satthusāsanaṃ, imaṃ gaṇhatha, imaṃ rocethā'ti. Ayampi kho, upāli, saṅghabhedako na āpāyiko, na nerayiko, na kappaṭṭho, na atekiccho.

''Puna caparaṃ, upāli, bhikkhu dhammaṃ adhammoti dīpeti...pe... duṭṭhullaṃ āpattiṃ aduṭṭhullā āpattīti dīpeti. Tasmiṃ dhammadiṭṭhi, bhede dhammadiṭṭhi, avinidhāya diṭṭhiṃ, avinidhāya khantiṃ, avinidhāya ruciṃ, avinidhāya bhāvaṃ, anussāveti, salākaṃ gāheti – 'ayaṃ dhammo, ayaṃ vinayo, idaṃ satthusāsanaṃ, imaṃ gaṇhatha, imaṃ rocethā'ti. Ayampi kho, upāli, saṅghabhedako na āpāyiko, na nerayiko, na kappaṭṭho, na atekiccho''ti.

Tatiyabhāṇavāro niṭṭhito.

Saṅghabhedakakkhandhako sattamo.

Tassuddānaṃ –

Anupiye abhiññātā, sukhumālo na icchati;
Kasā vapā abhi ninne, niddhā lāve ca ubbahe.
Puñjamaddapalālañca, bhusaophuṇanīhare;
Āyatimpi na khīyanti, pitaro ca pitāmahā.
Bhaddiyo anuruddho ca, ānando bhagu kimilo;
Sakyamāno ca kosambiṃ, parihāyi kakudhena ca.
Pakāsesi pituno ca, purise silaṃ nāḷāgiriṃ;
Tikapañcagaruko kho, bhindi thullaccayena ca;
Tayo aṭṭha puna tīṇi, rāji bhedā siyā nu khoti.

Saṅghabhedakakkhandhakaṃ niṭṭhitaṃ.

8. Vattakkhandhakaṃ

1. Āgantukavattakathā

356. Tena samayena buddho Bhagavā sāvatthiyaṃ viharati jetavane anāthapiṇḍikassa ārāme. Tena kho pana samayena āgantukā bhikkhū saupāhanāpi ārāmaṃ pavisanti, chattapaggahitāpi ārāmaṃ pavisanti, oguṇṭhitāpi ārāmaṃ pavisanti, sīsepi cīvaraṃ karitvā ārāmaṃ pavisanti, pānīyenapi pāde dhovanti, vuḍḍhatarepi āvāsike bhikkhū na abhivādenti, napi senāsanaṃ pucchanti. Aññataropi āgantuko bhikkhu anajjhāvuṭṭhaṃ vihāraṃ ghaṭikaṃ ugghāṭetvā kavāṭaṃ paṇāmetvā sahasā pāvisi. Tassa uparipiṭṭhito [uparipiṭṭhato (?)] ahi khandhe papati. So bhīto vissaramakāsi. Bhikkhū upadhāvitvā taṃ bhikkhuṃ etadavocuṃ – ''kissa tvaṃ, āvuso, vissaramakāsī''ti? Atha kho so bhikkhu bhikkhūnaṃ etamatthaṃ ārocesi. Ye te bhikkhū appicchā...pe... te ujjhāyanti khiyyanti vipācenti – ''kathañhi nāma āgantukā bhikkhū saupāhanāpi ārāmaṃ pavisissanti, chattapaggahitāpi ārāmaṃ pavisissanti, oguṇṭhitāpi ārāmaṃ pavisissanti, sīsepi cīvaraṃ karitvā ārāmaṃ pavisissanti, pānīyenapi pāde dhovissanti, vuḍḍhatarepi āvāsike bhikkhū na abhivādessanti, napi senāsanaṃ pucchissantī''ti! Atha kho te bhikkhū bhagavato etamatthaṃ ārocesuṃ...pe... ''saccaṃ kira, bhikkhave, ''āgantukā bhikkhū saupāhanāpi ārāmaṃ pavisanti, chattapaggahitāpi ārāmaṃ pavisanti, oguṇṭhitāpi ārāmaṃ pavisanti, sīsepi cīvaraṃ karitvā ārāmaṃ pavisanti, pānīyenipi pāde dhovanti, vuḍḍhatarepi āvāsike bhikkhū na abhivādenti, napi senāsanaṃ pucchantīti. Saccaṃ Bhagavāti. Vigarahi buddho Bhagavā...pe... kathañhi nāma bhikkhave āgantukā bhikkhū saupāhanāpi ārāmaṃ pavisissanti, chattapaggahitāpi ārāmaṃ pavisissanti, oguṇṭhitāpi ārāmaṃ pavisissanti, sīsepi cīvaraṃ karitvā ārāmaṃ pavisissanti, pānīyenapi pāde dhovissanti, vuḍḍhatarepi āvāsike bhikkhū na abhivādessanti, napi senāsanaṃ pucchissanti, netaṃ bhikkhave appasannānaṃ vā pasādāya...pe... vigarahitvā...pe... dhammiṃ kathaṃ katvā bhikkhū āmantesi –

357. ''Tena hi, bhikkhave, āgantukānaṃ bhikkhūnaṃ vattaṃ paññapessāmi yathā āgantukehi bhikkhūhi sammā vattitabbaṃ. Āgantukena, bhikkhave, bhikkhunā 'idāni ārāmaṃ pavisissāmī'ti upāhanā omuñcitvā nīcaṃ katvā papphoṭetvā gahetvā chattaṃ apanāmetvā sīsaṃ vivaritvā sīse cīvaraṃ [vivaritvā cīvaraṃ (ka.)]khandhe katvā sādhukaṃ ataramānena ārāmo pavisitabbo. Ārāmaṃ pavisantena sallakkhetabbaṃ – 'kattha āvāsikā bhikkhū paṭikkamantī'ti? Yattha āvāsikā bhikkhū paṭikkamanti – upaṭṭhānasālāya vā maṇḍape vā rukkhamūle vā – tattha gantvā ekamantaṃ patto nikkhipitabbo; ekamantaṃ cīvaraṃ nikkhipitabbaṃ; patirūpaṃ āsanaṃ gahetvā nisīditabbaṃ; pānīyaṃ pucchitabbaṃ, paribhojanīyaṃ pucchitabbaṃ – 'katamaṃ pānīyaṃ, katamaṃ paribhojanīya'nti? Sace pānīyena attho hoti, pānīyaṃ gahetvā pātabbaṃ. Sace paribhojanīyena attho hoti, paribhojanīyaṃ gahetvā pādā dhovitabbā. Pāde dhovantena ekena hatthena udakaṃ āsiñcitabbaṃ, ekena hatthena pādā dhovitabbā. Teneva udakaṃ āsiñcitabbaṃ [yena hatthena udakaṃ āsiñcitabbaṃ (syā.)] na teneva hatthena pādā dhovitabbā. Upāhanapuñchanacoḷakaṃ pucchitvā upāhanā puñchitabbā. Upāhanā puñchantena

paṭhamaṃ sukkhena coḷakena puñchitabbā, pacchā allena. Upāhanāpuñchanacoḷakaṃ dhovitvā [pīḷetvā (syā.)] ekamantaṃ vissajjetabbaṃ.

"Sace āvāsiko bhikkhu vuḍḍho hoti, abhivādetabbo. Sace navako hoti, abhivādāpetabbo. Senāsanaṃ pucchitabbaṃ – 'katamaṃ me senāsanaṃ pāpuṇātī'ti? Ajjhāvuṭṭhaṃ vā anajjhāvuṭṭhaṃ vā pucchitabbaṃ, gocaro pucchitabbo, agocaro pucchitabbo, sekkhasammatāni [sekhasammatāni (ka.)] kulāni pucchitabbāni, vaccaṭṭhānaṃ pucchitabbaṃ, passāvaṭṭhānaṃ pucchitabbaṃ, pānīyaṃ pucchitabbaṃ, paribhojanīyaṃ pucchitabbaṃ, kattaradaṇḍo pucchitabbo, saṅghassa katikasaṇṭhānaṃ pucchitabbaṃ – 'kaṃ kālaṃ pavisitabbaṃ, kaṃ kālaṃ nikkhamitabba'nti? Sace vihāro anajjhāvuṭṭho hoti, kavāṭaṃ ākoṭetvā muhuttaṃ āgametvā ghaṭikaṃ ugghāṭetvā kavāṭaṃ paṇāmetvā bahi ṭhitena nilloketabbo.

"Sace vihāro uklāpo hoti, mañce vā mañco āropito hoti, pīṭhe vā pīṭhaṃ āropitaṃ hoti, senāsanaṃ upari puñjīkataṃ [puñjakitaṃ (ka.)] hoti, sace ussahati, sodhetabbo. [mahāva. 66-67 (thokaṃ visadisaṃ)] Vihāraṃ sodhentena paṭhamaṃ bhūmattharaṇaṃ nīharitvā ekamantaṃ nikkhipitabbaṃ; mañcapaṭipādakā nīharitvā ekamantaṃ nikkhipitabbā; bhisibibbohanaṃ nīharitvā ekamantaṃ nikkhipitabbaṃ; nisīdanapaccattharaṇaṃ nīharitvā ekamantaṃ nikkhipitabbaṃ; mañco nīcaṃ katvā sādhukaṃ appaṭighaṃsantena, asaṅghaṭṭentena kavāṭapiṭṭhaṃ, nīharitvā ekamantaṃ nikkhipitabbo; pīṭhaṃ nīcaṃ katvā sādhukaṃ appaṭighaṃsantena, asaṅghaṭṭentena kavāṭapiṭṭhaṃ, nīharitvā ekamantaṃ nikkhipitabbaṃ; kheḷamallako nīharitvā ekamantaṃ nikkhipitabbo; apassenaphalakaṃ nīharitvā ekamantaṃ nikkhipitabbaṃ. Sace vihāre santānakaṃ hoti, ullokā paṭhamaṃ ohāretabbaṃ, ālokasandhikaṇṇabhāgā pamajjitabbā. Sace gerukaparikammakatā bhitti kaṇṇakitā hoti, coḷakaṃ temetvā pīḷetvā pamajjitabbā. Sace kāḷavaṇṇakatā bhūmi kaṇṇakitā hoti, coḷakaṃ temetvā pīḷetvāpamajjitabbā. Sace akatā hoti bhūmi, udakena paripphositvā sammajjitabbā – mā vihāro rajena uhaññīti [ūhaññīti (sī. syā.)]. Saṅkāraṃ vicinitvā ekamantaṃ chaḍḍetabbaṃ.

"Bhūmattharaṇaṃ otāpetvā sodhetvā papphoṭetvā atiharitvā yathāṭhāne [yathāpaññattaṃ (sī. syā.), yathābhāgaṃ (ka.)] paññapetabbaṃ. Mañcapaṭipādakā otāpetvā pamajjitvā atiharitvā yathāṭhāne [yathābhāgaṃ (syā. ka.)] ṭhapetabbā. Mañco otāpetvā sodhetvā papphoṭetvā nīcaṃ katvā sādhukaṃ appaṭighaṃsantena, asaṅghaṭṭentena kavāṭapiṭṭhaṃ, atiharitvā yathāṭhāne [yathābhāgaṃ (syā. ka.)] paññapetabbo. Pīṭhaṃ otāpetvā sodhetvā papphoṭetvā nīcaṃ katvā sādhukaṃ appaṭighaṃsantena, asaṅghaṭṭentena kavāṭapiṭṭhaṃ, atiharitvā yathāṭhāne [yathābhāgaṃ (syā. ka.)] paññapetabbaṃ. Bhisibibbohanaṃ otāpetvā sodhetvā papphoṭetvā atiharitvā yathābhāgaṃ paññapetabbaṃ. Nisīdanapaccattharaṇaṃ otāpetvā sodhetvā papphoṭetvā atiharitvā yathābhāgaṃ paññapetabbaṃ. Kheḷamallako otāpetvā pamajjitvā atiharitvā yathābhāgaṃ ṭhapetabbo. Apassenaphalakaṃ otāpetvā pamajjitvā atiharitvā yathābhāgaṃ ṭhapetabbaṃ. Pattacīvaraṃ nikkhipitabbaṃ. Pattaṃ nikkhipantena ekena hatthena pattaṃ gahetvā ekena hatthena heṭṭhāmañcaṃ vā heṭṭhāpīṭhaṃ vā parāmasitvā patto nikkhipitabbo. Na ca anantarahitāya bhūmiyā patto nikkhipitabbo. Cīvaraṃ nikkhipantena ekena hatthena cīvaraṃ gahetvā ekena hatthena cīvaravaṃsaṃ vā cīvararajjuṃ vā pamajjitvā pārato antaṃ orato bhogaṃ katvā cīvaraṃ nikkhipitabbaṃ.

"Sace puratthimā sarajā vātā vāyanti, puratthimā vātapānā thaketabbā. Sace pacchimā sarajā vātā vāyanti, pacchimā vātapānā thaketabbā. Sace uttarā sarajā vātā vāyanti, uttarā vātapānā thaketabbā. Sace dakkhiṇā sarajā vātā vāyanti, dakkhiṇā vātapānā thaketabbā. Sace sītakālo hoti, divā vātapānā vivaritabbā, rattiṃ thaketabbā. Sace uṇhakālo hoti, divā vātapānā thaketabbā, rattiṃ vivaritabbā.

"Sace pariveṇaṃ uklāpaṃ hoti, pariveṇaṃ sammajjitabbaṃ. Sace koṭṭhako uklāpo hoti, koṭṭhako sammajjitabbo. Sace upaṭṭhānasālā uklāpā hoti, upaṭṭhānasālā sammajjitabbā. Sace aggisālā uklāpā hoti, aggisālā sammajjitabbā. Sace vaccakuṭi uklāpā hoti, vaccakuṭi sammajjitabbā. Sace pānīyaṃ na hoti, pānīyaṃ upaṭṭhāpetabbaṃ. Sace paribhojanīyaṃ na hoti, paribhojanīyaṃ upaṭṭhāpetabbaṃ. Sace ācamanakumbhiyā udakaṃ na hoti, ācamanakumbhiyā udakaṃ āsiñcitabbaṃ. Idaṃ kho, bhikkhave, āgantukānaṃ bhikkhūnaṃ vattaṃ yathā āgantukehi bhikkhūhi sammā vattitabba''nti.

2. Āvāsikavattakathā

358. Tena kho pana samayena āvāsikā bhikkhū āgantuke bhikkhū disvā neva āsanaṃ paññapenti, na pādodakaṃ pādapīṭhaṃ pādakathalikaṃ upanikkhipanti, na paccuggantvā pattacīvaraṃ paṭiggaṇhanti, na pānīyena pucchanti [na pānīyena pucchanti, na paribhojanīyena pucchanti (syā. kaṃ.)], na vuḍḍhatarepi āgantuke bhikkhū abhivādenti, na senāsanaṃ paññapenti. Ye te bhikkhū appicchā...pe... te ujjhāyanti khiyyanti vipācenti – "kathañhi nāma āvāsikā bhikkhū āgantuke bhikkhū disvā neva āsanaṃ paññapessanti, na pādodakaṃ pādapīṭhaṃ pādakathalikaṃ upanikkhipissanti, na paccuggantvā pattacīvaraṃ paṭiggahissanti, na pānīyena pucchissanti, vuḍḍhatarepi āgantuke bhikkhū na abhivādessanti, na senāsanaṃ paññapessantī''ti! Atha kho te bhikkhū bhagavato etamatthaṃ ārocesuṃ...pe... saccaṃ kiraṃ, bhikkhave...pe... saccaṃ Bhagavāti...pe... vigarahitvā...pe... dhammiṃ kathaṃ katvā bhikkhū āmantesi –

359. "Tena hi, bhikkhave, āvāsikānaṃ bhikkhūnaṃ vattaṃ paññapessāmi yathā āvāsikehi bhikkhūhi sammā vattitabbaṃ. Āvāsikena, bhikkhave, bhikkhunā āgantukaṃ bhikkhuṃ vuḍḍhataraṃ disvā āsanaṃ

paññapetabbaṃ, pādodakaṃ pādapīṭhaṃ pādakathalikaṃ upanikkhipitabbaṃ , paccuggantvā pattacīvaraṃ paṭiggahetabbaṃ, pānīyena pucchitabbo [pānīyena pucchitabbo, paribhojanīyena pucchitabbo (syā.)]. Sace ussahati, upāhanā puñchitabbā. Upāhanā puñchantena paṭhamaṃ sukkhena coḷakena puñchitabbā, pacchā allena. Upāhanāpuñchanacoḷakaṃ dhovitvā [dhovitvā pīḷetvā (syā.)] ekamantaṃ vissajjetabbaṃ.

''Āgantuko bhikkhu vuḍḍhataro abhivādetabbo. Senāsanaṃ paññapetabbaṃ – 'etaṃ te senāsanaṃ pāpuṇātī'ti. Ajjhāvuṭṭhaṃ vā anajjhāvuṭṭhaṃ vā ācikkhitabbaṃ. Gocaro ācikkhitabbo. Agocaro ācikkhitabbo. Sekkhasammatāni kulāni ācikkhitabbāni. Vaccaṭṭhānaṃ ācikkhitabbaṃ. Passāvaṭṭhānaṃ ācikkhitabbaṃ. Pānīyaṃ ācikkhitabbaṃ. Paribhojanīyaṃ ācikkhitabbaṃ. Kattaradaṇḍo ācikkhitabbo. Saṅghassa katikasaṇṭhānaṃ ācikkhitabbaṃ – 'imaṃ kālaṃ pavisitabbaṃ, imaṃ kālaṃ nikkhamitabba'nti .

''Sace navako hoti, nisinnakeneva ācikkhitabbaṃ – 'atra pattaṃ nikkhipāhi, atra cīvaraṃ nikkhipāhi, idaṃ āsanaṃ nisīdāhī'ti. Pānīyaṃ ācikkhitabbaṃ. Paribhojanīyaṃ ācikkhitabbaṃ. Upāhanāpuñchanacoḷakaṃ ācikkhitabbaṃ. Āgantuko bhikkhu navako abhivādāpetabbo. Senāsanaṃ ācikkhitabbaṃ – 'etaṃte senāsanaṃ pāpuṇātī'ti. Ajjhāvuṭṭhaṃ vā anajjhāvuṭṭhaṃ vā ācikkhitabbaṃ. Gocaro ācikkhitabbo. Agocaro ācikkhitabbo. Sekkhasammatāni kulāni ācikkhitabbāni. Vaccaṭṭhānaṃ ācikkhitabbaṃ. Passāvaṭṭhānaṃ ācikkhitabbaṃ. Pānīyaṃ ācikkhitabbaṃ. Paribhojanīyaṃ ācikkhitabbaṃ. Kattaradaṇḍo ācikkhitabbo. Saṅghassa katikasaṇṭhānaṃ ācikkhitabbaṃ – 'imaṃ kālaṃ pavisitabbaṃ, imaṃ kālaṃ nikkhamitabba'nti. Idaṃ kho, bhikkhave , āvāsikānaṃ bhikkhūnaṃ vattaṃ yathā āvāsikehi bhikkhūhi sammā vattitabba''nti.

3. Gamikavattakathā

360. Tena kho pana samayena gamikā bhikkhū dārubhaṇḍaṃ mattikābhaṇḍaṃ appaṭisāmetvā dvāravātapānaṃ vivaritvā senāsanaṃ anāpucchā pakkamanti. Dārubhaṇḍaṃ mattikābhaṇḍaṃ nassati. Senāsanaṃ aguttaṃ hoti. Ye te bhikkhū appicchā...pe... te ujjhāyanti khiyyanti vipācenti – ''kathañhi nāma gamikā bhikkhū dārubhaṇḍaṃ mattikābhaṇḍaṃ appaṭisāmetvā dvāravātapānaṃ vivaritvā senāsanaṃ anāpucchā pakkamissanti! Dārubhaṇḍaṃ mattikābhaṇḍaṃ nassati. Senāsanaṃ aguttaṃ hotī''ti. Atha kho te bhikkhū bhagavato etamatthaṃ ārocesuṃ...pe... saccaṃ kira, bhikkhave...pe... saccaṃ Bhagavāti...pe... vigarahitvā...pe... dhammiṃ kathaṃ katvā bhikkhū āmantesi –

361. ''Tena hi, bhikkhave, gamikānaṃ bhikkhūnaṃ vattaṃ paññapessāmi yathā gamikehi bhikkhūhi sammā vattitabbaṃ. Gamikena, bhikkhave, bhikkhunā dārubhaṇḍaṃ mattikābhaṇḍaṃ paṭisāmetvā dvāravātapānaṃ thaketvā senāsanaṃ āpucchā pakkamitabbaṃ [āpucchitabbaṃ (syā.)]. Sace bhikkhu na hoti, sāmaṇero āpucchitabbo. Sace sāmaṇero na hoti, ārāmiko āpucchitabbo. Sace ārāmiko na hoti, upāsako āpucchitabbo. Sace na hoti bhikkhu vā sāmaṇero vā ārāmiko vā upāsako vā, catūsu pāsāṇesu mañcaṃ paññapetvā mañce mañcaṃ āropetvā pīṭhe pīṭhaṃ āropetvā senāsanaṃ upari puñjaṃ karitvā dārubhaṇḍaṃ mattikābhaṇḍaṃ paṭisāmetvā dvāravātapānaṃ thaketvā pakkamitabbaṃ. Sace vihāro ovassati, sace ussahati, chādetabbo, ussukaṃ vā kātabbaṃ – 'kinti nu kho vihāro chādiyethā'ti. Evañcetaṃ labhetha, iccetaṃ kusalaṃ. No ce labhetha, yo deso anovassako hoti, tattha catūsu pāsāṇesu mañcaṃ paññapetvā mañce mañcaṃ āropetvā pīṭhe pīṭhaṃ āropetvā senāsanaṃ upari puñjaṃ karitvā dārubhaṇḍaṃ mattikābhaṇḍaṃ paṭisāmetvā dvāravātapānaṃ thaketvā pakkamitabbaṃ. Sace sabbo vihāro ovassati, sace ussahati, senāsanaṃ gāmaṃ atiharitabbaṃ, ussukaṃ vā kātabbaṃ – 'kinti nu kho senāsanaṃ gāmaṃ atihariyethā'ti. Evañcetaṃ labhetha, iccetaṃ kusalaṃ. No ce labhetha, ajjhokāse catūsu pāsāṇesu mañcaṃ paññapetvā mañce mañcaṃ āropetvā pīṭhe pīṭhaṃ āropetvā senāsanaṃ upari puñjaṃ karitvā dārubhaṇḍaṃ mattikābhaṇḍaṃ paṭisāmetvā tiṇena vā paṇṇena vā paṭicchādetvā pakkamitabbaṃ – appeva nāma aṅgānipi seseyyunti. Idaṃ kho, bhikkhave, gamikānaṃ bhikkhūnaṃ vattaṃ yathā gamikehi bhikkhūhi sammā vattitabba''nti.

4. Anumodanavattakathā

362. Tena kho pana samayena bhikkhū bhattagge na anumodanti. Manussā ujjhāyanti khiyyanti vipācenti – ''kathañhi nāma samaṇā sakyaputtiyā bhattagge na anumodissantī''ti! Assosuṃ kho bhikkhū tesaṃ manussānaṃ ujjhāyantānaṃ khiyyantānaṃ vipācentānaṃ. Atha kho te bhikkhū bhagavato etamatthaṃ ārocesuṃ. Atha kho Bhagavā etasmiṃ nidāne etasmiṃ pakaraṇe dhammiṃ kathaṃ katvā bhikkhū āmantesi – ''anujānāmi, bhikkhave, bhattagge anumoditu''nti. Atha kho tesaṃ bhikkhūnaṃ etadahosi – ''kena nu kho bhattagge anumoditabba''nti? Bhagavato etamatthaṃ ārocesuṃ. Atha kho Bhagavā etasmiṃ nidāne etasmiṃ pakaraṇe dhammiṃ kathaṃ katvā bhikkhū āmantesi – ''anujānāmi, bhikkhave, therena bhikkhunā bhattagge anumoditu''nti.

Tena kho pana samayena aññatarassa pūgassa saṅghabhattaṃ hoti . Āyasmā sāriputto saṅghatthero hoti. Bhikkhū – 'bhagavatā anuññātaṃ therena bhikkhunā bhattagge anumoditu'nti – āyasmantaṃ sāriputtaṃ ekakaṃ ohāya pakkamiṃsu. Atha kho āyasmā sāriputto te manusse paṭisammoditvā pacchā ekako agamāsi. Addasā kho Bhagavā āyasmantaṃ sāriputtaṃ dūratova ekakaṃ āgacchantaṃ. Disvāna āyasmantaṃ sāriputtaṃ etadavoca – ''kacci, sāriputta, bhattaṃ iddhaṃ ahosī''ti? ''Iddhaṃ kho, bhante, bhattaṃ ahosi; apica maṃ bhikkhū ekakaṃ ohāya pakkantā''ti. Atha kho Bhagavā etasmiṃ nidāne

etasmiṃ pakaraṇe dhammiṃ kathaṃ katvā bhikkhū āmantesi – ''anujānāmi, bhikkhave, bhattagge catūhi pañcahi therānutherehi bhikkhūhi āgametu''nti.
Tena kho pana samayena aññataro thero bhattagge vaccito āgamesi. So vaccaṃ sandhāretuṃ asakkonto mucchito papati. Bhagavato etamatthaṃ ārocesuṃ. ''Anujānāmi, bhikkhave, sati karaṇīye ānantarikaṃ bhikkhuṃ āpucchitvā gantu''nti.
5. Bhattaggavattakathā
363. Tena kho pana samayena chabbaggiyā bhikkhū dunnivatthā duppārutā anākappasampannā bhattaggaṃ gacchanti, vokkammapi therānaṃ bhikkhūnaṃ purato purato gacchanti, therepi bhikkhū anupakhajja nisīdanti , navepi bhikkhū āsanena paṭibāhanti, saṅghāṭimpi ottharitvā antaraghare nisīdanti. Ye te bhikkhū appicchā...pe... te ujjhāyanti khiyyanti vipācenti – ''kathañhi nāma chabbaggiyā bhikkhū dunnivatthā duppārutā anākappasampannā bhattaggaṃ gacchissanti, vokkammapi therānaṃ bhikkhūnaṃ purato purato gacchissanti, therepi bhikkhū anupakhajja nisīdissanti, navepi bhikkhū āsanenapi paṭibāhissanti, saṅghāṭimpi ottharitvā antaraghare nisīdissantī''ti! Atha kho te bhikkhū bhagavato etamatthaṃ ārocesuṃ...pe... ''saccaṃ kira, bhikkhave, chabbaggiyā bhikkhū dunnivatthā duppārutā anākappasampannā bhattaggaṃ gacchanti, vokkammapi therānaṃ bhikkhūnaṃ purato purato gacchanti, therepi bhikkhū anupakhajja nisīdanti, navepi bhikkhū āsanena paṭibāhanti, saṅghāṭimpi ottharitvā antaraghare nisīdantī''ti? ''Saccaṃ Bhagavā''ti...pe... vigarahitvā...pe... dhammiṃ kathaṃ katvā bhikkhū āmantesi –
364. ''Tena hi, bhikkhave, bhikkhūnaṃ bhattaggavattaṃ paññapessāmi yathā bhikkhūhi bhattagge sammā vattitabbaṃ. Sace ārāme kālo ārocito hoti, timaṇḍalaṃ paṭicchādentena parimaṇḍalaṃ nivāsetvā kāyabandhanaṃ bandhitvā saguṇaṃ katvā saṅghāṭiyo pārupitvā gaṇṭhikaṃ paṭimuñcitvā dhovitvā pattaṃ gahetvā sādhukaṃ ataramānena gāmo pavisitabbo.
''Na vokkamma therānaṃ bhikkhūnaṃ purato purato gantabbaṃ. Suppaṭicchannena antaraghare gantabbaṃ. Susaṃvutena antaraghare gantabbaṃ. Okkhittacakkhunā antaraghare gantabbaṃ. Na ukkhittakāya antaraghare gantabbaṃ. Na ujjagghikāya antaraghare gantabbaṃ. Appasaddena antaraghare gantabbaṃ. Na kāyappacālakaṃ antaraghare gantabbaṃ . Na bāhuppacālakaṃ antaraghare gantabbaṃ. Na sīsappacālakaṃ antaraghare gantabbaṃ. Na khambhakatena antaraghare gantabbaṃ. Na oguṇṭhitena antaraghare gantabbaṃ. Na ukkuṭikāya antaraghare gantabbaṃ.
''Suppaṭicchannena antaraghare nisīditabbaṃ. Susaṃvutena antaraghare nisīditabbaṃ. Okkhittacakkhunā antaraghare nisīditabbaṃ. Na ukkhittakāya antaraghare nisīditabbaṃ na ujjagghikāya antaraghare nisīditabbaṃ, appasaddena antaraghare nisīditabba. Na kāyappacālakaṃ antaraghare nisīditabbaṃ. Na bāhuppacālakaṃ antaraghare nisīditabbaṃ. Na sīsappacālakaṃ antaraghare nisīditabbaṃ. Na khambhakatena antaraghare nisīditabbaṃ. Na oguṇṭhitena antaraghare nisīditabbaṃ. Na pallatthikāya antaraghare nisīditabbaṃ. Na there bhikkhū anupakhajja nisīditabbaṃ. Na navā bhikkhū āsanena paṭibāhitabbā. Na saṅghāṭiṃ ottharitvā antaraghare nisīditabbaṃ.
''Udake diyyamāne ubhohi hatthehi pattaṃ paṭiggahetvā udakaṃ paṭiggahetabbaṃ. Nīcaṃ katvā sādhukaṃ appaṭighaṃsantena patto dhovitabbo. Sace udakappaṭiggāhako hoti, nīcaṃ katvā udakappaṭiggahe udakaṃ āsiñcitabbaṃ – mā udakappaṭiggāhako udakena osiñci [osiñciyyī (ka.)], mā sāmantā bhikkhū udakena osiñciṃsu [osiñciyyiṃsu (ka.)], mā saṅghāṭi udakena osiñcīti. Sace udakappaṭiggāhako na hoti, nīcaṃ katvā chamāya udakaṃ āsiñcitabbaṃ – mā sāmantā bhikkhū udakena osiñciṃsu, mā saṅghāṭi udakena osiñcīti.
''Odane diyyamāne ubhohi hatthehi pattaṃ paṭiggahetvā odano paṭiggahetabbo, sūpassa okāso kātabbo. Sace hoti sappi vā telaṃ vā uttaribhaṅgaṃ vā, therena vattabbo – 'sabbesaṃ samakaṃ sampādehī'ti. Sakkaccaṃ piṇḍapāto paṭiggahetabbo. Pattasaññinā piṇḍapāto paṭiggahetabbo. Samasūpako piṇḍapāto paṭiggahetabbo. Samatittiko piṇḍapāto paṭiggahetabbo.
''Na tāva therena bhuñjitabbaṃ yāva na sabbesaṃ odano sampatto hoti. Sakkaccaṃ piṇḍapāto bhuñjitabbo. Pattasaññinā piṇḍapāto bhuñjitabbo. Sapadānaṃ piṇḍapāto bhuñjitabbo. Samasūpako piṇḍapāto bhuñjitabbo . Na thūpakato omadditvā piṇḍipāto bhuñjitabbo. Na sūpaṃ vā byañjanaṃ vā odanena paṭicchādetabbaṃ bhiyyokamyataṃ upādāya. Na sūpaṃ vā odanaṃ vā agilānena attano atthāya viññāpetvā bhuñjitabbaṃ. Na ujjhānasaññinā paresaṃ patto oloketabbo. Nātimahanto kabaḷo kātabbo. Parimaṇḍalo ālopo kātabbo. Na anāhaṭe kabaḷe mukhadvāraṃ vivaritabbaṃ. Na bhuñjamānena sabbo hattho mukhe pakkhipitabbo. Na sakabaḷena mukhena byāharitabbaṃ. Na piṇḍukkhepakaṃ bhuñjitabbaṃ. Na kabaḷāvacchedakaṃ bhuñjitabbaṃ. Na avagaṇḍakārakaṃ bhuñjitabbaṃ. Na hatthaniddhunakaṃ bhuñjitabbaṃ. Na sitthāvakārakaṃ bhuñjitabbaṃ. Na jivhānicchārakaṃ bhuñjitabbaṃ. Na capucapukārakaṃ bhuñjitabbaṃ. Na surusurukārakaṃ bhuñjitabbaṃ. Na hatthanillehakaṃ bhuñjitabbaṃ. Na pattanillehakaṃ bhuñjitabbaṃ. Na oṭṭhanillehakaṃ bhuñjitabbaṃ.
''Na sāmisena hatthena pānīyathālako paṭiggahetabbo. Na tāva therena udakaṃ paṭiggahetabbaṃ yāva na sabbeva bhuttāvino honti. Udake diyyamāne ubhohi hatthehi pattaṃ paṭiggahetvā udakaṃ paṭiggahetabbaṃ. Nīcaṃ katvā sādhukaṃ appaṭighaṃsantena patto dhovitabbo. Sace udakappaṭiggāhako hoti, nīcaṃ katvā udakappaṭiggahe udakaṃ āsiñcitabbaṃ – mā udakappaṭiggāhako udakena osiñci, mā

sāmantā bhikkhū udakena osiñciṃsu, mā saṅghāṭi udakena osiñcīti. Sace udakappaṭiggāhako na hoti, nīcaṃ katvā chamāya udakaṃ āsiñcitabbaṃ – mā sāmantā bhikkhū udakena osiñciṃsu, mā saṅghāṭi udakena osiñcīti. Na sasitthakaṃ pattadhovanaṃ antaraghare chaḍḍetabbaṃ.

''Nivattantena navakehi bhikkhūhi paṭhamataraṃ nivattitabbaṃ. Pacchā therehi suppaṭicchannena antaraghare gantabbaṃ. Susaṃvutena antaraghare gantabbaṃ. Okkhittacakkhunā antaraghare gantabbaṃ. Na ukkhittakāya antaraghare gantabbaṃ. Na ujjagghikāya antaraghare gantabbaṃ. Appasaddena antaraghare gantabbaṃ. Na kāyappacālakaṃ antaraghare gantabbaṃ. Na bāhuppacālakaṃ antaraghare gantabbaṃ . Na sīsappacālakaṃ antaraghare gantabbaṃ. Na khambhakatena antaraghare gantabbaṃ. Na oguṇṭhitena antaraghare gantabbaṃ. Na ukkuṭikāya antaraghare gantabbaṃ. Idaṃ kho, bhikkhave, bhikkhūnaṃ bhattaggavattaṃ yathā bhikkhūhi bhattagge sammā vattitabba''nti.

Paṭhamabhāṇavāro niṭṭhito.

6. Piṇḍacārikavattakathā

365. Tena kho pana samayena piṇḍacārikā bhikkhū dunnivatthā duppārutā anākappasampannā piṇḍāya caranti, asallakkhetvāpi nivesanaṃ pavisanti, asallakkhetvāpi nikkhamanti, atisahasāpi pavisanti, atisahasāpi nikkhamanti, atidūrepi tiṭṭhanti, accāsannepi tiṭṭhanti, aticirampi tiṭṭhanti, atilahumpi nivattanti. Aññataropi piṇḍacāriko bhikkhu asallakkhetvā nivesanaṃ pāvisi. So ca dvāraṃ maññamāno aññataraṃ ovarakaṃ pāvisi. Tasmimpi ovarake itthī naggā uttānā nipannā hoti. Addasā kho so bhikkhu taṃ itthiṃ naggaṃ uttānaṃ nipannaṃ. Disvāna – ''nayidaṃ dvāraṃ, ovarakaṃ ida''nti tamhā ovarakā nikkhami. Addasā kho tassā itthiyā sāmiko taṃ itthiṃ naggaṃ uttānaṃ nipannaṃ. Disvāna – ''iminā me bhikkhunā pajāpatī dūsitā''ti taṃ bhikkhuṃ gahetvā ākoṭesi. Atha kho sā itthī tena saddena paṭibujjhitvā taṃ purisaṃ etadavoca – ''kissa tvaṃ, ayya, imaṃ bhikkhuṃ ākoṭesī''ti? ''Imināsi tvaṃ bhikkhunā dūsitā''ti? ''Nāhaṃ, ayya, iminā bhikkhunā dūsitā; akārako so bhikkhū''ti taṃ bhikkhuṃ muñcāpesi. Atha kho so bhikkhu ārāmaṃ gantvā bhikkhūnaṃ etamatthaṃ ārocesi. Ye te bhikkhū appicchā...pe... te ujjhāyanti khiyyanti vipācenti – ''kathañhi nāma piṇḍacārikā bhikkhū dunnivatthā duppārutā anākappasampannā piṇḍāya carissanti, asallakkhetvāpi nivesanaṃ pavisissanti, asallakkhetvāpi nikkhamissanti, atisahasāpi pavisissanti, atisahasāpi nikkhamissanti, atidūrepi tiṭṭhissanti, accāsannepi tiṭṭhissanti, aticirampi tiṭṭhissanti, atilahumpi nivattissantī''ti! Atha kho te bhikkhū bhagavato etamatthaṃ ārocesuṃ...pe... saccaṃ kira, bhikkhave...pe... saccaṃ Bhagavāti...pe... vigarahitvā...pe... dhammiṃ kathaṃ katvā bhikkhū āmantesi –

366. ''Tena hi, bhikkhave, piṇḍacārikānaṃ bhikkhūnaṃ vattaṃ paññāpessāmi yathā piṇḍacārikehi bhikkhūhi sammā vattitabbaṃ. Piṇḍacārikena, bhikkhave, bhikkhunā – 'idāni gāmaṃ pavisissāmī'ti timaṇḍalaṃ paṭicchādentena parimaṇḍalaṃ nivāsetvā kāyabandhanaṃ bandhitvā saguṇaṃ katvā saṅghāṭiyo pārupitvā gaṇṭhikaṃ paṭimuñcitvā dhovitvā pattaṃ gahetvā sādhukaṃ ataramānena gāmo pavisitabbo.

''Suppaṭicchannena antaraghare gantabbaṃ . Susaṃvutena antaraghare gantabbaṃ. Okkhittacakkhunā antaraghare gantabbaṃ. Na ukkhittakāya antaraghare gantabbaṃ. Na ujjagghikāya antaraghare gantabbaṃ. Appasaddena antaraghare gantabbaṃ. Na kāyappacālakaṃ antaraghare gantabbaṃ. Na bāhuppacālakaṃ antaraghare gantabbaṃ. Na sīsappacālakaṃ antaraghare gantabbaṃ. Na khambhakatena antaraghare gantabbaṃ. Na oguṇṭhitena antaraghare gantabbaṃ. Na ukkuṭikāya antaraghare gantabbaṃ.

''Nivesanaṃ pavisantena sallakkhetabbaṃ – 'iminā pavisissāmi, iminā nikkhamissāmī'ti. Nātisahasā pavisitabbaṃ. Nātisahasā nikkhamitabbaṃ. Nātidūre ṭhātabbaṃ. Nāccāsanne ṭhātabbaṃ. Nāticiraṃ ṭhātabbaṃ. Nātilahuṃ nivattitabbaṃ. Ṭhitakena sallakkhetabbaṃ – 'bhikkhaṃ dātukāmā vā adātukāmā vā'ti. Sace kammaṃ vā nikkhipati, āsanā vā vuṭṭhāti, kaṭacchuṃ vā parāmasati, bhājanaṃ vā parāmasati, ṭhapeti [ṭhāpeti (ka.)] vā – dātukāmassāti [dātukāmiyāti (syā.), dātukāmā viyāti (sī.)] ṭhātabbaṃ. Bhikkhāya diyyamānāya vāmena hatthena saṅghāṭiṃ uccāretvā dakkhiṇena hatthena pattaṃ paṇāmetvā ubhohi hatthehi pattaṃ paṭiggahetvā bhikkhā paṭiggahetabbā. Na ca bhikkhādāyikāya mukhaṃ ulloketabbaṃ [oloketabbaṃ (syā.)]. Sallakkhetabbaṃ – 'sūpaṃ dātukāmā vā adātukāmā vā'ti. Sace kaṭacchuṃ vā parāmasati, bhājanaṃ vā parāmasati, ṭhapeti vā – dātukāmassāti ṭhātabbaṃ. Bhikkhāya dinnāya saṅghāṭiyā pattaṃ paṭicchādetvā sādhukaṃ ataramānena nivattitabbaṃ.

''Suppaṭicchannena antaraghare gantabbaṃ. Susaṃvutena antaraghare gantabbaṃ. Okkhittacakkhunā antaraghare gantabbaṃ. Na ukkhittakāya antaraghare gantabbaṃ. Na ujjagghikāya antaraghare gantabbaṃ. Appasaddena antaraghare gantabbaṃ. Na kāyappacālakaṃ antaraghare gantabbaṃ. Na bāhuppacālakaṃ antaraghare gantabbaṃ. Na sīsappacālakaṃ antaraghare gantabbaṃ. Na khambhakatena antaraghare gantabbaṃ. Na oguṇṭhitena antaraghare gantabbaṃ. Na ukkuṭikāya antaraghare gantabbaṃ. Yo paṭhamaṃ gāmato piṇḍāya paṭikkamati, tena āsanaṃ paññapetabbaṃ, pādodakaṃ pādapīṭhaṃ pādakathalikaṃ upanikkhipitabbaṃ, avakkārapāti dhovitvā upaṭṭhāpetabbā, pānīyaṃ paribhojanīyaṃ upaṭṭhāpetabbaṃ. Yo pacchā gāmato piṇḍāya paṭikkamati, sace hoti bhuttāvaseso, sace ākaṅkhati, bhuñjitabbaṃ . No ce ākaṅkhati, appaharite vā chaḍḍetabbaṃ, appāṇake vā udake opilāpetabbaṃ. Tena āsanaṃ uddharitabbaṃ, pādodakaṃ pādapīṭhaṃ pādakathalikaṃ paṭisāmetabbaṃ, avakkārapāti dhovitvā paṭisāmetabbā, pānīyaṃ paribhojanīyaṃ paṭisāmetabbaṃ , bhattaggaṃ sammajjitabbaṃ. Yo passati pānīyaghaṭaṃ vā paribhojanīyaghaṭaṃ vā vaccaghaṭaṃ vā rittaṃ tucchaṃ tena upaṭṭhāpetabbaṃ. Sacassa hoti avisayhaṃ, hatthavikārena dutiyaṃ āmantetvā hatthavilaṅghakena upaṭṭhāpetabbaṃ, na ca tappaccayā vācā bhinditabbā. Idaṃ kho, bhikkhave, piṇḍacārikānaṃ bhikkhūnaṃ vattaṃ yathā piṇḍacārikehi bhikkhūhi sammā vattitabba''nti.

7. Āraññikavattakathā

367. Tena kho pana samayena sambahulā bhikkhū araññe viharanti. Te neva pānīyaṃ upaṭṭhāpenti, na paribhojanīyaṃ upaṭṭhāpenti , na aggiṃ upaṭṭhāpenti, na araṇisahitaṃ upaṭṭhāpenti, na nakkhattapadāni jānanti, na disābhāgaṃ jānanti. Corā tattha gantvā te bhikkhū etadavocuṃ – ''atthi, bhante, pānīya''nti? ''Natthāvuso''ti. ''Atthi, bhante, paribhojanīya''nti? ''Natthāvuso''ti. ''Atthi, bhante, aggī''ti? ''Natthāvuso''ti. ''Atthi, bhante, araṇisahita''nti? ''Natthāvuso''ti. ( ) [(atthi bhante nakkhattapadānīti, na jānāma āvusoti, atthi bhante disābhāganti, na jānāma āvusoti.) sī. vimatiṭīkāya pana sameti] ''Kenajja, bhante, yutta''nti? ''Na kho mayaṃ, āvuso, jānāmā''ti. ''Katamāyaṃ, bhante, disā''ti? ''Na kho mayaṃ, āvuso, jānāmā''ti. Atha kho te corā – 'nevimesaṃ pānīyaṃ atthi, na paribhojanīyaṃ atthi, na aggi atthi, na araṇisahitaṃ atthi, na nakkhattapadāni jānanti, na disābhāgaṃ jānanti; corā ime, nayime bhikkhū'ti – ākoṭetvā pakkamiṃsu. Atha kho te bhikkhū bhikkhūnaṃ etamatthaṃ ārocesuṃ. Bhikkhū bhagavato etamatthaṃ ārocesuṃ. Atha kho Bhagavā etasmiṃ nidāne etasmiṃ pakaraṇe dhammiṃ kathaṃ katvā bhikkhū āmantesi –

368. ''Tena hi, bhikkhave, āraññikānaṃ bhikkhūnaṃ vattaṃ paññapessāmi yathā āraññikehi bhikkhūhi sammā vattitabbaṃ. Āraññikena, bhikkhave, bhikkhunā kālasseva uṭṭhāya pattaṃ thavikāya pakkhipitvā aṃse ālaggetvā cīvaraṃ khandhe karitvā upāhanā ārohitvā dārubhaṇḍaṃ mattikābhaṇḍaṃ paṭisāmetvā dvāravātapānaṃ thaketvā senāsanā otaritabbaṃ – idāni gāmaṃ pavisissāmīti. Upāhanā omuñcitvā nīcaṃ katvā papphoṭetvā thavikāya pakkhipitvā aṃse ālaggetvā timaṇḍalaṃ paṭicchādentena parimaṇḍalaṃ nivāsetvā kāyabandhanaṃ bandhitvā saguṇaṃ katvā saṅghāṭiyo pārupitvā gaṇṭhikaṃ paṭimuñcitvā dhovitvā pattaṃ gahetvā sādhukaṃ ataramānena gāmo pavisitabbo. Suppaṭicchannena antaraghare gantabbaṃ...pe... na khambhakatena antaraghare gantabbaṃ. Na oguṇṭhitena antaraghare gantabbaṃ. Na ukkuṭikāya antaraghare gantabbaṃ.

''Nivesanaṃ pavisantena sallakkhetabbaṃ – 'iminā pavisissāmi, iminā nikkhamissāmī'ti. Nātisahasā pavisitabbaṃ. Nātisahasā nikkhamitabbaṃ. Nātidūre ṭhātabbaṃ. Nāccāsanne ṭhātabbaṃ. Nāticiraṃ ṭhātabbaṃ. Nātilahuṃ nivattitabbaṃ. Ṭhitakena sallakkhetabbaṃ – 'bhikkhaṃ dātukāmā vā adātukāmā vā'ti. Sace kammaṃ vā nikkhipati, āsanā vā vuṭṭhāti, kaṭacchuṃ vā parāmasati, bhājanaṃ vā parāmasati, ṭhapeti vā – dātukāmassāti ṭhātabbaṃ. Bhikkhāya diyyamānāya vāmena hatthena saṅghāṭiṃ uccāretvā dakkhiṇena hatthena pattaṃ paṇāmetvā ubhohi hatthehi pattaṃ paṭiggahetvā bhikkhā paṭiggahetabbā. Na ca bhikkhādāyikāya mukhaṃ ulloketabbaṃ. Sallakkhetabbaṃ – 'sūpaṃ dātukāmā vā adātukāmā vā'ti. Sace kaṭacchu vā parāmasati, bhājanaṃ vā parāmasati, ṭhapeti vā – dātukāmassāti ṭhātabbaṃ. Bhikkhāya dinnāya saṅghāṭiyā pattaṃ paṭicchādetvā sādhukaṃ ataramānena nivattitabbaṃ.

''Suppaṭicchannena antaraghare gantabbaṃ...pe... na ukkuṭikāya antaraghare gantabbaṃ. Gāmato nikkhamitvā pattaṃ thavikāya pakkhipitvā aṃse ālaggetvā cīvaraṃ saṅgharitvā sīse karitvā upāhanā ārohitvā gantabbaṃ.

''Āraññikena, bhikkhave, bhikkhunā pānīyaṃ upaṭṭhāpetabbaṃ, paribhojanīyaṃ upaṭṭhāpetabbaṃ, aggi upaṭṭhāpetabbo, araṇisahitaṃ upaṭṭhāpetabbaṃ, kattaradaṇḍo upaṭṭhāpetabbo, nakkhattapadāni uggahetabbāni – sakalāni vā ekadesāni vā, disākusalena bhavitabbaṃ. Idaṃ kho, bhikkhave, āraññikānaṃ bhikkhūnaṃ vattaṃ yathā āraññikehi bhikkhūhi sammā vattitabba''nti.

8. Senāsanavattakathā

369. Tena kho pana samayena sambahulā bhikkhū ajjhokāse cīvarakammaṃ karonti. Chabbaggiyā bhikkhū paṭivāte aṅgaṇe [paṅgaṇe (sī. syā.)] senāsanaṃ papphoṭesuṃ. Bhikkhū rajena okiriṃsu. Ye te bhikkhū appicchā...pe... te ujjhāyanti khiyyanti vipācenti – ''kathañhi nāma chabbaggiyā bhikkhū paṭivāte aṅgaṇe senāsanaṃ papphoṭessanti! Bhikkhū rajena okiriṃsū''ti. Atha kho te bhikkhū bhagavato etamatthaṃ ārocesuṃ...pe... ''saccaṃ kira, bhikkhave, chabbaggiyā bhikkhū paṭivāte aṅgaṇe senāsanaṃ papphoṭenti, bhikkhū rajena okiriṃsū''ti? ''Saccaṃ Bhagavā''ti...pe... vigarahitvā...pe... dhammiṃ kathaṃ katvā bhikkhū āmantesi –

370. ''Tena hi, bhikkhave, bhikkhūnaṃ senāsanavattaṃ paññapessāmi yathā bhikkhūhi senāsane sammā vattitabbaṃ. Yasmiṃ vihāre viharati, sace so vihāro uklāpo hoti, sace ussahati, sodhetabbo. [mahāva. 66, 67; cūḷava. 357] Vihāraṃ sodhentena paṭhamaṃ pattacīvaraṃ nīharitvā ekamantaṃ nikkhipitabbaṃ; nisīdanapaccattharaṇaṃ nīharitvā ekamantaṃ nikkhipitabbaṃ; bhisibibbohanaṃ nīharitvā ekamantaṃ nikkhipitabbaṃ; mañco nīcaṃ katvā sādhukaṃ appaṭighaṃsantena, asaṅghaṭṭentena kavāṭapiṭṭhaṃ, nīharitvā ekamantaṃ nikkhipitabbo; pīṭhaṃ nīcaṃ katvā sādhukaṃ appaṭighaṃsantena, asaṅghaṭṭentena kavāṭapiṭṭhaṃ, nīharitvā ekamantaṃ nikkhipitabbaṃ; mañcapaṭipādakā nīharitvā ekamantaṃ nikkhipitabbā; kheḷamallako nīharitvā ekamantaṃ nikkhipitabbo; apassenaphalakaṃ nīharitvā ekamantaṃ nikkhipitabbaṃ; bhummattharaṇaṃ yathāpaññattaṃ sallakkhetvā nīharitvā ekamantaṃ nikkhipitabbaṃ. Sace vihāre santānakaṃ hoti, ullokā paṭhamaṃ ohāretabbaṃ, ālokasandhikaṇṇabhāgā

pamajjitabbā. Sace gerukaparikammakatā bhitti kaṇṇakitā hoti, coḷakaṃ temetvā pīḷetvā pamajjitabbā. Sace kāḷavaṇṇakatā bhūmi kaṇṇakitā hoti, coḷakaṃ temetvā pīḷetvā pamajjitabbā. Sace akatā hoti bhūmi, udakena paripphositvā pariphositvā sammajjitabbā – mā vihāro rajena uhaññīti. Saṅkāraṃ vicinitvā ekamantaṃ chaḍḍetabbaṃ.

"Na bhikkhusāmantā senāsanaṃ papphoṭetabbaṃ. Na vihārasāmantā senāsanaṃ papphoṭetabbaṃ. Na pānīyasāmantā senāsanaṃ papphoṭetabbaṃ. Na paribhojanīyasāmantā senāsanaṃ papphoṭetabbaṃ. Na paṭivāte aṅgaṇe senāsanaṃ papphoṭetabbaṃ. Adhovāte senāsanaṃ papphoṭetabbaṃ.

"Bhummattharaṇaṃ ekamantaṃ otāpetvā sodhetvā papphoṭetvā atiharitvā yathāpaññattaṃ paññapetabbaṃ. Mañcapaṭipādakā ekamantaṃ otāpetvā pamajjitvā atiharitvā yathāṭhāne ṭhapetabbā. Mañco ekamantaṃ otāpetvā sodhetvā papphoṭetvā nīcaṃ katvā sādhukaṃ appaṭighaṃsantena, asaṅghaṭṭentena kavāṭapiṭṭhaṃ, atiharitvā yathāpaññattaṃ paññapetabbo. Pīṭhaṃ ekamantaṃ otāpetvā sodhetvā papphoṭetvā nīcaṃ katvā sādhukaṃ appaṭighaṃsantena, asaṅghaṭṭentena kavāṭapiṭṭhaṃ, atiharitvā yathāpaññattaṃ paññapetabbaṃ. Bhisibibbohanaṃ ekamantaṃ otāpetvā sodhetvā papphoṭetvā atiharitvā yathāpaññattaṃ paññapetabbaṃ. Nisīdanapaccattharaṇaṃ ekamantaṃ otāpetvā sodhetvā papphoṭetvā atiharitvā yathāpaññattaṃ paññapetabbaṃ. Kheḷamallako ekamantaṃ otāpetvā pamajjitvā atiharitvā yathāṭhāne ṭhapetabbo. Apassenaphalakaṃ ekamantaṃ otāpetvā pamajjitvā atiharitvā yathāṭhāne ṭhapetabbaṃ. Pattacīvaraṃ nikkhipitabbaṃ. Pattaṃ nikkhipantena ekena hatthena pattaṃ gahetvā ekena hatthena heṭṭhāmañcaṃ vā heṭṭhāpīṭhaṃ vā parāmasitvā patto nikkhipitabbo. Na ca anantarahitāya bhūmiyā patto nikkhipitabbo. Cīvaraṃ nikkhipantena ekena hatthena cīvaraṃ gahetvā ekena hatthena cīvaravaṃsaṃ vā cīvararajju vā pamajjitvā pārato antaṃ orato bhogaṃ katvā cīvaraṃ nikkhipitabbaṃ.

"Sace puratthimā sarajā vātā vāyanti, puratthimā vātapānā thaketabbā. Sace pacchimā sarajā vātā vāyanti, pacchimā vātapānā thaketabbā. Sace uttarā sarajā vātā vāyanti uttarā vātapānā thaketabbā. Sace dakkhiṇā sarajā vātā vāyanti, dakkhiṇā vātapānā thaketabbā. Sace sītakālo hoti, divā vātapānā vivaritabbā, rattiṃ thaketabbā. Sace uṇhakālo hoti, divā vātapānā thaketabbā, rattiṃ vivaritabbā.

"Sace pariveṇaṃ uklāpaṃ hoti, pariveṇaṃ sammajjitabbaṃ. Sace koṭṭhako uklāpo hoti, koṭṭhako sammajjitabbo. Sace upaṭṭhānasālā uklāpā hoti, upaṭṭhānasālā sammajjitabbā. Sace aggisālā uklāpā hoti, aggisālā sammajjitabbā. Sace vaccakuṭi uklāpā hoti, vaccakuṭi sammajjitabbā. Sace pānīyaṃ na hoti, pānīyaṃ upaṭṭhāpetabbaṃ. Sace paribhojanīyaṃ na hoti, paribhojanīyaṃ upaṭṭhāpetabbaṃ. Sace ācamanakumbhiyā udakaṃ na hoti, ācamanakumbhiyā udakaṃ āsiñcitabbaṃ.

"Sace vuḍḍhena saddhiṃ ekavihāre viharati, na vuḍḍhaṃ anāpucchā uddeso dātabbo, na paripucchā dātabbā, na sajjhāyo kātabbo, na dhammo bhāsitabbo, na padīpo kātabbo, na padīpo vijjhāpetabbo, na vātapānā vivaritabbā, na vātapānā thaketabbā. Sace vuḍḍhena saddhiṃ ekacaṅkame caṅkamati, yena vuḍḍho tena parivattitabbaṃ, na ca vuḍḍho saṅghāṭikaṇṇena ghaṭṭetabbo. Idaṃ kho, bhikkhave, bhikkhūnaṃ senāsanavattaṃ yathā bhikkhūhi senāsane sammā vattitabba''nti.

9. Jantāgharavattakathā

371. Tena kho pana samayena chabbaggiyā bhikkhū jantāghare therehi bhikkhūhi nivāriyamānā anādariyaṃ paṭicca pahūtaṃ kaṭṭhaṃ āropetvā aggiṃ datvā dvāraṃ thaketvā dvāre nisīdanti. Bhikkhū [therā ca bhikkhū (syā. kaṃ.)] uṇhābhitattā dvāraṃ alabhamānā mucchitā papatanti. Ye te bhikkhū appicchā...pe... te ujjhāyanti khiyyanti vipācenti – "kathañhi nāma chabbaggiyā bhikkhū jantāghare therehi bhikkhūhi nivāriyamānā anādariyaṃ paṭicca pahūtaṃ kaṭṭhaṃ āropetvā aggiṃ datvā dvāraṃ thaketvā dvāre nisīdissanti! Bhikkhū uṇhābhitattā dvāraṃ alabhamānā mucchitā papatantī''ti. Atha kho te bhikkhū bhagavato etamatthaṃ ārocesuṃ...pe... "saccaṃ kira, bhikkhave, chabbaggiyā bhikkhū jantāghare therehi bhikkhūhi nivāriyamānā anādariyaṃ paṭicca pahūtaṃ kaṭṭhaṃ āropetvā aggiṃ datvā dvāraṃ thaketvā dvāre nisīdanti; bhikkhū uṇhābhitattā dvāraṃ alabhamānā mucchitā papatantī''ti? "Saccaṃ Bhagavā''ti...pe... vigarahitvā...pe... dhammiṃ kathaṃ katvā bhikkhū āmantesi – "na , bhikkhave, jantāghare therena bhikkhunā nivāriyamānena anādariyaṃ paṭicca pahūtaṃ kaṭṭhaṃ āropetvā aggi dātabbo. Yo dadeyya, āpatti dukkaṭassa. Na, bhikkhave, dvāraṃ thaketvā dvāre nisīditabbaṃ. Yo nisīdeyya, āpatti dukkaṭassa.

372. "Tena hi, bhikkhave, bhikkhūnaṃ jantāgharavattaṃ paññapessāmi yathā bhikkhūhi jantāghare sammā vattitabbaṃ. Yo paṭhamaṃ jantāgharaṃ gacchati, sace chārikā ussannā hoti, chārikā chaḍḍetabbā. Sace jantāgharaṃ uklāpaṃ hoti, jantāgharaṃ sammajjitabbaṃ. Sace paribhaṇḍaṃ uklāpaṃ hoti, paribhaṇḍaṃ sammajjitabbaṃ. Sace pariveṇaṃ uklāpaṃ hoti, pariveṇaṃ sammajjitabbaṃ. Sace koṭṭhako uklāpo hoti, koṭṭhako sammajjitabbo . Sace jantāgharasālā uklāpā hoti, jantāgharasālā sammajjitabbā.

"Cuṇṇaṃ sannetabbaṃ, mattikā temetabbā, udakadoṇikāya udakaṃ āsiñcitabbaṃ. Jantāgharaṃ pavisantena mattikāya mukhaṃ makkhetvā purato ca pacchato ca paṭicchādetvā jantāgharaṃ pavisitabbaṃ. Na there bhikkhū anupakhajja nisīditabbaṃ. Na navā bhikkhū āsanena paṭibāhitabbā. Sace ussahati, jantāghare therānaṃ bhikkhūnaṃ parikammaṃ kātabbaṃ. Jantāgharā nikkhamantena jantāgharapīṭhaṃ ādāya purato ca pacchato ca paṭicchādetvā jantāgharā nikkhamitabbaṃ. Sace ussahati, udakepi therānaṃ bhikkhūnaṃ parikammaṃ kātabbaṃ. Na therānaṃ bhikkhūnaṃ puratopi nahāyitabbaṃ, na uparitopi nahāyitabbaṃ. Nahātena uttarantena otarantānaṃ maggo dātabbo. Yo pacchā jantāgharā nikkhamati, sace jantāgharaṃ cikkhallaṃ hoti, dhovitabbaṃ. Mattikādoṇikaṃ dhovitvā jantāgharapīṭhaṃ paṭisāmetvā aggiṃ vijjhāpetvā dvāraṃ thaketvā pakkamitabbaṃ. Idaṃ kho, bhikkhave, bhikkhūnaṃ jantāgharavattaṃ yathā bhikkhūhi jantāghare sammā vattitabba''nti.

10. Vaccakuṭivattakathā

373. Tena kho pana samayena aññataro bhikkhu brāhmaṇajātiko vaccaṃ katvā na icchati ācametuṃ – ko imaṃ vasalaṃ duggandhaṃ āmasissatīti [ācamissatīti (ka.)]. Tassa vaccamagge kimi saṇṭhāti. Atha kho so bhikkhu bhikkhūnaṃ etamatthaṃ ārocesi. ''Kiṃ pana tvaṃ, āvuso, vaccaṃ katvā na ācamesī''ti? ''Evamāvuso''ti. Ye te bhikkhū appicchā...pe... te ujjhāyanti khiyyanti vipācenti – ''kathañhi nāma bhikkhu vaccaṃ katvā na ācamessatī''ti! Atha kho te bhikkhū bhagavato etamatthaṃ ārocesuṃ...pe... ''saccaṃ kira tvaṃ, bhikkhu, vaccaṃ katvā na ācamesī''ti? ''Saccaṃ Bhagavā''ti...pe... vigarahitvā...pe... dhammiṃ kathaṃ katvā bhikkhū āmantesi – ''na, bhikkhave, vaccaṃ katvā sati udake nācametabbaṃ. Yo nācameyya, āpatti dukkaṭassā''ti.

Tena kho pana samayena bhikkhū vaccakuṭiyā yathāvuḍḍhaṃ vaccaṃ karonti. Navakā bhikkhū paṭhamataraṃ āgantvā vaccitā āgamenti. Te vaccaṃ sandhārentā mucchitā papatanti. Bhagavato etamatthaṃ ārocesuṃ...pe... saccaṃ kira bhikkhave...pe... saccaṃ Bhagavāti...pe... ''na, bhikkhave, vaccakuṭiyā yathāvuḍḍhaṃ vacco kātabbo. Yo kareyya, āpatti dukkaṭassa. Anujānāmi, bhikkhave, āgatapaṭipāṭiyā vaccaṃ kātu''nti.

Tena kho pana samayena chabbaggiyā bhikkhū atisahasāpi vaccakuṭiṃ pavisanti, ubbhajitvāpi [ubbhujjitvāpi (sī.), ubbhujitvā (syā.)] pavisanti, nitthunantāpi vaccaṃ karonti, dantakaṭṭhaṃ khādantāpi vaccaṃ karonti, bahiddhāpi vaccadoṇikāya vaccaṃ karonti, bahiddhāpi passāvadoṇikāya passāvaṃ karonti, passāvadoṇikāyapi kheḷaṃ karonti, pharusenapi kaṭṭhena avalekhanti, avalekhanakaṭṭhampi vaccakūpamhi pātenti, atisahasāpi nikkhamanti, ubbhajitvāpi nikkhamanti, capucapukārakampi ācamenti, ācamanasarāvakepi udakaṃ sesenti. Ye te bhikkhū appicchā...pe... te ujjhāyanti khiyyanti vipācenti – ''kathañhi nāma chabbaggiyā bhikkhū atisahasāpi vaccakuṭiṃ pavisissanti, ubbhajitvāpi pavisissanti, nitthunantāpi vaccaṃ karissanti, dantakaṭṭhaṃ khādantāpi vaccaṃ karissanti, bahiddhāpi vaccadoṇikāya vaccaṃ karissanti, bahiddhāpi passāvadoṇikāya passāvaṃ karissanti, passāvadoṇikāyapi kheḷaṃ karissanti, pharusenapi kaṭṭhena avalekhissanti, avalekhanakaṭṭhampi vaccakūpamhi pātessanti, atisahasāpi nikkhamissanti, ubbhajitvāpi nikkhamissanti, capucapukārakampi ācamessanti, ācamanasarāvakepi udakaṃ sesessantī''ti! Atha kho te bhikkhū bhagavato etamatthaṃ ārocesuṃ...pe... saccaṃ kira, bhikkhave...pe... saccaṃ Bhagavāti...pe... vigarahitvā...pe... dhammiṃ kathaṃ katvā bhikkhū āmantesi –

374. ''Tena hi, bhikkhave, bhikkhūnaṃ vaccakuṭivattaṃ paññapessāmi yathā bhikkhūhi vaccakuṭiyā sammā vattitabbaṃ. Yo vaccakuṭiṃ gacchati tena bahi ṭhitena [bahi ṭhitena (sī. ka.)] ukkāsitabbaṃ. Anto nisinnenapi ukkāsitabbaṃ. Cīvaravaṃse vā cīvararajjuyā vā cīvaraṃ nikkhipitvā sādhukaṃ ataramānena vaccakuṭī pavisitabbā. Nātisahasā pavisitabbā. Na ubbhajitvā pavisitabbā. Vaccapādukāya ṭhitena ubbhajitabbaṃ. Na nitthunantena vacco kātabbo. Na dantakaṭṭhaṃ khādantena vacco kātabbo. Na bahiddhā vaccadoṇikāya vacco kātabbo. Na bahiddhā passāvadoṇikāya passāvo kātabbo. Na passāvadoṇikāya kheḷo kātabbo. Na pharusena kaṭṭhena avalekhitabbaṃ. Na avalekhanakaṭṭhaṃ vaccakūpamhi pātetabbaṃ. Vaccapādukāya ṭhitena paṭicchādetabbaṃ. Nātisahasā nikkhamitabbaṃ. Na ubbhajitvā nikkhamitabbaṃ. Ācamanapādukāya ṭhitena ubbhajitabbaṃ. Na capucapukārakaṃ ācametabbaṃ. Na ācamanasarāvake udakaṃ sesetabbaṃ. Ācamanapādukāya ṭhitena paṭicchādetabbaṃ.

''Sace vaccakuṭi uhatā [ūhatā (sī. syā.)] hoti, dhovitabbā. Sace avalekhanapidharo pūro hoti, avalekhanakaṭṭhaṃ chaḍḍetabbaṃ. Sace vaccakuṭi uklāpā hoti, vaccakuṭi sammajjitabbā. Sace paribhaṇḍaṃ uklāpaṃ hoti, paribhaṇḍaṃ sammajjitabbaṃ. Sace pariveṇaṃ uklāpaṃ hoti, pariveṇaṃ sammajjitabbaṃ . Sace koṭṭhako uklāpo hoti, koṭṭhako sammajjitabbo. Sace ācamanakumbhiyā udakaṃ na hoti, ācamanakumbhiyā udakaṃ āsiñcitabbaṃ . Idaṃ kho, bhikkhave, bhikkhūnaṃ vaccakuṭivattaṃ yathā bhikkhūhi vaccakuṭiyā sammā vattitabba''nti.

11. Upajjhāyavattakathā

375. Tena kho pana samayena saddhivihārikā upajjhāyesu na sammā vattanti. Ye te bhikkhū appicchā...pe... te ujjhāyanti khiyyanti vipācenti – ''kathañhi nāma saddhivihārikā upajjhāyesu na sammā vattissantī''ti! Atha kho te bhikkhū bhagavato etamatthaṃ ārocesuṃ...pe... ''saccaṃ kira, bhikkhave, saddhivihārikā upajjhāyesu na sammā vattantī''ti? ''Saccaṃ Bhagavā''ti vigarahi buddho Bhagavā...pe... ''kathañhi nāma, bhikkhave, saddhivihārikā upajjhāyesu na sammā vattissanti! Netaṃ, bhikkhave, appasannānaṃ vā pasādāya...pe... vigarahitvā...pe... dhammiṃ kathaṃ katvā bhikkhū āmantesi –

376. ''Tena hi, bhikkhave, saddhivihārikānaṃ upajjhāyesu vattaṃ paññapessāmi yathā saddhivihārikehi upajjhāyesu sammā vattitabbaṃ. [mahāva. 66]Saddhivihārikena, bhikkhave, upajjhāyamhi sammā vattitabbaṃ. Tatrāyaṃ sammāvattanā –

"Kālasseva uṭṭhāya upāhanā omuñcitvā ekaṃsaṃ uttarāsaṅgaṃ karitvā dantakaṭṭhaṃ dātabbaṃ, mukhodakaṃ dātabbaṃ, āsanaṃ paññapetabbaṃ. Sace yāgu hoti, bhājanaṃ dhovitvā yāgu upanāmetabbā. Yāguṃ pītassa udakaṃ datvā bhājanaṃ paṭiggahetvā nīcaṃ katvā sādhukaṃ appaṭighaṃsantena dhovitvā paṭisāmetabbaṃ. Upajjhāyamhi vuṭṭhite āsanaṃ uddharitabbaṃ. Sace so deso uklāpo hoti , so deso sammajjitabbo.

"Sace upajjhāyo gāmaṃ pavisitukāmo hoti, nivāsanaṃ dātabbaṃ, paṭinivāsanaṃ paṭiggahetabbaṃ, kāyabandhanaṃ dātabbaṃ, saguṇaṃ katvā saṅghāṭiyo dātabbā, dhovitvā patto sodako [saudako (ka.)] dātabbo. Sace upajjhāyo pacchāsamaṇaṃ ākaṅkhati, timaṇḍalaṃ paṭicchādentena parimaṇḍalaṃ nivāsetvā kāyabandhanaṃ bandhitvā saguṇaṃ katvā saṅghāṭiyo pārupitvā gaṇṭhikaṃ paṭimuñcitvā dhovitvā pattaṃ gahetvā upajjhāyassa pacchāsamaṇena hotabbaṃ. Nātidūre gantabbaṃ, nāccāsanne gantabbaṃ , pattapariyāpannaṃ paṭiggahetabbaṃ. Na upajjhāyassa bhaṇamānassa antarantarā kathā opātetabbā. Upajjhāyo āpattisāmantā bhaṇamāno nivāretabbo.

"Nivattantena paṭhamataraṃ āgantvā āsanaṃ paññapetabbaṃ, pādodakaṃ pādapīṭhaṃ pādakathalikaṃ upanikkhipitabbaṃ, paccuggantvā pattacīvaraṃ paṭiggahetabbaṃ, paṭinivāsanaṃ dātabbaṃ, nivāsanaṃ paṭiggahetabbaṃ. Sace cīvaraṃ sinnaṃ hoti, muhuttaṃ uṇhe otāpetabbaṃ, na ca uṇhe cīvaraṃ nidahitabbaṃ. Cīvaraṃ saṅgharitabbaṃ. Cīvaraṃ saṅgharantena caturaṅgulaṃ kaṇṇaṃ ussāretvā cīvaraṃ saṅgharitabbaṃ – mā majjhe bhaṅgo ahosīti. Obhoge kāyabandhanaṃ kātabbaṃ.

"Sace piṇḍapāto hoti, upajjhāyo ca bhuñjitukāmo hoti, udakaṃ datvā piṇḍapāto upanāmetabbo. Upajjhāyo pānīyena pucchitabbo. Bhuttāvissa udakaṃ datvā pattaṃ paṭiggahetvā nīcaṃ katvā sādhukaṃ appaṭighaṃsantena dhovitvā vodakaṃ katvā muhuttaṃ uṇhe otāpetabbo. Na ca uṇhe patto nidahitabbo. Pattacīvaraṃ nikkhipitabbaṃ. Pattaṃ nikkhipantena ekena hatthena pattaṃ gahetvā ekena hatthena heṭṭhāmañcaṃ vā heṭṭhāpīṭhaṃ vā parāmasitvā patto nikkhipitabbo. Na ca anantarahitāya bhūmiyā patto nikkhipitabbo. Cīvaraṃ nikkhipantena ekena hatthena cīvaraṃ gahetvā ekena hatthena cīvaravaṃsaṃ vā cīvararajjuṃ vā pamajjitvā pārato antaṃ orato bhogaṃ katvā cīvaraṃ nikkhipitabbaṃ. Upajjhāyamhi vuṭṭhite āsanaṃ uddharitabbaṃ, pādodakaṃ pādapīṭhaṃ pādakathalikaṃ paṭisāmetabbaṃ. Sace so deso uklāpo hoti, so deso sammajjitabbo.

"Sace upajjhāyo nahāyitukāmo hoti, nahānaṃ paṭiyādetabbaṃ. Sace sītena attho hoti, sītaṃ paṭiyādetabbaṃ. Sace uṇhena attho hoti, uṇhaṃ paṭiyādetabbaṃ.

"Sace upajjhāyo jantāgharaṃ pavisitukāmo hoti, cuṇṇaṃ sannetabbaṃ, mattikā temetabbā, jantāgharapīṭhaṃ ādāya upajjhāyassa piṭṭhito piṭṭhito gantvā jantāgharapīṭhaṃ datvā cīvaraṃ paṭiggahetvā ekamantaṃ nikkhipitabbaṃ, cuṇṇaṃ dātabbaṃ, mattikā dātabbā. Sace ussahati, jantāgharaṃ pavisitabbaṃ. Jantāgharaṃ pavisantena mattikāya mukhaṃ makkhetvā purato ca pacchato ca paṭicchādetvā jantāgharaṃ pavisitabbaṃ. Na there bhikkhū anupakhajja nisīditabbaṃ. Na navā bhikkhū āsanena paṭibāhitabbā. Jantāghare upajjhāyassa parikammaṃ kātabbaṃ. Jantāgharā nikkhamantena jantāgharapīṭhaṃ ādāya purato ca pacchato ca paṭicchādetvā jantāgharā nikkhamitabbaṃ.

"Udakepi upajjhāyassa parikammaṃ kātabbaṃ. Nahātena paṭhamataraṃ uttaritvā attano gattaṃ vodakaṃ katvā nivāsetvā upajjhāyassa gattato udakaṃ pamajjitabbaṃ, nivāsanaṃ dātabbaṃ, saṅghāṭi dātabbā, jantāgharapīṭhaṃ ādāya paṭhamataraṃ āgantvā āsanaṃ paññapetabbaṃ, pādodakaṃ pādapīṭhaṃ pādakathalikaṃ upanikkhipitabbaṃ. Upajjhāyo pānīyena pucchitabbo. Sace uddisāpetukāmo hoti, uddisitabbo. Sace paripucchitukāmo hoti, paripucchitabbo.

"Yasmiṃ vihāre upajjhāyo viharati, sace so vihāro uklāpo hoti, sace ussahati, sodhetabbo. Vihāraṃ sodhentena paṭhamaṃ pattacīvaraṃ nīharitvā ekamantaṃ nikkhipitabbaṃ; nisīdanapaccattharaṇaṃ nīharitvā ekamantaṃ nikkhipitabbaṃ; bhisibibbohanaṃ nīharitvā ekamantaṃ nikkhipitabbaṃ; mañco nīcaṃ katvā sādhukaṃ appaṭighaṃsantena , asaṅghaṭṭentena kavāṭapiṭṭhaṃ, nīharitvā ekamantaṃ nikkhipitabbo; pīṭhaṃ nīcaṃ katvā sādhukaṃ appaṭighaṃsantena, asaṅghaṭṭentena kavāṭapiṭṭhaṃ, nīharitvā ekamantaṃ nikkhipitabbaṃ; mañcapaṭipādakā nīharitvā ekamantaṃ nikkhipitabbā; kheḷamallako nīharitvā ekamantaṃ nikkhipitabbo; apassenaphalakaṃ nīharitvā ekamantaṃ nikkhipitabbaṃ; bhūmattharaṇaṃ yathāpaññattaṃ sallakkhetvā nīharitvā ekamantaṃ nikkhipitabbaṃ. Sace vihāre santānakaṃ hoti, ullokā paṭhamaṃ ohāretabbaṃ, ālokasandhikaṇṇabhāgā pamajjitabbā. Sace gerukaparikammakatā bhitti kaṇṇakitā hoti, coḷakaṃ temetvā pīḷetvā pamajjitabbā. Sace kāḷavaṇṇakatā bhūmi kaṇṇakitā hoti, coḷakaṃ temetvā pīḷetvā pamajjitabbā. Sace akatā hoti bhūmi, udakena paripphositvā pariphositvā sammajjitabbā – mā vihāro rajena uhaññīti. Saṅkāraṃ vicinitvā ekamantaṃ chaḍḍetabbaṃ.

"Bhūmattharaṇaṃ otāpetvā sodhetvā papphoṭetvā atiharitvā yathāpaññattaṃ paññapetabbaṃ. Mañcapaṭipādakā otāpetvā pamajjitvā atiharitvā yathāṭhāne ṭhapetabbā. Mañco otāpetvā sodhetvā papphoṭetvā nīcaṃ katvā sādhukaṃ appaṭighaṃsantena, asaṅghaṭṭentena kavāṭapiṭṭhaṃ, atiharitvā yathāpaññattaṃ paññapetabbo. Pīṭhaṃ otāpetvā sodhetvā papphoṭetvā nīcaṃ katvā sādhukaṃ appaṭighaṃsantena, asaṅghaṭṭentena kavāṭapiṭṭhaṃ, atiharitvā yathāpaññattaṃ paññapetabbaṃ. Bhisibibbohanaṃ otāpetvā sodhetvā papphoṭetvā atiharitvā yathāpaññattaṃ paññapetabbaṃ.

Nisīdanapaccattharaṇaṃ otāpetvā sodhetvā papphoṭetvā atiharitvā yathāpaññattaṃ paññapetabbaṃ. Kheḷamallako otāpetvā pamajjitvā atiharitvā yathāṭhāne ṭhapetabbo. Apassenaphalakaṃ otāpetvā pamajjitvā atiharitvā yathāṭhāne ṭhapetabbaṃ. Pattacīvaraṃ nikkhipitabbaṃ. Pattaṃ nikkhipantena ekena hatthena pattaṃ gahetvā ekena hatthena heṭṭhāmañcaṃ vā heṭṭhāpīṭhaṃ vā parāmasitvā patto nikkhipitabbo. Na ca anantarahitāya bhūmiyā patto nikkhipitabbo. Cīvaraṃ nikkhipantena ekena hatthena cīvaraṃ gahetvā ekena hatthena cīvaravaṃsaṃ vā cīvararajjuṃ vā pamajjitvā pārato antaṃ orato bhogaṃ katvā cīvaraṃ nikkhipitabbaṃ.

''Sace puratthimā sarajā vātā vāyanti, puratthimā vātapānā thaketabbā. Sace pacchimā sarajā vātā vāyanti, pacchimā vātapānā thaketabbā. Sace uttarā sarajā vātā vāyanti, uttarā vātapānā thaketabbā. Sace dakkhiṇā sarajā vātā vāyanti, dakkhiṇā vātapānā thaketabbā. Sace sītakālo hoti, divā vātapānā vivaritabbā, rattiṃ thaketabbā. Sace uṇhakālo hoti, divā vātapānā thaketabbā, rattiṃ vivaritabbā.

''Sace pariveṇaṃ uklāpaṃ hoti, pariveṇaṃ sammajjitabbaṃ. Sace koṭṭhako uklāpo hoti, koṭṭhako sammajjitabbo. Sace upaṭṭhānasālā uklāpā hoti, upaṭṭhānasālā sammajjitabbā. Sace aggisālā uklāpā hoti, aggisālā sammajjitabbā. Sace vaccakuṭi uklāpā hoti, vaccakuṭi sammajjitabbā. Sace pānīyaṃ na hoti, pānīyaṃ upaṭṭhāpetabbaṃ. Sace paribhojanīyaṃ na hoti, paribhojanīyaṃ upaṭṭhāpetabbaṃ. Sace ācamanakumbhiyā udakaṃ na hoti, ācamanakumbhiyā udakaṃ āsiñcitabbaṃ.

''Sace upajjhāyassa anabhirati uppannā hoti, saddhivihārikena vūpakāsetabbo, vūpakāsāpetabbo, dhammakathā vāssa kātabbā. Sace upajjhāyassa kukkuccaṃ uppannaṃ hoti, saddhivihārikena vinodetabbaṃ, vinodāpetabbaṃ, dhammakathā vāssa kātabbā. Sace upajjhāyassa diṭṭhigataṃ uppannaṃ hoti, saddhivihārikena vivecetabbaṃ, vivecāpetabbaṃ, dhammakathā vāssa kātabbā. Sace upajjhāyo garudhammaṃ ajjhāpanno hoti parivāsāraho, saddhivihārikena ussukkaṃ kātabbaṃ – kinti nu kho saṅgho upajjhāyassa parivāsaṃ dadeyyāti. Sace upajjhāyo mūlāyapaṭikassanāraho hoti, saddhivihārikena ussukkaṃ kātabbaṃ – kinti nu kho saṅgho upajjhāyaṃ mūlāya paṭikasseyyāti. Sace upajjhāyo mānattāraho hoti, saddhivihārikena ussukkaṃ kātabbaṃ – kinti nu kho saṅgho upajjhāyassa mānattaṃ dadeyyāti. Sace upajjhāyo abbhānāraho hoti, saddhivihārikena ussukkaṃ kātabbaṃ – kinti nu kho saṅgho upajjhāyaṃ abbheyyāti. Sace saṅgho upajjhāyassa kammaṃ kattukāmo hoti, tajjanīyaṃ vā niyassaṃ vā pabbājanīyaṃ vā paṭisāraṇīyaṃ vā ukkhepanīyaṃ vā, saddhivihārikena ussukkaṃ kātabbaṃ – kinti nu kho saṅgho upajjhāyassa kammaṃ na kareyya, lahukāya vā pariṇāmeyyāti. Kataṃ vā panassa hoti saṅghena kammaṃ, tajjanīyaṃ vā niyassaṃ vā pabbājanīyaṃ vā paṭisāraṇīyaṃ vā ukkhepanīyaṃ vā, saddhivihārikena ussukkaṃ kātabbaṃ – kinti nu kho upajjhāyo sammā vatteyya, lomaṃ pāteyya, netthāraṃ vatteyya, saṅgho taṃ kammaṃ paṭippassambheyyāti.

''Sace upajjhāyassa cīvaraṃ dhovitabbaṃ hoti , saddhivihārikena dhovitabbaṃ, ussukkaṃ vā kātabbaṃ – kinti nu kho upajjhāyassa cīvaraṃ dhoviyethāti. Sace upajjhāyassa cīvaraṃ kātabbaṃ hoti, saddhivihārikena kātabbaṃ, ussukkaṃ vā kātabbaṃ – kinti nu kho upajjhāyassa cīvaraṃ kariyethāti. Sace upajjhāyassa rajanā pacitabbā hoti, saddhivihārikena pacitabbā, ussukkaṃ vā kātabbaṃ – kinti nu kho upajjhāyassa rajanaṃ paciyethāti. Sace upajjhāyassa cīvaraṃ rajitabbaṃ [rajetabbaṃ (syā.)] hoti, saddhivihārikena rajitabbaṃ, ussukkaṃ vā kātabbaṃ – kinti nu kho upajjhāyassa cīvaraṃ rajiyethāti. Cīvaraṃ rajantena [rajentena (syā.)] sādhukaṃ samparivattakaṃ samparivattakaṃ rajitabbaṃ, na ca acchinne theve pakkamitabbaṃ.

''Na upajjhāyaṃ anāpucchā ekaccassa patto dātabbo, na ekaccassa patto paṭiggahetabbo; na ekaccassa cīvaraṃ dātabbaṃ, na ekaccassa cīvaraṃ paṭiggahetabbaṃ; na ekaccassa parikkhāro dātabbo, na ekaccassa parikkhāro paṭiggahetabbo; na ekaccassa kesā chedetabbā [chettabbā (sī.), cheditabbā (ka.)], na ekaccena kesā chedāpetabbā; na ekaccassa parikammaṃ kātabbaṃ, na ekaccena parikammaṃ kārāpetabbaṃ; na ekaccassa veyyāvacco[veyyāvaccaṃ (ka.)] kātabbo, na ekaccena veyyāvacco kārāpetabbo; na ekaccassa pacchāsamaṇena hotabbaṃ, na ekacco pacchāsamaṇo ādātabbo; na ekaccassa piṇḍapāto nīharitabbo, na ekaccena piṇḍapāto nīharāpetabbo; na upajjhāyaṃ anāpucchā gāmo pavisitabbo; na susānaṃ gantabbaṃ; na disā pakkamitabbā. Sace upajjhāyo gilāno hoti, yāvajīvaṃ upaṭṭhātabbo , vuṭṭhānamassa āgametabbaṃ. Idaṃ kho, bhikkhave, saddhivihārikānaṃ upajjhāyesu vattaṃ yathā saddhivihārikehi upajjhāyesu sammā vattitabba''nti.

12. Saddhivihārikavattakathā

377. Tena kho pana samayena upajjhāyā saddhivihārikesu na sammā vattanti. Ye te bhikkhū appicchā...pe... te ujjhāyanti khiyyanti vipācenti – ''kathañhi nāma upajjhāyā saddhivihārikesu na sammā vattissantī''ti! Atha kho te bhikkhū bhagavato etamatthaṃ ārocesuṃ...pe... ''saccaṃ kira, bhikkhave, upajjhāyā saddhivihārikesu na sammā vattantī''ti? ''Saccaṃ Bhagavā''ti...pe... vigarahitvā...pe... dhammiṃ kathaṃ katvā bhikkhū āmantesi –

378. ''Tena hi, bhikkhave, upajjhāyānaṃ saddhivihārikesu vattaṃ paññapessāmi yathā upajjhāyehi saddhivihārikesu sammā vattitabbaṃ. [mahāva. 67]Upajjhāyena, bhikkhave, saddhivihārikamhi sammā vattitabbaṃ . Tatrāyaṃ sammāvattanā –

''Upajjhāyena, bhikkhave, saddhivihāriko saṅgahetabbo anuggahetabbo uddesena paripucchāya ovādena anusāsaniyā. Sace upajjhāyassa patto hoti, saddhivihārikassa patto na hoti, upajjhāyena saddhivihārikassa patto dātabbo, ussukkaṃ vā kātabbaṃ – kinti nu kho saddhivihārikassa patto uppajjiyethāti. Sace upajjhāyassa cīvaraṃ hoti, saddhivihārikassa cīvaraṃ na hoti, upajjhāyena saddhivihārikassa cīvaraṃ dātabbaṃ, ussukkaṃ vā kātabbaṃ – kinti nu kho saddhivihārikassa cīvaraṃ uppajjiyethāti. Sace upajjhāyassa parikkhāro hoti, saddhivihārikassa parikkhāro na hoti, upajjhāyena saddhivihārikassa parikkhāro dātabbo, ussukkaṃ vā kātabbaṃ – kinti nu kho saddhivihārikassa parikkhāro uppajjiyethāti.

"Sace saddhivihāriko gilāno hoti, kālasseva uṭṭhāya dantakaṭṭhaṃ dātabbaṃ, mukhodakaṃ dātabbaṃ, āsanaṃ paññapetabbaṃ. Sace yāgu hoti, bhājanaṃ dhovitvā yāgu upanāmetabbā. Yāguṃ pītassa udakaṃ datvā bhājanaṃ paṭiggahetvā nīcaṃ katvā sādhukaṃ appaṭighaṃsantena dhovitvā paṭisāmetabbaṃ. Saddhivihārikamhi vuṭṭhite āsanaṃ uddharitabbaṃ. Sace so deso uklāpo hoti, so deso sammajjitabbo.

"Sace saddhivihāriko gāmaṃ pavisitukāmo hoti, nivāsanaṃ dātabbaṃ, paṭinivāsanaṃ paṭiggahetabbaṃ , kāyabandhanaṃ dātabbaṃ, saguṇaṃ katvā saṅghāṭiyo dātabbā , dhovitvā patto sodako dātabbo.

"Ettāvatā nivattissatīti āsanaṃ paññapetabbaṃ, pādodakaṃ pādapīṭhaṃ pādakathalikaṃ upanikkhipitabbaṃ, paccuggantvā pattacīvaraṃ paṭiggahetabbaṃ, paṭinivāsanaṃ dātabbaṃ, nivāsanaṃ paṭiggahetabbaṃ. Sace cīvaraṃ sinnaṃ hoti, muhuttaṃ uṇhe otāpetabbaṃ, na ca uṇhe cīvaraṃ nidahitabbaṃ. Cīvaraṃ saṅgharitabbaṃ. Cīvaraṃ saṅgharantena caturaṅgulaṃ kaṇṇaṃ ussāretvā cīvaraṃ saṅgharitabbaṃ – mā majjhe bhaṅgo ahosīti. Obhoge kāyabandhanaṃ kātabbaṃ.

"Sace piṇḍapāto hoti, saddhivihāriko ca bhuñjitukāmo hoti, udakaṃ datvā piṇḍapāto upanāmetabbo. Saddhivihāriko pānīyena pucchitabbo. Bhuttāvissa udakaṃ datvā pattaṃ paṭiggahetvā nīcaṃ katvā sādhukaṃ appaṭighaṃsantena dhovitvā vodakaṃ katvā muhuttaṃ uṇhe otāpetabbo, na ca uṇhe patto nidahitabbo. Pattacīvaraṃ nikkhipitabbaṃ. Pattaṃ nikkhipantena ekena hatthena pattaṃ gahetvā ekena hatthena heṭṭhāmañcaṃ vā heṭṭhāpīṭhaṃ vā parāmasitvā patto nikkhipitabbo. Na ca anantarahitāya bhūmiyā patto nikkhipitabbo. Cīvaraṃ nikkhipantena ekena hatthena cīvaraṃ gahetvā ekena hatthena cīvaravaṃsaṃ vā cīvararajjuṃ vā pamajjitvā pārato antaṃ orato bhogaṃ katvā cīvaraṃ nikkhipitabbaṃ. Saddhivihārikamhi vuṭṭhite āsanaṃ uddharitabbaṃ, pādodakaṃ pādapīṭhaṃ pādakathalikaṃ paṭisāmetabbaṃ. Sace so deso uklāpo hoti, so deso sammajjitabbo .

"Sace saddhivihāriko nahāyitukāmo hoti, nahānaṃ paṭiyādetabbaṃ. Sace sītena attho hoti, sītaṃ paṭiyādetabbaṃ. Sace uṇhena attho hoti, uṇhaṃ paṭiyādetabbaṃ.

"Sace saddhivihāriko jantāgharaṃ pavisitukāmo hoti, cuṇṇaṃ sannetabbaṃ, mattikā temetabbā, jantāgharapīṭhaṃ ādāya [ādāya saddhivihārikassa piṭṭhito piṭṭhito (ka.)] gantvā jantāgharapīṭhaṃ datvā cīvaraṃ paṭiggahetvā ekamantaṃ nikkhipitabbaṃ, cuṇṇaṃ dātabbaṃ, mattikā dātabbā. Sace ussahati jantāgharaṃ pavisitabbaṃ. Jantāgharaṃ pavisantena mattikāya mukhaṃ makkhetvā purato ca pacchato ca paṭicchādetvā jantāgharaṃ pavisitabbaṃ. Na there bhikkhū anupakhajja nisīditabbaṃ, na navā bhikkhū āsanena paṭibāhitabbā. Jantāghare saddhivihārikassa parikammaṃ kātabbaṃ. Jantāgharā nikkhamantena jantāgharapīṭhaṃ ādāya purato ca pacchato ca paṭicchādetvā jantāgharā nikkhamitabbaṃ.

"Udakepi saddhivihārikassa parikammaṃ kātabbaṃ. Nahātena paṭhamataraṃ uttaritvā attano gattaṃ vodakaṃ katvā nivāsetvā saddhivihārikassa gattato udakaṃ pamajjitabbaṃ, nivāsanaṃ dātabbaṃ, saṅghāṭi dātabbā, jantāgharapīṭhaṃ ādāya paṭhamataraṃ āgantvā āsanaṃ paññapetabbaṃ, pādodakaṃ pādapīṭhaṃ pādakathalikaṃ upanikkhipitabbaṃ. Saddhivihāriko pānīyena pucchitabbo.

"Yasmiṃ vihāre saddhivihāriko viharati, sace so vihāro uklāpo hoti, sace ussahati, sodhetabbo. Vihāraṃ sodhentena paṭhamaṃ pattacīvaraṃ nīharitvāekamantaṃ nikkhipitabbaṃ...pe... sace ācamanakumbhiyā udakaṃ na hoti, ācamanakumbhiyā udakaṃ āsiñcitabbaṃ.

"Sace saddhivihārikassa anabhirati uppannā hoti, upajjhāyena vūpakāsetabbo, vūpakāsāpetabbo, dhammakathā vāssa kātabbā. Sace saddhivihārikassa kukkuccaṃ uppannaṃ hoti, upajjhāyena vinodetabbaṃ, vinodāpetabbaṃ, dhammakathā vāssa kātabbā. Sace saddhivihārikassa diṭṭhigataṃ uppannaṃ hoti, upajjhāyena vivecetabbaṃ, vivecāpetabbaṃ, dhammakathā vāssa kātabbā. Sace saddhivihāriko garudhammaṃ ajjhāpanno hoti parivāsāraho, upajjhāyena ussukkaṃ kātabbaṃ – kinti nu kho saṅgho saddhivihārikassa parivāsaṃ dadeyyāti. Sace saddhivihāriko mūlāyapaṭikassanāraho hoti, upajjhāyena ussukkaṃ kātabbaṃ – kinti nu kho saṅgho saddhivihārikaṃ mūlāya paṭikasseyyāti. Sace saddhivihāriko mānattāraho hoti, upajjhāyena ussukkaṃ kātabbaṃ – kinti nu kho saṅgho saddhivihārikassa mānattaṃ dadeyyāti. Sace saddhivihāriko abbhānāraho hoti, upajjhāyena ussukkaṃ kātabbaṃ – kinti nu kho saṅgho saddhivihārikaṃ abbheyyāti. Sace saṅgho saddhivihārikassa kammaṃ kattukāmo hoti, tajjanīyaṃ vā niyassaṃ vā pabbājanīyaṃ vā paṭisāraṇīyaṃ vā ukkhepanīyaṃ vā, upajjhāyena ussukkaṃ kātabbaṃ – kinti nu kho saṅgho saddhivihārikassa kammaṃ na kareyya, lahukāya vā pariṇāmeyyāti. Kataṃ vā panassa hoti saṅghena kammaṃ, tajjanīyaṃ vā niyassaṃ vā pabbājanīyaṃ vā paṭisāraṇīyaṃ vā, ukkhepanīyaṃ vā, upajjhāyena ussukkaṃ kātabbaṃ – kinti nu kho saddhivihāriko sammā vatteyya lomaṃ pāteyya, netthāraṃ vatteyya, saṅgho taṃ kammaṃ paṭippassambheyyāti.

"Sace saddhivihārikassa cīvaraṃ dhovitabbaṃ hoti, upajjhāyena ācikkhitabbaṃ – evaṃ dhoveyyāsīti, ussukkaṃ vā kātabbaṃ – kinti nu kho saddhivihārikassa cīvaraṃ dhoviyethāti. Sace saddhivihārikassa cīvaraṃ kātabbaṃ hoti, upajjhāyena ācikkhitabbaṃ – evaṃ kareyyāsīti, ussukkaṃ vā kātabbaṃ – kinti nu kho saddhivihārikassa cīvaraṃ kariyethāti. Sace saddhivihārikassa rajanaṃ pacitabbaṃ hoti, upajjhāyena ācikkhitabbaṃ – evaṃ paceyyāsīti, ussukkaṃ vā kātabbaṃ – kinti nu kho saddhivihārikassa rajanaṃ paciyethāti. Sace saddhivihārikassa cīvaraṃ rajitabbaṃ hoti, upajjhāyena ācikkhitabbaṃ – evaṃ rajeyyāsīti, ussukkaṃ vā kātabbaṃ – kinti nu kho saddhivihārikassa cīvaraṃ rajiyethāti. Cīvaraṃ rajantena sādhukaṃ samparivattakaṃ samparivattakaṃ rajitabbaṃ, na ca acchinne theve pakkamitabbaṃ. Sace saddhivihāriko gilāno hoti, yāvajīvaṃ upaṭṭhātabbo, vuṭṭhānamassa āgametabbaṃ. Idaṃ kho, bhikkhave , upajjhāyānaṃ saddhivihārikesu vattaṃ yathā upajjhāyehi saddhivihārikesu sammā vattitabba''nti.

Dutiyabhāṇavāro niṭṭhito.

13. Ācariyavattakathā

379. Tena kho pana samayena antevāsikā ācariyesu na sammā vattanti. Ye te bhikkhū appicchā...pe... te ujjhāyanti khiyyanti vipācenti – ''kathañhi nāma antevāsikā ācariyesu na sammā vattissantī''ti! Atha kho te bhikkhū bhagavato etamatthaṃ ārocesuṃ...pe... ''saccaṃ kira, bhikkhave, antevāsikā ācariyesu na sammā vattantī''ti? ''Saccaṃ Bhagavā''ti...pe... vigarahitvā...pe... dhammiṃ kathaṃ katvā bhikkhū āmantesi –

380. ''Tena hi, bhikkhave, antevāsikānaṃ ācariyesu vattaṃ paññapessāmi yathā antevāsikehi ācariyesu sammā vattitabbaṃ. [mahāva. 78] Antevāsikena, bhikkhave, ācariyamhi sammā vattitabbaṃ. Tatrāyaṃ sammāvattanā –

''Kālasseva uṭṭhāya upāhanā omuñcitvā ekaṃsaṃ uttarāsaṅgaṃ karitvā dantakaṭṭhaṃ dātabbaṃ, mukhodakaṃ dātabbaṃ, āsanaṃ paññapetabbaṃ. Sace yāgu hoti, bhājanaṃ dhovitvā yāgu upanāmetabbā. Yāguṃ pītassa udakaṃ datvā bhājanaṃ paṭiggahetvā nīcaṃ katvā sādhukaṃ appaṭighaṃsantena dhovitvā paṭisāmetabbaṃ. Ācariyamhi vuṭṭhite āsanaṃ uddharitabbaṃ. Sace so deso uklāpo hoti, so deso sammajjitabbo.

''Sace ācariyo gāmaṃ pavisitukāmo hoti, nivāsanaṃ dātabbaṃ, paṭinivāsanaṃ paṭiggahetabbaṃ, kāyabandhanaṃ dātabbaṃ, saguṇaṃ katvā saṅghāṭiyo dātabbā, dhovitvā patto sodako dātabbo. Sace ācariyo pacchāsamaṇaṃ ākaṅkhati, timaṇḍalaṃ paṭicchādentena parimaṇḍalaṃ nivāsetvā kāyabandhanaṃ bandhitvā saguṇaṃ katvā saṅghāṭiyo pārupitvā gaṇṭhikaṃ paṭimuñcitvā dhovitvā pattaṃ gahetvā ācariyassa pacchāsamaṇena hotabbaṃ. Nātidūre gantabbaṃ, nāccāsanne gantabbaṃ, pattapariyāpannaṃ paṭiggahetabbaṃ. Na ācariyassa bhaṇamānassa antarantarā kathā opātetabbā. Ācariyo āpattisāmantā bhaṇamāno nivāretabbo.

''Nivattantena paṭhamataraṃ āgantvā āsanaṃ paññapetabbaṃ, pādodakaṃ pādapīṭhaṃ pādakathalikaṃ upanikkhipitabbaṃ, paccuggantvā pattacīvaraṃ paṭiggahetabbaṃ, paṭinivāsanaṃ dātabbaṃ, nivāsanaṃ paṭiggahetabbaṃ. Sace cīvaraṃ sinnaṃ hoti, muhuttaṃ uṇhe otāpetabbaṃ, na ca uṇhe cīvaraṃ nidahitabbaṃ. Cīvaraṃ saṅgharitabbaṃ. Cīvaraṃ saṅgharantena caturaṅgulaṃ kaṇṇaṃ ussāretvā cīvaraṃ saṅgharitabbaṃ – mā majjhe bhaṅgo ahosīti. Obhoge kāyabandhanaṃ kātabbaṃ.

''Sace piṇḍapāto hoti, ācariyo ca bhuñjitukāmo hoti, udakaṃ datvā piṇḍapāto upanāmetabbo. Ācariyo pānīyena pucchitabbo . Bhuttāvissa udakaṃ datvā pattaṃ paṭiggahetvā nīcaṃ katvā sādhukaṃ appaṭighaṃsantena dhovitvā vodakaṃ katvā muhuttaṃ uṇhe otāpetabbo, na ca uṇhe patto nidahitabbo. Pattacīvaraṃ nikkhipitabbaṃ. Pattaṃ nikkhipantena ekena hatthena pattaṃ gahetvā ekena hatthena heṭṭhāmañcaṃ vā heṭṭhāpīṭhaṃ vā parāmasitvā patto nikkhipitabbo. Na ca anantarahitāya bhūmiyā patto nikkhipitabbo. Cīvaraṃ nikkhipantena ekena hatthena cīvaraṃ gahetvā ekena hatthena cīvaravaṃsaṃ vā cīvararajjuṃ vā pamajjitvā pārato antaṃ orato bhogaṃ katvā cīvaraṃ nikkhipitabbaṃ. Ācariyamhi vuṭṭhite āsanaṃ uddharitabbaṃ, pādodakaṃ pādapīṭhaṃ pādakathalikaṃ paṭisāmetabbaṃ. Sace so deso uklāpo hoti, so deso sammajjitabbo.

''Sace ācariyo nahāyitukāmo hoti, nahānaṃ paṭiyādetabbaṃ. Sace sītena attho hoti, sītaṃ paṭiyādetabbaṃ. Sace uṇhena attho hoti, uṇhaṃ paṭiyādetabbaṃ.

''Sace ācariyo jantāgharaṃ pavisitukāmo hoti, cuṇṇaṃ sannetabbaṃ, mattikā temetabbā, jantāgharapīṭhaṃ ādāya ācariyassa piṭṭhito piṭṭhito gantvā jantāgharapīṭhaṃ datvā cīvaraṃ paṭiggahetvā ekamantaṃ nikkhipitabbaṃ, cuṇṇaṃ dātabbaṃ, mattikā dātabbā. Sace ussahati, jantāgharaṃ pavisitabbaṃ. Jantāgharaṃ pavisantena mattikāya mukhaṃ makkhetvā purato ca pacchato ca paṭicchādetvā jantāgharaṃ pavisitabbaṃ. Na there bhikkhū anupakhajja nisīditabbaṃ. Na navā bhikkhū āsanena paṭibāhitabbā. Jantāghare ācariyassa parikammaṃ kātabbaṃ. Jantāgharā nikkhamantena jantāgharapīṭhaṃ ādāya purato ca pacchato ca paṭicchādetvā jantāgharā nikkhamitabbaṃ.

''Udakepi ācariyassa parikammaṃ kātabbaṃ. Nahātena paṭhamataraṃ uttaritvā attano gattaṃ vodakaṃ katvā nivāsetvā ācariyassa gattato udakaṃ pamajjitabbaṃ, nivāsanaṃ dātabbaṃ, saṅghāṭi dātabbā, jantāgharapīṭhaṃ ādāya paṭhamataraṃ āgantvā āsanaṃ paññapetabbaṃ, pādodakaṃ pādapīṭhaṃ pādakathalikaṃ upanikkhipitabbaṃ. Ācariyo pānīyena pucchitabbo. Sace uddisāpetukāmo hoti, uddisitabbo. Sace paripucchitukāmo hoti, paripucchitabbo.

"Yasmiṃ vihāre ācariyo viharati, sace so vihāro uklāpo hoti, sace ussahati, sodhetabbo. Vihāraṃ sodhentena paṭhamaṃ pattacīvaraṃ nīharitvā ekamantaṃ nikkhipitabbaṃ; nisīdanapaccattharaṇaṃ nīharitvā ekamantaṃ nikkhipitabbaṃ; bhisibibbohanaṃ nīharitvā ekamantaṃ nikkhipitabbaṃ; mañco nīcaṃ katvā sādhukaṃ appaṭighaṃsantena asaṅghaṭṭentena kavāṭapiṭṭhaṃ, nīharitvā ekamantaṃ nikkhipitabbo; pīṭhaṃ nīcaṃ katvā sādhukaṃ appaṭighaṃsantena, asaṅghaṭṭentena kavāṭapiṭṭhaṃ, nīharitvā ekamantaṃ nikkhipitabbaṃ; mañcapaṭipādakā nīharitvā ekamantaṃ nikkhipitabbā; kheḷamallako nīharitvā ekamantaṃ nikkhipitabbo; apassenaphalakaṃ nīharitvā ekamantaṃ nikkhipitabbaṃ; bhūmattharaṇaṃ yathāpaññattaṃ sallakkhetvā nīharitvā ekamantaṃ nikkhipitabbaṃ. Sace vihāre santānakaṃ hoti, ullokā paṭhamaṃ ohāretabbaṃ, ālokasandhikaṇṇabhāgā pamajjitabbā. Sace gerukaparikammakatā bhitti kaṇṇakitā hoti, coḷakaṃ temetvā pīḷetvā pamajjitabbā. Sace kāḷavaṇṇakatā bhūmi kaṇṇakitā hoti, coḷakaṃ temetvā pīḷetvā pamajjitabbā. Sace akatā hoti bhūmi, udakena paripphositvā pariphositvā sammajjitabbā – mā vihāro rajena uhaññīti. Saṅkāraṃ vicinitvā ekamantaṃ chaḍḍetabbaṃ.

"Bhūmattharaṇaṃ otāpetvā sodhetvā papphoṭetvā atiharitvā yathāpaññattaṃ paññapetabbaṃ. Mañcapaṭipādakā otāpetvā pamajjitvā atiharitvā yathāṭhāne ṭhapetabbā. Mañco otāpetvā sodhetvā papphoṭetvā nīcaṃ katvā sādhukaṃ appaṭighaṃsantena, asaṅghaṭṭentena kavāṭapiṭṭhaṃ, atiharitvā yathāpaññattaṃ paññapetabbo. Pīṭhaṃ otāpetvā sodhetvā papphoṭetvā nīcaṃ katvā sādhukaṃ appaṭighaṃsantena, asaṅghaṭṭentena kavāṭapiṭṭhaṃ, atiharitvā yathāpaññattaṃ paññapetabbaṃ. Bhisibibbohanaṃ otāpetvā sodhetvā papphoṭetvā atiharitvā yathāpaññattaṃ paññapetabbaṃ. Nisīdanapaccattharaṇaṃ otāpetvā sodhetvā papphoṭetvā atiharitvā yathāpaññattaṃ paññapetabbaṃ. Kheḷamallako otāpetvā pamajjitvā atiharitvā yathāṭhāne ṭhapetabbo. Apassenaphalakaṃ otāpetvā pamajjitvā atiharitvā yathāṭhāne ṭhapetabbaṃ. Pattacīvaraṃ nikkhipitabbaṃ. Pattaṃ nikkhipantena ekena hatthena pattaṃ gahetvā ekena hatthena heṭṭhāmañcaṃ vā heṭṭhāpīṭhaṃ vā parāmasitvā patto nikkhipitabbo. Na ca anantarahitāya bhūmiyā patto nikkhipitabbo. Cīvaraṃ nikkhipantena ekena hatthena cīvaraṃ gahetvā ekena hatthena cīvaravaṃsaṃ vā cīvararajjuṃ vā pamajjitvā pārato antaṃ orato bhogaṃ katvā cīvaraṃ nikkhipitabbaṃ.

"Sace puratthimā sarajā vātā vāyanti, puratthimā vātapānā thaketabbā. Sace pacchimā sarajā vātā vāyanti, pacchimā vātapānā thaketabbā. Sace uttarā sarajā vātā vāyanti, uttarā vātapānā thaketabbā. Sace dakkhiṇā sarajā vātā vāyanti, dakkhiṇā vātapānā thaketabbā. Sace sītakālo hoti, divā vātapānā vivaritabbā, rattiṃ thaketabbā. Sace uṇhakālo hoti, divā vātapānā thaketabbā, rattiṃ vivaritabbā.

"Sace pariveṇaṃ uklāpaṃ hoti, pariveṇaṃ sammajjitabbaṃ. Sace koṭṭhako uklāpo hoti, koṭṭhako sammajjitabbo. Sace upaṭṭhānasālā uklāpā hoti, upaṭṭhānasālā sammajjitabbā. Sace aggisālā uklāpā hoti, aggisālā sammajjitabbā. Sace vaccakuṭi uklāpā hoti, vaccakuṭi sammajjitabbā. Sace pānīyaṃ na hoti, pānīyaṃ upaṭṭhāpetabbaṃ. Sace paribhojanīyaṃ na hoti, paribhojanīyaṃ upaṭṭhāpetabbaṃ. Sace ācamanakumbhiyā udakaṃ na hoti, ācamanakumbhiyā udakaṃ āsiñcitabbaṃ.

"Sace ācariyassa anabhirati uppannā hoti, antevāsikena vūpakāsetabbā, vūpakāsāpetabbā, dhammakathā vāssa kātabbā. Sace ācariyassa kukkuccaṃ uppannaṃ hoti, antevāsikena vinodetabbaṃ, vinodāpetabbaṃ, dhammakathā vāssa kātabbā. Sace ācariyassa diṭṭhigataṃ uppannaṃ hoti , antevāsikena vivecetabbaṃ, vivecāpetabbaṃ, dhammakathā vāssa kātabbā. Sace ācariyo garudhammaṃ ajjhāpanno hoti, parivāsāraho, antevāsikena ussukkaṃ kātabbaṃ – kinti nu kho saṅgho ācariyassa parivāsaṃ dadeyyāti. Sace ācariyo mūlāyapaṭikassanāraho hoti, antevāsikena ussukkaṃ kātabbaṃ – kinti nu kho saṅgho ācariyaṃ mūlāya paṭikasseyyāti. Sace ācariyo mānattāraho hoti, antevāsikena ussukkaṃ kātabbaṃ – kinti nu kho saṅgho ācariyassa mānattaṃ dadeyyāti. Sace ācariyo abbhānāraho hoti, antevāsikena ussukkaṃ kātabbaṃ – kinti nu kho saṅgho ācariyaṃ abbheyyāti. Sace saṅgho ācariyassa kammaṃ kattukāmo hoti, tajjanīyaṃ vā niyassaṃ vā pabbājanīyaṃ vā paṭisāraṇīyaṃ vā ukkhepanīyaṃ vā, antevāsikena ussukkaṃ kātabbaṃ – kinti nu kho saṅgho ācariyassa kammaṃ na kareyya, lahukāya vā pariṇāmeyyāti. Kataṃ vā panassa hoti saṅghena kammaṃ, tajjanīyaṃ vā niyassaṃ vā pabbājanīyaṃ vā paṭisāraṇīyaṃ vā ukkhepanīyaṃ vā, antevāsikena ussukkaṃ kātabbaṃ – kinti nu kho ācariyo sammā vatteyya, lomaṃ pāteyya, netthāraṃ vatteyya, saṅgho taṃ kammaṃ paṭippassambheyyāti.

"Sace ācariyassa cīvaraṃ dhovitabbaṃ hoti, antevāsikena dhovitabbaṃ, ussukkaṃ vā kātabbaṃ – kinti nu kho ācariyassa cīvaraṃ dhoviyethāti. Sace ācariyassa cīvaraṃ kātabbaṃ hoti, antevāsikena kātabbaṃ, ussukkaṃ vā kātabbaṃ – kinti nu kho ācariyassa cīvaraṃ kariyethāti. Sace ācariyassa rajanaṃ pacitabbaṃ hoti, antevāsikena pacitabbaṃ, ussukkaṃ vā kātabbaṃ – kinti nu kho ācariyassa rajanaṃ paciyethāti. Sace ācariyassa cīvaraṃ rajitabbaṃ hoti, antevāsikena rajitabbaṃ, ussukkaṃ vā kātabbaṃ – kinti nu kho ācariyassa cīvaraṃ rajiyethāti. Cīvaraṃ rajantena sādhukaṃ samparivattakaṃ samparivattakaṃ rajitabbaṃ, na ca acchinne theve pakkamitabbaṃ.

"Na ācariyaṃ anāpucchā ekaccassa patto dātabbo, na ekaccassa patto paṭiggahetabbo; na ekaccassa cīvaraṃ dātabbaṃ, na ekaccassa cīvaraṃ paṭiggahetabbaṃ; na ekaccassa parikkhāro dātabbo, na ekaccassa parikkhāro paṭiggahetabbo; na ekaccassa kesā cheditabbā, na ekaccena kesā chedāpetabbā; na ekaccassa parikammaṃ kātabbaṃ, na ekaccena parikammaṃ kārāpetabbaṃ; na ekaccassa veyyāvacco kātabbo, na ekaccena veyyāvacco kārāpetabbo; na ekaccassa pacchāsamaṇena hotabbaṃ, na ekacco pacchāsamaṇo ādātabbo; na ekaccassa piṇḍapāto nīharitabbo, na ekaccena piṇḍapāto nīharāpetabbo; naācariyaṃ anāpucchā gāmo pavisitabbo; na susānaṃ gantabbaṃ; na disā pakkamitabbā. Sace ācariyo gilāno hoti, yāvajīvaṃ upaṭṭhātabbo , vuṭṭhānamassa āgametabbaṃ. Idaṃ kho, bhikkhave, antevāsikānaṃ ācariyesu vattaṃ yathā antevāsikehi ācariyesu sammā vattitabba''nti.

14. Antevāsikavattakathā

381. Tena kho pana samayena ācariyā antevāsikesu na sammā vattanti. Ye te bhikkhū appicchā...pe... te ujjhāyanti khiyyanti vipācenti – ''kathañhi nāma ācariyā antevāsikesu na sammā vattissantī''ti! Atha kho te bhikkhū bhagavato etamatthaṃ ārocesuṃ. Atha kho Bhagavā etasmiṃ nidāne etasmiṃ pakaraṇe bhikkhusaṅghaṃ sannipātāpetvā bhikkhū paṭipucchi – ''saccaṃ kira, bhikkhave, ācariyā antevāsikesu na sammā vattantī''ti? ''Saccaṃ Bhagavā''ti...pe... vigarahitvā...pe... dhammiṃ kathaṃ katvā bhikkhū āmantesi –

382. ''Tena hi, bhikkhave, ācariyānaṃ antevāsikesu vattaṃ paññapessāmi yathā ācariyehi antevāsikesu sammā vattitabbaṃ. [mahāva. 79] Ācariyena, bhikkhave, antevāsikamhi sammā vattitabbaṃ. Tatrāyaṃ sammāvattanā –

''Ācariyena, bhikkhave, antevāsiko saṅgahetabbo anuggahetabbo uddesena paripucchāya ovādena anusāsaniyā. Sace ācariyassa patto hoti, antevāsikassa patto na hoti, ācariyena antevāsikassa patto dātabbo, ussukkaṃ vā kātabbaṃ – kinti nu kho antevāsikassa patto uppajjiyethāti. Sace ācariyassa cīvaraṃ hoti, antevāsikassa cīvaraṃ na hoti, ācariyena antevāsikassa cīvaraṃ dātabbaṃ, ussukkaṃ vā kātabbaṃ – kinti nu kho antevāsikassa cīvaraṃ uppajjiyethāti. Sace ācariyassa parikkhāro hoti, antevāsikassa parikkhāro na hoti, ācariyena antevāsikassa parikkhāro dātabbo, ussukkaṃ vā kātabbaṃ – kinti nu kho antevāsikassa parikkhāro uppajjiyethāti.

''Sace antevāsiko gilāno hoti, kālasseva uṭṭhāya dantakaṭṭhaṃ dātabbaṃ, mukhodakaṃ dātabbaṃ, āsanaṃ paññapetabbaṃ. Sace yāgu hoti , bhājanaṃ dhovitvā yāgu upanāmetabbā. Yāguṃ pītassa udakaṃ datvā bhājanaṃ paṭiggahetvā nīcaṃ katvā sādhukaṃ appaṭighaṃsantena dhovitvā paṭisāmetabbaṃ . Antevāsikamhi vuṭṭhite āsanaṃ uddharitabbaṃ. Sace so deso uklāpo hoti, so deso sammajjitabbo.

''Sace antevāsiko gāmaṃ pavisitukāmo hoti, nivāsanaṃ dātabbaṃ, paṭinivāsanaṃ paṭiggahetabbaṃ, kāyabandhanaṃ dātabbaṃ, saguṇaṃ katvā saṅghāṭiyo dātabbā, dhovitvā patto sodako dātabbo.

''Ettāvatā nivattissatīti āsanaṃ paññapetabbaṃ, pādodakaṃ pādapīṭhaṃ pādakathalikaṃ upanikkhipitabbaṃ, paccuggantvā pattacīvaraṃ paṭiggahetabbaṃ, paṭinivāsanaṃ dātabbaṃ, nivāsanaṃ paṭiggahetabbaṃ. Sace cīvaraṃ sinnaṃ hoti, muhuttaṃ uṇhe otāpetabbaṃ, na ca uṇhe cīvaraṃ nidahitabbaṃ. Cīvaraṃ saṅgharitabbaṃ. Cīvaraṃ saṅgharantena caturaṅgulaṃ kaṇṇaṃ ussāretvā cīvaraṃ saṅgharitabbaṃ – mā majjhe bhaṅgo ahosīti. Obhoge kāyabandhanaṃ kātabbaṃ.

''Sace piṇḍapāto hoti, antevāsiko ca bhuñjitukāmo hoti, udakaṃ datvā piṇḍapāto upanāmetabbo. Antevāsiko pānīyena pucchitabbo. Bhuttāvissa udakaṃ datvā pattaṃ paṭiggahetvā nīcaṃ katvā sādhukaṃ appaṭighaṃsantena dhovitvā vodakaṃ katvā muhuttaṃ uṇhe otāpetabbo, na ca uṇhe patto nidahitabbo. Pattacīvaraṃ nikkhipitabbaṃ. Pattaṃ nikkhipantena...pe... cīvaraṃ nikkhipantena...pe... pārato antaṃ orato bhogaṃ katvā cīvaraṃ nikkhipitabbaṃ. Antevāsikamhi uṭṭhite āsanaṃ uddharitabbaṃ, pādodakaṃ pādapīṭhaṃ pādakathalikaṃ paṭisāmetabbaṃ. Sace so deso uklāpo hoti, so deso sammajjitabbo.

''Sace antevāsiko nahāyitukāmo hoti, nahānaṃ paṭiyādetabbaṃ. Sace sītena attho hoti, sītaṃ paṭiyādetabbaṃ. Sace uṇhena attho hoti, uṇhaṃ paṭiyādetabbaṃ.

''Sace antevāsiko jantāgharaṃ pavisitukāmo hoti, cuṇṇaṃ sannetabbaṃ, mattikā temetabbā, jantāgharapīṭhaṃ ādāya [ādāya antevāsikassa piṭṭhito piṭṭhito (ka.)] gantvā jantāgharapīṭhaṃ datvā cīvaraṃ paṭiggahetvā ekamantaṃ nikkhipitabbaṃ, cuṇṇaṃ dātabbaṃ, mattikā dātabbā. Sace ussahati jantāgharaṃ pavisitabbaṃ. Jantāgharaṃ pavisantena mattikāya mukhaṃ makkhetvā purato ca pacchato ca paṭicchādetvā jantāgharaṃ pavisitabbaṃ. Na there bhikkhū anupakhajja nisīditabbaṃ. Na navā bhikkhū āsanena paṭibāhitabbā. Jantāghare antevāsikassa parikammaṃ kātabbaṃ. Jantāgharā nikkhamantena jantāgharapīṭhaṃ ādāya purato ca pacchato ca paṭicchādetvā jantāgharā nikkhamitabbaṃ.

''Udakepi antevāsikassa parikammaṃ kātabbaṃ. Nahātena paṭhamataraṃ uttaritvā attano gattaṃ vodakaṃ katvā nivāsetvā antevāsikassa gattato udakaṃ pamajjitabbaṃ, nivāsanaṃ dātabbaṃ, saṅghāṭi dātabbā, jantāgharapīṭhaṃ ādāya paṭhamataraṃ āgantvā āsanaṃ paññapetabbaṃ, pādodakaṃ pādapīṭhaṃ pādakathalikaṃ upanikkhipitabbaṃ, antevāsiko pānīyena pucchitabbo.

''Yasmiṃ vihāre antevāsiko viharati, sace so vihāro uklāpo hoti, sace ussahati, sodhetabbo. Vihāraṃ sodhentena paṭhamaṃ pattacīvaraṃ nīharitvā ekamantaṃ nikkhipitabbaṃ...pe... ācamanakumbhiyā udakaṃ na hoti, ācamanakumbhiyā udakaṃ āsiñcitabbaṃ.

''Sace antevāsikassa anabhirati uppannā hoti, ācariyena vūpakāsetabbo, vūpakāsāpetabbo, dhammakathā vāssa kātabbā. Sace antevāsikassa kukkuccaṃ uppannaṃ hoti, ācariyena vinodetabbaṃ, vinodāpetabbaṃ, dhammakathā vāssa kātabbā. Sace antevāsikassa diṭṭhigataṃ uppannaṃ hoti, ācariyena vivecetabbaṃ, vivecāpetabbaṃ, dhammakathā vāssa kātabbā. Sace antevāsiko garudhammaṃ ajjhāpanno hoti, parivāsāraho, ācariyena ussukkaṃ kātabbaṃ – kinti nu kho saṅgho antevāsikassa parivāsaṃ dadeyyāti. Sace antevāsiko mūlāyapaṭikassanāraho hoti, ācariyena ussukkaṃ kātabbaṃ – kinti nu kho saṅgho antevāsikaṃ mūlāya paṭikasseyyāti. Sace antevāsiko mānattāraho hoti, ācariyena ussukkaṃ kātabbaṃ – kinti nu kho saṅgho antevāsikassa mānattaṃ dadeyyāti. Sace antevāsiko abbhānāraho hoti, ācariyena ussukkaṃ kātabbaṃ – kinti nu kho saṅgho antevāsikaṃ abbheyyāti. Sace saṅgho antevāsikassa kammaṃ kattukāmo hoti, tajjanīyaṃ vā niyassaṃ vā pabbājanīyaṃ vā paṭisāraṇīyaṃ vā ukkhepanīyaṃ vā, ācariyena ussukkaṃ kātabbaṃ – kinti nu kho saṅgho antevāsikassa kammaṃ na kareyya , lahukāya vā pariṇāmeyyāti. Kataṃ vā panassa hoti, saṅghena kammaṃ, tajjanīyaṃ vā niyassaṃ vā pabbājanīyaṃ vā paṭisāraṇīyaṃ vā ukkhepanīyaṃ vā, ācariyena ussukkaṃ kātabbaṃ – kinti nu kho antevāsiko sammā vatteyya, lomaṃ pāteyya, netthāraṃ vatteyya, saṅgho taṃ kammaṃ paṭippassambheyyāti.

"Sace antevāsikassa cīvaraṃ dhovitabbaṃ hoti, ācariyena ācikkhitabbaṃ – evaṃ dhoveyyāsīti, ussukkaṃ vā kātabbaṃ – kinti nu kho antevāsikassa cīvaraṃ dhoviyethāti. Sace antevāsikassa cīvaraṃ kātabbaṃ hoti, ācariyena ācikkhitabbaṃ – evaṃ kareyyāsīti, ussukkaṃ vā kātabbaṃ – kinti nu kho antevāsikassa cīvaraṃ kariyethāti. Sace antevāsikassa rajanaṃ pacitabbaṃ hoti, ācariyena ācikkhitabbaṃ – evaṃ paceyyāsīti, ussukkaṃ vā kātabbaṃ – kinti nu kho antevāsikassa rajanaṃ paciyethāti. Sace antevāsikassa cīvaraṃ rajitabbaṃ hoti, ācariyena ācikkhitabbaṃ – evaṃ rajeyyāsīti, ussukkaṃ vā kātabbaṃ– kinti nu kho antevāsikassa cīvaraṃ rajiyethāti. Cīvaraṃ rajantena sādhukaṃ samparivattakaṃ samparivattakaṃ rajitabbaṃ. Na ca acchinne theve pakkamitabbaṃ. Sace antevāsiko gilāno hoti, yāvajīvaṃ upaṭṭhātabbo, vuṭṭhānamassa āgametabbaṃ. Idaṃ kho, bhikkhave, ācariyānaṃ antevāsikesu vattaṃ yathā ācariyehi antevāsikesu sammā vattitabba''nti.

Vattakkhandhako aṭṭhamo.

Imamhi khandhake vatthū ekūnavīsati, vattā cuddasa.

Tassuddānaṃ –

Saupāhanā chattā ca, oguṇṭhi sīsaṃ pānīyaṃ;
Nābhivāde na pucchanti, ahi ujjhanti pesalā.
Omuñci chattaṃ khandhe ca, atarañca paṭikkamaṃ;
Pattacīvaraṃ nikkhipā, patirūpañca pucchitā.
Āsiñceyya dhovitena, sukkhenallenupāhanā;
Vuḍḍho navako puccheyya, ajjhāvuṭṭhañca gocarā.
Sekkhā vaccā pānī pari, kattaraṃ katikaṃ tato;
Kālaṃ muhuttaṃ uklāpo, bhūmattharaṇaṃ nīhare.
Paṭipādo bhisibibbo, mañcapīṭhañca mallakaṃ;
Apassenullokakaṇṇā, gerukā kāḷa akatā.
Saṅkārañca bhūmattharaṇaṃ, paṭipādakaṃ mañcapīṭhaṃ;
Bhisi nisīdanampi, mallakaṃ apassena ca.
Pattacīvaraṃ bhūmi ca, pārantaṃ orato bhogaṃ;
Puratthimā pacchimā ca, uttarā atha dakkhiṇā.
Sītuṇhe ca divārattiṃ, pariveṇañca koṭṭhako;
Upaṭṭhānaggi sālā ca, vattaṃ vaccakuṭīsu ca.
Pānī paribhojaniyā, kumbhi ācamanesu ca;
Anopamena paññattaṃ, vattaṃ āgantukehime [ve (ka. evamuparipi)].
Nevāsanaṃ na udakaṃ, na paccu na ca pāniyaṃ;
Nābhivāde napaññape, ujjhāyanti ca pesalā.
Vuḍḍhāsanañca udakaṃ, paccuggantvā ca pāniyaṃ;
Upāhane ekamantaṃ, abhivāde ca paññape.
Vutthaṃ gocarasekkho ca, ṭhānaṃ pāniyabhojanaṃ;
Kattaraṃ katikaṃ kālaṃ, navakassa nisinnake.
Abhivādaye ācikkhe, yathā heṭṭhā tathā naye;
Niddiṭṭhaṃ satthavāhena vattaṃ āvāsikehime.
Gamikā dārumatti ca, vivaritvā na pucchiya;
Nassanti ca aguttañca, ujjhāyanti ca pesalā.
Paṭisāmetvā thaketvā, āpucchitvāva pakkame;
Bhikkhu vā sāmaṇero vā, ārāmiko upāsako.
Pāsāṇakesu ca puñjaṃ, paṭisāme thakeyya ca;
Sace ussahati ussukkaṃ, anovasse tatheva ca.
Sabbo ovassati gāmaṃ, ajjhokāse tatheva ca;
Appevaṅgāni seseyyuṃ, vattaṃ gamikabhikkhunā.
Nānumodanti therena, ohāya catupañcahi;
Vaccito mucchito āsi, vattānumodanesume.
Chabbaggiyā dunnivatthā, athopi ca duppārutā;

Anākappā ca vokkamma, there anupakhajjane.
Nave bhikkhū ca saṅghāṭi, ujjhāyanti ca pesalā;
Timaṇḍalaṃ nivāsetvā, kāyasaguṇagaṇṭhikā.
Na vokkamma paṭicchannaṃ, susaṃvutokkhittacakkhu;
Ukkhittojjagghikāsaddo, tayo ceva pacālanā.
Khambhoguṇṭhiukkuṭikā, paṭicchannaṃ susaṃvuto;
Okkhittukkhittaujjagghi, appasaddo tayo calā.
Khambhoguṇṭhipallatthi ca, anupakhajja nāsane;
Ottharitvāna udake, nīcaṃ katvāna siñciyā.
Paṭi sāmantā saṅghāṭi, odane ca paṭiggahe;
Sūpaṃ uttaribhaṅgena, sabbesaṃ samatitthi ca.
Sakkaccaṃ pattasaññī ca, sapadānañca sūpakaṃ;
Na thūpato paṭicchāde, viññattujjhānasaññinā.
Mahantamaṇḍaladvāraṃ, sabbahattho na byāhare;
Ukkhepo chedanāgaṇḍa, dhunaṃ sitthāvakārakaṃ.
Jivhānicchārakañceva, capucapu surusuru;
Hatthapattoṭṭhanillehaṃ, sāmisena paṭiggahe.
Yāva na sabbe udake, nīcaṃ katvāna siñciyaṃ;
Paṭi sāmantā saṅghāṭi, nīcaṃ katvā chamāya ca.
Sasitthakaṃ nivattante, suppaṭicchannamukkuṭi;
Dhammarājena paññattaṃ, idaṃ bhattaggavattanaṃ.
Dunnivatthā anākappā, asallekkhetvā ca sahasā;
Dūre acca ciraṃ lahuṃ, tatheva piṇḍacāriko.
Paṭicchannova gaccheyya, suṃsavutokkhittacakkhu;
Ukkhittojjagghikāsaddo, tayo ceva pacālanā.
Khambhoguṇṭhiukkuṭikā, sallakkhetvā ca sahasā;
Dūre acca ciraṃ lahuṃ, āsanakaṃ kaṭacchukā.
Bhājanaṃ vā ṭhapeti ca, uccāretvā paṇāmetvā;
Paṭiggahe na ulloke, sūpesupi tatheva taṃ.
Bhikkhu saṅghāṭiyā chāde, paṭicchanneva gacchiyaṃ;
Saṃvutokkhittacakkhu ca, ukkhittojjagghikāya ca;
Appasaddo tayo cālā, khambhoguṇṭhikaukkuṭi.
Paṭhamāsanavakkāra , pāniyaṃ paribhojanī;
Pacchākaṅkhati bhuñjeyya, opilāpeyya uddhare.
Paṭisāmeyya sammajje, rittaṃ tucchaṃ upaṭṭhape;
Hatthavikāre bhindeyya, vattidaṃ piṇḍacārike.
Pānī pari aggiraṇi, nakkhattadisacorā ca;
Sabbaṃ natthīti koṭṭetvā, pattaṃse cīvaraṃ tato.
Idāni aṃse laggetvā, timaṇḍalaṃ parimaṇḍalaṃ;
Yathā piṇḍacārivattaṃ, naye āraññakesupi.
Pattaṃse cīvaraṃ sīse, ārohitvā ca pāniyaṃ;
Paribhojaniyaṃ aggi, araṇī cāpi kattaraṃ.
Nakkhattaṃ sappadesaṃ vā, disāpi kusalo bhave;
Sattuttamena paññattaṃ, vattaṃ āraññakesume.
Ajjhokāse okiriṃsu, ujjhāyanti ca pesalā;
Sace vihāro uklāpo, paṭhamaṃ pattacīvaraṃ.
Bhisibibbohanaṃ mañcaṃ, pīṭhañca kheḷamallakaṃ;
Apassenullokakaṇṇā, gerukā kāḷa akatā.
Saṅkāraṃ bhikkhusāmantā, senāvihārapāniyaṃ;
Paribhojanasāmantā, paṭivāte ca aṅgaṇe.
Adhovāte attharaṇaṃ, paṭipādakamañco ca;
Pīṭhaṃ bhisi nisīdanaṃ, mallakaṃ apassena ca.
Pattacīvaraṃ bhūmi ca, pārantaṃ orato bhogaṃ;
Puratthimā ca pacchimā, uttarā atha dakkhiṇā.
Sītuṇhe ca divā rattiṃ, pariveṇañca koṭṭhako;
Upaṭṭhānaggisālā ca, vaccakuṭī ca pāniyaṃ.
Ācamanakumbhi vuḍḍhe ca, uddesapucchanā sajjhā;
Dhammo padīpaṃ vijjhāpe, na vivare napi thake.
Yena vuḍḍho parivatti, kaṇṇenapi na ghaṭṭaye;
Paññapesi mahāvīro, vattaṃ senāsanesu taṃ.

Nivāriyamānā dvāraṃ, mucchitujjhanti pesalā;
Chārikaṃ chaḍḍaye jantā, paribhaṇḍaṃ tatheva ca.
Pariveṇaṃ koṭṭhako sālā, cuṇṇamattikadoṇikā;
Mukhaṃ purato na there, na nave ussahati sace.
Purato uparimaggo, cikkhallaṃ matti pīṭhakaṃ;
Vijjhāpetvā thaketvā ca, vattaṃ jantāgharesume.
Nācameti yathāvuḍḍhaṃ, paṭipāṭi ca sahasā;
Ubbhaji nitthuno kaṭṭhaṃ, vaccaṃ passāva kheḷakaṃ.
Pharusā kūpa sahasā, ubbhaji capu sesena;
Bahi anto ca ukkāse, rajju ataramānañca.
Sahasā ubbhaji ṭhite, nitthune kaṭṭha vaccañca;
Passāva kheḷa pharusā, kūpañca vaccapāduke.
Nātisahasā ubbhaji, pādukāya capucapu;
Na sesaye paṭicchāde, uhatapidharena ca.
Vaccakuṭī paribhaṇḍaṃ, pariveṇañca koṭṭhako;
Ācamane ca udakaṃ, vattaṃ vaccakuṭīsume.
Upāhanā dantakaṭṭhaṃ, mukhodakañca āsanaṃ;
Yāgu udakaṃ dhovitvā, uddhāruklāpa gāma ca.
Nivāsanā kāyabandhā, saguṇaṃ pattasodakaṃ;
Pacchā timaṇḍalo ceva, parimaṇḍala bandhanaṃ.
Saguṇaṃ dhovitvā pacchā, nātidūre paṭiggahe;
Bhaṇamānassa āpatti, paṭhamāgantvāna āsanaṃ.
Udakaṃ pīṭhakathali, paccuggantvā nivāsanaṃ;
Otāpe nidahi bhaṅgo, obhoge bhuñjitu name.
Pānīyaṃ udakaṃ nīcaṃ, muhuttaṃ na ca nidahe;
Pattacīvaraṃ bhūmi ca, pārantaṃ orato bhogaṃ.
Uddhare paṭisāme ca, uklāpo ca nahāyituṃ;
Sītaṃ uṇhaṃ jantāgharaṃ, cuṇṇaṃ mattika piṭṭhito.
Pīṭhañca cīvaraṃ cuṇṇaṃ, mattikussahati mukhaṃ;
Purato there nave ca, parikammañca nikkhame.
Purato udake nhāte, nivāsetvā upajjhāyaṃ;
Nivāsanañca saṅghāṭi, pīṭhakaṃ āsanena ca.
Pādo pīṭhaṃ kathaliñca, pānīyuddesapucchanā;
Uklāpaṃ susodheyya, paṭhamaṃ pattacīvaraṃ.
Nisīdanapaccattharaṇaṃ, bhisi bibbohanāni ca;
Mañco pīṭhaṃ paṭipādaṃ, mallakaṃ apassena ca.
Bhūma santāna āloka, gerukā kāḷa akatā;
Bhūmattharapaṭipādā, mañco pīṭhaṃ bibbohanaṃ.
Nisīdattharaṇaṃ kheḷa, apasse pattacīvaraṃ;
Puratthimā pacchimā ca, uttarā atha dakkhiṇā.
Sītuṇhañca divā rattiṃ, pariveṇañca koṭṭhako;
Upaṭṭhānaggisālā ca, vaccapāniyabhojanī.
Ācamaṃ anabhirati, kukkuccaṃ diṭṭhi ca garu;
Mūlamānattaabbhānaṃ, tajjanīyaṃ niyassakaṃ.
Pabbāja paṭisāraṇī, ukkhepañca kataṃ yadi;
Dhove kātabbaṃ rajañca, raje samparivattakaṃ.
Pattañca cīvarañcāpi, parikkhārañca chedanaṃ;
Parikammaṃ veyyāvaccaṃ, pacchā piṇḍaṃ pavisanaṃ.
Na susānaṃ disā ceva, yāvajīvaṃ upaṭṭhahe;
Saddhivihārikenetaṃ, vattupajjhāyakesume.
Ovādasāsanuddesā, pucchā pattañca cīvaraṃ;
Parikkhāro gilāno ca, na pacchāsamaṇo bhave.
Upajjhāyesu ye vattā, evaṃ ācariyesupi;
Saddhivihārike vattā, tatheva antevāsike.
Āgantukesu ye vattā, puna āvāsikesu ca;
Gamikānumodanikā, bhattagge piṇḍacārike.
Āraññakesu yaṃ vattaṃ, yañca senāsanesupi;
Jantāghare vaccakuṭī, upajjhā saddhivihārike.
Ācariyesu yaṃ vattaṃ, tatheva antevāsike;
Ekūnavīsati vatthū, vattā cuddasa khandhake.

Vattaṃ aparipūrento, na sīlaṃ paripūrati;
Asuddhasīlo duppañño, cittekaggaṃ na vindati.
Vikkhittacittonekaggo, sammā dhammaṃ na passati;
Apassamāno saddhammaṃ, dukkhā na parimuccati.
Yaṃ vattaṃ paripūrento, sīlampi paripūrati;
Visuddhasīlo sappañño, cittekaggampi vindati.
Avikkhittacitto ekaggo, sammā dhammaṃ vipassati;
Sampassamāno saddhammaṃ, dukkhā so parimuccati.
Tasmā hi vattaṃ pūreyya, jinaputto vicakkhaṇo;
Ovādaṃ buddhaseṭṭhassa, tato nibbānamehitīti.

Vattakkhandhakaṃ niṭṭhitaṃ.

9. Pātimokkhaṭṭhapanakkhandhakaṃ

1. Pātimokkhuddesayācanā

383.[udā. 45; a. ni. 8.20] Tena samayena buddho Bhagavā sāvatthiyaṃ viharati pubbārāme migāramātu pāsāde. Tena kho pana samayena Bhagavā tadahuposathe bhikkhusaṅghaparivuto nisinno hoti. Atha kho āyasmā ānando abhikkantāya rattiyā nikkhante paṭhame yāme uṭṭhāyāsanā ekaṃsaṃ uttarāsaṅgaṃ karitvā yena Bhagavā tenañjaliṃ paṇāmetvā bhagavantaṃ etadavoca – ''abhikkantā, bhante, ratti, nikkhanto paṭhamo yāmo, ciranisinno bhikkhusaṅgho. Uddisatu, bhante, Bhagavā bhikkhūnaṃ pātimokkha''nti. Evaṃ vutte Bhagavā tuṇhī ahosi. Dutiyampi kho āyasmā ānando abhikkantāya rattiyā nikkhante majjhime yāme uṭṭhāyāsanā ekaṃsaṃ uttarāsaṅgaṃ karitvā yena Bhagavā tenañjaliṃ paṇāmetvā bhagavantaṃ etadavoca – ''abhikkantā, bhante, ratti, nikkhanto majjhimo yāmo, ciranisinno bhikkhusaṅgho. Uddisatu, bhante, Bhagavā bhikkhūnaṃ pātimokkha''nti. Dutiyampi kho Bhagavā tuṇhī ahosi. Tatiyampi kho āyasmā ānando abhikkantāya rattiyā nikkhante pacchime yāme uddhaste aruṇe nandimukhiyā rattiyā uṭṭhāyāsanā ekaṃsaṃ uttarāsaṅgaṃ karitvā yena Bhagavā tenañjaliṃ paṇāmetvā bhagavantaṃ etadavoca – ''abhikkantā , bhante, ratti, nikkhanto pacchimo yāmo, uddhastaṃ aruṇaṃ nandimukhi ratti, ciranisinno bhikkhusaṅgho. Uddisatu, bhante, Bhagavā bhikkhūnaṃ pātimokkha''nti.

''Aparisuddhā, ānanda, parisā''ti.

Atha kho āyasmato mahāmoggallānassa etadahosi – ''kaṃ nu kho Bhagavā puggalaṃ sandhāya evamāha – 'aparisuddhā, ānanda, parisā'''ti? Atha kho āyasmā mahāmoggallāno sabbāvantaṃ bhikkhusaṅghaṃ cetasā ceto paricca manasākāsi. Addasā kho āyasmā mahāmoggallāno taṃ puggalaṃ dussīlaṃ pāpadhammaṃ asucisaṅkassarasamācāraṃ paṭicchannakammantaṃ assamaṇaṃ samaṇapaṭiññaṃ abrahmacāriṃ brahmacāripaṭiññaṃ antopūtiṃ avassutaṃ kasambujātaṃ [kasambukajātaṃ (ka.)] majjhe bhikkhusaṅghassa nisinnaṃ. Disvāna yena so puggalo tenupasaṅkami , upasaṅkamitvā taṃ puggalaṃ etadavoca – ''uṭṭhehi, āvuso, diṭṭhosi bhagavatā; natthi te bhikkhūhi saddhiṃ saṃvāso''ti. Evaṃ vutte so puggalo tuṇhī ahosi. Dutiyampi kho āyasmā mahāmoggallāno taṃ puggalaṃ etadavoca – ''uṭṭhehi, āvuso, diṭṭhosi bhagavatā; natthi te bhikkhūhi saddhiṃ saṃvāso''ti. Dutiyampi kho so puggalo tuṇhī ahosi. Tatiyampi kho āyasmā mahāmoggallāno taṃ puggalaṃ etadavoca – ''uṭṭhehi, āvuso, diṭṭhosi bhagavatā; natthi te bhikkhūhi saddhiṃ saṃvāso''ti. Tatiyampi kho so puggalo tuṇhī ahosi. Atha kho āyasmā mahāmoggallāno taṃ puggalaṃ bāhāyaṃ gahetvā bahidvārakoṭṭhakā nikkhāmetvā sūcighaṭikaṃ datvā yena Bhagavā tenupasaṅkami, upasaṅkamitvā bhagavantaṃ etadavoca – ''nikkhāmito so, bhante, puggalo mayā; suddhā parisā; uddisatu, bhante, Bhagavā bhikkhūnaṃ pātimokkha''nti.

''Acchariyaṃ, moggallāna, abbhutaṃ, moggallāna, yāva bāhāgahaṇāpi nāma so moghapuriso āgamessatī''ti! Atha kho Bhagavā bhikkhū āmantesi –

2. Mahāsamuddeaṭṭhacchariyaṃ

384.[udā. 45; a. ni. 8.19] ''Aṭṭhime, bhikkhave, mahāsamudde acchariyā abbhutā dhammā, ye disvā disvā asurā mahāsamudde abhiramanti. Katame aṭṭha?

''Mahāsamuddo, bhikkhave, anupubbaninno anupubbapoṇo anupubbapabbhāro na āyatakeneva papāto. Yampi, bhikkhave, mahāsamuddo anupubbaninno anupubbapoṇo anupubbapabbhāro na āyatakeneva papāto – ayaṃ, bhikkhave, mahāsamudde paṭhamo acchariyo abbhuto dhammo, yaṃ disvā disvā asurā mahāsamudde abhiramanti.

''Puna caparaṃ, bhikkhave, mahāsamuddo ṭhitadhammo velaṃ nātivattati. Yampi, bhikkhave, mahāsamuddo ṭhitadhammo velaṃ nātivattati – ayaṃ [ayampi (syā.)], bhikkhave, mahāsamudde dutiyo acchariyo abbhuto dhammo, yaṃ disvā disvā asurā mahāsamudde abhiramanti.

''Puna caparaṃ, bhikkhave, mahāsamuddo na matena kuṇapena saṃvasati . Yaṃ hoti mahāsamudde mataṃ kuṇapaṃ, taṃ khippaññeva tīraṃ vāheti, thalaṃ ussāreti. Yampi, bhikkhave, mahāsamuddo na matena kuṇapena saṃvasati, yaṃ hoti mahāsamudde mataṃ kuṇapaṃ, taṃ khippaññeva tīraṃ vāheti, thalaṃ ussāreti – ayaṃ, bhikkhave, mahāsamudde tatiyo acchariyo abbhuto dhammo, yaṃ disvā disvā asurā mahāsamudde abhiramanti.

''Puna caparaṃ, bhikkhave, yā kāci mahānadiyo, seyyathidaṃ – gaṅgā, yamunā, aciravatī, sarabhū, mahī, tā mahāsamuddaṃ pattā jahanti purimāni nāmagottāni, mahāsamuddo tveva saṅkhaṃ gacchanti.

Yampi, bhikkhave, yākāci mahānadiyo, seyyathidaṃ – gaṅgā, yamunā, aciravatī, sarabhū, mahī, tā mahāsamuddaṃ pattā jahanti purimāni nāmagottāni, mahāsamuddo tveva saṅkhaṃ gacchanti – ayaṃ, bhikkhave, mahāsamudde catuttho acchariyo abbhuto dhammo, yaṃ disvā disvā asurā mahāsamudde abhiramanti.

"Puna caparaṃ, bhikkhave, yā ca [yākāci (syā.)] loke savantiyo mahāsamuddaṃ appenti, yā ca antalikkhā dhārā papatanti, na tena mahāsamuddassa ūnattaṃ vā pūrattaṃ vā paññāyati. Yampi, bhikkhave, yā ca loke savantiyo mahāsamuddaṃ appenti, yā ca antalikkhā dhārā papatanti, na tena mahāsamuddassa ūnattaṃ vā pūrattaṃ vā paññāyati – ayaṃ, bhikkhave, mahāsamudde pañcamo acchariyo abbhuto dhammo, yaṃ disvā disvā asurā mahāsamudde abhiramanti.

"Puna caparaṃ, bhikkhave, mahāsamuddo ekaraso loṇaraso. Yampi, bhikkhave, mahāsamuddo ekaraso loṇaraso – ayaṃ, bhikkhave, mahāsamudde chaṭṭho acchariyo abbhuto dhammo, yaṃ disvā disvā asurā mahāsamudde abhiramanti.

"Puna caparaṃ, bhikkhave, mahāsamuddo bahuratano [bahūtaratano (ka.)] anekaratano. Tatrimāni ratanāni, seyyathidaṃ – muttā, maṇi, veḷuriyo, saṅkho, silā, pavāḷaṃ, rajataṃ, jātarūpaṃ, lohitako, masāragallaṃ. Yampi, bhikkhave, mahāsamuddo bahuratano anekaratano, tatrimāni ratanāni, seyyathidaṃ – muttā, maṇi, veḷuriyo, saṅkho, silā, pavāḷaṃ, rajataṃ, jātarūpaṃ, lohitako , masāragallaṃ – ayaṃ, bhikkhave, mahāsamudde sattamo acchariyo abbhuto dhammo, yaṃ disvā disvā asurā mahāsamudde abhiramanti.

"Puna caparaṃ, bhikkhave, mahāsamuddo mahataṃ bhūtānaṃ āvāso. Tatrime bhūtā – timi, timiṅgalo, timitimiṅgalo [timirapiṅgalo (sī.), timitimiṅgalo mahātimiṅgalo (syā. kaṃ.)], asurā, nāgā, gandhabbā. Santi mahāsamudde yojanasatikāpi attabhāvā, dviyojanasatikāpi attabhāvā, tiyojanasatikāpi attabhāvā, catuyojanasatikāpi attabhāvā, pañcayojanasatikāpi attabhāvā. Yampi, bhikkhave, mahāsamuddo mahataṃ bhūtānaṃ āvāso, tatrime bhūtā – timi, timiṅgalo, timitimiṅgalo, asurā, nāgā, gandhabbā; santi mahāsamudde, yojanasatikāpi attabhāvā...pe... pañcayojanasatikāpi attabhāvā – ayaṃ, bhikkhave, mahāsamudde aṭṭhamo acchariyo abbhuto dhammo, yaṃ disvā disvā asurā mahāsamudde abhiramanti. Ime kho, bhikkhave, mahāsamudde aṭṭha acchariyā abbhutā dhammā, ye disvā disvā asurā mahāsamudde abhirama''nti.

3. Imasmiṃdhammavinayeaṭṭhacchariyaṃ

385. "Evameva kho, bhikkhave, imasmiṃ dhammavinaye aṭṭha acchariyā abbhutā dhammā, ye disvā disvā bhikkhū imasmiṃ dhammavinaye abhiramanti. Katame aṭṭha?

"Seyyathāpi, bhikkhave, mahāsamuddo anupubbaninno anupubbapoṇo anupubbapabbhāro na āyatakeneva papāto; evameva kho, bhikkhave, imasmiṃ dhammavinaye anupubbasikkhā anupubbakiriyā anupubbapaṭipadā na āyatakeneva aññāpaṭivedho. Yampi, bhikkhave, imasmiṃ dhammavinaye anupubbasikkhā anupubbakiriyā anupubbapaṭipadā na āyatakeneva aññāpaṭivedho – ayaṃ, bhikkhave, imasmiṃ dhammavinaye paṭhamo acchariyo abbhuto dhammo, yaṃ disvā disvā bhikkhū imasmiṃ dhammavinaye abhiramanti.

"Seyyathāpi, bhikkhave, mahāsamuddo ṭhitadhammo velaṃ nātivattati ; evameva kho, bhikkhave, yaṃ mayā sāvakānaṃ sikkhāpadaṃ paññattaṃ, taṃ mama sāvakā jīvitahetupi nātikkamanti. Yampi, bhikkhave, mayā mama sāvakānaṃ sikkhāpadaṃ paññattaṃ, taṃ mama sāvakā jīvitahetupi nātikkamanti – ayaṃ, bhikkhave, imasmiṃ dhammavinaye dutiyo acchariyo abbhuto dhammo, yaṃ disvā disvā bhikkhū imasmiṃ dhammavinaye abhiramanti.

"Seyyathāpi, bhikkhave, mahāsamuddo na matena kuṇapena saṃvasati, yaṃ hoti mahāsamudde mataṃ kuṇapaṃ taṃ khippameva tīraṃ vāheti, thalaṃ ussāreti; evameva kho, bhikkhave, yo so puggalo dussīlo pāpadhammo asucisaṅkassarasamācāro paṭicchannakammanto assamaṇo samaṇapaṭiñño abrahmacārī brahmacāripaṭiñño antopūti avassuto kasambujāto, na tena saṅgho saṃvasati, khippameva naṃ sannipatitvā ukkhipati, kiñcāpi kho so hoti majjhe bhikkhusaṅghassa nisinno. Atha kho so ārakāva saṅghamhā, saṅgho ca tena. Yampi, bhikkhave, yo so puggalo dussīlo pāpadhammo asucisaṅkassarasamācāro paṭicchannakammanto assamaṇo samaṇapaṭiñño abrahmacārī brahmacāripaṭiñño antopūti avassuto kasambujāto, na tena saṅgho saṃvasati, khippameva naṃ sannipātitvā ukkhipati, kiñcāpi kho so hoti majjhe bhikkhusaṅghassa nisinno, atha kho so ārakāva saṅghamhā, saṅgho ca tena – ayaṃ , bhikkhave, imasmiṃ dhammavinaye tatiyo acchariyo abbhuto dhammo, yaṃ disvā disvā bhikkhū imasmiṃ dhammavinaye abhiramanti.

"Seyyathāpi, bhikkhave, yā kāci mahānadiyo, seyyathidaṃ – gaṅgā, yamunā, aciravatī, sarabhū, mahī, tā mahāsamuddaṃ pattā jahanti purimāni nāmagottāni, mahāsamuddo tveva saṅkhaṃ gacchanti; evameva kho, bhikkhave, cattārome vaṇṇā – khattiyā, brāhmaṇā, vessā, suddā. Te tathāgatappavedite dhammavinaye agārasmā anagāriyaṃ pabbajitvā [pabbajitā (sī.)] jahanti purimāni nāmagottāni, samaṇā sakyaputtiyā tveva saṅkhaṃ gacchanti. Yampi, bhikkhave, cattārome vaṇṇā khattiyā brāhmaṇā vessā suddā, te tathāgatappavedite dhammavinaye agārasmā anagāriyaṃ pabbajitvā jahanti purimāni nāmagottāni, samaṇā sakyaputtiyā tveva saṅkhaṃ gacchanti – ayaṃ, bhikkhave, imasmiṃ dhammavinaye catuttho acchariyo abbhuto dhammo, yaṃ disvā disvā bhikkhū imasmiṃ dhammavinaye abhiramanti.

"Seyyathāpi, bhikkhave, yā ca loke savantiyo mahāsamuddaṃ appenti, yā ca antalikkhā dhārā papatanti, na tena mahāsamuddassa ūnattaṃ vā pūrattaṃ vā paññāyati; evameva kho, bhikkhave, bahū cepi bhikkhū anupādisesāya nibbānadhātuyā parinibbāyanti, na tena nibbānadhātuyā ūnattaṃ vā pūrattaṃ vā paññāyati. Yampi, bhikkhave, bahū cepi bhikkhū anupādisesāya nibbānadhātuyā parinibbāyanti, na tena nibbānadhātuyā ūnattaṃ vā pūrattaṃ vā paññāyati – ayaṃ, bhikkhave, imasmiṃ dhammavinaye pañcamo acchariyo abbhuto dhammo yaṃ disvā disvā bhikkhū imasmiṃ dhammavinaye abhiramanti.

"Seyyathāpi, bhikkhave, mahāsamuddo ekaraso loṇaraso, evameva kho, bhikkhave, ayaṃ dhammavinayo ekaraso vimuttiraso. Yampi, bhikkhave, ayaṃ dhammavinayo ekaraso vimuttiraso – ayaṃ, bhikkhave, imasmiṃ dhammavinaye chaṭṭho acchariyo abbhuto dhammo, yaṃ disvā disvā bhikkhū imasmiṃ dhammavinaye abhiramanti.

"Seyyathāpi, bhikkhave, mahāsamuddo bahuratano anekaratano, tatrimāni ratanāni, seyyathidaṃ – muttā, maṇi, veḷuriyo, saṅkho, silā, pavāḷaṃ, rajataṃ, jātarūpaṃ, lohitako, masāragallaṃ; evameva kho, bhikkhave, ayaṃ dhammavinayo bahuratano anekaratano. Tatrimāni ratanāni, seyyathidaṃ – cattāro satipaṭṭhānā, cattāro sammappadhānā, cattāro iddhipādā, pañcindriyāni, pañca balāni, satta bojjhaṅgā, ariyo aṭṭhaṅgiko maggo. Yampi, bhikkhave, ayaṃ dhammavinayo bahuratano anekaratano, tatrimāni ratanāni, seyyathidaṃ – cattāro satipaṭṭhānā...pe... ariyo aṭṭhaṅgiko maggo – ayaṃ, bhikkhave, imasmiṃ dhammavinaye sattamo acchariyo abbhuto dhammo, yaṃ disvā disvā bhikkhū imasmiṃ dhammavinaye abhiramanti.

"Seyyathāpi, bhikkhave, mahāsamuddo mahataṃ bhūtānaṃ āvāso, tatrime bhūtā – timi, timiṅgalo, timitimiṅgalo, asurā, nāgā, gandhabbā, santi mahāsamudde yojanasatikāpi attabhāvā, dviyojanasatikāpi attabhāvā, tiyojanasatikāpi attabhāvā, catuyojanasatikāpi attabhāvā, pañcayojanasatikāpi attabhāvā; evameva kho, bhikkhave, ayaṃ dhammavinayo mahataṃ bhūtānaṃ āvāso. Tatrime bhūtā – sotāpanno, sotāpattiphalasacchikiriyāya paṭipanno; sakadāgāmī, sakadāgāmiphalasacchikiriyāya paṭipanno; anāgāmī, anāgāmiphalasacchikiriyāya paṭipanno; arahā, arahattaphalasacchikiriyāya paṭipanno. Yampi, bhikkhave, ayaṃ dhammavinayo mahataṃ bhūtānaṃ āvāso, tatrime bhūtā – sotāpanno, sotāpattiphalasacchikiriyāya paṭipanno...pe... arahā, arahataphalasacchikiriyāya paṭipanno – ayaṃ, bhikkhave, imasmiṃ dhammavinaye aṭṭhamo acchariyo abbhuto dhammo, yaṃ disvā disvā bhikkhū imasmiṃ dhammavinaye abhiramanti. "Ime kho, bhikkhave, imasmiṃ dhammavinaye aṭṭha acchariyā abbhutā dhammā, ye disvā disvā bhikkhū imasmiṃ dhammavinaye abhiramantī"ti.

Atha kho Bhagavā etamatthaṃ viditvā tāyaṃ velāyaṃ imaṃ udānaṃ udānesi –

[udā. 45] "Channamativassati [suchannamativassati (ka.)], vivaṭaṃ nātivassati;
Tasmā channaṃ vivaretha, evaṃ taṃ nātivassatī"ti.

4. Pātimokkhasavanāraho

386. Atha kho Bhagavā bhikkhū āmantesi – "nadānāhaṃ, bhikkhave, ito paraṃ uposathaṃ karissāmi, pātimokkhaṃ uddisissāmi. Tumhevadāni, bhikkhave, ito paraṃ uposathaṃ kareyyātha, pātimokkhaṃ uddiseyyātha. Aṭṭhānametaṃ, bhikkhave, anavakāso yaṃ tathāgato aparisuddhāya parisāya uposathaṃ kareyya, pātimokkhaṃ uddiseyya. Na ca, bhikkhave [na ca bhikkhave bhikkhunā (syā. kaṃ.)], sāpattikena pātimokkhaṃ sotabbaṃ. Yo suṇeyya, āpatti dukkaṭassa. Anujānāmi, bhikkhave, yo sāpattiko pātimokkhaṃ suṇāti, tassa pātimokkhaṃ ṭhapetuṃ. Evañca pana, bhikkhave, ṭhapetabbaṃ. Tadahuposathe cātuddase vā pannarase vā tasmiṃ puggale sammukhībhūte saṅghamajjhe udāharitabbaṃ –

'Suṇātu me bhante, saṅgho. Itthannāmo puggalo sāpattiko, tassa pātimokkhaṃ ṭhapemi, na tasmiṃ sammukhībhūte pātimokkhaṃ uddisitabba'nti ṭhapitaṃ hoti pātimokkha"nti.

Tena kho pana samayena chabbaggiyā bhikkhū 'nāmhe koci jānātī'ti sāpattikāva pātimokkhaṃ suṇanti. Therā bhikkhū paracittaviduno bhikkhūnaṃ ārocenti – "itthannāmo ca itthannāmo ca, āvuso, chabbaggiyā bhikkhū 'nāmhe koci jānātī'ti sāpattikāva pātimokkhaṃ suṇantī"ti. Assosuṃ kho chabbaggiyā bhikkhū – "therā kira bhikkhū paracittaviduno amhe bhikkhūnaṃ ārocenti – itthannāmo ca itthannāmo ca, āvuso, chabbaggiyā bhikkhū 'nāmhe koci jānātī'ti sāpattikāva pātimokkhaṃ suṇantī"ti.

Te – puramhākaṃ pesalā bhikkhū pātimokkhaṃ ṭhapentīti – paṭikacceva suddhānaṃ bhikkhūnaṃ anāpattikānaṃ avatthusmiṃ akāraṇe pātimokkhaṃ ṭhapenti. Ye te bhikkhū appicchā...pe... te ujjhāyanti khiyyanti vipācenti – "kathañhi nāma chabbaggiyā bhikkhū suddhānaṃ bhikkhūnaṃ anāpattikānaṃ avatthusmiṃ akāraṇe pātimokkhaṃ ṭhapessantī"ti! Atha kho te bhikkhū bhagavato etamatthaṃ ārocesuṃ...pe... "saccaṃ kira, bhikkhave, chabbaggiyā bhikkhū suddhānaṃ bhikkhūnaṃ anāpattikānaṃ avatthusmiṃ akāraṇe pātimokkhaṃ ṭhapentī"ti? "Saccaṃ Bhagavā"ti...pe... vigarahitvā...pe... dhammiṃ kathaṃ katvā bhikkhū āmantesi – "na, bhikkhave, suddhānaṃ bhikkhūnaṃ anāpattikānaṃ avatthusmiṃ akāraṇe pātimokkhaṃ ṭhapetabbaṃ. Yo ṭhapeyya, āpatti dukkaṭassa".

5. Dhammikādhammikapātimokkhaṭṭhapanaṃ

387. "Ekaṃ, bhikkhave, adhammikaṃ pātimokkhaṭṭhapanaṃ, ekaṃ dhammikaṃ; pātimokkhaṭṭhapanaṃ [ekaṃ dhammikaṃ (sī. syā.)], dve adhammikāni; pātimokkhaṭṭhapanāni, dve dhammikāni; tīṇi adhammikāni pātimokkhaṭṭhapanāni, tīṇi dhammikāni, cattāri adhammikāni pātimokkhaṭṭhapanāni, cattāri dhammikāni; pañca adhammikāni pātimokkhaṭṭhapanāni, pañca dhammikāni; cha adhammikāni pātimokkhaṭṭhapanāni, cha dhammikāni; satta adhammikāni pātimokkhaṭṭhapanāni, satta dhammikāni; aṭṭha adhammikāni pātimokkhaṭṭhapanāni, aṭṭha dhammikāni; nava adhammikāni pātimokkhaṭṭhapanāni , nava dhammikāni; dasa adhammikāni pātimokkhaṭṭhapanāni, dasa dhammikāni.

"Katamaṃ ekaṃ adhammikaṃ pātimokkhaṭṭhapanaṃ? Amūlikāya sīlavipattiyā pātimokkhaṃ ṭhapeti – idaṃ ekaṃ adhammikaṃ pātimokkhaṭṭhapanaṃ. Katamaṃ ekaṃ dhammikaṃ pātimokkhaṭṭhapanaṃ? Samūlikāya sīlavipattiyā pātimokkhaṃ ṭhapeti – idaṃ ekaṃ dhammikaṃ pātimokkhaṭṭhapanaṃ.

"Katamāni dve adhammikāni pātimokkhaṭṭhapanāni? Amūlikāya sīlavipattiyā pātimokkhaṃ ṭhapeti, amūlikāya ācāravipattiyā pātimokkhaṃ ṭhapeti – imāni dve adhammikāni pātimokkhaṭṭhapanāni. Katamāni dve dhammikāni pātimokkhaṭṭhapanāni? Samūlikāya sīlavipattiyā pātimokkhaṃ ṭhapeti, samūlikāya ācāravipattiyā pātimokkhaṃ ṭhapeti – imāni dve dhammikāni pātimokkhaṭṭhapanāni.

"Katamāni tīṇi adhammikāni pātimokkhaṭṭhapanāni? Amūlikāya sīlavipattiyā pātimokkhaṃ ṭhapeti, amūlikāya ācāravipattiyā pātimokkhaṃ ṭhapeti, amūlikāya diṭṭhivipattiyā pātimokkhaṃ ṭhapeti – imāni tīṇi adhammikāni pātimokkhaṭṭhapanāni. Katamāni tīṇi dhammikāni pātimokkhaṭṭhapanāni? Samūlikāya sīlavipattiyā pātimokkhaṃ ṭhapeti, samūlikāya ācāravipattiyā pātimokkhaṃ ṭhapeti, samūlikāya diṭṭhivipattiyā pātimokkhaṃ ṭhapeti – imāni tīṇi dhammikāni pātimokkhaṭṭhapanāni.

"Katamāni cattāri adhammikāni pātimokkhaṭṭhapanāni? Amūlikāya sīlavipattiyā pātimokkhaṃ ṭhapeti, amūlikāya ācāravipattiyā pātimokkhaṃ ṭhapeti, amūlikāya diṭṭhivipattiyā pātimokkhaṃ ṭhapeti, amūlikāya ājīvavipattiyā pātimokkhaṃ ṭhapeti – imāni cattāri adhammikāni pātimokkhaṭṭhapanāni. Katamāni cattāri dhammikāni pātimokkhaṭṭhapanāni? Samūlikāya sīlavipattiyā pātimokkhaṃ ṭhapeti, samūlikāya ācāravipattiyā pātimokkhaṃ ṭhapeti, samūlikāya diṭṭhivipattiyā pātimokkhaṃ ṭhapeti, samūlikāya ājīvavipattiyā pātimokkhaṃ ṭhapeti – imāni cattāri dhammikāni pātimokkhaṭṭhapanāni.

"Katamāni pañca adhammikāni pātimokkhaṭṭhapanāni? Amūlakena pārājikena pātimokkhaṃ ṭhapeti, amūlakena saṅghādisesena...pe... amūlakena pācittiyena... amūlakena pāṭidesanīyena... amūlakena dukkaṭena pātimokkhaṃ ṭhapeti – imāni pañca adhammikāni pātimokkhaṭṭhapanāni. Katamāni pañca dhammikāni pātimokkhaṭṭhapanāni? Samūlakena pārājikena pātimokkhaṃ ṭhapeti, samūlakena saṅghādisesena...pe... pācittiyena... pāṭidesanīyena... dukkaṭena pātimokkhaṃ ṭhapeti – imāni pañca dhammikāni pātimokkhaṭṭhapanāni.

"Katamāni cha adhammikāni pātimokkhaṭṭhapanāni? Amūlikāya sīlavipattiyā pātimokkhaṃ ṭhapeti akatāya, amūlikāya sīlavipattiyā pātimokkhaṃ ṭhapeti katāya; amūlikāya ācāravipattiyā pātimokkhaṃ ṭhapeti akatāya, amūlikāya ācāravipattiyā pātimokkhaṃ ṭhapeti katāya; amūlikāya diṭṭhivipattiyā pātimokkhaṃ ṭhapeti akatāya, amūlikāya diṭṭhivipattiyā pātimokkhaṃ ṭhapeti katāya – imāni cha adhammikāni pātimokkhaṭṭhapanāni. Katamāni cha dhammikāni pātimokkhaṭṭhapanāni? Samūlikāya sīlavipattiyā pātimokkhaṃ ṭhapeti akatāya, samūlikāya sīlavipattiyā pātimokkhaṃ ṭhapeti katāya; samūlikāya ācāravipattiyā...pe... diṭṭhivipattiyā pātimokkhaṃ ṭhapeti akatāya...pe... katāya – imāni cha dhammikāni pātimokkhaṭṭhapanāni.

"Katamāni satta adhammikāni pātimokkhaṭṭhapanāni? Amūlakena pārājikena pātimokkhaṃ ṭhapeti, amūlakena saṅghādisesena...pe... thullaccayena pācittiyena pāṭidesanīyena dukkaṭena dubbhāsitena pātimokkhaṃ ṭhapeti – imāni satta adhammikāni pātimokkhaṭṭhapanāni. Katamāni satta dhammikāni pātimokkhaṭṭhapanāni? Samūlakena pārājikena pātimokkhaṃ ṭhapeti, samūlakena saṅghādisesena...pe... thullaccayena pācittiyena pāṭidesanīyena dukkaṭena dubbhāsitena pātimokkhaṃ ṭhapeti – imāni satta dhammikāni pātimokkhaṭṭhapanāni.

"Katamāni aṭṭha adhammikāni pātimokkhaṭṭhapanāni? Amūlikāya sīlavipattiyā pātimokkhaṃ ṭhapeti akatāya, amūlikāya sīlavipattiyā pātimokkhaṃ ṭhapeti katāya; amūlikāya ācāravipattiyā ...pe... diṭṭhivipattiyā...pe... ājīvavipattiyā pātimokkhaṃ ṭhapeti akatāya...pe... katāya – imāni aṭṭha adhammikāni pātimokkhaṭṭhapanāni. Katamāni aṭṭha dhammikāni pātimokkhaṭṭhapanāni? Samūlikāya sīlavipattiyā pātimokkhaṃ ṭhapeti akatāya, samūlikāya sīlavipattiyā pātimokkhaṃ ṭhapeti katāya; samūlikāya ācāravipattiyā...pe... diṭṭhivipattiyā...pe... ājīvavipattiyā pātimokkhaṃ ṭhapeti akatāya...pe... katāya. Imāni aṭṭha dhammikāni pātimokkhaṭṭhapanāni.

"Katamāni nava adhammikāni pātimokkhaṭṭhapanāni? Amūlikāya sīlavipattiyā pātimokkhaṃ ṭhapeti akatāya, amūlikāya sīlavipattiyā pātimokkhaṃ ṭhapeti katāya, amūlikāya sīlavipattiyā pātimokkhaṃ ṭhapeti katākatāya; amūlikāya ācāravipattiyā...pe... diṭṭhivipattiyā pātimokkhaṃ ṭhapeti akatāya...pe... katāya...pe... katākatāya imāni nava adhammikāni pātimokkhaṭṭhapanāni. Katamāni nava dhammikāni pātimokkhaṭṭhapanāni? Samūlikāya sīlavipattiyā pātimokkhaṃ ṭhapeti akatāya, samūlikāya sīlavipattiyā pātimokkhaṃ ṭhapeti katāya, samūlikāya sīlavipattiyā pātimokkhaṃ ṭhapeti katākatāya; samūlikāya

ācāravipattiyā...pe... diṭṭhivipattiyā pātimokkhaṃ ṭhapeti akatāya...pe... katāya – katākatāya...pe... imāni nava dhammikāni pātimokkhaṭṭhapanāni.
''Katamāni dasa adhammikāni pātimokkhaṭṭhapanāni? Na pārājiko tassaṃ parisāyaṃ nisinno hoti, na pārājikakathā vippakatā hoti; na sikkhaṃ paccakkhātako tassaṃ parisāyaṃ nisinno hoti, na sikkhaṃ paccakkhātakathā vippakatā hoti; dhammikaṃ sāmaggiṃ upeti, na dhammikaṃ sāmaggiṃ paccādiyati, na dhammikāya sāmaggiyā paccādānakathā vippakatā hoti; na sīlavipattiyā diṭṭhasutaparisaṅkito hoti, na ācāravipattiyā diṭṭhasutaparisaṅkito hoti, na diṭṭhivipattiyā diṭṭhasutaparisaṅkito hoti – imāni dasa adhammikāni pātimokkhaṭṭhapanāni. Katamāni dasa dhammikāni pātimokkhaṭṭhapanāni? Pārājiko tassaṃ parisāyaṃ nisinno hoti, pārājikakathā vippakatā hoti; sikkhaṃ paccakkhātako tassaṃ parisāyaṃ nisinno hoti, sikkhaṃ paccakkhātakathā vippakatā hoti; dhammikaṃ sāmaggiṃ na upeti, dhammikaṃ sāmaggiṃ paccādiyati, dhammikāya sāmaggiyā paccādānakathā vippakatā hoti; sīlavipattiyā diṭṭhasutaparisaṅkito hoti, ācāravipattiyā diṭṭhasutaparisaṅkito hoti, diṭṭhivipattiyā diṭṭhasutaparisaṅkito hoti – imāni dasa dhammikāni pātimokkhaṭṭhapanāni.
6. Dhammikapātimokkhaṭṭhapanaṃ
388. ''Kathaṃ pārājiko tassaṃ parisāyaṃ nisinno hoti? Idha, bhikkhave, yehi ākārehi yehi liṅgehi yehi nimittehi pārājikassa dhammassa ajjhāpatti hoti, tehi ākārehi tehi liṅgehi tehi nimittehi bhikkhu bhikkhuṃ passati pārājikaṃ dhammaṃ ajjhāpajjantaṃ. Na heva kho bhikkhu bhikkhuṃ passati pārājikaṃ dhammaṃ ajjhāpajjantaṃ, api ca añño bhikkhu bhikkhussa āroceti – 'itthannāmo, āvuso, bhikkhu pārājikaṃ dhammaṃ ajjhāpanno'ti. Na heva kho bhikkhu bhikkhuṃ passati pārājikaṃ dhammaṃ ajjhāpajjantaṃ, nāpi [nāpi ca (ka.)] añño bhikkhu bhikkhussa āroceti – 'itthannāmo, āvuso, bhikkhu pārājikaṃ dhammaṃ ajjhāpanno'ti, apica sova bhikkhu bhikkhussa āroceti – 'ahaṃ, āvuso, pārājikaṃ dhammaṃ ajjhāpanno'ti. Ākaṅkhamāno, bhikkhave, bhikkhu tena diṭṭhena tena sutena tāya parisaṅkāya tadahuposathe cātuddase vā pannarase vā tasmiṃ puggale sammukhībhūte saṅghamajjhe udāhareyya –
''Suṇātu me, bhante, saṅgho. Itthannāmo puggalo pārājikaṃ dhammaṃ ajjhāpanno, tassa pātimokkhaṃ ṭhapemi, na tasmiṃ sammukhībhūte pātimokkhaṃ uddisitabbanti – dhammikaṃ pātimokkhaṭṭhapanaṃ.
389. ''Bhikkhussa pātimokkhe ṭhapite parisā vuṭṭhāti, dasannaṃ antarāyānaṃ aññatarena [aññatarena antarāyena (syā. kaṃ.)] – rājantarāyena vā, corantarāyena vā, agyantarāyena vā, udakantarāyena vā, manussantarāyena vā, amanussantarāyena vā, vāḷantarāyena vā, sarīsapantarāyena vā, jīvitantarāyena vā, brahmacariyantarāyena vā. Ākaṅkhamāno, bhikkhave, bhikkhu tasmiṃ vā āvāse, aññasmiṃ vā āvāse, tasmiṃ puggale sammukhībhūte saṅghamajjhe udāhareyya –
''Suṇātu me, bhante, saṅgho. Itthannāmassa puggalassa pārājikakathā vippakatā, taṃ vatthu avinicchitaṃ. Yadi saṅghassa pattakallaṃ, saṅgho taṃ vatthuṃ vinicchineyyāti.
''Evañcetaṃ labhetha, iccetaṃ kusalaṃ. No ce labhetha, tadahuposathe cātuddase vā pannarase vā tasmiṃ puggale sammukhībhūte saṅghamajjhe udāharitabbaṃ –
''Suṇātu me, bhante, saṅgho. Itthannāmassa puggalassa pārājikakathā vippakatā, taṃ vatthu avinicchitaṃ. Tassa pātimokkhaṃ ṭhapemi, na tasmiṃ sammukhībhūte pātimokkhaṃ uddisitabbanti – dhammikaṃ pātimokkhaṭṭhapanaṃ.
390. ''Kathaṃ sikkhaṃ paccakkhātako tassaṃ parisāyaṃ nisinno hoti? Idha pana, bhikkhave, bhikkhu yehi ākārehi yehi liṅgehi yehi nimittehi sikkhā paccakkhātā hoti, tehi ākārehi tehi liṅgehi tehi nimittehi bhikkhu bhikkhuṃ passati sikkhaṃ paccakkhantaṃ. Na heva kho bhikkhu bhikkhuṃ passati sikkhaṃ paccakkhantaṃ, apica añño bhikkhu bhikkhussa āroceti – 'itthannāmena, āvuso, bhikkhunā sikkhā paccakkhātā'ti. Na heva kho bhikkhu bhikkhuṃ passati sikkhaṃ paccakkhantaṃ, nāpi añño bhikkhu bhikkhussa āroceti – 'itthannāmena, āvuso, bhikkhunā sikkhā paccakkhātā'ti, apica sova bhikkhu bhikkhussa āroceti – 'mayā, āvuso, sikkhā paccakkhātā'ti. Ākaṅkhamāno, bhikkhave, bhikkhu tena diṭṭhena tena sutena tāya parisaṅkāya tadahuposathe cātuddase vā pannarase vā tasmiṃ puggale sammukhībhūte saṅghamajjhe udāhareyya –
''Suṇātu me, bhante, saṅgho. Itthannāmena puggalena sikkhā paccakkhātā, tassa pātimokkhaṃ ṭhapemi, na tasmiṃ sammukhībhūte pātimokkhaṃ uddisitabbanti – dhammikaṃ pātimokkhaṭṭhapanaṃ.
391. ''Bhikkhussa pātimokkhe ṭhapite parisā vuṭṭhāti, dasannaṃ antarāyānaṃ aññatarena – rājantarāyena vā ...pe... brahmacariyantarāyena vā, ākaṅkhamāno, bhikkhave, bhikkhu tasmiṃ vā āvāse, aññasmiṃ vā āvāse, tasmiṃ puggale sammukhībhūte saṅghamajjhe udāhareyya –
''Suṇātu me, bhante, saṅgho. Itthannāmassa puggalassa sikkhaṃ paccakkhātakathā [sikkhāpaccakkhātakathā (sī.)] vippakatā, taṃ vatthu avinicchitaṃ. Yadi saṅghassa pattakallaṃ, saṅgho taṃ vatthuṃ vinicchineyyāti.
''Evañcetaṃ labhetha, iccetaṃ kusalaṃ. No ce labhetha, tadahuposathe cātuddase vā pannarase vā tasmiṃ puggale sammukhībhūte saṅghamajjhe udāharitabbaṃ –
''Suṇātu me, bhante, saṅgho. Itthannāmassa puggalassa sikkhaṃ paccakkhātakathā vippakatā, taṃ vatthu avinicchitaṃ. Tassa pātimokkhaṃ ṭhapemi, na tasmiṃ sammukhībhūte pātimokkhaṃ uddisitabbanti – dhammikaṃ pātimokkhaṭṭhapanaṃ.

392. "Kathaṃ dhammikaṃ sāmaggiṃ na upeti? Idha pana, bhikkhave, bhikkhu yehi ākārehi yehi liṅgehi yehi nimittehi dhammikāya sāmaggiyānupagamanaṃ hoti, tehi ākārehi tehi liṅgehi tehi nimittehi bhikkhu bhikkhuṃ passati dhammikaṃ sāmaggiṃ na upentaṃ. Na heva kho bhikkhu bhikkhuṃ passati dhammikaṃ sāmaggiṃ na upentaṃ, api ca añño bhikkhu bhikkhussa āroceti – 'itthannāmo, āvuso, bhikkhu dhammikaṃ sāmaggiṃ na upetī'ti. Na heva kho bhikkhu bhikkhuṃ passati dhammikaṃ sāmaggiṃ na upentaṃ, nāpi añño bhikkhu bhikkhussa āroceti – 'itthannāmo, āvuso, bhikkhu dhammikaṃ sāmaggiṃ na upetī'ti, api ca sova bhikkhu bhikkhussa āroceti – 'ahaṃ, āvuso, dhammikaṃ sāmaggiṃ na upemī'ti. Ākaṅkhamāno, bhikkhave, bhikkhu tena diṭṭhena tena sutena tāya parisaṅkāya tadahuposathe cātuddase vā pannarase vā tasmiṃ puggale sammukhībhūte saṅghamajjhe udāhareyya –

"Suṇātu me, bhante, saṅgho. Itthannāmo puggalo dhammikaṃ sāmaggiṃ na upeti , tassa pātimokkhaṃ ṭhapemi, na tasmiṃ sammukhībhūte pātimokkhaṃ uddisitabbanti – dhammikaṃ pātimokkhaṭṭhapanaṃ.

393. "Kathaṃ dhammikaṃ sāmaggiṃ paccādiyati? Idha, bhikkhave, bhikkhu yehi ākārehi yehi liṅgehi yehi nimittehi dhammikāya sāmaggiyā paccādānaṃ hoti, tehi ākārehi tehi liṅgehi tehi nimittehi bhikkhu bhikkhuṃ passati dhammikaṃ sāmaggiṃ paccādiyantaṃ na heva kho bhikkhu bhikkhuṃ passati dhammikaṃ sāmaggiṃ paccādiyantaṃ, api ca añño bhikkhu bhikkhussa āroceti – 'itthannāmo, āvuso, bhikkhu dhammikaṃ sāmaggiṃ paccādiyatī'ti. Na heva kho bhikkhu bhikkhuṃ passati dhammikaṃ sāmaggiṃ paccādiyantaṃ, nāpi añño bhikkhu bhikkhussa āroceti – 'itthannāmo, āvuso, bhikkhu dhammikaṃ sāmaggiṃ paccādiyatī'ti, api ca sova bhikkhu bhikkhussa āroceti – 'ahaṃ, āvuso, dhammikaṃ sāmaggiṃ paccādiyāmī'ti . Ākaṅkhamāno, bhikkhave, bhikkhu tena diṭṭhena tena sutena tāya parisaṅkāya tadahuposathe cātuddase vā pannarase vā tasmiṃ puggale sammukhībhūte saṅghamajjhe udāhareyya –

"Suṇātu me, bhante, saṅgho. Itthannāmo puggalo dhammikaṃ sāmaggiṃ paccādiyati, tassa pātimokkhaṃ ṭhapemi, na tasmiṃ sammukhībhūte pātimokkhaṃ uddisitabbanti – dhammikaṃ pātimokkhaṭṭhapanaṃ.

394. "Bhikkhussa pātimokkhe ṭhapite parisā vuṭṭhāti, dasannaṃ antarāyānaṃ aññatarena – rājantarāyena vā...pe... brahmacariyantarāyena vā. Ākaṅkhamāno, bhikkhave, bhikkhu tasmiṃ vā āvāse, aññasmiṃ vā āvāse, tasmiṃ puggale sammukhībhūte saṅghamajjhe udāhareyya –

"Suṇātu me, bhante, saṅgho. Itthannāmassa puggalassa dhammikāya sāmaggiyā paccādānakathā vippakatā, taṃ vatthu avinicchitaṃ. Yadi saṅghassa pattakallaṃ, saṅgho taṃ vatthuṃ vinicchineyyāti.

"Evañcetaṃ labhetha, iccetaṃ kusalaṃ. No ce labhetha, tadahuposathe cātuddase vā pannarase vā tasmiṃ puggale sammukhībhūte saṅghamajjhe udāharitabbaṃ –

"Suṇātu me, bhante, saṅgho. Itthannāmassa puggalassa dhammikāya sāmaggiyā paccādānakathā vippakatā, taṃ vatthu avinicchitaṃ. Tassa pātimokkhaṃ ṭhapemi, na tasmiṃ sammukhībhūte pātimokkhaṃ uddisitabbanti – dhammikaṃ pātimokkhaṭṭhapanaṃ.

395. "Kathaṃ sīlavipattiyā diṭṭhasutaparisaṅkito hoti? Idha pana, bhikkhave, bhikkhu yehi ākārehi yehi liṅgehi yehi nimittehi sīlavipattiyā diṭṭhasutaparisaṅkito hoti, tehi ākārehi tehi liṅgehi tehi nimittehi bhikkhu bhikkhuṃ passati sīlavipattiyā diṭṭhasutaparisaṅkitaṃ. Na heva kho bhikkhu bhikkhuṃ passati sīlavipattiyā diṭṭhasutaparisaṅkitaṃ, api ca añño bhikkhu bhikkhussa āroceti – 'itthannāmo, āvuso, bhikkhu sīlavipattiyā diṭṭhasutaparisaṅkito'ti. Na heva kho bhikkhu bhikkhuṃ passati sīlavipattiyā diṭṭhasutaparisaṅkitaṃ, nāpi añño bhikkhu bhikkhussa āroceti – 'itthannāmo, āvuso, bhikkhu sīlavipattiyā diṭṭhasutaparisaṅkito'ti, api ca sova bhikkhu bhikkhussa āroceti – 'ahaṃ, āvuso, sīlavipattiyā diṭṭhasutaparisaṅkitomhī'ti. Ākaṅkhamāno, bhikkhave, bhikkhu tena diṭṭhena tena sutena tāya parisaṅkāya tadahuposathe cātuddase vā pannarase vā tasmiṃ puggale sammukhībhūte saṅghamajjhe udāhareyya –

"Suṇātu me, bhante, saṅgho. Itthannāmo puggalo sīlavipattiyā diṭṭhasutaparisaṅkito, [diṭṭhasutaparisaṅkito hoti (syā. kaṃ.)] tassa pātimokkhaṃ ṭhapemi, na tasmiṃ sammukhībhūte pātimokkhaṃ uddisitabbanti – dhammikaṃ pātimokkhaṭṭhapanaṃ.

396. "Kathaṃ ācāravipattiyā diṭṭhasutaparisaṅkito hoti? Idha pana, bhikkhave, bhikkhu yehi ākārehi yehi liṅgehi yehi nimittehi ācāravipattiyā diṭṭhasutaparisaṅkito hoti tehi ākārehi tehi liṅgehi tehi nimittehi bhikkhu bhikkhuṃ passati ācāravipattiyā diṭṭhasutaparisaṅkitaṃ. Na heva kho bhikkhu bhikkhuṃ passati ācāravipattiyā diṭṭhasutaparisaṅkitaṃ, api ca añño bhikkhu bhikkhussa āroceti – 'itthannāmo, āvuso, bhikkhu ācāravipattiyā diṭṭhasutaparisaṅkito'ti. Na heva kho bhikkhu bhikkhuṃ passati ācāravipattiyā diṭṭhasutaparisaṅkitaṃ, nāpi añño bhikkhu bhikkhussa āroceti – 'itthannāmo, āvuso, bhikkhu ācāravipattiyā diṭṭhasutaparisaṅkito'ti, api ca sova bhikkhu bhikkhussa āroceti – 'ahaṃ, āvuso, ācāravipattiyā diṭṭhasutaparisaṅkitomhī'ti. Ākaṅkhamāno, bhikkhave, bhikkhu tena diṭṭhena tena sutena tāya parisaṅkāya tadahuposathe cātuddase vā pannarase vā tasmiṃ puggale sammukhībhūte saṅghamajjhe udāhareyya –

"Suṇātu me, bhante, saṅgho. Itthannāmo puggalo ācāravipattiyā diṭṭhasutaparisaṅkito, tassa pātimokkhaṃ ṭhapemi, na tasmiṃ sammukhībhūte pātimokkhaṃ uddisitabbanti – dhammikaṃ pātimokkhaṭṭhapanaṃ.

397. ''Kathaṃ diṭṭhivipattiyā diṭṭhasutaparisaṅkito hoti? Idha pana, bhikkhave, bhikkhu yehi ākārehi yehi liṅgehi yehi nimittehi diṭṭhivipattiyādiṭṭhasutaparisaṅkito hoti, tehi ākārehi tehi liṅgehi tehi nimittehi bhikkhu bhikkhuṃ passati diṭṭhivipattiyā diṭṭhasutaparisaṅkitaṃ. Na heva kho bhikkhu bhikkhuṃ passati diṭṭhivipattiyā diṭṭhasutaparisaṅkitaṃ, api ca añño bhikkhu bhikkhussa āroceti – 'itthannāmo, āvuso, bhikkhu diṭṭhivipattiyā diṭṭhasutaparisaṅkito'ti. Na heva kho bhikkhu bhikkhuṃ passati diṭṭhivipattiyā diṭṭhasutaparisaṅkitaṃ, nāpi añño bhikkhu bhikkhussa āroceti – 'itthannāmo, āvuso, bhikkhu diṭṭhivipattiyā diṭṭhasutaparisaṅkito'ti, api ca sova bhikkhu bhikkhussa āroceti – 'ahaṃ, āvuso, diṭṭhivipattiyā diṭṭhasutaparisaṅkitomhī'ti. Ākaṅkhamāno, bhikkhave, bhikkhu tena diṭṭhena tena sutena tāya parisaṅkāya tadahuposathe cātuddase vā pannarase vā tasmiṃ puggale sammukhībhūte saṅghamajjhe udāhareyya –

''Suṇātu me, bhante, saṅgho. Itthannāmo puggalo diṭṭhivipattiyā diṭṭhasutaparisaṅkito, tassa pātimokkhaṃ ṭhapemi, na tasmiṃ sammukhībhūte pātimokkhaṃ uddisitabbanti – dhammikaṃ pātimokkhaṭṭhapanaṃ.

''Imāni dasa dhammikāni pātimokkhaṭṭhapanānī''ti.

Paṭhamabhāṇavāro niṭṭhito.

7. Attādānaaṅgaṃ

398. Atha kho āyasmā upāli yena Bhagavā tenupasaṅkami, upasaṅkamitvā bhagavantaṃ abhivādetvā ekamantaṃ nisīdi. Ekamantaṃ nisinno kho āyasmā upāli bhagavantaṃ etadavoca – ''attādānaṃ ādātukāmena, bhante, bhikkhunā katamaṅgasamannāgataṃ [kataṅgasamannāgataṃ (ka.)] attādānaṃ ādātabba''nti?

[pari. 440] ''Attādānaṃ ādātukāmena, upāli, bhikkhunā pañcaṅgasamannāgataṃ attādānaṃ ādātabbaṃ. Attādānaṃ ādātukāmena, upāli, bhikkhunā evaṃ paccavekkhitabbaṃ – 'yaṃ kho ahaṃ imaṃ attādānaṃ ādātukāmo, kālo nu kho imaṃ attādānaṃ ādātuṃ udāhu no'ti? Sace, upāli, bhikkhu paccavekkhamāno evaṃ jānāti – 'akālo imaṃ attādānaṃ ādātuṃ, no kālo'ti, na taṃ, upāli, attādānaṃ ādātabbaṃ.

''Sace panupāli, bhikkhu paccavekkhamāno evaṃ jānāti – 'kālo imaṃ attādānaṃ ādātuṃ, no akālo'ti, tenupāli, bhikkhunā uttari paccavekkhitabbaṃ – 'yaṃ kho ahaṃ imaṃ attādānaṃ ādātukāmo, bhūtaṃ nu kho idaṃ attādānaṃ udāhu no'ti? Sace, upāli, bhikkhu paccavekkhamāno evaṃ jānāti – 'abhūtaṃ idaṃ attādānaṃ, no bhūta'nti, na taṃ, upāli, attādānaṃ ādātabbaṃ.

''Sace panupāli, bhikkhu paccavekkhamāno evaṃ jānāti – 'bhūtaṃ idaṃ attādānaṃ, no abhūta'nti, tenupāli, bhikkhunā uttari paccavekkhitabbaṃ – 'yaṃ kho ahaṃ imaṃ attādānaṃ ādātukāmo, atthasañhitaṃ nu kho idaṃ attādānaṃ udāhu no'ti? Sace, upāli, bhikkhu paccavekkhamāno evaṃ jānāti – 'anatthasañhitaṃ idaṃ attādānaṃ, no atthasañhita'nti, na taṃ, upāli, attādānaṃ ādātabbaṃ.

''Sace panupāli, bhikkhu paccavekkhamāno evaṃ jānāti – 'atthasañhitaṃ idaṃ attādānaṃ, no anatthasañhita'nti, tenupāli, bhikkhunā uttari paccavekkhitabbaṃ – 'imaṃ kho ahaṃ attādānaṃ ādiyamāno labhissāmi sandiṭṭhe sambhatte bhikkhū dhammato vinayato pakkhe udāhu no'ti? Sace, upāli, bhikkhu paccavekkhamāno evaṃ jānāti – 'imaṃ kho ahaṃ attādānaṃ ādiyamāno na labhissāmi sandiṭṭhe sambhatte bhikkhū dhammato vinayato pakkhe'ti, na taṃ, upāli, attādānaṃ ādātabbaṃ.

''Sace panupāli, bhikkhu paccavekkhamāno evaṃ jānāti – 'imaṃ kho ahaṃ attādānaṃ ādiyamāno labhissāmi sandiṭṭhe sambhatte bhikkhū dhammato vinayato pakkhe'ti, tenupāli, bhikkhunā uttari paccavekkhitabbaṃ – 'imaṃ kho me attādānaṃ ādiyato bhavissati saṅghassa tatonidānaṃ bhaṇḍanaṃ kalaho viggaho vivādo saṅghabhedo saṅgharāji saṅghavavatthānaṃ saṅghanānākaraṇaṃ udāhu no'ti? Sace upāli, bhikkhu paccavekkhamāno evaṃ jānāti – 'imaṃ kho me attādānaṃ ādiyato bhavissati saṅghassa tatonidānaṃ bhaṇḍanaṃ kalaho viggaho vivādo saṅghabhedo saṅgharāji saṅghavavatthānaṃ saṅghanānākaraṇa'nti, na taṃ, upāli, attādānaṃ ādātabbaṃ. Sace panupāli, bhikkhu paccavekkhamāno evaṃ jānāti – 'imaṃ kho me attādānaṃ ādiyato na bhavissati saṅghassa tatonidānaṃ bhaṇḍanaṃ kalaho viggaho vivādo saṅghabhedo saṅgharāji saṅghavavatthānaṃ saṅghanānākaraṇa'nti, ādātabbaṃ taṃ, upāli, attādānaṃ. Evaṃ pañcaṅgasamannāgataṃ kho, upāli, attādānaṃ ādinnaṃ, pacchāpi avippaṭisārakaraṃ bhavissatī'ti.

8. Codakenapaccavekkhitabbadhammā

399.[pari. 436 (a. ni. 10.44 thokaṃ visadisaṃ)] ''Codakena, bhante, bhikkhunā paraṃ codetukāmena kati dhamme ajjhattaṃ paccavekkhitvā paro codetabbo''ti? ''Codakena, upāli, bhikkhunā paraṃ codetukāmena pañca dhamme ajjhattaṃ paccavekkhitvā paro codetabbo.

''Codakena, upāli, bhikkhunā paraṃ codetukāmena evaṃ paccavekkhitabbaṃ – 'parisuddhakāyasamācāro nu khomhi, parisuddhenamhi kāyasamācārena samannāgato – acchiddena appaṭimaṃsena? Saṃvijjati nu kho me eso dhammo udāhu no'ti? No ce, upāli, bhikkhu parisuddhakāyasamācāro hoti, parisuddhena kāyasamācārena samannāgato – acchiddena appaṭimaṃsena, tassa bhavanti vattāro – 'iṅgha tāva āyasmā kāyikaṃ sikkhassū'ti. Itissa bhavanti vattāro.

''Puna caparaṃ, upāli, codakena bhikkhunā paraṃ codetukāmena evaṃ paccavekkhitabbaṃ – 'parisuddhavacīsamācāro nu khomhi, parisuddhenamhi vacīsamācārena samannāgato – acchiddena appaṭimaṃsena? Saṃvijjati nu kho me eso dhammo udāhu no'ti? No ce, upāli, bhikkhu parisuddhavacīsamācāro hoti, parisuddhena vacīsamācārena samannāgato – acchiddena appaṭimaṃsena, tassa bhavanti vattāro – 'iṅgha tāva āyasmā vācasikaṃ sikkhassū'ti. Itissa bhavanti vattāro.

''Puna caparaṃ, upāli, codakena bhikkhunā paraṃ codetukāmena evaṃ paccavekkhitabbaṃ – 'mettaṃ nu kho me cittaṃ paccupaṭṭhitaṃ sabrahmacārīsu anāghātaṃ , saṃvijjati nu kho me eso dhammo udāhu no'ti? No ce, upāli, bhikkhuno mettacittaṃ paccupaṭṭhitaṃ hoti sabrahmacārīsu anāghātaṃ, tassabhavanti vattāro – 'iṅgha tāva āyasmā sabrahmacārīsu mettacittaṃ upaṭṭhāpehī'ti. Itissa bhavanti vattāro.

''Puna caparaṃ, upāli, codakena bhikkhunā paraṃ codetukāmena evaṃ paccavekkhitabbaṃ – 'bahussuto nu khomhi, sutadharo, sutasanniccayo? Ye te dhammā ādikalyāṇā majjhekalyāṇā pariyosānakalyāṇā, sātthaṃ sabyañjanaṃ kevalaparipuṇṇaṃ parisuddhaṃ brahmacariyaṃ abhivadanti, tathārūpā me dhammā bahussutā honti dhātā vacasā paricitā manasānupekkhitā diṭṭhiyā suppaṭividdhā? Saṃvijjati nu kho me eso dhammo udāhu no'ti? No ce, upāli, bhikkhu bahussuto hoti, sutadharo, sutasanniccayo; ye te dhammā ādikalyāṇā majjhekalyāṇā pariyosānakalyāṇā, sātthaṃ sabyañjanaṃ kevalaparipuṇṇaṃ parisuddhaṃ brahmacariyaṃ abhivadanti, tathārūpassa dhammā na bahussutā honti dhātā vacasā paricitā manasānupekkhitā diṭṭhiyā suppaṭividdhā, tassa bhavanti vattāro – 'iṅgha tāva āyasmā āgamaṃ pariyāpuṇassū'ti. Itissa bhavanti vattāro.

''Puna caparaṃ, upāli, codakena bhikkhunā paraṃ codetukāmena evaṃ paccavekkhitabbaṃ – 'ubhayāni kho me pātimokkhāni vitthārena svāgatāni honti, suvibhattāni, suppavattīni, suvinicchitāni – suttaso, anubyañjanaso? Saṃviñjati nu kho me eso dhammo udāhu no'ti? No ce, upāli, bhikkhuno ubhayāni pātimokkhāni vitthārena svāgatāni honti, suvibhattāni, suppavattīni, suvinicchitāni – suttaso, anubyañjanaso, 'idaṃ panāvuso, kattha vuttaṃ bhagavatā'ti, iti puṭṭho na sampāyati [na sampādayati (ka.)], tassa bhavanti vattāro – 'iṅgha tāva āyasmā, vinayaṃ pariyāpuṇassū'ti. Itissa bhavanti vattāro. Codakenupāli, bhikkhunā paraṃ codetukāmena ime pañca dhamme ajjhattaṃ paccavekkhitvā paro codetabbo''ti.

9. Codakenaupaṭṭhāpetabbadhammā

400. ''Codakena, bhante, bhikkhunā paraṃ codetukāmena kati dhamme ajjhattaṃ upaṭṭhāpetvā paro codetabbo''ti? ''Codakenupāli, bhikkhunā paraṃ codetukāmena pañca dhamme ajjhattaṃ upaṭṭhāpetvā paro codetabbo – kālena vakkhāmi, no akālena; bhūtena vakkhāmi, no abhūtena; saṇhena vakkhāmi, no pharusena; atthasaṃhitena vakkhāmi, no anatthasaṃhitena; mettacitto vakkhāmi, no dosantaroti. Codakenupāli, bhikkhunā paraṃ codetukāmena ime pañca dhamme ajjhattaṃ upaṭṭhāpetvā paro codetabbo''ti.

10. Codakacuditakapaṭisaṃyuttakathā

401. ''Adhammacodakassa, bhante, bhikkhuno katīhākārehi vippaṭisāro upadahātabbo''ti? ''Adhammacodakassa, upāli, bhikkhuno pañcahākārehi vippaṭisāro upadahātabbo – akālenāyasmā codesi, no kālena, alaṃ te vippaṭisārāya; abhūtenāyasmā codesi, no bhūtena, alaṃ te vippaṭisārāya; pharusenāyasmā codesi, no saṇhena, alaṃ te vippaṭisārāya; anatthasaṃhitenāyasmā codesi, no atthasaṃhitena, alaṃ te vippaṭisārāya; dosantaro āyasmā codesi, no mettacitto, alaṃ te vippaṭisārāyāti. Adhammacodakassa, upāli, bhikkhuno imehi pañcahākārehi vippaṭisāro upadahātabbo. Taṃ kissa hetu? Yathā na aññopi bhikkhu abhūtena codetabbaṃ maññeyyā''ti.

''Adhammacuditassa pana, bhante, bhikkhuno katihākārehi avippaṭisāro upadahātabbo''ti? ''Adhammacuditassa, upāli, bhikkhuno pañcahākārehi avippaṭisāro upadahātabbo – akālenāyasmā cudito, no kālena, alaṃ te avippaṭisārāya; abhūtenāyasmā cudito, no bhūtena, alaṃ te avippaṭisārāya; pharusenāyasmā cudito , no saṇhena, alaṃ te avippaṭisārāya; anatthasaṃhitenāyasmā cudito, no atthasaṃhitena, alaṃ te avippaṭisārāya; dosantarenāyasmā cudito, no mettacittena, alaṃ te avippaṭisārāyāti. Adhammacuditassa, upāli, bhikkhuno imehi pañcahākārehi avippaṭisāro upadahātabbo''ti.

''Dhammacodakassa, bhante, bhikkhuno katihākārehi avippaṭisāro upadahātabbo''ti? ''Dhammacodakassa, upāli, bhikkhuno pañcahākārehi avippaṭisāro upadahātabbo – kālenāyasmā codesi, no akālena, alaṃ te avippaṭisārāya; bhūtenāyasmā codesi, no abhūtena , alaṃ te avippaṭisārāya; saṇhenāyasmā codesi, no pharusena, alaṃ te avippaṭisārāya; atthasaṃhitenāyasmā codesi, no anatthasaṃhitena, alaṃ te avippaṭisārāya; mettacitto āyasmā codesi, no dosantaro, alaṃ te avippaṭisārāyāti. Dhammacodakassa, upāli, bhikkhuno imehi pañcahākārehi avippaṭisāro upadahātabbo. Taṃ kissa hetu? Yathā aññopi bhikkhu bhūtena codetabbaṃ maññeyyā''ti.

''Dhammacuditassa pana, bhante, bhikkhuno katihākārehi vippaṭisāro upadahātabbo''ti? ''Dhammacuditassa, upāli, bhikkhuno pañcahākārehi vippaṭisāro upadahātabbo – kālenāyasmā cudito, no akālena, alaṃ te vippaṭisārāya; bhūtenāyasmā cudito, no abhūtena , alaṃ te vippaṭisārāya; saṇhenāyasmā cudito, no pharusena, alaṃ te vippaṭisārāya; atthasaṃhitenāyasmā cudito, no anatthasaṃhitena, alaṃ te vippaṭisārāya; mettacittenāyasmā cudito, no dosantarena, alaṃ te vippaṭisārāyāti. Dhammacuditassa, upāli, bhikkhuno imehi pañcahākārehi vippaṭisāro upadahātabbo''ti.

[pari. 438] ‘‘Codakena, bhante, bhikkhunā paraṃ codetukāmena kati dhamme ajjhattaṃ manasi karitvā paro codetabbo’’ti? ‘‘Codakenupāli, bhikkhunā paraṃ codetukāmena pañca dhamme ajjhattaṃ manasi karitvā paro codetabbo – kāruññatā, hitesitā, anukampitā, [anukampatā (ka.)] āpattivuṭṭhānatā, vinayapurekkhāratāti. Codakenupāli, bhikkhunā paraṃ codetukāmena ime pañca dhamme ajjhattaṃ manasi karitvā paro codetabbo’’ti.

‘‘Cuditena pana, bhante, bhikkhunā katisu dhammesu patiṭṭhātabba’’nti? ‘‘Cuditenupāli, bhikkhunā dvīsu dhammesu patiṭṭhātabbaṃ – sacce ca akuppe cā’’ti.

Dutiyabhāṇavāro niṭṭhito.

Pātimokkhaṭṭhapanakkhandhako navamo.

Imamhi khandhake vatthū tiṃsa.

Tassuddānaṃ –

Uposathe yāvatikaṃ, pāpabhikkhu na nikkhami;
Moggallānena nicchuddho, accherā jinasāsane.
Ninnonupubbasikkhā ca, ṭhitadhammo nātikkamma;
Kuṇapukkhipati saṅgho, savantiyo jahanti ca.
Savanti parinibbanti, ekarasa vimutti ca;
Bahu dhammavinayopi, bhūtaṭṭhāriyapuggalā.
Samuddaṃ upamaṃ katvā, vācesi [ṭhāpesi (ka.)] sāsane guṇaṃ;
Uposathe pātimokkhaṃ, na amhe koci jānāti.
Paṭikacceva ujjhanti, eko dve tīṇi cattāri;
Pañca cha satta aṭṭhāni, navā ca dasamāni ca.
Sīla-ācāra-diṭṭhi ca, ājīvaṃ catubhāgike;
Pārājikañca saṅghādi, pācitti pāṭidesani.
Dukkaṭaṃ pañcabhāgesu, sīlācāravipatti ca;
Akatāya katāya ca, chabhāgesu yathāvidhi.
Pārājikañca saṅghādi, thullaṃ pācittiyena ca;
Pāṭidesaniyañceva , dukkaṭañca dubbhāsitaṃ.
Sīlācāravipatti ca, diṭṭhiājīvavipatti;
Yā ca aṭṭhā katākate, tenetā sīlācāradiṭṭhiyā.
Akatāya katāyāpi, katākatāyameva ca;
Evaṃ navavidhā vuttā, yathābhūtena ñāyato.
Pārājiko vippakatā, paccakkhāto tatheva ca;
Upeti paccādiyati, paccādānakathā ca yā.
Sīlācāravipatti ca, tathā diṭṭhivipattiyā;
Diṭṭhasutaparisaṅkitaṃ, dasadhā taṃ vijānātha.
Bhikkhu vipassati bhikkhuṃ, añño cārocayāti taṃ;
So yeva tassa akkhāti [vipassañño cārocati; taṃ suddheva tassa akkhāti (ka.)], pātimokkhaṃ ṭhapeti so.
Vuṭṭhāti antarāyena, rājacoraggudakā ca;
Manussaamanussā ca, vāḷasarīsapā jīvibrahmaṃ.
Dasannamaññatarena, tasmiṃ aññataresu vā;
Dhammikādhammikā ceva, yathā maggena jānātha.
Kālabhūtatthasaṃhitaṃ , labhissāmi bhavissati;
Kāyavācasikā mettā, bāhusaccaṃ ubhayāni.
Kālabhūtena saṇhena, atthamettena codaye;
Vippaṭisāradhammena, tathā vācā [tathevāpi (syā.)] vinodaye.
Dhammacodacuditassa, vinodeti vippaṭisāro;
Karuṇā hitānukampi, vuṭṭhānapurekkhārato.
Codakassa paṭipatti, sambuddhena pakāsitā;
Sacce ceva akuppe ca, cuditasseva dhammatāti.

Pātimokkhaṭṭhapanakkhandhakaṃ niṭṭhitaṃ.

10. Bhikkhunikkhandhakaṃ

1. Paṭhamabhāṇavāro

MahāpajāpatiGotamīvatthu

402.[a. ni. 8.51 idaṃ vatthu āgataṃ] Tena samayena buddho Bhagavā sakkesu viharati kapilavatthusmiṃ nigrodhārāme. Atha kho mahāpajāpati [mahāpajāpatī (sī. syā.)] Gotamī yena Bhagavā tenupasaṅkami, upasaṅkamitvā bhagavantaṃ abhivādetvā ekamantaṃ aṭṭhāsi. Ekamantaṃ ṭhitā kho mahāpajāpati Gotamī bhagavantaṃ etadavoca – ‘‘sādhu, bhante, labheyya mātugāmo tathāgatappavedite dhammavinaye agārasmā anagāriyaṃ pabbajja’’nti. ‘‘Alaṃ, Gotami, mā te rucci mātugāmassa tathāgatappavedite dhammavinaye agārasmā anagāriyaṃ pabbajjā’’ti. Dutiyampi kho…pe… tatiyampi kho mahapajāpati Gotamī bhagavantaṃ etadavoca – ‘‘sādhu, bhante, labheyya mātugāmo tathāgatappavedite dhammavinaye agārasmā anagāriyaṃ pabbajja''nti. ''Alaṃ, Gotami, mā te rucci mātugāmassa tathāgatappavedite dhammavinaye agārasmā anagāriyaṃ pabbajjā''ti. Atha kho mahāpajāpati Gotamī – na Bhagavā anujānāti mātugāmassa tathāgatappavedite dhammavinaye agārasmā anagāriyaṃ pabbajjanti – dukkhī dummanā assumukhī rudamānā bhagavantaṃ abhivādetvā padakkhiṇaṃ katvā pakkāmi.

Atha kho Bhagavā kapilavatthusmiṃ yathābhirantaṃ viharitvā yena vesālī tena cārikaṃ pakkāmi. Anupubbena cārikaṃ caramāno yena vesālī tadavasari. Tatra sudaṃ Bhagavā vesāliyaṃ viharati mahāvane kūṭāgārasālāyaṃ. Atha kho mahāpajāpati Gotamī kese chedāpetvā kāsāyāni vatthāni acchādetvā sambahulāhi sākiyānīhi saddhiṃ yena vesālī tena pakkāmi. Anupubbena yena vesālī mahāvanaṃ kūṭāgārasālā tenupasaṅkami. Atha kho mahāpajāpati Gotamī sūnehi pādehi rajokiṇṇena gattena dukkhī dummanā assumukhī rudamānā bahidvārakoṭṭhake aṭṭhāsi. Addasā kho āyasmā ānando mahāpajāpatiṃ Gotamiṃ sūnehi pādehi rajokiṇṇena gattena dukkhiṃ dummanaṃ assumukhiṃ rudamānaṃ bahidvārakoṭṭhake ṭhitaṃ. Disvāna mahāpajāpatiṃ Gotamiṃ etadavoca – ''kissa tvaṃ, Gotami, sūnehi pādehi rajokiṇṇena gattena dukkhī dummanā assumukhī rudamānā bahidvārakoṭṭhake ṭhitā''ti? ''Tathā hi pana, bhante ānanda, na Bhagavā anujānāti mātugāmassa tathāgatappavedite dhammavinaye agārasmā anagāriyaṃ pabbajja''nti. ''Tena hi tvaṃ, Gotami, muhuttaṃ idheva tāva hohi, yāvāhaṃ bhagavantaṃ yācāmi mātugāmassa tathāgatappavedite dhammavinaye agārasmā anagāriyaṃ pabbajja''nti.

Atha kho āyasmā ānando yena Bhagavā tenupasaṅkami, upasaṅkamitvā bhagavantaṃ abhivādetvā ekamantaṃ nisīdi. Ekamantaṃ nisinno kho āyasmā ānando bhagavantaṃ etadavoca – ''esā, bhante, mahāpajāpati Gotamī sūnehi pādehi rajokiṇṇena gattena dukkhī dummanā assumukhī rudamānā bahidvārakoṭṭhake ṭhitā – na Bhagavā anujānāti mātugāmassa tathāgatappavedite dhammavinaye agārasmā anagāriyaṃ pabbajjanti. Sādhu, bhante, labheyya mātugāmo tathāgatappavedite dhammavinaye agārasmā anagāriyaṃ pabbajja''nti. ''Alaṃ, ānanda, mā te rucci mātugāmassa tathāgatappavedite dhammavinaye agārasmā anagāriyaṃ pabbajjā''ti. Dutiyampi kho...pe... tatiyampi kho āyasmā ānando bhagavantaṃ etadavoca – ''sādhu, bhante, labheyya mātugāmo tathāgatappavedite dhammavinaye agārasmā anagāriyaṃ pabbajja''nti. ''Alaṃ, ānanda, mā te rucci mātugāmassa tathāgatappavedite dhammavinaye agārasmā anagāriyaṃ pabbajjā''ti.

Atha kho āyasmā ānando [a. ni. 8.51 ''atha kho āyasmato ānandassa etadahosī''ti āgataṃ] – ''na Bhagavā anujānāti mātugāmassa tathāgatappavedite dhammavinaye agārasmā anagāriyaṃ pabbajjaṃ; yaṃnūnāhaṃ aññenapi pariyāyena bhagavantaṃ yāceyyaṃ mātugāmassa tathāgatappavedite dhammavinaye agārasmā anagāriyaṃ pabbajja''nti. Atha kho āyasmā ānando bhagavantaṃ etadavoca – ''bhabbo nu kho, bhante, mātugāmo tathāgatappavedite dhammavinaye agārasmā anagāriyaṃ pabbajitvā sotāpattiphalaṃ vā sakadāgāmiphalaṃ [sakidāgāmiphalaṃ (syā.)] vā anāgāmiphalaṃ vā arahattaphalaṃ vā sacchikātu''nti? ''Bhabbo, ānanda, mātugāmo tathāgatappavedite dhammavinaye agārasmā anagāriyaṃ pabbajitvā sotāpattiphalampi sakadāgāmiphalampi anāgāmiphalampi arahattaphalampi sacchikātu''nti. ''Sace, bhante, bhabbo mātugāmo tathāgatappavedite dhammavinaye agārasmā anagāriyaṃ pabbajitvā sotāpattiphalampi sakadāgāmiphalampi anāgāmiphalampi arahattaphalampi sacchikātuṃ; bahūpakārā, bhante, mahāpajāpati Gotamī bhagavato mātucchā āpādikā, posikā, khīrassa dāyikā, bhagavantaṃ janettiyā kālaṅkatāya thaññaṃ pāyesi; sādhu, bhante, labheyya mātugāmo tathāgatappavedite dhammavinaye agārasmā anagāriyaṃ pabbajja''nti.

Aṭṭhagarudhammā

403. ''Sace, ānanda, mahāpajāpatī Gotamī aṭṭha garudhamme paṭigaṇhāti, sāvassā. Hotu upasampadā.

[pāci. 149] ''Vassasatūpasampannāya bhikkhuniyā tadahupasampannassa bhikkhuno abhivādanaṃ paccuṭṭhānaṃ añjalikammaṃ sāmīcikammaṃ kātabbaṃ. Ayampi dhammo sakkatvā garukatvā [garuṃkatvā (ka.)] mānetvā pūjetvā yāvajīvaṃ anatikkamanīyo.

''Na bhikkhuniyā abhikkhuke āvāse vassaṃ vasitabbaṃ. Ayampi dhammo sakkatvā garukatvā mānetvā pūjetvā yāvajīvaṃ anatikkamanīyo.

''Anvaddhamāsaṃ bhikkhuniyā bhikkhusaṅghato dve dhammā paccāsīsitabbā – uposathapucchakañca, ovādūpasaṅkamanañca. Ayampi dhammo sakkatvā garukatvā mānetvā pūjetvā yāvajīvaṃ anatikkamanīyo.

''Vassaṃvuṭṭhāya bhikkhuniyā ubhatosaṅghe tīhi ṭhānehi pavāretabbaṃ – diṭṭhena vā, sutena vā, parisaṅkāya vā. Ayampi dhammo sakkatvā garukatvā mānetvā pūjetvā yāvajīvaṃ anatikkamanīyo.

''Garudhammaṃ ajjhāpannāya bhikkhuniyā ubhatosaṅghe pakkhamānattaṃ caritabbaṃ. Ayampi dhammo sakkatvā garukatvā mānetvā pūjetvā yāvajīvaṃ anatikkamanīyo.

''Dve vassāni chasu dhammesu sikkhitasikkhāya sikkhamānāya ubhatosaṅghe upasampadā pariyesitabbā. Ayampi dhammo sakkatvā garukatvā mānetvā pūjetvā yāvajīvaṃ anatikkamanīyo.

''Na bhikkhuniyā kenaci pariyāyena bhikkhu akkositabbo paribhāsitabbo. Ayampi dhammo sakkatvā garukatvā mānetvā pūjetvā yāvajīvaṃ anatikkamanīyo.

''Ajjatagge ovaṭo bhikkhunīnaṃ bhikkhūsu vacanapatho, anovaṭo bhikkhūnaṃ bhikkhunīsu vacanapatho. Ayampi dhammo sakkatvā garukatvā mānetvā pūjetvā yāvajīvaṃ anatikkamanīyo.

"Sace, ānanda, mahāpajāpati Gotamī ime aṭṭha garudhamme paṭiggaṇhāti, sāvassā hotu upasampadā"ti.
Atha kho āyasmā ānando bhagavato santike aṭṭha garudhamme uggahetvā yena mahāpajāpati Gotamī tenupasaṅkami, upasaṅkamitvā mahāpajāpatiṃ Gotamiṃ etadavoca – "sace kho tvaṃ, Gotami, aṭṭha garudhamme paṭiggaṇheyyāsi, sāva te bhavissati upasampadā.
"Vassasatūpasampannāya bhikkhuniyā tadahupasampannassa bhikkhuno abhivādanaṃ paccuṭṭhānaṃ añjalikammaṃ sāmīcikammaṃ kātabbaṃ. Ayampidhammo sakkatvā garukatvā mānetvā pūjetvā yāvajīvaṃ anatikkamanīyo.
"Na bhikkhuniyā abhikkhuke āvāse vassaṃ vasitabbaṃ. Ayampi dhammo sakkatvā garukatvā mānetvā pūjetvā yāvajīvaṃ anatikkamanīyo.
"Anvaddhamāsaṃ bhikkhuniyā bhikkhusaṅghato dve dhammā paccāsīsitabbā – uposathapucchakañca, ovādūpasaṅkamanañca. Ayampi dhammo sakkatvā garukatvā mānetvā pūjetvā yāvajīvaṃ anatikkamanīyo.
"Vassaṃvuṭṭhāya bhikkhuniyā ubhatosaṅghe tīhi ṭhānehi pavāretabbaṃ – diṭṭhena vā, sutena vā, parisaṅkāya vā. Ayampi dhammo sakkatvā garukatvā mānetvā pūjetvā yāvajīvaṃ anatikkamanīyo.
"Garudhammaṃ ajjhāpannāya bhikkhuniyā ubhatosaṅghe pakkhamānattaṃ caritabbaṃ. Ayampi dhammo sakkatvā garukatvā mānetvā pūjetvā yāvajīvaṃ anatikkamanīyo.
"Dve vassāni chasu dhammesu sikkhitasikkhāya sikkhamānāya ubhatosaṅghe upasampadā pariyesitabbā. Ayampi dhammo sakkatvā garukatvā mānetvā pūjetvā yāvajīvaṃ anatikkamanīyo.
"Na bhikkhuniyā kenaci pariyāyena bhikkhu akkositabbo paribhāsitabbo. Ayampi dhammo sakkatvā garukatvā mānetvā pūjetvā yāvajīvaṃ anatikkamanīyo.
"Ajjatagge ovaṭo bhikkhunīnaṃ bhikkhūsu vacanapatho, anovaṭo bhikkhūnaṃ bhikkhunīsu vacanapatho. Ayampi dhammo sakkatvā garukatvā mānetvā pūjetvā yāvajīvaṃ anatikkamanīyo.
"Sace kho tvaṃ, Gotami, ime aṭṭha garudhamme paṭiggaṇheyyāsi, sāva te bhavissati upasampadā"ti.
"Seyyathāpi, bhante ānanda, itthī vā puriso vā daharo, yuvā, maṇḍanakajātiko sīsaṃnahāto uppalamālaṃ vā vassikamālaṃ vā atimuttakamālaṃ[adhimattakamālaṃ (syā.)] vā labhitvā ubhohi hatthehi paṭiggahetvā uttamaṅge sirasmiṃ patiṭṭhāpeyya; evameva kho ahaṃ, bhante, ānanda ime aṭṭha garudhamme paṭiggaṇhāmi yāvajīvaṃ anatikkamanīye"ti.
Atha kho āyasmā ānando yena Bhagavā tenupasaṅkami, upasaṅkamitvā bhagavantaṃ abhivādetvā ekamantaṃ nisīdi. Ekamantaṃ nisinno kho āyasmā ānando bhagavantaṃ etadavoca – "paṭiggahitā, bhante, mahāpajāpatiyā Gotamiyā aṭṭha garudhammā, upasampannā bhagavato mātucchā"ti.
"Sace, ānanda, nālabhissa mātugāmo tathāgatappavedite dhammavinaye agārasmā anagāriyaṃ pabbajjaṃ, ciraṭṭhitikaṃ, ānanda, brahmacariyaṃ abhavissa, vassasahassaṃ saddhammo tiṭṭheyya. Yato ca kho, ānanda, mātugāmo tathāgatappavedite dhammavinaye agārasmā anagāriyaṃ pabbajito, na dāni, ānanda, brahmacariyaṃ ciraṭṭhitikaṃ bhavissati. Pañceva dāni, ānanda, vassasatāni saddhammo ṭhassati.
"Seyyathāpi, ānanda, yāni kānici kulāni bahutthikāni [bahuitthikāni (sī. syā.)] appapurisakāni, tāni suppadhaṃsiyāni honti corehi kumbhathenakehi; evameva kho, ānanda, yasmiṃ dhammavinaye labhati mātugāmo agārasmā anagāriyaṃ pabbajjaṃ, na taṃ brahmacariyaṃ ciraṭṭhitikaṃ hoti.
"Seyyathāpi, ānanda, sampanne sālikkhette setaṭṭikā nāma rogajāti nipatati, evaṃ taṃ sālikkhettaṃ na ciraṭṭhitikaṃ hoti; evameva kho, ānanda, yasmiṃ dhammavinaye labhati mātugāmo agārasmā anagāriyaṃ pabbajjaṃ, na taṃ brahmacariyaṃ ciraṭṭhitikaṃ hoti.
"Seyyathāpi, ānanda, sampanne ucchukkhette mañjiṭṭhikā [mañjeṭṭhikā (sī. syā.)] nāma rogajāti nipatati, evaṃ taṃ ucchukkhettaṃ na ciraṭṭhitikaṃ hoti; evameva kho, ānanda, yasmiṃ dhammavinaye labhati mātugāmo agārasmā anagāriyaṃ pabbajjaṃ, na taṃ brahmacariyaṃ ciraṭṭhitikaṃ hoti.
"Seyyathāpi, ānanda, puriso mahato talākassa paṭikacceva āḷiṃ bandheyya yāvadeva udakassa anatikkamanāya; evameva kho, ānanda, mayā paṭikacceva bhikkhunīnaṃ aṭṭha garudhammā paññattā yāvajīvaṃ anatikkamanīyā"ti.
Bhikkhunīnaṃ aṭṭha garudhammā niṭṭhitā.
Bhikkhunīupasampadānujānanaṃ
404. Atha kho mahāpajāpati Gotamī yena Bhagavā tenupasaṅkami, upasaṅkamitvā bhagavantaṃ abhivādetvā ekamantaṃ aṭṭhāsi. Ekamantaṃ ṭhitā kho mahāpajāpatī Gotamī bhagavantaṃ etadavoca – "kathāhaṃ, bhante, imāsu sākiyānīsu paṭipajjāmī"ti? Atha kho Bhagavā mahāpajāpatiṃ Gotamiṃ dhammiyā kathāya sandassesi samādapesi samuttejesi sampahaṃsesi. Atha kho mahāpajāpati Gotamī bhagavatā dhammiyā kathāya sandassitā samādapitā samuttejitā sampahaṃsitā bhagavantaṃ abhivādetvā padakkhiṇaṃ katvā pakkāmi. Atha kho Bhagavā etasmiṃ nidāne etasmiṃ pakaraṇe dhammiṃ kathaṃ katvā bhikkhū āmantesi – "anujānāmi, bhikkhave, bhikkhūhi bhikkhuniyo upasampādetu"nti.
Atha kho tā bhikkhuniyo mahāpajāpatiṃ Gotamiṃ etadavocuṃ – "ayyā anupasampannā, mayañcamhā upasampannā; evañhi bhagavatā paññattaṃ bhikkhūhi bhikkhuniyo upasampādetabbā"ti. Atha kho mahāpajāpati Gotamī yenāyasmā ānando tenupasaṅkami, upasaṅkamitvā āyasmantaṃ ānandaṃ abhivādetvā ekamantaṃ aṭṭhāsi. Ekamantaṃ ṭhitā kho mahāpajāpati Gotamī āyasmantaṃ ānandaṃ

etadavoca – ''imā maṃ, bhante ānanda, bhikkhuniyo evamāhaṃsu – 'ayyā anupasampannā, mayañcamhā upasampannā; evañhi bhagavatā paññattaṃ bhikkhūhi bhikkhuniyo upasampādetabbā'''ti.
Atha kho āyasmā ānando yena Bhagavā tenupasaṅkami, upasaṅkamitvā bhagavantaṃ abhivādetvā ekamantaṃ nisīdi. Ekamantaṃ nisinno kho āyasmā ānando bhagavantaṃ etadavoca – ''mahāpajāpati, bhante, Gotamī evamāha – 'imā maṃ, bhante ānanda, bhikkhuniyo evamāhaṃsu – ayyā anupasampannā, mayañcamhā upasampannā; evañhi bhagavatā paññattaṃ bhikkhūhi bhikkhuniyo upasampādetabbā'''ti.
''Yadaggena, ānanda, mahāpajāpatiyā Gotamiyā aṭṭha garudhammā paṭiggahitā, tadeva sā [tadevassā (ka.)] upasampannā''ti.
405. Atha kho mahāpajāpati Gotamī yenāyasmā ānando tenupasaṅkami, upasaṅkamitvā āyasmantaṃ ānandaṃ abhivādetvā ekamantaṃ aṭṭhāsi. Ekamantaṃ ṭhitā kho mahāpajāpati Gotamī āyasmantaṃ ānandaṃ etadavoca – ''ekāhaṃ, bhante ānanda, bhagavantaṃ varaṃ yācāmi. Sādhu, bhante, Bhagavā anujāneyya bhikkhūnañca bhikkhunīnañca yathāvuḍḍhaṃ abhivādanaṃ paccuṭṭhānaṃ añjalikammaṃ sāmīcikamma''nti.
Atha kho āyasmā ānando yena Bhagavā tenupasaṅkami, upasaṅkamitvā bhagavantaṃ abhivādetvā ekamantaṃ nisīdi. Ekamantaṃ nisinno kho āyasmā ānando bhagavantaṃ etadavoca – ''mahāpajāpati, bhante, Gotamī evamāha – 'ekāhaṃ, bhante ānanda, bhagavantaṃ varaṃ yācāmi. Sādhu, bhante, Bhagavā anujāneyya bhikkhūnañca bhikkhunīnañca yathāvuḍḍhaṃ abhivādanaṃ paccuṭṭhānaṃ añjalikammaṃ sāmīcikamma'''nti.
''Aṭṭhānametaṃ, ānanda, anavakāso, yaṃ tathāgato anujāneyya mātugāmassa abhivādanaṃ paccuṭṭhānaṃ añjalikammaṃ sāmīcikammaṃ. Imehi nāma, ānanda, aññatitthiyā durakkhātadhammā mātugāmassa abhivādanaṃ paccuṭṭhānaṃ añjalikammaṃ sāmīcikammaṃ na karissanti ; kimaṅgaṃ pana tathāgato anujānissati mātugāmassa abhivādanaṃ paccuṭṭhānaṃ añjalikammaṃ sāmīcikamma''nti?
Atha kho Bhagavā etasmiṃ nidāne etasmiṃ pakaraṇe dhammiṃ kathaṃ katvā bhikkhū āmantesi – ''na, bhikkhave, mātugāmassa abhivādanaṃ paccuṭṭhānaṃ añjalikammaṃ sāmīcikammaṃ kātabbaṃ. Yo kareyya, āpatti dukkaṭassā''ti.
Atha kho mahāpajāpati Gotamī yena Bhagavā tenupasaṅkami, upasaṅkamitvā bhagavantaṃ abhivādetvā ekamantaṃ aṭṭhāsi. Ekamantaṃ ṭhitā kho mahāpajāpati Gotamī bhagavantaṃ etadavoca – ''yāni tāni, bhante, bhikkhunīnaṃ sikkhāpadāni bhikkhūhi sādhāraṇāni, kathaṃ mayaṃ, bhante, tesu sikkhāpadesu paṭipajjāmā''ti? ''Yāni tāni, Gotami, bhikkhunīnaṃ sikkhāpadāni bhikkhūhi sādhāraṇāni, yathā bhikkhū sikkhanti tathā tesu sikkhāpadesu sikkhathā''ti. ''Yāni pana tāni, bhante, bhikkhunīnaṃ sikkhāpadāni bhikkhūhi asādhāraṇāni, kathaṃ mayaṃ, bhante, tesu sikkhāpadesu paṭipajjāmā''ti? ''Yāni tāni, Gotami, bhikkhunīnaṃ sikkhāpadāni bhikkhūhi asādhāraṇāni, yathāpaññattesu sikkhāpadesu sikkhathā''ti.
406.[a. ni. 8.53] Atha kho mahāpajāpati Gotamī yena Bhagavā tenupasaṅkami, upasaṅkamitvā bhagavantaṃ abhivādetvā ekamantaṃ aṭṭhāsi. Ekamantaṃ ṭhitā kho mahāpajāpati Gotamī bhagavantaṃ etadavoca – ''sādhu me, bhante, Bhagavā saṃkhittena dhammaṃ desetu, yamahaṃ bhagavato dhammaṃ sutvā ekā vūpakaṭṭhā appamattā ātāpinī pahitattā vihareyya''nti. ''Ye kho tvaṃ, Gotami, dhamme jāneyyāsi – ime dhammā sarāgāya saṃvattanti no virāgāya, saññogāya saṃvattanti no visaññogāya, ācayāya saṃvattanti no apacayāya, mahicchatāya saṃvattanti no appicchatāya, asantuṭṭhiyā saṃvattanti no santuṭṭhiyā, saṅgaṇikāya saṃvattanti no pavivekāya, kosajjāya saṃvattanti no vīriyārambhāya, dubbharatāya saṃvattanti no subharatāya; ekaṃsena, Gotami, dhāreyyāsi – neso dhammo, neso vinayo, netaṃ satthusāsananti. Ye ca kho tvaṃ, Gotami, dhamme jāneyyāsi – ime dhammā virāgāya saṃvattanti no sarāgāya, visaññogāya saṃvattanti no saññogāya, apacayāya saṃvattanti no ācayāya, appicchatāya saṃvattanti no mahicchatāya, santuṭṭhiyā saṃvattanti no asantuṭṭhiyā, pavivekāya saṃvattanti no saṅgaṇikāya, vīriyārambhāya saṃvattanti no kosajjāya, subharatāya saṃvattanti no dubbharatāya; ekaṃsena, Gotami, dhāreyyāsi – eso dhammo, eso vinayo, etaṃ satthusāsana''nti.
407. Tena kho pana samayena bhikkhunīnaṃ pātimokkhaṃ na uddisīyati. Bhagavato etamatthaṃ ārocesuṃ...pe... ''anujānāmi, bhikkhave, bhikkhunīnaṃ pātimokkhaṃ uddisitu''nti. Atha kho bhikkhūnaṃ etadahosi – ''kena nu kho bhikkhunīnaṃ pātimokkhaṃ uddisitabba''nti? Bhagavato etamatthaṃ ārocesuṃ. ''Anujānāmi, bhikkhave, bhikkhūhi bhikkhunīnaṃ pātimokkhaṃ uddisitu''nti.
Tena kho pana samayena bhikkhū bhikkhunupassayaṃ upasaṅkamitvā bhikkhunīnaṃ pātimokkhaṃ uddisanti. Manussā ujjhāyanti khiyyanti vipācenti – ''jāyāyo imā imesaṃ, jāriyo imā imesaṃ, idāni ime imāhi saddhiṃ abhiramissantī''ti! Bhagavato etamatthaṃ ārocesuṃ. ''Na, bhikkhave, bhikkhūhi bhikkhunīnaṃ pātimokkhaṃ uddisitabbaṃ. Yo uddiseyya, āpatti dukkaṭassa. Anujānāmi, bhikkhave, bhikkhunīhi bhikkhunīnaṃ pātimokkhaṃ uddisitu''nti. Bhikkhuniyo na jānanti – ''evaṃ pātimokkhaṃ uddisitabba''nti. Bhagavato etamatthaṃ ārocesuṃ. ''Anujānāmi, bhikkhave, bhikkhūhi bhikkhunīnaṃ ācikkhituṃ – 'evaṃ pātimokkhaṃ uddiseyyāthā'''ti.
408. Tena kho pana samayena bhikkhuniyo āpattiṃ na paṭikaronti. Bhagavato etamatthaṃ ārocesuṃ. ''Na, bhikkhave, bhikkhuniyā āpatti na paṭikātabbā. Yā na paṭikareyya, āpatti dukkaṭassā''ti. Bhikkhuniyo na jānanti – ''evaṃ āpatti paṭikātabbā''ti . Bhagavato etamatthaṃ ārocesuṃ. ''Anujānāmi,

bhikkhave, bhikkhūhi bhikkhunīnaṃ ācikkhituṃ – 'evaṃ āpattiṃ paṭikareyyāthā''ti. Atha kho bhikkhūnaṃ etadahosi – ''kena nu kho bhikkhunīnaṃ āpatti paṭiggahetabbā''ti? Bhagavato etamatthaṃ ārocesuṃ. ''Anujānāmi, bhikkhave, bhikkhūhi bhikkhunīnaṃ āpattiṃ paṭiggahetu''nti.

Tena kho pana samayena bhikkhuniyo rathikāyapi byūhepi siṅghāṭakepi bhikkhuṃ passitvā pattaṃ bhūmiyaṃ nikkhipitvā ekaṃsaṃ uttarāsaṅgaṃ karitvā ukkuṭikaṃ nisīditvā añjaliṃ paggahetvā āpattiṃ paṭikaronti. Manussā ujjhāyanti khiyyanti vipācenti – ''jāyāyo imā imesaṃ, jāriyo imā imesaṃ, rattiṃ vimānetvā idāni khamāpentī''ti. Bhagavato etamatthaṃ ārocesuṃ. ''Na, bhikkhave, bhikkhūhi bhikkhunīnaṃ āpatti paṭiggahetabbā. Yo paṭiggaṇheyya, āpatti dukkaṭassa. Anujānāmi, bhikkhave, bhikkhunīhi bhikkhunīnaṃ āpattiṃ paṭiggahetu''nti. Bhikkhuniyo na jānanti – ''evaṃ āpatti paṭiggahetabbā''ti. Bhagavato etamatthaṃ ārocesuṃ. ''Anujānāmi, bhikkhave, bhikkhūhi bhikkhunīnaṃ ācikkhituṃ – 'evaṃ āpattiṃ paṭiggaṇheyyāthā''ti.

409. Tena kho pana samayena bhikkhunīnaṃ kammaṃ na kariyati. Bhagavato etamatthaṃ ārocesuṃ. ''Anujānāmi, bhikkhave, bhikkhunīnaṃ kammaṃ kātu''nti. Atha kho bhikkhūnaṃ etadahosi – ''kena nu kho bhikkhunīnaṃ kammaṃ kātabba''nti? Bhagavato etamatthaṃ ārocesuṃ. ''Anujānāmi, bhikkhave, bhikkhūhi bhikkhunīnaṃ kammaṃ kātu''nti.

Tena kho pana samayena katakammā bhikkhuniyo rathikāyapi byūhepi siṅghāṭakepi bhikkhuṃ passitvā pattaṃ bhūmiyaṃ nikkhipitvā ekaṃsaṃ uttarāsaṅgaṃ karitvā ukkuṭikaṃ nisīditvā añjaliṃ paggahetvā khamāpenti 'evaṃ nūna kātabba'nti maññamānā. Manussā tatheva ujjhāyanti khiyyanti vipācenti – ''jāyāyo imā imesaṃ, jāriyo imā imesaṃ, rattiṃ vimānetvā idāni khamāpentī''ti. Bhagavato etamatthaṃ ārocesuṃ. ''Na, bhikkhave, bhikkhūhi bhikkhunīnaṃ kammaṃ kātabbaṃ. Yo kareyya, āpatti dukkaṭassa. Anujānāmi, bhikkhave, bhikkhunīhi bhikkhunīnaṃ kammaṃ kātu''nti. Bhikkhuniyo na jānanti – ''evaṃ kammaṃ kātabba''nti. Bhagavato etamatthaṃ ārocesuṃ. ''Anujānāmi, bhikkhave, bhikkhūhi bhikkhunīnaṃ ācikkhituṃ – 'evaṃ kammaṃ kareyyāthā''ti.

410. Tena kho pana samayena bhikkhuniyo saṅghamajjhe bhaṇḍanajātā kalahajātā vivādāpannā aññamaññaṃ mukhasattīhi vitudantā viharanti. Na sakkonti taṃ adhikaraṇaṃ vūpasametuṃ. Bhagavato etamatthaṃ ārocesuṃ. ''Anujānāmi, bhikkhave, bhikkhūhi bhikkhunīnaṃ adhikaraṇaṃ vūpasametu''nti.

Tena kho pana samayena bhikkhū bhikkhunīnaṃ adhikaraṇaṃ vūpasamenti. Tasmiṃ kho pana adhikaraṇe vinicchiyamāne dissanti bhikkhuniyo kammappattāyopi āpattigāminiyopi. Bhikkhuniyo evamāhaṃsu – ''sādhu, bhante, ayyāva bhikkhunīnaṃ kammaṃ karontu, ayyāva bhikkhunīnaṃ āpattiṃ paṭiggaṇhantu; evañhi bhagavatā paññattaṃ bhikkhūhi bhikkhunīnaṃ adhikaraṇaṃ vūpasametabba''nti. Bhagavato etamatthaṃ ārocesuṃ. ''Anujānāmi, bhikkhave, bhikkhūhi bhikkhunīnaṃ kammaṃ āropetvā bhikkhunīnaṃ niyyādetuṃ – bhikkhunīhi bhikkhunīnaṃ kammaṃ kātuṃ, bhikkhūhi bhikkhunīnaṃ āpattiṃ āropetvā bhikkhunīnaṃ niyyādetuṃ, bhikkhunīhi bhikkhunīnaṃ āpattiṃ paṭiggahetu''nti.

Tena kho pana samayena uppalavaṇṇāya bhikkhuniyā antevāsinī bhikkhunī satta vassāni bhagavantaṃ anubandhā hoti vinayaṃ pariyāpuṇantī. Tassā muṭṭhassatiniyā gahito gahito mussati. Assosi kho sā bhikkhunī – ''Bhagavā kira sāvatthiṃ gantukāmo''ti. Atha kho tassā bhikkhuniyā etadahosi – ''ahaṃ kho satta vassāni bhagavantaṃ anubandhiṃ vinayaṃ pariyāpuṇantī. Tassā me muṭṭhassatiniyā gahito gahito mussati. Dukkaraṃ kho pana mātugāmena yāvajīvaṃ satthāraṃ anubandhituṃ. Kathaṃ nu kho mayā paṭipajjitabba''nti? Atha kho sā bhikkhunī bhikkhunīnaṃ etamatthaṃ ārocesi. Bhikkhuniyo bhikkhūnaṃ etamatthaṃ ārocesuṃ. Bhikkhū bhagavato etamatthaṃ ārocesuṃ. ''Anujānāmi, bhikkhave, bhikkhūhi bhikkhunīnaṃ vinayaṃ vācetu''nti.

Paṭhamabhāṇavāro niṭṭhito.

2. Dutiyabhāṇavāro

411. Atha kho Bhagavā vesāliyaṃ yathābhirantaṃ viharitvā yena sāvatthi tena cārikaṃ pakkāmi. Anupubbena cārikaṃ caramāno yena sāvatthi tadavasari. Tatra sudaṃ Bhagavā sāvatthiyaṃ viharati jetavane anāthapiṇḍikassa ārāme. Tena kho pana samayena chabbaggiyā bhikkhū bhikkhuniyo kaddamodakena osiñcanti – appeva nāma amhesu sārajjeyyunti. Bhagavato etamatthaṃ ārocesuṃ. ''Na, bhikkhave, bhikkhunā bhikkhuniyo kaddamodakena osiñcitabbā. Yo osiñceyya, āpatti dukkaṭassa. Anujānāmi, bhikkhave, tassa bhikkhuno daṇḍakammaṃ kātu''nti. Atha kho bhikkhūnaṃ etadahosi – ''kiṃ nu kho daṇḍakammaṃ kātabba''nti? Bhagavato etamatthaṃ ārocesuṃ. ''Avandiyo so, bhikkhave, bhikkhu bhikkhunisaṅghena kātabbo''ti.

Tena kho pana samayena chabbaggiyā bhikkhū kāyaṃ vivaritvā bhikkhunīnaṃ dassenti ...pe... ūruṃ vivaritvā bhikkhunīnaṃ dassenti, aṅgajātaṃ vivaritvā bhikkhunīnaṃ dassenti, bhikkhuniyo obhāsenti, bhikkhunīhi saddhiṃ sampayojenti – appeva nāma amhesu sārajjeyyunti. Bhagavato etamatthaṃ ārocesuṃ. ''Na, bhikkhave, bhikkhunā kāyo vivaritvā bhikkhunīnaṃ dassetabbo, na ūru vivaritvā bhikkhunīnaṃ dassetabbo, na aṅgajātaṃ vivaritvā bhikkhunīnaṃ dassetabbaṃ, na bhikkhuniyo obhāsitabbā, na bhikkhunīhi saddhiṃ sampayojetabbaṃ. Yo sampayojeyya, āpatti dukkaṭassa. Anujānāmi, bhikkhave, tassa bhikkhuno daṇḍakammaṃ kātu''nti. Atha kho bhikkhūnaṃ etadahosi –

''kiṃ nu kho daṇḍakammaṃ kātabba''nti? Bhagavato etamatthaṃ ārocesuṃ. ''Avandiyo so, bhikkhave, bhikkhu bhikkhunisaṅghena kātabbo''ti.

Tena kho pana samayena chabbaggiyā bhikkhuniyo bhikkhuṃ kaddamodakena osiñcanti – appeva nāma amhesu sārajjeyyunti. Bhagavato etamatthaṃ ārocesuṃ. ''Na, bhikkhave, bhikkhuniyā bhikkhu kaddamodakena osiñcitabbo. Yā osiñceyya, āpatti dukkaṭassa. Anujānāmi, bhikkhave, tassā bhikkhuniyā daṇḍakammaṃ kātu''nti. Atha kho bhikkhūnaṃ etadahosi – ''kiṃ nu kho daṇḍakammaṃ kātabba''nti? Bhagavato etamatthaṃ ārocesuṃ. ''Anujānāmi bhikkhave, āvaraṇaṃ kātu''nti. Āvaraṇe kate na ādiyanti. Bhagavato etamatthaṃ ārocesuṃ. ''Anujānāmi, bhikkhave, ovādaṃ ṭhapetu''nti.

Tena kho pana samayena chabbaggiyā bhikkhuniyo kāyaṃ vivaritvā bhikkhūnaṃ dassenti, thanaṃ vivaritvā bhikkhūnaṃ dassenti, ūruṃ vivaritvā bhikkhūnaṃ dassenti, aṅgajātaṃ vivaritvā bhikkhūnaṃ dassenti, bhikkhū obhāsenti, bhikkhūhi saddhiṃ sampayojenti – appeva nāma amhesu sārajjeyyunti. Bhagavato etamatthaṃ ārocesuṃ. ''Na, bhikkhave, bhikkhuniyā kāyo vivaritvā bhikkhūnaṃ dassetabbo...pe... na thano vivaritvā bhikkhūnaṃ dassetabbo, na ūru vivaritvā bhikkhūnaṃ dassetabbo, na aṅgajātaṃ vivaritvā bhikkhūnaṃ dassetabbaṃ, na bhikkhū obhāsitabbā, na bhikkhūhi saddhiṃ sampayojetabbaṃ. Yā sampayojeyya, āpatti dukkaṭassa. Anujānāmi, bhikkhave, tassā bhikkhuniyā daṇḍakammaṃ kātu''nti. Atha kho bhikkhūnaṃ etadahosi – ''kiṃ nu kho daṇḍakammaṃ kātabba''nti? Bhagavato etamatthaṃ ārocesuṃ. ''Anujānāmi, bhikkhave, āvaraṇaṃ kātu''nti. Āvaraṇe kate na ādiyanti. Bhagavato etamatthaṃ ārocesuṃ. ''Anujānāmi, bhikkhave, ovādaṃ ṭhapetu''nti. Atha kho bhikkhūnaṃ etadahosi – ''kappati nu kho ovādaṭṭhapitāya [ovādaṇṭhapitāya (syā.), ovādaṃṭhapitāya (ka.)] bhikkhuniyā saddhiṃ uposathaṃ kātuṃ, na nu kho kappatī''ti? Bhagavato etamatthaṃ ārocesuṃ. ''Na, bhikkhave, ovādaṭṭhapitāya bhikkhuniyā saddhiṃ uposatho kātabbo, yāva na taṃ adhikaraṇaṃ vūpasantaṃ hotī''ti.

412. Tena kho pana samayena āyasmā udāyī ovādaṃ ṭhapetvā cārikaṃ pakkāmi. Bhikkhuniyo ujjhāyanti khiyyanti vipācenti – ''kathañhi nāma ayyo udāyī ovādaṃ ṭhapetvā cārikaṃ pakkamissatī''ti! Bhagavato etamatthaṃ ārocesuṃ. ''Na, bhikkhave, ovādaṃ ṭhapetvā cārikā pakkamitabbā. Yo pakkameyya, āpatti dukkaṭassā''ti.

Tena kho pana samayena [tena kho pana samayena bhikkhū (syā. kaṃ.)] bālā abyattā ovādaṃ ṭhapenti. Bhagavato etamatthaṃ ārocesuṃ. ''Na, bhikkhave, bālena abyattena ovādo ṭhapetabbo. Yo ṭhapeyya, āpatti dukkaṭassā''ti.

Tena kho pana samayena bhikkhū avatthusmiṃ akāraṇe ovādaṃ ṭhapenti. Bhagavato etamatthaṃ ārocesuṃ. ''Na, bhikkhave, avatthusmiṃ akāraṇe ovādo ṭhapetabbo. Yo ṭhapeyya, āpatti dukkaṭassā''ti.

Tena kho pana samayena bhikkhū ovādaṃ ṭhapetvā vinicchayaṃ na denti. Bhagavato etamatthaṃ ārocesuṃ. ''Na, bhikkhave, ovādaṃ ṭhapetvā vinicchayo na dātabbo. Yo na dadeyya, āpatti dukkaṭassā''ti.

413.[pāci. 1054] Tena kho pana samayena bhikkhuniyo ovādaṃ na gacchanti. Bhagavato etamatthaṃ ārocesuṃ. ''Na, bhikkhave, bhikkhuniyā ovādo nagantabbo. Yā na gaccheyya, yathādhammo kāretabbo''ti.

Tena kho pana samayena sabbo bhikkhunisaṅgho ovādaṃ gacchati. Manussā ujjhāyanti khiyyanti vipācenti – ''jāyāyo imā imesaṃ, jāriyo imā imesaṃ, idāni ime imāhi saddhiṃ abhiramissantī''ti! Bhagavato etamatthaṃ ārocesuṃ. ''Na, bhikkhave, sabbena bhikkhunisaṅghena ovādo gantabbo. Gaccheyya ce, āpatti dukkaṭassa. Anujānāmi, bhikkhave, catūhi pañcahi bhikkhunīhi ovādaṃ gantu''nti.

Tena kho pana samayena catasso pañca bhikkhuniyo ovādaṃ gacchanti. Manussā tatheva ujjhāyanti khiyyanti vipācenti – ''jāyāyo imā imesaṃ, jāriyo imā imesaṃ, idāni ime imāhi saddhiṃ abhiramissantī''ti! Bhagavato etamatthaṃ ārocesuṃ. ''Na, bhikkhave, catūhi pañcahi bhikkhunīhi ovādo gantabbo. Gaccheyyuṃ ce, āpatti dukkaṭassa. Anujānāmi, bhikkhave, dve tisso bhikkhuniyo [bhikkhunīhi (ka.)] ovādaṃ gantuṃ. Ekaṃ bhikkhuṃ upasaṅkamitvā ekaṃsaṃ uttarāsaṅgaṃ karitvā pāde vanditvā ukkuṭikaṃ nisīditvā añjaliṃ paggahetvā evamassa vacanīyo – 'bhikkhunisaṅgho, ayya, bhikkhusaṅghassa pāde vandati, ovādūpasaṅkamanañca yācati; labhatu kira, ayya, bhikkhunisaṅgho ovādūpasaṅkamana'nti. Tena bhikkhunā pātimokkhuddesako upasaṅkamitvā evamassa vacanīyo – 'bhikkhunīsaṅgho, bhante, bhikkhusaṅghassa pāde vandati, ovādūpasaṅkamanañca yācati; labhatu kira, bhante, bhikkhunisaṅgho ovādūpasaṅkamana'nti. Pātimokkhuddesakena vattabbo – 'atthi koci bhikkhu bhikkhunovādako sammato'ti? Sace hoti koci bhikkhu bhikkhunovādako sammato, pātimokkhuddesakena vattabbo – 'itthannāmo bhikkhu bhikkhunovādako sammato, taṃ bhikkhunisaṅgho upasaṅkamatū'ti. Sace na hoti koci bhikkhu bhikkhunovādako sammato, pātimokkhuddesakena vattabbo – 'ko āyasmā ussahati bhikkhuniyo ovaditu'nti? Sace koci ussahati bhikkhuniyo ovadituṃ, so ca hoti aṭṭhahaṅgehi samannāgato, sammannitvā vattabbo – 'itthannāmo bhikkhu bhikkhunovādako sammato, taṃ bhikkhunisaṅgho upasaṅkamatū'ti. Sace na koci ussahati bhikkhuniyo ovadituṃ, pātimokkhuddesakena vattabbo – 'natthi koci bhikkhu bhikkhunovādako sammato, pāsādikena bhikkhunisaṅgho sampādetū''ti.

414. Tena kho pana samayena bhikkhū ovādaṃ na gaṇhanti. Bhagavato etamatthaṃ ārocesuṃ. ''Na, bhikkhave, ovādo na gahetabbo. Yo na gaṇheyya, āpatti dukkaṭassā''ti.
Tena kho pana samayena aññataro bhikkhu bālo hoti. Taṃ bhikkhuniyo upasaṅkamitvā etadavocuṃ – ''ovādaṃ, ayya, gaṇhāhī''ti. ''Ahañhi, bhaginī, bālo; kathāhaṃ ovādaṃ gaṇhāmī''ti? ''Gaṇhāhayya, ovādaṃ; evañhi bhagavatā paññattaṃ – bhikkhūhi bhikkhunīnaṃ ovādo gahetabbo''ti. Bhagavato etamatthaṃ ārocesuṃ. ''Anujānāmi, bhikkhave, ṭhapetvā bālaṃ, avasesehi ovādaṃ gahetu''nti.
Tena kho pana samayena aññataro bhikkhu gilāno hoti. Taṃ bhikkhuniyo upasaṅkamitvā etadavocuṃ – ''ovādaṃ, ayya gaṇhāhī''ti. ''Ahañhi, bhaginī, gilāno; kathāhaṃ ovādaṃ gaṇhāmī''ti? ''Gaṇhāhayya, ovādaṃ; evañhi bhagavatā paññattaṃ – ṭhapetvā bālaṃ, avasesehi ovādo gahetabbo''ti. Bhagavato etamatthaṃ ārocesuṃ. ''Anujānāmi, bhikkhave, ṭhapetvā bālaṃ, ṭhapetvā gilānaṃ, avasesehi ovādaṃ gahetu''nti.
Tena kho pana samayena aññataro bhikkhu gamiko hoti. Taṃ bhikkhuniyo upasaṅkamitvā etadavocuṃ – ''ovādaṃ, ayya, gaṇhāhī''ti. ''Ahañhi, bhaginī, gamiko; kathāhaṃ ovādaṃ gaṇhāmī''ti? ''Gaṇhāhayya, ovādaṃ; evañhi bhagavatā paññattaṃ – ṭhapetvā bālaṃ, ṭhapetvā gilānaṃ, avasesehi ovādo gahetabbo''ti. Bhagavato etamatthaṃ ārocesuṃ. ''Anujānāmi, bhikkhave, ṭhapetvā bālaṃ, ṭhapetvā gilānaṃ, ṭhapetvā gamikaṃ, avasesehi ovādaṃ gahetu''nti.
Tena kho pana samayena aññataro bhikkhu araññe viharati. Taṃ bhikkhuniyo upasaṅkamitvā etadavocuṃ – ''ovādaṃ, ayya, gaṇhāhī''ti. ''Ahañhi, bhaginī, araññe viharāmi; kathāhaṃ ovādaṃ gaṇhāmī''ti? ''Gaṇhāhayya , ovādaṃ; evañhi bhagavatā paññattaṃ – ṭhapetvā bālaṃ, ṭhapetvā gilānaṃ, ṭhapetvā gamikaṃ, avasesehi ovādo gahetabbo''ti. Bhagavato etamatthaṃ ārocesuṃ. ''Anujānāmi, bhikkhave, āraññikena bhikkhunā ovādaṃ gahetuṃ, saṅketañca kātuṃ – atra patiharissāmī''ti.
415. Tena kho pana samayena bhikkhū ovādaṃ gahetvā na ārocenti. Bhagavato etamatthaṃ ārocesuṃ. ''Na, bhikkhave, ovādo na ārocetabbo. Yo na āroceyya, āpatti dukkaṭassā''ti.
Tena kho pana samayena bhikkhū ovādaṃ gahetvā na paccāharanti. Bhagavato etamatthaṃ ārocesuṃ. ''Na, bhikkhave, ovādo na paccāharitabbo. Yo na paccāhareyya, āpatti dukkaṭassā''ti.
Tena kho pana samayena bhikkhuniyo saṅketaṃ na gacchanti. Bhagavato etamatthaṃ ārocesuṃ. ''Na, bhikkhave, bhikkhuniyā saṅketaṃ na gantabbaṃ. Yā na gaccheyya, āpatti dukkaṭassā''ti.
416. Tena kho pana samayena bhikkhuniyo dīghāni kāyabandhanāni dhārenti, teheva phāsukā nāmenti. Manussā ujjhāyanti khiyyanti vipācenti...pe... seyyathāpi gihinī kāmabhoginiyoti. Bhagavato etamatthaṃ ārocesuṃ. ''Na, bhikkhave, bhikkhuniyā dīghaṃ kāyabandhanaṃ dhāretabbaṃ. Yā dhāreyya, āpatti dukkaṭassa. Anujānāmi, bhikkhave, bhikkhuniyā ekapariyākataṃ [ekapariyāyakataṃ (syā.)] kāyabandhanaṃ, na ca tena phāsukā nāmetabbā. Yā nāmeyya, āpatti dukkaṭassā''ti.
Tena kho pana samayena bhikkhuniyo vilīvena [vilivena (ka.)] paṭṭena phāsukā nāmenti...pe... cammapaṭṭena phāsukā nāmenti. Dussapaṭṭena phāsukā nāmenti. Dussaveṇiyā phāsukā nāmenti. Dussavaṭṭiyā phāsukā nāmenti. Coḷapaṭṭena phāsukā nāmenti. Coḷaveṇiyā phāsukā nāmenti. Coḷavaṭṭiyā phāsukā nāmenti. Suttaveṇiyā phāsukā nāmenti. Suttavaṭṭiyā phāsukā nāmenti. Manussā ujjhāyanti khiyyanti vipācenti – seyyathāpi gihinī kāmabhoginiyoti. Bhagavato etamatthaṃ ārocesuṃ. ''Na, bhikkhave, bhikkhuniyā vilīvena paṭṭena phāsukā nāmetabbā...pe... na suttavaṭṭiyā phāsukā nāmetabbā. Yā nāmeyya āpatti dukkaṭassā''ti.
Tena kho pana samayena bhikkhuniyo aṭṭhillena jaghanaṃ ghaṃsāpenti...pe... gohanukena jaghanaṃ koṭṭāpenti, hatthaṃ koṭṭāpenti, hatthakocchaṃ koṭṭāpenti, pādaṃ koṭṭāpenti, pādakocchaṃ koṭṭāpenti, ūruṃ koṭṭāpenti, mukhaṃ koṭṭāpenti, dantamaṃsaṃ koṭṭāpenti. Manussā ujjhāyanti khiyyanti vipācenti...pe... seyyathāpi gihinī kāmabhoginiyoti. Bhagavato etamatthaṃ ārocesuṃ. ''Na, bhikkhave, bhikkhuniyā aṭṭhillena jaghanaṃ ghaṃsāpetabbaṃ...pe... na dantamaṃsaṃ koṭṭāpetabbaṃ. Yā koṭṭāpeyya, āpatti dukkaṭassā''ti.
417. Tena kho pana samayena chabbaggiyā bhikkhuniyo mukhaṃ ālimpanti...pe... mukhaṃ ummaddenti, mukhaṃ cuṇṇenti, manosilikāya mukhaṃ lañchenti, aṅgarāgaṃ karonti, mukharāgaṃ karonti, aṅgarāgamukharāgaṃ karonti. Manussā ujjhāyanti khiyyanti vipācenti...pe... seyyathāpi gihinī kāmabhoginiyoti. Bhagavato etamatthaṃ ārocesuṃ. ''Na, bhikkhave , bhikkhuniyā mukhaṃ ālimpitabbaṃ...pe... na mukhaṃ ummadditabbaṃ, na mukhaṃ cuṇṇetabbaṃ, na manosilikāya mukhaṃ lañchitabbaṃ, na aṅgarāgo kātabbo, na mukharāgo kātabbo, na aṅgarāgamukharāgo kātabbo. Yā kareyya, āpatti dukkaṭassā''ti.
Tena kho pana samayena chabbaggiyā bhikkhuniyo avaṅgaṃ [apāṅgaṃ (?)] karonti...pe... visesakaṃ karonti, olokanakena olokenti, sāloke tiṭṭhanti; naccaṃ[sanaccaṃ (sī. syā.), samajjaṃ (ka.)] kārāpenti, vesiṃ vuṭṭhāpenti, pānāgāraṃ ṭhapenti, sūnaṃ ṭhapenti, āpaṇaṃ pasārenti, vaḍḍhiṃ payojenti, vaṇijjaṃ payojenti, dāsaṃ upaṭṭhāpenti, dāsiṃ upaṭṭhāpenti, kammakāraṃ upaṭṭhāpenti, kammakāriṃ upaṭṭhāpenti, tiracchānagataṃ upaṭṭhāpenti, harītakapakkikaṃ[harītakapaṇṇikaṃ (ka.)] pakiṇanti, namatakaṃ dhārenti. Manussā ujjhāyanti khiyyanti vipācenti...pe... seyyathāpi gihinī kāmabhoginiyoti. Bhagavato etamatthaṃ ārocesuṃ. ''Na, bhikkhave, bhikkhuniyā avaṅgaṃ kātabbaṃ...pe... na

visesakaṃ kātabbaṃ, na olokanakena oloketabbaṃ, na sāloke ṭhātabbaṃ, na naccaṃ kārāpetabbaṃ, na vesī vuṭṭhāpetabbā, na pānāgāraṃ ṭhapetabbaṃ, na sūnā ṭhapetabbā, na āpaṇo pasāretabbo, na vaḍḍhi payojetabbā, na vaṇijjā payojetabbā, na dāso upaṭṭhāpetabbo, na dāsī upaṭṭhāpetabbā, na kammakāro upaṭṭhāpetabbo, na kammakārī upaṭṭhāpetabbā, na tiracchānagato upaṭṭhāpetabbo, na harītakapakkikaṃ pakiṇitabbaṃ, na namatakaṃ dhāretabbaṃ. Yā dhāreyya, āpatti dukkaṭassā''ti.

418. Tena kho pana samayena chabbaggiyā bhikkhuniyo sabbanīlakāni cīvarāni dhārenti...pe... sabbapītakāni cīvarāni dhārenti, sabbalohitakāni cīvarāni dhārenti, sabbamañjiṭṭhikāni cīvarāni dhārenti, sabbakaṇhāni cīvarāni dhārenti, sabbamahāraṅgarattāni cīvarāni dhārenti, sabbamahānāmarattāni cīvarāni dhārenti, acchinnadasāni cīvarāni dhārenti, dīghadasāni cīvarāni dhārenti, pupphadasāni cīvarāni dhārenti, phaladasāni cīvarāni dhārenti, kañcukaṃ dhārenti, tirīṭakaṃ dhārenti. Manussā ujjhāyanti khiyyanti vipācenti...pe... seyyathāpi gihinī kāmabhoginiyoti. Bhagavato etamatthaṃ ārocesuṃ. ''Na, bhikkhave, bhikkhuniyā sabbanīlakāni cīvarāni dhāretabbāni...pe... na tirīṭakaṃ dhāretabbaṃ. Yā dhāreyya, āpatti dukkaṭassā''ti.

419. Tena kho pana samayena aññatarā bhikkhunī kālaṃ karontī evamāha – ''mamaccayena mayhaṃ parikkhāro saṅghassa hotū''ti. Tattha bhikkhū ca bhikkhuniyo ca vivadanti – ''amhākaṃ hoti, amhākaṃ hotī''ti. Bhagavato etamatthaṃ ārocesuṃ. ''Bhikkhunī ce, bhikkhave , kālaṃ karontī evaṃ vadeyya – 'mamaccayena mayhaṃ parikkhāro saṅghassa hotū'ti, anissaro tattha bhikkhusaṅgho, bhikkhunisaṅghassevetaṃ. Sikkhamānā ce, bhikkhave...pe... sāmaṇerī ce, bhikkhave, kālaṃ karontī evaṃ vadeyya – 'mamaccayena mayhaṃ parikkhāro saṅghassa hotū'ti, anissaro tattha bhikkhusaṅgho, bhikkhunisaṅghassevetaṃ. Bhikkhu ce, bhikkhave, kālaṃ karonto evaṃ vadeyya – 'mamaccayena mayhaṃ parikkhāro saṅghassa hotū'ti, anissaro tattha bhikkhunisaṅgho, bhikkhusaṅghassevetaṃ. Sāmaṇero ce, bhikkhave...pe... upāsako ce, bhikkhave...pe... upāsikā ce, bhikkhave...pe... añño ce, bhikkhave, koci kālaṃ karonto evaṃ vadeyya – 'mamaccayena mayhaṃ parikkhāro saṅghassa hotū'ti, anissaro tattha bhikkhunisaṅgho, bhikkhusaṅghasseveta''nti.

420. Tena kho pana samayena aññatarā itthī purāṇamallī bhikkhunīsu pabbajitā hoti. Sā rathikāya dubbalakaṃ bhikkhuṃ passitvā aṃsakūṭena pahāraṃ datvā pātesi [pavaṭṭesi (sī.)]. Bhikkhū ujjhāyanti khiyyanti vipācenti – ''kathañhi nāma, bhikkhunī, bhikkhussa pahāraṃ dassatī''ti. Bhagavato etamatthaṃ ārocesuṃ. ''Na, bhikkhave, bhikkhuniyā bhikkhussa pahāro dātabbo. Yā dadeyya, āpatti dukkaṭassa. Anujānāmi, bhikkhave, bhikkhuniyā bhikkhuṃ passitvā dūratova okkamitvā maggaṃ dātu''nti.

Tena kho pana samayena aññatarā itthī pavutthapatikā jārena gabbhinī hoti. Sā gabbhaṃ pātetvā kulūpikaṃ bhikkhuniṃ etadavoca – ''handayye, imaṃ gabbhaṃ pattena nīharā''ti. Atha kho sā bhikkhunī taṃ gabbhaṃ patte pakkhipitvā saṅghāṭiyā paṭicchādetvā agamāsi. Tena kho pana samayena aññatarena piṇḍacārikena bhikkhunā samādānaṃ kataṃ hoti – 'yāhaṃ paṭhamaṃ bhikkhaṃ labhissāmi, na taṃ adatvā bhikkhussa vā bhikkhuniyā vā paribhuñjissāmī'ti. Atha kho so bhikkhu taṃ bhikkhuniṃ passitvā etadavoca – ''handa, bhagini, bhikkhaṃ paṭiggaṇhā''ti. ''Alaṃ ayyā''ti. Dutiyampi kho...pe... tatiyampi kho so bhikkhu taṃ bhikkhuniṃ etadavoca – ''handa, bhagini, bhikkhaṃ paṭiggaṇhā''ti. ''Alaṃ ayyā''ti. ''Mayā kho, bhagini, samādānaṃ kataṃ – 'yāhaṃ paṭhamaṃ bhikkhaṃ labhissāmi, na taṃ adatvā bhikkhussa vā bhikkhuniyā vā paribhuñjissāmī'ti. Handa , bhagini, bhikkhaṃ paṭiggaṇhā''ti. Atha kho sā bhikkhunī tena bhikkhunā nippīḷiyamānā nīharitvā pattaṃ dassesi – ''passa, ayya, patte gabbhaṃ; mā ca kassaci ārocesī''ti. Atha kho so bhikkhu ujjhāyati khiyyati vipāceti – ''kathañhi nāma bhikkhunī pattena gabbhaṃ nīharissatī''ti! Atha kho so bhikkhu bhikkhūnaṃ etamatthaṃ ārocesi. Ye te bhikkhū appicchā...pe... te ujjhāyanti khiyyanti vipācenti – ''kathañhi nāma bhikkhunī pattena gabbhaṃ nīharissatī''ti! Bhagavato etamatthaṃ ārocesuṃ. ''Na, bhikkhave, bhikkhuniyā pattena gabbho nīharitabbo. Yā nīhareyya, āpatti dukkaṭassa. Anujānāmi, bhikkhave, bhikkhuniyā bhikkhuṃ passitvā nīharitvā pattaṃ dassetu''nti.

Tena kho pana samayena chabbaggiyā bhikkhuniyo bhikkhuṃ passitvā parivattetvā pattamūlaṃ dassenti. Bhikkhū ujjhāyanti khiyyanti vipācenti – ''kathañhi nāma chabbaggiyā bhikkhuniyo bhikkhuṃ passitvā parivattetvā pattamūlaṃ dassessantī''ti! Atha kho te bhikkhū bhagavato etamatthaṃ ārocesuṃ. ''Na, bhikkhave, bhikkhuniyā bhikkhuṃ passitvā parivattetvā pattamūlaṃ dassetabbaṃ. Yā dasseyya, āpatti dukkaṭassa. Anujānāmi, bhikkhave, bhikkhuniyā bhikkhuṃ passitvā ukkujjitvā pattaṃ dassetuṃ. Yañca patte āmisaṃ hoti, tena ca bhikkhu nimantetabbo''ti.

Tena kho pana samayena sāvatthiyaṃ rathikāya purisabyañjanaṃ chaḍḍitaṃ hoti. Taṃ bhikkhuniyo sakkaccaṃ upanijjhāyiṃsu. Manussā ukkuṭṭhiṃ akaṃsu. Tā bhikkhuniyo maṅkū ahesuṃ. Atha kho tā bhikkhuniyo upassayaṃ gantvā bhikkhunīnaṃ etamatthaṃ ārocesuṃ. Yā tā bhikkhuniyo appicchā...pe... tā ujjhāyanti khiyyanti vipācenti – ''kathañhi nāma bhikkhuniyo purisabyañjanaṃ upanijjhāyissantī''ti! Atha kho tā bhikkhuniyo bhikkhūnaṃ etamatthaṃ ārocesuṃ. Bhikkhū bhagavato etamatthaṃ ārocesuṃ. ''Na, bhikkhave, bhikkhuniyā purisabyañjanaṃ upanijjhāyitabbaṃ. Yā upanijjhāyeyya, āpatti dukkaṭassā''ti.

421. Tena kho pana samayena manussā bhikkhūnaṃ āmisaṃ denti. Bhikkhū bhikkhunīnaṃ denti. Manussā ujjhāyanti khiyyanti vipācenti – ''kathañhi nāma bhadantā attano paribhogatthāya dinnaṃ aññesaṃ dassanti! Mayampi na jānāma dānaṃ dātu''nti. Bhagavato etamatthaṃ ārocesuṃ. ''Na, bhikkhave, attano paribhogatthāya dinnaṃ aññesaṃ dātabbaṃ. Yo dadeyya, āpatti dukkaṭassā''ti.

Tena kho pana samayena bhikkhūnaṃ āmisaṃ ussannaṃ hoti. Bhagavato etamatthaṃ ārocesuṃ. ''Anujānāmi, bhikkhave, saṅghassa dātu''nti. Bāḷhataraṃ ussannaṃ hoti. Bhagavato etamatthaṃ ārocesuṃ. ''Anujānāmi, bhikkhave, puggalikampi dātu''nti.

Tena kho pana samayena bhikkhūnaṃ sannidhikataṃ āmisaṃ ussannaṃ hoti. Bhagavato etamatthaṃ ārocesuṃ. ''Anujānāmi, bhikkhave, bhikkhūnaṃ sannidhiṃ bhikkhunīhi [bhikkhunīhi bhikkhūhi (sī.)] paṭiggāhāpetvā [paṭiggahāpetvā (ka.)] paribhuñjitu''nti.

Tena kho pana samayena manussā bhikkhunīnaṃ āmisaṃ denti. Bhikkhuniyo bhikkhūnaṃ denti. Manussā ujjhāyanti khiyyanti vipācenti – ''kathañhi nāma bhikkhuniyo attano paribhogatthāya dinnaṃ aññesaṃ dassanti! Mayampi na jānāma dānaṃ dātu''nti. Bhagavato etamatthaṃ ārocesuṃ. ''Na, bhikkhave, bhikkhuniyā attano paribhogatthāya dinnaṃ aññesaṃ dātabbaṃ. Yā dadeyya, āpatti dukkaṭassā''ti.

Tena kho pana samayena bhikkhunīnaṃ āmisaṃ ussannaṃ hoti. Bhagavato etamatthaṃ ārocesuṃ. ''Anujānāmi, bhikkhave, saṅghassa dātu''nti. Bāḷhataraṃ ussannaṃ hoti. Bhagavato etamatthaṃ ārocesuṃ. ''Anujānāmi, bhikkhave, puggalikampi dātu''nti.

Tena kho pana samayena bhikkhunīnaṃ sannidhikataṃ āmisaṃ ussannaṃ hoti. Bhagavato etamatthaṃ ārocesuṃ. ''Anujānāmi, bhikkhave, bhikkhunīnaṃ sannidhiṃ bhikkhūhi bhikkhunīhi [bhikkhūhi bhikkhunīhi (sī.)] paṭiggāhāpetvā paribhuñjitu''nti.

422. Tena kho pana samayena bhikkhūnaṃ senāsanaṃ ussannaṃ hoti, bhikkhunīnaṃ [bhikkhunīnaṃ senāsanaṃ (syā. kaṃ.)] na hoti. Bhikkhuniyo bhikkhūnaṃ santike dūtaṃ pāhesuṃ – 'sādhu, bhante, ayyā amhākaṃ senāsanaṃ dentu tāvakālika'nti. Bhagavato etamatthaṃ ārocesuṃ. ''Anujānāmi, bhikkhave, bhikkhunīnaṃ senāsanaṃ dātuṃ tāvakālika''nti.

Tena kho pana samayena utuniyo bhikkhuniyo onaddhamañcaṃ onaddhapīṭhaṃ abhinisīdantipi abhinipajjantipi. Senāsanaṃ lohitena makkhiyyati . Bhagavato etamatthaṃ ārocesuṃ. ''Na, bhikkhave, bhikkhuniyā onaddhamañcaṃ onaddhapīṭhaṃ abhinisīditabbaṃ abhinipajjitabbaṃ. Yā abhinisīdeyya vā abhinipajjeyya vā āpatti dukkaṭassa. Anujānāmi, bhikkhave, āvasathacīvara''nti. Āvasathacīvaraṃ lohitena makkhiyyati. Bhagavato etamatthaṃ ārocesuṃ. ''Anujānāmi , bhikkhave, āṇicoḷaka''nti. Coḷakaṃ nipatati. Bhagavato etamatthaṃ ārocesuṃ. ''Anujānāmi, bhikkhave, suttakena bandhitvā ūruyā bandhitu''nti . Suttaṃ chijjati. Bhagavato etamatthaṃ ārocesuṃ. ''Anujānāmi, bhikkhave, saṃvelliyaṃ, kaṭisuttaka''nti.

Tena kho pana samayena chabbaggiyā bhikkhuniyo sabbakālaṃ kaṭisuttakaṃ dhārenti. Manussā ujjhāyanti khiyyanti vipācenti – seyyathāpi gihinī kāmabhoginiyoti. Bhagavato etamatthaṃ ārocesuṃ. ''Na, bhikkhave, bhikkhuniyā sabbakālaṃ kaṭisuttakaṃ dhāretabbaṃ. Yā dhāreyya, āpatti dukkaṭassa. Anujānāmi, bhikkhave, utuniyā kaṭisuttaka''nti.

Dutiyabhāṇavāro niṭṭhito.

3. Tatiyabhāṇavāro

423. Tena kho pana samayena upasampannāyo dissanti – animittāpi, nimittamattāpi, alohitāpi, dhuvalohitāpi, dhuvacoḷāpi, paggharantīpi, sikhariṇīpi, itthipaṇḍakāpi, vepurisikāpi, sambhinnāpi, ubhatobyañjanāpi. Bhagavato etamatthaṃ ārocesuṃ. ''Anujānāmi, bhikkhave, upasampādentiyā catuvīsati antarāyike dhamme pucchituṃ. Evañca pana , bhikkhave, pucchitabbā – 'nasi animittā, nasi nimittamattā, nasi alohitā, nasi dhuvalohitā, nasi dhuvacoḷā, nasi paggharantī, nasi sikharaṇī [sikhariṇī (sī. syā.)], nasi itthipaṇḍakā, nasi vepurisikā, nasi sambhinnā, nasi ubhatobyañjanā? Santi te evarūpā ābādhā – kuṭṭhaṃ, gaṇḍo, kilāso, soso, apamāro? Manussāsi, itthīsi, bhujissāsi, aṇaṇāsi, nasi rājabhaṭī? Anuññātāsi mātāpitūhi, sāmikena? Paripuṇṇavīsativassāsi, paripuṇṇaṃ te pattacīvaraṃ, kinnāmāsi, kānāmā te pavattinī''ti?

Tena kho pana samayena bhikkhū bhikkhunīnaṃ antarāyike dhamme pucchanti. Upasampadāpekkhāyo vitthāyanti, maṅkū honti, na sakkonti vissajjetuṃ. Bhagavato etamatthaṃ ārocesuṃ. ''Anujānāmi, bhikkhave, ekatoupasampannāya bhikkhunisaṅghe visuddhāya bhikkhusaṅghe upasampādetu''nti.

Tena kho pana samayena bhikkhuniyo ananusiṭṭhā upasampadāpekkhāyo antarāyike dhamme pucchanti. Upasampadāpekkhāyo vitthāyanti, maṅkū honti, na sakkonti vissajjetuṃ. Bhagavato etamatthaṃ ārocesuṃ. ''Anujānāmi, bhikkhave, paṭhamaṃ anusāsitvā pacchā antarāyike dhamme pucchitu''nti.

Tattheva saṅghamajjhe anusāsanti. Upasampadāpekkhāyo tatheva vitthāyanti, maṅkū honti , na sakkonti vissajjetuṃ. Bhagavato etamatthaṃ ārocesuṃ. ''Anujānāmi, bhikkhave, ekamantaṃ anusāsitvā saṅghamajjhe antarāyike dhamme pucchituṃ. Evañca pana, bhikkhave, anusāsitabbā.

424. ''Paṭhamaṃ upajjhaṃ gāhāpetabbā. Upajjhaṃ gāhāpetvā pattacīvaraṃ ācikkhitabbaṃ – 'ayaṃ te patto, ayaṃ saṅghāṭi, ayaṃ uttarāsaṅgo, ayaṃ antaravāsako, idaṃ saṃkaccikaṃ [saṅkacchikaṃ (syā.)], ayaṃ udakasāṭikā; gaccha amumhi okāse tiṭṭhāhī''ti.

Bālā abyattā anusāsanti. Duranusiṭṭhā upasampadāpekkhāyo vitthāyanti, maṅkū honti, na sakkonti vissajjetuṃ. Bhagavato etamatthaṃ ārocesuṃ. ''Na, bhikkhave, bālāya abyattāya anusāsitabbā. Yā anusāseyya, āpatti dukkaṭassa. Anujānāmi, bhikkhave, byattāya bhikkhuniyā paṭibalāya anusāsitu''nti. Asammatā anusāsanti. Bhagavato etamatthaṃ ārocesuṃ. ''Na, bhikkhave, asammatāya anusāsitabbā. Yā anusāseyya, āpatti dukkaṭassa. Anujānāmi, bhikkhave, sammatāya anusāsituṃ. Evañca pana, bhikkhave, sammannitabbā – attanā vā attānaṃ sammannitabbaṃ, parāya vā parā sammannitabbā.

''Kathañca attanāva [attanā vā (ka.)] attānaṃ sammannitabbaṃ? Byattāya bhikkhuniyā paṭibalāya saṅgho ñāpetabbo – 'suṇātu me, ayye, saṅgho. Itthannāmā itthannāmāya ayyāya upasampadāpekkhā. Yadi saṅghassa pattakallaṃ, ahaṃ itthannāmā itthannāmaṃ anusāseyya'nti. Evaṃ attanāva attānaṃ sammannitabbaṃ.

''Kathañca parāya [parāya vā (ka.)] parā sammannitabbā? Byattāya bhikkhuniyā paṭibalāya saṅgho ñāpetabbo – 'suṇātu me, ayye, saṅgho. Itthannāmā itthannāmāya ayyāya upasampadāpekkhā. Yadi saṅghassa pattakallaṃ, itthannāmā itthannāmaṃ anusāseyyā'ti. Evaṃ parāya parā sammannitabbā.

''Tāya sammatāya bhikkhuniyā upasampadāpekkhaṃ upasaṅkamitvā evamassa vacanīyā – 'suṇasi itthannāme. Ayaṃ te saccakālo, bhūtakālo. Yaṃ jātaṃ taṃ saṅghamajjhe pucchante santaṃ atthīti vattabbaṃ, asantaṃ natthīti vattabbaṃ. Mā kho vitthāyi [vitthāsi (ka.)], mā kho maṅku ahosi. Evaṃ taṃ pucchissanti – nasi animittā, nasi nimittamattā, nasi alohitā, nasi dhuvalohitā, nasi dhuvacoḷā, nasi paggharantī, nasi sikhariṇī, nasi itthipaṇḍakā, nasi vepurisikā, nasi sambhinnā, nasi ubhatobyañjanā? Santi te evarūpā ābādhā – kuṭṭhaṃ, gaṇḍo, kilāso, soso, apamāro? Manussāsi, itthīsi, bhujissāsi, aṇaṇāsi, nasi rājabhaṭī? Anuññātāsi mātāpitūhi, sāmikena? Paripuṇṇavīsativassāsi, paripuṇṇaṃ te pattacīvaraṃ, kinnāmāsi, kānāmā te pavattinī'ti ?

''Ekato āgacchanti. Na ekato āgantabbaṃ. Anusāsikāya paṭhamataraṃ āgantvā saṅgho ñāpetabbo – 'suṇātu me, ayye, saṅgho. Itthannāmā itthannāmāyaayyāya upasampadāpekkhā. Anusiṭṭhā sā mayā. Yadi saṅghassa pattakallaṃ, itthannāmā āgaccheyyā'ti. 'Āgacchāhī'ti vattabbā.

''Ekaṃsaṃ uttarāsaṅgaṃ kārāpetvā bhikkhunīnaṃ pāde vandāpetvā ukkuṭikaṃ nisīdāpetvā añjaliṃ paggaṇhāpetvā upasampadaṃ yācāpetabbā – 'saṅghaṃ, ayye, upasampadaṃ yācāmi. Ullumpatu maṃ, ayye, saṅgho anukampaṃ upādāya. Dutiyampi, ayye, saṅghaṃ upasampadaṃ yācāmi. Ullumpatu maṃ, ayye, saṅgho anukampaṃ upādāya. Tatiyampi, ayye, saṅghaṃ upasampadaṃ yācāmi. Ullumpatu maṃ, ayye, saṅgho anukampaṃ upādāyā'ti. Byattāya bhikkhuniyā paṭibalāya saṅgho ñāpetabbo –

''Suṇātu me, ayye, saṅgho. Ayaṃ itthannāmā itthannāmāya ayyāya upasampadāpekkhā. Yadi saṅghassa pattakallaṃ, ahaṃ itthannāmaṃ antarāyike dhamme puccheyyanti.

''Suṇasi itthannāme. Ayaṃ te saccakālo, bhūtakālo. Yaṃ jātaṃ taṃ pucchāmi santaṃ atthīti vattabbaṃ, asantaṃ natthīti vattabbaṃ. Nasi animittā...pe... kinnāmāsi, kānāmā te pavattinīti. Byattāya bhikkhuniyā paṭibalāya saṅgho ñāpetabbo –

425. ''Suṇātu me, ayye, saṅgho. Ayaṃ itthannāmā itthannāmāya ayyāya upasampadāpekkhā. Parisuddhā antarāyikehi dhammehi, paripuṇṇassā pattacīvaraṃ. Itthannāmā saṅghaṃ upasampadaṃ yācati itthannāmāya ayyāya pavattiniyā. Yadi saṅghassa pattakallaṃ, saṅgho itthannāmaṃ upasampādeyya itthannāmāya ayyāya pavattiniyā. Esā ñatti.

''Suṇātu me, ayye, saṅgho. Ayaṃ itthannāmā itthannāmāya ayyāya upasampadāpekkhā. Parisuddhā antarāyikehi dhammehi, paripuṇṇassā pattacīvaraṃ. Itthannāmā saṅghaṃ upasampadaṃ yācati itthannāmāya ayyāya pavattiniyā. Saṅgho itthannāmaṃ upasampādeti itthannāmāya ayyāya pavattiniyā. Yassā ayyāya khamati itthannāmāya upasampadā itthannāmāya ayyāya pavattiniyā, sā tuṇhassa; yassā nakkhamati, sā bhāseyya.

''Dutiyampi etamatthaṃ vadāmi...pe... tatiyampi etamatthaṃ vadāmi – suṇātu me, ayye, saṅgho. Ayaṃ itthannāmā itthannāmāya ayyāya upasampadāpekkhā. Parisuddhā antarāyikehi dhammehi, paripuṇṇassā pattacīvaraṃ. Itthannāmā saṅghaṃ upasampadaṃ yācati itthannāmāya ayyāya pavattiniyā. Saṅgho itthannāmaṃ upasampādeti itthannāmāya ayyāya pavattiniyā. Yassā ayyāya khamati itthannāmāya upasampadā itthannāmāya ayyāya pavattiniyā, sā tuṇhassa; yassā nakkhamati, sā bhāseyya.

''Upasampannā saṅghena itthannāmā itthannāmāya ayyāya pavattiniyā. Khamati saṅghassa, tasmā tuṇhī, evametaṃ dhārayāmīti.

''Tāvadeva taṃ ādāya bhikkhusaṅghaṃ upasaṅkamitvā ekaṃsaṃ uttarāsaṅgaṃ kārāpetvā bhikkhūnaṃ pāde vandāpetvā ukkuṭikaṃ nisīdāpetvā añjaliṃ paggaṇhāpetvā upasampadaṃ yācāpetabbā – 'ahaṃ, ayyā, itthannāmā itthannāmāya ayyāya upasampadāpekkhā. Ekatoupasampannā bhikkhunisaṅghe, visuddhā; saṅghaṃ, ayyā, upasampadaṃ yācāmi. Ullumpatu maṃ, ayyā, saṅgho anukampaṃ upādāya. Ahaṃ, ayyā, itthannāmā itthannāmāya ayyāyaupasampadāpekkhā. Ekatoupasampannā bhikkhunisaṅghe, visuddhā. Dutiyampi, ayyā, saṅghaṃ upasampadaṃ yācāmi. Ullumpatu maṃ, ayyā, saṅgho anukampaṃ upādāya. Ahaṃ, ayyā, itthannāmā itthannāmāya ayyāya upasampadāpekkhā. Ekatoupasampannā bhikkhunisaṅghe, visuddhā. Tatiyampi, ayyā, saṅghaṃ upasampadaṃ yācāmi. Ullumpatu maṃ, ayyā, saṅgho anukampaṃ upādāyā'ti. Byattena bhikkhunā paṭibalena saṅgho ñāpetabbo –

''Suṇātu me, bhante, saṅgho. Ayaṃ itthannāmā itthannāmāya upasampadāpekkhā. Ekatoupasampannā bhikkhunisaṅghe, visuddhā. Itthannāmā saṅghaṃ upasampadaṃ yācati itthannāmāya pavattiniyā. Yadi saṅghassa pattakallaṃ, saṅgho itthannāmaṃ upasampādeyya, itthannāmāya pavattiniyā. Esā ñatti.
''Suṇātu me, bhante, saṅgho. Ayaṃ itthannāmā itthannāmāya upasampadāpekkhā. Ekatoupasampannā bhikkhunisaṅghe, visuddhā. Itthannāmā saṅghaṃ upasampadaṃ yācati itthannāmāya pavattiniyā. Saṅgho itthannāmaṃ upasampādeti itthannāmāya pavattiniyā. Yassāyasmato khamati itthannāmāya upasampadā itthannāmāya pavattiniyā, so tuṇhassa; yassa nakkhamati, so bhāseyya.
''Dutiyampi etamatthaṃ vadāmi...pe... tatiyampi etamatthaṃ vadāmi – suṇātu me, bhante, saṅgho. Ayaṃ itthannāmā itthannāmāya upasampadāpekkhā. Ekatoupasampannā bhikkhunisaṅghe, visuddhā. Itthannāmā saṅghaṃ upasampadaṃ yācati itthannāmāya pavattiniyā. Saṅgho itthannāmaṃ upasampādeti itthannāmāya pavattiniyā. Yassāyasmato khamati itthannāmāya upasampadā itthannāmāya pavattiniyā, so tuṇhassa; yassa nakkhamati, so bhāseyya.
''Upasampannā saṅghena itthannāmā itthannāmāya pavattiniyā. Khamati saṅghassa, tasmā tuṇhī, evametaṃ dhārayāmīti.
''Tāvadeva chāyā metabbā, utuppamāṇaṃ ācikkhitabbaṃ, divasabhāgo ācikkhitabbo, saṅgīti ācikkhitabbā, bhikkhuniyo vattabbā – imissā tayo ca nissaye, aṭṭha ca akaraṇīyāni ācikkheyyāthā''ti.
426. Tena kho pana samayena bhikkhuniyo bhattagge āsanaṃ saṃkasāyantiyo kālaṃ vītināmesuṃ. Bhagavato etamatthaṃ ārocesuṃ . ''Anujānāmi, bhikkhave, aṭṭhannaṃ bhikkhunīnaṃ yathāvuḍḍhaṃ, avasesānaṃ yathāgatika''nti.
Tena kho pana samayena bhikkhuniyo – bhagavatā anuññātaṃ aṭṭhannaṃ bhikkhunīnaṃ yathāvuḍḍhaṃ, avasesānaṃ yathāgatikanti – sabbattha aṭṭheva bhikkhuniyo yathāvuḍḍhaṃ paṭibāhanti, avasesāyo yathāgatikaṃ. Bhagavato etamatthaṃ ārocesuṃ. ''Anujānāmi, bhikkhave, bhattagge aṭṭhannaṃ bhikkhunīnaṃ yathāvuḍḍhaṃ, avasesānaṃ yathāgatikaṃ; aññattha sabbattha yathāvuḍḍhaṃ [aññattha yathāvuḍḍhaṃ (syā.)] na paṭibāhitabbaṃ. Yā paṭibāheyya, āpatti dukkaṭassā''ti.
427.[pāci. 1050 ādayo] Tena kho pana samayena bhikkhuniyo na pavārenti. Bhagavato etamatthaṃ ārocesuṃ. ''Na, bhikkhave, bhikkhuniyā na pavāretabbaṃ. Yā na pavāreyya, yathādhammo kāretabbo''ti.
Tena kho pana samayena bhikkhuniyo attanā pavāretvā bhikkhusaṅghaṃ na pavārenti. Bhagavato etamatthaṃ ārocesuṃ. ''Na, bhikkhave, bhikkhuniyā attanā pavāretvā bhikkhusaṅgho na pavāretabbo. Yā na pavāreyya, yathādhammo kāretabbo''ti.
Tena kho pana samayena bhikkhuniyo bhikkhūhi saddhiṃ ekato pavārentiyo kolāhalaṃ akaṃsu. Bhagavato etamatthaṃ ārocesuṃ. ''Na, bhikkhave, bhikkhuniyā bhikkhūhi saddhiṃ ekato pavāretabbaṃ. Yā pavāreyya, āpatti dukkaṭassā''ti.
Tena kho pana samayena bhikkhuniyo purebhattaṃ pavārentiyo kālaṃ vītināmesuṃ. Bhagavato etamatthaṃ ārocesuṃ. ''Anujānāmi, bhikkhave, pacchābhattaṃ [bhikkhave bhikkhuniyā pacchābhattaṃ (syā. kaṃ.)] pavāretu''nti. Pacchābhattaṃ pavārentiyo vikāle [vikālaṃ (ka.)] ahesuṃ. Bhagavato etamatthaṃ ārocesuṃ. ''Anujānāmi, bhikkhave, ajjatanā bhikkhunisaṅghaṃ [ajjatanā (sī.), ajjatanāya (ka.)] pavāretvā aparajju bhikkhusaṅghaṃ pavāretu''nti.
Tena kho pana samayena sabbo bhikkhunisaṅgho pavārento kolāhalaṃ akāsi. Bhagavato etamatthaṃ ārocesuṃ. ''Anujānāmi, bhikkhave, ekaṃ bhikkhuniṃ byattaṃ paṭibalaṃ sammannituṃ – bhikkhunisaṅghassa atthāya bhikkhusaṅghaṃ pavāretuṃ. Evañca pana, bhikkhave, sammannitabbā. Paṭhamaṃ bhikkhunī yācitabbā, yācitvā byattāya bhikkhuniyā paṭibalāya saṅgho ñāpetabbo –
''Suṇātu me, ayye, saṅgho. Yadi saṅghassa pattakallaṃ, saṅgho itthannāmaṃ bhikkhuniṃ sammanneyya bhikkhunisaṅghassa atthāya bhikkhusaṅghaṃ pavāretuṃ. Esā ñatti.
''Suṇātu me, ayye, saṅgho. Saṅgho itthannāmaṃ bhikkhuniṃ sammannati bhikkhunisaṅghassa atthāya bhikkhusaṅghaṃ pavāretuṃ. Yassā ayyāya khamati itthannāmāya bhikkhuniyā sammuti bhikkhunisaṅghassa atthāya bhikkhusaṅghaṃ pavāretuṃ, sā tuṇhassa; yassā nakkhamati, sā bhāseyya.
''Sammatā saṅghena itthannāmā bhikkhunī bhikkhunisaṅghassa atthāya bhikkhusaṅghaṃ pavāretuṃ. Khamati saṅghassa, tasmā tuṇhī, evametaṃ dhārayāmīti.
''Tāya sammatāya bhikkhuniyā bhikkhunisaṅghaṃ ādāya bhikkhusaṅghaṃ upasaṅkamitvā ekaṃsaṃ uttarāsaṅgaṃ karitvā bhikkhūnaṃ pāde vanditvā ukkuṭikaṃ nisīditvā añjaliṃ paggahetvā evamassa vacanīyo – 'bhikkhunīsaṅgho , ayyā, bhikkhusaṅghaṃ pavāreti – diṭṭhena vā, sutena vā parisaṅkāya vā. Vadatu [vadatu maṃ (ka.)], ayyā, bhikkhusaṅgho bhikkhunisaṅghaṃ anukampaṃ upādāya, passanto paṭikarissati. Dutiyampi, ayyā...pe... tatiyampi, ayyā, bhikkhunisaṅgho bhikkhusaṅghaṃ pavāreti – diṭṭhena vā, sutena vā, parisaṅkāya vā. Vadatu, ayyā, bhikkhusaṅgho bhikkhunisaṅghaṃ anukampaṃ upādāya, passanto paṭikarissatī''ti.
428. Tena kho pana samayena bhikkhuniyo bhikkhūnaṃ uposathaṃ ṭhapenti, pavāraṇaṃ ṭhapenti, savacanīyaṃ karonti, anuvādaṃ paṭṭhapenti, okāsaṃ kārenti, codenti, sārenti. Bhagavato etamatthaṃ ārocesuṃ. ''Na, bhikkhave, bhikkhuniyā bhikkhussa uposatho ṭhapetabbo; ṭhapitopi aṭṭhapito; ṭhapentiyā āpatti dukkaṭassa. Na pavāraṇā ṭhapetabbā; ṭhapitāpi aṭṭhapitā; ṭhapentiyā āpatti dukkaṭassa. Na

savacanīyaṃ kātabbaṃ; katampi akataṃ; karontiyā āpatti dukkaṭassa. Na anuvādo paṭṭhapetabbo; paṭṭhapitopi appaṭṭhapito; paṭṭhapentiyā āpatti dukkaṭassa. Na okāso kāretabbo ; kāritopi akārito; kārentiyā āpatti dukkaṭassa. Na codetabbo; coditopi acodito; codentiyā āpatti dukkaṭassa . Na sāretabbo; sāritopi asārito; sārentiyā āpatti dukkaṭassā''ti.

Tena kho pana samayena bhikkhū bhikkhunīnaṃ uposathaṃ ṭhapenti, pavāraṇaṃ ṭhapenti, savacanīyaṃ karonti, anuvādaṃ paṭṭhapenti, okāsaṃ kārenti, codenti, sārenti. Bhagavato etamatthaṃ ārocesuṃ. ''Anujānāmi, bhikkhave bhikkhunā bhikkhuniyā uposathaṃ ṭhapetuṃ; ṭhapitopi suṭṭhapito; ṭhapentassa anāpatti. Pavāraṇaṃ ṭhapetuṃ; ṭhapitāpi suṭṭhapitā; ṭhapentassa anāpatti. Savacanīyaṃ kātuṃ; katampi sukataṃ; karontassa anāpatti. Anuvādaṃ paṭṭhapetuṃ; paṭṭhapitopi suppaṭṭhapito; paṭṭhapentassa anāpatti. Okāsaṃ kāretuṃ; kāritopi sukārito; kārentassa anāpatti. Codetuṃ; coditāpi sucoditā; codentassa anāpatti. Sāretuṃ; sāritāpi susāritā; sārentassa anāpattī''ti.

429.[pāci. 1184] Tena kho pana samayena chabbaggiyā bhikkhuniyo yānena yāyanti – itthiyuttenapi purisantarena, purisayuttenapi itthantarena. Manussā ujjhāyanti khiyyanti vipācenti...pe... ''seyyathāpi gaṅgāmahiyāyā''ti [gaṅgāmahiyāti (sī.)]. Bhagavato etamatthaṃ ārocesuṃ. ''Na, bhikkhave, bhikkhuniyā yānena yāyitabbaṃ. Yā yāyeyya, yathādhammo kāretabbo''ti.

Tena kho pana samayena aññatarā bhikkhunī gilānā hoti, na sakkoti padasā gantuṃ. Bhagavato etamatthaṃ ārocesuṃ. ''Anujānāmi , bhikkhave, gilānāya yāna''nti. Atha kho bhikkhunīnaṃ etadahosi – ''itthiyuttaṃ nu kho, purisayuttaṃ nu kho''ti? Bhagavato etamatthaṃ ārocesuṃ. ''Anujānāmi, bhikkhave, itthiyuttaṃ purisayuttaṃ hatthavaṭṭaka''nti.

Tena kho pana samayena aññatarissā bhikkhuniyā yānugghātena bāḷhataraṃ aphāsu ahosi. Bhagavato etamatthaṃ ārocesuṃ. ''Anujānāmi, bhikkhave, sivikaṃ pāṭaṅki''nti.

430. Tena kho pana samayena aḍḍhakāsī gaṇikā bhikkhunīsu pabbajitā hoti. Sā ca sāvatthiṃ gantukāmā hoti – 'bhagavato santike upasampajjissāmī'ti. Assosuṃ kho dhuttā – 'aḍḍhakāsī kira gaṇikā sāvatthiṃ gantukāmā'ti. Te magge pariyuṭṭhiṃsu. Assosi kho aḍḍhakāsī gaṇikā – 'dhuttā kira magge pariyuṭṭhitā'ti. Bhagavato santike dūtaṃ pāhesi – ''ahañhi upasampajjitukāmā; kathaṃ nu kho mayā paṭipajjitabba''nti? Atha kho Bhagavā etasmiṃ nidāne etasmiṃ pakaraṇe dhammiṃ kathaṃ katvā bhikkhū āmantesi – ''anujānāmi, bhikkhave, dūtenapi upasampādetu''nti.

Bhikkhudūtena upasampādenti. Bhagavato etamatthaṃ ārocesuṃ. ''Na, bhikkhave, bhikkhudūtena upasampādetabbā. Yo upasampādeyya, āpatti dukkaṭassā''ti. Sikkhamānadūtena upasampādenti...pe... sāmaṇeradūtena upasampādenti...pe... sāmaṇeridūtena upasampādenti...pe... bālāya abyattāya dūtena upasampādenti. ''Na, bhikkhave, bālāya abyattāya dūtena upasampādetabbā. Yo upasampādeyya, āpatti dukkaṭassa. Anujānāmi, bhikkhave, byattāya bhikkhuniyā paṭibalāya dūtena upasampādetunti.

''Tāya dūtāya bhikkhuniyā saṅghaṃ upasaṅkamitvā ekaṃsaṃ uttarāsaṅgaṃ karitvā bhikkhūnaṃ pāde vanditvā ukkuṭikaṃ nisīditvā añjaliṃ paggahetvā evamassa vacanīyo – 'itthannāmā, ayyā, itthannāmāya ayyāya upasampadāpekkhā. Ekatoupasampannā bhikkhunisaṅghe, visuddhā. Sā kenacideva antarāyena na āgacchati. Itthannāmā, ayyā, saṅghaṃ upasampadaṃ yācati. Ullumpatu taṃ, ayyā, saṅgho anukampaṃ upādāya. Itthannāmā, ayyā, itthannāmāya ayyāya upasampadāpekkhā. Ekatoupasampannā bhikkhunisaṅghe, visuddhā. Sā kenacideva antarāyena na āgacchati. Dutiyampi, ayyā, itthannāmā saṅghaṃ upasampadaṃ yācati. Ullumpatu taṃ, ayyā, saṅgho anukampaṃ upādāya. Itthannāmā, ayyā, itthannāmāya ayyāya upasampadāpekkhā. Ekatoupasampannā bhikkhunisaṅghe, visuddhā. Sā kenacideva antarāyena na āgacchati. Tatiyampi, ayyā, itthannāmā saṅghaṃ upasampadaṃ yācati. Ullumpatu taṃ, ayyā, saṅgho anukampaṃ upādāyā'ti . Byattena bhikkhunā paṭibalena saṅgho ñāpetabbo –

''Suṇātu me, bhante, saṅgho. Itthannāmā itthannāmāya upasampadāpekkhā. Ekatoupasampannā bhikkhunisaṅghe, visuddhā. Sā kenacideva antarāyena na āgacchati. Itthannāmā saṅghaṃ upasampadaṃ yācati itthannāmāya pavattiniyā. Yadi saṅghassa pattakallaṃ, saṅgho itthannāmaṃ upasampādeyya itthannāmāya pavattiniyā. Esā ñatti.

''Suṇātu me , bhante, saṅgho. Itthannāmā itthannāmāya upasampadāpekkhā. Ekatoupasampannā bhikkhunisaṅghe, visuddhā. Sā kenacideva antarāyena na āgacchati. Itthannāmā saṅghaṃ upasampadaṃ yācati itthannāmāya pavattiniyā. Saṅgho itthannāmaṃ upasampādeti itthannāmāya pavattiniyā. Yassāyasmato khamati itthannāmāya upasampadā itthannāmāya pavattiniyā, so tuṇhassa; yassa nakkhamati, so bhāseyya.

''Dutiyampi etamatthaṃ vadāmi...pe... tatiyampi etamatthaṃ vadāmi. Suṇātu me, bhante, saṅgho. Itthannāmā itthannāmāya upasampadāpekkhā. Ekatoupasampannā bhikkhunisaṅghe, visuddhā. Sā kenacideva antarāyena na āgacchati. Itthannāmā saṅghaṃ upasampadaṃ yācati itthannāmāya pavattiniyā. Saṅgho itthannāmaṃ upasampādeti itthannāmāya pavattiniyā. Yassāyasmato khamati itthannāmāya upasampadā itthannāmāya pavattiniyā, so tuṇhassa; yassanakkhamati, so bhāseyya.

''Upasampannā saṅghena itthannāmā itthannāmāya pavattiniyā. Khamati saṅghassa, tasmā tuṇhī, evametaṃ dhārayāmīti.

''Tāvadeva chāyā metabbā, utuppamāṇaṃ ācikkhitabbaṃ, divasabhāgo ācikkhitabbo, saṅgīti ācikkhitabbā, bhikkhuniyo vattabbā – tassā tayo ca nissaye, aṭṭha ca akaraṇīyāni ācikkheyyāthā''ti.

431. Tena kho pana samayena bhikkhuniyo araññe viharanti. Dhuttā dūsenti. Bhagavato etamatthaṃ ārocesuṃ. ''Na, bhikkhave, bhikkhuniyā araññe vatthabbaṃ. Yā vaseyya, āpatti dukkaṭassā''ti.
Tena kho pana samayena aññatarena upāsakena bhikkhunisaṅghassa uddosito dinno hoti. Bhagavato etamatthaṃ ārocesuṃ. ''Anujānāmi, bhikkhave, uddosita''nti. Uddosito na sammati. Bhagavato etamatthaṃ ārocesuṃ. ''Anujānāmi, bhikkhave, upassaya''nti. Upassayo na sammati. Bhagavato etamatthaṃ ārocesuṃ. ''Anujānāmi, bhikkhave, navakamma''nti. Navakammaṃ na sammati. Bhagavato etamatthaṃ ārocesuṃ. ''Anujānāmi, bhikkhave, puggalikampi kātu''nti.
432. Tena kho pana samayena aññatarā itthī sannisinnagabbhā bhikkhunīsu pabbajitā hoti. Tassā pabbajitāya gabbho vuṭṭhāti. Atha kho tassā bhikkhuniyā etadahosi – ''kathaṃ nu kho mayā imasmiṃ dārake paṭipajjitabba''nti? Bhagavato etamatthaṃ ārocesuṃ . ''Anujānāmi, bhikkhave, posetuṃ, yāva so dārako viññutaṃ pāpuṇātī''ti.
Atha kho tassā bhikkhuniyā etadahosi – ''mayā ca na labbhā ekikāya vatthuṃ, aññāya ca bhikkhuniyā na labbhā dārakena saha vatthuṃ, kathaṃ nu kho mayā paṭipajjitabba''nti? Bhagavato etamatthaṃ ārocesuṃ. ''Anujānāmi, bhikkhave, ekaṃ bhikkhuniṃ sammannitvā tassā bhikkhuniyā dutiyaṃ dātuṃ. Evañca pana, bhikkhave, sammannitabbā. Paṭhamaṃ bhikkhunī yācitabbā, yācitvā byattāya bhikkhuniyā paṭibalāya saṅgho ñāpetabbo –
''Suṇātu me, ayye, saṅgho. Yadi saṅghassa pattakallaṃ, saṅgho itthannāmaṃ bhikkhuniṃ sammanneyya itthannāmāya bhikkhuniyā dutiyaṃ. Esā ñatti.
''Suṇātu me, ayye, saṅgho. Saṅgho itthannāmaṃ bhikkhuniṃ sammannati itthannāmāya bhikkhuniyā dutiyaṃ. Yassā ayyāya khamati itthannāmāya bhikkhuniyā sammuti itthannāmāya bhikkhuniyā dutiyāya, sā tuṇhassa; yassā nakkhamati, sā bhāseyya.
''Sammatā saṅghena itthannāmā bhikkhunī itthannāmāya bhikkhuniyā dutiyā. Khamati saṅghassa, tasmā tuṇhī, evametaṃ dhārayāmī''ti.
Atha kho tassā dutiyikāya bhikkhuniyā etadahosi – ''kathaṃ nu kho mayā imasmiṃ dārake paṭipajjitabba''nti? Bhagavato etamatthaṃ ārocesuṃ. ''Anujānāmi, bhikkhave, ṭhapetvā sāgāraṃ yathā aññasmiṃ purise paṭipajjanti [paṭipajjati (syā.)] evaṃ tasmiṃ dārake paṭipajjitu''nti.
433. Tena kho pana samayena aññatarā bhikkhunī garudhammaṃ ajjhāpannā hoti mānattacārinī. Atha kho tassā bhikkhuniyā etadahosi – ''mayā ca na labbhā ekikāya vatthuṃ, aññāya ca bhikkhuniyā na labbhā saha mayā vatthuṃ, kathaṃ nu kho mayā paṭipajjitabba''nti? Bhagavato etamatthaṃ ārocesuṃ. ''Anujānāmi, bhikkhave, ekaṃ bhikkhuniṃ sammannitvā tassā bhikkhuniyā dutiyaṃ dātuṃ. Evañca pana, bhikkhave, sammannitabbā. Paṭhamaṃ bhikkhunī yācitabbā, yācitvā byattāya bhikkhuniyā paṭibalāya saṅgho ñāpetabbo –
''Suṇātu me, ayye, saṅgho. Yadi saṅghassa pattakallaṃ, saṅgho itthannāmaṃ bhikkhuniṃ sammanneyya itthannāmāya bhikkhuniyā dutiyaṃ. Esā ñatti.
''Suṇātu me, ayye, saṅgho. Saṅgho itthannāmaṃ bhikkhuniṃ sammannati itthannāmāya bhikkhuniyā dutiyaṃ. Yassā ayyāya khamati itthannāmāya bhikkhuniyā sammuti itthannāmāya bhikkhuniyā dutiyāya, sā tuṇhassa; yassā nakkhamati, sā bhāseyya.
''Sammatā saṅghena itthannāmā bhikkhunī itthannāmāya bhikkhuniyā dutiyā. Khamati saṅghassa, tasmā tuṇhī, evametaṃ dhārayāmī''ti.
434. Tena kho pana samayena aññatarā bhikkhunī sikkhaṃ paccakkhāya vibbhami. Sā puna paccāgantvā bhikkhuniyo upasampadaṃ yāci . Bhagavato etamatthaṃ ārocesuṃ. ''Na, bhikkhave, bhikkhuniyā sikkhāpaccakkhānaṃ; yadeva sā vibbhantā tadeva sā abhikkhunī''ti.
Tena kho pana samayena aññatarā bhikkhunī sakāvāsā titthāyatanaṃ saṅkami. Sā puna paccāgantvā bhikkhuniyo upasampadaṃ yāci. Bhagavato etamatthaṃ ārocesuṃ. ''Yā sā, bhikkhave, bhikkhunī sakāvāsā titthāyatanaṃ saṅkantā, sā āgatā na upasampādetabbā''ti.
Tena kho pana samayena bhikkhuniyo purisehi abhivādanaṃ, kesacchedanaṃ, nakhacchedanaṃ, vaṇappaṭikammaṃ, kukkuccāyantā na sādiyanti. Bhagavato etamatthaṃ ārocesuṃ. ''Anujānāmi, bhikkhave, sāditu''nti [sādiyituṃ (ka.)].
435. Tena kho pana samayena bhikkhuniyo pallaṅkena nisīdanti paṇhīsamphassaṃ sādiyantī [sādiyantā (ka.)]. Bhagavato etamatthaṃ ārocesuṃ. ''Na, bhikkhave, bhikkhuniyā pallaṅkena nisīditabbaṃ. Yā nisīdeyya, āpatti dukkaṭassā''ti.
Tena kho pana samayena aññatarā bhikkhunī gilānā hoti. Tassā vinā pallaṅkena na phāsu hoti. Bhagavato etamatthaṃ ārocesuṃ. ''Anujānāmi, bhikkhave, bhikkhuniyā aḍḍhapallaṅka''nti.
Tena kho pana samayena bhikkhuniyo vaccakuṭiyā vaccaṃ karonti . Chabbaggiyā bhikkhuniyo tattheva gabbhaṃ pātenti. Bhagavato etamatthaṃ ārocesuṃ. ''Na, bhikkhave, bhikkhuniyā vaccakuṭiyā vacco kātabbo. Yā kareyya, āpatti dukkaṭassa. Anujānāmi, bhikkhave, heṭṭhā vivaṭe uparipaṭicchanne vaccaṃ kātu''nti.
436. Tena kho pana samayena bhikkhuniyo cuṇṇena nahāyanti. Manussā ujjhāyanti khiyyanti vipācenti…pe… seyyathāpi gihinī kāmabhoginiyoti. Bhagavato etamatthaṃ ārocesuṃ . ''Na, bhikkhave,

bhikkhuniyā cuṇṇena nahāyitabbaṃ. Yā nahāyeyya, āpatti dukkaṭassa. Anujānāmi, bhikkhave, kukkusaṃ mattika''nti.

Tena kho pana samayena bhikkhuniyo vāsitakāya mattikāya nahāyanti. Manussā ujjhāyanti khiyyanti vipācenti...pe... seyyathāpi gihinī kāmabhoginiyoti. Bhagavato etamatthaṃ ārocesuṃ. ''Na, bhikkhave, bhikkhuniyā vāsitakāya mattikāya nahāyitabbaṃ. Yā nahāyeyya, āpatti dukkaṭassa. Anujānāmi, bhikkhave, pakatimattika''nti.

Tena kho pana samayena bhikkhuniyo jantāghare nahāyantiyo kolāhalaṃ akaṃsu. Bhagavato etamatthaṃ ārocesuṃ. ''Na, bhikkhave, bhikkhuniyā jantāghare nahāyitabbaṃ. Yā nahāyeyya, āpatti dukkaṭassā''ti.

Tena kho pana samayena bhikkhuniyo paṭisote nahāyanti dhārāsamphassaṃ sādiyantī. Bhagavato etamatthaṃ ārocesuṃ. ''Na, bhikkhave , bhikkhuniyā paṭisote nahāyitabbaṃ. Yā nahāyeyya, āpatti dukkaṭassā''ti.

Tena kho pana samayena bhikkhuniyo atitthe nahāyanti. Dhuttā dūsenti. Bhagavato etamatthaṃ ārocesuṃ. ''Na, bhikkhave, bhikkhuniyā atitthe nahāyitabbaṃ. Yā nahāyeyya, āpatti dukkaṭassā''ti.

Tena kho pana samayena bhikkhuniyo purisatitthe nahāyanti. Manussā ujjhāyanti khiyyanti vipācenti...pe... seyyathāpi gihinī kāmabhoginiyoti. Bhagavato etamatthaṃ ārocesuṃ. ''Na, bhikkhave, bhikkhuniyā purisatitthe nahāyitabbaṃ. Yā nahāyeyya, āpatti dukkaṭassa. Anujānāmi, bhikkhave, mahilātitthe nahāyitu''nti.

Tatiyabhāṇavāro niṭṭhito.

Bhikkhunikkhandhako dasamo.

Imasmiṃ khandhake vatthū ekasataṃ.

Tassuddānaṃ –

Pabbajjaṃ Gotamī yāci, nānuññāsi tathāgato;
Kapilavatthu vesāliṃ, agamāsi vināyako.
Rajokiṇṇena koṭṭhake, ānandassa pavedayi;
Bhabboti nayato yāci, mātāti posikāti ca.
Vassasataṃ tadahu ca, abhikkhupaccāsīsanā;
Pavāraṇā garudhammā, dve vassā anakkosanā.
Ovaṭo ca aṭṭha dhammā, yāvajīvānuvattanā;
Garudhammapaṭiggāho sāvassā upasampadā.
Vassasahassaṃ pañceva, kumbhathenakasetaṭṭi;
Mañjiṭṭhikaupamāhi, evaṃ saddhammahiṃsanā.
Āḷiṃ bandheyya pāeva, puna saddhammasaṇṭhiti;
Upasampādetuṃ ayyā, yathāvuḍḍhābhivādanā.
Na karissanti kimeva, sādhāraṇāsādhāraṇaṃ;
Ovādaṃ pātimokkhañca, kena nu kho upassayaṃ.
Na jānanti ca ācikkhi, na karonti ca bhikkhuhi;
Paṭiggahetuṃ bhikkhūhi, bhikkhunīhi paṭiggaho.
Ācikkhi kammaṃ bhikkhūhi, ujjhāyanti bhikkhunīhi vā;
Ācikkhituṃ bhaṇḍanañca, ropetvā uppalāya ca.
Sāvatthiyā kaddamoda, avandi kāya ūru ca;
Aṅgajātañca obhāsaṃ, sampayojenti vaggikā.
Avandiyo daṇḍakammaṃ, bhikkhuniyo tathā puna;
Āvaraṇañca ovādaṃ, kappati nu kho pakkami.
Bālā vatthuvinicchayā, ovādaṃ saṅgho pañcahi;
Duve tisso na gaṇhanti, bālā gilānagamikaṃ.
Āraññiko nārocenti, na paccāgacchanti ca;
Dīghaṃ vilīvacammañca, dussā ca veṇivaṭṭi ca;
Coḷaveṇi ca vaṭṭi ca, suttaveṇi ca vaṭṭikā.
Aṭṭhillaṃ gohanukena, hatthakocchaṃ pādaṃ tathā;
Ūruṃ mukhaṃ dantamaṃsaṃ, ālimpomaddacuṇṇanā.
Lañchenti aṅgarāgañca, mukharāgaṃ tathā duve;
Avaṅgaṃ visesoloko, sālokena naccena ca [sāloke sanaccena ca (sī.), sālokena sanaccanaṃ (syā.)].
Vesī pānāgāraṃ sūnaṃ, āpaṇaṃ vaḍḍhi vaṇijjā;
Dāsaṃ dāsiṃ kammakaraṃ, kammakāriṃ upaṭṭhayyuṃ.
Tiracchānaharītaki, sandhārayanti namatakaṃ;
Nīlaṃ pītaṃ lohitakaṃ, mañjiṭṭhakaṇhacīvarā.
Mahāraṅgamahānāmaacchinnā dīghameva ca;
Pupphaphalakañcukañca, tirīṭakañca dhārayuṃ.
Bhikkhunī sikkhamānāya, sāmaṇerāya accaye;

Niyyādite parikkhāre, bhikkhuniyova issarā.
Bhikkhussa sāmaṇerassa, upāsakassupāsikā;
Aññesañca parikkhāre, niyyāte bhikkhuissarā.
Mallī gabbhaṃ pattamūlaṃ, byañjanaṃ āmisena ca;
Ussannañca bāḷhataraṃ, sannidhikatamāmisaṃ.
Bhikkhūnaṃ yādisaṃ bhoṭṭhaṃ [heṭṭhā (sī.), heṭṭhaṃ (syā.), bhutti (ka.)], bhikkhunīnaṃ tathā kare;
Senāsanaṃ utuniyo, makkhīyati paṭāṇi ca.
Chijjanti sabbakālañca, animittāpi dissare;
Nimittā lohitā ceva, tatheva dhuvalohitā.
Dhuvacoḷapaggharantī, sikharaṇitthipaṇḍakā;
Vepurisī ca sambhinnā, ubhatobyañjanāpi ca.
Animittādito katvā, yāva ubhatobyañjanā;
Etaṃ peyyālato heṭṭhā, kuṭṭhaṃ gaṇḍo kilāso ca.
Sosāpamāro mānusī, itthīsi bhujissāsi ca;
Aṇaṇā na rājabhaṭī, anuññātā ca vīsati.
Paripuṇṇā ca kinnāmā, kānāmā te pavattinī;
Catuvīsantarāyānaṃ, pucchitvā upasampadā.
Vitthāyanti ananusiṭṭhā, saṅghamajjhe tatheva ca;
Upajjhāgāha saṅghāṭi, uttarantaravāsako.
Saṅkaccudakasāṭi ca, ācikkhitvāna pesaye;
Bālā asammatekato, yāce pucchantarāyikā.
Ekatoupasampannā, bhikkhusaṅghe tathā puna;
Chāyā utu divasā ca, saṅgīti tayo nissaye.
Aṭṭha akaraṇīyāni, kālaṃ sabbattha aṭṭheva;
Na pavārenti bhikkhunī, bhikkhusaṅghaṃ tatheva ca.
Kolāhalaṃ purebhattaṃ, vikāle ca kolāhalaṃ;
Uposathaṃ pavāraṇaṃ, savacanīyānuvādanaṃ.
Okāsaṃ code sārenti, paṭikkhittaṃ mahesinā;
Tatheva bhikkhu bhikkhunī, anuññātaṃ mahesinā.
Yānaṃ gilānayuttañca, yānugghātaḍḍhakāsikā;
Bhikkhu sikkhā sāmaṇera, sāmaṇerī ca bālāya.
Araññe upāsakena, uddosito upassayaṃ;
Na sammati navakammaṃ, nisinnagabbhaekikā.
Sāgārañca garudhammaṃ, paccakkhāya ca saṅkami;
Abhivādanakesā ca, nakhā ca vaṇakammanā.
Pallaṅkena gilānā ca, vaccaṃ cuṇṇena vāsitaṃ;
Jantāghare paṭisote, atitthe purisena ca.
MahāGotamī āyāci, ānando cāpi yoniso;
Parisā catasso honti, pabbajjā jinasāsane.
Saṃvegajananatthāya , saddhammassa ca vuddhiyā;
Āturassāva bhesajjaṃ, evaṃ buddhena desitaṃ.
Evaṃ vinītā saddhamme, mātugāmāpi itarā;
Yāyanti [tāyanti (sī. syā.)] accutaṃ ṭhānaṃ, yattha gantvā na socareti.
Bhikkhunikkhandhakaṃ niṭṭhitaṃ.

11. Pañcasatikakkhandhakaṃ

1. Saṅgītinidānaṃ

437. Atha kho āyasmā mahākassapo bhikkhū āmantesi – ''ekamidāhaṃ, āvuso, samayaṃ pāvāya kusināraṃ addhānamaggappaṭipanno mahatā bhikkhusaṅghena saddhiṃ pañcamattehi bhikkhusatehi. Atha khvāhaṃ, āvuso, maggā okkamma aññatarasmiṃ rukkhamūle nisīdiṃ.

[dī. ni. 2.231] ''Tena kho pana samayena aññataro ājīvako kusinārāya mandāravapupphaṃ gahetvā pāvaṃ addhānamaggappaṭipanno hoti. Addasaṃ kho ahaṃ, āvuso, taṃ ājīvakaṃ dūratova āgacchantaṃ. Disvāna taṃ ājīvakaṃ etadavocaṃ – 'apāvuso, amhākaṃ satthāraṃ jānāsī'ti? 'Āmāvuso, jānāmi. Ajja sattāhaparinibbuto samaṇo Gotamo. Tato me idaṃ mandāravapupphaṃ gahita'nti. Tatrāvuso, ye te bhikkhū avītarāgā appekacce bāhā paggayha kandanti, chinnapātaṃ papatanti, āvaṭṭanti, vivaṭṭanti – atikhippaṃ Bhagavā parinibbuto, atikhippaṃ sugato parinibbuto, atikhippaṃ cakkhuṃ loke antarahitanti. Ye pana te bhikkhū vītarāgā te satā sampajānā adhivāsenti – aniccā saṅkhārā, taṃ kutettha labbhāti.

''Atha khvāhaṃ, āvuso, te bhikkhū etadavocaṃ – 'alaṃ, āvuso, mā socittha; mā paridevittha. Nanvetaṃ, āvuso, bhagavatā paṭikacceva akkhātaṃ – sabbeheva piyehi manāpehi nānābhāvo vinābhāvo aññathābhāvo. Taṃ kutettha āvuso labbhā, yaṃ taṃ jātaṃ bhūtaṃ saṅkhataṃ palokadhammaṃ, taṃ vata mā palujjīti – netaṃ ṭhānaṃ vijjatī'ti.

"Tena kho panāvuso, samayena subhaddo nāma vuḍḍhapabbajito tassaṃ parisāyaṃ nisinno hoti . Atha kho, āvuso, subhaddo vuḍḍhapabbajito te bhikkhū etadavoca – 'alaṃ, āvuso, mā socittha; mā paridevittha. Sumuttā mayaṃ tena mahāsamaṇena ; upaddutā ca mayaṃ homa – idaṃ vo kappati, idaṃ vo na kappatīti. Idāni pana mayaṃ yaṃ icchissāma taṃ karissāma, yaṃ na icchissāma na taṃ karissāmā'ti. Handa mayaṃ, āvuso, dhammañca vinayañca saṅgāyāma. Pure adhammo dippati [dibbati (ka.)], dhammo paṭibāhiyyati; pure avinayo dippati vinayo paṭibāhiyyati; pure adhammavādino balavanto honti, dhammavādino dubbalā honti; pure avinayavādino balavanto honti, vinayavādino dubbalā hontī''ti.

"Tena hi, bhante, thero bhikkhū uccinatū''ti. Atha kho āyasmā mahākassapo ekenūnapañcaarahantasatāni uccini. Bhikkhū āyasmantaṃ mahākassapaṃ etadavocuṃ – "ayaṃ, bhante, āyasmā ānando kiñcāpi sekkho, abhabbo chandā dosā mohā bhayā agatiṃ gantuṃ. Bahu ca anena bhagavato santike dhammo ca vinayo ca pariyatto. Tena hi, bhante, thero āyasmantampi ānandaṃ uccinatū''ti . Atha kho āyasmā mahākassapo āyasmantampi ānandaṃ uccini.

Atha kho therānaṃ bhikkhūnaṃ etadahosi – "kattha nu kho mayaṃ dhammañca vinayañca saṅgāyeyyāmā''ti? Atha kho therānaṃ bhikkhūnaṃ etadahosi – "rājagahaṃ kho mahāgocaraṃ pahūtasenāsanaṃ, yaṃnūna mayaṃ rājagahe vassaṃ vasantā dhammañca vinayañca saṅgāyeyyāma. Na aññe bhikkhū rājagahe vassaṃ upagaccheyyu''nti.

Atha kho āyasmā mahākassapo saṅghaṃ ñāpesi –

438. "Suṇātu me, āvuso, saṅgho. Yadi saṅghassa pattakallaṃ, saṅgho imāni pañca bhikkhusatāni sammanneyya – rājagahe vassaṃ vasantāni dhammañca vinayañca saṅgāyituṃ, na aññehi bhikkhūhi rājagahe vassaṃ vasitabbanti. Esā ñatti.

"Suṇātu me, āvuso, saṅgho. Imāni pañca bhikkhusatāni sammannati – rājagahe vassaṃ vasantāni dhammañca vinayañca saṅgāyituṃ, na aññehi bhikkhūhi rājagahe vassaṃ vasitabbanti. Yassāyasmato khamati imesaṃ pañcannaṃ bhikkhusatānaṃ sammuti – rājagahe vassaṃ vasantānaṃ dhammañca vinayañca saṅgāyituṃ, na aññehi bhikkhūhi rājagahe vassaṃ vasitabbanti – so tuṇhassa; yassa nakkhamati, so bhāseyya.

"Sammatāni saṅghena imāni pañca bhikkhusatāni rājagahe vassaṃ vasantāni dhammañca vinayañca saṅgāyituṃ, na aññehi bhikkhūhi rājagahe vassaṃ vasitabbanti. Khamati saṅghassa, tasmā tuṇhī, evametaṃ dhārayāmī''ti.

Atha kho therā bhikkhū rājagahaṃ agamaṃsu dhammañca vinayañca saṅgāyituṃ. Atha kho therānaṃ bhikkhūnaṃ etadahosi – "bhagavatā kho, āvuso, khaṇḍaphullappaṭisaṅkharaṇaṃ vaṇṇitaṃ. Handa mayaṃ, āvuso, paṭhamaṃ māsaṃ khaṇḍaphullaṃ paṭisaṅkharoma; majjhimaṃ māsaṃ sannipatitvā dhammañca vinayañca saṅgāyissāmā''ti.

Atha kho therā bhikkhū paṭhamaṃ māsaṃ khaṇḍaphullaṃ paṭisaṅkhariṃsu. Atha kho āyasmā ānando – sve sannipāto [sannipātoti (ka.)] na kho metaṃ patirūpaṃ, yohaṃ sekkho samāno sannipātaṃ gaccheyyanti – bahudeva rattiṃ kāyagatāya satiyā vītināmetvā rattiyā paccūsasamayaṃ 'nipajjissāmī'ti kāyaṃ āvajjesi. Appattañca sīsaṃ bibbohanaṃ, bhūmito ca pādā muttā. Etasmiṃ antare anupādāya āsavehi cittaṃ vimucci.

439. Atha kho āyasmā ānando arahā samāno sannipātaṃ agamāsi. Atha kho āyasmā mahākassapo saṅghaṃ ñāpesi –

"Suṇātu me, āvuso, saṅgho. Yadi saṅghassa pattakallaṃ, ahaṃ upāliṃ vinayaṃ puccheyya''nti.

Āyasmā upāli saṅghaṃ ñāpesi –

"Suṇātu me, bhante, saṅgho. Yadi saṅghassa pattakallaṃ, ahaṃ āyasmatā mahākassapena vinayaṃ puṭṭho vissajjeyya''nti.

Atha kho āyasmā mahākassapo āyasmantaṃ upāliṃ etadavoca – "paṭhamaṃ, āvuso upāli , pārājikaṃ kattha paññatta''nti? "Vesāliyaṃ bhante''ti. "Kaṃ ārabbhā''ti? "Sudinnaṃ kalandaputtaṃ ārabbhā''ti. "Kismiṃ vatthusmi''nti? "Methunadhamme''ti. Atha kho āyasmā mahākassapo āyasmantaṃ upāliṃ paṭhamassa pārājikassa vatthumpi pucchi, nidānampi pucchi, puggalampi pucchi, paññattimpi pucchi, anupaññattimpi pucchi, āpattimpi pucchi, anāpattimpi pucchi. "Dutiyaṃ panāvuso upāli, pārājikaṃ kattha paññatta''nti? "Rājagahe bhante''ti. "Kaṃ ārabbhā''ti? "Dhaniyaṃ kumbhakāraputtaṃ ārabbhā''ti. "Kismiṃ vatthusmi''nti? "Adinnādāne''ti. Atha kho āyasmā mahākassapo āyasmantaṃ upāliṃ dutiyassa pārājikassa vatthumpi pucchi, nidānampi pucchi, puggalampi pucchi, paññattimpi pucchi, anupaññattimpi pucchi, āpattimpi pucchi, anāpattimpi pucchi. "Tatiyaṃ panāvuso upāli, pārājikaṃ kattha paññatta''nti? "Vesāliyaṃ bhante''ti. "Kaṃ ārabbhā''ti? "Sambahule bhikkhū ārabbhā''ti. "Kismiṃ vatthusmi''nti? "Manussaviggahe''ti. Atha kho āyasmā mahākassapo āyasmantaṃ upāliṃ tatiyassa pārājikassa vatthumpi pucchi, nidānampi pucchi, puggalampi pucchi, paññattimpi pucchi, anupaññattimpi pucchi, āpattimpi pucchi, anāpattimpi pucchi. "Catutthaṃ panāvuso upāli, pārājikaṃ kattha paññatta''nti? "Vesāliyaṃ bhante''ti. "Kaṃ ārabbhā''ti? "Vaggumudātīriye bhikkhū ārabbhā''ti. "Kismiṃ vatthusmi''nti? "Uttarimanussadhamme''ti. Atha kho āyasmā mahākassapo āyasmantaṃ upāliṃ catutthassa pārājikassa vatthumpi pucchi, nidānampi pucchi, puggalampi pucchi, paññattimpi pucchi, anupaññattimpi pucchi, āpattimpi pucchi, anāpattimpi pucchi. Eteneva upāyena ubhatovibhaṅge pucchi. Puṭṭho puṭṭho āyasmā upāli vissajjesi.

440. Atha kho āyasmā mahākassapo saṅghaṃ ñāpesi –

''Suṇātu me, āvuso, saṅgho. Yadi saṅghassa pattakallaṃ, ahaṃ ānandaṃ dhammaṃ puccheyya''nti.

Āyasmā ānando saṅghaṃ ñāpesi –

''Suṇātu me, bhante, saṅgho. Yadi saṅghassa pattakallaṃ, ahaṃ āyasmatā mahākassapena dhammaṃ puṭṭho vissajjeyya''nti.

Atha kho āyasmā mahākassapo āyasmantaṃ ānandaṃ etadavoca – ''brahmajālaṃ, āvuso ānanda, kattha bhāsita''nti? ''Antarā ca, bhante, rājagahaṃ antarā ca nāḷandaṃ rājāgārake ambalaṭṭhikāyā''ti. ''Kaṃ ārabbhā''ti? ''Suppiyañca paribbājakaṃ brahmadattañca māṇava''nti. Atha kho āyasmā mahākassapo āyasmantaṃ ānandaṃ brahmajālassa nidānampi pucchi, puggalampi pucchi. ''Sāmaññaphalaṃ panāvuso ānanda, kattha bhāsita''nti? ''Rājagahe, bhante, jīvakambavane''ti. ''Kena saddhi''nti? ''Ajātasattunā vedehiputtena saddhi''nti. Atha kho āyasmā mahākassapo āyasmantaṃ ānandaṃ sāmaññaphalassa nidānampi pucchi, puggalampi pucchi. Eteneva upāyena pañcapi nikāye pucchi. Puṭṭho puṭṭho āyasmā ānando vissajjesi.

2. Khuddānukhuddakasikkhāpadakathā

441. Atha kho āyasmā ānando there bhikkhū etadavoca – ''Bhagavā maṃ, bhante, parinibbānakāle evamāha – 'ākaṅkhamāno, ānanda, saṅgho mamaccayena khuddānukhuddakāni sikkhāpadāni samūhaneyyā'''ti. ''Pucchi pana tvaṃ, āvuso ānanda, bhagavantaṃ – 'katamāni pana, bhante, khuddānukhuddakāni sikkhāpadānī'''ti? ''Na khohaṃ, bhante, bhagavantaṃ pucchiṃ – 'katamāni pana, bhante, khuddānukhuddakāni sikkhāpadānī''ti. Ekacce therā evamāhaṃsu – ''cattāri pārājikāni ṭhapetvā, avasesāni khuddānukhuddakāni sikkhāpadānī''ti. Ekacce therā evamāhaṃsu – ''cattāri pārājikāni ṭhapetvā, terasa saṅghādisese ṭhapetvā, avasesāni khuddānukhuddakāni sikkhāpadānī''ti. Ekacce therā evamāhaṃsu – ''cattāri pārājikāni ṭhapetvā, terasa saṅghādisese ṭhapetvā, dve aniyate ṭhapetvā, avasesāni khuddānukhuddakāni sikkhāpadānī''ti. Ekacce therā evamāhaṃsu – ''cattāri pārājikāni ṭhapetvā, terasa saṅghādisese ṭhapetvā, dve aniyate ṭhapetvā, tiṃsa nissaggiye pācittiye ṭhapetvā, avasesāni khuddānukhuddakāni sikkhāpadānī''ti. Ekacce therā evamāhaṃsu – ''cattāri pārājikāni ṭhapetvā, terasa saṅghādisese ṭhapetvā, dve aniyate ṭhapetvā, tiṃsa nissaggiye pācittiye ṭhapetvā, dvenavuti pācittiye ṭhapetvā, avasesāni khuddānukhuddakāni sikkhāpadānī''ti. Ekacce therā evamāhaṃsu – ''cattāri pārājikāni ṭhapetvā, terasa saṅghādisese ṭhapetvā, dve aniyate ṭhapetvā, tiṃsa nissaggiye pācittiye ṭhapetvā, dvenavuti pācittiye ṭhapetvā, cattāro pāṭidesanīye ṭhapetvā, avasesāni khuddānukhuddakāni sikkhāpadānī''ti.

442. Atha kho āyasmā mahākassapo saṅghaṃ ñāpesi –

''Suṇātu me, āvuso, saṅgho. Santamhākaṃ sikkhāpadāni gihigatāni. Gihinopi jānanti – 'idaṃ vo samaṇānaṃ sakyaputtiyānaṃ kappati, idaṃ vo na kappatī'ti. Sace mayaṃ khuddānukhuddakāni sikkhāpadāni samūhanissāma, bhavissanti vattāro – 'dhūmakālikaṃ samaṇena Gotamena sāvakānaṃ sikkhāpadaṃ paññattaṃ. Yāvimesaṃ satthā aṭṭhāsi tāvime sikkhāpadesu sikkhiṃsu. Yato imesaṃ satthā parinibbuto, na dānime sikkhāpadesu sikkhantī'ti. Yadi saṅghassa pattakallaṃ, saṅgho appaññattaṃ nappaññapeyya, paññattaṃ na samucchindeyya, yathāpaññattesu sikkhāpadesu samādāya vatteyya. Esā ñatti.

''Suṇātu me, āvuso, saṅgho. Santamhākaṃ sikkhāpadāni gihigatāni. Gihinopi jānanti – 'idaṃ vo samaṇānaṃ sakyaputtiyānaṃ kappati, idaṃ vo na kappatī'ti. Sace mayaṃ khuddānukhuddakāni sikkhāpadāni samūhanissāma, bhavissanti vattāro – 'dhūmakālikaṃ samaṇena Gotamena sāvakānaṃ sikkhāpadaṃ paññattaṃ . Yāvimesaṃ satthā aṭṭhāsi tāvime sikkhāpadesu sikkhiṃsu. Yato imesaṃ satthā parinibbuto, na dānime sikkhāpadesu sikkhantī'ti. Saṅgho appaññattaṃ nappaññapeti, paññattaṃ na samucchindati, yathāpaññattesu sikkhāpadesu samādāya vattati. Yassāyasmato khamati appaññattassa appaññāpanā, paññattassa asamucchedo, yathāpaññattesu sikkhāpadesu samādāya vattanā, so tuṇhassa; yassa nakkhamati, so bhāseyya.

''Saṅgho appaññattaṃ nappaññapeti, paññattaṃ na samucchindati, yathāpaññattesu sikkhāpadesu samādāya vattati. Khamati saṅghassa, tasmā tuṇhī, evametaṃ dhārayāmī''ti.

443. Atha kho therā bhikkhū āyasmantaṃ ānandaṃ etadavocuṃ – ''idaṃ te, āvuso ānanda, dukkaṭaṃ, yaṃ tvaṃ bhagavantaṃ na pucchi – 'katamāni pana, bhante, khuddānukhuddakāni sikkhāpadānī'ti. Desehi taṃ dukkaṭa''nti. ''Ahaṃ kho, bhante, assatiyā bhagavantaṃ na pucchiṃ – 'katamāni pana, bhante, khuddānukhuddakāni sikkhāpadānī'ti. Nāhaṃ taṃ dukkaṭaṃ passāmi, api cāyasmantānaṃ saddhāya desemi taṃ dukkaṭa''nti. ''Idampi te, āvuso ānanda, dukkaṭaṃ, yaṃ tvaṃ bhagavato vassikasāṭikaṃ akkamitvā sibbesi. Desehi taṃ dukkaṭa''nti. ''Ahaṃ kho, bhante, na agāravena bhagavato vassikasāṭikaṃ akkamitvā sibbesiṃ. Nāhaṃ taṃ dukkaṭaṃ passāmi, api cāyasmantānaṃ saddhāya desemi taṃ dukkaṭa''nti. ''Idampi te, āvuso ānanda, dukkaṭaṃ, yaṃ tvaṃ mātugāmehi bhagavato sarīraṃ paṭhamaṃ vandāpesi, tāsaṃ rodantīnaṃ bhagavato sarīraṃ assukena makkhitaṃ. Desehi taṃ dukkaṭa''nti. Ahaṃ kho, bhante – māyimāsaṃ [māyimā (sī. syā.)] vikāle ahesunti –

mātugāmehi bhagavato sarīraṃ paṭhamaṃ vandāpesiṃ. Nāhaṃ taṃ dukkaṭaṃ passāmi, api cāyasmantānaṃ saddhāya desemi taṃ dukkaṭa''nti. ''Idampi te, āvuso ānanda, dukkaṭaṃ, yaṃ tvaṃ bhagavatā oḷārike nimitte kayiramāne, oḷārike obhāse kayiramāne, na bhagavantaṃ yāci – 'tiṭṭhatu Bhagavā kappaṃ, tiṭṭhatu sugato kappaṃ, bahujanahitāya bahujanasukhāya lokānukampāya atthāya hitāya sukhāya devamanussāna'nti. Desehi taṃ dukkaṭa''nti. ''Ahaṃ kho, bhante, mārena pariyuṭṭhitacitto na bhagavantaṃ yāciṃ – 'tiṭṭhatu Bhagavā kappaṃ, tiṭṭhatu sugato kappaṃ, bahujanahitāya bahujanasukhāya lokānukampāya atthāya hitāya sukhāya devamanussāna'nti. Nāhaṃ taṃ dukkaṭaṃ passāmi, api cāyasmantānaṃ saddhāya desemi taṃ dukkaṭa''nti. ''Idampi te, āvuso ānanda, dukkaṭaṃ yaṃ tvaṃ mātugāmassa tathāgatappavedite dhammavinaye pabbajjaṃ ussukkaṃ akāsi. Desehi taṃ dukkaṭa''nti. ''Ahaṃ kho, bhante, ayaṃ mahāpajāpati Gotamī bhagavato mātucchā āpādikā posikā khīrassa dāyikā bhagavantaṃ janettiyā kālaṅkatāya thaññaṃ pāyesīti mātugāmassa tathāgatappavedite dhammavinaye pabbajjaṃ ussukkaṃ akāsiṃ. Nāhaṃ taṃ dukkaṭaṃ passāmi, apicāyasmantānaṃ saddhāya desemi taṃ dukkaṭa''nti.

444. Tena kho pana samayena āyasmā purāṇo dakkhiṇāgirismiṃ cārikaṃ carati mahatā bhikkhusaṅghena saddhiṃ pañcamattehi bhikkhusatehi. Atha kho āyasmā purāṇo therehi bhikkhūhi dhamme ca vinaye ca saṅgīte dakkhiṇāgirismiṃ yathābhirantaṃ viharitvā yena rājagahaṃ yena veḷuvanaṃ kalandakanivāpo yena therā bhikkhū tenupasaṅkami, upasaṅkamitvā therehi bhikkhūhi saddhiṃ paṭisammoditvā ekamantaṃ nisīdi. Ekamantaṃ nisinnaṃ kho āyasmantaṃ purāṇaṃ therā bhikkhū etadavocuṃ – ''therehi, āvuso purāṇa, dhammo ca vinayo ca saṅgīto. Upehi taṃ saṅgīti''nti. ''Susaṅgītāvuso, therehi dhammo ca vinayo ca. Apica yatheva mayā bhagavato sammukhā sutaṃ, sammukhā paṭiggahitaṃ, tathevāhaṃ dhāressāmī''ti.

3. Brahmadaṇḍakathā

445. Atha kho āyasmā ānando there bhikkhū etadavoca – ''Bhagavā maṃ, bhante, parinibbānakāle evamāha – 'tena hānanda, saṅgho mamaccayena channassa bhikkhuno brahmadaṇḍaṃ āṇāpetū''ti . ''Pucchi pana tvaṃ, āvuso ānanda, bhagavantaṃ – 'katamo pana, bhante, brahmadaṇḍo''ti? ''Pucchiṃ khohaṃ, bhante, bhagavantaṃ – 'katamo pana, bhante, brahmadaṇḍo''ti? ''Channo, ānanda, bhikkhu yaṃ iccheyya taṃ vadeyya. Bhikkhūhi channo bhikkhu neva vattabbo, na ovaditabbo, nānusāsitabbo''ti. ''Tena hāvuso ānanda, tvaṃyeva channassa bhikkhuno brahmadaṇḍaṃ āṇāpehī''ti. ''Kathāhaṃ, bhante, channassa bhikkhuno brahmadaṇḍaṃ āṇāpemi, caṇḍo so bhikkhu pharuso''ti? 'Tena hāvuso ānanda, bahukehi bhikkhūhi saddhiṃ gacchāhī''ti. ''Evaṃ bhante''ti kho āyasmā ānando therānaṃ bhikkhūnaṃ paṭissutvā mahatā bhikkhusaṅghena saddhiṃ pañcamattehi bhikkhusatehi nāvāya ujjavanikāya kosambiṃ ujjavi, nāvāya paccorohitvā rañño udenassa [utenassa (ka.)] uyyānassa avidūre aññatarasmiṃ rukkhamūle nisīdi. Tena kho pana samayena rājā udeno uyyāne paricāresi saddhiṃ orodhena. Assosi kho rañño udenassa orodho – ''amhākaṃ kira ācariyo ayyo ānando uyyānassa avidūre aññatarasmiṃ rukkhamūle nisinno''ti. Atha kho rañño udenassa orodho rājānaṃ udenaṃ etadavoca – ''amhākaṃ kira, deva, ācariyo ayyo ānando uyyānassa avidūre aññatarasmiṃ rukkhamūle nisinno. Icchāma mayaṃ, deva, ayyaṃ ānandaṃ passitu''nti. ''Tena hi tumhe samaṇaṃ ānandaṃ passathā''ti.

Atha kho rañño udenassa orodho yenāyasmā ānando tenupasaṅkami, upasaṅkamitvā āyasmantaṃ ānandaṃ abhivādetvā ekamantaṃ nisīdi. Ekamantaṃ nisinnaṃ kho rañño udenassa orodhaṃ āyasmā ānando dhammiyā kathāya sandassesi samādapesi samuttejesi sampahaṃsesi . Atha kho rañño udenassa orodho āyasmatā ānandena dhammiyā kathāya sandassito samādapito samuttejito sampahaṃsito āyasmato ānandassa pañca uttarāsaṅgasatāni pādāsi. Atha kho rañño udenassa orodho āyasmato ānandassa bhāsitaṃ abhinanditvā anumoditvā uṭṭhāyāsanā āyasmantaṃ ānandaṃ abhivādetvā padakkhiṇaṃ katvā yena rājā udeno tenupasaṅkami. Addasā kho rājā udeno orodhaṃ dūratova āgacchantaṃ. Disvāna orodhaṃ etadavoca – ''api nu kho tumhe samaṇaṃ ānandaṃ passitthā''ti? ''Apassimhā kho mayaṃ, deva, ayyaṃ ānanda''nti. ''Api nu tumhe samaṇassa ānandassa kiñci adatthā''ti? ''Adamhā kho mayaṃ, deva, ayyassa ānandassa pañca uttarāsaṅgasatānī''ti. Rājā udeno ujjhāyati khiyyati vipāceti – ''kathañhi nāma samaṇo ānando tāva bahuṃ cīvaraṃ paṭiggahessati! Dussavāṇijjaṃ vā samaṇo ānando karissati, paggāhikasālaṃ vā pasāressatī''ti!

Atha kho rājā udeno yenāyasmā ānando tenupasaṅkami, upasaṅkamitvā āyasmatā ānandena saddhiṃ sammodi. Sammodanīyaṃ kathaṃ sāraṇīyaṃ vītisāretvā ekamantaṃ nisīdi. Ekamantaṃ nisinno kho rājā udeno āyasmantaṃ ānandaṃ etadavoca – ''āgamā nu khvidha, bho ānanda, amhākaṃ orodho''ti? ''Āgamāsi kho te idha, mahārāja, orodho''ti. ''Api pana bhoto ānandassa kiñci adāsī''ti? ''Adāsi kho me, mahārāja, pañca uttarāsaṅgasatānī''ti. ''Kiṃ pana bhavaṃ ānando tāva bahuṃ cīvaraṃ karissatī''ti? ''Ye [ye pana (ka.)] te, mahārāja, bhikkhū dubbalacīvarā tehi saddhiṃ saṃvibhajissāmī''ti. ''Yāni kho pana, bho ānanda, porāṇakāni dubbalacīvarāni tāni kathaṃ karissathā''ti? ''Tāni, mahārāja, uttarattharaṇaṃ karissāmā''ti. ''Yāni pana, bho ānanda, porāṇakāni uttarattharaṇāni tāni kathaṃ karissathā''ti? ''Tāni, mahārāja, bhisicchaviyo karissāmā''ti. ''Yā pana, bho ānanda, porāṇakā bhisicchaviyo tā kathaṃ karissathā''ti? ''Tā, mahārāja, bhūmattharaṇaṃ karissāmā''ti. ''Yāni pana, bho ānanda, porāṇakāni bhūmattharaṇāni tāni kathaṃ karissathā''ti? ''Tāni, mahārāja, pādapuñchaniyo karissāmā''ti. ''Yā pana, bho ānanda, porāṇakā pādapuñchaniyo tā kathaṃ karissathā''ti?. ''Tā, mahārāja, rajoharaṇaṃ karissāmā''ti. ''Yāni pana, bho ānanda, porāṇakāni rajoharaṇāni tāni kathaṃ karissathā''ti? ''Tāni, mahārāja, koṭṭetvā cikkhallena madditvā paribhaṇḍaṃ limpissāmā''ti.

Atha kho rājā udeno – sabbevime samaṇā sakyaputtiyā yoniso upanenti, na kulavaṃ gamentīti – āyasmato ānandassa aññānipi pañca dussasatāni pādāsi. Ayañcarahi āyasmato ānandassa paṭhamaṃ cīvarabhikkhā uppajji cīvarasahassaṃ. Atha kho āyasmā ānando yena ghositārāmo tenupasaṅkami, upasaṅkamitvā paññatte āsane nisīdi. Atha kho āyasmā channo yenāyasmā ānando tenupasaṅkami, upasaṅkamitvā āyasmantaṃ ānandaṃ abhivādetvā ekamantaṃ nisīdi. Ekamantaṃ nisinnaṃ kho āyasmantaṃ channaṃ āyasmā ānando etadavoca – ''saṅghena te, āvuso channa, brahmadaṇḍo āṇāpito''ti.

''Katamo pana, bhante ānanda, brahmadaṇḍo āṇāpito''ti? ''Tvaṃ, āvuso channa, bhikkhū yaṃ iccheyyāsi taṃ vadeyyāsi. Bhikkhūhi tvaṃ neva vattabbo, na ovaditabbo, nānusāsitabbo''ti. ''Nanvāhaṃ, bhante ānanda, hato ettāvatā, yatohaṃ bhikkhūhi neva vattabbo, na ovaditabbo, nānusāsitabbo''ti tattheva mucchito papato. Atha kho āyasmā channo brahmadaṇḍena aṭṭīyamāno harāyamāno jigucchamāno eko vūpakaṭṭho appamatto ātāpī pahitatto viharanto nacirasseva yassatthāya kulaputtā sammadeva agārasmā anagāriyaṃ pabbajanti, tadanuttaraṃ brahmacariyapariyosānaṃ diṭṭheva dhamme sayaṃ abhiññā sacchikatvā upasampajja vihāsi. 'Khīṇā jāti, vusitaṃ brahmacariyaṃ, kataṃ karaṇīyaṃ, nāparaṃ itthattāyā'ti abbhaññāsi. Aññataro ca panāyasmā channo arahataṃ ahosi. Atha kho āyasmā channo arahattaṃ patto yenāyasmā ānando tenupasaṅkami, upasaṅkamitvā āyasmantaṃ ānandaṃ etadavoca – ''paṭippassambhehi dāni me, bhante ānanda, brahmadaṇḍa''nti. ''Yadaggena tayā, āvuso channa, arahattaṃ sacchikataṃ tadaggena te brahmadaṇḍo paṭippassaddho''ti. Imāya kho pana vinayasaṅgītiyā pañca bhikkhusatāni anūnāni anadhikāni ahesuṃ. Tasmā ayaṃ vinayasaṅgīti ''pañcasatikā''ti vuccatīti.

Pañcasatikakkhandhako ekādasamo.

Imamhi khandhake vatthū tevīsati.

Tassuddānaṃ –

Parinibbute sambuddhe, thero kassapasavhayo;
Āmantayi bhikkhugaṇaṃ, saddhammamanupālako;
Pāvāyaddhānamaggamhi, subhaddena paveditaṃ;
Saṅgāyissāma saddhammaṃ, adhammo pure dippati.
Ekenūna pañcasataṃ, ānandampi ca uccini;
Dhammavinayasaṅgītiṃ, vasanto guhamuttame.
Upāliṃ vinayaṃ pucchi, suttantānandapaṇḍitaṃ;
Piṭakaṃ tīṇi saṅgītiṃ, akaṃsu jinasāvakā.
Na pucchi akkamitvāna, vandāpesi na yāci ca.
Pabbajjaṃ mātugāmassa, saddhāya dukkaṭāni me;
Purāṇo brahmadaṇḍañca, orodho udenena saha.
Tāva bahu dubbalañca, uttarattharaṇā bhisi;
Bhūmattharaṇā puñchaniyo, rajo cikkhallamaddanā.
Sahassacīvaraṃ uppajji, paṭhamānandasavhayo;
Tajjito brahmadaṇḍena, catussaccaṃ apāpuṇi;
Vasībhūtā pañcasatā, tasmā pañcasatī iti.

Pañcasatikakkhandhakaṃ niṭṭhitaṃ.

12. Sattasatikakkhandhakaṃ

1. Paṭhamabhāṇavāro

446. Tena kho pana samayena vassasataparinibbute bhagavati vesālikā vajjiputtakā bhikkhū vesāliyaṃ dasa vatthūni dīpenti – kappati siṅgiloṇakappo, kappati dvaṅgulakappo, kappati gāmantarakappo, kappati āvāsakappo, kappati anumatikappo, kappati āciṇṇakappo, kappati amathitakappo, kappati jaḷogiṃ pātuṃ, kappati adasakaṃ nisīdanaṃ, kappati jātarūparajatanti.

Tena kho pana samayena āyasmā yaso kākaṇḍakaputto vajjīsu cārikaṃ caramāno yena vesālī tadavasari. Tatra sudaṃ āyasmā yaso kākaṇḍakaputto vesāliyaṃ viharati mahāvane kūṭāgārasālāyaṃ. Tena kho pana samayena vesālikā vajjiputtakā bhikkhū tadahuposathe kaṃsapātiṃ [kaṃsacāṭiṃ (syā.)] udakena pūretvā majjhe bhikkhusaṅghassa ṭhapetvā āgatāgate vesālike upāsake evaṃ vadanti – ''dethāvuso, saṅghassa kahāpaṇampi aḍḍhampi pādampi māsakarūpampi. Bhavissati saṅghassa parikkhārena karaṇīya''nti. Evaṃ vutte āyasmā yaso kākaṇḍakaputto vesālike upāsake etadavoca – ''māvuso, adattha saṅghassa kahāpaṇampi aḍḍhampi pādampi māsakarūpampi. Na kappati samaṇānaṃ sakyaputtiyānaṃ jātarūparajataṃ; na sādiyanti samaṇā sakyaputtiyā jātarūparajataṃ; na paṭiggaṇhanti samaṇā sakyaputtiyā jātarūparajataṃ; nikkhittamaṇisuvaṇṇā samaṇā sakyaputtiyā apetajātarūparajatā''ti. Evampi kho vesālikā upāsakā āyasmatā yasena kākaṇḍakaputtena vuccamānā adaṃsuyeva saṅghassa kahāpaṇampi aḍḍhampi pādampi māsakarūpampi.

Atha kho vesālikā vajjiputtakā bhikkhū tassā rattiyā accayena taṃ hiraññaṃ bhikkhaggena [bhikkhuggena (syā.)] paṭivīsaṃ [paṭiviṃsaṃ (sī.), paṭivisaṃ (syā.)]ṭhapetvā bhājesuṃ. Atha kho vesālikā vajjiputtakā bhikkhū āyasmantaṃ yasaṃ kākaṇḍakaputtaṃ etadavocuṃ – ''eso te, āvuso yasa, hiraññassa paṭivīso''ti. ''Natthi, me āvuso, hiraññassa paṭivīso, nāhaṃ hiraññaṃ sādiyāmī''ti. Atha kho vesālikā vajjiputtakā bhikkhū – ''ayaṃ āvuso yaso kākaṇḍakaputto upāsake saddhe pasanne akkosati, paribhāsati, appasādaṃ karoti; handassa mayaṃ paṭisāraṇīyakammaṃ karomā''ti te. Tassa paṭisāraṇīyakammaṃ akaṃsu. Atha kho āyasmā yaso kākaṇḍakaputto vesālike vajjiputtake bhikkhū etadavoca – ''bhagavatā, āvuso, paññattaṃ – 'paṭisāraṇīyakammakatassa bhikkhuno anudūto dātabbo'ti. Detha me, āvuso, anudūtaṃ bhikkhu''nti.

Atha kho vesālikā vajjiputtakā bhikkhū ekaṃ bhikkhuṃ sammannitvā āyasmato yasassa kākaṇḍakaputtassa anudūtaṃ adaṃsu. Atha kho āyasmā yaso kākaṇḍakaputto anudūtena bhikkhunā saddhiṃ vesāliṃ pavisitvā vesālike upāsake etadavoca – ''ahaṃ kirāyasmante upāsake saddhe pasanne akkosāmi, paribhāsāmi, appasādaṃ karomi; yohaṃ adhammaṃ adhammoti vadāmi, dhammaṃ dhammoti vadāmi, avinayaṃ avinayoti vadāmi, vinayaṃ vinayoti vadāmi.

447. ''Ekamidaṃ, āvuso, samayaṃ Bhagavā sāvatthiyaṃ viharati jetavane anāthapiṇḍikassa ārāme. Tatra kho, āvuso, Bhagavā bhikkhū āmantesi – [a. ni. 4.50]'cattārome, bhikkhave, candimasūriyānaṃ upakkilesā, yehi upakkilesehi upakkiliṭṭhā candimasūriyā na tapanti, na bhāsanti, na virocanti. Katame cattāro? Abbhaṃ, bhikkhave, candimasūriyānaṃ upakkileso, yena upakkilesena upakkiliṭṭhā candimasūriyā na tapanti, na bhāsanti na virocanti. Mahikā, bhikkhave, candimasūriyānaṃ upakkileso, yena upakkilesena upakkiliṭṭhā candimasūriyā na tapanti, na bhāsanti, na virocanti, dhūmarajo, bhikkhave, candimasūriyānaṃ upakkileso, yena upakkilesena upakkiliṭṭhā candimasūriyā na tapanti, na bhāsanti, na virocanti. Rāhu, bhikkhave, asurindo candimasūriyānaṃ upakkileso, yena upakkilesena upakkiliṭṭhā candimasūriyā na tapanti, na bhāsanti, na virocanti. Ime kho, bhikkhave, cattāro candimasūriyānaṃ upakkilesā, yehi upakkilesehi upakkiliṭṭhā candimasūriyā na tapanti, na bhāsanti, na virocanti. Evameva kho, bhikkhave, cattārome samaṇabrāhmaṇānaṃ upakkilesā, yehi upakkilesehi upakkiliṭṭhā eke samaṇabrāhmaṇā na tapanti, na bhāsanti, na virocanti. Katame cattāro? Santi, bhikkhave, eke samaṇabrāhmaṇā suraṃ pivanti, merayaṃ pivanti, surāmerayapānā appaṭiviratā – ayaṃ, bhikkhave, paṭhamo samaṇabrāhmaṇānaṃ upakkileso, yena upakkilesena upakkiliṭṭhā eke samaṇabrāhmaṇā natapanti, na bhāsanti, na virocanti. Puna caparaṃ, bhikkhave, eke samaṇabrāhmaṇā methunaṃ dhammaṃ paṭisevanti, methunadhammā appaṭiviratā – ayaṃ, bhikkhave, dutiyo samaṇabrāhmaṇānaṃ upakkileso, yena upakkilesena upakkiliṭṭhā eke samaṇabrāhmaṇā na tapanti, na bhāsanti, na virocanti. Puna caparaṃ, bhikkhave, eke samaṇabrāhmaṇā jātarūparajataṃ sādiyanti, jātarūparajatappaṭiggahaṇā appaṭiviratā – ayaṃ, bhikkhave, tatiyo samaṇabrāhmaṇānaṃ upakkileso, yena upakkilesena upakkiliṭṭhā eke samaṇabrāhmaṇā na tapanti, na bhāsanti, na virocanti. Puna caparaṃ, bhikkhave, eke samaṇabrāhmaṇā micchājīvena jīvitaṃ kappenti; micchājīvā appaṭiviratā – ayaṃ, bhikkhave, catuttho samaṇabrāhmaṇānaṃ upakkileso, yena upakkilesena upakkiliṭṭhā eke samaṇabrāhmaṇā na tapanti, na bhāsanti, na virocanti. Ime kho, bhikkhave, cattāro samaṇabrāhmaṇānaṃ upakkilesā, yehi upakkilesehi upakkiliṭṭhā eke samaṇabrāhmaṇā na tapanti, na bhāsanti , na virocanti'.

''Idamavocāvuso, Bhagavā. Idaṃ vatvāna sugato athāparaṃ etadavoca satthā –

''Rāgadosapariklitthā, eke samaṇabrāhmaṇā;
Avijjānivuṭā [avijjānīvutā (syā.)] posā, piyarūpābhinandino.
''Suraṃ pivanti merayaṃ, paṭisevanti methunaṃ;
Rajataṃ jātarūpañca, sādiyanti aviddasū.
''Micchājīvena jīvanti, eke samaṇabrāhmaṇā;
Ete upakkilesā vuttā, buddhenādiccabandhunā.
''Yehi upakkilesehi upakkiliṭṭhā, eke samaṇabrāhmaṇā;
Na tapanti na bhāsanti, asuddhā sarajā magā.
''Andhakārena onaddhā, taṇhādāsā sanettikā;
Vaḍḍhenti kaṭasiṃ ghoraṃ, ādiyanti punabbhavanti.

''Evaṃvādī kirāhaṃ āyasmante upāsake saddhe pasanne akkosāmi, paribhāsāmi, appasādaṃ karomi; yohaṃ adhammaṃ adhammoti vadāmi, dhammaṃ dhammoti vadāmi, avinayaṃ avinayoti vadāmi, vinayaṃ vinayoti vadāmi.

448.[saṃ. ni. 4.362 idaṃ vatthu āgataṃ] ''Ekamidaṃ, āvuso, samayaṃ Bhagavā rājagahe viharati veḷuvane kalandakanivāpe. Tena kho pana samayena rājantepure rājaparisāyaṃ sannisinnānaṃ sannipatitānaṃ ayamantarakathā udapādi – 'kappati samaṇānaṃ sakyaputtiyānaṃ jātarūparajataṃ; sādiyanti samaṇā sakyaputtiyā jātarūparajataṃ; paṭiggaṇhanti samaṇā sakyaputtiyā jātarūparajata'nti. Tena kho panāvuso samayena, maṇicūḷako gāmaṇī tassaṃ parisāyaṃ nisinno hoti. Atha kho, āvuso, maṇicūḷako gāmaṇī taṃ parisaṃ etadavoca – 'mā ayyā evaṃ avacuttha. Na kappati samaṇānaṃ sakyaputtiyānaṃ jātarūparajataṃ; na sādiyanti samaṇā sakyaputtiyā jātarūparajataṃ; na paṭiggaṇhanti samaṇā sakyaputtiyā jātarūparajataṃ; nikkhittamaṇisuvaṇṇā samaṇā sakyaputtiyā apetajātarūparajatā'ti. Asakkhi kho, āvuso, maṇicūḷako gāmaṇī taṃ parisaṃ saññāpetuṃ.

"Atha kho, āvuso, maṇicūḷako gāmaṇī taṃ parisaṃ saññāpetvā yena Bhagavā tenupasaṅkami, upasaṅkamitvā bhagavantaṃ abhivādetvā ekamantaṃ nisīdi. Ekamantaṃ nisinno kho, āvuso, maṇicūḷako gāmaṇī bhagavantaṃ etadavoca – 'idha, bhante, rājantepure rājaparisāyaṃ sannisinnānaṃ sannipatitānaṃ ayamantarakathā udapādi – kappati samaṇānaṃ sakyaputtiyānaṃ jātarūparajataṃ; sādiyanti samaṇā sakyaputtiyā jātarūparajataṃ; paṭiggaṇhanti samaṇā sakyaputtiyā jātarūparajatanti. Evaṃ vutte ahaṃ bhante, taṃ parisaṃ etadavocaṃ – mā ayyā evaṃ avacuttha. Na kappati samaṇānaṃ sakyaputtiyānaṃ jātarūparajataṃ; na sādiyanti samaṇā sakyaputtiyā jātarūparajataṃ ; na paṭiggaṇhanti samaṇā sakyaputtiyā jātarūparajataṃ; nikkhittamaṇisuvaṇṇā samaṇā sakyaputtiyā apetajātarūparajatāti. Asakkhiṃ kho ahaṃ, bhante, taṃ parisaṃ saññāpetuṃ. Kaccāhaṃ, bhante, evaṃ byākaramāno vuttavādī ceva bhagavato homi, na ca bhagavantaṃ abhūtena abbhācikkhāmi, dhammassa cānudhammaṃ byākaromi, na ca koci sahadhammiko vādānuvādo gārayhaṃ ṭhānaṃ āgacchatī'ti? 'Taggha tvaṃ, gāmaṇi, evaṃ byākaramāno vuttavādī ceva me hosi; na ca maṃ abhūtena abbhācikkhasi [pārā. 582], dhammassa cānudhammaṃ byākarosi, na ca koci sahadhammiko vādānuvādo gārayhaṃ ṭhānaṃ āgacchati. Na hi, gāmaṇi, kappati samaṇānaṃ sakyaputtiyānaṃ jātarūparajataṃ; na sādiyanti samaṇā sakyaputtiyā jātarūparajataṃ; na paṭiggaṇhanti samaṇā sakyaputtiyā jātarūparajataṃ; nikkhittamaṇisuvaṇṇā samaṇā sakyaputtiyā apetajātarūparajatā. Yassa kho, gāmaṇi, jātarūparajataṃ kappati, pañcapi tassa kāmaguṇā kappanti. Yassa pañca kāmaguṇā kappanti ekaṃsenetaṃ, gāmaṇi, dhāreyyāsi – assamaṇadhammo asakyaputtiyadhammoti. Api cāhaṃ, gāmaṇi, evaṃ vadāmi tiṇaṃ tiṇatthikena pariyesitabbaṃ; dāru dārutthikena pariyesitabbaṃ; sakaṭaṃ sakaṭatthikena pariyesitabbaṃ; puriso purisatthikena pariyesitabbo. Na tvevāhaṃ, gāmaṇi, kenaci pariyāyena jātarūparajataṃ sāditabbaṃ pariyesitabbanti vadāmī'ti.

"Evaṃvādī kirāhaṃ āyasmante upāsake saddhe pasanne akkosāmi, paribhāsāmi, appasādaṃ karomi; yohaṃ adhammaṃ adhammoti vadāmi, dhammaṃ dhammoti vadāmi, avinayaṃ avinayoti vadāmi, vinayaṃ vinayoti vadāmi.

449. "Ekamidaṃ, āvuso, samayaṃ Bhagavā rājagahe āyasmantaṃ upanandaṃ sakyaputtaṃ ārabbha jātarūparajataṃ paṭikkhipi, sikkhāpadañca paññapesi. Evaṃvādī kirāhaṃ āyasmante upāsake saddhe pasanne akkosāmi, paribhāsāmi, appasādaṃ karomi; yohaṃ adhammaṃ adhammoti vadāmi, dhammaṃ dhammoti vadāmi, avinayaṃ avinayoti vadāmi, vinayaṃ vinayoti vadāmī"ti.

Evaṃ vutte vesālikā upāsakā āyasmantaṃ yasaṃ kākaṇḍakaputtaṃ etadavocuṃ – "ekova bhante, ayyo yaso kākaṇḍakaputto samaṇo sakyaputtiyo. Sabbevime assamaṇā asakyaputtiyā. Vasatu, bhante, ayyo yaso kākaṇḍakaputto vesāliyaṃ. Mayaṃ ayyassa yasassa kākaṇḍakaputtassa ussukkaṃ karissāma cīvarapiṇḍapātasenāsanagilānappaccayabhesajjaparikkhārāna"nti. Atha kho āyasmā yaso kākaṇḍakaputto vesālike upāsake saññāpetvā anudūtena bhikkhunā saddhiṃ ārāmaṃ agamāsi.

Atha kho vesālikā vajjiputtakā bhikkhū anudūtaṃ bhikkhuṃ pucchiṃsu – "khamāpitāvuso, yasena kākaṇḍakaputtena vesālikā upāsakā"ti ? "Upāsakehi pāpikaṃ no, āvuso, kataṃ. Ekova yaso kākaṇḍakaputto samaṇo sakyaputtiyo kato. Sabbeva mayaṃ assamaṇā asakyaputtiyā katā"ti. Atha kho vesālikā vajjiputtakā bhikkhū – "ayaṃ, āvuso, yaso kākaṇḍakaputto amhehi asammato gihīnaṃ pakāsesi; handassa mayaṃ ukkhepanīyakammaṃ karomā"ti. Te tassa ukkhepanīyakammaṃ kattukāmā sannipatiṃsu. Atha kho āyasmā yaso kākaṇḍakaputto vehāsaṃ abbhuggantvā kosambiyaṃ paccuṭṭhāsi.

450. Atha kho āyasmā yaso kākaṇḍakaputto pāveyyakānañca [pāṭheyyakānañca (syā.)] avantidakkhiṇāpathakānañca bhikkhūnaṃ santike dūtaṃ pāhesi – "āgacchantu āyasmantā; imaṃ adhikaraṇaṃ ādiyissāma. Pure adhammo dippati, dhammo paṭibāhiyyati; avinayo dippati, vinayo paṭibāhiyyati; pure adhammavādino balavanto honti, dhammavādino dubbalā honti; avinayavādino balavanto honti, vinayavādino dubbalā hontī"ti.

Tena kho pana samayena āyasmā sambhūto sāṇavāsī ahogaṅge pabbate paṭivasati. Atha kho āyasmā yaso kākaṇḍakaputto yena ahogaṅgo pabbato, yenāyasmā sambhūto sāṇavāsī tenupasaṅkami, upasaṅkamitvā āyasmantaṃ sambhūtaṃ sāṇavāsiṃ abhivādetvā ekamantaṃ nisīdi. Ekamantaṃ nisinno kho āyasmā yaso kākaṇḍakaputto āyasmantaṃ sambhūtaṃ sāṇavāsiṃ etadavoca – "ime, bhante, vesālikā vajjiputtakā bhikkhū vesāliyaṃ dasa vatthūni dīpenti – kappati siṅgiloṇakappo, kappati dvaṅgulakappo, kappati gāmantarakappo, kappati āvāsakappo, kappati anumatikappo, kappati āciṇṇakappo, kappati amathitakappo, kappati jaḷogiṃ pātuṃ, kappati adasakaṃ nisīdanaṃ, kappati jātarūparajatanti. Handa mayaṃ, bhante, imaṃ adhikaraṇaṃ ādiyissāma. Pure adhammo dippati, dhammo paṭibāhiyyati; avinayo dippati, vinayo paṭibāhiyyati; pure adhammavādino balavanto honti, dhammavādino dubbalā honti; avinayavādino balavanto honti, vinayavādino dubbalā hontī"ti. "Evamāvuso"ti kho āyasmā sambhūto sāṇavāsī āyasmato yasassa kākaṇḍakaputtassa paccassosi. Atha kho saṭṭhimattā pāveyyakā bhikkhū – sabbe āraññikā, sabbe piṇḍapātikā, sabbe paṃsukūlikā, sabbe tecīvarikā, sabbeva arahanto – ahogaṅge pabbate sannipatiṃsu. Aṭṭhāsītimattā avantidakkhiṇāpathakā bhikkhū – appekacce āraññikā, appekacce piṇḍapātikā, appekacce paṃsukūlikā, appekacce tecīvarikā, sabbeva arahanto – ahogaṅge pabbate sannipatiṃsu. Atha kho therānaṃ bhikkhūnaṃ mantayamānānaṃ etadahosi – ''idaṃ kho adhikaraṇaṃ kakkhaḷañca, vāḷañca; kaṃ nu kho mayaṃ pakkhaṃ labheyyāma, yena mayaṃ imasmiṃ adhikaraṇe balavantatarā assāmā''ti.

451. Tena kho pana samayena āyasmā revato soreyye paṭivasati – bahussuto āgatāgamo dhammadharo vinayadharo mātikādharo paṇḍito viyatto medhāvī lajjī kukkuccako sikkhākāmo. Atha kho therānaṃ bhikkhūnaṃ etadahosi – ''ayaṃ kho āyasmā revato soreyye paṭivasati – bahussuto āgatāgamo dhammadharo vinayadharo mātikādharo paṇḍito viyatto medhāvī lajjī kukkuccako sikkhākāmo. Sace mayaṃ āyasmantaṃ revataṃ pakkhaṃ labhissāma, evaṃ mayaṃ imasmiṃ adhikaraṇe balavantatarā assāmā''ti. Assosi kho āyasmā revato – dibbāya sotadhātuyā visuddhāya atikkantamānusikāya – therānaṃ bhikkhūnaṃ mantayamānānaṃ. Sutvānassa etadahosi – ''idaṃ kho adhikaraṇaṃ kakkhaḷañca vāḷañca. Na kho metaṃ patirūpaṃ yohaṃ evarūpe adhikaraṇe osakkeyyaṃ. Idāni ca pana te bhikkhū āgacchissanti. Sohaṃ tehi ākiṇṇo na phāsu gamissāmi. Yaṃnūnāhaṃ paṭikacceva gaccheyya''nti. Atha kho āyasmā revato soreyyā saṅkassaṃ agamāsi.

Atha kho therā bhikkhū soreyyaṃ gantvā pucchiṃsu – ''kahaṃ āyasmā revato''ti? Te evamāhaṃsu – ''esāyasmā revato saṅkassaṃ gato''ti. Atha kho āyasmā revato saṅkassā kaṇṇakujjaṃ [kannakujjaṃ (sī.)] agamāsi. Atha kho therā bhikkhū saṅkassaṃ gantvā pucchiṃsu – ''kahaṃ āyasmā revato''ti? Te evamāhaṃsu – ''esāyasmā revato kaṇṇakujjaṃ gato''ti. Atha kho āyasmā revato kaṇṇakujjā udumbaraṃ agamāsi. Atha kho therā bhikkhū kaṇṇakujjaṃ gantvā pucchiṃsu – ''kahaṃ āyasmā revato''ti? Te evamāhaṃsu – ''esāyasmā revato udumbaraṃ gato''ti. Atha kho āyasmā revato udumbarā aggaḷapuraṃ agamāsi. Atha kho therā bhikkhū udumbaraṃ gantvā pucchiṃsu – ''kahaṃ āyasmā revato''ti? Te evamāhaṃsu – ''esāyasmā revato aggaḷapuraṃ gato''ti. Atha kho āyasmā revato aggaḷapurā sahajātiṃ [sahaṃjātiṃ (ka.)] agamāsi. Atha kho therā bhikkhū aggaḷapuraṃ gantvā pucchiṃsu – ''kahaṃ āyasmā revato''ti? Te evamāhaṃsu – ''esāyasmā revato sahajātiṃ gato''ti. Atha kho therā bhikkhū āyasmantaṃ revataṃ sahajātiyaṃ sambhāvesuṃ.

452. Atha kho āyasmā sambhūto sāṇavāsī āyasmantaṃ yasaṃ kākaṇḍakaputtaṃ etadavoca – ''ayaṃ, āvuso, āyasmā revato bahussuto āgatāgamo dhammadharo vinayadharo mātikādharo paṇḍito viyatto medhāvī lajjī kukkuccako sikkhākāmo. Sace mayaṃ āyasmantaṃ revataṃ pañhaṃ pucchissāma, paṭibalo āyasmā revato ekeneva pañhena sakalampi rattiṃ vītināmetuṃ. Idāni ca panāyasmā revato antevāsikaṃ [antevāsiṃ (syā.)] sarabhāṇakaṃ bhikkhuṃ ajjhesissati. So tvaṃ tassa bhikkhuno sarabhaññapariyosāne āyasmantaṃ revataṃ upasaṅkamitvā imāni dasa vatthūni puccheyyāsī''ti. ''Evaṃ bhante''ti kho āyasmā yaso kākaṇḍakaputto āyasmato sambhūtassa sāṇavāsissa paccassosi. Atha kho āyasmā revato antevāsikaṃ sarabhāṇakaṃ bhikkhuṃ ajjhesi. Atha kho āyasmā yaso kākaṇḍakaputto tassa bhikkhuno sarabhaññapariyosāne yenāyasmā revato tenupasaṅkami, upasaṅkamitvā āyasmantaṃ revataṃ abhivādetvā ekamantaṃ nisīdi. Ekamantaṃ nisinno kho āyasmā yaso kākaṇḍakaputto āyasmantaṃ revataṃ etadavoca – ''kappati, bhante, siṅgiloṇakappo''ti? ''Ko so, āvuso, siṅgiloṇakappo''ti? ''Kappati, bhante, siṅginā loṇaṃ pariharituṃ – yattha aloṇakaṃ bhavissati tattha paribhuñjissāmī''ti? ''Nāvuso, kappatī''ti. ''Kappati, bhante, dvaṅgulakappo''ti ? ''Ko so, āvuso, dvaṅgulakappo''ti? ''Kappati, bhante, dvaṅgulāya chāyāya vītivattāya, vikāle bhojanaṃ bhuñjitu''nti? ''Nāvuso, kappatī''ti. ''Kappati, bhante, gāmantarakappo''ti? ''Ko so, āvuso, gāmantarakappo''ti? ''Kappati, bhante – idāni gāmantaraṃ gamissāmīti – bhuttāvinā pavāritena anatirittaṃ bhojanaṃ bhuñjitu''nti? ''Nāvuso, kappatī''ti. ''Kappati, bhante, āvāsakappo''ti? ''Ko so, āvuso, āvāsakappo''ti? ''Kappati, bhante, sambahulā āvāsā samānasīmā nānuposathaṃ kātu''nti? ''Nāvuso, kappatī''ti. ''Kappati, bhante, anumatikappo''ti? ''Ko so, āvuso, anumatikappo''ti? ''Kappati, bhante, vaggena saṅghena kammaṃ kātuṃ – āgate bhikkhū anumānessāmā''ti [anujānissāmāti, anujānessāmāti, anumatiṃ ānessāmāti (ka.)]? ''Nāvuso, kappatī''ti. ''Kappati, bhante, āciṇṇakappo''ti? ''Ko so, āvuso, āciṇṇakappo''ti? ''Kappati, bhante, idaṃ me upajjhāyena ajjhāciṇṇaṃ, idaṃ me ācariyena ajjhāciṇṇaṃ, taṃ ajjhācaritu''nti? ''Āciṇṇakappo kho, āvuso, ekacco kappati, ekacco na kappatī''ti. ''Kappati, bhante, amathitakappo''ti? ''Ko so, āvuso, amathitakappo''ti? ''Kappati, bhante, yaṃ taṃ khīraṃ khīrabhāvaṃ vijahitaṃ, asampattaṃ dadhibhāvaṃ, taṃ bhuttāvinā pavāritena anatirittaṃ pātu''nti? ''Nāvuso, kappatī''ti? ''Kappati, bhante, jaḷogiṃ pātu''nti? ''Kā sā, āvuso, jaḷogī''ti? ''Kappati, bhante, yā sā surā āsutā, asampattā majjabhāvaṃ, sā pātu''nti? ''Nāvuso, kappatī''ti. ''Kappati, bhante, adasakaṃ nisīdana''nti? ''Nāvuso, kappatī''ti. ''Kappati, bhante, jātarūparajata''nti? ''Nāvuso, kappatī''ti. ''Ime, bhante, vesālikā vajjiputtakā bhikkhū vesāliyaṃ imāni dasa vatthūni dīpenti. Handa mayaṃ, bhante, imaṃ adhikaraṇaṃ ādiyissāma. Pure adhammo dippati, dhammo paṭibāhiyyati; avinayo dippati, vinayo paṭibāhiyyati; pure adhammavādino balavanto honti, dhammavādino dubbalā honti; avinayavādino balavanto honti, vinayavādino dubbalā hontī''ti. ''Evamāvuso''ti kho āyasmā revato āyasmato yasassa kākaṇḍakaputtassa paccassosi.

Paṭhamabhāṇavāro niṭṭhito.

2. Dutiyabhāṇavāro

453. Assosuṃ kho vesālikā vajjiputtakā bhikkhū – "yaso kira kākaṇḍakaputto idaṃ adhikaraṇaṃ ādiyitukāmo pakkhaṃ pariyesati, labhati ca kira pakkha"nti. Atha kho vesālikānaṃ vajjiputtakānaṃ bhikkhūnaṃ etadahosi – "idaṃ kho adhikaraṇaṃ kakkhaḷañca vāḷañca. Kaṃ nu kho mayaṃ pakkhaṃ labheyyāma, yena mayaṃ imasmiṃ adhikaraṇe balavantatarā assāmā"ti.

Atha kho vesālikānaṃ vajjiputtakānaṃ bhikkhūnaṃ etadahosi – "ayaṃ kho āyasmā revato bahussuto āgatāgamo dhammadharo vinayadharo mātikādharo paṇḍito viyatto medhāvī lajjī kukkuccako sikkhākāmo. Sace mayaṃ āyasmantaṃ revataṃ pakkhaṃ labheyyāma, evaṃ mayaṃ imasmiṃ adhikaraṇe balavantatarā assāmā"ti.

Atha kho vesālikā vajjiputtakā bhikkhū pahūtaṃ sāmaṇakaṃ parikkhāraṃ paṭiyādesuṃ – pattampi, cīvarampi, nisīdanampi, sūcigharampi, kāyabandhanampi, parissāvanampi, dhammakaraṇampi. Atha kho vesālikā vajjiputtakā bhikkhū taṃ sāmaṇakaṃ parikkhāraṃ ādāya nāvāya sahajātiṃ ujjaviṃsu; nāvāya paccorohitvā aññatarasmiṃ rukkhamūle bhattavissaggaṃ karonti. Atha kho āyasmato sāḷhassa rahogatassa paṭisallīnassa evaṃ cetaso parivitakko udapādi – "ke nu kho dhammavādino – pācīnakā vā bhikkhū, pāveyyakā vā"ti? Atha kho āyasmato sāḷhassa, dhammañca vinayañca cetasā paccavekkhantassa, etadahosi – "adhammavādino pācīnakā bhikkhū, dhammavādino pāveyyakā [pāṭheyyakā (syā.)] bhikkhū"ti.

Atha kho aññatarā suddhāvāsakāyikā devatā āyasmato sāḷhassa cetasā cetoparivitakkamaññāya – seyyathāpi nāma balavā puriso samiñjitaṃ vā bāhaṃ pasāreyya, pasāritaṃ vā bāhaṃ sammiñjeyya, evameva suddhāvāsesu devesu antarahitā – āyasmato sāḷhassa sammukhe pāturahosi. Atha kho sā devatā āyasmantaṃ sāḷhaṃ etadavoca – "sādhu, bhante sāḷha, adhammavādī pācīnakā bhikkhū, dhammavādī pāveyyakā bhikkhū. Tena hi, bhante sāḷha, yathādhammo tathā tiṭṭhāhī"ti. "Pubbepi cāhaṃ, devate, etarahi ca yathādhammo tathā ṭhito ; api cāhaṃ na tāva diṭṭhiṃ āvi karomi, appeva nāma maṃ imasmiṃ adhikaraṇe sammanneyyā"ti.

454. Atha kho vesālikā vajjiputtakā bhikkhū taṃ sāmaṇakaṃ parikkhāraṃ ādāya yenāyasmā revato tenupasaṅkamiṃsu, upasaṅkamitvā āyasmantaṃ revataṃ etadavocuṃ – "paṭiggaṇhātu, bhante, thero sāmaṇakaṃ parikkhāraṃ – pattampi, cīvarampi, nisīdanampi, sūcigharampi, kāyabandhanampi, parissāvanampi, dhammakaraṇampī"ti. "Alaṃ, āvuso, paripuṇṇaṃ me pattacīvara"nti na icchi paṭiggahetuṃ.

Tena kho pana samayena uttaro nāma bhikkhu vīsativasso āyasmato revatassa upaṭṭhāko hoti. Atha kho vesālikā vajjiputtakā bhikkhū yenāyasmā uttaro tenupasaṅkamiṃsu, upasaṅkamitvā āyasmantaṃ uttaraṃ etadavocuṃ – "paṭiggaṇhātu āyasmā uttaro sāmaṇakaṃ parikkhāraṃ – pattampi, cīvarampi, nisīdanampi, sūcigharampi, kāyabandhanampi, parissāvanampi, dhammakaraṇampī"ti. "Alaṃ, āvuso, paripuṇṇaṃ me pattacīvara"nti na icchi paṭiggahetuṃ. "Manussā kho, āvuso uttara, bhagavato sāmaṇakaṃ parikkhāraṃ upanāmenti. Sace Bhagavā paṭiggaṇhāti, teneva te attamanā honti. No ce Bhagavā paṭiggaṇhāti, āyasmato [āyasmato ca (syā.)] ānandassa upanāmenti – paṭiggaṇhātu, bhante, thero sāmaṇakaṃ parikkhāraṃ. Yathā bhagavatā paṭiggahito, evameva so bhavissatīti. Paṭiggaṇhātu āyasmā uttaro sāmaṇakaṃ parikkhāraṃ. Yathā therena paṭiggahito, evameva so bhavissatī"ti. Atha kho āyasmā uttaro vesālikehi vajjiputtehi bhikkhūhi nippīḷiyamāno ekaṃ cīvaraṃ aggahesi. "Vadeyyātha, āvuso, yena attho"ti. "Ettakaṃ āyasmā uttaro theraṃ vadetu; ettakañca, bhante, thero saṅghamajjhe vadetu – 'puratthimesu janapadesu buddhā bhagavanto uppajjanti. Dhammavādī pācīnakā bhikkhū, adhammavādī pāveyyakā bhikkhū'"ti. "Evamāvuso"ti kho āyasmā uttaro vesālikānaṃ vajjiputtakānaṃ bhikkhūnaṃ paṭissutvā yenāyasmā revato tenupasaṅkami, upasaṅkamitvā āyasmantaṃ revataṃ etadavoca – "ettakaṃ, bhante, thero saṅghamajjhe vadetu – 'puratthimesu janapadesu buddhā bhagavanto uppajjanti. Dhammavādī pācīnakā bhikkhū, adhammavādī pāveyyakā bhikkhū'"ti. "Adhamme maṃ tvaṃ, bhikkhu, niyojesī"ti thero āyasmantaṃ uttaraṃ paṇāmesi.

Atha kho vesālikā vajjiputtakā bhikkhū āyasmantaṃ uttaraṃ etadavocuṃ – "kiṃ, āvuso uttara, thero āhā"ti? "Pāpikaṃ no, āvuso, kataṃ. 'Adhamme maṃ tvaṃ, bhikkhu, niyojesī'"ti thero maṃ paṇāmesīti. "Nanu tvaṃ, āvuso [āvuso uttara (syā. kaṃ.)], vuḍḍho vīsativassosī"ti? "Āmāvuso, api ca mayaṃ garunissayaṃ gaṇhāmā"ti.

455. Atha kho saṅgho taṃ adhikaraṇaṃ vinicchinitukāmo sannipati. Atha kho āyasmā revato saṅghaṃ ñāpesi –

"Suṇātu me, āvuso, saṅgho. Sace mayaṃ imaṃ adhikaraṇaṃ idha vūpasamessāma, siyāpi mūlādāyakā [mūladāyakā (sī.)] bhikkhū punakammāya ukkoṭeyyuṃ. Yadi saṅghassa pattakallaṃ, yatthevimaṃ adhikaraṇaṃ samuppannaṃ, saṅgho tatthevimaṃ adhikaraṇaṃ vūpasameyyā"ti.

Atha kho therā bhikkhū vesāliṃ agamaṃsu – taṃ adhikaraṇaṃ vinicchinitukāmā.

Tena kho pana samayena sabbakāmī nāma pathabyā saṅghatthero vīsavassasatiko upasampadāya, āyasmato ānandassa saddhivihāriko, vesāliyaṃ paṭivasati. Atha kho āyasmā revato āyasmantaṃ sambhūtaṃ sāṇavāsiṃ etadavoca – "ahaṃ, āvuso, yasmiṃ vihāre sabbakāmī thero viharati, taṃ vihāraṃ upagacchāmi. So tvaṃ kālasseva āyasmantaṃ sabbakāmiṃ upasaṅkamitvā imāni dasa vatthūni puccheyyāsī"ti.

''Evaṃ bhante''ti kho āyasmā sambhūto sāṇavāsī āyasmato revatassa paccassosi. Atha kho āyasmā revato, yasmiṃ vihāre sabbakāmī thero viharati, taṃ vihāraṃ upagacchi. Gabbhe āyasmato sabbakāmissa senāsanaṃ paññattaṃ hoti, gabbhappamukhe āyasmato revatassa. Atha kho āyasmā revato – ayaṃ theromahallako na nipajjatīti – na seyyaṃ kappesi. Āyasmā sabbakāmī – ayaṃ bhikkhu āgantuko kilanto na nipajjatīti – na seyyaṃ kappesi. Atha kho āyasmāsabbakāmī rattiyā paccūsasamayaṃ paccuṭṭhāya āyasmantaṃ revataṃ etadavoca – ''katamena tvaṃ bhūmi vihārena etarahi bahulaṃ viharasī''ti? ''Mettāvihārena kho ahaṃ , bhante, etarahi bahulaṃ viharāmī''ti. ''Kullakavihārena kira tvaṃ bhūmi etarahi bahulaṃ viharasi . Kullakavihāro eso [heso (syā.)]bhūmi yadidaṃ mettā''ti. ''Pubbepi me, bhante, gihibhūtassa āciṇṇā mettā. Tenāhaṃ etarahipi mettāvihārena bahulaṃ viharāmi, api ca kho mayā cirappattaṃ arahatta''nti. ''Thero pana, bhante, katamena vihārena etarahi bahulaṃ viharatī''ti? ''Suññatāvihārena kho ahaṃ bhūmi etarahi bahulaṃ viharāmī''ti. ''Mahāpurisavihārena kira, bhante, thero etarahi bahulaṃ viharati. Mahāpurisavihāro eso, bhante, yadidaṃ suññatā''ti. ''Pubbepi me bhūmi gihibhūtassa āciṇṇā suññatā. Tenāhaṃ etarahipi suññatāvihārena bahulaṃ viharāmi, api ca mayā cirappattaṃ arahatta''nti. Ayañcarahi therānaṃ bhikkhūnaṃ antarākathā vippakatā, athāyasmā sambhūto sāṇavāsī tasmiṃ anuppatto hoti. Atha kho āyasmā sambhūto sāṇavāsī yenāyasmā sabbakāmī tenupasaṅkami, upasaṅkamitvā āyasmantaṃ sabbakāmiṃ abhivādetvā ekamantaṃ nisīdi. Ekamantaṃ nisinno kho āyasmā sambhūto sāṇavāsī āyasmantaṃ sabbakāmiṃ etadavoca – ''ime, bhante, vesālikā vajjiputtakā bhikkhū vesāliyaṃ dasa vatthūni dīpenti – kappati siṅgiloṇakappo, kappati dvaṅgulakappo, kappati gāmantarakappo, kappati āvāsakappo, kappati anumatikappo, kappati āciṇṇakappo, kappati amathitakappo, kappati jaḷogiṃ , pātuṃ kappati adasakaṃ nisīdanaṃ, kappati jātarūparajatanti. Therena, bhante, upajjhāyassa mūle bahudhammo ca vinayo ca pariyatto. Therassa bhante, dhammañca vinayañca paccavekkhantassa kathaṃ hoti? Ke nu kho dhammavādino – pācīnakā vā bhikkhū, pāveyyakā vā''ti? ''Tayāpi kho, āvuso, upajjhāyassa mūle bahu dhammo ca vinayo ca pariyatto. Tuyhaṃ pana, āvuso, dhammañca vinayañca paccavekkhantassa kathaṃ hoti? Ke nu kho dhammavādino – pācīnakā vā bhikkhū, pāveyyakā vā''ti? ''Mayhaṃ kho, bhante, dhammañca vinayañca paccavekkhantassa evaṃ hoti – adhammavādī pācīnakā bhikkhū, dhammavādī pāveyyakā bhikkhūti; api cāhaṃ na tāva diṭṭhiṃ āvi karomi, appeva nāma maṃ imasmiṃ adhikaraṇe sammanneyyā''ti. ''Mayhampi kho, āvuso, dhammañca vinayañca paccavekkhantassa evaṃ hoti – adhammavādī pācīnakā bhikkhū, dhammavādī pāveyyakā bhikkhūti; api cāhaṃ na tāva diṭṭhiṃ āvi karomi, appeva nāma maṃ imasmiṃ adhikaraṇe sammanneyyā''ti.

456. Atha kho saṅgho taṃ adhikaraṇaṃ vinicchinitukāmo sannipati. Tasmiṃ kho pana adhikaraṇe vinicchiyamāne anaggāni ceva bhassāni jāyanti, na cekassa bhāsitassa attho viññāyati. Atha kho āyasmā revato saṅghaṃ ñāpesi –

''Suṇātu me, bhante, saṅgho. Amhākaṃ imasmiṃ adhikaraṇe vinicchiyamāne anaggāni ceva bhassāni jāyanti, na cekassa bhāsitassa attho viññāyati. Yadi saṅghassa pattakallaṃ, saṅgho imaṃ adhikaraṇaṃ ubbāhikāya vūpasameyyā''ti. Saṅgho cattāro pācīnake bhikkhū, cattāro pāveyyake bhikkhū uccini. Pācīnakānaṃ bhikkhūnaṃ – āyasmantañca sabbakāmiṃ, āyasmantañca sāḷhaṃ, āyasmantañca khujjasobhitaṃ, āyasmantañca vāsabhagāmikaṃ; pāveyyakānaṃ bhikkhūnaṃ – āyasmantañca revataṃ, āyasmantañca sambhūtaṃ sāṇavāsiṃ, āyasmantañca yasaṃ kākaṇḍakaputtaṃ, āyasmantañca sumananti. Atha kho āyasmā revato saṅghaṃ ñāpesi –

''Suṇātu me, bhante, saṅgho. Amhākaṃ imasmiṃ adhikaraṇe vinicchiyamāne anaggāni ceva bhassāni jāyanti, na cekassa bhāsitassa attho viññāyati. Yadi saṅghassa pattakallaṃ, saṅgho cattāro pācīnake bhikkhū, cattāro pāveyyake bhikkhū sammanneyya ubbāhikāya imaṃ adhikaraṇaṃ vūpasametuṃ. Esā ñatti.

''Suṇātu me, bhante, saṅgho. Amhākaṃ imasmiṃ adhikaraṇe vinicchiyamāne anaggāni ceva bhassāni jāyanti, na cekassa bhāsitassa attho viññāyati. Saṅgho cattāro pācīnake bhikkhū, cattāro pāveyyake bhikkhū sammannati ubbāhikāya imaṃ adhikaraṇaṃ vūpasametuṃ. Yassāyasmato khamati catunnaṃ pācīnakānaṃ bhikkhūnaṃ, catunnaṃ pāveyyakānaṃ bhikkhūnaṃ sammuti, ubbāhikāya imaṃ adhikaraṇaṃ vūpasametuṃ , so tuṇhassa; yassa nakkhamati, so bhāseyya.

''Sammatā saṅghena cattāro pācīnakā bhikkhū, cattāro pāveyyakā bhikkhū, ubbāhikāya imaṃ adhikaraṇaṃ vūpasametuṃ. Khamati saṅghassa, tasmā tuṇhī, evametaṃ dhārayāmī''ti.

Tena kho pana samayena ajito nāma bhikkhu dasavasso saṅghassa pātimokkhuddesako hoti. Atha kho saṅgho āyasmantampi ajitaṃ sammannati – therānaṃ bhikkhūnaṃ āsanapaññāpakaṃ. Atha kho therānaṃ bhikkhūnaṃ etadahosi – ''kattha nu kho mayaṃ imaṃ adhikaraṇaṃ vūpasameyyāmā''ti? Atha kho therānaṃ bhikkhūnaṃ etadahosi – ''ayaṃ kho vālikārāmo ramaṇīyo appasaddo appanigghoso. Yaṃnūna mayaṃ vālikārāme imaṃ adhikaraṇaṃ vūpasameyyāmā''ti.

457. Atha kho therā bhikkhū vālikārāmaṃ agamaṃsu – taṃ adhikaraṇaṃ vinicchinitukāmā. Atha kho āyasmā revato saṅghaṃ ñāpesi –

''Suṇātu me, bhante, saṅgho. Yadi saṅghassa pattakallaṃ, ahaṃ āyasmantaṃ sabbakāmiṃ vinayaṃ puccheyya''nti.

Āyasmā sabbakāmī saṅghaṃ ñāpesi –
''Suṇātu me, āvuso, saṅgho. Yadi saṅghassa pattakallaṃ, ahaṃ revatena vinayaṃ puṭṭho vissajjeyya''nti. Atha kho āyasmā revato āyasmantaṃ sabbakāmiṃ etadavoca – ''kappati, bhante, siṅgiloṇakappo''ti? ''Ko so, āvuso, siṅgiloṇakappo''ti? ''Kappati, bhante, siṅginā loṇaṃ pariharituṃ – yattha aloṇakaṃ bhavissati tattha paribhuñjissāmā''ti? ''Nāvuso, kappatī''ti. [pāci. 254 ādayo] ''Kattha paṭikkhitta''nti? ''Sāvatthiyaṃ, suttavibhaṅge''ti. ''Kiṃ āpajjatī''ti? ''Sannidhikārakabhojane pācittiya''nti.
''Suṇātu me, bhante, saṅgho. Idaṃ paṭhamaṃ vatthu saṅghena vinicchitaṃ. Itipidaṃ vatthu uddhammaṃ, ubbinayaṃ, apagatasatthusāsanaṃ. Idaṃ paṭhamaṃ salākaṃ nikkhipāmi''.
''Kappati, bhante, dvaṅgulakappo''ti? ''Ko so, āvuso, dvaṅgulakappo''ti? ''Kappati, bhante, dvaṅgulāya chāyāya vītivattāya vikāle bhojanaṃ bhuñjitu''nti ? ''Nāvuso, kappatī''ti [pāci. 245]. ''Kattha paṭikkhitta''nti? ''Rājagahe, suttavibhaṅge''ti. ''Kiṃ āpajjatī''ti? Vikālabhojane pācittiya''nti.
''Suṇātu me, bhante, saṅgho. Idaṃ dutiyaṃ vatthu saṅghena vinicchitaṃ. Itipidaṃ vatthu uddhammaṃ, ubbinayaṃ, apagatasatthusāsanaṃ. Idaṃ dutiyaṃ salākaṃ nikkhipāmi''.
''Kappati, bhante, gāmantarakappo''ti? ''Ko so, āvuso, gāmantarakappo''ti? ''Kappati, bhante – idāni gāmantaraṃ gamissāmīti – bhuttāvinā pavāritena anatirittaṃ bhojanaṃ bhuñjitu''nti? ''Nāvuso, kappatī''ti [pāci. 234]. ''Kattha paṭikkhitta''nti? ''Sāvatthiyaṃ, suttavibhaṅge''ti. ''Kiṃ āpajjatī''ti? ''Anatirittabhojane pācittiya''nti.
''Suṇātu me, bhante, saṅgho. Idaṃ tatiyaṃ vatthu saṅghena vinicchitaṃ. Itipidaṃ vatthu uddhammaṃ, ubbinayaṃ, apagatasatthusāsanaṃ. Idaṃ tatiyaṃ salākaṃ nikkhipāmi''.
''Kappati , bhante, āvāsakappo''ti? ''Ko so, āvuso, āvāsakappo''ti? ''Kappati bhante, sambahulā āvāsā samānasīmā nānuposathaṃ kātu''nti. ''Nāvuso, kappatī''ti [mahāva. 141 ādayo]. ''Kattha paṭikkhitta''nti? ''Rājagahe, uposathasaṃyutte''ti. ''Kiṃ āpajjatī''ti? ''Vinayātisāre dukkaṭa''nti.
''Suṇātu me, bhante, saṅgho. Idaṃ catutthaṃ vatthu saṅghena vinicchitaṃ. Itipidaṃ vatthu uddhammaṃ, ubbinayaṃ, apagatasatthusāsanaṃ. Idaṃ catutthaṃ salākaṃ nikkhipāmi''.
''Kappati, bhante, anumatikappo''ti? ''Ko so, āvuso, anumatikappo''ti? ''Kappati, bhante, vaggena saṅghena kammaṃ kātuṃ – āgate bhikkhū anumānessāmā''ti? ''Nāvuso, kappatī''ti [mahāva. 383 ādayo]. ''Kattha paṭikkhitta''nti? ''Campeyyake, vinayavatthusmi''nti. ''Kiṃ āpajjatī''ti? ''Vinayātisāre dukkaṭa''nti.
''Suṇātu me, bhante, saṅgho. Idaṃ pañcamaṃ vatthu saṅghena vinicchitaṃ. Itipidaṃ vatthu uddhammaṃ, ubbinayaṃ, apagatasatthusāsanaṃ. Idaṃ pañcamaṃ salākaṃ nikkhipāmi''.
''Kappati, bhante, āciṇṇakappo''ti? ''Ko so, āvuso, āciṇṇakappo''ti? ''Kappati, bhante – idaṃ me upajjhāyena ajjhāciṇṇaṃ, idaṃ me ācariyenaajjhāciṇṇaṃ – taṃ ajjhācaritu''nti? ''Āciṇṇakappo kho, āvuso, ekacco kappati, ekacco na kappatī''ti.
''Suṇātu me, bhante, saṅgho. Idaṃ chaṭṭhaṃ vatthu saṅghena vinicchitaṃ . Itipidaṃ vatthu uddhammaṃ, ubbinayaṃ, apagatasatthusāsanaṃ. Idaṃ chaṭṭhaṃ salākaṃ nikkhipāmi''.
''Kappati , bhante, amathitakappo''ti? ''Ko so, āvuso, amathitakappo''ti? ''Kappati, bhante, yaṃ taṃ khīraṃ khīrabhāvaṃ vijahitaṃ, asampattaṃ dadhibhāvaṃ, taṃ bhuttāvinā pavāritena anatirittaṃ pātu''nti? ''Nāvuso, kappatī''ti [pāci. 234]. ''Kattha paṭikkhitta''nti? ''Sāvatthiyaṃ, suttavibhaṅge''ti. ''Kiṃ āpajjatī''ti? ''Anatirittabhojane pācittiya''nti.
''Suṇātu me, bhante, saṅgho. Idaṃ sattamaṃ vatthu saṅghena vinicchitaṃ. Itipidaṃ vatthu uddhammaṃ, ubbinayaṃ, apagatasatthusāsanaṃ. Idaṃ sattamaṃ salākaṃ nikkhipāmi''.
''Kappati, bhante, jaḷogiṃ pātu''nti? ''Kā sā, āvuso, jaḷogī''ti? ''Kappati, bhante, yā sā surā āsutā asampattā majjabhāvaṃ, sā pātu''nti? ''Nāvuso, kappatī''ti[pāci. 326]. ''Kattha paṭikkhitta''nti? ''Kosambiyaṃ, suttavibhaṅge''ti. ''Kiṃ āpajjatī''ti. ''Surāmerayapāne pācittiya''nti.
''Suṇātu me, bhante, saṅgho. Idaṃ aṭṭhamaṃ vatthu saṅghena vinicchitaṃ. Itipidaṃ vatthu uddhammaṃ, ubbinayaṃ, apagatasatthusāsanaṃ. Idaṃ aṭṭhamaṃ salākaṃ nikkhipāmi''.
''Kappati, bhante, adasakaṃ nisīdana''nti? ''Nāvuso, kappatī''ti [pāci. 531 ādayo]. ''Kattha paṭikkhitta''nti? ''Sāvatthiyaṃ, suttavibhaṅge''ti. ''Kiṃ āpajjatī''ti? ''Chedanake pācittiya''nti.
''Suṇātu me, bhante, saṅgho. Idaṃ navamaṃ vatthu saṅghena vinicchitaṃ. Itipidaṃ vatthu uddhammaṃ, ubbinayaṃ, apagatasatthusāsanaṃ. Idaṃ navamaṃ salākaṃ nikkhipāmi''.
''Kappati, bhante, jātarūparajata''nti? ''Nāvuso, kappatī''ti [pārā. 580 ādayo]. ''Kattha paṭikkhitta''nti. ''Rājagahe, suttavibhaṅge''ti. ''Kiṃ āpajjatī''ti? ''Jātarūparajatapaṭiggahaṇe pācittiya''nti.
''Suṇātu me, bhante, saṅgho. Idaṃ dasamaṃ vatthu saṅghena vinicchitaṃ. Itipidaṃ vatthu uddhammaṃ, ubbinayaṃ, apagatasatthusāsanaṃ. Idaṃ dasamaṃ salākaṃ nikkhipāmi.
''Suṇātu me, bhante, saṅgho. Imāni dasa vatthūni saṅghena vinicchitāni. Itipimāni dasavatthūni uddhammāni, ubbinayāni, apagatasatthusāsanānī''ti.
458. ''Nihatametaṃ, āvuso, adhikaraṇaṃ, santaṃ vūpasantaṃ suvūpasantaṃ. Api ca maṃ tvaṃ, āvuso, saṅghamajjhepi imāni dasa vatthūni puccheyyāsi – tesaṃ bhikkhūnaṃ saññattiyā''ti. Atha kho āyasmā revato āyasmantaṃ sabbakāmiṃ saṅghamajjhepi imāni dasa vatthūni pucchi. Puṭṭho puṭṭho āyasmā

sabbakāmī vissajjesi. Imāya kho pana vinayasaṅgītiyā satta bhikkhusatāni anūnāni anadhikāni ahesuṃ, tasmāyaṃ vinayasaṅgīti "sattasatikā"ti vuccatīti.
Dutiyabhāṇavāro niṭṭhito.
Sattasatikakkhandhako dvādasamo.
Imamhi khandhake vatthū pañcavīsati.
Tassuddānaṃ –
Dasa vatthūni pūretvā, kammaṃ dūtena pāvisi;
Cattāro puna rūpañca, kosambi ca pāveyyako.
Maggo soreyyaṃ saṅkassaṃ, kaṇṇakujjaṃ udumbaraṃ;
Sahajāti ca majjhesi, assosi kaṃ nu kho mayaṃ.
Pattanāvāya ujjavi, rahosi upanāmayaṃ [dūratopi udapādi (ka.)];
Garu [dāruṇaṃ (syā.)] saṅgho ca vesāliṃ, mettā saṅgho ubbāhikāti.
Sattasatikakkhandhako niṭṭhito.
Cūḷavaggo [cullavaggo (sī.)] niṭṭhito.
Cūḷavaggapāḷi niṭṭhitā.
Namo tassa bhagavato arahato sammāsambuddhassa
Vinayapiṭake

Parivārapāḷi

1. Bhikkhuvibhaṅgo
Soḷasamahāvāro
1. Katthapaññattivāro

1. Pārājikakaṇḍaṃ

1. Yaṃ tena bhagavatā jānatā passatā arahatā sammāsambuddhena paṭhamaṃ pārājikaṃ kattha paññattaṃ, kaṃ ārabbha, kismiṃ vatthusmiṃ? Atthi tattha paññatti, anupaññatti, anuppannapaññatti? Sabbatthapaññatti, padesapaññatti? Sādhāraṇapaññatti, asādhāraṇapaññatti? Ekatopaññatti, ubhatopaññatti? Pañcannaṃ pātimokkhuddesānaṃ katthogadhaṃ kattha pariyāpannaṃ? Katamena uddesena uddesaṃ āgacchati? Catunnaṃ vipattīnaṃ katamā vipatti? Sattannaṃ āpattikkhandhānaṃ katamo āpattikkhandho? Channaṃ āpattisamuṭṭhānānaṃ katihi samuṭṭhānehi samuṭṭhāti? Catunnaṃ adhikaraṇānaṃ katamaṃ adhikaraṇaṃ? Sattannaṃ samathānaṃ katihi samathehi sammati? Ko tattha vinayo, ko tattha abhivinayo? Kiṃ tattha pātimokkhaṃ, kiṃ tattha adhipātimokkhaṃ? Kā vipatti? Kā sampatti? Kā paṭipatti? Kati atthavase paṭicca bhagavatā paṭhamaṃ pārājikaṃ paññattaṃ? Ke sikkhanti? Ke sikkhitasikkhā? Kattha ṭhitaṃ? Ke dhārenti? Kassa vacanaṃ? Kenābhatanti?
2. Yaṃ tena bhagavatā jānatā passatā arahatā sammāsambuddhena paṭhamaṃ pārājikaṃ kattha paññattanti? Vesāliyaṃ paññattaṃ. Kaṃ ārabbhāti? Sudinnaṃ kalandaputtaṃ ārabbha. Kismiṃ vatthusminti? Sudinno kalandaputto purāṇadutiyikāya methunaṃ dhammaṃ paṭisevi, tasmiṃ vatthusmiṃ. Atthi tattha paññatti, anupaññatti, anuppannapaññattīti? Ekā paññatti, dve anupaññattiyo. Anuppannapaññatti tasmiṃ natthi. Sabbatthapaññatti, padesapaññattīti? Sabbatthapaññatti. Sādhāraṇapaññatti, asādhāraṇapaññattīti? Sādhāraṇapaññatti. Ekatopaññatti, ubhatopaññattīti? Ubhatopaññatti. Pañcannaṃ pātimokkhuddesānaṃ katthogadhaṃ kattha pariyāpannanti? Nidānogadhaṃ, nidānapariyāpannaṃ. Katamena uddesena uddesaṃ āgacchatīti? Dutiyena uddesena uddesaṃ āgacchati. Catunnaṃ vipattīnaṃ katamā vipattīti? Sīlavipatti. Sattannaṃ āpattikkhandhānaṃ katamo āpattikkhandhoti? Pārājikāpattikkhandho. Channaṃ āpattisamuṭṭhānānaṃ katihi samuṭṭhānehi samuṭṭhātīti? Ekena samuṭṭhānena samuṭṭhāti – kāyato ca cittato ca samuṭṭhāti, na vācato. Catunnaṃ adhikaraṇānaṃ katamaṃ adhikaraṇanti? Āpattādhikaraṇaṃ. Sattannaṃ samathānaṃ katihi samathehi sammatīti? Dvīhi samathehi sammati – sammukhāvinayena ca paṭiññātakaraṇena ca. Ko tattha vinayo, ko tattha abhivinayoti? Paññatti vinayo, vibhatti abhivinayo. Kiṃ tattha pātimokkhaṃ, kiṃ tattha adhipātimokkhanti? Paññatti pātimokkhaṃ, vibhatti adhipātimokkhaṃ. Kā vipattīti? Asaṃvaro vipatti. Kā sampattīti? Saṃvaro sampatti. Kā paṭipattīti? Na evarūpaṃ karissāmīti yāvajīvaṃ āpāṇakoṭikaṃ samādāya sikkhati sikkhāpadesu. [a. ni. 10.31] Kati atthavase paṭicca bhagavatā paṭhamaṃ pārājikaṃ paññattanti? Dasa atthavase paṭicca bhagavatā paṭhamaṃ pārājikaṃ paññattaṃ – saṅghasuṭṭhutāya, saṅghaphāsutāya, dummaṅkūnaṃ puggalānaṃ niggahāya, pesalānaṃ bhikkhūnaṃ phāsuvihārāya, diṭṭhadhammikānaṃ āsavānaṃ saṃvarāya, samparāyikānaṃ āsavānaṃ paṭighātāya, appasannānaṃ pasādāya, pasannānaṃ bhiyyobhāvāya, saddhammaṭṭhitiyā, vinayānuggahāya. Ke sikkhantīti? Sekkhā ca

puthujjanakalyāṇakā ca sikkhanti. Ke sikkhitasikkhāti? Arahanto sikkhitasikkhā. Kattha ṭhitanti? Sikkhākāmesu ṭhitaṃ. Ke dhārentīti? Yesaṃ vattati te dhārenti. Kassa vacananti? Bhagavato vacanaṃ arahato sammāsambuddhassa. Kenābhatanti? Paramparābhataṃ –

3.
Upāli dāsako ceva, soṇako siggavo tathā;
Moggaliputtena [moggalīputtena (syā.)] pañcamā, ete jambusirivhaye [jambusarivhaye (sāratthā)].
Tato mahindo iṭṭiyo [iṭṭhiyo (sī.)], uttiyo sambalo [uṭṭiyo sampalo (itipi)] tathā;
Bhaddanāmo ca paṇḍito.
Ete nāgā mahāpaññā, jambudīpā idhāgatā;
Vinayaṃ te vācayiṃsu, piṭakaṃ tambapaṇṇiyā.
Nikāye pañca vācesuṃ, satta ceva pakaraṇe;
Tato ariṭṭho medhāvī, tissadatto ca paṇḍito.
Visārado kāḷasumano, thero ca dīghanāmako;
Dīghasumano ca paṇḍito.
Punadeva [punareva (syā.)] kāḷasumano, nāgatthero ca buddharakkhito;
Tissatthero ca medhāvī, devatthero [revatthero (itipi)] ca paṇḍito.
Punadeva sumano medhāvī, vinaye ca visārado;
Bahussuto cūḷanāgo, gajova duppadhaṃsiyo.
Dhammapālitanāmo ca, rohaṇe [rohaṇo (sī.)] sādhupūjito;
Tassa sisso mahāpañño khemanāmo tipeṭako.
Dīpe tārakarājāva paññāya atirocatha;
Upatisso ca medhāvī, phussadevo mahākathī.
Punadeva sumano medhāvī, pupphanāmo bahussuto;
Mahākathī mahāsivo, piṭake sabbattha kovido.
Punadeva upāli medhāvī, vinaye ca visārado;
Mahānāgo mahāpañño, saddhammavaṃsakovido.
Punadeva abhayo medhāvī, piṭake sabbattha kovido;
Tissatthero ca medhāvī, vinaye ca visārado.
Tassa sisso mahāpañño, pupphanāmo bahussuto;
Sāsanaṃ anurakkhanto, jambudīpe patiṭṭhito.
Cūḷābhayo ca medhāvī, vinaye ca visārado;
Tissatthero ca medhāvī, saddhammavaṃsakovido.
Cūḷadevo [phussadevo (sī.)] ca medhāvī, vinaye ca visārado;
Sivatthero ca medhāvī, vinaye sabbattha kovido.
Ete nāgā mahāpaññā, vinayaññū maggakovidā;
Vinayaṃ dīpe pakāsesuṃ, piṭakaṃ tambapaṇṇiyāti.

4. Yaṃ tena bhagavatā jānatā passatā arahatā sammāsambuddhena dutiyaṃ pārājikaṃ kattha paññattanti? Rājagahe paññattaṃ. Kaṃ ārabbhāti? Dhaniyaṃ kumbhakāraputtaṃ ārabbha. Kismiṃ vatthusminti? Dhaniyo kumbhakāraputto rañño dārūni adinnaṃ ādiyi, tasmiṃ vatthusmiṃ. Ekā paññatti, ekā anupaññatti. Channaṃ āpattisamuṭṭhānānaṃ katihi samuṭṭhānehi samuṭṭhātīti? Tīhi samuṭṭhānehi samuṭṭhāti – siyā kāyato ca cittato ca samuṭṭhāti , na vācato; siyā vācato ca cittato ca samuṭṭhāti, na kāyato; siyā kāyato ca vācato ca cittato ca samuṭṭhāti...pe....

5. Tatiyaṃ pārājikaṃ kattha paññattanti? Vesāliyaṃ paññattaṃ. Kaṃ ārabbhāti? Sambahule bhikkhū ārabbha. Kismiṃ vatthusminti? Sambahulā bhikkhū aññamaññaṃ jīvitā voropesuṃ, tasmiṃ vatthusmiṃ. Ekā paññatti, ekā anupaññatti. Channaṃ āpattisamuṭṭhānānaṃ katihi samuṭṭhānehi samuṭṭhātīti? Tīhi samuṭṭhānehi samuṭṭhāti – siyā kāyato ca cittato ca samuṭṭhāti, na vācato; siyā vācato ca cittato ca samuṭṭhāti, na kāyato; siyā kāyato ca vācato ca cittato ca samuṭṭhāti...pe....

6. Catutthaṃ pārājikaṃ kattha paññattanti? Vesāliyaṃ paññattaṃ. Kaṃ ārabbhāti? Vaggumudātīriye bhikkhū ārabbha. Kismiṃ vatthusminti? Vaggumudātīriyā bhikkhū gihīnaṃ aññamaññassa uttarimanussadhammassa vaṇṇaṃ bhāsiṃsu, tasmiṃ vatthusmiṃ. Ekā paññatti, ekā anupaññatti. Channaṃ āpattisamuṭṭhānānaṃ katihi samuṭṭhānehi samuṭṭhātīti? Tīhi samuṭṭhānehi samuṭṭhāti – siyā kāyato ca cittato ca samuṭṭhāti, na vācato; siyā vācato ca cittato ca samuṭṭhāti, na kāyato; siyā kāyato ca vācato ca cittato ca samuṭṭhāti...pe....

Cattāro pārājikā niṭṭhitā.

Tassuddānaṃ –
Methunādinnādānañca , manussaviggahuttari;
Pārājikāni cattāri, chejjavatthū asaṃsayāti.

2. Saṅghādisesakaṇḍaṃ

7. Yaṃ tena bhagavatā jānatā passatā arahatā sammāsambuddhena upakkamitvā asuciṃ mocentassa saṅghādiseso kattha paññatto? Kaṃ ārabbha? Kismiṃ vatthusmiṃ? Atthi tattha paññatti, anupaññatti, anuppannapaññatti? Sabbatthapaññatti, padesapaññatti? Sādhāraṇapaññatti, asādhāraṇapaññatti? Ekatopaññatti, ubhatopaññatti? Pañcannaṃ pātimokkhuddesānaṃ katthogadhaṃ kattha pariyāpannaṃ? Katamena uddesena uddesaṃ āgacchati? Catunnaṃ vipattīnaṃ katamā vipatti? Sattannaṃ āpattikkhandhānaṃ katamo āpattikkhandho? Channaṃ āpattisamuṭṭhānānaṃ katihi samuṭṭhānehi samuṭṭhāti? Catunnaṃ adhikaraṇānaṃ katamaṃ adhikaraṇaṃ? Sattannaṃ samathānaṃ katihi samathehi sammati? Ko tattha vinayo, ko tattha abhivinayo? Kiṃ tattha pātimokkhaṃ, kiṃ tattha adhipātimokkhaṃ ? Kā vipatti, kā sampatti, kā paṭipatti? Kati atthavase paṭicca bhagavatā upakkamitvā asuciṃ mocentassa saṅghādiseso paññatto? Ke sikkhanti, ke sikkhitasikkhā? Kattha ṭhitaṃ? Ke dhārenti? Kassa vacanaṃ? Kenābhatanti?

8. Yaṃ tena bhagavatā jānatā passatā arahatā sammāsambuddhena upakkamitvā asuciṃ mocentassa saṅghādiseso kattha paññattoti? Sāvatthiyaṃ paññatto. Kaṃ ārabbhāti? Āyasmantaṃ seyyasakaṃ ārabbha. Kismiṃ vatthusminti? Āyasmā seyyasako hatthena upakkamitvā asuciṃ mocesi, tasmiṃ vatthusmiṃ. Atthi tattha paññatti, anupaññatti, anuppannapaññattīti? Ekā paññatti, ekā anupaññatti. Anuppannapaññatti tasmiṃ natthi. Sabbattha paññatti, padesapaññattīti? Sabbatthapaññatti. Sādhāraṇapaññatti, asādhāraṇapaññattīti ? Asādhāraṇapaññatti. Ekatopaññatti, ubhatopaññattīti? Ekatopaññatti. Pañcannaṃ pātimokkhuddesānaṃ katthogadhaṃ kattha pariyāpannanti? Nidānogadhaṃ nidānapariyāpannaṃ. Katamena uddesena uddesaṃ āgacchatīti? Tatiye uddesena uddesaṃ āgacchati. Catunnaṃ vipattīnaṃ katamā vipattīti? Sīlavipatti. Sattannaṃ āpattikkhandhānaṃ katamo āpattikkhandhoti? Saṅghādiseso āpattikkhandho. Channaṃ āpattisamuṭṭhānānaṃ katihi samuṭṭhānehi samuṭṭhātīti? Ekena samuṭṭhānena samuṭṭhāti – kāyato ca cittato ca samuṭṭhāti, na vācato. Catunnaṃ adhikaraṇānaṃ katamaṃ adhikaraṇanti? Āpattādhikaraṇaṃ. Sattannaṃ samathānaṃ katihi samathehi sammatīti? Dvīhi samathehi sammati – sammukhāvinayena ca paṭiññātakaraṇena ca. Ko tattha vinayo, ko tattha abhivinayoti? Paññatti vinayo, vibhatti abhivinayo. Kiṃ tattha pātimokkhaṃ, kiṃ tattha adhipātimokkhanti? Paññatti pātimokkhaṃ, vibhatti adhipātimokkhaṃ. Kā vipattīti? Asaṃvaro vipatti. Kā sampattīti? Saṃvaro sampatti. Kā paṭipattīti? Na evarūpaṃ karissāmīti yāvajīvaṃ āpāṇakoṭikaṃ samādāya sikkhati sikkhāpadesu. [a. ni. 10.31] Kati atthavase paṭicca bhagavatā upakkamitvā asuciṃ mocentassa saṅghādiseso paññattoti? Dasa atthavase paṭicca bhagavatā upakkamitvā asuciṃ mocentassa saṅghādiseso paññatto – saṅghasuṭṭhutāya, saṅghaphāsutāya, dummaṅkūnaṃ puggalānaṃ niggahāya, pesalānaṃ bhikkhūnaṃ phāsuvihārāya, diṭṭhadhammikānaṃ āsavānaṃ saṃvarāya, samparāyikānaṃ āsavānaṃ paṭighātāya, appasannānaṃ pasādāya, pasannānaṃ bhiyyobhāvāya, saddhammaṭṭhitiyā, vinayānuggahāya. Ke sikkhantīti? Sekkhā ca puthujjanakalyāṇakā ca sikkhanti. Ke sikkhitasikkhāti? Arahanto sikkhitasikkhā. Kattha ṭhitanti? Sikkhākāmesu ṭhitaṃ. Ke dhārentīti? Yesaṃ vattati, te dhārenti. Kassa vacananti? Bhagavato vacanaṃ arahato sammāsambuddhassa. Kenābhatanti? Paramparābhataṃ –

Upāli dāsako ceva, soṇako siggavo tathā;
Moggaliputtena pañcamā, ete jambusirivhaye.
Tato mahindo iṭṭiyo, uttiyo sambalo tathā;
Bhaddanāmo ca paṇḍito.
Ete nāgā mahāpaññā, jambudīpā idhāgatā;
Vinayaṃ te vācayiṃsu, piṭakaṃ tambapaṇṇiyā.
Nikāye pañca vācesuṃ, satta ceva pakaraṇe;
Tato ariṭṭho medhāvī, tissadatto ca paṇḍito.
Visārado kāḷasumano, thero ca dīghanāmako;
Dīghasumano ca paṇḍito.
Punadeva kāḷasumano, nāgatthero ca buddharakkhito;
Tissatthero ca medhāvī, devatthero ca paṇḍito.
Punadeva sumano medhāvī, vinaye ca visārado;
Bahussuto cūḷanāgo, gajova duppadhaṃsiyo.
Dhammapālitanāmo ca, rohaṇe sādhupūjito;
Tassa sisso mahāpañño, khemanāmo tipeṭako.
Dīpe tārakarājāva, paññāya atirocatha;
Upatisso ca medhāvī, phussadevo mahākathī.
Punadeva sumano medhāvī, pupphanāmo bahussuto;
Mahākathī mahāsivo, piṭake sabbattha kovido.
Punadeva upāli medhāvī, vinaye ca visārado;
Mahānāgo mahāpañño, saddhammavaṃsakovido.
Punadeva abhayo medhāvī, piṭake sabbattha kovido;
Tissatthero ca medhāvī, vinaye ca visārado.

Tassa sisso mahāpañño, pupphanāmo bahussuto;
Sāsanaṃ anurakkhanto, jambudīpe patiṭṭhito.
Cūḷābhayo ca medhāvī, vinaye ca visārado;
Tissatthero ca medhāvī, saddhammavaṃsakovido.
Cūḷadevo ca medhāvī, vinaye ca visārado;
Sivatthero ca medhāvī, vinaye sabbattha kovido.
Ete nāgā mahāpaññā, vinayaññū maggakovido;
Vinayaṃ dīpe pakāsesuṃ, piṭakaṃ tambapaṇṇiyāti.

9. Yaṃ tena bhagavatā jānatā passatā arahatā sammāsambuddhena mātugāmena saddhiṃ kāyasaṃsaggaṃ samāpajjantassa saṃṅghādiseso kattha paññattoti? Sāvatthiyaṃ paññatto. Kaṃ ārabbhāti? Āyasmantaṃ udāyiṃ ārabbha. Kismiṃ vatthusminti? Āyasmā udāyī mātugāmena saddhiṃ kāyasaṃsaggaṃ samāpajji, tasmiṃ vatthusmiṃ. Ekā paññatti. Channaṃ āpattisamuṭṭhānānaṃ ekena samuṭṭhānena samuṭṭhāti – kāyato ca cittato ca samuṭṭhāti, na vācato…pe….

10. Mātugāmaṃ duṭṭhullāhi vācāhi obhāsantassa saṅghādiseso kattha paññattoti? Sāvatthiyaṃ paññatto. Kaṃ ārabbhāti? Āyasmantaṃ udāyiṃ ārabbha. Kismiṃ vatthusminti? Āyasmā udāyī mātugāmaṃ duṭṭhullāhi vācāhi obhāsi, tasmiṃ vatthusmiṃ. Ekā paññatti. Channaṃ āpattisamuṭṭhānānaṃ tīhi samuṭṭhānehi samuṭṭhāti – siyā kāyato ca cittato ca samuṭṭhāti, na vācato; siyā vācato ca cittato ca samuṭṭhāti, na kāyato; siyā kāyato ca vācato ca cittato ca samuṭṭhāti…pe….

11. Mātugāmassa santike attakāmapāricariyāya vaṇṇaṃ bhāsantassa saṅghādiseso kattha paññattoti? Sāvatthiyaṃ paññatto. Kaṃ ārabbhāti? Āyasmantaṃ udāyiṃ ārabbha. Kismiṃ vatthusminti? Āyasmā udāyī mātugāmassa santike attakāmapāricariyāya vaṇṇaṃ abhāsi, tasmiṃ vatthusmiṃ. Ekā paññatti. Channaṃ āpattisamuṭṭhānānaṃ tīhi samuṭṭhānehi samuṭṭhāti – siyā kāyato ca cittato ca samuṭṭhāti, na vācato; siyā vācato ca cittato ca samuṭṭhāti, na kāyato; siyā kāyato ca vācato ca cittato ca samuṭṭhāti…pe….

12. Sañcarittaṃ samāpajjantassa saṅghādiseso kattha paññattoti? Sāvatthiyaṃ paññatto. Kaṃ ārabbhāti? Āyasmantaṃ udāyiṃ ārabbha. Kismiṃ vatthusminti? Āyasmā udāyī sañcarittaṃ samāpajji, tasmiṃ vatthusmiṃ. Ekā paññatti, ekā anupaññatti. Channaṃ āpattisamuṭṭhānānaṃ chahi samuṭṭhānehi samuṭṭhāti – siyā kāyato samuṭṭhāti, na vācato na cittato; siyā vācato samuṭṭhāti, na kāyato na cittato; siyā kāyato ca vācato ca samuṭṭhāti, na cittato; siyā kāyato ca cittato ca samuṭṭhāti, na vācato ; siyā vācato ca cittato ca samuṭṭhāti, na kāyato; siyā kāyato ca vācato ca cittato ca samuṭṭhāti…pe….

13. Saññācikā kuṭiṃ kārāpentassa saṅghādiseso kattha paññattoti? Āḷaviyaṃ paññatto. Kaṃ ārabbhāti? Āḷavake bhikkhū ārabbha. Kismiṃ vatthusminti? Āḷavakā bhikkhū saññācikāya kuṭiyo kārāpesuṃ, tasmiṃ vatthusmiṃ. Ekā paññatti. Channaṃ āpattisamuṭṭhānānaṃ chahi samuṭṭhānehi samuṭṭhāti…pe….

14. Mahallakaṃ vihāraṃ kārāpentassa saṅghādiseso kattha paññattoti? Kosambiyaṃ paññatto. Kaṃ ārabbhāti? Āyasmantaṃ channaṃ ārabbha. Kismiṃ vatthusminti? Āyasmā channo vihāravatthuṃ sodhento aññataraṃ cetiyarukkhaṃ chedāpesi, tasmiṃ vatthusmiṃ. Ekā paññatti. Channaṃ āpattisamuṭṭhānānaṃ chahi samuṭṭhānehi samuṭṭhāti…pe….

15. Bhikkhuṃ amūlakena pārājikena dhammena anuddhaṃsentassa saṅghādiseso kattha paññattoti? Rājagahe paññatto. Kaṃ ārabbhāti? Mettiyabhūmajake bhikkhū ārabbha. Kismiṃ vatthusminti? Mettiyabhūmajakā bhikkhū āyasmantaṃ dabbaṃ mallaputtaṃ amūlakena pārājikena dhammena anuddhaṃsesuṃ, tasmiṃ vatthusmiṃ. Ekā paññatti. Channaṃ āpattisamuṭṭhānānaṃ tīhi samuṭṭhānehi samuṭṭhāti…pe….

16. Bhikkhuṃ aññabhāgiyassa adhikaraṇassa kiñci desaṃ lesamattaṃ upādāya pārājikena dhammena anuddhaṃsentassa saṅghādiseso kattha paññattoti? Rājagahe paññatto. Kaṃ ārabbhāti? Mettiyabhūmajake bhikkhū ārabbha. Kismiṃ vatthusminti? Mettiyabhūmajakā bhikkhū āyasmantaṃ dabbaṃ mallaputtaṃ aññabhāgiyassa adhikaraṇassa kiñci desaṃ lesamattaṃ upādāya pārājikena dhammena anuddhaṃsesuṃ, tasmiṃ vatthusmiṃ. Ekā paññatti. Channaṃ āpattisamuṭṭhānānaṃ tīhi samuṭṭhānehi samuṭṭhāti…pe….

17. Saṅghabhedakassa bhikkhuno yāvatatiyaṃ samanubhāsanāya na paṭinissajjantassa saṅghādiseso kattha paññattoti? Rājagahe paññatto. Kaṃ ārabbhāti? Devadattaṃ ārabbha. Kismiṃ vatthusminti? Devadatto samaggassa saṅghassa bhedāya parakkami, tasmiṃ vatthusmiṃ. Ekā paññatti. Channaṃ āpattisamuṭṭhānānaṃ ekena samuṭṭhānena samuṭṭhāti – kāyato ca vācato ca cittato ca samuṭṭhāti…pe….

18. Bhedānuvattakānaṃ bhikkhūnaṃ yāvatatiyaṃ samanubhāsanāya na paṭinissajjantānaṃ saṅghādiseso kattha paññattoti? Rājagahe paññatto. Kaṃ ārabbhāti? Sambahule bhikkhū ārabbha. Kismiṃ vatthusminti? Sambahulā bhikkhū devadattassa saṅghabhedāya parakkamantassa anuvattakā ahesuṃ vaggavādakā, tasmiṃ vatthusmiṃ. Ekā paññatti. Channaṃ āpattisamuṭṭhānānaṃ ekena samuṭṭhānena samuṭṭhāti – kāyato ca vācato ca cittato ca samuṭṭhāti…pe….

19. Dubbacassa bhikkhuno yāvatatiyaṃ samanubhāsanā na paṭinissajjantassa saṅghādiseso kattha paññattoti? Kosambiyaṃ paññatto. Kaṃ ārabbhāti? Āyasmantaṃ channaṃ ārabbha. Kismiṃ vatthusminti? Āyasmā channo bhikkhūhi sahadhammikaṃ vuccamāno attānaṃ avacanīyaṃ akāsi,

tasmiṃ vatthusmiṃ. Ekā paññatti. Channaṃ āpattisamuṭṭhānānaṃ ekena samuṭṭhānena samuṭṭhāti – kāyato ca vācato ca cittato ca samuṭṭhāti...pe....
20. Kuladūsakassa bhikkhuno yāvatatiyaṃ samanubhāsanāya na paṭinissajjantassa saṅghādiseso kattha paññattoti? Sāvatthiyaṃ paññatto. Kaṃ ārabbhāti? Assajipunabbasuke bhikkhū ārabbha. Kismiṃ vatthusminti? Assajipunabbasukā bhikkhū saṅghena pabbājanīyakammakatā bhikkhū chandagāmitā dosagāmitā mohagāmitā bhayagāmitā pāpesuṃ, tasmiṃ vatthusmiṃ. Ekā paññatti. Channaṃ āpattisamuṭṭhānānaṃ ekena samuṭṭhānena samuṭṭhāti – kāyato ca vācato ca cittato ca samuṭṭhāti...pe....
Terasa saṅghādisesā niṭṭhitā.
Tassuddānaṃ –
Vissaṭṭhi kāyasaṃsaggaṃ, duṭṭhullaṃ attakāmañca;
Sañcarittaṃ kuṭī ceva, vihāro ca amūlakaṃ.
Kiñcidesañca bhedo ca, tasseva [tatheva (ka.)] anuvattakā;
Dubbacaṃ kuladūsañca, saṅghādisesā terasāti.

3. Aniyatakaṇḍaṃ

21. Yaṃ tena bhagavatā jānatā passatā arahatā sammāsambuddhena paṭhamo aniṃyato kattha paññatto? Kaṃ ārabbha? Kismiṃ vatthusmiṃ? Atthi tattha paññatti, anupaññatti, anuppannapaññatti, sabbatthapaññatti padesapaññatti, sādhāraṇapaññatti asādhāraṇapaññatti, ekatopaññatti ubhatopaññatti, pañcannaṃ pātimokkhuddesānaṃ katthogadhaṃ kattha pariyāpannaṃ, katamena uddesena uddesaṃ āgacchati, catunnaṃ vipattīnaṃ katamā vipatti, sattannaṃ āpattikkhandhānaṃ katamo āpattikkhandho, channaṃ āpattisamuṭṭhānānaṃ katihi samuṭṭhānehi samuṭṭhāti, catunnaṃ adhikaraṇānaṃ katamaṃ adhikaraṇaṃ, sattannaṃ samathānaṃ katihi samathehi sammati, ko tattha vinayo, ko tattha abhivinayo, kiṃ tattha pātimokkhaṃ, kiṃ tattha adhipātimokkhaṃ, kā vipatti, kā sampatti, kā paṭipatti, kati atthavase paṭicca bhagavatā paṭhamo aniyato paññatto, ke sikkhanti, ke sikkhitasikkhā, kattha ṭhitaṃ, ke dhārenti, kassa vacanaṃ kenābhatanti.
22. Yaṃ tena bhagavatā jānatā passatā arahatā sammāsambuddhena paṭhamo aniyato kattha paññattoti? Sāvatthiyaṃ paññatto. Kaṃ ārabbhāti? Āyasmantaṃ udāyiṃ ārabbha. Kismiṃ vatthusminti? Āyasmā udāyī mātugāmena saddhiṃ eko ekāya raho paṭicchanne āsane alaṅkammaniye nisajjaṃ kappesi, tasmiṃ vatthusmiṃ. Atthi tattha paññatti, anupaññatti, anuppannapaññattīti? Ekā paññatti. Anupaññatti anuppannapaññatti tasmiṃ natthi. Sabbatthapaññatti, padesapaññattīti? Sabbatthapaññatti. Sādhāraṇapaññatti, asādhāraṇapaññattīti? Asādhāraṇapaññatti. Ekatopaññatti, ubhatopaññattīti? Ekatopaññatti. Pañcannaṃ pātimokkhuddesānaṃ katthogadhaṃ kattha pariyāpannanti? Nidānogadhaṃ nidānapariyāpannaṃ. Katamena uddesena uddesaṃ āgacchatīti? Catutthena uddesena uddesaṃ āgacchati. Catunnaṃ vipattīnaṃ katamā vipattīti? Siyā sīlavipatti siyā ācāravipatti. Sattannaṃ āpattikkhandhānaṃ katamo āpattikkhandhoti? Siyā pārājikāpattikkhandho siyā saṅghādisesāpattikkhandho siyā pācittiyāpattikkhandho. Channaṃ āpattisamuṭṭhānānaṃ katihi samuṭṭhānehi samuṭṭhātīti? Ekesamuṭṭhānena samuṭṭhāti – kāyato ca cittato ca samuṭṭhāti, na vācato. Catunnaṃ adhikaraṇānaṃ katamaṃ adhikaraṇanti? Āpattādhikaraṇaṃ. Sattannaṃ samathānaṃ katihi samathehi sammatīti? Tīhi samathehi sammati – siyā sammukhāvinayena ca paṭiññātakaraṇena ca, siyā sammukhāvinayena ca tiṇavatthārakena ca. Ko tattha vinayo, ko tattha abhivinayoti? Paññatti vinayo, vibhatti abhivinayo. Kiṃ tattha pātimokkhaṃ, kiṃ tattha adhipātimokkhanti? Paññatti pātimokkhaṃ, vibhatti adhipātimokkhaṃ. Kā vipattīti? Asaṃvaro vipatti. Kā sampattīti? Saṃvaro sampatti. Kā paṭipattīti? Na evarūpaṃ karissāmīti yāvajīvaṃ āpāṇakoṭikaṃ samādāya sikkhati sikkhāpadesu. [a. ni. 10.31] Kati atthavase paṭicca bhagavatā paṭhamo aniyato paññattoti ? Dasa atthavase paṭicca bhagavatā paṭhamo aniyato paññatto – saṅghasuṭṭhutāya, saṅghaphāsutāya, dummaṅkūnaṃ puggalānaṃ niggahāya, pesalānaṃ bhikkhūnaṃ phāsuvihārāya, diṭṭhadhammikānaṃ āsavānaṃ saṃvarāya, samparāyikānaṃ āsavānaṃ paṭighātāya, appasannānaṃ pasādāya, pasannānaṃ bhiyyobhāvāya, saddhammaṭṭhitiyā, vinayānuggahāya. Ke sikkhantīti? Sekkhā ca puthujjanakalyāṇakā ca sikkhanti. Ke sikkhitasikkhāti? Arahanto sikkhitasikkhā. Kattha ṭhitanti? Sikkhākāmesu ṭhitaṃ. Ke dhārentīti? Yesaṃ vattati te dhārenti. Kassa vacananti? Bhagavato vacanaṃ arahato sammāsambuddhassa. Kenābhatanti? Paramparābhataṃ –
Upāli dāsako ceva, soṇako siggavo tathā;
Moggaliputtena pañcamā, ete jambusirivhaye.
Tato mahindo iṭṭiyo, uttiyo sambalo tathā;
Bhaddanāmo ca paṇḍito.
Ete nāgā mahāpaññā, jambudīpā idhāgatā;
Vinayaṃ te vācayiṃsu, piṭakaṃ tambapaṇṇiyā.
Nikāye pañca vācesuṃ, satta ceva pakaraṇe;
Tato ariṭṭho medhāvī, tissadatto ca paṇḍito.

Visārado kāḷasumano, thero ca dīghanāmako;
Dīghasumano ca paṇḍito.
Punadeva kāḷasumano, nāgatthero ca buddharakkhito;
Tissatthero ca medhāvī, devatthero ca paṇḍito.
Punadeva sumano medhāvī, vinaye ca visārado;
Bahussuto cūḷanāgo, gajova duppadhaṃsiyo.
Dhammapālitanāmo ca, rohaṇe sādhupūjito;
Tassa sisso mahāpañño, khemanāmo tipeṭako.
Dīpe tārakarājāva paññāya atirocatha;
Upatisso ca medhāvī, phussadevo mahākathī.
Punadeva sumano medhāvī, pupphanāmo bahussuto;
Mahākathī mahāsivo, piṭake sabbattha kovido.
Punadeva upāli medhāvī, vinaye ca visārado;
Mahānāgo mahāpañño, saddhammavaṃsakovido.
Punadeva abhayo medhāvī, piṭake sabbattha kovido;
Tissatthero ca medhāvī, vinaye ca visārado.
Tassa sisso mahāpañño, pupphanāmo bahussuto;
Sāsanaṃ anurakkhanto, jambudīpe patiṭṭhito.
Cūḷābhayo ca medhāvī, vinaye ca visārado;
Tissatthero ca medhāvī, saddhammavaṃsakovido.
Cūḷadevo ca medhāvī, vinaye ca visārado;
Sivatthero ca medhāvī, vinaye sabbattha kovido.
Ete nāgā mahāpaññā, vinayaññū maggakovidā;
Vinayaṃ dīpe pakāsesuṃ, piṭakaṃ tambapaṇṇiyāti.

23. Yaṃ tena bhagavatā jānatā passatā arahatā sammāsambuddhena dutiyo aniyato kattha paññattoti? Sāvatthiyaṃ paññatto. Kaṃ ārabbhāti? Āyasmantaṃ udāyiṃ ārabbha. Kismiṃ vatthusminti? Āyasmā udāyī mātugāmena saddhiṃ eko ekāya raho nisajjaṃ kappesi, tasmiṃ vatthusmiṃ. Atthi tattha paññatti, anupaññatti anuppannapaññattīti? Ekā paññatti. Anupaññatti anuppannapaññatti tasmiṃ natthi. Sabbatthapaññatti, padesapaññattīti? Sabbatthapaññatti. Sādhāraṇapaññatti asādhāraṇapaññattīti? Asādhāraṇapaññatti. Ekatopaññatti ubhatopaññattīti? Ekatopaññatti. Pañcannaṃ pātimokkhuddesānaṃ katthogadhaṃ kattha pariyāpannanti? Nidānogadhaṃ nidānapariyāpannaṃ. Katamena uddesena uddesaṃ āgacchatīti? Catutthena uddesena uddesaṃ āgacchati. Catunnaṃ vipattīnaṃ katamā vipattīti? Siyā sīlavipatti, siyā ācāravipatti. Sattannaṃ āpattikkhandhānaṃ katamo āpattikkhandhoti? Siyā saṅghādisesāpattikkhandho, siyā pācittiyāpattikkhandho. Channaṃ āpattisamuṭṭhānānaṃ katihi samuṭṭhānehi samuṭṭhātīti? Tīhi samuṭṭhānehi samuṭṭhāti – siyā kāyato ca cittato ca samuṭṭhāti, na vācato; siyā vācato ca cittato ca samuṭṭhāti, na kāyato; siyā kāyato ca vācato ca cittato ca samuṭṭhāti. Catunnaṃ adhikaraṇānaṃ katamaṃ adhikaraṇanti? Āpattādhikaraṇaṃ. Sattannaṃ samathānaṃ katihi samathehi sammatīti? Tīhi samathehi sammati – siyā sammukhāvinayena ca paṭiññātakaraṇena ca, siyā sammukhāvinayena ca tiṇavatthārakena ca...pe....

Dve aniyatā niṭṭhitā.

Tassuddānaṃ –

Alaṅkammaniyañceva, tatheva ca na heva kho;
Aniyatā supaññattā, buddhaseṭṭhena tādināti.

4. Nissaggiyakaṇḍaṃ

1. Kathinavaggo

24. Yaṃ tena bhagavatā jānatā passatā arahatā sammāsambuddhena atirekacīvaraṃ dasāhaṃ atikkāmentassa nissaggiyaṃ pācittiyaṃ kattha paññattanti? Vesāliyaṃ paññattaṃ. Kaṃ ārabbhāti? Chabbaggiye bhikkhū ārabbha. Kismiṃ vatthusminti? Chabbaggiyā bhikkhū atirekacīvaraṃ dhāresuṃ, tasmiṃ vatthusmiṃ. Ekā paññatti, ekā anupaññatti. Channaṃ āpattisamuṭṭhānānaṃ dvīhi samuṭṭhānehi samuṭṭhāti – siyā kāyato ca vācato ca samuṭṭhāti, na cittato; siyā kāyato ca vācato ca cittato ca samuṭṭhāti...pe....

25. Ekarattaṃ ticīvarena vippavasantassa nissaggiyaṃ pācittiyaṃ kattha paññattanti? Sāvatthiyaṃ paññattaṃ. Kaṃ ārabbhāti? Sambahule bhikkhū ārabbha. Kismiṃ vatthusminti? Sambahulā bhikkhū bhikkhūnaṃ hatthe cīvaraṃ nikkhipitvā santaruttarena janapadacārikaṃ pakkamiṃsu, tasmiṃ vatthusmiṃ. Ekā paññatti, ekā anupaññatti. Channaṃ āpattisamuṭṭhānānaṃ dvīhi samuṭṭhānehi samuṭṭhāti – siyā kāyato ca vācato ca samuṭṭhāti, na cittato; siyā kāyato ca vācato ca cittato ca samuṭṭhāti...pe....

26. Akālacīvaraṃ paṭiggahetvā māsaṃ atikkāmentassa nissaggiyaṃ pācittiyaṃ kattha paññattanti? Sāvatthiyaṃ paññattaṃ. Kaṃ ārabbhāti? Sambahule bhikkhū ārabbha. Kismiṃ vatthusminti? Sambahulā bhikkhū akālacīvaraṃ paṭiggahetvā māsaṃ atikkāmesuṃ, tasmiṃ vatthusmiṃ. Ekā paññatti, ekā anupaññatti. Channaṃ āpattisamuṭṭhānānaṃ dvīhi samuṭṭhānehi samuṭṭhāti – siyā kāyato ca vācato ca samuṭṭhāti, na cittato; siyā kāyato ca vācato ca cittato ca samuṭṭhāti...pe....
27. Aññātikāya bhikkhuniyā purāṇacīvaraṃ dhovāpentassa nissaggiyaṃ pācittiyaṃ kattha paññattanti? Sāvatthiyaṃ paññattaṃ. Kaṃ ārabbhāti? Āyasmantaṃ udāyiṃ ārabbha. Kismiṃ vatthusminti? Āyasmā udāyī aññātikāya bhikkhuniyā purāṇacīvaraṃ dhovāpesi, tasmiṃ vatthusmiṃ. Ekā paññatti. Channaṃ āpattisamuṭṭhānānaṃ chahi samuṭṭhānehi samuṭṭhāti...pe....
28. Aññātikāya bhikkhuniyā hatthato cīvaraṃ paṭiggaṇhantassa nissaggiyaṃ pācittiyaṃ kattha paññattanti? Rājagahe paññattaṃ. Kaṃ ārabbhāti? Āyasmantaṃ udāyiṃ ārabbha. Kismiṃ vatthusminti? Āyasmā udāyī aññātikāya bhikkhuniyā hatthato cīvaraṃ paṭiggahesi, tasmiṃ vatthusmiṃ. Ekā paññatti ekā anupaññatti. Channaṃ āpattisamuṭṭhānānaṃ chahi samuṭṭhānehi samuṭṭhāti...pe....
29. Aññātakaṃ gahapatiṃ vā gahapatāniṃ vā cīvaraṃ viññāpentassa nissaggiyaṃ pācittiyaṃ kattha paññattanti? Sāvatthiyaṃ paññattaṃ. Kaṃ ārabbhāti? Āyasmantaṃ upanandaṃ sakyaputtaṃ ārabbha. Kismiṃ vatthusminti? Āyasmā upanando sakyaputto aññātakaṃ seṭṭhiputtaṃ cīvaraṃ viññāpesi, tasmiṃ vatthusmiṃ. Ekā paññatti ekā anupaññatti. Channaṃ āpattisamuṭṭhānānaṃ chahi samuṭṭhānehi samuṭṭhāti...pe....
30. Aññātakaṃ gahapatiṃ vā gahapatāniṃ vā tatuttari cīvaraṃ viññāpentassa nissaggiyaṃ pācittiyaṃ kattha paññattanti? Sāvatthiyaṃ paññattaṃ. Kaṃ ārabbhāti? Chabbaggiye bhikkhū ārabbha. Kismiṃ vatthusminti? Chabbaggiyā bhikkhū na mattaṃ jānitvā bahuṃ cīvaraṃ viññāpesuṃ, tasmiṃ vatthusmiṃ. Ekā paññatti. Channaṃ āpattisamuṭṭhānānaṃ chahi samuṭṭhānehi samuṭṭhāti...pe....
31. Pubbe appavāritassa aññātakaṃ gahapatikaṃ upasaṅkamitvā cīvare vikappaṃ āpajjantassa nissaggiyaṃ pācittiyaṃ kattha paññattanti? Sāvatthiyaṃ paññattaṃ. Kaṃ ārabbhāti? Āyasmantaṃ upanandaṃ sakyaputtaṃ ārabbha. Kismiṃ vatthusminti? Āyasmā upanando sakyaputto pubbe appavārito aññātakaṃ gahapatikaṃ upasaṅkamitvā cīvare vikappaṃ āpajji, tasmiṃ vatthusmiṃ. Ekā paññatti. Channaṃ āpattisamuṭṭhānānaṃ chahi samuṭṭhānehi samuṭṭhāti...pe....
32. Pubbe appavāritassa aññātake gahapatike upasaṅkamitvā cīvare vikappaṃ āpajjantassa nissaggiyaṃ pācittiyaṃ kattha paññattanti? Sāvatthiyaṃ paññattaṃ. Kaṃ ārabbhāti? Āyasmantaṃ upanandaṃ sakyaputtaṃ ārabbha. Kismiṃ vatthusminti? Āyasmā upanando sakyaputto pubbe appavārito aññātake gahapatike upasaṅkamitvā cīvare vikappaṃ āpajji, tasmiṃ vatthusmiṃ. Ekā paññatti. Channaṃ āpattisamuṭṭhānānaṃ chahi samuṭṭhānehi samuṭṭhāti...pe....
33. Atirekatikkhattuṃ codanāya atirekachakkhattuṃ ṭhānena cīvaraṃ abhinipphādentassa nissaggiyaṃ pācittiyaṃ kattha paññattanti? Sāvatthiyaṃ paññattaṃ. Kaṃ ārabbhāti? Āyasmantaṃ upanandaṃ sakyaputtaṃ ārabbha. Kismiṃ vatthusminti? Āyasmā upanando sakyaputto upāsakena – ''ajjaṇho, bhante, āgamehī''ti vuccamāno nāgamesi, tasmiṃ vatthusmiṃ. Ekā paññatti. Channaṃ āpattisamuṭṭhānānaṃ chahi samuṭṭhānehi samuṭṭhāti...pe....
Kathinavaggo paṭhamo.
2. Kosiyavaggo
34. Kosiyamissakaṃ santhataṃ kārāpentassa nissaggiyaṃ pācittiyaṃ kattha paññattanti? Āḷaviyaṃ paññattaṃ. Kaṃ ārabbhāti? Chabbaggiye bhikkhū ārabbha. Kismiṃ vatthusminti? Chabbaggiyā bhikkhū kosiyakārake upasaṅkamitvā evamāhaṃsu ''bahū, āvuso, kosakārake pacatha. Amhākampi dassatha. Mayampi icchāma kosiyamissakaṃ santhataṃ kātu''nti, tasmiṃ vatthusmiṃ. Ekā paññatti. Channaṃ āpattisamuṭṭhānānaṃ chahi samuṭṭhānehi samuṭṭhāti...pe....
35. Suddhakāḷakānaṃ eḷakalomānaṃ santhataṃ kārāpentassa nissaggiyaṃ pācittiyaṃ kattha paññattanti? Vesāliyaṃ paññattaṃ. Kaṃ ārabbhāti ? Chabbaggiye bhikkhū ārabbha. Kismiṃ vatthusminti? Chabbaggiyā bhikkhū suddhakāḷakānaṃ eḷakalomānaṃ santhataṃ kārāpesuṃ, tasmiṃ vatthusmiṃ. Ekā paññatti. Channaṃ āpattisamuṭṭhānānaṃ chahi samuṭṭhānehi samuṭṭhāti...pe....
36. Anādiyitvā tulaṃ odātānaṃ tulaṃ gocariyānaṃ navaṃ santhataṃ kārāpentassa nissaggiyaṃ pācittiyaṃ kattha paññattanti? Sāvatthiyaṃ paññattaṃ. Kaṃ ārabbhāti? Chabbaggiye bhikkhū ārabbha. Kismiṃ vatthusminti? Chabbaggiyā bhikkhū thokaññeva odātaṃ ante [odātānaṃ ante ante (sī.), odātānaṃ ante (syā.)] ādiyitvā tatheva suddhakāḷakānaṃ eḷakalomānaṃ santhataṃ kārāpesuṃ, tasmiṃ vatthusmiṃ. Ekā paññatti. Channaṃ āpattisamuṭṭhānānaṃ chahi samuṭṭhānehi samuṭṭhāti...pe....
37. Anuvassaṃ santhataṃ kārāpentassa nissaggiyaṃ pācittiyaṃ kattha paññattanti? Sāvatthiyaṃ paññattaṃ. Kaṃ ārabbhāti? Sambahule bhikkhū ārabbha. Kismiṃ vatthusminti? Sambahulā bhikkhū anuvassaṃ santhataṃ kārāpesuṃ, tasmiṃ vatthusmiṃ. Ekā paññatti, ekā anupaññatti. Channaṃ āpattisamuṭṭhānānaṃ chahi samuṭṭhānehi samuṭṭhāti...pe....
38. Anādiyitvā purāṇasanthatassa sāmantā sugatavidatthiṃ navaṃ nisīdanasanthataṃ kārāpentassa nissaggiyaṃ pācittiyaṃ kattha paññattanti? Sāvatthiyaṃ paññattaṃ. Kaṃ ārabbhāti? Sambahule bhikkhū ārabbha. Kismiṃ vatthusminti? Sambahulā bhikkhū santhatāni ujjhitvā āraññikaṅgaṃ piṇḍapātikaṅgaṃ

paṃsukūlikaṅgaṃ samādiyiṃsu, tasmiṃ vatthusmiṃ. Ekā paññatti. Channaṃ āpattisamuṭṭhānānaṃ chahi samuṭṭhānehi samuṭṭhāti…pe….

39. Eḷakalomāni paṭiggahetvā tiyojanaṃ atikkāmentassa nissaggiyaṃ pācittiyaṃ kattha paññattanti? Sāvatthiyaṃ paññattaṃ. Kaṃ ārabbhāti? Aññataraṃ bhikkhuṃ ārabbha. Kismiṃ vatthusminti? Aññataro bhikkhu eḷakalomāni paṭiggahetvā tiyojanaṃ atikkāmesi, tasmiṃ vatthusmiṃ. Ekā paññatti. Channaṃ āpattisamuṭṭhānānaṃ dvīhi samuṭṭhānehi samuṭṭhāti – siyā kāyato samuṭṭhāti, na vācato na cittato; siyā kāyato ca cittato ca samuṭṭhāti, na vācato…pe….

40. Aññātikāya bhikkhuniyā eḷakalomāni dhovāpentassa nissaggiyaṃ pācittiyaṃ kattha paññattanti? Sakkesu paññattaṃ. Kaṃ ārabbhāti? Chabbaggiye bhikkhū ārabbha. Kismiṃ vatthusminti? Chabbaggiyā bhikkhū aññātikāhi bhikkhunīhi eḷakalomāni dhovāpesuṃ, tasmiṃ vatthusmiṃ. Ekā paññatti. Channaṃ āpattisamuṭṭhānānaṃ chahi samuṭṭhānehi samuṭṭhāti…pe….

41. Rūpiyaṃ paṭigganhantassa nissaggiyaṃ pācittiyaṃ kattha paññattanti? Rājagahe paññattaṃ. Kaṃ ārabbhāti? Āyasmantaṃ upanandaṃ sakyaputtaṃ ārabbha. Kismiṃ vatthusminti? Āyasmā upanando sakyaputto rūpiyaṃ paṭiggahesi, tasmiṃ vatthusmiṃ. Ekā paññatti. Channaṃ āpattisamuṭṭhānānaṃ chahi samuṭṭhānehi samuṭṭhāti…pe….

42. Nānappakārakaṃ rūpiyasaṃvohāraṃ samāpajjantassa nissaggiyaṃ pācittiyaṃ kattha paññattanti? Sāvatthiyaṃ paññattaṃ. Kaṃ ārabbhāti? Chabbaggiye bhikkhū ārabbha. Kismiṃ vatthusminti? Chabbaggiyā bhikkhū nānappakārakaṃ rūpiyasaṃvohāraṃ samāpajjiṃsu, tasmiṃ vatthusmiṃ. Ekā paññatti. Channaṃ āpattisamuṭṭhānānaṃ chahi samuṭṭhānehi samuṭṭhāti…pe….

43. Nānappakārakaṃ kayavikkayaṃ samāpajjantassa nissaggiyaṃ pācittiyaṃ kattha paññattanti? Sāvatthiyaṃ paññattaṃ. Kaṃ ārabbhāti? Āyasmantaṃ upanandaṃ sakyaputtaṃ ārabbha. Kismiṃ vatthusminti? Āyasmā upanando sakyaputto paribbājakena saddhiṃ kayavikkayaṃ samāpajji, tasmiṃ vatthusmiṃ. Ekā paññatti. Channaṃ āpattisamuṭṭhānānaṃ chahi samuṭṭhānehi samuṭṭhāti…pe….

Kosiyavaggo dutiyo.

3. Pattavaggo

44. Atirekapattaṃ dasāhaṃ atikkāmentassa nissaggiyaṃ pācittiyaṃ kattha paññattanti? Sāvatthiyaṃ paññattaṃ. Kaṃ ārabbhāti? Chabbaggiye bhikkhū ārabbha. Kismiṃ vatthusminti? Chabbaggiyā bhikkhū atirekapattaṃ dhāresuṃ, tasmiṃ vatthusmiṃ. Ekā paññatti, ekā anupaññatti. Channaṃ āpattisamuṭṭhānānaṃ dvīhi samuṭṭhānehi samuṭṭhāti – siyā kāyato ca vācato ca samuṭṭhāti, na cittato; siyā kāyato ca vācato ca cittato ca samuṭṭhāti…pe….

45. Ūnapañcabandhanena pattena aññaṃ navaṃ pattaṃ cetāpentassa nissaggiyaṃ pācittiyaṃ kattha paññattanti? Sakkesu paññattaṃ. Kaṃ ārabbhāti? Chabbaggiye bhikkhū ārabbha. Kismiṃ vatthusminti? Chabbaggiyā bhikkhū appamattakenapi bhinnena appamattakenapi khaṇḍena vilikhitamattenapi bahū patte viññāpesuṃ, tasmiṃ vatthusmiṃ. Ekā paññatti. Channaṃ āpattisamuṭṭhānānaṃ chahi samuṭṭhānehi samuṭṭhāti…pe….

46. Bhesajjāni paṭiggahetvā sattāhaṃ atikkāmentassa nissaggiyaṃ pācittiyaṃ kattha paññattanti? Sāvatthiyaṃ paññattaṃ. Kaṃ ārabbhāti? Sambahule bhikkhūārabbha. Kismiṃ vatthusminti? Sambahulā bhikkhū bhesajjāni paṭiggahetvā sattāhaṃ atikkāmesuṃ, tasmiṃ vatthusmiṃ. Ekā paññatti. Channaṃ āpattisamuṭṭhānānaṃ dvīhi samuṭṭhānehi samuṭṭhāti kathinake…pe….

47. Atirekamāse sese gimhāne vassikasāṭikacīvaraṃ pariyesantassa nissaggiyaṃ pācittiyaṃ kattha paññattanti? Sāvatthiyaṃ paññattaṃ. Kaṃ ārabbhāti? Chabbaggiye bhikkhū ārabbha. Kismiṃ vatthusminti? Chabbaggiyā bhikkhū atirekamāse sese gimhāne vassikasāṭikacīvaraṃ pariyesiṃsu, tasmiṃ vatthusmiṃ. Ekā paññatti. Channaṃ āpattisamuṭṭhānānaṃ chahi samuṭṭhānehi samuṭṭhāti…pe….

48. Bhikkhussa sāmaṃ cīvaraṃ datvā kupitena anattamanena acchindantassa nissaggiyaṃ pācittiyaṃ kattha paññattanti? Sāvatthiyaṃ paññattaṃ. Kaṃ ārabbhāti? Āyasmantaṃ upanandaṃ sakyaputtaṃ ārabbha. Kismiṃ vatthusminti? Āyasmā upanando sakyaputto bhikkhussa sāmaṃ cīvaraṃ datvā kupito anattamano acchindi, tasmiṃ vatthusmiṃ. Ekā paññatti. Channaṃ āpattisamuṭṭhānānaṃ tīhi samuṭṭhānehi samuṭṭhāti…pe….

49. Sāmaṃ suttaṃ viññāpetvā tantavāyehi cīvaraṃ vāyāpentassa nissaggiyaṃ pācittiyaṃ kattha paññattanti? Rājagahe paññattaṃ. Kaṃ ārabbhāti? Chabbaggiye bhikkhū ārabbha. Kismiṃ vatthusminti? Chabbaggiyā bhikkhū sāmaṃ suttaṃ viññāpetvā tantavāyehi cīvaraṃ vāyāpesuṃ, tasmiṃ vatthusmiṃ. Ekā paññatti. Channaṃ āpattisamuṭṭhānānaṃ chahi samuṭṭhānehi samuṭṭhāti…pe….

50. Pubbe appavāritassa aññātakassa gahapatikassa tantavāye upasaṅkamitvā cīvare vikappaṃ āpajjantassa nissaggiyaṃ pācittiyaṃ kattha paññattanti? Sāvatthiyaṃ paññattaṃ. Kaṃ ārabbhāti? Āyasmantaṃ upanandaṃ sakyaputtaṃ ārabbha. Kismiṃ vatthusminti? Āyasmā upanando sakyaputto pubbe appavārito aññātakassa gahapatikassa tantavāye upasaṅkamitvā cīvare vikappaṃ āpajji, tasmiṃ vatthusmiṃ. Ekā paññatti. Channaṃ āpattisamuṭṭhānānaṃ chahi samuṭṭhānehi samuṭṭhāti…pe….

51. Accekacīvaraṃ paṭiggahetvā cīvarakālasamayaṃ atikkāmentassa nissaggiyaṃ pācittiyaṃ kattha paññattanti? Sāvatthiyaṃ paññattaṃ. Kaṃ ārabbhāti? Sambahule bhikkhū ārabbha. Kismiṃ vatthusminti? Sambahulā bhikkhū accekacīvaraṃ paṭiggahetvā cīvarakālasamayaṃ atikkāmesuṃ,

tasmiṃ vatthusmiṃ. Ekā paññatti. Channaṃ āpattisamuṭṭhānānaṃ dvīhi samuṭṭhānehi samuṭṭhāti kathinake...pe....
52. Tiṇṇaṃ cīvarānaṃ aññataraṃ cīvaraṃ antaraghare nikkhipitvā atirekachārattaṃ vippavasantassa nissaggiyaṃ pācittiyaṃ kattha paññattanti? Sāvatthiyaṃ paññattaṃ. Kaṃ ārabbhāti? Sambahule bhikkhū ārabbha. Kismiṃ vatthusminti? Sambahulā bhikkhū tiṇṇaṃ cīvarānaṃ aññataraṃ cīvaraṃ antaraghare nikkhipitvā atirekachārattaṃ vippavasiṃsu, tasmiṃ vatthusmiṃ. Ekā paññatti. Channaṃ āpattisamuṭṭhānānaṃ dvīhi samuṭṭhānehi samuṭṭhāti kathinake...pe....
53. Jānaṃ saṅghikaṃ lābhaṃ pariṇataṃ attano pariṇāmentassa nissaggiyaṃ pācittiyaṃ kattha paññattanti? Sāvatthiyaṃ paññattaṃ. Kaṃ ārabbhāti? Chabbaggiye bhikkhū ārabbha. Kismiṃ vatthusminti? Chabbaggiyā bhikkhū jānaṃ saṅghikaṃ lābhaṃ pariṇataṃ attano pariṇāmesuṃ, tasmiṃ vatthusmiṃ. Ekā paññatti. Channaṃ āpattisamuṭṭhānānaṃ tīhi samuṭṭhānehi samuṭṭhāti...pe....
Pattavaggo tatiyo.
Tiṃsa nissaggiyā pācittiyā niṭṭhitā.
Tassuddānaṃ –
Dasekarattimāso ca, dhovanañca paṭiggaho;
Aññātaṃ tañca [aññātakañca (ka.)] uddissa, ubhinnaṃ dūtakena ca.
Kosiyā suddhadvebhāgā, chabbassāni nisīdanaṃ;
Dve ca lomāni ugganhe, ubho nānappakārakā.
Dve ca pattāni bhesajjaṃ, vassikā dānapañcamaṃ;
Sāmaṃ vāyāpanacceko, sāsaṅkaṃ saṅghikena cāti.

5. Pācittiyakaṇḍaṃ

1. Musāvādavaggo

54. Yaṃ tena bhagavatā jānatā passatā arahatā sammāsambuddhena sampajānamusāvāde pācittiyaṃ kattha paññattanti? Sāvatthiyaṃ paññattaṃ. Kaṃ ārabbhāti ? Hatthakaṃ sakyaputtaṃ ārabbha . Kismiṃ vatthusminti? Āyasmā hatthako sakyaputto titthiyehi saddhiṃ sallapanto avajānitvā paṭijāni, paṭijānitvā avajāni, tasmiṃ vatthusmiṃ. Ekā paññatti. Channaṃ āpattisamuṭṭhānānaṃ tīhi samuṭṭhānehi samuṭṭhāti – siyā kāyato ca cittato ca samuṭṭhāti, na vācato; siyā vācato ca cittato ca samuṭṭhāti, na kāyato; siyā kāyato ca vācato ca cittato ca samuṭṭhāti...pe....
55. Omasavāde pācittiyaṃ kattha paññattanti? Sāvatthiyaṃ paññattaṃ. Kaṃ ārabbhāti? Chabbaggiye bhikkhū ārabbha. Kismiṃ vatthusminti? Chabbaggiyā bhikkhū pesalehi bhikkhūhi saddhiṃ bhaṇḍantā [bhaṇḍentā (ka.)] pesale bhikkhū omasiṃsu, tasmiṃ vatthusmiṃ. Ekā paññatti. Channaṃ āpattisamuṭṭhānānaṃ tīhi samuṭṭhānehi samuṭṭhāti...pe....
56. Bhikkhupesuññe pācittiyaṃ kattha paññattanti? Sāvatthiyaṃ paññattaṃ. Kaṃ ārabbhāti? Chabbaggiye bhikkhū ārabbha. Kismiṃ vatthusminti? Chabbaggiyā bhikkhū bhikkhūnaṃ bhaṇḍanajātānaṃ kalahajātānaṃ vivādāpannānaṃ pesuññaṃ upasaṃhariṃsu, tasmiṃ vatthusmiṃ. Ekā paññatti. Channaṃ āpattisamuṭṭhānānaṃ tīhi samuṭṭhānehi samuṭṭhāti...pe....
57. Anupasampannaṃ padaso dhammaṃ vācentassa pācittiyaṃ kattha paññattanti? Sāvatthiyaṃ paññattaṃ. Kaṃ ārabbhāti? Chabbaggiye bhikkhū ārabbha. Kismiṃ vatthusminti? Chabbaggiyā bhikkhū upāsake padaso dhammaṃ vācesuṃ , tasmiṃ vatthusmiṃ. Ekā paññatti. Channaṃ āpattisamuṭṭhānānaṃ dvīhi samuṭṭhānehi samuṭṭhāti – siyā vācato samuṭṭhāti, na kāyato na cittato; siyā vācato ca cittato ca samuṭṭhāti, na kāyato...pe....
58. Anupasampannena uttaridirattatirattaṃ sahaseyyaṃ kappentassa pācittiyaṃ kattha paññattanti? Āḷaviyaṃ paññattaṃ. Kaṃ ārabbhāti? Sambahule bhikkhū ārabbha. Kismiṃ vatthusminti? Sambahulā bhikkhū anupasampannena sahaseyyaṃ kappesuṃ, tasmiṃ vatthusmiṃ. Ekā paññatti , ekā anupaññatti. Channaṃāpattisamuṭṭhānānaṃ dvīhi samuṭṭhānehi samuṭṭhāti – siyā kāyato samuṭṭhāti, na vācato na cittato; siyā kāyato ca cittato ca samuṭṭhāti, na vācato...pe....
59. Mātugāmena sahaseyyaṃ kappentassa pācittiyaṃ kattha paññattanti? Sāvatthiyaṃ paññattaṃ. Kaṃ ārabbhāti? Āyasmantaṃ anuruddhaṃ ārabbha. Kismiṃ vatthusminti? Āyasmā anuruddho mātugāmena sahaseyyaṃ kappesi, tasmiṃ vatthusmiṃ. Ekā paññatti. Channaṃ āpattisamuṭṭhānānaṃ dvīhi samuṭṭhānehi samuṭṭhāti eḷakalomake...pe....
60. Mātugāmassa uttarichappañcavācāhi dhammaṃ desentassa pācittiyaṃ kattha paññattanti? Sāvatthiyaṃ paññattaṃ. Kaṃ ārabbhāti? Āyasmantaṃ udāyiṃ ārabbha. Kismiṃ vatthusminti? Āyasmā udāyī mātugāmassa dhammaṃ desesi, tasmiṃ vatthusmiṃ. Ekā paññatti, dve anupaññattiyo. Channaṃ āpattisamuṭṭhānānaṃ dvīhi samuṭṭhānehi samuṭṭhāti padasodhamme...pe....
61. Anupasampannassa uttarimanussadhammaṃ bhūtaṃ ārocentassa pācittiyaṃ kattha paññattanti? Vesāliyaṃ paññattaṃ. Kaṃ ārabbhāti? Vaggumudātīriye bhikkhū ārabbha. Kismiṃ vatthusminti? Vaggumudātīriyā bhikkhū gihīnaṃ aññamaññassa uttarimanussadhammassa vaṇṇaṃ bhāsiṃsu, tasmiṃ

vatthusmiṃ. Ekā paññatti. Channaṃ āpattisamuṭṭhānānaṃ tīhi samuṭṭhānehi samuṭṭhāti – siyā kāyato samuṭṭhāti, na vācato na cittato; siyā vācato samuṭṭhāti, na kāyato na cittato; siyā kāyato ca vācato ca samuṭṭhāti, na cittato...pe....

62. Bhikkhussa duṭṭhullāpattiṃ anupasampannassa ārocentassa pācittiyaṃ kattha paññattanti? Sāvatthiyaṃ paññattaṃ. Kaṃ ārabbhāti? Chabbaggiye bhikkhū ārabbha. Kismiṃ vatthusminti? Chabbaggiyā bhikkhū bhikkhussa duṭṭhullāpattiṃ anupasampannassa ārocesuṃ, tasmiṃ vatthusmiṃ. Ekā paññatti. Channaṃ āpattisamuṭṭhānānaṃ tīhi samuṭṭhānehi samuṭṭhāti...pe....

63. Pathaviṃ khaṇantassa pācittiyaṃ kattha paññattanti? Āḷaviyaṃ paññattaṃ. Kaṃ ārabbhāti? Āḷavake bhikkhū ārabbha. Kismiṃ vatthusminti? Āḷavakābhikkhū pathaviṃ khaṇiṃsu , tasmiṃ vatthusmiṃ. Ekā paññatti. Channaṃ āpattisamuṭṭhānānaṃ tīhi samuṭṭhānehi samuṭṭhāti...pe....

Musāvādavaggo paṭhamo.

2. Bhūtagāmavaggo

64. Bhūtagāmapātabyatā pācittiyaṃ kattha paññattanti? Āḷaviyaṃ paññattaṃ. Kaṃ ārabbhāti? Āḷavake bhikkhū ārabbha. Kismiṃ vatthusminti? Āḷavakā bhikkhū rukkhaṃ chindiṃsu, tasmiṃ vatthusmiṃ. Ekā paññatti. Channaṃ āpattisamuṭṭhānānaṃ tīhi samuṭṭhānehi samuṭṭhāti...pe....

65. Aññavādake vihesake pācittiyaṃ kattha paññattanti? Kosambiyaṃ paññattaṃ. Kaṃ ārabbhāti? Āyasmantaṃ channaṃ ārabbha. Kismiṃ vatthusminti? Āyasmā channo saṅghamajjhe āpattiyā anuyuñjiyamāno aññenaññaṃ paṭicari, tasmiṃ vatthusmiṃ. Ekā paññatti, ekā anupaññatti. Channaṃ āpattisamuṭṭhānānaṃ tīhi samuṭṭhānehi samuṭṭhāti...pe....

66. Ujjhāpanake khiyyanake pācittiyaṃ kattha paññattanti? Rājagahe paññattaṃ. Kaṃ ārabbhāti? Mettiyabhūmajake bhikkhū ārabbha. Kismiṃ vatthusminti? Mettiyabhūmajakā bhikkhū āyasmantaṃ dabbaṃ mallaputtaṃ bhikkhū ujjhāpesuṃ, tasmiṃ vatthusmiṃ. Ekā paññatti, ekā anupaññatti. Channaṃ āpattisamuṭṭhānānaṃ tīhi samuṭṭhānehi samuṭṭhāti...pe....

67. Saṅghikaṃ mañcaṃ vā pīṭhaṃ vā bhisiṃ vā kocchaṃ vā ajjhokāse santharitvā anuddharitvā anāpucchā pakkamantassa pācittiyaṃ kattha paññattanti? Sāvatthiyaṃ paññattaṃ. Kaṃ ārabbhāti? Sambahule bhikkhū ārabbha. Kismiṃ vatthusminti? Sambahulā bhikkhū saṅghikaṃ senāsanaṃ ajjhokāse santharitvā anuddharitvā anāpucchā pakkamiṃsu, tasmiṃ vatthusmiṃ. Ekā paññatti, ekā anupaññatti. Channaṃ āpattisamuṭṭhānānaṃ dvīhi samuṭṭhānehi samuṭṭhāti kathinake...pe....

68. Saṅghike vihāre seyyaṃ santharitvā anuddharitvā anāpucchā pakkamantassa pācittiyaṃ kattha paññattanti? Sāvatthiyaṃ paññattaṃ. Kaṃ ārabbhāti? Sattarasavaggiye bhikkhū ārabbha. Kismiṃ vatthusminti? Sattarasavaggiyā bhikkhū saṅghike vihāre seyyaṃ santharitvā anuddharitvā anāpucchā pakkamiṃsu, tasmiṃ vatthusmiṃ. Ekā paññatti . Channaṃ āpattisamuṭṭhānānaṃ dvīhi samuṭṭhānehi samuṭṭhāti kathinake...pe....

69. Saṅghike vihāre jānaṃ pubbupagataṃ bhikkhuṃ anupakhajja seyyaṃ kappentassa pācittiyaṃ kattha paññattanti? Sāvatthiyaṃ paññattaṃ. Kaṃ ārabbhāti? Chabbaggiye bhikkhū ārabbha. Kismiṃ vatthusminti? Chabbaggiyā bhikkhū there bhikkhū anupakhajja seyyaṃ kappesuṃ, tasmiṃ vatthusmiṃ. Ekā paññatti. Channaṃ āpattisamuṭṭhānānaṃ ekena samuṭṭhānena samuṭṭhāti – kāyato ca cittato ca samuṭṭhāti, na vācato...pe....

70. Bhikkhuṃ kupitena anattamanena saṅghikā vihārā nikkaḍḍhantassa pācittiyaṃ kattha paññattanti? Sāvatthiyaṃ paññattaṃ. Kaṃ ārabbhāti? Chabbaggiye bhikkhū ārabbha. Kismiṃ vatthusminti? Chabbaggiyā bhikkhū kupitā anattamanā bhikkhū saṅghikā vihārā nikkaḍḍhiṃsu , tasmiṃ vatthusmiṃ. Ekā paññatti. Channaṃ āpattisamuṭṭhānānaṃ tīhi samuṭṭhānehi samuṭṭhāti...pe....

71. Saṅghike vihāre uparivehāsakuṭiyā āhaccapādakaṃ mañcaṃ vā pīṭhaṃ vā abhinisīdantassa pācittiyaṃ kattha paññattanti? Sāvatthiyaṃ paññattaṃ. Kaṃ ārabbhāti? Aññataraṃ bhikkhuṃ ārabbha. Kismiṃ vatthusminti? Aññataro bhikkhu saṅghike vihāre uparivehāsakuṭiyā āhaccapādakaṃ mañcaṃ sahasā abhinisīdi, tasmiṃ vatthusmiṃ. Ekā paññatti. Channaṃ āpattisamuṭṭhānānaṃ dvīhi samuṭṭhānehi samuṭṭhāti – siyā kāyato samuṭṭhāti, na vācato na cittato; siyā kāyato ca cittato ca samuṭṭhāti, na vācato...pe....

72. Dvattipariyāye adhiṭṭhahitvā tatuttari adhiṭṭhahantassa pācittiyaṃ kattha paññattanti? Kosambiyaṃ paññattaṃ. Kaṃ ārabbhāti? Āyasmantaṃ channaṃ ārabbha. Kismiṃ vatthusminti? Āyasmā channo katapariyositaṃ vihāraṃ punappunaṃ chādāpesi, punappunaṃ limpāpesi, atibhāriko vihāro paripati , tasmiṃ vatthusmiṃ. Ekā paññatti. Channaṃ āpattisamuṭṭhānānaṃ chahi samuṭṭhānehi samuṭṭhāti...pe....

73. Jānaṃ sappāṇakaṃ udakaṃ tiṇaṃ vā mattikaṃ vā siñcantassa pācittiyaṃ kattha paññattanti? Āḷaviyaṃ paññattaṃ. Kaṃ ārabbhāti? Āḷavake bhikkhū ārabbha. Kismiṃ vatthusminti ? Āḷavakā bhikkhū jānaṃ sappāṇakaṃ udakaṃ tiṇampi mattikampi siñciṃsu, tasmiṃ vatthusmiṃ. Ekā paññatti. Channaṃ āpattisamuṭṭhānānaṃ tīhi samuṭṭhānehi samuṭṭhāti...pe....

Bhūtagāmavaggo dutiyo.

3. Ovādavaggo

74. Asammatena bhikkhuniyo ovadantassa pācittiyaṃ kattha paññattanti? Sāvatthiyaṃ paññattaṃ. Kaṃ ārabbhāti? Chabbaggiye bhikkhū ārabbha. Kismiṃ vatthusminti? Chabbaggiyā bhikkhū asammatā

bhikkhuniyo ovadiṃsu, tasmiṃ vatthusmiṃ. Atthi tattha paññatti, anupaññatti, anuppannapaññattīti? Ekā paññatti, ekā anupaññatti. Anuppannapaññatti tasmiṃ natthi. Channaṃ āpattisamuṭṭhānānaṃ dvīhi samuṭṭhānehi samuṭṭhāti – siyā vācato samuṭṭhāti, na kāyato na cittato; siyā vācato ca cittato ca samuṭṭhāti, na kāyato...pe....

75. Atthaṅgate sūriye bhikkhuniyo ovadantassa pācittiyaṃ kattha paññattanti? Sāvatthiyaṃ paññattaṃ. Kaṃ ārabbhāti? Āyasmantaṃ cūḷapanthakaṃ ārabbha. Kismiṃ vatthusminti? Āyasmā cūḷapanthako atthaṅgate sūriye bhikkhuniyo ovadi, tasmiṃ vatthusmiṃ. Ekā paññatti. Channaṃ āpattisamuṭṭhānānaṃ dvīhi samuṭṭhānehi samuṭṭhāti padasodhamme...pe....

76. Bhikkhunupassayaṃ upasaṅkamitvā bhikkhuniyo ovadantassa pācittiyaṃ kattha paññattanti? Sakkesu paññattaṃ. Kaṃ ārabbhāti? Chabbaggiye bhikkhūārabbha. Kismiṃ vatthusminti? Chabbaggiyā bhikkhū bhikkhunupassayaṃ upasaṅkamitvā bhikkhuniyo ovadiṃsu, tasmiṃ vatthusmiṃ. Ekā paññatti, ekā anupaññatti. Channaṃ āpattisamuṭṭhānānaṃ dvīhi samuṭṭhānehi samuṭṭhāti kathinake...pe....

77. "Āmisahetu bhikkhū bhikkhuniyo ovadantī"ti bhaṇantassa pācittiyaṃ kattha paññattanti? Sāvatthiyaṃ paññattaṃ. Kaṃ ārabbhāti? Chabbaggiye bhikkhū ārabbha. Kismiṃ vatthusminti? Chabbaggiyā bhikkhū "āmisahetu bhikkhū bhikkhuniyo ovadantī"ti bhaṇiṃsu, tasmiṃ vatthusmiṃ. Ekā paññatti. Channaṃ āpattisamuṭṭhānānaṃ tīhi samuṭṭhānehi samuṭṭhāti...pe....

78. Aññātikāya bhikkhuniyā cīvaraṃ dentassa pācittiyaṃ kattha paññattanti? Sāvatthiyaṃ paññattaṃ. Kaṃ ārabbhāti? Aññataraṃ bhikkhuṃ ārabbha. Kismiṃ vatthusminti? Aññataro bhikkhu aññātikāya bhikkhuniyā cīvaraṃ adāsi, tasmiṃ vatthusmiṃ. Ekā paññatti, ekā anupaññatti. Channaṃ āpattisamuṭṭhānānaṃ chahi samuṭṭhānehi samuṭṭhāti...pe....

79. Aññātikāya bhikkhuniyā cīvaraṃ sibbentassa pācittiyaṃ kattha paññattanti? Sāvatthiyaṃ paññattaṃ. Kaṃ ārabbhāti? Āyasmantaṃ udāyiṃ ārabbha. Kismiṃ vatthusminti? Āyasmā udāyī aññātikāya bhikkhuniyā cīvaraṃ sibbesi, tasmiṃ vatthusmiṃ. Ekā paññatti. Channaṃ āpattisamuṭṭhānānaṃ chahi samuṭṭhānehi samuṭṭhāti ...pe....

80. Bhikkhuniyā saddhiṃ saṃvidhāya ekaddhānamaggaṃ paṭipajjantassa pācittiyaṃ kattha paññattanti? Sāvatthiyaṃ paññattaṃ. Kaṃ ārabbhāti? Chabbaggiye bhikkhū ārabbha. Kismiṃ vatthusminti? Chabbaggiyā bhikkhū bhikkhunīhi saddhiṃ saṃvidhāya ekaddhānamaggaṃ paṭipajjiṃsu, tasmiṃ vatthusmiṃ. Ekā paññatti, ekā anupaññatti. Channaṃ āpattisamuṭṭhānānaṃ catūhi samuṭṭhānehi samuṭṭhāti – siyā kāyato samuṭṭhāti, na vācato na cittato; siyā kāyato ca vācato ca samuṭṭhāti, na cittato; siyā kāyato ca cittato ca samuṭṭhāti, na vācato; siyā kāyato ca vācato ca cittato ca samuṭṭhāti...pe....

81. Bhikkhuniyā saddhiṃ saṃvidhāya ekaṃ nāvaṃ abhiruhantassa pācittiyaṃ kattha paññattanti? Sāvatthiyaṃ paññattaṃ. Kaṃ ārabbhāti? Chabbaggiye bhikkhū ārabbha. Kismiṃ vatthusminti? Chabbaggiyā bhikkhū bhikkhunīhi saddhiṃ saṃvidhāya ekaṃ nāvaṃ abhiruhiṃsu, tasmiṃ vatthusmiṃ. Ekā paññatti, ekā anupaññatti. Channaṃ āpattisamuṭṭhānānaṃ catūhi samuṭṭhānehi samuṭṭhāti...pe....

82. Jānaṃ bhikkhuniparipācitaṃ piṇḍapātaṃ bhuñjantassa pācittiyaṃ kattha paññattanti? Rājagahe paññattaṃ. Kaṃ ārabbhāti? Devadattaṃ ārabbha. Kismiṃ vatthusminti? Devadatto jānaṃ bhikkhuniparipācitaṃ piṇḍapātaṃ bhuñji, tasmiṃ vatthusmiṃ. Ekā paññatti, ekā anupaññatti. Channaṃ āpattisamuṭṭhānānaṃ ekena samuṭṭhānena samuṭṭhāti – kāyato ca cittato ca samuṭṭhāti, na vācato...pe....

83. Bhikkhuniyā saddhiṃ eko ekāya raho nisajjaṃ kappentassa pācittiyaṃ kattha paññattanti? Sāvatthiyaṃ paññattaṃ. Kaṃ ārabbhāti? Āyasmantaṃ udāyiṃ ārabbha. Kismiṃ vatthusminti? Āyasmā udāyī bhikkhuniyā saddhiṃ eko ekāya raho nisajjaṃ kappesi, tasmiṃ vatthusmiṃ. Ekā paññatti. Channaṃ āpattisamuṭṭhānānaṃ ekena samuṭṭhānena samuṭṭhāti – kāyato ca cittato ca samuṭṭhāti, na vācato...pe....

Ovādavaggo tatiyo.

4. Bhojanavaggo

84. Tatuttari āvasathapiṇḍaṃ bhuñjantassa pācittiyaṃ kattha paññattanti? Sāvatthiyaṃ paññattaṃ. Kaṃ ārabbhāti? Chabbaggiye bhikkhū ārabbha. Kismiṃ vatthusminti? Chabbaggiyā bhikkhū anuvasitvā anuvasitvā āvasathapiṇḍaṃ bhuñjiṃsu, tasmiṃ vatthusmiṃ. Ekā paññatti, ekā anupaññatti. Channaṃ āpattisamuṭṭhānānaṃ dvīhi samuṭṭhānehi samuṭṭhāti eḷakalomake...pe....

85. Gaṇabhojane pācittiyaṃ kattha paññattanti? Rājagahe paññattaṃ. Kaṃ ārabbhāti? Devadattaṃ ārabbha. Kismiṃ vatthusminti? Devadatto sapariso kulesu viññāpetvā viññāpetvā bhuñji, tasmiṃ vatthusmiṃ. Ekā paññatti, satta anupaññattiyo. Channaṃ āpattisamuṭṭhānānaṃ dvīhi samuṭṭhānehi samuṭṭhāti eḷakalomake...pe....

86. Paramparabhojane pācittiyaṃ kattha paññattanti? Vesāliyaṃ paññattaṃ. Kaṃ ārabbhāti? Sambahule bhikkhū ārabbha. Kismiṃ vatthusminti? Sambahulā bhikkhū aññatra nimantitā aññatra bhuñjiṃsu, tasmiṃ vatthusmiṃ. Ekā paññatti, catasso anupaññattiyo. Channaṃ āpattisamuṭṭhānānaṃ dvīhi samuṭṭhānehi samuṭṭhāti kathinake...pe....

87. Dvattipattapūre pūve paṭiggahetvā tatuttari paṭiggaṇhantassa pācittiyaṃ kattha paññattanti? Sāvatthiyaṃ paññattaṃ. Kaṃ ārabbhāti? Sambahule bhikkhū ārabbha. Kismiṃ vatthusminti? Sambahulā

bhikkhū na mattaṃ jānitvā paṭiggahesuṃ, tasmiṃ vatthusmiṃ. Ekā paññatti. Channaṃ āpattisamuṭṭhānānaṃ chahi samuṭṭhānehi samuṭṭhāti...pe....

88. Bhuttāvinā pavāritena anatirittaṃ khādanīyaṃ vā bhojanīyaṃ vā bhuñjantassa pācittiyaṃ kattha paññattanti? Sāvatthiyaṃ paññattaṃ. Kaṃ ārabbhāti? Sambahule bhikkhū ārabbha. Kismiṃ vatthusminti? Sambahulā bhikkhū bhuttāvī pavāritā aññatra bhuñjiṃsu, tasmiṃ vatthusmiṃ. Ekā paññatti, ekā anupaññatti. Channaṃ āpattisamuṭṭhānānaṃ dvīhi samuṭṭhānehi samuṭṭhāti kathinake...pe....

89. Bhikkhuṃ bhuttāviṃ pavāritaṃ anatirittena khādanīyena vā bhojanīyena vā abhihaṭṭhuṃ pavārentassa pācittiyaṃ kattha paññattanti? Sāvatthiyaṃ paññattaṃ. Kaṃ ārabbhāti? Aññataraṃ bhikkhuṃ ārabbha. Kismiṃ vatthusminti? Aññataro bhikkhu bhikkhuṃ bhuttāviṃ pavāritaṃ anatirittena bhojanīyena abhihaṭṭhuṃ pavāresi, tasmiṃ vatthusmiṃ. Ekā paññatti. Channaṃ āpattisamuṭṭhānānaṃ tīhi samuṭṭhānehi samuṭṭhāti...pe....

90. Vikāle khādanīyaṃ vā bhojanīyaṃ vā bhuñjantassa pācittiyaṃ kattha paññattanti? Rājagahe paññattaṃ. Kaṃ ārabbhāti? Sattarasavaggiye bhikkhū ārabbha. Kismiṃ vatthusminti? Sattarasavaggiyā bhikkhū vikāle bhojanaṃ bhuñjiṃsu, tasmiṃ vatthusmiṃ. Ekā paññatti. Channaṃ āpattisamuṭṭhānānaṃ dvīhi samuṭṭhānehi samuṭṭhāti eḷakalomake...pe....

91. Sannidhikārakaṃ khādanīyaṃ vā bhojanīyaṃ vā bhuñjantassa pācittiyaṃ kattha paññattanti? Sāvatthiyaṃ paññattaṃ. Kaṃ ārabbhāti? Āyasmantaṃ belaṭṭhasīsaṃ ārabbha. Kismiṃ vatthusminti? Āyasmā belaṭṭhasīso sannidhikārakaṃ bhojanaṃ bhuñji, tasmiṃ vatthusmiṃ. Ekā paññatti. Channaṃ āpattisamuṭṭhānānaṃ dvīhi samuṭṭhānehi samuṭṭhāti eḷakalomake...pe....

92. Paṇītabhojanāni attano atthāya viññāpetvā bhuñjantassa pācittiyaṃ kattha paññattanti? Sāvatthiyaṃ paññattaṃ. Kaṃ ārabbhāti? Chabbaggiye bhikkhū ārabbha. Kismiṃ vatthusminti? Chabbaggiyā bhikkhū paṇītabhojanāni attano atthāya viññāpetvā bhuñjiṃsu, tasmiṃ vatthusmiṃ. Ekā paññatti, ekā anupaññatti. Channaṃ āpattisamuṭṭhānānaṃ catūhi samuṭṭhānehi samuṭṭhāti...pe....

93. Adinnaṃ mukhadvāraṃ āhāraṃ āharantassa pācittiyaṃ kattha paññattanti? Vesāliyaṃ paññattaṃ. Kaṃ ārabbhāti? Aññataraṃ bhikkhuṃ ārabbha. Kismiṃ vatthusminti? Aññataro bhikkhu adinnaṃ mukhadvāraṃ āhāraṃ āhari, tasmiṃ vatthusmiṃ. Ekā paññatti, ekā anupaññatti. Channaṃ āpattisamuṭṭhānānaṃ dvīhi samuṭṭhānehi samuṭṭhāti eḷakalomake...pe....

Bhojanavaggo catuttho.

5. Acelakavaggo

94. Acelakassa vā paribbājakassa vā paribbājikāya vā sahatthā khādanīyaṃ vā bhojanīyaṃ vā dentassa pācittiyaṃ kattha paññattanti? Vesāliyaṃ paññattaṃ. Kaṃ ārabbhāti? Āyasmantaṃ ānandaṃ ārabbha. Kismiṃ vatthusminti? Āyasmā ānando aññatarissā paribbājikāya ekaṃ maññamāno dve pūve adāsi, tasmiṃ vatthusmiṃ. Ekā paññatti. Channaṃ āpattisamuṭṭhānānaṃ dvīhi samuṭṭhānehi samuṭṭhāti eḷakalomake...pe....

95. Bhikkhuṃ "ehāvuso, gāmaṃ vā nigamaṃ vā piṇḍāya pavisissāmā"ti tassa dāpetvā vā adāpetvā vā uyyojentassa pācittiyaṃ kattha paññattanti? Sāvatthiyaṃ paññattaṃ. Kaṃ ārabbhāti? Āyasmantaṃ upanandaṃ sakyaputtaṃ ārabbha. Kismiṃ vatthusminti ? Āyasmā upanando sakyaputto bhikkhuṃ "ehāvuso, gāmaṃ piṇḍāya pavisissāmā"ti, tassa adāpetvā uyyojesi, tasmiṃ vatthusmiṃ. Ekā paññatti. Channaṃ āpattisamuṭṭhānānaṃ tīhi samuṭṭhānehi samuṭṭhāti...pe....

96. Sabhojane kule anupakhajja nisajjaṃ kappentassa pācittiyaṃ kattha paññattanti? Sāvatthiyaṃ paññattaṃ. Kaṃ ārabbhāti? Āyasmantaṃ upanandaṃ sakyaputtaṃ ārabbha. Kismiṃ vatthusminti? Āyasmā upanando sakyaputto sabhojane kule anupakhajja nisajjaṃ kappesi, tasmiṃ vatthusmiṃ. Ekā paññatti . Channaṃ āpattisamuṭṭhānānaṃ ekena samuṭṭhānena samuṭṭhāti – kāyato ca cittato ca samuṭṭhāti, na vācato...pe....

97. Mātugāmena saddhiṃ raho paṭicchanne āsane nisajjaṃ kappentassa pācittiyaṃ kattha paññattanti? Sāvatthiyaṃ paññattaṃ. Kaṃ ārabbhāti? Āyasmantaṃ upanandaṃ sakyaputtaṃ ārabbha. Kismiṃ vatthusminti? Āyasmā upanando sakyaputto mātugāmena saddhiṃ raho paṭicchanne āsane nisajjaṃ kappesi, tasmiṃ vatthusmiṃ. Ekā paññatti. Channaṃ āpattisamuṭṭhānānaṃ ekena samuṭṭhānena samuṭṭhāti – kāyato ca cittato ca samuṭṭhāti, na vācato...pe....

98. Mātugāmena saddhiṃ eko ekāya raho nisajjaṃ kappentassa pācittiyaṃ kattha paññattanti? Sāvatthiyaṃ paññattaṃ. Kaṃ ārabbhāti? Āyasmantaṃ upanandaṃ sakyaputtaṃ ārabbha. Kismiṃ vatthusminti? Āyasmā upanando sakyaputto mātugāmena saddhiṃ eko ekāya raho nisajjaṃ kappesi, tasmiṃ vatthusmiṃ. Ekā paññatti. Channaṃ āpattisamuṭṭhānānaṃ ekena samuṭṭhānena samuṭṭhāti – kāyato ca cittato ca samuṭṭhāti, na vācato...pe....

99. Nimantitena sabhattena santaṃ bhikkhuṃ anāpucchā purebhattaṃ pacchābhattaṃ kulesu cārittaṃ āpajjantassa pācittiyaṃ kattha paññattanti? Rājagahe paññattaṃ. Kaṃ ārabbhāti? Āyasmantaṃ upanandaṃ sakyaputtaṃ ārabbha. Kismiṃ vatthusminti? Āyasmā upanando sakyaputto nimantito sabhatto samāno purebhattaṃ pacchābhattaṃ kulesu cārittaṃ āpajji, tasmiṃ vatthusmiṃ. Ekā paññatti, catasso anupaññattiyo. Channaṃ āpattisamuṭṭhānānaṃ dvīhi samuṭṭhānehi samuṭṭhāti kathinake...pe....

100. Tatuttari bhesajjaṃ viññāpentassa pācittiyaṃ kattha paññattanti? Sakkesu paññattaṃ. Kaṃ ārabbhāti? Chabbaggiye bhikkhū ārabbha. Kismiṃ vatthusminti? Chabbaggiyā bhikkhū mahānāmena sakkena ''ajjaṇho, bhante, āgamethā''ti vuccamānā nāgamesuṃ, tasmiṃ vatthusmiṃ. Ekā paññatti. Channaṃ āpattisamuṭṭhānānaṃ chahi samuṭṭhānehi samuṭṭhāti...pe....

101. Uyyuttaṃ senaṃ dassanāya gacchantassa pācittiyaṃ kattha paññattanti ? Sāvatthiyaṃ paññattaṃ. Kaṃ ārabbhāti? Chabbaggiye bhikkhū ārabbha. Kismiṃ vatthusminti? Chabbaggiyā bhikkhū uyyuttaṃ senaṃ dassanāya agamaṃsu, tasmiṃ vatthusmiṃ. Ekā paññatti, ekā anupaññatti. Channaṃ āpattisamuṭṭhānānaṃ dvīhi samuṭṭhānehi samuṭṭhāti eḷakalomake...pe....

102. Atirekatirattaṃ senāya vasantassa pācittiyaṃ kattha paññattanti? Sāvatthiyaṃ paññattaṃ. Kaṃ ārabbhāti? Chabbaggiye bhikkhū ārabbha. Kismiṃ vatthusminti? Chabbaggiyā bhikkhū atirekatirattaṃ senāya vasiṃsu, tasmiṃ vatthusmiṃ. Ekā paññatti. Channaṃ āpattisamuṭṭhānānaṃ dvīhi samuṭṭhānehi samuṭṭhāti eḷakalomake...pe....

103. Uyyodhikaṃ gacchantassa pācittiyaṃ kattha paññattanti? Sāvatthiyaṃ paññattaṃ . Kaṃ ārabbhāti? Chabbaggiye bhikkhū ārabbha. Kismiṃ vatthusminti? Chabbaggiyā bhikkhū uyyodhikaṃ agamaṃsu, tasmiṃ vatthusmiṃ. Ekā paññatti. Channaṃ āpattisamuṭṭhānānaṃ dvīhi samuṭṭhānehi samuṭṭhāti eḷakalomake...pe....

Acelakavaggo pañcamo.

6. Surāpānavaggo

104. Surāmerayapāne pācittiyaṃ kattha paññattanti? Kosambiyaṃ paññattaṃ. Kaṃ ārabbhāti? Āyasmantaṃ sāgataṃ ārabbha. Kismiṃ vatthusminti? Āyasmā sāgato majjaṃ pivi, tasmiṃ vatthusmiṃ. Ekā paññatti. Channaṃ āpattisamuṭṭhānānaṃ dvīhi samuṭṭhānehi samuṭṭhāti – siyā kāyato samuṭṭhāti, na vācato na cittato; siyā kāyato ca cittato ca samuṭṭhāti, na vācato...pe....

105. Aṅgulipatodake pācittiyaṃ kattha paññattanti? Sāvatthiyaṃ paññattaṃ. Kaṃ ārabbhāti? Chabbaggiye bhikkhū ārabbha. Kismiṃ vatthusminti? Chabbaggiyā bhikkhū bhikkhuṃ aṅgulipatodakena hāsesuṃ, tasmiṃ vatthusmiṃ. Ekā paññatti. Channaṃ āpattisamuṭṭhānānaṃ ekena samuṭṭhānena samuṭṭhāti – kāyato ca cittato ca samuṭṭhāti, na vācato...pe....

106. Udake hasadhamme [hassadhamme (sī. syā.)] pācittiyaṃ kattha paññattanti? Sāvatthiyaṃ paññattaṃ. Kaṃ ārabbhāti? Sattarasavaggiye bhikkhū ārabbha. Kismiṃ vatthusminti? Sattarasavaggiyā bhikkhū aciravatiyā nadiyā udake kīḷiṃsu, tasmiṃ vatthusmiṃ. Ekā paññatti. Channaṃ āpattisamuṭṭhānānaṃ ekena samuṭṭhānena samuṭṭhāti – kāyato ca cittato ca samuṭṭhāti, na vācato...pe....

107. Anādariye pācittiyaṃ kattha paññattanti? Kosambiyaṃ paññattaṃ. Kaṃ ārabbhāti? Āyasmantaṃ channaṃ ārabbha. Kismiṃ vatthusminti? Āyasmā channo anādariyaṃ akāsi, tasmiṃ vatthusmiṃ. Ekā paññatti. Channaṃ āpattisamuṭṭhānānaṃ tīhi samuṭṭhānehi samuṭṭhāti...pe....

108. Bhikkhuṃ bhiṃsāpentassa pācittiyaṃ kattha paññattanti? Sāvatthiyaṃ paññattaṃ. Kaṃ ārabbhāti? Chabbaggiye bhikkhū ārabbha. Kismiṃ vatthusminti? Chabbaggiyā bhikkhū bhikkhuṃ bhiṃsāpesuṃ , tasmiṃ vatthusmiṃ. Ekā paññatti. Channaṃ āpattisamuṭṭhānānaṃ tīhi samuṭṭhānehi samuṭṭhāti...pe....

109. Jotiṃ samādahitvā visibbentassa pācittiyaṃ kattha paññattanti? Bhaggesu paññattaṃ. Kaṃ ārabbhāti? Sambahule bhikkhū ārabbha. Kismiṃ vatthusminti? Sambahulā bhikkhū jotiṃ samādahitvā visibbesuṃ, tasmiṃ vatthusmiṃ. Ekā paññatti, dve anupaññattiyo. Channaṃ āpattisamuṭṭhānānaṃ chahi samuṭṭhānehi samuṭṭhāti...pe....

110. Orenaddhamāsaṃ nahāyantassa pācittiyaṃ kattha paññattanti? Rājagahe paññattaṃ. Kaṃ ārabbhāti? Sambahule bhikkhū ārabbha. Kismiṃ vatthusminti? Sambahulā bhikkhū rājānampi passitvā na mattaṃ jānitvā nahāyiṃsu, tasmiṃ vatthusmiṃ. Ekā paññatti, cha anupaññattiyo. Sabbatthapaññatti, padesapaññattīti? Padesapaññatti. Channaṃ āpattisamuṭṭhānānaṃ dvīhi samuṭṭhānehi samuṭṭhāti eḷakalomake...pe....

111. Anādiyitvā tiṇṇaṃ dubbaṇṇakaraṇānaṃ aññataraṃ dubbaṇṇakaraṇaṃ navaṃ cīvaraṃ paribhuñjantassa pācittiyaṃ kattha paññattanti? Sāvatthiyaṃ paññattaṃ. Kaṃ ārabbhāti? Sambahule bhikkhū ārabbha. Kismiṃ vatthusminti? Sambahulā bhikkhū attano cīvaraṃ na sañjāniṃsu, tasmiṃ vatthusmiṃ. Ekā paññatti. Channaṃ āpattisamuṭṭhānānaṃ dvīhi samuṭṭhānehi samuṭṭhāti eḷakalomake...pe....

112. Bhikkhussa vā bhikkhuniyā vā sikkhamānāya vā sāmaṇerassa vā sāmaṇeriyā vā sāmaṃ cīvaraṃ vikappetvā appaccuddhāraṇaṃ paribhuñjantassa pācittiyaṃ kattha paññattanti? Sāvatthiyaṃ paññattaṃ. Kaṃ ārabbhāti? Āyasmantaṃ upanandaṃ sakyaputtaṃ ārabbha. Kismiṃ vatthusminti? Āyasmā upanando sakyaputto bhikkhussa sāmaṃ cīvaraṃ vikappetvā appaccuddhāraṇaṃ paribhuñji, tasmiṃ vatthusmiṃ. Ekā paññatti. Channaṃ āpattisamuṭṭhānānaṃ dvīhi samuṭṭhānehi samuṭṭhāti kathinake...pe....

113. Bhikkhussa pattaṃ vā cīvaraṃ vā nisīdanaṃ vā sūcigharaṃ vā kāyabandhanaṃ vā apanidhentassa pācittiyaṃ kattha paññattanti? Sāvatthiyaṃ paññattaṃ. Kaṃ ārabbhāti? Chabbaggiye bhikkhū ārabbha. Kismiṃ vatthusminti? Chabbaggiyā bhikkhū bhikkhūnaṃ pattampi cīvarampi apanidhesuṃ , tasmiṃ vatthusmiṃ. Ekā paññatti. Channaṃ āpattisamuṭṭhānānaṃ tīhi samuṭṭhānehi samuṭṭhāti...pe....

Surāmerayavaggo chaṭṭho.

7. Sappāṇakavaggo

114. Sañcicca pāṇaṃ jīvitā voropentassa pācittiyaṃ kattha paññattanti? Sāvatthiyaṃ paññattaṃ. Kaṃ ārabbhāti? Āyasmantaṃ udāyiṃ ārabbha. Kismiṃ vatthusminti? Āyasmā udāyī sañcicca pāṇaṃ jīvitā voropesi, tasmiṃ vatthusmiṃ. Ekā paññatti. Channaṃ āpattisamuṭṭhānānaṃ tīhi samuṭṭhānehi samuṭṭhāti...pe....

115. Jānaṃ sappāṇakaṃ udakaṃ paribhuñjantassa pācittiyaṃ kattha paññattanti? Sāvatthiyaṃ paññattaṃ. Kaṃ ārabbhāti? Chabbaggiye bhikkhū ārabbha. Kismiṃ vatthusminti ? Chabbaggiyā bhikkhū jānaṃ sappāṇakaṃ udakaṃ paribhuñjiṃsu, tasmiṃ vatthusmiṃ. Ekā paññatti. Channaṃ āpattisamuṭṭhānānaṃ tīhi samuṭṭhānehi samuṭṭhāti...pe....

116. Jānaṃ yathādhammaṃ nihatādhikaraṇaṃ puna kammāya ukkoṭentassa pācittiyaṃ kattha paññattanti? Sāvatthiyaṃ paññattaṃ. Kaṃ ārabbhāti? Chabbaggiye bhikkhū ārabbha. Kismiṃ vatthusminti? Chabbaggiyā bhikkhū jānaṃ yathādhammaṃ nihatādhikaraṇaṃ puna kammāya ukkoṭesuṃ, tasmiṃ vatthusmiṃ. Ekā paññatti. Channaṃ āpattisamuṭṭhānānaṃ tīhi samuṭṭhānehi samuṭṭhāti...pe....

117. Bhikkhussa jānaṃ duṭṭhullaṃ āpattiṃ paṭicchādentassa pācittiyaṃ kattha paññattanti? Sāvatthiyaṃ paññattaṃ. Kaṃ ārabbhāti? Aññataraṃ bhikkhuṃārabbha. Kismiṃ vatthusminti? Aññataro bhikkhu bhikkhussa jānaṃ duṭṭhullaṃ āpattiṃ paṭicchādesi, tasmiṃ vatthusmiṃ. Ekā paññatti. Channaṃ āpattisamuṭṭhānānaṃ ekena samuṭṭhānena samuṭṭhāti – kāyato ca vācato ca cittato ca samuṭṭhāti...pe....

118. Jānaṃ ūnavīsativassaṃ puggalaṃ upasampādentassa pācittiyaṃ kattha paññattanti? Rājagahe paññattaṃ. Kaṃ ārabbhāti? Sambahule bhikkhū ārabbha. Kismiṃ vatthusminti? Sambahulā bhikkhū jānaṃ ūnavīsativassaṃ puggalaṃ upasampādesuṃ, tasmiṃ vatthusmiṃ. Ekā paññatti. Channaṃ āpattisamuṭṭhānānaṃ tīhi samuṭṭhānehi samuṭṭhāti...pe....

119. Jānaṃ theyyasatthena saddhiṃ saṃvidhāya ekaddhānamaggaṃ paṭipajjantassa pācittiyaṃ kattha paññattanti? Sāvatthiyaṃ paññattaṃ. Kaṃ ārabbhāti? Aññataraṃ bhikkhuṃ ārabbha. Kismiṃ vatthusminti? Aññataro bhikkhu jānaṃ theyyasatthena saddhiṃ saṃvidhāya ekaddhānamaggaṃ paṭipajji, tasmiṃ vatthusmiṃ. Ekā paññatti. Channaṃ āpattisamuṭṭhānānaṃ dvīhi samuṭṭhānehi samuṭṭhāti – siyā kāyato ca cittato ca samuṭṭhāti, na vācato; siyā kāyato ca vācato ca cittato ca samuṭṭhāti...pe....

120. Mātugāmena saddhiṃ saṃvidhāya ekaddhānamaggaṃ paṭipajjantassa pācittiyaṃ kattha paññattanti? Sāvatthiyaṃ paññattaṃ. Kaṃ ārabbhāti? Aññataraṃ bhikkhuṃ ārabbha. Kismiṃ vatthusminti? Aññataro bhikkhu mātugāmena saddhiṃ saṃvidhāya ekaddhānamaggaṃ paṭipajji, tasmiṃ vatthusmiṃ. Ekā paññatti. Channaṃ āpattisamuṭṭhānānaṃ catūhi samuṭṭhānehi samuṭṭhāti...pe....

121. Pāpikāya diṭṭhiyā yāvatatiyaṃ samanubhāsanāya na paṭinissajjantassa pācittiyaṃ kattha paññattanti? Sāvatthiyaṃ paññattaṃ. Kaṃ ārabbhāti? Ariṭṭhaṃ bhikkhuṃ gaddhabādhipubbaṃ ārabbha. Kismiṃ vatthusminti? Ariṭṭho bhikkhu gaddhabādhipubbo pāpikāya diṭṭhiyā yāvatatiyaṃ samanubhāsanāya na paṭinissajji, tasmiṃ vatthusmiṃ. Ekā paññatti. Channaṃ āpattisamuṭṭhānānaṃ ekena samuṭṭhānena samuṭṭhāti. Kāyato ca vācato ca cittato ca samuṭṭhāti...pe....

122. Jānaṃ tathāvādinā bhikkhunā [ariṭṭhena bhikkhunā (ka.)] akaṭānudhammena taṃ diṭṭhiṃ appaṭinissaṭṭhena saddhiṃ sambhuñjantassa pācittiyaṃ kattha paññattanti? Sāvatthiyaṃ paññattaṃ. Kaṃ ārabbhāti? Chabbaggiye bhikkhū ārabbha. Kismiṃ vatthusminti? Chabbaggiyā bhikkhū jānaṃ tathāvādinā ariṭṭhena bhikkhunā akaṭānudhammena taṃ diṭṭhiṃ appaṭinissaṭṭhena saddhiṃ sambhuñjiṃsu, tasmiṃ vatthusmiṃ. Ekā paññatti. Channaṃ āpattisamuṭṭhānānaṃ tīhi samuṭṭhānehi samuṭṭhāti...pe....

123. Jānaṃ tathānāsitaṃ samaṇuddesaṃ upalāpentassa pācittiyaṃ kattha paññattanti? Sāvatthiyaṃ paññattaṃ. Kaṃ ārabbhāti? Chabbaggiye bhikkhū ārabbha. Kismiṃ vatthusminti? Chabbaggiyā bhikkhū jānaṃ tathānāsitaṃ kaṇṭakaṃ samaṇuddesaṃ upalāpesuṃ, tasmiṃ vatthusmiṃ. Ekā paññatti. Channaṃ āpattisamuṭṭhānānaṃ tīhi samuṭṭhānehi samuṭṭhāti...pe....

Sappāṇakavaggo sattamo.

8. Sahadhammikavaggo

124. Bhikkhūhi sahadhammikaṃ vuccamānena ''na tāvāhaṃ, āvuso, etasmiṃ sikkhāpade sikkhissāmi yāva na aññaṃ bhikkhuṃ byattaṃ vinayadharaṃ paripucchissāmī''ti bhaṇantassa pācittiyaṃ kattha paññattanti? Kosambiyaṃ paññattaṃ. Kaṃ ārabbhāti? Āyasmantaṃ channaṃ ārabbha. Kismiṃ vatthusminti? Āyasmā channo bhikkhūhi sahadhammikaṃ vuccamāno ''na tāvāhaṃ, āvuso, etasmiṃ sikkhāpade sikkhissāmi yāva na aññaṃ bhikkhuṃ byattaṃ vinayadharaṃ paripucchissāmī''ti bhaṇi, tasmiṃ vatthusmiṃ. Ekā paññatti. Channaṃ āpattisamuṭṭhānānaṃ tīhi samuṭṭhānehi samuṭṭhāti...pe....

125. Vinayaṃ vivaṇṇentassa pācittiyaṃ kattha paññattanti? Sāvatthiyaṃ paññattaṃ. Kaṃ ārabbhāti? Chabbaggiye bhikkhū ārabbha. Kismiṃ vatthusminti? Chabbaggiyā bhikkhū vinayaṃ vivaṇṇesuṃ, tasmiṃ vatthusmiṃ. Ekā paññatti. Channaṃ āpattisamuṭṭhānānaṃ tīhi samuṭṭhānehi samuṭṭhāti...pe....

126. Mohanake pācittiyaṃ kattha paññattanti? Sāvatthiyaṃ paññattaṃ. Kaṃ ārabbhāti? Chabbaggiye bhikkhū ārabbha. Kismiṃ vatthusminti? Chabbaggiyā bhikkhū mohesuṃ, tasmiṃ vatthusmiṃ. Ekā paññatti. Channaṃ āpattisamuṭṭhānānaṃ tīhi samuṭṭhānehi samuṭṭhāti...pe....
127. Bhikkhussa kupitena anattamanena pahāraṃ dentassa pācittiyaṃ kattha paññattanti? Sāvatthiyaṃ paññattaṃ. Kaṃ ārabbhāti? Chabbaggiye bhikkhū ārabbha. Kismiṃ vatthusminti? Chabbaggiyā bhikkhū kupitā anattamanā bhikkhūnaṃ pahāraṃ adaṃsu, tasmiṃ vatthusmiṃ. Ekā paññatti. Channaṃ āpattisamuṭṭhānānaṃ ekena samuṭṭhānena samuṭṭhāti – kāyato ca cittato ca samuṭṭhāti, na vācato...pe....
128. Bhikkhussa kupitena anattamanena talasattikaṃ uggirantassa pācittiyaṃ kattha paññattanti ? Sāvatthiyaṃ paññattaṃ. Kaṃ ārabbhāti? Chabbaggiye bhikkhū ārabbha. Kismiṃ vatthusminti? Chabbaggiyā bhikkhū kupitā anattamanā bhikkhūnaṃ talasattikaṃ uggiriṃsu, tasmiṃ vatthusmiṃ. Ekā paññatti. Channaṃ āpattisamuṭṭhānānaṃ ekena samuṭṭhānena samuṭṭhāti – kāyato ca cittato ca samuṭṭhāti, na vācato...pe....
129. Bhikkhuṃ amūlakena saṅghādisesena anuddhaṃsentassa pācittiyaṃ kattha paññattanti? Sāvatthiyaṃ paññattaṃ. Kaṃ ārabbhāti? Chabbaggiye bhikkhū ārabbha. Kismiṃ vatthusminti? Chabbaggiyā bhikkhū bhikkhuṃ amūlakena saṅghādisesena anuddhaṃsesuṃ, tasmiṃ vatthusmiṃ. Ekā paññatti. Channaṃ āpattisamuṭṭhānānaṃ tīhi samuṭṭhānehi samuṭṭhāti...pe....
130. Bhikkhussa sañcicca kukkuccaṃ upadahantassa [uppādentassa (syā.)] pācittiyaṃ kattha paññattanti? Sāvatthiyaṃ paññattaṃ. Kaṃ ārabbhāti? Chabbaggiye bhikkhū ārabbha. Kismiṃ vatthusminti? Chabbaggiyā bhikkhū bhikkhūnaṃ sañcicca kukkuccaṃ upadahiṃsu, tasmiṃ vatthusmiṃ. Ekā paññatti. Channaṃ āpattisamuṭṭhānānaṃ tīhi samuṭṭhānehi samuṭṭhāti...pe....
131. Bhikkhūnaṃ bhaṇḍanajātānaṃ kalahajātānaṃ vivādāpannānaṃ upassutiṃ [upassuti (?)] tiṭṭhantassa pācittiyaṃ kattha paññattanti? Sāvatthiyaṃ paññattaṃ. Kaṃ ārabbhāti? Chabbaggiye bhikkhū ārabbha. Kismiṃ vatthusminti? Chabbaggiyā bhikkhū bhikkhūnaṃ bhaṇḍanajātānaṃ kalahajātānaṃ vivādāpannānaṃ upassutiṃ tiṭṭhahiṃsu, tasmiṃ vatthusmiṃ. Ekā paññatti. Channaṃ āpattisamuṭṭhānānaṃ dvīhi samuṭṭhānehi samuṭṭhāti – siyā kāyato ca cittato ca samuṭṭhāti, na vācato; siyā kāyato ca vācato ca cittato ca samuṭṭhāti...pe....
132. Dhammikānaṃ kammānaṃ chandaṃ datvā pacchā khīyanadhammaṃ [khiyyadhammaṃ (ka.)] āpajjantassa pācittiyaṃ kattha paññattanti? Sāvatthiyaṃ paññattaṃ. Kaṃ ārabbhāti? Chabbaggiye bhikkhū ārabbha. Kismiṃ vatthusminti? Chabbaggiyā bhikkhū dhammikānaṃ kammānaṃ chandaṃ datvā pacchā khīyanadhammaṃ āpajjiṃsu, tasmiṃ vatthusmiṃ. Ekā paññatti. Channaṃ āpattisamuṭṭhānānaṃ tīhi samuṭṭhānehi samuṭṭhāti...pe....
133. Saṅghe vinicchayakathāya vattamānāya chandaṃ adatvā uṭṭhāyāsanā pakkamantassa pācittiyaṃ kattha paññattanti? Sāvatthiyaṃ paññattaṃ . Kaṃ ārabbhāti? Aññataraṃ bhikkhuṃ ārabbha . Kismiṃ vatthusminti? Aññataro bhikkhu saṅghe vinicchayakathāya vattamānāya chandaṃ adatvā uṭṭhāyāsanā pakkāmi, tasmiṃ vatthusmiṃ. Ekā paññatti. Channaṃ āpattisamuṭṭhānānaṃ ekena samuṭṭhānena samuṭṭhāti – kāyato ca vācato ca cittato ca samuṭṭhāti...pe....
134. Samagge saṅghena cīvaraṃ datvā pacchā khīyanadhammaṃ āpajjantassa pācittiyaṃ kattha paññattanti? Rājagahe paññattaṃ. Kaṃ ārabbhāti? Chabbaggiye bhikkhū ārabbha. Kismiṃ vatthusminti? Chabbaggiyā bhikkhū samaggena saṅghena cīvaraṃ datvā pacchā khīyanadhammaṃ āpajjiṃsu, tasmiṃ vatthusmiṃ. Ekā paññatti. Channaṃ āpattisamuṭṭhānānaṃ tīhi samuṭṭhānehi samuṭṭhāti...pe....
135. Jānaṃ saṅghikaṃ lābhaṃ pariṇataṃ puggalassa pariṇāmentassa pācittiyaṃ kattha paññattanti? Sāvatthiyaṃ paññattaṃ. Kaṃ ārabbhāti? Chabbaggiye bhikkhū ārabbha. Kismiṃ vatthusminti? Chabbaggiyā bhikkhū jānaṃ saṅghikaṃ lābhaṃ pariṇataṃ puggalassa pariṇāmesuṃ, tasmiṃ vatthusmiṃ. Ekā paññatti. Channaṃ āpattisamuṭṭhānānaṃ tīhi samuṭṭhānehi samuṭṭhāti...pe....
Sahadhammikavaggo aṭṭhamo.
9. Rājavaggo
136. Pubbe appaṭisaṃviditena rañño antepuraṃ pavisantassa pācittiyaṃ kattha paññattanti? Sāvatthiyaṃ paññattaṃ. Kaṃ ārabbhāti? Āyasmantaṃ ānandaṃ ārabbha. Kismiṃ vatthusminti? Āyasmā ānando pubbe appaṭisaṃvidito rañño antepuraṃ pāvisi, tasmiṃ vatthusmiṃ. Ekā paññatti. Channaṃ āpattisamuṭṭhānānaṃ dvīhi samuṭṭhānehi samuṭṭhāti kathinake...pe....
137. Ratanaṃ uggaṇhantassa pācittiyaṃ kattha paññattanti? Sāvatthiyaṃ paññattaṃ . Kaṃ ārabbhāti? Aññataraṃ bhikkhuṃ ārabbha. Kismiṃ vatthusminti? Aññataro bhikkhu ratanaṃ uggahesi, tasmiṃ vatthusmiṃ. Ekā paññatti, dve anupaññattiyo. Channaṃ āpattisamuṭṭhānānaṃ chahi samuṭṭhānehi samuṭṭhāti...pe....
138. Santaṃ bhikkhuṃ anāpucchā vikāle gāmaṃ pavisantassa pācittiyaṃ kattha paññattanti ? Sāvatthiyaṃ paññattaṃ. Kaṃ ārabbhāti? Chabbaggiye bhikkhū ārabbha. Kismiṃ vatthusminti? Chabbaggiyā bhikkhū vikāle gāmaṃ pavisiṃsu, tasmiṃ vatthusmiṃ. Ekā paññatti, tisso anupaññattiyo. Channaṃ āpattisamuṭṭhānānaṃ dvīhi samuṭṭhānehi samuṭṭhāti kathinake...pe....
139. Aṭṭhimayaṃ vā dantamayaṃ vā visāṇamayaṃ vā sūcigharaṃ kārāpentassa pācittiyaṃ kattha paññattanti? Sakkesu paññattaṃ. Kaṃ ārabbhāti? Sambahule bhikkhū ārabbha. Kismiṃ vatthusminti?

Sambahulā bhikkhū na mattaṃ jānitvā bahū sūcighare viññāpesuṃ, tasmiṃ vatthusmiṃ. Ekā paññatti. Channaṃ āpattisamuṭṭhānānaṃ chahi samuṭṭhānehi samuṭṭhāti…pe….

140. Pamāṇātikkantaṃ mañcaṃ vā pīṭhaṃ vā kārāpentassa pācittiyaṃ kattha paññattanti? Sāvatthiyaṃ paññattaṃ. Kaṃ ārabbhāti? Āyasmantaṃ upanandaṃ sakyaputtaṃ ārabbha. Kismiṃ vatthusminti? Āyasmā upanando sakyaputto ucce mañce sayi, tasmiṃ vatthusmiṃ. Ekā paññatti. Channaṃ āpattisamuṭṭhānānaṃ chahi samuṭṭhānehi samuṭṭhāti…pe….

141. Mañcaṃ vā pīṭhaṃ vā tūlonaddhaṃ kārāpentassa pācittiyaṃ kattha paññattanti? Sāvatthiyaṃ paññattaṃ. Kaṃ ārabbhāti? Chabbaggiye bhikkhū ārabbha. Kismiṃ vatthusminti? Chabbaggiyā bhikkhū mañcaṃ vā pīṭhaṃ vā tūlonaddhaṃ kārāpesuṃ, tasmiṃ vatthusmiṃ. Ekā paññatti. Channaṃ āpattisamuṭṭhānānaṃ chahi samuṭṭhānehi samuṭṭhāti…pe….

142. Pamāṇātikkantaṃ nisīdanaṃ kārāpentassa pācittiyaṃ kattha paññattanti? Sāvatthiyaṃ paññattaṃ. Kaṃ ārabbhāti? Chabbaggiye bhikkhū ārabbha. Kismiṃ vatthusminti? Chabbaggiyā bhikkhū appamāṇikāni nisīdanāni dhāresuṃ, tasmiṃ vatthusmiṃ. Ekā paññatti, ekā anupaññatti. Channaṃ āpattisamuṭṭhānānaṃ chahi samuṭṭhānehi samuṭṭhāti…pe….

143. Pamāṇātikkantaṃ kaṇḍuppaṭicchādiṃ kārāpentassa pācittiyaṃ kattha paññattanti? Sāvatthiyaṃ paññattaṃ. Kaṃ ārabbhāti? Chabbaggiye bhikkhū ārabbha. Kismiṃ vatthusminti? Chabbaggiyā bhikkhū appamāṇikāyo kaṇḍuppaṭicchādiyo dhāresuṃ, tasmiṃ vatthusmiṃ. Ekā paññatti. Channaṃ āpattisamuṭṭhānānaṃ chahi samuṭṭhānehi samuṭṭhāti…pe….

144. Pamāṇātikkantaṃ vassikasāṭikaṃ kārāpentassa pācittiyaṃ kattha paññattanti? Sāvatthiyaṃ paññattaṃ. Kaṃ ārabbhāti? Chabbaggiye bhikkhū ārabbha . Kismiṃ vatthusminti? Chabbaggiyā bhikkhū appamāṇikāyo vassikasāṭikāyo dhāresuṃ, tasmiṃ vatthusmiṃ. Ekā paññatti. Channaṃ āpattisamuṭṭhānānaṃ chahi samuṭṭhānehi samuṭṭhāti…pe….

145. Sugatacīvarappamāṇaṃ cīvaraṃ kārāpentassa pācittiyaṃ kattha paññattanti? Sāvatthiyaṃ paññattaṃ. Kaṃ ārabbhāti? Āyasmantaṃ nandaṃ ārabbha. Kismiṃ vatthusminti? Āyasmā nando sugatacīvarappamāṇaṃ cīvaraṃ dhāresi, tasmiṃ vatthusmiṃ. Ekā paññatti. Channaṃ āpattisamuṭṭhānānaṃ chahi samuṭṭhānehi samuṭṭhāti…pe….

Rājavaggo navamo.

Dvenavuti pācittiyā niṭṭhitā.

Khuddakaṃ samattaṃ.

Tassuddānaṃ –

Musā omasapesuññaṃ, padaseyyā ca itthiyā;
Aññatra viññunā bhūtā [desanārocanā ceva (sī. syā.)], duṭṭhullāpatti khaṇanā.
Bhūtaṃ aññāya ujjhāyi [bhūtaññavādaujjhāyi (sī.)], mañco seyyo ca vuccati;
Pubbe nikkaḍḍhanāhacca, dvāraṃ sappāṇakena ca.
Asammatā atthaṅgate, upassayāmisena ca;
Dade sibbe vidhānena, nāvā bhuñjeyya ekato.
Piṇḍaṃ gaṇaṃ paraṃ pūvaṃ, pavārito pavāritaṃ;
Vikālaṃ sannidhi khīraṃ, dantaponena te dasa.
Acelakaṃ uyyokhajja [acelakānupakhajja (ka.)], paṭicchannaṃ rahena ca;
Nimantito paccayehi, senāvasanuyyodhikaṃ.
Surā aṅguli hāso ca, anādariyañca bhiṃsanaṃ;
Joti nahāna dubbaṇṇaṃ, sāmaṃ apanidhena ca.
Sañciccudakakammā ca, duṭṭhullaṃ ūnavīsati;
Theyyaitthiavadesaṃ [ariṭṭhakaṃ (vibhaṅge)], saṃvāse nāsitena ca.
Sahadhammikavilekhā, moho pahārenuggire;
Amūlakañca sañcicca, sossāmi khiyyapakkame.
Saṅghena cīvaraṃ datvā, pariṇāmeyya puggale;
Raññañca ratanaṃ santaṃ, sūci mañco ca tūlikā;
Nisīdanaṃ kaṇḍucchādi, vassikā sugatena cāti.

Tesaṃ vaggānaṃ uddānaṃ –

Musā bhūtā ca ovādo, bhojanācelakena ca;
Surā sappāṇakā dhammo, rājavaggena te navāti.

6. Pāṭidesanīyakaṇḍaṃ

146. Yaṃ tena bhagavatā jānatā passatā arahatā sammāsambuddhena aññātikāya bhikkhuniyā antaragharaṃ paviṭṭhāya hatthato khādanīyaṃ vā bhojanīyaṃ vā sahatthā paṭiggahetvā bhuñjantassa pāṭidesanīyaṃ kattha paññattanti? Sāvatthiyaṃ paññattaṃ. Kaṃ ārabbhāti? Aññataraṃ bhikkhuṃ ārabbha. Kismiṃ vatthusminti? Aññataro bhikkhu aññātikāya bhikkhuniyā antaragharaṃ paviṭṭhāya

hatthato āmisaṃ paṭiggahesi, tasmiṃ vatthusmiṃ. Ekā paññatti. Channaṃ āpattisamuṭṭhānānaṃ dvīhi samuṭṭhānehi samuṭṭhāti – siyā kāyato samuṭṭhāti, na vācato na cittato; siyā kāyato ca cittato ca samuṭṭhāti, na vācato...pe....

147. Bhikkhuniyā vosāsantiyā na nivāretvā bhuñjantassa pāṭidesanīyaṃ kattha paññattanti? Rājagahe paññattaṃ. Kaṃ ārabbhāti? Chabbaggiye bhikkhū ārabbha. Kismiṃ vatthusminti? Chabbaggiyā bhikkhū bhikkhuniyo vosāsantiyo na nivāresuṃ, tasmiṃ vatthusmiṃ. Ekā paññatti. Channaṃ āpattisamuṭṭhānānaṃ dvīhi samuṭṭhānehi samuṭṭhāti – siyā kāyato ca vācato ca samuṭṭhāti, na cittato; siyā kāyato ca vācato ca cittato ca samuṭṭhāti...pe....

148. Sekkhasammatesu kulesu khādanīyaṃ vā bhojanīyaṃ vā sahatthā paṭiggahetvā bhuñjantassa pāṭidesanīyaṃ kattha paññattanti? Sāvatthiyaṃ paññattaṃ. Kaṃ ārabbhāti? Sambahule bhikkhū ārabbha. Kismiṃ vatthusminti? Sambahulā bhikkhū na mattaṃ jānitvā paṭiggahesuṃ, tasmiṃ vatthusmiṃ. Ekā paññatti, dve anupaññattiyo. Channaṃ āpattisamuṭṭhānānaṃ dvīhi samuṭṭhānehi samuṭṭhāti – siyā kāyato samuṭṭhāti, na vācato na cittato; siyā kāyato ca cittato ca samuṭṭhāti, na vācato...pe....

149. Āraññakesu senāsanesu pubbe appaṭisaṃviditaṃ khādanīyaṃ vā bhojanīyaṃ vā ajjhārāme sahatthā paṭiggahetvā bhuñjantassa pāṭidesanīyaṃ kattha paññattanti? Sakkesu paññattaṃ. Kaṃ ārabbhāti? Sambahule bhikkhū ārabbha. Kismiṃ vatthusminti. Sambahulā bhikkhū ārāme core paṭivasante nārocesuṃ, tasmiṃ vatthusmiṃ. Ekā paññatti, ekā anupaññatti. Channaṃ āpattisamuṭṭhānānaṃ dvīhi samuṭṭhānehi samuṭṭhāti – siyā kāyato ca vācato ca samuṭṭhāti, na cittato; siyā kāyato ca vācato ca cittato ca samuṭṭhāti...pe....

Cattāro pāṭidesanīyā niṭṭhitā.

Tassuddānaṃ –

Aññātikāya vosāsaṃ, sekkhaāraññakena ca;
Pāṭidesanīyā cattāro, sambuddhena pakāsitāti.

7. Sekhiyakaṇḍaṃ

1. Parimaṇḍalavaggo

150. Yaṃ tena bhagavatā jānatā passatā arahatā sammāsambuddhena anādariyaṃ paṭicca purato vā pacchato vā olambentena nivāsentassa dukkaṭaṃ kattha paññattanti? Sāvatthiyaṃ paññattaṃ. Kaṃ ārabbhāti? Chabbaggiye bhikkhū ārabbha. Kismiṃ vatthusminti? Chabbaggiyā bhikkhū puratopi pacchatopi olambentā nivāsesuṃ, tasmiṃ vatthusmiṃ. Ekā paññatti. Channaṃ āpattisamuṭṭhānānaṃ ekena samuṭṭhānena samuṭṭhāti – kāyato ca cittato ca samuṭṭhāti, na vācato...pe....

Anādariyaṃ paṭicca purato vā pacchato vā olambentena pārupantassa dukkaṭaṃ kattha paññattanti? Sāvatthiyaṃ paññattaṃ. Kaṃ ārabbhāti? Chabbaggiye bhikkhū ārabbha. Kismiṃ vatthusminti? Chabbaggiyā bhikkhū puratopi pacchatopi olambentā pārupiṃsu, tasmiṃ vatthusmiṃ. Ekā paññatti. Channaṃ āpattisamuṭṭhānānaṃ ekena samuṭṭhānena samuṭṭhāti – kāyato ca cittato ca samuṭṭhāti, na vācato...pe....

Anādariyaṃ paṭicca kāyaṃ vivaritvā antaraghare gacchantassa dukkaṭaṃ...pe... ekā paññatti. Ekena samuṭṭhānena samuṭṭhāti – kāyato ca cittato ca samuṭṭhāti, na vācato...pe....

Anādariyaṃ paṭicca kāyaṃ vivaritvā antaraghare nisīdantassa dukkaṭaṃ...pe... ekā paññatti. Ekena samuṭṭhānena samuṭṭhāti – kāyato ca cittato ca samuṭṭhāti, na vācato...pe....

Anādariyaṃ paṭicca hatthaṃ vā pādaṃ vā kīḷāpentena antaraghare gacchantassa dukkaṭaṃ...pe... ekā paññatti. Ekena samuṭṭhānena samuṭṭhāti – kāyato ca cittato ca samuṭṭhāti, na vācato...pe....

Anādariyaṃ paṭicca hatthaṃ vā pādaṃ vā kīḷāpentena antaraghare nisīdantassa dukkaṭaṃ ...pe... ekā paññatti. Ekena samuṭṭhānena samuṭṭhāti – kāyato ca cittato ca samuṭṭhāti, na vācato...pe....

Anādariyaṃ paṭicca tahaṃ tahaṃ olokentena antaraghare gacchantassa dukkaṭaṃ...pe... ekā paññatti. Ekena samuṭṭhānena samuṭṭhāti – kāyato ca cittato ca samuṭṭhāti, na vācato...pe....

Anādariyaṃ paṭicca tahaṃ tahaṃ olokentena antaraghare nisīdantassa dukkaṭaṃ...pe... ekā paññatti. Ekena samuṭṭhānena samuṭṭhāti – kāyato ca cittato ca samuṭṭhāti, na vācato...pe....

Anādariyaṃ paṭicca ukkhittakāya antaraghare gacchantassa dukkaṭaṃ...pe... ekā paññatti. Ekena samuṭṭhānena samuṭṭhāti – kāyato ca cittato ca samuṭṭhāti, na vācato...pe....

Anādariyaṃ paṭicca ukkhittakāya antaraghare nisīdantassa dukkaṭaṃ...pe... ekā paññatti. Ekena samuṭṭhānena samuṭṭhāti – kāyato ca cittato ca samuṭṭhāti, na vācato...pe....

Parimaṇḍalavaggo paṭhamo.

2. Ujjagghikavaggo

151. Anādariyaṃ paṭicca ujjagghikāya antaraghare gacchantassa dukkaṭaṃ kattha paññattanti? Sāvatthiyaṃ paññattaṃ. Kaṃ ārabbhāti? Chabbaggiye bhikkhū ārabbha. Kismiṃ vatthusminti? Chabbaggiyā bhikkhū mahāhasitaṃ hasantā antaraghare gacchiṃsu, tasmiṃ vatthusmiṃ. Ekā paññatti.

Channaṃ āpattisamuṭṭhānānaṃ ekena samuṭṭhānena samuṭṭhāti – kāyato ca vācato ca cittato ca samuṭṭhāti...pe....

Anādariyaṃ paṭicca ujjagghikāya antaraghare nisīdantassa dukkaṭaṃ kattha paññattanti? Sāvatthiyaṃ paññattaṃ. Kaṃ ārabbhāti? Chabbaggiye bhikkhū ārabbha. Kismiṃ vatthusminti? Chabbaggiyā bhikkhū mahāhasitaṃ hasantā antaraghare nisīdiṃsu, tasmiṃ vatthusmiṃ. Ekā paññatti. Channaṃ āpattisamuṭṭhānānaṃ ekena samuṭṭhānena samuṭṭhāti – kāyato ca vācato ca cittato ca samuṭṭhāti...pe....

Anādariyaṃ paṭicca uccāsaddaṃ mahāsaddaṃ karontena antaraghare gacchantassa dukkaṭaṃ kattha paññattanti? Sāvatthiyaṃ paññattaṃ. Kaṃ ārabbhāti? Chabbaggiye bhikkhū ārabbha. Kismiṃ vatthusminti? Chabbaggiyā bhikkhū uccāsaddaṃ mahāsaddaṃ karontā antaraghare gacchiṃsu, tasmiṃ vatthusmiṃ. Ekā paññatti. Channaṃ āpattisamuṭṭhānānaṃ ekena samuṭṭhānena samuṭṭhāti – kāyato ca vācato ca cittato ca samuṭṭhāti...pe....

Anādariyaṃ paṭicca uccāsaddaṃ mahāsaddaṃ karontena antaraghare nisīdantassa dukkaṭaṃ kattha paññattanti? Sāvatthiyaṃ paññattaṃ. Kaṃ ārabbhāti? Chabbaggiye bhikkhū ārabbha. Kismiṃ vatthusminti? Chabbaggiyā bhikkhū uccāsaddaṃ mahāsaddaṃ karontā antaraghare nisīdiṃsu, tasmiṃ vatthusmiṃ. Ekā paññatti . Channaṃ āpattisamuṭṭhānānaṃ ekena samuṭṭhānena samuṭṭhāti – kāyato ca vācato ca cittato ca samuṭṭhāti...pe....

Anādariyaṃ paṭicca kāyappacālakaṃ antaraghare gacchantassa dukkaṭaṃ...pe... ekā paññatti. Ekena samuṭṭhānena samuṭṭhāti – kāyato ca cittato ca samuṭṭhāti, na vācato...pe....

Anādariyaṃ paṭicca kāyappacālakaṃ antaraghare nisīdantassa dukkaṭaṃ...pe... ekā paññatti. Ekena samuṭṭhānena samuṭṭhāti – kāyato ca cittato ca samuṭṭhāti, na vācato...pe....

Anādariyaṃ paṭicca bāhuppacālakaṃ antaraghare gacchantassa dukkaṭaṃ...pe... ekā paññatti. Ekena samuṭṭhānena samuṭṭhāti – kāyato ca cittato ca samuṭṭhāti, na vācato...pe....

Anādariyaṃ paṭicca bāhuppacālakaṃ antaraghare nisīdantassa dukkaṭaṃ...pe... ekā paññatti . Ekena samuṭṭhānena samuṭṭhāti – kāyato ca cittato ca samuṭṭhāti, na vācato...pe....

Anādariyaṃ paṭicca sīsappacālakaṃ antaraghare gacchantassa dukkaṭaṃ...pe... ekā paññatti. Ekena samuṭṭhānena samuṭṭhāti – kāyato ca cittato ca samuṭṭhāti, na vācato...pe....

Anādariyaṃ paṭicca sīsappacālakaṃ antaraghare nisīdantassa dukkaṭaṃ...pe... ekā paññatti. Ekena samuṭṭhānena samuṭṭhāti – kāyato ca cittato ca samuṭṭhāti, na vācato...pe....

Ujjagghikavaggo dutiyo.

3. Khambhakatavaggo

152. Anādariyaṃ paṭicca khambhakatena antaraghare gacchantassa dukkaṭaṃ...pe... ekā paññatti. Ekena samuṭṭhānena samuṭṭhāti. Kāyato ca cittato ca samuṭṭhāti, na vācato...pe....

Anādariyaṃ paṭicca khambhakatena antaraghare nisīdantassa dukkaṭaṃ...pe... ekā paññatti. Ekena samuṭṭhānena samuṭṭhāti – kāyato ca cittato ca samuṭṭhāti, na vācato...pe....

Anādariyaṃ paṭicca oguṇṭhitena antaraghare gacchantassa dukkaṭaṃ kattha paññattanti? Sāvatthiyaṃ paññattaṃ. Kaṃ ārabbhāti? Chabbaggiye bhikkhū ārabbha. Kismiṃ vatthusminti? Chabbaggiyā bhikkhū sasīsaṃ pārupitvā antaraghare gacchiṃsu, tasmiṃ vatthusmiṃ. Ekā paññatti. Channaṃ āpattisamuṭṭhānānaṃ ekena samuṭṭhānena samuṭṭhāti – kāyato ca cittato ca samuṭṭhāti, na vācato...pe....

Anādariyaṃ paṭicca oguṇṭhitena antaraghare nisīdantassa dukkaṭaṃ kattha paññattanti? Sāvatthiyaṃ paññattaṃ. Kaṃ ārabbhāti? Chabbaggiye bhikkhū ārabbha. Kismiṃ vatthusminti? Chabbaggiyā bhikkhū sasīsaṃ pārupitvā antaraghare nisīdiṃsu, tasmiṃ vatthusmiṃ. Ekā paññatti. Channaṃ āpattisamuṭṭhānānaṃ ekena samuṭṭhānena samuṭṭhāti – kāyato ca cittato ca samuṭṭhāti, na vācato...pe....

Anādariyaṃ paṭicca ukkuṭikāya antaraghare gacchantassa dukkaṭaṃ...pe... ekā paññatti. Ekena samuṭṭhānena samuṭṭhāti – kāyato ca cittato ca samuṭṭhāti, na vācato...pe....

Anādariyaṃ paṭicca pallatthikāya [pallattikāya (ka.)] antaraghare nisīdantassa dukkaṭaṃ...pe... ekā paññatti. Ekena samuṭṭhānena samuṭṭhāti – kāyato ca cittato ca samuṭṭhāti, na vācato...pe....

Anādariyaṃ paṭicca asakkaccaṃ piṇḍapātaṃ paṭiggaṇhantassa dukkaṭaṃ...pe... ekā paññatti. Ekena samuṭṭhānena samuṭṭhāti – kāyato ca cittato ca samuṭṭhāti, na vācato...pe....

Anādariyaṃ paṭicca tahaṃ tahaṃ olokentena piṇḍapātaṃ paṭiggaṇhantassa dukkaṭaṃ...pe... ekā paññatti. Ekena samuṭṭhānena samuṭṭhāti – kāyato ca cittato ca samuṭṭhāti, na vācato...pe....

Anādariyaṃ paṭicca sūpaññeva bahuṃ paṭiggaṇhantassa dukkaṭaṃ...pe... ekā paññatti. Ekena samuṭṭhānena samuṭṭhāti – kāyato ca cittato ca samuṭṭhāti, na vācato...pe....

Anādariyaṃ paṭicca thūpīkataṃ piṇḍapātaṃ paṭiggaṇhantassa dukkaṭaṃ...pe... ekā paññatti. Ekena samuṭṭhānena samuṭṭhāti – kāyato ca cittato ca samuṭṭhāti, na vācato...pe....

Khambhakatavaggo tatiyo.

4. Piṇḍapātavaggo

153. Anādariyaṃ paṭicca asakkaccaṃ piṇḍapātaṃ bhuñjantassa dukkaṭaṃ...pe... ekā paññatti. Ekena samuṭṭhānena samuṭṭhāti – kāyato ca cittato ca samuṭṭhāti, na vācato...pe....

Anādariyaṃ paṭicca tahaṃ tahaṃ olokentena piṇḍapātaṃ bhuñjantassa dukkaṭaṃ...pe... ekā paññatti. Ekena samuṭṭhānena samuṭṭhāti – kāyato ca cittato ca samuṭṭhāti, na vācato...pe....

Anādariyaṃ paṭicca tahaṃ tahaṃ omasitvā piṇḍapātaṃ bhuñjantassa dukkaṭaṃ...pe... ekā paññatti. Ekena samuṭṭhānena samuṭṭhāti – kāyato ca cittato ca samuṭṭhāti, na vācato...pe....
Anādariyaṃ paṭicca sūpaññeva bahuṃ bhuñjantassa dukkaṭaṃ...pe... ekā paññatti. Ekena samuṭṭhānena samuṭṭhāti – kāyato ca cittato ca samuṭṭhāti, na vācato...pe....
Anādariyaṃ paṭicca thūpakato omadditvā piṇḍapātaṃ bhuñjantassa dukkaṭaṃ...pe... ekā paññatti. Ekena samuṭṭhānena samuṭṭhāti – kāyato ca cittato ca samuṭṭhāti, na vācato...pe....
Anādariyaṃ paṭicca sūpaṃ vā byañjanaṃ vā odanena paṭicchādentassa dukkaṭaṃ...pe... ekā paññatti. Ekena samuṭṭhānena samuṭṭhāti – kāyato ca cittato ca samuṭṭhāti, na vācato...pe....
Anādariyaṃ paṭicca sūpaṃ vā odanaṃ vā agilāno attano atthāya viññāpetvā bhuñjantassa dukkaṭaṃ kattha paññattanti? Sāvatthiyaṃ paññattaṃ. Kaṃ ārabbhāti? Chabbaggiye bhikkhū ārabbha. Kismiṃ vatthusminti? Chabbaggiyā bhikkhū sūpampi odanampi attano atthāya viññāpetvā bhuñjiṃsu, tasmiṃ vatthusmiṃ. Ekā paññatti, ekā anupaññatti. Channaṃ āpattisamuṭṭhānānaṃ dvīhi samuṭṭhānehi samuṭṭhāti – siyā kāyato ca cittato ca samuṭṭhāti, na vācato; siyā kāyato ca vācato ca cittato ca samuṭṭhāti...pe....
Anādariyaṃ paṭicca ujjhānasaññinā paresaṃ pattaṃ olokentassa dukkaṭaṃ...pe... ekā paññatti. Ekena samuṭṭhānena samuṭṭhāti – kāyato ca cittato ca samuṭṭhāti, na vācato...pe....
Anādariyaṃ paṭicca mahantaṃ kabaḷaṃ karontassa dukkaṭaṃ...pe... ekā paññatti. Ekena samuṭṭhānena samuṭṭhāti – kāyato ca cittato ca samuṭṭhāti, na vācato...pe....
Anādariyaṃ paṭicca dīghaṃ ālopaṃ karontassa dukkaṭaṃ...pe... ekā paññatti. Ekena samuṭṭhānena samuṭṭhāti – kāyato ca cittato ca samuṭṭhāti, na vācato...pe....
Piṇḍapātavaggo catuttho.

5. Kabaḷavaggo

154. Anādariyaṃ paṭicca anāhaṭe kabaḷe mukhadvāraṃ vivarantassa dukkaṭaṃ...pe... ekā paññatti. Ekena samuṭṭhānena samuṭṭhāti – kāyato ca cittato ca samuṭṭhāti, na vācato...pe....
Anādariyaṃ paṭicca bhuñjamānena sabbaṃ hatthaṃ mukhe pakkhipantassa dukkaṭaṃ...pe... ekā paññatti. Ekena samuṭṭhānena samuṭṭhāti – kāyato ca cittato ca samuṭṭhāti, na vācato...pe....
Anādariyaṃ paṭicca sakabaḷena mukhena byāharantassa dukkaṭaṃ kattha paññattanti? Sāvatthiyaṃ paññattaṃ. Kaṃ ārabbhāti? Chabbaggiye bhikkhū ārabbha . Kismiṃ vatthusminti? Chabbaggiyā bhikkhū sakabaḷena mukhena byāhariṃsu, tasmiṃ vatthusmiṃ. Ekā paññatti. Channaṃ āpattisamuṭṭhānānaṃ ekena samuṭṭhānena samuṭṭhāti – kāyato ca vācato ca cittato ca samuṭṭhāti...pe....
Anādariyaṃ paṭicca piṇḍukkhepakaṃ bhuñjantassa dukkaṭaṃ...pe... ekā paññatti. Ekena samuṭṭhānena samuṭṭhāti – kāyato ca cittato ca samuṭṭhāti, na vācato...pe....
Anādariyaṃ paṭicca kabaḷāvacchedakaṃ bhuñjantassa dukkaṭaṃ...pe... ekā paññatti. Ekena samuṭṭhānena samuṭṭhāti – kāyato ca cittato ca samuṭṭhāti, na vācato...pe....
Anādariyaṃ paṭicca avagaṇḍakārakaṃ bhuñjantassa dukkaṭaṃ...pe... ekā paññatti. Ekena samuṭṭhānena samuṭṭhāti – kāyato ca cittato ca samuṭṭhāti, na vācato...pe....
Anādariyaṃ paṭicca hatthaniddhunakaṃ bhuñjantassa dukkaṭaṃ...pe... ekā paññatti. Ekena samuṭṭhānena samuṭṭhāti – kāyato ca cittato ca samuṭṭhāti, na vācato...pe....
Anādariyaṃ paṭicca sitthāvakārakaṃ bhuñjantassa dukkaṭaṃ...pe... ekā paññatti. Ekena samuṭṭhānena samuṭṭhāti – kāyato ca cittato ca samuṭṭhāti, na vācato...pe....
Anādariyaṃ paṭicca jivhānicchārakaṃ bhuñjantassa dukkaṭaṃ...pe... ekā paññatti. Ekena samuṭṭhānena samuṭṭhāti – kāyato ca cittato ca samuṭṭhāti, na vācato...pe....
Anādariyaṃ paṭicca capucapukārakaṃ bhuñjantassa dukkaṭaṃ...pe... ekā paññatti. Ekena samuṭṭhānena samuṭṭhāti – kāyato ca cittato ca samuṭṭhāti, na vācato...pe....
Kabaḷavaggo pañcamo.

6. Surusuruvaggo

155. Anādariyaṃ paṭicca surusurukārakaṃ bhuñjantassa dukkaṭaṃ kattha paññattanti? Kosambiyaṃ paññattaṃ. Kaṃ ārabbhāti? Sambahule bhikkhū ārabbha. Kismiṃ vatthusminti? Sambahulā bhikkhū surusurukārakaṃ khīraṃ piviṃsu, tasmiṃ vatthusmiṃ . Ekā paññatti. Channaṃ āpattisamuṭṭhānānaṃ ekena samuṭṭhānena samuṭṭhāti – kāyato ca cittato ca samuṭṭhāti, na vācato...pe....
Anādariyaṃ paṭicca hatthanillehakaṃ bhuñjantassa dukkaṭaṃ...pe... ekā paññatti. Ekena samuṭṭhānena samuṭṭhāti – kāyato ca cittato ca samuṭṭhāti, na vācato...pe....
Anādariyaṃ paṭicca pattanillehakaṃ bhuñjantassa dukkaṭaṃ...pe... ekā paññatti. Ekena samuṭṭhānena samuṭṭhāti – kāyato ca cittato ca samuṭṭhāti, na vācato...pe....
Anādariyaṃ paṭicca oṭṭhanillehakaṃ bhuñjantassa dukkaṭaṃ...pe... ekā paññatti. Ekena samuṭṭhānena samuṭṭhāti – kāyato ca cittato ca samuṭṭhāti, na vācato...pe....
Anādariyaṃ paṭicca sāmisena hatthena pānīyathālakaṃ paṭiggaṇhantassa dukkaṭaṃ kattha paññattanti? Bhaggesu paññattaṃ. Kaṃ ārabbhāti? Sambahule bhikkhū ārabbha. Kismiṃ vatthusminti? Sambahulā bhikkhū sāmisena hatthena pānīyathālakaṃ paṭiggahesuṃ, tasmiṃ vatthusmiṃ. Ekā paññatti. Channaṃ āpattisamuṭṭhānānaṃ ekena samuṭṭhānena samuṭṭhāti – kāyato ca cittato ca samuṭṭhāti, na vācato...pe....

Anādariyaṃ paṭicca sasitthakaṃ pattadhovanaṃ antaraghare chaḍḍentassa dukkaṭaṃ kattha paññattanti? Bhaggesu paññattaṃ. Kaṃ ārabbhāti? Sambahule bhikkhū ārabbha. Kismiṃ vatthusminti? Sambahulā bhikkhū sasitthakaṃ pattadhovanaṃ antaraghare chaḍḍesuṃ, tasmiṃ vatthusmiṃ. Ekā paññatti. Channaṃ āpattisamuṭṭhānānaṃ ekena samuṭṭhānena samuṭṭhāti – kāyato ca cittato ca samuṭṭhāti, na vācato...pe....

Anādariyaṃ paṭicca chattapāṇissa dhammaṃ desentassa dukkaṭaṃ kattha paññattanti? Sāvatthiyaṃ paññattaṃ. Kaṃ ārabbhāti? Chabbaggiye bhikkhū ārabbha. Kismiṃ vatthusminti? Chabbaggiyā bhikkhū chattapāṇissa dhammaṃ desesuṃ, tasmiṃ vatthusmiṃ. Ekā paññatti, ekā anupaññatti. Channaṃ āpattisamuṭṭhānānaṃ ekena samuṭṭhānena samuṭṭhāti – vācato ca cittato ca samuṭṭhāti, na kāyato...pe....

Anādariyaṃ paṭicca daṇḍapāṇissa dhammaṃ desentassa dukkaṭaṃ...pe... ekā paññatti, ekā anupaññatti. Channaṃ āpattisamuṭṭhānānaṃ ekena samuṭṭhānena samuṭṭhāti – vācato ca cittato ca samuṭṭhāti, na kāyato...pe....

Anādariyaṃ paṭicca satthapāṇissa dhammaṃ desentassa dukkaṭaṃ...pe... ekā paññatti, ekā anupaññatti. Channaṃ āpattisamuṭṭhānānaṃ ekena samuṭṭhānena samuṭṭhāti – vācato ca cittato ca samuṭṭhāti, na kāyato...pe....

Anādariyaṃ paṭicca āvudhapāṇissa dhammaṃ desentassa dukkaṭaṃ...pe... ekā paññatti, ekā anupaññatti. Channaṃ āpattisamuṭṭhānānaṃ ekena samuṭṭhānena samuṭṭhāti – vācato ca cittato ca samuṭṭhāti, na kāyato...pe....

Surusuruvaggo chaṭṭho.

7. Pādukavaggo

156. Anādariyaṃ paṭicca pādukāruḷhassa dhammaṃ desentassa dukkaṭaṃ...pe... ekā paññatti, ekā anupaññatti. Channaṃ āpattisamuṭṭhānānaṃ ekena samuṭṭhānena samuṭṭhāti – vācato ca cittato ca samuṭṭhāti, na kāyato...pe....

Anādariyaṃ paṭicca upāhanāruḷhassa dhammaṃ desentassa dukkaṭaṃ...pe... ekā paññatti, ekā anupaññatti. Channaṃ āpattisamuṭṭhānānaṃ ekena samuṭṭhānena samuṭṭhāti – vācato ca cittato ca samuṭṭhāti, na kāyato...pe....

Anādariyaṃ paṭicca yānagatassa dhammaṃ desentassa dukkaṭaṃ...pe... ekā paññatti, ekā anupaññatti. Channaṃ āpattisamuṭṭhānānaṃ ekena samuṭṭhānena samuṭṭhāti – vācato ca cittato ca samuṭṭhāti , na kāyato...pe....

Anādariyaṃ paṭicca sayanagatassa dhammaṃ desentassa dukkaṭaṃ...pe... ekā paññatti, ekā anupaññatti. Channaṃ āpattisamuṭṭhānānaṃ ekena samuṭṭhānena samuṭṭhāti – vācato ca cittato ca samuṭṭhāti, na kāyato...pe....

Anādariyaṃ paṭicca pallatthikāya nisinnassa dhammaṃ desentassa dukkaṭaṃ...pe... ekā paññatti, ekā anupaññatti. Channaṃ āpattisamuṭṭhānānaṃ ekena samuṭṭhāne samuṭṭhāti – vācato ca cittato ca samuṭṭhāti, na kāyato...pe....

Anādariyaṃ paṭicca veṭhitasīsassa dhammaṃ desentassa dukkaṭaṃ...pe... ekā paññatti, ekā anupaññatti. Channaṃ āpattisamuṭṭhānānaṃ ekena samuṭṭhānena samuṭṭhāti – vācato ca cittato ca samuṭṭhāti, na kāyato...pe....

Anādariyaṃ paṭicca oguṇṭhitasīsassa dhammaṃ desentassa dukkaṭaṃ...pe... ekā paññatti, ekā anupaññatti. Channaṃ āpattisamuṭṭhānānaṃ ekena samuṭṭhānena samuṭṭhāti – vācato ca cittato ca samuṭṭhāti, na kāyato...pe....

Anādariyaṃ paṭicca chamāyaṃ nisīditvā āsane nisinnassa dhammaṃ desentassa dukkaṭaṃ...pe... ekā paññatti, ekā anupaññatti. Channaṃ āpattisamuṭṭhānānaṃ ekena samuṭṭhānena samuṭṭhāti – kāyato ca vācato ca cittato ca samuṭṭhāti...pe....

Anādariyaṃ paṭicca nīce āsane nisīditvā ucce āsane nisinnassa dhammaṃ desentassa dukkaṭaṃ...pe... ekā paññatti, ekā anupaññatti. Channaṃ āpattisamuṭṭhānānaṃ ekena samuṭṭhānena samuṭṭhāti – kāyato ca vācato ca cittato ca samuṭṭhāti...pe....

Anādariyaṃ paṭicca ṭhitena nisinnassa dhammaṃ desentassa dukkaṭaṃ...pe... ekā paññatti, ekā anupaññatti. Channaṃ āpattisamuṭṭhānānaṃ ekena samuṭṭhānena samuṭṭhāti – kāyato ca vācato ca cittato ca samuṭṭhāti...pe....

Anādariyaṃ paṭicca pacchato gacchantena purato gacchantassa dhammaṃ desentassa dukkaṭaṃ...pe... ekā paññatti, ekā anupaññatti. Channaṃ āpattisamuṭṭhānānaṃ ekena samuṭṭhānena samuṭṭhāti – kāyato ca vācato ca cittato ca samuṭṭhāti...pe....

Anādariyaṃ paṭicca uppathena gacchantena pathena gacchantassa dhammaṃ desentassa dukkaṭaṃ...pe... ekā paññatti, ekā anupaññatti. Channaṃ āpattisamuṭṭhānānaṃ ekena samuṭṭhānena samuṭṭhāti – kāyato ca vācato ca cittato ca samuṭṭhāti...pe....

Anādariyaṃ paṭicca ṭhitena uccāraṃ vā passāvaṃ vā karontassa dukkaṭaṃ...pe... ekā paññatti , ekā anupaññatti. Channaṃ āpattisamuṭṭhānānaṃ ekena samuṭṭhāne samuṭṭhāti – kāyato ca cittato ca samuṭṭhāti, na vācato...pe....

Anādariyaṃ paṭicca harite uccāraṃ vā passāvaṃ vā kheḷaṃ vā karontassa dukkaṭaṃ...pe... ekā paññatti, ekā anupaññatti. Channaṃ āpattisamuṭṭhānānaṃ ekena samuṭṭhānena samuṭṭhāti – kāyato ca cittato ca samuṭṭhāti, na vācato...pe....

Anādariyaṃ paṭicca udake uccāraṃ vā passāvaṃ vā kheḷaṃ vā karontassa dukkaṭaṃ...pe... kattha paññattanti? Sāvatthiyaṃ paññattaṃ. Kaṃ ārabbhāti? Chabbaggiye bhikkhū ārabbha. Kismiṃ vatthusminti? Chabbaggiyā bhikkhū udake uccārampi passāvampi kheḷampi akaṃsu, tasmiṃ vatthusmiṃ. Ekā paññatti, ekā anupaññatti. Channaṃ āpattisamuṭṭhānānaṃ ekena samuṭṭhānena samuṭṭhāti – kāyato ca cittato ca samuṭṭhāti, na vācato...pe....

Pādukavaggo sattamo.

Pañcasattati sekhiyā niṭṭhitā.

Tassuddānaṃ –

Parimaṇḍalaṃ paṭicchannaṃ, susaṃvutokkhittacakkhu;
Ukkhittojjagghikā saddo, tayo ceva pacālanā.
Khambhaṃ oguṇṭhito cevukkuṭipallatthikāya ca;
Sakkaccaṃ pattasaññī ca, samasūpaṃ samatittikaṃ [samatitthikaṃ (ka.)].
Sakkaccaṃ pattasaññī ca, sapadānaṃ samasūpakaṃ;
Thūpakato paṭicchannaṃ, viññattujjhānasaññinā.
Na mahantaṃ maṇḍalaṃ dvāraṃ, sabbaṃ hatthaṃ na byāhare;
Ukkhepo chedanā gaṇḍo, dhunaṃ sitthāvakārakaṃ.
Jivhānicchārakañceva , capucapu surusuru;
Hattho patto ca oṭṭho ca, sāmisaṃ sitthakena ca.
Chattapāṇissa saddhammaṃ, na desenti tathāgatā;
Evameva daṇḍapāṇissa, satthaāvudhapāṇinaṃ.
Pādukā upāhanā ceva, yānaseyyāgatassa ca;
Pallatthikā nisinnassa, veṭhitoguṇṭhitassa ca.
Chamā nīcāsane ṭhāne, pacchato uppathena ca;
Ṭhitakena na kātabbaṃ, harite udakamhi cāti.

Tesaṃ vaggānamuddānaṃ –

Parimaṇḍalaujjagghi, khambhaṃ piṇḍaṃ tatheva ca;
Kabaḷā surusuru ca, pādukena ca sattamāti.

Mahāvibhaṅge katthapaññattivāro niṭṭhito.

2. Katāpattivāro

1. Pārājikakaṇḍaṃ

157. Methunaṃ dhammaṃ paṭisevanto kati āpattiyo āpajjati? Methunaṃ dhammaṃ paṭisevanto tisso āpattiyo āpajjati. Akkhāyite sarīre methunaṃ dhammaṃ paṭisevati, āpatti pārājikassa; yebhuyyena khāyite sarīre methunaṃ dhammaṃ paṭisevati, āpatti thullaccayassa; vaṭṭakate [vivaṭakate (syā.)] mukhe acchupantaṃ aṅgajātaṃ paveseti, āpatti dukkaṭassa – methunaṃ dhammaṃ paṭisevanto imā tisso āpattiyo āpajjati.

158. Adinnaṃ ādiyanto kati āpattiyo āpajjati? Adinnaṃ ādiyanto tisso āpattiyo āpajjati. Pañcamāsakaṃ vā atirekapañcamāsakaṃ vā agghanakaṃ adinnaṃ theyyasaṅkhātaṃ ādiyati, āpatti pārājikassa; atirekamāsakaṃ vā ūnapañcamāsakaṃ vā agghanakaṃ adinnaṃ theyyasaṅkhātaṃ ādiyati, āpatti thullaccayassa; māsakaṃ vā ūnamāsakaṃ vā agghanakaṃ adinnaṃ theyyasaṅkhātaṃ ādiyati, āpatti dukkaṭassa – adinnaṃ ādiyanto imā tisso āpattiyo āpajjati.

159. Sañcicca manussaviggahaṃ jīvitā voropento kati āpattiyo āpajjati? Sañcicca manussaviggahaṃ jīvitā voropento tisso āpattiyo āpajjati. Manussaṃ odissa opātaṃ khaṇati "papatitvā marissatī"ti, āpatti dukkaṭassa; papatite dukkhā vedanā uppajjati, āpatti thullaccayassa; marati, āpatti pārājikassa – sañcicca manussaviggahaṃ jīvitā voropento imā tisso āpattiyo āpajjati.

160. Asantaṃ abhūtaṃ uttarimanussadhammaṃ ullapanto kati āpattiyo āpajjati? Asantaṃ abhūtaṃ uttarimanussadhammaṃ ullapanto tisso āpattiyo āpajjati. Pāpiccho icchāpakato asantaṃ abhūtaṃ uttarimanussadhammaṃ ullapati, āpatti pārājikassa; "yo te vihāre vasati, so bhikkhu arahā"ti bhaṇati, paṭivijānantassa āpatti thullaccayassa; na paṭivijānantassa āpatti dukkaṭassa – asantaṃ abhūtaṃ uttarimanussadhammaṃ ullapanto imā tisso āpattiyo āpajjati.

Cattāro pārājikā niṭṭhitā.

2. Saṅghādisesakaṇḍaṃ

161. Upakkamitvā asuciṃ mocento tisso āpattiyo āpajjati. Ceteti upakkamati muccati, āpatti saṅghādisesassa; ceteti upakkamati na muccati, āpatti thullaccayassa; payoge dukkaṭaṃ.
Mātugāmena saddhiṃ kāyasaṃsaggaṃ samāpajjanto tisso āpattiyo āpajjati. Kāyena kāyaṃ āmasati, āpatti saṅghādisesassa; kāyena kāyapaṭibaddhaṃ āmasati, āpatti thullaccayassa; kāyapaṭibaddhena kāyapaṭibaddhaṃ āmasati, āpatti dukkaṭassa.
Mātugāmaṃ duṭṭhullāhi vācāhi obhāsento tisso āpattiyo āpajjati. Vaccamaggaṃ passāvamaggaṃ ādissa vaṇṇampi bhaṇati, avaṇṇampi bhaṇati, āpatti saṅghādisesassa; vaccamaggaṃ passāvamaggaṃ ṭhapetvā adhakkhakaṃ ubbhajāṇumaṇḍalaṃ ādissa vaṇṇampi bhaṇati avaṇṇampi bhaṇati, āpatti thullaccayassa; kāyapaṭibaddhaṃ ādissa vaṇṇampi bhaṇati avaṇṇampi bhaṇati, āpatti dukkaṭassa.
Attakāmapāricariyā vaṇṇaṃ bhāsanto tisso āpattiyo āpajjati . Mātugāmassa santike attakāmapāricariyāya vaṇṇaṃ bhāsati, āpatti saṅghādisesassa; paṇḍakassa santike attakāmapāricariyāya vaṇṇaṃ bhāsati, āpatti thullaccayassa; tiracchānagatassa santike attakāmapāricariyāya vaṇṇaṃ bhāsati, āpatti dukkaṭassa.
Sañcarittaṃ samāpajjanto tisso āpattiyo āpajjati. Paṭiggaṇhāti vīmaṃsati paccāharati , āpatti saṅghādisesassa; paṭiggaṇhāti vīmaṃsati na paccāharati, āpatti thullaccayassa; paṭiggaṇhāti na vīmaṃsati na paccāharati, āpatti dukkaṭassa.
Saññācikāya kuṭiṃ kārāpento tisso āpattiyo āpajjati. Kārāpeti, payoge dukkaṭaṃ; ekaṃ piṇḍaṃ anāgate, āpatti thullaccayassa; tasmiṃ piṇḍe āgate, āpatti saṅghādisesassa.
Mahallakaṃ vihāraṃ kārāpento tisso āpattiyo āpajjati. Kārāpeti, payoge dukkaṭaṃ; ekaṃ piṇḍaṃ anāgate, āpatti thullaccayassa; tasmiṃ piṇḍe āgate, āpatti saṅghādisesassa.
Bhikkhuṃ amūlakena pārājikena dhammena anuddhaṃsento tisso āpattiyo āpajjati. Anokāsaṃ kārāpetvā cāvanādhippāyo vadeti, āpatti saṅghādisesena dukkaṭassa; okāsaṃ kārāpetvā akkosādhippāyo vadeti, āpatti omasavādassa.
Bhikkhuṃ aññabhāgiyassa adhikaraṇassa kiñci desaṃ lesamattaṃ upādāya pārājikena dhammena anuddhaṃsento tisso āpattiyo āpajjati . Anokāsaṃ kārāpetvā cāvanādhippāyo vadeti, āpatti saṅghādisesena dukkaṭassa; okāsaṃ kārāpetvā akkosādhippāyo vadeti, āpatti omasavādassa.
Saṅghabhedako bhikkhu yāvatatiyaṃ samanubhāsanāya na paṭinissajjanto tisso āpattiyo āpajjati. Ñattiyā dukkaṭaṃ; dvīhi kammavācāhi thullaccayā; kammavācāpariyosāne āpatti saṅghādisesassa.
Bhedakānuvattakā bhikkhū yāvatatiyaṃ samanubhāsanāya [samanubhāsiyamānā (syā.)] na paṭinissajjantā tisso āpattiyo āpajjanti. Ñattiyā dukkaṭaṃ; dvīhi kammavācāhi thullaccayā; kammavācāpariyosāne āpatti saṅghādisesassa.
Dubbaco bhikkhu yāvatatiyaṃ samanubhāsanāya [samanubhāsiyamāno (syā.)] na paṭinissajjanto tisso āpattiyo āpajjati . Ñattiyā dukkaṭaṃ; dvīhi kammavācāhi thullaccayā; kammavācāpariyosāne āpatti saṅghādisesassa.
Kuladūsako bhikkhu yāvatatiyaṃ samanubhāsanāya na paṭinissajjanto tisso āpattiyo āpajjati. Ñattiyā dukkaṭaṃ; dvīhi kammavācāhi thullaccayā; kammavācāpariyosāne āpatti saṅghādisesassa.
Terasa saṅghādisesā niṭṭhitā.

3. Nissaggiyakaṇḍaṃ

1. Kathinavaggo
162. Atirekacīvaraṃ dasāhaṃ atikkāmento ekaṃ āpattiṃ āpajjati. Nissaggiyaṃ pācittiyaṃ.
Ekarattaṃ ticīvarena vippavasanto ekaṃ āpattiṃ āpajjati. Nissaggiyaṃ pācittiyaṃ.
Akālacīvaraṃ paṭiggahetvā māsaṃ atikkāmento ekaṃ āpattiṃ āpajjati. Nissaggiyaṃ pācittiyaṃ.
Aññātikāya bhikkhuniyā purāṇacīvaraṃ dhovāpento dve āpattiyo āpajjati. Dhovāpeti, payoge dukkaṭaṃ; dhovāpite nissaggiyaṃ pācittiyaṃ.
Aññātikāya bhikkhuniyā hatthato cīvaraṃ paṭiggaṇhanto dve āpattiyo āpajjati. Gaṇhāti, payoge dukkaṭaṃ; gahite nissaggiyaṃ pācittiyaṃ.
Aññātakaṃ gahapatiṃ vā gahapatāniṃ vā cīvaraṃ viññāpento dve āpattiyo āpajjati. Viññāpeti, payoge dukkaṭaṃ; viññāpite nissaggiyaṃ pācittiyaṃ.
Aññātakaṃ gahapatiṃ vā gahapatāniṃ vā tatuttari cīvaraṃ viññāpento dve āpattiyo āpajjati. Viññāpeti, payoge dukkaṭaṃ; viññāpite nissaggiyaṃ pācittiyaṃ.
Pubbe appavārito aññātakaṃ gahapatikaṃ upasaṅkamitvā cīvare vikappaṃ āpajjanto dve āpattiyo āpajjati. Vikappaṃ āpajjati , payoge dukkaṭaṃ; vikappaṃ āpanne nissaggiyaṃ pācittiyaṃ.
Pubbe appavārito aññātake gahapatike upasaṅkamitvā cīvare vikappaṃ āpajjanto dve āpattiyo āpajjati. Vikappaṃ āpajjati, payoge dukkaṭaṃ; vikappaṃ āpanne nissaggiyaṃ pācittiyaṃ.
Atirekatikkhattuṃ codanāya atirekachakkhattuṃ ṭhānena cīvaraṃ abhinipphādento dve āpattiyo āpajjati. Abhinipphādeti, payoge dukkaṭaṃ; abhinipphādite nissaggiyaṃ pācittiyaṃ.
Kathinavaggo paṭhamo.
2. Kosiyavaggo

163. Kosiyamissakaṃ santhataṃ kārāpento dve āpattiyo āpajjati. Kārāpeti, payoge dukkaṭaṃ; kārāpite nissaggiyaṃ pācittiyaṃ.
Suddhakāḷakānaṃ eḷakalomānaṃ santhataṃ kārāpento dve āpattiyo āpajjati. Kārāpeti, payoge dukkaṭaṃ; kārāpite nissaggiyaṃ pācittiyaṃ.
Anādiyitvā tulaṃ odātānaṃ tulaṃ gocariyānaṃ navaṃ santhataṃ kārāpento dve āpattiyo āpajjati. Kārāpeti, payoge dukkaṭaṃ; kārāpite nissaggiyaṃ pācittiyaṃ.
Anuvassaṃ santhataṃ kārāpento dve āpattiyo āpajjati. Kārāpeti, payoge dukkaṭaṃ; kārāpite nissaggiyaṃ pācittiyaṃ.
Anādiyitvā purāṇasanthatassa sāmantā sugatavidatthiṃ navaṃ nisīdanasanthataṃ kārāpento dve āpattiyo āpajjati. Kārāpeti, payoge dukkaṭaṃ; kārāpite nissaggiyaṃ pācittiyaṃ.
Eḷakalomāni paṭiggahetvā tiyojanaṃ atikkāmento dve āpattiyo āpajjati. Paṭhamaṃ pādaṃ tiyojanaṃ atikkāmeti, āpatti dukkaṭassa; dutiyaṃ pādaṃ atikkāmeti, nissaggiyaṃ pācittiyaṃ.
Aññātikāya bhikkhuniyā eḷakalomāni dhovāpento dve āpattiyo āpajjati. Dhovāpeti, payoge dukkaṭaṃ; dhovāpite nissaggiyaṃ pācittiyaṃ.
Rūpiyaṃ paṭiggaṇhanto dve āpattiyo āpajjati. Gaṇhāti, payoge dukkaṭaṃ; gahite nissaggiyaṃ pācittiyaṃ.
Nānappakārakaṃ rūpiyasaṃvohāraṃ samāpajjanto dve āpattiyo āpajjati. Samāpajjati, payoge dukkaṭaṃ; samāpanne nissaggiyaṃ pācittiyaṃ.
Nānappakārakaṃ kayavikkayaṃ samāpajjanto dve āpattiyo āpajjati. Samāpajjati, payoge dukkaṭaṃ; samāpanne nissaggiyaṃ pācittiyaṃ.
Kosiyavaggo dutiyo.

3. Pattavaggo

164. Atirekapattaṃ dasāhaṃ atikkāmento ekaṃ āpattiṃ āpajjati. Nissaggiyaṃ pācittiyaṃ.
Ūnapañcabandhanena pattena aññaṃ navaṃ pattaṃ cetāpento dve āpattiyo āpajjati. Cetāpeti, payoge dukkaṭaṃ; cetāpite nissaggiyaṃ pācittiyaṃ.
Bhesajjāni paṭiggahetvā sattāhaṃ atikkāmento ekaṃ āpattiṃ āpajjati. Nissaggiyaṃ pācittiyaṃ.
Atirekamāse sese gimhāne vassikasāṭikacīvaraṃ pariyesanto dve āpattiyo āpajjati. Pariyesati, payoge dukkaṭaṃ; pariyiṭṭhe nissaggiyaṃ pācittiyaṃ.
Bhikkhussa sāmaṃ cīvaraṃ datvā kupito anattamano acchindanto dve āpattiyo āpajjati. Acchindati, payoge dukkaṭaṃ; acchinne nissaggiyaṃ pācittiyaṃ.
Sāmaṃ suttaṃ viññāpetvā tantavāyehi cīvaraṃ vāyāpento dve āpattiyo āpajjati. Vāyāpeti, payoge dukkaṭaṃ; vāyāpite nissaggiyaṃ pācittiyaṃ.
Pubbe appavārito aññātakassa gahapatikassa tantavāye upasaṅkamitvā cīvare vikappaṃ āpajjanto dve āpattiyo āpajjati. Vikappaṃ āpajjati, payoge dukkaṭaṃ; vikappaṃ āpanne nissaggiyaṃ pācittiyaṃ.
Accekacīvaraṃ paṭiggahetvā cīvarakālasamayaṃ atikkāmento ekaṃ āpattiṃ āpajjati. Nissaggiyaṃ pācittiyaṃ.
Tiṇṇaṃ cīvarānaṃ aññataraṃ cīvaraṃ antaraghare nikkhipitvā atirekachārattaṃ vippavasanto ekaṃ āpattiṃ āpajjati. Nissaggiyaṃ pācittiyaṃ.
Jānaṃ saṅghikaṃ lābhaṃ pariṇataṃ attano pariṇāmento dve āpattiyo āpajjati. Pariṇāmeti, payoge dukkaṭaṃ; pariṇāmite nissaggiyaṃ pācittiyaṃ.
Pattavaggo tatiyo.
Tiṃsa nissaggiyā pācittiyā niṭṭhitā.

4. Pācittiyakaṇḍaṃ

1. Musāvādavaggo

165. Sampajānamusāvādaṃ bhāsanto kati āpattiyo āpajjati? Sampajānamusāvādaṃ bhāsanto pañca āpattiyo āpajjati. Pāpiccho icchāpakato asantaṃ abhūtaṃ uttarimanussadhammaṃ ullapati, āpatti pārājikassa; bhikkhuṃ amūlakena pārājikena dhammena anuddhaṃseti, āpatti saṅghādisesassa; ''yo te vihāre vasati, so bhikkhu arahā''ti bhaṇati, paṭivijānantassa āpatti thullaccayassa; na paṭivijānantassa āpatti dukkaṭassa; sampajānamusāvāde pācittiyaṃ – sampajānamusāvādaṃ bhāsanto imā pañca āpattiyo āpajjati.
Omasanto dve āpattiyo āpajjati. Upasampannaṃ omasati, āpatti pācittiyassa; anupasampannaṃ omasati, āpatti dukkaṭassa.
Pesuññaṃ upasaṃharanto dve āpattiyo āpajjati. Upasampannassa pesuññaṃ upasaṃharati, āpatti pācittiyassa; anupasampannassa pesuññaṃ upasaṃharati, āpatti dukkaṭassa.
Anupasampannaṃ padaso dhammaṃ vācento dve āpattiyo āpajjati. Vāceti, payoge dukkaṭaṃ; pade pade āpatti pācittiyassa.
Anupasampannena uttaridirattatirattaṃ sahaseyyaṃ kappento dve āpattiyo āpajjati. Nipajjati, payoge dukkaṭaṃ; nipanne āpatti pācittiyassa.

Mātugāmena sahaseyyaṃ kappento dve āpattiyo āpajjati. Nipajjati, payoge dukkaṭaṃ; nipanne āpatti pācittiyassa.
Mātugāmassa uttarichappañcavācāhi dhammaṃ desento dve āpattiyo āpajjati. Deseti, payoge dukkaṭaṃ; pade pade āpatti pācittiyassa.
Anupasampannassa uttarimanussadhammaṃ bhūtaṃ ārocento dve āpattiyo āpajjati. Āroceti, payoge dukkaṭaṃ; ārocite āpatti pācittiyassa.
Bhikkhussa duṭṭhullaṃ āpattiṃ anupasampannassa ārocento dve āpattiyo āpajjati. Āroceti, payoge dukkaṭaṃ; ārocite āpatti pācittiyassa.
Pathaviṃ khaṇanto dve āpattiyo āpajjati. Khaṇati, payoge dukkaṭaṃ; pahāre pahāre āpatti pācittiyassa.
Musāvādavaggo paṭhamo.
2. Bhūtagāmavaggo
166. Bhūtagāmaṃ pātento dve āpattiyo āpajjati. Pāteti, payoge dukkaṭaṃ; pahāre pahāre āpatti pācittiyassa.
Aññenaññaṃ paṭicaranto dve āpattiyo āpajjati. Anāropite aññavādake aññenaññaṃ paṭicarati, āpatti dukkaṭassa; āropite aññavādake aññenaññaṃ paṭicarati, āpatti pācittiyassa.
Bhikkhuṃ ujjhāpento dve āpattiyo āpajjati. Ujjhāpeti, payoge dukkaṭaṃ; ujjhāpite āpatti pācittiyassa.
Saṅghikaṃ mañcaṃ vā pīṭhaṃ vā bhisiṃ vā kocchaṃ vā ajjhokāse santharitvā anuddharitvā anāpucchā pakkamanto dve āpattiyo āpajjati. Paṭhamaṃ pādaṃ leḍḍupātaṃ atikkāmeti, āpatti dukkaṭassa; dutiyaṃ pādaṃ atikkāmeti, āpatti pācittiyassa.
Saṅghike vihāre seyyaṃ santharitvā anuddharitvā anāpucchā pakkamanto dve āpattiyo āpajjati. Paṭhamaṃ pādaṃ parikkhepaṃ atikkāmeti, āpatti dukkaṭassa; dutiyaṃ pādaṃ atikkāmeti, āpatti pācittiyassa.
Saṅghike vihāre jānaṃ pubbupagataṃ bhikkhuṃ anupakhajja seyyaṃ kappento dve āpattiyo āpajjati. Nipajjati, payoge dukkaṭaṃ; nipanne āpatti pācittiyassa.
Bhikkhuṃ kupito anattamano saṅghikā vihārā nikkaḍḍhento dve āpattiyo āpajjati. Nikkaḍḍhati, payoge dukkaṭaṃ; nikkaḍḍhite āpatti pācittiyassa.
Saṅghike vihāre uparivehāsakuṭiyā āhaccapādakaṃ mañcaṃ vā pīṭhaṃ vā abhinisīdanto dve āpattiyo āpajjati. Abhinisīdati, payoge dukkaṭaṃ; abhinisinne āpatti pācittiyassa.
Dvattipariyāye adhiṭṭhahitvā tatuttari adhiṭṭhahanto dve āpattiyo āpajjati. Adhiṭṭheti, payoge dukkaṭaṃ; adhiṭṭhite āpatti pācittiyassa.
Jānaṃ sappāṇakaṃ udakaṃ tiṇaṃ vā mattikaṃ vā siñcanto dve āpattiyo āpajjati. Siñcati, payoge dukkaṭaṃ; siñcite āpatti pācittiyassa.
Bhūtagāmavaggo dutiyo.
3. Ovādavaggo
167. Asammato bhikkhuniyo ovadanto dve āpattiyo āpajjati. Ovadati, payoge dukkaṭaṃ; ovadite āpatti pācittiyassa.
Atthaṅgate sūriye bhikkhuniyo ovadanto dve āpattiyo āpajjati. Ovadati, payoge dukkaṭaṃ; ovadite āpatti pācittiyassa.
Bhikkhunupassayaṃ upasaṅkamitvā bhikkhuniyo ovadanto dve āpattiyo āpajjati. Ovadati, payoge dukkaṭaṃ; ovadite āpatti pācittiyassa.
''Āmisahetu bhikkhū bhikkhuniyo ovadantī''ti bhaṇanto dve āpattiyo āpajjati. Bhaṇati, payoge dukkaṭaṃ; bhaṇite āpatti pācittiyassa.
Aññātikāya bhikkhuniyā cīvaraṃ dento dve āpattiyo āpajjati. Deti, payoge dukkaṭaṃ; dinne āpatti pācittiyassa.
Aññātikā bhikkhuniyā cīvaraṃ sibbento dve āpattiyo āpajjati. Sibbeti, payoge dukkaṭaṃ; ārāpathe ārāpathe āpatti pācittiyassa.
Bhikkhuniyā saddhiṃ saṃvidhāya ekaddhānamaggaṃ paṭipajjanto dve āpattiyo āpajjati. Paṭipajjati, payoge dukkaṭaṃ; paṭipanne āpatti pācittiyassa.
Bhikkhuniyā saddhiṃ saṃvidhāya ekaṃ nāvaṃ abhiruhanto dve āpattiyo āpajjati. Abhiruhati, payoge dukkaṭaṃ; abhiruḷhe āpatti pācittiyassa.
Jānaṃ bhikkhuniparipācitaṃ piṇḍapātaṃ bhuñjanto dve āpattiyo āpajjati. ''Bhuñjissāmī''ti paṭiggaṇhāti, āpatti dukkaṭassa; ajjhohāre ajjhohāre āpatti pācittiyassa.
Bhikkhuniyā saddhiṃ eko ekāya raho nisajjaṃ kappento dve āpattiyo āpajjati. Nisīdati, payoge dukkaṭaṃ; nisinne āpatti pācittiyassa.
Ovādavaggo tatiyo.
4. Bhojanavaggo
168. Tatuttari āvasathapiṇḍaṃ bhuñjanto dve āpattiyo āpajjati. Bhuñjissāmīti paṭiggaṇhāti, āpatti dukkaṭassa; ajjhohāre ajjhohāre āpatti pācittiyassa.
Gaṇabhojanaṃ bhuñjanto dve āpattiyo āpajjati. Bhuñjissāmīti paṭiggaṇhāti, āpatti dukkaṭassa; ajjhohāre ajjhohāre āpatti pācittiyassa.

Paramparabhojanaṃ bhuñjanto dve āpattiyo āpajjati. Bhuñjissāmīti paṭiggaṇhāti, āpatti dukkaṭassa; ajjhohāre ajjhohāre āpatti pācittiyassa.
Dvattipattapūre pūve paṭiggahetvā tatuttari paṭiggaṇhanto dve āpattiyo āpajjati. Gaṇhāti, payoge dukkaṭaṃ; gahite āpatti pācittiyassa.
Bhuttāvī pavārito anatirittaṃ khādanīyaṃ vā bhojanīyaṃ vā bhuñjanto dve āpattiyo āpajjati. Bhuñjissāmīti paṭiggaṇhāti, āpatti dukkaṭassa; ajjhohāre ajjhohāre āpatti pācittiyassa.
Bhikkhuṃ bhuttāviṃ pavāritaṃ anatirittena khādanīyena vā bhojanīyena vā abhihaṭṭhuṃ pavārento dve āpattiyo āpajjati. Tassa vacanena khādissāmi bhuñjissāmīti paṭiggaṇhāti, āpatti dukkaṭassa; bhojanapariyosāne āpatti pācittiyassa.
Vikāle khādanīyaṃ vā bhojanīyaṃ vā bhuñjanto dve āpattiyo āpajjati. Khādissāmi bhuñjissāmīti paṭiggaṇhāti, āpatti dukkaṭassa; ajjhohāre ajjhohāre āpatti pācittiyassa.
Sannidhikārakaṃ khādanīyaṃ vā bhojanīyaṃ vā bhuñjanto dve āpattiyo āpajjati. Khādissāmi bhuñjissāmīti paṭiggaṇhāti, āpatti dukkaṭassa; ajjhohāre ajjhohāre āpatti pācittiyassa.
Paṇītabhojanāni attano atthāya viññāpetvā bhuñjanto dve āpattiyo āpajjati. Bhuñjissāmīti paṭiggaṇhāti, āpatti dukkaṭassa; ajjhohāre ajjhohāre āpatti pācittiyassa.
Adinnaṃ mukhadvāraṃ āhāraṃ āharanto dve āpattiyo āpajjati. Bhuñjissāmīti paṭiggaṇhāti, āpatti dukkaṭassa; ajjhohāre ajjhohāre āpatti pācittiyassa.
Bhojanavaggo catuttho.
5. Acelakavaggo
169. Acelakassa, vā paribbājakassa vā paribbājikāya vā sahatthā khādanīyaṃ vā bhojanīyaṃ vā dento dve āpattiyo āpajjati. Deti, payoge dukkaṭaṃ; dinne āpatti pācittiyassa.
Bhikkhuṃ – "ehāvuso, gāmaṃ vā nigamaṃ vā piṇḍāya pavisissāmā"ti tassa dāpetvā vā adāpetvā vā uyyojento dve āpattiyo āpajjati. Uyyojeti, payoge dukkaṭaṃ; uyyojite āpatti pācittiyassa.
Sabhojane kule anupakhajja nisajjaṃ kappento dve āpattiyo āpajjati. Nisīdati, payoge dukkaṭaṃ; nisinne āpatti pācittiyassa.
Mātugāmena saddhiṃ raho paṭicchanne āsane nisajjaṃ kappento dve āpattiyo āpajjati. Nisīdati, payoge dukkaṭaṃ; nisinne āpatti pācittiyassa.
Mātugāmena saddhiṃ eko ekāya raho nisajjaṃ kappento dve āpattiyo āpajjati. Nisīdati, payoge dukkaṭaṃ; nisinne āpatti pācittiyassa.
Nimantito sabhatto samāno purebhattaṃ pacchābhattaṃ kulesu cārittaṃ āpajjanto dve āpattiyo āpajjati. Paṭhamaṃ pādaṃ ummāraṃ atikkāmeti, āpatti dukkaṭassa; dutiyaṃ pādaṃ atikkāmeti, āpatti pācittiyassa.
Tatuttari bhesajjaṃ viññāpento dve āpattiyo āpajjati. Viññāpeti, payoge dukkaṭaṃ; viññāpite āpatti pācittiyassa.
Uyyuttaṃ senaṃ dassanāya gacchanto dve āpattiyo āpajjati. Gacchati, āpatti dukkaṭassa; yattha ṭhito passati, āpatti pācittiyassa.
Atirekatirattaṃ senāya vasanto dve āpattiyo āpajjati. Vasati, payoge dukkaṭaṃ; vasite āpatti pācittiyassa.
Uyyodhikaṃ gacchanto dve āpattiyo āpajjati. Gacchati, āpatti dukkaṭassa; yattha ṭhito passati, āpatti pācittiyassa.
Acelakavaggo pañcamo.
6. Surāmerayavaggo
170. Majjaṃ pivanto dve āpattiyo āpajjati. "Pivissāmī"ti paṭiggaṇhāti, āpatti dukkaṭassa; ajjhohāre ajjhohāre āpatti pācittiyassa.
Bhikkhuṃ aṅgulipatodakena hāsento dve āpattiyo āpajjati. Hāseti, payoge dukkaṭaṃ; hasite āpatti pācittiyassa.
Udake kīḷanto dve āpattiyo āpajjati. Heṭṭhāgopphake udake kīḷati, āpatti dukkaṭassa; uparigopphake kīḷati, āpatti pācittiyassa.
Anādariyaṃ karonto dve āpattiyo āpajjati. Karoti, payoge dukkaṭaṃ; kate āpatti pācittiyassa.
Bhikkhuṃ bhiṃsāpento dve āpattiyo āpajjati. Bhiṃsāpeti, payoge dukkaṭaṃ; bhiṃsāpite āpatti pācittiyassa.
Jotiṃ samādahitvā visibbento dve āpattiyo āpajjati. Samādahati, payoge dukkaṭaṃ; samādahite āpatti pācittiyassa.
Orenaddhamāsaṃ nahāyanto dve āpattiyo āpajjati. Nahāyati, payoge dukkaṭaṃ; nahānapariyosāne āpatti pācittiyassa.
Anādiyitvā tiṇṇaṃ dubbaṇṇakaraṇānaṃ aññataraṃ dubbaṇṇakaraṇaṃ navaṃ cīvaraṃ paribhuñjanto dve āpattiyo āpajjati. Paribhuñjati, payoge dukkaṭaṃ; paribhutte āpatti pācittiyassa.
Bhikkhussa vā bhikkhuniyā vā sikkhamānāya vā sāmaṇerassa vā sāmaṇeriyā vā sāmaṃ cīvaraṃ vikappetvā appaccuddhāraṇaṃ paribhuñjanto dve āpattiyo āpajjati. Paribhuñjati, payoge dukkaṭaṃ; paribhutte āpatti pācittiyassa.

Bhikkhussa pattaṃ vā cīvaraṃ vā nisīdanaṃ vā sūcigharaṃ vā kāyabandhanaṃ vā apanidhento dve āpattiyo āpajjati. Apanidheti, payoge dukkaṭaṃ; apanidhite āpatti pācittiyassa.

Surāmerayavaggo chaṭṭho.

7. Sappāṇakavaggo

171. Sañcicca pāṇaṃ jīvitā voropento kati āpattiyo āpajjati? Sañcicca pāṇaṃ jīvitā voropento catasso āpattiyo āpajjati. Anodissa opātaṃ khaṇati – ''yo koci papatitvā marissatī''ti, āpatti dukkaṭassa; manusso tasmiṃ papatitvā marati, āpatti pārājikassa; yakkho vā peto vā tiracchānagatamanussaviggaho vā tasmiṃpapatitvā marati, āpatti thullaccayassa; tiracchānagato tasmiṃ papatitvā marati, āpatti pācittiyassa – sañcicca pāṇaṃ jīvitā voropento imā catasso āpattiyo āpajjati.

Jānaṃ sappāṇakaṃ udakaṃ paribhuñjanto dve āpattiyo āpajjati. Paribhuñjati, payoge dukkaṭaṃ; paribhutte āpatti pācittiyassa.

Jānaṃ yathādhammaṃ nihatādhikaraṇaṃ punakammāya ukkoṭento dve āpattiyo āpajjati. Ukkoṭeti, payoge dukkaṭaṃ; ukkoṭite āpatti pācittiyassa.

Bhikkhussa jānaṃ duṭṭhullaṃ āpattiṃ paṭicchādento ekaṃ āpattiṃ āpajjati. Pācittiyaṃ.

Jānaṃ ūnavīsativassaṃ puggalaṃ upasampādento dve āpattiyo āpajjati. Upasampādeti, payoge dukkaṭaṃ; upasampādite āpatti pācittiyassa.

Jānaṃ theyyasatthena saddhiṃ saṃvidhāya ekaddhānamaggaṃ paṭipajjanto dve āpattiyo āpajjati. Paṭipajjati, payoge dukkaṭaṃ; paṭipanne āpatti pācittiyassa.

Mātugāmena saddhiṃ saṃvidhāya ekaddhānamaggaṃ paṭipajjanto dve āpattiyo āpajjati. Paṭipajjati, payoge dukkaṭaṃ; paṭipanne āpatti pācittiyassa.

Pāpikāya diṭṭhiyā yāvatatiyaṃ samanubhāsanāya na paṭinissajjanto dve āpattiyo āpajjati. Ñattiyā dukkaṭaṃ; kammavācāpariyosāne āpatti pācittiyassa.

Jānaṃ tathāvādinā bhikkhunā akaṭānudhammena taṃ diṭṭhiṃ appaṭinissaṭṭhena saddhiṃ sambhuñjanto dve āpattiyo āpajjati. Sambhuñjati, payoge dukkaṭaṃ; sambhutte āpatti pācittiyassa.

Jānaṃ tathānāsitaṃ samaṇuddesaṃ upalāpento dve āpattiyo āpajjati. Upalāpeti, payoge dukkaṭaṃ; upalāpite āpatti pācittiyassa.

Sappāṇakavaggo sattamo.

8. Sahadhammikavaggo

172. Bhikkhūhi sahadhammikaṃ vuccamāno – ''na tāvāhaṃ, āvuso, etasmiṃ sikkhāpade sikkhissāmi yāva na aññaṃ bhikkhuṃ byattaṃ vinayadharaṃ paripucchissāmī''ti bhaṇanto dve āpattiyo āpajjati. Bhaṇati, payoge dukkaṭaṃ; bhaṇite āpatti pācittiyassa.

Vinayaṃ vivaṇṇento dve āpattiyo āpajjati. Vivaṇṇeti, payoge dukkaṭaṃ; vivaṇṇite āpatti pācittiyassa.

Mohento dve āpattiyo āpajjati. Anāropite mohe moheti, āpatti dukkaṭassa; āropite mohe moheti, āpatti pācittiyassa.

Bhikkhussa kupito anattamano pahāraṃ dento dve āpattiyo āpajjati. Paharati, payoge dukkaṭaṃ; pahate āpatti pācittiyassa .

Bhikkhussa kupito anattamano talasattikaṃ uggiranto dve āpattiyo āpajjati. Uggirati, payoge dukkaṭaṃ; uggirite āpatti pācittiyassa.

Bhikkhuṃ amūlakena saṅghādisesena anuddhaṃsento dve āpattiyo āpajjati. Anuddhaṃseti, payoge dukkaṭaṃ; anuddhaṃsite āpatti pācittiyassa.

Bhikkhussa sañcicca kukkuccaṃ upadahanto dve āpattiyo āpajjati. Upadahati, payoge dukkaṭaṃ; upadahite āpatti pācittiyassa.

Bhikkhūnaṃ bhaṇḍanajātānaṃ kalahajātānaṃ vivādāpannānaṃ upassutiṃ tiṭṭhanto dve āpattiyo āpajjati. ''Sossāmī''ti gacchati, āpatti dukkaṭassa; yattha ṭhito suṇāti, āpatti pācittiyassa.

Dhammikānaṃ kammānaṃ chandaṃ datvā pacchā khīyanadhammaṃ āpajjanto dve āpattiyo āpajjati. Khiyyati, payoge dukkaṭaṃ; khiyyite āpatti pācittiyassa.

Saṅghe vinicchayakathāya vattamānāya chandaṃ adatvā uṭṭhāyāsanā pakkamanto dve āpattiyo āpajjati. Parisāya hatthapāsaṃ vijahantassa āpatti dukkaṭassa; vijahite āpatti pācittiyassa.

Samaggena saṅghena cīvaraṃ datvā pacchā khīyanadhammaṃ āpajjanto dve āpattiyo āpajjati. Khiyyati, payoge dukkaṭaṃ; khiyyite āpatti pācittiyassa.

Jānaṃ saṅghikaṃ lābhaṃ pariṇataṃ puggalassa pariṇāmento dve āpattiyo āpajjati. Pariṇāmeti, payoge dukkaṭaṃ; pariṇāmite āpatti pācittiyassa.

Sahadhammikavaggo aṭṭhamo.

9. Rājavaggo

173. Pubbe appaṭisaṃvidito rañño antepuraṃ pavisanto dve āpattiyo āpajjati. Paṭhamaṃ pādaṃ ummāraṃ atikkāmeti, āpatti dukkaṭassa; dutiyaṃ pādaṃ atikkāmeti, āpatti pācittiyassa.

Ratanaṃ uggaṇhanto dve āpattiyo āpajjati. Gaṇhāti, payoge dukkaṭaṃ; gahite āpatti pācittiyassa.

Santaṃ bhikkhuṃ anāpucchā vikāle gāmaṃ pavisanto dve āpattiyo āpajjati. Paṭhamaṃ pādaṃ parikkhepaṃ atikkāmeti, āpatti dukkaṭassa; dutiyaṃ pādaṃ atikkāmeti, āpatti pācittiyassa.

Aṭṭhimayaṃ vā dantamayaṃ vā visāṇamayaṃ vā sūcigharaṃ kārāpento dve āpattiyo āpajjati. Kārāpeti, payoge dukkaṭaṃ; kārāpite āpatti pācittiyassa.
Pamāṇātikkantaṃ mañcaṃ vā pīṭhaṃ vā kārāpento dve āpattiyo āpajjati. Kārāpeti, payoge dukkaṭaṃ; kārāpite āpatti pācittiyassa.
Mañcaṃ vā pīṭhaṃ vā tūlonaddhaṃ kārāpento dve āpattiyo āpajjati. Kārāpeti, payoge dukkaṭaṃ; kārāpite āpatti pācittiyassa.
Pamāṇātikkantaṃ nisīdanaṃ kārāpento dve āpattiyo āpajjati. Kārāpeti, payoge dukkaṭaṃ; kārāpite āpatti pācittiyassa.
Pamāṇātikkantaṃ kaṇḍuppaṭicchādiṃ kārāpento dve āpattiyo āpajjati. Kārāpeti, payoge dukkaṭaṃ; kārāpite āpatti pācittiyassa.
Pamāṇātikkantaṃ vassikasāṭikaṃ kārāpento dve āpattiyo āpajjati. Kārāpeti, payoge dukkaṭaṃ; kārāpite āpatti pācittiyassa.
Cīvaraṃ kārāpento kati āpattiyo āpajjati? Sugatacīvarappamāṇaṃ cīvaraṃ kārāpento dve āpattiyo āpajjati. Kārāpeti , payoge dukkaṭaṃ; kārāpite āpatti pācittiyassa – sugatacīvarappamāṇaṃ cīvaraṃ kārāpento imā dve āpattiyo āpajjati.
Rājavaggo navamo. Khuddakā niṭṭhitā.

5. Pāṭidesanīyakaṇḍaṃ

174. Aññātikāya bhikkhuniyā antaragharaṃ paviṭṭhāya hatthato khādanīyaṃ vā bhojanīyaṃ vā sahatthā paṭiggahetvā bhuñjanto kati āpattiyo āpajjati? Aññātikāya bhikkhuniyā antaragharaṃ paviṭṭhāya hatthato khādanīyaṃ vā bhojanīyaṃ vā sahatthā paṭiggahetvā bhuñjanto dve āpattiyo āpajjati. Bhuñjissāmīti paṭiggaṇhāti, āpatti dukkaṭassa; ajjhohāre ajjhohāre āpatti pāṭidesanīyassa – aññātikāya bhikkhuniyā antaragharaṃ paviṭṭhāya hatthato khādanīyaṃ vā bhojanīyaṃ vā sahatthā paṭiggahetvā bhuñjanto imā dve āpattiyo āpajjati.
Bhikkhuniyā vosāsantiyā na nivāretvā bhuñjanto dve āpattiyo āpajjati. Bhuñjissāmīti paṭiggaṇhāti, āpatti dukkaṭassa; ajjhohāre ajjhohāre āpatti pāṭidesanīyassa.
Sekkhasammatesu kulesu khādanīyaṃ vā bhojanīyaṃ vā sahatthā paṭiggahetvā bhuñjanto dve āpattiyo āpajjati. Bhuñjissāmīti paṭiggaṇhāti, āpatti dukkaṭassa; ajjhohāre ajjhohāre āpatti pāṭidesanīyassa.
Āraññakesu senāsanesu pubbe appaṭisaṃviditaṃ khādanīyaṃ vā bhojanīyaṃ vā ajjhārāme sahatthā paṭiggahetvā bhuñjanto kati āpattiyo āpajjati? Āraññakesu senāsanesu pubbe appaṭisaṃviditaṃ khādanīyaṃ vā bhojanīyaṃ vā ajjhārāme sahatthā paṭiggahetvā bhuñjanto dve āpattiyo āpajjati . Bhuñjissāmīti paṭiggaṇhāti, āpatti dukkaṭassa; ajjhohāre ajjhohāre āpatti pāṭidesanīyassa – āraññakesu senāsanesu pubbe appaṭisaṃviditaṃ khādanīyaṃ vā bhojanīyaṃ vā ajjhārāme sahatthā paṭiggahetvā bhuñjanto imā dve āpattiyo āpajjati.
Cattāro pāṭidesanīyā niṭṭhitā.

6. Sekhiyakaṇḍaṃ

1. Parimaṇḍalavaggo
175. Anādariyaṃ paṭicca purato vā pacchato vā olambento nivāsento kati āpattiyo āpajjati? Anādariyaṃ paṭicca purato vā pacchato vā olambento nivāsento ekaṃ āpattiṃ āpajjati. Dukkaṭaṃ – anādariyaṃ paṭicca purato vā pacchato vā olambento nivāsento imaṃ ekaṃ āpattiṃ āpajjati.
...Anādariyaṃ paṭicca purato vā pacchato vā olambento pārupanto ekaṃ āpattiṃ āpajjati. Dukkaṭaṃ....
...Anādariyaṃ paṭicca kāyaṃ vivaritvā antaraghare gacchanto ekaṃ āpattiṃ āpajjati. Dukkaṭaṃ....
...Anādariyaṃ paṭicca kāyaṃ vivaritvā antaraghare nisīdanto ekaṃ āpattiṃ āpajjati. Dukkaṭaṃ....
...Anādariyaṃ paṭicca hatthaṃ vā pādaṃ vā kīḷāpento antaraghare gacchanto ekaṃ āpattiṃ āpajjati. Dukkaṭaṃ....
...Anādariyaṃ paṭicca hatthaṃ vā pādaṃ vā kīḷāpento antaraghare nisīdanto ekaṃ āpattiṃ āpajjati. Dukkaṭaṃ....
...Anādariyaṃ paṭicca tahaṃ tahaṃ olokento antaraghare gacchanto ekaṃ āpattiṃ āpajjati. Dukkaṭaṃ....
...Anādariyaṃ paṭicca tahaṃ tahaṃ olokento antaraghare nisīdanto ekaṃ āpattiṃ āpajjati. Dukkaṭaṃ....
...Anādariyaṃ paṭicca ukkhittakāya antaraghare gacchanto ekaṃ āpattiṃ āpajjati. Dukkaṭaṃ....
...Anādariyaṃ paṭicca ukkhittakāya antaraghare nisīdanto ekaṃ āpattiṃ āpajjati. Dukkaṭaṃ....
Parimaṇḍalavaggo paṭhamo.
2. Ujjagghikavaggo
176. ...Anādariyaṃ paṭicca ujjagghikāya antaraghare gacchanto ekaṃ āpattiṃ āpajjati. Dukkaṭaṃ....
...Anādariyaṃ paṭicca ujjagghikāya antaraghare nisīdanto ekaṃ āpattiṃ āpajjati. Dukkaṭaṃ....

…Anādariyaṃ paṭicca uccāsaddaṃ mahāsaddaṃ karonto antaraghare gacchanto ekaṃ āpattiṃ āpajjati. Dukkaṭaṃ….
…Anādariyaṃ paṭicca uccāsaddaṃ mahāsaddaṃ karonto antaraghare nisīdanto ekaṃ āpattiṃ āpajjati. Dukkaṭaṃ….
…Anādariyaṃ paṭicca kāyappacālakaṃ antaraghare gacchanto ekaṃ āpattiṃ āpajjati. Dukkaṭaṃ….
…Anādariyaṃ paṭicca kāyappacālakaṃ antaraghare nisīdanto ekaṃ āpattiṃ āpajjati. Dukkaṭaṃ….
…Anādariyaṃ paṭicca bāhuppacālakaṃ antaraghare gacchanto ekaṃ āpattiṃ āpajjati. Dukkaṭaṃ….
…Anādariyaṃ paṭicca bāhuppacālakaṃ antaraghare nisīdanto ekaṃ āpattiṃ āpajjati. Dukkaṭaṃ….
…Anādariyaṃ paṭicca sīsappacālakaṃ antaraghare gacchanto ekaṃ āpattiṃ āpajjati. Dukkaṭaṃ….
…Anādariyaṃ paṭicca sīsappacālakaṃ antaraghare nisīdanto ekaṃ āpattiṃ āpajjati. Dukkaṭaṃ….
Ujjagghikavaggo dutiyo.
3. Khambhakatavaggo
177. …Anādariyaṃ paṭicca khambhakato antaraghare gacchanto ekaṃ āpattiṃ āpajjati. Dukkaṭaṃ….
…Anādariyaṃ paṭicca khambhakato antaraghare nisīdanto ekaṃ āpattiṃ āpajjati. Dukkaṭaṃ….
…Anādariyaṃ paṭicca oguṇṭhito antaraghare gacchanto ekaṃ āpattiṃ āpajjati. Dukkaṭaṃ….
…Anādariyaṃ paṭicca oguṇṭhito antaraghare nisīdanto ekaṃ āpattiṃ āpajjati. Dukkaṭaṃ….
…Anādariyaṃ paṭicca ukkuṭikāya antaraghare gacchanto ekaṃ āpattiṃ āpajjati. Dukkaṭaṃ….
…Anādariyaṃ paṭicca pallatthikāya antaraghare nisīdanto ekaṃ āpattiṃ āpajjati. Dukkaṭaṃ….
…Anādariyaṃ paṭicca asakkaccaṃ piṇḍapātaṃ paṭiggaṇhanto ekaṃ āpattiṃ āpajjati. Dukkaṭaṃ….
…Anādariyaṃ paṭicca tahaṃ tahaṃ olokento piṇḍapātaṃ paṭiggaṇhanto ekaṃ āpattiṃ āpajjati. Dukkaṭaṃ….
…Anādariyaṃ paṭicca sūpaññeva bahuṃ paṭiggaṇhanto ekaṃ āpattiṃ āpajjati. Dukkaṭaṃ….
…Anādariyaṃ paṭicca thūpīkataṃ piṇḍapātaṃ paṭiggaṇhanto ekaṃ āpattiṃ āpajjati. Dukkaṭaṃ….
Khambhakatavaggo tatiyo.
4. Piṇḍapātavaggo
178. …Anādariyaṃ paṭicca asakkaccaṃ piṇḍapātaṃ bhuñjanto ekaṃ āpattiṃ āpajjati. Dukkaṭaṃ….
…Anādariyaṃ paṭicca tahaṃ tahaṃ olokento piṇḍapātaṃ bhuñjanto ekaṃ āpattiṃ āpajjati. Dukkaṭaṃ….
…Anādariyaṃ paṭicca tahaṃ tahaṃ omasitvā piṇḍapātaṃ bhuñjanto ekaṃ āpattiṃ āpajjati. Dukkaṭaṃ….
…Anādariyaṃ paṭicca sūpaññeva bahuṃ bhuñjanto ekaṃ āpattiṃ āpajjati. Dukkaṭaṃ….
…Anādariyaṃ paṭicca thūpakato omadditvā piṇḍapātaṃ bhuñjanto ekaṃ āpattiṃ āpajjati. Dukkaṭaṃ….
…Anādariyaṃ paṭicca sūpaṃ vā byañjanaṃ vā odanena paṭicchādento ekaṃ āpattiṃ āpajjati. Dukkaṭaṃ….
…Anādariyaṃ paṭicca sūpaṃ vā odanaṃ vā agilāno attano atthāya viññāpetvā bhuñjanto ekaṃ āpattiṃ āpajjati. Dukkaṭaṃ….
…Anādariyaṃ paṭicca ujjhānasaññī paresaṃ pattaṃ olokento ekaṃ āpattiṃ āpajjati. Dukkaṭaṃ….
…Anādariyaṃ paṭicca mahantaṃ kabaḷaṃ karonto ekaṃ āpattiṃ āpajjati. Dukkaṭaṃ….
…Anādariyaṃ paṭicca dīghaṃ ālopaṃ karonto ekaṃ āpattiṃ āpajjati. Dukkaṭaṃ….
Piṇḍapātavaggo catuttho.
5. Kabaḷavaggo
179. …Anādariyaṃ paṭicca anāhaṭe kabaḷe mukhadvāraṃ vivaranto ekaṃ āpattiṃ āpajjati. Dukkaṭaṃ….
…Anādariyaṃ paṭicca bhuñjamāno sabbaṃ hatthaṃ mukhe pakkhipanto ekaṃ āpattiṃ āpajjati. Dukkaṭaṃ….
…Anādariyaṃ paṭicca sakabaḷena mukhena byāharanto ekaṃ āpattiṃ āpajjati. Dukkaṭaṃ….
…Anādariyaṃ paṭicca piṇḍukkhepakaṃ bhuñjanto ekaṃ āpattiṃ āpajjati. Dukkaṭaṃ….
…Anādariyaṃ paṭicca kabaḷāvacchedakaṃ bhuñjanto ekaṃ āpattiṃ āpajjati. Dukkaṭaṃ….
…Anādariyaṃ paṭicca avagaṇḍakārakaṃ bhuñjanto ekaṃ āpattiṃ āpajjati. Dukkaṭaṃ….
…Anādariyaṃ paṭicca hatthaniddhunakaṃ bhuñjanto ekaṃ āpattiṃ āpajjati. Dukkaṭaṃ….
…Anādariyaṃ paṭicca sitthāvakārakaṃ bhuñjanto ekaṃ āpattiṃ āpajjati. Dukkaṭaṃ….
…Anādariyaṃ paṭicca jivhānicchārakaṃ bhuñjanto ekaṃ āpattiṃ āpajjati. Dukkaṭaṃ….
…Anādariyaṃ paṭicca capucapukārakaṃ bhuñjanto ekaṃ āpattiṃ āpajjati. Dukkaṭaṃ….
Kabaḷavaggo pañcamo.
6. Surusuruvaggo
180. …Anādariyaṃ paṭicca surusurukārakaṃ bhuñjanto ekaṃ āpattiṃ āpajjati. Dukkaṭaṃ….
…Anādariyaṃ paṭicca hatthanillehakaṃ bhuñjanto ekaṃ āpattiṃ āpajjati. Dukkaṭaṃ….
…Anādariyaṃ paṭicca pattanillehakaṃ bhuñjanto ekaṃ āpattiṃ āpajjati. Dukkaṭaṃ….
…Anādariyaṃ paṭicca oṭṭhanillehakaṃ bhuñjanto ekaṃ āpattiṃ āpajjati. Dukkaṭaṃ….
…Anādariyaṃ paṭicca sāmisena hatthena pānīyathālakaṃ paṭiggaṇhanto ekaṃ āpattiṃ āpajjati. Dukkaṭaṃ….
…Anādariyaṃ paṭicca sasitthakaṃ pattadhovanaṃ antaraghare chaḍḍento ekaṃ āpattiṃ āpajjati. Dukkaṭaṃ….

...Anādariyaṃ paṭicca chattapāṇissa dhammaṃ desento ekaṃ āpattiṃ āpajjati. Dukkaṭaṃ....
...Anādariyaṃ paṭicca daṇḍapāṇissa dhammaṃ desento ekaṃ āpattiṃ āpajjati. Dukkaṭaṃ....
...Anādariyaṃ paṭicca satthapāṇissa dhammaṃ desento ekaṃ āpattiṃ āpajjati. Dukkaṭaṃ....
...Anādariyaṃ paṭicca āvudhapāṇissa dhammaṃ desento ekaṃ āpattiṃ āpajjati. Dukkaṭaṃ....
Surusuruvaggo chaṭṭho.
7. Pādukavaggo
181. ...Anādariyaṃ paṭicca pādukāruḷhassa dhammaṃ desento ekaṃ āpattiṃ āpajjati. Dukkaṭaṃ....
...Anādariyaṃ paṭicca upāhanāruḷhassa dhammaṃ desento ekaṃ āpattiṃ āpajjati. Dukkaṭaṃ....
...Anādariyaṃ paṭicca yānagatassa dhammaṃ desento ekaṃ āpattiṃ āpajjati. Dukkaṭaṃ....
...Anādariyaṃ paṭicca sayanagatassa dhammaṃ desento ekaṃ āpattiṃ āpajjati. Dukkaṭaṃ....
...Anādariyaṃ paṭicca pallatthikāya nisinnassa dhammaṃ desento ekaṃ āpattiṃ āpajjati. Dukkaṭaṃ....
...Anādariyaṃ paṭicca veṭhitasīsassa dhammaṃ desento ekaṃ āpattiṃ āpajjati. Dukkaṭaṃ....
...Anādariyaṃ paṭicca oguṇṭhitasīsassa dhammaṃ desento ekaṃ āpattiṃ āpajjati. Dukkaṭaṃ....
...Anādariyaṃ paṭicca chamāyaṃ nisīditvā āsane nisinnassa dhammaṃ desento ekaṃ āpattiṃ āpajjati. Dukkaṭaṃ....
...Anādariyaṃ paṭicca nīce āsane nisīditvā ucce āsane nisinnassa dhammaṃ desento ekaṃ āpattiṃ āpajjati. Dukkaṭaṃ....
...Anādariyaṃ paṭicca ṭhito nisinnassa dhammaṃ desento ekaṃ āpattiṃ āpajjati. Dukkaṭaṃ....
...Anādariyaṃ paṭicca pacchato gacchanto purato gacchantassa dhammaṃ desento ekaṃ āpattiṃ āpajjati. Dukkaṭaṃ....
...Anādariyaṃ paṭicca uppathena gacchanto pathena gacchantassa dhammaṃ desento ekaṃ āpattiṃ āpajjati. Dukkaṭaṃ....
...Anādariyaṃ paṭicca ṭhito uccāraṃ vā passāvaṃ vā karonto ekaṃ āpattiṃ āpajjati. Dukkaṭaṃ....
...Anādariyaṃ paṭicca harite uccāraṃ vā passāvaṃ vā kheḷaṃ vā karonto ekaṃ āpattiṃ āpajjati. Dukkaṭaṃ....
Anādariyaṃ paṭicca udake uccāraṃ vā passāvaṃ vā kheḷaṃ vā karonto kati āpattiyo āpajjati? Anādariyaṃ paṭicca udake uccāraṃ vā passāvaṃ vā kheḷaṃ vā karonto ekaṃ āpattiṃ āpajjati. Dukkaṭaṃ – anādariyaṃ paṭicca udake uccāraṃ vā passāvaṃ vā kheḷaṃ vā karonto imaṃ ekaṃ āpattiṃ āpajjati.
Pādukavaggo sattamo.
Sekhiyā niṭṭhitā.
Katāpattivāro niṭṭhito dutiyo.
3. Vipattivāro
182. Methunaṃ dhammaṃ paṭisevantassa āpattiyo catunnaṃ vipattīnaṃ kati vipattiyo bhajanti? Methunaṃ dhammaṃ paṭisevantassa āpattiyo catunnaṃ vipattīnaṃ dve vipattiyo bhajanti – siyā sīlavipattiṃ, siyā ācāravipattiṃ...pe....
Anādariyaṃ paṭicca udake uccāraṃ vā passāvaṃ vā kheḷaṃ vā karontassa āpatti catunnaṃ vipattīnaṃ kati vipattiyo bhajati? Anādariyaṃ paṭicca udake uccāraṃ vā passāvaṃ vā kheḷaṃ vā karontassa āpatti catunnaṃ vipattīnaṃ ekaṃ vipattiṃ bhajati – ācāravipattiṃ.
Vipattivāro niṭṭhito tatiyo.
4. Saṅgahitavāro
183. Methunaṃ dhammaṃ paṭisevantassa āpattiyo sattannaṃ āpattikkhandhānaṃ katihi āpattikkhandhehi saṅgahitā? Methunaṃ dhammaṃ paṭisevantassa āpattiyo sattannaṃ āpattikkhandhānaṃ tīhi āpattikkhandhehi saṅgahitā – siyā pārājikāpattikkhandhena, siyā thullaccayāpattikkhandhena, siyā dukkaṭāpattikkhandhena...pe....
Anādariyaṃ paṭicca udake uccāraṃ vā passāvaṃ vā kheḷaṃ vā karontassa āpatti sattannaṃ āpattikkhandhānaṃ katihi āpattikkhandhehi saṅgahitā? Anādariyaṃ paṭicca udake uccāraṃ vā passāvaṃ vā kheḷaṃ vā karontassa āpatti sattannaṃ āpattikkhandhānaṃ ekena āpattikkhandhena saṅgahitā – dukkaṭāpattikkhandhena.
Saṅgahitavāro niṭṭhito catuttho.
5. Samuṭṭhānavāro
184. Methunaṃ dhammaṃ paṭisevantassa āpattiyo channaṃ āpattisamuṭṭhānānaṃ katihi samuṭṭhānehi samuṭṭhanti [samuṭṭhahanti (sī. syā.)]? Methunaṃ dhammaṃ paṭisevantassa āpattiyo channaṃ āpattisamuṭṭhānānaṃ ekena samuṭṭhānena samuṭṭhanti – kāyato ca cittato ca samuṭṭhanti, na vācato...pe....
Anādariyaṃ paṭicca udake uccāraṃ vā passāvaṃ vā kheḷaṃ vā karontassa āpatti channaṃ āpattisamuṭṭhānānaṃ katihi samuṭṭhānehi samuṭṭhāti? Anādariyaṃ paṭicca udake uccāraṃ vā passāvaṃ vā kheḷaṃ vā karontassa āpatti channaṃ āpattisamuṭṭhānānaṃ ekena samuṭṭhānena samuṭṭhāti – kāyato ca cittato ca samuṭṭhāti, na vācato.
Samuṭṭhānavāro niṭṭhito pañcamo.
6. Adhikaraṇavāro

185. Methunaṃ dhammaṃ paṭisevantassa āpattiyo catunnaṃ adhikaraṇānaṃ katamaṃ adhikaraṇaṃ? Methunaṃ dhammaṃ paṭisevantassa āpattiyo catunnaṃ adhikaraṇānaṃ āpattādhikaraṇaṃ…pe…. Anādariyaṃ paṭicca udake uccāraṃ vā passāvaṃ vā kheḷaṃ vā karontassa āpatti catunnaṃ adhikaraṇānaṃ katamaṃ adhikaraṇaṃ? Anādariyaṃ paṭicca udake uccāraṃ vā passāvaṃ vā kheḷaṃ vā karontassa āpatti catunnaṃ adhikaraṇānaṃ āpattādhikaraṇaṃ.

Adhikaraṇavāro niṭṭhito chaṭṭho.

7. Samathavāro

186. Methunaṃ dhammaṃ paṭisevantassa āpattiyo sattannaṃ samathānaṃ katihi samathehi sammanti? Methunaṃ dhammaṃ paṭisevantassa āpattiyo sattannaṃ samathānaṃ tīhi samathehi sammanti – siyā sammukhāvinayena ca paṭiññātakaraṇena ca, siyā sammukhāvinayena ca tiṇavatthārakena ca…pe…. Anādariyaṃ paṭicca udake uccāraṃ vā passāvaṃ vā kheḷaṃ vā karontassa āpatti sattannaṃ samathānaṃ katihi samathehi sammati? Anādariyaṃ paṭicca udake uccāraṃ vā passāvaṃ vā kheḷaṃ vā karontassa āpatti sattannaṃ samathānaṃ tīhi samathehi sammati – siyā sammukhāvinayena ca paṭiññātakaraṇena ca, siyā sammukhāvinayena ca tiṇavatthārakena ca.

Samathavāro niṭṭhito sattamo.

8. Samuccayavāro

187. Methunaṃ dhammaṃ paṭisevanto kati āpattiyo āpajjati? Methunaṃ dhammaṃ paṭisevanto tisso āpattiyo āpajjati. Akkhāyite sarīre methunaṃ dhammaṃ paṭisevati, āpatti pārājikassa; yebhuyyena khāyite sarīre methunaṃ dhammaṃ paṭisevati, āpatti thullaccayassa; vaṭṭakate mukhe acchupantaṃ aṅgajātaṃ paveseti, āpatti dukkaṭassa – methunaṃ dhammaṃ paṭisevanto imā tisso āpattiyo āpajjati.

Tā āpattiyo catunnaṃ vipattīnaṃ kati vipattiyo bhajanti, sattannaṃ āpattikkhandhānaṃ katihi āpattikkhandhehi saṅgahitā, channaṃ āpattisamuṭṭhānānaṃ katihi samuṭṭhānehi samuṭṭhanti, catunnaṃ adhikaraṇānaṃ katamaṃ adhikaraṇaṃ, sattannaṃ samathānaṃ katihi samathehi sammanti? Tā āpattiyo catunnaṃ vipattīnaṃ dve vipattiyo bhajanti – siyā sīlavipattiṃ, siyā ācāravipattiṃ. Sattannaṃ āpattikkhandhānaṃ tīhi āpattikkhandhehi saṅgahitā – siyā pārājikāpattikkhandhena, siyā thullaccayāpattikkhandhena, siyā dukkaṭāpattikkhandhena. Channaṃ āpattisamuṭṭhānānaṃ ekena samuṭṭhānena samuṭṭhanti – kāyato ca cittato ca samuṭṭhanti, na vācato. Catunnaṃ adhikaraṇānaṃ, āpattādhikaraṇaṃ. Sattannaṃ samathānaṃ tīhi samathehi sammanti – siyā sammukhāvinayena ca paṭiññātakaraṇena ca, siyā sammukhāvinayena ca tiṇavatthārakena ca…pe….

Anādariyaṃ paṭicca udake uccāraṃ vā passāvaṃ vā kheḷaṃ vā karonto kati āpattiyo āpajjati? Anādariyaṃ paṭicca udake uccāraṃ vā passāvaṃ vā kheḷaṃ vā karonto ekaṃ āpattiṃ āpajjati. Dukkaṭaṃ – anādariyaṃ paṭicca udake uccāraṃ vā passāvaṃ vā kheḷaṃ vā karonto imaṃ ekaṃ āpattiṃ āpajjati.

Sā āpatti catunnaṃ vipattīnaṃ kati vipattiyo bhajati, sattannaṃ āpattikkhandhānaṃ katihi āpattikkhandhehi saṅgahitā, channaṃ āpattisamuṭṭhānānaṃ katihi samuṭṭhānehi samuṭṭhāti, catunnaṃ adhikaraṇānaṃ katamaṃ adhikaraṇaṃ, sattannaṃ, samathānaṃ katihi samathehi sammati? Sā āpatti catunnaṃ vipattīnaṃ ekaṃ vipattiṃ bhajati – ācāravipattiṃ. Sattannaṃ āpattikkhandhānaṃ ekena āpattikkhandhena saṅgahitā – dukkaṭāpattikkhandhena. Channaṃāpattisamuṭṭhānānaṃ ekena samuṭṭhānena samuṭṭhāti – kāyato ca cittato ca samuṭṭhāti, na vācato. Catunnaṃ adhikaraṇānaṃ, āpattādhikaraṇaṃ. Sattannaṃ samathānaṃ tīhi samathehi sammati – siyā sammukhāvinayena ca paṭiññātakaraṇena ca, siyā sammukhāvinayena ca tiṇavatthārakena ca.

Samuccayavāro niṭṭhito aṭṭhamo.

Ime aṭṭha vārā sajjhāyamaggena likhitā.

Tassuddānaṃ –

Katthapaññatti kati ca, vipattisaṅgahena ca;

Samuṭṭhānādhikaraṇā samatho, samuccayena cāti.

1. Katthapaññattivāro

1. Pārājikakaṇḍaṃ

188. Yaṃ tena bhagavatā jānatā passatā arahatā sammāsambuddhena methunaṃ dhammaṃ paṭisevanapaccayā pārājikaṃ kattha paññattaṃ, kaṃ ārabbha, kismiṃ vatthusmiṃ…pe… kenābhatanti? Yaṃ tena bhagavatā jānatā passatā arahatā sammāsambuddhena methunaṃ dhammaṃ paṭisevanapaccayā pārājikaṃ kattha paññattanti? Vesāliyaṃ paññattaṃ. Kaṃ ārabbhāti? Sudinnaṃ kalandaputtaṃ ārabbha. Kismiṃ vatthusminti? Sudinno kalandaputto purāṇadutiyikāya methunaṃ dhammaṃ paṭisevi, tasmiṃ vatthusmiṃ. Atthi tattha paññatti, anupaññatti, anuppannapaññattīti? Ekā paññatti, dve anupaññattiyo. Anuppannapaññatti tasmiṃ natthi. Sabbattha paññatti, padesapaññattīti? Sabbatthapaññatti. Sādhāraṇapaññatti, asādhāraṇapaññattīti? Sādhāraṇapaññatti. Ekatopaññatti, ubhatopaññattīti? Ubhatopaññatti. Pañcannaṃ pātimokkhuddesānaṃ katthogadhaṃ kattha pariyāpannanti? Nidānogadhaṃ

nidānapariyāpannaṃ. Katamena uddesena uddesaṃ āgacchatīti? Dutiyena uddesena uddesaṃ āgacchati. Catunnaṃ vipattīnaṃ katamā vipattīti? Sīlavipatti. Sattannaṃ āpattikkhandhānaṃ katamo āpattikkhandhoti? Pārājikāpattikkhandho. Channaṃ āpattisamuṭṭhānānaṃ katihi samuṭṭhānehi samuṭṭhātīti? Ekena samuṭṭhānena samuṭṭhāti – kāyato ca cittato ca samuṭṭhāti, na vācato...pe... kenābhatanti? Paramparābhataṃ –

Upāli dāsako ceva, soṇako siggavo tathā;
Moggaliputtena pañcamā, ete jambusirivhaye. ...pe...;
Ete nāgā mahāpaññā, vinayaññū maggakovidā;
Vinayaṃ dīpe pakāsesuṃ, piṭakaṃ tambapaṇṇiyāti.

189. Yaṃ tena bhagavatā jānatā passatā arahatā sammāsambuddhena adinnaṃ ādiyanapaccayā pārājikaṃ kattha paññattanti? Rājagahe paññattaṃ. Kaṃ ārabbhāti? Dhaniyaṃ kumbhakāraputtaṃ ārabbha. Kismiṃ vatthusminti? Dhaniyo kumbhakāraputto rañño dārūni adinnaṃ ādiyi, tasmiṃ vatthusmiṃ. Ekā paññatti, ekā anupaññatti. Channaṃ āpattisamuṭṭhānānaṃ tīhi samuṭṭhānehi samuṭṭhāti – siyā kāyato ca cittato ca samuṭṭhāti, na vācato; siyā vācato ca cittato ca samuṭṭhāti, na kāyato; siyā kāyato ca vācato ca cittato ca samuṭṭhāti...pe....

190. Sañcicca manussaviggahaṃ jīvitā voropanapaccayā pārājikaṃ kattha paññattanti? Vesāliyaṃ paññattaṃ. Kaṃ ārabbhāti? Sambahule bhikkhū ārabbha. Kismiṃ vatthusminti? Sambahulā bhikkhū aññamaññaṃ jīvitā voropesuṃ, tasmiṃ vatthusmiṃ. Ekā paññatti, ekā anupaññatti. Channaṃ āpattisamuṭṭhānānaṃ tīhi samuṭṭhānehi samuṭṭhāti – siyā kāyato ca cittato ca samuṭṭhāti, na vācato; siyā vācato ca cittato ca samuṭṭhāti, na kāyato; siyā kāyato ca vācato ca cittato ca samuṭṭhāti...pe....

191. Asantaṃ abhūtaṃ uttarimanussadhammaṃ ullapanapaccayā pārājikaṃ kattha paññattanti? Vesāliyaṃ paññattaṃ. Kaṃ ārabbhāti? Vaggumudātīriye bhikkhū ārabbha. Kismiṃ vatthusminti? Vaggumudātīriyā bhikkhū gihīnaṃ aññamaññassa uttarimanussadhammassa vaṇṇaṃ bhāsiṃsu, tasmiṃ vatthusmiṃ. Ekā paññatti, ekā anupaññatti. Channaṃ āpattisamuṭṭhānānaṃ tīhi samuṭṭhānehi samuṭṭhāti – siyā kāyato ca cittato ca samuṭṭhāti, na vācato; siyā vācato ca cittato ca samuṭṭhāti, na kāyato; siyā kāyato ca vācato ca cittato ca samuṭṭhāti...pe....

Cattāro pārājikā niṭṭhitā.

2. Saṅghādisesakaṇḍādi

192. Yaṃ tena bhagavatā jānatā passatā arahatā sammāsambuddhena upakkamitvāasuciṃ mocanapaccayā saṅghādiseso kattha paññatto, kaṃ ārabbha, kismiṃ vatthusmiṃ...pe... kenābhatanti?

Yaṃ tena bhagavatā jānatā passatā arahatā sammāsambuddhena upakkamitvā asuciṃ mocanapaccayā saṅghādiseso kattha paññattoti? Sāvatthiyaṃ paññatto. Kaṃ ārabbhāti? Āyasmantaṃ seyyasakaṃ ārabbha. Kismiṃ vatthusminti? Āyasmā seyyasako upakkamitvā asuciṃ mocesi, tasmiṃ vatthusmiṃ. Atthi tattha paññatti, anupaññatti, anuppannapaññattīti? Ekā paññatti, ekā anupaññatti. Anuppannapaññatti tasmiṃ natthi. Sabbatthapaññatti, padesapaññattīti? Sabbatthapaññatti. Sādhāraṇapaññatti, asādhāraṇapaññattīti? Asādhāraṇapaññatti. Ekatopaññatti, ubhatopaññattīti? Ekatopaññatti. Pañcannaṃ pātimokkhuddesānaṃ katthogadhaṃ kattha pariyāpannanti? Nidānogadhaṃ nidānapariyāpannaṃ. Katamena uddesena uddesaṃ āgacchatīti? Tatiyena uddesena uddesaṃ āgacchati. Catunnaṃ vipattīnaṃ katamā vipattīti? Sīlavipatti. Sattannaṃ āpattikkhandhānaṃ katamo āpattikkhandhoti? Saṅghādisesāpattikkhandho. Channaṃ āpattisamuṭṭhānānaṃ katihi samuṭṭhānehi samuṭṭhātīti? Ekena samuṭṭhānena samuṭṭhāti – kāyato ca cittato ca samuṭṭhāti, na vācato...pe... kenābhatanti? Paramparābhataṃ –

Upāli dāsako ceva, soṇako siggavo tathā;
Moggaliputtena pañcamā, ete jambusirivhaye. ...pe...;
Ete nāgā mahāpaññā, vinayaññū maggakovidā;
Vinayaṃ dīpe pakāsesuṃ, piṭakaṃ tambapaṇṇiyāti.

Mātugāmena saddhiṃ kāyasaṃsaggaṃ samāpajjanapaccayā saṅghādiseso kattha paññattoti? Sāvatthiyaṃ paññatto. Kaṃ ārabbhāti? Āyasmantaṃ udāyiṃ ārabbha. Kismiṃ vatthusminti? Āyasmā udāyī mātugāmena saddhiṃ kāyasaṃsaggaṃ samāpajji, tasmiṃ vatthusmiṃ. Ekā paññatti. Channaṃ āpattisamuṭṭhānānaṃ ekena samuṭṭhānena samuṭṭhāti – kāyato ca cittato ca samuṭṭhāti, na vācato...pe....

Mātugāmaṃ duṭṭhullāhi vācāhi obhāsanapaccayā saṅghādiseso kattha paññattoti? Sāvatthiyaṃ paññatto. Kaṃ ārabbhāti? Āyasmantaṃ udāyiṃ ārabbha. Kismiṃ vatthusminti? Āyasmā udāyī mātugāmaṃ duṭṭhullāhi vācāhi obhāsi, tasmiṃ vatthusmiṃ. Ekā paññatti. Channaṃ āpattisamuṭṭhānānaṃ tīhi samuṭṭhānehi samuṭṭhāti – siyā kāyato ca cittato ca samuṭṭhāti, na vācato; siyā vācato ca cittato ca samuṭṭhāti, na kāyato; siyā kāyato ca vācato ca cittato ca samuṭṭhāti...pe....

Mātugāmassa santike attakāmapāricariyāya vaṇṇaṃ bhāsanapaccayā saṅghādiseso kattha paññattoti? Sāvatthiyaṃ paññatto. Kaṃ ārabbhāti? Āyasmantaṃ udāyiṃ ārabbha. Kismiṃ vatthusminti? Āyasmā udāyī mātugāmassa santike attakāmapāricariyāya vaṇṇaṃ bhāsi, tasmiṃ vatthusmiṃ. Ekā paññatti. Channaṃāpattisamuṭṭhānānaṃ tīhi samuṭṭhānehi samuṭṭhāti...pe....

Sañcarittaṃ samāpajjanapaccayā saṅghādiseso kattha paññattoti? Sāvatthiyaṃ paññatto. Kaṃ ārabbhāti? Āyasmantaṃ udāyiṃ ārabbha. Kismiṃ vatthusminti? Āyasmā udāyī sañcarittaṃ samāpajji, tasmiṃ vatthusmiṃ. Ekā paññatti, ekā anupaññatti. Channaṃ āpattisamuṭṭhānānaṃ chahi samuṭṭhānehi samuṭṭhāti – siyā kāyato samuṭṭhāti, na vācato na cittato; siyā vācato samuṭṭhāti, na kāyato na cittato; siyā kāyato ca vācato ca samuṭṭhāti, na cittato; siyā kāyato ca cittato ca samuṭṭhāti, na vācato; siyā vācato ca cittato ca samuṭṭhāti, na kāyato; siyā kāyato ca vācato ca cittato ca samuṭṭhāti…pe….

Saññācikāya kuṭiṃ kārāpanapaccayā saṅghādiseso kattha paññattoti ? Āḷaviyaṃ paññatto. Kaṃ ārabbhāti? Āḷavake bhikkhū ārabbha. Kismiṃ vatthusminti? Āḷavakā bhikkhū saññācikāya kuṭiyo kārāpesuṃ, tasmiṃ vatthusmiṃ. Ekā paññatti. Channaṃ āpattisamuṭṭhānānaṃ chahi samuṭṭhānehi samuṭṭhāti…pe….

Mahallakaṃ vihāraṃ kārāpanapaccayā saṅghādiseso kattha paññattoti? Kosambiyaṃ paññatto. Kaṃ ārabbhāti? Āyasmantaṃ channaṃ ārabbha. Kismiṃ vatthusminti? Āyasmā channo vihāravatthuṃ sodhento aññataraṃ cetiyarukkhaṃ chedāpesi, tasmiṃ vatthusmiṃ. Ekā paññatti. Channaṃ āpattisamuṭṭhānānaṃ chahi samuṭṭhānehi samuṭṭhāti…pe….

Bhikkhuṃ amūlakena pārājikena dhammena anuddhaṃsanapaccayā saṅghādiseso kattha paññattoti? Rājagahe paññatto. Kaṃ ārabbhāti? Mettiyabhūmajake bhikkhū ārabbha. Kismiṃ vatthusminti? Mettiyabhūmajakā bhikkhū āyasmantaṃ dabbaṃ mallaputtaṃ amūlakena pārājikena dhammena anuddhaṃsesuṃ, tasmiṃ vatthusmiṃ. Ekā paññatti. Channaṃ āpattisamuṭṭhānānaṃ tīhi samuṭṭhānehi samuṭṭhāti…pe….

Bhikkhuṃ aññabhāgiyassa adhikaraṇassa kiñcidesaṃ lesamattaṃ upādāya pārājikena dhammena anuddhaṃsanapaccayā saṅghādiseso kattha paññattoti? Rājagahe paññatto. Kaṃ ārabbhāti? Mettiyabhūmajake bhikkhū ārabbha. Kismiṃ vatthusminti? Mettiyabhūmajakā bhikkhū āyasmantaṃ dabbaṃ mallaputtaṃ aññabhāgiyassa adhikaraṇassa kiñci desaṃ lesamattaṃ upādāya pārājikena dhammena anuddhaṃsesuṃ, tasmiṃ vatthusmiṃ. Ekā paññatti. Channaṃ āpattisamuṭṭhānānaṃ tīhi samuṭṭhānehi samuṭṭhāti…pe….

Saṅghabhedakassa bhikkhuno yāvatatiyaṃ samanubhāsanāya na paṭinissajjanapaccayā saṅghādiseso kattha paññattoti? Rājagahe paññatto. Kaṃ ārabbhāti? Devadattaṃ ārabbha. Kismiṃ vatthusminti? Devadatto samaggassa saṅghassa bhedāya parakkami, tasmiṃ vatthusmiṃ. Ekā paññatti. Channaṃ āpattisamuṭṭhānānaṃ ekena samuṭṭhānena samuṭṭhāti – kāyato ca vācato ca cittato ca samuṭṭhāti…pe….

Bhedakānuvattakānaṃ bhikkhūnaṃ yāvatatiyaṃ samanubhāsanāya na paṭinissajjanapaccayā saṅghādiseso kattha paññattoti? Rājagahe paññatto. Kaṃ ārabbhāti? Sambahule bhikkhū ārabbha. Kismiṃ vatthusminti? Sambahulā bhikkhū devadattassa saṅghabhedāya parakkamantassa anuvattakā ahesuṃ vaggavādakā, tasmiṃ vatthusmiṃ. Ekā paññatti. Channaṃ āpattisamuṭṭhānānaṃ eke samuṭṭhānena samuṭṭhāti – kāyato ca vācato ca cittato ca samuṭṭhāti…pe….

Dubbacassa bhikkhuno yāvatatiyaṃ samanubhāsanāya na paṭinissajjanapaccayā saṅghādiseso kattha paññattoti? Kosambiyaṃ paññatto. Kaṃ ārabbhāti? Āyasmantaṃ channaṃ ārabbha. Kismiṃ vatthusminti? Āyasmā channo bhikkhūhi sahadhammikaṃ vuccamāno attānaṃ avacanīyaṃ akāsi, tasmiṃ vatthusmiṃ. Ekā paññatti. Channaṃ āpattisamuṭṭhānānaṃ ekena samuṭṭhānena samuṭṭhāti – kāyato ca vācato ca cittato ca samuṭṭhāti…pe….

Kuladūsakassa bhikkhuno yāvatatiyaṃ samanubhāsanāya na paṭinissajjanapaccayā saṅghādiseso kattha paññattoti? Sāvatthiyaṃ paññatto. Kaṃ ārabbhāti? Assajipunabbasuke bhikkhū ārabbha. Kismiṃ vatthusminti? Assajipunabbasukā bhikkhū saṅghena pabbājanīyakammakatā bhikkhū chandagāmitā dosagāmitā mohagāmitā bhayagāmitā pāpesuṃ, tasmiṃ vatthusmiṃ. Ekā paññatti. Channaṃ āpattisamuṭṭhānānaṃ ekena samuṭṭhānena samuṭṭhāti – kāyato ca vācato ca cittato ca samuṭṭhāti…pe….

Anādariyaṃ paṭicca udake uccāraṃ vā passāvaṃ vā kheḷaṃ vā karaṇapaccayā dukkaṭaṃ kattha paññattanti? Sāvatthiyaṃ paññattaṃ. Kaṃ ārabbhāti? Chabbaggiye bhikkhū ārabbha. Kismiṃ vatthusminti? Chabbaggiyā bhikkhū udake uccārampi passāvampi kheḷampi akaṃsu, tasmiṃ vatthusmiṃ. Ekā paññatti, ekā anupaññatti. Channaṃ āpattisamuṭṭhānānaṃ ekena samuṭṭhānena samuṭṭhāti – kāyato ca cittato ca samuṭṭhāti, na vācato…pe….

Katthapaññattivāro niṭṭhito paṭhamo.

2. Katāpattivāro

1. Pārājikakaṇḍaṃ

193. Methunaṃ dhammaṃ paṭisevanapaccayā kati āpattiyo āpajjati ? Methunaṃ dhammaṃ paṭisevanapaccayā catasso āpattiyo āpajjati – akkhāyite sarīre methunaṃ dhammaṃ paṭisevati, āpatti pārājikassa; yebhuyyena khāyite sarīre methunaṃ dhammaṃ paṭisevati, āpatti thullaccayassa ; vaṭṭakate

mukhe acchupantaṃ aṅgajātaṃ paveseti, āpatti dukkaṭassa; jatumaṭṭhake pācittiyaṃ – methunaṃ dhammaṃ paṭisevanapaccayā imā catasso āpattiyo āpajjati.

Adinnaṃ ādiyanapaccayā kati āpattiyo āpajjati? Adinnaṃ ādiyanapaccayā tisso āpattiyo āpajjati. Pañcamāsakaṃ vā atirekapañcamāsakaṃ vā agghanakaṃ adinnaṃ theyyasaṅkhātaṃ ādiyati, āpatti pārājikassa; atirekamāsakaṃ vā ūnapañcamāsakaṃ vā agghanakaṃ adinnaṃ theyyasaṅkhātaṃ ādiyati, āpatti thullaccayassa; māsakaṃ vā ūnamāsakaṃ vā agghanakaṃ adinnaṃ theyyasaṅkhātaṃ ādiyati, āpatti dukkaṭassa – adinnaṃ ādiyanapaccayā imā tisso āpattiyo āpajjati.

Sañcicca manussaviggahaṃ jīvitā voropanapaccayā kati āpattiyo āpajjati? Sañcicca manussaviggahaṃ jīvitā voropanapaccayā tisso āpattiyo āpajjati. Manussaṃ odissa opātaṃ khaṇati ''papatitvā marissatī''ti, āpatti dukkaṭassa; papatite dukkhā vedanā uppajjati, āpatti thullaccayassa; marati, āpatti pārājikassa – sañcicca manussaviggahaṃ jīvitā voropanapaccayā imā tisso āpattiyo āpajjati.

Asantaṃ abhūtaṃ uttarimanussadhammaṃ ullapanapaccayā kati āpattiyo āpajjati? Asantaṃ abhūtaṃ uttarimanussadhammaṃ ullapanapaccayā tisso āpattiyo āpajjati – pāpiccho icchāpakato asantaṃ abhūtaṃ uttarimanussadhammaṃ ullapati, āpatti pārājikassa, ''yo te vihāre vasati so bhikkhu arahā''ti bhaṇati, paṭivijānantassa āpatti thullaccayassa; na paṭivijānantassa āpatti dukkaṭassa – asantaṃ abhūtaṃ uttarimanussadhammaṃ ullapanapaccayā imā tisso āpattiyo āpajjati.

Cattāro pārājikā niṭṭhitā.

2. Saṅghādisesakaṇḍādi

194. Upakkamitvā asuciṃ mocanapaccayā kati āpattiyo āpajjati? Upakkamitvā asucimocanapaccayā tisso āpattiyo āpajjati – ceteti upakkamati muccati, āpatti saṅghādisesassa; ceteti upakkamati na muccati, āpatti thullaccayassa; payoge dukkaṭaṃ – upakkamitvā asucimocanapaccayā imā tisso āpattiyo āpajjati.

Kāyasaṃsaggaṃ samāpajjanapaccayā kati āpattiyo āpajjati? Kāyasaṃsaggaṃ samāpajjanapaccayā pañca āpattiyo āpajjati – avassutā bhikkhunī avassutassa purisapuggalassa adhakkhakaṃ ubbhajāṇumaṇḍalaṃ gahaṇaṃ sādiyati, āpatti pārājikassa; bhikkhu kāyena kāyaṃ āmasati, āpatti saṅghādisesassa; kāyena kāyapaṭibaddhaṃ āmasati, āpatti thullaccayassa; kāyapaṭibaddhena kāyapaṭibaddhaṃ āmasati, āpatti dukkaṭassa; aṅgulipatodake pācittiyaṃ – kāyasaṃsaggaṃ samāpajjanapaccayā imā pañca āpattiyo āpajjati.

Mātugāmaṃ duṭṭhullāhi vācāhi obhāsanapaccayā tisso āpattiyo āpajjati – vaccamaggaṃ passāvamaggaṃ ādissa vaṇṇampi bhaṇati avaṇṇampi bhaṇati, āpatti saṅghādisesassa; vaccamaggaṃ passāvamaggaṃ ṭhapetvā adhakkhakaṃ ubbhajāṇumaṇḍalaṃ ādissa vaṇṇampi bhaṇati avaṇṇampi bhaṇati, āpatti thullaccayassa; kāyapaṭibaddhaṃ ādissa vaṇṇampi bhaṇati avaṇṇampi bhaṇati, āpatti dukkaṭassa.

Attakāmapāricariyāya vaṇṇaṃ bhāsanapaccayā tisso āpattiyo āpajjati – mātugāmassa santike attakāmapāricariyāya vaṇṇaṃ bhāsati, āpatti saṅghādisesassa; paṇḍakassa santike attakāmapāricariyāya vaṇṇaṃ bhāsati, āpatti thullaccayassa; tiracchānagatassa santike attakāmapāricariyāya vaṇṇaṃ bhāsati, āpatti dukkaṭassa.

Sañcarittaṃ samāpajjanapaccayā tisso āpattiyo āpajjati – paṭiggaṇhāti vīmaṃsati paccāharati, āpatti saṅghādisesassa; paṭiggaṇhāti vīmaṃsati na paccāharati, āpatti thullaccayassa; paṭiggaṇhāti na vīmaṃsati na paccāharati, āpatti dukkaṭassa.

Saññācikāya kuṭiṃ kārāpanapaccayā tisso āpattiyo āpajjati – kārāpeti, payoge dukkaṭaṃ; ekaṃ piṇḍaṃ [ekapiṇḍe (syā.)] anāgate āpatti thullaccayassa; tasmiṃ piṇḍe āgate āpatti saṅghādisesassa.

Mahallakaṃ vihāraṃ kārāpanapaccayā tisso āpattiyo āpajjati – kārāpeti, payoge dukkaṭaṃ; ekaṃ piṇḍaṃ anāgate, āpatti thullaccayassa; tasmiṃ piṇḍe āgate āpatti saṅghādisesassa.

Bhikkhuṃ amūlakena pārājikena dhammena anuddhaṃsanapaccayā tisso āpattiyo āpajjati – anokāsaṃ kārāpetvā cāvanādhippāyo vadeti, āpatti saṅghādisesena dukkaṭassa; okāsaṃ kārāpetvā akkosādhippāyo vadeti, āpatti omasavādassa.

Bhikkhuṃ aññabhāgiyassa adhikaraṇassa kiñci desaṃ lesamattaṃ upādāya pārājikena dhammena anuddhaṃsanapaccayā tisso āpattiyo āpajjati – anokāsaṃ kārāpetvā cāvanādhippāyo vadeti, āpatti saṅghādisesena dukkaṭassa; okāsaṃ kārāpetvā akkosādhippāyo vadeti, āpatti omasavādassa.

Saṅghabhedako bhikkhu yāvatatiyaṃ samanubhāsanāya na paṭinissajjanapaccayā tisso āpattiyo āpajjati – ñattiyā dukkaṭaṃ; dvīhi kammavācāhi thullaccayā; kammavācāpariyosāne āpatti saṅghādisesassa.

Bhedakānuvattakā bhikkhū yāvatatiyaṃ samanubhāsanāya na paṭinissajjanapaccayā tisso āpattiyo āpajjati – ñattiyā dukkaṭaṃ; dvīhi kammavācāhi thullaccayā; kammavācāpariyosāne āpatti saṅghādisesassa.

Dubbaco bhikkhu yāvatatiyaṃ samanubhāsanāya na paṭinissajjanapaccayā tisso āpattiyo āpajjati – ñattiyā dukkaṭaṃ; dvīhi kammavācāhi thullaccayā; kammavācāpariyosāne āpatti saṅghādisesassa.

Kuladūsako bhikkhu yāvatatiyaṃ samanubhāsanāya na paṭinissajjanapaccayā tisso āpattiyo āpajjati – ñattiyā dukkaṭaṃ; dvīhi kammavācāhi thullaccayā; kammavācāpariyosāne āpatti saṅghādisesassa...pe....

Anādariyaṃ paṭicca udake uccāraṃ vā passāvaṃ vā kheḷaṃ vā karaṇapaccayā kati āpattiyo āpajjati? Anādariyaṃ paṭicca udake uccāraṃ vā passāvaṃ vā kheḷaṃ vā karaṇapaccayā ekaṃ āpattiṃ āpajjati.

Dukkaṭaṃ – anādariyaṃ paṭicca udake uccāraṃ vā passāvaṃ vā kheḷaṃ vā karaṇapaccayā imaṃ ekaṃ āpattiṃ āpajjati.
Katāpattivāro niṭṭhito dutiyo.
3. Vipattivāro
195. Methunaṃ dhammaṃ paṭisevanapaccayā āpattiyo catunnaṃ vipattīnaṃ kati vipattiyo bhajanti? Methunaṃ dhammaṃ paṭisevanapaccayā āpattiyo catunnaṃ vipattīnaṃ dve vipattiyo bhajanti – siyā sīlavipattiṃ siyā ācāravipattiṃ…pe….
Anādariyaṃ paṭicca udake uccāraṃ vā passāvaṃ vā kheḷaṃ vā karaṇapaccayā āpatti catunnaṃ vipattīnaṃ kati vipattiyo bhajati? Anādariyaṃ paṭicca udake uccāraṃ vā passāvaṃ vā kheḷaṃ vā karaṇapaccayā āpatti catunnaṃ vipattīnaṃ ekaṃ vipattiṃ bhajati – ācāravipattiṃ.
Vipattivāro niṭṭhito tatiyo.
4. Saṅgahitavāro
196. Methunaṃ dhammaṃ paṭisevanapaccayā āpattiyo sattannaṃ āpattikkhandhānaṃ katihi āpattikkhandhehi saṅgahitā? Methunaṃ dhammaṃ paṭisevanapaccayā āpattiyo sattannaṃ āpattikkhandhānaṃ catūhi āpattikkhandhehi saṅgahitā – siyā pārājikāpattikkhandhena, siyā thullaccayāpattikkhandhena, siyā pācittiyāpattikkhandhena, siyā dukkaṭāpattikkhandhena…pe….
Anādariyaṃ paṭicca udake uccāraṃ vā passāvaṃ vā kheḷaṃ vā karaṇapaccayā āpatti sattannaṃ āpattikkhandhānaṃ katihi āpattikkhandhehi saṅgahitā? Anādariyaṃ paṭicca udake uccāraṃ vā passāvaṃ vā kheḷaṃ vā karaṇapaccayā āpatti sattannaṃ āpattikkhandhānaṃ ekena āpattikkhandhena saṅgahitā – dukkaṭāpattikkhandhena.
Saṅgahitavāro niṭṭhito catuttho.
5. Samuṭṭhānavāro
197. Methunaṃ dhammaṃ paṭisevanapaccayā āpattiyo channaṃ āpattisamuṭṭhānānaṃ katihi samuṭṭhānehi samuṭṭhanti? Methunaṃ dhammaṃ paṭisevanapaccayā āpattiyo channaṃ āpattisamuṭṭhānānaṃ ekena samuṭṭhānena samuṭṭhanti – kāyato ca cittato ca samuṭṭhanti, na vācato…pe….
Anādariyaṃ paṭicca udake uccāraṃ vā passāvaṃ vā kheḷaṃ vā karaṇapaccayā āpatti channaṃ āpattisamuṭṭhānānaṃ katihi samuṭṭhānehi samuṭṭhāti? Anādariyaṃ paṭicca udake uccāraṃ vā passāvaṃ vā kheḷaṃ vā karaṇapaccayā āpatti channaṃ āpattisamuṭṭhānānaṃ ekena samuṭṭhānena samuṭṭhāti – kāyato ca cittato ca samuṭṭhāti, na vācato…pe….
Samuṭṭhānavāro niṭṭhito pañcamo.
6. Adhikaraṇavāro
198. Methunaṃ dhammaṃ paṭisevanapaccayā āpattiyo catunnaṃ adhikaraṇānaṃ katamaṃ adhikaraṇaṃ? Methunaṃ dhammaṃ paṭisevanapaccayā āpattiyo catunnaṃ adhikaraṇānaṃ āpattādhikaraṇaṃ…pe….
Anādariyaṃ paṭicca udake uccāraṃ vā passāvaṃ vā kheḷaṃ vā karaṇapaccayā āpatti catunnaṃ adhikaraṇānaṃ katamaṃ adhikaraṇaṃ? Anādariyaṃ paṭicca udake uccāraṃ vā passāvaṃ vā kheḷaṃ vā karaṇapaccayā āpatti catunnaṃ adhikaraṇānaṃ āpattādhikaraṇaṃ.
Adhikaraṇavāro niṭṭhito chaṭṭho.
7. Samathavāro
199. Methunaṃ dhammaṃ paṭisevanapaccayā āpattiyo sattannaṃ samathānaṃ katihi samathehi sammanti? Methunaṃ dhammaṃ paṭisevanapaccayā āpattiyo sattannaṃ samathānaṃ tīhi samathehi sammanti – siyā sammukhāvinayena ca paṭiññātakaraṇena ca; siyā sammukhāvinayena tiṇavatthārakena ca…pe….
Anādariyaṃ paṭicca udake uccāraṃ vā passāvaṃ vā kheḷaṃ vā karaṇapaccayā āpatti sattannaṃ samathānaṃ katihi samathehi sammati? Anādariyaṃ paṭicca udake uccāraṃ vā passāvaṃ vā kheḷaṃ vā karaṇapaccayā āpatti sattannaṃ samathānaṃ tīhi samathehi sammati – siyā sammukhāvinayena ca paṭiññātakaraṇena ca, siyā sammukhāvinayena ca tiṇavatthārakena cāti.
Samathavāro niṭṭhito sattamo.
8. Samuccayavāro
200. Methunaṃ dhammaṃ paṭisevanapaccayā kati āpattiyo āpajjati? Methunaṃ dhammaṃ paṭisevanapaccayā catasso āpattiyo āpajjati. Akkhāyite sarīre methunaṃ dhammaṃ paṭisevati, āpatti pārājikassa; yebhuyyena khāyite sarīre methunaṃ dhammaṃ paṭisevati, āpatti thullaccayassa; vaṭṭakate mukhe acchupantaṃ aṅgajātaṃ paveseti, āpatti dukkaṭassa; jatumaṭṭhake pācittiyaṃ – methunaṃ dhammaṃ paṭisevanapaccayā imā catasso āpattiyo āpajjati. Tā āpattiyo catunnaṃ vipattīnaṃ kati vipattiyo bhajanti? Sattannaṃ āpattikkhandhānaṃ katihi āpattikkhandhehi saṅgahitā? Channaṃ āpattisamuṭṭhānānaṃ katihi samuṭṭhānehi samuṭṭhanti? Catunnaṃ adhikaraṇānaṃ katamaṃ adhikaraṇaṃ? Sattannaṃ samathānaṃ katihi samathehi sammanti? Tā āpattiyo catunnaṃ vipattīnaṃ dve vipattiyo bhajanti – siyā sīlavipattiṃ siyā ācāravipattiṃ. Sattannaṃ āpattikkhandhānaṃ catūhi āpattikkhandhehi saṅgahitā – siyā pārājikāpattikkhandhena, siyā thullaccayāpattikkhandhena, siyā pācittiyāpattikkhandhena, siyā dukkaṭāpattikkhandhena. Channaṃ āpattisamuṭṭhānānaṃ ekena

samuṭṭhānena samuṭṭhanti – kāyato ca cittato ca samuṭṭhanti, na vācato. Catunnaṃ adhikaraṇānaṃ, āpattādhikaraṇaṃ. Sattannaṃ samathānaṃ, tīhi samathehi sammanti – siyā sammukhāvinayena ca, paṭiññātakaraṇena ca, siyā sammukhāvinayena ca tiṇavatthārakena ca...pe....
Anādariyaṃ paṭicca udake uccāraṃ vā passāvaṃ vā kheḷaṃ vā karaṇapaccayā kati āpattiyo āpajjati? Anādariyaṃ paṭicca udake uccāraṃ vā passāvaṃ vā kheḷaṃ vā karaṇapaccayā ekaṃ āpattiṃ āpajjati. Dukkaṭaṃ – anādariyaṃ paṭicca udake uccāraṃ vā passāvaṃ vā kheḷaṃ vā karaṇapaccayā imaṃ ekaṃ āpattiṃ āpajjati. Sā āpatti catunnaṃ vipattīnaṃ kati vipattiyo bhajati? Sattannaṃ āpattikkhandhānaṃ katihi āpattikkhandhehi saṅgahitā? Channaṃ āpattisamuṭṭhānānaṃ katihi samuṭṭhānehi samuṭṭhāti? Catunnaṃ adhikaraṇānaṃ katamaṃ adhikaraṇaṃ? Sattannaṃ samathānaṃ katihi samathehi sammati? Sā āpatti catunnaṃ vipattīnaṃ ekaṃ vipattiṃ bhajati – ācāravipattiṃ. Sattannaṃ āpattikkhandhānaṃ ekena āpattikkhandhena saṅgahitā – dukkaṭāpattikkhandhena. Channaṃ āpattisamuṭṭhānānaṃ ekena samuṭṭhānena samuṭṭhāti – kāyato ca cittato ca samuṭṭhāti, na vācato. Catunnaṃ adhikaraṇānaṃ, āpattādhikaraṇaṃ. Sattannaṃ samathānaṃ tīhi samathehi sammati – siyā sammukhāvinayena ca paṭiññātakaraṇena ca, siyā sammukhāvinayena ca tiṇavatthārakena cāti.
Samuccayavāro niṭṭhito aṭṭhamo.
Aṭṭhapaccayavārā niṭṭhitā.
Mahāvibhaṅge soḷasamahāvārā niṭṭhitā.
Bhikkhuvibhaṅgamahāvāro niṭṭhito.
Bhikkhunīvibhaṅgo
1. Katthapaññattivāro

1. Pārājikakaṇḍaṃ

201. Yaṃ tena bhagavatā jānatā passatā arahatā sammāsambuddhena bhikkhunīnaṃ pañcamaṃ pārājikaṃ kattha paññattaṃ? Kaṃ ārabbha? Kismiṃ vatthusmiṃ? Atthi tattha paññatti, anupaññatti, anuppannapaññatti? Sabbatthapaññatti, padesapaññatti? Sādhāraṇapaññatti, asādhāraṇapaññatti? Ekatopaññatti, ubhatopaññatti? Catunnaṃ pātimokkhuddesānaṃ katthogadhaṃ kattha pariyāpannaṃ? Katamena uddesena uddesaṃ āgacchati? Catunnaṃ vipattīnaṃ katamā vipatti? Sattannaṃ āpattikkhandhānaṃ katamo āpattikkhandho? Channaṃ āpattisamuṭṭhānānaṃ katihi samuṭṭhānehi samuṭṭhāti? Catunnaṃ adhikaraṇānaṃ katamaṃ adhikaraṇaṃ? Sattannaṃ samathānaṃ katihi samathehi sammati? Ko tattha vinayo? Ko tattha abhivinayo? Kiṃ tattha pātimokkhaṃ? Kiṃ tattha adhipātimokkhaṃ? Kā vipatti? Kā sampatti? Kā paṭipatti? Kati atthavase paṭicca bhagavatā bhikkhunīnaṃ pañcamaṃ pārājikaṃ paññattaṃ? Kā sikkhanti? Kā sikkhitasikkhā? Kattha ṭhitaṃ? Kā dhārenti? Kassa vacanaṃ? Kenābhatanti?
202. Yaṃ tena bhagavatā jānatā passatā arahatā sammāsambuddhena bhikkhunīnaṃ pañcamaṃ pārājikaṃ kattha paññattanti? Sāvatthiyaṃ paññattaṃ. Kaṃ ārabbhāti? Sundarīnandaṃ bhikkhuniṃ ārabbha. Kismiṃ vatthusminti? Sundarīnandā bhikkhunī avassutā avassutassa purisapuggalassa kāyasaṃsaggaṃ sādiyi, tasmiṃ vatthusmiṃ. Atthi tattha paññatti anupaññatti anuppannapaññattīti? Ekā paññatti. Anupaññatti anuppannapaññatti tasmiṃ natthi. Sabbatthapaññatti, padesapaññattīti? Sabbatthapaññatti. Sādhāraṇapaññatti, asādhāraṇapaññattīti? Asādhāraṇapaññatti. Ekatopaññatti, ubhatopaññattīti? Ekatopaññatti. Catunnaṃ pātimokkhuddesānaṃ katthogadhaṃ kattha pariyāpannanti? Nidānogadhaṃ nidānapariyāpannaṃ. Katamena uddesena uddesaṃ āgacchatīti? Dutiyena uddesena uddesaṃ āgacchati. Catunnaṃ vipattīnaṃ katamā vipattīti? Sīlavipatti. Sattannaṃ āpattikkhandhānaṃ katamo āpattikkhandhoti? Pārājikāpattikkhandho. Channaṃ āpattisamuṭṭhānānaṃ katihi samuṭṭhānehi samuṭṭhātīti? Ekena samuṭṭhāne samuṭṭhāti – kāyato ca cittato ca samuṭṭhāti, na vācato. Catunnaṃ adhikaraṇānaṃ katamaṃ adhikaraṇanti? Āpattādhikaraṇaṃ? Sattannaṃ samathānaṃ katihi samathehi sammatīti? Dvīhi samathehi sammati – sammukhāvinayena ca paṭiññātakaraṇena ca. Ko tattha vinayo, ko tattha abhivinayoti? Paññatti vinayo, vibhatti abhivinayo. Kiṃ tattha pātimokkhaṃ, kiṃ tattha adhipātimokkhanti? Paññatti pātimokkhaṃ, vibhatti adhipātimokkhaṃ. Kā vipattīti? Asaṃvaro vipatti. Kā sampattīti ? Saṃvaro sampatti. Kā paṭipattīti? Na evarūpaṃ karissāmīti yāvajīvaṃ āpāṇakoṭikaṃ samādāya sikkhati sikkhāpadesu. [a. ni. 10.31] Kati atthavase paṭicca bhagavatā bhikkhunīnaṃ pañcamaṃ pārājikaṃ paññattanti? Dasa atthavase paṭicca bhagavatā bhikkhunīnaṃ pañcamaṃ pārājikaṃ paññattaṃ – saṅghasuṭṭhutāya, saṅghaphāsutāya, dummaṅkūnaṃ bhikkhunīnaṃ niggahāya, pesalānaṃ bhikkhunīnaṃ phāsuvihārāya, diṭṭhadhammikānaṃ āsavānaṃ saṃvarāya, samparāyikānaṃ āsavānaṃ paṭighātāya, appasannānaṃ pasādāya, pasannānaṃ bhiyyobhāvāya, saddhammaṭṭhitiyā, vinayānuggahāya. Kā sikkhantīti? Sekkhā ca puthujjanakalyāṇikā ca sikkhanti. Kā sikkhitasikkhāti? Arahantiyo [arahantā (ka.)] sikkhitasikkhā. Kattha ṭhitanti? Sikkhākāmāsu ṭhitaṃ. Kā dhārentīti? Yāsaṃ vattati tā dhārenti. Kassa vacananti? Bhagavato vacanaṃ arahato sammāsambuddhassa. Kenābhatanti?
Paramparābhataṃ –

Upāli dāsako ceva, soṇako siggavo tathā;
Moggaliputtena pañcamā, ete jambusirivhaye.
Tato mahindo iṭṭiyo, uttiyo sambalo tathā;
Bhaddanāmo ca paṇḍito.
Ete nāgā mahāpaññā, jambudīpā idhāgatā;
Vinayaṃ te vācayiṃsu, piṭakaṃ tambapaṇṇiyā.
Nikāye pañca vācesuṃ, satta ceva pakaraṇe;
Tato ariṭṭho medhāvī, tissadatto ca paṇḍito.
Visārado kāḷasumano, thero ca dīghanāmako;
Dīghasumano ca paṇḍito.
Punadeva kāḷasumano, nāgatthero ca buddharakkhito;
Tissatthero ca medhāvī, devatthero ca paṇḍito.
Punadeva sumano medhāvī, vinaye ca visārado;
Bahussuto cūḷanāgo, gajova duppadhaṃsiyo.
Dhammapālitanāmo ca, rohaṇe sādhupūjito;
Tassa sisso mahāpañño, khemanāmo tipeṭako.
Dīpe tārakarājāva paññāya atirocatha;
Upatisso ca medhāvī, phussadevo mahākathī.
Punadeva sumano medhāvī, pupphanāmo bahussuto;
Mahākathī mahāsivo, piṭake sabbattha kovido.
Punadeva upāli medhāvī, vinaye ca visārado;
Mahānāgo mahāpañño, saddhammavaṃsakovido.
Punadeva abhayo medhāvī, piṭake sabbattha kovido;
Tissatthero ca medhāvī, vinaye ca visārado.
Tassa sisso mahāpañño, pupphanāmo bahussuto;
Sāsanaṃ anurakkhanto, jambudīpe patiṭṭhito.
Cūḷābhayo ca medhāvī, vinaye ca visārado;
Tissatthero ca medhāvī, saddhammavaṃsakovido.
Cūḷadevo ca medhāvī, vinaye ca visārado;
Sivatthero ca medhāvī, vinaye sabbattha kovido.
Ete nāgā mahāpaññā, vinayaññū maggakovidā;
Vinayaṃ dīpe pakāsesuṃ, piṭakaṃ tambapaṇṇiyāti.

203. Yaṃ tena bhagavatā jānatā passatā arahatā sammāsambuddhena bhikkhunīnaṃ chaṭṭhaṃ pārājikaṃ kattha paññattanti? Sāvatthiyaṃ paññattaṃ. Kaṃ ārabbhāti? Thullanandaṃ bhikkhuniṃ ārabbha. Kismiṃ vatthusminti? Thullanandā bhikkhunī jānaṃ pārājikaṃ dhammaṃ ajjhāpannaṃ bhikkhuniṃ nevattanā paṭicodesi gaṇassa ārocesi, tasmiṃ vatthusmiṃ. Ekā paññatti. Channaṃ āpattisamuṭṭhānānaṃ ekena samuṭṭhānena samuṭṭhāti – kāyato ca vācato ca cittato ca samuṭṭhāti…pe….

204. Bhikkhunīnaṃ sattamaṃ pārājikaṃ kattha paññattanti? Sāvatthiyaṃ paññattaṃ. Kaṃ ārabbhāti? Thullanandaṃ bhikkhuniṃ ārabbha. Kismiṃ vatthusminti? Thullanandā bhikkhunī samaggena saṅghena ukkhittaṃ ariṭṭhaṃ bhikkhuṃ gaddhabādhipubbaṃ anuvatti, tasmiṃ vatthusmiṃ. Ekā paññatti. Channaṃ āpattisamuṭṭhānānaṃ ekena samuṭṭhānena samuṭṭhāti – dhuranikkhepe…pe….

205. Bhikkhunīnaṃ aṭṭhamaṃ pārājikaṃ kattha paññattanti? Sāvatthiyaṃ paññattaṃ. Kaṃ ārabbhāti? Chabbaggiyā bhikkhuniyo ārabbha. Kismiṃ vatthusminti? Chabbaggiyā bhikkhuniyo aṭṭhamaṃ vatthuṃ paripūresuṃ, tasmiṃ vatthusmiṃ. Ekā paññatti. Channaṃ āpattisamuṭṭhānānaṃ ekena samuṭṭhānena samuṭṭhāti – dhuranikkhepe…pe….

Aṭṭha pārājikā niṭṭhitā.

Tassuddānaṃ –
Methunādinnādānañca , manussaviggahuttari;
Kāyasaṃsaggaṃ chādeti, ukkhittā aṭṭha vatthukā;
Paññāpesi mahāvīro, chejjavatthū asaṃsayāti.

2. Saṅghādisesakaṇḍaṃ

206. Yaṃ tena bhagavatā jānatā passatā arahatā sammāsambuddhena ussayavādikāya bhikkhuniyā aḍḍaṃ karontiyā saṅghādiseso kattha paññatto? Kaṃ ārabbha? Kismiṃ vatthusmiṃ…pe… kenābhatanti?

207. Yaṃ tena bhagavatā jānatā passatā arahatā sammāsambuddhena ussayavādikāya bhikkhuniyā aḍḍaṃ karontiyā saṅghādiseso kattha paññattoti? Sāvatthiyaṃ paññatto. Kaṃ ārabbhāti? Thullanandaṃ bhikkhuniṃ ārabbha. Kismiṃ vatthusminti? Thullanandā bhikkhunī ussayavādikā vihari, tasmiṃvatthusmiṃ. Atthi tattha paññatti, anupaññatti, anuppannapaññattīti? Ekā paññatti. Anupaññatti

anuppannapaññatti tasmiṃ natthi. Sabbatthapaññatti, padesapaññattīti? Sabbatthapaññatti. Sādhāraṇapaññatti, asādhāraṇapaññattīti? Asādhāraṇapaññatti. Ekatopaññatti, ubhatopaññattīti? Ekatopaññatti. Catunnaṃ pātimokkhuddesānaṃ katthogadhaṃ kattha pariyāpannanti? Nidānogadhaṃ nidānapariyāpannaṃ . Katamena uddesena uddesaṃ āgacchatīti? Tatiyena uddesena uddesaṃ āgacchati. Catunnaṃ vipattīnaṃ katamā vipattīti? Sīlavipatti. Sattannaṃ āpattikkhandhānaṃ katamo āpattikkhandhoti? Saṅghādisesāpattikkhandho. Channaṃ āpattisamuṭṭhānānaṃ katihi samuṭṭhānehi samuṭṭhātīti? Dvīhi samuṭṭhānehi samuṭṭhāti – siyā kāyato ca vācato ca samuṭṭhāti, na cittato; siyā kāyato ca vācato ca cittato ca samuṭṭhāti...pe... kenābhatanti? Paramparābhataṃ –

Upāli dāsako ceva, soṇako siggavo tathā;
Moggaliputtena pañcamā, ete jambusirivhaye. ...pe...;
Ete nāgā mahāpaññā, vinayaññū maggakovidā;
Vinayaṃ dīpe pakāsesuṃ, piṭakaṃ tambapaṇṇiyāti.

208. Coriṃ vuṭṭhāpentiyā saṅghādiseso kattha paññattoti? Sāvatthiyaṃ paññatto. Kaṃ ārabbhāti? Thullanandaṃ bhikkhuniṃ ārabbha. Kismiṃ vatthusminti? Thullanandā bhikkhunī coriṃ vuṭṭhāpesi, tasmiṃ vatthusmiṃ. Ekā paññatti. Channaṃ āpattisamuṭṭhānānaṃ dvīhi samuṭṭhānehi samuṭṭhāti – siyā vācato ca cittato ca samuṭṭhāti, na kāyato; siyā kāyato ca vācato ca cittato ca samuṭṭhāti...pe....

209. Ekāya gāmantaraṃ gacchantiyā saṅghādiseso kattha paññattoti? Sāvatthiyaṃ paññatto. Kaṃ ārabbhāti? Aññataraṃ bhikkhuniṃ ārabbha. Kismiṃ vatthusminti? Aññatarā bhikkhunī ekā gāmantaraṃ gacchi, tasmiṃ vatthusmiṃ. Ekā paññatti, tisso anupaññattiyo. Channaṃ āpattisamuṭṭhānānaṃ ekena samuṭṭhānena samuṭṭhāti – paṭhamapārājike...pe....

210. Samaggena saṅghena ukkhittaṃ bhikkhuniṃ dhammena vinayena satthusāsanena anapaloketvā kārakasaṅghaṃ anaññāya gaṇassa chandaṃ osārentiyā saṅghādiseso kattha paññattoti? Sāvatthiyaṃ paññatto. Kaṃ ārabbhāti? Thullanandaṃ bhikkhuniṃ ārabbha. Kismiṃ vatthusminti? Thullanandā bhikkhunī samaggena saṅghena ukkhittaṃ bhikkhuniṃ dhammena vinayena satthusāsanena anapaloketvā kārakasaṅghaṃ anaññāya gaṇassa chandaṃ osāresi, tasmiṃ vatthusmiṃ. Ekā paññatti. Channaṃ āpattisamuṭṭhānānaṃ ekena samuṭṭhānena samuṭṭhāti – dhuranikkhepe...pe....

211. Avassutāya bhikkhuniyā avassutassa purisapuggalassa hatthato khādanīyaṃ vā bhojanīyaṃ vā sahatthā paṭiggahetvā bhuñjantiyā saṅghādiseso kattha paññattoti? Sāvatthiyaṃ paññatto. Kaṃ ārabbhāti? Sundarīnandaṃ bhikkhuniṃ ārabbha. Kismiṃ vatthusminti? Sundarīnandā bhikkhunī avassutā avassutassa purisapuggalassa hatthato āmisaṃ paṭiggahesi, tasmiṃ vatthusmiṃ. Ekā paññatti. Channaṃ āpattisamuṭṭhānānaṃ ekena samuṭṭhānena samuṭṭhāti – paṭhamapārājike...pe....

212. "Kiṃ te, ayye, eso purisapuggalo karissati avassuto vā anavassuto vā, yato tvaṃ anavassutā! Iṅgha, ayye, yaṃ te eso purisapuggalo deti khādanīyaṃ vā bhojanīyaṃ vā, taṃ tvaṃ sahatthā paṭiggahetvā khāda vā bhuñja vā"ti uyyojentiyā saṅghādiseso kattha paññattoti? Sāvatthiyaṃ paññatto. Kaṃ arabbhāti? Aññataraṃ bhikkhuniṃ ārabbha. Kismiṃ vatthusminti? Aññatarā bhikkhunī –"kiṃ te, ayye, eso purisapuggalo karissati avassuto vā anavassuto vā, yato tvaṃ anavassutā! Iṅgha, ayye, yaṃ te eso purisapuggalo deti khādanīyaṃ vā bhojanīyaṃ vā, taṃ tvaṃ sahatthā paṭiggahetvā khāda vā bhuñja vā"ti uyyojesi, tasmiṃ vatthusmiṃ. Ekā paññatti. Channaṃ āpattisamuṭṭhānānaṃ tīhi samuṭṭhānehi samuṭṭhāti...pe....

213. Kupitāya anattamanāya bhikkhuniyā yāvatatiyaṃ samanubhāsanāya na paṭinissajjantiyā saṅghādiseso kattha paññattoti? Sāvatthiyaṃ paññatto. Kaṃ ārabbhāti? Caṇḍakāḷiṃ bhikkhuniṃ ārabbha. Kismiṃ vatthusminti? Caṇḍakāḷī bhikkhunī kupitā anattamanā evaṃ avaca – "buddhaṃ paccācikkhāmi, dhammaṃ paccācikkhāmi, saṅghaṃ paccācikkhāmi, sikkhaṃ paccācikkhāmī"ti, tasmiṃ vatthusmiṃ. Ekā paññatti. Channaṃ āpattisamuṭṭhānānaṃ ekena samuṭṭhānena samuṭṭhāti – dhuranikkhepe...pe....

214. Kismiñcideva adhikaraṇe paccākatāya bhikkhuniyā yāvatatiyaṃ samanubhāsanāya na paṭinissajjantiyā saṅghādiseso kattha paññattoti? Sāvatthiyaṃ paññatto. Kaṃ ārabbhāti? Caṇḍakāḷiṃ bhikkhuniṃ ārabbha. Kismiṃ vatthusminti? Caṇḍakāḷī bhikkhunī kismiñcideva adhikaraṇe paccākatā kupitā anattamanā evaṃ avaca – "chandagāminiyo ca bhikkhuniyo, dosagāminiyo ca bhikkhuniyo, mohagāminiyo ca bhikkhuniyo, bhayagāminiyo ca bhikkhuniyo"ti, tasmiṃ vatthusmiṃ. Ekā paññatti. Channaṃ āpattisamuṭṭhānānaṃ ekena samuṭṭhānena samuṭṭhāti – dhuranikkhepe...pe....

215. Saṃsaṭṭhānaṃ bhikkhunīnaṃ yāvatatiyaṃ samanubhāsanāya na paṭinissajjantīnaṃ saṅghādiseso kattha paññattoti? Sāvatthiyaṃ paññatto. Kaṃ ārabbhāti? Sambahulā bhikkhuniyo ārabbha. Kismiṃ vatthusminti? Sambahulā bhikkhuniyo saṃsaṭṭhā vihariṃsu, tasmiṃ vatthusmiṃ. Ekā paññatti. Channaṃ āpattisamuṭṭhānānaṃ ekena samuṭṭhānena samuṭṭhāti – dhuranikkhepe...pe....

216. "Saṃsaṭṭhāva, ayye, tumhe viharatha. Mā tumhe nānā viharitthā"ti uyyojentiyā yāvatatiyaṃ samanubhāsanāya na paṭinissajjantiyā saṅghādiseso kattha paññattoti? Sāvatthiyaṃ paññatto. Kaṃ ārabbhāti? Thullanandaṃ bhikkhuniṃ ārabbha. Kismiṃ vatthusminti? Thullanandā bhikkhunī – "saṃsaṭṭhāva ayye, tumhe viharatha, mā tumhe nānā viharitthā"ti uyyojesi, tasmiṃ vatthusmiṃ. Ekā paññatti. Channaṃ āpattisamuṭṭhānānaṃ ekena samuṭṭhānena samuṭṭhāti – dhuranikkhepe...pe....

Dasa saṅghādisesā niṭṭhitā.
Tassuddānaṃ –
Ussayacori gāmantaṃ, ukkhittaṃ khādanena ca;
Kiṃ te kupitā kismiñci, saṃsaṭṭhā ñāyate dasāti.

3. Nissaggiyakaṇḍaṃ

217. Yaṃ tena bhagavatā jānatā passatā arahatā sammāsambuddhena pattasannicayaṃ karontiyā nissaggiyaṃ pācittiyaṃ kattha paññattanti? Sāvatthiyaṃ paññattaṃ. Kaṃ ārabbhāti? Chabbaggiyā bhikkhuniyo ārabbha. Kismiṃ vatthusminti? Chabbaggiyā bhikkhuniyo pattasannicayaṃ akaṃsu, tasmiṃ vatthusmiṃ. Ekā paññatti. Channaṃ āpattisamuṭṭhānānaṃ dvīhi samuṭṭhānehi samuṭṭhāti – kathinake...pe....

Akālacīvaraṃ ''kālacīvara''nti adhiṭṭhahitvā bhājāpentiyā nissaggiyaṃ pācittiyaṃ kattha paññattanti? Sāvatthiyaṃ paññattaṃ. Kaṃ ārabbhāti? Thullanandaṃ bhikkhuniṃ ārabbha. Kismiṃ vatthusminti? Thullanandā bhikkhunī akālacīvaraṃ ''kālacīvara''nti adhiṭṭhahitvā bhājāpesi, tasmiṃ vatthusmiṃ. Ekā paññatti. Channaṃ āpattisamuṭṭhānānaṃ tīhi samuṭṭhānehi samuṭṭhāti...pe....

Bhikkhuniyā saddhiṃ cīvaraṃ parivattetvā acchindantiyā nissaggiyaṃ pācittiyaṃ kattha paññattanti? Sāvatthiyaṃ paññattaṃ. Kaṃ ārabbhāti? Thullanandaṃ bhikkhuniṃ ārabbha. Kismiṃ vatthusminti? Thullanandā bhikkhunī bhikkhuniyā saddhiṃ cīvaraṃ parivattetvā acchindi, tasmiṃ vatthusmiṃ. Ekā paññatti. Channaṃ āpattisamuṭṭhānānaṃ tīhi samuṭṭhānehi samuṭṭhāti...pe....

Aññaṃ viññāpetvā aññaṃ viññāpentiyā nissaggiyaṃ pācittiyaṃ kattha paññattanti? Sāvatthiyaṃ paññattaṃ. Kaṃ ārabbhāti? Thullanandaṃ bhikkhuniṃ ārabbha. Kismiṃ vatthusminti? Thullanandā bhikkhunī aññaṃ viññāpetvā aññaṃ viññāpesi, tasmiṃ vatthusmiṃ. Ekā paññatti. Channaṃ āpattisamuṭṭhānānaṃ chahi samuṭṭhānehi samuṭṭhāti...pe....

Aññaṃ cetāpetvā aññaṃ cetāpentiyā nissaggiyaṃ pācittiyaṃ kattha paññattanti? Sāvatthiyaṃ paññattaṃ. Kaṃ ārabbhāti? Thullanandaṃ bhikkhuniṃ ārabbha. Kismiṃ vatthusminti? Thullanandā bhikkhunī aññaṃ cetāpetvā aññaṃ cetāpesi, tasmiṃ vatthusmiṃ. Ekā paññatti. Channaṃ āpattisamuṭṭhānānaṃ chahi samuṭṭhānehi samuṭṭhāti...pe....

Aññadatthikena parikkhārena aññuddisikena saṅghikena aññaṃ cetāpentiyā nissaggiyaṃ pācittiyaṃ katthaṃ paññattanti? Sāvatthiyaṃ paññattaṃ. Kaṃ ārabbhāti ? Sambahulā bhikkhuniyo ārabbha. Kismiṃ vatthusminti? Sambahulā bhikkhuniyo aññadatthikena parikkhārena aññuddisikena saṅghikena aññaṃ cetāpesuṃ, tasmiṃ vatthusmiṃ. Ekā paññatti. Channaṃ āpattisamuṭṭhānānaṃ chahi samuṭṭhānehi samuṭṭhāti...pe....

Aññadatthikena parikkhārena aññuddisikena saṅghikena saññācikena aññaṃ cetāpentiyā nissaggiyaṃ pācittiyaṃ kattha paññattanti? Sāvatthiyaṃ paññattaṃ. Kaṃ ārabbhāti? Sambahulā bhikkhuniyo ārabbha. Kismiṃ vatthusminti? Sambahulā bhikkhuniyo aññadatthikena parikkhārena aññuddisikena saṅghikena saññācikena aññaṃ cetāpesuṃ, tasmiṃ vatthusmiṃ. Ekā paññatti. Channaṃ āpattisamuṭṭhānānaṃ chahi samuṭṭhānehi samuṭṭhāti...pe....

Aññadatthikena parikkhārena aññuddisikena mahājanikena aññaṃ cetāpentiyā nissaggiyaṃ pācittiyaṃ kattha paññattanti? Sāvatthiyaṃ paññattaṃ. Kaṃ ārabbhāti? Sambahulā bhikkhuniyo ārabbha. Kismiṃ vatthusminti? Sambahulā bhikkhuniyo aññadatthikena parikkhārena aññuddisikena mahājanikena aññaṃ cetāpesuṃ, tasmiṃ vatthusmiṃ. Ekā paññatti. Channaṃ āpattisamuṭṭhānānaṃ chahi samuṭṭhānehi samuṭṭhāti...pe....

Aññadatthikena parikkhārena aññuddisikena mahājanikena saññācikena aññaṃ cetāpentiyā nissaggiyaṃ pācittiyaṃ kattha paññattanti? Sāvatthiyaṃ paññattaṃ. Kaṃ ārabbhāti? Sambahulā bhikkhuniyo ārabbha. Kismiṃ vatthusminti? Sambahulā bhikkhuniyo aññadatthikena parikkhārena aññuddisikena mahājanikena saññācikena aññaṃ cetāpesuṃ, tasmiṃ vatthusmiṃ. Ekā paññatti. Channaṃ āpattisamuṭṭhānānaṃ chahi samuṭṭhānehi samuṭṭhāti...pe....

Aññadatthikena parikkhārena aññuddisikena puggalikena saññācikena aññaṃ cetāpentiyā nissaggiyaṃ pācittiyaṃ kattha paññattanti? Sāvatthiyaṃ paññattaṃ. Kaṃ ārabbhāti? Thullanandaṃ bhikkhuniṃ ārabbha. Kismiṃ vatthusminti? Thullanandā bhikkhunī aññadatthikena parikkhārena aññuddisikena puggalikena saññācikena aññaṃ cetāpesi, tasmiṃ vatthusmiṃ. Ekā paññatti. Channaṃ āpattisamuṭṭhānānaṃ chahi samuṭṭhānehi samuṭṭhāti...pe....

Atirekacatukkaṃsaparamaṃ garupāvuraṇaṃ cetāpentiyā nissaggiyaṃ pācittiyaṃ kattha paññattanti? Sāvatthiyaṃ paññattaṃ. Kaṃ ārabbhāti? Thullanandaṃ bhikkhuniṃ ārabbha. Kismiṃ vatthusminti? Thullanandā bhikkhunī rājānaṃ kambalaṃ viññāpesi, tasmiṃ vatthusmiṃ. Ekā paññatti. Channaṃ āpattisamuṭṭhānānaṃ chahi samuṭṭhānehi samuṭṭhāti...pe....

Atirekaaḍḍhateyyakaṃsaparamaṃ lahupāvuraṇaṃ cetāpentiyā nissaggiyaṃ pācittiyaṃ kattha paññattanti? Sāvatthiyaṃ paññattaṃ. Kaṃ ārabbhāti? Thullanandaṃ bhikkhuniṃ ārabbha. Kismiṃ

vatthusminti? Thullanandā bhikkhunī rājānaṃ khomaṃ viññāpesi, tasmiṃ vatthusmiṃ. Ekā paññatti. Channaṃ āpattisamuṭṭhānānaṃ chahi samuṭṭhānehi samuṭṭhāti ...pe....
Dvādasa nissaggiyā pācittiyā niṭṭhitā.
Tassuddānaṃ –
Pattaṃ akālaṃ kālañca, parivatte ca viññāpe;
Cetāpetvā aññadatthi, saṅghikañca mahājanikaṃ;
Saññācikā puggalikā, catukkaṃsaḍḍhateyyakāti.

4. Pācittiyakaṇḍaṃ

1. Lasuṇavaggo
218. Yaṃ tena bhagavatā jānatā passatā arahatā sammāsambuddhena lasuṇaṃ khādantiyā pācittiyaṃ kattha paññattanti? Sāvatthiyaṃ paññattaṃ. Kaṃ ārabbhāti? Thullanandaṃ bhikkhuniṃ ārabbha. Kismiṃ vatthusminti? Thullanandā bhikkhunī na mattaṃ jānitvā lasuṇaṃ harāpesi, tasmiṃ vatthusmiṃ. Ekā paññatti. Channaṃ āpattisamuṭṭhānānaṃ dvīhi samuṭṭhānehi samuṭṭhāti eḷakalomake...pe....
Sambādhe lomaṃ saṃharāpentiyā pācittiyaṃ kattha paññattanti? Sāvatthiyaṃ paññattaṃ. Kaṃ ārabbhāti? Chabbaggiyā bhikkhuniyo ārabbha. Kismiṃ vatthusminti? Chabbaggiyā bhikkhuniyo sambādhe lomaṃ saṃharāpesuṃ, tasmiṃ vatthusmiṃ. Ekā paññatti. Channaṃ āpattisamuṭṭhānānaṃ catūhi samuṭṭhānehi samuṭṭhāti...pe....
Talaghātake pācittiyaṃ kattha paññattanti? Sāvatthiyaṃ paññattaṃ. Kaṃ ārabbhāti? Dve bhikkhuniyo ārabbha. Kismiṃ vatthusminti ? Dve bhikkhuniyo talaghātakaṃ akaṃsu, tasmiṃ vatthusmiṃ. Ekā paññatti. Channaṃ āpattisamuṭṭhānānaṃ ekena samuṭṭhānena samuṭṭhāti – paṭhamapārājike...pe....
Jatumaṭṭhake pācittiyaṃ kattha paññattanti? Sāvatthiyaṃ paññattaṃ. Kaṃ ārabbhāti? Aññataraṃ bhikkhuniṃ ārabbha. Kismiṃ vatthusminti? Aññatarā bhikkhunī jatumaṭṭhakaṃ ādiyi, tasmiṃ vatthusmiṃ. Ekā paññatti. Channaṃ āpattisamuṭṭhānānaṃ ekena samuṭṭhānena samuṭṭhāti – paṭhamapārājike...pe....
Atirekadvaṅgulapabbaparamaṃ udakasuddhikaṃ ādiyantiyā pācittiyaṃ kattha paññattanti? Sakkesu paññattaṃ. Kaṃ ārabbhāti? Aññataraṃ bhikkhuniṃ ārabbha. Kismiṃ vatthusminti? Aññatarā bhikkhunī atigambhīraṃ udakasuddhikaṃ ādiyi, tasmiṃ vatthusmiṃ. Ekā paññatti. Channaṃ āpattisamuṭṭhānānaṃ ekena samuṭṭhānena samuṭṭhāti – paṭhamapārājike...pe....
Bhikkhussa bhuñjantassa pānīyena vā vidhūpanena vā upatiṭṭhantiyā pācittiyaṃ kattha paññattanti? Sāvatthiyaṃ paññattaṃ. Kaṃ ārabbhāti? Aññataraṃ bhikkhuniṃ ārabbha. Kismiṃ vatthusminti? Aññatarā bhikkhunī bhikkhussa bhuñjantassa pānīyena ca vidhūpanena ca upatiṭṭhi, tasmiṃ vatthusmiṃ. Ekā paññatti. Channaṃ āpattisamuṭṭhānānaṃ dvīhi samuṭṭhānehi samuṭṭhāti – eḷakalomake...pe....
Āmakadhaññaṃ viññāpetvā bhuñjantiyā pācittiyaṃ kattha paññattanti? Sāvatthiyaṃ paññattaṃ. Kaṃ ārabbhāti? Sambahulā bhikkhuniyo ārabbha. Kismiṃ vatthusminti? Sambahulā bhikkhuniyo āmakadhaññaṃ viññāpetvā bhuñjiṃsu, tasmiṃ vatthusmiṃ. Ekā paññatti. Channaṃ āpattisamuṭṭhānānaṃ catūhi samuṭṭhānehi samuṭṭhāti...pe....
Uccāraṃ vā passāvaṃ vā saṅkāraṃ vā vighāsaṃ vā tirokuṭṭe [tirokuḍḍe (sī. syā.)] chaḍḍentiyā pācittiyaṃ kattha paññattanti? Sāvatthiyaṃ paññattaṃ. Kaṃ ārabbhāti? Aññataraṃ bhikkhuniṃ ārabbha. Kismiṃ vatthusminti? Aññatarā bhikkhunī uccāraṃ [uccārampi passāvampi saṅkārampi vighāsampi (ka.)] tirokuṭṭe chaḍḍesi, tasmiṃ vatthusmiṃ. Ekā paññatti. Channaṃ āpattisamuṭṭhānānaṃ chahi samuṭṭhānehi samuṭṭhāti...pe....
Uccāraṃ vā passāvaṃ vā saṅkāraṃ vā vighāsaṃ vā harite chaḍḍentiyā pācittiyaṃ kattha paññattanti? Sāvatthiyaṃ paññattaṃ. Kaṃ ārabbhāti? Sambahulā bhikkhuniyo ārabbha. Kismiṃ vatthusminti? Sambahulā bhikkhuniyo uccārampi passāvampi saṅkārampi vighāsampi harite chaḍḍesuṃ, tasmiṃ vatthusmiṃ. Ekā paññatti. Channaṃ āpattisamuṭṭhānānaṃ chahi samuṭṭhānehi samuṭṭhāti...pe....
Naccaṃ vā gītaṃ vā vāditaṃ vā dassanāya gacchantiyā pācittiyaṃ kattha paññattanti? Rājagahe paññattaṃ. Kaṃ ārabbhāti? Chabbaggiyā bhikkhuniyo ārabbha. Kismiṃ vatthusminti? Chabbaggiyā bhikkhuniyo naccampi gītampi vāditampi dassanāya agamaṃsu, tasmiṃ vatthusmiṃ. Ekā paññatti. Channaṃ āpattisamuṭṭhānānaṃ dvīhi samuṭṭhānehi samuṭṭhāti – eḷakalomake...pe....
Lasuṇavaggo paṭhamo.
2. Rattandhakāravaggo
219. Rattandhakāre appadīpe purisena saddhiṃ ekenekāya santiṭṭhantiyā pācittiyaṃ kattha paññattanti? Sāvatthiyaṃ paññattaṃ. Kaṃ ārabbhāti? Aññataraṃ bhikkhuniṃ ārabbha. Kismiṃ vatthusminti? Aññatarā bhikkhunī rattandhakāre appadīpe purisena saddhiṃ ekenekā santiṭṭhi, tasmiṃ vatthusmiṃ. Ekā paññatti. Channaṃ āpattisamuṭṭhānānaṃ dvīhi samuṭṭhānehi samuṭṭhāti – theyyasatthake...pe....

Paṭicchanne okāse purisena saddhiṃ ekenekāya santiṭṭhantiyā pācittiyaṃ kattha paññattanti? Sāvatthiyaṃ paññattaṃ. Kaṃ ārabbhāti? Aññataraṃ bhikkhuniṃ ārabbha. Kismiṃ vatthusminti? Aññatarā bhikkhunī paṭicchanne okāse purisena saddhiṃ ekenekā santiṭṭhi, tasmiṃ vatthusmiṃ. Ekā paññatti. Channaṃ āpattisamuṭṭhānānaṃ dvīhi samuṭṭhānehi samuṭṭhāti – theyyasatthake...pe....

Ajjhokāse purisena saddhiṃ ekenekāya santiṭṭhantiyā pācittiyaṃ kattha paññattanti? Sāvatthiyaṃ paññattaṃ. Kaṃ ārabbhāti ? Aññataraṃ bhikkhuniṃ ārabbha. Kismiṃ vatthusminti? Aññatarā bhikkhunī ajjhokāse purisena saddhiṃ ekenekā santiṭṭhi, tasmiṃ vatthusmiṃ. Ekā paññatti. Channaṃ āpattisamuṭṭhānānaṃ dvīhi samuṭṭhānehi samuṭṭhāti – theyyasatthake...pe....

Rathikā vā [rathiyāya vā (ka.)] byūhe vā siṅghāṭake vā purisena saddhiṃ ekenekāya santiṭṭhantiyā pācittiyaṃ kattha paññattanti? Sāvatthiyaṃ paññattaṃ. Kaṃ ārabbhāti? Thullanandaṃ bhikkhuniṃ ārabbha. Kismiṃ vatthusminti? Thullanandā bhikkhunī rathikāyapi byūhepi siṅghāṭakepi purisena saddhiṃ ekenekā santiṭṭhi, tasmiṃ vatthusmiṃ. Ekā paññatti. Channaṃ āpattisamuṭṭhānānaṃ dvīhi samuṭṭhānehi samuṭṭhāti – theyyasatthake...pe....

Purebhattaṃ kulāni upasaṅkamitvā āsane nisīditvā sāmike anāpucchā pakkamantiyā pācittiyaṃ kattha paññattanti? Sāvatthiyaṃ paññattaṃ. Kaṃ ārabbhāti? Aññataraṃ bhikkhuniṃ ārabbha. Kismiṃ vatthusminti? Aññatarā bhikkhunī purebhattaṃ kulāni upasaṅkamitvā āsane nisīditvā sāmike anāpucchā pakkāmi, tasmiṃ vatthusmiṃ. Ekā paññatti. Channaṃ āpattisamuṭṭhānānaṃ dvīhi samuṭṭhānehi samuṭṭhāti – kathinake...pe....

Pacchābhattaṃ kulāni upasaṅkamitvā sāmike anāpucchā āsane abhinisīdantiyā pācittiyaṃ kattha paññattanti? Sāvatthiyaṃ paññattaṃ. Kaṃ ārabbhāti? Thullanandaṃ bhikkhuniṃ ārabbha. Kismiṃ vatthusminti? Thullanandā bhikkhunī pacchābhattaṃ kulāni upasaṅkamitvā sāmike anāpucchā āsane abhinisīdi, tasmiṃ vatthusmiṃ. Ekā paññatti. Channaṃ āpattisamuṭṭhānānaṃ dvīhi samuṭṭhānehi samuṭṭhāti – kathinake...pe....

Vikāle kulāni upasaṅkamitvā sāmike anāpucchā seyyaṃ santharitvā vā santharāpetvā vā abhinisīdantiyā pācittiyaṃ kattha paññattanti? Sāvatthiyaṃ paññattaṃ. Kaṃ ārabbhāti? Sambahulā bhikkhuniyo ārabbha. Kismiṃ vatthusminti? Sambahulā bhikkhuniyo vikāle kulāni upasaṅkamitvā sāmike anāpucchā seyyaṃ santharitvā abhinisīdiṃsu, tasmiṃ vatthusmiṃ. Ekā paññatti. Channaṃ āpattisamuṭṭhānānaṃ dvīhi samuṭṭhānehi samuṭṭhāti – kathinake...pe....

Duggahitena dūpadhāritena paraṃ ujjhāpentiyā pācittiyaṃ kattha paññattanti? Sāvatthiyaṃ paññattaṃ. Kaṃ ārabbhāti? Aññataraṃ bhikkhuniṃ ārabbha. Kismiṃ vatthusminti? Aññatarā bhikkhunī duggahitena dūpadhāritena paraṃ ujjhāpesi, tasmiṃ vatthusmiṃ. Ekā paññatti channaṃ āpattisamuṭṭhānānaṃ tīhi samuṭṭhānehi samuṭṭhāti...pe....

Attānaṃ vā paraṃ vā nirayena vā brahmacariyena vā abhisapantiyā pācittiyaṃ kattha paññattanti? Sāvatthiyaṃ paññattaṃ. Kaṃ ārabbhāti? Caṇḍakāḷiṃ bhikkhuniṃ ārabbha. Kismiṃ vatthusminti? Caṇḍakāḷī bhikkhunī attānampi parampi nirayenapi brahmacariyenapi abhisapi, tasmiṃ vatthusmiṃ. Ekā paññatti. Channaṃ āpattisamuṭṭhānānaṃ tīhi samuṭṭhānehi samuṭṭhāti...pe....

Attānaṃ vadhitvā vadhitvā rodantiyā pācittiyaṃ kattha paññattanti? Sāvatthiyaṃ paññattaṃ. Kaṃ ārabbhāti? Caṇḍakāḷiṃ bhikkhuniṃ ārabbha. Kismiṃ vatthusminti? Caṇḍakāḷī bhikkhunī attānaṃ vadhitvā vadhitvā rodi, tasmiṃ vatthusmiṃ. Ekā paññatti. Channaṃ āpattisamuṭṭhānānaṃ ekena samuṭṭhānena samuṭṭhāti – dhuranikkhepe...pe....

Rattandhakāravaggo dutiyo.

3. Nahānavaggo

220. Naggāya nahāyantiyā pācittiyaṃ kattha paññattanti? Sāvatthiyaṃ paññattaṃ. Kaṃ ārabbhāti? Sambahulā bhikkhuniyo ārabbha. Kismiṃ vatthusminti? Sambahulā bhikkhuniyo naggā nahāyiṃsu, tasmiṃ vatthusmiṃ. Ekā paññatti. Channaṃ āpattisamuṭṭhānānaṃ dvīhi samuṭṭhānehi samuṭṭhāti – eḷakalomake...pe....

Pamāṇātikkantaṃ udakasāṭikaṃ kārāpentiyā pācittiyaṃ kattha paññattanti? Sāvatthiyaṃ paññattaṃ. Kaṃ ārabbhāti? Chabbaggiyā bhikkhuniyo ārabbha. Kismiṃ vatthusminti? Chabbaggiyā bhikkhuniyo appamāṇikāyo udakasāṭikāyo dhāresuṃ, tasmiṃ vatthusmiṃ. Ekā paññatti. Channaṃ āpattisamuṭṭhānānaṃ chahi samuṭṭhānehi samuṭṭhāti...pe....

Bhikkhuniyā cīvaraṃ visibbetvā vā visibbāpetvā vā neva sibbentiyā na sibbāpanāya ussukkaṃ karontiyā pācittiyaṃ kattha paññattanti? Sāvatthiyaṃ paññattaṃ. Kaṃ ārabbhāti? Thullanandaṃ bhikkhuniṃ ārabbha. Kismiṃ vatthusminti? Thullanandā bhikkhunī bhikkhuniyā cīvaraṃ visibbāpetvā neva sibbesi na sibbāpanāya ussukkaṃ akāsi, tasmiṃ vatthusmiṃ. Ekā paññatti. Channaṃ āpattisamuṭṭhānānaṃ ekena samuṭṭhānena samuṭṭhāti – dhuranikkhepe...pe....

Pañcāhikaṃ saṅghāṭicāraṃ atikkāmentiyā pācittiyaṃ kattha paññattanti? Sāvatthiyaṃ paññattaṃ. Kaṃ ārabbhāti? Sambahulā bhikkhuniyo ārabbha. Kismiṃ vatthusminti? Sambahulā bhikkhuniyo bhikkhunīnaṃ hatthe cīvaraṃ nikkhipitvā santaruttarena janapadacārikaṃ pakkamiṃsu, tasmiṃ vatthusmiṃ. Ekā paññatti. Channaṃ āpattisamuṭṭhānānaṃ dvīhi samuṭṭhānehi samuṭṭhāti kathinake...pe....

Cīvarasaṅkamanīyaṃ dhārentiyā pācittiyaṃ kattha paññattanti? Sāvatthiyaṃ paññattaṃ. Kaṃ ārabbhāti? Aññataraṃ bhikkhuniṃ ārabbha. Kismiṃ vatthusminti? Aññatarā bhikkhunī aññatarāya bhikkhuniyā cīvaraṃ anāpucchā pārupi, tasmiṃ vatthusmiṃ. Ekā paññatti. Channaṃ āpattisamuṭṭhānānaṃ dvīhi samuṭṭhānehi samuṭṭhāti – kathinake...pe....

Gaṇassa cīvaralābhaṃ antarāyaṃ karontiyā pācittiyaṃ kattha paññattanti? Sāvatthiyaṃ paññattaṃ. Kaṃ ārabbhāti? Thullanandaṃ bhikkhuniṃ ārabbha. Kismiṃ vatthusminti? Thullanandā bhikkhunī gaṇassa cīvaralābhaṃ antarāyaṃ akāsi, tasmiṃ vatthusmiṃ. Ekā paññatti. Channaṃ āpattisamuṭṭhānānaṃ tīhi samuṭṭhānehi samuṭṭhāti...pe....

Dhammikaṃ cīvaravibhaṅgaṃ paṭibāhantiyā pācittiyaṃ kattha paññattanti. Sāvatthiyaṃ paññattaṃ. Kaṃ ārabbhāti? Thullanandaṃ bhikkhuniṃ ārabbha. Kismiṃ vatthusminti? Thullanandā bhikkhunī dhammikaṃ cīvaravibhaṅgaṃ paṭibāhi, tasmiṃ vatthusmiṃ. Ekā paññatti. Channaṃ āpattisamuṭṭhānānaṃ tīhi samuṭṭhānehi samuṭṭhāti...pe....

Agārikassa vā paribbājakassa vā paribbājikāya vā samaṇacīvaraṃ dentiyā pācittiyaṃ kattha paññattanti? Sāvatthiyaṃ paññattaṃ. Kaṃ ārabbhāti? Thullanandaṃ bhikkhuniṃ ārabbha. Kismiṃ vatthusminti? Thullanandā bhikkhunī agārikassa samaṇacīvaraṃ adāsi, tasmiṃ vatthusmiṃ. Ekā paññatti. Channaṃ āpattisamuṭṭhānānaṃ chahi samuṭṭhānehi samuṭṭhāti...pe....

Dubbalacīvarapaccāsāya cīvarakālasamayaṃ atikkāmentiyā pācittiyaṃ kattha paññattanti? Sāvatthiyaṃ paññattaṃ. Kaṃ ārabbhāti? Thullanandaṃ bhikkhuniṃ ārabbha. Kismiṃ vatthusminti? Thullanandā bhikkhunī dubbalacīvarapaccāsāya cīvarakālasamayaṃ atikkāmesi, tasmiṃ vatthusmiṃ. Ekā paññatti. Channaṃ āpattisamuṭṭhānānaṃ tīhi samuṭṭhānehi samuṭṭhāti...pe....

Dhammikaṃ kathinuddhāraṃ paṭibāhantiyā pācittiyaṃ kattha paññattanti? Sāvatthiyaṃ paññattaṃ. Kaṃ ārabbhāti? Thullanandaṃ bhikkhuniṃ ārabbha . Kismiṃ vatthusminti? Thullanandā bhikkhunī dhammikaṃ kathinuddhāraṃ paṭibāhi, tasmiṃ vatthusmiṃ. Ekā paññatti. Channaṃ āpattisamuṭṭhānānaṃ tīhi samuṭṭhānehi samuṭṭhāti...pe....

Nahānavaggo tatiyo.

4. Tuvaṭṭavaggo

221. Dvinnaṃ bhikkhunīnaṃ ekamañce tuvaṭṭentīnaṃ pācittiyaṃ kattha paññattanti? Sāvatthiyaṃ paññattaṃ. Kaṃ ārabbhāti? Sambahulā bhikkhuniyo ārabbha. Kismiṃ vatthusminti? Sambahulā bhikkhuniyo dve ekamañce tuvaṭṭesuṃ, tasmiṃ vatthusmiṃ. Ekā paññatti. Channaṃ āpattisamuṭṭhānānaṃ dvīhi samuṭṭhānehi samuṭṭhāti – eḷakalomake...pe....

Dvinnaṃ bhikkhunīnaṃ ekattharaṇapāvuraṇe tuvaṭṭentīnaṃ pācittiyaṃ kattha paññattanti? Sāvatthiyaṃ paññattaṃ. Kaṃ ārabbhāti? Sambahulā bhikkhuniyo ārabbha. Kismiṃ vatthusminti? Sambahulā bhikkhuniyo dve ekattharaṇapāvuraṇā tuvaṭṭesuṃ, tasmiṃ vatthusmiṃ. Ekā paññatti. Channaṃ āpattisamuṭṭhānānaṃ dvīhi samuṭṭhānehi samuṭṭhāti – eḷakalomake...pe....

Bhikkhuniyā sañcicca aphāsuṃ karontiyā pācittiyaṃ kattha paññattanti? Sāvatthiyaṃ paññattaṃ. Kaṃ ārabbhāti? Thullanandaṃ bhikkhuniṃ ārabbha. Kismiṃ vatthusminti? Thullanandā bhikkhunī bhikkhuniyā sañcicca aphāsuṃ akāsi, tasmiṃ vatthusmiṃ. Ekā paññatti. Channaṃ āpattisamuṭṭhānānaṃ tīhi samuṭṭhānehi samuṭṭhāti...pe....

Dukkhitaṃ sahajīviniṃ neva upaṭṭhentiyā na upaṭṭhāpanāya ussukkaṃ karontiyā pācittiyaṃ kattha paññattanti? Sāvatthiyaṃ paññattaṃ. Kaṃ ārabbhāti? Thullanandaṃ bhikkhuniṃ ārabbha. Kismiṃ vatthusminti? Thullanandā bhikkhunī dukkhitaṃ sahajīviniṃ neva upaṭṭhesi na upaṭṭhāpanāya ussukkaṃ akāsi, tasmiṃ vatthusmiṃ. Ekā paññatti. Channaṃ āpattisamuṭṭhānānaṃ ekena samuṭṭhānena samuṭṭhāti – dhuranikkhepe...pe....

Bhikkhuniyā upassayaṃ datvā kupitāya anattamanāya nikkaḍḍhantiyā pācittiyaṃ kattha paññattanti? Sāvatthiyaṃ paññattaṃ. Kaṃ ārabbhāti? Thullanandaṃ bhikkhuniṃ ārabbha. Kismiṃ vatthusminti? Thullanandā bhikkhunī bhikkhuniyā upassayaṃ datvā kupitā anattamanā nikkaḍḍhi, tasmiṃ vatthusmiṃ. Ekā paññatti. Channaṃ āpattisamuṭṭhānānaṃ tīhi samuṭṭhānehi samuṭṭhāti...pe....

Saṃsaṭṭhāya bhikkhuniyā yāvatatiyaṃ samanubhāsanāya na paṭinissajjantiyā pācittiyaṃ kattha paññattanti? Sāvatthiyaṃ paññattaṃ. Kaṃ ārabbhāti? Caṇḍakāḷiṃ bhikkhuniṃ ārabbha. Kismiṃ vatthusminti? Caṇḍakāḷī bhikkhunī saṃsaṭṭhā vihari, tasmiṃ vatthusmiṃ. Ekā paññatti. Channaṃ āpattisamuṭṭhānānaṃ ekena samuṭṭhānena samuṭṭhāti – dhuranikkhepe...pe....

Antoraṭṭhe sāsaṅkasammate sappaṭibhaye asatthikāya cārikaṃ carantiyā pācittiyaṃ kattha paññattanti? Sāvatthiyaṃ paññattaṃ. Kaṃ ārabbhāti? Sambahulābhikkhuniyo ārabbha. Kismiṃ vatthusminti? Sambahulā bhikkhuniyo antoraṭṭhe sāsaṅkasammate sappaṭibhaye asatthikāyo cārikaṃ cariṃsu, tasmiṃ vatthusmiṃ. Ekā paññatti. Channaṃ āpattisamuṭṭhānānaṃ dvīhi samuṭṭhānehi samuṭṭhāti – eḷakalomake...pe....

Tiroraṭṭhe sāsaṅkasammate sappaṭibhaye asatthikāya cārikaṃ carantiyā pācittiyaṃ kattha paññattanti? Sāvatthiyaṃ paññattaṃ. Kaṃ ārabbhāti? Sambahulā bhikkhuniyo ārabbha. Kismiṃ vatthusminti? Sambahulā bhikkhuniyo tiroraṭṭhe sāsaṅkasammate sappaṭibhaye asatthikāyo cārikaṃ cariṃsu, tasmiṃ vatthusmiṃ. Ekā paññatti. Channaṃ āpattisamuṭṭhānānaṃ dvīhi samuṭṭhānehi samuṭṭhāti – eḷakalomake...pe....

Antovassaṃ cārikaṃ carantiyā pācittiyaṃ kattha paññattanti? Rājagahe paññattaṃ. Kaṃ ārabbhāti? Sambahulā bhikkhuniyo ārabbha. Kismiṃ vatthusminti? Sambahulā bhikkhuniyo antovassaṃ cārikaṃ cariṃsu, tasmiṃ vatthusmiṃ. Ekā paññatti. Channaṃ āpattisamuṭṭhānānaṃ dvīhi samuṭṭhānehi samuṭṭhāti – eḷakalomake...pe....

Vassaṃvuṭṭhāya [vassaṃvutthāya (sī. syā.)] bhikkhuniyā cārikaṃ na pakkamantiyā pācittiyaṃ kattha paññattanti? Rājagahe paññattaṃ. Kaṃ ārabbhāti? Sambahulā bhikkhuniyo ārabbha. Kismiṃ vatthusminti? Sambahulā bhikkhuniyo vassaṃvuṭṭhā cārikaṃ na pakkamiṃsu, tasmiṃ vatthusmiṃ. Ekā paññatti. Channaṃ āpattisamuṭṭhānānaṃ ekena samuṭṭhānena samuṭṭhāti – paṭhamapārājike...pe....

Tuvaṭṭavaggo catuttho.

5. Cittāgāravaggo

222. Rājāgāraṃ vā cittāgāraṃ vā ārāmaṃ vā uyyānaṃ vā pokkharaṇiṃ vā dassanāya gacchantiyā pācittiyaṃ kattha paññattanti? Sāvatthiyaṃ paññattaṃ. Kaṃ ārabbhāti? Chabbaggiyā bhikkhuniyo ārabbha. Kismiṃ vatthusminti? Chabbaggiyā bhikkhuniyo rājāgārampi cittāgārampi dassanāya agamaṃsu, tasmiṃ vatthusmiṃ. Ekā paññatti. Channaṃ āpattisamuṭṭhānānaṃ dvīhi samuṭṭhānehi samuṭṭhāti – eḷakalomake...pe....

Āsandiṃ vā pallaṅkaṃ vā paribhuñjantiyā pācittiyaṃ kattha paññattanti? Sāvatthiyaṃ paññattaṃ. Kaṃ ārabbhāti? Sambahulā bhikkhuniyo ārabbha. Kismiṃ vatthusminti? Sambahulā bhikkhuniyo āsandimpi pallaṅkampi paribhuñjiṃsu, tasmiṃ vatthusmiṃ. Ekā paññatti. Channaṃ āpattisamuṭṭhānānaṃ dvīhi samuṭṭhānehi samuṭṭhāti – eḷakalomake...pe....

Suttaṃ kantantiyā pācittiyaṃ kattha paññattanti? Sāvatthiyaṃ paññattaṃ. Kaṃ ārabbhāti? Chabbaggiyā bhikkhuniyo ārabbha. Kismiṃ vatthusminti? Chabbaggiyā bhikkhuniyo suttaṃ kantiṃsu, tasmiṃ vatthusmiṃ. Ekā paññatti. Channaṃ āpattisamuṭṭhānānaṃ dvīhi samuṭṭhānehi samuṭṭhāti – eḷakalomake...pe....

Gihiveyyāvaccaṃ karontiyā pācittiyaṃ kattha paññattanti? Sāvatthiyaṃ paññattaṃ. Kaṃ ārabbhāti? Sambahulā bhikkhuniyo ārabbha. Kismiṃ vatthusminti? Sambahulā bhikkhuniyo gihiveyyāvaccaṃ akaṃsu, tasmiṃ vatthusmiṃ. Ekā paññatti. Channaṃ āpattisamuṭṭhānānaṃ dvīhi samuṭṭhānehi samuṭṭhāti – eḷakalomake...pe....

Bhikkhuniyā ''ehāyye imaṃ adhikaraṇaṃ vūpasamehī''ti vuccamānāya ''sādhū''ti paṭissuṇitvā neva vūpasamentiyā na vūpasamāya ussukkaṃ karontiyāpācittiyaṃ kattha paññattanti? Sāvatthiyaṃ paññattaṃ. Kaṃ ārabbhāti? Thullanandaṃ bhikkhuniṃ ārabbha. Kismiṃ vatthusminti? Thullanandā bhikkhunī bhikkhuniyā – ''ehāyye, imaṃ adhikaraṇaṃ vūpasamehī''ti vuccamānā ''sādhū''ti paṭissuṇitvā neva vūpasamesi na vūpasamāya ussukkaṃ akāsi, tasmiṃ vatthusmiṃ. Ekā paññatti. Channaṃ āpattisamuṭṭhānānaṃ ekena samuṭṭhānena samuṭṭhāti – dhuranikkhepe...pe....

Agārikassa vā paribbājakassa vā paribbājikāya vā sahatthā khādanīyaṃ vā bhojanīyaṃ vā dentiyā pācittiyaṃ kattha paññattanti? Sāvatthiyaṃ paññattaṃ. Kaṃ ārabbhāti? Thullanandaṃ bhikkhuniṃ ārabbha. Kismiṃ vatthusminti? Thullanandā bhikkhunī agārikassa sahatthā khādanīyampi bhojanīyampi adāsi, tasmiṃ vatthusmiṃ. Ekā paññatti. Channaṃ āpattisamuṭṭhānānaṃ dvīhi samuṭṭhānehi samuṭṭhāti – eḷakalomake...pe....

Āvasathacīvaraṃ anissajjitvā paribhuñjantiyā pācittiyaṃ kattha paññattanti? Sāvatthiyaṃ paññattaṃ. Kaṃ ārabbhāti? Thullanandaṃ bhikkhuniṃ ārabbha. Kismiṃ vatthusminti? Thullanandā bhikkhunī āvasathacīvaraṃ anissajjitvā paribhuñji, tasmiṃ vatthusmiṃ. Ekā paññatti. Channaṃ āpattisamuṭṭhānānaṃ dvīhi samuṭṭhānehi samuṭṭhāti – kathinake...pe....

Āvasathaṃ anissajjitvā cārikaṃ pakkamantiyā pācittiyaṃ kattha paññattanti? Sāvatthiyaṃ paññattaṃ. Kaṃ ārabbhāti? Thullanandaṃ bhikkhuniṃ ārabbha. Kismiṃ vatthusminti? Thullanandā bhikkhunī āvasathaṃ anissajjitvā cārikaṃ pakkāmi, tasmiṃ vatthusmiṃ. Ekā paññatti. Channaṃ āpattisamuṭṭhānānaṃ dvīhi samuṭṭhānehi samuṭṭhāti – kathinake...pe....

Tiracchānavijjaṃ pariyāpuṇantiyā pācittiyaṃ kattha paññattanti? Sāvatthiyaṃ paññattaṃ. Kaṃ ārabbhāti? Chabbaggiyā bhikkhuniyo ārabbha. Kismiṃ vatthusminti? Chabbaggiyā bhikkhuniyo tiracchānavijjaṃ pariyāpuṇiṃsu, tasmiṃ vatthusmiṃ. Ekā paññatti. Channaṃ āpattisamuṭṭhānānaṃ dvīhi samuṭṭhānehi samuṭṭhāti – padasodhamme...pe....

Tiracchānavijjaṃ vācentiyā pācittiyaṃ kattha paññattanti? Sāvatthiyaṃ paññattaṃ. Kaṃ ārabbhāti? Chabbaggiyā bhikkhuniyo ārabbha. Kismiṃ vatthusminti. Chabbaggiyā bhikkhuniyo tiracchānavijjaṃ vācesuṃ, tasmiṃ vatthusmiṃ. Ekā paññatti. Channaṃ āpattisamuṭṭhānānaṃ dvīhi samuṭṭhānehi samuṭṭhāti – padasodhamme...pe....

Cittāgāravaggo pañcamo.

6. Ārāmavaggo

223. Jānaṃ sabhikkhukaṃ ārāmaṃ anāpucchā pavisantiyā pācittiyaṃ kattha paññattanti? Sāvatthiyaṃ paññattaṃ. Kaṃ ārabbhāti? Sambahulā bhikkhuniyo ārabbha. Kismiṃ vatthusminti? Sambahulā

bhikkhuniyo ārāmaṃ anāpucchā pavisiṃsu, tasmiṃ vatthusmiṃ. Ekā paññatti, dve anupaññattiyo. Channaṃ āpattisamuṭṭhānānaṃ ekena samuṭṭhānena samuṭṭhāti – dhuranikkhepe...pe....
Bhikkhuṃ akkosantiyā paribhāsantiyā pācittiyaṃ kattha paññattanti? Vesāliyaṃ paññattaṃ. Kaṃ ārabbhāti? Chabbaggiyā bhikkhuniyo ārabbha. Kismiṃ vatthusminti? Chabbaggiyā bhikkhuniyo āyasmantaṃ upāliṃ akkosiṃsu, tasmiṃ vatthusmiṃ. Ekā paññatti. Channaṃ āpattisamuṭṭhānānaṃ tīhi samuṭṭhānehi samuṭṭhāti...pe....
Caṇḍīkatāya gaṇaṃ paribhāsantiyā pācittiyaṃ kattha paññattanti? Sāvatthiyaṃ paññattaṃ. Kaṃ ārabbhāti? Thullanandaṃ bhikkhuniṃ ārabbha. Kismiṃ vatthusminti? Thullanandā bhikkhunī caṇḍīkatāya gaṇaṃ paribhāsi, tasmiṃ vatthusmiṃ. Ekā paññatti. Channaṃ āpattisamuṭṭhānānaṃ tīhi samuṭṭhānehi samuṭṭhāti...pe....
Nimantitāya vā pavāritāya vā khādanīyaṃ vā bhojanīyaṃ vā aññatra bhuñjantiyā pācittiyaṃ kattha paññattanti? Sāvatthiyaṃ paññattaṃ. Kaṃ ārabbhāti? Sambahulā bhikkhuniyo ārabbha. Kismiṃ vatthusminti? Sambahulā bhikkhuniyo bhuttāviniyo pavāritā aññatra bhuñjiṃsu, tasmiṃ vatthusmiṃ. Ekā paññatti. Channaṃ āpattisamuṭṭhānānaṃ catūhi samuṭṭhānehi samuṭṭhāti...pe....
Kulaṃ maccharāyantiyā pācittiyaṃ kattha paññattanti? Sāvatthiyaṃ paññattaṃ. Kaṃ ārabbhāti? Aññataraṃ bhikkhuniṃ ārabbha. Kismiṃ vatthusminti? Aññatarā bhikkhunī kulaṃ maccharāyi, tasmiṃ vatthusmiṃ. Ekā paññatti. Channaṃ āpattisamuṭṭhānānaṃ tīhi samuṭṭhānehi samuṭṭhāti...pe....
Abhikkhuke āvāse vassaṃ vasantiyā pācittiyaṃ kattha paññattanti ? Sāvatthiyaṃ paññattaṃ. Kaṃ ārabbhāti? Sambahulā bhikkhuniyo ārabbha. Kismiṃ vatthusminti? Sambahulā bhikkhuniyo abhikkhuke āvāse vassaṃ vasiṃsu, tasmiṃ vatthusmiṃ. Ekā paññatti. Channaṃ āpattisamuṭṭhānānaṃ dvīhi samuṭṭhānehi samuṭṭhāti – eḷakalomake...pe....
Vassaṃvuṭṭhāya bhikkhuniyā ubhatosaṅghe tīhi ṭhānehi na pavārentiyā pācittiyaṃ kattha paññattanti? Sāvatthiyaṃ paññattaṃ. Kaṃ ārabbhāti? Sambahulā bhikkhuniyo ārabbha. Kismiṃ vatthusminti? Sambahulā bhikkhuniyo vassaṃvuṭṭhā bhikkhusaṅghaṃ [bhikkhunisaṃghe (ka.)] na pavāresuṃ, tasmiṃ vatthusmiṃ. Ekā paññatti. Channaṃ āpattisamuṭṭhānānaṃ ekena samuṭṭhānena samuṭṭhāti – dhuranikkhepe...pe....
Ovādāya vā saṃvāsāya vā na gacchantiyā pācittiyaṃ kattha paññattanti? Sakkesu paññattaṃ. Kaṃ ārabbhāti? Chabbaggiyā bhikkhuniyo ārabbha. Kismiṃ vatthusminti? Chabbaggiyā bhikkhuniyo ovādaṃ na gacchiṃsu, tasmiṃ vatthusmiṃ. Ekā paññatti. Channaṃ āpattisamuṭṭhānānaṃ ekena samuṭṭhānena samuṭṭhāti – paṭhamapārājike...pe....
Uposathampi na pucchantiyā ovādampi na yācantiyā pācittiyaṃ kattha paññattanti? Sāvatthiyaṃ paññattaṃ. Kaṃ ārabbhāti? Sambahulā bhikkhuniyo ārabbha. Kismiṃ vatthusminti? Sambahulā bhikkhuniyo uposathampi na pucchiṃsu ovādampi na yāciṃsu, tasmiṃ vatthusmiṃ. Ekā paññatti. Channaṃ āpattisamuṭṭhānānaṃ ekena samuṭṭhānena samuṭṭhāti – dhuranikkhepe...pe....
Pasākhe jātaṃ gaṇḍaṃ vā rudhitaṃ [ruhitaṃ (sī. syā.)] vā anapaloketvā saṅghaṃ vā gaṇaṃ vā purisena saddhiṃ ekenekāya bhedāpentiyā pācittiyaṃ kattha paññattanti? Sāvatthiyaṃ paññattaṃ. Kaṃ ārabbhāti? Aññataraṃ bhikkhuniṃ ārabbha. Kismiṃ vatthusminti? Aññatarā bhikkhunī pasākhe jātaṃ gaṇḍaṃ purisena saddhiṃ ekenekā bhedāpesi, tasmiṃ vatthusmiṃ. Ekā paññatti. Channaṃ āpattisamuṭṭhānānaṃ dvīhi samuṭṭhānehi samuṭṭhāti – kathinake...pe....
Ārāmavaggo chaṭṭho.
7. Gabbhinīvaggo
224. Gabbhiniṃ vuṭṭhāpentiyā pācittiyaṃ kattha paññattanti? Sāvatthiyaṃ paññattaṃ . Kaṃ ārabbhāti? Sambahulā bhikkhuniyo ārabbha. Kismiṃ vatthusminti? Sambahulā bhikkhuniyo gabbhiniṃ vuṭṭhāpesuṃ, tasmiṃ vatthusmiṃ. Ekā paññatti. Channaṃ āpattisamuṭṭhānānaṃ tīhi samuṭṭhānehi samuṭṭhāti...pe....
Pāyantiṃ vuṭṭhāpentiyā pācittiyaṃ kattha paññattanti? Sāvatthiyaṃ paññattaṃ. Kaṃ ārabbhāti? Sambahulā bhikkhuniyo ārabbha. Kismiṃ vatthusminti? Sambahulā bhikkhuniyo pāyantiṃ vuṭṭhāpesuṃ, tasmiṃ vatthusmiṃ. Ekā paññatti. Channaṃ āpattisamuṭṭhānānaṃ tīhi samuṭṭhānehi samuṭṭhāti...pe....
Dve vassāni chasu dhammesu asikkhitasikkhaṃ sikkhamānaṃ vuṭṭhāpentiyā pācittiyaṃ kattha paññattanti? Sāvatthiyaṃ paññattaṃ. Kaṃ ārabbhāti? Sambahulā bhikkhuniyo ārabbha. Kismiṃ vatthusminti? Sambahulā bhikkhuniyo dve vassāni chasu dhammesu asikkhitasikkhaṃ sikkhamānaṃ vuṭṭhāpesuṃ, tasmiṃ vatthusmiṃ. Ekā paññatti. Channaṃ āpattisamuṭṭhānānaṃ tīhi samuṭṭhānehi samuṭṭhāti...pe....
Dve vassāni chasu dhammesu sikkhitasikkhaṃ sikkhamānaṃ saṅghena asammataṃ vuṭṭhāpentiyā pācittiyaṃ kattha paññattanti? Sāvatthiyaṃ paññattaṃ. Kaṃ ārabbhāti? Sambahulā bhikkhuniyo ārabbha. Kismiṃ vatthusminti? Sambahulā bhikkhuniyo dve vassāni chasu dhammesu sikkhitasikkhaṃ sikkhamānaṃ saṅghena asammataṃ vuṭṭhāpesuṃ, tasmiṃ vatthusmiṃ. Ekā paññatti. Channaṃ āpattisamuṭṭhānānaṃ tīhi samuṭṭhānehi samuṭṭhāti...pe....
Ūnadvādasavassaṃ gihigataṃ vuṭṭhāpentiyā pācittiyaṃ kattha paññattanti? Sāvatthiyaṃ paññattaṃ. Kaṃ ārabbhāti? Sambahulā bhikkhuniyo ārabbha. Kismiṃ vatthusminti? Sambahulā bhikkhuniyo

ūnadvādasavassaṃ gihigataṃ vuṭṭhāpesuṃ, tasmiṃ vatthusmiṃ. Ekā paññatti. Channaṃ āpattisamuṭṭhānānaṃ tīhi samuṭṭhānehi samuṭṭhāti...pe....
Paripuṇṇadvādasavassaṃ gihigataṃ dve vassāni chasu dhammesu asikkhitasikkhaṃ vuṭṭhāpentiyā pācittiyaṃ kattha paññattanti? Sāvatthiyaṃ paññattaṃ. Kaṃ ārabbhāti? Sambahulā bhikkhuniyo ārabbha. Kismiṃ vatthusminti? Sambahulā bhikkhuniyo paripuṇṇadvādasavassaṃ gihigataṃ dve vassāni chasu dhammesu asikkhitasikkhaṃ vuṭṭhāpesuṃ, tasmiṃ vatthusmiṃ. Ekā paññatti. Channaṃ āpattisamuṭṭhānānaṃ tīhi samuṭṭhānehi samuṭṭhāti...pe....
Paripuṇṇadvādasavassaṃ gihigataṃ dve vassāni chasu dhammesu sikkhitasikkhaṃ saṅghena asammataṃ vuṭṭhāpentiyā pācittiyaṃ kattha paññattanti? Sāvatthiyaṃ paññattaṃ. Kaṃ ārabbhāti? Sambahulā bhikkhuniyo ārabbha. Kismiṃ vatthusminti? Sambahulā bhikkhuniyo paripuṇṇadvādasavassaṃ gihigataṃ dve vassāni chasu dhammesu sikkhitasikkhaṃ saṅghena asammataṃ vuṭṭhāpesuṃ, tasmiṃ vatthusmiṃ. Ekā paññatti. Channaṃ āpattisamuṭṭhānānaṃ tīhi samuṭṭhānehi samuṭṭhāti...pe....
Sahajīviniṃ vuṭṭhāpetvā dve vassāni neva anuggaṇhantiyā na anuggaṇhāpentiyā pācittiyaṃ kattha paññattanti? Sāvatthiyaṃ paññattaṃ. Kaṃ ārabbhāti? Thullanandaṃ bhikkhuniṃ ārabbha. Kismiṃ vatthusminti? Thullanandā bhikkhunī sahajīviniṃ vuṭṭhāpetvā dve vassāni neva anuggahesi na anuggaṇhāpesi, tasmiṃ vatthusmiṃ. Ekā paññatti. Channaṃ āpattisamuṭṭhānānaṃ ekena samuṭṭhānena samuṭṭhāti – dhuranikkhepe...pe....
Vuṭṭhāpitaṃ pavattiniṃ dve vassāni nānubandhantiyā pācittiyaṃ kattha paññattanti? Sāvatthiyaṃ paññattaṃ. Kaṃ ārabbhāti? Sambahulā bhikkhuniyo ārabbha. Kismiṃ vatthusminti? Sambahulā bhikkhuniyo vuṭṭhāpitaṃ pavattiniṃ dve vassāni nānubandhiṃsu, tasmiṃ vatthusmiṃ. Ekā paññatti. Channaṃ āpattisamuṭṭhānānaṃ ekena samuṭṭhānena samuṭṭhāti – paṭhamapārājike...pe....
Sahajīviniṃ vuṭṭhāpetvā neva vūpakāsentiyā na vūpakāsāpentiyā pācittiyaṃ kattha paññattanti? Sāvatthiyaṃ paññattaṃ. Kaṃ ārabbhāti? Thullanandaṃ bhikkhuniṃ ārabbha. Kismiṃ vatthusminti? Thullanandā bhikkhunī sahajīviniṃ vuṭṭhāpetvā neva vūpakāsesi na vūpakāsāpesi, tasmiṃ vatthusmiṃ. Ekā paññatti. Channaṃ āpattisamuṭṭhānānaṃ ekena samuṭṭhānena samuṭṭhāti – dhuranikkhepe...pe....
Gabbhinivaggo sattamo.
8. Kumārībhūtavaggo
225. Ūnavīsativassaṃ kumāribhūtaṃ vuṭṭhāpentiyā pācittiyaṃ kattha paññattanti? Sāvatthiyaṃ paññattaṃ. Kaṃ ārabbhāti? Sambahulā bhikkhuniyo ārabbha. Kismiṃ vatthusminti? Sambahulā bhikkhuniyo ūnavīsativassaṃ kumāribhūtaṃ vuṭṭhāpesuṃ, tasmiṃ vatthusmiṃ. Ekā paññatti. Channaṃ āpattisamuṭṭhānānaṃ tīhi samuṭṭhānehi samuṭṭhāti...pe....
Paripuṇṇavīsativassaṃ kumāribhūtaṃ dve vassāni chasu dhammesu asikkhitasikkhaṃ vuṭṭhāpentiyā pācittiyaṃ kattha paññattanti? Sāvatthiyaṃ paññattaṃ. Kaṃ ārabbhāti? Sambahulā bhikkhuniyo ārabbha. Kismiṃ vatthusminti? Sambahulā bhikkhuniyo paripuṇṇavīsativassaṃ kumāribhūtaṃ dve vassāni chasu dhammesu asikkhitasikkhaṃ vuṭṭhāpesuṃ, tasmiṃ vatthusmiṃ. Ekā paññatti. Channaṃ āpattisamuṭṭhānānaṃ tīhi samuṭṭhānehi samuṭṭhāti...pe....
Paripuṇṇavīsativassaṃ kumāribhūtaṃ dve vassāni chasu dhammesu sikkhitasikkhaṃ saṅghena asammataṃ vuṭṭhāpentiyā pācittiyaṃ kattha paññattanti? Sāvatthiyaṃ paññattaṃ. Kaṃ ārabbhāti? Sambahulā bhikkhuniyo ārabbha. Kismiṃ vatthusminti? Sambahulā bhikkhuniyo paripuṇṇavīsativassaṃ kumāribhūtaṃ dve vassāni chasu dhammesu sikkhitasikkhaṃ saṅghena asammataṃ vuṭṭhāpesuṃ, tasmiṃ vatthusmiṃ. Ekā paññatti. Channaṃ āpattisamuṭṭhānānaṃ tīhi samuṭṭhānehi samuṭṭhāti...pe....
Ūnadvādasavassāya vuṭṭhāpentiyā pācittiyaṃ kattha paññattanti? Sāvatthiyaṃ paññattaṃ. Kaṃ ārabbhāti? Sambahulā bhikkhuniyo ārabbha. Kismiṃ vatthusminti? Sambahulā bhikkhuniyo ūnadvādasavassā vuṭṭhāpesuṃ, tasmiṃ vatthusmiṃ. Ekā paññatti. Channaṃ āpattisamuṭṭhānānaṃ tīhi samuṭṭhānehi samuṭṭhāti...pe....
Paripuṇṇadvādasavassāya saṅghena asammatāya vuṭṭhāpentiyā pācittiyaṃ kattha paññattanti? Sāvatthiyaṃ paññattaṃ. Kaṃ ārabbhāti? Sambahulā bhikkhuniyo ārabbha. Kismiṃ vatthusminti? Sambahulā bhikkhuniyo paripuṇṇadvādasavassā saṅghena asammatā vuṭṭhāpesuṃ, tasmiṃ vatthusmiṃ. Ekā paññatti. Channaṃ āpattisamuṭṭhānānaṃ tīhi samuṭṭhānehi samuṭṭhāti – dutiyapārājike...pe....
''Alaṃ tāva te, ayye, vuṭṭhāpitenā''ti vuccamānāya ''sādhū''ti paṭissuṇitvā pacchā khīyanadhammaṃ āpajjantiyā pācittiyaṃ kattha paññattanti? Sāvatthiyaṃ paññattaṃ. Kaṃ ārabbhāti? Caṇḍakāḷiṃ bhikkhuniṃ ārabbha. Kismiṃ vatthusminti? Caṇḍakāḷī bhikkhunī ''alaṃ tāva te, ayye, vuṭṭhāpitenā''ti vuccamānā''sādhū''ti paṭissuṇitvā pacchā khīyanadhammaṃ āpajji, tasmiṃ vatthusmiṃ. Ekā paññatti. Channaṃ āpattisamuṭṭhānānaṃ tīhi samuṭṭhānehi samuṭṭhāti...pe....
Sikkhamānaṃ – ''sace me tvaṃ, ayye, cīvaraṃ dassasi, evāhaṃ taṃ vuṭṭhāpessāmī''ti vatvā neva vuṭṭhāpentiyā na vuṭṭhāpanāya ussukkaṃ karontiyā pācittiyaṃ kattha paññattanti? Sāvatthiyaṃ paññattaṃ. Kaṃ ārabbhāti? Thullanandaṃ bhikkhuniṃ ārabbha. Kismiṃ vatthusminti? Thullanandā bhikkhunī sikkhamānaṃ – ''sace me tvaṃ, ayye, cīvaraṃ dassasi, evāhaṃ taṃ vuṭṭhāpessāmī''ti vatvā neva vuṭṭhāpesi na vuṭṭhāpanāya ussukkaṃ akāsi, tasmiṃ vatthusmiṃ. Ekā paññatti. Channaṃ āpattisamuṭṭhānānaṃ ekena samuṭṭhānena samuṭṭhāti – dhuranikkhepe...pe....

Sikkhamānaṃ – ''sace maṃ tvaṃ, ayye, dve vassāni anubandhissasi, evāhaṃ taṃ vuṭṭhāpessāmī''ti vatvā neva vuṭṭhāpentiyā na vuṭṭhāpanāya ussukkaṃkarontiyā pācittiyaṃ kattha paññattanti? Sāvatthiyaṃ paññattaṃ. Kaṃ ārabbhāti? Thullanandaṃ bhikkhuniṃ ārabbha. Kismiṃ vatthusminti? Thullanandā bhikkhunī sikkhamānaṃ – ''sace maṃ tvaṃ, ayye, dve vassāni anubandhissasi, evāhaṃ taṃ vuṭṭhāpessāmī''ti vatvā neva vuṭṭhāpesi na vuṭṭhāpanāya ussukkaṃ akāsi, tasmiṃ vatthusmiṃ. Ekā paññatti. Channaṃ āpattisamuṭṭhānānaṃ ekena samuṭṭhānena samuṭṭhāti – dhuranikkhepe...pe....

Purisasaṃsaṭṭhaṃ kumārakasaṃsaṭṭhaṃ caṇḍiṃ sokāvāsaṃ sikkhamānaṃ vuṭṭhāpentiyā pācittiyaṃ kattha paññattanti? Sāvatthiyaṃ paññattaṃ. Kaṃ ārabbhāti? Thullanandaṃ bhikkhuniṃ ārabbha. Kismiṃ vatthusminti? Thullanandā bhikkhunī purisasaṃsaṭṭhaṃ kumārakasaṃsaṭṭhaṃ caṇḍiṃ sokāvāsaṃ sikkhamānaṃ vuṭṭhāpesi, tasmiṃ vatthusmiṃ. Ekā paññatti. Channaṃ āpattisamuṭṭhānānaṃ tīhi samuṭṭhānehi samuṭṭhāti...pe....

Mātāpitūhi vā sāmikena vā ananuññātaṃ sikkhamānaṃ vuṭṭhāpentiyā pācittiyaṃ kattha paññattanti? Sāvatthiyaṃ paññattaṃ. Kaṃ ārabbhāti? Thullanandaṃ bhikkhuniṃ ārabbha. Kismiṃ vatthusminti? Thullanandā bhikkhunī mātāpitūhipi sāmikenāpi ananuññātaṃ sikkhamānaṃ vuṭṭhāpesi, tasmiṃ vatthusmiṃ. Ekā paññatti. Channaṃ āpattisamuṭṭhānānaṃ catūhi samuṭṭhānehi samuṭṭhāti – siyā vācato samuṭṭhāti, na kāyato na cittato; siyā kāyato ca vācato ca samuṭṭhāti, na cittato; siyā vācato ca cittato ca samuṭṭhāti, na kāyato; siyā kāyato ca vācato ca cittato ca samuṭṭhāti...pe....

Pārivāsikachandadānena sikkhamānaṃ vuṭṭhāpentiyā pācittiyaṃ kattha paññattanti? Rājagahe paññattaṃ. Kaṃ ārabbhāti? Thullanandaṃ bhikkhuniṃ ārabbha. Kismiṃ vatthusminti? Thullanandā bhikkhunī pārivāsikachandadānena sikkhamānaṃ vuṭṭhāpesi, tasmiṃ vatthusmiṃ. Ekā paññatti. Channaṃ āpattisamuṭṭhānānaṃ tīhi samuṭṭhānehi samuṭṭhāti...pe....

Anuvassaṃ vuṭṭhāpentiyā pācittiyaṃ kattha paññattanti? Sāvatthiyaṃ paññattaṃ. Kaṃ ārabbhāti? Sambahulā bhikkhuniyo ārabbha. Kismiṃ vatthusminti? Sambahulā bhikkhuniyo anuvassaṃ vuṭṭhāpesuṃ, tasmiṃ vatthusmiṃ. Ekā paññatti. Channaṃ āpattisamuṭṭhānānaṃ tīhi samuṭṭhānehi samuṭṭhāti...pe....

Ekaṃ vassaṃ dve vuṭṭhāpentiyā pācittiyaṃ kattha paññattanti? Sāvatthiyaṃ paññattaṃ. Kaṃ ārabbhāti? Sambahulā bhikkhuniyo ārabbha. Kismiṃ vatthusminti? Sambahulā bhikkhuniyo ekaṃ vassaṃ dve vuṭṭhāpesuṃ, tasmiṃ vatthusmiṃ. Ekā paññatti. Channaṃ āpattisamuṭṭhānānaṃ tīhi samuṭṭhānehi samuṭṭhāti...pe....

Kumārībhūtavaggo aṭṭhamo.

9. Chattupāhanavaggo

226. Chattupāhanaṃ dhārentiyā pācittiyaṃ kattha paññattanti? Sāvatthiyaṃ paññattaṃ. Kaṃ ārabbhāti? Chabbaggiyā bhikkhuniyo ārabbha. Kismiṃ vatthusminti? Chabbaggiyā bhikkhuniyo chattupāhanaṃ dhāresuṃ, tasmiṃ vatthusmiṃ. Ekā paññatti, ekā anupaññatti. Channaṃ āpattisamuṭṭhānānaṃ dvīhi samuṭṭhānehi samuṭṭhāti – eḷakalomake...pe....

Yānena yāyantiyā pācittiyaṃ kattha paññattanti? Sāvatthiyaṃ paññattaṃ. Kaṃ ārabbhāti? Chabbaggiyā bhikkhuniyo ārabbha. Kismiṃ vatthusminti? Chabbaggiyā bhikkhuniyo yānena yāyiṃsu, tasmiṃ vatthusmiṃ. Ekā paññatti, ekā anupaññatti. Channaṃ āpattisamuṭṭhānānaṃ dvīhi samuṭṭhānehi samuṭṭhāti – eḷakalomake...pe....

Saṅghāṇiṃ dhārentiyā pācittiyaṃ kattha paññattanti? Sāvatthiyaṃ paññattaṃ. Kaṃ ārabbhāti? Aññataraṃ bhikkhuniṃ ārabbha. Kismiṃ vatthusminti? Aññatarā bhikkhunī saṅghāṇiṃ dhāresi, tasmiṃ vatthusmiṃ. Ekā paññatti. Channaṃ āpattisamuṭṭhānānaṃ dvīhi samuṭṭhānehi samuṭṭhāti – eḷakalomake...pe....

Itthālaṅkāraṃ dhārentiyā pācittiyaṃ kattha paññattanti? Sāvatthiyaṃ paññattaṃ. Kaṃ ārabbhāti? Chabbaggiyā bhikkhuniyo ārabbha. Kismiṃ vatthusminti? Chabbaggiyā bhikkhuniyo itthālaṅkāraṃ dhāresuṃ, tasmiṃ vatthusmiṃ. Ekā paññatti. Channaṃ āpattisamuṭṭhānānaṃ dvīhi samuṭṭhānehi samuṭṭhāti – eḷakalomake...pe....

Gandhavaṇṇakena nahāyantiyā pācittiyaṃ kattha paññattanti? Sāvatthiyaṃ paññattaṃ. Kaṃ ārabbhāti? Chabbaggiyā bhikkhuniyo ārabbha. Kismiṃ vatthusminti? Chabbaggiyā bhikkhuniyo gandhavaṇṇakena nahāyiṃsu, tasmiṃ vatthusmiṃ. Ekā paññatti. Channaṃ āpattisamuṭṭhānānaṃ dvīhi samuṭṭhānehi samuṭṭhāti – eḷakalomake...pe....

Vāsitakena piññākena nahāyantiyā pācittiyaṃ kattha paññattanti? Sāvatthiyaṃ paññattaṃ. Kaṃ ārabbhāti? Chabbaggiyā bhikkhuniyo ārabbha. Kismiṃ vatthusminti? Chabbaggiyā bhikkhuniyo vāsitakena piññākena nahāyiṃsu, tasmiṃ vatthusmiṃ. Ekā paññatti. Channaṃ āpattisamuṭṭhānānaṃ dvīhi samuṭṭhānehi samuṭṭhāti – eḷakalomake...pe....

Bhikkhuniyā ummaddāpentiyā parimaddāpentiyā pācittiyaṃ kattha paññattanti? Sāvatthiyaṃ paññattaṃ. Kaṃ ārabbhāti? Sambahulā bhikkhuniyo ārabbha. Kismiṃ vatthusminti? Sambahulā bhikkhuniyo bhikkhuniyā ummaddāpesuṃ parimaddāpesuṃ, tasmiṃ vatthusmiṃ. Ekā paññatti. Channaṃ āpattisamuṭṭhānānaṃ dvīhi samuṭṭhānehi samuṭṭhāti – eḷakalomake...pe....

Sikkhamānā ummaddāpentiyā parimaddāpentiyā pācittiyaṃ kattha paññattanti? Sāvatthiyaṃ paññattaṃ. Kaṃ ārabbhāti? Sambahulā bhikkhuniyo ārabbha. Kismiṃ vatthusminti? Sambahulā bhikkhuniyo sikkhamānāya ummaddāpesuṃ parimaddāpesuṃ, tasmiṃ vatthusmiṃ. Ekā paññatti. Channaṃ āpattisamuṭṭhānānaṃ dvīhi samuṭṭhānehi samuṭṭhāti – eḷakalomake...pe....
Sāmaṇeriyā ummaddāpentiyā parimaddāpentiyā pācittiyaṃ kattha paññattanti? Sāvatthiyaṃ paññattaṃ. Kaṃ ārabbhāti? Sambahulā bhikkhuniyo ārabbha. Kismiṃ vatthusminti? Sambahulā bhikkhuniyo sāmaṇeriyā ummaddāpesuṃ parimaddāpesuṃ, tasmiṃ vatthusmiṃ. Ekā paññatti. Channaṃ āpattisamuṭṭhānānaṃ dvīhi samuṭṭhānehi samuṭṭhāti – eḷakalomake...pe....
Gihiniyā ummaddāpentiyā parimaddāpentiyā pācittiyaṃ kattha paññattanti? Sāvatthiyaṃ paññattaṃ. Kaṃ ārabbhāti? Sambahulā bhikkhuniyo ārabbha. Kismiṃ vatthusminti? Sambahulā bhikkhuniyo gihiniyā ummaddāpesuṃ parimaddāpesuṃ, tasmiṃ vatthusmiṃ. Ekā paññatti. Channaṃ āpattisamuṭṭhānānaṃ dvīhi samuṭṭhānehi samuṭṭhāti – eḷakalomake...pe....
Bhikkhussa purato anāpucchā āsane nisīdantiyā pācittiyaṃ kattha paññattanti? Sāvatthiyaṃ paññattaṃ. Kaṃ ārabbhāti? Sambahulā bhikkhuniyo ārabbha. Kismiṃ vatthusminti? Sambahulā bhikkhuniyo bhikkhussa purato anāpucchā āsane nisīdiṃsu, tasmiṃ vatthusmiṃ. Ekā paññatti. Channaṃ āpattisamuṭṭhānānaṃ dvīhi samuṭṭhānehi samuṭṭhāti – kathinake...pe....
Anokāsakataṃ bhikkhuṃ pañhaṃ pucchantiyā pācittiyaṃ kattha paññattanti? Sāvatthiyaṃ paññattaṃ. Kaṃ ārabbhāti? Sambahulā bhikkhuniyo ārabbha. Kismiṃ vatthusminti? Sambahulā bhikkhuniyo anokāsakataṃ bhikkhuṃ pañhaṃ pucchiṃsu, tasmiṃ vatthusmiṃ. Ekā paññatti. Channaṃ āpattisamuṭṭhānānaṃ dvīhi samuṭṭhānehi samuṭṭhāti – padasodhamme...pe....
Asaṅkaccikāya [asaṅkacchikāya (syā.)] gāmaṃ pavisantiyā pācittiyaṃ kattha paññattanti? Sāvatthiyaṃ paññattaṃ. Kaṃ ārabbhāti? Aññataraṃ bhikkhuniṃ ārabbha. Kismiṃ vatthusminti? Aññatarā bhikkhunī asaṅkaccikā gāmaṃ pāvisi, tasmiṃ vatthusmiṃ. Ekā paññatti. Channaṃ āpattisamuṭṭhānānaṃ dvīhi samuṭṭhānehi samuṭṭhāti – siyā kāyato samuṭṭhāti, na vācato na cittato; siyā kāyato ca cittato ca samuṭṭhāti, na vācato...pe....
Chattupāhanavaggo navamo.
Navavaggakhuddakā niṭṭhitā.
Tassuddānaṃ –
Lasuṇaṃ saṃhare lomaṃ, talamaṭṭhañca suddhikaṃ;
Bhuñjantāmakadhaññānaṃ, dve vighāsena dassanā.
Andhakāre paṭicchanne, ajjhokāse rathikāya ca;
Pure pacchā vikāle ca, duggahi niraye vadhi.
Naggodakā visibbetvā, pañcāhikaṃ saṅkamanīyaṃ;
Gaṇaṃ vibhaṅgasamaṇaṃ, dubbalaṃ kathinena ca.
Ekamañcattharaṇena, sañcicca sahajīvinī;
Datvā saṃsaṭṭhaanto ca, tirovassaṃ na pakkame.
Rājā āsandi suttañca, gihi vūpasamena ca;
Dade cīvarāvasathaṃ, pariyāpuṇañca vācaye.
Ārāmakkosacaṇḍī ca, bhuñjeyya kulamaccharī;
Vāse pavāraṇovādaṃ, dve dhammā pasākhena ca.
Gabbhī pāyantī cha dhamme, asammatūnadvādasa;
Paripuṇṇañca saṅghena, saha vuṭṭhā cha pañca ca.
Kumārī dve ca saṅghena, dvādasa sammatena ca;
Alaṃ sace ca dvevassaṃ, saṃsaṭṭhā sāmikena ca.
Pārivāsikānuvassaṃ, duve vuṭṭhāpanena ca;
Chattayānena saṅghāṇi, itthālaṅkāravaṇṇake.
Piññākabhikkhunī ceva, sikkhā ca sāmaṇerikā;
Gihi bhikkhussa purato, anokāsaṃ saṅkaccikāti.
Tesaṃ vaggānaṃ uddānaṃ –
Lasuṇandhakārā nhānā, tuvaṭṭā cittagārakā;
Ārāmaṃ gabbhinī ceva, kumārī chattupāhanāti.

5. Pāṭidesanīyakaṇḍaṃ

227. Sappiṃ viññāpetvā bhuñjantiyā pāṭidesanīyaṃ kattha paññattanti? Sāvatthiyaṃ paññattaṃ. Kaṃ ārabbhāti? Chabbaggiyā bhikkhuniyo ārabbha. Kismiṃ vatthusminti? Chabbaggiyā bhikkhuniyo sappiṃ viññāpetvā bhuñjiṃsu, tasmiṃ vatthusmiṃ. Ekā paññatti, ekā anupaññatti. Channaṃ āpattisamuṭṭhānānaṃ catūhi samuṭṭhānehi samuṭṭhāti...pe....

Telaṃ viññāpetvā bhuñjantiyā pāṭidesanīyaṃ kattha paññattanti? Sāvatthiyaṃ paññattaṃ. Kaṃ ārabbhāti? Chabbaggiyā bhikkhuniyo ārabbha. Kismiṃ vatthusminti? Chabbaggiyā bhikkhuniyo telaṃ viññāpetvā bhuñjiṃsu, tasmiṃ vatthusmiṃ. Ekā paññatti, ekā anupaññatti. Channaṃ āpattisamuṭṭhānānaṃ catūhi samuṭṭhānehi samuṭṭhāti...pe....

Madhuṃ viññāpetvā bhuñjantiyā pāṭidesanīyaṃ kattha paññattanti? Sāvatthiyaṃ paññattaṃ. Kaṃ ārabbhāti? Chabbaggiyā bhikkhuniyo ārabbha. Kismiṃ vatthusminti? Chabbaggiyā bhikkhuniyo madhuṃ viññāpetvā bhuñjiṃsu, tasmiṃ vatthusmiṃ. Ekā paññatti, ekā anupaññatti. Channaṃ āpattisamuṭṭhānānaṃ catūhi samuṭṭhānehi samuṭṭhāti...pe....

Phāṇitaṃ viññāpetvā bhuñjantiyā pāṭidesanīyaṃ kattha paññattanti? Sāvatthiyaṃ paññattaṃ. Kaṃ ārabbhāti? Chabbaggiyā bhikkhuniyo ārabbha. Kismiṃ vatthusminti? Chabbaggiyā bhikkhuniyo phāṇitaṃ viññāpetvā bhuñjiṃsu, tasmiṃ vatthusmiṃ. Ekā paññatti, ekā anupaññatti. Channaṃ āpattisamuṭṭhānānaṃ catūhi samuṭṭhānehi samuṭṭhāti...pe....

Macchaṃ viññāpetvā bhuñjantiyā pāṭidesanīyaṃ kattha paññattanti? Sāvatthiyaṃ paññattaṃ. Kaṃ ārabbhāti? Chabbaggiyā bhikkhuniyo ārabbha. Kismiṃ vatthusminti? Chabbaggiyā bhikkhuniyo macchaṃ viññāpetvā bhuñjiṃsu, tasmiṃ vatthusmiṃ. Ekā paññatti, ekā anupaññatti. Channaṃ āpattisamuṭṭhānānaṃ catūhi samuṭṭhānehi samuṭṭhāti...pe....

Maṃsaṃ viññāpetvā bhuñjantiyā pāṭidesanīyaṃ kattha paññattanti? Sāvatthiyaṃ paññattaṃ. Kaṃ ārabbhāti? Chabbaggiyā bhikkhuniyo ārabbha. Kismiṃ vatthusminti? Chabbaggiyā bhikkhuniyo. Maṃsaṃ viññāpetvā bhuñjiṃsu, tasmiṃ vatthusmiṃ. Ekā paññatti, ekā anupaññatti. Channaṃ āpattisamuṭṭhānānaṃ catūhi samuṭṭhānehi samuṭṭhāti...pe....

Khīraṃ viññāpetvā bhuñjantiyā pāṭidesanīyaṃ kattha paññattanti? Sāvatthiyaṃ paññattaṃ. Kaṃ ārabbhāti? Chabbaggiyā bhikkhuniyo ārabbha. Kismiṃ vatthusminti? Chabbaggiyā bhikkhuniyo khīraṃ viññāpetvā bhuñjiṃsu, tasmiṃ vatthusmiṃ. Ekā paññatti, ekā anupaññatti. Channaṃ āpattisamuṭṭhānānaṃ catūhi samuṭṭhānehi samuṭṭhāti...pe....

Dadhiṃ viññāpetvā bhuñjantiyā pāṭidesanīyaṃ kattha paññattanti? Sāvatthiyaṃ paññattaṃ. Kaṃ ārabbhāti? Chabbaggiyā bhikkhuniyo ārabbha. Kismiṃ vatthusminti? Chabbaggiyā bhikkhuniyo dadhiṃ viññāpetvā bhuñjiṃsu, tasmiṃ vatthusmiṃ. Ekā paññatti, ekā anupaññatti. Channaṃ āpattisamuṭṭhānānaṃ catūhi samuṭṭhānehi samuṭṭhāti – siyā kāyato samuṭṭhāti, na vācato na cittato; siyā kāyato ca vācato ca samuṭṭhāti, na cittato; siyā kāyato ca cittato ca samuṭṭhāti, na vācato; siyā kāyato ca vācato ca cittato ca samuṭṭhāti...pe....

Aṭṭha pāṭidesanīyā niṭṭhitā.

Tassuddānaṃ –

Sappiṃ telaṃ madhuñceva, phāṇitaṃ macchameva ca;
Maṃsaṃ khīraṃ dadhiñcāpi, viññāpetvāna bhikkhunī;
Pāṭidesanīyā aṭṭha, sayaṃ buddhena desitāti.
Ye sikkhāpadā bhikkhuvibhaṅge vitthāritā te saṃkhittā
Bhikkhunivibhaṅge.

Katthapaññattivāro niṭṭhito paṭhamo.

2. Katāpattivāro

1. Pārājikakaṇḍaṃ

228. Avassutā bhikkhunī avassutassa purisapuggalassa kāyasaṃsaggaṃ sādiyantī kati āpattiyo āpajjati? Avassutā bhikkhunī avassutassa purisapuggalassa kāyasaṃsaggaṃ sādiyantī tisso āpattiyo āpajjati. Adhakkhakaṃ ubbhajāṇumaṇḍalaṃ gahaṇaṃ sādiyati, āpatti pārājikassa; ubbhakkhakaṃ adhojāṇumaṇḍalaṃ gahaṇaṃ sādiyati, āpatti thullaccayassa; kāyapaṭibaddhaṃ gahaṇaṃ sādiyati, āpatti dukkaṭassa – avassutā bhikkhunī avassutassa purisapuggalassa kāyasaṃsaggaṃ sādiyantī imā tisso āpattiyo āpajjati.

Vajjappaṭicchādikā bhikkhunī vajjaṃ paṭicchādentī kati āpattiyo āpajjati? Vajjappaṭicchādikā bhikkhunī vajjaṃ paṭicchādentī tisso āpattiyo āpajjati. Jānaṃ pārājikaṃ dhammaṃ paṭicchādeti, āpatti pārājikassa; vematikā paṭicchādeti, āpatti thullaccayassa; ācāravipattiṃ paṭicchādeti, āpatti dukkaṭassa – vajjappaṭicchādikā bhikkhunī vajjaṃ paṭicchādentī imā tisso āpattiyo āpajjati.

Ukkhittānuvattikā bhikkhunī yāvatatiyaṃ samanubhāsanāya na paṭinissajjantī kati āpattiyo āpajjati? Ukkhittānuvattikā bhikkhunī yāvatatiyaṃ samanubhāsanāya na paṭinissajjantī tisso āpattiyo āpajjati. Ñattiyā dukkaṭaṃ; dvīhi kammavācāhi thullaccayā; kammavācāpariyosāne āpatti pārājikassa – ukkhittānuvattikā bhikkhunī yāvatatiyaṃ samanubhāsanāya na paṭinissajjantī imā tisso āpattiyo āpajjati.

Aṭṭhamaṃ vatthuṃ paripūrentī kati āpattiyo āpajjati? Aṭṭhamaṃ vatthuṃ paripūrentī tisso āpattiyo āpajjati. Purisena – ''itthannāmaṃ okāsaṃ [itthannāmaṃ gahanaṃ (sī.), itthannāmaṃ gabbhaṃ (syā.)] āgacchā''ti vuttā gacchati, āpatti dukkaṭassa; purisassa hatthapāsaṃ okkantamatte āpatti

thullaccayassa; aṭṭhamaṃ vatthuṃ paripūreti, āpatti pārājikassa – aṭṭhamaṃ vatthuṃ paripūrentī imā tisso āpattiyo āpajjati.
Pārājikā niṭṭhitā.

2. Saṅghādisesakaṇḍaṃ

229. Ussayavādikā bhikkhunī aḍḍaṃ karontī tisso āpattiyo āpajjati. Ekassa āroceti, āpatti dukkaṭassa; dutiyassa āroceti, āpatti thullaccayassa; aḍḍapariyosāne āpatti saṅghādisesassa.
Corim vuṭṭhāpentī tisso āpattiyo āpajjati. Ñattiyā dukkaṭaṃ; dvīhi kammavācāhi thullaccayā; kammavācāpariyosāne āpatti saṅghādisesassa.
Ekā gāmantaraṃ gacchantī tisso āpattiyo āpajjati. Gacchati, āpatti dukkaṭassa; paṭhamaṃ pādaṃ parikkhepaṃ atikkāmeti, āpatti thullaccayassa; dutiyaṃ pādaṃ atikkāmeti, āpatti saṅghādisesassa .
Samaggena saṅghena ukkhittaṃ bhikkhuniṃ dhammena vinayena satthusāsanena anapaloketvā kārakasaṅghaṃ anaññāya gaṇassa chandaṃ osārentī tisso āpattiyo āpajjati. Ñattiyā dukkaṭaṃ; dvīhi kammavācāhi thullaccayā; kammavācāpariyosāne āpatti saṅghādisesassa.
Avassutā bhikkhunī avassutassa purisapuggalassa hatthato khādanīyaṃ vā bhojanīyaṃ vā sahatthā paṭiggahetvā bhuñjantī tisso āpattiyo āpajjati. ''Khādissāmi bhuñjissāmī''ti paṭiggaṇhāti, āpatti thullaccayassa; ajjhohāre ajjhohāre āpatti saṅghādisesassa; udakadantaponaṃ paṭiggaṇhāti, āpatti dukkaṭassa.
''Kiṃ te, ayye, eso purisapuggalo karissati avassuto vā anavassuto vā, yato tvaṃ anavassutā! Iṅgha, ayye, yaṃ te eso purisapuggalo deti khādanīyaṃ vā bhojanīyaṃ vā, taṃ tvaṃ sahatthā paṭiggahetvā khāda vā bhuñja vā''ti uyyojentī tisso āpattiyo āpajjati. Tassā vacanena khādissāmi bhuñjissāmīti paṭiggaṇhāti, āpatti dukkaṭassa; ajjhohāre ajjhohāre āpatti thullaccayassa; bhojanapariyosāne āpatti saṅghādisesassa.
Kupitā bhikkhunī yāvatatiyaṃ samanubhāsanāya na paṭinissajjantī tisso āpattiyo āpajjati. Ñattiyā dukkaṭaṃ; dvīhi kammavācāhi thullaccayā ; kammavācāpariyosāne āpatti saṅghādisesassa.
Kismiñcideva adhikaraṇe paccākatā bhikkhunī yāvatatiyaṃ samanubhāsanāya na paṭinissajjantī tisso āpattiyo āpajjati. Ñattiyā dukkaṭaṃ; dvīhi kammavācāhi thullaccayā; kammavācāpariyosāne āpatti saṅghādisesassa.
Saṃsaṭṭhā bhikkhuniyo yāvatatiyaṃ samanubhāsanāya na paṭinissajjantiyo tisso āpattiyo āpajjanti. Ñattiyā dukkaṭaṃ; dvīhi kammavācāhi thullaccayā; kammavācāpariyosāne āpatti saṅghādisesassa.
''Saṃsaṭṭhāva, ayye, tumhe viharatha. Mā tumhe nānā viharitthā''ti uyyojentī yāvatatiyaṃ samanubhāsanāya na paṭinissajjantī tisso āpattiyo āpajjati. Ñattiyā dukkaṭaṃ; dvīhi kammavācāhi thullaccayā; kammavācāpariyosāne āpatti saṅghādisesassa.
Saṅghādisesā niṭṭhitā.

3. Nissaggiyakaṇḍaṃ

230. Pattasannicayaṃ karontī ekaṃ āpattiṃ āpajjati. Nissaggiyaṃ pācittiyaṃ.
Akālacīvaraṃ ''kālacīvara''nti adhiṭṭhahitvā bhājāpentī dve āpattiyo āpajjati. Bhājāpeti, payoge dukkaṭaṃ; bhājāpite nissaggiyaṃ pācittiyaṃ.
Bhikkhuniyā saddhiṃ cīvaraṃ parivattetvā acchindantī dve āpattiyo āpajjati. Acchindati, payoge dukkaṭaṃ; acchinne nissaggiyaṃ pācittiyaṃ.
Aññaṃ viññāpetvā aññaṃ viññāpentī dve āpattiyo āpajjati. Viññāpeti, payoge dukkaṭaṃ; viññāpite nissaggiyaṃ pācittiyaṃ.
Aññaṃ cetāpetvā aññaṃ cetāpentī dve āpattiyo āpajjati. Cetāpeti, payoge dukkaṭaṃ; cetāpite nissaggiyaṃ pācittiyaṃ.
Aññadatthikena parikkhārena aññuddisikena saṅghikena aññaṃ cetāpentī dve āpattiyo āpajjati. Cetāpeti, payoge dukkaṭaṃ; cetāpite nissaggiyaṃ pācittiyaṃ.
Aññadatthike parikkhārena aññuddisikena saṅghikena saṃyācikena aññaṃ cetāpentī dve āpattiyo āpajjati. Cetāpeti, payoge dukkaṭaṃ; cetāpite nissaggiyaṃ pācittiyaṃ.
Aññadatthikena parikkhārena aññuddisikena mahājanikena aññaṃ cetāpentī dve āpattiyo āpajjati. Cetāpeti, payoge dukkaṭaṃ; cetāpite nissaggiyaṃ pācittiyaṃ.
Aññadatthikena parikkhārena aññuddisikena mahājanikena saṃyācikena aññaṃ cetāpentī dve āpattiyo āpajjati. Cetāpeti, payoge dukkaṭaṃ; cetāpite nissaggiyaṃ pācittiyaṃ.
Aññadatthikena parikkhārena aññuddisike puggalikena saṃyācikena aññaṃ cetāpentī dve āpattiyo āpajjati. Cetāpeti, payoge dukkaṭaṃ; cetāpite nissaggiyaṃ pācittiyaṃ.

Atirekacatukkaṃsaparamaṃ garupāvuraṇaṃ cetāpentī dve āpattiyo āpajjati. Cetāpeti, payoge dukkaṭaṃ; cetāpite nissaggiyaṃ pācittiyaṃ.
Atirekaaḍḍhateyyakaṃsaparamaṃ lahupāvuraṇaṃ cetāpentī dve āpattiyo āpajjati. Cetāpeti, payoge dukkaṭaṃ; cetāpite nissaggiyaṃ pācittiyaṃ.
Nissaggiyā pācittiyā niṭṭhitā.

4. Pācittiyakaṇḍaṃ

1. Lasuṇavaggo
231. Lasuṇaṃ khādantī dve āpattiyo āpajjati. Khādissāmīti paṭiggaṇhāti, āpatti dukkaṭassa; ajjhohāre ajjhohāre āpatti pācittiyassa.
Sambādhe lomaṃ saṃharāpentī dve āpattiyo āpajjati. Saṃharāpeti, payoge dukkaṭaṃ; saṃharāpite āpatti pācittiyassa.
Talaghātakaṃ karontī dve āpattiyo āpajjati. Karoti, payoge dukkaṭaṃ; kate āpatti pācittiyassa.
Jatumaṭṭhakaṃ ādiyantī dve āpattiyo āpajjati. Ādiyati, payoge dukkaṭaṃ, ādinne āpatti pācittiyassa.
Atirekadvaṅgulapabbaparamaṃ udakasuddhikaṃ ādiyantī dve āpattiyo āpajjati. Ādiyati, payoge dukkaṭaṃ; ādinne āpatti pācittiyassa.
Bhikkhussa bhuñjantassa pānīyena vā vidhūpanena vā upatiṭṭhantī dve āpattiyo āpajjati. Hatthapāse tiṭṭhati, āpatti pācittiyassa; hatthapāsaṃ vijahitvā tiṭṭhati, āpatti dukkaṭassa.
Āmakadhaññaṃ viññāpetvā bhuñjantī dve āpattiyo āpajjati. Bhuñjissāmīti paṭiggaṇhāti, āpatti dukkaṭassa; ajjhohāre ajjhohāre āpatti pācittiyassa.
Uccāraṃ vā passāvaṃ vā saṅkāraṃ vā vighāsaṃ vā tirokuṭṭe vā tiropākāre vā chaḍḍentī dve āpattiyo āpajjati. Chaḍḍeti, payoge dukkaṭaṃ; chaḍḍite āpatti pācittiyassa.
Uccāraṃ vā passāvaṃ vā saṅkāraṃ vā vighāsaṃ vā harite chaḍḍentī dve āpattiyo āpajjati. Chaḍḍeti, payoge dukkaṭaṃ; chaḍḍite āpatti pācittiyassa.
Naccaṃ vā gītaṃ vā vāditaṃ vā dassanāya gacchantī dve āpattiyo āpajjati. Gacchati, āpatti dukkaṭassa; yattha ṭhitā passati vā suṇāti vā, āpatti pācittiyassa.
Lasuṇavaggo paṭhamo.
2. Rattandhakāravaggo
232. Rattandhakāre appadīpe purisena saddhiṃ ekenekā santiṭṭhantī dve āpattiyo āpajjati. Hatthapāse tiṭṭhati, āpatti pācittiyassa; hatthapāsaṃ vijahitvā tiṭṭhati, āpatti dukkaṭassa.
Paṭicchanne okāse purisena saddhiṃ ekenekā santiṭṭhantī dve āpattiyo āpajjati. Hatthapāse tiṭṭhati, āpatti pācittiyassa; hatthapāsaṃ vijahitvā tiṭṭhati, āpatti dukkaṭassa.
Ajjhokāse purisena saddhiṃ ekenekā santiṭṭhantī dve āpattiyo āpajjati. Hatthapāse tiṭṭhati, āpatti pācittiyassa; hatthapāsaṃ vijahitvā tiṭṭhati, āpatti dukkaṭassa.
Rathikāya vā byūhe vā siṅghāṭake vā purisena saddhiṃ ekenekā santiṭṭhantī dve āpattiyo āpajjati. Hatthapāse tiṭṭhati, āpatti pācittiyassa; hatthapāsaṃ vijahitvā tiṭṭhati, āpatti dukkaṭassa.
Purebhattaṃ kulāni upasaṅkamitvā āsane nisīditvā sāmike anāpucchā pakkamantī dve āpattiyo āpajjati. Paṭhamaṃ pādaṃ anovassakaṃ atikkāmeti, āpatti dukkaṭassa; dutiyaṃ pādaṃ atikkāmeti, āpatti pācittiyassa.
Pacchābhattaṃ kulāni upasaṅkamitvā sāmike anāpucchā āsane nisīdantī dve āpattiyo āpajjati. Nisīdati, payoge dukkaṭaṃ; nisinne āpatti pācittiyassa.
Vikāle kulāni upasaṅkamitvā sāmike anāpucchā seyyaṃ santharitvā vā santharāpetvā vā abhinisīdantī dve āpattiyo āpajjati. Abhinisīdati, payoge dukkaṭaṃ; abhinisinne āpatti pācittiyassa.
Duggahitena dūpadhāritena paraṃ ujjhāpentī dve āpattiyo āpajjati. Ujjhāpeti, payoge dukkaṭaṃ; ujjhāpite āpatti pācittiyassa.
Attānaṃ vā paraṃ vā nirayena vā brahmacariyena vā abhisapantī dve āpattiyo āpajjati. Abhisapati, payoge dukkaṭaṃ; abhisapite āpatti pācittiyassa.
Attānaṃ vadhitvā vadhitvā rodantī dve āpattiyo āpajjati. Vadhati rodati, āpatti pācittiyassa; vadhati na rodati, āpatti dukkaṭassa.
Rattandhakāravaggo dutiyo.
3. Nahānavaggo
233. Naggā nahāyantī dve āpattiyo āpajjati. Nahāyati, payoge dukkaṭaṃ; nahānapariyosāne āpatti pācittiyassa.
Pamāṇātikkantaṃ udakasāṭikaṃ kārāpentī dve āpattiyo āpajjati. Kārāpeti, payoge dukkaṭaṃ; kārāpite, āpatti pācittiyassa.
Bhikkhuniyā cīvaraṃ visibbetvā vā visibbāpetvā vā neva sibbentī na sibbāpanāya ussukkaṃ karontī ekaṃ āpattiṃ āpajjati. Pācittiyaṃ.

Pañcāhikaṃ saṅghāṭicāraṃ atikkāmentī ekaṃ āpattiṃ āpajjati. Pācittiyaṃ. Cīvarasaṅkamanīyaṃ dhārentī dve āpattiyo āpajjati. Dhāreti, payoge dukkaṭaṃ; dhārite, āpatti pācittiyassa.
Gaṇassa cīvaralābhaṃ antarāyaṃ karontī dve āpattiyo āpajjati. Karoti, payoge dukkaṭaṃ; kate, āpatti pācittiyassa.
Dhammikaṃ cīvaravibhaṅgaṃ paṭibāhantī dve āpattiyo āpajjati. Paṭibāhati, payoge dukkaṭaṃ; paṭibāhite, āpatti pācittiyassa.
Agārikassa vā paribbājakassa vā paribbājikāya vā samaṇacīvaraṃ dentī dve āpattiyo āpajjati. Deti, payoge dukkaṭaṃ; dinne, āpatti pācittiyassa.
Dubbalacīvarapaccāsā cīvarakālasamayaṃ atikkāmentī dve āpattiyo āpajjati. Atikkāmeti, payoge dukkaṭaṃ; atikkāmite, āpatti pācittiyassa.
Dhammikaṃ kathinuddhāraṃ paṭibāhantī dve āpattiyo āpajjati. Paṭibāhati, payoge dukkaṭaṃ; paṭibāhite, āpatti pācittiyassa.
Nahānavaggo tatiyo.
4. Tuvaṭṭavaggo
234. Dve bhikkhuniyo ekamañce tuvaṭṭentiyo dve āpattiyo āpajjanti. Nipajjanti, payoge dukkaṭaṃ; nipanne, āpatti pācittiyassa.
Dve bhikkhuniyo ekattharaṇapāvuraṇā tuvaṭṭentiyo dve āpattiyo āpajjanti. Nipajjanti, payoge dukkaṭaṃ; nipanne, āpatti pācittiyassa.
Bhikkhuniyā sañcicca aphāsuṃ karontī dve āpattiyo āpajjati. Karoti, payoge dukkaṭaṃ; kate, āpatti pācittiyassa.
Dukkhitaṃ sahajīviniṃ neva upaṭṭhentī na upaṭṭhāpanāya ussukkaṃ karontī ekaṃ āpattiṃ āpajjati. Pācittiyaṃ.
Bhikkhuniyā upassayaṃ datvā kupitā anattamanā nikkaḍḍhantī dve āpattiyo āpajjati. Nikkaḍḍhati, payoge dukkaṭaṃ; nikkaḍḍhite, āpatti pācittiyassa.
Saṃsaṭṭhā bhikkhunī yāvatatiyaṃ samanubhāsanāya na paṭinissajjantī dve āpattiyo āpajjati. Ñattiyā dukkaṭaṃ; kammavācāpariyosāne āpatti pācittiyassa.
Antoraṭṭhe sāsaṅkasammate sappaṭibhaye asatthikā cārikaṃ carantī dve āpattiyo āpajjati. Paṭipajjati, payoge dukkaṭaṃ; paṭipanne, āpatti pācittiyassa.
Tiroraṭṭhe sāsaṅkasammate sappaṭibhaye asatthikā cārikaṃ carantī dve āpattiyo āpajjati. Paṭipajjati, payoge dukkaṭaṃ; paṭipanne, āpatti pācittiyassa.
Antovassaṃ cārikaṃ carantī dve āpattiyo āpajjati. Paṭipajjati, payoge dukkaṭaṃ; paṭipanne, āpatti pācittiyassa.
Vassaṃvuṭṭhā bhikkhunī cārikaṃ na pakkamantī ekaṃ āpattiṃ āpajjati. Pācittiyaṃ.
Tuvaṭṭavaggo catuttho.
5. Cittāgāravaggo
235. Rājāgāraṃ vā cittāgāraṃ vā ārāmaṃ vā uyyānaṃ vā pokkharaṇiṃ vā dassanāya gacchantī dve āpattiyo āpajjati. Gacchati, āpatti dukkaṭassa; yattha ṭhitā passati, āpatti pācittiyassa.
Āsandiṃ vā pallaṅkaṃ vā paribhuñjantī dve āpattiyo āpajjati. Paribhuñjati, payoge dukkaṭaṃ; paribhutte, āpatti pācittiyassa.
Suttaṃ kantantī dve āpattiyo āpajjati. Kantati, payoge dukkaṭaṃ; ujjavujjave, āpatti pācittiyassa.
Gihiveyyāvaccaṃ karontī dve āpattiyo āpajjati. Karoti, payoge dukkaṭaṃ; kate, āpatti pācittiyassa.
Bhikkhuniyā – ''ehāyye imaṃ adhikaraṇaṃ vūpasamehī''ti vuccamānā – ''sādhū''ti paṭissuṇitvā neva vūpasamentī na vūpasamāya ussukkaṃ karontī ekaṃ āpattiṃ āpajjati. Pācittiyaṃ.
Agārikassa vā paribbājakassa vā paribbājikāya vā sahatthā khādanīyaṃ vā bhojanīyaṃ vā dentī dve āpattiyo āpajjati. Deti, payoge dukkaṭaṃ; dinne, āpatti pācittiyassa.
Āvasathacīvaraṃ anissajjitvā paribhuñjantī dve āpattiyo āpajjati. Paribhuñjati, payoge dukkaṭaṃ; paribhutte, āpatti pācittiyassa.
Āvasathaṃ anissajjitvā cārikaṃ pakkamantī dve āpattiyo āpajjati. Paṭhamaṃ pādaṃ parikkhepaṃ atikkāmeti, āpatti dukkaṭassa; dutiyaṃ pādaṃ atikkāmeti, āpatti pācittiyassa.
Tiracchānavijjaṃ pariyāpuṇantī dve āpattiyo āpajjati. Pariyāpuṇāti, payoge dukkaṭaṃ; pade pade āpatti pācittiyassa.
Tiracchānavijjaṃ vācentī dve āpattiyo āpajjati. Vāceti, payoge dukkaṭaṃ; pade pade āpatti pācittiyassa.
Cittāgāravaggo pañcamo.
6. Ārāmavaggo
236. Jānaṃ sabhikkhukaṃ ārāmaṃ anāpucchā pavisantī dve āpattiyo āpajjati. Paṭhamaṃ pādaṃ parikkhepaṃ atikkāmeti, āpatti dukkaṭassa; dutiyaṃ pādaṃ atikkāmeti, āpatti pācittiyassa.
Bhikkhuṃ akkosantī paribhāsantī dve āpattiyo āpajjati. Akkosati, payoge dukkaṭaṃ; akkosite, āpatti pācittiyassa.
Caṇḍīkatā gaṇaṃ paribhāsantī dve āpattiyo āpajjati. Paribhāsati, payoge dukkaṭaṃ; paribhāsite, āpatti pācittiyassa.

Nimantitā vā pavāritā vā khādanīyaṃ vā bhojanīyaṃ vā bhuñjantī dve āpattiyo āpajjati. "Khādissāmi bhuñjissāmī"ti paṭiggaṇhāti, āpatti dukkaṭassa; ajjhohāre ajjhohāre āpatti pācittiyassa.
Kulaṃ maccharāyantī dve āpattiyo āpajjati. Maccharāyati, payoge dukkaṭaṃ; maccharite, āpatti pācittiyassa.
Abhikkhuke āvāse vassaṃ vasantī dve āpattiyo āpajjati. "Vassaṃ vasissāmī"ti senāsanaṃ paññapeti pānīyaṃ paribhojanīyaṃ upaṭṭhapeti pariveṇaṃ sammajjati, āpatti dukkaṭassa; saha aruṇuggamanā āpatti pācittiyassa.
Vassaṃvuṭṭhā bhikkhunī ubhatosaṅghe tīhi ṭhānehi na pavārentī ekaṃ āpattiṃ āpajjati. Pācittiyaṃ.
Ovādāya vā saṃvāsāya vā na gacchantī ekaṃ āpattiṃ āpajjati. Pācittiyaṃ.
Uposathampi na pucchantī ovādampi na yācantī ekaṃ āpattiṃ āpajjati. Pācittiyaṃ.
Pasākhe jātaṃ gaṇḍaṃ vā rudhitaṃ vā anapaloketvā saṅghaṃ vā gaṇaṃ vā purisena saddhiṃ ekenekā bhedāpentī dve āpattiyo āpajjati. Bhedāpeti, payoge dukkaṭaṃ; bhinne, āpatti pācittiyassa.
Ārāmavaggo chaṭṭho.
7. Gabbhinīvaggo
237. Gabbhiniṃ vuṭṭhāpentī dve āpattiyo āpajjati. Vuṭṭhāpeti, payoge dukkaṭaṃ; vuṭṭhāpite, āpatti pācittiyassa.
Pāyantiṃ vuṭṭhāpentī dve āpattiyo āpajjati. Vuṭṭhāpeti, payoge dukkaṭaṃ; vuṭṭhāpite, āpatti pācittiyassa.
Dve vassāni chasu dhammesu asikkhitasikkhaṃ sikkhamānaṃ vuṭṭhāpentī dve āpattiyo āpajjati. Vuṭṭhāpeti, payoge dukkaṭaṃ; vuṭṭhāpite, āpatti pācittiyassa.
Dve vassāni chasu dhammesu sikkhitasikkhaṃ sikkhamānaṃ saṅghena asammataṃ vuṭṭhāpentī dve āpattiyo āpajjati. Vuṭṭhāpeti, payoge dukkaṭaṃ; vuṭṭhāpite, āpatti pācittiyassa.
Ūnadvādasavassaṃ gihigataṃ vuṭṭhāpentī dve āpattiyo āpajjati. Vuṭṭhāpeti, payoge dukkaṭaṃ; vuṭṭhāpite, āpatti pācittiyassa.
Paripuṇṇadvādasavassaṃ gihigataṃ dve vassāni chasu dhammesu asikkhitasikkhaṃ vuṭṭhāpentī dve āpattiyo āpajjati. Vuṭṭhāpeti, payoge dukkaṭaṃ; vuṭṭhāpite, āpatti pācittiyassa.
Paripuṇṇadvādasavassaṃ gihigataṃ dve vassāni chasu dhammesu sikkhitasikkhaṃ saṅghena asammataṃ vuṭṭhāpentī dve āpattiyo āpajjati. Vuṭṭhāpeti, payoge dukkaṭaṃ; vuṭṭhāpite, āpatti pācittiyassa.
Sahajīviniṃ vuṭṭhāpetvā dve vassāni neva anuggaṇhantī nānuggaṇhāpentī ekaṃ āpattiṃ āpajjati. Pācittiyaṃ.
Vuṭṭhāpitaṃ pavattiniṃ dve vassāni nānubandhantī ekaṃ āpattiṃ āpajjati. Pācittiyaṃ.
Sahajīviniṃ vuṭṭhāpetvā neva vūpakāsentī na vūpakāsāpentī ekaṃ āpattiṃ āpajjati. Pācittiyaṃ.
Gabbhinīvaggo sattamo.
8. Kumārībhūtavaggo
238. Ūnavīsativassaṃ kumāribhūtaṃ vuṭṭhāpentī dve āpattiyo āpajjati. Vuṭṭhāpeti, payoge dukkaṭaṃ; vuṭṭhāpite, āpatti pācittiyassa.
Paripuṇṇavīsativassaṃ kumāribhūtaṃ dve vassāni chasu dhammesu asikkhitasikkhaṃ vuṭṭhāpentī dve āpattiyo āpajjati. Vuṭṭhāpeti, payoge dukkaṭaṃ; vuṭṭhāpite, āpatti pācittiyassa.
Paripuṇṇavīsativassaṃ kumāribhūtaṃ dve vassāni chasu dhammesu sikkhitasikkhaṃ saṅghena asammataṃ vuṭṭhāpentī dve āpattiyo āpajjati . Vuṭṭhāpeti, payoge dukkaṭaṃ; vuṭṭhāpite, āpatti pācittiyassa.
Ūnadvādasavassā vuṭṭhāpentī dve āpattiyo āpajjati. Vuṭṭhāpeti, payoge dukkaṭaṃ; vuṭṭhāpite, āpatti pācittiyassa.
Paripuṇṇadvādasavassā saṅghena asammatā vuṭṭhāpentī dve āpattiyo āpajjati. Vuṭṭhāpeti, payoge dukkaṭaṃ; vuṭṭhāpite, āpatti pācittiyassa.
"Alaṃ tāva te, ayye, vuṭṭhāpitenā"ti vuccamānā "sādhū"ti paṭissuṇitvā pacchā khīyanadhammaṃ āpajjantī dve āpattiyo āpajjati. Khiyyati, payoge dukkaṭaṃ; khiyyite, āpatti pācittiyassa.
Sikkhamānaṃ – "sace me tvaṃ, ayye, cīvaraṃ dassasi, evāhaṃ taṃ vuṭṭhāpessāmī"ti vatvā neva vuṭṭhāpentī na vuṭṭhāpanāya ussukkaṃ karontī ekaṃ āpattiṃ āpajjati. Pācittiyaṃ.
Sikkhamānaṃ – "sace maṃ tvaṃ, ayye, dve vassāni anubandhissasi, evāhaṃ taṃ vuṭṭhāpessāmī"ti vatvā neva vuṭṭhāpentī na vuṭṭhāpanāya ussukkaṃ karontī ekaṃ āpattiṃ āpajjati. Pācittiyaṃ.
Purisasaṃsaṭṭhaṃ kumārakasaṃsaṭṭhaṃ caṇḍiṃ sokāvāsaṃ sikkhamānaṃ vuṭṭhāpentī dve āpattiyo āpajjati. Vuṭṭhāpeti, payoge dukkaṭaṃ; vuṭṭhāpite, āpatti pācittiyassa.
Mātāpitūhi vā sāmikena vā ananuññātaṃ sikkhamānaṃ vuṭṭhāpentī dve āpattiyo āpajjati. Vuṭṭhāpeti, payoge dukkaṭaṃ; vuṭṭhāpite, āpatti pācittiyassa.
Pārivāsikachandadāne sikkhamānaṃ vuṭṭhāpentī dve āpattiyo āpajjati. Vuṭṭhāpeti, payoge dukkaṭaṃ; vuṭṭhāpite, āpatti pācittiyassa.
Anuvassaṃ vuṭṭhāpentī dve āpattiyo āpajjati. Vuṭṭhāpeti, payoge dukkaṭaṃ; vuṭṭhāpite, āpatti pācittiyassa.
Ekaṃ vassaṃ dve vuṭṭhāpentī dve āpattiyo āpajjati. Vuṭṭhāpeti, payoge dukkaṭaṃ; vuṭṭhāpite, āpatti pācittiyassa.

Kumārībhūtavaggo aṭṭhamo.
9. Chattupāhanavaggo
239. Chattupāhanaṃ dhārentī dve āpattiyo āpajjati. Dhāreti, payoge dukkaṭaṃ; dhārite, āpatti pācittiyassa.
Yānena yāyantī dve āpattiyo āpajjati. Yāyati, payoge dukkaṭaṃ; yāyite, āpatti pācittiyassa.
Saṅghāṇiṃ dhārentī dve āpattiyo āpajjati. Dhāreti, payoge dukkaṭaṃ; dhārite, āpatti pācittiyassa.
Itthālaṅkāraṃ dhārentī dve āpattiyo āpajjati. Dhāreti, payoge dukkaṭaṃ; dhārite, āpatti pācittiyassa.
Gandhavaṇṇakena nahāyantī dve āpattiyo āpajjati. Nahāyati , payoge dukkaṭaṃ; nahānapariyosāne, āpatti pācittiyassa.
Vāsitakena piññākena nahāyantī dve āpattiyo āpajjati. Nahāyati, payoge dukkaṭaṃ; nahānapariyosāṇe, āpatti pācittiyassa.
Bhikkhuniyā ummaddāpentī parimaddāpentī dve āpattiyo āpajjati. Ummaddāpeti, payoge dukkaṭaṃ; ummaddite, āpatti pācittiyassa.
Sikkhamānāya ummaddāpentī parimaddāpentī dve āpattiyo āpajjati. Ummaddāpeti, payoge dukkaṭaṃ; ummaddite, āpatti pācittiyassa.
Sāmaṇeriyā ummaddāpentī parimaddāpentī dve āpattiyo āpajjati. Ummaddāpeti, payoge dukkaṭaṃ; ummaddite, āpatti pācittiyassa.
Gihiniyā ummaddāpentī parimaddāpentī dve āpattiyo āpajjati. Ummaddāpeti, payoge dukkaṭaṃ; ummaddite, āpatti pācittiyassa.
Bhikkhussa purato anāpucchā āsane nisīdantī dve āpattiyo āpajjati. Nisīdati, payoge dukkaṭaṃ; nisinne, āpatti pācittiyassa.
Anokāsakataṃ bhikkhuṃ pañhaṃ pucchantī dve āpattiyo āpajjati. Pucchati, payoge dukkaṭaṃ; pucchite, āpatti pācittiyassa.
Asaṅkaccikā gāmaṃ pavisantī dve āpattiyo āpajjati. Paṭhamaṃ pādaṃ parikkhepaṃ atikkāmeti, āpatti dukkaṭassa; dutiyaṃ pādaṃ atikkāmeti, āpatti pācittiyassa.
Chattupāhanavaggo navamo.
Khuddakaṃ niṭṭhitaṃ.

5. Pāṭidesanīyakaṇḍaṃ

240. Sappiṃ viññāpetvā bhuñjantī dve āpattiyo āpajjati. Bhuñjissāmīti paṭiggaṇhāti, āpatti dukkaṭassa; ajjhohāre ajjhohāre āpatti pāṭidesanīyassa.
Telaṃ viññāpetvā bhuñjantī dve āpattiyo āpajjati. Bhuñjissāmīti paṭiggaṇhāti, āpatti dukkaṭassa; ajjhohāre ajjhohāre āpatti pāṭidesanīyassa.
Madhuṃ viññāpetvā bhuñjantī dve āpattiyo āpajjati. Bhuñjissāmīti paṭiggaṇhāti, āpatti dukkaṭassa; ajjhohāre ajjhohāre āpatti pāṭidesanīyassa.
Phāṇitaṃ viññāpetvā bhuñjantī dve āpattiyo āpajjati. Bhuñjissāmīti paṭiggaṇhāti, āpatti dukkaṭassa; ajjhohāre ajjhohāre āpatti pāṭidesanīyassa.
Macchaṃ viññāpetvā bhuñjantī dve āpattiyo āpajjati. Bhuñjissāmīti paṭiggaṇhāti, āpatti dukkaṭassa; ajjhohāre ajjhohāre āpatti pāṭidesanīyassa.
Maṃsaṃ viññāpetvā bhuñjantī dve āpattiyo āpajjati. Bhuñjissāmīti paṭiggaṇhāti, āpatti dukkaṭassa; ajjhohāre ajjhohāre āpatti pāṭidesanīyassa.
Khīraṃ viññāpetvā bhuñjantī dve āpattiyo āpajjati. Bhuñjissāmīti paṭiggaṇhāti, āpatti dukkaṭassa; ajjhohāre ajjhohāre āpatti pāṭidesanīyassa.
Dadhiṃ viññāpetvā bhuñjantī dve āpattiyo āpajjati. Bhuñjissāmīti paṭiggaṇhāti, āpatti dukkaṭassa; ajjhohāre ajjhohāre āpatti pāṭidesanīyassa.
Aṭṭha pāṭidesanīyā niṭṭhitā.
Katāpattivāro niṭṭhito dutiyo.
3. Vipattivāro
241. Avassutā bhikkhuniyā avassutassa purisapuggalassa kāyasaṃsaggaṃ sādiyantiyā āpattiyo catunnaṃ vipattīnaṃ kati vipattiyo bhajanti? Avassutāya bhikkhuniyā avassutassa purisapuggalassa kāyasaṃsaggaṃ sādiyantiyā āpattiyo catunnaṃ vipattīnaṃ dve vipattiyo bhajanti – siyā sīlavipattiṃ, siyā ācāravipattiṃ…pe….
Dadhiṃ viññāpetvā bhuñjantiyā āpattiyo catunnaṃ vipattīnaṃ kati vipattiyo bhajanti? Dadhiṃ viññāpetvā bhuñjantiyā āpattiyo catunnaṃ vipattīnaṃ ekaṃ vipattiṃ bhajanti – ācāravipattiṃ.
Vipattivāro niṭṭhito tatiyo.
4. Saṅgahavāro
242. Avassutā bhikkhuniyā avassutassa purisapuggalassa kāyasaṃsaggaṃ sādiyantiyā āpattiyo sattannaṃ āpattikkhandhānaṃ katihi āpattikkhandhehi saṅgahitā? Avassutāya bhikkhuniyā avassutassa

purisapuggalassa kāyasaṃsaggaṃ sādiyantiyā āpattiyo sattannaṃ āpattikkhandhānaṃ tīhi āpattikkhandhehi saṅgahitā – siyā pārājikāpattikkhandhena, siyā thullaccayāpattikkhandhena, siyā dukkaṭāpattikkhandhena...pe....

Dadhiṃ viññāpetvā bhuñjantiyā āpattiyo sattannaṃ āpattikkhandhānaṃ katihi āpattikkhandhehi saṅgahitā? Dadhiṃ viññāpetvā bhuñjantiyā āpattiyo sattannaṃ āpattikkhandhānaṃ dvīhi āpattikkhandhehi saṅgahitā – siyā pāṭidesanīyāpattikkhandhena, siyā dukkaṭāpattikkhandhena.

Saṅgahavāro niṭṭhito catuttho.

5. Samuṭṭhānavāro

243. Avassutāya bhikkhuniyā avassutassa purisapuggalassa kāyasaṃsaggaṃ sādiyantiyā āpattiyo channaṃ āpattisamuṭṭhānānaṃ katihi samuṭṭhānehi samuṭṭhanti? Avassutāya bhikkhuniyā avassutassa purisapuggalassa kāyasaṃsaggaṃ sādiyantiyā āpattiyo channaṃ āpattisamuṭṭhānānaṃ ekena samuṭṭhānena samuṭṭhanti – kāyato ca cittato ca samuṭṭhanti, na vācato...pe....

Dadhiṃ viññāpetvā bhuñjantiyā āpattiyo channaṃ āpattisamuṭṭhānānaṃ katihi samuṭṭhānehi samuṭṭhanti? Dadhiṃ viññāpetvā bhuñjantiyā āpattiyo channaṃ āpattisamuṭṭhānānaṃ catūhi samuṭṭhānehi samuṭṭhanti – siyā kāyato samuṭṭhanti, na vācato na cittato; siyā kāyato ca vācato ca samuṭṭhanti, na cittato; siyā kāyato ca cittato ca samuṭṭhanti, na vācato; siyā kāyato ca vācato ca cittato ca samuṭṭhanti.

Samuṭṭhānavāro niṭṭhito pañcamo.

6. Adhikaraṇavāro

244. Avassutā bhikkhuniyā avassutassa purisapuggalassa kāyasaṃsaggaṃ sādiyantiyā āpattiyo catunnaṃ adhikaraṇānaṃ katamaṃ adhikaraṇaṃ? Avassutāya bhikkhuniyā avassutassa purisapuggalassa kāyasaṃsaggaṃ sādiyantiyā āpattiyo catunnaṃ adhikaraṇānaṃ – āpattādhikaraṇaṃ...pe....

Dadhiṃ viññāpetvā bhuñjantiyā āpattiyo catunnaṃ adhikaraṇānaṃ katamaṃ adhikaraṇaṃ? Dadhiṃ viññāpetvā bhuñjantiyā āpattiyo catunnaṃ adhikaraṇānaṃ – āpattādhikaraṇaṃ.

Adhikaraṇavāro niṭṭhito chaṭṭho.

7. Samathavāro

245. Avassutāya bhikkhuniyā avassutassa purisapuggalassa kāyasaṃsaggaṃ sādiyantiyā āpattiyo sattannaṃ samathānaṃ katihi samathehi sammanti? Avassutāya bhikkhuniyā avassutassa purisapuggalassa kāyasaṃsaggaṃ sādiyantiyā āpattiyo sattannaṃ samathānaṃ tīhi samathehi sammanti – siyā sammukhāvinayena ca paṭiññātakaraṇena ca, siyā sammukhāvinayena ca tiṇavatthārakena ca...pe....

Dadhiṃ viññāpetvā bhuñjantiyā āpattiyo sattannaṃ samathānaṃ katihi samathehi sammanti? Dadhiṃ viññāpetvā bhuñjantiyā āpattiyo sattannaṃ samathānaṃ tīhi samathehi sammanti – siyā sammukhāvinayena ca paṭiññātakaraṇena ca, siyā sammukhāvinayena ca tiṇavatthārakena ca.

Samathavāro niṭṭhito sattamo.

8. Samuccayavāro

246. Avassutā bhikkhunī avassutassa purisapuggalassa kāyasaṃsaggaṃ sādiyantī kati āpattiyo āpajjati? Avassutā bhikkhunī avassutassa purisapuggalassakāyasaṃsaggaṃ sādiyantī tisso āpattiyo āpajjati. Adhakkhakaṃ ubbhajāṇumaṇḍalaṃ gahaṇaṃ sādiyati, āpatti pārājikassa; ubbhakkhakaṃ adhojāṇumaṇḍalaṃ gahaṇaṃ sādiyati, āpatti thullaccayassa; kāyapaṭibaddhaṃ gahaṇaṃ sādiyati, āpatti dukkaṭassa – avassutā bhikkhunī avassutassa purisapuggalassa kāyasaṃsaggaṃ sādiyantī imā tisso āpattiyo āpajjati.

Tā āpattiyo catunnaṃ vipattīnaṃ kati vipattiyo bhajanti? Sattannaṃ āpattikkhandhānaṃ katihi āpattikkhandhehi saṅgahitā? Channaṃ āpattisamuṭṭhānānaṃ katihi samuṭṭhānehi samuṭṭhanti? Catunnaṃ adhikaraṇānaṃ katamaṃ adhikaraṇaṃ? Sattannaṃ samathānaṃ katihi samathehi sammanti? Tā āpattiyo catunnaṃ vipattīnaṃ dve vipattiyo bhajanti – siyā sīlavipattiṃ, siyā ācāravipattiṃ. Sattannaṃ āpattikkhandhānaṃ tīhi āpattikkhandhehi saṅgahitā – siyāpārājikāpattikkhandhena, siyā thullaccayāpattikkhandhena, siyā dukkaṭāpattikkhandhena. Channaṃ āpattisamuṭṭhānānaṃ ekena samuṭṭhānena samuṭṭhanti – kāyato ca cittato ca samuṭṭhanti, na vācato. Catunnaṃ adhikaraṇānaṃ āpattādhikaraṇaṃ. Sattannaṃ samathānaṃ tīhi samathehi sammanti – siyā sammukhāvinayena ca paṭiññātakaraṇena ca, siyā sammukhāvinayena ca tiṇavatthārakena ca...pe....

Dadhiṃ viññāpetvā bhuñjantī kati āpattiyo āpajjati? Dadhiṃ viññāpetvā bhuñjantī dve āpattiyo āpajjati. Bhuñjissāmīti paṭiggaṇhāti, āpatti dukkaṭassa; ajjhohāre ajjhohāre āpatti pāṭidesanīyassa – dadhiṃ viññāpetvā bhuñjantī imā dve āpattiyo āpajjati.

Tā āpattiyo catunnaṃ vipattīnaṃ kati vipattiyo bhajanti? Sattannaṃ āpattikkhandhānaṃ katihi āpattikkhandhehi saṅgahitā? Channaṃ āpattisamuṭṭhānānaṃ katihi samuṭṭhānehi samuṭṭhanti? Catunnaṃ adhikaraṇānaṃ katamaṃ adhikaraṇaṃ? Sattannaṃ samathānaṃ katihi samathehi sammanti? Tā āpattiyo catunnaṃ vipattīnaṃ ekaṃ vipattiṃ bhajanti – ācāravipattiṃ. Sattannaṃ āpattikkhandhānaṃ dvīhi āpattikkhandhehi saṅgahitā – siyā pāṭidesanīyāpattikkhandhena, siyā dukkaṭāpattikkhandhena. Channaṃ āpattisamuṭṭhānānaṃ catūhi samuṭṭhānehi samuṭṭhanti – siyā kāyato samuṭṭhanti na vācato na cittato, siyā kāyato ca vācato ca samuṭṭhanti na cittato, siyā kāyato ca cittato ca samuṭṭhanti na vācato, siyā kāyato ca

vācato ca cittato ca samuṭṭhanti. Catunnaṃ adhikaraṇānaṃ – āpattādhikaraṇaṃ. Sattannaṃ samathānaṃ tīhi samathehi sammanti – siyā sammukhāvinayena ca paṭiññātakaraṇena ca, siyā sammukhāvinayena ca tiṇavatthārakena ca.
Samuccayavāro niṭṭhito aṭṭhamo.
1. Katthapaññattivāro

1. Pārājikakaṇḍaṃ

247. Yaṃ tena bhagavatā jānatā passatā arahatā sammāsambuddhena kāyasaṃsaggaṃ sādiyanapaccayā pārājikaṃ kattha paññattaṃ? Kaṃ ārabbha? Kismiṃ vatthusmiṃ...pe... kenābhatanti?
Yaṃ tena bhagavatā jānatā passatā arahatā sammāsambuddhena kāyasaṃsaggaṃ sādiyanapaccayā pārājikaṃ kattha paññattanti? Sāvatthiyaṃ paññattaṃ. Kaṃ ārabbhāti? Sundarīnandaṃ bhikkhuniṃ ārabbha. Kismiṃ vatthusminti? Sundarīnandā bhikkhunī avassutā avassutassa purisapuggalassa kāyasaṃsaggaṃ sādiyi, tasmiṃ vatthusmiṃ. Atthi tattha paññatti, anupaññatti, anuppannapaññattīti? Ekā paññatti. Anupaññatti anuppannapaññatti tasmiṃ natthi. Sabbatthapaññatti, padesapaññattīti? Sabbatthapaññatti. Sādhāraṇapaññatti, asādhāraṇapaññattīti? Asādhāraṇapaññatti. Ekatopaññatti, ubhatopaññattīti? Ekatopaññatti. Catunnaṃ pātimokkhuddesānaṃ katthogadhaṃ kattha pariyāpannanti? Nidānogadhaṃ nidānapariyāpannaṃ? Katamena uddesena uddesaṃ āgacchatīti? Dutiyena uddesena uddesaṃ āgacchati. Catunnaṃ vipattīnaṃ katamā vipattīti? Sīlavipatti. Sattannaṃ āpattikkhandhānaṃ katamo āpattikkhandhoti? Pārājikāpattikkhandho. Channaṃ āpattisamuṭṭhānānaṃ katihi samuṭṭhānehi samuṭṭhātīti? Ekena samuṭṭhānena samuṭṭhāti – kāyato ca cittato ca samuṭṭhāti, na vācato...pe... kenābhatanti? Paramparābhataṃ –
Upāli dāsako ceva, soṇako siggavo tathā;
Moggaliputtena pañcamā, ete jambusirivhaye. ...pe...;
Ete nāgā mahāpaññā, vinayaññū maggakovidā;
Vinayaṃ dīpe pakāsesuṃ, piṭakaṃ tambapaṇṇiyāti.
Vajjappaṭicchādanapaccayā pārājikaṃ kattha paññattanti? Sāvatthiyaṃ paññattaṃ. Kaṃ ārabbhāti? Thullanandaṃ bhikkhuniṃ ārabbha. Kismiṃ vatthusminti? Thullanandā bhikkhunī jānaṃ pārājikaṃ dhammaṃ ajjhāpannaṃ bhikkhuniṃ nevattanā paṭicodesi na gaṇassa ārocesi, tasmiṃ vatthusmiṃ. Ekā paññatti. Channaṃ āpattisamuṭṭhānānaṃ ekena samuṭṭhānena samuṭṭhāti – dhuranikkhepe...pe....
Yāvatatiyaṃ samanubhāsanāya na paṭinissajjanapaccayā pārājikaṃ kattha paññattanti? Sāvatthiyaṃ paññattaṃ. Kaṃ ārabbhāti? Thullanandaṃ bhikkhuniṃ ārabbha. Kismiṃ vatthusminti? Thullanandā bhikkhunī samaggena saṅghena ukkhittaṃ ariṭṭhaṃ bhikkhuṃ gaddhabādhipubbaṃ anuvatti, tasmiṃ vatthusmiṃ. Ekā paññatti. Channaṃ āpattisamuṭṭhānānaṃ ekena samuṭṭhānena samuṭṭhāti – dhuranikkhepe...pe....
Aṭṭhamaṃ vatthuṃ paripūraṇapaccayā pārājikaṃ kattha paññattanti? Sāvatthiyaṃ paññattaṃ. Kaṃ ārabbhāti? Chabbaggiyā bhikkhuniyo ārabbha. Kismiṃ vatthusminti? Chabbaggiyā bhikkhuniyo aṭṭhamaṃ vatthuṃ paripūresuṃ, tasmiṃ vatthusmiṃ. Ekā paññatti. Channaṃ āpattisamuṭṭhānānaṃ ekena samuṭṭhānena samuṭṭhāti – dhuranikkhepe...pe....
Pārājikā niṭṭhitā.
2. Saṅghādisesakaṇḍādi
248. Yaṃ tena bhagavatā jānatā passatā arahatā sammāsambuddhena ussayavādikāya bhikkhuniyā aḍḍaṃ karaṇapaccayā saṅghādiseso kattha paññatto? Kaṃ ārabbha? Kismiṃ vatthusmiṃ...pe... kenābhatanti?
Yaṃ tena bhagavatā jānatā passatā arahatā sammāsambuddhena ussayavādikāya bhikkhuniyā aḍḍaṃ karaṇapaccayā saṅghādiseso kattha paññattoti ? Sāvatthiyaṃ paññatto. Kaṃ ārabbhāti ? Thullanandaṃ bhikkhuniṃ ārabbha. Kismiṃ vatthusminti? Thullanandā bhikkhunī ussayavādikā vihari, tasmiṃ vatthusmiṃ. Atthi tattha paññatti, anupaññatti, anuppannapaññattīti? Ekā paññatti. Anupaññatti anuppannapaññatti tasmiṃ natthi. Sabbatthapaññatti, padesapaññattīti? Sabbatthapaññatti. Sādhāraṇapaññatti, asādhāraṇapaññattīti? Asādhāraṇapaññatti. Ekatopaññatti, ubhatopaññattīti? Ekatopaññatti. Catunnaṃ pātimokkhuddesānaṃ katthogadhaṃ kattha pariyāpannanti? Nidānogadhaṃ nidānapariyāpannaṃ. Katamena uddesena uddesaṃ āgacchatīti? Tatiyena uddesena uddesaṃ āgacchati. Catunnaṃ vipattīnaṃ katamā vipattīti? Sīlavipatti. Sattannaṃ āpattikkhandhānaṃ katamo āpattikkhandhoti? Saṅghādisesāpattikkhandho. Channaṃ āpattisamuṭṭhānānaṃ katihi samuṭṭhānehi samuṭṭhātīti? Dvīhi samuṭṭhānehi samuṭṭhāti – siyā kāyato ca vācato ca samuṭṭhāti, na cittato; siyā kāyato ca vācato cittato ca samuṭṭhāti...pe... kenābhatanti? Paramparābhataṃ –
Upāli dāsako ceva, soṇako siggavo tathā;
Moggaliputtena pañcamā, ete jambusirivhaye. ...pe...;
Ete nāgā mahāpaññā, vinayaññū maggakovidā;

Vinayaṃ dīpe pakāsesuṃ, piṭakaṃ tambapaṇṇiyāti.
Coriṃ vuṭṭhāpanapaccayā saṅghādiseso kattha paññattoti? Sāvatthiyaṃ paññatto. Kaṃ ārabbhāti? Thullanandaṃ bhikkhuniṃ ārabbha. Kismiṃ vatthusminti? Thullanandā bhikkhunī coriṃ vuṭṭhāpesi, tasmiṃ vatthusmiṃ. Ekā paññatti. Channaṃ āpattisamuṭṭhānānaṃ dvīhi samuṭṭhānehi samuṭṭhāti – siyā vācato ca cittato ca samuṭṭhāti, na kāyato; siyā kāyato ca vācato ca cittato ca samuṭṭhāti...pe....
Ekā gāmantaraṃ gamanapaccayā saṅghādiseso kattha paññattoti? Sāvatthiyaṃ paññatto. Kaṃ ārabbhāti? Aññataraṃ bhikkhuniṃ ārabbha. Kismiṃ vatthusminti? Aññatarā bhikkhunī ekā gāmantaraṃ gacchi, tasmiṃ vatthusmiṃ. Ekā paññatti, tisso anupaññattiyo. Channaṃ āpattisamuṭṭhānānaṃ ekena samuṭṭhānena samuṭṭhāti – paṭhamapārājike...pe....
Samaggena saṅghena ukkhittaṃ bhikkhuniṃ dhammena vinayena satthusāsanena anapaloketvā kārakasaṅghaṃ anaññāya gaṇassa chandaṃ osāraṇapaccayā saṅghādiseso kattha paññattoti? Sāvatthiyaṃ paññatto. Kaṃ ārabbhāti? Thullanandaṃ bhikkhuniṃ ārabbha. Kismiṃ vatthusminti? Thullanandā bhikkhunī samaggena saṅghena ukkhittaṃ bhikkhuniṃ dhammena vinayena satthusāsanena anapaloketvā kārakasaṅghaṃ anaññāya gaṇassa chandaṃ osāresi, tasmiṃ vatthusmiṃ. Ekā paññatti. Channaṃ āpattisamuṭṭhānānaṃ ekena samuṭṭhānena samuṭṭhāti – dhuranikkhepe...pe....
Avassutāya bhikkhuniyā avassutassa purisapuggalassa hatthato khādanīyaṃ vā bhojanīyaṃ vā sahatthā paṭiggahetvā bhuñjanapaccayā saṅghādiseso kattha paññattoti? Sāvatthiyaṃ paññatto. Kaṃ ārabbhāti? Sundarīnandaṃ bhikkhuniṃ ārabbha. Kismiṃ vatthusminti? Sundarīnandā bhikkhunī avassutā avassutassa purisapuggalassa hatthato āmisaṃ paṭiggahesi, tasmiṃ vatthusmiṃ. Ekā paññatti. Channaṃ āpattisamuṭṭhānānaṃ ekena samuṭṭhānena samuṭṭhāti – paṭhamapārājike...pe....
"Kiṃ te, ayye, eso purisapuggalo karissati avassuto vā anavassuto vā, yato tvaṃ anavassutā! Iṅgha, ayye, yaṃ te eso purisapuggalo deti khādanīyaṃ vā bhojanīyaṃ vā taṃ tvaṃ sahatthā paṭiggahetvā khāda vā bhuñja vā"ti uyyojanapaccayā saṅghādiseso kattha paññattoti? Sāvatthiyaṃ paññatto. Kaṃ ārabbhāti? Aññataraṃ bhikkhuniṃ ārabbha. Kismiṃ vatthusminti? Aññatarā bhikkhunī – "kiṃ te, ayye, eso purisapuggalo karissati avassuto vā anavassuto vā, yato tvaṃ anavassutā! Iṅgha, ayye, yaṃ te eso purisapuggalo deti khādanīyaṃ vā bhojanīyaṃ vā taṃ tvaṃ sahatthā paṭiggahetvā khāda vā bhuñja vā"ti uyyojesi, tasmiṃ vatthusmiṃ. Ekā paññatti. Channaṃ āpattisamuṭṭhānānaṃ tīhi samuṭṭhānehi samuṭṭhāti...pe....
Kupitāya anattamanāya bhikkhuniyā yāvatatiyaṃ samanubhāsanāya na paṭinissajjanapaccayā saṅghādiseso kattha paññattoti? Sāvatthiyaṃ paññatto. Kaṃ ārabbhāti? Caṇḍakāḷiṃ bhikkhuniṃ ārabbha. Kismiṃ vatthusminti? Caṇḍakāḷī bhikkhunī kupitā anattamanā evaṃ avaca – "buddhaṃ paccācikkhāmi, dhammaṃ paccācikkhāmi, saṅghaṃ paccācikkhāmi, sikkhaṃ paccācikkhāmī"ti, tasmiṃ vatthusmiṃ. Ekā paññatti. Channaṃ āpattisamuṭṭhānānaṃ ekena samuṭṭhānena samuṭṭhāti – dhuranikkhepe...pe....
Kismiñcideva adhikaraṇe paccākatāya bhikkhuniyā yāvatatiyaṃ samanubhāsanāya na paṭinissajjanapaccayā saṅghādiseso kattha paññattoti? Sāvatthiyaṃ paññatto. Kaṃ ārabbhāti? Caṇḍakāḷiṃ bhikkhuniṃ ārabbha. Kismiṃ vatthusminti? Caṇḍakāḷī bhikkhunī kismiñcideva adhikaraṇe paccākatā kupitā anattamanā evaṃ avaca – "chandagāminiyo ca bhikkhuniyo, dosagāminiyo ca bhikkhuniyo, mohagāminiyo ca bhikkhuniyo, bhayagāminiyo ca bhikkhuniyo"ti, tasmiṃ vatthusmiṃ. Ekā paññatti. Channaṃ āpattisamuṭṭhānānaṃ ekena samuṭṭhānena samuṭṭhāti – dhuranikkhepe...pe....
Saṃsaṭṭhānaṃ bhikkhunīnaṃ yāvatatiyaṃ samanubhāsanāya na paṭinissajjanapaccayā saṅghādiseso kattha paññattoti? Sāvatthiyaṃ paññatto. Kaṃ ārabbhāti? Sambahulā bhikkhuniyo ārabbha. Kismiṃ vatthusminti? Sambahulā bhikkhuniyo saṃsaṭṭhā vihariṃsu, tasmiṃ vatthusmiṃ. Ekā paññatti. Channaṃ āpattisamuṭṭhānānaṃ ekena samuṭṭhānena samuṭṭhāti – dhuranikkhepe...pe....
"Saṃsaṭṭhā, ayye, tumhe viharatha. Mā tumhe nānā viharitthā"ti uyyojentiyā yāvatatiyaṃ samanubhāsanāya na paṭinissajjanapaccayā saṅghādiseso kattha paññattoti? Sāvatthiyaṃ paññatto. Kaṃ ārabbhāti? Thullanandaṃ bhikkhuniṃ ārabbha. Kismiṃ vatthusminti? Thullanandā bhikkhunī – "saṃsaṭṭhāva ayye, tumhe viharatha. Mā tamhe nānā viharitthā"ti uyyojesi, tasmiṃ vatthusmiṃ. Ekā paññatti. Channaṃ āpattisamuṭṭhānānaṃ ekena samuṭṭhānena samuṭṭhāti – dhuranikkhepe...pe....
Dadhiṃ viññāpetvā bhuñjanapaccayā pāṭidesanīyaṃ kattha paññattanti? Sāvatthiyaṃ paññattaṃ. Kaṃ ārabbhāti? Chabbaggiyā bhikkhuniyo ārabbha. Kismiṃ vatthusminti? Chabbaggiyā bhikkhuniyo dadhiṃ viññāpetvā bhuñjiṃsu, tasmiṃ vatthusmiṃ. Ekā paññatti, ekā anupaññatti. Channaṃ āpattisamuṭṭhānānaṃ catūhi samuṭṭhānehi samuṭṭhāti...pe... .
Katthapaññattivāro niṭṭhito paṭhamo.
2. Katāpattivāro

1. Pārājikakaṇḍaṃ

249. Kāyasaṃsaggaṃ sādiyanapaccayā kati āpattiyo āpajjati? Kāyasaṃsaggaṃ sādiyanapaccayā pañca āpattiyo āpajjati. Avassutā bhikkhunī avassutassa purisapuggalassa adhakkhakaṃ ubbhajāṇumaṇḍalaṃ

gahaṇaṃ sādiyati, āpatti pārājikassa; bhikkhu kāyena kāyaṃ āmasati, āpatti saṅghādisesassa; kāyena kāyapaṭibaddhaṃ āmasati, āpatti thullaccayassa; kāyapaṭibaddhena kāyapaṭibaddhaṃ āmasati, āpatti dukkaṭassa; aṅgulipatodake pācittiyaṃ – kāyasaṃsaggaṃ sādiyanapaccayā imā pañca āpattiyo āpajjati.
Vajjappaṭicchādanapaccayā kati āpattiyo āpajjati? Vajjappaṭicchādanapaccayā catasso āpattiyo āpajjati. Bhikkhunī jānaṃ pārājikaṃ dhammaṃ [dhammaṃ ajjhāpannaṃ (syā.)] paṭicchādeti, āpatti pārājikassa; vematikā paṭicchādeti, āpatti thullaccayassa; bhikkhu saṅghādisesaṃ paṭicchādeti, āpatti pācittiyassa; ācāravipattiṃ paṭicchādeti, āpatti dukkaṭassa – vajjappaṭicchādanapaccayā imā catasso āpattiyo āpajjati.
Yāvatatiyaṃ samanubhāsanāya na paṭinissajjanapaccayā kati āpattiyo āpajjati? Yāvatatiyaṃ samanubhāsanāya na paṭinissajjanapaccayā pañca āpattiyo āpajjati. Ukkhittānuvattikā bhikkhunī yāvatatiyaṃ samanubhāsanāya na paṭinissajjati, ñattiyā dukkaṭaṃ; dvīhi kammavācāhi thullaccayā; kammavācāpariyosāne āpatti pārājikassa; bhedakānuvattikā bhikkhunī yāvatatiyaṃ samanubhāsanāya na paṭinissajjati, āpatti saṅghādisesassa; pāpikāya diṭṭhiyā yāvatatiyaṃ samanubhāsanāya na paṭinissajjati, āpatti pācittiyassa – yāvatatiyaṃ samanubhāsanāya na paṭinissajjanapaccayā imā pañca āpattiyo āpajjati.
Aṭṭhamaṃ vatthuṃ paripūraṇapaccayā kati āpattiyo āpajjati? Aṭṭhamaṃ vatthuṃ paripūraṇapaccayā tisso āpattiyo āpajjati. Purisena – ''itthannāmaṃ okāsaṃ āgacchā''ti vuttā gacchati, āpatti dukkaṭassa; purisassa hatthapāsaṃ okkantamatte āpatti thullaccayassa; aṭṭhamaṃ vatthuṃ paripūreti, āpatti pārājikassa – aṭṭhamaṃ vatthuṃ paripūraṇapaccayā imā tisso āpattiyo āpajjati.
Pārājikā niṭṭhitā.
2. Saṅghādisesakaṇḍādi
250. Ussayavādikā bhikkhunī aḍḍaṃ karaṇapaccayā tisso āpattiyo āpajjati. Ekassa āroceti, āpatti dukkaṭassa; dutiyassa āroceti, āpatti thullaccayassa; aḍḍapariyosāne āpatti saṅghādisesassa.
Coriṃ vuṭṭhāpanapaccayā tisso āpattiyo āpajjati. Ñattiyā dukkaṭaṃ; dvīhi kammavācāhi thullaccayā; kammavācāpariyosāne āpatti saṅghādisesassa.
Ekā gāmantaraṃ gamanapaccayā tisso āpattiyo āpajjati. Gacchati, āpatti dukkaṭassa; paṭhamaṃ pādaṃ parikkhepaṃ atikkāmeti, āpatti thullaccayassa; dutiyaṃ pādaṃ atikkāmeti, āpatti saṅghādisesassa.
Samaggena saṅghena ukkhittaṃ bhikkhuniṃ dhammena vinayena satthusāsanena anapaloketvā kārakasaṅghaṃ anaññāya gaṇassa chandaṃ osāraṇapaccayā tisso āpattiyo āpajjati. Ñattiyā dukkaṭaṃ; dvīhi kammavācāhi thullaccayā; kammavācāpariyosāne āpatti saṅghādisesassa.
Avassutā bhikkhunī avassutassa purisapuggalassa hatthato khādanīyaṃ vā bhojanīyaṃ vā sahatthā paṭiggahetvā bhuñjanapaccayā tisso āpattiyo āpajjati. ''Khādissāmi bhuñjissāmī''ti paṭiggaṇhāti, āpatti thullaccayassa; ajjhohāre ajjhohāre āpatti saṅghādisesassa; udakadantaponaṃ paṭiggaṇhāti, āpatti dukkaṭassa.
''Kiṃ te, ayye, eso purisapuggalo karissati avassuto vā anavassuto vā, yato tvaṃ anavassutā! Iṅgha, ayye, yaṃ te eso purisapuggalo deti khādanīyaṃ vā bhojanīyaṃ vā taṃ tvaṃ sahatthā paṭiggahetvā khāda vā bhuñja vā''ti, uyyojanapaccayā tisso āpattiyo āpajjati. Tassā vacanena khādissāmi bhuñjissāmītipaṭiggaṇhāti, āpatti dukkaṭassa; ajjhohāre ajjhohāre āpatti thullaccayassa; bhojanapariyosāne āpatti saṅghādisesassa.
Kupitā bhikkhunī yāvatatiyaṃ samanubhāsanāya na paṭinissajjanapaccayā tisso āpattiyo āpajjati. Ñattiyā dukkaṭaṃ; dvīhi kammavācāhi thullaccayā; kammavācāpariyosāne āpatti saṅghādisesassa.
Kismiñcideva adhikaraṇe paccākatā bhikkhunī yāvatatiyaṃ samanubhāsanāya na paṭinissajjanapaccayā tisso āpattiyo āpajjati. Ñattiyā dukkaṭaṃ; dvīhi kammavācāhi thullaccayā; kammavācāpariyosāne āpatti saṅghādisesassa.
Saṃsaṭṭhā bhikkhunī yāvatatiyaṃ samanubhāsanāya na paṭinissajjanapaccayā tisso āpattiyo āpajjati. Ñattiyā dukkaṭaṃ; dvīhi kammavācāhi thullaccayā; kammavācāpariyosāne āpatti saṅghādisesassa.
''Saṃsaṭṭhāva, ayye, tumhe viharatha, mā tumhe nānā viharitthā''ti uyyojentī yāvatatiyaṃ samanubhāsanāya na paṭinissajjanapaccayā tisso āpattiyo āpajjati. Ñattiyā dukkaṭaṃ; dvīhi kammavācāhi thullaccayā; kammavācāpariyosāne āpatti saṅghādisesassa.
Dasa saṅghādisesā niṭṭhitā…pe….
(Yathā heṭṭhā tathā vitthāretabbā paccayameva nānākaraṇaṃ)
Dadhiṃ viññāpetvā bhuñjanapaccayā kati āpattiyo āpajjati? Dadhiṃ viññāpetvā bhuñjanapaccayā dve āpattiyo āpajjati. Bhuñjissāmīti paṭiggaṇhāti, āpatti dukkaṭassa; ajjhohāre ajjhohāre āpatti pāṭidesanīyassa – dadhiṃ viññāpetvā bhuñjanapaccayā imā dve āpattiyo āpajjati.
Katāpattivāro niṭṭhito dutiyo.
3. Vipattivāro
251. Kāyasaṃsaggaṃ sādiyanapaccayā āpattiyo catunnaṃ vipattīnaṃ kati vipattiyo bhajanti? Kāyasaṃsaggaṃ sādiyanapaccayā āpattiyo catunnaṃ vipattīnaṃ dve vipattiyo bhajanti – siyā sīlavipattiṃ, siyā ācāravipattiṃ…pe… dadhiṃ viññāpetvā bhuñjanapaccayā āpattiyo catunnaṃ vipattīnaṃ kati vipattiyo bhajanti? Dadhiṃ viññāpetvā bhuñjanapaccayā āpattiyo catunnaṃ vipattīnaṃ ekaṃ vipattiṃ bhajanti – ācāravipattiṃ.
Vipattivāro niṭṭhito tatiyo.

4. Saṅgahavāro

252. Kāyasaṃsaggaṃ sādiyanapaccayā āpattiyo sattannaṃ āpattikkhandhānaṃ katihi āpattikkhandhehi saṅgahitā? Kāyasaṃsaggaṃ sādiyanapaccayā āpattiyo sattannaṃ āpattikkhandhānaṃ pañcahi āpattikkhandhehi saṅgahitā – siyā pārājikāpattikkhandhena, siyā saṅghādisesāpattikkhandhena, siyā thullaccayāpattikkhandhena, siyā pācittiyāpattikkhandhena, siyā dukkaṭāpattikkhandhena...pe....

Dadhiṃ viññāpetvā bhuñjanapaccayā āpattiyo sattannaṃ āpattikkhandhānaṃ katihi āpattikkhandhehi saṅgahitā? Dadhiṃ viññāpetvā bhuñjanapaccayā āpattiyo sattannaṃ āpattikkhandhānaṃ dvīhi āpattikkhandhehi saṅgahitā – siyā pāṭidesanīyāpattikkhandhena, siyā dukkaṭāpattikkhandhena.

Saṅgahavāro niṭṭhito catuttho.

5. Samuṭṭhānavāro

253. Kāyasaṃsaggaṃ sādiyanapaccayā āpattiyo channaṃ āpattisamuṭṭhānānaṃ katihi samuṭṭhānehi samuṭṭhanti? Kāyasaṃsaggaṃ sādiyanapaccayā āpattiyo channaṃ āpattisamuṭṭhānānaṃ ekena samuṭṭhānena samuṭṭhanti – kāyato ca cittato ca samuṭṭhanti, na vācato...pe....

Dadhiṃ viññāpetvā bhuñjanapaccayā āpattiyo channaṃ āpattisamuṭṭhānānaṃ katihi samuṭṭhānehi samuṭṭhanti? Dadhiṃ viññāpetvā bhuñjanapaccayā āpattiyo channaṃ āpattisamuṭṭhānānaṃ catūhi samuṭṭhānehi samuṭṭhanti – siyā kāyato samuṭṭhanti, na vācato na cittato; siyā kāyato ca vācato ca samuṭṭhanti, na cittato; siyā kāyato ca cittato ca samuṭṭhanti, na vācato; siyā kāyato ca vācato ca cittato ca samuṭṭhanti.

Samuṭṭhānavāro niṭṭhito pañcamo.

6. Adhikaraṇavāro

254. Kāyasaṃsaggaṃ sādiyanapaccayā āpattiyo catunnaṃ adhikaraṇānaṃ katamaṃ adhikaraṇaṃ? Kāyasaṃsaggaṃ sādiyanapaccayā āpattiyo catunnaṃadhikaraṇānaṃ, āpattādhikaraṇaṃ...pe....

Dadhiṃ viññāpetvā bhuñjanapaccayā āpattiyo catunnaṃ adhikaraṇānaṃ katamaṃ adhikaraṇaṃ? Dadhiṃ viññāpetvā bhuñjanapaccayā āpattiyo catunnaṃ adhikaraṇānaṃ – āpattādhikaraṇaṃ.

Adhikaraṇavāro niṭṭhito chaṭṭho.

7. Samathavāro

255. Kāyasaṃsaggaṃ sādiyanapaccayā āpattiyo sattannaṃ samathānaṃ katihi samathehi sammanti? Kāyasaṃsaggaṃ sādiyanapaccayā āpattiyo sattannaṃ samathānaṃ tīhi samathehi sammanti – siyā sammukhāvinayena ca paṭiññātakaraṇena ca, siyā sammukhāvinayena ca tiṇavatthārakena ca...pe....

Dadhiṃ viññāpetvā bhuñjanapaccayā āpattiyo sattannaṃ samathānaṃ katihi samathehi sammanti? Dadhiṃ viññāpetvā bhuñjanapaccayā āpattiyo sattannaṃ samathānaṃ tīhi samathehi sammanti – siyā sammukhāvinayena ca paṭiññātakaraṇena ca, siyā sammukhāvinayena ca tiṇavatthārakena ca.

Samathavāro niṭṭhito sattamo.

8. Samuccayavāro

256. Kāyasaṃsaggaṃ sādiyanapaccayā kati āpattiyo āpajjati? Kāyasaṃsaggaṃ sādiyanapaccayā pañca āpattiyo āpajjati. Avassutā bhikkhunī avassutassa purisapuggalassa adhakkhakaṃ ubbhajāṇumaṇḍalaṃ gahaṇaṃ sādiyati, āpatti pārājikassa; bhikkhu kāyena kāyaṃ āmasati, āpatti saṅghādisesassa; kāyena kāyapaṭibaddhaṃ āmasati, āpatti thullaccayassa ; kāyapaṭibaddhena kāyapaṭibaddhaṃ āmasati, āpatti dukkaṭassa; aṅgulipatodake pācittiyaṃ – kāyasaṃsaggaṃ sādiyanapaccayā imā pañca āpattiyo āpajjati.

Tā āpattiyo catunnaṃ vipattīnaṃ kati vipattiyo bhajanti? Sattannaṃ āpattikkhandhānaṃ katihi āpattikkhandhehi saṅgahitā? Channaṃ āpattisamuṭṭhānānaṃ katihi samuṭṭhānehi samuṭṭhanti? Catunnaṃ adhikaraṇānaṃ katamaṃ adhikaraṇaṃ? Sattannaṃ samathānaṃ katihi samathehi sammanti? Tā āpattiyo catunnaṃ vipattīnaṃ dve vipattiyo bhajanti – siyā sīlavipattiṃ, siyā ācāravipattiṃ. Sattannaṃ āpattikkhandhānaṃ pañcahi āpattikkhandhehi saṅgahitā – siyā pārājikāpattikkhandhena, siyā saṅghādisesāpattikkhandhena, siyā thullaccayāpattikkhandhena, siyā pācittiyāpattikkhandhena, siyā dukkaṭāpattikkhandhena. Channaṃ āpattisamuṭṭhānānaṃ ekena samuṭṭhānena samuṭṭhanti – kāyato ca cittato ca samuṭṭhanti, na vācato. Catunnaṃ adhikaraṇānaṃ āpattādhikaraṇaṃ. Sattannaṃ samathānaṃ tīhi samathehi sammanti – siyā sammukhāvinayena ca paṭiññātakaraṇena ca, siyā sammukhāvinayena ca tiṇavatthārakena ca...pe....

Dadhiṃ viññāpetvā bhuñjanapaccayā kati āpattiyo āpajjati? Dadhiṃ viññāpetvā bhuñjanapaccayā dve āpattiyo āpajjati. Bhuñjissāmīti paṭiggaṇhāti, āpatti dukkaṭassa; ajjhohāre ajjhohāre āpatti pāṭidesanīyassa – dadhiṃ viññāpetvā bhuñjanapaccayā imā dve āpattiyo āpajjati.

Tā āpattiyo catunnaṃ vipattīnaṃ kati vipattiyo bhajanti? Sattannaṃ āpattikkhandhānaṃ katihi āpattikkhandhehi saṅgahitā? Channaṃ āpattisamuṭṭhānānaṃ katihi samuṭṭhānehi samuṭṭhanti? Catunnaṃ adhikaraṇānaṃ katamaṃ adhikaraṇaṃ ? Sattannaṃ samathānaṃ katihi samathehi sammanti? Tā āpattiyo catunnaṃ vipattīnaṃ ekaṃ vipattiṃ bhajanti – ācāravipattiṃ. Sattannaṃ āpattikkhandhānaṃ dvīhi āpattikkhandhehi saṅgahitā – siyā pāṭidesanīyāpattikkhandhena, siyā dukkaṭāpattikkhandhena. Channaṃ āpattisamuṭṭhānānaṃ catūhi samuṭṭhānehi samuṭṭhanti – siyā kāyato samuṭṭhanti, na vācato na cittato; siyā kāyato ca vācato ca samuṭṭhanti, na cittato; siyā kāyato ca cittato ca samuṭṭhanti na vācato; siyā kāyato ca vācato ca cittato ca samuṭṭhanti. Catunnaṃ adhikaraṇānaṃ, āpattādhikaraṇaṃ. Sattannaṃ samathānaṃ tīhi samathehi sammanti – siyā sammukhāvinayena ca paṭiññātakaraṇena ca, siyā sammukhāvinayena ca tiṇavatthārakena cāti.

Samuccayavāro niṭṭhito aṭṭhamo. [imassānantaraṃ porāṇasīhaḷapotthake evampi§dissati – §''tesamuddānaṃ –§kativāro ca vipattivāro ca, saṅgahavāro ca samuṭṭhānavāro. adhikaraṇavāro ca samathavāro ca, samuccayavāro ca ime satta vārā. ādito paññattivārena saha aṭṭhavārāti''iti.]

Aṭṭha paccayavārā niṭṭhitā.

Bhikkhunīvibhaṅge soḷasa mahāvārā niṭṭhitā.

Samuṭṭhānasīsasaṅkhepo

Samuṭṭhānassuddānaṃ

257.

Aniccā sabbe saṅkhārā, dukkhānattā ca saṅkhatā;
Nibbānañceva paññatti, anattā iti nicchayā.
Buddhacande anuppanne, buddhādicce anuggate;
Tesaṃ sabhāgadhammānaṃ, nāmamattaṃ na nāyati.
Dukkaraṃ vividhaṃ katvā, pūrayitvāna pāramī;
Uppajjanti mahāvīrā, cakkhubhūtā sabrahmake.
Te desayanti saddhammaṃ, dukkhahāniṃ sukhāvahaṃ;
Aṅgīraso sakyamuni, sabbabhūtānukampako.
Sabbasattuttamo sīho, piṭake tīṇi desayi;
Suttantamabhidhammañca, vinayañca mahāguṇaṃ.
Evaṃ nīyati saddhammo, vinayo yadi tiṭṭhati;
Ubhato ca vibhaṅgāni, khandhakā yā ca mātikā.
Mālā suttaguṇeneva, parivārena ganthitā;
Tasseva parivārassa, samuṭṭhānaṃ niyato kataṃ.
Sambhedaṃ nidānaṃ caññaṃ, sutte dissanti upari;
Tasmā sikkhe parivāraṃ, dhammakāmo supesaloti.

Terasasamuṭṭhānaṃ

Vibhaṅge dvīsu paññattaṃ, uddisanti uposathe;
Pavakkhāmi samuṭṭhānaṃ, yathāñāyaṃ suṇātha me.
Pārājikaṃ yaṃ paṭhamaṃ, dutiyañca tato paraṃ;
Sañcarittānubhāsanañca, atirekañca cīvaraṃ.
Lomāni padasodhammo, bhūtaṃ saṃvidhānena ca;
Theyyadesanacorī ca, ananuññātāya terasa.
Terasete samuṭṭhāna nayā, viññūhi cintitā.
Ekekasmiṃ samuṭṭhāne, sadisā idha dissare.

1. Paṭhamapārājikasamuṭṭhānaṃ

258.

Methunaṃ sukkasaṃsaggo, aniyatā paṭhamikā;
Pubbūpaparipācitā, raho bhikkhuniyā saha.
Sabhojane raho dve ca, aṅguli udake hasaṃ;
Pahāre uggire ceva, tepaññāsā ca sekhiyā.
Adhakkhagāmāvassutā, talamaṭṭhañca suddhikā;
Vassaṃvuṭṭhā ca ovādaṃ, nānubandhe pavattiniṃ.
Chasattati ime sikkhā, kāyamānasikā katā;
Sabbe ekasamuṭṭhānā, paṭhamaṃ pārājikaṃ yathā.
Paṭhamapārājikasamuṭṭhānaṃ niṭṭhitaṃ.

2. Dutiyapārājikasamuṭṭhānaṃ

259.

Adinnaṃ viggahuttari, duṭṭhullā attakāminaṃ;
Amūlā aññabhāgiyā, aniyatā dutiyikā.
Acchinde pariṇāmane, musā omasapesuṇā;
Duṭṭhullā pathavīkhaṇe, bhūtaṃ aññāya ujjhāpe.
Nikkaḍḍhanaṃ siñcanañca, āmisahetu bhuttāvī;
Ehi anādari bhiṃsā, apanidhe ca jīvitaṃ.
Jānaṃ sappāṇakaṃ kammaṃ, ūnasaṃvāsanāsanā;
Sahadhammikavilekhā, moho amūlakena ca.
Kukkuccaṃ dhammikaṃ cīvaraṃ, datvā [kukkuccaṃ dhammikaṃ cīvaraṃ (sī.), kukkuccaṃ dhammikaṃ datvā (syā.)] pariṇāmeyya puggale;
Kiṃ te akālaṃ acchinde, duggahī nirayena ca.
Gaṇaṃ vibhaṅgaṃ dubbalaṃ, kathināphāsupassayaṃ;

Akkosacaṇḍī maccharī, gabbhinī ca pāyantiyā.
Dvevassaṃ sikkhā saṅghena, tayo ceva gihīgatā;
Kumāribhūtā tisso ca, ūnadvādasasammatā.
Alaṃ tāva sokāvāsaṃ, chandā anuvassā ca dve;
Sikkhāpadā sattatime, samuṭṭhānā tikā katā.
Kāyacittena na vācā, vācācittaṃ na kāyikaṃ;
Tīhi dvārehi jāyanti, pārājikaṃ dutiyaṃ yathā.
Dutiyapārājikasamuṭṭhānaṃ niṭṭhitaṃ.
3. Sañcarittasamuṭṭhānaṃ
260.
Sañcarī kuṭi vihāro, dhovanañca paṭiggaho;
Viññattuttari abhihaṭṭhuṃ, ubhinnaṃ dūtakena ca.
Kosiyā suddhadvebhāgā, chabbassāni nisīdanaṃ;
Riñcanti rūpikā ceva, ubho nānappakārakā.
Ūnabandhanavassikā, suttaṃ vikappanena ca;
Dvāradānasibbāni [dvāradānasibbinī (sī. syā.)] ca, pūvapaccayajoti ca.
Ratanaṃ sūci mañco ca, tūlaṃ nisīdanakaṇḍu ca;
Vassikā ca sugatena, viññatti aññaṃ cetāpanā.
Dve saṅghikā mahājanikā, dve puggalalahukā garu;
Dve vighāsā sāṭikā ca, samaṇacīvarena ca.
Samapaññāsime dhammā, chahi ṭhānehi jāyare;
Kāyato na vācācittā, vācato na kāyamanā.
Kāyavācā na ca cittā [na cittato (sī. syā.)], kāyacittā na vācikā [na vācato (sī. syā.)];
Vācācittā na kāyena, tīhi dvārehi [tīhi ṭhānehi (syā.)] jāyare.
Chasamuṭṭhānikā ete, sañcarittena sādisā.
Sañcarittasamuṭṭhānaṃ niṭṭhitaṃ.
4. Samanubhāsanāsamuṭṭhānaṃ
261.
Bhedānuvattadubbaca , dūsaduṭṭhulladiṭṭhi ca;
Chandaṃ ujjagghikā dve ca, dve ca saddā na byāhare.
Chamā nīcāsane ṭhānaṃ, pacchato uppathena ca;
Vajjānuvattigahaṇā, osāre paccācikkhanā.
Kismiṃ saṃsaṭṭhā dve vadhi, visibbe dukkhitāya ca;
Puna saṃsaṭṭhā na vūpasame, ārāmañca pavāraṇā.
Anvaddhaṃ [anvaddhamāsaṃ (sī. syā.)] saha jīviniṃ, dve cīvaraṃ anubandhanā;
Sattatiṃsa ime dhammā, kāyavācāya cittato.
Sabbe ekasamuṭṭhānā, samanubhāsanā yathā.
Samanubhāsanāsamuṭṭhānaṃ niṭṭhitaṃ.
5. Kathinasamuṭṭhānaṃ
262.
Ubbhataṃ kathinaṃ tīṇi, paṭhamaṃ pattabhesajjaṃ;
Accekaṃ cāpi sāsaṅkaṃ, pakkamantena vā duve.
Upassayaṃ paramparā, anatirittaṃ nimantanā;
Vikappaṃ rañño vikāle, vosāsāraññakena ca.
Ussayāsannicayañca, pure pacchā vikāle ca;
Pañcāhikā saṅkamanī, dvepi āvasathena ca.
Pasākhe āsane ceva, tiṃsa ekūnakā ime;
Kāyavācā na ca cittā [na cittato (syā.)], tīhi dvārehi jāyare.
Dvisamuṭṭhānikā sabbe, kathinena sahāsamā.
Kathinasamuṭṭhānaṃ niṭṭhitaṃ.
6. Eḷakalomasamuṭṭhānaṃ
263.
Eḷakalomā dve seyyā, āhacca piṇḍabhojanaṃ;
Gaṇavikālasannidhi, dantaponena celakā.
Uyyuttaṃ senaṃ [uyyuttaṃ vase (syā.)] uyyodhi, surā orena nhāyanā;
Dubbaṇṇe dve desanikā, lasuṇupatiṭṭhe naccanā.
Nhānamattharaṇaṃ seyyā, antoraṭṭhe tathā bahi;
Antovassaṃ cittāgāraṃ, āsandi suttakantanā.
Veyyāvaccaṃ sahatthā ca, abhikkhukāvāsena ca;
Chattaṃ yānañca saṅghāṇiṃ, alaṅkāraṃ gandhavāsitaṃ.

Bhikkhunī sikkhamānā ca, sāmaṇerī gihiniyā;
Asaṃkaccikā āpatti, cattārīsā catuttari.
Kāyena na vācācittena, kāyacittena na vācato;
Dvisamuṭṭhānikā sabbe, samā eḷakalomikāti.
Eḷakalomasamuṭṭhānaṃ niṭṭhitaṃ.
7. Padasodhammasamuṭṭhānaṃ
264.
Padaññatra asammatā, tathā atthaṅgatena ca;
Tiracchānavijjā dve vuttā, anokāso [anokāse (sī. syā.)] ca pucchanā.
Satta sikkhāpadā ete, vācā na kāyacittato [kāyacittakā (ka.)];
Vācācittena jāyanti, na tu kāyena jāyare.
Dvisamuṭṭhānikā sabbe, padasodhammasadisā.
Padasodhammasamuṭṭhānaṃ niṭṭhitaṃ.
8. Addhānasamuṭṭhānaṃ
265.
Addhānanāvaṃ paṇītaṃ, mātugāmena saṃhare;
Dhaññaṃ nimantitā ceva, aṭṭha ca pāṭidesanī.
Sikkhā pannarasa ete, kāyā na vācā na manā;
Kāyavācāhi jāyanti, na te cittena jāyare.
Kāyacittena jāyanti, na te jāyanti vācato;
Kāyavācāhi cittena, samuṭṭhānā catubbidhā.
Paññattā buddhañāṇena, addhānena sahā samā [samānayā (syā.)].
Addhānasamuṭṭhānaṃ niṭṭhitaṃ.
9. Theyyasatthasamuṭṭhānaṃ
266.
Theyyasatthaṃ upassuti, sūpaviññāpanena ca;
Rattichannañca okāsaṃ, ete byūhena sattamā.
Kāyacittena jāyanti, na te jāyanti vācato;
Tīhi dvārehi jāyanti, dvisamuṭṭhānikā ime.
Theyyasatthasamuṭṭhānā, desitādiccabandhunā.
Theyyasatthasamuṭṭhānaṃ niṭṭhitaṃ.
10. Dhammadesanāsamuṭṭhānaṃ
267.
Chattapāṇissa saddhammaṃ, na desenti tathāgatā;
Evameva [tatheva (sī. syā.)] daṇḍapāṇissa, satthaāvudhapāṇinaṃ.
Pādukupāhanā yānaṃ, seyyapallatthikāya ca;
Veṭhitoguṇṭhito ceva, ekādasamanūnakā.
Vācācittena jāyanti, na te jāyanti kāyato;
Sabbe ekasamuṭṭhānā, samakā dhammadesane.
Dhammadesanāsamuṭṭhānaṃ niṭṭhitaṃ.
11. Bhūtārocanasamuṭṭhānaṃ
268.
Bhūtaṃ kāyena jāyati, na vācā na ca cittato;
Vācato ca samuṭṭhāti, na kāyā na ca cittato.
Kāyavācāya jāyati, na tu jāyati cittato;
Bhūtārocanakā nāma, tīhi ṭhānehi jāyati.
Bhūtārocanasamuṭṭhānaṃ niṭṭhitaṃ.
12. Corivuṭṭhāpanasamuṭṭhānaṃ
269.
Corī vācāya cittena, na taṃ jāyati kāyato;
Jāyati tīhi dvārehi, corivuṭṭhāpanaṃ idaṃ;
Akataṃ dvisamuṭṭhānaṃ, dhammarājena bhāsitaṃ [ṭhapitaṃ (syā.)].
Corivuṭṭhāpanasamuṭṭhānaṃ niṭṭhitaṃ.
13. Ananuññātasamuṭṭhānaṃ
270.
Ananuññātaṃ vācāya, na kāyā na ca cittato;
Jāyati kāyavācāya, na taṃ jāyati cittato.
Jāyati vācācittena, na taṃ jāyati kāyato;
Jāyati tīhi dvārehi, akataṃ catuṭhānikaṃ.
Ananuññātasamuṭṭhānaṃ niṭṭhitaṃ.

Samuṭṭhānañhi saṅkhepaṃ, dasa tīṇi sudesitaṃ;
Asammohakaraṃ ṭhānaṃ, nettidhammānulomikaṃ;
Dhārayanto imaṃ viññū, samuṭṭhāne na muyhatīti.
Samuṭṭhānasīsasaṅkhepo niṭṭhito.
Antarapeyyālaṃ
Katipucchāvāro

271. Kati āpattiyo? Kati āpattikkhandhā? Kati vinītavatthūni? Kati agāravā? Kati gāravā? Kati vinītavatthūni? Kati vipattiyo? Kati āpattisamuṭṭhānā? Kati vivādamūlāni? Kati anuvādamūlāni? Kati sāraṇīyā dhammā? Kati bhedakaravatthūni? Kati adhikaraṇāni? Kati samathā?

Pañca āpattiyo. Pañca āpattikkhandhā. Pañca vinītavatthūni. Satta āpattiyo. Satta āpattikkhandhā. Satta vinītavatthūni. Cha agāravā. Cha gāravā. Cha vinītavatthūni. Catasso vipattiyo. Cha āpattisamuṭṭhānā. Cha vivādamūlāni. Cha anuvādamūlāni. Cha sāraṇīyā dhammā. Aṭṭhārasa bhedakaravatthūni. Cattāri adhikaraṇāni. Satta samathā.

Tattha katamā pañca āpattiyo? Pārājikāpatti, saṅghādisesāpatti, pācittiyāpatti, pāṭidesanīyāpatti, dukkaṭāpatti – imā pañca āpattiyo.

Tattha katame pañca āpattikkhandhā? Pārājikāpattikkhandho, saṅghādisesāpattikkhandho, pācittiyāpattikkhandho, pāṭidesanīyāpattikkhandho, dukkaṭāpattikkhandho – ime pañca āpattikkhandhā.

Tattha katamāni pañca vinītavatthūni? Pañcahi āpattikkhandhehi ārati virati paṭivirati veramaṇī akiriyā akaraṇaṃ anajjhāpatti velāanatikkamo setughāto – imāni pañca vinītavatthūni.

Tattha katamā satta āpattiyo? Pārājikāpatti, saṅghādisesāpatti, thullaccayāpatti, pācittiyāpatti, pāṭidesanīyāpatti, dukkaṭāpatti, dubbhāsitāpatti – imā satta āpattiyo.

Tattha katame satta āpattikkhandhā? Pārājikāpattikkhandho, saṅghādisesāpattikkhandho, thullaccayāpattikkhandho, pācittiyāpattikkhandho, pāṭidesanīyāpattikkhandho, dukkaṭāpattikkhandho, dubbhāsitāpattikkhandho – ime satta āpattikkhandhā.

Tattha katamāni satta vinītavatthūni? Sattahi āpattikkhandhehi ārati virati paṭivirati veramaṇī akiriyā akaraṇaṃ anajjhāpatti velāanatikkamo setughāto – imāni satta vinītavatthūni.

Tattha katame cha agāravā? Buddhe agāravo, dhamme agāravo, saṅghe agāravo, sikkhāya agāravo, appamāde agāravo, paṭisandhāre agāravo – ime cha agāravā.

Tattha katame cha gāravā? Buddhe gāravo, dhamme gāravo, saṅghe gāravo, sikkhāya gāravo, appamāde gāravo, paṭisandhāre gāravo – ime cha gāravā.

Tattha katamāni cha vinītavatthūni? Chahi agāravehi ārati virati paṭivirati veramaṇī akiriyā akaraṇaṃ anajjhāpatti velāanatikkamo setughāto – imāni cha vinītavatthūni.

Tattha katamā catasso vipattiyo? Sīlavipatti, ācāravipatti, diṭṭhivipatti, ājīvavipatti – imā catasso vipattiyo.

Tattha katame cha āpattisamuṭṭhānā? Atthāpatti kāyato samuṭṭhāti, na vācato na cittato; atthāpatti vācato samuṭṭhāti, na kāyato na cittato; atthāpatti kāyato ca vācato ca samuṭṭhāti, na cittato; atthāpatti kāyato ca cittato ca samuṭṭhāti, na vācato; atthāpatti vācato ca cittato ca samuṭṭhāti, na kāyato; atthāpatti kāyato ca vācato ca cittato ca samuṭṭhāti – ime cha āpattisamuṭṭhānā.

272. Tattha [cūḷava. 216; a. ni. 6.36; ma. ni. 3.44; dī. ni. 3.325] katamāni cha vivādamūlāni? Idha bhikkhu kodhano hoti upanāhī. Yo so bhikkhu kodhano hoti upanāhī so sattharipi agāravo viharati appatisso, dhammepi agāravo viharati appatisso, saṅghepi agāravo viharati appatisso, sikkhāyapi na paripūrakārī hoti. Yo so bhikkhu satthari agāravo viharati appatisso, dhamme...pe... saṅghe...pe... sikkhāya na paripūrakārī, so saṅghe vivādaṃ janeti. Yo hoti vivādo bahujanāhitāya bahujanāsukhāya bahuno janassa anatthāya ahitāya dukkhāya devamanussānaṃ. Evarūpaṃ ce tumhe vivādamūlaṃ ajjhattaṃ vā bahiddhā vā samanupasseyyātha tatra tumhe tasseva pāpakassa vivādamūlassa pahānāya vāyameyyātha. Evarūpaṃ ce tumhe vivādamūlaṃ ajjhattaṃ vā bahiddhā vā na samanupasseyyātha tatra tumhe tasseva pāpakassa vivādamūlassa āyatiṃ anavassavāya paṭipajjeyyātha. Evametassa pāpakassa vivādamūlassa pahānaṃ hoti. Evametassa pāpakassa vivādamūlassa āyatiṃ anavassavo hoti.

[cūḷava. 216] Puna caparaṃ bhikkhu makkhī hoti paḷāsī...pe... issukī hoti maccharī, saṭho hoti māyāvī, pāpiccho hoti micchādiṭṭhi, sandiṭṭhiparāmāsī hoti ādhānaggāhī duppaṭinissaggī. Yo so bhikkhu sandiṭṭhiparāmāsī hoti ādhānaggāhī duppaṭinissaggī so sattharipi agāravo viharati appatisso, dhammepi agāravo viharati appatisso, saṅghepi agāravo viharati appatisso, sikkhāyapi na paripūrakārī hoti. Yo so bhikkhu satthari agāravo viharati appatisso dhamme...pe... saṅghe...pe... sikkhāya na paripūrakārī, so saṅghe vivādaṃ janeti. Yo so hoti vivādo bahujanāhitāya bahujanāsukhāya bahuno janassa anatthāya ahitāya dukkhāya devamanussānaṃ. Evarūpaṃ ce tumhe vivādamūlaṃ ajjhattaṃ vā bahiddhā vā samanupasseyyātha tatra tumhe tasseva pāpakassa vivādamūlassapahānāya vāyameyyātha. Evarūpaṃ ce tumhe vivādamūlaṃ ajjhattaṃ vā bahiddhā vā na samanupasseyyātha tatra tumhe tasseva pāpakassa vivādamūlassa āyatiṃ anavassavāya paṭipajjeyyātha. Evametassa pāpakassa vivādamūlassa pahānaṃ hoti. Evametassa pāpakassa vivādamūlassa āyatiṃ anavassavo hoti. Imāni cha vivādamūlāni.

273.[cūḷava. 217] Tattha katamāni cha anuvādamūlāni? Idha bhikkhu kodhano hoti upanāhī. Yo so bhikkhu kodhano hoti upanāhī so sattharipi agāravo viharati appatisso, dhammepi agāravo viharati appatisso, saṅghepi agāravo viharati appatisso, sikkhāyapi na paripūrakārī hoti. Yo so bhikkhu satthari agāravo viharati appatisso dhamme…pe… saṅghe …pe… sikkhāya na paripūrakārī so saṅghe anuvādaṃ janeti. Yo hoti anuvādo bahujanāhitāya bahujanāsukhāya bahuno janassa anatthāya ahitāya dukkhāya devamanussānaṃ. Evarūpaṃ ce tumhe anuvādamūlaṃ ajjhattaṃ vā bahiddhā vā samanupasseyyātha tatra tumhe tasseva pāpakassa anuvādamūlassa pahānāya vāyameyyātha. Evarūpaṃ ce tumhe anuvādamūlaṃ ajjhattaṃ vā bahiddhā vā na samanupasseyyātha tatra tumhe tasseva pāpakassa anuvādamūlassa āyatiṃ anavassavāya paṭipajjeyyātha. Evametassa pāpakassa anuvādamūlassa pahānaṃ hoti. Evametassa pāpakassa anuvādamūlassa āyatiṃ anavassavo hoti.

Puna caparaṃ bhikkhu makkhī hoti palāsī…pe… issukī hoti maccharī, saṭho hoti māyāvī, pāpiccho hoti micchādiṭṭhi, sandiṭṭhiparāmāsī hoti ādhānaggāhī duppaṭinissaggī. Yo so bhikkhu sandiṭṭhiparāmāsī hoti ādhānaggāhī duppaṭinissaggī so sattharipi agāravo viharati appatisso, dhammepi agāravo viharati appatisso, saṅghepi agāravo viharati appatisso, sikkhāyapi na paripūrakārī hoti. Yo bhikkhu satthari agāravo viharati appatisso dhamme…pe… saṅghe…pe… sikkhāya na paripūrakārī so saṅghe anuvādaṃ janeti. Yoe hoti anuvādo bahujanāhitāya bahujanāsukhāya bahuno janassa anatthāya ahitāya dukkhāya devamanussānaṃ. Evarūpaṃ ce tumhe anuvādamūlaṃ ajjhattaṃ vā bahiddhā vā samanupasseyyātha tatra tumhe tasseva pāpakassa anuvādamūlassa pahānāya vāyameyyātha. Evarūpaṃ ce tumhe anuvādamūlaṃ ajjhattaṃ vā bahiddhā vā na samanupasseyyātha tatra tumhe tasseva pāpakassa anuvādamūlassa āyatiṃ anavassavāya paṭipajjeyyātha. Evametassa pāpakassa anuvādamūlassa pahānaṃ hoti. Evametassa pāpakassa anuvādamūlassa āyatiṃ anavassavo hoti. Imāni cha anuvādamūlāni.

274.[dī. ni. 3.324; a. ni. 6.11] Tattha katame cha sāraṇīyā dhammā? Idha bhikkhuno mettaṃ kāyakammaṃ paccupaṭṭhitaṃ hoti sabrahmacārīsu āvi ceva raho ca. Ayampi dhammo sāraṇīyo piyakaraṇo garukaraṇo saṅgahāya avivādāya sāmaggiyā ekībhāvāya saṃvattati.

Puna caparaṃ bhikkhuno mettaṃ vacīkammaṃ paccupaṭṭhitaṃ hoti sabrahmacārīsu āvi ceva raho ca. Ayampi dhammo sāraṇīyo piyakaraṇo garukaraṇo saṅgahāya avivādāya sāmaggiyā ekībhāvāya saṃvattati.

Puna caparaṃ bhikkhuno mettaṃ manokammaṃ paccupaṭṭhitaṃ hoti sabrahmacārīsu āvi ceva raho ca. Ayampi dhammo sāraṇīyo piyakaraṇo garukaraṇo saṅgahāya avivādāya sāmaggiyā ekībhāvāya saṃvattati.

Puna caparaṃ bhikkhu ye te lābhā dhammikā dhammaladdhā antamaso pattapariyāpannamattampi tathārūpehi lābhehi appaṭivibhattabhogī hoti sīlavantehi sabrahmacārīhi sādhāraṇabhogī. Ayampi dhammo sāraṇīyo piyakaraṇo garukaraṇo saṅgahāya avivādāya sāmaggiyā ekībhāvāya saṃvattati.

Puna caparaṃ bhikkhu yāni tāni sīlāni akhaṇḍāni acchiddāni asabalāni akammāsāni bhujissāni viññupasatthāni aparāmaṭṭhāni samādhisaṃvattanikāni , tathārūpesu sīlesu sīlasāmaññagato viharati sabrahmacārīhi āvi ceva raho ca. Ayampi dhammo sāraṇīyo piyakaraṇo garukaraṇo saṅgahāya avivādāya sāmaggiyā ekībhāvāya saṃvattati.

Puna caparaṃ bhikkhu yāyaṃ diṭṭhi ariyā niyyānikā niyyāti takkarassa sammā dukkhakkhayāya tathārūpāya diṭṭhiyā diṭṭhisāmaññagato viharati sabrahmacārīhi āvi ceva raho ca. Ayampi dhammo sāraṇīyo piyakaraṇo garukaraṇo saṅgahāya avivādāya sāmaggiyā ekībhāvāya saṃvattati. Ime cha sāraṇīyā dhammā.

275. Tattha katamāni aṭṭhārasa bhedakaravatthūni? Idha bhikkhu adhammaṃ ''dhammo''ti dīpeti, dhammaṃ ''adhammo''ti dīpeti, avinayaṃ ''vinayo''ti dīpeti, vinayaṃ ''avinayo''ti dīpeti, abhāsitaṃ alapitaṃ tathāgatena ''bhāsitaṃ lapitaṃ tathāgatenā''ti dīpeti, bhāsitaṃ lapitaṃ tathāgatena ''abhāsitaṃ alapitaṃ tathāgatenā''ti dīpeti, anāciṇṇaṃ tathāgatena ''āciṇṇaṃ tathāgatenā''ti dīpeti, āciṇṇaṃ tathāgatena ''anāciṇṇaṃ tathāgatenā''ti dīpeti, apaññattaṃ tathāgatena ''paññattaṃ tathāgatenā''ti dīpeti, paññattaṃ tathāgatena ''apaññattaṃ tathāgatenā''ti dīpeti, āpattiṃ ''anāpattī''ti dīpeti, anāpattiṃ ''āpattī''ti dīpeti, lahukaṃ āpattiṃ ''garukā āpattī''ti dīpeti, garukaṃ āpattiṃ ''lahukā āpattī''ti dīpeti, sāvasesaṃ āpattiṃ ''anavasesā āpattī''ti dīpeti, anavasesaṃ āpattiṃ ''sāvasesā āpattī''ti dīpeti, duṭṭhullaṃ āpattiṃ ''aduṭṭhullā āpattī''ti dīpeti, aduṭṭhullaṃ āpattiṃ ''duṭṭhullā āpattī''ti dīpeti. Imāni aṭṭhārasa bhedakaravatthūni.

[cūḷava. 215; pari. 340] Tattha katamāni cattāri adhikaraṇāni? Vivādādhikaraṇaṃ, anuvādādhikaraṇaṃ, āpattādhikaraṇaṃ, kiccādhikaraṇaṃ – imāni cattāri adhikaraṇāni.

Tattha katame satta samathā? Sammukhāvinayo, sativinayo, amūḷhavinayo, paṭiññātakaraṇaṃ, yebhuyyasikā, tassapāpiyasikā, tiṇavatthārako – ime satta samathā.

Katipucchāvāro niṭṭhito.

Tassuddānaṃ –

Āpatti āpattikkhandhā, vinītā sattadhā puna;
Vinītāgāravā ceva, gāravā mūlameva ca.
Puna vinītā vipatti, samuṭṭhānā vivādanā;

Anuvādā sāraṇīyaṃ, bhedādhikaraṇena ca.
Satteva samathā vuttā, padā sattarasā imeti.

1. Chaāpattisamuṭṭhānavāro

276. Paṭhamena āpattisamuṭṭhānena pārājikaṃ āpajjeyyāti? Na hīti vattabbaṃ. Saṅghādisesaṃ āpajjeyyāti? Siyāti vattabbaṃ. Thullaccayaṃ āpajjeyyāti? Siyāti vattabbaṃ. Pācittiyaṃ āpajjeyyāti? Siyāti vattabbaṃ. Pāṭidesanīyaṃ āpajjeyyāti? Siyāti vattabbaṃ. Dukkaṭaṃ āpajjeyyāti? Siyāti vattabbaṃ. Dubbhāsitaṃ āpajjeyyāti? Na hīti vattabbaṃ.

Dutiyena āpattisamuṭṭhānena pārājikaṃ āpajjeyyāti? Na hīti vattabbaṃ. Saṅghādisesaṃ āpajjeyyāti? Siyāti vattabbaṃ. Thullaccayaṃ āpajjeyyāti? Siyāti vattabbaṃ. Pācittiyaṃ āpajjeyyāti? Siyāti vattabbaṃ. Pāṭidesanīyaṃ āpajjeyyāti? Na hīti vattabbaṃ. Dukkaṭaṃ āpajjeyyāti? Siyāti vattabbaṃ. Dubbhāsitaṃ āpajjeyyāti? Na hīti vattabbaṃ.

Tatiyena āpattisamuṭṭhānena pārājikaṃ āpajjeyyāti? Na hīti vattabbaṃ. Saṅghādisesaṃ āpajjeyyāti? Siyāti vattabbaṃ. Thullaccayaṃ āpajjeyyāti? Siyāti vattabbaṃ. Pācittiyaṃ āpajjeyyāti? Siyāti vattabbaṃ. Pāṭidesanīyaṃ āpajjeyyāti? Siyāti vattabbaṃ. Dukkaṭaṃ āpajjeyyāti? Siyāti vattabbaṃ. Dubbhāsitaṃ āpajjeyyāti? Na hīti vattabbaṃ.

Catutthe āpattisamuṭṭhānena pārājikaṃ āpajjeyyāti? Siyāti vattabbaṃ. Saṅghādisesaṃ āpajjeyyāti? Siyāti vattabbaṃ. Thullaccayaṃ āpajjeyyāti? Siyāti vattabbaṃ. Pācittiyaṃ āpajjeyyāti? Siyāti vattabbaṃ. Pāṭidesanīyaṃ āpajjeyyāti? Siyāti vattabbaṃ. Dukkaṭaṃ āpajjeyyāti? Siyāti vattabbaṃ. Dubbhāsitaṃ āpajjeyyāti? Na hīti vattabbaṃ.

Pañcamena āpattisamuṭṭhānena pārājikaṃ āpajjeyyāti? Siyāti vattabbaṃ. Saṅghādisesaṃ āpajjeyyāti? Siyāti vattabbaṃ. Thullaccayaṃ āpajjeyyāti? Siyāti vattabbaṃ. Pācittiyaṃ āpajjeyyāti? Siyāti vattabbaṃ. Pāṭidesanīyaṃ āpajjeyyāti? Na hīti vattabbaṃ. Dukkaṭaṃ āpajjeyyāti? Siyāti vattabbaṃ. Dubbhāsitaṃ āpajjeyyāti? Siyāti vattabbaṃ.

Chaṭṭhena āpattisamuṭṭhānena pārājikaṃ āpajjeyyāti? Siyāti vattabbaṃ. Saṅghādisesaṃ āpajjeyyāti? Siyāti vattabbaṃ. Thullaccayaṃ āpajjeyyāti? Siyāti vattabbaṃ. Pācittiyaṃ āpajjeyyāti? Siyāti vattabbaṃ. Pāṭidesanīyaṃ āpajjeyyāti? Siyāti vattabbaṃ. Dukkaṭaṃ āpajjeyyāti? Siyāti vattabbaṃ. Dubbhāsitaṃ āpajjeyyāti? Na hīti vattabbaṃ.

Chaāpattisamuṭṭhānavāro niṭṭhito paṭhamo.

2. Katāpattivāro

277. Paṭhamena āpattisamuṭṭhānena kati āpattiyo āpajjati? Paṭhamena āpattisamuṭṭhānena pañca āpattiyo āpajjati. Bhikkhu kappiyasaññī saññācikāya kuṭiṃ karoti adesitavatthukaṃ pamāṇātikkantaṃ sārambhaṃ aparikkamanaṃ, payoge dukkaṭaṃ; ekaṃ piṇḍaṃ anāgate āpatti thullaccayassa; tasmiṃ piṇḍe āgate āpatti saṅghādisesassa; bhikkhu kappiyasaññī vikāle bhojanaṃ bhuñjati, āpatti pācittiyassa; bhikkhu kappiyasaññī aññātikāya bhikkhuniyā antaragharaṃ paviṭṭhāya hatthato khādanīyaṃ vā bhojanīyaṃ vā sahatthā paṭiggahetvā bhuñjati, āpatti pāṭidesanīyassa – paṭhamena āpattisamuṭṭhānena imā pañca āpattiyo āpajjati.

Tā āpattiyo catunnaṃ vipattīnaṃ kati vipattiyo bhajanti? Sattannaṃ āpattikkhandhānaṃ katihi āpattikkhandhehi saṅgahitā? Channaṃ āpattisamuṭṭhānānaṃ katihi samuṭṭhānehi samuṭṭhanti? Catunnaṃ adhikaraṇānaṃ katamaṃ adhikaraṇaṃ? Sattannaṃ samathānaṃ katihi samathehi sammanti? Tā āpattiyo catunnaṃ vipattīnaṃ dve vipattiyo bhajanti – siyā sīlavipattiṃ, siyā ācāravipattiṃ. Sattannaṃ āpattikkhandhānaṃ pañcahi āpattikkhandhehi saṅgahitā – siyā saṅghādisesāpattikkhandhena, siyā thullaccayāpattikkhandhena, siyā pācittiyāpattikkhandhena, siyā pāṭidesanīyāpattikkhandhena, siyā dukkaṭāpattikkhandhena. Channaṃ āpattisamuṭṭhānānaṃ ekena samuṭṭhānena samuṭṭhanti – kāyato samuṭṭhanti, na vācato na cittato. Catunnaṃ adhikaraṇānaṃ āpattādhikaraṇaṃ . Sattannaṃ samathānaṃ tīhi samathehi sammanti – siyā sammukhāvinayena ca paṭiññātakaraṇena ca, siyā sammukhāvinayena ca tiṇavatthārakena ca.

278. Dutiyena āpattisamuṭṭhānena kati āpattiyo āpajjati? Dutiyena āpattisamuṭṭhānena catasso āpattiyo āpajjati – bhikkhu kappiyasaññī samādisati – ''kuṭiṃ me karothā''ti. Tassa kuṭiṃ karonti adesitavatthukaṃ pamāṇātikkantaṃ sārambhaṃ aparikkamanaṃ. Payoge dukkaṭaṃ; ekaṃ piṇḍaṃ anāgate āpatti thullaccayassa; tasmiṃ piṇḍe āgate āpatti saṅghādisesassa. Bhikkhu kappiyasaññī anupasampannaṃ padaso dhammaṃ vāceti, āpatti pācittiyassa – dutiyena āpattisamuṭṭhānena imā catasso āpattiyo āpajjati.

Tā āpattiyo catunnaṃ vipattīnaṃ kati vipattiyo bhajanti...pe... sattannaṃ samathānaṃ katihi samathehi sammanti? Tā āpattiyo catunnaṃ vipattīnaṃ dve vipattiyo bhajanti – siyā sīlavipattiṃ, siyā ācāravipattiṃ. Sattannaṃ āpattikkhandhānaṃ catūhi āpattikkhandhehi saṅgahitā – siyā saṅghādisesāpattikkhandhena, siyā thullaccayāpattikkhandhena, siyā pācittiyāpattikkhandhena, siyā dukkaṭāpattikkhandhena. Channaṃ āpattisamuṭṭhānānaṃ ekena samuṭṭhānena samuṭṭhanti – vācato samuṭṭhanti, na kāyato na cittato. Catunnaṃ adhikaraṇānaṃ, āpattādhikaraṇaṃ. Sattannaṃ samathānaṃ tīhi samathehi sammanti – siyā sammukhāvinayena ca paṭiññātakaraṇena ca, siyā sammukhāvinayena ca tiṇavatthārakena ca.

279. Tatiyena āpattisamuṭṭhānena kati āpattiyo āpajjati? Tatiyena āpattisamuṭṭhānena pañca āpattiyo āpajjati. Bhikkhu kappiyasaññī saṃvidahitvā kuṭiṃ karoti adesitavatthukaṃ pamāṇātikkantaṃ sārambhaṃ aparikkamanaṃ. Payoge dukkaṭaṃ; ekaṃ piṇḍaṃ anāgate āpatti thullaccayassa; tasmiṃ piṇḍe āgate āpatti saṅghādisesassa. Bhikkhu kappiyasaññī paṇītabhojanāni attano atthāya viññāpetvā bhuñjati, āpatti pācittiyassa. Bhikkhu kappiyasaññī bhikkhuniyā vosāsantiyā na nivāretvā bhuñjati, āpatti pāṭidesanīyassa – tatiyena āpattisamuṭṭhānena imā pañca āpattiyo āpajjati.

Tā āpattiyo catunnaṃ vipattīnaṃ kati vipattiyo bhajanti...pe... sattannaṃ samathānaṃ katihi samathehi sammanti? Tā āpattiyo catunnaṃ vipattīnaṃ dve vipattiyo bhajanti – siyā sīlavipattiṃ, siyā ācāravipattiṃ. Sattannaṃ āpattikkhandhānaṃ pañcahi āpattikkhandhehi saṅgahitā – siyā saṅghādisesāpattikkhandhena, siyā thullaccayāpattikkhandhena, siyā pācittiyāpattikkhandhena, siyā pāṭidesanīyāpattikkhandhena, siyā dukkaṭāpattikkhandhena. Channaṃ āpattisamuṭṭhānānaṃ ekena samuṭṭhānena samuṭṭhanti – kāyato ca vācato ca samuṭṭhanti, na cittato. Catunnaṃ adhikaraṇānaṃ, āpattādhikaraṇaṃ. Sattannaṃ samathānaṃ tīhi samathehi sammanti – siyā sammukhāvinayena ca paṭiññātakaraṇena ca, siyā sammukhāvinayena ca tiṇavatthārakena ca.

280. Catutthena āpattisamuṭṭhānena kati āpattiyo āpajjati? Catutthena āpattisamuṭṭhānena cha āpattiyo āpajjati – bhikkhu methunaṃ dhammaṃ paṭisevati, āpatti pārājikassa; bhikkhu akappiyasaññī saññācikāya kuṭiṃ karoti adesitavatthukaṃ pamāṇātikkantaṃ sārambhaṃ aparikkamanaṃ, payoge dukkaṭaṃ; ekaṃ piṇḍaṃ anāgate āpatti thullaccayassa; tasmiṃ piṇḍe āgate āpatti saṅghādisesassa. Bhikkhu akappiyasaññī vikāle bhojanaṃ bhuñjati, āpatti pācittiyassa. Bhikkhu akappiyasaññī aññātikāya bhikkhuniyā antaragharaṃ paviṭṭhāya hatthato khādanīyaṃ vā bhojanīyaṃ vā sahatthā paṭiggahetvā bhuñjati, āpatti pāṭidesanīyassa. Catutthena āpattisamuṭṭhānena imā cha āpattiyo āpajjati.

Tā āpattiyo catunnaṃ vipattīnaṃ kati vipattiyo bhajanti...pe... sattannaṃ samathānaṃ katihi samathehi sammanti? Tā āpattiyo catunnaṃ vipattīnaṃ dve vipattiyo bhajanti – siyā sīlavipattiṃ, siyā ācāravipattiṃ. Sattannaṃ āpattikkhandhānaṃ chahi āpattikkhandhehi saṅgahitā – siyā pārājikāpattikkhandhena, siyā saṅghādisesāpattikkhandhena, siyā thullaccayāpattikkhandhena, siyā pācittiyāpattikkhandhena, siyā pāṭidesanīyāpattikkhandhena, siyā dukkaṭāpattikkhandhena. Channaṃ āpattisamuṭṭhānānaṃ ekena samuṭṭhānena samuṭṭhanti – kāyato ca cittato ca samuṭṭhanti, na vācato. Catunnaṃ adhikaraṇānaṃ, āpattādhikaraṇaṃ. Sattannaṃ samathānaṃ tīhi samathehi sammanti – siyā sammukhāvinayena ca paṭiññātakaraṇena ca, siyā sammukhāvinayena ca tiṇavatthārakena ca.

281. Pañcamena āpattisamuṭṭhānena kati āpattiyo āpajjati? Pañcamena āpattisamuṭṭhānena cha āpattiyo āpajjati. Bhikkhu pāpiccho icchāpakato asantaṃ abhūtaṃ uttarimanussadhammaṃ ullapati, āpatti pārājikassa; bhikkhu akappiyasaññī samādisati – "kuṭiṃ me karothā"ti. Tassa kuṭiṃ karonti adesitavatthukaṃ pamāṇātikkantaṃ sārambhaṃ aparikkamanaṃ. Payoge dukkaṭaṃ; ekaṃ piṇḍaṃ anāgate āpatti thullaccayassa; tasmiṃ piṇḍe āgate āpatti saṅghādisesassa. Bhikkhu akappiyasaññī anupasampannaṃ padaso dhammaṃ vāceti, āpatti pācittiyassa. Na khuṃsetukāmo na vambhetukāmo na maṅkukattukāmo davakamyatā hīnena hīnaṃ vadeti, āpatti dubbhāsitassa – pañcamena āpattisamuṭṭhānena imā cha āpattiyo āpajjati.

Tā āpattiyo catunnaṃ vipattīnaṃ kati vipattiyo bhajanti...pe... sattannaṃ samathānaṃ katihi samathehi sammanti? Tā āpattiyo catunnaṃ vipattīnaṃ dve vipattiyo bhajanti – siyā sīlavipattiṃ, siyā ācāravipattiṃ. Sattannaṃ āpattikkhandhānaṃ chahi āpattikkhandhehi saṅgahitā – siyā pārājikāpattikkhandhena, siyā saṅghādisesāpattikkhandhena, siyā thullaccayāpattikkhandhena, siyā pācittiyāpattikkhandhena, siyā dukkaṭāpattikkhandhena, siyā dubbhāsitāpattikkhandhena. Channaṃ āpattisamuṭṭhānānaṃ ekena samuṭṭhānena samuṭṭhanti – vācato ca cittato ca samuṭṭhanti, na kāyato. Catunnaṃ adhikaraṇānaṃ, āpattādhikaraṇaṃ. Sattannaṃ samathānaṃ tīhi samathehi sammanti – siyā sammukhāvinayena ca paṭiññātakaraṇena ca, siyā sammukhāvinayena ca tiṇavatthārakena ca.

282. Chaṭṭhena āpattisamuṭṭhānena kati āpattiyo āpajjati? Chaṭṭhena āpattisamuṭṭhānena cha āpattiyo āpajjati – bhikkhu saṃvidahitvā bhaṇḍaṃ avaharati, āpatti pārājikassa; bhikkhu akappiyasaññī saṃvidahitvā kuṭiṃ karoti adesitavatthukaṃ pamāṇātikkantaṃ sārambhaṃ aparikkamanaṃ, payoge dukkaṭaṃ; ekaṃ piṇḍaṃ anāgate āpatti thullaccayassa; tasmiṃ piṇḍe āgate, āpatti saṅghādisesassa. Bhikkhu akappiyasaññī paṇītabhojanāni attano atthāya viññāpetvā bhuñjati, āpatti pācittiyassa. Bhikkhu akappiyasaññī bhikkhuniyā vosāsantiyā na nivāretvā bhuñjati, āpatti pāṭidesanīyassa – chaṭṭhena āpattisamuṭṭhānena imā cha āpattiyo āpajjati.

Tā āpattiyo catunnaṃ vipattīnaṃ kati vipattiyo bhajanti? Sattannaṃ āpattikkhandhānaṃ katihi āpattikkhandhehi saṅgahitā? Channaṃ āpattisamuṭṭhānānaṃ katihi āpattisamuṭṭhānehi samuṭṭhanti? Catunnaṃ adhikaraṇānaṃ katamaṃ adhikaraṇaṃ? Sattannaṃ samathānaṃ katihi samathehi sammanti? Tā āpattiyo catunnaṃ vipattīnaṃ dve vipattiyo bhajanti – siyā sīlavipattiṃ, siyā ācāravipattiṃ. Sattannaṃ āpattikkhandhānaṃ chahi āpattikkhandhehi saṅgahitā – siyā pārājikāpattikkhandhena, siyā saṅghādisesāpattikkhandhena, siyā thullaccayāpattikkhandhena, siyā pācittiyāpattikkhandhena, siyā pāṭidesanīyāpattikkhandhena, siyā dukkaṭāpattikkhandhena. Channaṃ āpattisamuṭṭhānānaṃ ekena samuṭṭhānena samuṭṭhanti – kāyato ca vācato ca cittato ca samuṭṭhanti. Catunnaṃ adhikaraṇānaṃ, āpattādhikaraṇaṃ. Sattannaṃ samathānaṃ tīhi samathehi sammanti – siyā sammukhāvinayena ca paṭiññātakaraṇena ca, siyā sammukhāvinayena ca tiṇavatthārakena cāti.

Channaṃ āpattisamuṭṭhānānaṃ

Katāpattivāro niṭṭhito dutiyo.

3. Āpattisamuṭṭhānagāthā

283.

Samuṭṭhānā kāyikā anantadassinā;
Akkhātā lokahitena vivekadassinā;
Āpattiyo tena samuṭṭhitā kati;
Pucchāmi taṃ brūhi vibhaṅgakovida.
Samuṭṭhānā kāyikā anantadassinā;
Akkhātā lokahitena vivekadassinā;
Āpattiyo tena samuṭṭhitā pañca;
Etaṃ te akkhāmi vibhaṅgakovida.
Samuṭṭhānā vācasikā anantadassinā;
Akkhātā lokahitena vivekadassinā;
Āpattiyo tena samuṭṭhitā kati;
Pucchāmi taṃ brūhi vibhaṅgakovida.
Samuṭṭhānā vācasikā anantadassinā;
Akkhātā lokahitena vivekadassinā;
Āpattiyo tena samuṭṭhitā catasso;
Etaṃ te akkhāmi vibhaṅgakovida.
Samuṭṭhānā kāyikā vācasikā anantadassinā;
Akkhātā lokahitena vivekadassinā;
Āpattiyo tena samuṭṭhitā kati;
Pucchāmi taṃ brūhi vibhaṅgakovida.
Samuṭṭhānā kāyikā vācasikā anantadassinā;
Akkhātā lokahitena vivekadassinā;
Āpattiyo tena samuṭṭhitā pañca;
Etaṃ te akkhāmi vibhaṅgakovida.
Samuṭṭhānā kāyikā mānasikā anantadassinā;
Akkhātā lokahitena vivekadassinā;
Āpattiyo tena samuṭṭhitā kati;
Pucchāmi taṃ brūhi vibhaṅgakovida.
Samuṭṭhānā kāyikā mānasikā anantadassinā;
Akkhātā lokahitena vivekadassinā;
Āpattiyo tena samuṭṭhitā cha;
Etaṃ te akkhāmi vibhaṅgakovida.
Samuṭṭhānā vācasikā mānasikā anantadassinā;
Akkhātā lokahitena vivekadassinā;
Āpattiyo tena samuṭṭhitā kati;
Pucchāmi taṃ brūhi vibhaṅgakovida.
Samuṭṭhānā vācasikā mānasikā anantadassinā;
Akkhātā lokahitena vivekadassinā;
Āpattiyo tena samuṭṭhitā cha;
Etaṃ te akkhāmi vibhaṅgakovida.
Samuṭṭhānā kāyikā vācasikā mānasikā anantadassinā;
Akkhātā lokahitena vivekadassinā;
Āpattiyo tena samuṭṭhitā kati;
Pucchāmi taṃ brūhi vibhaṅgakovida.
Samuṭṭhānā kāyikā vācasikā mānasikā anantadassinā;
Akkhātā lokahitena vivekadassinā;
Āpattiyo tena samuṭṭhitā cha;
Etaṃ te akkhāmi vibhaṅgakovidāti.

Āpattisamuṭṭhānagāthā niṭṭhitā tatiyā.

4. Vipattipaccayavāro

284. Sīlavipattipaccayā kati āpattiyo āpajjati? Sīlavipattipaccayā catasso āpattiyo āpajjati – bhikkhunī jānaṃ pārājikaṃ dhammaṃ paṭicchādeti, āpatti pārājikassa; vematikā paṭicchādeti, āpatti thullaccayassa;

bhikkhu saṅghādisesaṃ paṭicchādeti, āpatti pācittiyassa; attano duṭṭhullaṃ āpattiṃ paṭicchādeti, āpatti dukkaṭassa – sīlavipattipaccayā imā catasso āpattiyo āpajjati.

Tā āpattiyo catunnaṃ vipattīnaṃ kati vipattiyo bhajanti...pe... sattannaṃ samathānaṃ katihi samathehi sammanti? Tā āpattiyo catunnaṃ vipattīnaṃ dve vipattiyo bhajanti – siyā sīlavipattiṃ, siyā ācāravipattiṃ. Sattannaṃ āpattikkhandhānaṃ catūhi āpattikkhandhehi saṅgahitā – siyā pārājikāpattikkhandhena, siyā thullaccayāpattikkhandhena, siyā pācittiyāpattikkhandhena, siyā dukkaṭāpattikkhandhena. Channaṃ āpattisamuṭṭhānānaṃ ekena samuṭṭhānena samuṭṭhanti – kāyato ca vācato ca cittato ca samuṭṭhanti. Catunnaṃ adhikaraṇānaṃ, āpattādhikaraṇaṃ. Sattannaṃ samathānaṃ tīhi samathehi sammanti – siyā sammukhāvinayena ca paṭiññātakaraṇena ca, siyā sammukhāvinayena ca tiṇavatthārakena ca.

285. Ācāravipattipaccayā kati āpattiyo āpajjati? Ācāravipattipaccayā ekaṃ āpattiṃ āpajjati. Ācāravipattiṃ paṭicchādeti, āpatti dukkaṭassa – ācāravipattipaccayā imaṃ ekaṃ āpattiṃ āpajjati.

Sā āpatti catunnaṃ vipattīnaṃ kati vipattiyo bhajati ...pe... sattannaṃ samathānaṃ katihi samathehi sammati? Sā āpatti catunnaṃ vipattīnaṃ ekaṃ vipattiṃ bhajati – ācāravipattiṃ. Sattannaṃ āpattikkhandhānaṃ ekena āpattikkhandhena saṅgahitā – dukkaṭāpattikkhandhena. Channaṃ āpattisamuṭṭhānānaṃ ekena samuṭṭhānena samuṭṭhāti – kāyato ca vācato ca cittato ca samuṭṭhāti. Catunnaṃ adhikaraṇānaṃ āpattādhikaraṇaṃ. Sattannaṃ samathānaṃ tīhi samathehi sammati – siyā sammukhāvinayena ca paṭiññātakaraṇena ca, siyā sammukhāvinayena ca tiṇavatthārakena ca.

286. Diṭṭhivipattipaccayā kati āpattiyo āpajjati? Diṭṭhivipattipaccayā dve āpattiyo āpajjati. Pāpikāya diṭṭhiyā yāvatatiyaṃ samanubhāsanāya na paṭinissajjati, ñattiyā dukkaṭaṃ [ñattiyā dukkaṭaṃ, dvīhi kammavācāhi dukkaṭā (syā. ka.)]; kammavācāpariyosāne āpatti pācittiyassa – diṭṭhivipattipaccayā imā dve āpattiyo āpajjati.

Tā āpattiyo catunnaṃ vipattīnaṃ kati vipattiyo bhajanti...pe... sattannaṃ samathānaṃ katihi samathehi sammanti? Tā āpattiyo catunnaṃ vipattīnaṃ ekaṃ vipattiṃ bhajanti – ācāravipattiṃ. Sattannaṃ āpattikkhandhānaṃ dvīhi āpattikkhandhehi saṅgahitā – siyā pācittiyāpattikkhandhena, siyā dukkaṭāpattikkhandhena. Channaṃ āpattisamuṭṭhānānaṃ ekena samuṭṭhānena samuṭṭhanti – kāyato ca vācato ca cittato ca samuṭṭhanti. Catunnaṃ adhikaraṇānaṃ, āpattādhikaraṇaṃ. Sattannaṃ samathānaṃ tīhi samathehi sammanti – siyā sammukhāvinayena ca paṭiññātakaraṇena ca, siyā sammukhāvinayena ca tiṇavatthārakena ca.

287. Ājīvavipattipaccayā kati āpattiyo āpajjati? Ājīvavipattipaccayā cha āpattiyo āpajjati – ājīvahetu ājīvakāraṇā pāpiccho icchāpakato asantaṃ abhūtaṃ uttarimanussadhammaṃ ullapati, āpatti pārājikassa; ājīvahetu ājīvakāraṇā sañcarittaṃ samāpajjati, āpatti saṅghādisesassa; ājīvahetu ājīvakāraṇā ''yo te vihāre vasati, so bhikkhu arahā''ti bhaṇati, paṭivijānantassa āpatti thullaccayassa; ājīvahetu ājīvakāraṇā bhikkhu paṇītabhojanāni attano atthāya viññāpetvā bhuñjati, āpatti pācittiyassa; ājīvahetu ājīvakāraṇā bhikkhunī paṇītabhojanāni attano atthāya viññāpetvā bhuñjati, āpatti pāṭidesanīyassa; ājīvahetu ājīvakāraṇā sūpaṃ vā odanaṃ vā agilāno attano atthāya viññāpetvā bhuñjati, āpatti dukkaṭassa – ājīvavipattipaccayā imā cha āpattiyo āpajjati.

Tā āpattiyo catunnaṃ vipattīnaṃ kati vipattiyo bhajanti...pe... sattannaṃ samathānaṃ katihi samathehi sammanti. Tā āpattiyo catunnaṃ vipattīnaṃ dvevipattiyo bhajanti – siyā sīlavipattiṃ, siyā ācāravipattiṃ. Sattannaṃ āpattikkhandhānaṃ chahi āpattikkhandhehi saṅgahitā – siyā pārājikāpattikkhandhena, siyā saṅghādisesāpattikkhandhena, siyā thullaccayāpattikkhandhena, siyā pācittiyāpattikkhandhena, siyā pāṭidesanīyāpattikkhandhena, siyā dukkaṭāpattikkhandhena. Channaṃ āpattisamuṭṭhānānaṃ chahi samuṭṭhānehi samuṭṭhanti – siyā kāyato samuṭṭhanti, na vācato na cittato; siyā vācato samuṭṭhanti, na kāyato na cittato; siyā kāyato ca vācato ca samuṭṭhanti, na cittato; siyā kāyato ca cittato ca samuṭṭhanti, na vācato; siyā vācato ca cittato ca samuṭṭhanti, na kāyato; siyā kāyato ca vācato ca cittato ca samuṭṭhanti. Catunnaṃ adhikaraṇānaṃ, āpattādhikaraṇaṃ. Sattannaṃ samathānaṃ tīhi samathehi sammanti – siyā sammukhāvinayena ca paṭiññātakaraṇena ca, siyā sammukhāvinayena ca tiṇavatthārakena ca.

Vipattipaccayavāro niṭṭhito catuttho.

5. Adhikaraṇapaccayavāro

288. Vivādādhikaraṇapaccayā kati āpattiyo āpajjati? Vivādādhikaraṇapaccayā dve āpattiyo āpajjati – upasampannaṃ omasati, āpatti pācittiyassa; anupasampannaṃ omasati, āpatti dukkaṭassa – vivādādhikaraṇapaccayā imā dve āpattiyo āpajjati.

Tā āpattiyo catunnaṃ vipattīnaṃ kati vipattiyo bhajanti...pe... sattannaṃ samathānaṃ katihi samathehi sammanti? Tā āpattiyo catunnaṃ vipattīnaṃ ekaṃ vipattiṃ bhajanti – ācāravipattiṃ. Sattannaṃ āpattikkhandhānaṃ dvīhi āpattikkhandhehi saṅgahitā – siyā pācittiyāpattikkhandhena, siyā dukkaṭāpattikkhandhena. Channaṃ āpattisamuṭṭhānānaṃ tīhi samuṭṭhānehi samuṭṭhanti – siyā kāyato ca cittato ca samuṭṭhanti, na vācato; siyā vācato ca cittato ca samuṭṭhanti, na kāyato; siyā kāyato ca vācato ca cittato ca samuṭṭhanti. Catunnaṃ adhikaraṇānaṃ, āpattādhikaraṇaṃ. Sattannaṃ samathānaṃ tīhi samathehi sammanti – siyā sammukhāvinayena ca paṭiññātakaraṇena ca, siyā sammukhāvinayena ca tiṇavatthārakena ca.

289. Anuvādādhikaraṇapaccayā kati āpattiyo āpajjati? Anuvādādhikaraṇapaccayā tisso āpattiyo āpajjati. Bhikkhuṃ amūlakena pārājikena dhammena anuddhaṃseti, āpatti saṅghādisesassa; amūlakena saṅghādisesena anuddhaṃseti, āpatti pācittiyassa; amūlikāya ācāravipattiyā anuddhaṃseti, āpatti dukkaṭassa – anuvādādhikaraṇapaccayā imā tisso āpattiyo āpajjati.

Tā āpattiyo catunnaṃ vipattīnaṃ kati vipattiyo bhajanti...pe... sattannaṃ samathānaṃ katihi samathehi sammanti? Tā āpattiyo catunnaṃ vipattīnaṃ dve vipattiyo bhajanti – siyā sīlavipattiṃ, siyā ācāravipattiṃ. Sattannaṃ āpattikkhandhānaṃ tīhi āpattikkhandhehi saṅgahitā – siyā saṅghādisesāpattikkhandhena, siyā pācittiyāpattikkhandhena, siyā dukkaṭāpattikkhandhena . Channaṃ āpattisamuṭṭhānānaṃ tīhi samuṭṭhānehi samuṭṭhanti – siyā kāyato ca cittato ca samuṭṭhanti, na vācato; siyā vācato ca cittato ca samuṭṭhanti, na kāyato; siyā kāyato ca vācato ca cittato ca samuṭṭhanti. Catunnaṃ adhikaraṇānaṃ, āpattādhikaraṇaṃ. Sattannaṃ samathānaṃ tīhi samathehi sammanti – siyā sammukhāvinayena ca paṭiññātakaraṇena ca, siyā sammukhāvinayena ca tiṇavatthārakena ca.

290. Āpattādhikaraṇapaccayā kati āpattiyo āpajjati? Āpattādhikaraṇapaccayā catasso āpattiyo āpajjati. Bhikkhunī jānaṃ pārājikaṃ dhammaṃ paṭicchādeti, āpatti pārājikassa; vematikā paṭicchādeti, āpatti thullaccayassa; bhikkhu saṅghādisesaṃ paṭicchādeti; āpatti pācittiyassa; ācāravipattiṃ paṭicchādeti, āpatti dukkaṭassa – āpattādhikaraṇapaccayā imā catasso āpattiyo āpajjati.

Tā āpattiyo catunnaṃ vipattīnaṃ kati vipattiyo bhajanti...pe... sattannaṃ samathānaṃ katihi samathehi sammanti? Tā āpattiyo catunnaṃ vipattīnaṃ dve vipattiyo bhajanti – siyā sīlavipattiṃ, siyā ācāravipattiṃ. Sattannaṃ āpattikkhandhānaṃ catūhi āpattikkhandhehi saṅgahitā – siyā pārājikāpattikkhandhena, siyā thullaccayāpattikkhandhena, siyā pācittiyāpattikkhandhena, siyā dukkaṭāpattikkhandhena. Channaṃ āpattisamuṭṭhānānaṃ ekena samuṭṭhānena samuṭṭhanti – kāyato ca vācato ca cittato ca samuṭṭhanti. Catunnaṃ adhikaraṇānaṃ, āpattādhikaraṇaṃ. Sattannaṃ samathānaṃ tīhi samathehi sammanti – siyā sammukhāvinayena ca paṭiññātakaraṇena ca, siyā sammukhāvinayena ca tiṇavatthārakena ca.

291. Kiccādhikaraṇapaccayā kati āpattiyo āpajjati? Kiccādhikaraṇapaccayā pañca āpattiyo āpajjati. Ukkhittānuvattikā bhikkhunī yāvatatiyaṃ samanubhāsanāya na paṭinissajjati, ñattiyā dukkaṭaṃ; dvīhi kammavācāhi thullaccayā; kammavācāpariyosāne āpatti pārājikassa. Bhedakānuvattakā bhikkhū yāvatatiyaṃ samanubhāsanāya na paṭinissajjanti, āpatti saṅghādisesassa; pāpikāya diṭṭhiyā yāvatatiyaṃ samanubhāsanāya na paṭinissajjati, āpatti pācittiyassa – kiccādhikaraṇapaccayā imā pañca āpattiyo āpajjati.

Tā āpattiyo catunnaṃ vipattīnaṃ kati vipattiyo bhajanti...pe... sattannaṃ samathānaṃ katihi samathehi sammanti? Tā āpattiyo catunnaṃ vipattīnaṃ dve vipattiyo bhajanti – siyā sīlavipattiṃ, siyā ācāravipattiṃ. Sattannaṃ āpattikkhandhānaṃ pañcahi āpattikkhandhehi saṅgahitā – siyā pārājikāpattikkhandhena, siyā saṅghādisesāpattikkhandhena, siyā thullaccayāpattikkhandhena, siyā pācittiyāpattikkhandhena, siyā dukkaṭāpattikkhandhena. Channaṃ āpattisamuṭṭhānānaṃ ekena samuṭṭhānena samuṭṭhanti – kāyato ca vācato ca cittato ca samuṭṭhanti . Catunnaṃ adhikaraṇānaṃ, āpattādhikaraṇaṃ. Sattannaṃ samathānaṃ tīhi samathehi sammanti – siyā sammukhāvinayena ca paṭiññātakaraṇena ca, siyā sammukhāvinayena ca tiṇavatthārakena ca.

Ṭhapetvā satta āpattiyo satta āpattikkhandhe, avasesā āpattiyo catunnaṃ vipattīnaṃ kati vipattiyo bhajanti? Sattannaṃ āpattikkhandhānaṃ katihi āpattikkhandhehi saṅgahitā? Channaṃ āpattisamuṭṭhānānaṃ katihi samuṭṭhānehi samuṭṭhanti? Catunnaṃ adhikaraṇānaṃ katamaṃ adhikaraṇaṃ? Sattannaṃ samathānaṃ katihi samathehi sammanti? Ṭhapetvā satta āpattiyo satta āpattikkhandhe avasesā āpattiyo catunnaṃ vipattīnaṃ na katamaṃ vipattiṃ bhajanti? Sattannaṃ āpattikkhandhānaṃ na katamena āpattikkhandhena saṅgahitā. Channaṃ āpattisamuṭṭhānānaṃ na katamena āpattisamuṭṭhānena samuṭṭhanti. Catunnaṃ adhikaraṇānaṃ na katamaṃ adhikaraṇaṃ. Sattannaṃ samathānaṃ na katamena samathena sammanti. Taṃ kissa hetu? Ṭhapetvā satta āpattiyo satta āpattikkhandhe, natthaññā āpattiyoti.

Adhikaraṇapaccayavāro niṭṭhito pañcamo.

Antarapeyyālaṃ [anantarapeyyālaṃ (sī. syā.)] niṭṭhitaṃ.

Tassuddānaṃ –

Katipucchā samuṭṭhānā, katāpatti tatheva ca;
Samuṭṭhānā vipatti ca, tathādhikaraṇena cāti.

Samathabhedo

6. Adhikaraṇapariyāyavāro

292. Vivādādhikaraṇassa – kiṃ pubbaṅgamaṃ? Kati ṭhānāni? Kati vatthūni? Kati bhūmiyo? Kati hetū? Kati mūlāni? Katihākārehi vivadati? Vivādādhikaraṇaṃ katihi samathehi sammati?

Anuvādādhikaraṇassa – kiṃ pubbaṅgamaṃ? Kati ṭhānāni? Kati vatthūni? Kati bhūmiyo? Kati hetū? Kati mūlāni? Katihākārehi anuvadati? Anuvādādhikaraṇaṃ katihi samathehi sammati?

Āpattādhikaraṇassa – kiṃ pubbaṅgamaṃ? Kati ṭhānāni? Kati vatthūni? Kati bhūmiyo? Kati hetū? Kati mūlāni? Katihākārehi āpattiṃ āpajjati? Āpattādhikaraṇaṃ katihi samathehi sammati?
Kiccādhikaraṇassa – kiṃ pubbaṅgamaṃ? Kati ṭhānāni? Kati vatthūni? Kati bhūmiyo? Kati hetū? Kati mūlāni? Katihākārehi kiccaṃ jāyati? Kiccādhikaraṇaṃ katihi samathehi sammati?
293. Vivādādhikaraṇassa kiṃ pubbaṅgamanti? Lobho pubbaṅgamo, doso pubbaṅgamo, moho pubbaṅgamo, alobho pubbaṅgamo, adoso pubbaṅgamo, amoho pubbaṅgamo. Kati ṭhānānīti? Aṭṭhārasa bhedakaravatthūni ṭhānāni. Kati vatthūnīti? Aṭṭhārasa bhedakaravatthūni. Kati bhūmiyoti? Aṭṭhārasa bhedakaravatthūni bhūmiyo. Kati hetūti? Nava hetū – tayo kusalahetū, tayo akusalahetū, tayo abyākatahetū. Kati mūlānīti? Dvādasa mūlāni. Katihākārehi vivadatīti? Dvīhākārehi vivadati – dhammadiṭṭhi vā adhammadiṭṭhi vā. [cūḷava. 228] Vivādādhikaraṇaṃ katihi samathehi sammatīti? Vivādādhikaraṇaṃ dvīhi samathehi sammati – sammukhāvinayena ca yebhuyyasikāya ca.
294. Anuvādādhikaraṇassa kiṃ pubbaṅgamanti? Lobho pubbaṅgamo, doso pubbaṅgamo, moho pubbaṅgamo, alobho pubbaṅgamo, adoso pubbaṅgamo, amoho pubbaṅgamo. Kati ṭhānānīti? Catasso vipattiyo ṭhānāni. Kati vatthūnīti? Catasso vipattiyo vatthūni. Kati bhūmiyoti? Catasso vipattiyo bhūmiyo. Kati hetūti? Nava hetū – tayo kusalahetū, tayo akusalahetū, tayo abyākatahetū. Kati mūlānīti? Cuddasa mūlāni. Katihākārehi anuvadatīti? Dvīhākārehi anuvadati – vatthuto vā āpattito vā. [cūḷava. 236] Anuvādādhikaraṇaṃ katihi samathehi sammatīti? Anuvādādhikaraṇaṃ catūhi samathehi sammati – sammukhāvinayena ca sativinayena ca amūḷhavinayena ca tassapāpiyasikāya ca.
295. Āpattādhikaraṇassa kiṃ pubbaṅgamanti? Lobho pubbaṅgamo, doso pubbaṅgamo, moho pubbaṅgamo, alobho pubbaṅgamo, adoso pubbaṅgamo, amoho pubbaṅgamo. Kati ṭhānānīti? Satta āpattikkhandhā ṭhānāni. Kati vatthūnīti? Satta āpattikkhandhā vatthūni. Kati bhūmiyoti? Satta āpattikkhandhā bhūmiyo. Kati hetūti? Cha hetū [kati hetūti nava hetū, tayo kusalahetū (sī. syā.)] – tayo akusalahetū, tayo abyākatahetū. Kati mūlānīti? Cha āpattisamuṭṭhānāni mūlāni. Katihākārehi āpattiṃ āpajjatīti? Chahākārehi āpattiṃ āpajjati – alajjitā, aññāṇatā, kukkuccapakatatā, akappiye kappiyasaññitā, kappiye akappiyasaññitā, satisammosā. [cūḷava. 239] Āpattādhikaraṇaṃ katihi samathehi sammatīti? Āpattādhikaraṇaṃ tīhi samathehi sammati – sammukhāvinayena ca paṭiññātakaraṇena ca, sammukhāvinayena ca tiṇavatthārakena ca.
296. Kiccādhikaraṇassa kiṃ pubbaṅgamanti? Lobho pubbaṅgamo, doso pubbaṅgamo, moho pubbaṅgamo, alobho pubbaṅgamo, adoso pubbaṅgamo, amoho pubbaṅgamo. Kati ṭhānānīti? Cattāri kammāni ṭhānāni. Kati vatthūnīti? Cattāri kammāni vatthūni. Kati bhūmiyoti? Cattāri kammāni bhūmiyo. Kati hetūti? Nava hetū – tayo kusalahetū, tayo akusalahetū, tayo abyākatahetū. Kati mūlānīti? Ekaṃ mūlaṃ – saṅgho. Katihākārehi kiccaṃ jāyatīti ? Dvīhākārehi kiccaṃ jāyati – ñattito vā apalokanato vā. [cūḷava. 242] Kiccādhikaraṇaṃ katihi samathehi sammatīti? Kiccādhikaraṇaṃ ekena samathena sammati – sammukhāvinayena.
Kati samathā? Satta samathā. Sammukhāvinayo, sativinayo, amūḷhavinayo, paṭiññātakaraṇaṃ, yebhuyyasikā, tassapāpiyasikā, tiṇavatthārako – ime satta samathā.
Siyā ime satta samathā dasa samathā honti, dasa samathā satta samathā honti vatthuvasena pariyāyena siyāti.
Kathañca siyā? Vivādādhikaraṇassa dve samathā, anuvādādhikaraṇassa cattāro samathā, āpattādhikaraṇassa tayo samathā, kiccādhikaraṇassa eko samatho. Evaṃ ime satta samathā dasa samathā honti, dasa samathā satta samathā honti vatthuvasena pariyāyena.
Pariyāyavāro niṭṭhito chaṭṭho.
7. Sādhāraṇavāro
297. Kati samathā vivādādhikaraṇassa sādhāraṇā? Kati samathā vivādādhikaraṇassa asādhāraṇā? Kati samathā anuvādādhikaraṇassa sādhāraṇā? Kati samathā anuvādādhikaraṇassa asādhāraṇā? Kati samathā āpattādhikaraṇassa sādhāraṇā? Kati samathā āpattādhikaraṇassa asādhāraṇā? Kati samathā kiccādhikaraṇassa sādhāraṇā? Kati samathā kiccādhikaraṇassa asādhāraṇā?
Dve samathā vivādādhikaraṇassa sādhāraṇā – sammukhāvinayo, yebhuyyasikā. Pañca samathā vivādādhikaraṇassa asādhāraṇā – sativinayo, amūḷhavinayo, paṭiññātakaraṇaṃ, tassapāpiyasikā, tiṇavatthārako.
Cattāro samathā anuvādādhikaraṇassa sādhāraṇā – sammukhāvinayo; sativinayo, amūḷhavinayo, tassapāpiyasikā. Tayo samathā anuvādādhikaraṇassa asādhāraṇā – yebhuyyasikā, paṭiññātakaraṇaṃ, tiṇavatthārako.
Tayo samathā āpattādhikaraṇassa sādhāraṇā – sammukhāvinayo, paṭiññātakaraṇaṃ, tiṇavatthārako. Cattāro samathā āpattādhikaraṇassa asādhāraṇā – yebhuyyasikā, sativinayo, amūḷhavinayo, tassapāpiyasikā .
Eko samatho kiccādhikaraṇassa sādhāraṇo – sammukhāvinayo. Cha samathā kiccādhikaraṇassa asādhāraṇā – yebhuyyasikā, sativinayo, amūḷhavinayo, paṭiññātakaraṇaṃ, tassapāpiyasikā, tiṇavatthārako.
Sādhāraṇavāro niṭṭhito sattamo.

8. Tabbhāgiyavāro

298. Kati samathā vivādādhikaraṇassa tabbhāgiyā? Kati samathā vivādādhikaraṇassa aññabhāgiyā? Kati samathā anuvādādhikaraṇassa tabbhāgiyā? Kati samathā anuvādādhikaraṇassa aññabhāgiyā? Kati samathā āpattādhikaraṇassa tabbhāgiyā? Kati samathā āpattādhikaraṇassa aññabhāgiyā? Kati samathā kiccādhikaraṇassa tabbhāgiyā? Kati samathā kiccādhikaraṇassa aññabhāgiyā?

Dve samathā vivādādhikaraṇassa tabbhāgiyā – sammukhāvinayo, yebhuyyasikā. Pañca samathā vivādādhikaraṇassa aññabhāgiyā – sativinayo, amūḷhavinayo, paṭiññātakaraṇaṃ, tassapāpiyasikā, tiṇavatthārako.

Cattāro samathā anuvādādhikaraṇassa tabbhāgiyā – sammukhāvinayo, sativinayo, amūḷhavinayo, tassapāpiyasikā. Tayo samathā anuvādādhikaraṇassa aññabhāgiyā – yebhuyyasikā, paṭiññātakaraṇaṃ, tiṇavatthārako.

Tayo samathā āpattādhikaraṇassa tabbhāgiyā – sammukhāvinayo, paṭiññātakaraṇaṃ, tiṇavatthārako. Cattāro samathā āpattādhikaraṇassa aññabhāgiyā – yebhuyyasikā, sativinayo, amūḷhavinayo, tassapāpiyasikā.

Eko samatho kiccādhikaraṇassa tabbhāgiyo – sammukhāvinayo. Cha samathā kiccādhikaraṇassa aññabhāgiyā – yebhuyyasikā, sativinayo, amūḷhavinayo, paṭiññātakaraṇaṃ, tassapāpiyasikā, tiṇavatthārako.

Tabbhāgiyavāro niṭṭhito aṭṭhamo.

9. Samathā samathassa sādhāraṇavāro

299. Samathā samathassa sādhāraṇā, samathā samathassa asādhāraṇā. Siyā samathā samathassa sādhāraṇā, siyā samathā samathassa asādhāraṇā.

Kathaṃ siyā samathā samathassa sādhāraṇā? Kathaṃ siyā samathā samathassa asādhāraṇā? Yebhuyyasikā sammukhāvinayassa sādhāraṇā, sativinayassa amūḷhavinayassa paṭiññātakaraṇassa tassapāpiyasikāya tiṇavatthārakassa asādhāraṇā.

Sativinayo sammukhāvinayassa sādhāraṇo, amūḷhavinayassa paṭiññātakaraṇassa tassapāpiyasikāya tiṇavatthārakassa yebhuyyasikāya asādhāraṇo.

Amūḷhavinayo sammukhāvinayassa sādhāraṇo, paṭiññātakaraṇassa tassapāpiyasikāya tiṇavatthārakassa yebhuyyasikāya sativinayassa asādhāraṇo.

Paṭiññātakaraṇaṃ sammukhāvinayassa sādhāraṇaṃ, tassapāpiyasikāya tiṇavatthārakassa yebhuyyasikāya sativinayassa amūḷhavinayassa asādhāraṇaṃ.

Tassapāpiyasikā sammukhāvinayassa sādhāraṇā, tiṇavatthārakassa yebhuyyasikāya sativinayassa amūḷhavinayassa paṭiññātakaraṇassa asādhāraṇā.

Tiṇavatthārako sammukhāvinayassa sādhāraṇo, yebhuyyasikāya sativinayassa amūḷhavinayassa paṭiññātakaraṇassa tassapāpiyasikāya asādhāraṇo . Evaṃ siyā samathā samathassa sādhāraṇā; evaṃ siyā samathā samathassa asādhāraṇā.

Samathā samathassa sādhāraṇavāro niṭṭhito navamo.

10. Samathā samathassa tabbhāgiyavāro

300. Samathā samathassa tabbhāgiyā, samathā samathassa aññabhāgiyā. Siyā samathā samathassa tabbhāgiyā, siyā samathā samathassa aññabhāgiyā.

Kathaṃ siyā samathā samathassa tabbhāgiyā? Kathaṃ siyā samathā samathassa aññabhāgiyā? Yebhuyyasikā sammukhāvinayassa tabbhāgiyā, sativinayassa amūḷhavinayassa paṭiññātakaraṇassa tassapāpiyasikāya tiṇavatthārakassa aññabhāgiyā.

Sativinayo sammukhāvinayassa tabbhāgiyo, amūḷhavinayassa paṭiññātakaraṇassa tassapāpiyasikāya tiṇavatthārakassa yebhuyyasikāya aññabhāgiyo.

Amūḷhavinayo sammukhāvinayassa tabbhāgiyo, paṭiññātakaraṇassa tassapāpiyasikāya tiṇavatthārakassa yebhuyyasikāya sativinayassa aññabhāgiyo.

Paṭiññātakaraṇaṃ sammukhāvinayassa tabbhāgiyaṃ, tassapāpiyasikāya tiṇavatthārakassa yebhuyyasikāya sativinayassa amūḷhavinayassa aññabhāgiyaṃ.

Tassapāpiyasikā sammukhāvinayassa tabbhāgiyā, tiṇavatthārakassa yebhuyyasikāya sativinayassa amūḷhavinayassa paṭiññātakaraṇassa aññabhāgiyā.

Tiṇavatthārako sammukhāvinayassa tabbhāgiyo, yebhuyyasikāya sativinayassa amūḷhavinayassa paṭiññātakaraṇassa tassapāpiyasikāya aññabhāgiyo. Evaṃ siyā samathā samathassa tabbhāgiyā, evaṃ siyā samathā samathassa aññabhāgiyā.

Samathā samathassa tabbhāgiyavāro niṭṭhito dasamo.

11. Samathasammukhāvinayavāro

301. Samatho sammukhāvinayo, sammukhāvinayo samatho? Samatho yebhuyyasikā, yebhuyyasikā samatho? Samatho sativinayo , sativinayo samatho? Samatho amūḷhavinayo, amūḷhavinayo samatho? Samatho paṭiññātakaraṇaṃ, paṭiññātakaraṇaṃ samatho? Samatho tassapāpiyasikā, tassapāpiyasikā samatho? Samatho tiṇavatthārako, tiṇavatthārako samatho?

Yebhuyyasikā sativinayo amūḷhavinayo paṭiññātakaraṇaṃ tassapāpiyasikā tiṇavatthārako – ime samathā samathā, no sammukhāvinayo. Sammukhāvinayo samatho ceva sammukhāvinayo ca.
Sativinayo amūḷhavinayo paṭiññātakaraṇaṃ tassapāpiyasikā tiṇavatthārako sammukhāvinayo – ime samathā samathā, no yebhuyyasikā. Yebhuyyasikā samatho ceva yebhuyyasikā ca.
Amūḷhavinayo paṭiññātakaraṇaṃ tassapāpiyasikā tiṇavatthārako sammukhāvinayo yebhuyyasikā – ime samathā samathā, no sativinayo. Sativinayo samatho ceva sativinayo ca.
Paṭiññātakaraṇaṃ tassapāpiyasikā tiṇavatthārako sammukhāvinayo yebhuyyasikā sativinayo – ime samathā samathā, no amūḷhavinayo. Amūḷhavinayo samatho ceva amūḷhavinayo ca.
Tassapāpiyasikā tiṇavatthārako sammukhāvinayo yebhuyyasikā sativinayo amūḷhavinayo – ime samathā samathā, no paṭiññātakaraṇaṃ. Paṭiññātakaraṇaṃsamatho ceva paṭiññātakaraṇañca.
Tiṇavatthārako sammukhāvinayo yebhuyyasikā sativinayo amūḷhavinayo paṭiññātakaraṇaṃ – ime samathā samathā, no tassapāpiyasikā. Tassapāpiyasikā samatho ceva tassapāpiyasikā ca.
Sammukhāvinayo yebhuyyasikā sativinayo amūḷhavinayo paṭiññātakaraṇaṃ tassapāpiyasikā – ime samathā samathā, no tiṇavatthārako. Tiṇavatthārako samatho ceva tiṇavatthārako ca.
Samathasammukhāvinayavāro niṭṭhito ekādasamo.
12. Vinayavāro
302. Vinayo sammukhāvinayo, sammukhāvinayo vinayo? Vinayo yebhuyyasikā, yebhuyyasikā vinayo? Vinayo sativinayo, sativinayo vinayo? Vinayo amūḷhavinayo, amūḷhavinayo vinayo? Vinayo paṭiññātakaraṇaṃ, paṭiññātakaraṇaṃ vinayo? Vinayo tassapāpiyasikā, tassapāpiyasikā vinayo? Vinayo tiṇavatthārako, tiṇavatthārako vinayo?
Vinayo siyā sammukhāvinayo siyā na sammukhāvinayo. Sammukhāvinayo vinayo ceva sammukhāvinayo ca.
Vinayo siyā yebhuyyasikā, siyā na yebhuyyasikā. Yebhuyyasikā vinayo ceva yebhuyyasikā ca.
Vinayo siyā sativinayo, siyā na sativinayo. Sativinayo vinayo ceva sativinayo ca.
Vinayo siyā amūḷhavinayo, siyā na amūḷhavinayo. Amūḷhavinayo vinayo ceva amūḷhavinayo ca .
Vinayo siyā paṭiññātakaraṇaṃ, siyā na paṭiññātakaraṇaṃ. Paṭiññātakaraṇaṃ vinayo ceva paṭiññātakaraṇañca.
Vinayo siyā tassapāpiyasikā, siyā na tassapāpiyasikā. Tassapāpiyasikā vinayo ceva tassapāpiyasikā ca.
Vinayo siyā tiṇavatthārako, siyā na tiṇavatthārako. Tiṇavatthārako vinayo ceva tiṇavatthārako ca.
Vinayavāro niṭṭhito dvādasamo.
13. Kusalavāro
303. Sammukhāvinayo kusalo akusalo abyākato? Yebhuyyasikā kusalā akusalā abyākatā? Sativinayo kusalo akusalo abyākato? Amūḷhavinayo kusalo akusaloabyākato? Paṭiññātakaraṇaṃ kusalaṃ akusalaṃ abyākataṃ? Tassapāpiyasikā kusalā akusalā abyākatā? Tiṇavatthārako kusalo akusalo abyākato?
Sammukhāvinayo siyā kusalo, siyā abyākato. Natthi sammukhāvinayo akusalo.
Yebhuyyasikā siyā kusalā, siyā akusalā, siyā abyākatā.
Sativinayo siyā kusalo, siyā akusalo, siyā abyākato.
Amūḷhavinayo siyā kusalo, siyā akusalo, siyā abyākato.
Paṭiññātakaraṇaṃ siyā kusalaṃ, siyā akusalaṃ, siyā abyākataṃ.
Tassapāpiyasikā siyā kusalā, siyā akusalā siyā abyākatā.
Tiṇavatthārako siyā kusalo, siyā akusalo, siyā abyākato.
Vivādādhikaraṇaṃ kusalaṃ akusalaṃ abyākataṃ. Anuvādādhikaraṇaṃ kusalaṃ akusalaṃ abyākataṃ. Āpattādhikaraṇaṃ kusalaṃ akusalaṃ abyākataṃ. Kiccādhikaraṇaṃ kusalaṃ akusalaṃ abyākataṃ.
Vivādādhikaraṇaṃ siyā kusalaṃ, siyā akusalaṃ, siyā abyākataṃ.
Anuvādādhikaraṇaṃ siyā kusalaṃ, siyā akusalaṃ, siyā abyākataṃ.
Āpattādhikaraṇaṃ siyā akusalaṃ, siyā abyākataṃ. Natthi āpattādhikaraṇaṃ kusalaṃ.
Kiccādhikaraṇaṃ siyā kusalaṃ, siyā akusalaṃ, siyā abyākataṃ.
Kusalavāro niṭṭhito terasamo.
14. Yatthavāro, pucchāvāro
304. Yattha yebhuyyasikā labbhati, tattha sammukhāvinayo labbhati; yattha sammukhāvinayo labbhati, tattha yebhuyyasikā labbhati. Na tattha sativinayo labbhati, na tattha amūḷhavinayo labbhati, na tattha paṭiññātakaraṇaṃ labbhati, na tattha tassapāpiyasikā labbhati, na tattha tiṇavatthārako labbhati.
Yattha sativinayo labbhati, tattha sammukhāvinayo labbhati; yattha sammukhāvinayo labbhati, tattha sativinayo labbhati. Na tattha amūḷhavinayo labbhati, na tattha paṭiññātakaraṇaṃ labbhati, na tattha tassapāpiyasikā labbhati, na tattha tiṇavatthārako labbhati, na tattha yebhuyyasikā labbhati.
Yattha amūḷhavinayo labbhati, tattha sammukhāvinayo labbhati; yattha sammukhāvinayo labbhati, tattha amūḷhavinayo labbhati. Na tattha paṭiññātakaraṇaṃ labbhati, na tattha tassapāpiyasikā labbhati, na tattha tiṇavatthārako labbhati, na tattha yebhuyyasikā labbhati, na tattha sativinayo labbhati.

Yattha paṭiññātakaraṇaṃ labbhati, tattha sammukhāvinayo labbhati; yattha sammukhāvinayo labbhati, tattha paṭiññātakaraṇaṃ labbhati. Na tattha tassapāpiyasikā labbhati, na tattha tiṇavatthārako labbhati, na tattha yebhuyyasikā labbhati, na tattha sativinayo labbhati, na tattha amūḷhavinayo labbhati.

Yattha tassapāpiyasikā labbhati, tattha sammukhāvinayo labbhati; yattha sammukhāvinayo labbhati, tattha tassapāpiyasikā labbhati. Na tattha tiṇavatthārako labbhati, na tattha yebhuyyasikā labbhati, na tattha sativinayo labbhati, na tattha amūḷhavinayo labbhati, na tattha paṭiññātakaraṇaṃ labbhati.

Yattha tiṇavatthārako labbhati, tattha sammukhāvinayo labbhati; yattha sammukhāvinayo labbhati, tattha tiṇavatthārako labbhati. Na tattha yebhuyyasikā labbhati, na tattha sativinayo labbhati, na tattha amūḷhavinayo labbhati, na tattha paṭiññātakaraṇaṃ labbhati, na tattha tassapāpiyasikā labbhati.

Yattha yebhuyyasikā tattha sammukhāvinayo; yattha sammukhāvinayo tattha yebhuyyasikā. Na tattha sativinayo, na tattha amūḷhavinayo, na tattha paṭiññātakaraṇaṃ, na tattha tassapāpiyasikā, na tattha tiṇavatthārako.

Yattha sativinayo tattha sammukhāvinayo; yattha sammukhāvinayo tattha sativinayo. Na tattha amūḷhavinayo, na tattha paṭiññātakaraṇaṃ, na tattha tassapāpiyasikā, na tattha tiṇavatthārako, na tattha yebhuyyasikā. Sammukhāvinayaṃ kātuna mūlaṃ...pe....

Yattha tiṇavatthārako tattha sammukhāvinayo; yattha sammukhāvinayo tattha tiṇavatthārako. Na tattha yebhuyyasikā, na tattha sativinayo, na tattha amūḷhavinayo, na tattha paṭiññātakaraṇaṃ, na tattha tassapāpiyasikā.

Cakkapeyyālaṃ.

Yatthavāro niṭṭhito cuddasamo.

15. Samathavāro, vissajjanāvāro

305. Yasmiṃ samaye sammukhāvinayena ca yebhuyyasikāya ca adhikaraṇaṃ vūpasammati, yattha yebhuyyasikā labbhati tattha sammukhāvinayo labbhati, yattha sammukhāvinayo labbhati tattha yebhuyyasikā labbhati. Na tattha sativinayo labbhati, na tattha amūḷhavinayo labbhati, na tattha paṭiññātakaraṇaṃ labbhati, na tattha tassapāpiyasikā labbhati, na tattha tiṇavatthārako labbhati.

Yasmiṃ samaye sammukhāvinayena ca sativinayena ca adhikaraṇaṃ vūpasammati, yattha sativinayo labbhati tattha sammukhāvinayo labbhati, yattha sammukhāvinayo labbhati tattha sativinayo labbhati. Na tattha amūḷhavinayo labbhati, na tattha paṭiññātakaraṇaṃ labbhati, na tattha tassapāpiyasikā labbhati, na tattha tiṇavatthārako labbhati, na tattha yebhuyyasikā labbhati.

Yasmiṃ samaye sammukhāvinayena ca amūḷhavinayena ca adhikaraṇaṃ vūpasammati, yattha amūḷhavinayo labbhati tattha sammukhāvinayo labbhati, yattha sammukhāvinayo labbhati tattha amūḷhavinayo labbhati. Na tattha paṭiññātakaraṇaṃ labbhati, na tattha tassapāpiyasikā labbhati, na tattha tiṇavatthārako labbhati, na tattha yebhuyyasikā labbhati, na tattha sativinayo labbhati.

Yasmiṃ samaye sammukhāvinayena ca paṭiññātakaraṇena ca adhikaraṇaṃ vūpasammati, yattha paṭiññātakaraṇaṃ labbhati tattha sammukhāvinayo labbhati, yattha sammukhāvinayo labbhati tattha paṭiññātakaraṇaṃ labbhati. Na tattha tassapāpiyasikā labbhati, na tattha tiṇavatthārako labbhati, na tattha yebhuyyasikā labbhati, na tattha sativinayo labbhati, na tattha amūḷhavinayo labbhati.

Yasmiṃ samaye sammukhāvinayena ca tassapāpiyasikāya ca adhikaraṇaṃ vūpasammati, yattha tassapāpiyasikā labbhati tattha sammukhāvinayo labbhati, yattha sammukhāvinayo labbhati tattha tassapāpiyasikā labbhati. Na tattha tiṇavatthārako labbhati, na tattha yebhuyyasikā labbhati, na tattha sativinayo labbhati, na tattha amūḷhavinayo labbhati, na tattha paṭiññātakaraṇaṃ labbhati.

Yasmiṃ samaye sammukhāvinayena ca tiṇavatthārakena ca adhikaraṇaṃ vūpasammati, yattha tiṇavatthārako labbhati tattha sammukhāvinayo labbhati, yattha sammukhāvinayo labbhati tattha tiṇavatthārako labbhati. Na tattha yebhuyyasikā labbhati, na tattha sativinayo labbhati, na tattha amūḷhavinayo labbhati, na tattha paṭiññātakaraṇaṃ labbhati, na tattha tassapāpiyasikā labbhati.

Samathavāro niṭṭhito pannarasamo.

16. Saṃsaṭṭhavāro

306. Adhikaraṇanti vā samathāti vā ime dhammā saṃsaṭṭhā udāhu visaṃsaṭṭhā? Labbhā ca panimesaṃ dhammānaṃ vinibbhujitvā vinibbhujitvā [vinibbhujjitvā vinibbhujjitvā (ka.), ṭīkāyaṃ ekapadameva dissati] nānākaraṇaṃ paññāpetunti?

Adhikaraṇanti vā samathāti vā ime dhammā visaṃsaṭṭhā, no saṃsaṭṭhā. Labbhā ca panimesaṃ dhammānaṃ vinibbhujitvā vinibbhujitvā nānākaraṇaṃ paññāpetunti. So – ''mā heva''ntissa vacanīyo. Adhikaraṇanti vā samathāti vā ime dhammā saṃsaṭṭhā, no visaṃsaṭṭhā. No ca labbhā [na ca labbhā (ka.)]imesaṃ dhammānaṃ vinibbhujitvā vinibbhujitvā nānākaraṇaṃ paññāpetuṃ. Taṃ kissa hetu? Nanu vuttaṃ bhagavatā – ''cattārimāni, bhikkhave, adhikaraṇāni, satta samathā. Adhikaraṇā samathehi sammanti, samathā adhikaraṇehi sammanti. Evaṃ, ime dhammā saṃsaṭṭhā no visaṃsaṭṭhā; no ca labbhā imesaṃ dhammānaṃ vinibbhujitvā vinibbhujitvā nānākaraṇaṃ paññāpetu''nti.

Saṃsaṭṭhavāro niṭṭhito soḷasamo.

17. Sammativāro

307. Vivādādhikaraṇaṃ katihi samathehi sammati? Anuvādādhikaraṇaṃ katihi samathehi sammati? Āpattādhikaraṇaṃ katihi samathehi sammati? Kiccādhikaraṇaṃ katihi samathehi sammati?
[cūḷava. 228, 236 ādayo] Vivādādhikaraṇaṃ dvīhi samathehi sammati – sammukhāvinayena ca yebhuyyasikāya ca.
[cūḷava. 228, 236 ādayo] Anuvādādhikaraṇaṃ catūhi samathehi sammati – sammukhāvinayena ca sativinayena ca amūḷhavinayena ca tassapāpiyasikāya ca.
[cūḷava. 239, 242 ādayo] Āpattādhikaraṇaṃ tīhi samathehi sammati – sammukhāvinayena ca paṭiññātakaraṇena ca tiṇavatthārakena ca.
[cūḷava. 239, 242 ādayo] Kiccādhikaraṇaṃ ekena samathena sammati – sammukhāvinayena.
Vivādādhikaraṇañca anuvādādhikaraṇañca katihi samathehi sammanti? Vivādādhikaraṇañca anuvādādhikaraṇañca pañcahi samathehi sammanti – sammukhāvinayena ca yebhuyyasikāya ca sativinayena ca amūḷhavinayena ca tassapāpiyasikāya ca.
Vivādādhikaraṇañca āpattādhikaraṇañca katihi samathehi sammanti? Vivādādhikaraṇañca āpattādhikaraṇañca catūhi samathehi sammanti – sammukhāvinayena ca yebhuyyasikāya ca paṭiññātakaraṇena ca tiṇavatthārakena ca.
Vivādādhikaraṇañca kiccādhikaraṇañca katihi samathehi sammanti? Vivādādhikaraṇañca kiccādhikaraṇañca dvīhi samathehi sammanti – sammukhāvinayena ca yebhuyyasikāya ca.
Anuvādādhikaraṇañca āpattādhikaraṇañca katihi samathehi sammanti? Anuvādādhikaraṇañca āpattādhikaraṇañca chahi samathehi sammanti – sammukhāvinayena ca sativinayena ca amūḷhavinayena ca paṭiññātakaraṇena ca tassapāpiyasikāya ca tiṇavatthārakena ca.
Anuvādādhikaraṇañca kiccādhikaraṇañca katihi samathehi sammanti? Anuvādādhikaraṇañca kiccādhikaraṇañca catūhi samathehi sammanti – sammukhāvinayena ca sativinayena ca amūḷhavinayena ca tassapāpiyasikāya ca.
Āpattādhikaraṇañca kiccādhikaraṇañca katihi samathehi sammanti? Āpattādhikaraṇañca kiccādhikaraṇañca tīhi samathehi sammanti – sammukhāvinayena ca paṭiññātakaraṇena ca tiṇavatthārakena ca.
Vivādādhikaraṇañca anuvādādhikaraṇañca āpattādhikaraṇañca katihi samathehi sammanti? Vivādādhikaraṇañca anuvādādhikaraṇañca āpattādhikaraṇañca sattahi samathehi sammanti – sammukhāvinayena ca yebhuyyasikāya ca sativinayena ca amūḷhavinayena ca paṭiññātakaraṇena ca tassapāpiyasikāya ca tiṇavatthārakena ca.
Vivādādhikaraṇañca anuvādādhikaraṇañca kiccādhikaraṇañca katihi samathehi sammanti? Vivādādhikaraṇañca anuvādādhikaraṇañca kiccādhikaraṇañca pañcahi samathehi sammanti – sammukhāvinayena ca yebhuyyasikāya ca sativinayena ca amūḷhavinayena ca tassapāpiyasikāya ca.
Anuvādādhikaraṇañca āpattādhikaraṇañca kiccādhikaraṇañca katihi samathehi sammanti? Anuvādādhikaraṇañca āpattādhikaraṇañca kiccādhikaraṇañca chahi samathehi sammanti – sammukhāvinayena ca sativinayena ca amūḷhavinayena ca paṭiññātakaraṇena ca tassapāpiyasikāya ca tiṇavatthārakena ca.
Vivādādhikaraṇañca anuvādādhikaraṇañca āpattādhikaraṇañca kiccādhikaraṇañca katihi samathehi sammanti? Vivādādhikaraṇañca anuvādādhikaraṇañca āpattādhikaraṇañca kiccādhikaraṇañca sattahi samathehi sammanti – sammukhāvinayena ca yebhuyyasikāya ca sativinayena ca amūḷhavinayena ca paṭiññātakaraṇena ca tassapāpiyasikāya ca tiṇavatthārakena ca.
Sammativāro niṭṭhito sattarasamo.
18. Sammanti na sammantivāro
308. Vivādādhikaraṇaṃ katihi samathehi sammati, katihi samathehi na sammati? Anuvādādhikaraṇaṃ katihi samathehi sammati, katihi samathehi na sammati? Āpattādhikaraṇaṃ katihi samathehi sammati, katihi samathehi na sammati? Kiccādhikaraṇaṃ katihi samathehi sammati, katihi samathehi na sammati?
Vivādādhikaraṇaṃ dvīhi samathehi sammati – sammukhāvinayena ca yebhuyyasikāya ca. Pañcahi samathehi na sammati – sativinayena ca amūḷhavinayena ca paṭiññātakaraṇena ca tassapāpiyasikāya ca tiṇavatthārakena ca.
Anuvādādhikaraṇaṃ catūhi samathehi sammati – sammukhāvinayena ca sativinayena ca amūḷhavinayena ca tassapāpiyasikāya ca. Tīhi samathehi na sammati – yebhuyyasikāya ca paṭiññātakaraṇena ca tiṇavatthārakena ca.
[cūḷava. 239] Āpattādhikaraṇaṃ tīhi samathehi sammati – sammukhāvinayena ca paṭiññātakaraṇena ca tiṇavatthārakena ca. Catūhi samathehi na sammati – yebhuyyasikāya ca sativinayena ca amūḷhavinayena ca tassapāpiyasikāya ca.
Kiccādhikaraṇaṃ ekena samathena sammati – sammukhāvinayena. Chahi samathehi na sammati – yebhuyyasikāya ca sativinayena ca amūḷhavinayena ca paṭiññātakaraṇena ca tassapāpiyasikāya ca tiṇavatthārakena ca.
Vivādādhikaraṇañca anuvādādhikaraṇañca katihi samathehi sammanti? Katihi samathehi na sammanti? Vivādādhikaraṇañca anuvādādhikaraṇañca pañcahi samathehi sammanti – sammukhāvinayena ca

yebhuyyasikāya ca sativinayena ca amūḷhavinayena ca tassapāpiyasikāya ca. Dvīhi samathehi na sammanti – paṭiññātakaraṇena ca tiṇavatthārakena ca.

Vivādādhikaraṇañca āpattādhikaraṇañca katihi samathehi sammanti? Katihi samathehi na sammanti? Vivādādhikaraṇañca āpattādhikaraṇañca catūhi samathehi sammanti – sammukhāvinayena ca yebhuyyasikāya ca paṭiññātakaraṇena ca tiṇavatthārakena ca. Tīhi samathehi na sammanti – sativinayena ca amūḷhavinayena ca tassapāpiyasikāya ca.

Vivādādhikaraṇañca kiccādhikaraṇañca katihi samathehi sammanti? Katihi samathehi na sammanti? Vivādādhikaraṇañca kiccādhikaraṇañca dvīhi samathehi sammanti – sammukhāvinayena ca yebhuyyasikāya ca. Pañcahi samathehi na sammanti – sativinayena ca amūḷhavinayena ca paṭiññātakaraṇena ca tassapāpiyasikāya ca tiṇavatthārakena ca.

Anuvādādhikaraṇañca āpattādhikaraṇañca katihi samathehi sammanti? Katihi samathehi na sammanti? Anuvādādhikaraṇañca āpattādhikaraṇañca chahi samathehi sammanti – sammukhāvinayena ca sativinayena ca amūḷhavinayena ca paṭiññātakaraṇena ca tassapāpiyasikāya ca tiṇavatthārakena ca. Ekena samathena na sammanti – yebhuyyasikāya.

Anuvādādhikaraṇañca kiccādhikaraṇañca katihi samathehi sammanti? Katihi samathehi na sammanti? Anuvādādhikaraṇañca kiccādhikaraṇañca catūhi samathehi sammanti – sammukhāvinayena ca sativinayena ca amūḷhavinayena ca tassapāpiyasikā ca. Tīhi samathehi na sammanti – yebhuyyasikāya ca paṭiññātakaraṇena ca tiṇavatthārakena ca.

Āpattādhikaraṇañca kiccādhikaraṇañca katihi samathehi sammanti? Katihi samathehi na sammanti? Āpattādhikaraṇañca kiccādhikaraṇañca tīhi samathehi sammanti – sammukhāvinayena ca paṭiññātakaraṇena ca tiṇavatthārakena ca. Catūhi samathehi na sammanti – yebhuyyasikāya ca sativinayena ca amūḷhavinayena ca tassapāpiyasikāya ca.

Vivādādhikaraṇañca anuvādādhikaraṇañca āpattādhikaraṇañca katihi samathehi sammanti? Katihi samathehi na sammanti? Vivādādhikaraṇañca anuvādādhikaraṇañca āpattādhikaraṇañca sattahi samathehi sammanti – sammukhāvinayena ca yebhuyyasikāya ca sativinayena ca amūḷhavinayena ca paṭiññātakaraṇena ca tassapāpiyasikāya ca tiṇavatthārakena ca.

Vivādādhikaraṇañca anuvādādhikaraṇañca kiccādhikaraṇañca katihi samathehi sammanti? Katihi samathehi na sammanti? Vivādādhikaraṇañca anuvādādhikaraṇañca kiccādhikaraṇañca pañcahi samathehi sammanti – sammukhāvinayena ca yebhuyyasikāya ca sativinayena ca amūḷhavinayena ca tassapāpiyasikāya ca. Dvīhi samathehi na sammanti – paṭiññātakaraṇena ca tiṇavatthārakena ca.

Anuvādādhikaraṇañca āpattādhikaraṇañca kiccādhikaraṇañca katihi samathehi sammanti? Katihi samathehi na sammanti? Anuvādādhikaraṇañca āpattādhikaraṇañca kiccādhikaraṇañca chahi samathehi sammanti – sammukhāvinayena ca sativinayena ca amūḷhavinayena ca paṭiññātakaraṇena ca tassapāpiyasikāya ca tiṇavatthārakena ca. Ekena samathena na sammanti – yebhuyyasikāya.

Vivādādhikaraṇañca anuvādādhikaraṇañca āpattādhikaraṇañca kiccādhikaraṇañca katihi samathehi sammanti? Katihi samathehi na sammanti? Vivādādhikaraṇañca anuvādādhikaraṇañca āpattādhikaraṇañca kiccādhikaraṇañca sattahi samathehi sammanti – sammukhāvinayena ca yebhuyyasikāya ca sativinayena ca amūḷhavinayena ca paṭiññātakaraṇena ca tassapāpiyasikāya ca tiṇavatthārakena ca.

Sammanti na sammantivāro niṭṭhito aṭṭhārasamo.

19. Samathādhikaraṇavāro

309. Samathā samathehi sammanti? Samathā adhikaraṇehi sammanti? Adhikaraṇā samathehi sammanti? Adhikaraṇā adhikaraṇehi sammanti?

Siyā samathā samathehi sammanti, siyā samathā samathehi na sammanti. Siyā samathā adhikaraṇehi sammanti, siyā samathā adhikaraṇehi na sammanti. Siyā adhikaraṇā samathehi sammanti, siyā adhikaraṇā samathehi na sammanti. Siyā adhikaraṇā adhikaraṇehi sammanti, siyā adhikaraṇā adhikaraṇehi na sammanti.

310. Kathaṃ siyā samathā samathehi sammanti, kathaṃ siyā samathā samathehi na sammanti? Yebhuyyasikā sammukhāvinayena sammati; sativinayena na sammati, amūḷhavinayena na sammati, paṭiññātakaraṇena na sammati, tassapāpiyasikāya na sammati, tiṇavatthārakena na sammati.

Sativinayo sammukhāvinayena sammati; amūḷhavinayena na sammati, paṭiññātakaraṇena na sammāti, tassapāpiyasikāya na sammati, tiṇavatthārakena na sammati, yebhuyyasikāya na sammati.

Amūḷhavinayo sammukhāvinayena sammati; paṭiññātakaraṇena na sammati, tassapāpiyasikāya na sammati, tiṇavatthārakena na sammati, yebhuyyasikāya na sammati, sativinayena na sammati.

Paṭiññātakaraṇaṃ sammukhāvinayena sammati; tassapāpiyasikāya na sammati, tiṇavatthārakena na sammati, yebhuyyasikāya na sammati, sativinayena na sammati, amūḷhavinayena na sammati.

Tassapāpiyasikā sammukhāvinayena sammati; tiṇavatthārakena na sammati, yebhuyyasikāya na sammati, sativinayena na sammati, amūḷhavinayena na sammati, paṭiññātakaraṇena na sammati.

Tiṇavatthārako sammukhāvinayena sammati; yebhuyyasikāya na sammati, sativinayena na sammati, amūḷhavinayena na sammati, paṭiññātakaraṇena na sammati, tassapāpiyasikāya na sammati. Evaṃ siyā samathā samathehi sammanti. Evaṃ siyā samathā samathehi na sammanti.

311. Kathaṃ siyā samathā adhikaraṇehi sammanti, kathaṃ siyā samathā adhikaraṇehi na sammanti?

Sammukhāvinayo vivādādhikaraṇena na sammati, anuvādādhikaraṇena na sammati, āpattādhikaraṇena na sammati; kiccādhikaraṇena sammati.

Yebhuyyasikā vivādādhikaraṇena na sammati, anuvādādhikaraṇena na sammati, āpattādhikaraṇena na sammati; kiccādhikaraṇena sammati.

Sativinayo vivādādhikaraṇena na sammati, anuvādādhikaraṇena na sammati, āpattādhikaraṇena na sammati; kiccādhikaraṇena sammati.

Amūḷhavinayo vivādādhikaraṇena na sammati, anuvādādhikaraṇena na sammati, āpattādhikaraṇena na sammati; kiccādhikaraṇena sammati.

Paṭiññātakaraṇaṃ vivādādhikaraṇena na sammati, anuvādādhikaraṇena na sammati, āpattādhikaraṇena na sammati; kiccādhikaraṇena sammati.

Tassapāpiyasikā vivādādhikaraṇena na sammati, anuvādādhikaraṇena na sammati, āpattādhikaraṇena na sammati; kiccādhikaraṇena sammati.

Tiṇavatthārako vivādādhikaraṇena na sammati, anuvādādhikaraṇena na sammati, āpattādhikaraṇena na sammati; kiccādhikaraṇena sammati. Evaṃ siyā samathā adhikaraṇehi sammanti. Evaṃ siyā samathā adhikaraṇehi na sammanti.

312. Kathaṃ siyā adhikaraṇā samathehi sammanti, kathaṃ siyā adhikaraṇā samathehi na sammanti?

Vivādādhikaraṇaṃ sammukhāvinayena ca yebhuyyasikāya ca sammati; sativinayena ca amūḷhavinayena ca paṭiññātakaraṇena ca tassapāpiyasikāya ca tiṇavatthārakena ca na sammati.

Anuvādādhikaraṇaṃ sammukhāvinayena ca sativinayena ca amūḷhavinayena ca tassapāpiyasikāya ca sammati; yebhuyyasikāya ca paṭiññātakaraṇena ca tiṇavatthārakena ca na sammati.

Āpattādhikaraṇaṃ sammukhāvinayena ca paṭiññātakaraṇena ca tiṇavatthārakena ca sammati; yebhuyyasikāya ca sativinayena ca amūḷhavinayena ca tassapāpiyasikāya ca na sammati.

Kiccādhikaraṇaṃ sammukhāvinayena sammati ; yebhuyyasikāya ca sativinayena ca amūḷhavinayena ca paṭiññātakaraṇena ca tassapāpiyasikāya tiṇavatthārakena ca na sammati. Evaṃ siyā adhikaraṇā samathehi sammanti. Evaṃ siyā adhikaraṇā samathehi na sammanti.

313. Kathaṃ siyā adhikaraṇā adhikaraṇehi sammanti? Kathaṃ siyā adhikaraṇā adhikaraṇehi na sammanti? Vivādādhikaraṇaṃ vivādādhikaraṇena na sammati, anuvādādhikaraṇena na sammati, āpattādhikaraṇena na sammati; kiccādhikaraṇena sammati.

Anuvādādhikaraṇaṃ vivādādhikaraṇena na sammati, anuvādādhikaraṇena na sammati, āpattādhikaraṇena na sammati; kiccādhikaraṇena sammati.

Āpattādhikaraṇaṃ vivādādhikaraṇena na sammati, anuvādādhikaraṇena na sammati, āpattādhikaraṇena na sammati; kiccādhikaraṇena sammati.

Kiccādhikaraṇaṃ vivādādhikaraṇena na sammati, anuvādādhikaraṇena na sammati, āpattādhikaraṇena na sammati; kiccādhikaraṇena sammati. Evaṃ siyā adhikaraṇā adhikaraṇehi sammanti. Evaṃ siyā adhikaraṇā adhikaraṇehi na sammanti.

Chāpi samathā cattāropi adhikaraṇā sammukhāvinayena sammanti; sammukhāvinayo na kenaci sammati.

Samathādhikaraṇavāro niṭṭhito ekūnavīsatimo.

20. Samuṭṭhāpanavāro

314. Vivādādhikaraṇaṃ catunnaṃ adhikaraṇānaṃ katamaṃ adhikaraṇaṃ samuṭṭhāpeti? Vivādādhikaraṇaṃ catunnaṃ adhikaraṇānaṃ na katamaṃ adhikaraṇaṃ samuṭṭhāpeti; apica, vivādādhikaraṇapaccayā cattāro adhikaraṇā jāyanti. Yathā kathaṃ viya? [cūḷava. 215; pari. 348 ādayo] Idha bhikkhū vivadanti – ''dhammoti vā, adhammoti vā, vinayoti vā, avinayoti vā, abhāsitaṃ alapitaṃ tathāgatenāti vā, bhāsitaṃ lapitaṃ tathāgatenāti vā, anāciṇṇaṃ tathāgatenāti vā, āciṇṇaṃ tathāgatenāti vā, apaññattaṃ tathāgatenāti vā, paññattaṃ tathāgatenāti vā, āpattīti vā, anāpattīti vā, lahukā āpattīti vā, garukā āpattīti vā, sāvasesā āpattīti vā, anavasesā āpattīti vā, duṭṭhullā āpattīti vā aduṭṭhullā āpattīti vā''. Yaṃ tattha bhaṇḍanaṃ kalaho viggaho vivādo nānāvādo aññathāvādo vipaccatāya vohāro medhakaṃ [medhagaṃ (ka.)], idaṃ vuccati vivādādhikaraṇaṃ. Vivādādhikaraṇe saṅgho vivadati. Vivādādhikaraṇaṃ vivadamāno anuvadati. Anuvādādhikaraṇaṃ anuvadamāno āpattiṃ āpajjati āpattādhikaraṇaṃ. Tāya āpattiyā saṅgho kammaṃ karoti kiccādhikaraṇaṃ. Evaṃ vivādādhikaraṇapaccayā cattāro adhikaraṇā jāyanti.

315. Anuvādādhikaraṇaṃ catunnaṃ adhikaraṇānaṃ katamaṃ adhikaraṇaṃ samuṭṭhāpeti? Anuvādādhikaraṇaṃ catunnaṃ adhikaraṇānaṃ na katamaṃ adhikaraṇaṃ samuṭṭhāpeti; apica, anuvādādhikaraṇapaccayā cattāro adhikaraṇā jāyanti. Yathā kathaṃ viya? [cūḷava. 215; pari. 348 ādayo] Idha bhikkhū bhikkhuṃ anuvadanti sīlavipattiyā vā ācāravipattiyā vā diṭṭhivipattiyā vā ājīvavipattiyā vā. Yo tattha anuvādo anuvadanā anullapanā anubhaṇanā anusampavaṅkatā abbhussahanatā anubalappadānaṃ, idaṃ vuccati anuvādādhikaraṇaṃ. Anuvādādhikaraṇe saṅgho

vivadati. Vivādādhikaraṇaṃ vivadamāno anuvadati. Anuvādādhikaraṇaṃ anuvadamāno āpattiṃ āpajjati āpattādhikaraṇaṃ. Tāya āpattiyā saṅgho kammaṃ karoti kiccādhikaraṇaṃ. Evaṃ anuvādādhikaraṇapaccayā cattāro adhikaraṇā jāyanti.

316. Āpattādhikaraṇaṃ catunnaṃ adhikaraṇānaṃ katamaṃ adhikaraṇaṃ samuṭṭhāpeti? Āpattādhikaraṇaṃ catunnaṃ adhikaraṇānaṃ na katamaṃ adhikaraṇaṃ samuṭṭhāpeti; apica, āpattādhikaraṇapaccayā cattāro adhikaraṇā jāyanti. Yathā kathaṃ viya? Pañcapi āpattikkhandhā āpattādhikaraṇaṃ, sattapi āpattikkhandhā āpattādhikaraṇaṃ, idaṃ vuccati āpattādhikaraṇaṃ. Āpattādhikaraṇe saṅgho vivadati. Vivādādhikaraṇaṃ vivadamāno anuvadati. Anuvādādhikaraṇaṃ anuvadamāno āpattiṃ āpajjati āpattādhikaraṇaṃ. Tāya āpattiyā saṅgho kammaṃ karoti kiccādhikaraṇaṃ. Evaṃ āpattādhikaraṇapaccayā cattāro adhikaraṇā jāyanti.

317. Kiccādhikaraṇaṃ catunnaṃ adhikaraṇānaṃ katamaṃ adhikaraṇaṃ samuṭṭhāpeti ? Kiccādhikaraṇaṃ catunnaṃ adhikaraṇānaṃ na katamaṃ adhikaraṇaṃ samuṭṭhāpeti, apica kiccādhikaraṇapaccayā cattāro adhikaraṇā jāyanti. Yathā kathaṃ viya? Yā saṅghassa kiccayatā karaṇīyatā apalokanakammaṃ ñattikammaṃ ñattidutiyakammaṃ ñatticatutthakammaṃ, idaṃ vuccati kiccādhikaraṇaṃ. Kiccādhikaraṇe saṅgho vivadati. Vivādādhikaraṇaṃ vivadamāno anuvadati. Anuvādādhikaraṇaṃ anuvadamāno āpattiṃ āpajjati āpattādhikaraṇaṃ. Tāya āpattiyā saṅgho kammaṃ karoti kiccādhikaraṇaṃ. Evaṃ kiccādhikaraṇapaccayā cattāro adhikaraṇā jāyanti.

Samuṭṭhāpanavāro niṭṭhito vīsatimo.

21. Bhajativāro

318. Vivādādhikaraṇaṃ catunnaṃ adhikaraṇānaṃ katamaṃ adhikaraṇaṃ bhajati? Katamaṃ adhikaraṇaṃ upanissitaṃ? Katamaṃ adhikaraṇaṃ pariyāpannaṃ? Katamena adhikaraṇena saṅgahitaṃ?

Anuvādādhikaraṇaṃ catunnaṃ adhikaraṇānaṃ katamaṃ adhikaraṇaṃ bhajati? Katamaṃ adhikaraṇaṃ upanissitaṃ? Katamaṃ adhikaraṇaṃ pariyāpannaṃ? Katamena adhikaraṇena saṅgahitaṃ?

Āpattādhikaraṇaṃ catunnaṃ adhikaraṇānaṃ katamaṃ adhikaraṇaṃ bhajati? Katamaṃ adhikaraṇaṃ upanissitaṃ? Katamaṃ adhikaraṇaṃ pariyāpannaṃ? Katamena adhikaraṇena saṅgahitaṃ?

Kiccādhikaraṇaṃ catunnaṃ adhikaraṇānaṃ katamaṃ adhikaraṇaṃ bhajati? Katamaṃ adhikaraṇaṃ upanissitaṃ? Katamaṃ adhikaraṇaṃ pariyāpannaṃ? Katamena adhikaraṇena saṅgahitaṃ?

Vivādādhikaraṇaṃ catunnaṃ adhikaraṇānaṃ vivādādhikaraṇaṃ bhajati, vivādādhikaraṇaṃ upanissitaṃ, vivādādhikaraṇaṃ pariyāpannaṃ, vivādādhikaraṇena saṅgahitaṃ.

Anuvādādhikaraṇaṃ catunnaṃ adhikaraṇānaṃ anuvādādhikaraṇaṃ bhajati, anuvādādhikaraṇaṃ upanissitaṃ, anuvādādhikaraṇaṃ pariyāpannaṃ, anuvādādhikaraṇena saṅgahitaṃ.

Āpattādhikaraṇaṃ catunnaṃ adhikaraṇānaṃ āpattādhikaraṇaṃ bhajati, āpattādhikaraṇaṃ upanissitaṃ, āpattādhikaraṇaṃ pariyāpannaṃ, āpattādhikaraṇena saṅgahitaṃ.

Kiccādhikaraṇaṃ catunnaṃ adhikaraṇānaṃ kiccādhikaraṇaṃ bhajati, kiccādhikaraṇaṃ upanissitaṃ, kiccādhikaraṇaṃ pariyāpannaṃ, kiccādhikaraṇena saṅgahitaṃ.

319. Vivādādhikaraṇaṃ sattannaṃ samathānaṃ kati samathe bhajati, kati samathe upanissitaṃ, kati samathe pariyāpannaṃ, katihi samathehi saṅgahitaṃ, katihi samathehi sammati?

Anuvādādhikaraṇaṃ sattannaṃ samathānaṃ kati samathe bhajati, kati samathe upanissitaṃ, kati samathe pariyāpannaṃ, katihi samathehi saṅgahitaṃ, katihi samathehi sammati?

Āpattādhikaraṇaṃ sattannaṃ samathānaṃ kati samathe bhajati, kati samathe upanissitaṃ, kati samathe pariyāpannaṃ, katihi samathehi saṅgahitaṃ, katihi samathehi sammati?

Kiccādhikaraṇaṃ sattannaṃ samathānaṃ kati samathe bhajati, kati samathe upanissitaṃ, kati samathe pariyāpannaṃ, katihi samathehi saṅgahitaṃ, katihi samathehi sammati?

Vivādādhikaraṇaṃ sattannaṃ samathānaṃ dve samathe bhajati, dve samathe upanissitaṃ, dve samathe pariyāpannaṃ, dvīhi samathehi saṅgahitaṃ, dvīhi samathehi sammati – sammukhāvinayena ca yebhuyyasikāya ca.

Anuvādādhikaraṇaṃ sattannaṃ samathānaṃ cattāro samathe bhajati, cattāro samathe upanissitaṃ, cattāro samathe pariyāpannaṃ, catūhi samathehi saṅgahitaṃ, catūhi samathehi sammati – sammukhāvinayena ca sativinayena ca amūḷhavinayena ca tassapāpiyasikāya ca.

Āpattādhikaraṇaṃ sattannaṃ samathānaṃ tayo samathe bhajati, tayo samathe upanissitaṃ, tayo samathe pariyāpannaṃ, tīhi samathehi saṅgahitaṃ tīhi samathehi sammati – sammukhāvinayena ca paṭiññātakaraṇena tiṇavatthārakena ca.

Kiccādhikaraṇaṃ sattannaṃ samathānaṃ ekaṃ samathaṃ bhajati, ekaṃ samathaṃ upanissitaṃ, ekaṃ samathaṃ pariyāpannaṃ, ekena samathena saṅgahitaṃ, ekena samathena sammati – sammukhāvinayenāti.

Bhajativāro niṭṭhito ekavīsatimo.

Samathabhedo niṭṭhito.

Tassuddānaṃ –

Adhikaraṇaṃ pariyāyaṃ, sādhāraṇā ca bhāgiyā;
Samathā sādhāraṇikā, samathassa tabbhāgiyā.

Samathā sammukhā ceva, vinayena kusalena ca;
Yattha samathasaṃsaṭṭhā, sammanti na sammanti ca.
Samathādhikaraṇañceva, samuṭṭhānaṃ bhajanti cāti.
Khandhakapucchāvāro
320.
Upasampadaṃ pucchissaṃ sanidānaṃ saniddesaṃ;
Samukkaṭṭhapadānaṃ kati āpattiyo;
Upasampadaṃ vissajjissaṃ sanidānaṃ saniddesaṃ;
Samukkaṭṭhapadānaṃ dve āpattiyo.
Uposathaṃ pucchissaṃ sanidānaṃ saniddesaṃ;
Samukkaṭṭhapadānaṃ kati āpattiyo;
Uposathaṃ vissajjissaṃ sanidānaṃ saniddesaṃ;
Samukkaṭṭhapadānaṃ tisso āpattiyo.
Vassūpanāyikaṃ pucchissaṃ sanidānaṃ saniddesaṃ;
Samukkaṭṭhapadānaṃ kati āpattiyo;
Vassūpanāyikaṃ vissajjissaṃ sanidānaṃ saniddesaṃ;
Samukkaṭṭhapadānaṃ ekā āpatti.
Pavāraṇaṃ pucchissaṃ sanidānaṃ saniddesaṃ;
Samukkaṭṭhapadānaṃ kati āpattiyo;
Pavāraṇaṃ vissajjissaṃ sanidānaṃ saniddesaṃ;
Samukkaṭṭhapadānaṃ tisso āpattiyo.
Cammasaññuttaṃ pucchissaṃ sanidānaṃ saniddesaṃ;
Samukkaṭṭhapadānaṃ kati āpattiyo;
Cammasaññuttaṃ vissajjissaṃ sanidānaṃ saniddesaṃ;
Samukkaṭṭhapadānaṃ tisso āpattiyo.
Bhesajjaṃ pucchissaṃ sanidānaṃ saniddesaṃ;
Samukkaṭṭhapadānaṃ kati āpattiyo;
Bhesajjaṃ vissajjissaṃ sanidānaṃ saniddesaṃ;
Samukkaṭṭhapadānaṃ tisso āpattiyo.
Kathinakaṃ pucchissaṃ sanidānaṃ saniddesaṃ;
Samukkaṭṭhapadānaṃ kati āpattiyo;
Kathinakaṃ vissajjissaṃ sanidānaṃ saniddesaṃ;
Samukkaṭṭhapadānaṃ natthi tattha āpatti [na katamā āpattiyo (ka.)].
Cīvarasaññuttaṃ pucchissaṃ sanidānaṃ saniddesaṃ;
Samukkaṭṭhapadānaṃ kati āpattiyo;
Cīvarasaññuttaṃ vissajjissaṃ sanidānaṃ saniddesaṃ;
Samukkaṭṭhapadānaṃ tisso āpattiyo.
Campeyyakaṃ pucchissaṃ sanidānaṃ saniddesaṃ;
Samukkaṭṭhapadānaṃ kati āpattiyo;
Campeyyakaṃ vissajjissaṃ sanidānaṃ saniddesaṃ;
Samukkaṭṭhapadānaṃ ekā āpatti.
Kosambakaṃ pucchissaṃ sanidānaṃ saniddesaṃ;
Samukkaṭṭhapadānaṃ kati āpattiyo;
Kosambakaṃ vissajjissaṃ sanidānaṃ saniddesaṃ;
Samukkaṭṭhapadānaṃ ekā āpatti.
Kammakkhandhakaṃ pucchissaṃ sanidānaṃ saniddesaṃ;
Samukkaṭṭhapadānaṃ kati āpattiyo;
Kammakkhandhakaṃ vissajjissaṃ sanidānaṃ saniddesaṃ;
Samukkaṭṭhapadānaṃ ekā āpatti.
Pārivāsikaṃ pucchissaṃ sanidānaṃ saniddesaṃ;
Samukkaṭṭhapadānaṃ kati āpattiyo;
Pārivāsikaṃ vissajjissaṃ sanidānaṃ saniddesaṃ;
Samukkaṭṭhapadānaṃ ekā āpatti.
Samuccayaṃ pucchissaṃ sanidānaṃ saniddesaṃ;
Samukkaṭṭhapadānaṃ kati āpattiyo;
Samuccayaṃ vissajjissaṃ sanidānaṃ saniddesaṃ;
Samukkaṭṭhapadānaṃ ekā āpatti.
Samathaṃ pucchissaṃ sanidānaṃ saniddesaṃ;
Samukkaṭṭhapadānaṃ kati āpattiyo;
Samathaṃ vissajjissaṃ sanidānaṃ saniddesaṃ;

Samukkaṭṭhapadānaṃ dve āpattiyo.
Khuddakavatthukaṃ pucchissaṃ sanidānaṃ saniddesaṃ;
Samukkaṭṭhapadānaṃ kati āpattiyo;
Khuddakavatthukaṃ vissajjissaṃ sanidānaṃ saniddesaṃ;
Samukkaṭṭhapadānaṃ tisso āpattiyo.
Senāsanaṃ pucchissaṃ sanidānaṃ saniddesaṃ;
Samukkaṭṭhapadānaṃ kati āpattiyo;
Senāsanaṃ vissajjissaṃ sanidānaṃ saniddesaṃ;
Samukkaṭṭhapadānaṃ tisso āpattiyo.
Saṅghabhedaṃ pucchissaṃ sanidānaṃ saniddesaṃ;
Samukkaṭṭhapadānaṃ kati āpattiyo;
Saṅghabhedaṃ vissajjissaṃ sanidānaṃ saniddesaṃ;
Samukkaṭṭhapadānaṃ dve āpattiyo.
Samācāraṃ pucchissaṃ sanidānaṃ saniddesaṃ;
Samukkaṭṭhapadānaṃ kati āpattiyo;
Samācāraṃ vissajjissaṃ sanidānaṃ saniddesaṃ;
Samukkaṭṭhapadānaṃ ekā āpatti.
Ṭhapanaṃ pucchissaṃ sanidānaṃ saniddesaṃ;
Samukkaṭṭhapadānaṃ kati āpattiyo;
Ṭhapanaṃ vissajjissaṃ sanidānaṃ saniddesaṃ;
Samukkaṭṭhapadānaṃ ekā āpatti.
Bhikkhunikkhandhakaṃ pucchissaṃ sanidānaṃ saniddesaṃ;
Samukkaṭṭhapadānaṃ kati āpattiyo;
Bhikkhunikkhandhakaṃ vissajjissaṃ sanidānaṃ saniddesaṃ;
Samukkaṭṭhapadānaṃ dve āpattiyo.
Pañcasatikaṃ pucchissaṃ sanidānaṃ saniddesaṃ;
Samukkaṭṭhapadānaṃ kati āpattiyo;
Pañcasatikaṃ vissajjissaṃ sanidānaṃ saniddesaṃ;
Samukkaṭṭhapadānaṃ natthi tattha āpatti.
Sattasatikaṃ pucchissaṃ sanidānaṃ saniddesaṃ;
Samukkaṭṭhapadānaṃ kati āpattiyo;
Sattasatikaṃ vissajjissaṃ sanidānaṃ saniddesaṃ;
Samukkaṭṭhapadānaṃ natthi tattha āpattīti.
Khandhakapucchāvāro niṭṭhito paṭhamo.
Tassuddānaṃ –
Upasampadūposatho , vassūpanāyikapavāraṇā;
Cammabhesajjakathinā, cīvaraṃ campeyyakena ca.
Kosambakkhandhakaṃ kammaṃ, pārivāsisamuccayā;
Samathakhuddakā senā, saṅghabhedaṃ samācāro;
Ṭhapanaṃ bhikkhunikkhandhaṃ, pañcasattasatena cāti.
Ekuttarikanayo
1. Ekakavāro
321. Āpattikarā dhammā jānitabbā. Anāpattikarā dhammā jānitabbā. Āpatti jānitabbā. Anāpatti jānitabbā. Lahukā āpatti jānitabbā. Garukā āpatti jānitabbā. Sāvasesā āpatti jānitabbā. Anavasesā āpatti jānitabbā. Duṭṭhullā āpatti jānitabbā. Aduṭṭhullā āpatti jānitabbā. Sappaṭikammā āpatti jānitabbā. Appaṭikammā āpatti jānitabbā. Desanāgāminī āpatti jānitabbā. Adesanāgāminī āpatti jānitabbā. Antarāyikā āpatti jānitabbā. Anantarāyikā āpatti jānitabbā. Sāvajjapaññatti āpatti jānitabbā. Anavajjapaññatti āpatti jānitabbā. Kiriyato samuṭṭhitā āpatti jānitabbā. Akiriyato samuṭṭhitā āpatti jānitabbā. Kiriyākiriyato samuṭṭhitā āpatti jānitabbā. Pubbāpatti jānitabbā. Aparāpatti jānitabbā. Pubbāpattīnaṃ antarāpatti jānitabbā. Aparāpattīnaṃ antarāpatti jānitabbā. Desitā gaṇanūpagā āpatti jānitabbā. Desitā na gaṇanūpagā āpatti jānitabbā. Paññatti jānitabbā. Anupaññatti jānitabbā. Anuppannapaññatti jānitabbā. Sabbatthapaññatti jānitabbā. Padesapaññatti jānitabbā. Sādhāraṇapaññatti jānitabbā . Asādhāraṇapaññatti jānitabbā. Ekatopaññatti jānitabbā. Ubhatopaññatti jānitabbā. Thullavajjā āpatti jānitabbā. Athullavajjā āpatti jānitabbā. Gihipaṭisaṃyuttā āpatti jānitabbā. Na gihipaṭisaṃyuttā āpatti jānitabbā. Niyatā āpatti jānitabbā. Aniyatā āpatti jānitabbā. Ādikaro puggalo jānitabbo. Anādikaro puggalo jānitabbo. Adhiccāpattiko puggalo jānitabbo. Abhiṇhāpattiko puggalo jānitabbo. Codako puggalo jānitabbo. Cuditako puggalo jānitabbo. Adhammacodako puggalo jānitabbo. Adhammacuditako puggalo jānitabbo. Dhammacodako puggalo jānitabbo. Dhammacuditako puggalo jānitabbo . Niyato puggalo jānitabbo. Aniyato puggalo jānitabbo. Abhabbāpattiko puggalo jānitabbo. Bhabbāpattiko puggalo jānitabbo. Ukkhittako puggalo jānitabbo. Anukkhittako puggalo jānitabbo. Nāsitako puggalo jānitabbo. Anāsitako

puggalo jānitabbo. Samānasaṃvāsako puggalo jānitabbo. Asamānasaṃvāsako puggalo jānitabbo. Ṭhapanaṃ jānitabbanti.
Ekakaṃ niṭṭhitaṃ.
Tassuddānaṃ –
Karā āpatti lahukā, sāvasesā ca duṭṭhullā;
Paṭikammadesanā ca, antarā vajjakiriyaṃ.
Kiriyākiriyaṃ pubbā, antarā gaṇanūpagā;
Paññatti anānuppanna, sabbasādhāraṇā ca ekato [paññattānuppannā sabbā, sādhāraṇā ca ekato (syā.)].
Thullagihiniyatā ca, ādi adhiccacodako;
Adhammadhammaniyato, abhabbokkhittanāsitā;
Samānaṃ ṭhapanañceva, uddānaṃ ekake idanti.
2. Dukavāro
322. Atthāpatti saññā vimokkhā, atthāpatti no saññāvimokkhā. Atthāpatti laddhasamāpattikassa, atthāpatti na laddhasamāpattikassa. Atthāpatti saddhammapaṭisaññuttā, atthāpatti asaddhammapaṭisaññuttā. Atthāpatti saparikkhārapaṭisaññuttā, atthāpatti paraparikkhārapaṭisaññuttā. Atthāpatti sapuggalapaṭisaññuttā, atthāpatti parapuggalapaṭisaññuttā. Atthi saccaṃ bhaṇanto garukaṃ āpattiṃ āpajjati, musā bhaṇanto lahukaṃ. Atthi musā bhaṇanto garukaṃ āpattiṃ āpajjati, saccaṃ bhaṇanto lahukaṃ. Atthāpatti bhūmigato āpajjati, no vehāsagato. Atthāpatti vehāsagato āpajjati, no bhūmigato. Atthāpatti nikkhamanto āpajjati, no pavisanto. Atthāpatti pavisanto āpajjati, no nikkhamanto. Atthāpatti ādiyanto āpajjati, atthāpatti anādiyanto āpajjati. Atthāpattisamādiyanto āpajjati , atthāpatti na samādiyanto āpajjati. Atthāpatti karonto āpajjati, atthāpatti na karonto āpajjati. Atthāpatti dento āpajjati, atthāpatti na dento āpajjati. (Atthāpatti desento āpajjati, atthāpatti na desento āpajjati.) [( ) (natthi katthaci)] Atthāpatti paṭiggaṇhanto āpajjati, atthāpatti na paṭiggaṇhanto āpajjati. Atthāpatti paribhogena āpajjati, atthāpatti na paribhogena āpajjati. Atthāpatti rattiṃ āpajjati, no divā. Atthāpatti divā āpajjati, no rattiṃ. Atthāpatti aruṇugge āpajjati, atthāpatti na aruṇugge āpajjati. Atthāpatti chindanto āpajjati, atthāpatti na chindanto āpajjati. Atthāpatti chādento āpajjati, atthāpatti na chādento āpajjati. Atthāpatti dhārento āpajjati, atthāpatti na dhārento āpajjati.
Dve uposathā – cātuddasiko ca pannarasiko ca. Dve pavāraṇā – cātuddasikā ca pannarasikā ca. Dve kammāni – apalokanakammaṃ, ñattikammaṃ. Aparānipi dve kammāni – ñattidutiyakammaṃ, ñatticatutthakammaṃ. Dve kammavatthūni – apalokanakammassa vatthu, ñattikammassa vatthu. Aparānipi dve kammavatthūni – ñattidutiyakammassa vatthu, ñatticatutthakammassa vatthu. Dve kammadosā – apalokanakammassa doso, ñattikammassa doso. Aparepi dve kammadosā – ñattidutiyakammassa doso, ñatticatutthakammassa doso. Dve kammasampattiyo – apalokanakammassa sampatti, ñattikammassa sampatti. Aparāpi dve kammasampattiyo – ñattidutiyakammassa sampatti, ñatticatutthakammassa sampatti. Dve nānāsaṃvāsakabhūmiyo – attanā vā attānaṃ nānāsaṃvāsakaṃ karoti, samaggo vā naṃ saṅgho ukkhipati adassane vā appaṭikamme vā appaṭinissagge vā. Dve samānasaṃvāsakabhūmiyo – attanā vā attānaṃ samānasaṃvāsakaṃ karoti, samaggo vā naṃ saṅgho ukkhittaṃ osāreti dassane vā paṭikamme vā paṭinissagge vā. Dve pārājikā – bhikkhūnañca bhikkhunīnañca. Dve saṅghādisesā, dve thullaccayā, dve pācittiyā, dve pāṭidesanīyā, dve dukkaṭā, dve dubbhāsitā – bhikkhūnañca bhikkhunīnañca. Satta āpattiyo, satta āpattikkhandhā. Dvīhākārehi saṅgho bhijjati – kammena vā salākaggāhena vā.
Dve puggalā na upasampādetabbā – addhānahīno, aṅgahīno. Aparepi dve puggalā na upasampādetabbā – vatthuvipanno, karaṇadukkaṭako. Aparepi dve puggalā na upasampādetabbā – aparipūro paripūro no ca yācati. Dvinnaṃ puggalānaṃ nissāya na vatthabbaṃ – alajjissa ca bālassa ca. Dvinnaṃ puggalānaṃ nissayo na dātabbo – alajjissa ca lajjino ca na yācati. Dvinnaṃ puggalānaṃ nissayo dātabbo – bālassa ca lajjissa ca yācati. Dve puggalā abhabbā āpattiṃ āpajjituṃ – buddhā ca paccekabuddhā ca. Dve puggalā bhabbā, āpattiṃ āpajjituṃ – bhikkhū ca bhikkhuniyo ca. Dve puggalā abhabbā sañcicca āpattiṃ āpajjituṃ – bhikkhū ca bhikkhuniyo ca ariyapuggalā. Dve puggalā bhabbā sañcicca āpattiṃ āpajjituṃ – bhikkhū ca bhikkhuniyo ca puthujjanā. Dve puggalā abhabbā sañcicca sātisāraṃ vatthuṃ ajjhācarituṃ – bhikkhū ca bhikkhuniyo ca ariyapuggalā. Dve puggalā bhabbā sañcicca sātisāraṃ vatthuṃ ajjhācarituṃ – bhikkhū ca bhikkhuniyo ca puthujjanā.
Dve paṭikkosā – kāyena vā paṭikkosati vācāya vā paṭikkosati. Dve nissāraṇā – atthi puggalo appatto nissāraṇaṃ taṃ ce saṅgho nissāreti ekacco sunissārito, ekacco dunnissārito. Dve osāraṇā – atthi puggalo appatto osāraṇaṃ taṃ ce saṅgho osāreti ekacco sosārito, ekacco dosārito. Dve paṭiññā – kāyena vā paṭijānāti vācāya vā paṭijānāti. Dve paṭiggahā – kāyena vā paṭiggaṇhāti kāyapaṭibaddhena vā paṭiggaṇhāti. Dve paṭikkhepā – kāyena vā paṭikkhipati vācāya vā paṭikkhipati. Dve upaghātikā – sikkhūpaghātikā ca bhogūpaghātikā ca. Dve codanā – kāyena vā codeti vācāya vā codeti. Dve kathinassa palibodhā – āvāsapalibodho ca cīvarapalibodho ca. Dve kathinassa apalibodhā – āvāsaapalibodho ca cīvaraapalibodho ca. Dve cīvarāni – gahapatikañca paṃsukūlañca. Dve pattā – ayopatto mattikāpatto. Dve maṇḍalāni – tipumayaṃ, sīsamayaṃ. Dve pattassa adhiṭṭhānā – kāyena vā adhiṭṭheti vācāya vā

adhiṭṭheti. Dve cīvarassaadhiṭṭhānā – kāyena vā adhiṭṭheti vācāya vā adhiṭṭheti. Dve vikappanā – sammukhāvikappanā ca parammukhāvikappanā ca. Dve vinayā – bhikkhūnañca bhikkhunīnañca. Dve venayikā – paññattañca paññattānulomañca. Dve vinayassa sallekhā – akappiye setughāto, kappiye mattakāritā. Dvīhākārehi āpattiṃ āpajjati – kāyena vā āpajjati vācāya vā āpajjati. Dvīhākārehi āpattiyā vuṭṭhāti – kāyena vā vuṭṭhāti vācāya vā vuṭṭhāti. Dve parivāsā – paṭicchannaparivāso, appaṭicchannaparivāso. Aparepi dve parivāsā – suddhantaparivāso samodhānaparivāso. Dve mānattā – paṭicchannamānattaṃ, appaṭicchannamānattaṃ. Aparepi dve mānattā – pakkhamānattaṃ, samodhānamānattaṃ. Dvinnaṃ puggalānaṃ ratticchedo – pārivāsikassa ca mānattacārikassa ca. Dve anādariyāni – puggalānādariyañca dhammānādariyañca. Dve loṇāni – jātimañca kārimañca [jātimayañca khārimayañca (syā.)]. Aparānipi dve loṇāni – sāmuddaṃ kāḷaloṇaṃ. Aparānipi dve loṇāni – sindhavaṃ, ubbhidaṃ [ubbhiraṃ (itipi)]. Aparānipi dve loṇāni – romakaṃ, pakkālakaṃ. Dve paribhogā – abbhantaraparibhogo ca bāhiraparibhogo ca. Dve akkosā – hīno ca akkoso ukkaṭṭho ca akkoso. Dvīhākārehi pesuññaṃ hoti – piyakamyassa vā bhedādhippāyassa vā. Dvīhākārehi gaṇabhojanaṃ pasavati – nimantanato vā viññattito vā. Dve vassūpanāyikā – purimikā, pacchimikā. Dve adhammikāni pātimokkhaṭṭhapanāni. Dve dhammikāni pātimokkhaṭṭhapanāni.

[a. ni. 2.99 ādayo] Dve puggalā bālā – yo ca anāgataṃ bhāraṃ vahati, yo ca āgataṃ bhāraṃ na vahati. Dve puggalā paṇḍitā – yo ca anāgataṃ bhāraṃ na vahati, yo ca āgataṃ bhāraṃ vahati. Aparepi dve puggalā bālā – yo ca akappiye kappiyasaññī, yo ca kappiye akappiyasaññī. Dve puggalā paṇḍitā – yo ca akappiye akappiyasaññī, yo ca kappiye kappiyasaññī. Aparepi dve puggalā bālā – yo ca anāpattiyā āpattisaññī, yo ca āpattiyā anāpattisaññī. Dve puggalā paṇḍitā – yo ca āpattiyā āpattisaññī, yo ca anāpattiyā anāpattisaññī. Aparepi dve puggalā bālā – yo ca adhamme dhammasaññī, yo ca dhamme adhammasaññī. Dve puggalā paṇḍitā – yo ca adhamme adhammasaññī, yo ca dhamme dhammasaññī. Aparepi dve puggalā bālā – yo ca avinaye vinayasaññī, yo ca vinaye avinayasaññī. Dve puggalā paṇḍitā – yo ca avinaye avinayasaññī, yo ca vinaye vinayasaññī.

[a. ni. 2.109] Dvinnaṃ puggalānaṃ āsavā vaḍḍhanti – yo ca na kukkuccāyitabbaṃ kukkuccāyati, yo ca kukkuccāyitabbaṃ kukkuccāyati. Dvinnaṃ puggalānaṃ āsavā na vaḍḍhanti – yo ca kukkuccāyitabbaṃ na kukkuccāyati, yo ca kukkuccāyitabbaṃ kukkuccāyati. Aparesampi dvinnaṃ puggalānaṃ āsavā vaḍḍhanti – yo ca akappiye kappiyasaññī, yo ca kappiye akappiyasaññī. Dvinnaṃ puggalānaṃ āsavā na vaḍḍhanti – yo ca akappiye akappiyasaññī, yo ca kappiye kappiyasaññī. Aparesampi dvinnaṃ puggalānaṃ āsavā vaḍḍhanti – yo ca anāpattiyā āpattisaññī, yo ca āpattiyā anāpattisaññī. Dvinnaṃ puggalānaṃ āsavā na vaḍḍhanti – yo ca anāpattiyā anāpattisaññī, yo ca āpattiyā āpattisaññī. Aparesampi dvinnaṃ puggalānaṃ āsavā vaḍḍhanti – yo ca adhamme dhammasaññī, yo ca dhamme adhammasaññī. Dvinnaṃ puggalānaṃ āsavā na vaḍḍhanti – yo ca adhamme adhammasaññī, yo ca dhamme dhammasaññī. Aparesampi dvinnaṃ puggalānaṃ āsavā vaḍḍhanti – yo ca avinaye vinayasaññī, yo ca vinaye avinayasaññī. Dvinnaṃ puggalānaṃ āsavā na vaḍḍhanti – yo ca avinaye avinayasaññī, yo ca vinaye vinayasaññī.

Dukā niṭṭhitā.

Tassuddānaṃ –

Saññā laddhā ca saddhammā, parikkhārā ca puggalā;
Saccaṃ bhūmi nikkhamanto, ādiyanto samādiyaṃ.
Karonto dento gaṇhanto, paribhogena ratti ca;
Aruṇāchindaṃ chādento, dhārento ca uposathā.
Pavāraṇā kammāparā, vatthu aparā dosā ca;
Aparā dve ca sampatti, nānā samānameva ca.
Pārājisaṅghathullaccaya, pācitti pāṭidesanā;
Dukkaṭā dubbhāsitā ceva, satta āpattikkhandhā ca.
Bhijjati upasampadā, tatheva apare duve;
Na vatthabbaṃ na dātabbaṃ, abhabbābhabbameva ca.
Sañcicca sātisārā ca, paṭikkosā nissāraṇā;
Osāraṇā paṭiññā ca, paṭiggahā paṭikkhipā.
Upaghāti codanā ca, kathinā ca duve tathā;
Cīvarā pattamaṇḍalā, adhiṭṭhānā tatheva dve.
Vikappanā ca vinayā, venayikā ca sallekhā;
Āpajjati ca vuṭṭhāti, parivāsāpare duve.
Dve mānattā apare ca, ratticchedo anādari;
Dve loṇā tayo apare, paribhogakkosena ca.
Pesuñño ca gaṇāvassa, ṭhapanā bhārakappiyaṃ;
Anāpatti adhammadhammā, vinaye āsave tathāti.

3. Tikavāro

323. Atthāpatti tiṭṭhante bhagavati āpajjati, no parinibbute; atthāpatti parinibbute bhagavati āpajjati, no tiṭṭhante; atthāpatti tiṭṭhantepi bhagavati āpajjati parinibbutepi. Atthāpatti kāle āpajjati, no vikāle; atthāpatti vikāle āpajjati, no kāle; atthāpatti kāle ceva āpajjati vikāle ca. Atthāpatti rattiṃ āpajjati, no divā; atthāpatti divā āpajjati, no rattiṃ; atthāpatti rattiñceva āpajjati divā ca. Atthāpatti dasavasso āpajjati, no ūnadasavasso; atthāpatti ūnadasavasso āpajjati, nodasavasso; atthāpatti dasavasso ceva āpajjati ūnadasavasso ca. Atthāpatti pañcavasso āpajjati, no ūnapañcavasso; atthāpatti ūnapañcavasso āpajjati, no pañcavasso; atthāpatti pañcavasso ceva āpajjati ūnapañcavasso ca. Atthāpatti kusalacitto āpajjati; atthāpatti akusalacitto āpajjati; atthāpatti abyākatacitto āpajjati. Atthāpatti sukhavedanāsamaṅgī āpajjati; atthāpatti dukkhavedanāsamaṅgī āpajjati; atthāpatti adukkhamasukhavedanāsamaṅgī āpajjati. Tīṇi codanāvatthūni – diṭṭhena, sutena, parisaṅkāya. Tayo salākaggāhā – guḷhako, vivaṭako [vivaṭṭako (ka.)], sakaṇṇajappako. Tayo paṭikkhepā – mahicchatā, asantuṭṭhitā[asantuṭṭhatā (syā.)], asallekhatā. Tayo anuññātā – appicchatā, santuṭṭhitā, sallekhatā. Aparepi tayo paṭikkhepā – mahicchatā, asantuṭṭhitā, amattaññutā. Tayo anuññātā – appicchatā, santuṭṭhitā, mattaññutā. Tisso paññattiyo – paññatti, anupaññatti, anuppannapaññatti. Aparāpi tisso paññattiyo – sabbatthapaññatti, padesapaññatti, sādhāraṇapaññatti. Aparāpi tisso paññattiyo – asādhāraṇapaññatti, ekatopaññatti, ubhatopaññatti.

Atthāpatti bālo āpajjati, no paṇḍito; atthāpatti paṇḍito āpajjati, no bālo; atthāpatti bālo ceva āpajjati paṇḍito ca. Atthāpatti kāḷe āpajjati, no juṇhe; atthāpatti juṇhe āpajjati, no kāḷe; atthāpatti kāḷe ceva āpajjati juṇhe ca. Atthi kāḷe kappati, no juṇhe; atthi juṇhe kappati, no kāḷe; atthi kāḷe ceva kappati juṇhe ca. Atthāpatti hemante āpajjati, no gimhe no vasse; atthāpatti gimhe āpajjati, no hemante no vasse; atthāpatti vasse āpajjati, no hemante no gimhe. Atthāpatti saṅgho āpajjati, na gaṇo na puggalo; atthāpatti gaṇo āpajjati, na saṅgho na puggalo; atthāpatti puggalo āpajjati, na saṅgho na gaṇo. Atthi saṅghassa kappati, na gaṇassana puggalassa; atthi gaṇassa kappati, na saṅghassa na puggalassa; atthi puggalassa kappati, na saṅghassa na gaṇassa. Tisso chādanā vatthuṃ chādeti, no āpattiṃ; āpattiṃ chādeti, no vatthuṃ; vatthuñceva chādeti āpattiñca. Tisso paṭicchādiyo – jantāgharapaṭicchādi, udakapaṭicchādi, vatthapaṭicchādi. [a. ni. 3.132]Tīṇi paṭicchannāni vahanti, no vivaṭāni – mātugāmo paṭicchanno vahati, no vivaṭo; brāhmaṇānaṃ mantā paṭicchannā vahanti, no vivaṭā; micchādiṭṭhi paṭicchannāvahati, no vivaṭā. Tīṇi vivaṭāni virocanti, no paṭicchannāni – candamaṇḍalaṃ vivaṭaṃ virocati, no paṭicchannaṃ; sūriyamaṇḍalaṃ vivaṭaṃ virocati, no paṭicchannaṃ; tathāgatappavedito dhammavinayo vivaṭo virocati, no paṭicchanno. Tayo senāsanaggāhā – purimako , pacchimako, antarāmuttako. Atthāpatti gilāno āpajjati, no agilāno; atthāpatti agilāno āpajjati, no gilāno; atthāpatti gilāno ceva āpajjati agilāno ca.

Tīṇi adhammikāni pātimokkhaṭṭhapanāni. Tīṇi dhammikāni pātimokkhaṭṭhapanāni. Tayo parivāsā – paṭicchannaparivāso, appaṭicchannaparivāso, suddhantaparivāso. Tayo mānattā – paṭicchannamānattaṃ, appaṭicchannamānattaṃ, pakkhamānattaṃ. Tayo pārivāsikassa bhikkhuno ratticchedā – sahavāso, vippavāso, anārocanā. Atthāpatti anto āpajjati, no bahi; atthāpatti bahi āpajjati, no anto; atthāpatti anto ceva āpajjati bahi ca. Atthāpatti antosīmāya āpajjati, no bahisīmāya; atthāpatti bahisīmāya āpajjati, no antosīmāya; atthāpatti antosīmāya ceva āpajjati bahisīmāya ca. Tīhākārehi āpattiṃ āpajjati – kāyena āpajjati, vācāya āpajjati, kāyena vācāya āpajjati. Aparehipi tīhākārehi āpattiṃ āpajjati – saṅghamajjhe, gaṇamajjhe, puggalassa santike. Tīhākārehi āpattiyā vuṭṭhāti – kāyena vuṭṭhāti, vācāya vuṭṭhāti, kāyena vācāya vuṭṭhāti. Aparehipi tīhākārehi āpattiyā vuṭṭhāti – saṅghamajjhe, gaṇamajjhe, puggalassa santike. Tīṇi adhammikāni amūḷhavinayassa dānāni. Tīṇi dhammikāni amūḷhavinayassa dānāni.

[cūḷava. 6] Tīhaṅgehi samannāgatassa bhikkhuno ākaṅkhamāno saṅgho tajjanīyakammaṃ kareyya – bhaṇḍanakārako hoti kalahakārako vivādakārako bhassakārako saṅghe adhikaraṇakārako, bālo hoti abyatto, āpattibahulo anapadāno gihisaṃsaṭṭho viharati ananulomikehi gihisaṃsaggehi. [cūḷava. 15] Tīhaṅgehi samannāgatassa bhikkhuno ākaṅkhamāno saṅgho niyassakammaṃ kareyya – bhaṇḍanakārako hoti…pe… saṅghe adhikaraṇakārako, bālo hoti abyatto, āpattibahulo anapadāno gihisaṃsaṭṭho viharati ananulomikehi gihisaṃsaggehi. [cūḷava. 27] Tīhaṅgehi samannāgatassa bhikkhuno ākaṅkhamāno saṅgho pabbājanīyakammaṃ kareyya – bhaṇḍanakārako hoti…pe… saṅghe adhikaraṇakārako, bālo hoti abyatto, āpattibahulo anapadāno kuladūkako hoti pāpasamācāro pāpasamācārā dissanti ceva suyyanti ca. Tīhaṅgehi samannāgatassa bhikkhuno ākaṅkhamāno saṅgho paṭisāraṇīyakammaṃ kareyya – bhaṇḍanakārako hoti…pe… saṅghe adhikaraṇakārako, bālo hoti abyatto, āpatti bahulo anapadāno gihī akkosati paribhāsati. [cūḷava. 50] Tīhaṅgehi samannāgatassa bhikkhuno ākaṅkhamāno saṅgho āpattiyā adassane ukkhepanīyakammaṃ kareyya – bhaṇḍanakārako hoti…pe… saṅghe adhikaraṇakārako, bālo hoti abyatto, āpattibahulo anapadāno āpattiṃ āpajjitvā na icchati āpattiṃ passituṃ. [cūḷava. 59] Tīhaṅgehi samannāgatassa bhikkhuno ākaṅkhamāno saṅgho āpattiyā appaṭikamme ukkhepanīyakammaṃ kareyya – bhaṇḍanakārako hoti…pe… saṅghe adhikaraṇakārako, bālo hoti abyatto, āpattibahulo anapadāno āpattiṃ āpajjitvā na icchati āpattiṃ paṭikātuṃ. [cūḷava. 69] Tīhaṅgehi samannāgatassa bhikkhuno ākaṅkhamāno saṅgho pāpikāya diṭṭhiyā appaṭinissagge ukkhepanīyakammaṃ kareyya – bhaṇḍanakārako hoti…pe… saṅghe adhikaraṇakārako, bālo hoti abyatto, āpattibahulo anapadāno na icchati pāpikaṃ diṭṭhiṃ paṭinissajjituṃ.

Tīhaṅgehi samannāgatassa bhikkhuno ākaṅkhamāno saṅgho āgāḷhāya ceteyya – bhaṇḍanakārako hoti kalahakārako vivādakārako bhassakārako saṅghe adhikaraṇakārako, bālo hoti abyatto āpattibahulo anapadāno, gihisaṃsaṭṭho viharati ananulomikehi gihisaṃsaggehi. Tīhaṅgehi samannāgatassa bhikkhuno kammaṃ kātabbaṃ – alajjī ca hoti, bālo ca, apakatatto ca. Aparehipi tīhaṅgehi samannāgatassa bhikkhuno kammaṃ kātabbaṃ – adhisīle sīlavipanno hoti, ajjhācāre ācāravipanno hoti, atidiṭṭhiyā diṭṭhivipanno hoti. Aparehipi tīhaṅgehi samannāgatassa bhikkhuno kammaṃ kātabbaṃ – kāyikena davena samannāgato hoti, vācasikena davena samannāgato hoti, kāyikavācasikena davena samannāgato hoti. Aparehipi tīhaṅgehi samannāgatassa bhikkhuno kammaṃ kātabbaṃ – kāyikena anācārena samannāgato hoti, vācasikena anācārena samannāgato hoti, kāyikavācasikena anācārena samannāgato hoti. Aparehipi tīhaṅgehi samannāgatassa bhikkhuno kammaṃ kātabbaṃ – kāyikena upaghātikena samannāgato hoti, vācasikena upaghātikena samannāgato hoti, kāyikavācasikena upaghātikena samannāgato hoti. Aparehipi tīhaṅgehi samannāgatassa bhikkhuno kammaṃ kātabbaṃ – kāyikena micchājīvena samannāgato hoti, vācasikena micchājīvena samannāgato hoti, kāyikavācasikena micchājīvena samannāgato hoti. Aparehipi tīhaṅgehi samannāgatassa bhikkhuno kammaṃ kātabbaṃ – āpattiṃ āpanno kammakato upasampādeti, nissayaṃ deti, sāmaṇeraṃ upaṭṭhāpeti. Aparehipi tīhaṅgehi samannāgatassa bhikkhuno kammaṃ kātabbaṃ – yāya āpattiyā saṅghena kammaṃ kataṃ hoti taṃ āpattiṃ āpajjati, aññaṃ vā tādisikaṃ, tato vā pāpiṭṭhataraṃ. Aparehipi tīhaṅgehi samannāgatassa bhikkhuno kammaṃ kātabbaṃ – buddhassa avaṇṇaṃ bhāsati, dhammassa avaṇṇaṃ bhāsati, saṅghassa avaṇṇaṃ bhāsati.

Tīhaṅgehi samannāgatassa bhikkhuno saṅghamajjhe uposathaṃ ṭhapentassa – ''alaṃ, bhikkhu, mā bhaṇḍanaṃ mā kalahaṃ mā viggahaṃ mā vivāda''nti omadditvā saṅghena uposatho kātabbo – alajjī ca hoti, bālo ca, apakatatto ca. Tīhaṅgehi samannāgatassa bhikkhuno saṅghamajjhe pavāraṇaṃ ṭhapentassa – ''alaṃ, bhikkhu, mā bhaṇḍanaṃ mā kalahaṃ mā viggahaṃ mā vivāda''nti omadditvā saṅghena pavāretabbaṃ – alajjī ca hoti, bālo ca, apakatatto ca. Tīhaṅgehi samannāgatassa bhikkhuno na kāci saṅghasammuti dātabbā – alajjī ca hoti, bālo ca, apakatatto ca. Tīhaṅgehi samannāgatena bhikkhunā saṅghe na voharitabbaṃ [saṃgho na voharitabbo (syā.)] – alajjī ca hoti, bālo ca, apakatatto ca. Tīhaṅgehi samannāgato bhikkhu na kismiṃ ci paccekaṭṭhāne ṭhapetabbo – alajjī ca hoti, bālo ca, apakatatto ca. Tīhaṅgehi samannāgatassa bhikkhuno nissāya na vatthabbaṃ – alajjī ca hoti, bālo ca, apakatatto ca. Tīhaṅgehi samannāgatassa bhikkhuno nissayo na dātabbo – alajjī ca hoti, bālo ca, apakatatto ca. Tīhaṅgehi samannāgatassa bhikkhuno okāsakammaṃ kārāpentassa nālaṃ okāsakammaṃ kātuṃ – alajjī ca hoti, bālo ca, apakatatto ca. Tīhaṅgehi samannāgatassa bhikkhuno savacanīyaṃ nādātabbaṃ – alajjī ca hoti, bālo ca, apakatatto ca. Tīhaṅgehi samannāgatassa bhikkhuno vinayo na pucchitabbo – alajjī ca hoti, bālo ca, apakatatto ca. Tīhaṅgehi samannāgatena bhikkhunā vinayo na pucchitabbo – alajjī ca hoti, bālo ca, apakatatto ca. Tīhaṅgehi samannāgatassa bhikkhuno vinayo na vissajjetabbo – alajjī ca hoti, bālo ca, apakatatto ca. Tīhaṅgehi samannāgatena bhikkhunā vinayo na vissajjetabbo – alajjī ca hoti, bālo ca, apakatatto ca. Tīhaṅgehi samannāgatassa bhikkhuno anuyogo na dātabbo – alajjī ca hoti, bālo ca, apakatatto ca. Tīhaṅgehi samannāgatena bhikkhunā saddhiṃ vinayo na sākacchitabbo [sākacchātabbo (ka.)] – alajjī ca hoti, bālo ca, apakatatto ca. Tīhaṅgehi samannāgatena bhikkhunā na upasampādetabbaṃ na nissayo dātabbo na sāmaṇero upaṭṭhāpetabbo – alajjī ca hoti, bālo ca, apakatatto ca.

Tayo uposathā – cātuddasiko, pannarasiko, sāmaggiuposatho. Aparepi tayo uposathā – saṅgheuposatho, gaṇeuposatho, puggaleuposatho. Aparepi tayo uposathā – suttuddesouposatho, pārisuddhiuposatho, adhiṭṭhānuposatho. Tisso pavāraṇā – cātuddasikā, pannarasikā, sāmaggipavāraṇā. Aparāpi tisso pavāraṇā – saṅghepavāraṇā, gaṇepavāraṇā, puggalepavāraṇā. Aparāpi tisso pavāraṇā – tevācikāpavāraṇā, dvevācikāpavāraṇā, samānavassikāpavāraṇā.

Tayo āpāyikā nerayikā – idamappahāya, yo ca abrahmacārī brahmacāripaṭiñño, yo ca suddhaṃ brahmacāriṃ parisuddhabrahmacariyaṃ carantaṃ amūlakena abrahmacariyena anuddhaṃseti, yo cāyaṃ evaṃvādī evaṃdiṭṭhi [evaṃdiṭṭhī (sī.)] – ''natthi kāmesu doso''ti so kāmesu pātabyataṃ āpajjati. [a. ni. 3.70] Tīṇi akusalamūlāni – lobho akusalamūlaṃ, doso akusalamūlaṃ, moho akusalamūlaṃ. [a. ni. 3.70] Tīṇi kusalamūlāni – alobho kusalamūlaṃ, adoso kusalamūlaṃ, amoho kusalamūlaṃ. Tīṇi duccaritāni – kāyaduccaritaṃ, vacīduccaritaṃ, manoduccaritaṃ. Tīṇi sucaritāni – kāyasucaritaṃ, vacīsucaritaṃ, manosucaritaṃ. Tayo atthavase paṭicca bhagavatā kulesu tikabhojanaṃ paññattaṃ – dummaṅkūnaṃ puggalānaṃ niggahāya, pesalānaṃ bhikkhūnaṃ phāsuvihārāya, ''mā pāpicchā pakkhaṃ nissāya saṅghaṃ bhindeyyu''nti kulānuddayatāya ca. [cūḷava. 350] Tīhi asaddhammehi abhibhūto pariyādinnacitto devadatto āpāyiko nerayiko kappaṭṭho atekiccho pāpicchatā pāpamittatā oramattakena visesādhigamena antarā vosānaṃ āpādi. Tisso sammutiyo – daṇḍasammuti, sikkāsammuti, daṇḍasikkāsammuti. Tisso pādukā dhuvaṭṭhānikā asaṅkamanīyā – vaccapādukā, passāvapādukā, ācamanapādukā. Tisso pādaghaṃsaniyo – sakkharaṃ, kathalā, samuddapheṇakoti.

Tikaṃ niṭṭhitaṃ.

Tassuddānaṃ –

Tiṭṭhante kāle rattiñca, dasa pañca kusalena;

Vedanā codanā vatthu, salākā dve paṭikkhipā.
Paññatti apare dve ca, bālo kāḷe ca kappati;
Hemante saṅgho saṅghassa, chādanā ca paṭicchādi.
Paṭicchannā vivaṭā ca, senāsanagilāyanā;
Pātimokkhaṃ parivāsaṃ, mānattā pārivāsikā.
Anto anto ca sīmāya, āpajjati punāpare;
Vuṭṭhāti apare ceva, amūḷhavinayā duve.
Tajjanīyā niyassā ca, pabbājapaṭisāraṇī;
Adassanā paṭikamme, anissagge ca diṭṭhiyā.
Āgāḷhakammādhisīle, davānācāra ghātikā;
Ājīvāpannā tādisikā, avaṇṇuposathena ca.
Pavāraṇā sammuti ca, vohārapaccekena ca;
Na vatthabbaṃ na dātabbaṃ, okāsaṃ na kare tathā.
Na kare savacanīyaṃ, na pucchitabbakā duve;
Na vissajje duve ceva, anuyogampi no dade.
Sākacchā upasampadā, nissayasāmaṇerā ca;
Uposathatikā tīṇi, pavāraṇatikā tayo.
Āpāyikā akusalā, kusalā caritā duve;
Tikabhojanasaddhamme, sammuti pādukena ca;
Pādaghaṃsanikā ceva, uddānaṃ tikake idanti.

4. Catukkavāro

324. Atthāpatti sakavācāya āpajjati, paravācāya vuṭṭhāti; atthāpatti paravācāya āpajjati, sakavācāya vuṭṭhāti; atthāpatti sakavācāya āpajjati, sakavācāya vuṭṭhāti; atthāpatti paravācāya āpajjati, paravācāya vuṭṭhāti. Atthāpatti kāyena āpajjati, vācāya vuṭṭhāti; atthāpatti vācāya āpajjati, kāyena vuṭṭhāti; atthāpatti kāyena āpajjati, kāyena vuṭṭhāti; atthāpatti vācāya āpajjati, vācāya vuṭṭhāti. Atthāpatti pasutto āpajjati, paṭibuddho vuṭṭhāti; atthāpatti paṭibuddho āpajjati, pasutto vuṭṭhāti; atthāpatti pasutto āpajjati, pasutto vuṭṭhāti; atthāpatti paṭibuddho āpajjati, paṭibuddho vuṭṭhāti. Atthāpatti acittako āpajjati, sacittako vuṭṭhāti; atthāpatti sacittako āpajjati, acittako vuṭṭhāti; atthāpatti acittako āpajjati, acittako vuṭṭhāti; atthāpatti sacittako āpajjati, sacittako vuṭṭhāti. Atthāpatti āpajjanto deseti; desento āpajjati; atthāpatti āpajjanto vuṭṭhāti; vuṭṭhahanto āpajjati. Atthāpatti kammena āpajjati, akammena vuṭṭhāti; atthāpatti akammena āpajjati, kammena vuṭṭhāti; atthāpatti kammena āpajjati, kammena vuṭṭhāti; atthāpatti akammena āpajjati, akammena vuṭṭhāti.

[a. ni. 4.250; dī. ni. 3.313; vibha. 939] Cattāro anariyavohārā – adiṭṭhe diṭṭhavāditā, assute sutavāditā, amute mutavāditā, aviññāte viññātavāditā. Cattāro ariyavohārā – adiṭṭhe adiṭṭhavāditā, assute assutavāditā, amute amutavāditā, aviññāte aviññātavāditā. Aparepi cattāro anariyavohārā – diṭṭhe adiṭṭhavāditā, sute assutavāditā, mute amutavāditā, viññāte aviññātavāditā. Cattāro ariyavohārā – diṭṭhe diṭṭhavāditā, sute sutavāditā, mute mutavāditā, viññāte viññātavāditā.

Cattāro pārājikā bhikkhūnaṃ bhikkhunīhi sādhāraṇā; cattāro pārājikā bhikkhunīnaṃ bhikkhūhi asādhāraṇā. Cattāro parikkhārā – atthi parikkhāro rakkhitabbo gopetabbo mamāyitabbo paribhuñjitabbo; atthi parikkhāro rakkhitabbo gopetabbo mamāyitabbo, na paribhuñjitabbo; atthi parikkhāro rakkhitabbo gopetabbo, na mamāyitabbo na paribhuñjitabbo; atthi parikkhāro na rakkhitabbo na gopetabbo, na mamāyitabbo na paribhuñjitabbo. Atthāpatti sammukhā āpajjati, parammukhā vuṭṭhāti; atthāpatti parammukhā āpajjati , sammukhā vuṭṭhāti; atthāpatti sammukhā āpajjati, sammukhā vuṭṭhāti; atthāpatti parammukhā āpajjati, parammukhā vuṭṭhāti. Atthāpatti ajānanto āpajjati, jānanto vuṭṭhāti; atthāpatti jānanto āpajjati, ajānanto vuṭṭhāti; atthāpatti ajānanto āpajjati, ajānanto vuṭṭhāti; atthāpatti jānanto āpajjati, jānanto vuṭṭhāti.

Catūhākārehi āpattiṃ āpajjati – kāyena āpajjati, vācāya āpajjati, kāyena vācāya āpajjati, kammavācāya āpajjati. Aparehipi catūhākārehi āpattiṃ āpajjati – saṅghamajjhe, gaṇamajjhe, puggalassa santike, liṅgapātubhāvena. Catūhākārehi āpattiyā vuṭṭhāti – kāyena vuṭṭhāti, vācāya vuṭṭhāti, kāyena vācāya vuṭṭhāti, kammavācāya vuṭṭhāti. Aparehipi catūhākārehi āpattiyā vuṭṭhāti – saṅghamajjhe, gaṇamajjhe, puggalassa santike, liṅgapātubhāvena. Saha paṭilābhena purimaṃ jahati, pacchime patiṭṭhāti, viññattiyo paṭippassambhanti, paṇṇattiyo nirujjhanti. Saha paṭilābhena pacchimaṃ jahati, purime patiṭṭhāti, viññattiyo paṭippassambhanti, papṇattiyo nirujjhanti. Catasso codanā – sīlavipattiyā codeti , ācāravipattiyā codeti, diṭṭhivipattiyā codeti, ājīvavipattiyā codeti. Cattāro parivāsā – paṭicchannaparivāso , appaṭicchannaparivāso, suddhantaparivāso, samodhānaparivāso. Cattāro mānattā – paṭicchannamānattaṃ, appaṭicchannamānattaṃ, pakkhamānattaṃ, samodhānamānattaṃ. Cattāro mānattacārikassa bhikkhuno ratticchedā – sahavāso, vippavāso, anārocanā, ūne gaṇe carati. Cattāro sāmukkaṃsā . Cattāro paṭiggahitaparibhogā – yāvakālikaṃ, yāmakālikaṃ, sattāhakālikaṃ, yāvajīvikaṃ. Cattāri mahāvikaṭāni – gūtho, muttaṃ, chārikā, mattikā. Cattāri kammāni – apalokanakammaṃ, ñattikammaṃ, ñattidutiyakammaṃ, ñatticatutthakammaṃ. Aparānipi cattāri kammāni – adhammena vaggakammaṃ, adhammena samaggakammaṃ, dhammena vaggakammaṃ, dhammena samaggakammaṃ. Catasso vipattiyo – sīlavipatti, ācāravipatti, diṭṭhivipatti, ājīvavipatti. Cattāri adhikaraṇāni – vivādādhikaraṇaṃ, anuvādādhikaraṇaṃ, āpattādhikaraṇaṃ, kiccādhikaraṇaṃ. [a. ni. 4.211] Cattāro parisadūsanā – bhikkhu dussīlo pāpadhammo parisadūsano, bhikkhunī dussīlā pāpadhammā parisadūsanā, upāsako dussīlo pāpadhammo parisadūsano, upāsikā dussīlā pāpadhammā parisadūsanā. Cattāro parisasobhanā [parisasobhaṇā (syā. ka.)] – bhikkhu sīlavā kalyāṇadhammo parisasobhano, bhikkhunī sīlavatī kalyāṇadhammā parisasobhanā, upāsako sīlavā kalyāṇadhammo parisasobhano, upāsikā sīlavatī kalyāṇadhammā parisasobhanā.

Atthāpatti āgantuko āpajjati, no āvāsiko; atthāpatti āvāsiko āpajjati, no āgantuko; atthāpatti āgantuko ceva āpajjati āvāsiko ca atthāpatti neva āgantuko āpajjati, no āvāsiko. Atthāpatti gamiko āpajjati, no āvāsiko; atthāpatti āvāsiko āpajjati, no gamiko; atthāpatti gamiko ceva āpajjati āvāsiko ca; atthāpatti neva gamiko āpajjati no āvāsiko. Atthi vatthunānattatā no āpattinānattatā, atthi āpattinānattatā no vatthunānattatā, atthi vatthunānattatā ceva āpattinānattatā ca, atthi neva vatthunānattatā no āpattinānattatā. Atthi vatthusabhāgatā no āpattisabhāgatā, atthi āpattisabhāgatā no vatthusabhāgatā, atthi vatthusabhāgatā ceva āpattisabhāgatā ca atthi neva vatthusabhāgatā no āpattisabhāgatā. Atthāpatti upajjhāyo āpajjati no saddhivihāriko, atthāpatti saddhivihāriko āpajjati no upajjhāyo, atthāpatti upajjhāyo ceva āpajjati saddhivihāriko ca, atthāpatti neva upajjhāyo āpajjati no saddhivihāriko. Atthāpatti ācariyo āpajjati no antevāsiko, atthāpatti antevāsiko āpajjati no ācariyo, atthāpatti ācariyo ceva āpajjati antevāsiko ca, atthāpatti neva ācariyo āpajjati no antevāsiko. Cattāro paccayā anāpatti vassacchedassa – saṅgho vā bhinno hoti, saṅghaṃ vā bhinditukāmā honti, jīvitantarāyo vā hoti, brahmacariyantarāyo vā hoti. Cattāri vacīduccaritāni – musāvādo, pisuṇā vācā, pharusā vācā, samphappalāpo. Cattāri vacīsucaritāni – saccavācā, apisuṇā vācā, saṇhā vācā, mantā bhāsā. Atthi ādiyanto garukaṃ āpattiṃ āpajjati, payojento lahukaṃ; atthi ādiyanto lahukaṃ āpattiṃ āpajjati, payojento garukaṃ, atthi ādiyantopi payojentopi garukaṃ āpattiṃ āpajjati; atthi ādiyantopi payojentopi lahukaṃ āpattiṃ āpajjati.

Atthi puggalo abhivādanāraho, no paccuṭṭhānāraho; atthi puggalo paccuṭṭhānāraho, no abhivādanāraho; atthi puggalo abhivādanāraho ceva paccuṭṭhānāraho ca; atthi puggalo neva abhivādanāraho no paccuṭṭhānāraho. Atthi puggalo āsanāraho, no abhivādanāraho; atthi puggalo abhivādanāraho, no āsanāraho; atthi puggalo āsanāraho ceva abhivādanāraho ca; atthi puggalo neva āsanāraho no abhivādanāraho. Atthāpatti kāle āpajjati, no vikāle; atthāpatti vikāle āpajjati, no kāle; atthāpatti kāle ceva āpajjati vikāle ca; atthāpatti neva kāle āpajjati no vikāle. Atthi paṭiggahitaṃ kāle kappati, no vikāle; atthi paṭiggahitaṃ vikāle kappati, no kāle; atthi paṭiggahitaṃ kāle ceva kappati vikāle ca; atthi paṭiggahitaṃ neva kāle kappati no vikāle. Atthāpatti paccantimesu janapadesu āpajjati, no majjhimesu; atthāpatti majjhimesu janapadesu āpajjati, no paccantimesu; atthāpatti paccantimesu ceva janapadesu āpajjati majjhimesu ca; atthāpatti neva paccantimesu janapadesu āpajjati no majjhimesu. Atthi paccantimesu janapadesu kappati, no majjhimesu; atthi majjhimesu janapadesu kappati, no paccantimesu; atthi paccantimesu ceva janapadesu kappati majjhimesu ca; atthi neva paccantimesu janapadesu kappati no majjhimesu. Atthāpatti anto āpajjati, no bahi; atthāpatti bahi āpajjati, no anto; atthāpatti anto ceva āpajjati bahi ca; atthāpatti neva anto āpajjati no bahi. Atthāpatti antosīmāya āpajjati, no bahisīmāya; atthāpatti bahisīmāya āpajjati, no antosīmāya; atthāpatti antosīmāya ceva āpajjati bahisīmāya ca; atthāpatti neva antosīmāya āpajjati no bahisīmāya. Atthāpatti gāme āpajjati, no araññe; atthāpatti araññe āpajjati, no gāme; atthāpatti gāme ceva āpajjati araññe ca; atthāpatti neva gāme āpajjati no araññe.

Catasso codanā – vatthusandassanā, āpattisandassanā, saṃvāsapaṭikkhepo , sāmīcipaṭikkhepo. Cattāro pubbakiccā. Cattāro pattakallā. Cattāri anaññapācittiyāni. Catasso bhikkhusammutiyo. [a. ni. 4.17; vibha. 939; dī. ni. 3.311] Cattāri agatigamanāni – chandāgatiṃ gacchati, dosāgatiṃ gacchati, mohāgatiṃ gacchati, bhayāgatiṃ gacchati. Cattāri nāgatigamanāni – na chandāgatiṃ gacchati, na dosāgatiṃ gacchati, na mohāgatiṃ gacchati, na bhayāgatiṃ gacchati. Catūhaṅgehi samannāgato alajjī bhikkhu saṅghaṃ bhindati – chandāgatiṃ gacchanto, dosāgatiṃ gacchanto, mohāgatiṃ gacchanto, bhayāgatiṃ gacchanto. Catūhaṅgehi samannāgato pesalo bhikkhu bhinnaṃ saṅghaṃ samaggaṃ karoti – na chandāgatiṃ gacchanto, na dosāgatiṃ gacchanto, na mohāgatiṃ gacchanto, na bhayāgatiṃ gacchanto. Catūhaṅgehi samannāgatassa bhikkhuno vinayo na pucchitabbo – chandāgatiṃ gacchati, dosāgatiṃ gacchati, mohāgatiṃ gacchati , bhayāgatiṃ gacchati. Catūhaṅgehi samannāgatena bhikkhunā vinayo na pucchitabbo – chandāgatiṃ gacchati, dosāgatiṃ gacchati, mohāgatiṃ gacchati, bhayāgatiṃ gacchati. Catūhaṅgehi samannāgatassa bhikkhuno vinayo na vissajjetabbo – chandāgatiṃ gacchati, dosāgatiṃ gacchati, mohāgatiṃ gacchati, bhayāgatiṃ gacchati. Catūhaṅgehi samannāgatena bhikkhunā vinayo na vissajjetabbo – chandāgatiṃ gacchati, dosāgatiṃ gacchati, mohāgatiṃ gacchati, bhayāgatiṃ gacchati. Catūhaṅgehi samannāgatassa bhikkhuno anuyogo na dātabbo – chandāgatiṃ gacchati , dosāgatiṃ gacchati, mohāgatiṃ gacchati, bhayāgatiṃ gacchati. Catūhaṅgehi samannāgate bhikkhunā saddhiṃ vinayo na sākacchitabbo – chandāgatiṃ gacchati, dosāgatiṃ gacchati, mohāgatiṃ gacchati, bhayāgatiṃ gacchati. Atthāpatti gilāno āpajjati, no agilāno; atthāpatti agilāno āpajjati, no gilāno; atthāpatti gilāno ceva āpajjati agilāno ca; atthāpatti neva gilāno āpajjati no agilāno. Cattāri adhammikāni pātimokkhaṭṭhapanāni. Cattāri dhammikāni pātimokkhaṭṭhapanāni.

Catukkaṃ niṭṭhitaṃ.

Tassuddānaṃ –

Sakavācāya kāyena, pasutto ca acittako;
Āpajjanto ca kammena, vohārā caturo tathā.
Bhikkhūnaṃ bhikkhunīnañca, parikkhāro ca sammukhā;
Ajānakāye majjhe ca, vuṭṭhāti duvidhā tathā.
Paṭilābhena codanā, parivāsā ca vuccati;
Mānattacārikā cāpi, sāmukkaṃsā paṭiggahi.
Mahāvikaṭakammāni, puna kamme vipattiyo;
Adhikaraṇā dussīlā ca, sobhanāgantukena ca.
Gamiko vatthunānattā, sabhāgupajjhāyena ca;
Ācariyo paccayā vā, duccaritaṃ sucaritaṃ.
Ādiyanto puggalo ca, araho āsanena ca;
Kāle ca kappati ceva, paccantimesu kappati.
Anto anto ca sīmāya, gāme ca codanāya ca;
Pubbakiccaṃ pattakallaṃ, anaññā sammutiyo ca.
Agati nāgati ceva, alajjī pesalena ca;
Pucchitabbā duve ceva, vissajjeyyā tathā duve;
Anuyogo ca sākacchā, gilāno ṭhapanena cāti.

5. Pañcakavāro

325. Pañca āpattiyo. Pañca āpattikkhandhā. Pañca vinītavatthūni. Pañca kammāni ānantarikāni. Pañca puggalā niyatā. Pañca chedanakā āpattiyo. Pañcahākārehi āpattiṃ āpajjati. Pañca āpattiyo. Musāvādapaccayā pañcahākārehi kammaṃ na upeti – sayaṃ vā kammaṃ na karoti, paraṃ vā na ajjhesati, chandaṃ vā pārisuddhiṃ vā na deti, kayiramāne kamme paṭikkosati, kate vā pana kamme adhammadiṭṭhi hoti. Pañcahākārehi kammaṃ upeti – sayaṃ vā kammaṃ karoti, paraṃ vā ajjhesati, chandaṃ vā pārisuddhiṃ vā deti, kayiramāne kamme nappaṭikkosati, kate vā pana kamme dhammadiṭṭhi hoti. Pañca piṇḍapātikassa bhikkhuno kappanti – anāmantacāro, gaṇabhojanaṃ, paramparabhojanaṃ, anadhiṭṭhānaṃ, avikappanā. [a. ni. 5.102] Pañcahaṅgehi samannāgato bhikkhu ussaṅkitaparisaṅkito hoti – pāpabhikkhupi akuppadhammopi vesiyāgocaro vā hoti, vidhavāgocaro vā hoti, thullakumārigocaro vā hoti, paṇḍakagocaro vā hoti, bhikkhunigocaro vā hoti. Pañca telāni – tilatelaṃ, sāsapatelaṃ, madhukatelaṃ, eraṇḍakatelaṃ, vasātelaṃ. Pañca vasāni – acchavasaṃ, macchavasaṃ, susukāvasaṃ, sūkaravasaṃ, gadrabhavasaṃ. [a. ni. 5.130; dī. ni. 3.316] Pañca byasanāni – ñātibyasanaṃ, bhogabyasanaṃ, rogabyasanaṃ, sīlabyasanaṃ, diṭṭhibyasanaṃ. [a. ni. 5.130; dī. ni. 3.316] Pañca sampadā – ñātisampadā, bhogasampadā, arogasampadā, sīlasampadā, diṭṭhisampadā. Pañca nissayapaṭippassaddhiyo upajjhāyamhā – upajjhāyo pakkanto vā hoti, vibbhanto vā, kālaṅkato vā, pakkhasaṅkanto vā, āṇattiyeva pañcamī. Pañca puggalā na upasampādetabbā – addhānahīno, aṅgahīno, vatthuvipanno, karaṇadukkaṭako, aparipūro. Pañca paṃsukūlāni – sosānikaṃ, pāpaṇikaṃ, undūrakkhāyikaṃ, upacikakkhāyikaṃ, aggidaḍḍhaṃ. Aparānipi pañca paṃsukūlāni – gokhāyikaṃ, ajakkhāyikaṃ, thūpacīvaraṃ, ābhisekikaṃ, gatapaṭiyāgataṃ[bhatapaṭiyābhataṃ (ka.)]. Pañca avahārā – theyyāvahāro, pasayhāvahāro, parikappāvahāro , paṭicchannāvahāro, kusāvahāro. Pañca mahācorā santo saṃvijjamānā lokasmiṃ. Pañca avissajjaniyāni. Pañca avebhaṅgiyāni. Pañcāpattiyo kāyato samuṭṭhanti, na vācato na cittato. Pañcāpattiyo kāyato ca vācato ca samuṭṭhanti, cittato. Pañcāpattiyo desanāgāminiyo. Pañca saṅghā . Pañca pātimokkhuddesā. Sabbapaccantimesu janapadesu vinayadharapañcamena gaṇena upasampādetabbaṃ. Pañcānisaṃsā kathinatthāre. Pañca kammāni. Yāvatatiyake pañca āpattiyo. Pañcahākārehi adinnaṃ ādiyantassa āpatti pārājikassa. Pañcahākārehi adinnaṃ ādiyantassa āpatti thullaccayassa. Pañcahākārehi adinnaṃ ādiyantassa āpatti dukkaṭassa. Pañca akappiyāni na paribhuñjitabbāni – adinnañca hoti, aviditañca hoti, akappiyañca hoti, appaṭiggahitañca hoti, akatātirittañca hoti. Pañca kappiyāni paribhuñjitabbāni – dinnañca hoti, viditañca hoti, kappiyañca hoti, paṭiggahitañca hoti, katātirittañca hoti. Pañca dānāni apuññāni puññasammatāni lokasmiṃ [lokassa (syā.)] – majjadānaṃ, samajjadānaṃ, itthidānaṃ, usabhadānaṃ, cittakammadānaṃ. Pañca uppannā duppaṭivinodayā [vinodiyā (syā.)] – uppanno rāgo duppaṭivinodayo, uppanno doso duppaṭivinodayo, uppanno moho duppaṭivinodayo, uppannaṃ paṭibhānaṃ duppaṭivinodayaṃ, uppannaṃ gamiyacittaṃ duppaṭivinodayaṃ . Pañcānisaṃsā sammajjaniyā – sakacittaṃ pasīdati, paracittaṃ pasīdati, devatā attamanā honti, pāsādikasaṃvattanikakammaṃ upacinati, kāyassa bhedā paraṃ maraṇā sugatiṃ saggaṃ lokaṃ upapajjati. Aparepi pañcānisaṃsā sammajjaniyā – sakacittaṃ pasīdati, paracittaṃ pasīdati, devatā attamanā honti, satthusāsanaṃ kataṃ hoti, pacchimā janatā diṭṭhānugatiṃ āpajjati.

Pañcahaṅgehi samannāgato vinayadharo ''bālo'' tveva saṅkhaṃ gacchati – attano bhāsapariyantaṃ na uggaṇhāti, parassa bhāsapariyantaṃ na uggaṇhāti, attano bhāsapariyantaṃ na uggahetvā parassa bhāsapariyantaṃ na uggahetvā adhammena kāreti appaṭiññāya. Pañcahaṅgehi samannāgato vinayadharo "paṇḍito" tveva saṅkhaṃ gacchati – attano bhāsapariyantaṃ uggaṇhāti, parassa bhāsapariyantaṃ uggaṇhāti, attano bhāsapariyantaṃ uggahetvā parassa bhāsapariyantaṃ uggahetvā dhammena kāreti paṭiññāya. Aparehipi pañcahaṅgehi samannāgato vinayadharo bālo tveva saṅkhaṃ gacchati – āpattiṃ na jānāti, āpattiyā mūlaṃ na jānāti, āpattisamudayaṃ na jānāti, āpattinirodhaṃ na jānāti, āpattinirodhagāminiṃ paṭipadaṃ na jānāti. Pañcahaṅgehi samannāgato vinayadharo paṇḍito tveva saṅkhaṃ gacchati – āpattiṃ jānāti, āpattiyā mūlaṃ jānāti, āpattisamudayaṃ jānāti, āpattinirodhaṃ jānāti , āpattinirodhagāminiṃ paṭipadaṃ jānāti. Aparehipi pañcahaṅgehi samannāgato vinayadharo bālo tveva saṅkhaṃ gacchati – adhikaraṇaṃ na jānāti, adhikaraṇassa mūlaṃ na jānāti, adhikaraṇasamudayaṃ na jānāti, adhikaraṇanirodhaṃ na jānāti, adhikaraṇanirodhagāminiṃ paṭipadaṃ na jānāti. Pañcahaṅgehi samannāgato vinayadharo paṇḍito tveva saṅkhaṃ gacchati – adhikaraṇaṃ jānāti , adhikaraṇassa mūlaṃ jānāti, adhikaraṇasamudayaṃ jānāti, adhikaraṇanirodhaṃ jānāti, adhikaraṇanirodhagāminiṃ paṭipadaṃ jānāti. Aparehipi pañcahaṅgehi samannāgato vinayadharo bālo tveva saṅkhaṃ gacchati – vatthuṃ na jānāti, nidānaṃ na jānāti, paññattiṃ na jānāti, anupaññattiṃ na jānāti, anusandhivacanapathaṃ na jānāti. Pañcahaṅgehi samannāgato vinayadharo paṇḍito tveva saṅkhaṃ gacchati – vatthuṃ jānāti, nidānaṃ jānāti, paññattiṃ jānāti, anupaññattiṃ jānāti, anusandhivacanapathaṃ jānāti. Aparehipi pañcahaṅgehi samannāgato vinayadharo bālo tveva saṅkhaṃ gacchati – ñattiṃ na jānāti, ñattiyā karaṇaṃ na jānāti, na pubbakusalo hoti, na aparakusalo hoti, akālaññū ca hoti. Pañcahaṅgehi samannāgato vinayadharo paṇḍito tveva saṅkhaṃ gacchati – ñattiṃ jānāti, ñattiyā karaṇaṃ jānāti, pubbakusalo hoti, aparakusalo hoti, kālaññū ca hoti. Aparehipi pañcahaṅgehi samannāgato vinayadharo bālo tveva saṅkhaṃ gacchati – āpattānāpattiṃ na jānāti, lahukagarukaṃ āpattiṃ na jānāti, sāvasesānavasesaṃ āpattiṃ na jānāti, duṭṭhullāduṭṭhullaṃ āpattiṃ na jānāti, ācariyaparamparā kho panassa na suggahitā hoti na sumanasikatā na sūpadhāritā. Pañcahaṅgehi samannāgato vinayadharo paṇḍitotveva saṅkhaṃ gacchati – āpattānāpattiṃ jānāti, lahukagarukaṃ āpattiṃ jānāti, sāvasesānavasesaṃ āpattiṃ jānati, duṭṭhullāduṭṭhullaṃ āpattiṃ jānāti, ācariyaparamparā kho panassa suggahitā hoti sumanasikatā sūpadhāritā. Aparehipi pañcahaṅgehi samannāgato vinayadharo bālo tveva saṅkhaṃ gacchati – āpattānāpattiṃ na jānāti, lahukagarukaṃ āpattiṃ na jānāti, sāvasesānavasesaṃ āpattiṃ na jānāti, duṭṭhullāduṭṭhullaṃ āpattiṃ jānāti, ubhayāni kho panassa pātimokkhāni na vitthārena svāgatāni honti na suvibhattāni na suppavattīni na suvinicchitāni suttaso anubyañjanaso. Pañcahaṅgehi samannāgato vinayadharo paṇḍito tveva saṅkhaṃ gacchati – āpattānāpattiṃ jānāti, lahukagarukaṃ āpattiṃ jānāti, sāvasesānavasesaṃ āpattiṃ jānāti, duṭṭhullāduṭṭhullaṃ āpattiṃ jānāti, ubhayāni kho panassa pātimokkhāni vitthārena svāgatāni honti suvibhattāni suppavattīni suvinicchitāni suttaso anubyañjanaso. Aparehipi pañcahaṅgehi samannāgato vinayadharo bālo tveva saṅkhaṃ gacchati – āpattānāpattiṃ na jānāti, lahukagarukaṃ āpattiṃ na jānāti, sāvasesānavasesaṃ āpattiṃ na jānāti, duṭṭhullāduṭṭhullaṃ āpattiṃ na jānāti, adhikaraṇe ca na vinicchayakusalo hoti. Pañcahaṅgehi samannāgato vinayadharo paṇḍito tveva saṅkhaṃ gacchati – āpattānāpattiṃ jānāti, lahukagarukaṃ āpattiṃ jānāti, sāvasesānavasesaṃ āpattiṃ jānāti, duṭṭhullāduṭṭhullaṃ āpattiṃ jānāti, adhikaraṇe ca vinicchayakusalo hoti.

[a. ni. 5.181; pari. 443] Pañca āraññikā – mandattā momūhattā āraññiko hoti, pāpiccho icchāpakato āraññiko hoti, ummādā cittakkhepā āraññiko hoti, vaṇṇitaṃ buddhehi buddhasāvakehīti āraññiko hoti, api ca appicchaññeva nissāya santuṭṭhiññeva nissāya sallekhaññeva nissāya pavivekaññeva nissāya idamatthitaññeva[idamaṭṭhitaññeva (sī. syā.)] nissāya āraññiko hoti. Pañca piṇḍapātikā...pe... pañca paṃsukūlikā...pe... pañca rukkhamūlikā...pe... pañca sosānikā...pe... pañca abbhokāsikā...pe... pañca tecīvarikā...pe... pañca sapadānacārikā...pe... pañca nesajjikā...pe... pañca yathāsanthatikā...pe... pañca ekāsanikā...pe... pañca khalupacchābhattikā...pe... pañca pattapiṇḍikā – mandattā momūhattā pattapiṇḍiko hoti, pāpiccho icchāpakato pattapiṇḍiko hoti, ummādā cittakkhepā pattapiṇḍiko hoti, vaṇṇitaṃ buddhehi buddhasāvakehīti pattapiṇḍiko hoti, api ca appicchaññeva nissāya santuṭṭhiññeva nissāya sallekhaññeva nissāya pavivekaññeva nissāya idamatthitaññeva nissāya pattapiṇḍiko hoti.

[pari. 417] Pañcahaṅgehi samannāgatena bhikkhunā nānissitena vatthabbaṃ – uposathaṃ na jānāti, uposathakammaṃ na jānāti, pātimokkhaṃ na jānāti, pātimokkhuddesaṃ na jānāti, ūnapañcavasso hoti. Pañcahaṅgehi samannāgatena bhikkhunā anissitena vatthabbaṃ – uposathaṃ jānāti, uposathakammaṃ jānāti, pātimokkhaṃ jānāti, pātimokkhuddesaṃ jānāti, pañcavasso vā hoti atirekapañcavasso vā. Aparehipi pañcahaṅgehi samannāgatena bhikkhunā nānissitena vatthabbaṃ – pavāraṇaṃ na jānāti, pavāraṇākammaṃ na jānāti, pātimokkhaṃ na jānāti, pātimokkhuddesaṃ na jānāti, ūnapañcavasso hoti. Pañcahaṅgehi samannāgatena bhikkhunā anissitena vatthabbaṃ – pavāraṇaṃ jānāti, pavāraṇākammaṃ jānāti, pātimokkhaṃ jānāti, pātimokkhuddesaṃ jānāti, pañcavasso vā hoti atirekapañcavasso vā. Aparehipi pañcahaṅgehi samannāgatena bhikkhunā nānissitena vatthabbaṃ – āpattānāpattiṃ na jānāti, lahukagarukaṃ āpattiṃ na jānāti, sāvasesānavasesaṃ āpattiṃ na jānāti, duṭṭhullāduṭṭhullaṃ āpattiṃ na jānāti, ūnapañcavasso hoti. Pañcahaṅgehi samannāgatena bhikkhunā anissitena vatthabbaṃ – āpattānāpattiṃ jānāti, lahukagarukaṃ āpattiṃ jānāti, sāvasesānavasesaṃ āpattiṃ jānāti, duṭṭhullāduṭṭhullaṃ āpattiṃ jānāti, pañcavasso vā hoti atirekapañcavasso vā. Pañcahaṅgehi samannāgatāya bhikkhuniyā nānissitāya vatthabbaṃ – uposathaṃ na jānāti, uposathakammaṃ na jānāti, pātimokkhaṃ na jānāti, pātimokkhuddesaṃ na jānāti, ūnapañcavassā hoti. Pañcahaṅgehi samannāgatāya bhikkhuniyā anissitāya vatthabbaṃ – uposathaṃ jānāti, uposathakammaṃ jānāti, pātimokkhaṃ jānāti, pātimokkhuddesaṃ jānāti, pañcavassā vā hoti atirekapañcavassā vā. Aparehipi pañcahaṅgehi samannāgatāya bhikkhuniyā nānissitāya vatthabbaṃ – pavāraṇaṃ na jānāti, pavāraṇākammaṃ na jānāti, pātimokkhaṃ na jānāti, pātimokkhuddesaṃ na jānāti, ūnapañcavassā hoti. Pañcahaṅgehi samannāgatāya bhikkhuniyā anissitāya vatthabbaṃ – pavāraṇaṃ jānāti, pavāraṇākammaṃ jānāti, pātimokkhaṃ jānāti, pātimokkhuddesaṃ jānāti, pañcavassā vā hoti atirekapañcavassā vā. Aparehipi pañcahaṅgehi samannāgatāya bhikkhuniyā nānissitāya vatthabbaṃ – āpattānāpattiṃ na jānāti, lahukagarukaṃ āpattiṃ na jānāti, sāvasesānavasesaṃ āpattiṃ na jānāti, duṭṭhullāduṭṭhullaṃ āpattiṃ na jānāti, ūnapañcavassā hoti. Pañcahaṅgehi samannāgatāya bhikkhuniyā anissitāya vatthabbaṃ – āpattānāpattiṃ jānāti, lahukagarukaṃ āpattiṃ jānāti, sāvasesānavasesaṃ āpattiṃ jānāti, duṭṭhullāduṭṭhullaṃ āpattiṃ jānāti, pañcavassā vā hoti atirekapañcavassā vā.

Pañca ādīnavā apāsādike – attāpi attānaṃ upavadati, anuviccapi viññū garahanti, pāpako kittisaddo abbhuggacchati, sammūḷho kālaṃ karoti, kāyassa bhedā paraṃ maraṇā apāyaṃ duggatiṃ vinipātaṃ nirayaṃ upapajjati. Pañcānisaṃsā pāsādike – attāpi attānaṃ na upavadati, anuviccapi viññū pasaṃsanti, kalyāṇo kittisaddo abbhuggacchati, asammūḷho kālaṃ karoti, kāyassa bhedā paraṃ maraṇā sugatiṃ saggaṃ lokaṃ upapajjati. Aparepi pañca ādīnavā apāsādike – appasannā na pasīdanti, pasannānaṃ ekaccānaṃ aññathattaṃ hoti, satthusāsanaṃ akataṃ hoti, pacchimā janatā diṭṭhānugatiṃ nāpajjati, cittamassa na pasīdati. Pañcānisaṃsā pāsādike – appasannā pasīdanti, pasannānaṃ bhiyyobhāvāya hoti, satthusāsanaṃ kataṃ hoti, pacchimā janatā diṭṭhānugatiṃ āpajjati, cittamassa pasīdati. Pañca ādīnavā kulūpake – anāmantacāre āpajjati, raho nisajjāya āpajjati, paṭicchanne āsane āpajjati, mātugāmassa uttarichappañcavācāhi dhammaṃ desento āpajjati, kāmasaṅkappabahulo ca viharati. Pañca ādīnavā kulūpakassa bhikkhuno – ativelaṃ kulesu saṃsaṭṭhassa viharato mātugāmassa abhiṇhadassanaṃ, dassane sati saṃsaggo, saṃsagge sati vissāso, vissāse sati otāro, otiṇṇacittassetaṃ bhikkhuno pāṭikaṅkhaṃ anabhirato vā brahmacariyaṃ carissati aññataraṃ vā saṃkiliṭṭhaṃ āpattiṃ āpajjissati sikkhaṃ vā paccakkhāya hīnāyāvattissati.

[pāci. 92] Pañca bījajātāni – mūlabījaṃ, khandhabījaṃ, phaḷubījaṃ, aggabījaṃ, bījabījaññeva [bījabījameva (ka.)] pañcamaṃ. Pañcahi samaṇakappehi phalaṃ paribhuñjitabbaṃ – aggiparijitaṃ, satthaparijitaṃ, nakhaparijitaṃ, abījaṃ, nibbattabījaññeva [nibbaṭṭabījaññeva (sī.), nibbaṭabījaññeva (syā.), nippaṭṭabījaññeva (ka.)] pañcamaṃ. Pañca visuddhiyo – nidānaṃ uddisitvā avasesaṃ sutena sāvetabbaṃ, ayaṃ paṭhamā visuddhi; nidānaṃ uddisitvā cattāri pārājikāni uddisitvā avasesaṃ sutena sāvetabbaṃ, ayaṃ dutiyā visuddhi; nidānaṃ uddisitvā cattāri pārājikāni uddisitvā terasa saṅghādisese uddisitvā avasesaṃ sutena sāvetabbaṃ, ayaṃ tatiyā visuddhi; nidānaṃ uddisitvā cattāri pārājikāni uddisitvā terasa saṅghādisese uddisitvā dve aniyate uddisitvā avasesaṃ sutena sāvetabbaṃ, ayaṃ catutthā visuddhi; vitthāreneva pañcamī. Aparāpi pañca visuddhiyo – suttuddeso, pārisuddhiuposatho, adhiṭṭhānuposatho, pavāraṇā, sāmaggīuposathoyeva pañcamo. Pañcānisaṃsā vinayadhare – attano sīlakkhandho sugutto hoti surakkhito, kukkuccapakatānaṃ paṭisaraṇaṃ hoti, visārado saṅghamajjhe voharati, paccatthike sahadhammena suniggahitaṃ niggaṇhāti, saddhammaṭṭhitiyā paṭipanno hoti. Pañca adhammikāni pātimokkhaṭṭhapanāni . Pañca dhammikāni pātimokkhaṭṭhapanānīti.

Pañcakaṃ niṭṭhitaṃ.

Tassuddānaṃ –

Āpatti āpattikkhandhā, vinītānantarena ca;
Puggalā chedanā ceva, āpajjati ca paccayā.
Na upeti upeti ca, kappantusaṅkitelañca;
Vasaṃ byasanā sampadā, passaddhi puggalena ca.
Sosānikaṃ khāyitañca, theyyaṃ coro ca vuccati;
Avissajji avebhaṅgi, kāyato kāyavācato.
Desanā saṅghaṃ uddesaṃ, paccantikathinena ca;
Kammāni yāvatatiyaṃ, pārājithulladukkaṭaṃ.
Akappiyaṃ kappiyañca, apuññaduvinodayā;
Sammajjanī apare ca, bhāsaṃ āpattimeva ca.
Adhikaraṇaṃ vatthu ñatti, āpattā ubhayāni ca;
Lahukaṭṭhamakā ete, kaṇhasukkā vijānatha.
Araññaṃ piṇḍapātañca, paṃsurukkhasusānikā;
Abbhokāso cīvarañca, sapadāno nisajjiko.
Santhati khalu pacchāpi, pattapiṇḍikameva ca;
Uposathaṃ pavāraṇaṃ, āpattānāpattipi ca.
Kaṇhasukkapadā ete, bhikkhunīnampi te tathā;

Apāsādikapāsādi, tatheva apare duve.
Kulūpake ativelaṃ, bījaṃ samaṇakappi ca;
Visuddhi apare ceva, vinayādhammikena ca;
Dhammikā ca tathā vuttā, niṭṭhitā suddhipañcakāti.

6. Chakkavāro

326.[dī. ni. 3.324] Cha agāravā. Cha gāravā. Cha vinītavatthūni. Cha sāmīciyo. Cha āpattisamuṭṭhānā. Chacchedanakā āpattiyo. Chahākārehi āpattiṃ āpajjati. Chānisaṃsā vinayadhare. Cha paramāni. Chārattaṃ ticīvarena vippavasitabbaṃ. Cha cīvarāni . Cha rajanāni. Cha āpattiyo kāyato ca cittato ca samuṭṭhanti na vācato. Cha āpattiyo vācato ca cittato ca samuṭṭhanti na kāyato. Cha āpattiyo kāyato ca vācato ca cittato ca samuṭṭhanti. Cha kammāni. Cha vivādamūlāni. Cha anuvādamūlāni. Cha sāraṇīyā dhammā dīghaso. Cha vidatthiyo, sugatavidatthiyā, tiriyaṃ cha vidatthiyo. Cha nissayapaṭippassaddhiyo ācariyamhā. Cha nahāne anupaññattiyo – vippakatacīvaraṃ ādāya pakkamati, vippakatacīvaraṃ samādāya pakkamati.

[mahāva. 85 ādayo] Chahaṅgehi samannāgatena bhikkhunā upasampādetabbaṃ nissayo dātabbo sāmaṇero upaṭṭhāpetabbo – asekkhena sīlakkhandhena samannāgato hoti, asekkhena samādhikkhandhena samannāgato hoti, asekkhena paññakkhandhena samannāgato hoti, asekkhena vimuttikkhandhena samannāgato hoti, asekkhena vimuttiñāṇadassanakkhandhena samannāgato hoti, dasavasso vā hoti atirekadasavasso vā.

Aparehipi chahaṅgehi samannāgatena bhikkhunā upasampādetabbaṃ nissayo dātabbo sāmaṇero upaṭṭhāpetabbo – attanā asekkhena sīlakkhandhe samannāgato hoti, paraṃ asekkhe sīlakkhandhe samādapetā; attanā asekkhena samādhikkhandhena samannāgato hoti, paraṃ asekkhe samādhikkhandhe samādapetā; attanā asekkhena paññakkhandhena samannāgato hoti, paraṃ asekkhe paññakkhandhe samādapetā; attanā asekkhena vimuttikkhandhena samannāgato hoti, paraṃ asekkhe vimuttikkhandhe samādapetā; attanā asekkhena vimuttiñāṇadassanakkhandhena samannāgato hoti, paraṃ asekkhe vimuttiñāṇadassanakkhandhe samādapetā; dasavasso vā hoti atirekadasavasso vā.

Aparehipi chahaṅgehi samannāgatena bhikkhunā upasampādetabbaṃ nissayo dātabbo sāmaṇero upaṭṭhāpetabbo – saddho hoti, hirimā hoti, ottappī hoti, āraddhavīriyo hoti , upaṭṭhitassati hoti, dasavasso vā hoti atirekadasavasso vā.

Aparehipi chahaṅgehi samannāgatena bhikkhunā upasampādetabbaṃ nissayo dātabbo sāmaṇero upaṭṭhāpetabbo – na adhisīle sīlavipanno hoti, na ajjhācāre ācāravipanno hoti, na atidiṭṭhiyā diṭṭhivipanno hoti, bahussuto hoti, paññavā hoti, dasavasso vā hoti atirekadasavasso vā.

Aparehipi chahaṅgehi samannāgatena bhikkhunā upasampādetabbaṃ nissayo dātabbo sāmaṇero upaṭṭhāpetabbo – paṭibalo hoti antevāsiṃ vā saddhivihāriṃ vā gilānaṃ upaṭṭhātuṃ vā upaṭṭhāpetuṃ vā, anabhirataṃ vūpakāsetuṃ vā vūpakāsāpetuṃ vā [anabhiratiṃ (ka.)], uppannaṃ kukkuccaṃ dhammato vinodetuṃ[vinodetuṃ vā vinodāpetuṃ vā (syā.) mahāva. 85], āpattiṃ jānāti, āpattivuṭṭhānaṃ jānāti, dasavasso vā hoti atirekadasavasso vā.

Aparehipi chahaṅgehi samannāgatena bhikkhunā upasampādetabbaṃ nissayo dātabbo sāmaṇero upaṭṭhāpetabbo – paṭibalo hoti antevāsiṃ vā saddhivihāriṃ vā ābhisamācārikāya sikkhāya sikkhāpetuṃ, ādibrahmacāriyakāya sikkhāya vinetuṃ, abhidhamme vinetuṃ, abhivinaye vinetuṃ, uppannaṃ diṭṭhigataṃ dhammato vivecetuṃ, dasavasso vā hoti atirekadasavasso vā.

Aparehipi chahaṅgehi samannāgatena bhikkhunā upasampādetabbaṃ nissayo dātabbo sāmaṇero upaṭṭhāpetabbo – āpattiṃ jānāti, anāpattiṃ jānāti, lahukamāpattiṃ jānāti, garukaṃ āpattiṃ jānāti, ubhayāni kho panassa pātimokkhāni vitthārena svāgatāni honti suvibhattāni suppavattīni suvinicchitāni suttaso anubyañjanaso, dasavasso vā hoti atirekadasavasso vā.

Cha adhammikāni pātimokkhaṭṭhapanāni, cha dhammikāni pātimokkhaṭṭhapanānīti.

Chakkaṃ niṭṭhitaṃ.

Tassuddānaṃ –

Agāravā gāravā ca, vinītā sāmīcipi ca;
Samuṭṭhānā chedanā ceva, ākārānisaṃsena ca.
Paramāni ca chārattaṃ, cīvaraṃ rajanāni ca;
Kāyato cittato cāpi, vācato cittatopi ca.
Kāyavācācittato ca, kammavivādameva ca;
Anuvādā dīghaso ca, tiriyaṃ nissayena ca.
Anupaññatti ādāya, samādāya tatheva ca;
Asekkhe samādapetā, saddho adhisīlena ca;
Gilānābhisamācārī, āpattādhammadhammikāti.

7. Sattakavāro

327. Sattāpattiyo . Sattāpattikkhandhā. Satta vinītavatthūni. Satta sāmīciyo. Satta adhammikā paṭiññātakaraṇā. Satta dhammikā paṭiññātakaraṇā. Sattannaṃ anāpatti sattāhakaraṇīyena gantuṃ. Sattānisaṃsā vinayadhare. Satta paramāni . Sattame aruṇuggamane nissaggiyaṃ hoti. Satta samathā.

Satta kammāni. Satta āmakadhaññāni. Tiriyaṃ sattantarā. Gaṇabhojane satta anupaññattiyo. Bhesajjāni paṭiggahetvā sattāhaparamaṃ sannidhikārakaṃ paribhuñjitabbāni. Katacīvaraṃ ādāya pakkamati. Katacīvaraṃ samādāya pakkamati. Bhikkhussa na hoti āpatti daṭṭhabbā. Bhikkhussa hoti āpatti daṭṭhabbā. Bhikkhussa hoti āpatti daṭṭhabbā [paṭikātabbā (sabbattha) aṭṭhakathā ca campeyyakkhandhake adhammakammādikathā ca oloketabbā]. Satta adhammikāni pātimokkhaṭṭhapanāni. Satta dhammikāni pātimokkhaṭṭhapanāni.

[a. ni. 7.75] Sattahaṅgehi samannāgato bhikkhu vinayadharo hoti – āpattiṃ jānāti, anāpattiṃ jānāti, lahukaṃ āpattiṃ jānāti, garukaṃ āpattiṃ jānāti, sīlavā hoti, pātimokkhasaṃvarasaṃvuto viharati ācāragocarasampanno aṇumattesu vajjesu bhayadassāvī samādāya sikkhati sikkhāpadesu, catunnaṃ jhānānaṃ ābhicetasikānaṃ diṭṭhadhammasukhavihārānaṃ nikāmalābhī hoti akicchalābhī akasiralābhī, āsavānañca khayā anāsavaṃ cetovimuttiṃ paññāvimuttiṃ diṭṭheva dhamme sayaṃ abhiññā sacchikatvā upasampajja viharati.

Aparehipi sattahaṅgehi samannāgato bhikkhu vinayadharo hoti – āpattiṃ jānāti, anāpattiṃ jānāti, lahukaṃ āpattiṃ jānāti, garukaṃ āpattiṃ jānāti, bahussuto hoti sutadharo sutasannicayo ye te dhammā ādikalyāṇā majjhekalyāṇā pariyosānakalyāṇā sātthaṃ sabyañjanaṃ kevalaparipuṇṇaṃ parisuddhaṃ brahmacariyaṃ abhivadanti tathārūpassa dhammā bahussutā honti dhātā [dhatā (sī. syā.)] vacasā paricitā manasānupekkhitā diṭṭhiyā suppaṭividdhā, catunnaṃ jhānānaṃ ābhicetasikānaṃ diṭṭhadhammasukhavihārānaṃ nikāmalābhī hoti akicchalābhī akasiralābhī, āsavānañca khayā anāsavaṃ cetovimuttiṃ paññāvimuttiṃ diṭṭheva dhamme sayaṃ abhiññā sacchikatvā upasampajja viharati.

Aparehipi sattahaṅgehi samannāgato bhikkhu vinayadharo hoti – āpattiṃ jānāti, anāpattiṃ jānāti, lahukaṃ āpattiṃ jānāti, garukaṃ āpattiṃ jānāti, ubhayāni kho panassa pātimokkhāni vitthārena svāgatāni honti suvibhattāni suppavattīni suvinicchitāni suttaso anubyañjanaso, catunnaṃ jhānānaṃ ābhicetasikānaṃ diṭṭhadhammasukhavihārānaṃ nikāmalābhī hoti akicchalābhī akasiralābhī, āsavānañca khayā anāsavaṃ cetovimuttiṃ paññāvimuttiṃ diṭṭheva dhamme sayaṃ abhiññā sacchikatvā upasampajja viharati.

Aparehipi sattahaṅgehi samannāgato bhikkhu vinayadharo hoti – āpattiṃ jānāti; anāpattiṃ jānāti; lahukaṃ āpattiṃ jānāti; garukaṃ āpattiṃ jānāti; anekavihitaṃ pubbenivāsaṃ anussarati, seyyathidaṃ – ekampi jātiṃ dvepi jātiyo tissopi jātiyo catassopi jātiyo pañcapi jātiyo dasapi jātiyo vīsampi jātiyo tiṃsampi jātiyo cattālīsampi jātiyo paññāsampi jātiyo jātisatampi jātisahassampi jātisatasahassampi anekepi saṃvaṭṭakappe anekepi vivaṭṭakappe anekepi saṃvaṭṭavivaṭṭakappe – ''amutrāsiṃ evaṃnāmo evaṃgotto evaṃvaṇṇo evamāhāro evaṃsukhadukkhappaṭisaṃvedī evamāyupariyanto, so tato cuto amutra udapādiṃ; tatrāpāsiṃ evaṃnāmo evaṃgotto evaṃvaṇṇo evamāhāro evaṃsukhadukkhappaṭisaṃvedī evamāyupariyanto, so tato cuto idhūpapanno''ti iti sākāraṃ sauddesaṃ anekavihitaṃ pubbenivāsaṃ anussarati; dibbena cakkhunā visuddhena atikkantamānusakena [atikkantamānussakena (ka.)] satte passati cavamāne upapajjamāne hīne paṇīte suvaṇṇe dubbaṇṇe, sugate duggate yathākammūpage satte pajānāti – ''ime vata bhonto sattā kāyaduccaritena samannāgatā vacīduccaritena samannāgatā manoduccaritena samannāgatā ariyānaṃ upavādakā micchādiṭṭhikā micchādiṭṭhikammasamādānā, te kāyassa bhedā paraṃ maraṇā apāyaṃ duggatiṃ vinipātaṃ nirayaṃ upapannā, ime vā pana bhonto sattā kāyasucaritena samannāgatā vacīsucaritena samannāgatā manosucaritena samannāgatā ariyānaṃ anupavādakā sammādiṭṭhikā sammādiṭṭhikammasamādānā, te kāyassa bhedā paraṃ maraṇā sugatiṃ saggaṃ lokaṃ upapannā''ti iti dibbena cakkhunā visuddhena atikkantamānusakena satte passati cavamāne upapajjamāne hīne paṇīte suvaṇṇe dubbaṇṇe sugate duggate yathākammūpage satte pajānāti; āsavānañca khayā anāsavaṃ cetovimuttiṃ paññāvimuttiṃ diṭṭheva dhamme sayaṃ abhiññā sacchikatvā upasampajja viharati.

Sattahaṅgehi samannāgato vinayadharo sobhati – āpattiṃ jānāti, anāpattiṃ jānāti, lahukaṃ āpattiṃ jānāti, garukaṃ āpattiṃ jānāti, sīlavā hoti...pe... samādāya sikkhati sikkhāpadesu, catunnaṃ jhānānaṃ ābhicetasikānaṃ diṭṭhadhammasukhavihārānaṃ nikāmalābhī hoti akicchalābhī akasiralābhī, āsavānañca khayā anāsavaṃ cetovimuttiṃ paññāvimuttiṃ diṭṭheva dhamme sayaṃ abhiññā sacchikatvā upasampajja viharati.

Aparehipi sattahaṅgehi samannāgato vinayadharo. Sobhati – āpattiṃ jānāti, anāpattiṃ jānāti, lahukaṃ āpattiṃ jānāti, garukaṃ āpattiṃ jānāti, bahussuto hoti...pe... diṭṭhiyā suppaṭividdho catunnaṃ jhānānaṃ ābhicetasikānaṃ diṭṭhadhammasukhavihārānaṃ nikāmalābhī hoti akicchalābhī akasiralābhī, āsavānañca khayā anāsavaṃ cetovimuttiṃ paññāvimuttiṃ diṭṭheva dhamme sayaṃ abhiññā sacchikatvā upasampajja viharati.

Aparehipi sattahaṅgehi samannāgato vinayadharo sobhati – āpattiṃ jānāti, anāpattiṃ jānāti, lahukaṃ āpattiṃ jānāti, garukaṃ āpattiṃ jānāti, ubhayāni kho panassa pātimokkhāni vitthārena svāgatāni honti suvibhattāni suppavattīni suvinicchitāni suttaso anubyañjanaso, catunnaṃ jhānānaṃ ābhicetasikānaṃ diṭṭhadhammasukhavihārānaṃ nikāmalābhī hoti akicchalābhī akasiralābhī, āsavānañca khayā anāsavaṃ cetovimuttiṃ paññāvimuttiṃ diṭṭheva dhamme sayaṃabhiññā sacchikatvā upasampajja viharati.

Aparehipi sattahaṅgehi samannāgato vinayadharo sobhati – āpattiṃ jānāti; anāpattiṃ jānāti; lahukaṃ āpattiṃ jānāti; garukaṃ āpattiṃ jānāti; anekavihitaṃ pubbenivāsaṃ anussarati, seyyathidaṃ – ekampi jātiṃ dvepi jātiyo...pe... iti sākāraṃ sauddesaṃ anekavihitaṃ pubbenivāsaṃ anussarati, dibbena cakkhunā visuddhena atikkantamānusakena satte passati cavamāne upapajjamāne hīne paṇīte suvaṇṇe dubbaṇṇe sugate duggate yathākammūpage satte pajānāti...pe... iti dibbena cakkhunā visuddhena atikkantamānusakena satte passati cavamāne upapajjamāne hīne paṇīte suvaṇṇe dubbaṇṇe sugate duggate yathākammūpage satte pajānāti; āsavānañca khayā anāsavaṃ cetovimuttiṃ paññāvimuttiṃ diṭṭheva dhamme sayaṃ abhiññā sacchikatvā upasampajja viharati.

[dī. ni. 3.330] Satta asaddhammā – assaddho hoti, ahiriko hoti, anottappī hoti, appassuto hoti, kusīto hoti, muṭṭhassati hoti, duppañño hoti.

[dī. ni. 3.330] Satta saddhammā – saddho hoti, hirimā hoti, ottappī hoti, bahussuto hoti, āraddhavīriyo hoti, upaṭṭhitassati hoti, paññavā hotīti.

Sattakaṃ niṭṭhitaṃ.

Tassuddānaṃ –

Āpatti āpattikkhandhā, vinītā sāmīcipi ca;
Adhammikā dhammikā ca, anāpatti ca sattāhaṃ.
Ānisaṃsā paramāni, aruṇasamathena ca;
Kammā āmakadhaññā ca, tiriyaṃ gaṇabhojane.
Sattāhaparamaṃ ādāya, samādāya tatheva ca;
Na hoti hoti hoti ca, adhammā dhammikāni ca.
Caturo vinayadharā, catubhikkhū ca sobhane;
Satta ceva asaddhammā, satta saddhammā desitāti.

8. Aṭṭhakavāro

328. Aṭṭhānisaṃse sampassamānena na so bhikkhu āpattiyā adassane ukkhipitabbo. Aṭṭhānisaṃse sampassamānena paresampi saddhāya sā āpatti desetabbā. Aṭṭha yāvatatiyakā. Aṭṭhahākārehi kulāni dūseti. Aṭṭha mātikā cīvarassa uppādāya. Aṭṭha mātikā kathinassa ubbhārāya. Aṭṭha pānāni. [cūḷava. 348; a. ni. 8.7]Aṭṭhahi asaddhammehi abhibhūto pariyādinnacitto devadatto āpāyiko nerayiko kappaṭṭho atekiccho . Aṭṭha lokadhammā. Aṭṭha garudhammā. Aṭṭha pāṭidesanīyā. Aṭṭhaṅgiko musāvādo . Aṭṭha uposathaṅgāni. Aṭṭha dūteyyaṅgāni. Aṭṭha titthiyavattāni. Aṭṭha acchariyā abbhutadhammā mahāsamudde. Aṭṭha acchariyā abbhutadhammā imasmiṃ dhammavinaye. Aṭṭha anatirittā. Aṭṭha atirittā. Aṭṭhame aruṇuggamane nissaggiyaṃ hoti. Aṭṭha pārājikā. Aṭṭhamaṃ vatthuṃ paripūrentī nāsetabbā. Aṭṭhamaṃ vatthuṃ paripūrentiyā desitāpi adesitā hoti. Aṭṭhavācikā upasampadā. Aṭṭhannaṃ paccuṭṭhātabbaṃ. Aṭṭhannaṃāsanaṃ dātabbaṃ. Upāsikā aṭṭha varāni yācati. Aṭṭhahaṅgehi samannāgato bhikkhu bhikkhunovādako sammannitabbo [sammanitabbo (ka.)]. Aṭṭhānisaṃsā vinayadhare. Aṭṭha paramāni. Tassapāpiyasikakammakatena bhikkhunā aṭṭhasu dhammesu sammā vattitabbaṃ. Aṭṭha adhammikāni pātimokkhaṭṭhapanāni aṭṭha dhammikāni pātimokkhaṭṭhapanānīti.

Aṭṭhakaṃ niṭṭhitaṃ.

Tassuddānaṃ –

Na so bhikkhu paresampi, yāvatatiyadūsanā;
Mātikā kathinubbhārā, pānā abhibhūtena ca.
Lokadhammā garudhammā, pāṭidesanīyā musā;
Uposathā ca dūtaṅgā, titthiyā samuddepi ca.
Abbhutā anatirittaṃ, atirittaṃ nissaggiyaṃ;
Pārājikaṭṭhamaṃ vatthu, adesitūpasampadā.
Paccuṭṭhānāsanañceva, varaṃ ovādakena ca;
Ānisaṃsā paramāni, aṭṭhadhammesu vattanā;
Adhammikā dhammikā ca, aṭṭhakā suppakāsitāti.

9. Navakavāro

329. Nava āghātavatthūni. Nava āghātapaṭivinayā. Nava vinītavatthūni. Nava paṭhamāpattikā. Navahi saṅgho bhijjati. Nava paṇītabhojanāni . Navamaṃsehidukkaṭaṃ. Nava pātimokkhuddesā. Nava paramāni. Nava taṇhāmūlakā dhammā. Nava vidhamānā. Nava cīvarāni adhiṭṭhātabbāni. Nava cīvarāni na vikappetabbāni. Dīghaso nava vidatthiyo sugatavidatthiyā. Nava adhammikāni dānāni. Nava adhammikā paṭiggahā. Nava adhammikā paribhogā – tīṇi dhammikāni dānāni, tayo dhammikā paṭiggahā, tayo dhammikā paribhogā. Nava adhammikā saññattiyo [paññattiyo (sabbattha) aṭṭhakathā ca samathakkhandhake kaṇhapakkhanavakañca oloketabbaṃ]. Nava dhammikā saññattiyo. Adhammakamme dve navakāni. Dhammakamme dve navakāni. Nava adhammikāni pātimokkhaṭṭhapanāni. Nava dhammikāni pātimokkhaṭṭhapanānīti.

Navakaṃ niṭṭhitaṃ.

Tassuddānaṃ –

Āghātavatthuvinayā, vinītā paṭhamena ca;

Bhijjati ca paṇītañca, maṃsuddesaparamāni ca.
Taṇhā mānā adhiṭṭhānā, vikappe ca vidatthiyo;
Dānā paṭiggahā bhogā, tividhā puna dhammikā.
Adhammadhammasaññatti, duve dve navakāni ca;
Pātimokkhaṭṭhapanāni, adhammadhammikāni cāti.

10. Dasakavāro

330. Dasa āghātavatthūni. Dasa āghātapaṭivinayā. Dasa vinītavatthūni. Dasavatthukā micchādiṭṭhi. Dasavatthukā sammādiṭṭhi. Dasa antaggāhikā diṭṭhi. Dasa micchattā. Dasa sammattā. Dasa akusalakammapathā. Dasa kusalakammapathā. Dasa adhammikā salākaggāhā. Dasa dhammikā salākaggāhā. Sāmaṇerānaṃ dasa sikkhāpadāni. Dasahaṅgehi samannāgato sāmaṇero nāsetabbo.

Dasahaṅgehi samannāgato vinayadharo bālo tveva saṅkhaṃ gacchati – attano bhāsapariyantaṃ na uggaṇhāti, parassa bhāsapariyantaṃ na uggaṇhāti , attano bhāsapariyantaṃ anuggahetvā parassa bhāsapariyantaṃ anuggahetvā adhammena kāreti, appaṭiññāya āpattiṃ na jānāti, āpattiyā mūlaṃ na jānāti, āpattisamudayaṃ na jānāti, āpattinirodhaṃ na jānāti, āpattinirodhagāminiṃ paṭipadaṃ na jānāti.

Dasahaṅgehi samannāgato vinayadharo paṇḍito tveva saṅkhaṃ gacchati – attano bhāsapariyantaṃ uggaṇhāti, parassa bhāsapariyantaṃ uggaṇhāti, attano bhāsapariyantaṃ uggahetvā parassa bhāsapariyantaṃ uggahetvā dhammena kāreti, paṭiññāya āpattiṃ jānāti, āpattiyā mūlaṃ jānāti, āpattisamudayaṃ jānāti, āpattinirodhaṃ jānāti, āpattinirodhagāminiṃ paṭipadaṃ jānāti.

Aparehipi dasahaṅgehi samannāgato vinayadharo bālo tveva saṅkhaṃ gacchati – adhikaraṇaṃ na jānāti, adhikaraṇassa mūlaṃ na jānāti, adhikaraṇasamudayaṃ na jānāti, adhikaraṇanirodhaṃ na jānāti, adhikaraṇanirodhagāminiṃ paṭipadaṃ na jānāti, vatthuṃ na jānāti, nidānaṃ [uddānaṃ (ka.)]na jānāti, paññattiṃ na jānāti, anupaññattiṃ na jānāti , anusandhivacanapathaṃ na jānāti.

Dasahaṅgehi samannāgato vinayadharo paṇḍito tveva saṅkhaṃ gacchati – adhikaraṇaṃ jānāti, adhikaraṇassa mūlaṃ jānāti, adhikaraṇasamudayaṃ jānāti, adhikaraṇanirodhaṃ jānāti, adhikaraṇanirodhagāminiṃ paṭipadaṃ jānāti, vatthuṃ jānāti, nidānaṃ jānāti, paññattiṃ jānāti, anupaññattiṃ jānāti, anusandhivacanapathaṃ jānāti.

Aparehipi dasahaṅgehi samannāgato vinayadharo bālo tveva saṅkhaṃ gacchati – ñattiṃ na jānāti, ñattiyā karaṇaṃ na jānāti, na pubbakusalo hoti, na aparakusalo hoti, akālaññū ca hoti, āpattānāpattiṃ na jānāti, lahukagarukaṃ āpattiṃ na jānāti, sāvasesānavasesaṃ āpattiṃ na jānāti, duṭṭhullāduṭṭhullaṃ āpattiṃ na jānāti, ācariyaparamparā kho panassa na suggahitā hoti na sumanasikatā na sūpadhāritā.

Dasahaṅgehi samannāgato vinayadharo paṇḍito tveva saṅkhaṃ gacchati – ñattiṃ jānāti, ñattiyā karaṇaṃ jānāti, pubbakusalo hoti, aparakusalo hoti, kālaññū ca hoti, āpattānāpattiṃ jānāti, lahukagarukaṃ āpattiṃ jānāti, sāvasesānavasesaṃ āpattiṃ jānāti, duṭṭhullāduṭṭhullaṃ āpattiṃ jānāti, ācariyaparamparā kho panassa suggahitā hoti sumanasikatā sūpadhāritā.

Aparehipi dasahaṅgehi samannāgato vinayadharo bālo tveva saṅkhaṃ gacchati – āpattānāpattiṃ na jānāti, lahukagarukaṃ āpattiṃ na jānāti, sāvasesānavasesaṃ āpattiṃ na jānāti, duṭṭhullāduṭṭhullaṃ āpattiṃ na jānāti, ubhayāni kho panassa pātimokkhāni vitthārena na svāgatāni honti na suvibhattāni na suppavattīni na suvinicchitāni suttaso anubyañjanaso , āpattānāpattiṃ na jānāti, lahukagarukaṃ āpattiṃ na jānāti, sāvasesānavasesaṃ āpattiṃ na jānāti, duṭṭhullāduṭṭhullaṃ āpattiṃ na jānāti, adhikaraṇe ca na vinicchayakusalo hoti.

Dasahaṅgehi samannāgato vinayadharo paṇḍito tveva saṅkhaṃ gacchati – āpattānāpattiṃ jānāti, lahukagarukaṃ āpattiṃ jānāti, sāvasesānavasesaṃ āpattiṃ jānāti, duṭṭhullāduṭṭhullaṃ āpattiṃ jānāti, ubhayāni kho panassa pātimokkhāni vitthārena svāgatāni honti suvibhattāni suppavattīni suvinicchitāni suttaso anubyañjanaso, āpattānāpattiṃ jānāti, lahukagarukaṃ āpattiṃ jānāti, sāvasesānavasesaṃ āpattiṃ jānāti, duṭṭhullāduṭṭhullaṃ āpattiṃ jānāti, adhikaraṇe ca vinicchayakusalo hoti.

[a. ni. 10.33] Dasahaṅgehi samannāgato bhikkhu ubbāhikāya sammannitabbo. Dasa atthavase paṭicca tathāgatena sāvakānaṃ sikkhāpadaṃ paññattaṃ. Dasa ādīnavā rājantepurappavesane. Dasa dānavatthūni. Dasa ratanāni. Dasavaggo bhikkhusaṅgho. Dasavaggena gaṇena upasampādetabbaṃ. Dasa paṃsukūlāni. Dasa cīvaradhāraṇā [cīvaradhāraṇāni (syā.)]. Dasāhaparamaṃ atirekacīvaraṃ dhāretabbaṃ . Dasa sukkāni. Dasa itthiyo. Dasa bhariyāyo. Vesāliyā dasa vatthūni dīpenti. Dasa puggalā avandiyā. Dasa akkosavatthūni. Dasahākārehi pesuññaṃ upasaṃharati. Dasa senāsanāni. Dasa varāni yāciṃsu. Dasa adhammikāni pātimokkhaṭṭhapanāni. Dasa dhammikāni pātimokkhaṭṭhapanāni. Dasānisaṃsā yāguyā. Dasa maṃsā akappiyā. Dasa paramāni. Dasavassena bhikkhunā byattena paṭibalena pabbājetabbaṃ upasampādetabbaṃ nissayo dātabbo sāmaṇero upaṭṭhāpetabbo. Dasavassāya bhikkhuniyā byattāya paṭibalāya pabbājetabbaṃ upasampādetabbaṃ nissayo dātabbo sāmaṇerī upaṭṭhāpetabbā. Dasavassāya bhikkhuniyā byattāya paṭibalāya vuṭṭhāpanasammuti sāditabbā. Dasavassāya gihigatāya sikkhā dātabbāti.

Dasakaṃ niṭṭhitaṃ.

Tassuddānaṃ –

Āghātaṃ vinayaṃ vatthu, micchā sammā ca antagā;
Micchattā ceva sammattā, akusalā kusalāpi ca.

Salākā adhammā dhammā, sāmaṇerā ca nāsanā;
Bhāsādhikaraṇañceva, ñattilahukameva ca.
Lahukā garukā ete, kaṇhasukkā vijānatha;
Ubbāhikā ca sikkhā ca, antepure ca vatthūni.
Ratanaṃ dasavaggo ca, tatheva upasampadā;
Paṃsukūladhāraṇā ca, dasāhasukkaitthiyo.
Bhariyā dasa vatthūni, avandiyakkosena ca;
Pesuññañceva senāni, varāni ca adhammikā.
Dhammikā yāgumaṃsā ca, paramā bhikkhu bhikkhunī;
Vuṭṭhāpanā gihigatā, dasakā suppakāsitāti.

11. Ekādasakavāro

331. Ekāda puggalā anupasampannā na upasampādetabbā, upasampannā nāsetabbā. Ekādasa pādukā akappiyā. Ekādasa pattā akappiyā. Ekādasa cīvarāni akappiyāni. Ekādasa yāvatatiyakā. Bhikkhunīnaṃ ekādasa antarāyikā dhammā pucchitabbā. Ekādasa cīvarāni adhiṭṭhātabbāni. Ekādasa cīvarāni na vikappetabbāni. Ekādase aruṇuggamane nissaggiyaṃ hoti. Ekādasa gaṇṭhikā kappiyā. Ekādasa vidhā [vīthā (syā.)] kappiyā. Ekādasa pathavī akappiyā. Ekādasa pathavī kappiyā. Ekādasa nissayapaṭippassaddhiyo. Ekādasa puggalā avandiyā. Ekādasa paramāni. Ekādasa varāni yāciṃsu. Ekādasa sīmādosā. Akkosakaparibhāsake puggale ekādasādīnavā pāṭikaṅkhā. [a. ni. 11.15; mi. pa. 4.4.6] Mettāya cetovimuttiyā āsevitāya bhāvitāya bahulīkatāya yānīkatāya vatthukatāya anuṭṭhitāya paricitāya susamāraddhāya ekādasānisaṃsā pāṭikaṅkhā. Sukhaṃ supati, sukhaṃ paṭibujjhati, na pāpakaṃ supinaṃ passati, manussānaṃ piyo hoti, amanussānaṃ piyo hoti, devatā rakkhanti, nāssa aggi vā visaṃ vā satthaṃ vā kamati, tuvaṭṭaṃ cittaṃ samādhiyati, mukhavaṇṇo vippasīdati, asammūḷho kālaṅkaroti, uttari appaṭivijjhanto brahmalokūpago hoti – mettāya cetovimuttiyā āsevitāya bhāvitāya bahulīkatāya yānīkatāya vatthukatāya anuṭṭhitāya paricitāya susamāraddhāya ime ekādasānisaṃsā pāṭikaṅkhāti.

Ekādasakaṃ niṭṭhitaṃ.

Tassuddānaṃ –

Nāsetabbā pādukā ca, pattā ca cīvarāni ca;
Tatiyā pucchitabbā ca, adhiṭṭhānavikappanā.
Aruṇā gaṇṭhikā vidhā, akappiyā ca kappiyaṃ;
Nissayāvandiyā ceva, paramāni varāni ca;
Sīmādosā ca akkosā, mettāyekādasā katāti.

Ekuttarikanayo.

Tassuddānaṃ –

Ekakā ca dukā ceva, tikā ca catupañcakā;
Chasattaṭṭhanavakā ca, dasa ekādasāni ca.
Hitāya sabbasattānaṃ, ñātadhammena tādinā;
Ekuttarikā vimalā, mahāvīrena desitāti.

Ekuttarikanayo niṭṭhito.

Uposathādipucchāvissajjanā

Ādimajjhantapucchanaṃ

332. Uposathakammassa ko ādi, kiṃ majjhe, kiṃ pariyosānaṃ? Pavāraṇākammassa ko ādi, kiṃ majjhe, kiṃ pariyosānaṃ? Tajjanīyakammassa ko ādi, kiṃ majjhe, kiṃ pariyosānaṃ? Niyassakammassa...pe... pabbājanīyakammassa...pe... paṭisāraṇīyakammassa...pe... ukkhepanīyakammassa...pe... parivāsadānassa...pe... mūlāyapaṭikassanāya...pe... mānattadānassa...pe... abbhānassa...pe... upasampadākammassa ko ādi, kiṃ majjhe, kiṃ pariyosānaṃ? Tajjanīyakammassa paṭippassaddhiyā ko ādi, kiṃ majjhe, kiṃ pariyosānaṃ? Niyassakammassa paṭippassaddhiyā ko ādi, kiṃ majjhe, kiṃ pariyosānaṃ? Pabbājanīyakammassa paṭippassaddhiyā ko ādi, kiṃ majjhe, kiṃ pariyosānaṃ? Paṭisāraṇīyakammassa paṭippassaddhiyā ko ādi, kiṃ majjhe, kiṃ pariyosānaṃ? Ukkhepanīyakammassa paṭippassaddhiyā ko ādi, kiṃ majjhe, kiṃ pariyosānaṃ? Sativinayassa ko ādi, kiṃ majje, kiṃ pariyosānaṃ? Amūḷhavinayassa ko ādi, kiṃ majjhe, kiṃ pariyosānaṃ? Tassapāpiyasikāya ko ādi, kiṃ majjhe, kiṃ pariyosānaṃ? Tiṇavatthārakassa ko ādi, kiṃ majjhe, kiṃ pariyosānaṃ? Bhikkhunovādakasammutiyā ko ādi, kiṃ majjhe, kiṃ pariyosānaṃ? Ticīvarena avippavāsasammutiyā ko ādi, kiṃ majjhe, kiṃ pariyosānaṃ? Santhatasammutiyā ko ādi, kiṃ majjhe, kiṃ pariyosānaṃ? Rūpiyachaḍḍakasammutiyā ko ādi, kiṃ majjhe, kiṃ pariyosānaṃ? Sāṭiyaggāhāpakasammutiyo ko ādi, kiṃ majjhe, kiṃ pariyosānaṃ? Pattaggāhāpakasammutiyā ko ādi, kiṃ majjhe, kiṃ pariyosānaṃ? Daṇḍasammutiyā ko ādi, kiṃ majjhe, kiṃ pariyosānaṃ? Sikkāsammutiyā ko ādi, kiṃ majjhe, kiṃ pariyosānaṃ? Daṇḍasikkāsammutiyā ko ādi, kiṃ majjhe, kiṃ pariyosānaṃ?

Ādimajjhantavissajjanā

333. Uposathakammassa ko ādi, kiṃ majjhe, kiṃ pariyosānanti? Uposathakammassa sāmaggī ādi, kiriyā majjhe, niṭṭhānaṃ pariyosānaṃ.
Pavāraṇākammassa ko ādi, kiṃ majjhe, kiṃ pariyosānanti? Pavāraṇākammassa sāmaggī ādi, kiriyā majjhe, niṭṭhānaṃ pariyosānaṃ.
Tajjanīyakammassa ko ādi, kiṃ majjhe, kiṃ pariyosānanti? Tajjanīyakammassa vatthu ca puggalo ca ādi, ñatti majjhe, kammavācā pariyosānaṃ.
Niyassakammassa...pe... pabbājanīyakammassa...pe... paṭisāraṇīyakammassa...pe... ukkhepanīyakammassa...pe... parivāsadānassa...pe... mūlāyapaṭikassanāya...pe... mānattadānassa...pe... abbhānassa ko ādi, kiṃ majjhe, kiṃ pariyosānanti? Abbhānassa vatthu ca puggalo ca ādi, ñatti majjhe, kammavācā pariyosānaṃ.
Upasampadākammassa ko ādi, kiṃ majjhe, kiṃ pariyosānanti? Upasampadākammassa puggalo ādi, ñatti majjhe, kammavācā pariyosānaṃ.
Tajjanīyakammassa paṭippassaddhiyā ko ādi, kiṃ majjhe, kiṃ pariyosānanti? Tajjanīyakammassa paṭippassaddhiyā sammāvattanā ādi, ñatti majjhe, kammavācā pariyosānaṃ.
Niyassakammassa...pe... pabbājanīyakammassa...pe... paṭisāraṇīyakammassa...pe... ukkhepanīyakammassa paṭippassaddhiyā ko ādi, kiṃ majjhe, kiṃ pariyosānanti? Ukkhepanīyakammassa paṭippassaddhiyā sammāvattanā ādi, ñatti majjhe, kammavācā pariyosānaṃ.
Sativinayassa ko ādi , kiṃ majjhe, kiṃ pariyosānanti? Sativinayassa vatthu ca puggalo ca ādi, ñatti majjhe, kammavācā pariyosānaṃ.
Amūḷhavinayassa ...pe... tassapāpiyasikāya...pe... tiṇavatthārakassa...pe... bhikkhunovādakasammutiyā...pe... ticīvarena avippavāsasammutiyā...pe... santhatasammutiyā...pe... rūpiyachaḍḍakasammutiyā...pe... sāṭiyaggāhāpakasammutiyā...pe... pattaggāhāpakasammutiyā...pe... daṇḍasammutiyā...pe... sikkāsammutiyā...pe... daṇḍasikkāsammutiyā ko ādi, kiṃ majjhe, kiṃ pariyosānanti? Daṇḍasikkāsammutiyā vatthu ca puggalo ca ādi, ñatti majjhe, kammavācā pariyosānaṃ.
Uposathādipucchāvissajjanā niṭṭhitā.
Atthavasapakaraṇaṃ
334.[a. ni. 10.334; pari. 22] Dasa atthavase paṭicca tathāgatena sāvakānaṃ sikkhāpadaṃ paññattaṃ – saṅghasuṭṭhutāya, saṅghaphāsutāya, dummaṅkūnaṃ puggalānaṃ niggahāya, pesalānaṃ bhikkhūnaṃ phāsuvihārāya, diṭṭhadhammikānaṃ āsavānaṃ saṃvarāya, samparāyikānaṃ āsavānaṃ paṭighātāya, appasannānaṃ pasādāya, pasannānaṃ bhiyyobhāvāya, saddhammaṭṭhitiyā vinayānuggahāya.
Yaṃ saṅghasuṭṭhu taṃ saṅghaphāsu. Yaṃ saṅghaphāsu taṃ dummaṅkūnaṃ puggalānaṃ niggahāya. Yaṃ dummaṅkūnaṃ puggalānaṃ niggahāya taṃ pesalānaṃ bhikkhūnaṃ phāsuvihārāya. Yaṃ pesalānaṃ bhikkhūnaṃ phāsuvihārāya taṃ diṭṭhadhammikānaṃ āsavānaṃ saṃvarāya. Yaṃ diṭṭhadhammikānaṃ āsavānaṃ saṃvarāya taṃ samparāyikānaṃ āsavānaṃ paṭighātāya. Yaṃ samparāyikānaṃ āsavānaṃ paṭighātāya taṃ appasannānaṃ pasādāya. Yaṃ appasannānaṃ pasādāya taṃ pasannānaṃ bhiyyobhāvāya. Yaṃ pasannānaṃ bhiyyobhāvāya taṃ saddhammaṭṭhitiyā. Yaṃ saddhammaṭṭhitiyā taṃ vinayānuggahāya.
Yaṃ saṅghasuṭṭhu taṃ saṅghaphāsu. Yaṃ saṅghasuṭṭhu taṃ dummaṅkūnaṃ puggalānaṃ niggahāya. Yaṃ saṅghasuṭṭhu taṃ pesalānaṃ bhikkhūnaṃ phāsuvihārāya. Yaṃ saṅghasuṭṭhu taṃ diṭṭhadhammikānaṃ āsavānaṃ saṃvarāya. Yaṃ saṅghasuṭṭhu taṃ samparāyikānaṃ āsavānaṃ paṭighātāya. Yaṃ saṅghasuṭṭhu taṃ appasannānaṃ pasādāya. Yaṃ saṅghasuṭṭhu taṃ pasannānaṃ bhiyyobhāvāya. Yaṃ saṅghasuṭṭhu taṃ saddhammaṭṭhitiyā. Yaṃ saṅghasuṭṭhu taṃ vinayānuggahāya.
Yaṃ saṅghaphāsu taṃ dummaṅkūnaṃ puggalānaṃ niggahāya. Yaṃ saṅghaphāsu taṃ pesalānaṃ bhikkhūnaṃ phāsuvihārāya . Yaṃ saṅghaphāsu taṃ diṭṭhadhammikānaṃ āsavānaṃ saṃvarāya. Yaṃ saṅghaphāsu taṃ samparāyikānaṃ āsavānaṃ paṭighātāya. Yaṃ saṅghaphāsu taṃ appasannānaṃ pasādāya. Yaṃ saṅghaphāsu taṃ pasannānaṃ bhiyyobhāvāya. Yaṃ saṅghaphāsu taṃ saddhammaṭṭhitiyā. Yaṃ saṅghaphāsu taṃ vinayānuggahāya. Yaṃ saṅghaphāsu taṃ saṅghasuṭṭhu.
Yaṃ dummaṅkūnaṃ puggalānaṃ niggahāya...pe... yaṃ pesalānaṃ bhikkhūnaṃ phāsuvihārāya... yaṃ diṭṭhadhammikānaṃ āsavānaṃ saṃvarāya... yaṃ samparāyikānaṃ āsavānaṃ paṭighātāya... yaṃ appasannānaṃ pasādāya... yaṃ pasannānaṃ bhiyyobhāvāya... yaṃ saddhammaṭṭhitiyā... yaṃ vinayānuggahāya taṃ saṅghasuṭṭhu. Yaṃ vinayānuggahāya taṃ saṅghaphāsu. Yaṃ vinayānuggahāya taṃ dummaṅkūnaṃ puggalānaṃ niggahāya. Yaṃ vinayānuggahāya taṃ pesalānaṃ bhikkhūnaṃ phāsuvihārāya. Yaṃ vinayānuggahāya taṃ diṭṭhadhammikānaṃ āsavānaṃ saṃvarāya. Yaṃ vinayānuggahāya taṃ samparāyikānaṃ āsavānaṃ paṭighātāya. Yaṃ vinayānuggahāya taṃ appasannānaṃ pasādāya. Yaṃ vinayānuggahāya taṃ pasannānaṃ bhiyyobhāvāya. Yaṃ vinayānuggahāya taṃ saddhammaṭṭhitiyāti.
Atthasataṃ dhammasataṃ, dve ca niruttisatāni;
Cattāri ñāṇasatāni, atthavase pakaraṇeti.
Atthavasapakaraṇaṃ niṭṭhitaṃ.
Mahāvaggo niṭṭhito.

Tassuddānaṃ –
Paṭhamaṃ aṭṭhapucchāyaṃ, paccayesu punaṭṭha ca;
Bhikkhūnaṃ soḷasa ete, bhikkhunīnañca soḷasa.
Peyyālaantarā bhedā, ekuttarikameva ca;
Pavāraṇatthavasikā, mahāvaggassa saṅgahoti.
Atthavasapakaraṇaṃ niṭṭhitaṃ.

Uposathādipucchāvissajjanā

Ādimajjhantapucchanaṃ

332. Uposathakammassa ko ādi, kiṃ majjhe, kiṃ pariyosānaṃ? Pavāraṇākammassa ko ādi, kiṃ majjhe, kiṃ pariyosānaṃ? Tajjanīyakammassa ko ādi, kiṃ majjhe, kiṃ pariyosānaṃ? Niyassakammassa...pe... pabbājanīyakammassa...pe... paṭisāraṇīyakammassa...pe... ukkhepanīyakammassa...pe... parivāsadānassa...pe... mūlāyapaṭikassanāya...pe... mānattadānassa...pe... abbhānassa...pe... upasampadākammassa ko ādi, kiṃ majjhe, kiṃ pariyosānaṃ? Tajjanīyakammassa paṭippassaddhiyā ko ādi, kiṃ majjhe, kiṃ pariyosānaṃ? Niyassakammassa paṭippassaddhiyā ko ādi, kiṃ majjhe, kiṃ pariyosānaṃ? Pabbājanīyakammassa paṭippassaddhiyā ko ādi, kiṃ majjhe, kiṃ pariyosānaṃ? Paṭisāraṇīyakammassa paṭippassaddhiyā ko ādi, kiṃ majjhe, kiṃ pariyosānaṃ? Ukkhepanīyakammassa paṭippassaddhiyā ko ādi, kiṃ majjhe, kiṃ pariyosānaṃ? Sativinayassa ko ādi, kiṃ majje, kiṃ pariyosānaṃ? Amūḷhavinayassa ko ādi, kiṃ majjhe, kiṃ pariyosānaṃ? Tassapāpiyasikāya ko ādi, kiṃ majjhe, kiṃ pariyosānaṃ? Tiṇavatthārakassa ko ādi, kiṃ majjhe, kiṃ pariyosānaṃ? Bhikkhunovādakasammutiyā ko ādi, kiṃ majjhe, kiṃ pariyosānaṃ? Ticīvarena avippavāsasammutiyā ko ādi, kiṃ majjhe, kiṃ pariyosānaṃ? Santhatasammutiyā ko ādi, kiṃ majjhe, kiṃ pariyosānaṃ? Rūpiyachaḍḍakasammutiyā ko ādi, kiṃ majjhe, kiṃ pariyosānaṃ? Sāṭiyaggāhāpakasammutiyo ko ādi, kiṃ majjhe, kiṃ pariyosānaṃ? Pattaggāhāpakasammutiyā ko ādi, kiṃ majjhe, kiṃ pariyosānaṃ? Daṇḍasammutiyā ko ādi, kiṃ majjhe, kiṃ pariyosānaṃ? Sikkāsammutiyā ko ādi, kiṃ majjhe, kiṃ pariyosānaṃ? Daṇḍasikkāsammutiyā ko ādi, kiṃ majjhe, kiṃ pariyosānaṃ?

Ādimajjhantavissajjanā

333. Uposathakammassa ko ādi, kiṃ majjhe, kiṃ pariyosānanti? Uposathakammassa sāmaggī ādi, kiriyā majjhe, niṭṭhānaṃ pariyosānaṃ.

Pavāraṇākammassa ko ādi, kiṃ majjhe, kiṃ pariyosānanti? Pavāraṇākammassa sāmaggī ādi, kiriyā majjhe, niṭṭhānaṃ pariyosānaṃ.

Tajjanīyakammassa ko ādi, kiṃ majjhe, kiṃ pariyosānanti? Tajjanīyakammassa vatthu ca puggalo ca ādi, ñatti majjhe, kammavācā pariyosānaṃ.

Niyassakammassa...pe... pabbājanīyakammassa...pe... paṭisāraṇīyakammassa...pe... ukkhepanīyakammassa...pe... parivāsadānassa...pe... mūlāyapaṭikassanāya...pe... mānattadānassa...pe... abbhānassa ko ādi, kiṃ majjhe, kiṃ pariyosānanti? Abbhānassa vatthu ca puggalo ca ādi, ñatti majjhe, kammavācā pariyosānaṃ.

Upasampadākammassa ko ādi, kiṃ majjhe, kiṃ pariyosānanti? Upasampadākammassa puggalo ādi, ñatti majjhe, kammavācā pariyosānaṃ.

Tajjanīyakammassa paṭippassaddhiyā ko ādi, kiṃ majjhe, kiṃ pariyosānanti? Tajjanīyakammassa paṭippassaddhiyā sammāvattanā ādi, ñatti majjhe, kammavācā pariyosānaṃ.

Niyassakammassa...pe... pabbājanīyakammassa...pe... paṭisāraṇīyakammassa...pe... ukkhepanīyakammassa paṭippassaddhiyā ko ādi, kiṃ majjhe, kiṃ pariyosānanti? Ukkhepanīyakammassa paṭippassaddhiyā sammāvattanā ādi, ñatti majjhe, kammavācā pariyosānaṃ.

Sativinayassa ko ādi , kiṃ majjhe, kiṃ pariyosānanti? Sativinayassa vatthu ca puggalo ca ādi, ñatti majjhe, kammavācā pariyosānaṃ.

Amūḷhavinayassa ...pe... tassapāpiyasikāya...pe... tiṇavatthārakassa...pe... bhikkhunovādakasammutiyā...pe... ticīvarena avippavāsasammutiyā...pe... santhatasammutiyā...pe... rūpiyachaḍḍakasammutiyā...pe... sāṭiyaggāhāpakasammutiyā...pe... pattaggāhāpakasammutiyā...pe... daṇḍasammutiyā...pe... sikkāsammutiyā...pe... daṇḍasikkāsammutiyā ko ādi, kiṃ majjhe, kiṃ pariyosānanti? Daṇḍasikkāsammutiyā vatthu ca puggalo ca ādi, ñatti majjhe, kammavācā pariyosānaṃ.

Uposathādipucchāvissajjanā niṭṭhitā.

Atthavasapakaraṇaṃ

334.[a. ni. 10.334; pari. 22] Dasa atthavase paṭicca tathāgatena sāvakānaṃ sikkhāpadaṃ paññattaṃ – saṅghasuṭṭhutāya, saṅghaphāsutāya, dummaṅkūnaṃ puggalānaṃ niggahāya, pesalānaṃ bhikkhūnaṃ phāsuvihārāya, diṭṭhadhammikānaṃ āsavānaṃ saṃvarāya, samparāyikānaṃ āsavānaṃ paṭighātāya, appasannānaṃ pasādāya, pasannānaṃ bhiyyobhāvāya, saddhammaṭṭhitiyā vinayānuggahāya.

Yaṃ saṅghasuṭṭhu taṃ saṅghaphāsu. Yaṃ saṅghaphāsu taṃ dummaṅkūnaṃ puggalānaṃ niggahāya. Yaṃ dummaṅkūnaṃ puggalānaṃ niggahāya taṃ pesalānaṃ bhikkhūnaṃ phāsuvihārāya. Yaṃ pesalānaṃ bhikkhūnaṃ phāsuvihārāya taṃ diṭṭhadhammikānaṃ āsavānaṃ saṃvarāya. Yaṃ diṭṭhadhammikānaṃ āsavānaṃ saṃvarāya taṃ samparāyikānaṃ āsavānaṃ paṭighātāya. Yaṃ samparāyikānaṃ āsavānaṃ paṭighātāya taṃ appasannānaṃ pasādāya. Yaṃ appasannānaṃ pasādāya taṃ pasannānaṃ bhiyyobhāvāya. Yaṃ pasannānaṃ bhiyyobhāvāya taṃ saddhammaṭṭhitiyā. Yaṃ saddhammaṭṭhitiyā taṃ vinayānuggahāya.

Yaṃ saṅghasuṭṭhu taṃ saṅghaphāsu. Yaṃ saṅghasuṭṭhu taṃ dummaṅkūnaṃ puggalānaṃ niggahāya. Yaṃ saṅghasuṭṭhu taṃ pesalānaṃ bhikkhūnaṃ phāsuvihārāya. Yaṃ saṅghasuṭṭhu taṃ diṭṭhadhammikānaṃ āsavānaṃ saṃvarāya. Yaṃ saṅghasuṭṭhu taṃ samparāyikānaṃ āsavānaṃ paṭighātāya. Yaṃ saṅghasuṭṭhu taṃ appasannānaṃ pasādāya. Yaṃ saṅghasuṭṭhu taṃ pasannānaṃ bhiyyobhāvāya. Yaṃ saṅghasuṭṭhu taṃ saddhammaṭṭhitiyā. Yaṃ saṅghasuṭṭhu taṃ vinayānuggahāya.

Yaṃ saṅghaphāsu taṃ dummaṅkūnaṃ puggalānaṃ niggahāya. Yaṃ saṅghaphāsu taṃ pesalānaṃ bhikkhūnaṃ phāsuvihārāya . Yaṃ saṅghaphāsu taṃ diṭṭhadhammikānaṃ āsavānaṃ saṃvarāya. Yaṃ saṅghaphāsu taṃ samparāyikānaṃ āsavānaṃ paṭighātāya. Yaṃ saṅghaphāsu taṃ appasannānaṃ pasādāya. Yaṃ saṅghaphāsu taṃ pasannānaṃ bhiyyobhāvāya. Yaṃ saṅghaphāsu taṃ saddhammaṭṭhitiyā. Yaṃ saṅghaphāsu taṃ vinayānuggahāya. Yaṃ saṅghaphāsu taṃ saṅghasuṭṭhu.

Yaṃ dummaṅkūnaṃ puggalānaṃ niggahāya...pe... yaṃ pesalānaṃ bhikkhūnaṃ phāsuvihārāya... yaṃ diṭṭhadhammikānaṃ āsavānaṃ saṃvarāya... yaṃ samparāyikānaṃ āsavānaṃ paṭighātāya... yaṃ appasannānaṃ pasādāya... yaṃ pasannānaṃ bhiyyobhāvāya... yaṃ saddhammaṭṭhitiyā... yaṃ vinayānuggahāya taṃ saṅghasuṭṭhu. Yaṃ vinayānuggahāya taṃ saṅghaphāsu. Yaṃ vinayānuggahāya taṃ dummaṅkūnaṃ puggalānaṃ niggahāya. Yaṃ vinayānuggahāya taṃ pesalānaṃ bhikkhūnaṃ phāsuvihārāya. Yaṃ vinayānuggahāya taṃ diṭṭhadhammikānaṃ āsavānaṃ saṃvarāya. Yaṃ vinayānuggahāya taṃ samparāyikānaṃ āsavānaṃ paṭighātāya. Yaṃ vinayānuggahāya taṃ appasannānaṃ pasādāya. Yaṃ vinayānuggahāya taṃ pasannānaṃ bhiyyobhāvāya. Yaṃ vinayānuggahāya taṃ saddhammaṭṭhitiyāti.

Atthasataṃ dhammasataṃ, dve ca niruttisatāni;
Cattāri ñāṇasatāni, atthavase pakaraṇeti.

Atthavasapakaraṇaṃ niṭṭhitaṃ.

Mahāvaggo niṭṭhito.

Tassuddānaṃ –

Paṭhamaṃ aṭṭhapucchāyaṃ, paccayesu punaṭṭha ca;
Bhikkhūnaṃ soḷasa ete, bhikkhunīnañca soḷasa.
Peyyālaantarā bhedā, ekuttarikameva ca;
Pavāraṇatthavasikā, mahāvaggassa saṅgahoti.

Atthavasapakaraṇaṃ niṭṭhitaṃ.

Gāthāsaṅgaṇikaṃ

1. Sattanagaresu paññattasikkhāpadaṃ

335.

Ekaṃsaṃ cīvaraṃ katvā, paggaṇhitvāna añjaliṃ;
Āsīsamānarūpova [āsiṃsamānarūpova (sī. syā.)], kissa tvaṃ idha māgato.
Dvīsu vinayesu ye paññattā;
Uddesaṃ āgacchanti uposathesu;
Kati te sikkhāpadā honti;
Katisu nagaresu paññattā.
Bhaddako te ummaṅgo, yoniso paripucchasi;
Taggha te ahamakkhissaṃ, yathāsi kusalo tathā.
Dvīsu vinayesu ye paññattā;
Uddesaṃ āgacchanti uposathesu;
Aḍḍhuḍḍhasatāni te honti;
Sattasu nagaresu paññattā.
Katamesu sattasu nagaresu paññattā;
Iṅgha me tvaṃ byākara naṃ [iṅgha me taṃ byākara (ka.)];
Taṃ vacanapathaṃ [tava vacanapathaṃ (syā.)] nisāmayitvā;
Paṭipajjema hitāya no siyā.
Vesāliyaṃ rājagahe, sāvatthiyañca āḷaviyaṃ;
Kosambiyañca sakkesu, bhaggesu ceva paññattā.
Kati vesāliyaṃ paññattā, kati rājagahe katā;
Sāvatthiyaṃ kati honti, kati āḷaviyaṃ katā.
Kati kosambiyaṃ paññattā, kati sakkesu vuccanti;
Kati bhaggesu paññattā, taṃ me akkhāhi pucchito.
Dasa vesāliyaṃ paññattā, ekavīsa rājagahe katā;
Chaūna tīṇisatāni, sabbe sāvatthiyaṃ katā.
Cha āḷaviyaṃ paññattā, aṭṭha kosambiyaṃ katā;

Aṭṭha sakkesu vuccanti, tayo bhaggesu paññattā.
Ye vesāliyaṃ paññattā, te suṇohi yathātathaṃ [yathākathaṃ (sī. syā. evamuparipi)];
Methunaviggahuttari, atirekañca kāḷakaṃ.
Bhūtaṃ paramparabhattaṃ, dantaponena [dantapoṇena (ka.)] acelako;
Bhikkhunīsu ca akkoso, dasete vesāliyaṃ katā.
Ye rājagahe paññattā, te suṇohi yathātathaṃ;
Adinnādānaṃ rājagahe, dve anuddhaṃsanā dvepi ca bhedā.
Antaravāsakaṃ rūpiyaṃ suttaṃ, ujjhāpanena ca pācitapiṇḍaṃ ;
Gaṇabhojanaṃ vikāle ca, cārittaṃ nahānaṃ ūnavīsati.
Cīvaraṃ datvā vosāsanti, ete rājagahe katā;
Giraggacariyā tattheva, chandadānena ekavīsati.
Ye sāvatthiyaṃ paññattā, te suṇohi yathātathaṃ;
Pārājikāni cattāri, saṅghādisesā bhavanti soḷasa.
Aniyatā ca dve honti, nissaggiyā catuvīsati;
Chapaññāsasatañceva, khuddakāni pavuccanti.
Dasayeva ca gārayhā, dvesattati ca sekhiyā;
Chaūna tīṇisatāni, sabbe sāvatthiyaṃ katā.
Ye āḷaviyaṃ paññattā, te suṇohi yathātathaṃ;
Kuṭikosiyaseyyā ca, khaṇane gaccha devate;
Sappāṇakañca siñcanti, cha ete āḷaviyaṃ katā.
Ye kosambiyaṃ paññattā, te suṇohi yathātathaṃ;
Mahāvihāro dovacassaṃ, aññaṃ dvāraṃ surāya ca;
Anādariyaṃ sahadhammo, payopānena aṭṭhamaṃ.
Ye sakkesu paññattā, te suṇohi yathātathaṃ;
Eḷakalomāni patto ca, ovādo ceva bhesajjaṃ.
Sūci āraññiko ceva, aṭṭhete [cha ete (sabbattha)] kāpilavatthave;
Udakasuddhiyā ovādo, bhikkhunīsu pavuccanti.
Ye bhaggesu paññattā, te suṇohi yathātathaṃ;
Samādahitvā visibbenti, sāmisena sasitthakaṃ.
Pārājikāni cattāri, saṅghādisesāni bhavanti;
Satta ca nissaggiyāni, aṭṭha dvattiṃsa khuddakā.
Dve gārayhā tayo sekkhā, chappaññāsa sikkhāpadā;
Chasu nagaresu paññattā, buddhenādiccabandhunā.
Chaūna tīṇisatāni, sabbe sāvatthiyaṃ katā;
Kāruṇikena buddhena, Gotamena yasassinā.
2. Catuvipattiṃ
336.
Yaṃ taṃ [yaṃ yaṃ (ka.)] pucchimha akittayi no;
Taṃ taṃ byākataṃ anaññathā;
Aññaṃ taṃ pucchāmi tadiṅgha brūhi;
Garuka lahukañcāpi sāvasesaṃ;
Anavasesaṃ duṭṭhullañca aduṭṭhullaṃ;
Ye ca yāvatatiyakā.
Sādhāraṇaṃ asādhāraṇaṃ;
Vibhattiyo ca [vipattiyo ca (sī. syā.)] yehi samathehi sammanti;
Sabbānipetāni viyākarohi;
Handa vākyaṃ suṇoma te.
Ekatiṃsā ye garukā, aṭṭhettha anavasesā;
Ye garukā te duṭṭhullā, ye duṭṭhullā sā sīlavipatti;
Pārājikaṃ saṅghādiseso, ''sīlavipattī''ti vuccati.
Thullaccayaṃ pācittiyā, pāṭidesanīyaṃ dukkaṭaṃ;
Dubbhāsitaṃ yo cāyaṃ, akkosati hasādhippāyo;
Ayaṃ sā ācāravipattisammatā.
Viparītadiṭṭhiṃ gaṇhanti, asaddhammehi purakkhatā;
Abbhācikkhanti sambuddhaṃ, duppaññā mohapārutā;
Ayaṃ sā diṭṭhivipattisammatā.
Ājīvahetu ājīvakāraṇā pāpiccho icchāpakato asantaṃ abhūtaṃ uttarimanussadhammaṃ ullapati, ājīvahetu ājīvakāraṇā sañcarittaṃ samāpajjati, ājīvahetu ājīvakāraṇā – ''yo te vihāre vasati, so bhikkhu arahā''ti bhaṇati, ājīvahetu ājīvakāraṇā bhikkhu paṇītabhojanāni attano atthāya viññāpetvā bhuñjati, ājīvahetu ājīvakāraṇā bhikkhunī paṇītabhojanāni attano atthāya viññāpetvā bhuñjati, ājīvahetu

ājīvakāraṇā sūpaṃ vā odanaṃ vā agilāno attano atthāya viññāpetvā bhuñjati. Ayaṃ sā ājīvavipatti sammatā.
Ekādasa yāvatatiyakā, te suṇohi yathātathaṃ;
Ukkhittānuvattikā, aṭṭha yāvatatiyakā;
Ariṭṭho caṇḍakāḷī ca, ime te yāvatatiyakā.
3. Chedanakādi
337. Kati chedanakāni? Kati bhedanakāni? Kati uddālanakāni? Kati anaññapācittiyāni? Kati bhikkhusammutiyo? Kati sāmīciyo? Kati paramāni?
Kati jānanti paññattā, buddhenādiccabandhunā.
Cha chedanakāni. Ekaṃ bhedanakaṃ. Ekaṃ uddālanakaṃ. Cattāri anaññapācittiyāni. Catasso bhikkhusammutiyo. Satta sāmīciyo. Cuddasa paramāni.
Sodasa [soḷasa (sī. syā.) aṭṭhakathā oloketabbā] jānanti paññattā, buddhenādiccabandhunā.
4. Asādhāraṇādi
338.
Vīsaṃ dve satāni bhikkhūnaṃ sikkhāpadāni;
Uddesaṃ āgacchanti uposathesu;
Tīṇi satāni cattāri bhikkhunīnaṃ sikkhāpadāni;
Uddesaṃ āgacchanti uposathesu.
Chacattārīsā bhikkhūnaṃ, bhikkhunīhi asādhāraṇā;
Sataṃ tiṃsā ca bhikkhunīnaṃ, bhikkhūhi asādhāraṇā.
Sataṃ sattati chacceva, ubhinnaṃ asādhāraṇā;
Sataṃ sattati cattāri, ubhinnaṃ samasikkhatā.
Vīsaṃ dve satāni bhikkhūnaṃ sikkhāpadāni;
Uddesaṃ āgacchanti uposathesu;
Te suṇohi yathātathaṃ.
Pārājikāni cattāri, saṅghādisesāni bhavanti terasa;
Aniyatā dve honti.
Nissaggiyāni tiṃseva, dvenavuti ca khuddakā;
Cattāro pāṭidesanīyā, pañcasattati sekhiyā.
Vīsaṃ dve satāni cime honti bhikkhūnaṃ sikkhāpadāni;
Uddesaṃ āgacchanti uposathesu.
Tīṇi satāni cattāri, bhikkhunīnaṃ sikkhāpadāni;
Uddesaṃ āgacchanti uposathesu, te suṇohi yathātathaṃ.
Pārājikāni aṭṭha, saṅghādisesāni bhavanti sattarasa;
Nissaggiyāni tiṃseva, sataṃ saṭṭhi cha ceva khuddakāni pavuccanti.
Aṭṭha pāṭidesanīyā, pañcasattati sekhiyā;
Tīṇi satāni cattāri cime honti bhikkhunīnaṃ sikkhāpadāni;
Uddesaṃ āgacchanti uposathesu.
Chacattārīsā bhikkhūnaṃ, bhikkhunīhi asādhāraṇā;
Te suṇohi yathātathaṃ.
Saṅghādisesā, dve aniyatehi aṭṭha;
Nissaggiyāni dvādasa, tehi te honti vīsati.
Dvevīsati khuddakā, caturo pāṭidesanīyā;
Chacattārīsā cime honti, bhikkhūnaṃ bhikkhunīhi asādhāraṇā.
Sataṃ tiṃsā ca bhikkhunīnaṃ, bhikkhūhi asādhāraṇā;
Te suṇohi yathātathaṃ.
Pārājikāni cattāri, saṅghamhā dasa nissare;
Nissaggiyāni dvādasa, channavuti ca khuddakā;
Aṭṭha pāṭidesanīyā.
Sataṃ tiṃsā cime honti bhikkhunīnaṃ, bhikkhūhi asādhāraṇā;
Sataṃ sattati chacceva, ubhinnaṃ asādhāraṇā;
Te suṇohi yathātathaṃ.
Pārājikāni cattāri, saṅghādisesāni bhavanti soḷasa;
Aniyatā dve honti, nissaggiyāni catuvīsati;
Sataṃ aṭṭhārasā ceva, khuddakāni pavuccanti;
Dvādasa pāṭidesanīyā.
Sataṃ sattati chaccevime honti, ubhinnaṃ asādhāraṇā;
Sataṃ sattati cattāri, ubhinnaṃ samasikkhatā;
Te suṇohi yathātathaṃ.
Pārājikāni cattāri, saṅghādisesāni bhavanti satta;

Nissaggiyāni aṭṭhārasa, samasattati khuddakā;
Pañcasattati sekhiyāni.
Sataṃ sattati cattāri cime honti, ubhinnaṃ samasikkhatā;
Aṭṭhe pārājikā ye durāsadā, tālavatthusamūpamā.
Paṇḍupalāso puthusilā, sīsacchinnova so naro;
Tālova matthakacchinno, aviruḷhī bhavanti te.
Tevīsati saṅghādisesā, dve aniyatā;
Dve cattārīsa nissaggiyā;
Aṭṭhāsītisataṃ pācittiyā, dvādasa pāṭidesanīyā.
Pañcasattati sekhiyā, tīhi samathehi sammanti;
Sammukhā ca paṭiññāya, tiṇavatthārakena ca.
Dve uposathā dve pavāraṇā;
Cattāri kammāni jinena desitā;
Pañceva uddesā caturo bhavanti;
Anaññathā āpattikkhandhā ca bhavanti satta.
Adhikaraṇāni cattāri sattahi samathehi sammanti;
Dvīhi catūhi tīhi kiccaṃ ekena sammati.
5. Pārājikādiāpatti
339.
'Pārājika'nti yaṃ vuttaṃ, taṃ suṇohi yathātathaṃ;
Cuto paraddho bhaṭṭho ca, saddhammā hi niraṅkato;
Saṃvāsopi tahiṃ natthi, tenetaṃ iti vuccati.
'Saṅghādiseso'ti yaṃ vuttaṃ, taṃ suṇohi yathātathaṃ;
Saṅghova deti parivāsaṃ, mūlāya paṭikassati;
Mānattaṃ deti abbheti, tenetaṃ iti vuccati.
'Aniyato'ti yaṃ vuttaṃ, taṃ suṇohi yathātathaṃ;
Aniyato na niyato, anekaṃsikataṃ padaṃ;
Tiṇṇamaññataraṃ ṭhānaṃ, 'aniyato'ti pavuccati.
'Thullaccaya'nti yaṃ vuttaṃ, taṃ suṇohi yathātathaṃ;
Ekassa mūle yo deseti, yo ca taṃ paṭigaṇhati;
Accayo tena samo natthi, tenetaṃ iti vuccati.
'Nissaggiya'nti yaṃ vuttaṃ, taṃ suṇohi yathātathaṃ;
Saṅghamajjhe gaṇamajjhe, ekasseva ca ekato;
Nissajjitvāna deseti, tenetaṃ iti vuccati.
'Pācittiya'nti yaṃ vuttaṃ, taṃ suṇohi yathātathaṃ;
Pāteti kusalaṃ dhammaṃ, ariyamaggaṃ aparajjhati;
Cittasammohanaṭṭhānaṃ, tenetaṃ iti vuccati.
'Pāṭidesanīya'nti yaṃ vuttaṃ, taṃ suṇohi yathātathaṃ;
Bhikkhu aññātako santo, kicchā laddhāya bhojanaṃ;
Sāmaṃ gahetvā bhuñjeyya, 'gārayha'nti pavuccati.
Nimantanāsu bhuñjantā chandāya, vosāsati tattha bhikkhuniṃ;
Anivāretvā tahiṃ bhuñje, gārayhanti pavuccati.
Saddhācittaṃ kulaṃ gantvā, appabhogaṃ anāḷiyaṃ [anāḷhiyaṃ (sī. syā.)];
Agilāno tahiṃ bhuñje, gārayhanti pavuccati.
Yo ce araññe viharanto, sāsaṅke sabhayānake;
Aviditaṃ tahiṃ bhuñje, gārayhanti pavuccati.
Bhikkhunī aññātikā santā, yaṃ paresaṃ mamāyitaṃ;
Sappi telaṃ madhuṃ phāṇitaṃ, macchamaṃsaṃ atho khīraṃ;
Dadhiṃ sayaṃ viññāpeyya bhikkhunī, gārayhapattā sugatassa sāsane.
'Dukkaṭa'nti yaṃ vuttaṃ, taṃ suṇohi yathātathaṃ;
Aparaddhaṃ viraddhañca, khalitaṃ yañca dukkaṭaṃ.
Yaṃ manusso kare pāpaṃ, āvi vā yadi vā raho;
'Dukkaṭa'nti pavedenti, tenetaṃ iti vuccati.
'Dubbhāsita'nti yaṃ vuttaṃ, taṃ suṇohi yathātathaṃ;
Dubbhāsitaṃ durābhaṭṭhaṃ, saṃkiliṭṭhañca yaṃ padaṃ;
Yañca viññū garahanti, tenetaṃ iti vuccati.
'Sekhiya'nti yaṃ vuttaṃ, taṃ suṇohi yathātathaṃ;
Sekkhassa sikkhamānassa, ujumaggānusārino.
Ādi cetaṃ caraṇañca, mukhaṃ saññamasaṃvaro;
Sikkhā etādisī natthi, tenetaṃ iti vuccati.

[udā. 45 udānepi] Channamativassati , vivaṭaṃ nātivassati;
Tasmā channaṃ vivaretha, evaṃ taṃ nātivassati.
Gati migānaṃ pavanaṃ, ākāso pakkhinaṃ gati;
Vibhavo gati dhammānaṃ, nibbānaṃ arahato gatīti.
Gāthāsaṅgaṇikaṃ.
Tassuddānaṃ –
Sattanagaresu paññattā, vipatti caturopi ca;
Bhikkhūnaṃ bhikkhunīnañca, sādhāraṇā asādhāraṇā;
Sāsanaṃ anuggahāya, gāthāsaṅgaṇikaṃ idanti.
Gāthāsaṅgaṇikaṃ niṭṭhitaṃ.
Adhikaraṇabhedo
1. Ukkoṭanabhedādi
340.[cūḷava. 215; pari. 275] Cattāri adhikaraṇāni. Vivādādhikaraṇaṃ, anuvādādhikaraṇaṃ, āpattādhikaraṇaṃ, kiccādhikaraṇaṃ – imāni cattāri adhikaraṇāni.
Imesaṃ catunnaṃ adhikaraṇānaṃ kati ukkoṭā? Imesaṃ catunnaṃ adhikaraṇānaṃ dasa ukkoṭā. Vivādādhikaraṇassa dve ukkoṭā, anuvādādhikaraṇassa cattāro ukkoṭā, āpattādhikaraṇassa tayo ukkoṭā, kiccādhikaraṇassa eko ukkoṭo – imesaṃ catunnaṃ adhikaraṇānaṃ ime dasa ukkoṭā.
Vivādādhikaraṇaṃ ukkoṭento kati samathe ukkoṭeti? Anuvādādhikaraṇaṃ ukkoṭento kati samathe ukkoṭeti? Āpattādhikaraṇaṃ ukkoṭento kati samathe ukkoṭeti? Kiccādhikaraṇaṃ ukkoṭento kati samathe ukkoṭeti?
Vivādādhikaraṇaṃ ukkoṭento dve samathe ukkoṭeti. Anuvādādhikaraṇaṃ ukkoṭento cattāro samathe ukkoṭeti. Āpattādhikaraṇaṃ ukkoṭento tayo samathe ukkoṭeti. Kiccādhikaraṇaṃ ukkoṭento ekaṃ samathaṃ ukkoṭeti.
341. Kati ukkoṭā? Katihākārehi ukkoṭanaṃ pasavati? Katihaṅgehi samannāgato puggalo adhikaraṇaṃ ukkoṭeti? Kati puggalā adhikaraṇaṃ ukkoṭentā āpattiṃ āpajjanti?
Dvādasa ukkoṭā. Dasahākārehi ukkoṭanaṃ pasavati. Catūhaṅgehi samannāgato puggalo adhikaraṇaṃ ukkoṭeti. Cattāro puggalā adhikaraṇaṃ ukkoṭentā āpattiṃ āpajjanti?
Katame dvādasa ukkoṭā? Akataṃ kammaṃ, dukkaṭaṃ kammaṃ, puna kātabbaṃ kammaṃ, anihataṃ, dunnihataṃ, puna nihanitabbaṃ, avinicchitaṃ, duvinicchitaṃ, puna vinicchitabbaṃ, avūpasantaṃ, duvūpasantaṃ, puna vūpasametabbanti – ime dvādasa ukkoṭā.
Katamehi dasahākārehi ukkoṭanaṃ pasavati? Tattha jātakaṃ adhikaraṇaṃ ukkoṭeti, tattha jātakaṃ vūpasantaṃ adhikaraṇaṃ ukkoṭeti, antarāmagge adhikaraṇaṃ ukkoṭeti, antarāmagge vūpasantaṃ adhikaraṇaṃ ukkoṭeti, tattha gataṃ adhikaraṇaṃ ukkoṭeti, tattha gataṃ vūpasantaṃ adhikaraṇaṃ ukkoṭeti, sativinayaṃ ukkoṭeti, amūḷhavinayaṃ ukkoṭeti, tassapāpiyasikaṃ ukkoṭeti, tiṇavatthārakaṃ ukkoṭeti – imehi dasahākārehi ukkoṭanaṃ pasavati.
Katamehi catūhaṅgehi samannāgato puggalo adhikaraṇaṃ ukkoṭeti? Chandāgatiṃ gacchanto adhikaraṇaṃ ukkoṭeti, dosāgatiṃ gacchanto adhikaraṇaṃ ukkoṭeti, mohāgatiṃ gacchanto adhikaraṇaṃ ukkoṭeti, bhayāgatiṃ gacchanto adhikaraṇaṃ ukkoṭeti – imehi catūhaṅgehi samannāgato puggalo adhikaraṇaṃ ukkoṭeti.
Katame cattāro puggalā adhikaraṇaṃ ukkoṭentā āpattiṃ āpajjanti? Tadahupasampanno ukkoṭeti ukkoṭanakaṃ pācittiyaṃ, āgantuko ukkoṭeti ukkoṭanakaṃ pācittiyaṃ, kārako ukkoṭeti ukkoṭanakaṃ pācittiyaṃ, chandadāyako ukkoṭeti ukkoṭanakaṃ pācittiyaṃ – ime cattāro puggalā adhikaraṇaṃ ukkoṭentā āpattiṃ āpajjanti.
2. Adhikaraṇanidānādi
342. Vivādādhikaraṇaṃ kiṃnidānaṃ, kiṃsamudayaṃ, kiṃjātikaṃ, kiṃpabhavaṃ, kiṃsambhāraṃ, kiṃsamuṭṭhānaṃ? Anuvādādhikaraṇaṃ kiṃnidānaṃ, kiṃsamudayaṃ, kiṃjātikaṃ, kiṃpabhavaṃ, kiṃsambhāraṃ, kiṃsamuṭṭhānaṃ? Āpattādhikaraṇaṃ kiṃnidānaṃ, kiṃsamudayaṃ, kiṃjātikaṃ, kiṃpabhavaṃ, kiṃsambhāraṃ, kiṃsamuṭṭhānaṃ ? Kiccādhikaraṇaṃ kiṃnidānaṃ, kiṃsamudayaṃ, kiṃjātikaṃ, kiṃpabhavaṃ, kiṃsambhāraṃ, kiṃsamuṭṭhānaṃ?
Vivādādhikaraṇaṃ vivādanidānaṃ vivādasamudayaṃ vivādajātikaṃ vivādapabhavaṃ vivādasambhāraṃ vivādasamuṭṭhānaṃ. Anuvādādhikaraṇaṃ anuvādanidānaṃ anuvādasamudayaṃ anuvādajātikaṃ anuvādapabhavaṃ anuvādasambhāraṃ anuvādasamuṭṭhānaṃ. Āpattādhikaraṇaṃ āpattinidānaṃ āpattisamudayaṃ āpattijātikaṃ āpattipabhavaṃ āpattisambhāraṃ āpattisamuṭṭhānaṃ. Kiccādhikaraṇaṃ kiccayanidānaṃ kiccayasamudayaṃ kiccayajātikaṃ kiccayapabhavaṃ kiccayasambhāraṃ kiccayasamuṭṭhānaṃ.
Vivādādhikaraṇaṃ kiṃnidānaṃ, kiṃsamudayaṃ, kiṃjātikaṃ, kiṃpabhavaṃ, kiṃsambhāraṃ, kiṃsamuṭṭhānaṃ? Anuvādādhikaraṇaṃ...pe... āpattādhikaraṇaṃ...pe... kiccādhikaraṇaṃ kiṃnidānaṃ, kiṃsamudayaṃ, kiṃjātikaṃ, kiṃpabhavaṃ, kiṃsambhāraṃ, kiṃsamuṭṭhānaṃ?

Vivādādhikaraṇaṃ hetunidānaṃ, hetusamudayaṃ, hetujātikaṃ, hetupabhavaṃ, hetusambhāraṃ, hetusamuṭṭhānaṃ. Anuvādādhikaraṇaṃ...pe... āpattādhikaraṇaṃ...pe... kiccādhikaraṇaṃ hetunidānaṃ, hetusamudayaṃ, hetujātikaṃ, hetupabhavaṃ, hetusambhāraṃ, hetusamuṭṭhānaṃ.

Vivādādhikaraṇaṃ kiṃnidānaṃ, kiṃsamudayaṃ, kiṃjātikaṃ, kiṃpabhavaṃ, kiṃsambhāraṃ, kiṃsamuṭṭhānaṃ? Anuvādādhikaraṇaṃ ...pe... āpattādhikaraṇaṃ...pe... kiccādhikaraṇaṃ kiṃnidānaṃ, kiṃsamudayaṃ, kiṃjātikaṃ, kiṃpabhavaṃ, kiṃsambhāraṃ, kiṃsamuṭṭhānaṃ?

Vivādādhikaraṇaṃ paccayanidānaṃ, paccayasamudayaṃ, paccayajātikaṃ, paccayapabhavaṃ, paccayasambhāraṃ, paccayasamuṭṭhānaṃ. Anuvādādhikaraṇaṃ...pe... āpattādhikaraṇaṃ...pe... kiccādhikaraṇaṃ paccayanidānaṃ, paccayasamudayaṃ, paccayajātikaṃ, paccayapabhavaṃ, paccayasambhāraṃ, paccayasamuṭṭhānaṃ.

3. Adhikaraṇamūlādi

343. Catunnaṃ adhikaraṇānaṃ kati mūlāni, kati samuṭṭhānā? Catunnaṃ adhikaraṇānaṃ tettiṃsa mūlāni, tettiṃsa samuṭṭhānā.

Catunnaṃ adhikaraṇānaṃ katamāni tettiṃsa mūlāni? Vivādādhikaraṇassa dvādasa mūlāni, anuvādādhikaraṇassa cuddasa mūlāni, āpattādhikaraṇassa cha mūlāni, kiccādhikaraṇassa ekaṃ mūlaṃ, saṅgho – catunnaṃ adhikaraṇānaṃ imāni tettiṃsa mūlāni.

Catunnaṃ adhikaraṇānaṃ katame tettiṃsa samuṭṭhānā? Vivādādhikaraṇassa aṭṭhārasabhedakaravatthūni samuṭṭhānā, anuvādādhikaraṇassa catasso vipattiyo samuṭṭhānā, āpattādhikaraṇassa sattāpattikkhandhā samuṭṭhānā, kiccādhikaraṇassa cattāri kammāni samuṭṭhānā – catunnaṃ adhikaraṇānaṃ ime tettiṃsa samuṭṭhānā.

4. Adhikaraṇapaccayāpatti

344. Vivādādhikaraṇaṃ āpattānāpattīti? Vivādādhikaraṇaṃ na āpatti. Kiṃ pana vivādādhikaraṇapaccayā āpattiṃ āpajjeyyāti? Āma, vivādādhikaraṇapaccayā āpattiṃ āpajjeyya. Vivādādhikaraṇapaccayā kati āpattiyo āpajjati? Vivādādhikaraṇapaccayā dve āpattiyo āpajjati. Upasampannaṃ omasati, āpatti pācittiyassa; anupasampannaṃ omasati, āpatti dukkaṭassa – vivādādhikaraṇapaccayā imā dve āpattiyo āpajjati.

Tā āpattiyo catunnaṃ vipattīnaṃ kati vipattiyo bhajanti? Catunnaṃ adhikaraṇānaṃ katamaṃ adhikaraṇaṃ? Sattannaṃ āpattikkhandhānaṃ katihi āpattikkhandhehi saṅgahitā? Channaṃ āpattisamuṭṭhānānaṃ katihi samuṭṭhānehi samuṭṭhanti? Katihi adhikaraṇehi katisu ṭhānesu katihi samathehi sammanti?

Tā āpattiyo catunnaṃ vipattīnaṃ ekaṃ vipattiṃ bhajanti – ācāravipattiṃ. Catunnaṃ adhikaraṇānaṃ , āpattādhikaraṇaṃ. Sattannaṃ āpattikkhandhānaṃ dvīhi āpattikkhandhehi saṅgahitā – siyā pācittiyāpattikkhandhena, siyā dukkaṭāpattikkhandhena. Channaṃ āpattisamuṭṭhānānaṃ tīhi samuṭṭhānehi samuṭṭhanti. Ekena adhikaraṇena – kiccādhikaraṇena; tīsu ṭhānesu – saṅghamajjhe, gaṇamajjhe, puggalassa santike; tīhi samathehi sammanti – siyā sammukhāvinayena ca paṭiññātakaraṇena ca, siyā sammukhāvinayena ca tiṇavatthārakena ca.

345. Anuvādādhikaraṇaṃ āpattānāpattīti? Anuvādādhikaraṇaṃ na āpatti. Kiṃ pana anuvādādhikaraṇapaccayā āpattiṃ āpajjeyyāti? Āma, anuvādādhikaraṇapaccayā āpattiṃ āpajjeyya. Anuvādādhikaraṇapaccayā, kati āpattiyo āpajjati? Anuvādādhikaraṇapaccayā tisso āpattiyo āpajjati. Bhikkhuṃ amūlakena pārājikena dhammena anuddhaṃseti, āpatti saṅghādisesassa; amūlakena saṅghādisesena anuddhaṃseti, āpatti pācittiyassa; amūlikāya ācāravipattiyā anuddhaṃseti, āpatti dukkaṭassa – anuvādādhikaraṇapaccayā imā tisso āpattiyo āpajjati.

Tā āpattiyo catunnaṃ vipattīnaṃ kati vipattiyo bhajanti? Catunnaṃ adhikaraṇānaṃ katamaṃ adhikaraṇaṃ? Sattannaṃ āpattikkhandhānaṃ katihi āpattikkhandhehi saṅgahitā? Channaṃ āpattisamuṭṭhānānaṃ katihi samuṭṭhānehi samuṭṭhanti? Katihi adhikaraṇehi katisu ṭhānesu katihi samathehi sammanti?

Tā āpattiyo catunnaṃ vipattīnaṃ dve vipattiyo bhajanti – siyā sīlavipattiṃ, siyā ācāravipattiṃ. Catunnaṃ adhikaraṇānaṃ, āpattādhikaraṇaṃ. Sattannaṃ āpattikkhandhānaṃ tīhi āpattikkhandhehi saṅgahitā – siyā saṅghādisesāpattikkhandhena, siyā pācittiyāpattikkhandhena, siyā dukkaṭāpattikkhandhena. Channaṃ āpattisamuṭṭhānānaṃ tīhi samuṭṭhānehi samuṭṭhanti. Yā tā āpattiyo garukā tā āpattiyo ekena adhikaraṇena – kiccādhikaraṇena; ekamhi ṭhāne – saṅghamajjhe; dvīhi samathehi sammanti – sammukhāvinayena ca paṭiññātakaraṇena ca. Yā tā āpattiyo lahukā tā āpattiyo ekena adhikaraṇena – kiccādhikaraṇena; tīsu ṭhānesu – saṅghamajjhe gaṇamajjhe puggalassa santike; tīhi samathehi sammanti – siyā sammukhāvinayena ca paṭiññātakaraṇena ca , siyā sammukhāvinayena ca tiṇavatthārakena ca.

346. Āpattādhikaraṇaṃ āpattānāpattīti? Āpattādhikaraṇaṃ āpatti. Kiṃ pana āpattādhikaraṇapaccayā āpattiṃ āpajjeyyāti? Āma, āpattādhikaraṇapaccayā āpattiṃ āpajjeyya. Āpattādhikaraṇapaccayā kati āpattiyo āpajjati? Āpattādhikaraṇapaccayā catasso āpattiyo āpajjati. Bhikkhunī jānaṃ pārājikaṃ dhammaṃ[pārājikaṃ dhammaṃ ajjhāpannaṃ (syā.)] paṭicchādeti, āpatti pārājikassa; vematikā paṭicchādeti, āpatti thullaccayassa; bhikkhu saṅghādisesaṃ paṭicchādeti, āpatti pācittiyassa; ācāravipattiṃ paṭicchādeti, āpatti dukkaṭassa – āpattādhikaraṇapaccayā imā catasso āpattiyo āpajjati.

Tā āpattiyo catunnaṃ vipattīnaṃ kati vipattiyo bhajanti? Catunnaṃ adhikaraṇānaṃ katamaṃ adhikaraṇaṃ? Sattannaṃ āpattikkhandhānaṃ katihi āpattikkhandhehi saṅgahitā? Channaṃ āpattisamuṭṭhānānaṃ katihi samuṭṭhānehi samuṭṭhanti? Katihi adhikaraṇehi katisu ṭhānesu katihi samathehi sammanti?

Tā āpattiyo catunnaṃ vipattīnaṃ dve vipattiyo bhajanti – siyā sīlavipattiṃ siyā ācāravipattiṃ. Catunnaṃ adhikaraṇānaṃ – āpattādhikaraṇaṃ. Sattannaṃ āpattikkhandhānaṃ catūhi āpattikkhandhehi saṅgahitā – siyā pārājikāpattikkhandhena, siyā thullaccayāpattikkhandhena, siyā pācittiyāpattikkhandhena, siyā dukkaṭāpattikkhandhena. Channaṃ āpattisamuṭṭhānānaṃ ekena samuṭṭhānena samuṭṭhanti – kāyato ca vācato ca cittato ca samuṭṭhanti. Yā sā āpatti anavasesā sā āpatti na katamena adhikaraṇena, na katamamhi ṭhāne, na katamena samathena sammati. Yā tā āpattiyo lahukā tā āpattiyo ekena adhikaraṇena – kiccādhikaraṇena; tīsu ṭhānesu – saṅghamajjhe, gaṇamajjhe, puggalassa santike; tīhi samathehi sammanti – siyā sammukhāvinayena ca paṭiññātakaraṇena ca, siyā sammukhāvinayena ca tiṇavatthārakena ca.

347. Kiccādhikaraṇaṃ āpattānāpattīti? Kiccadhikaraṇaṃ na āpatti. Kiṃ pana kiccādhikaraṇapaccayā āpattiṃ āpajjeyyāti? Āma, kiccādhikaraṇapaccayā āpattiṃ āpajjeyya. Kiccādhikaraṇapaccayā kati āpattiyo āpajjati? Kiccādhikaraṇapaccayā pañca āpattiyo āpajjati. Ukkhittānuvattikā bhikkhunī yāvatatiyaṃ samanubhāsanāya na paṭinissajjati, ñattiyā dukkaṭaṃ; dvīhi kammavācāhi thullaccayā; kammavācāpariyosāne āpatti pārājikassa; bhedakānuvattakā bhikkhū yāvatatiyaṃ samanubhāsanāya na paṭinissajjanti, āpatti saṅghādisesassa; pāpikāya diṭṭhiyā yāvatatiyaṃ samanubhāsanāya na paṭinissajjanti, āpatti pācittiyassa – kiccādhikaraṇapaccayā imā pañca āpattiyo āpajjati.

Tā āpattiyo catunnaṃ vipattīnaṃ kati vipattiyo bhajanti? Catunnaṃ adhikaraṇānaṃ katamaṃ adhikaraṇaṃ? Sattannaṃ āpattikkhandhānaṃ katihi āpattikkhandhehi saṅgahitā? Channaṃ āpattisamuṭṭhānānaṃ katihi samuṭṭhānehi samuṭṭhanti? Katihi adhikaraṇehi katisu ṭhānesu katihi samathehi sammanti?

Tā āpattiyo catunnaṃ vipattīnaṃ dve vipattiyo bhajanti – siyā sīlavipattiṃ siyā ācāravipattiṃ. Catunnaṃ adhikaraṇānaṃ – āpattādhikaraṇaṃ. Sattannaṃ āpattikkhandhānaṃ pañcahi āpattikkhandhehi saṅgahitā – siyā pārājikāpattikkhandhena, siyā saṅghādisesāpattikkhandhena, siyā thullaccayāpattikkhandhena, siyā pācittiyāpattikkhandhena, siyā dukkaṭāpattikkhandhena. Channaṃ āpattisamuṭṭhānānaṃ ekena samuṭṭhānena samuṭṭhanti – kāyato ca vācato ca cittato ca samuṭṭhanti. Yā sā āpatti anavasesā sā āpatti na katamena adhikaraṇena, na katamamhi ṭhāne, na katamena samathena sammati. Yā sā āpatti garukā sā āpatti ekena adhikaraṇena – kiccādhikaraṇena; ekamhi ṭhāne – saṅghamajjhe; dvīhi samathehi sammati – sammukhāvinayena ca paṭiññātakaraṇena ca. Yā tā āpattiyo lahukā tā āpattiyo ekena adhikaraṇena – kiccādhikaraṇena; tīsu ṭhānesu – saṅghamajjhe, gaṇamajjhe, puggalassa santike; tīhi samathehi sammanti – siyā sammukhāvinayena ca paṭiññātakaraṇena ca, siyā sammukhāvinayena ca tiṇavatthārakena ca.

5. Adhikaraṇādhippāyo

348. Vivādādhikaraṇaṃ hoti anuvādādhikaraṇaṃ, hoti āpattādhikaraṇaṃ, hoti kiccādhikaraṇaṃ. Vivādādhikaraṇaṃ na hoti anuvādādhikaraṇaṃ, na hoti āpattādhikaraṇaṃ, na hoti kiccādhikaraṇaṃ; api ca, vivādādhikaraṇapaccayā hoti anuvādādhikaraṇaṃ, hoti āpattādhikaraṇaṃ, hoti kiccādhikaraṇaṃ. Yathā kathaṃ viya? [cūḷava. 215; pari. 314] Idha bhikkhū vivadanti – dhammoti vā adhammoti vā duṭṭhullāpattīti vā aduṭṭhullāpattīti vā. Yaṃ tattha bhaṇḍanaṃ kalaho viggaho vivādo nānāvādo aññathāvādo vipaccatāya vohāro medhakaṃ, idaṃ vuccati vivādādhikaraṇaṃ. Vivādādhikaraṇe saṅgho vivadati vivādādhikaraṇaṃ. Vivadamāno anuvadati anuvādādhikaraṇaṃ. Anuvadamāno āpattiṃ āpajjati āpattādhikaraṇaṃ. Tāya āpattiyā saṅgho kammaṃ karoti kiccādhikaraṇaṃ. Evaṃ vivādādhikaraṇapaccayā hoti anuvādādhikaraṇaṃ, hoti āpattādhikaraṇaṃ, hoti kiccādhikaraṇaṃ.

Anuvādādhikaraṇaṃ hoti āpattādhikaraṇaṃ, hoti kiccādhikaraṇaṃ, hoti vivādādhikaraṇaṃ. Anuvādādhikaraṇaṃ na hoti āpattādhikaraṇaṃ, na hoti kiccādhikaraṇaṃ, na hoti vivādādhikaraṇaṃ; api ca, anuvādādhikaraṇapaccayā hoti āpattādhikaraṇaṃ, hoti kiccādhikaraṇaṃ, hoti vivādādhikaraṇaṃ. Yathā kathaṃ viya? Idha bhikkhū bhikkhuṃ anuvadanti sīlavipattiyā vā ācāravipattiyā vā diṭṭhivipattiyā vā ājīvavipattiyā vā. Yo tattha anuvādo anuvadanā anullapanā anubhaṇanā anusampavaṅkatā abbhussahanatā anubalappadānaṃ, idaṃ vuccati anuvādādhikaraṇaṃ. Anuvādādhikaraṇe saṅgho vivadati, vivādādhikaraṇaṃ. Vivadamāno anuvadati, anuvādādhikaraṇaṃ. Anuvadamāno āpattiṃ āpajjati, āpattādhikaraṇaṃ. Tāya āpattiyā saṅgho kammaṃ karoti, kiccādhikaraṇaṃ. Evaṃ anuvādādhikaraṇapaccayā hoti āpattādhikaraṇaṃ, hoti kiccādhikaraṇaṃ, hoti vivādādhikaraṇaṃ.

Āpattādhikaraṇaṃ hoti kiccādhikaraṇaṃ, hoti vivādādhikaraṇaṃ, hoti anuvādādhikaraṇaṃ. Āpattādhikaraṇaṃ na hoti kiccādhikaraṇaṃ, na hoti vivādādhikaraṇaṃ, na hoti anuvādādhikaraṇaṃ; api ca, āpattādhikaraṇapaccayā hoti kiccādhikaraṇaṃ, hoti vivādādhikaraṇaṃ, hoti anuvādādhikaraṇaṃ. Yathā kathaṃ viya? [cūḷava. 215; pari. 348] Pañcapi āpattikkhandhā āpattādhikaraṇaṃ, sattapi āpattikkhandhā āpattādhikaraṇaṃ, idaṃ vuccati āpattādhikaraṇaṃ. Āpattādhikaraṇe saṅgho vivadati vivādādhikaraṇaṃ. Vivadamāno anuvadati anuvādādhikaraṇaṃ. Anuvadamāno āpattiṃ āpajjati āpattādhikaraṇaṃ. Tāya āpattiyā saṅgho kammaṃ karoti kiccādhikaraṇaṃ. Evaṃ āpattādhikaraṇapaccayā hoti kiccādhikaraṇaṃ, hoti vivādādhikaraṇaṃ, hoti anuvādādhikaraṇaṃ. Kiccādhikaraṇaṃ hoti vivādādhikaraṇaṃ, hoti anuvādādhikaraṇaṃ, hoti āpattādhikaraṇaṃ. Kiccādhikaraṇaṃ na hoti vivādādhikaraṇaṃ, na hoti anuvādādhikaraṇaṃ, na hoti āpattādhikaraṇaṃ; api ca, kiccādhikaraṇapaccayā hoti vivādādhikaraṇaṃ, hoti anuvādādhikaraṇaṃ, hoti āpattādhikaraṇaṃ. Yathā kathaṃ viya? Yā saṅghassa kiccayatā karaṇīyatā apalokanakammaṃ ñattikammaṃ ñattidutiyakammaṃ ñatticatutthakammaṃ, idaṃ vuccati kiccādhikaraṇaṃ. Kiccādhikaraṇe saṅgho vivadati vivādādhikaraṇaṃ. Vivadamāno anuvadati anuvādādhikaraṇaṃ. Anuvadamāno āpattiṃ āpajjati āpattādhikaraṇaṃ. Tāya āpattiyā saṅgho kammaṃ karoti kiccādhikaraṇaṃ. Evaṃ kiccādhikaraṇapaccayā hoti vivādādhikaraṇaṃ, hoti anuvādādhikaraṇaṃ, hoti āpattādhikaraṇaṃ.

6. Pucchāvāro

349. Yattha sativinayo tattha sammukhāvinayo? Yattha sammukhāvinayo tattha sativinayo? Yattha amūḷhavinayo tattha sammukhāvinayo? Yattha sammukhāvinayo tattha amūḷhavinayo? Yattha paṭiññātakaraṇaṃ tattha sammukhāvinayo? Yattha sammukhāvinayo tattha paṭiññātakaraṇaṃ? Yattha yebhuyyasikā tattha sammukhāvinayo? Yattha sammukhāvinayo tattha yebhuyyasikā? Yattha tassapāpiyasikā tattha sammukhāvinayo? Yattha sammukhāvinayo tattha tassapāpiyasikā? Yattha tiṇavatthārako tattha sammukhāvinayo? Yattha sammukhāvinayo tattha tiṇavatthārako?

7. Vissajjanāvāro

350. Yasmiṃ samaye sammukhāvinayena ca sativinayena ca adhikaraṇaṃ vūpasammati – yattha sativinayo tattha sammukhāvinayo, yattha sammukhāvinayo tattha sativinayo, na tattha amūḷhavinayo, na tattha paṭiññātakaraṇaṃ, na tattha yebhuyyasikā, na tattha tassapāpiyasikā, na tattha tiṇavatthārako. Yasmiṃ samaye sammukhāvinayena ca amūḷhavinayena ca...pe... sammukhāvinayena ca paṭiññātakaraṇena ca...pe... sammukhāvinayena ca yebhuyyasikāya ca...pe... sammukhāvinayena ca tassapāpiyasikāya ca...pe... sammukhāvinayena ca tiṇavatthārakena ca adhikaraṇaṃ vūpasammati – yattha tiṇavatthārako tattha sammukhāvinayo, yattha sammukhāvinayo tattha tiṇavatthārako, na tattha sativinayo, na tattha amūḷhavinayo, na tattha paṭiññātakaraṇaṃ, na tattha yebhuyyasikā, na tattha tassapāpiyasikā.

8. Saṃsaṭṭhavāro

351. Sammukhāvinayoti vā sativinayoti vā – ime dhammā saṃsaṭṭhā udāhu visaṃsaṭṭhā? Labbhā ca panimesaṃ dhammānaṃ vinibbhujitvā vinibbhujitvā nānākaraṇaṃ paññāpetuṃ? Sammukhāvinayoti vā amūḷhavinayoti vā...pe... sammukhāvinayoti vā paṭiññātakaraṇanti vā... sammukhāvinayoti vā yebhuyyasikāti vā... sammukhāvinayoti vā tassapāpiyasikāti vā... sammukhāvinayoti vā tiṇavatthārakoti – ime dhammā saṃsaṭṭhā udāhu visaṃsaṭṭhā ? Labbhā ca panimesaṃ dhammānaṃ vinibbhujitvā vinibbhujitvā nānākaraṇaṃ paññāpetuṃ?

Sammukhāvinayoti vā sativinayoti vā – ime dhammā saṃsaṭṭhā, no visaṃsaṭṭhā; na ca labbhā imesaṃ dhammānaṃ vinibbhujitvā vinibbhujitvā nānākaraṇaṃ paññāpetuṃ. Sammukhāvinayoti vā amūḷhavinayoti vā...pe... sammukhāvinayoti vā paṭiññātakaraṇanti vā... sammukhāvinayoti vā yebhuyyasikāti vā... sammukhāvinayoti vā tassapāpiyasikāti vā... sammukhāvinayoti vā tiṇavatthārakoti vā – ime dhammā saṃsaṭṭhā, no visaṃsaṭṭhā; na ca labbhā imesaṃ dhammānaṃ vinibbhujitvā vinibbhujitvā nānākaraṇaṃ paññāpetuṃ.

9. Sattasamathanidānaṃ

352. Sammukhāvinayo kiṃnidāno, kiṃsamudayo, kiṃjātiko, kiṃpabhavo, kiṃsambhāro kiṃsamuṭṭhāno? Sativinayo kiṃnidāno, kiṃsamudayo, kiṃjātiko, kiṃpabhavo, kiṃsambhāro, kiṃsamuṭṭhāno? Amūḷhavinayo kiṃnidāno, kiṃsamudayo, kiṃjātiko, kiṃpabhavo, kiṃsambhāro, kiṃsamuṭṭhāno? Paṭiññātakaraṇaṃ kiṃnidānaṃ, kiṃsamudayaṃ, kiṃjātikaṃ, kiṃpabhavaṃ, kiṃsambhāraṃ, kiṃsamuṭṭhānaṃ? Yebhuyyasikā kiṃnidānā, kiṃsamudayā, kiṃjātikā, kiṃpabhavā, kiṃsambhārā, kiṃsamuṭṭhānā? Tassapāpiyasikā kiṃnidānā, kiṃsamudayā, kiṃjātikā, kiṃpabhavā, kiṃsambhārā, kiṃsamuṭṭhānā tiṇavatthārako kiṃnidāno, kiṃsamudayo, kiṃjātiko, kiṃpabhavo, kiṃsambhāro, kiṃsamuṭṭhāno?

Sammukhāvinayo nidānanidāno, nidānasamudayo, nidānajātiko, nidānapabhavo, nidānasambhāro, nidānasamuṭṭhāno. Sativinayo...pe... amūḷhavinayo...pe... paṭiññātakaraṇaṃ nidānanidānaṃ, nidānasamudayaṃ, nidānajātikaṃ, nidānapabhavaṃ, nidānasambhāraṃ, nidānasamuṭṭhānaṃ. Yebhuyyasikā...pe... tassapāpiyasikā nidānanidānā, nidānasamudayā, nidānajātikā, nidānapabhavā, nidānasambhārā , nidānasamuṭṭhānā. Tiṇavatthārako nidānanidāno, nidānasamudayo, nidānajātiko, nidānapabhavo, nidānasambhāro, nidānasamuṭṭhāno.

Sammukhāvinayo kiṃnidāno, kiṃsamudayo, kiṃjātiko, kiṃpabhavo, kiṃsambhāro, kiṃsamuṭṭhāno ? Sativinayo...pe... amūḷhavinayo...pe... paṭiññātakaraṇaṃ...pe... yebhuyyasikā...pe... tassapāpiyasikā...pe... tiṇavatthārako kiṃnidāno, kiṃsamudayo, kiṃjātiko, kiṃpabhavo, kiṃsambhāro, kiṃsamuṭṭhāno?

Sammukhāvinayo hetunidāno, hetusamudayo, hetujātiko, hetupabhavo, hetusambhāro, hetusamuṭṭhāno. Sativinayo...pe... amūḷhavinayo...pe... paṭiññātakaraṇaṃ hetunidānaṃ, hetusamudayaṃ, hetujātikaṃ, hetupabhavaṃ, hetusambhāraṃ, hetusamuṭṭhānaṃ. Yebhuyyasikā...pe... tassapāpiyasikā hetunidānā, hetusamudayā, hetujātikā, hetupabhavā, hetusambhārā, hetusamuṭṭhānā. Tiṇavatthārako hetunidāno, hetusamudayo, hetujātiko, hetupabhavo, hetusambhāro, hetusamuṭṭhāno.

Sammukhāvinayo kiṃnidāno, kiṃsamudayo, kiṃjātiko, kiṃpabhavo, kiṃsambhāro, kiṃsamuṭṭhāno? Sativinayo...pe... amūḷhavinayo...pe... paṭiññātakaraṇaṃ...pe... yebhuyyasikā...pe... tassapāpiyasikā...pe... tiṇavatthārako kiṃnidāno, kiṃsamudayo, kiṃjātiko, kiṃpabhavo, kiṃsambhāro, kiṃsamuṭṭhāno? Sammukhāvinayo paccayanidāno, paccayasamudayo, paccayajātiko, paccayapabhavo, paccayasambhāro, paccayasamuṭṭhāno. Sativinayo...pe... amūḷhavinayo...pe... paṭiññātakaraṇaṃ paccayanidānaṃ, paccayasamudayaṃ, paccayajātikaṃ, paccayapabhavaṃ, paccayasambhāraṃ, paccayasamuṭṭhānaṃ. Yebhuyyasikā...pe... tassapāpiyasikā paccayanidānā, paccayasamudayā, paccayajātikā, paccayapabhavā, paccayasambhārā, paccayasamuṭṭhānā. Tiṇavatthārako paccayanidāno, paccayasamudayo, paccayajātiko, paccayapabhavo, paccayasambhāro, paccayasamuṭṭhāno.

353. Sattannaṃ samathānaṃ kati mūlāni, kati samuṭṭhānā? Sattannaṃ samathānaṃ chabbīsa mūlāni, chattiṃsa samuṭṭhānā. Sattannaṃ samathānaṃ katamāni chabbī mūlāni? Sammukhāvinayassa cattāri mūlāni. Saṅghasammukhatā, dhammasammukhatā, vinayasammukhatā, puggalasammukhatā; sativinayassa cattāri mūlāni; amūḷhavinayassa cattāri mūlāni; paṭiññātakaraṇassa dve mūlāni – yo ca deseti yassa ca deseti; yebhuyyasikāya cattāri mūlāni; tassapāpiyasikāya cattārimūlāni; tiṇavatthārakassa cattāri mūlāni – saṅghasammukhatā, dhammasammukhatā, vinayasammukhatā, puggalasammukhatā – sattannaṃ samathānaṃ imāni chabbīsa mūlāni.

Sattannaṃ samathānaṃ katame chattiṃsa samuṭṭhānā? Sativinayassa kammassa kiriyā, karaṇaṃ, upagamanaṃ, ajjhupagamanaṃ, adhivāsanā, appaṭikkosanā. Amūḷhavinayassa kammassa...pe... paṭiññātakaraṇassa kammassa... yebhuyyasikāya kammassa... tassapāpiyasikāya kammassa... tiṇavatthārakassa kammassa kiriyā, karaṇaṃ, upagamanaṃ, ajjhupagamanaṃ, adhivāsanā, appaṭikkosanā – sattannaṃ samathānaṃ ime chattiṃsa samuṭṭhānā.

10. Sattasamathanānatthādi

354. Sammukhāvinayoti vā sativinayoti vā – ime dhammā nānatthā nānābyañjanā udāhu ekatthā byañjanameva nānaṃ? Sammukhāvinayoti vā amūḷhavinayoti vā...pe... sammukhāvinayoti vā paṭiññātakaraṇanti vā... sammukhāvinayoti vā yebhuyyasikāti vā... sammukhāvinayoti vā tassapāpiyasikāti vā... sammukhāvinayoti vā tiṇavatthārakoti vā – ime dhammā nānatthā nānābyañjanā udāhu ekatthā byañjanameva nānaṃ? Sammukhāvinayoti vā sativinayoti vā – ime dhammā nānatthā ceva nānābyañjanā ca. Sammukhāvinayoti vā amūḷhavinayoti vā...pe... sammukhāvinayoti vā paṭiññātakaraṇanti vā... sammukhāvinayoti vā yebhuyyasikāti vā... sammukhāvinayoti vā tassapāpiyasikāti vā... sammukhāvinayoti vā tiṇavatthārakoti vā – ime dhammā nānatthā ceva nānā byañjanā ca.

355.[cūḷava. 224] Vivādo vivādādhikaraṇaṃ, vivādo no adhikaraṇaṃ, adhikaraṇaṃ no vivādo, adhikaraṇañceva vivādo ca? Siyā vivādo vivādādhikaraṇaṃ, siyā vivādo no adhikaraṇaṃ, siyā adhikaraṇaṃ no vivādo, siyā adhikaraṇañceva vivādo ca.

Tattha katamo vivādo vivādādhikaraṇaṃ? Idha bhikkhū vivadanti dhammoti vā adhammoti vā...pe... duṭṭhullā āpattīti vā aduṭṭhullā āpattīti vā. Yaṃ tattha bhaṇḍanaṃ, kalaho, viggaho, vivādo, nānāvādo, aññathāvādo, vipaccatāya vohāro, medhakaṃ – ayaṃ vivādo vivādādhikaraṇaṃ.

Tattha katamo vivādo no adhikaraṇaṃ? Mātāpi puttena vivadati, puttopi mātarā vivadati, pitāpi puttena vivadati, puttopi pitarā vivadati, bhātāpi bhātarā vivadati, bhātāpi bhaginiyā vivadati, bhaginīpi bhātarā vivadati, sahāyopi sahāyena vivadati – ayaṃ vivādo no adhikaraṇaṃ.

Tattha katamaṃ adhikaraṇaṃ no vivādo? Anuvādādhikaraṇaṃ, āpattādhikaraṇaṃ, kiccādhikaraṇaṃ – idaṃ adhikaraṇaṃ no vivādo.

Tattha katamaṃ adhikaraṇañceva vivādo ca? Vivādādhikaraṇaṃ adhikaraṇañceva vivādo ca.

356.[cūḷava. 224 ādayo] Anuvādo anuvādādhikaraṇaṃ, anuvādo no adhikaraṇaṃ, adhikaraṇaṃ no anuvādo, adhikaraṇañceva anuvādo ca? Siyā anuvādoanuvādādhikaraṇaṃ, siyā anuvādo no adhikaraṇaṃ, siyā adhikaraṇaṃ no anuvādo, siyā adhikaraṇañceva anuvādo ca.

Tattha katamo anuvādo anuvādādhikaraṇaṃ? Idha bhikkhū bhikkhuṃ anuvadanti sīlavipattiyā vā ācāravipattiyā vā diṭṭhivipattiyā vā ājīvavipattiyā vā. Yo tattha anuvādo, anuvadanā anullapanā anubhaṇanā anusampavaṅkatā abbhussahanatā anubalappadānaṃ – ayaṃ anuvādo anuvādādhikaraṇaṃ.

Tattha katamo anuvādo no adhikaraṇaṃ? Mātāpi puttaṃ anuvadati, puttopi mātaraṃ anuvadati, pitāpi puttaṃ anuvadati, puttopi pitaraṃ anuvadati, bhātāpi bhātaraṃ anuvadati, bhātāpi bhaginiṃ anuvadati, bhaginīpi bhātaraṃ anuvadati, sahāyopi sahāyaṃ anuvadati – ayaṃ anuvādo no adhikaraṇaṃ.

Tattha katamaṃ adhikaraṇaṃ no anuvādo? Āpattādhikaraṇaṃ kiccādhikaraṇaṃ vivādādhikaraṇaṃ – idaṃ adhikaraṇaṃ no anuvādo.

Tattha katamaṃ adhikaraṇañceva anuvādo ca? Anuvādādhikaraṇaṃ adhikaraṇañceva anuvādo ca.

357. Āpatti āpattādhikaraṇaṃ, āpatti no adhikaraṇaṃ, adhikaraṇaṃ no āpatti, adhikaraṇañceva āpatti ca? Siyā āpatti āpattādhikaraṇaṃ, siyā āpatti no adhikaraṇaṃ, siyā adhikaraṇaṃ no āpatti, siyā adhikaraṇañceva āpatti ca.

Tattha katamā āpatti āpattādhikaraṇaṃ? Pañcapi āpattikkhandhā āpattādhikaraṇaṃ. Sattapi āpattikkhandhā āpattādhikaraṇaṃ. Ayaṃ āpatti āpattādhikaraṇaṃ.

Tattha katamā āpatti no adhikaraṇaṃ? Sotāpatti samāpatti – ayaṃ āpatti no adhikaraṇaṃ.

Tattha katamaṃ adhikaraṇaṃ no āpatti? Kiccādhikaraṇaṃ vivādādhikaraṇaṃ anuvādādhikaraṇaṃ – idaṃ adhikaraṇaṃ no āpatti.

Tattha katamaṃ adhikaraṇañceva āpatti ca? Āpattādhikaraṇaṃ adhikaraṇañceva āpatti ca.

358.[cūḷava. 223] Kiccaṃ kiccādhikaraṇaṃ, kiccaṃ no adhikaraṇaṃ, adhikaraṇaṃ no kiccaṃ, adhikaraṇañceva kiccañca? Siyā kiccaṃ kiccādhikaraṇaṃ, siyā kiccaṃ no adhikaraṇaṃ, siyā adhikaraṇaṃ no kiccaṃ, siyā adhikaraṇañceva kiccañca.

Tattha katamaṃ kiccaṃ kiccādhikaraṇaṃ? Yā saṅghassa kiccayatā karaṇīyatā apalokanakammaṃ ñattikammaṃ ñattidutiyakammaṃ ñatticatutthakammaṃ – idaṃ kiccaṃ kiccādhikaraṇaṃ.

Tattha katamaṃ kiccaṃ no adhikaraṇaṃ? Ācariyakiccaṃ upajjhāyakiccaṃ [upajjhāyakiccaṃ sakiccaṃ (ka.)] samānupajjhāyakiccaṃ samānācariyakiccaṃ – idaṃ kiccaṃ no adhikaraṇaṃ.

Tattha katamaṃ adhikaraṇaṃ no kiccaṃ? Vivādādhikaraṇaṃ anuvādādhikaraṇaṃ āpattādhikaraṇaṃ – idaṃ adhikaraṇaṃ no kiccaṃ.

Tattha katamaṃ adhikaraṇañceva kiccañca? Kiccādhikaraṇaṃ adhikaraṇañceva kiccaṃ cāti.

Adhikaraṇabhedo niṭṭhito.

Tassuddānaṃ –

Adhikaraṇaṃ ukkoṭā, ākārā puggalena ca;
Nidānahetupaccayā, mūlaṃ samuṭṭhānena ca.

Aparagāthāsaṅgaṇikaṃ

1. Codanādipucchāvissajjanā

359.

Codanā kimatthāya, sāraṇā kissa kāraṇā;
Saṅgho kimatthāya, matikammaṃ pana kissa kāraṇā.
Codanā sāraṇatthāya, niggahatthāya sāraṇā;
Saṅgho pariggahatthāya, matikammaṃ pana pāṭiyekkaṃ.
Mā kho turito abhaṇi, mā kho caṇḍikato bhaṇi;
Mā kho paṭighaṃ janayi, sace anuvijjako tuvaṃ.
Mā kho sahasā abhaṇi, kathaṃ viggāhikaṃ anatthasaṃhitaṃ;
Sutte vinaye anulome, paññatte anulomike.
Anuyogavattaṃ nisāmaya, kusalena buddhimatā kataṃ;
Suvuttaṃ sikkhāpadānulomikaṃ, gatiṃ na nāsento samparāyikaṃ;
Hitesī anuyuñjassu, kālenatthūpasaṃhitaṃ.
Cuditassa ca codakassa ca;
Sahasā vohāraṃ mā padhāresi;
Codako āha āpannoti;
Cuditako āha anāpannoti.
Ubho anukkhipanto, paṭiññānusandhitena kāraye;
Paṭiññā lajjīsu katā, alajjīsu evaṃ na vijjati;
Bahumpi alajjī bhāseyya, vattānusandhitena [vuttānusandhitena (sī. syā. ka.)] kāraye.
Alajjī kīdiso hoti, paṭiññā yassa na rūhati;
Etañca [evañca (ka.)] tāhaṃ pucchāmi, kīdiso vuccati alajjī puggalo.
Sañcicca āpattiṃ āpajjati, āpattiṃ parigūhati;
Agatigamanañca gacchati, ediso vuccati alajjīpuggalo.
Saccaṃ ahampi jānāmi, ediso vuccati alajjīpuggalo;
Aññañca tāhaṃ pucchāmi, kīdiso vuccati lajjīpuggalo.
Sañcicca āpattiṃ nāpajjati, āpattiṃ na parigūhati;
Agatigamanaṃ na gacchati, ediso vuccati lajjīpuggalo.
Saccaṃ ahampi jānāmi, ediso vuccati lajjīpuggalo;
Aññañca tāhaṃ pucchāmi, kīdiso vuccati adhammacodako.
Akāle codeti abhūtena;
Pharusena anatthasaṃhitena;
Dosantaro codeti no mettācitto;
Ediso vuccati adhammacodako.
Saccaṃ ahampi jānāmi, ediso vuccati adhammacodako;
Aññañca tāhaṃ pucchāmi, kīdiso vuccati dhammacodako.

Kālena codeti bhūtena, saṇhena atthasaṃhitena;
Mettācitto codeti no dosantaro;
Ediso vuccati dhammacodako.
Saccaṃ ahampi jānāmi, ediso vuccati dhammacodako;
Aññañca tāhaṃ pucchāmi, kīdiso vuccati bālacodako.
Pubbāparaṃ na jānāti, pubbāparassa akovido;
Anusandhivacanapathaṃ na jānāti;
Anusandhivacanapathassa akovido;
Ediso vuccati bālacodako.
Saccaṃ ahampi jānāmi, ediso vuccati bālacodako;
Aññañca tāhaṃ pucchāmi, kīdiso vuccati paṇḍitacodako.
Pubbāparampi jānāti, pubbāparassa kovido;
Anusandhivacanapathaṃ jānāti, anusandhivacanapathassa kovido;
Ediso vuccati paṇḍitacodako.
Saccaṃ ahampi jānāmi, ediso vuccati paṇḍitacodako;
Aññañca tāhaṃ pucchāmi, codanā kinti vuccati.
Sīlavipattiyā codeti, atho ācāradiṭṭhiyā;
Ājīvenapi codeti, codanā tena vuccatīti.
Aparaṃ gāthāsaṅgaṇikaṃ niṭṭhitaṃ.

Codanākaṇḍaṃ

1. Anuvijjakaanuyogo

360. Anuvijjake codako pucchitabbo – ''yaṃ kho tvaṃ, āvuso, imaṃ bhikkhuṃ codesi, kimhi naṃ codesi, sīlavipattiyā vā codesi, ācāravipattiyā vā codesi, diṭṭhivipattiyā vā codesī''ti? So ce evaṃ vadeyya – ''sīlavipattiyā vā codemi, ācāravipattiyā vā codemi, diṭṭhivipattiyā vā codemī''ti, so evamassa vacanīyo – ''jānāsi panāyasmā sīlavipattiṃ, jānāsi ācāravipattiṃ, jānāsi diṭṭhivipatti''nti? So ce evaṃ vadeyya – ''jānāmi kho ahaṃ, āvuso, sīlavipattiṃ, jānāmi ācāravipattiṃ, jānāmi diṭṭhivipatti''nti, so evamassa vacanīyo – ''katamā panāvuso, sīlavipatti? Katamā ācāravipatti? Katamā diṭṭhivipattī''ti? So ce evaṃ vadeyya – ''cattāri ca pārājikāni, terasa ca saṅghādisesā – ayaṃ sīlavipatti. Thullaccayaṃ, pācittiyaṃ, pāṭidesanīyaṃ, dukkaṭaṃ, dubbhāsitaṃ, ayaṃ ācāravipatti. Micchādiṭṭhi, antaggāhikā diṭṭhi – ayaṃ diṭṭhivipattī''ti, so evamassa vacanīyo – ''yaṃ kho tvaṃ, āvuso, imaṃ bhikkhuṃ codesi, diṭṭhena vā codesi sutena vā codesi parisaṅkāya vā codesī''ti? So ce evaṃ vadeyya – ''diṭṭhena vā codemi sutena vā codemi parisaṅkāya vā codemī''ti, so evamassa vacanīyo – ''yaṃ kho tvaṃ, āvuso, imaṃ bhikkhuṃ diṭṭhena codesi, kiṃ te diṭṭhaṃ kinti te diṭṭhaṃ, kadā te diṭṭhaṃ, kattha te diṭṭhaṃ pārājikaṃ ajjhāpajjanto diṭṭho, saṅghādisesaṃ ajjhāpajjanto diṭṭho, thullaccayaṃ... pācittiyaṃ... pāṭidesanīyaṃ... dukkaṭaṃ... dubbhāsitaṃ ajjhāpajjanto diṭṭho, kattha ca tvaṃ ahosi, kattha cāyaṃ bhikkhu ahosi, kiñca tvaṃ karosi, kiṃ cāyaṃ bhikkhu karotī''ti? So ce evaṃ vadeyya – ''na kho ahaṃ, āvuso, imaṃ bhikkhuṃ diṭṭhena codemi, api ca sutena codemī''ti, so evamassa vacanīyo – ''yaṃ kho tvaṃ, āvuso, imaṃ bhikkhuṃ sutena codesi, kiṃ te sutaṃ, kinti te sutaṃ, kadā te sutaṃ , kattha te sutaṃ, pārājikaṃ ajjhāpannoti sutaṃ, saṅghādisesaṃ... thullaccayaṃ... pācittiyaṃ... pāṭidesanīyaṃ... dukkaṭaṃ... dubbhāsitaṃ ajjhāpannoti sutaṃ, bhikkhussa sutaṃ, bhikkhuniyā sutaṃ, sikkhamānāya sutaṃ , sāmaṇerassa sutaṃ, sāmaṇeriyā sutaṃ, upāsakassa sutaṃ, upāsikāya sutaṃ, rājūnaṃ sutaṃ, rājamahāmattānaṃ sutaṃ, titthiyānaṃ sutaṃ, titthiyasāvakānaṃ suta''nti? So ce evaṃ vadeyya – ''na kho ahaṃ, āvuso, imaṃ bhikkhuṃ sutena codemi, api ca parisaṅkāya codemī''ti, so evamassa vacanīyo – ''yaṃ kho tvaṃ, āvuso, imaṃ bhikkhuṃ parisaṅkāya codesi, kiṃ parisaṅkasi, kinti parisaṅkasi, kadā parisaṅkasi, kattha parisaṅkasi, pārājikaṃ ajjhāpannoti parisaṅkasi, saṅghādisesaṃ ajjhāpannoti parisaṅkasi, thullaccayaṃ... pācittiyaṃ... pāṭidesanīyaṃ... dukkaṭaṃ... dubbhāsitaṃ ajjhāpannoti parisaṅkasi, bhikkhussa sutvā parisaṅkasi, bhikkhuniyā sutvā parisaṅkasi, sikkhamānāya sutvā parisaṅkasi, sāmaṇerassa sutvā parisaṅkasi, sāmaṇeriyā sutvā parisaṅkasi, upāsakassa sutvā parisaṅkasi, upāsikāya sutvā parisaṅkasi, rājūnaṃ sutvā parisaṅkasi, rājamahāmattānaṃ sutvā parisaṅkasi, titthiyānaṃ sutvā parisaṅkasi, titthiyasāvakānaṃ sutvā parisaṅkasī''ti?

361.
Diṭṭhaṃ diṭṭhena sameti diṭṭhena saṃsandate diṭṭhaṃ;
Diṭṭhaṃ paṭicca na upeti asuddhaparisaṅkito;
So puggalo paṭiññāya kātabbo tenuposatho.
Sutaṃ sutena sameti sutena saṃsandate sutaṃ;
Sutaṃ paṭicca na upeti asuddhaparisaṅkito;
So puggalo paṭiññāya kātabbo tenuposatho.

Mutaṃ mutena sameti mutena saṃsandate mutaṃ;
Mutaṃ paṭicca na upeti asuddhaparisaṅkito;
So puggalo paṭiññāya kātabbo tenuposatho.

362. Codanāya ko ādi, kiṃ majjhe, kiṃ pariyosānaṃ? Codanāya okāsakammaṃ ādi, kiriyā majjhe, samatho pariyosānaṃ. Codanāya kati mūlāni, kati vatthūni, kati bhūmiyo, katihākārehi codeti? Codanāya dve mūlāni, tīṇi vatthūni, pañca bhūmiyo, dvīhākārehi codeti. Codanāya katamāni dve mūlāni? Samūlikā vā amūlikā vā – codanāya imāni dve mūlāni. Codanāya katamāni tīṇi vatthūni? Diṭṭhena sutena parisaṅkāya – codanāya imāni tīṇi vatthūni. Codanā katamā pañca bhūmiyo? Kālena vakkhāmi no akālena, bhūtena vakkhāmi no abhūtena, saṇhena vakkhāmi no pharusena, atthasaṃhitena vakkhāmi no anatthasaṃhitena, mettācitto vakkhāmi no dosantaroti – codanāya imā pañca bhūmiyo.

Katamehi dvīhākārehi codeti? Kāyena vā codeti vācāya vā codeti – imehi dvīhākārehi codeti.

2. Codakādipaṭipatti

363. Codakena kathaṃ paṭipajjitabbaṃ? Cuditakena kathaṃ paṭipajjitabbaṃ? Saṅghena kathaṃ paṭipajjitabbaṃ? Anuvijjakena kathaṃ paṭipajjitabbaṃ? Codakena kathaṃ paṭipajjitabbanti? Codakena pañcasu dhammesu patiṭṭhāya paro codetabbo. Kālena vakkhāmi no akālena, bhūtena vakkhāmi no abhūtena, saṇhena vakkhāmi no pharusena, atthasaṃhitena vakkhāmi no anatthasaṃhitena, mettācitto vakkhāmi no dosantaroti – codakena evaṃ paṭipajjitabbaṃ. Cuditakena kathaṃ paṭipajjitabbanti? Cuditakena dvīsu dhammesu paṭipajjitabbaṃ. Sacce ca akuppe ca – cuditakena evaṃ paṭipajjitabbaṃ. Saṅghena kathaṃ paṭipajjitabbanti? Saṅghena otiṇṇānotiṇṇaṃ jānitabbaṃ. Saṅghena evaṃ paṭipajjitabbaṃ. Anuvijjakena kathaṃ paṭipajjitabbanti? Anuvijjakena yena dhammena yena vinayena yena satthusāsanena taṃ adhikaraṇaṃ vūpasammati tathā taṃ adhikaraṇaṃ vūpasametabbaṃ. Anuvijjakena evaṃ paṭipajjitabbaṃ.

364.
Uposatho kimatthāya, pavāraṇā kissa kāraṇā;
Parivāso kimatthāya, mūlāyapaṭikassanā kissa kāraṇā;
Mānattaṃ kimatthāya, abbhānaṃ kissa kāraṇā.
Uposatho sāmaggatthāya, visuddhatthāya pavāraṇā;
Parivāso mānattatthāya, mūlāyapaṭikassanā niggahatthāya;
Mānattaṃ abbhānatthāya, visuddhatthāya abbhānaṃ.
Chandā dosā bhayā mohā, there ca paribhāsati;
Kāyassa bhedā duppañño, khato upahatindriyo;
Nirayaṃ gacchati dummedho, na ca sikkhāya gāravo.
Na ca āmisaṃ nissāya;
Na ca nissāya puggalaṃ;
Ubho ete vivajjetvā;
Yathādhammo tathā kare.

3. Codakassaattajhāpanaṃ

Kodhano upanāhī ca;
Caṇḍo ca paribhāsako;
Anāpattiyā āpattīti ropeti;
Tādiso codako jhāpeti attānaṃ.
Upakaṇṇakaṃ jappati jimhaṃ pekkhati;
Vītiharati kummaggaṃ paṭisevati;
Anāpattiyā āpattīti ropeti;
Tādiso codako jhāpeti attānaṃ.
Akālena codeti abhūtena;
Pharusena anatthasaṃhitena;
Dosantaro codeti no mettācitto;
Anāpattiyā āpattīti ropeti;
Tādiso codako jhāpeti attānaṃ.
Dhammādhammaṃ na jānāti;
Dhammādhammassa akovido;
Anāpattiyā āpattīti ropeti;
Tādiso codako jhāpeti attānaṃ.
Vinayāvinayaṃ na jānāti;
Vinayāvinayassa akovido;
Anāpattiyā āpattīti ropeti;
Tādiso codako jhāpeti attānaṃ.
Bhāsitābhāsitaṃ na jānāti;
Bhāsitābhāsitassa akovido;

Anāpattiyā āpattīti ropeti;
Tādiso codako jhāpeti attānaṃ.
Āciṇṇānāciṇṇaṃ na jānāti;
Āciṇṇānāciṇṇassa akovido;
Anāpattiyā āpattīti ropeti;
Tādiso codako jhāpeti attānaṃ.
Paññattāpaññattaṃ na jānāti;
Paññattāpaññattassa akovido;
Anāpattiyā āpattīti ropeti;
Tādiso codako jhāpeti attānaṃ.
Āpattānāpattiṃ na jānāti;
Āpattānāpattiyā akovido;
Anāpattiyā āpattīti ropeti;
Tādiso codako jhāpeti attānaṃ.
Lahukagarukaṃ na jānāti;
Lahukagarukassa akovido;
Anāpattiyā āpattīti ropeti;
Tādiso codako jhāpeti attānaṃ.
Sāvasesānavasesaṃ na jānāti;
Sāvasesānavasesassa akovido;
Anāpattiyā āpattīti ropeti;
Tādiso codako jhāpeti attānaṃ.
Duṭṭhullāduṭṭhullaṃ na jānāti;
Duṭṭhullāduṭṭhullassa akovido;
Anāpattiyā āpattīti ropeti;
Tādiso codako jhāpeti attānaṃ.
Pubbāparaṃ na jānāti;
Pubbāparassa akovido;
Anāpattiyā āpattīti ropeti;
Tādiso codako jhāpeti attānaṃ.
Anusandhivacanapathaṃ na jānāti;
Anusandhivacanapathassa akovido;
Anāpattiyā āpattīti ropeti;
Tādiso codako jhāpeti attānanti.
Codanākaṇḍaṃ niṭṭhitaṃ.
Tassuddānaṃ –
Codanā anuvijjā ca, ādi mūlenuposatho;
Gati codanakaṇḍamhi, sāsanaṃ patiṭṭhāpayanti.

Cūḷasaṅgāmo
1. Anuvijjakassapaṭipatti
365.[pari. 421] Saṅgāmāvacare bhikkhunā saṅghaṃ upasaṅkamantena nīcacittena saṅgho upasaṅkamitabbo rajoharaṇasamena cittena; āsanakusalena bhavitabbaṃ nisajjakusalena; there bhikkhū anupakhajjantena, nave bhikkhū āsanena appaṭibāhantena, yathāpatirūpe āsane nisīditabbaṃ; anānākathikena bhavitabbaṃ atiracchānakathikena; sāmaṃ vā dhammo bhāsitabbo paro vā ajjhesitabbo ariyo vā tuṇhībhāvo nātimaññitabbo.
Saṅghena anumatena puggalena anuvijjakena anuvijjitukāmena na upajjhāyo pucchitabbo, na ācariyo pucchitabbo, na saddhivihāriko pucchitabbo, na antevāsiko pucchitabbo, na samānupajjhāyako pucchitabbo, na samānācariyako pucchitabbo, na jāti pucchitabbā, na nāmaṃ pucchitabbaṃ, na gottaṃ pucchitabbaṃ, na āgamo pucchitabbo, na kulapadeso pucchitabbo, na jātibhūmi pucchitabbā. Taṃ kiṃ kāraṇā? Atrassa pemaṃ vā doso vā. Peme vā sati dose vā, chandāpi gaccheyya dosāpi gaccheyya mohāpi gaccheyya bhayāpi gaccheyya.
Saṅghena anumatena puggalena anuvijjakena anuvijjitukāmena saṅghagarukena bhavitabbaṃ no puggalagarukena, saddhammagarukena bhavitabbaṃ no āmisagarukena, atthavasikena bhavitabbaṃ no parisakappikena, kālena anuvijjitabbaṃ no akālena, bhūtena anuvijjitabbaṃ no abhūtena, saṇhena anuvijjitabbaṃ no pharusena, atthasaṃhitena anuvijjitabbaṃ no anatthasaṃhitena, mettācittena anuvijjitabbaṃ no dosantarena, na upakaṇṇakajappinā bhavitabbaṃ, na jimhaṃ pekkhitabbaṃ, na akkhi nikhaṇitabbaṃ, na bhamukaṃ ukkhipitabbaṃ, na sīsaṃ ukkhipitabbaṃ, na hatthavikāro kātabbo, na hatthamuddā dassetabbā.

Āsanakusalena bhavitabbaṃ nisajjakusalena, yugamattaṃ pekkhantena atthaṃ anuvidhiyantena sake āsane nisīditabbaṃ, na ca āsanā vuṭṭhātabbaṃ, na vītihātabbaṃ, na kummaggo sevitabbo, na bāhāvikkhepakaṃ [na vācā vikkhepakaṃ (syā.)] bhaṇitabbaṃ, aturitena bhavitabbaṃ asāhasikena, acaṇḍikatena bhavitabbaṃ vacanakkhame, mettācittena bhavitabbaṃ hitānukampinā, kāruṇikena bhavitabbaṃ hitaparisakkinā, asamphappalāpinā bhavitabbaṃ pariyantabhāṇinā, averavasikena bhavitabbaṃ anasuruttena, attā pariggahetabbo, paro pariggahetabbo, codako pariggahetabbo, cuditako pariggahetabbo, adhammacodako pariggahetabbo, adhammacuditako pariggahetabbo, dhammacodako pariggahetabbo, dhammacuditako pariggahetabbo, vuttaṃ ahāpentena avuttaṃ apakāsentena otiṇṇāni padabyañjanāni sādhukaṃ pariggahetvā paro paṭipucchitvā yathā paṭiññāya kāretabbo, mando hāsetabbo [vepo pahāsetabbo (syā.)], bhīrū assāsetabbo, caṇḍo nisedhetabbo, asuci vibhāvetabbo, ujumaddavena na chandāgatiṃ gantabbaṃ, na dosāgatiṃ gantabbaṃ, na mohāgatiṃ gantabbaṃ, na bhayāgatiṃ gantabbaṃ, majjhattena bhavitabbaṃ dhammesu ca puggalesu ca. Evañca pana anuvijjako anuvijjamāno satthu ceva sāsanakaro hoti, viññūnañca sabrahmacārīnaṃ piyo ca hoti manāpo ca garu ca bhāvanīyo ca.

366. Suttaṃ saṃsandanatthāya, opammaṃ nidassanatthāya, attho viññāpanatthāya, paṭipucchā ṭhapanatthāya, okāsakammaṃ codanatthāya, codanā sāraṇatthāya, sāraṇā savacanīyatthāya, savacanīyaṃ palibodhatthāya, palibodho vinicchayatthāya, vinicchayo santīraṇatthāya, santīraṇaṃ ṭhānāṭhānagamanatthāya, ṭhānāṭhānagamanaṃ dummaṅkūnaṃ puggalānaṃ niggahatthāya, pesalānaṃ bhikkhūnaṃ sampaggahatthāya, saṅgho sampariggahasampaṭicchanatthāya, saṅghena anumatā puggalā paccekaṭṭhāyino avisaṃvādakaṭṭhāyino.

Vinayo saṃvaratthāya, saṃvaro avippaṭisāratthāya, avippaṭisāro pāmujjatthāya, pāmujjaṃ pītatthāya, pīti passaddhatthāya, passaddhi sukhatthāya, sukhaṃ samādhatthāya, samādhi yathābhūtañāṇadassanatthāya, yathābhūtañāṇadassanaṃ nibbidatthāya, nibbidā virāgatthāya, virāgo vimuttatthāya, vimutti vimuttiñāṇadassanatthāya, vimuttiñāṇadassanaṃ anupādāparinibbānatthāya. Etadatthā kathā, etadatthā mantanā, etadatthā upanisā, etadatthaṃ sotāvadhānaṃ – yadidaṃ anupādācittassa vimokkhoti.

367.

Anuyogavattaṃ nisāmaya, kusalena buddhimatā kataṃ;
Suvuttaṃ sikkhāpadānulomikaṃ, gatiṃ na nāsento samparāyikaṃ.
Vatthuṃ vipattiṃ āpattiṃ, nidānaṃ ākāraakovido;
Pubbāparaṃ na jānāti, katākataṃ samena ca.
Kammañca adhikaraṇañca, samathe cāpi akovido;
Ratto duṭṭho ca mūḷho ca, bhayā mohā ca gacchati.
Na ca saññattikusalo, nijjhattiyā ca akovido;
Laddhapakkho ahiriko, kaṇhakammo anādaro;
Sa ve [sace (ka.)] tādisako bhikkhu, appaṭikkhoti vuccati.
Vatthuṃ vipattiṃ āpattiṃ, nidānaṃ ākārakovido;
Pubbāparañca jānāti, katākataṃ samena ca.
Kammañca adhikaraṇañca, samathe cāpi kovido;
Aratto aduṭṭho amūḷho, bhayā mohā na gacchati.
Saññattiyā ca kusalo, nijjhattiyā ca kovido;
Laddhapakkho hirimano, sukkakammo sagāravo;
Sa ve tādisako bhikkhu, sappaṭikkhoti vuccatīti.

Cūḷasaṅgāmo niṭṭhito.

Tassuddānaṃ –

Nīcacittena puccheyya, garu saṅghe na puggale;
Suttaṃ saṃsandanatthāya, vinayānuggahena ca;
Uddānaṃ cūḷasaṅgāme, ekuddeso [ekuddesaṃ (sī. syā.)] idaṃ katanti.

Mahāsaṅgāmo

1. Voharantena jānitabbādi

368. Saṅgāmāvacare bhikkhunā saṅghe voharantena vatthu jānitabbaṃ, vipatti jānitabbā, āpatti jānitabbā, nidānaṃ jānitabbaṃ, ākāro jānitabbo, pubbāparaṃ jānitabbaṃ, katākataṃ jānitabbaṃ, kammaṃ jānitabbaṃ, adhikaraṇaṃ jānitabbaṃ, samatho jānitabbo, na chandāgati gantabbā, na dosāgati gantabbā, na mohāgati gantabbā, na bhayāgati gantabbā, saññāpanīye ṭhāne saññāpetabbaṃ, nijjhāpanīye ṭhāne nijjhāpetabbaṃ, pekkhanīye ṭhāne pekkhitabbaṃ, pasādanīye ṭhāne pasādetabbaṃ, laddhapakkhomhīti parapakkho nāvajānitabbo, bahussutomhīti appassuto nāvajānitabbo, therataromhīti navakataro nāvajānitabbo, asampattaṃ na byāhātabbaṃ, sampattaṃ dhammato vinayato na parihāpetabbaṃ, yena dhammena yena vinayena yena satthusāsanena taṃ adhikaraṇaṃ vūpasammati, tathā taṃ adhikaraṇaṃ vūpasametabbaṃ.

369. Vatthu jānitabbanti aṭṭhapārājikānaṃ [aṭṭhannaṃ pārājikānaṃ (sī. ka.)] vatthu jānitabbaṃ, tevīsasaṅghādisesānaṃ vatthu jānitabbaṃ, dveaniyatānaṃ vatthu jānitabbaṃ, dvecattārīsanissaggiyānaṃ

vatthu jānitabbaṃ, aṭṭhāsītisatapācittiyānaṃ vatthu jānitabbaṃ, dvādasapāṭidesanīyānaṃ vatthu jānitabbaṃ, dukkaṭānaṃ vatthu jānitabbaṃ, dubbhāsitānaṃ vatthu jānitabbaṃ.

370.Vipatti jānitabbāti sīlavipatti jānitabbā, ācāravipatti jānitabbā, diṭṭhivipatti jānitabbā, ājīvavipatti jānitabbā.

371.Āpatti jānitabbāti pārājikāpatti jānitabbā, saṅghādisesāpatti jānitabbā, thullaccayāpatti jānitabbā, pācittiyāpatti jānitabbā, pāṭidesanīyāpatti jānitabbā, dukkaṭāpatti jānitabbā, dubbhāsitāpatti jānitabbā.

372.Nidānaṃjānitabbanti aṭṭhapārājikānaṃ nidānaṃ jānitabbaṃ, tevīsasaṅghādisesānaṃ nidānaṃ jānitabbaṃ, dveaniyatānaṃ nidānaṃ jānitabbaṃ, dvecattārīsanissaggiyānaṃ nidānaṃ jānitabbaṃ, aṭṭhāsītisatapācittiyānaṃ nidānaṃ jānitabbaṃ, dvādasapāṭidesanīyānaṃ nidānaṃ jānitabbaṃ, dukkaṭānaṃ nidānaṃ jānitabbaṃ, dubbhāsitānaṃ nidānaṃ jānitabbaṃ.

373.Ākāro jānitabboti saṅgho ākārato jānitabbo, gaṇo ākārato jānitabbo, puggalo ākārato jānitabbo, codako ākārato jānitabbo, cuditako ākārato jānitabbo .Saṅgho ākārato jānitabboti paṭibalo nu kho ayaṃ saṅgho imaṃ adhikaraṇaṃ vūpasametuṃ dhammena vinayena satthusāsanena udāhu noti, evaṃ saṅgho ākārato jānitabbo. Gaṇo ākārato jānitabboti paṭibalo nu kho ayaṃ gaṇo imaṃ adhikaraṇaṃ vūpasametuṃ dhammena vinayena satthusāsanena udāhu noti, evaṃ gaṇo ākārato jānitabbo . Puggalo ākārato jānitabboti paṭibalo nu kho ayaṃ puggalo imaṃ adhikaraṇaṃ vūpasametuṃ dhammena vinayena satthusāsanena udāhu noti, evaṃ puggalo ākārato jānitabbo. Codako ākārato jānitabboti kacci nu kho ayamāyasmā pañcasu dhammesu patiṭṭhāya paraṃ codeti udāhu noti, evaṃ codako ākārato jānitabbo. Cuditako ākārato jānitabboti kacci nu kho ayamāyasmā dvīsu dhammesu patiṭṭhito sacce ca akuppe ca udāhu noti, evaṃ cuditako ākārato jānitabbo.

374.Pubbāparaṃ jānitabbanti kacci nu kho ayamāyasmā vatthuto vā vatthuṃ saṅkamati, vipattito vā vipattiṃ saṅkamati, āpattito vā āpattiṃ saṅkamati, avajānitvā vā paṭijānāti, paṭijānitvā vā avajānāti, aññena vā aññaṃ paṭicarati, udāhu noti, evaṃ pubbāparaṃ jānitabbaṃ.

375.Katākataṃ jānitabbanti methunadhammo jānitabbo, methunadhammassa anulomaṃ jānitabbaṃ, methunadhammassa pubbabhāgo jānitabbo.Methunadhammo jānitabboti dvayaṃdvayasamāpatti jānitabbā. Methunadhammassa anulomaṃjānitabbanti bhikkhu attano mukhena parassa aṅgajātaṃ gaṇhāti. Methunadhammassa pubbabhāgo jānitabboti vaṇṇāvaṇṇo [vaṇṇo avaṇṇo (syā.)], kāyasaṃsaggo, duṭṭhullavācā, attakāmapāricariyā, vacanamanuppadānaṃ[dhanamanuppadānaṃ (ka.)].

376.Kammaṃ jānitabbanti soḷasakammāni jānitabbāni – cattāri apalokanakammāni jānitabbāni, cattāri ñattikammāni jānitabbāni, cattāri ñattidutiyakammāni jānitabbāni, cattāri ñatticatutthakammāni jānitabbāni.

377.Adhikaraṇaṃ jānitabbanti cattāri adhikaraṇāni jānitabbāni – vivādādhikaraṇaṃ jānitabbaṃ, anuvādādhikaraṇaṃ jānitabbaṃ, āpattādhikaraṇaṃ jānitabbaṃ, kiccādhikaraṇaṃ jānitabbaṃ.

378.Samatho jānitabboti satta samathā jānitabbā – sammukhāvinayo jānitabbo, sativinayo jānitabbo, amūḷhavinayo jānitabbo, paṭiññātakaraṇaṃ jānitabbaṃ, yebhuyyasikā jānitabbā, tassapāpiyasikā jānitabbā, tiṇavatthārako jānitabbo.

2. Agatiagantabbo

379.Na chandāgati gantabbāti chandāgatiṃ gacchanto kathaṃ chandāgatiṃ gacchati? Idhekacco – ‘‘ayaṃ me upajjhāyo vā ācariyo vā saddhivihāriko vā antevāsiko vā samānupajjhāyako vā samānācariyako vā sandiṭṭho vā sambhatto vā ñātisālohito vā’’ti, tassānukampāya tassānurakkhāya adhammaṃ dhammoti dīpeti, dhammaṃ adhammoti dīpeti, avinayaṃ vinayoti dīpeti, vinayaṃ avinayoti dīpeti, abhāsitaṃ alapitaṃ tathāgatena bhāsitaṃ lapitaṃ tathāgatenāti dīpeti, bhāsitaṃ lapitaṃ tathāgatena abhāsitaṃ alapitaṃ tathāgatenāti dīpeti, anāciṇṇaṃ tathāgatena āciṇṇaṃ tathāgatenāti dīpeti, āciṇṇaṃ tathāgatena anāciṇṇaṃ tathāgatenāti dīpeti, apaññattaṃ tathāgatena paññattaṃ tathāgatenāti dīpeti, paññattaṃ tathāgatena apaññattaṃ tathāgatenāti dīpeti, anāpattiṃ āpattīti dīpeti, āpattiṃ anāpattīti dīpeti, lahukaṃ āpattiṃ garukā āpattīti dīpeti, garukaṃ āpattiṃ lahukā āpattīti dīpeti, sāvasesaṃ āpattiṃ anavasesā āpattīti dīpeti, anavasesaṃ āpattiṃ sāvasesā āpattīti dīpeti, duṭṭhullaṃ āpattiṃ aduṭṭhullā āpattīti dīpeti, aduṭṭhullaṃ āpattiṃ duṭṭhullā āpattīti dīpeti. Imehi aṭṭhārasahi vatthūhi chandāgatiṃ gacchanto bahujanāhitāya paṭipanno hoti bahujanāsukhāya bahuno janassa anatthāya ahitāya dukkhāya devamanussānaṃ. Imehi aṭṭhārasahi vatthūhi chandāgatiṃ gacchanto khataṃ upahataṃ attānaṃ pariharati, sāvajjo ca hoti sānuvajjo ca viññūnaṃ, bahuñca apuññaṃ pasavati. Chandāgatiṃ gacchanto evaṃ chandāgatiṃ gacchati.

380.Na dosāgati gantabbāti dosāgatiṃ gacchanto kathaṃ dosāgatiṃ gacchati? Idhekacco anatthaṃ me acarīti āghātaṃ bandhati, anatthaṃ me caratīti āghātaṃ bandhati, anatthaṃ me carissatīti āghātaṃ bandhati, piyassa me manāpassa anatthaṃ acari… anatthaṃ carati… anatthaṃ carissatīti āghātaṃ bandhati, appiyassa me amanāpassa atthaṃ acari… atthaṃ carati… atthaṃ carissatīti āghātaṃ bandhati. Imehi navahi āghātavatthūhi āghāto paṭighāto kuddho kodhābhibhūto adhammaṃ dhammoti dīpeti, dhammaṃ adhammoti dīpeti…pe… duṭṭhullaṃ āpattiṃ aduṭṭhullā āpattīti dīpeti, aduṭṭhullaṃ āpattiṃ duṭṭhullā āpattīti dīpeti. Imehi aṭṭhārasahi vatthūhi dosāgatiṃ gacchanto bahujanāhitāya paṭipanno hoti bahujanāsukhāya bahuno janassa anatthāya ahitāya dukkhāya devamanussānaṃ. Imehi aṭṭhārasahi vatthūhi dosāgatiṃ gacchanto khataṃ upahataṃ attānaṃ pariharati, sāvajjo ca hoti sānuvajjo ca viññūnaṃ bahuñca apuññaṃ pasavati. Dosāgatiṃ gacchanto evaṃ dosāgatiṃ gacchati.

381.Na mohāgati gantabbāti mohāgatiṃ gacchanto kathaṃ mohāgatiṃ gacchati? Ratto rāgavasena gacchati, duṭṭho dosavasena gacchati, mūḷho mohavasena gacchati, parāmaṭṭho diṭṭhivasena gacchati, mūḷho sammūḷho mohābhibhūto adhammaṃ dhammoti dīpeti, dhammaṃ adhammoti dīpeti...pe... duṭṭhullaṃ āpattiṃ aduṭṭhullā āpattīti dīpeti, aduṭṭhullaṃ āpattiṃ duṭṭhullā āpattīti dīpeti. Imehi aṭṭhārasahi vatthūhi mohāgatiṃ gacchanto bahujanāhitāya paṭipanno hoti bahujanāsukhāya bahuno janassa anatthāya ahitāya dukkhāya devamanussānaṃ. Imehi aṭṭhārasahi vatthūhi mohāgatiṃ gacchanto khataṃ upahataṃ attānaṃ pariharati, sāvajjo ca hoti sānuvajjo ca viññūnaṃ, bahuñca apuññaṃ pasavati. Mohāgatiṃ gacchanto evaṃ mohāgatiṃ gacchati.

382.Na bhayāgati gantabbāti bhayāgatiṃ gacchanto kathaṃ bhayāgatiṃ gacchati? Idhekacco – ''ayaṃ visamanissito vā gahananissito vā balavanissito vā kakkhaḷo pharuso jīvitantarāyaṃ vā brahmacariyantarāyaṃ vā karissatī''ti, tassa bhayā bhīto adhammaṃ dhammoti dīpeti, dhammaṃ adhammoti dīpeti, avinayaṃ vinayoti dīpeti, vinayaṃ avinayoti dīpeti, abhāsitaṃ alapitaṃ tathāgatena bhāsitaṃ lapitaṃ tathāgatenāti dīpeti, bhāsitaṃ lapitaṃ tathāgatena abhāsitaṃ alapitaṃ tathāgatenāti dīpeti, anāciṇṇaṃ tathāgatena āciṇṇaṃ tathāgatenāti dīpeti, āciṇṇaṃ tathāgatena anāciṇṇaṃ tathāgatenāti dīpeti, apaññattaṃ tathāgatena paññattaṃ tathāgatenāti dīpeti, paññattaṃ tathāgatena apaññattaṃ tathāgatenāti dīpeti, anāpattiṃ āpattīti dīpeti, āpattiṃ anāpattīti dīpeti, lahukaṃ āpattiṃ garukā āpattīti dīpeti, garukaṃ āpattiṃ lahukā āpattīti dīpeti, sāvasesaṃ āpattiṃ anavasesā āpattīti dīpeti, anavasesaṃ āpattiṃ sāvasesā āpattīti dīpeti, duṭṭhullaṃ āpattiṃ aduṭṭhullā āpattīti dīpeti, aduṭṭhullaṃ āpattiṃ duṭṭhullā āpattīti dīpeti. Imehi aṭṭhārasahi vatthūhi bhayāgatiṃ gacchanto bahujanāhitāya paṭipanno hoti bahujanāsukhāya bahuno janassa anatthāya ahitāya dukkhāya devamanussānaṃ. Imehi aṭṭhārasahi vatthūhi bhayāgatiṃ gacchanto khataṃ upahataṃ attānaṃ pariharati, sāvajjo ca hoti sānuvajjo ca viññūnaṃ, bahuñca apuññaṃ pasavati. Bhayāgatiṃ gacchanto evaṃ bhayāgatiṃ gacchati.

Chandā dosā bhayā mohā, yo dhammaṃ ativattati;
Nihīyati tassa yaso, kāḷapakkheva candimāti.

3. Agatiagamanaṃ

383.Kathaṃna chandāgatiṃ gacchati? Adhammaṃ adhammoti dīpento na chandāgatiṃ gacchati, dhammaṃ dhammoti dīpento na chandāgatiṃ gacchati, avinayaṃ avinayoti dīpento na chandāgatiṃ gacchati, vinayaṃ vinayoti dīpento na chandāgatiṃ gacchati, abhāsitaṃ alapitaṃ tathāgatena abhāsitaṃ alapitaṃ tathāgatenāti dīpento na chandāgatiṃ gacchati, bhāsitaṃ lapitaṃ tathāgatena bhāsitaṃ lapitaṃ tathāgatenāti dīpento na chandāgatiṃ gacchati, anāciṇṇaṃ tathāgatena anāciṇṇaṃ tathāgatenāti dīpento na chandāgatiṃ gacchati, āciṇṇaṃ tathāgatena āciṇṇaṃ tathāgatenāti dīpento na chandāgatiṃ gacchati, apaññattaṃ tathāgatena apaññattaṃ tathāgatenāti dīpento na chandāgatiṃ gacchati, paññattaṃ tathāgatena paññattaṃ tathāgatenāti dīpento na chandāgatiṃ gacchati, anāpattiṃ anāpattīti dīpento na chandāgatiṃ gacchati, āpattiṃ āpattīti dīpento na chandāgatiṃ gacchati, lahukaṃ āpattiṃ lahukā āpattīti dīpento na chandāgatiṃ gacchati, garukaṃ āpattiṃ garukā āpattīti dīpento na chandāgatiṃ gacchati, sāvasesaṃ āpattiṃ sāvasesā āpattīti dīpento na chandāgatiṃ gacchati, anavasesaṃ āpattiṃ anavasesā āpattīti dīpento na chandāgatiṃ gacchati, duṭṭhullaṃ āpattiṃ duṭṭhullā āpattīti dīpento na chandāgatiṃ gacchati, aduṭṭhullaṃ āpattiṃ aduṭṭhullā āpattīti dīpento na chandāgatiṃ gacchati. Evaṃ na chandāgatiṃ gacchati.

384.Kathaṃ na dosāgatiṃ gacchati? Adhammaṃ adhammoti dīpento na dosāgatiṃ gacchati, dhammaṃ dhammoti dīpento na dosāgatiṃ gacchati...pe... duṭṭhullaṃ āpattiṃ duṭṭhullā āpattīti dīpento na dosāgatiṃ gacchati, aduṭṭhullaṃ āpattiṃ aduṭṭhullā āpattīti dīpento na dosāgatiṃ gacchati. Evaṃ na dosāgatiṃ gacchati.

385.Kathaṃ na mohāgatiṃ gacchati? Adhammaṃ adhammoti dīpento na mohāgatiṃ gacchati, dhammaṃ dhammoti dīpento na mohāgatiṃ gacchati...pe... duṭṭhullaṃ āpattiṃ duṭṭhullā āpattīti dīpento na mohāgatiṃ gacchati, aduṭṭhullaṃ āpattiṃ aduṭṭhullā āpattīti dīpento na mohāgatiṃ gacchati. Evaṃ na mohāgatiṃ gacchati.

386.Kathaṃ na bhayāgatiṃ gacchati? Adhammaṃ adhammoti dīpento na bhayāgatiṃ gacchati, dhammaṃ dhammoti dīpento na bhayāgatiṃ gacchati, avinayaṃ avinayoti dīpento na bhayāgatiṃ gacchati, vinayaṃ vinayoti dīpento na bhayāgatiṃ gacchati, abhāsitaṃ alapitaṃ tathāgatena abhāsitaṃ alapitaṃ tathāgatenāti dīpento na bhayāgatiṃ gacchati, bhāsitaṃ lapitaṃ tathāgatena bhāsitaṃ lapitaṃ tathāgatenāti dīpento na bhayāgatiṃ gacchati, anāciṇṇaṃ tathāgatena anāciṇṇaṃ tathāgatenāti dīpento na bhayāgatiṃ gacchati, āciṇṇaṃ tathāgatena āciṇṇaṃ tathāgatenāti dīpento na bhayāgatiṃ gacchati, apaññattaṃ tathāgatena apaññattaṃ tathāgatenāti dīpento na bhayāgatiṃ gacchati, paññattaṃ tathāgatena paññattaṃ tathāgatenāti dīpento na bhayāgatiṃ gacchati, anāpattiṃ anāpattīti dīpento na bhayāgatiṃ gacchati, āpattiṃ āpattīti dīpento na bhayāgatiṃ gacchati, lahukaṃ āpattiṃ lahukā āpattīti dīpento na bhayāgatiṃ gacchati, garukaṃ āpattiṃ garukā āpattīti dīpento na bhayāgatiṃ gacchati, sāvasesaṃ āpattiṃ sāvasesā āpattīti dīpento na bhayāgatiṃ gacchati, anavasesaṃ āpattiṃ anavasesā āpattīti dīpento na bhayāgatiṃ gacchati, duṭṭhullaṃ āpattiṃ duṭṭhullā āpattīti dīpento na bhayāgatiṃ gacchati, aduṭṭhullaṃ āpattiṃ aduṭṭhullā āpattīti dīpento na bhayāgatiṃ gacchati. Evaṃ na bhayāgatiṃ gacchati.

Chandā dosā bhayā mohā, yo dhammaṃ nātivattati;

Āpūrati tassa yaso, sukkapakkheva candimāti.

4. Saññāpanīyādi

387.Kathaṃ saññāpanīye ṭhāne saññāpeti? Adhammaṃ adhammoti dīpento saññāpanīye ṭhāne saññāpeti, dhammaṃ dhammoti dīpento saññāpanīye ṭhāne saññāpeti...pe... duṭṭhullaṃ āpattiṃ duṭṭhullā āpattīti dīpento saññāpanīye ṭhāne saññāpeti, aduṭṭhullaṃ āpattiṃ aduṭṭhullā āpattīti dīpento saññāpanīye ṭhāne saññāpeti. Evaṃ saññāpanīye ṭhāne saññāpeti.

388.Kathaṃ nijjhāpanīye ṭhāne nijjhāpeti? Adhammaṃ adhammoti dīpento nijjhāpanīye ṭhāne nijjhāpeti, dhammaṃ dhammoti dīpento nijjhāpanīye ṭhāne nijjhāpeti...pe... duṭṭhullaṃ āpattiṃ duṭṭhullā āpattīti dīpento nijjhāpanīye ṭhāne nijjhāpeti, aduṭṭhullaṃ āpattiṃ aduṭṭhullā āpattīti dīpento nijjhāpanīye ṭhāne nijjhāpeti. Evaṃ nijjhāpanīye ṭhāne nijjhāpeti.

389.Kathaṃ pekkhanīye ṭhāne pekkhati? Adhammaṃ adhammoti dīpento pekkhanīye ṭhāne pekkhati, dhammaṃ dhammoti dīpento pekkhanīye ṭhāne pekkhati...pe... duṭṭhullaṃ āpattiṃ duṭṭhullā āpattīti dīpento pekkhanīye ṭhāne pekkhati, aduṭṭhullaṃ āpattiṃ aduṭṭhullā āpattīti dīpento pekkhanīye ṭhāne pekkhati. Evaṃ pekkhanīye ṭhāne pekkhati.

390.Kathaṃ pasādanīye ṭhāne pasādeti? Adhammaṃ adhammoti dīpento pasādanīye ṭhāne pasādeti, dhammaṃ dhammoti dīpento pasādanīye ṭhāne pasādeti...pe... duṭṭhullaṃ āpattiṃ duṭṭhullā āpattīti dīpento pasādanīye ṭhāne pasādeti, aduṭṭhullaṃ āpattiṃ aduṭṭhullā āpattīti dīpento pasādanīye ṭhāne pasādeti. Evaṃ pasādanīye ṭhāne pasādeti.

5. Parapakkhādiavajānanaṃ

391.Kathaṃ laddhapakkhomhīti parapakkhaṃ avajānāti? Idhekacco laddhapakkho hoti laddhaparivāro pakkhavā ñātimā. ''Ayaṃ aladdhapakkho aladdhaparivāro na pakkhavā na ñātimā''ti tassa avajānanto adhammaṃ dhammoti dīpeti, dhammaṃ adhammoti dīpeti...pe... duṭṭhullaṃ āpattiṃ aduṭṭhullā āpattīti dīpeti, aduṭṭhullaṃ āpattiṃ duṭṭhullā āpattīti dīpeti. Evaṃ laddhapakkhomhīti parapakkhaṃ avajānāti.

392.Kathaṃ bahussutomhīti appassutaṃ avajānāti? Idhekacco bahussuto hoti sutadharo sutasannicayo. ''Ayaṃ appassuto appāgamo appadharo''ti tassa avajānanto adhammaṃ dhammoti dīpeti, dhammaṃ adhammoti dīpeti...pe... duṭṭhullaṃ āpattiṃ aduṭṭhullā āpattīti dīpeti, aduṭṭhullaṃ āpattiṃ duṭṭhullā āpattīti dīpeti. Evaṃ bahussutomhīti appassutaṃ avajānāti.

393.Kathaṃ therataromhīti navakataraṃ avajānāti? Idhekacco thero hoti rattaññū cirapabbajito ayaṃ navako appaññāto appakataññū imassa vacanaṃ akataṃ bhavissatī''ti tassa avajānanto adhammaṃ dhammoti dīpeti, dhammaṃ adhammoti dīpeti ...pe... duṭṭhullaṃ āpattiṃ aduṭṭhullā āpattīti dīpeti, aduṭṭhullaṃāpattiṃ duṭṭhullā āpattīti dīpeti. Evaṃ therataromhīti navakataraṃ avajānāti.

394.Asampattaṃ na byāharitabbanti anotiṇṇaṃ bhāraṃ [bhāsaṃ (syā.)] na otāretabbaṃ. Sampattaṃ dhammato vinayato na parihāpetabbanti yamatthāya saṅgho sannipatito hoti taṃ atthaṃ dhammato vinayato na parihāpetabbaṃ.

395.Yena dhammenāti bhūtena vatthunā. Yena vinayenāti codetvā sāretvā. Yena satthusāsanenāti ñattisampadāya anussāvanasampadāya, yena dhammena yena vinayena yena satthusāsanena taṃ adhikaraṇaṃ vūpasammati, tathā taṃ adhikaraṇaṃ vūpasametabbanti.

6. Anuvijjakassa anuyogaṃ

396. Anuvijjakena codako pucchitabbo – ''yaṃ kho tvaṃ, āvuso, imassa bhikkhuno pavāraṇaṃ ṭhapesi, kimhi naṃ ṭhapesi, sīlavipattiyā vā ṭhapesi, ācāravipattiyā vā ṭhapesi, diṭṭhivipattiyā vā ṭhapesī''ti? So ce evaṃ vadeyya – ''sīlavipattiyā vā ṭhapemi ācāravipattiyā vā ṭhapemi diṭṭhivipattiyā vā ṭhapemī''ti, so evamassa vacanīyo – ''jānāti panāyasmā sīlavipattiṃ, jānāti ācāravipattiṃ, jānāti diṭṭhivipatti''nti? So ce evaṃ vadeyya – ''jānāmi kho ahaṃ, āvuso, sīlavipattiṃ, jānāmi ācāravipattiṃ, jānāmi diṭṭhivipatti''nti , so evamassa vacanīyo – ''katamā panāvuso, sīlavipatti katamā ācāravipatti katamā diṭṭhivipattī''ti? So ce evaṃ vadeyya – ''cattāri pārājikāni terasa saṅghādisesā – ayaṃ sīlavipatti. Thullaccayaṃ pācittiyaṃ pāṭidesanīyaṃ dukkaṭaṃ dubbhāsitaṃ – ayaṃ ācāravipatti. Micchādiṭṭhi antaggāhikādiṭṭhi – ayaṃ diṭṭhivipattī''ti, so evamassa vacanīyo – ''yaṃ kho tvaṃ, āvuso, imassa bhikkhuno pavāraṇaṃ ṭhapesi, diṭṭhena vā ṭhapesi, sutena vā ṭhapesi, parisaṅkāya vā ṭhapesī''ti? So ce evaṃ vadeyya – ''diṭṭhena vā ṭhapemi, sutena vā ṭhapemi, parisaṅkāya vā ṭhapemī''ti, so evamassa vacanīyo – ''yaṃ kho tvaṃ, āvuso, imassa bhikkhuno diṭṭhena pavāraṇaṃ ṭhapesi, kiṃ te diṭṭhaṃ, kinti te diṭṭhaṃ, kadā te diṭṭhaṃ, kattha te diṭṭhaṃ, pārājikaṃ ajjhāpajjanto diṭṭho, saṅghādisesaṃ ajjhāpajjanto diṭṭho, thullaccayaṃ... pācittiyaṃ... pāṭidesanīyaṃ... dukkaṭaṃ... dubbhāsitaṃ ajjhāpajjanto diṭṭho, kattha ca tvaṃ ahosi, kattha cāyaṃ bhikkhu ahosi, kiñca tvaṃ karosi, kiṃ cāyaṃ bhikkhu karotī''ti? So ce evaṃ vadeyya – ''na kho ahaṃ, āvuso, imassa bhikkhuno diṭṭhena pavāraṇaṃ ṭhapemi, api ca sutena pavāraṇaṃ ṭhapemī''ti, so evamassa vacanīyo – ''yaṃ kho tvaṃ, āvuso, imassa bhikkhuno sutena pavāraṇaṃ ṭhapesi kiṃ te sutaṃ, kinti te sutaṃ, kadā te sutaṃ, kattha te sutaṃ, pārājikaṃ ajjhāpannoti sutaṃ,

saṅghādisesaṃ ajjhāpannoti sutaṃ, thullaccayaṃ... pācittiyaṃ... pāṭidesanīyaṃ... dukkaṭaṃ... dubbhāsitaṃ ajjhāpannoti sutaṃ, bhikkhussa sutaṃ, bhikkhuniyā sutaṃ, sikkhamānāya sutaṃ, sāmaṇerassa sutaṃ, sāmaṇeriyā sutaṃ, upāsakassa sutaṃ, upāsikāya sutaṃ, rājūnaṃ sutaṃ, rājamahāmattānaṃ sutaṃ, titthiyānaṃ sutaṃ, titthiyasāvakānaṃ suta''nti? So ce evaṃ vadeyya – ''na kho ahaṃ, āvuso, imassa bhikkhuno sutena pavāraṇaṃ ṭhapemi, api ca parisaṅkāya pavāraṇaṃ ṭhapemī''ti, so evamassa vacanīyo – ''yaṃ kho tvaṃ, āvuso, imassa bhikkhuno parisaṅkāya pavāraṇaṃ ṭhapesi, kiṃ parisaṅkasi, kinti parisaṅkasi, kadā parisaṅkasi, kattha parisaṅkasi, pārājikaṃ ajjhāpannoti parisaṅkasi, saṅghādisesaṃ ajjhāpannoti parisaṅkasi, thullaccayaṃ... pācittiyaṃ... pāṭidesanīyaṃ... dukkaṭaṃ... dubbhāsitaṃ ajjhāpannoti parisaṅkasi, bhikkhussa sutvā parisaṅkasi, bhikkhuniyā sutvā parisaṅkasi, sikkhamānāya sutvā parisaṅkasi, sāmaṇerassa sutvā parisaṅkasi, sāmaṇeriyā sutvā parisaṅkasi, upāsakassa sutvā parisaṅkasi, upāsikāya sutvā parisaṅkasi, rājūnaṃ sutvā parisaṅkasi rājamahāmattānaṃsutvā parisaṅkasi, titthiyānaṃ sutvā parisaṅkasi, titthiyasāvakānaṃ sutvā parisaṅkasī''ti?

397.

Diṭṭhaṃ diṭṭhena sameti, diṭṭhena saṃsandate diṭṭhaṃ;
Diṭṭhaṃ paṭicca na upeti, asuddhaparisaṅkito;
So puggalo paṭiññāya, kātabbā tena pavāraṇā.
Sutaṃ sutena sameti, sutena saṃsandate sutaṃ;
Sutaṃ paṭicca na upeti, asuddhaparisaṅkito;
So puggalo paṭiññāya, kātabbā tena pavāraṇā.
Mutaṃ mutena sameti, mutena saṃsandate mutaṃ;
Mutaṃ paṭicca na upeti, asuddhaparisaṅkito;
So puggalo paṭiññāya, kātabbā tena pavāraṇāti.

7. Pucchāvibhāgo

398. Kiṃ te diṭṭhanti katamā pucchā? Kinti te diṭṭhanti katamā pucchā? Kadā te diṭṭhanti katamā pucchā? Kattha te diṭṭhanti katamā pucchā?

399.Kiṃ te diṭṭhanti vatthupucchā, vipattipucchā, āpattipucchā, ajjhācārapucchā. Vatthupucchāti – aṭṭhapārājikānaṃ vatthupucchā, tevīsasaṅghādisesānaṃ vatthupucchā, dveaniyatānaṃ vatthupucchā, dvecattārīsanissaggiyānaṃ vatthupucchā, aṭṭhāsītisatapācittiyānaṃ vatthupucchā, dvādasapāṭidesanīyānaṃ vatthupucchā, dukkaṭānaṃ vatthupucchā, dubbhāsitānaṃ vatthupucchā. Vipattipucchāti – sīlavipattipucchā, ācāravipattipucchā, diṭṭhivipattipucchā , ājīvavipattipucchā. Āpattipucchāti – pārājikāpattipucchā, saṅghādisesāpattipucchā, thullaccayāpattipucchā, pācittiyāpattipucchā, pāṭidesanīyāpattipucchā, dukkaṭāpattipucchā, dubbhāsitāpattipucchā. Ajjhācārapucchāti – dvayaṃdvayasamāpattipucchā.

400.Kinti te diṭṭhanti liṅgapucchā, iriyāpathapucchā, ākārapucchā, vippakārapucchā. Liṅgapucchāti – dīghaṃ vā rassaṃ vā kaṇhaṃ vā odātaṃ vā. Iriyāpathapucchāti gacchantaṃ vā ṭhitaṃ vā nisinnaṃ vā nipannaṃ vā. Ākārapucchāti gihiliṅge vā titthiyaliṅge vā pabbajitaliṅge vā. Vippakārapucchāti gacchantaṃ vā ṭhitaṃ vā nisinnaṃ vā nipannaṃ vā.

401.Kadāte diṭṭhanti kālapucchā, samayapucchā, divasapucchā, utupucchā. Kālapucchāti pubbaṇhakāle vā majjhanhikakāle vā sāyanhakāle vā. Samayapucchāti pubbaṇhasamaye vā majjhanhikasamaye vā sāyanhasamaye vā. Divasapucchāti purebhattaṃ vā pacchābhattaṃ vā rattiṃ vā divā vā kāḷe vā juṇhe vā. Utupucchāti hemante vā gimhe vā vasse vā [vassāne vā (sī.)].

402.Kattha te diṭṭhanti ṭhānapucchā, bhūmipucchā, okāsapucchā, padesapucchā. Ṭhānapucchāti bhūmiyā vā pathaviyā vā dharaṇiyā vā jagatiyā vā. Bhūmipucchāti bhūmiyā vā pathaviyā vā pabbate vā pāsāṇe vā pāsāde vā. Okāsapucchāti puratthime vā okāse pacchime vā okāse uttare vā okāse dakkhiṇe vā okāse. Padesapucchāti puratthime vā padese pacchime vā padese uttare vā padese dakkhiṇe vā padeseti.

Mahāsaṅgāmo niṭṭhito.

Tassuddānaṃ –

Vatthu nidānaṃ ākāro, pubbāparaṃ katākataṃ;
Kammādhikaraṇañceva, samatho chandagāmi ca.
Dosā mohā bhayā ceva, saññā nijjhāpanena ca;
Pekkhā pasāde pakkhomhi, sutatheratarena ca.
Asampattañca sampattaṃ, dhammena vinayena ca;
Satthussa sāsanenāpi, mahāsaṅgāmañāpanāti.

Kathinabhedo

1. Kathinaatthatādi

403. Kassa kathinaṃ [kaṭhinaṃ (sī. syā.)] anatthataṃ? Kassa kathinaṃ atthataṃ? Kinti kathinaṃ anatthataṃ? Kinti kathinaṃ atthataṃ?

Kassa kathinaṃ anatthatanti? Dvinnaṃ puggalānaṃ anatthataṃ hoti kathinaṃ – anatthārakassa ca ananumodakassa ca. Imesaṃ dvinnaṃ puggalānaṃ anatthataṃ hoti kathinaṃ.

Kassa kathinaṃ atthatanti? Dvinnaṃ puggalānaṃ atthataṃ hoti kathinaṃ – atthārakassa ca anumodakassa ca. Imesaṃ dvinnaṃ puggalānaṃ atthataṃ hoti kathinaṃ.

Kinti kathinaṃ anatthatanti? Catuvīsatiyā ākārehi anatthataṃ hoti kathinaṃ, na ullikhitamattena atthataṃ hoti kathinaṃ, na dhovanamattena atthataṃ hoti kathinaṃ, na cīvaravicāraṇamattena atthataṃ hoti kathinaṃ, na chedanamattena atthataṃ hoti kathinaṃ, na bandhanamattena atthataṃ hoti kathinaṃ, na ovaṭṭiyakaraṇamattena atthataṃ hoti kathinaṃ, na kaṇḍusakaraṇamattena [na gaṇḍusakaraṇamattena (ka.)] atthataṃ hoti kathinaṃ, na daḷhīkammakaraṇamattena atthataṃ hoti kathinaṃ, na anuvātakaraṇamattena atthataṃ hoti kathinaṃ, na paribhaṇḍakaraṇamattena atthataṃ hoti kathinaṃ, na ovaddheyyakaraṇamattena [na ovaṭṭeyyakaraṇamattena (sī. syā.), na ovadeyyakaraṇamattena (ka.)] atthataṃ hoti kathinaṃ, na kambalamaddanamattena atthataṃ hoti kathinaṃ, na nimittakatena atthataṃ hoti kathinaṃ, na parikathākatena atthataṃ hoti kathinaṃ, na kukkukatena atthataṃ hoti kathinaṃ, na sannidhikatena atthataṃ hoti kathinaṃ, na nissaggiyena atthataṃ hoti kathinaṃ, na akappakatena atthataṃ hoti kathinaṃ, na aññatra saṅghāṭiyā atthataṃ hoti kathinaṃ, na aññatra uttarāsaṅgena atthataṃ hoti kathinaṃ, na aññatra antaravāsakena atthataṃ hoti kathinaṃ , na aññatra pañcakena vā atirekapañcakena vā tadaheva sañchinnena samaṇḍalīkatena atthataṃ hoti kathinaṃ, na aññatra puggalassa atthārā atthataṃ hoti kathinaṃ, sammā ce atthataṃ hoti kathinaṃ taṃ ce nissīmaṭṭho anumodati. Evampi anatthataṃ hoti kathinaṃ.

Nimittakammaṃ nāma nimittaṃ karoti – ‘‘iminā dussena kathinaṃ attharissāmī’’ti. Parikathā nāma parikathaṃ karoti – ‘‘imāya parikathāya kathinadussaṃ nibbattessāmī’’ti. Kukkukataṃ nāma anādiyadānaṃ vuccati. Sannidhi nāma dve sannidhiyo – karaṇasannidhi vā nicayasannidhi vā. Nissaggiyaṃ nāma kayiramāne aruṇaṃ uṭṭhahati [udriyati (sī. syā.)]. Imehi catuvīsatiyā ākārehi anatthataṃ hoti kathinaṃ.

Kinti kathinaṃ atthatanti? Sattarasahi ākārehi atthataṃ hoti kathinaṃ. Ahatena atthataṃ hoti kathinaṃ, ahatakappena atthataṃ hoti kathinaṃ, pilotikāya atthataṃ hoti kathinaṃ, paṃsukūlena atthataṃ hoti kathinaṃ, pāpaṇikena atthataṃ hoti kathinaṃ, animittakatena atthataṃ hoti kathinaṃ, aparikathākatena atthataṃ hoti kathinaṃ, akukkukatena atthataṃ hoti kathinaṃ, asannidhikatena atthataṃ hoti kathinaṃ, anissaggiyena atthataṃ hoti kathinaṃ, kappakatena atthataṃ hoti kathinaṃ, saṅghāṭiyā atthataṃ hoti kathinaṃ, uttarāsaṅgena atthataṃ hoti kathinaṃ, antaravāsakena atthataṃ hoti kathinaṃ, pañcakena vā atirekapañcakena vā tadaheva sañchinnena samaṇḍalīkatena atthataṃ hoti kathinaṃ, puggalassa atthārā atthataṃ hoti kathinaṃ, sammā ce atthataṃ hoti kathinaṃ, taṃ ce sīmaṭṭho anumodati, evampi atthataṃ hoti kathinaṃ. Imehi sattarasahi ākārehi atthataṃ hoti kathinaṃ.

Saha kathinassa atthārā kati dhammā jāyanti? Saha kathinassa atthārā pannarasa dhammā jāyanti – aṭṭha mātikā, dve palibodhā, pañcānisaṃsā. Saha kathinassa atthārā ime pannarasa dhammā jāyanti.

2. Kathinaanantarapaccayādi

404. Payogassa katame dhammā anantarapaccayena paccayo, samanantarapaccayena paccayo, nissayapaccayena paccayo, upanissayapaccayena paccayo , purejātapaccayena paccayo, pacchājātapaccayena paccayo, sahajātapaccayena paccayo? Pubbakaraṇassa katame dhammā anantarapaccayena paccayo…pe… paccuddhārassa katame dhammā… adhiṭṭhānassa katame dhammā… atthārassa katame dhammā… mātikānañca palibodhānañca katame dhammā… vatthussa katame dhammā anantarapaccayena paccayo, samanantarapaccayena paccayo, nissayapaccayena paccayo, upanissayapaccayena paccayo, purejātapaccayena paccayo, pacchājātapaccayena paccayo, sahajātapaccayena paccayo?

Pubbakaraṇaṃ payogassa anantarapaccayena paccayo, samanantarapaccayena paccayo, nissayapaccayena paccayo, upanissayapaccayena paccayo. Payogo pubbakaraṇassa purejātapaccayena paccayo. Pubbakaraṇaṃ payogassa pacchājātapaccayena paccayo. Pannarasa dhammā sahajātapaccayena paccayo. Paccuddhāro pubbakaraṇassa anantarapaccayena paccayo, samanantarapaccayena paccayo, nissayapaccayena paccayo, upanissayapaccayena paccayo. Pubbakaraṇaṃ paccuddhārassa purejātapaccayena paccayo. Paccuddhāro pubbakaraṇassa pacchājātapaccayena paccayo. Pannarasa dhammā sahajātapaccayena paccayo. Adhiṭṭhānaṃ paccuddhārassa anantarapaccayena paccayo, samanantarapaccayena paccayo, nissayapaccayena paccayo, upanissayapaccayena paccayo. Paccuddhāro adhiṭṭhānassa purejātapaccayena paccayo. Adhiṭṭhānaṃ paccuddhārassa pacchājātapaccayena paccayo. Pannarasa dhammā sahajātapaccayena paccayo. Atthāro adhiṭṭhānassa anantarapaccayena paccayo, samanantarapaccayena paccayo, nissayapaccayena paccayo, upanissayapaccayena paccayo. Adhiṭṭhānaṃ atthārassa purejātapaccayena paccayo. Atthāro adhiṭṭhānassa pacchājātapaccayena paccayo. Pannarasa dhammā sahajātapaccayena paccayo. Mātikā ca palibodhā ca atthārassa anantarapaccayena paccayo, samanantarapaccayena paccayo, nissayapaccayena paccayo, upanissayapaccayena paccayo. Atthāro mātikānañca palibodhānañca purejātapaccayena paccayo. Mātikā ca palibodhā ca atthārassa pacchājātapaccayena paccayo. Pannarasa dhammā sahajātapaccayena paccayo. Āsā ca anāsā ca vatthussa anantarapaccayena paccayo, samanantarapaccayena paccayo, nissayapaccayena paccayo , upanissayapaccayena paccayo. Vatthu āsānañca anāsānañca purejātapaccayena paccayo. Āsā ca anāsā ca vatthussa pacchājātapaccayena paccayo. Pannarasa dhammā sahajātapaccayena paccayo.

3. Pubbakaraṇanidānādivibhāgo

405. Pubbakaraṇaṃ kiṃnidānaṃ, kiṃsamudayaṃ, kiṃjātikaṃ, kiṃpabhavaṃ, kiṃsambhāraṃ, kiṃsamuṭṭhānaṃ ? Paccuddhāro kiṃnidāno, kiṃsamudayo, kiṃjātiko, kiṃpabhavo, kiṃsambhāro, kiṃsamuṭṭhāno? Adhiṭṭhānaṃ kiṃnidānaṃ, kiṃsamudayaṃ, kiṃjātikaṃ, kiṃpabhavaṃ, kiṃsambhāraṃ, kiṃsamuṭṭhānaṃ? Atthāro kiṃnidāno, kiṃsamudayo, kiṃjātiko, kiṃpabhavo, kiṃsambhāro, kiṃsamuṭṭhāno? Mātikā ca palibodhā ca kiṃnidānā, kiṃsamudayā, kiṃjātikā, kiṃpabhavā, kiṃsambhārā kiṃsamuṭṭhānā? Āsā ca anāsā ca kiṃnidānā, kiṃsamudayā, kiṃjātikā, kiṃpabhavā, kiṃsambhārā, kiṃsamuṭṭhānā?

Pubbakaraṇaṃ payoganidānaṃ, payogasamudayaṃ, payogajātikaṃ, payogapabhavaṃ, payogasambhāraṃ, payogasamuṭṭhānaṃ. Paccuddhāro pubbakaraṇanidāno, pubbakaraṇasamudayo, pubbakaraṇajātiko, pubbakaraṇapabhavo, pubbakaraṇasambhāro, pubbakaraṇasamuṭṭhāno. Adhiṭṭhānaṃ paccuddhāranidānaṃ, paccuddhārasamudayaṃ, paccuddhārajātikaṃ, paccuddhārapabhavaṃ, paccuddhārasambhāraṃ, paccuddhārasamuṭṭhānaṃ. Atthāro adhiṭṭhānanidāno, adhiṭṭhānasamudayo, adhiṭṭhānajātiko, adhiṭṭhānapabhavo, adhiṭṭhānasambhāro, adhiṭṭhānasamuṭṭhāno. Mātikā ca palibodhā ca atthāranidānā, atthārasamudayā, atthārajātikā, atthārapabhavā, atthārasambhārā, atthārasamuṭṭhānā. Āsā ca anāsā ca vatthunidānā, vatthusamudayā, vatthujātikā, vatthupabhavā, vatthusambhārā, vatthusamuṭṭhānā.

406. Payogo kiṃnidāno, kiṃsamudayo, kiṃjātiko, kiṃpabhavo, kiṃsambhāro, kiṃsamuṭṭhāno, pubbakaraṇaṃ...pe... paccuddhāro... adhiṭṭhānaṃ... atthāro... mātikā ca palibodhā ca... vatthu... āsā ca anāsā ca kiṃnidānā, kiṃsamudayā, kiṃjātikā, kiṃpabhavā, kiṃsambhārā, kiṃsamuṭṭhānā?

Payogo hetunidāno, hetusamudayo, hetujātiko, hetupabhavo, hetusambhāro, hetusamuṭṭhāno. Pubbakaraṇaṃ...pe... paccuddhāro... adhiṭṭhānaṃ... atthāro ... mātikā ca palibodhā ca... vatthu... āsā ca anāsā ca hetunidānā, hetusamudayā, hetujātikā, hetupabhavā, hetusambhārā, hetusamuṭṭhānā.

407. Payogo kiṃnidāno, kiṃsamudayo, kiṃjātiko, kiṃpabhavo, kiṃsambhāro, kiṃsamuṭṭhāno? Pubbakaraṇaṃ...pe... paccuddhāro... adhiṭṭhānaṃ... atthāro... mātikā ca palibodhā ca... vatthu... āsā ca anāsā ca kiṃnidānā, kiṃsamudayā, kiṃjātikā, kiṃpabhavā, kiṃsambhārā, kiṃsamuṭṭhānā?

Payogo paccayanidāno, paccayasamudayo, paccayajātiko, paccayapabhavo, paccayasambhāro, paccayasamuṭṭhāno. Pubbakaraṇaṃ...pe... paccuddhāro... adhiṭṭhānaṃ... atthāro... mātikā ca palibodhā ca... vatthu... āsā ca anāsā ca paccayanidānā, paccayasamudayā, paccayajātikā, paccayapabhavā, paccayasambhārā, paccayasamuṭṭhānā.

408. Pubbakaraṇaṃ katihi dhammehi saṅgahitaṃ? Pubbakaraṇaṃ sattahi dhammehi saṅgahitaṃ. Dhovanena, vicāraṇena, chedanena, bandhanena, sibbanena, rajanena, kappakaraṇena – pubbakaraṇaṃ imehi sattahi dhammehi saṅgahitaṃ.

Paccuddhāro katihi dhammehi saṅgahito? Paccuddhāro tīhi dhammehi saṅgahito – saṅghāṭiyā, uttarāsaṅgena, antaravāsakena.

Adhiṭṭhānaṃ katihi dhammehi saṅgahitaṃ? Adhiṭṭhānaṃ tīhi dhammehi saṅgahitaṃ – saṅghāṭiyā, uttarāsaṅgena, antaravāsakena.

Atthāro katihi dhammehi saṅgahito? Atthāro ekena dhammena saṅgahito – vacībhedena.

Kathinassa kati mūlāni, kati vatthūni, kati bhūmiyo? Kathinassa ekaṃ mūlaṃ – saṅgho; tīṇi vatthūni – saṅghāṭi, uttarāsaṅgo, antaravāsako, cha bhūmiyo – khomaṃ, kappāsikaṃ, koseyyaṃ, kambalaṃ, sāṇaṃ, bhaṅgaṃ.

Kathinassa ko ādi, kiṃ majjhe, kiṃ pariyosānaṃ? Kathinassa pubbakaraṇaṃ ādi, kriyā majjhe, atthāro pariyosānaṃ.

409. Katihaṅgehi samannāgato puggalo abhabbo kathinaṃ attharituṃ? Katihaṅgehi samannāgato puggalo bhabbo kathinaṃ attharituṃ? Aṭṭhahaṅgehi samannāgato puggalo abhabbo kathinaṃ attharituṃ. Aṭṭhahaṅgehi samannāgato puggalo bhabbo kathinaṃ attharituṃ. Katamehi aṭṭhahaṅgehi samannāgato puggalo abhabbo kathinaṃ attharituṃ? Pubbakaraṇaṃ na jānāti, paccuddhāraṃ na jānāti, adhiṭṭhānaṃ na jānāti, atthāraṃ na jānāti, mātikaṃ na jānāti, palibodhaṃ na jānāti, uddhāraṃ na jānāti, ānisaṃsaṃ na jānāti – imehi aṭṭhahaṅgehi samannāgato puggalo abhabbo kathinaṃ attharituṃ. Katamehi aṭṭhahaṅgehi samannāgato puggalo bhabbo kathinaṃ attharituṃ? Pubbakaraṇaṃ jānāti, paccuddhāraṃ jānāti, adhiṭṭhānaṃ jānāti, atthāraṃ jānāti, mātikaṃ jānāti, palibodhaṃ jānāti, uddhāraṃ jānāti, ānisaṃsaṃ jānāti – imehi aṭṭhahaṅgehi samannāgato puggalo bhabbo kathinaṃ attharituṃ.

410. Katinaṃ puggalānaṃ kathinatthārā na ruhanti? Katinaṃ puggalānaṃ kathinatthārā ruhanti? Tiṇṇaṃ puggalānaṃ kathinatthārā na ruhanti. Tiṇṇaṃ puggalānaṃ kathinatthārā ruhanti. Katamesaṃ tiṇṇaṃ puggalānaṃ kathinatthārā na ruhanti? Nissīmaṭṭho anumodati, anumodento na vācaṃ bhindati, vācaṃ bhindanto na paraṃ viññāpeti – imesaṃ tiṇṇaṃ puggalānaṃ kathinatthārā na ruhanti. Katamesaṃ tiṇṇaṃ puggalānaṃ kathinatthārā ruhanti? Sīmaṭṭho anumodati, anumodento vācaṃ bhindati, vācaṃ bhindanto paraṃ viññāpeti – imesaṃ tiṇṇaṃ puggalānaṃ kathinatthārā ruhanti.

411. Kati kathinatthārā na ruhanti? Kati kathinatthārā ruhanti? Tayo kathinatthārā na ruhanti. Tayo kathinatthārā ruhanti. Katame tayo kathinatthārā na ruhanti? Vatthuvipannañceva hoti, kālavipannañca, karaṇavipannañca – ime tayo kathinatthārā na ruhanti. Katame tayo kathinatthārā ruhanti? Vatthusampannañceva hoti, kālasampannañca, karaṇasampannañca – ime tayo kathinatthārā ruhanti.

4. Kathinādijānitabbavibhāgo

412. Kathinaṃ jānitabbaṃ, kathinatthāro jānitabbo, kathinassa atthāramāso jānitabbo, kathinassa atthāravipatti jānitabbā, kathinassa atthārasampatti jānitabbā, nimittakammaṃ jānitabbaṃ, parikathā jānitabbā, kukkukataṃ jānitabbaṃ, sannidhi jānitabbā, nissaggiyaṃ jānitabbaṃ.

Kathinaṃjānitabbanti tesaññeva dhammānaṃ saṅgaho samavāyo nāmaṃ nāmakammaṃ nāmadheyyaṃ nirutti byañjanaṃ abhilāpo yadidaṃ kathinanti.

Kathinassaatthāramāso jānitabboti vassānassa pacchimo māso jānitabbo.

Kathinassa atthāravipatti jānitabbāti catuvīsatiyā ākārehi kathinassa atthāravipatti jānitabbā.

Kathinassa atthārasampatti jānitabbāti sattarasahi ākārehi kathinassa atthārasampatti jānitabbā.

Nimittakammaṃ jānitabbanti nimittaṃ karoti iminā dussena kathinaṃ attharissāmīti.

Parikathā jānitabbāti parikathaṃ karoti imāya parikathāya kathinadussaṃ nibbattessāmīti.

Kukkukataṃ jānitabbanti anādiyadānaṃ jānitabbaṃ.

Sannidhi jānitabbāti dve sannidhiyo jānitabbā – karaṇasannidhi vā nicayasannidhi vā.

Nissaggiyaṃ jānitabbanti kariyamāne aruṇaṃ uṭṭhahati.

Kathinatthāro jānitabboti sace saṅghassa kathinadussaṃ uppannaṃ hoti, saṅghena kathaṃ paṭipajjitabbaṃ, atthārakena kathaṃ paṭipajjitabbaṃ, anumodakena kathaṃ paṭipajjitabbaṃ.

413. Saṅghena ñattidutiyena kammena kathinatthārakassa bhikkhuno dātabbaṃ, tena kathinatthārakena bhikkhunā tadaheva dhovitvā vimajjitvā vicāretvā chinditvā sibbetvā rajitvā kappaṃ katvā kathinaṃ attharitabbaṃ. Sace saṅghāṭiyā kathinaṃ attharitukāmo hoti, porāṇikā saṅghāṭi paccuddharitabbā, navā saṅghāṭi adhiṭṭhātabbā. Imāya saṅghāṭiyā kathinaṃ attharāmīti vācā bhinditabbā. Sace uttarāsaṅgena kathinaṃ attharitukāmo hoti, porāṇako uttarāsaṅgo paccuddharitabbo, navo uttarāsaṅgo adhiṭṭhātabbo. Iminā uttarāsaṅgena kathinaṃ attharāmīti vācā bhinditabbā. Sace antaravāsakena kathinaṃ attharitukāmo hoti, porāṇako antaravāsako paccuddharitabbo, navo antaravāsako adhiṭṭhātabbo. Iminā antaravāsakena kathinaṃ attharāmīti vācā bhinditabbā. Tena kathinatthārakena bhikkhunā saṅghaṃ upasaṅkamitvā ekaṃsaṃ uttarāsaṅgaṃ karitvā añjaliṃ paggahetvā evamassa vacanīyo – ''atthataṃ, bhante, saṅghassa kathinaṃ, dhammiko kathinatthāro, anumodathā''ti. Tehi anumodakehi bhikkhūhi ekaṃsaṃ uttarāsaṅgaṃ karitvā añjaliṃ paggahetvā evamassa vacanīyo – ''atthataṃ, āvuso, saṅghassa kathinaṃ, dhammiko kathinatthāro, anumodāmā''ti. Tena kathinatthārakena bhikkhunā sambahule bhikkhū upasaṅkamitvā ekaṃsaṃ uttarāsaṅgaṃ karitvā añjaliṃ paggahetvā evamassu vacanīyā – ''atthataṃ, bhante, saṅghassa kathinaṃ, dhammiko kathinatthāro, anumodathā''ti. Tehi anumodakehi bhikkhūhi ekaṃsaṃ uttarāsaṅgaṃ karitvā añjaliṃ paggahetvā evamassa vacanīyo – ''atthataṃ, āvuso, saṅghassa kathinaṃ, dhammiko kathinatthāro anumodāmā''ti. Tena kathinatthārakena bhikkhunā ekaṃ bhikkhuṃ upasaṅkamitvā ekaṃsaṃ uttarāsaṅgaṃ karitvā añjaliṃ paggahetvā evamassa vacanīyo – ''atthataṃ, āvuso, saṅghassa kathinaṃ, dhammiko kathinatthāro, anumodāhī''ti. Tena anumodakena bhikkhunā ekaṃsaṃ uttarāsaṅgaṃ karitvā añjaliṃ paggahetvā evamassa vacanīyo – ''atthataṃ, āvuso, saṅghassa kathinaṃ, dhammiko kathinatthāro, anumodāmī''ti.

5. Puggalassevakathinatthāro

414. Saṅgho kathinaṃ attharati, gaṇo kathinaṃ attharati, puggalo kathinaṃ attharatīti. Na saṅgho kathinaṃ attharati, na gaṇo kathinaṃ attharati, puggalo kathinaṃ attharatīti. Hañci na saṅgho kathinaṃ attharati, na gaṇo kathinaṃ attharati, puggalo kathinaṃ attharati. Saṅghassa anatthataṃ hoti kathinaṃ, gaṇassa anatthataṃ hoti kathinaṃ, puggalassa atthataṃ hoti kathinaṃ. Saṅgho pātimokkhaṃ uddisati gaṇo pātimokkhaṃ uddisati puggalo pātimokkhaṃ uddisatīti na saṅgho pātimokkhaṃ uddisati, na gaṇo pātimokkhaṃ uddisati, puggalo pātimokkhaṃ uddisatīti. Hañci na saṅgho pātimokkhaṃ uddisati, na gaṇo pātimokkhaṃ uddisati, puggalo pātimokkhaṃ uddisati. Saṅghassa anuddiṭṭhaṃ hoti pātimokkhaṃ, gaṇassa anuddiṭṭhaṃ hoti pātimokkhaṃ, puggalassa uddiṭṭhaṃ hoti pātimokkhaṃ. Saṅghassa sāmaggiyā gaṇassa sāmaggiyā puggalassa uddesā saṅghassa uddiṭṭhaṃ hoti pātimokkhaṃ, gaṇassa uddiṭṭhaṃ hoti pātimokkhaṃ, puggalassa uddiṭṭhaṃ hoti pātimokkhaṃ. Evameva na saṅgho kathinaṃ attharati, na gaṇo kathinaṃ attharati, puggalo kathinaṃ attharati. Saṅghassa anumodanāya gaṇassa anumodanāya puggalassa atthārā saṅghassa atthataṃ hoti kathinaṃ, gaṇassa atthataṃ hoti kathinaṃ, puggalassa atthataṃ hoti kathinanti.

6. Palibodhapañhābyākaraṇaṃ

415.

Pakkamanantiko kathinuddhāro, vutto ādiccabandhunā;
Etañca tāhaṃ pucchāmi, katamo palibodho paṭhamaṃ chijjati.
Pakkamanantiko kathinuddhāro, vutto ādiccabandhunā;
Etañca tāhaṃ vissajjissaṃ, cīvarapalibodho paṭhamaṃ chijjati;

Tassa saha bahisīmagamanā, āvāsapalibodho chijjati.
Niṭṭhānantiko kathinuddhāro, vutto ādiccabandhunā;
Etañca tāhaṃ pucchāmi, katamo palibodho paṭhamaṃ chijjati.
Niṭṭhānantiko kathinuddhāro, vutto ādiccabandhunā;
Etañca tāhaṃ vissajjissaṃ, āvāsapalibodho paṭhamaṃ chijjati;
Cīvare niṭṭhite cīvarapalibodho chijjati.
Sanniṭṭhānantiko kathinuddhāro, vutto ādiccabandhunā;
Etañca tāhaṃ pucchāmi, katamo palibodho paṭhamaṃ chijjati.
Sanniṭṭhānantiko kathinuddhāro, vutto ādiccabandhunā;
Etañca tāhaṃ vissajjissaṃ, dve palibodhā apubbaṃ acarimaṃ chijjanti.
Nāsanantiko kathinuddhāro, vutto ādiccabandhunā;
Etañca tāhaṃ pucchāmi, katamo palibodho paṭhamaṃ chijjati.
Nāsanantiko kathinuddhāro, vutto ādiccabandhunā;
Etañca tāhaṃ vissajjissaṃ, āvāsapalibodho paṭhamaṃ chijjati;
Cīvare naṭṭhe cīvarapalibodho chijjati.
Savanantiko kathinuddhāro, vutto ādiccabandhunā;
Etañca tāhaṃ pucchāmi, katamo palibodho paṭhamaṃ chijjati.
Savanantiko kathinuddhāro, vutto ādiccabandhunā;
Etañca tāhaṃ vissajjissaṃ, cīvarapalibodho paṭhamaṃ chijjati;
Tassa saha savanena, āvāsapalibodho chijjati.
Āsāvacchediko kathinuddhāro, vutto ādiccabandhunā;
Etañca tāhaṃ pucchāmi, katamo palibodho paṭhamaṃ chijjati.
Āsāvacchediko kathinuddhāro, vutto ādiccabandhunā;
Etañca tāhaṃ vissajjissaṃ, āvāsapalibodho paṭhamaṃ chijjati;
Cīvarāsāya upacchinnāya cīvarapalibodho chijjati.
Sīmātikkamanantiko kathinuddhāro, vutto ādiccabandhunā;
Etañca tāhaṃ pucchāmi, katamo palibodho paṭhamaṃ chijjati.
Sīmātikkamanantiko kathinuddhāro, vutto ādiccabandhunā;
Etañca tāhaṃ vissajjissaṃ, cīvarapalibodho paṭhamaṃ chijjati;
Tassa bahisīme [bahisīmagatassa (sī. syā.)] āvāsapalibodho chijjati.
Sahubbhāro kathinuddhāro [saubbhāro (ka.)], vutto ādiccabandhunā;
Etañca tāhaṃ pucchāmi, katamo palibodho paṭhamaṃ chijjati.
Sahubbhāro kathinuddhāro, vutto ādiccabandhunā;
Etañca tāhaṃ vissajjissaṃ, dve palibodhā apubbaṃ acarimaṃ chijjantīti.

416. Kati kathinuddhārā saṅghādhīnā? Kati kathinuddhārā puggalādhīnā? Kati kathinuddhārā neva saṅghādhīnā na puggalādhīnā? Eko kathinuddhāro saṅghādhīno – antarubbhāro. Cattāro kathinuddhārā puggalādhīnā – pakkamanantiko, niṭṭhānantiko, sanniṭṭhānantiko, sīmātikkamanantiko. Cattāro kathinuddhārā neva saṅghādhīnā na puggalādhīnā – nāsanantiko, savanantiko, āsāvacchediko, sahubbhāro. Kati kathinuddhārā antosīmāya uddhariyyanti? Kati kathinuddhārā bahisīmāya uddhariyyanti? Kati kathinuddhārā siyā antosīmāya uddhariyyanti siyā bahisīmāya uddhariyyanti? Dve kathinuddhārā antosīmāya uddhariyyanti – antarubbhāro, sahubbhāro. Tayo kathinuddhārā bahisīmāya uddhariyyanti – pakkamanantiko, savanantiko, sīmātikkamanantiko. Cattāro kathinuddhārā siyā antosīmāya uddhariyyanti siyā bahisīmāya uddhariyyanti – niṭṭhānantiko, sanniṭṭhānantiko, nāsanantiko, āsāvacchediko.

Kati kathinuddhārā ekuppādā ekanirodhā? Kati kathinuddhārā ekuppādā nānānirodhā? Dve kathinuddhārā ekuppādā ekanirodhā – antarubbhāro, sahubbhāro. Avasesā kathinuddhārā ekuppādā nānānirodhāti.

Kathinabhedo niṭṭhito.

Tassuddānaṃ –

Kassa kinti pannarasa, dhammā nidānahetu ca;
Paccayasaṅgahamūlā, ādi ca atthārapuggalā [aṭṭhapuggalā (sī.)].
Tiṇṇaṃ [bhedato tiṇṇaṃ (ka.)] tayo jānitabbaṃ, atthāraṃ uddesena ca;
Palibodhādhinā, sīmāya uppādanirodhena cāti [ito paraṃ ''parivāraṃ niṭṭhitaṃ'' itipāṭho kesuci potthakesu dissati].

Upālipañcakaṃ

1. Anissitavaggo

417. Tena samayena buddho Bhagavā sāvatthiyaṃ viharati jetavane anāthapiṇḍikassa ārāme. Atha kho āyasmā upāli yena Bhagavā tenupasaṅkami; upasaṅkamitvā bhagavantaṃ abhivādetvā ekamantaṃ nisīdi. Ekamantaṃ nisinno kho āyasmā upāli bhagavantaṃ etadavoca – ''katihi nu kho, bhante, aṅgehi samannāgatena bhikkhunā yāvajīvaṃ nānissitena vatthabba''nti?

"Pañcahupāli, aṅgehi samannāgatena bhikkhunā yāvajīvaṃ nānissitena vatthabbaṃ. [pari. 325] Katamehi pañcahi? Uposathaṃ na jānāti, uposathakammaṃ na jānāti, pātimokkhaṃ na jānāti, pātimokkhuddesaṃ na jānāti, ūnapañcavasso hoti – imehi kho, upāli, pañcahaṅgehi samannāgatena bhikkhunā yāvajīvaṃ nānissitena vatthabbaṃ. Pañcahupāli, aṅgehi samannāgatena bhikkhunā yāvajīvaṃ anissitena vatthabbaṃ. Katamehi pañcahi? Uposathaṃ jānāti, uposathakammaṃ jānāti, pātimokkhaṃ jānāti, pātimokkhuddesaṃ jānāti, pañcavasso vā hoti atirekapañcavasso vā – imehi kho, upāli, pañcahaṅgehi samannāgatena bhikkhunā yāvajīvaṃ anissitena vatthabbaṃ.

"Aparehipi, upāli, pañcahaṅgehi samannāgatena bhikkhunā yāvajīvaṃ nānissitena vatthabbaṃ. Katamehi pañcahi? Pavāraṇaṃ na jānāti, pavāraṇākammaṃ na jānāti, pātimokkhaṃ na jānāti, pātimokkhuddesaṃ na jānāti, ūnapañcavasso hoti – imehi kho, upāli, pañcahaṅgehi samannāgatena bhikkhunā yāvajīvaṃ nānissitena vatthabbaṃ. Pañcahupāli, aṅgehi samannāgatena bhikkhunā yāvajīvaṃ anissitena vatthabbaṃ. Katamehi pañcahi? Pavāraṇaṃ jānāti , pavāraṇākammaṃ jānāti, pātimokkhaṃ jānāti, pātimokkhuddesaṃ jānāti, pañcavasso vā hoti atirekapañcavasso vā – imehi kho, upāli, pañcahaṅgehi samannāgatena bhikkhunā yāvajīvaṃ anissitena vatthabbaṃ.

"Aparehipi, upāli, pañcahaṅgehi samannāgatena bhikkhunā yāvajīvaṃ nānissitena vatthabbaṃ. Katamehi pañcahi? Āpattānāpattiṃ na jānāti, lahukagarukaṃāpattiṃ na jānāti, sāvasesānavasesaṃ āpattiṃ na jānāti, duṭṭhullāduṭṭhullaṃ āpattiṃ na jānāti, ūnapañcavasso hoti – imehi kho, upāli, pañcahaṅgehi samannāgatena bhikkhunā yāvajīvaṃ nānissitena vatthabbaṃ. Pañcahupāli, aṅgehi samannāgatena bhikkhunā yāvajīvaṃ anissitena vatthabbaṃ. Katamehi pañcahi? Āpattānāpattiṃ jānāti, lahukagarukaṃ āpattiṃ jānāti, sāvasesānavasesaṃ āpattiṃ jānāti, duṭṭhullāduṭṭhullaṃ āpattiṃ jānāti, pañcavasso vā hoti atirekapañcavasso vā – imehi kho, upāli, pañcahaṅgehi samannāgatena bhikkhunā yāvajīvaṃ anissitena vatthabbaṃ".

418. "Katihi nu kho, bhante, aṅgehi samannāgatena bhikkhunā na upasampādetabbaṃ, na nissayo dātabbo, na sāmaṇero upaṭṭhāpetabbo"ti?

[mahāva. 84] "Pañcahupāli, aṅgehi samannāgatena bhikkhunā na upasampādetabbaṃ, na nissayo dātabbo, na sāmaṇero upaṭṭhāpetabbo. Katamehi pañcahi? Na paṭibalo hoti antevāsiṃ vā saddhivihāriṃ vā gilānaṃ upaṭṭhātuṃ vā upaṭṭhāpetuṃ vā, anabhirataṃ vūpakāsetuṃ vā vūpakāsāpetuṃ vā, uppannaṃ kukkuccaṃ dhammato vinodetuṃ [imasmiṃ ṭhāne sabbattha "vinodetuṃ vā vinodāpetuṃ vā"ti pāṭho dissati, vimativinodanīṭīkāya mahāvaggavaṇṇanā oloketabbā], abhidhamme vinetuṃ, abhivinaye vinetuṃ – imehi kho, upāli, pañcahaṅgehi samannāgatena bhikkhunā na upasampādetabbaṃ, na nissayo dātabbo, na sāmaṇero upaṭṭhāpetabbo. Pañcahupāli, aṅgehi samannāgatena bhikkhunā upasampādetabbaṃ, nissayo dātabbo, sāmaṇero upaṭṭhāpetabbo. Katamehi pañcahi? Paṭibalo hoti antevāsiṃ vā saddhivihāriṃ vā gilānaṃ upaṭṭhātuṃ vā upaṭṭhāpetuṃ vā, anabhirataṃ vūpakāsetuṃ vā vūpakāsāpetuṃ vā, uppannaṃ kukkuccaṃ dhammato vinodetuṃ, abhidhamme vinetuṃ, abhivinaye vinetuṃ – imehi kho, upāli, pañcahaṅgehi samannāgatena bhikkhunā upasampādetabbaṃ, nissayo dātabbo, sāmaṇero upaṭṭhāpetabbo.

"Aparehipi, upāli, pañcahaṅgehi samannāgatena bhikkhunā na upasampādetabbaṃ, na nissayo dātabbo, na sāmaṇero upaṭṭhāpetabbo. Katamehi pañcahi ? Na paṭibalo hoti antevāsiṃ vā saddhivihāriṃ vā abhisamācārikāya sikkhāya sikkhāpetuṃ, ādibrahmacāriyakāya sikkhāya vinetuṃ, adhisīle vinetuṃ, adhicitte vinetuṃ, adhipaññāya vinetuṃ – imehi kho, upāli, pañcahaṅgehi samannāgatena bhikkhunā na upasampādetabbaṃ, na nissayo dātabbo, na sāmaṇero upaṭṭhāpetabbo. Pañcahupāli, aṅgehi samannāgatena bhikkhunā upasampādetabbaṃ, nissayo dātabbo, sāmaṇero upaṭṭhāpetabbo. Katamehi pañcahi? Paṭibalo hoti antevāsiṃ vā saddhivihāriṃ vā abhisamācārikāya sikkhāya sikkhāpetuṃ, ādibrahmacāriyakāya sikkhāya vinetuṃ, adhisīle vinetuṃ, adhicitte vinetuṃ, adhipaññāya vinetuṃ – imehi kho, upāli, pañcahaṅgehi samannāgatena bhikkhunā upasampādetabbaṃ, nissayo dātabbo, sāmaṇero upaṭṭhāpetabbo"ti.

419. "Katihi nu kho, bhante, aṅgehi samannāgatassa bhikkhuno kammaṃ kātabba"nti?

Pañcahupāli, aṅgehi samannāgatassa bhikkhuno kammaṃ kātabbaṃ. Katamehi pañcahi? Alajjī ca hoti, bālo ca, apakatatto ca, micchādiṭṭhiko ca hoti, ājīvavipanno ca – imehi kho, upāli, pañcahaṅgehi samannāgatassa bhikkhuno kammaṃ kātabbaṃ.

"Aparehipi, upāli, pañcahaṅgehi samannāgatassa bhikkhuno kammaṃ kātabbaṃ. Katamehi pañcahi? Adhisīle sīlavipanno hoti, ajjhācāre ācāravipanno hoti, atidiṭṭhiyā diṭṭhivipanno hoti , micchādiṭṭhiko ca hoti, ājīvavipanno ca – imehi kho, upāli, pañcahaṅgehi samannāgatassa bhikkhuno kammaṃ kātabbaṃ.

"Aparehipi, upāli, pañcahaṅgehi samannāgatassa bhikkhuno kammaṃ kātabbaṃ. Katamehi pañcahi? Kāyikena davena samannāgato hoti, vācasikena davena samannāgato hoti, kāyikavācasikena davena samannāgato hoti, micchādiṭṭhiko ca hoti, ājīvavipanno ca – imehi kho, upāli, pañcahaṅgehi samannāgatassa bhikkhuno kammaṃ kātabbaṃ.

"Aparehipi , upāli, pañcahaṅgehi samannāgatassa bhikkhuno kammaṃ kātabbaṃ. Katamehi pañcahi? Kāyikena anācārena samannāgato hoti , vācasikena anācārena samannāgato hoti, kāyikavācasikena anācārena samannāgato hoti, micchādiṭṭhiko ca hoti, ājīvavipanno ca – imehi kho, upāli, pañcahaṅgehi samannāgatassa bhikkhuno kammaṃ kātabbaṃ.

"Aparehipi, upāli, pañcahaṅgehi samannāgatassa bhikkhuno kammaṃ kātabbaṃ. Katamehi pañcahi? Kāyikena upaghātikena samannāgato hoti, vācasikena upaghātikena samannāgato hoti, kāyikavācasikena upaghātikena samannāgato hoti, micchādiṭṭhiko ca hoti, ājīvavipanno ca – imehi kho, upāli, pañcahaṅgehi samannāgatassa bhikkhuno kammaṃ kātabbaṃ.

"Aparehipi, upāli, pañcahaṅgehi samannāgatassa bhikkhuno kammaṃ kātabbaṃ. Katamehi pañcahi? Kāyikena micchājīvena samannāgato hoti, vācasikena micchājīvena samannāgato hoti, kāyikavācasikena micchājīvena samannāgato hoti, micchādiṭṭhiko ca hoti, ājīvavipanno ca – imehi kho, upāli, pañcahaṅgehi samannāgatassa bhikkhuno kammaṃ kātabbaṃ.

"Aparehipi, upāli, pañcahaṅgehi samannāgatassa bhikkhuno kammaṃ kātabbaṃ. Katamehi pañcahi? Āpattiṃ āpanno kammakato upasampādeti, nissayaṃ deti, sāmaṇeraṃ upaṭṭhāpeti, bhikkhunovādakasammutiṃ sādiyati, sammatopi bhikkhuniyo ovadati – imehi kho, upāli, pañcahaṅgehi samannāgatassa bhikkhuno kammaṃ kātabbaṃ.

"Aparehipi, upāli, pañcahaṅgehi samannāgatassa bhikkhuno kammaṃ kātabbaṃ. Katamehi pañcahi? Yāya āpattiyā saṅghena kammaṃ kataṃ hoti taṃ āpattiṃ āpajjati, aññaṃ vā tādisikaṃ, tato vā pāpiṭṭhataraṃ, kammaṃ garahati, kammike garahati – imehi kho, upāli, pañcahaṅgehi samannāgatassa bhikkhuno kammaṃ kātabbaṃ.

"Aparehipi , upāli, pañcahaṅgehi samannāgatassa bhikkhuno kammaṃ kātabbaṃ. Katamehi pañcahi? Buddhassa avaṇṇaṃ bhāsati, dhammassa avaṇṇaṃ bhāsati, saṅghassa avaṇṇaṃ bhāsati, micchādiṭṭhiko ca hoti, ājīvavipanno ca – imehi kho, upāli, pañcahaṅgehi samannāgatassa bhikkhuno kammaṃ kātabba''nti.

Anissitavaggo niṭṭhito paṭhamo.

Tassuddānaṃ –

Uposathaṃ pavāraṇaṃ, āpatti ca gilānakaṃ;
Abhisamācāralajjī ca, adhisīle davena ca.
Anācāraṃ upaghāti, micchā āpattimeva ca;
Yāyāpattiyā buddhassa, paṭhamo vaggasaṅgahoti.

2. Nappaṭippassambhanavaggo

420. "Katihi nu kho, bhante, aṅgehi samannāgatassa bhikkhuno kammaṃ nappaṭippassambhetabba''nti?

"Pañcahupāli, aṅgehi samannāgatassa bhikkhuno kammaṃ nappaṭippassambhetabbaṃ. Katamehi pañcahi ? Āpattiṃ āpanno kammakato upasampādeti, nissayaṃ deti, sāmaṇeraṃ upaṭṭhāpeti, bhikkhunovādakasammutiṃ sādiyati, sammatopi bhikkhuniyo ovadati – imehi kho, upāli, pañcahaṅgehi samannāgatassa bhikkhuno kammaṃ nappaṭippassambhetabbaṃ.

[cūḷava. 8-9, 18, 30-31, 43, 53, 62, 72] "Aparehipi, upāli, pañcahaṅgehi samannāgatassa bhikkhuno kammaṃ nappaṭippassambhetabbaṃ. Katamehi pañcahi? Yāya āpattiyā saṅghena kammaṃ kataṃ hoti taṃ āpattiṃ āpajjati, aññaṃ vā tādisikaṃ, tato vā pāpiṭṭhataraṃ, kammaṃ garahati, kammike garahati – imehi kho, upāli, pañcahaṅgehi samannāgatassa bhikkhuno kammaṃ nappaṭippassambhetabbaṃ.

"Aparehipi, upāli, pañcahaṅgehi samannāgatassa bhikkhuno kammaṃ nappaṭippassambhetabbaṃ. Katamehi pañcahi? Buddhassa avaṇṇaṃ bhāsati, dhammassa avaṇṇaṃ bhāsati, saṅghassa avaṇṇaṃ bhāsati, micchādiṭṭhiko ca hoti, ājīvavipanno ca – imehi kho, upāli, pañcahaṅgehi samannāgatassa bhikkhuno kammaṃ nappaṭippassambhetabbaṃ.

"Aparehipi, upāli, pañcahaṅgehi samannāgatassa bhikkhuno kammaṃ nappaṭippassambhetabbaṃ. Katamehi pañcahi? Alajjī ca hoti, bālo ca, apakatatto ca, omaddakārako ca hoti, vattesu sikkhāya ca na paripūrakārī – imehi kho, upāli, pañcahaṅgehi samannāgatassa bhikkhuno kammaṃ nappaṭippassambhetabba''nti.

421. "Saṅgāmāvacarena, bhante, bhikkhunā saṅghaṃ upasaṅkamantena kati dhamme ajjhattaṃ upaṭṭhāpetvā saṅgho upasaṅkamitabbo''ti?

[pari. 365] "Saṅgāmāvacarena, upāli, bhikkhunā saṅghaṃ upasaṅkamantena pañca dhamme ajjhattaṃ upaṭṭhāpetvā saṅgho upasaṅkamitabbo. Katame pañca? Saṅgāmāvacarena, upāli, bhikkhunā saṅghaṃ upasaṅkamantena nīcacittena saṅgho upasaṅkamitabbo, rajoharaṇasamena cittena, āsanakusalena bhavitabbaṃ nissajjakusalena, there bhikkhū anupakhajjantena, nave bhikkhū āsanena appaṭibāhantena yathāpatirūpe āsane nisīditabbaṃ, anānākathikena bhavitabbaṃ atiracchānakathikena, sāmaṃ vā dhammo bhāsitabbo, paro vā ajjhesitabbo, ariyo vā tuṇhibhāvo nātimaññitabbo, sace, upāli, saṅgho samaggakaraṇīyāni kammāni karoti tatra ce, upāli, bhikkhuno nakkhamati, api diṭṭhāvikammaṃ katvā ñāpetabbā sāmaggī. Taṃ kissahetu? Māhaṃ saṅghena nānatto assanti. Saṅgāmāvacarenupāli , bhikkhunā saṅghaṃ upasaṅkamantena ime pañca dhamme ajjhattaṃ upaṭṭhāpetvā saṅgho upasaṅkamitabbo''ti.

422. "Katihi nu kho, bhante, aṅgehi samannāgato bhikkhu saṅghe voharanto bahujanaakanto ca hoti bahujanaamanāpo ca bahujanaarucito cā''ti?

“Pañcahupāli, aṅgehi samannāgato bhikkhu saṅghe voharanto bahujanaakanto ca hoti bahujanaamanāpo ca bahujanaarucito ca. Katamehi pañcahi? Ussitamantī ca hoti, nissitajappī ca, na ca bhāsānusandhikusalo hoti, na yathādhamme yathāvinaye yathāpattiyā codetā hoti, na yathādhamme yathāvinaye yathāpattiyā kāretā hoti – imehi kho, upāli, pañcahaṅgehi samannāgato bhikkhu saṅghe voharanto bahujanaakanto ca hoti bahujanaamanāpo ca bahujanaarucito ca. Pañcahupāli, aṅgehi samannāgato bhikkhu saṅghe voharanto bahujanakanto ca hoti bahujanamanāpo ca bahujanaarucito ca. Katamehi pañcahi? Na ussitamantī ca hoti, na nissitajappī ca, bhāsānusandhikusalo ca hoti, yathādhamme yathāvinaye yathāpattiyā codetā hoti, yathādhamme yathāvinaye yathāpattiyā kāretā hoti – imehi kho, upāli, pañcahaṅgehi samannāgato bhikkhu saṅghe voharanto bahujanakanto ca hoti bahujanamanāpo ca bahujanarucito ca.

“Aparehipi, upāli, pañcahaṅgehi samannāgato bhikkhu saṅghe voharanto bahujanaakanto ca hoti bahujanaamanāpo ca bahujanaarucito ca. Katamehi pañcahi? Ussādetā ca hoti, apasādetā ca, adhammaṃ gaṇhāti, dhammaṃ paṭibāhati, samphañca bahuṃ bhāsati – imehi kho, upāli, pañcahaṅgehi samannāgato bhikkhu saṅghe voharanto bahujanaakanto ca hoti bahujanaamanāpo ca bahujanaarucito ca. Pañcahupāli, aṅgehi samannāgato bhikkhu saṅghe voharanto bahujanakanto ca hoti bahujanamanāpo ca bahujanarucito ca. Katamehi pañcahi? Na ussādetā ca hoti, na apasādetā ca, dhammaṃ gaṇhāti, adhammaṃ paṭibāhati, samphañca na bahuṃ bhāsati – imehi kho, upāli, pañcahaṅgehi samannāgato bhikkhu saṅghe voharanto bahujanakanto ca hoti bahujanamanāpo ca bahujanarucito ca.

“Aparehipi, upāli, pañcahaṅgehi samannāgato bhikkhu saṅghe voharanto bahujanaakanto ca hoti bahujanaamanāpo ca bahujanaarucito ca. Katamehi pañcahi? Pasayhapavattā hoti, anokāsakammaṃ kāretvā pavattā hoti, na yathādhamme yathāvinaye yathāpattiyā codetā hoti, na yathādhamme yathāvinaye yathāpattiyā kāretā hoti, na yathādiṭṭhiyā byākatā hoti – imehi kho, upāli, pañcahaṅgehi samannāgato bhikkhu saṅghe voharanto bahujanaakanto ca hoti bahujanaamanāpo ca bahujanaarucito ca. Pañcahupāli, aṅgehi samannāgato bhikkhu saṅghe voharanto bahujanakanto ca hoti bahujanamanāpo ca bahujanarucito ca. Katamehi pañcahi? Na pasayhapavattā hoti, okāsakammaṃ kāretvā pavattā hoti, yathādhamme yathāvinaye yathāpattiyā codetā hoti, yathādhamme yathāvinaye yathāpattiyā kāretā hoti, yathādiṭṭhiyā byākatā hoti – imehi kho, upāli, pañcahaṅgehi samannāgato bhikkhu saṅghe voharanto bahujanakanto ca hoti bahujanamanāpo ca bahujanarucito cā”ti.

423. “Kati nu kho, bhante, ānisaṃsā vinayapariyattiyā”ti?

“Pañcime, upāli, ānisaṃsā vinayapariyattiyā. Katame pañca? Attano sīlakkhandho sugutto hoti surakkhito, kukkuccapakatānaṃ paṭisaraṇaṃ hoti, visārado saṅghamajjhe voharati, paccatthike sahadhammena suniggahitaṃ niggaṇhāti, saddhammaṭṭhitiyā paṭipanno hoti – imehi kho, upāli, pañcānisaṃsā vinayapariyattiyā”.

Nappaṭippassambhanavaggo niṭṭhito dutiyo.

Tassuddānaṃ –

Āpanno yāyavaṇṇañca, alajjī saṅgāmena ca;
Ussitā ussādetā ca, pasayha pariyattiyāti.

Paṭhamayamakapaññatti.

3. Vohāravaggo

424. “Katihi nu kho, bhante, aṅgehi samannāgatena bhikkhunā saṅghe na voharitabba”nti?

“Pañcahupāli, aṅgehi samannāgatena bhikkhunā saṅghe na voharitabbaṃ. Katamehi pañcahi? Āpattiṃ na jānāti, āpattisamuṭṭhānaṃ na jānāti, āpattiyā payogaṃ na jānāti, āpattiyā vūpasamaṃ na jānāti, āpattiyā na vinicchayakusalo hoti – imehi kho, upāli, pañcahaṅgehi samannāgatena bhikkhunā saṅghe na voharitabbaṃ. Pañcahupāli, aṅgehi samannāgatena bhikkhunā saṅghe voharitabbaṃ. Katamehi pañcahi? Āpattiṃ jānāti, āpattisamuṭṭhānaṃ jānāti, āpattiyā payogaṃ jānāti, āpattiyā vūpasamaṃ jānāti, āpattiyā vinicchayakusalo hoti – imehi kho, upāli, pañcahaṅgehi samannāgatena bhikkhunā saṅghe voharitabbaṃ.

“Aparehipi, upāli, pañcahaṅgehi samannāgatena bhikkhunā saṅghe na voharitabbaṃ. Katamehi pañcahi? Adhikaraṇaṃ na jānāti, adhikaraṇasamuṭṭhānaṃ na jānāti, adhikaraṇassa payogaṃ na jānāti, adhikaraṇassa vūpasamaṃ na jānāti, adhikaraṇassa na vinicchayakusalo hoti – imehi kho, upāli, pañcahaṅgehi samannāgatena bhikkhunā saṅghe na voharitabbaṃ. Pañcahupāli, aṅgehi samannāgatena bhikkhunā saṅghe voharitabbaṃ. Katamehi pañcahi? Adhikaraṇaṃ jānāti , adhikaraṇasamuṭṭhānaṃ jānāti, adhikaraṇassa payogaṃ jānāti, adhikaraṇassa vūpasamaṃ jānāti, adhikaraṇassa vinicchayakusalo hoti – imehi kho, upāli pañcahaṅgehi samannāgatena bhikkhunā saṅghe voharitabbaṃ.

“Aparehipi, upāli, pañcahaṅgehi samannāgatena bhikkhunā saṅghe na voharitabbaṃ. Katamehi pañcahi? Pasayhapavattā hoti, anokāsakammaṃ kāretvā pavattā hoti, na yathādhamme yathāvinaye yathāpattiyā codetā hoti, na yathādhamme yathāvinaye yathāpattiyā kāretā hoti, na yathādiṭṭhiyā byākatā hoti – imehi kho, upāli, pañcahaṅgehi samannāgatena bhikkhunā saṅghe na voharitabbaṃ. Pañcahupāli, aṅgehi samannāgatena bhikkhunā saṅghe voharitabbaṃ. Katamehi pañcahi? Na pasayhapavattā hoti, okāsakammaṃ kāretvā pavattā hoti, yathādhamme yathāvinaye yathāpattiyā codetā hoti, yathādhamme yathāvinaye yathāpattiyā kāretā hoti, yathādiṭṭhiyā byākatā hoti – imehi kho, upāli, pañcahaṅgehi samannāgatena bhikkhunā saṅghe voharitabbaṃ.

‘‘Aparehipi, upāli, pañcahaṅgehi samannāgatena bhikkhunā saṅghe na voharitabbaṃ. Katamehi pañcahi? Āpattānāpattiṃ na jānāti, lahukagarukaṃ āpattiṃ na jānāti, sāvasesānavasesaṃ āpattiṃ na jānāti, duṭṭhullāduṭṭhullaṃ āpattiṃ na jānāti, sappaṭikammaṃ appaṭikammaṃ āpattiṃ na jānāti – imehi kho, upāli, pañcahaṅgehi samannāgatena bhikkhunā saṅghe na voharitabbaṃ. Pañcahupāli, aṅgehi samannāgatena bhikkhunā saṅghe voharitabbaṃ. Katamehi pañcahi? Āpattānāpattiṃ jānāti, lahukagarukaṃ āpattiṃ jānāti, sāvasesānavasesaṃ āpattiṃ jānāti, duṭṭhullāduṭṭhullaṃ āpattiṃ jānāti, sappaṭikammaṃ appaṭikammaṃ āpattiṃ jānāti – imehi kho, upāli, pañcahaṅgehi samannāgatena bhikkhunā saṅghe voharitabbaṃ.

‘‘Aparehipi, upāli, pañcahaṅgehi samannāgatena bhikkhunā saṅghe na voharitabbaṃ. Katamehi pañcahi? Kammaṃ na jānāti, kammassa karaṇaṃ na jānāti, kammassa vatthuṃ na jānāti, kammassa vattaṃ na jānāti, kammassa vūpasamaṃ na jānāti – imehi kho, upāli, pañcahaṅgehi samannāgatena bhikkhunā saṅghe na voharitabbaṃ. Pañcahupāli, aṅgehi samannāgatena bhikkhunā saṅghe voharitabbaṃ. Katamehi pañcahi? Kammaṃ jānāti, kammassa karaṇaṃ jānāti, kammassa vatthuṃ jānāti, kammassa vattaṃ jānāti, kammassa vūpasamaṃ jānāti – imehi kho, upāli, pañcahaṅgehi samannāgatena bhikkhunā saṅghe voharitabbaṃ.

‘‘Aparehipi, upāli, pañcahaṅgehi samannāgatena bhikkhunā saṅghe na voharitabbaṃ. Katamehi pañcahi? Vatthuṃ na jānāti, nidānaṃ na jānāti, paññattiṃ na jānāti, padapaccābhaṭṭhaṃ na jānāti, anusandhivacanapathaṃ na jānāti – imehi kho, upāli, pañcahaṅgehi samannāgatena bhikkhunā saṅghe na voharitabbaṃ. Pañcahupāli, aṅgehi samannāgatena bhikkhunā saṅghe voharitabbaṃ. Katamehi pañcahi? Vatthuṃ jānāti, nidānaṃ jānāti, paññattiṃ jānāti, padapaccābhaṭṭhaṃ jānāti, anusandhivacanapathaṃ jānāti – imehi kho, upāli, pañcahaṅgehi samannāgatena bhikkhunā saṅghe voharitabbaṃ.

‘‘Aparehipi, upāli, pañcahaṅgehi samannāgatena bhikkhunā saṅghe na voharitabbaṃ. Katamehi pañcahi? Chandāgatiṃ gacchati, dosāgatiṃ gacchati, mohāgatiṃ gacchati, bhayāgatiṃ gacchati, alajjī ca hoti – imehi kho, upāli, pañcahaṅgehi samannāgatena bhikkhunā saṅghe na voharitabbaṃ. Pañcahupāli, aṅgehi samannāgatena bhikkhunā saṅghe voharitabbaṃ. Katamehi pañcahi? Na chandāgatiṃ gacchati, na dosāgatiṃ gacchati, na mohāgatiṃ gacchati, na bhayāgatiṃ gacchati, lajjī ca hoti – imehi kho, upāli, pañcahaṅgehi samannāgatena bhikkhunā saṅghe voharitabbaṃ.

‘‘Aparehipi, upāli, pañcahaṅgehi samannāgatena bhikkhunā saṅghe na voharitabbaṃ. Katamehi pañcahi? Chandāgatiṃ gacchati, dosāgatiṃ gacchati, mohāgatiṃ gacchati, bhayāgatiṃ gacchati, akusalo ca hoti vinaye – imehi kho, upāli, pañcahaṅgehi samannāgatena bhikkhunā saṅghe na voharitabbaṃ. Pañcahupāli, aṅgehi samannāgatena bhikkhunā saṅghe voharitabbaṃ. Katamehi pañcahi? Na chandāgatiṃ gacchati, na dosāgatiṃ gacchati, na mohāgatiṃ gacchati, na bhayāgatiṃ gacchati, kusalo ca hoti vinaye – imehi kho, upāli, pañcahaṅgehi samannāgatena bhikkhunā saṅghe voharitabbaṃ.

‘‘Aparehipi, upāli, pañcahaṅgehi samannāgatena bhikkhunā saṅghe na voharitabbaṃ. Katamehi pañcahi? Ñattiṃ na jānāti, ñattiyā karaṇaṃ na jānāti, ñattiyā anussāvanaṃ na jānāti, ñattiyā samathaṃ na jānāti, ñattiyā vūpasamaṃ na jānāti – imehi kho, upāli, pañcahaṅgehi samannāgatena bhikkhunā saṅghe na voharitabbaṃ. Pañcahupāli, aṅgehi samannāgatena bhikkhunā saṅghe voharitabbaṃ. Katamehi pañcahi? Ñattiṃ jānāti, ñattiyā karaṇaṃ jānāti, ñattiyā anussāvanaṃ jānāti, ñattiyā samathaṃ jānāti, ñattiyā vūpasamaṃ jānāti – imehi kho, upāli, pañcahaṅgehi samannāgatena bhikkhunā saṅghe voharitabbaṃ.

‘‘Aparehipi, upāli, pañcahaṅgehi samannāgatena bhikkhunā saṅghe na voharitabbaṃ. Katamehi pañcahi? Suttaṃ na jānāti, suttānulomaṃ na jānāti, vinayaṃ na jānāti, vinayānulomaṃ na jānāti, na ca ṭhānāṭhānakusalo hoti – imehi kho, upāli, pañcahaṅgehi samannāgatena bhikkhunā saṅghe na voharitabbaṃ. Pañcahupāli, aṅgehi samannāgatena bhikkhunā saṅghe voharitabbaṃ. Katamehi pañcahi? Suttaṃ jānāti, suttānulomaṃ jānāti, vinayaṃ jānāti, vinayānulomaṃ jānāti, ṭhānāṭhānakusalo ca hoti – imehi kho, upāli, pañcahaṅgehi samannāgatena bhikkhunā saṅghe voharitabbaṃ.

‘‘Aparehipi, upāli, pañcahaṅgehi samannāgatena bhikkhunā saṅghe na voharitabbaṃ. Katamehi pañcahi? Dhammaṃ na jānāti, dhammānulomaṃ na jānāti, vinayaṃ na jānāti, vinayānulomaṃ na jānāti, na ca pubbāparakusalo hoti – imehi kho, upāli, pañcahaṅgehi samannāgatena bhikkhunā saṅghe na voharitabbaṃ. Pañcahupāli, aṅgehi samannāgatena bhikkhunā saṅghe voharitabbaṃ. Katamehi pañcahi? Dhammaṃ jānāti, dhammānulomaṃ jānāti, vinayaṃ jānāti, vinayānulomaṃ jānāti, pubbāparakusalo ca hoti – imehi kho, upāli, pañcahaṅgehi samannāgatena bhikkhunā saṅghe voharitabba’’nti.

Vohāravaggo niṭṭhito tatiyo.

Tassuddānaṃ –

Āpatti adhikaraṇaṃ, pasayhāpatti jānanā;
Kammaṃ vatthuṃ alajjī ca, akusalo ca ñattiyā;
Suttaṃ na jānāti dhammaṃ, tatiyo vaggasaṅgahoti.

4. Diṭṭhāvikammavaggo

425. "Kati nu kho, bhante, adhammikā diṭṭhāvikammā"ti? "Pañcime, upāli, adhammikā diṭṭhāvikammā. Katame pañca? Anāpattiyā diṭṭhiṃ āvi karoti, adesanāgāminiyā āpattiyā diṭṭhiṃ āvi karoti, desitāya āpattiyā diṭṭhiṃ āvi karoti, catūhi pañcahi diṭṭhiṃ āvi karoti, mano mānasena diṭṭhiṃ āvi karoti – ime kho, upāli, pañca adhammikā diṭṭhāvikammā.

"Pañcime, upāli, dhammikā diṭṭhāvikammā. Katame pañca? Āpattiyā diṭṭhiṃ āvi karoti, desanāgāminiyā āpattiyā diṭṭhiṃ āvi karoti, adesitāya āpattiyā diṭṭhiṃ āvi karoti, na catūhi pañcahi diṭṭhiṃ āvi karoti, na mano mānasena diṭṭhiṃ āvi karoti – ime kho, upāli, pañca dhammikā diṭṭhāvikammā.

"Aparepi , upāli, pañca adhammikā diṭṭhāvikammā. Katame pañca? Nānāsaṃvāsakassa santike diṭṭhiṃ āvi karoti, nānāsīmāya ṭhitassa santike diṭṭhiṃ āvi karoti, apakatattassa santike diṭṭhiṃ āvi karoti, catūhi pañcahi diṭṭhiṃ āvi karoti, mano mānasena diṭṭhiṃ āvi karoti – ime kho, upāli, pañca adhammikā diṭṭhāvikammā.

"Pañcime, upāli, dhammikā diṭṭhāvikammā. Katame pañca? Samānasaṃvāsakassa santike diṭṭhiṃ āvi karoti, samānasīmāya ṭhitassa santike diṭṭhiṃ āvi karoti, pakatattassa santike diṭṭhiṃ āvi karoti, na catūhi pañcahi diṭṭhiṃ āvi karoti, na mano mānasena diṭṭhiṃ āvi karoti – ime kho, upāli, pañca dhammikā diṭṭhāvikammāti.

426. "Kati nu kho, bhante, adhammikā paṭiggahā"ti? "Pañcime, upāli, adhammikā paṭiggahā. Katame pañca? Kāyena diyyamānaṃ kāyena appaṭiggahitaṃ, kāyena diyyamānaṃ kāyappaṭibaddhena appaṭiggahitaṃ, kāyappaṭibaddhena diyyamānaṃ kāyena appaṭiggahitaṃ, kāyappaṭibaddhena diyyamānaṃ kāyappaṭibaddhena appaṭiggahitaṃ, nissaggiyena diyyamānaṃ kāyena vā kāyappaṭibaddhena vā appaṭiggahitaṃ – ime kho, upāli, pañca adhammikā paṭiggahā.

"Pañcime, upāli, dhammikā paṭiggahā. Katame pañca? Kāyena diyyamānaṃ kāyena paṭiggahitaṃ, kāyena diyyamānaṃ kāyappaṭibaddhena paṭiggahitaṃ, kāyappaṭibaddhena diyyamānaṃ kāyena paṭiggahitaṃ, kāyappaṭibaddhena diyyamānaṃ kāyappaṭibaddhena paṭiggahitaṃ, nissaggiyena diyyamānaṃ kāyena vā kāyappaṭibaddhena vā paṭiggahitaṃ – ime kho, upāli, pañca dhammikā paṭiggahā"ti.

427. "Kati nu kho, bhante, anatirittā"ti? "Pañcime, upāli, anatirittā. Katame pañca? [pāci. 239] Akappiyakataṃ hoti, appaṭiggahitakataṃ hoti anuccāritakataṃ hoti, ahatthapāse kataṃ hoti, alametaṃ sabbanti avuttaṃ hoti – ime kho, upāli, pañca anatirittā.

"Pañcime, upāli, atirittā. Katame pañca? [pāci. 239] Kappiyakataṃ hoti, paṭiggahitakataṃ hoti, uccāritakataṃ hoti, hatthapāse kataṃ hoti, alametaṃ sabbanti vuttaṃ hoti – ime kho, upāli, pañca atirittā"ti.

428. "Katihi nu kho, bhante, ākārehi pavāraṇā paññāyatī"ti? "Pañcahupāli, ākārehi pavāraṇā paññāyati. Katamehi pañcahi? [pāci. 239] Asanaṃ paññāyati, bhojanaṃ paññāyati, hatthapāse ṭhito abhiharati, paṭikkhepo paññāyati – imehi kho, upāli, pañcahākārehi pavāraṇā paññāyatī"ti.

429. "Kati nu kho, bhante, adhammikā paṭiññātakaraṇā"ti? "Pañcime, upāli, adhammikā paṭiññātakaraṇā. Katame pañca? Bhikkhu pārājikaṃ ajjhāpanno hoti, pārājikena codiyamāno saṅghādisesaṃ ajjhāpanno paṭijānāti, taṃ saṅgho saṅghādisesena kāreti, adhammikaṃ paṭiññātakaraṇaṃ . Bhikkhu pārājikaṃ ajjhāpanno hoti, pārājikena codiyamāno pācittiyaṃ...pe... pāṭidesanīyaṃ... dukkaṭaṃ ajjhāpanno paṭijānāti, taṃ saṅgho dukkaṭena kāreti, adhammikaṃ paṭiññātakaraṇaṃ. Bhikkhu saṅghādisesaṃ...pe... pācittiyaṃ... pāṭidesanīyaṃ... dukkaṭaṃ ajjhāpanno hoti. Dukkaṭena codiyamāno pārājikaṃ ajjhāpanno paṭijānāti, taṃ saṅgho pārājikena kāreti, adhammikaṃ paṭiññātakaraṇaṃ. Bhikkhu dukkaṭaṃ ajjhāpanno hoti, dukkaṭena codiyamāno saṅghādisesaṃ...pe... pācittiyaṃ... pāṭidesanīyaṃ ajjhāpanno paṭijānāti, taṃ saṅgho pāṭidesanīyena kāreti – adhammikaṃ paṭiññātakaraṇaṃ. Ime kho, upāli, pañca adhammikā paṭiññātakaraṇā.

"Pañcime, upāli, dhammikā paṭiññātakaraṇā. Katame pañca? Bhikkhu pārājikaṃ ajjhāpanno hoti, pārājikena codiyamāno pārājikaṃ ajjhāpanno paṭijānāti, taṃ saṅgho pārājikena kāreti, dhammikaṃ paṭiññātakaraṇaṃ. Bhikkhu saṅghādisesaṃ...pe... pācittiyaṃ... pāṭidesanīyaṃ... dukkaṭaṃ ajjhāpanno hoti, dukkaṭena codiyamāno dukkaṭaṃ ajjhāpanno paṭijānāti , taṃ saṅgho dukkaṭena kāreti, dhammikaṃ paṭiññātakaraṇaṃ. Ime kho, upāli, pañca dhammikā paṭiññātakaraṇā"ti.

430. "Katihi nu kho, bhante, aṅgehi samannāgatassa bhikkhuno okāsakammaṃ kārāpentassa nālaṃ okāsakammaṃ kātu"nti? "Pañcahupāli, aṅgehi samannāgatassa bhikkhuno okāsakammaṃ kārāpentassa nālaṃ okāsakammaṃ kātuṃ. Katamehi pañcahi? Alajjī ca hoti, bālo ca, apakatatto ca, cāvanādhippāyo vattā hoti, no vuṭṭhānādhippāyo – imehi kho, upāli, pañcahaṅgehi samannāgatassa bhikkhuno okāsakammaṃ kārāpentassa nālaṃ okāsakammaṃ kātuṃ.

"Pañcahupāli, aṅgehi samannāgatassa bhikkhuno okāsakammaṃ kārāpentassa alaṃ okāsakammaṃ kātuṃ. Katamehi pañcahi? Lajjī ca hoti, paṇḍito ca, pakatatto ca, vuṭṭhānādhippāyo vattā hoti, no cāvanādhippāyo – imehi kho, upāli, pañcahaṅgehi samannāgatassa bhikkhuno okāsakammaṃ kārāpentassa alaṃ okāsakammaṃ kātu"nti.

431. "Katihi nu kho, bhante, aṅgehi samannāgatena bhikkhunā saddhiṃ vinayo na sākacchitabbo"ti? "Pañcahupāli, aṅgehi samannāgatena bhikkhunā saddhiṃ vinayo na sākacchitabbo. Katamehi pañcahi?

Vatthuṃ na jānāti, nidānaṃ na jānāti, paññattiṃ na jānāti, padapaccābhaṭṭhaṃ na jānāti, anusandhivacanapathaṃ na jānāti – imehi kho, upāli, pañcahaṅgehi samannāgatena bhikkhunā saddhiṃ vinayo na sākacchitabbo.

"Pañcahupāli, aṅgehi samannāgatena bhikkhunā saddhiṃ vinayo sākacchitabbo. Katamehi pañcahi? Vatthuṃ jānāti, nidānaṃ jānāti, paññattiṃ jānāti, padapaccābhaṭṭhaṃ jānāti, anusandhivacanapathaṃ jānāti – imehi kho, upāli, pañcahaṅgehi samannāgatena bhikkhunā saddhiṃ vinayo sākacchitabbo"ti.

432. "Kati nu kho, bhante, pañhāpucchā"ti? "Pañcimā, upāli, pañhāpucchā. Katamā pañca? Mandattā momūhattā pañhaṃ pucchati, pāpiccho icchāpakato pañhaṃ pucchati, paribhavā pañhaṃ pucchati, aññātukāmo pañhaṃ pucchati, sace me pañhaṃ puṭṭho sammadeva byākarissati iccetaṃ kusalaṃ no ce pañhaṃ puṭṭho sammadeva byākarissati ahamassa sammadeva byākarissāmīti pañhaṃ pucchati – imā kho, upāli, pañca pañhāpucchā"ti.

433. "Kati nu kho, bhante, aññabyākaraṇā"ti? "Pañcime, upāli, aññabyākaraṇā. Katame pañca? Mandattā momūhattā aññaṃ byākaroti, pāpiccho icchāpakato aññaṃ byākaroti, ummādā cittakkhepā aññaṃ byākaroti, adhimānena aññaṃ byākaroti, bhūtaṃ aññaṃ byākaroti – ime kho, upāli, pañca aññabyākaraṇā"ti.

434. "Kati nu kho, bhante, visuddhiyo"ti? "Pañcimā, upāli, visuddhiyo. Katamā pañca? Nidānaṃ uddisitvā avasesaṃ sutena sāvetabbaṃ ayaṃ paṭhamā visuddhi, nidānaṃ uddisitvā cattāri pārājikāni uddisitvā avasesaṃ sutena sāvetabbaṃ ayaṃ dutiyā visuddhi, nidānaṃ uddisitvā cattāri pārājikāni uddisitvā terasa saṅghādisese uddisitvā avasesaṃ sutena sāvetabbaṃ ayaṃ tatiyā visuddhi, nidānaṃ uddisitvā cattāri pārājikāni uddisitvā terasa saṅghādisese uddisitvā dve aniyate uddisitvā avasesaṃ sutena sāvetabbaṃ ayaṃ catutthā visuddhi, vitthāreneva pañcamī – imā kho, upāli, pañca visuddhiyo"ti.

435. "Kati nu kho, bhante, bhojanā"ti? "Pañcime, upāli, bhojanā. Katame pañca? Odano, kummāso, sattu, maccho, maṃsaṃ – ime kho, upāli, pañca bhojanā"ti.

Diṭṭhāvikammavaggo niṭṭhito catuttho.

Tassuddānaṃ –

Diṭṭhāvikammā apare, paṭiggahānatirittā;
Pavāraṇā paṭiññātaṃ, okāsaṃ sākacchena ca;
Pañhaṃ aññabyākaraṇā, visuddhi cāpi bhojanāti.

5. Attādānavaggo

436.[cūḷava. 399; a. ni. 10.44] "Codakena, bhante, bhikkhunā paraṃ codetukāmena kati dhamme ajjhattaṃ paccavekkhitvā paro codetabbo"ti? "Codakenupāli, bhikkhunā paraṃ codetukāmena pañca dhamme ajjhattaṃ paccavekkhitvā paro codetabbo. Katame pañca? Codakenupāli, bhikkhunā paraṃ codetukāmena evaṃ paccavekkhitabbaṃ – parisuddhakāyasamācāro nu khomhi, parisuddhenamhi kāyasamācārena samannāgato acchiddena appaṭimaṃsena, saṃvijjati nu kho me eso dhammo udāhu no"ti. No ce, upāli, bhikkhu parisuddhakāyasamācāro hoti, parisuddhena kāyasamācārena samannāgato acchiddena appaṭimaṃsena, tassa bhavanti vattāro – 'iṅgha, tāva āyasmā kāyikaṃ sikkhassū'ti itissa bhavanti vattāro.

"Puna caparaṃ, upāli, codakena bhikkhunā paraṃ codetukāmena evaṃ paccavekkhitabbaṃ – 'parisuddhavacīsamācāro nu khomhi, parisuddhenamhi vacīsamācārena samannāgato acchiddena appaṭimaṃsena, saṃvijjati nu kho me eso dhammo udāhu no'ti. No ce, upāli, bhikkhu parisuddhavacīsamācāro hoti, parisuddhena vacīsamācārena samannāgato acchiddena appaṭimaṃsena, tassa bhavanti vattāro – 'iṅgha, tāva āyasmā vācasikaṃ sikkhassū'ti itissa bhavanti vattāro.

"Puna caparaṃ, upāli, codakena bhikkhunā paraṃ codetukāmena evaṃ paccavekkhitabbaṃ – 'mettaṃ nu kho me cittaṃ paccupaṭṭhitaṃ sabrahmacārīsu anāghātaṃ, saṃvijjati nu kho me eso dhammo udāhu no'ti. No ce, upāli, bhikkhuno mettaṃ cittaṃ paccupaṭṭhitaṃ hoti sabrahmacārīsu anāghātaṃ, tassa bhavanti vattāro – 'iṅgha, tāva āyasmā sabrahmacārīsu mettaṃ cittaṃ upaṭṭhāpehī'ti itissa bhavanti vattāro.

"Puna caparaṃ, upāli, codakena bhikkhunā paraṃ codetukāmena evaṃ paccavekkhitabbaṃ – 'bahussuto nu khomhi sutadharo sutasannicayo, ye te dhammā ādikalyāṇā majjhekalyāṇā pariyosānakalyāṇā sātthaṃ sabyañjanaṃ kevalaparipuṇṇaṃ parisuddhaṃ brahmacariyaṃ abhivadanti, tathārūpā me dhammā bahussutā honti dhātā vacasā paricitā manasānupekkhitā diṭṭhiyā suppaṭividdhā, saṃvijjati nu kho me eso dhammo udāhu no'ti. No ce, upāli, bhikkhu bahussuto hoti sutadharo sutasannicayo, ye te dhammā ādikalyāṇā majjhekalyāṇā pariyosānakalyāṇā sātthaṃ sabyañjanaṃ kevalaparipuṇṇaṃ parisuddhaṃ brahmacariyaṃ abhivadanti, tathārūpassa dhammā na bahussutā honti dhātā vacasā paricitā manasānupekkhitā diṭṭhiyā suppaṭividdhā, tassa bhavanti vattāro – 'iṅgha, tāva āyasmā āgamaṃ pariyāpuṇassū'ti itissa bhavanti vattāro.

"Puna caparaṃ, upāli, codakena bhikkhunā paraṃ codetukāmena evaṃ paccavekkhitabbaṃ – 'ubhayāni kho me pātimokkhāni vitthārena svāgatāni honti suvibhattāni suppavattīni suvinicchitāni suttaso anubyañjanaso, saṃvijjati nu kho me eso dhammo udāhu no'ti. No ce, upāli, bhikkhuno ubhayāni pātimokkhāni vitthārena svāgatāni honti suvibhattāni suppavattīni suvinicchitāni suttaso anubyañjanaso, 'idaṃ panāvuso kattha vuttaṃ bhagavatā'ti iti puṭṭho na sampāyati [na sampādayati (ka.), na sampādeti (syā.)], tassa bhavanti vattāro – 'iṅgha, tāva āyasmā vinayaṃ pariyāpuṇassū'ti itissa bhavanti vattāro. Codakenupāli, bhikkhunā paraṃ codetukāmena ime pañca dhamme ajjhattaṃ paccavekkhitvā paro codetabbo''ti.

437. ''Codakena, bhante, bhikkhunā paraṃ codetukāmena kati dhamme ajjhattaṃ upaṭṭhāpetvā paro codetabbo''ti? ''Codakenupāli, bhikkhunā paraṃ codetukāmena pañca dhamme ajjhattaṃ upaṭṭhāpetvā paro codetabbo. Katame pañca? Kālena vakkhāmi no akālena , bhūtena vakkhāmi no abhūtena, saṇhena vakkhāmi no pharusena, atthasaṃhitena vakkhāmi no anatthasaṃhitena, mettācitto vakkhāmi no dosantaroti – codakenupāli, bhikkhunā paraṃ codetukāmena ime pañca dhamme ajjhattaṃ upaṭṭhāpetvā paro codetabbo''ti.

438.[cūḷava. 400] ''Codakena, bhante, bhikkhunā paraṃ codetukāmena kati dhamme ajjhattaṃ manasi karitvā paro codetabbo''ti? ''Codakenupāli, bhikkhunā paraṃ codetukāmena pañca dhamme ajjhattaṃ manasi karitvā paro codetabbo. Katame pañca? Kāruññatā, hitesitā, anukampatā, āpattivuṭṭhānatā, vinayapurekkhāratā – codakenupāli, bhikkhunā paraṃ codetukāmena ime pañca dhamme ajjhattaṃ manasi karitvā paro codetabbo''ti.

439. ''Katihi nu kho, bhante, aṅgehi samannāgatassa bhikkhuno okāsakammaṃ kārāpentassa nālaṃ okāsakammaṃ kātu''nti? ''Pañcahupāli, aṅgehi samannāgatassa bhikkhuno okāsakammaṃ kārāpentassa nālaṃ okāsakammaṃ kātuṃ. Katamehi pañcahi? Aparisuddhakāyasamācāro hoti, aparisuddhavacīsamācāro hoti, aparisuddhājīvo hoti, bālo hoti abyatto, na paṭibalo anuyuñjiyamāno anuyogaṃ dātuṃ – imehi kho, upāli, pañcahaṅgehi samannāgatassa bhikkhuno okāsakammaṃ kārāpentassa nālaṃ okāsakammaṃ kātuṃ.

''Pañcahupāli , aṅgehi samannāgatassa bhikkhuno okāsakammaṃ kārāpentassa alaṃ okāsakammaṃ kātuṃ. Katamehi pañcahi? Parisuddhakāyasamācāro hoti, parisuddhavacīsamācāro hoti, parisuddhājīvo hoti, paṇḍito hoti byatto paṭibalo anuyuñjiyamāno anuyogaṃ dātuṃ – imehi kho, upāli, pañcahaṅgehi samannāgatassa bhikkhuno okāsakammaṃ kārāpentassa alaṃ okāsakammaṃ kātu''nti.

440.[cūḷava. 398] ''Attādānaṃ ādātukāmena, bhante, bhikkhunā katihaṅgehi samannāgataṃ attādānaṃ ādātabba''nti? ''Attādānaṃ ādātukāmenupāli, bhikkhunā pañcaṅgasamannāgataṃ [pañcahaṅgehi samannāgataṃ (sī. syā.)] attādānaṃ ādātabbaṃ. Katame pañca [katamehi pañcahi (syā.)]? Attādānaṃ ādātukāmena, upāli, bhikkhunā evaṃ paccavekkhitabbaṃ – 'yaṃ kho ahaṃ imaṃ attādānaṃ ādātukāmo, kālo nu kho imaṃ attādānaṃ ādātuṃ udāhu no'ti. Sace, upāli, bhikkhu paccavekkhamāno evaṃ jānāti – 'akālo imaṃ attādānaṃ ādātuṃ no kālo'ti, na taṃ, upāli, attādānaṃ ādātabbaṃ.

''Sace panupāli, bhikkhu paccavekkhamāno evaṃ jānāti – 'kālo imaṃ attādānaṃ ādātuṃ no akālo'ti, tenupāli bhikkhunā uttari paccavekkhitabbaṃ – 'yaṃ kho ahaṃ imaṃ attādānaṃ ādātukāmo bhūtaṃ nu kho idaṃ attādānaṃ udāhu no'ti. Sace, upāli, bhikkhu paccavekkhamāno evaṃ jānāti – 'abhūtaṃ idaṃ attādānaṃ no bhūta'nti, na taṃ, upāli, attādānaṃ ādātabbaṃ.

''Sace panupāli bhikkhu paccavekkhamāno evaṃ jānāti – 'bhūtaṃ idaṃ attādānaṃ no abhūta'nti, tenupāli bhikkhunā uttari paccavekkhitabbaṃ – 'yaṃ kho ahaṃ imaṃ attādānaṃ ādātukāmo, atthasaṃhitaṃ nu kho idaṃ attādānaṃ udāhu no'ti. Sace, upāli, bhikkhu paccavekkhamāno evaṃ jānāti – ' anatthasaṃhitaṃ idaṃ attādānaṃ no atthasaṃhita'nti, na taṃ, upāli, attādānaṃ ādātabbaṃ.

''Sace panupāli bhikkhu paccavekkhamāno evaṃ jānāti – 'atthasaṃhitaṃ idaṃ attādānaṃ no anatthasaṃhita'nti, tenupāli bhikkhunā uttari paccavekkhitabbaṃ – 'imaṃ kho ahaṃ attādānaṃ ādiyamāno labhissāmi sandiṭṭhe sambhatte bhikkhū dhammato vinayato pakkhe udāhu no'ti. Sace, upāli, bhikkhu paccavekkhamāno evaṃ jānāti – 'imaṃ kho ahaṃ attādānaṃ ādiyamāno na labhissāmi sandiṭṭhe sambhatte bhikkhū dhammato vinayato pakkhe'ti, na taṃ, upāli, attādānaṃ ādātabbaṃ.

''Sace panupāli bhikkhu paccavekkhamāno evaṃ jānāti – 'idaṃ kho ahaṃ attādānaṃ ādiyamāno labhissāmi sandiṭṭhe sambhatte bhikkhū dhammato vinayato pakkhe'ti, tenupāli bhikkhunā uttari paccavekkhitabbaṃ – 'imaṃ kho me attādānaṃ ādiyato bhavissati saṅghassa tatonidānaṃ bhaṇḍanaṃ kalaho viggaho vivādo saṅghabhedo saṅgharāji saṅghavavatthānaṃ saṅghanānākaraṇaṃ udāhu no'ti. Sace, upāli, bhikkhu paccavekkhamāno evaṃ jānāti – 'imaṃ kho me attādānaṃ ādiyato bhavissati saṅghassa tatonidānaṃ bhaṇḍanaṃ kalaho viggaho vivādo saṅghabhedo saṅgharāji saṅghavavatthānaṃ saṅghanānākaraṇa'nti, na taṃ, upāli, attādānaṃ ādātabbaṃ.

''Sace panupāli bhikkhu paccavekkhamāno evaṃ jānāti – 'imaṃ kho me attādānaṃ ādiyato na bhavissati saṅghassa tatonidānaṃ bhaṇḍanaṃ kalaho viggaho vivādo saṅghabhedo saṅgharāji saṅghavavatthānaṃ saṅghanānākaraṇa'nti, taṃ ādātabbaṃ, upāli, attādānaṃ. Evaṃ pañcaṅgasamannāgataṃ kho, upāli, attādānaṃ ādinnaṃ pacchāpi avippaṭisārakaraṃ bhavissatī''ti.

441. ''Katihi nu kho, bhante, aṅgehi samannāgato bhikkhu adhikaraṇajātānaṃ bhikkhūnaṃ bahūpakāro hotī''ti? ''Pañcahupāli, aṅgehi samannāgato bhikkhu adhikaraṇajātānaṃ bhikkhūnaṃ bahūpakāro hoti. Katamehi pañcahi? Sīlavā hoti, pātimokkhasaṃvarasaṃvuto viharati ācāragocarasampanno aṇumattesu vajjesu bhayadassāvī, samādāya sikkhati sikkhāpadesu; bahussuto hoti sutadharo sutasannicayo; ye te dhammā ādikalyāṇā majjhekalyāṇā pariyosānakalyāṇā sātthaṃ sabyañjanaṃ kevalaparipuṇṇaṃ

parisuddhaṃ brahmacariyaṃ abhivadanti tathārūpassa dhammā bahussutā honti dhātā vacasā paricitā manasānupekkhitā diṭṭhiyā suppaṭividdhā, ubhayāni kho panassa pātimokkhāni vitthārena svāgatāni honti suvibhattāni suppavattīni suvinicchitāni suttaso anubyañjanaso; vinaye kho pana ṭhito hoti asaṃhīro; paṭibalo hoti ubho atthapaccatthike assāsetuṃ saññāpetuṃ nijjhāpetuṃ pekkhetuṃ pasādetuṃ – imehi kho, upāli, pañcahaṅgehi samannāgato bhikkhu adhikaraṇajātānaṃ bhikkhūnaṃ bahūpakāro hoti.

''Aparehipi , upāli, pañcahaṅgehi samannāgato bhikkhu adhikaraṇajātānaṃ bhikkhūnaṃ bahūpakāro hoti. Katamehi pañcahi? Parisuddhakāyasamācāro hoti, parisuddhavacīsamācāro hoti, parisuddhājīvo hoti, paṇḍito hoti byatto, paṭibalo anuyuñjiyamāno anuyogaṃ dātuṃ – imehi kho, upāli, pañcahaṅgehi samannāgato bhikkhu adhikaraṇajātānaṃ bhikkhūnaṃ bahūpakāro hoti.

''Aparehipi, upāli, pañcahaṅgehi samannāgato bhikkhu adhikaraṇajātānaṃ bhikkhūnaṃ bahūpakāro hoti. Katamehi pañcahi? Vatthuṃ jānāti, nidānaṃ jānāti, paññattiṃ jānāti , padapaccābhaṭṭhaṃ jānāti, anusandhivacanapathaṃ jānāti – imehi kho, upāli, pañcahaṅgehi samannāgato bhikkhu adhikaraṇajātānaṃ bhikkhūnaṃ bahūpakāro hotī''ti.

442. ''Katihi nu kho, bhante, aṅgehi samannāgatena bhikkhunā nānuyuñjitabba''nti? ''Pañcahupāli, aṅgehi samannāgatena bhikkhunā nānuyuñjitabbaṃ. Katamehi pañcahi? Suttaṃ na jānāti, suttānulomaṃ na jānāti, vinayaṃ na jānāti, vinayānulomaṃ na jānāti, na ca ṭhānāṭhānakusalo hoti – imehi kho, upāli, pañcahaṅgehi samannāgatena bhikkhunā nānuyuñjitabbaṃ.

''Pañcahupāli, aṅgehi samannāgatena bhikkhunā anuyuñjitabbaṃ. Katamehi pañcahi? Suttaṃ jānāti, suttānulomaṃ jānāti, vinayaṃ jānāti, vinayānulomaṃ jānāti, ṭhānāṭhānakusalo ca hoti – imehi kho, upāli, pañcahaṅgehi samannāgatena bhikkhunā anuyuñjitabbaṃ.

''Aparehipi, upāli, pañcahaṅgehi samannāgatena bhikkhunā nānuyuñjitabbaṃ. Katamehi pañcahi? Dhammaṃ na jānāti, dhammānulomaṃ na jānāti, vinayaṃ na jānāti, vinayānulomaṃ na jānāti, na ca pubbāparakusalo hoti – imehi kho, upāli, pañcahaṅgehi samannāgatena bhikkhunā nānuyuñjitabbaṃ.

''Pañcahupāli, aṅgehi samannāgatena bhikkhunā anuyuñjitabbaṃ. Katamehi pañcahi? Dhammaṃ jānāti, dhammānulomaṃ jānāti, vinayaṃ jānāti, vinayānulomaṃ jānāti, pubbāparakusalo ca hoti – imehi kho, upāli, pañcahaṅgehi samannāgatena bhikkhunā anuyuñjitabbaṃ.

''Aparehipi, upāli, pañcahaṅgehi samannāgatena bhikkhunā nānuyuñjitabbaṃ. Katamehi pañcahi? Vatthuṃ na jānāti, nidānaṃ na jānāti, paññattiṃ na jānāti, padapaccābhaṭṭhaṃ na jānāti, anusandhivacanapathaṃ na jānāti – imehi kho, upāli, pañcahaṅgehi samannāgatena bhikkhunā nānuyuñjitabbaṃ.

''Pañcahupāli, aṅgehi samannāgatena bhikkhunā anuyuñjitabbaṃ. Katamehi pañcahi? Vatthuṃ jānāti, nidānaṃ jānāti, paññattiṃ jānāti, padapaccābhaṭṭhaṃ jānāti, anusandhivacanapathaṃ jānāti – imehi kho, upāli, pañcahaṅgehi samannāgatena bhikkhunā anuyuñjitabbaṃ.

''Aparehipi, upāli, pañcahaṅgehi samannāgatena bhikkhunā nānuyuñjitabbaṃ. Katamehi pañcahi? Āpattiṃ na jānāti, āpattisamuṭṭhānaṃ na jānāti, āpattiyā payogaṃ na jānāti, āpattiyā vūpasamaṃ na jānāti, āpattiyā na vinicchayakusalo hoti – imehi kho, upāli, pañcahaṅgehi samannāgatena bhikkhunā nānuyuñjitabbaṃ.

''Pañcahupāli, aṅgehi samannāgatena bhikkhunā anuyuñjitabbaṃ. Katamehi pañcahi? Āpattiṃ jānāti, āpattisamuṭṭhānaṃ jānāti, āpattiyā payogaṃ jānāti, āpattiyā vūpasamaṃ jānāti, āpattiyā vinicchayakusalo hoti – imehi kho, upāli, pañcahaṅgehi samannāgatena bhikkhunā anuyuñjitabbaṃ.

''Aparehipi , upāli, pañcahaṅgehi samannāgatena bhikkhunā nānuyuñjitabbaṃ. Katamehi pañcahi? Adhikaraṇaṃ na jānāti, adhikaraṇasamuṭṭhānaṃ na jānāti, adhikaraṇassa payogaṃ na jānāti, adhikaraṇassa vūpasamaṃ na jānāti, adhikaraṇassa na vinicchayakusalo hoti – imehi kho, upāli, pañcahaṅgehi samannāgatena bhikkhunā nānuyuñjitabbaṃ.

''Pañcahupāli, aṅgehi samannāgatena bhikkhunā anuyuñjitabbaṃ. Katamehi pañcahi? Adhikaraṇaṃ jānāti, adhikaraṇasamuṭṭhānaṃ jānāti, adhikaraṇassa payogaṃ jānāti, adhikaraṇassa vūpasamaṃ jānāti, adhikaraṇassa vinicchayakusalo hoti – imehi kho, upāli, pañcahaṅgehi samannāgatena bhikkhunā anuyuñjitabba''nti.

Attādānavaggo niṭṭhito pañcamo.

Tassuddānaṃ –

Parisuddhañca kālena, kāruññaṃ okāsena ca;

Attādānaṃ adhikaraṇaṃ, aparehipi vatthuñca;

Suttaṃ dhammaṃ puna vatthuñca, āpatti adhikaraṇena cāti.

6. Dhutaṅgavaggo

443. ''Kati nu kho, bhante, āraññikā''ti? ''Pañcime, upāli, āraññikā [a. ni. 5.181; pari. 325]. Katame pañca? Mandattā momūhattā āraññiko hoti, pāpiccho icchāpakato āraññiko hoti, ummādā cittakkhepā āraññiko hoti, vaṇṇitaṃ buddhehi buddhasāvakehīti āraññiko hoti, api ca appicchaññeva nissāya santuṭṭhiññeva nissāya – sallekhaññeva nissāya pavivekaññeva nissāya idamatthitaññeva nissāya āraññiko hoti – ime kho, upāli, pañca āraññikā''ti.

“Kati nu kho, bhante, piṇḍapātikāti…pe… kati nu kho, bhante, paṃsukūlikāti…pe… kati nu kho, bhante, rukkhamūlikāti…pe… kati nu kho, bhante, sosānikāti…pe… kati nu kho, bhante, abbhokāsikāti…pe… kati nu kho, bhante, tecīvarikāti…pe… kati nu kho, bhante, sapadānacārikāti…pe… kati nu kho, bhante, nesajjikāti…pe… kati nu kho, bhante, yathāsanthatikāti…pe… kati nu kho, bhante, ekāsanikāti…pe… kati nu kho, bhante, khalupacchābhattikāti…pe… kati nu kho, bhante, pattapiṇḍikāti? Pañcime, upāli, pattapiṇḍikā. Katame pañca? Mandattā momūhattā pattapiṇḍiko hoti, pāpiccho icchāpakato pattapiṇḍiko hoti, ummādā cittakkhepā pattapiṇḍiko hoti, vaṇṇitaṃ buddhehi buddhasāvakehīti pattapiṇḍiko hoti, api ca appicchaññeva nissāya santuṭṭhiññeva nissāya sallekhaññeva nissāya pavivekaññeva nissāya idamatthitaññeva nissāya pattapiṇḍiko hoti – ime kho, upāli, pañca pattapiṇḍikā”ti.

Dhutaṅgavaggo niṭṭhito chaṭṭho.

Tassuddānaṃ –

Āraññiko piṇḍipaṃsu, rukkhasusānapañcamaṃ;
Abbho tecīvarañceva, sapadānanesajjikā;
Santhatekāsanañceva, khalupacchā pattapiṇḍikāti.

7. Musāvādavaggo

444. “Kati nu kho, bhante, musāvādā”ti? “Pañcime, upāli, musāvādā. Katame pañca? Atthi musāvādo pārājikagāmī, atthi musāvādo saṅghādisesagāmī, atthi musāvādo thullaccayagāmī, atthi musāvādo pācittiyagāmī, atthi musāvādo dukkaṭagāmī – ime kho, upāli, pañca musāvādā”ti.

445. “Katihi nu kho, bhante, aṅgehi samannāgatassa bhikkhuno saṅghamajjhe uposathaṃ vā pavāraṇaṃ vā ṭhapentassa – ‘alaṃ, bhikkhu, mā bhaṇḍanaṃ, mā kalahaṃ, mā viggahaṃ, mā vivāda’nti omadditvā saṅghena uposatho vā pavāraṇā vā kātabbā”ti? “Pañcahupāli, aṅgehi samannāgatassa bhikkhuno saṅghamajjhe uposathaṃ vā pavāraṇaṃ vā ṭhapentassa – ‘alaṃ, bhikkhu, mā bhaṇḍanaṃ, mā kalahaṃ, mā viggahaṃ, mā vivāda’nti omadditvā saṅghena uposatho vā pavāraṇā vā kātabbā. Katamehi pañcahi? Alajjī ca hoti, bālo ca, apakatatto ca, cāvanādhippāyo vattā hoti, no vuṭṭhānādhippāyo – imehi kho, upāli, pañcahaṅgehi samannāgatassa bhikkhuno saṅghamajjhe uposathaṃ vā pavāraṇaṃ vā ṭhapentassa – ‘alaṃ, bhikkhu, mā bhaṇḍanaṃ, mā kalahaṃ, mā viggahaṃ, mā vivāda’nti omadditvā saṅghena uposatho vā pavāraṇā vā kātabbā.

“Aparehipi, upāli, pañcahaṅgehi samannāgatassa bhikkhuno saṅghamajjhe uposathaṃ vā pavāraṇaṃ vā ṭhapentassa – ‘alaṃ, bhikkhu, mā bhaṇḍanaṃ, mā kalahaṃ, mā viggahaṃ, mā vivāda’nti omadditvā saṅghena uposatho vā pavāraṇā vā kātabbā. Katamehi pañcahi? Aparisuddhakāyasamācāro hoti, aparisuddhavacīsamācāro hoti, aparisuddhājīvo hoti, bālo hoti abyatto, bhaṇḍanakārako hoti kalahakārako – imehi kho, upāli, pañcahaṅgehi samannāgatassa bhikkhuno saṅghamajjhe uposathaṃ vā pavāraṇaṃ vā ṭhapentassa – ‘alaṃ, bhikkhu, mā bhaṇḍanaṃ, mā kalahaṃ, mā viggahaṃ, mā vivāda’nti omadditvā saṅghena uposatho vā pavāraṇā vā kātabbā”ti.

446. “Katihi nu kho, bhante, aṅgehi samannāgatassa bhikkhuno anuyogo na dātabbo”ti? “Pañcahupāli, aṅgehi samannāgatassa bhikkhuno anuyogo na dātabbo. Katamehi pañcahi? Āpattānāpattiṃ na jānāti, lahukagarukaṃ āpattiṃ na jānāti, sāvasesānavasesaṃ āpattiṃ na jānāti, duṭṭhullāduṭṭhullaṃ āpattiṃ na jānāti, sappaṭikammāpaṭikammaṃ āpattiṃ na jānāti – imehi kho, upāli, pañcahaṅgehi samannāgatassa bhikkhuno anuyogo na dātabbo.

“Pañcahupāli, aṅgehi samannāgatassa bhikkhuno anuyogo dātabbo. Katamehi pañcahi? Āpattānāpattiṃ jānāti, lahukagarukaṃ āpattiṃ jānāti, sāvasesānavasesaṃ āpattiṃ jānāti, duṭṭhullāduṭṭhullaṃ āpattiṃ jānāti, sappaṭikammāpaṭikammaṃ āpattiṃ jānāti – imehi kho, upāli, pañcahaṅgehi samannāgatassa bhikkhuno anuyogo dātabbo”ti.

447. “Katihi nu kho, bhante, ākārehi bhikkhu āpattiṃ āpajjatī”ti? “Pañcahupāli, ākārehi bhikkhu āpattiṃ āpajjati. Katamehi pañcahi? Alajjitā, aññāṇatā, kukkuccapakatatā, akappiye kappiyasaññitā, kappiye akappiyasaññitā – imehi kho, upāli, pañcahākārehi bhikkhu āpattiṃ āpajjati.

“Aparehipi, upāli, pañcahākārehi bhikkhu āpattiṃ āpajjati. Katamehi pañcahi ? Adassanena, assavanena, pasuttakatā, tathāsaññī, satisammosā – imehi kho, upāli, pañcahākārehi bhikkhu āpattiṃ āpajjatī”ti.

448. “Kati nu kho, bhante, verā”ti? “Pañcime, upāli, verā. Katame pañca? Pāṇātipāto , adinnādānaṃ, kāmesumicchācāro, musāvādo, surāmerayamajjappamādaṭṭhānaṃ – ime kho, upāli, pañca verā”ti.

“Kati nu kho, bhante, veramaṇiyo”ti? “Pañcimā, upāli, veramaṇiyo. Katamā pañca? Pāṇātipātā veramaṇī [veramaṇi (ka.)], adinnādānā veramaṇī, kāmesumicchācārā veramaṇī, musāvādā veramaṇī, surāmerayamajjappamādaṭṭhānā veramaṇī – imā kho, upāli, pañca veramaṇiyo”ti.

449. “Kati nu kho, bhante, byasanānī”ti? “Pañcimāni, upāli, byasanāni. [pari. 325; a. ni. 5.130] Katamāni pañca? Ñātibyasanaṃ, bhogabyasanaṃ, rogabyasanaṃ, sīlabyasanaṃ, diṭṭhibyasanaṃ – imāni kho, upāli, pañca byasanānī”ti.

“Kati nu kho, bhante, sampadā”ti? “Pañcimā, upāli, sampadā. [pari. 325; a. ni. 5.130] Katamā pañca? Ñātisampadā, bhogasampadā, ārogyasampadā, sīlasampadā, diṭṭhisampadā – imā kho, upāli, pañca sampadā”ti.

Musāvādavaggo niṭṭhito sattamo.
Tassuddānaṃ –
Musāvādo ca omaddi, aparehi anuyogo;
Āpattiñca aparehi, verā veramaṇīpi ca;
Byasanaṃ sampadā ceva, sattamo vaggasaṅgahoti.
8. Bhikkhunovādavaggo

450. "Katihi nu kho, bhante, aṅgehi samannāgatassa bhikkhuno bhikkhunisaṅgheneva kammaṃ kātabba''nti? "Pañcahupāli, aṅgehi samannāgatassa bhikkhuno bhikkhunisaṅgheneva kammaṃ kātabbaṃ, avandiyo so bhikkhu bhikkhunisaṅghena. Katamehi pañcahi? Vivaritvā kāyaṃ bhikkhunīnaṃ dasseti, ūruṃ dasseti, aṅgajātaṃ dasseti, ubho aṃsakūṭe dasseti, obhāsati, gihī sampayojeti – imehi kho, upāli, pañcahaṅgehi samannāgatassa bhikkhuno bhikkhunisaṅgheneva kammaṃ kātabbaṃ. Avandiyo so bhikkhu bhikkhunisaṅghena.

"Aparehipi, upāli, pañcahaṅgehi samannāgatassa bhikkhuno bhikkhunisaṅgheneva kammaṃ kātabbaṃ, avandiyo so bhikkhu bhikkhunisaṅghena. Katamehi pañcahi? Bhikkhunīnaṃ alābhāya parisakkati, bhikkhunīnaṃ anatthāya parisakkati, bhikkhunīnaṃ avāsāya parisakkati, bhikkhuniyo akkosati paribhāsati, bhikkhū bhikkhunīhi bhedeti – imehi kho, upāli, pañcahaṅgehi samannāgatassa bhikkhuno bhikkhunisaṅgheneva kammaṃ kātabbaṃ, avandiyo so bhikkhu bhikkhunisaṅghena.

"Aparehipi, upāli, pañcahaṅgehi samannāgatassa bhikkhuno bhikkhunisaṅgheneva kammaṃ kātabbaṃ, avandiyo so bhikkhu bhikkhunisaṅghena. Katamehi pañcahi? Bhikkhunīnaṃ alābhāya parisakkati, bhikkhunīnaṃ anatthāya parisakkati, bhikkhunīnaṃ avāsāya parisakkati, bhikkhuniyo akkosati paribhāsati, bhikkhū bhikkhunīhi sampayojeti – imehi kho, upāli, pañcahaṅgehi samannāgatassa bhikkhuno bhikkhunisaṅgheneva kammaṃ kātabbaṃ, avandiyo so bhikkhu bhikkhunisaṅghenā''ti.

451. "Katihi nu kho, bhante, aṅgehi samannāgatāya bhikkhuniyā kammaṃ kātabba''nti? Pañcahupāli, aṅgehi samannāgatāya bhikkhuniyā kammaṃ kātabbaṃ. Katamehi pañcahi? Vivaritvā kāyaṃ bhikkhūnaṃ dasseti, ūruṃ dasseti, aṅgajātaṃ dasseti, ubho aṃsakūṭe dasseti, obhāsati, gihī sampayojeti – imehi kho, upāli, pañcahaṅgehi samannāgatāya bhikkhuniyā kammaṃ kātabbaṃ.

"Aparehipi , upāli, pañcahaṅgehi samannāgatāya bhikkhuniyā kammaṃ kātabbaṃ. Katamehi pañcahi? Bhikkhūnaṃ alābhāya parisakkati, bhikkhūnaṃ anatthāya parisakkati, bhikkhūnaṃ avāsāya parisakkati, bhikkhū akkosati paribhāsati, bhikkhuniyo bhikkhūhi bhedeti – imehi kho, upāli, pañcahaṅgehi samannāgatāya bhikkhuniyā kammaṃ kātabbaṃ.

"Aparehipi, upāli, pañcahaṅgehi samannāgatāya bhikkhuniyā kammaṃ kātabbaṃ. Katamehi pañcahi? Bhikkhūnaṃ alābhāya parisakkati, bhikkhūnaṃ anatthāya parisakkati, bhikkhūnaṃ avāsāya parisakkati, bhikkhū akkosati paribhāsati, bhikkhuniyo bhikkhūhi sampayojeti – imehi kho, upāli, pañcahaṅgehisamannāgatāya bhikkhuniyā kammaṃ kātabba''nti.

452. "Katihi nu kho, bhante, aṅgehi samannāgatena bhikkhunā bhikkhunīnaṃ ovādo na ṭhapetabbo''ti? "Pañcahupāli, aṅgehi samannāgatena bhikkhunā bhikkhunīnaṃ ovādo na ṭhapetabbo. Katamehi pañcahi? Alajjī ca hoti, bālo ca, apakatatto ca, cāvanādhippāyo vattā hoti, no vuṭṭhānādhippāyo – imehi kho, upāli, pañcahaṅgehi samannāgatena bhikkhunā bhikkhunīnaṃ ovādo na ṭhapetabbo.

"Aparehipi, upāli, pañcahaṅgehi samannāgatena bhikkhunā bhikkhunīnaṃ ovādo na ṭhapetabbo. Katamehi pañcahi? Aparisuddhakāyasamācāro hoti, aparisuddhavacīsamācāro hoti, aparisuddhājīvo hoti, bālo hoti, abyatto, na paṭibalo anuyuñjiyamāno anuyogaṃ dātuṃ – imehi kho, upāli, pañcahaṅgehi samannāgatena bhikkhunā bhikkhunīnaṃ ovādo na ṭhapetabbo.

"Aparehipi, upāli, pañcahaṅgehi samannāgatena bhikkhunā bhikkhunīnaṃ ovādo na ṭhapetabbo. Katamehi pañcahi? Kāyikena anācārena samannāgato hoti, vācasikena anācārena samannāgato hoti, kāyikavācasikena anācārena samannāgato hoti, bhikkhunīnaṃ akkosakaparibhāsako hoti, bhikkhunīhi saddhiṃ saṃsaṭṭho viharati ananulomikena saṃsaggena – imehi kho, upāli, pañcahaṅgehi samannāgatena bhikkhunā bhikkhunīnaṃ ovādo na ṭhapetabbo.

"Aparehipi , upāli, pañcahaṅgehi samannāgatena bhikkhunā bhikkhunīnaṃ ovādo na ṭhapetabbo. Katamehi pañcahi? Alajjī ca hoti, bālo ca, apakatatto ca, bhaṇḍanakārako ca hoti kalahakārako, sikkhāya ca na paripūrikārī – imehi kho, upāli, pañcahaṅgehi samannāgatena bhikkhunā bhikkhunīnaṃ ovādo na ṭhapetabbo''ti.

453. "Katihi nu kho, bhante, aṅgehi samannāgatena bhikkhunā bhikkhunīnaṃ ovādo na gahetabbo''ti? "Pañcahupāli, aṅgehi samannāgatena bhikkhunā bhikkhunīnaṃ ovādo na gahetabbo. Katamehi pañcahi? Kāyikena anācārena samannāgato hoti, vācasikena anācārena samannāgato hoti, kāyikavācasikena anācārena samannāgato hoti, bhikkhunīnaṃ akkosakaparibhāsako hoti, bhikkhunīhi saddhiṃ saṃsaṭṭho viharati ananulomikena saṃsaggena – imehi kho, upāli, pañcahaṅgehi samannāgatena bhikkhunā bhikkhunīnaṃ ovādo na gahetabbo.

"Aparehipi, upāli, pañcahaṅgehi samannāgatena bhikkhunā bhikkhunīnaṃ ovādo na gahetabbo. Katamehi pañcahi? Alajjī ca hoti, bālo ca, apakatatto ca, gamiko vā hoti, gilāno vā – imehi kho, upāli, pañcahaṅgehi samannāgatena bhikkhunā bhikkhunīnaṃ ovādo na gahetabbo''ti.

454. "Katihi nu kho, bhante, aṅgehi samannāgatena bhikkhunā saddhiṃ na sākacchitabbo"ti? "Pañcahupāli, aṅgehi samannāgatena bhikkhunā saddhiṃ na sākacchitabbo. Katamehi pañcahi? Na asekkhena sīlakkhandhena samannāgato hoti, na asekkhena samādhikkhandhena samannāgato hoti, na asekkhena paññākkhandhena samannāgato hoti, na asekkhena vimuttikkhandhena samannāgato hoti, na asekkhena vimuttiñāṇadassanakkhandhena samannāgato hoti – imehi kho, upāli, pañcahaṅgehi samannāgatena bhikkhunā saddhiṃ na sākacchitabbo. Pañcahupāli, aṅgehi samannāgatena bhikkhunā saddhiṃ sākacchitabbo. Katamehi pañcahi? Asekkhena sīlakkhandhena samannāgato hoti, asekkhena samādhikkhandhena samannāgato hoti, asekkhena paññākkhandhena samannāgato hoti , asekkhena vimuttikkhandhena samannāgato hoti, asekkhena vimuttiñāṇadassanakkhandhena samannāgato hoti – imehi kho, upāli, pañcahaṅgehi samannāgatena bhikkhunā saddhiṃ sākacchitabbo.

"Aparehipi, upāli, pañcahaṅgehi samannāgatena bhikkhunā saddhiṃ na sākacchitabbo. Katamehi pañcahi? Na atthapaṭisambhidāpatto hoti, na dhammapaṭisambhidāpatto hoti, na niruttipaṭisambhidāpatto hoti, na paṭibhānapaṭisambhidāpatto hoti, yathāvimuttaṃ cittaṃ na paccavekkhitā – imehi kho, upāli, pañcahaṅgehi samannāgatena bhikkhunā saddhiṃ na sākacchitabbo. Pañcahupāli , aṅgehi samannāgatena bhikkhunā saddhiṃ sākacchitabbo. Katamehi pañcahi? Atthapaṭisambhidāpatto hoti, dhammapaṭisambhidāpatto hoti, niruttipaṭisambhidāpatto hoti, paṭibhānapaṭisambhidāpatto hoti, yathāvimuttaṃ cittaṃ paccavekkhitā – imehi kho, upāli, pañcahaṅgehi samannāgatena bhikkhunā saddhiṃ sākacchitabbo"ti.

Bhikkhunovādavaggo niṭṭhito aṭṭhamo.

Tassuddānaṃ –

Bhikkhunīheva kātabbaṃ, aparehi tathā duve;
Bhikkhunīnaṃ tayo kammā, na ṭhapetabbā dve dukā;
Na gahetabbā dve vuttā, sākacchāsu ca dve dukāti.

9. Ubbāhikavaggo

455. "Katihi nu kho, bhante, aṅgehi samannāgato bhikkhu ubbāhikāya na sammannitabbo"ti? "Pañcahupāli, aṅgehi samannāgato bhikkhu ubbāhikāya na sammannitabbo. Katamehi pañcahi? Na atthakusalo hoti, na dhammakusalo hoti, na niruttikusalo hoti, na byañjanakusalo hoti, na pubbāparakusalo hoti – imehi kho, upāli, pañcahaṅgehi samannāgato bhikkhu ubbāhikāya na sammannitabbo. Pañcahupāli, aṅgehi samannāgato bhikkhu ubbāhikāya sammannitabbo. Katamehi pañcahi? Atthakusalo hoti, dhammakusalo hoti, niruttikusalo hoti, byañjanakusalo hoti, pubbāparakusalo hoti – imehi kho, upāli, pañcahaṅgehi samannāgato bhikkhu ubbāhikāya sammannitabbo.

"Aparehipi, upāli, pañcahaṅgehi samannāgato bhikkhu ubbāhikāya na sammannitabbo. Katamehi pañcahi? Kodhano hoti kodhābhibhūto, makkhī hoti makkhābhibhūto, paḷāsī hoti paḷāsābhibhūto, issukī hoti issābhibhūto, sandiṭṭhiparāmāsī hoti ādhānaggāhī duppaṭinissaggī – imehi kho, upāli, pañcahaṅgehi samannāgato bhikkhu ubbāhikāya na sammannitabbo. Pañcahupāli, aṅgehi samannāgato bhikkhu ubbāhikāya sammannitabbo. Katamehi pañcahi? Na kodhano hoti na kodhābhibhūto, na makkhī hoti na makkhābhibhūto, na paḷāsī hoti na paḷāsābhibhūto, na issukī hoti na issābhibhūto, asandiṭṭhiparāmāsī hoti anādhānaggāhī suppaṭinissaggī – imehi kho, upāli, pañcahaṅgehi samannāgato bhikkhu ubbāhikāya sammannitabbo.

"Aparehipi , upāli, pañcahaṅgehi samannāgato bhikkhu ubbāhikāya na sammannitabbo. Katamehi pañcahi? Kuppati, byāpajjati, patiṭṭhiyati, kopaṃ janeti, akhamo hoti apadakkhiṇaggāhī anusāsaniṃ – imehi kho, upāli, pañcahaṅgehi samannāgato bhikkhu ubbāhikāya na sammannitabbo. Pañcahupāli, aṅgehi samannāgato bhikkhu ubbāhikāya sammannitabbo . Katamehi pañcahi? Na kuppati, na byāpajjati, na patiṭṭhiyati, na kopaṃ janeti, khamo hoti padakkhiṇaggāhī anusāsaniṃ – imehi kho, upāli, pañcahaṅgehi samannāgato bhikkhu ubbāhikāya sammannitabbo.

"Aparehipi, upāli, pañcahaṅgehi samannāgato bhikkhu ubbāhikāya na sammannitabbo. Katamehi pañcahi? Pasāretā hoti no sāretā, anokāsakammaṃ kāretvā pavattā hoti, na yathādhamme yathāvinaye yathāpattiyā codetā hoti, na yathādhamme yathāvinaye yathāpattiyā kāretā hoti, na yathādiṭṭhiyā byākatā hoti – imehi kho, upāli, pañcahaṅgehi samannāgato bhikkhu ubbāhikāya na sammannitabbo. Pañcahupāli, aṅgehi samannāgato bhikkhu ubbāhikāya sammannitabbo. Katamehi pañcahi? Sāretā hoti no pasāretā, okāsakammaṃ kāretvā pavattā hoti, yathādhammaṃ yathāvinaye yathāpattiyā codetā hoti, yathādhamme yathāvinaye yathāpattiyā kāretā hoti, yathādiṭṭhiyā byākatā hoti – imehi kho, upāli, pañcahaṅgehi samannāgato bhikkhu ubbāhikāya sammannitabbo.

"Aparehipi, upāli, pañcahaṅgehi samannāgato bhikkhu ubbāhikāya na sammannitabbo. Katamehi pañcahi? Chandāgatiṃ gacchati, dosāgatiṃ gacchati, mohāgatiṃ gacchati, bhayāgatiṃ gacchati, alajjī ca hoti – imehi kho, upāli, pañcahaṅgehi samannāgato bhikkhu ubbāhikāya na sammannitabbo. Pañcahupāli, aṅgehi samannāgato bhikkhu ubbāhikāya sammannitabbo. Katamehi pañcahi? Na chandāgatiṃ gacchati, na dosāgatiṃ gacchati, na mohāgatiṃ gacchati, na bhayāgatiṃ gacchati, lajjī ca hoti – imehi kho, upāli, pañcahaṅgehi samannāgato bhikkhu ubbāhikāya sammannitabbo.

"Aparehipi, upāli, pañcahaṅgehi samannāgato bhikkhu ubbāhikāya na sammannitabbo. Katamehi pañcahi? Chandāgatiṃ gacchati, dosāgatiṃ gacchati, mohāgatiṃ gacchati, bhayāgatiṃ gacchati, akusalo ca hoti vinaye – imehi kho, upāli, pañcahaṅgehi samannāgato bhikkhu ubbāhikāya na sammannitabbo. Pañcahupāli, aṅgehi samannāgato bhikkhu ubbāhikāya sammannitabbo. Katamehi pañcahi? Na chandāgatiṃ gacchati, na dosāgatiṃ gacchati, na mohāgatiṃ gacchati, na bhayāgatiṃ gacchati, kusalo ca hoti vinaye – imehi kho, upāli, pañcahaṅgehi samannāgato bhikkhu ubbāhikāya sammannitabbo''ti.

456. "Katihi nu kho, bhante, aṅgehi samannāgato bhikkhu bālotveva saṅkhaṃ gacchatī''ti? "Pañcahupāli, aṅgehi samannāgato bhikkhu bālotveva saṅkhaṃ gacchati. Katamehi pañcahi? Suttaṃ na jānāti, suttānulomaṃ na jānāti, vinayaṃ na jānāti, vinayānulomaṃ na jānāti, na ca ṭhānaṭhānakusalo hoti – imehi kho, upāli, pañcahaṅgehi samannāgato bhikkhu bālotveva saṅkhaṃ gacchati. Pañcahupāli, aṅgehi samannāgato bhikkhu paṇḍitotveva saṅkhaṃ gacchati. Katamehi pañcahi? Suttaṃ jānāti, suttānulomaṃ jānāti, vinayaṃ jānāti, vinayānulomaṃ jānāti, ṭhānāṭhānakusalo ca hoti – imehi kho, upāli, pañcahaṅgehi samannāgato bhikkhu paṇḍitotveva saṅkhaṃ gacchati.

"Aparehipi, upāli, pañcahaṅgehi samannāgato bhikkhu bālotveva saṅkhaṃ gacchati. Katamehi pañcahi? Dhammaṃ na jānāti, dhammānulomaṃ jānāti, vinayaṃ na jānāti, vinayānulomaṃ na jānāti, na ca pubbāparakusalo hoti – imehi kho, upāli, pañcahaṅgehi samannāgato bhikkhu bālotveva saṅkhaṃ gacchati. Pañcahupāli, aṅgehi samannāgato bhikkhu paṇḍitotveva saṅkhaṃ gacchati. Katamehi pañcahi? Dhammaṃ jānāti, dhammānulomaṃ jānāti, vinayaṃ jānāti, vinayānulomaṃ jānāti, pubbāparakusalo ca hoti – imehi kho, upāli, pañcahaṅgehi samannāgato bhikkhu paṇḍitotveva saṅkhaṃ gacchati.

"Aparehipi, upāli, pañcahaṅgehi samannāgato bhikkhu bālotveva saṅkhaṃ gacchati. Katamehi pañcahi? Vatthuṃ na jānāti, nidānaṃ na jānāti, paññattiṃ na jānāti, padapaccābhaṭṭhaṃ na jānāti, anusandhivacanapathaṃ na jānāti – imehi kho, upāli, pañcahaṅgehi samannāgato bhikkhu bālotveva saṅkhaṃ gacchati. Pañcahupāli, aṅgehi samannāgato bhikkhu paṇḍitotveva saṅkhaṃ gacchati. Katamehi pañcahi? Vatthuṃ jānāti, nidānaṃ jānāti, paññattiṃ jānāti, padapaccābhaṭṭhaṃ jānāti, anusandhivacanapathaṃ jānāti – imehi kho, upāli, pañcahaṅgehi samannāgato bhikkhu paṇḍitotveva saṅkhaṃ gacchati.

"Aparehipi, upāli, pañcahaṅgehi samannāgato bhikkhu bālotveva saṅkhaṃ gacchati. Katamehi pañcahi? Āpattiṃ na jānāti, āpattisamuṭṭhānaṃ na jānāti, āpattiyā payogaṃ na jānāti, āpattiyā vūpasamaṃ na jānāti, āpattiyā na vinicchayakusalo hoti – imehi kho, upāli, pañcahaṅgehi samannāgato bhikkhu bālotveva saṅkhaṃ gacchati. Pañcahupāli, aṅgehi samannāgato bhikkhu paṇḍitotveva saṅkhaṃ gacchati. Katamehi pañcahi? Āpattiṃ jānāti, āpattisamuṭṭhānaṃ jānāti, āpattiyā payogaṃ jānāti, āpattiyā vūpasamaṃ jānāti, āpattiyā vinicchayakusalo hoti – imehi kho, upāli, pañcahaṅgehi samannāgato bhikkhu paṇḍitotveva saṅkhaṃ gacchati.

"Aparehipi, upāli, pañcahaṅgehi samannāgato bhikkhu bālotveva saṅkhaṃ gacchati. Katamehi pañcahi? Adhikaraṇaṃ na jānāti, adhikaraṇasamuṭṭhānaṃ na jānāti, adhikaraṇassa payogaṃ na jānāti, adhikaraṇassa vūpasamaṃ na jānāti, adhikaraṇassa na vinicchayakusalo hoti – imehi kho, upāli, pañcahaṅgehi samannāgato bhikkhu bālotveva saṅkhaṃ gacchati. Pañcahupāli, aṅgehi samannāgato bhikkhu paṇḍitotveva saṅkhaṃ gacchati. Katamehi pañcahi? Adhikaraṇaṃ jānāti, adhikaraṇasamuṭṭhānaṃ jānāti, adhikaraṇassa payogaṃ jānāti, adhikaraṇassa vūpasamaṃ jānāti, adhikaraṇassa vinicchayakusalo hoti – imehi kho, upāli, pañcahaṅgehi samannāgato bhikkhu paṇḍitotveva saṅkhaṃ gacchatī''ti.

Ubbāhikavaggo niṭṭhito navamo.

Tassuddānaṃ –

Na atthakusalo ceva, kodhano kuppatī ca yo;
Pasāretā chandāgatiṃ, akusalo tatheva ca.
Suttaṃ dhammañca vatthuñca, āpatti adhikaraṇaṃ;
Dve dve pakāsitā sabbe, kaṇhasukkaṃ vijānathāti.

10. Adhikaraṇavūpasamavaggo

457. "Katihi nu kho, bhante, aṅgehi samannāgato bhikkhu nālaṃ adhikaraṇaṃ vūpasametu''nti? "Pañcahupāli, aṅgehi samannāgato bhikkhu nālaṃ adhikaraṇaṃ vūpasametuṃ. Katamehi pañcahi? Āpattiṃ na jānāti, āpattisamuṭṭhānaṃ na jānāti, āpattiyā payogaṃ na jānāti, āpattiyā vūpasamaṃ na jānāti, āpattiyā na vinicchayakusalo hoti – imehi kho, upāli, pañcahaṅgehi samannāgato bhikkhu nālaṃ adhikaraṇaṃ vūpasametuṃ. Pañcahupāli, aṅgehi samannāgato bhikkhu alaṃ adhikaraṇaṃ vūpasametuṃ. Katamehi pañcahi? Āpattiṃ jānāti, āpattisamuṭṭhānaṃ jānāti, āpattiyā payogaṃ jānāti, āpattiyā vūpasamaṃ jānāti, āpattiyā vinicchayakusalo hoti – imehi kho, upāli, pañcahaṅgehi samannāgato bhikkhu alaṃ adhikaraṇaṃ vūpasametuṃ.

"Aparehipi, upāli, pañcahaṅgehi samannāgato bhikkhu nālaṃ adhikaraṇaṃ vūpasametuṃ. Katamehi pañcahi? Adhikaraṇaṃ na jānāti, adhikaraṇasamuṭṭhānaṃ na jānāti, adhikaraṇassa payogaṃ na jānāti, adhikaraṇassa vūpasamaṃ na jānāti, adhikaraṇassa na vinicchayakusalo hoti – imehi kho, upāli, pañcahaṅgehi samannāgato bhikkhu nālaṃ adhikaraṇaṃ vūpasametuṃ.

''Pañcahupāli, aṅgehi samannāgato bhikkhu alaṃ adhikaraṇaṃ vūpasametuṃ. Katamehi pañcahi? Adhikaraṇaṃ jānāti, adhikaraṇasamuṭṭhānaṃ jānāti, adhikaraṇassa payogaṃ jānāti, adhikaraṇassa vūpasamaṃ jānāti, adhikaraṇassa vinicchayakusalo hoti – imehi kho, upāli, pañcahaṅgehi samannāgato bhikkhu alaṃ adhikaraṇaṃ vūpasametuṃ.

''Aparehipi, upāli, pañcahaṅgehi samannāgato bhikkhu nālaṃ adhikaraṇaṃ vūpasametuṃ. Katamehi pañcahi? Chandāgatiṃ gacchati, dosāgatiṃ gacchati, mohāgatiṃ gacchati, bhayāgatiṃ gacchati, alajjī ca hoti – imehi kho, upāli, pañcahaṅgehi samannāgato bhikkhu nālaṃ adhikaraṇaṃ vūpasametuṃ. Pañcahupāli, aṅgehi samannāgato bhikkhu alaṃ adhikaraṇaṃ vūpasametuṃ. Katamehi pañcahi? Na chandāgatiṃ gacchati, na dosāgatiṃ gacchati, na mohāgatiṃ gacchati, na bhayāgatiṃ gacchati, lajjī ca hoti – imehi kho, upāli, pañcahaṅgehi samannāgato bhikkhu alaṃ adhikaraṇaṃ vūpasametuṃ.

''Aparehipi, upāli, pañcahaṅgehi samannāgato bhikkhu nālaṃ adhikaraṇaṃ vūpasametuṃ. Katamehi pañcahi? Chandāgatiṃ gacchati, dosāgatiṃ gacchati, mohāgatiṃ gacchati, bhayāgatiṃ gacchati, appassuto ca hoti – imehi kho, upāli, pañcahaṅgehi samannāgato bhikkhu nālaṃ adhikaraṇaṃ vūpasametuṃ. Pañcahupāli, aṅgehi samannāgato bhikkhu alaṃ adhikaraṇaṃ vūpasametuṃ. Katamehi pañcahi? Na chandāgatiṃ gacchati, na dosāgatiṃ gacchati, na mohāgatiṃ gacchati, na bhayāgatiṃ gacchati, bahussuto ca hoti – imehi kho, upāli, pañcahaṅgehi samannāgato bhikkhu alaṃ adhikaraṇaṃ vūpasametuṃ.

''Aparehipi, upāli, pañcahaṅgehi samannāgato bhikkhu nālaṃ adhikaraṇaṃ vūpasametuṃ. Katamehi pañcahi? Vatthuṃ na jānāti, nidānaṃ na jānāti, paññattiṃ na jānāti, padapaccābhaṭṭhaṃ na jānāti, anusandhivacanapathaṃ na jānāti – imehi kho, upāli, pañcahaṅgehi samannāgato bhikkhu nālaṃ adhikaraṇaṃ vūpasametuṃ. Pañcahupāli, aṅgehi samannāgato bhikkhu alaṃ adhikaraṇaṃ vūpasametuṃ. Katamehi pañcahi? Vatthuṃ jānāti, nidānaṃ jānāti, paññattiṃ jānāti, padapaccābhaṭṭhaṃ jānāti, anusandhivacanapathaṃ jānāti – imehi kho, upāli, pañcahaṅgehi samannāgato bhikkhu alaṃ adhikaraṇaṃ vūpasametuṃ.

''Aparehipi, upāli, pañcahaṅgehi samannāgato bhikkhu nālaṃ adhikaraṇaṃ vūpasametuṃ. Katamehi pañcahi? Chandāgatiṃ gacchati, dosāgatiṃ gacchati, mohāgatiṃ gacchati, bhayāgatiṃ gacchati, akusalo ca hoti vinaye – imehi kho, upāli, pañcahaṅgehi samannāgato bhikkhu nālaṃ adhikaraṇaṃ vūpasametuṃ. Pañcahupāli, aṅgehi samannāgato bhikkhu alaṃ adhikaraṇaṃ vūpasametuṃ. Katamehi pañcahi? Na chandāgatiṃ gacchati, na dosāgatiṃ gacchati, na mohāgatiṃ gacchati, na bhayāgatiṃ gacchati, kusalo ca hoti vinaye – imehi kho, upāli, pañcahaṅgehi samannāgato bhikkhu alaṃ adhikaraṇaṃ vūpasametuṃ.

''Aparehipi, upāli, pañcahaṅgehi samannāgato bhikkhu nālaṃ adhikaraṇaṃ vūpasametuṃ. Katamehi pañcahi? Chandāgatiṃ gacchati, dosāgatiṃ gacchati, mohāgatiṃ gacchati, bhayāgatiṃ gacchati, puggalagaru hoti no saṅghagaru – imehi kho, upāli, pañcahaṅgehi samannāgato bhikkhu nālaṃ adhikaraṇaṃ vūpasametuṃ. Pañcahupāli , aṅgehi samannāgato bhikkhu alaṃ adhikaraṇaṃ vūpasametuṃ . Katamehi pañcahi? Na chandāgatiṃ gacchati, na dosāgatiṃ gacchati, na mohāgatiṃ gacchati, na bhayāgatiṃ gacchati, saṅghagaru hoti no puggalagaru – imehi kho, upāli, pañcahaṅgehi samannāgato bhikkhu alaṃ adhikaraṇaṃ vūpasametuṃ.

''Aparehipi, upāli, pañcahaṅgehi samannāgato bhikkhu nālaṃ adhikaraṇaṃ vūpasametuṃ. Katamehi pañcahi? Chandāgatiṃ gacchati, dosāgatiṃ gacchati, mohāgatiṃ gacchati, bhayāgatiṃ gacchati, āmisagaru hoti no saddhammagaru – imehi kho, upāli, pañcahaṅgehi samannāgato bhikkhu nālaṃ adhikaraṇaṃvūpasametuṃ. Pañcahupāli, aṅgehi samannāgato bhikkhu alaṃ adhikaraṇaṃ vūpasametuṃ. Katamehi pañcahi? Na chandāgatiṃ gacchati, na dosāgatiṃ gacchati, na mohāgatiṃ gacchati, na bhayāgatiṃ gacchati, saddhammagaru hoti no āmisagaru – imehi kho, upāli, pañcahaṅgehi samannāgato bhikkhu alaṃ adhikaraṇaṃ vūpasametu''nti.

458. ''Katihi nu kho, bhante, ākārehi saṅgho bhijjatī''ti? ''Pañcahupāli, ākārehi saṅgho bhijjati. Katamehi pañcahi? Kammena, uddesena, voharanto, anussāvanena, salākaggāhena – imehi kho, upāli, pañcahākārehi saṅgho bhijjatī''ti.

''Saṅgharāji saṅgharājīti, bhante, vuccati. Kittāvatā nu kho, bhante, saṅgharāji hoti no ca saṅghabhedo? Kittāvatā ca pana saṅgharāji ceva hoti saṅghabhedo cā''ti? ''Paññattetaṃ, upāli, mayā āgantukānaṃ bhikkhūnaṃ āgantukavattaṃ. Evaṃ supaññatte kho, upāli, mayā sikkhāpade āgantukā bhikkhū āgantukavatte na vattanti. Evampi kho, upāli, saṅgharāji hoti no ca saṅghabhedo. Paññattetaṃ, upāli, mayā āvāsikānaṃ bhikkhūnaṃ āvāsikavattaṃ. Evaṃ supaññatte kho, upāli, mayā sikkhāpade āvāsikā bhikkhū āvāsikavatte na vattanti. Evampi kho, upāli, saṅgharāji hoti no ca saṅghabhedo. Paññattetaṃ upāli mayā bhikkhūnaṃ bhattagge bhattaggavattaṃ – yathāvuḍḍhaṃ yathārattaṃ yathāpatirūpaṃ aggāsanaṃ aggodakaṃ aggapiṇḍaṃ. Evaṃ supaññatte kho, upāli, mayā sikkhāpade navā bhikkhū bhattagge therānaṃ bhikkhūnaṃ āsanaṃ paṭibāhanti. Evampi kho, upāli, saṅgharāji hoti no ca saṅghabhedo. Paññattetaṃ, upāli, mayā bhikkhūnaṃ senāsane senāsanavattaṃ – yathāvuḍḍhaṃ yathārattaṃ yathāpatirūpaṃ. Evaṃ supaññatte kho, upāli, mayā sikkhāpade navā bhikkhū therānaṃ bhikkhūnaṃ senāsanaṃ paṭibāhanti. Evampi kho, upāli, saṅgharāji hoti no ca saṅghabhedo. Paññattetaṃ, upāli, mayā bhikkhūnaṃ antosīmāya ekaṃ uposathaṃ ekaṃ pavāraṇaṃ ekaṃ saṅghakammaṃ ekaṃ kammākammaṃ. Evaṃ supaññatte kho, upāli, mayā sikkhāpade tattheva antosīmāya āvenibhāvaṃ[āveṇibhāvaṃ (sī. syā.)] karitvā gaṇaṃ bandhitvā āveniṃ [āveṇi (sī. syā.)] uposathaṃ karonti āveniṃ pavāraṇaṃ karonti āveniṃ saṅghakammaṃ karonti āveniṃ kammākammāni karonti. Evaṃ kho, upāli, saṅgharāji ceva hoti saṅghabhedo cā''ti.

Adhikaraṇavūpasamavaggo niṭṭhito dasamo.

Tassuddānaṃ –

Āpattiṃ adhikaraṇaṃ, chandā appassutena ca;
Vatthuñca akusalo ca, puggalo āmisena ca;
Bhijjati saṅgharāji ca, saṅghabhedo tatheva cāti.

11. Saṅghabhedakavaggo

459.[cūḷava. 354-355; a. ni. 10.38 ādayo] ''Katihi nu kho, bhante, aṅgehi samannāgato saṅghabhedako āpāyiko nerayiko kappaṭṭho atekiccho''ti? ''Pañcahupāli, aṅgehi samannāgato saṅghabhedako āpāyiko nerayiko kappaṭṭho atekiccho. Katamehi pañcahi? Idhupāli, bhikkhu adhammaṃ dhammoti dīpeti, dhammaṃ adhammoti dīpeti, avinayaṃ vinayoti dīpeti, vinayaṃ avinayoti dīpeti, vinidhāya diṭṭhiṃ kammena – imehi kho, upāli, pañcahaṅgehi samannāgato saṅghabhedako āpāyiko nerayiko kappaṭṭho atekiccho.

''Aparehipi, upāli, pañcahaṅgehi samannāgato saṅghabhedako āpāyiko nerayiko kappaṭṭho atekiccho. Katamehi pañcahi? Idhupāli, bhikkhu adhammaṃ dhammoti dīpeti, dhammaṃ adhammoti dīpeti, avinayaṃ vinayoti dīpeti, vinayaṃ avinayoti dīpeti, vinidhāya diṭṭhiṃ uddesena – imehi kho, upāli, pañcahaṅgehi samannāgato saṅghabhedako āpāyiko nerayiko kappaṭṭho atekiccho.

''Aparehipi, upāli, pañcahaṅgehi samannāgato saṅghabhedako āpāyiko nerayiko kappaṭṭho atekiccho. Katamehi pañcahi? Idhupāli, bhikkhu adhammaṃ dhammoti dīpeti, dhammaṃ adhammoti dīpeti, avinayaṃ vinayoti dīpeti, vinayaṃ avinayoti dīpeti, vinidhāya diṭṭhi voharanto – imehi kho, upāli, pañcahaṅgehi samannāgato saṅghabhedako āpāyiko nerayiko kappaṭṭho atekiccho.

''Aparehipi, upāli, pañcahaṅgehi samannāgato saṅghabhedako āpāyiko nerayiko kappaṭṭho atekiccho. Katamehi pañcahi? Idhupāli, bhikkhu adhammaṃ dhammoti dīpeti, dhammaṃ adhammoti dīpeti, avinayaṃ vinayoti dīpeti, vinayaṃ avinayoti dīpeti, vinidhāya diṭṭhiṃ anussāvanena – imehi kho, upāli, pañcahaṅgehi samannāgato saṅghabhedako āpāyiko nerayiko kappaṭṭho atekiccho.

''Aparehipi, upāli , pañcahaṅgehi samannāgato saṅghabhedako āpāyiko nerayiko kappaṭṭho atekiccho. Katamehi pañcahi? Idhupāli, bhikkhu adhammaṃ dhammoti dīpeti, dhammaṃ adhammoti dīpeti, avinayaṃ vinayoti dīpeti, vinayaṃ avinayoti dīpeti, vinidhāya diṭṭhiṃ salākaggāhena – imehi kho, upāli, pañcahaṅgehi samannāgato saṅghabhedako āpāyiko nerayiko kappaṭṭho atekiccho.

''Aparehipi, upāli, pañcahaṅgehi samannāgato saṅghabhedako āpāyiko nerayiko kappaṭṭho atekiccho. Katamehi pañcahi? Idhupāli, bhikkhu adhammaṃ dhammoti dīpeti, dhammaṃ adhammoti dīpeti, avinayaṃ vinayoti dīpeti, vinayaṃ avinayoti dīpeti, vinidhāya khantiṃ kammena...pe... vinidhāya khantiṃ uddesena...pe... vinidhāya khantiṃ voharanto...pe... vinidhāya khantiṃ anussāvanena...pe... vinidhāya khantiṃ salākaggāhena – imehi kho, upāli, pañcahaṅgehi samannāgato saṅghabhedako āpāyiko nerayiko kappaṭṭho atekiccho.

''Aparehipi, upāli, pañcahaṅgehi samannāgato saṅghabhedako āpāyiko nerayiko kappaṭṭho atekiccho. Katamehi pañcahi? Idhupāli, bhikkhu adhammaṃ dhammoti dīpeti, dhammaṃ adhammoti dīpeti avinayaṃ vinayoti dīpeti, vinayaṃ avinayoti dīpeti, vinidhāya ruciṃ kammena...pe... vinidhāya ruciṃ uddesena...pe... vinidhāya ruciṃ voharanto...pe... vinidhāya ruciṃ anussāvanena...pe... vinidhāya ruciṃ salākaggāhena – imehi kho , upāli, pañcahaṅgehi samannāgato saṅghabhedako āpāyiko nerayiko kappaṭṭho atekiccho.

''Aparehipi, upāli, pañcahaṅgehi samannāgato saṅghabhedako āpāyiko nerayiko kappaṭṭho atekiccho. Katamehi pañcahi? Idhupāli , bhikkhu adhammaṃ dhammoti dīpeti, dhammaṃ adhammoti dīpeti, avinayaṃ vinayoti dīpeti, vinayaṃ avinayoti dīpeti, vinidhāya saññaṃ kammena...pe... vinidhāya saññaṃ uddesena...pe... vinidhāya saññaṃ voharanto...pe... vinidhāya saññaṃ anussāvanena...pe... vinidhāya saññaṃ salākaggāhena – imehi kho, upāli, pañcahaṅgehi samannāgato saṅghabhedako āpāyiko nerayiko kappaṭṭho atekiccho''ti.

Saṅghabhedakavaggo niṭṭhito ekādasamo.

Tassuddānaṃ –

Vinidhāya diṭṭhiṃ kammena, uddese voharena ca;
Anussāvane salākena, pañcete diṭṭhinissitā;
Khantiṃ ruciñca saññañca, tayo te pañcadhā nayāti.

12. Dutiyasaṅghabhedakavaggo

460. ''Katihi nu kho, bhante, aṅgehi samannāgato saṅghabhedako na āpāyiko na nerayiko na kappaṭṭho na atekiccho''ti? ''Pañcahupāli, aṅgehi samannāgato saṅghabhedako na āpāyiko na nerayiko na kappaṭṭho na atekiccho. Katamehi pañcahi? Idhupāli, bhikkhu adhammaṃ dhammoti dīpeti, dhammaṃ adhammoti dīpeti , avinayaṃ vinayoti dīpeti, vinayaṃ avinayoti dīpeti, avinidhāya diṭṭhiṃ kammena –

imehi kho, upāli, pañcahaṅgehi samannāgato saṅghabhedako na āpāyiko na nerayiko na kappaṭṭho na atekiccho.

''Aparehipi, upāli, pañcahaṅgehi samannāgato saṅghabhedako na āpāyiko na nerayiko na kappaṭṭho na atekiccho. Katamehi pañcahi? Idhupāli, bhikkhu adhammaṃ dhammoti dīpeti, dhammaṃ adhammoti dīpeti, avinayaṃ vinayoti dīpeti, vinayaṃ avinayoti dīpeti, avinidhāya diṭṭhiṃ uddesena – imehi kho, upāli, pañcahaṅgehi samannāgato saṅghabhedako na āpāyiko na nerayiko na kappaṭṭho na atekiccho.

''Aparehipi, upāli, pañcahaṅgehi samannāgato saṅghabhedako na āpāyiko na nerayiko na kappaṭṭho na atekiccho. Katamehi pañcahi? Idhupāli, bhikkhu adhammaṃ dhammoti dīpeti, dhammaṃ adhammoti dīpeti, avinayaṃ vinayoti dīpeti, vinayaṃ avinayoti dīpeti, avinidhāya diṭṭhiṃ voharanto. Imehi kho, upāli, pañcahaṅgehi samannāgato saṅghabhedako na āpāyiko na nerayiko na kappaṭṭho na atekiccho.

''Aparehipi, upāli, pañcahaṅgehi samannāgato saṅghabhedako na āpāyiko na nerayiko na kappaṭṭho na atekiccho. Katamehi pañcahi? Idhupāli, bhikkhu adhammaṃ dhammoti dīpeti, dhammaṃ adhammoti dīpeti, avinayaṃ vinayoti dīpeti, vinayaṃ avinayoti dīpeti, avinidhāya diṭṭhiṃ anussāvanena – imehi kho, upāli, pañcahaṅgehi samannāgato saṅghabhedako na āpāyiko na nerayiko na kappaṭṭho na atekiccho.

''Aparehipi, upāli, pañcahaṅgehi samannāgato saṅghabhedako na āpāyiko na nerayiko na kappaṭṭho na atekiccho. Katamehi pañcahi? Idhupāli, bhikkhu adhammaṃ dhammoti dīpeti, dhammaṃ adhammoti dīpeti, avinayaṃ vinayoti dīpeti, vinayaṃ avinayoti dīpeti, avinidhāya diṭṭhiṃ salākaggāhena – imehi kho, upāli, pañcahaṅgehi samannāgato saṅghabhedako na āpāyiko na nerayiko na kappaṭṭho na atekiccho.

''Aparehipi, upāli, pañcahaṅgehi samannāgato saṅghabhedako na āpāyiko na nerayiko na kappaṭṭho na atekiccho. Katamehi pañcahi? Idhupāli, bhikkhu adhammaṃ dhammoti dīpeti, dhammaṃ adhammoti dīpeti, avinayaṃ vinayoti dīpeti, vinayaṃ avinayoti dīpeti, avinidhāya khantiṃ kammena...pe... avinidhāya khantiṃ uddesena...pe... avinidhāya khantiṃ voharanto...pe... avinidhāya khantiṃ anussāvanena...pe... avinidhāya khantiṃ salākaggāhena – imehi kho, upāli, pañcahaṅgehi samannāgato saṅghabhedako na āpāyiko na nerayiko na kappaṭṭho na atekiccho.

''Aparehipi , upāli, pañcahaṅgehi samannāgato saṅghabhedako na āpāyiko na nerayiko na kappaṭṭho na atekiccho. Katamehi pañcahi? Idhupāli, bhikkhu adhammaṃ dhammoti dīpeti, dhammaṃ adhammoti dīpeti, avinayaṃ vinayoti dīpeti, vinayaṃ avinayoti dīpeti, avinidhāya ruciṃ kammena...pe... avinidhāya ruciṃ uddesena...pe... avinidhāya ruciṃ voharanto...pe... avinidhāya ruciṃ anussāvanena...pe... avinidhāya ruciṃ salākaggāhena – imehi kho, upāli, pañcahaṅgehi samannāgato saṅghabhedako na āpāyiko na nerayiko na kappaṭṭho na atekiccho.

''Aparehipi, upāli, pañcahaṅgehi samannāgato saṅghabhedako na āpāyiko na nerayiko na kappaṭṭho na atekiccho. Katamehi pañcahi? Idhupāli, bhikkhu adhammaṃ dhammoti dīpeti, dhammaṃ adhammoti dīpeti, avinayaṃ vinayoti dīpeti, vinayaṃ avinayoti dīpeti, avinidhāya saññaṃ kammena...pe... avinidhāya saññaṃ uddesena...pe... avinidhāya saññaṃ voharanto...pe... avinidhāya saññaṃ anussāvanena...pe... avinidhāya saññaṃ salākaggāhena – imehi kho, upāli, pañcahaṅgehi samannāgato saṅghabhedako na āpāyiko na nerayiko na kappaṭṭho na atekiccho''ti.

Dutiyasaṅghabhedakavaggo niṭṭhito dvādasamo.

Tassuddānaṃ –

Avinidhāya diṭṭhiṃ kammena, uddese voharena ca;
Anussāvane salākena, pañcete diṭṭhinissitā.
Khantiṃ ruciñca saññañca, tayo te pañcadhā nayā.
Heṭṭhime kaṇhapakkhamhi, samavīsati vidhī yathā;
Tatheva sukkapakkhamhi, samavīsati jānathāti.

13. Āvāsikavaggo

461. ''Katihi nu kho, bhante, aṅgehi samannāgato āvāsiko bhikkhu yathābhataṃ nikkhitto evaṃ niraye''ti? ''Pañcahupāli, aṅgehi samannāgato āvāsiko bhikkhu yathābhataṃ nikkhitto evaṃ niraye . Katamehi pañcahi? Chandāgatiṃ gacchati, dosāgatiṃ gacchati, mohāgatiṃ gacchati, bhayāgatiṃ gacchati, saṅghikaṃ puggalikaparibhogena paribhuñjati – imehi kho, upāli, pañcahaṅgehi samannāgato āvāsiko bhikkhu yathābhataṃ nikkhitto evaṃ niraye.

''Pañcahupāli, aṅgehi samannāgato āvāsiko bhikkhu yathābhataṃ nikkhitto evaṃ sagge. Katamehi pañcahi? Na chandāgatiṃ gacchati, na dosāgatiṃ gacchati, na mohāgatiṃ gacchati, na bhayāgatiṃ gacchati, saṅghikaṃ na puggalikaparibhogena paribhuñjati – imehi kho, upāli, pañcahaṅgehi samannāgato āvāsiko bhikkhu yathābhataṃ nikkhitto evaṃ sagge''ti.

462. ''Kati nu kho, bhante, adhammikā vinayabyākaraṇā''ti? ''Pañcime, upāli, adhammikā vinayabyākaraṇā. Katame pañca? Idhupāli, bhikkhu adhammaṃ dhammoti pariṇāmeti, dhammaṃ adhammoti pariṇāmeti, avinayaṃ vinayoti pariṇāmeti, vinayaṃ avinayoti pariṇāmeti , apaññattaṃ paññāpeti, paññattaṃ samucchindati – ime kho, upāli, pañca adhammikā vinayabyākaraṇā. Pañcime, upāli, dhammikā vinayabyākaraṇā. Katame pañca? Idhupāli, bhikkhu adhammaṃ adhammoti pariṇāmeti, dhammaṃ dhammoti pariṇāmeti, avinayaṃ avinayoti pariṇāmeti, vinayaṃ vinayoti pariṇāmeti,

apaññattaṃ na paññapeti, paññattaṃ na samucchindati – ime kho, upāli, pañca dhammikā vinayabyākaraṇā''ti.

463.[a. ni. 5.272-285] ''Katihi nu kho, bhante, aṅgehi samannāgato bhattuddesako yathābhataṃ nikkhitto evaṃ niraye''ti? ''Pañcahupāli, aṅgehi samannāgato bhattuddesako yathābhataṃ nikkhitto evaṃ niraye. Katamehi pañcahi? Chandāgatiṃ gacchati, dosāgatiṃ gacchati, mohāgatiṃ gacchati, bhayāgatiṃ gacchati, uddiṭṭhānuddiṭṭhaṃ na jānāti – imehi kho, upāli, pañcahaṅgehi samannāgato bhattuddesako yathābhataṃ nikkhitto evaṃ niraye.

[a. ni. 5.272-285] ''Pañcahupāli, aṅgehi samannāgato bhattuddesako yathābhataṃ nikkhitto evaṃ sagge. Katamehi pañcahi? Na chandāgatiṃ gacchati, na dosāgatiṃ gacchati, na mohāgatiṃ gacchati, na bhayāgatiṃ gacchati, uddiṭṭhānuddiṭṭhaṃ jānāti – imehi kho, upāli, pañcahaṅgehi samannāgato bhattuddesako yathābhataṃ nikkhitto evaṃ sagge''ti.

464. ''Katihi nu kho, bhante, aṅgehi samannāgato senāsanapaññāpako...pe... bhaṇḍāgāriko...pe... cīvarapaṭiggāhako...pe... cīvarabhājako...pe... yāgubhājako...pe... phalabhājako...pe... khajjabhājako...pe... appamattakavissajjako...pe... sāṭiyaggāhāpako...pe... pattaggāhāpako...pe... ārāmikapesako...pe... sāmaṇerapesako yathābhataṃ nikkhitto evaṃ niraye''ti? ''Pañcahupāli, aṅgehi samannāgato sāmaṇerapesako yathābhataṃ nikkhitto evaṃ niraye. Katamehi pañcahi? Chandāgatiṃ gacchati, dosāgatiṃ gacchati, mohāgatiṃ gacchati, bhayāgatiṃ gacchati, pesitāpesitaṃ na jānāti – imehi kho, upāli, pañcahaṅgehi samannāgato sāmaṇerapesako yathābhataṃ nikkhitto evaṃ niraye. Pañcahupāli, aṅgehi samannāgato sāmaṇerapesako yathābhataṃ nikkhitto evaṃ sagge. Katamehi pañcahi? Na chandāgatiṃ gacchati, na dosāgatiṃ gacchati, na mohāgatiṃ gacchati, na bhayāgatiṃ gacchati, pesitāpesitaṃ jānāti – imehi kho, upāli, pañcahaṅgehi samannāgato sāmaṇerapesako yathābhataṃ nikkhitto evaṃ sagge''ti.

Āvāsikavaggo niṭṭhito terasamo.

Tassuddānaṃ –

Āvāsikabyākaraṇā , bhattusenāsanāni ca;
Bhaṇḍacīvaraggāho ca, cīvarassa ca bhājako.
Yāgu phalaṃ khajjakañca, appasāṭiyagāhako;
Patto ārāmiko ceva, sāmaṇerena pesakoti.

14. Kathinatthāravaggo

465. ''Kati nu kho, bhante, ānisaṃsā kathinatthāre''ti? ''Pañcime, upāli, ānisaṃsā kathinatthāre. Katame pañca? Anāmantacāro, asamādānacāro, gaṇabhojanaṃ, yāvadatthacīvaraṃ, yo ca tattha cīvaruppādo so nesaṃ bhavissati – ime kho, upāli, pañca ānisaṃsā kathinatthāre''ti.

466. ''Kati nu kho, bhante, ādīnavā muṭṭhassatissa asampajānassa niddaṃ okkamato''ti? ''Pañcime, upāli, ādīnavā muṭṭhassatissa asampajānassa niddaṃ okkamato. Katame pañca? Dukkhaṃ supati, dukkhaṃ paṭibujjhati, pāpakaṃ supinaṃ passati, devatā na rakkhanti, asuci muccati – ime kho, upāli, pañca ādīnavā muṭṭhassatissa asampajānassa niddaṃ okkamato. Pañcime, upāli, ānisaṃsā upaṭṭhitassatissa sampajānassa niddaṃ okkamato. Katame pañca? Sukhaṃ supati, sukhaṃ paṭibujjhati, na pāpakaṃ supinaṃ passati, devatā rakkhanti, asuci na muccati – ime kho, upāli, pañca ānisaṃsā upaṭṭhitassatissa sampajānassa niddaṃ okkamato''ti.

467. ''Kati nu kho, bhante, avandiyā''ti? ''Pañcime, upāli, avandiyā. Katame pañca? Antaragharaṃ paviṭṭho avandiyo, racchagato avandiyo, otamasiko avandiyo, asamannāharanto avandiyo, sutto avandiyo – ime kho, upāli, pañca avandiyā.

''Aparepi, upāli, pañca avandiyā. Katame pañca? Yāgupāne avandiyo, bhattagge avandiyo, ekāvatto avandiyo, aññavihito avandiyo, naggo avandiyo – ime kho, upāli, pañca avandiyā.

''Aparepi , upāli, pañca avandiyā. Katame pañca? Khādanto avandiyo, bhuñjanto avandiyo, uccāraṃ karonto avandiyo, passāvaṃ karonto avandiyo, ukkhittako avandiyo – ime kho, upāli, pañca avandiyā.

''Aparepi, upāli, pañca avandiyā . Katame pañca? Pure upasampannena pacchā upasampanno avandiyo, anupasampanno avandiyo, nānāsaṃvāsako vuḍḍhataro adhammavādī avandiyo, mātugāmo avandiyo, paṇḍako avandiyo – ime kho, upāli, pañca avandiyā.

''Aparepi, upāli, pañca avandiyā. Katame pañca? Pārivāsiko avandiyo, mūlāyapaṭikassanāraho avandiyo, mānattāraho avandiyo, mānattacāriko avandiyo, abbhānāraho avandiyo – ime kho, upāli, pañca avandiyā''ti.

468. ''Kati nu kho, bhante, vandiyā''ti? ''Pañcime, upāli, vandiyā. Katame pañca? Pacchā upasampannena pure upasampanno vandiyo, nānāsaṃvāsako vuḍḍhataro dhammavādī vandiyo, ācariyo vandiyo, upajjhāyo vandiyo, sadevake loke samārake sabrahmake sassamaṇabrāhmaṇiyā pajāya sadevamanussāya tathāgato arahaṃ sammāsambuddho vandiyo – ime kho, upāli, pañca vandiyā''ti.

469. ''Navakatarena, bhante, bhikkhunā vuḍḍhatarassa bhikkhuno pāde vandantena kati dhamme ajjhattaṃ upaṭṭhāpetvā pādā vanditabbā''ti? ''Navakatarenupāli, bhikkhunā vuḍḍhatarassa bhikkhuno pāde vandantena pañca dhamme ajjhattaṃ upaṭṭhāpetvā pādā vanditabbā. Katame pañca? Navakatarenupāli, bhikkhunā vuḍḍhatarassa bhikkhuno pāde vandantena ekaṃsaṃ uttarāsaṅgaṃ karitvā,

añjaliṃ paggahetvā , ubhohi pāṇitalehi pādāni parisambāhantena, pemañca gāravañca upaṭṭhāpetvā pādā vanditabbā – navakatarenupāli bhikkhunā vuḍḍhatarassa bhikkhuno pāde vandantena ime pañca dhamme ajjhattaṃ upaṭṭhāpetvā pādā vanditabbā''ti.

Kathinatthāravaggo niṭṭhito cuddasamo.

Tassuddānaṃ –

Kathinatthāraniddā ca, antarā yāgukhādane;
Pure ca pārivāsi ca, vandiyo vanditabbakanti.

Upālipañcakaṃ niṭṭhitaṃ.

Tesaṃ vaggānaṃ uddānaṃ

Anissitena kammañca, vohārāvikammena ca;
Codanā ca dhutaṅgā ca, musā bhikkhunimeva ca.
Ubbāhikādhikaraṇaṃ, bhedakā pañcamā pure;
Āvāsikā kathinañca, cuddasā suppakāsitāti.

Atthāpattisamuṭṭhānaṃ

1. Pārājikaṃ

470. Atthāpatti acittako āpajjati, sacittako vuṭṭhāti. Atthāpatti sacittako āpajjati, acittako vuṭṭhāti. Atthāpatti acittako āpajjati, acittako vuṭṭhāti. Atthāpatti sacittako āpajjati, sacittako vuṭṭhāti. Atthāpatti kusalacitto āpajjati, kusalacitto vuṭṭhāti. Atthāpatti kusalacitto āpajjati, akusalacitto vuṭṭhāti. Atthāpatti kusalacitto āpajjati, abyākatacitto vuṭṭhāti. Atthāpatti akusalacitto āpajjati, kusalacitto vuṭṭhāti. Atthāpatti akusalacitto āpajjati, akusalacitto vuṭṭhāti. Atthāpatti akusalacitto āpajjati, abyākatacitto vuṭṭhāti. Atthāpatti abyākatacitto āpajjati, kusalacitto vuṭṭhāti. Atthāpatti abyākatacitto āpajjati, akusalacitto vuṭṭhāti. Atthāpatti abyākatacitto āpajjati, abyākatacitto vuṭṭhāti.

Paṭhamaṃ pārājikaṃ katihi samuṭṭhānehi samuṭṭhāti? Paṭhamaṃ pārājikaṃ ekena samuṭṭhānena samuṭṭhāti. Kāyato ca cittato ca samuṭṭhāti, na vācato.

Dutiyaṃ pārājikaṃ katihi samuṭṭhānehi samuṭṭhāti? Dutiyaṃ pārājikaṃ tīhi samuṭṭhānehi samuṭṭhāti – siyā kāyato ca cittato ca samuṭṭhāti, na vācato; siyā vācato ca cittato ca samuṭṭhāti, na kāyato; siyā kāyato ca vācato ca cittato ca samuṭṭhāti.

Tatiyaṃ pārājikaṃ katihi samuṭṭhānehi samuṭṭhāti? Tatiyaṃ pārājikaṃ tīhi samuṭṭhānehi samuṭṭhāti – siyā kāyato ca cittato ca samuṭṭhāti, na vācato; siyā vācato ca cittato ca samuṭṭhāti, na kāyato; siyā kāyato ca vācato ca cittato ca samuṭṭhāti.

Catutthaṃ pārājikaṃ katihi samuṭṭhānehi samuṭṭhāti? Catutthaṃ pārājikaṃ tīhi samuṭṭhānehi samuṭṭhāti – siyā kāyato ca cittato ca samuṭṭhāti , na vācato; siyā vācato ca cittato ca samuṭṭhāti, na kāyato; siyā kāyato ca vācato ca cittato ca samuṭṭhāti.

Cattāro pārājikā niṭṭhitā.

2. Saṅghādisesaṃ

471. Upakkamitvā asuciṃ mocentassa saṅghādiseso katihi samuṭṭhānehi samuṭṭhāti? Upakkamitvā asuciṃ mocentassa saṅghādiseso ekena samuṭṭhānena samuṭṭhāti – kāyato ca cittato ca samuṭṭhāti, na vācato.

Mātugāmena saddhiṃ kāyasaṃsaggaṃ samāpajjantassa saṅghādiseso katihi samuṭṭhānehi samuṭṭhāti? Mātugāmena saddhiṃ kāyasaṃsaggaṃ samāpajjantassa saṅghādiseso ekena samuṭṭhānena samuṭṭhāti – kāyato ca cittato ca samuṭṭhāti, na vācato.

Mātugāmaṃ duṭṭhullāhi vācāhi obhāsentassa saṅghādiseso katihi samuṭṭhānehi samuṭṭhāti? Mātugāmaṃ duṭṭhullāhi vācāhi obhāsentassa saṅghādiseso tīhi samuṭṭhānehi samuṭṭhāti – siyā kāyato ca cittato ca samuṭṭhāti na vācato; siyā vācato ca cittato ca samuṭṭhāti, na kāyato; siyā kāyato ca vācato ca cittato ca samuṭṭhāti.

Mātugāmassa santike attakāmapāricariyāya vaṇṇaṃ bhāsantassa saṅghādiseso katihi samuṭṭhānehi samuṭṭhāti? Mātugāmassa santike attakāmapāricariyāya vaṇṇaṃ bhāsantassa saṅghādiseso tīhi samuṭṭhānehi samuṭṭhāti...pe....

Sañcarittaṃ samāpajjantassa saṅghādiseso katihi samuṭṭhānehi samuṭṭhāti? Sañcarittaṃ samāpajjantassa saṅghādiseso chahi samuṭṭhānehi samuṭṭhāti – siyā kāyato samuṭṭhāti, na vācato na cittato; siyā vācato samuṭṭhāti, na kāyato na cittato; siyā kāyato ca vācato ca samuṭṭhāti, na cittato; siyā kāyato ca cittato ca samuṭṭhāti, na vācato; siyā vācato ca cittato ca samuṭṭhāti , na kāyato; siyā kāyato ca vācato ca cittato ca samuṭṭhāti.

Saññācikāya kuṭiṃ kārāpentassa saṅghādiseso katihi samuṭṭhānehi samuṭṭhāti? Saññācikāya kuṭiṃ kārāpentassa saṅghādiseso chahi samuṭṭhānehi samuṭṭhāti...pe....

Mahallakaṃ vihāraṃ kārāpentassa saṅghādiseso katihi samuṭṭhānehi samuṭṭhāti? Mahallakaṃ vihāraṃ kārāpentassa saṅghādiseso chahi samuṭṭhānehi samuṭṭhāti...pe....

Bhikkhuṃ amūlakena pārājikena dhammena anuddhaṃsentassa saṅghādiseso katihi samuṭṭhānehi samuṭṭhāti? Bhikkhuṃ amūlakena pārājikena dhammena anuddhaṃsentassa saṅghādiseso tīhi samuṭṭhānehi samuṭṭhāti...pe....

Bhikkhuṃ aññabhāgiyassa adhikaraṇassa kiñci desaṃ lesamattaṃ upādāya pārājikena dhammena anuddhaṃsentassa saṅghādiseso katihi samuṭṭhānehi samuṭṭhāti? Bhikkhuṃ aññabhāgiyassa adhikaraṇassa kiñci desaṃ lesamattaṃ upādāya pārājikena dhammena anuddhaṃsentassa saṅghādiseso tīhi samuṭṭhānehi samuṭṭhāti...pe....

Saṅghabhedakassa bhikkhuno yāvatatiyaṃ samanubhāsanāya na paṭinissajjantassa saṅghādiseso katihi samuṭṭhānehi samuṭṭhāti? Saṅghabhedakassa bhikkhuno yāvatatiyaṃ samanubhāsanāya na paṭinissajjantassa saṅghādiseso ekena samuṭṭhānena samuṭṭhāti – kāyato ca vācato ca cittato ca samuṭṭhāti.

Bhedakānuvattakānaṃ bhikkhūnaṃ yāvatatiyaṃ samanubhāsanāya na paṭinissajjantānaṃ saṅghādiseso katihi samuṭṭhānehi samuṭṭhāti? Bhedakānuvattakānaṃ bhikkhūnaṃ yāvatatiyaṃ samanubhāsanāya na paṭinissajjantānaṃ saṅghādiseso ekena samuṭṭhānena samuṭṭhāti – kāyato ca vācato ca cittato ca samuṭṭhāti.

Dubbacassa bhikkhuno yāvatatiyaṃ samanubhāsanāya na paṭinissajjantassa saṅghādiseso katihi samuṭṭhānehi samuṭṭhāti? Dubbacassa bhikkhuno yāvatatiyaṃ samanubhāsanāya na paṭinissajjantassa saṅghādiseso ekena samuṭṭhānena samuṭṭhāti – kāyato ca vācato ca cittato ca samuṭṭhāti.

Kuladūsakassa bhikkhuno yāvatatiyaṃ samanubhāsanāya na paṭinissajjantassa saṅghādiseso katihi samuṭṭhānehi samuṭṭhāti? Kuladūsakassa bhikkhuno yāvatatiyaṃ samanubhāsanāya na paṭinissajjantassa saṅghādiseso ekena samuṭṭhānena samuṭṭhāti – kāyato ca vācato ca cittato ca samuṭṭhāti.

Terasa saṅghādisesā niṭṭhitā.

472. ...Pe... anādariyaṃ paṭicca udake uccāraṃ vā passāvaṃ vā kheḷaṃ vā karontassa dukkaṭaṃ katihi samuṭṭhānehi samuṭṭhāti? Anādariyaṃ paṭicca udake uccāraṃ vā passāvaṃ vā kheḷaṃ vā karontassa dukkaṭaṃ ekena samuṭṭhānena samuṭṭhāti – kāyato ca cittato ca samuṭṭhāti, na vācato.

Sekhiyā niṭṭhitā.

3. Pārājikādi

473. Cattāro pārājikā katihi samuṭṭhānehi samuṭṭhanti? Cattāro pārājikā tīhi samuṭṭhānehi samuṭṭhanti – siyā kāyato ca cittato ca samuṭṭhanti, na vācato; siyā vācato ca cittato ca samuṭṭhanti, na kāyato; siyā kāyato ca vācato ca cittato ca samuṭṭhanti.

Terasa saṅghādisesā katihi samuṭṭhānehi samuṭṭhanti? Terasa saṅghādisesā chahi samuṭṭhānehi samuṭṭhanti – siyā kāyato samuṭṭhanti, na vācato na cittato; siyā vācato samuṭṭhanti, na kāyato na cittato; siyā kāyato ca vācato na samuṭṭhanti, na cittato; siyā kāyato ca cittato ca samuṭṭhanti, na vācato; siyā vācato ca cittato ca samuṭṭhanti, na kāyato; siyā kāyato ca vācato ca cittato ca samuṭṭhanti.

Dve aniyatā katihi samuṭṭhānehi samuṭṭhanti? Dve aniyatā tīhi samuṭṭhānehi samuṭṭhanti – siyā kāyato ca cittato ca samuṭṭhanti, na vācato; siyā vācato ca cittato ca samuṭṭhanti, na kāyato; siyā kāyato ca vācato ca cittato ca samuṭṭhanti.

Tiṃsa nissaggiyā pācittiyā katihi samuṭṭhānehi samuṭṭhanti? Tiṃsa nissaggiyā pācittiyā chahi samuṭṭhānehi samuṭṭhanti – siyā kāyato samuṭṭhanti, na vācato na cittato; siyā vācato samuṭṭhanti, na kāyato na cittato; siyā kāyato ca vācato ca samuṭṭhanti, na cittato; siyā kāyato ca cittato ca samuṭṭhanti, na vācato; siyā vācato ca cittato ca samuṭṭhanti, na kāyato; siyā kāyato ca vācato ca cittato ca samuṭṭhanti.

Dvenavuti pācittiyā katihi samuṭṭhānehi samuṭṭhanti? Dvenavuti pācittiyā chahi samuṭṭhānehi samuṭṭhanti – siyā kāyato samuṭṭhanti, na vācato na cittato; siyā vācato samuṭṭhanti, na kāyato na cittato; siyā kāyato ca vācato ca samuṭṭhanti, na cittato; siyā kāyato ca cittato ca samuṭṭhanti na vācato; siyā vācato ca cittato ca samuṭṭhanti, na kāyato; siyā kāyato ca vācato ca cittato ca samuṭṭhanti.

Cattāro pāṭidesanīyā katihi samuṭṭhānehi samuṭṭhanti? Cattāro pāṭidesanīyā catūhi samuṭṭhānehi samuṭṭhanti – siyā kāyato samuṭṭhanti, na vācato na cittato; siyā kāyato ca vācato ca samuṭṭhanti, na cittato; siyā kāyato ca cittato ca samuṭṭhanti, na vācato; siyā kāyato ca vācato ca cittato ca samuṭṭhanti.

Pañcasattati sekhiyā katihi samuṭṭhānehi samuṭṭhanti? Pañcasattati sekhiyā tīhi samuṭṭhānehi samuṭṭhanti – siyā kāyato ca cittato ca samuṭṭhanti, na vācato; siyā vācato ca cittato ca samuṭṭhanti, na kāyato; siyā kāyato ca vācato ca cittato ca samuṭṭhanti.

Samuṭṭhānaṃ niṭṭhitaṃ.

Tassuddānaṃ –

Acittakusalā ceva, samuṭṭhānañca sabbathā;
Yathādhammena ñāyena, samuṭṭhānaṃ vijānathāti.

Dutiyagāthāsaṅgaṇikaṃ

1. Kāyikādiāpatti

474. Kati āpattiyo kāyikā, kati vācasikā katā.
Chādentassa kati āpattiyo, kati saṃsaggapaccayā.
Chāpattiyo kāyikā, cha vācasikā katā;
Chādentassa tisso āpattiyo, pañca saṃsaggapaccayā.

Aruṇugge kati āpattiyo, kati yāvatatiyakā;
Katettha aṭṭha vatthukā, katihi sabbasaṅgaho.
Aruṇugge tisso āpattiyo, dve yāvatatiyakā;
Ekettha aṭṭha vatthukā, ekena sabbasaṅgaho.
Vinayassa kati mūlāni, yāni buddhena paññattā;
Vinayagarukā kati vuttā, duṭṭhullacchādanā kati.
Vinayassa dve mūlāni, yāni buddhena paññattā;
Vinayagarukā dve vuttā, dve duṭṭhullacchādanā.
Gāmantare kati āpattiyo, kati nadipārapaccayā;
Katimaṃsesu thullaccayaṃ, katimaṃsesu dukkaṭaṃ.
Gāmantare catasso āpattiyo, catasso nadipārapaccayā;
Ekamaṃse thullaccayaṃ, navamaṃsesu dukkaṭaṃ.
Kati vācasikā rattiṃ, kati vācasikā divā;
Dadamānassa kati āpattiyo, paṭiggaṇhantassa kittakā.
Dve vācasikā rattiṃ, dve vācasikā divā;
Dadamānassa tisso āpattiyo, cattāro ca paṭiggahe.
2. Desanāgāminiyādiāpatti
475.
Kati desanāgāminiyo, kati sappaṭikammā katā;
Katettha appaṭikammā vuttā, buddhenādiccabandhunā.
Pañca desanāgāminiyo, cha sappaṭikammā katā;
Ekettha appaṭikammā vuttā, buddhenādiccabandhunā.
Vinayagarukā kati vuttā, kāyavācasikāni ca;
Kati vikāle dhaññaraso, kati ñatticatutthena sammuti.
Vinayagarukā dve vuttā, kāyavācasikāni ca;
Eko vikāle dhaññaraso, ekā ñatticatutthena sammuti.
Pārājikā kāyikā kati, kati saṃvāsakabhūmiyo;
Katinaṃ ratticchedo, paññattā dvaṅgulā kati.
Pārājikā kāyikā dve, dve saṃvāsakabhūmiyo;
Dvinnaṃ ratticchedo, paññattā dvaṅgulā duve.
Katattānaṃ vadhitvāna, katihi saṅgho bhijjati;
Katettha paṭhamāpattikā, ñattiyā karaṇā kati.
Dve attānaṃ vadhitvāna, dvīhi saṅgho bhijjati;
Dvettha paṭhamāpattikā, ñattiyā karaṇā duve.
Pāṇātipāte kati āpattiyo, vācā pārājikā kati;
Obhāsanā kati vuttā, sañcarittena vā kati.
Pāṇātipāte tisso āpattiyo;
Vācā pārājikā tayo;
Obhāsanā tayo vuttā;
Sañcarittena vā tayo.
Kati puggalā na upasampādetabbā, kati kammānaṃ saṅgahā;
Nāsitakā kati vuttā, katinaṃ ekavācikā.
Tayo puggalā na upasampādetabbā, tayo kammānaṃ saṅgahā;
Nāsitakā tayo vuttā, tiṇṇannaṃ ekavācikā.
Adinnādāne kati āpattiyo, kati methunapaccayā;
Chindantassa kati āpattiyo, kati chaḍḍitapaccayā.
Adinnādāne tisso āpattiyo, catasso methunapaccayā;
Chindantassa tisso āpattiyo, pañca chaḍḍitapaccayā.
Bhikkhunovādakavaggasmiṃ , pācittiyena dukkaṭā;
Katettha navakā vuttā, katinaṃ cīvarena ca.
Bhikkhunovādakavaggasmiṃ , pācittiyena dukkaṭā katā;
Caturettha navakā vuttā, dvinnaṃ cīvarena ca.
Bhikkhunīnañca akkhātā, pāṭidesaniyā kati;
Bhuñjantāmakadhaññena, pācittiyena dukkaṭā kati.
Bhikkhunīnañca akkhātā, aṭṭha pāṭidesanīyā katā;
Bhuñjantāmakadhaññena, pācittiyena dukkaṭā katā.
Gacchantassa kati āpattiyo, ṭhitassa cāpi kittakā;
Nisinnassa kati āpattiyo, nipannassāpi kittakā.
Gacchantassa catasso āpattiyo, ṭhitassa cāpi tattakā;
Nisinnassa catasso āpattiyo, nipannassāpi tattakā.

3. Pācittiyaṃ
476.
Kati pācittiyāni, sabbāni nānāvatthukāni;
Apubbaṃ acarimaṃ, āpajjeyya ekato.
Pañca pācittiyāni, sabbāni nānāvatthukāni;
Apubbaṃ acarimaṃ, āpajjeyya ekato.
Kati pācittiyāni, sabbāni nānāvatthukāni;
Apubbaṃ acarimaṃ, āpajjeyya ekato.
Na pācittiyāni, sabbāni nānāvatthukāni;
Apubbaṃ acarimaṃ, āpajjeyya ekato.
Kati pācittiyāni, sabbāni nānāvatthukāni;
Kati vācāya deseyya, vuttā ādiccabandhunā.
Pañca pācittiyāni, sabbāni nānāvatthukāni;
Ekavācāya deseyya, vuttā ādiccabandhunā.
Kati pācittiyāni, sabbāni nānāvatthukāni;
Kati vācāya deseyya, vuttā ādiccabandhunā.
Nava pācittiyāni, sabbāni nānāvatthukāni;
Ekavācāya deseyya, vuttā ādiccabandhunā.
Kati pācittiyāni, sabbāni nānāvatthukāni;
Kiñca kittetvā deseyya, vuttā ādiccabandhunā.
Pañca pācittiyāni, sabbāni nānāvatthukāni;
Vatthuṃ kittetvā deseyya, vuttā ādiccabandhunā.
Kati pācittiyāni, sabbāni nānāvatthukāni;
Kiñca kittetvā deseyya, vuttā ādiccabandhunā.
Nava pācittiyāni, sabbāni nānāvatthukāni;
Vatthuṃ kittetvā deseyya, vuttā ādiccabandhunā.
Yāvatatiyake kati āpattiyo, kati vohārapaccayā;
Khādantassa kati āpattiyo, kati bhojanapaccayā.
Yāvatatiyake tisso āpattiyo, cha vohārapaccayā;
Khādantassa tisso āpattiyo, pañca bhojanapaccayā.
Sabbā yāvatatiyakā, kati ṭhānāni gacchanti;
Katinañceva āpatti, katinaṃ adhikaraṇena ca.
Sabbā yāvatatiyakā, pañca ṭhānāni gacchanti;
Pañcannañceva āpatti, pañcannaṃ adhikaraṇena ca.
Katinaṃ vinicchayo hoti, katinaṃ vūpasamena ca;
Katinañceva anāpatti, katihi ṭhānehi sobhati.
Pañcannaṃ vinicchayo hoti, pañcannaṃ vūpasamena ca;
Pañcannañceva anāpatti, tīhi ṭhānehi sobhati.
Kati kāyikā rattiṃ, kati kāyikā divā;
Nijjhāyantassa kati āpatti, kati piṇḍapātapaccayā.
Dve kāyikā rattiṃ, dve kāyikā divā;
Nijjhāyantassa ekā āpatti, ekā piṇḍapātapaccayā.
Katānisaṃse sampassaṃ, paresaṃ saddhāya desaye;
Ukkhittakā kati vuttā, kati sammāvattanā.
Aṭṭhānisaṃse sampassaṃ, paresaṃ saddhāya desaye;
Ukkhittakā tayo vuttā, tecattālīsa sammāvattanā.
Kati ṭhāne musāvādo, kati paramanti vuccati;
Kati pāṭidesanīyā, katinaṃ desanāya ca.
Pañca ṭhāne musāvādo, cuddasa paramanti vuccati;
Dvādasa pāṭidesanīyā, catunnaṃ desanāya ca.
Kataṅgiko musāvādo, kati uposathaṅgāni;
Kati dūteyyaṅgāni, kati titthiyavattanā.
Aṭṭhaṅgiko musāvādo, aṭṭha uposathaṅgāni;
Aṭṭha dūteyyaṅgāni, aṭṭha titthiyavattanā.
Kativācikā upasampadā, katinaṃ paccuṭṭhātabbaṃ;
Katinaṃ āsanaṃ dātabbaṃ, bhikkhunovādako katihi.
Aṭṭhavācikā upasampadā, aṭṭhannaṃ paccuṭṭhātabbaṃ;
Aṭṭhannaṃ āsanaṃ dātabbaṃ, bhikkhunovādako aṭṭhahi.
Katinaṃ chejjaṃ hoti, katinaṃ thullaccayaṃ;
Katinañceva anāpatti, sabbesaṃ ekavatthukā.

Ekassa chejjaṃ hoti, catunnaṃ thullaccayaṃ;
Catunnañceva anāpatti, sabbesaṃ ekavatthukā.
Kati āghātavatthūni, katihi saṅgho bhijjati;
Katettha paṭhamāpattikā, ñattiyā karaṇā kati.
Nava āghātavatthūni, navahi saṅgho bhijjati;
Navettha paṭhamāpattikā, ñattiyā karaṇā nava.
4. Avandanīyapuggalādi
477.
Kati puggalā nābhivādetabbā, añjalisāmicena ca;
Katinaṃ dukkaṭaṃ hoti, kati cīvaradhāraṇā.
Dasa puggalā nābhivādetabbā, añjalisāmicena ca;
Dasannaṃ dukkaṭaṃ hoti, dasa cīvaradhāraṇā.
Katinaṃ vassaṃvuṭṭhānaṃ, dātabbaṃ idha cīvaraṃ;
Katinaṃ bhante dātabbaṃ, katinañceva na dātabbaṃ.
Pañcannaṃ vassaṃvuṭṭhānaṃ, dātabbaṃ idha cīvaraṃ;
Sattannaṃ sante dātabbaṃ, soḷasannaṃ na dātabbaṃ.
Katisataṃ rattisataṃ, āpattiyo chādayitvāna;
Kati rattiyo vasitvāna, mucceyya pārivāsiko.
Dasasataṃ rattisataṃ, āpattiyo chādayitvāna;
Dasa rattiyo vasitvāna, mucceyya pārivāsiko.
Kati kammadosā vuttā, buddhenādiccabandhunā;
Campāyaṃ vinayavatthusmiṃ, sabbeva adhammikā [sabbe adhammikā (sī. syā.)] kati.
Dvādasa kammadosā vuttā, buddhenādiccabandhunā;
Campāyaṃ vinayavatthusmiṃ, sabbeva adhammikā [sabbevādhammikā (sī.), sabbe adhammikā (syā.)] katā.
Kati kammasampattiyo vuttā, buddhenādiccabandhunā;
Campāyaṃ vinayavatthusmiṃ, sabbeva dhammikā kati.
Catasso kammasampattiyo vuttā, buddhenādiccabandhunā;
Campāyaṃ vinayavatthusmiṃ, sabbeva dhammikā katā.
Kati kammāni vuttāni, buddhenādiccabandhunā;
Campāyaṃ vinayavatthusmiṃ, dhammikā adhammikā kati.
Cha kammāni vuttāni, buddhenādiccabandhunā;
Campāyaṃ vinayavatthusmiṃ, ekettha dhammikā katā;
Pañca adhammikā vuttā, buddhenādiccabandhunā.
Kati kammāni vuttāni, buddhenādiccabandhunā;
Campāyaṃ vinayavatthusmiṃ, dhammikā adhammikā kati.
Cattāri kammāni vuttāni, buddhenādiccabandhunā;
Campāyaṃ vinayavatthusmiṃ, ekettha dhammikā katā;
Tayo adhammikā vuttā, buddhenādiccabandhunā.
Yaṃ desitaṃnantajinena tādinā;
Āpattikkhandhāni vivekadassinā;
Katettha sammanti vinā samathehi;
Pucchāmi taṃ brūhi vibhaṅgakovida.
Yaṃ desitaṃnantajinena tādinā;
Āpattikkhandhāni vivekadassinā;
Ekettha sammati vinā samathehi;
Etaṃ te akkhāmi vibhaṅgakovida.
Kati āpāyikā vuttā, buddhenādiccabandhunā;
Vinayaṃ paṭijānantassa, vinayāni [visayāni (sī. syā. evamuparipi)] suṇoma te.
Chaūnadiyaḍḍhasatā vuttā, buddhenādiccabandhunā;
Āpāyikā nerayikā, kappaṭṭhā saṅghabhedakā;
Vinayaṃ paṭijānantassa, vinayāni suṇohi me.
Kati nāpāyikā vuttā, buddhenādiccabandhunā;
Vinayaṃ paṭijānantassa, vinayāni suṇoma te.
Aṭṭhārasa nāpāyikā vuttā, buddhenādiccabandhunā;
Vinayaṃ paṭijānantassa, vinayāni suṇohi me.
Kati aṭṭhakā vuttā, buddhenādiccabandhunā;
Vinayaṃ paṭijānantassa, vinayāni suṇoma te.
Aṭṭhārasa aṭṭhakā vuttā, buddhenādiccabandhunā;
Vinayaṃ paṭijānantassa, vinayāni suṇohi me.

5. Soḷasakammādi
478.
Kati kammāni vuttāni, buddhenādiccabandhunā;
Vinayaṃ paṭijānantassa, vinayāni suṇoma te.
Soḷasa kammāni vuttāni, buddhenādiccabandhunā;
Vinayaṃ paṭijānantassa, vinayāni suṇohi me.
Kati kammadosā vuttā, buddhenādiccabandhunā;
Vinayaṃ paṭijānantassa, vinayāni suṇoma te.
Dvādasa kammadosā vuttā, buddhenādiccabandhunā;
Vinayaṃ paṭijānantassa, vinayāni suṇohi me.
Kati kammasampattiyo vuttā, buddhenādiccabandhunā;
Vinayaṃ paṭijānantassa, vinayāni suṇoma te.
Catasso kammasampattiyo vuttā, buddhenādiccabandhunā;
Vinayaṃ paṭijānantassa, vinayāni suṇohi me.
Kati kammāni vuttāni, buddhenādiccabandhunā;
Vinayaṃ paṭijānantassa, vinayāni suṇoma te.
Cha kammāni vuttāni, buddhenādiccabandhunā;
Vinayaṃ paṭijānantassa, vinayāni suṇohi me.
Kati kammāni vuttāni, buddhenādiccabandhunā;
Vinayaṃ paṭijānantassa, vinayāni suṇoma te.
Cattāri kammāni vuttāni, buddhenādiccabandhunā;
Vinayaṃ paṭijānantassa, vinayāni suṇohi me.
Kati pārājikā vuttā, buddhenādiccabandhunā;
Vinayaṃ paṭijānantassa, vinayāni suṇoma te.
Aṭṭha pārājikā vuttā, buddhenādiccabandhunā;
Vinayaṃ paṭijānantassa, vinayāni suṇohi me.
Kati saṅghādisesā vuttā, buddhenādiccabandhunā;
Vinayaṃ paṭijānantassa, vinayāni suṇoma te.
Tevīsa saṅghādisesā vuttā, buddhenādiccabandhunā;
Vinayaṃ paṭijānantassa, vinayāni suṇohi me.
Kati aniyatā vuttā, buddhenādiccabandhunā;
Vinayaṃ paṭijānantassa, vinayāni suṇoma te.
Dve aniyatā vuttā, buddhenādiccabandhunā;
Vinayaṃ paṭijānantassa, vinayāni suṇohi me.
Kati nissaggiyā vuttā, buddhenādiccabandhunā;
Vinayaṃ paṭijānantassa, vinayāni suṇoma te.
Dvecattālīsa nissaggiyā vuttā, buddhenādiccabandhunā;
Vinayaṃ paṭijānantassa, vinayāni suṇohi me.
Kati pācittiyā vuttā, buddhenādiccabandhunā;
Vinayaṃ paṭijānantassa, vinayāni suṇoma te.
Aṭṭhāsītisataṃ pācittiyā vuttā, buddhenādiccabandhunā;
Vinayaṃ paṭijānantassa, vinayāni suṇohi me.
Kati pāṭidesanīyā vuttā, buddhenādiccabandhunā;
Vinayaṃ paṭijānantassa, vinayāni suṇoma te.
Dvādasa pāṭidesanīyā vuttā, buddhenādiccabandhunā;
Vinayaṃ paṭijānantassa, vinayāni suṇohi me.
Kati sekhiyā vuttā, buddhenādiccabandhunā;
Vinayaṃ paṭijānantassa, vinayāni suṇoma te.
Pañcasattati sekhiyā vuttā, buddhenādiccabandhunā;
Vinayaṃ paṭijānantassa, vinayāni suṇohi me.
Yāva supucchitaṃ tayā, yāva suvissajjitaṃ mayā;
Pucchāvissajjanāya vā, natthi kiñci asuttakanti.
Dutiyagāthāsaṅgaṇikaṃ niṭṭhitaṃ.
Sedamocanagāthā
1. Avippavāsapañhā
479.
Asaṃvāso bhikkhūhi ca bhikkhunīhi ca;
Sambhogo ekacco tahiṃ na labbhati;
Avippavāsena anāpatti;
Pañhā mesā kusalehi cintitā.

Avissajjiyaṃ avebhaṅgiyaṃ;
Pañca vuttā mahesinā;
Vissajjantassa paribhuñjantassa anāpatti;
Pañhā mesā kusalehi cintitā.
Dasa puggale na vadāmi, ekādasa vivajjiya;
Vuḍḍhaṃ vandantassa āpatti, pañhā mesā kusalehi cintitā.
Na ukkhittako na ca pana pārivāsiko;
Na saṅghabhinno na ca pana pakkhasaṅkanto;
Samānasaṃvāsakabhūmiyā ṭhito;
Kathaṃ nu sikkhāya asādhāraṇo siyā;
Pañhā mesā kusalehi cintitā.
Upeti dhammaṃ paripucchamāno, kusalaṃ atthūpasañhitaṃ;
Na jīvati na mato na nibbuto, taṃ puggalaṃ katamaṃ vadanti buddhā;
Pañhā mesā kusalehi cintitā.
Ubbhakkhake na vadāmi, adho nābhiṃ vivajjiya;
Methunadhammapaccayā, kathaṃ pārājiko siyā;
Pañhā mesā kusalehi cintitā.
Bhikkhu saññācikāya kuṭiṃ karoti;
Adesitavatthukaṃ pamāṇātikkantaṃ;
Sārambhaṃ aparikkamanaṃ anāpatti;
Pañhā mesā kusalehi cintitā.
Bhikkhu saññācikāya kuṭiṃ karoti;
Desitavatthukaṃ pamāṇikaṃ;
Anārambhaṃ saparikkamanaṃ āpatti;
Pañhā mesā kusalehi cintitā.
Na kāyikaṃ kiñci payogamācare;
Na cāpi vācāya pare bhaṇeyya;
Āpajjeyya garukaṃ chejjavatthuṃ;
Pañhā mesā kusalehi cintitā.
Na kāyikaṃ vācasikañca kiñci;
Manasāpi santo na kareyya pāpaṃ;
So nāsito kinti sunāsito bhave;
Pañhā mesā kusalehi cintitā.
Anālapanto manujena kenaci;
Vācāgiraṃ no ca pare bhaṇeyya;
Āpajjeyya vācasikaṃ na kāyikaṃ;
Pañhā mesā kusalehi cintitā.
Sikkhāpadā buddhavarena vaṇṇitā;
Saṅghādisesā caturo bhaveyyuṃ;
Āpajjeyya ekapayogena sabbe;
Pañhā mesā kusalehi cintitā.
Ubho ekato upasampannā;
Ubhinnaṃ hatthato cīvaraṃ paṭiggaṇheyya;
Siyā āpattiyo nānā;
Pañhā mesā kusalehi cintitā.
Caturo janā saṃvidhāya;
Garubhaṇḍaṃ avāharuṃ;
Tayo pārājikā eko na pārājiko;
Pañhā mesā kusalehi cintitā.
2. Pārājikādipañhā
480.
Itthī ca abbhantare siyā,
Bhikkhu ca bahiddhā siyā;
Chiddaṃ tasmiṃ ghare natthi;
Methunadhammapaccayā;
Kathaṃ pārājiko siyā;
Pañhā mesā kusalehi cintitā.
Telaṃ madhuṃ phāṇitañcāpi sappiṃ;
Sāmaṃ gahetvāna nikkhipeyya;
Avītivatte sattāhe;

Sati paccaye paribhuñjantassa āpatti;
Pañhā mesā kusalehi cintitā.
Nissaggiyena āpatti;
Suddhakena pācittiyaṃ;
Āpajjantassa ekato;
Pañhā mesā kusalehi cintitā.
Bhikkhū siyā vīsatiyā samāgatā;
Kammaṃ kareyyuṃ samaggasaññino;
Bhikkhu siyā dvādasayojane ṭhito;
Kammañca taṃ kuppeyya vaggapaccayā;
Pañhā mesā kusalehi cintitā.
Padavītihāramattena vācāya bhaṇitena ca;
Sabbāni garukāni sappaṭikammāni;
Catusaṭṭhi āpattiyo āpajjeyya ekato;
Pañhā mesā kusalehi cintitā.
Nivattho antaravāsakena;
Diguṇaṃ saṅghāṭiṃ pāruto;
Sabbāni tāni nissaggiyāni honti;
Pañhā mesā kusalehi cintitā.
Na cāpi ñatti na ca pana kammavācā;
Na cehi bhikkhūti jino avoca;
Saraṇagamanampi na tassa atthi;
Upasampadā cassa akuppā;
Pañhā mesā kusalehi cintitā.
Itthiṃ hane na mātaraṃ, purisañca na pitaraṃ hane;
Haneyya anariyaṃ mando, tena cānantaraṃ phuse;
Pañhā mesā kusalehi cintitā.
Itthiṃ hane ca mātaraṃ, purisañca pitaraṃ hane;
Mātaraṃ pitaraṃ hantvā, na tenānantaraṃ phuse;
Pañhā mesā kusalehi cintitā.
Acodayitvā assārayitvā;
Asammukhībhūtassa kareyya kammaṃ;
Katañca kammaṃ sukataṃ bhaveyya;
Kārako ca saṅgho anāpattiko siyā;
Pañhā mesā kusalehi cintitā.
Codayitvā sārayitvā;
Sammukhībhūtassa kareyya kammaṃ;
Katañca kammaṃ akataṃ bhaveyya;
Kārako ca saṅgho sāpattiko siyā;
Pañhā mesā kusalehi cintitā.
Chindantassa āpatti, chindantassa anāpatti;
Chādentassa āpatti, chādentassa anāpatti;
Pañhā mesā kusalehi cintitā.
Saccaṃ bhaṇanto garukaṃ, musā ca lahu bhāsato;
Musā bhaṇanto garukaṃ, saccañca lahu bhāsato;
Pañhā mesā kusalehi cintitā.
3. Pācittiyādipañhā
481.
Adhiṭṭhitaṃ rajanāya rattaṃ;
Kappakatampi santaṃ;
Paribhuñjantassa āpatti;
Pañhā mesā kusalehi cintitā.
Atthaṅgate sūriye bhikkhu maṃsāni khādati;
Na ummattako na ca pana khittacitto;
Na cāpi so vedanāṭṭo bhaveyya;
Na cassa hoti āpatti;
So ca dhammo sugatena desito;
Pañhā mesā kusalehi cintitā.
Na rattacitto na ca pana theyyacitto;
Na cāpi so paraṃ maraṇāya cetayi;

Salākaṃ dentassa hoti chejjaṃ;
Paṭiggaṇhantassa thullaccayaṃ;
Pañhā mesā kusalehi cintitā.
Na cāpi āraññakaṃ sāsaṅkasammataṃ;
Na cāpi saṅghena sammuti dinnā;
Na cassa kathinaṃ atthataṃ tattheva;
Cīvaraṃ nikkhipitvā gaccheyya aḍḍhayojanaṃ;
Tattheva aruṇaṃ uggacchantassa anāpatti;
Pañhā mesā kusalehi cintitā.
Kāyikāni na vācasikāni;
Sabbāni nānāvatthukāni;
Apubbaṃ acarimaṃ āpajjeyya ekato;
Pañhā mesā kusalehi cintitā.
Vācasikāni na kāyikāni;
Sabbāni nānāvatthukāni;
Apubbaṃ acarimaṃ āpajjeyya ekato;
Pañhā mesā kusalehi cintitā.
Tissitthiyo methunaṃ taṃ na seve;
Tayo purise tayo anariyapaṇḍake;
Na cācare methunaṃ byañjanasmiṃ;
Chejjaṃ siyā methunadhammapaccayā;
Pañhā mesā kusalehi cintitā.
Mātaraṃ cīvaraṃ yāce, no ca saṅghe [no saṃghassa (ka.), no ca saṃghassa (syā.), no ce saṃghassa (sī.)] pariṇataṃ;
Kenassa hoti āpatti, anāpatti ca ñātake;
Pañhā mesā kusalehi cintitā.
Kuddho ārādhako hoti, kuddho hoti garahiyo;
Atha ko nāma so dhammo, yena kuddho pasaṃsiyo;
Pañhā mesā kusalehi cintitā.
Tuṭṭho ārādhako hoti, tuṭṭho hoti garahiyo;
Atha ko nāma so dhammo, yena tuṭṭho garahiyo;
Pañhā mesā kusalehi cintitā.
Saṅghādisesaṃ thullaccayaṃ;
Pācittiyaṃ pāṭidesanīyaṃ;
Dukkaṭaṃ āpajjeyya ekato;
Pañhā mesā kusalehi cintitā.
Ubho paripuṇṇavīsativassā;
Ubhinnaṃ ekupajjhāyo;
Ekācariyo ekā kammavācā;
Eko upasampanno eko anupasampanno;
Pañhā mesā kusalehi cintitā.
Akappakataṃ nāpi rajanāya rattaṃ;
Tena nivattho yena kāmaṃ vajeyya;
Na cassa hoti āpatti;
So ca dhammo sugatena desito;
Pañhā mesā kusalehi cintitā.
Na deti na paṭiggaṇhāti, paṭiggaho tena na vijjati;
Āpajjati garukaṃ na lahukaṃ, tañca paribhogapaccayā;
Pañhā mesā kusalehi cintitā.
Na deti na paṭiggaṇhāti, paṭiggaho tena na vijjati;
Āpajjati lahukaṃ na garukaṃ, tañca paribhogapaccayā;
Pañhā mesā kusalehi cintitā.
Āpajjati garukaṃ sāvasesaṃ;
Chādeti anādariyaṃ paṭicca;
Na bhikkhunī no ca phuseyya vajjaṃ;
Pañhā mesā kusalehi cintitā.
Sedamocanagāthā niṭṭhitā.
Tassuddānaṃ –
Asaṃvāso avissajji, dasa ca anukkhittako;
Upeti dhammaṃ ubbhakkhakaṃ, tato saññācikā ca dve.

Na kāyikañca garukaṃ, na kāyikaṃ na vācasikaṃ [na kāyikaṃ sunāsitaṃ (syā.)];
Anālapanto sikkhā ca, ubho ca caturo janā.
Itthī telañca nissaggi, bhikkhu ca padavītiyo;
Nivattho ca na ca ñatti, na mātaraṃ pitaraṃ hane.
Acodayitvā codayitvā, chindantaṃ saccameva ca;
Adhiṭṭhitañcatthaṅgate, na rattaṃ na cāraññakaṃ.
Kāyikā vācasikā ca, tissitthī cāpi mātaraṃ;
Kuddho ārādhako tuṭṭho, saṅghādisesā ca ubho.
Akappakataṃ na deti, na detāpajjatī garuṃ;
Sedamocanikā gāthā, pañhā viññūhi vibhāvitāti [viññūvibhāvitā (sī. syā.)].
Pañcavaggo
1. Kammavaggo
482. Cattāri kammāni. Apalokanakammaṃ, ñattikammaṃ, ñattidutiyakammaṃ, ñatticatutthakammaṃ – imāni cattāri kammāni. Katihākārehi vipajjanti? Imāni cattāri kammāni pañcahākārehi vipajjanti – vatthuto vā ñattito vā anussāvanato vā sīmato vā parisato vā.
483. Kathaṃ vatthuto kammāni vipajjanti? Sammukhākaraṇīyaṃ kammaṃ asammukhā karoti, vatthuvipannaṃ adhammakammaṃ; paṭipucchākaraṇīyaṃ kammaṃ apaṭipucchā karoti, vatthuvipannaṃ adhammakammaṃ; paṭiññāya karaṇīyaṃ kammaṃ apaṭiññāya karoti, vatthuvipannaṃ adhammakammaṃ; sativinayārahassa amūḷhavinayaṃ deti, vatthuvipannaṃ adhammakammaṃ; amūḷhavinayārahassa tassapāpiyasikākammaṃ karoti, vatthuvipannaṃ adhammakammaṃ; tassapāpiyasikākammārahassa tajjanīyakammaṃ karoti, vatthuvipannaṃ adhammakammaṃ; tajjanīyakammārahassa niyassakammaṃ karoti, vatthuvipannaṃ adhammakammaṃ; niyassakammārahassa pabbājanīyakammaṃ karoti, vatthuvipannaṃ adhammakammaṃ; pabbājanīyakammārahassa paṭisāraṇīyakammaṃ karoti, vatthuvipannaṃ adhammakammaṃ; paṭisāraṇīyakammārahassa ukkhepanīyakammaṃ karoti, vatthuvipannaṃ adhammakammaṃ; ukkhepanīyakammārahassa parivāsaṃ deti, vatthuvipannaṃ adhammakammaṃ ; parivāsārahaṃ mūlāya paṭikassati, vatthuvipannaṃ adhammakammaṃ; mūlāyapaṭikassanārahassa mānattaṃ deti, vatthuvipannaṃ adhammakammaṃ; mānattārahaṃ abbheti, vatthuvipannaṃ adhammakammaṃ; abbhānārahaṃ upasampādeti, vatthuvipannaṃ adhammakammaṃ; anuposathe uposathaṃ karoti, vatthuvipannaṃ adhammakammaṃ; apavāraṇāya pavāreti, vatthuvipannaṃ adhammakammaṃ. Evaṃ vatthuto kammāni vipajjanti.
484. Kathaṃ ñattito kammāni vipajjanti? Pañcahākārehi ñattito kammāni vipajjanti – vatthuṃ na parāmasati, saṅghaṃ na parāmasati, puggalaṃ na parāmasati, ñattiṃ na parāmasati, pacchā vā ñattiṃ ṭhapeti – imehi pañcahākārehi ñattito kammāni vipajjanti.
485. Kathaṃ anussāvanato kammāni vipajjanti? Pañcahākārehi anussāvanato kammāni vipajjanti – vatthuṃ na parāmasati, saṅghaṃ na parāmasati, puggalaṃ na parāmasati, sāvanaṃ hāpeti, akāle vā sāveti – imehi pañcahākārehi anussāvanato kammāni vipajjanti.
486. Kathaṃ sīmato kammāni vipajjanti? Ekādasahi ākārehi sīmato kammāni vipajjanti – atikhuddakaṃ sīmaṃ sammannati, atimahatiṃ sīmaṃ sammannati, khaṇḍanimittaṃ sīmaṃ sammannati, chāyānimittaṃ sīmaṃ sammannati, animittaṃ sīmaṃ sammannati, bahisīme ṭhito sīmaṃ sammannati, nadiyā sīmaṃ sammannati, samudde sīmaṃ sammannati, jātassare sīmaṃ sammannati, sīmāya sīmaṃ sambhindati, sīmāya sīmaṃ ajjhottharati – imehi ekādasahi ākārehi sīmato kammāni vipajjanti.
487. Kathaṃ parisato kammāni vipajjanti? Dvādasahi ākārehi parisato kammāni vipajjanti – catuvaggakaraṇe kamme yāvatikā bhikkhū kammapattā te anāgatā honti, chandārahānaṃ chando anāhaṭo hoti, sammukhībhūtā paṭikkosanti, catuvaggakaraṇe kamme yāvatikā bhikkhū kammapattā te āgatā honti, chandārahānaṃ chando anāhaṭo hoti, sammukhībhūtā paṭikkosanti, catuvaggakaraṇe kamme yāvatikā bhikkhū kammapattā te āgatā honti, chandārahānaṃ chando āhaṭo hoti, sammukhībhūtā paṭikkosanti. Pañcavaggakaraṇe kamme...pe... dasavaggakaraṇe kamme...pe... vīsativaggakaraṇe kamme yāvatikā bhikkhū kammapattā te anāgatā honti, chandārahānaṃ chando anāhaṭo hoti, sammukhībhūtā paṭikkosanti, vīsativaggakaraṇe kamme yāvatikā bhikkhū kammapattā, te āgatā honti, chandārahānaṃ chando anāhaṭo hoti, sammukhībhūtā paṭikkosanti, vīsativaggakaraṇe kamme yāvatikā bhikkhū kammapattā, te āgatā honti, chandārahānaṃchando āhaṭo hoti sammukhībhūtā paṭikkosanti – imehi dvādasahi ākārehi parisato kammāni vipajjanti.
488. Catuvaggakaraṇe kamme cattāro bhikkhū pakatattā kammapattā, avasesā pakatattā chandārahā. Yassa saṅgho kammaṃ karoti so neva kammapatto nāpi chandāraho, api ca kammāraho. Pañcavaggakaraṇe kamme pañca bhikkhū pakatattā kammapattā, avasesā pakatattā chandārahā. Yassa saṅgho kammaṃ karoti so neva kammapatto nāpi chandāraho, api ca kammāraho. Dasavaggakaraṇe kamme dasa bhikkhū pakatattā kammapattā, avasesā pakatattā chandārahā. Yassa saṅgho kammaṃ karoti so neva kammapatto nāpi chandāraho, api ca kammāraho. Vīsativaggakaraṇe kamme vīsati bhikkhū

pakatattā kammapattā, avasesā pakatattā chandārahā. Yassa saṅgho kammaṃ karoti so neva kammapatto nāpi chandāraho, api ca kammāraho.

489. Cattāri kammāni – apalokanakammaṃ, ñattikammaṃ, ñattidutiyakammaṃ, ñatticatutthakammaṃ. Imāni cattāri kammāni katihākārehi vipajjanti? Imāni cattāri kammāni pañcahākārehi vipajjanti – vatthuto vā ñattito vā anussāvanato vā sīmato vā parisato vā.

490. Kathaṃ vatthuto kammāni vipajjanti? Paṇḍakaṃ upasampādeti, vatthuvipannaṃ adhammakammaṃ. Theyyasaṃvāsakaṃ upasampādeti, vatthuvipannaṃ adhammakammaṃ. Titthiyapakkantakaṃ upasampādeti, vatthuvipannaṃ adhammakammaṃ. Tiracchānagataṃ upasampādeti, vatthuvipannaṃ adhammakammaṃ. Mātughātakaṃ upasampādeti, vatthuvipannaṃ adhammakammaṃ. Pitughātakaṃ upasampādeti, vatthuvipannaṃ adhammakammaṃ. Arahantaghātakaṃ upasampādeti, vatthuvipannaṃ adhammakammaṃ. Bhikkhunidūsakaṃ upasampādeti, vatthuvipannaṃ adhammakammaṃ. Saṅghabhedakaṃ upasampādeti, vatthuvipannaṃ adhammakammaṃ. Lohituppādakaṃ upasampādeti, vatthuvipannaṃ adhammakammaṃ. Ubhatobyañjanaṃ upasampādeti, vatthuvipannaṃ adhammakammaṃ. Ūnavīsativassaṃ puggalaṃ upasampādeti, vatthuvipannaṃ adhammakammaṃ. Evaṃ vatthuto kammāni vipajjanti.

491. Kathaṃ ñattito kammāni vipajjanti? Pañcahākārehi ñattito kammāni vipajjanti. Vatthuṃ na parāmasati, saṅghaṃ na parāmasati, puggalaṃ na parāmasati, ñattiṃ na parāmasati, pacchā vā ñattiṃ ṭhapeti – imehi pañcahākārehi ñattito kammāni vipajjanti.

492. Kathaṃ anussāvanato kammāni vipajjanti? Pañcahākārehi anussāvanato kammāni vipajjanti – vatthuṃ na parāmasati, saṅghaṃ na parāmasati, puggalaṃna parāmasati, sāvanaṃ hāpeti, akāle vā sāveti – imehi pañcahākārehi anussāvanato kammāni vipajjanti.

493. Kathaṃ sīmato kammāni vipajjanti? Ekādasahi ākārehi sīmato kammāni vipajjanti. Atikhuddakaṃ sīmaṃ sammannati, atimahatiṃ sīmaṃ sammannati, khaṇḍanimittaṃ sīmaṃ sammannati, chāyānimittaṃ sīmaṃ sammannati, animittaṃ sīmaṃ sammannati, bahisīme ṭhito sīmaṃ sammannati, nadiyā sīmaṃ sammannati, samudde sīmaṃ sammannati, jātassare sīmaṃ sammannati, sīmāya sīmaṃ sambhindati, sīmāya sīmaṃ ajjhottharati – imehi ekādasahi ākārehi sīmato kammāni vipajjanti.

494. Kathaṃ parisato kammāni vipajjanti? Dvādasahi ākārehi parisato kammāni vipajjanti – catuvaggakaraṇe kamme yāvatikā bhikkhū kammapattā te anāgatā honti, chandārahānaṃ chando anāhaṭo hoti, sammukhībhūtā paṭikkosanti, catuvaggakaraṇe kamme yāvatikā bhikkhū kammapattā te āgatā honti, chandārahānaṃ chando anāhaṭo hoti, sammukhībhūtā paṭikkosanti. Catuvaggakaraṇe kamme yāvatikā bhikkhū kammapattā te āgatā honti, chandārahānaṃ chando āhaṭo hoti sammukhībhūtā paṭikkosanti. Pañcavaggakaraṇe kamme…pe… dasavaggakaraṇe kamme…pe… vīsativaggakaraṇe kamme yāvatikā bhikkhū kammapattā teanāgatā honti, chandārahānaṃ chando anāhaṭo hoti, sammukhībhūtā paṭikkosanti. Vīsativaggakaraṇe kamme yāvatikā bhikkhū kammapattā te āgatā honti, chandārahānaṃ chando anāhaṭo hoti, sammukhībhūtā paṭikkosanti. Vīsativaggakaraṇe kamme yāvatikā bhikkhū kammapattā te āgatā honti, chandārahānaṃ chando āhaṭo hoti, sammukhībhūtā paṭikkosanti – imehi dvādasahi ākārehi parisato kammāni vipajjanti.

495. Apalokanakammaṃ kati ṭhānāni gacchati? Ñattikammaṃ kati ṭhānāni gacchati? Ñattidutiyakammaṃ kati ṭhānāni gacchati? Ñatticatutthakammaṃ kati ṭhānāni gacchati? Apalokanakammaṃ pañca ṭhānāni gacchati. Ñattikammaṃ nava ṭhānāni gacchati. Ñattidutiyakammaṃ satta ṭhānāni gacchati. Ñatticatutthakammaṃ satta ṭhānāni gacchati.

496. Apalokanakammaṃ katamāni pañca ṭhānāni gacchati? Osāraṇaṃ, nissāraṇaṃ, bhaṇḍukammaṃ, brahmadaṇḍaṃ, kammalakkhaṇaññeva pañcamaṃ – apalokanakammaṃ imāni pañca ṭhānāni gacchati. Ñattikammaṃ katamāni nava ṭhānāni gacchati? Osāraṇaṃ, nissāraṇaṃ, uposathaṃ, pavāraṇaṃ, sammutiṃ, dānaṃ, paṭiggahaṃ, paccukkaḍḍhanaṃ, kammalakkhaṇaññeva navamaṃ – ñattikammaṃ imāni nava ṭhānāni gacchati. Ñattidutiyakammaṃ katamāni satta ṭhānāni gacchati? Osāraṇaṃ, nissāraṇaṃ, sammutiṃ, dānaṃ, uddharaṇaṃ, desanaṃ, kammalakkhaṇaññeva sattamaṃ – ñattidutiyakammaṃ imāni satta ṭhānāni gacchati. Ñatticatutthakammaṃ katamāni satta ṭhānāni gacchati? Osāraṇaṃ, nissāraṇaṃ, sammutiṃ, dānaṃ, niggahaṃ, samanubhāsanaṃ, kammalakkhaṇaññeva sattamaṃ – ñatticatutthakammaṃ imāni satta ṭhānāni gacchati.

497. Catuvaggakaraṇe kamme cattāro bhikkhū pakatattā kammapattā, avasesā pakatattā chandārahā. Yassa saṅgho kammaṃ karoti so neva kammapatto nāpi chandāraho, api ca kammāraho. Pañcavaggakaraṇe kamme pañca bhikkhū pakatattā kammapattā, avasesā pakatattā chandārahā. Yassa saṅgho kammaṃ karoti so neva kammapatto nāpi chandāraho, api ca kammāraho. Dasavaggakaraṇe kamme dasa bhikkhū pakatattā kammapattā, avasesā pakatattā chandārahā. Yassa saṅgho kammaṃ karoti so neva kammapatto nāpi chandāraho, api ca kammāraho. Vīsativaggakaraṇe kamme vīsati bhikkhū pakatattā kammapattā, avasesā pakatattā chandārahā. Yassa saṅgho kammaṃ karoti so neva kammapatto nāpi chandāraho, api ca kammāraho.

Kammavaggo niṭṭhito paṭhamo.

2. Atthavasavaggo

498.[a. ni. 2.201-230] Dve atthavase paṭicca tathāgatena sāvakānaṃ sikkhāpadaṃ paññattaṃ. Saṅghasuṭṭhutāya, saṅghaphāsutāya – ime dve atthavase paṭicca tathāgatena sāvakānaṃ sikkhāpadaṃ paññattaṃ. Dve atthavase paṭicca tathāgatena sāvakānaṃ sikkhāpadaṃ paññattaṃ. Dummaṅkūnaṃ puggalānaṃ niggahāya, pesalānaṃ bhikkhūnaṃ phāsuvihārāya – ime dve atthavase paṭicca tathāgate sāvakānaṃ sikkhāpadaṃ paññattaṃ. Dve atthavase paṭicca tathāgatena sāvakānaṃ sikkhāpadaṃ paññattaṃ. Diṭṭhadhammikānaṃ āsavānaṃ saṃvarāya, samparāyikānaṃ āsavānaṃ paṭighātāya – ime dveatthavase paṭicca tathāgatena sāvakānaṃ sikkhāpadaṃ paññattaṃ. Dve atthavase paṭicca tathāgatena sāvakānaṃ sikkhāpadaṃ paññattaṃ. Diṭṭhadhammikānaṃ verānaṃ saṃvarāya, samparāyikānaṃ verānaṃ paṭighātāya – ime dve atthavase paṭicca tathāgatena sāvakānaṃ sikkhāpadaṃ paññattaṃ. Dve atthavase paṭicca tathāgatena sāvakānaṃ sikkhāpadaṃ paññattaṃ. Diṭṭhadhammikānaṃ vajjānaṃ saṃvarāya, samparāyikānaṃ vajjānaṃ paṭighātāya – ime dve atthavase paṭicca tathāgatena sāvakānaṃ sikkhāpadaṃ paññattaṃ. Dve atthavase paṭicca tathāgatena sāvakānaṃ sikkhāpadaṃ paññattaṃ. Diṭṭhadhammikānaṃ bhayānaṃ saṃvarāya, samparāyikānaṃ bhayānaṃ paṭighātāya – ime dve atthavase paṭicca tathāgatena sāvakānaṃ sikkhāpadaṃ paññattaṃ. Dve atthavase paṭicca tathāgatena sāvakānaṃ sikkhāpadaṃ paññattaṃ. Diṭṭhadhammikānaṃ akusalānaṃ dhammānaṃ saṃvarāya, samparāyikānaṃ akusalānaṃ dhammānaṃ paṭighātāya – ime dve atthavase paṭicca tathāgatena sāvakānaṃ sikkhāpadaṃ paññattaṃ. Dve atthavase paṭicca tathāgatena sāvakānaṃ sikkhāpadaṃ paññattaṃ. Gihīnaṃ anukampāya, pāpicchānaṃ pakkhupacchedāya – ime dve atthavase paṭicca tathāgatena sāvakānaṃ sikkhāpadaṃ paññattaṃ. Dve atthavase paṭicca tathāgatena sāvakānaṃ sikkhāpadaṃ paññattaṃ. Appasannānaṃ pasādāya, pasannānaṃ bhiyyobhāvāya – ime dve atthavase paṭicca tathāgatena sāvakānaṃ sikkhāpadaṃ paññattaṃ. Dve atthavase paṭicca tathāgatena sāvakānaṃ sikkhāpadaṃ paññattaṃ. Saddhammaṭṭhitiyā, vinayānuggahāya – ime dve atthavase paṭicca tathāgatena sāvakānaṃ sikkhāpadaṃ paññattaṃ.

Atthavasavaggo niṭṭhito dutiyo.

3. Paññattavaggo

499. Dve atthavase paṭicca tathāgatena sāvakānaṃ pātimokkhaṃ paññattaṃ...pe... pātimokkhuddeso paññatto... pātimokkhaṭṭhapanaṃ paññattaṃ... pavāraṇā paññattā... pavāraṇāṭhapanaṃ paññattaṃ... tajjanīyakammaṃ paññattaṃ... niyassakammaṃ paññattaṃ... pabbājanīyakammaṃ paññattaṃ... paṭisāraṇīyakammaṃ paññattaṃ... ukkhepanīyakammaṃ paññattaṃ... parivāsadānaṃ paññattaṃ... mūlāyapaṭikassanā paññattā... mānattadānaṃ paññattaṃ... abbhānaṃ paññattaṃ... osāraṇīyaṃ paññattaṃ... nissāraṇīyaṃ paññattaṃ... upasampadaṃ paññattaṃ... apalokanakammaṃ paññattaṃ... ñattikammaṃ paññattaṃ... ñattidutiyakammaṃ paññattaṃ... ñatticatutthakammaṃ paññattaṃ...pe....

Paññattavaggo niṭṭhito tatiyo.

4. Apaññatte paññattavaggo

500. ...Pe... apaññatte paññattaṃ, paññatte anupaññattaṃ...pe... sammukhāvinayo paññatto...pe... sativinayo paññatto...pe... amūḷhavinayo paññatto...pe... paṭiññātakaraṇaṃ paññattaṃ...pe... yebhuyyasikā paññattā...pe... tassapāpiyasikā paññattā...pe... tiṇavatthārako paññatto saṅghasuṭṭhutāya, saṅghaphāsutāya – ime dve atthavase paṭicca tathāgatena sāvakānaṃ tiṇavatthārako paññatto. Dve atthavase paṭicca tathāgatena sāvakānaṃ tiṇavatthārako paññatto. Dummaṅkūnaṃ puggalānaṃ niggahāya, pesalānaṃ bhikkhūnaṃ phāsuvihārāya – ime dve atthavase paṭicca tathāgatena sāvakānaṃ tiṇavatthārako paññatto. Dve atthavase paṭicca tathāgatena sāvakānaṃ tiṇavatthārako paññatto. Diṭṭhadhammikānaṃ āsavānaṃ saṃvarāya, samparāyikānaṃ āsavānaṃ paṭighātāya – ime dve atthavase paṭicca tathāgatena sāvakānaṃ tiṇavatthārako paññatto. Dve atthavase paṭicca tathāgatena sāvakānaṃ tiṇavatthārako paññatto. Diṭṭhadhammikānaṃ verānaṃ saṃvarāya, samparāyikānaṃ verānaṃ paṭighātāya – ime dve atthavase paṭicca tathāgatena sāvakānaṃ tiṇavatthārako paññatto. Dve atthavase paṭicca tathāgatena sāvakānaṃ tiṇavatthārako paññatto. Diṭṭhadhammikānaṃ vajjānaṃ saṃvarāya, samparāyikānaṃ vajjānaṃ paṭighātāya – ime dve atthavase paṭicca tathāgatena sāvakānaṃ tiṇavatthārako paññatto. Dve atthavase paṭicca tathāgatena sāvakānaṃ tiṇavatthārako paññatto. Diṭṭhadhammikānaṃ bhayānaṃ saṃvarāya, samparāyikānaṃ bhayānaṃ paṭighātāya – ime dve atthavase paṭicca tathāgatena sāvakānaṃ tiṇavatthārako paññatto. Dve atthavase paṭicca tathāgatena sāvakānaṃ tiṇavatthārako paññatto. Diṭṭhadhammikānaṃ akusalānaṃ dhammānaṃ saṃvarāya, samparāyikānaṃ akusalānaṃ dhammānaṃ paṭighātāya – ime dve atthavase paṭicca tathāgatena sāvakānaṃ tiṇavatthārako paññatto. Dve atthavase paṭicca tathāgatena sāvakānaṃ tiṇavatthārako paññatto. Gihīnaṃ anukampāya, pāpicchānaṃ pakkhupacchedāya – ime dve atthavase paṭicca tathāgatena sāvakānaṃ tiṇavatthārako paññatto. Dve atthavase paṭicca tathāgatena sāvakānaṃ tiṇavatthārako paññatto. Appasannānaṃ pasādāya, pasannānaṃ bhiyyobhāvāya – ime dve atthavase paṭicca tathāgatena sāvakānaṃ tiṇavatthārako paññatto. Dve atthavase paṭicca tathāgatena sāvakānaṃ tiṇavatthārako paññatto. Saddhammaṭṭhitiyā, vinayānuggahāya – ime dve atthavase paṭicca tathāgatena sāvakānaṃ tiṇavatthārako paññatto.

Apaññatte paññattavaggo niṭṭhito catuttho.

5. Navasaṅgahavaggo

501. Navasaṅgahā – vatthusaṅgaho, vipattisaṅgaho āpattisaṅgaho, nidānasaṅgaho, puggalasaṅgaho, khandhasaṅgaho, samuṭṭhānasaṅgaho, adhikaraṇasaṅgaho, samathasaṅgahoti.

Adhikaraṇe samuppanne sace ubho atthapaccatthikā āgacchanti ubhinnampi vatthu ārocāpetabbaṃ. Ubhinnampi vatthu ārocāpetvā ubhinnampi paṭiññā sotabbā. Ubhinnampi paṭiññaṃ sutvā ubhopi vattabbā – "amhākaṃ imasmiṃ adhikaraṇe vūpasamite [vūpasamepi (ka.)] ubhopi tuṭṭhā bhavissathā"ti. Sace āhaṃsu – "ubhopi tuṭṭhā bhavissāmā"ti, saṅghena taṃ adhikaraṇaṃ sampaṭicchitabbaṃ. Sace alajjussannā hoti, parisā ubbāhikāya vūpasametabbaṃ. Sace bālussannā hoti, parisā vinayadharo pariyesitabbo yena dhammena yena vinayena yena satthusāsanena taṃ adhikaraṇaṃ vūpasammati. Tathā taṃ adhikaraṇaṃ vūpasametabbaṃ.

Vatthu jānitabbaṃ, gottaṃ jānitabbaṃ, nāmaṃ jānitabbaṃ, āpatti jānitabbā.

Methunadhammoti vatthu ceva gottañca – pārājikanti nāmañceva āpatti ca.

Adinnādānanti vatthu ceva gottañca – pārājikanti nāmañceva āpatti ca.

Manussaviggahoti vatthu ceva gottañca – pārājikanti nāmañceva āpatti ca.

Uttarimanussadhammoti vatthu ceva gottañca – pārājikanti nāmañceva āpatti ca.

Sukkavissaṭṭhīti vatthu ceva gottañca – saṅghādisesoti nāmañceva āpatti ca.

Kāyasaṃsaggoti vatthu ceva gottañca – saṅghādisesoti nāmañceva āpatti ca.

Duṭṭhullavācāti vatthu ceva gottañca – saṅghādisesoti nāmañceva āpatti ca.

Attakāmanti vatthu ceva gottañca – saṅghādisesoti nāmañceva āpatti ca.

Sañcarittanti vatthu ceva gottañca – saṅghādisesoti nāmañceva āpatti ca.

Saññācikāya kuṭiṃ kārāpananti vatthu ceva gottañca – saṅghādisesoti nāmañceva āpatti ca.

Mahallakaṃ vihāraṃ kārāpananti vatthu ceva gottañca – saṅghādisesoti nāmañceva āpatti ca.

Bhikkhuṃ amūlakena pārājikena dhammena anuddhaṃsananti vatthu ceva gottañca – saṅghādisesoti nāmañceva āpatti ca.

Bhikkhuṃ aññabhāgiyassa adhikaraṇassa kiñci desaṃ lesamattaṃ upādāya pārājikena dhammena anuddhaṃsananti vatthu ceva gottañca – saṅghādisesoti nāmañceva āpatti ca.

Saṅghabhedakassa bhikkhuno yāvatatiyaṃ samanubhāsanāya na paṭinissajjananti vatthu ceva gottañca – saṅghādisesoti nāmañceva āpatti ca.

Bhedakānuvattakānaṃ bhikkhūnaṃ yāvatatiyaṃ samanubhāsanāya na paṭinissajjananti vatthu ceva gottañca – saṅghādisesoti nāmañceva āpatti ca.

Dubbacassa bhikkhuno yāvatatiyaṃ samanubhāsanāya na paṭinissajjananti vatthu ceva gottañca – saṅghādisesoti nāmañceva āpatti ca.

Kuladūsakassa bhikkhuno yāvatatiyaṃ samanubhāsanāya na paṭinissajjananti vatthu ceva gottañca – saṅghādisesoti nāmañceva āpatti ca...pe....

Anādariyaṃ paṭicca udake uccāraṃ vā passāvaṃ vā kheḷaṃ vā karaṇanti vatthu ceva gottañca – dukkaṭanti nāmañceva āpatti cāti.

Navasaṅgahavaggo niṭṭhito pañcamo.

Tassuddānaṃ –

Apalokanaṃ ñatti ca, dutiyaṃ catutthena ca;
Vatthu ñatti anussāvanaṃ, sīmā parisameva ca.
Sammukhā paṭipucchā ca, paṭiññā vinayāraho;
Vatthu saṅghapuggalañca, ñattiṃ na pacchā ñatti ca.
Vatthuṃ saṅghapuggalañca, sāvanaṃ akālena ca;
Atikhuddakā mahantā ca, khaṇḍacchāyā nimittakā.
Bahinadī samudde ca, jātassare ca bhindati;
Ajjhottharati sīmāya, catu pañca ca vaggikā.
Dasa vīsativaggā ca, anāhaṭā ca āhaṭā;
Kammapattā chandārahā, kammārahā ca puggalā.
Apalokanaṃ pañcaṭṭhānaṃ, ñatti ca navaṭhānikā;
Ñatti dutiyaṃ sattaṭṭhānaṃ, catutthā sattaṭhānikā.
Suṭṭhu phāsu ca dummaṅku, pesalā cāpi āsavā;
Veravajjabhayañceva, akusalaṃ gihīnañca.
Pāpicchā appasannānaṃ, pasannā dhammaṭṭhapanā;
Vinayānuggahā ceva, pātimokkhuddesena ca.
Pātimokkhañca ṭhapanā, pavāraṇañca ṭhapanaṃ;
Tajjanīyā niyassañca, pabbājanīya paṭisāraṇī;
Ukkhepana parivāsaṃ, mūlamānattaabbhānaṃ;
Osāraṇaṃ nissāraṇaṃ, tatheva upasampadā.
Apalokanañatti ca, dutiyañca catutthakaṃ;
Apaññattenupaññattaṃ, sammukhāvinayo sati.
Amūḷhapaṭiyebhuyya, pāpiya tiṇavatthārakaṃ;

Vatthu vipatti āpatti, nidānaṃ puggalena ca.
Khandhā ceva samuṭṭhānā, adhikaraṇameva ca;
Samathā saṅgahā ceva, nāmaāpattikā tathāti.

Parivāro niṭṭhito.

Parivārapāḷi niṭṭhitā.

Made in United States
North Haven, CT
05 April 2024

50941733R00447